MW01037271

1682
J.B.METZLER

Herausgegeben
von Burkhardt Lindner

unter Mitarbeit von
Thomas Küpper und
Timo Skrandies

Benjamin-Handbuch

Leben – Werk – Wirkung

Sonderausgabe

Verlag J. B. Metzler
Stuttgart · Weimar

Das Handbuch wurde durch Personal- und Sachmittel der Deutschen Forschungsgemeinschaft gefördert.

Der Herausgeber
Burkhardt Lindner ist Professor für Geschichte und Ästhetik der Medien sowie für Neuere deutsche Literaturwissenschaft an der Goethe-Universität Frankfurt am Main.

Bibliografische Information der Deutschen Nationalbibliothek
Die Deutsche Nationalbibliothek verzeichnet diese Publikation in der Deutschen Nationalbibliografie; detaillierte bibliografische Daten sind im Internet über <http://dnb.d-nb.de> abrufbar.

Gedruckt auf säure- und chlorfreiem, alterungsbeständigem Papier

ISBN 978-3-476-02276-9

www.metzlerverlag.de
info@metzlerverlag.de

Einbandgestaltung: Willy Löffelhardt / Melanie Frasch – unter Verwendung eines Fotos von Charlotte Joël-Heinzelmann
Satz: Typomedia GmbH, Scharnhausen
Druck und Bindung: Kösel GmbH, Krugzell
www.koeselbuch.de

Printed in Germany
Juli 2011

Verlag J. B. Metzler Stuttgart · Weimar

Inhaltsverzeichnis

Anhang

Vorbemerkung

Von allen deutschen Intellektuellen der Weimarer Republik und ihres vom Hitlerreich aufgezwungenen Exils hat sich Walter Benjamin, so darf man ohne Übertreibung sagen, als der philosophisch Gewichtigste und der wirkungsgeschichtlich Lebendigste erwiesen. Die Vielfältigkeit seiner Impulse, das kontroverse Potential seiner Texte und die Radikalität seines Denkens wirken weiter fort. Davon zeugt eine breite internationale Diskussion. Seine Schriften werden in verschiedensten Disziplinen rezipiert. Die Ausstrahlung über den akademischen Bereich hinaus in die Bereiche der Gegenwartsliteratur, der Künste, der Medien und der Publizistik ist offenkundig.

Diese außerordentliche Wirkung hat sowohl mit seiner besonderen Denk- und Schreibweise zu tun als auch mit der Gestalt, in der sein Werk heute zugänglich ist. Denn mit dem Abschluß der Ausgabe der Gesammelten Schriften und mit der sechsbändigen Brief-Edition (und Editionen des Briefwechsels) ist eine Textbasis erreicht, die in der ersten Hochphase der Benjaminrezeption im 68er Kontext noch völlig undenkbar erschien. Damit ist die Beschäftigung mit Benjamins Werk vor neue Aufgaben gestellt, die gegenüber der bisherigen Rezeption Vertiefungen ermöglichen und Korrekturen verlangen.

Beide Aspekte – die weitverzweigte Benjamindiskussion und die nunmehr gegebene Textbasis – sind Anlaß, dieses Handbuch vorzulegen und damit einen Zugang zu Benjamins Werk zu eröffnen, der über die begrenzten Ansprüche vorhandener Einführungen und Sammelbände grundsätzlich hinausgeht.

Das Handbuch versammelt renommierte Benjaminexpertinnen und -experten verschiedener Richtungen, verschiedener Nationalität und verschiedenen Alters in der Absicht, ausgehend vom Stand der Forschung das Spektrum der Schriften Benjamins in Einzelanalysen neu zu erschließen. Das Ganze war ein Experiment, das von Anfang an auf große Bereitschaft, sich zu beteiligen, stieß, aber auch viel Geduld bis zur endgültigen Realisierung abverlangte. Damit wird nunmehr eine umfassende Darstellung geboten, die für alle, die sich für Benjamin interessieren oder sich weiter in sein Werk einarbeiten wollen, grundlegend ist.

Das Handbuch, wie es hier vorliegt, will kein bestimmtes Bild von Benjamin durchsetzen; die Beiträge spiegeln ein Ensemble durchaus widerstreitender Lektüre-Interessen. Und es sind keineswegs nur ›überzeugte Benjaminianer‹, die hier zu Worte kommen. Benjamin taugt nicht zur Leitfigur. Einer Tendenz aber wird allerdings entschieden entgegengetreten: der Auffassung, daß Benjamins Schreiben im wesentlichen essayistisch, metaphorisch, literarisch ausgerichtet sei und somit ein Arsenal aparter Formulierungen biete, aus dem jedermann sich unbekümmert bedienen könne.

Dem wurde früh schon widersprochen. Es war Adornos Verdienst, die posthume Überlieferung der Schriften und des Nachlasses im Namen der Philosophie auf den Weg gebracht zu haben – einer Philosophie freilich, die sich mit den akademisch vorsortierten Grenzen nicht begnügen will.

Danken möchte ich den vielen Autoren für die intensive Kooperation, für wertvolle Gespräche und nicht zuletzt für die Beiträge selbst. Weiter gilt der Dank den Lektoren des Metzler-Verlags, Uwe Schweikert und Ute Hechtfischer, die durch Lektüre der Manuskripte und durch hilfreiche Beratung das Zustandekommen des Handbuchs sehr befördert haben. Mein besonderer Dank gilt den beiden Mitarbeitern Thomas Küpper und Timo Skrandies, die das Projekt von Anfang an mittrugen, sowie den studentischen Redaktionsmitgliedern Ute Bansemir, Inga Betten, Sarah Steffen, Katharina Weber und Nadine Werner für ihre Beiträge und ihr großes Engagement in allen Bereichen der Manuskriptherstellung; ebenso danke ich Ursula Marx vom Benjaminarchiv für ihren Beitrag und ihre Unterstützung. Zu danken habe ich schließlich der Deutschen Forschungsgemeinschaft für die großzügige Bewilligung der Förderungsmittel.

Frankfurt am Main, März 2006 Der Herausgeber

Benjamin lesen... Über die Konzeption des Handbuchs

von Burkhardt Lindner

Ein Benjamin-Handbuch? Die Einwände ließen sich rasch aufzählen, warum gerade Benjamins Denken und Schreiben sich einer handbuchartigen Erschließung gänzlich entziehe. Das mag tatsächlich so sein. Aber alle, mit denen ich über diesen Plan sprach, haben spontan bestätigt, wie dringlich und wichtig ein solches Unternehmen sei. Die Konzeption, die dafür gefunden wurde, und damit auch der Gebrauchswert, den das Handbuch bieten kann, sollen im folgenden erläutert werden. Zugleich soll für den Handbuchbenutzer erläutert werden, was die Eigenart der Benjaminschen Texte ausmacht, die sehr viel darüber lehren, was lesen und schreiben, denken und wahrnehmen heißt.

Hinweise zur Benutzung

Das Handbuch ist in zwei unterschiedlich umfangreiche Teile gegliedert, die jeweils spezifische Aufgaben und auch Darstellungsweisen haben.

Der *erste Teil* hat den Charakter einer Einführung in Leben, Werk und Wirkung. Er wurde von der Handbuchredaktion verfaßt. Der biographische Abriß ermöglicht eine Orientierung über die wichtigsten Lebensdaten und verzeichnet chronologisch die wichtigsten Schriften. Wer mit Benjamins Werkbiographie nicht vertraut ist, kann hier nachschlagen.

Das anschließende Kapitel stellt zusammen, was inzwischen das Fundament der Benjaminforschung bildet: Bibliographien, Biographien, Einführungen, Editionen sowie das Archiv des Nachlasses. Es eröffnet damit dem Leser, der sich in das Werk und die Forschung weiter einarbeiten will, unverzichtbare Quellen und Hilfsmittel.

Daß Benjamins Werk ganz wesentlich das Resultat einer posthumen Rezeption darstellt, wird in dem umfangreichen Kapitel zur Wirkungsgeschichte behandelt. Den Ausgangspunkt bilden die Darstellung des Editionsbeginns unter den schwierigen Nachkriegsbedingungen und der Explosion der Benjaminrezeption im 68er Kontext. Daß die jüngere Rezeption dann nach ›fachwissenschaftlichen‹ Diskursen geordnet wird, entspringt dem pragmatischen Zweck, dem Benutzer zugänglich zu machen, auf welch verschiedenen Feldern Benjamins Schriften in Anspruch genommen werden. Des weiteren wird auf die außerakademische Rezeption eingegangen. Gerade für diesen Autor ist kennzeichnend, daß sein Werk nicht allein im engeren Bereich einer ›Benjamin-Forschung‹ wirksam wurde, sondern sich in davon abgelösten Fernwirkungen, Inanspruchnahmen, Anverwandlungen bewegte.

Die ausführlichen Literaturverzeichnisse des ersten Teils bilden zusammengenommen eine einführende Benjaminbibliographie, die dem Studierenden eine rasche Orientierung ermöglicht.

Der *zweite Teil* – »Analysen« – enthält die Artikel zu den wichtigsten Einzelschriften sowie Textgruppen. Wie dieser Hauptteil des Handbuchs angelegt ist, wird in den folgenden Abschnitten näher erläutert.

Schließlich kann der Benutzer über drei *Register* – ein *Namensregister*, ein *Sachregister* und ein *Werkregister* – am Schluß des Handbuchs gezielt nach bestimmten Werken Benjamins, nach Personen und nach allgemeinen Sachstichworten suchen und damit Ausführungen in mehreren Artikeln vergleichend heranziehen.

Zur Zitierweise: Die Zitatnachweise aus Benjamins Werken erfolgen durchgängig nach Zitat direkt im Text. Grundlage ist die Edition der Gesammelten Schriften (hg. von Rolf Tiedemann und Hermann Schweppenhäuser). Der Nachweis erfolgt mit Bandangabe (ohne Nennung der Teilbände) als *römische Ziffer* und Seitenzahl.

Die Überprüfung der Benjamin-Zitate erfolgte nach der *Taschenbuch-Edition der Gesammelten Schriften* von 1991, da nach Auskunft der Herausgeber (vgl. dort die Editorische Notiz VII, 885 vom Januar 1991) nur sie den neuesten Stand der nachträglichen Korrekturen von Druck- und Lesefehlern bietet.

Die Zitate aus den Briefen von Benjamin werden mit Bezug auf die sechsbändige Ausgabe der Briefe (hg. von Christoph Gödde und Henri Lonitz) nachgewiesen, jeweils mit Bandangabe in *arabischer Ziffer* und Seitenzahl. Alle Briefe von Benjamin werden einheitlich nach dieser Ausgabe zitiert, unabhängig davon, daß viele Briefe bereits auszugsweise in den Anmerkungsapparaten der Gesammelten Schriften abgedruckt waren oder inzwischen auch in Editionen einzelner Briefwechsel anders zugänglich sind.

Einzelne Texte Benjamins, die nicht in den Gesammelten Schriften abgedruckt sind, wie auch alle übrige Literaturverweise werden durch Kurzangabe (Autor, Jahr, Seitenzahl) im Artikel sowie vollständigen Titel im Literaturverzeichnis der jeweiligen Beiträge nachgewiesen.

Alle Titel, die auf Benjamin selbst zurückgehen, werden im Text durch Kapitälchen hervorgehoben. Buchtitel anderer Autoren erscheinen kursiviert; die Titel von Aufsätzen sind durch Anführungszeichen gekennzeichnet. Zitate in Zitaten werden durch einfache Anführungszeichen markiert. Weitere Kursivierungen im Text entsprechen Hervorhebungen seitens der Autoren.

Die Werkanalysen

Von Anfang an sah die Konzeption des Handbuchs vor, den Einzelschriften Benjamins einen möglichst großen Platz einzuräumen und damit alle wichtigen Texte oder Textgruppen für sich zu erschließen. Die Ausrichtung an Einzelschriften hat den Sinn, einer vereinheitlichenden Nacherzählung von Werkphasen oder der vorschnellen Herstellung eines Gesamtbildes entgegenzuwirken. Bewußt wurde deshalb auch darauf verzichtet, das Handbuch an Überblicksartikeln, die die ›übergreifenden Aspekte‹ des Werks resümieren, auszurichten. Derartige Zusammenfassungen führen letztlich von dem ab, worauf es dem Handbuch vor allem ankommt: von der Lektüre der Texte und der produktiven Auseinandersetzung mit ihnen, die in vieler Hinsicht überhaupt erst begonnen hat. Die Ausrichtung der Handbuchartikel auf Einzelschriften ermöglicht darüber hinaus, die Singularität der Textformen, den Spielraum der Schreibweisen und die Radikalität der Problemstellungen Benjamins konkret nachzuvollziehen.

Deshalb wurde auch den Autoren kein starres Abfassungsschema oktroyiert und ihnen für die eigene Werkanalyse mehr Raum gegeben, als es ein bloß lexikalisches Nachschlagewerk zuließe. Zum Nachschlagen ist das Handbuch allerdings durchaus geeignet. Der Benutzer hat in jedem Fall die Möglichkeit, sich über die Entstehungsgeschichte, die Thematik und die Rezeption der Texte zu informieren; aber er wird bei genauerer Lektüre feststellen können, daß hier in beträchtlichem Umfang anspruchsvolle Neuinterpretationen vorliegen, die die weitere Diskussion herausfordern.

Die Auswahl der Texte ist breit angelegt. Vor allem wird dabei kein Unterschied zwischen zu Lebzeiten publizierten und aus dem Nachlaß publizierten Texten oder zwischen Texten, die definitiv abgeschlossen wurden, und Texten, die unabgeschlossen blieben, gemacht. Derartige editionsphilologische Kriterien haben sich rezeptionsgeschichtlich als völlig trügerisch herausgestellt. Bestimmte Texte Benjamins haben großes Interesse ausgelöst unabhängig davon, ob sie früh oder spät entstanden, ob sie umfangreich oder kurz, ob sie zu Lebzeiten publiziert oder erst aus dem Nachlaß ediert wurden. Die sprachphilosophischen Texte oder das Tagebuch der Moskaureise oder die späten Geschichts-Thesen waren nicht zur Publikation bestimmt. Aber Benjamin hat die Texte bewahrt und damit zur Überlieferung vorgesehen. In diesem Sinne präsentiert das Handbuch, soweit es im vorgegebenen Rahmen möglich war, alle wichtigen Einzeltexte bzw. Textgruppen.

Aus analogen Gründen wurde auch eine rein zeitliche Anordnung der Artikel verworfen. Ebenso wie eine Gliederung nach Haupt- und Nebenschriften suggeriert auch eine chronologische Gliederung unvermeidlich die Vorstellung von einer fortschreitenden Werkentwicklung von den Anfängen bis zur Reife, eine Annahme, die gerade im Falle Benjamins völlig irreführend wäre.

Statt dessen werden die Schriften in fünf Abteilungen gruppiert, die nach Schwerpunkten und Schreibimpulsen, die Benjamins Arbeit lebenslang bestimmt haben und die jeweils das Gesamtwerk umspannen, gegliedert sind. Alle fünf Abteilungen sind gleich bedeutsam und gewichtig; die Frage, ob ein einzelner Artikel nicht ›eigentlich‹ in eine andere Abteilung gehörte, ist insofern als sekundär anzusehen.

Der erste Abschnitt »Intellektuelle Freundschaft« rückt drei biographische Konstellationen in den Blick, die Benjamin intellektuell wie persönlich ganz wesentlich geprägt haben. Wollte man diesem Stichwort in seinem ganzen Umfang gerecht werden, müßten noch weitere Personen, zu denen Benjamin intensive Beziehungen unterhielt, insbesondere auch Frauen, genannt werden. Hier sei ausdrücklich auf die Edition der Briefe verwiesen. Benjamin war ein großer Briefschreiber, dem ganz verschiedene Tonfälle und Gesten zur Verfügung standen. Und es ist kein Zufall, daß sich auch die Artikel dieser Abteilung ganz wesentlich auf Briefe und die Aufzeichnungen von Gesprächen stützen.

Unter dem Stichwort »Messianismus, Ästhetik, Politik« sind Artikel über philosophische Texte Benjamins zusammengestellt, die keineswegs unter einem einheitlichen Thema zusammenzufassen wären, sondern auf verschiedene Weise das im Titel angegebene Spannungsfeld austragen. Damit wird deutlich, daß es unproduktiv geworden ist, Benjamins Texte in der

Konkurrenz von Marxismus und Theologie sortieren zu wollen, ebensowenig wie nach der Unterscheidung zwischen ästhetischen und politischen Untersuchungen.

Eine eigene Abteilung ist dem Literaturkritiker und Publizisten Benjamin gewidmet (»Literaturkritik, Avantgarde, Medien, Publizistik«). In diesem Bereich hat Benjamin eigene politische Schreibweisen entwikkelt, die eine erstaunliche Vielfalt zeigen und zugleich die unterschiedlichen medialen Publikationsbedingungen reflektieren. Anzumerken bleibt, daß die große Menge der Rezensionen, Feuilletonbeiträge, Polemiken, satirischen Glossen, Interviews und Rundfunkarbeiten im Rahmen des Handbuchs nicht im vollen Umfang und in wünschenswerter Detailliertheit behandelt werden konnte. Der Leser wird aber genügend Anstöße finden, um in Benjamins Texten auf eigene Entdeckungsreise gehen zu können.

Die vierte Abteilung »Dichtungsanalyse und Autorbild« präsentiert Artikel zu den ›literarischen Essays‹ Benjamins. Auch sie sind, ihrer Textform wie ihrer Thematik nach, nicht einheitlich; was sie aber verbindet, ist die Intensität, mit der sie jeweils auf einen einzelnen Autor bzw. auf ein einzelnes Werk eines Autors ausgerichtet sind. Benjamin hat eine besondere Meisterschaft entwickelt, strenge Dichtungsanalyse mit porträthaften biographischen Zügen zu verknüpfen, ohne damit einer psychologistischen Werkhermeneutik zu verfallen.

Die Artikel der letzten Abteilung »Sprachphilosophie; literarisches und autobiographisches Schreiben« rücken im engeren Sinne autobiographische Texte ebenso wie Aufzeichnungen und Briefe sowie die Sonette mit den grundlegenden sprachphilosophischen Texten zusammen, die zum wesentlichen unpubliziert blieben. Zwar muß man sagen, daß es keinen Text Benjamins gibt, der ohne Reflexion auf die Medialität von Sprache, Schreiben und Schrift wäre, aber es erschien gerade für die Zwecke des Handbuchs wichtig, diesen Komplex durch eine eigene Abteilung hervorzuheben. (Ein vorgesehener Text zu Benjamin als Übersetzer ist nicht zustandegekommen.)

Das Handbuch bietet fünf querschnittartige Durchgänge durch das Werk, die damit thematische Konstellationen ergeben. Vom Benutzer/Leser des Handbuchs wird erhofft, daß er nicht nur einzelne Artikel nachschlägt, sondern Lust bekommt, selbst Beziehungen herzustellen, die über die Anordnung der Autorenartikel hinaus- und in das Gesamt der hinterlassenen Schriften hineinführen.

Das Erstaunliche der Benjaminschen Produktion besteht ja darin, daß alles Geschriebene eine intellektuelle und stilistische Unverkennbarkeit hat. Alle Texte führen einen geheimen Kompaß mit sich, sie verweisen auf das verborgene Gravitationszentrum seines Denkens und Schreibens. Alle Texte unterhalten geheime Verbindungen, enthalten teilweise Selbstzitate, nehmen frühere Problemstellungen wieder auf, wandeln sie ab, konstellieren sie neu. Jeder, der sich intensiv in Benjamins Schriften versenkt, wird diese Erfahrung machen. Es ist Absicht des Handbuchs, zu dieser Erfahrung einzuladen.

Im Dickicht der Texte

Die Konzeption des Handbuchs sucht der besonderen Gestalt des Werks von Benjamin Rechnung zu tragen, die erst eigentlich posthum – durch Erschließung des verstreut Publizierten und Transkription des umfangreichen Nachlasses – erkennbar wurde. Über die abenteuerliche Geschichte der Überlieferung und der Nachlaßfunde, die noch in die lange Editionsgeschichte der Gesammelten Schriften hineingewirkt hat, muß hier nichts gesagt werden (s. dazu den Teil »Rezeptionsgeschichte«). Dank Rolf Tiedemann, der die immense Entzifferungs- und editorische Sicherungsarbeit der Gesammelten Schriften im wesentlichen trug, können die Benjaminleser heute auf eine so gut wie vollständige, philologisch genaue Textgrundlage zurückgreifen, wie es sie sonst für keinen philosophischen Autor seiner Generation gibt. In ihr ist der gesamte Nachlaß erfaßt und auch das, was nicht oder nur auszugsweise publiziert wurde, verzeichnet.

Für das Handbuch bedeutete dies, daß überall die Textgrundlage der *Gesammelten Schriften* zugrundegelegt wird. Nur in einzelnen rezeptionsgeschichtlich wichtigen Fällen wird auf frühere Ausgaben gesondert verwiesen. Hingegen konnte sich die Anordnung der Werkanalysen im Handbuch nicht an den Gliederungsprinzipien der *Gesammelten Schriften* orientieren. Es wäre gewiß einfacher gewesen, die Anordnung parallel zu der nun einmal vorgegebenen (und dem versierten Benjaminleser vertrauten) Gliederung folgen zu lassen. Aber, auch ohne hier in eine Diskussion der Gliederungsprinzipien eintreten zu wollen, kann festgestellt werden, daß sie eine höchst problematische Aufteilung in Werkformen und Textsorten unternimmt, die zudem durch die späteren Nachtragsbände (VII/1 und 2) und den umfangreichen Nachlaßband (VI) vollends unübersichtlich geworden ist.

Benjamins Werk besteht in seinem Hauptteil aus Einzeltexten; allein die als abgeschlossen geltenden Arbeiten umfassen über 500 Titel. Hingegen konnte Benjamin zu Lebzeiten nur vier Bücher publizieren. Und doch sollte man sich hüten, das durch Zeitumstände Verwehrte – Benjamin hat selbst einmal von der »Katastrophen- und Trümmerstätte« seines Schreibens gesprochen – zum Anlaß zu nehmen, das Überlieferte im Bild der Ruine oder des Fragments zu stilisieren. Was auf den ersten Blick als Disparatheit und Verstreutheit erscheint, hat sich längst als ein Kraftfeld erwiesen, demgegenüber jede Vorstellung, Benjamin habe die ›eigentlichen Werke‹ nicht schreiben können, völlig verblaßt. Bei ihm wie sonst wohl bei niemandem anders ist die Qualifizierung von Hauptwerken und Nebenarbeiten völlig hinfällig, ohne daß etwa die textanalytische Unterscheidung zwischen einem Aphorismus, einer Rezension und einer umfangreichen Abhandlung deshalb unwesentlich wäre.

Dem Leser wird damit abverlangt, sich diesem Dikkicht der Texte auszusetzen. Das Handbuch will nicht nur allgemein zur Lektüre der Benjaminschen Texte anregen, sondern ausdrücklich zur extensiven Benutzung der Edition der Gesammelten Schriften auffordern. Es genügt hierzu allerdings nicht, auf das außerordentlich akribische »Gesamtinhaltsverzeichnis« (VII, 899 – 1019), das in fünf gesonderten Registern alle abgedruckten Texte der Gesammelten Schriften erschließt, zu verweisen. Wer sich nicht auskennt, wird hier rasch ratlos werden.

Um dem Leser auf die Sprünge zu helfen, wird statt dessen im Handbuch allen Werkanalyse-Artikeln jeweils ein *Werkverzeichnis* nachgestellt. Die Werkverzeichnisse informieren den Benutzer über die für den Beitrag einschlägigen Texte Benjamins. Insbesondere werden hier auch die in den Apparaten und im Nachtragsband versteckten Nachlaßteile – Paralipomena, Arbeits-Schemata, ausformulierte Notizen, Literaturlisten – aufgelistet. Da Benjamin das Material seiner Manuskripte wohl so gut wie nie vernichtet hat, bilden diese Nachlaßteile vielfach ein einzigartiges Archiv des Schreibprozesses. Darüber hinaus wird im Werkverzeichnis auf weitere Texte hingewiesen, die in engem Bezug zu dem im Artikel behandelten Haupttext stehen, aber in der Schriftenausgabe nicht an diesem Ort zu finden sind. So wird über die Ausführungen im Autorartikel hinaus ein konstruktiver Zugang zu den Gesammelten Schriften eröffnet.

Der Schriftsteller mit zwei Händen

»In jeder Epoche muß versucht werden, die Überlieferung von neuem dem Konformismus abzugewinnen, der im Begriff steht, sie zu überwältigen.« Es wäre zu billig, diesem philosophischen Imperativ aus den Thesen Über den Begriff der Geschichte den exzeptionellen Nachruhm ihres Autors entgegenzuhalten – und täte man es, würde es nicht Benjamin sondern vielmehr die gedankenlosen Kulturagenten treffen, die das Werk konjunkturentsprechend verwerten.

Was mit der ersten Phase kontroverser Benjaminaktualisierung im 68er Kontext begann – notwendig auch mit überzogenen, gegenüber seinem historischen Kontext unkundigen Aktualisierungen –, hat sich mit neuen Problemstellungen und Akzentverschiebungen fortgesetzt. Inzwischen ist beträchtliche theoretische wie historische Forschungsarbeit geleistet worden. Und die politische Erosion der letzten 25 Jahre hat das Interesse an Benjamin nicht erlahmen lassen. Im Gegenteil könnte man sagen: seine Texte haben diese Diskursverschiebungen nicht nur unbeschädigt überstanden, sondern kehren ihre Widerständigkeit neu hervor, wie die Beiträge des Handbuchs erweisen und mit neuen Impulsen versehen. Den Funktionären des täglichen Fortschritts in der Katastrophe hat Benjamin allemal in die Suppe gespuckt.

Benjamin verkörpert auf herausragende Weise die Figur des europäischen, deutschjüdischen Intellektuellen, und damit eine brüchige Tradition, die heute wieder in Vergessenheit zu geraten droht. Wenn seine Schriften diesem Vergessen Widerstand bieten, so beruht dies nicht allein auf bestimmten Theoremen, Motiven, Themen und Überzeugungen, sondern auf der Eigenart seines Denkens und Schreibens, dessen Originalität sich gerade darin erweist, daß er zwar gewiß Bewunderer, aber weder gläubige Schüler noch erfolgreiche Nachahmer gefunden hat. Jeder Leser Benjamins, der über das Gelesene schreiben will, wird die Erfahrung machen, daß die Texte sich der ›Inhaltszusammenfassung‹ entziehen. Ohne die Prägnanz der Formulierung, die einem außerordentlichen Bewußtsein der deutschen Sprache entspringt, verflüchtigt sich ihr Wahrheitsgehalt, weshalb in der Öde mancher Sekundärdarstellung ein Benjaminzitat wie ein strafender Lichtblick wirkt.

Diese sprachliche Souveränität schloß Verknüpfungen ein, die auch den Freunden bedenklich oder gar zerstörerisch erschienen. Aber es ist nicht Mystifikation oder rhetorische Maskierung, sondern nüchterne Erkenntnis der eigenen Schreibkompetenz, wenn Benjamin gegen Scholems beunruhigte Warnungen darauf beharrt, »die rote Fahne zum Fenster herauszuhängen« und vom Parteistandpunkt aus »›gegenrevolutionäre‹ Schriften« zu verfassen, ließe sich durchaus kombinieren (Brief an Scholem vom 17.4. 1931: 4, 25).

Den Anspruch – und das Risiko – eines Denkens, das sich bewußt in Extremen bewegt, hat er in einem denkwürdigen Brief vom Juni 1934 an Gretel Karplus-Adorno (»Felizitas«), die sich wegen Brechts verhängnisvollem Einfluß auf Benjamin besorgt zeigte, aufs genaueste beschrieben. »In der Ökonomie meines Daseins spielen in der Tat einige wenige gezählte Beziehungen eine Rolle, die es mir ermöglichen, einen, dem Pol meines ursprünglichen Seins entgegengesetz[t]en zu behaupten. Diese Beziehungen haben immer den mehr oder weniger heftigen Protest der mir nächststehenden herausgefordert, so die zu B[recht] augenblicklich – und ungleich weniger vorsichtig gefaßt – den Gerhard Scholems. In solchem Falle kann ich wenig mehr tun, als das Vertrauen meiner Freunde dafür erbitten, daß diese Bindungen, deren Gefahren auf der Hand liegen, ihre Fruchtbarkeit zu erkennen geben werden. Gerade Dir ist es ja keineswegs undeutlich, daß mein Leben so gut wie mein Denken sich in extremen Positionen bewegt. Die Weite, die es dergestalt behauptet, die Freiheit, Dinge und Gedanken, die als unvereinbar gelten, neben einander zu bewegen, erhält ihr Gesicht erst durch die Gefahr. Eine Gefahr, die im allgemeinen auch meinen Freunden nur in Gestalt jener ›gefährlichen‹ Beziehungen augenfällig erscheint« (4, 440 f.).

Und ein Jahr später, diesmal geht es um die Besorgnis der Adornos, das Exposé der Passagenarbeit von 1935 verleugne die metaphysisch-theologischen Impulse der ersten Entwürfe, heißt es wiederum in einem Brief an Gretel Karplus-Adorno: »Meinen Gedankenflug höher lenkend, muß ich doch bei meiner Person noch einen Augenblick verweilen. Wenn Du nämlich von meinem ›zweiten Entwurf‹ schreibst ›darin würde man nie die Hand WB's erkennen‹, so nenne ich das doch ein wenig geradezu gesagt [...]. Der WB hat – und das ist bei einem Schriftsteller nicht selbstverständlich – darin aber sieht er seine Aufgabe und sein bestes Recht – zwei Hände. Ich hatte es mir mit vierzehn Jahren eines Tages in den Kopf gesetzt, ich müsse links schreiben lernen. Und ich sehe mich heute noch Stunden und Stunden an meinem Schulpult in Haubinda sitzen und üben. Heute steht mein Pult in der Bibliothèque Nationale – den Lehrgang so zu schreiben habe ich da auf einer höhern Stufe – auf Zeit! – wieder aufgenommen. Willst Du es nicht *mit* mir *so* ansehen, liebe Felizitas? Ausführlicher will ich hierzu nicht gerade sein« (Brief vom 1.9.35: 5, 151).

Nochmals gesagt: es wäre verfehlt, derartige Selbstauskünfte als ein Versteckspiel im Raum des brieflichen Austauschs zu betrachten. Ohne Zweifel hätte Benjamin diese Formulierungen in einem für die Publikation gedachten Text nicht gebraucht. Aber ihm ist der Gedanke, daß sein Denken und Schreiben sich in heterogenen Konstellationen bewegt, ganz selbstverständlich. Benjamin hat damit nicht nur Denkverbote unterlaufen, sondern auch politische Desillusionierungen besser verarbeiten können als viele andere Intellektuelle seiner Generation.

In einem Korpus von Aufzeichnungen aus dem Ende der 20er Jahre, die sich in der Sammlung Scholems fanden, deren Kontext aber leider nicht genau zu ermitteln ist, notiert er: »Schriftstellern heißt Gedankenkonzerte geben.« (VII, 877) Im Fortgang vergleicht er die Gedanken mit den Instrumenten eines Orchesters. »Autorenköpfe [müssen] mit Instrumenten viel besser besetzt sein, als der flüchtige Leser annimmt. Nur verhalten sie sich die meiste Zeit über schweigend um erst an der gegebenen Stelle genau, unter dem Stab des Dirigenten, einzufallen« (VII, 877). Die Kunst des philosophischen Schriftstellers besteht im präzisen Weglassen von Gedanken und Wörtern (VI, 209).

Was Benjamin (in den zitierten Briefen) als produktive Konstellation seines Daseins beschreibt, erscheint hier als innere Ökonomie der Textproduktion. In der EINBAHNSTRASSE, in dem Stück TECHNISCHE NOTHILFE, findet sich eine analoge Überlegung zur Instrumentierung der Autorenköpfe. »Wer wollte die Alarmsignale zählen, mit denen das Innere des wahren Schriftstellers ausgestattet ist? Und schreiben heißt nichts anderes als sie in Funktion zu setzen« (IV, 138). In Funktion setzten bedeutete aber nichts anderes als Komposition, Kalkulation, Rhythmisierung, die vom »Objektiv der Schrift« (ebd.) diktiert wird. Denn es »gibt nichts Ärmeres als eine Wahrheit, ausgedrückt, wie sie gedacht ward« (ebd.).

Im Kontext der Passagenarbeit hatte Benjamin dazu schließlich notiert: »Die Konkretion löscht das Denken, die Abstraktion entzündet es. Jede Antithetik ist abstrakt, jede Synthesis konkret. (Die Synthesis löscht das Denken)« (V, 1033). Jeder Text hat die Figur einer Stillstellung des Denkens und gibt die Löschung an den Leser weiter, der wiederum auf die »tausend Tore« (VII, 877) der Worte stößt.

Schriftstellern heißt aber nicht bloß, Gedanken zum Druck zu befördern, sondern erst einmal Schriften, Manuskripte, zu erstellen. Benjamin, der nie eine Schreibmaschine benutzte, hat der Praxis der eigenen handschriftlichen Aufzeichnung in der EINBAHNSTRASSE mehrfach eindringliche Reflexionen gewidmet (IV, 102; 106f.; 112f.; 131). Daraus wird ersichtlich, warum er immer wieder mit bestimmten Manuskriptformen und Aufschreibweisen experimentiert hat. Deshalb bildet der umfangreiche Nachlaß der erhaltenen Manuskripte einen integralen Bestandteil des Werks.

Leben, Werk, Wirkung

1. Zeit und Person

Von Nadine Werner

Weltkrieg und Revolution: Auf der Suche nach einem neuen System der Metaphysik

Walter Benjamin, geboren 1892, stammt aus einer großbürgerlichen Familie; sein Vater war als Kaufmann, Auktionator und Aktionär zu einem beträchtlichen Vermögen gekommen. Benjamins Kindheit, Schulzeit und Universitätsstudium verlaufen, soziologisch betrachtet, nicht ungewöhnlich für einen Sohn aus einer wohlhabenden deutsch-assimilierten jüdischen Familie. In der BERLINER KINDHEIT UM NEUNZEHNHUNDERT blickt Benjamin literarisch darauf zurück, wie er behütet und gut situiert in einer Berliner Villenwohnung aufwächst. Sowohl jüdische als auch christliche Feiertage werden in seiner Familie begangen; seine Eltern ermöglichen es ihm, seinen eigenen Weg zu gehen. Später sind sie allerdings nicht damit einverstanden, daß Benjamin keinen regulären Beruf ergreift.

Dem akademischen Lehrbetrieb steht Benjamin von Anfang an distanziert gegenüber. Schon in seiner Schulzeit entwickelt er ein kritisches Bewußtsein für die gängige hierarchische Ordnung zwischen Schülern und Lehrern. Von 1904 bis 1907 besucht Benjamin das Landerziehungsheim Haubinda. Die dort im Vordergrund stehende Gleichberechtigung von Schülern und Lehrern, vor allem aber die Bekanntschaft mit dem Pädagogen Gustav Wyneken, hinterlassen einen nachhaltigen Eindruck beim jungen Benjamin und legen den Grundstein für sein späteres Engagement in der Jugendbewegung. Als Anhänger Wynekens tritt Benjamin zwischen 1912 und 1914 für eine Reform der Schule und Erziehung ein.

Verbunden mit der Schulreformbewegung ist die Zeitschrift *Anfang* und der sogenannte Sprechsaal, ein von Benjamin initiierter Versammlungs- und Diskussionsort. Im Oktober 1913 nimmt er an der Jahrhundertfeier der »Freideutschen Jugend« auf dem Hohen Meißner teil. Unter dem Eindruck dieses Treffens entsteht der Text DIE JUGEND SCHWIEG, in dem Benjamin seinem Unmut über die nationalistische und militaristische Einstellung einzelner Gruppierungen der Jugendbewegung Ausdruck verleiht.

Benjamin tritt mit hohen Erwartungen an die universitäre Institution und ihre Angehörigen heran, die aber bald enttäuscht werden. Er bemerkt 1914 in einem Brief an Herbert Blumenthal: »Die Hochschule ist eben nicht der Ort, zu studieren« (1, 242). 1914 führt die Kriegsbegeisterung Wynekens zum Bruch Benjamins mit der Freistudentischen Bewegung, dem *Anfang* und dem Sprechsaal. Seine distanzierte Haltung gegenüber dem akademischen Lehrbetrieb äußert sich in seiner mit Scholem spielerisch erfundenen *Universität Muri*. Sie entwerfen zum Scherz ein Vorlesungsverzeichnis dieser imaginären Universität, das unter anderem Seminare von Sigmund Freud »Woher kommen die kleinen Kinder« oder A. von Harnacks »Das Osterei. Seine Vorzüge und Gefahren« ankündigt (IV, 441 ff.).

Schon früh entdeckt Benjamin seine Leidenschaft für das Reisen; in die Zeit bis 1923 fallen viele Auslandsaufenthalte, die Benjamin nach Italien, Frankreich und in die Schweiz führen. 1912 unternimmt er über Pfingsten eine Norditalienreise nach Mailand, Verona, Vicenza und Venedig. In Vicenza sieht er Palladios Bühnenbild »Die Straße«, das ihn nachhaltig beeindruckt. Ein Jahr später besucht er zusammen mit Kurt Tuchler zum ersten Mal Paris. Diese Reisen finden ihren literarischen Niederschlag in der Form des Tagebuchschreibens (VI, 229–292).

Bereits für Benjamins frühe Arbeiten ist ihre theologisch-metaphysische Dimension kennzeichnend, die aus heutiger Sicht unvertraut erscheinen mag. Der traditionsreiche philosophische Begriff Metaphysik, der mit Namen wie Aristoteles und Kant verbunden ist, hat heute eine Diskreditierung erfahren. Aus diesem Grund muß er als philosophischer Horizont, in dem sich das Denken des frühen Benjamin situiert, ins Gedächtnis gerufen werden: Die Versuche in den 1910er Jahren, Philosophie theologisch und metaphysisch zu fundieren, können als Reaktion auf eine vielfach diagnostizierte Kulturkrise betrachtet werden. In diesem Kontext stehen Arbeiten Benjamins wie ÜBER DAS PROGRAMM DER KOMMENDEN PHILOSOPHIE oder ÜBER SPRACHE ÜBERHAUPT UND ÜBER DIE SPRACHE DES MENSCHEN.

Auch Benjamins spätere Texte bis hin zu den Thesen ÜBER DEN BEGRIFF DER GESCHICHTE klammern die Theologie keineswegs aus. Signifikant ist, daß Benjamin später, in einem Brief an Adorno aus dem Jahr

1935, von einem »Umschmelzungsprozeß« spricht, der die »ganze, ursprünglich metaphysisch bewegte Gedankenmasse« im Laufe der Arbeit am Passagenprojekt betrifft (5, 98).

Insofern ist es nicht angemessen, Benjamins Biographie als einen mühsamen Weg von der metaphysischen Spekulation zum politischen Engagement zu begreifen. Zum einen wirken die metaphysisch-theologischen Impulse in seinen späteren Arbeiten weiter fort; zum anderen hat auch umgekehrt der Anspruch des Politischen in seinem Denken von Anfang an eine entscheidende Rolle gespielt, wie sein frühes Engagement für die Jugendbewegung zeigt. Mit der Zeit verändert sich lediglich die Ausrichtung seiner politischen Tätigkeit, wenn diese sich bald und dann bis zuletzt im Kontext eines radikalen Kommunismus spiegelt.

1892: am 15. Juli wird Walter Bendix Schönflies Benjamin in Berlin, als ältestes von drei Geschwistern, geboren.
1910: im Sommer Veröffentlichung erster Gedichte und Aufsätze im *Anfang.*
1912: Abitur und Beginn des Studiums der Philosophie und Philologie in Freiburg, Besuch der Vorlesungen von Heinrich Rickert »Darwinismus als Weltanschauung«, Friedrich Meinecke »Allgemeine Geschichte des 16. Jahrhunderts«, Jonas Cohn »Das höhere Unterrichtswesen der Gegenwart« und »Philosophie der gegenwärtigen Kultur« und Richard Kroner »Kants Weltanschauung«. Pfingstreise nach Italien. Engagement in der von Gustav Wynecken initiierten Freistudentischen Bewegung. Studium in Berlin. Benjamin hört Georg Simmel, Ernst Cassirer, Benno Erdmann und Kurt Breysig. Gründung des Sprechsaals.
1913: Studium in Freiburg, Besuch von Rickerts Logik-Vorlesung und dessen »Übungen zur Metaphysik im Anschluß an die Schriften von Henri Bergson«, Jonas Cohns »Über Kants und Schillers Begründung der Ästhetik« und Richard Kroners »Probleme der Naturphilosophie«. Freundschaft mit Fritz Heinle. Pfingstreise mit Kurt Tuchler nach Paris. Erster Aufsatz über Erfahrung. Reise nach Basel mit Besichtigung von Dürers »Ritter«, »Tod und Teufel« und »Melencolia I«. Studium in Berlin, Benjamin wohnt bei seinen Eltern in der Delbrückstraße 23. Beginn der Arbeit METAPHYSIK DER JUGEND, die im Januar 1914 fertiggestellt wird.
1914: Studium in Berlin, intensiver Einsatz und Vorsitz der Freien Studentenschaft. Bekanntschaft mit seiner späteren Frau Dora Pollak. Arbeit an DAS LEBEN DER STUDENTEN, veröffentlicht 1916. Fritz Heinle verübt gemeinsam mit seiner Verlobten Rika Seligson Selbstmord. Benjamin widmet ihm die Arbeit über Friedrich Hölderlins Gedichte *Dichtermut* und *Blödigkeit* (ZWEI GEDICHTE VON FRIEDRICH HÖLDERLIN). Beginn der Übersetzung von Charles Baudelaires *Tableaux Parisiens.*
1915: Bekanntschaft mit Werner Kraft und Gershom Scholem, der einer der wichtigsten, lebenslangen Freunde Benjamins wird. Studium in München, Benjamin hört Walter Lehmann, Fritz Strich, Heinrich Wölfflin und den Phänomenologen Moritz Geiger. Begegnung mit Felix Noeggerath und Rainer Maria Rilke. DER REGENBOGEN entsteht, Aufzeichnungen zu Phantasie u. farbigem Kinderbuch.
1916: Arbeit an TRAUERSPIEL UND TRAGÖDIE und an DIE BEDEUTUNG DER SPRACHE IN TRAUERSPIEL UND TRAGÖDIE, den Urzellen des späteren Trauerspielbuchs, und an ÜBER SPRACHE ÜBERHAUPT UND ÜBER DIE SPRACHE DES MENSCHEN. DAS GLÜCK DES ANTIKEN MENSCHEN entsteht. Beginn der intensiven Freundschaft mit Gershom Scholem.
1917: Heirat mit Dora Pollak. Weiterhin Baudelaire-Übersetzung. Studium in Bern, Benjamin hört bei seinem späteren Doktorvater Richard Herbertz, bei Paul Häberlin, Harry Maync und Anna Tumarkin, Besuch der Vorlesung von Gonzague de Reynold über »Charles Baudelaire, la critique et la poète«. Arbeit an ÜBER DAS PROGRAMM DER KOMMENDEN PHILOSOPHIE, zu der 1918 ein Nachtrag verfaßt wird.
1918: Arbeit an der Dissertation DER BEGRIFF DER KUNSTKRITIK IN DER DEUTSCHEN ROMANTIK. Geburt seines und Doras Sohnes Stefan Rafael in Bern.
1919: Promotion. Bekanntschaft mit Ernst Bloch. Auseinandersetzung mit den Eltern: Benjamins Vater verlangt, sein Sohn solle einer bezahlten Arbeit nachgehen. Benjamin ist dazu nicht bereit. Weiterhin Arbeit an den Baudelaire-Übersetzungen. Plan der Habilitation. Abschluß der Arbeit SCHICKSAL UND CHARAKTER.
1920: Aufenthalt im Sanatorium in Breitenstein und bei den Schwiegereltern in Wien. Bekanntschaft mit Florens Christian Rang in Berlin. Andauern des Zerwürfnisses mit den Eltern. Veröffentlichung der Dissertation. Ende des Jahres: Rückkehr ins Elternhaus.
1921: Fertigstellung und Veröffentlichung von ZUR KRITIK DER GEWALT. Beschäftigung mit dem Vorwort zu den *Tableaux Parisens*, DIE AUFGABE DES ÜBERSETZERS. Die Ehe mit Dora zerbricht, Benjamin verliebt sich in Jula Cohn. Kauf des *Angelus Novus* von Paul Klee. Aufenthalt in Heidelberg, Benjamin hört bei Karl Jaspers und Gundolf und begegnet Stefan George im Schloßpark. Scheitern des ersten Anlaufs zum Habilitationsverfahren. KAPITALISMUS ALS RELIGION entsteht; ebenfalls das »Theologisch-politische Fragment« spätestens in diesem Jahr. Unterzeichnung des Vertrags für die nie erschienene Zeitschrift *Angelus Novus.* Wolf

Heinle, Ernst Lewy, Florens Christian Rang, Erich Unger, Samuel Josef Agnon und Gershom Scholem sollen als Mitarbeiter gewonnen werden.
1922: Abschluß der Arbeit GOETHES WAHLVERWANDTSCHAFTEN. Beginn der Arbeit an URSPRUNG DES DEUTSCHEN TRAUERSPIELS.
1923: Aufenthalt in Frankfurt, Krise der Freundschaft mit Scholem. Bekanntschaft mit Theodor W. Adorno und Siegfried Kracauer. Auswanderungspläne. Erscheinen der Übersetzung von Baudelaires *Tableaux Parisiens.* Rückkehr nach Berlin.

Weimarer Republik: Autorschaft des Intellektuellen im publizistischen Feld

Im Literaturbetrieb der Weimarer Republik nimmt Benjamin die Position eines Publizisten, Intellektuellen, Essayisten und Kritikers ein. Während das Ende dieser Lebensphase mit dem Datum 1933 als politischer Einschnitt vorgegeben ist, kann der Zeitraum 1924/1925 als Einsatzpunkt gelten: Benjamin löst sich vom akademischen Kontext und ist als freier Publizist und Autor genötigt, regelmäßig und rasch für den literarischen Markt zu produzieren. Dieser lebensgeschichtliche Einschnitt resultiert aus Gegebenheiten, die sich mit zwei Stichworten erfassen lassen: Ablehnung der Habilitation und Inflation. Durch das Scheitern der Habilitation ist Benjamin eine akademische Karriere versperrt, und die Inflation ruiniert das väterliche Vermögen, so daß nach dem Tod des Vaters (18. Juli 1926) kein nennenswertes Erbe vorhanden ist.

Benjamins publizistische Tätigkeit ist ausgesprochen facettenreich, er experimentiert mit unterschiedlichen Medien und Formen. Die erste Rezension (zu Karl Hobreckers *Alte vergessene Kinderbücher*) veröffentlicht er 1924 im *Berliner Antiquariatsblatt* und in der *Illustrierten Zeitung,* Leipzig. Anfang 1926, 34jährig, und von nun an durchgehend in rascher Folge, tritt er mit Beiträgen für die von Willy Haas herausgegebene *Literarische Welt,* die *Neue Schweizer Rundschau,* das *Literaturblatt der Frankfurter Zeitung* – wo auch Kracauer als Redakteur tätig ist – bis hin zu der Amsterdamer Avantgarde-Zeitschrift *i 10* in Erscheinung. Darüber hinaus verfaßt Benjamin, vor allem in den Jahren 1931 und 1932, zahlreiche Arbeiten für den Südwestdeutschen Rundfunk (Frankfurt am Main) und die Funkstunde AG (Berlin), die er zum Teil selbst am Mikrophon vorträgt. In diesen ›kleineren‹ publizistischen Arbeiten finden sich grundlegende theoretische Einsichten: Jeder noch so kleine, scheinbar unbedeutende Gegenstand ist Benjamin eine Spiegelscherbe des eigenen Werks, der eigenen Philosophie. Auf kreative Weise nutzt Benjamin diese Medien und Publikationsorgane, anstatt Texte in akademischen Fachorganen zu veröffentlichen.

Um einen Eindruck von der Produktivität Benjamins in den sieben Jahren von 1926 bis 1933 zu gewinnen, lohnt sich ein Blick in das Chronologische Verzeichnis in den *Gesammelten Schriften* (VII, 934–961), das für diesen Zeitraum ca. 220 Publizistik-Titel aufweist.

Thematisch lassen sich Benjamins publizistische Arbeiten kaum zusammenfassen. Die Auswahl der rezensierten Bücher betreffend, ist er ohnehin abhängig von den Aufträgen der Redaktionen. Umso erstaunlicher ist es, daß noch die kleinste Rezension und der entlegenste Buchhinweis die unverwechselbare geistige Handschrift Benjamins aufweisen und im Gradnetz seines Denkens ihren Ort finden. Dabei versucht Benjamin nicht, sich als Literaturkritiker im engeren Sinne, als Spezialist für die schöne Literatur, zu profilieren, sondern bespricht ebenso Sachbücher (s. den Teil »Literaturkritik, Avantgarde, Medien, Publizistik«, 301 ff.), wobei neben Rezensionen und anderen kleinen Formen auch große Essays entstehen. Zwei Schwerpunkte lassen sich angeben, mit denen Benjamin eine bestimmte Position im Literaturbetrieb besetzen will: die revolutionäre russische Literatur und Kultur und die französische Literatur und Kultur. Inwieweit es ihm gelang, diese Stellung gegenüber der Konkurrenz zu besetzen, muß dahingestellt bleiben.

Neben seiner verstreuten publizistischen Tätigkeit verfolgt Benjamin in diesem Lebensabschnitt weiterhin Buchprojekte, in denen sich das eigene Denken im Zusammenhang manifestieren soll. So erscheinen 1928 das Trauerspielbuch und die EINBAHNSTRASSE, doch bleiben viele seiner Buchpläne unrealisiert. Benjamin beschäftigt sich mit dem Passagenprojekt und arbeitet an der BERLINER KINDHEIT, jedoch ohne eine vollständige Veröffentlichung konkret ins Auge zu fassen. Lediglich einzelne Texte der BERLINER KINDHEIT werden in verschiedenen Zeitungen und im Rundfunk veröffentlicht. Mit dem Rowohlt-Verlag schließt er einen Vertrag über die Publikation seiner literarischen Essays, die jedoch wegen finanzieller Schwierigkeiten des Verlags nicht zustandekommt.

1924: Reise mit Florens Christian Rang nach Capri, über Genua, Pisa und Neapel. Auch Bloch befindet sich in dieser Zeit auf Capri. Unerfüllte Liebe zu Asja Lacis. Rückkehr nach Berlin, der Tod Florens Christian Rangs trifft ihn tief. Arbeit am Trauerspielbuch.
1925: Antrag auf Habilitation in Frankfurt wird abgelehnt. Beginn der lebenslang andauernden Beschäfti-

gung mit Kafka. Reise nach Spanien und Italien, Begeisterung für die Werke des Barockmalers Juan de Valdés Leal, speziell für dessen Allegorie des Todes. Rückkehr nach Capri. Unwillkommener Besuch bei Asja Lacis in Riga. Arbeit an einer Proust-Übersetzung, teilweise zusammen mit Franz Hessel.

1926: Erster längerer Aufenthalt in Paris. Weiterhin Arbeit an der Proust-Übersetzung und häufige Treffen mit Ernst Bloch. Entstehung einiger Texte für die EINBAHNSTRASSE sowie der Arbeit über JOHANN PETER HEBEL. Tod seines Vaters. Weitere Reisen nach Marseille, Agay (Var) und Monaco. Moskaureise: seine Annäherungsversuche bei Asja Lacis und die Bemühungen, sich schriftstellerisch zu betätigen, schlagen fehl.

1927: Rückkehr nach Berlin; das Denkbild MOSKAU entsteht. Rückkehr nach Paris. Arbeit an der Proust-Übersetzung, Publikation des Aufsatzes über GOTTFRIED KELLER. Entstehung des ersten Haschischprotokolls in Berlin.

1928: Fortsetzung der Drogenprotokolle. Pläne zur Passagen-Arbeit mit dem ersten Titel: *Pariser Passagen. Eine dialektische Feerie.* URSPRUNG DES DEUTSCHEN TRAUERSPIELS, EINBAHNSTRASSE und eine Übersetzung von Auszügen aus Louis Aragons *Le paysan de Paris* erscheinen. Pläne, Scholem in Palästina zu besuchen. Haschischversuche in Marseille. Zeitweilige Rückkehr nach Berlin in die Delbrückstraße. Erste Gedanken zu DER ERZÄHLER. Wohngemeinschaft mit Asja Lacis.

1929: PROGRAMM EINES PROLETARISCHEN KINDERTHEATERS entsteht. DER SÜRREALISMUS und ZUM BILDE PROUSTS erscheinen in der *Literarischen Welt.* Verschiebung der Palästina-Reise, die nie durchgeführt wird. Bekanntschaft mit Brecht. Toskanareise; das Denkbild SAN GIMIGNANO entsteht. Rundfunktätigkeit. Auszug aus der Delbrückstraße wegen Ehescheidungsprozeß.

1930: Aufenthalte in Paris und Berlin. Scheidung. Seereise nach Norwegen, Finnland und zum Polarkreis. Es entsteht der Reisebericht NORDISCHE SEE. Tod der Mutter.

1931: Depression. Aufenthalte in Berlin und Paris. Arbeit an DIE AUFGABE DES KRITIKERS, KLEINE GESCHICHTE DER PHOTOGRAPHIE und KARL KRAUS. ICH PACKE MEINE BIBLIOTHEK AUS und DER DESTRUKTIVE CHARAKTER erscheinen.

1932: Ibizaaufenthalt als Übergang zum Pariser Exil. Arbeit an der BERLINER CHRONIK bzw. an der BERLINER KINDHEIT UM NEUNZEHNHUNDERT. Regelmäßige Treffen mit Felix Noeggerath. Selbstmordabsichten. Reise nach Nizza. Geplanter Selbstmord und Abschiedsbriefe, die nicht abschickt werden. Allgemeine Lebenskrise, die nicht allein auf die Krise der Weimarer Republik und den Zerreißungsprozeß der Linken zurückzuführen ist. Ebenso spielen allgemeine Einsamkeit und Depressionen eine Rolle.

Exil: Erwachen aus der Urgeschichte des 19. Jahrhunderts, der kommende Krieg

Im März 1933 verläßt Benjamin Deutschland, das er danach nicht mehr betritt; im September 1940 nimmt er sich in Port Bou das Leben. Hinter diesen beiden Daten verbirgt sich eine dramatische Geschichte der Exilierung.

Als Benjamin aus dem Deutschen Reich im März 1933 emigriert – offiziell ausgebürgert wird er erst 1939 – ist dies keine plötzliche Zäsur. Das Exil hat sich bereits mit den seit 1930 zunehmend verschlechterten Publikationsbedingungen angebahnt.

Als Benjamin 1933 erkennt, daß alle Brücken nach Deutschland abbrechen werden, versucht er nichtsdestoweniger im Pariser Exil, seine Arbeit fortzusetzen. Erstaunlich ist, welche Produktivität Benjamin unter den ungünstigen Bedingungen an den Tag legt. So gehören zu den Arbeiten des Exils einige der Texte, die im Mittelpunkt der posthumen Benjamin-Wirkung stehen: der Kunstwerkaufsatz, die BERLINER KINDHEIT und die Thesen ÜBER DEN BEGRIFF DER GESCHICHTE.

Das Exil steht ganz wesentlich im Zeichen des Instituts für Sozialforschung, da dieses Benjamins einzige finanzielle Absicherung darstellt. Die Zeitschrift des Instituts erscheint zunächst noch, weitgehend in deutscher Sprache, in Paris. Die Passagenarbeit wird als Forschungsprojekt des Instituts betrachtet.

Trotz Benjamins vorangegangenen Bemühungen um Kulturvermittlung kommen keine tragenden Verbindungen zu französischen Intellektuellenkreisen zustande. Insofern bleibt Benjamin eher ein deutscher emigrierter Gelehrter und Beobachter der französischen Verhältnisse denn ein aktiv Beteiligter.

In Paris konzipiert Benjamin die Passagenarbeit neu. Ebenso arbeitet er zusammen mit Jean Selz an einer französischen Fassung der BERLINER KINDHEIT UM NEUNZEHNHUNDERT, die jedoch nicht zustandekommt. Bis 1938 erweitert und überarbeitet er die deutsche Fassung.

Benjamins Lebens- und Publikationsbedingungen bewegen sich im Pariser Exil ständig am Rande des finanziellen Existenzminimums. Weder hat er einen bequemen Wohnsitz, noch vergräbt er sich in der Bibliothèque Nationale, um sich voll und ganz der Fertigstellung der Passagenarbeit zu widmen. Ortswechsel, die auf materielle Not und nicht auf die alte Lust des Reisens zurückzuführen sind, führen ihn mehrfach nach San Remo, wo er in der Pension seiner geschiedenen Frau kostenlos Unterkunft findet. Benjamin hält sich erneut auf Ibiza auf, weil er dort seinen Lebensunterhalt mit geringen Mitteln bestreiten kann, und er besucht Brecht in Dänemark. In Paris bezieht er immer wieder andere, oftmals beengende Wohnungen, teils zur Untermiete.

Es fällt schwer, sich ein konkretes Bild davon zu machen, welche der eigenen Arbeiten und Bücher Benjamin unter diesen Bedingungen zur Verfügung standen. Als Benjamin Berlin verläßt, bringt er seine Bibliothek vorübergehend bei Brecht in Dänemark unter. Dies verursacht unter anderem Schwierigkeiten für die Arbeit am Kafka-Aufsatz. So muß Benjamin Robert Weltsch, den Chefredakteur der *Jüdischen Rundschau*, bei der der Kafka-Essay erscheinen soll, darum bitten, ihm die Kafkaliteratur leihweise zur Verfügung zu stellen (vgl. II, 1160). Die Anschaffung neuer Bücher erlaubt Benjamins finanzielle Situation nicht. Statt dessen ist er gezwungen, einige seiner Bücher zu verkaufen. Zudem entfallen die Rezensionsexemplare der Verlage.

In dieser Situation, in der Benjamin das Publizieren stark erschwert ist, bieten die Briefwechsel und die Aufzeichnungen von Gesprächen mit Brecht, Adorno, Karl Thieme oder Hesse die Möglichkeit, wichtige Gedanken festzuhalten (vgl. VI, 523–542).

Auch seinen letzten Text, die Thesen ÜBER DEN BEGRIFF DER GESCHICHTE, kann Benjamin zu Lebzeiten nur einigen Freunden, wie etwa Hannah Arendt, anvertrauen. Die Thesen erscheinen erstmals 1942 in dem hektographierten Band *Walter Benjamin zum Gedächtnis*, der von Adorno als Sonderausgabe der *Zeitschrift für Sozialforschung* herausgegeben wird. Benjamins letzter Text erhält den Status eines ›Vermächtnisses‹, das im Wettlauf mit Hitlers Vernichtungsapparat entsteht. Anstoß für die Konzeption der Thesen ist der Hitler-Stalin-Pakt.

Der Text ist eine ungeheuer verdichtete und feingefügte Programmschrift, in der sich in der letzten Stunde alles zusammendrängt. Wie testamentarisch an die Nachwelt gerichtet sind diese Reflexionen über das Schreiben von Geschichte: der Intellektuelle stellt die Schrift der Zukunft anheim.

1933: LEHRE VOM ÄHNLICHEN entsteht. Erneuter Aufenthalt auf Ibiza. Benjamin geht endgültig ins Pariser Exil. Liebe zu der niederländischen Malerin Annemarie (Toet) Blaupot ten Cate, für sie schreibt er AGESILAUS SANTANDER. Rückkehr nach Paris, schwere Malariaerkrankung. Wiederholte Treffen mit Horkheimer. Abschluß der im August 1931 begonnenen DENKBILDER.

1934: Arbeit in der Bibliothèque Nationale an den *Passagen*, neue Schematisierung nach Konvoluttiteln liegt vor. PROBLEME DER SPRACHSOZIOLOGIE wird fertiggestellt. Beschäftigung mit dem Essay JOHANN JAKOB BACHOFEN. DER AUTOR ALS PRODUZENT entsteht. Aufenthalt in Skovsbostrand bei Brecht.

1935: Planung des Aufsatzes über Eduard Fuchs für die Zeitschrift für Sozialforschung. Reise nach Monaco und Nizza. Intensivere Planung des Passagenwerks, Fertigstellung des Exposés PARIS, DIE HAUPTSTADT DES XIX. JAHRHUNDERTS. Fertigstellung von DAS KUNSTWERK IM ZEITALTER SEINER TECHNISCHEN REPRODUZIERBARKEIT. Bekanntschaft mit dem Theologen Fritz Lieb.

1936: Arbeit am Passagenwerk. Der Aufsatz DER ERZÄHLER erscheint. Aufenthalt bei Brecht in Dänemark. Die Briefsammlung DEUTSCHE MENSCHEN wird unter dem Pseudonym Detlef Holz veröffentlicht. Reisen nach San Remo und – gemeinsam mit seinem Sohn – nach Venedig.

1937: Der Essay über Carl Gustav Jochmann DIE RÜCKSCHRITTE DER POESIE wird abgeschlossen. Arbeit an DAS PARIS DES SECOND EMPIRE BEI BAUDELAIRE, veröffentlicht wird später CHARLES BAUDELAIRE. EIN LYRIKER IM ZEITALTER DES HOCHKAPITALISMUS. Plan einer Arbeit über das archaische Bild in Auseinandersetzung mit Ludwig Klages und Carl Gustav Jung.

1938: Umzug in das letzte Pariser Domizil: 10, rue Dombasle. Weiterhin Arbeit am Baudelaire und an der BERLINER KINDHEIT UM NEUNZEHNHUNDERT. Einreichung eines von André Gide, Jules Romains und Paul Valéry unterstützten Gesuches zur Erlangung der französischen Nationalität. Beginn der Notizen zu ZENTRALPARK als Fortsetzung des Baudelaire-Buches. Häufige Treffen mit Georges Bataille und Pierre Klossowski. Reise nach Skovsbostrand zu Brecht und nach Kopenhagen.

1939: Ausbürgerung aus Deutschland. Weitere Aufzeichnungen zu ZENTRALPARK. Regelmäßige Diskussionsabende mit Hannah Arendt und ihrem späteren Ehemann Heinrich Blücher. Versuch, über Scholem ein Visum für Palästina zu erhalten. Arbeit an der dritten Fassung des Kunstwerkaufsatzes. Hoffnung auf eine Übersiedelung in die USA, Planung des Verkaufs von Klees *Angelus Novus*. Nichtangriffspakt zwischen Hitler und Stalin: Benjamins Thesen ÜBER DEN BEGRIFF DER GESCHICHTE entstehen. Ausbruch des Zweiten Weltkriegs. Internierung in Clos St. Joseph, Nevers. Rückkehr nach Paris, eine erneute Internierung kann verhindert werden.

1940: Vergeblicher Versuch der früheren Ehefrau Dora,

ihn zur Ausreise nach London zu überreden. Beantragung eines Einreisevisums für die USA. Fehlgeschlagener Fluchtversuch in die Schweiz (6, 472–474). Flucht vor den aufrückenden deutschen Truppen nach Lourdes, dann nach Marseille, wo er sich um ein Ausreise- und ein Transitvisum für Spanien bemüht. Benjamin erhält nach Adornos Bemühen ein Einreisevisum für die USA, aber kein Ausreisevisum für Frankreich. Das wird ihm an der spanischen Grenze zum Verhängnis. Benjamin trifft zu Fuß in Port Bou ein. Spanische Grenzwächter verweigern ihm wegen des fehlenden Ausreisevisums aus Frankreich die Durchreise, gestatten ihm aber, vermutlich wegen seines schlechten Gesundheitszustands, die Nacht über in dem Grenzort Port Bou zu bleiben. Benjamin quartiert sich im Hôtel de Francia ein. Dort wird offenbar schon schnell der Arzt zu dem schwer herzkranken Benjamin gerufen. Soweit rekonstruierbar, nimmt sich Benjamin in der Nacht mit einer Überdosis Morphium das Leben. Schriftstücke, die Benjamin in einer Aktentasche bei seinem Fluchtversuch mit sich geführt hatte und die er in die USA hatte mitnehmen und retten wollen, sind verschollen.

2. Quellen und Hilfsmittel der Benjamin-Forschung

Die Edition des Werks und der Briefe

Von Nadine Werner

Mit der Edition der *Gesammelten Schriften* wurde eine Basis geschaffen, die die zahlreichen vorangegangenen Auswahlbände ersetzt und bis zum Erscheinen der Kritischen Gesamtausgabe die Grundlage jeder wissenschaftlichen Beschäftigung mit Walter Benjamin bildet. Die Ausgabe, die in ihrer Konzeption und den Grundsätzen der Textrevision noch von Adorno und Scholem mitbestimmt ist, wurde von Rolf Tiedemann und Hermann Schweppenhäuser als Hauptherausgeber betreut (vgl. den Editorischen Bericht, I, 749–796). Sie stützt sich auf den gesamten Nachlaß und verzeichnet auch jene Nachlaß-Texte, die nur auszugsweise publiziert wurden. In der genauen Entzifferung und Erschließung dieser Nachlaß-Texte liegt eine außerordentliche editorische Leistung.

Die Edition der *Gesammelten Schriften* begann 1972 mit dem Erscheinen des dritten Bandes (Kritiken und Rezensionen) und des aus zwei Teilbänden bestehenden vierten Bandes (Kleine Prosa, Baudelaire-Übertragungen). Die ›Kleine Prosa‹ umfaßt Texte wie die Einbahnstrasse, die Berliner Kindheit, Deutsche Menschen, Denkbilder, Berichte, Hörmodelle, Satiren, Polemiken, Glossen und Miszellen. Zwei Jahre später, 1974, wurde der erste Band in drei Teilbänden herausgegeben: Abhandlungen. Dieser beinhaltet größere Arbeiten Benjamins, wie Der Begriff der Kunstkritik in der deutschen Romantik, die Wahlverwandtschaften-Arbeit, das Trauerspiel-Buch, den Kunstwerkaufsatz, aber auch die Baudelaire-Texte und die Thesen Über den Begriff der Geschichte. 1977 folgten mit den drei Teilbänden des zweiten Bandes (Aufsätze, Essays, Vorträge) frühe Arbeiten zur Bildungs- und Kulturkritik, metaphysisch-geschichtsphilosophische Studien, literarische und ästhetische Essays, ästhetische Fragmente, Vorträge, Reden, Enzyklopädieartikel, kulturpolitische Artikel und Aufsätze. Der zweiteilige fünfte Band (Das Passagen-Werk) versammelte 1982 erstmals die im Zusammenhang der Passagenarbeit entstandenen Texte. Erst 1985 erschien der sechste Band (Fragmente, Autobiographische Schriften). Den Abschluß dieser Benjamin-Edition bildeten 1989 die beiden Teilbände des siebten Bandes (Nachträge).

Ergänzt wird die Ausgabe durch drei Bände, die die von Benjamin übersetzten Texte enthalten (Supplement I–III, 1987, 1999).

Eine Sonderstellung in der Edition nehmen die Bände sechs und sieben ein. Der Band sechs stellt zum einen Fragmente bereit. »Ausschlaggebend bei der Auswahl waren«, wie es in den Anmerkungen der Herausgeber heißt, »erkennbare gedankliche oder konzeptionelle Selbständigkeit und der rudimentäre, oft weit und dennoch nicht bis zum optimalen Grad stilistischer und gedanklicher Durcharbeitung gediehene Formcharakter der einzelnen Stücke« (VI, 625). Diese werden nicht chronologisch aufgeführt, sondern nach inhaltlichen Kategorien wie beispielsweise Sprachphilosophie und Erkenntniskritik, Literaturkritik oder Ästhetik. Des weiteren enthält dieser Band verschiedene autobiographische Schriften wie Lebensläufe, Tagebuchaufzeichnungen oder die Berliner Chronik. Zusätzlich finden sich im Anhang Protokolle zu den Drogenversuchen.

Einige verlorengeglaubte, unbekannte oder unzugängliche Texte wurden erst im Verlauf der Arbeit an der Edition der *Gesammelten Schriften* aufgefunden. Insofern diese Texte nicht mehr in die Bände integrierbar waren, denen sie nach sachlichen Gesichtspunkten zuzuordnen wären, wurden diese in die beiden Teilbände des siebten Bandes aufgenommen. Neben der zweiten Fassung des Kunstwerkaufsatzes und der Fassung letzter Hand der Berliner Kindheit wurden hier auch das Verzeichnis der gelesenen Schriften und eine Bibliographie der zu Lebzeiten gedruckten Arbeiten zugänglich gemacht. Zudem finden sich in diesem Band Nachträge zu den Anmerkungen der Bände eins bis sechs. Der Band enthält außerdem die alphabetischen Verzeichnisse der abgeschlossenen Schriften, der Fragmente und der Gedichte am Ende des zweiten Teilbandes. Erwähnt sei zudem der abschließende Bericht zur Edition (VII, 883–885) und die Hinweise auf Korrekturen in späteren Auflagen (VII, 885 in der Taschenbuchausgabe).

Mit den *Gesammelten Schriften* kann das Benjamin-Handbuch auf eine so gut wie vollständige, philologisch genaue Textgrundlage zurückgreifen. Sie befolgt das Prinzip einer Aufteilung nach Gattungen bzw. Textsorten, das nicht immer schlüssig erscheint. Zudem sind die umfangreichen Anmerkungsapparate jeweils am Ende des Bandes und somit vom Text getrennt angeordnet. Dieser Aufbau hat zur Folge, daß sich der Benutzer bei der Lektüre zum Teil in drei Abteilungen der Edition umsehen muß: Es sind die Anmerkungsapparate der einzelnen Bände hinzuzuziehen, insofern sie zusätzliche Texte – etwa Paralipomena – enthalten. Zudem finden sich in der (unvollständigen) Edition der Fragmente in Band sechs auch Texte, die ins Umfeld einzelner in den ersten vier Bänden publizierter Arbeiten gehören. Darüber hinaus enthalten die beiden Teilbände des siebten Bandes nochmals Nachträge zu den Bänden eins bis sechs.

Trotz der Fülle an Nachträgen in Band VII gibt es weiterhin Texte, die nicht in die *Gesammelten Schriften* aufgenommen wurden. Außerhalb der Gesamtausgabe wurden unter anderem folgende Texte Benjamins publiziert: Die nach dem Fundort benannte Gießener Fassung der Berliner Kindheit um neunzehnhundert, die vom Theodor W. Adorno Archiv und Rolf Tiedemann herausgegeben wurde (Frankfurt a.M. 2000 mit einem Nachwort von Rolf Tiedemann), und »Neue Baudelairiana«, ein Literaturbrief an Max Horkheimer, sowie »Notizen zu einer Arbeit über die Kategorie der Gerechtigkeit«, die im vierten Band der von Rolf Tiedemann herausgegebenen *Frankfurter Adorno Blätter* (München 1992) veröffentlicht wurden (zu neueren Funden siehe auch Reinhard Müller/Erdmut Wizisla [2005]: »Kritik der freien Intelligenz«. Walter Benjamin-Funde im Moskauer »Sonderarchiv«, in: Mittelweg 36, H. 4, 61–76).

Die Edition der *Gesammelten Schriften* bildet auch die Textgrundlage für die zahlreichen neueren Übersetzungen der Werke Benjamins in andere Sprachen (s. dazu Klaus-Gunther Wesseling (Hg.): Walter Benjamin. Eine Bibliographie, Nordhausen 2003, 299–387). Die ebenfalls von Rolf Tiedemann und Hermann Schweppenhäuser besorgte italienische Ausgabe (*Opere complete di Walter Benjamin* bei Einaudi) enthält verschiedentlich neue Kommentierungen, die sich nicht mit denen der Edition der *Gesammelten Schriften* dekken.

Seit 1995 ersetzt die sechsbändige Ausgabe der Briefe Walter Benjamins, herausgegeben von Christoph Gödde und Henri Lonitz, die alte, von Adorno und Scholem edierte Ausgabe von 1966. Einige nach Abschluß der Edition aufgefundene Briefe finden sich in Band 6 auf den Seiten 487–502. Zudem wurden die Briefwechsel Benjamins mit Scholem (Frankfurt a.M. 1980), mit Adorno (Frankfurt a.M. 1994) und mit Gretel Adorno (Frankfurt a.M. 2005) gesondert publiziert. Weitere Briefe an Benjamin sind nur zum Teil und verstreut veröffentlicht worden, unter anderem Briefwechsel mit Hannah Arendt (Text und Kritik 166/167 [2005], 58–66), sowie weitere Briefwechsel mit Hermann Hesse, Fritz Lieb, Siegfried Kracauer, Max Horkheimer, Paul Häberlin, Margarete Steffin, Toet Blaupot ten Cate, Carl Linfert, Asja Lacis, Alfred Cohn oder Gretel Karplus (vgl. die Auflistung bei Momme Brodersen [2005]: Walter Benjamin, Frankfurt a.M., 145 f.).

Bibliographien

Von Sarah Steffen und Nadine Werner

Angesichts der kaum mehr überschaubaren Forschungsproduktivität, die Benjamins Werk international inzwischen ausgelöst hat, sind Bibliographien zu einem unverzichtbaren Hilfsmittel geworden.

1. Klaus-Gunther Wesseling (Hg.) (2003): *Walter Benjamin. Eine Bibliographie*, Nordhausen, 807 Seiten.

Wesseling legt die aktuellste und umfangreichste Bibliographie vor. Sie verzeichnet sowohl Benjamins Schriften als auch die Sekundärliteratur von 1921 bis 2004.

Nach einer biographischen Einleitung folgt der erste Teil der unkommentierten Bibliographie. Dieser erfaßt Texte von Benjamin wie folgt:

A. Selbständige Veröffentlichungen (zu Lebzeiten und posthum)

B. Unselbständige Veröffentlichungen (ebenfalls zu Lebzeiten, Gemeinschaftsarbeiten und posthum).

Diese Abschnitte verzeichnen die Texte chronologisch nach dem Publikationszeitpunkt. Unter den unselbständigen Veröffentlichungen werden zusätzlich nachgelassene Manuskripte und Fragmente, Sammlungen und Teilausgaben, Gesamtausgaben, Briefwechsel, Hörbücher und schließlich Online-Titel erfaßt, welche alphabetisch angeordnet sind. In dem mit ›Briefwechsel‹ überschriebenen Abschnitt sind lediglich Briefe von Benjamin verzeichnet, obwohl auch Briefwechselabdrucke vorliegen.

C. Strukturierte Bibliographie der fremdsprachigen Ausgaben von Benjamins Werken.

Der zweite Teil listet die Sekundärtexte wie folgt auf:

A. Chronologische Bibliographie (diese enthält auch Titel ohne bibliographische Angaben, Abbildungen, Photographien etc., Dichtungen zu und für Walter Benjamin sowie eine Filmographie).

B. Online-Literatur, also im Internet veröffentlichte Sekundärtexte.

Wesselings Bibliographie verfügt über ein Personen-, Sach- und Titelregister.

Zusätzlich zu den bibliographischen Angaben finden sich im ersten Teil der Bibliographie Informationen rund um die Texte anhand eines sehr differenzierten Ordnungsschemas. Jedem aufgeführten Text werden hierbei folgende Angaben vorangestellt: Die ersten beiden Numerierungen des Eintrags verweisen auf die Bibliographie der zu Lebzeiten gedruckten Arbeiten in den *Gesammelten Schriften* Bd. VII, 477–519 und auf seine Auflistung in Momme Brodersens *Walter Benjamin – Eine kommentierte Bibliographie* aus dem Jahre 1995. Die dritte Rubrik benennt die Textgattung und eine vierte verweist im Fettdruck auf die (Wieder-) Veröffentlichung in den *Gesammelten Schriften*. Falls Benjamin unter einem Pseudonym veröffentlicht hat, wird dies in einer eigenen Kategorie erwähnt. Eine sechste und letzte Rubrik verweist auf zum Text zugehörige editorische Notizen in den *Gesammelten Schriften*. Dieses Ordnungsschema vermittelt sehr komprimiert eine Fülle an Informationen. Da dies auf kleinstem Raum geschieht, entsteht allerdings ein unübersichtliches Gesamtbild.

Wesselings umfassende Bibliographie inkorporiert den Titelbestand der zuvor erschienenen Bibliographien. Dennoch können diese eine wichtige Ergänzung sein, da sie durch ihre unterschiedlichen Schwerpunktsetzungen bestimmte Teilaspekte der Benjaminforschung auf besondere Weise beleuchten und nützliche Register und Kommentare bieten. Aus diesem Grund werden im folgenden weitere Bibliographien aufgeführt.

2a. Reinhard Markner/Thomas Weber (Hg.) (1993): *Literatur über Walter Benjamin. Kommentierte Bibliographie 1983–1992*, Hamburg, 310 Seiten.

Die kommentierte Bibliographie versteht sich als Grundlage, die Überlieferungsgeschichte Benjamins kritisch zu betrachten. Deshalb bewegen sich die Kommentare zwischen Rezension und Regeste. Nicht alle Einträge sind kommentiert, es wird insbesondere zu den Monographien Stellung genommen. Außerdem bemüht sich die Bibliographie darum, die wichtigsten Autoren mindestens einmal im Kommentar zu berücksichtigen und zu einzelnen Themenbereichen Benjamins einen Einblick in die Rezeption zu bieten.

Im Unterschied zu Wesselings Bibliographie werden hier in einem eigenen Abschnitt »Kontextstudien« Applikationen und Fortschreibungen dokumentiert, die mit den Texten Benjamins arbeiten oder ihn zu Vergleichszwecken ins Spiel bringen. In ihrem formalen Aufbau verzichtet die Bibliographie auf inhaltlich an Benjamin angelehnte Rubriken. Zunächst findet man Bücher, Darstellungen und Dokumente zu Benjamins Biographie; im Hauptteil Studien zu Werk und Wirkung (Bibliographien, Monographien und Sammelbände); anschließend Sonderhefte und -beilagen von Zeitschriften und Zeitungen, unveröffentlichte Hochschulschriften und unselbständig erschienene Studien. Des weiteren werden Vor- und Nachworte, Lexikonartikel und Sammelrezensionen erfaßt.

Zuletzt folgen Wiederabdrucke erstmals vor 1983 erschienener Beiträge, Nachträge zur Bibliografia critica generale (bis 1982) von Momme Brodersen und Nachträge der im Jahre 1993 erschienen Literatur. Nützlich ist diese Bibliographie vor allem durch ihre Kommentare und ihren Registerteil – erfaßt werden die Autoren der aufgenommenen Einträge sowie Werke, Begriffe und die in den Titeln genannten Namen.

2b. Reinhard Markner/Ludger Rehm (1999): »Bibliographie zu Walter Benjamin (1993–1997)«, in: Klaus Garber/Ludger Rehm (Hg.): *global benjamin. Internationaler Walter-Benjamin-Kongreß 1992*, Bd. 3, München, 1849–1916.

Markner und Rehm dokumentieren in ihrer unkommentierten Bibliographie die von 1993 bis 1997 erschienene Literatur über Benjamin. Sie schließt an die 1993 erschienene Bibliographie von Markner und Weber an und orientiert sich auch an deren Gliederung.

Auch durch ihren ausführlichen Wegweiser zu forschungsrelevanten Internetseiten, der ausgewählte Websites vorstellt und kommentiert, ist diese Bibliographie immer noch von Interesse, besonders da die Online-Literatur in Wesselings Bibliographie nicht so ausführlich dargestellt ist. Darüber hinaus ist eine eigene Rubrik für die große Anzahl von Zeitschriften (-Sonderheften) mit dem Schwerpunkt Walter Benjamin angelegt.

3. Momme Brodersen (1995): *Walter Benjamin – Eine kommentierte Bibliographie*, Morsum, Sylt, 311 Seiten.

Die 1995 von Brodersen publizierte kommentierte Bibliographie umfaßt ausschließlich Veröffentlichungen von Benjamins Schriften, sowohl zu Lebzeiten als auch posthum bis zum Jahr 1990. Zu diesem Zeitpunkt waren die *Gesammelten Schriften*, ediert von Tiedemann und Schweppenhäuser, bereits vollständig veröffentlicht. Besonderes Merkmal der Bibliographie ist die umfassende Auflistung fremdsprachiger Benjamin-Ausgaben.

Die Bibliographie ist folgendermaßen unterteilt: A. Gesammelte Schriften; B. Sammlungen; C. Einzelwerke; D. Benjamin als Übersetzer (selbständig und unselbständig erschienene Publikationen); F. Briefe und Briefwechsel; G. Übertragungen der Schriften Benjamins (nach dem Alphabet der Sprachen unterteilt). Die einzelnen Abschnitte listen die Schriften in der chronologischen Folge ihres Erscheinens auf.

Ein sehr ausführliches Register erfaßt Werke, Titel der Übersetzungen, Briefempfänger, Rezensionen, Namen und Periodika.

4. Momme Brodersen (1984): *Walter Benjamin: Bibliografia critica generale* (1913–1983), Palermo, 189 Seiten.

Brodersens *Bibliografia critica generale* ist insbesondere für den an der italienischen Rezeption Benjamins Interessierten eine wertvolle Quelle, da ihr Schwerpunkt bei den italienischen Publikationen im Zeitraum von 1913 bis 1983 liegt. Zum Zeitpunkt ihres Erscheinens war die deutsche Ausgabe der *Gesammelten Schriften* noch nicht vollständig erschienen.

Die Bibliographie ist in zwei chronologisch geordnete Abschnitte unterteilt: 1. Benjamins Werke in den Kategorien »Werkeditionen«, »Einzelausgaben«, Übersetzungen, Autobiographische Schriften, Übersetzungen ins Italienische, und 2. Schriften über Walter Benjamin. Das Register der Bibliographie ist ein reines Namensregister.

5. Burkhardt Lindner (1971/1979): Kommentierte Übersicht zur Lebens- und Wirkungsgeschichte Benjamins, in: *Text und Kritik* 31/32, 2. Aufl., 81–92.

Lindners kommentierte Bibliographie erschien erstmals 1971, also etwa parallel zum Beginn der Herausgabe der *Gesammelten Schriften*. Sie spiegelt die erste Rezeptionsphase der Benjaminschen Schriften wider und bietet eine Einführung in Benjamins Werk, welche die Schriften von und über Walter Benjamin vorstellt. Der Teil zur Sekundärliteratur ist nach thematischen Schwerpunkten im Werk Benjamins gegliedert, wie z. B. politische Philosophie, Sprachtheorie, Messianismus. Diese Einteilung macht sie zu einem noch immer nützlichen Handwerkszeug, da sie ein gezieltes thematisches Suchen nach übergeordneten Begriffen in Benjamins Werk ermöglicht. Zudem setzt sich die Bibliographie in einer eigenen Rubrik ausführlich mit der Edition der Schriften Benjamins auseinander.

Gegliedert ist diese Bibliographie in fünf Abschnitte: I. Bibliographien, II. Werke, III. Briefe, IV. Nachlaß und V. Sekundärliteratur.

Einführungen und Materialien

Von Katharina Weber

Ziel der folgenden kommentierten Auflistung von Einführungen und Materialien zu Benjamin ist es nicht, eine vollständige bibliographische Übersicht zu bieten. Vielmehr handelt es sich um eine Auswahl grundlegender Werke.

Folgende im Anschluß angeführten Publikationen enthalten im größeren Umfang historische Photographien und faksimiliertes Quellenmaterial: Brodersen (1990), Marbacher Magazin (1990), Puttnis/Smith (1991), Scheurmann (1992), van Reijen/van Dorn (2001).

Außerdem sei noch hingewiesen auf: Detlev Schöttker (Hg.) (2004): *Schrift Bilder Denken. Walter Benjamin und die Künste*, Berlin/Frankfurt a. M.; Erdmut Wizisla (2004): *Benjamin und Brecht. Die Geschichte einer Freundschaft*, Frankfurt a. M.

Einführungen

Uwe Steiner (2004): *Walter Benjamin*, Stuttgart/Weimar.

Diese solide und fundierte Einführung kann als Standardwerk für diejenigen gelten, die einen ersten Zugang zu Benjamins Denken finden wollen. Vorrangig werden hier Benjamins Schriften in ihren biographischen und soziokulturellen Kontext eingeordnet. Dabei wird dicht an den Schriften vorgegangen und deren Entstehungs- und Bedeutungszusammenhang erläutert.

David S. Ferris (Hg.) (2004): *The Cambridge Companion to Walter Benjamin*, Cambridge.

Es handelt sich um eine Aufsatzsammlung, in der fast ausschließlich die englisch-amerikanische Benjaminrezeption berücksichtigt wird. Aspekte von Benjamins Gesamtwerk werden unter den übergreifenden Begriffen Kunst, Sprache, Mimesis, Geschichte, Romantik, Avantgarde und Dialektik behandelt.

Sven Kramer (2003): *Walter Benjamin zur Einführung*, Hamburg.

Diese nach Themen strukturierte Einführung widmet sich Benjamins Sprachtheorie, Medientheorie, Geschichtstheorie, Ästhetik und Erkenntnistheorie. Diese inhaltlichen Schwerpunkte werden in den Schaffensperioden Benjamins verortet. Innerhalb der thematisch geordneten Kapitel werden Benjamins bekannteste Begriffe (wie mimetisches Vermögen, Kritik, Aura) behandelt.

Bruno Tackels (2001): *Petite introduction à Walter Benjamin*, Paris.

Diese bei L'Harmattan in der »Collection Esthétiques« erschienene französische Einführung stellt Hauptlinien des Benjaminschen Werks durch drei Schwerpunktsetzungen dar: Sprachtheorie und -kritik, Kunst und Reproduzierbarkeit, Geschichtsphilosophie.

Norbert Bolz/Willem van Reijen (1991): *Walter Benjamin*, Frankfurt a.M.

Diese Einführung ist thematisch geordnet und legt ihren Schwerpunkt auf die Sprachphilosophie. Nah an Benjamins Texten werden sein Vorgehen als Autor, seine ›inverse und politische Theologie‹, der Begriff der Allegorie, seine Geschichtsphilosophie, Erkenntnistheorie, der anthropologische Materialismus und die Medienästhetik abgehandelt. Abschließend wird der aktuelle Kontext Benjamins skizziert.

Michael Opitz/Erdmut Wizisla (Hg.) (2000): *Benjamins Begriffe*, 2 Bde., Frankfurt a.M.

In dieser Veröffentlichung werden von verschiedenen Autoren in Aufsätzen 23 Schlüsselbegriffe Benjamins (wie Aura, Allegorie, dialektisches Bild, Rettung, Schicksal, Zitat) behandelt. Die einzelnen Aufsätze verfolgen jeweils die Ausarbeitung des Begriffs in Benjamins Gesamtwerk; jedem Artikel ist ein Stellenregister und ein Literaturverzeichnis beigegeben.

Howard Caygill/Alex Coles/Andrezej Klimowski (2000): *Introducing Walter Benjamin*, London.

Dieser Band aus der bekannten Serie englischer Theorie-Einführungen im Comic-Stil gibt in witzigen Bildern und prägnanten Zitaten einen pointierten Einblick in Leben und Werk Benjamins und bietet insbesondere für Benjamin-Kenner und Benjaminianer eine amüsante Lektüre.

Materialien und biographische Zeugnisse

Marbacher Magazin 55/1990: *Walter Benjamin*. 1892–1940 [Ausstellungskatalog anläßlich der Ausstellung des Theodor W. Adorno Archivs in Verbindung mit dem Deutschen Literaturarchiv, bearb. von Rolf Tiedemann, Christoph Gödde u. Henri Lonitz].

Der Ausstellungskatalog enthält viele private und offizielle Briefe und Korrespondenzen sowie Fotos von Benjamin, seiner Familie und seinen Freunden, zudem viele Faksimiles, wie unter anderem Teile aus URSPRUNG DES DEUTSCHEN TRAUERSPIELS und GOETHES WAHLVERWANDTSCHAFTEN, Buchumschläge und Zeitungsartikel, Zeugnisse, Habilitationsantrag. Briefe und Manuskripte finden sich auch teilweise eingebettet in den Fließtext, der in einer größtenteils biographisch geordneten Erzählung die Ausstellungsstücke und ihren Kontext näher erläutert. Weiterhin ist ein Pharus-Plan der Stadt Berlin zu Benjamins Zeiten beigelegt, in welchem Benjamins Wohnorte markiert sind.

Hans Puttnis/Gary Smith (Hg.) (1991): *Benjaminiana: eine biographische Recherche*, Giessen [im Zusammenhang mit der Ausstellung »Bucklicht Männlein und Engel der Geschichte, Walter Benjamin, Theoretiker der Moderne« vom 28.12.1990–28.4.1991 in Berlin].

Dieser außerordentlich schön gestaltete Band versammelt viele Benjamin-Materialien, die in der Sekundärliteratur selten zu finden sind: »Zeugnisse eines lebendigen Judentums, Exilszenen, Klatsch, Briefe und Kleingedrucktes zu Charakter und Werk«, wie es im Klappentext heißt. Das Buch enthält zahlreiche Photographien, historische Dokomente und Quellen, z.T. in aufwendigem Farbdruck, sowie Faksimiles Benjaminscher Texte.

Geret Luhr (Hg.) (2000): *»was noch begraben lag«. Zu Walter Benjamins Exil. Briefe und Dokumente*, Berlin.

Hier wird versucht, unter der Verwendung von noch unveröffentlichten Materialien Benjamins Exilzeit insbesondere unter Aspekten des Privaten und Subjektiven zu rekonstruieren. Die Briefe und Berichte, die an Benjamin gerichtet sind oder von ihm handeln, stammen unter anderem von Dora und Stefan Benjamin, Asja Lacis, Max Aron, Wilhelm Speyer und Annemarie Blaupot ten Cate. Den Briefen vorangestellt ist jeweils ein kurzer Abschnitt über das Verhältnis des Absenders zu Benjamin.

Albrecht Götz von Olenhusen (1997): *»Der Weg vom Manuskript zum gedruckten Text ist länger, als er bisher je gewesen ist«: Walter Benjamin im Raubdruck 1969 bis 1996*, Lengwil am Bodensee.

Diese Veröffentlichung zeichnet die Geschichte der Raubdrucke Benjaminscher Texte seit den 1968er Jahren nach. Hierbei wird auf eine Einbettung in den gesellschaftlich-historischen Kontext Wert gelegt. Im Anhang befindet sich eine ausführliche Bibliographie von 17 Raubdrucken. Aktualisiert wird diese Rekonstruktion in dem 2002 erschienen *Handbuch der Raubdrucke*, ebenfalls von Götz von Olenhusen.

Dani Karavan/Ingrid Scheurmann/Konrad Scheurmann (Hg.) (1995): *Hommage an Walter Benjamin: der Gedenkort »Passagen« in Portbou*, Mainz.

Ingrid Scheurmann/Konrad Scheurmann (1992): *Für Walter Benjamin*, Frankfurt a.M.

Ingrid Scheurmann (1992): *Neue Dokumente zum Tode Walter Benjamins*, Bonn [im Rahmen der Ausstellung »Grenzüberschreitungen. Walter Benjamin – Leben und Werk« in Kassel vom 5.12.92–31.1.93].

Die Veröffentlichung *Für Walter Benjamin* anläßlich seines 100. Geburtstags umfaßt neben Artikeln zu Leben und Werk, Fotos und Faksimiles Zeugnisse von Arthur Lehning, Jean Selz, Hans Sahl, Lisa Fittko und anderen. Auch ein Abschnitt über die Gedenkstätte in Port Bou ist enthalten. Die Entstehung und Realisierung dieses Gedenkortes ist auch in dem Band *Hommage an Walter Benjamin* dokumentiert, der viele Fotos von Port Bou, der Gedenkstätte und ihrer Umgebung beinhaltet. In diesem Kontext ist auch die Publikation der *Neuen Dokumente zum Tode Walter Benjamins* zu nennen, in der sein Aufenthalt in Port Bou rekonstruiert wird anhand von Dokumenten, die im Original und in deutscher Übersetzung wiedergegeben sind: unter anderem der amtliche Bericht des zuständigen Richters sowie Rechnungen und Belege.

Willem van Reijen/Herman van Doorn (2001): *Aufenthalte und Passagen. Leben und Werk Walter Benjamins. Eine Chronik*, Frankfurt a. M.

Diese biographisch angelegte Chronik befaßt sich mit den Aufenthaltsorten und Lebensumständen, unter denen Benjamin seine Schriften verfaßte. Zugleich werden hier auch Erläuterungen zu seinen Werken und viele Fotos von seinen Wohnungen und deren Umgebung integriert.

Momme Brodersen (1990): *Spinne im eigenen Netz – Walter Benjamin, Leben und Werk*, Bühl-Moos.

Momme Brodersen (2005): *Walter Benjamin*, Frankfurt a. M.

Die Biographie *Spinne im eigenen Netz* enthält Fotos, Zeitungsabschnitte und Notizen als Faksimile, auch solche, die nicht im *Marbacher Magazin* oder in den *Benjaminiana* enthalten sind, wie unter anderem einen Ausriß aus dem Vertrag mit dem Rowohlt-Verlag. Die spätere Biographie ist in die drei Hauptabschnitte Leben, Werk und Wirkung gegliedert und kann als Einführung empfohlen werden.

Ingeborg Daube: »Katalog der Kinderbuchsammlung Walter Benjamin«, in: Klaus Doderer (Hg.) (1988): *Walter Benjamin und die Kinderliteratur*, Weinheim, 247–282.

Ingeborg Daube erfaßt und beschreibt in ihrem Beitrag Benjamins Kinderbuchsammlung, die heute am Institut für Jugendbuchforschung der J. W. Goethe-Universität Frankfurt zugänglich ist.

Siegfried Unseld (Hg.) (1972): *Zur Aktualität Walter Benjamins*, Frankfurt a. M.

Dieser Sammelband erschien nicht allein aus Anlaß von Benjamins 80. Geburtstag, sondern auch aus Anlaß des Beginns der Edition der *Gesammelten Schriften*. Hierzu hatte der Verlagsleiter Unseld eine öffentliche Konferenz ausgerichtet, bei der Jürgen Habermas den Hauptvortrag hielt. Dieser Vortrag sowie die Vorträge von Gershom Scholem und Hermann Schweppenhäuser werden hier abgedruckt. Hinzu kommen Inedita aus Benjamins Nachlaß sowie Erinnerungen von Werner Kraft, Arienne Monnier und Hans Sahl. Rolf Tiedemanns Bibliographie der Erstdrucke von Benjamins Schriften schließt den Band ab.

Über Walter Benjamin (1968): Frankfurt a. M.

In diesem Sammelband finden sich Erinnerungen an Benjamin unter anderem von Ernst Bloch, Theodor W. Adorno, Gershom Scholem, Jean Selz und Max Rychner.

Theodor W. Adorno (1990): *Über Walter Benjamin*, 2., rev. u. erw. Aufl. Frankfurt a. M.

Der Band ist zweigeteilt und enthält im ersten Abschnitt eine vollständige Sammlung von Adornos Schriften und Erinnerungen zu Benjamin, die der Autor zu verschiedenen Anlässen verfaßt hat, wie unter anderem die »Charakteristik Walter Benjamins«, die zu Benjamins zehntem Todestag 1950 erstmals in der *Neuen Rundschau* (61, 571–584) veröffentlicht wurde, oder den »Interimsbescheid«, der 1968 zu den damaligen Auseinandersetzungen um die Edition und Interpretation Benjamins Stellung bezieht, sowie bislang unveröffentlichte Aufzeichnungen »Zur Interpretation Benjamins«. Der zweite Teil umfaßt Auszüge aus Briefen, die Adorno an Walter Benjamin richtete.

Hannah Arendt (1971): *Walter Benjamin. Bertolt Brecht. Zwei Essays*, München.

Arendt hatte Benjamin in seiner Exil-Zeit kennengelernt. Sie erhielt von ihm ein Exemplar seiner Thesen Über den Begriff der Geschichte. In ihrem Essay über Benjamin liefert sie nicht nur ein privates Porträt des Freundes, sondern auch Einblicke in den intellektuellen Austausch beider.

Herbert W. Belmore (1975): »Some Recollection of Walter Benjamin«, in: *German Life and Literature*, 28, 119–127.

Benjamins Jugendfreund Belmore blickt in diesem Text auf die gemeinsam mit Benjamin verbrachte Schulzeit zurück und beschreibt Benjamins damalige Wesensart.

Werner Kraft (1973): *Spiegelung der Jugend*. Mit e. Nachw. von Jörg Drews. Frankfurt a. M.

In dieser Autobiographie von Kraft findet sich ein längerer Bericht über seine Freundschaft mit Benjamin.

Asja Lacis (1971): *Revolutionär im Beruf: Berichte über proletarisches Theater, über Meyerhold, Brecht, Benjamin und Piscator*, hg. von Hildegard Brenner, München.

Dies ist eine Autobiographie der Regisseurin Asja Lacis, die eine intellektuelle und erotische Beziehung mit Benjamin unterhielt. Hier finden sich einige Erinnerungen an die gemeinsame Zeit seit ihrem Kennenlernen auf Capri 1924.

Max Rychner (1952): *Sphären der Bücherwelt*, Zürich.

Der Herausgeber der *Neuen Schweizer Rundschau*, bei der Benjamin mitarbeitete und mit dem Benjamin einen wichtigen Briefwechsel unterhielt, widmet Benjamin ein Kapitel seines Buches.

Gershom Scholem (1975): *Walter Benjamin – die Geschichte einer Freundschaft*, Frankfurt a. M.

Scholem schreibt hier Erinnerungen an Benjamin von 1915–1940 nieder. Diese Erinnerungen sind unverzichtbar für alle, die sich näher mit Benjamins Person befassen wollen.

Charlotte Wolff (1971): *Innenwelt und Außenwelt. Autobiographie eines Bewußtseins*, München.

Charlotte Wolff (1986): *Augenblicke verändern uns mehr als die Zeit. Eine Autobiographie*, Frankfurt a. M.

In diesen beiden Veröffentlichungen erinnert sich Charlotte Wolff an Benjamin als Person, an ihr Kennenlernen zu der Zeit, in der Benjamin seinen Aufsatz zu GOETHES WAHLVERWANDTSCHAFTEN schrieb, sowie an die familiäre Situation, in der sich die Benjamins befanden.

Das Walter Benjamin Archiv

Von Ursula Marx

Schon früh war sich Benjamin sowohl der Bedeutung als auch der Gefährdung seiner Schriften bewußt. Um der Gefahr von Verlusten durch sein unstetes Leben und Vernichtung durch die Nationalsozialisten zu begegnen, deponierte er sie gezielt bei Freunden und Kollegen. Wie vorausschauend diese Vorgehensweise »in einer so wichtigen Sache als die Verwahrung meiner Papiere« (1, 458) war, belegt der erstaunliche Umfang, in dem Benjamins Schriften heute überliefert sind. Ohne die Hilfe seiner Gefährten und Förderer wäre es wohl kaum möglich gewesen, seine Arbeiten – darunter auch zu Lebzeiten unpublizierte Texte sowie Arbeitsunterlagen – über die Jahre zu verwahren und schließlich zusammenzuführen. Benjamin wußte um die Wichtigkeit ihrer Hilfe zur Rettung seiner »verzettelten Arbeiten« (4, 394). Gershom Scholems Sammlung seiner Schriften vergleicht er schon im Mai 1933 mit einem »Baum der Sorgfalt, dessen Wurzeln in meinem Herzen und dessen Blätter in Deinem Archive sich befinden« (222), und am 4. April 1937 dankt er ihm für die sorgfältige Aufbewahrung seiner Arbeiten. »Bange Ahnungen sagen mir, daß eine lückenlose Sammlung von ihnen heute vielleicht nur unsere vereinten Archive darstellen könnten« (5, 506 f.).

Wenn auch nicht lückenlos, so doch mit größtmöglicher Vollständigkeit und weiter kontinuierlich wachsend, vereint das Walter Benjamin Archiv – seit April 2004 als eigenständige Einrichtung der Hamburger Stiftung zur Förderung von Wissenschaft und Kultur in der Akademie der Künste, Berlin, bestehend – etwa 12.000 Blatt Werkmanuskripte, Notizbücher, Arbeitsunterlagen, Drucke, Briefe, Photographien sowie private und geschäftliche Unterlagen seines Namensgebers. Die Fülle eng beschriebener, oftmals kleinformatiger Zettel zeigt detailliert die Entstehungsprozesse der Werke und gibt Einblicke in Benjamins ganz spezifische Arbeitsweise: eine klare Gliederung des Textträgers, die Verwendung von Farben, die Anlage zahlreicher Verzeichnisse und Schemata sowie differenzierter Verweisungssysteme.

Das Archiv bündelt drei Nachlaßteile, deren Bezeichnung sich aus dem Standort der Bestände in der Zeit zwischen 1972 und 1996 ergibt:

Der *Frankfurter Nachlaßteil* umfaßt die Materialien, die Benjamin bei seiner Flucht aus Paris im Juni 1940 mit sich nahm und die nach seinem Tod – seinem Wunsch entsprechend – mit Hilfe seiner Schwester Dora und des Rechtsanwalts Martin Domke in die USA zu Theodor W. Adorno überführt wurden. Diesem Nachlaßteil sind Unterlagen des Instituts für Sozialforschung sowie zahlreiche Manuskripte, Briefe und Drucke inkorporiert worden, die Adorno und seine Frau Gretel von Benjamin empfangen oder nach dessen Tod gesammelt hatten. Unter der Leitung von Rolf Tiedemann, dem Direktor des Theodor W. Adorno Archivs von 1985 bis 2001, bildete er darin das ehemals so bezeichnete Benjamin-Archiv Theodor W. Adorno.

Der *Berliner Nachlaßteil* beinhaltet die in Benjamins letzter Pariser Wohnung verbliebenen Unterlagen, die

1940 vermutlich von der Gestapo beschlagnahmt und bei Kriegsende von der Roten Armee in die Sowjetunion verbracht wurden. Dort verblieben sie im sogenannten Moskauer Sonderarchiv, bevor sie im Rahmen von Rückführungsmaßnahmen 1957 an das Deutsche Zentralarchiv in der DDR gingen. 1972 übergab das Zentralarchiv sie an die Akademie der Künste der DDR, und 1996 wurden sie aufgrund eigentumsrechtlicher Bestimmungen vom Frankfurter Theodor W. Adorno Archiv übernommen. Der Bestandsteil setzt sich zusammen aus einer umfangreichen Korrespondenz zwischen 1926 und 1940, einer frühen Handschrift von Das Paris des Second Empire bei Baudelaire, Arbeiten für den Rundfunk, fremden Manuskripten, Adreßlisten sowie Verträgen und Fotos.

Zum *Pariser Nachlaßteil* gehören diejenigen Materialien, die 1981 von Giorgio Agamben in der Bibliothèque Nationale aufgefunden wurden. Georges Bataille hatte Texte Benjamins auf dessen Wunsch – u. a. Sonette auf den Tod Fritz Heinles, Aufzeichnungen zum Baudelaire, den Passagen, dem Kunstwerk-Aufsatz, den Kommentaren zu Gedichten von Brecht sowie einige bedeutende Briefe – nach Benjamins Flucht aus Paris dort versteckt. Die Bibliothèque Nationale hat sie im Jahr 1997 an die Hamburger Stiftung zur Förderung von Wissenschaft und Kultur übergeben. Ein Teil dieses Depositums, der 1947 bereits durch Pierre Missac zu Adorno nach New York gelangt war, gehört zum *Frankfurter Nachlaßteil*.

Daneben finden sich zahlreiche Sammlungsstücke aus Privatbesitz oder anderen Beständen im Archiv. Dazu gehören u. a. eine frühe Handschrift der Berliner Kindheit um neunzehnhundert, Korrespondenz an Theodor W. und Gretel Adorno sowie aus dem Nachlaß von Florens Christian Rang zahlreiche Briefe und Postkarten. Diese und ein von Rang annotiertes Exemplar von Benjamins Dissertation konnten im Jahr 2005 für das Archiv erworben werden. Ein Jahr zuvor entdeckte Reinhard Müller bislang unbekannte handschriftliche Exzerpte, Zeitschriften und Zeitungsausschnitte, fremde Manuskripte sowie Briefentwürfe von und Briefe an Benjamin aus dem Bestand des ehemaligen Sonderarchivs in Moskau, die in Kopie im Archiv einzusehen sind. Geplant ist, digitale Reproduktionen von Werkmanuskripten und Briefen aus der Benjamin-Sammlung des Scholem-Archivs der Jewish National and University Library in Jerusalem für die Benutzung bereitzustellen. Schließlich sind eine umfangreiche Sammlung postumer Zeitungsausschnitte zu Benjamin, Werk-Übersetzungen, Forschungsliteratur sowie Ton- und Filmaufnahmen vorhanden.

Im Vordergrund der Arbeit des Benjamin Archivs steht die EDV-gestützte Verzeichnung des Nachlasses und der Sammlungen. Die detaillierte Erfassung und vorsichtige Systematisierung des Materials werden zukünftig eine vernetzte und damit weitaus effizientere Suche innerhalb des Bestandes ermöglichen. Nach Abschluß der Verzeichnung wird der Bestand auch im Internet recherchierbar sein.

Neben der Erschließung des Bestandes ist eine Hauptaufgabe des Archivs die Bestandssicherung. Sämtliche Papiere und Dokumente werden restauriert, digital reproduziert und als Bilddateien gespeichert. Diese Reproduktionen werden perspektivisch eine den Originalen weitgehend entsprechende Nutzung der Materialien gewährleisten, ohne diese zu gefährden. Schon jetzt sind alle Manuskripte und Materialien des Walter Benjamin Archivs anhand von Photokopien im Lesesaal des Archivs einsehbar. Originale stehen aus konservatorischen Gründen für Besucher nicht zur Verfügung. Eine Benutzungsordnung des Archivs der Akademie der Künste kann auf Wunsch angefordert werden.

Das Walter Benjamin Archiv unterstützt wissenschaftliche und journalistische Arbeiten, Ausstellungen sowie künstlerische Projekte. Für die neue Kritische Gesamtausgabe der Werke Benjamins, die Christoph Gödde und Henri Lonitz in Verbindung mit weiteren Herausgebern der Einzelbände im Suhrkamp Verlag herausgeben, bildet es das Fundament.

3. Rezeptionsgeschichte

Von Thomas Küpper und Timo Skrandies

Die Konstruktion des Autors aus dem Nachlaß

Daß Überlieferung, Rezeption und Wirkung von Benjamins Werk einige Jahrzehnte nach seinem Tod so massiv, international und weiterhin anhaltend sein würden, war zu seinen Lebzeiten nicht vorhersehbar. Mehr noch: Seinerzeit wurde Benjamin nicht im Foucaultschen Sinne als »Autor« (Foucault 2001) in gleicher Weise mit einem »Werk« in Verbindung gebracht, wie es heute selbstverständlich ist. Denn zwar verbanden sich als ›Gegenstand der Aneignung‹ (Foucault 2001, 1015) mit dem Namen Benjamin einige Publikationen – Benjamin war prominenter Mitarbeiter der *Literarischen Welt* sowie auch der *Frankfurter Zeitung* und nicht zuletzt mit Vorträgen im Rundfunk vernehmbar. So gesehen konnten schon bis 1940 (Benjamins Todesjahr) einige Texte dem Eigennamen Walter Benjamin zugeordnet werden, und es ist kaum abzustreiten, daß Benjamin – zumal in gewissen »esoterisch[en]« Kreisen (Scholem 1968, 36) – hohes intellektuelles Ansehen genoß. Allerdings besaß der Name Benjamin zu dieser Zeit für eine akademische, wissenschaftliche oder auch kulturelle Öffentlichkeit noch keine ›Garantie der Einteilung‹ (im Sinne von Foucault 2001, 1014). Man kann heute mit dem Autornamen Walter Benjamin Operationen durchführen, die in diesem Maß damals weder möglich noch erwartbar gewesen wären: Mit einem solchen Namen kann man »eine gewisse Zahl von Texten zusammenfassen, sie abgrenzen und anderen gegenüberstellen. Außerdem bewirkt er ein In-Beziehung-Setzen der Texte untereinander« (ebd.).

Sich für die Frage nach Produktion und Aneignung des Autors Benjamin (und seines »Werks«) an das Modell Foucaults zu halten, ermöglicht eine Abstandnahme von einer im folgenden kurz anzudeutenden, langen und bis heute geführten Debatte um Bedeutsamkeit oder Marginalität Benjamins in den intellektuellen Bewegungen etwa der Weimarer Republik.

Zahlreiche verstreute Aufträge für verschiedene Zeitungen, Zeitschriften und Radiosender, einige offene, unvollendete Projekte, Übersetzungen, gescheiterte Publikationsvorhaben, Briefe, vier veröffentlichte Bücher zu Lebzeiten: DER BEGRIFF DER KUNSTKRITIK IN DER DEUTSCHEN ROMANTIK, URSPRUNG DES DEUTSCHEN TRAUERSPIELS, EINBAHNSTRASSE (beide bei Rowohlt) und später, pseudonym im Exil: DEUTSCHE MENSCHEN. Verglichen mit dem heutigen Status und nun bekannten Umfang des Benjaminschen Œuvres, wirkt diese Aufzählung eher nichtssagend. Gleichwohl wies Adorno darauf hin, daß Benjamin auch zu Lebzeiten kein Verkannter war, der erst nach seinem Tod wiederentdeckt worden sei. Benjamins »Qualität konnte nur dem Neid verborgen bleiben; durch publizistische Medien wie die Frankfurter Zeitung und die Literarische Welt wurde sie allgemein sichtbar« (Adorno 1990, 68 f., s. auch 101; Brodersen 2004, 71; 2005, 133 f.). Uwe Steiner hingegen ist der Meinung, daß Benjamin als Autor zu Lebzeiten »auch in der Hochzeit seiner journalistischen Präsenz in führenden Zeitungen und Zeitschriften der Weimarer Republik eigentlich nicht bekannt« war; Gründe dafür seien unter anderem »die thematische Heterogenität und die verstreute Publikation seiner Arbeiten, ihre sprachliche und gedankliche Komplexität und nicht zuletzt der fehlende Werkzusammenhang«. Auch Benjamins Buchpublikationen hätten ihre Wirksamkeit erst nach seinem Tod entfaltet (Steiner 2004, 185). Eine ähnliche Einschätzung findet sich bei Detlev Schöttker: Das zeitgenössische Lesepublikum habe sich kein Bild von Benjamins Produktion machen können (Schöttker 1999, 19 f.). »Dafür waren die Themen zu unterschiedlich, die Publikationen nicht kontinuierlich genug und auf zu viele Medien und Verlage verteilt. Benjamin sprach deshalb [im Briefwechsel mit Scholem] 1935 im Hinblick auf seine Schriften selbst von einer ›unendlich verzettelten Produktion‹« (Schöttker 1992, 269).

Wie immer man sich in dieser Diskussion um die Bedeutung Benjamins zu Lebzeiten positionieren mag, unbestreitbar bleibt, daß wir es heute mit einem *anderen* Autor Benjamin zu tun haben, als dies bis vor einigen Jahrzehnten möglich und denkbar war. Die »Legendengestalt« Benjamin (Schöttker 1999, 119), die in zahlreichen Biographien entworfen wird, erstens, sodann zweitens die Umschichtungen und Ergänzungen des Textkorpus im Zuge mehrerer editorischer Projekte zwischen 1955 und heute, drittens eine immer facettenreicher werdende Rezeptionsgeschichte, die sich von editionsphilologischen oder werkimmanenten Gegebenheiten oft unbeeindruckt zeigt, schließlich viertens – quasi auf einer Metaebene – Rezeptionen und Deutungen der Rezeptionsgeschichte selbst (in Auswahl: Assenova 1994; Garber 1987, 1999, 2005; Grossmann 1992; Isenberg 2001; Lienkamp 1992; Markner 1994; Opitz 1996; Schöttker 1992, 1999; Wagner 1990, 1992; und auch: Garvina 1999, zur argentinischen Benjamin-Rezeption; Kleiner 1986, zur italienischen; Mitchell 1999, zur britischen; Mitsugi 1999, zur japanischen; Opitz 1999, zu der in der DDR; Pressler 1999 u. Rouanet 1997, zur brasilianischen; Alt 1988; Rumpf 1978, zur Benjamin-Aufnahme in der Germanistik; polemisch Liessmann 1996). Diese vier Schichten zusammen ergeben eine Aneignungsgeschichte, die zugleich eine Geschichte der Konstruktion und Konstituierung des Autors (und Menschen) Benjamin darstellt (Schöttker geht sogar soweit, die Autorproblematik anhand der Foucaultschen Kategorie des »Diskursivitätsbegründers« zu erörtern und findet einleuchtende Belege, vgl. Foucault 2001, 1021 ff.; Schöttker 1992, 271 f.).

Das hohe Maß an Ausdifferenzierung und Widersprüchlichkeit des deutenden Umgangs mit Benjamin weist auf den heuristischen Status der obigen Formulierung von der *einen* Geschichte hin, und die folgenden Kapitel, die sich mit Benjamins Wirkung und Rezeption befassen, zeigen auch, daß dieses Handbuch darauf zielt, gerade die Vielgestaltigkeit der Aneignungen sprechen zu lassen. Das Wort von der ›Aneignung Benjamins‹ mag hier auch nochmals darauf hinweisen, daß der Autor Benjamin nicht nur durch die Gesamtprozesse der Edition und des Absteckens größerer Rezeptionsfelder bzw. Deutungshoheiten konstituiert wird, sondern auch durch den produktiven Vorgang einer jeden einzelnen Darstellung, die stets die Hintergründe des eigenen akademischen Feldes als spezifische Deutungsmöglichkeiten ins Spiel bringt.

Benjamin selbst sprach von seiner Hoffnung auf eine »apokryphe Wirksamkeit« (4, 372). Mit seinen Aktivitäten der *Werksicherung* (Manuskripte und Abschriften bei Scholem, Adorno usw.), von denen unten noch weiter zu berichten ist, hat er dafür eine Grundlage geschaffen (Steiner 2004, 186). In einer besonderen Spannung hierzu stehen – überspitzt formuliert – die Erfahrungen der intendierten Autor- bzw. Werk*verhinderung*. Wie einige Beispiele zeigen können: Die Ankündigung der Zeitschrift: Angelus Novus (II, 241–246) etwa läßt ahnen, daß für Benjamin selbst eine Absenz von Autorschaft im Sinne der öffentlichen Wahrnehmbarkeit und Zuschreibungsfähigkeit von Text zu Name durchaus in Kauf zu nehmen sei (darauf wird unten im Kontext der Schreibweise Benjamins zurückzukommen sein). Nicht Siegfried Kracauer (wie ursprünglich mit Benjamin abgesprochen) rezensiert am 1.6.1924 in der *Frankfurter Zeitung* die Benjaminschen *Tableaux Parisiens*, sondern der ›Baudelaire-Übersetzer‹ Stefan Zweig – Benjamin erklärt dazu: »eine Kritik wie sie vielleicht schlechter, nicht aber schädlicher hätte verfaßt werden können« (2, 459). Die Philosophische Fakultät der Frankfurter Universität setzt 1925 ihre institutionelle Macht ein, um Benjamin den Weg zu einer Professur zu versperren, indem sie ihn dazu bringt, das Habilitationsgesuch zurückzuziehen (vgl. Lindner 1985). 1927 entsteht bei Benjamin der Eindruck, daß Rowohlt eine »bösartige und scheinbar planmäßige Sabotage des Drucks der Wahlverwandtschaftenarbeit und des Aphorismenbuches« betreibe (3, 246). 1933, mit dem Beginn des Exils, sind Benjamin viele Publikationsmöglichkeiten bei Zeitschriften und im Rundfunk genommen. Ohne die massiven Eingriffe Adornos und Horkheimers in das Baudelaire- und auch das Passagen-Projekt, nicht zuletzt in den Kunstwerk-Aufsatz, dürften diese Texte durchaus andere Formen und Aussagen bekommen haben. Diese erweiterbaren Beispiele verweisen auf die andere Seite jener ›Konstruktion eines Autors‹, auf das Supplement des Produzierten, welches das Positivum eines Werks selbst als dessen Bedingung produktiv begleitet. Damit ist nicht an das Fragmentarische gedacht. Denn auch eine Erörterung des Fragments, des Fragmentarischen verharrte noch in dieser Sphäre des Gegebenen, des geschriebenen und lesbaren Textes. Benjamin aber wäre wohl einer jener Denker, bei dem sich eine Geschichte des Ungesagten im Sinne einer verhinderten Konstitution von Autorschaft und Werk zu schreiben lohnte.

Selbstverständnis und Schreibweise

Eingangs wurde festgestellt, daß Benjamin zu seinen Lebzeiten noch nicht als ein Autor in Erscheinung getreten ist, dessen Identität mit der Einheit seines Gesamtwerks in Verbindung gebracht worden wäre. Doch selbst wenn die Verschiedenheit der Themen, Formen, Publikations-Orte und Anlässe es mit sich brachte, daß der Zusammenhang seiner Arbeiten damals weitgehend unbeachtet blieb, legte Benjamin die Texte doch so an, daß sie sich ausdrücklich oder unausdrücklich aufeinander bezogen, und hob sie auf. Dadurch kam der weitverzweigten Produktion bereits ein versteckter Werkcharakter zu, der in der posthumen Rezeption freigelegt wurde.

Der Werkstatus dieser Texte zeigt sich unter anderem darin, daß sowohl Benjamin als auch Scholem sie in möglichster Vollständigkeit sammelten. Von 1915 an, als Benjamin Scholem kennenlernte, hat er dem Freund viele Manuskripte und Abdrucke der eigenen Arbeiten geschenkt: Scholem schien ihm die beste Gewähr dafür zu bieten, daß sie erhalten blieben (vgl. I, 760 f.). In einem Brief vom 4.4.1937 schreibt Benjamin aus dem Pariser Exil Scholem: »Mich erfreut jedesmal, von der Obhut zu hören, die Du der Sammlung meiner Schriften zuteil werden läßt. Bange Ahnungen sagen mir, daß eine lückenlose Sammlung von ihnen heute vielleicht nur unsere vereinten Archive darstellen könnten« (5, 506 f.). Scholem bewahrte Benjamins Texte in Jerusalem auf. Dieses Archiv umfaßte viele zu Benjamins Lebzeiten ungedruckte Schriften und wurde dadurch zu einer wichtigen Quelle für spätere Editionen.

Zu den im Blick auf die Nachwelt verfaßten Texten gehörten auch die Briefe. Auf diesen Aspekt weist Schöttker (1999, 94 ff.) hin: Benjamin zählt den Briefwechsel etwa in einem Schreiben an Ernst Schoen vom 19.9.1919 zu den »Zeugnissen«, die »zur Geschichte des *Fortlebens* eines Menschen« gehören, wobei diese Kategorie von den Begriffen Autorschaft und Werk unterschieden wird (2, 47 f., Herv. i. Orig.). In der Arbeit über GOETHES WAHLVERWANDTSCHAFTEN erklärt Benjamin, »die Herausgabe des Briefwechsels mit Schiller, die Sorge für denjenigen mit Zelter« seien Bemühungen Goethes, »den Tod zu vereiteln« (I, 151). Schöttker führt vor Augen, daß auch Benjamin von der »Idee des Fortlebens in Briefen« geleitet war: »Vom Überleben dieser Texte konnte ihr Verfasser ausgehen, weil sie in Privatarchiven gesammelt wurden (wie im Falle von Scholem und Adorno). Darüber hinaus gehörten einige Briefpartner Benjamins zu den bedeutendsten Autoren ihrer Zeit (wie Bloch, Brecht, Kracauer, Carl Schmitt und viele andere), so daß Benjamin damit rechnen konnte, daß auch sie an einer Überlieferung ihrer Briefe interessiert waren« (Schöttker 1999, 97).

Um den Adressatenbezug und das Selbstverständnis des Autors Benjamin näher zu beschreiben, lassen sich im Anschluß an Heinrich Kaulen (1999, 918 ff.) drei Phasen der Entwicklung unterscheiden. Benjamins frühe Schriften sind durch Esoterik gekennzeichnet. In der ANKÜNDIGUNG DER ZEITSCHRIFT: ANGELUS NOVUS (1921/22) etwa ist zu lesen, daß »für die wahre Aktualität der Maßstab ganz und gar nicht beim Publikum ruht«; nach dem Vorbild des romantischen *Athenäum* hätte jede Zeitschrift »unter gänzlicher Nichtachtung des Publikums, wenn es sein muß, sich an dasjenige zu halten, was als wahrhaft Aktuelles unter der unfruchtbaren Oberfläche jenes Neuen oder Neuesten sich gestaltet, dessen Ausbeutung sie den Zeitungen überlassen soll« (II, 241 f.). Die Abwendung vom (zahlungsfähigen) Publikum zeigt sich auch darin, daß Benjamin das Abonnement der Zeitschrift keiner größeren Anzahl von Leserinnen und Lesern anbieten will, sondern es als eine mäzenatische Einrichtung von wenigen vorsieht – eine Anpassung der Zeitschrift an die Maßgaben der Masse soll vermieden werden (vgl. II, 983). Ebenso signifikant ist, daß wichtige Texte aus Benjamins Frühwerk, unter anderem ZWEI GEDICHTE VON FRIEDRICH HÖLDERLIN (1914/15), ÜBER SPRACHE ÜBERHAUPT UND ÜBER DIE SPRACHE DES MENSCHEN (1916) sowie ÜBER DAS PROGRAMM DER KOMMENDEN PHILOSOPHIE (1917/18) seinerzeit unveröffentlicht bleiben und in Form von Abschriften oder Hektographien nur in exklusiven Zirkeln verwandter Geister kursieren (vgl. Kaulen 1999, 921 ff.).

Die zweite Phase ist durch eine Hinwendung zur Publizistik bestimmt. Das Scheitern der Habilitation (1925), das Benjamin keine Aussichten auf eine Anstellung an Universitäten ließ, und die nähere Auseinandersetzung mit marxistischen Positionen tragen dazu bei, daß Benjamin zwischen 1925 und 1933 – wie Bloch, Lukács, Kracauer u. a. – die Rolle eines unabhängigen Intellektuellen in der Weimarer Republik einnimmt. Er liefert als Kritiker regelmäßig Beiträge zu führenden Blättern wie der *Frankfurter Zeitung* und der *Literarischen Welt*; ebenso kontinuierlich ist zwischen 1929 und 1933 seine Arbeit für den Rundfunk – Benjamin nutzt auch dieses neue Medium dazu, die Öffentlichkeit zu erreichen. Zugleich reflektiert er in den Texten seine exoterisch ausgerichtete Tätigkeit. So heißt es zum Beispiel im ersten Text der EINBAHNSTRASSE programmatisch, wahre literarische Aktivität könne »nicht beanspruchen, in literarischem Rahmen sich abzuspielen«; nur die »prompte Sprache« von Flugblättern, Broschüren, Zeitschriftartikeln und Plakaten sei »dem Augenblick wirkend gewachsen« (TANKSTELLE, IV, 85). Damit wird die »anspruchsvolle universale Geste des Buches« zurückgestellt zugunsten der »unscheinbaren Formen«: Diese entsprächen eher der bedeutenden literarischen Wirksamkeit, die »nur in strengem Wechsel von Tun und Schreiben zustande kommen« könne (ebd.). Benjamins publizistische Praxis verortet sich auf diese Weise innerhalb des Kräftefelds damaliger Tendenzen.

Wenn Benjamin sich zu Lebzeiten in der Öffentlichkeit einen Namen machen kann, so in dieser Phase seiner Produktion. Die Konstanz seiner Tätigkeit für vielbeachtete Publikationsmedien verschafft ihm eine entsprechende Präsenz. Als Ziel nennt Benjamin in einem Brief an Scholem von 1930, »d'être considéré comme le premier critique de la littérature allemande« (3, 502).

Das Jahr 1933 markiert jedoch einen Einschnitt: Im Exil sind Benjamins Publikationsmöglichkeiten stark eingeschränkt, so daß diese Zeit als dritte Phase von den anderen abgegrenzt werden kann. Während Benjamins Wirkungsradius unter diesen Bedingungen kleiner wird, reflektiert er in Vorträgen und Aufsätzen seine Autorrolle und Praxis als Kritiker. Er macht sich insbesondere seine Position im Klassenkampf bewußt und hinterfragt unter anderem die Vorstellung, der proletarisierte Intellektuelle sei nicht mehr dem Bürgertum verbunden. In den Aufzeichnungen zu der Ansprache Der Autor als Produzent stellt Benjamin fest: »Die linksradikale Belletristik und Reportage mag sich gebärden wie sie will – sie kann niemals die Tatsache aus der Welt schaffen, daß selbst die Proletarisierung des Intellektuellen beinahe niemals einen Proleten schafft. Warum? Weil ihm die Bürgerklasse, in Gestalt der Bildung, von Kindheit auf ein Produktionsmittel mitgab, das ihn, auf Grund des Bildungsprivilegs mit ihr, und das, vielleicht noch mehr, sie mit ihm solidarisch macht« (VI, 180; vgl. II, 700; III, 225). So führt Benjamin die Widersprüche der Intellektuellen vor Augen, die mit dem Proletariat sympathisieren. Während Benjamin auf diese Weise das Bildungsprivileg problematisiert, leugnet er keineswegs die eigene Herkunft aus dem Bürgertum.

Indem er solche Widersprüche reflektiert, setzt er seinerseits das Produktionsmittel Bildung bewußt ein. Viele Werke und Selbstzeugnisse Benjamins zeigen, daß er für sich als Autor eine besondere Stellung aufgrund seiner Fähigkeiten, etwa der Technik des Schreibens, beansprucht. In der Berliner Chronik etwa geht er auf ein Stilprinzip ein: »Wenn ich ein besseres Deutsch schreibe als die meisten Schriftsteller meiner Generation, so verdanke ich das zum guten Teil der zwanzigjährigen Beobachtung einer einzigen kleinen Regel. Sie lautet: das Wort ›ich‹ nie zu gebrauchen, außer in den Briefen. Die Ausnahmen, die ich mir von dieser Vorschrift gestattet habe, ließen sich zählen« (VI, 475).

Zum Selbstverständnis des Autors Benjamin gehört ferner, daß er dem mit eigener Hand Geschriebenen, dem Manuskript, spezifischen Wert beimißt. Wenn er seine Tätigkeit für Zeitschriften und für den Rundfunk gegenüber Scholem als »Brotarbeit« abwertet, gibt Benjamin sich mit dem Verfahren zufrieden, die angeblich weniger bedeutenden Texte nicht selbst niederschreiben zu müssen, sondern sie diktieren zu können: Dieses Vorgehen biete ihm »sogar eine gewisse moralische Entlastung, indem die Hand damit den edleren Körperteilen allmählich wieder zurückgewonnen wird« (3, 507). An anderer Stelle bemerkt Benjamin, daß er es immer mehr lernt, »Feder und Hand« auf diese Weise »für die paar wichtigen Gegenstände zu reservieren« (4, 77; vgl. Kaulen 1992, 12 f.). Die Bedeutung, die für ihn der Akt des Schreibens hat, wird auch aus einem Brief an Margarethe Steffin ersichtlich: Der exilierte Benjamin berichtet ihr 1935 von der »Massenabwanderung der paar Habseligkeiten, auf die ich halte, gipfelnd in dem Verschwinden eines sehr schönen, für mich unersetzlichen Füllfederhalters« (5, 174).

Wie aber läßt sich Benjamins Technik einordnen, was ist das Spezifische seiner Schreibweise? Eckhardt Köhn weist darauf hin, daß mit Hannah Arendt, Asja Lacis, Adrienne Monnier und Charlotte Wolff »vier mit Benjamin verbundene, intellektuell überaus eigenständige Frauen alle gleichermaßen und völlig unabhängig voneinander ins Zentrum ihrer Begegnung mit Leben und Werk Walter Benjamins die Erfahrung gestellt haben, er sei für sie dem Wesen seines Weltzugangs nach Schriftsteller gewesen« (Köhn 1992, 157 f.; vgl. Arendt 1971, 62; Lacis 1971, 45; Monnier 1972, 72; Wolff 1986, 88; ferner Krumme 1980; Bub 1993). Die bedeutenden Stellungnahmen der Zeitzeuginnen bestärken in der Benjamin-Rezeption die Ansicht, sein Werk habe literarischen Charakter. Wie Benjamin seine Texte jedoch argumentativ strukturiert und begrifflich geschärft hat, läßt sich aus den zahlreichen Aufzeichnungen, Dispositionen, Schemata, Skizzen, Exzerpten und Stichwortsammlungen (zum Teil mit Siglen) ersehen, die meist versteckt im Anmerkungsteil der *Gesammelten Schriften* abgedruckt sind.

Bereits Adorno weist die Ansicht zurück, daß Benjamins Schriften im Literarisch-Essayistischen aufgehen, und besteht auf ihrem philosophischen Anspruch. Die bildliche Darstellung – Adorno spricht vom »Rebus« – zeichnet aus seiner Sicht Benjamins Philosophie besonders aus (vgl. Adorno 1990, 10). Burkhardt Lindner bezieht sich auf Adornos Formulierung vom »Rebus«, um Benjamins allegorische Denkbilder näher zu beschreiben: Schickt man voraus, daß »Ding« oder »Dingwelt« bei Benjamin nicht mit Verdinglichung zusammenfällt, so sind es im Denkbild »in der Tat die Dinge, die die Bedeutungen tragen. Sie ›verraten‹ etwas, sie geben etwas ›abzulesen‹, sie ›künden‹, geben ein ›Zeichen‹, ›lehren‹, ›versprechen‹, ›wissen‹, ›blikken‹, ›warten‹, sind ›Winke‹. Ihnen korrespondiert die Einsamkeit des Denkenden« (Lindner 2000, 87).

Auch Sigrid Weigel verortet Benjamins Schreibweise in einem Feld des Bilddenkens, allerdings im Sinne eines dritten Bereichs zwischen Philosophie und Literatur. Indem Bilder die Matrix von Benjamins Theoriebildung sind, fallen nach Weigel die etablierten Trennungen von Form und Inhalt, Theorie und Praxis, Politik und Kunst aus (vgl. Weigel 1997, 14 ff.). So arbeitet Benjamin z. B. im Passagenprojekt an »einer völlig neuen Form des Denkens« mit der Darstellung des Ganzen im Bruchstück, methodisch konkretisiert in den Theoremen der allegorischen Anschauung und der monadologischen Struktur der Phänomene. In dieser Form des Denkens gewinnt das Zitat »eine sprachliche Materialität und Eigenständigkeit, die es vielfältig lesbar, im Sinne einer Konstruktion von Geschichte aber auch widerständig machen« (Weigel 1997, 199; vgl. V, 570 ff.; 13). Gerade in der Eigenart von Benjamins Schreibweise kann ein Grund für die anhaltende Faszination gesehen werden, die seine Schriften ausüben. Die Konstruktion des Autors Benjamin erhält dadurch immer neue Facetten.

Literatur

Adorno, Theodor W. (1990): Über Walter Benjamin, hg. von Rolf Tiedemann, 2., erw. Aufl. Frankfurt a. M.

Alt, Peter-André (1988): »Benjamin und die Germanistik. Aspekte einer Rezeption«, in: Norbert Oellers (Hg.): Germanistik und Deutschunterricht im Zeitalter der Technologie. Vorträge des Germanistentages Berlin 1987, Bd. 1, Tübingen, 133–146.

Arendt, Hannah (1971): Walter Benjamin. Bertolt Brecht. Zwei Essays, München.

Assenova, Daniela (1994): Walter Benjamin – ein Vorläufer postmoderner Denkstrategien? Untersuchungen zur aktuellen Benjamin-Rezeption, Leipzig.

Brodersen, Momme (2004): »Der außerordentliche Gelehrte einer ordentlichen Philosophie. Die Rezeption Benjamins zu Lebzeiten«, in: Detlev Schöttker (Hg.) (2004): Schrift Bilder Denken. Walter Benjamin und die Künste, Frankfurt a. M., 70–81.

Brodersen, Momme (2005): Walter Benjamin, Frankfurt a. M.

Bub, Stefan (1993): Sinnenlust des Beschreibens. Mimetische und allegorische Gestaltung in der Prosa Walter Benjamins, Würzburg.

Foucault, Michel (2001): »Was ist ein Autor?«, übers. von Hermann Kocyba, in: Michel Foucault: Schriften in 4 Bänden. Dits et Ecrits, hg. von Daniel Defert/François Ewald, Bd. 1, Frankfurt a. M., 1003–1041.

Garber, Klaus (1987): »Stationen der Benjamin-Rezeption 1940–1985«, in: ders.: Rezeption und Rettung. Drei Studien zu Walter Benjamin, Tübingen, 121–193.

Garber, Klaus/Ludger Rehm (Hg.) (1999): global benjamin, 3 Bde, München.

Garber, Klaus (1999): Vorwort, in: ders./Rehm 1999, Bd. 1,15–28.

Garber, Klaus (2005): »Das vollendungsbedürftige Werk. Rezeptionstheorie und Rezeption Walter Benjamins«, in: ders.: Walter Benjamin als Briefschreiber und Kritiker, München, 167–181.

Gavina, Graciela Wamba (1999): »Zur Rezeption Walter Benjamins in Argentinien«, in: Garber/Rehm 1999, Bd. 3, 1353–1364.

Grossmann, Jeffrey (1992): »The Reception of Walter Benjamin in the Anglo-American Literary Institution«, in: The German Quarterly 65, Nr. 3–4, 414–428.

Isenberg, Noah (2001): «The Work of Walter Benjamin in the Age of Information«, in: New German Critique 83, 119–150.

Kaulen, Heinrich (1982): »Leben im Labyrinth. Walter Benjamins letzte Lebensjahre«, in: Neue Rundschau 93, Bd. 1, 34–59.

Kaulen, Heinrich (1992): »Konversation als Aufklärung. Überlegungen zu Walter Benjamins Rundfunkarbeiten«, in: Lorenz Jäger/Thomas Regehly (Hg.): »Was nie geschrieben wurde, lesen«, Bielefeld, 11–42.

Kaulen, Heinrich (1999): »Der Kritiker und die Öffentlichkeit. Wirkungsstrategien im Frühwerk und im Spätwerk Walter Benjamins«, in: Garber/Rehm 1999, 918–942.

Kleiner, Barbara (1986): »Links hat sich nichts mehr zu enträtseln«, in: Merkur 40, H. 1, 82–86.

Köhn, Eckhardt (1992): »›Ein Letzter, wie ich es bin.‹ Bemerkungen zum schriftstellerischen Selbstverständnis Walter Benjamins«, in: Lorenz Jäger/Thomas Regehly (Hg.): »Was nie geschrieben wurde, lesen«. Frankfurter Benjamin-Vorträge, Bielefeld, 157–186.

Kracauer, Siegfried (1995): »On the writings of Walter Benjamin«, in: ders.: The mass ornament. Weimar essays, hg. u. übers. v. Th. Y. Levin, Cambridge, Mass., 259–264 [zuerst deutsch 1928].

Krumme, Peter (1980): »Gesichtsbilder – Geschichtsbilder. Zu Benjamins Schreibweise«, in: Alternative 23, H. 132/133, 101–109.

Lacis, Asja (1971): Revolutionär im Beruf. Berichte über proletarisches Theater, über Meyerhold, Brecht, Benjamin und Piscator, hg. v. Hildegard Brenner, München.

Lienkamp, Christoph (1992): »Die Nachgeschichte der Werke bereitet ihre Kritik vor. Zur Rezeption Walter Benjamins«, in: Concordia 21, 97–114.

Liessmann, Konrad Paul (1996): »›Es ist ziemlich grauenhaft!‹ Walter Benjamin, der Animateur der Moderne«, in: Der gute Mensch von Österreich, Wien, 222–230.

Lindner, Burkhardt (1985): »Habilitationsakte Benjamin«, in: ders. (Hg.): Walter Benjamin im Kontext, 2., erw. Aufl. Königstein, Ts, 324–341.

Lindner, Burkhardt (2000): »Allegorie«, in: Michael Opitz/Erdmut Wizisla (Hg.): Benjamins Begriffe, Bd. 1, Frankfurt a. M., 50–94.

Markner, Reinhard (1994): »Walter Benjamin nach der Moderne. Etwas zur Frage seiner Aktualität angesichts der Rezeption seit 1983«, in: Schattenlinien 8/9, 37–47.

Mitchell, Stanley (1999): »Reception of Walter Benjamin in Britain«, in: Garber/Rehm 1999, Bd. 3, 1423–1427.

Mitsugi, Michio (1999): »Zur Benjamin-Rezeption in Japan«, in: Garber/Rehm 1999, Bd. 3, 1410–1422.

Monnier, Adrienne (1972): »Ein Portrait Walter Benjamins«, in: Siegfried Unseld (Hg.): Zur Aktualität Walter Benjamins, Frankfurt a. M., 62–65.

Opitz, Michael (1996): »Reflexion und Vergegenwärtigung. Anmerkungen zu Positionen der Benjamin-Forschung«, in: Zeitschrift für Germanistik, NF 6, H. 1, 128–143.

Opitz, Michael (1999): »Zwischen Nähe und Distanz. Zur Benjamin-Rezeption in der DDR«, in: Garber/Rehm 1999, Bd. 3, 1277–1320.

Pressler, Günter Karl (1999): »Profil der Fakten. Zur Walter-Benjamin-Rezeption in Brasilien«, in: Garber/Rehm 1999, Bd. 3, 1334–1352.

Rouanet, Sergio Paulo (1997): »Die Rezeption der deutschen Philosophie in Brasilien. Der Fall Walter Benjamin«, in: Andreas Boeckh/Rafael Sevilla (Hg.): Die deutsch-brasilianischen Beziehungen. Bestandsaufnahme und Perspektiven, Frankfurt a. M., 31–61.

Rumpf, Michael (1978): »Walter Benjamins Nachleben«, in: Deutsche Vierteljahrsschrift für Literaturwissenschaft und Geistesgeschichte 52, H. 1, 137–166.

Scholem, Gershom (1968): Erinnerungen, in: Über Walter Benjamin, Frankfurt a. M., 30–36.
Schöttker, Detlev (1992): »Walter Benjamin und seine Rezeption. Überlegungen zur Wirkungsgeschichte«, in: Leviathan 20, H. 2, 268–280.
Schöttker, Detlev (1999): Konstruktiver Fragmentarismus. Form und Rezeption der Schriften Walter Benjamins. Frankfurt a. M.
Steiner, Uwe (2004): Walter Benjamin, Stuttgart/Weimar.
Wagner, Gerhard (1990): »Zum Bilde Benjamins. Aspekte der neueren Rezeption seines kulturhistorischen und geschichtsphilosophisch-ästhetischen Werkes in Westeuropa 1978–1987«, in: Weimarer Beiträge 36, 1492–1513.
Wagner, Gerhard (1992): Benjamin Bilder. Aspekte der westeuropäischen Rezeption Walter Benjamins von 1978 bis 1991, Hamburg.
Weigel, Sigrid (1997): Entstellte Ähnlichkeit. Walter Benjamins theoretische Schreibweise, Frankfurt a. M.
Wolff, Charlotte (1986): Augenblicke verändern uns mehr als die Zeit. Eine Autobiographie, Frankfurt a. M.
Wolff, Charlotte (1971): Innenwelt und Außenwelt. Autobiographie eines Bewußtseins, München.

Der Beginn der Benjamin-Rezeption: Nachkriegszeit, 68er Kontext

Die Wirkungsgeschichte der Schriften Walter Benjamins läßt sich in drei Phasen gliedern. Die erste Phase ist bestimmt von Theodor W. Adornos Eintreten dafür, daß die Schriften des älteren Freundes posthum in der Bundesrepublik veröffentlicht werden. Zugleich mit seiner Rolle als Herausgeber tritt Adorno als einflußreicher Interpret Benjaminscher Werke hervor. Die zweite Phase ist durch Kritik an Adornos Deutungs- und Editionsprinzipien gekennzeichnet: Im Zuge der 68er-Bewegung wird Adornos Position vehement in Frage gestellt und Benjamin für eine linksrevolutionäre Praxis in Anspruch genommen. Aus dieser neomarxistischen Aktualisierung von Benjamins Schriften geht eine umfangreiche und intensive wissenschaftliche Auseinandersetzung hervor, die bis heute anhält und als dritte Phase der Benjamin-Rezeption bezeichnet werden kann. Von 1972 bis 1989 erscheinen die sieben Bände der von Rolf Tiedemann und Hermann Schweppenhäuser herausgegebenen *Gesammelten Schriften*, begleitet von einer breiten historischen und theoretischen Aufarbeitung von Benjamins Werk. In den 70er Jahren etabliert sich die Benjamin-Forschung, und unterschiedliche wissenschaftliche Disziplinen perspektivieren und adaptieren sein Werk nach jeweils eigenen Maßgaben. Bevor diese noch heute offenen Felder der Benjamin-Diskussion umrissen werden, wird zunächst der historische Prozeß dargestellt, in dem sie sich herausbilden.

Dem Vergessen entrissen: Adornos Bemühungen

Nach Benjamins Tod gerieten seine Schriften zunächst in Vergessenheit, sein Name gehörte, wie Gershom Scholem sagte, »zu den verschollensten in der geistigen Welt« (Scholem 1983, 9). Daß Benjamins Schriften daraufhin neue Verbreitung und Aufmerksamkeit gefunden haben, ist zunächst auf die Bemühungen Adornos zurückzuführen. Adorno setzte sich dafür ein, daß Benjamins Schriften posthum zugänglich wurden. Dies begann bereits mit dem hektographierten Privatdruck *Walter Benjamin zum Gedächtnis*, ein 1942 vom Institut für Sozialforschung herausgegebener Band, der die Thesen ÜBER DEN BEGRIFF DER GESCHICHTE enthielt sowie Adornos Aufsatz »George und Hofmannsthal. Zum Briefwechsel: 1891–1906«. Vor allem in der Nachkriegszeit machte Adorno als erster Herausgeber und als Interpret Benjamins Texte bekannt.

Es gelang Adorno, den Suhrkamp-Verlag für Benjamin-Editionen zu gewinnen. 1950 erschien die BERLINER KINDHEIT UM NEUNZEHNHUNDERT mit einem Nachwort von Adorno. Vor allem aber durch Sammelbände seiner Schriften rückte Benjamin als Autorfigur in den Blick. Nach langen Verhandlungen mit Peter Suhrkamp, die erst kürzlich in der von Wolfgang Schopf (2003) besorgten Ausgabe von Adornos Briefwechseln mit seinen Frankfurter Verlegern dokumentiert sind, edierte Adorno 1955 mit seiner Frau Gretel und unter Mitwirkung von Friedrich Podszus die *Schriften* in zwei Bänden (zum Zustandekommen dieser Ausgabe vgl. auch Tiedemann 1989, 8–12). Dabei wurde eine Einteilung nach Gattungen vorgenommen und auf historische Bezüge verzichtet, um den Zugang zu Benjamins Werk zu erleichtern (vgl. Kambas 1983, X). In der Folge erschienen im Suhrkamp-Verlag weitere Auswahlbände, die Benjamins Bekanntheit erhöhten: Der eigentliche Durchbruch waren die preisgünstigen Textsammlungen *Illuminationen* (1961 von Siegfried Unseld herausgegeben) und *Angelus Novus* (1966). Ebenso trugen die zahlreichen Benjamin-Bände aus der Reihe »edition suhrkamp« dazu bei, daß seine Texte leicht greifbar wurden; Breitenwirkung hat bis heute insbesondere der Band *Das Kunstwerk im Zeitalter seiner technischen Reproduzierbarkeit. Drei Studien zur Kunstsoziologie*, der 1963 erstmals erschien und neben dem Kunstwerk-Aufsatz die KLEINE GESCHICHTE DER PHOTOGRAPHIE sowie EDUARD FUCHS, DER SAMMLER UND DER HISTORIKER enthält (inzwischen in der 29. Auflage). Als weitere Benjamin-Beiträge zu dieser Reihe sind unter anderem zu nennen: die *Städtebilder*, die 1963 mit einem Nachwort von Peter Szondi erschienen sind, ferner *Zur Kritik der Gewalt und andere Aufsätze*, 1965 mit einem Nachwort von Herbert Marcuse publiziert, und nicht zuletzt die *Versuche über Brecht*, die Rolf Tiedemann 1966 herausgab. Es war wiederum Adorno, der 1966 gemeinsam mit Gershom Scholem im Suhrkamp-Verlag eine zweibändige Auswahl von Benjamins Briefen edierte. Diese Ausgabe war zwar umstritten (zur kontroversen Aufnahme s.u.), doch sie bot nichtsdestoweniger eine neue Grundlage für die Befassung mit Benjamin.

Zugleich hat Adorno Benjamin in einer Reihe von Schriften charakterisiert: von der Notiz »Zu Benjamins Gedächtnis«, 1940 in der amerikanisch-jüdischen Zeitschrift *Aufbau* erschienen, über die »Charakteristik Walter Benjamins«, aus Anlaß des zehnten Todestags Benjamins 1950 in der *Neuen Rundschau* veröffentlicht, und das Nachwort zur BERLINER KINDHEIT UM NEUNZEHNHUNDERT sowie die Einleitung zur *Schriften*-Ausgabe von 1955 bis hin zu der Arbeit, die 1969 in *Le Monde* unter dem Titel »A l'écart de tous les courants« publiziert wurde. Alle diese Adornoschen Texte wurden 1970 in einem Band zusammengeführt als »die bislang wichtigsten Arbeiten über Benjamin, von denen [...] die Forschung auszugehen hat«, so der Herausgeber Rolf Tiedemann (Tiedemann 1970, 165).

Tatsächlich hat Adorno wie kein anderer die erste Phase der Benjamin-Rezeption in der Nachkriegszeit geprägt. Die Sicht, die Adorno auf Benjamins Werk eröffnete, ging von der eigenen philosophischen Position aus. Adornos Philosophie des Nicht-Identischen, die sich in der Begegnung mit Benjamin geformt hatte, bildete im Rückblick den Schlüssel zur Gedankenwelt Benjamins (vgl. Garber 1987, 126). Für Adorno zeichnete sich Benjamins Denken durch Konkretion aus: Benjamin sei es darum gegangen, weder das Besondere dem Allgemeinen unterzuordnen noch das Allgemeine aus dem Besonderen herauszuabstrahieren. In der Einleitung zu den *Schriften* von 1955 bemerkte Adorno, Benjamin habe »das Konkrete niemals zum Beispiel für den Begriff herabgewürdigt [...]. Soweit es dem Denken überhaupt nur verstattet ist, hat er stets die Knotenpunkte des Konkreten, das Unauflösliche daran, [...] als Gegenstand gewählt« (Adorno 1990, 40). Es lag auf der gleichen Linie, wenn Adorno in der Vorrede zu Tiedemanns *Studien zur Philosophie Walter Benjamins* feststellte, Benjamin habe »den großen Wahrheitsgehalt im mikrologischen Detail« aufgesucht (77). Mit der Aufmerksamkeit für das Konkrete und Einzelne hat Benjamin einen Grundzug nicht nur von Adornos Philosophie, sondern der Frankfurter Schule überhaupt vorgeprägt. Benjamins vielzitierter Satz aus der Passagenarbeit, »daß das Ewige jedenfalls eher eine Rüsche am Kleid ist als eine Idee« (V, 578), könnte nach Martin Jay, wenn man die theologischen Bezüge beiseite läßt, der Kritischen Theorie geradezu als Motto gedient haben (Jay 1981, 108).

Eine weitere Verbindung zwischen Benjamins und Adornos Philosophie lag in der Idee des Glücks – auch diese war von entscheidender Bedeutung für beide Positionen. Adorno beschrieb im Anschluß an Benjamin ein Denken, »das sich die Impulse der Lust und des Glücks nicht verbietet und dessen Erfahrungen die Kraft kindlicher Neugier am Einzelnen und Abseitigen bewahren« (Lindner 1977a, 79; vgl. Garber 1987, 126). So war für Adorno Benjamins Philosophie unwiderstehlich aufgrund des Glücksversprechens. In der »Charakteristik Walter Benjamins« hieß es: »Was Benjamin sagte und schrieb, lautete, als nähme der Gedanke die Verheißungen der Märchen- und Kinderbücher, anstatt mit schmachvoller Reife sie von sich zu weisen, so buchstäblich, daß die reale Erfüllung selber der Erkenntnis absehbar wird. Von Grund auf verworfen ist in seiner philosophischen Topographie die Entsagung« (Adorno 1990, 10f.).

Allerdings war bei Adorno die Perspektive einer politischen Realisierung des Glücksversprechens versperrt, wie sie in Benjamins Spätwerk thematisiert worden ist. Wenn Adorno den totalen Verblendungszusammenhang der Gesellschaft darstellte, war die Möglichkeit einer verändernden Praxis ferngerückt. Entsprechend skeptisch verhielt sich Adorno zu Benjamins Drängen auf politische Veränderung; es wurde von ihm der Naivität verdächtigt. In der »Charakteristik Walter Benjamins« war zu lesen: »In der Tuchfühlung mit dem stofflich Nahen, der Affinität zu dem was ist, war seinem Denken, bei aller Fremdheit und Schärfe, stets ein eigentümlich Bewußtloses, wenn man will Naives gesellt. Solche Naivität ließ ihn zuweilen mit machtpolitischen Tendenzen sympathisieren, welche, wie er wohl wußte, seine eigene Substanz, unreglementierte geistige Erfahrung, liquidiert hätten« (Adorno 1990, 19; vgl. zum Verhältnis von Adorno und Benjamin auch Habermas 1994). So begegnete Adorno insbesondere Benjamins Freundschaft zu Brecht mit Mißtrauen. Gerade die Herabsetzung der politischen Dimension von Benjamins Werk rief in der Folge die Kritik auf den Plan. Im Kontext der 68er-Bewegung nahm man Benjamin für eine marxistisch orientierte Praxis in Anspruch.

Kritik an Adornos Benjamin-Bild

Für die 68er-Bewegung war entscheidend, an Benjamins Denken der politischen Veränderung festzuhalten. Adorno dagegen wurde vorgeworfen, es eigenen Vorbehalten und philosophischen Prämissen zu unterstellen. Schützenhilfe erhielt diese Kritik durch Helmut Heißenbüttel, der feststellte, Adorno habe, bei allen seinen Verdiensten um Benjamins Werk, die marxistisch-materialistische Komponente getilgt – sowohl in der *Schriften*-Ausgabe als auch in der mit Scholem herausgegebenen Briefsammlung: »In der zweibändigen Werkauswahl von 1955 kommt der Name Brecht nur einmal [...] beiläufig vor; die materialistische Methode wird im Vorwort umgedeutet in eine vage Bildkategorie, die Unverbindlichkeit einer eher aphoristischen Interpretation des Werks in Kauf genommen, die späte historisch-politische Thematik unaufgelöst in die frühe theologische zurückgedeutet usw. Das Werk erscheint in einer Uminterpretation, in der der überlebende kontroverse Briefpartner seine Auffassung durchsetzt« (Heißenbüttel 1967, 240; vgl. auch Brenner 1969; dagegen Tiedemann 1968, 78). Die Bedenken gegen Adornos Benjamin-Sicht waren deshalb so gravierend, weil sie seine verschiedenen Rollen als ehemaliger Weggefährte des Autors, als Herausgeber und einflußreichster Interpret der Schriften zugleich betrafen. So wurde der Verdacht erhoben, Adorno habe die ehemaligen Kontroversen mit Benjamin nach dessen Tod für sich entscheiden wollen, die marxistischen Arbeiten umgedeutet und zugleich Texte aus Benjamins Nachlaß im Frankfurter Archiv zurückgehalten, die das von Adorno lancierte Benjamin-Bild hätten korrigieren können. Piet Gruchot etwa sprach in der Zeitschrift *alternative* von einem »Monopol« der Edition, »das Unvollständigkeit und Unzugänglichkeit zu Prinzipien erhebt, damit dann strategische Esoterik ungestört ihren feinen Interpretationsschleier weben darf« (Gruchot 1967, 204; vgl. auch Brenner 1969, 168; Gallas 1968; Tiedemann 1968).

Adorno gab Anlaß zu solchen Verdächtigungen. Bei einem Nachdruck von Benjamins Rezension THEORIEN DES DEUTSCHEN FASCHISMUS (III, 238–250) in der Zeitschrift *Das Argument* bestand Adorno darauf, den Schlußsatz wegzulassen, der die Möglichkeit in Betracht zieht, daß der nächste Krieg marxistisch in einen Bürgerkrieg verwandelt werden könnte. Adorno begründete die Streichung damit, daß Benjamin in der Gegenwart, angesichts der DDR, diesen Satz selbst nicht mehr so formulieren würde (vgl. »Interimsbescheid«, in: Adorno 1990, 91–96; Skrandies 2003, 77). Gegen solche Eingriffe richtete sich die Kritik, die vor allem in der Berliner Zeitschrift *alternative* geäußert wurde (Heise 1968, 68 f.). Auch Gerhard Seidel erklärte im Vorwort seiner 1970 in der DDR erschienenen Benjamin-Ausgabe *Lesezeichen*, der Nachdruck der Rezension sei ein Beispiel dafür, daß »editorische Eingriffe vorgenommen wurden, die schlechthin als Fälschungen bezeichnet werden müssen« (Seidel 1970, 7 f.).

Von besonderem Gewicht war die Stellungnahme der ehemaligen Heidegger-Schülerin Hannah Arendt, die mit Benjamin in den Jahren des Exils befreundet war. Arendt attackierte sowohl Adorno als auch seinen Schüler Tiedemann scharf als Benjamin-Herausgeber und -Interpreten. Sie warf Tiedemann vor, Adornos Position in dessen Auseinandersetzungen mit Benjamin nachträglich zu rechtfertigen und zu verklären. Unhaltbar erschien Arendt etwa Tiedemanns Vorgabe, Benjamin habe sich Adornos Einwände gegen den Text DAS PARIS DES SECOND EMPIRE BEI BAUDELAIRE zu eigen gemacht. Arendt merkte dazu an: »Man traut seinen Augen nicht, wenn man diese aus der Luft gegriffenen Behauptungen liest, und man möchte wahrhaftig wünschen, daß es sich um nichts Schlimmeres als die Hirngespinste eines übereifrigen jungen Mannes handelt. Denn Adorno ist der einzige Schüler, den Benjamin, der ja nicht im akademischen Leben stand, je gehabt – oder doch zu haben geglaubt hat. [...] Ernst nehmen müßte man sie nur, wenn sich hier ein Lebender, der es wahrlich nicht nötig hat, auf Kosten eines Toten, über den er bereits gesiegt hatte, als er noch am Leben war, hochloben läßt« (Arendt 1968, 57).

Die Vehemenz dieser Angriffe ist signifikant für das Spannungsfeld der späten 60er Jahre. Auch wenn jener Streit inzwischen historisch ist, wird Adornos Rolle noch heute ambivalent eingeschätzt. Garber etwa weist einerseits auf »das große, durch nichts zu schmälernde Verdienst« Adornos hin, Benjamins Werk in der Nachkriegszeit mit hartnäckigen Bemühungen wieder bekanntgemacht zu haben (Garber 1987, 124). Andererseits problematisiert Garber Adornos Haltung als Herausgeber. Begründete Adorno in der Ausgabe von Benjamins *Schriften* (1955) die Auslassung einiger großer Abhandlungen damit, daß Benjamin sich von ihnen »distanzierte« (Adorno 1990, 50), so wurde laut Garber »eine Verantwortung, die allein dem Editor obliegt, in unzulässiger, weil unkalkulierbarer Weise dem Autor selbst überantwortet« (Garber 1987, 134). Auch daß Adorno den zu Benjamins Lebzeiten abgelehnten Text zu Baudelaire nicht in die Auswahl aufnahm, trägt zu dieser zwiespältigen Einschätzung bei. Nach Garber hätte es Adorno als »dem überlebenden Kontrahenten wohl angestanden, das ehemals kritisierte Stück nun zur öffentlichen Diskussion freizugeben, statt es zurückzuhalten und womöglich mit dem Makel des vom Autor Preisgegebenen zu behaften« (ebd.).

In den 60er Jahren waren diese Streitpunkte vor allem aus zwei Gründen wesentlich: Zum einen wurden viele Benjamin-Manuskripte in Archiven aufbewahrt, die nicht ohne weiteres zugänglich waren – mit dieser Sperrung sicherten sich die Frankfurter Arbeiten an der Herausgabe der Texte ab; das Projekt der *Gesammelten Schriften* war geplant. Zum anderen war die Kritik an Adornos Editionspraxis in eine philosophische und politische Grundsatzdebatte eingelassen. Wenn zum Beispiel moniert wurde, daß die Benjamin-Ausgaben die Zusammenarbeit mit Brecht unzureichend dokumentierten, so stand der Name Brecht für ein kunstpolitisches Programm, das dezidiert von Adornos ästhetischer Position abgegrenzt wurde. Es ging einigen studentischen Gruppierungen darum, Benjamin wie Brecht für eine exoterische, die Massen einbeziehende, revolutionäre neomarxistische Politik zu reklamieren. Tiedemann dagegen betrachtete in seiner Dissertation Benjamins Werk unter den Vorzeichen Adornos, der diese Arbeit betreut hatte: Die Kommunikation mit dem Kollektiv sei Benjamins enigmatischer Sprache versagt geblieben, aber »durch diese Esoterik hindurch hält er den Ausgeschlossenen so genau die Treue, wie das heute irgendeinem gegeben ist« (Tiedemann 2002, 133 f.). So verwies Tiedemann auf eine Diskussion zwischen Benjamin, Adorno und Brecht: Der letztere »forderte [...] als Sprache des künftigen Kunstwerks das Pidgin-English; als er mit dieser These herausrückte, schlug Benjamin sich auf die Seite Adornos, welcher über einen Verzicht von Denken und Sprache auf Nuancen nie mit sich reden ließ« (ebd.). Damit rückte Tiedemann Benjamin in die Nähe von Adornos Standpunkt: Das autonome Kunstwerk sollte nicht durch die Bemühung um allgemeine Verständlichkeit korrumpiert werden – und ebensowenig die politische Theorie.

Zur Signatur der 68er-Bewegung gehörte jedoch vielmehr eine scharfe Abgrenzung von Benjamins und Adornos Positionen. Neben der Faschismustheorie, der Politisierung der Germanistik und der Pädagogik standen insbesondere die unterschiedlichen Kunstauffassungen im Zentrum der Debatten. Helmut Lethen zum Beispiel ging in der Zeitschrift *alternative* auf die gegensätzlichen Theorien der Kunst ein: Benjamins materialistische Konzeption auf der einen Seite zeichne sich dadurch aus, daß sie die gesellschaftliche Ohnmacht der bürgerlichen Kunst nicht hinnehme, sondern darauf bestehe, »daß die Versprechen der Kunst im Materiellen eingelöst werden müssen« (Lethen 1967, 228). Adorno auf der anderen Seite gehöre zu denen, die die »Konstanz des Unheils« behaupteten und die in der Retrospektive keine Chance der Änderung sähen. »Durch ihre fatalen Prognosen haben sie die für Veränderung Kämpfenden immer schon desavouiert« (225). Die Perspektive auf eine mögliche Veränderung wurde an die Beteiligung der Massen gebunden. Während für Adorno die proletarische Masse von der Kunstrezeption ausgeschlossen sei, da Kunst aus seiner Sicht nur dem »avancierten Bewußtsein« entspreche, sehe Benjamin eine Kollektivrezeption vor: »In der Kollektivrezeption findet Benjamin die Möglichkeit, das antizipatorische Moment der Kunst in materielle Gewalt umzusetzen. Gerade in dem von den Kulturkritikern erschreckt konstatierten Moment der Kollektivrezeption, daß in ihr zu ›unsublimierter Vorlust‹ [...] aufgestachelt wird, statt ästhetischen [sic] Sublimation zu fördern, sieht Benjamin eine Chance. Daß hier eine kollektive ›Nachfrage‹ mittels Kunst erzeugt werden kann, deren ›Befriedigung‹ nur in kollektiver Praxis erreicht würde« (231).

Auch Rosemarie Heise wies in *alternative* nachdrücklich darauf hin, wie unterschiedlich ihrer Meinung nach die Sichtweisen Benjamins und Adornos waren: »So sehr Benjamin Adorno als anregenden Freund schätzte, so kann m. E. von einer Identität oder auch nur Konvergenz ihrer Anschauungen nicht gesprochen werden. Sie differieren in prinzipiellen Fragen, die sich letztlich aus dem gegensätzlichen Verhältnis zum Marxismus und zum Klassenkampf der Arbeiterbewegung ergeben« (Heise 1967, 201). Heise betonte, daß Benjamin den Marxismus nicht auf eine quietistische Konzeption reduziere, sondern festhalte an der materialistischen Dialektik »als Erkenntnis der im Schoße der kapitalistischen Gesellschaft notwendig erzeugten Kräfte zu ihrer Überwindung« (ebd.).

Wie Ansgar Hillach rückblickend feststellt, fand der studentische Protest bei Benjamin etwas, das Adornos Marx-Rezeption gerade nicht zu bieten schien: »die Konkretisierung revolutionärer Transzendenz an den geschichtlichen Produktivkräften« (Hillach 1977, 77). Während aus Adornos Perspektive kein kollektives revolutionäres Subjekt auszumachen war, das sich der instrumentellen Praxis hätte entziehen können, sah Benjamin Entwicklungstendenzen, die »eine befreiende Allianz von Technik und Arbeitermassen möglich und notwendig machten« (64 f.). Zusammenfassend unterscheidet Lindner drei kulturrevolutionäre Strategien der damaligen studentischen Kritik: erstens Kunst als esoterische Widerstandsstelle, nachdem sich die Gesellschaft zum totalen Verblendungszusammenhang verfestigte, zweitens Kunst als sozialistisch erneuerter bürgerlicher Realismus, der Bildungsbürgertum und Arbeiterklasse politisch zusammenführt, und drittens Kunst als avantgardistisch veränderter Praxisbereich, der neueste Produktionstechniken verarbeitet und das Alltagsleben verändert (Lindner 1977b, 23). Wollte man die Adorno- und Benjamin-Rezeption der Studentenbewegung in diese Kategorien einordnen, so könnte Adorno in die erste Rubrik eingeordnet werden und Benjamin in die dritte. Signifikant sind diese Positionen vor allem unter dem Gesichtspunkt, daß sich mit ihnen in den 60er Jahren der Marxismus neu in der Bundesrepublik etablierte.

Benjamin 1968 – Sprengsatz im Fokus des Neo-Marxismus

Die Benjamin-Rezeption im Kontext der Studentenbewegung hat maßgeblich zu einer Umakzentuierung linker Theoriebildung beigetragen. Folgt man David Bathrick, so verschob sich der Schwerpunkt in der zweiten Hälfte der 60er Jahre von der Analyse des kulturindustriellen Verblendungszusammenhangs (etwa im Sinne Adornos und Horkheimers) hin zu einer Betonung politisch-kulturrevolutionärer Aktivität: Entscheidend war dann gerade, daß innerhalb der sozialen Ordnung Potential zu ihrer Veränderung ausgemacht werden konnte (Bathrick 1979, 246). Diese wiederaufgekommene Form des Marxismus in der Bundesrepublik ist der Hintergrund des Streits um Benjamin, Adorno und Brecht (vgl. Brodersen 2005).

So ist die Aneignung von Benjamins Werk in den 60er Jahren nicht loszulösen von der Erfahrung einer politischen Krise, zu der unter anderem der Vietnamkrieg und die Auseinandersetzungen um die Notstandsgesetze gehörten (vgl. Garber 1987, 153). In dieser zugespitzten Situation fanden Benjamins Thesen Über den Begriff der Geschichte besondere Aufmerksamkeit: Heinz-Dieter Kittsteiner zum Beispiel stellte in *alternative* heraus, daß »Revolution [...] die Basis für Benjamins Konzeption der ›Jetztzeit‹« ist (Kittsteiner 1967, 250). In einem Resümee der Benjamin-Aufnahme in der Studentenbewegung fragt Karl Heinz Bohrer 30 Jahre später: »Konnte einer Generation, die glaubte, mit einer revolutionären Situation im Bunde zu sein, ein faszinierenderer Satz gesagt werden als der vom ›Bewußtsein, das Kontinuum der Geschichte aufzusprengen‹, wenn der ›Augenblick‹ der ›Aktion‹ gekommen sei?« (Bohrer 1997, 1074; vgl. I, 701). Benjamins Begriff des historischen *Augenblicks* habe als deutsche Version des französischen Situationismus gedient, vor allem was seine Rezeption im Jahr 1968 betrifft. So habe die Bewegung anhand von Formulierungen aus Benjamins Schriften sich Prinzipien des Situationismus zu eigen gemacht. Bohrer stellt heraus, daß Benjamin »der einzige deutsche Intellektuelle gewesen ist, der den Surrealismus, ohne den die französischen Vordenker von '68 nicht vorstellbar sind, in seiner Epoche entdeckt und rezipiert hat« (Bohrer 1997, 1075). Entsprechend sei die Wiederveröffentlichung von Benjamins Aufsatz Der Sürrealismus im Jahr 1966 »sozusagen genau in den Vormittag der kulturrevolutionären Entwicklung« gefallen (ebd.). Wie Bohrer deutlich macht, wurde Benjamin »buchstäblich zum Inspirator einer kulturrevolutionären Stimmung, die mehr spirituell denn politisch war und entsprechend auch Kreise erfaßte, die sich eher im Geist denn in der Praxis zu Hause fühlten« (1074).

In welchem Maß Benjamin für die Studentenbewegung zum Aushängeschild wurde, zeigt sich unter anderem an der vorübergehenden Umbenennung des Germanistischen Instituts der Universität Frankfurt am Main 1968 in »Walter-Benjamin-Institut«. Eine »Basisgruppe Walter-Benjamin-Institut« etwa vertrat eine »Gegen-Germanistik«, deren Ziel es war, »die Sprachproduktion innerhalb der arbeitsteiligen Gesamtproduktion, ihr funktionales Verhältnis zur materiellen Aneignung von Natur und menschlicher Arbeitskraft sowie den Gang ihrer Erzeugnisse im Verwertungsprozeß« zu analysieren (Basisgruppe Walter-Benjamin-Institut 1968, 164).

Angeeignet, auch im wörtlichen Sinne, wurden Benjamins Schriften nicht zuletzt durch Raubdrucke. Ein Beispiel dafür ist die Ausgabe *Eine kommunistische Pädagogik*, die 1969 vom »Zentralrat der sozialistischen Kinderläden West-Berlin« herausgegeben wurde und unter anderem Benjamins Programm eines proletarischen Kindertheaters enthielt. Der Text wurde durch den Raubdruck erstmals verfügbar gemacht und erregte Aufsehen – die Zusammenstellung veranlaßte diverse Theaterexperimente linker Gruppen, und Benjamin wurde »für das Modell der antiautoritären Kindererziehung der Kinderläden der Studentenbewegung vereinnahmt« (Götz von Olenhusen 1997, 30). Ziel der Broschüre war es, »die politische Stufe der literarischen Arbeit Benjamins zu verdeutlichen und [...] die ›intensive Einsicht in die Aktualität eines radikalen Kommunismus‹ zu befördern« (zit. n. Götz von Olenhusen 1997, 89). An diesem Beispiel zeigt sich, welcher politische Anspruch mit den Raubdrucken verbunden war. Sie erschienen wie aktuelle Flugschriften.

Zugleich wurde die Editionspraxis der Frankfurter Nachlaßverwalter zurückgewiesen. In dem Band *Eine kommunistische Pädagogik* von 1969 hieß es etwa: »Die Herausgabe dieser Broschüre verstehen wir als einen Beitrag dazu, die Verbreitung der Arbeiten Walter Benjamins nicht gänzlich den Frankfurter Monopolarchivaren zu überlassen [...]. [...] Adorno und seine Speichellecker scheuen sich nicht, die interessierte Öffentlichkeit [...] mit der Ankündigung einer ehrwürdigen aber unbrauchbaren Gesamtausgabe des benjaminschen Werkes abzuspeisen und die Konvolute einzulagern hinter Tresorwände« (zit. n. Götz von Olenhusen 1997, 89). Es wurde erklärt: »Das ›Programm eines proletarischen Kindertheaters‹ ist der Verfügungsgewalt der Frankfurter Benjamin-Verwalter und den Händen revisionistischer Kulturpolitiker entrissen worden. [...] Wir ergriffen die Gelegenheit, um das Manuskript jetzt für unsere praktische Arbeit, die Teil der Selbstorganisation der Basis ist, zu sozialisieren« (90).

Politischen Anspruch erhoben auch spätere Raubdrucke. 1976 erschien der unautorisierte Band *Integration und Desintegration*, der neben Benjamins Über den Begriff der Geschichte unter anderem Adornos »Reflexionen zur Klassentheorie« enthielt und unter dem Namen J. Peachum (nach der Figur aus Brechts *Dreigroschenoper*) herausgegeben wurde. Peachum stellte fest, Benjamins Thesen seien zu einer »theoretischen Selbstbestimmung der Linken unumgänglich« (zit. n. Götz von Olenhusen 1997, 36f.). Auch die Verdächtigungen, man halte brisante Texte im Frankfurter Archiv zurück, wurden in den weiteren illegalen Ausgaben fortgeschrieben, zum Beispiel in einem Nachdruck von Benjamins Passagenarbeit, wenige Monate nachdem diese 1982 als Band 5 der *Gesammelten Schriften* erschienen war (vgl. 38ff.; Götz von Olenhusen 2000, 107ff.).

Für die 68er-Bewegung waren die Raubdrucke besonders signifikant; sie entsprachen dem Selbstverständnis, die finanzielle Existenzgrundlage nicht in einer entfremdeten Arbeit zu beschaffen, sondern die Produktivkraft ›Intelligenz‹ in selbstbestimmter Weise einzusetzen (Götz von Olenhusen 1997, 65). So berief sich die ›Raubdruckbewegung‹ in den Anfangsjahren als Teil der antiautoritären Studentenbewegung auf die Forderung Benjamins, nicht mehr den bestehenden Apparat zu beliefern, sondern ihn im Sinne des Sozialismus zu verändern (16f.; vgl. II, 691). Zum Bezugspunkt wurde damit Benjamins Ansprache Der Autor als Produzent, 1966 erschienen als »ein Text, der ganz für die Gegenwart verfasst schien«, so Lindner (Skrandies 2003, 76). Piet Gruchot etwa zog diese Schrift heran, um Benjamins avantgardistische Konzepte vorzustellen – sie schlossen für Gruchot das »Durchbrechen der konventionellen Schranken etwa zwischen den Gattungen, zwischen Wissenschaft und Kunst, zwischen Autor und Publikum« in sich ein (Gruchot 1967, 209). Auch Frank Benseler rekurrierte auf »Benjamins großen und befreienden Vortrag« Der Autor als Produzent (Benseler 1969, 76) und griff die Forderung nach Veränderung des bestehenden Apparats auf (87). Zentral war für Benseler das Postulat, »aus Konsumenten Mitwirkende zu machen« (78). Benjamin diente hier auch als Vorbild marxistischer Literatursoziologie, die sich mit den wirtschaftlichen Voraussetzungen der Buchproduktion befaßte. Benseler konstatierte: »Alle Arbeiten von Walter Benjamin [...] sind durchzogen von dem Bewußtsein, auf dem Markt zu stehen« (61).

Nicht zuletzt gehörte Das Kunstwerk im Zeitalter seiner technischen Reproduzierbarkeit zu den Texten, die für die Studentenbewegung grundlegend waren. Hier fand man die für die eigene Theoriebildung entscheidenden Postulate einer Politisierung der Kunst und einer Einbeziehung der Massen. Auch 1970, als die Bewegung bereits sehr abgeschwächt war, wurden die kulturrevolutionären Impulse des Kunstwerkaufsatzes noch einmal in vielbeachteten Beiträgen aufgegriffen: Michael Scharang versuchte in seinem Aufsatz »Zur Emanzipation der Kunst« im ersten Heft der Zeitschrift *Ästhetik und Kommunikation* Benjamin durch eine Verschärfung der theoretischen Position zu aktualisieren. Ziel war es, den Begriff der Politisierung der Kunst radikaler als bei Benjamin zu fassen (Scharang 1970, 76 u. 78; vgl. Hillach 1977, 83). Auch Hans Magnus Enzensberger schloß an den Kunstwerk-Aufsatz an und legte in seinem »Baukasten zu einer Theorie der Medien«, im *Kursbuch* erschienen, der marxistischen Linken nahe, die emanzipatorischen Momente avanciertester Produktivkräfte wie des Fernsehens zu nutzen. Benjamin wurde bei diesem Plädoyer zum Vorbild: »Mit einer einzigen großen Ausnahme, der Walter Benjamins (und in seiner Nachfolge Brechts), haben aber die Marxisten die Bewußtseins-Industrie nicht verstanden und [...] nicht ihre sozialistischen Möglichkeiten wahrgenommen« (Enzensberger 1997, 119).

Auch wenn der avantgardistische Impetus seither nachgelassen hat, ist die um 1968 explosionsartig ausgeweitete Benjamin-Rezeption nicht wieder zurückgegangen. An sie wurden zunehmend andere, vor allem wissenschaftliche Anforderungen gestellt.

Das Erscheinen der Gesammelten Schriften und die Etablierung der Benjamin-Forschung

In den 70er Jahren veränderte sich der Charakter der Benjamin-Diskussion in der Bundesrepublik: Die politisch motivierten und polemisch geführten Debatten wurden allmählich abgelöst von einer akademischen Auseinandersetzung; Benjamins Werk wurde zu einem regulären Forschungsgegenstand philologischer und philosophischer Disziplinen. Gegenüberstellungen von Benjamins und Adornos Positionen etwa erhielten dadurch einen neuen Akzent: Es ging nun darum, Philosophie*geschichte* aufzuarbeiten, und weniger darum, ihre Impulse unmittelbar in der gegenwärtigen politischen Praxis umzusetzen. Das Jahr 1969 markierte in dieser Hinsicht einen Einschnitt: Die studentische Protestbewegung kam zum Erliegen; zudem starb Adorno und entzog sich dadurch den weiteren Diskussionen – er wurde unweigerlich zu einer historischen Figur (vgl. Wiggershaus 1987, 705).

Signifikant für das neue Verhältnis ist die Tagung anläßlich von Benjamins 80. Geburtstag 1972, mit der zugleich die neue Ausgabe *Gesammelte Schriften* vorgestellt wurde. Anstelle des verstorbenen Peter Szondi, der als Hauptsprecher eingeladen war, hielt Jürgen Habermas eine Rede, die in den erweiterten Tagungsband *Zur Aktualität Walter Benjamins* (1972) eingegangen ist. Habermas stellt in seinem Beitrag »Bewußtmachende oder rettende Kritik« zwar im Untertitel ausdrücklich die Frage nach der »Aktualität Walter Benjamins«, damit ist jedoch geschichtliche Distanz zu dessen Philosophie bereits vorausgesetzt. Wie Weigel bemerkt, geht die Frage nach Benjamins Aktualität »implizit von der Annahme historischer Begrenzung und zeitgebundener Geltung seines Denkens aus, um dann dessen – jeweils relativierte bzw. modifizierte – Gültigkeit für die Gegenwart zu begründen« (Weigel 1997, 213). Dennoch hält Habermas daran fest, daß die Auseinandersetzungen um Benjamin weiterhin notwendig kontrovers geführt werden müssen und nicht durch die entstehende Benjamin-Philologie ersetzt werden können: »Zum Streit der Parteien, in dem das Bild Benjamins nahezu zersplittert, bietet die akademische Behandlung der Sache womöglich ein Korrektiv, aber sicher keine Alternative« (Habermas 1972, 176).

1972 erhielt die wissenschaftliche Befassung mit Benjamin eine neue Grundlage: In diesem Jahr erschienen die ersten Bände (III und IV) der von Rolf Tiedemann und Hermann Schweppenhäuser herausgegebenen *Gesammelten Schriften*. Revidierte Benjamin-Ausgaben hatte es zuvor bereits gegeben, so kann etwa die von Tiedemann besorgte Edition des Trauerspiel-Buches, die 1963 erschienen war, als erster Schritt zur kritischen Edition *Gesammelte Schriften* gelten. Letztere verfolgte das Ziel, erstmals »die Schriften Benjamins mit der erreichbaren Vollständigkeit zu versammeln« (I, 751) – ein Unternehmen, das erst 1989 mit dem Nachtragsband VII abgeschlossen wurde (vgl. auch Tiedemann 1989 u. 2003). Damit ist, bis zum Erscheinen der Kritischen Gesamtausgabe, vorläufig ein Fundament für die Benjamin-Forschung gegeben. Seit den 70er Jahren differenzierte sich die Benjamin-Diskussion in unterschiedlichen wissenschaftlichen Feldern aus, die in den nächsten Abschnitten umrissen werden.

Exkurs: Benjamin-Rezeption in der DDR

Anderen Bedingungen unterlag die Verbreitung von Benjamins Schriften in der DDR. Hier wurde die Literatur einem sozialistischen Realismus verpflichtet, den man in Georg Lukács' Ästhetik formuliert fand, während Benjamins Nähe zur Moderne und zu den historischen Avantgarden problematisch erschien (vgl. Opitz 1999). In den ersten Nachkriegsjahren wurden allerdings, zum Teil nach Bemühungen von Bertolt Brecht und Ernst Bloch, einzelne Benjamin-Texte publiziert (vgl. Hartung 1990, 994): 1949 erschien in *Sinn und Form* Benjamins Aufsatz Über einige Motive bei Baudelaire, 1956 waren in der Zeitschrift *Aufbau* Benjamins Kommentare zu Gedichten von Brecht zu lesen. Der Aufsatz Gottfried Keller fand sich 1957 mit einer Einführung von Gerhard Seidel in *Neue deutsche Literatur* und die Uraufführungskritik von Brechts *Die Mutter* mit dem Titel Ein Familiendrama auf dem epischen Theater 1957 in *Sinn und Form* (vgl. Heise 1967a, 194).

Lange Zeit fehlte jedoch eine Textsammlung. Erst 1970 erschien im Reclam-Verlag Leipzig die von Gerhard Seidel herausgegebene Auswahl *Lesezeichen*, die durch den Staatsapparat der DDR kritisch beäugt wurde (Götz von Olenhusen 1997, 23 f.). Sie mußte indes aus anderen Gründen eingestampft werden – trotz Protest im westdeutschen Feuilleton: Reclam war vertraglich gebunden, das Vorwort und das Nachwort vor der Publikation dem Suhrkamp-Verlag vorzulegen, aber diese Bedingung wurde nicht erfüllt (vgl. Opitz 1999, 1292). Zum Problem wurde, daß das Vorwort starke Invektiven gegen die Frankfurter Editionsarbeiten enthielt (Seidel 1970; zur Widerlegung vgl. IV, 997 f.). Der Streit beeinträchtigte die philologische Forschung zu Benjamin sowohl in der DDR als auch in der BRD: Bis in den 80er Jahren wurde den Frankfurter Benjamin-Herausgebern der Zugang zum in der DDR befindlichen Nachlaß häufig verwehrt, und in der DDR war es mangels Lizenzen wiederum schwierig, Benjamins Texte zu publizieren (vgl. Opitz 1999, 1292).

Eine neue, von Sebastian Kleinschmidt herausgegebene Textsammlung erschien im Leipziger Reclam-Verlag 1984 unter dem Titel *Allegorien kultureller Erfahrung*. Im Nachwort wurde Benjamin gegen eine einseitige Aufnahme verwahrt durch den Hinweis, daß »der Band auch solche Texte enthält, die das metaphysisch-spirituelle und theologische Moment im Denken Benjamins deutlich machen, das im Zuge seiner spezifischen Marxismusaneignung wohl modifiziert, nicht aber zum Verschwinden gebracht wurde« (Kleinschmidt 1984, 451). Besondere Bedeutung kam den Thesen Über den Begriff der Geschichte zu, die in der DDR bis zu diesem Zeitpunkt unpubliziert waren. Das Provozierende dieser Schrift im damaligen Kontext lag insbesondere darin, daß in ihr planer Zukunftsoptimismus und Fortschrittsglaube zurückgewiesen und überdies auf Theologie rekurriert wurde. »Das Benjaminsche Geschichtsdenken«, so Michael Opitz, »war wie kaum ein anderes geeignet, das offiziell ausgestellte Sozialismus-Bild kritisch zu hinterfragen« (Opitz 1999, 1302; vgl. auch 1299).

Literatur

Adorno, Theodor W. (1990): Über Walter Benjamin, hg. v. Rolf Tiedemann, 2., erw. Aufl. Frankfurt a. M.

Arendt, Hannah (1968): »Walter Benjamin«, in: Merkur 22, 50–65; 209–223; 305–315.

Basisgruppe Walter-Benjamin-Institut (1968): »Schafft die Germanistik ab!« In: Detlev Claussen/Regine Dermitzel (Hg.): Universität und Widerstand. Versuch einer Politischen Universität in Frankfurt, Frankfurt a. M., 157–165.

Bathrick, David (1979): »Reading Benjamin from East to West«, in: Colloquia germania 12, 246–255.

Benseler, Frank (1969): »Über literarische Produktionsverhältnisse«, in: ad lectores 8, 61–87.

Bohrer, Karl Heinz (1997): »1968: Die Phantasie an die Macht? Studentenbewegung – Walter Benjamin – Surrealismus«, in: Merkur 51, 1069–1080.

Brenner, Hildegard (1969): »Theodor W. Adorno als Sachwalter des Benjaminschen Werkes«, in: Wilfried F. Schoeller (Hg.): Die neue Linke nach Adorno, München, 158–175.

Brodersen, Momme (2005): »Wenigstens missverstehen. Erdmut Wizisla über Bertolt Brecht und Walter Benjamin«, in: Süddeutsche Zeitung Nr. 84 v. 13.4.2005, 16.

Enzensberger, Hans Magnus (1997): »Baukasten zu einer Theorie der Medien«, in: ders.: Baukasten zu einer Theorie der Medien. Kritische Diskurse zur Pressefreiheit, hg. v. Peter Glotz, München, 97–132.

Gallas, Helga (1968): »Wie es zu den Eingriffen in Benjamins Texte kam oder Über die Herstellbarkeit von Einverständnis«, in: alternative 11, H. 59/60, 76–85.

Garber, Klaus (1987): »Stationen der Benjamin-Rezeption 1940–1985«, in: ders.: Rezeption und Rettung. Drei Studien zu Walter Benjamin, Tübingen, 121–193.

Garber, Klaus (2005): Walter Benjamin als Briefschreiber und Kritiker, München.

Götz von Olenhusen, Albrecht (1997): Der Weg vom Manuskript zum gedruckten Text ist länger, als er bisher je gewesen ist. Walter Benjamin im Raubdruck 1969–1996, Lengwil am Bodensee.

Götz von Olenhusen, Albrecht (2000): »Kritische Theorie, Benjamin-Rezeption und Studentenbewegung«, in: Die Aktion Nr. 175–180, 98–116.

Gruchot, Piet (1967): »Konstruktive Sabotage. Walter Benjamin und der bürgerliche Intellektuelle«, in: alternative 10, H. 56/57, 204–210.

Habermas, Jürgen (1972): »Bewußtmachende oder rettende Kritik – die Aktualität Walter Benjamins«, in: Siegfried Unseld (Hg.): Zur Aktualität Walter Benjamins, Frankfurt a. M., 173–223.

Habermas, Jürgen (1994): »Das Falsche im Eigenen«, in: Die Zeit v. 23.9.1994, 77 f.

Hartung, Günter (1990): »Zur Benjamin-Edition – Teil II«, in: Weimarer Beiträge 36, 969–999.

Heise, Rosemarie (1967a): »Der Benjamin-Nachlaß in Potsdam«, in: alternative 10, H. 56/57, 186–194.

Heise, Rosemarie (1967b): »Vorbemerkungen zu einem Vergleich der Baudelaire-Fassungen«, in: alternative 10, H. 56/57, 198–202.

Heise, Rosemarie (1968): »Nachbemerkungen zu einer Polemik oder widerlegbare Behauptungen der frankfurter Benjamin-Herausgeber«, in: alternative 11, H. 59/60, 69–93.

Heißenbüttel, Helmut (1967): »Vom Zeugnis des Fortlebens in Briefen«, in: Merkur 228, 232–244.

Hillach, Ansgar (1977): »Walter Benjamin – Korrektiv Kritischer Theorie oder revolutionäre Handhabe? Zur Rezeption Benjamins durch die Studentenbewegung«, in: W. Martin Lüdke (Hg.): Literatur und Studentenbewegung, Opladen, 64–89.

Jay, Martin (1981): Dialektische Phantasie. Die Geschichte der Frankfurter Schule und des Instituts für Sozialforschung, Frankfurt a. M.

Kambas, Chryssoula (1983): Walter Benjamin im Exil. Zum Verhältnis von Literaturpolitik und Ästhetik, Tübingen.

Kittsteiner, Heinz-Dieter (1967): »Die ›geschichtsphilosophischen Thesen‹«, in: alternative 10, H. 56/57, 243–251.

Kleinschmidt, Sebastian (1984): »Editorische Nachbemerkung«, in: Walter Benjamin: Allegorien kultureller Erfahrung. Ausgewählte Schriften 1920–1940, Leipzig, 451–453.

Lethen, Helmut (1967): »Zur materialistischen Kunsttheorie Benjamins«, in: alternative 10, H. 56/57, 225–234.

Lindner, Burkhardt (1977a): »Herrschaft als Trauma. Adornos Gesellschaftstheorie zwischen Marx und Benjamin«, in: Text + Kritik, Sonderband Theodor W. Adorno, München, 72–91.

Lindner, Burkhardt (1977b): »Prosperität des Bestattungswesens? Anmerkungen zur ›Tendenzwende‹ in der Literaturwissenschaft«, in: W. Martin Lüdke (Hg.): Literatur und Studentenbewegung, Opladen, 13–32.

Opitz, Michael (1999): »Zwischen Nähe und Distanz. Zur Benjamin-Rezeption in der DDR«, in: Klaus Garber/Ludger Rehm (Hg.): global benjamin, Bd. 3, München, 1277–1320.

Scharang, Michael (1970): »Zur Emanzipation der Kunst. Benjamins Konzeption einer materialistischen Ästhetik«, in: Ästhetik und Kommunikation, H. 1, 67–85.

Scholem, Gershom (1983): Walter Benjamin und sein Engel. Vierzehn kritische Aufsätze und kleine Beiträge, hg. v. Rolf Tiedemann, Frankfurt a. M.

Schopf, Wolfgang (2003): »So müßte ich ein Engel und kein Autor sein«. Adorno und seine Frankfurter Verleger. Der Briefwechsel mit Peter Suhrkamp und Siegfried Unseld, Frankfurt a. M.

Seidel, Gerhard (1970): »Zur vorliegenden Ausgabe«, in: Walter Benjamin: Lesezeichen. Schriften zur deutschsprachigen Literatur, Leipzig, 5–8.

Skrandies, Timo (2003): »Das Denken des Einzelnen – Ein Gespräch mit Burkhardt Lindner über die Frankfurter Schule, Benjamin, Medien und Kulturkritik«, in: Thomas Bedorf/Arndt Hoffmann/Jens Maaßen/Timo Skrandies (Hg.): Marginalien zu Adorno, Münster, 65–106.

Tiedemann, Rolf (1968): »Zur ›Beschlagnahme‹ Walter Benjamins oder Wie man mit der Philologie Schlitten fährt«, in: Das Argument 10, H. 1/2, 74–93.

Tiedemann, Rolf (1970): Anmerkungen, in: Theodor W. Adorno: Über Walter Benjamin, Frankfurt a. M., 163–188.

Tiedemann, Rolf (1989): Die Abrechnung. Walter Benjamin und sein Verleger, Hamburg.

Tiedemann, Rolf (2002): Mystik und Aufklärung. Studien zur Philosophie Walter Benjamins [1965], München.

Tiedemann, Rolf (2003): »Die Nachlässe Adornos und Benjamins im Theodor W. Adorno Archiv. Eine bibliographische Bilanz«, in: Frankfurter Adorno Blätter 8, 238–251.

Weigel, Sigrid (1997): Entstellte Ähnlichkeit. Walter Benjamins theoretische Schreibweise, Frankfurt a. M.

Wiggershaus, Rolf (1987): Die Frankfurter Schule, 2. Aufl., München/Wien.

Perspektiven der theoretischen Aneignung

Seitdem mit der Studentenbewegung 1968 eine breite Benjamin-Rezeption in Gang gekommen ist, differenziert sich seine Wirkung in vielen unterschiedlichen Feldern aus. Diese Heterogenität entspricht der Besonderheit von Benjamins Schriften, disparate Aspekte miteinander zu verbinden. Habermas hat darauf hingewiesen, daß die Kontroversen der Rezeptionsgeschichte bereits in der Biographie des Autors vorgezeichnet sind – vor allem durch die Verschiedenheit der Personen, die Benjamin nahestanden. So sind »die konkurrierenden Interpretationen Benjamin nicht übergestülpt; es ist wohl nicht bloß Geheimniskrämerei, die, wie Adorno berichtet, Benjamin veranlaßt hat, seine Freunde voneinander fernzuhalten: nur als surrealistische Szene vollziehbar wäre etwa die Vorstellung, Scholem, Adorno und Brecht zum friedlichen Symposion am runden Tisch, unter dem Breton oder Aragon hocken, während Wyneken an der Tür steht, versammelt zu sehen, sagen wir zu einem Disput über den ›Geist der Utopie‹ oder gar den ›Geist als Widersacher der Seele‹« (Habermas 1972, 176). Ähnlich divergent sind die Positionen der Benjamin-Diskussion bis heute.

Die folgenden Darstellungen konzentrieren sich auf einige Hauptlinien, wobei die wissenschaftliche Auseinandersetzung mit Benjamin im Vordergrund steht. Indes wird bewußt darauf verzichtet, ein Gesamtbild des ›Forschungsstandes‹ entwerfen zu wollen. Die Aufteilung ist – anders als in den Benjamin-Bibliographien – nicht durch Teile des Benjaminschen Werks vorgegeben. Obwohl nicht durchgängig das Gesamtwerk rezipiert wurde, sondern immer andere Texte entdeckt und neu gelesen wurden, orientiert sich die Rekonstruktion nicht an solchen ›Konjunkturen‹ bestimmter Schriften. Leitfaden sind vielmehr die verschiedenen wissenschaftlichen Diskurse, in denen Benjamins Schriften aufgegriffen wurden und werden. Bei dieser Skizzierung offener Felder der Benjamin-Aneignung wird davon abgesehen, Profile einzelner Benjamin-Forscherinnen und -Forscher beziehungsweise bestimmter Arbeiten zu zeichnen. Einige verdienstvolle Beiträge, etwa die zeit- und philosophiegeschichtlichen Studien, die Benjamins Schriften im Kontext der Weimarer Republik oder des Exils genauer verorten, können in diesem Zusammenhang nicht eingehend berücksichtigt werden (als Beispiele seien erwähnt: Bolz 1991; Braese 1998; Brodersen 1990; Deuber-Mankowsky 2000; Jäger 1998; Kambas 1983; Wizisla 2004; vgl. auch die zwölf Studienvoraussetzungen für die Befassung mit Benjamin nach G. Steiner 2004).

Der Vorteil des Verfahrens besteht darin, daß man sich einen ersten Überblick anhand bekannter allgemeiner Stichworte verschaffen kann und erfährt, wie verschieden die ›Baustellen‹ der Benjaminrezeption sind. Mit der Anordnung wird keine Linie des Handbuchs vorgegeben, aber vereinzelt auf dessen Artikel verwiesen, das ja selbst Teil der Rezeption ist.

Verfehlt wäre es allerdings, wenn durch die Fokussierung auf wissenschaftliche Diskurse der Eindruck erweckt würde, die Wissenschaft könnte einen privilegierten Zugang zu Benjamins Werk beanspruchen. Es wird statt dessen von unterschiedlichen Gruppen aufgegriffen und ›gehört‹ insofern allen. Auch die in der 68er-Bewegung praktizierten Formen der Benjamin-Aneignung sind nicht in Vergessenheit geraten (vgl. Markner 1994, 39). Helmut Salzinger etwa schreibt die Benjamin-Rezeption der studentischen Gruppen fort, wenn er ihn als Vorbild für eine veränderte Literaturwissenschaft in Anspruch nimmt, die die »parasitäre Scheinproduktivität« der »bürgerliche[n] Geisteswissenschaft« überwinden soll: »Denn die Forschungsergebnisse der bürgerlichen Literaturwissenschaft tragen nicht nur nichts zur Erkenntnis des historisch-gesellschaftlichen Prozesses bei. Vielmehr besteht ihre gesellschaftliche Funktion geradezu darin, im Bereich der Literatur solche Erkenntnisse nach Möglichkeit zu verhindern« (Salzinger 1973, 42). Um Benjamin als Gegenfigur zur etablierten Kultur zu profilieren, stellt Salzinger heraus, daß Benjamin ein »Hascher« (98) gewesen sei: Benjamin gehörte »zu den ersten, die sich in dem nachmaligen Hippie-Paradies, auf der Insel Ibiza, einnisteten, und zwar schon im Jahre 1932. Rauschgiftsüchtig ist er [...] auch gewesen« (22). Unübersehbar werden hier Gedanken der 68er-Bewegung weitergeführt.

Ohne Zweifel hat die wissenschaftliche Benjamin-Rezeption durch die 68er-Bewegung viele Impulse erhalten. Indessen ist diese akademisch-fachspezifische Aufnahme stärker bestimmt von philologisch-systematischen und kritischen Interpretationsinteressen. Gerhard Kurz bemerkt: »Meist setzen sich solche Interpretationsinteressen durch, wenn der Gegenstand inaktuell geworden ist. Es scheint aber, daß die kritische und philologisch-systematische Lektüre Benjamins eine Aktualität seines Werkes entwickelt, die weit verläßlicher ist als die kultisch vermittelte« (Kurz 1976, 162).

Benjamins Aktualität für die wissenschaftliche Forschung beruht darauf, daß sich die verschiedenen Disziplinen *nach jeweils eigenen Kriterien* seine Schriften aneignen. Mit neuen akademischen Strömungen entstehen zugleich neue Benjamin-Bilder: »Noch hat jede akademische Mode ihren eigenen Walter Benjamin entdeckt. Noch hat aber auch so manche akademische

Mode in Benjamin neue, bisher übersehene Seiten entdeckt« (U. Steiner 2004, 189). Die Zeit- und Standpunktbezogenheit der Benjamin-Rezeption stellt daher kein Defizit dar. Man kann sich hier ein Wort Benjamins aus dem Vortrag E.T.A. HOFFMANN UND OSKAR PANIZZA zu eigen machen: »die sogenannte Ewigkeit der Werke [ist] ganz und gar nicht identisch mit ihrer lebendigen Dauer« (II, 641). Entsprechend kommen auch in der vitalen Auseinandersetzung mit Benjamins Texten aktuelle Momente zum Tragen.

Freilich ist nicht zu übersehen, daß Benjamin längst in den Kanon der Klassiker und bedeutendsten Philosophen des 20. Jh.s aufgenommen worden ist. So wird etwa seine Sprachphilosophie und Fortschrittskritik mit der von Wittgenstein verglichen (Thomä 1999), oder Benjamins Überlegungen zu Modernität und zum Kunstwerk werden denen von Heidegger gegenübergestellt (etwa: Desideri 1999; Heidbrink 1999). Längst hat sich eine breite, die zentralen Fachbereiche der Geistes- und Kulturwissenschaften abdeckende Benjamin-Forschung etabliert und ausdifferenziert, deren Produktivität nur noch anhand eigener Bibliographien überschaut werden kann. Eingesetzt hat die postume Rezeption (dazu das vorangegangene Kapitel) allerdings mit einem Blick auf Benjamin, der ihn dezidiert als Philosophen bzw. philosophischen Denker wahrnahm. Adorno hat mit seinen Texten über Benjamin und den theoretischen Referenzen auf Benjamin in anderen Gedankengängen diesen Blick ermöglicht und auch keinen Zweifel an dessen Richtigkeit gelassen. So schreibt er etwa zum Kontext der Passagenarbeit: Als Benjamin sie »schließlich [...] konzipierte [...], glaubte ich, er sei wirklich dieser Idee, einer gänzlich in Material gearbeiteten, zugleich konkreten und transzendenten Philosophie unendlich nahegekommen. [...] Als ich [...] die Nachricht von seinem Tode empfing, hatte ich wirklich und ganz buchstäblich das Gefühl, als ob durch diesen Tod [...] die Philosophie um das Beste gebracht worden wäre, was sie überhaupt hätte erhoffen können« (Adorno 1968, 14 f.). Bekanntermaßen gibt es schon kurz danach eine ganz andere Einschätzung durch die Philosophin Hannah Arendt. Ihr ist daran gelegen, die Vielgestaltigkeit Benjamins herauszuarbeiten und neben der berühmten Einsicht, daß Benjamin, »ohne ein Dichter zu sein, *dichterisch dachte*« (Arendt 1971, 22), stellt sie ihn vor als Literaturkritiker, Sammler, Zitierkünstler und insbesondere als *homme de lettres* (36 f.). »*Die Philosophie Walter Benjamins* – damit erweist man ihm keine Ehre; er hat, obwohl er Philosophie studiert hat, von ihr genau so gering gedacht wie Goethe« (17 f.).

Gleichwohl bleibt Benjamin für philosophische Rezeptionsinteressen bis heute wichtig, instruktiv und *als* Philosoph deutbar. So setzt sich etwa Habermas mehrfach mit ihm auseinander (Habermas 1972; 1973), und in *Der philosophische Diskurs der Moderne* nutzt er die Erörterung des Benjaminschen »dialektischen Bildes«, der Jetztzeit und der Fortschrittskritik, um die eigene Position zu schärfen (Habermas 1988, bes. 19–26). Eine wesentliche Referenz war Benjamin auch für Jacques Derrida. So legt er 1987 eine Analyse zu Benjamins Übersetzungstheorie vor, die in den 1990er Jahren von weiteren Texten gefolgt wird und in der Dankesrede zur Verleihung des Adorno-Preises in Frankfurt am Main 2001 gipfelt (s. auch das Literaturverzeichnis und den Abschnitt »Dekonstruktion«). Gegenwärtig ist Giorgio Agamben sicherlich der bedeutendste und populärste jener Philosophen, deren Denken sich von Einsichten, Thesen und Motiven Benjamins beeinflußt weiß. Die Rezeption der Schriften Agambens setzte in Deutschland erst spät ein; die meisten Übersetzungen seiner Hauptwerke stammen aus den vergangenen Jahren, obgleich sie im Original in den 1990er, teils in den 1980er oder gar 1970er Jahren verfaßt wurden. Agambens sogenannte Homo-sacer-Trilogie (Agamben 2002; 2003; 2004) ist durchwoben von Bezügen auf Benjamin und Auslegungen seiner Texte im Kontext der politischen und Rechtsphilosophie, der Kulturgeschichte und -theorie. Das »bloße Leben« aus ZUR KRITIK DER GEWALT (vgl. II, 201) wird hier ebenso weitergedacht, wie die Fragen nach Gewalt, Macht und Ausnahmezustand. Doch nicht nur auf diesem eher der Politischen Philosophie angehörenden Denkfeld läßt sich eine Nähe Agambens zu Benjamin ausmachen. In seinen der Literatur, der Kunst und Mythologie zugewandten Texten wirkt der Einfluß Benjamins bis in die Geste des Schreibens hinein, wie etwa in »Idee der Prosa« (Agamben 2003a) oder »Kindheit und Geschichte« (Agamben 2004a) – in letzterem findet sich zudem unter dem Titel »Der Prinz und der Frosch. Das Problem der Methode bei Adorno und Benjamin« eine kurze Reflexion über den berühmten Briefwechsel Benjamins mit Adorno zu dem umstrittenen Essay DAS PARIS DES SECOND EMPIRE BEI BAUDELAIRE (I, 511–604; Agamben 2004a, 153–174).

In den folgenden Abschnitten werden – ohne Anspruch auf Vollständigkeit und im Wissen um die Unmöglichkeit einer eindeutigen Chronologie der Rezeptionsbewegungen – einige besonders einflußreiche Rezeptionslinien und Aneignungen vorgestellt, mit denen Benjamin konstruktiv aufgegriffen und weitergedacht worden ist und wird.

Literatur

Adorno, Theodor W. (1968): »Erinnerungen«, in: Über Walter Benjamin, Frankfurt a. M., 9–15.

Agamben, Giorgio (2002): Homo sacer. Die souveräne Macht und das nackte Leben, übers. von Hubert Thüring, Frankfurt a. M.
Arendt, Hannah (1971): Walter Benjamin. Bertolt Brecht, München.
Agamben, Giorgio (2003): Was von Auschwitz bleibt. Das Archiv und der Zeuge, übers. von Stefan Monhardt, Frankfurt a. M.
Agamben, Giorgio (2003a): Idee der Prosa, übers. von Dagmar Leupold u. Clemens-Carl Härle, Frankfurt a. M.
Agamben, Giorgio (2004): Ausnahmezustand, übers. von Ulrich Müller-Schöll, Frankfurt a. M.
Agamben, Giorgio (2004a): Kindheit und Geschichte. Zerstörung der Erfahrung und Ursprung der Geschichte, übers. von Davide Giuriato, Frankfurt a. M.
Bolz, Norbert (1991): Auszug aus der entzauberten Welt. Philosophischer Extremismus zwischen den Weltkriegen, 2., unveränd. Aufl. München.
Braese, Stephan (1998): »Auf der Spitze des Mastbaums. Walter Benjamin als Kritiker im Exil«, in: Exil und Avantgarden, hg. im Auftrag der Gesellschaft für Exilforschung von Claus-Dieter Krohn u. a., München, 56–86.
Brodersen, Momme (1990): Spinne im eigenen Netz. Walter Benjamin. Leben und Werk, Bühl-Moos.
Buck-Morss, Susan (1977): The Origin of Negative Dialectics. Theodor W. Adorno, Walter Benjamin, and the Frankfurt Institute, New York/London.
Derrida, Jacques (1987): »Des tours de Babel«, in: ders.: Psyche. Inventions de l'autre, Paris, 203–235 (dt. »Babylonische Türme. Wege, Umwege, Abwege«, übers. von Alexander García Düttmann, in: Alfred Hirsch (Hg.) (1997): Übersetzung und Dekonstruktion. Frankfurt a. M., 119–165).
Derrida, Jacques (1990): Limited Inc, Paris (dt. Limited Inc., übers. von Werner Rappl u. Dagmar Travner, Wien 2001).
Derrida, Jacques (1991): Gesetzeskraft. Der ›mystische Grund der Autorität‹, übers. von Alexander García Düttmann, Frankfurt a. M.
Derrida, Jacques (1993): »Back from Moscow, in the USSR«, in: Mark Poster (Hg.): Politics, Theory and Contemporary Culture, New York, 197–235.
Derrida, Jacques (2003): Fichus. Frankfurter Rede, hg. v. Peter Engelmann, Wien.
Desideri, Fabrizio (1999): »Benjamin und Heidegger. Der Ursprung des Kunstwerks im Zeitalter seiner technischen Reproduzierbarkeit«, in: Klaus Garber/Ludger Rehm (Hg.): global benjamin, Bd. 2, München, 1193–1205.
Deuber-Mankowsky, Astrid (2000): Der frühe Walter Benjamin und Hermann Cohen. Jüdische Werte, kritische Philosophie und vergängliche Erfahrung, Berlin.
Habermas, Jürgen (1972): »Zwischen Kunst und Politik. Eine Auseinandersetzung mit Walter Benjamin«, in: Merkur 26, H. 9, 856–869.
Habermas, Jürgen (1973): »Bewußtmachende oder rettende Kritik – die Aktualität Walter Benjamins«, in: ders.: Kultur und Kritik. Verstreute Aufsätze, Frankfurt a. M., 302–344.
Habermas, Jürgen (1988): Der philosophische Diskurs der Moderne, Frankfurt a. M.
Heidbrink, Ludger (1999): »Kritik der Moderne im Zeichen der Melancholie. Walter Benjamin und Martin Heidegger«, in: Klaus Garber/Ludger Rehm (Hg.): global benjamin, Bd. 2, München, 1206–1228.
Jäger, Lorenz (1998): Messianische Kritik. Studien zu Leben und Werk von Florens Christian Rang (Europäische Kulturstudien 8), Köln/Weimar/Wien.
Kambas, Chryssoula (1983): Walter Benjamin im Exil. Zum Verhältnis von Literaturpolitik und Ästhetik, Tübingen.
Kurz, Gerhard (1976): »Benjamin: Kritischer gelesen«, in: Philosophische Rundschau 23, 161–190.
Löwenthal, Leo (1983): »Die Integrität des Intellektuellen. Zum Andenken Walter Benjamins«, in: Merkur 37, H. 6, 223–227.
Markner, Reinhard (1994): »Walter Benjamin nach der Moderne. Etwas zur Frage seiner Aktualität angesichts der Rezeption seit 1983«, in: Schattenlinien 8/9, 37–47.
Rosen, Charles (1977): »The Ruins of Walter Benjamin«, in: The New York Review of Books 24, Nr. 17, 31–40.
Salzinger, Helmut (1973): Swinging Benjamin, Frankfurt a. M.
Sontag, Susan (1978): »The Last Intellectual«, in: The New York Review of Books 25, Nr. 15, 75–82.
Steiner, George (2004): »Von Walter Benjamin sprechen«, in: Sinn und Form 56, H. 4, 725–737.
Steiner, Uwe (2004): Walter Benjamin, Stuttgart/Weimar.
Thomä, Dieter (1999): »Benjamin, Wittgenstein. Schwierigkeiten beim Philosophieren gegen den Fortschritt«, in: Klaus Garber/Ludger Rehm (Hg.): global benjamin, Bd. 2, München, 1229–1250.
Wizisla, Erdmut (2004): Benjamin und Brecht. Die Geschichte einer Freundschaft, Frankfurt a. M.

Marxismus

Seitdem die Studentenbewegung von 1968 Benjamin als revolutionären Autor in den Blick gerückt und für sich beansprucht hat, bildet der Marxismus einen prägnanten Kontext der Benjamin-Rezeption in der Bundesrepublik. Unter anderem wird in wissenschaftlichen Disziplinen wie Sozialphilosophie und Soziologie, Ästhetik und Literaturwissenschaft die marxistische Dimension von Benjamins Werk diskutiert.

Vielbeachtet ist Habermas' Beitrag »Bewußtmachende oder rettende Kritik«, der sich mit Benjamins Bedeutung für die neomarxistische Theoriebildung auseinandersetzt. Für Habermas vertritt Benjamin das Konzept der »rettenden Kritik«, die in ihrer Aneignung der Geschichte gefährdetes semantisches Potential zu bewahren sucht (Habermas 1972, 206). Von diesem Modell grenzt Habermas die »bewußtmachende« oder Ideologie-Kritik ab, die zeigt, daß sich hinter dem scheinbar allgemeinen Interesse das besondere der Herrschenden verbirgt. Habermas ist der Ansicht, »daß aus der *rettenden* Kritik keineswegs, wie aus der *bewußtmachenden*, eine immanente Beziehung zur politischen Praxis zu gewinnen ist« (212). Damit stuft Habermas, wie Hillach feststellt, den politischen Anspruch von Benjamins Denken noch *hinter* den jener Ideologiekritik zurück, von der sich studentische Gruppierungen aus einem unmittelbar politischen Bedürfnis abgewandt haben (Hillach 1977, 86). Nichtsdestoweniger sieht Habermas Benjamins Aktualität darin, die dialektische Theorie des Fortschritts durch die Kategorie des Glücks bereichert zu haben. »Könnte eines Tages«, gibt Habermas zu bedenken, »ein emanzipiertes Menschengeschlecht in den erweiterten Spielräumen diskursiver Willensbildung sich gegenübertreten und doch des Lichtes beraubt sein, in dem es sein Leben als ein gutes zu interpretieren fähig ist? [...] Ohne die Zufuhr jener semantischen Energien, denen Benjamins rettende Kritik galt, müßten die endlich folgenreich durchgesetzten Strukturen des praktischen Diskurses veröden« (Habermas 1972, 220). Habermas' Beitrag ist insofern signifikant für die neomarxistische Benjamin-Rezeption innerhalb der Wissenschaft, als er anstelle einer distanzlosen Verehrung kritisch aufzeigt, welcher Stellenwert Benjamin in der gegenwärtigen Sozialphilosophie zukommt.

Auch die Kanonisierung Benjamins als Vordenkers neomarxistischer Ästhetik schließt gerade die Möglichkeit kritischer Bezugnahmen ein. 1974 erscheint Heinz Paetzolds *Neomarxistische Ästhetik, Teil I: Bloch, Benjamin*. Bereits der Titel macht deutlich, daß sich dieses Gebiet mit eigenen Referenzautoren herausgebildet hat. Paetzold stellt Benjamins Relevanz für eine materialistische Theorie der Ästhetik in systematischer Hinsicht heraus (Paetzold 1974, 130) und kritisiert ihn mit Argumenten, die auf Adorno zurückgehen: »Benjamin [...] unterschätzt die Technizität der autonomen Kunstwerke, während er die der technisch reproduzierbaren überschätzt« (166; vgl. Garber 1987, 177). Auch Helmut Pfotenhauer konfrontiert in seiner Untersuchung *Ästhetische Erfahrung und gesellschaftliches System* unter anderem Benjamins und Adornos Konzeptionen des autonomen sowie des technisch reproduzierbaren Kunstwerks miteinander (Pfotenhauer 1975, 84 ff.). Das Ziel besteht darin, wie es im Untertitel heißt, *Methodenprobleme einer materialistischen Literaturanalyse am Spätwerk Walter Benjamins* aufzuarbeiten. Abermals wird Benjamin dazu herangezogen, neomarxistische Ansätze innerhalb einer Disziplin – in diesem Fall: der Literaturwissenschaft – zu etablieren (zur materialistischen Literaturwissenschaft s. u.). Entsprechend rekonstruiert Bernd Witte die Kontroverse zwischen Benjamin und Lukács als grundlegend für die gegenwärtige materialistische Literaturtheorie (Witte 1975).

Während der Kanonisierung Benjamins in den Geisteswissenschaften ist auch die Frage aufgekommen, ob sein Marxismus nicht eher politisch denn akademisch aufzunehmen ist. Christoph Hering etwa erklärt 1979 im Vorwort seiner Benjamin-Arbeit *Der Intellektuelle als Revolutionär*, sie habe »nie die Absicht gehabt, nur akademischem Bedürfnis Genüge zu leisten: geschrieben zu einem Zeitpunkt, als die Bemühung um Walter Benjamins ›Materialismus‹ dem konkret politischen Anliegen der revoltierenden Studentenschaft entsprang, sich über den gesamtgesellschaftlichen Standort der Intellektuellen im kapitalistischen Verwertungsprozeß Klarheit zu verschaffen und die ihm adäquate Form revolutionärer Praxis zu bestimmen, hatte sie kein anderes Interesse, als diesen Prozeß politischer Identitätsfindung voranzutreiben« (Hering 1979, 11). Die politische Relevanz wird ausdrücklich den akademischen Belangen übergeordnet.

Hering stellt zugleich fest, daß gesellschaftskritische Ansätze in den intellektuellen und insbesondere den akademischen Disziplinen seit dem Ende der Studentenbewegung sich vermindert haben – die wissenschaftliche Intelligenz ist »längst zur routinierten nichtmaterialistischen Tagesordnung übergegangen« (Hering 1979, 12). Die philologische Forschung ignoriert zum Teil die politische Entschiedenheit und theoretische Brauchbarkeit von Benjamins Schriften, »um sie als Zeugnisse eines tiefsinnigen Ästheten genießbar zu machen« (Lindner 1978, 8). Entsprechend zeigt sich an der Benjamin-Rezeption der 1970er Jahre, wie Gerhard Wagner bemerkt, »weitgehend die Zurückdrängung der Linken und ihres publizistischen Einflusses« (Wagner 1992, 13). In diesem Zusammenhang wird das Bild Benjamins als des ökonomisch-sozial deklassierten Intellektuellen verbreitet, der dem Marxismus zugeneigt war und scheiterte; es dient nach Wagner als Spiegel einer desillusionierten linken Generation (vgl. ebd.).

Kennzeichnend für diese Rezeptionsphase ist die Polemik von Fritz J. Raddatz, der Benjamin für einen »preußischen Snob und jüdischen Melancholiker« ausgibt (Raddatz 1979). Wenn Benjamin in seiner Ansprache Der Autor als Produzent (II, 683–701) auf die Solidarität des Schriftstellers mit dem Proletariat hinzielt, handelt es sich für Raddatz um »pures Gerede«, um eine »nahezu hochmütige – weil unernste – Metapher des ›radical chic‹« (Raddatz 1979, 196). So wendet Raddatz Benjamins Kritik an Publizisten »vom Schlage der Kästner, Mehring oder Tucholsky« (Linke Melancholie, III, 280) gegen ihn selbst: »Ihre Funktion ist, politisch betrachtet, nicht Parteien sondern Cliquen, literarisch betrachtet, nicht Schulen sondern Moden, ökonomisch betrachtet, nicht Produzenten sondern Agenten hervorzubringen« (ebd.). Laut Raddatz ist nicht zu entdecken, »worin sich der parteilose Benjamin, publizierend in bürgerlichen Blättern und Verlagen, lebend vom vermögenden Elternhaus und die Annehmlichkeiten einer erlesenen Bibliothek wohl schätzend, sich von diesen Kollegen unterschieden hätte; und hätte unterscheiden können« (Raddatz 1979, 197). Damit werden Benjamins Überlegungen zur gesellschaftlichen Stellung der Intelligenz desavouiert, ohne in Rechnung zu stellen, welche kritische Selbstreflexion des Autors sie in sich einschließen.

Diskreditierungen der Schriftstellerfigur Benjamin, wie die genannte Polemik, lassen sich daraufhin befragen, ob sie nicht auch und vor allem gegen diejenigen gerichtet sind, die sich mit ihm als Idol selbst links positionieren. Otto Karl Werckmeister vertritt die Ansicht, Benjamin sei gerade als politisch entmündigter Intellektueller im Exil zum Vorbild des Marxismus in der Bundesrepublik geworden, der um 1970 nur noch akademisch, aber nicht mehr politisch verankert sei. Unter diesen Bedingungen werde Benjamins Ausschluß vom politischen Handeln nachgestellt und zum Privileg. Der Gestus der Abweichung verkomme zur theoretischen Attitüde (Werckmeister 1997, 13; 21). Besondere Bedeutung erlangt nach Werckmeister die literarische und künstlerische Öffentlichkeit: Der marxistischen Kulturkritik im Kapitalismus diene »die literarische und künstlerische Öffentlichkeit als alternatives Argumentationsfeld konsequenzloser ideologischer Debatten« (12). Abermals wird eine Kritik artikuliert, deren Muster in Benjamins Besprechung Linke Melancholie bereits angelegt ist, wenn er die »Umsetzung revolutionärer Reflexe [...] in Gegenstände der Zerstreuung, des Amüsements« (III, 280 f.) vor Augen führt (vgl. Hartung 1978, 21 f.).

Auch nach den Abwertungen linker Benjamin-Rezeption in den 70er Jahren ist er ein zentraler Referenzautor des Neomarxismus geblieben. Die folgenden Beispiele zeigen, wie in der Auseinandersetzung mit Benjamin marxistische Konzeptionen weitergedacht werden.

Michael Löwy erklärt, daß Benjamin in der Geschichte des modernen marxistischen Denkens einen einzigartigen Platz einnimmt: als »der erste historische Materialist, der radikal mit der Fortschrittsideologie bricht« (Löwy 1992, 557). So ist es gerade die »entschieden kritische Qualität« von Benjamins Marxismus, die ihn nach Löwy von ehedem dominanten und »offiziellen« Formen absetzt und ihm beträchtliche methodologische Überlegenheit verschafft (ebd.). Als Paradigma gilt die Kritik, die Benjamin im Fuchs-Aufsatz und in den Thesen Über den Begriff der Geschichte an dem Fortschrittsglauben übt, mit dem marxistische Positionen gewöhnlich verbunden werden. Habermas sieht ein Problem darin, daß Benjamins Geschichtskonzeption kaum mit demjenigen historischen Materialismus vereinbar ist, »der mit Fortschritten in der Dimension nicht nur der Produktivkräfte, sondern auch der Herrschaft rechnet« (Habermas 1972, 207). Für Löwy hingegen macht die pessimistisch-revolutionäre Haltung gerade den besonderen Wert von Benjamins Marxismus aus, einen »Vorteil gegenüber dem ›fortschrittsorientierten Evolutionismus‹, wenn man ein Jahrhundert zu verstehen versucht, dessen Hauptmerkmal die Verschmelzung von Moderne und Barbarei (wie in Auschwitz und Hiroshima) ist« (Löwy 1992, 560).

Benjamins Geschichts-Thesen werden auch bei Fredric Jameson aufgegriffen. Wenn ihnen zufolge Kultur und Barbarei untrennbar miteinander verbunden sind (I, 696), so muß eine marxistische Kulturanalyse, die von diesem Prinzip ausgeht, nach Jameson zweierlei Perspektiven einnehmen: Zum einen gilt es zu untersuchen, welche ideologischen Funktionen Kulturartefakte erfüllen; zum anderen aber soll aufgezeigt werden, welche utopische Kraft diese Objekte besitzen. In einer Umkehrung des Schlusses von Kultur auf Barbarei erklärt Jameson, »daß alles, was wirklich ideologisch ist, zugleich notwendig utopisch ist« (Jameson 1988, 283). Entsprechend soll dialektisches Denken beide genannten Fragestellungen einbeziehen.

Michael Hardt und Antonio Negri rekurrieren auf Benjamins Begriff des »positiven Barbarentums«, um einen Neuanfang gegenüber der globalen Herrschaftsordnung zu beschreiben, die sie »Empire« nennen. Der Menge (multitude) rechnen sie die Fähigkeit zu, »ein Gegen-Empire aufzubauen, den weltweiten Strömen und Austauschverhältnissen eine andere politische Gestalt zu geben« (Hardt/Negri 2002, 13). Ebenso wie der Barbar im Sinne Benjamins von vorn beginnt (vgl. Erfahrung und Armut, II, 215; vgl. Lindner 1980; Raulet 2004; Schneider 1996), zeichnen sich die neuen Barbaren für Hardt und Negri dadurch aus, zu zerstören und neue Lebenswege zu bahnen (Hardt/Negri 2002, 227). Die produktive Aneignung von Benjamins Schriften im Neomarxismus wird mit solchen Beiträgen fortgeschrieben.

Literatur

Bathrick, David (1979): »Reading Benjamin from East to West«, in: Colloquia Germanica 12, 246–255.

Cohen, Margaret: »Benjamin's Marxisms«, in: dies.: Profane Illumination: Walter Benjamin and the Paris of Surrealist Revolution, Berkeley/Los Angeles/London, 17–55.

Derrida, Jacques (1993): »Back from Moscow, in the USSR«, in: Mark Poster (Hg.): Politics, Theory and Contemporary Culture, New York, 197–235.

Garber, Klaus (1987): Rezeption und Rettung. Drei Studien zu Walter Benjamin, Tübingen.

Habermas, Jürgen (1972): »Bewußtmachende oder rettende Kritik – die Aktualität Walter Benjamins«, in: Siegfried Unseld (Hg.): Zur Aktualität Walter Benjamins, Frankfurt a. M., 174–223.

Hardt, Michael/Antonio Negri (2002): Empire. Die neue Weltordnung, Frankfurt a. M./New York.

Hartung, Günter (1978): »Der Stratege im Literaturkampf«, in: Lindner 1978, 15–29.

Hering, Christoph (1979): Der Intellektuelle als Revolutionär.

Walter Benjamins Analyse intellektueller Praxis, München.
Hillach, Ansgar (1977): »Walter Benjamin – Korrektiv Kritischer Theorie oder revolutionäre Handhabe? Zur Rezeption Benjamins durch die Studentenbewegung«, in: W. Martin Lüdke (Hg.): Literatur und Studentenbewegung, Opladen, 64–89.
Jameson, Fredric (1988): Das politische Unbewußte. Literatur als Symbol sozialen Handelns, Reinbek.
Lindner, Burkhardt (1978): »›Links hatte noch alles sich zu enträtseln...‹ Zu diesem Band«, in: ders. (Hg.): »Links hatte noch alles sich zu enträtseln...« Walter Benjamin im Kontext, Frankfurt a.M., 7–11.
Lindner, Burkhardt (1980): »Positives Barbarentum – aktualisierte Vergangenheit. Über einige Widersprüche Benjamins«, in: alternative, H. 132/33, 130–139.
Löwy, Michael (1992): »Benjamins Marxismus«, in: Das Argument 34, 557–562.
Lukács, Georg (1978): »On Walter Benjamin«, New Left Review 110, 83–88.
Paetzold, Heinz (1974): Neomarxistische Ästhetik. Teil 1: Bloch, Benjamin, Düsseldorf.
Pfotenhauer, Helmut (1975): Ästhetische Erfahrung und gesellschaftliches System. Untersuchungen zu Methodenproblemen einer materialistischen Literaturanalyse am Spätwerk Walter Benjamins, Stuttgart.
Raddatz, Fritz J. (1979): »Die Kräfte des Rausches für die Revolution gewinnen. Der Literaturbegriff des preußischen Snobs und jüdischen Melancholikers Walter Benjamin«, in: ders.: Revolte und Melancholie, Frankfurt a.M., 183–213.
Raulet, Gérard (2004): Positive Barbarei. Kulturphilosophie und Politik bei Walter Benjamin. Münster.
Schiewe, Jürgen (1989): »Benjamin, Jochmann, Marx und der historische Materialismus«, in: ders.: Sprache und Öffentlichkeit. Carl Gustav Jochmann und die politische Sprachkritik der Spätaufklärung, Berlin, 149–162.
Schneider, Manfred (1996): »Der Barbar der Bedeutungen. Walter Benjamins Ruinen«, in: Norbert Bolz/Willem van Reijen (Hg.): Ruinen des Denkens. Denken in Ruinen, Frankfurt a.M., 215–236.
Traverso, Enzo (1997): »Benjamin und Trotzki: Wahlverwandtschaften«, in: Das Argument 39, 697–704.
Wagner, Gerhard (1992): Benjamin Bilder: Aspekte der westeuropäischen Rezeption Walter Benjamins von 1978 bis 1991, Hamburg.
Werckmeister, Otto K. (1997): Linke Ikonen. Benjamin, Eisenstein, Picasso – nach dem Fall des Kommunismus, München.
Witte, Bernd (1975): »Benjamin and Lukács. Historical Notes on the Relationship Between Their Political and Aesthetic Theories«, in: New German Critique 5, 3–26.

Judentum und Messianismus

Messianismus oder Materialismus? Mit dieser Frage läßt sich eine Debatte der frühen Benjaminrezeption und -wirkung zusammenfassen, der es um ›den ganzen Benjamin‹ ging. Ist Benjamin ein materialistischer Philosoph, der sich, im Zuge eines eigenwilligen Erbes Marxens, der immanenten, d.h. hier materialen, sozialen und politischen Seite von Geschichte und Gegenwart zuwendet, oder liegt mit dem Benjaminschen Werk das Zeugnis eines Denkers der Transzendenz vor, dessen eigene Grundlagen und Wurzeln im Theologischen, Kabbalistischen, Messianischen liegen?

Gershom Scholem jedenfalls stellte die theologischen Züge von Benjamins Denken heraus. So neigte er beispielsweise dazu, im Hinblick auf die Thesen Über den Begriff der Geschichte von »einer melancholischen, ja desperaten Ansicht der Geschichte« zu sprechen, »für die die Hoffnung, sie könne durch einen Akt wie die Erlösung oder die Revolution aufgesprengt werden, immer noch etwas von jenem Sprunge in die Transzendenz hat, die diese Thesen zur Geschichte zwar zu verleugnen scheinen, die aber noch immer als geheimer Kern in ihren materialistischen Formulierungen steckt« (Scholem 1983, 67). Scholem zufolge ist Benjamin die Symbiose von Materialismus und Theologie nicht gelungen. Vielmehr halte eine gewisse Form der Zweideutigkeit Einzug in die späten Arbeiten Benjamins, sein »wirkliches«, nämlich an die Theologie angelehntes metaphysisches Denkverfahren decke sich mit dem materialistischen nicht (23). Dies hatte Scholem Benjamin ehedem auch brieflich mitgeteilt – wie etwa im Kontext der Auseinandersetzung um Benjamins Kraus-Essay 1931 (»Selbstbetrug« und »Phraseologie« sind nur zwei der schärferen Worte Scholems; s. in den Briefen 4, 27; vgl. den Artikel zu Scholem, 59–76). Spätere Äußerungen Scholems sind weniger rauh, haben aber immer das Ziel, einen metaphysisch-theologischen Kern Benjamins zu identifizieren, der von anderen Motiven oder ›Methoden‹ lediglich überdeckt werde: »Seine Einsichten sind immer noch in allem Entscheidenden die des Metaphysikers, der zwar eine Dialektik der Betrachtung entwickelt hat, die aber von der materialistischen himmelweit entfernt ist. Seine Einsichten sind die eines ins Profane verschlagenen Theologen« (Scholem 1968, 149; auch Scholem 1983, 23).

Ohne eine solch vehemente Positionierung, wie sie – verständlicherweise – bei Scholem zu finden ist, aber doch mit einem dezidierten Interesse, theologische Residuen in Benjamins Denken zu heben und zu sichern, rekonstruiert Stéphane Mosès die geschichtsphilosophischen Theoreme von Benjamin (und Franz Rosenzweig und Gershom Scholem). »Indem Rosenzweig, Benjamin und Scholem«, so Mosès, »den Gedanken an den Sinn der Geschichte aufgaben, verzichteten sie keineswegs auf den Begriff der Hoffnung als historische Kategorie. Ganz im Gegenteil erhebt sich für sie gerade auf den Trümmern der historischen Vernunft die Hoffnung als historische Kategorie. Der Begriff der Utopie, die nun nicht mehr als Glaube an die notwendige Verwirklichung des Ideals am Ende der Geschichte verstanden wird, taucht – in der Kategorie der *Erlösung* – wieder auf, und zwar so, als könne sie in jedem Augenblick *möglich* sein. In diesem Modell einer ungewissen, in jedem Moment für den unvorhersehbaren Einbruch des Neuen offenen Zeit wird die unmittelbar bevorstehende Verwirklichung des Ideals als eine der aus der unergründlichen Vielfalt des historischen Prozesses angebotenen Möglichkeiten denkbar« (Mosès 1994, 21). Der »Engel der Geschichte«, so zeigt sich bei Mosès, bildet bei allen dreien ein symbolisches Zentrum für »die jüdische messianische Hoffnung«, daß in den »Rissen der Geschichte« (22), jenseits ihrer vermeintlichen Kontinuität und Fortschrittlichkeit, Raum und Zeit ist für ein messianisches Ereignis der Offenbarung und Erlösung (s. auch Menninghaus 1980; zum Motiv der Offenbarung und dessen Verschränkung mit Benjamins früher Sprachtheorie s. auch Menke 1991, 59–77).

Benjamin aber, so hielt später Irving Wohlfarth Mosès entgegen, habe ein solches Ereignis nicht als Erschütterung einer historischen Vernunft konzipiert, sondern vielmehr als »deren innerste Struktur: die revolutionäre Chance, die ihr jederzeit gegeben sei« (Wohlfarth 1999, 39). Die marxistische Rezeption Benjamins (s. dort) sieht in dieser vermeintlichen Uneindeutigkeit Benjamins den Ansatz, ihn – zumindest was seine späteren Arbeiten betrifft – als materialistischen Denker umzunutzen. Wohlfarth jedoch, der an Benjamins Aktualitäts-Begriff und der Frage seiner Aktualisierbarkeit interessiert ist, korreliert die beiden Seiten, Theologie und Materialismus: Zwar »erscheint das bucklichte Männlein der Ersten Geschichtsphilosophischen These als ein rettender Fremdkörper innerhalb des materialistischen Apparats. Dennoch stellt der historische Materialismus in Benjamins Augen den einzigen Zufluchtsort dar, der der Theologie noch übrigbleibt. Beide Instanzen sind somit aufeinander angewiesen« (Wohlfarth 1999, 39; s. auch Wohlfarth 1985, 79 f.).

Schon sehr früh hatte sich Henning Günther in seiner Studie *Walter Benjamin und der humane Marxismus*, die Garber wiederum als »überaus problematische« bezeichnet (Garber 1987, 172), mit dieser Dualität bei Benjamin beschäftigt (Günther 1974, 8 f.; 53 ff.; 74 ff.), und auch Pangritz (2000) ist hier exemplarisch zu nennen, der in *Benjamins Begriffe* das Motiv und den Denkansatz des Theologischen werkgeschichtlich verfolgt.

Die Frage nach der Korrelation oder Dialektik von Theologie und Materialismus bei Benjamin rückt in ein anderes Licht, wenn man sie im Zusammenhang mit Benjamins Schreibweise betrachtet. »Der Streit um die richtige Aneignung der Schriften konnte freilich nicht posthum im Namen Benjamins entschieden werden, weil die Schriften selbst weniger die Synthese einer theoretischen Position als das explosive Gemisch seismographischer Denk- und Geschichtserfahrungen überliefern. [...] Benjamin hat offenkundig [...] sein Denken und Schreiben bewußt als Schauplatz von Widersprüchen angeordnet.« Es komme darauf an, so Lindner, »in Benjamins Schreibweise die Entschlossenheit zu erkennen, mit den ritualisierten Formen des wissenschaftlichen und des journalistischen Betriebs zu brechen, Abgrenzungen akademischer Disziplinen nicht anzuerkennen, geltende Begriffsbestimmungen durch suggestive Neubestimmungen außer Kraft zu setzen« (Lindner 1985, 7; 8; 10).

Zum Auslaufen der Opposition von theologischer oder marxistischer Benjamin-Lektüre faßt später auch Menke zusammen: »In den letzten Jahren [...] haben sich die Akzente in der Sekundärliteratur verschoben. Die alten Frontlinien an fruchtlosen Alternativen sind in der neueren Literatur weitgehend verlassen und die Frage ›Theologie‹ oder ›Materialismus‹ wird so zurecht nicht mehr gestellt. Den Debatten an diesen fixierenden Grenzziehungen, seien sie nun vermutet zwischen der frühen und der späten Philosophie Benjamins, zwischen Messianismus und Materialismus, zwischen esoterischem Philosophieren und exoterischer Wendung zum Politischen, darf die Lektüre der Benjaminschen Texte sich nun enthoben sehen, weniger weil die Fragen geklärt wären, als weil sie sich totgelaufen haben« (Menke 1991, 10 f.).

Das ›Enthobensein‹, oder: die Beruhigung der Debatte um ›Theologie versus Materialismus‹, hat, wie es oben mit Wohlfarth, Lindner und Menke sich andeutete, tatsächlich einige Untersuchungen angestoßen, die sich im Feld theologischer Fragestellungen bewegen, ohne damit die frühere Frontstellung zur materialistischen Benjamindeutung zu restituieren. (Freilich soll damit nicht unterschlagen werden, daß es solche auch schon früher gegeben hat. Zu nennen ist hier etwa Winfried Menninghaus' bereits 1980 erstmals erschienene und wirkungsreiche Studie zur »Theorie der Sprachmagie«, in der die Spuren des sprachmystischen Motivs von Hamann, Humboldt, der Frühromantik und anderen in den sprachtheoretischen Ausführungen Benjamins rekonstruiert werden, s. Menninghaus 1980).

In einem Vortrag verfolgt Hermann Schweppenhäuser 1991 die Funktion des theologischen Höllen-Motivs für Benjamins Bemühungen um eine Analyse der Moderne (Schweppenhäuser 1992). Die Autoren des Sammelbandes *Jewish Writers, German Literature* interessiert weniger das Theologische als vielmehr die Frage des Verhältnisses von Judentum und deutscher Nationalität bei Benjamin (und Nelly Sachs): »Benjamin could be categorized in turn as an émigré writer and a New left or Frankfurt school writer, and as he then emerged as a German philosopher and critic of the first order, the Jewish themes and motifs of his work could be studiously avoided. The paradox, then, is that Jewishness and Germanness cohabit no better in the reception of their work than they did in the treatments of their lives; nor do their individualities as distinctive *writers* and their places within the *collective* tradition of German literature« (Bahti/Fries 1995, 2).

Eine Philosophie und Kulturtheorie verbindende Arbeit liegt mit dem Buch Astrid Deuber-Mankowskys vor, die sehr genau die Bedeutung Hermann Cohens für den frühen Benjamin nachzeichnet. »Cohen war sich der Bedeutung [der] Korrelationen zwischen Kultur, Religion und Philosophie bewußt. Aus diesem Wissen heraus ist das Projekt einer *Religion der Vernunft aus den Quellen des Judentums* entstanden. Dieses Wissen teilt und verbindet Benjamin mit Cohen. Sein Konzept philosophischer Kritik ist aus der Auseinandersetzung mit Cohens Zusammenführung von Erkenntniskritik, Primat der Ethik und Judentum hervorgegangen« (Deuber-Mankowsky 2000, 9).

Ähnlich wie in der Rezeption von Emmanuel Lévinas hat sich auch in der Benjaminforschung ein eigenes Feld ergeben, das sich als eine theologische Rezeption bezeichnen läßt. Hier ist etwa Gillian Rose zu nennen, die Benjamins Bezüge zum Judaismus offenlegen und stark machen möchte (Rose 1993); auch Bernhard Wunder, der nicht nur Benjamins Begriff der Theologie an der »Schachspielthese« (Wunder 1997, 48 ff.) und den Begriff des Messianischen am »Theologisch-politischen Fragment« zu entwickeln versucht, sondern im ersten Teil seiner Untersuchung einen ausführlichen Überblick zur christlichen Rezeption Benjamins gibt. Ottmar John (1999) erörtert Benjamins »mikrologisches Denken« als Chance für eine sich auch politisch verstehende, doch den Wahrheitsanspruch des Offenbarungsglaubens nicht aufgebende Theologie. Helmut Thielen (1999) setzt strukturell ähnlich an, indem auch er ein spezifisches Moment des Benjaminschen Denkens isoliert, das »Eingedenken«, und dieses – nach einer eigenständigen, kurzen Rezeptionsgeschichte des Theologie-Materialismus-Verhältnisses bei Benjamin – anhand von zentralen Metaphern oder Bildern aus Benjamins Œuvre hinsichtlich seiner theologischen Implikationen verfolgt. Christoph Lienkamp (1996 u. 1999) geht in seinen Publikationen der Frage nach, wie Benjamin für die religionsphilosophische Forschung fruchtbar zu machen sei; neben einer resümierenden Darstellung der »Situation der gegenwärtigen religionsphilosophischen Diskussion« schlüsselt er das Benjaminsche Werk anhand einiger »Kontrastpaare« auf, um zu zeigen, daß das »religionsphilosophische und theologische Denken [ein] konstitutives Merkmal des Benjaminschen Denkens ist und das wir als ›Messianische Ursprungsdialektik‹ bezeichnen« (Lienkamp 1998, 7).

Die Frage nach Eigenart, Bedeutung und Funktion des Messianismus in Benjamins Werk ist sicher eine der schwierigsten der gesamten Benjaminforschung (vgl. den Artikel zum Theologisch-politischen Fragment, 175–192). So hat etwa Wolfgang Bock (2000) das Motiv des Messianismus aufgegriffen, indem er diesen vor dem Hintergrund von Astralmagie und Melancholietheorie (vor allem im Benjaminschen Spätwerk: Passagenarbeit, Baudelaire, Thesen) zu deuten und zu erörtern versucht. Auch und insbesondere im Umfeld der Thesen Über den Begriff der Geschichte sind hierzu einige Positionen publiziert worden. Heinz-Dieter Kittsteiner etwa unterscheidet zwischen einer mystischen und einer rationalen Seite von Benjamins Geschichtsauffassung: Die mystische sei im Bild des rückwärtsgewandten Propheten dargestellt, der der unterdrückten Vergangenheit Glück verheiße, und die rationale bestehe im marxistischen Kampf, der die Idee von Glück überhaupt aufrechterhalte – der historische Materialist begreife die mystische Seite als in der rationalen aufhebbar (Kittsteiner 1967, 245). Rolf Tiedemann betrachtet die Thesen als einen Versuch, ein Junktim von historischem Materialismus und Theologie herzustellen, so daß sich der Materialismus des Wahrheitsgehaltes der Religion vergewissert: »Wie die wahre Theologie auf den Materialismus verweist, so bringt der wahre Materialismus die Theologie erst heim. Zuzeiten hat der historische Materialismus von der Theologie zu lernen, daß es keine Erlösung gibt, es sei denn die ganze« (Tiedemann 1975, 113 f.).

In einem Aufsatz des italienischen Philosophen Giorgio Agamben zur »Struktur der messianischen Zeit«, einem Text zu den Paulinischen Briefen, kommt Benjamin zwar nur kurz, aber an entscheidender Stelle vor; wie überhaupt der Benjaminsche Hintergrund für die in diesem Zusammenhang stehenden geschichtsphilosophischen Überlegungen Agambens deutlich spürbar ist. Agamben schreibt also an zentraler Stelle: »Der Messias ist schon angekommen, das messianische Ereignis ist schon vollendet, aber seine Gegenwart trägt in sich eine andere Zeit, welche die *parousia* ausdehnt, jedoch nicht um sie zu verschieben, sondern im Gegenteil, um sie erfassbar zu machen. Deshalb kann den Worten Walter Benjamins zufolge jeder Augenblick die ›kleine Pforte sein, durch die der Messias eintritt‹« (Agamben 2005, 178).

Eine der prominentesten Einlassungen zum Messianismus in bezug auf Benjamin stammt von Jacques Derrida, der auf die langanhaltende Debatte und die teils vehemente Kritik an seinem 1993 erschienenen Buch *Spectres de Marx* mit einem eigenen Text wiederum reagierte (Derrida 2004; das frz. Original erschien 2002). Derrida nimmt hier u.a. Bezug auf die Benjaminsche Formulierung einer »schwachen messianischen Kraft« (I, 694) und die Position seiner eigenen Formulierung eines »Messianischen *ohne* Messianismus« (Derrida 2004, 81): Dieser »ist kein abgeschwächter Messianismus, eine verminderte Kraft der messianischen Erwartung. Es ist eine andere Struktur, eine Struktur der Existenz, der ich weniger durch den Bezug auf religiöse Traditionen, sondern auf Möglichkeiten gerecht zu werden versuche, deren Interpretationen ich gerne verfolgen, verfeinern, komplexer machen und kritisieren möchte«. Es handelt sich »um eine Erwartung *ohne* Erwartung, eine Erwartung, deren Horizont in gewisser Weise durch das Ereignis einen Sprung bekommen hat (erwartet, *ohne* erwartet zu sein), die Erwartung eines ›Ankünftigen‹, das, um ›anzukommen‹, jede bestimmte Antizipation übersteigen und überraschen muß« (82; der gesamte Gedankengang: 78–90).

Literatur

Agamben, Giorgio (2005): »Die Struktur der messianischen Zeit«, übers. von Judith Kasper, in: Nikolaus Müller-Schöll/ Saskia Reither (Hg.): Aisthesis. Zur Erfahrung von Zeit, Raum, Text und Kunst, Schliengen, 172–182.

Bahti, Timothy/Marilyn Sibley Fries (Hg.) (1995): Jewish Writers, German Literature. The Uneasy Examples of Nelly Sachs and Walter Benjamin, Ann Arbor.

Bock, Wolfgang (2000): Walter Benjamin – Die Rettung der Nacht. Sterne, Melancholie und Messianismus, Bielefeld.

Bulthaup, Peter (Hg.) (1975): Materialien zu Benjamins Thesen ›Über den Begriff der Geschichte‹, Frankfurt a.M.

Derrida, Jacques (2004): Marx & Sons, übers. von Jürgen Schröder, Frankfurt a.M.

Deuber-Mankowsky, Astrid (2000): Der frühe Walter Benjamin und Hermann Cohen. Jüdische Werte, Kritische Philosophie, vergängliche Erfahrung, Berlin.

Garber, Klaus (1987): Rezeption und Rettung, Tübingen.

Garber, Klaus/Ludger Rehm (Hg.) (1999): global benjamin, 3 Bde, München.

Günther, Henning (1974): Walter Benjamin und der humane Marxismus, Olten/Freiburg i. Br.

John, Ottmar (1999): »Benjamins mikrologisches Denken. Überlegungen aus theologischer Perspektive«, in: Garber/ Rehm 1999, Bd. 1, 73–91.

Kim, Young-Ok (1995): Selbstportrait im Text des Anderen. Walter Benjamins Kafka-Lektüre, Frankfurt a.M. u.a.

Kittsteiner, Heinz-Dieter (1967): »Die ›geschichtsphilosophischen Thesen‹«, in: alternative 10, H. 56/57, 243–251.

Lienkamp, Christoph (1998): Messianische Ursprungsdialektik. Die Bedeutung Walter Benjamins für Theologie und Religionsphilosophie, Frankfurt a.M.

Lienkamp, Christoph (1999): »Messianische Ursprungsdialektik. Religionsphilosophische Implikationen im Denken Walter Benjamins«, in: Garber/Rehm 1999, Bd. 1, 425–448.

Lindner, Burkhardt (1985): »›Links hatte noch alles sich zu enträtseln ...‹«, in: ders. (Hg.): Walter Benjamin im Kontext, Königstein, Ts, 7–11.

Menke, Bettine (1991): Sprachfiguren. Name – Allegorie – Bild nach Walter Benjamin, München.

Menninghaus, Winfried (1980): Walter Benjamins Theorie der Sprachmagie, Frankfurt a.M.

Mosès, Stéphane (1994): Der Engel der Geschichte. Franz Rosenzweig. Walter Benjamin. Gershom Scholem, Frankfurt a.M.

Pangritz, Andreas (2000): »Theologie«, in: Michael Opitz/ Erdmut Wizisla (Hg.): Benjamins Begriffe, Bd. 2, Frankfurt a.M., 774–825.

Rabinbach, Anson (1985): »Between Enlightenment and Apocalypse: Benjamin, Bloch, and Modern German Jewish Messianism«, in: New German Critique 12, H. 34, 78–124.

Rose, Gillian (1993): »Walter Benjamin – Out of the Sources of Modern Judaism«, in: Judaism and Modernity: Philosophical Essays, Oxford, 175–210.

Scholem, Gershom (1968): »Walter Benjamin«, in: Über Walter Benjamin, Frankfurt a.M., 132–162.

Scholem, Gershom (1975): Walter Benjamin – die Geschichte einer Freundschaft, Frankfurt a.M.

Scholem, Gershom (1983): Walter Benjamin und sein Engel. 14 Aufsätze und kleinere Beiträge, hg. v. Rolf Tiedemann, Frankfurt a.M.

Schweppenhäuser, Hermann (1992): »Infernalische Aspekte der Moderne. Anthropo-theologische Elemente in Benjamins Geschichtsbegriff«, in: ders.: Ein Physiognom der Dinge. Aspekte des Benjaminschen Denkens, Lüneburg, 153–170.

Thielen, Helmut (1999): »Eingedenken. Walter Benjamins theologischer Materialismus«, in: Garber/Rehm 1999, Bd. 3, 1371–1409.

Tiedemann, Rolf (1975): »Historischer Materialismus oder politischer Messianismus? Politische Gehalte in der Geschichtsphilosophie Walter Benjamins«, in: Bulthaup 1975, 77–121.

Wohlfarth, Irving (1985): »Der ›Destruktive Charakter‹. Benjamin zwischen den Fronten«, in: Burkhardt Lindner (Hg.): Walter Benjamin im Kontext, Königstein/Taunus, 65–99.

Wohlfarth, Irving (1986): »›Immer radikal, niemals konsequent...‹ Zur politischen Standortbestimmung Walter Benjamins«, in: Norbert Bolz/Richard Faber (Hg.): Antike und Moderne. Zu Walter Benjamins ›Passagen‹, Würzburg, 116–137.

Wohlfarth, Irving (1999): »›Einige schwere Gewichte‹? Zur ›Aktualität‹ Walter Benjamins«, in: Garber/Rehm 1999, Bd. 1, 31–55.

Wohlfarth, Irving (2002): »Messianischer Nihilismus. Zu Walter Benjamins Theologisch-politischem Fragment«, in: Ashraf Noor/Josef Wohlmuth (Hg.): ›Jüdische‹ und ›christliche‹ Sprachfigurationen im 20. Jahrhundert, Paderborn, 141–214.

Wunder, Bernhard (1997): Konstruktion und Rezeption der Theologie Walter Benjamins. These I und das »theologisch-politische Fragment«, Würzburg.

Dekonstruktion

Im Unterschied zu den meisten anderen der hier vorgestellten offenen Felder der Benjamindiskussion, die etwa die medientheoretischen, literarischen oder literaturästhetischen, die marxistischen Momente in Benjamins Werk fokussieren, wird es in diesem Abschnitt zur »Dekonstruktion« darum gehen müssen, eine Umgangsweise mit Benjamins Schriften zu skizzieren, die sowohl eine philosophische Form bzw. ›Schule‹ als auch eine spezifische Lektüre darstellt.

Dekonstruktion wird erst innerhalb eines bereits begrifflich oder ästhetisch konstatierten Kontextes aktiv. Eine dekonstruktive Intervention setzt diesen auseinander hinsichtlich des durch die eigenen Begriffe und Thesen produzierten Ausgegrenzten, des ihnen Differenten (insbesondere der rhetorischen und signifikanten Textebenen). So werden jene Vorannahmen kenntlich, die die jeweiligen Texte dazu führen konnten, den Gedankengang als in sich abgeschlossen und wahr zu setzen. Eine der ethischen Implikationen der Dekonstruktion besteht demnach darin, die Kontextualisierung von Wahrheit, ihre Differenzialität und eine unerläßliche Offenheit ihrer eigenen Infragestellung gegenüber zu ermöglichen. Erst hierdurch wird, dem dekonstruktiven Gedanken nach, eine Chance des Weiterdenkens bewahrt.

Mitte der 1960er Jahre tritt ›die Dekonstruktion‹ durch erste Publikationen Jacques Derridas ins Licht der akademischen Öffentlichkeit. Der Autor legte damals eine neuartige Theorie von Sprache und Schrift vor (*De la Grammatologie*, 1967) und publizierte geradezu zeitgleich eine Sammlung kritischer Auseinandersetzungen mit modernen und zeitgenössischen Autoren (Hegel, Freud, Lévinas, Foucault, Artaud u. a.) im Sinne eben jener »Grammatologie« (*L'écriture et la différence*, 1967). Seither – und zahlreiche Publikationen und Grabenkämpfe später – hat sich die Dekonstruktion als kulturtheoretische Größe in der universitären, architektonischen, künstlerischen und journalistischen Welt etabliert. Und wenngleich nicht jeder sich mit dekonstruktiven Verfahren, Positionen oder Darstellungsformen anzufreunden versteht, sind sie dennoch aus den genannten, internationalen und fächerübergreifenden Kontexten nicht mehr wegzudenken. Die dekonstruktive Debatte um Benjamin hat sich vor allem auf zwei Felder konzentriert: das der Sprach- und Übersetzungstheorie und die Frage nach dem Verhältnis von Gewalt und Gerechtigkeit, ausgehend von Zur Kritik der Gewalt (II, 179–203).

Ein Denker wie Benjamin, dessen Werk von begrifflichen und sprachtheoretischen Reflexionen durchzogen ist, scheint sich dem dekonstruktiven Blick geradezu anzubieten. Und nicht nur das – möglich, daß Benjamins Denken und insbesondere Schreiben selbst dekonstruktiv war (etwa Menke 1991; Derrida 1990). Gleichwohl dauert es bis 1980, da Derrida sich in einem Text Benjamin zuwendet: Mit »Des tours de Babel« (1987/1997) legt er eine intensive Lektüre von Benjamins Die Aufgabe des Übersetzers (IV, 9–21) vor. Demnach tritt schon in der biblischen Erzählung des Turmbaus zu Babel die unumgängliche Notwendigkeit von Übersetzung zutage. Diese Notwendigkeit meint auch, daß keine Übersetzung je das wird mitteilbar restituieren oder fortschreiben können, von wo sie herkommt. Eine jede Übersetzung ist und bleibt ein Versprechen hierauf. »Aber ein Versprechen ist nicht nichts; die Übersetzung zeichnet sich nicht nur durch das aus, was ihm fehlt, um eingelöst zu werden. Als Versprechen ist die Übersetzung schon ein Ereignis, die entscheidende Signatur eines Vertrags« (Derrida 1997, 148). Hiermit liegt nun eine typisch dekonstruktive Zuspitzung vor: Zwar ist die Übersetzung ein »seltenes und bedeutendes Ereignis« (ebd.), doch ist das, was sich in ihr zeigt, nicht die Wahrheit des Ereignens. Die Übersetzung ist nicht wesentlich ein Medium der Mitteilung, wie Derrida in Orientierung an Benjamin festhält (Derrida 1997, 135), sondern in der genannten Struktur des Versprechens liegt vielmehr die »Erfahrung« einer »Entfernung« (160 f.) – die von der »reinen Sprache«, auf die alle Sprache selber in der Übersetzung »als babylonisches Ereignis« zielt (159), und jene »Entfernung« vom »messianische[n] Ende der Geschichte« (IV, 14).

Der us-amerikanische Literaturtheoretiker Paul de Man reagiert 1986 – ebenso dekonstruktiv – auf Benjamins Übersetzer-Aufsatz und auf Derridas Ausführungen, indem er u. a. die Folgen von Übersetzungsfehlern des Benjaminschen Textes bespricht, oder auch auf die Mehrdeutigkeit des Wortes »Aufgabe« als »task« und im Sinne des »to give up« abhebt: »The translator has to give up in relation to the task of refinding what was there in the original« (de Man 1986, 80). Im Zentrum von de Mans Text – dem sich die Abschrift der Vortragsdiskussion anschließt (de Man 1986, 94–104) – stehen die Analysen einzelner Begriffe (wie etwa »Übersetzen«, »Nachreife«, »Meinen«, »Wort und Satz«), der Metaphorik Benjamins und der Verhältnisbestimmung von Übersetzung, »critical philosophy, literary theory, history« und »poetry« (de Man 1986, bes. 80–84; vgl. Greenblatt 1994, 79 ff.).

Die beiden prominenten Analysen von Derrida und de Man haben im Zuge der allgemeinen Verbreitung und Ausdifferenzierung dekonstruktiver Perspektiven größere Aufmerksamkeit auf den Benjaminschen Übersetzer-Aufsatz gelenkt. Auf dem Feld der Sprachreflexionen konnten günstig, im Zusammenhang mit anderen explizit sprachtheoretischen Texten Benjamins, weitere Kommentierungen und Kontextualisierungen angeschlossen werden. Hier sind Analysen zu finden, in denen Benjamin zwar immer noch behandelt wird, dies aber vermittelt ist über die Auseinandersetzung mit der Benjamin-Deutung (prominenter) Autoren wie etwa de Man oder Derrida. Das dekonstruktive Moment schwächt sich nicht selten ab, kann gerade zum eigentlichen Gegenstand der Kritik werden, oder die durch dekonstruktive Reflexionen aufgeworfenen Fragen und Themen sind schlicht Anlaß für weiterführende Anschlüsse an Denker, Theoreme oder Themen.

So wird mit Bettine Menkes umfangreicher Studie zur Sprachphilosophie Benjamins dessen quasi-dekonstruktive Denk- und Schreibweise ausgelegt und vorgeführt, wenn sie hier sowohl eine Theorie von Sprachfiguren als auch eine Theorie »in/als Figuren des Umwegs« (Menke 1991, 9) sieht. Diese Dopplung zeitigt eine entscheidende Konsequenz für das Verhältnis von Wahrheit und Text: »Im Ausgang von Benjamins frühem, fragmentarischen und nur als Konfiguration seiner Elemente lesbaren Aufriß einer Sprachphilosophie wird eine Konzeption von ›Wahrheit‹ lesbar, die dem Bemühen der ›Philosophie‹, ›Wahrheit‹ unabhängig von Umwegen, Derivationen, Verfehlungen der Sprache zu denken, entgegensteht, weil sie diese an die Sprache konstitutiv bindet und ihre Bestimmungen als solche ihrer Darstellung in der Sprache allein zu geben sucht« (ebd., explizit zum Derrida-Bezug auch 11; kritisch hierzu Markner 1994, 43 f.).

Hirsch, ganz im Sinne der Bochumer phänomenologischen Schule Waldenfels', führt im Abschlußkapitel seines *Dialog[s] der Sprachen* (1995), einer eingehenden Verhältnisbestimmung des »Sprach- und Übersetzungsdenkens« von Benjamin und Derrida, dieses durch den von Lévinas geprägten Gedanken einer »Spur des Anderen« weiter. Zwei Jahre später (Hirsch 1997) gibt er mit *Übersetzung und Dekonstruktion* einen reichhaltigen Sammelband heraus (in dem auch zwei Texte von Derrida erscheinen; u. a. die deutsche Übersetzung von »Des tours de Babel«), in dem die Dekonstruktivität von Übersetzung und der Bezug auf den Benjaminschen Übersetzer-Aufsatz durchgehender Fokus ist. »Denn gerade die Übersetzung löst in ein und demselben Ereignis bestehende Texturen auf und schafft neue; sie konstituiert und destruiert zugleich. Der Prozeß der Übersetzung erhellt damit in paradigmatischer Weise die brüchige, inkohärente und zugleich bedeutungskonstitutive Struktur der Sprache im allgemeinen« (Hirsch 1997, 11). Weitere, kurzere Einzeluntersuchungen hierzu sind etwa zu finden bei Geyer-Ryan (1993), Bannet (1993), Park (1994), Rüffer (1992) und Menke (1995).

Die Auseinandersetzung Derridas mit Zur Kritik der Gewalt ist konzentriert auf zwei Vorträge, die später gesammelt erschienen (Derrida 1991). Im Oktober 1989 hält er den Eröffnungsvortrag eines Kolloquiums an der Cardozo Law School zum Thema »Deconstruction and the Possibility of Justice«, im April 1990 dann einen Vortrag zum Kolloquium »Nazism and the ›Final Solution‹: Probing the Limits of Representation« an der University of California, Los Angeles. Derrida verfolgt dabei verschiedene Motive: Wieder sind es die vermeintlichen Oppositionen, die sich in der rechtsphilosophischen Debatte finden und die auch in die Reflexionen Benjamins aufgenommen sind – jene von Positivem Recht und (göttlicher) Gerechtigkeit, von rechtsetzender und rechtserhaltender Gewalt, von affirmativem Streik und Generalstreik. Außerdem – in einiger Entfernung zu Benjamins Text – werden in vier Zügen Aporien juristischen Handelns und Entscheidens herauspräpariert (Derrida 1991, 33 ff.) und eine eigene Gedankenfigur der Gerechtigkeit mit der Dekonstruktion verbunden (30). Die Ausführungen Derridas haben also zwei Stoßrichtungen: Einerseits fokussieren sie anhand des Benjamintextes vermeintliche rechtsphilosophische Oppositionen, deren aporetische Struktur und Aufeinander-Verwiesensein in Benjamins Text und aber auch mit seiner Hilfe vorgeführt werden, andererseits kann Derrida diese Analysen nutzen, um einen eigenen dekonstruktiven Ansatz zur Gerechtigkeitstheorie zu formulieren.

Auch bezüglich dieses zweiten großen Themenfeldes, der dekonstruktiven Auslegung von Zur Kritik der Gewalt im Ausgang von Derridas Vorträgen, liegen zahlreiche Kommentierungen und Weiterentwicklungen vor. Hier ist auch immer wieder Derridas kurzes »Postscriptum« (Derrida 1991, 115 ff.) hervorgehoben worden, in dem er die Vorstellung, den Holocaust im Sinne des Benjaminschen Theorems einer reinen, unblutigen, entsühnenden göttlichen Gewalt deuten zu können, andenkt, was »uns«, so Derrida, »in Angst und Schrecken« versetzt (124).

Gillian Rose (1993, bes. 79–87) setzt sich sehr kritisch mit der Derridaschen Lesart des Benjamin-Aufsatzes auseinander. Nicht nur, daß sie Derrida in bezug auf die verschiedenen Gewaltbegriffe Fehllektüren oder Verkürzungen nachzuweisen versucht, insbesondere wirft sie ihm vor, daß die durch ihn hergestellte Nähe von Benjamins Ausführungen zum Holocaust unzulässig sei. Zudem verstelle sich Derrida hierdurch die Möglichkeit einer weiterführenden und ernstzunehmenden dekonstruktiven Rechtstheorie (Rose 1993, 86).

In einer Ausgabe der *New Comparison* (1994) sind dazu gleich drei Artikel erschienen (Roberts, Rogowski, Geyer-Ryan). Helga Geyer-Ryan bezieht hier die Gesetzeskraft-Debatte auf Kafka und sieht in der Literatur den Ort, an dem omnipräsente juristische Macht bzw. Gewalt einer (dekonstruktiven) Zersetzung oder zumindest Infragestellung unterzogen werden kann (Geyer-Ryan 1994, bes. 163 f.).

In dem materialreichen Herausgeberband von Haverkamp (1994) finden sich dekonstruktive Aufsätze, die die Denkwege und Argumente Benjamins und Derridas erläutern und Bezüge zur rechtstheoretischen Debatte in den USA herstellen, solche, die sich auf die Theoriebezüge der beiden Protagonisten konzentrieren, und wieder andere, die sich durchaus kritisch mit der dekonstruktiven Deutung auseinandersetzen.

Sowohl Lindner (1999) als auch Gehring (1997, zu finden in einem Sammelband, der sich um die Darstellung der verschiedenen »Denkwege« Derridas bemüht) widmen sich einer möglichst genauen Rekonstruktion der Derridaschen Benjaminlektüre. Lindner, indem er den Gedanken- und Argumentationsgang Benjamins in einer eigenen, auch am Benjaminschen Werkkontext orientierten Darstellung nachzeichnet und diese dann der Derridaschen konfrontiert. Er geht auch ausführlich auf die Holocaust-Thematisierung Derridas ein, die durch Verweise auf den biographischen und auch den Werk-Kontext zurückgewiesen wird: »Eine derartige Interpretation ist selbst ganz unverantwortlich und erschreckend. Die Vorstellung, daß vom Staat eingesetztes tödliches Gas als Manifestation der reinen göttlichen Gewalt gedacht werden könnte, wäre Benjamin nicht in den Sinn gekommen« (Lindner 1999, 1722). Gehring konzentriert sich vor allem auf Derrida und verfolgt dessen Motive sehr genau und immer wieder fokussiert auf rechtsphilosophische Fragen und Begriffsbildungen, um so auch den »Abstand« zwischen Benjamin und Derrida formulieren zu können (Gehring 1997, bes. 236 ff.; zur Differenz von Benjamin und Derrida s. auch de Vries 1992).

Hamacher (1994) entwickelt in der Auseinandersetzung mit Benjamins Zur Kritik der Gewalt ein eigenes Theorem des »Afformativ«, das wiederum ebenso kritisch wie gewinnbringend sich auf die u. a. sprechakttheoretische – und auch dekonstruktiv geführte (Derrida 1990) – Debatte um das »Performative« beziehen läßt. »Das ironische Gesetz des Afformativen ist das Gesetz seiner Bastardisierung mit dem Performativen« (Hamacher 1994, 371). Anders gesagt: Jede performative Setzung (und damit ist auf ein zentrales, wenn nicht auf *das* Motiv des Benjaminschen Gewalt-Aufsatzes verwiesen) ist begleitet von Gewalt, die sich aber, durch ein ihr eigenes Moment der Zer- oder Entsetzung, im Moment der Setzung »hemmt, verleugnet und kompromittiert« (Hamacher 1994, 340).

Neben den beiden großen dekonstruktiven Debatten um einerseits Benjamins Sprachphilosophie und andererseits den Aufsatz Zur Kritik der Gewalt seien drei verstreute, etwas anders gelagerte Ausführungen noch genannt.

Anläßlich einer Reise nach Moskau (1990) verfaßt Derrida einen Text zu drei anderen Moskau- bzw. Rußland-Reisen: denen von Etiemble, Gide und Benjamin (plus einer kurzen Reflexion zu dem Beatles-Stück »Back in the USSR«, von dem sich der Derrida-Text auch die Anspielung im Titel leiht, Derrida 1993, 202). Derrida verweist hier auf die Notwendigkeit der der Benjaminschen Textgestalt eignenden erzählerischen Offenheit dem Zukünftigen gegenüber, angesichts der existenziellen und phänomenologischen Unsicherheiten, die Benjamin in Moskau zu gegenwärtigen hatte.

In »Entferntes Verstehen« widmet sich Hamacher 1998 ausführlich und eingehend dem Dialog Benjamin-Kafka: In der Auseinandersetzung mit den »wolkigen« Stellen (Hamacher 1998, 284), die Benjamin bei Kafka ausmacht, und der Auseinanderlegung des Nicht-Namens »Odradek« (305 ff.) erhellt Hamacher, wie Verstehen stets aufgeschoben bleibt, da es eingebunden ist in Gesten des Geschriebenen und der Schreib- als Verstehensprozesse. Die »*wolkige Stelle* in der Parabel [Kafkas] ist das Gesetz, das seine Darstellung verbietet, aber zugleich ist es selber dies verbotene Gesetz: ist also das verbotene und das verbietende und also das sich selbst und jedes Selbst verbietende Gesetz, das Gesetz als Entzug des Gesetzes, ein Gesetz ohne Gesetz« (287). Und Odradek »ist der Name, der sich dem Gesetz des Sinns, der familialisierten und teleologisch gebändigten Geschichte entzieht und keinen Rat, keine Lehre, keine verbindliche Moral enthält. Er verspricht seine Verallgemeinerung und Übersetzung in die Sprache einer transparenten Fabel nur, indem er sein Versprechen mit der gleichen Geste zurücknimmt« (313).

Schließlich sei auf Derridas Dankesrede zur Verleihung des Theodor W. Adorno-Preises 2001 verwiesen. Hier ›träumt‹ er – einen Traumbericht Benjamins und das Wort »fichu« motivisch umkreisend – von der denkerischen Nähe zu Benjamin, Adorno und der Frankfurter Schule. »Des Traumes *sich entschlagen*, ohne ihn zu *verraten*, das ist es, was es Benjamin [...] zufolge gilt: Aufwachen, das Wachen und die Wachsamkeit pflegen, ohne die Bedeutung eines Traums außer Acht zu lassen, ohne seinen Lehren und seiner Hellsicht untreu zu werden, das bedenken, was der Traum zu denken gibt, vor allem dort, wo er uns die

Möglichkeit des Unmöglichen zu denken aufgibt. Die Möglichkeit des Unmöglichen kann nur als geträumte sein« (Derrida 2001). Rund 35 Jahre nach Aufkommen der Dekonstruktion und über 20 Jahre nach der ersten dekonstruktiven Lektüre eines Benjamintextes ist Walter Benjamin der Referenzautor in der Dankesrede Jacques Derridas in der Frankfurter Paulskirche.

Literatur

Bannet, Eve Tavor (1993): »The Scene of Translation. After Jakobson, Benjamin, de Man and Derrida«, in: New Literary History 24, 3, 577–595.

Derrida, Jacques (1967) : L'écriture et la différence, Paris (dt. Die Schrift und die Differenz, übers. von Rodolphe Gasché, Frankfurt a.M. 1972).

Derrida, Jacques (1967): De la Grammatologie, Paris (dt. Grammatologie, übers. von Hanns Zischler, Frankfurt a.M. 1974).

Derrida, Jacques (1987): »Des tours de Babel«, in: ders.: Psyche. Inventions de l'autre, Paris, 203–235 (dt. »Babylonische Türme. Wege, Umwege, Abwege«, übers. von Alexander García Düttmann, in: Alfred Hirsch (Hg.) (1997): Übersetzung und Dekonstruktion, Frankfurt a.M., 119–165).

Derrida, Jacques (1990): Limited Inc, Paris (dt. Limited Inc., übers. von Werner Rappl u. Dagmar Travner, Wien 2001).

Derrida, Jacques (1991): Gesetzeskraft. Der ›mystische Grund der Autorität‹, übers. von Alexander García Düttmann, Frankfurt a.M.

Derrida, Jacques (1993): »Back from Moscow, in the USSR«, in: Mark Poster (Hg.): Politics, Theory and Contemporary Culture, New York, 197–235.

Derrida, Jacques (2003): Fichus. Frankfurter Rede, hg. v. Peter Engelmann, Wien.

Gagnebin, Jeanne Marie (1978): Zur Geschichtsphilosophie Walter Benjamins. Die Unabgeschlossenheit des Sinnes, Erlangen.

Gehring, Petra (1997): »Gesetzeskraft und mystischer Grund. Die Dekonstruktion nähert sich dem Recht«, in: Hans-Dieter Gondek/Bernhard Waldenfels (Hg.): Einsätze des Denkens. Zur Philosophie von Jacques Derrida, Frankfurt a.M., 226–255.

Geyer-Ryan, Helga (1993): »Onwerkelijke aanwezigheid. Allegorie bij Paul de Man en Walter Benjamin«, in: Benjamin Journaal 1, 85–100 (engl. in dies.: Fables of desire. Studies in the ethics of art and gender, Cambridge, Mass. 1994, 193–203).

Geyer-Ryan, Helga (1994): »Justice, Literature, Deconstruction: Homer to Kafka«, in: New Comparison 18, 152–164.

Greenblatt, Stephen (1984): Wunderbare Besitztümer, Berlin.

Grossman, Jeffrey (1992): »The Reception of Walter Benjamin in the Anglo-American Literary Institution«, in: The German Quarterly 65, H. 3/4, 414–428.

Hamacher, Werner (1998): »Die Geste im Namen. Benjamin und Kafka«, in: ders.: Entferntes Verstehen. Studien zu Philosophie und Literatur von Kant bis Celan, Frankfurt a.M., 280–323.

Haverkamp, Anselm (Hg.) (1994): Gewalt und Gerechtigkeit. Derrida – Benjamin, Frankfurt a.M.

Hirsch, Alfred (1995): Der Dialog der Sprachen. Studien zum Sprach- und Übersetzungsdenken Walter Benjamins und Jacques Derridas, München.

Hirsch, Alfred (Hg.) (1997): Übersetzung und Dekonstruktion, Frankfurt a.M.

Lindner, Burkhardt (1999): »Derrida. Benjamin. Holocaust. Zur Dekonstruktion der ›Kritik der Gewalt‹«, in: Klaus Garber/Ludger Rehm (Hg.): global benjamin, Bd. 3, München, 1691–1723.

MacPhee, Graham (2003): »Appearance and Revelation: Benjamin, Derrida and the Institution of Knowledge«, in: Literatur and Theology 17, H. 4, 435–456.

de Man, Paul (1986): »Conclusions: Walter Benjamin's ›The Task of the Translator‹«, in: ders.: The Resistance of Theory, Minnesota, 73–105.

Markner, Reinhard (1994): »Walter Benjamin nach der Moderne. Etwas zur Frage seiner Aktualität angesichts der Rezeption seit 1983«, in: Schattenlinien 8 u. 9, 37–47.

Menke, Bettine (1991): Sprachfiguren. Name – Allegorie – Bild nach Walter Benjamin, München.

Menke, Bettine (1995): »Rhetorik und Referentialität bei de Man und Benjamin«, in: Sigrid Weigel (Hg.): Flaschenpost und Postkarte. Korrespondenzen zwischen kritischer Theorie und Poststrukturalismus, Köln, 49–70.

Park, Jusik (1994): From aesthetics to poetics. The Benjaminian turn in Paul de Man. Diss. Purdue Univ., West Lafayette, Ind.

Roberts, Julian (1994): »Benjaminian and Common Law Notions of Precedent«, in: New Comparison 18, 118–130.

Rogowski, Ralf (1994): »The Paradox of Law and Violence: Modern and Postmodern Readings of Benjamin's ›Critque of Violence‹«, in: New Comparison 18, 131–151.

Rose, Gillian (1993): Judaism and Modernity. Philosophical Essays, Oxford, UK/Cambridge, Mass.

Rüffer, Ulrich (1992): »Anmerkungen zu Paul de Mans Benjamin-Lektüre«, in: Uwe Steiner (Hg.): Walter Benjamin 1892–1940. Bern u.a., 283–295.

de Vries, Hent (1992): »The ›Mystical Postulate‹ in Benjamin, de Certeau and Derrida«, in: Modern Language Notes 107, 441–477.

Literaturwissenschaft

Schon die erste Welle der Benjamin-Rezeption in der Literaturwissenschaft stand im Zeichen marxistischer Literaturtheorie. Ein zentraler Bezugspunkt dieser Diskussion ist Benjamins Entwurf einer Vorrede zum Baudelaire-Buch, den Rolf Tiedemann 1970 im *Kursbuch* 20 unter dem nicht von Benjamin stammenden Titel »Fragment über Methodenfragen einer marxistischen Literatur-Analyse« vorstellte. Tiedemann sprach von einer »neue[n] Methode der Kunsttheorie«, die in dem Text entwickelt werde (Tiedemann 1970, 8). Das starke Interesse an dem Methodenfragment zeigt sich unter anderem daran, daß es 1972 als Raubdruck bei dem Untergrundverlag Paco Press erschien (vgl. Götz von Olenhusen 2000). Benjamins Fragment wurde grundlegend für marxistisch orientierte Ansätze in der Literaturwissenschaft. Neben anderen Texten aus dem Spätwerk, wie Eduard Fuchs, der Sammler und der

Historiker (II, 465–505) sowie Über den Begriff der Geschichte (I, 691–704), stellte das Methodenfragment ein Konzept der Überlieferungs- und Rezeptionskritik bereit.

»Es ist eine vulgärmarxistische Illusion«, heißt es in dem Fragment programmatisch, »die gesellschaftliche Funktion eines sei es geistigen, sei es materiellen Produkts unter Absehung von den Umständen und den Trägern seiner Überlieferung bestimmen zu können« (Benjamin 1970, 1; vgl. I, 1164; auch zit. bei Bürger 1979, 169; Garber 1976, 13 u.ö.). Die Faktoren der Überlieferung eines Werks der Vergangenheit müssen untersucht werden, da sie es in das Licht rücken, in dem es erscheint. Detlev Schöttker faßt diesen Gedanken zusammen: »Setzen sich im Verlauf der Rezeptionsgeschichte neue Auffassungen durch (in Editionen oder Deutungen), dann verändert sich nicht nur die Rezeption, sondern auch das Werk selbst. [...] Die Analyse der Rezeption bleibt deshalb einem Werk nicht äußerlich, sondern ist Bedingung seiner Erkenntnis« (Schöttker 1996, 552).

In der Literaturwissenschaft wird Benjamins Postulat der Rezeptionskritik aufgegriffen; Peter Bürger etwa stellt heraus, daß Benjamins Methode von der Überlieferung ausgeht, aber sich derselben nicht überläßt, sondern nach den gesellschaftlichen Kräften fragt, die diese Überlieferung tragen (vgl. Bürger 1979, 169; auch Pfotenhauer 1975, 8). Dabei ist ein Bruch mit der Tradition impliziert. Auch Garber hebt dieses Spannungsverhältnis hervor, wenn er in seiner Arbeit *Martin Opitz – »der Vater der deutschen Dichtung«* Benjamins späte Rezeptionstheorie als Forschungsgrundlage verwendet. Im Anschluß an Benjamin betrachtet Garber den Einbezug der Überlieferungsgeschichte als unerläßlich für eine historisch-materialistische Untersuchung von Werken der Vergangenheit. Benjamin ist nach Garber zu entnehmen, in welchem Maß die gegenwärtige Aneignung der Werke eine geschichtlich vermittelte ist: Der Überlieferungsprozeß muß verfolgt werden, um die Determinanten der gegenwärtigen Aneignung zu überprüfen und ggf. deren Macht brechen zu können (vgl. Garber 1976, 12).

Mit dieser Applikation Benjaminscher Methodologie grenzt Garber sich kritisch von Hans Robert Jauß ab, der bei der Begründung seiner Rezeptionsästhetik sich ebenfalls auf Benjamin beruft. Jauß geht davon aus, daß sowohl der ästhetische Charakter der Literatur als auch ihre gesellschaftliche Funktion von der Dimension der Rezeption und Wirkung nicht zu trennen sind: »Das geschichtliche Leben des literarischen Werks ist ohne den aktiven Anteil seines Adressaten nicht denkbar« (Jauß 1970, 169). So ist auch für Jauß entscheidend, die Gegenwartsbezogenheit des jeweiligen Lesers, der sich Werke der Vergangenheit aneignet, zu berücksichtigen. Dieses Prinzip der Rezeptionsästhetik sieht Jauß bei Benjamin vorformuliert; Jauß zitiert aus Benjamins Literaturgeschichte und Literaturwissenschaft, in der Benjamin das Leben und die Wirkung der Werke neben ihre Entstehung treten läßt: »Denn es handelt sich ja nicht darum, die Werke des Schrifttums im Zusammenhang ihrer Zeit darzustellen, sondern in der Zeit, da sie entstanden, die Zeit, die sie erkennt – das ist die unsere – zur Darstellung zu bringen« (I, 290; vgl. Jauß 1970, 170f.). Während Jauß Benjamin als einen Vordenker der Rezeptionsästhetik hinstellt, weist Garber auf eine Differenz zwischen Benjamin und Jauß hin: Aus Garbers Sicht zeichnet sich die Benjaminsche Konzeption im Gegensatz zu Jauß' Ansatz gerade dadurch aus, »daß sie auf der Basis einer historisch-marxistischen Gesellschaftstheorie das Werk gegen seine Überlieferung und seine Überlieferung gegen das Werk aufzubieten vermag« (Garber 1976, 15). Für Benjamin, so Garber, ist es nicht damit getan, »den Erwartungshorizont des Publikums über den jeweils erreichten Stand der Gattungs-Evolution zu rekonstruieren«, vielmehr ist die historische Arbeit so anzulegen, daß sie »zum Ferment gesellschaftlicher Erkenntnis und Praxis aufrücken kann, indem sie das in der Überlieferung nicht zur Geltung Gekommene und Unterdrückte in kritischer verändernder Absicht mobilisiert« (Garber 1987, 40f.; vgl. auch Kaulen 1987, 178ff.).

Neben dem Gedanken der Überlieferungskritik hat vor allem auch Benjamins Allegorie-Begriff die Grundlagen literaturwissenschaftlicher Forschung erneuert. Lindner stellt in seiner 1970 erschienenen Untersuchung zu »Satire und Allegorie in Jean Pauls Werk« heraus, daß Benjamin der Allegorie kunstphilosophische Würde verleiht und damit eine einseitige Orientierung an Goethes Symbolbegriff vermeidet. Während man unter Berufung auf Goethe alles poetisch ›Tiefe‹ als symbolisch auffaßte, als Einheit von Wesen und Erscheinung, kann im Anschluß an Benjamin der Allegorie, dem ruinenhaften Bruchstück, ein genuin eigener Wert zugemessen werden (vgl. Lindner 1970, 15ff.; Naeher 1977, 18; ferner Lindner 2000, ein Beitrag, in dem der Allegorie-Begriff erstens im Kontext des Trauerspielbuchs, zweitens der Baudelaire-Arbeiten rekonstruiert und drittens auf Benjamins eigene Schreibweise bezogen wird). Lindner geht von Benjamins Einschätzung Jean Pauls als »des größten Allegorikers unter den deutschen Poeten« aus, um das Allegorische von Jean Pauls Prosa näher zu bestimmen (Lindner 1970, 13ff.). Bürger hingegen erklärt, daß Benjamins Allegorie-Begriff erst im avantgardistischen, nicht-organischen Werk »seinen adäquaten

Gegenstand findet«, und verwendet ihn entsprechend im Zusammenhang der *Theorie der Avantgarde* (Bürger 1974, 93). Auch auf andere Gegenstände der Literaturwissenschaft wird Benjamins Allegorie-Konzeption angewandt: Gert Mattenklott untersucht in Anlehnung an Benjamins URSPRUNG DES DEUTSCHEN TRAUERSPIELS, inwiefern die Trauerspiele des Sturm und Drang, vergleichbar mit denen des Barock, zur Allegorisierung neigen (Mattenklott 1968). Heinz Schlaffer knüpft insbesondere auch an Benjamins Baudelaire-Arbeiten an, um allegorische Formprinzipien von Goethes *Faust II* herauszuarbeiten. So ordnet Schlaffer Goethes Allegorie in den Zusammenhang der Geldwirtschaft und des Warenverkehrs des 19. Jh.s ein (Schlaffer 1998, 135; vgl. dazu Alt 1988, 141 f.).

Indem Benjamin ein Merkmal der Allegorie darin sieht, daß die Beziehung zwischen Bezeichnendem und Bezeichnetem willkürlich, beliebig wird, gibt er auch Anregungen zu dekonstruktivistischen Lektüren in der Literaturwissenschaft (vgl. Hamacher 1979, 10 f.; Kahl 1992; Menke 1991). Zugleich wird Benjamin mit seiner Beschreibung des Melancholikers als »Grübler[s] über Zeichen« (I, 370) zum »Kronzeugen der postmodernen Faszination durch das Thema Melancholie« (Wagner-Egelhaaf 1997, 16; 175).

Literatur

Alt, Peter-André (1988): »Benjamin und die Germanistik. Aspekte einer Rezeption«, in: Norbert Oellers (Hg.): Germanistik und Deutschunterricht im Zeitalter der Technologie. Vorträge des Germanistentages Berlin 1987, Bd. 1, Tübingen, 133–146.

Alt, Peter-André (1995): Begriffsbilder. Studien zur literarischen Allegorie zwischen Opitz und Schiller, Tübingen, insbes. 22 f.

Arabatzis, Stavros (1998): Allegorie und Symbol: Untersuchung zu Walter Benjamins Auffassung des Allegorischen in ihrer Bedeutung für das Verständnis von Werken der Bildenden Kunst und Literatur, Regensburg.

Benjamin, Walter (1970): »Fragment über Methodenfragen einer marxistischen Literatur-Analyse«, in: Kursbuch 20, 1–5.

Bürger, Peter (1974): Theorie der Avantgarde, Frankfurt a.M.

Bürger, Peter (1979): »Benjamins ›rettende Kritik‹. Vorüberlegungen zum Entwurf einer kritischen Hermeneutik« [1973], in: ders.: Vermittlung – Rezeption – Funktion, Frankfurt a.M., 160–172.

Garber, Klaus (1976): Martin Opitz – »der Vater der deutschen Dichtung«, Stuttgart.

Garber, Klaus (1987): »Benjamins ästhetische Theorie der Rezeption«, in: ders.: Rezeption und Rettung, Tübingen, 3–58.

Götz von Olenhusen, Albrecht (2000): »Kritische Theorie, Benjamin-Rezeption und Studentenbewegung«, in: Die Aktion Nr. 175–180, 98–116.

Hamacher, Werner (1979): »Unlesbarkeit«, in: Paul de Man: Allegorien des Lesens. Aus dem Amerikanischen von Werner Hamacher u. Peter Krumme, Frankfurt a.M., 7–26.

Jauß, Hans Robert (1970): »Literaturgeschichte als Provokation der Literaturwissenschaft«, in: ders.: Literaturgeschichte als Provokation, Frankfurt a.M., 144–207.

Kahl, Michael (1992): »Der Begriff der Allegorie in Benjamins Trauerspielbuch und im Werk Paul de Mans«, in: Willem van Reijen (Hg.): Allegorie und Melancholie, Frankfurt a.M., 392–317.

Kaulen, Heinrich (1987): Rettung und Destruktion. Untersuchungen zur Hermeneutik Walter Benjamins, Tübingen.

Lindner, Burkhardt (1970): »Satire und Allegorie in Jean Pauls Werk. Zur Konstitution des Allegorischen«, in: Jahrbuch der Jean-Paul-Gesellschaft 5, 7–61.

Lindner, Burkhardt (2000): »Allegorie«, in: Michael Opitz/ Erdmut Wizisla (Hg.): Benjamins Begriffe, Bd. 1, Frankfurt a.M., 50–94.

Mattenklott, Gert (1968): Melancholie in der Dramatik des Sturm und Drang, Stuttgart.

Menke, Bettine (1991): Sprachfiguren. Name – Allegorie – Bild nach Walter Benjamin, München.

Naeher, Jürgen (1977): Walter Benjamins Allegorie-Begriff als Modell. Zur Konstitution philosophischer Literaturwissenschaft, Stuttgart.

Pfotenhauer, Helmut (1975): Ästhetische Erfahrung und gesellschaftliches System. Untersuchungen zum Spätwerk Walter Benjamins, Stuttgart.

Rumpf, Michael (1978): »Walter Benjamins Nachleben«, in: Deutsche Vierteljahrsschrift für Literaturwissenschaft und Geistesgeschichte 52, H. 1, 137–166.

Schlaffer, Heinz (1998): Faust zweiter Teil. Die Allegorie des 19. Jahrhunderts, 2. Aufl. Stuttgart.

Schöttker, Detlev (1996): »Theorien der literarischen Rezeption«, in: Heinz Ludwig Arnold/Heinrich Detering (Hg.): Grundzüge der Literaturwissenschaft, München, 537–554.

Tiedemann, Rolf (1970): »Notiz zu einem Fragment Benjamins«, in: Kursbuch 20, 5–9.

Wagner-Egelhaaf, Martina (1997): Die Melancholie der Literatur, Stuttgart.

Genderforschung

Seit den 1980er Jahren richten feministische Forschungen und Gender Studies verstärkte Aufmerksamkeit auf Geschlechterkonzeptionen in Benjamins Texten. Dabei werden unterschiedliche Perspektiven eingenommen: Zunächst rückt in den Blick, ob Benjamin die Unterscheidung von Männern und Frauen hierarchisch faßt. Dieser Frage wird unter anderem in feministischen Untersuchungen nachgegangen. Ihnen geht es darum, Positionen kritisch zu hinterfragen, die die Gleichwertigkeit von Männern und Frauen nicht anerkennen (vgl. Hof 1995). Darüber hinaus aber wird Benjamins Werk unter dem Gesichtspunkt betrachtet, inwiefern es jene Männer/Frauen-Unterscheidung überhaupt als selbstverständlich und unhintergehbar setzt. Hält es nicht auch Irritationen gegenüber der ›Geschlechter-Ontologie‹ bereit, indem es gerade nicht von einer fraglosen Trennung des Männlichen und des Weiblichen ausgeht? Mit derartigen Fokussierungen greifen Gender Studies, die das Geschlecht als Konstrukt analysieren, Impulse von Benjamin auf.

In diesem Zusammenhang werden sexualisierte Figuren, die in Benjamins Schriften zu finden sind, besonders berücksichtigt: etwa die Hure, die unfruchtbare Frau, die Lesbierin und die Androgyne in den späten Arbeiten zu Baudelaire und zum 19. Jh. Christine Buci-Glucksmann weist unter anderem auf den utopischen Gehalt der Entwürfe zur Androgynie hin, die von Benjamin dem Saintsimonismus entnommen werden. »Von heute aus betrachtet«, so Buci-Glucksmann, sind diese Aufzeichnungen Benjamins »absolut erstaunlich, denn die historischen und theoretischen Intuitionen von Benjamin sind sehr weitreichend. Hier ruht eine gigantische anthropologische Utopie der Moderne« (Buci-Glucksmann 1984, 29; vgl. I, 594f.; V, 973ff.; Buck-Morss 1994, 107; Deuber-Mankowsky 1992, 13ff.; Weigel 1997, 185f.). Barbara Kleiner hält dem entgegen, die Androgyne sei eine Erscheinungsform des Weiblichen unter den Bedingungen der Warenwirtschaft und weise nicht über dessen verdinglichten Charakter hinaus (vgl. Kleiner 1999, 1648; kritisch auch Weinbach 1997, 218ff.).

Daß eine »männlich-weibliche Janushäuptigkeit« genuin für Benjamins eigenes Denken und Schreiben ist, hebt Marleen Stoessel (1983, 78; vgl. 3, 438) hervor. Stoessel verweist insbesondere auf eine Auseinandersetzung des jungen Benjamin mit Herbert Belmore, in der Benjamin bemerkt, wie sehr Männliches und Weibliches sich im Menschen durchdringen: »Europa besteht aus Individuen (in denen Männliches und Weibliches ist) nicht aus Männern und Weibern« (1, 126). Diese Diskussion hat für Stoessel kaum an Aktualität verloren, zumal Benjamin sich »im Geiste dieser Haltung vom herrschenden Diskurs seiner und auch noch unserer Zeit unterscheidet« (Stoessel 1983, 78f.).

Eva Geulen stellt den hermaphroditischen sexuellen Charakter der paradiesischen Namensprache heraus, die Benjamin in seinem frühen Aufsatz Über Sprache überhaupt und über die Sprache des Menschen (II, 140–157) beschreibt: als Bindung von Spontaneität und Empfängnis (vgl. Geulen 1996, 170ff.). Das Hermaphroditische durchzieht als Figur der Ambivalenz, wie Geulen zeigt, Benjamins gesamte Philosophie (vgl. 167). Gerade wenn Benjamins Position in Fragen sexueller Differenz irritiert und nicht festlegbar ist, stellt er nach Geulen eine Herausforderung für die gegenwärtige feministische Theoriebildung dar: »Where Benjamin's work poses problems for feminism, it exposes feminism to its own epistemological and theoretical problematic. And that might well turn out to be its most significant contribution to contemporary feminist thought« (162; vgl. 168f.).

Auf Affinitäten von Benjamins Philosophie und heutiger feministischer Theoriebildung weist auch Sigrid Weigel hin. Weigel bezieht sich unter anderem auf den Teil Das Gespräch aus Metaphysik der Jugend, in dem es heißt: »Die Sprache der Frauen blieb ungeschaffen. Sprechende Frauen sind von einer wahnwitzigen Sprache besessen« (II, 95). Laut Weigel könnte sich Luce Irigaray diesem Satz durchaus anschließen mit der Ansicht, daß Frauen in den etablierten Diskursen keinen Ort haben und sich deshalb deren Sprache nur in Form einer verstellenden Mimesis bedienen (vgl. Weigel 1999, 1639). Zudem zieht Weigel eine Verbindungslinie zu Julia Kristeva: Benjamin akzentuiert in den Frühschriften »die gleichsam unsichtbare, andere Produktivität der Frauen, die an deren unhörbare Sprache geknüpft ist und dennoch als Voraussetzung der kulturellen Produktion zu gelten hat – ähnlich wie Kristeva von der Produktivität der Frauen spricht als [...] eine stumme Stütze des Systems, die selbst nicht in Erscheinung tritt« (1641). Weigel gibt zu bedenken, daß die Frauen, wenn Benjamin das Schweigen als produktive weibliche Position ausgibt, in diesen stummen Bereich verwiesen bleiben (vgl. ebd.).

Eine feministische Lesart von Benjamins Ursprung des deutschen Trauerspiels findet sich bei Helga Geyer-Ryan. Im Zentrum steht die Gewalt, die nach Benjamin kennzeichnend für die Allegorie ist: »The allegorical intention is seen as a production of meaning in which the signifier is male and the body into which the new meaning is grafted appears to be female« (Geyer-Ryan 1994, 200). So spricht Benjamin unter anderem davon, daß »die Bedeutung als finsterer Sultan im Harem der Dinge herrscht« (I, 360). Damit ist die von Benjamin untersuchte Struktur der Allegorie, wie Geyer-Ryan bemerkt, paradigmatisch für die Unterwerfung des weiblichen Körpers im Patriarchat (vgl. Geyer-Ryan 1994, 197ff.).

Literatur

Asai, Kenjiro (1999): »Frau, Mode, Hure – Zum ›Weiblichen‹ bei Walter Benjamin«, in: Garber/Rehm 1999, Bd. 3, 1659–1667.

Buci-Glucksmann, Christine (1984): Walter Benjamin und die Utopie des Weiblichen, Hamburg.

Buck-Morss, Susan (1994): »Der Flaneur, der Sandwichman und die Hure. Dialektische Bilder und die Politik des Müßiggangs«, in: Norbert Bolz/Bernd Witte (Hg.): Passagen. Walter Benjamins Urgeschichte des neunzehnten Jahrhunderts, München, 96–113.

Buck-Morss, Susan (1981): »Walter Benjamin – Revolutionary Writer«, in: New Left Review 128, 50–75, New Left Review 129, 77–95.

Deuber-Mankowsky, Astrid (1989): »Kritik der Moderne im Zeichen des Geschlechts. Zu Ort und Erscheinungsform des Geschlechterverhältnisses in Walter Benjamins Materialien zum Passagenwerk«, in: dies./Ulrike Ramming/E.

Walesca Tielsch (Hg.): 1789/1989. Die Revolution hat nicht stattgefunden, Tübingen, 87–97.
Deuber-Mankowsky, Astrid (1992): »Die Frau: Das kostbarste Beutestück im ›Triumph der Allegorie‹«, in: Concordia 21, 2–19.
Garber, Klaus/Ludger Rehm (Hg.) (1999): global benjamin, 3 Bde, München.
Geulen, Eva (1996): »Toward a Genealogy of Gender in Walter Benjamin's Writing«, in: German Quaterly 69, H. 2, 161–180.
Geyer-Ryan, Helga (1994): Fables of Desire. Studies in the Ethics of Art and Gender, Cambridge.
Hof, Renate (1995): »Die Entwicklung der Gender Studies«, in: dies./Hadumod Bußmann (Hg.): Genus. Zur Geschlechterdifferenz in den Kulturwissenschaften, Stuttgart, 3–33.
Kleiner, Barbara (1999): »An-Sprache oder Sprache überhaupt. Zur Frage der (sexuellen) Differenz bei Walter Benjamin«, in: Garber/Rehm 1999, Bd. 3, 1648–1658.
Stoessel, Marleen (1983): Aura, das vergessene Menschliche. Zu Sprache und Erfahrung bei Walter Benjamin, München.
Weigel, Sigrid (1997): Entstellte Ähnlichkeit. Walter Benjamins theoretische Schreibweise, Frankfurt a. M.
Weigel, Sigrid (1990): »›Leib- und Bildraum‹ (Benjamin). Zur Problematik und Darstellbarkeit einer weiblichen Dialektik der Aufklärung«, in: dies.: Topographien der Geschlechter. Kulturgeschichtliche Studien zur Literatur, Reinbek bei Hamburg, 18–42.
Weigel, Sigrid (1990): »Traum – Stadt – Frau. Zur Weiblichkeit der Städte in der Schrift«, in: dies.: Topographien der Geschlechter. Kulturgeschichtliche Studien zur Literatur, Reinbek, 204–227.
Weigel, Sigrid (1999): »›Weiblich-Gewesenes‹ und der ›männliche Erstgeborene seines Werkes‹. Von Bildern zu dialektischen Bildern: Geschlechterdifferenz in Benjamins Schriften«, in: Garber/Rehm 1999, Bd. 3, 1635–1647.
Weinbach, Heike (1997): Philosoph und Freier. Walter Benjamins Konstruktionen der Geschlechterverhältnisse, Marburg.
Wolff, Janet (1993): »Memoirs and micrologies. Walter Benjamin, feminism and cultural analysis«, in: New Formations 20, 113–122.

Medienwissenschaft

Benjamin war kein Medienwissenschaftler im heutigen Sinne. Er hat sich nicht systematisch zu Geschichte, Technik, Formen, Ästhetik oder ökonomischen Strukturen ›der Medien‹ geäußert. Es sind bei ihm auch keine Bezüge auf die medienwissenschaftliche Forschungsdiskussion zu finden. Woran liegt das? Benjamin gehört – etwa neben Kracauer, Adorno und später McLuhan oder auch Flusser – zu jenen Theoretikern, die den Diskurs medienwissenschaftlicher Reflexionen und Theoriebildungen allererst begründet haben. Die Herausbildung einer geistes- und kulturwissenschaftlichen Medienwissenschaft hat sich auch durch die Diskussion der Motive seiner medienkulturwissenschaftlichen Texte vollzogen: die Verhältnisbestimmung von Original und Reproduzierbarkeit (heute zum Theorem der Simulation fortgeführt), die Ausdifferenzierung von Sprach- und Texttheorie, der Anspruch einer Archäologie von Medienformen und ihrer ästhetischen Eigenheiten, die Beachtung der materialen und werkzeughaften Grundlagen von Kommunikation, die Verbindung medialer Fragen mit solchen der Kulturgeschichte und -theorie (etwa zu Erinnerung und Gedächtnis, Fortschritt, Schreibverfahren, Urbanität), die Berücksichtigung des Wechselverhältnisses von Öffentlichkeit und Medialität. Diese Spuren hat Benjamin ausgelegt und durch Thesen, Theoreme oder Beschreibungen so zugespitzt, daß er bis heute zu den bedeutendsten Referenzen (und Gegenständen) der medienwissenschaftlichen Reflexion und Theoriebildung in Forschung, Lehre und publizistischer Öffentlichkeit zählt.

Benjamin referiert vielfältig auf Medialität: Während etwa im frühen Sprachaufsatz die Sprache als Medium der Mitteilung gedacht wird, tritt im Kontext der Dissertation der Zusammenhang zur Kunst und in der Auseinandersetzung mit Proust der zur Konstellation von Gedächtnis und Erinnerung auf – um nur einige besonders markante Beispiele zu nennen. Wo Benjamin sich im Spätwerk mit der Medialität von Kultur befaßt, ist sein durchgängiges Anliegen, diese Medialität ästhetisch, und das heißt hier: von der Wahrnehmung her (*aisthesis*), zu denken (VII, 381 f.). Benjamin pointiert dieses Interesse im Kunstwerk-Aufsatz, indem er Sinnlichkeit und kollektive kulturelle Entwicklung verknüpft: »Die Art und Weise, in der menschliche Sinneswahrnehmung sich organisiert – das Medium, in dem sie erfolgt – ist nicht nur natürlich sondern auch geschichtlich bedingt« (I, 478). Bolz schreibt zu diesem Kontext, daß die Ästhetik als Theorie der Wahrnehmung bei Benjamin zu einer »neuen Leitwissenschaft« werde (Bolz 1990, 105).

Die Debatten um die obengenannten Motive sind heute stark ausdifferenziert und haben sich sinnvollerweise oft mit den Analysen zu spezifischen Texten Benjamins vermischt bzw. sich daran entwickelt (Romantikstudie, sprachtheoretische Texte, Trauerspielbuch, Einbahnstrasse, Kunstwerk-Aufsatz, Berliner Kindheit, Passagenarbeit etc.). Für Detailfragen – etwa auch zu Analysen einzelner bei Benjamin behandelter Medienformen wie Photographie oder Film – wird daher auf die Autorenartikel und die unten aufgeführte Forschungsliteratur (die auch ausgewählte Einzeluntersuchungen enthält) verwiesen. Hier seien lediglich einige markante Stationen und Positionen benannt.

Daß Benjamin auch in medientheoretischen Fragen zum Kanon der Referenzautoren gehört, zeigt nicht zuletzt ein Blick auf die steigende Anzahl der Einführungs-Literatur. Zwei Beispiele: In *Medientheorien. Eine Einführung* von Daniela Kloock und Angela Spahr eröffnet Benjamin den Reigen, der dann mit McLuhan, Flusser, Kittler u.a. fortgeführt wird (2000). In der Benjamin-Einführung von Sven Kramer nimmt das Kapitel zu »Medienpraxis, Medientheorie« neben jenen zur »Sprachtheorie«, »Ästhetik« und »Geschichtstheorie« einen zentralen Platz ein (Kramer 2003). Das sind zwei jüngere Beispiele von zahlreichen, die die Etablierung Benjamins als Medientheoretiker und die Etablierung der Medienwissenschaft durch die Befassung mit Benjamin indizieren. Die Beschäftigung mit Benjamins Medienkulturanalysen hat allerdings bereits rund dreißig Jahre früher eingesetzt.

Benjamins Kunstwerk-Aufsatz ist schon in den 1970er Jahren Spiegelfläche einer beginnenden medienwissenschaftlichen Reflexion. Im seinerzeit vieldiskutierten *Kursbuch* 20 »Über ästhetische Fragen« (1970) wird der Abdruck von Benjamins »Fragment über Methodenfragen einer marxistischen Literatur-Analyse« von Martin Jürgens' Aufsatz »Der Staat als Kunstwerk. Bemerkungen zur ›Ästhetisierung der Politik‹« und Hans Magnus Enzensbergers »Baukasten zu einer Theorie der Medien« (Enzensberger 1970) gefolgt, die beide auf Benjamin rekurrieren.

Enzensbergers engagierter, emanzipatorischer (160) und von einem aufklärerischen Anspruch der notwendig einzuführenden Interaktivität der Massenmedien geleiteter Text enthält für das Programm einer zukünftigen Medientheorie auch eine klare Empfehlung: »Bei der Konstruktion einer Ästhetik, die der veränderten Lage angemessen wäre, ist von der Arbeit des einzigen marxistischen Theoretikers auszugehen, der die emanzipatorischen Möglichkeiten der neuen Medien erkannt hat. Schon vor fünfunddreißig Jahren, zu einem Zeitpunkt also, da die Bewußtseins-Industrie noch relativ wenig entfaltet war, hat Walter Benjamin dieses Phänomen einer hellsichtigen dialektisch-materialistischen Analyse unterzogen. Sein Ansatz ist von der seitherigen Theorie nicht eingeholt, geschweige denn weitergeführt worden« (178 f.). Im Rekurs auf Benjamins Analysen der technisch-medialen Moderne sah Enzensberger auch die Chance, dem festgefahrenen Manipulationstheorem, den thematischen Berührungsängsten linker bzw. sozialistischer und bürgerlicher Theoretiker zu entkommen (163 f.; 166 f.; 173; gegen McLuhan 177 f.).

Schöttker weist zu Recht darauf hin (Schöttker 2002, 414 f.), daß Benjamin in Frankreich durch Baudrillard schon 1976 eine Rezeption erfuhr. Baudrillard entwickelt am Benjaminschen Gedanken des auf Reproduzierbarkeit hin angelegten (Kunst-)Werkes vorerst seine zeichentheoretische Analyse des veränderten, modernen Produktions- und Arbeitsparadigmas (Baudrillard 1982), die dann in den Folgejahren zu jener allgemeinen Simulationstheorie weitergedacht wird, für die sein Name heute insgesamt steht. Die Auseinandersetzung mit dem Benjaminschen Reproduzierbarkeits-Theorem nimmt hierfür eine Schlüsselstellung ein.

Eine kontinuierliche Auseinandersetzung mit den beziehungsreichen Medienreflexionen Benjamins findet man in Lindners Publikationen, die sich mit den Wechselbeziehungen von spezifischer Medialität, Theorie der Wahrnehmung, Reproduzierbarkeit, Aura, Bildhaftigkeit und Kulturindustrie befassen (s. Literaturverzeichnis). So entwickelt beispielsweise der Aufsatz »Medienbilder, Aura, Geschichtszeit. Nach Kracauer und Benjamin« (Lindner 1990), ausgehend von den damaligen Berichterstattungen zu Mauerfall und Wiedervereinigung, Überlegungen zu Parametern einer sich systematisch konstituierenden, geistes- und kulturwissenschaftlichen Medienforschung. Auch im Hinblick auf Benjamins Aurabegriff geht es darum, »die (schon bei Benjamin selbst vorhandenen) unterschiedlichen Ansatzpunkte – die *Umformulierung der Sprachtheorie als Mimesistheorie*, die *Technikutopie des Kunstwerkaufsatzes* und das *Verhältnis von Text und Bild* – in ihrem (schwierigen) Zusammenhang zu diskutieren« (Lindner 1992, 217). Zudem arbeitet Lindner heraus, daß die Reproduktion, die »zum Bereich der Kopie« gehört, von der Reproduzierbarkeit zu unterscheiden ist, da diese die »Transformation eines Bereichs [bezeichnet], dessen Objekte nur mehr als Reproduktionen produziert werden« (Lindner 2001a, 271; vgl. auch 2001). Hervorzuheben an der heutigen medienwissenschaftlichen Debatte um Benjamin ist auch die Tatsache der zahlreichen und differenzierten Kontextualisierungen, die seine Thesen und Motive – entweder quer durchs Werk verfolgt oder an Einzeltexten exemplifiziert – mit Themen gegenwärtiger Medienkulturanalysen zu dialogisieren versuchen. Das ist ein fortsetzendes Denken, das es wagt, die allzu bekannten Medien-Thesen Benjamins aufzugreifen, neu durchzuformulieren und auf aktuellen Feldern zu erproben (Simulation, Bildpraxis, Digitalisierung, zeitgenössische Kinorezeption, Erinnerung u.ä.). Hier ist etwa Boris Groys (2003, bes. 9–46) zu nennen, der in Auseinandersetzung mit dem Aura-Begriff ein neues Verständnis des Museums als Medium und als Installation gewinnt. Zu solchen Aktualisierungsversuchen zählen auch Studien, die sich im Gefolge der Forschungen zur Materialität der Kommunikation der Produktivität medialer Gesten zuwenden. So etwa Alexander Honold (2000), der aus dem Benjaminschen Werk eine

Theorie des Lesens filtert, entsprechend Karlheinz Barck (1999), der sich dem Gestus des Schreibens bei Benjamin widmet. Ein solcher grammatologischer Effekt der Schriften und Projekte Benjamins ist auch relevant für Nicolas Pethes (1999), der sich dem Wechselspiel von Konstitution und Destruktion des Erinnerns widmet, und Heiko Reisch (1992), der an den Benjamins Texte bestimmenden »Diskursmaterialitäten Schrift, Stimme/Ton, Bild und Film« (Reisch 1992, 9) eine Differenzierung des Erfahrungsbegriffs vornimmt. Daß der Zusammenhang von Erfahrungsbegriff und Medientheorie von großer Bedeutung ist, macht auch Graeme Gilloch klar, der die Medientexte in den Kontext des Benjaminschen Spätwerks stellt (Gilloch 2002, 163–197). »These media suggested to Benjamin practices for the imagistic presentation of the recent past, techniques for the critical and redemptive historian [...]. The critical historian [...] is dedicated to capturing, developing and preserving such [dialectical] images, images in which the incidental, the marginal and the neglected are disclosed and remembered, images in which are to nourish the struggles of the present, images about to vanish« (165; 197).

Der Frage der Aktualisierbarkeit des gesamten Kunstwerk-Aufsatzes »in the digital Age« wendet sich der Band *Mapping Benjamin* (2003) zu, in dem Hans Ulrich Gumbrecht und Michael Marrinan dreißig internationale und interdisziplinäre Autoren und Autorinnen für kürzere Einlassungen zusammengeführt haben. Das »Mapping« ist hier ernstgemeint, tritt die Topographie des Bandes doch hochformalisiert auf: Die Herausgeber haben sechzehn »critical terms« isoliert, die sie wiederum zu acht Zweiergruppen (quasi die Hauptkapitel des Bandes) angeordnet und diesen – wiederum unter je einem der sechzehn Stichworte – die Beiträge zugeordnet haben. Solche »terms« lauten etwa: »Replication«, »Technology«, »History« oder auch »Fetish« und »Presence«. Man mag dieser Schematisierung skeptisch, hilflos oder auch kreativ gegenübertreten, die Herausgeber haben damit ein sinnvolles Ziel verfolgt: »to cluster the different readings of Benjamin into overlapping zones of intellectual interest and intensity« (Mapping Benjamin 2003, XV), um eine vielfältige, aktualitätsbezogene Lektüre des Kunstwerk-Aufsatzes zu ermöglichen – »despite our ›full immersion‹ in the data streams of the digital age« (Mapping Benjamin 2003, XVI; vgl. zum Konnex von Kunstwerk-Aufsatz und Informationstechnologien auch Fues 1999; Raulet 2004).

Eine solche Aktualitätsrelevanz Benjamins als Medientheoretiker läßt sich bei genauer und behutsamer Lektüre auch jenseits heute einschlägiger Themen (wie etwa dem der Digitalisierung oder der Simulation) finden, wenn man nur die richtigen, ›sensiblen‹ Paradigmen identifiziert. So geschehen bei Samuel Weber (1996), der den Spuren des Topos' »Bild« in Benjamins Texten nachgeht und diese mit Heideggers Vortrag »Die Zeit des Weltbildes« von 1938 in einen Dialog bringt. Weber schließt: »What is condemned in the Age of Technical Reproductibility is not aura as such, but the aura of art as a work of representation, a work that has its fixed place, that would take its place in and as a world picture. What remains is the mediaura of an apparatus whose glance takes up everything and gives nothing back, except perhaps in the blinking of an eye« (Weber 1996, 49).

Literatur

Barck, Karlheinz (1999): »Schrift/Schreiben als Transgression. Walter Benjamins Konstruktion von Geschichte(n)«, in: Garber/Rehm 1999, Bd. 1, 231–251.

Baudrillard, Jean (1982): Der symbolische Tausch und der Tod, übers. von Gerd Bergfleth/Gabriele Ricke/Ronald Vouillé, München.

Benjamin, Andrew (Hg.) (2005): Walter Benjamin and Art, London/New York.

Berg, Ronald (2001): Die Ikone des Realen. Zur Bestimmung der Photographie im Werk von Talbot, Benjamin und Barthes, München.

Bolle, Willi (1999): »Geschichtsschreibung als ästhetische Passion«, in: Literaturforschung heute, hg. von Eckart Goebel/Wolfgang Klein, Berlin, 98–111.

Bolz, Norbert (1990): »Was heißt Ästhetik bei Benjamin?«, in: Bucklicht Männlein und Engel der Geschichte. Walter Benjamin. Theoretiker der Moderne (Ausstellungsmagazin), hg. vom Werkbund-Archiv Berlin, Gießen, 105–106.

Costello, Peter R. (2004): »Walter Benjamin and Cinema Paradiso: Teaching Aura, Loss and Recovery«, in: Teaching Philosophy 27, 3, 237–249.

Enzensberger, Hans Magnus (1970): »Baukasten zu einer Theorie der Medien«, in: Kursbuch 20, 159–186.

Ferguson, Jeanine (1997): Developing clichés. Walter Benjamin and Roland Barthes at the limits of photographic theory. Diss. Univ. of Minnesota, Minneapolis.

Fues, Wolfram Malte (1999): »Reproduktion und Sinnlichkeit. Walter Benjamins Kunstwerk-Aufsatz und die Ästhetik der Postmoderne«, in: Garber/Rehm 1999, Bd. 1, 634–656.

Fürnkäs, Josef, (1999). »Benjamin und die Philatelie. Medienästhetik im Kleinen«, in: Garber/Rehm 1999, Bd. 1, 373–390.

Garber, Klaus/Ludger Rehm (Hg.) (1999): global benjamin, 3 Bde, München.

Gilloch, Graeme (2002): Walter Benjamin. Critical Constellations, Cambridge/England.

Groys, Boris (2003): Topologie der Kunst, München.

Honold, Alexander (2000): Der Leser Walter Benjamin. Bruchstücke einer Literaturgeschichte, Berlin.

Kappelhoff, Hermann (2004): »Der Lesende im Kino. Allegorie, Fotografie und Film bei Walter Benjamin«, in: Malte Hagener/Johann N. Schmidt/Michael Wedel (Hg.): Die Spur durch den Spiegel. Der Film in der Kultur der Moderne, Berlin, 330–340.

Kloock, Daniela/Angela Spahr (2000): Medientheorien. Eine Einführung, 2. Aufl. München.

Kramer, Sven (2003): Walter Benjamin zur Einführung, Hamburg.
Kraniauskas, John (2005): »Laughing at Americanism. Benjamin, Mariátegui, Chaplin«, in: Peter Osborne (Hg.): Walter Benjamin. Critical Evaluations in Cultural Theory, London, 368–377.
Krauss, Rolf H. (1998): Walter Benjamin und der neue Blick auf die Photographie, Ostfildern.
Kubo, Tetsuji (1993): »Das Ende der schönen Kunst. Zu Walter Benjamins Medientheorie«, in: Das Verstehen von Hören und Sehen. Aspekte der Medienästhetik, hg. von Josef Fürnkäs, Bielefeld, 39–51.
Lindner, Burkhardt (1972): »Brecht / Benjamin / Adorno – Über Veränderungen der Kunstproduktion im wissenschaftlich-technischen Zeitalter«, in: Text und Kritik. Sonderband Bertolt Brecht I, hg. von Heinz Ludwig Arnold, München, 13–36.
Lindner, Burkhardt (1985): »Technische Reproduzierbarkeit und Kulturindustrie«, in: ders. (Hg.): Walter Benjamin im Kontext, Königstein/Taunus, 180–223.
Lindner, Burkhardt (1990): »Medienbilder, Aura, Geschichtszeit«, in: Die Neue Gesellschaft / Frankfurter Hefte 37, 9, 799–810.
Lindner, Burkhardt (1992): »Benjamins Aurakonzeption: Anthropologie und Technik, Bild und Text«, in: Uwe Steiner (Hg.): Walter Benjamin 1892–1940. Zum 100. Geburtstag, Bern, 217–248.
Lindner, Burkhardt (2001): Les médias, l'art et la crise de la tradition. Pour une théorie de la reproductibilité«, in: Louise Merzeau/Thomas Weber (Hg.): Mémoire et Médias, Paris, 13–25.
Lindner, Burkhardt (2001a): »Das Optisch-Unbewußte. Zur medientheoretischen Analyse der Reproduzierbarkeit«, in: Georg Christoph Tholen u. a. (Hg.): Übertragung – Übersetzung – Überlieferung. Episteme und Sprache in der Psychoanalyse Lacans, Bielefeld, 271–289.
Lindner, Burkhardt (2004): »Mickey Mouse und Charlie Chaplin. Benjamins Utopie der Massenkunst«, in: Detlev Schöttker (Hg.): Schrift Bilder Denken. Walter Benjamin und die Künste, Frankfurt a. M., 144–155.
Ma, Hea Ryun (2000): Überlegungen zur medientheoretischen Konzeption bei Walter Benjamin: der Verfall der Aura und der Strukturwandel der Wahrnehmung im Zeitalter der technischen Reproduzierbarkeit, Berlin (Diss.).
Mapping Benjamin. The Work of Art in the Digital Age (2003), hg. von Hans Ulrich Gumbrecht/Michael Marrinan, Stanford.
Meek, Allen (1995): Mourning and the televisual. The case of Walter Benjamin, Diss. Univ. of Florida.
Mitchell, W.J. Thomas (2003): »The Work of Art in the Age of Biocybernetic Reproduction«, in: Modernism/modernity 10, H. 3, 481–500.
Pethes, Nicolas (1999): Mnemographie. Poetiken der Erinnerung und Destruktion nach Walter Benjamin, Tübingen.
Pivecka, Alexander (1993): Die künstliche Natur. Walter Benjamins Begriff der Technik, Frankfurt a. M. u. a.
Raulet, Gérard (2004): »Bildsein ohne Ähnlichkeit. Jenseits der Reproduzierbarkeit«, in: ders.: Positives Barbarentum. Kulturphilosophie und Politik bei Walter Benjamin, Münster, 173–185.
Reisch, Heiko (1992): Das Archiv und die Erfahrung. Walter Benjamins Essays im medientheoretischen Kontext, Würzburg.
Schöttker, Detlev (2002): »Benjamins Medienästhetik«, in: Walter Benjamin. Medienästhetische Schriften, Frankfurt a. M., 411–433.
Schulte, Christian (Hg.) (2005): Walter Benjamins Medientheorie, Konstanz.
Soll, Ivan (1994): »Mechanical Reproducibility and the Reconceptualisation of Art: Thoughts in the Wake of Walter Benjamin«, in: New Comparison 18, 24–41.
Wagner, Gerhard (1992): Walter Benjamin. Die Medien der Moderne, Berlin.
Wagner, Gerhard (1992): »Zum Bilde Benjamins. Aspekte seiner medienwissenschaftlichen Rezeption in Westeuropa von 1980 bis 1990«, in: Medien, Künste, Kommunikation, hg. von Peter Hoff/Dieter Wiedemann, Berlin, 170–190.
Weber, Samuel (1996): »Mass Mediauras; or, Art Aura, and Media in the Work of Walter Benjamin«, in: Walter Benjamin. Theoretical Questions, hg. von David S. Ferris, Stanford, 27–49 (auch in: Samuel Weber (1996): Mass Mediauras. Form, Technics, Media, Stanford, 76–107).
Wolff, Janet (1998): »Memoirs and micrologies: Walter Benjamin's artwork essay reconsidered«, in: The Actuality of Walter Benjamin, hg. von Laura Marcus/Lynda Nead, London, 156–171.

Kulturwissenschaft

Einige der prägnantesten und wirkmächtigsten Gedanken Benjamins thematisieren ein gewisses Unbehagen an der Kultur: Daß der ›Engel der Geschichte‹ auf die vergangene (Kultur-)Geschichte als eine Folge von Katastrophen zu schauen hat (I, 697 f.), findet sich wieder in dem berühmten Gedanken von der dialektischen Verschränkung von Kultur und Barbarei (I, 696 f.) und läßt Benjamins Plädoyer für ein positives, »neue[s] Barbarentum« (II, 215) verständlich erscheinen. Schon früh ist die – auch von Adornos Position her bekannte – Reserviertheit und Skepsis Benjamins dem Kulturbegriff gegenüber erörtert worden (etwa Hillach 1982, ein Aufsatz, der schon 1978 abgeschlossen war – der Autor verknüpft hier die Debatte um den Kulturbegriff mit Benjamins Faschismusanalyse. Lindner, 1985, rekonstruiert die Gründe für die Distanziertheit Benjamins zum Kulturbegriff in den Kontexten Erfahrungsarmut, Geschichtsphilosophie und Kulturindustrie; vgl. den Artikel »Zu Traditionskrise, Technik, Medien«, 451–464).

Jenseits der Benjaminforschung ist »Kultur« im internationalen Kontext – ausgehend von den, auch sozialwissenschaftlich interessierten anglo-amerikanischen Cultural Studies – und in interdisziplinären Perspektiven begrifflich und phänomenorientiert intensiv untersucht und diskutiert worden. Im deutschsprachigen Raum finden diese Debatten seit einigen Jahren unter der Bezeichnung »Kulturwissenschaft« statt: Fragen der materiellen und medialen Grundlagen der Gesellschaft; individuelle und kollektive Prozesse des Gedächtnisses, der Erinnerung und der Zerstörung; Bedingungen der Geschlechtsidentitäten und ihrer Überschreitungen; kulturhistorische und ästhetische Analysen in der Perspektive postkolonialer, interkultureller Zusammenhänge; von der Medizin bis zur Kunstgeschichte übergreifende Bildforschung; Studien zu kulturellen Topographien etc. Das sind Themen, an denen sich das neue Fach Kulturwissenschaft erprobt, formiert und mit seinen transdisziplinär angelegten Fragen und Forschungsdesigns den traditionellen geisteswissenschaftlichen Fächer- und Zuständigkeitskanon irreversibel, wenngleich nicht ohne Kontroversen in Bewegung gebracht hat. Allerdings: »Die Zukunft *der* Kulturwissenschaft als Einzeldisziplin ist noch offen. [...] [Sie] wird diese Identität nur gewinnen können, wenn es ihr gelingt, die Spannung zwischen den Motiven der komplexitätssteigernden Synthese und der Abstandsverringerung von Wissenschaft und kultureller Praxis auf hohem Niveau auszuhalten, statt an einem der beiden Pole stillzustehen« (Böhme 2000, 203; 205).

Diese Spannung, zu der auch eine kritische Reflexion des Kultur-Begriffs gehört, ist – und das gilt auch für die Beiträge aus dem Kontext der Benjamin-Forschung – wichtiger als die Frage nach den Fächergrenzen und ihren ›zuständigen‹ Vertretern. Denn die oben angedeuteten Forschungsperspektiven ergeben sich gerade aus der neuartigen Formulierung jener Spannung. Auf diese kulturtheoretischen Themenfelder wird längst von Forschern zugegriffen, die ihrer institutionellen Zuordnung nach (noch) als Philosophen, Kunsthistoriker, Philologen, Medienwissenschaftler usw. zu bezeichnen wären, dem Selbstverständnis nach aber nicht (mehr) nur an Kanonfragen interessiert sind. Und die Zahl derjenigen, die das Fach Kulturwissenschaft selbst (oft versehen mit weiteren Schwerpunktsetzungen wie etwa Ethnologie, Anthropologie, Medien, Kunst) vertreten, ist in der am kulturtheoretischen Diskurs beteiligten Gesamtgruppe (noch) gering. Das Ganze ist also sowohl in personeller, institutioneller wie auch thematischer Hinsicht ein in der Tat aktuelles und ›offenes‹ Feld der Benjaminrezeption. Angela McRobbie schreibt in ihrem Aufsatz zum Verhältnis von Passagenarbeit und Cultural Studies von der methodischen und fachlichen (d.i. interdisziplinären) Chance, die sich durch die Befassung mit Benjamins Werk ergibt: »For the Passagenwerk to be use to Cultural Studies it would be necessary for those working in Cultural Studies to remember the value of experimentation, the importance of interdisciplinarity, the breaking down of the distinctions not just between philosophy, history, literary criticism and cultural analysis, but also between art and criticism, not for the sake of the new, but for social change and transformation« (McRobbie 1992, 167).

Diese Chancen nutzend, tauchen in der entsprechenden Literatur erwartungsgemäß auch Themen der gängigen Diskurse auf, wie etwa zu Erinnerung und Gedächtnis (bspw. Folkers 1991; Hortian 1999; Pethes 1999) oder auch zu Benjamins Arbeiten in und mit Bildern, Figuren oder ›Konstellationen‹ (bspw. Weigel 1992; Kaffenberger 2001; Baumann 2002; Baecker 2003). Und die Nutzbarmachung der Benjaminschen Fortschritts- und Historismuskritik für die Kulturgeschichtsschreibung liegt ebenfalls noch im Rahmen etablierter Interessen. So etwa bei Simonis (1998), die die für die Geschichtsschreibung basale Figur des Genetischen nicht nur in Benjamins Trauerspielbuch, sondern auch bei Burckhardt, Lukács und Curtius erörtert; und auch Caygill (2004), der die Bezüge Benjamins zu Burckhardt, Wölfflin, Riegl und Warburg prüft.

Im Zuge des skizzierten akademischen und disziplinären Konstituierungs- und Differenzierungsprozesses ist es indes nicht erstaunlich, daß einige Beiträge zu Benjamin versuchen, die Möglichkeiten und Unmöglichkeiten einer Benjamin-Adaption für eben jene weitgefaßten Cultural Studies noch weitergehend zu eruieren und zu debattieren. So formuliert eine Reihe von Autoren ihr Interesse an Benjamin, indem sie die Frage nach der Aktualität bzw. Aktualisierbarkeit mit jener nach der ›Lesbarkeit‹ Benjamins im Kontext der Cultural Studies und insbesondere postkolonialer Diskurse verknüpft.

Bei solchen Texten, die die Lektüre Benjaminscher Texte zum Anlaß nehmen, über die die Cultural Studies konstituierenden Parameter zu reflektieren, läßt sich das Leitmotiv der ›Orientierung am Konkreten‹, am sinnlichen Material bemerken. Die ermüdende Omnipräsenz von Metareflexionen über Theoriedesigns der Cultural Studies, von Begriffsbildungen und -abgrenzungen, von Sekundär- oder Tertiärkommentaren der einschlägigen Literatur, läßt eine (Re-)Orientierung am Primärphilosophen Benjamin ratsam erscheinen. Janet Wolff bezieht das auf die Interessen der Cultural Studies und deren Schreib- bzw. Arbeitsweisen: »I think there are two major reasons for the current revival of interest in Benjamin's work in cultural studies: memoirs and micrologies. That is, the interplay of the autobiographical and the critical in his work accords well with contemporary tendencies to integrate these two modes of writing; at the same time, the analytics of the concrete are very much in tune with the current rejection of abstract theory, and the desire for specificity« (Wolff 1993, 116). Noch einen Schritt weiter – im Sinne einer selbstkritischen Bestandsaufnahme – geht Esther Leslie, die zumindest im Titel ihres Aufsatzes eine Dichotomie aufbaut: »Walter Benjamin versus Cultural Studies« (Leslie

1999, 110). Letztere erhalten hier vorerst kein gutes Zeugnis: »Cultural studies is too cinched in theory, too embroiled in schemas and arguments. It is not the study of culture, but the study of studies of culture. It is too far removed from its objects, too negotiated. It forgot the world. The glare of dialectical imagery illuminates the stretch between critical theory and cultural studies« (Leslie 1999, 113). Diese Frontstellung zum Lob an Benjamins (und Adornos) Arbeiten wird schließlich vermittelt, indem sie den Cultural Studies ein dialektisches, am Material orientiertes Arbeiten anempfiehlt.

Für Tom Cohen ist diese vermeintliche Gegensätzlichkeit von (Meta-)Theoriediskursen über Begriffe wie Geschichte, Ideologie und Politik einerseits und der Orientierung am Materiellen der Kultur, ihrer Praxis und Alltäglichkeit andererseits wiederum eine *innerhalb* der Cultural Studies zugespitzte Debatte, wie seine Rekonstruktion der Positionen zeigt. Er bricht dies auf, indem er in Auseinandersetzung mit Paul de Man, Michael Bachtin und Walter Benjamin auf die Sprachlichkeit und ihre Darstellungsstrategien referiert. Bei den Abschnitten zu Benjamin steht die Allegorie im Mittelpunkt (Cohen 1998, bes. die Einführung und die Kapitel 3 und 7).

Auf dem an postkolonialen Fragen orientierten Feld der Cultural Studies sind es weniger die oben skizzierten, selbstbezüglichen Konstituierungsfragen eines Faches. »›Kultur‹ wird hier im weitesten Sinne verstanden als die nicht totalisierbare Summe der Lebensweisen, institutionalisierten Praktiken und Repräsentationsformen in der multikulturellen Gesellschaft der spätkapitalistischen und post- oder neokolonialen Gegenwart. [In diesem Kontext], der sich nicht nur in Amerika, sondern auch in Deutschland verstärkt abzeichnet, hat Benjamin eine Neuentdeckung erfahren, durch die seine Kernkategorien – Aura, technische Reproduzierbarkeit, der Sammler, Jetztzeit – in immer weiteren Kreisen der Aneignung, Umdeutung und Manipulation zirkulieren« (Goebel 1999, 533).

Diese Aneignungen setzen sich aus zwei einander stützenden Zügen zusammen: Der eine besteht in der kritischen Überprüfung Benjaminscher Theoreme oder Aussagen bezüglich der für postkoloniale Interessen wichtigen Analyseparameter wie Eurozentrismus, Position des Subjekts, Konstruktion substanzieller (ethnologischer) Authentizität. Benjamin gerät hier durchaus zu einem in den Postcolonial Studies nicht eben positiv gesehenen ›modernen, bürgerlichen, europäischen Intellektuellen‹, der sich – so die kritischen Stimmen – mit europäischen Metropolen als Zentren moderner Kultur beschäftige, ohne deren Relativität im globalen Kontext zu sehen, und doch zugleich – in der Sprachhaltung – ein machtvolles Subjekt der Darstellung vorstelle, das mit der Möglichkeit einer, heute unhaltbar gewordenen, universalgeschichtlichen Perspektive einhergehe (etwa Chow 1993; Bolle 1994; Larsen 1998; referierend: Goebel 1999 u. 2001).

Der andere Zug – der manches Mal in den zuvor genannten Texten zugleich zu finden ist – nimmt sich Benjamin weniger als Objekt vor, denn als Ideengeber, als Fundgrube an Theoremen und Zitaten, mit denen Gedankengang und Problematik des eigenen Textes konturiert oder forciert werden können. Dies wird meist durch ein dekontextualisierendes Zitieren erreicht (für dessen Rechtfertigung wiederum Benjamin selbst teils als Kronzeuge bemüht wird; s. etwa Goebel 1999, 535; auch Chow 1993, 43).

So ergibt sich ein etwas ungeordneter, doch zumeist produktiver und anregender Reigen interkultureller und postkolonialer Adaptationen Benjaminscher Ausführungen; so etwa zum Begriff der historisch und ethnographisch »Unterdrückten« (Chow 1993); zur Bedeutung des alten Mexico in der EINBAHNSTRASSE (Kraniauskas 1994); zu Benjamins Übersetzungstheorie als Grundlage einer interkulturellen Literaturwissenschaft (Görling 1997); zur globalisierten Aktualität des Flaneurs (Goebel 2001); zum Zusammenhang von Benjamin, Žižek und Derrida für eine Theorie von »Europa« (Richter 2002); zum Rausch als Erfahrungsmodus des Aufbrechens eines eurozentrischen und subjektzentrierten Blicks auf ›den Orient‹ (Stemmler 2004).

Auch einer der Hauptvertreter der interkulturell und politisch orientierten Cultural Studies, Homi K. Bhabha, bezieht sich häufig auf Ausführungen Benjamins. In *Die Verortung der Kultur* geht er den Verwerfungen zwischen einer sich als Hegemonialmacht verstehenden westlichen Kultur und sogenannten ethnographischen Minderheiten nach. Da es hier um Phänomene und eine Problematisierung von Geschichtsschreibung, Deutungsmacht und interkultureller Übersetzung geht, eignen sich einige Benjamintexte (Übersetzeraufsatz, Geschichtsthesen, Passagenarbeit) besonders gut (vgl. auch Said 1994, 309).

Es sei exemplarisch eine Passage genannt, an der auch deutlich wird, wie die o.a. Zitations-Form der Dekontextualisierungen als Aneignung und Aktualisierung sich vollzieht. In der Befassung mit den kulturelle Hybridität und Unterdrückung thematisierenden Texten Frantz Fanons schreibt Bhabha: »Worin besteht die Kraft, die Fanons Vision auszeichnet? Meiner Ansicht nach entstammt sie der Tradition der Unterdrückten, der Sprache eines revolutionären Bewußtseins darüber, daß – wie Walter Benjamin meint – ›der ›Ausnahmezustand‹, in dem wir leben, die Regel ist.

Wir müssen zu einem Begriff der Geschichte kommen, der dem entspricht.‹ Und der Ausnahmezustand (*state of emergency*) ist immer auch ein Zustand des *Neuentstehens* (*emergence*). Der Kampf gegen die koloniale Unterdrückung ändert nicht nur den Verlauf der Geschichte des Westens, sondern stellt sich darüber hinaus seiner historistischen Auffassung von der Zeit als einer progressiven, geordneten Ganzheit entgegen« (Bhabha 2000, 61).

Diese Vorgehensweise des dekontextualisierten Zitierens ruft auch kritische Stimmen hervor. So etwa die von Jeffrey Grossman (dem es in seinem Text allerdings vor allem um eine kritische Auseinandersetzung mit der dekonstruktiven Lektüre Benjamins geht): »Within literary and academic systems, Benjamin and his writings function as signs which various discourses attempt to rewrite according to their own model. In each case, these discourses emphasize various concepts, works, or themes in order to valorize their own arguments, which may, however, have less to do with Benjamin's work than with their own. A process of reduction almost inevitably occurs, and the image of Benjamin thereby created excludes some aspects of his work which extends beyond the scope of the critic's project« (Grossman 1992, 414).

So werden die o.a. Beispiele manch alteingesessenem Benjaminleser und -interpreten ein zumindest methodisches Unbehagen an der Kultur(wissenschaft) bereiten, gleichwohl erschließen sich damit wichtige thematische Felder durch eine (Kultur-)Wissenschaft, die zwar nicht ›im‹ Benjaminschen Œuvre arbeitet, doch gleichsam ›mit‹ ihm. Allen diesen Aneignungen ist gemein, daß sie nicht primär an einer philologischen oder werkkontextuellen Rekonstruktion oder Deutung der Benjaminschen Schriften interessiert sind. So gesehen gehören sie nicht zur ›Benjaminforschung‹ im engeren Sinne – gleichwohl werden hierdurch Blicke auf Benjamin und Blicke mit Benjamin auf gegenwärtige Problemlagen ermöglicht, die die Frage der Aktualität und Aktualisierbarkeit dieses Autors der klassischen Moderne als produktiv und positiv beantwortet erscheinen lassen.

Gleichwohl: Die Aktualität Benjamins (die übrigens beizeiten auch unter dem Stichwort der »Postmoderne« verhandelt wird; etwa: New Comparison 1994; Bolz 1994; Assenova 1994; van Reijen 1995) für unsere Zeit (und seine Aktualität setzte immer schon stillschweigend seine Aktualisierbarkeit voraus) läßt sich nur solange mit leichter Hand beschreiben oder beschwören, wie nicht eine Reflexion sowohl über *unseren* Ort jener Aktualität als auch über den Benjaminschen *Begriff* der Aktualität (oder des »Jetzt«) eingesetzt hat. Irving Wohlfarth: »The question of his actuality is [...] inseparable from the question [...] that our actuality asks of us. Where we stand in relation to Benjamin depends on where we stand vis-à-vis the present – assuming that we are still standing and not merely wobbling about« (Wohlfarth 1998, 34).

Die Aktualität Benjamins, seine Aktualisierbarkeit, ist unlösbar verbunden mit Benjamins »Jetzt« als dem *uns* Gegenwärtigen. Ein solcher Begriff des »Jetzt« wirft die Frage auf, in welchem Spannungsverhältnis wir selbst zur Gegenwart stehen.

Literatur

Assenova, Daniela (1994): Walter Benjamin – ein Vorläufer postmoderner Denkstrategien? Untersuchungen zur aktuellen Benjamin-Rezeption, Leipzig.

Baecker, Dirk (Hg.) (2003): Kapitalismus als Religion, Berlin.

Baumann, Valérie (2002): Bildnisverbot. Zu Walter Benjamins Praxis der Darstellung: Dialektisches Bild – Traumbild – Vexierbild, Eggingen.

Bhabha, Homi K. (2000): Die Verortung der Kultur, übers. von Michael Schiffmann u. Jürgen Freudl, Tübingen.

Böhme, Hartmut u.a. (2000): Orientierung Kulturwissenschaft. Was sie kann, was sie will, Reinbek.

Bolle, Willi (1994): Physiognomik der modernen Metropole. Geschichtsdarstellung bei Walter Benjamin, Köln u.a.

Bolz, Norbert (1994): »Walter Benjamin and the postmodern«, in: New Comparison 18, 9–23.

Caygill, Howard (2004): »Walter Benjamin's concept of cultural history«, in: David S. Ferris (Hg.): The Cambridge Companion to Walter Benjamin, Cambridge/UK, 73–96.

Chow, Rey (1993): Writing Diaspora. Tactics of Intervention in Contemporary Cultural Studies, Indianapolis.

Cohen, Tom (1998): Ideology and Inscription: Cultural Studies after Benjamin, de Man, and Bakhtin, Cambridge.

Folkers, Horst (1991): »Die gerettete Geschichte. Ein Hinweis auf Walter Benjamins Begriff der Erinnerung«, in: Aleida Assmann/Dietrich Harth (Hg.): Mnemosyne. Formen und Funktionen der kulturellen Erinnerung, Frankfurt a.M., 363–337.

Geist, Johann Friedrich (1992): »Die Passage in der Literatur«, in: Passagen. Katalog-Buch zur Ausst. »Nach dem Passagen-Werk«, Mainz, 50–61.

Goebel, Rolf J. (1999): »Postkoloniale Kritik und kulturelle Authentizität. Zur Rezeption Walter Benjamins in der amerikanischen Kulturtheorie«, in: Weimarer Beiträge 45, H. 4, 532–546.

Goebel, Rolf J. (2001): Benjamin heute – Großstadtdiskurs, Postkolonialität und Flanerie zwischen den Kulturen, München.

Görling, Reinhold (1997): Heterotopia. Lektüren einer interkulturellen Literaturwissenschaft, München.

Grossman, Jeffrey (1992): »The Reception of Walter Benjamin in the Anglo-American Literary Institution«, in: The German Quarterly 65, H. 3/4, 414–428.

Hortian, Ulrich (1999): »Metaphorae Memoriae. Zur Metaphorik des Gedächtnisses bei Walter Benjamin«, in: Klaus Garber/Ludger Rehm (Hg.): global benjamin, Bd. 3, München, 1526–1543.

Kaffenberger, Helmut (2001): Orte des Lesens – Alchimie – Monade, Würzburg.

Kraniauskas, John (1994): »Beware Mexican Ruins! ›One-Way-Street‹ and the Colonial Unconscious«, in: Andrew Benjamin/Peter Osborne (Hg.): Walter Benjamin's Philosophy: Destruction and Experience, London/New York, 139–154.

Kraniauskas, John (2004): »Laughing at Americanism: Benjamin, Mariátegui, Chaplin«, in: Peter Osborne (Hg.): Walter Benjamin. Critical Evaluations in Cultural Theorie, Bd. 3, London, 368–377.

Larsen, Svend Erik (1998): »Benjamin. A Literary Critic?«, in: New Literary History 29, 135–151.

Leslie, Esther (1999): »Space and West End Girls: Walter Benjamin Versus Cultural Studies«, in: New Formations 38, 110–124.

Lindner, Burkhardt (1985): »Technische Reproduzierbarkeit und Kulturindustrie«, in: ders. (Hg.): Walter Benjamin im Kontext, Königstein, Ts, 180–223.

McRobbie, Angela (1992): »The Passagenwerk and the Place of Walter Benjamin in Cultural Studies: Benjamin, Cultural Studies, Marxist Theories of Art«, in: Cultural Studies 6, H. 2, 147–169.

New Comparison 18 (1994): Walter Benjamin in the Postmodern.

Novero, Cecilia (2000): Eating Bodies, eating Texts. Metaphores of Incorporation and Consumption in Walter Benjamin, Dada and Futurism, Chicago, Ill.

Osborne, Peter (Hg.) (2004): Walter Benjamin. Critical Evaluations in Cultural Theory, 3 Bde, London/New York.

Pethes, Nicolas (1999): Mnemographie. Poetiken der Erinnerung und Destruktion nach Walter Benjamin, Tübingen.

Reijen, Willem van (1994): Die authentische Kritik der Moderne, München.

Richter, Gerhard (2002): »Sites of Indeterminacy and the Spectres of Eurocentrism«, in: Culture, Theory and Critique 43, H. 1, 51–65.

Said, Edward W. (1994): Culture and Imperialism, New York.

Simonis, Linda (1998): Genetisches Prinzip. Zur Struktur der Kulturgeschichte, Tübingen.

Stemmler, Susanne (2004): Topografien des Blicks. Eine Phänomenologie literarischer Orientalismen des 19. Jahrhunderts in Frankreich, Bielefeld.

Weigel, Sigrid (Hg.) (1992): Leib- und Bildraum. Lektüren nach Benjamin, Köln u. a.

Weigel, Sigrid (Hg.) (1995): Flaschenpost und Postkarte. Korrespondenzen zwischen kritischer Theorie und Poststrukturalismus, Köln.

Weigel, Sigrid (1995a): »Kommunizierende Röhren. Michel Foucault und Walter Benjamin«, in: dies. (Hg.): Flaschenpost und Postkarte. Korrespondenzen zwischen kritischer Theorie und Poststrukturalismus, Köln, 25–48.

Weigel, Sigrid (2004): Literatur als Voraussetzung der Kulturgeschichte. Schauplätze von Shakespeare bis Benjamin, München.

Wohlfarth, Irving (1998): »The measure of the possible, the weight of the real and the heat of the moment: Benjamin's actuality today«, in: Laura Marcus/Lynda Nead (Hg.): The Actuality of Walter Benjamin, London, 13–39.

Wolff, Janet (1993): »Memoirs and Micrologies: Walter Benjamin, Feminism and Cultural Analysis«, in: New Formations 20, 113–122.

Wolff, Janet (1998): »Memoirs and Micrologies: Walter Benjamin's artwork essay reconsidered«, in: Laura Marcus/Lynda Nead (Hg.): The Actuality of Walter Benjamin, London, 156–171.

Benjamin als Figur des kulturellen Gedächtnisses. Kunst und Literatur, Ausstellungen

Verglichen mit der Rezeption anderer Philosophen des 20. Jh.s, liegt eine Besonderheit von Benjamins Wirkungsgeschichte darin, daß es neben der akademischen Debatte auch eine besonders rege und intensive kuratorisch-dokumentarische sowie künstlerische Auseinandersetzung mit seinem Leben und seinem Werk gibt. Sie ist zum einen, im Kontext der Erinnerungskultur, mit den großen Benjamin-Jubiläen (etwa zum 50. Todestag) verbunden. Zum anderen sind solche künstlerischen Arbeiten, Ausstellungen oder Dokumentationen Teil der Popularisierung und Adaption Benjaminscher Ausführungen und Theoreme (Reproduzierbarkeit, Aura-Verlust, Topos der Passage, Engel der Geschichte, ›Geschichte als Katastrophe‹ etc.) – mit der Kanonisierung im wissenschaftlichen Bereich geht auf diese Weise eine kreative, bildhafte, künstlerische oder kuratorische Aneignung Benjamins einher.

Die Arten des Zugriffs sind hierbei sehr unterschiedlich. Entsprechend warnt Michael Rumpf in seinem Aphorismus zum Benjamin-»Fisch«: »Als Zierfisch ungeeignet, geht er in Aquarien zugrunde. Vorsicht beim Entschuppen! Einige Schuppen lassen sich nicht ablösen, ohne daß Fleisch verloren geht« (vgl. Glückloser Engel 1992, 9).

Wie heterogen die künstlerischen Beiträge sind, wird etwa an der literarischen Auseinandersetzung mit Benjamin deutlich. Vermutlich unmittelbar nach dem Erhalt von Benjamins Todesnachricht schrieb Bertolt Brecht vier Gedichte über oder auch an den Freund: »Die Verlustliste«, »Wo ist Benjamin, der Kritiker?«, »Zum Freitod des Flüchtlings W.B.«, »An Walter Benjamin, der sich auf der Flucht vor Hitler entleibte« (Brecht 1993, 43; 339; 48; 41). Diese Gedichte »heben Benjamins Gegnerschaft zur Hitler-Diktatur hervor; sein Tod verlangt nach der Auflehnung gegen seine Häscher« (Wizisla 2004, 286). Eine lyrische Bezugnahme auf Benjamin findet sich auch bei Paul Celan, etwa in den Gedichten »Port Bou – Deutsch?« (Celan 2003), »Miterhoben« (Celan 1983b) oder auch »Aus dem Moorboden« (Celan 1983a). Die poetische Befassung mit Benjamin hält bis heute an (vgl. Den Pessimismus organisieren 1991, Glückloser Engel 1992, Jäger 1999), wobei das Spektrum von der trivialliterarischen Darstellung von Benjamins (Intim-)Leben (Parini 1997) bis zum Jugendbuch (Hetmann 2004) reicht.

Am 25. 5. 2004 wurde in München die Oper »Shadowtime« mit Musik von Brian Ferneyhough und einem Libretto von Charles Bernstein uraufgeführt, die Walter Benjamin als Intellektuellen darstellt, ausgehend von der Situation kurz vor seinem Tod. Im Zusammenhang akustischer Medien sind zudem die verschiedenen Neuproduktionen von Benjamins Rundfunkarbeiten (Hörmodell, Hörspiele und Vorträge) zu erwähnen (s.u. das Verzeichnis »Neuproduzierte Hörstücke«).

Auch in der Bildenden Kunst gibt es zahlreiche Benjamin-Adaptionen; bezogen auf das Medium Photographie etwa wäre als Beispiel Jeff Walls »The Storyteller« (1986) zu nennen. Wall selbst stellt die Nähe zu Benjamins Erzähler-Aufsatz in einem Interview her (Lauter o. J., 86). Und mit der Einbindung der Benjaminschen Ausführungen in medienkritische, postkoloniale und kunsthistorisch-ikonographische Kontexte in der Photographie vermeidet Wall ein rein mimetisches Zitationsverhältnis zu Benjamin (vgl. den Artikel »Der Erzähler«, insbes. 565).

Darüber hinaus setzt sich eine Vielzahl von Ausstellungen mit Benjamins Leben und Werk auseinander. Vom 28. 8. bis 14. 10. 1990 zum Beispiel, anläßlich des 50. Todestags, zeigte das Adorno-Archiv in Zusammenarbeit mit dem Deutschen Literaturarchiv Marbach im Schiller Nationalmuseum Marbach am Neckar eine Ausstellung unter dem Titel »Walter Benjamin 1892–1940« (dokumentiert in: Walter Benjamin 1990). Für die Ausstellung wurde den Marbachern das Material aus den Beständen des (damaligen) Adorno-Archivs zur Verfügung gestellt und mit Marbacher Dokumenten ergänzt. Vom 21. 10. bis 9. 12. 1990 war diese Ausstellung dann noch im Literaturhaus Berlin zu sehen.

Vom 28. 12. 1990 bis 28. 4. 1991 wurde Benjamin im Berliner Martin-Gropius-Bau die Ausstellung »Bucklicht Männlein und Engel der Geschichte« gewidmet (vom Werkbund-Archiv). Das Vorwort des Katalogs gibt Auskunft, wie die »Intention der Ausstellung« sich mit Benjamins Gedankenwelt verbindet: »das zu machen, was im Medium Ausstellung heute mit Benjamins Denken zu machen ist, nicht gestern und nicht morgen. Der richtige Weg schien uns zu sein, seine Arbeitsweise: ›Denkbilder‹ zu entwerfen, auf die Produktion von Bildräumen zu übertragen. [...] Die Ausstellung versucht also, räumliche Entsprechungen für Benjamins Imaginationen zu finden. Was wir von vornherein nicht wollen: eine Interpretation des Werks von Benjamin, nicht einmal eine ›Einführung‹. Am ehesten eine ›Verführung‹: Kein Besucher soll die Ausstellung verlassen können ohne den dringenden Wunsch, sich in Benjamins Schriften zu vertiefen« (Werkbund-Archiv Berlin 1990, 7 f.).

1994 gab es im Centre Pompidou die Ausstellung »Walter Benjamin – Le passant, la trace«, die sich unter anderem mit der Zusammenarbeit von Benjamin und Franz Hessel befaßte (Centre National d'Art 1994). Am 26. September 1940, am Ende seiner Flucht vor den Nazis, hatte sich Benjamin in der spanischen Hafen- und Grenzstadt Portbou das Leben genommen. Im Mai 1994 wurde dort der Gedenkort für Walter Benjamin unter dem Titel »Passages« der Öffentlichkeit übergeben, für den der israelische Künstler Dani Karavan beauftragt worden war. Das Memorial befindet sich außerhalb des Ortes auf einer Anhöhe an den Klippen, neben dem Friedhof (auf dem auch eine Gedenktafel an Benjamin erinnert). Das Environment besteht aus mehreren Einzelteilen: Von der Stadt kommend, fällt zuerst links die steile, in den Fels geschlagene, zum Meer abfallende und mit rostigen Stahlplatten verkleidete Trasse auf. Folgt man ihr, geht der Blick unweigerlich zu einem Meeresstrudel, der sich weit unterhalb befindet. Der Gang endet an einer transparenten Plexiglasscheibe, in die zwei Sätze eingraviert sind: »Schwerer ist es, das Gedächtnis der Namenlosen zu ehren als das der Berühmten. Dem Gedächtnis der Namenlosen ist die historische Konstruktion geweiht.« (I, 1241) Wieder aufwärts gehend, an einem Olivenbaum vorbei, gelangt man auf eine Treppe und damit teilweise um den oberen Rand des Friedhofs herum, zu einem Stahlwürfel, von wo aus der Blick auf das östlich liegende Ufer Frankreichs fällt (s. a. Skrandies 2004). Der Installierung des Kunstwerks war eine jahrelange Auseinandersetzung um die Finanzierung des Ortes durch die beteiligten Institutionen vorangegangen (s. Assheuer 1994; Köhler 1994; Ritter 1994; Scheurmann, in: Scheurmann 1992, 249-264). Das Projekt wurde gleichwohl schon im Vorfeld gut dokumentiert und in Ausstellungen gezeigt (s. Scheurmann 1992 u. 1993) und hat zur Einweihung des Gedenkortes auch die Generalitat de Catalunya zu einer künstlerischen, aus Gedichten und Photographien bestehenden Dokumentation angeregt (Generalitat de Catalunya 1994). Karavans Gedenkort trägt zwar den Titel »Passages«, referiert aber nur entfernt auf Benjamins Passagenarbeit. Peter Rautmann und Nicolas Schalz haben sich ausführlich mit der auf Benjamin bezugnehmenden Verarbeitung der Passagen (in Bildender Kunst und auch Musik) beschäftigt (1999).

Walter Benjamins Geburtsstadt Berlin hat ihm ebenfalls einen Erinnerungsort gewidmet: Ein Platz im Stadtteil Charlottenburg trägt seinen Namen. Gerade auch in Berlin wird die Reihe der Ausstellungen zu Benjamin fortgesetzt – zuletzt, vom 31. 10. 2004 bis zum 30. 1. 2005, fand im Haus am Waldsee die Ausstellung »Walter Benjamin und die Kunst der Gegenwart« statt, die den 50. Jahrestag des Erscheinens der von den Adornos edierten Schriften-Ausgabe Benjamins im Suhrkamp-Verlag zum Anlaß hatte. Es wurden sehr unterschiedliche zeitgenössische Arbeiten gezeigt; zu den Künstlerinnen und Künstlern zählten Christian Boltanski, Candida Höfer und Via Lewandowski. Die Werke konnten in den Benjaminschen Kontext gerückt werden, obwohl nicht alle unmittelbar auf Benjamin rekurrieren. Einige der Exponate wiederum zitieren Benjamin direkt auf eine mimetische Weise (kopierte Covers des Kunstwerk-Aufsatzes; eine junge Frau als Engel der Geschichte auf einem Müllberg mitten in Berlin; die Nachbildung des Schachautomaten etc.). Andreas Bernard sieht – etwa angesichts verkäuflicher, Benjamin darstellender Tonfiguren – eine Tendenz zu Verniedlichung und Kulturindustrie gegeben: »Das ist der vordringlichste Eindruck beim Gang durch die Museumsräume: dass hier eine Ikone der Gegenwartskunst verfertigt wird, deren Präsenz am Ende so massiv ist, dass man am Verkaufstisch auf Benjamin-Schlüsselanhänger und -Kaffeetassen zu treffen glaubt« (Bernard 2004, 16). Die Ausstellung wurde von einem Band begleitet, der das Verhältnis Benjamin–Kunst unter den Schwerpunkten »Benjamin und die Künste in Berlin«, »Kunst, Medien und Ästhetik bei Benjamin« und »Benjamin-Rezeption in den Künsten« wissenschaftlich dokumentiert und erörtert (Schöttker 2004).

Die Aktualität von Benjamins Theorien innerhalb der Kunst zeigt sich nicht zuletzt in der Ankündigung Roger M. Buergels, des Leiters der documenta XII, den Benjaminschen – und von Giorgio Agamben weitergeführten – Begriff des »bloßen Lebens« zu einem der zentralen Themen des 2007 in Kassel stattfindenden internationalen Kunstevents zu machen. Für Buergel steht dieser Begriff für ein »von allen staatlichen Attributen befreites Leben« (Pasch 2005).

Literatur

Assheuer, Thomas (1994): »Die unübertretbare Grenze«, in: Frankfurter Rundschau v. 17.5.1994.

Below, Irene (1996): »Das Bild der Welt in der Bilderwelt – Walter Benjamins Kunsttheorie heute«, in: Bund deutscher Kunsterzieher – Mitteilungen 32, H. 4, 7–15.

Bernard, Andreas (2004): »Die Spuren der Dinge«, in: Süddeutsche Zeitung v. 1.12.2004, 16.

Bourriaud, Nicolas E. (1992): »The work of art in the age of ecological recycling. Benjamin's aura turn green«, in: Flash art Nr. 167, 60–63.

Brecht, Bertolt (1993): Werke. Große kommentierte Berliner und Frankfurter Ausgabe, hg. von Werner Hecht u. a., Bd. 15, Frankfurt a. M.

Celan, Paul (1983a): »Aus dem Moorboden«, in: ders.: Gesammelte Werke in 5 Bde, Bd. 2, hg. von Beda Allemann/ Stefan Reichert, Frankfurt a. M., 389.

Celan, Paul (1983b): »Miterhoben«, in: ders.: Gesammelte Werke in 5 Bde, Bd. 2, hg. von Beda Allemann/Stefan Reichert, Frankfurt a. M., 399.

Celan, Paul (2003): »Port Bou – Deutsch?«, in: ders.: Die Gedichte. Kommentierte Gesamtausgabe, hg. von Barbara Wiedemann, Frankfurt a. M., 510.

Centre National d'Art et de Culture Georges Pompidou/Bibliothèque Publique d'Information (1994): »Walter Benjamin, Le Passant, la trace«. Ce journal a été réalisé à l'occasion de l'exposition »Walter Benjamin, Le Passant, la trace«, organisée par la Bibliothèque publique d'information au Centre Pompidou du 23 février au 23 mai 1994. Création graphique et maquette: Lionel Le Néouanic, Paris.

Den Pessimismus organisieren (1991). Heiner Müller liest Walter Benjamin. Mitschnitt (des NDR) einer Lesung im »Freihafen« der Hamburger Kammerspiele, 4.11.1990, Berlin (Audiokassette).

Generalitat de Catalunya. Commissionat per a Actuanions Exteriors (1994): Catalunya a Walter Benjamin / Katalonien zu Walter Benjamin (Ausstellungskatalog), o. O.

Glückloser Engel. Dichtungen zu Walter Benjamin (1992), hg. von Erdmut Wizisla/Michael Opitz, Frankfurt a. M./ Leipzig.

Hetmann, Frederik (2004): Reisender mit schwerem Gepäck. Die Lebensgeschichte des Walter Benjamin, Weinheim.

Jäger, Lorenz (1999): »Benjamins Sprache und ihre Rezeption in der Dichtung der Gegenwart«, in: Klaus Garber/Ludger Rehm (Hg.): global benjamin, Bd. 3, München, 1453–1465.

Köhler, Andrea (1994): »Passage und letzte Station«, in: Die Zeit Nr. 21 v. 20.5.1994, 62.

Lauter, Rolf (Hg.) (o.J.): Jeff Wall. Figures and Places (Ausstellungskatalog), München u. a.

Parini, Jay (1997): Dunkle Passagen. Ein Walter-Benjamin-Roman, München.

Pasch, Ralf (2005): »Publikumserschaffung«, in: Frankfurter Rundschau v. 1.2.2005, 17.

Rautmann, Peter/Nicolas Schalz (1999): »›... die Landschaft einer Passage‹. Fragmente aus Kunst und Musik der Gegenwart«, in: Klaus Garber/Ludger Rehm (Hg.): global benjamin, Bd. 3, München, 1466–1508.

Ritter, Henning (1994): »Ein Baum, ein Zaun, die Bucht«, in: Frankfurter Allgemeine Zeitung v. 17.5.1994.

Scheurmann, Ingrid und Konrad (1992): Für Walter Benjamin. Dokumente, Essays und ein Entwurf, Frankfurt a. M.

Scheurmann, Ingrid und Konrad (1993): Passages. Dani Karavan. An Environment in Remembrance of Walter Benjamin [Ausst.-Kat.], Kassel.

Scheurmann, Ingrid und Konrad (1995): Hommage an Walter Benjamin. Der Gedenkort »Passagen« in Portbou, Mainz.

Schöttker, Detlev (Hg.) (2004): Schrift Bilder Denken. Walter Benjamin und die Künste. Frankfurt a. M.

Skrandies, Timo (2004): »Moderne Grenzüberschreitungen. Benjamins Passagenräume«, in: Vittoria Borsò/Reinhold Görling (Hg.): Kulturelle Topografien, Stuttgart/Weimar, 327–346.

Werkbund-Archiv Berlin (Hg.) (1990): Bucklicht Männlein und Engel der Geschichte. Walter Benjamin. Theoretiker der Moderne [Ausstellungsmagazin], Gießen.

Walter Benjamin 1892–1940. Eine Ausstellung des Theodor W. Adorno Archivs Frankfurt am Main in Verbindung mit dem Deutschen Literaturarchiv Marbach am Neckar, bearb. von Rolf Tiedemann/Christoph Gödde/Henri Lonitz, Marbacher Magazin 55 (1990).

Wizisla, Erdmut (2004): Benjamin und Brecht. Die Geschichte einer Freundschaft. Frankfurt a, M.

Neuproduzierte Hörstücke

Aufklärung für Kinder. Von Kaspar Hauser, einem alten Gefängnis, Pompeji und Hunden – nicht nur für Kinder. Von Walter Benjamin. Regie: Holger Rink. Sprecher: Harald Wieser. Produktion: Radio Bremen. Hörbuch. Hamburg 2003.

Das kalte Herz. Von Walter Benjamin und Ernst Schoen nach Wilhelm Hauff. Regie: Hermann Naber. Produktion: SWF Baden-Baden 1979.

Gehaltserhöhung? – Wo denken Sie hin! Von Walter Benjamin und Wolf Zucker. Regie: Hartmut Kirste. Produktion: SWF Baden-Baden 1986.

Lichtenberg – Ein Querschnitt. Von Walter Benjamin. Produktion: SWF Baden-Baden 1989.

Radau um Kasperl. Von Walter Benjamin. Regie: Urs Helmensdorfer. Produktion: Radio DRS Bern 1972.

Was die Deutschen lasen, während ihre Klassiker schrieben. Von Walter Benjamin. Produktion: SWF Baden-Baden 1972.

Analysen

1. Intellektuelle Freundschaft

Gershom Scholem

Von Stéphane Mosès

Die Quellen zur Geschichte der Beziehungen zwischen Walter Benjamin und Gershom (Gerhard) Scholem werden, wenigstens zum Teil, von einer Asymmetrie beherrscht. Scholem hat nämlich sämtliche an ihn von 1915 bis 1932 gerichteten Briefe Benjamins aufbewahrt, während Scholems entsprechende Briefe an Benjamin nach dem Einmarsch der Deutschen in Frankreich von der Gestapo beschlagnahmt wurden und 1945 mit der Zerstörung der Gestapo-Archive verloren gegangen sind (vgl. Vorwort zu Scholem 1980). In seinem Buch *Walter Benjamin. Die Geschichte einer Freundschaft* (1975) hat Scholem dann die Beziehungen mit Hilfe von Benjamins Briefen an ihn, mehrerer seiner eigenen Briefe, von denen er ausnahmsweise eine Kopie gemacht hatte, seiner Tagebuch-Eintragungen aus den Jahren seiner Jugend und zahlreichen anderen Quellen rekonstruiert. Aber es handelt sich dabei um ein nachträgliches und notwendigerweise lückenhaftes Konstrukt, insofern als Scholem nicht mehr imstande war, den genauen Inhalt, den Tonfall und die Stimmung seiner eigenen Briefe an Benjamin wieder hervorzurufen. So kann sich das heutige Bild der Beziehungen zwischen beiden Freunden von 1915 bis 1932 einerseits auf die vollständig veröffentlichten Briefe Benjamins stützen, die mit den geschilderten Ereignissen gleichzeitig sind, während man andererseits auf die nachträgliche Perspektive des über 70 Jahre alten Scholem angewiesen ist.

Für die Jahre von 1933 bis 1940 konnte jedoch die Symmetrie zwischen der Perspektive Benjamins und der Scholems wiederhergestellt werden mit der Entdeckung von Scholems Briefen an Benjamin aus dieser Zeit im Potsdamer Zentralarchiv der DDR, die Scholem 1977 übergeben wurden. Der von ihm herausgegebene Briefwechsel zeugt von dem oft leidenschaftlichen Zwiegespräch beider Freunde, und dies vor dem Hintergrund einschneidender weltgeschichtlicher Ereignisse, die einen wesentlichen Teil ihres damaligen Lebens bestimmten.

Entstehung einer Freundschaft (1915–1918)

Gerhard Scholem (der sich damals noch nicht Gershom nennen ließ) hat den um fünf Jahre älteren Walter Benjamin am 21.7.1915 persönlich kennengelernt. Beide stammten aus bürgerlichen jüdischen Häusern, aber Benjamins Eltern gehörten zum Berliner Großbürgertum aus dem alten Westen, während Scholem, dessen Vater Drucker und Verleger war, aus einer zwar wohlhabenden, aber dem Geiste nach kleinbürgerlichen Familie aus dem volkstümlicheren Alt-Berlin stammte. Dieser soziale Unterschied fand auch seinen Ausdruck in den unterschiedlichen Umgangsformen der jungen Leute: Während Benjamin stets »von prononcierter Höflichkeit« war, zeichnete Scholem sich durch eine charakteristische Berlinerische »Kaltschnäuzigkeit« aus (Scholem 1975, 17). Beide standen mit ihrem Elternhaus auf eher schlechtem Fuß, Scholem insbesondere mit seinem Vater. Er studierte Mathematik und Philosophie, aber auch »mit mindestens ebensolcher Intensität, Hebräisch und die Quellen des jüdischen Schrifttums« (12). Schon drei Jahre früher hatte er den inneren Entschluß gefaßt, sich vom assimilierten Judentum seiner Familie loszulösen, in dem er bereits früh einen radikalen »Selbstbetrug« gesehen hatte (Scholem 1977, 39). Für ihn stand der Wille zur Assimilation der Mehrheit des deutsch-jüdischen Bürgertums, also zum »Verschwinden im deutschen Volk«, schon damals in klarem Gegensatz zum wachsenden Antisemitismus. Hinzu kam das Gefühl, daß dieses assimilierte Judentum, zu dem seine Familie zählte, sich in einem Zustand der »geistigen Zerfaserung« befand. Im Protest gegen die Assimilation hatte der junge Scholem begonnen, Hebräisch zu lernen und regelmäßige Talmud-Unterweisungen bei dem von ihm hoch geschätzten Rabbiner Dr. Isaak Bleichrode zu hören. Zugleich hatte sich Scholem dem Ideal eines geistigen Zionismus verschrieben, in dem er die Chance zur Erneuerung des Judentums sah. Die Kompromißlosigkeit, mit der er verlangte, diese Ideologie auch praktisch umzusetzen, also Hebräisch zu lernen und dann so schell wie möglich nach Palästina auszuwandern, brachte ihn sehr bald in Konflikt mit anderen Mitgliedern der zionistischen Jugendbewegung. Übrigens erschien ihm schon damals (und dies bis 1933) die Gründung eines jüdischen Staates keineswegs als das Hauptziel des Zionismus, obwohl er es in Diskussionen verteidigte (73).

Der junge Mensch, den Walter Benjamin im Juli 1915 kennenlernte, mußte ihm also gewissermaßen als ein Unikum vorkommen. Benjamin, der mit Ausbruch des Krieges der Jugendbewegung endgültig abgesagt hatte, stand der Frage des Judentums und des Zionismus mit wohlwollendem, aber distanziertem Interesse gegenüber. »Im ganzen Komplex meiner Gesinnungen, die ja im Politischen in bestimmter Richtung zusammenzuziehen sind, spielt das Jüdische nur eine Teilrolle«, hatte er seinem Freund Ludwig Strauß 1913 geschrieben (1, 83). Und weiter: »[N]icht sowohl das National-Jüdische der zionistischen Propaganda ist mir wichtig, als der heutige, intellektuelle Literaten-Jude [...]. [D]er politische Energiepunkt liegt [...] irgendwo in der Linken« (ebd.). Jenseits dieser Unterschiede aber fanden Benjamin und Scholem in ihrem gemeinsamen Interesse an metaphysischen Fragen zusammen. Auch in ihrer entschiedenen Ablehnung des Krieges stimmten sie überein. Scholem, der damals dem Pazifismus seines älteren Bruders Werner und dem Anarchismus Gustav Landauers sehr nahe stand, war in seiner politischen Haltung sogar noch radikaler als Benjamin. So berichtet Scholem z. B., Benjamin habe sich in den ersten Augusttagen 1914 in Berlin freiwillig gestellt, »nicht aus Kriegsbegeisterung, sondern um der unausweichlichen Einberufung in einer Weise zuvorzukommen, die erlaubt hätte, unter Freunden und Gleichgesinnten zu bleiben«, was Scholem, der eine starke Sympathie für die extreme Linke der sozialistischen Internationale empfand, sicher nicht eingefallen wäre. Als es dann zur regulären Musterung von Benjamins Jahrgang kam, präsentierte sich dieser allerdings als »Zitterer« und wurde für ein Jahr zurückgestellt (Scholem 1975, 20 f.). Scholem mußte sich seinerseits Ende 1915 stellen, wurde aber für nervlich unbrauchbar erklärt und bis März 1917 entlassen.

Beide teilten zudem die Empörung über Martin Bubers in der zionistischen Zeitschrift *Die Jüdische Rundschau* 1915 erschienenen Aufsatz »Wir und der Krieg«, in dem es hieß: »So kam es, daß wir in den Krieg zogen, nicht obwohl wir Juden, sondern weil wir Zionisten waren«. Dazu schrieb Scholem einen, allerdings unveröffentlicht gebliebenen, Protest-Brief, infolge dessen er wegen »unpatriotischer Gesinnung« aus dem Luisenstädtischen Realgymnasium verwiesen wurde. Er durfte allerdings sein Abitur als »externer Schüler« machen, ja aufgrund einer besonderen Bestimmung noch vor dem Examen vier Semester an der Universität Berlin studieren.

Im Oktober 1915 fuhr Benjamin nach München, wo er bis Ende 1916 blieb. Während dieser Zeit schickte er dem in Berlin gebliebenen Scholem nur sehr kurze, inhaltlich belanglose Nachrichten – aus Furcht vor der Militärzensur, die von den Plänen zur Übersiedlung in die Schweiz, die er damals hegte, natürlich nichts wissen sollte. Eine Ausnahme bildet der Brief vom 11.11.1916, in dem er Scholem die Übersendung seines Aufsatzes ÜBER SPRACHE ÜBERHAUPT UND ÜBER DIE SPRACHE DES MENSCHEN ankündigte (1, 343 f.).

Inzwischen hatten sich beide während Benjamins Besuch in Berlin im Sommer 1916 ausführlich unterhalten können. Unter anderem sprachen sie über ihr Verhältnis zu Buber und über ihre Reaktion auf die erste Nummer von Bubers Zeitschrift *Der Jude*. Obwohl Scholem anfangs von Bubers Schriften ziemlich beeinflußt worden war, hatte er ihm gegenüber eine starke Ambivalenz entwickelt, und Benjamin stand Buber noch viel ablehnender gegenüber. Beide waren über zwei Aufsätze, die den Krieg behandelten, ganz besonders empört, und zwar über Bubers Einleitung »Die Losung« und Hugo Bergmanns Aufsatz »Der jüdische Nationalismus nach dem Krieg«. Nachdem Buber Benjamin gebeten hatte, einen Beitrag für die nächste Nummer seiner Zeitschrift zu schreiben, antwortete ihm Benjamin ablehnend, und dies nach Absprache mit Scholem. Seine negative Antwort begründete er einerseits mit seinem Widerspruch gegen die zwei oben erwähnten Aufsätze, andererseits aber mit sprachphilosophischen Erwägungen. Er könne den sprachlichen Duktus des *Juden* nicht akzeptieren, denn »[f]ür eine Zeitschrift kommt die Sprache der Dichter der Propheten oder auch der Machthaber, kommen Lied Psalm und Imperativ [...] nicht in Frage, sondern nur die sachliche Schreibart« (1, 327). Benjamin brachte Buber sein Leben lang die gleiche, fortdauernde Abneigung entgegen. Ähnlich war zum Teil auch Scholem eingestellt: Daß der Prophet eines geistigen Zionismus so lange im nationalsozialistischen Deutschland blieb und erst im letzten Augenblick nach Palästina ging, konnte er ihm kaum verzeihen. Aber nachdem Buber sich 1938 endlich entschlossen hatte, Deutschland zu verlassen, und in Jerusalem Fuß faßte, fühlte Scholem sich durch diese Schicksalsgemeinschaft doch im wesentlichen mit ihm verbunden.

1916, als Benjamin sich noch in München aufhielt, freundete er sich mit der damals noch verheirateten Dora Pollack an, die sich schließlich von ihrem Mann scheiden ließ und Benjamins Frau wurde. 1917 gelang es ihm, sich endgültig vom Militärdienst befreien zu lassen, und er zog mit Dora in die Schweiz. Scholem widmete sich in Berlin der Übersetzung aus dem Hebräischen ins Deutsche (Scholem 1977, 109 ff.). Ein bedeutendes Motiv des Briefwechsels zwischen Benjamin und Scholem aus dieser Zeit betrifft daher die Theorie und die Praxis der Übersetzung, aber auch Probleme der Sprachtheorie im allgemeinen, mit der Benjamin sich seit seinem Sprachaufsatz von 1916 intensiv beschäftigte. So reagiert er z.B. am 17.7.1917 auf eine von Scholem unternommene Übersetzung des Hohen Liedes, indem er ihm schreibt: »Ihnen [...] ist die deutsche Sprache nicht gleich nahe wie die hebräische und darum sind Sie nicht der *berufene* Übersetzer des Hohen Liedes« (1, 371). Dieselbe Kritik kehrt einige Monate später in bezug auf Scholems Übertragungen von hebräischen Klageliedern wieder: »Auch diese Übersetzungen [...] haben was Ihre Relation zum Deutschen angeht letzten Endes den Charakter von Studien. [...] Sie empfangen in dieser Beziehung von der deutschen Sprache keine Eingebung« (443 f.).

Andererseits hatte Benjamin 1918 zwei Aufsätze zur Theorie des Trauerspiels geschrieben, und zwar TRAUERSPIEL UND TRAGÖDIE (II, 133–137) und DIE BEDEUTUNG DER SPRACHE IN TRAUERSPIEL UND TRAGÖDIE (137–140), während Scholem schon etwas früher eine Abhandlung *Über Klage und Klagelied* verfaßt hatte. Zu dieser thematischen Konstellation entwickelt Benjamin in seinem Brief vom 30.3.1918 Überlegungen, die die geistige Verwandtschaft ihrer Gedankengänge trotz aller Verschiedenheit hervorheben: »[A]us meinem Wesen als Jude heraus war mir das eigene Recht, die ›vollkommen autonome Ordnung‹ der Klage wie der Trauer aufgegangen«. »Ohne Beziehung zum hebräischen Schrifttum« habe er das Verhältnis von Trauer und Klage in seinem Aufsatz DIE BEDEUTUNG DER SPRACHE IN TRAUERSPIEL UND TRAGÖDIE behandelt (1, 442). »Im Deutschen tritt [...] die Klage sprachlich hervorragend nur im Trauerspiel hervor«. Er habe »auf den fundamentalen Gegensatz von Trauer und Tragik« hingewiesen, »den Sie nach Ihrer Arbeit zu schließen noch nicht erkannt haben« (443).

Kurz zuvor hatten die Beziehungen zwischen Scholem und Benjamin einen Höhepunkt erreicht, den sie später nie mehr wiederfanden, der sie aber für immer begleiten sollte. Benjamin hatte Scholem nämlich das Manuskript seines Aufsatzes über Dostojewskijs Roman *Der Idiot* (II, 237–241) zu lesen gegeben, und Scholem hatte ihn als eine esoterische Äußerung über Benjamins Freund C.F. Heinle gedeutet, der sich zu Anfang des Krieges das Leben genommen hatte. Auf diese Deutung reagierte Benjamin am 3.12.1917 mit folgenden Zeilen: »Mir ist seitdem ich Ihren Brief bekommen habe oft feierlich zumute. Es ist als wäre ich in eine Festzeit eingetreten und ich muß in dem was sich Ihnen eröffnet hat die Offenbarung verehren. Denn es ist doch nicht anders daß das was Ihnen zugekommen ist Ihnen allein eben an Sie gerichtet worden sein muß und wieder für einen Augenblick in unser Leben getreten ist. Ich bin in eine neue Zeit meines Lebens eingetreten da das was mich mit planetarischer Geschwindigkeit von allen Menschen löste und mir auch noch die nächsten Verhältnisse außer meiner Ehe zu Schatten machte unerwartet an einem andren Orte auftaucht und verbindet« (1, 398). Dazu schrieb Scholem fast 60 Jahre später: »Diese Zeilen und meine Reaktion darauf in einer längeren Tagebucheintragung legen Zeugnis von einem starken emotionellen Moment in unserer Beziehung ab. [...] Seine Figur hatte [...] etwas Prophetisches für mich erhalten« (Scholem 1975, 66).

Übrigens war während der ganzen Zeit zwischen 1915 und 1917 die Anrede in Benjamins Briefen an Scholem trotz der wachsenden Freundschaft stets »lieber Herr Scholem« geblieben, und dies bis zur Nachricht von Scholems provisorischer Entlassung aus dem Militär, am 6.9.1917, als er ihm in einer verschlüsselten Formel schrieb: »Lieber Gerhard, erlauben Sie daß ich die Erinnerung an ihren Kampf und Sieg mit der Einführung des Vornamens unter uns verbinde« (1, 379). Das »Du« wurde zwischen ihnen erst im Mai 1921 eingeführt, also 6 Jahre nachdem sie sich kennengelernt hatten (2, 152).

In der Schweiz (1918–1919)

Am 14.1.1918 war Scholem endgültig aus dem Heer entlassen worden (Scholem 1975, 68). Einige Monate später erhielt er die Erlaubnis, sich in die Schweiz zu begeben, und kam am 8.5.1918 in Bern an. Die anderthalb Jahre, die er in der Schweiz mit Benjamin verbrachte, waren eine Periode »intensiven Zusammenseins und gemeinsamen Studiums«, aber zugleich auch eine Zeit von äußerst schmerzlichen Spannungen zwischen den Freunden. »Die Erwartungen, die jeder von seiner Sicht aus auf diese Zeit gesetzt hatte, waren zu überspannt«, schrieb Scholem nachträglich. »Ich erwartete an ihm etwas Prophetisches, eine nicht nur geistig, sondern auch moralisch überragende Gestalt. Walter und Dora hatten [...] sehr hohe Erwartungen auf mein Verständnis für seine Welt gesetzt, die ich so unkritisch [...] nicht erfüllen konnte. Vor allem aber hatten diese Spannungen ihren Grund [...] in der Verschiedenheit unserer Charaktere. Das kam in der Haltung zur bürgerlichen Welt (Geldfragen, Stellung zum Elternhaus, Umgang mit Menschen und dergleichen) zum Ausdruck [...]. Sein Leben hatte nicht jenes ungeheure Maß von Reinheit, das sein Denken auszeichnete« (Scholem 1975, 66).

Das grundsätzliche Mißverständnis, das Scholem hier erwähnt, hat die Beziehungen beider Freunde zueinander bis zu Benjamins Tod begleitet. Scholem war seinem tiefsten Wesen nach ein Puritaner, für den die Moral (oder das, was er unter ihr verstand) den höchsten Lebenswert darstellte. Moral bedeutete aber für ihn absolute Übereinstimmung der Gedanken mit ihrer praktischen Verwirklichung. Was er bei Benjamin nicht akzeptierte, war die Diskrepanz, die er zwischen seinem Denken und seinem konkreten Verhalten feststellen zu können glaubte. »So groß in jedem Sinn das Leben [Benjamins] ist, das einzige, das metaphysisch in meiner Nähe geführt wird«, schrieb Scholem damals in einer Tagebucheintragung, »so trägt es doch in furchtbarem Maße die Elemente der Decadence in sich« (Scholem 1975, 92). Benjamin (und Dora) fanden sich mit den zum Wesen des Menschen gehörenden Inkonsequenzen ab. In Bern hatte Scholem gelernt, Benjamin in fast allen Geldangelegenheiten grundsätzlich zu mißtrauen, was später, in den letzten Jahren von Benjamins Leben, zu bitteren Mißverständnissen führen sollte.

Wie dem auch sei, brachte die Entdeckung jener »amoralischen« Seiten Benjamins den jungen Scholem an den Rand der Verzweiflung. Gewiß spielten bei den immer wiederkehrenden Spannungen, Krisen, Wutausbrüchen und Kränkungen zwischen Scholem, Benjamin und Dora noch andere, verborgenere Motive mit. Das von Leidenschaften aufgeladene Dreieck lud zweifellos zur Entladung unbewußter Affekte ein. Unterschiedliche Formen der Eifersucht spielten dabei wohl eine nicht geringe Rolle. Davon zeugen u. a. die Briefe, die Dora zu dieser Zeit im Namen ihres vier Monate alten Sohnes Stefan an Scholem richtete. In einem dieser Briefe heißt es: »Was Du von meiner Mutter verlangst, kann sie Dir nicht geben weil Du sie nicht liebst; sie hat zuviele Menschen gekannt die es taten um sich darin zu täuschen. Doch aber könntest Du vieles von ihr empfangen was Du aber nicht siehst weil Du nach anderm verlangst welches nicht adäquat ist« (Scholem 1975, 97). Ob es Dora geglückt ist, die wirklichen Motive von Scholems Verhalten ihr gegenüber zu entziffern, soll dahingestellt bleiben. Auf jeden Fall scheint dieser Brief Scholem tief gekränkt zu haben.

Aber jenseits dieser Irritationen war das Zusammensein Scholems und Benjamins in Bern zweifellos eine der bedeutendsten und fruchtbarsten Episoden in der Geschichte ihrer Freundschaft. »Wir haben uns damals wohl besonders stark gegenseitig beeinflußt«, sagte Scholem später (Scholem 1975, 79). Die ersten drei Monate ihres Zusammenseins verbrachten Benjamin und Scholem in Muri, einem Vorort von Bern, in benachbarten Wohnungen. In Erinnerung an diese Zeit erfanden sie dann die imaginäre »Universität Muri«, die noch lange Jahre als privates Scherzgebilde eine wichtige Rolle in ihren Beziehungen spielte. Sie verfaßten satirische »Akten der Universität«, darunter ein Vorlesungsverzeichnis, Statuten der Akademie und ein von Scholem geschriebenes »Lehrgedicht der Philosophischen Fakultät«. Benjamin zeichnete als Rektor, Scholem als »Pedell des Religionsphilosophischen Seminars« (1, 476 sowie die »Acta Muriensa« in IV, 441–448). Benjamin arbeitete zu dieser Zeit sehr intensiv an seiner Dissertation über den Begriff der Kunstkritik in der deutschen Romantik, so daß viele der Gespräche um dieses Thema kreisten. Zudem hatte Benjamin zwischen November 1917 und März 1918 seinen Aufsatz Über das Programm der kommenden Philosophie verfaßt, in dem er Kants Begriff der Erfahrung einer radikalen Kritik unterzieht. Da er sich auch weiterhin mit Kant auseinandersetzte, las er zusammen mit Scholem Hermann Cohens Arbeit über *Kants Theorie der Erfahrung*, in deren Ablehnung sie sich einig waren: Für Scholem war das Buch die »größte philosophische Enttäuschung, die [er] bisher erlebt [hatte]« (Scholem 1994, Bd. 1, 169), während Benjamin »mit [diesem] rationalistischen Positivismus [...] nichts anfangen [konnte]« (Scholem 1975, 78). In der Zeit von Muri, schreibt Scholem, »bezogen sich unsere Gespräche oft auf jüdische Theologie und die Grundbegriffe jüdischer Ethik, aber kaum auf konkrete Dinge und Verhältnisse. In diesen Gesprächen spielten Auseinandersetzungen über Offenbarung und Erlösung, Gerechtigkeit, Recht, Gottesfurcht und Versöhnung oft genug eine zentrale Rolle« (93). Sie berührten noch keine der spezifischen Motive der jüdischen Mystik, wie Scholem bezeugt: »Um diese Zeit spielte Kabbalistisches [bei mir] noch so gut wie gar nicht mit, obwohl ich schon begonnen hatte, mir darüber hier und da Gedanken zu machen« (93 f.).

Nach Scholems Bericht »nahm in diesen Jahren, zwischen 1915 und mindestens 1927, die religiöse Sphäre für Benjamin eine zentrale Bedeutung ein, in deren Mittelpunkt der Begriff der ›Lehre‹ stand, die für ihn den philosophischen Bereich zwar einschloß, aber durchaus transzendentierte [...]. Es hatte mit seinem, immer mehr eine mystische Note annehmenden Begriff von Tradition viel zu tun« (73). In der Tat besaß Benjamin die drei Bände von Molitors klassischem Werk *Philosophie der Geschichte oder über die Tradition* (1827–1857), einer »noch immer beachtenswert[en]« (53) Einleitung in die Kabbala. Als Gabe für Benjamin verfaßte Scholem damals die 95 Thesen über Judentum und Zionismus, die erst im Jahr 2000 mit den Tagebüchern veröffentlicht wurden.

Ende 1918 und 1919 führten beide auch rege Gespräche über die bolschewistische Revolution. Sie waren sich in ihrer Sympathie für die russische »Sozial-Revolutionäre Partei« (die Menschewiki) einig. In diesem Zusammenhang behandelten sie auch die Frage der Diktatur. Dabei war Scholem der Radikalere, indem er die Idee der Diktatur verteidigte, während Benjamin sie damals noch vollkommen verwarf. Allerdings handelte es sich bei Scholem dabei nicht so sehr um die von den Bolschewiki verteidigte »Diktatur des Proletariats«, sondern um eine wohl ziemlich unbestimmte »Diktatur der Armut« (Scholem 1975, 100 f.). Was die deutsche Revolution betraf, zeigte sich Scholem eher gleichgültig: »Sehr tief beteiligt war ich freilich nicht«, schrieb er damals an Werner Kraft. »Palästina erregt und interessiert mich durchaus mehr als die deutsche Revolution«. Im Frühling 1919 wurde Benjamin mit Ernst Bloch bekannt, dessen *Geist der Utopie* ein Jahr zuvor erschienen war. Nach einem Besuch beider Freunde bei ihm, erklärte Bloch Benjamin, Scholem sei »ein Esel« (102 f.). Scholems Haltung Bloch gegenüber war Jahre lang sehr negativ, während Benjamins Beziehungen zu Bloch stets zwischen Irritation und Bewunderung schwankten. Erst sehr viel später revidierte Scholem sein Urteil über Bloch.

Im Mai 1919 teilte Scholem Benjamin sein Ziel mit, jüdischer Gelehrter zu werden. Damals faßte er auch den Entschluß, sich »auf das Studium der kabbalistischen Literatur zu werfen, und eine Dissertation über die Sprachtheorie der Kabbalah zu verfassen« (106 f.). (Er kam jedoch erst fünfzig Jahre später dazu, mit dem Erscheinen seines großen Aufsatzes »Der Name Gottes und die Sprachtheorie der Kabbalah«). Ende August 1919 verließ Scholem die Schweiz und fuhr nach München, wo er sich in das Studium kabbalistischer Manuskripte vertiefte.

Von München bis zur Übersiedelung nach Palästina (1919–1923)

Scholem schreibt in der *Geschichte einer Freundschaft* über den Stand ihrer Beziehungen, daß sie sich »nach der Rückkehr nach Deutschland sehr harmonisch (gestalteten)« (112), und dies offenbar im Gegensatz zu ihrem stürmischen Verhältnis in der Schweiz. In Wirklichkeit aber wurde die Freundschaft zwischen beiden auch während jener vier Jahre von ständigen und von Zeit zu Zeit äußerst heftigen Krisen begleitet. Im Unterschied zu der erwähnten Harmonie, spricht Scholem einige Seiten weiter von dem »Daimon, der zuweilen in Walter steckte und sich in despotischem Auftreten und Anspruch äußerte« (121). Die Spannungen zwischen Scholem und Benjamin erreichten im Juli 1923 einen Höhepunkt, bei dem es fast zu einem endgültigen Bruch zwischen ihnen kam. Benjamin war durch Scholems Verhalten in scheinbar belanglosen Angelegenheiten des Alltags tief verletzt, während Scholem Benjamins Ressentiment nicht verstehen konnte. Es kam zu einer telephonischen Szene, nach der Scholem in einem Brief vom 9.7.1923 an seine Verlobte Escha Buchhardt schrieb, »der Jammer« habe »nun ein Ende«: »Ich habe, offen gestanden, ein Gefühl der Befreiung, ich sage mir in klarer Einsicht: dieser Walter ist rettungslos zerstört, und die acht Jahre, die unsere Beziehung gedauert hat, von denen muß ich freilich nur die letzten Zeiten bereuen, aber die Sache ist rechtmäßig und legitim aus« (Scholem 1994, Bd. 2, 339 f.). Der Hintergrund dieser Aufgebrachtheit lag vielleicht in Benjamins und Doras damaliger Verwicklung in ein außereheliches »Viereck«; beide hatten sich nämlich leidenschaftlich verliebt, Benjamin in Jula Cohn und Dora in ihren gemeinsamen Freund Ernst Schoen. Scholem, dem diese Lage wohl aus moralischen Gründen äußerst mißfiel, war erneut von Benjamin tief enttäuscht. Hinzu kam, daß er überzeugt war, Dora »hasse« ihn. Allerdings lud Scholem Benjamin zu einer Aussprache ein, die dann auch am 20.7. stattfand und laut Scholem einen guten Ausgang hatte (343).

Ein anderer Grund der stets latenten Spannungen zwischen beiden lag wahrscheinlich schon damals in ihrer unterschiedlichen Haltung zum Judentum. Scholem bemerkt in der *Geschichte einer Freundschaft*, er habe 1921 gedacht, »daß Benjamins Wendung zur intensiven Beschäftigung mit dem Judentum direkt vor der Tür stünde« (Scholem 1975, 117). Indessen hatte Benjamin ihm schon Ende 1920 klar zu verstehen gegeben, daß diese Wendung zur Zeit keineswegs aktuell war: »Ich kann mich den jüdischen Dingen nicht mit meiner letzten Intensität zuwenden, bevor ich aus meinen europäischen Lehrjahren dasjenige bezogen habe, was wenigstens irgend eine Chance ruhiger Zukunft [...] begründen kann« (2, 117). Dies galt auch für Benjamins Verhältnis zum Hebräischen, das zu lernen er sich immer wieder vornahm, aber stets vergeblich. Scholem meint, Benjamin habe unter Hemmungen gegenüber der hebräischen Sprache gelitten (Scholem 1975, 118). Wie dem auch sei, ermunterte er seinen Freund wieder und wieder, sich dem Kommentar der großen Texte des Judentums zu widmen (144). Scholem mußte sich damit trösten, daß Benjamin sich vom Wahlverwandtschaften-Aufsatz an tatsächlich immer intensiver (obwohl nicht ausschließlich) mit dem Kommentar zu Werken großer europäischer Autoren (Proust, Karl Kraus, Kafka, Lesskow, Brecht, Baudelaire) befaßte.

In den Jahren 1921–1924 ging es überdies um wichtige theoretische Versuche, wie die beiden 1921 verfaßten Essays Zur Kritik der Gewalt und Die Aufgabe des Übersetzers, den kurzen, heute unter dem Namen »Theologisch-politisches Fragment« bekannten Text und vor allem um die Habilitationsschrift Ursprung des deutschen Trauerspiels. Scholem arbeitete seinerseits an seiner 1923 abgeschlossenen und im selben Jahr veröffentlichten Dissertation über das Buch Bahir. In diesem Zusammenhang hatte er sich auch intensiv mit der Gedankenwelt des spanischen Kabbalisten aus dem 13. Jh. Abraham Abulafia beschäftigt, in deren Mittelpunkt eine mystische Sprachtheorie steht. Dazu berichtet Scholem, daß Benjamin, der damals an der Erkenntniskritischen Vorrede zu seinem Trauerspielbuch arbeitete, in der die Sprachphilosophie eine zentrale Rolle spielt, die Berichte seines Freundes über Abulafia mit größtem Interesse aufnahm (Scholem 1975, 118).

Zu dieser Zeit erwähnte Benjamin in seinen Briefen häufig gemeinsame Bekannte von ihm und Scholem. Ein wichtiges Thema war Bloch, über dessen Buch *Geist der Utopie* sich Scholem sehr kritisch geäußert hat, insbesondere über das Kapitel »Der Jude«, das er wegen der »zentralen Christologie, die uns dort untergeschoben wird« (114) heftig angriff. Benjamin stimmte in diesem Punkt mit ihm überein und teilte ihm seine »radikale Ablehnung dieser Gedanken« mit (2, 75).

Eine weitaus negativere Rolle spielte sowohl bei Benjamin als auch bei Scholem die Gestalt des Religionsphilosophen Oskar Goldberg, Verfasser des 1924 erschienenen Werkes *Wirklichkeit der Hebräer*, der in Berlin als der geistige Leiter eines Kreises von Jüngern, die ihm blind unterworfen waren, zu erscheinen pflegte. Goldberg verbreitete esoterische Lehren über das Wesen des Judentums, deren zentralste die einer wesentlichen Beziehung der biblischen Hebräer zu den magisch-biologischen Kräften war, die laut Goldberg die Natur regieren. Benjamin und Scholem verabscheuten den Mann und seine Thesen. »Benjamin«, schreibt Scholem dazu, »empfand Goldberg gegenüber [...] eine starke Antipathie, die so weit ging, daß er einmal physisch unfähig war, Goldbergs zur Begrüßung ausgestreckte Hand zu ergreifen. Er sagte mir, Goldberg sei von einer so unreinen Aura umgeben gewesen, daß er es einfach nicht hätte fertigbringen können«. Zugleich aber habe »das Interesse an dieser [...] jüdischen Sekte Benjamin noch bis in die Hitlerzeit begleitet« (Scholem 1975, 125 f.).

Ganz im Gegensatz dazu gestaltet sich Benjamins Entdeckung von Franz Rosenzweigs großem philosophischen Werk *Der Stern der Erlösung*. Das Buch war ihm kurz nach seinem Erscheinen im Jahre 1921 von Scholem empfohlen worden. Ob Benjamin es vollständig gelesen hat, bleibt höchst zweifelhaft. Am 30.12.1922 schickte er Scholem einen Bericht von seinem Besuch bei dem damals schon sehr kranken Rosenzweig in Frankfurt, wobei er bemerkte: »es [machte] das Gespräch schwer, daß ich überall die Initiative geben mußte ohne das Buch entsprechend genau zu kennen« (2, 300). So darf man sein ein Jahr zuvor Scholem mitgeteiltes Urteil über das Buch, und zwar daß es »dem Unvoreingenommnen freilich seiner Struktur nach, die Gefahr es zu überschätzen notwendig nahe legt« (208), wohl als etwas übereilt betrachten. Und dies um so mehr, als Benjamin später den *Stern der Erlösung* an zentralen Stellen des Trauerspielbuches und des großen Kafka-Aufsatzes von 1934 mit größter Bewunderung zitieren wird.

Zu Scholems und Benjamins gemeinsamen Bekannten gehörte auch Werner Kraft (1896–1991). Scholem und Benjamin hatten ihn 1915 in Berlin kennengelernt. Als Kraft während des Krieges als Sanitäter diente und unter schweren Depressionen litt, schrieb ihm Scholem regelmäßig, um ihn zu ermuntern und ihm seelisch zu helfen. Scholem stand Kraft sein Leben lang nahe, während Benjamin sich mit dessen introvertierter und schwieriger Persönlichkeit nicht abfinden konnte. Im Januar 1921 kam es zu einem Bruch zwischen Benjamin und Kraft, über dessen Hintergrund Benjamin Scholem einen ausführlichen Bericht schickte (129).

Im Jahr 1921 hatte Benjamin Paul Klees Aquarell *Angelus Novus* in München erworben. Das Bild, dem in Benjamins Leben und Werk große Bedeutung zukam, hing eine Zeit lang in Scholems Münchner Wohnung. Als er es Benjamin am 15.7.1921 zu dessen Geburtstag zurückschickte, wurde es von einem Gedicht mit dem Titel »Gruß vom Angelus« begleitet, dessen letzte Strophe lautet: »Ich bin ein unsymbolisch Ding/ bedeute was ich bin/ du drehst umsonst den Zauberring/ Ich habe keinen Sinn« (175).

Im September 1923 verließ Scholem Deutschland, um sich in Palästina niederzulassen. Am 30.9. kam er in Jerusalem an, wo er bis zu seinem Tode, im Jahre 1982, leben sollte.

Benjamins Hinwendung zum Kommunismus (1924–1932)

»Die Jahre unserer Trennung bis zu Benjamins Tod [...] zeichnen sich durch rückhaltlose, nur selten mangelnde Offenheit aus, die auf Vertrauen gegründet war«, schreibt Scholem in der *Geschichte einer Freundschaft* (Scholem 1975, 153). Dies gilt allenfalls für die

Fragen, die die ideologischen Positionen beider Freunde betrafen. Scholem zögerte nicht, Benjamin von seiner tiefen Entmutigung angesichts der Kluft zwischen seinem zionistischen Ideal und der konkreten Wirklichkeit der im Aufbau begriffenen israelischen Gesellschaft zu erzählen. Andererseits nahm er kein Blatt vor dem Mund, um Benjamins neue marxistische Haltung heftig anzugreifen. Benjamin, den diese Angriffe offensichtlich tief betrübten, versuchte Scholem seine Position so aufrichtig wie nur möglich klarzumachen. Aber diese Auseinandersetzungen führten zu neuen Spannungen, die durch die physische Entfernung sowie durch die unvermeidlichen Störungen, mit denen jede rein briefliche Beziehung verbunden ist, noch verschärft wurden. Was jedoch die privaten Schwierigkeiten betraf, unter denen beide zu dieser Zeit unabhängig voneinander zu leiden hatten, so wurde vieles verschwiegen oder blieb nur angedeutet, was dann wiederum neue Mißverständnisse erzeugte. Aber es gab auch genug ausgesprochene bzw. halbausgesprochene Schwierigkeiten, die die Beziehungen beider zueinander schwer belasteten, wie Benjamins Schweigen über sein Verhältnis zu Asja Lacis und das verhängnisvolle Scheitern des mit Scholem entworfenen Projekts, demzufolge Benjamin als Dozent an der Hebräischen Universität nach Jerusalem hätte kommen sollen.

Zwischen Juni und September 1924 erzählte Benjamin Scholem in unklaren Anspielungen, er habe auf Capri eine »russische Bolschewistin« kennengelernt, ohne je ihren Namen zu erwähnen (3, 467). Es handelte sich um die aus Riga stammende Theater-Regisseurin Asja Lacis (1891–1979), in die sich Benjamin leidenschaftlich verliebt hatte. Zwischen 1924 und 1929, also während der Jahre seiner innigsten, wenn auch meist unglücklichen Liebe zu ihr, nannte er sie Scholem gegenüber immer nur »meine russische Freundin«, »meine Bekannte«, oder gar »eine Freundin«. Ganz im Gegensatz zur »Offenheit«, die ihre Beziehungen beherrscht hätten, klagt Scholem selber über Benjamins Verheimlichungs-Strategie, bei allem, was sein Verhältnis zu Lacis und seine Hinwendung zum Kommunismus betraf: »Wenn ich die Briefe lese, die er in den drei Jahren zwischen seiner Reise nach Capri und unserem erneuten Zusammensein in Paris im August 1927 schrieb, konsterniert es mich, in wie geringem Maße die [...] neue Wendung auch auf dieser Ebene persönlicher und vertrauter Mitteilung zur Geltung gekommen ist« (Scholem 1975, 161).

Auch die persönlichen Gründe seiner Moskauer Reise (6.12.1926–1.2.1927) – vor allem der brennende Wunsch, Asja wiederzusehen – ließ er in seinen Briefen an Scholem im Unklaren. Daß er zugleich von seinem neuen (und für Scholem völlig unerwarteten) Interesse am Kommunismus berichtete, sollte offenbar als eine versteckte Andeutung ihres Einflusses auf ihn verstanden werden. Ab Sommer 1924 hatten sich in der Tat die Anspielungen auf »die Aktualität eines radikalen Kommunismus« oder auf die »politische Praxis des Kommunismus« angehäuft. Gleichzeitig hatte Benjamin Georg Lukács' Buch *Geschichte und Klassenbewußtsein* entdeckt, das einen starken Eindruck auf ihn gemacht hatte.

In einem Brief aus Capri vom 16.9.1924 – also drei Monate nach der Bekanntschaft mit Asja Lacis – schreibt er Scholem, daß es – neben privaten Motiven – die für den Kommunismus kennzeichnende Verbindung zwischen Theorie und Praxis sei, die ihn hauptsächlich überzeugt habe (2, 483). Wir wissen nicht, wie Scholem auf Benjamins plötzliches Interesse für den Kommunismus brieflich reagiert hat, aber wir können es uns leicht vorstellen. Benjamin widmete sich damals ganz und gar der Arbeit am Trauerspielbuch, das bekanntlich von einem starken metaphysischen Impuls beherrscht war. In der ERKENNTNISKRITISCHEN VORREDE hatte er zentrale Gedankengänge seines frühen, von theologischen Motiven genährten Aufsatzes ÜBER SPRACHE ÜBERHAUPT UND ÜBER DIE SPRACHE DES MENSCHEN (1916) wieder aufgenommen. Sein reger Gedankenaustausch mit dem evangelischen Theologen Florens Christian Rang, den auch Scholem hochschätzte, zeugt von der Bedeutung, die Benjamin diesem theologischen Kontext beimaß.

Scholem, dem Benjamin über seine Arbeiten regelmäßig berichtete, war wahrscheinlich von dieser plötzlichen Begeisterung für den Kommunismus wie vom Blitz getroffen. »Über die Praxis der Kommunisten wußte ich mehr als er«, schreibt er in der *Geschichte einer Freundschaft* (Scholem 1975, 155), wobei er wohl auf die Erfahrungen mit seinem Bruder Werner, dem kommunistischen Reichstagsabgeordneten, hinweist.

Lange Zeit stand Scholem der »Zweigleisigkeit« von Benjamins Denken verständnislos gegenüber. Erst nachträglich scheint er sich mit dieser doppelten Inspiration versöhnt zu haben, an der Benjamin so entschieden festhielt. »Es [trat] nun«, so Scholem, »ein oft rätselhaftes Nebeneinander der beiden Denkarten, der metaphysisch-theologischen und der materialistischen ein, oder beide verschränkten sich ineinander. Es ist diese Verschränkung, die ihrer Natur nach zu keinem Ausgleich kommen konnte, die gerade den Arbeiten Benjamins, die solcher Haltung entstammen, ihre bedeutende Wirkung und jenen Glanz aus der Tiefe verleihen« (156).

1929 machte Benjamin – wohl durch die Vermittlung von Lacis – die Bekanntschaft Brechts, dessen

»plumpes Denken« einen entscheidenden Einfluß auf ihn ausübte. Von nun an verstand Scholem, daß Benjamins Hinwendung zum Kommunismus keine vorübergehende Grille war, sondern daß sie eine radikale Zäsur in seinem Denken darstellte. »Die Auseinandersetzung zwischen seiner metaphysischen Denkweise und der marxistischen«, schreibt er in der *Geschichte einer Freundschaft*, »hat sein geistiges Leben von 1929 an in durchaus unverwechselbarer Weise geprägt« (155). Für Scholem lag aber Benjamins Größe ein für alle Mal in der Metaphysik (in der er wohl stillschweigend die philosophische Version der Theologie sah), so daß er die Hinwendung seines Freundes zum Kommunismus gewissermaßen als einen Verrat an seiner höchsten geistigen Berufung verurteilen mußte.

Das Treffen in Paris und das gescheiterte Jerusalem-Projekt (1927–1929)

Im Sommer 1927 fuhr Scholem für einige Monate nach Europa und traf sich mehrmals mit Benjamin in Paris. Beide hatten sich seit 1923 nicht mehr gesehen. »Als wir uns wiedersahen«, heißt es in der *Geschichte einer Freundschaft*, »traf ich einen Menschen, der in einem intensiven Prozeß der Gärung begriffen, dessen geschlossene Weltansicht gesprengt und verfallen war, und der sich in einem Aufbruch befand – zu neuen Ufern, die ihm selbst zu bestimmen noch nicht möglich war [...]. So waren diese Tage in Paris eine Periode großer Aufgeschlossenheit und fruchtbarer Spannung zwischen uns« (168). Was die Frage seiner politischen Wende betraf, so sagte er Scholem schon damals, »er könne sich [...] keinen Widerspruch zwischen der Gestalt, in der die radikal-revolutionären Perspektiven für seine Arbeit fruchtbar werden könnten, und der von ihm bisher verfolgten, wenn auch ins Dialektische transformierten Betrachtungsweise vorstellen« (170).

Einen für Scholem vielversprechenden Höhepunkt dieser Pariser Periode, der sich aber später als höchst verhängnisvoll erweisen sollte, bildete das von Scholem, Benjamin und Judah Leon Magnes, dem damaligen Rektor der Jerusalemer Universität, gemeinsam entworfene Projekt, Benjamin als Dozenten nach Jerusalem kommen zu lassen. Nach Scholems Schilderung in der *Geschichte einer Freundschaft* hat Benjamin Magnes erklärt, er habe vor, »sich durch das Medium des Hebräischen den großen Texten der jüdischen Literatur nicht als Philologe, sondern als Metaphysiker zu nähern [...]. Er denke daran, im Sommer oder Herbst 1928 nach Jerusalem zu kommen« (173 f.). Die Verhandlungen gingen 1928 weiter. Dabei bat Benjamin Magnes, ihm ein Stipendium für sein geplantes Studium des Hebräischen zu gewähren. In Jerusalem bemühte sich Scholem um die Gelder dazu. Am 1.8.1928 »war seine Reise nach Palästina [...] beschlossene Sache«. Am 20.9. erhielt Scholem einen Brief, in dem es hieß: »Nicht aber möchte ich diese Zahlungen unbedingt an den Termin meines Erscheinens in Jerusalem gebunden wissen«, da »der Zeitpunkt der Reise auch heute für mich nicht ganz einfach festzulegen [ist]«. »Unser Schock war groß«, schreibt Scholem, »als Benjamin mir am 18. Oktober, gänzlich unerwartet, den Empfang der Sendung des gesamten Betrages von Seiten Magnes' mitteilte [...]. Von diesem Moment an schwand unsere Zuversicht, Benjamin wirklich in Jerusalem zu sehen« (187 ff.). Etwas später verschob er die Reise auf das Frühjahr 1929, dann auf den Herbst desselben Jahres. Ende Mai 1929 begannen die täglichen Hebräisch-Stunden, die weniger als zwei Monate dauerten und dann nicht wieder aufgenommen wurden. Am 20.1.1930 schrieb Benjamin Scholem auf französisch einen Brief, in dem er ihm erklärte, er setze jeder Hoffnung einen Schlußstein, solange er in Deutschland sei, hebräisch zu lernen. Sein Ehrgeiz sei nunmehr darauf gerichtet, der bedeutendste Kritiker der deutschen Literatur zu werden (3, 501 ff.). In der *Geschichte einer Freundschaft* meint Scholem, der wahre Grund für Benjamins Verzicht auf das Jerusalemer Projekt sei sein Liebesverhältnis mit Lacis gewesen, die damals in Berlin mit ihm zusammenlebte. (Das Geld des Stipendiums hatte Benjamin inzwischen, wie Scholem vermutete, beim Glücksspiel ausgegeben.)

Man darf den Schock, den dieser Brief bei Scholem auslöste, auf keinen Fall unterschätzen. Und dies nicht nur wegen des Scheiterns des für sie beide so hochsymbolischen Projekts oder wegen der heiklen Lage, in die Benjamins Verhalten ihn der Jerusalemer Universität und den Geldgebern gegenüber versetzt hatte, sondern auch weil dieses Verhalten ihn an seine schlimmsten Vermutungen aus der Berner Zeit in bezug auf Benjamins Unzuverlässigkeit in allen Geldangelegenheiten erinnern mußte. In den kommenden Jahren sollte dieses Mißtrauen einen düsteren Schatten auf Scholems Beziehungen zu Benjamin werfen. Aber noch tiefer enttäuscht hatte ihn wohl Benjamins scheinbar endgültiger Verzicht, sich mit den Grundfragen des Judentums ernsthaft auseinanderzusetzen. Diesen Punkt sprach er in einem Brief an Benjamin an: »Ich möchte dich [...] veranlassen, dich [über Dein Verhältnis zum Judentum] mit der Offenheit, die ich dir entgegenbringe [...], mir gegenüber zu erklären [...]. Ich bin ja gewiß der Mensch, der es mit Fassung und [...] auch leidlichem Begreifen ertragen wird, wenn sich herausstellt, daß Du in diesem Leben nicht mehr mit einer wirklichen Begegnung mit dem Judentum außer im Medium unsrer Freundschaft rechnen kannst und rechnest. [...] [I]ch müsste nicht das für Dich fühlen, was ich fühle, wenn ich nicht unter dieser Situation litte« (3, 524). In seiner Antwort greift Benjamin Scholems Formel »außer im Medium unserer Freundschaft« wieder auf, indem er seine Reaktion scheinbar nur auf jene rein persönliche Ebene bezieht, dadurch aber die prinzipielle Frage, die Scholem ihm gestellt hatte, indirekt beantwortet: »Lebendiges Judentum habe ich in durchaus keiner anderen Gestalt kennengelernt als in Dir.« Diese vorsichtige, für Benjamins oft kryptische Schreibweise recht charakteristische Formulierung gibt Scholem zu verstehen, daß sein Freund ihn (wohl zu Recht) als ein Unikum in der geistigen Landschaft des zeitgenössischen Judentums betrachtet und daß diese einzigartige Erfahrung eines lebendigen Judentums ihm als solche noch nicht gestattet, auf eine »wirkliche Begegnung mit dem Judentum« zu rechnen. Daher kann die Frage seines Verhältnisses zum Judentum für ihn keine ideologische, geschweige gesellschaftlich-politische, sein, sondern nur eine rein private: »Die Frage, wie ich zum Judentum stehe, ist immer die Frage wie ich – ich will nicht sagen zu Dir (denn meine Freundschaft wird hier von keiner Entscheidung mehr abhängen) – zu den Kräften, die Du in mir berührt hast, mich verhalte« (520).

Die Auseinandersetzungen über Benjamins Kommunismus (1931 und 1934)

Wenn Scholem die Revolution in Benjamins geistiger Haltung immerhin noch bis 1931 mit einiger Fassung ertragen konnte, so brach im März 1931 zwischen beiden eine bittere, sowohl ideologische als auch persönliche Auseinandersetzung zur Frage von Benjamins Kommunismus aus. Dessen Ausgangspunkt war ein Brief Benjamins an den Schweizer Kritiker Max Rychner, von dem er Scholem eine Kopie geschickt hatte. Dort versucht Benjamin zuerst, seinem Gesprächspartner die besondere Konsistenz seines Vermittlungsversuchs zwischen dialektischem Materialismus und jüdischer Theologie klarzumachen. In der Tat gebe es »von [seinem] sehr besonderen sprachphilosophischen Standort aus [...] zur Betrachtungsweise des dialektischen Materialismus eine – wenn auch noch so gespannte und problematische – Vermittelung« (4, 18). Er sehe sich keineswegs als »ein Vertreter des dialektischen Materialismus [...], sondern [als ein] Forscher [...] dem die *Haltung* des Materialisten wissenschaftlich und menschlich in allen uns bewegenden Dingen fruchtbarer scheint als die idealistische« (19). Er fügt dann aber einen Satz hinzu, dessen Anfang Scholem nur beglücken, dessen Schluß ihn jedoch nur entrüsten konnte: »ich habe nie anders forschen und denken können als in einem, wenn ich so sagen darf, theologischen Sinn – nämlich in Gemäßheit der talmudischen Lehre von den neunundvierzig Sinnstufen jeder Thorastelle. Nun: *Hierarchien des Sinns* hat meiner Erfahrung nach die abgegriffenste kommunistische Plattitüde mehr als der heutige bürgerliche Tiefsinn, der immer nur den einen der Apologetik besitzt« (19f.). In seiner Antwort wirft Scholem ihm »Zweideudigkeit«, ja einen grundlegenden »Selbstbetrug« vor. Offensichtlich betrachtet er die von Benjamin dargelegte Vermittlungsstrategie zwischen Theologie und Materialismus als einen verzweifelten Versuch, zwei unvereinbare Welten zu versöhnen. In Wirklichkeit bestehe eine »verblüffende Fremdheit und Beziehungslosigkeit [...] zwischen [seinem] wirklichen und [seinem] vorgegebenen Denkverfahren« (27). Demzufolge wäre Benjamin »zwar [...] nicht das letzte, aber vielleicht das *unbegreiflichste* Opfer der Konfusion von Religion und Politik« (30).

In seiner dramatisch formulierten Antwort vom 17.4.1931 geht Benjamin gar nicht auf die von Scholem hervorgehobenen Aporien seines Denkansatzes ein, sondern beschreibt nur die Situation, in der er sich befindet, zu einer Zeit, in der seiner Meinung nach nur noch die Kommunisten fähig sind, den drohenden Nationalsozialismus erfolgreich zu bekämpfen: »[W]illst Du mir [...] verwehren, die rote Fahne zum Fenster herauszuhängen?« (25) Er sei wie »[e]in Schiffbrüchiger, der auf einem Wrack treibt, [...], indem er auf die Spitze des Mastbaums klettert, der schon zermürbt ist. Aber er hat die Chance, von dort zu seiner Rettung ein Signal zu geben« (26). Daß es dabei keineswegs um rein theoretische Ansätze gehe, sondern um eine wahrhaft lebenswichtige Position, hebt er einige Tage später hervor. Es handle sich »keineswegs um blanke Standpunkte sondern um eine Entwicklung[...], [...] welche sich unter den schwersten Spannungen vollzieht. [...] [I]ch meine Spannungen des politischen, gesellschaftlichen Lebensraumes, von denen kein Mensch und am wenigsten ein Schriftsteller bei seinen Arbeiten absehen [...] kann« (44).

Drei Jahre später erreichte diese Auseinandersetzung einen neuen Höhepunkt. Im Frühling 1934 hatte Benjamin Scholem einen Sonderdruck seines soeben in der *Zeitschrift für Sozialforschung* veröffentlichten Aufsatzes Zum gegenwärtigen gesellschaftlichen Standort des französischen Schriftstellers geschickt. Scholem reagierte darauf äußerst irritiert, indem er behauptete, er habe ihn nicht verstanden, fügte aber die offensichtlich provokative Frage hinzu: »Soll das ein kommunistisches Credo sein?« Besonders kennzeichnend für Scholems Widerstand, Benjamins Hinwendung zum Marxismus anzuerkennen, erscheint die Tatsache, daß er mit solchem Erstaunen und mit solcher Heftigkeit auf einen Aufsatz reagiert, dessen Tenor ihn doch nicht hätte überraschen sollen. »Ich muß Dir gestehen, daß ich in diesem Jahr schon überhaupt nicht mehr weiß wo Du stehst. Es ist mir nie gelungen, trotz aller Versuche [...] auch früher zu einer Klärung dieser Deiner Stellung mit Dir zu gelangen. Und jetzt [...] wird es mir leider noch weniger gelingen. Und das ist überaus beklagenswert« (Scholem 1980, 136).

Benjamin war von dieser Reaktion umso tiefer verletzt, als er damals schon ein halbes Jahr vergebens auf eine Antwort auf seinen neuen sprachphilosophischen Aufsatz Über das mimetische Vermögen (1933) wartete, dessen Inspiration Scholem hätte faszinieren müssen. Wie dem auch sei, die erhoffte Antwort blieb aus, und der Aufsatz wurde erst bei Scholems Pariser Begegnung mit Benjamin im Februar 1938 unter ihnen besprochen. Benjamins Reaktion auf Scholems Frage zeugt von seiner Verbitterung, stellt aber auch einen Versuch dar, seine Position so klar wie nur möglich darzulegen: »Solche Fragen ziehen – so scheint mir – auf dem Wege über den Ozean Salz an und schmecken dann dem Gefragten leicht bitter [...]. [Mein Kommunismus] ist – um den Preis seiner Orthodoxie – nichts, aber gar nichts, als der Ausdruck gewisser Erfahrungen, die ich in meinem Denken und in meiner Existenz gemacht habe [...]. Du zwingst mich es auszusprechen, daß jene Alternativen, die offenkundig deiner Besorgnis zu Grunde liegen, für mich nicht einen Schatten von Lebenskraft besitzen« (4, 407 ff.). Daß Scholem auf diese Beteuerungen Benjamins nicht mehr einging, beweist wohl nur, daß für ihn die Alternative zwischen Theologie und Materialismus immerhin noch eine gewisse Lebenskraft besaß.

Scholems Kritik des politischen Zionismus (1931)

Es ist für die geistige Entwicklung Benjamins und Scholems höchst bezeichnend, daß beide fast zur gleichen Zeit, und zwar 1931, sich bemühten, mit ihren jeweiligen ideologisch-politischen Positionen ins Reine zu kommen. Dies allerdings mit zwei bedeutenden Unterschieden: Einerseits geschah dieser Klärungsversuch bei Benjamin nicht spontan, sondern unter dem Druck von Scholems insistenten Fragen, während dieser seine Vorbehalte dem politischen Zionismus gegenüber aus eigenem Antrieb vorbrachte. Andererseits trennte Benjamin sich letztlich nicht von Grundgedanken des Kommunismus, während Scholem die zeitgenössische Politik der zionistischen Bewegung einer vernichtenden Kritik unterzog. In einem Brief vom 1.8.1931 an Benjamin beklagte Scholem »das radikale Auseinanderfallen [seiner] Intention des Zionismus, welche [er] als eine religiös-mystische schließlich mit Zustimmung charakterisieren [hörte], und de[s] empirischen Zionismus, der von einem unmöglichen und provokatorischen Zerrbild einer politischen angeblichen ›Lösung der Judenfrage‹ ausgeht [...]. Ich glaube ja nicht, daß es etwas gibt wie eine ›Lösung der Judenfrage‹ im Sinne einer Normalisierung der Juden, und glaube gewiß nicht, daß in einem solchen Sinn in Palästina die Frage gelöst werden kann – mir war und ist nur von jeher klar gewesen, daß Palästina notwendig ist, und das war ja genug« (Scholem 1975, 214 ff.). Diese Auffassung des Zionismus als einer wesentlich geistigen und nicht unbedingt politischen Bewegung (die der des jüdischen Denkers Achad Haam sehr ähnelt) beruht bei Scholem auf seinem Glauben, das Wesen des Judentums sei grundsätzlich ein metaphysisch-religiöses, so daß es keinen Sinn habe, von einer »Normalisierung« des jüdischen Volkes im Sinne von dessen vollkommener Säkularisierung zu sprechen. Jenseits dieser Überzeugung verrät sein Brief an Benjamin aber auch offenbar mystische, ja apokalyptische Züge: »Der Zionismus«, schreibt er dort, »hat sich tot gesiegt«. Er stelle einen Sieg im Sichtbaren dar, »bevor er im Unsichtbaren, und zwar in der Erneuerung der Sprache, entschieden war [...]. Der Zionismus hat die Nacht mißachtet«. Er sei zu »einer Prostitution der letzten Reste unserer Jugend entartet [...]. Das war nicht der Platz, den wir zu finden kamen« (214 f.). Diese Thesen, welche die Krise widerspiegeln, die Scholem zu Beginn seines Aufenthalts in Palästina durchmachte, drücken seine Ernüchterung, ja seine Verzweiflung aus angesichts des brutalen Zusammenpralls der geistigen Ideale, in deren Namen er nach Palästina gegangen war, und der politischen und sozialen Realität, die er dort vorfand. Denn der Zionismus der osteuropäischen Gründergeneration trug die Merkmale eines radikalen Bruchs mit der religiösen Welt des Judentums, während der junge Scholem von dem Drang getrieben war, im Zionismus die geistigen Quellen seiner Identität wiederzufinden. Einer Ideologie des Bruchs mit der Tradition stand hier eine Ideologie der »Dissimilation«, also der Rückkehr zur Tradition entgegen. Hinzu kam Scholems radikale Kritik an der Araber-Politik der zionistischen Politiker, so daß Benjamin ihm wenig später sein Einverständnis mitteilen konnte: »Vorstellbar wäre mir«, schrieb er ihm am 3.10.1931, »daß auf dem Wege über diese Fragen wir zu einer überraschenden Verständigung in jenen andern, nur sehr scheinbar ihnen fremden, gelangen würden, die seit einiger Zeit zwischen uns offen sind« (4, 57).

Kafka (1934–1938)

Scholems und Benjamins Gedankenaustausch über die Interpretation des Werkes von Franz Kafka begann 1931 und erreichte ihren Höhepunkt im Sommer 1934, als Benjamin im Begriff war, seinen großen Kafka-Aufsatz abzuschließen. In dem soeben erwähnten Brief vom 1.8.1931 hatte Scholem auf Benjamins Bitte ihm einige seiner »Separatgedanken« über Kafka mitgeteilt. Besonders aufschlußreich für Scholems Haltung zu dieser Zeit ist der Satz, in dem er festlegt, daß Kafka »keinerlei Stellung in dem Kontinuum des deutschen Schrifttums« habe, weil er dem jüdischen Schrifttum angehöre. Im übrigen müsse jede Untersuchung über Kafka vom Buch Hiob aus beginnen, »oder zum mindesten von einer Erörterung über die Möglichkeit des Gottesurteils«. Im Hintergrund dieser Interpretation steht der Gedanke, daß Kafkas zentrales Thema die Frage des Gesetzes sei; dieses Thema sei aber mit der Frage des Urteils eng verwandt. Insofern als Kafka dieses Motiv gleichsam ins Absolute projiziert, könne man es, laut Scholem, als eine, allerdings säkularisierte, Wiederaufnahme der altjüdischen Vorstellung des Gottesurteils betrachten. Es gehe bei Kafka also wesentlich um die Möglichkeit eines absolut geltenden Urteils in einer Welt, in der Gott nicht mehr vorkommt. Diese Problematik aber komme vor allem in Kafkas Sprache zum Vorschein, die »in ihrer Affinität an die Sprache des jüngsten Gerichts das Prosaische in seiner kanonischsten Form« darstellt. Scholem bezieht sich auf die Schriften der altjüdischen Gesetzeslehrer (der »Halachisten«), wenn er bemerkt: »So muß ja wohl, wenn sie möglich wäre (das freilich ist die Hypothese der Vermessenheit!!), die moralische Reflexion eines Halachisten aussehen, der die sprachliche Paraphrase eines Gottesurteils versuchen wollte«. Und in einer impliziten Kritik an Franz Rosenzweigs zentralem Gedanken der »Vorwegnahme der Erlösung« in der ritualen Erfahrung des jüdischen Volkes fügt er hinzu: »Hier ist einmal die Welt zur Sprache gebracht, in der Erlösung nicht vorweggenommen werden kann«. Für Scholem kann nämlich in Kafkas unwiederbringlich gottlos gewordenen Welt die Offenbarung nur noch in der sprachlichen Schilderung ihrer Abwesenheit erwähnt werden: »So gnadenlos wie hier brannte noch nie das Licht der Offenbarung. Das ist das theologische Geheimnis der vollkommenen Prosa« (Scholem 1975, 212 f.).

Höchst kennzeichnend für die Vielschichtigkeit der Beziehungen zwischen beiden Freunden ist Benjamins relativ späte Antwort vom 3.10.1931. Von Kafka ist dort zuerst überhaupt nicht die Rede; erst in einem Postskriptum greift Benjamin das Thema auf, aber ohne auf Scholems theologische Ausführungen, sei es auch nur mit einem Wort, einzugehen. Hingegen erzählt er mit offensichtlicher Genugtuung, daß er »in einigen Gesprächen, die in besagte Wochen fallen«, von Brechts (von dem er wußte, daß dessen Name auf Scholem wie ein rotes Tuch wirkte) durchaus positiver Stellung zu Kafkas Werk überrascht war (4, 56).

Anfang Mai 1934, also drei Jahre später, erhielt Benjamin von Robert Weltsch, den Scholem daraufhin angesprochen hatte, den Auftrag, einen Aufsatz über Kafka aus Anlaß der 10. Wiederkehr seines Todestages für die *Jüdische Rundschau* zu schreiben. In seiner prinzipiell positiven Antwort erklärt er, daß er sich »in keiner Weise die gradlinige theologische Auslegung Kafkas [...] zueigen zu machen« vermag (423). Allerdings bittet er Scholem kurz danach, ihm seine »besonderen, aus den jüdischen Einsichten hervorgehenden Anschauungen über Kafka« mitzuteilen, da diese ihm »bei diesem Unternehmen von größter Bedeutung – um nicht zu sagen nahezu unentbehrlich« seien (425). Nachdem er aber am 2.6.1934 Scholem mitgeteilt hatte, daß seine Arbeit »virtuell ungefähr abgeschlossen« sei (435), antwortete dieser, offensichtlich gekränkt: »Du wirst Deine Linie ja zweifellos am besten ohne die mystischen Vorurteile, welche allein ich auszustreuen imstande bin, verfolgen« (Scholem 1980, 146). Dies hinderte Benjamin nicht daran, Scholem erneut um die Mitteilung seiner Gedanken über Kafka zu bitten. »Wenn ich mich nicht irre«, schreibt er Scholem am 9.7.1934, »wird die Arbeit [...] noch für eine Weile aktuell bleiben. Mittelbar ist diese Arbeit durch dich veranlaßt; ich sehe keinen Gegenstand, in dem unsere Kommunikation näherliegend wäre. Und mir scheint nicht, daß du meine Bitte abschlagen kannst« (4, 453 f.). Scholem sandte ihm ein damals noch ungedrucktes »Lehrgedicht« zu, das er Anfang 1933 verfaßt hatte; die Überschrift war »Mit einem Exemplar von Kafkas ›Prozeß‹« (II, 1161 f.). Es besteht aus fünfzehn Vierzeilern, die in der Sprache der religiösen Sinngedichte des Barock geschrieben sind. Dieses Gedicht stellt keinen Versuch dar, eine regelrechte literarische Interpretation von Kafkas *Prozeß* zu geben; es ist vielmehr eine persönliche Meditation. Wie beim späten Benjamin stoßen hier zwei scheinbar einander fremde Welten blitzhaft aufeinander, die von Kafkas Werken und die der Kabbala, und erzeugen eine neue geistige Konstellation. Scholems »Lehrgedicht« spiegelt die tiefe weltanschauliche, ja metaphysisch-theologische Krise wider, die Scholem schon kurze Zeit nach seiner Ankunft in Palästina befiel. Seine schon erwähnte politische Ernüchterung verband sich mit seinem immer stärker werdenden Interesse an den häretischen Bewegungen innerhalb des Judentums, um ihn bis an die Grenze eines radikalen Nihilismus zu führen. In seinem »Lehrgedicht« wird der für ihn nun zentrale Gedanke der Abwesenheit Gottes in der Welt veranschaulicht – durch die systematische Zurücknahme der drei in der jüdischen Tradition wesentlichen Erscheinungsformen des Göttlichen: Schöpfung, Offenbarung, Erlösung. So handelt die vierte Strophe von der Infragestellung des Begriffs der Offenbarung in einer Zeit, in der Gott unsichtbar geworden ist: »So allein strahlt Offenbarung/ In die Zeit, die dich verwarf./ Nur dein Nichts ist die Erfahrung,/ Die sie von dir haben darf« (II, 1161).

Der Begriff vom »Nichts der Offenbarung« stellt den Kern von Scholems Kafka-Interpretation dar. In einem Brief vom 17.7.1934 versucht er, diesen Gedanken genauer zu erläutern: »Die Welt Kafkas«, schreibt er dort, »ist die Welt der Offenbarung, freilich in jener Perspektive, in der sie auf ihr Nichts zurückgeführt wird«. Unter diesem »Nichts« versteht er aber keineswegs die metaphysische Leugnung der Offenbarung, auch nicht deren Unmöglichkeit in der profanen Welt, sondern vielmehr »die Unvollziehbarkeit des Geoffenbarten«. Dies steht im Gegensatz zu Benjamins These von der Affinität der Kafkaschen Welt zu dem von Bachofen geschilderten »hetärische[n]« (428) Stadium der archaischen Menschheit. Dabei will Scholem keineswegs leugnen, daß »etwas von der ›hetärischen‹ Schicht« darin sei und daß Benjamin dieses Motiv »ganz unglaublich meisterhaft herausgeholt« habe (Scholem 1980, 157 f.). Für Scholem schildern die Romane Kafkas indes »eine Welt, in der die Dinge so unheimlich konkret und jeder Schritt so unvollziehbar wird«. Der Begriff der Unvollziehbarkeit der Offenbarung, die im Judentum ja wesentlich Offenbarung des Gesetzes ist, bezieht sich in Scholems Kafka-Interpretation offensichtlich auf das endlose Schwanken von Kafkas Gestalten, auf ihre Unentschlossenheit vor der unbedeutendsten Entscheidung. So scheinen sie eine Übertragung jener perfektionistischen Besessenheit, die die religiöse Praxis des gesetzestreuen Judentums kennzeichnet, in die Welt der Fiktion darzustellen.

Benjamin scheint Scholems Absichten nicht völlig verstanden zu haben, da er ihn am 11.8.1934 darum bittet, ihm die Formel: Kafka stelle »die Welt der Offenbarung in jener Perspektive dar, in der sie auf ihr Nichts zurückgeführt wird«, zu erläutern (4, 479). Scholem antwortet ihm am 20.9.1934: »Du fragst, was ich unter dem ›Nichts der Offenbarung‹ verstände? Ich verstehe darunter einen Stand, in dem sie bedeutungsleer erscheint, in dem sie zwar noch sich behauptet, in dem sie gilt, aber nicht bedeutet. Wo der Reichtum der Bedeutung wegfällt und das Erscheinende, wie auf einen Nullpunkt eigenen Gehalts reduziert, dennoch nicht verschwindet (und die Offenbarung ist etwas Erscheinendes), da tritt sein Nichts hervor. Es versteht sich, daß im Sinn der Religion dies ein Grenzfall ist, von dem sehr fraglich bleibt, ob er realiter vollziehbar sei« (Scholem 1980, 175). Das »Nichts der Offenbarung« bezeichnet also für Scholem einen paradoxen Augenblick in der Geschichte der Tradition, den eines entscheidenden Bruchs, wo die Offenbarung – die hier für den Begriff des Gesetzes steht – ihre Bedeutung schon eingebüßt hat, ihr Schatten sich aber noch vor dem Hintergrund von Kafkas Werken abzeichnet. Dies meint Scholem mit der etwas kryptischen Formel, daß die Offenbarung bei Kafka zwar »bedeutungsleer« geworden sei, daß sie aber immer noch gelte. Zugleich sei diese paradoxe Situation aber auch die unserer Welt, die Kafka in seinen Romanen schildere. Allerdings stelle jenes Paradox »einen Grenzfall der Religion« dar, da es ständig in Gefahr schwebe, als bloßer Atheismus zu erscheinen oder (wie im Fall des Sabbatianismus, dem Scholems Forschungen zu dieser Zeit galten) als religiöser Anarchismus. Doch eben wegen dieses Schwankens diesseits und jenseits einer stets sich verschiebenden Grenze kann das »Nichts der Offenbarung« nicht in rein logischen Begriffen verstanden, sondern nur in der Sprache der literarischen Fiktion dargestellt werden.

Die These, nach der die Offenbarung auch dann noch gilt, wenn sie bedeutungsleer geworden ist, und daß man sie folglich als Interpretations-Kategorie aufstellen kann, unterscheidet grundsätzlich Scholems Position von der Benjamins. Die Auseinandersetzung zwischen beiden kreist um eine Formulierung Benjamins, welche die Gestalten der Gehilfen, vor allem der Studenten, die in Kafkas drei Romanen vorkommen, betrifft. Der Kontext dieser Äußerung läßt keinen Zweifel über den Sinn von Benjamins Säkularisierung von zentralen jüdischen Begriffen bestehen: »Die Pforte der Gerechtigkeit ist das Studium. Und doch wagt Kafka nicht, an dieses Studium die Verheißungen zu knüpfen, welche die Überlieferung an das der Thora geschlossen hat. Seine Gehilfen sind Gemeindediener, denen das Bethaus, seine Studenten Schüler, denen die Schrift abhanden gekommen ist« (II, 437). Dieser Satz verdeutlicht Benjamins Urteil über die Lage der jüdischen Tradition in der durch und durch profanen Welt. Kein Wunder, daß Scholem gerade an diesem Satz Anstoß nimmt: »Nicht so sehr Schüler, denen die Schrift abhanden gekommen ist [...], als Schüler, die sie nicht enträtseln können, sind jene Studenten, von denen Du am Ende sprichst« (Scholem 1980, 158). Diese ebenso verschlüsselte Formel wie die Benjamins will zu verstehen geben, daß, obwohl wir »die Schrift« – also die Texte der jüdischen Tradition – heutzutage nicht mehr verstehen können, diese ihre Gültigkeit nicht für immer verloren haben, sondern daß noch eine Zeit kommen kann, in der sie wieder zu den Menschen sprechen wird. Als Benjamin ihm darauf erwidert, daß beide Interpretationen im Grunde auf dasselbe hinauslaufen – zumindest in bezug auf die gegenwärtige Wirklichkeit –, betont Scholem nachdrücklich, daß für ihn der wesentliche Unterschied gerade im Urteil über die Zukunft der Tradition liege. Ist »der Faden der Tradition« für immer zerrissen, wie Hannah Arendt (1971) es formulieren wird, oder wurde die Tradition nur vorläufig unterbrochen? Mit anderen Worten: Ist die Tradition imstande, sich radikal zu erneuern, um eines Tages noch unvorhersehbare Formen anzunehmen, die ihr die verlorengegangene Aussagekraft wiedergeben werden? Auf genau diesem Glauben an die unbegrenzte Plastizität der Tradition beruht Scholems negative Theologie, und eben darin unterscheidet sie sich von Benjamins Überzeugung, die religiöse Tradition sei als solche erloschen, und nur ihre radikale Säkularisierung sei noch imstande, einige ihrer Bruchstücke zu retten.

Benjamin stellt gegenüber Scholem die Punkte heraus, in denen er in seinem Aufsatz auf jüdisch-theologische Begriffe zurückgreift. »Ich [...] behaupte«, so Benjamin, »daß auch meine Arbeit ihre breite – freilich beschattete – theologische Seite hat« (4, 459). Dabei erwähnt er die »kleine[] widersinnige[] Hoffnung«, den »Versuch der Verwandlung des Lebens in Schrift«, in dem er den Sinn der »Umkehr« sieht, »auf welche zahlreiche Gleichnisse Kafkas [...] hindrängen«, wobei er hervorhebt, daß die ›Umkehr‹ oder das ›Studium‹ Kafkas »messianische Kategorie« darstellen. Indessen erklärt er zugleich, in unbedingtem Gegensatz zu Scholem, daß er »Kafkas stetes Drängen auf das Gesetz [...] für den toten Punkt seines Werkes« halte (478 f.). Ganz besonders kennzeichnend ist hier Benjamins Versuch, Scholem klarzumachen, daß es ihm wesentlich darauf angekommen sei, metaphysisch-theologische Begriffe in profane umzudeuten, und zwar um sie gerade dadurch zu retten. Scholem ist von Benjamins Interpretationen offensichtlich tief beeindruckt, kann sich aber mit dessen Umdeutung des Theologischen ins Profane nicht abfinden (vgl. Scholem 1980, 174).

In den Jahren 1937–1938 hatte Scholem Benjamin mehrmals gebeten, ihm den neuesten Stand seiner Überlegungen zu Kafka mitzuteilen. Am 12.6.1938 schickte Benjamin ihm endlich einen langen programmatischen Brief zu diesem Thema. Dabei geht er implizit von einer Analyse des Romans *Das Schloß* aus. Obwohl dieses Werk nicht ausdrücklich erwähnt wird, bezieht sich Benjamin ganz offenbar auf die Erfahrungen des Helden im Dorf, in dem dieser sich vorübergehend einquartiert hat. Benjamin bemerkt, daß es diesem gar nicht so sehr darauf ankommt (wie Max Brod behauptet hatte), das Schloß zu erreichen, als vielmehr die Wahrheit über das Schloß zu erfahren. Rasch stellt sich jedoch heraus, daß diese Wahrheit unerkennbar ist, ja daß es sie vielleicht überhaupt nicht gibt. Die zahlreichen Angaben, die die Einwohner des Dorfes dem Helden machen, sind nämlich so widersprüchlich, daß dieser schließlich bezweifelt, ob eine glaubwürdige Wahrheit über das Schloß überhaupt da sei. Diese Unschlüssigkeit drücke aber Kafkas gleichsam metaphysische Überzeugung aus, daß es in unserer Welt keine verbindliche Wahrheit gebe. Bei Kafka, schreibt Benjamin, sei die Wahrheit in ihrer haggadischen [d.h. epischen] Konsistenz verschwunden. In diesem Sinne spiegele das Werk Kafkas eine »Erkrankung der Tradition« (6, 112) wider. Das eigentlich Geniale an Kafka bestehe darin, daß er diese Erkrankung zum Gegenstand seiner Erzählungen gemacht habe. Kafka, schreibt Benjamin, »gab die Wahrheit preis, um an [deren] Tradierbarkeit [...] festzuhalten« (113). An die Stelle der unmöglich gewordenen Darstellung der Wahrheit trete »das Gerücht von den wahren Dingen (eine Art von theologischer Flüsterzeitung, in der es um Verrufenes und Obsoletes geht)« (ebd.). Eine unbarmherzigere Analyse des gegenwärtigen Standes der religiösen Tradition kann man sich wohl kaum vorstellen.

In gewissem Sinne hätte Scholem mit dem Begriff der »Erkrankung der Tradition« sehr wohl übereinstimmen können, da diese ja mit der Krise der Offenbarung, die er in seinem »Lehrgedicht« geschildert hatte, scheinbar zusammenfällt. Doch ebenso wie er seinerzeit den Gedanken der unwiederbringlichen Verlorenheit der Schrift nicht akzeptieren konnte, so ist er jetzt nicht bereit, im gegenwärtigen Verfall aller klassischen Überlieferungsformen das Zeichen eines unabänderlichen Erlöschens der Tradition zu sehen.

Vertraut mit der historischen Dialektik der jüdischen Tradition, wußte Scholem, daß diese von jeher Höhen und Tiefen gekannt hatte. Ja selbst die Möglichkeit einer langen Periode des Schweigens sei in ihrer Historizität angelegt: »Die Antinomie des Haggadischen«, schreibt er Benjamin, »ist keine der Kafkaschen Haggada [Erzählkunst] allein eigene, sie gründet eher in der Natur des Haggadischen selber [...]: daß Tradierbarkeit der Tradition allein noch als ihr Lebendiges erhalten bleibt, ist im Verfall der Tradition, in ihren Wellenbergen, nur natürlich« (Scholem 1980, 286).

Neue Mißverständnisse: Benjamins gescheiterte Reisepläne nach Jerusalem (1934–1938)

Scholem hatte die welthistorische Dimension der Machtergreifung durch die Nazis und die verheerenden Folgen dieser Katastrophe sofort verstanden. »Wir alle sind der Meinung«, schrieb er Benjamin am 3.4.1933, »daß es noch schrecklicher kommen wird und für [die] Juden eine völlig auswegslose Situation sein wird« (Scholem 1980, 53). Benjamin ließ es seinerseits an Andeutungen über seine materielle Not nicht fehlen. Am 28.2.1933 schrieb er Scholem, daß er nicht wisse, wie er die nächsten Monate in oder außerhalb Deutschlands überstehen könne: »Es gibt Orte, an denen ich ein Minimum verdienen und solche, an denen ich von einem Minimum leben kann, aber nicht einen einzigen, auf den diese beiden Bedingungen zusammentreffen« (4, 163). Scholem antwortete ihm am 20.3.1933 nicht sehr ermutigend: »Die evidente Unmöglichkeit für Dich, hier Geld zu verdienen, wird ja wohl auch im Falle einer Ortsveränderung Deine Schritte nicht gerade hierher lenken [...]. So viel Platz zur Zeit wenigstens für Arbeiter in Palästina ist, so wenig für Akademiker« (Scholem 1980, 46 f.). Am gleichen Tag (die Briefe haben sich offenbar gekreuzt) kündigte Benjamin Scholem an, daß er Deutschland verlassen werde, trotz der »äußerste[n] politische[n] Zurückhaltung«, die er »seit jeher und mit gutem Grunde« geübt habe und die ihn »zwar vor planmäßiger Verfolgung, aber nicht vor dem Verhungern« schützen könne (4, 169 f.). Auf diesen erneuten Wink antwortete Scholem nur mit der Versicherung, er freue sich sehr, daß Benjamin »nun doch noch herausgegangen« sei (Scholem 1980, 53). Etwas später schrieb ihm Benjamin, der sich provisorisch auf Ibiza aufhielt, daß er »die Chancen einer Tätigkeit in Frankreich [...] außerordentlich skeptisch« (182) beurteile.

Erst am 23.5.1933 ging Scholem ernsthaft auf Benjamins Andeutungen ein: »Das Problem, ob Du hier leben a) könntest b) solltest, ist im Kreise Deiner Verehrer und Verehrerinnen mehrfach behandelt worden. Kitty [Steinschneider] sagt daß sie Dir ihr Billet gleich geben wollte. Wünschst Du Dich an der Diskussion vielleicht durch eine Meinungsäußerung zu beteiligen? Mich beschäftigt der Gedanke oft« (Scholem 1980, 68). Daß Benjamins Anspielungen aber ihrerseits höchst zweideutig waren, beweist seine sehr zurückhaltende Antwort auf Scholems Einladung, sich an der Diskussion zu beteiligen. »An den Gedanken der bloßen Möglichkeit der in ihr beschlossenen Veränderung« würde er nur »mit äußerster Behutsamkeit herantreten«. Die Hauptfrage lautete dann: »Ist dort für mich – das was ich kann und weiß – mehr Raum als in Europa? [...] [W]enn ich mein Wissen und mein Können dort vermehren könnte, ohne das Erworbene preiszugeben, [würde es] an meiner Entschlossenheit dazu nicht fehlen« (4, 238).

Scholem, der die Vorbehalte Benjamins sehr wohl gespürt hatte, antwortete ihm mit realistischem Blick: »[W]ir sehen hier keine Möglichkeit für Dich, Arbeit und Beschäftigung zu finden, die Dir halbwegs gemäß wäre. [...] [Es] ist uns fraglich, ob man sich in diesem Land wohlfühlen kann, wenn man keinen unmittelbaren Anteil an ihm nimmt. [...] Unsere Erfahrung ist, daß auf die Dauer hier nur der leben kann, der sich durch alle Problematik und Bedrücktheit hindurch mit dem Lande und der Sache des Judentums verbunden fühlt. [...] Mein Leben hier ist nur möglich [...], weil ich mich dieser Sache bis in den Untergang und die Verzweiflung hinein verpflichtet fühle, sonst würde mich die Fragwürdigkeit einer Erneuerung, die vor allem als Sprachverfall und Hybris auftritt, schon längst gesprengt haben« (Scholem 1980, 87 f.). Diese Zeilen zeugen erneut von Scholems bemerkenswerter Offenheit, was seine radikale Kritik des realen Zionismus betrifft. Zugleich betont die insistente Benutzung des »wir« seine trotz allem immer noch bestehende, und seit der Katastrophe des deutschen Judentums sogar noch tiefere, Identifikation mit der kollektiven Dimension des zionistischen Unternehmens. Gerade dieses »Wir« soll Benjamin zu verstehen geben, daß seine Position als westlicher Intellektueller, für den der Kampf gegen den Faschismus vor allem in Europa ausgefochten werden müßte, ihm den Zugang zu jener kollektiven Erfahrung um so schwieriger, wenn nicht unmöglich machte.

Benjamins Reaktion auf diese Erwägungen Scholems ist äußerst kennzeichnend für die fast undurchschaubare Komplexität der Beziehungen zwischen beiden Freunden. Denn gerade Scholems Fragezeichen in bezug auf Benjamins »Verbundenheit mit der Sache des Judentums« (im Unterschied zu einer eventuellen »Verbundenheit mit der Sache des Zionismus«, von der Benjamin ironisch sagt, daß keiner von ihnen sie wohl zu untersuchen wünsche) scheint ihn gekränkt zu haben. Hätte Scholem etwa von vornherein auf die Möglichkeit verzichtet, »die Frage [seiner] Verbundenheit mit der Sache des Judentums dem Votum der Erfahrung zu unterstellen«? Schrieb nicht Scholem selber in seinem Brief, daß beide über diese Frage

»nach so vielen Jahren« nichts wissen könnten? (Scholem 1980, 94).

Diese Situation sollte sich – allerdings unter noch dramatischeren Vorzeichen – zwischen 1933 und 1938 wiederholen. Während der Jahre seines Pariser Exils klagte Benjamin wieder und wieder über seinen chronischen Geldmangel und über seine demütigenden Lebensbedingungen, da das Stipendium, das er seit Ende 1933 vom Institut für Sozialforschung aus New York erhielt, ihm nur den minimalen Lebensunterhalt sichere. In diesem Zusammenhang scheint er nochmals große Hoffnungen auf eine eventuelle Reise nach Jerusalem gesetzt zu haben. Ganz im Gegensatz zu einer oft gegen Scholem erhobenen Kritik, er habe auf Benjamin ständigen Druck ausgeübt, um ihn zu überzeugen, nach Palästina zu kommen, beweist der Briefwechsel zwischen beiden Freunden, daß es Benjamin war, der vergeblich darauf wartete, nach Jerusalem wenigstens zu Besuch kommen zu dürfen, während Scholem die Realisierung der prinzipiellen Einladung, die er an ihn gerichtet hatte, jedesmal von neuem – und aus noch zu erörternden Gründen – verschob. Benjamin, der die wahren Gründe von Scholems ausweichender Haltung nicht erraten konnte, drückte ihm gegenüber mehrmals seine Enttäuschung, ja seinen Kummer aus. So schrieb er ihm am 29.3.1936: »Die vielfältigen und enttäuschenden Schwankungen im Termin unsres Wiedersehens [...] belasten mich noch mehr, wenn sie in mir die Frage hervorrufen, ob du von der Bedeutung, ja Fälligkeit dieses Wiedersehens im gleichen Maß durchdrungen bist wie ich« (5, 264 f.). Erst am 19.4.1936 ließ Scholem ihn wissen, daß er sich vor kurzem von Escha Burchhardt habe scheiden lassen, daß diese Entscheidung ihn fast acht Monate gekostet habe und daß Benjamins Reise leider diesen Entwicklungen zum Opfer gefallen sei (vgl. Scholem 1980, 215). Einige Monate später teilte er ihm seine Heirat mit seiner ehemaligen Studentin Fania Freud mit.

Dies war auch die Zeit schwerer arabischer Unruhen in Palästina, über die Scholem mit wachsender Besorgnis berichtete. Benjamin, der den Zionismus ohnehin mißtrauisch betrachtete, teilte den Pessimismus seines Freundes, um so mehr als er seinerseits auch die Haltung der jüdischen Bevölkerung kritisierte: Es wäre »sehr bedenklich, wenn die Bewegung der Araber wirklich im Orient so populär wäre, wie man es hier erzählt. Ich fürchte, daß kaum weniger schädlich als die materiellen Aktionen der Araber die psychischen Reaktionen der Juden sein mögen«. Er fügte sofort hinzu: »Die europäische Lage sehe ich, ihrer latenten Struktur nach, nicht zuversichtlicher als die palästinensische an« (5, 316 f.). Die zu dieser Zeit zunehmenden politischen Spannungen zwischen beiden Freunden kommen in Scholems Antwortbrief vom 26.8.1936 so klar wie nur möglich zum Ausdruck, indem er »den Anteil der Kommunisten an der antijüdischen Agitation« erwähnt, an der, mehreren Gerüchten nach, »deutsche Juden, die vor kurzer Zeit erst ins Land gekommen sind«, Anteil nehmen sollen (Scholem 1980, 225).

Daß Benjamin unter dem ständigen Aufschub der geplanten Begegnung mit Scholem außerordentlich litt, beweisen folgende Zeilen eines Briefes vom 11.2.1937: »kein Mann von kurzem Atem kenne ich doch Stunden, in denen es mir recht ungewiß wird, ob wir noch einmal einander begegnen werden. Eine Weltstadt wie Paris ist ein sehr gebrechliches Ding geworden und wenn zutrifft, was ich über Palästina vernehme, so weht ein Wind dort, in dem selbst Jerusalem zu schwanken beginnen könnte gleich einem Rohr« (5, 461). Scholem konnte die in diesen Formulierungen versteckte Andeutung nicht überhören und signalisierte Benjamin erneut – allerdings sehr zurückhaltend – die Möglichkeit einer Einladung nach Jerusalem. Diese Einladung wurde dann für Ende 1937/Beginn 1938 in konkreterer Form wiederholt. Aber bald darauf teilte er Benjamin mit, daß er im Frühling 1938 als Gastprofessor am Jewish Theological Seminary nach New York fahre, daß er Jerusalem schon am 15.2.1938 verlassen müsse und daß er ihm vorschlage – wenn Benjamin letzten Endes nicht nach Jerusalem komme – ihn bei der Hinreise in Paris »ganz kurz und auf der anderen etwas länger« zu treffen (Scholem 1980, 245). Aber am 5.8.1937 schrieb Benjamin ihm, daß er seine Einladung nach Jerusalem annehme. Scholem teilte ihm daraufhin mit, daß er leider schon am 1.2.1938 aus Jerusalem wegreisen werde, und schlug ihm vor, nur für einen Monat nach Jerusalem zu kommen. Diese erneute Verschiebung veranlaßte Benjamin ihm zu schreiben, daß »[e]ine Palästinareise von einem Monat [...] für [ihn] wegen der Kosten außer Betracht« falle (5, 570). Und nicht ohne bittere Ironie beendete er seinen Brief mit folgendem Satz: »Zur Zeit schlägt durch den blauen herbstlichen Dunst ein rechter Eishauch, von dem für diesmal mich das gelobte Land nicht bewahren wird. Und was der liebe Gott, der bei den einheimischen Juden soviel zu tun hat (und soviel gegen die Araber) für mich unternehmen kann, steht dahin« (571).

Das zweite Treffen in Paris (Februar 1938)

Auch die vorgesehene Begegnung in Paris, die Benjamins nicht zustandegekommene Reise nach Jerusalem kompensieren sollte, war seitens Scholems mit einem Hin und Her verbunden. Zuerst erklärte dieser, er könne auf der Hinreise nur einen halben Tag in Paris bleiben. Er habe aber vor, ihn auf der Rückreise im Sommer 1938 länger zu sehen. Darauf zeigte sich Benjamin von diesen Terminen enttäuscht. Scholem ließ sich überreden und die auf fünf Tage verlängerte Begegnung fand Mitte Februar 1938 statt. Zu den besprochenen Themen gehörten Benjamins kommunistische Orientierung vor dem Hintergrund der Moskauer Prozesse, sein Kunstwerkaufsatz, den Scholem wegen seiner ausgesprochen kommunistischen Tendenz lebhaft kritisierte, seine Beziehungen zu Brecht, Benjamins ambivalentes Verhältnis zum New Yorker Institut für Sozialforschung und zu dessen Leiter Max Horkheimer, aber auch die Frage des wachsenden Antisemitismus in Frankreich und, nicht zuletzt, seine immer noch bestehende Bereitschaft, nach Jerusalem zu kommen, um dort eventuell an einem Buch über Kafka zu arbeiten. Beide trafen sich auch in einer sehr angenehmen Stimmung mit Hannah Arendt, die zu dieser Zeit in Paris lebte, und mit ihrem künftigen Mann Heinrich Blücher. Im Mittelpunkt der Gespräche zwischen Scholem und Benjamin stand aber erneut das zentrale Problem von Benjamins Vermittlungsstrategie zwischen seinem alten metaphysisch-theologischen Ansatz und seinem Materialismus. Benjamin, so berichtet Scholem, »verteidigte seine Haltung nachdrücklich. Sein Marxismus sei noch immer nicht dogmatischer, sondern heuristischer, experimentierender Natur, und die Überführung metaphysischer, ja theologischer Gedankengänge [...] in die marxistischen Perspektiven sei geradezu ein Verdienst, weil sie dort ein stärkeres Leben entfalten könnten, mindestens in unserer Zeit, als in den ihnen ursprünglich angemessenen« (Scholem 1975, 258 ff.).

Die letzten zwei Jahre (1938–1940)

Nach Scholems Rückkehr nach Jerusalem, im November 1938, klagte Benjamin erneut über seine Isolierung in Paris und über die »anormale Abhängigkeit von der Aufnahme« dessen, was er mache (6, 217). Diese Bemerkung bezieht sich offensichtlich auf Adornos Kritik des Aufsatzes Das Paris des Second Empire bei Baudelaire, aber wohl auch auf Scholems kühle Reaktion, ja auf sein andauerndes Schweigen in bezug auf viele der Aufsätze, die Benjamin ihm zukommen ließ.

Dieser Vorwurf wirft die Frage nach Scholems Rezeption der Texte Benjamins auf – zumindest bezüglich der Jahre 1933–1940. Bekanntlich schickte Benjamin seinem Freund systematisch je ein Exemplar aller seiner Werke, so daß Scholem im Besitz eines fast vollständigen Archivs von Benjamins Texten war. Aber seine Reaktionen darauf – und oft reagierte er überhaupt nicht – waren meist spröde, wenn nicht ablehnend. So beklagte Benjamin sich am 24.10.1935 darüber, daß Scholem seinen Aufsatz Über das mimetische Vermögen (1933) und dessen Affinität zu Themen aus dem Bereich der Mystik nicht verstanden habe (vgl. 5, 187 f.). Als Benjamin ihm seinen Aufsatz Probleme der Sprachsoziologie (1935) schickte, antwortete Scholem, daß er ihn mit Fleiß gelesen, aber nicht verstanden habe (Scholem 1980, 217). Was die französische Fassung des Kunstwerkaufsatzes betraf, der für Benjamin außerordentlich wichtig war, so begnügte sich Scholem mit einigen Höflichkeitsfloskeln: »Dein Aufsatz hat mich sehr interessiert und ich habe über Photographie und Film in solchen philosophischen Zusammenhängen zum ersten Mal etwas Nachdenkliches erfahren. Zur Beurteilung Deiner Prognosen fehlt mir allzu sehr die Sachkenntnis« (226).

Benjamin war über diese Reaktion sehr betrübt: »Ich will dir [...] denn auch gestehen, daß die weitgehende Impermeabilität, die meine letzte Arbeit deinem Verständnis [...] entgegenzusetzen scheint, mir traurig aufs Herz gefallen ist. Wenn dir in ihr scheinbar nichts mehr in Gedankenbereiche zurückgedeutet hat, in denen wir früher gemeinsam zu Hause waren, so will ich den Grund davon, vorläufig, [...] darin suchen, daß ich eine sehr neue Landkarte einer ihrer Provinzen gezeichnet habe« (5, 401). Mit diesen »Gedankenbereichen, in denen wir früher gemeinsam zu Hause waren«, sind offenbar die Motive der Tradition und ihrer Autorität, aber vor allem wohl der Begriff der Aura und der Einzigartigkeit des auratischen Kunstwerks gemeint. Aus Scholems Schilderungen seiner Pariser Auseinandersetzung mit Benjamin über den Kunstwerkaufsatz im Jahr 1938 geht hervor, daß er jene mystischen Motive in ihrer Übertragung in die Kunstphilosophie allerdings nicht wahrgenommen hatte. Im Gegensatz zu diesen negativen Reaktionen steht als Ausnahme allein Scholems Begeisterung für den Band Deutsche Menschen (1936), wohl weil er hier keine Spur von Marxismus vorfand. Aber auch den Aufsatz Der Erzähler scheint Scholem nicht richtig gewürdigt zu haben. Auf Scholems Angabe, Der Erzähler sei angekommen und habe ihn sehr beeindruckt (Scholem 1980, 245), konnte Benjamin nichts anderes erwidern, als: »Daß der ›Lesskov‹ dir etwas sagte, habe ich mit Freude gehört« (5, 561). Daß Scholem hingegen mit größter Teilnahme auf Benjamins oben erwähnten Kafka-Brief einging, war selbstverständlich. Dies galt auch für den Aufsatz Das Paris des Second

Empire bei Baudelaire, den Scholem allerdings einer ziemlich zähen Kritik unterzieht, von der er irrtümlicherweise glaubte, sie decke sich mit derjenigen Adornos (Scholem 1980, 296 f.). Insgesamt ergibt sich der Eindruck, daß Scholem ab 1933 Benjamins Arbeiten von vornherein wegen ihrer materialistischen Orientierung mißtraute, und daß es ihm darauf ankam, Benjamin diese Unzufriedenheit – sei es auch auf indirekte Weise – mitzuteilen.

Am 14.3.1939 schickte Benjamin Scholem einen verzweifelten Hilferuf, nachdem ihm Horkheimer angekündigt hatte, daß das Institut die monatliche Zahlung des Stipendiums in kurzer Zeit einstellen müsse. Eine derartige Situation, schrieb Benjamin, würde er nicht ertragen: »[d]azu sind die Reize, die die Mitwelt auf mich ausübt, zu schwach, und die Prämien der Nachwelt zu ungewiß« (6, 236). Benjamin erwartete von Scholem, daß dieser den Verleger Zalman Schocken dazu bewegte, Benjamin einen Auftrag zu einem Kafka-Buch zu erteilen, oder daß er Benjamin für einige Zeit nach Palästina einlüde. Kurz nach dem Einmarsch deutscher Truppen in Prag kam Benjamins Brief an. Scholem antwortete ihm bestürzt, aber ohne ihm viel Hoffnung zu lassen. »Die politische Entwicklung«, hieß es, »läßt es jetzt als hoch problematisch erscheinen, ob wir Dir hierher, selbst wenn wir es wollten, auch nur ein Touristenvisum zum Besuch verschaffen könnten. [...]. Ob es möglich ist, Dir bei Schocken irgend einen Auftrag zu erwirken, der Dir [die 2400 Francs, die er zum Unterhalt benötigte] (oder selbst deren Bruchteil) sichert, wage ich nicht optimistisch zu beurteilen [...]. Ob es möglich ist, hier einen Aufenthalt von Dir für ein paar Monate zu finanzieren, das muß ich erst [...] erkunden [...]. Zu essen wirst Du immer bei uns finden, so lange wir selber etwas haben, wie es aber um alles andere steht, das ist in diesem Moment nicht zu beantworten« (Scholem 1980, 302, s. auch 301, Fußnote 2). Benjamin konnte sich keine Illusionen über den Tenor dieses Briefes machen. Am 8.4.1939 schrieb er Scholem: »das Grün der Hoffnung durchwirkte Deinen Brief so sparsam wie das dieses kalten Frühlings die Straßen von Paris. Desto präziser die winterlichen Ausblicke zwischen deinen Zeilen« (6, 251). Trotz allem kommt er auf die Perspektive einer Reise nach Palästina zurück: »Sollte sich ein Aufenthalt in Palästina wirtschaftlich ermöglichen lassen, so darf ich damit rechnen, daß ich die Reise von hier aus finanzieren könnte« (253). Aber auch diese Hoffnung wurde enttäuscht.

In Scholems Vorwort zu dem von ihm herausgegebenen Briefwechsel mit Benjamin 1933–1940 steht folgender Abschnitt: »Immer wieder wurde (und wird) mir unterstellt, ich hätte Benjamin ›überreden‹ wollen, nach Palästina/Israel zu kommen. Nichts konnte meiner wirklichen Haltung ferner liegen. [...] Niemals habe ich versucht, ja konnte ich meiner ganzen Anlage nach überhaupt versuchen, eine solche Entscheidung einem anderen [...] aufzureden« (Scholem 1980, 11). Offenbar fürchtete Scholem, daß ein Mensch wie Benjamin sich in der dortigen harten, oft rücksichtslosen Pionier-Gesellschaft nicht einleben könne. Aber es ist erlaubt, sich über die scheinbare »Impermeabilität« Scholems in bezug auf Benjamins Hilferufe in den Jahren nach 1937 zu wundern. Dazu heißt es bei Scholem: »Noch eine Frage wird sich für die Leser dieser Briefe erheben: Warum habe ich selber aus Benjamins zum Teil katastrophalen und erschütternden Darlegungen seiner finanziellen Situation keine direkte Konsequenz gezogen, wie aus diesem Buche ersichtlich ist? Die Frage kann ich beantworten, aber ich will sie nicht beantworten« (12). Ein Teil der Antwort befindet sich wohl in Scholems alten Erfahrungen mit Benjamins Haltung in Geldangelegenheiten (301). Wohl noch tiefer lag aber Scholems eigene Verzweiflung angesichts der damaligen welthistorischen Entwicklungen. Im Brief vom 30.6.1939 an Benjamin erwähnt er »die hemmungslose Verdüsterung und Lähmung, die [ihn] nun seit Monaten angesichts der Lage der Dinge hier befallen hat«. Damit meint er zunächst die unfaßbare Katastrophe für das Judentum. Aber auch die Lage in Palästina bringt ihn zur Verzweiflung: »Auch bei uns kommt Greuliches herauf, und mich schaudert wenn ich daran zu denken versuche, was allein die Folge sein kann. Wir leben im Terror; [...] die Narren unter uns [meinen], daß dies also auch die einzige Waffe sei, [...] etwas erreichen [zu] können. [...] Ich habe nie geglaubt, daß die Engländer uns viel tun können, solange wir die Grundlagen nicht selber aufgeben, auf denen menschlich unsere Sache hier beruht. Aber wir sind im besten Zug, eben das zu tun« (308).

Im September 1939 mußte Benjamin mit anderen deutschen Emigranten sich im Pariser Stade de Colombes einfinden, wo er etwa zehn Tage verbrachte. Am 15./16.9.1939 wurde er im »Camp des travailleurs volontaires« in Nevers interniert und am 16.11. entlassen. Am 23.8.1939 hatten Ribbentrop und Molotow den deutsch-russischen Pakt unterzeichnet, der Benjamins Vertrauen in die Sowjetunion als letztes Bollwerk gegen den Nazismus endgültig ruinierte. Etwa ein halbes Jahr später schrieb ihm Scholem aus Anlaß der Entlassung aus dem Internierungslager: »Ich begrüße Dich also herzlich in der wiedergewonnenen Ruhe und hoffe, es gelingt uns so wie vor bald 25 Jahren auch in diesem Krieg selbst aus der weiten Ferne das uns Gemeinsame zu bewahren« (313 f.). Benjamins Antwort vom 11.1.1940, die sich unzweideutig auch auf seine Lossagung von der sowjetischen Politik bezieht, zeugt in ergreifender Weise von der weltanschaulichen Versöhnung der Freunde: »Was die ›Bewahrung des uns Gemeinsamen‹, der du deine Wünsche zuwendest, angeht, so ist, soweit ich sehen kann, für diese noch bessere Vorsorge getroffen als vor fünfundzwanzig Jahren. Ich denke dabei nicht an uns sondern an die Veranstaltungen des Zeitgeistes, der die Wüstenlandschaft dieser Tage mit Markierungen versehen hat, die für alte Beduinen wie wir unverkennbar sind. So trist es ist, nicht miteinander konversieren zu können, so habe ich doch das Gefühl, daß die Umstände mich dabei keinesfalls so feuriger Disputationen berauben, wie sie hin und wieder zwischen uns statthatten. Heute ist dazu kein Anlaß mehr. Und vielleicht ist es sogleich schicklich, ein kleines Weltmeer zwischen uns zu haben, wenn der Moment eingetreten ist, einander spiritualiter in die Arme zu fallen« (6, 379).

Der Rest ist bekannt. Ende September 1940 versuchte Benjamin mit einer kleinen Gruppe deutscher Réfugiés über die Pyrenäen nach Spanien zu flüchten, um sich von dort aus in die USA zu begeben. Nachdem der Eintritt in Spanien ihm von der spanischen Grenzpolizei in Port Bou untersagt wurde, nahm er sich dort in der Nacht vom 26. zum 27. September das Leben. Scholem erhielt die Nachricht seines Todes erst am 8. November durch einen kurzen Brief von Hannah Arendt. Seine Frau Fania erzählt, er sei daraufhin überstürzt aus dem Hause gelaufen und sei während mehrerer Tage dort nicht mehr erschienen. Nach dem Krieg widmete er sich mit größter Hingabe der Aufgabe, Benjamins Werke zu fördern, ja sie selber herauszugeben, um das Gedächtnis seines Freundes zu verewigen.

Werk

Die Aufgabe des Übersetzers (IV, 9–21)
Franz Kafka (II, 409–438)
Über das mimetische Vermögen (II, 210–213)
Über Sprache überhaupt und über die Sprache des Menschen (II, 140–157)
Ursprung des deutschen Trauerspiels (I, 203–430)
Zur Kritik der Gewalt (II, 179–203)

Literatur

Alter, Robert (1991): Necessary Angels. Tradition and Modernity in Kafka, Benjamin and Scholem, Cambridge, Mass.
Arendt, Hannah (1971): Walter Benjamin. Bertolt Brecht. Zwei Essays, München.
Benjamin, Walter/Gershom Scholem (1980): Briefwechsel 1933–1940, Frankfurt a. M.
Biale, David (1979): Gershom Scholem. Kabbalah and Counter-History, Cambridge, Mass.
Mosès, Stéphane (1992): Der Engel der Geschichte. Rosenzweig, Benjamin, Scholem, Frankfurt a. M.
Mosès, Stéphane/Sigrid Weigel (Hg.) (2000): Gershom Scholem. Literatur und Rhetorik, Weimar/Wien.
Schäfer, Peter/Gary Smith (Hg.) (1995): Gershom Scholem. Zwischen den Disziplinen, Frankfurt a. M.
Scholem, Betty/Gershom Scholem (1989): Mutter und Sohn im Briefwechsel 1917–1946, hg. v. Itta Shedletzky in Verbindung mit Thomas Sparr, München.
Scholem, Gershom (1975): Walter Benjamin. Die Geschichte einer Freundschaft, Frankfurt a. M.
Scholem, Gershom (1977): Von Berlin nach Jerusalem. Jugenderinnerungen, Frankfurt a. M.
Scholem, Gershom (1987): Briefe an Werner Kraft, hg. v. Werner Kraft, Frankfurt a. M.
Scholem, Gershom (1992): Walter Benjamin und sein Engel. Vierzehn Aufsätze und kleine Beiträge, hg. v. Rolf Tiedemann, 2. Auflage, Frankfurt a. M.
Scholem, Gershom (1994): Briefe in 3 Bänden, hg. v. Itta Shedletzky, München.
Scholem, Gershom (1995): Tagebücher, Halbband 1, 1913–1917, hg. v. Karlfried Gründer/Herbert Kopp-Oberstebrink/Friedrich Niewöhner, unter Mitwirkung von Karl Erich Grözinger, Frankfurt a. M.
Scholem, Gershom (2000): Tagebücher, Halbband 2, 1917–1923, hg. v. Karlfried Gründer/Herbert Kopp-Oberstebrink/Friedrich Niewöhner, unter Mitwirkung von Karl Erich Grözinger, Frankfurt a. M.

Bertolt Brecht

Von Nikolaus Müller-Schöll

Es hat Jahrzehnte gebraucht, bis die Beziehung Walter Benjamins zu Bertolt Brecht als das gesehen werden konnte, was sie war: eine große, für Benjamin wie Brecht prägende intellektuelle Freundschaft, im Leben Benjamins nur vergleichbar denjenigen mit Gershom Scholem und Theodor W. Adorno. Hannah Arendts zunächst einsame und eher intuitive Einschätzung, daß in dieser Begegnung »der größte lebende deutsche Dichter mit dem bedeutendsten Kritiker der Zeit zusammentraf« (Arendt 1971, 21), läßt sich aus dem Zusammenhang der Forschung der letzten Jahre bestätigen: Kein anderer zeitgenössischer Leser Brechts wußte dessen Arbeit mit solchem Scharfsinn auf den Begriff zu bringen und in ihren untergründig theologischen, antitotalitären und aus Parteisicht ›reaktionären‹ Implikationen zu erfassen wie Benjamin. Kaum ein anderer der Freunde und keiner der Kritiker Brechts dürfte umgekehrt auf dessen Entwicklung so nachhaltigen Einfluß gehabt haben wie Benjamin.

Eine der drei großen Freundschaften

Benjamin lernt Brecht persönlich im November 1924 kennen. Die gemeinsame Freundin Asja Lacis macht beide miteinander bekannt (Lacis 1976, 53). In den folgenden Jahren kommt es zu mehreren flüchtigen Begegnungen. 1929 erwähnt Benjamin im Brief an Scholem die nähere Bekanntschaft mit Brecht (3, 466). Danach reißt die persönliche wie schriftliche Auseinandersetzung beider miteinander bis zu Benjamins Tod nicht mehr ab. Benjamin verbringt wiederholt längere Zeit mit Brecht, erstmals im Juni 1931 im französischen Le Lavandou (VI, 430 ff.). Zwischen 1933 und 1940 wohnen und arbeiten beide insgesamt mehr als elf Monate in unmittelbarer Nähe zueinander. Das ist, wie Erdmut Wizisla bemerkte, »mehr Zeit, als jeder jeweils im Exil mit anderen verbracht hat, läßt man einmal Benjamins Schwester, Brechts Familie und seine Freundinnen Margarete Steffin und Ruth Berlau außer acht« (Wizisla 2004, 98). Zwischen 1930 und 1939 verfaßt Benjamin elf abgeschlossene Texte zu Brecht, von denen allerdings sechs erst posthum erscheinen. Im Jahr 1939 listet er daneben 20 Tagebuchaufzeichnungen über Gespräche mit Brecht auf, von denen 16 überliefert sind (II, 1372 f.). Darüber hinaus finden sich diverse Notizen im Nachlaß (1370 f., 1455 f.; VII 654–659, 808–810; Wizisla 2004, 210), außerdem tauchen direkte und indirekte Zitate in zahlreichen veröffentlichten und unveröffentlichten Texten auf, etwa in den Kafka- und Baudelaire-Studien, in den Varianten des Aufsatzes LEHRE VOM ÄHNLICHEN (II, 206, 213), im Kunstwerk-Aufsatz (VII, 359 f., 366) oder in den Thesen ÜBER DEN BEGRIFF DER GESCHICHTE (I, 694, 696 f.). Zwölf Briefe an Brecht sowie eine große Zahl brieflicher Äußerungen über ihn zeugen von der Intensität der Beschäftigung mit Brechts Person, Theater, Lyrik, Prosa und Theorie und lassen den Plan eines Buches über Brecht wahrscheinlich erscheinen (vgl. Tiedemann 1971, 175).

Neben der schriftstellerischen Beschäftigung mit Brecht entwarf Benjamin mit dem Freund eine große Zahl unausgeführter Projekte: Sie reichen vom Plan einer Lesegruppe, die unter Führung von Benjamin und Brecht »den Heidegger [...] zertrümmern« sollte (3, 522), über die gemeinsam konzipierte Zeitschrift KRISE UND KRITIK (Wizisla 2004, 289–327), die »internationale Gesellschaft materialistischer Freunde der hegelschen Dialektik«, den Plan eines Prozesses »gegen Friedrich Schiller« (VI, 431) im Jahr 1931 und die Konzeption eines Kriminalromans im Jahr 1933 (VII, 847 f.; Jäger 1993; Wizisla 2004, 90) bis zu Plänen für verschiedene gemeinsame Bücher im Jahr 1936 (II, 1371).

Benjamins Interesse an Brechts Theater ist wenig überraschend. Durch eine ganze Reihe von Texten läßt sich im Anschluß an die Fertigstellung des Trauerspielbuches sein Bestreben verfolgen, in der Betrachtung der zeitgenössischen Bühnenkunst den Beweis der diagnostischen Aktualität dieses Buches zu liefern (vgl. u. a. Lacis 1976, 48; II, 763; III, 29, 37, 70, 101; IV, 796; VI, 292–409, 561). Gleichwohl nehmen Brechts *Versuche* und dessen neue Theaterpraxis eine privilegierte Stellung in Benjamins Betrachtungen zur Bühne der Gegenwart ein. Das läßt sich aus der Vielzahl der impliziten Verweise speziell des ersten Brecht-Essays auf das Trauerspielbuch ableiten (vgl. u. a. I, 274; II, 523, 525). Vom besonderen Status der Arbeit Brechts für Benjamin zeugt darüber hinaus vor allem die Äußerung, daß Brechts Schriften die »ersten – wohl verstanden: dichterischen oder literarischen – sind, für die ich als Kritiker ohne (öffentlichen) Vorbehalt eintrete, weil ein Teil meiner Entwicklung [...] sich in der Auseinandersetzung mit ihnen abgespielt hat« (4, 45). Wobei Benjamins Rede von »Auseinandersetzung« eine Begrenzung andeutet, die er explizit im Brief an Adorno formuliert, wenn er davon spricht, daß, was aus der »einschneidende[n] Begegnung mit Brecht« für seine Arbeit »Bedeutung gewinnen konnte«, erst »Gestalt gewinnen« konnte, als »die Grenzen dieser Bedeutung unzweifelhaft bei mir fest standen und also ›Direktiven‹ auch von dieser Seite ganz außer Betracht fielen« (5, 97).

Wie bei so unterschiedlichen Denkern und Intellektuellen kaum anders zu erwarten, gab es zwischen ihnen zum Teil gravierende Meinungsunterschiede: Deren Spuren tauchen zwischen den Zeilen von Benjamins veröffentlichten Texten auf. Dokumentiert sind sie in den Gesprächsprotokollen des Zeitschriftenprojekts Krise und Kritik, in Benjamins Tagebuchnotizen und in Brechts *Arbeitsjournal*: Die spektakulärste Auseinandersetzung betrifft Benjamins Kafka-Aufsatz, dem Brecht vorwirft, er leiste »dem jüdischen Faszismus Vorschub« (VI, 528; Arendt 1971, 43; Scholem 1992, 184), doch fanden auch der Baudelaire-Aufsatz und Das Kunstwerk im Zeitalter seiner technischen Reproduzierbarkeit in Brecht einen überaus kritischen Leser, wovon die Notiz zeugt, die Brecht im Juli 1938 in sein *Arbeitsjournal* schreibt. Sie mündet im polemischen Urteil: »alles mystik, bei einer haltung gegen mystik. in solcher form wird die materialistische geschichtsauffassung adaptiert! es ist ziemlich grauenhaft« (Brecht 1974, 14). Die schärfste Kritik Benjamins trifft Brechts *Lesebuch für Städtebewohner*. Nach einem Gespräch mit Heinrich Blücher hält er in einer Notiz fest, daß es eine Komplizität des dritten Gedichts des Lesebuchs »mit der Haltung der dubiosen expressionist(isch)en Clique um Arnolt Bronnen hat«, und schließt die Vermutung an, »ein Kontakt mit revolutionären Arbeitern« hätte Brecht davor »bewahren können, die gefährlichen und folgenschweren Irrungen, die die GPU-Praxis für die Arbeiterbewegung zur Folge hatte, dichterisch zu verklären« (VI, 540).

Von dergleichen intellektuellen Differenzen unberührt blieb gleichwohl die wiederholte wechselseitige materielle und ideelle Unterstützung: Benjamin nahm für Brecht in der Zeit seines Pariser Exils zeitweilig nachgerade die Funktion eines Literaturagenten wahr (vgl. 5, 255, 293, 445), Brecht setzte sich für die Publikation von Benjamins Arbeiten ein, beriet ihn, wie er sich mit List in der heiklen Frage eines Beitritts zur Reichsschrifttumskammer aus der Affäre ziehen könne (Brecht 1988 ff., 28; 404), beförderte einen Antrag Benjamins an das Dänische Komitee zur Unterstützung geflüchteter Geistesarbeiter und brachte Benjamins Bibliothek gut vier Jahre in seinem Haus unter, von 1934 bis 1938, als Benjamin sie mit Unterstützung des Instituts für Sozialforschung nach Paris holen konnte (vgl. 4, 361 f.; 6, 177 f.). Vor allem aber stand sein Haus in den Jahren des Exils in Dänemark und Schweden dem Freund immer offen. Brecht schätzte Benjamin als Widersprecher und deshalb als seinen »besten Kritiker« (Adorno 1990, 99). Er bezog ihn in die eigene literarische Produktion ein, beteiligte sich an der Redaktion des Kunstwerkaufsatzes, erbat von ihm weitere kritische Texte, soll »auf die Nachricht von Benjamins Tod gesagt haben, dies sei der erste wirkliche Verlust, den Hitler der deutschen Literatur zugefügt habe« (Arendt 1971, 21), und setzte ihm in vier Gedichten (Brecht 1988 ff., Bd. 15, 41, 43, 48, 339) auf seine Weise ein Denkmal (vgl. Wizisla 2004, 55–114, 227–287). Vor allem aber dürfte er in der Zusammenarbeit mit Benjamin das Prinzip des »Gestischen« entwickelt haben, ja es ihm verdanken – jene Entdeckung, die, wie Hanns Eisler es ausdrückte, im Zusammenhang von Brechts Theater der »berühmte(n) Formel« Einsteins (vgl. Bunge 1970, 26) vergleichbar war.

Texte bis 1931: »Aus dem Brecht-Kommentar«, »Bert Brecht«

Unter den Texten Benjamins über Brecht nehmen diejenigen aus den Jahren 1930 und 1931 eine Sonderstellung ein. Nie mehr wird Benjamin mit gleicher Freiheit – von Rücksichtnahmen auf politische Verhältnisse, ökonomische Abhängigkeiten und freundschaftliche Bindung – über Brecht schreiben. Benjamin nähert sich in ihnen einem Brecht, der gerade im Begriff steht, sich grundlegend zu wandeln (Müller 1990, Girshausen 1987, 329–334). Indikator für diese Wandlung ist das Auftauchen einer neuen Figur, des Herrn Keuner, im Fragment »Untergang des Egoisten Johann Fatzer« um 1929 (Brecht 1988 ff., Bd. 10, 387–529). Schnell wird aus der handelnden Figur unter anderen die eines Lehrers, Agitators und Kommentators, der den Kameraden aus dem Kommunistischen Manifest vorliest und dann auch abgelöst vom zu Lebzeiten unveröffentlichten Ensemble der Fatzer-Notate auftaucht (vgl. Wizisla 2004a, 116). Der ›asoziale‹ Fatzer auf der einen, der »kalt und unbestechlich« (II, 663) denkende Keuner auf der anderen Seite stehen in Benjamins frühesten Texten für eine von Spannungen gesättigte Konstellation, einen immanenten Konflikt in den Arbeiten und der Haltung Brechts zu Beginn der 30er Jahre – zwischen Anarchismus und Organisation, Freiheitsstreben und Gemeinwesen, Bildverbot und Utopie, um nur einige mögliche Schlagworte für die widerstreitenden Tendenzen zu nennen.

Aus dem Brecht-Kommentar, die erste Brecht gewidmete kurze Arbeit, die am 6. Juli 1930 im Literaturblatt der *Frankfurter Zeitung* erscheint (vgl. II, 1375), charakterisiert Brechts Erscheinung und das erste Heft der *Versuche*. Daran anschließend begleiten Zeilenkommentare Benjamins zwei Texte in Versen, die Brecht unter der Überschrift »Fatzer, komm« – vermutlich verkürzt für »Fatzer, Kommentar« – zusammen mit drei Szenen aus dem unveröffentlichten (und fragmentarisch gebliebenen) Fatzer-Stück in den

Versuche(n) veröffentlicht hatte (Brecht 1977, 29–41). Zentrale Motive der folgenden Brecht-Arbeiten Benjamins stechen bereits in diesem ersten kurzen Artikel ins Auge: Brecht interessiert Benjamin ebenso sehr als »schwierige Erscheinung« (II, 506) wie von dem her, was er schreibt. Fatzer und Keuner, bzw. die mit ihnen assoziierten Tendenzen begegnen sich aus Benjamins Perspektive nicht nur in Brechts Stücken, sondern ebenso in seiner Person: Es »gibt vielleicht keinen Vorwurf gegen sein literarisches Auftreten – Plagiator, Störenfried, Saboteur – den er nicht für sein unliterarisches, anonymes aber spürbares Wirken als Erzieher, Denker, Organisator, Politiker, Regisseur wie einen Ehrennamen beanspruchen würde« (II, 506). Benjamin unterstreicht Brechts Abkehr von ›Dichtung‹, ›Werk‹, ›Gefühl‹ und ›Erlebnis‹ und sieht als letzte Chance der Dichtung, daß sie »Nebenprodukt in einem sehr verzweigten Prozeß zur Änderung der Welt« wird (ebd.). Dabei benennt er als »Hauptprodukt« von Brechts Arbeit »eine neue Haltung« (ebd.). Dem »Versuch« entsprechend, mit den »Geschichten vom Herrn Keuner«, wie Brecht schreibt, »Gesten zitierbar zu machen« (Brecht 1977, 6), macht er die Probe aufs Exempel, prüft die Haltungen und Worte von Brechts Texten auf ihre Zitierbarkeit.

Man hat den Titel von Benjamins Text Aus dem Brecht-Kommentar bisher vor allem als Anzeichen für die Absicht begriffen, der kurzen eine längere Abhandlung folgen zu lassen, zum Teil auch als wörtlich zu nehmenden Hinweis darauf, daß es sich nur um den Auszug eines bereits geschriebenen längeren Textes handelt. Tatsächlich aber dürfte Benjamins Text in seiner dem ersten Anschein nach kargen, ja kunstlosen Form nichts anderes als ein Zitat der Schreibhaltung des darin zitierten Fatzer-«Kommentar(s)« sein. Auf jeden Fall imitiert er dessen textuelle Inszenierung: Ohne weitere Erläuterung wird eine eher unübliche Darstellungsform als selbstverständlich präsentiert – Brecht macht sich nicht einmal die Mühe, das Wort »Kommentar« auszuschreiben, Benjamin verweist lediglich kurz darauf, daß der Zweck dieser Textgattung sei, die pädagogische Wirkung »so sehr zu befördern, die poetische so sehr hintanzuhalten wie möglich« (II, 507). Wie in Brechts Fall ist auch hier das im Titel gegebene Versprechen eines größeren Werks im Moment der Veröffentlichung ungedeckt. Ebenso wichtig wie die gewählte Form scheint deshalb die zitierte Geste des Nicht-länger-auf-den-Abschluß-warten-Könnens zu sein. Wie dem Tischler in Brechts hier zitierten Fatzer-Text der Tisch genommen wird und den Monteuren im ebenfalls angeführten »Lindberghflug« der noch unfertige Apparat mit den Worten: »Was sie gemacht haben, das muß mir reichen« (Brecht 1977, 11; vgl. II, 510), so muß die Textpassage in den Druck, selbst wenn der Text, zu dem sie gehört, unabgeschlossen ist oder gar, wie im Fall des »Fatzers«, unabschließbar.

Der Zeitungsartikel, der Brecht und zugleich Brechts Haltung zitiert, stellt in der Kunstfertigkeit seiner Schreibweise wie in seinen Themen und Motiven eine Art von Index der kommenden größeren Arbeiten dar. Er entspricht insofern der in ihm verkündeten »Losung«: »Knapp an die knappe Wirklichkeit heran« (II, 510). In äußerster Verkürzung enthält er »in beinahe allzu dichter Folge alle wichtigen Motive in Brechts Arbeit« (662). So kommentiert Benjamin selbst den modifizierten Anfangsteil des Textes, als er ihn am 24. Juni 1930 in einen lapidar Bert Brecht betitelten Rundfunkvortrag übernimmt (vgl. 660–667).

Man kann in den in kurzer Abfolge verfaßten Texten Benjamin geradezu beim Denken zusehen. Von Text zu Text entfaltet er seine ›Theorie der Armut‹, die drei Jahre später in dem Essay Erfahrung und Armut aufgehen wird. Zunächst hält er dazu auf einem Notizblatt in drei Zeilen fest: »Bindeglied zwischen Literatur- und Staatslehre/ Herr Keuner und die Armut/ der Staat soll reich sein, der einzelne soll arm sein« (II, 1456). Im Zeitungsartikel nennt Benjamin als die Gesten, die in den Keuner-Geschichten zitierbar gemacht werden sollen, die »der Armut, der Unwissenheit, der Ohnmacht« (507) und endet mit einem Aphorismus: »Armut, lehren die Träger des Wissens, ist eine Mimikry, die es erlaubt, näher an das Wirkliche heranzukommen, als irgendein Reicher es kann« (510). Im Rundfunkvortrag führt er nun aus, daß die Brechtsche Armut »die physiologische und ökonomische Armut des Menschen im Zeitalter der Maschine« sei: »›Der Staat soll reich sein, der Mensch soll arm sein, der Staat soll verpflichtet sein vieles zu können, dem Menschen soll es erlaubt sein weniges zu können‹: das ist das allgemeine Menschenrecht auf Armut, wie es von Brecht formuliert, in seinen Schriften auf seine Fruchtbarkeit untersucht und in seiner schmächtigen, abgerissenen Erscheinung zur Schau getragen wird« (667). Armut ist bei Brecht weit mehr als eine bloß ökonomische Tatsache. Sie betrifft nicht zuletzt die intellektuelle Tätigkeit: »Das Denken soll verarmt werden, es soll nur soweit zugelassen werden, als es gesellschaftlich realisierbar ist. Brecht sagt: Mindestens seit der Mensch nicht mehr allein zu denken braucht, kann er nicht mehr allein denken. Um aber zu einem wirksamen gesellschaftlichen Denken zu gelangen, muß er seinen falschen komplizierenden Reichtum aufgeben« (VII, 809). »Armut«, das läßt sich aus dem Hinweis, der Mensch könne nicht mehr allein denken, ableiten, bezeichnet bei Benjamin wie Brecht einen Erkenntnis,

Recht, Kunst und Anthropologie gleichermaßen betreffenden konstitutiven Mangel. Aus ihm folgt ein Recht des Einzelnen (zum Irrtum) und eine Verpflichtung des Staates.

Benjamin sieht das Verhältnis von Staat und Einzelnem in den Haltungen Keuners, Fatzers und Galy Gays personifiziert. Keuner, den er als »Führer« vorstellt, wird von Benjamin mit einer Serie von Setzungen vorgestellt, auf die sogleich Einschränkungen folgen: Sie münden in der Bekundung, daß Keuner »ein Ziel hat, das er keinen Augenblick lang aus dem Auge verliert. Dieses Ziel ist der neue Staat« (II, 663). An dieser Stelle fehlt die Entgegensetzung, die sich gleichwohl aus einem früheren Brief an Scholem erschließen läßt, in dem Benjamin über die »kommunistischen ›Ziele‹« geschrieben hatte, daß er sie »für Unsinn und für nichtexistent halte. Was dem Wert der kommunistischen Aktion darum kein Jota benimmt, weil sie das Korrektiv seiner Ziele ist und weil es sinnvoll *politische* Ziele nicht gibt« (3, 160).

Herr Keuner ist der »Denkende«, der aber vielem »gar nicht folgen kann« (II, 662 f.). Was er vor allem nicht zu denken vermag, ist die Endlichkeit des eigenen, ja überhaupt des bloßen Denkens. Wenn Benjamin sein kaltes und unbestechliches Denken als »Laster« bezeichnet (663) und von ihm ausgehend »Gefahren im Schaffen von Brecht« (365) sieht, dann deshalb, weil Keuner glaubt, im reinen Denken die Widersprüche der Praxis auflösen zu können. Die dadurch gegebene Gefahr der Ideologie und mit ihr verbunden der Totalisierung erfährt Benjamins Text zufolge im Theater ihre Korrektur durch das reagierende Publikum, im Vortrag aber zunächst durch Benjamin selbst, der Keuners Vorstellung abrupt mit den Worten: »Soweit Herr Keuner« (664) beendet, um dann den Figuren Raum zu geben, die in Brechts Texten Keuner gegenübertreten, den »Asozialen« Baal, Mackie Messer und Fatzer. Sie weisen seinen Anspruch auf Klarheit und Transparenz durch ihre bloße Existenz in seine Grenzen. Darüber hinaus sei Brecht bestrebt, den Asozialen und Egoisten als »virtuellen Revolutionär zu zeichnen« (665). Neben Keuner und den Asozialen tritt in Benjamins Vortrag als dritte Figur Galy Gay aus *Mann ist Mann*, der Mann, »›der nicht nein sagen kann‹« (526). Er ist das Figur gewordene, rückhaltlose Bekenntnis zum illusionslos betrachteten Zeitalter (vgl. II, 216). Seine Eigenheit, durch sein »Einverständnis« (vgl. Müller-Schöll 2004) die »Widersprüche des Daseins da« einzulassen, »wo sie zuletzt allein zu überwinden sind« (II, 526), bringt Benjamin im Aufsatz Was ist das epische Theater? <1> auf den Begriff.

»Was ist das epische Theater?«

Dieser Aufsatz, Anfang 1931 von Benjamin als Artikel »über ›Mann ist Mann‹« (4, 16) für die *Frankfurter Zeitung* verfaßt und im Untertitel bescheiden als Studie zu Brecht bezeichnet, stellt tatsächlich aus Benjamins Sicht weit mehr dar: Eine »Analyse [...] für die Bühne« (404), die versucht, mit der theatralischen Arbeit Brechts den Stand der gegenwärtigen Bühnenkunst überhaupt und dabei das zum Zeitpunkt der Abfassung erst spärlich reflektierte Phänomen des »epische[n] Theater[s]« (ebd.) auf den Begriff zu bringen. Ihm wird hier ein gleichsam geschichtsphilosophischer Rang eingeräumt.

Der äußere Anlaß des Textes ist Brechts *Mann ist Mann*-Inszenierung am 6. Februar 1931 im Staatlichen Schauspielhaus Berlin (vgl. II, 520) sowie die Debatte, die Brechts erste Skizze einer Theorie des »epischen Theaters« in seinen Anmerkungen zur Oper *Aufstieg und Fall der Stadt Mahagonny* ausgelöst hat (Brecht 1977, 101–107). Benjamins Text wird in der Redaktion der *Frankfurter Zeitung* als entschiedene Parteinahme für Brecht begriffen. Der Abdruck scheitert am Einspruch des Theaterkritikers Bernhard Diebold (vgl. 4, 32, 53 f. u. 6, 309).

Dem Anlaß und dem Vorsatz, Brecht argumentativ zur Seite zu springen, entsprechen Passagen des Textes, die für das neue Theatermodell werben, indem sie es im Detail vorstellen, von bekannten Theaterformen absetzen und auf den gesellschaftlichen Umbruch sowie die medientechnischen Neuerungen der Zeit beziehen. Beobachtungen und Überlegungen zu Text, Bühne, Schauspielern, Publikum und Kritik verdeutlichen, daß es ein Theater ist, das sich den Herausforderungen einer Gesellschaft im Klassenkampf stellt, daß es dabei an der Veränderung des eigenen Betriebs arbeitet, damit im noch lediglich »projektierten« Theater »die Proletarier Stammgäste« werden, und daß es mit seinen Neuerungen »auf der Höhe der Technik« (II, 524) steht. Zugleich wird dieses neue Theater von Benjamin in historische Zusammenhänge gestellt, in die Traditionslinie der »Suche nach dem untragischen Helden« (523). Hier greift er auf das Trauerspielbuch zurück, um dessen der hegelianischen Geschichtsphilosophie gegenläufige Entwicklungsgeschichte der bei Hegel vergessenen Formen als Vorgeschichte des »epischen Theaters« zu präsentieren. Sie reicht vom mittelalterlichen Mysteriendrama, über Gryphius, Lenz, Grabbe, den Goethe des zweiten Faust und Strindberg bis zu den Stücken von Brecht.

Wie in vielen seiner Kritiken und vermeintlichen ›Gelegenheitsarbeiten‹ weiß Benjamin die äußerste Anschaulichkeit in der Bezugnahme auf einen konkreten Sachverhalt mit einer kaum einzugrenzenden Fülle von Verweisen auf eigene und fremde Texte und zeitgenössische Debatten zu verbinden. In der geschickten Montage von Zitaten Brechts mit deren Ausdeutung im Sinne seiner eigenen Theorie von Sprache und Geschichte, Erkenntnis, Recht und Kunst vermag er das auf den ersten Blick entfernte Phänomen des »epischen Theaters« mit dem unterirdischen Maulwurfsbau zu verknüpfen, der einer Bemerkung Adornos zufolge die Schriften Benjamins miteinander verbindet (Adorno 1981, 570). Neben den zitierten Stücken *Mann ist Mann* und *Mahagonny*, der Lyrik der *Hauspostille* und den in den zwei ersten Heften der *Versuche* veröffentlichten Gedichten, Geschichten und theoretischen Texten dürften die zahlreichen Diskussionen mit Brecht, speziell über das gemeinsame Zeitschriftenprojekt, eingeflossen sein, außerdem die öffentlichen Debatten über die Aufführungen der *Maßnahme* und des *Badener Lehrstücks*. Im Kontext von Benjamins Tätigkeit als Kritiker ist Was ist das epische Theater? Teil der Auseinandersetzung mit der Rolle des Intellektuellen und der Auflösung traditioneller ästhetischer Kategorien in Literatur und Medien der Gegenwart. Im Zusammenhang seiner philosophischen Arbeit knüpft er an frühere und gleichzeitige Auseinandersetzungen mit Platons *Gesetzen*, dessen »Höhlengleichnis« und seinem *Timaios*, mit Kierkegaards *Kritik des Publikums* und mit Nietzsches *Der Fall Wagner* an (vgl. Müller-Schöll 2002, 19–71, 161–173).

Als der Text 1966, 35 Jahre nach seiner Niederschrift, erstmals veröffentlicht wurde, stellten sein sehr spezifischer Anlaß und seine kaum eingrenzbare Fülle von Kontexten ein doppeltes Rezeptionshindernis dar. Wer mit Brechts Theaterarbeiten vertraut war, kannte wenig von den Zusammenhängen, in die Benjamin sie stellte. Wer Benjamins Denken in seiner Spezifik durch die bis dahin veröffentlichten Schriften kennengelernt hatte, der dürfte kaum erkannt haben, in welcher Weise der Brecht-Aufsatz mit ihm verbunden war. Brechts Bild wiederum war maßgeblich durch seine späteren Stücke und sein Wirken am *Berliner Ensemble* geprägt, weniger durch die ›Lehrstücke‹, schon gar nicht durch die Benjamin wichtigen Fragmente und theoretischen Überlegungen der frühen 30er Jahre.

Anders als in späteren Studien, in denen »episches Theater« zum Synonym für Brecht-Theater wird, ist in Benjamins Untersuchung noch spürbar, daß Brechts Wortprägung »episches Theater« zunächst als eine Art von Oxymoron aufgefaßt werden mußte, als Provokation. Sie dürfte Benjamin an Hölderlins Lob des Dichterfreundes Böhlendorf erinnert haben, das er sich als Motto »zu Brecht« notierte: »Das hat Dein guter Genius Dir eingegeben, [...] daß Du das Drama epischer behandelt hast« (VI, 208). »Episches Theater« drückte weniger ein positives Programm als vielmehr eine Wendung gegen jene Tradition aus, die in normativer Umwandlung der deskriptiven Gattungspoetik des Aristoteles Epos und Drama systematisch voneinander geschieden wissen wollte. Das »epische Theater«, wie es hier entworfen wird, bricht mit jeder gegebenen Definition und Institution. Was es zu konzipieren galt – für Brecht in der Praxis seines Theaters, für Benjamin in dessen Theorie – war ein Theater der Zukunft, das sich vom existierenden »bürgerlichen« Modell absetzte, ohne dessen zukünftige Alternative bereits zu kennen, ein Theater zur Zertrümmerung von Ideologie.

Benjamins Schreibweise zeichnet sich dadurch aus, daß sie, was als Programm des »epischen Theaters« referiert wird, so relativiert, daß sich keine Praxis mehr nahtlos aus der Theorie ableiten läßt und die Frage im Titel letztlich unbeantwortet bleibt. So werden die Elemente des neuen Theaters – Bühne und Publikum, Text und Aufführung, Regisseur und Schauspieler, Autor und Theater – nur *in* ihrem Verhältnis zueinander vorgestellt. Dieses ist eines *wechselseitiger* Abhängigkeit. Im Ergebnis bleibt beider spezifische Ausgestaltung offen, ist verwiesen auf die immer andere Anordnung, die sie aufeinander bezieht.

Diese beständig veränderliche Anordnung, das, was zwei miteinander in einer Beziehung wechselseitiger Suspension stehende Elemente aufeinander bezieht, zusammen mit diesen hervortreten zu lassen, ist das Kernanliegen »epischen Theaters«, wie Benjamin es darstellt. Er kommt darauf in verschiedenen Variationen in seinem Text zurück, so jedes Mal, wenn er aufgreift, daß es im »epischen Theater« darum gehe, »Zustände« darzustellen. Ein Zustand bezeichnet für ihn dabei weder das »›Milieu‹« (II, 521) der naturalistischen Bühne, die im Gegensatz zum »epischen Theater« das »Bewußtsein, Theater zu sein« (522), verdrängt, noch, wie man annehmen könnte, den Ausgangspunkt der Versuche dieses Theaters, sondern vielmehr ihr Ende. Zustände werden hier, wie er weiter ausführt, »entdeckt« und dies »mittels der Unterbrechung von Abläufen« (ebd.). Später fügt Benjamin über den zu entdeckenden »Zustand« hinzu: »Der Zustand, den das epische Theater aufdeckt, ist die Dialektik im Stillstand« (530). Die Formulierung »Dialektik im Stillstand« läßt bekanntlich zwei Lesarten zu, die gleichzeitig möglich sind, doch nicht zugleich: Sie kann gedeutet werden als Dialektik, die noch im Stillstand waltet, wie auch als eine stillgestellte Dialektik. »Dialektik im Stillstand« ist hier also eine selbst paradoxe, auf spezifische Weise zweifach lesbare und insofern unauflösbare Formulierung für die im »epischen

Theater« zu machende Erfahrung einer irreduzibel zwiegespaltenen Darstellung.

Durch den Text Benjamins ziehen sich Anschauungsbeispiele dessen, was in Brechts Darstellungsweise in seine widerstreitenden Elemente aufgelöst wird. Aufschlußreich ist dabei die Beschreibung der Aufgabe epischer Regie: »Oberste Aufgabe einer epischen Regie ist das Verhältnis der aufgeführten Handlung zu derjenigen, die im Aufführen *überhaupt* gegeben ist, zum Ausdruck zu bringen« (II, 529, Herv. d. Verf.). Dieser Satz, der auf den ersten Blick lediglich Brechts heute allzu bekannte Technik der ›Verfremdung‹ beschreibt, spielt tatsächlich, wenngleich unscheinbar, auf die Unterscheidung zwischen der »Sprache *überhaupt*« und der »Sprache des Menschen« in Benjamins Sprachtheorie an (140 ff.; vgl. Müller-Schöll 2002, 73–106).

Diese Anspielung führt zur entscheidenden Verbindung des Brecht-Essays mit Benjamins Denken. So wenig Sprache für Benjamin ein bloß menschliches, dem Menschen unterworfenes, für ihn restlos verfügbares Vermögen ist, so wenig ist es das Theatralische. Die Spaltung zwischen »Bühnenverhalten« und »Bühnenvorgang« (II, 529) korrespondiert derjenigen zwischen dem bloßen Sprachvermögen und dem Sprechen in Benjamins Sprachtheorie seit dem frühen Sprachaufsatz von 1916. Diesem zufolge hatte die Sprache »nach dem Fall« sich als eine in sich gespaltene entwickelt: Jede sprachliche Mitteilung setzt ein Vermögen der Mitteilung voraus, ein Material der Sprache, das selbst nicht oder anders spricht, und gleichsam der Träger der Mitteilung ist. Dieses Vermögen läßt sich entsprechend des Sprachaufsatzes als »Mitteilbarkeit« (145; 154) bezeichnen. Ihm entspricht in späteren Aufsätzen Benjamins die »Übersetzbarkeit« (IV, 10) als Vermögen der Übersetzung, die »Reproduzierbarkeit« (VII, 350 ff.) als Vermögen der Reproduktion und im Zusammenhang der Arbeiten zur Bühne das »mimetische Vermögen« (II, 210). Für dieses Vermögen kreiert Benjamin in einem späteren Text den Begriff der »Nachahmbarkeit« (206). Wollte man seine Studie zu Brecht auf einen kurzen Begriff bringen, so müßte man deshalb vom Versuch sprechen, ein Theater der *Nachahmbarkeit* zu beschreiben. Nachahmbarkeit wäre in jedem Theater das Prinzip einer unaufhörlichen Veränderung, dasjenige, was die Elemente zugleich anordnet und verbindet, wie auch in dieser Anordnung bereits wieder gegeneinander setzt und voneinander trennt. Wenn Jacques Derrida einmal auf die Affinität der von ihm als »différance« bezeichneten zeiträumlichen Differenz der Darstellung zu Benjamins »Mitteilbarkeit« hingewiesen hat, so könnte man entsprechend sagen, daß Benjamins Theatertheorie eine Theorie der différance für das Theater entwickelt (Derrida 1997, 136; vgl. Gasché 1988, 88 ff.; Müller-Schöll 2002, 73–184).

Hat man Benjamins Interesse damit benannt, so schließen sich Fragen an: Wie konnte Benjamin zu dieser, zunächst sicherlich singulären Sicht auf Brechts Theater kommen? Inwiefern korrespondiert sie mit Brechts Intentionen und wo setzen jene »Grenzen« (5, 97) der Bedeutung Brechts für Benjamin an, von denen er 1935 im Brief an Adorno schreibt. Aufschlußreich ist hier vor allem ein mehrfach zu findender Hinweis, wonach Benjamin vor allem Brechts »Richtung auf eine von allen magischen Elementen gereinigte Sprache« interessierte (II, 956; vgl. Scholem 1975, 254, 258). »Magie« stand für Benjamin, wie sich aus dem Zusammenhang seiner Schriften folgern läßt, für das Grundproblem aller Sprache und ihrer Theorie, für deren »Unendlichkeit« und »Unmittelbarkeit«, für den Überschuß des »Geschwätzes« (II, 142 f.) in der Sprache, eine notwendige Kontingenz, die das Sprechen allererst ermöglicht und gleichwohl als ständige Störung empfunden wird, gleichsam für ihr Material. Insofern kann man folgern, daß an Brechts Theater für Benjamin der Versuch von Interesse war, eine rein endliche und rein mittelbare Sprache und ein ebensolches Theater zu begründen – ein Versuch, der zwangsläufig scheitern mußte, der aber in seinem Scheitern, wie Benjamin in einem Paralipomenon zu Was ist das epische Theater? notiert, einem Hegelianer »als eine Probe aufs Exempel scheinen« konnte, »zu der sich der Weltgeist selbst herbeiließ« (VII, 654). Im Zusammenbruch von Kalkulationen auf allen Ebenen – inhaltlich, formal, im Raum des Theaters – zeugte Brechts Theater aus Benjamins Sicht vom Rest, der in keiner Konzeption, sei sie künstlerischer, sei sie politischer Natur, aufgeht. Wo Brecht sich die »korrektur« seines »denkens durch die realität« erhoffte (vgl. Wizisla 2004, 293), sich das eigene Schaffen als eines im steten Kontakt mit einer eingreifenden und die Voraussetzungen korrigierenden und revidierenden politisierten Theaterpraxis vorstellte, da dürfte Benjamin diesen Prozeß als einen gleichsam theologischen begriffen haben: Als die durch Setzung geschaffene Selbstbegrenzung der Autorität des Setzenden durch das sprachliche oder theatrale Material, in und mit dem er seine Setzung vollziehen zu können glaubte. Als solchen Souverän ohne Souveränität charakterisiert er unter der Hand Brecht in seinem Essay, wenn er schreibt, daß er sich »zu seiner Fabel wie der Ballettmeister zu seiner Elevin« (II, 525) verhalte. Er erscheint so als typologischer Nachfolger des Intriganten, von dem es im Trauerspielbuch heißt, er sei der »Vorläufer des Ballettmeisters« (I, 274). Der Intrigant ist eine der drei typologischen Figuren, die im immanenten Raum des Trauerspiels, in dem der wirkliche Ausnahmezustand ausgeschlossen und der Ausnahmezustand deshalb zur Regel geworden ist, in Ermangelung eines Souveräns an dessen Stelle treten (vgl. Weber 1991).

Ausgehend von der im Hervortreten des Rests gemachten Grenzerfahrung korrigiert Benjamin in der fragmentarischen Theatertheorie seines Essays neben dem traditionellen Begriff des Autors diejenigen des Werks und der Geschichte. Erscheint am Autor hier wie im ungefähr gleichzeitigen Essay über Paul Valery als die letzte Tugend des methodischen Prozesses, daß er »den Forschenden über sich selbst hinauszuführen« (II, 390) in der Lage ist, so wird damit gleichzeitig auch der Werkbegriff entgrenzt: Das Über-sich-selbst-Hinausführen deutet im konstruktiven Prozeß auf dasjenige, was sich, obwohl es unverzichtbare Voraussetzung der Darstellung ist, dieser fortwährend entzieht. Alle drei Korrekturen treten in Erscheinung, wo Benjamin Brechts »Erwägung« referiert, schon bekannte Ereignisse darzustellen, um die Bühne ihrer stofflichen Sensationen zu berauben, etwa »geschichtliche Vorgänge«. Hier fällt er überraschend aus der Rolle des Kritikers in die eines die Theorie korrigierenden und fortschreibenden Co-Autors, indem er anmerkt: »Auch hier aber wären gewisse Freiheiten im Verlauf unumgänglich, Akzente nicht auf die großen Entscheidungen, die in den Fluchtlinien der Erwartung liegen, sondern aufs Inkommensurable, Einzelne zu legen. ›Es kann so kommen, aber es kann auch ganz anders kommen‹ – das ist die Grundhaltung dessen, der für das epische Theater schreibt« (II, 525). Geschichte wird so ihrer konservativen Begründungsfunktion entledigt, erscheint als eine von mehreren möglichen Geschichten bzw. Deutungen der Vergangenheit. Freigelegt wird, was Voraussetzung des Kampfes »für die unterdrückte Vergangenheit« (I, 703) ist: Der Blick auf deren abgeschnittene Möglichkeiten (697).

Benjamins Versuch, das »epische Theater« als Theater des in keiner Realisierung restlos aufgehenden Vermögens der Darstellung begreifbar werden zu lassen und insofern als Theater der Mittelbarkeit, zielt darauf ab, einem Denken der Möglichkeit den Weg zu bahnen, das sich von demjenigen der abendländischen Metaphysik unterscheidet. Diese Tendenz wird an vielen Stellen des Essays erkennbar: Das »epische Theater« lockert, wie Benjamin schreibt, die Gelenke der Fabel »bis an die Grenze des Möglichen« (II, 525), seinen Schauspielstil zeichnet eine »Mehrheit von Möglichkeiten« (529) aus, und was Lust an ihm macht, ist, wie Benjamin in einem vermutlich nur von ihm überlieferten Brecht-Zitat festhält, daß der Mensch als »ein nicht so leicht Erschöpfliches, viele Möglichkeiten in sich Bergendes und Verbergendes« zu erkennen ist, »wovon seine Entwicklungsfähigkeit kommt« (531). Möglichkeit wird hier nicht im Sinne von Aristoteles von ihrer Aktualisierung her begriffen und auf diese begrenzt (Heidegger 1990, 160–224; Agamben 1992, 106 f.), vielmehr ausgehend von jenem Rest, der in keiner Aktualisierung aufgeht, jedes Kalkül durchkreuzt und jede menschliche Tätigkeit entgrenzt. Insofern kann man aber das beschriebene »epische Theater« als ein unmöglich zu realisierendes Theater der Potentialität oder des Rests beschreiben, das jedes mögliche Theater begründet wie be- und entgrenzt (vgl. Müller-Schöll 1999, 2002).

Benjamins Theatertheorie nach 1931

Vergleicht man die späteren Texte über Brechts *Theater* mit den zugleich spielerischen wie spekulativen, in Anspruch wie Deutung nach keiner Seite begrenzbaren Texten der Jahre 1930 und '31, so ist der erste Eindruck der einer größeren Nüchternheit, ja Ernüchterung. Waren die Ausführungen zu Brechts Theater vor 1933 »Studien« (II, 519; 1380), so kann man die nach 1933 angemessen nur als Präsentationen Brechts bezeichnen. Sie stellen, soweit sie nicht Zitate oder Paraphrasen des frühen Textes sind, kaum mehr als Ergänzungen dar. EIN FAMILIENDRAMA AUF DEM EPISCHEN THEATER aus dem Jahr 1932, Benjamins Deutung von Brechts Lehrstück *Die Mutter*, führt weiter aus, inwiefern das »epische Theater« der Tieckschen Dramaturgie der Reflexion überlegen ist. Benjamin trägt nach, weshalb »episches Theater« im Gegensatz zu ihr »dem dialektischen Urverhältnis, dem Verhältnis von Theorie und Praxis« (529) gerecht zu werden vermag. Das Stück, das er nicht ohne Witz als »soziologisches Experiment über die Revolutionierung der Mutter« (511) bezeichnet, wird von ihm einer barock anmutenden Allegorese unterworfen. »Die Mutter«, so hält er fest, »ist die fleischgewordene Praxis«, eine Praxis, die dem »Kommunismus« dient, der ihrer Hilfe bedarf (513). Ihr Sohn dagegen steht ihm für die Theorie, denn er »ist es, der die Bücher liest und sich auf das Führertum vorbereitet. Da sind vier: Mutter und Sohn, Theorie und Praxis, die nehmen eine Umgruppierung vor; spielen ›Verwechselt, verwechselt das Bäumelein‹« (514). Benjamin greift hier seine Theorie von der kommunistischen Aktion als Korrektiv unsinniger kommunistischer Ziele auf (3, 160) und begreift Brechts Stück als deren Veranschaulichung, die Mutter darin als Korrektiv der vom Sohn gegebenen Theorie: »Ist der kritische Augenblick einmal eingetreten, daß der gesunde Menschenverstand sich der Führung bemächtigt, dann ist die Theorie gerade gut genug, um die

Hauswirtschaft zu besorgen« (II, 514). Prägnant bringt Benjamin das hier spielerisch umkreiste Verhältnis von Theorie und Praxis allerdings erst 1935 auf den Punkt, in der Formel: »Anweisung der Theorie auf die Praxis. *Auf* die Praxis, nicht *an* sie« (III, 446). Theorie gibt nicht der Praxis Anweisungen, wird vielmehr durch diese begrenzt. Sie stellt selbst eine Praxis dar und kann als solche keine Praxis an anderem Ort und zu anderer Zeit determinieren.

In Theater und Rundfunk sowie in einem aus diesem Text beinahe wortgleich übernommenen Teil seines Aufsatzes Der Autor als Produzent entwickelt Benjamin 1932 eine andere Frage weiter, die er im Essay von 1931 zwar aufgeworfen hat, dann jedoch fallen ließ: Was es heißt, Theater auf der Höhe der neuen Technik des Rundfunks und des Kinos zu machen. Benjamin beantwortet sie durch die Gegenüberstellung des »großbürgerliche[n] Theater[s]« (II, 774) bzw. des dramatischen Gesamtkunstwerkes auf der einen, des fortschrittlichen »epischen Theaters« (699) bzw. des dramatischen Laboratoriums auf der anderen Seite. Wo jenes, ganz gleich ob als Bildungs- oder Zerstreuungstheater, sich als »›Symbol‹« oder »›Totalität‹« (774) realisiere, setze dieses auf Auseinandersetzung mit Radio und Kino, indem es das Film-Prinzip der Montage »aus einem technischen Geschehen in ein menschliches« (775) zurückverwandle, worunter Benjamin begreift, daß die Unterbrechung hier »nicht Reizcharakter, sondern eine pädagogische Funktion« (ebd.) habe: Sie zwinge den Hörer zur Stellungnahme zum Vorgang, den Akteur zur Stellungnahme zu seiner Rolle, indem sie die Handlung »im Verlauf zum Stehen« (ebd.) bringe. Anstelle von Bildung der Kenntnisse gehe es hier um Schulung des Urteils.

Steht Brechts Theater auch nicht mehr im Zentrum Benjaminscher Bemühungen, so versucht Benjamin gleichwohl weiterhin, Brecht nach Kräften zu unterstützen. So durch ein Referat im Rahmen des 1934 avisierten Zyklus »›L'avantgarde allemande‹« (4, 362), in dessen Zusammenhang Brecht als maßgebende Figur für das Gegenwartstheater vorgestellt werden sollte, mit einem kurzen Text über die *Dreigroschenoper*, den man als Versuch lesen kann, dem Erfolgsstück anläßlich einer Neuinszenierung im September 1937 den Weg zum besseren Verständnis in der französischen Hauptstadt zu bahnen, oder mit Das Land, in dem das Proletariat nicht genannt werden darf. Der Text, den Benjamin anläßlich der Aufführung von Brechts *Furcht und Elend des dritten Reiches* verfaßt, enthält vor der Schilderung des Theaterabends eine Bilanz des früheren »epischen Theaters«, wobei Benjamin seine früheren Darstellungen an einigen Stellen erweitert. Daran anschließend macht Benjamin jedoch aus der Tatsache keinen Hehl, daß Stück und Inszenierung bei allem Lob, das er ihm und den hier erstmals namentlich aufgeführten Schauspielern zu zollen vermag, einen technischen Rückschritt gegenüber dem »epischen Theater« darstellt: »So gefestigt war diese epische Bühne, so groß der Kreis der von ihr Geschulten noch nicht, daß sie in der Emigration hätte aufgebaut werden können. Diese Einsicht liegt der neuen Arbeit von Brecht zugrunde« (II, 516), schreibt er in seiner Besprechung. Dieser Rückschritt erscheint im Text als Rückfall in die »traditionelle[] Dramaturgie«, in ein Theater der »Intrige« und der »dramatischen Spannung« (ebd.), und Benjamin ist nach Kräften bemüht, alles das hervorzuheben, was aus den früheren Versuchen gerettet wurde.

Kein Text zeugt so augenfällig vom Scheitern der Erwartungen, die Benjamin mit Brechts »epischem Theater« verbunden und an seine weitere Entwicklung geknüpft hatte, wie der kürzere Text, den Benjamin unter dem Titel des ungedruckt gebliebenen Essays von 1931 im Jahr 1939 in *Maß und Wert* veröffentlicht. Zitiert Was ist das epische Theater? <2> auch einzelne Passagen des frühen Aufsatzes – neben Passagen aus der Besprechung von *Furcht und Elend des dritten Reiches* –, so lassen sich doch die Veränderungen gegenüber dem frühen Text weder, wie Benjamin vorgab, als »geringfügig[]« (6, 309) bezeichnen, noch als Ausdruck »gewachsene[r] Einsicht in Brechts Theatertheorie« (Wizisla 2004, 222). Vielmehr handelt es sich um zwei Texte, die sich grundlegend unterscheiden (vgl. II, 1386).

Das epische Theater wird nun – gleichsam episch – in acht, mit römischen Ziffern abgesetzten und Einzelüberschriften versehenen Kapiteln von einigen seiner zentralen Neuerungen her vorgestellt. Neu im Vergleich zu den früheren Arbeiten sind Bezugnahmen auf den *Galilei*, auf *Furcht und Elend des Dritten Reiches* und den Arbeitsprozeß am *Lindberghflug* in seinen verschiedenen Fassungen. Näher an Brechts eigener Herleitung bleibt die Begründung von dessen Dramaturgie als einer »nicht-aristotelische[n]« im Wegfall der Katharsis, die Benjamin als »Abfuhr der Affekte durch Einfühlung in das bewegende Geschick des Helden« erklärt (II, 535).

War Benjamins früher Text die eigenständige Weiterarbeit an einer Theorie von Brechts theatraler Praxis, so kann im Vergleich damit der späte als die allzu wohlmeinende Vermittlung einer Theaterarbeit und -theorie für ein mit ihr wenig vertrautes Leserpublikum erscheinen. Die Verknüpfung mit Benjamins eigenem Denken ist weniger ausgeprägt, die produktive Auseinandersetzung ist einer distanzierten Präsentation gewichen. Es fehlen der Brecht gegenüber kritische Gestus wie die impliziten Verweise auf Benjamins Sprachtheorie und Geschichtsphilosophie, die Theorie der Funktionszusammenhänge zwischen den Elementen der Darstellung, die Bezugnahmen auf die *Mann ist Mann*-Inszenierung, die Vorstellung von Herrn Keuner, die Textinszenierung der »Literarisierung« (524), die Auseinandersetzung mit der veränderten Rolle der Kritik und die Ausrichtung auf ein Theater, dem es um ein anderes Denken der Möglichkeit geht.

So ist es auch kein Wunder, daß Brecht, der Benjamins frühen Text so schätzte, daß er ihn noch 1935 dem *Internationalen Revolutionären Theaterbund MORT* zur Publikation empfahl (BBA 1284/20, vgl. Wizisla 2004, 186), mit dem späten, wie Margarete Steffin durchblicken ließ, Probleme hatte (vgl. ebd., 234–236). Als Benjamin 1931 seinen Text schreibt, existieren nur vereinzelte theoretische Auseinandersetzungen mit der poetischen und theatralischen Praxis von Brechts »epischem Theater«, und sein Essay begründet zu diesem Zeitpunkt erstmals, inwiefern Brechts Theater nicht nur in dessen Selbstwahrnehmung epochale Bedeutung zukommt. Im Jahr 1939 dagegen hat Brecht bereits eine große Zahl von theoretischen Texten über die Praxis des »epischen Theaters« geschrieben, ja seine Arbeit für das Theater erschöpft sich in Ermangelung praktischer Arbeitsmöglichkeiten zu Zeiten in ihnen. So dürfte er nun Benjamins kritische Bemühungen mit den eigenen verglichen haben. Dabei mußten ihre Grundlagen als lückenhaft, ihre Anschauungsbeispiele als schlecht gewählt und zum Teil fehlerhaft zitiert erscheinen: So, wenn Benjamin im Zusammenhang des zitierbaren Gestus ausgerechnet Elisabeth Hauptmanns wenig erfolgreiches Stück *Happy End* (II, 536) anführt, wenn er in der kursorischen Erwähnung der *Maßnahme* den ›Kontrollchor‹ als »Parteitribunal« (ebd.) bezeichnet, wenn er als Argument für die neue Spielweise die zwar anschauliche, gleichwohl zu kurz greifende Erklärung anführt, daß es für den deutschen Schauspieler im Exil »eine Einfühlung in den Mörder seiner Mitkämpfer [...] nicht wird geben können« (538 f.). Oder wenn er statt von *Furcht und Elend des dritten Reiches* von dessen »Furcht und Zittern« (1387) schreibt.

»Brechts Dreigroschenroman«

Im selben Maße, wie in Brechts Produktion die Bedeutung von Prosa und Lyrik gegenüber der Theaterarbeit zunimmt, gewinnt sie auch in Benjamins kritischen Arbeiten über ihn an Gewicht. Unter dem schlichten Titel Brechts Dreigroschenroman schreibt er eine Besprechung des 1934 erschienenen Buches im Auftrag der Exilzeitschrift *Die Sammlung*, deren Schriftleiter Klaus Mann ihm jedoch nach einer Meinungsverschiedenheit über die Höhe des Honorars das Manuskript wieder zurückschickt (vgl. Wizisla 2004, 188–194). So erscheint auch dieser Text erst Jahrzehnte nach seinem Abschluß. Benjamin lernt den Roman bereits während Brechts Arbeit am Manuskript in Auszügen kennen und liest im Buch schon in Svendborg im Sommer 1934. Mehrfach teilt er danach Freunden seine uneingeschränkt positive Meinung brieflich mit, erbittet im Gegenzug ihre Urteile und läßt sich von Brecht während der Arbeit an seinem Text die bereits erschienenen Rezensionen des Romans senden – wohl nicht zuletzt, um sein eigenes Urteilsvermögen zu überprüfen, dem er in diesem Fall nicht ganz zu trauen schien (vgl. 5, 23).

Aus der Distanz betrachtet, wirken die Zweifel am eigenen Urteil berechtigt. Unabhängig davon, was man von Brechts *Dreigroschenroman* halten mag, erscheint die zunächst in Briefen, dann in der Besprechung zum Ausdruck kommende Einordnung des Romans neben den großen Werken der satirischen Weltliteratur, seines Autors neben Swift, Cervantes, Rabelais und E.T.A. Hoffmann gewagt. Nimmt man hinzu, daß der *Dreigroschenroman* zugleich als Höhepunkt der Entwicklung des Kriminalromans gewürdigt und gegen dessen »Frühzeit« (III, 447) bei Dostojewskij abgesetzt wird, so drängt sich der Eindruck auf, daß Benjamin in diesem Fall die Perspektive verrutscht ist. Die Rezension erscheint als ungeschickter, da etwas zu auffälliger Versuch, Brecht gegen Angriffe der Moskau näherstehenden Literaturkritik wirkungsvoll zu verteidigen, und zugleich als Ausdruck der – mit Brecht um 1934 geteilten – Isolation des Emigranten.

Mag Benjamin mit seiner Einschätzung des Romans auch aus heutiger Sicht falsch liegen, so stellt die in ihm dokumentierte Auseinandersetzung mit Brechts Buch doch in jedem Fall eine wichtige Station bei der Herausbildung seiner Thesen Über den Begriff der Geschichte, der im Kunstwerkaufsatz entfalteten Faschismustheorie sowie des im Zusammenhang der Passagenarbeit berührten Phänomens der Komödie dar. Wie schon die früheren Texte über Brecht ist auch dieser von Beginn an vom Gestus eines Denkens getragen, das seinen Ausgang radikal von der »Jetztzeit« nimmt. Benjamin beschreibt im ersten Absatz, daß sich Brecht die Lektion der »politisch entscheidende[n]« (III, 440) Jahre zwischen 1926 und 1934 zu eigen gemacht hat. Er hebt an Brechts Roman vor jeder möglichen literarischen Qualität als erstes dessen Bezugnahme auf die Aktualität hervor, daß hier die »Untaten [...] beim Namen genannt, ihren Opfern [...] ein Licht aufgesteckt« (ebd.) werde. Dadurch signalisiert er aber zugleich, daß auch er selbst als Kritiker seine Lektion aus diesen Jahren gelernt hat: Literatur wie Kritik sind angesichts des Aufstiegs der Nationalsozialisten und der historischen Niederlage ihrer Gegner nicht mehr trennbar von den Entwicklungen der Politik.

»Die Tradition der Unterdrückten«, so Benjamin später in seiner VIII. geschichtsphilosophischen These, »belehrt uns darüber, daß der ›Ausnahmezustand‹, in dem wir leben, die Regel ist« (I, 697). Daß er mit dieser These eine der Lehren aus der Begegnung mit Brecht formulierte, ergibt sich nicht zuletzt aus einer Notiz unter der Überschrift »Chroniken«, in der er konstatiert: »Die Tradition der Unterdrückten ist Brecht angelegen« (VII, 659). In seiner Besprechung des *Dreigroschenromans* wird deutlicher, welche Belehrung aus dieser Tradition zu gewinnen ist. Hier liest man, daß die Barbarei auf Seiten der Ausbeuter erst spät »jene Drastik« aufweise, die »das Elend der Ausgebeuteten schon zu Beginn des Kapitalismus« (III, 440) kennzeichne. Brechts Kunstgriff ist es, daß er Opfer des Kapitalismus aus dessen Frühzeit zeigt, gleichzeitig aber Täter vorführt, die, wie Benjamin vermutlich mit Blick auf Carl Schmitts Theorie schreibt, »in ihren Maßnahmen immer modern sind« (441). Brecht führt so als Lehre der Opfer vor, daß der gegenwärtige »Ausnahmezustand«, die fortwährende Herrschaft auf der Basis der in der Weimarer Verfassung angelegten Möglichkeit, das Recht zu suspendieren und durch »Maßnahmen« zu ersetzen, die mit außergewöhnlichen Mitteln auf außergewöhnliche Umstände reagieren, seit den Frühzeiten des Kapitalismus »die Regel ist« (I, 697; vgl. Agamben 2004). Mit Bezug auf das Verhältnis von Gesetz und Verbrechen folgt daraus aber, daß das Verbrechen, wie Benjamin im Lauf seines Aufsatzes ausführen wird, als Sonderfall der Ausbeutung erscheint, die von der bürgerlichen Rechtsordnung sanktioniert wird. Folgerichtig fällt in Brechts Kriminalroman die »Spielregel des Kriminalromans« (III, 447), derzufolge diese Ordnung und das Verbrechen Gegensätze sind, ebenso weg wie der Detektiv als »Sachwalter der gesetzlichen Ordnung« (448). Seine Rolle übernimmt die Konkurrenz.

In den auf das erste, der Aktualität gewidmete Kapitel folgenden Teilen seines Textes skizziert Benjamin mit wenigen Worten zentrale Handlungsstränge, stellt die Protagonisten in ihrem Wandel gegenüber der Dreigroschenoper vor, beleuchtet die Figuren der Opfer und unter ihnen speziell diejenige des Soldaten Fewkoombey, weist eher beiläufig auf die inhärente Kritik an der christlichen Tradition hin, stellt Brechts »[p]lumpes Denken« (445) vor und entwickelt dann unter den Überschriften »Die Partei des Macheath« (444), »Die Verbrecher-Gesellschaft« (447) und »Die Satire und Marx« (448) seine Deutung des Romans. Dabei greift er nicht zuletzt jene radikale Kritik der bürgerlichen Rechtsordnung auf, die er in seinem Aufsatz ZUR KRITIK DER GEWALT entwickelt hatte: Brecht »entkleidet«, so Benjamin, »die Verhältnisse, unter denen wir leben, ihrer Drapierung durch Rechtsbegriffe« (ebd.). Für diese Entlarvung stehen ›Macheath‹ und ›Peachum‹. Beide werden von Benjamin zunächst allgemein als der Gangster eingeführt, der in Deutschland zu Zeiten der *Dreigroschenoper* »noch ein fremdes Gesicht« war, acht Jahre später aber dort die Barbarei eingerichtet hat (vgl. 440). Benjamin greift hier die These auf, daß Nationalsozialismus und Faschismus eine Radikalisierung oder Entfesselung der dem Kapitalismus von früh an inhärenten Gewaltherrschaft darstellen.

Über dieses in der Auseinandersetzung mit dem Faschismus zum Zeitpunkt des Textes vermutlich bereits geläufige Deutungsmuster hinaus kommt in der Figur des Macheath die faschistische Ästhetisierung der Politik in den Blick (vgl. VII, 382–384). Der Faschismus, so Benjamin, verlange »nicht nur einen Retter des Kapitals sondern auch, daß dieser ein Edelmensch ist« (III, 444), einer, der es versteht, »zur Schau zu tragen, was der verkümmerte Kleinbürger sich unter einer Persönlichkeit vorstellt. Regiert von hunderten von Instanzen, Spielball von Teuerungswellen, Opfer von Krisen sucht dieser Habitué von Statistiken einen Einzigen, an den er sich halten kann. Niemand will ihm Rede stehen, Einer soll es. Und der kann es« (444 f.). Was Benjamin hier noch suchend beschreibt, wird er im Kunstwerkaufsatz auf den Begriff bringen, daß der Faschismus »die Massen zu ihrem Ausdruck (beileibe nicht zu ihrem Recht) kommen« lasse (VII, 382).

Ein weiterer Aspekt der dem Aufsatz inhärenten Faschismustheorie, den Benjamin in den Mittelpunkt seiner Besprechung stellt, verknüpft den Text mit einem im Konvolut N des Passagenwerks niedergelegten Exzerpt zur Komödie bei Marx (vgl. V, 583). Erst in diesem Zusammenhang macht die anders für die Zeitgenossen Stalins und seiner europäischen Anhänger vermutlich schwer verständliche These Sinn, Marx sei »ein Lehrer der Satire geworden, der nicht weit davon entfernt war, ein Meister in ihr zu sein« (III, 449). Benjamin dürfte daran gedacht haben, daß Marx zum Beleg seiner These, wonach die »letzte Phase einer weltgeschichtlichen Gestalt [...] ihre Komödie« (V, 583) sei, auf das nochmalige Sterben der tragisch zu Tode gekommenen Götter Griechenlands in den Gesprächen Lucians verweist, eines römischen Meisters der Satire. Seine Charakteristik des Romans als Satire nach Marx trifft eine in Brechts Arbeiten wiederzufindende Auffassung, daß man es bei Hitler und den Nationalsozialisten mit Gegnern zu tun hat, zu denen einem nichts einfallen kann, es sei denn das Lachen, die Satire oder die Komödie. Dabei spielt zwar auch jene später von Adorno zurecht attackierte Denkgewohnheit eine Rolle, die den Faschismus »vorweg für geschlagen hält, weil die stärkeren Bataillone der Weltgeschichte gegen ihn stünden« (Adorno 1981, 604), im Vordergrund steht aber, wie Benjamins Ausdeutung festhält, der Versuch, jenen zur Erkenntnis notwendigen Abstand zu gewinnen, der es dem Satiriker erlaubt, das Verkehrte der verkehrten Welt des Faschismus darzustellen, dessen Maskeraden als falschen Pomp über jener »Blöße« eines entmenschten Menschlichen vorzuführen, die der Satiriker dem Mitbürger »im Spiegel vor Augen führt« (III, 448).

»Kommentare zu Gedichten von Brecht«

Wie der Text über den *Dreigroschenroman* sind auch Benjamins Kommentare zu Gedichten von Brecht die Frucht eines Aufenthalts bei Brecht, und vermutlich sind beide Texte heute angemessen nur als kulturpolitische Intervention in der ›Realismus-‹, bzw. ›Expressionismusdebatte‹ zu begreifen. Aus Anlaß der geplanten Publikation einer Sammlung von Brechts Lyrik greift Benjamin den bis aufs Jahr 1927 zurückgehenden Plan auf, über Brechts Gedichte zu schreiben. Auftraggeber ist die in Moskau erscheinende Exilzeitschrift *Das Wort*, die ihr Erscheinen allerdings im März 1939, bei Benjamins Einsendung des Textes, bereits eingestellt hat (vgl. Wizisla 2004, 205–208). Als Benjamin seine Arbeit beginnt, schreibt Brecht an seinen polemischen Auseinandersetzungen mit Lukács und kommentiert die im *Wort* abgedruckte Lyrik lakonisch: »die Autoren drüben haben es eben schwer. ›Es wird schon als Vorsatz ausgelegt, wenn in einem Gedicht der Name Stalin nicht vorkommt‹« (VI, 534). Wenn sich Benjamin vor diesem Hintergrund wie schon in der Roman-Rezension mit der Frage auseinandersetzt, was klassische Literatur sei, und seinen Text mit dem Hinweis auf die dreifache Schwierigkeit beginnt, »Lyrik heut überhaupt zu lesen«, »Lyrik heut zu verfassen« und »eine *heutige lyrische Sammlung* [...] wie einen klassischen Text zu lesen« (II, 540), dann wird man das Resultat vermutlich angemessen nur als seine Variante von Brechts »getarnte[n], aber vehemente[n] Angriffe[n]« (VI, 538) auf die Machthaber in den Moskauer Literaturdebatten lesen können. Der Hinweis Scholems auf ihre »beklemmende Hilflosigkeit« (Scholem 1992, 33) erhellt in seiner freimütig eingestandenen Befremdung mehr als jede wohlwollende Würdigung. Es geht hier um das experimentelle Produkt des seinem Anspruch nach ersten Kritikers der Zeit, der sich, frei nach Benjamins früherer Charakteristik Brechts formuliert, »von seinem ›Werke‹ beurlaubt und, wie ein Ingenieur in der Wüste mit Petroleumbohrungen anfängt« (II, 506). Benjamin unternimmt in diesen Texten das, was seiner Kritik zufolge Ernst Bloch in seinem Exil-Werk versäumt hat: »In solcher Lage – in einem Elendsgebiet – bleibt einem großen Herrn nichts übrig als seine Perserteppiche als Bettdecken wegzugeben und seine Brokatstoffe zu Mänteln zu verschneiden und seine Prachtgefäße einschmelzen zu lassen« (5, 38).

»Der Kommentar«, so liest man in den einleitenden Worten Benjamins, »geht von der Klassizität seines Textes und damit gleichsam von einem Vorurteil aus« (II, 539). Benjamin bezeichnet die Form als zugleich »archaisch[]« und autoritär und weist darauf hin, daß sie hier »im Dienste einer Dichtung in Anspruch« genommen werde, die »nicht allein nichts Archaisches an sich hat sondern auch dem, dem heute Autorität zuerkannt wird, die Stirne bietet« (ebd.). Benjamin führt als Begründung des gewählten Formexperiments an, daß »schon der kommende Tag Vernichtungen von so riesigem Ausmaß bringen kann, daß wir von gestrigen Texten und Produktionen wie durch Jahrhunderte uns geschieden sehen« (540). Aus dem Zusammenhang seiner Arbeiten, die vom frühen Sprachaufsatz an durchgängig als kommentierende begriffen werden können (vgl. Müller-Schöll 2002, 80; Scholem 1975, 144), kann man hinzufügen, daß gelesener Text wie Kommentar zugleich der Behauptung jeglicher Klassizität sich widersetzen, allerdings auf dialektischem Weg: Die von Brecht immer wieder als verfremdendes Stilmittel gewählte und ihm hier ungeprüft zugestandene Klassizität erscheint als Setzung, die sich im Verlauf des Kommentars als voreilig, wenn nicht überhaupt als haltlos erweist. Insofern stellt der Kommentar einen weiteren Fall einer Praxis dar, in der durch eine nicht weiter begründbare Setzung »die Probe« aufs Exempel gemacht wird, in der sich in diesem Fall das »Vorurteil« der Abgeschlossenheit als solches erweist. Benjamin beschreibt diese Operation in Anspielung auf ein Motiv aus Die Aufgabe des Übersetzers mit den folgenden Worten: »Der Kommentar, der heute noch zu prall ansitzt, kann morgen schon klassische Falten werfen« (II, 540). Das Klassische ist dieser Beschreibung zufolge weder eine Qualität des Textes, noch eine solche seines Gegenstandes, sondern die durch die Zeit an ihm sichtbar gewordene Spur der Veränderlichkeit – es ist, so könnte man im Rückgriff auf Benjamins Begrifflichkeit schreiben, die »Dialektik im Stillstand«, die noch im Stillgestellten zu beobachtende, zeitlose Bewegung.

Benjamin zitiert 14 Gedichte Brechts aus *Hauspostille, Lesebuch für Städtebewohner, Studien* und *Svendborger Gedichten* jeweils in Gänze, um sie dann auf unterschiedlichste Weise zu kommentieren. Er trägt dabei dem Bestreben Rechnung, das er eingangs betont, den Kommunismus vom Stigma der Einseitigkeit zu befreien, die mannigfaltigen Haltungen der Gedichte Brechts vorzustellen und zu belegen, daß sich darunter keine findet, die man als »unpolitische, nichtsoziale« (II, 540) bezeichnen könnte. Seine unterschiedlich langen Kommentare beleuchten die Texte zum Teil aus biographischer, zum Teil aus philologischer Perspektive, ordnen manche Texte in die Tradition ein, verweisen auf Quellen und Vorbilder, darin niedergelegte Erfahrungen oder politische und gesellschaftliche Kontexte und lassen sich nur in einer Hinsicht unter einen Oberbegriff subsumieren: Sie spüren durchgängig den »Widersprüchlichkeiten« von Brechts Gedichten nach, sie kommentieren in jedem Fall mit der Kommentierung von Brechts Lyrik indirekt auch die Produktion dieses Kommentars mit und stellen so in ihren Gegenständen wie in deren Betrachtung eine Apologie der Veränderlichkeit dar. Nicht von ungefähr dürfte der Text mit einem Kommentar schließen, der in diesem Sinne gelesen werden kann, und endet mit der Besprechung der *Legende von der Entstehung des Buches Taoteking auf dem Weg des Laotse in die Emigration* (vgl. II, 568–572). Der Text stellt die einzige Passage dar, die zu Benjamins Lebzeiten veröffentlicht wurde. Sie erschien in der von Benjamins Freund Fritz Lieb herausgegebenen *Schweizer Zeitung am Sonntag* im April 1939.

Theorie und Schreibpraxis der »Geste« – Gespräche mit Brecht

Letztlich können alle Arbeiten Benjamins über Brecht als Varianten der »Exponierung des Anwesenden« (II, 775) gelesen werden, der Ausstellung des Rests, der in keinem Kalkül aufgeht und in der immer anderen Praxis den Überschwang der Theorie begrenzt. Es bleibt darzulegen, wie diese Begrenzung von Benjamin begriffen wird. Der Rest tritt, wie er in Varianten darstellt, in der Unterbrechung von Abläufen hervor, das heißt, in Benjamins Worten, als »Geste«. »Gesten erhalten wir um so mehr«, so schreibt er, »je häufiger wir einen Handelnden unterbrechen« (521). An anderer Stelle beschreibt er, daß das »Handeln« auf dem »epischen Theater« aus »kleinsten Elementen der Verhaltungsweisen« konstruiert werde (775). Er führt aus, daß jede Geste einen fixierbaren Anfang und ein fixierbares Ende hat: »Diese strenge rahmenhafte Geschlossenheit jedes Elements einer Haltung, die doch als ganze in lebendigem Fluß sich befindet, ist sogar eines der dialektischen Grundphänomene der Geste« (521). Sie ist, wie man an anderer Stelle liest, das »Material« (1380) von Brechts Theater. Aus heutiger Sicht kann sie vielleicht am plastischsten ausgehend von der Betrachtung eines Filmbildes begriffen werden – Brechts Bezeichnung des Filmes als »Gestentafel« (Brecht 1988 ff. Bd. 21, 211) legt dies nahe. Jedes einzelne Filmbild wird als Teil des Filmes zugleich vollkommen entwertet wie auch unendlich aufgewertet: Aus dem Zusammenhang des Filmes gerissen, hat es »als solches« keinen Sinn für sich, umgekehrt kann aber noch das kleinste Element auf dem Bild in der weiteren Abfolge der Bilder mit unendlichem Sinn aufgeladen werden – insofern wird im einzelnen Photogramm das unerschöpfbare Vermögen des Bildes ausgestellt, ein Verweisen-*auf* im Bild, das sich nicht im Verweisen-*auf-Etwas* erschöpft.

»Das epische Theater ist gestisch« (II, 521), konstatiert Benjamin im Essay von 1931 wie im ungefähr gleichzeitig verfaßten kurzen Text STUDIEN ZUR THEORIE DES EPISCHEN THEATERS. Zu diesem Zeitpunkt hat Brecht seinen Begriff der Geste noch kaum geprägt. Seine spätere, diskursiv entfaltete Theorie des Gestus und der Geste greift andererseits Aspekte der Theorie Benjamins auf. Insofern kann die Theorie der Geste angemessen nur als eine Theorie beider begriffen werden. Um so bedeutender erscheint es, auf den Unterschied in beider Konzeption der Geste hinzuweisen: Wo Brecht dazu tendiert, im Gestus oder in den Gesten eine stehende Invariante einzuführen, dasjenige, was sich im ständigen Wandel gleichbleibend erhält, da insistiert Benjamin in seiner Konzeption auf dem dialektischen Bild oder der Dialektik im Stillstand als der einzig denkbaren Invariante. Wo Brechts Begriff der Geste, wie an seinen theoretischen Versuchen über sie gezeigt werden könnte, dasjenige zu fixieren sucht, was berechenbar ist, insistiert Benjamins Begriff auf dem in ihr bloß zu berührenden unberechenbaren, ungeheuerlichen oder unheimlichen »*über*«.

Benjamin übersetzt in den Begriff der Geste frühere Begriffe wie denjenigen der von Hölderlin hergeleiteten »Cäsur« (I, 181) aus dem Aufsatz über Goethes *Wahlverwandtschaften* (vgl. Nägele 1991, 135–166; Müller-Schöll 2002, 49; Lehmann 2003, 203) oder der »Verweisung[en]« (I, 403) aus dem Trauerspielbuch. Er greift den Begriff später im Zusammenhang Kafkas wieder auf und gibt ihm dabei eine Wendung, die bei aller Beibehaltung zentraler brechtischer Begriffe von Brecht fortführt. In FRANZ KAFKA. ZUR ZEHNTEN WIE-

DERKEHR SEINES TODESTAGES bezeichnet er dessen ganzes Werk als »Kodex von Gesten [...], die keineswegs von Hause aus für den Verfasser eine sichere symbolische Bedeutung haben, vielmehr in immer wieder anderen Zusammenhängen und Versuchsanordnungen um eine solche angegangen werden. Das Theater ist der gegebene Ort solcher Versuchsanordnungen« (II, 418). Zum Essay von 1934 notiert er sich auf einem Blatt: »Das gestische Theater«, und zwei Zeilen darunter: »Entwicklung der Geste/ Verzicht auf ihre Rationalisierung« (1210). Was Kafka gegenüber Brecht in Benjamins Augen auszuzeichnen scheint, ist dessen größere Offenheit für jene Grenze von Rationalität, Kalkül und Ökonomie, die im gestischen Rest zutage tritt: »der Gebärde des Menschen nimmt er die überkommenen Stützen und hat an ihr dann einen Gegenstand zu Überlegungen, die kein Ende nehmen« (420), liest man in diesem Sinne zu Kafka, und weiter: »Etwas war immer nur im Gestus für Kafka faßbar. Und dieser Gestus, den er nicht verstand, bildet die wolkige Stelle der Parabeln. Aus ihm geht Kafkas Dichtung hervor« (427; vgl. Hamacher 1988, 147–176). Nicht von ungefähr konnte diese Passage als versteckte Kritik der zu sehr berechneten Gesten und Parabeln Brechts erscheinen (Müller 1990, 31).

Wieviel Benjamin gleichwohl gerade bei der Entwicklung seiner Schreibweisen Brecht verdankt, läßt sich seinen Notaten über die Gespräche mit Brecht entnehmen. Brecht erscheint in ihnen so, wie dessen Theorie zufolge die Figuren des epischen Theaters: In szenischen Konstellationen, als Bündel von Gesten und »Schauplatz von Widersprüchen« (II, 526), als von »Tendenzen«, »Gedankengängen«, »Bemühungen«, »Beschäftigungen« und »Skrupeln« durchwaltetes »Dividuum«, das niemals restlos erkennbar wird. In den Notaten hat dabei die Unterbrechung, die das Berichtete zur Geste zerschlägt, viele Formen: Es werden Ausschnitte aus Diskussionen notiert, Momentaufnahmen aus Brechts Arbeitszimmer, Verhaltensweisen Brechts in Gesprächen. An einer Stelle kennzeichnen Gedankenstriche, die eine Argumentation Brechts fortwährend unterbrechen, gleichsam mimetisch die Pausen, durch die er sein Reden nolens volens »gestisch« gliedert. Die apodiktischen Urteile, die er an dieser Stelle inhaltlich äußert, werden durch diese Skandierung des Redeverlaufs unterlaufen, ja konterkariert (vgl. VI, 530 f.). An anderer Stelle bricht ein Gespräch ab, weil die »Radionachrichten aus Wien« (VI, 528) kommen. In den späteren Notizen wird der Takt der aneinandergereihten Einzelausschnitte schneller, die Unterbrechung zum wiederkehrenden Moment in den Notaten, auch zum inhaltlich begründbaren, etwa, wenn Brecht beginnt: »Der Marxismus bietet sich eben allzu leicht der ›Interpretation‹ dar. Er ist hundert Jahre alt und es hat sich erwiesen«. Benjamin versieht seine Rede an dieser Stelle mit drei Punkten und der in Klammern gesetzten Ergänzung: »(An dieser Stelle werden wir unterbrochen.)« (VI, 534). Die Umwandlung jener alle positiven Sätze infragestellenden Einspruchsinstanz des »Proletariats« in ein Subjekt der Arbeiterklasse oder der Unterdrückten, das dann repräsentiert werden kann, wird so – ganz im Sinne des früheren Brechts – aufgehalten und exponiert. In den Notizen von 1938 wirkt dabei beinahe jede berichtete Szene emblematisch, erscheint als Gleichnis der eigenen Situation, wenn etwa auf Marx und Engels im Exil (vgl. VI, 536) oder auf Dantes Schilderung der Hölle (vgl. 534) verwiesen wird. Die ausgeschnittenen Augenblicke halten in einer kurzen Bemerkung die Situation Brechts, mit ihr zugleich die geschichtliche Situation der Emigration und letztlich die Epoche fest. Mit der Leibnizschen Terminologie der Thesen über den Begriff der Geschichte lassen sie sich als »Monade[n]« bezeichnen (I, 703).

Durch Benjamins Aufzeichnungen zu Brecht zieht sich beider Auseinandersetzung mit Kafka. Als Benjamin Brecht näher kennenlernt, zeigt er sich überrascht von dessen positiver Stellung zu Kafka, dem, so Brecht 1931, »einzig echten bolschewistischen Schriftsteller« (VI, 433). Brecht rühmt an ihm »die unvergleichliche Art, sich zu bewegen (im Nehmen einer Zigarette, beim Sichsetzen auf einen Stuhl und so weiter)« (Brecht 1967 Bd. 17, 955), anders gesagt: die fast oder ganz unverständlichen Gesten, in denen sich, wie er 1931 ausführt, das Staunen eines Menschen ausdrückt, »der ungeheure Verschiebungen in allen Verhältnissen sich anbahnen fühlt ohne den neuen Ordnungen sich selber einfügen zu können« (VI, 433). Nirgends manifestiert sich 1934 die Wandlung Brechts, die Benjamin akribisch festhält, deutlicher als in seiner Haltung zu Kafka. Sie erscheint nun als durch und durch ambivalent (vgl. VI, 525; 527; 528).

Was Benjamin in der Schreibweise seiner Svendborger Notizen zu denken gibt, ist, was es heißt, die Verantwortung für einen be- und dabei immer auch überschriebenen Anderen zu übernehmen. »*Ein Autor, der die Schriftsteller nichts lehrt, lehrt niemanden*« (II, 696), schrieb Benjamin in DER AUTOR ALS PRODUZENT. Seine Tagebuchaufzeichnungen können ausgehend von der Betrachtung ihrer Schreibweise als Lehrstück für Biographen gelesen werden, als Musterbeispiel einer Darstellung, die den Begriff des Anderen zugunsten des Materials, das der Begriffbildung dienen könnte, aufgibt.

Werk

Aus dem Brecht-Kommentar (II, 506–510)
Bert Brecht (II, 660–667)
Brechts Dreigroschenroman (III, 440–449)
Kommentare zu Gedichten von Brecht (II, 539–572)
Was ist das epische Theater? <1> (II, 519–531)
Was ist das epische Theater? <2> (II, 532–539)
Ad vocem Brecht (II, 1370)
Der Autor als Produzent (II, 683–701)
Buchplan mit Brecht besprochen (II, 1371)
Dokumente zum Zeitschriftenprojekt »Krise und Kritik«, in: Wizisla 2004, 289–327.
Einiges über die theoretischen Fundamente (VII, 809 f.)
Erfahrung und Armut (II, 213–219)
Ein Familiendrama auf dem epischen Theater. Zur Uraufführung »Die Mutter« von Brecht (II, 511–514)
Franz Kafka (II, 409–438)
Kommentar von Brecht, in: Wizisla 2004, 210.
Kriminalroman (VII, 846–850)
Das Land, in dem das Proletariat nicht genannt werden darf (II, 514–518)
Tagebuch Mai-Juni 1931 (VI, 422–441)
Material zu einem Diskurs über Brecht (II, 1372 f.)
Moskauer Tagebuch (VI, 292–409)
Nachtrag zu den Brecht-Kommentaren (VII, 347–349)
Notiz über Brecht (VI, 540)
Notizen Svendborg Sommer 1934 (VI, 523–532)
Notizen zu Brechts Anschauung von Regie (II, 1370 f.)
[Paralipomena zu Gedichten von Brecht] (VII, 655–659)
[Paralipomena zu Was ist das epische Theater?] (VII, 654–655)
Das Problem des Klassischen und die Antike (III, 290–294)
Programm eines proletarischen Kindertheaters (II, 763–769)
Studien zur Theorie des epischen Theaters (II, 1380–1382)
Tagebuchnotizen 1938 (VI, 532–539)
Theater und Rundfunk (II, 773–776)
Über Sprache überhaupt und über die Sprache des Menschen (I, 140–157)
Widerstände gegen die Umfunktionierung (VI, 182 f.)
»Zu Freuds Konjektur [...]« (V, 637)
Zur Brechtrezension (II, 1455 f.)
Zur Brechtrezension (VII, 808 f.)
Zwei Motti zu Brecht (VI, 208)

Literatur

Adorno, Theodor W. (1981): »Einleitung zu Benjamins Schriften«, in: ders.: Noten zur Literatur, Frankfurt a. M., 567–582.
Adorno, Theodor W. (1990): Über Walter Benjamin, Frankfurt a. M.
Agamben, Giorgio (1992): »Noten zur Geste«, in: Jutta Georg-Lauer (Hg.): Postmoderne und Politik, Tübingen, 97–108.
Agamben, Giorgio (2004): Ausnahmezustand, Frankfurt a. M.
Arendt, Hannah (1971): Benjamin, Brecht. Zwei Essays, München.
Asman, Carrie (1993): »Die Rückbindung des Zeichens an den Körper. Benjamins Begriff der Geste in der Vermittlung von Brecht und Kafka«, in: Marc Silberman u. a. (Hg.): The Other Brecht II, Madison, 104–119.
Brecht, Bertolt (1967): Gesammelte Werke, Frankfurt a. M.
Brecht, Bertolt (1974): Arbeitsjournal, Frankfurt a. M.
Brecht, Bertolt (1977): »Versuche 1–3, Heft 1«, in: ders.: Versuche 1–12. 1–4, Reprint, Frankfurt a. M., 5–41.
Brecht, Bertolt (1988 ff.): Große kommentierte Berliner und Frankfurter Ausgabe, Frankfurt a. M./Berlin/Weimar.
Bunge, Hans (1970): Fragen sie mehr über Brecht. Hanns Eisler im Gespräch, München.
Derrida, Jacques (1997): »Babylonische Türme. Wege, Umwege, Abwege«, in: Alfred Hirsch (Hg.): Übersetzung und Dekonstruktion, Frankfurt a. M., 119–165.
Dewitz, Hans-Georg (2005): Der Briefwechsel zwischen Schiller und Goethe, hg. v. Emil Staiger, Frankfurt a. M.
Emmerich, Wolfgang (1977): »›Massenfaschismus‹ und die Rolle des Ästhetischen. Faschismustheorie bei Ernst Bloch, Walter Benjamin, Bertolt Brecht«, in: Lutz Winckler (Hg.): Antifaschistische Literatur. Programme, Autoren, Werke, Bd. 1, Kronberg, Ts, 223–290.
Gasché, Rodolphe (1988): »Saturnine Vision and the Question of Difference: Reflections on Walter Benjamin's Theory of Language«, in: Rainer Nägele (Hg.): Benjamin's Ground. New Readings of Walter Benjamin, Detroit, 83–104.
Girshausen, Theo (1987): »Baal, Fatzer – und Fondrak. Die Figur des Asozialen bei Brecht und Müller«, in: Ulrich Profitlich (Hg.): Dramatik der DDR, Frankfurt a. M., 327–343.
Hamacher, Werner (1988): »The Word Wolke – If It Is One«, in: Rainer Nägele (Hg.): Benjamin's Ground. New Readings of Walter Benjamin, Detroit, 147–176.
Hamacher, Werner (1994): »Afformativ, Streik«, in: Christiaan L. Hart Nibbrig (Hg.): Was heißt »Darstellen«?, Frankfurt a. M., 340–374.
Hegel, Georg Friedrich W. (1986): Vorlesungen über die Ästhetik III, Frankfurt a. M.
Heidegger, Martin (1990): Aristoteles Metaphysik 1–3. Von Wesen und Wirklichkeit der Kraft, 2. Aufl., Frankfurt a. M.
Honold, Alexander (2000): Der Leser Walter Benjamin. Bruchstücke einer deutschen Literaturgeschichte, Berlin.
Ivernel, Philippe (1988): »Passages de frontières. Circulations de l'image épique et dialectique chez Brecht et Benjamin«, in: Hors Cadre 6: Contrebande, Saint-Denis, 133–163.
Jäger, Lorenz (1990): »Die Haltung des Zeigens. Benjamin, Brecht und das epische Theater«, in: notate, Berlin 13. Jg., 1990, H. 3, 18 f.
Jäger, Lorenz (1993): »Mord im Fahrstuhlschacht. Benjamin, Brecht und der Kriminalroman«, in: Marc Silberman u. a. (Hg.): The Other Brecht II. The Brecht Yearbook, Madison, 24–40.
Kaiser, Volker (2001): Risus Mortis: Strange Angels. Zur Lektüre »Vom armen B.B.«. Eine Studie zu Brecht und Benjamin, St. Ingbert.
Lacis, Asja (1976): Revolutionär im Beruf. Berichte über proletarisches Theater, über Meyerhold, Brecht, Benjamin und Piscator, 2. Aufl., München.
Lehmann, Hans-Thies (2003): »Eine unterbrochene Darstellung. Zu Walter Benjamins Idee des Kindertheaters«, in: Christel Weiler/Hans-Thies Lehmann (Hg.): Szenarien von Theater und Wissenschaft. Festschrift für Erika Fischer-Lichte, Berlin, 181–204.
Lehmann, Hans-Thies (2003a): »Theater, Aura, Chock und Film«, in: Harald Hillgärtner/Thomas Küpper (Hg.): Medien und Ästhetik. Festschrift für Burkhardt Lindner, Bielefeld, 69–82.
Lindner, Burkhardt (1972): »Brecht/Benjamin/Adorno – Über Veränderung der Kunstproduktion im wissenschaftlich-technischen Zeitalter«, in: Bertolt Brecht I. Sonderband Text + Kritik, München, 14–36.

Lindner, Burkhardt (1985): Walter Benjamin im Kontext. 2. Auflage, Königstein, Ts.

Mayer, Peter (1978): »Die Wahrheit ist konkret. Notizen zu Benjamin und Brecht«, in: Sonderband text + kritik, Zweite Auflage, 5–13.

Mosès, Stéphane (1986): »Brecht und Benjamin als Kafka-Interpreten«, in: ders./Albrecht Schöne (Hg.): Juden in der deutschen Literatur. Ein deutsch-israelisches Symposion, Frankfurt a.M., 237–256.

Müller, Inez (1993): Walter Benjamin und Bertolt Brecht: Ansätze zu einer dialektischen Ästhetik in den dreissiger Jahren, St. Ingbert.

Müller, Heiner (1990): »Fatzer + Keuner«, in: Frank Hörnigk (Hg.): Heiner Müller. Material. Texte und Kommentare, 2. Aufl., Leipzig, 30–36.

Müller, Heiner (1992): »Jetzt sind die infernalischen Aspekte bei Benjamin wichtig. Gespräch mit Heiner Müller«, in: Opitz/Wizisla 1992, 348–362.

Müller-Schöll, Nikolaus (1995): »Theatrokratia. Zum gesetzlosen Gesetz der Über-setzung in Walter Benjamins Brecht-Lektüre«, in: Andreas Kotte (Hg.): Theater der Region – Theater Europas, Basel, 275–301.

Müller-Schöll, Nikolaus (1995/1996): »Demolatrie. Zur rhetorischen Dekonstruktion von Geschichte und Ästhetik zwischen Benjamin und Nietzsche«, in: Germanica. Jahrbuch für deutschlandkundliche Studien, 2./3. Jg., 99–115.

Müller-Schöll, Nikolaus (1999): »Das epische Theater ist ›uns‹ keine Hilfe. Brechts Theater der Potentialität«, in: Michel Vanoosthuyse (Hg.): Brecht 98. Poétique et Politique/Poetik und Politik, Montpellier, 43–54.

Müller-Schöll, Nikolaus (2002): Das Theater des »konstruktiven Defaitismus«. Lektüren zur Theorie eines Theaters der A-Identität bei Walter Benjamin, Bertolt Brecht und Heiner Müller, Frankfurt/Basel (zugleich Diss., Frankfurt a.M. 1998).

Müller-Schöll, Nikolaus (2004): »›Wichtig zu lernen vor allem ist Einverständnis‹. Brecht zwischen Kafka und Carl Schmitt«, in: Modern Language Notes, 119, 3, 506–524.

Nägele, Rainer (1984): »Brechts Theater der Grausamkeit: Lehrstücke und Stückwerke«, in: Walter Hinderer (Hg.): Brechts Dramen: Neue Interpretationen, Stuttgart, 300–320.

Nägele, Rainer (1988) (Hg.): Benjamin's Ground. New Readings of Walter Benjamin, Detroit 1988.

Nägele, Rainer (1991): »From Aesthetics to Poetics: Benjamin, Brecht, and the Poetics of the Caesura«, in: ders.: Theater, Theory, Speculation. Walter Benjamin and the Scenes of Modernity, Baltimore/London, 135–166.

Nägele, Rainer (1998): »Von der Ästhetik zur Poetik: Brecht, Benjamin und die Poetik der Zäsur«, in: ders.: Lesarten der Moderne, Eggingen, 98-121.

Nägele, Rainer (2004): »Body Politics: Benjamin's Dialectical Materialism Between Brecht and the Frankfurt School«, in: David S. Ferris (Hg.): The Cambridge Companion to Walter Benjamin, Cambridge, 152-176.

Opitz, Michael/Wizisla, Erdmut (1992): Aber ein Sturm weht vom Paradiese her. Texte zu Walter Benjamin, Leipzig.

Ritterhoff, Teresa (1999): »Ver/Ratlosigkeit. Benjamin, Brecht and Die Mutter«, in: Maarten van Dijk (Hg.): Brecht 100 <=> 2000. The Brecht Yearbook 24, Waterloo, 246–262.

Schöttker, Detlev (1999): »Reduktion und Montage. Benjamin, Brecht und die konstruktivistische Avantgarde«, in: Klaus Garber/Ludger Rehm (Hg.): global benjamin, Bd. 2, München, 745–773.

Scholem, Gershom (1975): Walter Benjamin – die Geschichte einer Freundschaft, Frankfurt a.M.

Scholem, Gershom (1992): Walter Benjamin und sein Engel. Vierzehn Aufsätze und kleine Beiträge, Frankfurt a.M.

Tiedemann, Rolf (1971): »Die Kunst, in anderer Leute Köpfe zu denken. Brecht – kommentiert von Walter Benjamin«, in: ders. (Hg.): Walter Benjamin: Versuche über Brecht, Frankfurt a.M., 175–203.

Tiedemann, Rolf (1983): Dialektik im Stillstand: Versuche zum Spätwerk Walter Benjamins, Frankfurt a.M.

Weber, Samuel (1991): »Genealogy of Modernity: History, Myth and Allegory in Benjamin's Origin of the German Mourning Play«, in: Modern Language Notes, 106, 465–500.

Weber, Samuel (2002): »Between a Human Life and a Word: Walter Benjamin and the Citability of Gesture«, in: Benjamin Studies I, Perception and Experience in Modernity, Amsterdam/New York, 27-45.

Witte, Bernd (1976a): Walter Benjamin – Der Intellektuelle als Kritiker. Untersuchungen zu seinem Frühwerk, Stuttgart, 137–185.

Wizisla, Erdmut (2004): Benjamin und Brecht. Die Geschichte einer Freundschaft, Frankfurt a.M.

Wizisla, Erdmut (2004 a): »›Wie dürfte ich jedem die gleiche Geschichte erzählen?‹ Nachwort«, in: ders. (Hg.): Bertolt Brecht: Geschichten vom Herrn Keuner, Zürcher Fassung, Frankfurt a.M.

Das Institut für Sozialforschung/ Gretel Adorno, Adorno und Horkheimer

Von Christoph Gödde und Henri Lonitz

Einleitung

Benjamins Beziehung zum Institut für Sozialforschung, vor allem aber zu dessen Publikationsorgan, der *Zeitschrift für Sozialforschung,* war mehr als die Zugehörigkeit zu einer Institution oder die Mitarbeit an einer Zeitschrift. Sie war zugleich die Entwicklung von persönlichen Konstellationen, die von der Peripherie, zu der Adorno und Gretel Adorno anfangs gehörten, in das Zentrum, zu Max Horkheimer führte. Am Anfang stand das, was Adorno in einem Aufsatz über Benjamin charakterisierte: »Wir waren so zusammen, wie vor 40 Jahren Intellektuelle zusammenzukommen pflegten, einfach, um sich zu unterhalten und so ein bißchen an jenen theoretischen Knochen zu zerren, an denen sie eben nagten« (Adorno 1970 ff., Bd. 20/1, 173 f.). – Daß dieses Moment geistiger Unmittelbarkeit nach 1933 nicht verfiel, war den Anstrengungen Horkheimers zu verdanken, der mit der Rettung des Instituts und der Fortführung der Zeitschrift den dünnen Lebensfaden der gerade ins Dasein getretenen kritischen Theorie erhielt. Es stellt keine geringe Leistung dar, unter den Bedingungen der Emigration ein Publikationsorgan zu sichern, das dem unabhängigen Denken und der nicht an unmittelbare materielle Zwecke gebundenen Forschung ein Schutzdach bot. In den folgenden Abschnitten sollen skizzenhaft die Geschichte des Instituts für Sozialforschung, die Freundschaft zu Gretel Adorno, die finanzielle Seite der Unterstützung Benjamins durch das Institut, die Diskussionen mit Adorno und Benjamins Verhältnis zu Max Horkheimer nachgezeichnet werden. Da die Gespräche, die sie miteinander führten, nicht dokumentiert sind, bleiben allein die in der Korrespondenz fixierten Auseinandersetzungen über gemeinsame theoretische und politische Motive als Lichtquelle auf jene Gespräche übrig. Einige der zentralen Diskussionen werden darum als Modelle zitiert werden. Es sind solche, auf denen Benjamins Blick besonders ruhte, und die für sein Fragment gebliebenes Spätwerk große Bedeutung haben. Die Zitatmontagen aus Briefen und in geringerem Umfange aus Benjamins in Rede stehenden Schriften oder Aufzeichnungen erwiesen sich insofern als notwendig, als die Intensität der Diskussion nicht durch Referate zu ersetzen ist. Darauf folgt eine kurze Darstellung der sekundären Arbeiten für das Institut oder Horkheimer. Den Schluß bilden die Bemühungen Adornos, Benjamins Werke in Deutschland zu publizieren, die er unmittelbar nach seiner Rückkehr nach Europa unternahm.

Institut für Sozialforschung

Die *Gesellschaft für Sozialforschung e.V.* war 1922 von Felix Weil, Kurt Albert Gerlach und Friedrich Pollock gegründet worden. In ihren Statuten stand, daß der Direktor des Instituts für Sozialforschung zugleich Inhaber eines Lehrstuhls an der Frankfurter Universität sein mußte. Der Nationalökonom Gerlach sollte im folgenden Jahr sein erster Leiter werden, starb aber noch vor dem Abschluß der Bauarbeiten des Institutsgebäudes. Der österreichische Marxist Carl Grünberg wurde dann 1924 berufen. Er brachte aus Wien das von ihm seit 1911 herausgegebene *Archiv für die Geschichte des Sozialismus und der Arbeiterbewegung* mit, das nun als Institutszeitschrift figurierte und kurz Grünberg-Archiv genannt wurde. Benjamin bezeichnet darum 1932 die *Zeitschrift für Sozialforschung* (ZfS) nach ihrem Herausgeber als das »Horkheimersche Archiv« (4, 127). Drei Jahre nach seinem Amtsantritt erkrankte Grünberg so schwer, daß bis zur Ernennung von Horkheimer 1930 Friedrich Pollock, der lebenslange Freund und Mitarbeiter Horkheimers, das Institut kommissarisch leitete. Horkheimer, der seit 1925 Privatdozent war, wurde Direktor des Instituts, nachdem die Einrichtung eines Lehrstuhls für Sozialphilosophie seine Berufung in Frankfurt möglich gemacht hatte. In seiner Antrittsvorlesung am 24. Januar 1931 sagte Horkheimer: »Wenn ich es nun unternehme, die Arbeiten des Instituts nach der jahrelangen Krankheit des Direktors auf neue Aufgaben zu richten, so kommt mir dabei nicht bloß die Erfahrung seiner Mitarbeiter und die gesammelten literarischen Schätze, sondern auch die wesentlich von ihm bestimmte Institutsverfassung entgegen, nach welcher der vom Minister ernannte Leiter ›nach allen Seiten hin ... ebenso der Unterrichtsverwaltung wie den Stiftern‹ gegenüber völlig unabhängig ist und, wie Grünberg sich auszudrücken pflegte, im Gegensatz zu einer Kollegialverfassung ›die Diktatur des Direktors‹ besteht. Dadurch wird es mir möglich werden, das von ihm Geschaffene zu benützen, um wenigstens im engsten Rahmen gemeinsam mit meinen Mitarbeitern eine Diktatur der planvollen Arbeit über das Nebeneinander von philosophischer Konstruktion und Empirie in der Gesellschaftslehre zu errichten« (Horkheimer 1988 ff., Bd. 3, 31). Dieses Programm suchte die erste große Untersuchung des Instituts – die *Studien über Autorität und*

Familie – einzulösen, die erst im Exil abgeschlossen wurde und 1936 im Pariser Verlag Félix Alcan erschien. Gleichzeitig förderte das Institut unter Horkheimers Leitung zahlreiche Arbeiten einzelner Forscher, bis es in den 40er Jahren eine Reihe von Antisemitismus-Untersuchungen unternahm, die in die fünfbändige Serie der *Studies in Prejudice* – darunter die *Authoritarian Personality* – und eine Anzahl von Monographien zur Untersuchung des Vorurteils mündeten. Horkheimers Interesse aber galt von Beginn an auch der Darstellung der wissenschaftlichen Erkenntnis des »gesamtgesellschaftlichen Verlaufs« (36) und der historischen Dynamik sowie »dem Zusammenhang zwischen dem wirtschaftlichen Leben der Gesellschaft, der psychischen Entwicklung der Individuen und den Veränderungen auf den Kulturgebieten im engeren Sinn, zu denen nicht nur die sogenannten geistigen Gehalte der Wissenschaft, Kunst und Religion gehören, sondern auch Recht, Sitte, Mode, öffentliche Meinung, Sport, Vergnügungsweisen, Lebensstil u.s.f.« (32). Als im Spätsommer 1932 die erste Ausgabe der *Zeitschrift für Sozialforschung* (ein Doppelheft) ausgeliefert wurde, manifestierte sein Inhalt Horkheimers Programm: »Bemerkungen über Wissenschaft und Krise« (Horkheimer), »Die gegenwärtige Lage des Kapitalismus und die Aussichten einer planwirtschaftlichen Neuordnung« (Friedrich Pollock), »Über Methode und Aufgabe einer analytischen Sozialpsychologie« (Erich Fromm), »Die Wert-Preis-Transformation bei Marx und das Krisenproblem« (Henryk Grossmann), »Zur gesellschaftlichen Lage der Literatur« (Leo Löwenthal), »Zur gesellschaftlichen Lage der Musik« (Adorno) und »Geschichte und Psychologie« (Horkheimer) – ein wissenschaftliches Programm, dessen Aktualität lange Zeit erkannt wurde. Vielleicht hätte auch Benjamin schon in diesem Heft einen Platz gefunden, wenn sein für Januar 1931 geplanter Vortrag im Institut »Zur Philosophie der Literaturkritik« zustandegekommen wäre. Als dann der achte – der vorletzte – Jahrgang wiederum mit einem Doppelheft eröffnet wurde, das Benjamins Aufsatz ÜBER EINIGE MOTIVE BEI BAUDELAIRE, seine Redaktion von Jochmanns *Rückschritten der Poesie*, Adornos »Fragmente über Wagner« und Horkheimers »Die Juden und Europa« vereinigen sollte, schrieb Adorno ihm: »Wenn das Heft in dieser Weise zustande kommt, so kommt es in der Tat dem nahe, was ich mir unter der Zeitschrift vorstelle, und ich glaube, ich darf sagen, auch dem, was Max sich unter ihr vorstellt« (Adorno 1994, 408). Nach dieser »Erfüllung eines Wunschtraums« (ebd.) erschienen noch vier Hefte der Zeitschrift in englischer Sprache und unter dem Namen *Studies in Philosophy and Social Science.* Die Zeitschrift wurde nach dem Krieg und der Wiedererrichtung des Instituts in Frankfurt nicht fortgesetzt. – In der Zeitspanne zwischen 1934 und 1939 veröffentlichte Benjamin in der Zeitschrift dreizehn Rezensionen und Sammelbesprechungen, vier Aufsätze – ZUM GEGENWÄRTIGEN GESELLSCHAFTLICHEN STANDORT DES FRANZÖSISCHEN SCHRIFTSTELLERS (1934), L'ŒUVRE D'ART À L'ÉPOQUE DE SA REPRODUCTION MÉCANISÉE (1936), EDUARD FUCHS DER SAMMLER UND DER HISTORIKER (1937) und ÜBER EINIGE MOTIVE BEI BAUDELAIRE (1939) sowie die Einleitung zu CARL GUSTAV JOCHMANN: DIE RÜCKSCHRITTE DER POESIE (1939).

Gretel Adorno

Gretel Karplus, die 1937 Adorno nach langer Verlobungszeit heiratete und ihm von Berlin aus in die Emigration folgte, hatte Benjamin in den späten 20er Jahren kennengelernt und ein leidenschaftliches Interesse für Autor und Person gefaßt. Sie nahm auch an Gesprächen teil, in denen Benjamin seine frühe Konzeption der PARISER PASSAGEN vortrug, die sie im Frühjahr 1935 seine »große philosophische Arbeit« nannte, »die nur um ihrer selbst willen da ist« (G. Adorno 2005, 214). Noch ohne Kenntnis des Exposés PARIS, DIE HAUPTSTADT DES XIX. JAHRHUNDERTS, das Benjamin auf Anregung Pollocks für das Institut geschrieben hatte, teilte sie Benjamin ihre Befürchtungen mit: »Mich erstaunt es, daß Fritz sich für die Notizen einsetzt, denkst Du denn an eine Arbeit für die Zeitschrift? Ich sähe darin eigentlich eine ungeheure Gefahr, der Rahmen ist doch verhältnismäßig nur schmal, und Du könntest nie das schreiben, worauf Deine wahren Freunde seit Jahren warten [...]« (ebd.). Sie wie Adorno betrachteten mit Skepsis die Möglichkeit einer Assimilation der Passagenarbeit seitens des Instituts und Horkheimers und unterstellten mit Sorge eine mögliche Anpassung des Benjaminschen Exposés an das ›marxistische‹ Institut. Die Antwort Benjamins, an Adorno gerichtet, ist deutlich: »In diesem Stadium der Sache [...] kann ich mit Gelassenheit dem entgegensehen, was etwa von Seiten des orthodoxen Marxismus gegen die Methode der Arbeit mobil gemacht werden mag. Ich glaube, im Gegenteil, in der marxistischen Diskussion mit ihr à la longue einen soliden Stand zu haben, sei es auch nur weil die entscheidende Frage des geschichtlichen Bildes hier zum ersten Male in aller Breite behandelt wird. Da nun die Philosophie einer Arbeit nicht sowohl an die Terminologie als an ihren Standort gebunden ist, so glaube ich schon, daß dieses Exposé das der ›großen philosophischen Arbeit‹ ist, von der Felizitas spricht, wenn mir diese Bezeichnung auch nicht die angelegentlichste ist« (5, 98). Jene Skepsis aber verlor sich, als Gretel Adorno gemeinsam mit Adorno in der Nähe Horkheimers arbeitete, und sie vermittelte mehrfach zwischen Benjamin und der Redaktion der Zeitschrift, so wie sie 1933 die Mittlerin zwischen dem verstummten Adorno und dem Schweigen Benjamins über Adornos Singspiel *Der Schatz des Indianer-Joe* war. Nur dreimal sahen sie und Benjamin sich, nachdem dieser im März 1933 – auf ihren Rat hörend – in die Emigration ging: 1934 im dänischen Gedser, 1937 in Paris und zum Jahreswechsel 1937/38 in San Remo, so daß sie im Sommer 1939, als ein Aufenthalt Benjamins in New York zur Sondierung der Möglichkeiten einer dauernden Übersiedlung verabredet war, schrieb: »Ich bin ganz närrisch vor Freude, und überlege mir schon dauernd, in welcher Reihenfolge man Dir die Attraktionen von New York vorführen sollte, damit es Dir in der Barbarei auch ja gefällt« (G. Adorno 2005, 382). Die Reise wurde vom Kriegsausbruch vereitelt. – Gretel Adorno nahm, wie ihr Briefwechsel mit Benjamin beweist, ebenso großen Anteil an der empirischen Person Benjamins, dessen materielle Not sie durch zahlreiche Geldüberweisungen nach Ibiza und Paris zu lindern suchte. Sie bat auch Adorno, dessen Tante Agathe Calvelli-Adorno und die saarländische Freundin der Familie Adorno Else Herzberger, Benjamin zu unterstützen; letztere konnte bis zum Anschluß des Saarlandes an das Deutsche Reich 1935 Geldtransfers ohne Devisenbeschränkungen vornehmen. Benjamin dankte im Juni 1933 für Felizitas' Zahlungsanweisungen mit den Worten: »Jede von ihnen ist für mich ein kleines Modell von einem geborgnen Dasein und vielleicht steht es mit ihnen wie mit den kleinen Modellhäusern der Architekten, die oft viel reizender aussehen als nachher das Leben in den wirklichen sich gestaltet. [...] Ja, gern möchte ich an diesem Tage [Benjamins 41. Geburtstag] blauen Rauch zu meinem Schornstein heraussteigen lassen. Aber seit langem hat er sich nicht mehr über meinem Dache gekräuselt und die Bilder, die ich in meinem letzten Briefe Ihnen einschloß, waren die letzten, welche er geformt hat. Wenn Sie einige edle Scheiter auf meinen Herd legten, so wären Sie meinen schönsten Stunden verbunden und meine Rauchfahne überm Haus würde am fünfzehnten bis zu Ihnen hinüberwehn« (55 f.).

Die finanzielle Unterstützung Benjamins durch das Institut

Seit Frühjahr 1934 erhielt Benjamin ein Forschungsstipendium von 500 französischen Francs (ca. 315 Euro in heutiger Kaufkraft; Stand Anfang 2002), und die Zahlungen des Instituts waren nicht länger allein die Honorare für Rezensionen und Aufsätze. – Einer »Aufstellung der Honorarvorschüsse«, die Juliane Favez – Sekretärin der Genfer Zweigstelle des Instituts – im Mai 1935 erstellte, zufolge erhielt Benjamin für den Aufsatz Zum gegenwärtigen gesellschaftlichen Standort des französischen Schriftstellers ein Honorar von 90 Schweizer Franken, für die Rezension des Buches *Fourier et le socialisme* von Auguste Pinloche 8 Schweizer Franken und für die der Monographie von Georges Laronze über *Le Baron Haussmann* 12 Schweizer Franken, insgesamt also ein Honorar von 110 Schweizer Franken. Dem standen Vorschüsse von insgesamt 569,50 Schweizer Franken gegenüber, die sich über die Zeit zwischen dem 14. Oktober 1934 und dem 29. Januar 1935 erstreckten. Das waren zu der Zeit knapp 2900 französische Francs. Mit diesen Honorarvorschüssen und seinem monatlichen Fixum von 500 französischen Francs war Benjamins Pariser Existenz noch nicht gesichert. In einem undatierten, im Frühjahr 1936 geschriebenen »Wirtschaftsplan«, den er an Juliane Favez richtete, schildert Benjamin seine Lage: »Vom Frühjahr 1934 an habe ich vom Institut eine monatliche Rente von Frs. fr. 500,-- bekommen. Trotz mehrfacher ergänzender Zuwendungen des Instituts habe ich in den vergangenen zwei Jahren nicht nur die Hilfe einiger weniger in Deutschland verbliebener Freunde bis an die Grenze des Möglichen erschöpft, sondern auch einige unbeträchtliche Reserven, die ich in Gestalt einzelner Autographen besaß, zu Geld gemacht.

Meine Versuche, mir einen Nebenverdienst durch französische Publizistik zu verschaffen sind bisher von sehr bescheidenem Erfolg gewesen. Allerdings ist kürzlich ›Europe‹ mit der Bitte um Mitarbeit an mich herangetreten. Von den ›Cahiers du Sud‹, in denen ich gelegentlich geschrieben habe, ist kein Honorar zu erwirken. Einen einmaligen Zuschuß hat mir bisher allein die Mitarbeit an der Schweizer Zeitschrift ›Orient und Occident‹ eingebracht.

Herr Horkheimer hat mir bei seinem letzten Pariser Aufenthalt die Gelegenheit gegeben, meine Situation zur Sprache zu bringen und der Beschluß des Instituts, mir zunächst eine Monatsrente von Frs. fr. 1.000,-- [ca. 630 Euro] auszusetzen, hat einer katastrophalen Entwicklung meiner Verhältnisse Einhalt geboten.

Sie sind nichtsdestoweniger äußerst schwierig geblieben. Ich gab Herrn Horkheimer in unserer letzten Besprechung die Höhe meines im Mindestbetrage und unter Ausschluß etwaiger Anschaffungs- und Reisespesen errechneten Monatsbedarfs mit Frs. fr. 1.300,-- an. Herr Horkheimer stellte mir in Aussicht, diese Summe in New York in wohlwollende Erwägung zu ziehen. Ich füge in der Anlage das in seinen einzelnen Posten errechnete Monatsbudget an und gesondert den Betrag von Frs. fr. 100,-- für außerordentliche Ausgaben, in die nicht nur Reisespesen sondern auch jede Art Anschaffungen einbegriffen sein würden.

Wenn ich in der Anlage versucht habe, dem Institut eine Grundlage für seine Entscheidung zu geben, so hat mich dazu mehr als meine derzeitige Lage die Hoffnung veranlaßt, fortan dem Institut meine Arbeit zur Verfügung zu stellen, ohne auf die Frage ihrer materiellen Sicherung zurückkommen zu müssen.

Ich füge hinzu, daß der unmittelbare Anlaß dieser Zeilen nicht nur die Gelegenheit ist, sie Herrn Pollock persönlich zu übergeben, sondern auch der Wunsch, dieses Jahr wenn möglich, einen Sommerurlaub zu nehmen. Ich denke an Dänemark, wo dessen Kosten sich, wie im Jahre 1934, in den bescheidensten Grenzen halten würden« (Walter Benjamin Archiv, Berlin). Das »Monatsbudget« liest sich so:

Ordentliche Ausgaben:		
Miete einschl. Heizung, Licht, Concierge		Frs 300,--
Verpflegung	18×30	Frs 540,--
Fahrten	3×30	Frs 90,--
Wäsche	4×15	Frs 60,--
Diverse:	10×30	Frs 300,--
Arbeitsmittel, Porto, Café, Hygiene		
		Frs 1290,--
Außerordentliche Ausgaben:		
Kleidung, Reisen		Frs 100,--

Diese Aufstellung bewirkte das Ende der Sonderzahlungen und der zeitweise erfolgten Erhöhungen des monatlichen Fixums von 500 auf 1000 französische Francs in den Monaten April bis Juli des Jahres 1935, in der Zeit also, als Benjamin sich wieder dem Buch über Paris zuwandte und das Exposé Paris, die Hauptstadt des xix. Jahrhunderts schrieb. Ab Mai 1936 werden ihm monatlich 1300 Francs überwiesen; von Januar 1937 an erhielt Benjamin 1500 Francs (ca. 890 Euro). Mit dem November 1937 endeten die Überweisungen seines Stipendiums aus Genf, und er bekam monatlich 80 Dollar (ca. 830 Euro) direkt aus New York. Pollock schreibt Benjamin am 13. Oktober 1937: »Eines der ersten Dinge, die mir Herr H[orkheimer] nach seiner Rückkehr erzählte, war eine Darstellung Ihrer Lage und sein Wunsch, das alles geschehen solle, was unter den gegenwärtigen Umständen überhaupt nur vertreten werden könne, um Ihnen die materielle Basis für Ihre wissenschaftlichen Arbeiten zu sichern.

Ich brauche nicht weiter auf die Schwierigkeiten einzugehen, die sich der Erfüllung dieses auch von mir geteilten Wunsches entgegenstellen. Nach sorgfältiger Überlegung haben wir uns entschlossen, Ihnen künftighin ein von den Schwankungen des französischen Franken unabhängiges Stipendium von 80 amerikanischen Dollars im Monat zur Verfügung zu stellen. Dieser Betrag wird Ihnen regelmäßig von hier aus derart überwiesen werden, daß er bestimmt vor Ende jeden Monats in Paris eintrifft. Die Anweisung wird auf amerikanische Dollars lauten und es wird ratsam sein, daß Sie sich den Betrag in Dollarnoten auszahlen lassen, die Sie von Fall zu Fall in französische Francs umwechseln.

Nach Genf geht gleichzeitig mit diesem Brief die Anweisung, Ihnen das bisherige Stipendium von fr. 1500 nur noch einmal auszubezahlen. Dieser Betrag gilt als einmalige Beihilfe zu Ihrem Umzug [10, rue Dombasle], so daß Sie Ihr November-Stipendium bereits via New York erhalten, während der bisher von Genf eingehende Betrag als die eben erwähnte Beihilfe zu betrachten ist.

Diese Regelung stellt das Äußerste dessen dar, was wir gegenwärtig für Sie tun können. Wir bitten Sie, ihren Inhalt jedem gegenüber (also auch gegenüber Genf) streng vertraulich zu behandeln, denn wir wollen in einem Zeitpunkt, wo wir überall Kürzungen eintreten lassen müssen, nicht in Diskussionen darüber eintreten, warum wir in Ihrem Fall ganz anders verfahren« (II, 1351 f.).

Theodor W. Adorno »Das Kunstwerk im Zeitalter seiner technischen Reproduzierbarkeit«

Steht auch die Passagenarbeit – lange Zeit besonders die frühen Entwürfe aus den 20er Jahren, zu deren gesprächsweise vorgetragener Konzeption Adorno sich ›magnetisch hingezogen‹ fühlte – im Mittelpunkt des Interesses von Adorno, so offenbart sein Briefwechsel mit Benjamin doch auch, daß er an dessen großen Arbeiten für die Zeitschrift leidenschaftlichen kritischen Anteil nahm. Dieser Anteil, der manches Mal bestimmt war von der Furcht, Benjamin könne seinen Intentionen untreu werden, galt dem vor allem, was Adorno einmal ihre ›Generallinie‹ nennt, die er als das Ziel seiner Kritik bezeichnet (vgl. 5, 169). So schreibt er am 18. März 1936 über die zweite Fassung des Kunstwerk-Aufsatzes, daß seine »volle Bejahung dem an der Arbeit [gilt], was mir eine Durchsetzung Ihrer Ursprungsintentionen – der dialektischen Konstruktion des Verhältnisses von Mythos und Geschichte – in den Denkschichten der materialistischen Dialektik scheint: der dialektischen Selbstauflösung des Mythos, die hier als Entzauberung der Kunst visiert wird« (Adorno 1994, 168). Adornos Kritik an der Arbeit richtet sich gegen die nicht ›durchdialektisierte‹ Kritik des autonomen Kunstwerks, und er setzt hier seine Theorie der »Liquidation der Kunst« (ebd.) durch »technische Stimmigkeit« ein, auf seinen Schönberg-Aufsatz von 1934 verweisend: »Im Licht der Erkenntnis, die seine Musik realisiert, läßt über die wechselfältige Produktion von Subjekt und Objekt nach richtig und falsch sich urteilen. Keine Regung der Phantasie, kein Anspruch des Gegebenen, der nicht sein entscheidbares technisches Korrelat gewonnen hätte. Indem aber im Umkreis technischer Stimmigkeit Subjekt und Objekt derart konfrontiert, gerade in ihrer Verschränkung der Kontrolle unterworfen sind, hat ihre Dialektik selber gleichsam aus ihrem blinden Naturstande sich gelöst und ist praktikabel geworden: die höchste Strenge, nämlich die lückenlose der Technik, enthüllt sich in letzter Instanz tatsächlich als höchste Freiheit, nämlich als die zur Verfügung des Menschen über seine Musik, die einmal mythisch begann, zur Versöhnung sich sänftigte, als Gestalt ihm sich gegenübersetzte und endlich ihm zugehört kraft einer Verhaltensweise, die sie in Besitz nimmt, indem sie völlig ihr zugehört« (Adorno 1970 ff., Bd. 17, 202 f.). Der immanenten, technologischen Kritik des ästhetischen Scheins glaubte er bei Benjamin eine Tendenz entgegengesetzt, die den Film als Massenkunst zu positiv sieht und den technologischen Charakter der Gebrauchskunst und ihre politisch progressive Wirkung auf die Massen überschätzt. Adorno schrieb im Frühjahr 1936 seinen Essay »Über Jazz« – ein Gegenstück zu Benjamins Aufsatz –, in dem er die Motive seiner Kritik wieder aufnahm. »Denn wollte man, wie es oft genug geschah, die Gebrauchsfähigkeit des Jazz, seine Eignung zum Massenartikel, als Korrektiv der bürgerlichen Vereinsamung der autonomen Kunst, als dialektisch fortgeschritten betrachten und gar seine Gebrauchsfähigkeit als Motiv zur Aufhebung des Dingcharakters der Musik akzeptieren, man geriete in jene jüngste Romantik, die aus ihrer Angst vorm tödlichen Charakter des Kapitalismus den verzweifelten Ausweg sucht, das Gefürchtete selber zu bejahen als eine Art grausiger Allegorie kommender Freiheit und die Negativität zu heiligen – ein Heiltum, an das, beiläufig gesagt, der Jazz selber glauben machen möchte. Wie immer es in einer kommenden Ordnung der Dinge mit Kunst sich verhalten mag; ob ihr Autonomie und Dinglichkeit erhalten bleiben oder nicht – und die ökonomische Überlegung bringt manchen Grund dafür bei, daß auch die richtige Gesellschaft nicht auf die Herstellung purer Unmittelbarkeit aus sein wird –, soviel jedenfalls ist gewiß, daß die Gebrauchsfähigkeit des Jazz die Entfremdung nicht aufhebt, sondern verstärkt« (Adorno 1970 ff., Bd. 17, 77). Nun war das auch nicht Benjamins Ansicht der Dinge; er hatte seinen Aufsatz mit einem Abschnitt eingeleitet, der die methodische Grundierung des Ganzen darstellt. Ihm ging es darum, die Dialektik von Überbau und Unterbau präzise zu bestimmen und die Veränderungen auf »allen Kulturgebieten« (VII, 350), die die Veränderung der gesellschaftlichen Produktionsbedingungen bewirkt hatten, zu erkennen. »Es entsprechen diesen Anforderungen aber weniger Thesen über die Kunst des Proletariats nach der Machtergreifung, geschweige die der klassenlosen Gesellschaft, als Thesen über die Entwicklungstendenzen der Kunst unter den gegenwärtigen Produktionsbedingungen« (ebd.). Der Absatz schließt programmatisch: »Die im folgenden neu in die Kunsttheorie eingeführten Begriffe unterscheiden sich von geläufigeren dadurch, daß sie für die Zwecke des Faschismus vollkommen unbrauchbar sind. Dagegen sind sie zur Formulierung revolutionärer Forderungen in der Kunstpolitik brauchbar« (ebd.). – Dieser erste Abschnitt wurde nicht in die französische Übersetzung des Erstdrucks aufgenommen. Verständlich, daß Benjamin eine restituierte Fassung später in der Sowjetunion zu publizieren suchte. Adorno nahm an den explizit politischen Stellen keinen Anstoß. Im Gegenteil; sein Brief geht gegen Ende auf die zwölfte Anmerkung der zweiten Fassung ein und schreibt: »Ich kann aber nicht schließen, ohne Ihnen zu sagen, daß die wenigen Sätze über die Desintegration des Proletariats als ›Masse‹ durch die Revolution zu dem tiefsten und mächtigsten an politischer Theorie zählen, das mir begegnet ist, seit ich Staat und Revolution las« (Adorno 1994, 175). – Benjamin antwortete Adorno: »Haben Sie den herzlichsten Dank für Ihren langen und aufschlußreichen Brief vom 18ten. Er eröffnet eine Fülle von Perspektiven, deren gemeinsame Erforschung zum Gespräch ebenso sehr einlädt, wie sie sich dem brieflichen Gedankenaustausch gegenüber spröde erweist« (5, 261). Eine merkwürdige Form der Replik, aber ein Hinweis auf ein Charakteristikum Benjamins: Die Scheu vor der argumentierenden Darstellung, die seinem Denken ebenso fremd zu sein schien, wie ihm die produktive Entfaltung von Gedanken im Gespräch eigen war. Nachdem Benjamin Adornos Jazz-Aufsatz in den Fahnen gelesen hatte, schrieb er Ende Juni an Adorno darüber: »In Erwartung unserer bevorstehenden Begegnung will ich auf Einzelheiten Ihrer Arbeit kaum eingehen. Immerhin will ich es nicht auf die lange, ja nicht einmal auf die kurze Bank schieben, Ihnen zu sagen wie sehr mir der Komplex ›Chockwirkung‹ im Film durch Ihre Darstellung der Synkope im Jazz erhellt wurde. Ganz allgemein scheint mir, daß unsere Untersuchungen wie zwei Scheinwerfer, die von entgegengesetzten Seiten auf ein Objekt gerichtet werden, Umriß und Dimension der gegenwärtigen Kunst in durchaus neuer und sehr viel folgenreicherer Weise erkennbar machen als das bisher erzielt wurde« (5, 323 f.). Die Pariser Gespräche im Oktober, die Adornos Jazz-Aufsatz galten und sehr intensiv gewesen sein müssen, hatten die Niederschrift der »Oxforder Nachträge« (Adorno 1970 ff., Bd. 17, 100–108) zum Resultat.

»Das Paris des Second Empire bei Baudelaire«

Der mit Horkheimer verabredete Aufsatz über Baudelaire spielt in der Korrespondenz des Jahres 1938 eine gewichtige Rolle. Benjamin sah sich veranlaßt, die Erwartungen sehr hoch zu spannen. Für die Publikation in der Zeitschrift gedachte er, vorab den zweiten Teil eines dreiteilig geplanten Buches mit dem Titel Charles Baudelaire. Ein Lyriker im Zeitalter des Hochkapitalismus zu schreiben. Am 16. April 1938 nennt er Horkheimer gegenüber die Tendenz des »Baudelaire, sich zu einem Miniaturmodell [der Passagen] zu entwickeln« (6, 64). Wenig später spricht er abschließend in dem Brief über seine Intention: »Wenn ich in einem Bilde sagen darf, was ich vorhabe, so ist es, Baudelaire zu zeigen, wie er ins neunzehnte Jahrhundert eingebettet liegt. Der Abdruck, den er darin hinterlassen hat, muß so klar und so unberührt hervortreten, wie der eines Steins, den man, nachdem er jahrzehntelang an seinem Platz geruht hat, eines Tages von der Stelle wälzt« (67). Der aufmerksame Leser hätte dieser Metapher entnehmen können, daß Baudelaire und seine Dichtung nicht der alleinige und vielleicht nicht einmal der primäre Gegenstand des Aufsatzes sein werden; daß vielmehr eine Konstruktion intendiert war, die der entscheidenden historischen Erfahrung des 19. Jh.s Rechnung zu tragen hätte. Benjamin hat das in dem Aufsatz über Ein deutsches Institut freier Forschung, den er auf Wunsch Horkheimers für die Zeitschrift *Maß und Wert* Anfang 1938 geschrieben hatte, ausgedrückt. Er schreibt über die Gruppe um das Institut und die *Zeitschrift für Sozialforschung:* »Der Gedanke, in dem sich diese Gruppierung vollzogen hatte, ist, ›daß die Lehre von der Gesellschaft sich heute nur im engsten Zusammenhange mit einer Reihe von Disziplinen, vor allem mit Nationalökonomie, Psychologie, Geschichte und Philosophie entwickeln kann‹. Auf der andern Seite ist den genannten Forschern das Bestreben gemeinsam, die Arbeit ihrer jeweiligen Disziplin an dem Stande der gesellschaftlichen Entwicklung und ihrer Theorie auszurichten. Was hier in Frage steht, läßt sich schwerlich als Lehrmeinung, gewiß nicht als System darlegen. Es erscheint am ehesten als Niederschlag einer alle Überlegungen durchdringenden, unveräußerlichen Erfahrung. Sie besagt, daß die methodische Strenge, in der die Wissenschaft ihre Ehre sucht, ihren Namen nur dann verdient, wenn sie nicht nur das im abgeschiedenen Raume des Laboratoriums sondern auch das im freien der Geschichte bewerkstelligte Experiment in ihren Horizont einbezieht« (III, 518 f.). Um dieses ›Experiment‹ ging es Benjamin in Das Paris des Second Empire bei Baudelaire. – Adornos Kritik des Manuskripts, die mit der Bitte schließt, »ein Baudelairemanuskript von völliger Durchschlagskraft herzustellen« (Adorno 1994, 371), ist systematisch orientiert: »Vielmehr sehe ich die Momente, in denen der Text hinter sein eigenes Apriori zurückfällt, in enger Beziehung mit seinem Verhältnis zum dialektischen Materialismus – und gerade an dieser Stelle spreche ich nicht nur für mich sondern ebenso für Max [Horkheimer], mit dem ich diese Frage aufs eingehendste durchgesprochen habe. Lassen Sie hier so simpel und hegelisch mich ausdrücken wie nur möglich. Täusche ich mich nicht sehr, so gebricht es dieser Dialektik an einem: der Vermittlung« (366). Dazu gehört, daß Adorno die »verpflichtende Aussage« (367) vermißt. Für »die Abneigung gegen jene besondere Art des Konkreten und dessen behavioristische Züge« (ebd.) gibt Adorno als »theoretischen Grund« an, »daß [er] es für methodisch unglücklich [halte], einzelne sinnfällige Züge aus dem Bereich des Überbaus ›materialistisch‹ zu wenden, indem man sie zu benachbarten Zügen des Unterbaus unvermittelt und wohl gar kausal in Beziehung setzt. Die materialistische Determination kultureller Charaktere ist möglich nur vermittelt durch den *Gesamtprozeß*« (ebd.). – Diese Vermittlung aber setzt den kapitalistischen Gesamtprozeß als konstituiert voraus; Benjamins Darstellung jedoch ist auf die historische Epoche in Frankreich und besonders in Paris gerichtet, in der der Kapitalismus sich noch nicht vollständig durchgesetzt hatte, die reelle Subsumtion der Arbeit noch nicht abgeschlossen war, der Sieger noch nicht feststand. Die zyklische Form der Benjaminschen Konstruktion – sie beginnt mit dem Typ des Verschwörers und endet mit dem Verschwörer par excellence Auguste Blanqui – versucht dasjenige in der Geschichte zu erfassen, das nicht abgeschlossen ist. Die Modelle, die Benjamin um den Heros stellt, sind Figuren des Unterliegens. »Die Moderne erweist sich als sein Verhängnis. Der Heros ist in ihr nicht vorgesehen. Sie hat keine Verwendung für diesen Typ« (I, 599). Denn er ist der verkörperte produktive Überschuß, die Objektivierung menschlicher und geistiger Freiheit, den die Produktionsverhältnisse nicht zu absorbieren vermögen. Die Revolte ist deren letzter Ausdruck. – Adorno nennt weiterhin in seinem kritischen Brief die »staunende Darstellung der bloßen Faktizität« (Adorno 1994, 368). – Dieses Mal legt Benjamin seine Zurückhaltung ab und holt zu einer deutlichen Erwiderung aus. »Da ich unserer Gespräche in San Remo gedenke, möchte ich auf die Stelle zu sprechen kommen, an welcher Sie Ihrerseits das tun. Wenn ich mich dort weigerte, im Namen eigener produktiver Interessen mir eine esoterische Gedankenentwicklung zu eigen zu machen und insoweit über die Interessen des dialektischen Materialismus und des Instituts hinweg zur Tagesordnung überzugehen, so war da zuletzt nicht allein Solidarität mit dem Institut noch bloße Treue zum dialektischen Materialismus im Spiel, sondern Solidarität mit den Erfahrungen, die wir alle in den letzten fünfzehn Jahren gemacht haben. Es handelt sich also um eigenste produktive Interessen von mir auch hier; ich will nicht leugnen, daß sie den ursprünglichen gelegentlich Gewalt anzutun versuchen können. Es liegt ein Antagonismus vor, dem enthoben zu sein ich nicht einmal im Traum wünschen könnte. Seine Bewältigung macht das Problem der Arbeit aus, und dieses ist eins ihrer Konstruktion. Ich meine, daß die Spekulation ihren notwendig kühnen Flug nur dann mit einiger Aussicht auf Gelingen antritt, wenn sie, statt die wächsernen Schwingen der Esoterik anzulegen ihre Kraftquelle allein in der Konstruktion sucht. Die Konstruktion bedingte es, daß der zweite Teil des Buches wesentlich aus philologischer Materie gebildet ist« (4, 184). Und Benjamin fährt fort: »Wenn Sie von einer ›staunenden Darstellung der Faktizität‹ sprechen, so charakterisieren Sie die echt philologische Haltung. [...] Die Philologie ist diejenige an den Einzelheiten vorrückende Beaugenscheinigung eines Textes, die den Leser magisch an ihn fixiert. [...] Der Schein der geschlossnen Faktizität, der an der philologischen Untersuchung haftet und den Forscher in den Bann schlägt, schwindet in dem Grade, in dem der Gegenstand in der historischen Perspektive konstruiert wird. Die Fluchtlinien dieser Konstruktion laufen in unserer eignen historischen Erfahrung zusammen« (184 f.). An einer anderen Stelle heißt es: »Die materialistische Geschichtsdarstellung führt die Vergangenheit dazu, die Gegenwart in Verlegenheit zu bringen« (V, 588). Benjamin schrieb einen neuen Text – Über einige Motive bei Baudelaire –, der »[d]ie mangelnde theoretische Transparenz« (4, 188) zu beseitigen unternahm. Er wurde von Adorno enthusiastisch begrüßt: »Ich glaube, es ist kaum eine Übertreibung, diese Arbeit als das Vollkommenste zu bezeichnen, was Sie seit dem Barockbuch und dem Kraus publiziert haben« (415).

Adornos »Wagner«

Den *Versuch über Wagner* schrieb Adorno zwischen Herbst 1937 und April 1938. Aus dem Buch wurden einige Kapitel unter dem Titel »Fragmente über Wagner« in demselben Heft der Zeitschrift veröffentlicht, das Benjamins zweiten Baudelaire-Aufsatz enthielt. Beide Arbeiten waren Gegenstand der Gespräche in San Remo, die Gretel Adorno, Adorno und Benjamin Ende 1937/Anfang 1938 führten. Benjamins Brief vom 19. Juni 1938 an Adorno über den Wagner setzt diese Gespräche fort: »Kurz, es gibt für mich keinen Zweifel, daß die einzelnen Elemente der Wagnerkritik aus einer Gesamtkonzeption stammen, die ihre überzeugende Kraft der authentischen geschichtlichen Signatur Ihrer Reflexion verdankt.

Und dennoch ist die Frage, die gelegentlich eines Terrassengesprächs in Ospedaletti ihr Geisterdasein zwischen uns etablierte, von Ihnen nicht zu ewiger Ruhe bestattet worden. Erlauben Sie mir, fragend meinerseits das Gedächtnis dieser Frage heraufzurufen. Ist es Ihren frühesten *Erfahrungen* mit Wagner gegeben, sich ganz in Ihrer *Einsicht* in das Werk zuhause zu fühlen? Ich möchte von einem Rasenplatze sprechen und jemanden vorstellen, der, durch die Spiele der frühen Kindheit mit ihm vertraut, unvermutet und in dem Augenblick auf ihm sich wiederfände, wo er der Schauplatz eines Pistolenduells geworden ist, zu dem er sich von einem Gegner gefordert sähe. Spannungen, wie sie solcher Sachlage eigen wären, scheinen mir im ›Wagner‹ zu überdauern. Sollten nicht eben sie es sein, die das Gelingen der ›Rettung‹ – um sie hat sich das gedachte Gespräch bewegt – in Frage stellen? [...] Entschließe ich mich zu einer kurzen Formulierung, so sage ich: die Grundkonzeption des Wagner, die weiß Gott nicht von schlechten Eltern ist, ist eine polemische. Ich würde mich nicht darüber wundern, wenn das die einzige wäre, die uns ansteht und uns, wie Sie es tun, aus dem Vollen zu schöpfen erlaubt. In dieser Konzeption scheinen mir auch, und gerade, Ihre energischen musiktechnischen Analysen ihren Ort zu haben. Eine polemische Befassung mit Wagner schließt in keiner Weise die Durchleuchtung der progressiven Elemente seines Werkes, die Sie vornehmen, aus, zumal wenn diese sich von den regressiven sowenig wie die Schafe von den Böcken scheiden lassen.

Wohl aber – und hier, lieber Teddie, dürften Sie mich mit Leib und Seele bei *Ihrem* Lieblings- und Indianerspiel, dem Ausgraben des Kriegsbeils, überraschen – erweist sich die geschichtsphilosophische Perspektive der Rettung, wie mir scheinen will, mit der kritischen der Pro- und Regressionen als unvereinbar. Genauer – als vereinbar nur in bestimmten philosophischen

Zusammenhängen, über die wir uns gelegentlich sub vocem ›Fortschritt‹ unterhalten haben. [...] Sie sind gewiß nicht willens, mir zu widersprechen wenn ich sage, daß die Rettung als philosophische Tendenz eine schriftstellerische Form bedingt, die – um es unbeholfen zu sagen (weil ich es besser nicht formulieren kann) – mit der musikalischen besondere Verwandtschaft hat. Die Rettung ist eine zyklische Form, die polemische eine progressive. [...] Das Bestimmende in der Rettung – nicht wahr? – ist niemals ein Progressives; es kann dem Regressiven so ähnlich sehen wie das Ziel, das bei Karl Kraus Ursprung heißt« (4, 121–123). – Auch hier springt ein Zitat dem Verständnis der »Rettung« bei: »Wovor werden die Phänomene gerettet? Nicht nur, und nicht sowohl vor dem Verruf und der Mißachtung in die sie geraten sind als vor der Katastrophe wie eine bestimmte Art ihrer Überlieferung, ihre ›Würdigung als Erbe‹ sie sehr oft darstellt. – Sie werden durch die Aufweisung des Sprungs in ihnen gerettet« (V, 591). – Adorno reagierte mit Zustimmung auf Benjamins Kritik und schrieb am 2. August 1938: »Was Ihre Kritik anlangt, so habe ich mich über das Anerkennende darin ungemein gefreut. Was das Negative anlangt, so zwingt mich zu einigem Lakonismus die Tatsache, daß ich nicht anders kann, als Ihnen Recht zu geben. Der Grund muß freilich von dem von Ihnen bezeichneten um ein Leises verschieden sein. Ich glaube, es liegt einfach daran, daß ich jene Art von Erfahrungen, die Sie und übrigens ganz analog auch Max an der Arbeit vermißt haben, nicht machte. Wagner hat nicht zu den Gestirnen meiner Kindheit gehört, und ich vermöchte es auch heute nicht, ihm die Aura vollkommener zu beschwören, als ich es an einigen Stellen [...] versucht habe. Als mildernden Umstand möchte ich immerhin geltend machen, daß ich die Motive der Rettung Wagners keineswegs umstandslos auf seine progressiven Züge bezog, sondern überall das Ineins von Progressiv und Regressiv akzentuiert habe. Ich glaube, daß, wenn Sie sich das letzte Kapitel genau ansehen, Sie mir das konzedieren mögen. Es ist vielleicht auch in Ihrem Sinn ein Index dessen, daß die Arbeit mehr von der zyklischen Form hat, als Sie ihr zubilligen. Die Motive des letzten Kapitels sind genau auf die des ersten eingepaßt« (Adorno 1994, 344 f.).

Adornos »George und Hofmannsthal. Zum Briefwechsel: 1891–1906«

Dieser Aufsatz war der letzte Adornos, den Benjamin las. Er wurde 1942 mit Benjamins Thesen Über den Begriff der Geschichte vom Institut in einem mimeographierten Band herausgegeben, sein Titel: *Walter Benjamin zum Gedächtnis.* – Benjamin nannte den Aufsatz »das Beste, was Sie jemals geschrieben haben« (4, 447) und an späterer Stelle seines Briefes aus Lourdes, geschrieben am Tag seines 48. Geburtstags, sagt er: »Die beiden letzten Seiten Ihres Essays [...] waren mir ein Geburtstagstisch, auf dem die Stelle über das ›nicht disziplinierte Glück‹ das Lebenslicht darstellt. Übrigens hat die Arbeit auch sonst etwas vom Gabentisch; die terminologische Marke haftet so wenig mehr an den Gedanken wie die Preisauszeichnung an einem Geschenk« (451 f.). »Im Folgenden eine Reihe von Einzelbemerkungen. Ihnen will ich vorherschikken, daß mir das Entscheidende des Essays in dem ungemein sicheren, schlagenden und überraschenden Aufriß der historischen Perspektive liegt: wie der Funken, der zwischen Mach und Jens Peter Jacobsen überspringt, der geschichtlichen Landschaft die Plastizität gibt, die der Landschaft im schlichten Sinne ein Blitz überm nächtlichen Himmel leiht« (447). Kritisch beleuchtet Benjamin die Darstellung Hofmannsthals, bei der »manches im Hintergrund« bleibe (ebd.): »Ich glaube Hofmannsthal hat zu seinen Gaben zeitlebens so gestanden wie Christus zu seiner Herrschaft gestanden hätte, wenn er sie seiner Verhandlung mit Satan zu danken gehabt hätte. Die ungewöhnliche Versatilität geht bei ihm, wie mir scheint, mit dem Bewußtsein zusammen, Verrat an dem Besten in sich geübt zu haben. Darum konnte ihn keinerlei Vertrautheit mit dem Gelichter schrecken.

Demungeachtet geht es meiner Überzeugung nach nicht an, Carossa einer ›Schule‹, deren Haupt Hofmannsthal gewesen sei, zurechnend, von der Gleichschaltung der deutschen Schriftsteller *im Zeichen dieser Schule*, das heißt Hofmannsthals selbst zu reden. Hofmannsthal ist 1929 gestorben. Er hat ein non liquet in der Strafsache, die Sie gegen ihn vertreten, wenn es ihm sonst nicht gesichert wäre, mit seinem Tod erkauft. Ich würde meinen, Sie sollten diese Stelle nochmals überdenken; ich bin nahe daran, Sie darum zu bitten« (449). Adorno folgte dieser Bitte, und milderte die Stelle ab. – Und noch einmal kommt Benjamin auf die »Rettung« zurück. »Über George dürfte kein Text bestehen, der sich, selbst im Abstand, neben dem Ihren darf sehen lassen. Ich habe da keinerlei Vorbehalt; ich scheue mich nicht, Ihnen zu gestehen, daß ich aufs glücklichste überrascht wurde. Wenn es heute überaus schwer erscheinen muß, anders von George zu sprechen als von dem Dichter, der mit dem ›Stern des Bundes‹ das choreographische Arrangement des Veitstanzes vorgezeichnet hat, der über den geschändeten deutschen Boden dahingeht – so war das von Ihnen gewiß nicht zu gewärtigen. Und diese, unzeitgemäße und undankbare Aufgabe: eine ›Rettung‹ Georges, Sie haben sie so schlüssig wie es nur sein kann, so unaufdringlich, wie es sein muß, bewältigt. [...] Mit Ihrer Arbeit ist vorstellbar geworden, was bisher unvorstellbar, und womit das Nachleben Georges beginnen würde: eine Anthologie seiner Verse. Gewisse stehen in Ihrem Text besser als am Fundorte« (450).

Max Horkheimer

Zwei Aufsätze scheint Horkheimer noch vor der nationalsozialistischen Machtergreifung bei Benjamin in Auftrag gegeben zu haben, den über Eduard Fuchs, mit dem Horkheimer befreundet war, und den Zum gegenwärtigen gesellschaftlichen Standort des französischen Schriftstellers. Benjamin schrieb letzteren zuerst – auf Ibiza. Er wurde mit einer in Paris geschriebenen Ergänzung über André Malraux' Spanienroman *L'Espoir* im Frühjahr 1934 im ersten Heft des dritten Jahrgangs der ZfS veröffentlicht. Benjamin geht darin von Apollinaires *Le Poète assassiné* aus und schreibt an das Zitat »Man wird die Dichter ausrotten« anschließend: »Es ist diesen Worten nicht anzusehen, daß sie vor zwanzig Jahren geschrieben sind. Nicht daß diese beiden Jahrzehnte spurlos an ihnen vorübergegangen wären. Ihr Werk jedoch hat eben darin bestanden, aus einer Laune, aus einer übermütigen Improvisation die Wahrheit zu entwickeln, die in ihr angelegt war. Die Landschaft, die mit diesen Worten blitzartig erhellt wurde – damals noch eine Ferne – haben wir inzwischen kennengelernt. Es ist die gesellschaftliche Verfassung des Imperialismus, in der die Position der Intellektuellen immer schwieriger geworden ist. Die Auslese, die unter ihnen von den Herrschenden vorgenommen wird, hat Formen angenommen, die an Unerbittlichkeit dem Vorgang, den Apollinaire beschreibt, kaum etwas nachgeben. Was seitdem an Versuchen unternommen wurde, die Funktion des Intellektuellen in der Gesellschaft zu bestimmen, legt Zeugnis von der Krise ab, in der er lebt. Nicht allzuviele haben die Entschiedenheit, den Scharfblick besessen zu erkennen, daß die Bereinigung, wenn schon nicht seiner wirtschaftlichen, so gewiß seiner moralischen Situation die eingreifendste Veränderung der Gesellschaft zur Voraussetzung hat« (II, 777 f.). Man ginge in die Irre, wenn man in diesen Sätzen bloß eine höfliche Verbeugung vor dem Charakter der ZfS sehen wollte. Die Verbindung von Krisis der Kunst und gesellschaftlicher Verfassung gehörte längst zum Bestand Benjaminscher Erkenntnis. Die ›Position der Intellektuellen‹ wurde in der Folge auch für diejenigen prekärer, die nicht Einzelne waren. Die Rettung des Institutsvermögens, die Errichtung von Zweigstellen in Genf, dann in Paris, London und schließlich New York, die Möglichkeit, die Zeitschrift in deutscher Sprache in dem französischen Verlag Felix Alcan erscheinen zu lassen – dies alles waren Umstände, die die Vertreibung aus Deutschland milderten und die Fortsetzung der Arbeit ermöglichten. Dennoch hatte eines sich grundlegend verändert. Die Unabhängigkeit des Forschungsinstituts *an* einer Universität war in die institutionelle Unabhängigkeit sans phrase umgeschlagen. Horkheimer suchte darum die Anbindung an eine honorable und einflußreiche Institution, die Zeitschrift und Institut ein Dach bieten konnte. In Paris war das die École Normale Supérieure in der Rue d'Ulm und in New York die Columbia University. Die damit verbundene Hoffnung, den alten Frankfurter Einfluß auf das wissenschaftliche Leben wiederzuerlangen, die Diskussion mit französischen und amerikanischen Gelehrten dem Institut nutzbar zu machen, scheint aber nicht nachhaltig erfüllt worden zu sein – jedenfalls haben die Arbeiten des Instituts und die Aufsätze der Zeitschrift bis in die 40er Jahre kein langanhaltendes Echo hervorgerufen. Diese Erfahrung dürfte Horkheimer, der vergeblich eine französische Übersetzung seiner *Essais matérialistes* durch Vermittlung Benjamins bei Gallimard zu veröffentlichen suchte, dazu bewogen haben, die Redaktionspolitik dahingehend zu modifizieren, daß politisch Anstößiges – eine deutliche gesellschaftskritische Sprache – vermieden werden sollte. Diese taktischen Rücksichten, wie sie im Briefwechsel zwischen Adorno und Horkheimer immer wieder auftauchen, galten den politischen Implikationen der kritischen Theorie, die nicht direkt benannt werden sollten. In dem Nachhinein, das immer klüger ist, stellt sich gleichwohl die Frage: Ist die Klugheit der Anpassung immer klug? Stehen die gedachten Vorteile in einem rationalen Verhältnis zu den Nachteilen? Es will so scheinen, als ob die Vorsicht, der Wunsch, wissenschaftlich respektabel zu erscheinen – als ob die unverhüllte Sprache der politischen Implikationen der Theorie selber unvereinbar mit objektiver Erkenntnis sei! –, zugleich die Verachtung der Vertreter der Normalwissenschaft auf sich zöge, die es nie an dem Riecher fehlen lassen für das, was einen Hintersinn hat. – Der französische Politologe und Soziologie Raymond Aron hatte im Frühjahr 1936 unter anderen die Aufgabe übernommen, die Redaktion »auf einzelne Stellen in den Aufsätzen [hinzuweisen], die in Frankreich ungewohnt erscheinen könnten« (Horkheimer 1988 ff., Bd. 15, 491), und er war derjenige, der Benjamins L'Œuvre d'art à l'époque de sa reproduction mécanisée las und bei Horkheimer gegen die redaktionellen Eingriffe in den Text protestierte (vgl. 479). Benjamins Arbeit, die Horkheimer »eine grundsätzliche Äußerung« (489) nannte, sollte sehr rasch erscheinen, so daß keine Zeit für eine Umarbeitung der von der Redaktion gestrichenen Passagen war. Der entscheidende redaktionelle Eingriff bestand darin, das – für das Verständnis des ganzen Textes wichtigste – erste Kapitel herauszunehmen. Horkheimers Motiv war: »Wir müssen alles tun, was in unseren Kräften steht, um die Zeitschrift als wissenschaftliches Organ davor zu bewahren, in politische Pressediskussionen hineingezogen zu werden. Dies bedeutete eine ernsthafte Bedrohung unserer Arbeit in dieser und vielleicht noch in mancher anderen Richtung« (488). Hinzu kam eine Gereiztheit, die hervorgerufen war von dem Einblick, den Aron in die redaktionellen Gepflogenheiten erhalten hatte. Horkheimer schrieb Benjamin darüber: »Die Beurteilung der allgemeinen Prinzipien unserer Redaktionsführung möchte ich mir jedoch auch weiterhin vorbehalten. Jedenfalls tut es mir aufrichtig leid, daß, wenn auch ohne Ihren Willen, eine Situation entstanden ist, in der ich mich gegen Angriffe Herrn Arons, die er in Ihrem Interesse führen zu sollen glaubt, verteidigen muß. [...] Nun bin ich gezwungen, außer Ihnen auch noch Herrn Aron über diese Dinge Rechenschaft zu geben. Den Verlauf der Unannehmlichkeiten, die aus dieser jetzt hervorgerufenen Spannung entstehen, vermag ich noch nicht zu überschauen. Wenn Sie diese ganze Sache überdenken, werden Sie sich wahrscheinlich dem Reiz einer Konstellation, in welcher politisch exponierte Sätze aus Ihrer Feder durch das mutige Auftreten von Herrn Aron gegen unsere Rückständigkeit Verteidigung erfahren, nicht entziehen können« (491 f.). Benjamin antwortete: »Ihre Hinweise sind für mich natürlich maßgebend. Ich bin mir bewußt, daß die Sachlage, auf Grund deren Sie sie geben, eine sehr komplexe ist. Und Sie wissen, daß es mir niemals an Einsicht in die besondere Bedingtheit der Arbeit gefehlt hat, die der Zeitschrift obliegt« (5, 263). – Es war, wie man so sagt, ein Kommunikationsproblem. Benjamin durfte davon ausgehen, daß das erste Kapitel, dessen Schluß er nach einer früheren Diskussion mit Horkheimer schon geändert hatte, wenigstens diese Klippe passiert hätte. Daß Hans Klaus Brill, der Sekretär der Pariser Zweigstelle des Instituts, bei den Streichungen und Änderungen nicht eigenmächtig verfuhr, sondern auf Weisung Horkheimers, konnte Benjamin nicht wissen. Das übliche Verfahren, dem alle Aufsätze, die in der ZfS erscheinen sollten, unterworfen waren, auch die Horkheimers, nämlich das der mündlichen und brieflichen Diskussion von politisch anstößigen Stellen und deren Ersetzung oder Fortfall, hat im Fall des Benjaminschen Aufsatzes nicht stattgehabt.

»Eduard Fuchs, der Sammler und der Historiker«

In der Diskussion des Aufsatzes, dessen lange Abfassungszeit Horkheimer mit großer Geduld hinnahm, tritt der Herausgeber der Zeitschrift hinter den leidenschaftlichen Gelehrten zurück. Zum Absatz II, 474 f. notierte Horkheimer in seinem Brief vom 16. März 1937 an Benjamin: »Ich kann diese Seite nicht überblättern, ohne Ihnen zu sagen, daß ich einige Sätze darin zu den wertvollsten der ganzen Arbeit zähle. Die Formulierung, daß der Positivismus in der Entwicklung der Technik nur die Fortschritte der Naturwissenschaft, nicht die Rückschritte der Gesellschaft erkannt hat, erhellt weite Gebiete der Ideologie des neunzehnten Jahrhunderts. Sie ist mir umso wertvoller, als in meinem jetzt im Satz befindlichen Positivismus-Aufsatz diese Seite unbehandelt blieb« (Horkheimer 1988 ff., Bd. 16, 82). – Im dritten Kapitel des Aufsatzes über Fuchs hat Benjamin Sätze niedergelegt, die abermals die Konzentration bezeugen, mit der er auch in wenig geliebten Auftragsarbeiten die Reflexionen weitertreibt, welche ihm die nächsten waren. Ihm waren alle Werke, wenn auch nicht in allen Schichten, Hauptwerke. »Es ist niemals ein Dokument der Kultur, ohne zugleich ein solches der Barbarei zu sein. Dem Grundsätzlichen dieses Tatbestandes ist noch keine Kulturgeschichte gerecht geworden, und sie kann das auch schwerlich hoffen.

Dennoch liegt nicht hier das Entscheidende. Ist der Begriff der Kultur für den historischen Materialismus ein problematischer, so ist ihr Zerfall in Güter, die der Menschheit ein Objekt des Besitzes würden, ihm eine unvollziehbare Vorstellung. Das Werk der Vergangenheit ist ihm nicht abgeschlossen. Keiner Epoche sieht er es dinghaft, handlich in den Schoß fallen, und an keinem Teil. Als ein Inbegriff von Gebilden, die unabhängig, wenn nicht von dem Produktionsprozeß, in dem sie entstanden, so doch von dem, in welchem sie überdauern, betrachtet werden, trägt der Begriff der Kultur ihm einen fetischistischen Zug. Sie erscheint verdinglicht. Ihre Geschichte wäre nichts als der Bodensatz, den die durch keinerlei echte, d. i. politische Erfahrung im Bewußtsein der Menschen aufgestöberten Denkwürdigkeiten gebildet haben« (II, 477). Horkheimer merkt dazu an: »Über die Frage, inwiefern das Werk der Vergangenheit abgeschlossen ist, habe ich seit langem nachgedacht. Ihre Formulierung mag ruhig so stehen bleiben, wie sie ist. Persönlich mache ich das Bedenken geltend, daß es sich auch hier um ein nur dialektisch zu fassendes Verhältnis handelt. Die Feststellung der Unabgeschlossenheit ist idealistisch, wenn die Abgeschlossenheit nicht in ihr aufgenommen ist.

Das vergangene Unrecht ist geschehen und abgeschlossen. Die Erschlagenen sind wirklich erschlagen. Letzten Endes ist Ihre Aussage theologisch. Nimmt man die Unabgeschlossenheit ganz ernst, so muß man an das Jüngste Gericht glauben. Dafür ist mein Denken jedoch zu sehr materialistisch verseucht. Vielleicht besteht in Beziehung auf die Unabgeschlossenheit ein Unterschied zwischen dem Positiven und Negativen, so daß das Unrecht, der Schrecken, die Schmerzen der Vergangenheit irreparabel sind. Die geübte Gerechtigkeit, die Freuden, die Werke verhalten sich anders zur Zeit, denn ihr positiver Charakter wird durch die Vergänglichkeit weitgehend negiert. Dies gilt zunächst im individuellen Dasein, in welchem nicht das Glück, sondern das Unglück durch den Tod besiegelt wird. Das Gute und das Schlechte verhalten sich nicht in gleicher Weise zur Zeit. Auch für diese Kategorien ist die diskursive, dem Inhalt der Begriffe gegenüber gleichgültige Logik daher unzulänglich. – Verzeihen Sie diese Abschweifung. Ich wollte keine Änderung vorschlagen, sondern Ihnen nur meine Assoziation mitteilen« (Horkheimer 1988 ff., Bd. 16, 82 f.). Benjamin nimmt in seiner Antwort vom 28. März den Faden auf und schreibt: »Für Ihre ausführlichen Bemerkungen zum Text danke ich Ihnen besonders. Sehr bedeutsam ist für mich Ihr Exkurs über das abgeschlossene oder aber offene Werk der Vergangenheit. Ich glaube ihn durchaus zu verstehen, und irre ich mich nicht, so kommuniziert Ihr Gedanke mit einer Überlegung, die mich öfter beschäftigt hat. Mir ist immer die Frage wichtig gewesen, wie die merkwürdige Sprachfigur zu verstehen sei: einen Krieg, einen Prozeß *verlieren*. Der Krieg, der Prozeß sind ja doch nicht der Einsatz sondern der Akt der Entscheidung über denselben. Ich habe mir das zuletzt so zurechtgelegt: wer den Krieg, den Prozeß verliert, für den ist das in dieser Auseinandersetzung umfaßte Geschehen wirklich abgeschlossen und somit *seiner Praxis* verloren; für den Partner, der gewonnen hat, ist das nicht der Fall. Der Sieg trägt seine Früchte ganz anders als die Niederlage die Folgen einheimst. Das führt auf das genaue Gegenteil des Ibsenschen Wortes: ›Glück wird aus Verlust geboren,/ Ewig ist nur, was verloren‹« (5, 486 f.). In den Passagenpapieren kommentiert Benjamin den Auszug aus Horkheimers Brief deutlicher: »Das Korrektiv dieser Gedankengänge liegt in der Überlegung, daß die Geschichte nicht allein eine Wissenschaft sondern nicht minder eine Form des Eingedenkens ist. Was die Wissenschaft ›festgestellt‹ hat, kann das Eingedenken modifizieren. Das Eingedenken kann das Unabgeschlossene (das Glück) zu einem Abgeschlossenen und das Abgeschlossene (das Leid) zu einem Unabgeschlossenen machen. Das ist Theologie; aber im Eingedenken machen wir eine Erfahrung, die uns verbietet, die Geschichte grundsätzlich atheologisch zu begreifen, so wenig wir sie in unmittelbar theologischen Begriffen zu schreiben versuchen dürfen« (V, 589). – Benjamin war der terminologischen Sprache der Philosophie nicht gewogen. In einer frühen Notiz sagt er: »Begriffe lassen sich überhaupt nicht denken, sondern nur Urteile. D.h. Urteile sind Denkgebilde« (VI, 43). Gegenüber der vorherrschenden Tendenz der Philosophie sich in Nominaldefinitionen zu ergehen, verweist er auf ein realistisches Moment im Denken: die Realdefinition. Nicht ohne Zustimmung zieht er in Der Sürrealismus aus André Bretons *Introduction au Discours sur le peu de Réalité* heran, daß der »philosophische Realismus des Mittelalters der poetischen Erfahrung zugrunde liegt. Dieser Realismus aber – der Glaube also an eine wirkliche Sonderexistenz der Begriffe, sei es außerhalb der Dinge, sei es innerhalb ihrer – hat immer sehr schnell den Übergang aus dem logischen Begriffsreich ins magische Wortreich gefunden« (II, 302). Zu diesem Magischen der Sprache – ebenfalls eine alte Konzeption Benjamins – ist die Kritik der Terminologie die Kehrseite. Vorsichtig fragend schreibt er Horkheimer zu dessen Aufsatz über Theodor Haekkers *Der Christ und die Geschichte:* »Auf andere Weise spielt Ihr Aufsatz in das Gespräch hinein, das sich gestern, bei unserer ersten Bekanntschaft, zwischen [Franz] Neumann und mir entspann. Neumann sprach von einer gegenwärtig unter der Generation amerikanischer Juristen verbreiteten Parole, in der Rechtswissenschaft so sehr wie möglich die Terminologie – nicht die überkommene allein sondern jedwede wissenschaftliche – zu vermeiden, um sich ganz und gar an die Sprache des Alltags anzuschließen. Daß das Rechtswesen dergestalt für jede beliebige Demagogie mobilisiert zu werden droht, liegt auf der Hand. Trotzdem scheint mir eine Tendenz vorzuliegen, die in andern Bereichen nicht unter allen Umständen so zweischneidig sein muß wie im juristischen. Ich denke besonders an das philosophische und frage mich (das wurde auch bei Wiesengrunds Hiersein verhandelt), wieweit der ›Abbau der philosophischen Terminologie‹ ein Nebeneffekt des dialektisch-materialistischen Denkens ist.

Die materialistische Dialektik scheint mir unter anderem dadurch von den Schullehren abzuweichen, daß sie von Fall zu Fall neue Begriffsbildungen verlangt; weiterhin aber dadurch, daß sie solche verlangt, die tiefer in den Sprachschatz eingebettet sind als die Neologismen der Fachsprache. Sie gibt dem Denken damit eine gewisse Schlagfertigkeit und das Bewußtsein davon verleiht ihm eine Ruhe und Überlegenheit, aus der es sich nicht leicht provozieren läßt. Die materialistische Dialektik, so will ich sagen, könnte auf eine gewisse Frist sehr wohl den Gewinn eines Vorgehens haben, das seinerseits von der Taktik bedingt sein mag« (5, 450 f.). Dem hielt Horkheimer entgegen: »Mit Ihren Bemerkungen über den Abbau der Terminologie treffen Sie gewiß ein wichtiges Problem. Es scheint mir jedoch nicht so sehr darauf anzukommen, daß die philosophische Fachsprache an sich abgebaut wird, als darauf, daß entscheidende Formulierungen nicht in positiven Hinweisen auf schulmäßige Begriffsbildungen bestehen. Sie werden mit mir darin übereinstimmen, daß die Beziehung zu geschichtlichen Tendenzen, die in bestimmten Kategorien aufbewahrt sind, auch im Stil nicht verloren gehen darf. Diese Kategorien sollen als Elemente in die Darstellung mit eingehen, wie wir uns auch vorstellen, daß in einem besseren Zustand der Gesellschaft Elemente aus dem gegenwärtigen enthalten sind. Daß freilich heute die Kontinuität der philosophischen Tradition unterbrochen ist, daß wir weder idealistische Philosophie noch materialistische Weltanschauung treiben, muß sich in der besonderen Art der Verwendung des Apparates zeigen, nicht in seiner Abschaffung. Maschinenstürmerei erschiene mir auch hier als kleinbürgerlicher Vandalismus. Je mehr die Entwicklung aufs neue von kleinen Gruppen, ja von Individuen abhängt, und wahrscheinlich werden Sie nicht verkennen, daß dies wohl für die absehbare Zukunft gelten wird, umsomehr erscheint auch Allgemeinverständlichkeit wieder als Qualität des Unwahren. Soweit Sie die stilistische Forderung aufstellen, in Beziehung auf die im Augenblick entscheidenden Probleme unzweideutig zu sein, stimme ich Ihnen jedoch gerne zu« (Horkheimer 1988 ff., Bd. 16, 24). Benjamin repliziert: »Eine Abschaffung der philosophischen Terminologie kann natürlich nicht zur Debatte stehen. Wenn Sie sagen, daß geschichtliche Tendenzen, ›die in bestimmten Kategorien aufbewahrt sind, auch im Stil nicht verloren gehen‹ dürfen, so mache ich mir das durchaus zu eigen. Nur möchte ich damit eine weitere Überlegung verbinden; und vielleicht korrigiert sie das Mißverständliche meiner Formulierungen. – Ich meine, es gibt einen Gebrauch der philosophischen Terminologie, der einen nicht bestehenden Reichtum vortäuscht. Er übernimmt die Termini ohne Kritik. Dagegen schließt die konkrete dialektische Analyse des jeweiligen Gegenstandes der Untersuchung die Kritik der Kategorien ein, in denen er in einer früheren Schicht der Wirklichkeit und des Denkens bewältigt wurde. [...] Im übrigen kann gewiß Allgemeinverständlichkeit kein Kriterium sein. Nur wohnt der konkreten dialektischen Analyse wohl eine gewisse Transparenz im Einzelnen inne. Die Allgemeinverständlichkeit des Ganzen steht freilich auf einem andern Blatt. Hier gilt es der Tatsache ins Auge zu sehen, die Sie kennzeichnen: daß auf lange maßgeblich für die Bergung und Überlieferung der Wissenschaft und der Kunst kleine Gruppen sein werden. Es ist in der Tat nicht an der Zeit, das was wir, wohl nicht ganz mit Unrecht, in Händen zu halten glauben, in Kiosken zur Schau zu stellen; vielmehr scheint es an der Zeit, an seine bombensichere Unterbringung zu denken. Vielleicht liegt die Dialektik der Sache darin: Der nichts weniger als glatt gefügten Wahrheit ein Gewahrsam zu geben, das glatt gefügt ist wie eine Stahlkassette« (5, 457 f.). Für sich hielt Benjamin fest: »Für den Dialektiker kommt es darauf an, den Wind der Weltgeschichte in den Segeln zu haben. Denken heißt bei ihm: Segel setzen. *Wie* sie gesetzt werden das ist wichtig. Worte sind seine Segel. Wie sie gesetzt werden, das macht sie zum Begriff« (V, 591). Ein entscheidendes Moment ist ihm, daß der Darstellung die »echte politische Erfahrung« (ebd.) innewohnt. Zu Horkheimers Aufsatz »Philosophie und kritische Theorie« (vgl. jetzt Horkheimer 1988 ff., Bd. 4, 217–225) schreibt Benjamin dem Autor am 7. Februar 1938: »Mit leidenschaftlicher Zustimmung lese ich, was Sie im letzten Heft publiziert haben. Die Kritik an der Entwicklung in Rußland kann weitertragend und maßvoller schwerlich formuliert werden. – Wären Sie zugegen, so würden wir vielleicht über die dem ›Frieden Gottes, welcher uns hienieden mehr als Vernunft beseliget‹ von Ihnen gewidmeten reservierten Schlußformulierungen miteinander sprechen. Es ist sehr wahr, daß der Widerruf nicht gegen die Lehre und die Furcht kaum gegen den Beherzten zeugt, den sie überkommt. Andrerseits wird die kritische Theorie nicht verkennen, wie tief gewisse Kräfte des Rausches der Vernunft und ihrem Freiheitskampfe verschworen sind. Alle Aufschlüsse, will ich sagen, die der Mensch im Gebrauch der Narkotika je sich erschlichen hat, können ihm auch *durch den Menschen* werden; einige durch den einzelnen – durch den Mann oder durch die Frau; andere durch Gruppen; solche, von denen wir noch nicht träumen dürfen, vielleicht nur durch die Gemeinschaft der Lebenden. Sind nicht diese Aufschlüsse, durch die menschliche Verbundenheit, der sie entstammen, zuletzt wahrhaft politische? Jedenfalls haben sie den Freiheitskämpfern Kräfte gegeben, die unversieglich wie der ›innere Friede‹, zugleich aber ausgreifend wie das Feuer gewesen sind. Ich glaube, die kritische Theorie wird diese Kräfte nicht als ›neutral‹ betrachten. Es ist wahr, daß sie derzeit dem Faschismus zuhanden scheinen. Diese Täuschung stammt doch nur daher, daß er wie die uns geläufigeren Produktivkräfte der Natur so auch jene für uns entlegeneren pervertiert und geschändet hat« (6, 23). – Diese Zeilen sind drei Wochen nach Einzug in eine kleine Wohnung 10, rue

Dombasle geschrieben worden, in der auch Benjamins bei Brecht in Dänemark verwahrte Bibliothek bald aufgestellt werden sollte. Wohnung und Büchertransfer waren der Unterstützung des Instituts zu danken. Über die eigenen vier Wände heißt es in einem Brief an Horkheimer: »Erst jetzt habe ich gemerkt, wiesehr ein Bedürfnis nach ihnen in mir gesteckt hat. Ich verlasse das Haus kaum, und das kommt meinem durch den letzten Monat angespannten Budget zugute« (6, 38 f.).

Pariser Literaturbriefe

Benjamin und Horkheimer waren im Spätsommer 1937 übereingekommen, daß Benjamin ihn regelmäßig über literarische Neuerscheinungen unterrichten sollte. Sechs solcher Berichte schickte Benjamin zwischen dem 3. November 1937 und dem 23. Januar 1940, von denen einer eine Teilveröffentlichung in der ZfS erfuhr (vgl. III, 549–552). Die Bücher, die Benjamin vorstellte, waren Rezensionsexemplare, die er als Pariser Research Associate des Instituts erhielt. Der Gedanke an diese Literaturberichte geht auf das Frühjahr 1936 zurück, als Benjamin in seinem »Arbeitsplan« schrieb: »Ich habe mir im laufenden Jahr drei Arbeiten für das Institut vorgenommen.

Die erste ist ein Sammelreferat über den gegenwärtigen Stand der schönen Literatur in Frankreich. Wie in meinem früheren Bericht über den gleichen Gegenstand wird der soziologische Gesichtspunkt maßgebend für die Untersuchung sein. Im Interesse ihrer engeren Anpassung an die Aktualität werde ich diesmal neben Büchern besonders das in Zeitschriften niedergelegte Material berücksichtigen. Die literarischen Zeitschriften Frankreichs haben in den letzten Jahren immer offenkundiger nach politischer Orientierung gestrebt. Dabei ist der Wirkungskreis älterer Organe – wie z. B. der des ›Mercure de France‹ – vielleicht zurückgegangen; umso größer ist, zumal unter der Jugend, der von neueren geworden. Unter diesen sind die einen, wie ›Ordre Nouveau‹ oder ›Esprit‹ auf eine ständische, andere wie ›Europe‹ oder ›Commune‹ auf eine sozialistische Gesellschaftsordnung gerichtet. Neben den eigentlichen Zeitschriften werden die Wochenzeitungen berücksichtigt werden, deren Auflagenhöhe – sie bewegt sich teilweise um 300.000 Exemplare – ihnen besondere Bedeutung gibt. Diese Publikationsform war der rechtsgerichteten Literatur vorbehalten bis ihr vor einem halben Jahr der von Gide ins Leben gerufene ›Vendredi‹ entgegentrat. Die Untersuchung wird in diesem Zusammenhang kurz die Physiognomie der großen Verlagsanstalten skizzieren. Sie wird endlich die wichtigsten Gegenstände der augenblicklichen literarischen Diskussion, von den Debatten um Gide bis zu denen, die das Verschwinden des Surrealismus begleiten, darstellen. Im Gesamtverlauf dieses Berichts wird sich unter der Hand Gelegenheit zur Charakteristik der Durchschnittsproduktion der derzeitigen Belletristik finden« (Walter Benjamin Archiv, Berlin).

»Ein deutsches Institut freier Forschung«

Ebenfalls im September 1937 besprach Horkheimer mit Benjamin einen ausführlicheren Artikel über »die Wirksamkeit des Instituts« (5, 579), der in der Zeitschrift *Maß und Wert* erscheinen sollte und als Teil einer ›Propagandaaktion‹ für das Institut gedacht war. Benjamin schrieb daraufhin den elfseitigen Aufsatz Ein deutsches Institut freier Forschung, der allerdings nicht, wie mit dem Verleger Oprecht verabredet, im Aufsatzteil der Zeitschrift erschien, sondern gekürzt im Besprechungsteil und sich auf die *Zeitschrift für Sozialforschung* beschränkte. Zu Anfang des Aufsatzes heißt es: »Als die Zerstreuung der deutschen Gelehrten im Jahre 1933 einsetzte, gab es kein Gebiet, auf dem heimisch zu sein, ihnen ein ausschließendes Ansehen hätte verschaffen können. Dennoch waren Europas Blicke auf sie gerichtet, und es sprach aus ihnen mehr als Teilnahme. In diesen Blicken hatte eine Frage gelegen, wie sie denen gilt, die von einer ungewöhnlichen Gefahr angetreten, von einem neuen Schrecken heimgesucht worden sind. Es dauerte eine gewisse Zeit, bis die Betroffenen in ihrem eigenen Innern das Nachbild dessen fixiert hatten, was vor ihnen aufgetaucht war. Fünf Jahre sind aber eine geraume Frist. Der einen und selben Erfahrung zugewandt, von jedem auf seine Art und auf seinem Felde genutzt, mußten sie einer Gruppe von Forschern genügen, sich und andern von dem Rechenschaft zu geben, was ihnen, als Forschern, widerfahren war und was ihre Arbeit künftig bestimmen werde. Nicht zuletzt schuldeten sie diese Rechenschaft vielleicht denen, die ihnen im Exil ihr Vertrauen und ihre Freundschaft erwiesen hatten« (III, 518).

Rettungsversuche der Person

Benjamin, der 1939 zwei Monate in einem Lager bei Nevers interniert war, konnte der zweiten Welle von Internierungen im Juni 1940 entgehen. Nach dem Einmarsch deutscher Truppen gelang es ihm, nach Lourdes zu flüchten. Da das bereits im Februar beantragte Einreisevisum für die USA zu dem Zeitpunkt noch nicht bewilligt war, bemühte sich Horkheimer um ein Visum für einen anderen Staat. Er schrieb am 5. Juni 1940 an Benjamin: »J'espère que vous aurez reçu ma lettre du 8 mai avec la confirmation que vous êtes membre de notre Institut chargé de conduire des recherches sociologiques. Votre dernière communication qui vient de nous arriver date du 5 mai.

Connaissant votre mauvais état de santé la possibilité de vous voir entrer de nouveau un camp de rassemblement m'a tellement effrayé que je me suis addressé à la Refugee Section of the American Friends Service Committee, Philadelphia, avec la prière de communiquer avec leur branche française par télégramme pour avoir de vos nouvelles.

Entre-temps nous avons reçu les nouvelles de Madame Favez datées du 18 mai que vous étiez en liberté du moins jusqu'à ce jour là. Nous espérons chaleureusement que cet état de chose ne sera pas changé.

Il va sans dire que nous considérons toujours la possibilité de votre immigration dans un pays transatlantique, mais il est très difficile pour nous de décider là-dessus, sans pouvoir vous consulter. A part les restrictions que la plupart des états de l'Amérique du Sud ont décrétées sur l'immigration des juifs il y a votre état de santé qui pourrait rendre dangereux un tel voyage. Dites-moi comme vous pensez vous-même sur cette question. Vous pouvez être sûr que je ferai l'impossible pour donner suite à vos propositions.

En vous assurant que pendant ces jours tragiques nos pensées sont avec vous, cher ami, je vous serre la main bien cordialement« (Horkheimer 1988 ff., Bd. 16, 712). Adorno und Horkheimer versuchten auch, ein kubanisches Visum zu erlangen; im Juli bemühte sich Adorno um ein amerikanisches Non-quota-visum. Benjamin erhielt tatsächlich im August das amerikanische Einreisevisum sowie das spanische und portugiesische Transitvisum; es gelang ihm aber nicht, das Ausreisevisum aus Frankreich zu bekommen, so daß der spanische Zöllner in Port Bou ihm die Durchquerung Spaniens verbot und ihn zurückzuschicken drohte. Angesichts dieser Drohung setzte Benjamin seinem Leben ein Ende.

Rettung des Werks

Benjamins letzte abgeschlossene Konzeption waren die Thesen ÜBER DEN BEGRIFF DER GESCHICHTE, von denen er Gretel Adorno Ende April/Anfang Mai 1940 Nachricht gab: »Der Krieg und die Konstellation, die ihn mit sich brachte, hat mich dazu geführt, einige Gedanken niederzulegen, von denen ich sagen kann, daß ich sie an die zwanzig Jahre bei mir verwahrt, ja, verwahrt vor mir selber gehalten habe. Auch ist dies der Grund, aus dem ich selbst Euch kaum flüchtigen Einblick in sie gegeben habe. Das Gespräch unter den marronniers war eine Bresche in diesen zwanzig Jahren. Noch heute händige ich sie Dir mehr als einen auf nachdenklichen Spaziergängen eingesammelten Strauß flüsternder Gräser denn als eine Sammlung von Thesen aus. In mehr als einem Sinne ist der Text, den Du erhalten sollst, reduziert. Ich weiß nicht, wieweit die Lektüre Dich überraschen oder, was ich nicht wünschte, beirren mag. In jedem Falle möchte ich Dich besonders auf die 17te Reflexion hinweisen; sie ist es, die den verborgenen aber schlüssigen Zusammenhang dieser Betrachtungen mit meinen bisherigen Arbeiten müßte erkennen lassen, indem sie sich bündig über die Methode der letzteren ausläßt. [...] Daß mir nichts ferner liegt als der Gedanke an eine Publikation dieser Aufzeichnungen (nicht zu reden von einer in der Dir vorliegenden Form) brauche ich Dir nicht zu sagen. Sie würde dem enthusiastischen Mißverständnis Tor und Tür öffnen« (6, 435 f.). Adornos erhielten das Manuskript erst 1941 aus der Hand von Hannah Arendt, die in den letzten Jahren mit Benjamin in Paris befreundet war. Adorno vermeldet dieses Manuskript Horkheimer und rät zur Publikation. »Es handelt sich um Benjamins letzte Konzeption. Sein Tod macht die Bedenken wegen der Vorläufigkeit hinfällig. An dem großen Zug des Ganzen kann kein Zweifel sein. Dazu kommt: daß keine von Benjamins Arbeiten ihn näher bei unseren eigenen Intentionen zeigt. Das bezieht sich vor allem auf die Vorstellung der Geschichte als permanenter Katastrophe, die Kritik an Fortschritt und Naturbeherrschung und die Stellung zur Kultur. Da gibt es eine Koinzidenz, die mich sehr bewegt hat. Der Satz in These VII über Kultur als Barbarei steht *wörtlich* im letzten Absatz des Spengler (– im Deutschen; englisch wird das, wie alles, verwaschen sein). Wir beide wußten nichts von der Formulierung des anderen.

Vielleicht sollte man in einer Vorbemerkung sagen, daß die Thesen nicht zur Publikation bestimmt waren, und auf jene Zusammenhänge verweisen« (Adorno/Horkheimer 2004, 144 f.). Horkheimers Antwort darauf war: »Mit Ihnen bin ich glücklich darüber, daß wir Benjamins Geschichtsthesen besitzen. Sie werden uns noch viel beschäftigen und er wird bei uns sein. Die Identität von Barbarei und Kultur, deren Feststellung Ihnen beiden bis auf den Wortlaut gemeinsam ist, hat übrigens das Thema eines meiner letzten Gespräche mit ihm in einem Café beim Bahnhof Montparnasse gebildet, wo ich (oder er) die These vertrat, daß der Beginn von Kultur im modernen Sinn mit der Forderung sittlicher Liebe zusammenfällt. Die Vorstellung des Klassenkampfes als der universalen Unterdrükkung, die Demaskierung der Historie als Einfühlung in die Herrschenden sind Einsichten, die wir als theoretische Axiome zu betrachten haben. – Ihren und [Leo] Löwenthals Vorschlag, die Thesen an den Anfang des mimeographierten Heftes zu stellen, möchte ich nicht widersprechen. Hinge das jedoch von mir allein ab – was ich nicht meine! – so stellte ich es aus rein taktischen Gründen, die er wahrhaftig gebilligt hätte, mit einer kurzen Einleitung, die den vorläufigen Charakter der Aufzeichnungen betont, in die Mitte oder an den Schluß. Die Terminologie, die wir doch kaum abändern dürfen, ist zu unverhüllt. Da ja das ganze Heft Benjamin gewidmet wird, so kann das nicht als Mangel an Zartheit erscheinen« (155). Horkheimer und Adorno veröffentlichten die Thesen in dem mimeographierten Heft der Zeitschrift *Zum Gedächtnis Walter Benjamins*, und Adorno schrieb eine Vorbemerkung zu ihnen, deren Schluß im Entwurf lautet: »Der Text ist zum Vermächtnis geworden. Seine fragmentarische Gestalt schließt in sich den Auftrag, der Wahrheit dieser Gedanken die Treue zu halten durch Denken« (171). – In den New Yorker Institutsräumen wurde in den folgenden Jahren der gerettete Teil des Benjaminschen Nachlasses verwahrt, und 1948 begann Adorno, der ihn sich hatte schicken lassen, mit dessen Sichtung, wie er seiner Mutter berichtet: »Aber dann kann ich es mir einteilen, vor allem dem Nachlaß Benjamins mich zuwenden, der für mich eine geistig-moralische Verpflichtung obersten Ranges bedeutet« (Adorno 2003, 462). Dieser Verpflichtung folgend, setzte sich Adorno bei Peter Suhrkamp für die Publikation von Benjamins Schriften ein. 1955 erschien die erste repräsentative Auswahl in zwei Bänden, von Adorno, Gretel Adorno und Friedrich Podszus herausgegeben.

Werk

Ein deutsches Institut freier Forschung (III, 518–526)
Eduard Fuchs, der Sammler und der Historiker (II, 465–505)
Zum gegenwärtigen gesellschaftlichen Standort des französischen Schriftstellers (II, 776–803)
Das Kunstwerk im Zeitalter seiner technischen Reproduzierbarkeit (I, 431–508; 709–739; VII, 350–384)
Das Paris des Second Empire bei Baudelaire (I, 511–604)
Paris, die Hauptstadt des XIX. Jahrhunderts [Exposé von 1935] (V, 45–59)
Pariser Passagen (V, 1044–1059)
Die Rückschritte der Poesie von Carl Gustav Jochmann (II, 572–598)
Über den Begriff der Geschichte (I, 691–704)
Über einige Motive bei Baudelaire (I, 605–653)
Vorschläge für den Besprechungsteil der »Zeitschrift für Sozialforschung« (mit Theodor W. Adorno) (III, 601 f.)

Literatur

Adorno, Gretel/Walter Benjamin (2005): Briefwechsel 1930–1940, hg. v. Christoph Gödde/Henri Lonitz, Frankfurt a. M.
Adorno, Theodor W. (1970 ff.): Gesammelte Schriften, hg. v. Rolf Tiedemann, Frankfurt a. M.
Adorno, Theodor W./Walter Benjamin (1994): Briefwechsel 1928–1940, hg. v. Henri Lonitz, Frankfurt a. M.
Adorno, Theodor W./Max Horkheimer (2004): Briefwechsel 1927–1969. Bd. 2: 1938–1944, hg. v. Christoph Gödde/Henri Lonitz, Frankfurt a. M.
Adorno, Theodor W. (2003): Briefe an die Eltern 1939–1951, hg. v. Christoph Gödde/Henri Lonitz, Frankfurt a. M.
Horkheimer, Max (1988 ff.): Gesammelte Schriften, hg. v. Alfred Schmidt/Gunzelin Schmid Noerr, Frankfurt a. M.

2. Messianismus, Ästhetik, Politik

Schriften zur Jugend

»Das Leben der Studenten« / »Dialog über die Religiosität der Gegenwart« / »Metaphysik der Jugend«

Von Thomas Regehly

Walter Benjamins »Anfänge« sind zum großen Teil Anfänge im besten Sinne. Die Arbeiten aus den Jahren 1910 bis 1915 sind literarische Versuche in verschiedenen Genres, Tagebuchaufzeichnungen, Artikel, die entschiedene Stellungnahmen für die Wickersdorfer Idee und die Ziele der Jugendkulturbewegung darstellen, Besprechungen, literaturkritische Arbeiten, Reflexionen zu aktuellen Themen und programmatische Reden. Sie lassen sich in ein Gradnetz einordnen, dessen Öffentlichkeit von der privaten Notiz über Zirkulare bis zu namentlich gekennzeichneten Artikeln reicht und dessen Verständlichkeit sich von exoterischen Polemiken bis zu esoterischen Selbstverständigungsversuchen abstuft. Wynekens Grundsatz, daß es das »Ziel der Schule sei, in unserer Zeit den jungen Menschen zum Mitglied der künftigen Gesellschaft zu erziehen« (1, 64), ist ebenso fundamental wie die Idee der Jugend, um deren Realität es dem jungen Benjamin geht. Der Brief, mit dem er sich 1915 von seinem Lehrer lossagt, evoziert diese ›Idee der Jugend‹ als sein Eigenstes: »Mit ihr zu leben ist das Vermächtnis, das ich Ihnen entwinde« (264). Die im folgenden behandelten Texte heben sich, sowohl was Umfang wie Durcharbeitung angeht, von den anderen ab. Der Dialog vom Herbst 1912 läßt erahnen, inwiefern Jugend Religion »bedeute[n]« (II, 73) kann, der programmatische Entwurf Das Leben der Studenten erinnert an die idealistische Tradition, um einen Begriff von wahrhaft studentischer Arbeit für eine ›neue Hochschule‹ zurückzugewinnen, während das hermetische Zirkular Metaphysik der Jugend im Grenzbereich zu den letzten Dingen unterwegs ist.

Auf der Suche nach den »Quellen religiösen Lebens« (II, 80) – »Dialog über die Religiosität der Gegenwart« (1912)

Der frühe Benjamin spielte mit Formen, experimentierte, probierte aus, verwarf. Dies gilt für die Briefform, das Tagebuch, Reden, Aufsätze, Besprechungen und die Form des literarischen Dialogs.

Im Dialog über die Religiosität der Gegenwart, verfaßt im September/Oktober 1912, wird der Ausschnitt eines intensiven, langen Gesprächs geschildert, das sich »kurz vor Mitternacht« vom klassischen »Zweck der Kunst« über den »Kunstgenuß« auf die Religion wendet (II, 16). Das Personal besteht aus einem »Ich«, dem zunächst ein »Er« gegenübersteht, aus dem aber nach wenigen Sätzen »der Freund« wird. Freundschaftlich, aber kompromißlos ist der Ton des Gesprächs. Der Freund zeigt sich als Skeptiker und Pantheist, Lebensfreund, Monist und Scheindemokrat. Das Ich trägt Züge Benjamins und argumentiert metaphysisch, humanistisch, dualistisch und – andeutungsweise – elitär. Die Situation ist denkbar einfach und kunstlos: man unterhält sich, und der Freund geleitet das Ich am Schluß zur Haustür. Alles Wichtige geschieht im Gespräch.

Dem »l'art pour l'art« setzt das Ich sein »l'art pour nous« (17) entgegen. Dem Kunstwerk müssen »Lebenswerte« entnommen werden können. Die Diskussion über den Selbstzweck der Kunst wird als »Symptom« für die Irreligiosität der Gesellschaft genommen, wobei sich eine merkwürdige Kongruenz des Religionsverständnisses ergibt. Beide halten Religion für »Trägheit« (ebd.), der Skeptiker versteht darunter eine zu kritisierende Autoritätsgläubigkeit, das Ich ein zu bewahrendes spezifisches Beharrungsvermögen. Der Immanenz, dem Transzendenz-Verzicht, entspricht aber keine »Freude an dieser neuen, modernen Welt« (18). Das Gerede von »herrliche[r] Lebensfreude« und »seltsame[r] Abenteuerlust« (ebd.) wird durch einen kurzen Hinweis auf die »historischen Religionen« (31) an die Realität zurückverwiesen. »Für uns sind in den letzten Jahrhunderten die alten Religionen geborsten« (18). Das Judentum wird hier nicht ausgenommen. Die soziale Religion – ›Sozialismus als Religion‹ – stelle keinen Ersatz dar, da sie »ihren metaphysischen Ernst verloren« habe (19; vgl. VI, 100–103). Der Freund denkt nicht daran, der Metaphysik nachzutrauern. Er plädiert für nachmetaphysische Nüchternheit. Die Sittlichkeit sei in der Lage, die alte Form Religion abzustreifen. Das Ich erinnert aber an Kant, der Religion als »Erkenntnis unserer Pflichten als göttlicher Gebote« bestimmt hatte. »[D]ie Religion garantiert uns ein Ewiges in unserer täglichen Arbeit« (II, 20). Wurde eben noch die »religiöse[] Krise« zugestanden, gibt der Freund nun seine Lösung des religiösen Rätsels preis: den Pantheismus als »gemeinsame Seele aller Einzelheiten« und den Monismus als »Synthese aller unserer Form« (ebd.). Das Ich will aber keinen anderen Pantheismus anerkennen als den Humanismus Goethes, der das Erbe der Aufklärung angetreten hatte, und fordert dazu auf, den »Anspruch auf maßgebliche Gefühle [...] zu prüfen«. Nur die Dichter seien in der Lage, den Pantheismus »maßgeblich und mitteilbar« (21) zu machen, wobei »Mitteilbarkeit« hier als Grund der Möglichkeit des Gefühls selbst zu verstehen ist: »ein Gefühl, das nur möglich ist auf dem Gipfel seiner Gestaltung, zählt nicht mehr als Religion« (ebd.). Aus diesem Grund kann der Pantheismus kein Gemeinschaftsleben religiös fundieren, kommt also als Religion oder Religionsersatz nicht in Frage.

Das Gymnasium, das den Geist des Humanismus vermitteln soll, kann deshalb auch nicht für alle bestimmt sein. »[J]unge Menschen, die nach Werten dürsten« (ebd.), benötigen andere Bildungsmittel. Benjamin faßt nun Humanismus und Pantheismus unter dem Begriff »ästhetische[] Lebensauffassung« (21) zusammen, dem das »sittliche Leben« (22) gegenüberstehen würde. Es folgt eine großangelegte Pantheismus-Kritik. Zunächst notiert er dessen »Gedankenlosigkeit« und erinnert an die Leistung der Romantik, der wir »die kräftige Einsicht in die Nachtseite des Natürlichen [verdanken]: es [das Leben, d. Verf.] ist nicht gut im Grunde, es ist sonderbar, furchtbar, scheußlich – gemein« (ebd.). Die programmatische Vergöttlichung des Häßlichen sei nichts als »Gefühlsvergoldung und Profanation« (ebd.). Das Ich spricht sich für den »Dualismus« aus, worunter »ein inniges Streben nach Vereinigung mit Gott« (ebd.) verstanden wird. Der »Dualismus« galt zum einen als Kampfbegriff, unter den Haeckel vor allem Kant und die Kritische Philosophie subsumierte, die dem »Reich der Natur« das »Reich der Freiheit« entgegenstellte (Deuber-Mankowsky 2000, 324), zum anderen aber als Chiffre für eine gnostische Erlösungslehre, die erst die auch von Benjamin gebrauchte Kampfmetaphorik verständlich macht. Die »gefühlsselige Schwachheit« und Gemütlichkeit der Pantheisten wird kritisiert, die es sich »in Himmel und Hölle« wohl sein lassen (II, 23). Hinzu trete ein »leidloses Übermenschentum«, da eine göttliche Schöpfung auch einen quasi-göttlichen »Herr[n] der Schöpfung« verlange (ebd.). Im »Individualismus«, so das Ich, zeichneten sich immerhin Anfänge der »Heroenzeit einer neuen Religion« ab (26). Die Nachfrage des Freundes führt zu einer scharfen Debatte über die »Literaten«, die »Träger religiösen Geistes« und »Vollstrecker des religiösen Willens« (29). Die Erwähnung des herrschenden »sozialen Elend[s]« (30) sowie des »religiösen und kulturellen Chaos« (31) veranlaßt das Ich, eine aufschlußreiche geistesgeschichtliche Skizze der »neuen Religion« (26) zu entwerfen. Grundgelegt wurde sie durch Kants Primat der praktischen Vernunft. Kant selbst spricht in der *Kritik der reinen Vernunft* vom »dogmatischen Schlummer«, aus dem die menschliche Vernunft erwachen müsse. Benjamin nimmt die Metaphorik des Erwachens auf. »Die Menschheit war aus ihrem Entwicklungsschlaf erwacht, zugleich hatte das Erwachen ihr ihre Einheit genommen« (32). Die Fortschrittsgeschichte erscheint als Verlustgeschichte der Einheit, die immer nur für Momente wiederzugewinnen sei. Mystik, Décadence und auch der Monismus, den der Freund vertritt, werden als »hoffnungslose[] Spekulationen« dargestellt, da sie – mit einem späteren Ausdruck formuliert – über keine »Technik des Erwachens« verfügten (V, 490).

Der Blick auf den Notzusammenhang, aus dem die neue Religion sich entwickeln kann, hat auf »Reichtum und Schwergewicht der Individualität« aufmerksam gemacht (II, 33). Paradox formuliert das Ich, daß die meisten Menschen »das Körpergefühl ihrer geistigen Persönlichkeit verloren« haben (ebd.). Damit sind Demut und das Gefühl der »schlechthinnigen Abhängigkeit« (Schleiermacher) wieder möglich geworden. Der Alternative von »Glauben und Wissen« (ebd.) setzt das Ich die Verwurzelung des Glaubens im Wissen der jeweiligen Zeit entgegen. Deshalb müsse von Grund auf nach der »Religion der Zeit« gefragt werden, nicht nach der Anwendbarkeit der »historischen Religionen« (34). Abschließend faßt das Ich noch einmal das Grundsätzliche zusammen: daß Religion niemals nur dualistisch sein kann, vielmehr Ehrlichkeit und Demut ihren »sittliche[n] Einheitsbegriff« (ebd.) bilden, daß zwar noch nichts über den Gott, die Lehre und den Kultus – den es auch geben wird – dieser neuen Religion gesagt werden kann, aber bereits Propheten auszumachen seien (Tolstoj, Nietzsche, Strindberg) und die Zeit schwanger gehe mit dem »neuen Menschen« (ebd.). Das einzig Konkrete und Vorzeigbare sei »das Gefühl einer neuen und unerhörten Gegebenheit [...], unter der wir leiden« (ebd.). Mit diesen Feststellungen läßt er es aber nicht bewenden. Der Sprecher »glaube« an den »religiösen Menschen«, aber so ästhetisch und spielerisch, wie das Liebeslied aus Hugo Wolfs Italienischem Liederbuch es zum Ausdruck bringt, das der Dialog zum Schluß zitiert.

Für eine »Gemeinschaft von Erkennenden« – »Das Leben der Studenten« (1914)

Benjamins Aufsatz Das Leben der Studenten wurde zuerst 1915 im *Neuen Merkur* gedruckt. Die Druckfassung geht zum einen auf zwei Vorträge zurück, die Benjamin im Laufe des Jahres 1914 hielt, zum anderen fußt sie auf seinen Arbeiten aus den Jahren 1911–1913 zum Thema Freie Schulgemeinde, Schulreform, Unterricht und Erziehung. Der Text kann als eine Art ›Summe‹ dieser Jugendphase angesehen werden.

Benjamin war im Sommersemester 1914 zum Präsidenten der Berliner Freien Studentenschaft gewählt worden. Am 4.5.1914 trat er den Vorsitz an und hielt eine Rede, von der ein Teil in den Text Das Leben der Studenten übernommen wurde (vgl. II, 915). Sie sollte in einer veränderten Fassung auf dem 14. Freistudententag in Weimar wiederholt werden, aber der Charakter der Veranstaltung machte Änderungen erforderlich: aus der »Festrede« mußte ein Tagungsbeitrag werden, »weil man sie diskutieren will« (ebd.). Die Veranstaltung, vermutlich auch die Resonanz auf seinen Beitrag, empfand er als enttäuschend.

Beide Vorträge sind nicht in der vorgetragenen Fassung erhalten. Der Berliner Rede lag offenbar eine handschriftliche Fassung zugrunde, deren »lesbare Abschrift« er am 15.5. seinem Freund Herbert Blumenthal in Aussicht stellte (1, 226). In Weimar scheint er keine ausgearbeitete Fassung als Vorlage gehabt zu haben, obendrein im Ablauf gestört worden zu sein, da er den geplanten Schluß nicht vortragen konnte. »An den Schluß meiner Rede wollte ich die Verse setzen, die Ihr Brief enthielt, hätte ich mich nicht unerwartet im Schlußrhythmus meiner Rede gefunden. So werde ich dennoch vielleicht die Niederschrift, die ich in den großen Ferien anfertigen werde, damit schließen« (236). Vermutlich sind die Verse aus dem »H.H.« (d.i. Hugo von Hofmannsthal) gewidmeten Gedicht aus dem *Jahr der Seele* gemeint, das sich am Ende des zweiten Abdrucks in dem von Kurt Hiller herausgegebenen Band *Das Ziel. Aufrufe zu tätigem Geist* findet (vgl. 238). Die letzte Redaktion des Textes und seine Überarbeitung für den Druck hat vermutlich nach dem Sommer 1914 stattgefunden, zu einer Zeit, in der Benjamins aktive Rolle in der ›Jugendkulturbewegung‹ bereits ein Ende gefunden hatte.

Der veröffentlichte Text in der Fassung von 1916 (II, 75–87) ist klar gegliedert und durchkomponiert: Anfang und Ende korrespondieren, der weit ausgreifenden Vorbemerkung entspricht ein Abspann, der durch die Verse Georges ein ganz anderes Register anklingen läßt, zwei Thesen über die Gefährdungen des studentischen Lebens werden exponiert und behandelt, und es wird deutlich, was der Autor unter dem ›Leben‹ der Studenten – das es in der imaginierten Form noch nicht gibt – verstanden wissen will.

Benjamin konfrontiert zunächst zwei Geschichtsauffassungen. Die eine unterscheidet »im Vertrauen auf die Unendlichkeit der Zeit nur das Tempo der Menschen und Epochen, die schnell oder langsam auf der Bahn des Fortschrittes dahinrollen« (75). Diese Auffassung führe zu einem »Mangel an Präzision und Strenge« in bezug auf die Forderungen, die an die Gegenwart zu stellen wären. Seine Betrachtung hingegen »geht [...] auf einen bestimmten Zustand, in dem die Historie als in einem Brennpunkt gesammelt ruht, wie von jeher in den utopischen Bildern der Denker.« Der »bestimmte[] Zustand« ist der jeweils gegenwärtige, und zwar als latent vollkommener verstanden. »Die Elemente des Endzustandes [...] sind als gefährdetste, verrufenste und verlachte Schöpfungen und Gedanken tief in jeder Gegenwart eingebettet« (ebd.). Diese Einbettung und die ›Tiefe‹ dieser Einbettung sind zu berücksichtigen. »Den immanenten Zustand der Vollkommenheit rein zum absoluten zu gestalten, ihn sichtbar und herrschend in der Gegenwart zu machen, ist die geschichtliche Aufgabe« (ebd.). Dieser weltgeschichtlichen Aufgabe genüge eine pragmatische Abschilderung von Einzelheiten nicht, sondern der gegenwärtige Zustand ist »in seiner metaphysischen Struktur zu erfassen«. In den Thesen Über den Begriff der Geschichte nimmt Benjamin sowohl die Kritik an der Fortschrittsgeschichte wie auch den Hinweis auf den »heimlichen Index« (I, 693) der Vergangenheit auf Erlösung wieder auf, zwar anders instrumentiert (vgl. 700 f., 693 f.), aber »an Ausgangspunkt und Richtung der Kritik wird sich nichts Entscheidendes geändert haben« (Hartung 1992, 28).

Das »Leben der Studenten« ist nur »als Gleichnis, als Abbild eines höchsten, metaphysischen, Standes der Geschichte« (II, 75) zu begreifen. Der Text ist nicht als »Aufruf« (ebd.) zu verstehen, sondern arbeitet ›aufzeigend‹: Er »zeigt die Krisis auf, die im Wesen der Dinge liegend zur Entscheidung führt, der die Feigen unterliegen und die Mutigen sich unterordnen«, wie es plakativ heißt (ebd.). Als einziger Weg zu dieser Erkenntnis als Ziel erscheint das »System«. Welches und in welcher Form, bleibt in diesem Zusammenhang offen (vgl. 157, 168; I, 213 sowie Hartung 1992, 25 ff.). Da

»mancherlei Bedingungen hierzu versagt« sind, »bleibt nur das Künftige aus seiner verbildeten Form im Gegenwärtigen erkennend zu befreien.« Diese Befreiung ist Sache der Kritik, wie Benjamin sie versteht: »Dem allein dient die Kritik« (II, 75).

Damit ist der Horizont exponiert, in den die Frage nach der ›bewußten Einheit‹ des studentischen Lebens gehört. Daß es diese »Einheit« nicht gibt, ist das Problem, das sich, etwas weiter ausgreifend, als Menschheitsproblem darstellt (vgl. 32). Benjamin formuliert im folgenden einen utopischen Lebensentwurf, der letztlich ›Leben‹ neu bestimmt, unter Rekurs auf idealistische Vorgaben und getragen vom Pathos der Lehre Wynekens. Das »Auszeichnende im Studentenleben« sei gegenwärtig »der Gegenwille, sich einem Prinzip zu unterwerfen, mit der Idee sich zu durchdringen« (76). Indifferenz herrsche, für die allermeisten Studenten sei die Hochschule nicht mehr als eine »Berufsschule« (ebd.). Benjamin geht mit dieser pragmatischen Ansicht der Hochschulausbildung scharf ins Gericht. Er kritisiert die Studenten, die Forschenden, die Institute, den »Berufsapparat[]« der Wissenschaften, die akademische Behörde und den Staat. Dieser Skizze der aktuellen »Verderbnis« (ebd.) wird die Aufgabe gegenübergestellt, eine »Gemeinschaft der Erkennenden zu gründen« und der Erinnerung an den »einheitlichen Ursprung« der Wissenschaften in der »Idee des Wissens« (ebd.). Erst diese positiven Setzungen könnten es erlauben, von einem ›Leben‹ überhaupt zu sprechen, um dessen »innere Einheit« (ebd.) Benjamin ringt.

Bereits Schiller hatte in seiner Jenaer Vorlesung *Was ist und zu welchem Ende studiert man Universalgeschichte* (1797) die Diskrepanz zwischen dem Streben nach der reinen Wissenschaft und jeder Form von bloßer Berufsausbildung betont. »Wo der Brotgelehrte trennt, vereinigt der philosophische Geist« (Schelsky 1963, 77). Auch für Humboldt war das Gegenbild der »neuen«, aus dem idealistischen Geist zu gründenden Universität »die wissenschaftliche Fachschule, die Universität als Stätte der Berufsausbildung und die Erziehung durch Wissenschaft zu unmittelbarer praktischer Nützlichkeit in der bürgerlichen und politischen Gesellschaft« (Schelsky 1963, 68). Die dieser Universitätsidee verpflichteten Lehrer und Studenten sollten von den »Elendigkeiten des bürgerlichen Lebens« befreit werden, wozu ihre »soziale Isolierung« erforderlich war. Die Forderung der »Einsamkeit« (II, 86) der Erkennenden findet sich in einer späteren Passage von Benjamins Text, der zwar die für die idealistische Universitätsgründung zentralen Begriffe wie Bildung, Humanität, das Griechentum und vor allem die Rolle der Philosophie – noch – ausspart, dessen Rückgriff auf Humboldtsche Ideale den Zeitgenossen aber präsent war (vgl. Dudek 2002, 17). Nietzsches »Philosoph« bringt diesen Gegensatz im vierten Vortrag über die »Zukunft unserer Bildungsanstalten« auf die prägnante Formel: »Ich für mein Teil kenne nur einen wahren Gegensatz, Anstalten der Bildung und Anstalten der Lebensnot: zu der zweiten Gattung gehören alle vorhandenen, von der ersten aber rede ich« (Nietzsche 1966, Bd. III, 234).

Benjamin erwähnt diesen Text ebenso wie Fichtes »mutige Denkschrift zur Gründung der Berliner Universität« (1, 226).

»Indifferenz« (II, 76) und »Ergebung« (77) kennzeichnen das Studentenleben, nur die »freistudentischen Organisationen« heben sich durch ihre Betonung des Werts der »sozialen Arbeit« (79) heraus, wodurch allerdings der »völlige[n] Verbürgerung« (77) der Universität nur weiter Vorschub geleistet werde (vgl. Fichtes Kritik an der »allgemeinen Verbürgerung«; Schelsky 1963, 102). Auch dies sei ein deutlicher Beleg dafür, »daß die heutigen Studenten als Gemeinschaft nicht fähig sind, die Frage des wissenschaftlichen Lebens überhaupt zu stellen« (II, 77). Den Gegensatz von eigentlich studentischer und »sozialer Arbeit« behandelte er ausführlich in seiner Antrittsrede, die jetzt eingeflochten wird. Der Verfasser hielt sie, so heißt es, »als er« – noch – »für die Erneuerung zu wirken gedachte« (ebd.). Zunächst wird die »soziale Arbeit« als Scheinantwort auf die Frage nach dem Sinn des studentischen Lebens zurückgewiesen. Wenn der »Wert« einer Leistung darin liegt, »daß das ganze und ungeteilte Wesen eines Menschen zum Ausdruck komme«, erscheint die »sozial begründete Leistung« als »etwas völlig Bruchstückhaftes und Abgeleitetes« (78). Die »soziale Arbeit« ist Reaktionsbildung, Angstprodukt, »Ausdruck des Relativismus«, Dokument des Unvermögens, mechanische Pflicht, ja ein »kindlicher Versuch der Einfühlung in Arbeiter- und Volkspsyche«, nicht mehr (79). Sie verfällt dem Nützlichkeitswahn der bürgerlichen Welt, und führt keineswegs zu einer »Erneuerung des Begriffs und der Schätzung sozialer Arbeit überhaupt«. Der »wahrlich ernste Geist einer sozialen Arbeit« (ebd.) bleibe diesen nützlich Tätigen verschlossen. Benjamin entwindet den sozial engagierten Vertretern der freien Studentenschaft kurzerhand den Begriff der »sozialen Arbeit« – durch Überhöhung.

Er fordert eine »Freistatt in der Universität«, die sich »dem radikalen Zweifel, der grundlegenden Kritik und dem Notwendigsten: dem Leben, das dem völligen Neuaufbau sich widmet«, nicht versagt (80). War die freie Studentenschaft mit dem erklärten Ziel aufgetreten, den »bis dahin das hochschulpolitische Spektrum beherrschenden, konservativen Korporationen« den Anspruch »auf alleinige Repräsentanz zu bestreiten und ihnen neue wissenschafts-, erziehungs- und organisationspolitische Konzepte entgegenzusetzen« (Götz von Olenhusen 1981, 100), so konstatiert Benjamin ihr Scheitern. Kein »geistige[r] Wille« sei auszumachen, zu den wichtigen Fragen hat sie nichts beigetragen, ihre Oppositionsarbeit sei »auf dem Niveau der liberalen Presse« stehengeblieben (II, 80). Verglichen mit den Freistudenten seien die Korps als die, wenn auch »unwürdige[n] Repräsentanten der studentischen Tradition« (ebd.) anzusehen. Nietzsche hatte an die revolutionäre Rolle der Burschenschaften in den Befreiungskriegen erinnert und ihnen den Geist zugeschrieben, um den Benjamin hundert Jahre später ringt. »Damals hat der Student geahnt, in welchen Tiefen eine wahre Bildungsinstitution wurzeln muß: nämlich in einer innerlichen Erneuerung und Erregung der reinsten sittlichen Kräfte« (Nietzsche 1966, Bd. III, 261). Die Kampfmetaphorik der Vorträge wird so an historische Ereignisse zurückgebunden. »Auf den Schlachtfeldern mag er gelernt haben, was er am wenigsten in der Sphäre der ›akademischen Freiheit‹ lernen konnte: daß man große Führer braucht, und daß alle Bildung mit dem Gehorsam beginnt« (ebd.). Benjamin hatte bereits Ende 1913 »eine noch strengere Auslese der wahrhaft Führenden« gefordert (II, 71). (Zur heute besonders problematisch wirkenden Führerideologie vgl. Geissler 1963, 44 und 78 ff.) Diese »wissen ihn einen Führer [sic], aber nicht Führer zu einem Ziele, das er uns vermittelt, sondern dem Ziele, das uns unmittelbar gegeben ist« (II, 64). Da das Studententum nicht dort zu finden ist, »wo um den geistigen Aufstieg der Nation gerungen wird«, kommt Benjamin dazu, die Existenz des deutschen Studententums schlichtweg zu bestreiten (80). Wieder vergleicht er den gegenwärtigen Zustand der »Verderbnis« mit dem »Adel«, der das deutsche Studententum vor hundert Jahren »an sichtbare Stellen als Verteidiger des besten Lebens treten ließ« (81). Die Isolierung der Studentenschaft, für Humboldt Voraussetzung dafür, sich der »reinen Idee der Wissenschaft« (Schelsky 1963, 68) widmen zu können, hat sich zu einer Isolierung »vom unbeamteten schöpferischen Geistesleben« verkehrt (II, 81). Benjamin nennt Symptome. Die Studenten sind abgeschnitten vom freien Gelehrten- und Künstlertum, den »Literaten«, den Vertretern der »modernen Askese«, die den »Armen im Geiste, den Geknechteten und Demütigen« im Neuen Testament vergleichbar seien (1, 63 f.). Die Schule steht dem Leben, »welches die Kunst verlangt«, feindselig gegenüber. Die Studenten werden durch die Formen der Lehre, Vorlesung und Seminar, von jeder Produktivität und Unabhängigkeit ferngehalten, im Gegensatz zu den Intentionen der idealistischen Universitätsgründer, für die sich Lehre nicht in Wissensvermittlung erschöpfte, sondern »eine im Zusammenleben von Älteren und Jüngeren übermittelte Existenzform« war (Schelsky 1963, 97). Lernen und Lehren gehören im Grunde zusammen, da der Beruf zu lehren »mit jeder eigensten Erfassung der Wissenschaft geboten« (II, 82) sei. Jetzt erst kommt der Hinweis auf diejenige disciplina, welche die ›Gemeinschaft der Schaffenden‹, zu der die Erkennenden im Verlaufe des Textes geworden sind, zu formen vermag: die Philosophie. »Die Gemeinschaft schöpferischer Menschen erhebt jedes Studium zur Universalität: unter der Form der Philosophie« (ebd.). Diese imaginierte Gemeinschaft wird nun ganz im Geiste Humboldts darauf verpflichtet, »vor aller Besonderung des Fachstudiums« und »über allem Betriebe der Fachschulen« sich selbst als »Gemeinschaft der Universität als solche«, als »Erzeugerin und Hüterin der philosophischen Gemeinschaftsform« zu etablieren, indem sie dafür Sorge trägt, daß die metaphysischen Fragen der großen philosophischen Tradition aufgegriffen werden. Erst durch diese Formung würde die »tiefste Verbindung des Berufes mit dem Leben« gewährleistet, das dann allerdings ein »tiefere[s] Leben« bedeute (ebd.). An die Stelle einer »Bildungsmaschine« (Nietzsche) oder »Wissenschaftskaserne« (Fichte) träte – Benjamins Bild – ein fürstlicher Palast des Wissens, der umgeben zu denken wäre von dem Gewoge der studentischen Volksmenge, verstanden als »Stätte der beständigen geistigen Revolution« (ebd.). Die Studentenschaft hätte die Funktion eines »große[n] Transformator[s]«, der »die neuen Ideen, die früher in der Kunst, früher im sozialen Leben zu erwachen pflegen als in der Wissenschaft«, überleiten könnte, dürfte und sollte »in wissenschaftliche Fragen durch philosophische Einstellung« (83). Mit diesem Traumbild eines Bildungsideals, dessen sozialgeschichtliche Stunde längst geschlagen hatte, schließt Benjamin die Darstellung der ersten These, derzufolge in der Hochschule der Schöpfergeist in »Berufsgeist« (81) verfälscht werde. Mit der Orientierung an der reinen Idee der Wissenschaft unter gleichzeitiger Verwerfung des tatsächlichen Wissenschaftsbetriebs hat Benjamin sich allerdings eine grundlegende Ambivalenz des Wissenschaftsbegriffs eingehandelt – ›Wissenschaft‹ als das ›aufgegeben-Aufzugebende‹ –, die ihn zwar für generelle Wissenschaftsverächter sowie den innerakademischen Anti-Akademismus interessant erscheinen läßt, aber der Umsetzung seiner Intention von Wissenschaft nicht förderlich sein konnte.

Vom »Eros der Schaffenden«

»Innerlicher« noch als durch die Berufsidee wird das »Zentrum schöpferischen Lebens« aber durch die »erotische Konvention« (83) verfälscht. Benjamin entwirft auch jetzt keine detaillierte Bildungskonzeption, sondern skizziert eine ›Verbildungslehre‹ zweiter Stufe, die das Negativbild der idealistischen Vorstellung vom Studium in ›Einsamkeit und Freiheit‹ komplettiert. Der Darstellung der gesellschaftlich ›bewußten‹ Deformation folgt als notwendige Ergänzung und Erweiterung der Aufweis der Verformung des Trieblebens. »Tiefer verbildet die erotische Konvention das unbewußte Leben der Studenten« (ebd.). Die Studienzeit erscheint als Zwischenstadium, eine Zeit, die sich »leer und unbestimmt« ausnimmt, eben weil der Eros in ihr keine Rolle spielt. Benjamin fragt nach der »Einheit des Schaffenden und des Zeugenden« und »ob diese Einheit in der Form der Familie gegeben ist« oder nicht. Der Student hat ein »ursprünglich[es]« Verhältnis zum Eros, und es wäre die vornehmste Aufgabe der studentischen Gemeinschaft, um den »Eros der Schaffenden« zu »ringen« (ebd.). Auch angesichts der massenhaften Prostitution wurde die Frage nach der Einheit des Eros nicht lebendig. (Keller 1990, 117, bietet eine ›typische‹ Szene, vgl. dazu Linse 1985, 250 f.) Sie muß aber gestellt werden, da »diese beiden Pole menschlichen Daseins« in seinem Leben »zeitlich beieinander liegen«, der Student Schaffender und Zeugender zugleich sein könnte: als Erkennender und als Lehrender. Wie zentral diese Frage ist, zeigt sein kurzer kulturgeschichtlicher Überblick. Die Griechen ordneten den zeugenden Eros dem schaffenden unter, die Christen »verwarfen die Einzelheit in beiden«, und in der Gegenwart gilt für die Exponenten des Zeitgeistes, der Studentenschaft, daß man bei »ästhetisierenden Betrachtungen« stehenbleibt (II, 84). Die Prostitution hat eine fest umrissene Funktion: die »Neutralisierung des Eros in der Hochschule«. Erneut verweist Benjamin darauf, daß eine angeblich reaktionäre Einrichtung wie die katholische Kirche »mehr furchtsamen Instinkt [...] für die Macht und Notwendigkeit des Eros« besitze als das Bürgertum (ebd.). Die »ungeheure Aufgabe« bestehe darin, »aus dem geistigen Leben heraus zur Einheit zu bilden, was an geistiger Unabhängigkeit (im Korpsstudententum) und als ungemeisterte Naturmacht (in der Prostitution) verzerrt und zerstückelt als Torso des einen geistigen Eros uns traurig ansieht« (ebd.). Eine neue »Beseelung des Studententums« (85) wäre das Ziel, aber weitaus umfassender als von den humanistischen Universitätsgründern oder den Bildungsphilistern intendiert. Benjamin denkt an die Emanzipation der Schaffenden und die »notwendige Einbeziehung der Frau« (84) – auch dies ein Thema, das in der Jugendkulturbewegung ausgiebig diskutiert wurde (Kupffer 1970, 63). Den »eigenen schöneren Eros« gelte es zu retten« vor der allgemeinen »Verstümmelung der Jugend«. Diese existentielle Gefährdung sei »dem Bewußtsein der Denkenden zu überliefern und der Entschlossenheit der Mutigen« (II, 85).

In einer pseudonym veröffentlichten Glosse für die *Aktion* vom 17.1.1914, Erotische Erziehung betitelt (71 f.), hatte Benjamin sein Verständnis des Sinns der Prostitution noch provokanter formuliert. Nach der Erwähnung der herrschenden »doppelten erotischen Unkultur: der familialen und der Prostitution« (71) und der Beschreibung der hilflosen Versuche, sich auf dem schwierigen Terrain zu behaupten, heißt es: »Solange [...] die Studenten [...] nicht wagen werden, die Erotik der Dirne, die ihnen zunächst ist, geistig zu sehen, solange werden sie [...] keine einzige geschaute und geformte Zeile produzieren.« Warum ist die Erotik der Dirne den Studenten »zunächst« – und inwiefern ist es möglich, sie »geistig« zu sehen? Die Diskussion dieser Fragen ist Gegenstand der Korrespondenz Benjamins mit Herbert Blumenthal vom Sommer 1913, deren Thematik vermutlich mit der ersten Parisreise Benjamins zusammenhängt, die er Pfingsten 1913 unternahm (Scholem 1975, 68). Ein Novellenfragment aus dieser Zeit atmet Pariser Flair (Der Flieger, VII, 643 f.). »Wenn sie [die geplante Novelle, d. Verf.] gelingt,« schrieb er am 3.7.1913 an den Freund, »so werdet ihr sie erhalten; und vielleicht in sehr verschwiegner Sprache verstehen, was ausgesprochen unverständlich zu sein scheint.« Es gehe darum, »schon der jetzigen Prostitution einen absoluten Sinn zu geben« (1, 130). In einem früheren, wichtigen Brief hatte er gefragt: »Welchen sittlichen Sinn hat das Leben der Dirne?« (127) und die erstaunliche Antwort gefunden: »Indem es ein sittlicher ist, kann es kein andrer sein, als der unsres eigenen Lebens.« Der Ton des Briefes steigert sich ins Prophetische (»Ich aber sage«, »Wahrlich«). So wie die Dirne »Ding und Sache« sei, sollen die Menschen »Ding und Sache« sein vor der Kultur oder genauer: vor dem Geist. »[...] wenn wir selbst all unsere Menschlichkeit als ein Preisgeben vor dem Geist empfinden und kein privates Gemüt, keinen privaten Willen und Geist dulden – so werden wir die Dirne ehren. Sie wird sein was wir sind« (128). Die völlige Ausgeliefertheit und Verdinglichung stifte sowohl Gemeinsamkeit wie Sittlichkeit. Benjamin setzt der konventionellen »Vergeistigung des Geschlechtlichen« (ebd.) das Projekt einer »Vergeschlechtlichung des Geistigen« (ebd.) entgegen. Darin bestünde die »Sittlichkeit der Dirne«. Herbert Belmore wagte es dann, in der Oktobernummer des *Anfangs* einen Aufsatz mit dem

Titel »Jugendliche Erotik« zu veröffentlichen, der das »große, reiche, gewaltige Triebleben« der Jugend thematisierte und »der jugendbewegten Enthaltsamkeit eine vollkommene Absage erteilte« (Linse 1985, 271), was zu wütenden Protesten in der Presse führte (Brodersen 1990, 68; vgl. Barbizon, in: Aktion 1986, Sp. 202–205).

Die Dimension einer »Vergeschlechtlichung des Geistigen« und die interne Diskussion darüber konnte im LEBEN DER STUDENTEN nur angedeutet werden. Zu einer ›Metaphysik der Prostitution‹ schwang sich dieser Text nicht auf. Erst im dialogischen Kernstück des ersten Teils der METAPHYSIK DER JUGEND kommt es dann zur Begegnung des Genies mit der Dirne.

Im Schlußpassus fragt Benjamin erneut nach dem Selbstbild der studierenden Jugend, deren Bild im Korpsgeist eher sichtbar werde als in den freistudentischen Organisationen. Jugend erscheint als Interim, gestundete Zeit, die zu genießen ist, bevor der tatsächliche Ernst des Lebens sein Recht fordert. Das Studententum hat »dem Bürgertum die [seine, d. Verf.] Seele verkauft« (II, 85). Ein faustischer Pakt, der das Philistertum einbringt. Aus dem Leben wird zwar eine »Lebensform« (ebd.), aber sie wird »von allen geistigen und natürlichen Mächten gestraft, von der Wissenschaft durch den Staat, vom Eros durch die Hure« (ebd.). Die Selbstvergewisserung des Jünglings fordert hingegen die Reflexion auf das Alter, die Schaffenden sehen, daß »ein reicheres Geschlecht von Jünglingen und Kindern« (86) heranwächst, zu dem sie sich angemessen nur als Lehrende verhalten können. »Die Träger des geistigen Fortschritts sind zugleich die Lehrer«, hatte Wyneken geschrieben, und das heißt: Sie sollten es sein (bei Geissler 1963, 76). An dieser Stelle wird die mögliche Einheit des Eros denkbar. »Nur die eingestandene Sehnsucht nach einer schönen Kindheit und würdigen Jugend ist die Bedingung des Schaffens«, ohne welches »keine Erneuerung« möglich sein wird (II, 85). Im Horizont einer geistigen Lebensform wird aus der »Gemeinschaft der Erkennenden« eine »Freundschaft der Schaffenden«, der aber derzeit jeder Ort in der Hochschule verwehrt sei. Die Studenten verlieren sich an die außeruniversitären Lebensinstitutionen, an Vorläufiges und Nichtiges, lenken auf jede Weise ab »vom Ruf der Stimme, ihr Leben aus dem einigen Geist von Schaffen, Eros und Jugend aufzubauen« (ebd.). Dieser einige Geist ist das Prinzip, das dem zerspellten Leben die Einheit verleihen kann, nach der Benjamin zu Beginn fragte. Die vermutlich bereits für Weimar vorgesehenen Verse Georges aus dem »Jahr der Seele« geben den Blick frei auf »eine keusche und verzichtende Jugend, die von der Ehrfurcht vor den Nachfolgenden erfüllt ist« (ebd.).

Der Text schließt mit dem Hinweis auf die Gebote, »die das Leben Schaffender bestimmen« (87), und denen sich keine Lebensform entziehen könne. Die Frage nach der Einheit des Lebens der Studenten ist beantwortet, der zu Beginn genannte Dienst der Kritik am Geist wird nun als Forderung an einzelne reformuliert. »Jeder wird seine eignen Gebote finden, der die oberste Forderung an sein Leben heranträgt. Er wird das Künftige aus seiner verbildeten Form im Gegenwärtigen erkennend befreien« (ebd.). Mit diesem programmatischen Selbstzitat schließt sich der Kreis des ›Lebensentwurfs‹, zu welchem der Zyklus METAPHYSIK DER JUGEND ein eigenartiges, hermetisch wirkendes Komplement bildet.

An der Grenze – »Metaphysik der Jugend« (1913/14)

Die Intention des jungen Autors, »etwas Bündiges [...] zur Artikulation einer *Metaphysik der Jugend* beizutragen« (II, 919), steht in deutlichem Kontrast zur äußersten Zerrissenheit des Textes selbst, der als »Zyklus« (1, 241) von drei in sich abgeschlossenen Abschnitten konzipiert war und sich dem Verständnis hartnäckig zu widersetzen scheint. Der dritte Teil, »Der Ball« überschrieben, wurde von Scholem als »Fragment« bezeichnet, was sich entweder auf den Textstatus des gesamten Zyklus oder lediglich auf diesen Abschnitt beziehen kann. Nur dieser letzte Teil ist datiert (Januar 1914). Die beiden anderen Abschnitte wurden vermutlich im zweiten Halbjahr des Jahres 1913 verfaßt, da im Briefwechsel mit dem Freund Herbert Blumenthal viele der Themen angeschlagen wurden, um die es hier geht. Auch als er die letzte Form noch nicht gefunden hatte, hielt Benjamin diesen Text für ›mitteilbar‹, denn er ließ die Arbeit in einer Abschrift im engsten Freundeskreis zirkulieren. Mehr noch, der Text wird für ›definitiv genug‹ erachtet, ihn allgemeiner zugänglich zu machen, wie er am 23.5.1914 an Ernst Schoen schreibt, der über Alfred Cohn die Initiative zur Publikation ergriffen haben soll, wenngleich Benjamin sich skeptisch zeigte. »Das Drucken hat seine Schwierigkeiten, ich weiß kaum einen geeigneten Ort, bin ungewiß ob Robert Musil es für die Wiener Rundschau annimmt« (231).

Der »Zyklus« nimmt im Netz des Benjaminschen Frühwerks eine wichtige Stelle ein, die ihn – abgesehen von den internen Verknüpfungen und Verweisen – mit zahlreichen anderen Texten, ob publiziert oder nicht, sowie mit brieflichen Zeugnissen verbindet, besonders aber als Komplement zum ›offiziellen‹ Artikel über das LEBEN DER STUDENTEN erscheinen läßt. Nicht das Leben steht im Vordergrund, sondern der Tod, keine monologische Form wurde gewählt, sondern eine bis zum Äußersten getriebene literarische Facettierung, dem Programmatischen des Entwurfs stehen preziöse Sätze gegenüber, die mit Neologismen prunken. ›Innerlicher‹, und das heißt ›wahrer‹, wirkt dieser Text nicht zuletzt durch die Tatsache, daß der anonyme Verfasser »Ardor« sich hier in den Text zerlegt, das »Strahlen« in verschiedenster Weise den Grundmodus angibt, in dem sich die einzelnen Abschnitte halten. Lorenz Jäger hat treffend charakterisiert, daß »[...] die Metaphysik der Jugend insgesamt ein noch in hermetischer, kaum zu durchdringender Verschlingung von Motiven begriffenes Mosaik schriftstellerischer Existenz entwirft, die den Anspruch auf Bedeutung nachdrücklich erheben kann – darauf weist der hohe, feierliche Ton, mit dem Benjamin hier auch über Größe und Unsterblichkeit handelt [...]. Kaum mehr als der Wille ist hier erkennbar, einem ganz in die Moderne der Cafés verschlagnem Schreiben [vgl. II, 92], das die Großstadt so selbstverständlich voraussetzt wie ihre literarischen Avantgarden [vgl. 28 f.] und ihre Verkehrsformen, doch zugleich die Reichweite und wohl auch die Würde antikischer Begriffe zu gewinnen« (Jäger 2000, 729).

Der erste Teil ist »Das Gespräch« betitelt (II, 91–96). Das Motto, Verse aus Hölderlins Ode »Der blinde Sänger«, ruft eine weltgeschichtliche Vision herauf, die den individuellen Verlust des Augenlichts mit der Hoffnung auf die Wiedergewinnung des Lichts einer »geistigeren« Jugend verbindet. Die zitierte »Blindheit« des Sehers steht – so könnte man meinen – für die »gottferne, prophetenlose Zeit« (Weber 1982, 610 – dieses Schicksal sei als »Grundtatsache« der Jetzt-Zeit zu akzeptieren). Dieser Ode ist ihrerseits ein Motto aus dem *Aias* des Sophokles vorangestellt. Die beiden Motti stiften Zusammenhänge, die quer durch die Zeiten, Epochen und Kulturen reichen. Ehe der Text beginnt, sieht der Leser sich einem literarisch höchst ambitionierten Selbstverständigungsversuch und Verweisungszusammenhang gegenüber, der durch die Antikenrezeption Hölderlins und das Altertum selbst dimensioniert wird.

Der Gegensatz von Schlaf-Erwachen bildet das Muster für den ersten Abschnitt, der zwar vom »Kampf[] [...] gegen die Väter« spricht, aber mit der Erwähnung einer Klage um »versäumte Größe« einen resignativen Grundton vorgibt (II, 91).

Als Telos des Gesprächs wird das Schweigen vorgestellt, da »der Sprechende die Sprache lästert« (ebd.). Die literarische Sprachkritik der Jahrhundertwende steht hier im Hintergrund.

Höher als der Sprechende ist folglich der Hörende zu sehen, der »die wahre Sprache in Bereitschaft« hält (92). Das Hören, Lauschen, Vernehmen scheint ursprünglicher zu sein als das Sprechen, setzt aber wiederum den Sprechenden in die Lage, das »Schweigen einer neuen Sprache« (ebd.) erlauschen zu können. – Die Erwähnung der »wahre[n] Sprache« (ebd.) verknüpft diesen Text mit dem ebenfalls von Benjamin nicht veröffentlichten, aber unter Freunden zirkulierenden Sprachaufsatz von 1916.

Der Gegensatz des »Unproduktive[n]« zum Genie bestimmt den nächsten Abschnitt. Der Unproduktive flüchtet in defiziente Formen der Öffentlichkeit, als die »Tagebuch« und »Café« genannt werden (ebd.). Er ist der Unvernehmende, in diesem Sinne Unvernünftige, der sich an Erotisches klammert und dessen Schicksal es ist, unverständlich bleiben zu müssen. Verständlichkeit im eminenten Sinne kommt nur den Hörenden und Sprechenden zu, die der »wahre[n] Sprache« verpflichtet sind. Dem Genie ist die »Vergangenheit« (93) bereits Schicksal geworden, zitierbar, könnte man sagen. Er ist Gefäß eines Größeren. »Im Genie spricht Gott und lauscht dem Widerspruch der Sprache« (ebd.). »Widerspruch« ist hier vermutlich zu verstehen als ein Widerklingen, Antworten auf Gott. Dieses Gespräch ist »Gebet« (ebd.), seine Worte haben »adamitischen« (153) Charakter. Diese höchste Sphäre wird kontrapunktiert durch den »Schwätzer« (93), der meint, sich an das Genie halten zu können.

Das Text-Personal wird nun geschlechtlich differenziert. Der Sprechende steht einer Schweigenden und Hörenden gegenüber, die »den Sinn vor dem Verstehen« (ebd.) behütet, dessen Zudringlichkeit Züge eines Freiers hat. Damit ist ihre ›nächtliche‹ Seite angesprochen, die Gespräch und Schweigen konturiert.

Die Prosa des ersten Teils öffnet sich im folgenden zum Dialog zwischen Genie und Dirne, den beiden Exponenten des Geistes, deren Gemeinsamkeit und Sittlichkeit in der völligen Mediatisierung liegt (s.o.). Die Dirne steht für Nacht, Vergessen, Tod, Klagen und Asche. Sie sagt von sich: »[...] ich bin die Todesmutigste«, bevor sie »schlafen [gehen]« (94).

Der Gegensatz Mann-Frau wird in den nun folgenden Abschnitten potenziert zu dem Gegensatz Männergespräche-Frauengespräche. Die Frau »hütet die Gespräche. Sie empfängt das Schweigen und die Dirne empfängt den Schöpfer des Gewesenen« (ebd.). Diese Empfänglichkeit gilt als wesentlich für jedes Sprechen. Männergespräche sind demgegenüber empfängnislos, deshalb verzweifelt, taub, lästernd und gewalttätig. »Die Zote siegt, die Welt war aus Worten gezimmert« (95). Frauengespräche sind anders. Zweimal hebt der Text mit der Frage an: »Wie sprachen Sappho und ihre Freundinnen?« Zunächst folgt die nur auf den ersten Blick merkwürdig berührende Frage »Wie kam es, daß

Frauen sprachen?« (ebd.). Denn die Sprache »entseelt«, da die Versprachlichung die Seele zum Verstummen bringt. Deshalb kann es prägnant heißen: »Worte sind stumm.« Daß demzufolge »sprechende Frauen« von einer »wahnwitzigen Sprache besessen« (ebd.) scheinen, klingt absurd, entspricht aber dieser auf die Spitze getriebenen Paradoxie.

Erst die weibliche Empfänglichkeit macht den Sprechenden empfänglich für sein »Weiblich-Gewesenes« (ebd.). Das Schweigen der Frauen verweist zum einen auf die erotische Sphäre, die mit der Nennung von Sapphos Kreis bereits anklang (vgl. 130), zum anderen auf die Beruhigung und Vollendung des Gesprächs, das sich nun erst selber »erreicht[]« (95), das heißt »Gespräch« (ebd.) im eigentlichen Sinne wird. Jetzt kann es heißen: »Die schweigenden Frauen sind die Sprecher des Gesprochenen« (96). Schweigen und Wollust koinzidieren nicht nur, sie sind »eins geworden« (ebd.). Erst jetzt, von dieser Warte aus, wird so etwas wie »Jugend« (ebd.) sichtbar, auf die sich der »Das Gespräch« genannte Text zubewegte. Sie »erleucht[et]« (ebd.), spendet selbst Licht, weil sie die »Jugend der dunklen Gespräche« (ebd.) ist. Der letzte Satz zeigt an, inwiefern das Ich des Schreibenden mit im Spiel ist – Ardor, der Strahlende, der sich in diesen Text zerspellte, dessen Telos lautet: »Es erstrahlte das Wesen« (ebd.).

Der zweite Abschnitt des »Zyklus« ist »Das Tagebuch« betitelt (96–103). Seit frühester Jugend (1902) experimentierte Benjamin mit dieser Form. Mit dem Bericht MEINE REISE IN ITALIEN PFINGSTEN 1912 lag ein dezidierter Neuansatz vor (vgl. 1, 51 f.): Programmatisch heißt es, daß die »italienische Reise« aus dem Tagebuch erst erstehen soll (VI, 252); eine »Bildungsreise«, so scheint es zum Formgesetz der Gattung zu gehören, synthetisiert sich von selbst im Nachhinein. Keine bloßen »Abenteuer der Seele« werden berichtet (VI, 252; vgl. VI, 239; VI, 456 zur »Reisetechnik«).

Als kunstvoll gesetztes Motto (vgl. II, 96) dient ein Laotse-Zitat, das die stabilitas loci preist und damit nicht nur den Zyklus fernöstlich dimensioniert, sondern auch gleich in scharfen Gegensatz tritt zu der fanatischen Reiselust, zu der sich Benjamin bekannte. Ein »Wir« (ebd.) spricht. Das Thema Jugend, mit dem der erste Teil schloß, wird aufgenommen. Die »Melodie [der] Jugend« wird gesucht, aber nicht gefunden. Das Erwachen in Verzweiflung wird zum »Entstehungstag des Tagebuchs« (ebd.), das sogleich die Frage stellt, in welcher Zeit der Mensch lebe. In einer leeren, lebenslosen Zeit, lautet die Antwort. Diese »Zeitlosigkeit« wird vom »unbegreiflichen Tod« beherrscht (97), der in der Mitte lauert und sich hinter der Alltäglichkeit drohend erhebt. Allein der Rekurs auf die erfüllte Kindheit scheint Rettung zu bieten und das »Begreifen« (ebd.) zu erübrigen. Diese Reflexion gebiert das Tagebuch. »Dies unergründliche Buch eines nie gelebten Lebens, Buch eines Lebens, in dessen Zeit alles, was wir unzulänglich erlebten, sich zum Vollendeten verwandelt« (ebd.). Die vom Tagebuch gestiftete Zeit vollendet, so das Versprechen der Form, dem Benjamin vertraute. Wie im ersten Teil zu Beginn die »Unproduktiven« abgewiesen wurden, wird jetzt der »Unfreie[]« (ebd.) als Unverständiger von dieser Sphäre ferngehalten. Das dreifach – von Sehnsucht, dem Willen zur Jugend und Machtlust – verzehrte Ich, »entzündet zu dunklem Feuer«, beginnt zu »erstrahlen« (ebd.). Wieder begegnet der Hinweis auf das dunkle Licht, und bezeichnet die metaphorische Dimension, in dem das Ich kenntlich wird. »Strahl, wußte es, bin ich selber« (ebd.). Das Pseudonym wird zum Wesensattribut. Aus dem Strahl wird der Strahl der Zeit, der Zeitstrahl, die Zeit, schließlich die »unsterbliche Zeit« (98), die in ihm selbst geschieht, ihn zum Reflex seines eigenen Wesens macht: »Erstrahlung ist er und nichts anderes« (ebd.). Das Tagebuch ist ein Buch »von der Zeit«, die »aufgehoben« (ebd.) zu sein scheint (vgl. VI, 242) angesichts der »Strahlen [der] Erkenntnisse« (II, 98), die es aussendet, der Zeit anheimgegeben. Die letzten Sätze dieses Abschnittes sprechen von der »reinen Zeit«, die dem Ich widerfährt, das sich als abständiges entwirft, um »Kraft« zu schöpfen und die Dinge »in sich zu reißen« (ebd.). Literarische Begriffe wie »Ableitungen und Quellen« reichen zum Verständnis dieser Reflexionsform des Ichs nicht aus. »Die Zeit, die erstrahlte als Ich, das wir sind, widerfährt allen Dingen um uns als unser Schicksal« (ebd.). Die eigene Unsterblichkeit ist todbringend, und dieser Tod, Telos des ersten Teils, ermöglicht dem »Wir«, sich »wesenhaft [zu] fühlen« (ebd.).

Die »Gedichte« des Genies wurden im Dialog (vgl. 94) erwähnt. Der zweite Teil des »Tagebuchs« hebt an mit Versen, welche zum einen an die Zeit-Darstellung anknüpfen, andererseits die Landschaft, den Feind und den Tod als Motive vorgeben.

Das Tagebuch, das Schreiben, hat sich emanzipiert vom Geschrieben-Werden, es »schreibt sich«. Ihm scheint die Benennungskraft Adams zuzukommen (vgl. 149 f.), zumindest für die Dinge: »Durstend nach Bestimmtheit treten die Dinge auf ihn zu, erwartend Schicksal aus seiner Hand zu empfangen« (99). Diese Benennung ist keine Bezeichnung, sondern der »Frage der Dinge« wird fragend eine Antwort gegeben. Damit ist der Bezirk des Ichs umgrenzt. »Im Wechsel solcher Vibrationen lebt das Ich« (ebd.). Nicht nur das, auch der »Inhalt unserer Tagebücher« (ebd.) ist damit bestimmt. Traumwandlerisch schreitet der Text weiter.

Die Zeit verräumlicht sich, wird zur Landschaft, als deren Mittelpunkt das Ich sich erkennt. Die Frage »Sind wir Zeit?« (ebd.) läßt sich nicht beantworten. Benjamin spielt mit den Hypostasen der Zeit, die als Zeitraum von Naturdingen dargestellt werden. »Feld und Berge [...] sind unser vergangenes Sein [...]. Wir sind zukünftig sie« (ebd.). Auch hier findet ein »Erwachen« statt, dem das »Morgenmahl der Jugend« folgt. Die Landschaft wird angeeignet, zum Äußeren eines Innern, das sie belebt und verlebendigt. »Durchdrungen von Zeit atmet sie vor uns, bewegt« (100).

Aus der Landschaft löst sich die Geliebte. Der Text arbeitet hier mit Vorgaben des Genres »Tagebuch«, die übersteigert und als realisiert vorgestellt werden. »Dies ist die Gestalt der Liebe im Tagebuche [...]« (ebd.). Damit scheint sich die Form erschöpft zu haben. Der mögliche Leser des Tagebuchs fällt bei der Lektüre in den Schlaf zurück, aus dem es ein kurzes Erwachen gab. Er wird auf den »Tod des Schreibers« gestoßen. Aus ihm, dem Erleser, wird ein Erlöser, der erlöst, indem er vom Tagebuch bezwungen wird. Die Figur des Feindes wird evoziert, der aber »nichts anderes [ist] als das vertriebene, geläuterte Ich«, eine feindliche Abspaltung, »der gewaltigste Reflektor unsrer selbst« (100). Er wird auch »das unermüdliche, mutige Gewissen« genannt. Das Tagebuch »jubelt« im weiteren nicht nur oder »schreibt sich selbst«, sondern schreibt auch das Tagebuch des Feindes, der jetzt die Gestalt eines Lebensrichters mit Waage annimmt.

Der entfaltete Innenraum wird durch sprachliche Bilder aus dem Bereich der Monarchie weiter ausgeführt. »Königreich des Schicksals« (101) heißt der Bezirk, den das Ich sich erschlossen hat und in welchem es sich immer wieder seiner Wahrhaftigkeit versichern muß. Ein ermüdender Prozeß, der die »gekrönte Hoheit in uns« sich abwenden läßt. Ein großartiges Bild deutet das Sich-Schreiben des Tagebuchs in diesem Kontext neu: »Mit großen Lettern schrieb der Griffel ihres schlafenden Geistes das Tagebuch« (ebd.). Dieser nicht aufhebbare Zwiespalt führt zu einer Reaktion, die wiederum nur in einem Paradox dargestellt werden kann: diese »Bücher« bezeugen die »Thronbesteigung eines, der abdankt.« Wahrhafte Begegnungen scheinen nicht mehr möglich zu sein, lediglich Erlebnisse, Zufälle, Bedrängung und Unvollendetes. Der Text scheint jetzt eine Dimension erreichen zu wollen, deren »Sinn« vollständig vor dem »Verstehen [...] behütet« wird (93; vgl. 23).

Gleichwohl gelangt er zu geradezu terminologisch anmutenden Bestimmungen vom Schicksal – »diese Gegenbewegung der Dinge in der Zeit des Ich« – und Größe: »jene Zeit des Ich, in der die Dinge uns widerfahren« (102). Wieder werden die Hypostasen ineinandergespiegelt und auseinander herausgelesen. Der Hinweis auf das träumerische Schreiben des Tagebuchs legt den prophetischen Charakter dieser Niederschrift nahe, eine Prophezeiung, die »unser vergangenes Schicksal« verkündet. Dessen Grenze markiert der Tod, »der große Abstand« (ebd.). In extremster Verknappung, in einem nur aus einem einzigen Wort bestehenden Satz, wird dieses Ende evoziert: »Tod« (ebd.). Die Selbst-Widerfahrnis wird an dieses Ende gebunden. Erst das »Vorlaufen« zum Tod, wie es verwandt bei Heidegger heißt, läßt die »Zeit des Todes« als »die eigene« erkennen. Die mannigfachen Gestalten des Todes werden noch einmal wie auf einer Bühne vorgeführt. Erneut wird damit der »Inhalt unserer Tagebücher« angegeben. Das Tagebuch ist unendlich viel mehr als ein bloßes Genre geworden, es ist »Symbol der Sehnsucht, Ritus der Reinigung«, das die »Berufung zur Unsterblichkeit« (103) ausspricht. Es ist das Medium einer »neuen »Erstrahlung«, eine tatsächliche Unsterblichkeit, die nur »im Sterben« erfahrbar wird, als eine neue Zeit, von der es heißt: »Zeit erhebt sich am Ende der Zeiten« (ebd.).

Der durchaus lebensphilosophisch konnotierten tour de force (Jäger 2000, 725) folgt als musikalischer Ausklang ein gesellschaftliches Ereignis, »Der Ball« (II, 103 f.) überschrieben. Ein Erwachen aus der Traumwelt hat stattgefunden, ohne daß die Träume in dieser Welt zurückgeblieben wären. Der Text beschreibt, nennt Gegebenheiten, ›Nachtreste‹, die mit Bällen zu tun haben: Musik, Vorhang, Orchester und Geigen, wird abrupt unmittelbar mit dem Einwurf »du kennst ihn« (103), das Verständnis des Lesers als gegeben voraussetzend. Auf der deskriptiven Ebene wird der Eindruck eines Maskenballes erweckt, ein Ereignis, das insulär wirkt angesichts des hieratischen Spruchs, der unmittelbar folgt. »Es ist in allen ein Ungeheures zu verschweigen« (ebd.). Normativ ist dies im Sinne des »Nicht-Aussprechens« zu verstehen, gemäß dem ersten Abschnitt des Zyklus‹ im Sinne eines Verwindens von Ungeheurem. Das »Wir« ist präsent wie nie sonst in diesem Zyklus. Die Landschaft des Saals entläßt, wie im »Tagebuch« vorgezeichnet, eine Frau aus sich, deren Gang durch den Saal die anderen Gäste wie Seiltänzer erscheinen läßt. Die prunkhaften Bilder sind eingefangen von der Situation. Wie Schemen tauchen die im »Wir« Vereinigten aus dem Dunkel auf. »[U]nsere Augen spiegeln die Freunde rings umher, wie sich alle bewegen, umflossen von Nacht« (104). Die Zeit marodiert nicht mehr. »Hier ist die Zeit eingefangen.« In diesem Haus konzentriert sich die neue Zeit. »Um dieses Haus wissen wir alle gnadenlosen, ausgestoßenen Wirklichkeiten flattern« (ebd.). Dichter, Heilige, Polizisten und Autos bleiben draußen. Innen herrscht die

Musik, die alles Äußere und Äußerliche »verschüttet« (ebd.).

Schluß

In der seinem Sohn gewidmeten Berliner Chronik blickt Benjamin zurück auf die jugendbewegte Zeit, die mit dem Doppelselbstmord des Freundes Fritz Heinle und seiner Freundin Rika Seligson am 8.8.1914 in den Räumen des Berliner »Heim[s]« (VI, 478) abrupt endete. Kein Einzelner, Vereinzelter spricht, sondern ein Letzter einer »wirkliche[n] Elite«, die fälschlich glaubte, ihre Epoche »unberührt lassen zu können, um nur die Schulen in ihr zu verbessern, nur die Unmenschlichkeit der Eltern ihrer Zöglinge zu brechen, nur den Worten Hölderlins oder Georges in ihr ihren Platz zu geben« (ebd.). Sein Resümee lautet: »Es war ein äußerster, heroischer Versuch, die Haltung der Menschen zu verändern ohne ihre Verhältnisse anzugreifen« (ebd.). Nicht daß alles vergebens gewesen wäre. 1930 hatte er bereits von den »herrlichen Grundlagen« gesprochen, »die [er] in [seinem] zweiundzwanzigsten Jahr gelegt hatte«, ohne auf ihnen »aufbauen« zu können (3, 521). Daß Benjamin mit diesem Ausdruck auf seine erste »Summe«, Das Leben der Studenten, die mit Versen Georges ausklang, und dessen »hermetisches« Äquivalent, die Metaphysik der Jugend anspielte, der Verse Hölderlins vorangestellt waren, dürfte dem Adressaten klar gewesen sein. 1917 hatte er bereits in einem Brief an Schoen versucht, die Vorkriegsjahre zu verdichten. »Ich hoffe, die beiden Jahre vor dem Kriege als Samen in mich aufgenommen zu haben und von da an bis heute geschah alles zu ihrer Läuterung in meinem Geist« (1, 373 f.). »Radikale Brüche« lassen sich kaum läutern, Samen können, sofern ihnen Pflege angediehen wird, wachsen und sich entwickeln. Sogar die Lichtmetaphorik des einstigen »Ardor« klingt wieder an, wenn er von der »Flamme des Lebens« spricht, die nicht verdüstern darf, und von dem »Licht«, das ihm die »Besonnenheit im Geist der vergangenen Jahre« geben soll (ebd.).

Vor dem »Frühwerk« steht die immer noch befremdlich wirkende »Frühphase«, mit welcher »die vor dem eigentlichen Werk liegende Zeit bis etwas 1915 gemeint« ist (Wizisla 1987, 616, Anm. 2). Dieses Befremden, mit dem die Benjamin-Literatur seinen »missionarischen Eifer für die Idee der Jugend quittiert«, ist seinerseits befremdlich (Deuber-Mankowsky 2000, 299 f.). Von einer »Pseudomorphose« des jungen »Genies« zu sprechen, das Texte produziert habe, die zum eigenen Werk »exterritorial« stehen (II, 824 f.), wurde bereits vor Jahren als »unzulänglich« bezeichnet (Witte 1975, 19). Ein »zeithistorisch angemessenes und der Komplexität der Vorgänge gerecht werdendes Verstehen« (Deuber-Mankowsky 2000, 299 f.) bleibt auch und gerade für die frühen Arbeiten das Ziel. Erinnert sei an die in der VI. These Über den Begriff der Geschichte ausgegebene Losung: »In jeder Epoche muß versucht werden, die Überlieferung von neuem dem Konformismus abzugewinnen, der im Begriff steht, sie zu überwältigen« (I, 695). Keine geringe Aufgabe, aber eine, die sich immer wieder aufs Neue stellt: als »Lebensideal« und Aufgabe der Jugend.

Werk

Dialog über die Religiosität der Gegenwart (II, 16–35)
Das Leben der Studenten (II, 75–87)
Metaphysik der Jugend (II, 91–104)

Literatur

Die Aktion 1911–1918. Wochenschrift für Politik, Literatur und Kunst, hg. v. Franz Pfemfert. Eine Auswahl von Thomas Rietzschel, Berlin/Weimar 1986.

Brodersen, Momme (1990): Spinne im eigenen Netz. Walter Benjamin – Leben und Werk, Bühl-Moos.

Deuber-Mankowsky, Astrid (2000): Der frühe Walter Benjamin und Hermann Cohen. Jüdische Werte, Kritische Philosophie, vergängliche Erfahrung, Berlin.

Dudek, Peter (2002): Jugend als Fetisch. Walter Benjamin und Siegfried Bernfeld, Bad Heilbrunn.

Geissler, Erich H. (1963): Der Gedanke der Jugend bei Gustav Wyneken, Frankfurt a. M./Berlin/Bonn.

Götz von Olenhusen, Irmtraud u. Albrecht (1981): »Walter Benjamin, Gustav Wyneken und die Freistudenten vor dem Ersten Weltkrieg. Bemerkungen zu zwei Briefen Benjamins an Wyneken«, in: Jahrbuch des Archivs der deutschen Jugendbewegung, Burg Ludwigstein, 100–130.

Hartung, Günter (1992): »Das Ethos philosophischer Forschung«, in: Michael Opitz/Erdmut Wizisla (Hg.): Aber ein Sturm weht vom Paradiese her – Texte zu Walter Benjamin, Leipzig, 14–51.

Herrmann, Ulrich (1985): »Die Jugendkulturbewegung – Der Kampf um die höhere Schule«, in: Thomas Koebner/Rolf-Peter Janz/Frank Trommler (Hg.): Mit uns zieht die neue Zeit. Der Mythos Jugend, Frankfurt a. M., 224–244.

Hillach, Ansgar (1999): »›Ein neu entdecktes Lebensgesetz der Jugend‹ – Wynekens Führergeist im Denken des jungen Benjamin«, in: Klaus Garber/Ludger Rehm (Hg.): global benjamin, Bd. 2, München, 872–890.

Jäger, Lorenz (2000): »Schicksal«, in: Michael Opitz/Erdmut Wizisla (Hg.): Benjamins Begriffe, Bd. 2, Frankfurt a. M., 725–739.

Keller, Philipp (1990): Gemischte Gefühle. Mit einem Nachwort von Werner Jung, Stuttgart.

Koebner, Thomas/Rolf-Peter Janz/Frank Trommler (Hg.)(1985): Mit uns zieht die neue Zeit. Der Mythos Jugend, Frankfurt a. M.

Kupffer, Heinrich (1970): Gustav Wyneken, Stuttgart.

Laermann, Klaus (1985): »Der Skandal um den Anfang – Ein Versuch jugendlicher Gegenöffentlichkeit im Kaiserreich«, in: Thomas Koebner/Rolf-Peter Janz/Frank Trommler (Hg.): Mit uns zieht die neue Zeit. Der Mythos Jugend, Frankfurt a. M., 360–381.

Linse, Ulrich (1985): »›Geschlechtsnot der Jugend‹ – Über Jugendbewegung und Sexualität«, in: Thomas Koebner/Rolf-Peter Janz/Frank Trommler (Hg.): Mit uns zieht die neue Zeit. Der Mythos Jugend, Frankfurt a. M., 245–309.
Nietzsche, Friedrich (1966): Werke in drei Bänden, hg. v. Karl Schlechta, München.
Pauen, Michael (1999): »Eros der Ferne. Walter Benjamin und Ludwig Klages«, in: Klaus Garber/Ludger Rehm (Hg.): global benjamin, Bd. 2., München, 693–716.
Schelsky, Helmut (1963): Einsamkeit und Freiheit. Idee und Gestalt der deutschen Universität und ihrer Reformen, Reinbek.
Scholem, Gershom (1975): Walter Benjamin – die Geschichte einer Freundschaft, Frankfurt a. M.
Weber, Max (1982): »Wissenschaft als Beruf«, in: Johannes Winckelmann (Hg.): Gesammelte Aufsätze zur Wissenschaftslehre, 5. Auflage, Tübingen.
Weigel, Sigrid (2000): »Eros«, in: Michael Opitz/Erdmut Wizisla (Hg.): Benjamins Begriffe, Frankfurt a. M., 299–340.
Witte, Bernd (1976): Walter Benjamin – Der Intellektuelle als Kritiker. Untersuchungen zu seinem Frühwerk, Stuttgart.
Wizisla, Erdmut (1987): »›Die Hochschule ist eben der Ort nicht, zu studieren.‹ Walter Benjamin in der freistudentischen Bewegung«, in: Wissensch. Zs. der Humboldt-Universität zu Berlin, Ges.wiss. Reihe, 36. Jahrgang, H. 7, 616–623.

»Das Glück des antiken Menschen«

Von Ansgar Hillach

In dieser kleinen, zu Lebzeiten Benjamins unveröffentlichten Abhandlung wird in gleichsam verpuppter Gestalt ein zentrales Thema des jungen Benjamin wiederaufgenommen und zu einem vorläufigen Abschluß geführt: das einer Intensität der Erfahrung des Lebendigen bzw. des Lebens des Geistes, die Benjamin im Raum von Jugendkultur und neuer Religiosität gesucht hatte. Die Arbeit wurde nach Ausweis eines nur ungenau zu datierenden Briefes vor Ende 1916 abgeschlossen (vgl. 1, 350), in jenem Münchner Jahr, in dem Benjamins Interesse an vergleichender Mythologie und Geschichtsphilosophie in miniaturhaften Studien physiognomischer Art Gestalt annahm. Dieses Interesse war theoriegeleitet, d. h. eingebettet in Reflexionen über das »Verhältnis der Produktivität zum Leben« (1, 298): nach Maßgabe von Theorie, also einer integrativen Schau der in Gestalten des Lebens sich offenbarenden Ideenwelt, »erfüllt sich das Leben des Schaffenden rhythmisch mit Produktion« (ebd.). Theorie, geistige Schau, ist hier im platonischen Sinne als lebensleitende Erkenntnisaufgabe verstanden. Geistige Produktivität war der »Reinheit« der Erkenntnis verpflichtet; deren Erfahrung war glückhaft.

Fundierung des Glücks in der »Sammlung«

Die Bindung der Theorie an das »Leben«, die zunächst durch Wyneken und die Arbeit für eine Jugendkulturbewegung grundgelegt worden ist, erhielt in dieser Zeit eine neue Akzentuierung durch die Lektüre Friedrich Schlegels (vgl. 1, 324). Noch 1913 hatte Benjamin im Blick auf einen idealistischen Begriff von Jugend von dem »ständige[n] vibrierende[n] Gefühl für die Abstraktheit des reinen Geistes« (1, 175) gesprochen: Jugend war das Sich-offen-Halten für die Verwirklichung des Geistes, wo immer er sich zeigte. Darin schwang, neben dem durch Wyneken vermittelten Weltbildamalgam (vgl. Hillach 1999, 876 ff.), auch ein vom neukantianischen Idealismus purgierter Wissenserhebung (Speth 1991, 30 ff.) genährter Radikalismus mit, der sich bei Benjamin mit platonisch-erotischer Emphase auflud.

Wenn Benjamin sich dann dem späten Schlegel, seinen Vorlesungen über eine Philosophie des Lebens und der Geschichte zuwandte, so werden die Gründe in dessen Kritik an den Abstraktionen des philosophischen Idealismus und in der Wendung zu den Gestalten des Lebens, zur vergleichenden Mythologie und zur Geschichte im Geiste der Eschatologie zu suchen sein. »Leben« war für den späten Friedrich Schlegel kein leeres Allgemeines, sondern Erfahrungsgrund der Person, »Geist« kein Abstraktum aus der Schatzkammer der Reflexion, sondern Essenz des spirituell Erfahrbaren. Schlegel selbst bestimmt seine »Philosophie des Lebens« als »eine innere geistige Erfahrungs-Wissenschaft, die nur von Tatsachen ausgeht und überall auf Tatsachen beruht, wenn gleich es in manchen Fällen allerdings Tatsachen einer höhern Ordnung sind« (Schlegel 1969, XLIII). Entsprechend besteht Benjamin im Juli 1916 auf den »sachlichen Quellen« der Produktivität (1, 299) und einer »sachlichen [...] nüchternen Schreibart«, in der die »Elimination des Unsagbaren« zu leisten sei (1, 326).

Vor diesem knapp skizzierten Hintergrund ist Das Glück des antiken Menschen zu lesen. Benjamin hebt das Glück des antiken Menschen vom Zerrbild des Glücks in der bürgerlichen Moderne ab. Vorweg läßt sich eruieren, was Benjamin unter Glück verstand. Eine implizite Bestimmung findet sich am Beginn seines Dialogs über die Religiosität der Gegenwart aus dem Jahre 1912. Dort heißt es: »Naiv nenne ich die, die von Natur aus fähig sind, in einer augenblicklichen Freude nicht einen Rausch zu empfinden [...] sondern denen eine Freude eine Sammlung des ganzen Menschen ist« (II, 16).

Von Sammlung in einem gegenpoligen Sinne berichtet ein Brief Benjamins vom 20. Juli 1916, der auch eine sicherlich grundlegende »Einsicht in das Wesen des Glücks« (1, 329) enthält. Die dort beschriebene Situation ist eine atmosphärische: eine Landschaft bei Seeshaupt, seit Wochen grau in grau und überwiegend naß; Benjamin kleidet dies in ein starkes Bild: »das ganze Land ist wie ein ohnmächtiges Gewitter« (ebd.). Der Briefschreiber findet »tiefe[n] Trost [im] Gleichmaß allen Wachstums« (ebd.), also einem kosmisch Erspürten, das sich über die Atmosphäre vermittelt. Glück als Erfahrung ist in diesem trostlosen Kriegssommer, in dem die Jugend »an allen Orten an denen sie sichtbar ist zugleich verloren erscheint« (ebd.), nicht möglich. Benjamin schreibt: »Im Traum erscheint mir abwechselnd die Hölle und der Teufel« (ebd.). Und doch bringt jener Trost »die Einsicht in das Wesen des Glücks als welches ist: alles im Leben so zu tun und zu fühlen, daß es auf unser Geborensein zurückgeht« (ebd.). Diese Briefnotiz ist wohl der einzige Hinweis darauf, daß Benjamin sich in dieser Zeit mit dem Problem des Glücks beschäftigt hat, daß die Problematisierung des Glücks wohl auch biographisch-zeitbedingte Gründe hatte.

Eine quasi osmotische Beziehung zum Kosmos im Gelingen der Sammlung ist also Voraussetzung für das Glücksempfinden, das sich einstellt, wenn Freude einfließt. Der »nachantike Mensch« – so der Eingang unseres Textes – empfindet aber vorweg Geschiedenheit, und er kann die Sammlung in der Geschiedenheit nur als Schmerz erleben – oder in der Verfassung des Schmerzes, wie man vorsichtiger sagen muß. Denn auf diesem Grund scheint gleichwohl Glück möglich. Dem nachantiken Menschen ist beschieden, »ein annähernd großes und reines [...] annähernd naives Gefühl seiner selbst nur um den hohen Preis« einer geschichtlich verhängten schmerzlichen Grunderfahrung zu gewinnen (II, 126). Warum die mentalitätsgeschichtliche Grenzlinie irgendwo zwischen Antike und Nachantike gezogen wird, bleibt zunächst offen. Auf philosophischer Ebene sah Benjamin erst durch Kant die eherne Kluft zwischen Natur und Geist, Sinnlichkeit und Verstand aufgerissen (vgl. I, 31 f.). Er wollte darin aber auch die Eröffnung des Weges erkennen, eine neue religiöse Erfahrung zu begründen (ebd., sowie Über das Programm der kommenden Philosophie). Solche Erfahrung mußte, als erkenntnisträchtige im platonischen Sinne, dem Glück verschwistert sein.

Was Benjamin zu Beginn seines Aufsatzes über das Glück formuliert, steht somit in einem kontroversen Verhältnis zu Anschauungen, die er gleichzeitig entwickelt. Benjamin versuchte ja, die mathematisch-methodische Komponente des Kantschen Kritizismus durch Rückgriff auf Platon zu überwinden. Im platonischen Dualismus von Erscheinung und Idee vermittelt die Abbildlichkeit der Erscheinungen im Verhältnis zu den urbildlichen Ideen die Erkenntnis des Wahren. Was aber zu Platons Zeiten sich im Raum dialogischer Begegnung gewinnen ließ, scheint nach dem Zerfall der antiken Kultur uneinholbar geworden. Der »Kosmos« (II, 127) ist eine Idee, die für Kant transzendent, der Erfahrung entzogen ist. Das Mittelalter hatte nach Benjamins von Schlegel übernommener Auffassung zwar die unmittelbare »Tendenz aufs Absolute« (Über das Mittelalter, II, 132 f.), aber ohne Anschauung der mythologisch durchdrungenen Natur, die in der Antike die Wahrnehmung aufs Ideelle verwies. Das christliche Mittelalter bezeugt damit, trotz der äußerlichen Rezeption antiker Versatzstücke, den Abbruch der antiken Welt.

Glück unter dem Primat der Reflexion

Nach der Depotenzierung auch des Christentums als Religion und Weltanschauung wird so verständlich, warum Benjamin ein »annähernd naives« Verhältnis zum Kosmos »vielleicht« nur um den Preis des Schmerzes für möglich hält – ja er traut schon dem Bewohner der christlichen Welt die Naivität der gewissermaßen kosmisch umfangenen Glückserfahrung nicht mehr zu. Damit radikalisiert Benjamin ein Konzept Schillers, der aus einem ganz anderen Interesse heraus zunächst nur den Griechen der Klassik jene fraglose Verbundenheit mit der Natur als Kosmos und Mythos zusprechen konnte, die kennzeichnend für die naive Einstellung ist (Schiller 1962, 429–432). Benjamin entlehnt von Schiller den Begriff des »Sentimentalischen« für den Menschen einer nachantiken Verstandeskultur, der die verlorene Aufgehobenheit in der umgebenden Natur durch Kunst und ideelle Anstrengung wiederzugewinnen sucht. Schiller entwickelt aber aus dem Begriffspaar naiv – sentimentalisch letzten Endes eine Typenlehre des Dichterischen.

Während das Naive bei Schiller in allen Erscheinungsformen als unbewußt selbstsichere Kraft auch unter künstlichen Verhältnissen sich zeigt, gerät es in Benjamins Deutung unter den modernen Primat der Reflexion. Denn zum einen kann auch der sentimentalische Mensch es eben um den Preis des Schmerzes sich näherungsweise wieder zueignen, zum andern, gesellschaftlich, verfällt der ursprünglich naive Typus, etwa in Gestalt des Kindes, dem stillschweigenden Verdikt des Gehaltlosen, Uninteressanten, ja Unechten. Daher wird das Bild des Kindes in der bürgerlichen Welt verniedlicht, verkitscht: »nicht das fühlende, reine Wesen [...], dem unmittelbarer als einem andern Gefühl zum Ausdruck wird« (II, 127), kann erkannt und anerkannt werden, sondern etwas Unaufrichtiges dringt in das Bild des Kindes ein, so als ob das Kind aus Scham bestrebt wäre, die Unmittelbarkeit der empfangenen Eindrücke, die im positiven Falle sein Glück ausmachen, zu verleugnen und zu verbergen. Das tendenziell Expansive und Ungeniert-Offene der kindlichen Erfahrungsweise wird zur kleinen Heimlichkeit umgedeutet und umerzogen. Entsprechend ist dann auch im Erwachsenendasein »das kleine Glück der Sentimentalen Seele« (ebd.) so beschaffen, daß sich das Innere nicht, wie es dem Naiven entspricht, zu »voller Reinheit und voller Größe« (II, 126) in der Ahnung des Kosmos erhebt, sondern sich in einem stillen Winkel gleichsam zusammenzieht und verkriecht.

Die Bestimmungen des Glücks, die Benjamin im ersten Teil der Abhandlung trifft, sind überwiegend ex negativo real gegebener Verhältnisse gefaßt. Glück sei, so heißt es immerhin, auch dem modernen Menschen »ein naiver Zustand der Seele« kat'exochen, schlechthin (II, 127), – ungeachtet er kaum noch gefunden wird. Der Preis des Schmerzes für das Erreichen innerer Sammlung zu einer Gemütsverfassung, die den ganzen Menschen zu annähernd naiver Wahrnehmung befähigt, weist auf eine Bewußtseinslage, in der sich der zwischen Sinnlichkeit und Verstand aufgespaltene Abendländer nach der Antike befindet. Das Beispiel des Kindes eröffnet jedoch einen Pfad, der schon beim frühen Benjamin aus der Gespaltenheit herausführt und zugleich die Dimension aufzeigt, in der das von ihm häufig gebrauchte Wort »rein« zu verorten ist. Kindsein ist vorindividuelles Sein, im Kind ist das Bewußtsein noch nicht zu einer herausgehobenen und herrschaftlichen Instanz geworden. Das Kind empfängt Eindrücke unmittelbar mit den ihm gegebenen, ganzheitlich verbundenen Sinnen, es »verliert sich« an diese Eindrücke.

So wird es in dem Anfang 1915 entstandenen Dialog Der Regenbogen charakterisiert: »Das Wahrnehmen der Kinder ist selbst in die Farbe zerstreut. Sie leiten nicht ab. Ihre Phantasie ist unberührt« (VII, 25). In diesem Gespräch über die Phantasie, wie es im Untertitel heißt, zwischen einer Frau, die von einem soeben gehabten Traum berichtet, und einem Künstler bewegen sich beide Partner in einer luziden Klarheit des Erkennens, in einer ihr selbst nachspürenden spirituellen Erregung. Sie sprechen über Phantasie und die nur ihr gegebenen reinen Farben und sind getragen von Phantasie, der »Gabe der reinen Empfängnis überhaupt« (22). Benjamin faßt die Phantasie, wie auch zugehörige Notizen aus dem Nachlaß belegen, ähnlich der »transzendentalen Einbildungskraft« bei Kant als ein zur Sinnesausstattung des Menschen gehörendes transzendentales Vermögen auf, das auch ohne Intervention des Verstandes »rein« aktiviert werden kann. Dies ist vorzugsweise beim schauend spielenden Kind der Fall, es bewegt sich »innerhalb des Kanon« seiner Sinnesvermögen und ist insoweit (menschliche) Natur (vgl. VII, 563). So auch hier: Künstler und Träumerin werden als Organe des Schauens gewissermaßen den Dingen gleichrangig, und in der Farbe erscheint ihnen »das eigentlich geistige Wesen der Sinne, das Aufnehmen« (23). »In der Farbe ist das Auge rein dem Geistigen zugewandt, [...]. Die Farbe ist der reine Ausdruck des Weltanschauens, die Überwindung des Sehenden« (ebd.).

Benjamin zeigt sich hier beeinflußt vom Neukantianismus der Südwestdeutschen Schule, mit der er 1912/13 in Freiburg nachhaltig in Berührung gekommen war. Von Heinrich Rickert dürfte Benjamin die Einsicht mitgenommen haben, daß das Subjekt der Erkenntnis zwar das im kantischen Sinne transzendentale ist, daß es aber intentional auf Werthaltungen, nicht auf Erscheinungen eines »Dinges an sich«, sondern letztlich auf absolut Schönes und Gutes gerichtet sei. Damit war Platon ins Spiel gebracht, denn auch Rickert nahm ein transzendentes Reich der Werte an, demgegenüber die menschlichen Sinnbildungen, etwa in der Kunst, symbolhafte Vermittlungen und Annäherungen darstellen.

Noch näher an Platon als selbst Cohen und bedeutsamer für Benjamin dürfte sein Philosophielehrer Jonas Cohn gewesen sein, den er in seinen Briefen allerdings nur beiläufig erwähnt. Cohn hatte sowohl der Wahrheitserkenntnis als auch den ästhetischen Werten einen Forderungscharakter zugeschrieben. Bereits 1902 hatte er eine *Allgemeine Ästhetik* veröffentlicht, die noch heute als das maßgebende Werk zur Ästhetik der südwestdeutschen Schule des Neukantianismus gilt.

In Platons Modell ist Glück nur im erotischen Bezug auf das Schöne und Gute zu finden (der sog. Kalokagathie), und in einem »reinen«, aufs Ästhetische beschränkten Sinne hat Benjamin eine solche Glückserfahrung im platonischen Dialog DER REGENBOGEN zu vergegenwärtigen gesucht, unter Voraussetzung der Kantschen Erkenntniskritik und neukantianischer Ästhetik. Die Annäherung an des Unsagbare der Kalokagathie ist deswegen erotischer Natur, weil sie die leibseelische Einheit des Menschen zu höchster Erkenntnisfähigkeit bündelt, weil sie in strebender Bewegung ein »Körpergefühl [der] geistigen Persönlichkeit« (II, 33) erfordert und bestärkt, also über die kritizistische Einschränkung hinaus »Reichtum und Schwergewicht der Individualität« (ebd.) zur Entfaltung bringt. Das im DIALOG ÜBER DIE RELIGIOSITÄT DER GEGENWART von 1912 in ethischer Perspektive so schmerzlich vermißte »neue Bewußtsein persönlicher Unmittelbarkeit« (ebd.) ist im REGENBOGEN in einer traumhaft-idealen Konstellation Wirklichkeit geworden. Der Dualismus von Erscheinung und Idee bleibt freilich bestehen: »es ist das Wesen der Schönheit, daß wir das Schöne nicht anders als empfangen können, und nur in der Phantasie kann der Künstler leben und sich im Urbild versenken. [...] Alle Schöpfung ist unvollkommen; alle Schöpfung ist unschön. Laß uns schweigen« (VII, 26).

Glück ist auch darin naiv, daß es sich bekennt und nicht nach Bestimmungsgründen fragt, sich also von Reflexion freihält. Die kosmische Rückbindung des Glücks (religio) würde der Reflexion nur seine Unsicherheit, Unverdientheit und Zufälligkeit offenbaren. Daher ist das Kind der reinste Ort des Glücks. Der erwachsene Mensch tritt mit der Glückserfahrung virtuell in den Bezirk des Religiösen und Kultischen ein. Man kann das als den Grundgedanken dessen ansehen, was Benjamin im zweiten Teil seiner Abhandlung über DAS GLÜCK DES ANTIKEN MENSCHEN sagt. Jeder individualistische Rückstieg ins Befindliche, um es als solches festzuhalten und ins Heimliche zu retten, wäre, so behauptet Benjamin, für den antiken Menschen Hybris gewesen, also Anmaßung gegen die Götter, die Schicksal zuteilen. Die Vorstellung, daß der individuelle Mensch eine Bevorzugung aufgrund von Verdiensten sich zueignen könne, ist irreligiös und läuft dem Wesen des Glücks zuwider. Jedoch überspannt Benjamin den Begriff der Hybris, wenn er eine doch biedermeierliche Verhaltensweise der Verinnerlichung des Glücks unter ihm begreift. Historische Differenzierung hat Benjamin hier nicht im Sinn. Die blockartige Gegenüberstellung idealtypischer Befunde aus bürgerlicher Moderne und klassischer Antike soll vielmehr einen Spannungsbogen schaffen, aus dem das Wesen des Glücks hervortritt.

Der kultische Charakter des Glücks

Denn keineswegs ist die mythisch verfaßte Antike als positives Gegenbild der Moderne zu verstehen. Sie ist als solche auch kaum dem seinerzeitigen Stand der Antikeforschung angemessen dargestellt. Mit Bedacht wählt Benjamin als Inbegriff des Glücks in der Antike den Sieg des Heros, der auch da, wo er als Wettkämpfer auftritt, sich zu mythischer Gestalt erhebt. Mythos ist Ungeschiedenheit aller Seinsbereiche, Ungeschiedenheit vor allem im Verhältnis des Menschen zur Natur, die damit dämonische Macht gewinnt (was als Schicksal erscheint). Das gilt auch da, wo es, wie im antiken Griechenland, eine aufgefächerte Götterwelt gab. Über Mythos und Schicksal hat Benjamin wenige Jahre später ausführlich gehandelt (vgl. SCHICKSAL UND CHARAKTER II, 171 ff. sowie GOETHES WAHLVERWANDTSCHAFTEN I, 125 ff., dort insb. 157 f.).

Die wesentlichen Züge des hier von Benjamin in Anspruch genommenen, rudimentären Antikemodells verweisen auf Pindar, sie lassen sich als Extrapolationen von Auffassungen lesen, die aus dessen Siegeshymnen hervortreten. Der Bezug zu Pindar ist nicht nur durch einen zentralen Satz dieses Abschnitts gegeben, sondern auch durch Benjamins anderthalb Jahre zuvor entstandene Arbeit ZWEI GEDICHTE VON FRIEDRICH HÖLDERLIN. Diese Arbeit war angeregt worden durch die Dissertation Norbert von Hellingraths, der die Pindar-Übersetzungen Hölderlins erstmals herausgegeben und kommentiert hatte und durch sie wesentliche Impulse seiner bahnbrechenden Hölderlin-Interpretation gewonnen hatte (vgl. Speth 1991, 9 ff.). Von Pindar sind nur seine Siegeslieder (Epinikien) vollständig erhalten. Sie bezeugen einen Dichter, der gegen die athenische Demokratie an heroisch-aristokratischen Idealen seiner thebanischen Herkunft festhielt. »Mit vollem Einsatz seiner Persönlichkeit und mit priesterlicher Weihe hat er noch einmal vor dem Zusammenbruch der alten Aristokratien die Ideale ritterlicher Lebenshaltung in seinen Siegesliedern verherrlicht«, heißt es in Wilhelm von Christs *Geschichte der griechischen Litteratur*, einem Standardwerk, das 1908 in 5. Auflage erschienen war und das Benjamin bekannt gewesen sein dürfte.

Pindar ist der immer wieder, namentlich für Goethe zum Vorbild gewordene Meister des hymnischen Stils, der religiöses Ethos über die Niederungen des Menschlichen – auch in der griechischen Götterwelt – stellte, ja sie aus seinem Werk verbannte. Wilhelm von Christs *Geschichte der griechischen Litteratur* stellt denn auch die Frage, wieso ein solcher Dichter zur »Verherrlichung von Athleten und Sportsleuten« mit seiner Dichtung beitragen konnte, und beantwortet sie folgendermaßen: »Der Mensch an sich ist ihm ein Nichts [skias onar, ein Traum von Schatten], aber die Götter können, indem sie ihm Kraft, Weisheit, Reichtum, Erfolg zuwenden, ein helles Licht auf ihn werfen [...]. Wer diese Güter hat, ist Liebling der Götter, also auch den Menschen verehrungswürdig ohne weiteres. In den körperlichen Glanzleistungen aber sieht er Bestätigungen seiner ritterlich-wehrhaften Lebenshaltung [...]. Dem entspricht, daß ihm Aias und Achilleus sympathisch, Odysseus antipathisch ist. Was diese ganze Enkomiendichtung [Lobesdichtung] adelt und vor dem Vorwurf niedriger Gelegenheits- und Schmeichelpoesie schützt, das ist die aufrichtige Freudigkeit des Dichters, zu verherrlichen, was irgend von Gottes Gnaden ist« (230 f.).

Der Gegensatz von Aias und Achilleus zu Odysseus ist notorisch: jene die alle anderen überstrahlenden Heroen des Kampfes, dieser der »listenreiche« (Homer), also reflektierende und taktisch agierende Besteher seines Geschicks, der durchaus die Sympathie des ›Aufklärers‹ Homer besitzt. Zu diesem Typus weiß Pindar zu sagen: »Unmöglich aber, daß ein Wort auswerfe,/ Das Kraft hat unter den Guten,/ Der listige Bürger. Doch gewiß/ Schmeichelnd gegen alle sehr/ Alles verwirrt er./ Nicht mit ihm teile ich eine Verwegenheit« (Hölderlin 1965, 1087). Mit diesem Verdikt ist das Element der Reflexion auch aus dem Heroenkult verbannt. Benjamins These, wonach Sieg oder Niederlage des Helden von den Göttern verhängt werden, also nicht einem Verdienst zugerechnet werden konnten, findet sich in folgenden Versen Pindars vorgezeichnet, wiederum in der Übersetzung Hölderlins: »Es gebührt sich aber, gegen/ Gott nicht zu rechten,/ Der aufhält [d. h. vorenthält] bald das jene[m, konj.],/ Bald auch den andern gegeben hat/ Großen Ruhm« (ebd.). In Pindars Epinikien sind Mythen in der Weise eingearbeitet, daß sie Bezüge zum Sieger, seiner Familie, seiner Stadt und Region aufnehmen bzw. herstellen. Zur »Erfüllung der Weihen« gehört das Preislied, das die als Gottesgabe verstandene Tugend des Helden heiligt und für die Ewigkeit bewahrt: »Die Tugend aber durch rühmliche Gesänge/ Ewig wird« (1093).

Als thematischer Bezug für Benjamins Bild der Antike dürfte auch eine Dichtung Schillers in Frage kommen, der in seiner Ode *Das Glück* (1798) an Pindar anknüpfte. Schiller hatte im Jahr zuvor sich Wilhelm von Humboldts Pindar-Übertragungen erbeten, weil er die Absicht hatte, selbst »eine Pindarische Ode für den [Musen-]Almanach zu verfertigen«, deren Sujet er schon mit sich herumtrug und deren »Hauptidee« sein sollte, »daß das Glück über das Verdienst gehe« – so berichtet Caroline von Humboldt in einem Brief an ihren Mann (Schiller 1991, 644). Auch Schiller exemplifiziert die Schicksalhaftigkeit des Glücks an einer Antike, wie sie Pindar vertritt, er zielt jedoch zugleich auf eine überzeitliche Gestalt des vom Schicksal Beglückten, in die die Konzepte vom Naturgenie und der Schönen Seele als Paradigmen des Naiven eingehen. Nicht wie in Benjamins Text ist der geschenkte Sieg »die Gestalt, in der das Glück den antiken Menschen heimsucht« (II, 128), sondern Glück ist primär das Ungewordene, von Anbeginn Vorherbestimmte, die unableitbare Gunst eines Menschenlebens. »Alles menschliche muß erst werden und wachsen und reifen,/ Und von Gestalt zu Gestalt führt es die bildende Zeit;/ Aber das glückliche siehest du nicht, das Schöne nicht werden,/ Fertig von Ewigkeit her steht es vollendet vor dir« (Schiller 1943, 410 f.).

Schiller konturiert das Naive in der Glücksvorstellung im Sinne seiner Typologie des Menschlichen aus der Sicht des sentimentalischen Dichters. Benjamin ist mit seiner Sicht der Antike näher an Pindar, am Kultischen als der genuinen Form des Ausschlusses von Reflexion und der Kommunikation mit dem Kosmos. Für ihn ist der Agon im hier gegebenen Zusammenhang gewissermaßen nur die Verschlüsselung der Glückszuwendung bzw. des Schicksals von Seiten der Götter, und das Moment der Leistung bliebe demnach peripher, doch erhöht es den Stolz des Beglückten. Im kultischen Zusammenhang bleibt der Sieger von moralischen Kategorien unberührt, jedoch ist die Ostentation des Glücks in der Weihe auch dem Neid ausgesetzt, und im Hinblick darauf formuliert Benjamin: »Unschuld tut *ihm* bitter not« (II, 129), dem Beglückten, der sich in der Weihezeremonie darstellen darf. Ein verschütteter Tropfen aus dem Siegerpokal wäre ein Zeichen, daß der Sieg einem Unwürdigen zufällt.

In SCHICKSAL UND CHARAKTER (1919) greift Benjamin implizit auf diese Darstellung zurück und faßt das Moment der Versuchung, das in der antiken Idee des Glücks als Möglichkeit zur Hybris gesetzt ist, noch radikaler; denn wenn dem so ist, dann tritt der Glückliche für die Dauer seines Glücks aus der Ordnung des Schicksals, des Verhängten heraus, dann ist er dem Gängelband der Schicksale für den Moment entronnen. Es ist dann seinem Genius aufgegeben, diese Freiheit zu nutzen. Der Begriff des Schicksals, der im ersten Aufsatz implizit als Folie diente, insofern er als Inbegriff des Verhängten sowohl Sieg als auch Niederlage im Agon unterlegte, ist im späteren Aufsatz ganz aus der religiösen Sphäre herausgenommen und bezeichnet nur noch einen kreatürlichen Schuldzusammenhang des Lebendigen. Selber mythisch, unterliegt dieser in der Komplikation menschlicher Vergesellschaftung mythischen Rechtsauffassungen.

Die Frage drängt sich auf, warum Benjamin, dem es doch offenbar um eine auf die Gegenwart kritisch bezogene Begriffsbestimmung des Glücks ging, überhaupt die Antike als einen Fluchtpunkt thematisiert. Die Antwort liegt wohl darin, daß Benjamin das Glück als Idee menschlicher Kultur konstruiert und daß er an Phänomenen der Glückserfahrung die Extreme aufsucht, um aus ihnen jene Idee zu gewinnen, die in den Phänomenen nicht gegeben ist. Es handelt sich also um den frühen Versuch einer wissenschaftlichen Betrachtung in jener kritischen Verfahrensweise, die Benjamin in der ERKENNTNISKRITISCHEN VORREDE des Trauerspielbuches als Methode expliziert und begründet hat.

Schon hier zehrt die Darstellung ihre Begriffe derart auf, daß schließlich Bilder für ein Denken einstehen, das in der Intensität der Gestalt den Abdruck des platonisch verbürgten Geistes sucht. Dies ist im kultischen Akt der Siegesfeier bedeutet. In ihm steht die Zeit ebenso still wie das Denken, die Reflexion (vgl. Lindner 2002, 141 f.). Es ist dieser Augenblick, der die Antike hier für Benjamin paradigmatisch macht, der Augenblick, der das Verdienst und den Schmerz des Athleten (wie analog des Denkers) gewissermaßen einkapselt und in dieser Selbstentäußerung das transzendierende Glück ermöglicht. Was in der Antike, nach dem Maßstab Pindars, naiv vonstatten ging, kann bei Benjamin nicht anders als sentimentalisch, auf dem Grunde einer schmerzlichen Reflexion, wiedergewonnen werden.

Werk

DAS GLÜCK DES ANTIKEN MENSCHEN (II, 126–129)
DIALOG ÜBER DIE RELIGIOSITÄT DER GEGENWART (II, 16–35)
DER REGENBOGEN (VII, 19–26)
SCHICKSAL UND CHARAKTER (II, 171–179)
ÜBER DAS MITTELALTER (II, 132 f.)
ÜBER DAS PROGRAMM DER KOMMENDEN PHILOSOPHIE (II, 157–171)
ZWEI GEDICHTE VON FRIEDRICH HÖLDERLIN (II, 105–126)

Literatur

Cancik, Hubert (1999): »›Wie die europäischen Menschen Griechentum in ihr Werk versponnen‹. Hellenisches bei Walter Benjamin«, in: Klaus Garber/Ludger Rehm (Hg.): global benjamin, Bd. 2, München, 856–871.

Wilhelm von Christs Geschichte der griechischen Litteratur. Fünfte Auflage, unter Mitwirkung von Otto Stählin, bearbeitet von Wilhelm Schmid. Erster Teil: Klassische Periode der griechischen Litteratur. (=Handbuch der klassischen Altertums-Wissenschaft in systematischer Darstellung, Siebenter Band), München 1908.

Hillach, Ansgar (1999): »›Ein neu entdecktes Lebensgesetz der Jugend‹. Wynekens Führergeist im Denken des jungen Benjamin«, in: Klaus Garber/Ludger Rehm (Hg.): global benjamin, Bd. 2, München, 872–890.

Hölderlin, Friedrich (1965): Werke und Briefe, 2 Bde, hg. v. Friedrich Beißner u. J. Schmidt, Frankfurt a. M.

Lindner, Burkhardt (2002): »Zeit und Glück. Phantasmagorien des Spielraums«, in: Helga Geyer-Ryan/Paul Koopman/Klaas Yntema (Hg.): Perception and Experience in Modernity, Amsterdam/New York, 129–144 (Benjamin Studies/Studien 1).

Maerker, Peter (1973): Die Ästhetik der südwestdeutschen Schule, Bonn.

Ollig, Hans-Ludwig (1979): Der Neukantianismus, Stuttgart.

Schiller, Friedrich (1943): Schillers Werke. Nationalausgabe. Bd. 1, hg. v. Julius Petersen/Friedrich Beißner, Weimar.

Schiller, Friedrich (1962): Schillers Werke. Nationalausgabe. Bd. 20, hg. v. Benno von Wiese, Weimar.

Schiller, Friedrich (1991): Schillers Werke. Nationalausgabe. Bd. 2, hg. v. Georg Kurscheidt/Norbert Oellers, Weimar.

Schlegel, Friedrich (1969): Kritische Ausgabe der Werke Bd. 10, hg. v. Ernst Behler, München/Paderborn, Wien.

Schlegel, Friedrich (1995): Fragmente zur Geschichte und Politik. Erster Teil (Vorlesungen über die Philosophie des Lebens), Paderborn.

Speth, Rudolf (1991): Wahrheit und Ästhetik. Untersuchungen zum Frühwerk Walter Benjamins, Würzburg.

Steiner, Uwe (1989): Die Geburt der Kritik aus dem Geiste der Kunst. Untersuchungen zum Begriff der Kritik in den frühen Schriften Walter Benjamins, Würzburg.

Fragmente zur Ästhetik / Phantasie und Farbe

Von Heinz Brüggemann

In einem Brief vom Januar 1915 kündigt Walter Benjamin die Beendigung einer »Arbeit über die Phantasie und die Farben« (1, 261) an. Damit ist, wie es scheint, der Dialog Der Regenbogen. Gespräch über die Phantasie (VII, 562–564) gemeint – ein Text, dem Varianten und eine Reihe von fragmentarischen Aufzeichnungen zugeordnet sind, darunter Die Farbe vom Kinde aus betrachtet, Phantasie u.a., die die Herausgeber der Gesammelten Schriften im Band VI unter der Überschrift »Zur Ästhetik« abgedruckt haben. Wirklich beendet worden ist diese Arbeit aber eher nicht, denn entscheidende Motive aus diesen frühen Reflexionen greift Benjamin immer wieder auf, um sie um- und fortzuschreiben – so in den Rezensionen von Karl Hobreckers *Alte vergessene Kinderbücher* (1924) und von Max Kommerells *Jean Paul* (1934), im großen illustrierten Essay Aussicht ins Kinderbuch (1926) und vor allem (seit 1932) in der Berliner Kindheit um neunzehnhundert. Im Januar 1927 setzt Benjamin dem Leiter des Moskauer Gosverlags seinen »großen Plan über das Dokumentarwerk ›Die Phantasie‹ auseinander« (VI, 386), zu dem verschiedene, von Benjamin vorgeschlagene Autoren beitragen sollten, u.a. in Sammelschriften zur »Ästhetik des Kitsches«, über das Panoptikum, die Ästhetik der Ansichtskarte etc.; für eine Arbeit über die »Illustration der alten Kinderbücher« hat er als Autor Kandinsky (Benjamin-Archiv Ms 1374; vgl. VI, 694) genannt.

Die frühen Texte, vor allem Die Farbe vom Kinde aus betrachtet und Der Regenbogen. Gespräch über die Phantasie werden hier vorgestellt und kommentiert, nach den folgenden Schwerpunkten:

Zum einen Benjamins Auffassung der reinen Farbe und die Bildanschauung eines nicht begrifflichen, nicht vergegenständlichten Sehens, wie sie sich auch in der Beziehung zur zeitgenössischen Malerei und ihrer Theorie entwickelt; zum anderen die Farbe als Medium der Phantasie, das Benjamin in den Konstellationen von Gestaltung und »Entstaltung« (VI, 114) denkt, auch in der Um- und Fortschreibung von ästhetischen Kontroversen zwischen Goethe und der Romantik.

Reine Farbe und »entbegrifflichtes Sehen« – kunstgeschichtlicher Kontext

Benjamins frühe Überlegungen zu Phantasie und Farbe bewegen sich in ästhetischen, bildtheoretischen Konstellationen, für die der Gegenstand in eben dem Maße unerheblich wird, »in welchem die Bildanschauung ein selbst entbegrifflichtes, das heißt an den Gegenstand und seinen Begriff nicht mehr gebundenes Sehen erweckt« (Imdahl 1987, 20). Solche Bildtheorien eines unbegrifflichen Sehens haben ihren Ursprung in der Mitte des 19. Jh.s, in John Ruskins Rede von einer »innonence of the eye«, d.h. einer nur flache Farbflekken (»flat stains of colour«), nicht Körper oder Dinge sehenden »sort of childish perception« (Ruskin 1856, zit. n. Gombrich 1986, 325). Solche Konzeptionen eines sog. natürlichen, unmittelbaren, sich von den Konventionen formatierten, erlernten Wahrnehmens befreienden Sehens haben im 20. Jh. Bergson, Proust, Valéry und als künstlerische Bewegung der Surrealismus vertreten.

Im Spannungsfeld der kulturellen Konstruktionen des Blicks, des Sinnesdiskurses überhaupt, aus dem an der Epochenschwelle der ästhetischen Moderne um 1910 die fundamentalen Umbrüche in den Bild- und Formensprachen der Künste hervorgehen, eröffnet sich ein weites Spektrum an Gegenbewegungen zu einem begrifflichen Sehen. Für sie alle ist charakteristisch der Rekurs auf das Sehen des Kindes, auf den kindlichen Animismus, zumeist in Konfigurationen mit anderen partizipatorischen Formen des Sehens, der Wahrnehmung in Traum und Rausch.

Auch Benjamins Versuche über Phantasie und Farbe greifen immer wieder zurück auf das Farbensehen und die Bildproduktion des Kindes. Damit befindet er sich im Einklang mit der Bildenden Kunst seiner Zeit, mit den Malern des Blauen Reiters, mit Kandinsky, Paul Klee u.a.; zugleich sucht er seine Referenzen in einem Denken des Ähnlichen aus Goethes ›Farbenlehre‹ ebenso wie in der geschichtsphilosophisch-spekulativen, anthropologisch orientierten Ästhetik und Pädagogik Jean Pauls. Der von Jean Paul entlehnte Begriff der »sinnliche(n) Empfänglichkeit« (Jean Paul 1976, 72) wird eine der zentralen Kategorien für Benjamins Verknüpfung von Phantasie und Farbe.

Über Fragen der Malerei hat sich Benjamin mit Gershom Scholem seit Beginn ihrer Bekanntschaft und dann, intensiv nach dessen Besuch der 54. ›Sturm‹-Ausstellung 1917 (vgl. Scholem 2000, 30ff.) ausgetauscht. Ihre erste, nicht vollends ausgetragene Auseinandersetzung gilt dem Kubismus. Scholem macht sich sogleich ein Problem, das die Entwicklung des Kubismus überhaupt bestimmt hat, zu eigen: das Problem der Farbe. Chagalls kubistische Versuche werden prinzipiell verworfen, weil dieser »vollkommen unmathematische Mensch« seinen »*reine[n]* Weg« (ebd., 33 u. 31) nur in der symbolischen Erkenntnis der Welt in Farben und unter Verdammung der Linie gehen könne. Mit seinem Versuch, »das Wesen des Raumes durch Zerlegung auszudrücken« und »durch die Linie mitzuteilen«, steht der Kubismus in der »nächste[n] Nähe zur Mathematik«, was Scholem dazu führt, die vollkommene Farblosigkeit (und Formlosigkeit) des »genial« kubistischen Bildes zu fordern: »Farbe darf in dieser Welt, in der der Raum in metaphysische Zellen zerlegt wird, kein Element sein«, sie gehört nicht hierher, »weil sie a-mathematisch ist« – der Kubismus habe die Form überwunden, er werde »die Farbe überwinden« und »eine *wahre Erkenntnis* sein«, ja er ist »der künstlerische Ausdruck der mathematischen Theorie der Wahrheit« (Scholem 2000, 32 f.). Scholem, dem so etwas wie der reine, farblos dargestellte Begriff vorschwebt, geht mit diesen rigorosen Bemerkungen hinter die Entwicklung des Kubismus selber zum analytischen Kubismus der Anfänge zurück (vgl. Kahnweiler 1968, 121 ff.). Benjamin widerspricht an dieser Stelle entschieden. In der Bestimmung des Kubismus, »das Wesen des Raumes der die Welt ist durch Zerlegung mitzuteilen« scheint ihm »ein Irrtum bezüglich des Verhältnisses der Malerei zu ihrem sinnlichen Gegenstande vorzuliegen« (1, 395). Zwar könne man »in der analytischen Geometrie die Gleichung eines zwei- oder dreidimensionalen Gebildes im Raume geben ohne durch sie aus der Analyse des Raumes herauszutreten; nicht aber in der Malerei Dame mit Fächer (z.B.) malen, um damit das Wesen des Raumes durch Zerlegung mitzuteilen. Vielmehr muß die Mitteilung unter allen Umständen durchaus ›Dame mit Fächer‹ betreffen« (ebd.). Hier stößt freilich das Gespräch an seine Grenzen, da, wie Benjamin einräumt, Scholem »Bilder vor sich« gehabt habe, er nur dessen Worte (396).

Der Text Über die Malerei oder Zeichen und Mal, der sich auf diesen Briefwechsel bezieht, geht auf das Problem der Farbe nur am Rande ein und dies im Kontext der Konstruktion eines sogenannten »absolute[n] Mal[s]« (im Sinne von Wundmalen Christi, Erröten, Aussatz, Muttermal), dessen Vermittlung mit dem »Medium der Malerei« als einem »Mal im engern Sinne« (II, 606) eher unklar bleibt (vgl. Felmann 1922, passim). Die briefliche Andeutung Benjamins, daß er in seinen Notizen »das Problem der Malerei in das große Gebiet der Sprache einmünden lasse, dessen Umfang« er »schon in der Spracharbeit andeute« (1, 395) führt hier eher weiter. In seinem Aufsatz Über Sprache überhaupt und über die Sprache des Menschen betrachtet er es als denkbar, daß die Sprache der Malerei in »gewissen Arten von Dingsprachen fundiert« sei, daß es sich um eine »namenlose, unakustische Sprache[], um [eine, d. Verf.] Sprache[] aus dem Material« handle (II, 156). Von dieser Sprache handeln die Fragmente über Phantasie und Farbe.

Etwa Ende 1919/Anfang 1920 hat Benjamin einen der bedeutendsten Traktate zur modernen Malerei und ihrer Farbtheorie gelesen: *Über das Geistige in der Kunst* von Kandinsky, und er faßt seinen Eindruck in einem Brief an Scholem so zusammen: »Dies Buch erfüllt mich vor seinem Autor mit höchster Achtung, wie dessen Bilder meine Bewunderung wecken. Es ist wohl das einzige Buch über den Expressionismus sonder Geschwätz; freilich nicht vom Standpunkt einer Philosophie –, sondern einer Lehre-von-der-Malerei« (2, 68). Scholem erinnert sich, er habe Benjamin »noch in Jena«, d.h. 1917/18, »Kandinskys *Über das Geistige in der Kunst* besorgt, an dem ihn offenkundig gerade die mystischen Stücke der darin enthaltenen Theorie anzogen« (Scholem 1975, 85; vgl. für eine differenzierte Diskussion dieser Zusammenhänge Le Rider 2000, 230 ff. und Gage 1999, 250 ff.). Benjamin hat die Ausstellung des ›Blauen Reiters‹ von Mitte März bis Mitte April 1912 in Berlin vermutlich gesehen, den gleichnamigen Almanach der Gruppe hat er gekannt (vgl. IV, 391).

Man kann die Wirkmächtigkeit dieses Almanachs, vor allem im Hinblick auf den Rezeptionshorizont, den er für außereuropäische Kunst, Kunst sogenannter ›primitiver Völker‹, populäre Kunstformen, Schattenspiele, Bilderbögen und Kinder- wie Laienkunst eröffnet, kaum hoch genug schätzen. Und Benjamin hat diesen Horizont in mancher Hinsicht geteilt. Spätestens seit dem Sommer 1919 ist seine Anteilnahme an Kinderzeichnungen bezeugt. Besonders die Bilder von Annemarie, der Tochter von Emmy Hennings, finden seine lebhafte Bewunderung, weil »durchaus und nach strengem Maßstab wertvoll« (2, 35), und er erwägt eine Ausstellung ›Expressionistische Kinderbilder‹: »Würde das nicht sehr ziehen?« (ebd.). Als Dokumente rückt er sie in den Zusammenhang eines Interesses, das gleichermaßen Träumen oder seelischen Zuständen, im weitesten Sinne: psychophysisch hervorgebrachten Befindlichkeiten gelten kann, und stellt sie, nicht ohne Ironie, den Hervorbringungen des Expressionismus zur Seite: »Ihr Interesse ist noch im mindesten Falle das, was wir an der exakten Nacherzählung von Träumen oder der genauesten Darstellung irgendeiner augenblicklichen innern Disposition eines Menschen nehmen. Das macht zwar nichts weniger als einen Kunstwert aus, berührt sich aber dafür recht genau mit der bessern Masse des Expressionismus, der auch nichts anderes, wie ich meine, ist«, um dann doch einige Ausnahmen zu machen: »(- und von der ich allerdings jedenfalls, drei große Maler, als Künstler, ausnehme: Chagall, Klee, Kandinski -)« (2, 34).

Für diese Zeit erwähnt Scholem auch die Anfänge von Benjamins Sammlung alter Kinderbücher. Auch dies ein Interesse, das mit der Rezeption von Volkskunst und Kinderzeichnungen korrespondiert, vor allem was die anonyme, handwerkliche und kollektive Produktion angeht. Seine Sammlung konzentriert sich vorzüglich auf handkolorierte, in der farblichen Intensität seitdem kaum mehr erreichte, noch nicht industriell gefertigte, sondern von Illustratoren, anonymen ebenso wie bekannten, gestaltete Exemplare. Insbesondere die Arbeiten von Johann Peter Lyser und Friedrich Johann Justin Bertuchs *Bilderbuch für Kinder* wecken sein Entzücken. In diese Zeit fällt auch die Rezeption Jean Pauls, zumal der hochgeschätzten *Vorschule der Ästhetik*, der später die *Levana* zur Seite tritt (vgl. 2, 93) – ein Autor, der für Benjamins Verknüpfung von Sinnesdiskurs und Phantasiekonzept wichtig geworden ist.

Diese vielfältigen Bezüge sollen den künstlerischen, ästhetisch-theoretischen und literarischen Horizont umreißen, in dem die Fragmente, die das Sehen, die Farbe und die Phantasie betreffen, stehen. Benjamin betrachtet das Farbensehen – »Phantasie und Farbe« – (methodisch ähnlich wie Aby Warburg) im Zusammenhang mit anderen Kulturfunktionen.

Reine Rezeption

In den Umkreis des Dialogs Der Regenbogen. Gespräch über die Phantasie gehört ein weiterer, von Agamben aufgefundener Text, ein Fragment mit dem Titel Der Regenbogen oder die Kunst des Paradieses. Aus einer alten Handschrift, geschrieben in der zitierten, fingierten Rede eines ästhetisch-theologischen Traktats.

Im Anhang findet sich ein Notat, das eine Art tabellarischer Gegenüberstellung enthält – auf der einen Seite »Die Schönheit der Natur und des Kindes«, auf der anderen: »Die Schönheit der Kunst«. Unter der ersten Rubrik finden sich die Eintragungen: »reine Rezeption – Farbe« sowie »unintellektuelle Natur der Rezeption. Das reine Sehen« (VII, 563). Das kann man als ein Indiz für eine Bildtheorie des unbegrifflichen, vorgegenständlichen Sehens lesen – und ohne Zweifel steht Benjamin in dieser Tradition, doch er zielt zugleich auf mehr. Es geht ihm darum, Modi »reiner« Anschauung herauszupräparieren, die noch dem produktiven künstlerischen Prozeß, den Kunstwerken selber vorgelagert sind: »Das Anschauen der Phantasie ist ein Schauen innerhalb des Kanon, nicht ihm gemäß; daher rein aufnehmend, unschöpferisch« (ebd.). Die Bestimmung des Kanon ist dem philosophischen Gespräch über die Phantasie zu entnehmen: die Kunst schaffe nach einem unendlichen Kanon, der unendliche Schönheitsformen begründe, sie aber ruhten alle in der Form, »in der Beziehung auf Natur« (VII, 20). Von der Schönheit der Natur handelt das Fragment als einer »Schönheit von eignem Geist«, will sagen Natur ist »von der bloßen Anschauung her schön«, weshalb »gute Menschen [...] in der Natur wohnen [...] und sie schön finden, vor allem die Kinder« (562) und so steht auch, komplementär, »die Farbe im Sinne der Kinder [...] ganz für sich« (564) und so auch der Modus ihres Empfangens, ihres Aufnehmens in der Phantasie.

Das Gespräch über die Phantasie ist bestimmt von Motiven aus den kunsttheoretischen Schriften Baudelaires, insbesondere solchen aus dem von Ernest Chevreul beeinflußten Kapitel »Über die Farbe« im »Salon« von 1846. Schon der Beginn, der die glühenden Farben der Phantasie, wie sie Margarethe im Traum erblickt hat, mit jenen der Palette Georgs überblendet, nimmt ein Motiv Baudelaires auf: »Wie ein Traum von seiner eigenen farbigen Atmosphäre umgeben ist, ebenso bedarf eine Komposition gewordene Vorstellung, daß sie sich in einem farblichen Milieu bewege, das ihrer Besonderheit entspricht« (Baudelaire 1992, 275; zur Bedeutung Baudelaires im »Gespräch über die Phantasie« vgl. mit anderer Akzentsetzung Steiner 1989, 48 ff., bes. 64 ff.). Solches Durchdrungenwerden von der Farbe, ja das Selber-Farbe-Sein, wie es dann im Gespräch über die Phantasie heißt (Georg: »Fast sagte ich: ich bin Farbe«, VII, 19; später wird der Dichter Christoph Friedrich Heinle zitiert: »Wäre ich aus Stoff, ich würde mich färben«, 24; vgl. auch die beinahe wörtliche Wiederaufnahme dieser Theoreme im Stück Die Farben und an anderen Stellen in der Berliner Kindheit um 1900), demonstriert Baudelaire auch an der Intensität der Farbwahrnehmung und -empfindung von Genesenden und Kindern: »lassen wir unsere jugendlichsten, unsere morgendlichsten Eindrücke wieder erwachen, und wir werden erkennen, daß sie eine seltsame Verwandtschaft mit den farbenkräftigen Eindrücken haben, die uns später nach einer körperlichen Erkrankung zuteil wurden [...] Das Kind sieht alles als *Neuheit*, es ist immer *trunken*. Nichts gleicht dem, was man Inspiration nennt, mehr als die Freude, mit der das Kind Form und Farbe einsaugt« (Baudelaire 1989, 220 f.). Auch hier also die Verknüpfung einer psychophysischen Befindlichkeit mit dem kulturellen Topos des Kindes.

Das traum- und rauschhafte Inne-sein in der Farbe nimmt das Gespräch zum Anlaß, einen nach dem Prinzip der Ähnlichkeit angelegten Begriff der Phantasie als reiner Anschauung zu entwickeln. Darin ist zum einen die Tradition der Differenzierung zwischen schaffender und rein anschauender Phantasie wirksam (Jean Paul, Friedrich Theodor Vischer u. a.), vor allem aber der alte Streit zwischen disegno und colore, Zeichnung und Farbe, mitsamt der negativen Codierungen, die die Farbe von Vasari, vom französischen Klassizismus bis zu Descartes und Kant erfahren hat (vgl. dazu Imdahl 1987, 31 ff.). Gegen diese Tradition nimmt Benjamin ostentativ den Begriff des Geistigen für die Farbe in Anspruch: »In der Farbe ist das Auge rein dem Geistigen zugewandt« (VII, 23). Er operiert zugleich mit einem (versteckten) Parallelismus zur ›Farbenlehre‹ Goethes. An die Stelle der Sonne, des Lichts tritt bei ihm die Farbe, die als Medium eines rein Geistigen vorgestellt wird, weil sie »nur Eigenschaft« (ebd.) sei. Im Medium der Farbe als in einem Geistigen begegnet das reine Aufnehmen der Phantasie gewissermaßen sich selber – daraus entwickelt das Gespräch zunächst den Prozeß eines überwältigenden Geschehens, das sich zwischen Sehendem und Farbe abspielt: »Ein Sehender ist ganz in der Farbe, sie ansehen heißt den Blick in ein fremdes Auge versenken, wo er verschlungen wird, in das Auge der Phantasie« (ebd.). Dieser Prozeß wird mit Goethes Totalitätsverlangen in eine Analogie gebracht, an die Stelle des Gottes, der in uns lebt, und nur darum uns dazu vermag, daß Göttliches uns entzückt, tritt die Farbe: »Die Farben sehen sich selbst, in ihnen ist das reine Sehen und sie sind sein Gegenstand und Organ zugleich. Unser Auge ist farbig. Farbe ist aus dem Sehen erzeugt und färbt das reine Sehen« (ebd.). Daß das menschliche Auge Farben hervorbringen kann, physiologische, und damit nicht nur leistet, »was das Licht selbst leisten kann« (zit. n. Schöne 1987, 101), sondern überhaupt zur Wahrnehmung des Lichts und der von ihm bewirkten ›physischen‹ und ›chemischen‹ Farben befähigt ist, war schon Goethes Überzeugung. Aber teilt Benjamin auch noch dessen Perspektive auf ein »von Analogien durchwaltetes, von Äquivalenzen zusammengehaltenes, durch die Kongruenz von ›Innen‹ und ›Außen‹ mit faßbarer Bedeutung und übergreifendem Sinn erfülltes Universum« (Schöne 1987, 104)? Oder fungiert solches Denken des Ähnlichen, der unmittelbaren Signifikation, bei ihm als ein Dispositiv, ein Organon, um in die Tiefen verlorener Perzeptionsweisen, Intensitäten, Wahrnehmungsmodalitäten, solcher der Kindheit, zu tauchen? Dient, m.a.W., die Goethe-Kontrafaktur dazu, romantische Konzeptionen zu befördern und ins Werk zu setzen?

Das Farbensehen der Kinder

Der weitere Verlauf des Gesprächs über die Phantasie gibt darüber Aufschluß. Denn zum einen muß es solche Kongruenz vom Innen und Außen der Farbe, in der Gegenstand und Organ zusammenfallen, befestigen in einer Unschuld genannten Sphäre, in der die Empfindungen selber noch nicht auf Objekte, auf Gegenstände gerichtet sind, sondern »rein als Eigenschaft an sich selbst leben« (VII, 23 f.), in der zugleich die Dinge ein »Aussehen« haben – ein Terminus, den der Text derart in Beziehung zu den Farben bringt, daß sie ein Gesicht bekommen: »Auch verstehe ich erst jetzt, was die Sprache sagt, wenn sie vom Aussehen der Dinge spricht. Sie weist eben auf das Gesicht der Farbe hin. Die Farbe ist der reine Ausdruck des Weltanschauens, die Überwindung des Sehenden« (VII, 23). Mit anderen Worten: unbegriffliches Sehen wird hier so expliziert, daß die Farbe selber aus-sieht, eine Physiognomie erhält, daß ihr das Vermögen des Sehens, des Blicks, der An-Sprache und der Erwiderung zugeschrieben wird. Wenn diese Sphäre aber als eine der »Unschuld« (VII, 24) und auch des Paradieses benannt wird, die die Sphäre »der Kinder und der Künstler« sei (ebd.), dann handelt es sich um ein romantisches Konzept, dann ist »Unschuld« auch eine ästhetische Kategorie, die in der Tat mit der späteren Debatte über die ›Unschuld‹ des Auges, über das unbegriffliche, vorgegenständliche Sehen in Verbindung gebracht werden kann. So wie im Gespräch über die Phantasie von Kindern und Künstlern gesagt wird, daß sie beide in der Welt der Farbe lebten und »Phantasie das Medium« sei, »in dem sie empfangen und schaffen« (ebd.), wird deutlich, daß vom kindlichen Farbensehen, bei aller theologischen Grundierung, im Hinblick auf ein ästhetisches Konzept gesprochen wird, zugleich aber im Hinblick auf ein anderes Farbempfinden und -wahrnehmen, auf andere Weisen der Perzeption, die intensiver, sphärenreicher, vielschichtiger sind als das konventionelle, identifizierende Sehen. Die Inanspruchnahme solchen Wahrnehmens für eine andere künstlerische Bild- und Formensprache, wie sie grosso modo gleichzeitig in den ästhetischen Manifesten von Kandinsky bis Breton vorgetragen wird, ist hier allenfalls angedeutet. In Der Regenbogen. Gespräch über die Phantasie wie im Fragment Die Farbe vom Kinde aus betrachtet sind beide Perspektiven anwesend, doch konzentriert sich dieses stärker auf die anthropologische Bedeutung der mimetischen Elemente im kindlichen Verhältnis zur Welt.

Denn das Vermögen, Ähnlichkeiten zu empfinden und Korrespondenzen zur umgebenden Natur zu schaffen, bezeugt sich auch im kindlichen Spiel mit der

Farbe. Darum setzt der Text gleich zu beginn das kindliche Verhältnis zur Farbe dem des Erwachsenen entgegen. Das GESPRÄCH hatte die »schöne, seltsame Technik [der] ältesten Bilderbücher« (VII, 25) des Kindes in ein Verhältnis unsinnlicher Ähnlichkeit zur Natur gebracht, indem es deren Verwischung der Konturen mit einem kühnen Adjektiv als ein »regenbogige[s] Spiel[]« (ebd.) darstellte. Das Fragment löst diese Annahmen nach zwei Seiten hin auf. Es behält das Erleben der Korrespondenz zwischen Mensch und Natur im mimetischen Vermögen bei, indem es den Regenbogen als »ein reines kindliches Bild« (VI, 110) bezeichnet, nimmt aber die Wirkung der möglichst verschwommenen, auflösenden Farbe auf das Kind zurück, indem es die Klarheit der Farbe als geistig und ihre Vermischung als ›Nüance‹ bezeichnet. Der Regenbogen ist darum kindliches Bild, weil in ihm die Farbe selber »ganz Kontur« (ebd.) sei. Indem er die Wendung zur Kontur in der Kindlichkeit als Natürlichkeit fundiert, führt Benjamin in die lange Geschichte der semantischen Codierung des Regenbogens einen Aspekt ein, der jedenfalls in dieser Verbindung neu ist. Daß die Farben im Regenbogen selber Kontur seien, hat Boëthius in seiner Abhandlung *Über die Musik* dargetan, in dem er die Skala der reinen Farben mit den Tonstufen verglich (vgl. Gage 2001, 108). Benjamin transformiert diese Tradition in eine konstruierte kindliche Perspektive, um die Verschwommenheit und das Auflösende, ja noch das Wollige zu distanzieren und dagegen dem kindlichen Farbsehen das Vermögen der ›Nüancierung‹ zuzuschreiben. Den Gedanken einer linearen Farbendarstellung kann Benjamin darum nicht zulassen, weil er »die Farbe ganz Kontur« (VI, 110) sich dem kindlichen Menschen darbieten läßt, um sie gegen das begriffliche, vergegenständlichende Sehen zu stellen, will sagen: gegen die Farbe als Medium der gegenständlichen Identifikation von Körpern und Dingen, einer Ordnung von Differenzen und Identitäten. Er führt eine ganze Reihe von Kategorisierungen auf für einen repräsentierenden Gebrauch der Farbe im Sehen des »Erwachsenen« (ebd.): Farbe bloß als schichthafter Überzug der Substanz, abstrahierender Deckmantel individuell einzelner Dinge in Zeit und Raum etc. Sie läuft auf eine entscheidende Entgegensetzung hinaus: die Farbe wird als nicht-fixierend gedacht, sie ist Einzelnes, Besonderes, aber »nicht als tote Sache und eigensinnige Individualität« (ebd.), sondern fluides, volatiles Medium, das alle Verfestigungen des Sehens, alle Bestimmtheit und Konstanz auflöst. Dieses Auflösende aber statuiert nicht Verschwommenheit, Unschärfe als Gegenwelt, sondern mit ihm soll das Farbensehen in eine andere Perspektive gestellt werden derart, daß es an den mimetisch-performativen Prozeß des kindlichen Spiels mit Farben und Erzeugen von Farben selber zurückgebunden wird. Das »selbst in die Farbe zerstreut[e]« Wahrnehmen der Kinder (VII, 25) bringt im Spiel Ähnlichkeiten zu jener fluiden, volatilen, durchdringenden »Natur der Farbe« (VI, 110) hervor. In solchem mimetischen Handeln, im kindlichen Spiel erscheint die Farbe »als Beflügeltes, welches von einer Gestalt zur andern überfliegt« (ebd.).

Damit wendet sich Benjamin jenem Komplex zu, den die zeitgenössische experimentelle Psychologie mit der Frage nach der »Lust- und Unlustwirkung der Farbenreize« angesprochen hat (Müller-Freienfels 1908, 245). Benjamin, der die Lust/Unlust-Kategorie dieser Schule als »bodenlos[er] undifferenziert[er]« (VI, 122) verwirft, gibt zwei Antworten auf diese Frage: Zum einen haben Kinder Freude am Nicht-Festgestellten, am metamorphotischen Farbenspiel, das sich erneuert in abwandelnder Wiederholung, nur Spiel ist und sich der Determination des Begrifflich-Gegenständlichen entzieht; zum andern nennt er die deutliche und ausdrückliche »Qualitätssteigerung von Farben auf Öldrucken, Malerauslagen, Abziehbildern und Laterna magica« (110), also die auch medial bewirkte Steigerung von Intensität und Leuchtkraft der Farbe. Benjamin schreibt die taktilen Qualitäten der Farbe: ihr leichtes Entstehen, ihre Beweglichkeit, ihre Schnelligkeit im Eingehen von Verbindungen etc. (vgl. dazu Goethe 1991, 230f., § 710 u. 712), ihre Durchsichtigkeit und ihr Vermögen der Durchdringung, einer anderen, mimetischen Lust des Kindes zu, eben seiner »Freude an der Veränderung der Farbe im beweglichen Übergang von Nüancen« (VI, 110). Das gilt auch für ihre Feuchtigkeit, die die Farbe zum »Medium aller Veränderungen« (ebd.) – im Spiel – macht.

Farbe / Gegenstand / Raum

Solchen Beobachtungen des kindlichen Spiels als einem mimetischen Weltverhalten folgt nun sogleich eine spekulative Zuspitzung des Konzepts vom unbefangenen Auge: die »kindliche Auffassung der Farbe« bringe »den Gesichtssinn zur höchsten künstlerischen Ausbildung, zur Reinheit, indem sie ihn isoliert« (VI, 110).

Damit ist eine Unterscheidung getroffen, die jener zwischen rein visueller Sinnesempfindung und Wahrnehmung ähnelt, die die Diskussion um das ›unbefangene Auge‹ bestimmt hat (vgl. zu dieser Unterscheidung Gombrich 1986, 327.), in dieser Weise: Der rein gemachte Gesichtssinn schaut als geistiger, künstlerisch fungierender, die Gegenstände immer nur »nach ihrem farbigen Gehalt« (VI, 110) an, und damit isoliert er, im Gegensatz zum versachlichenden, konventionellen Wahrnehmen, die Gegenstände gerade nicht, sondern erblickt sie in ganz anderen Konstellationen – in jenen, die allein »die zusammenhängende Anschauung der Phantasiewelt« (ebd.) in und zwischen ihnen stiftet. Die rein gemachte, den Farben hingegebene visuelle Sinnesempfindung aber bindet Benjamin an die Phantasie und befindet, diese könne sich »niemals auf die Form beziehen, die Sache des Gesetzes« sei, »sondern nur die lebendige Welt vom Menschen aus schöpferisch im Gefühl anschauen« (VI, 111). Das ist ein Konzept der Phantasie, das Motive der Frühromantik aufgreift und eigenwillig fortschreibt, indem es schon die Form selber und an sich zur Sache des Gesetzes erklärt. So pointiert Friedrich Schlegel, die Phantasie treibe »das Endliche ins Unendliche hinaus, wobey alles Gesetzliche aufhört« (Schlegel 1964, 84). Dieses Anschauen der lebendigen Welt im Gefühl »geschieht in der Farbe« (VI, 111) und so besteht die Aufhebung des Gesetzes in der Emanzipation der Farbe vom Gegenstand, von der Illustration des Gegenstandes. So wird eine ganze Reihe von Qualitäten, die den frühromantischen Begriff der Phantasie ausmachen, der Farbe zugeschrieben: »nicht einzeln und rein [...], sondern nüanciert, bewegt, willkürlich und immer schön [...], wo sie nicht die Gegenstände illustrieren will« (ebd.). Der Text konstruiert eine vollendete Korrespondenz zwischen den Bestimmungen der Phantasie und den Erscheinungs- wie Anschauungsmodi der Farbe selber: der freie, seiner eigenen Willkür und Unverfügbarkeit folgende Fluß der Farbe durchdringt die Gegenstände sowohl im Zerstreut-Sein des Kindes in die Farbe, als auch im Prozeß der Perzeption selber.

Weitere Bestimmungen eines ›reinen‹, unbegrifflichen Sehens präpariert der Text nun heraus, in strikter Abgrenzung zum verfügenden, klassifizierenden Weltverhältnis des Erwachsenen. Ihm wird die »Farbe im Leben des Kindes« als »der reine Ausdruck (seiner) reinen Empfänglichkeit, sofern sie sich auf die Welt richtet«, entgegengestellt und daraus schon die »Anweisung zu einem Leben des Geistes« gelesen, das als »schöpferisch[es] ebenso wenig [...] [von] Umstände[n] und Zufälle[n]« abhängig ist wie die Farbe »vom Dasein toter kausaler Substanzen« (ebd.). ›Unbefangenes Sehen‹ wird so Anweisung auf ein anderes »Leben in der Kunst« (ebd.) – eine Ineinanderbildung von Kind und Künstler, die romantischen Traditionen folgt.

Geradezu als ein Paradigma des ›reinen Sehens‹ konfrontiert Benjamin die »Farbigkeit der Kinderzeichnung« selber, die von der »Buntheit« ausgehe (ebd.), der intellektuellen Raumkonstruktion, dem rational erzeugten Raum der Malerei. Dazu finden sich vor allem im Fragment Der Regenbogen oder die Kunst des Paradieses dichte Ausführungen: Die Unendlichkeit des Raums werde in der Malerei durch die Fläche konstruiert, indem die Dinge »ihr Dasein zum Raume« (VII, 563) entwickelten, »die Tiefe ergibt den unendlichen Raum« (ebd.). Die Gegenstände aber verlangten »eine Erscheinungsform, welche rein auf ihre Beziehung zum Raum gegründet« sei, nicht ihre »Dimensionalität«, sondern »ihre konturale Spannung« ausdrücke, »ihr Dasein in der Tiefe« (ebd.). Ohne diese gewinne die Fläche nur »zeichnerische, perspektivische, illusionistische«, nicht aber »Tiefe als undimensionale Beziehungsform von Raumunendlichkeit und Gegenstand«, dies leiste nur die »Farbe in ihrer künstlerischen Bedeutung« (ebd.) die allein einem Gegenstand »aus sich Tiefe gebe« (ebd.). Ein Notat, das den Bruch mit der zentralperspektivischen Raumkonstruktion in der modernen Malerei seit 1909/10, seit den kubistischen Bild- und Formerfindungen und deren Fortentwicklungen zur Voraussetzung hat, in jedem Fall in der Kenntnis von Bildern Klees, Kandinskys, Chagalls, Mackes u.a. geschrieben ist, und eine entschiedene Gegenposition zu Scholems oben erörterter Kubismus-Auslegung darstellt.

Benjamins Notat hat einige Affinität zu Theoremen Carl Einsteins (vgl. Einstein 1985, 246) und, mehr noch, zu Kandinskys Ausführungen über die Kinderzeichnung in seinem Beitrag »Über die Formfrage« im *Almanach des blauen Reiters* (vgl. Lankheit 1979, 155 ff.). Auch für ihn erscheint in der Kinderzeichnung die Farbe »gewiß im höchsten Grade gegenständlich aber nicht raumgegenständlich« (VI, 111). Solche Gegenständlichkeit hebe »die intellektuellen Verbindungen der Seele auf« und schaffe »die reine Stimmung« (ebd.), entstiegen aus der Seele des Kindes und seiner ungebrochenen Phantasie-Tätigkeit. Die »Farbe der Phantasie« selber ist weder räumlich noch gegenständlich: »Sie ist ohne Übergänge und spielt doch in unzähligen Nüancen, sie ist feucht, verwischt die Dinge in der Färbung ihrer Kontur, ein Medium, reine Eigenschaft von keiner Substanz, bunt und doch einfarbig, eine farbige Ausfüllung des *einen* Unendlichen durch Phantasie« (VII, 25).

Diese Darstellung der Farbe der Phantasie, die eine undimensionale, unendliche Bild-Tiefe beschreibt, korrespondiert mit der Schilderung, in der Kandinsky ein »unendlich großes Arsenal der Ausdrucksmöglichkeiten« vorstellt, so wie es die vom Gegenstand emanzipierte Farbe gerade zu erschließen beginnt (vgl. Kandinsky 1963b, 110). Das ›unbefangene Sehen‹ kann bei Benjamin als kulturelle Konstruktion des Blicks und zugleich »als Postulat einer ästhetischen Theorie« (Imdahl 1987, 25) gewürdigt werden.

Farbe als Medium der Phantasie

Benjamin erhebt, in Umkehrung einer seit der Renaissance dominanten Tradition, nach der allein Zeichnung grundsätzlich auf das Geistige, Essentielle gerichtet sei, das vielfältige und dingüberflutende Wechselspiel der Farben selber und gerade auch als Buntheit in den Rang eines Geistigen, im Medium des ›reinen Sehens‹. Mehr noch: die Farbigkeit der Kinderzeichnung, die die dingbezogenen und dingisolierenden Distinktionen überspielt, erscheint als eine »künstlerische Ordnung«, die darum »paradiesisch« sei, weil in ihr die Welt »farbig im Zustande der Identität, Unschuld, Harmonie« sich befinde (VI, 111 f.), also nicht in dem der Entzweiung, des Wissens und der Zerrissenheit.

Wenn das geschichtsphilosophisch-theologische Rede ist, so ist es doch zugleich und überwiegend ästhetische Rede. Das Fragment handelt eindeutig von der »Farbigkeit der Kinderzeichnung«, also doch wohl von etwas Hervorgebrachtem. Wenn Benjamin in späteren Varianten auf diese Konstellation eingeht, bezieht er sich in der Regel auf das Anschauen von Kinderbüchern, handkolorierten zumal, die für ihn selber Gegenstände der Sammlung und der Erinnerung sind. Allerdings ist solches Anschauen alles andere als nur rezeptiv, es ereignet sich im Medium der Farbe und, paradox gesagt, im Modus einer aktiven Rezeptivität, lautet es in einer Variante: »›Ich sehe‹, heißt ich nehme wahr und auch ›Es sieht aus‹ (meist von Farben) [...] Das Aussehen der Farbe und ihr gesehen Werden ist gleich/ Das heißt: *die Farben sehen sich*« (VI, 117 f.).

So komplex hat schon Novalis über das Wahrnehmen gedacht: Die »SelbstThätigkeit«, heißt es in seinen Fichte-Studien, »ist eine Empfänglichkeit – die Wahrnehmbarkeit eine Aufmerksamkeit« (Novalis 1978, 147). Benjamin hat dieses Diktum, die Wahrnehmbarkeit sei eine Aufmerksamkeit, schon in der Dissertation aufgegriffen, später in ÜBER EINIGE MOTIVE BEI BAUDELAIRE die Erscheinung der Aura mit ihm erläutert.

Gestaltung – Entstaltung

Um das Paradox der Empfänglichkeit als Selbsttätigkeit (Novalis) ganz in den Blick zu nehmen, soll den farbigen Bildern in Kinderbüchern ihre komplementäre Erscheinung, ihr Gegenpol in Benjamins Konzept der Phantasie gegenübergestellt werden: »die Fläche des unfarbigen Bilderbuches« (VI, 112 f.), m.a.W. das in Schwarz-Weiß gehaltene »lediglich und schlechthin abbildende Bild« (VI, 112). Hier ereignet sich das ganze Gegenteil zu jenem ›unbefangenen‹, unbegrifflichen Sehen – diese Bilder »rufen [...] im Kinde das Wort wach. [...] Das Kind dichtet in sie hinein. [...] es lernt an ihnen zugleich mit der Sprache die Schrift und zwar eine dichtende, schaffende Schrift: Hieroglyphik« (VI, 113).

In der Rezension von Karl Hobreckers *Alte vergessene Kinderbücher* führt Benjamin beide Pole in Gestalt der kolorierten Stiche und der schwarz-weißen Holzstiche zusammen, in ihrer Bedeutung für die kindliche Anschauung ergänzen sie einander: »Das farbige Bild versenkt die kindliche Phantasie träumerisch in sich selbst. Der schwarz-weiße Holzschnitt, die nüchterne prosaische Abbildung führt es aus sich heraus« (III, 20). »Im Reich der farblosen Bilder erwacht das Kind, wie es in dem der bunten seine Träume austräumt« (21). Mit den Bestimmungen, die er hier in den Blick nimmt, bildet sich seit dem GESPRÄCH ÜBER DIE PHANTASIE, den Fragmenten von 1914/15 und den Arbeiten von 1918 bis 1920/21 eine Polarität in Benjamins Anthropologie und Poetik der Wahrnehmung heraus, die bis in die 30er Jahre weiter entwickelt wird.

Denn es geht bei diesen Bestimmungen der Phantasie um Wahrnehmungs- und Empfindungsvermögen (-modi), die »jedem Kunstwerk zu Grunde« liegen (VI, 116), so steht es schon im Fragment PHANTASIE, um 1920/21, etwa zur Zeit der Lektüre von Jean Pauls *Levana* (Sommer 1920). Hier entwickelt Benjamin, ausgehend vom rein Passiven der Phantasie, eine Bestimmung für die »Erscheinungen der Phantasie«, in der ein immer vor sich gehender Gestaltwandel einem dafür empfänglichen Sehen entgegenkommt, er bezeichnet sie als »Entstaltung des Gestalteten« und fügt hinzu: »Es ist aller Phantasie eigen, daß sie um die Gestalten ein auflösendes Spiel treibt« (114). Der Satz bezeichnet diese Kategorie als einen Grenzbegriff: es ist die Phantasie, die entstaltet, indem sie ein auflösendes Spiel um die Gestalten treibt, aber wo sie entstaltet, »zerstört« sie dennoch »niemals« (115). Darum entstehen die »Erscheinungen der Phantasie« in jenem »Bereich der Gestalt, da diese sich selbst auflöst« (ebd.), »phantasievolle Entstaltung der Gebilde« kommt »aus dem Innern, ist frei« und führt niemals »in den Tod, sondern verewigt den Untergang den sie heraufführt in einer unendlichen Folge von Übergängen« (ebd.). Ist die Poetik der Metamorphose in der Tradition Ovids getragen von der Überzeugung, daß durch alle Verwandlungen hindurch das Ganze sich erhält, so zeigt für Benjamin Entstaltung »die Welt in unendlicher Auflösung begriffen, das heißt aber: in ewiger Vergängnis« (ebd.). Phantasie ist »der Sinn für werdende Entstaltung« (116), das »Genie des Vergessens«, sie »kennt nur stetig wechselnden Übergang« (117).

In seinem illustrierten Aufsatz Aussicht ins Kinderbuch greift Benjamin die Differenzierung zwischen der Region der Sinne, denen ein »schöpferisches Vermögen« entspricht, und jener Region aufnehmender Sinne wie »Farbwahrnehmung, Geruch und Geschmack«, denen »kein schöpferisches Vermögen entspricht« (VII, 22), wieder auf und unterscheidet nun zwischen Phantasieanschauung und schöpferischer Einbildung(skraft). Ausgangspunkt seiner Überlegungen ist das Kolorit der Illustrationen von Johann Peter Lyser zu Märchenbüchern von Albert Ludwig Grimm, besonders zu *Lina's Mährchenbuch* (vgl. 2, 477 f.). Er bringt Lysers Arbeit als Variation in ein abgeleitetes Verhältnis zur Romantik: was »die Romantik Überschwänglichstes sich je erträumte«, davon stellte »sie die volkstümliche, ja die kindliche Variante dar« (IV, 613). Denn der »selbstgenügsam prangende[n] Farbenwelt« jener Bildchen sei »keine Dichtung näher als die seine [Jean Pauls, d. Verf.] verwandt« (ebd.).

Worin aber besteht diese Verwandtschaft? Darin – so heißt es in gewagter Interpolation –, daß Jean Pauls Ingenium »so gut wie das der Farbe, in Phantasie, nicht in der Schöpferkraft« ruhe (ebd.). An dieser Stelle nimmt Benjamin die Differenz zwischen Phantasieanschauung und schöpferischer Einbildungskraft wieder auf: »im Farbensehen« lasse die »Phantasieanschauung im Gegensatz zur schöpferischen Einbildung sich als Urphänomen gewahren« (ebd.). Urphänomen ist eine Kategorie, die Goethe verwendet, um mit ihr das Verhältnis der gesonderten, in der Natur vorfindbaren Phänomene zum Ganzen der Natur zu fassen und komplizierte Phänomene auf ihre »ersten Elemente« zurückzubringen (vgl. Goethe an Sulpiz Boisserée, 25. Februar 1832, in: Sulpiz Boisserée 1970, 589). Dabei bleibt er den klassizistischen Abbildtheorien verhaftet, wie auch Benjamins Auseinandersetzung mit dem Begriff des Urphänomens in seiner Dissertation über den Begriff der Kunstkritik in der deutschen Romantik zeigt (vgl. I, 111 f.).

Um so bedeutsamer darum die einfachen und sinnlichen Bestimmungen des Farbensehens, die es für Benjamin zum Urphänomen der Phantasieanschauung machen. Er erörtert die Frage nach der Abbildung der Natur der Welt, nach der Mimesis, nicht von den Inhalten her. Überzeugt, »daß die erste Materie, an der sich das mimetische Vermögen versucht, der menschliche Körper ist« (VI, 127), bringt er das Vermögen, Ähnlichkeiten hervorzubringen, ins Spiel, und dies hat seine Entsprechung nicht in Inhalten, sondern in der Form. Dieses Vermögen des Körpers aber, konstatiert er, »hat an der Welt der Farbe seine Grenzen; der Menschenkörper kann die Farbe nicht erzeugen« (IV, 613). Darum entspreche »er ihr nicht schöpferisch, sondern empfangend: im farbig schimmernden Auge« (ebd.). Doch dem tritt sogleich ein anthropologisch und wahrnehmungspsychologisch fundierter Sinnesdiskurs zur Seite, der dem Sehen, das »Form und Farbe zugleich« auffasse, und dem Hören die Vermögen aktiver Korrespondenzen zuordnet: »Formsehen und Bewegung, Gehör und Stimme«, zugleich aber auch die passiver: Farbsehen, das zu den »Sinnesbereichen von Riechen und Schmecken« gehöre, was die Sprache selber mit den intransitiven wie transitiven (aussehen, riechen, schmecken) zum Ausdruck bringe (614). So legt hier die Abwesenheit eines mimetischen Vermögens im psychophysischen Sinne den Grund dafür, reine Empfänglichkeit als konstitutives Moment der Phantasieanschauung zu konstruieren. Diese Bestimmung der Phantasie läuft auf die eine Konstellation hinaus: Dem Farbensehen entspricht kein mimetisches, körperliches Vermögen aktiver, signifikativer, gestaltender Korrespondenzen, und deren Abwesenheit geht wie im Reversbild in die Modalitäten der Phantasieanschauung ein.

Gleichwohl spielen hier Entsprechungen, wenn vielleicht auch nicht körperlich hervorgerufene eine Rolle. Obwohl »die Erscheinungen der Phantasie« in »jenem Bereich der Gestalt« entstehen, »da diese sich selbst auflöst« (VI, 115), so bedarf es doch eines solchen Erscheinungen gewissermaßen entgegenkommenden Sinns. Dieser Sinn aber ist nicht einem Vermögen aktiver, gestaltender Korrespondenzen zu Formsehen und Gehör gleichzusetzen, als »echte Phantasie« ist er »unkonstruktiv, rein entstaltend – oder (vom Subjekt aus gesehen) rein negativ« (ebd.). Als Entstaltendes muß Phantasie sich immer »auf ein Gestaltetes außerhalb ihrer selbst beziehen« (116). Wo Entstaltendes jedoch »ins Werk nicht eintritt [...], fassen solche Gebilde die Welt der Gestalten als einen Text, zu dem sie den Kommentar oder die Arabeske hergeben« (ebd.).

Die Kategorie der Arabeske, zumal in ihrer Herkunft aus einer romantischen Ästhetik und Poetik der Entgrenzung, taucht hier, gleichsam aus dem Geist der Farbe, nicht von ungefähr auf. Mit ihr wird die Abbildung der erscheinenden Natur distanziert und ein Begriff der Phantasieanschauung etabliert, in dessen Horizont der Begriff einer Kunst steht, die ludistisch, selbstbezüglich und bedeutungsentlastet ist. Im Kinderbuch-Aufsatz werden diese Bestimmungen zusammengeführt: »Kurz: reine Farbe ist das Medium der Phantasie, die Wolkenheimat des verspielten Kindes, nicht der strenge Kanon des bauenden Künstlers« (IV, 614). Damit ist eine Polarität eröffnet, die noch im Passagen-Projekt mit der Konstellation von Breton und LeCorbusier, von Surrealismus und Konstruktivismus, von Verschränkung und Transparenz (vgl. V,

573; dazu auch Brüggemann 2002, 328 ff.) wiederkehrt.

Zugleich aber bewegt sich dieses Phantasie- und Farbendenken immer noch in den Konstellationen, in denen Goethe zur Romantik steht. Goethe, so Benjamin, habe die sinnlich-sittliche Wirkung der Farben »ganz im Sinne der Romantik« (IV, 614) erfaßt. Das folgende Zitat, das dieses gänzliche Einvernehmen belegen soll, gibt jedoch keineswegs Goethes Erfassen der sinnlich-sittlichen Wirkung der Farbe wieder, sondern das des romantischen Malers Philipp Otto Runge selber, dessen Brief die ›Farbenlehre‹ als Zeugnis der Übereinstimmung präsentiert (Goethe 1991, 285). Die Grenzenlosigkeit der durchsichtigen Farben, ihr Verhältnis zum Licht, ihre Übergänge und Verwandlungen ineinander aber sind Thema der von Benjamin zitierten Passage (vgl. IV, 614). So überspielt er ganz bewußt die Differenzen zu Goethe und extrapoliert eine nun in der Sprache der romantischen Kunst selber vorgetragene Bestimmung der Farbe als Medium der Phantasie, die, wie es heißt »dem Fühlen dieser braven Koloristen und damit auch dem Geist der Kinderspiele selber gerecht« werde (ebd.).

Der illustrierte Aufsatz Aussicht ins Kinderbuch endet mit einer Lektüre des allegorisierenden kolorierten Titelblatts von Johann Peter Lyser zu *Lina's Mährchenbuch* von Albert Ludwig Grimm: »auf eine[m] biedermeierlich beblümten Felsen«, »[g]elehnt an eine himmelblaue Göttin, lagert dort der Dichter mit den melodischen Händen. Was ihm die Muse eingibt, zeichnet ein Flügelkind neben ihm auf. Verstreut umher liegen Harfe und Laute. Zwerge im Schoß des Berges blasen und geigen. Am Himmel aber geht die Sonne unter« (614 f.). So erscheint die Landschaft, wiederum eine Konstellation des Ähnlichen, in der »Blick und Wangen der Kinder« im bunten Feuer der Farbe und der Phantasie »widerstrahlen« (615).

Wenn Benjamin sich ein weiteres Mal auf dieses Titelblatt bezieht, in der Rezension von Kommerells *Jean Paul* (1934), erfährt die reine Farbe als Medium der Phantasie eine weitere Bestimmung. Er handelt von den Motiven des Barock, die umgebildet als Fundus der Prosa Jean Pauls zugefallen seien. Nicht die Gestalt, der »Wandel« sei es, »dessen Geschöpfe unerschöpflich sich der Dichtung aus diesem Fundus zur Verfügung«(III, 416) stellten: »Sein Wesen ist das der Phantasie, die die Gestalt der Umgestaltung zuführt. Dies nicht ohne sie dabei zu entstalten. Entstaltendes Geschehen ist der Stoff Jean Paulscher Dichtung« (ebd.). Und an dieser Stelle nimmt Benjamin eine Transposition von der Sprache der Poesie in die der Malerei, der Farbe vor, die »Phantasieanschauung – der Gegensatz aller gestaltenden Einbildung – ist in der Welt der Farbe zu Hause. [...] Reine Farbe ist das Medium der Phantasie, nicht der strenge Kanon des gestaltenden Künstlers. Ihre Wolkenheimat, in der Formen sich weniger gestalten als entstalten, ist das Reich des Wandels« (416 f.). Und das bunte Feuer der Landschaft Lysers, in dem der Blick der Kinder, ganz im Sinne Goethes gesprochen, widerstrahlte, es wird nun zur Sphäre, in der »die Gestalten Jean Pauls wandeln und sich verwandeln« (417).

Zu diesem Zeitpunkt aber hat sich die aus dem romantischen Begriff der Phantasie und der romantischen Arabeske entwickelte ästhetische Wahrnehmung, inspiriert durch eine von den Fesseln der Repräsentation befreite surrealistische Bildersprache, schon die Formenwelten der Verschränkung, der Durchdringung der Bilder, der Entstaltung erschlossen und im transitorischen Raum der Passagen das bunte Feuer einer anderen, urbanen Landschaft gefunden: »Wolkenatmosphäre, Wolkenwandelbarkeit der Dinge im Visionsraum« (V, 1024) lautet eins der frühen Notate zum Passagenprojekt. Nur ein Jahr vor der Kommerell-Rezension aber hat Benjamin dem anderen Pol der Phantasieanschauung, der schöpferischen Einbildungskraft, die produktiv und konstruktiv aus Wenigem gestaltet, sich auf Form, Gesetz und strengen Kanon bezieht, seinen Essay Erfahrung und Armut gewidmet. So läßt sich in den frühen Fragmenten zur Ästhetik der Entstehungsprozeß einer Polarität verfolgen, die als eine Konstellation von Extremen das Spannungsfeld der ästhetischen Moderne bestimmt.

Werk

Alte vergessene Kinderbücher (III, 14–22)
Aussicht ins Kinderbuch (IV, 609–615)
Der eingetunkte Zauberstab. Zu Max Kommerells ›Jean Paul‹ (III, 409–417)
Die Farbe vom Kinde aus betrachtet (VI, 110–112)
Phantasie (VI, 114–117)
Der Regenbogen. Gespräch über die Phantasie (VII, 19–26)
Der Regenbogen oder die Kunst des Paradieses. Aus einer alten Handschrift (VII, 562–564)
Über die Fläche des unfarbigen Bilderbuches (VI, 112–113)
Zu einer Arbeit über die Schönheit farbiger Bilder in Kinderbüchern. Bei Gelegenheit des Lyser (VI, 123–125)
Zur Phantasie (VI, 121–123)
Steiner, Uwe (2001): Von Bern nach Muri. Vier unveröffentlichte Briefe Walter Benjamins an Paul Häberlin im Kontext, in: Deutsche Vierteljahrsschrift für Literaturwissenschaft und Geistesgeschichte 75, 463–490.

Literatur

Baudelaire, Charles (1989): Sämtliche Werke/Briefe. Band 5. Aufsätze zur Literatur und Kunst 1857–1860, hg. v. Friedhelm Kemp u. a., München/Wien.

Baudelaire, Charles (1992): Sämtliche Werke/Briefe. Band 7. Richard Wagner, Meine Zeitgenossen, Armes Belgien! 1860–1866, hg. v. Friedhelm Kemp u.a., München/Wien.

Boisserée, Sulpiz (1970): Briefwechsel/Tagebücher. Faksimiledruck nach der 1. Auflage von 1862. Deutsche Neudrucke. Reihe Texte des 19. Jahrhunderts. 1. u. 2. Band, Göttingen.

Brückner, Wolfgang (1995): »Der Blaue Reiter und die Entdeckung der Volkskunst als Suche nach dem inneren Klang«, in: Gottfried Boehm/Helmut Pfotenhauer (Hg.): Beschreibungskunst – Kunstbeschreibung. Ekphrasis von der Antike bis zur Gegenwart, München, 519–542.

Brüggemann, Heinz (2002): Architekturen des Augenblicks. Raum-Bilder und Bild-Räume einer urbanen Moderne in Literatur, Kunst und Architektur des 20. Jahrhunderts, Hannover.

Einstein, Carl (1985): Werke. Band 3 1929 – 1940, hg. v. Marion Schmid/Lilian Meffre, Wien/Berlin.

Felmann, Shoshana (1922): »Über das Erröten«, in: Internationale Zeitschrift für Psychoanalyse 8, Wien, 14–34.

Fineberg, Jonathan (1997): The Innocent Eye. Children's Art and the Modern Artist, Princeton.

Gage, John (1999): Die Sprache der Farben. Bedeutungswandel der Farbe in der bildenden Kunst, Ravensburg.

Gage, John (2001): Kulturgeschichte der Farbe. Von der Antike bis zur Gegenwart, Leipzig.

Gebauer, Gunter/Christoph Wulf (1992): Mimesis. Kultur – Kunst – Gesellschaft, Reinbek.

Goethe, Johann Wolfgang (1981): Werke. Band VI. Romane und Novellen I, hg. v. Erich Trunz, München.

Goethe, Johann Wolfgang (1981): Werke. Band XI. Autobiographische Schriften III, hg. v. Erich Trunz. München.

Goethe, Johann Wolfgang (1991): Zur Farbenlehre, hg. v. Manfred Wenzel. Sämtliche Werke. Briefe, Tagebücher und Gespräche, hg. v. Hendrik Birus u.a. I. Abt.: Bd. 23/1, Frankfurt a.M.

Gombrich, Ernst H. (1986): Kunst und Illusion. Zur Psychologie der bildlichen Darstellung, Stuttgart/Zürich.

Imdahl, Max (1987): Farbe. Kunsttheoretische Reflexionen in Frankreich, München.

Imdahl, Max (1996): Zur Kunst der Moderne. Gesammelte Schriften Band I, hg. v. A. Janhsen-Vukićević, Frankfurt a.M.

Jean Paul (1963): Sämtliche Werke. Abt. I. Bd.5. Vorschule der Ästhetik. Levana. Politische Schriften, hg. v. Norbert Miller, München.

Jean Paul (1976): Sämtliche Werke. Abt. II. Jugendwerke und vermischte Schriften, Bd.2, hg. v. N. Miller/W. Schmidt-Biggemann, München.

Kahnweiler, Daniel-Henry (1968): Juan Gris. Leben und Werk, Stuttgart.

Kandinsky, Wassily (1963a): Essays über Kunst und Künstler, hg. u. komment. v. Max Bill, Bern.

Kandinsky, Wassily (1963b): Über das Geistige in der Kunst, mit einer Einführung von Max Bill, Bern-Bümpliz.

Kandinsky, Wassily/Franz Marc (1984): Der Blaue Reiter. Dokumentarische Neuausgabe hg. v. Klaus Lankheit, München/Zürich.

Le Rider, Jacques (2000): Farben und Wörter. Geschichte der Farbe von Lessing bis Wittgenstein, Wien/Köln/Weimar.

Lina's Mährchenbuch. Eine Weihnachtsgabe von Albert Ludwig Grimm. Erster und Zweiter Band. Mit fünf resp. vier colorirten Kupfern. 2. Aufl. Grimma o. J. (Faksimiledruck Weinheim 1989).

Müller-Freienfels, Richard (1908): »Zur Theorie der Gefühlstöne der Farbenempfindungen«, in: Zeitschrift für Psychologie und Physiologie der Sinnesorgane, hg. v. Ebbinghaus/W.A. Nagel, I. Abt. Zeitschrift für Psychologie, 46. Bd., Leipzig, 241–274.

Novalis (1978): Werke, Tagebücher und Briefe Friedrich von Hardenbergs, hg. v. Hans-Joachim Mähl/Richard Samuel, Bd. 2: Das philosophisch-theoretische Werk, München/Wien.

Oesterle, Günter (2000): Artikel ›Arabeske‹, in: Ästhetische Grundbegriffe, Bd. 1: Absenz – Darstellung, hg. v. Karlheinz Barck, Stuttgart/Weimar, 272–286.

Runge, Philipp Otto (1965): Hinterlassene Schriften, hg. v. dessen ältestem Bruder. Erster und Zweiter Teil. Faksimiledruck nach der Ausgabe von 1840–1841. Deutsche Neudrucke. Reihe Texte des 19. Jahrhunderts, Göttingen.

Salmen, Brigitte (Hg.) (1998): Der Almanach »Der Blaue Reiter«. Bilder und Bildwerke in Originalen, Murnau.

Schlegel, A.W./Friedrich Schlegel (Hg.) (1960): Athenäum. Eine Zeitschrift. Dritter Band, Darmstadt.

Schlegel, Friedrich (1964): Kritische Friedrich-Schlegel-Ausgabe. hg. v. Ernst Behler u.a., Bd. 12, München 1964.

Schlegel, Friedrich (1967): Kritische Friedrich-Schlegel-Ausgabe, hg. v. Ernst Behler u.a., Bd. 2., München 1967.

Scholem, Gershom (1975): Walter Benjamin – die Geschichte einer Freundschaft, Frankfurt a.M.

Scholem, Gershom (1995): Tagebücher nebst Aufsätzen und Entwürfen bis 1923, 1. Halbbd. 1913 –1917, hg. v. Karlfried Gründer u.a., Frankfurt a.M.

Scholem, Gershom (2000): Tagebücher nebst Aufsätzen und Entwürfen bis 1923. 2. Halbbd.1917–1923, hg. v. Karlfried Gründer u.a., Frankfurt a.M.

Schöne, Albrecht (1987): Goethes Farbentheologie, München.

Steiner, Uwe (1989): Die Geburt der Kritik aus dem Geiste der Kunst. Untersuchungen zum Begriff der Kritik in den frühen Schriften Walter Benjamins. Würzburg.

Tiedemann, Rolf (1965): Studien zur Philosophie Walter Benjamins, Frankfurt a.M.

Warburg, Aby (2000): Der Bilderatlas MNEMOSYNE, hg. v. Martin Warnke, unt. Mitarb. v. Claudia Brink. Gesammelte Schriften, Studienausgabe, hg. v. Horst Bredekamp u.a., Zweite Abt., Bd. II.1, Berlin.

»Über das Programm der kommenden Philosophie«

Von Peter Fenves

Prolegomena

Das Programm einer kommenden Philosophie entwickeln Denker unterschiedlichster Richtungen vor allem dann, wenn sie Philosophie in ihren traditionellen Formen zwar ablehnen, die Idee der Philosophie aber dennoch nicht ganz aufgeben wollen. Im allgemeinen ist der Zweck solcher Programme nicht, den vorläufigen Entwurf eines Systems zu formulieren. Schriften dieser Art tendieren vielmehr dazu, etwas hervorzuheben, was ein in einem engen Problemzusammenhang befangener philosophischer Diskurs bisher übersehen hat. Dieses ›Etwas‹ ist in den meisten Fällen ein Grundzug von Erfahrung, den Philosophen noch nicht als solchen erkannt haben. Feuerbachs *Grundsätze zur Philosophie der Zukunft* sind in dieser Hinsicht aufschlußreich; denn laut Feuerbach ist es nun, da das System der Metaphysik vollendet wurde, an der Zeit, daß Philosophie sich von ihren Abstraktionen zurückziehe und in das unbekannte Territorium der Erfahrung hineinbegebe (vgl. Feuerbach 1975, Bd. 1, 270 f.). Nietzsches *Jenseits von Gut und Böse*, das als »Vorspiel einer Philosophie der Zukunft« angekündigt wird, ist beträchtlich komplexer als Feuerbachs Abhandlung und bewegt sich doch in dieselbe Richtung, nämlich weg von begrifflichen Allgemeinplätzen, die sich von gängigen grammatikalischen Strukturen herleiten, hin auf eine Umwertung von Erfahrung. Gegen die »Vorurtheile der Philosophen« (Nietzsche 1967 ff., Bd. 5, 15–39), die im Grunde darin bestehen, daß sie die Form des Urteils für einen Reflex der feststehenden Struktur der Wirklichkeit halten, sucht Nietzsche miteinander konkurrierende Perspektiven zu mobilisieren, deren prekäres Spiel untereinander Erscheinungen von der grammatikalisch aufrechterhaltenen Forderung befreien soll, Erscheinungen von ihnen zugrundeliegenden Substanzen zu sein. Ohne Feuerbach oder Nietzsche als Vorgänger zu benennen, betritt Benjamins ÜBER DAS PROGRAMM DER KOMMENDEN PHILOSOPHIE dasselbe Terrain: Auch seine Schrift sucht einen Begriff von Erfahrung zu entwickeln, der keiner früheren Auffassung gleicht.

Allerdings sind weder Feuerbach noch Nietzsche ausdrücklich Bezugspunkte Benjamins. Anstatt sich an nachhegelianischen Philosophen auszurichten, die mit großartiger Geste den Wert der Philosophie herabsetzen, verbindet Benjamin sein Programm mit einem Vorgänger, dem sowohl Feuerbach wie Nietzsche explizit abschwören und implizit folgen, nämlich Kant. Dessen *Prolegomena zu einer jeden künftigen Metaphysik die als Wissenschaft wird auftreten können* dienen späteren Programmen zur Zukunft der Philosophie zum Vorbild. Ebenso wie Feuerbach und Nietzsche erklärt auch der Autor der *Prolegomena*, daß metaphysische Untersuchungen das Wesen der Erfahrung bisher verkannt hätten, und Benjamin folgt Kants Beispiel: »Es handelt sich darum Prolegomena einer künftigen Metaphysik auf Grund der Kantischen Typik zu gewinnen und dabei diese künftige Metaphysik, diese höhere Erfahrung ins Auge zu fassen« (II, 160). Sowohl für Kant wie für Benjamin besteht die Aufgabe der Philosophie im Grunde darin, einen Begriff der Erfahrung zu entwickeln, der eine unaufhebbare Unterscheidung zwischen zwei Arten von Metaphysik trifft: die eine erhebt Anspruch auf eine Zukunft, während die andere der Vergangenheit überantwortet wird. Für Kant ist die zweite Art von Metaphysik dogmatisch, wohingegen die einzig gültige theoretische Dimension von Metaphysik aus den ›doctrinalen‹ Grundsätzen der Naturlehre besteht. Für Benjamin leiten sich frühere Formen der Metaphysik von »Erkenntnismythologie« (161) her, wohingegen »künftige Metaphysik« (160) als Lehre Gestalt annimmt. Unangetastet bleibt aber das geschichtsphilosophische Schema, in dem Metaphysik ihren Untergang überlebt. Der Vergangenheit werden das Dogma oder die Mythologie zugeteilt, der Zukunft die Wissenschaft oder Lehre und der Gegenwart die programmatische Darlegung der Art und Weise, wie Metaphysik in neuer Gestalt wird auftreten können.

Benjamins eigene ›Prolegomena zu einer künftigen Metaphysik‹ schließen aber noch in anderer Hinsicht an das von Kant bereits Gesagte an. Nur in den *Prolegomena* spricht sich Kant für die Unterscheidung zwischen Wahrnehmung und Erfahrung aus, der auch viele von Benjamins frühen philosophischen Notizen verpflichtet sind. Nicht umsonst trägt die umfangreichste vorläufige Fassung von ÜBER DAS PROGRAMM den Titel ÜBER DIE WAHRNEHMUNG, und das, obwohl diese Notiz nur einen einzigen Satz über den Status von Wahrnehmung enthält (VI, 33–38). Sowohl die Eröffnungssätze von ÜBER DIE WAHRNEHMUNG als auch die Einleitung zu ÜBER DAS PROGRAMM beziehen sich auf ein Argument im zweiten Teil von Kants *Prolegomena*, demzufolge »Wahrnehmungsurtheile« sich von empirischem Bewußtsein herleiten, »Erfahrungsurtheile« dagegen in »Bewußtsein überhaupt« gründen: »Was die Erfahrung unter gewissen Umständen mich lehrt, muß sie mich jederzeit und auch jedermann lehren, und die Gültigkeit derselben beschränkt sich nicht auf das Subject oder seinen damaligen Zustand ein« (Kant 1900 ff., Bd. 4, 299). Benjamins philosophisches Vorhaben besteht im Grunde in einer hyperbolischen Extrapolation aus dieser Einsicht; ihm zufolge entspricht eine andere »Art der Erfahrung« (II, 160) einer Lehre, die sich von der Sphäre der Subjektivität *gänzlich* löst und nicht nur empirisches Bewußtsein, sondern Bewußtsein überhaupt hinter sich zurückläßt. Eine Passage aus dem zweiten Teil der *Prolegomena* bestimmt den Verlauf einer weiteren Extrapolation Benjamins. »Daher haben«, schreibt Kant, »auch die reinen Verstandesbegriffe ganz und gar keine Bedeutung, wenn sie von Gegenständen der Erfahrung abgehen und auf Dinge an sich selbst (*noumena*) bezogen werden wollen. Sie dienen gleichsam nur, Erscheinungen zu buchstabiren, um sie als Erfahrung lesen zu können« (312). Kant zufolge ist die Anwendung der Kategorien auf Erscheinungen insofern dem Prozeß des Lesens vergleichbar, als beide Vorgänge die subjektive Sphäre des empirischen Bewußtseins transzendieren, ohne doch die Schranken möglicher Erfahrung zu überschreiten. Für diejenigen, die lesen können, ist es ohne Bedeutung, wie die Buchstaben auf der Oberfläche aussehen, auf der sie erscheinen; von Bedeutung ist nur, was die Kombination der sichtbaren Buchstaben den Leser überhaupt lehrt. Auf Kants Vergleich zwischen der Anwendung der Kategorien und dem Prozeß des Lesens antwortet Benjamin mit einer Reihe von Notizen, welche den Begriff der Erfahrung durch den der Wahrnehmung ersetzen und Kants Vergleich entsprechend in eine Gleichung umformen: »Wahrnehmung ist Lesen[.] Lesbar ist nur in der Fläche <E>rscheinendes« (VI, 32). Die Wahrnehmung der Fläche *selbst* jedoch wäre nicht länger eine Wahrnehmung unter anderen, vielmehr ähnelte sie jener »höheren Erfahrung«, die Benjamins Prolegomena »ins Auge zu fassen« suchen.

In einer Fußnote zu den *Prolegomena* spottet Kant über Christian Garve, der die erste *Kritik* als eine Form des »höheren Idealismus« beschrieb. Kant entgegnet hierauf: »Bei Leibe nicht der *höhere*. Hohe Thürme, und die ihnen ähnliche metaphysisch-große Männer, um welche beide gemeiniglich viel Wind ist, sind nicht für mich« (Kant 1900 ff., Bd. 4, 374). Zu diesen »metaphysisch-große[n] Männer[n]« könnte Benjamin vielleicht gezählt werden, widersprächen dem nicht zwei miteinander übereinstimmende Überlegungen. Zum einen legt Kant selbst mit der Rede von »Bewußtsein *über*haupt« den Grund für so etwas wie eine höhere Lehre, und zum andern ist Benjamin vorsichtig genug, seine Programmschrift mit der Präposition ›Über‹ einzuleiten. Es handelt sich bei diesem Text also nicht um *das* Programm der kommenden Philosophie selbst, sondern allein um das Programm, wie ein solches Programm zu entwerfen wäre. Das »Über« im Titel von Benjamins Aufsatz erinnert außerdem an jene »kleine Abhandlung« (1, 343), dem es als eine Art von Prolegomenon dient: Über Sprache überhaupt und über die Sprache des Menschen. Allerdings ist die Beziehung zwischen den beiden Über-Schriften alles andere als klar; nur ausgewählte Passagen aus dem späteren Aufsatz lassen sich als Erläuterungen der früheren Arbeit verstehen, und Über Sprache überhaupt ist in jedem Falle weniger ein Hauptwerk als der erste Versuch, das »Bewußtsein überhaupt« der *Prolegomena* in ihr sprachliches Gegenstück zu überführen. Das Anfangsrätsel von Benjamins ersten philosophischen Gehversuchen läßt sich daher wie folgt formulieren: Selbst wenn es sich bei Benjamins Schrift um ein Programm zweiten Grades handeln sollte, wie kann er es wagen, auch nur über das Programm der kommenden Philosophie zu sprechen, hat er doch – anders als Kant mit der ersten *Kritik* – noch kein »alleszermalmendes« (Mendelssohn) und grundlegendes Hauptwerk verfaßt, das allein jenen Auftritt legitimierte, den Benjamin in der Nachfolge Kants ankündigt.

Keine von Benjamins frühen Notizen formuliert eine explizite Antwort auf diese Frage. Über das Programm impliziert aber, daß andere Philosophen bereits im wesentlichen jene Arbeit geleistet haben, die ein philosophisches Programm voraussetzen muß. Fraglos erwähnt Benjamin lediglich Platon und Kant namentlich und verbindet seine Äußerungen zu diesen Autoren mit abfälligen Bemerkungen zu Garve und Mendelssohn sowie einem sehr verhaltenen Hinweis auf Hamanns »Metakritik«. Es wäre jedoch falsch, hieraus zu folgern, daß in Benjamins Augen andere Autoren nicht der Beachtung wert gewesen wären. Ganz im Gegenteil. Über das Programm schließt sich drei philosophischen Bewegungen an: Cohens Neukantianismus, Husserls Phänomenologie sowie den weitreichenden Versuchen Freges, Russells und anderer, traditionelle Weisen des Philosophierens aufzugeben und Philosophie wie Mathematik auf rein logische und mengentheoretische Grundlagen zurückzuführen. Nun mag keine dieser Strömungen eine der ersten *Kritik* vergleichbare Abhandlung hervorgebracht haben; jede dieser Bewegungen hat jedoch entscheidend zu der ihnen gemeinsamen Aufgabe beigetragen, reine Philosophie und empirische Psychologie voneinander zu unterscheiden. Was das Ich in Benjamins frühem Dialog über die Religiosität der Gegenwart von der Mystik sagt, ließe sich auch von jeder Lehre sagen, die empirisches Bewußtsein zum Gegenstand philosophischer Forschung macht: »Sie begeht die Todsünde, den Geist natürlich zu machen, ihn als selbstverständlich zu nehmen, nur kausal bedingt« (II, 32). Wider diese Todsünde verbündet sich Benjamin mit dem Antipsychologismus von Cohen, Husserl, Frege und Russell. Keineswegs sucht Benjamin also in einem Anfall von Hybris sich nur mit Platon, Kant und ihresgleichen in eine Reihe zu stellen; seine Programmschrift ist vielmehr das Ergebnis eines Schulterschlusses mit bestimmten *Avantgarden* philosophischer Forschung. Benjamin teilt deren Feindseligkeit gegen Theorien, die Philosophie mit Erfahrungswissenschaft verwechseln, und fragt darüber hinaus: Wohin führen diese fortschrittlichen Bewegungen im Denken? Und woher kommt folglich die kommende Philosophie?

Eines ist jedenfalls sicher: Ohne Veränderungen kann Kants Erkenntnistheorie um 1918 nicht mehr übernommen werden, weil unbestreitbare und doch rätselhafte Neuerungen in der Logik und Physik die Überlebensfähigkeit des kritischen Systems haben fragwürdig werden lassen. Zum einen bestreiten Frege und Russell energisch, daß die Sätze der Arithmetik als synthetische Urteile a priori aufzufassen sind. Zum anderen machen die Entdeckungen Einsteins es unmöglich, Raum und Zeit weiterhin als unveränderliche Strukturen a priori zu beschreiben, die jede Erkenntnis bedingen. Daß Benjamin Russells Werk studierte und von dem Freges wußte, steht außer Zweifel. Auch die (ebenfalls in Bern entworfene) Relativitätstheorie ist in Über das Programm nicht ganz abwesend, wie jene Passage zeigt, in der Benjamin von einer »Erfahrung« spricht, »deren Quintessenz deren Bestes gewisse Newton'sche Physik war« (159). Benjamins Bemerkung verrät in diesem Kontext keineswegs eine vage Goethesche oder romantische Abneigung gegen Newton; sie spricht nur die Einsicht aus, daß jene *natural philosophy*, im Hinblick auf die Kant eine Metaphysik der Natur entwarf, kaum mehr als verläßlicher Leitfaden eines legitimen Erfahrungsbegriffs dienen kann. Zusammenfassend läßt sich also sagen, daß Philosophie um 1918 droht, sich in empirisch-psychologische Untersuchungen, formallogische Übungen und wissenschaftstheoretische Erwägungen aufzulösen.

Wozu Kant?

Einige der frühesten Aufsätze und Briefe Benjamins bezeugen sein Interesse an Kants *Kritiken* und belegen, in welchem Umfang er sich mit ihren theoretischen, praktischen, ästhetischen und teleologischen Überlegungen vertraut machte. Während seines Studiums in Freiburg widmete sich Benjamin einer besonders ausgedehnten Kantlektüre. Im Frühjahr 1913 schreibt er an Carla Seligson, daß er sich in die *Grundlegung zur Metaphysik der Sitten* vertiefe (1, 92), und die Früchte von Benjamins Beschäftigung mit dieser Abhandlung zeigen sich bereits in Der Moralunterricht (1913), dem ersten Aufsatz, den Benjamin unter seinem eigenen Namen veröffentlicht (II, 48–54). Noch im Sommer desselben Jahres schreibt Benjamin an Herbert Blumenthal: »Meine Reiselektüre ist abenteuerlich geplant. Weißt Du, daß ich mit nächstem anfange die Kritik der reinen Vernunft mit Kommentaren zu lesen« (1, 154). Bereits einige Monate früher wies Benjamin spielerisch auf sein ›programmatisches‹ Interesse an jenem Teil der *Kritiken* hin, der deren systematischen Anspruch am deutlichsten formuliert. Wiederum an Blumenthal schreibt Benjamin, daß »die Einleitung zur ›Kritik der Urteilskraft‹ für diesen Morgen auf dem Programm« (97) steht. Während seines Aufenthaltes in München studiert Benjamin außerdem bei Moritz Geiger, dessen kurz zuvor veröffentlichte *Beiträge zur Phänomenologie des ästhetischen Genusses* sich mit der »Kritik der ästhetischen Urteilskraft« auseinandersetzen. Mit der Teilnahme an Geigers Seminar zum zweiten Teil der dritten *Kritik* – also »Kants Teleologie« (324) – fügt Benjamin seinem Studium des kantischen Systems auch noch dessen Schlußstein ein.

Eine weniger konsequente Auseinandersetzung mit Kant wäre auch nicht zu erwarten gewesen. Zu einer Zeit, in der alle möglichen philosophischen Schulen sich in Beziehung auf Kant definierten, war für einen ambitionierten Studenten der Philosophie die intensive Beschäftigung mit den *Kritiken* unumgänglich. Etwas an Benjamins Stellung zum kantischen System läßt sich jedoch nicht so einfach mit dem Hinweis auf seinen Studentenstand erklären: die Tatsache nämlich, daß für Benjamin diese Stellung eine Frage von Leben und Tod war. Deutlich genug weist hierauf ein Brief an Scholem hin, auch wenn der genaue Kontext dieser Äußerung undurchsichtig bleibt. Gegen Ende des Jahres 1917 schreibt Benjamin: »[W]as die Frage angeht welche die längste [Antwort] erheischt: wie ich bei meiner so beschaffnen Stellung zum Kantischen System leben könnte? so bin ich dauernd an der Arbeit mir dies Leben durch die Einsicht in die Erkenntnistheorie zu ermöglichen und muß für die ungeheuere Aufgabe die das für Menschen unserer Einstellung bedeutet bei allem Eifer Geduld haben« (402). Wer alles sonst noch zu den Menschen dieser »Einstellung« zu zählen wäre, ist schwierig zu sagen; unter ihnen ist aber zweifellos Felix Noeggerath, ein Student, den Benjamin zuerst in Geigers Seminaren in München traf. Benjamin behandelt Noeggeraths Eigennamen mit eigentümlicher Verschwiegenheit und bezieht sich statt dessen mit dem Terminus »das Universalgenie« (oder kurz »das Genie«) auf ihn. Spricht Benjamin in einem anderen Brief an Scholem von seiner »gänzlichen Isoliertheit von mitdenkenden Menschen, von Ihnen, Gerhard, der Sie der einzige sind den ich überhaupt namhaft machen kann« (418), so muß dieser Satz vielleicht wörtlich verstanden werden: Benjamin kennt zwar neben Scholem noch andere »mitdenkende Menschen«, er kann sie jedoch nicht beim Namen nennen. Dieses Versagen, das dem im selben Schreiben thematisierten Unvermögen entspricht, Gedanken brieflich mitzuteilen, kann wohl kaum ohne jede Beziehung zu jenen Überlegungen sein, die Benjamin »gegenwärtig besonders intensiv beschäftigen« (418). Das Versprechen des kantischen Systems – und die Bedrohung, die von ihm ausgeht – lassen sich durchaus in Entsprechung zu Benjamins Versagen verstehen: Eine bestimmte »Stellung zum kantischen System« vermag diejenigen, die sie einnehmen, ihres Eigennamens zu berauben.

Trotz Scholems erhellender Studie »Walter Benjamin und Felix Noeggerath« lassen sich über wichtige Aspekte dieser merkwürdigen Freundschaft nur Mutmaßungen anstellen. Das wird auch zweifellos so bleiben, weil das »Universalgenie« seine Anziehungskraft auf Benjamin vor allem in Gesprächen ausübte. Scholem bezog den Antrieb zu seiner Publikation aus der Entdeckung von Briefen an Fritz Radt, in denen Benjamin zweimal auf die Themen und Atmosphäre seiner Gespräche mit Noeggerath eingeht. In einem Brief von November 1915 schließt Benjamin seine erste Beschreibung des »Genies« mit der Bemerkung, daß er gute Gründe hätte, Noeggeraths Einladung zu »Kantbesprechungen« anzunehmen, »die er mit [Rainer Maria] Rilke und dem Göttinger Astronomen abhält« (291). In einem zweiten, wenig später verfaßten Brief geht Benjamin allerdings nicht weiter auf diese Diskussionsrunden ein, und es bleibt ungewiß, ob er an ihnen überhaupt teilnahm. Anstatt direkt über Kant zu reden, wenden sich Benjamin und Noeggerath nun einem anderen Gesprächsthema zu: »Es handelt sich um vergleichende Mythologie« (299). ÜBER DAS PROGRAMM zeigt allerdings, daß die Themen »Kant« und »vergleichende Mythologie« so verschieden doch nicht sind.

Benjamin hatte Gelegenheit, einen, allerdings »klein[en] Teil« von Noeggeraths unveröffentlichter Dissertation *Synthesis und Systembegriff in der Philosophie. Ein Beitrag zur Kritik des Antirationalismus* zu lesen. Obwohl Benjamin sie als »höchst bedeutend« (364) bewertet, läßt er sich nicht weiter über Noeggeraths Arbeit aus und vermerkt nicht einmal, welche Passagen er überhaupt zur Kenntnis genommen hat. Daher läßt sich kaum sagen, was die Gespräche mit Noeggerath so denkwürdig macht, daß Benjamin schreibt: »Neben solchen Gesprächen, die mir seit langem, wenn auch was ich nie vergesse und vergessen darf, in begrenztem Sinne, zu lernen geben, kommt natürlich nichts an der Universität in Betracht« (I, 301). Eines läßt sich jedoch mit Sicherheit sagen: Für Benjamin handelt es sich um Gespräche mit einem »Genie«. Damit meint Benjamin nicht einfach jemanden, der ungewöhnlich intelligent, spontan oder originell ist. Nachdem er Noeggerath im Brief an Radt als »Genie« eingeführt hat, betont Benjamin vielmehr, wie wenig bezeichnend doch dieser Begriff ist. Ganz anders verhält es sich mit dem Ausdruck »Genius«, den aufgrund seiner einzigartigen Stellung eigentlich niemand für sich in Anspruch nehmen kann: »Nicht das Genie ist wichtig, sondern der Genius. In diesem unvergleich[lich]en Worte Genius, dessen Bedeutung etwa seit Hölderlin und Wilhelm von Humboldt und Goethe vergessen ist, liegt aufs deutlichste jene Reinheit der Produktivität, die nur aus klarem Bewußtsein ihrer sachlichen Quellen fließt. Das Genie in Werk und Schaffen bleibt problematisch, ›heilig-nüchtern‹ ist der Genius. Lesen Sie Hölderlins ›Gesang der Deutschen‹« (1, 298 f.).

Eine weitere Passage aus demselben Brief an Radt deutet auf die letzte Synthesis, die das »Genie« anstrebt. Benjamin erklärt: »Es beruht alles auf einer sehr bedeutenden Vereinigung und Durchdenkung der Kritik der reinen Vernunft und der Gedanken Georges« (301). Auf der Grundlage seiner Bemerkung über den Unterschied zwischen Genie und Genius ließe sich ganz ähnlich über Benjamins eigenes Vorhaben sagen: Es beruht alles auf einer Vereinigung und Durchdenkung der *Kritiken* und der Gedanken Hölderlins. Der Punkt, an dem diese Synthesis allein statthaben könnte, ist der von Hölderlins »Heilignüchternheit« oder, übersetzt in Kants Sprache, der von »Bewußtsein überhaupt«. Diese Synthesis von Kant und Hölderlin ist jedoch nur möglich, wird das kritische System grundlegend verändert: Ebenso wie der Genius muß auch Bewußtsein überhaupt in den Genuß einer eigenen autonomen Sphäre kommen. Von Genies kann erwartet werden, daß sie dem kommenden Genius Platz machen, und etwas dieser Art scheint auch das Gedicht anzudeuten, auf das Benjamin Radts Aufmerksamkeit lenkt. Nach den Zeilen: »Doch, wie der Frühling, wandelt der Genius/ Von Land zu Land«, fragt Hölderlins »Gesang« einer Ahnung nach, die mit Benjamins eigentümlichen Forschungsprogramm verwandt zu sein scheint: »Und wir? ist denn einer auch/ Von unseren Jünglingen, der nicht ein/ Ahnden, ein Räthsel der Brust, verschwiege?« (Hölderlin 1905, Bd. 2, 123).

Phänomenologie und »die Sphäre der Erkenntnis«

Natürlich ist nicht allein Benjamin der Ansicht, daß die Philosophie sich in einer kritischen Situation befinde, noch ist er der einzige, der glaubt, daß die Bewältigung dieser Krisis eine große Zukunft eröffnen werde. Der erste Satz von ÜBER DAS PROGRAMM erinnert nicht nur an die Verse Hölderlins, auf die Benjamin Radt aufmerksam machte; aus ihm spricht auch, *mutatis mutandis*, eine ähnlich merkwürdige Mischung von Dringlichkeit und Hoffnung, die schon Husserls »Philosophie als strenge Wissenschaft« (1911) zu einem philosophischen Manifest machte. Benjamin beginnt seine Programmschrift mit den Worten: »Es ist die zentrale Aufgabe der kommenden Philosophie die tiefsten Ahnungen die sie aus der Zeit und dem Vorgefühle einer großen Zukunft schöpft durch die Beziehung auf das Kantische System zu Erkenntnis werden zu lassen« (II, 157). Auch wenn die Bestimmung dieser »zentralen Aufgabe« vor allem mit dem Hinweis auf Kant sich von Husserls Forschungsprogramm unterscheidet, so kann im Hinblick auf die spezifisch erkenntnistheoretische Dimension dieser Aufgabe von einer ähnlichen Distanzierung von Husserl keine Rede sein: »Es ist die Aufgabe der kommenden Erkenntnistheorie für die Erkenntnis die Sphäre totaler Neutralität in Bezug auf die Begriffe Objekt und Subjekt zu finden; mit anderen Worten die autonome ureigne Sphäre der Erkenntnis auszumitteln in der dieser Begriff auf keine Weise mehr die Beziehung zwischen zwei metaphysischen Entitäten bezeichnet« (163). Benjamin hatte Husserls Manifest im Sommer 1913 gelesen (1, 144), und »um Zugang zu seiner Schule zu gewinnen« (301 f.), begann er im Winter 1914–15, sich mit Husserls *Ideen zu einer reinen Phänomenologie und phänomenologischen Philosophie* (1913) eingehend zu beschäftigen. Nirgendwo manifestiert sich die Wirkung dieser Lektüre deutlicher als in der Art und Weise, wie Benjamin die Aufgabe kommender Erkenntnistheorie bestimmt. Anders als die Erkenntnistheorie, die von kantischer Kritik ihren Ausgang nimmt, macht ÜBER DAS PROGRAMM es gerade nicht zur Aufgabe, die allgemeinen Bedingungen der Subjektivität zu ermitteln, auf deren Grundlage objektive Erkenntnis möglich ist. Ganz im Gegenteil, in der »Sphäre der Erkenntnis«, welche Benjamins Programmschrift anvisiert, bleibt von Subjektivität und Gegenständlichkeit nichts übrig. Die entscheidende erkenntnistheoretische Frage kann daher nicht sein, wie synthetische Urteile a priori möglich sind. Sie muß vielmehr lauten: Wie kann die »Sphäre der Erkenntnis« ausgemittelt werden? Das eigentümliche Verb »ausmitteln«, das Benjamin in diesem Zusammenhang gebraucht, schließt explizit aus, daß die Sphäre der Erkenntnis entweder mit Hilfe empirischer Experimente ›ermittelt‹ oder das Ergebnis dialektischer ›Vermittlung‹ sein könnte.

Zweifellos ist die Aufgabe, die Benjamin der Erkenntnistheorie zuweist, mit den Zielen der phänomenologischen Schule eng verwandt, wie Benjamin in den entsprechenden Passagen von ÜBER DAS PROGRAMM selbst zugibt. Dieses Eingeständnis wird allerdings dadurch kompliziert, daß Benjamin, wenn auch zögernd, an dem Begriff »Bewußtheit« festhalten muß, um noch vor seiner sorgfältigen Ausarbeitung die Richtung des Programms zumindest andeuten zu können. Keine Passage in Benjamins Œuvre erinnert stärker an die Sprache der *Ideen* als jenes Axiom, auf das ÜBER DAS PROGRAMM seinen Anspruch gründet: »Alle echte Erfahrung beruht auf dem reinen erkenntnis-theoretischen (transzendentalen) Bewußtsein wenn dieser Terminus unter der Bedingung daß er alles Subjekthaften entkleidet sei noch verwendbar ist« (II, 162f). Hält Philosophie am Begriff »Bewußtsein« fest, setzt sie sich allermindestens einer beunruhigenden Zweideutigkeit aus. In dem Maße, in dem sie die Sphäre der Erkenntnis sichert, scheint Philosophie das Feld der Psychologie zu betreten. An diesem Punkt sucht Benjamin ausdrücklich Hilfe bei der Phänomenologie, die Fortschritte in der philosophischen Forschung möglich macht, indem sie die verschiedenen Bereiche voneinander abhebt, auf die der zweideutige Begriff »Bewußtsein« anwendbar ist: »Das reine transzendentale Bewußtsein ist artverschieden von jedem empirischen Bewußtsein und es ist daher die Frage ob die Anwendung des Terminus Bewußtsein hier statthaft ist. Wie sich der psychologische Bewußtseinsbegriff zum Begriff der Sphäre der reinen Erkenntnis verhält bleibt ein Hauptproblem der Philosophie, das vielleicht nur aus der Zeit der Scholastik her zu restituieren ist. Hier ist der logische Ort vieler Probleme, die die Phänomenologie neuerdings wieder aufgeworfen hat« (163). Die Beziehung zwischen den von Benjamin und Husserl entworfenen Programmen ist daher denkbar eng – und prekär zugleich. Sie ist eng, insofern beide eine »autonome ureigne Sphäre der Erkenntnis« (ebd.) auszumachen suchen, in der jegliche Vorstellung von Subjekten, Objekten und ihrer Wechselwirkung verschwunden ist. Sie ist jedoch prekär, insofern beide Programme sich in einem Begriff berühren, den Benjamin bestenfalls als vorläufig einstuft, wohingegen für Husserl kein Zweifel daran besteht, daß das Residuum der letzten Reduktion »absolutes Bewußtsein« (Husserl 1913, 91) ist.

Jener Passus, in der ÜBER DAS PROGRAMM zur Restitution eines »Hauptproblem[s] der Philosophie« aus der »Zeit der Scholastik« in Verbindung mit seiner phänomenologischen Erneuerung aufruft, verschwindet nicht ganz aus Benjamins weiterem theoretischen Entwicklungsgang. Für eine kurze Zeit um das Jahr 1920 spielt der in diesem Passus angedeutete Problemkreis eine herausragende Rolle in Benjamins Plänen für eine Habilitationsschrift, die er dann allerdings auch deshalb fallenläßt, weil er sich widerstrebend eingestehen muß, daß Heideggers Habilitationsschrift zur scotischen spekulativen Grammatik trotz ihrer offenkundigen Schwächen »doch vielleicht das Wesentlichste scholastischen Denkens für mein Problem – übrigens in ganz undurchleuchteter Weise – wiedergibt« (2, 127). Die wenigen ausführlicheren Fragmente zu Benjamins Habilitationsplan lassen erkennen, wieviel Benjamins Problemstellung – kaum anders als die Heideggers – der Phänomenologie verdankt. Husserls Programm rettet scholastische Überlegungen vor allem in dem Sinne, als es im Gegensatz zu moderner Erkenntnistheorie anerkennt, daß jeder geistige Akt ein Korrelat hat, das vom empirischen Gegenstand zu unterscheiden ist und von diesem auch nicht mittels irgendeiner Form von »Abstraktion« abgeleitet werden kann. Benjamins Entwürfe kreisen um die Zirkularität jener spezifischen Fundierung, welche die Korrelation von Bedeutendem und Bedeutetem zum Gegenstand hat und den Zirkel einer jeden phänomenologischen Untersuchung nur in anderem Maßstab wiederholt: »Und wie man von der völligen Correlation zwischen Bedeutendem und Bedeutetem hinsichtlich dieser Fundierungsfrage zu abstrahieren vermöge, so daß also der Zirkel vermieden wird: Das Bedeutende zielt hin auf das Bedeutete und beruht zugleich auf ihm. – Diese Aufgabe ist durch die Betrachtung des Sprachbereichs zu lösen« (VI, 22). Selten formuliert Benjamin ein Vorhaben so eindeutig innerhalb des Rahmens phänomenologischer Forschung, und neben der Aussicht, Heidegger als Vorgänger berücksichtigen zu müssen, mag ein weiterer Grund für die Änderung der Habilitationsschrift in eben diesem Darstellungsproblem gelegen haben: die Arbeit hätte einen »Frontalangriff« (2, 410) auf phänomenologische Begriffe erfordert, den zu führen Benjamin sich nicht bereit gefühlt haben mag.

Genau solch einen »Frontalangriff« hatte Benjamin einige Jahre früher, in seiner Reaktion auf Paul Linkes umfangreiche Verteidigung der *Ideen* gegen einen Parteigänger empirischer Psychologie, gestartet. Linkes Aufsatz »Das Recht der Phänomenologie« sucht zu zeigen, daß Husserl seine eigene Version einer kopernikanischen Wende vollziehen konnte, indem er einen Fehler vermied, der die moderne Philosophie bestimmt hatte. Während sowohl die Empiristen als auch Kant Gegebenheit allgemein mit der empirischen Gegebenheit des »Zeitlich-Tatsächliche[n]« (Linke 1916, 187) verwechselten, erkannte Husserl, daß ein »Wesen«, ein »Eidos« oder eine »Idee« *ebenfalls* zu dem gehört, was »gegeben« ist. Unabhängig davon, wie man diese neue Gegebenheit letztlich benennen mag, sie ist jedenfalls völlig verschieden von Begriffen, die spontan gebildet werden. Außerdem ist schon die bloße Mannigfaltigkeit von Termini für nichtempirische Gegebenheitsweisen ein Zeichen für die Neuigkeit des von Husserl initiierten Programms. Linke seinerseits empfiehlt beiläufig eine terminologische Klarstellung: Was die *Ideen* »Wesen« nennen, sollte statt dessen als »Idee« bezeichnet werden. In einer Anmerkung hält Linke fest: »Husserls Ausdruck ›Wesen‹ hat das Missliche, daß er mit dem natürlichen Sprachgebrauch kollidiert, der gerade am empirisch Wesentlichen orientiert ist. Das Wesen der Farbe Rot ist für den Vorurteilslosen das für das empirische Rot Wesentliche« (200, Anm. 2). Daß Benjamin selbst zwischen den Ausdrücken »Wesen« und »Eidos« für den Titel seiner Notiz schwankt, ist ein Hinweis darauf, daß er sich der von Linke beanstandeten terminologischen Schwierigkeiten zumindest bewußt ist. Diese Schwierigkeiten gehen jedoch weiter, als die Notiz selbst. Scholem, der zu dieser Zeit mit Linke studierte, bat seinen Lehrer, Eidos und Begriff zu beurteilen, und wurde in seiner ungewöhnlich negativen Einschätzung von Benjamins Text bestätigt: »Benjamins Notiz geht nur auf Idee und Wesen, nicht auf Begriff und Wesen. Was Benjamin ›Eidos‹ nennt, ist die Idee, was er ›Begriff‹ nennt, das Wesen« (Scholem 1995–2000, Bd. 2, 141 f.). Mit anderen Worten, Benjamins Notiz verfehlt ihr Ziel. Dies mag ein Grund dafür sein, daß Benjamin in der Erkenntniskritischen Vorrede zu Ursprung des deutschen Trauerspiels den Unterschied zwischen Wesenheit und Begriff unter die Auspizien eben jenes Ausdrucks stellt, auf den Linke Scholem verweist: den der »Idee«, die sowohl von einem Eidos als auch einem Begriff artverschieden ist.

Sehr viel erfolgreicher als Eidos und Begriff sind Benjamins weitere Aneignungen phänomenologischer Begriffe. Zu diesen ist die Vorrede zur Trauerspielarbeit zu zählen, aber auch Zwei Gedichte von Friedrich Hölderlin. Das »Gedichtete« als der entscheidende Neologismus dieses Aufsatzes leitet sich aus derselben Einsicht her, die Husserl zur Erfindung des Begriffs »noema« führte. Jede *cogitatio* ist, so Husserl, mit einem entsprechenden *cogitatum* korreliert, und jedes Gedicht, so Benjamin, mit einem für ihn konstitutiven Gedichteten. Eine ebenfalls intensive Beschäftigung mit dem phänomenologischen Programm findet sich in Benjamins zeitgenössischen Studien zur Farbe, insbesondere in seinem fiktiven Dialog Der Regenbogen: Gespräch über die Phantasie. Dieser Dialog kommt in Gang, als die Protagonistin Margarethe einen Traum reinen Sehens beschreibt. Dieses Sehen ist so rein, daß nichts – kein Gegenstand – gesehen wird, und insofern sie selbst keine Sehende, sondern vielmehr reines Sehen ist, färbt sich Margarethe selbst in die bunte Landschaft hinein. Margarethe beschreibt in der Folge die »Seele des Künstlers« als »das reine Aufnehmen im Selbstvergessen« (VII, 20). Der erste Teil dieser Formel entspricht dem methodologischen Prinzip der Phänomenologie. Husserl mag zwar statt vom »Aufnehmen« von einem »Hinnehmen« sprechen, das Ziel der *epoché* bleibt aber unverändert: ein reines Aufnehmen alles dessen zu ermöglichen, das sich in seiner jeweils spezifischen Gegebenheitsweise gibt. Indem Margarethe jedoch die Bedingung dieses Aufnehmens als »Selbstvergessenheit« bestimmt, trennen sich ihre und Husserls Wege.

Zweifellos muß auch nach Husserl das empirische Ich im Zuge der erforderlichen phänomenologischen »Reduktionen« vergessen werden, und dasselbe gilt sogar, wie Husserl mit einiger Beklommenheit anmerkt, für »das reine Ich« (Husserl 1913, 109 f.). Außerdem verlangt Husserl ausdrücklich die »Selbst-Ausschaltung des Phänomenologen« (121 f.). Dieser Forderung läßt er jedoch unmittelbar eine weitere folgen, welche die »Rückbeziehung der Phänomenologie auf sich selbst« (122 ff.) zum Gegenstand hat. In dieser »Rückbeziehung« erwacht nach Husserl das absolute Bewußtsein zu sich selbst, und offenkundig könnte nichts von »Selbstvergessen« weiter entfernt sein. Trotz der Nähe zum Programm Husserls lehnt Benjamin also das »Prinzip aller Prinzipien« ab, auf der das phänomenologische Projekt insgesamt beruht. Dieser oberste Grundsatz hält fest, »daß jede originär gebende Anschauung eine Rechtsquelle der Erkenntnis sei, daß alles, was sich uns in der ›Intuition‹ originär, (sozusagen in seiner leibhaften Wirklichkeit) darbietet, einfach hinzunehmen sei, als was es sich gibt« (43). Nach Margarethe können »wir« uns aber prinzipiell nicht an jenen Ort versetzen, an dem die »Rechtsquelle der Erkenntnis« entspringt. Allein indem wir »uns« vergessen, kann »alles, was sich [...] in der ›Intuition‹ originär [...] darbietet«, einfach als das hin- oder aufgenommen werden, »als was es sich gibt«. Mit anderen Worten, Benjamin radikalisiert die phänomenologische *epoché* bis zu dem Punkt, an dem die Rede von Bewußtsein äußerst fragwürdig wird.

Während Der Regenbogen die Bedingung des »Selbstvergessens« im Hinblick auf Margarethes Traum darstellt, situiert Über das Programm die »Sphäre totaler Neutralität« in bezug auf die kantische Typik. Traum und Typik gleichen einander, insofern sie beide sozusagen Konstruktionen *ex post facto* sind, die aus diesem Grund der »Intuition« nicht zugänglich sind. Wie sich kritischen Lesern von Kants *Träumen eines Geistersehers, erläutert durch die Träume der Metaphysiker*, erschließt, fällt der Gedanke einer Typik keineswegs ganz außerhalb der Sphäre des Traums: Der einzige »Traum der Metaphysiker«, der den ernüchternden Augenblick kritischen Erwachens überdauert, ist der einer »Natur der Sinnenwelt«, die als »Typus einer intelligiblen Natur« beurteilt werden darf (Kant 1900 ff., Bd. 5, 70). Sowohl im Lichte eines Traums des reinen (theoretischen) Sehens wie auch einer Typik der reinen (praktischen) Urteilskraft ist das Ich nicht so sehr reduziert, als vielmehr desubjektiviert –, ohne doch deshalb objektiviert zu werden. Ein indirekter Angriff auf phänomenologische Begriffe ist daher angebracht, und eine solche Attacke bestimmt die Richtung, die Benjamins Programm am Anfang einschlägt. Husserls »Philosophie als strenge Wissenschaft« endet mit zwei Vorgaben. Zum einen muß Philosophie sich wieder als »Wissenschaft von den wahren Anfängen, von den Ursprüngen, von den ῥιζώματα πάντων« (Husserl 1911, 340) begreifen. Zum anderen darf sich der Sinn für Wurzeln, Ursprünge und Anfänge nicht in der Form von »Tiefsinn« zur Schau stellen: »Erst wenn die entschiedene Trennung der einen und anderen Philosophie sich im Zeitbewußtsein durchgesetzt hat, ist auch daran zu denken, daß die Philosophie Form und Sprache echter Wissenschaft annehme und als Unvollkommenheit erkenne, was an ihr vielfach gerühmt und imitiert wird – den Tiefsinn. [...] Die Ahnungen des Tiefsinns in eindeutige rationale Gestaltungen umzuprägen, das ist der wesentliche Prozeß der Neukonstitution strenger Wissenschaften« (339). Auf diese beiden Verfügungen antwortet Über das Programm folgendermaßen: »Es ist die zentrale Aufgabe der kommenden Philosophie die tiefsten Ahnungen die sie aus der Zeit und dem Vorgefühle einer großen Zukunft schöpft durch die Beziehung auf das Kantische System zu Erkenntnis werden zu lassen. Die historische Kontinuität die durch den Anschluß an das Kantische System gewährleistet wird ist zugleich die einzige von entscheidender systematischer Tragweite. Denn Kant ist von denjenigen Philosophen denen es nicht unmittelbar um den Umfang und die Tiefe, sondern vor Allem, und zu allererst, um die Rechtfertigung der Erkenntnis ging der jüngste und nächst Platon auch wohl der Einzige. Diesen beiden Philosophen ist die Zuversicht gemeinsam, daß die Erkenntnis von der wir die reinste Rechenschaft haben zugleich die tiefste sein werde. Sie haben die Forderung der Tiefe aus der Philosophie nicht verbannt, sondern sie sind ihr in einziger Weise gerecht geworden indem sie sie mit der nach Rechtfertigung identifizierten« (II, 157 f.).

Diese Eröffnungssätze von Über das Programm formen die Schlußsätze von »Philosophie als strenge Wissenschaft« um, indem sie deren Verbannung von Tiefsinn durch die bezeichnende Forderung nach Tiefe ersetzen und im selben Atemzug die Gültigkeit bestimmter Ahnungen erneut in Anspruch nehmen. Tiefe ohne Sinn – so lautet die prägnante Formel für die Sphäre der Erkenntnis, die noch immer lediglich geahnt ist. Indem er »Sinn« von »Tiefsinn« abzieht – und »Sinn« entspricht hier dem Bewußtsein –, bewahrt Benjamin die Tiefe, die Husserl mit einem Bann belegt. Der Preis für das Festhalten an Tiefe ist jedoch hoch: Erkenntnis sagt sich damit von Evidenzhaftigkeit los. »Intuition« ist also nicht mehr die einzige oder auch nur die wichtigste Rechtsquelle der Erkenntnis; im Gegenteil, je reiner Rechenschaft abgelegt wird, desto eher findet sie ihre Quelle in etwas anderem als der im »Erlebnisstrom« auftauchenden Evidenz, und desto tiefer also die Erkenntnis. Husserls Verbannung des Tiefsinns ergibt sich unmittelbar aus seiner Forderung nach epistemologischer Gewißheit, da nur das, was sich selbst in der »Intuition« gibt, absolut gewiß sein kann. Geht die Rechtfertigung der Erkenntnis jedoch tiefer, so muß Erkenntnis ein anderes Kriterium ihrer Gewißheit finden. Benjamin beendet den Abschnitt, mit dem seine Programmschrift beginnt, indem er eben solch ein Kriterium identifiziert: »Je unabsehbarer und kühner die Entfaltung der kommenden Philosophie sich ankündigt, desto tiefer muß sie nach Gewißheit ringen deren Kriterium die systematische Einheit oder die Wahrheit ist« (158). Evidenz ist so wenig ein Kriterium der Gewißheit, daß das Gegenteil der Wahrheit näher käme: Das Ringen nach Gewißheit entwickelt sich als ein Kampf *gegen* den »Erlebnisstrom«. Es überrascht daher kaum, daß Über das Programm ein Element seiner »systematischen Einheit« zur Entfaltung bringt, das sich sowohl von Evidenz als auch von Oberflächen entschieden loslöst: »höhere Erfahrung«.

Die Marburger Schule und die »Theorie der Erfahrung«

Wie sehr Benjamin von der im Entstehen begriffenen phänomenologischen Bewegung Abstand hält, läßt sich aus dem Nachdruck ersehen, den er einem einzigen Wort verleiht: »Erfahrung«. Die *Ideen* setzen damit ein, daß sie eine bestimmte Beziehung zwischen Erfahrung und Erkenntnis konstruieren, um diese dann zugunsten der Erkenntnis und zuungunsten der Erfahrung zu demontieren: »Natürliche Erkenntnis hebt an mit der Erfahrung und verbleibt in der Erfahrung« (Husserl 1913, 7). Benjamin dagegen insistiert auf der Bedeutung von Erfahrung, ein Vorgehen, das nicht ohne Beispiel ist: Hermann Cohen tat dasselbe in *Kants Theorie der Erfahrung*, einem Werk, das jenes philosophische Programm lancierte, das dann unter dem Namen »Marburger Schule« (II, 166) bekannt wurde. Als Benjamin Über das Programm schrieb, hatte er allerdings *Kants Theorie der Erfahrung* allem Anschein nach noch nicht gelesen. Wohl aus diesem Grund schlug er Scholem vor, daß sie ihre philosophischen Gespräche auf der Grundlage von Cohens Buch führen sollten (vgl. Scholems »Vorbemerkung« zur Erstveröffentlichung der Programmschrift in Horkheimer und Adorno 1963, die in II, 939 zitiert wird). Das Ergebnis dieser Gespräche war Cohen jedoch alles andere als günstig; Benjamin und Scholem beendeten ihre Diskussion mit einem verheerenden Urteil, nach dem eine weitere Lektüre Cohens schlichtweg keinen Sinn mehr gemacht hätte: »Hermann Cohen als Kantinterpret wird in der Dämonologie der Philosophie einst die Stelle einnehmen, die heißt: ontologischer Gottesbeweis für den Teufel. [...] Es ist das Gojische in der letzten philosophischen Potenz, wie Walter mit Recht sagt, der Genius fehlt, in dem ganzen Sinn, den Walter damit verbindet« (Scholem 1995–2000, Bd. 2, 274 f.). Die Schärfe dieses Angriffs – es sei daran erinnert, daß Cohen nur wenige Monate zuvor verstorben war –, entspricht der Enttäuschung, mit der Scholem und Benjamin auf sein Buch reagierten. Ein Grund für diese Enttäuschung läßt sich ohne weiteres ausmachen: *Kants Theorie der Erfahrung* sollte wenigstens einen Erfahrungsbegriff erahnen lassen, der sich über »natürliche« Erfahrung erhebt und der kommenden Philosophie dadurch Richtung gibt. Cohen erfüllt diese Erwartung nicht und läßt sich statt dessen von »Tiefsinn« in Versuchung führen: »Cohen verwendet die Kraft der *kommenden* Philosophie eines Dogmas halber darauf, Kant tiefsinnig zu machen« (257).

Etwas anderes als *Kants Theorie der Erfahrung* muß Benjamin daher an Cohen fasziniert haben, denn über Cohens Anziehungskraft auf Benjamin besteht kein Zweifel. Einige der wichtigsten Motive seines Denkens entwickelt Benjamin in direkter Reaktion auf Cohens Werk. Benjamins »Frontalangriff« auf den Begriff des Schicksals in Zur Kritik der Gewalt (vgl. II, 199) wäre ein Beispiel, die Auseinandersetzung mit Cohen über die Kategorie des Ursprungs in der Erkenntniskritischen Vorrede zu Ursprung des deutschen Trauerspiels (I, 226) wäre ein anderes. Der Begriff der Intensität, ohne den viele von Benjamins frühen

Arbeiten kaum denkbar wären, mag sogar seinen Ursprung in jenem Prinzip haben, das Cohens Werk von Anfang an strukturiert (vgl. Hamacher 2001). Außerdem situieren sich sowohl ÜBER DIE WAHRNEHMUNG als auch ÜBER DAS PROGRAMM eindeutig in Beziehung auf Cohens Transformation kantischer Kritik in ein »System der Philosophie«. Bestimmte Passagen der Programmschrift könnten sogar als retrospektive Analysen von Cohens Leistung und prospektive Vorschläge für die hierauf möglicherweise folgende »künftige Metaphysik« gelesen werden.

Sowohl Cohen als auch Benjamin versuchen, Erkenntnistheorie von der empirischen Hypothese zu reinigen, daß Erkenntnis sich der Begegnung mit substantiellen Gegenständen verdankt. Ein gereinigter Erkenntnisbegriff könnte die Grundlage für einen entsprechenden Erfahrungsbegriff liefern, und anders als Husserls *Ideen* scheint schon der Titel von *Kants Theorie der Erfahrung* auf eine solche Möglichkeit hinzuweisen. Außerdem kann von Cohen gesagt werden, daß er Husserls entscheidenden erkenntnistheoretischen Durchbruch vorweggenommen hat, formuliert doch die *Logik der reinen Erkenntnis* ihren »Programmsatz« unauffällig in »epochalen« Begriffen: »Abkehr von der Empfindung ist die Losung. Immerfort schleicht sich das Endliche ein, drängt sich vor, und sucht sich allein oder als ursprünglich geltend zu machen. Daher ist Abhaltung, Zurückdrängung des Endlichen für das reine Denken erforderlich« (Cohen 1914, 139). Diese »Abhaltung« entspricht der phänomenologischen »Enthaltung«, und in beiden Fällen zielt das Ab- oder Enthalten auf eine methodologische »Annihilierung [...] metaphysische[r] Elemente in der Erkenntnistheorie« (II, 161). Für Husserl geht es um »die Vernichtung der Dingwelt« (Husserl 1913, 91), für Cohen um den »Umweg des Nichts« (Cohen 1914, 84). Insbesondere ein Aspekt von Cohens Infinitesimalmethode geht jedoch nahtlos in Benjamins Programm über: das Denkgesetz der Kontinuität. Cohens »reines Denken« verwandelt sich in Benjamins »höhere Erfahrung«, und Cohen gibt von dieser Verwandlung sogar eine Ahnung; denn laut jenes Einfalls, welcher der *Logik der reinen Erkenntnis* insgesamt Richtung gibt, ist das reine Denken im Grunde abenteuerlich. Von Anfang bis Ende macht eine gefährliche »Erfahrung« – Cohen vermeidet dieses Wort allerdings – das Wesen des reinen Denkens aus: »Das Urteil darf daher einen abenteuerlichen Umweg nicht scheuen, wenn anders es in seinem Ursprung das Etwas aufspüren will. Dieses Abenteuer des Denkens stellt das Nichts dar. Auf dem Umweg des Nichts stellt das Urteil den Ursprung des Etwas dar« (ebd.). Cohen fährt fort: »Der abenteuerliche Weg zur Entdeckung des Ursprungs bedarf eines Kompasses. Ein solcher bietet sich in dem Begriffe der Kontinuität dar« (90). Weiter heißt es in der *Logik der reinen Erkenntnis:* »Unbesorgt daher und zuversichtlich darf die Kontinuität ihre Fahrten in die Länder des Nichts unternehmen. [...] Die Fahrt wird von einem sicheren Stern geleitet, vom Denkgesetze der Kontinuität« (117 f.). Diese Fahrt ist von »höherer Erfahrung« nicht weit entfernt; denn beide sind konstitutiv kontinuierlich dank einer »Annihilierung« (107 und II, 161), die kein einziges diskretes Element bestehen läßt.

Aus demselben Grund weichen allerdings sowohl Cohens »reines Denken« als auch Benjamins »höhere Erfahrung« von der *Kritik der reinen Vernunft* ab. Kant zufolge ist das Gesetz der Kontinuität ein zwar unabdingbares, aber nichtsdestotrotz nur regulatives Prinzip, um Naturerkenntnis in ein kommendes System einordnen zu können (Kant 1787, B 688). Cohens »Logik des Ursprungs« kehrt diese Formulierung der Leibnizschen *lex continua* um, indem Kontinuität nun zum Gesetz eines Denkens wird, das alle metaphysischen Elemente annihiliert. ÜBER DAS PROGRAMM mag seinen Ursprung vielleicht sogar dieser Logik verdanken, denn in dem vorangegangenen Fragment ÜBER DIE WAHRNEHMUNG findet sich von dieser Überlegung fast keine Spur. Die frühere Notiz versucht vielmehr, die Kontinuität zwischen Erkenntnis und Erfahrung wiederherzustellen, die Kants Begriff der Erfahrung unterbrochen haben soll. Im Gegensatz hierzu stellt ÜBER DAS PROGRAMM Erfahrung selbst als konstitutiv kontinuierlich dar, so daß sich das Programm insgesamt in eben jenen Begriffen zu definieren beginnt, die Cohen zur Konstruktion seiner eigenen transzendentalen Logik verwendet: »ein reines systematisches Erfahrungskontinuum zu bilden; ja ihre [der Metaphysik] eigentliche Bedeutung scheint hierin zu suchen zu sein« (II, 164). Der mangelnden Kontinuität zwischen den beiden Versuchen Benjamins in dieser Hinsicht entspricht auch, daß beide die Kontinuität der philosophischen Tradition jeweils unterschiedlich auffassen. ÜBER DAS PROGRAMM fordert eine gewisse Kontinuität mit der »Kantischen Typik«, wohingegen ÜBER DIE WAHRNEHMUNG kantische Kritik als einen entscheidenden Bruch darstellt. Im Gegensatz zu seinen Vorgängern sichert Kant – so der frühere Entwurf Benjamins – die Unbestechlichkeit reiner Erkenntnis, indem er zum ersten Mal den Zusammenhang zwischen Erkenntnis und Erfahrung unterbricht. Erfahrung läßt sich nicht aus Erkenntnis ableiten, und die These dieser Undeduzierbarkeit bildet die kritische Unterbrechung eines ansonsten stabilen philosophischen Kontinuums. Im Lichte dieser Krise läßt sich die Losung »Zurück zu Kant!« rechtfertigen: »Es ist überaus merkwürdig daß Kant im Interesse der Apriorität und Logizität da eine scharfe Diskontinuität u<nd> Trennung macht wo aus dem gleichen Interesse die vorkantischen Philosophen die innigste Kontinuität und Einheit zu schaffen suchten, nämlich durch spekulative Deduktion der Welt die innigste Verbindung zwischen Erkenntnis und Erfahrung zu schaffen« (VI, 35).

In seinem Versuch Über die Wahrnehmung kann Benjamin zwar die Diskontinuität zwischen Erkenntnis und Erfahrung als eigentlichen Beweggrund dafür identifizieren, daß der Neukantianismus die Unterscheidung zwischen Anschauungs- und Denkformen aufhebt; Benjamin ist jedoch noch nicht an dem Punkt, an dem er eindeutig bestimmen kann, welche Rolle Kontinuität im Hinblick auf jenen neuen Erfahrungsbegriff spielt, den er sichern will. Daher versucht Benjamin sozusagen gewaltsam, eine Lösung zu erzwingen, indem er eine unaufhebbar zweideutige Unterscheidung zwischen »Erfahrung« und der »Erkenntnis der Erfahrung« einführt (36). Was auch immer man von dieser Unterscheidung sonst noch sagen mag – und Benjamin selbst deutet an, daß sie zugleich entscheidend und doch nur provisorisch ist –, soviel steht jedenfalls fest: Benjamins Unterscheidung sichert die Kontinuität zwischen Erfahrung und Erkenntnis, insofern Erfahrung nun eine Funktion von Erkenntnis ist. Cohens Aufhebung der Unterscheidung zwischen Anschauungs- und Denkformen verwandelt sich so in eine der Erfahrung interne Unterscheidung: Erfahrung *tout court* übernimmt die Rolle der Anschauungsformen, während die Erkenntnis der Erfahrung in Analogie zu den Kategorien die objektive Realität der Erscheinungen garantieren soll. Besonders fragwürdig bleibt jedoch, in welchem Sinne Erfahrung *tout court* und die Erfahrung, die in der Rede von einer »Erkenntnis der Erfahrung« figuriert, sich beide legitimerweise unter ein- und denselben Begriff fassen lassen. Genau an dem Punkt, an dem Über die Wahrnehmung abzubrechen beginnt, fragt Benjamin selbst: »worin beruht die Identität der Erfahrung in beiden Fällen« (37)? Nichts weniger als eine Deduktion von Erfahrung überhaupt wäre notwendig, um diese Frage zu beantworten. Anstatt sich aber auf eine schwierige Rechtfertigung einzulassen, entwickelt Benjamin einen weiteren Begriff, in dem das Problem gleichsam aufgehoben ist. Benjamin spricht nun von einer »absoluten Erfahrung«, die nichts anderes als Erfahrung *tout court* ist, insofern sie in die Erkenntnis der Erfahrung *vollkommen* eingegangen ist. Absolute Erfahrung läßt sich mit nichts vergleichen; sie kann nur aus einem Zusammenhang »deduziert« werden, der »symbolisch« zu nennen ist, insofern im Bild, das Benjamin an dieser Stelle skizziert, die Landschaft als »das Symbol« des »künstlerischen Zusammenhangs« ihrer malerischen Abbildung bezeichnet wird (36). Wie unbefriedigend diese Lösung jedoch ist, läßt sich auch an jener Definition ablesen, in die Über die Wahrnehmung mündet und in deren zahlreichen Überarbeitungen sich die Notiz schließlich im doppelten Sinn des Wortes erschöpft: »Philosophie ist absolute Erfahrung deduziert im systematisch symbolischen Zusammenhang als Sprache« (37; für die Varianten vgl. 657).

Über das Programm der kommenden Philosophie dagegen unterläßt es, Philosophie zu definieren. Der Unterschied zwischen der Einleitung des späteren Versuchs und der Schlußthese der früheren Notiz könnte daher kaum größer sein. In der Programmschrift ersetzt Benjamin das Attribut »absolut« mit der hochgradig relativen Bestimmung »höher«. Über das Programm bewahrt also Stillschweigen über das Hauptelement kommender Philosophie, nämlich die Art der Erfahrung, die über höhere Erfahrung sozusagen noch hinausfährt. Auch wenn Benjamin nicht sagt, welche Attribute »dem Höchsten« (Hölderlin) zukommen, so gibt es doch Grund genug, jede Erkenntnistheorie, die Erkenntnis zu einer Kausal- oder Wechselbeziehung erniedrigt, als »mythologisch« zu bezeichnen. Die Zurückweisung des Psychologismus' verwandelt sich so in Mythologiekritik. Erkenntnistheorien dieser Art zufolge sind Subjekte den Objekten ausgeliefert, und am ausgeprägtesten ist diese Auffassung in der Weltanschauung der Neuzeit, welche die dieser »Erkenntnismythologie« (II, 161) zugrundeliegende Vorstellung einfach umkehrt und Subjekte als Herren jener *obiecta* begreift, die sie doch rätselhafterweise affizieren und also kontrollieren. Die Hauptthemen von Benjamins Gesprächen mit dem »Universalgenie«, also Kant und vergleichende Mythologie, konvergieren daher in der folgenden Einsicht: Jede »Art der Erfahrung«, die sich im Lichte metaphysischer Erkenntnistheorien versteht, ist überhaupt keine Erfahrung, sondern eine Manifestation von Mythologie.

»Erkenntnismythologie«

Jahre später faßt Benjamin im Kontext seiner Reflexionen zu Darwin und Einstein seine Synthese von Cohen und Husserl zusammen: »Husserl setzt an die Stelle der idealistischen Systeme die diskontinuierliche Phänomenologie« (IV, 536). Das Attribut »diskontinuierlich« übersetzt an dieser Stelle Husserls Terminologie in die Cohens, um anzudeuten, in welchem Sinne sich Husserl von Cohen loslöst. Im Vergleich mit Über die Wahrnehmung gewinnt Diskontinuität in Über das Programm an Beweglichkeit, da nun Erfahrung allein konstitutiv kontinuierlich ist, und dieser Sachverhalt läßt sich einem diakritischen Zeichen ablesen: Das Wort *Erfahrung* ist nun in Anführungszeichen gesetzt, wie beispielsweise in der folgenden Passage: »Diese Subjekt-Natur des erkennenden Bewußtseins rührt aber daher daß es in Analogie zum empirischen das dann freilich Objekte sich gegenüber hat gebildet ist. Das Ganze ist ein durchaus metaphysisches Rudiment in der Erkenntnistheorie; ein Stück eben jener flachen ›Erfahrung‹ dieser Jahrhunderte [d.i. der Neuzeit] welches sich in die Erkenntnistheorie einschlich« (II, 161). Ein nur unvollständiger Bruch mit »Erkenntnismythologie« beinhaltet, daß Erfahrung unecht oder, mit anderen Worten, nur *eine* »Erfahrung« unter anderen ist; in diesem Fall muß Erfahrung eingeklammert werden, und zwar nicht aufgrund eines methodologischen Verfahrens, dem sich der Philosoph in der Einsamkeit seiner Stube hingibt, sondern aufgrund der »Erkenntnismythologie«, auf der eine in den Plural aufgebrochene und daher je erneut abbrechende Erfahrung beruht.

»Erkenntnismythologie« beruht im Grunde aber auf dem, was Husserl – ohne Rücksicht auf ihren geschichtlichen Ursprung – als »natürliche Einstellung« bezeichnet. In dieser Einstellung sind Subjekte von Objekten besessen, die sie nicht besitzen. Geschichtliche Epochen lassen sich dementsprechend anhand von zwei Merkmalen voneinander unterscheiden: Mit welcher Intensität enthalten sich ihre Erkenntnistheorien der Setzung einer Dingwelt, die von Bewußtsein überhaupt unabhängig ist? Und: Mit welcher Intensität erhalten sie die letzten Hüllen von Subjekthaftigkeit an diesem Bewußtsein? Die Einleitungsabschnitte von Über das Programm legen auf diese Weise die Parameter für eine kritische Synthese von Cohen und Husserl fest. Indem Benjamin das Denkgesetz Cohens in eine konstitutive Eigenschaft von Erfahrung verwandelt, kann er die Phänomenologie in eine Geschichtsphilosophie umgestalten. Obwohl diese Philosophie auf »Erfahrungen oder Anschauungen von der Welt« (159) bezugnimmt, hat sie doch nichts mit jener Weltanschauungsphilosophie zu tun, die »Philosophie als strenge Wissenschaft« ablehnt. Eine einzigartige und eigenartig nichtevidente, vielleicht sogar kontraintuitive Einsicht ermöglicht diese Verwandlung: Es sind nicht die *Philosophen*, die sich der natürlich-geschichtlichen Einstellung enthalten; vielmehr ist jede *epoché* »epochal«. Jeder geschichtlichen Epoche entspricht »eine Erfahrung«, die aus eben diesem Grunde »vergänglich« ist (158), und jeder derart abbrechenden »Erfahrung« dient eine »Erkenntnismythologie« zur Grundlage. Folglich müssen Erfahrung und Erkenntnis unterschiedlichen Kriterien unterliegen. Das Kriterium der Erfahrung muß erlauben, Erfahrungen von der Welt voneinander zu unterscheiden, und es kann daher nicht, wie im Fall von Erkenntnis, auf Wahrheit und Gewißheit rekurrieren, sondern muß Erfahrungen danach unterscheiden, mit welcher Intensität sie die »natürliche Einstellung« einklammern. Je intensiver die *epoché*, desto höher ist die auf ihr beruhende Erfahrung, und je höher diese Erfahrung, desto größer ist ihre Dignität.

Benjamin hebt hervor, in welchem Maße die Vergänglichkeit einer Erfahrung sich dem Zugriff der Philosophen entzieht: »Nur ist den Philosophen diese Erfahrung in ihrer gesamten Struktur nicht als eine singulär zeitliche bewußt gewesen und sie war es auch Kant nicht« (ebd.). Philosophen können sich dieser Erfahrung auch nicht bewußt sein, ganz einfach, weil sie *ihr* Bewußtsein mit der nächstliegenden Aufgabe betrauen, nämlich »Erkenntnismythologie« durch die epochale Sphäre der Erkenntnis zu ersetzen. Allerdings ist es nicht unmöglich, sich einer Erfahrung bewußt zu werden, auch wenn dazu etwas anderes als traditionelle philosophische Techniken erforderlich ist. Benjamins eigene »epochale« Übungen, die auf je unterschiedliche Weise sich der Ausrichtung an einem philosophischen Programm enthalten, zielen genau auf eine solche Bewußtmachung. Die Untersuchung von Hölderlins »Blödigkeit« ist ein Beispiel für eine solche Übung, die Unterhaltung über Margarethes Traum ein anderes. Indem sie eine »Sphäre totaler Neutralität« skizzieren, legen diese Untersuchungen nicht so sehr eine jeweils besondere Erfahrung in ihrer gesamten Struktur frei, als daß sie vielmehr allesamt auf die Ruhestätte echter Erfahrung deuten. Im Vergleich zu dieser, so kann nun deduziert werden, sind alle anderen »Erfahrungen« auf je eigene Weise tiefer. Im Augenblick geben allein diese »epochalen« Übungen Grund zur Zuversicht, die »autonome ureigne Sphäre der Erkenntnis auszumitteln« (163), so daß echte Erfahrung anheben kann.

Zum sprachlichen Wesen von Erkenntnis

»Echte Erfahrung« beruht allein auf der »Sphäre der Erkenntnis«. So lautet das Axiom, auf dem Über das Programm seinerseits beruht. Solange diese Sphäre aber nicht »auszumitteln« ist – und dies wäre ein epochemachendes Ereignis –, kann die kommende Philosophie nur geahnt werden. Der vorletzte Abschnitt von Über das Programm bewegt sich in diese Richtung, freilich nicht auf direktem Wege, sondern indem er die Gebiete artikuliert, in welche die Sphäre der Erkenntnis unterteilt sein mag. »Echte Erfahrung« würde diesen sich kontinuierlich entfaltenden Gebieten korrespondieren. Der Kühnheit des Unternehmens entspricht die Umsichtigkeit des Verfahrens, das sich auf drei Forschungsprogramme stützt: dem der Marburger Schule, der Phänomenologie und der Logistik. Im Hinblick auf den Neukantianismus beantwortet Benjamin eine Frage, die er zuerst in Über die Wahrnehmung stellte: Was geschieht, wenn die Unterscheidung zwischen Anschauungs- und Denkformen einmal aufgehoben ist? Die Antwort: Ein »Analogon« dieser Unterscheidung taucht auf einer Stufe über der empirischen Bewußtseins wieder auf. Mit Bezug auf gewisse Entwicklungen in der Logistik, mit denen Benjamin sich vertraut machen mußte, um einen Lösungsversuch des Russellschen Paradoxons (VI, 11) wagen zu können, präzisiert Benjamin dann diese Antwort: Die Kategorien müssen auf Urbegriffe zurückgeführt werden, die so etwas wie einen »logischen Ort« konstituieren. Der Gedanke eines solchen Ortes ist abgestimmt auf die in der Transzendentalen Ästhetik erörterten Begriffe von Raum und Zeit als »Anschauungsformen«. Die Aufhebung der Transzendentalen Ästhetik läßt sich daher mit Hilfe einer Erörterung logischer Orte vollziehen. Vielleicht wäre es aber besser, statt von »logischen« von »phänomenologischen« Orten zu sprechen; denn wie Linke betont, läßt sich bereits von der transzendentalen Phänomenologie sagen, daß sie die Transzendentale Ästhetik ungeheuer bereichert hat (vgl. Linke 1916, 177).

Nimmt man die drei Forschungsprogramme zusammen, dann tragen sie also zu einem gemeinsamen Projekt bei, das die Umwandlung der transzendentalen Analytik in eine »Lehre von den Ordnungen« zum Ziel hat. Diese Lehre bereitet auf die Ausbildung des Erfahrungskontinuums vor: »Es wird vor allem zu erwägen sein ob die Kategorientafel in der Vereinzelung und Unvermitteltheit in der sie dasteht bleiben muß und ob sie nicht überhaupt in einer Lehre von den Ordnungen sei es eine Stelle unter anderen Gliedern einnehmen, sei es selbst zu einer solchen ausgebaut, auf logisch frühere Urbegriffe gegründet oder mit ihnen verbunden werden könne. In eine solche allgemeine Lehre von den Ordnungen würde dann auch dasjenige gehören was Kant in der transzendentalen Ästhetik erörtert« (II, 166).

An dieser Stelle folgt eine ganze Serie von Vorschlägen für weitere Forschungen, die jeweils mit einem »ferner« eingeleitet werden, bis Benjamin schließlich einfach einen Gedankenstrich einfügt – und noch fernere Vorschläge unterbreitet. Unter diesen ist einer ganz besonders wichtig: »Die Fixierung des bei Kant unbekannten Begriffes der Identität« (167). Die enge Verbindung zwischen diesem Forschungsprojekt und Cantors transfiniter Mathematik zeigt sich deutlich in den Thesen über das Identitätsproblem, die auch die Frage einer Korrespondenz zwischen den Arten des Identischen und den »Arten des mathematischen Unendlichen« (VI, 27) berühren. Die Nähe zu Cantor ist sogar noch größer im Falle eines anderen Projekts, das Benjamin im Zusammenhang von Über das Programm entwirft. Benjamin geht es darum, Kants Idee der »unendlichen Aufgabe« vor neukantianischen Aneignungsversuchen zu retten. Seine Überlegungen drehen sich nun nicht mehr um den Urbegriff der Identität, sondern um den der Einheit. Im Gegensatz zu Kant, aber im Verein mit Cohen, verortet Benjamin diesen Urbegriff nicht mehr in der transzendentalen Einheit der Apperzeption, sondern in der Einheit der Wissenschaft. Im Gegensatz zu Cohen glaubt Benjamin allerdings, daß die gesuchte Einheit von ganz anderer Art ist als die von den Wissenschaften gestellten Fragen. Denn die Frage nach dieser Einheit kann weder vorausgesetzt, noch kann sie eigentlich als solche gestellt werden: »Die Einheit der Wissenschaft beruht darin, daß ihr Inbegriff von höherer Mächtigkeit ist, als der Inbegriff aller der an Zahl unendlichen endlichen, d. h. gegebnen, stellbaren Fragen fordern kann. Das heißt die Einheit der Wissenschaft beruht darin daß sie unendliche Aufgabe ist« (VI, 51; vgl. I, 172). Den Begriff der »Mächtigkeit« entlehnt Benjamin eindeutig Cantor, der die Unendlichkeit eines Inbegriffes wie der Menge der natürlichen Zahlen von der Unendlichkeit des linearen Kontinuums unterscheidet (vgl. insbesondere die Abhandlung von Benjamins Großonkel Artur Schoenflies: *Die Entwicklung der Mengenlehre und ihrer Anwendungen*, Erster Abschnitt, »Die Mächtigkeit oder Kardinalzahl«, 4–18; Cantor 1932, 151). Sowohl die Höhe der »höheren Erfahrung« als auch die verbleibende Distanz zum Höchsten bemißt sich daher folgendermaßen: Die »Mächtigkeit« des Inbegriffs höherer Erfahrung ist größer als die »natürlicher Erfahrung«, aber sie ist noch immer von geringerer »Mächtigkeit« als die Unendlichkeit des absolut Unendlichen.

Die von Benjamin projektierte »Lehre von den Ordnungen« ist jedoch in gewissem Sinne nur ein Platzhalter für das, was sich der Bestimmung entzieht. Die »Sphäre der Erkenntnis« ist, im doppelten Sinn des Wortes, epochal: ihr Vorhandensein läßt sich nicht herbeizaubern. Nichtsdestotrotz gewinnt die andernfalls vollkommen leere Anschauung einer höheren Erfahrung an Inhalt, wird sie im Namen einer »Lehre von den Ordnungen« der Autorität von Forschungsprogrammen unterstellt, die jeweils anerkennen, daß »natürliche Erfahrung« außerhalb der Sphäre der Erkenntnis liegt. Im letzten Abschnitt seiner Programmschrift kehrt Benjamin aber zu einem *eigenen* Forschungsvorhaben zurück, das er am vollständigsten bereits in jener anderen, ursprünglich an Scholem adressierten Über-Schrift entwickelt hatte. Das heißt, erst im letzten Abschnitt von ÜBER DAS PROGRAMM gewinnt Benjamin wieder jene Einsicht zurück, auf der ÜBER SPRACHE ÜBERHAUPT UND ÜBER DIE SPRACHE DES MENSCHEN beruht: »Ein in der Reflexion auf das sprachliche Wesen der Erkenntnis gewonnener Begriff von ihr wird einen korrespondierenden Erfahrungsbegriff schaffen der auch Gebiete deren wahrhafte systematische Einordnung Kant nicht gelungen ist umfassen wird« (II, 168). Diese Rückgewinnung einer früheren These, nach der die Reflexion auf das sprachliche Wesen von Erkenntnis auf einen neuen Begriff von Erfahrung führt, ist durch die Rückkehr zu Kant motiviert. Wie Benjamin bemerkt, lehnt Kant den Gedanken ab, daß Philosophie von mathematischen Bezeichnungen Gebrauch machen könnte, und statt dessen besteht er auf der ausschließlich sprachlichen Darstellungsweise der Philosophie (vgl. insbesondere Kant 1787, B 740–66).

Ohne Frage ist dieses Vorhaben nicht weniger kühn als jenes, das Benjamin nur einen Abschnitt vorher formulierte, und in gewisser Hinsicht entsprechen die beiden einander vollkommen. In beiden Fällen sind die Themen, welche eine revidierte transzendentale Ästhetik erörtern wird, »logisch« im doppelten Sinn des Wortes. Was Benjamin von »jeder Sprache« sagt, ließe sich auch von den beiden Anschauungsformen sagen, die Kant identifiziert: Das, »was in der Sprache sich mitteilt, [kann] nicht von außen beschränkt oder gemessen werden, und darum wohnt jeder Sprache ihre inkommensurable einziggeartete Unendlichkeit inne« (II, 143; vgl. auch Fenves 2001, 200–205). Diese Affinität ist wenig überraschend, ist doch nach Kant das Wesen der menschlichen Erkenntnis raum-zeitlich, während nach Benjamin das Wesen von Erkenntnis schlechthin sprachlich ist. Der Unterschied zwischen menschlicher Erkenntnis und Erkenntnis schlechthin, der Kants und Benjamins Versionen transzendentaler Ästhetik trotz aller Ähnlichkeiten trennt, gibt zugleich die Richtung weiterer Forschung vor. Kommende Untersuchungen werden eine Lehre sprachlicher Ordnungen, zu denen auch die göttliche Sprache zu zählen ist, aufzustellen haben. Jeder sprachlichen Ordnung entspricht ein systematisches Gebiet, als »deren Oberstes«, wie Benjamin schreibt, »das Gebiet der Religion zu nennen« ist (II, 168). Auf diese Weise gelingt Benjamin, was andernfalls im Rahmen eines kantischen Programms unmöglich wäre: in der Sphäre der Erkenntnis selbst für eine »Religion« Raum zu schaffen, die Kant aus eben dieser Sphäre verbannt, um sie als Glauben erhalten zu können (vgl. Kant 1787). Allerdings muß betont werden, daß im Gebiet der Religion ebensowenig Raum für die Erkenntnis von Gott ist wie in den Gebieten der Wissenschaften für die Erkenntnis von Weltdingen. Außerdem ist zu unterstreichen, daß Benjamin gute Gründe hat, ÜBER DAS PROGRAMM auf diese Weise zu beenden. Der letzte Abschnitt erhellt im Nachhinein die Kritik von »Erkenntnismythologie«, mit der die Programmschrift einsetzt, ganz einfach weil Religion bedeutet: keine Mythologie.

»Übergang«

Auf diese Weise scheint jedoch die Sphäre der Erkenntnis so weit in das Gebiet der Religion zu fallen, daß beide geradezu als verschiedene Bezeichnungen für ein- und denselben Bereich aufgefaßt werden könnten. Insofern sowohl die Sphäre als auch das Gebiet ihren Ursprung in einem Bruch mit »Erkenntnismythologie« haben, sind beide identisch. Während die Sphäre die Erkenntnisseite dieses Bruchs hervorhebt, erhebt das Gebiet Anspruch auf die Seite, die jenseits aller Mythologie liegt. Diese Äquivalenz treibt Benjamin dazu, seiner Programmschrift einen »Nachtrag« hinzuzufügen. Die Sphäre der Erkenntnis droht, sich auf einen ungegliederten Punkt von Subjekt-Objekt-Neutralität zusammenzuballen, der von den ihn konstituierenden Gebieten nicht mehr unterschieden werden kann. Hegels kritische Beschreibung von Schellings Identitätsphilosophie als der Nacht, worin »alle Kühe schwarz sind« (Hegel 1971, Bd. 3, 22), ist von Benjamins Überlegungen an dieser Stelle vielleicht gar nicht so weit entfernt, ganz besonders deshalb nicht, weil Benjamin selbst Identität als einen der Grundbegriffe der fraglichen Sphäre bestimmt. Etwas von der angedeuteten Bedrohung ist bereits in jener Passage von ÜBER DIE WAHRNEHMUNG spürbar, in der Benjamin darüber spekuliert, was Kant dazu geführt haben mag, Erfahrung und Erkenntnis diskontinuierlich zu machen: »So war von vornherein ein einheitliches erkenntnistheoretisches Zentrum vermieden dessen allzu mächtige Gravitationskraft alle Erfahrung in sich hätte hineinreißen können« (VI, 34). Benjamins Notiz geht diese Schwierigkeit an, indem sie Kants Entscheidung verteidigt, auch wenn der eigentliche Beweggrund dafür dem Autor der *Kritik* verborgen geblieben sein mag: »flache« und »gottlose« Erfahrung *soll* nicht deduziert werden. Hierauf steigt die Idee einer »höheren« Art der Erfahrung einerseits und eines »obersten« Gebiets der Erkenntnis anderseits auf. Der »Nachtrag« wiederholt jedoch keine dieser Überlegungen und führt statt dessen einen neuen Begriff ein: den des

»Daseins«, dessen »Quelle« in der »konkreten Totalität der Erfahrung« liegt (II, 170).

Diese terminologische Änderung sucht einer Gefahr zu begegnen, die auf ihre Weise ebenfalls total ist. Nicht nur scheint die Sphäre der Erkenntnis ununterscheidbar von ihrem höchsten Gebiet zu sein, das letztere droht, mit niedrigeren Gebieten zusammenzufallen. Denn *auch* die Einzelwissenschaften lösen sich von »Erkenntnismythologie«, selbst wenn einzelne Wissenschaftler dies nicht tun. Einer Notiz zufolge, auf die sich der »Nachtrag« bezieht, ist dies sogar im Fall der mathematisierten Physik wahr. Benjamins Versuch eines Beweises, dass die wissenschaftliche Beschreibung eines Vorganges dessen Erklärung voraussetzt (VI, 40–42), legt dar, daß selbst die Physik keineswegs annimmt, daß Gegenstände unabhängig von ihrer Beobachtung existieren; vielmehr findet auch diese paradigmatische Wissenschaft ihre Gegenstände allein im Lichte ihrer Erklärung. Hieraus folgt, daß die »Sphäre der Erkenntnis« weder im Hinblick auf irgendwelche mutmaßlichen Gegenstände noch im Hinblick auf unterschiedliche Schichten des Bewußtseins gegliedert werden kann. Die entscheidende Schwierigkeit, mit der Benjamin zu kämpfen hat, läßt sich daher wie folgt darstellen: Nichts läßt sich von der »Sphäre der Erkenntnis« sagen, außer, daß sie sich von »Erkenntnismythologie« freimacht und infolgedessen von ihren Gebieten ununterscheidbar zu sein scheint: »Im Interesse der Klärung der Beziehung der Philosophie zur Religion ist der Gehalt des vorigen sofern es das systematische Schema der Philosophie angeht zu wiederholen« (II, 168).

So beginnt der »Nachtrag«. Die Wiederholung hat auch eine topologische Veränderung zur Folge: Das Philosophische ist nun ebenfalls in einem »Gebiet« angesiedelt. Nun geht es ausschließlich darum, jenes Gebiet zu artikulieren, welches den Raum der Theorie sozusagen in sich selbst aufgenommen hat. Das »Schema«, auf das Benjamin verweist, stammt wiederum von Kant; Benjamin bezieht sich nun allerdings nicht mehr auf den Kant der *Kritiken,* sondern er wendet sich dem Kant der späten 1790er Jahre zu, den fast jeder Kantforscher dieser Ära für »senil« hielt. Nur dem späten Kant aber enthüllt sich eine »Lücke im System der krit.[ischen] Philos.[ophie]«, die sich aus dem unentbehrlichen, aber noch fehlenden »Übergang von den metaphys.[ischen] Anf.[angs] Gr.[ünden] d.[er] N.[atur] W.[issenschaft] zur Physik« ergibt (Kant 1900 ff., Bd. 12, 254). Für den späten Kant mag dieser Übergang nur einen Nachtrag zum kritischen System gebildet haben; die kommende Philosophie beruht jedoch auf dieser prekären Grundlage. Etwas Ähnliches läßt sich von Benjamin sagen, dessen »Nachtrag« das Schema sowohl verallgemeinert als auch vereinfacht, mit dem ein nach-kritischer Kant den Übergang zu etwas anderem als nachkritischer Philosophie vollzieht. Benjamins »Nachtrag« verallgemeinert Kants Schema, indem er die Physik nur noch als eine Dimension der Lehre unter anderen begreift, und er vereinfacht es, indem er sowohl die »metaphysischen Anfangsgründe« als auch den ihnen entsprechenden Übergang unter den Titel eines Übergangs überhaupt faßt. »Übergang« kann nun zur Übersetzung eines anderen Begriffs dienen, den Benjamin in Über Sprache überhaupt und über die Sprache des Menschen auf ähnliche Weise umgeformt hatte, nämlich »Übersetzung«. So wie die Übersetzung ist auch der Übergang durch »Kontinua der Verwandlung« (II, 151) definiert. Indem »Kritik« in »Lehre« übersetzt wird, erlangt das Gebiet des Philosophischen einen Grad der Artikulation, dessen es andernfalls ermangelte: »Wo das Kritische aufhört und das Dogmatische anfängt ist vielleicht nicht genau aufzuzeigen weil der Begriff des Dogmatischen lediglich den Übergang von Kritik zu Lehre von allgemeinern zu besondern Grundbegriffen kennzeichnen soll. Die ganze Philosophie ist also Erkenntnistheorie, nur eben Theorie, kritische und dogmatische aller Erkenntnis« (169).

Damit gibt Benjamin zumindest teilweise das Schema auf, mit dem Über das Programm operiert. Sicherlich ist Erkenntniskritik weiterhin frei von allen metaphysischen Elementen, aber Metaphysik findet nun keinen Zufluchtsort mehr in »echter Erfahrung«. Vielmehr ist Metaphysik nun nichts anderes als der Übergang von Kritik zu Lehre, und der »Nachtrag« bewegt sich damit in Richtung auf eine philosophische Kinematik. Insoweit Erfahrung noch immer im Metaphysischen wohnt, ist sie nicht so sehr »vergänglich« (158) als vielmehr übergänglich. Allerdings sind Kants Entwürfe zu seinem Übergangsprojekt Benjamin wohl weitgehend unzugänglich gewesen, und vielleicht aus diesem Grund bezieht er sich auf eine ältere philosophische Tradition, um den Übergangscharakter der Metaphysik zu erläutern: »Die Bedeutung des terminus des Metaphysischen wie er im vorigen eingeführt ist besteht nun eben darin diese Grenze [zwischen Philosophie und Einzelwissenschaft] als nicht vorhanden zu erklären und die Umprägung der ›Erfahrung‹ zu ›Metaphysik‹ bedeutet daß im metaphysischen oder dogmatischen Teil der Philosophie, in den der oberste erkenntnis-theoretische, d.i. der kritische Teil übergeht, virtuell die sogenannte Erfahrung eingeschlossen ist« (169). Benjamin folgt an dieser Stelle Leibniz, der die scholastische Idee der Virtualität in seine eigene Programmschrift, den »Discours de la métaphysique«, aufnimmt (vgl. insbesondere Leibniz 1923 ff., Reihe 6,

Bd. 2, 1540). So wie nach Leibniz jedes Prädikat einer substantiellen Form in ihrem Begriff, so ist nach Benjamin »die sogenannte Erfahrung« einer jeden Wissenschaft in ihren metaphysischen Anfangsgründen virtuell enthalten. Und so wie jede substantielle Form, die Gott existieren läßt, sich ihre Prädikate geordnet und in Einklang miteinander vorstellt, so stellt auch jede Wissenschaft ihre »Erfahrung« im Hinblick auf einen spezifischen Erkenntnisbegriff dar, der ihre »Lehre« begründet. Eine Lehre kann nun jeweils »eine Erkenntnis« – nämlich die eines Gegenstandes – zur Darstellung bringen, ohne deshalb der »Erkenntnismythologie« zum Opfer zu fallen; sie bleibt vollkommen monadisch und wird von nichts affiziert als dem Übergang, der virtuell die »Erfahrung« enthält, die sich als ebenso irrealer Gegenstand ihrer Erkenntnis entfaltet. Ein ähnliches Motiv kommt in den Aufzeichnungen des späten Kant zum Ausdruck, dessen theoretische Reflexionen sich vornehmlich mit der Frage beschäftigen, wie der leere Raum der Transzendentalästhetik in den erfüllten Äther der Naturlehre übergehen kann. Im Hinblick auf Benjamins systematisches Schema bedeutet dies: Lehre überwindet die Leere der reinen Kritik. Ihre Gegenstände sind aber gerade nicht Objekte, die über ein passives Subjekt Macht ausüben, das ihnen umgekehrt Herr zu werden sucht. Lehre zielt also auf alles andere als eine Rechtfertigung der Macht der Natur oder der Herrschaft der Menschen über sie. Und doch kommt ihr aufgrund ihrer irrealen – oder ätherischen – Gegenstände Autorität zu.

Wie Benjamin selbst bemerkt, beantwortet diese Schematisierung der Beziehungen zwischen Philosophie, »Metaphysischem« und Einzelwissenschaft jedoch noch nicht die Frage, mit der der »Nachtrag« einsetzt: Wie ist die Beziehung zwischen Philosophie und Religion zu bestimmen? Insoweit letztere nur als Lehre von der Religion in Betracht kommt, braucht das Schema nicht verändert zu werden. Was sich in diesem Fall ändert, ist allerdings die Art und Weise, in der sich der Übergang vollzieht, sowie »die sogenannte Erfahrung«, die in ihm virtuell enthalten ist. Kann der Übergang von Kritik zu Lehre sich jedoch auf verschiedene Weise ereignen, dann muß das Schema einmal mehr in Bewegung versetzt werden. Genau das tut Benjamin in einer Notiz, die auf die Zeit datiert wurde, als Benjamin und Scholem begannen, sich mit *Kants Theorie der Erfahrung* zu beschäftigen. Diese Notiz beantwortet eine Frage, die ÜBER DAS PROGRAMM so nicht ganz stellt: Was bedeutet es, daß niemand die *epoché* vollziehen kann, der »reines erkenntnis-theoretisches (transzendentales) Bewußtsein« entspringt? Benjamins Notiz ersetzt Husserls Begriff »Bewußtsein« durch Cohens »Denken«, und dessen entscheidender Grundzug ist seine »totale Neutralität«. Denken ist nicht Denken von etwas, und im Grunde denkt nichts und niemand. Nicht einmal jenes »Es«, das Lichtenberg und Nietzsche in Kants »Ich denke« einsetzen, befleißigt sich eines vollkommen neutralen Denkens, da dieses denkende Etwas noch immer etwas denken soll: »Aber kann der Mensch als empirisches Wesen überhaupt denken? Ist Denken überhaupt in dem Sinne eine Tätigkeit wie hämmern, nähen, oder ist es keine Tätigkeit auf etwas hin, sondern ein transzendentes Intransitivum, wie gehen ein empirisches?« (VI, 43) Auf der Grundlage eines Schemas systematischer Philosophie, das den letzten Schriften Kants entlehnt ist, macht der »Nachtrag« einen Vorschlag, wie diese Frage zu beantworten wäre: Wo das transzendente Gehen, das »Denken« heißt, in einem *unmittelbaren* Übergang begriffen ist, da reicht die Lehre von der Religion in die der Philosophie.

Ein unmittelbarer Übergang ist aber in gewissem Sinne eine *contradictio in adjecto*. Geht etwas unmittelbar in etwas anderes über, dann handelt es sich weniger um einen Übergang als vielmehr um eine Verklärung. Aus empirischer Sicht läßt sich ein unmittelbarer »Übergang« jedoch leicht vorstellen: In einem direkten Stoß kommt ein Gegenstand plötzlich zum Stillstand, und sein gesamter Impuls teilt sich unmittelbar dem anderen Gegenstand mit. Nun kann allerdings das »Etwas«, gegen das ein »transzendentes Intransitivum« stößt, nicht die Form eines Gegenstandes annehmen, weil reines Denken das Mythologem des Gegenstandes nicht anerkennt. Im »Nachtrag« nennt Benjamin jenes »Etwas«, welches das Gehen des Denkens zum Stillstand bringt, »Dasein«. Damit rückt Benjamin allerdings zugleich von Kant ab, da er »Dasein« nicht im Hinblick auf seine »Position« im Urteil bestimmt, wie es Kant sowohl in seiner frühen Verteidigung als auch in seiner späteren Zurückweisung des ontologischen Gottesbeweises getan hatte (Kant 1900 ff., Bd. 2, 73, sowie Kant 1787, 626). Benjamin erklärt »Dasein« vielmehr im Lichte einer unendlichen Funktion, nämlich der Integration. Mit dieser Erklärung von »Dasein« rückt Benjamin außerdem auch von Cohen ab, da die Integration die Inversion der Differentialfunktion ist, die nach Cohen die Quelle der Realität ist (Cohen 1914, 121–43). Benjamins Revision von Kants grundlegender ontologischer Klärung und seine Inversion der grundlegenden These von Cohens Infinitesimalmethode leiten sich von einer »Lehre« ab, die weder Kant noch Cohen kannten: Benjamin bezieht sich auf die transfinite Mengenlehre, die zwischen unendlichen Einheiten in Abhängigkeit von ihrer »Mächtigkeit« unterscheidet. Die zentrale Frage sowohl des »Nachtrags« als auch der entsprechenden

Passage in Die unendliche Aufgabe ist nun die der Fragestellung selbst: »Ja, es muß gesagt werden: daß die Philosophie überhaupt in ihren Fragestellungen niemals auf die Daseinseinheit sondern immer nur auf neue Einheiten von Gesetzlichkeiten stoßen kann deren Integral ›Dasein‹ ist« (II, 170). Die Mengenlehre ermöglicht es, nach diesem Gedankenstrich jene Frage zu beantworten, mit welcher der »Nachtrag« beginnt: Welche Beziehung hat die Philosophie zur Religion? Die Antwort lautet: In ihrer Lehre stößt Philosophie unweigerlich auf die Lehre von der Religion, da das Integral des unendlichen Inbegriffes von »Einheiten von Gesetzlichkeiten«, auf die Erkenntniskritik stoßen kann, von höherer Mächtigkeit ist als jede einzelne Einheit selbst. Aufgrund ihrer Mächtigkeit macht diese integrale Einheit einen Stoß aus, der den andernfalls kontinuierlichen Gang des Denkens unterbricht.

Diese Verlegenheit sucht die letzte Abänderung des Erfahrungsbegriffs zu bewältigen. Der Schlußteil des »Nachtrags« betraut Erfahrung mit der Aufgabe, Philosophie auf Religion zu beziehen, ohne daß ein Relatum dem anderen untergeordnet würde oder beide auf bloße Momente reduziert würden, die in der konkreten Totalität ihrer wechselseitigen Beziehung dialektisch aufgehoben werden könnten. Nur eines der beiden Relata, nämlich Religion, bildet nach Benjamin eine »konkrete Totalität« (171), und zwar die der Erfahrung – ohne Anführungszeichen. Die Konkretheit dieser Totalität ist Ausdruck ihrer höheren Mächtigkeit: »Es gibt aber eine Einheit der Erfahrung die keineswegs als Summe von Erfahrungen verstanden werden kann« (170). Diese Einheit liegt außerhalb des Denkens. Sie läßt sich nicht denken, nichts läßt sich von ihr sagen –, und eben deshalb *ist* sie *da*. Anders ausgedrückt, die einzig mögliche Beziehung zu dieser »Daseinseinheit« muß *unmittelbar* sein und kann daher allein auf ihrem *Namen* beruhen. Cantors Mengenlehre, die unter einer Menge »jedes Viele [versteht], welches sich als Eines denken läßt« (Cantor 1932, 204), liefert ein prekäres Beispiel für Namen, die aus dem Gebiet des Philosophischen herausfallen: Jede Vielheit, jeder Inbegriff oder jede Konstellation von Einheiten, die wie das absolut Unendliche selbst nicht als Menge oder »Totalität« aufgefaßt werden kann, läßt sich mit einem Namen belegen, ohne doch gedacht werden zu können. Entsprechend kulminiert der »Nachtrag« in einer Erschütterung des Systems: »Die Quelle des Daseins liegt nun aber in der Totalität der Erfahrung und erst in der Lehre stößt die Philosophie auf ein Absolutes, als Dasein, und damit auf jene Kontinuität im Wesen der Erfahrung in deren Vernachlässigung der Mangel des Neukantianismus zu vermuten ist« (II, 170).

Diese Formulierung Benjamins ist präzise, und präzise ist auch seine abschließende Kritik an der Marburger Schule. Benjamin behauptet nicht, daß Philosophie auf *das* Absolutum – oder »das Höchste« – stößt. Vielmehr spricht Benjamin von *einem* Absolutum unter unbestimmbar vielen, die wie das absolut Unendliche selbst jeweils essentiell inkonsistente Vielheiten bilden. Jener Art des Absoluten, das den Gang des Denkens unterbricht, kann aber immerhin eine spezifische Eigenschaft zugeschrieben werden: die völlige Abwesenheit von Stößen, Mängeln oder, positiv gewendet, seine Kontinuität. Die kontinuierliche Fahrt des Denkens, die der Neukantianismus Cohens vollkommen anerkennt, stößt auf eine Kontinuität höherer Ordnung, eine Über- oder Ultra-Kontinuität (vgl. Schoenflies 1913, 208–210), die sich als reine Unterbrechung oder, anders ausgedrückt, als unmittelbarer Übergang manifestiert. In Übereinstimmung mit Benjamins »systematischem Schema der Philosophie« läßt sich außerdem sagen, daß der unmittelbare Übergang von der Philosophie zur Lehre die Totalität der Erfahrung virtuell enthält; denn es gibt schlichtweg keine weiteren Übergangsstufen, in Beziehung auf die eine »Erfahrung« bestimmt werden könnte. Da die Lehre von der Religion im Hinblick auf die »Totalität der Erfahrung« definiert ist, folgt allerdings, daß Philosophie und Religion virtuell eins sind, wie Benjamin selbst, wenn auch zögernd, gegen Ende des »Nachtrags« zu verstehen gibt. Philosophie kann nicht ausdrücken, was Religion beim Namen nennt, aber dieses Unvermögen der Philosophie ist alles andere als bedeutungslos: Es markiert als Unterbrechung im Denken einen kritischen Punkt, von dem die kommende Philosophie ihren Ausgang nehmen kann.

(Übersetzung aus dem Amerikanischen von Markus Hardtmann)

Werk

Über das Programm der kommenden Philosophie (II, 157–171)
Begriffe lassen sich überhaupt nicht denken... (VI, 43)
Dialog über die Religiosität der Gegenwart (II, 16–35)
Eidos und Begriff (VI, 29–31)
Krisis des Darwinismus? (IV, 534–536)
Zur Kritik der Gewalt (II, 179–203)
Lösungsversuch des Russellschen Paradoxons (VI, 11)
Der Moralunterricht (II, 48–54)
Der Regenbogen: Gespräch über die Phantasie (VII, 19–26)
Thesen über das Identitätsproblem (VI, 27–29)
Über die Wahrnehmung (VI, 33–38)
Über Sprache überhaupt und über die Sprache des Menschen (II, 140–157)
Die unendliche Aufgabe (VI, 51–52)

Ursprung des deutschen Trauerspiels (I, 203–409)
Versuch eines Beweises, dass die wissenschaftliche Beschreibung eines Vorganges dessen Erklärung voraussetzt (VI, 40–42)
Wenn nach der Theorie des Duns Scotus... (VI, 22–23)
Wahrnehmung ist Lesen (VI, 32)
Zwei Gedichte von Friedrich Hölderlin (II, 105–126)

Literatur

Cohen, Hermann (1914): Logik der reinen Erkenntnis. Berlin.
Fenves, Peter (2001): Arresting Language: From Leibniz to Benjamin, Stanford.
Feuerbach, Ludwig (1975): Werke in sechs Bänden, hg. v. Erich Thies, Frankfurt a. M.
Geiger, Moritz (1913): »Beiträge zur Phänomenologie des ästhetischen Genusses«, in: Jahrbuch für Philosophie und phänomenologische Forschung 1, 567–684.
Hamacher, Werner (2001): »Intensive Sprachen«, in: Christiaan L. Hart Nibbrig (Hg.): Übersetzen: Walter Benjamin, Frankfurt a. M., 174–235.
Hegel, Georg Wilhelm Friedrich (1971): Werke in zwanzig Bänden, hg. v. Eva Moldenhauer/Karl Markus Michel, Frankfurt a. M.
Hölderlin, Friedrich (1905): Gesammelte Werke, hg. v. Wilhelm Böhm, Bd. 2, hg. v. Paul Ernst, Jena/Leipzig.
Horkheimer, Max (Hg.) (1963): Zeugnisse, Theodor W. Adorno zum sechzigsten Geburtstag, Frankfurt a. M.
Husserl, Edmund (1911): »Philosophie als strenge Wissenschaft«, in: Logos 1, 289–341.
Husserl, Edmund (1913): »Ideen zu einer reinen Phänomenologie und phänomenologischen Philosophie«, in: Jahrbuch für Philosophie und phänomenologische Forschung 1, 1–323.
Kant, Immanuel (1787): Kritik der reinen Vernunft, Leipzig.
Kant, Immanuel (1900 ff.): Gesammelte Schriften, hg. v. Königlich-Preußische [später, Deutsche] Akademie der Wissenschaften zu Berlin, Berlin.
Leibniz, Gottfried Wilhelm (1923 ff.): Sämtliche Schriften und Briefe, hg. v. Preußische [später, Deutsche] Akademie der Wissenschaften, Darmstadt/Leipzig.
Linke, Paul F. (1916): »Das Recht der Phänomenologie: Eine Auseinandersetzung mit Th. Elsenhans«, in: Kant-Studien 21, 163–221.
Nietzsche, Friedrich (1967 ff.): Sämtliche Werke, hg. v. Giorgio Colli/Mazzino Montinari, Berlin.
Schoenflies, Artur (1913): Entwicklung der Mengenlehre und ihrer Anwendungen, erster Teil, Allgemeine Theorie der unendlichen Mengen und Theorie der Punktmenge, Leipzig/Berlin.
Scholem, Gershom (1975): Walter Benjamin – die Geschichte einer Freundschaft, Frankfurt a. M.
Scholem, Gershom (1983): »Walter Benjamin und Felix Noeggerath«, in: ders.: Walter Benjamin und sein Engel, Frankfurt a. M.
Scholem, Gershom (1995–2000): Tagebücher, nebst Aufsätzen und Entwürfen bis 1923, hg. v. Karlfried Gründer/Herbert Kopp-Oberstebrink/Friedrich Niewöhner, u. Mitw. v. Karl E. Grözinger, Frankfurt a. M.

»Der Begriff der Kunstkritik in der deutschen Romantik«

Von Justus Fetscher

Benjamins Dissertation Der Begriff der Kunstkritik in der deutschen Romantik, erarbeitet 1917–1919, geschrieben 1918/19, eingereicht 1919 an der Philosophischen Fakultät der Berner Universität und 1920 gedruckt, schließt, was ihren Denkstil, ihr Reflexionsniveau und ihre sprachliche Dichte betrifft, an die Arbeiten an, mit denen sich Benjamin 1915/16 als ein Denker *sui generis* aus dem Umfeld seiner Generationsgefährten gelöst hatte. Obgleich wesentlich eine Arbeit zur Dichtungstheorie Friedrich Schlegels, befestigt sie Benjamins emphatisches Interesse am Schreiben und Denken dreier Autoren, deren Schätzung bis in die 30er Jahre hinein ein antiklassizistisches Widerlager seiner Goethe-Verehrung bilden werden: Hölderlin, Novalis und Jean Paul. Die Arbeit hatte einen Achtungserfolg, der immerhin beweist, daß das Scheitern von Benjamins universitärer Laufbahn nicht von vornherein feststand. Allerdings steht er im eklatanten Mißverhältnis zur Kanonizität, die Benjamins Schrift in der Romantikforschung seit den 1980er Jahren zukommt. Auf kultur- und technikgeschichtlich noch unentfaltete Weise weist Benjamins Schlüsselbegriff des Reflexionsmediums (welches bei den Frühromantikern die Kunst geworden, dagegen bei Fichte das Ich gewesen sei) auf die Perspektive, aus der er später als Medientheoretiker auf seine Zeit und deren Urgeschichte im 19. Jh. blicken sollte. Zurücktreten wird unterdessen sein Bezug auf das Gebot philosophischer Systematizität, dem Benjamin, Kantisch orientiert, gerade das romantische Kritisieren in Fragmentform unterzogen sehen wollte. Aus der romantischen Kritik ableiten und behalten wird er jedoch einen hohen Begriff des Kritikers als eines Präzeptors seiner Zeit im weitesten Sinne. Auch der markant-gnomische Stil seiner Schriften ist als Verfahren eines postromantisch-fragmentaristischen Montierens von Textbausteinen zu beschreiben (vgl. Schöttker 1999). Schließlich scheinen sich Benjamins begriffliche Um- und Neuprägungen insgesamt, bis zum Passagen-Werk, vom Muster jener mystischen Terminologie herzuschreiben, die er im Begriff der Kunstkritik an dem philosophischen Kritiker Friedrich Schlegel hervorgehoben hat.

Entstehung und Textgestalt

Noch gegen Ende des Ersten Weltkriegs hielt sich Benjamin fest an seiner »Dissertation, welche gerade in diesen Zeitläuften abfassen zu müssen eine heilsame und mögliche Fixierung meines Geistes ist« (1, 488). Die Arbeit entstand im neutralen Berner Exil. Von den schreienden Agonien des Deutschen Reichs hielt sie größtmögliche Distanz. Im Weltkrieg war vieles enthalten, was Benjamins Arbeit ex negativo motivierte: die Selbstdemaskierung des Wilhelminismus und seiner Selbstfeier in den Organen der Publizistik und Bildung, die Diskreditierung eines ins Schlachtgeschrei einstimmenden literarischen Expressionismus, das Scheitern der Jugendbewegung und das dichterische Vermächtnis des Freundes Fritz Heinle. Trotz der von Scholem beobachteten »nationalistische[n] und leichte[n], aber durchaus erkennbare[n] antisemitische[n] Wendung eines Teils der Neukantianer« (Scholem 1997, 65) blieb er Kantisch orientiert und schrieb in einem seiner ersten Briefe aus Bern, er wolle »über Kant und die Geschichte« arbeiten und dadurch erproben, ob er »aus dieser Arbeit [s]eine Doktordissertation werde entwickeln können« (1, 390 f.). Enttäuscht von Kants geschichtsphilosophischen Schriften (400 u. 408), erwägt Benjamin als neues Thema das des »Begriff[s] der ›unendlichen Aufgabe‹ bei Kant« (403; vgl. 408 f.). Die Arbeit, die DER BEGRIFF DER KUNSTKRITIK IN DER DEUTSCHEN ROMANTIK heißen wird, projektiert Benjamin schließlich als ein Thema, in dem die beiden fallengelassenen weiterreflektiert werden: »Die Aufgabe wäre, Kants Ästhetik als wesentliche Voraussetzung der romantischen Kunstkritik [...] zu erweisen« (441). Diese Aufgabe versteht die schließlich eingereichte Dissertation allerdings als von deren Themenstellung aus nicht mehr erfüllbare (64; vgl. aber immerhin 88).

Mit seinem Themenwechsel kehrte Benjamin zu Thesen und Lektüren zurück, die ihn schon länger, und intensiv seit seinen Münchner Semestern 1915–1917, beschäftigten. Schon der 18jährige hatte Hölderlin für sich entdeckt, dessen Bild bei Benjamin einerseits durch die Forschungen Norbert v. Hellingraths, andererseits durch den Freitod Christoph Friedrich Heinles, der Benjamin als ein neuer Hölderlin galt, bestimmt war. Um die thetische Setzung eines Begriffs von Kritik, einer Kritik, die »wie ein chemischer Stoff [...] einen andern nur in dem Sinne angreift, daß er ihn zerlegend dessen innre Natur enthüllt« (349), ging es Benjamin bereits gegen Ende 1916. Und im Mai und Juni 1917 berichtete er von seiner Lektüre der Romantiker, und zwar »zunächst [...] [der] Frühromantik[er]« (358 u. 361–363, Zit. 362). Schon damals, ein Jahr bevor er sich zum Thema des frühromantischen Begriffs der Kunstkritik entscheidet, statuierte er: »die Romantik (sucht) das an der Religion zu leisten was Kant an den theoretischen Gegenständen tat: ihre Form aufzeigen« (363) – eine These, die er in der Doktorarbeit weitreichend entfalten wird (I, 72 u. 83). Zudem implizierte Benjamins Auffassung der romantischen Spekulation auf Religion bereits deren Verschränkung mit dem Historischen, die solche Spekulation zu messianistischer Geschichtsphilosophie macht: »Das Zentrum der Frühromantik ist: Religion und Geschichte« (1, 362; vgl. I, 12, 62, 92 u. 92 Anm. 238). In der Kryptik und Esoterik, mit der die Frühromantiker auf dieses Zentrum deuteten, scheint zugleich die Deutungswürdigkeit und -bedürftigkeit ihrer Schriften mitgesetzt: »die Romantik *muß* man (verständig) interpretieren« (1, 363).

Aus den Quellen – Scholems Tagebüchern, Benjamins Briefen und seinem VERZEICHNIS DER GELESENEN SCHRIFTEN (VII, 437–487, bes. 437–443) – ergibt sich für die Phase der Erarbeitung von DER BEGRIFF DER KUNSTKRITIK etwa folgendes Zeitschema: Mai 1918: Lektüre der Frühromantiker und Diskussion ihrer Texte mit Scholem; Juli 1918: Lektüre von Forschungsliteratur; September/Oktober 1918: intensive Arbeit an der Dissertation; November 1918: »Vom eigentlichen Text ist noch nichts niedergeschrieben aber die Vorarbeit ist ziemlich weit vorgeschritten. [...] Die Beschaffung der Literatur stößt überall auf Hindernisse und was man bekommt ist qualvoll langweilig« (1, 487); Januar 1919: Seminar-Referat über romantische Ironie; März 1919: »meine Dissertation ist bald fertig« (2, 21); April 1919: »Rohschrift« der Dissertation »abgeschlossen« (23); Mai 1919: »ich habe zu ihr [der Dissertation] ein esotherisches [!] Nachwort [...] geschrieben« (26; vgl. hierzu Steiner 1989, 42–46; Ferris 1992, 455–480). Im selben Absatz berichtet Benjamin, er habe die Arbeit seinem Doktorvater übergeben. Das Doktorexamen besteht er am 27. Juni.

Diesen Prozeß (vgl. dazu auch I, 799–803; Tiedemann u. a. 1991, 59–61) vermitteln die Quellen auf jeweils andere Weise. In seinen Briefen scheint Benjamin Erkenntnisse und Thesen, die sich ihm aus der Lektüre ergaben, auf dem Papier und an der Reaktion seines Korrespondenten auszuprobieren. Wesentliche Implikationen und Positionen der Dissertation begegnen hier zum ersten Mal. Der Blick, den Scholems Erinnerungen auf den Promovenden Benjamin werfen, bleibt dagegen distanziert durch jahrzehntegroßen Abstand und die Divergenz der Lebensentwürfe und Lebensläufe Benjamins einer –, Scholems andererseits. Das Buch vermittelt punktuelle und pauschale Eindrücke von Benjamins Lektüre der Frühromantiker, der *Romantischen Schule* Heinrich Heines und der Jean Paulschen *Vorschule der Ästhetik* (vgl. Scholem 1997, 51, 83 u. 87). Etwa auf den September/Oktober 1918 bezieht sich Scholems Erinnerung, daß »Benjamin sehr intensiv an der Dissertation arbeitete und sich dabei ziemlich überanstrengte« (98). Manche Tagebuchaufzeichnungen aus dieser Zeit fassen sich ebenso allgemein: »Wir sprachen [...] dann von Dissertation« (Scholem 2000, 400); »Nachher sprachen wir noch von der Dissertation, Anfang und Schluß« (401). Anders aber als im Erinnerungsbuch zeigt sich der Diarist Scholem intensiv bezogen auf und angeregt durch die akademische Arbeit seines Freundes. Zwei Tage nach seiner Ankunft in Bern hatte ihm Benjamin einen Band Tieckscher Märchen und Geschichten geschenkt (vgl. 221; vgl. 214). Am 24. Juni notiert er: »Ich beginne zu ahnen und aufzufassen, daß zur endgültigen Philosophie eine sehr entschiedene Einsicht in die Dichtkunst gehört« (253). Obgleich hierauf das Bekenntnis folgt, die »Summerei von Friedrich Schlegel« müsse »einem nachgerade auf die Nerven fallen« (ebd.), hält diese Reaktion in ihrer Heftigkeit Verbindung mit dem wenig zuvor protokollierten Interesse an Schlegels Wortspielen und seiner mystischen Terminologie (vgl. 247). Scholems Befassung mit den Romantikern wirkt wie eine monologisch-lesende Parallelaktion zur Promotionsarbeit seines Freundes, den er still belauert, um herauszufinden, mit wem er ihn teilen muß. Schließlich spricht aus den Tagebüchern klarer und krasser die Geringschätzung, mit der die beiden Freunde von Benjamins Doktorvater dachten. Scholems spätere Charakteristik des »recht farblosen, und gerade deswegen ihm [Benjamin] angenehmen« Berner Philosophieprofessors Richard Herbertz (Scholem 1997, 62; vgl. 75) hat hier kaustische Schärfe. Herbertz wird zum »Banausus par excellence« (Scholem 2000, 220; vgl. 264). In Herbertz verkörperte sich für Scholem und Benjamin eine Institution (die Universität), deren Autorität und Anforderungen sie sich nur pro forma beugen wollten. So mußten die Entstehungsumstände der Arbeit den Promovenden dazu bewegen, das ihm (der Zeitgeschichte wie seiner eigenen intellektuellen Persönlichkeit nach) Nächste in seiner Dissertation nur im Modus des Beschweigens oder des esoterischen Ausdrucks zu berücksichtigen.

Zu den Textfassungen des Begriffs und zu ihrer Gestalt haben die Herausgeber der *Gesammelten Schriften* das Wesentliche gesagt (I, 803–810). Manu- oder Typoskripte der Arbeit haben sich nicht erhalten. Gedruckt wurde sie in zwei im Satzspiegel identischen Fassungen: Der Begriff der Kunstkritik in der deutschen Romantik. Inaugural-Dissertation der Philosophischen Fakultät der Universität Bern zur Erlangung der Doktorwürde Vorgelegt von Walter Benjamin aus Berlin. Berlin 1920/ Buchdruckerei Arthur Scholem, Berlin SW 19 Beuthstraße 6; Dr. Walter Benjamin: Der Begriff der Kunstkritik / in der deutschen Romantik. Bern: Verlag von A. Francke, 1920. (Neue Berner Abhandlungen zur Philosophie und ihrer Geschichte. Herausgegeben von Richard Herbertz. Fünftes Heft). Die Abweichungen dieser Drucke gegenüber dem in den *Gesammelten Schriften* gebotenen Text resultieren vor allem auf den Einfügungen Benjamins in sein Handexemplar des Berner Drucks sowie auf einer handschriftlichen Errata-Liste, die der Autor für eine (nicht erfolgte) zweite Auflage der Schrift angefertigt hatte (I, 803 f.). Hervorhebungen Benjamins erscheinen in den Erstausgaben gesperrt, im Druck der *Gesammelten Schriften* kursiviert.

Kontexte (Kerr, Lukács)

Wenige Monate bevor sich Benjamin zu dem Dissertationsthema der romantischen Kunstkritik entschloß, erschien eine 5bändige Sammlung von Schriften des seinerzeit bekanntesten deutschen Kritikers Alfred Kerr. Kerr behauptete in der Einleitung zu diesen Bänden, der Kritiker sei ein »Gegenschöpfer« (Kerr 1917/71, 5). Dies nicht weil er die Werke Gottes, sondern weil er die der Autoren kritisch umschaffe. Seiner Vorstellung nach gilt, »daß der Kritiker ein Künstler« sei (13). Erst er, Kerr, habe eine solche Kritik geschaffen (vgl. 13 f.). Mit einschneidenden Folgen: »Fortan ist zu sagen: Dichtung zerfällt in Epik, Lyrik, Dramatik und Kritik« (4). Denn: »Was Dichtung zu geben hat, gab meine Dichtung der kritischen Kunst« (ebd.). Diese Sätze, geschrieben im November 1917, sind die forscher auftrumpfende Neufassung eines Anspruchs, den Kerr schon 1904 im Vorwort seiner ersten Kritikensammlung angemeldet hatte. Sein kritisches Programm trat deutlich früher auf den Plan als Benjamins Schlegel-Lektüre. Bernd Witte erkannte in ihm – und verwandten Überlegungen zumal Georg Lukács' – die Rechtfertigung und ein Vorbild von Benjamins literaturkritischem Arbeiten (vgl. Witte 1976, 93–97). »Kritik ist eine Kunst«, hieß es bei Kerr 1904 (Kerr 1954, 6). Und deutlicher: »Der wahre Kritiker bleibt für mich ein Dichter: ein Gestalter. [...] Der Dichter ist ein Konstruktor. Der Kritiker ein Konstruktor von Konstruktoren« (7). Denn er »betrachtet Dichter: wie ein Dichter Menschen betrachtet. Man schreibt als Kritiker eine große Arbeit, deren Helden lauter Dichter sind. [...] Auch das ist ein schöpferisches Werk« (8).

Soll wenigstens eines sein: »Wert hat, glaube ich, nur die Kritik, die in sich ein Kunstwerk gibt [...]. Die Kritik, die als eine Dichtungsart anzusehen ist« (ebd.). Kritik, die im Kunstwerk das Kunstwerk hervorbringt und dadurch ihrerseits eines wird: »Produktive Kritik ist eine solche, die ein Kunstwerk in der Kritik schafft. [...] In der Kritik ein Kunstwerk in ihren Äußerungen zu gestalten, eine Schönheit zu zeugen, ein Gebilde zu bilden; nur eine solche Kritik ist produktiv« (ebd.). Im Wortfeld produktiv/Produktion wie in der Figur der genitivischen Potenzierung (Konstruktor von Konstruktoren) hallt hier die Diktion des *Athenäum* nach. Tatsächlich berief sich Kerr auf die Schlegels. Sie sollen Lessing als führenden Kritiker abgelöst haben. Aber »[h]eute reichen die Schlegels nicht mehr hin. [...] Heute wird als Kritiker siegen, wer der größte Künstler ist« (9). Unübersehbar bleibt Kerr damit hinter der romantischen Idee der Kritik zurück. Sein Werkbegriff ist nicht fragmentaristisch gebrochen und paradoxiert; seine Vorstellung vom Ort der Kritik in der Kunst insofern provinziell, als sie von abgegrenzten Gebieten der Epik, Lyrik, Dramatik und Kritik ausgeht und Schlegels Einsicht, daß in jedem literarischen Text eine Kritik impliziert ist, die von der Kritik hervorzuheben und zu befördern sei, übersieht.

Was Kerr von Schlegel trennt, trennt ihn auch von Benjamin. Bestimmt gezielt wirkt der Einspruch, den Benjamins Dissertation – wissentlich oder nicht – erhebt gegen die Simplifikation, die Schlegels Kritik in Kerrs (Selbst-)Darstellung erfahren hatte. Ex negativo, am Abstand dieser beiden Nachzeichnungen des frühromantischen Begriffs der Kritik, läßt sich hier schon Benjamins später, 1930, erhobener Anspruch ablesen, als Deutschlands erster Kritiker zu gelten. Die Thronfolge, die Schlegel durch seine Lessing-Charakteristik und seine übermeisternde Arbeit *Über Goethes Meister* ebenso implizit wie demonstrativ für sich beanspruchte, reklamiert nun – verborgen in einem durchaus literarhistorisch-kunsttheoretischen akademischen Diskurs – der Promovend Benjamin, der es besser macht als der herrschende Kritikerpapst Kerr, weil er, Benjamin, Schlegel besser verstanden hat und besser kritisch weiterzuführen weiß. Die in Benjamins Arbeit verstreut, aber mit einer gewissen Insistenz begegnenden Verweise auf die »heutige Auffassung« (I, 78 u. 80; vgl. 67) der Kritik, die sachlich eine »deteriorierte Praxis« (71), ja der diametrale Gegensatz und interpretatorisch eine »falsche Modernisierung der romantischen Doktrinen« (83, Anm. 209; vgl. 91) sei, ließe sich daher auch als implizite Wendung gegen die literarhistorische Herleitung, die Programmatik wie die Praxis der Kerrschen Kritik lesen.

Zum Analogon und Nachfolger des frühromantischen Fragments (als der paradigmatischen Form frühromantischer Kunstkritik) hatte Georg Lukács 1910 den Essay erklärt. Lukács' Essayband *Die Seele und die Formen* (1911, zuerst ungarisch 1910) beginnt mit einem Brief »Über Wesen und Form des Essays«, der nicht nur Adornos Essay, sondern vielleicht auch schon Benjamins Kritikauffassung mitgeprägt hat. Die beiden Begriffe konvergieren bei Lukács. Er nennt sie in einem Atemzug: »die Kritik, der Essay« (Lukács 1971, 7; vgl. 20). Beide seien anzusehen »als Kunstwerk, als Kunstgattung« (7). Lukács setzt an bei Kerrs Popularisierung der frühromantischen Kunstkritik: »Wilde und Kerr machen eine Weisheit nur allen geläufig, die schon in der deutschen Romantik bekannt war [...]: daß Kritik eine Kunst und keine Wissenschaft sei« (7 f.). Diese Einsicht kennt Lukács als eine antike. An den Sokratischen Dialogen entdeckt er Platon als »den größten Essayisten« (24). Allerdings war dem Essayisten Platon das Leben des Sokrates als »das typische für die Form des Essays« (25) vorgegeben gewesen, weshalb er »dem unmittelbar vor ihm sich abspielenden Leben alles abrang und keines so vermittelnden Mediums bedurfte« (24). Aus dieser Lage findet sich der Autor des modernen Essays verstoßen. Indem sie die Sokratische Ironie fortentwickelt und umlenkt, wird die nachplatonische, nachmystische Essaykunst kritisch und entfaltet sich nunmehr am Vorwand eines schon Geformten (vgl. 27 f.). Einem Vorwand, den der Essayist bald unter sich läßt, weil bei der Befassung mit den einzelnen Werken »die Idee dieses Bildes und dieses Buches übermächtig in ihm geworden ist [...]. *Die* Dichtung ist früher und größer, ist mehr und wichtiger als alle Dichtungen: das ist die alte Lebensstimmung der Kritiker der Literatur, nur konnte sie bloß in unseren Zeiten zur bewußten werden« (28). Benjamins Dissertation wird dann den fragmentaristisch geöffneten Werkbegriff der Frühromantiker mit dem von Lukács beschriebenen wie bedienten Genre Kritik und Essay vergleichen. Schlegel verweise »auf die Doppelnatur des Werkes: es ist nur eine relative Einheit, bleibt ein Essay, in welchem Ein und Alles sich angelegt findet« (I, 75). Was den Lukács von *Die Seele und die Formen* vom künftigen Autor des Begriffs der Kunstkritik scheidet, ist sein, Lukács', härterer und engerer Klassizismus. Ästhetisch: seine unbedingte, nicht mit romantischen Positionen vermittelte Goethe-Verehrung, philosophisch: sein Hegelianismus.

Aufriß des ersten Teils

»Einschränkung der Fragestellung« und *»Die Quellen«*. Benjamin stellt seine Schrift zunächst als eine problemgeschichtliche vor, präzisiert diese Bestimmung in dem Sinne, daß es sich hier um die systematisierbaren Momente des romantischen Denkens über Kunst handele, beschränkt seine Untersuchung dann auf die Fragen nach der Idee der Kunst und des Kunstwerks (im Kontext der Kunstkritik) und erklärt die Beschränkung seiner Quellenbasis auf die Schriften Novalis' und vor allem Friedrich Schlegels, dessen – seiner Kunstkritik zugrundeliegenden – erkenntnistheoretische Positionen aus seinen 1804–1806 gehaltenen, nach ihrem späteren Editor benannten »Windischmannschen Vorlesungen« zu erschließen seien.

Erster Teil: »Die Reflexion«

I. *»Reflexion und Setzung bei Fichte«*. Zunächst rekonstruiert Benjamin den Bezug frühromantischer Ästhetik zur Fichteschen Epistemologie. Benjamin beschreibt die Reflexion als den bevorzugten Denktypus der Romantiker und erklärt ihre Hochschätzung bei Schlegel und Novalis aus ihrer Eignung, mit der reflektierenden Natur des Denkens zugleich dessen intuitiven Charakter zur Geltung zu bringen (vgl. I, 19). Der Unterschied der Frühromantiker zu Fichte liegt für Benjamin darin, daß Fichte die Unendlichkeit der Reflexion aus der theoretischen ganz in die praktische Philosophie hinüberdrängen wollte, während die Romantiker diese Unendlichkeit gerade in der theoretischen Philosophie und damit überall wirksam sahen.

II. *»Die Bedeutung der Reflexion bei den Frühromantikern«*. Vor allem anhand der Windischmannschen Vorlesungen rekonstruiert Benjamin das »Schema der romantischen Erkenntnistheorie« (27). Indem diese eine 1., 2. und 3.(ff.) Reflexionsstufe durchläuft, entfernt sie sich immer weiter von der Fichteschen. Formelhaft: Fichtes »intellektuelle Anschauung ist Denken, das seinen Gegenstand, die Reflexion im Sinne der Romantiker aber Denken, das seine Form erzeugt« (30). Diese Divergenz tritt potenziert erst ab der dritten Reflexionsstufe hervor. Die zweite war das bekannte, von Fichte vertretene Denken des Denkens: »die Urform, die kanonische Form der Reflexion« (ebd.). Sie aber habe bei Fichte einen einzigen Ort gehabt: in der Tathandlung des Subjekts, das sich mit der Form des Satzes Ich-bin-Ich zugleich seinen Gehalt setzt. Benjamin zufolge ist in dieser ursprünglichen Tathandlung zugleich eine Tatsache, ein fait accompli gesetzt (vgl. 29). Dagegen strebten die Frühromantiker in Modi und Sphären der Reflexion, die Benjamin als unaufhörliche, unendliche und sich selbst zersetzende beschreibt. Denn »[a]uf der dritten und jeder höheren Reflexionsstufe geht [...] in dieser Urform [der Reflexion, des Denkens des Denkens] eine Zersetzung vor sich, die in einer eigentümlichen Doppeldeutigkeit sich bekundet. [...] Wenn man von dem Ausdruck ›Denken des Denkens‹ ausgeht, so ist dieser auf der dritten Stufe entweder das gedachte Objekt: Denken (des Denkens des Denkens), oder aber das denkende Subjekt[:] (Denkens des Denkens) des Denkens« (30 f.). Erste »axiomatische Voraussetzung« des frühromantischen Reflexionsbegriffs sei, »daß die Reflexion nicht in eine leere Unendlichkeit verlaufe, sondern in sich selbst substanziell und erfüllt sei« (31). Fichtes Absolutum, das absolute Ich, scheint hier aufzugehen in der »Auflösung der eigentlichen Reflexionsform gegen das Absolutum« (31). Schlegels Absolutes sei Reflexionsmedium, denn »[d]ie Reflexion konstituiert das Absolute, und sie konstituiert es als ein Medium« (37). Seine spätere Bestimmung des Ursprungs als eines seine Vor- und Nachgeschichte verschlingenden Strudels vorwegnehmend, bestimmt Benjamin: »jede einfache Reflexion entspringe absolut aus einem Indifferenzpunkt« (39). Die metaphysische Qualifizierung (Füllung, Benennung) dieses Indifferenzpunktes, der zugleich der (mediale) Mittelpunkt der Reflexion ist, stehe frei. Für Fichte und den Schlegel der Windischmannschen Vorlesungen sei dieser Mittelpunkt das Ich. Dagegen »[i]m frühromantischen Sinne ist der Mittelpunkt der Reflexion die Kunst« (ebd.).

III. *»System und Begriff«*. Schlegels Entwurf einer »zyklische[n] Philosophie« (43) bezeichnet mit einer geometrischen Figur, was in Benjamins Begriffen des Mediums und des Indifferenz- als Mittelpunktes mitgedacht scheint. Horazens regelpoetische Forderung, das epische Gedicht solle medias in res anfangen, sieht Schlegel auch in der philosophischen (System-)Darstellung wirksam (vgl. 43). Benjamin zufolge bestimmt diese Struktur die der romantischen Reflexionsphilosophie: »Die Philosophie beginnt in der Mitte, bedeutet, daß sie keinen ihrer Gegenstände mit der Urreflexion identifiziert, sondern in ihnen ein Mittleres im Medium sieht« (43). Das Medium: die Kunst. »Der Begriff der Kunst ist in der Athenäumszeit eine – und außer dem der Geschichte vielleicht die einzige – legitime Erfüllung der systematischen Intentionen Friedrich Schlegels« (44). Für die von der Frühromantik verfehlte Systematik des Philosophierens findet Benjamin ein (entstelltes) Äquivalent im Mystischen von Schlegels Sprachdenken. Anders als die Philosophie seiner Zeit suchte Friedrich Schlegel, Benjamin zufolge, »dies Absolute« – das Absolute, das auch für

Schlegel ein System, freilich in der Gestalt der Kunst gewesen sei – »nicht systematisch, sondern vielmehr umgekehrt das System absolut zu erfassen. Dies war das Wesen seiner Mystik« (45). Benjamin rekonstruiert das romantische Verfahren, systematische Tragweite durch die Eigendynamik, Kondensations- und Vernetzungskraft sprachlicher Termini, kurz durch die Friedrich Schlegel von seinem Bruder August Wilhelm zugeschriebene mystische Terminologie anzustreben. Den Schlegelschen Hauptbegriff der Kunstkritik erklärt Benjamin aus der Revolutionierung des Wortes Kritik durch die Kantischen Hauptschriften: »für die Romantiker und für die spekulative Philosophie bedeutete der Terminus kritisch: objektiv produktiv, schöpferisch aus Besonnenheit« (51).

IV. *»Die frühromantische Theorie der Naturerkenntnis«*. Benjamin präsentiert hier die vor allem Hardenbergsche (implizite) Theorie der Naturerkenntnis und die vor allem Schlegelsche (implizite) Theorie der Kunsterkenntnis als aufeinander verweisende Aspekte einer romantischen Theorie der Gegenstandserkenntnis. Denn »[a]lle Erkenntnis ist Selbsterkenntnis eines denkenden Wesens, das kein Ich zu sein braucht« (55). Universalisierte Selbsterkenntnis erscheint so als der Analogisierungsgrund, der Selbst- und Objekterkenntnis ineinander übergehen läßt. Dementsprechend denken die Romantiker den Vorgang der Beobachtung nach Maßgabe der Fichteschen Selbstbeobachtung. Wie bei diesem das Ich, so belebt sich bei Novalis alle Natur in Wechselwirkung mit ihrem Beobachtetwerden. Benjamin unterscheidet die Subjekt und Objekt voneinander absetzende szientifische Beobachtung von einer magischen, in der Beobachter und Beobachtetes, Wahrnehmung und Prozeß des Experiments miteinander kommunizieren, ja vereinigt sind. Demnach ist »die Beobachtung [...] das aufkeimende Gegenstandsbewußtsein selbst« (61). Diese Theorie der Naturerkenntnis parallelisiert Benjamin mit zwei anderen. Einerseits mit der Goetheschen Naturerkenntnis und ihrem Anspruch, Empirie und Theorie zu identifizieren, und andererseits zur romantischen (vornehmlich Schlegelschen) Theorie der »Beobachtung geistiger Gebilde« (ebd.), derzufolge Kunstwerk, Kunstkritik und Kunstkritiker in einem und demselben Prozeß der experimentellen Beobachtung des Werks durch den Kritiker (und vice versa) entstehen.

Zweiter Teil: »Die Kunstkritik«

I. *»Die frühromantische Theorie der Kunsterkenntnis«*. Die romantische Kunstkritik identifiziere das schöpferisch-produktive Denken als das der Dichtung: »Der Indifferenzpunkt der Reflexion, an dem diese aus dem Nichts entspringt, ist das poetische Gefühl« (I, 63). Kritik steht demnach zum Kunstwerk im gleichen Verhältnis wie die Beobachtung zum Naturgegenstand. Sie ist »ein Experiment am Kunstwerk, durch welches dessen Reflexion wachgerufen, durch das es zum Bewußtsein und zur Erkenntnis seiner selbst gebracht wird« (65). Das Subjekt dieser Reflexion sei sein Objekt: das Kunstgebilde – oder vielmehr der darin liegende Geist. Daher begreife sich Kritik als Entfaltung der Selbstreflexion und Selbsterkenntnis eines Kunstwerks. Die Steigerung, die das Werk in dieser (romantischen) Kritik erfährt, sei eine dessen Grenzen überschreitende: »die Kritik ist [...] das Medium, in dem sich die Begrenztheit des einzelnen Werkes methodisch auf die Unendlichkeit der Kunst bezieht und endlich in sie übergeführt wird« (67). Schlegels Kunstkritik behauptete sich daher gegen die Dogmatik der Klassizisten wie die Regellosigkeit des Geniekults. »Freiheit von heteronomen ästhetischen Doktrinen« eroberte Schlegel »erst dadurch, daß er ein anderes Kriterium des Kunstwerks aufstellte, als die Regel, das Kriterium eines bestimmten immanenten Aufbaus des Werkes selbst« (71). Die ideale Kritik Schlegelscher Observanz hält zur Spezifik und Singularität des einzelnen Kunstwerks zunächst eine ebenso genaue Verbindung wie die ideale Übersetzung, über die Novalis nachdachte.

II. *»Das Kunstwerk«*. Hieraus folgt: »Die romantische Theorie des Kunstwerks ist die Theorie seiner Form« (72). Form ist, Fichtisch gedacht, »der gegenständliche Ausdruck der dem Werke eigenen Reflexion, welche sein Wesen bildet« (73). Sie ist Ausdruck und Produkt der dem Kunstwerk impliziten Selbstreflexion, weshalb das, was im Werk der Kritik offen steht, ihr vorarbeitet, schon Kritik ist. »Weil aber jede einzelne Reflexion in diesem Medium« – dem des einzelnen Kunstwerks – »nur eine vereinzelte, eine zufällige sein kann, ist auch die Einheit des Werkes gegenüber der der Kunst nur eine relative« (ebd.). Die Einheit des Werks wird durch Kritik zur Einsicht in ihre Relativität gedrängt, somit ins Absolute überführt. War zumal für Schlegel »[d]ie immanente Tendenz des Werkes und demgemäß der Maßstab seiner immanenten Kritik [...] die ihm zugrunde liegende und in seiner Form ausgeprägte Reflexion« (77), so implizierte das, daß seine Kunstkritik »einerseits Vollendung, Ergänzung, Systematisierung des Werkes, andererseits seine Auflösung im Absoluten« intendierte (78). Während Auflösung im Absoluten und Systematisierung in eins fielen, unterliege, was an solcher Kritik Urteil bleibt, dem dreifachen Prinzip der mittelbaren (immanenten) Kriterien, der Positivität des Urteils und der Unkritisierbarkeit des Schlechten, das eben unter aller Kritik, aus sich selbst heraus nicht mehr kritisch zu potenzieren ist. Kritikwürdigkeit und Klassizität der Werke sind einerlei. Für Schlegel und die Seinen urteilt nicht der Kritiker über das Werk, »sondern die Kunst selbst, indem sie entweder im Medium der Kritik das Werk in sich aufnimmt oder es von sich abweist« (80). Darin liegt für Benjamin die Objektivität der romantischen Kunstkritik wie auch des von ihr benutzten Mittels der Ironie.

III. *»Die Idee der Kunst«*. Das mit Idee der Kunst befaßte Unterkapitel besteht aus einer Stafette von Kommentaren zu den romantischen kunsttheoretischen Begriffen: Kunstwerk, Transzendentalpoesie, symbolische Form, Roman, Prosa, Besonnenheit. Knapp rekapituliert es, die romantische Theorie habe die Idee der Kunst definiert als Reflexionsmedium der Formen. Der Tiefe ihrer theoretischen Selbsterfassung nach erscheint »[d]ie romantische Poesie« daher als »die Idee der Poesie selbst« (88). Diese Idee der Poesie war den Romantikern ein Individuum, aber damit zugleich auch ein Unendlich-Universales, ein Kontinuum der denkbaren Ideen (und damit der Darstellungsformen). Da also das allumfassende Kunstwerk (als zeitlich-kontinuierlich-absolutes Ganzes aller Kunstwerke) und die Idee der Kunst aufeinander verweisen, habe Schlegel »[d]ie Darstellung der Idee der Kunst im Gesamtwerk [...] zur Aufgabe der progressiven Universalpoesie gemacht« (91). Als das Wesentliche an dieser Aufgabe erscheint, daß sie »in einem Medium der Formen als dessen fortschreitend genauere Durchwaltung und Ordnung auf das bestimmteste gegeben« (92) sei. Benjamin definiert das Progressive dieser Universalpoesie, gegen die Fortschrittsideologie der schlichten Modernen, als »stetig umfassendere Entfaltung und Steigerung der poetischen Formen« (ebd.) in einem »unendlichen Erfüllungs[...]prozeß« (ebd.). Schlegels Begriff der Transzendentalpoesie meint daher Transzendierung qua Reflexion. »Die Reflexion transzendiert die jeweilige geistige Stufe, um auf die höhere überzugehen« (93), womit zugleich »[d]er Ursprung der höheren Dichtung aus der Reflexion« (ebd.) erklärt wäre. Organ der Transzendentalpoesie ist nach Schlegel die symbolische Form. Als höchste symbolische Form betrachteten die Romantiker den Roman (daher ihre Selbstbenennung). Sie hätten an ihm die »Gesetztheit und reine Sammlung« (98) betont. Die dem Roman wesentliche Eignung und Neigung, sich auf sich selbst zurückzuwenden, korrespondiert dem retardierenden Charakter des Epischen. Für die romantische Lesart des Romangemäßen entscheidend scheint aber, daß dieses Retardierende mikrostrukturell ein Immer-von-Neuem-Ansetzen der Romanrede impliziert, wie Novalis und Schlegel an »Jean Pauls zerfetzten Romanen« (87) erkannten. Was von sprachformaler Seite her den Roman dazu qualifizierte, die »faßbare Erscheinung« (100) jenes Kontinuums der Formen zu sein, das den Romantikern die Kunst war, ist sein prosaischer Charakter. Benjamin sieht in ihm das gemeinsame Fundament von Roman- und kritischer Rede, (reflektierender) Poesie und (Kunst-)Kritik. Denn »[d]ie Idee der Poesie ist die Prosa« (100 f.). Poesie, die Poesie kritisiert, dadurch potenziert, ist eine Literatur, die als prosaische Rede offen ist sowohl zur philosophisch-rhetorischen Rede wie zur Skala aller Sprechweisen. Sie ist als Gegenteil der gebundenen Rede zugleich deren Inbegriff, nämlich die versatilste Form der poetischen Rede, eine Rede, die in jeder Periode ihren Rhythmus wechselt (vgl. 102). Benjamin kennt drei Ausprägungen dieser Einsicht, die erstens in Novalis' Aussagen deutlich erfaßt, zweitens in Schlegels *Lucinde* mehr postuliert als dargestellt und drittens unerkannt in die »philosophischen Grundlagen späterer Kunstschulen« (103), namentlich der französischen Romantik und der deutschen Neuromantik (vgl. ebd., vgl. 107 u. 117), eingegangen sei. Emphatisch präsentiert er als Zentralgestalt dieses Kreises – es ist im weitesten Sinne der der romantischen Kunstphilosophie – Friedrich Hölderlin. Denn »die These, welche seine [Hölderlins] philosophische Beziehung zu den Romantikern stiftet, ist der Satz von der Nüchternheit der Kunst. Dieser Satz ist der im wesentlichen durchaus neue und noch unabsehbar fortwirkende Grundgedanke der romantischen Kunstphilosophie« (103). Er bringt auf den Begriff, was die Romantik als Gesetztheit des Romans, Besonnenheit der poetischen Muse, prosaische Idee der Poesie, als deren durchaus Nicht-Schönes, Mechanisches, Gemachtes und Machbares, also Reflektiertes zu fassen versuchten. Die letzte Konsequenz dieser transhistorischen romantischen Kunstphilosophie scheint darin zu liegen, daß ihre Kunstkritik als »ein Gebilde, das zwar in seinem Entstehen vom Werk veranlaßt, in seinem Bestehen jedoch unabhängig von ihm ist [...][,] vom Kunstwerk nicht prinzipiell unterschieden werden [kann]« (108).

»Die frühromantische Kunsttheorie und Goethe«

Dieses Kapitel hat Epilogs-, Ausblicks- und Spiegelungscharakter. Benjamin hat es der Berner Fakultät nicht mit eingereicht. Seine Themenwahl begründet er mit dem Lehrwert, den der Gegensatz der frühromantischen mit der Goetheschen Kunsttheorie haben soll. Während die Frühromantiker die (wahren) Werke durch deren Kritisierbarkeit definierten, hielt Goethe die Werke für unkritisierbar. Während die frühromantische Idee der Kunst das a priori einer Methode (Selbstbegrenzung und Selbsterhöhung durch formale Reflexion) meinte, ging die Goethesche Kunstphilosophie aus von einem im Gehalt faßbaren Ideal der Kunst. Solcher Gehalt war ihr aufzusuchen an der »begrenzten Vielheit reiner Inhalte, in die es [das Ideal] sich zerlegt« (I, 111). Der Zusammenhang des Goetheschen Kunstideals sei »durch eine Brechung bezeichnet. Die reinen Inhalte als solche sind in keinem Werk zu finden. Goethe nennt sie die Urbilder« (ebd.). Die Urbilder galten Goethe zugleich als unsichtbare und als uneinholbar in den antiken Werken schon vorgestellte. Jenes haben sie mit den platonischen Archetypen gemein, dieses mit den Vorstellungen einer Geschichtsphilosophie, die im Altertum den ein für allemal zurückgelassenen Naturzustand sah. Benjamin präsentiert die Aporien, die mit dieser Konzeption überwunden und generiert werden und verschiebt das hier knapp vorgestellte Verhältnis zwischen wahrer Natur der Kunst und erscheinender Natur der Welt sogleich auf das bei Goethe vermutete zwischen Kunstideal und einzelnem Kunstwerk. Letzteres bleibe ein zufälliges, partizipiere allemal nur (im Sinne der *Metexis*) an den Urbildern des Ideals, das »nach seiner erkenntnistheoretischen Bestimmung Idee im platonischen Sinne« (114) sei. Das (Nur-) Anteilhaben der Werke an der Ideal-Idee verurteilt das Einzelwerk dazu, »gleichsam Torso« (ebd.) zu sein. Dagegen die »Aufhebung der Zufälligkeit, des Torsohaften der Werke ist die Intention in dem Formbegriff Friedrich Schlegels. Dem Ideal gegenüber ist der Torso eine legitime Gestalt, im Medium der Formen hat er keine Stelle. [...] Indem es [das Kunstwerk] sich in seiner Form beschränkt, macht es sich in zufälliger Gestalt vergänglich, in vergehender Gestalt aber ewig durch Kritik« (115). Endlich opponiert Benjamin die romantische Vorstellung, daß »in der Allheit der Werke [...] [sich] die Unendlichkeit der Kunst [erfüllt]«, mit der Goetheschen, daß sich »in der Vielheit der Werke [...] die Einheit der Kunst immer wieder[findet]« (117). Wenn nun »[j]ene Unendlichkeit [...] die der reinen Form, diese Einheit die des reinen Inhalts [ist]« (ebd.), enthält der Unterschied dieser Kunstauffassungen die kardinale Frage nach dem Verhältnis von Form und Inhalt. Goethes und der Frühromantiker Theorien wirkten bis heute (1919) zusammen, um die Frage nach der Form/Inhalt-Relation »dem problemgeschichtlichen Denken vorzustellen. Nur das systematische kann sie lösen« (117 f.). Während Goethe Kritik am Kunstwerk als »weder möglich noch notwendig« (119) angesehen habe, habe sich die Frühromantik der »Paradoxie einer höheren Einschätzung der Kritik als des Werkes« (ebd.) verschrieben. Den konventionellen Einspruch, die Romantiker hätten ihre dichtungstheoretischen Entwürfe dichterisch nicht eingeholt, wendet Benjamin ins Gegenteil um, indem er zumal Friedrich Schlegel »Einhelligkeit in Tat und Gedanken« (ebd.) bescheinigt. Seine Kritik – und Kritik überhaupt – befördere die der Dichtung wesentlich-notwendige Selbstvollendung, indem sie den Schein der »Vielheit der Werke verlöschen [macht]« (ebd.).

Aufnahme

Allen Befürchtungen des Kandidaten zum Trotz hat Benjamin seine Doktorprüfung am 27. Juni 1919 mit der Bestnote bestanden (vgl. Scholem 1997, 107; Scholem 2000, 463; Steiner 2001, 468 f.). Herbertz bewies wohl auch hier seine »völlig neidlose Bewunderung für Benjamins Ingenium« (Scholem 1997, 76). Für die Drucklegung der Arbeit in den *Neueren Berner Abhandlungen zur Philosophie und ihrer Geschichte* erwirkte er im Oktober/November 1919 bei der Berner Kantonalsverwaltung (Direktion des Unterrichtswesens) einen Druckkostenzuschuß für die »ganz vorzügliche Studie« seines Schülers (vgl. Steiner 2001, 469 f.; Zitat aus Herbertz' Brief vom 31. Oktober 1919, 469). Die hierbei bewilligten 150 sFr konnten die Kosten indes nicht decken, weshalb Benjamin überlegte, »in Bern um höhern Zuschuß [...] ein[zu]kommen« (2, 84). Die Buchfassung der Dissertation wurde dann bald bei Scholems Vater in Berlin hergestellt und erschien 1920 als Doppeldruck in Bern bzw. Berlin (s. o.). Ausgeliefert wurde der Band nach dem 23. Juli, als Benjamin an Scholem schrieb: »Meine Dissertation wird bei Ihrem Vater gedruckt« (94), und vor dem 10. Oktober, an dem Florens Christian Rang in einem Brief an Benjamin als einer der »ersten und wohl auch aufmerksamsten Leser[]« (Jäger 1998, 71) des neu erschienenen Buchs hervortrat. In den folgenden Jahren erschienen (kaum mehr als) drei Anzeigen der Dissertation. Benjamin selbst stellte sie in den *Kantstudien* vor (26. Jg., 1921, H. 1/2, 219; auch in I, 707 f.). Emphatisch, aber auch knapp war ihr Lob im *Literarischen Handweiser* (Flaskamp 1921, bes. Sp. 199 f.) und von folgenloser Güte das etwas obenhin ausgesprochene ausführlichere im *Neophilologus* (Sparnaay 1924, bes. 101 f.; vgl. dazu Menninghaus 1987, 236 f.). Beide Rezensionen standen in Sammelbesprechungen. Einigermaßen bedrückend wirkt das Nein des Francke Verlags zu Benjamins Vorschlag, für die Anfang 1924 bis auf wenige Restexemplare verbrannte erste Auflage des Buchs Ersatz durch einen Nachdruck zu schaffen (vgl.

2, 442–444 u. Komm.; vgl. 2, 430 u. 453): »Die 37 Expl., die von Ihrem Buch noch vorrätig sind, werden voraussichtlich für die Nachfrage noch längere Zeit genügen« (2, 444 u. Komm.). Demungeachtet hat »Benjamin [...] eine zweite Auflage ernsthaft in Erwägung gezogen und, wie die sorgfältig formulierten Einschübe und der eingeklebte Zettel im *Handexemplar* beweisen [...], [...] vorbereitet« (I, 803).

Intensive Aufnahme fand Benjamins Dissertation erst nach ihrem Wiederabdruck im zweiten Band der von Theodor W. und Gretel Adorno herausgegebenen Benjaminschen *Schriften* (1955). Winfried Menninghaus und Uwe Steiner haben diese Geschichte luzide dargestellt (vgl. Steiner 1989, 31–37; Menninghaus 1987, 238–253 u. 281–286). Ihre publizierten Arbeiten übertrafen zugleich die bis dahin erschienene Forschung, indem sie das Benjaminsche Buch zum ersten Mal aus seiner eigenen Logik darstellten und verstanden. Die deutschsprachige Benjamin-Literatur der 1990er Jahre hat den biographisch-intellektualitätsgeschichtlichen Kontext, in dem Der Begriff der Kunstkritik entstand, erhellt, insbesondere durch die Edition der Benjaminschen Briefe (1995 ff.) und der Scholemschen Tagebücher 1917–1923 (2000) sowie die von Lorenz Jäger vorangetriebenen Arbeiten über Florens Christian Rang. Seit den späten 80er Jahren intensivierte sich die Kenntnis und Wertschätzung der Benjaminschen Dissertation in der französischen Literaturwissenschaft. Philippe Lacoue-Labarthe schrieb die (leicht, auf Englisch, in *Walter Benjamin and Romanticism*, 9–18, zugängliche) Einleitung zur französischen Ausgabe der Dissertation: *Le concept critique dans le romantisme allemand*, übers. Philippe Lacoue-Labarthe u. Anne-Marie Lang. Paris: Flammarion, 1986 (Neuauflage 2002). Noch stärkere Beachtung fand Benjamin auch mit seinem ersten Buch derweil im englischsprachigen Raum. Schon 1974 las George Steiner die Dissertation als frühe *Summa* der Benjaminschen Schriften: »Walter Benjamin's exposition of the philosophical bases of Romantic criticism contains, in almost every detail, the principals and programme of his own life work« (Steiner 1974). Doch konnte Samuel Weber noch 1990 sagen, Benjamins Begriff der Kunstkritik sei »a work that casts considerable light on the role of romanticism in the development of contemporary critical theory and as such deserves a wider reception than it has received« (Weber 1990, 307). Immerhin erschien 1996 eine englische Übersetzung der Dissertation im ersten Band von Benjamins *Selected Writings* (Bd. 1: *1913–1926*, hg. Marcus Bullock u. Michael W. Jennings. Cambridge/Mass. u. London: The Belknap Press of Harvard UP, 1996, 116–200). Unterdessen war 1992 in den *Studies in Romanticism* ein Themenheft *Walter Benjamin on Romanticism* erschienen (Ferris 1992). Zwei seiner Beiträge sind wiederabgedruckt in dem Sammelband *Walter Benjamin and Romanticism* (2002). Seine außerordentlich dichten (teils übersetzten, teils Original-) Beiträge markieren einen Einschnitt für die Diskussion und Schätzung der Benjaminschen Dissertation und ihrer theoretischen Ansprüche und Implikationen. Avancierte neuere Arbeiten zur frühromantischen Poetik beziehen sich selbstverständlich auf Benjamins Dissertation und versuchen ebenso beiläufig wie respektvoll einzelne Thesen und Einsichten dieser Schrift zu explizieren und weiterzuführen (vgl. Schumacher 2000, 169, 214, 220; Chaouli 2004, 63, Anm. 50; 84, 119).

Romantikkritik

Sosehr Benjamins Dissertation das Verständnis der frühromantischen Ästhetik und Philosophie gefördert hat, so deutlich bleibt der Abstand zwischen seinen und den Anschauungen und Verfahrensweisen Schlegels und Hardenbergs. Winfried Menninghaus demonstriert an den »wesentliche[n] Beschränkungen und Verfälschungen«, der »Gewaltsamkeit« von Benjamins Behandlung seiner Textzeugen die im Begriff der Kunstkritik begegnende Strapazierung des romantischen Reflexionsbegriffs, Vernachlässigung der Rolle von poetischem Gefühl und Einbildungskraft in der Kunstphilosophie Schlegels und Novalis' und also den um so größeren Anspruch, den Benjamin seiner theoretischen Konstruktion auflasten mußte (vgl. Menninghaus 1987, 31, 42 u. 61). Zwei neuere Studien zu Benjamins Dissertation haben deren Verhältnis zu ihrem Gegenstand noch kritischer verstanden. Sam Weber las *den Begriff der Kunstkritik als Verschiebung des Begriffs Romantik* selbst, der dabei seine literarhistorische Signifikanz abstreift und zum Synonym für das Bewußtsein vom allegorischen Charakter der Kritik in der gegenwärtigen (dekonstruktiven) Literaturwissenschaft wird (vgl. Weber 1990, 317 f.). Und Rodolphe Gasché hat an der Dissertation Benjamins »direct hostility towards Romantic insights« herausgestellt (Gasché 2002, 52; vgl. 56, 66 u. ö.). Solche Feindseligkeit richte sich gegen die frühromantische Identifikation des Absoluten mit der »Individualität der Kunsteinheit« (I, 89), jener Einheit, die für Schlegel im Kontinuum der Formen bestanden haben soll. Diese Hypostasierung und Grenzverwischung, die Kunst mit Kritik, die einzelnen Werke mit ihrem Absolutum, das Profane (der kritischen Kunst) mit dem Sakralen vermengt, kritisiert Gasché heftig – oder sieht sie vielmehr schon bei Benjamin kritisiert (vgl. Gasché 2002, 62;

vgl. Weber 1990, 315 f.). Die frühromantische Kunstkritik habe ihren eigenen Anspruch verfehlt, das generisch Unterschiedene ununterschieden gelassen und damit Benjamins »hypercriticism« (Gasché 2002, 67), seine Kritik der unzulänglichen frühromantischen Kritik provoziert. Zwar liest Gasché die Unterscheidung von wahrer Mystik und falschem Mystizismus (vgl. I, 96, Anm. 251) in dem Sinne, daß Schlegels Denken in Benjamins Augen ganz dem Mystizismus verfallen sein soll (vgl. Gasché 2002, 56 u. 62) – obwohl die Dissertation vom »Wesen seiner [der Schlegelschen] Mystik« (I, 45), nicht: seines Mystizismus, spricht, und die Emphase, mit der Benjamin die mystische Terminologie Schlegels epistemologisch restituiert und in seiner eigenen Begriffsarbeit fortschreibt, auf eine Rehabilitation zu zielen scheint. Festzuhalten sind aber die darstellungsformalen und weltanschaulich-philosophischen Differenzen zwischen Benjamin und den Frühromantikern. Sie lassen sich bezeichnen mit vier operativen Begriffen, die Benjamin bei seiner Darstellung frühromantischer Gedanken verwendet: Intention, Tendenz, Analyse und System.

Von Benjamins Blick auf die Intention der Frühromantiker spricht auch Gasché (vgl. Gasché 2002, 53, 54 u. 67 f.). Offenbar erklärt sich mit ihr jene von Benjamin bei den Romantikern vorgefundene »ungeheure Diskrepanz zwischen dem Anspruch und der Leistung ihrer theoretischen Philosophie« (I, 52). Dabei ist, was die Romantiker als Theoretiker intendierten, nicht allein aus ihrer expliziten Programmatik abzulesen. Zumal die »objektive Intention« (80) ihrer Kunstkritik findet ihre Bestätigung vielmehr in der »historische[n] Geltungsdauer« (ebd.) ihrer Einschätzungen. Objektivität scheint Benjamin als das engste Korrelat frühromantischer (theoretisch-kunstkritischer) Intention angesehen zu haben. Ihre Intention ist Intention auf Objektivität. Jedenfalls bestimmt er »[d]ie Aufhebung der Zufälligkeit« als »die Intention in dem Formbegriff Friedrich Schlegels« (115). Intentionaler Art ist indes nicht nur, was Benjamin der Schlegelschen Sprache abgewinnt, sondern auch schon deren eigenes Bestrebtsein. Zumal das prekärste und zentrale Agens der kunstkritischen Objektivität, den Schlegelschen Begriff der Ironie, findet Benjamin weniger durch sein willkürliches Zielen auf bestimmte Sachverhalte als »mehr noch als eine lediglich intentionale Einstellung« (81) charakterisiert. Benjamins Ausdeutung der frühromantischen Intentionen erscheint von daher als Ausformulierung eines Willens, explizite Fortschreibung einer Willensart. Dieser Wille ist nicht in erster Linie personal, sondern ein Einzelfall dessen, was im Sprachaufsatz als Art des Meinens, Intention auf Sprache konzipiert worden war.

Durch das Moment der Einstellung nähert sich solche Intention dem Begriff der Tendenz. Was nämlich Schlegel wie Novalis »intentioniert« haben (hier geht die Intention in ein energisches Verb ein), sind oder denotieren allemal »Tendenzen« (102). Die implizite und explizite frühromantische Theorie der Kunstkritik durch Freilegung ihrer Tendenzen auf ihre philosophische Basis zurückzuführen, war Benjamins erklärtes Programm: »das Thema meiner Dissertation [...]: die philosophischen Grundlagen der romantischen Kunstkritik. [...] der Stoff erweist sich als ungeheuer spröde[,] wenn ich ihm das tiefere [Thema] abgewinnen will[,] und eine Dissertation verlangt Quellennachweise, die doch bei der Romantik für gewisse ihrer tiefsten Tendenzen kaum zu finden sind« (1, 455). Die Suchmethode der Arbeit bildet sich durch (und überbietet) die Suchmethode ihres Gegenstands. Nicht nur findet Benjamin bei Schlegel »jene[] terminologische[] Tendenz« (I, 50), die vielleicht allem mystischen Denken eigne. Schon die frühromantische Kunstkritik selbst setzte an bei der Einsicht in die »immanente Tendenz des Werkes« (77), die von der Kritik zu sich befreit und potenziert werde. Das scheinbare Dilemma in der Behauptung solcher Tendenzen legt Benjamin selbst dar: »es ist nicht abzusehen, wie ein Werk an seinen eigenen Tendenzen kritisiert werden könnte, weil diese Tendenzen, soweit sie einwandfrei feststellbar, erfüllt, und soweit sie unerfüllt, nicht einwandfrei feststellbar sind« (ebd.). Doch habe die frühromantische Kritik diese Paradoxie aufgelöst, indem sie die immanente Tendenz eines Werks in der »ihm zugrunde liegende[n] und in seiner Form ausgeprägte[n] Reflexion« (ebd.) erkannte. Was Benjamin als die paradoxe Aufgabe der frühromantischen Kunstkritik angesichts der Werke hervorhebt, entspricht der Aufgabe, die er sich selbst angesichts dieser Kunstkritik gestellt hat. Die von ihm »dargestellten Tendenzen« (107, Anm. 294) Friedrich Schlegels interpretieren philosophisch, was dieser selbst an den ihm zeitgenössischen poetischen Produkten erkannt hatte: »Die Tendenz der meisten [...] modernen Gedichte ist philosophisch« (Schlegel zit. n. I, 107, Anm. 294). Wie Benjamin alles Politisch-Geschichtsphilosophische im Denken der Romantiker nur beiläufig-esoterisch behandelt, übergeht er hier den Tendenzen-Begriff der frühromantischen Zeitdiagnostik, die wesentlich eine registrierend-korrektive Lektüre und Zuschreibung von Tendenzen des gegenwärtigen Zeitalters war. Nicht zufällig nimmt er ihn im Programm für die Zeitschrift ANGELUS NOVUS wieder auf.

Intentionen und Tendenzen sind Scheidungserkenntnisse. Sie treten dadurch hervor, daß Wichtiges von Unwichtigem abgehoben, Implizites aus Explizitem hervorgeholt wird. Kantische und chemisch-alchemische Terminologie mischend, verwendet Benjamin hierfür den Begriff der Analyse. Seine Arbeit sei »die Analysis« des Begriffs der Kunstkritik »nach seinen eigensten philosophischen Intentionen« (I, 80). Wo immer Benjamin von Scheidung, Lösung, Ablösung, Auflösung und Zersetzung (von Kontexten, Sinnschichten, Gedankenfiguren wie auch der einzelnen Kunstwerke und ihrer Gehalte) spricht (vgl. etwa 30, 34, 68, 77, 84, 86, 97, 98, 101, 115 Anm. 307, 116), scheint er ein chemisches Verständnis des Terminus Analyse vorauszusetzen. Ihm korreliert, wie auch bei Kant, der Terminus Synthese, der in der hier angeführten Rede der Romantiker vom organischen Ganzen der antiken Dichtung und von der künftigen organischen (transzendentalen) Poesie (vgl. 90 u. 94) im Spiel sein mag. Umgriffen werden Analyse und Synthese vom Begriff der »begrifflichen Konzentration« (93), deren Paradigma in Schlegels Wort von der ›Transzendentalpoesie‹ vorzuliegen scheint, wie von dem der »›Darstellung‹ im Sinne der Chemie« (109), den Schlegel in einem Sinn verwendet haben soll, der Benjamins Definition der Kritik als eines Experiments am Kunstwerk entspricht (vgl. 65). Somit scheinen Analyse und Synthese einander zu korrigieren wie zuzuarbeiten. Indem die Frühromantik, etwa im 116. *Athenäums*-Fragment, »die Synthese an allen Begriffen vornimmt« (108), benötigt eine philosophische Erläuterung ihrer Kunstkritik die Mittel der Synthese wie der Analyse. Der Synthese, um das Analysierte zu restituieren. Der Analyse, um das begrifflich-fragmentarisch Synthetisierte auf seinen theoretischen Ort zurückzuführen und von dort aus ideelich-systematisch zu konfigurieren. Dieses tut Benjamin insbesondere anhand der Windischmannschen Vorlesungen, deren »Analysis [...] für das Verständnis von Schlegels Kunstphilosophie um 1800 eine notwendige Bedingung [bleibt]« (34).

Wenn der Benjamin der späteren 1910er Jahre von Philosophie spricht, meint er systematische Philosophie nach Kantischem Muster. Tatsächlich verweisen Benjamins Berufung auf die Intentionen und Tendenzen der frühromantischen Schriften, alle seine eigenen Analysen dieser Texte und ihrer synthetisierten Begriffe auf das System, das in der frühromantischen Kunstkritik impliziert war und, wo sie es verfehlt, ihre Fehler aufweisbar macht. Jedenfalls hatte Schlegel eine »systematische[...] Intention« (44), wurde sein und Hardenbergs Denken »durch systematische Tendenzen [...] bestimmt« (41; vgl. 42), soll die »Analysis der Windischmannschen Vorlesungen« das »System der Vorlesungen« (34) herausstellen. Denn zwar hatte Schlegel zur Zeit der Frühromantik »kein philosophisches System niedergelegt« (15), wohl aber scheint eines in seinen damaligen Schriften impliziert, wenn nicht angestrebt zu sein. Hat Schlegel sich doch »niemals [...] schlechthin als Gegner der Systematiker bekannt« (42). Schlegels Wendung vom »Geist des Systems, der etwas ganz anderes ist als ein System« (Schlegel zit. n. I, 40), mache es sich zwar zu leicht, »aber diese Worte führen doch« – als Intentionsanzeige, als Tendenz, in der Analyse – »auf das Entscheidende« (40). So kennt die romantische Erkenntniskritik eine Potenzierung des Denkens durch sein intuitives Erkanntwerden, welches Denken des Denkens »das System [bildet]« (28); die Reflexion ist den Frühromantikern – anders als bei Fichte – »ein absolut systematisches Denken« (32; vgl. 21 u. 26). So »verweist der Begriff der Transzendentalpoesie zurück auf das systematische Zentrum, aus dem die romantische Kunstphilosophie hervorgegangen ist« (93). Mehr noch: Romantische Kunstkritik ist nicht nur systematisch abgeleitet, sondern ihrerseits systematisierend. Kritik im Sinne der Romantiker ist »einerseits [...] Systematisierung des Werkes, andrerseits seine Auflösung im Absoluten« (78). Absolutum und System scheinen zu koinzidieren (vgl. auch 21, 37 u. 46), aber sich ihrem Indifferenzpunkt von entgegengesetzten Seiten zu nähern.

Die systematische Richtung, die Benjamins Befragung und Darstellung der frühromantischen Kunstkritik verfolgen würde, hatte der Promovend schon etwa anderthalb Jahre vor der Niederschrift der Arbeit vorgegeben. »Von einer Zusammenstellung Friedrich Schlegelscher Fragmente nach ihren systematischen Grundgedanken gehe ich aus«, schrieb er im Juni 1917 (1, 362). Diese Arbeit sei »natürlich rein interpretierend« (ebd.). Der erste Abschnitt der Einleitung zum Begriff der Kunstkritik betont dann unablässig diesen Zusammenhang zwischen System und Interpretation. Die Arbeit richte sich auf die »systematisch faßbaren Momente im romantischen Denken« (I, 12). Sie sei eine »als solche gewiß systematisch orientierte Untersuchung« (ebd.), aber keine »rein systematische« (ebd.) und folgt damit wohl – sachlich wie methodisch – der »eigentümlichen Systematik von Friedrich Schlegels Denken« (ebd.). Ihr Gegenstand soll hier »nach den romantischen Theoretikern der Kunst systematisch dargestellt werden« (14; vgl. etwa 57, Anm. 141) – ein »nach«, das nicht nur die Quellen, sondern auch die Vorgehensweise der Arbeit anzugeben scheint.

Halb konzediert Benjamin, daß er dieser Kunstphilosophie eine gedankliche und sprachliche Fassung gibt, die sie bei den Frühromantikern nicht hatte, daß »ihnen die [hier von Benjamin] geprägten Formulierungen in ihrer systematischen Schärfe zum Teil gewiß fern lagen« (80). Die höchste Schärfe des romantischen Denkens über Kunst mag in der Unschärfe ihrer Begriffssynthesen, im mal mystischen, mal mystizistischen Erkennen mittels der Versenkung in identifizierende Termini gelegen haben. Auf die skeptische Frage der bisherigen Forschung, warum sich bei den Romantikern die (ihnen hier zugeschriebenen) »systematischen Grundgedanken [...] in so auffallend dunkler, ja mystifizierender Rede [...] niedergelegt fänden« (40), hat Benjamin eine Antwort, die Erklärung, Rechtfertigung und Kritik zugleich scheint: »Schlegel selbst vermochte nicht, den mystischen Impuls absoluter Erfassung des Systems [...] von sich fernzuhalten« (46). Die Ambivalenz dieses Urteils ist vielleicht größer, als Gasché zugestehen mochte. Das Mystische an Schlegels Kunsttheorie scheint mitten inne zu stehen zwischen dem »radikalen mystischen Formalismus« (21) von Fichtes Epistemologie und der katholisch-orthodoxen Dogmatik, die das bestehende einzelne Werk (der Kunst, tendenziell damit wohl auch Gottes) als Mysterium enthüllt (vgl. 86), die »Mysterien der Kunst und Wissenschaft« (Schlegel zit. n. I, 96) zu verkünden anhebt. Sogar bei Kant, seinem Hauptzeugen für die Denkprinzipien der Analyse, der Synthese und des Systems, beobachtet Benjamin, daß in »seiner Terminologie gar nicht wenig mystischer Geist enthalten ist« (52).

Eine systematische Lücke im frühromantischen Denken hat Benjamin allerdings nicht nur erschlossen oder bedauert, sondern streng benannt. Sie ist das genaue Widerspiel jener Trübungen der Begriffe und des Denkens, die die Gefahr mystischer Identifikationen darstellen. Unerbittlich lapidar konstatierte Benjamin, daß Schlegel »kein Verständnis für den Systemwert der Ethik hatte« (44). Sie schien bei ihm durch die Ästhetik verdrängt. Obwohl die Opposition, die hier durchscheint, Kierkegaardisch ist, mißt Benjamin den Ausfall der Ethik in Schlegels systematisch-sein-sollendem Denken explizit vielmehr an Positionen Kants, Fichtes, Goethes und Hölderlins. Seit Kant war das Gebiet der Ethik synonym mit dem der praktischen Philosophie, und der ihr gewidmete Teil galt Fichte in *Über den Begriff der Wissenschaftslehre* (1794), einer der wichtigsten Quellen von Benjamins Darstellung der Fichteschen Lehre, als »an sich bei weitem der Wichtigste« (Fichte 1997, § 8, 74). Diesem emphatischen Superlativ aber begegnete bei Schlegel ein negativer. Denn »die praktische [...] interessierte Friedrich Schlegel am wenigsten« (I, 22) – was heißt: die praktische Philosophie (vielleicht nicht nur) Fichtes. Ebenso beiläufig und doch zugleich deutlich hat Benjamin in einer späteren Fußnote diese Blindheit frühromantischer Bestimmungen an der Äquivokation des Terminus rein dargelegt. Der Terminus bezeichne einerseits die »methodische Dignität« eines Begriffs, andererseits habe er eine »inhaltlich positive, wenn man will sittlich gefärbte Bedeutung« (117, Anm. 315). Beide Bedeutungen sind konnotiert im Ideal eines reinen Inhalts von Kunstwerken, der vom Chor der antiken Musen abgeleitet scheint. Hingegen könne »die absolute Form«, auf die die frühromantische Kunsttheorie hinauszuwollen scheint, »allein im methodischen Sinne als rein bezeichnet werden«: »Denn deren sachliche Bestimmung – welche der Reinheit des Inhalts entspricht – ist vermutlich die Strenge. Dies haben die Romantiker [...] nicht ausgeprägt; auch dies ein Gedankenkreis, in welchem Hölderlin sie überragte« (ebd.).

Formbildungen. Zur Sprache des »Begriffs der Kunstkritik«

Die rhetorischen Mittel, deren sich Benjamin im Begriff der Kunstkritik bedient, scheinen unscheinbar verborgen in seiner Zitationstechnik, Syntax und Lexik. Auf vermittelte Weise liegen sie auf der Linie des von Benjamin an seinem Gegenstand Herausgearbeiteten. Auch wenn es forciert scheinen mag, im Begriff der Kunstkritik schon jenes Verfahren der scheinbar nur geringfügig kontextualisierten Zitat-Collage sich abzeichnen zu sehen, das Benjamin im Passagen-Werk praktizieren wird (vgl. Lacoue-Labarthe 2002, 18), so ist doch seine Zitationstechnik vergleichsweise brüsk. Die Zitate sind unvermittelter eingerückt, härter miteinander und mit dem diskursiven Text Benjamins verfugt und zumal auch, wie Winfried Menninghaus nachgewiesen hat (Menninghaus 1987, 30–71), resoluter – mitunter bis zur Amputation und Entstellung – zugerichtet und ausgeschnitten als es akademisch üblich sein sollte. Was Benjamin meist durch knappe, kaum mehr als anmoderierende Überleitungen vermeidet, tritt im Ausnahmefall kraß zutage. Dann folgen übergangslos vier Zitate von insgesamt fast einer Druckseite Länge aufeinander (vgl. I, 90 f.).

Solche Verfugung mag in der von Benjamin betonten engen symphilosophischen Korrespondenz frühromantischer, zumal Schlegelscher und Hardenbergscher Reflexionen, ihr Vorbild wie ihren Grund haben. Deutlicher spiegelt sich die konstitutive Rolle der Reflexion für die romantische Kunsttheorie in Benjamins umfassenden Gebrauch reflexiver Verbformen. Nicht nur die späterhin für Adornos Stil charakteristische Nachstellung des Reflexivpronomens, sondern vor allem auch die Intensität seiner Verwendung stellt sich hier ein als Niederschlag, Produkt, Ausfluß und syntaktisches Korrelat des Dissertationsthemas. Allerdings ist diese Intensität eine beiläufig-versteckte. Das erste Reflexivum des Textes erscheint ganz im Stil der selbstverständlichen Erinnerung: »Eine Begriffsbestimmung der Kunstkritik wird man sich ohne erkenntniskritische Voraussetzungen ebenso wie ohne ästhetische denken können« (I, 11) – immerhin in einem Satz, der Schlüsselworte der Benjaminschen Methode und These zusammenführt. Selten jedoch macht diese Verbform so massiv auf sich aufmerksam wie in jener Qualifizierung des Denkers Novalis, »auf dessen [...] Grundbegriff der Reflexion die Schlegelsche Erkenntnistheorie [...] zwanglos sich muß beziehen lassen« (16). Das volle Gewicht und die denkfigürliche Dignität des Reflexivums deutet sich dort immerhin an, wo es sich zur Darlegung des Unterschieds zwischen der Fichteschen und der frühromantischen Reflexionstheorie wie unvermeidlich einstellt: »Auf der dritten und jeder höheren Reflexionsstufe geht jedoch in dieser Urform eine Zersetzung vor sich, die in einer eigentümlichen Doppeldeutigkeit sich bekundet« (30).

Benjamins Darlegung der frühromantischen Position von der Ich-Freiheit der Reflexion, deren privilegiertes Medium vielmehr die sich reflektierende Kunst selbst sei, zeitigte also Konsequenzen in seiner Verwendung des Zeitworts. Anders als in den späteren Schriften liegt das kraftvoll gemeisterte Schwergewicht seiner Argumentation nicht in den »zupackenden« finiten Verben. Vielmehr sind diese hier eigentümlich blaß, eingehegt in neutrale »es«-Konstruktionen, Passiv- und Reflexiv-Formen. Die Selbstläufigkeit, Apersonalität, alle Psychologie persönlichen Agierens abweisende Abstraktheit und Anonymität der von Benjamin vorgestellten Prozesse (im Kunstwerk, in der Kunstkritik, in der Kunstphilosophie und Erkenntnistheorie) findet Ausdruck in einer Sprache, die Nietzsches Einsicht in die leere Prätention von Verbmetaphern verinnerlicht zu haben scheint. Einer Sprache, der geistiges Wesen, der sprachphilosophischen Überzeugung des jungen Benjamin nach, ein reflexiv-überpersonales (göttliches) ist: »die deutsche Sprache [...] ist der unmittelbare Ausdruck dessen, was sich in ihr mitteilt. Dieses ›Sich‹ ist ein geistiges Wesen« (II, 141, Über Sprache überhaupt und über die Sprache des Menschen). Mehr noch: Benjamin scheint seinen Hauptbegriff Reflexionsmedium grammatisch zu denken, bei den Abstrakta Reflexivum und Medium auch die zwei damit benannten (und einander benachbarten) Typen von Verben im Sinn zu haben. Was Fichtes *Wissenschaftslehre* im Begriff der Tathandlung in ihrer Theorie des Wechsel-Tuns und -Leidens zusammenbrachte: eine Osmose von Aktivität und Passivität, leisten auf der Ebene der Benjaminschen Darstellung die medialen und vor allem die reflexiven Verben. Ihr Paradigma könnte mit einer Formel der Philosophiegeschichte als das sese cogitare (der Reflexion) bezeichnet werden. Wenn nämlich Kunstwerke, Schlegels Wort über den *Wilhelm Meister* zufolge (einem Wort, das sich Benjamin zueigen macht), sich selbst beurteilen, dann ist Kunstkritik explizit-reflexiver Nachvollzug (damit Verstärkung) solcher Selbstkritik des Werks: »Nicht der Kritiker fällt über dieses das Urteil, sondern die Kunst selbst, indem sie es entweder im Medium der Kritik in sich aufnimmt oder es von sich abweist« (I, 80; vgl. 69). Kunstkritik ist Sich-Selbst-Kritisieren der Kunst, einer Kunst, die hier im subjektiven wie objektiven Genitiv steht, weil ihr Tun-und-Leiden modal-reflexiv ist.

Daß Kritik ihrem etymologischen Auftrag nach unterscheidet, eine philologisch-philosophische Scheidekunst ist, war dem Kant- und Schlegelleser Benjamin wohl bewußt. Zum Mystischen an seiner Arbeit könnte gehören, daß sie diese Scheidungen nicht nur chemisch, sondern auch alchemisch versteht. Aufgrund von Benjamins Orientierung am Kantischen Muster ist »eine strikte Unterscheidung zwischen Begriffen, die üblicherweise als benachbart oder zusammengehörig verwendet werden, für den erkenntnistheoretischen Anspruch des Benjaminschen Frühwerks kennzeichnend« (Lindner 1999, 1704 f.). Daß für den jungen Benjamin die Termini Begriff, Eidos, Bild, Idee, Ideal im Zentrum dieses Differenzierungsprozesses standen, erklärt sich aus deren Zentralität in der philosophischen Tradition und zumal im deutschen Idealismus (zu Benjamins Verständnis dieser Termini in/zur Zeit der Dissertation vgl. Scholem 2000, 142 f.). Das gilt insbesondere auch für seine Doktorarbeit. Ihr Gedankengang ließe sich, ausweislich ihres ersten (im Titel gegebenen) und ihres letzten Nomens, beschreiben als ein vom Begriff zur Idee führender. Ihre Textgestalt und ihr Argumentationsstil erscheinen als Spannung, Differenz, wechselseitige Verweisung, Ergänzung, Beschränkung und Produktion des Begrifflichen (vor allem seiner mystischen Synthesekraft) einerseits, des über allen Begriff gehenden (durch kein Wort zu fixierenden, nur kontextuell-konstellativ umschreibbaren) Ideelichen andererseits. Entscheidend für Benjamins reflexiv-überbietenden Nachvollzug dieser Denkfigur (scharfe Trennung des Nahbenachbarten) ist die Einsicht in ihr produktives Potential. Stärker noch als in den Begriffsdialektiken des deutschen Idealismus sind Benjamins terminologische Scheidungen zugleich Auflösungen konventioneller Definitionsgrenzen und (häufig neologistische) Kontaminationen der bis dato getrennt gehaltenen Terme (vgl. Lindner 1999, 1705).

Die quasi-selbstläufige, jedenfalls als Tendenz erkennbare, kreierbare, damit zu befördernde Bewegung der Kunstkritik in den Werken selbst hat Friedrich

Schlegel in *Über die Unverständlichkeit* (1800) zu einer Sprachtheorie entfaltet. Danach gelte, wie Benjamin Schlegel zitiert, »daß die Worte sich selbst oft besser verstehen, als diejenigen, von denen sie gebraucht werden [...] daß es unter den philosophischen Worten [...] geheime Ordensverbindungen gibt« (zit. n. I, 49). Hier scheint das Zentrum der frühromantischen Sprachphilosophie wie ihrer Benjaminschen Behandlung angesprochen. Mit dem Wort von den geheimen Ordensverbindungen mochte Schlegel die Anonymität der *Athenäums*-Fragmente verteidigen, die Unpersönlichkeit der um sich selbst bekümmerten Sprache betonen, die handlungslenkende Maschinerie der seit Goethes *Meister* florierenden Geheimgesellschafts-Romane ins Innersprachliche verlegen und die genieästhetische Vorstellung vom kreativen Autor zum chemischen Modell eigendynamischer Scheidung und Bindung der Termini umstellen (siehe Chaouli: *Das Laboratorium der Poesie*) – Benjamin entnimmt ihm vor allem eine Technik der Zusammensetzung von Begriffen, wie sie das Wort Ordensverbindungen sowohl beschreibt wie darstellt. Was Benjamin nach Niederschrift der Arbeit an Ernst Schoen schreibt: »Die Komposition der Arbeit hat hohe Ansprüche, ebenso z. T. die Prosa« (2, 26), klingt zunächst so, als wolle er den ihm befreundeten Komponisten auf die sprachmusikalischen Faktur seiner Schrift hinweisen. (Zumal er ihm gegenüber seine Konkordanz von Schlegelschen und Hardenbergschen Aussagen schon als »Fragmentenharmonie« [1, 456; vgl. 1, 362] bezeichnet hatte.) Der Terminus ›Komposition‹ jedoch meint hier vermutlich eine Fortschreibung des frühromantischen Verfahrens der Kompositabildung. Mit großem Nachdruck restituiert Benjamins Arbeit die Gründe und die Methode der »zahlreichen terminologischen Neubildungen Friedrich Schlegels« (I, 47) und findet sie in August Wilhelm Schlegels Wort von der mystischen Terminologie seines Bruders auf den Begriff gebracht (vgl. ebd.). Was Schlegel leistete, erscheint als eine – von Fichtes »radikale[m] mystischen Formalismus« (21) vorbereitete und Novalis‹ »eigentümliche[r] Erkenntnismystik« (15) begleitete – »mystisch-terminologische Verschmelzung des ästhetischen mit dem philologischen Kritikbegriff« (79, Anm. 203). Eine Verschmelzung, die diese beiläufig in einer Fußnote begegnende Formulierung auf dreierlei Weise nachvollzieht: durch Bindestrich-Verklammerung (»mystisch-terminologisch«), durch Begriffskomposition (»Kritikbegriff«) und durch den Begriff des Mystischen selbst, der allemal eine unio mystica impliziert: Versenkung des Ichs ins Göttliche, Durchdringung von Subjekt und Objekt der Erkenntnis (wie in der frühromantischen Naturerkenntnis vgl. I, 53–61; vgl. das Motto aus Goethes *Farbenlehre*, 10), Fusion von philosophischer und philologisch-ästhetischer Erkenntnis, Wahrheit und Sprachdenken.

An frühromantischen Begriffsbildungen entwickelt Benjamin den überragenden funktionalen Stellenwert der Komposita. Paradigmatisch bestätigen sie Schlegels Definition: »*der* Gedanke eben, worin man die Welt in eins zusammenfassen und den man wieder zu einer Welt erweitern kann, [...] ist, was man Begriff nennt« (zit. n. I, 48). Entsprechend rühmt Benjamin am 116. *Athenäums*-Fragment, daß es »die Synthese an allen Begriffen vornimmt« (108), und bescheinigt Schlegels Neologismus von der Transzendentalpoesie die Qualität einer »begrifflichen Konzentration« (93). Auf die Formel gebracht ist der Gewinn der Kompositabildungen in dem von Schlegel zitierten Fichteschen Terminus, wonach solche Komposita »Wechselbegriff[e]« sind, die einen »Wechselbeweis« zu führen erlauben (Schlegel zit. n. I, 43). Sichtbar wird hier die enge Verknüpfung der Vokabeln Begriff und Kunstkritik, die Benjamins Dissertation im Titel voranstehen. Kunstkritik ist bei Benjamin oberster Begriff, weil sie Wechselbegriff ist: Kunst, die Kritik, und Kritik, die Kunst ist. Die Intensität solcher Verbindungen betonend, scheint Benjamin bei seinen wichtigsten Komposita den vielleicht zu blassen Bindestrich zu meiden zugunsten wie selbstverständlicher Zusammenschreibungen. So stellt er Schlegels »Meisterrezension« dicht, aber privilegiert neben und über dessen »Woldemar-Rezension« (69 Anm. 177).

Alexander Honold hat den Kern von Benjamins Begriffskompositionstechnik benannt: »Im Kompositum der ›Kunstkritik‹ [...] ist zudem der Status der Kritik jenem der Kunst wesentlich gleichgestellt« (Honold 2000, 28). »Kunstkritik«, diese »merkwürdige Verkettung [...], durch welche der Begriff der Kritik zum esoterischen Hauptbegriff der Romantischen Schule [...] wurde« (I, 50 f.), ist als mystische Verschmelzung von Kunst und Kritik das Meisterstück von Schlegels Schreiben. Das Muster ist damit gesetzt. Benjamin fand es wieder auch in Schlegels »mystische[r] These, daß die Kunst selbst ein Werk sei« (91). Also erklärt sich das Wort Kunstwerk als Wechselbegriff: Kunst, die sich in Werken manifestiert; Werke, deren Vielheit kritisch im Totum der Kunst aufgehen (verlöschen). Am Ende verschmelzen ihm die beiden zentralen Komposita seiner Darstellung. Wenn Kunstkritik »vom Kunstwerk nicht prinzipiell unterschieden werden (kann)« (108), dann wäre Kunst: Kritikwerk und Werkkritik. Man kann das Begriffsalchemie nennen oder eben terminologische Mystik. Offensichtlich ist sowohl das Spielerische wie der Ernst, mit denen Benjamin diese Zusammenhänge erkundet. Denn die entscheidenden

Begriffe von Benjamins Arbeit tendieren zu dieser Wechselbegriff-Qualität. Wenn David Ferris beklagt, der von Benjamin verwendete Terminus »problemgeschichtlich«, »this compound« (Ferris 1992, 463 Anm. 15), sei schwer ins Englische zu übersetzen, so erinnert er daran, daß exzessiv-intensive Kompositabildung ein morphologisches Spezifikum der deutschen Sprache ist. Tatsächlich liest sich Benjamins Schrift als Schauplatz der Bewegung, Überlagerung und Fortführung, Förderung mehrerer Schichten und Etappen von Kompositabildungen im Deutschen. Unverkennbar bezieht sich Benjamin auf sie alle zurück: auf Kants Begriff der Synthese und seine Synthesenbildungen, auf Fichtes Zentralbegriffe Wissenschaftslehre und Tathandlung, auf Goethes *Farbenlehre*, auf Schlegels und Novalis' Neologismen, auf die Arbeitsbegriffe der Philosophie- und Geistesgeschichte des 19. Jh.s (Erkenntniskritik, problemgeschichtlich), vielleicht auch noch auf die Sprache der Husserlschen Phänomenologie, die er um 1913 zur Kenntnis zu nehmen beginnt (vgl. 1, 144 u. 147; vgl. Witte 1976, 221, Anm. 140).

Natürlich sind diese Schichten und Begriffe zu unterscheiden. Daß sich Benjamin der Gefahr, der im vorschnell vereinheitlichenden verführerischen Schein von Kompositabildungen liegt, bewußt war, zeigt etwa sein Einwand gegen die »sprachliche Bildung des Titels« von Hölderlins Gedicht *Dichtermuth und Blödigkeit*, deren erstes Wort problematisch scheine, »da eine eigentümliche Unklarheit jene Tugend auszeichnet, der man den Namen ihres Trägers beigibt, uns so auf eine Trübung ihrer Reinheit durch allzugroße Lebensnähe dieser Tugend hinweis[t]. (Vergl. die Sprachbildung: Weibertreue)« (II, 111). Und auch den späten Schlegel bezichtigt er der »Amalgamierungen und gegenseitige[n] Trübungen mehrerer Begriffe des Absolutums« (I, 45). Wo aber die Begriffe abstrakt, lebensfern und klar genug sind, sind ihre Zusammensetzungen – hier und in Benjamins anderen Schriften – erkenntnisintensive uniones mysticae, die er teils aufnimmt (wie von den Hölderlinschen die Verfahrungsart und das Epitheton des Heilignüchternen (vgl. 104 f.), von den Frühromantikern etwa die Allfähigkeit, das Dichtungsvermögen, die Divinationskunst, das Farbenspiel, die Ideenkunst, die Kunstlehre, Kunstpoesie, Kunstsprache, das Kunsturteil, den Kunstwert, die Lebensfülle, den Mutwillen, die Natureinsicht, die Selbstbeschränkung, -reflexion, -schöpfung, die Transzendentalpoesie, den Universalgeist, die Universalpoesie, Universalphilosophie, den Wechselbegriff, Wechselbeweis und die Zentralantike. An seinem wichtigsten Neologismus, dem Terminus »Reflexionsmedium« schätzte Benjamin gerade, daß hier »[d]er Doppelsinn der Bezeichnung [...] in diesem Fall keine Unklarheit mit sich (bringt). Denn einerseits ist die Reflexion selbst ein Medium [...], andererseits ist das fragliche Medium ein solches, in dem die Reflexion sich bewegt« (36, Anm. 60). Offensichtlich ist es in analoger Weise gebildet worden wie das Kompositum »Kunstkritik«.

Vom Begriff der Kunstkritik aus erscheint Benjamins ganzes Werk als ein unentwegtes Verfahren der Scheidung und Fügung, Analyse und Synthese von Begriffen. Von Begriffen, die in der Entwicklung seiner Erfahrungen und Schriften Kondensate, Kraftzentren, ja beinahe magische Formeln geworden sind: Jugendbewegung, Kunstkritik, Kunstwerk, Reflexionsmedium, Trauerspiel, Begriffsmystik (III, 97), Einbahnstraße, Passagenarbeit, Jetztzeit, Geistesgegenwart usw. In ihnen konvergieren Sprache und Denken, Philologie und Philosophie, Kompositionskunst und Begriffsarbeit, Name und Wahrheit. Kunstkritik geht ihnen dem Typus wie der Logik nach voran, denn sie bezeichnet das produktive, alle weiteren Kompositabildungen ermöglichende Paradox einer Kritik (Scheidung), die als Scheidekunst immer schon zugleich Medium der Zusammensetzung (Komposition) – mithin der Zusammensetzung durch Rekombination des Geschiedenen – ist. Im Blick auf die hierbei miteinander ins Spiel kommenden Darstellungs- und Erkenntnisfelder ließe sich sagen: Der Begriff der Kunstkritik behauptet die Sprache als Vermittlungsgrund von Chemie und Musik.

Der »Begriff der Kunstkritik« in Benjamins Werk

Ab Mitte der 20er Jahre verschieben sich Benjamins Berufungen auf die deutsche Romantik vom Jenaer Kreis hin zu jenem transzendentalen Triumvirat, das seine Gegner in Baader, Schelling und Ritter sehen wollten. David Baumgardts Habilitation über *Franz von Baader und die politische Romantik* nimmt Benjamin vier Jahre nach ihrem Erscheinen zum Gegenstand eines Artikels, der sich von der Rezension zum Porträt, in romantischer Terminologie: von der Kritik zur Charakteristik (und das heißt wohl, für Benjamin, auch zur intellektuellen Physiognomik) hin bewegt. Zum neben Baumgardt wichtigsten Wiederentdecker Baaders war in der Zwischenzeit Max Pulver geworden, den Benjamin in seiner Münchner Studienzeit kennengelernt (vgl. Brodersen 1990, 74 f.; 1, 361 f. u. 364 f.), und dessen Doktorarbeit über *Romantische Ironie und romantische Komödie* er im Begriff der Kunstkritik zustimmend zitiert hatte (vgl. I, 33, Anm. 48; 84, Anm. 211 u. 85, Anm. 215). Wie Ludwig Klages und wie Paul Häberlin, bei dem Benjamin in Bern studiert hatte, sollte sich auch Pulver der Graphologie und mithin jener Schriftform der Physiognomik zuwenden, die Benjamin sehr ernst nahm und hier vielleicht im Sinn hat, wenn er an Baumgardts Buch dessen »akademische Zurückhaltung [...] dem Physiognomischen gegenüber« bemängelt (Baumgardt 1927, in: III, 304–308, Zit. 305; zur Entstehung vgl. 3, 488 f.).

Im URSPRUNG DES DEUTSCHEN TRAUERSPIELS (1928) hat Benjamin seine Dissertation mit einem Halbsatz rekapituliert wie relativiert: »Wo die Romantik in dem Namen der Unendlichkeit, der Form und der Idee das vollendete Gebilde kritisch potenziert«, eben da »verwandelt [...] der allegorische Tiefblick Dinge und Werke in erregende Schrift« (URSPRUNG DES DEUTSCHEN TRAUERSPIELS, I, 352). Diese Gegenüberstellung kontrastiert den Allegoriebegriff der Tradition und zumal des 17. Jh.s mit dem Symbolbegriff einer Klassik, den die Romantik auf fatale Weise fortgeschrieben zu haben scheint. Romantische Einsicht in den Eigenwert der Allegorie scheint dennoch angedeutet bei Novalis, ausphantasiert bei Jean Paul und zeichentheoretisch ausformuliert bei Franz v. Baader und Johann Wilhelm Ritter (vgl. 360–364 u. 387 f.). Baader stellte heraus, was Benjamin den »Schriftcharakter der Allegorie« nennt (359), Ritter aber die Unzertrennlichkeit von Laut- und Schriftsprache in deren Vermittlung durch die Musik. Brieflich hatte Benjamin bereits erläutert, die Tendenz von Ritters Sprachreflexionen sei, »das Schriftzeichen als ebenso natürliches und offenbarungshaftes Element [...] zu statuieren wie von jeher für die Sprachmystiker das Wort es ist« (2, 437). Allerdings so, daß Ritter dieses Zeichen weder als konventionell noch als rein-graphisches ansieht, sondern »seine Deduktion« vielmehr von dem Satz ausgeht, »daß das Schriftbild Bild des *Tones* sei und nicht etwa der unmittelbar bezeichneten Dinge« (ebd.). Im Trauerspiel-Buch hat Benjamin diese Vorstellung als hellsten Punkt in der »virtuelle[n] romantische[n] Theorie der Allegorie« (I, 388) dialektisch expliziert. Musik figuriert demnach bei Baader als zentrale Antithesis zwischen der Thesis der Laut- und der Synthesis der Schriftsprache. Ritters Erörterungen bekunden damit die »unverkennbare Verwandtschaft von Barock und Romantik«, während die der Allegorie gewidmeten Reflexionen Friedrich Schlegels »die Tiefe der Ritterschen Ausführung nicht erreichen« (ebd.). Ihre Esoterik des Klangschriftbildes scheint Schlegels Wortmystik zu übertreffen.

Hier wie in seinen Briefen hat Benjamin diese Überlegenheit der Ritterschen Theorie über die der Frühromantiker emphatisch hervorgehoben. Was Ritter gedanklich umspielt, ist seit dem Sprach-Aufsatz der Kern von Benjamins Philosophieren: die göttliche Wirkung in der Geschichte der Sprache. Ritters Gedanken führten zu »Aufgaben, die weit über das Bereich romantischer Intuition wie auch untheologischen Philosophierens hinausliegen« (ebd.). Die Elative und Superlative, mit denen Benjamin von Ritter spricht, indizieren allemal eine Überbietung des Jenaer Paares Schlegel-Novalis. Zumal die Vorrede zu Ritters *Fragmente eines Physikers* sei »die extremste Romantik, die mir – im Moralischen – je vorgekommen ist« (3, 17), die »bedeutendste Bekenntnisprosa der deutschen Romantik« (DEUTSCHE MENSCHEN, IV, 176 f.), ja sie mache erst einleuchtend, »was eigentlich romantische Esoterik wirklich ist. Dagegen ist Novalis ein Volksredner« (2, 437). Die im Verfahren der Allegorie beschlossene Temporalisierung, Entindividualisierung und Historisierung des ethisch-ästhetischen Raums, der sich Benjamin im Trauerspiel-Buch verschrieb, äußert sich in einem Theoretisieren, dessen Sympathie mit dem Esoterischen noch die mystische Terminologie der Frühromantiker verstummen läßt.

Benjamins letztes gewichtiges Wort zur deutschen Romantik ist seine Rezension von Albert Béguins *L'âme romantique et le rêve.* Die Charakterisierungskunst, die er bei Baumgardts Darstellung der Baaderschen Philosophie vermißt hatte, konzediert er dem französischen Autor gern. Béguin bewähre sich als »Charakteristiker«, seine »Porträtstudien« seien »physiognomische Kabinettstücke« (III, 560). Den Kontexten, in denen Béguins Buch stand, konnte sich Benjamin intellektuell wie biographisch verbunden sehen. Daß die Kenntnis und Schätzung des Surrealismus »die Ausrichtung des Verfassers« (557) Béguin bestimme, er sich daher bemühe, »aus dem Bereich der akademischen Forschung herauszutreten« (ebd.), mußte ihn bei Benjamin empfehlen. Zeitgleich nämlich mit seiner Abwendung vom universitären Betrieb hatte Benjamin in der zweiten Hälfte der 20er Jahre begonnen, einen Gutteil der geschichtsphilosophischen Potentiale, die er bis dato der deutschen Romantik abgelesen hatte, als politische Befreiungsversprechen dem französischen Surrealismus zuzuschreiben.

Béguin allerdings habe »den historischen Standindex der romantischen Intentionen« (558) verkannt und somit deren umstandslose Aktualisierbarkeit falsch eingeschätzt. In drei gedrängten Absätzen trägt Benjamin vor, was er an historischer Erkenntnis bei Béguin einzuklagen und implicite wohl auch am Begriff der Kunstkritik zu ergänzen hat. Die Bindung der romantischen Dichtung an die Sphäre der Finsternis und die zu enge Verflechtung der Romantiker in den Literaturbetrieb scheint diese Autoren als Wegweiser einer politisch-geschichtlichen Befreiung zu disqualifizieren. Von den aus der Dissertation bekannten vier

Schlüsselbegriffen zum Verfahren romantischer Philosophie rekapituliert Benjamin drei: Analyse, Synthese und Mystik, um in zweideutigen, tendenziell abwertenden Worten das zweideutige, tendenziell Restaurative dieser Bewegung zu kennzeichnen. Die Romantik habe »einen Prozess vollendet, den das 18. Jahrhundert begonnen hatte: die Säkularisierung der mystischen Tradition« (559). Von dem Benjamin, der sich zur Zeit der Arbeit an seiner Dissertation überzeugt gab, die Romantik hätte die Tradition »hinübergerettet« (1, 363), scheint der Rezensent von 1939 weit entfernt – es sei denn, man liest auch diese Hinüberrettung als eine in Form der Säkularisierung vollzogene. Jedenfalls deutet Benjamin nun als Konsequenz dieser Säkularisation, was ihm 1917 als Konsequenz jener Hinüberrettung erschienen war: die Rückkehr der Romantiker »in den Schoß der [katholischen] Kirche« (III, 559). Den Grat zwischen wahrer Mystik und falschem Mystizismus, auf dem der Promovend Benjamin seine Hauptfigur Schlegel bedenklich balancieren, aber wohl doch mehr zur Seite der Mystik tendieren sah (vgl. I, 45–50, 95–97), daß die Romantik degradiert scheint zu einem der Symptome für ihrerzeitige »Korruption der mystischen Lehren und Bedürfnisse« (III, 559). Lapidar: »Die romantische Esoterik [...] war eine Restaurationsbewegung mit allen Gewalttätigkeiten einer solchen« (ebd.). Gegen die Gewalttätigkeiten der neuesten Restaurationsbewegung – der »Bewegung« schlechthin – suchte der exilierte Benjamin Gegengewalten und konnte sie in der deutschen Romantik nicht mehr finden. Sie verfiel der Kritik.

Werk

Der Begriff der Kunstkritik in der deutschen Romantik (I, 7–122)
Rez. zu Albert Béguin: L'âme romantique et le rêve (III, 557–560)
Selbstanzeige der Dissertation (I, 707 f.)
Ein Schwarmgeist auf dem Katheder: Franz von Baader (III, 304–308)
Über Sprache überhaupt und über die Sprache des Menschen (II, 140–157)
Ursprung des deutschen Trauerspiels (I, 203–430)
Zwei Gedichte von Friedrich Hölderlin (II, 105–126)

Literatur

Adorno, Theodor W. (1955): Einleitung, in: ders./Gretel Adorno (Hg.): Walter Benjamin: Schriften, Frankfurt a. M., Bd. I, VIII-XXVII.

Baumgardt, David (1927): Franz von Baader und die philosophische Romantik, Halle/Saale.

Brodersen, Momme (1990): Spinne im eigenen Netz. Walter Benjamin. Leben und Werk, Bühl-Moss.

Chaouli, Michel (2004): Das Laboratorium der Poesie. Chemie und Poetik bei Friedrich Schlegel, übers. v. Ingrid Proß-Gill, Paderborn.

Ferris, David (1992): »›Truth is the Death of Intention‹: Walter Benjamin's Esoteric History of Romanticism«, in: Studies in Romanticism 31, 455–480 [Beitrag zum Themenheft Studies in Romanticism 31/4 (Winter 1992): Walter Benjamin on Romanticism, hg. v. David Ferris].

Fichte, Johann Gottlieb (1997): Über den Begriff der Wissenschaftslehre oder der sogenannten Philosophie, hg. v. Edmund Braun, Stuttgart.

Flaskamp, Christoph (1921): »Prophetische Romantik«, in: Literarischer Handweiser 57, Nr. 5, Sp. 193–200, bes. Sp. 199 f.

Gasché, Rodolphe (2002): »The Sober Absolute: On Benjamin and the Early Romantics«, in: Hanssen/Benjamin 2002, 51–68 u. 214 f.

Gebhardt, Peter (1976): »Über einige Voraussetzungen der Literaturkritik Benjamins«, in: Peter Gebhardt u. a. (Hg.): Walter Benjamin – Zeitgenosse der Moderne, Kronberg, Ts, 71–93.

Hanssen, Beatrice/Andrew Benjamin (2002) (Hg.): Walter Benjamin and Romanticism, London/New York.

Honold, Alexander (2000): Der Leser Walter Benjamin. Bruchstücke einer deutschen Literaturgeschichte, Berlin.

Jäger, Lorenz (1998): Messianische Kritik. Studien zu Leben und Werk von Florens Christian Rang, Köln/Weimar/Wien [zuerst phil. Diss. Frankfurt/M. 1985].

Kambas, Chryssoula (1979): »Walter Benjamins Verarbeitung der deutschen Frühromantik«, in: Gisela Dischner/Richard Faber (Hg.): Romantische Utopie. Utopische Romantik, Hildesheim, 187–221.

Kerr, Alfred (1954): Vorwort (1904), in: ders.: Die Welt im Drama, hg. v. Gerhard F. Hering, Köln/Berlin, 5–9.

Kerr, Alfred (1971): »Einleitung zu den Gesammelten Schriften« [1917], in: ders.: Theaterkritiken, hg. v. Jürgen Behrens, Stuttgart, 3–19.

Lacoue-Labarthe, Philippe (2002): »Introduction to Walter Benjamin's The Concept of Art Criticism in German Romanticism«, in: Hanssen/Benjamin 2002, 9–18 u. 208 f.

Lindner, Burkhardt (1999): »Derrida. Benjamin. Holocaust. Zur Dekonstruktion der ›Kritik der Gewalt‹«, in: Klaus Garber/Ludger Rehm (Hg.): global benjamin, Bd. 3, München, 1691–1723.

Lukács, Georg (1971): Die Seele und die Formen, Neuwied/Berlin.

Menninghaus, Winfried (1980): »Walter Benjamins romantische Idee des Kunstwerks und seiner Idee«, in: Poetica 12, 421–442.

Menninghaus, Winfried (1987): »Walter Benjamins Darstellung der romantischen Reflexionstheorie«, in: ders.: Unendliche Verdoppelung. Die frühromantische Grundlegung der Kunsttheorie im Begriff absoluter Selbstreflexion, Frankfurt a. M., 30–71 u. 256–259.

Menninghaus, Winfried (2002): »Walter Benjamin's Exposition of the Romantic Theory of Reflexion«, in: Hanssen/Benjamin 2002, 19–50 u. 209–214.

Schlegel, Friedrich (1958 ff.): Kritische Friedrich Schlegel Ausgabe, hg. v. Ernst Behler u. a., Paderborn/Darmstadt/Zürich.

Scholem, Gershom (1997): Walter Benjamin – die Geschichte einer Freundschaft, Frankfurt a. M.

Scholem, Gershom (2000): Tagebücher nebst Aufsätzen und Entwürfen bis 1923, hg. v. Karlfried Gründer/Herbert Kopp-Oberstebrink/Friedrich Niewöhner, Frankfurt a. M.

Schöttker, Detlev (1999): Konstruktiver Fragmentarismus.

Form und Rezeption der Schriften Walter Benjamins, Frankfurt a. M.
Schumacher, Eckart (2000): Die Ironie der Unverständlichkeit. Johann Georg Hamann, Friedrich Schlegel, Jacques Derrida, Paul de Man, Frankfurt a. M.
Sparnaay, H. (1924): »Neuere Schriften zur Romantik«, in: Neophilologus 9, 94–110.
Steiner, George (1974): »The uncommon reader« [Rez. von Benjamin: Gesammelte Schriften, Bd. I,1 u. I,2. Frankfurt a. M. 1972], in: Times Literary Supplement, Nr. 3790, 25.10.1974, 1198.
Steiner, Uwe (1989): Die Geburt der Kritik aus dem Geiste der Kunst, Würzburg, 17–46 u. 188–192.
Steiner, Uwe (2000): »Kritik«, in: Michael Opitz/Erdmut Wizisla (Hg.): Benjamins Begriffe, Frankfurt a. M., 479–523.
Steiner, Uwe (2001): »Von Bern nach Muri. Vier unveröffentlichte Briefe Walter Benjamins an Paul Häberlin im Kontext«, in: Deutsche Vierteljahrsschrift für Literaturwissenschaft und Geistesgeschichte 75, 463–490.
Steiner, Uwe (2004): Walter Benjamin, Stuttgart/Weimar.
Tiedemann, Rolf/Christoph Gödde/Henri Lonitz (1991) (Hg.): Walter Benjamin 1892–1920. Eine Ausstellung des Theodor W. Adorno Archivs Frankfurt am Main in Verbindung mit dem Deutschen Literaturarchiv Marbach am Neckar, Marbach am Neckar (zuerst 1990) (= Marbacher Magazin 55/1990).
Weber, Samuel (1990): »Criticism Underway. Walter Benjamin's Romantic Concept of Criticism«, in: Marks H. Johnston, u. a. (Hg.): Romantic Revolutions. Criticism and Theory, Bloomington/Ind., 302–319.
Witte, Bernd (1976): Walter Benjamin – Der Intellektuelle als Kritiker. Untersuchungen zu seinem Frühwerk, Stuttgart.

»Kapitalismus als Religion«

Von Uwe Steiner

Entstehung und Überlieferung

Über Anlaß und Absicht der Niederschrift des im Druck gut drei Seiten umfassenden Fragments ist so gut wie nichts bekannt. Mit Hilfe der im Text erwähnten Literaturangaben und der Einträge in Benjamins Leseliste läßt sich die Abfassung immerhin einigermaßen zuverlässig auf Mitte 1921 datieren (VI, 690).

In der vorliegenden Druckfassung ist das Fragment von den Herausgebern nur fragmentarisch wiedergegeben. Ursprünglich bestand es aus drei Teilen. Der Titel, unter dem es in den *Gesammelten Schriften* abgedruckt ist, stand über dem abschließenden Teil. Im Manuskript folgte auf den ersten, mit einer Reihe von Literaturangaben schließenden Teil eine kurze, stichwortartige Aufzeichnung mit dem Titel Geld und Wetter (Zur Lesabéndio-Kritik). Auf deren Abdruck haben die Herausgeber an dieser Stelle verzichtet und sich auf einen entsprechenden Hinweis in ihren Anmerkungen beschränkt. Das fehlende Bruchstück findet sich im Anmerkungsapparat der Einbahnstrasse (IV, 941). Einige Formulierungen aus Geld und Wetter haben nämlich in den Aphorismus Steuerberatung Eingang gefunden, in dem etwa in der Redewendung vom »heiligen Ernst des Kapitalismus«, der in der mythologischen Ikonographie der Banknoten naiv zum Ausdruck komme (139), auch Motive aus Kapitalismus als Religion anklingen.

Der erste Teil des Fragments ist zunächst durchgehend formuliert. Darauf folgen einzelne Notizen und mit Stichworten versehene Literaturangaben. Nach dem Einschub stellen die Überschrift und eine Reflexion zur Sorge den Zusammenhang mit dem zuvor dargelegten Gedankengang her. Dieser kürzere Teil versammelt einzelne Notizen und Arbeitsanweisungen. In der abschließenden Überlegung zur unmittelbar praktischen Funktion, welche die Religion im ursprünglichen Heidentum gehabt habe, kommt Benjamin auf einen Gedanken zurück, der seiner Notiz als Ausgangspunkt gedient hatte.

Werkkontext

Die Notiz über Geld und Wetter steht, wie ihre erweiterte Überschrift besagt, im Zusammenhang mit einer geplanten Arbeit über Paul Scheerbarts utopisch-phantastischen Roman *Lesabéndio*. Mit Scheerbarts »Asteroïdenroman« hatte Benjamin sich bereits in den letzten Jahren des Ersten Weltkriegs beschäftigt. Aus dieser Zeit stammt eine Kritik des Romans (II, 618–620). Die geplante zweite Kritik hätte das Werk in einem erweiterten Kontext behandeln sollen. Zwar ist dieser Text nicht erhalten. Aus brieflichen Äußerungen läßt sich jedoch einiges über seine Bestimmung erfahren.

Im Herbst 1919 hatte Benjamin nach dem erfolgreichen Abschluß seiner Promotion noch in Bern Blochs ein Jahr zuvor erschienenen *Geist der Utopie* gelesen und den Autor auch persönlich kennengelernt. »Mehr noch als sein Buch«, so schreibt er in einem Brief, habe ihn der Umgang mit Bloch selbst zum Nachdenken über Politik veranlaßt, »da seine Gespräche so oft gegen meine Ablehnung *jeder* heutigen politischen Tendenz sich richteten, daß sie mich endlich zur Vertiefung in diese Sache nötigten« (2, 46). Eine Rezension von Blochs Buch sollte ihm Gelegenheit geben, seine Gedanken zur Politik darzulegen. In einem Brief, in dem Benjamin von seiner Absicht spricht, eine Kritik des *Geist der Utopie* zu verfassen, berichtet er auch von der Niederschrift der »Prolegomena zur zweiten Lesabéndio-Kritik« (54 bzw. 57). Ebenso wie die zweite Kritik von Scheerbarts Roman muß auch die Bloch-Rezension als verloren gelten.

Das gemeinsame Anliegen der beiden Kritiken aber war es offenbar, die Grundlinien dessen zu skizzieren, was Benjamin gelegentlich seine »Politik« nannte. Damit ist ein Komplex von Arbeiten bezeichnet, auf die er sich in Briefen aus dieser Zeit wiederholt bezieht. Aus dem »Arsenal« seiner politischen Arbeiten, das er im Januar 1925 rückblickend mustert (3, 9), hat sich neben Bruchstücken letztlich nur die 1921 gedruckte Kritik der Gewalt erhalten. Die vorhandenen Zeugnisse lassen auf eine umfangreiche, in drei mehr oder weniger selbständige Teile sich gliedernde Studie schließen. Eröffnet werden sollte sie durch einen Aufsatz mit dem Titel Der wahre Politiker. Dem hätte ein zweiter, Die wahre Politik überschriebener Teil folgen sollen, mit den beiden Kapiteln »Abbau der Gewalt« (möglicherweise identisch mit der Kritik der Gewalt) und »Teleologie ohne Endzweck«. Für den Abschluß war die philosophische Kritik von Paul Scheerbarts Roman vorgesehen (vgl. Kambas 1992, 265; Steiner 2000, 66).

Dem erweiterten Kontext dieser Arbeit muß auch das Theologisch-politische Fragment zugerechnet werden. Der Titel des Fragments stammt von Adorno, der jedoch von seiner Entstehung in unmittelbarer zeitlicher Nähe zu den Thesen Über den Begriff der Geschichte ausging. Demgegenüber spricht neben der thematischen Nähe vor allem der explizite Bezug auf Blochs *Geist der Utopie* zu Beginn des Textes (II, 203) für eine Einordnung auch dieses Textes in den skizzierten Werkzusammenhang.

Forschung

In der Forschung hat das Fragment aufgrund seiner Publikation im Band VI der *Gesammelten Schriften*, der 1985 erschien, erst spät die ihm gebührende Aufmerksamkeit gefunden. In seiner Studie über den philosophischen Extremismus in der Nachfolge Max Webers hat Norbert Bolz (Bolz 1989, 7) dem Fragment weit über den engeren Kontext des Benjaminschen Werkes hinaus paradigmatische Bedeutung zuerkannt. Zudem hat er mit seiner philosophiehistorischen Verortung des Textes der weiteren Diskussion den Weg gewiesen. In späteren Arbeiten hat Bolz die Auffassung vertreten, daß in Benjamins Beschreibung des Kapitalismus als Religion theoretisch entfaltet werde, was Werbung und modernes Marketing heute erfolgreich in die Praxis umsetzen. Während der Vorzug des Textes in seinem diagnostisch-deskriptiven Potential liege, seien die von Benjamin an seine Diagnose geknüpften politisch-theologischen Hoffnungen antiquiert. Mit seiner Insistenz auf einer religiösen Garantie von Totalität stehe Benjamins Text »in extremer Gegenstellung zur Systemtheorie der Moderne« (Bolz 2003, 204).

Philologisch ist der Text zunächst von Hermann Schweppenhäuser näher erschlossen worden, der dabei jedoch den werkinternen Kontext weitgehend unberücksichtigt ließ (Schweppenhäuser 1992). An diese Vorarbeiten anknüpfend hat Uwe Steiner einen umfassenden Kommentar vorgelegt, der den Bezügen und Einflüssen nachgeht, vor deren Hintergrund sich das Fragment in den Gedankenkreis einer Philosophie der Politik einordnet, mit der sich Benjamin im Zeitraum der Niederschrift von Kapitalismus als Religion intensiv beschäftigte (Steiner 1998; 2003). Für Werner Hamacher gipfelt Benjamins Fragment in einer ›Logik des Umsprungs‹ (Hamacher 2003, 111), nach deren Maßgabe die dort beschriebene mythische Ökonomie der Verschuldung in deren Selbstvernichtung münde. Während die Schuld ebenso wie die ihr konstitutiv verbundene Ordnung des Rechts keine Zeit kenne, sei für die ihr entgegengesetzte Ordnung der Gerechtigkeit die zeitliche Kategorie des Aufschubs bestimmend. In der ethischen Zeit der Geschichte, in der ein »Messianismus der Vergebung« (113) walte, sei die Schuldgeschichte des Kapitalismus als Religion und der (christlichen) Religion als Kapitalismus überwunden. Auch für Burkhardt Lindner verwirft Benjamin in seinem Fragment »alle Vorstellungen, der Fortschritt der

Spezies Mensch sei im Namen der Ablösung von Religion überhaupt zu erreichen« (Lindner 2003, 220). Zu diesem Schluß gelangt er in einer Studie, in der sich ihm Benjamins Fragment mit Blick auf den politischen Diskurs im Anschluß an den Terroranschlag vom 11. September 2001 als »heuristisch fruchtbare und aktualisierungsfähige Hypothese« (214) bewährt. Weniger um den Stellenwert des Textes im Werk Benjamins als vielmehr um die Überprüfung seines Anspruchs, eine mit Max Weber konkurrierende Beschreibung der gegenwärtigen Gesellschaft zu liefern, geht es der Mehrzahl der Autoren in dem 2003 erschienenen, von Dirk Baecker herausgegebenen Sammelband *Kapitalismus als Religion.*

Inhaltliche Hauptlinien und Einflüsse

Benjamins Versuch, den Kapitalismus als eine Religion zu begreifen, liegt ein bestimmtes Verständnis von Religion zugrunde. Der Kapitalismus verspricht die »Befriedigung derselben Sorgen, Qualen, Unruhen, auf die ehemals die sogenannten Religionen Antwort gaben« (VI, 100). Damit ist impliziert, wie Benjamin im Schlußabsatz notiert, daß »das ursprüngliche Heidentum sicherlich zu allernächst die Religion nicht als ein ›höheres‹ ›moralisches‹ Interesse, sondern als das unmittelbarste praktische gefaßt hat« (103). Wenn das Fragment seine Überlegungen durchgängig mit Blick auf das Christentum entfaltet, unterstellt es offenbar eine historische Entwicklung, in deren Verlauf im Christentum genuin theologisch-ethische Gehalte zugunsten von pragmatisch-kultischen zurückgetreten sind. Erst unter dieser Voraussetzung, so Benjamins These, konnte die Geschichte des Christentums zuletzt im wesentlichen die Geschichte »seines Parasiten, des Kapitalismus« (102), werden. Während die konstatierte Re-Paganisierung hinreichenden Anlaß zu einer religiös motivierten Denunziation geben könnte, verzichtet Benjamin ausdrücklich auf den »Abweg einer maßlosen Universalpolemik« (100). Statt dessen gilt sein Interesse der Struktur der Religion, wie sie die historische Entwicklung herausgestellt hat. Von dieser Struktur aus soll sich das Wesen des Kapitalismus erschließen.

Drei bzw. vier Strukturmerkmale meint Benjamin gegenwärtig erkennen zu können: Der Kapitalismus ist (erstens) eine »reine Kultreligion«, der Kultus zeichnet sich (zweitens) durch seine »permanente Dauer« aus, er ist (drittens) »verschuldend«, und damit zusammenhängend wird der Kult (viertens) vor einer verheimlichten Gottheit zelebriert. Wie die Aufzählung deutlich macht, legt Benjamin den Begriff des Kultus seinen Überlegungen zugrunde. Aus ihm ergeben sich die übrigen Merkmale des Religionssystems, unter denen der Begriff der Schuld die behauptete religiöskultische Struktur des Kapitalismus am nachdrücklichsten herausstellt.

Vor diesem Hintergrund formuliert Benjamin seine These im Gestus einer Überbietung Max Webers. Während es Weber um den Nachweis der religiösen Bedingtheit des Kapitalismus gegangen sei, möchte Benjamin zeigen, daß er als eine »essentiell religiöse[] Erscheinung« (100) zu begreifen ist. In seinen religionssoziologischen Studien zur Ethik des Protestantismus war Weber der Frage nach der »Bedingtheit der Entstehung einer ›Wirtschaftsgesinnung‹, des ›Ethos‹, einer Wirtschaftsform, durch bestimmte religiöse Glaubensinhalte« nachgegangen (Weber 1988a, 12). Im modernen Kapitalismus habe sich der ursprünglich religiös motivierte Utilitarismus, der Gelderwerb als Selbstzweck ad maiorem Dei gloriam, von seinen religiösen Wurzeln emanzipiert. Auf diese Weise habe die protestantische Ethik entscheidend zu dem von Weber beobachteten religionshistorischen »Prozeß der *Entzauberung* der Welt« (Weber 1988b, 94) beigetragen. In Benjamins Text ist Webers an diese Diagnose anschließende Rede von der »schicksalsvollsten Macht unsres modernen Lebens: dem *Kapitalismus*« (Weber 1988a, 4), in den religiösen Klartext zurückübersetzt. Mehr noch: Indem sich das Fragment jeder Polemik enthält, wendet es das Verfahren der von Weber inaugurierten beschreibenden Soziologie auf dessen eigene Gegenwartsdiagnose an.

In der Struktur der Religion also findet Benjamin das Paradigma, von dem aus sich ihm das Wesen des Kapitalismus deskriptiv erschließt. Eine vergleichbare Funktion hatte Georg Simmel in seiner 1900 erschienenen *Philosophie des Geldes* dem Geld in bezug auf das Leben zugesprochen. Ausgehend vom Wergeld, das sich im zweiten Teil des Fragments als Stichwort notiert findet, hatte Simmel dargelegt, wie die Vorstellung vom Wert eines Menschen sich im Wechselspiel materieller und ideeller Wertungen bildet (Simmel 1994, 482 ff.). Sollte in Simmel, in dessen Kreis Benjamin als Student in Berlin verkehrte, einer der Stichwortgeber des Fragments zu vermuten sein, so ist Benjamin ihm jedoch nicht widerspruchslos gefolgt. Simmels Anliegen war es, den Weg zu verfolgen, der vom Archaisch-Kultischen zu den funktionalen Differenzierungen der Moderne führt. Umgekehrt stößt Benjamin in der modernen Kultur allerorten auf Male, an denen die Moderne sich ihren archaischen Ursprüngen verhaftet zeigt. Im Geldwesen hatte Simmel den Reflex einer ambivalenten Freiheit in der Moderne dechiffriert, die sich ihm als eine »Freiheit von etwas, aber nicht Freiheit zu etwas« erwies (722). Umgekehrt enthüllt sich Benjamin der genuin unfreie, kultische Charakter der kapitalistischen Geldwirtschaft dadurch, daß er sie durch den ursprünglichen Zusammenhang von Geld und Schuld geprägt sieht, in dessen Zeichen sich die moderne Ökonomie dem archaischen Muster der Vergeltung unterwirft.

Den Kapitalismus als Religion zu beschreiben, heißt, den Blick auf jene praktisch-magische Rationalität zurückzulenken, in dem religiöses und ökonomisches Handeln ursprünglich einander strukturell ähnlich sind, bevor das Stigma des Irrationalen, das der Religion in der Moderne anhaftet, diesen Zusammenhang verdeckte. Deutlicher noch als der Webersche Begriff der Rationalität und deutlicher auch als das Geld vermag der doppelsinnige Begriff der Schuld, den Benjamin ins Zentrum seines Fragment stellt, diese Struktur zu erhellen. Der Schuldbegriff rückt Nietzsche als den neben Weber entscheidenden zweiten Stichwortgeber des Fragments in den Blick. In der *Genealogie der Moral* hatte Nietzsche nicht zuletzt unter Berufung auf etymologische und historische Befunde den Nachweis geführt, daß der »moralische Hauptbegriff der ›Schuld‹ seine Herkunft aus dem sehr materiellen Begriff der ›Schulden‹ genommen hat« (Nietzsche 1964, 313). Im »Bewußtsein, Schulden gegen die Gottheit zu haben«, erkennt Nietzsche den genealogischen Ursprung des im Laufe der Geschichte unaufhaltsam wachsenden Gottesgebegriffs und Gottesgefühls. Deshalb habe »die Heraufkunft des christlichen Gottes, als des Maximal-Gottes, der bisher erreicht worden ist, [...] auch das Maximum des Schuldgefühls auf Erden zur Erscheinung gebracht« (345 f.).

In Benjamins Sicht erwächst der Kapitalismus als reine Kultreligion unmittelbar aus dem Begriff der Schuld: »Ein ungeheures Schuldbewußtsein das sich nicht zu entsühnen weiß, greift zum Kultus, um in ihm diese Schuld nicht zu sühnen, sondern universal zu machen« (VI, 100). Diesem Mechanismus der verschuldenden Schuld, verdankt der Kapitalismus seine verhängnisvolle Dynamik.

Der Gelderwerb als Gottesdienst – das ist der Kult, den der Kapitalismus den Gläubigen auferlegt. Die Apotheose des Kultischen, der Kult um des Kultes willen, findet in der permanenten Dauer eine konsequente Ergänzung. Gemeinsam mit dem ersten verleiht dieses zweite Merkmal dem von Benjamin analysierten Religionssystem den beherrschenden Zug von Ausweglosigkeit, mit dem es seine Adepten in Bann schlägt. Der Kapitalismus ist in Benjamins Worten jedoch wohl weniger, wie im gedruckten Text des Fragments zu lesen, »die Zelebrierung eines Kultes sans *rêve* et sans merci« (ebd.), sondern vielmehr, wie die französische Redewendung lautet, ein Kult »sans *trêve* et sans merci« – ein Kult ohne Ruhe und Gnade, also ein unbarmherziger Kult. Seine unbarmherzige Unausweichlichkeit zeigt sich darin, daß der Kult den Unterschied zwischen Alltag und Festtag aufhebt. Im Kapitalismus, so Benjamin, gibt es »keinen ›Wochentag‹<,> keinen Tag der nicht Festtag in dem fürchterlichen Sinne der Entfaltung allen sakralen Pompes <,> der äußersten Anspannung des Verehrenden wäre« (ebd.).

Die bezwingende Macht des Kultes, die Benjamin im Auge hat, beruht also auf seiner Permanenz auch insofern, als er die gleichförmige, unterschiedslose Dauer zur herrschenden Form der Zeiterfahrung macht. Diese ›gleichgültige‹ Zeit findet im Geld ihren adäquaten Ausdruck: »time is money«. Bei Simmel konnte Benjamin nachlesen, daß der moderne Begriff der Zeit »als eines durch Brauchbarkeit und Knappheit bestimmten Wertes« mit dem aufkommenden Kapitalismus in Deutschland durchdrang (Simmel 1994, 707).

Als Kultreligion ist der Kapitalismus in Benjamins Fragment zwar grundlegend, aber unspezifisch bestimmt. Während die Permanenz die Form der Ausübung des Kultes beschreibt, wird er als »verschuldend« nunmehr inhaltlich näher charakterisiert. Mit dem Begriff der Schuld hat Benjamin einen Begriff von, wie er selbst hervorhebt, »dämonische[r] Zweideutigkeit« (VI, 102) in das Zentrum seiner Betrachtung gerückt. Der Ambiguität des Begriffs verdanken seine Überlegungen ihre entscheidende Inspiration. ›Verschuldend‹ ist der Kult – der Gelderwerb als Gottesdienst – nicht nur weil er ›Schuld‹, sondern ebenso, weil er ›Schulden‹ anhäuft. Der Profit, der geheime Motor der kapitalistischen Ökonomie, hat sein unabdingbares Pendant in der Verschuldung. Wie ein Deus absconditus, so stellt sich Benjamin dieser Zusammenhang dar, treibt die Profitgier den Kapitalismus in die Krisis, in der sich die Macht des Profits ungebrochen offenbart. In der Hyperinflation der frühen 20er Jahre dürfte Benjamin die apokalyptische Dynamik dieses ökonomischen Mechanismus unmittelbar gegenwärtig gewesen sein.

Der Kapitalismus, so das dritte Merkmal, sei vermutlich »der erste Fall eines nicht entsühnenden, sondern verschuldenden Kultus« (VI, 100). In diese apokalyptische, die Universalisierung der Schuld betreibende Bewegung ist der Gott selbst mit einbegriffen. Zugleich ergibt sich aus dieser Implikation der vierte Charakterzug des Kapitalismus als Religion, die Verheimlichung Gottes. Das Geheimnis der Gottheit liegt jedoch nicht länger in ihrer Transzendenz beschlossen. Sie bleibt vielmehr in dem der Gottheit geltenden Kult verborgen, um in der universalen Verschuldung allererst Gestalt zu gewinnen. Erst im »Zenith seiner Verschuldung«, erst wenn die Schuld das Sein gänzlich erfüllt habe, so Benjamin, enthülle sich der Gott (101). Deshalb attestiert Benjamin dem Kapitalismus eine latent katastrophische Heilsökonomie, die die Verzweiflung nicht aufzuhalten, sondern zu erhoffen scheint.

Die Priester der kapitalistischen Religion

Als ganz im Bann dieser Dynamik stehend, begreift das Fragment die theoretischen Entwürfe von Nietzsche, Freud und Marx. Der »Priesterherrschaft« des Kapitalismus sind diese Lehren deshalb zuzurechnen, weil sie ihn als Kultreligion »erkennend erfüllen« (ebd.), wie Benjamins eigentümliche Formulierung lautet.

Max Weber hatte den Priestern aufgrund ihrer Bindung an den Kultusbetrieb einen maßgeblichen Anteil bei der Rationalisierung der metaphysischen Vorstellungen und der Ausbildung einer spezifisch religiösen Ethik zugesprochen (Weber 1980, 259–261). Sie sind es, die den Göttern im Prozeß der Entstehung der Religionen Gestalt geben. Erst durch den Kult, erst durch das kontinuierliche Tun, das eine Dauergemeinschaft einer abstrakten Vorstellung göttlicher Mächte widmet, erhalten diese Mächte schließlich anthropomorph-göttliche Gestalt. »Ist einmal die Kontinuierlichkeit der Göttergestalten gesichert, so kann das Denken der berufsmäßig mit ihnen Befaßten sich mit der systematisierenden Ordnung dieser Vorstellungsgebiete beschäftigen« (250). Daß Benjamin die drei genannten Theoretiker nicht, wie es zumindest ebenso nahegelegen hätte, als Propheten, sondern als Priester bezeichnet, könnte also in seiner auch hier sich bestätigenden, inversen Lesart der Religionssoziologie Webers einen naheliegenden Grund haben. »Ganz kapitalistisch gedacht« (VI, 101) erweisen sich ihm die Theorien von Freud, Nietzsche und Marx darin, daß sie die religiöse Struktur des Kapitalismus mimetisch in sich abbilden. Darin, daß sie in die immanente Logik ihres Gegenstandes eindringen und sie mit äußerster Konsequenz zu Ende denken, liegt zugleich auch ihr diagnostischer Wert.

Die strukturelle Affinität der Freudschen Theorie zum Kapitalismus zeigt sich Benjamin darin, daß die Psychoanalyse das »Verdrängte, die sündige Vorstellung«, implizit dem Kapital gleichsetze, »welches die Hölle des Unbewußten verzinst« (ebd.). Freud hatte die Lehre von der Verdrängung als den »Grundpfeiler« bezeichnet, »auf dem das Gebäude der Psychoanalyse ruht« (Freud 1914, 54). Die Tatsache, daß die Psychoanalyse den seelischen Apparat in metapsychologischer Perspektive einem ›ökonomischen‹ Gesichtspunkt unterwirft (vgl. Freud 1913b, 289 ff.), dürfte in Benjamin einen aufmerksamen Leser gefunden haben. Darüber hinaus aber hat Freud in seinen kulturtheoretischen Schriften bekanntlich die Urschuld des Vatermordes an den Anfang der psychoanalytisch rekonstruierten Geschichte der Menschheit gestellt. Ihm zufolge sind die Anfänge von Religion, Sittlichkeit, Gesellschaft und Kunst in einem irreversiblen und zugleich »schöpferische[n] Schuldbewußtsein« zu suchen, das die unzerstörbare Erinnerung an jenes prähistorische Verbrechen begleitet (vgl. Freud 1913a, 191). Vor diesem Hintergrund begreift Freud die Religion als eine mehr oder weniger rationale Form der Beschwichtigung dieses brennenden Schuldgefühls, in dem die Menschheit sich mit der Wiederkehr des Verdrängten auseinandersetzt. Auf diese Weise affirmiert und radikalisiert sein Verständnis der Moderne jenes irreversible Moment der Schuld, in deren kultischen Bann Benjamin den Kapitalismus stehen sieht.

Zwischen der psychoanalytischen Kulturanthropologie und Nietzsches Spätphilosophie, die Benjamins Fragment in einem Atemzug nennt, hat Freud selbst eine unmittelbare Verbindung hergestellt. Ausdrücklich verleiht er der übermächtigen Vaterfigur, die seine Theorie an den Anfang der Menschheitsgeschichte stellt, die Züge des Übermenschen, »den Nietzsche erst von der Zukunft erwartete« (Freud 1921, 138). Daß Benjamin diese Textstelle bekannt war, ist wahrscheinlich. Nietzsches Verkündigung vom Tod Gottes jedenfalls liest er als das Eingeständnis einer ungeheuren Schuld, die die philosophische Konzeption des Übermenschen im Innersten motiviert. Dem Menschen, der seine transzendente Ausrichtung in sich zu überwinden sucht, zeichnet Nietzsches Spätphilosophie den Weg der Hybris vor. Nicht demütige Umkehr, nicht Metanoia, ist die Parole des neuen Evangeliums, das Nietzsche durch seinen Propheten Zarathustra verkündet, sondern Steigerung, Hybris: »Der Übermensch«, so Benjamins Resümee, »ist der ohne Umkehr angelangte, der durch den Himmel durchgewachsne, historische Mensch« (VI, 101). Der Übermensch hat die Schuld nicht gesühnt, sondern heroisch auf sich genommen. Auch Nietzsche begreife »diese Sprengung des Himmels durch gesteigerte Menschhaftigkeit« als Verschuldung (ebd.). Auf diese Weise dechiffriert Benjamin im tragischen Heroismus des *Zarathustra*, dem Nietzsche selbst religiöse Weihen verleiht, die radikalste und großartigste Erfüllung der religiösen Essenz des Kapitalismus, die in der Schuld und ihrer unabsehbaren Fortzeugung zum Ausdruck kommt.

Ebenso wie bei Nietzsche sieht Benjamin auch bei Marx den Gedanken der Steigerung und Entwicklung über die religiösen Motive der »Umkehr, Sühne, Reinigung, Buße« dominieren. Auf diese Weise verharrt auch sein Denken im Bann des kapitalistischen Kultes der Schuld und der Schulden. Bei Marx werde »der nicht umkehrende Kapitalismus [...] mit Zins und Zinseszins, als welche Funktion der *Schuld* [...] sind, Sozialismus« (101 f.). In der Tat stellt das *Kommunistische Manifest* den Sozialismus gleichsam als Erben des Kapitalismus dar. Nicht nur, daß Marx die moderne bürgerliche Gesellschaft dem »Hexenmeister« vergleicht, »der die unterirdischen Gewalten nicht mehr zu beherrschen vermag, die er heraufbeschwor« (Marx/Engels 1999, 25). Als »willenloser und widerstandsloser Träger« des industriellen Forschritts produziert die Bourgeoisie nach seiner Überzeugung mit ebenso schicksalhafter Dynamik »ihren eigenen Totengräber. Ihr Untergang und der Sieg des Proletariats sind gleich unvermeidlich« (33). Bereits für Weber war der Sozialismus ganz und gar vom Geist des Kapitalismus erfüllt. Im Zeichen des okzidentalen Rationalismus betrachtete er Kapitalismus und Sozialismus als Zwillingsbrüder. Weil sie keine rationale Arbeitsorganisation kannte, habe die Welt »außerhalb des modernen Okzidents auch keinen rationalen Sozialismus gekannt« (Weber 1988a, 9). Wie vor ihm schon Tönnies und Simmel sah Weber in einer den Kapitalismus womöglich ablösenden sozialistischen Gesellschaft eine gesteigerte Form der Rationalisierung. Ebenso wie Weber den Sozialismus weniger als Alternative denn als rationale Konsequenz des Kapitalismus begriff, so sieht ihn Benjamins Fragment ›ohne Umkehr‹ aus dem Kapitalismus hervorgehen und erkennt in ihm eine Fortsetzung, wenn nicht des Kapitalismus, so doch der Religion, als die das Fragment den Kapitalismus zu betrachten lehrt.

Die Grenzen des Kapitalismus

Benjamin gibt keine nähere Erklärung, warum es ihm aus heutiger Sicht abwegig erscheint, die für ihn offenkundig religiösen Züge des Kapitalismus polemisch zu bestreiten. Jedoch könnte sich doch wohl nur eine religiöse Überzeugung durch die Zentralthese des Fragments provoziert fühlen. Wenn Benjamin eine religiös motivierte Universalpolemik als einen Abweg zurückweist, dann vermutlich in der Überzeugung, daß die Beschreibung des Kapitalismus als Religion gar kein religiöses Problem aufwirft. Das wäre ein Mißverständnis – wenn nicht des Kapitalismus, so ganz sicher der Religion. Die Rechtmäßigkeit, den Kapitalismus als »eine« Religion zu betrachten, hatte das Fragment aus der Beobachtung abgeleitet, daß er sich derselben Bedürfnisstruktur verdanke, wie die »sogenannten Religionen«. Demnach würde eine Religion, die sich als Religion vom Kapitalismus provoziert sieht, nur diese fundamentale Gemeinsamkeit bekräftigen und damit letztlich im Bann dessen verbleiben, wogegen sie sich polemisch abzugrenzen trachtet. Erst zu einem späteren Zeitpunkt werde es möglich sein, diesen Zusammenhang zu übersehen, heißt es im Text. Es bleibt offen, ob dieser künftige Standpunkt der Standpunkt einer ›wahren‹ Religion wäre. Gesagt wird über ihn lediglich, daß er zwar anzunehmen, aber gegenwärtig nicht einzunehmen ist. Er ist ausschließlich und hinreichend durch seinen absoluten Gegensatz zum Bestehenden definiert.

Im Bestehenden und gleichsam auf seinem eigenen Terrain steht dem Kapitalismus nicht die Religion, sondern revolutionäre Politik entgegen. Daß Benjamins Überlegungen in diese Richtung zielen, läßt sich aus den Lektürehinweisen erschließen, die den Übergang von dem ausformulierten ersten Teil des Fragments zu den bruchstückhaften Notizen bilden, die die Aufzeichnung beschließen.

Die Möglichkeit einer »Überwindung des Kapitalismus« wird dort explizit unter Berufung auf Erich Unger und seine Theorie einer metaphysischen Volksgründung durch den Exodus aus dem Kapitalismus ins Auge gefaßt, die den alttestamentarischen Gründungsmythos Israels aktualisiert. Während Unger in seiner von Benjamin auch bei anderer Gelegenheit (II, 191) zitierten Schrift das Prinzip der Völkerwanderung zur Überwindung des Kapitalismus in der Überzeugung geltend macht, daß »der Sturmlauf gegen das kapitalistische System [...] *am Orte seiner Geltung*« ewig vergeblich sein müsse (Unger 1989, 44), stehen die Namen Georges Sorel und Gustav Landauer für die Bereitschaft, den Kapitalismus an Ort und Stelle zu bekämpfen. Neben biographischen Zeugnissen belegt insbesondere der ungefähr gleichzeitig mit dem Fragment entstandene Aufsatz Zur Kritik der Gewalt, in dem Benjamin sich ebenfalls auf die *Réflexions sur la violence* beruft, seine Sympathien für den Anarchismus. Im Kontext des Fragments dürfte neben ihrer unversöhnlichen Ablehnung der bestehenden bürgerlich-kapitalistischen Gesellschaftsordnung zusätzlich die anarchistische Kritik am Marxismus, namentlich am Primat der Ökonomie und am Stellenwert des Staates bei Marx und seinen Epigonen, ins Gewicht fallen.

Landauers *Aufruf zum Sozialismus*, auf den das Fragment verweist, ist ein vehementer Angriff auf den »absonderliche[n] und komische[n] Wissenschaftsaberglauben« des Marxismus, der eine Droge sei, die der Professor Karl Marx »in seinem Labor ertüftelt« habe (Landauer 1919, 23). In Landauers Sicht enthüllt sich der marxistische »Kapitalsozialismus« als eine »papierne Blüte am geliebten Dornstrauch des Kapitalismus« (42). So sehr zu bezweifeln ist, daß Benjamin Landauers Glauben an die Erneuerung der Menschheit durch deren Wiederanschluß an die Natur teilte, so unbestreitbar fand er im *Aufruf zum Sozialismus* jenes Stichwort, dessen Gegenteil er in Nietzsches Philosophie des Übermenschen ins Zentrum gerückt sah: »Sozialismus«, heißt es bei Landauer, »ist Umkehr« (144 f.).

Unter Berufung auf die *Réflexions sur la violence* notiert das Fragment die Stichwörter: »Kapitalismus und Recht. Heidnischer Charakter des Rechts« (VI, 102). In der Passage, auf die sich die Seitenangabe im Fragment bezieht, referiert Sorel, wie in der klassischen bürgerlichen Ökonomie die Auffassung entstand, die kapitalistische Produktionsweise gehorche Naturgesetzen. Wie die Nationalökonomie, so Sorel, habe auch das Recht im Kapitalismus seine einfachste Form erreicht, da ja das »Recht der Schuldverhältnisse jeden fortgeschrittenen Kapitalismus« beherrsche (Sorel 1981, 207). Vor dem Hintergrund von Sorels Herleitung des Rechts aus einer mit schicksalhafter Macht ausgestatteten Natur und seiner Verknüpfung mit dem Schuldbegriff enthüllt es für Benjamin seinen »heidnischen Charakter« (VI, 102). Aber für Sorel ergibt sich aus der Einsicht in die Konstitutionsbedingungen des bürgerlichen Staates zugleich die Strategie seiner Zerstörung. Es sei ein Irrtum, zu glauben, das Proletariat könne die Macht ebenso erringen, wie das Bürgertum sie errungen habe. Ziel einer proletarischen Revolution könne nicht ein sozialistischer Staat sein, der den bürgerlichen Staat ersetze. Sorel hält Marx zwar zugute, die Verquickung von ökonomischer Produktivkraft und politischer Macht in der Entwicklung der bürgerlich-kapitalistischen Gesellschaft aufgedeckt zu haben. Er habe sich jedoch allzu zurückhaltend über die Organisation des Proletariats und zu Fragen der revolutionären Praxis geäußert. Diese Unzulänglichkeit habe zur Folge gehabt, »daß der Marxismus von seinem wahren Wesen abirrte« (Sorel 1981, 208). An das seiner Überzeugung nach genuin revolutionäre Wesen des Marxismus möchte Sorel mit seiner Lehre vom Mythos des proletarischen Generalstreiks anknüpfen.

Wenn es zutrifft, daß die Politik eine Alternative zur religiösen Universalpolemik eröffnet, dann entspricht dem in anderen Schriften Benjamins das Bemühen, den Bereich des Politischen in seiner spezifischen Differenz zu anderen Ordnungen zu erfassen. So versucht er in der Kritik der Gewalt (II, 179–203), den Geltungsbereich bestimmter ›Ordnungen‹: des Rechts, der Politik und der Religion, voneinander abzugrenzen. Sie gewinnen Konturen durch einen Akt der Grenzziehung, durch wechselseitigen Ausschluß. Innerhalb des auf diese Weise sich schemenhaft abzeichnenden Gedankengradnetzes hätte man den Stellenwert des Schuldbegriffs zu bestimmen, den das Fragment über den Kapitalismus als Religion in sein Zentrum rückt. Demnach läßt sich der Kapitalismus als eine Religion beschreiben – eine Religion allerdings, die dem mythischen Gesetz des Schicksals und der Schuld untersteht und damit für Benjamin der dämonischen Ordnung des Rechts zuzurechnen wäre. In Arbeiten, die im Umkreis des Fragments entstanden sind, stellt Benjamin dieser Ordnung auf gleicher Ebene die Politik entgegen. Das Verständnis dieser beiden durchweg diesseitigen Ordnungen erschließt sich maßgeblich durch ihre Abgrenzung gegen ein ihnen scharf entgegengesetztes Ordnungsgefüge, das Benjamin als religiös und moralisch bezeichnet.

Wenn er sich in den Jahren, in denen das Fragment entstanden ist, mit dem Plan einer größeren Arbeit über Politik trug, dürfte die Problematik dieses Vorhabens nicht zuletzt in der Einordnung des Begriffs des Politischen in das skizzierte Koordinatensystem bestanden haben. Davon legt das »Theologisch-politische Fragment« Zeugnis ab. In Schicksal und Charakter hatte es geheißen, daß »Glück und Seligkeit« ebenso aus der dämonischen Sphäre des Rechts und Schicksals herausführen »wie die Unschuld« (II, 174). Im »Theologisch-politischen Fragment« wird die »Idee des Glücks« zur zentralen Koordinate der »Ordnung des Profanen« und damit einer Ordnung, deren Geltungsbereich sich aus ihrer Abgrenzung gegen »das Messianische« erschließt. Das Profane an der Idee des Glücks auszurichten aber heißt für Benjamin zugleich, den Gedanken des Gottesreiches aus dieser Ordnung auszugrenzen. Deshalb hat die Theokratie für ihn »keinen politischen sondern allein einen religiösen Sinn« (203). Als von der Theologie abgegrenzter Bereich aber bleibt die Politik gleichwohl auf die Theologie bezogen. Eben deshalb nennt Benjamin ihren Geltungsbereich ›profan‹. Im Gedankengefüge der »mystischen Geschichtsauffassung« (ebd.), die das »Theologisch-politische Fragment« darlegt, ist alles Irdische letztlich allein um den Preis seines Untergangs mit dem Gottesreich verbunden. Das Ziel der Politik ist Glück; ihre Methode aber, wie es abschließend heißt, ist: »Nihilismus« (204). Sofern sich Politik Ziele setzt, hat sie diese auf die Ordnung des Profanen zu beschränken. Indem sich Politik auf das Profane beschränkt, sind ihre Zielsetzungen, jenseits des ihren Geltungsbereich begrenzenden Horizonts, letztlich nichtig.

Die Beziehung dieser Ordnungen aufeinander, die das »Theologisch-politische Fragment« zu einem der wesentlichen Lehrstücke der Geschichtsphilosophie erhebt, bleibt im konkreten Fall unbestimmt oder im Zeichen eines politischen Nihilismus eben letztlich negativ bestimmt. Es spricht einiges dafür, daß diese Unbestimmtheit durchaus Methode hat. Unter der Voraussetzung einer Begrenzung religiöser Ansprüche nämlich wird das Glück zur zentralen Kategorie der irdischen Bestimmung des Menschen. Damit ist keineswegs gesagt, daß sich seine Bestimmung darin erschöpft. Vielmehr ermöglicht erst die Abtrennung der Ordnung des Theologischen, diese zur Ordnung des Profanen und damit nicht zuletzt eben zur Politik in ein spannungsvolles Verhältnis zu setzen. Die Abgrenzung eines von moralischen und religiösen Ansprüchen freien, im spezifischen Sinne politischen Raums, dessen Zentralkoordinate das Glück ist, ist keineswegs geringzuschätzen. Sie liegt jedenfalls Benjamins Begriff des Politischen zugrunde, der auf der Grundlage einer spekulativen Metaphysik des Leibes der Technik einen zentralen Platz einräumt. Diese Überlegungen haben noch in den spätesten Schriften aus dem Umkreis des Passagenwerks und in den Thesen Über den Begriff der Geschichte nichts von ihrer grundlegenden Bedeutung verloren (vgl. hierzu Steiner 2000, 48–92).

Werk

Kapitalismus als Religion (VI, 100–103)
Einbahnstrasse (IV, 83–148)
Geld und Wetter (zur Lesabéndio-Kritik) (IV, 941)
Paul Scheerbart: Lesabéndio (II, 618–620)
Schicksal und Charakter (II, 171–179)
Theologisch-politisches Fragment (II, 203–204)
Über den Begriff der Geschichte (I, 691–704)
Zur Kritik der Gewalt (II, 179–203)

Literatur

Baecker, Dirk (Hg.) (2003): Kapitalismus als Religion, Berlin.
Bolz, Norbert (1989): Auszug auf der entzauberten Welt. Philosophischer Extremismus zwischen den Weltkriegen, München.
Bolz, Norbert (2002): Das konsumistische Manifest, München.
Bolz, Norbert (2003): »Der Kapitalismus – eine Erfindung von Theologen?«, in: Baecker 2003, 187–207.
Freud, Sigmund (1913a): »Totem und Tabu«, in: ders.: Gesammelte Werke, hg. v. Anna Freud u. a., London/Frankfurt a. M. 1940–1968, Bd. IX, 3–194.
Freud, Sigmund (1913b): »Das Unbewußte«, in: ders.: Gesammelte Werke, hg. v. Anna Freud u. a., London/Frankfurt a. M., Bd. X, 264–303.
Freud, Sigmund (1914): »Zur Geschichte der psychoanalytischen Bewegung«, in: ders.: Gesammelte Werke, hg. v. Anna Freud u. a., London/Frankfurt a. M. Bd. X, 43–113.
Freud, Sigmund (1921): »Massenpsychologie und Ich-Analyse«, in: ders.: Gesammelte Werke, hg. v. Anna Freud u. a., London/Frankfurt a. M., Bd. XIII, 71–161.
Hamacher, Werner (2003): »Schuldgeschichte. Benjamins Skizze: ›Kapitalismus als Religion‹« in: Dirk Baecker (Hg.): Kapitalismus als Religion, Berlin, 77–119.
Kambas, Chryssoula (1992): »Walter Benjamin liest Georges Sorel: Réflexions sur la violence«, in: Michael Opitz/Erdmut Wizisla (Hg.): Aber ein Sturm weht vom Paradiese her. Texte zu Walter Benjamin, Leipzig, 250–269.
Landauer, Gustav (1919): Aufruf zum Sozialismus, Berlin.
Lindner, Burkhardt (2003): »Der 11.9.2001 oder Kapitalismus als Religion«, in: Nikolaus Müller-Schöll (Hg.): Ereignis. Eine fundamentale Kategorie der Zeiterfahrung. Anspruch und Aporien, Bielefeld, 196–221.
Marx, Karl/Friedrich Engels (1999): Manifest der Kommunistischen Partei, Stuttgart.
Nietzsche, Friedrich (1964): »Zur Genealogie der Moral«, in: ders.: Werke. Kritische Gesamtausgabe, hg. v. Giorgio Colli/Mazzino Montinari, VI. Abt., Bd. 2, Berlin, 259–430.
Schöttker, Detlev (2003): »Fortschritt als ewige Wiederkehr des Neuen. Benjamins Überlegungen zu Ursprung und Folgen des Kapitalismus«, in: Harald Hillgärtner/Thomas Küpper (Hg.): Medien und Ästhetik. Festschrift für Burkhardt Lindner, Bielefeld, 103–118.
Schweppenhäuser, Hermann (1992): »Kapitalismus als Religion. Eine Aufzeichnung Benjamins von 1921«, in: ders.: Ein Physiognom der Dingwelt: Aspekte des Benjaminschen Denkens, Lüneburg, 146–152.
Simmel, Georg (1994): Philosophie des Geldes [1920], Frankfurt a. M.
Sorel, Georges (1981): Über die Gewalt [1906], hg. v. George Lichtheim, Frankfurt a. M.
Steiner, Uwe (1998): »Kapitalismus als Religion. Anmerkungen zu einem Fragment Walter Benjamins«, in: Deutsche Vierteljahrsschrift für Literaturwissenschaft und Geistesgeschichte 72, 147–171.
Steiner, Uwe (2000): »Der wahre Politiker. Walter Benjamins Begriff des Politischen«, in: Internationales Archiv für die Sozialgeschichte der Literatur 25, 48–92.
Steiner, Uwe (2003): »Die Grenzen des Kapitalismus. Kapitalismus, Religion und Politik in Benjamins Fragment ›Kapitalismus als Religion‹« in: Baecker 2002, 35–59.
Unger, Erich (1989): Politik und Metaphysik [1921], Würzburg.
Weber, Max (1988a): »Vorbemerkung« [1920], in: ders.: Gesammelte Aufsätze zur Religionssoziologie I, Tübingen, 17–206.
Weber, Max (1988b): »Die protestantische Ethik und der Geist des Kapitalismus« [1920], in: Gesammelte Aufsätze zur Religionssoziologie I, 1–16.
Weber, Max (1980): Wirtschaft und Gesellschaft. Grundriß der verstehenden Soziologie, Tübingen.

Das Theologisch-politische Fragment

Von Werner Hamacher

Um die Jahreswende 1937/38 machte Benjamin während eines gemeinsamen Aufenthalts in San Remo seine Freunde Gretel und Theodor Wiesengrund Adorno mit einer geschichtsphilosophischen Aufzeichnung bekannt, die von derartiger Aktualität schien, daß Adorno – Benjamin hat sich dazu vermutlich nicht geäußert – überzeugt war, sie müsse allerjüngsten Datums sein, und an dieser Überzeugung, trotz des Widerspruchs von mehreren Seiten, bis zuletzt festhielt. Adorno war es auch, der bei der Einrichtung von Benjamins *Schriften* (1955) diese im Manuskript titellose Aufzeichnung mit der für Benjamin untypischen und überdies nicht in jeder Hinsicht triftigen Überschrift »Theologisch-politisches Fragment« versah. Gershom Scholem hat mit Nachdruck geltend gemacht, was seither als *communis opinio* angesehen werden kann: »Alles an diesen zwei Seiten entspricht genau seinen Gedankengängen und seiner spezifischen Terminologie um 1920/21« (Scholem 1975, 117). Für eine frühe Datierung des Textes, zu der sich auch Rolf Tiedemann und Hermann Schweppenhäuser, die Herausgeber der *Gesammelten Schriften*, entschlossen haben (II, 946–949), spricht zum einen der ausdrückliche Hinweis auf Ernst Blochs 1918 erschienenen *Geist der Utopie*, mit dem sich Benjamin seit dem Herbst 1919 im Zusammenhang seiner Arbeiten über Politik intensiv beschäftigte, zum anderen die enge konzeptionelle und stilistische Verwandtschaft dieser Aufzeichnung mit den SCHEMATA ZUM PSYCHOPHYSISCHEN PROBLEM (VI, 78–87) – Tiedemann und Schweppenhäuser bemerken zurecht, das Schema III lese sich »wie eine bedeutende Variante« des »Fragments« (VI, 678). Allerdings können die SCHEMATA nicht vor 1922 geschrieben worden sein, so daß die Vermutung naheliegt, das Theologisch-politische Fragment sei gleichfalls 1922 oder 1923 notiert worden, später also als Scholem und als zunächst auch die Herausgeber der *Gesammelten Schriften* angenommen haben. – Während die Datierungsfrage nicht eindeutig beantwortet werden kann, da keinerlei Zeugnisse zur Entstehung überliefert sind, bestand seit der ersten emphatischen Reaktion Adornos nie ein Zweifel am philosophischen Rang dieses Textes und an der zentralen Position, die er im Corpus von Benjamins Schriften beansprucht. Er ist immer als eine Art »Urzelle« seines Werks – und zwar des frühen wie des späten – angesehen worden. Aber weil er als ein Schlüssel galt, mit dem sich andere Schriften Benjamins öffnen ließen, sind kaum andere als kursorische Versuche unternommen worden, ihn selber im einzelnen zu erläutern.

Dignität einer Erfahrung die vergänglich war

Benjamin hat seine frühen geschichtsphilosophischen Entwürfe in den Zusammenhang einer Revision des Kantischen Erfahrungsbegriffs gestellt. In der Studie ÜBER DAS PROGRAMM DER KOMMENDEN PHILOSOPHIE, einer ersten Selbstverständigung, die wohl der Vorbereitung der von ihm geplanten Dissertation über Kant und die Geschichte dienen sollte (vgl. Brief an Scholem 1, 389–391), schreibt er 1917: »Das Problem der Kantischen wie jeder großen Erkenntnistheorie hat zwei Seiten und nur der einen Seite hat er eine gültige Erklärung zu geben vermocht. Es war erstens die Frage nach der Gewißheit der Erkenntnis die bleibend ist; und es war zweitens die Frage nach der Dignität einer Erfahrung die vergänglich war. Denn das universale philosophische Interesse ist stets zugleich auf die zeitlose Gültigkeit der Erkenntnis und auf die Gewißheit einer zeitlichen Erfahrung, die als deren nächster wenn nicht einziger Gegenstand betrachtet wird gerichtet. Nur ist den Philosophen diese Erfahrung in ihrer gesamten Struktur nicht als eine singulär zeitliche bewußt gewesen und sie war es auch Kant nicht« (II, 158). Aus der Diagnose dieses Defizits der großen Erkenntnistheorien, insbesondere der Kantischen, ergibt sich für Benjamin die Aufgabe, eine Theorie der Erfahrung zu gewinnen, die beide Seiten des Problems umfaßt und deshalb sowohl der bleibenden Gewißheit der Erkenntnis wie der Dignität vergänglicher Erfahrung gerecht wird. Die Verbindung der zwei erfahrungstheoretischen Probleme ist offenkundig allein dann möglich, wenn die »singulär zeitliche« (ebd.) Struktur auch noch der bleibenden Gewißheit zum Gegenstand der Philosophie wird und Erkenntnistheorie sich in Geschichtsphilosophie verwandelt.

Da der Gegenstand der Geschichtsphilosophie nicht nach den Prämissen der Erkenntnistheorie erfaßt werden kann, muß er in einer Zeit gelegen sein, die sich der bleibenden und auf Universalität setzenden Gewißheit entzieht, er muß in seiner jeweils *singulär* zeitlichen Struktur als werdender und vergehender Gegenstand erkannt und noch seine Erkenntnis muß als eine »singuläre zeitlich beschränkte« (ebd.) erkannt werden. Die historische Erkenntnis der Historizität der Erkenntnis mündet aber nur dann nicht in einen grenzenlosen Relativismus, wenn die einer eingeschränkten Erkenntnistheorie verpflichtete Subjekt-Objekt-Relation preisgegeben wird und wenn für die Struktur einer erweiterten Erfahrung zwei Bedingungen erfüllt sind: sie muß, wie Benjamin sich ausdrückt, auf einem »reinen erkenntnis-theoretischen (transzendentalen) Bewußtsein« beruhen, das »alles Subjekthaften entkleidet« ist (162 f.), und sie muß ein »reines systematisches Erfahrungskontinuum« bilden (164), in dem das transzendentale Bewußtsein die Kontinuität zwischen Subjekt und Objekt, aber auch zwischen Sinnlichkeit und Verstand verbürgt. Da der Inbegriff dieses Kontinuums von Übergängen und Verwandlungen nach Benjamins Definition »Gott« ist (163), muß jede Philosophie des Lebens in der »singulär zeitlichen« Struktur der Erfahrung Gottes, und muß jede Geschichtsphilosophie, die der »Dignität einer Erfahrung die vergänglich« ist (158), gerecht werden soll, eine Theologie der Geschichte als Vergängnis sein – und zwar eine Theologie noch der Vergängnis der Totalität der Geschichte. Wenn der von Benjamin entworfene erweiterte Erfahrungsbegriff »auch die Religion, nämlich als die wahre«, umfassen soll (163), dann nicht allein, um die »Gewißheit der Erkenntnis die bleibend ist« (158), zu begründen, sondern ebensosehr um die Dignität einer vergänglichen Erfahrung, um also Religion selbst als Erfahrung schlechthinniger Vergänglichkeit, und somit als Erfahrung wohl auch der Vergänglichkeit dieser Erfahrung selbst zu erschließen. Die religiöse Erfahrung, um die es Benjamin in seiner Programmschrift zu tun ist, muß demnach die »singulär zeitliche« Struktur aller Erfahrung aufdecken: sie muß die Erfahrung der Zeitlichkeit, und zwar nicht der mechanischen, sondern der Zeitlichkeit der Geschichte aufweisen, und sie kann religiöse Erfahrung nicht anders als in der Weise sein, daß sie immediat geschichtliche Erfahrung ist. Religion bezieht sich nicht auf das Bleibende, sondern auf dessen Vergängnis, und hat Dignität nur als eine Erfahrung, die der Bahn ihrer eigenen Vergänglichkeit folgt, ohne an einem Heilsplan Halt zu suchen, der keiner empirischen Erkenntnis zugänglich sein kann.

Die einzige ihrer Struktur nach religiöse und theologisch thematisierbare Erfahrung ist also die historische, sofern sie jeden Moment der profanen Geschichte als unwiederholbar vergänglichen – singulären – und sofern sie die Totalität der Geschichte als Vergängnis nicht innerhalb einer allgemeinen, bloß formellen Zeitform, sondern als Vergehen der Zeitform überhaupt betrifft. Da diese Erfahrung nicht die eines transzendentalen Subjekts, sondern Erfahrung in einem reinen systematischen Kontinuum von Subjekt- und Objektgestalten ist, muß es den Charakter eines Geschehens haben, das dieses Kontinuum insgesamt involviert und an keiner Stelle dessen strengen Zusammenhang verläßt: es gibt für diese Erfahrung nichts – auch keinen Gott – außerhalb der Geschichte und ihres Vergehens. Es ist eine Konsequenz dieses Gedankengangs, die Benjamin in der Programmschrift noch nicht, wohl aber wenige Jahre später zieht, daß auch die Theologie zu jener Totalität der Geschichte gehört und angemessen nur so gedacht werden kann, daß sie ins Vergehen der Geschichte einbezogen ist. Auch noch die Dignität theologischer und theo-teleologischer Begriffe erschließt sich erst unter dem Aspekt ihres Vergehens und also im Abbruch der in ihnen verbürgten Kontinuität.

In Das Leben der Studenten und Trauerspiel und Tragödie denkt Benjamin das Messianische – zum einen das messianische Reich, zum anderen die messianische Zeit – als die entscheidende Kategorie des geschichtlichen Daseins; er denkt es nach der Kantischen Bestimmung der Freiheitsidee, eben deshalb aber gegen die Kantische Definition der Zeit als bloßer Anschauungsform mechanischer Veränderungen. Er füllt damit ein auffälliges Defizit der Kantischen Kritik, die höchst ambivalent von einer Naturbestimmung zur Freiheit, von Naturanlagen und Naturzwecken ausgeht, wo sie die Geschichtsfähigkeit des Menschen zu charakterisieren versucht. Dieses Defizit läßt sich nun aber solange nicht erkennen, geschweige denn beheben, wie die geschichtliche Zeit ausschließlich als eine Zeit, die vergeht, und nicht auch in Beziehung auf die – völlig anders strukturierte – Zeit der Zukunft verstanden wird. Das Korrelat zur Vergängnis und zu einer »Erfahrung die vergänglich« ist, findet Benjamin nach der Formulierung im Eröffnungssatz seines Entwurfs Über das Programm der kommenden Philosophie zunächst nur in dem »Vorgefühle einer großen Zukunft« (II, 157). Mehr als ein solches Vorgefühl hatte allerdings bereits Kant in der Antwort auf die von ihm erneuerte Frage: »Ob das menschliche Geschlecht im beständigen Fortschreiten zum Besseren sei«, mehr hatte Kierkegaard in seiner Theorie des Augenblicks in *Der Begriff Angst*, und mehr hatte auch Nietzsche in seinen Abhandlungen und Aphorismen zur Philosophie der Zukunft zum Gedanken einer Geschichte beigetragen, die im Kommenden eine geschichtsmächtigere Dimension hätte als im Vergehen. Sie alle, zusammen mit den Benjamin näherstehenden Jenaer Romantikern, mit Schelling und mit Baader, gehören im 18. und 19. Jh. zu den Entdeckern der Zukunft, an die Benjamin seine Überlegungen zur Struktur der Geschichte aus der Doppelbewegung von Vergängnis und Ankunft modifizierend oder kritisch radikalisierend anknüpfen konnte.

Aber für Benjamins Versuch, Geschichte und Politik

aus der Struktur der von ihm messianisch genannten Zeit zu denken, dürften entscheidender als die Motive dieser Autoren diejenigen von Hermann Cohen gewesen sein, der als erster der messianischen Struktur der Geschichte einen systematischen Ort in seinem philosophischen Werk eingeräumt hat. Cohen legt in seiner *Ethik des reinen Willens* (1904 u. 1907) die Differenz zwischen Mythos und Religion in den Begriff der Zukunft: denn der Mythos kennt nur die Vergangenheit und ihre immer wiederkehrende Gegenwart, erst die Religion, wie Cohen sie versteht, eröffnet die Beziehung auf eine Zukunft des noch nie Gewesenen. Cohen schreibt in seiner *Ethik*: »Der Begriff der Zukunft unterscheidet die Religion vom Mythos. Diese Zukunft bezeichnen die Propheten, indem sie die Befreiung der Menschen vom Kriege der Völker an die politische Sehnsucht auf die Freiheit des eigenen Volkes anknüpfen, mit demjenigen Ausdruck, unter welchem die eigene Sprache und die eigene Politik den höchsten Vertreter des Staates dachte: als *Messias*« (Cohen 1981, 405 f.). Über die »eigene« Politik, die »eigene« Sprache und Religion der alttestamentlichen Propheten hinaus bezeichnet der Begriff der messianischen Zukunft aber für Cohen einen »Gewinn [...] für die Ethik« insgesamt, für die Ethik nicht eines einzelnen Volkes, sondern die universalistische Ethik der unter ihrem Begriff – und zwar zum erstenmal – denkbar gewordenen einigen Menschheit. Es ist »der Begriff der Zukunft [...], welcher den einzigen Gott den Schranken des Nationalgottes entrissen, und zu dem einzigen Gott der Völker, der einen Menschheit gemacht hat« (Cohen 1981, 406).

Geschichte gibt es für Cohen erst, wo es Zukunft, wo es universelle Freiheit, wo es eine Menschheit und als Garanten ihrer Einheit einen Messias gibt. Geschichte gibt es deshalb erst, wo es Religion, und zwar reine Religion, Monotheismus, und wo es die universalpolitische Tendenz zur Realisierung seines Prinzips unbedingter Willensautonomie gibt. Da diese Verwirklichung nur in der Zukunft liegen kann, ist Geschichte allein als Geschichte des Fortschritts in die Zukunft der Freiheit denkbar. Wenn aber die Zukunft und damit die entscheidende Kategorie sowohl der Ethik wie der Geschichte vom Messias bezeichnet wird, so bezeichnet der Messias doch zugleich »das Ende der Tage«. Von diesem Ende bemerkt Cohen: »es sei das Einst, zu dem alle Politik hinzustreben hat; auf das alle Wirklichkeit orientiert werden muß. Nicht die Gegenwart; auch nicht die [...] Vergangenheit soll die Richtschnur bilden; ›es soll ihrer nicht ferner gedacht werden‹, die Zukunft allein soll den Leitstern der Politik, und somit der Religion bilden. Nicht das Ende der Welt und der Menschheit soll der Friede bedeuten, den ›die Tage des Messias‹ bringen; sondern vielmehr den Anfang einer neuen Zeit, einer neuen Welt, einer neuen Menschheit; einer neuen Menschheit auf Erden« (Cohen 1981, 406).

Wenn Cohen den ethischen Wert des prophetischen Messianismus in seine politische und weiterhin geschichtsphilosophische Bedeutung legt, dann läßt er keinen Zweifel daran, daß er jene Politik als eine des Fortschritts – und zwar des Fortschritts in Ewigkeit – und daß er diese Geschichtsphilosophie als Teleologie einer Geschichte versteht, die ihrem »Leitstern« im Ideal einer »neuen Welt« und einer »neuen Menschheit« zustrebt. Das Telos ist der Anfang, das Ziel der Ursprung der geschichtlichen Bewegung, und der Messias, an dessen Idee sie sich orientiert, der Orient jeder Geschichte, die dem Anspruch gerecht werden könnte, ethisch und derart fundamental politisch zu sein. Die Zukunft des Sittlichen, die der Messianismus für Cohen eröffnet, ist freilich keine Zukunft, die in der Zeit läge und ihrer leeren Form einen Inhalt verschaffte; sie ist eine Zukunft der Ewigkeit und bezeichnet für Cohen »die Ewigkeit des Fortgangs der sittlichen Arbeit« (Cohen 1981, 410). So nachdrücklich aber Cohen betont, Ewigkeit liege nicht im Denken, stehe dem Denken nicht an (411), so weit er die Differenz zwischen theoretischer und praktischer Vernunft und damit die Differenz zwischen den Sphären des Erkennens und Handelns spannt, so wenig kann er den teleologischen Charakter seiner Zukunftsgeschichte und die gleichzeitige Unnahbarkeit des messianischen Ideals verleugnen, das er gleichwohl in positiven Begriffen zu bestimmen versucht. Cohens Messias ist ein Messias des Willens, des guten Willens zur universellen Selbstbestimmtheit des Willens in Recht und Politik, aber als Messias des ethischen Willens kann er nur das problematische Prinzip der Approximation an ein weltpolitisches Ideal sein, dessen Erkenntnis gesichert, dessen Verwirklichung in der Geschichte aber unmöglich sein soll.

Gegen die Vorstellung der ›unendlichen Aufgabe‹ und gegen die damit verbundene sozialdemokratische Ideologie von einem Fortschritt in der Unendlichkeit der Zeit hatte Benjamin bereits in Das Leben der Studenten protestiert und ihr systematisches Defizit durch die Bestimmung des messianischen Reichs als *metaphysische Struktur* der Geschichte und als *Krisis* zu beheben versucht (II, 75). Gegen die Annahme eines messianischen Telos der Geschichte, das logisch fundiert, erkennbar, begrifflich fixiert und dennoch unerreichbar – oder doch nur in der »Ewigkeit des Fortgangs der sittlichen Arbeit« (Cohen), also nur zweideutig ›erreichbar‹ – sein soll, richtet sich der kurze Text, dem Adorno den Titel »Theologisch-politisches

Fragment« gegeben hat, der entschiedenste Versuch des jungen Benjamin, die Begriffe der Geschichte und des Messianischen streng aufeinander zu beziehen, ohne sie mit dem Zwangsmittel der theo-teleologischen Orientierung des geschichtlichen Prozesses zu einer theoretisch unbegründbaren und praktisch desaströsen Einheit zu bringen.

In diesem Versuch nimmt Benjamin seinen Gedanken aus dem PROGRAMM DER KOMMENDEN PHILOSOPHIE wieder auf, die »Dignität einer Erfahrung die vergänglich war«, zur Geltung zu bringen, und stellt ihn ins Zentrum seiner Geschichtsphilosophie und seiner Theorie der Politik. Der Würde einer vergänglichen Erfahrung kann ein teleologischer Messianismus, wie Cohen ihn postuliert, nicht gerecht werden, weil in ihm alle Vergänglichkeit für die Ewigkeit der sittlichen Arbeit und alle Erfahrung für die unerfahrbare Idee des Messias der Sittlichkeit preisgegeben wird. Cohens Messianismus ist aber nicht nur die auf Dauer gestellte und den Schein der Dauer erzeugende Verleugnung der Vergänglichkeit des geschichtlichen Lebens. Die Intention auf das messianische Reich der einen befreiten Menschheit entwürdigt, mit bestem Willen, dies Reich zum Objekt sowohl der Erkenntnis wie des Willens, während sie es zweideutig zugleich als unnahbare Idee über alle theoretischen und praktischen Vermögen erhebt. Solange es noch eine Intention auf den Messias gibt – solange er noch Gegenstand, Zweck und Telos des geschichtlichen Lebens ist –, solange wird die künftige Geschichte unter die Kontrolle der Intention gestellt und kann nur die Geschichte eines kontrollierten Messias sein; solange die Zukunft – der Messias – beherrscht wird, kann eine Zukunft, die befreit, nicht erfahren werden. Nur wenn die Dignität des Vergehens auch noch der Intentionen gewahrt ist, gibt es Raum für die Dignität dessen, was kommen könnte. Geschichtsphilosophie, der es mit der Geschichte ernst ist, kann erst mit dem Ende der Geschichtstheologie beginnen.

Politisch-atheologisches Fragment

In ihren ersten Sätzen legt Benjamins Argumentation – denn Argumentation bleibt sie trotz ihres apodiktischen Gestus – die Spannung frei, die für die endliche Vernunft im Begriff der Vollendung und eines als Vollendung begriffenen messianischen Zustands liegt. Ist nämlich das historische Geschehen die Geschichte endlichen Daseins, so kann es in ihr wohl eine Beziehung auf Vollendung geben, aber weder kann angenommen werden, daß diese Vollendung der Geschichte eine Richtung gibt, noch kann von Endlichem eine Vollendung erstrebt werden, die nicht ihrerseits bloß endlich wäre.

Wenn Benjamin im ersten Satz dieser Skizze schreibt: »Erst der Messias selbst vollendet alles historische Geschehen [...]«, so wiederholt er damit die Cohensche Definition des Reichs Gottes als der Vollendung aller geschichtlichen Ereignisse. Er unterzieht diese Definition aber einer radikalen Revision, wenn er fortfährt: »und zwar in dem Sinne, daß er dessen Beziehung auf das Messianische selbst erst erlöst, vollendet, schafft« (II, 203). Vollendet erst der Messias alles historische Geschehen, dann kann auch erst der Messias die Beziehung des historischen Geschehens auf seine Vollendung vollenden, dann gibt es vor seinem Erscheinen eine solche Richtung der Geschichte auf ihre Vollendung nur unvollkommen, dann gibt es sie nicht als die konkrete, individualisierte und prägnante Beziehung auf den »Messias«, sondern allenfalls auf »das Messianische«, und dann gibt es diese Beziehung nur als unbestimmte, indefinite und ungerichtete, wohl als Beziehungsmöglichkeit, aber nicht als reale Relation. Gilt der Satz, erst der Messias selbst vollende alles historische Geschehen, dann muß gleichzeitig gelten, daß es eine teleologische Beziehung des historischen Geschehens auf den Messias oder auch nur auf Messianisches nicht geben kann. Noch die »Beziehung« der Geschichte auf Messianisches muß erlöst und vollendet, das heißt aber, sie muß vom Messias *geschaffen* werden. Nicht also die Geschichte bezieht sich auf den Messias, nur der Messias könnte sich auf die Geschichte beziehen und erst derart ihre Beziehung auf ihn erzeugen. Ist die Disjunktion zwischen unvollendetem historischen Geschehen und Vollendung so tief wie sie unter Bedingungen der Unerlöstheit gedacht werden muß, so fällt die Möglichkeit weg, innerhalb der Geschichte ihre Erlösung und Vollendung auch nur zu denken, geschweige sie zum Ziel zu wählen und zu erstreben. Es entfällt damit aber auch die Möglichkeit, von einer geschichtlichen Hoffnung auf das messianische Reich, von einem paulinischen Warten auf sein Kommen, vom Kant-Cohenschen unendlichen Fortschreiten auf es hin zu reden.

»Darum«, so lautet Benjamins Konsequenz im anschließenden Satz, »kann nichts Historisches von sich aus sich auf Messianisches beziehen wollen. Darum ist das Reich Gottes nicht das Telos der historischen Dynamis; es kann nicht zum Ziel gesetzt werden« (II, 203). Kant hatte in der Zweiten und der Dritten Kritik die letzten Zwecke der Natur als eines teleologischen Systems dem Menschen anvertraut, weil unter allen Naturwesen er als einziges fähig sei, seine eigenen Zwecke zu setzen und sie nach einem solchen Gesetz zu setzen, das von Zwecken der Natur unabhängig, das unbedingt und allein in ihm selbst begründet sei. Die Unbedingtheit ihrer Zwecksetzung qualifiziert die menschliche Vernunft nach Kant nicht nur als teleologische, sondern als auto-teleologische: »Von dem Menschen nun (und so jedem vernünftigen Wesen in der Welt) als einem moralischen Wesen kann nicht weiter gefragt werden: wozu (*quem in finem*) er existiere. Sein Dasein hat den höchsten Zweck selbst in sich, dem, soviel er vermag, er die ganze Natur unterwerfen kann, wenigstens welchem zuwider er sich keinem Einflusse der Natur unterworfen halten darf« (Kant 1957, B 398). Da seine Selbstgesetzgebung aber unter Naturbedingungen nicht vollendet werden kann, sondern als imperatives Gebot nur ein unendliches Projekt definiert, bedarf sie zur Aussicht auf ihre Vollendung der Idee vom Reich Gottes. In dieser Idee ist der mögliche Abschluß der autoteleologischen, der Selbstgesetzgebung postuliert. Für die Kantische Ethik und ebenso für die Cohens ist das Reich Gottes also »Telos der historischen Dynamis« (II, 203), es ist Setzung eines Ziels der Geschichte, in dem das Projekt der Selbstsetzung zur Vollendung gebracht würde, und es ist das intentionale Objekt eines Willens, der sich in ihm rein auf sich selbst beziehen soll. Wenn Benjamin die messianische Teleologie der Geschichte, wie er sie bei Kant und deutlicher bei Cohen formuliert finden konnte, rigoros bestreitet, dann offenkundig wiederum aufgrund des Arguments, das der erste Satz seines Textes fixiert: da endliche Vernunft, unter Naturbedingungen stehend, sich selbst nur als Naturwesen Gesetze geben kann, müßte das Reich Gottes, als Ziel eines endlichen Willens, selbst ein nur endliches und somit ein Reich der Natur sein. Wollte Historisches von sich aus sich auf Messianisches beziehen, so wäre seine Beziehung eine bloß naturgeschichtliche. Der Wille würde sich dem Messias supponieren und in der trüben Mischung aus Sinnlichkeit und Vernunft, Naturkausalität und Sittengesetz nur ein mythisches, nicht aber ein Reich der Freiheit begründen. Solange es noch Setzung gibt, und *a fortiori* wenn sie Setzung der Vollendung ist, bleibt sie der Naturkausalität, also der Unfreiheit und Unvollendung unterworfen.

Da der Messias nicht Gegenstand von thetischen, intentionalen, teleologischen Akten sein kann, muß die Vollendung, die er dem historischen Geschehen bringen kann, ein selber athetisches, ein nicht-intentionales und ateleologisches Ereignis sein. Wie Benjamin in seiner Abhandlung Zur Kritik der Gewalt von einer »Entsetzung des Rechts samt der Gewalten, auf die es angewiesen ist wie sie auf jenes« spricht (II, 202), so kann vom Messianischen, sei es des Reichs, sei es der Zeit, gesagt werden, es trete allein in der »Entsetzung« oder als »Entsetzung« aller epistemischen und Willens-Setzungen hervor. Genuin politisch ist erst diejenige Organisation des geschichtlichen Lebens, die realisiert, daß ihr alle theologischen Aspirationen versagt sind. Benjamins »Fragment«, das Adorno als »theologisch-politisches« bezeichnet hat, wäre deshalb angemessener als »politisch-atheologisches Fragment« charakterisiert.

Was »nicht zum Ziel gesetzt werden« kann, muß jede auf es bezogene Intention ent-setzen. Vom Reich Gottes schreibt Benjamin deshalb: »Historisch gesehen ist es nicht Ziel, sondern Ende« (II, 203). Der resoluten Disjunktion von Geschichte und Gottesreich, die Benjamin fordert, korrespondiert die zwischen Telos und Eschaton. Daß es keine Teleologie der Geschichte geben kann, die ihren Abschluß in Gott finden würde, begreift Benjamin als ein Argument dafür, daß jede binnenhistorische teleologische Konstruktion nur abgebrochen und durch ein eschatologisches Ereignis – von Außen einfallend, ungewollt und ungesetzt – arretiert werden kann. Dieses Ereignis mag die Vollendung alles historischen Geschehens sein, aber aus der Perspektive der geschichtlichen Intentionen – »historisch gesehen« – kann diese Vollendung nur den Abbruch jeder messianistischen Teleologie und die Unbrauchbarkeit theologischer Begriffe für die politische Praxis bezeichnen.

Keine Heilsgeschichte

In einer Notiz aus den späten 30er Jahren nimmt Benjamin diesen Gedanken wieder auf mit der Formulierung »Der Messias bricht die Geschichte ab; der Messias tritt nicht am Ende einer Entwicklung auf« (I, 1243). Die veränderte Vorstellung von der Funktion politischer Revolutionen, die diesem messianischen Abbruch der Geschichte korrespondiert, faßt Benjamin zur gleichen Zeit in die Korrektur einer Marxschen Metapher: »Marx sagt, die Revolutionen sind die Lokomotive der Weltgeschichte. Aber vielleicht ist dem gänzlich anders. Vielleicht sind die Revolutionen der Griff des in diesem Zuge reisenden Menschengeschlechts nach der Notbremse« (I, 1232). Ob Abbruch oder Bremsung: das messianische Reich liegt nicht im Ziel des historischen Verlaufs, es liegt dort, wo dieser Verlauf ein Ende findet. Die Folgerungen, die sich aus dem Ende des Telos im Eschaton ergeben, sind nach der Darstellung des »Fragments« zunächst allesamt negativ – wie denn der gesamte Argumentationsgang in der ersten Hälfte der Benjaminschen Skizze von Negationen skandiert ist. Geschichte kann nicht als ›Heilsgeschichte‹, sie muß als Bereich einer Politik des

Profanen verstanden werden, der aus epistemischen Gründen jede konstitutive, aber auch jede regulative Beziehung auf theologische Vorstellungen verwehrt ist. So sehr diese epistemischen Gründe ihrerseits in einem Begriff vom Gottesreich als einer Ordnung fundiert sein mögen, die sich jeder Antizipation entzieht, aus der Unsetzbarkeit und Unintendierbarkeit des Messianischen ergibt sich für alles Historische und darum auch für die Politik, daß in theoretischer wie in praktischer Hinsicht eine Orientierung am Modell der Theokratie unbrauchbar ist: »Darum kann die Ordnung des Profanen nicht am Gedanken des Gottesreiches aufgerichtet werden, darum hat die Theokratie keinen politischen sondern allein einen religiösen Sinn. Die politische Bedeutung der Theokratie mit aller Intensität geleugnet zu haben ist das größte Verdienst von Blochs ›Geist der Utopie‹« (II, 203).

Es mag dahingestellt bleiben, ob dies das größte Verdienst von Blochs Utopie-Buch ist; es mag auch offen bleiben, ob er darin tatsächlich die politische Bedeutung der Theokratie mit aller Intensität geleugnet hat – die Kritik der politischen Theokratie lag tatsächlich in Benjamins eigenem Interesse (vgl. VI, 99 ff.), während von Bloch, der mit polemischen Bemerkungen gegen Gottesgnadentum und staatskirchliche Repression nicht geizt, zwar mit Marx ein »total organisierender Atheismus usque ad finem als sozialistische Arbeitshypothese« gefordert, aber gleichzeitig bestritten wird, daß es ein »besonderes philosophisches Verdienst« sei, »wenn der Marxismus atheistisch konsequent bleibt, um der Menschenseele nichts anderes als einen mehr oder minder eudämonistisch eingerichteten ›Himmel‹ auf Erden ohne die Musik zu geben, die aus diesem mühelos funktionierenden Mechanismus der Ökonomie und des Soziallebens zu ertönen hätte« (Bloch 1971, 407). Tiefer in die Konvergenz zwischen Benjamin und Bloch, der ein »System des theoretischen Messianismus« nur proklamiert, um es für den »praktischen Messianismus«, wie er betont, »sturmreif« zu machen (Bloch 1971, 337), dürfte ein anderer Aspekt der messianischen Atheologie führen, die Bloch im *Geist der Utopie* für die Politik zu gewinnen versucht.

Dieser Aspekt wird, wie manches andere, deutlicher als an Blochs eigenen Formulierungen an einer Passage aus Jacob Böhme, die er zitiert. Für den wahren Weg zur Gotteserkenntnis und Gottesrealisierung fordert Böhme die Wegnahme nicht nur der Natur und der Schöpfung, sondern mit der Wegnahme der Schöpfung zugleich die Tilgung der Gottesbilder – und vielleicht der Gottesebenbildlichkeit – des Menschen. »Willst du wissen, wo Gott wohnet, so nimm weg Natur und Creatur, als denn ist Gott alles. Sprichst du aber: Ich kann nicht die Natur und Creatur von mir wegnehmen, denn so das geschähe, so wäre ich ein Nichts, darumb so muß ich mir die Gottheit durch Bilde einmodeln. Höre mein Bruder, Gott sprach, du sollst dir kein Bildnüß machen einigen Gottes. Und das ist der nächste Weg zu Gott, daß das Bild Gottes in sich selber allen eingemodelten Bildern ersinke und alle Bilde, Disputate und Streite in sich verlasse und sich bloß alleine in das ewige Eine ersenke« (Bloch 1971, 369). Der »nächste Weg« zu Gott ist das »Wegnehmen« alles dessen, was einen Weg überhaupt erforderlich macht. Die *via negationis viae* ist für Böhme wie für Bloch die Methode, die vor die Schöpfung zurück zu einem Schöpfer führen soll, der durch kein Nachbild verstellt und hinter keinem Vorstellungsbild verborgen wäre. Wenn Bloch diese böhmesche Methode der Dekreation übernimmt und für seinen politischen Messianismus nutzbar zu machen versucht, dann kann das messianische Reich für ihn nur in dem Sinn ein Telos der Geschichte sein, daß darin alle Ziele und Zwecke, alle Bilder und Ideale untergehen, die aus der Perspektive von Natur und Kreatur noch wahrgenommen oder errichtet werden könnten. Während aber Bloch dieser Methode eine gnostische, marcionitische Wendung gibt, die den Gott der Schöpfung vom Gott der Erlösung scheidet und deshalb nur einen halbierten Atheismus und eine ambivalente Leugnung der politischen Bedeutung der Theokratie erlaubt, richtet sich das Interesse Benjamins, der zu gnostischen Tendenzen Abstand gehalten hat, auf die radikalere Konsequenz, die sich in Böhmes Text andeutet: daß der Weg zum »ewigen Einen« nicht nur der Weg der Natur vor die Natur zurück, sondern zugleich ein Weg vor alle natürlichen Erkenntnis- und Handlungsformen sein muß. Dieser Weg kann nur der Gang in »ein Nichts«, er kann nur ein Untergang sein. Denn nur »ein Nichts« übt keine Herrschaft aus, stellt sich nicht als Idol vor Gott oder an seine Stelle und kann als Ziel weder gesetzt noch intendiert werden.

Damit ist nicht nur die politische Bedeutung der Theokratie, die sich am endlichen Bild eines Unendlichen aufrichtet, dementiert, damit ist zugleich die Methode einer durch und durch profanen Politik definiert, die Benjamin in den letzten Worten seines »Fragments« als »Nihilismus« (II, 204) bezeichnet. Das *nihil* dieses Nihilismus läßt sich für eine theokratische Ordnung nicht gebrauchen, weil es deren Hierarchien in der An-archie ihres Grundes auflöst; es läßt sich andrerseits für die »Ordnung des Profanen«, und das ist die Ordnung der Geschichte und der Politik, nicht gebrauchen, weil deren natürliche, profane Bestimmung selber schon in diesem *nihil* beruht. Der Benjaminsche ist wie der Böhmesche Nihilismus kein Mittel zu einem historischen Zweck, sondern die endogene Tendenz alles Lebendigen, im Untergang – und noch im Untergang seiner möglichen Pläne, Ziele und Zwecke – zu enden. Das rigoros profane Leben ist das in der Erfahrung seiner Endlichkeit, im Prozeß seines Verschwindens, im Verlust sogar noch seiner Kreatürlichkeit sich profanierende Leben. Profanierung ist kein veränderter Gebrauch geheiligter oder göttlicher Instanzen, Profanierung ist die Überführung in ihre Unbrauchbarkeit. Die mystische Dekreation, die Böhme beschreibt und Bloch zitiert, ist Modell einer solchen Profanierung, wie Benjamin sie im Sinn hat, denn sie ist die einzige, die auf eine Orientierung an theologischen Vorstellungen verzichten und sich von einer theokratischen Organisation des geschichtlichen Lebens verabschieden kann. Erst die Reduktion auf das Nichts der Natur ist ihre Reduktion auf sich selbst, das Profane.

Wenn Benjamin von der »Ordnung des Profanen«, der »Dynamis des Profanen« und, mit gesteigerter Emphase, von der »profanen Ordnung des Profanen« redet, dann wohl kaum, um bloß ihren Gegensatz gegen die andere Ordnung des Gottesreichs, des Sakralen und Messianischen zu betonen, sondern um damit zugleich den im Wortsinn sprachlichen Charakter des *Profanen* hervorzuheben: daß es die rückhaltlos sich *aussprechende Entäußerung* alles dessen ist, was als sakral gilt und von theologischen Vorstellungen bestimmt ist. So verstanden, ist die Ordnung des Profanen die einzige, die kompromißlos und in einem gänzlich untheokratischen und untheologischen Sinn messianisch sein kann, weil allein sie fähig ist, eine Scheidung von allen Vorstellungen des Messianischen herbeizuführen, die noch der profanen Welt angehören: Nur indem sich die Profanierung von dem vorgestellten, dem intendierten oder gesetzten Messianischen – dem bloß halbherzig profanen – trennt; nur indem sie sich im Untergang noch von sich *selber* trennt und zu nichts als dieser Trennung, zur absoluten Krisis des Profanen wird, macht sie Raum für ein Messianisches, das vom Profanen frei sein und mit dessen Tendenz sich dennoch treffen kann.

Benjamin hat das Verhältnis zwischen seiner Atheologie und jeder Art von theologischer Vorstellung im »Passagenwerk« in ein Bild gefaßt, das auch die Beziehung des Profanen zum Theologischen, von dem das frühe ›Fragment‹ spricht, verdeutlichen kann: »Mein Denken verhält sich zur Theologie wie das Löschblatt zur Tinte. Es ist ganz von ihr vollgesogen. Ginge es aber nach dem Löschblatt, so würde nichts was geschrieben ist, übrig bleiben« (I, 1235; V, 588). Wie die Schrift ganz ans Löschblatt, so soll die Theologie ganz ans Denken übergehen. Die vollkommene Profanierung des Messianischen würde sich in dem weißen Blatt bezeugen, von dem das Löschblatt die Schrift entfernt hat, die von ihm handelt. Übrig bliebe von der Theologie nichts außer dem Profanen, ihre Inversion an einem anderen Ort.

Profanes, Glück

Profan ist, was sich ausspricht. Darin ist der gesamte Bereich des Sprachlichen, der Sprache Fähigen und in ihr Ausdrückbaren einbegriffen. Das Heilige, das in der Idee des Gottesreichs und der messianischen Zeit gemeint ist, gehört als *sacrum*, als Abgetrenntes nicht zu diesem Bereich; es ist das schlechthin Unprofane, Unaussprechliche, keiner Sprache Zugängliche. Aber das Profane ist zugleich auch das, was sich als Ordnung des schlechthin Aussprechbaren selber definiert. Indem es sich ausspricht, bringt es sich zu Ende. Glück kann nur darin liegen, sich unbedroht in der Ordnung des Profanen zu bewegen. Es ist eine Kategorie der Endlichkeit; und, genauer, eine Kategorie des Endens im Profanen. So wird Benjamin sie noch in dem Aphorismus der EINBAHNSTRASSE verstanden haben, in dem es heißt: »Glücklich sein heißt ohne Schrecken seiner selbst inne werden können« (IV, 113). Daß hier der Schrecken, der den Glücklichen nicht trifft, dennoch eigens erwähnt wird, deutet darauf hin, daß dieses Selbst auch das noch vor sich offenlegen kann, was ihm ein Ende setzt. Die Überlegung setzt voraus, daß wer seiner selbst inne wird, erschrecken müßte – Glück ist, diesem Schreck, der eigenen Vernichtung, im Innewerden zu entrinnen. In dem Gedankengang, den das Theologisch-politische Fragment durchläuft, taucht der Gedanke des Glücks an genau der Stelle auf, an der die Idee des Gottesreichs als bedeutungslos für die Ordnung des Profanen und als unbrauchbar für das historische Geschehen und für die Politik abgewiesen ist. Geschichte ist profan. Da sie sich auf keine theologische Vorstellung beziehen kann, ohne sich unredlich und unausdrücklich zu verleugnen, muß sie sich als Struktur des Profanen so entfalten, daß sie sich ohne Einschränkung als solche: als profan, als endlich und als Vergängnis darstellen kann. Wenn Benjamin von der »profanen Ordnung des Profanen« spricht, dann ist das weder eine banale Tautologie noch soll damit bloß gesagt sein, daß jede sakrale Orientierung des Profanen in politische Katastrophen führt; damit ist vor allem ausgesprochen, daß das Profane sich allein in seinem eigenen Umkreis und deshalb allein als das in seiner Endlichkeit und bis an seine äußerste Grenze Darstellbare realisiert. In seiner Selbstoffenbarkeit ist das Profane Glück.

In diesem Sinn dürfte auch eine Notiz zu verstehen sein, die aus derselben Zeit zu stammen scheint wie das »Fragment«: »Meine Definition der Politik: die Erfüllung der ungesteigerten Menschhaftigkeit« (VI, 99). Mit dieser Definition wird Nietzsches Konzept einer Politik des Übermenschen zurückgewiesen, die Benjamin in der bedeutenden Arbeitsskizze Kapitalismus als Religion mit der Formel »Sprengung des Himmels durch gesteigerte Menschhaftigkeit« charakterisiert (101). Eine Politik, die sich als Erfüllung der ungesteigerten, der endlichen und fragilen Menschhaftigkeit definiert, kann nur eine Politik sein, die sich den Schrecken der Hinfälligkeit aussetzt und in der Hingabe an die Hinfälligkeit des Profanen ihr Glück findet. Es ist also keine apodiktische Verfügung, es ist die nüchterne Konsequenz aus der Zusammengehörigkeit von Profanem und Glück, wenn Benjamin erklärt: »Die Ordnung des Profanen hat sich aufzurichten an der Idee des Glücks« (II, 203). Und wenn er in seiner Überlegung fortfährt: »Denn im Glück erstrebt alles Irdische seinen Untergang, nur im Glück aber ist ihm der Untergang zu finden bestimmt« (204), dann wird die Wechselbeziehung zwischen dem Profanen und seinem Glück ein weiteres Mal bestätigt. Nicht daß das Irdische glücklich wäre, ist damit gesagt, sondern daß es sich auf sein Glück als auf sein Ende bezieht, und in diesem Ende des Endlichen sich selbst in seiner strukturellen Bestimmung als Endliches erfährt. Wem nur im Glück »der Untergang zu finden bestimmt« ist, der geht nicht unter, es sei denn im Glück; wer dagegen seine Bestimmung im Glück nicht findet, von dem kann nicht gesagt werden, daß er untergeht. ›Bestimmung‹, wie Benjamin diesen Begriff hier verwendet, heißt also nicht nur Ende, *eschaton*, Extrem einer Bewegung, Ziel, Grenze und, im Sinn der Mathematik des Infinitesimalen, Limes; ›Bestimmung‹ heißt auch Telos. Wenn vom Reich Gottes zuvor betont wurde, daß es »nicht das Telos und historisch gesehen nicht Ziel, sondern Ende« des historischen – profanen – Geschehens ist, so konvergiert im Glück das Ende mit dem Telos dieses Geschehens, weil es den Bereich der Immanenz nicht wie das Gottesreich transzendiert, sondern ihn erfüllt. In der Konvergenz von Eschatologie und Teleologie alles Historischen im Glück des Endens treten die strikt geschiedenen Bereiche des Profanen und des Messianischen an ihrer Grenze zusammen. Benjamin fährt deshalb in seinem Gedankengang mit der Erklärung fort: »Denn messianisch ist die Natur aus ihrer ewigen und totalen Vergängnis« (ebd.). Wenn das Enden des Endlichen – der Natur, des Irdischen, der Welt – messianisch ist, dann nicht dank der Intervention einer transzendenten, göttlichen oder messianischen Macht, die von Außen in es eingreifen und verwandeln würde, sondern messianisch ist dies Enden, weil die »ewige und totale Vergängnis« die immer tiefere Immanentierung der Immanenz, weil sie die ewige und totale Profanierung des Profanen ist und diese Profanierung als Tilgung der Zeit- und Raumwelt eine völlig andere Zeit und einen völlig anderen Raum freigibt. Messianisch ist die Welt nicht, weil sich ein geheimer Messias in ihr regte, sondern weil sie in ihrem Vergehen Platz für seine Ankunft schafft.

*Unmittelbar*keit der Mitteilbarkeit

Messianisch ist die Profanierung, und nichts außer ihr. Das ist die Konklusio, die sich aus der Einsicht ergibt, daß es eine Beziehung der Geschichte auf eine außergeschichtliche Instanz wie das Reich Gottes nicht geben kann, solange nicht eben diese Instanz der Geschichte ein Ende bereitet hat. Wenn aber nur die Profanierung und nichts außer ihr messianisch ist, dann ergibt sich daraus für die Politik, für die Geschichte und zunächst für die Philosophie die Aufgabe, jede Beziehung auf theologische Vorstellungen, jede Aspiration auf ein göttlich verbürgtes Heil und jede Orientierung an einer Erlösung, die nicht selber profan, irdisch und geschichtlich wäre, aufzugeben. Die restlose Elimination des Messianischen im Profanen kann aber zur Sache der Politik nur werden, wenn diese Elimination bereits in der Struktur des Profanen am Werk ist. Sie kann sich also nicht als Mittel in den Dienst von Zwecken stellen, die außerhalb ihrer selbst liegen. Profan ist der Bereich der bloßen Mittel ohne Zweck. Allen Anschein der Zweckmäßigkeit von Mitteln zu tilgen und ihre reine Mittelbarkeit offenzulegen, ist deshalb die genuine Bewegung des Profanen und das Officium seiner Philosophie. Benjamin hat genau diese Überlegung in seinem Brief vom Juli 1916 an Martin Buber dargelegt, in dem er von der immanenten Politik der Sprache – und das heißt, ohne daß es hier so genannt würde, des Profanen – handelt. Die Struktur des darin vorgetragenen Arguments ist identisch mit derjenigen, die den Gedankengang des »Fragments« bestimmt. Er schreibt dort, nachdem er das Verständnis der Sprache als eines Instruments zur Vermittlung von Inhalten, die ihr fremd sind, zurückgewiesen hat: »Schrifttum überhaupt kann ich nur dichterisch prophetisch sachlich – was die Wirkung angeht aber jedenfalls nur *magisch* das heißt un-*mittel*-bar verstehen. [...] Und wenn ich von andern Formen der Wirksamkeit – als Dichtung und Prophetie – hier absehe so erscheint es mir immer wieder daß die kristallen reine Elimination des Unsagbaren in der Sprache die uns gegebene und nächstliegende Form ist innerhalb der Sprache und insofern durch sie zu wirken. Diese Elimination des Unsagbaren scheint mir gerade mit der eigentlich sachlichen der nüchternen Schreibart zusammenzufallen und die Beziehung zwischen Erkenntnis und Tat eben innerhalb der sprachlichen Magie anzudeuten« (1, 326). »Elimination des Unsagbaren *in* der Sprache« ist ein doppelter Prozeß: Zum einen beschränkt sich darin die Sprache auf das ihr allein Zugängliche, auf das Sagbare, und grenzt alles Unsagbare, wie sie redlicherweise nicht anders kann, von sich aus. Zum anderen stößt die Sprache in sich selbst auf eine für sie unüberschreitbare Grenze, wo sie über sich selbst zu sprechen versucht: sie kann ihr eigener Gegenstand nur werden, indem sie Sprache zu sein aufhört, sich selbst als das ihr Versagte begreift und ihr Verstummen herbeiführt. Zum einen muß deshalb die Grenze der Sprache gegen das Unsagbare, zum anderen muß die Sprache selbst als das ihr Versagte anerkannt werden. Läuft die eine Bewegung auf die Elimination des Unsagbaren *aus* der Sprache, die andere auf seine Elimination *in* der Sprache hinaus, so konvergieren beide Bewegungen in der Elimination der Sprache als eines Mittels für Anderes, als eines Instruments zu außer ihr gelegenen, insbesondere politischen Wirkungen. Sprache ist »un-*mittel*-bar«: sie ist nicht Mittel zu Zwecken der Erkenntnis oder der Politik, sondern in sich selbst erkennend und politisch; sie ist es aber nur, indem sie in sich die Deinstrumentalisierung bis ins Verstummen und die Profanierung bis ins Extrem der Deprofanierung treibt.

Wegen dieser Doppelbewegung der Elimination, die den beiden Seiten der Sprachgrenze, derjenigen gegen das Unsagbare des Sprachtranszendenten und der gegen das Versagte der Sprachimmanenz, entspricht, kann Benjamin in seinem Brief fortfahren: »Mein Begriff sachlichen und zugleich hochpolitischen Stils und Schreibens ist: hinzuführen auf das dem Wort versagte. [...] Nur die intensive Richtung der Worte in den Kern des innersten Verstummens hinein gelangt zur wahren Wirkung. Ich glaube nicht daran daß das Wort dem Göttlichen irgendwo ferner stünde als das »wirkliche« Handeln also ist es auch nicht anders fähig ins Göttliche zu führen als durch sich selbst und seine eigene Reinheit« (1, 326 f.). »Elimination des Unsagbaren in der Sprache« heißt also Elimination der Sprache selbst als eines Mittels, Restitution jener »*Unmittel*barkeit« des Medialen, die der frühe Sprachaufsatz von 1916 als »das Grundproblem der Sprachtheorie« und die er wie der Buberbrief als »magisch« bezeichnet (II, 142), Reduktion des Profanen auf den »Kern des innersten Verstummens« und darin seine Zurückführung auf das im Wortsinn Unprofanierbare. Je ausschließlicher und tiefer sich die Sprache in sich als das Sagbare, das schlechthin Mitteilbare und Profane versenkt und von allem Unsagbaren, Theologischen trennt, desto näher rückt sie gerade dort, wo sie in ihrer Unfähigkeit, ihre Mittelbarkeit zu thematisieren, verstummt, dem »Göttlichen«. Und dieses »Göttliche«, das im ›Fragment‹ »Messianisches« heißt, ist nichts anderes als die unendliche Annäherung des Mittelbaren an seine »*Unmittel*barkeit«, des Profanen an seinen Limes, an die Elimination des Sagbaren in Stummheit. Profanierung in ihrem Extrem ist das Unprofanierbare. Sie ist das Nahen des Messianischen im Verstummen der Sprache: »Denn messianisch ist die Natur aus ihrer ewigen und totalen Vergängnis« (204).

Benjamin hat mit seinen sprachphilosophischen Bemerkungen zur »*Unmittel*barkeit« des Medialen und zu dem »dem Wort Versagten« das monotheistische Bilderverbot durch den Aufweis eines strukturellen Sprachversagens verschärft. Er hat gezeigt, daß niemand von der Sprache sprechen kann, ohne sie – und damit unvermerkt sich selbst – zum Schweigen zu bringen, und hat darin keine ephemere Unbequemlichkeit, sondern die Grundstruktur der Sprachlichkeit schlechthin gesehen. Da diese Struktur zugleich die des geschichtlichen Lebens ist, kann er in seinen Bemerkungen zur Struktur der Geschichte und der Politik einer Argumentationsbahn folgen, die von seinen sprachphilosophischen Studien vorbereitet ist. Wie diese darlegen, daß die Sprache dort, wo sie am intensivsten sie selbst, wo sie ganz sprachlichen und darin göttlichen Wesens ist, der Mitteilbarkeit entrückt ist, so legen seine Äußerungen zur Struktur der Geschichte dar, daß diese erst in der Absolutierung der Immanenz diejenige Bewegung vollzieht, in der sie, unendlich profan, messianisch – aber eben deshalb durch keine Intention regierbar ist.

An diesen sehr frühen Einsichten aus den zehner Jahren hält Benjamin in allen späteren Arbeiten fest. Sie bilden insbesondere die Grundfigur der geschichtsphilosophischen Formulierungen aus dem Ursprung des deutschen Trauerspiels, in dem er dem Allegorischen genau diejenige Bewegung zuschreibt, mit der er im »Fragment« die »profane Ordnung des Profanen« charakterisiert. Die »Einsicht ins Vergängliche der Dinge und jene Sorge, sie ins Ewige zu retten«, so schreibt er im Trauerspielbuch, »ist im Allegorischen eins der stärksten Motive«; und: »Die Allegorie ist am bleibendsten dort angesiedelt, wo Vergänglichkeit und Ewigkeit am nächsten zusammenstoßen« (I, 397). Aber dieser Zusammenstoß von Vergänglichkeit und Ewigkeit findet nicht an einer imaginären Grenze in der Zukunft statt, er ereignet sich fortgesetzt in der Hinfälligkeit des Weltgeschehens und der Vergänglichkeit der Kreatur. »Kennt das deutsche Trauerspiel eine Erlösung«, schreibt Benjamin, »so liegt sie mehr in der Tiefe dieser Verhängnisse selbst als im Vollzuge eines göttlichen Heilsplans« (260). Erlösung liegt in der Hinfälligkeit und Vergänglichkeit, weil sie *bedeuten* – und zwar die Hinfälligkeit noch ihrer eigenen Bedeutung bedeuten, derart »umspringen« und den »Umschwung in das Heil der Rettung« vollziehen (405). In einer der emphatischsten Passagen am Ende des Trauerspielbuchs resümiert Benjamin den Ertrag seiner Analysen mit dieser Erklärung des »Umschwungs« in der Allegorie: »Vergänglichkeit ist in ihr nicht sowohl bedeutet, allegorisch dargestellt, denn, selbst bedeutend, dargeboten als Allegorie. Als die Allegorie der Auferstehung. Zuletzt springt in den Todesmalen des Barock – nun erst im rückgewandten größten Bogen und erlösend – die allegorische Betrachtung um« (405 f.). Vergänglichkeit ist nicht nur das in den Allegorien des Barock Bedeutete, auch sie selbst noch ist eine Allegorie und bedeutungsvoll; da sie aber die Vergänglichkeit ihres Bedeutens bedeuten muß, spricht in ihr – notwendig, »im rückgewandten größten Bogen«, in der Inversion – etwas völlig anderes als Vergänglichkeit, nämlich die Vergängnis des Vergänglichen, und damit die Erlösung. Indem die Vernichtung, die in der Allegorie das herrschende Thema des Bedeutens ist, selber als Bedeutendes, auf Anderes Verweisendes spricht, vernichtet sich die Vernichtung in der Allegorie selbst – sie bedeutet das Nichtsein dessen, was sie vorstellt (vgl. 406). Indem sie ihrem Nichts ein Nicht entgegenstellt, erzeugt sie in jeder ihrer Wendungen immer wieder aufs Neue ein Etwas. Sowohl Vollzug wie Zurückweisung des Nichts, ist das Nicht, mit dem die Allegorie der von ihr bedeuteten Vernichtung begegnet, der »Ursprung« des Daseins wie seiner spezifisch neuzeitlichen Artikulation, der Geschichte. ›Ursprung‹, die entscheidende Kategorie des Trauerspielbuchs, ist für Benjamin, anders als für Hermann Cohen (Cohen 1997, 35 f.), von dem er sie entlehnt hat, kein Begriff der reinen Erkenntnis, sondern der prägnante Begriff für die Struktur historischen Geschehens: »Die Kategorie des Ursprungs ist also nicht, wie Cohen meint, eine rein logische, sondern historisch« (I, 226).

Das Nicht-Nichts, dessen logische Form, das unendliche Urteil, Cohen ins Zentrum seines Denkens gestellt hat, steht als proto-ontologische Kategorie des Historischen im Zentrum von Benjamins Arbeiten. Dieses Nicht-Nichts ist die Formel des methodischen Nihilismus, der im letzten Satz des »Fragments« nicht etwa das Vergehen zur Losung der Weltpolitik erklärt, sondern die Vergängnis noch aller Formen des Vergehens: eine Vergängnis, die Ursprung von Neuem, Eröffnung der Geschichte und Ermöglichung von Politik ist. Nach dem Argumentationsgang des Briefes an Buber ließe sich sagen: Noch das Verstummen der Rede *bezeugt* die Sprache, und als Verstummen der Rede vom Verstummen *erzeugt* es sie und läßt sie entspringen. Nach dem ähnlich strukturierten Gedanken des Trauerspielbuchs wendet sich das Vergehen gegen sich selbst und wird zu einem möglichen Anfang: Da Vergehen allegorisch sein eigenes Vergehen bedeutet, springt es von sich ab und springt um zum Zeugnis der Rettung. Dieser »Umschwung« oder »Umsprung« von der Vergänglichkeit in das Vergehen noch jeder Vorstellung von Vergänglichkeit und so in den »Ursprung« der Erlösung von ihr, ist vorgezeichnet in der Inversion, die das ›Politisch-theologische Fragment‹ beschreibt, wenn es die Vergängnis der Natur messianisch nennt und sie als Glück bezeichnet. Benjamins »Fragment«, aus der Grundstruktur seiner frühen sprachphilosophischen Überlegungen hervorgegangen, ist die bündigste Fassung der Geschichtsphilosophie seines Trauerspielbuchs und noch der spätesten Teile des Passagenwerks.

Vergängnis im Vergehen

Der ketzerisch kategorische Imperativ, der sich aus der Unintendierbarkeit des Gottesreichs ergibt, kann nur der eudämonistische der Glückssuche sein: nicht der Imperativ der Freiheit unterm Sittengesetz, den Kant und nach ihm mit verstärkter messianischer Emphase Cohen, sondern der des Glücks, den Kant und Cohen nur unter dem Gesetz dulden konnten, den Benjamin dagegen, da das Gesetz für ihn außer aller positiven Beziehung zur Freiheit steht, als einzig möglichen Imperativ der profanen Welt gelten läßt. Seine eudämonistische Maxime für das geschichtliche Leben lautet also: »Die Ordnung des Profanen hat sich aufzurichten an der Idee des Glücks« (II, 203). Wenn auch hier, wie bei Kant, Glück nur als Idee in Betracht kommt, so kommt es, wie bei Kant die Glückseligkeit, doch in Betracht als Idee eines Zustands, dem der Mensch seine Triebe unter bloß empirischen Bedingungen adäquat machen will – aber, wie Kant vermerkt, unmöglich kann, weil er damit »an der Zerstörung seiner eigenen Gattung arbeitet« (Kant 1957 B 388, 390). Glück bleibt für Benjamin letzter Naturzweck wie für Kant, aber Zweck einer Natur, der, sobald er erreicht ist, überboten werden und zurückfallen muß, um einem größeren Glück Platz zu machen, das wiederum derselben Mechanik von Überbietung und Untergang folgt. Denn, so schreibt Kant, des Menschen »Natur ist nicht von der Art, irgendwo im Besitze und Genusse aufzuhören und befriedigt zu werden« (Kant 1957, B 389). Wenn

Glückssuche in keinem Genuß aufhören kann und gleichzeitig jeden Genuß vergehen und untergehen lassen muß, dann erfüllt sie sich, paradox, in der Permanenz ihres Vergehens. Hypertelie: daß es über jedes erstrebte und erreichte Ziel hinausstreben und sich selbst vernichten muß, ist das Gesetz des Glücks. Deshalb ist Glück als letzter Zweck der Natur für diese Natur selbst und mit ihren Mitteln nur im Untergang erreichbar.

Wenn die Hypertelie, die strukturelle Hybris des Glücks, nur im Untergang ans Ziel kommt, dann doch in einem Untergang, der seinerseits auf Unaufhörlichkeit dringt. Denn, noch einmal, des Menschen Natur »ist nicht von der Art, irgendwo im Besitze und Genusse aufzuhören«. Die Kantische Beobachtung von der Unaufhörlichkeit des Untergangs im Glück verbindet sich mit Nietzsches Versen aus dem »anderen Tanzlied« des Zarathustra, alle Lust wolle Ewigkeit, tiefe, tiefe Ewigkeit (Nietzsche 1966, 473), wenn Benjamin schreibt, es gebe eine weltliche »restitutio in integrum [...], die in die Ewigkeit eines Unterganges führt und der Rhythmus dieses ewig vergehenden, in seiner Totalität vergehenden, in seiner räumlichen, aber auch zeitlichen Totalität vergehenden Weltlichen, der Rhythmus der messianischen Natur, ist Glück. Denn messianisch ist die Natur aus ihrer ewigen und totalen Vergängnis« (II, 204). Ist Glück letzter und immer wieder überletzter und allerletzter Naturzweck und hat an der Idee dieses Glücks sich die Ordnung des Profanen aufzurichten, dann ist dies Profane, dann ist die Ordnung der Geschichte wesentlich Vergängnis. Sie ist es aber nicht als Vergehen in der verrinnenden Zeit, denn diese Zeit könnte für die Erfahrung des Glücks nur die leere Form sein, von der Kant behauptet, alles wechsle *in* ihr, sie selbst, als Substanz des Realen, »bleibt und wechselt nicht« (Kant 1956, A 182).

Die Ordnung des Profanen ist Vergehen – und zwar unzeitliches, ewiges Vergehen – noch der Naturform Zeit selbst. Ebenso vollzieht sich die Geschichte nicht als Vergehen innerhalb der transzendentalen Anschauungsform Raum, denn auch dieser Raum ist bloßer Raum der Natur und muß in deren letztem Zweck, dem Glück, unräumlich untergehen. Deshalb können nicht die Formen von Raum und Zeit das Maß der Geschichte sein, sondern, wie Benjamin in rhythmischer Wiederholung betont, allein der »Rhythmus«, der sich an keine rational fixierbaren Taktgrenzen hält, sondern in der Konstanz der Kadenzen der Untergangs-Geschichte ihre Ewigkeit skandiert. Wenn nämlich der Rhythmus die Bewegung des »in seiner räumlichen, aber auch zeitlichen Totalität vergehenden Weltlichen« ist, dann ist dieser Rhythmus keine innerweltliche Bewegung und keine Folge innerzeitlicher und innerräumlicher Vergängnisformen; der Rhythmus ist mehr als die Totalität der räumlichen und zeitlichen Welt, mehr als die Gesamtheit der Schöpfung in ihrer raum-zeitlichen Erstreckung, mehr als Alles, und als Transtotalität diejenige Unendlichkeit, in der die Welt der Geschichte ebenso ewig entspringen müßte, wie sie ewig darin untergeht. Ein ewiger Untergang ist aber keiner, es sei denn derjenige, in dem die Zeit des Vergehens der Zeit sich in Ewigkeit verwandelt. Zeit, so ist damit gesagt, vergeht nicht nur; mit ihr vergeht auch, gegen den Kantischen Satz von der Substantialität der Anschauungsform Zeit, das Vergehen selbst – und dies Vergehen sowohl der Zeit- wie der Raumwelt, das Vergehen noch der subjektiven Substanz der Endlichkeit, ist für Benjamin Geschichte in ihrer messianischen Bewegung. Und weiterhin ist damit, daß Zeit ›ihre‹ Zeit hat und selber zeitlich ist, gesagt, daß sie in einer anderen als der chronometrischen, daß sie in einer ana-chronischen oder parachronischen Bewegung begriffen ist, die die universelle Naturzeit unendlich singularisiert und einer Ultratemporalität aussetzt, die in der Tradition der klassischen Metaphysik mit der Ewigkeit eines *nunc stans* in Gott gleichgesetzt wurde, die aber bei Benjamin eben nicht als Ewigkeit des Beharrens, sondern, anders als es die Tradition je konnte, als ewige Vergängnis und, genauer, als Rhythmus dieser ewigen Vergängnis gedacht wird. Die Formel dieser Ultratemporalität kann nicht mehr wie die von Bettine von Arnim überlieferte des späten Hölderlin, alles sei Rhythmus (v. Arnim 1959, 394), sie kann nur noch lauten, Alles sei dem Rhythmus ausgesetzt und setze im Rhythmus aus. Dieser Rhythmus, das Mehr als Alles, in dem Alles sich bewegt, ist das messianische Medium der Geschichte.

Geschichte, die der Ordnung des Profanen folgt, vollzieht sich als Untergang des Profanen. Sie ist Weltgeschichte nicht so sehr als Weltuntergang denn als Weltgeschichtsuntergang. In diesem Theorem einer permanenten Vernichtung der geschichtlichen Welt kommen Benjamins Überlegungen denen von Bloch näher als dessen Kritik an der politischen Bedeutung der Theokratie. Denn im *Geist der Utopie* beschwört er auf den letzten Seiten den »Naturakt, Weltuntergangsakt der Apokalypse« (Bloch 1971, 438) und die »Wegnahme der physischen Welt, die dieses beständig ins Physische sinkende Sechstagewerk so völlig verschwinden lassen möchte, daß man für die Bösen wie für Satan nicht einmal einen Leichenstein, geschweige denn eine Hölle brauchte« (Bloch 1971, 442). Wie bei Benjamin geht dieser »Weltuntergangsakt« auch bei Bloch auf eine »transkosmologische Unsterblichkeit« und auf die »Restitutio in integrum aus dem Labyrinth der Welt« (ebd.). Die Bewegung einer weltlichen »restitutio in integrum«, von der Benjamin im »Fragment« redet (II, 204), führt aber aus dem Labyrinth der Welt nicht hinaus – und darin liegt die Differenz zu Bloch –, es ist vielmehr die Bewegung dieser Welt selbst, ihre Integrität, die nichts anderes als Desintegration ist, in den Untergang hineinzuführen und damit ihre Weltlichkeit zu restituieren. Benjamins Konzeption vom eschatologischen Weltverlauf unterscheidet sich von der gnostisch inspirierten Katastrophenvision Blochs also darin, daß dieser das Verschwinden der Welt als einzigen Ausweg aus der mißlungenen Schöpfung ansieht, Benjamin dagegen das Verschwinden der Welt als Struktur dieser Welt und als einzig möglichen Zugang zu der ihr eigenen Integrität. »Restitutio in integrum« heißt für Benjamin also nicht, daß durch die Vergängnis der Welt eine außerweltliche reine Substanz wiedergewonnen würde, es heißt vielmehr, daß diese Vergängnis selbst das Integrum der Welt ist. Wenn der Rhythmus »dieses ewig [...] vergehenden Weltlichen« messianisch heißen kann, dann nur in dem Sinn, daß dies Messianische ein ausschließlich Weltliches, daß es die entscheidende Welttendenz, die Weltlichkeit der Welt ist. Es ist die Messianität nicht eines göttlich gewählten Messias, nicht eines historischen Messianismus, der sich unter Anrufung extramundaner Instanzen an der Welt betätigt, es ist die Messianität der natürlichen Welt und ihrer profanen Ordnungen ohne ein Gran von Theologie und theokratischer Aspiration, die Messianität des Profanen selbst, die weder auf die Idee noch das Postulat einer Gottheit angewiesen ist, es ist also die Profanität des Profanen, die sich im Vergehen der Welt, und wiederum sie, die sich im Glück des integralen Vergehens zu realisieren strebt.

Mit dem »innern einzelnen Menschen« und seinem Verhältnis zum Messianischen steht es nicht prinzipiell anders, auch wenn Benjamin einschränkend vermerkt: »Während freilich die unmittelbare messianische Intensität des Herzens, des innern einzelnen Menschen durch Unglück im Sinne des Leidens hindurchgeht« (II, 204). Der Satz trägt einen irreführenden Akzent. Er kann nämlich so verstanden werden, daß die Geschichte der Menschheit im Unterschied zu der des Einzelnen nicht »durch Unglück im Sinne des Leidens« hindurchgeht – und verfehlt, so gelesen, die Pointe der zuvor aufgestellten Maxime, die Ordnung des Profanen habe sich an der »Idee des Glücks« zu orientieren. Eine solche Orientierung schließt aber das Unglück mitnichten aus, und die Einschränkung »Während freilich [...]«, aber auch die Scheidung zwischen dem Einzelnen und der Weltpolitik müßte deshalb hinfällig werden. Wenn Benjamin auf sie nicht verzichtet hat, so vielleicht auch deshalb, weil sie ihm erlaubt, die Behauptung auszusprechen, »durch Unglück, im Sinne des Leidens« könne in allen Fällen und also auch in universalhistorischen Bewegungen *hindurch*gegangen werden, Glück sei also das faktische Ende jeder geschichtlichen und jeder persönlichen Erfahrung. Nichts ist weniger sicher. Aber auch nichts ist überflüssiger als eine solche dogmatische Behauptung, wo es ausschließlich darum geht, die »Idee des Glücks« zu postulieren, nicht aber darum, ihre Realisierung zu konstatieren.

Kaum anders verhält es sich mit dem folgenden Satzbeginn: »Der geistlichen restitutio in integrum, welche in die Unsterblichkeit einführt, entspricht eine weltliche, die in die Ewigkeit eines Unterganges führt [...]« (II, 204). Während die Formulierung von der »Ewigkeit des Unterganges« ein in jedem Wortsinn starkes geschichts- und zeitphilosophisches Theorem enthält, ist die Behauptung, die »geistliche restitutio« führe in die Unsterblichkeit ein, zunächst wohl als Echo der Bloch-Lektüre und als Anknüpfung an die christliche Reue- und die Kantische Postulatenlehre erklärlich, kaum aber als Fortsetzung der Diskussion profaner Zeitlichkeit – am wenigsten in dem wiederum dogmatisch-konstativen Gestus, mit dem sie vorgetragen wird. Und dennoch findet sich in der Idee der Unsterblichkeit auch ein Hinweis auf eine andere, eben die messianische Zeit, zu der die »unmittelbare messianische Intensität des Herzens zwar« nicht »hindurchgeht«, die aber im Unglück wie im Leiden ihm nahekommt. Da Benjamin von einer Entsprechung zwischen der weltlichen Restitution im ewigen Untergang der Naturzeit und der geistlichen Restitution in der Unsterblichkeit spricht, wäre Unsterblichkeit diejenige Zeitlichkeit des Lebens, in der es als Überleben, aus tödlicher Bedrohung gerettetes Fortleben oder Nachleben erfahren wird: als eine Unsterblichkeit mithin, die fortgesetzte Sterblichkeit und nicht deren endgültige Überwindung ist. Als perpetuierte Sterblichkeit verstanden, wäre »Unsterblichkeit« in der Tat das Analogon zur »Ewigkeit eines Untergangs« der Natur- und Geschichtswelt.

Von Überleben und Nachleben hat Benjamin in diesem Sinn, auf die Sprache bezogen, in seiner Studie Die Aufgabe des Übersetzers gehandelt (vgl. Hamacher 2001). Wenn er in seinem ›Fragment‹ von Unsterblichkeit spricht, dann von der des »innern einzelnen Menschen«, der nicht eine religiöse, wohl aber eine profane Erfahrung der Zeit macht, die mit deren chronologischem Gang nichts zu schaffen hat. Für ihn, den Bedrohten, ist es die Zeit eines Leidens, das überlebt, aber nie vorbei ist, die Zeit also einer – wenn auch begrenzten – Unsterblichkeit der Sterblichkeit, und somit in jedem Moment dieser Erfahrung messianische Zeit. ›Durch Unglück, im Sinne des Leidens hindurchgehen‹ heißt, so verstanden, nie jemals durch dieses Unglück hindurchgegangen sein, sondern immer wieder durch es hindurchgehen, und in diesem indefiniten Durchgang die »Ewigkeit eines Untergangs« der Naturwelt realisieren. Messianisch oder von »unmittelbarer messianischer Intensität« kann diese Zeit deshalb heißen, weil sie nicht die Zeit der Vergängnis, sondern die Zeit der Vergängnis der Zeit ist: Verunendlichung, wie auch immer endliche, der Endlichkeit; Versetzung der Endlichkeit in eine Überendlichkeit – und folglich eine Überunendlichkeit –, die, anders als die Zeit der subjektiven Vorstellung, nicht im Horizont der Teleologie gelegen ist, sondern nur von der anderen Seite dieses Horizonts, aus einem Extrasubjektiven, aus der Zukunft näherrücken kann. Wer durch Unglück hindurchgeht, geht durch dasjenige hindurch, was nicht im Bezirk der profanen Teleologie des Glücks liegt; er hört nicht auf, durch eine Unsterblichkeit hindurchzugehen, an der er stirbt, wie es in Trauerspiel und Tragödie vom tragischen Helden heißt: »Er stirbt an Unsterblichkeit« (II, 134 f.). Denkbar, daß der Gedanke des Leidens und des Todes an Unsterblichkeit von Versen aus Hölderlins »In lieblicher Bläue...« angeregt wurde: »Die Unsterblichkeit im/ Neide dieses Lebens, diese zu theilen, ist ein Leiden auch« (Hölderlin 2004, 24). Auf die profanste Weise messianisch kann diese Unsterblichkeit deshalb heißen, weil sie ein Leben, ohne ihm den Ausweg in die selbstgemachte extramundane Unsterblichkeit der Theologie zu lassen, dem Weg seiner eigenen Endlichkeit überantwortet, diese intensivierte Endlichkeit aber als absolut eigene nur erfahren läßt, indem sie es einer inappropriierbar fremden, der immer nur kommenden, unvergänglichen, messianischen Zeit aussetzt.

Widerstrebige Bewegungen, Realrepugnanz, Idee

So paradox das Verhältnis zwischen Profanem und Messianischen scheinen mag, es hat nicht den Charakter eines logischen Widerspruchs. Benjamin hat es in ein Bild gefaßt, das leicht mißdeutet werden kann, das aber, recht verstanden, sein Theorem vom messianischen Nihilismus des Profanen verdeutlicht. Nachdem er als Maxime der Ordnung des Profanen formuliert hat, daß sie sich an der Idee des Glücks aufzurichten habe, fährt er fort: »Die Beziehung dieser Ordnung auf das Messianische ist eines der wesentlichen Lehrstücke der Geschichtsphilosophie. Und zwar ist von ihr aus eine mystische Geschichtsauffassung bedingt, deren Problem in einem Bilde sich darlegen läßt. Wenn eine Pfeilrichtung das Ziel, in welchem die Dynamis des Profanen wirkt, bezeichnet, eine andere die Richtung der messianischen Intensität, so strebt freilich das Glückssuchen der freien Menschheit von jener messianischen Richtung fort, aber wie eine Kraft durch ihren Weg eine andere auf entgegengesetzt gerichtetem Wege zu befördern vermag, so auch die profane Ordnung des Profanen das Kommen des messianischen Reiches. Das Profane also ist zwar keine Kategorie des Reichs, aber eine Kategorie, und zwar der zutreffendsten eine, seines leisesten Nahens« (II, 203 f.). Die geschichtliche Dynamis des Profanen strebt von der Richtung *des* Messianischen – nicht aber von der Richtung *auf* es – fort. Indem ihre Tendenz auf Glück und darin auf ihren Untergang zielt, ist sie dem Messianischen »entgegengesetzt«. Darin entspricht sie dem Satz, daß »nichts Historisches von sich aus sich auf Messianisches beziehen wollen« kann, und ergänzt ihn so, daß alles Historische auf seinem Weg ins Glück der Bewegung des Messianischen begegnet. In dieser Überlegung liegt kein Rätsel. Sie beruht zum einen auf der Prämisse, daß erst der Messias die Beziehung der Geschichte auf das Messianische schafft; zum anderen auf der Vorstellung eines – profanen – Zeitstrahls, der *in* die Zukunft geht, und eines zweiten – messianischen –, der *aus* der Zukunft kommt. Die Dynamis des Profanen ist der des Messianischen in genau dem Sinn entgegengesetzt zu denken, wie die Dynamis der Vergängnis derjenigen der Zukunft, wie also das *in futurum* dem *ex futoro*, und das Gehen dem Kommen entgegengesetzt ist. Das Rätsel liegt nicht in Benjamins Bild von den gegenstrebigen Bewegungen, es liegt in der damit verbundenen Versicherung, »die profane Ordnung des Profanen« vermöge »das Kommen des messianischen Reiches« so zu »*befördern*« wie eine Kraft eine entgegengesetzte andere. Das Mysterium der hier dargelegten »mystischen Geschichtsauffassung« liegt also in der Annahme, durch den methodischen Nihilismus der Politik lasse sich das Gottesreich zwar nicht erreichen, wohl aber lasse sich sein Advent ermöglichen oder erleichtern.

Die klassischen Texte der Philosophie kennen eine Reihe von Bildern gegenstrebiger Bewegungen, die zum genaueren Verständnis von Benjamins Rätsel beitragen können. Eines der frühesten findet sich in Platons »Nomoi«, wo von zwei einander entgegengesetzten und unverständigen Ratgebern der Menschen die Rede ist: der Lust und dem Schmerz. Gleich Marionetten der Götter seien die Menschen von diesen Gefühlen wie von Schnüren gezogen, die ›einander entgegen wirkend uns zu entgegengesetzten Handlungen hinreißen‹, aber nur einem dieser Züge dürften wir folgen, dem durch ›die goldene und heilige Leitung der vernünftigen Überlegung, die man das gemeinsame Gesetz des Staates nenne‹ (Platon 1977, 644 e). Benjamin mag dieses Bild vertraut gewesen sein, weil es einer bedeutenden Metapher aus Hölderlins Gedicht »Blödigkeit« zugrunde liegt, über das er in seiner frühen Studie Zwei Gedichte von Friedrich Hölderlin ausführlich gehandelt hat: »uns [...] aufgerichtet an goldnen/ Gängelbanden, wie Kinder, hält« (II, 121). Gefördert wird nach dem von Platon angeführten Beispiel das Gefühl der Furchtlosigkeit durch die Befürchtung, ängstlich zu erscheinen, jede Furcht wiederum erweckt Scham und ermäßigt dadurch die Furcht zu einer lebenerhaltenden Warnung –: gefördert werden einander entgegengesetzte Gefühle also zum einen dadurch, daß sie einander provozieren, zum anderen aber mäßigen und zum Ausgleich bringen. Platons Mythos der gegenstrebigen Bewegungen bietet somit das Bild einer Homeostase im Dienste der Erhaltung, nicht im Dienste des Wandels und der Zukunft. Kaum anders verhält es sich mit den gegenläufigen Bewegungen, von denen Aristoteles an einer berühmten Stelle in seinem Traktat *Von der Seele* spricht. Dort heißt es im Zusammenhang einer Diskussion der Dynamis überhaupt und weiterhin im Hinblick auf die Zukunft von den Strebungen der Seele: »Da nun diese Strebungen (*orexeis*) einander entgegengesetzt sind, und zwar dann, wenn Überlegungen (*logos*) und Begierden (*epithymíai*) entgegengesetzt (*enantíai*) sind, und da dies bei den Wesen vorkommt, die den Zeitsinn (*chrónou aísthesis*) haben – die Vernunft (*nous*) heißt wegen des Zukünftigen nach der einen Richtung ziehen, die Begierde wegen des Jetzigen (*ede*) nach der anderen; das jetzige Angenehme (*ede hedy*) scheint ihr nämlich schlechthin angenehm und gut zu sein, weil sie das zukünftige nicht sieht, – so gibt es der Art nach ein Bewegendes, das Strebende als Strebendes, – als allererstes aber das Erstrebte; dieses bewegt, ohne bewegt zu sein, dadurch, daß es gedacht oder vorgestellt wird –, der Zahl nach (*arithmô*) aber gibt es mehrere bewegende Kräfte« (Aristoteles 1979, 433b; 3. Buch, Kap. 10). Die Richtungen der Vernunft und der Begierde werden von Aristoteles als entgegengesetzt bezeichnet, weil die eine sich auf das Glück des Jetzt, die andere auf das der Zukunft richtet, aber beide folgen dabei einer hedonistischen Teleologie, hemmen einander in ihren Bewegungen ähnlich wie die Platonischen Gefühlsregungen es tun, aber fördern einander nicht. Von der Richtung auf die Zukunft wird die Seele zurückgehalten durch die inverse Richtung auf das Jetzt, aber hervorgerufen, gefördert oder auch nur erleichtert wird keine durch die andere.

Wie diese beiden antiken Gegenbewegungsmodelle ist dasjenige, das Kant in seinem *Versuch den Begriff der negativen Größen in die Weltweisheit einzuführen* (1763) darstellt, dem Gesetz der Erhaltung der Kraft verpflichtet. In seiner kleinen Abhandlung unterscheidet Kant die logische Entgegensetzung im Widerspruch und die reale Entgegensetzung, die keinen Widerspruch erzeugt. Während die logische Entgegensetzung etwas zugleich bejaht und verneint und ihre Folge gar nichts ist – ein »nihil negativum« –, läuft die reale Entgegensetzung zwar ebenfalls auf ein Nichts hinaus, aber nicht auf eine bloße Abwesenheit, sondern auf eine reale Negation, eine Beraubung der gesetzten Größe durch die ihr entgegengesetzte – durch sie wird ein »nihil privativum« erzeugt. Das erste Beispiel, das Kant in seiner Schrift anführt, um die Struktur der Realrepugnanz oder Realopposition zu verdeutlichen und das er in einer Unzahl von Varianten wiederholt, lautet: »Bewegkraft eines Körpers nach einer Gegend und eine gleiche Bestrebung eben desselben in entgegengesetzter Richtung widersprechen einander nicht, und sind als Prädikate in einem Körper zugleich möglich. Die Folge davon ist die Ruhe, welche etwas (*repraesentabile*) ist« (Kant 1960, 783). So sehr nun die Ruhe eine Realität ist, so ist sie doch die Realität der Negation einer Bewegung durch eine andere, ihr entgegengesetzte und insofern negative Bewegung. Deshalb kann Kant sagen, »das Untergehen sei ein negatives Aufgehen, Fallen ein negatives Steigen, Zurückgehen ein negatives Fortkommen« (Kant 1960, 787), »die Unlust eine negative Lust« (792).

Die Realopposition ist also diejenige Entgegensetzung, in der »zwei Dinge als positive Gründe eins die Folge des anderen aufhebt« (788). Ihr regelmäßiges Ergebnis ist »Zero = O«, ein durch Privation erzeugtes Nichts, ein Gleichgewicht der Kräfte, in dem Kant den Satz von der Trägheit der Materie und der Erhaltung der Kraft bestätigt findet. Kant zögert nicht, seine Beobachtungen aus dem Bereich der Physik in den der rationalen Psychologie und weiter in den der Moral und der Metaphysik zu übertragen. Nicht nur für mechanische Veränderungen, sondern für alle »natürlichen Veränderungen der Welt« gilt der Satz: »daß kein natürlicher Grund einer realen Folge sein könne, ohne zugleich ein Grund einer andern Folge zu sein, die das Negative von ihr ist« (808). Das Beispiel, das Kant dafür anführt, nimmt das erste seiner Schrift mit einer kleinen Veränderung wieder auf: »Niemand kann aus einem Kahne einen andern schwimmenden Körper nach einer Gegend stoßen [...], ohne selbst nach der entgegengesetzten Richtung getrieben zu werden« (ebd.). Wie in jedem anderen von Kant zitierten Fall ist die Gesamtveränderung »nichts = O«. Daraus folgt, daß alle Realgründe der Welt in ihren einander entgegengesetzten Richtungen ein Fazit ergeben, das gleich

Null ist. Mit diesen Überlegungen zur Realopposition ist einmal mehr ausgesprochen, daß Gegenbewegungen auf einander wohl einwirken, aber einander nicht bewirken und nicht befördern, sondern nur ausgleichen und erhalten können. Die Realrepugnanz verbürgt die Symmetrie der Kräfte innerhalb des gesamten Naturbereichs einschließlich der Gefühle der Lust und der Unlust, und kann deshalb keine Erklärung dafür bieten, wie die Naturzeit eine entgegengesetzt verlaufende Zeit der Rettung, wie die hedonistische Teleologie das messianische Eschaton und der Untergang der Naturwelt das Kommen des Messias befördern könnte.

Kants Versuch über die negativen Größen bietet einen einzigen, schwachen Hinweis auf eine solche Wirkung – und bleibt auch in diesem nur das elaborierteste Zeugnis aus der philosophischen Diskussion des Erhaltungsprinzips. Dieser Hinweis liegt in dem Satz: »Das Ganze der Welt ist an sich selbst nichts, außer in so ferne es durch den Willen eines andern etwas ist« (811). In den Erläuterungen zu diesem Satz macht Kant klar, daß erst der Wille eines göttlichen Wesens die Welt zu einem Etwas macht und ihr eine Bewegung erteilt, welche derjenigen des göttlichen Willens entgegengesetzt ist, beide Bewegungen derart gegeneinander ausgleichend und in der Nullsumme der konträren Vektoren die Ruhe in ihrem Verhältnis garantierend. Von einer Zukunft oder gar von der Einwirkung der Naturwelt auf den göttlichen Willen ist in diesem Zusammenhang selbstverständlich nicht die Rede. Aber es ist just dieser Gedanke, der im Hintergrund eines sehr viel radikaleren aus der *Kritik der Urteilskraft* steht, nach dem die Untergangsdynamik nicht allein der Natur-, sondern der gesamten Vorstellungswelt eine Idee zu fassen nötigt, die dieser Welt völlig heterogen ist, doch eben darum ermöglicht, sie als Welt in Beziehung auf eine gänzlich andere zu denken. In der Diskussion des Erhabenen, am Ende des Paragraphen über die »Größenschätzung der Naturdinge« beschreibt Kant die Maßeinheiten zur Messung der Naturgröße – Baum, Berg, Erddurchmesser, Milchstraßensysteme –, »die uns alles Große der Natur immer wiederum als klein, eigentlich aber unsere Einbildungskraft in ihrer ganzen Grenzenlosigkeit, und mit ihr die Natur als gegen die Ideen der Vernunft [...] verschwindend vorstellt« (Kant 1957, B 96). Da das Grundmaß der Natur für den Verstand und die ihn tragende Einbildungskraft nur das absolute Ganze ihrer Unendlichkeit sein kann, da aber die Einbildungskraft – »wegen der Unmöglichkeit der absoluten Totalität eines Progressus ohne Ende« (ebd., 94) – unvermögend ist, die zeitliche und räumliche Unendlichkeit der Natur in die Einheit einer Vorstellung zusammenzufassen, muß die Naturwelt »in ihrer ganzen Grenzenlosigkeit« als, wie Kant schreibt, »verschwindend«, sie muß, mit Benjamins Formulierung aus dem ›Fragment‹, als »in seiner räumlichen, aber auch zeitlichen Totalität vergehendes Weltliches« erfahren werden.

So indessen kann sie nach Kants Darstellung allein dann erfahren werden, wenn sich die Einbildungskraft durch die Idee ihrer Freiheit von der Natur erweitert und in dieser Vernunftidee der Freiheit sich den Zugang zu den Ideen von Gott und Unsterblichkeit eröffnet. Glückseligkeit mag, wie Kant in anderem Zusammenhang, aber immer noch in der Analytik der teleologischen Begriffe, einräumt, immerhin ein Naturzweck sein, im Untergang der Natur erweist sie sich als bloß bedingter Zweck, der der Freiheit als moralischem Endzweck der Schöpfung weichen muß (Kant 1957, B 399). Das Vermögen der Naturbegriffe unterliegt ebenso wie die Sinnlichkeit dem Verschwinden, aber beider Unvermögen, diesem Verschwinden Einhalt zu gebieten, »entdeckt«, so schreibt Kant und vollzieht damit die für seine Philosophie entscheidende Wendung: dieses Unvermögen »entdeckt« oder »erweckt« das unbeschränkte Vermögen der Vernunft, sich über den Naturlauf in Freiheit zu erheben (ebd., B 100). Damit ist die Unzweckmäßigkeit der Einbildungskraft zur Darstellung des Unendlichen behoben, aber behoben dadurch, daß eben ihre Unzweckmäßigkeit zweckmäßig ist für die »Erweckung« der Freiheitsidee (Kant 1957, B 101). Die Teleologie der Natur ist durch ihr Scheitern zweckmäßig; sie ist, mit Benjamins Wort, förderlich für die gegenläufige Bewegung des messianischen Eschaton.

In dem von Kant beschriebenen Verhältnis zwischen Naturbegriff und Freiheitsbegriff ist in feineren und komplexeren Zügen das von Benjamin gedachte Verhältnis zwischen den entgegengesetzten Strebungen der »profanen Ordnung des Profanen« und dem »Kommen des messianischen Reiches« vorgezeichnet. Die Vergängnis der Totalität des Weltlichen strebt in eine Richtung, jenes Kommen in die entgegengesetzte; aber die Vergängnis der Natur- und der an ihrem Gang teilnehmenden Geschichtswelt kann das Kommen des Reiches, wie Benjamin schreibt, »befördern«, sie kann es, wie Kant schreiben müßte, »entdecken« oder »erwecken«, indem sie den Platz räumt, den das Reich Gottes zwar nicht füllen kann – denn es ist ein Reich bloß des Kommens und der Annäherung ans Profane –, den es aber für sein Nahen braucht. Damit ist das Gesetz der Erhaltung, das für die griechischen Autoren und den frühen Kant maßgeblich war, auf eine Zukunft geöffnet, die nicht gegebene Kräfte erhält, sondern unbekannte heranbringt. Wenn die Vergängnis des Profanen für Benjamin »keine Kategorie des

Reichs« ist, so ist sie doch »eine Kategorie, und zwar der zutreffendsten eine, seines leisesten Nahens« – eines Nahens, das nicht leiser sein könnte, weil alle Verstandeskategorien als Naturkategorien vor ihm versagen; eines subkategorialen Nahens, das sich an die Gesetze von Raum und Zeit nicht halten kann, weil diese sich in ihrer »ewigen und totalen Vergängnis« außer Kraft setzen; eines Nahens also, das, wie die Kantische Idee der Freiheit, die Bewegung eines Transinfiniten und dennoch absolut Endlichen ist.

Benjamins Bild einer »mystischen Geschichtsauffassung« ist um nichts mystischer als die Geschichtsauffassung des kritischen Idealismus. Das einzige Mysterium, auf dem sie in diesem Denkbild beharrt, liegt in der Zukunft, deren Unvorstellbarkeit sie dadurch verteidigt, daß sie jedes Bild von ihr als unstatthaft zurückweist, keine Vorstellung vom Kommenden duldet, die sich am Verlauf der mechanischen oder der theologisch verlängerten mechanischen Zeit orientiert, die *künftige* Zeit scharf von der *vergehenden* scheidet, und ebenso rigoros die Möglichkeit und die politische Zuträglichkeit jeder Antizipation des Künftigen bestreitet, wie sie rigoros die Möglichkeit eines Treffens zwischen der Zeit des Vergehens und der Zeit des Kommens aufweist. Dieses Treffen kann nun aber nicht in einer einzigen Zeit, einer Zeitspanne oder einem Augenblick gelegen sein, es muß das Treffen *zweier* Zeiten, *zweier* Augenblicke oder das Treffen einer Zeit und einer Nicht-Zeit, eines Augenblicks und seiner Blendung sein, und es darf deshalb nicht als aus einer Zeitrichtung bestimmbar gedacht werden, die nach der Logik der Intention vorwärts rückt, sondern muß so gedacht werden, daß es sich ergibt als Treffen zwischen Intention und Intentionslosem, zwischen Teleologie und Nicht-Teleologischem, zwischen Vorrücken und Enden, Vergehen und Kommen.

Diese Bewegung des Anderen im Einen und des Anderen durch das Eine ist die Bewegung des Glücks im Vergehen. Im Glück können sich profane und messianische Zeit, Weltpolitik und Gottesreich treffen, weil das darin erfahrene Vergehen von Raum, Zeit und Welt diejenige Vakanz erzeugt, die einem anderen als Zeit, Raum und Welt den Eintritt erlaubt. Da das Vergehen der zeitlichen und räumlichen Totalität ewig ist, muß ebenso ewig das Kommen des Messianischen sein: in jedem profanen Augenblick, weil jeder ein Ende ist, muß sich ein Treffen mit einem anderen, messianischen Augenblick oder etwas anderem als einem Augenblick, in jeder Zeitspanne eine Begegnung mit einer anderen, zu jeder Zeit ein Zusammenstoß mit einer anderen Zeit oder keiner einstellen können. In diesem Treffen, das ein Schock sein kann, liegt das Glück – auch dann, wenn es das Glück der Kontingenz, des glücklichen Zufalls, des *hasard*, der *fortune* ist. Die Welt, der Raum, die Zeit müssen so eingerichtet werden, daß man in jeder ihrer Bewegungen nicht so sehr glücklich sein, als vielmehr Glück haben kann: das Glück, daß in ihnen etwas unverhofft Lösendes und in diesem Sinn Messianisches Platz für seine Ankunft finden kann. Und, wohlgemerkt, finden nur kann: denn wenn das Profane und sein Glück »keine Kategorie des Reichs«, sondern »seines leisesten Nahens« ist, dann weil es eine Antizipation des Messianischen nicht geben, keine Intention – nicht einmal als Intention auf ihr Verlöschen – ihre Realisierung erzwingen kann, und die Ewigkeit der Vergängnis des Profanen zwar die Näherungsmöglichkeit für Messianisches offenhält, aber in dieser Ewigkeit des Profanen das Messianische ebenso ewig auch fernhält. In seiner »ewigen und totalen Vergängnis« wird das Profane nämlich nicht nur streng auf das Messianische bezogen und in dieser Beziehung aufgehoben, es bleibt, vermöge der Ewigkeit seiner Vergängnis, als Profanes auch erhalten. Was sich naht, und nicht anders *ist* als in der Weise des Nahens, hält sich im Nahen zurück oder wird zurückgehalten und bleibt in seiner Zurückhaltung ein immer nur Kommendes. Messianisch ist nie, was sich zeigt, sondern was sich als Geheimnis, als Mysterium nur andeutet. Deshalb muß jede Geschichtsauffassung, die mit kritischer Luzidität die Zukunft als eine Dimension eigener Struktur anerkennt, eine »mystische Geschichtsauffassung« sein.

Durch Abbruch bauen. Überall Wege

Benjamin hat seine Dissertation Der Begriff der Kunstkritik in der deutschen Romantik (1919) als einen verkappten Beitrag zur Darstellung des »romantischen Messianismus« angesehen. In diesem Sinn äußert er sich in einem Brief an Ernst Schoen (2, 23), darauf deutet er in der Diskussion der Zeitstruktur der Kunst hin (I, 92), das geht aus der ersten substantiellen Fußnote seiner Arbeit hervor, in der er als Gesichtspunkt für die »Wesensbestimmung« der frühromantischen Idee der Kunst und für ihre »geschichtsphilosophische Fragestellung« den von ihm zum erstenmal so bezeichneten »romantischen Messianismus« nennt und als Beleg ein Fragment von Friedrich Schlegel zitiert: »Der revolutionäre Wunsch, das Reich Gottes zu realisieren, ist der elastische Punkt der progressiven Bildung und der Anfang der modernen Geschichte. Was in gar keiner Beziehung aufs Reich Gottes steht, ist in ihr nur Nebensache« (12). Der von Schlegel ausgesprochene Wunsch realisiert sich nach Benjamins Darstellung in der Form einer Kritik, die den Kunstwerken als Ironie mitgegeben ist, und zwar nicht als subjektive Ironie, die ein intentionales Verhalten des Autors wäre, sondern als formale Ironie, die den Werken als objektives Moment innewohnt. Diese formale Ironie betrifft nicht einzelne Aspekte der Darstellung, sondern die Form der Darstellung überhaupt und bezieht durch sie die Kunstwerke auf die Idee der Kunst. Von dieser Ironie schreibt Benjamin: »Sie zerstört nicht allein das Werk nicht, das sie angreift, sondern sie nähert es selbst der Unzerstörbarkeit.« Und von der bestimmten Form des einzelnen Werkes: »Über ihr aber reißt die Ironie einen Himmel ewiger Form, die Idee der Formen, auf, die man die absolute Form nennen mag, und sie erweist das Überleben des Werkes, das aus dieser Sphäre sein unzerstörbares Bestehen schöpft, nachdem die empirische Form, der Ausdruck seiner isolierten Reflexion, von ihr verzehrt wurde. Die Ironisierung der Darstellungsform ist gleichsam der Sturm, der den Vorhang vor der transzendentalen Ordnung der Kunst aufhebt und diese und in ihr das unmittelbare Bestehen des Werkes als eines Mysteriums enthüllt« (86). Die Korrespondenzen zwischen diesem Gedankengang und dem im Theologisch-politischen Fragment dargelegten sind offenkundig: Die Ironisierung bewirkt an der Darstellungsform im Kunstwerk, was die profanierende Vergängnis an den Erfahrungsformen einschließlich der Anschauungsformen Zeit und Raum bewirkt: sie »enthüllt« eine andere Ordnung als die der Natur und der ihr entsprechenden Kategorien, eine Ordnung, die Benjamin einmal mehr als die des »Mysteriums« charakterisiert, in der die Welt »unmittelbar« und also ohne empirische Form ihren Untergang überlebt und Bestand hat. Wie die Ironisierung die Darstellungsform angreift und über ihr einen »Himmel ewiger Form« aufreißt, so zieht die Profanierung die Weltformen in den Untergang und stellt die Welt in den gänzlich anderen Zeitraum der ewigen Ankunft des Messianischen. Den gegenstrebigen Bewegungen der profanen und der messianischen Dynamis, von denen das ›Fragment‹ handelt, korrespondiert die Paradoxie, die Benjamin im Romantikbuch als charakteristisch für die formale Ironie bezeichnet, wenn er schreibt: »Sie stellt den paradoxen Versuch dar, am Gebilde noch durch Abbruch zu bauen: im Werke selbst seine Beziehung auf die Idee zu demonstrieren« (87).

Durch Abbruch bauen: das ist Benjamins Formel für den Messianismus der Ironie. Durch Abbruch der empirischen Formen wird an ihrer Beziehung zur Idee der Formen und zur Idee als dem »Mysterium« der absoluten Form gebaut; durch seinen Abbruch baut das Profane an seiner Beziehung zum Messianischen. Was die Ironie in den Werken, ist die Zeit – aber als Vergehen noch der Raum- und Zeitformen – in der Welt: eine messianische Kraft. Schlegels Begriff der Annihilierung, der das Verfahren sowohl der Ironie wie der Kritik beschreibt, bestimmt die Tendenz alles Empirischen, durch seine Vernichtung eine – wie Schlegel in dem ersten von Benjamin zitierten Satz des Romantikbuchs formuliert – »Beziehung aufs Reich Gottes« zu eröffnen. Die »Beziehung auf die Idee«, die durch den Abbruch der Kunstformen gebaut wird (87), verwirklicht in der Kunst, was die Politik durch ihren »Nihilismus« als »Beziehung aufs Reich Gottes« zu verwirklichen hat (12). Der letzte Satz von Benjamins ›Fragment‹ ist als Wiederaufnahme dieses kritizistisch-romantischen Projekts zu lesen: »Diese« – die ewige und totale und darin messianische Vergängnis – zu »erstreben, auch für diejenigen Stufen des Menschen, welche Natur sind, ist die Aufgabe der Weltpolitik, deren Methode Nihilismus zu heißen hat« (II, 204). Der methodische Nihilismus, den Benjamin hier deklariert, ist der endogene Nihilismus der Naturwelt, die vergeht. Er muß zum politischen Nihilismus einer Welt werden, die sich an der Idee des Glücks orientiert, um darin ihrer durch und durch profanen Verfassung zu entsprechen und zugleich ihre Beziehung auf eine Zukunft von ganz anderer Art zu realisieren. Der Nihilismus, von dem Benjamin hier spricht, meint wie die Annihilierung bei Schlegel einen Nihilismus als weltpolitisch gewordene Ironie. Einen Nihilismus der Ironie, einen ironischen Nihilismus zugunsten der Idee; einen kritischen zugunsten des Glücks und seiner, wenn möglich ewigen, Zukunft.

Benjamin hat an der Formel »durch Abbruch bauen« noch festgehalten, als er zu Beginn der 30er Jahre eine Charakterstudie in der Art von Theophrast und La Bruyière unter dem Titel Der destruktive Charakter verfaßte. Er hat seine Formel nur um das ›bauen‹ verkürzt und davon abgesehen, sie in den Kontext einer Ideenlehre zu stellen. Der destruktive Charakter, von dem er dort eine Porträtskizze bietet – und dessen Vorbild (Benjamin war es wichtig genug, in seinem Brief vom 28.10.1931 an Scholem darauf hinzuweisen) den Namen Gustav Glück trug –, »kennt nur eine Parole: Platz schaffen; nur eine Tätigkeit: räumen. Sein Bedürfnis nach frischer Luft und freiem Raum ist stärker als jeder Haß« (IV, 396). Er zeichnet sich dadurch aus, daß er nichts Dauerndes sieht. »Aber eben darum sieht er überall Wege. Wo andere auf Mauern oder Gebirge stoßen, auch da sieht er einen Weg. Weil er aber überall einen Weg sieht, hat er auch überall aus dem Weg zu räumen. [...] Das Bestehende legt er in Trümmer, nicht um der Trümmer, sondern um des Weges willen, der sich durch sie hindurchzieht« (398). Der destruktive Charakter versieht kurzum das Werk, das die Ironie an den Kunstformen, die Vergängnis an den Weltformen und der Politiker an den Gesellschaftsformen zu versehen hat. Er tut es so wenig wie die Natur, die Kunst, die Politik um eines vorgesetzten Zieles willen, sondern für den Weg, den leeren Platz, den freien Raum. Da ihm am Weg nur als einem Mittel, und einem von Zwecken freien Mittel, gelegen ist, kommt er nicht in die Versuchung, einem Bild zu folgen. »Dem destruktiven Charakter schwebt kein Bild vor. Er hat wenig Bedürfnisse, und das wäre sein geringstes: zu wissen, was an Stelle des Zerstörten tritt. Zunächst, für einen Augenblick zumindest, der leere Raum, der Platz, wo das Ding gestanden, das Opfer gelebt hat. Es wird sich schon einer finden, der ihn braucht, ohne ihn einzunehmen« (397).

An keiner Stelle spricht dieser Text, der zwar nicht dem Gestus, wohl aber der Denkfigur des Theologisch-politischen Fragments nah verwandt ist, von Messianismus oder vom Messias. Der läßt sich, anonymisiert, in dem vermuten, von dem der einzig änigmatische Satz dieses rabiat luziden Textes sagt: »Es wird sich schon einer finden, der ihn« – den leeren Raum – »braucht, ohne ihn einzunehmen«. Das heißt: es kann jeder Beliebige, es kann der nächste Beste sein. Und: wen kümmert schon, wer es sein könnte, und ob es überhaupt jemand ist. Und: wichtig ist nur, daß »zunächst, für einen Augenblick zumindest«, der leere Raum nicht eingenommen wird; nur auf diesen nächsten, leeren Augenblick des leeren Raums kommt alles an. Vom Messianischen, aber *für* es, bleibt eine *Vakanz*, gegenstandslos, formfrei und uneinnehmbar: seine bloße Ermöglichung an der äußersten Grenze des Profanen.

Werk

Theologisch-politisches Fragment (II, 203 f.)
Der Begriff der Kunstkritik in der deutschen Romantik (I, 7–122)
Brief an Buber (1, 325–327)
Der destruktive Charakter (IV, 396–398)
Das Leben der Studenten (II, 75–87)
Über das Programm der kommenden Philosophie (II, 157–171)
Ursprung des deutschen Trauerspiels (I, 203–430)

Literatur

Aristoteles (1979): Über die Seele, übers. v. Willy Theiler, Akademie-Ausgabe Bd. 13, hg. v. Helmut Flashar, Darmstadt, 65–66.
Bloch, Ernst (1971): Der Geist der Utopie [1918], Reprint der ersten Ausgabe, Frankfurt a. M.
Cohen, Hermann (1981): Ethik des reinen Willens, Werke Bd. 7, hg. v. Helmut Holzhey, Hildesheim.
Cohen, Hermann (1997): Logik der reinen Erkenntnis, Werke Bd. 6, hg. v. Helmut Holzhey, Hildesheim.
Hamacher, Werner (1994): »Afformativ, Streik«, in: Christian L. Hart Nibrig (Hg.): Was heißt »Darstellen«?, Frankfurt a. M., 340–371.
Hamacher, Werner (2001): »Intensive Sprachen«, in: Christiaan L. Hart Nibbrig (Hg.): Übersetzen: Walter Benjamin, Frankfurt a. M., 174–235.
Hamacher, Werner (2003): »Schuldgeschichte. Benjamins Skizze ›Kapitalismus als Religion‹«, in: Dirk Baecker (Hg.): Kapitalismus als Religion, Berlin, 77–119.
Hölderlin, Friedrich (2004): In lieblicher Bläue, Sämtliche Werke, Briefe und Dokumente, Bd. 12, hg. v. Dietrich E. Sattler, München.
Kant, Immanuel (1956): Kritik der reinen Vernunft, Werke Bd. 2, hg. v. Wilhelm Weischedel, Frankfurt a. M.
Kant, Immanuel (1957): Kritik der Urteilskraft, Werke Bd. 5, hg. v. Wilhelm Weischedel, Frankfurt a. M.
Kant, Immanuel (1960): Versuch den Begriff der negativen Größen in die Weltweisheit einzuführen, Werke Bd. 1, hg. v. Wilhelm Weischedel, Frankfurt a. M.
Nietzsche, Friedrich (1966): Also sprach Zarathustra, Werke Bd. 2, hg. v. Karl Schlechta, München.
Platon (1977): Gesetze, übers. v. Klaus Schöpsdau, Werke in 8 Bde., hg. v. Gunther Eigler, Bd. 8, Darmstadt.
Scholem, Gershom (1975): Walter Benjamin – die Geschichte einer Freundschaft, Frankfurt a. M.
Steiner, Uwe (2000): »Der wahre Politiker. Walter Benjamins Begriff des Politischen«, in: Internationales Archiv für Sozialgeschichte der deutschen Literatur 25, H. 2, 48–92.
Taubes, Jacob (1993): Die politische Theologie des Paulus, München.
von Arnim, Bettina (1959): Werke und Briefe, Bd. 1, Die Günderrode (1. Teil, Brief vom 17ten), hg. v. Gustav Konrad, Frechen.
Wohlfarth, Irving (2002): »Nihilistischer Messianismus. Zu Walter Benjamins Theologisch-politischem Fragment«, in: Ashraf Noor/Josef Wohlmuthm (Hg.): ›Jüdische‹ und ›christliche‹ Sprachfigurationen im 20. Jahrhundert, Paderborn.

»Zur Kritik der Gewalt«

Von Axel Honneth

Wie so viele Texte Walter Benjamins, so ist auch dieser Aufsatz von höchst irritierender Subtilität, weil er im Ausgang von einer nüchternen, geradezu akademischen Leitfrage im Fortgang der Argumentation einen kaum merklichen Übergang zu religiösen Erwägungen vollzieht. Geschrieben während der Jahreswende 1920/21 (zur Entstehungsgeschichte vgl. II, 943–945), zu einem Zeitpunkt also, an dem den 28jährigen Autor die Lektüre von Blochs *Geist der Utopie* noch intensiv beschäftigte (2, 44; 46 f.; 57; 62; 67; 72f; 74 f.), nimmt die Studie sich einer Frage an, die im unmittelbaren Nachklang der Revolutionen in Rußland und Deutschland viele Zeitgenossen umtrieb und beschäftigte: Welche Art von Legitimität durfte jene Gewalt beanspruchen, so lautete die zentrale Herausforderung für Rechtstheorie und politische Philosophie am Beginn der Weimarer Republik, die jenseits aller staatsrechtlichen Begründungszusammenhänge in den revolutionären Erhebungen zum Ausbruch gekommen war. Aber Benjamin hält sich nicht an den engen Kreis der damit berührten, mehr oder weniger rechtsphilosophischen Fragen, sondern überschreitet ihn schon nach wenigen Seiten in Richtung einer ganz anderen, von ihm »geschichtsphilosophisch« (II, 182) genannten Problematik. Sein eigentliches Thema ist ersichtlich nicht das der Stellung der Gewalt im modernen Recht; auch widmet er sich im weiteren nicht einfach der Frage nach der Gewalt des Rechts, die er vielmehr wie selbstverständlich für positiv beantwortet hält; ihn beschäftigt letztlich eine Quelle und Form von Gewalt, die von so umstürzlerischer Art ist, daß sie der gewaltsamen Institution des Rechts im Ganzen ein Ende bereiten kann. Als Grund und Ursprung einer solchen transformierenden Gewalt kommt für Benjamin nur, wie der Text alsbald verrät, der Gott der monotheistischen, ja jüdisch-christlichen Tradition in Frage; daher ist auch der Aufsatz Zur Kritik der Gewalt, nicht anders als viele Schriften vor und nach ihm, ein religionsphilosophischer Traktat.

Nachdem der Aufsatz Benjamins in der Sekundärliteratur zunächst nur als eine Studie zur Legitimität von Gewalt angesehen wurde (Marcuse 1965), setzte erst mit den späten 70er Jahren eine heftige Rezeptionswelle ein, in der der Radikalität seiner Argumentation angemessen Rechnung getragen wurde. Es entstanden eine Reihe von Monographien und gewichtigen Sammelbänden, in denen die Thesen von Benjamin kontrovers diskutiert wurden (Figal/Folkers 1979; Haverkamp 1994), bis daß sie von einigen Autoren als Basis für den Entwurf von eigenen Theorien über das Verhältnis von Recht, Gerechtigkeit und Politik verwendet wurden (Derrida 1990; Agamben 2002).

Intellektueller Kontext

Die Abfassung des Aufsatzes fällt in den Zeitraum, in dem Benjamin nach Abschluß der Dissertation vordringlich damit beschäftigt war, eine Rolle im geistigen Leben Deutschlands zu finden. Die berufliche Unsicherheit bringt es mit sich, daß seine Arbeitsprojekte keine deutlich erkennbare Stoßrichtung zu erkennen geben. Allerdings scheint sich aus der Vielzahl von Arbeitsvorhaben doch auch ein übergreifendes, kompakteres Projekt herausgeschält zu haben, dessen Grundthema die Politik darstellen sollte; auf jeden Fall informiert Benjamin in Briefen seinen Freund Gershom Scholem über derartige Arbeitspläne, verweist auch auf erste Textentwürfe und gibt durch gelegentliche Erwähnung zu lesender Bücher die geistigen Umrisse des Ganzen zu erkennen (2, 109; 119; 127). Von den drei Manuskripten jedoch, über die Benjamin Scholem im Zusammenhang dieses Projekts berichtet, ist nur ein einziges, nämlich der Aufsatz Zur Kritik der Gewalt, durch Veröffentlichung erhalten geblieben; die beiden anderen Texte, deren erster, kurzer dem Zusammenhang von »Leben und Gewalt«, deren zweiter, umfangreicherer der »Politik« gewidmet sein sollte, müssen als verschollen gelten (II, 943).

Das Interesse an diesem neuen Projekt spiegelt sich in der wissenschaftlichen Literatur, der Benjamin sich nach dem Ende des Ersten Weltkriegs verstärkt zuwandte. In den Briefen, die er zwischen 1918 und 1921 regelmäßig an seine Freunde Gershom Scholem und Ernst Schoen gerichtet hat, finden neben belletristischen Werken und Blochs *Geist der Utopie* vor allem drei weitere Autoren Erwähnung, deren Wirkungsfeld näher oder ferner im Bereich der politischen Theorie lag: Charles Péguy (2, 45; 94 f.; 101), Georges Sorel (101; 104) und Ernst Unger (127). Ist der letztere heute so gut wie vergessen, so sind die Schriften der beiden anderen bis in die Gegenwart hinein von mehr als nur historischer Bedeutung. Péguy, zunächst Sozialist, später patriotisch gesonnener Katholik, kam in jüngster Zeit sogar zu späten Ruhm, da seine einschlägigen Beiträge als wertvolle Bausteine einer Theorie der öffentlichen Bedeutung von Religion betrachtet werden (Pilkington 1976, 27–90); mit Sorel, dessen Schriften während des gesamten 20. Jh.s auf gleichbleibendes Interesse stießen, verband Benjamin ein starkes Interesse, das in der gemeinsamen Begeisterung für die heroische Tatkraft der Massen begründet war (Villiers

1965, Kap. X). Was Benjamin von diesen drei Autoren enthusiastisch zur Kenntnis nahm, ist durch die Tendenz geeint, den Begriff der Politik so fern wie möglich von jedem Gedanken der Interessenbefolgung zu halten, um ihn mit dem Potential der radikalen Hervorbringung neuer Denk- und Moralordnungen ausstatten zu können. Im Hinblick auf die Frage allerdings, was als Quelle einer solchen Sprengkraft des Politischen gelten kann, zeichnen sich zwischen den verschiedenen Autoren maßgebliche Differenzen ab: Bei Sorel sind es die bildhaften Vorstellungen einer gerechten Zukunft, die als revolutionäre Energien das politische Handeln beflügeln (Sorel 1981, 4. Kap.), während Péguy derartige Ressourcen eher im mystisch-religiösen Erlebnis sichtet (Villiers 1965). Einer glücklichen Formulierung von Isaiah Berlin (Berlin 1982) folgend läßt sich aber behaupten, daß die drei Autoren trotz aller weiteren Differenzen in einem »Antiutilitarismus« überein kamen, der das Politische stärker als Ausdruck einer visionären Moral denn als Mittel für einen Zweck zu begreifen versuchte; und es muß diese einheitliche Absicht gewesen sein, die Politik aus der Klammer des Zweck-Mittel-Schemas zu lösen, welche Benjamins lebhaftes Interesse wachrief.

Freilich dürfte sich seine Begeisterung für diese politischen Schriften nicht auf deren gemeinsame Frontstellung gegen den Utilitarismus beschränkt haben. Auf der Linie der Überlegungen, die Benjamin Ende 1918 in Über das Programm der kommenden Philosophie (II, 157–171) angestrengt hatte, lag vielmehr auch der Versuch der drei Autoren, den nicht-zweckhaften Charakter des Politischen in einem Erfahrungsbereich zu lokalisieren, der deutlich metaphysische Züge trug. Ob bei Sorel im mythischen Bewußtsein, bei Péguy im magischen Erlebnis oder bei Unger in der »metaphysischen Atmosphäre« (Unger 1989, 38; vgl. auch Kohlenbach 2005), stets sollte bei ihnen allen die eigentliche Form politischen Handelns in einer Erfahrung wurzeln, die die Kontinuität des sozialen Lebens abrupt unterbrach, indem sie etwas bislang Ungekanntes zum Vorschein kommen ließ; und auch in der Überzeugung, daß dieses Neue die gedanklichen Konturen einer radikal veränderten Moral- und Sozialordnung besitzen müsse, stimmen die drei Autoren noch weitgehend überein. Die Idee einer Durchbrechung jeder Zwecksetzung, die Rückbindung an eine welterschließende Erfahrung, der Austritt aus dem geschichtlichen Kontinuum, all das kam in diesem metaphysischen Konzept des Politischen dermaßen nahtlos zusammen, daß es Benjamin als geeignete Basis einer sachlichen Expansion seines Anliegens erscheinen mußte.

Allerdings überrascht der Aufsatz Zur Kritik der Gewalt nun dadurch, daß er dem Phänomen der Politik als solchem insgesamt nur geringe Beachtung zu schenken scheint. Den Vordergrund der Auseinandersetzung bestimmen vielmehr die zwei Begriffe, die in herkömmlicher Weise jeweils an den entgegengesetzten Enden einer jeden sinnvollen Analyse des Politischen zu stehen kommen: An der »Gewalt« findet, folgt man der neuzeitlichen Tradition, jede vernünftige Politik ihre Grenze, im »Recht« hingegen ihren legitimen Ausgangspunkt. In seinem Aufsatz versucht Benjamin nichts weniger zu leisten, als diese beiden Begriffe in ihrem Bedeutungsgehalt exakt umzupolen, so daß die »Gewalt« als Quelle und Fundament, das »Recht« demgegenüber als Endpunkt der Politik in Erscheinung tritt. Die Funktion der damit beabsichtigten Umdeutung ist es, die Politik als ein in sich zweckfreies, von allen menschlichen Zielsetzungen losgelöstes, insofern ›religiöses‹ Geschehen deuten zu können.

Methode und Anlage der Kritik

Eine der Möglichkeiten, die sich bieten, um die ungemein schwierige, vielschichtige Argumentation Benjamins in der vorliegenden Studie zu entschlüsseln, besteht im Ausgang von ihrem letzten Paragraphen. »Die Kritik der Gewalt«, so lautet der einleitende Satz des letzten Paragraphen, »ist die Philosophie ihrer Geschichte« (202). Jedes einzelne Wort ist hier, wie stets bei Benjamin, von gleich großem Gewicht. Daß sich in der Studie dem Phänomen der Gewalt in kritischer Absicht genähert werden soll, besagt schon der Titel des Ganzen; gern verwandte Benjamin den Begriff der »Kritik« zur Bezeichnung des Charakters seiner Arbeiten, nicht selten taucht er an prominentester Stelle in den programmatischen Passagen auf, dabei unverhohlen auf das Erbe der kritischen Philosophie Kants bezogen. Der Unterschied zu Kant besteht allerdings darin, daß Benjamin von Anfang an das Spektrum von Erfahrungen als zu schmal empfand, auf das jener seine Kritik der Erkenntnis zugeschnitten hatte; eine Öffnung des Blicks auch auf solche Erfahrungen, die nicht im dürftigen Schema der Entgegensetzung eines epistemischen Subjekts zu seinem Objekt unterzubringen waren, sollte den Gegenstandsbereich der Erkenntniskritik derartig erweitern, daß auch kommunikative, ja religiöse Bewußtseinsgehalte rechtmäßig dazu gezählt werden durften (II, 157–171; Steiner 2000, 480–489; Honneth 2000). Für das Projekt einer Kritik »der Gewalt« heißt das zunächst nur, daß die kritische Analyse sich hier nicht dazu verleiten lassen darf, das Phänomen nur unter den Aspekten zu beurteilen, welche der enge Erfahrungsbegriff Kants hervorzuheben erlaubt; insofern muß auch an der »Gewalt« jene Erfahrungsschicht Berücksichtigung finden, die nicht in das klassische Subjekt-Objekt-Schema paßt, sondern dessen Instrumentalismus in die eine oder andere Richtung sprengt. Unklar ist in diesem Zusammenhang freilich, was Benjamin unter dem Begriff der »Gewalt« alles gefaßt haben möchte. Nur direkt am Anfang seiner Studie, nämlich schon im zweiten Satz, hat er eine kurze, einschränkende Definition gegeben, die wohl für den ganzen Rest des Textes Geltung besitzen soll; zu lesen ist dort, daß »zur Gewalt im prägnanten Sinne des Wortes« eine »wie immer wirksame Ursache erst dann« wird, »wenn sie in sittliche Verhältnisse eingreift« (II, 179). Benjamin bindet hier den Gebrauch des Begriffs auf engste an die Voraussetzung von Veränderungen in der menschlichen Lebenspraxis: nur das soll als »Gewalt« angesehen werden, was mit zwingender Macht auf die Interaktionsverhältnisse der Menschen so einwirkt, daß diese moralisch in Mitleidenschaft gezogen werden. Nicht ganz klar ist auf den ersten Blick, wo Benjamin mit einer solchen Definition exakt die Grenzen zieht: zwar verbleibt die männliche Gewalt, die er aus seinem Text auszuschließen scheint, zumeist innerhalb der Grenzen privater Familienbeziehungen, aber auch sie wirkt verändernd auf die moralischen Verhältnisse zwischen den Geschlechtern ein; ebenso problematisch ist der Fall natürlicher Ursachen wie Erdbeben oder Vulkanausbrüchen, die bei entsprechender Größenordnung durchaus eine zwingende Wirkung auf die sittlichen Verhältnisse einer Gemeinschaft ausüben können, ohne daß Benjamin sie im folgenden als »Gewalten« in seinen Text einbezieht. Angesichts derartiger Ausfransungen muß die Begriffsbestimmung Benjamins offenbar in dem Sinn enger verstanden werden, daß unter »Gewalt« allein solche zwingenden Mächte zu fassen sind, die nicht nur »in sittliche Verhältnisse« eingreifen, sondern selber auch mit sittlicher Geltungskraft ausgestattet sind; dementsprechend beschränkt er sich in seiner Studie auf die Auseinandersetzung mit Formen von Gewalt, die hinreichend moralische Legitimität besitzen, um ihrerseits sittliche Veränderungen in einer Gesellschaft erzwingen zu können.

Allerdings ist mit dieser Begriffserklärung natürlich noch nichts darüber ausgesagt, wie die »Kritik« einer solchen moralisch gefaßten »Gewalt« methodisch durchgeführt werden soll; Benjamins knappe Antwort auf die Frage nach der Methode einer Kritik der Gewalt lautet lakonisch, daß sie eine »Philosophie ihrer Geschichte« sei (202).

Schon im zweiten Satz des letzten Paragraphen wird kurz erläutert, was es mit dem Gedanken auf sich hat, daß eine Kritik der Gewalt nur in Form einer ihr gewidmeten Geschichtsphilosophie durchzuführen sei; wenn zu dieser knappen Begründung noch die Stelle hinzugezogen wird, an der Benjamin zuvor in seinem Text auf die Notwendigkeit einer geschichtsphilosophischen Betrachtung verwiesen hat (181 f.), dann ergibt sich die folgende, nicht unplausible Argumentation. Jede »Kritik« muß es sich zur Aufgabe machen, so scheint Benjamin in Anschluß an Kant zunächst sagen zu wollen, den »Wert« der »Maßstäbe« oder »Unterscheidungen« zu beurteilen, die in dem von ihr untersuchten Gegenstandsbereich maßgeblich sind; zu einer solchen »scheidende[n]« oder, wie es auch heißt, »entscheidende[n] Einstellung« (202) kann sie aber nur gelangen, wenn sie nicht einfach den Gebrauch (»Anwendung«, 181) nachvollzieht, der von derartigen Maßstäben oder Unterscheidungen in dem entsprechenden Bereich historisch gemacht worden ist; würde die Kritik sich nämlich darauf beschränken, also nur die »zeitlichen Data« der Anwendungen eines bereichsspezifischen Maßstabs erfassen, so könnte sie zwar zur Analyse von deren internem »Sinn« (181) beitragen, nicht aber zur Beurteilung ihres Werts vordringen. Eine derartige Beurteilung eines gegebenen Maßstabs verlangt vielmehr, einen »Standpunkt« (ebd.) außerhalb der »Sphäre seiner Anwendung« zu gewinnen, von dem aus ein »Licht« auf jene Sphäre im Ganzen fällt (ebd.). Diesen Standpunkt bietet allein die Geschichtsphilosophie, die das »Auf und Ab in den Gestaltungen« (202) der Sphäre so auf Distanz zu bringen vermag, daß sie deren Variationen als Prinzip eines einzigen »geschichtlichen Zeitalters« (ebd.) durchschaubar macht; mit dem Gedanken, daß ein bestimmter Maßstab Ausdruck oder Produkt eines beschränkten Zeitalters ist, entsteht nun nämlich die Aussicht auf eine Transzendierbarkeit des Gegebenen, eines »Neue[n]« (ebd.), von wo aus der Wert der sphärenspezifischen Unterteilungen und Kriterien angemessen zu beurteilen ist.

So problematisch diese geschichtsphilosophische Perspektive heute auch anmuten mag, für Benjamin stellt sie in seinem Aufsatz zweifellos die theoretische Basis dar, auf die er seine Kritik der Gewalt gründen läßt. Der Verweis auf den externen »Standpunkt«, der einzunehmen sei, um den »Wert« der sphärenspezifischen Maßstäbe beurteilen zu können, beinhaltet also die Aufforderung, sich in einen geschichtlichen Zeitpunkt hineinzuversetzen, der sich jenseits des Verblendungszusammenhangs der Gegenwart befindet; denn nur von einer solchen transzendenten Warte aus läßt sich tatsächlich erkennen, worin jene heute praktizierten Maßstäbe und Unterscheidungen versagen oder verfehlt sind. Da die Sphäre, die Benjamin untersuchen möchte, diejenige der »Gewalt« ist, muß er mithin versuchen, aus einer derartigen Außenperspektive die Eigenart der Maßstäbe zu kennzeichnen, die im Rahmen dieser Sphäre in der Gegenwart vorherrschen; und schon in den Sätzen, die unmittelbar dem eher methodisch gehaltenen Auftakt des letzten Paragraphen folgen, gibt Benjamin Auskunft über seine untersuchungsleitende Hypothese: die Maßstäbe und Unterscheidungen, die heute bei der Behandlung von Gewalt bestimmend sind, stammen allesamt aus der Institution des Rechts, die ihrerseits in das Begriffsschema von Mittel und Zweck eingespannt ist.

Was diese fundamentale Aussage im einzelnen besagen soll, macht Benjamin im letzten Abschnitt seines Textes allerdings nur an einigen zentralen Begriffen deutlich, die so maßgeblich für die gesamte Analyse sind, daß sie gut als Leitfaden für die weitere Rekonstruktion verwendet werden können. Zunächst unterstreicht Benjamin seine Überzeugung, daß in der Gegenwart die Gewalt nur in Form des Rechts thematisiert werden kann, indem er die beiden Gestalten von Gewalt benennt, die in seiner Zeit als sittliche Größen überhaupt nur thematisiert werden können: »Ein nur aufs Nächste gerichteter Blick vermag höchstens ein dialektisches Auf und Ab in den Gestaltungen der Gewalt als rechtsetzender und rechtserhaltender zu gewahren« (II, 202). Hier finden sich bereits zwei der Begriffe, auf die wie auf tragenden Säulen die gesamte Argumentation Benjamins aufruht: im gegenwärtigen »Zeitalter« scheint es überhaupt nur zwei Formen von Gewalt zu geben, die beide aufs engste mit der Institution des Rechts verknüpft sind, nämlich zum einen die »rechtsetzende Gewalt«, zum anderen die »rechtserhaltende Gewalt«. Wie wir sehen werden, beinhaltet diese These für Benjamin eine Aussage sowohl über die Struktureigentümlichkeit des Rechts als auch über die Limitationen der Gewalt in der Gegenwart: in bezug auf das Recht soll gesagt werden, daß es entgegen der offiziellen Selbstdarstellung strukturell auf die Verwendung von zwingender Macht angewiesen ist, weil seine Institutionalisierung (»Setzung«) und Reproduktion (»Erhaltung«) nur durch die Androhung oder Ausübung von Gewalt gewährleistet werden kann; und in bezug auf das Phänomen der Gewalt selbst soll die These eben besagen, daß gewaltförmige Akte im gegenwärtigen Zeitalter nur im engen Sinn einer Funktion des Rechts gedacht werden können.

Nur wenige Sätze nach diesen Bestimmungen findet sich schließlich der dritte Begriff, auf den sich die Analyse von Benjamin in basaler Weise stützt. Der Gedanke beginnt mit einem Schritt der Transzendierung des gegenwärtigen Zeitalters, indem auf die Möglichkeit einer Brechung der Herrschaft des Rechts verwiesen wird; in einem solchen Zustand, so deutet Benjamin hier an, wäre die Gewalt nicht mehr in das Zweck-Mittel-Schema des Rechts eingespannt, sondern besäße die »reine« Form einer »göttlichen« Hervorbringung. Auch dieser dritte Begriff, derjenige der »reinen Gewalt«, fällt im Zusammenhang des letzten Paragraphen natürlich nur als Erinnerung an die zuvor entwickelte Analyse und wird daher allein mit wenigen Worten noch einmal erläutert; daraus geht hervor, daß das Attribut der »Reinheit« hier einen Gegensatz zu allen Zweck-Mittel-Relationen bezeichnen soll, eine »reine« Gewalt also frei von allen Zwecksetzungen und instrumentellen Erwägungen zu sein hat. Bedeutsam ist darüber hinaus, daß Benjamin wenige Sätze vor dem Ende seiner Studie neben der »göttlichen« noch eine zweite, menschliche Gestalt der reinen Gewalt ins Spiel bringt, die er als »revolutionäre« bezeichnet (II, 202); von ihr wird auf äußerst dunkle Weise behauptet, daß ihre »Möglichkeit« insofern »erwiesen« sei, als der »Bestand« einer reinen Gewalt jenseits des Rechts als »gesichert« gelten muß (ebd.).

Mit diesen drei oder vier Kategorien der Gewalt ist das begriffliche Netzwerk umrissen, das Benjamin seiner Studie zugrundelegt, um eine geschichtsphilosophische Kritik der Gewalt liefern zu können. Den Ausgangspunkt bildet eine Analyse der Unterscheidungen, mit deren Hilfe im gegenwärtigen Zeitalter versucht wird, dem Phänomen der »Gewalt« habhaft zu werden; demnach zerfällt alles, was gewöhnlich »Gewalt« genannt wird, in die zwei Formen der rechtsetzenden und der rechtserhaltenden Gewalt, die beide ihre Legitimation der unbefragten Herrschaft des Rechts verdanken. In noch zu klärender Weise behauptet Benjamin ferner, daß die Eigenart des Rechts darin besteht, strikt nach dem Schema von Zweck und Mittel zu verfahren. Insofern müssen für ihn auch die beiden Gewaltformen, die es thematisch zuläßt, entweder als Mittel oder als Zwecke innerhalb seines Bezugssystems begriffen werden. Zu einer wirklichen Beurteilung des »Werts« dieser Unterscheidungen glaubt Benjamin nun aber allein dadurch gelangen zu können, daß er sich in die Perspektive eines anderen, »neuen« Zeitalters hineinversetzt, als dessen hervorstechendste Qualität hier nur die Außerkraftsetzung des Rechts genannt wird; zwar findet sich im letzten Paragraphen mehrmals auch der Ausdruck »göttlich« für diese zukünftige Periode, aber entscheidend für die normative Absicht scheint der Umstand, daß dann mit dem Recht zugleich auch die Vorherrschaft des Zweck-Mittel-Schemas erlischt. Deutlich wird das vor allem daran, daß Benjamin die Formen von Gewalt, die das »neue« Zeitalter prägen sollen, abwechselnd als »heilig« und als »rein« bezeichnet. Beide Ausdrücke werden von ihm zweifelsohne so verwendet, daß sie auf den nicht-teleologischen, am ehesten wahrscheinlich expressiven Charakter von Akten mit zwingender Wirkung abheben. In den letzten beiden Sätzen seines Textes wird dieser Gedanke einer Entgegensetzung von »unreinen«, gegenwärtigen und »reinen«, neuen Formen von Gewalt noch einmal aufgenommen, indem Benjamin den an den jungen Heidegger erinnernden Versuch unternimmt, dafür unverbrauchte Begriffe zu prägen: die »rechtsetzende« Gewalt wird dort als »schaltend«, die »rechtserhaltende« Gewalt als »verwaltend« bezeichnet, während die »reine« Gewalt des neuen Zeitalters »waltend« genannt wird (II, 203). Bevor alle drei Begriffe nacheinander weiter geklärt werden, ist es aber notwendig, sich zunächst der Bedeutung des »Rechts« im vorliegenden Text zu versichern; denn die ganze Kritik, die Benjamin am Wert der gegenwärtig vorherrschenden Unterteilungen der Gewalt üben möchte, ist ja in der Prämisse begründet, daß diese in der Institution des »Rechts« verankert sind.

Der Begriff des »Rechts« bei Benjamin

In der Studie Zur Kritik der Gewalt übernimmt das »Recht« die Funktion, für die geistige Struktur einzustehen, durch die das gegenwärtige Zeitalter durchgängig geprägt sein soll. Damit nimmt Benjamin eine Einschätzung vorweg, die sich drei Jahre später bei Georg Lukács finden wird, wenn er in dem berühmtesten Aufsatz aus seiner Sammlung *Geschichte und Klassenbewußtsein* das moderne Recht als Produkt der kapitalistischen Verdinglichung darstellt (Lukács 1968). Auch wenn Benjamin noch weit davon entfernt ist, zur Bestimmung der Formgesetze des neuzeitlichen Denkens den Marxschen Begriff der »Verdinglichung« heranzuziehen, so stimmt seine Charakterisierung der Eigentümlichkeit rechtlicher Regelungen zunächst doch weitgehend mit der von Lukács überein: Beide Theoretiker sind letztlich der Überzeugung, daß die rechtliche Sphäre ein rein »formales Kalkulationssystem« bildet, »mit dessen Hilfe die notwendigen juristischen Folgen bestimmter Handlungen [...] möglichst exakt errechnet werden« (Lukács 1968, 284). Freilich verwendet Benjamin bei der genaueren Bestimmung dieser Abstraktheit des Rechts ein anderes Kategorienpaar als Lukács. Während sich der Autor von *Geschichte und Klassenbewußtsein* auf die Entgegensetzung von »Form« und »Inhalt« stützt, um dem modernen Recht eine wachsende »Entfernung von dem materiellen Substrat« (Lukács 1968, 285) sozialer Lebensbedingungen vorzuwerfen, schildert Benjamin denselben Sachverhalt als Folge einer Einpassung beliebiger Sozialverhältnisse in das Schema von Zweck und Mittel; was für Lukács die Entleerung des Inhalts zugunsten der juristischen Form ausmacht, ist für Benjamin der Einbruch rechtlichen Zweckdenkens in die zweckfreie Sphäre sittlichen Daseins. Mit dieser Zuspitzung auf die Problematik des Utilitarismus erweist sich Benjamin als getreuer Schüler Georges Sorels; dessen polemische Attacken gegen das moderne Recht greift er auf, um sie sich durch Einarbeitung der zeitgenössischen Rechtstheorie für seine eigenen Absichten fruchtbar zu machen.

Aus Sorels Buch *Über die Gewalt* (Sorel 1981) – Benjamins Verzeichnis der gelesenen Schriften führt außerdem Sorels *Les illusions du progrès* (1908) auf (VII, 447) – war ihm nicht nur dessen Idee einer moralisch begründeten, proletarischen Gewalt bekannt, die in der berühmt gewordenen Apotheose des Generalstreiks mündete, sondern auch schon die äußerst scharfe Polemik gegen die Institution des Rechts, die in der Schrift eine nicht unbedeutende Rolle spielte. Auf jeden Fall dürfte Sorel der Autor gewesen sein, der ihn auf den Gedanken einer Parallelisierung von Rechtssystem und gegenwärtigem Bewußtseinszustand hat kommen lassen. In der Schrift *Über die Gewalt* spielt das Recht nur insofern eine Rolle, als es als das formale Legitimationsmedium hingestellt wird, dessen sich die herrschenden Klassen jeweils bedienen, um die ihnen nutzende Sozialordnung legitimatorisch abzusichern und auszubauen: die Übersetzung von Machtinteressen in die scheinbar neutrale Sprache von Gesetzesformeln bedeutet, jene mit einer moralischen Anmutung von Allgemeingültigkeit auszustatten, die ihnen gerade bei den unterdrückten Schichten Ansehen und Überzeugungskraft verleiht (vgl. etwa Sorel 1981, 316). Im Gegensatz zu jeder authentischen Moral, die Ausdruck der Werte und Ehrvorstellungen ist, welche in der frühkindlichen Sozialisation erworben wurden, ist das Recht daher für Sorel nur ein Instrument, das den moralfreien Interessen der Machterhaltung dient (vgl. Honneth 1994, 242 ff.). Benjamin hat die äußerst zwiespältigen Anregungen, die von diesen Ideen zu Beginn des 20. Jh.s ausgingen (vgl. Freund 1972), natürlich nicht direkt und unverändert in seine Studie über die Gewalt aufgenommen; aber der Gedanke Sorels, daß zwischen dem Recht und der Moral, zwischen der Allgemeingültigkeit von Gesetzen und dem Anspruch der Gerechtigkeit eine unüberbrückbare Kluft besteht, hat ihn sicherlich in der Überzeugung bestätig, daß das Recht als soziales Organisationsmedium eine problematische, ja pathologische Einrichtung darstellt. Den zentralen Grund für diese Problematisierung bildet nicht, wie bei Lukács, die leere Formalität oder Abstraktheit des Rechts; vielmehr ist der bloße Umstand, daß etwas von Nutzen sein soll, also letztlich einem Zweck dient, als solcher bereits Indiz seiner Minderwertigkeit, weil es dadurch nicht Ausdruck wahrhaftiger Sittlichkeit oder Gerechtigkeit sein kann. Eine derartige Sittlichkeit ist nämlich, so können wir weiter folgern, stets frei von allen Zwecksetzungen, da sie nicht auf Interessen Rücksicht nehmen darf, ohne die Zwecke nicht definiert werden können; sittlich ist nur, nahezu wie bei Kant, was in sich selbst moralische Gültigkeit besitzt, so daß es durch keinerlei Absehen auf Zwecke eingeschränkt werden darf. Für Benjamin, hier ein getreuer Schüler von Sorel, ist daher ein »Zeitalter«, das seine sittlichen Angelegenheiten in der Sprache des Rechts artikuliert, von minderer Qualität, weil es das Zweck-Mittel-Schema am falschen Ort zur Vorherrschaft gelangen läßt.

Bevor Benjamin allerdings zu den Formulierungen gelangen konnte, mit denen er in seinem Text den Grundcharakter des Rechts darstellt, mußte er sich zusätzlich zu seiner Sorel-Lektüre noch mit einigen zeitgenössischen Positionen der Rechtswissenschaft auseinandersetzen. An der Art der gewählten Ausdrücke, der exemplarischen Beispiele und historischen Verbindungslinien zeigt sich auf jeden Fall ein gewisses Maß der Vertrautheit mit der damaligen Literatur. Vor allem mit einer Schrift zur Rechtstheorie, die heute einen legendären Ruf genießt, muß Benjamin sich intensiv beschäftigt haben, auch wenn sie sich weder in seinen Briefen noch in seinen Werken namentlich erwähnt findet: es handelt sich dabei um die zweibändige, zuerst 1877 erschienene Untersuchung Rudolf von Jherings *Der Zweck im Recht*. Überall dort, wo Benjamin in seiner Studie auf rechtstheoretische Zusammenhänge im engeren Sinn eingeht, scheint er sich auf dieses grundlegende Werk gestützt zu haben; zwar übernimmt er die Argumentationsreihen Jherings nicht in vollem Umfang, zwar teilt er mit ihm natürlich nicht das im ganzen affirmative Rechtsverständnis, aber in der Begriffswahl und den grundlegenden Bestimmungen sind die Konvergenzen doch so stark, daß wohl jeder Zweifel auszuschließen ist. Bei Jhering findet sich im *Zweck im Recht* die grundlegende These, daß alles Recht dem einen Zweck der »Sicherung der Lebensbedingungen der Gesellschaft« (Jhering 1884, 439) dient, demgegenüber die Wahl der berechtigten Mittel eine abhängige Größe bildet (ebd., 451 f.); darin ist in leicht abgewandelter Formulierung jene Unterscheidung von »Naturzwecken« und »Rechtszwecken« anzutreffen (ebd., 252 ff.), die Benjamin an einer zentralen Stelle zur Begründung seiner Überlegungen heranzieht; und schließlich ist darin in beinah wörtlicher Übereinstimmung dieselbe Bestimmung der Rolle der Gewalt im Recht wiederzuentdecken, die Benjamin seiner Studie zugrundelegt, wenn er die beiden Formen der rechtsschaffenden und rechtserhaltenden Gewalt einführt (ebd., 257 ff.). Vor allem nimmt Jhering in seinem Buch die für Benjamins Absichten wohl entscheidende Idee vorweg, daß sich in den menschlichen Lebensverhältnissen eine herrschaftslose Alternative zur Zwangsinstitution des Rechts auffinden läßt, die im freiwilligen Altruismus und Intersubjektivismus der »Sittlichkeit« angelegt ist (ebd., Bd. II); die moralischen Praktiken, die Jhering dabei ebenso wie Benjamin (II, 199) vor Augen hat, sind die maßhaltenden Umgangsformen des Anstands und der Höflichkeit.

Wird diese Entgegensetzung von Sittlichkeit und Recht weiterverfolgt, die für die Architektonik der Untersuchung Jherings zentral ist, so stößt man auf eine tieferliegende Unterscheidung, die auch den impliziten Hintergrund der Argumentation von Benjamin bestimmt haben dürfte. Für Jhering ergibt sich der übergreifende Zweck des Rechts, also die Aufgabe der Erhaltung von sozialer Ordnung, aus der Tatsache des menschlichen Egoismus, die für einen permanenten Widerstreit individueller Interessen sorgt; die sittlichen Umgangsformen hingegen, also all das, was Benjamin Formen der »gewaltlosen Einigung« (191) nennt, sieht er in der Tendenz des Menschen angelegt, sich in Selbstlosigkeit die Belange und Absichten seines Gegenübers zu eigen zu machen. Insofern ist für Jhering die Sphäre des Rechts in Hinblick auf moralische Kraft und Authentizität dem Bereich des Sittlichen weit unterlegen: Jene vermag mit Hilfe autoritären Zwangs nur dem Zweck der Konfliktvermeidung zu dienen, während diese selber organischer Ausdruck der moralischen Anlagen des Menschen ist. Es ist Sorels Rückbindung des Rechts an den Egoismus, durch die Benjamin in seiner rundum negativen Auffassung des Rechts mit großer Wahrscheinlichkeit bestärkt worden ist. Im Ganzen stellt daher das Recht für Benjamin deswegen eine »morsche«, eben pathologische Institution dar, weil es die sozialen Lebensverhältnisse mit einem Zweck-Mittel-Schema überformt, das letztlich den egoistischen Individualinteressen dient.

Aus diesem negativistischen Bild des Rechts ergibt sich natürlich auch, daß Benjamin in seiner Studie nicht eigentlich mit den internen Paradoxien der Begründung des Rechts beschäftigt ist; sein vordringliches Problem ist nicht, wie von der Sekundärliteratur häufig behauptet, jene iterative Unbestimmtheit des Rechts, die heute im Zentrum dekonstruktiver Rechtsbetrachtungen steht (Derrida 1990); auch ist seine Aufmerksamkeit nicht primär auf den Umstand gerichtet, daß alles Recht in einem Akt der nicht-legitimierten Gewaltausübung gründet. Alles das sind zwar Geschichtspunkte, die Benjamin im Zuge seiner Argumentation thematisiert, aber sie bilden für ihn nicht den Kern der Begründung, aus der heraus er am Ende das Recht als eine Form von Sozialität geschichtsphilosophisch kritisieren wird; diese Grundlage ist vielmehr, wie gesagt, in dem Umstand zu sehen, daß das Recht als solches Zwecken dient, derartige Zwecksetzungen aber auf Interessen zurückgehen, die wiederum Ausdruck der egoistischen Natur des Menschen sind.

Die Gewalt im Recht

Schon im vierten Satz seiner Studie konstatiert Benjamin apodiktisch über das Recht, was wir bislang als theoretischen Niederschlag seiner Beschäftigung mit Sorel und Jhering kennengelernt haben: »Was zunächst den ersten von ihnen (d.i. den Begriff des Rechts, d. Verf.) angeht, so ist klar, daß das elementare Grundverhältnis einer jeden Rechtsordnung dasjenige von Zweck und Mittel ist« (II, 179). Ohne daß an dieser Stelle schon durchscheint, wie Benjamin im Ganzen eine derartige Beschränkung auf das Zweck-Mittel-Schema beurteilen wird, versucht er im folgenden nun zu analysieren, welche Kriterien sich in einer derartig verfaßten Sphäre für die Beurteilung der Gewalt ergeben; sein Vorgehen besteht also darin, zunächst einmal immanent zu prüfen, wie der rechtliche Maßstab des Begriffspaars von Zweck und Mittel in bezug auf eine solche Größe wie die Gewalt zur Anwendung gebracht werden kann. Allerdings geht Benjamin die damit umrissene Aufgabe nicht direkt an, sondern bedient sich des hermeneutischen Kunstgriffs, die herrschenden Lehrmeinungen auf ihre Antwort hin zu befragen; in weitgehender Übereinstimmung mit dem, was auch heute noch dogmengeschichtlicher Befund ist, unterscheidet er zwischen den Traditionen des Naturrechts und des Rechtspositivismus, um sie beide als historische Varianten einer Anwendung des Zweck-Mittel-Schemas auf das Phänomen der Gewalt zu nutzen.

Leichtes Spiel glaubt Benjamin mit der naturrechtlichen Tradition zu haben. Ohne zwischen den höchst verschiedenen Ansätzen des Naturrechts näher zu unterscheiden (Ilting 1978), liegt es für ihn auf der Hand, daß eine Prüfung der Rechtmäßigkeit von Gewalt hier nur mit Blick auf ihre instrumentale Rolle erfolgen kann; da die Architektonik dieser Theorie nämlich dazu zwingt, als den legitimen Zweck einer Rechtsordnung die Herstellung von Gewaltfreiheit zu betrachten, kann die Ausübung von Gewalt bloß noch danach beurteilt werden, ob sie als angemessenes Mittel zur Durchsetzung jenes vorgegebenen Zweckes dient oder nicht. Mithin verfügt die naturrechtliche Tradition, so wie Benjamin sie darstellt, über kein anderes Kriterium zur normativen Beurteilung von Gewalt als das der instrumentellen Angemessenheit; nach seiner Überzeugung kann nicht einmal die Frage, ob sie als Mittel sittlichen Maßstäben genügt, in diesem Zusammenhang zufriedenstellend beantwortet werden, weil dazu die nicht-instrumentellen, moralischen Gesichtspunkte fehlen. Es würde zu weit führen, hier nun zu prüfen, ob die Einwände Benjamins ihrerseits gerechtfertigt sind; schon ein kurzer Blick auf die Argumentationsgeschichte des Naturrechts würde wohl zeigen können, daß die normative Auszeichnung bestimmter, vernünftiger Rechtszwecke häufig auch auf die Bewertung der Mittel übertragen wurde, die zu ihrer Durchsetzung legitim angewandt werden dürfen. Benjamin geht es einzig und allein um den Nachweis, daß in der Behandlung der Gewalt als ein bloßes Mittel die Tendenz angelegt ist, darin eine nur »natürliche Gegebenheit« (II, 180) des Menschen zu erblicken. Das Argument, mit dessen Hilfe er zu dieser Schlußfolgerung gelangt, ergibt sich aus den Prämissen seiner Interpretation des Naturrechts: Gerade weil die damit bezeichnete Tradition, die die Abhandlung später im Mythos begründet sieht, alles daran setzt, den gewaltförmigen Naturzustand des Menschen durch eine moralisch legitimierte Rechtsordnung zu ersetzen, muß ihr unter der Hand die Gewalt zu einem natürlichen »Rohstoff« (ebd.) werden, der solange nicht sittlich verworfen werden darf, wie er nicht der Durchsetzung ungerechtfertiger (Rechts-) Zwecke dient. Zurückbezogen auf die Frage, mit der Benjamin auf diesen ersten Seiten an die Überprüfung der Rolle der Gewalt im Recht geht, heißt das, daß das Zweck-Mittel-Schema in der naturrechtlichen Tradition zu einer paradoxen Naturalisierung der Gewalt geführt hat.

Es wird noch deutlicher, was Benjamin mit einer solchen Kritik bezweckt, wenn nun zu seiner Auseinandersetzung mit der »positiv-rechtlichen« Tradition übergegangen wird; wie schon bei der Behandlung des Naturrechts, so wird auch in diesem zweiten Schritt nicht ein einziger Autor namentlich erwähnt, sondern nur die gesamte Richtung einer sehr allgemeinen, geradezu schematischen Charakterisierung unterzogen. Danach bleibt natürlich auch die »positive Rechtsphilosophie« in dem problematischen Zirkel befangen, der sich in der wechselseitigen Verwiesenheit von Zweck und Mittel auftut. Aber ihr Vorzug gegenüber der naturrechtlichen Tradition besteht für Benjamin doch darin, daß sie dazu in der Lage sein soll, ein nicht nur instrumentelles Kriterium zur Beurteilung des Einsatzes von Gewalt zu liefern. Im Unterschied zum Naturrecht, so resümiert Benjamin wohlwollend, bindet der Positivismus die Legitimität der Rechtszwecke an die Berechtigung der Mittel, die zu deren Ausführung erforderlich sind: Es soll die Rechtmäßigkeit einer staatlichen Ordnung eben nicht mehr an der Erfüllung bestimmter, »natürlich« genannter Zwecke gemessen werden, sondern umgekehrt die Rechtmäßigkeit der verwendeten Mittel die Legitimität der Rechtsordnung garantieren (180). Durch eine solche »Prozeduralisierung«, wie wir heute sagen würden, entsteht für den Positivismus der Zwang, Maßstäbe für die Beurteilung rechtlicher Mittel angeben zu müssen, die unabhängig von allen erdenklichen Zwecken oder Zielen formuliert sind; in der »Historischen Schule«, die Benjamin hier wohl vor allem im Blick hat, ist diese Aufgabe gelöst worden, indem das Maß der geschichtlichen Bestätigung eines Rechtsmittels als unabhängiges Kriterium verwendet wurde. Für das Phänomen der Gewalt besagt eine derartige Lösung, daß deren rechtliche Ausübung solange gutzuheißen ist, wie sie sich in Form von faktischer Zustimmung und praktischer Anwendbarkeit historisch bewährt. Benjamin ist nun weit davon entfernt, das damit umrissene Kriterium der historischen Sanktionierbarkeit als solches zu befürworten; ihm ist ja, wie wir gesehen haben, der gesamte Versuch suspekt, der Gewalt durch Einhegung in das rechtliche Zweck-Mittel-Schema Herr zu werden. Aber unter den Lösungen, die die Rechtstheorie bietet, um die Gewalt in einem solchen Schema unterzubringen, bevorzugt er unzweideutig die des historischen Positivismus, weil mit dieser die Angabe eines Maßstabs verknüpft ist: »Dagegen ist die positive Rechtstheorie als hypothetische Grundlage im Ausgangspunkt der Untersuchung annehmbar, weil sie eine grundsätzliche Unterscheidung hinsichtlich der Arten der Gewalt vornimmt, unabhängig von den Fällen ihrer Anwendung« (181).

Aus dieser bedingten oder relativen Aufwertung des Rechtspositivismus ergibt sich für den Fortgang der Untersuchung, daß Benjamin sich nun auf den folgenden Seiten beinah ausschließlich mit dem positivrechtlichen Maßstab der Sanktionsfähigkeit beschäftigen wird. Die Antwort, die das Naturrecht bezüglich der Stellung der Gewalt im Recht zu bieten hat, ist bereits verworfen, weil sich darin nach Benjamin überhaupt kein Kriterium der Beurteilung findet; also bleibt zur Beantwortung der Frage, wie die Gewalt innerhalb des Rechtssystems beurteilt werden kann, nur die positivistische Lehre übrig, die mit der Idee der historischen Sanktionierung immerhin einen Maßstab zur Bewertung der Gewalt als eines Mittels bietet. Die 15 Seiten, die diesem Auftakt einer Plazierung der Gewalt in den zwei maßgeblichen Rechtstraditionen folgen, bestehen daher in einer Überprüfung der Unterscheidung, die der Rechtspositivismus zwischen historisch sanktionierter und nicht-sanktionierter Gewalt vornimmt. Er stellt die Frage, »was denn für das Wesen der Gewalt daraus folge, daß ein solcher Maßstab oder Unterschied an ihr überhaupt möglich sei« (ebd.). Daß diese Überprüfung nun allein am »europäischen« Rechtssystem vorgenommen wird, begründet Benjamin lakonisch mit dem Hinweis auf die kaum zu bewältigenden Schwierigkeiten einer umfassenden, kulturübergreifenden Analyse; aber als der eigentliche Grund für die Einschränkung darf wohl der historische Umstand betrachtet werden, daß gerade in Europa zur damaligen Zeit kaum eine andere Frage mehr politischen Zündstoff enthielt als die nach der rechtlichen Legitimität von außerstaatlicher, revolutionärer Gewalt.

Die rechtsetzende oder »schaltende« Gewalt

Bei all den Überlegungen, die Benjamin in den anschließenden Teilen seiner Untersuchung nun anstellen wird, gilt es also zu berücksichtigen, daß sie unter der Prämisse einer hypothetischen Geltung der positiv-rechtlichen Unterscheidung von sanktionierter und nicht-sanktionierter Rechtsgewalt stehen. Was die Ziele dieses mittleren Abschnitts anbelangt, so läßt sich daher vermuten, daß es Benjamin um den Nachweis eines notwendigen Kollapses eines solchen Legitimitätskriteriums geht, um so selbst am Positivismus die Unvermeidbarkeit einer zirkulären Bestimmung des Rechts zu demonstrieren. Es ist freilich nicht leicht zu durchschauen, wie der Autor im einzelnen verfährt, um das damit umrissene Beweisziel einzulösen; der Text schwankt zwischen dem Aufruf konkreter Rechtsprobleme und systematischen Erwägungen, ohne daß immer hinreichend klar wird, welches der beiden Elemente das tragende, welches das abhängige Argument liefern soll. Wahrscheinlich ist es um der Übersichtlichkeit willen am besten, sich bei der Rekonstruktion an die Zweiteilung zu halten, die Benjamin erst im Zuge seines Beweisganges allmählich etablieren wird: Danach erweist sich der Kollaps des positiv-rechtlichen Maßstabs zunächst an der Tatsache einer »rechtsetzenden Gewalt«, im weiteren dann auch an der Tatsache einer »rechtserhaltenden Gewalt«.

Das Argument, das Benjamin im ersten Schritt seiner Beweisführung zu verwenden scheint, läuft auf die Behauptung hinaus, daß der positiv-rechtliche Maßstab der historischen Sanktionierung viel zu viele Fälle einer ordnungsfeindlichen, umstürzlerischen Gewalt erlauben würde, um als normative Grundlage einer staatlichen Rechtsordnung gelten zu können; daher muß der Staat immer dann, so ist zu ergänzen, wenn die Gefahr einer solchen faktischen Legitimierung entsteht, alle Gewalt monopolisieren und willkürliche, nicht-sanktionierte Grenzen ziehen. Es ist relativ leicht, sich die Liste von konkreten Beispielsfällen vor Augen zu führen, die Benjamin aus der zeitgenössischen Rechtswirklichkeit aufliest, um mit ihrer Hilfe seine These zu belegen: obwohl der Zweck der Kindererziehung faktisch, gemessen also an der Anerkennung von Seiten der Bevölkerung, als eine private, rechtsfreie Angelegenheit gilt, droht dieser »Naturzweck« mit einem so »übergroßen Maß von Gewalttätigkeit« (182) durchgesetzt zu werden, daß der Staat sich ohne jede geschichtliche Legitimierung zur Erlassung von »Gesetzen über die Grenzen der erzieherischen Strafbefugnis« (ebd.) veranlaßt sieht. In dieselbe Kategorie scheint für Benjamin auch der historische Umstand zu gehören, daß der »›große‹ Verbrecher« nicht selten »die heimliche Bewunderung des Volkes erregt hat« (183); die Sympathie galt nach seiner Überzeugung in diesen Fällen weniger der Tat selber, deren »Zwecke abstoßend« bleiben, als vielmehr der sich darin bezeugenden Gewalt, deren rechtsprengender Charakter dem Staat so bedrohlich erscheint, daß er auch hier auf jeden Ausweis historischer Sanktionierung verzichten und gewalttätig seine Monopolisierung der Gewalt durchsetzen müßte.

Dasselbe Motiv, nämlich die rechtsbedrohende Tendenz, die aller faktisch sanktionierten Gewalt stets innezuwohnen scheint, ist ausschlaggebend auch für das dritte Beispiel, das Benjamin ins Spiel bringt; aber allein schon der Umstand, daß er der Schilderung dieses Falls dann mehr als zwei Seiten widmet (183–185), macht auf dessen herausragende Bedeutung für den Gesamttext aufmerksam. Das Streikrecht, so behauptet Benjamin, stellt ein noch viel offenkundigeres Beispiel für die Unmöglichkeit dar, den Maßstab der historischen Sanktionierung rechtsstaatlich konsistent anzuwenden; denn darin wird unter Druck »von unten« der Arbeiterschaft ein Recht zur Gewaltanwendung eingeräumt, das sich unter bestimmten Umständen in eine so starke Gefahr für die rechtsstaatliche Ordnung zu verwandeln vermag, daß sich der Staat allen prozeduralen Grundsätzen zum Trotz zur Ausübung rechtsetzender Gewalt gezwungen sehen muß. Wahrscheinlich tritt an keinem anderen Beispielsfall des Textes die Absicht deutlicher zu Tage, die Benjamin mit seiner immanenten Widerlegung des Rechtspositivismus verfolgt. Er will zeigen, daß bei der (alternativlosen) Zugrundelegung des positiv-rechtlichen Maßstabs der Rechtsstaat stets wieder mit seinen eigenen prozeduralen Prinzipien in Widerspruch geraten muß, weil er der zwangsläufig selbst gewährten Gewaltandrohung nur durch rechtlose Verwendung von Gewalt entgegentreten kann.

Allerdings bereitet gerade dieser Fall des Streikrechts Benjamin eine Reihe von Deutungsschwierigkeiten, weswegen sich im Text immer wieder Erläuterungen und Klarstellungen eingestreut finden. So liegt es zum Beispiel gar nicht auf der Hand, die rechtliche Garantie des Streiks in der Weise als ein »Recht auf Gewalt« (184) zu interpretieren, wie Benjamin es unternimmt, wenn er hier von der »inneren Widersprüchlichkeit« des Rechts spricht; würde im Streik vielmehr der Fall einer bloßen Unterlassung bestimmter Handlungen, nämlich der Arbeitstätigkeiten, gesehen, so daß von einer Gewaltanwendung gar nicht die Rede sein könnte, dann entfiele mit einem Schlag die Pointe, die Benjamin in diesem Rechtsinstitut vermutet. Ohne sich auf die umfangreiche Diskussion in der Rechtstheorie seiner Zeit groß einzulassen, fertigt Benjamin die damit umrissene Alternative kurzerhand ab, indem er sich auf die »Anschauung der Arbeiterschaft« (ebd.) beruft: Diese muß, so heißt es ohne Duldung von Widerspruch, im »Streikrecht das Recht« erblicken, »Gewalt zur Durchsetzung gewisser Zwecke anzuwenden« (ebd.). Ein ebenso großes Problem stellt für Benjamin die für seine Absicht nicht minder wichtige These dar, derzufolge es von der Arbeitsniederlegung nur ein kurzer Schritt zu einer Form der Gewaltausübung ist, die die Rechtsordnung im Ganzen »zu stürzen« (185) droht; er benötigt ein solches Argument, um behaupten zu können, daß sich der Rechtsstaat mit dem Streikrecht gemäß seiner eigenen Grundlagen ein »inneres Gewaltpotential« hat erzeugen müssen, dessen Dynamik ihn am Ende zur rechtlosen Ausübung von staatlicher Gewalt zwingt. Der Kunstgriff, mit dem Benjamin diese Herausforderung bewältigt, besteht in der relativ gewagten Idee, den revolutionären Generalstreik als praktische und legale Konsequenz der (erlaubten) Arbeitsniederlegung zu betrachten: In der »gleichzeitige[n]« (184) Bestreikung aller (nationalen) Betriebe, so heißt es in impliziter Anlehnung an Sorel, bringt das Proletariat eine umstürzlerische Gewalt zur Geltung, die es selbst noch als »Ausübung« (ebd.) jenes Rechts verstehen darf, das ihm der Rechtsstaat in der Erlaubnis des Streiks eingeräumt hatte. Insofern ist der Generalstreik ein legales Produkt derselben rechtsstaatlichen Ordnung, die er nun durch Inanspruchnahme des Streikrechts zu stürzen versucht; und der Staat wiederum kann, so ist erneut zu ergänzen, auf diese Gefahr nur reagieren, indem er in Verletzung seiner eigenen Prinzipien willkürlich die »Gewalt« der Rechtssetzung an sich zieht.

Es ist unschwer zu sehen, daß es sich bei diesem ganzen, das »Streikrecht« betreffenden Argument um eine äußerst fragile, wenn nicht gar fadenscheinige Konstruktion handelt. Benjamin gesteht selbst zu, daß der Nachweis einer zwangsläufigen Selbstaufhebung des Rechts hier nur gelingt, wenn bei der Interpretation die »Anschauung der Arbeiterschaft« gleichberechtigt miteinbezogen wird; erst bei der Einnahme dieser, bloß zugeschriebenen Perspektive kann nämlich das Streikrecht als Erlaubnis zur legalen Gewaltausübung und der Generalstreik seinerseits als deren radikalisierte Exekution verstanden werden. Was Benjamin mithin durch seine Beweisführung zustandebringt, ist der Aufweis nicht eines »logischen Widerspruch[s] im Recht« (185), sondern nur, wie er selber vorsichtig einräumt, eines »sachlichen Widerspruch[s] in der Rechtslage« (ebd.). Hinzu kommt, daß der Anspielung auf den »Generalstreik« etwas Kontingentes anhaftet, weil es sich dabei nicht um ein regelmäßiges oder sogar notwendiges Vorkommnis in der Geschichte des modernen Rechtsstaats handelt; daher fehlt dem Beweisgang gewissermaßen der Abschlußpunkt, der nur in der Behauptung eines zwangsläufigen Umschlags sanktionierter in umstürzlerische Gewalt bestehen könnte. Benjamin hat, so scheint es, die Schwächen seiner Argumentation verspürt; denn am Ende des betreffenden Abschnitts heißt es, daß nun durch eine »Betrachtung der kriegerischen Gewalt« die noch bestehenden Einwände zurückgewiesen werden sollen.

Mit dem Begriff der »kriegerischen Gewalt« bezeichnet Benjamin in diesem Zusammenhang die Fähigkeit »auswärtige[r] Mächte« (186), nach einem siegreich beendeten Krieg »neues Recht« (ebd.) in dem Land zu setzen, welches unterlegen war; auch den Fall eines solchen »Kriegsrechts« möchte der Autor als Beleg für die Tendenz des modernen Rechtsstaats verstanden wissen, unter den Bedingungen seiner eigenen prozeduralen Prämissen eine fremde Rechtssetzung dort anerkennen zu müssen, wo sie sich weder in seinem Interesse noch unter seiner Kontrollhoheit befindet. Man mag gegen dieses weitere Beispiel sofort einwenden, daß es der Absicht Benjamins nicht sonderlich dienlich ist, weil es sich auf zwischenstaatliche Beziehungen, nicht aber auf die einzelstaatliche Rechtsordnung bezieht. Über derartige Bedenken aber setzt sich Benjamin hinweg, indem er den Blick nur auf die Wirkung lenkt, den der rechtliche Eingriff von außen auf die Rechtsverhältnisse im Inneren ausübt. Es kann daher in seiner Darstellung so scheinen, als ob der Fall der infolge eines verlorenen Krieges aufoktroyierten Rechtsordnung mit demjenigen vergleichbar sei, den die Erzwingung des Streikrechts durch das kämpfende Proletariat darstellt: Beidemal muß der Rechtsstaat das rechtsetzende Potential fremder Mächte akzeptieren, weil es ihm seine prozeduralen Prinzipien verbieten, der faktischen Sanktionierung von Gewalt zu widersprechen. Benjamin glaubt, mit diesem vierten Beispielsfall die erste Runde seiner internen Widerlegung des modernen Rechts beenden zu können. Obwohl er selber kein ausdrückliches Resümee zieht, läßt sich das Ergebnis seiner Argumentation wohl dahingehend zusammenfassen, daß der herrschende Rechtspositivismus mit seinem Legitimitätskriterium für Gewalt scheitert, weil er Mittel der Gewaltanwendung anerkennen muß, deren Ausübung zur Setzung von systemsprengenden Rechtszwecken ermächtigt. Wenn dem aber so ist, so kann die These zugespitzt formuliert werden, dann ermöglicht die moderne Rechtsordnung stets wieder ihre eigene Außerkraftsetzung: Entweder muß sie ihre Hoheit an fremde Rechtsmächte abtreten oder aber gegen diese eine Gewalt mobilisieren, die keine rechtsstaatliche Legitimität besitzt.

Die rechtserhaltende oder »verwaltende« Gewalt

Auch der sich anschließende Teil über die rechtserhaltende Gewalt erfüllt für Benjamin nur die propädeutische Funktion, an der gegebenen Rechtsordnung immanent zu prüfen, ob dem Zweck-Mittel-Schema in seiner positivistischen Auslegung irgendein »Wert« (181) zukommt. Der negative Bescheid, den diese Frage bislang erhalten hat, gibt auch die Richtung vor, in die Benjamin nun seine Argumentation lenkt; mit demselben scharfen Ton, den er schon zuvor angeschlagen hat, listet er weiterhin rechtliche Fälle auf, die den notwendigen Kollaps jenes positivistischen Maßstabs erkennbar machen sollen. Allerdings steht jetzt nicht mehr die Gewalt »zu Naturzwecken« (186) zur Debatte. Vielmehr geht es Benjamin in diesem neuen Abschnitt um Formen der Gewaltausübung, deren rechtliche Legitimität von vornherein außer Frage steht, da sie »als Mittel zu Zwecken des Staates« (ebd.), also in ›rechtstaatlicher Funktion‹ zum Einsatz gelangen. Die Kritik einer solchen »rechtserhaltenden« Gewalt ist, so betont Benjamin sogleich, trotz aller »Deklamationen der Pazifisten und Aktivisten« (187) kein leichtes Unterfangen; denn ihr ist weder durch Verweis auf eine ursprüngliche Freiheit aller Menschen noch durch Berufung auf den »kategorischen Imperativ« (ebd.) beizukommen, weil in beiden Fällen geleugnet wird, daß der Rechtsstaat beansprucht, »das Interesse der Menschheit in der Person jedes Einzelnen anzuerkennen und zu fördern« (ebd.). Wie also ist bei einem solchen Anspruch zu begründen, daß sich der staatliche Einsatz von rechtserhaltender Gewalt in eine zirkuläre Bestimmung von Zweck und Mittel verfängt und daher die rechtsstaatliche Ordnung stets wieder untergräbt?

Die erste Antwort, die Benjamin auf diese implizit gestellte Frage gibt, erfolgt mit Blick auf die Todesstrafe, die damals in Deutschland allein noch für die Straftat des Mordes vorgesehen war. Es bedarf erneut einer geringfügigen Ergänzung, um das Argument zu erkennen, das Benjamin in dem damit abgesteckten Zusammenhang geltend macht: Wie alle Formen des Bestrafens muß der Rechtsstaat auch die Todesstrafe als ein Mittel reklamieren, welches der Erhaltung der rechtlichen Ordnung dient, indem es dem potentiellen Straftäter zum Zecke der Abschreckung mit der Ausübung von Gewalt droht; aber in der Exekution dieser besonderen Strafe offenbart sich schnell, daß jener Zweck hier nur die Kulisse liefert, hinter der sich die eigentliche Funktion einer Statuierung des Rechts verbirgt. Insofern schlägt in der Ausübung der Todesstrafe die rechtserhaltende Gewalt des Staates regelmäßig in das Gegenteil einer sich manifestierenden Gewalt um: »[...] in der Ausübung der Gewalt über Leben und Tod bekräftigt mehr als in irgendeinem anderen Rechtsvollzug das Recht sich selbst« (II, 188). Für Benjamin scheint dieser Befund wohl eine erste Bekräftigung der These zu sein, daß im modernen Recht auch mit Blick auf die rechtserhaltende Gewalt eine klare Fixierung von Zweck und Mittel nicht gelingt: Die als Mittel der Rechtssicherung gedachte Todesstrafe entpuppt sich bei näherem Hinsehen als eine Form von rechtlicher Gewalt, welche in den Bereich der Rechtssetzung fällt, weil sie nichts anderes leistet als eine symbolische Bekräftigung der gesetzten Ordnung. Es ist freilich nicht ganz klar, ob dieses Argument tatsächlich die These stützt, die Benjamin vorzubringen versucht; wenn sich nämlich am Vollzug der Todesstrafe erweist, daß ihre eigentliche Funktion die der Statuierung des Rechts ist, dann kann nicht von einer Verlagerung von Zweck und Mittel, sondern nur von einer Verschleierung des wirklichen Zwecks gesprochen werden – das Argument dient dann ideologiekritischen Absichten, nicht aber dem Nachweis einer grundsätzlichen Unbestimmbarkeit von Zweck und Mittel. Nun soll allerdings der Exkurs zur Todesstrafe nur die Brücke bilden zu den allgemeineren Erörterungen, die Benjamin auf den nächsten Seiten dem Thema der rechtserhaltenden Gewalt widmet. Das Beispiel, anhand dessen er auf diesem Feld seine These über die Nichtfixierbarkeit von Zweck und Mittel weiterverfolgt, ist das der Polizei; sie stellt für ihn die markanteste Instanz einer rechtserhaltenden Gewalt dar, weil sie mit der Erlaubnis zur Verwendung gewaltförmiger Mittel die Aufrechterhaltung der rechtlichen Ordnung zu gewährleisten hat. Benjamin ist sich in diesem Fall seiner Sache so sicher, daß er sein Argument erst gar nicht lange vorzubereiten versucht, sondern es wie eine Prämisse an den Anfang seiner Betrachtung stellt: Im Gebaren wie in den Befugnissen der Polizeibehörden vermische sich auf so »widernatürliche«, »schmachvolle«, ja »gespenstische« (189) Weise die Aufgabe der Rechtssicherung mit der Schaffung neuer Rechtsziele, daß in ihnen »die Trennung von rechtsetzender und rechtserhaltender Gewalt aufgehoben« sei (ebd.). In den sich überstürzenden Sätzen, mit denen diese Ausgangsthese dann im folgenden ausgeführt wird, versteigt sich Benjamin sogar zu der Behauptung, daß jene Verschränkung von Funktionen in den »Demokratien« zu noch größerer »Entartung der Gewalt« (190) führe als in den absoluten Monarchien; während sich hier nämlich die Polizei, so lautet das Argument, aufgrund der »Machtvollkommenheit« des Herrschers an dessen Autorität gebunden fühle, fehle dort jede Art einer »derartigen Beziehung« (ebd.), so daß es viel schneller zu Mißbrauch und Eigenwilligkeit kommen könne.

Der Gedankengang verdankt sich ganz offensichtlich lebhaftesten Eindrücken vom Machtmißbrauch der Polizeibehörden in jener Zeit; der gereizte Ton, die Wahl der Adjektive, die offen bekundete Abscheu, all das verrät, daß Benjamin sehr genau konkrete Fälle solcher Grenzverletzungen vor Augen standen. Fraglich bleibt dennoch, ob sich die Faktizität der Beispiele soweit verallgemeinern läßt, daß daraus eine prinzipielle These über die Entschränkung polizeilicher Gewalt im Rechtsstaat zu gewinnen ist. Mehr als die fragwürdige Beobachtung, daß es demokratischen Regimen an vorbildhafter Autorität zur Bindung seines Personals mangelt, scheint Benjamin nicht in den Händen zu halten. Daß es vielleicht auch ganz anders sein könnte, daß nämlich gerade demokratische Gesellschaften mit der Zeit zivile Ressourcen der Bindung von Polizei und Militär entwickeln könnten, liegt außerhalb seines Vorstellungshorizonts. Daher ruhen Benjamins Ausführungen zur rechtserhaltenden Gewalt insgesamt auf problematischen Grundlagen: Die Gedanken zur Todesstrafe thematisieren nicht eigentlich eine Unbestimmtheit rechtlicher Mittel, sondern nur eine Verschleierung der faktischen Zwecke; die Überlegungen zur Polizei verdanken sich einer Verallgemeinerung von historischen Erfahrungen, deren systematischer Stellenwert ungeprüft bleibt. Zur Begründung der These, die Benjamin mit seiner »immanenten« Kritik des Rechtssystems verfolgt, taugt insofern wohl nur der Abschnitt über die rechtsetzende Gewalt; dort konnte gezeigt werden, daß der Rechtsstaat nach europäischem Muster bei einem strikt positivistischem Selbstverständnis nicht dazu in der Lage ist, legitime Formen der Gewaltausübung eindeutig zu bestimmen, weil unter dem Gesichtspunkt faktischer Geltung stets wieder neue, systemsprengende Quellen der gewaltförmigen Rechtssetzung anerkannt werden müssen. Der Abschnitt hingegen, der sich anschließend mit der rechtserhaltenden Gewalt beschäftigt, trägt zur These über die Unbestimmtheit rechtsstaatlicher Normen nur denkbar wenig bei.

Gewaltlose Alternativen zum Recht

Im Anschluß an die kritischen Erwägungen, die die »letztliche[] Unentscheidbarkeit aller Rechtsprobleme« (196) am Beispiel des europäischen Rechtssystems zu Bewußtsein bringen sollten, folgen eine Reihe von Gedankengängen, die zum ersten Mal die Idee der »Reinheit« ins Spiel bringen; ihre Funktion ist es offenbar, jenen Teil terminologisch vorzubereiten helfen, in dem Benjamin darangehen wird, das Zeitalter des Rechts aus der transzendierenden Perspektive einer zukünftigen Sittlichkeit zu bewerten. Den Übergang stellen in diesem Zusammenhang Betrachtungen dar, die die Frage nach der Möglichkeit gewaltloser Formen der sozialen Übereinkunft betreffen. Benjamin glaubt auf den vorausgehenden Seiten gezeigt zu haben, daß jede Verwendung von Gewalt als eines Mittels zwangsläufig von der Problematik affiziert ist, die mit dem Rechtsverhältnis als solchem einhergeht. Daher wendet er sich nun zunächst der Frage zu, ob es unter den gegebenen Verhältnissen auch Wege der Schlichtung sozialer Interessengegensätze geben könne, die nicht auf den Einsatz rechtlich legitimierter Gewalt angewiesen sind. An dieser Begründung für den anschließenden Perspektivenwechsel tritt noch einmal deutlich zutage, was Benjamin als das Resümee seiner Behandlung des Rechts begreift: Das Rechtsverhältnis ist ein soziales Medium, das an seiner Aufgabe einer Vermittlung sozialer Gegensätze deswegen scheitert, weil es ihm im Rahmen des Zweck-Mittel-Schemas strukturell nicht gelingen kann, den Einsatz des ihm zur Verfügung stehenden Gewaltmittels deutlich und klar zu fixieren. Bis zu welchem Punkt Benjamin diese Kritik des Rechts ausgedehnt wissen möchte, zeigt sich im vorliegenden Kontext (190 f.) daran, daß er auch das Parlament nur als ein Symptom der rechtlichen Pathologie hinstellt; im Stil der damals weitverbreiteten Parlamentarismus-Kritik heißt es unter Berufung auf Erich Unger, daß sich an der Tendenz zur parlamentarischen Kompromißbildung zeige, wie sehr insgesamt die Tatsache der Verwurzelung aller Rechtsordnungen in Gewalt geleugnet würde.

Auch wenn diese Kritik des Parlamentarismus von heute aus einigermaßen bedenklich erscheinen muß, da sich darin eine erstaunliche Nähe zu den antidemokratischen Gedankengängen von Carl Schmitt (Schmitt 1979) offenbart, so stellt sie im Text doch kaum mehr als eine hingeworfene Randbemerkung dar; denn was Benjamin hier eigentlich interessiert, was ihn das Parlament nur noch einmal als eine Kontrastfolie herbeizitieren läßt, sind jene bereits erwähnten Formen sozialer Übereinkunft, die ohne jede Verwendung von Gewalt auskommen. Solche gewaltfreien Medien der Interessenvermittlung führt Benjamin nun ein, indem er zunächst ganz konventionell auf die emotionalen »Tugenden« (193) verweist, die es gestatten, sich einfühlend in die Perspektive des Anderen zu versetzen: Überall dort, so heißt es, wo »zwischen Privatpersonen« wechselseitig Einstellungen der »Herzenshöflichkeit, Neigung, Friedensliebe« und des »Vertrauen[s]« (191) vorherrschen, ist es möglich, sich ohne Dazwischenschaltung des Rechts gewaltlos zu einigen. Ebensogut nachvollziehbar ist auch noch der nächste Schritt, in dem Benjamin es unternimmt, derartige Formen der affektiv gestützten Verständigung als »reine« Mittel zu bezeichnen; denn »rein« hat hier vorläufig nur die Bedeutung, die Abwesenheit von Gewalt begrifflich festzuhalten, so daß unter Beibehaltung der Zweck-Mittel-Sprache solche Verständigungsformen als »reine« oder eben »gewaltfreie« Mittel zum Zweck der Konfliktlösung begriffen werden können. Diese Betrachtung von friedlichen Instrumenten der sozialen Einigung weitet Benjamin in einem dritten Schritt dann noch aus, indem er funktionale Äquivalente zum Besitz einfühlsamer Tugenden oder, wie es heißt, zur Existenz einer »Kultur des Herzens« (191) benennt: Überall dort, wo es an solchen Fähigkeiten der Perspektivübernahme mangelt, kann nach seiner Überzeugung auch die Einsicht in gemeinsame Interessengrundlagen dafür Sorgen tragen, daß Konflikte gewaltlos beigelegt werden – die »Furcht vor gemeinsamen Nachteilen« (193) ist der exemplarische Fall, auf den Benjamin hier in beinah Hobbesscher Manier verweist.

Bewegen sich all diese Beispiele für rechtsunabhängige, gewaltlose Mittel der Konfliktlösung noch innerhalb der Privatsphäre, so führt der wiederum nächste Schritt zur Behandlung des Feldes überindividueller Streitigkeiten, wie sie die Kämpfe zwischen »Klassen und Nationen« (ebd.) darstellen sollen. Es ist die damit markierte Wendung, die Zweifel daran weckt, ob Benjamin bei den »reinen« Mitteln tatsächlich nur gewaltfreie Instrumente der Konfliktbeilegung vor Augen hat. Auch jetzt findet sich zwar an einer späteren Stelle (195) ein Verweis auf diplomatisches Verhandlungsgeschick, das problemlos in Analogie zur privaten Einigung als ein gewaltloses Mittel der Auflösung zwischenstaatlicher Konflikte ausgefaßt werden kann, aber primär gilt Benjamins Interesse doch einem ganz anderem Instrument der öffentlichen Konfliktaustragung, welches sich kaum mehr als frei von aller Gewalt begreifen läßt: Der proletarische Generalstreik sei, so heißt es mit wiederholtem Verweis auf Sorel, »als ein reines Mittel gewaltlos« (194), weil er den »Umsturz« nicht »veranlaßt als vielmehr vollzieht« (ebd.). Das Mindeste, was sich zu dieser überraschenden Wendung der Argumentation sagen läßt, ist, daß sie höchst ambivalent scheint; denn »rein« kann hier kaum noch oder nicht mehr »Gewaltfreiheit« heißen, sondern muß so etwas wie »Zweckfreiheit« meinen, also den Vollzug einer Handlung um ihrer selbst willen. Noch deutlicher macht Benjamin den Umstand, daß er den Ausdruck »rein« hier tendenziell im Sinn der Abwesenheit von jeder Bindung an Zwecksetzungen verwendet, wenn er im anschließenden Satz den »anarchistischen« Charakter des proletarischen Generalstreiks betont: Während die herkömmliche Arbeitsniederlegung, von der ja in der Behandlung des »Streikrechts« schon die Rede war, aufgrund ihrer programmatischen Absichten eine bloß »rechtsetzende« Unternehmung darstelle, fehle dem authentischen Generalstreik jede Ambition einer solchen sozialpolitischen Transformation, weswegen er »rein« aus dem Vollzug der »Vernichtung der Staatsgewalt« (ebd.) all seinen Sinn schöpfe.

Kurz nach dieser bedeutsamen Stelle beginnt Benjamin damit, seine Ausführungen zur Stellung der Gewalt im Zweck-Mittel-System des Rechts zusammenzufassen (195f.); daran wird ersichtlich, daß er nun gedenkt, die Betrachtungen über das Zeitalter rechtlich verformter Sittlichkeit abzuschließen. Wenn wir uns den bisherigen Aufbau noch einmal schematisch vor Augen führen, so tritt deutlich zutage, daß die Erwähnung des revolutionären Generalstreiks auf den letzten Seiten eine Klammer zum bevorstehenden Perspektivenwechsel bilden soll, der nun den Blick auf ein ›rechtsjenseitiges‹ Zeitalter freizugeben hat. Nachdem Benjamin gezeigt hatte, daß unter Geltung des Rechtspositivismus die Verwendung von Gewalt im Rechtsverhältnis nicht eindeutig zu fixieren ist und daher ohne jede endgültige Legitimationsbasis stattfindet, waren zunächst noch innerhalb des bestehenden, rechtlich bestimmten Ordnungssystems Alternativen aufgewiesen worden, die zur gewaltlosen Beseitigung von Interessenkonflikten in der Lage sind. Im Rahmen dieses Versuchs, solche »reinen« Mittel der sozialen Verständigung zu thematisieren, erfüllt dann auch der »proletarische Generalstreik« eine prominente Stelle, dessen »Reinheit« sich freilich weniger aus dem Umstand der Gewaltlosigkeit als aus dem des Vollzugscharakters, der Freiheit von aller Instrumentalität, ergab. In der darin erkennbaren Verschiebung kommt zum Ausdruck, in welcher Richtung Benjamin im letzten Teil seines Aufsatzes nach einer Form von Gewalt suchen wird, die nicht mehr dem »Bannkreis« der bislang behandelten »Daseinslage[n]« (196) angehört und also frei vom Zweck-Mittel-Verhältnis des Rechts ist: Eine solche Gewalt, für die unter den gegebenen Verhältnissen der proletarische Generalstreik exemplarisch einsteht, darf nicht länger als Mittel sittlichen Zwecken dienen, sondern muß selber Ausdruck und Vollzugsform von Sittlichkeit sein. Im letzten Teil seines Aufsatzes, der kaum mehr als sechs Seiten umfaßt, wird Benjamin darangehen, die Möglichkeit einer derartigen, »reinen« Form von Gewalt zu erkunden.

Die reine oder »waltende« Gewalt

Der Schlüssel zum Verständnis des Gedankens, der Ziel- und Endpunkt der gesamten Abhandlung von Benjamin ausmachen wird, findet sich exakt an der Stelle, an der die Analyse der rechtlichen Gewalt zum Abschluß gebracht wird. Ein letztes Mal wiederholt Benjamin hier die These, derzufolge sich die Gewalt im Rechtsverhältnis nicht rechtfertigen lasse, weil ihre Berechtigung als ein Mittel letztlich nicht zu fixieren sei, um dann aber den Satz mit einer rhetorischen Frage zu schließen, die nichts geringeres als den Hinweis auf ein alternatives Denkmodell enthält: »Wie also, wenn jene Art schicksalsmäßiger Gewalt, wie sie berechtigte Mittel einsetzt, mit gerechten Zwecken an sich in unversöhnlichem Widerstreit liegen würde, und wenn zugleich eine Gewalt anderer Art absehbar werden sollte, die dann freilich zu jenen Zwecken nicht das berechtigte noch das unberechtigte Mittel sein könnte, sondern überhaupt nicht als Mittel zu ihnen, vielmehr irgendwie anders, sich verhalten würde?« (196) In gewisser Weise kann diese letzte Formulierung nicht mehr wirklich überraschen, weil bei der Behandlung des »proletarischen Generalstreiks« ja bereits eine Form von Gewalt zum Vorschein gekommen war, die sich nicht ohne weiteres als Mittel zu einem Zweck begreifen lassen konnte; vielmehr sollten doch gerade die wiederholten Verweise auf Georges Sorel deutlich machen, daß es sich dabei um eine Art des sozialen Protests handelt, dessen Gewalt nicht Mittel zur Erreichung eines antizipierten Ziels, sondern Ausdruck einer sittlichen Empörung ist. Benjamin scheint diesen einen, bislang bloß angedeuteten Gedanken hier verallgemeinern zu wollen, um einen Begriff von Gewalt ins Spiel bringen zu können, der frei von allen instrumentellen Konnotationen ist. An der gleichen Stelle spricht er auch davon, daß es bei einer solchen alternativen Vorstellung nun um die »nicht-mittelbare Funktion der Gewalt« (ebd.) gehe. Beinah wie ein Vorschlag zur Definition klingt es dann, wenn Benjamin am Beispiel einer »täglichen Lebenserfahrung« (ebd.) erläutert, wie wir uns eine derartige, unmittelbare Form von Gewalt vorzustellen haben: »Was den Menschen angeht, so führt ihn zum Beispiel der Zorn zu den sichtbarsten Ausbrüchen von Gewalt, die sich nicht als Mittel auf einen vorgesetzten Zweck bezieht. Sie ist nicht Mittel, sondern Manifestation« (ebd.). Es ist dieser Begriff der »Manifestation«, der nun im Zentrum der letzten Seiten der Abhandlung stehen wird; mit ihm ist eine Art von Gewalt gemeint, die nicht länger Mittel zu einem Zweck, sondern Ausdruck oder Bekundung eines entsprechend getönten Willens ist.

Im Grunde genommen geschieht aber an dieser Stelle des Textes mehr, als die nüchternen, bloß eine Seite umfassenden Erläuterungen zu erkennen geben. Mit der Umstellung des Gewaltbegriffs von einem instrumentellen auf ein expressivistisches Konzept wendet sich Benjamin nicht nur einem anderen Aspekt der Gewalt zu, sondern transzendiert den gesamten geschichtlichen Rahmen, in dem sich seine Argumentation bislang bewegt hatte. Denn für eine derartige, nicht instrumentelle Form von Gewalt muß nach allem Gesagten ja gelten, daß es für sie in der durchs Recht bestimmten Epoche keinen angemessenen Ort hat geben können, weil darin alle sittlichen Verhältnisse zwischen Menschen nach dem rechtlichen Zweck-Mittel-Schema organisiert waren. Insofern vollzieht Benjamin an genau dieser Stelle jenen Perspektivenwechsel, den er zuvor schon mit dem Hinweis auf eine »geschichtsphilosophische Rechtsbetrachtung« (192) angekündigt hatte: Die Einführung des expressivistischen Modells der Gewalt erlaubt ihm die Einnahme eines Standpunkts, der sich soweit außerhalb der gegebenen Rechtsordnung befindet, daß er eine Beurteilung der gesamten Sphäre rechtlicher Maßstäbe »nach ihrem Wert« (181) ermöglicht. Wollte man den damit erfaßten Wechsel in der Perspektive auf eine griffige Formel bringen, so ließe sich vielleicht sagen, daß Benjamin hier den Übergang von einer »immanenten« zu einer »transzendierenden« Kritik vollzieht. Solange er sich in seiner Argumentation nämlich auf den bloß instrumentellen Begriff der Gewalt beschränkte, konnte er das Rechtsverhältnis aufgrund seines konstitutiven Zweck-Mittel-Schemas nur immanent kritisieren, also interne Unstimmigkeiten in der Behandlung von Gewalt offenlegen, während ihm die Berücksichtigung des Manifestationscharakters von Gewalt nun die Möglichkeit verschafft, von einer transzendenten Warte aus die Beschränkungen der rechtlichen Sphäre im Ganzen zu überblicken.

Erschwert wird das Verständnis des weiteren Vorgehens Benjamins nun freilich dadurch, daß er seinen abschließenden Teil sogleich mit einer Einschränkung eröffnet, die den Charakter der expressiven Gewalt betrifft: Auch diese, nicht mehr mittelbare Form von Gewalt »kenne«, so heißt es lapidar, »objektive Manifestationen« (197), die keinesfalls von der Kritik ausgenommen werden können. Benjamin konkretisiert seine Andeutung schon im nächsten Satz, in dem als eine »höchst bedeutend[e]« (ebd.) Quelle solcher falschen, kritikwürdigen Gestalten einer sich manifestierenden Gewalt der »Mythos« genannt wird; und die Entgegensetzung einer derartigen »mythischen Gewalt« und einer tatsächlich »reinen, unmittelbaren Gewalt« (199) bildet das architektonische Rückgrat der Überlegungen, mit denen Benjamin seine Abhandlung beschließt. Um zu verstehen, was es mit dieser Oppositionsbildung auf sich hat, ist es wohl am besten, sich zunächst den beiden Typen einer expressiven Gewalt gesondert zuzuwenden, bevor dann die Gründe für ihre Unter- bzw. Überordnung behandelt werden.

Die »mythische Gewalt« gehört nicht, soviel war schon zu sehen, jener Epoche an, die durch die Vorherrschaft des Rechts geprägt ist; denn weil sie Manifestationscharakter besitzt, kann sie nicht als Mittel für gerechte Zwecke betrachtet und dementsprechend auch nicht dem Rechtsverhältnis zugeordnet werden. Von der Gewalt, die in den mythischen Erzählungen der Antike eine Rolle spielte, behauptet Benjamin vielmehr zunächst, daß sie Manifestation oder Ausdruck des »Daseins« (197) der Götter gewesen sei: In der Ausübung einer solchen Gewalt demonstrieren die Götter, daß sie aufgrund ihrer überirdischen Befugnisse Macht oder Herrschaft über die Menschen besitzen. Diese demonstrative Gewalt ist für Benjamin bedeutsam, weil sie nach seiner Überzeugung das Recht in gewisser Weise überhaupt erst als ein Ordnungssystem entstehen läßt: Die Götter, so heißt es unter Verweis auf die Niobesage, ahnden denjenigen, der den Frevel begeht, sie herauszufordern, indem sie Grundsätze schaffen, deren Übertretung zwangsläufig eine Strafe nach sich zieht. Aus dieser äußerst waghalsigen Genealogie, deren Beweismaterial nicht historische Vorkommnisse, sondern mythische Erzählungen sind, zieht Benjamin den weitreichenden Schluß, daß das Recht seine Entstehung einem Akt der bloßen Demonstration von Macht verdankt: Um dem frevelhaften, aufbegehrenden Menschen zu beweisen, wem tatsächlich die Befugnis zur normativen Grenzziehung zukommt, erzeugen die Götter rechtliche Grundsätze, die nichts anderes sind als Ausdrucksgestalten ihrer erregten Wut: »Rechtsetzung ist Machtsetzung und insofern ein Akt von unmittelbarer Manifestation von Gewalt« (198). Unter methodischen Gesichtspunkten ist mit diesem genealogischen Befund das Unternehmen einer Kritik des Rechts für Benjamin vervollständigt; denn der zunächst bloß immanent ansetzenden Analyse hat sich nun das Ergebnis einer transzendierenden Betrachtung hinzugesellt, die zu erkennen gibt, wie der »Wert« der rechtlichen Sphäre im Ganzen zu beurteilen ist. Benjamin faßt das Resultat seiner kritischen Rechtsbetrachtung zusammen, indem er sich erneut auf Georges Sorel beruft: Diesem zufolge dient das Recht von Anfang an – und genau das macht seinen »Wert« aus – dem »Vorrecht« der »Mächtigen« (ebd.), willkürlich normative Grenzen zu ziehen, die es ihnen erlauben, unter dem Anschein von »Gleichheit« ihre Privilegien zu sichern. Insofern geht, wie es abschlußhaft bei Benjamin heißt, alle im Rechtsverhältnis zirkulierende Gewalt letztlich auf »die mythische Manifestation der unmittelbaren Gewalt« zurück.

Den Übergang zur Einführung einer anderen, positiven Form von expressiver Gewalt schafft Benjamin nun dadurch, daß er nach der sittlichen Kraft fragt, die das durch den Mythos erzeugte »Schicksal« (197) des Rechtsverhältnisses in Zukunft noch einmal zu brechen in der Lage sein soll. Es sind insgesamt nur zwei Sätze, in denen diese erneute Erweiterung der Perspektive vorgenommen wird, aber sie stellen für die Abhandlung eine so zentrale Weichenstellung dar, daß ihre vollständige Wiedergabe unverzichtbar ist: »Weit entfernt, eine reinere Sphäre zu eröffnen, zeigt die mythische Manifestation der unmittelbaren Gewalt sich im tiefsten mit aller Rechtsgewalt identisch und macht die Ahnung von deren Problematik zur Gewißheit von der Verderblichkeit ihrer geschichtlichen Funktion, deren Vernichtung damit zur Aufgabe wird. Gerade diese Aufgabe legt in letzter Instanz noch einmal die Frage nach einer reinen unmittelbaren Gewalt vor, welche der mythischen Einhalt zu gebieten vermöchte« (199). Im anschließenden Satz beantwortet Benjamin dann die selbstgestellte Frage, indem er die sittliche Größe einführt, die aufgrund ihrer »Reinheit« allen bislang behandelten Gewalten überlegen sein soll: »Wie in allen Bereichen dem Mythos Gott, so tritt der mythischen Gewalt die göttliche entgegen« (ebd.). Zum ersten Mal haben wir hier nun die gesamte Kategorientafel vor Augen, die Benjamin seiner Abhandlung von Anfang an verdeckt als ein normatives Schema zugrundegelegt hatte. Zwar war der Begriff einer »göttlichen Gewalt« dem Sinn nach schon einmal auf der vorhergehenden Seite (198) gefallen, aber erst jetzt ist zu sehen, welche eminente Bedeutung ihm für den Abschluß der Argumentation im Ganzen zufällt.

Innerweltliche Zeugnisse der Gewalt Gottes

Es ist inzwischen unschwer zu sehen, daß Benjamin die wesentlichen Begriffe seiner Abhandlung in einer Reihenfolge eingeführt hat, die im umgekehrten Verhältnis zu ihrer sachlichen oder geschichtlichen Bedeutung steht. Die entscheidende Oppositionsbildung, diejenige, von der alle zuvor verwendeten Begriffe »genealogisch« abhängig sind, wird nämlich erst im letzten Viertel des Textes ins Spiel gebracht. Dabei handelt es sich um jene Entgegensetzung von zwei Formen der unmittelbaren, sich manifestierenden Gewalt, deren Unterschied darin bestehen soll, daß sie das eine Mal »unrein«, das andere Mal »rein« genannt werden können. Als »unrein« bezeichnet Benjamin eine solche expressive Gewalt dann, wenn ihre Ausübung mit Rücksicht auf externe Zwecke erfolgt, so daß sie nicht mehr bloße Willens- oder Gefühlsbekundung ist; eine derartige Gewalt, die zwar unmittelbar, aber zugleich »unrein« ist, tritt für ihn mit den Wutausbrüchen jener heidnischen Götter geschichtlich in Erscheinung, denen es den mythischen Erzählungen nach bei aller affektiven Erregung stets auch um die nüchterne Verfolgung ihrer Machtinteressen ging. In der begrifflichen Konstruktion, die Benjamin in seiner Abhandlung entwickelt, steht diese mythische Gewalt am genealogischen Anfang eines Prozesses, der über die Verselbständigung des Zweck-Mittel-Verhältnisses zur allgemeinen Etablierung rechtlicher Gewalt führt. Sobald einmal ein Rechtsverhältnis vollständig institutionalisiert ist, kann die Legitimität von Gewalt überhaupt nur noch mit Hilfe von instrumentellen Kriterien bewertet werden, was zur Konsequenz hat, daß jene sich permanent wiederholende Verkehrung der Mittel in Zwecke nicht mehr durchschaut werden kann, die aus der Machtbindung des Rechts folgt. Es ist diese »mythische« Erblast der Rückbindung des Rechts an Machtinteressen, die Benjamin letztlich dafür verantwortlich macht, daß mit der Durchsetzung rechtlicher Verhältnisse allmählich alle sittlichen Lebensformen deformiert wurden, indem sie unter die Vorherrschaft des Zweck-Mittel-Schemas gerieten; selbst die wenigen Alternativen, die innerhalb derartig zerstörter Lebensverhältnisse noch verblieben, um Interessenkonflikte ohne Dazwischenschaltung des Rechts zu lösen, tragen nach Benjamin noch den Makel einer Verstellung des Sittlichen durch die Dominanz von Interessen.

Wenn wir uns diese genealogische Achse nun wie in einem Schema als eine Begriffspalte vorstellen, an deren Spitze die Kategorie der *»unreinen«* unmittelbaren Gewalt steht, so müssen wir uns dazu jetzt parallel eine zweite Begriffsspalte hinzudenken, die der Erfassung einer ganz anderen Genealogie dient, weil an ihrer Spitze die Kategorie der *»reinen«* unmittelbaren Gewalt plaziert ist.

Als »rein« scheint Benjamin eine unmittelbare, expressive Form der Gewalt dann zu bezeichnen, wenn ihre Manifestation nicht durch die Berücksichtigung externer Zwecke getrübt ist; insofern besitzt die Ausübung einer solchen Gewalt etwas Selbstreferentielles, da in ihr nur das zum Ausdruck gelangt, was ihr in Form eines Willens oder einer Empfindung als Quelle zugrunde liegt. Benjamin rechnet in seinem Text zunächst offenbar nur Gott die Fähigkeit zu, diese Art von reiner Gewalt ausüben zu können; und weil dessen Wille, wie nicht ausdrücklich hervorgehoben wird, gut und gerecht ist, sind dessen expressive Bekundungen von Gewalt purer Ausdruck von Gerechtigkeit (198). Es taucht hier nun natürlich die Frage auf, ob Benjamin auch in diese Spalte unter dem Titel der »reinen Gewalt« weitere Begriffe eintragen kann, so daß wie im Fall der ersten Spalte eine genealogische Achse erkennbar wird; denn dem steht nicht nur entgegen, daß unter der Vorherrschaft des Rechts alle Möglichkeiten einer Kontinuierung solcher Gewalt ausgeschlossen scheinen, sondern auch, daß es für die göttliche Gewalt kaum weltliche Nachfolgeerscheinungen geben kann. Schon die verstreuten Hinweise auf die besondere Qualität der im Generalstreik verkörperten Gewalt geben freilich zu erkennen, daß Benjamin beide Bedenken nicht gelten lassen möchte; für ihn steht es offensichtlich außer Frage, daß auch im Zeitalter des Rechts sporadische Bekundungen einer reinen Gewalt möglich sind und daher auch die Gerechtigkeit Gottes eine genealogische Spur hinterlassen hat. Die erste Form einer solchen Wiederkehr göttlicher Gewalt auf Erden erblickt Benjamin, wie gesagt, im revolutionären Generalstreik des Proletariats; auch dieser besitzt einen selbstreferentiellen Charakter, weil in der ihm eigenen Gewalt nur jener moralische Wille ungetrübt zur Manifestation gelangt, den das Proletariat aufgrund seiner sozialen Lage besitzt. Zwar läßt Benjamin uns im Unklaren darüber, welche besonderen Erfahrungen die Arbeiterklasse zur Ausbildung eines derartigen Willens befähigt haben sollen; aber es ist zu vermuten, daß er auch an diesem Punkt den Anregungen Sorels gefolgt ist, der in einer eigenwilligen Synthetisierung von Nietzsche und Proudhon von einer authentischen, »erhabenen« Produzentenmoral ausgegangen war (Sorel 1981, 7. Kap.).

Die Überlegungen, die Sorel im Zusammenhang seiner Erörterungen der Produzentenmoral darüber hinaus noch den Werten der Familienmoral (ebd., 284 ff.) gewidmet hat, stellen mit Wahrscheinlichkeit auch eine der Quellen dar, auf die Benjamin sich bei der Erwähnung weiterer Fälle reiner Gewalt unter innerweltlichen Bedingungen stützt. In Wiederaufnahme eines Gedankens, der schon im Anfang des Textes eine Rolle spielte, als vom nicht-verrechtlichbaren Charakter der elterlichen Erziehung (182) die Rede war, heißt es hier nun im Kontext der Ausführungen zur »reinen unmittelbaren Gewalt«: »Diese göttliche Gewalt bezeugt sich nicht nur durch die religiöse Überlieferung allein, vielmehr findet sie mindestens in einer geheiligten Manifestation sich auch im gegenwärtigen Leben vor. Was als erzieherische Gewalt in ihrer vollendeten Form außerhalb des Rechts steht, ist eine ihrer Erscheinungsformen« (200). Dieser zunächst überraschend klingende Vorschlag, in dem sich sicherlich auch noch Elemente der reformpädagogischen Bemühungen des jungen Benjamin spiegeln (Kohlenbach 2002), läßt sich wohl dann am besten nachvollziehen, wenn man strikt auf die Parallele zur göttlichen Gewalt achtet: Nicht anders als der Wille Gottes, so scheint Benjamin sagen zu wollen, ist auch der Wille der Eltern oder der Erzieher ausschließlich auf das Wohlergehen der eigenen Kinder oder Zöglinge gerichtet; daher sind die gewalttätigen Äußerungen, mit der sie auf deren mögliches Fehlverhalten reagieren, reine Bekundungen wohlwollender Gerechtigkeit. Wenn zu diesem Argument noch die Stelle herangezogen wird, an der Benjamin vom »Naturzweck« erzieherischer Gewalt sprach (182), so läßt sich befürchten, daß er hier die Rede vom »schlagenden« »Vollzug« (200) ganz wörtlich meint: Die Schläge, mit denen der Vater die Missetaten des Kindes bestraft, sind Manifestationen eines gerechten Zorns und insofern in sich gerechtfertigte Zeugnisse reiner, ja »heiliger« Gewalt. Mithilfe einer solchen Veranschaulichung wird auch klar, warum Benjamin zu Beginn so entschieden darauf bestand, daß sich die erzieherische Gewalt ihrer ganzen Struktur nach gegen jede Form der Verrechtlichung sperrt; denn aus seiner Sicht muß doch das Eindringen rechtlicher Kategorien in die Sphäre des Erziehungsverhaltens zwangsläufig zu deren Pervertierung führen, weil dadurch mit einem Mal das zu einem bloßen Mittel wird, was zuvor das Gütesiegel einer moralischen Manifestation trug.

Mit der Erwähnung der erzieherischen Gewalt sind alle sozialen Phänomene benannt, die Benjamin in seinem Text als Zeugnisse für ein säkulares Fortwirken göttlicher Gewalt anführt. Im Unterschied zur machtvollen Geschichte, die er dem aus dem Mythos entstandenen Rechtsverhältnis bescheinigt, ist die genealogische Spur dieser Form von Gewalt in höchstem Maß von Diskontinuität gezeichnet und daher von nur geringer Sichtbarkeit; neben dem elterlichen Erziehungsverhalten tritt am Ende nur der proletarische Generalstreik als eine weitere Instanz in Erscheinung, die der Hoffnung auf eine Wiederkehr göttlicher Sittlichkeit Nährstoff bieten kann. Gleichwohl läßt Benjamin seine Abhandlung nicht mit der These eines endgültigen Verlustes des »Heiligen« (202) schließen; in einer letzten Wendung, die wohl am deutlichsten die politische Absicht seines ganzen Projektes verrät, wertet er vielmehr die schwache, durchschossene Kontinuität einer zugleich reinen und unmittelbaren Gewalt als Beleg für die Unvermeidbarkeit der Revolution. Nur wenige Zeilen vor dem Schluß des Textes heißt es in diesem Sinne: »Ist aber der Gewalt auch jenseits des Rechtes ihr Bestand als reine unmittelbare gesichert, so ist damit erwiesen, daß und wie auch die revolutionäre Gewalt möglich ist, mit welchem Namen die höchste Manifestation reiner Gewalt durch den Menschen zu belegen ist« (ebd.).

Die Revolution, die Benjamin in diesem Satz vor Augen hat, darf nicht als eine bloß politische Umwälzung vorgestellt werden; auch ist an ihr nicht der Aspekt eines Umsturzes der privatkapitalistischen Verhältnisse von vordringlicher Bedeutung. Was Benjamin hier im Sinn hat, und was den heimlichen Zielpunkt seines ganzen Artikels bildet, ist vielmehr die Idee einer gleichsam kulturellen Revolution, die das seit Jahrhunderten etablierte System der Rechtsverhältnisse insgesamt zum Einsturz bringen würde.

Die Kritik am rechtlichen Zweck-Mittel-Schema, die zunächst nur aus einer immanenten, dann auch aus einer transzendierenden, geschichtsphilosophischen Perspektive erfolgte, hat zu der Einsicht geführt, daß die alles beherrschende, inzwischen bis in die letzten Winkel des sittlichen Alltags vorgedrungene Rechtsgewalt letztlich nur dem Erhalt der etablierten Machtordnung dient. Von diesem Bann des Rechts kann, so ist Benjamin überzeugt, am Ende nur eine Revolution befreien, die in sakraler Weise durch den Vollzug von Gewalt unmittelbar Gerechtigkeit produziert. Es ist kein Wunder, daß eine Schrift solchen Inhalts, deren Begriff von Recht terroristisch, deren Ideal von Gewalt theokratisch und deren Vorstellung von Revolution eschatologisch ist, bis heute im wesentlichen nur verharmlosende (Marcuse 1965), vereinnahmende (Derrida 1990) oder vereinseitigende (Agamben 2002) Deutungen nach sich gezogen hat. Der Impuls, von dem Benjamins Abhandlung angetrieben wird, ist eine Kritik des Rechts im Ganzen; denn jede Einrichtung der Gesellschaft, die nach Maßgabe des Zweck-Mittel-Schemas erfolgt, muß nach seiner Überzeugung alle menschlichen Angelegenheiten auf den einen Gesichtspunkt des Ausgleichs individueller Interessen reduzieren. Und die einzige moralische Macht, von der der Autor glaubte, daß sie uns aufgrund ihrer Reinheit, ihrer absoluten Selbstzweckhaftigkeit vom Verhängnis des Rechts befreien könne, war die sakrale Gewalt Gottes.

Werk

Zur Kritik der Gewalt (II, 179–203)
Paralipomenon Zur Kritik der Gewalt (VII, 790 f.)
Coiffeur für penible Damen [Einbahnstrasse] (IV, 102)

Literatur

Agamben, Giorgio (2002): Homo Sacer. Die souveräne Macht und das nackte Leben, Frankfurt a. M.

Berlin, Isaiah (1982): »Georges Sorel«, in: ders.: Wider das Geläufige, Frankfurt a. M., 421–466.

Bloch, Ernst (1964): Geist der Utopie [1918, [2]1923], Frankfurt a. M.

Derrida, Jacques (1990): Gesetzeskraft. Der ›mystische Grund der Autorität‹, Frankfurt a. M.

Figal, Günter/Folkers, Horst (1979): Zur Theorie der Gewalt und Gewaltlosigkeit bei Walter Benjamin, Heidelberg.

Freund, Michael (1972): Georges Sorel. Der revolutionäre Konservatismus, Frankfurt a. M.

Hamacher, Werner (1994): »Afformativ, Streik«, in: Christiaan L. Hart Nibbrig (Hg.): Was heißt »Darstellen«? Frankfurt a. M., 340–371.

Haverkamp, Anselm (Hg.) (1994): Gewalt und Gerechtigkeit. Derrida – Benjamin, Frankfurt a. M.

Heil, Susanne (1996): »Gefährliche Beziehungen«. Walter Benjamin und Carl Schmitt, Stuttgart.

Honneth, Axel (1994): Kampf um Anerkennung, Frankfurt a. M.

Honneth, Axel (2000): »Kommunikative Erschließung der Vergangenheit. Zum Zusammenhang von Anthropologie und Geschichtsphilosophie bei Walter Benjamin«, in: ders.: Die zerrissene Welt des Sozialen. Sozialphilosophische Aufsätze, erw. Neuausgabe, Frankfurt a. M., 93–113.

Ilting, Karl Heinz (1978): Naturrecht und Sittlichkeit. Begriffsgeschichtliche Studien, Stuttgart.

Jhering, Rudolf von (1884): Der Zweck im Recht [1877], Leipzig.

Kambas, Chryssoula (1992): Walter Benjamin liest Georges Sorel: »Réflexions sur la violence«, in: Michael Opitz/Erdmut Wizisla (Hg.): Aber ein Sturm weht vom Paradiese her. Texte zu Walter Benjamin, Leipzig, 250–269.

Kohlenbach, Margarete (2002): Walter Benjamin. Self-Reference and Religiosity, Basingstoke, Hampshire.

Kohlenbach, Margarete (2005): »Religion, Experience, Politics: On Erich Unger and Walter Benjamin«, in: Margarete Kohlenbach/Raymond Geuss (Hg.): The Early Frankfurt School and Religion, Hampshire/UK, 64–84.

Lindner, Burkhardt (1997): »Derrida. Benjamin. Holocaust. Zur politischen Problematik der ›Kritik der Gewalt‹«, in: Zeitschrift für Kritische Theorie 3, H. 5, 65–100.

Lukács, Georg (1968): »Die Verdinglichung und das Bewußtsein des Proletariats«, in: ders.: Geschichte und Klassenbewußtsein, Frühschriften, Bd. II, Neuwied/Berlin.

Marcuse, Herbert (1965): »Nachwort«, in: Walter Benjamin:

Zur Kritik der Gewalt u.a. Aufsätze. Frankfurt a.M., 99–107.
Marcuse, Herbert (1965): »Revolution und Kritik der Gewalt«, in: Peter Bulthaup (Hg.): Materialien zu Benjamins Thesen »Über den Begriff der Geschichte«, Frankfurt a.M., 23–27.
Pilkington, A.E. (1976): Bergson and his Influence, Cambridge/UK.
Schmitt, Carl (1979): Die geistesgeschichtliche Lage des heutigen Parlamentarismus [1923, ²1926], Berlin.
Sorel, Georges (1981): Über die Gewalt [1908], Frankfurt a.M.
Steiner, Uwe (2000): »Kritik«, in: Michael Opitz/Erdmut Wizisla (Hg.): Benjamins Begriffe, Frankfurt a.M. Stuttgart, 479–523.
Unger, Erich (1989) [1921]: Politik und Metaphysik, Würzburg.
Villiers, Marjorie (1965): Charles Peguy. A Study in Integrity, New York.

»Ursprung des deutschen Trauerspiels«

Von Bettine Menke

Ursprung des deutschen Trauerspiels (entst. 1916–1925) erschien nach einem Teilabdruck in *Neue Deutsche Beiträge* (1927) zuerst 1928 (vgl. I, 955 f.); eine Manuskriptfassung liegt im Scholem-Archiv in Jerusalem vor (I, 920–22; vgl. Garber 1992, 143–48).

Benjamin verfaßte Ursprung des deutschen Trauerspiels als Habilitationsschrift, zur Erlangung der venia legendi für Germanistik an der Frankfurter Universität. Das Scheitern dieses Versuchs, in ein akademisches Amt mit gesichertem Einkommen zu gelangen, nicht zuletzt am Antisemitismus der deutschen Universität (Lindner 1984; I, 868 ff.; 895 ff.), hat teilgehabt an der Erzählung von Benjamin als ›tragischem‹ Heros. Läßt sich die Wirkungs- weitgehend als Mißverstands- und Verfehlungsgeschichte erzählen, so ist diese Erzählung, an deren Ausbildung Benjamin selbst Anteil hatte, in Teilen auch revidiert worden und die Einschätzung des Buches im einzelnen signifikant (I, 908; Steiner 1989, 647 ff.; Garber 1987, 61–66). Th. Wiesengrund (Adorno), der in seiner Kierkegaard-Monographie, mit der er sich seinerseits 1931 in Frankfurt habilitieren konnte, Benjamins Allegoriebegriff weitgehend übernahm, machte das Trauerspielbuch zum Gegenstand eines seiner ersten Seminare in Frankfurt (Brodersen 1986; Lindner 1984, 153 f.).

Benjamins Abhandlung muß im Zusammenhang einer regelrechten Konjunktur der Barockforschung in der Germanistik der 20er Jahre gelesen (Haas 1928; Müller 1930) und auf ein auch problematisches Stück Germanistikgeschichte bezogen werden (vgl. Alewyn 1965, Vosskamp u.a. in Garber 1991); der Bezug auf die zeitgenössische Barockforschung ist z.T. in Rezensionen expliziert (Gundolf rez. 1928; Hankamer rez. 1927; alle von Benjamin zitierte Literatur findet sich in alphabetischer Ordnung I, 964–81). Koordinaten des Trauerspielbuchs stellen Auseinandersetzungen mit Nietzsches Tragödien-, mit Carl Schmitts Souveränitätskonzept, den Schriften der Warburg-Schule in Hinsicht der Melancholie, wie auch Max Webers Theorie der Modernisierung. Geläufig ist, daß an Benjamins Unterscheidung des Trauerspiels von der Tragödie Überlegungen Florens Christian Rangs entscheidend Anteil hatten (Steiner 1989, 1992; Bolz 1989). Das Trauerspielbuch ist als Benjamins frühes *chef d'oeuvre* oder »Summe«, in die »alle vorhergegangenen Texte Benjamins« als »Verweis oder [auch] verborgenes

Selbstzitat eingegangen« sind, charakterisiert worden (Lindner 2000, 54; I, 884ff., 979ff., 875ff.).

Wenn Garber das Trauerspielbuch als das »bedeutendste Werk, das die internationale Barockforschung bis heute hervorgebracht hat«, kennzeichnet (Garber 1987, 59), so enthält dies eine spezifische Provokation. In »Sachen der Rezeption des Trauerspielbuches« war ein »nur allzu offensichtlich zutage liegendes Dilemma« zu diagnostizieren, das »zu überwinden« bleibt; denn war einerseits in »der Benjamin-Forschung ein bisweilen eklatanter Mangel an Kenntnis der Literatur des 17. Jahrhunderts und der Barockforschung zu beklagen, so steht dem andererseits ein nicht weniger beklagenswertes Desinteresse an Benjamin und der seinem Werk geltenden Forschung dort entgegen, wo sich die Barockforschung ihrerseits auf das Trauerspielbuch einläßt« (Steiner 1989, 652, 648–663; Garber 1987, 67–81); Felder der Auseinandersetzung boten vor allem die Themen Souveränität, Geschichtsphilosophie, Säkularisation sowie die Allegorie. Zwar kann »diese Zustandsbeschreibung« inzwischen ›revidiert‹ werden (Steiner 1989), die Stelle des »überfälligen Brückenschlags zwischen Barockphilologie und Benjamin« (Garber 1987, 1) hat aber Schings (1988, 666f., 676) noch einmal als die einer Kluft demarkiert, an »der auch die wohlmeinendsten Anstrengungen, Benjamin in die Barockforschung zu integrieren, ihre Grenze finden« müsse. Das ist einerseits der Eingewöhntheit der Mißverständnisse geschuldet, anderseits scheint an dieser Stelle ein *begrenzter* Philologie-Begriff befestigt werden zu sollen.

Benjamins Abhandlung, die sich aus zwei, Trauerspiel und Tragödie und Allegorie und Trauerspiel überschriebenen, Teilen zusammensetzt, steht eine Erkenntniskritische Vorrede voran, die in ihrem »theoretischen Teil« in der als Habilitationsschrift eingereichten Version fehlte (den Aufbau der Habilitationsschrift skizziert Benjamins Exposé, I, 951f.). Gegenüber den materialen Teilen spielte in der Rezeptionsgeschichte des Trauerspielbuchs die Erkenntniskritische Vorrede lange eine hervorragende Rolle; in ihr schien man Benjamins Erkenntnistheorie ›in direkter Rede‹ zu haben. Wenn diese hier zurückgestellt und nicht einer neuen Lektüre unterzogen wird, so spricht daraus zum einen die Vermutung, daß eine solche Lektüre nicht in einem auf das Einzelwerk konzentrierten Artikel erfolgen könnte. Denn der Begriff der Darstellung wäre ebenso wie die Konzepte der Konstellation und des Namens quer durch Benjamins Schriften in Konstellationen zu lesen, denen die frühen sprachphilosophischen wie die späten erkenntnistheoretischen Überlegungen im Umkreis des Passagenwerkes angehörten. Die Zurückstellung der »Vorrede« soll zum anderen eine Umakzentuierung ermöglichen; sie entspricht der Einsicht in die Notwendigkeit lesender Entscheidung, derzufolge ein Text als die unlösbare Konstellation unvereinbarer Lektüren aufzufassen ist. Meine Lektüre ist im Folgenden durch vier Themenstellungen, Trauerspiel und Tragödie, Souverän und Märtyrer, Melancholie sowie Allegorie angeleitet und versucht zugleich dem konstellativen Zusammenhang des Trauerspielbuchs zu entsprechen. So ist der Souverän, der die paradigmatische politisch-theologische Figur des Zeitalters und seiner Zwiespältigkeit stellt, unablösbar vom Theatralen. Er repräsentiert die (Repräsentation der) Geschichte und erschließt sich in seinen Ausprägungen Märtyrer und Tyrann als den Gegenstücken zum tragischen Helden. Die Melancholie ist Funktion der barocken Allegorie wie umgekehrt diese deren Schema. Melancholisch gibt sich jene ›Welt‹, die im Trauerspiel weniger repräsentiert als organisiert und exponiert wird. Als »Ostentation« gehört die Theatralität der Trauerspiele wie der Politik der Melancholie selbst an und bestimmt als die »der Faktur« die Allegorie. Das Trauerspiel stellt Benjamin nicht nur (im 2. Teil) als allegorisch verfaßt vor, sondern es ist allegorische Lektüre der Tragödie. Durch die »Theorie der Trauer«, die in der Allegorie »Sprachform« gewinnt, ist es zu begründen (I, 318ff., 873; III, 87).

So zu lesen, schließt Konzepte der »Vorrede« in »erkenntniskritischer« Wirksamkeit bereits ein. Es sind dies die »Konstellation« zur Lesbarkeit der »Idee« als die der »Vor- und Nachgeschichte« (I, 227), der »Ursprung«, der nicht nur das Entspringen meint, sondern auch den Sprung, der als Riß bleibt und sich wiederholend einträgt (Menninghaus 1980; Weber 1991; Nägele 1991b). Nur so ist Benjamins Vorstellung des Trauerspielbuchs als »Darstellung von der Idee von einer Form« (I, 237) zu entsprechen und darf die explizite Exposition der »Vorrede« zurücktreten. Das Trauerspielbuch in seiner Relevanz für die Philologie der barocken Dichtungen wahrzunehmen, heißt notwendig auch, seine Herausforderung von Philologie wahrzunehmen (Witte 1992). Konsequenzen aus seinen Einsichten ins barocke Trauerspiel betreffen ebenso jenen linearen Geschichtsbegriff, der literaturgeschichtliche Arbeiten zu bestimmen pflegt, wie sie aus Benjamins Begriff der Kritik als »Mortifikation der Werke«, von Darstellung und Zerlegung, noch zu ziehen sind, den die Germanistik als Zumutung bemerkt, aber ihn nicht zu verstehen vorgezogen hat. Wird das Trauerspielbuch als materiale Untersuchung des barocken Trauerspiels gelesen, so wird es nicht nur als ›Benjamins Barockforschung‹ (Garber), sondern das Konzept barocken Trauerspiels auch in Perspektive seiner Modernität aufgefaßt (Weber, Nägele). Die notwendig *nachträgliche* Perspektive auf die barocken Werke als theatrale und allegorische macht diese als vorgreifende Kritik an der deutschen Klassik lesbar, stellt sie (diese überbietend) neben die Romantik und macht im Vorrang ihrer Exteriorität ihre Modernität aus. Derart kommt die Lektüre des Trauerspielbuchs dem in der »Vorrede« sich abzeichnenden Konzept der Geschichte nach, die nicht in linearer Entwicklung vorgefunden, sondern in Konstellationen ihrer »Vor- und Nachgeschichte« in ihren »Extremen« auszumessen ist (I, 215; 226 f.).

Trauerspiel und Tragödie

Benjamin profiliert das Trauerspiel begrifflich gegenüber der Tragödie (Günther 1984, 546) und macht es mit einer so beiläufigen wie bemerkenswerten Wendung aufs *Wort* relevant: Diese »neuere Tragödie«, »deren Deduktion aus der antiken [...] versucht« wurde, »heißt, wie kaum bemerkt zu werden braucht, mit dem nichts weniger als bedeutungslosen Namen ›Trauerspiel‹« (I, 292). Er liest den Namen und buchstabiert ihn in seinen wörtlichen Bestandteilen aus: als »wirklich traurige Spiele« oder »Spiel vor Traurigen. Ihnen eignet eine gewisse Ostentation. Ihre Bilder sind gestellt, um gesehen zu werden, angeordnet, wie sie gesehen werden wollen« (879, 939, 298 f.). Derart ist es bestimmt durch Melancholie, die mit »Ostentation« sich verwandt zeigt, so daß *Trauer* sich aufs *Spiel* stimmte (319, 260). Die Einsicht ins Trauerspiel sei an die »Theorie der Trauer« »als Pendant zu der von der Tragödie« gebunden (318, 404). Umgekehrt ist im Moment des *Spiels*, »zufälliges«, »berechnendes und planmäßiges« (262), dem Trauerspiel ›im Innern‹ die »Komik« eingelassen (303 f.). »Das Trauerspiel erreicht ja seine Höhe nicht in den regelrechten Exemplaren sondern dort, wo mit spielhaften Übergängen es das Lustspiel in sich anklingen macht« (306). Calderón und Shakespeare sind es, die, dies realisierend, die Beschränktheit des deutschen Trauerspiels anzeigen (306 f., 368).

Benjamin führt das Trauerspiel nicht nur in eine Auseinandersetzung mit der Tragödie, deren Theorie er in »durchgängige[r] Antithese zu seiner Bestimmung« (Steiner 1989, 658) des Trauerspiels mitschreibe, und will nicht nur auf eine historische Abfolge mit typologisierender Funktion hinaus. Vielmehr stellt das Trauerspiel die Dimension der Theatralität überhaupt vor – vor und jenseits des Dramas, das um dramatische Personen und deren Dialoge organisiert ist (Szondi 1978, 16–20; I, 254).

Hatte an der Ausprägung von Benjamins Tragödienkonzept F.C. Rang entscheidend Anteil (I, 883, »Theater und Agon« u. a. Rang 1983; I, 890–95; 956; 979; Jäger 1983, 59 f.; 64–67), so ließen sich Perspektiven von dessen *Historischer Psychologie des Karnevals* ausziehen bis zur von Benjamin gedachten Auflösung der geschlossenen Gestalt des Werks wie des Leibs mit Analogien etwa zu Bataille (und des *Collège de Sociologie*, vgl. Caillois‹ »La fete«, Hollier 1995, 641 ff.). Das Trauerspiel ist ausgezeichnet durch theatrale »Äußerlichkeit« (I, 315), Sichtbarkeit als Spektakel, des Auftritts als solchen und der Exposition seines Schauplatzes; es löst das theatrale »acting« von »action« als Handlung (Weber 2005), von »any kind of psychological interiority« (Nägele 1991, 1–17). Dies trägt das von Benjamin namhaft gemachte Personal vor: der Souverän, sei er nun Tyrann oder Märtyrer, als Repräsentant der Geschichte, der Intrigant als »plotter« (Weber 1991). Dagegen untersteht das Drama mit seinem Konzept verkörpernder Darstellung als jene Einheit, die die Ausdrucksbeziehung einschlösse, der Ästhetik des Symbols, der Benjamin in ihrer klassischen Ausprägung als »plastisches Symbol« die Allegorie konfrontierte. »No transfigured interiority expresses itself« – das verbindet das Theater überhaupt mit Allegorie (Nägele 1991, 27), die das Bedeuten nicht in darstellender Verkörperung interiorisiert.

Die Theoriebildungen »der dichtenden und philosophierenden Epigonen der zweiten Hälfte des XIX. Jahrhunderts« wies Benjamin als »ganz vergeblich[es]« Bemühen ab, »das Tragische als allgemeinmenschlichen Gehalt zu vergegenwärtigen« (I, 279 ff.). Dieser Begriff des Tragischen, mit neuer deutscher Konjunktur zu Beginn des 20. Jh.s, zeigt eine ebenso ungenügende Auffassung der Tragödie, wie ihm die ›neueren Tragödien‹, in der Trauer begründete und ihr genügende Spiele, entgegenstehen (ebd.). Der vermeintlich bloß stofflichen Bestimmtheit der ›barocken Tragödie‹ gewinnt Benjamin unterscheidende Spezifität ab: Ist »[d]as geschichtliche Leben wie es jene Epoche sich darstellte« des Trauerspiels »Gehalt« (242), so war der Mythos *Gegen*stand der Tragödie. Die einmalige Bestimmtheit der Tragödie, auf die es Benjamin wie Nietzsche ankommt, ist gegeben durch ihren *Bezug* auf den Mythos als dessen »Umformung« und »Befragung« (280, 284 f.; Lehmann 1991, 9–24). Nietzsche fasse sie aber, so Benjamin, auf »als rein ästhetisches Gebilde und das Widerspiel von apollinischer und dionysischer Kraft bleibt ebensowohl, als Schein und Auflösung des Scheines, in die Bereiche des Ästhetischen gebannt« (I, 281). Zureichend werde die Tragödie erst erfaßt, wenn sie als Überwindung dämonischer »Zweideutigkeit«, als Bruch mit dem – in jeder Strafe, die erneut verschuldet, sich perpetuierenden – Schuldzusammenhang absehbar werde (288). Nietzsche konnte – innerästhetisch – das Kernstück der »epigonalen Tragödientheorie«, die »Lehre von tragischer Schuld und tragischer Sühne« nicht angreifen; ihm blieb »der Zugang zu den geschichts- oder religionsphilosophischen Begriffen, in denen zuletzt die Entscheidung über das Wesen der Tragödie sich ausprägt, verschlossen« (283). Wenn Benjamin die ästhetische Perspektive Nietzsches zurückweist, zielt er damit metaethisch (nach Rosenzweig 1921 und über diesen hinaus, vgl. Fenves 2001; 1997) doch gegen die Tragödientheorie des deutschen Idealismus, in der »moralische Verweise« (284) sich vordrängen: Der »moralische[] Gehalt tragischer Poesie« (283) ist keineswegs als der erdichteter Personen, die vom Gewebe des Textes nicht ablösbar sind, und »nicht als ihr letztes Wort, sondern als Moment ihres integralen Wahrheitsgehaltes zu fassen: nämlich geschichtsphilosophisch« (ebd.); dieser Bezug ist ein »negativ[er]«, wie der »jeder Kunstgestaltung« auf das »Leben« (284).

Die »geschichtsphilosophische Signatur« (288) der tragischen Dichtung ist »Umformung der Tradition« (285), die sie als »die griechische, die entscheidende Auseinandersetzung mit der dämonischen Weltordnung« (288) vollzieht. Dies geschieht im »tragischen Tod« (293) des Helden, der als der schweigende auftritt. Wenn die Tragödie »auf der Opferidee [ruht]«, so ist aber das tragische Opfer, Benjamin zufolge, »in seinem Gegenstande – dem Helden – unterschieden von jedem anderen und ein erstes und letztes zugleich. Ein letztes im Sinne des Sühneopfers, das Göttern, die ein altes Recht behüten, fällt; ein erstes im Sinn der stellvertretenden Handlung, in welcher neue Inhalte des Volkslebens sich ankündigen« (285). Das dramatische Geschehen sei, mit F.C. Rang (vgl. Primavesi 1998, 259–68), »Herumlaufen um den Altar« und dies »die Ablösung der Schlachtung des Menschen am Altare durch Entlaufen vor dem Messer des Opferers«. »Der tragische Tod hat die Doppelbedeutung, das alte Recht der Olympischen zu entkräften« und auf eine neue Gründung *nur, sprachlos, vor*zugreifen (I, 285).

Der tragische Tod stellt im eminenten Sinne sich am Helden dar (279 ff.). Denn ihn macht seine »Unmündigkeit« aus, mit Rosenzweig: »›Der tragische Held hat nur eine Sprache, die ihm vollkommen entspricht: eben das Schweigen.‹« (286). Die »Schroffheit des heroischen Selbst«, die im Schweigen sich darstellt, sei aber – so akzentuiert Benjamin um – nicht »Charakterzug, sondern geschichtsphilosophische Signatur des Helden« (289). Identifiziert Rosenzweig die ›Geburt des Selbst‹ in dessen »eisiger Einsamkeit«, so gehört doch gerade mit des Helden Stumm-Bleiben der »Gehalt der Heroenwerke« »der Gemeinschaft wie die Sprache. Da die Volksgemeinschaft ihn verleugnet, so bleibt er sprachlos im Helden. Und der muß jedes Tun und jedes Wissen je größer, je weiter hinaus wirkend es wäre desto gewaltsamer in die Grenzen seines physischen Selbst förmlich einschließen. Nur seiner Physis, nicht der Sprache dankt er, wenn er zu seiner Sache halten kann und daher muß er es im Tode tun« (287; mit Lukács 1911). Schweigend ist der Held, isoliert, ›in seine Physis eingeschlossen‹; er kann, was ihm geschieht, zu »seiner Sache« allein im Tode machen. Sein Auftritt als einzelner manifestiert sich in dem seines Körpers: »gesehen und verstanden als Dunkelstelle« (Lehmann 1991, 102–08).

Als »Zeugnis sprachlosen Leidens« wandelt sich »die Tragödie, die da gewidmet schien dem Gerichte über den Helden, [...] zur Verhandlung über die Olympischen, bei der jener den Zeugen abgibt«. Ihr »Zug nach Gerechtigkeit«, d.i. die »widerolympische Prophetie aller tragischen Dichtung« (I, 288, 286), zeichnet die Tragödie (noch) aus gegenüber dem Recht, das gemäß einer klassische Auffassung ihr *telos* wäre (vgl. 294 f., 298); denn das Recht perpetuiert, so Benjamin, strafend das »Schicksal« als »Schuldzusammenhang des Lebendigen« (im ausführlichen Selbst-Zitat von Schicksal und Charakter II, 174 f.; Hamacher 2003, 80–86, 101 f.). Wie im Tode die dämonische Ordnung der Schuld ›gebrochen‹ werde, so gehört mit diesem der Tragödie doch die »Erfahrung« der »Zweideutigkeit« an (Lehmann 1991, 124). »Je weiter das tragische Wort hinter der Situation zurückbleibt [...] – desto mehr ist der Held den alten Satzungen entronnen, denen er, wo sie am Ende ihn ereilen, nur den stummen Schatten seines Wesens, jenes Selbst als Opfer hinwirft, während die Seele ins Wort einer fernen Gemeinschaft hinübergerettet ist« (I, 287 f.). Das Schweigen des tragischen Heros ist verwiesen an (die Worte) eine(r) zukünftige(n) Gemeinschaft, deren paradoxe »Prophetie« es sei (297). In der stumm ›prophezeiten‹ – stets ausstehenden: »fernen« – Entronnenheit, die die »tragische Darstellung der Sage« ausmachte, gewinnt sie ihre »Aktualität«, die der »fernen« Gemeinde, die »[i]m Angesicht des leidenden Helden« den »Dank für das Wort, mit dem dessen Tod sie begabte«, lerne (288). Es ist die »ferne« als zuschauende gedachte Gemeinschaft »im Theater« (C. Menke 1996, 106), in deren ausstehender Rede die Einsicht in den stummen Tod erst, sprachlich, gegeben wäre. Gerade im Moment ihrer »Aktualität« als dem vorgreifend rückwirkenden »Echo« einer »Leere« (I, 293) ist die Tragödie ›von sich selbst verschieden‹ (Fenves 2001, 229, 237–48).

Die Tragödie »unterscheidet« als die »agonale Prophetie«, die sie ist, »ihre Beschränkung auf den Umkreis des Todes, ihre unbedingte Angewiesenheit auf die Gemeinde und vor allem die nichts weniger als garantierte Endgültigkeit ihrer Lösung und Erlösung von aller episch-didaktischen« (I, 286). Damit scheint auch das Endgültige zur Scheidung von Tragödie und Trauerspiel gesagt: »Es ist [...] ein entscheidender Vollzug im Kosmos, was in ihr sich abspielt. Um dieses Vollzuges willen und als sein Richter ist die Gemeinde geladen. Während der Zuschauer der Tragödie eben durch diese erfordert und gerechtfertigt wird, ist das Trauerspiel vom Beschauer aus zu verstehen. Er erfährt, wie auf der Bühne, einem zum Kosmos ganz beziehungslosen Innenraume des Gefühls, Situationen ihm eindringlich vorgestellt werden« (298 f.). Entscheidend ist der einmalige ›Sinn des tragischen Todes‹ (286), zu dessen »individuelle[n] Sinn« »doch der historische vom Ende des Mythos tritt« (314). Eignet der Tragödie, die eine »einmalige«, nicht-«wiederholbare« Neu-«Auslegung« der Sage vollziehe, ein ›gültiges‹ Ende, das dem Geschehen den Sinn einer »fernen« ausstehenden Neubegründung verleiht, so bleibt das Trauerspiel als – trauerndes – Spiel »›[o]hne richtiges Ende‹«, ist mit dessen »Abschluß [...] keine Epoche gesetzt, wie diese, im historischen und individuellen Sinne, im Tode des tragischen Helden so nachdrücklich gegeben ist« (314). »Ihr Ende gefunden hat mit der Tragödie [...] auch die dialektische Verfassung des Endes, wie sie im Tod des tragischen Helden am Schluß von Tragödien sinnfällig wird« (Geulen 2001, 94). Daher wird, insofern Benjamin ein *Ende der Tragödie* (als endgültiges) denkt, dieses ein tragisches nicht gewesen sein können. Das Trauerspiel ist angelegt auf Wiederholung; es legt an seinem Ende seinen »Prozeß«, die »Klage« der Kreatur »gegen den Tod – oder gegen wen sonst sie ergehen mag«, »halb nur bearbeitet zu den Akten«. »Die Wiederaufnahme ist im Trauerspiel angelegt und bisweilen aus ihrer Latenz getreten« (I, 314–16; Trauerspiel und Tragödie II, 134–37). Dies aus der »Latenz«-Treten der Wiederholung, auf die es angelegt ist, aber werde dem Trauerspiel »freilich wieder nur in seiner reichern spanischen Entfaltung« möglich (I, 316). Das deutsche Trauerspiel ist Form, die ihrer Vollendung widersteht, und zwar gerade der vermeintlich inneren ihrer selbst. Die »vollendete Kunstform« wäre systematisch anderswo zu finden, »[n]irgends anders als bei Calderon« – in der »Genauigkeit, mit der [in der Wiederholung] ›Trauer‹ und ›Spiel‹ aufeinander sich stimmen« (260).

Die »Kluft [...] zwischen Tragödie und Trauerspiel« sei »bis in ihre Tiefe« zu ermessen, bzw. werde gar »erhellt« im Blick auf ›die nächtliche Welt‹ des Trauerspiels. In der nächtlichen »Stunde«, die sich als »Luke der Zeit« in die »Geisterwelt« (314), in die das Trauerspiel sein gemordetes Personal entstellt, öffnet, hat es in den Gespenstern, die es heimsuchen, Anteil an der uneigentlichen Zeitlichkeit des Schicksals. In diese »Luke« einrückend, »in deren Rahmen je und je das gleiche Geisterbild erscheint«, suchen als Gespenster die »Manifestationen« des »Schicksals«, der »wahre[n] Ordnung der ewigen Wiederkunft«, die »nur uneigentlich, nämlich parasitär, zeitlich zu nennen ist«, »den Zeit-Raum« des Trauerspiels auf und heim (313 f.), wie umgekehrt der trauernde Grübler, dem das Trauerspiel Genüge tut, sie anzieht zu gespenstischem Nachleben (370).

»Vorbote des Todes« *im* Leben ist die »Gewalt, welche die leblosen Dinge im Umkreis des schuldigen Menschen [...] gewinnen«, und diese die Manifestation der »Verfallenheit des verschuldeten Lebens an die Natur«, die »in der Hemmungslosigkeit seiner Leidenschaften sich kundgibt« (II, 267; I, 310 f.). »Ist [...] die Tragödie von der Dingwelt gänzlich abgelöst, so ragt sie übern Horizont des Trauerspiels beklemmend« (I, 312). Als Beklemmung durch die »Dingwelt« zeigt mit der Macht des »Requisits« über den Schauplatz sich die des »Schicksals«. Manifestieren die Gespenster die ›uneigentliche‹ Zeit der Wiederkehr im (und des) Trauerspiel(s), so die Requisiten mit der zwielichtig »über das Menschenleben, ist es einmal in den Verband des bloßen kreatürlichen gesunken« (311), regierenden Macht der toten Dinge den Verzug des Geschehens in den Schauplatz (310–13).

So tief die »Kluft« zwischen tragischem Tod und naturgeschichtlicher Todverfallenheit, zwischen Endgültigkeit und Wiederholung sei, so wird deren »starrer Antagonismus« doch auch irritiert (Geulen 2001, 95). Wo Benjamin die tragische Dichtung nicht anders denn als »einmaligen« Vollzug und »nichts weniger als ›endgültig‹« bestimmte, fügte er hinzu: »Aber es klingt im Schluß der Tragödie ein non liquet stets mit« (I, 296, 286), und diese Formel liegt im ›Ursprung‹ seines Tragödienkonzepts (I, 892; Primavesi 1998, 261, 256–277). Die Tragödie bleibt im Auftritt des Heros durch die »grundlegende Ambiguität« von mythischem Bann und dessen Durchbrechung bestimmt (Lehmann 1991). Die »Lösung« der Tragödie soll »zwar jeweils auch Erlösung« gewesen sein, »doch nur jeweilige, problematische, eingeschränkte« (I, 296). In ihren »Paradoxien« (in Opfer, Tod und Ende) blieb »die Zweideutigkeit« »im Absterben« (I, 288) oder im »*Übergang*« (C. Menke 1996, 106). Heißt derart das »einmalige, dialektische Ende in der Tragödie« »undurchsichtig«, so lockert dies »die strenge Unterscheidung« und zersetzt sich die »symmetrische[] Opposition von Trauerspiel und Tragödie« wie »der Gegensatz zwischen Ende des tragischen Endes und endlosem

Spiel, gebundener und noch offener Form« (Geulen 2001, 95 ff.).

Wenn die Trauer des deutschen Trauerspiels dem Tod der Tragödie gilt, genauer »the significance of death *for* the tragedy, as well as the demise *of* tragedy itself« (Weber 1991, 493 f.), so hat sie am Trauerspiel eine trauernde Wiederholung ›ohne Ende‹ – d.i. endlos ihr trauriges, nicht tragisches Ende (Fenves 2001, 233 f.).

Allegorische Betrachtung des Trauerspiels

Die Relation von Tragödie und Trauerspiel denkt Benjamin derart nicht (nur) als historische, sondern das Trauerspiel ist als deren Wiederkehr die allegorische Lektüre der Tragödie. Wie die barocke Poetik das Trauerspiel als Tragödie (miß)verstand, so ist diese »Selbstverkennung« Fehllektüre oder Allegorie der Tragödie (I, 278; Geulen 2001, 99; vgl. Schings 1971, 28–37). Die *barocke* ›Durchdringung‹ der Antike war darauf angelegt, »[d]ie Macht der Gegenwart« im »Medium [der Antike] zu erschauen« (I, 278); dies ist Sache der Allegorie. Die Theorie des Trauerspiels »nimmt die Gesetze der antiken als leblose Bestandteile einzeln auf und häuft sie um eine allegorische Figur der tragischen Muse« (364), gemäß dem die »allegorische[n] Person[en]« (361) im Barock bestimmenden »Primat des Dinghaften vor dem Personalen« (362; 396). Sie gibt ihnen allegorisch zerlegt, in »allegorischer Zerbröckelung« mortifiziert ein gleichsam natur-geschichtliches ›Nachleben‹. Das allegorisch refigurierte »Bild der griechischen Tragödie« stellte dem Barock das »einzig mögliche[]«, »natürliche[]« »Wahrzeichen ›tragischer‹ Dichtung« dar (364), das allegorische nämlich von Geschichte als Natur.

Die ›allegorische Betrachtung des barocken Trauerspiels‹ meint demnach ein Doppeltes: zum einen das Trauerspiel als die Allegorie der wiederkehrend verlorenen Tragödie und zum zweiten die allegorische Betrachtung, in der Geschichte in Natur als Vergängnis sich verzog, die das Trauerspiel vorträgt, und die seine Struktur gibt.

Das Personal des Trauerspiels ist – dies gilt für den Herrscher als Souverän, Tyrann und Märtyrer wie für den Intriganten – bestimmt durchs Verhältnis zur – in Naturgeschichte ›umgeformten‹ – Geschichte (242 f., 299). Deren Format ist die Allegorie. »Die Geschichte wandert in den Schauplatz hinein«, und dessen »Bild«, das »des Hofes, wird Schlüssel des historischen Verstehns« (271) als *Schauplatz* der Simultaneität des Geschehens. Geschichte, in Natur als ihren »Schauplatz« im Zeichen der Vergängnis eingezogen, soll ›verschlossen‹ sein in dem Requisit, mit dessen ›dinglicher Macht‹ die ›Verfallenheit des verschuldeten Lebens an die Natur‹, der Schauplatz sich im Zwielicht des Halblebendigen zeigt. Das macht das Trauerspiel als »Spiel vor Traurigen« (298) aus: es ›stellt die Bilder, wie sie gesehen werden sollen‹, als »bloße[] Schaustellung« (301) von Leben und Leibern stets ›eigentlich‹ allegorisch. Die Bühne, die »uneigentlich« den »Schauplatz der Geschichte« (298) stellt, ist als *gerahmter* Schau-Spiel-Platz in sich selbst ent-zweit (vgl. 370).

Da das Trauerspiel »in sich ungeschlossen« (II, 137) bleibt, ist es von seiner Grenze her, in Hinsicht seiner »Grenznatur« (I, 263) aufzufassen; dies unternimmt das Trauerspielbuch bis zu seinem Abschluß (390 f.).

Souverän, Repräsentant der Geschichte

Das Trauerspiel sei als ein Formtypus zu behandeln, dessen »sachliche Kristallisationszentren« »der König, der Intrigant, das Martyrium, der Schauplatz, die Apotheose« (III, 87) abgeben. »Das geschichtliche Leben wie es jener Epoche sich darstellte«, »die Bewährung der fürstlichen Tugenden, die Darstellung der fürstlichen Laster, die Einsicht in den diplomatischen Betrieb und die Handhabung aller politischen Machinationen«, ist nicht nur Stoff, sondern »Gehalt des Trauerspiels«. Dies bestimmte »den Monarchen zur Hauptperson des Trauerspiels«: »Der Souverän als erster Exponent der Geschichte ist nahe daran für ihre Verkörperung zu gelten« (I, 242 f.). Im Fürsten stellt sich das Verhältnis zur Geschichte als Naturgeschichte dar und diese in deren Requisiten, im emblematischen Detail. Der Souverän, den Benjamin im expliziten Rückbezug auf Carl Schmitts *Politische Theologie* (1922) einführt, ist bestimmt durch Repräsentation: »Der Souverän repräsentiert die Geschichte« (245); d.h. weiter: »Er hält das historische Geschehen in der Hand wie ein Szepter«, was Repräsentation als äußerliche und gestische bestimmt. »Diese Auffassung ist alles andere als ein Privileg der Theatraliker. Staatsrechtliche Gedanken liegen ihr zugrunde. In einer letzten Auseinandersetzung mit den juristischen Lehren des Mittelalters bildete sich im XVII. Jahrhundert ein neuer Souveränitätsbegriff« (ebd.). Theatralität ist im Konzept der Souveränität Teil der staatsrechtlichen Begründung selbst. Die von Benjamin angezeigte Auseinandersetzung mit den »juristischen Lehren des Mittelalters« kann gestützt werden durch Kantorowicz' *The King's Two Bodies*: Ist der natürliche Körper des Königs, »sichtbar, hinfällig und sterblich«, so ist es sein zweiter politischer Körper, der als symbolischer »nicht sterben« kann. Die »Ewigkeit der königlichen Würde

[wird] garantiert« nur in dieser repräsentativen Verdopplung *und* deren hybrider Einheit (Matala 2002, 133; Koschorke 2002, 238; Marin 1989, 299, 218–221), in deren ›double bind‹ ist noch der barocke Souverän im Zwiespalt zwischen absoluter Herrschaft und der armen Menschennatur zu denken ist (I, 250). Souveränität ist demnach nicht Sache bloß der sichtbaren Repräsentation, die theatral gedoppelt würde, sondern jener Akte, die Sichtbarkeit erst erzeugen, und die in-Szene-gesetzt werden müssen (Campe 1995, 61, 56; vgl. Marin 1989, 203–08).

Der barocke Souveränitätsbegriff, so weist Benjamin dessen Spezifik aus, habe sich »entwickelt« »aus einer Diskussion des Ausnahmezustandes und macht zur wichtigsten Funktion des Fürsten, den auszuschließen« (I, 245). An Schmitts *Politischer Theologie* und der berühmten Definition: »Souverän ist, wer über den Ausnahmezustand entscheidet« (Schmitt 1922, 9), nimmt Benjamin damit eine Umgewichtung vor. Wenn der Souverän, so Schmitt, »auch darüber [entscheidet], was geschehen soll, um ihn zu beseitigen«, so ist doch für dessen Konzept in rechtslogischer Hinsicht entscheidend *die* Entscheidung »über die Ausnahme«, die »im eminenten Sinne Entscheidung« ist. »Denn eine generelle Norm [...] kann eine absolute Ausnahme niemals erfassen und daher auch die Entscheidung, daß ein echter Ausnahmefall gegeben ist, nicht restlos begründen« (Schmitt 1922, 9–10, 3–5, 30 ff.; vgl. C. Menke 2004, 304–07). Dagegen fällt für Benjamins barocken Souverän, der »schon im vorhinein dafür bestimmt [ist], Inhaber diktatorischer Gewalt im Ausnahmezustand« (I, 245) zu sein, die eigentliche *aussetzende* Entscheidung gar nicht an oder ist vielmehr bereits gefallen, der »Ausnahmezustand [...], wenn Krieg, Revolte oder andere Katastrophen ihn heraufführen« (246), der abwehrend zu restaurieren war, bereits *gegeben*. Er personifiziert die Entscheidung über den Ausnahmezustand, der *vorausgesetzt* ist. »Denn antithetisch zum Geschichtsideal der Restauration steht vor ihm die Idee der Katastrophe« (246). Als »Katastrophe« tritt der Ausfall der heilsgeschichtlichen Ordnung der Geschichte auf, die ohne Halt im eschatologischen *telos* in sich und mit sich in räumliche Simultaneität zerfallen ist (260, 246). »Die Christenheit oder Europa ist aufgeteilt in eine Reihe von europäischen Christentümern, deren geschichtliche Aktionen nicht mehr in der Flucht des Heilsprozesses zu verlaufen beanspruchen« (257). Der »Katastrophe« korrespondiert die ihr entgegengesetzte ›diktatorische Gewalt im Ausnahmezustand‹ als Kernstück der barocken Ordnungsutopien, »eine Diktatur, deren Utopie immer bleiben wird, die eherne Verfassung der Naturgesetze an Stelle schwankenden historischen Geschehens zu setzen« (253); das ist so gewaltsam wie verfehlt. Der Souverän repräsentiert Geschichte als »*verstörte Ordnung*«; die »diktatorische Entscheidung« *bezeichnet* die »Geschichte ohne Eschatologie«, ihre »geschichtslose Naturauffassung« (250; Bolz 1983, 259; Campe 1995, 56). Der *Ausnahmezustand*, der als die in ›trostloser Kontingenz‹ zerfallene, als Vergängnis naturgeschichtliche Geschichte permanent gesetzt ist, bestimmt noch die Abwehr, die die Entscheidung des Souveräns zu sein hat. Diese stellt das barocke Trauerspiel in der Figur des Tyrannen vor, der im »Machtrausch« wahnsinnig der den Selbstherrscher bestimmenden »Antithese zwischen Herrschermacht und Herrschvermögen« verfällt (I, 250; II, 253) und als »Opfer« dieses »Mißverhältnisses« – martyriologisch gezeichnet – fällt (I, 250). Der Träger der Entscheidung ist »Herr der Kreaturen, aber er bleibt Kreatur« (264). Gerade in seinen stets »wechselnden Entschließung[en]«, ausgesetzt dem »jederzeit umschlagenden« (251) Sturm der Affekte, stellt der vermeintliche Souverän der Entscheidung sich dar: Die »Entschlußunfähigkeit des Tyrannen« hebt »einzig auf dem Grunde der Lehre von der Souveränität sich ab« (250), weil sie die Grundlosigkeit der Entscheidung zeigt. Benjamins Lesart des barocken Souveräns ist eine implizite Auseinandersetzung mit Schmitt, mit der dezisionistischen Illusion reiner Entscheidung – über den und als Ausnahmezustand (Zur Kritik der Gewalt, II, 185 ff.; vgl. Derrida 1991; Agamben 1998). Die souveräne Entscheidung ist nicht »aus einem Nichts geboren« (Schmitt 1922, 42), sondern jede Entscheidung erfolgte aus Unentscheidbarkeit – und bliebe als die des Souveräns, in der rechtsvernichtender Akt und rechterhaltende Gewalt sich überkreuzen, keine ›reine‹. »Die Theorie der Souveränität, für die der Sonderfall mit der Entfaltung diktatorischer Instanzen exemplarisch wird, drängt geradezu darauf, das Bild des Souveräns im Sinne des Tyrannen zu vollenden« – dies geschehe in der »Geste der Vollstreckung« (I, 249) des Befehls, der sich in selbst begründe. Daher wird die »Norm« des absoluten »Herrschertums [...] – und das ist der barocke Zug im Bilde – sogar durch die erschreckendste Entartung der fürstlichen Person nicht eigentlich entstellt« (ebd.), der Tyrann führt die Paradoxien der Souveränität auf (vgl. Campe 1995, 56–63).

In diesem Zusammenhang steht der Begriff der »Säkularisierung« im Trauerspielbuch, der meist mißverstanden wurde. Schmitt zufolge (1922, 37) seien »[a]lle prägnanten Begriffe der modernen Staatslehre«, insbesondere der der Souveränität, »säkularisierte theokratische Begriffe«. Benjamin allerdings deutet das Konzept eines »als säkularisierte Heilsgewalt sich erweisenden Königtums« (I, 260) so, daß »die Säkularisierung der göttlichen Allmacht, am Souverän *scheitert*«, der »als – obzwar höchste – Kreatur« in Kreatürlichkeit verharrt (Bolz 1985, 260; I, 258 ff., 263 f.). Dem Trauerspiel figurierte der Fürst nicht »Christus in der Geschichte« und damit diese als Heilsgeschichte, sondern der Souverän ›repräsentiert‹ durch die diktatorische Entscheidung die Naturverfallenheit des Historischen, Natur, in die Geschichte sich verzieht (Campe 2000, 269–71). Auch des Königs »Gleichformung« mit Christus in figura (Schöne 1958) ist nur um den Preis des Abstands und der Übertragung, die der *figura* angehört, zu haben; wo Figura und Erfüllung ›im selben Raume‹ aufgestellt einander gleichzeitig wurden (vgl. 61 f., 71–75), handelte es sich dagegen nicht um »Stadien der Heilsgeschichte«, sondern um Allegorien (I, 260). In diesem präzisen Sinne spricht Benjamin von *Säkularisierung*: »fürs Vergegenwärtigen der Zeit im Raume – und was ist deren Säkularisierung anderes, als in die strikte Gegenwart sie wandeln? – ist Simultaneisierung des Geschehens das gründlichste Verfahren« (370). Gerade insofern diese Epoche es auf die »orthodoxe[] Wahrung der kirchlichen Formen« anlegt, gewinne, so Benjamin, eine der »im tiefsten zerrissenen und zwiespältigen Zeiten« (258) Ausdruck.

Tyrann und Märtyrer

Benjamins These: »Monarch und Märtyrer entgehen nicht im Trauerspiel der Immanenz« (I, 247), wurde als die »entscheidende«, jedenfalls »bis heute heftig umstrittene« des Trauerspielbuchs identifiziert (Garber 1987, 96 f., 105). Sie meint beider und der Geschichte Einzug in Natur im Zeichen der Vergängnis (I, 268), in dem »Tyrann und Märtyrer« sich als »die Janushäupter des Gekrönten« (249) zeigen: Der Souverän wurde, wo der Herrscher im Fall als Erniedrigter auf seine individuelle Körperlichkeit reduziert wäre, als Märtyrer figuriert. Der Märtyrer wiederum ist sowohl als gemarterter gezeichneter Körper, als auch in seiner als Beständigkeit naturalisierten Tugend bestimmt durch Natur-Geschichte. Hatte die souveräne Gewalt als »Diktatur«, »die eherne Verfassung der Naturgesetze an Stelle schwankenden historischen Geschehens zu setzen«, so zeigt das Märtyrerdrama tyrannische Züge, will »[z]u einer entsprechenden Fixierung [...] auch die stoische Technik für einen Ausnahmezustand der Seele, die Herrschaft der Affekte ermächtigen«; »[a]uch sie sucht eine widerhistorische Neuschöpfung« (253). Umgekehrt fiel der Tyrann »als Opfer« des den Herrscher bestimmenden »Mißverhältnisses der unbeschränkten hierarchischen Würde, mit welcher Gott ihn investiert, zum Stande seines armen Menschenwesens« (250 f.). So sind in des zuletzt dem Wahnsinn verfallenden Selbstherrschers Ende »die Züge der Märtyrertragödie verwoben« (250 f., 263 f., 277), denn es ist »im Sinn der Märtyrerdramatik«, daß »nicht sittliche Vergehung, sondern der Stand des kreatürlichen Menschen selber der Grund des Unterganges« wird (268).

Ist das »sonderbare Bild [...] vom Märtyrer«, das Benjamin im literarischen Barock ausmacht, durch die neostoische »Fixierung« (253) der Affekte bestimmt, so meint das nicht, daß »die barocke *passio* im Kern nicht mehr religiös inspiriert sei« (Garber 1987, 98–104), sondern daß Tugend um ihren heils-geschichtlichen Zug beschnitten ist, da sie als »die ihrer Beharrlichkeit wesenhafte [...] die naturgemäße Seite des Geschichtsverlaufs« (I, 267) vorträgt (242 f., 270, 267; dgg. Barner 1968, 357). Benjamin akzentuiert als »barocke[n] Zug« (I, 249): da »im Sinne des Zeitalters alles historische Leben der Tugend abging«, »so wurde sie bedeutungslos auch für das Innere der dramatischen Personen selbst« (270; 329); ihre Bedeutung ist allegorisch, bzw. (meta)theatral (Wild 2001). Im Märtyrerdrama werde »Tugend« in bloße Physis zurückgenommen, wo »nur der physische Schmerz des Martyriums dem Anruf der Geschichte erwidert« (I, 270). Der derart auf seine Physis reduzierte Körper ›entspricht‹ der souveränen Macht, den Tod zu geben: Im Martyrium, das ebenso Gelegenheit gibt, es stoisch auszuhalten, wie es erotisch passional gesucht wird (Meyer-Kalkus 1986, 205, 235–40), verkörpert sich »geradezu die Umkehrfigur ›Macht‹, die die Physis [...] umwendet zum Mittel des Politischen als seiner eigentlichen Sphäre, die sich gerade darin wieder als Körperlichkeit zeigt« (Campe 2000, 258 f.). Agamben (1998) kennzeichnet souveräne Gewalt als Zugriff auf die durch den Ausschluß aus Gesetz und Sprache hervorgebrachte *nuda vita*, die Benjamins »bloßes Leben« (II, 201) ›übersetzt‹ (Zur Kritik der Gewalt, II, 199 ff.). Im Trauerspielbuch liest Benjamin der »abstrakte[n] Unverletzlichkeit« (I, 265) der Ehre, sofern sie »nur« »der Schild [war], der die verwundbare Physis des Menschen zu decken bestimmt« (265 f.) ist, ihren strengen Bezug aufs »kreatürliche[] Leben[]« (265) in seiner »Blöße« ab (266). *Bare life* ist »the immediate referent of sovereign violence« (Agamben 1998, 112, 29, 64).

Dramaturgie der Intrige

»Als dritter Typus« der Akteure des Trauerspiels tritt der Intrigant »neben den Despoten und den Märtyrer«, als »Veranstalter seiner Verwicklung«, »Ballettmeister« (I, 274) der Choreographien des Ränkespiels (304). Kann die Intrige *das* kompositorische Element heißen, das dem Drama die ästhetische Totalität garantiere (255), so macht dies deren Beschränktheit deutlich. Die »Ökonomie des Dramas« (277) wird im Sinne der *Evidenz des Theatralischen* »so aufdringlich [...] betont« durch die »wie ein Dekorationswechsel auf *offener Bühne*« vorgestellte »barocke Intrige« (254 f.), die es auf die Illusion dramatischer Immanenz nicht anlegt, an der das 18. Jh. das Barockdrama mißt.

»Der überlegene Intrigant ist ganz Verstand und Wille« (274), Gegenstand seines Kalküls sind die »menschlichen Affekte« (ebd.), die sich ihm »als berechenbares Triebwerk der Kreatur« darstellen (277 f.), und zwar im König als Puppe, der wie dem Spiel seiner *Affekte* dem Spiel *mit* ihnen preisgegeben ist, das der Intrigant als »plotter« (Weber) treibt (304, 262, 351). »Seine verworfnen Berechnungen erfüllen den Betrachter der Haupt- und Staatsaktionen mit um so größerem Interesse, als er in ihnen nicht allein die Beherrschung des politischen Getriebes, sondern ein anthropologisches, selbst physiologisches Wissen erkennt, das ihn passionierte« (274). Dieses Wissen ist aber nicht so sehr ein positives, als vielmehr Einsicht, die als Kalkül über Simulationen und Dissimulationen selbst an diesen teilhat (Schäfer 2001, 109–13). Er müßte daher zum »Räsoneur« werden können wie die komische Figur Shakespeares, die »sich selbst in ihrer Reflexion zur Marionette« (306) wurde. Mit dem Intriganten und dem Spiel der Ränke, als dem *im* Trauerspiel eingespielten, offengelegten Spiel (262, 409), zog einerseits »die Komik ins Trauerspiel ein« (304). Anderseits weckt die »errechnete Vollkommenheit weltmännischen Verhaltens [...] in der allen naiven Regungen entkleideten Kreatur die Trauer« (276), trägt die »illusionslose Einsicht des Höflings« (275), »ganz auf den düstern Ton der Intrige gestimmt« (276), Züge des Satanischen und der Hof stellt als Ort der Traurigkeit wie (die) Hölle »die unvergleichliche Szenerie des Trauerspiels« (275; 304 f.). Die »Gesinnungslosigkeit« des Intriganten, »zum Teil bewußte Geste des Machiavellismus«, ist zu deren »anderen aber trostloser und schwermütiger Anheimfall an eine für undurchdringlich erachtete Ordnung unheilvoller Konstellationen [...], welche einen geradezu dinglichen Charakter annimmt« (333, 401). Wie in der »Lustigkeit seines Ratgebers« und der »Trauer des Fürsten« als des Betrachters »die beiden Provinzen des Satansreiches« (306) vorgestellt sind, so in Intrigant und Souverän die antithetischen Züge der Melancholie (321 f.).

Trauer und Melancholie

Als »Theorie der Trauer« sollte das »Gesetz« des Trauerspiels entfaltet sein (I, 318). Ist dies Spiel, »über dem die Trauer ihr Genügen findet: Spiel vor Traurigen« (298), so ist der Melancholische bestimmt als Zuschauer und hat umgekehrt Theatralität an der Melancholie teil (318 f., 298 f.). Die Melancholie gibt sich, ihrem »versunkenen Grübeln«, eine Bühne im Schauplatz der ausgestreuten Dinge, die ihrer Kontemplation zu Chiffren (einer anderen Bedeutung) werden. Die Bühne stellt, wie Hamlet dem *Trauerspielbuch* vorstellt, den ›gerahmten Raum‹ der Selbstreflexion jenes Schau-Spiels, das das seiner Melancholie ist (334 f.).

Der den ersten Teil des Trauerspielbuchs beschließende »Exkurs« zur Melancholie bezieht detailliert Material und Argumente aus den von Dürers Kupferstich *Melencolia I* ausgehenden Studien der Warburg-Schule und deren Vorläufer Giehlow (1903/4). Vorgeben ließ sich Benjamin vor allem die »Doppelgestaltigkeit« des Saturn, in dessen Zeichen die Melancholie mit ihrer »Antithetik« von Erdgebundenheit und Genialität steht (I, 327 f.; auf Panofsky/Saxl 1923, hier 38, stieß Benjamin nach der Rohschrift 1924, I, 881, 891, Verzeichnis der gelesenen Schriften Nr. 955). Im Unterschied zu den im Detail beigezogenen ikonographischen Studien belastet Benjamin den »eigentlich theologischen Begriff des Melancholikers [...], der in dem einer Todsünde vorliegt« (I, 332), der *acedia* oder Verzweiflung als ›Versagen in Theodizee‹ (403). Zur Einsatzstelle wird ihm Luthers *sola fide* Prinzip, das das individuelle Heil von den Werken löst, und diese und die Welt entwerte: »Etwas Neues entstand, eine leere Welt« (317 f.; Warburg 1920, 221, 224 ff.). So trifft Benjamin im Kern der protestantischen Theologie das »taedium vitae« an, das neben die katholische Vanitas-Vorstellung tritt, und es zeichnet sich eine Umschrift von Max Webers Modernisierungsthese ab (I, 263; Weber 2005; Kapitalismus als Religion VI, 100 ff.).

Benjamins Rede von Melancholie als *Trauer*, die von der Tradition nicht vorgegeben ist, kann als Bezugnahme auf Freuds *Trauer und Melancholie* (1917) und als Gegen-Lektüre von deren Entgegensetzung gelesen werden. Die Melancholie ist darin Freuds Konzept der »Trauerarbeit« (1970, 198) genähert, daß sie ein Fehlen bezeichnet, dessen *Erwiderung* sie ist: Sie erhebt »Einspruch« gegen die »leere Welt«, gegen das »Dasein als [...] ein Trümmerfeld«, in das der Melancholische sich gestellt sah. Unversehens ist es »das Leben selbst«, das in Trauer agiere: »Tief empfindet es, [...]. Tief erfaßt es Grauen bei dem Gedanken, so könne sich das ganze Dasein abspielen. Tief entsetzt es sich vor dem Gedanken an Tod« (I, 318). In der dreifachen Anapher »Tief« vertieft sich die Rede selbst, »locates life in the dimension of depth« und teilt so die Ambivalenz der Melancholie mit (Nägele 1991, 187 f.).

Das »Gefühl« der Trauer, aus dem Benjamin die Gesetze des Trauerspiels zu entfalten sucht, ist vom »empirischen Subjekt«, vom »Gefühlszustand des Dichters« wie »des Publikums« »gelöst«; als »motorische Attitüde« (I, 318), der das Moment der Aufführung bereits angehört, widersteht es der Psychologisierung (von Literatur). Vielmehr vermöchten »viel besser als der Zustand der Betrübnis [umgekehrt] *diese Spiele* einer Beschreibung der Trauer zu dienen« (I, 298; Herv. d. Verf.), wie der »Name« *Trauerspiel* »besagen« »dürfte«. »Denn sie sind nicht so sehr das Spiel, das traurig macht, als jenes, über dem die Trauer ihr Genügen findet [...]. Ihnen eignet eine gewisse Ostentation. Ihre Bilder sind gestellt, um gesehen zu werden« (298). Ist »Trauer [...] die Gesinnung, in der das Gefühl die entleerte Welt maskenhaft neubelebt, um ein rätselhaftes Genügen an ihrem Anblick zu haben« (318), so ist diese ›Neubelebung‹ ausgezeichnet als *theatrale* (Weber 1991, 495; Primavesi 1998, 282–85), nicht ›Verlebendigung‹, sondern Aufführung dessen, was den Melancholischen »ein rätselhaftes Genügen« finden läßt. Dieses endet nicht in *consolatio,* auf die es im Trauerspiel hinauswolle (Schings 1971), vielmehr spricht der theatrale Auftritt mit seiner Maskenhaftigkeit, der bloßen Verstellung, die die theatrale Repräsentation für und anstelle des Verlorenen ist, vom Totsein.

Ist »nur in der Beschreibung jener Welt, die unterm Blick des Melancholischen sich auftut« (I, 318), Einsicht in die Melancholie zu gewinnen, so ist ihr »Gegenstand«, der »apriorische«, an den die Trauer »gebunden« ist, durch den melancholischen Blick als solcher gegeben (ebd.). Mit Haverkamp (1988, 350): »Melancholie ist der Inbegriff einer Gegebenheitsweise von Gegenständen, deren Gegenständlichkeit sich unter dem Blick des Melancholischen herstellt«. Dies ist die Stelle jener »engen Korrelierung von Allegorie und Melancholie«, die den »für die Melancholiegeschichte fundamentalen, aber zuvor nicht explizierten Repräsentationszusammenhang« entwickelt (Wagner-Egelhaaf 1999, 175). Als *Lektüre* ist der Zusammenhang von melancholischem Blick und allegorischer Zeichenschrift gegeben (B. Menke 1991). Im melancholischen Blick wird der Gegenstand – entwertet – bedeutend, »Chiffer« »rätselhafte[r] Weisheit« (I, 319) oder *allegorisch*; die allegorische Lektüre ist Modus ›maskenhafter Neubelebung‹, das Schema der Erwiderung, die die Melancholie ist, und ihres Aufführungscharakters. Eingeschrieben ist ihr der Tod, und zwar als der Entzug, der die Re-Präsentation je ist. Die Melancholie gilt diesem Moment der Verstellung durch das, was den melancholischen Blick fixiert, die lesend stets wieder vollzogen wird, das Totsein, das sie bezeichnet, allegorisch ratifizierend (359).

Die *acedia* sei barock aufgefaßt die »pathologische[] Verfassung, in welcher jedes unscheinbarste Ding, weil die natürliche und schaffende Beziehung zu ihm fehlt, als Chiffer einer rätselhaften Weisheit auftritt«. Dem war, so Benjamin, »gemäß, daß in dem Umkreis der ›Melencolia‹ Albrecht Dürers die Gerätschaften des tätigen Lebens am Boden ungenutzt, als Gegenstand des Grübelns liegen« (I, 319; vgl. Panofsky/Saxl 1923, 61–76; Klibansky/Panofsky/Saxl 1990, 449): Als »ungenutzt[e]« sind sie Embleme der Melancholie. Der Melancholiker ist »Grübler über Zeichen« (I, 370; Giehlow 1904, 7 f.); er verliert sich im Anblick der Dinge, die (isoliert aus den Zusammenhängen des alltäglichen Lebens, in denen ein Werkzeug in Tätigkeit versetzt würde, wie aus denen der Heilsgeschichte, die ihre Stationen mit Sinn begabte,) nicht sie selbst, sondern Zeichen sind und als solche, von sich selbst geschieden, für ein anderes stehen, dessen Absenz sie bezeichnen. Kennzeichnete Freud die Melancholie (die Trauerarbeit, die nicht bereit ist, die Besetzung vom Toten abzuziehen, während die Trauer ihr Ende in dessen Ersetzung finde,) durch eine »problematische Objektbeziehung« (Freud 1970, 203 ff., 210), so Benjamin diese als problematisches Verhältnis, als Relation und Fuge zwischen Zeichen und Dingen. »Bei der Trauer ist die Welt arm und leer geworden, bei der Melancholie ist es (auch) das Ich selbst«, so unterschied Freud und las dem die narzißtische Ich-»Konstitution« durch Identifizierung mit dem Objekt ab (200–203). Dem entspricht das »Grübeln«, die Versenkung, an die der Melancholische sich verliert, als »Depersonalisation« (I, 319). Diese wird ansichtig in den jedem ›inneren‹ Zusammenhang entfallenen, mortifiziert- ausgestreuten Dingen, an die der Blick des Grüblers fixiert ist, die außen als »Hof« einer chaotischen »Fülle der Embleme« ums »figurale Zentrum« bei der *Melencolia* wie allen Personifikationen bleiben (359–364). Dachte Freud Trauerarbeit als »allmählich fortschreitende« Prozessualität der Identifizierung mit dem Objekt und der Ablösung von ihm (Freud 1970, 209), so ist sie als Melancholie, die Benjamin zu ihrem Paradigma macht, nicht auf »gradlinige Erledigung« angelegt. Das ›Ziel der Trauerarbeit‹ nimmt sich bei Freud und Benjamin »komplementär« aus (Haverkamp 1988, 351, 349; 1991, 20–25): will es bei Freud auf die durch »Vereinnahme« »projektiv neubelebte Welt« hinaus, so steht ihr die einverleibend entäußerte, innen »entleerte«, mortifizierte der Melancholie gegenüber. Die Melancholie als endlose Trauerarbeit, die es nicht zur Lösung vom, zur Ersetzung des Verlorenen bringt, wäre demnach nicht ihre pathologische Version, der die ›normale‹ als gelingende entgegenzuhalten wäre (so aber Freud 1970, 204 f.), sondern sie macht die Unlösbarkeit des »Ambivalenzkonflikts« des Objektbezugs und die Paradoxie des ›Gelingens‹ von Trauerarbeit, die projektiv auf ihr Ende in der endgültigen Ersetzung des Toten als Triumph des Lebenden angelegt wäre, lesbar (Horn 1998, 18–22).

Die ›grundlose‹ Trauer der Melancholie, traditionell »ursachlose Schwermut« (Panofsky/Saxl 1923, 71), betrauert einen Verlust, der nicht bestimmt, nicht der eines bestimmten Objekts (Freud) ist, jedem konkreten Verlust und Gegenstandsbezug ›vorher‹geht. Die »melancholische Wunde« (Freud 1970, 206) wäre, mit Benjamin, die ›Leere der Welt‹ im melancholischen Blick, die Signatur des Todes, die die Welt (immer schon) (be)zeichne (I, 343 f.; Horn 1998, 36). »Soviel Bedeutung, soviel Todverfallenheit, weil am tiefsten der Tod die zackige Demarkationslinie zwischen Physis und Bedeutung eingräbt. Ist aber die Natur von jeher todverfallen, so ist sie auch allegorisch von jeher« (I, 342 f.). Ist der Zeichencharakter der (von sich selbst geschiedenen) Natur Signatur des Todes, so entspricht dem »die emblematische Darstellung ihres Sinnes, die als allegorische unheilbar verschieden von seiner geschichtlichen Verwirklichung bleibt« (347). Der ›Ursprung der Bedeutung‹ ist der der Trauer (DIE BEDEUTUNG DER SPRACHE IN TRAUERSPIEL UND TRAGÖDIE II, 138 f.). Über der heillosen Verschiedenheit von »Wirklichkeit und Bedeutung«, über der »Zweiheit« (I, 370) der *Zeichen* grübelt der Melancholiker. Ihm bezeichnen die Zeichen die unheilbare Verschiedenheit der Dinge von sich selbst. Dies ist die Melancholie *der Zeichen.*

Die den melancholischen Blick bestimmende Ambivalenz von Neubelebung und Mortifikation: »Wird der Gegenstand unterm Blick der Melancholie allegorisch, läßt sie das Leben von ihm abfließen«, so kommt ihm als Bedeutung nur zu, »was der Allegoriker ihm verleiht« (I, 359, 351 f.) –, organisiert die Allegorie als ihre »Rhythmik« (361, 373). Der jeweiligen Entwertung der Dinge durchs allegorische Bedeuten, das stets nur die Macht des Wissens bezeugt, folgt immer nur dasselbe, immer von neuem wird der melancholische Tiefsinn in die Anteilnahme am Zeichen, die in Enttäuschung durchs Bedeuten umschlägt, verlockt. »Aber immer von neuem drängen die amorphen Einzelheiten, welche allein allegorisch sich geben, hinzu« (361). Die Allegorie ist Schema der unabsehbaren, der stets vergeblichen »Wiederholung«, in die die Melancholie gebannt ist (I, 356; II, 136 f., 139).

Treue und Verrat der Melancholie

Die ›grundlose‹ Trauer der Melancholie, die keinem (durch einen Objektbezug) bestimmten Verlust gilt, vertieft sich ›ohne Grund‹. Dem melancholischen Blick ist jeder Gegenstand stets wieder nichts anderes als Verstellung, die einen Mangel anzeigt, der jedem Objektbezug und Verlust vorausliegt. Die »melancholische Wunde« (Freud) wird durch die Faktur der Allegorie ›dargestellt‹, insofern sie die Nichtrepräsentierbarkeit dieses Mangels ›repräsentiert‹, die Dissoziation, die sie bezeichnet und vollzieht. Das ist die *Treue* der melancholischen Trauer, die sich vertieft in »unabsehbare[r] Wiederholung« (II, 136; I, 319). Benjamin spricht von der »Beharrlichkeit, die in der Intention der Trauer sich ausprägt«. Ist diese »aus ihrer Treue zur Dingwelt geboren« (I, 334), so aber umgekehrt auch diese deren Ausdruck. Die Melancholie gilt dem Zwiespalt zwischen »Physis« und »Bedeutung«, der ihre ›Gegenstände‹, von sich selbst geschieden, so »todverfallen« wie »allegorisch« gegeben sein läßt (342 f.).

Zum einen verrät die Melancholie die »Welt« um eines »Wissens« willen, dem sie in den Tiefen nachgeht (334, 398 ff.). Zum anderen zeigt sie, ›die Welt‹ verratend, »Treue«, wenn sie »die toten Dinge in ihre Kontemplation auf[nimmt], um sie zu retten« (333 f.). »Restlos angemessen ist Treue einzig dem Verhältnis des Menschen zur Dingwelt« (333); sie gilt dem »Dingsein« (398) selbst. Das macht die Melancholie des Gedächtnisses kenntlich (Bezold 1922; Warburg 1992; I, 400). Die melancholische Treue gilt dem, was im Eintrag des Zwiespalts von Zeichen und Dingen abfällt.

Der Melancholie gehört die Ambiguität an, daß sie, die den Zwiespalt einerseits beharrlich offenhält, andererseits im Festhalten am Mangel Ganzheit beruft. Dies führt das Trauerspielbuch in der theologischen Modellierung der melancholischen Vertiefung im »Abgrund bodenlosen Tiefsinns« aus: »alle Weisheit des Melancholikers ist der Tiefe hörig«, »gewonnen aus der Versenkung ins Leben der kreatürlichen Dinge und von dem Laut der Offenbarung dringt nichts zu ihr« (I, 330). Das »Materialische« (401), das die Melancholie nicht zu transzendieren vermag, stellte sich in »Gestalt des Satan« vor (400 f.); Benjamin war dies das »entscheidende theologische Präjudiz« (Steiner 1989, 688 ff.). »[I]m Satan« ist die »absolute Geistigkeit« (I, 404), die »unbedingt und zwangshaft mit unmittelbarem Tiefsinn aufs absolute Wissen« (403) gehe, »gemeint«, der umgekehrt die »– hier allein entseelte – Stofflichkeit« (404) zur »Heimat« werde. Das »schlechthin Materialische und jenes absolute Geistige« sind die

»Pole des satanischen Bereichs« (404). *Als* satanische ist die Versenkung Teil einer »Ökonomie des Ganzen« (403–08). Die melancholische Trostlosigkeit müsse sich als bloß ›scheinbar unendlich‹ erweisen vor einer *Außen*perspektive, die ›im Ernst unterm Himmel‹ soll heißen können. Dies geschieht, wo die »melancholische Intention« (398) im Tiefsinn »treulos« umspringe (405 ff.), indem ihre ›Gegenstände‹, die sie der Unendlichkeit des ›Bösen‹ versichern, allegorisch ein anderes bedeuten, das nichts anderes als die bloß ›subjektive‹ Gegebenheit dieser Unendlichkeit besage. *Als* Allegorien aber bezeichnen ›ihre Gegenstände‹ stets wieder jene melancholische Geschiedenheit, durch die sie erst gegeben sind; in der Schrift, »in der die betrauerte Leere [...] verschwindet«, wird sie »auch als verschwindende festgehalten« (Müller-Schöll 2002, 123).

Reflexion der Melancholie

Die Selbstreflexion der Melancholie stellt Benjamin in Shakespeares Hamlet vor, mit dem der Blick sich auf jenes *Schauspiel* wende, das seine Melancholie sei. Hamlet, der *auf* der Bühne den Zuschauer gibt, »ist *für* das Trauerspiel Zuschauer von Gottes Gnaden; aber nicht was sie [!] ihm spielen, sondern einzig und allein sein eigenes Schicksal kann ihm genügen«; dieses war der »spielerische [...] Durchgang durch alle Stationen dieses intentionalen Raums« (I, 334). Spielerisch ist Hamlets Melancholie als Masken-Spiel (wie die *puns* als dessen Medium) (Lacan 1982; Haverkamp 2001, 75, 87). Im Blick auf dies Geschehen »löst Melancholie, indem sie sich begegnet, sich ein« (I, 335), stellt das Trauerspiel sich selbst als Spiel und Ausstellung im melancholischen Blick dar, dem der Zuschauer *impliziert* ist (C. Menke 2005, 178–87; dgg. Schmitt 1985, 41–46).

Die Selbstreflexion der Melancholie in Shakespeares *Hamlet* bezeichnet wie die Reflexion des Spiels in den Schauspielen Calderóns einen ›anderen Ausgang‹ des deutschen Trauerspiels. Die »kühne Wendung, mit der die Renaissancespekulationen in den Zügen der weinenden Betrachtung den Widerschein eines fernen Lichtes gewahrten, das aus dem Grunde der Versenkung ihr entgegenschimmerte«, durch die die »melancholische Versenkung zur Christlichkeit« komme, jene Verkehrung der »traurigen Bilder [...] in seliges Dasein«, auf die Hamlets »Leben« »vor dem Erlöschen« weise (I, 334 f.), ist aber nicht Reflexion eines Selbst, sondern Trope, »the trope of theology« (Nägele 1991, 167 ff., 189 ff.; zur ›Christlichkeit des *Hamlet*‹, F.C. Rang zufolge, Steiner 1989, 691–98; 1992, 43–47). Das Trauerspielbuch beruft eine solche Wendung im letzten Umschlag, der die »Grenze des Tiefsinns« (I, 405 f.) bezeichne, jenseits derer das Trauerspiel sich löse. Würde demnach die Melancholie sich auflösen, wenn die ihr vor Augen stehenden »Bilder« sich zuletzt in »seliges Dasein verkehren«, so endet sie, wenn das »Wesen melancholischer Versenkung« darin sich zeigt, »daß ihre letzten Gegenstände [...] in Allegorien umschlagen, daß sie das Nichts, in dem sie sich darstellen, erfüllen und verleugnen« (404 ff.), ohne Abschluß: in der heillosen Verschiedenheit alles dessen, was sie in ihren Blick nimmt, von sich selbst. Wird im Sinne der »Grenznatur« des Trauerspiels »das Melancholiekapitel als ein Miniaturmodell der gesamten Abhandlung lesbar« (Steiner 1992, 33; 1989, 683–87), so der Zwiespalt anfänglicher Differenz im *Hamlet* als das Ende des Trauerspiels (Müller-Schöll 2002, 124–29; Fenves 1997, 263–70). Melancholie löst, »indem sie sich selbst begegnet, sich ein. Der Rest ist Schweigen« (I, 335) – mit einem verschwiegenen *Hamlet*-Zitat, das mit »rest« (auch) vom Rest spricht, als der Hamlet aufgebahrt verbleibt.

Allegorie

Die Allegorie sei, so Benjamin 1924 in einem Brief an Scholem, »das Wesen, um dessen Rettung es mir ging« (I, 881). Sie ist »das stilistische Schema des Barocktrauerspiels« (951). Von der Allegorie muß aus einer Perspektive der Nachträglichkeit gehandelt werden (Nägele 1991, 80; B. Menke 2000, 70 f.). Diese Nachträglichkeit hat Benjamin der barocken Allegorie selbst abgelesen als deren *vorgreifenden* Einspruch gegen das Konzept der Ästhetik, demzufolge die »schöne[] Physis« zur Gestalt der Wahrheit werde (I, 352). Benjamin setzt die Allegorie ins Recht als die ausgeführte Gegenthese zum »plastischen Symbol« (341) und dessen verfehlten Programm: »Als symbolisches Gebilde soll das Schöne bruchlos ins Göttliche übergehen«, und zwar im »Bild des schönen Individuum«, das zur Gestalt der Wahrheit sollte werden können (336 f.).

Für das allegorische Format des Lebens im Trauerspiel gibt ein Zwischentitel im zweiten Teil des Trauerspielbuchs die Formel »Leiche als Emblem«. »Die Schlüsselfigur der frühen Allegorie ist die Leiche« oder die »Reliquie« als Vorläufer des »Andenken[s]« (ZENTRALPARK 1938/9, I, 690). »[D]ie Allegorisierung der Physis kann nur an der Leiche sich energisch durchsetzen«, »das Martyrium [rüstet] den Körper des Lebendigen [...] emblematisch zu« (I, 391). Das gibt über die Allegorie so gut wie über barocke Martyrien Auskunft. Die »Greuel- und Marterszenen, in denen die barocken Dramen schwelgen«, »jene[] sprödesten Motive, denen andere als stoffliche Feststellungen nicht scheinen abgewonnen werden zu können« (389 f.), sind, darauf will es hier hinaus, struktureller Natur; es handelt sich um Selbstabbildungen der Struktur. »[D]ie Personen des Trauerspiels sterben, weil sie nur so, als Leichen, in die allegorische Heimat eingehen. Nicht um der Unsterblichkeit willen, um der Leiche willen gehn sie zu Grunde. ›Er lässt uns seine leichen/ Zum pfande letzter Gunst‹, sagt Carl Stuarts Tochter vom Vater, welcher seinerseits es nicht vergaß, um deren Einbalsamierung zu bitten. Produktion der Leiche ist, vom Tode her betrachtet, das Leben« (391 f.). Die Leiche stellt auf der Bühne des Trauerspiels das Emblem der allegorischen Lektüre. Sie ist ein Argument, das Benjamin dem barocken Trauerspiel als vorgreifende Gegenthese zum »plastischen« oder ›Kunst-Symbol‹ abliest. Denn, während dem »theologischen Symbol« die »Einheit von sinnlichem und übersinnlichem Gegenstand« »Paradoxie« blieb, stellt dieses in der »schönen« vollendeten Physis die *Gestalt* der ästhetischen Totalisierung – das kennzeichnet Benjamin als »Mißbrauch« (336 f.). Das klassizistische Ideal erfüllte sich im Phantasma der vergötterten Menschennatur, der beseelten Statue, die die vom Leben als Vergehen unablösbare Desintegration vergessen macht. Dem erwidert die Allegorie. »Unfreiheit, Unvollendung und Gebrochenheit der sinnlichen, der schönen Physis zu gewahren, war wesensmäßig dem Klassizismus versagt. Gerade diese trägt die Allegorie des Barock verborgen unter ihrem tollen Prunk, mit vordem ungeahnter Betonung vor« (352). Dies tut »die Leiche *als Emblem*«.

Die allegorische Lektüre zerfällt den Körper in bedeutende Details gemäß den »Regionen der Bedeutung« (391), denen sie zufallen; sie nimmt gleichsam beschriftend die »bedeutende Aufteilung eines Lebendigen in die disiecta membra der Allegorie« vor (374). Bedeutung setzt sich an ihm durch »wie Lettern im Monogramm« (371 f.). Das Bedeutete liegt allegorisch »ohne Rückstand« vor, nicht aber »im Innern der Repräsentation« (wie im klassischen Zeichen, Foucault 1974, 99), sondern äußerlich zu lesen, als Schrift »*vors* Bild gezerrt« (I, 360 f.). Das heißt: »das Geheimnis geht aus, das Eidos verlischt, übrig bleiben die dürren rebus, die bedeuten« (352). Dies hat die doppelte Implikation von »Entwertung« der dem allegorischen Bedeuten unterworfenen profanen Welt und ›Rangerhöhung‹ ihrer allegorisch verweisenden Details (351); das gehört zu den »Antinomien« der Allegorie, die Benjamin präpariert (350–53).

Allegorische Zeichengebung ist Zitation »anderswoher« (360). Allegorisch bedeutet werden kann nur im Bezug auf ein anderes, vorgängiges Zeichen. »It remains necessary, if there is to be allegory, that the allegorical sign refers to another sign, that preceeds it.« – so de Man im Anschluß an Benjamin (1983, 207; Witte 1992, 133 ff.). Die Vorgängigkeit, »pure anteriority« (de Man), in der sie begründet ist, wird in der Bedeutung nicht integriert, sondern von der Allegorie als ursprüngliche Entzweitheit ausgestellt. »›Anderswoher‹ greift der Allegoriker sie [seine Zeichen] auf und meidet darin keinesfalls die Willkür als drastische Bekundung von der Macht des Wissens« (I, 360). Der Bezug auf Vorgängiges mag autoritativ abgesichert und Ausdruck von »Autorität« sein (351, 208), doch stellt sich mit dem Zugriff die Relation selbst, die Distanz des allegorischen Zeichens zu sich selbst dar.

Auf Merklichkeit wie Entferntheit der Bezüge sind Allegorien angelegt (in verschiedenem Maße bei aenigmatischen oder didaktischen Varianten). »Die vielfachen Dunkelheiten des Zusammenhanges zwischen Bedeutung und Zeichen [...] reizten [...] dazu, immer entfernter liegende Eigenschaften des darstellenden Gegenstandes zu Sinnbildern zu verwerthen, um durch neue Klügeleien sogar die Ägypter zu übertreffen«, wie Benjamin Giehlows *Hieroglyphenkunde* zitiert (1915, 127; I, 350). Der »Fundus« des Zitierten zeigt sich vielfach verzweigt, unabsehbar in Bibliotheken, *Kollektaneen, Tesauri*, Schatzhäusern der allegorisch funktionablen Details (I, 360, 269). Das Gesetz ihrer Findung und Fügung, das Re-Kombinieren von *topoi*, »Realien, Redeblumen, Regeln«, rhetorisch *ars inveniendi,* will nicht aufs »bloße Ganze« hinaus, sondern ist »Ostentation der Faktur« (354 f.). Derart ist die Allegorie des 17. Jh.s »nicht Konvention des Ausdrucks« (351), wie die Ästhetik des Symbols die Allegorie kennzeichnete, damit sie als ihr »finstere[r] Fond« tauge (337), sondern, wie Benjamin wendet: »Ausdruck der Konvention«, »geheim der Würde ihres Ursprungs nach und öffentlich nach dem Bereiche ihrer Geltung« (351). Benjamin prägt die Allegorie antinomisch als *exzentrischen* Vollzug, als »Umschlag[] von Extremen« (337) aus. Faßte die Ästhetik des Symbols die Allegorie als bloßes »konventionelles Verhältnis zwischen einem bezeichnenden Bilde und seiner Bedeutung« auf – »wie Schrift«, in einer Analogie, die beide, Allegorie wie Schrift, reduzierte (339), so gewinnt allegorisch gerade das Bedeuten selbst »Ausdruck«, und zwar als und in der Differenz, in der es sich aufhält (de Man 1993, 104). Die Diskrepanz »zwischen bezeichnendem Bilde und seiner Bedeutung« zeigt in Emblemen sich im unerbittlichen Auseinandertreten von Sichtbarkeit und Lesbarkeit, wie damit die Unabsehbarkeit letzterer. Benjamins entschiedener Akzentuierung dieser Dissoziation zufolge wird keineswegs das Vorgestellte als Bedeutendes der Bedeutung so unterstellt, daß dieses in jener ein- und aufgelöst wäre. Vielmehr führt allegorische Lektüre die Dissoziation »zwischen bildlichem Sein und Bedeuten« aus (I, 342). Allegorien bedeuten nicht bloß ein anderes, statt mimetisch darzustellen, sondern bedeuten, *indem* sie das von ihr Präsentierte dementieren und damit Vorstellung und Bedeutung auseinandersetzen. Das ist ihre metafigurative Auskunft; sie »bedeuten genau das Nichtsein dessen, was sie vorstellen« (406). De Man reformuliert das als die Inkompatibilität zwischen den von *einem* allegorischen ›Bild‹ erzeugten wörtlichen und figürlichen Bedeutungen, die sich nicht ineinander zu einer Einheit integrieren, sondern einander dementieren oder blockieren (1979, 205; 1988, 109 f.). Schrift bezeichnet supplementär und buchstäblich zerlegbar die Diskrepanz zwischen Bedeutung und ihrem ›Träger‹ (I, 388, 381 ff.). Dies zeigt sich in der »[G]rell«-heit (373), mit der die allegorische Sentenz die »allegorischen Verwicklungen« (371) beschriftet; sie fungiert als »Rahmen, als obligater Ausschnitt [...], in den die Handlung stets verändert, stoßweise einrückt, um sich als emblematisches darin zu zeigen«, so daß das Trauerspiel der »intermittierenden Rhythmik eines beständigen Einhaltens, stoßweisen Umschlagens und neuen Erstarrens« unterliege (373, 404 f.). In keiner allegorischen Bedeutung ist das Bedeuten totalisierend ein- und abgeschlossen, sondern jede wird wieder die Diskrepanz zwischen allegorisch bedeutender ›Handlung‹ und Sentenz aufreißen lassen; dies kann nur wiederholt werden.

Natur-Geschichtlichkeit (342 ff.) kennzeichnet den barocken »Bilderschatz, der [...] zur schlagenden Auflösung historisch-sittlicher Konflikte in die Demonstrationen der Naturgeschichte zur Verfügung stand«, nicht nur inhaltlich, sondern auch strukturell als »›Prangen mit einer physicalischen Gelahrtheit‹« (mit Breitingers Verwerfung I, 269, 374 f.). Das allegorische Detail, das als Zeichen für ein anderes aufgegriffen wird, ist »nicht Zeichen des zu Wissenden allein, sondern wissenswürdiger Gegenstand selbst« (360), der zitierbar und zitiert tradiert wird; er »dauert« als »Gegenstand des Wissens«, »Bruchstück« (352, 357; Zentralpark I, 666).

Die Allegorie besiegelt die Disjunktion, die sie als Signatur des Todes voraussetzt: »Soviel Bedeutung, soviel Todverfallenheit« (342 f.). Gemäß der dem Barock »eigenen Betrachtungsart« »tragen« die Dinge »auf der Vollmacht ihres allegorischen Bedeutens das Siegelbild des Allzu-Irdischen« (356). »[A]ls allegorische [zeigt Natur sich] unheilbar verschieden« von der »geschichtlichen Verwirklichung« ihres Sinns (347). In der »allegorische[n] Physiognomie der Natur-Geschichte, die auf der Bühne durch das Trauerspiel gestellt wird«, liege »die facies hippocratica der Geschichte als erstarrte Urlandschaft dem Betrachter vor Augen« (343). Sie ist nicht »Antlitz«, sondern dessen Disfiguration: »Zeichenschrift der Vergängnis« (353 f., 370; Weber 1991, 496).

Was im »Abgrund zwischen bildlichem Sein und Bedeuten« (sich) (ab)spiele, identifiziert Benjamin als »Urgeschichte des Bedeutens«, derzufolge Bedeutung »Ursprung« der »Trauer« sei (I, 342, 384; II, 138 f.). Von dieser ›sprechen‹ die Allegorien, insofern sie wie andere barocke Spiele: puns, Anagramme (I, 361, 381 f.), das, was als »gefestete[s] Massiv der Wortbedeutung« vorgestellt zu werden pflegt, aufreißen; sie agieren in »hochgespannte[r] Polarität« zwischen Bedeutung und »materialischem Aufwand« (I, 376–89), im »Widerspiel von Laut und Bedeutung«, der »dem Trauerspiel ein Geisterhaftes, Fürchterliches« bleibt (II, 140; vgl. I, 383 f.). Was als barocker »Schwulst« verworfen wird, macht Benjamin kenntlich »als eine durch und durch planvolle, konstruktive Sprachgebärde«, die in »hochgespannte[r] Polarität« von Materialischem und Bedeutung »den Blick in die Sprachtiefe« nötigt (I, 376, 384–87).

Die Allegorie ist nicht nur Trope, die das eine sagt, um ein anderes zu meinen, sondern sie besteht auf beider Disparatheit und gibt derart, metafigurativ, Auskunft von der ›Welt‹, die nicht mit ihrem Sinn, wie dieser nicht mit Darstellung zusammenfällt (de Man 1993, 103 f.). »Allegory makes visible ruins, fragments of matter unenlightened by any ›spirit‹«, »the eternal disjunction between the inscribed sign and its material embodiment« (Miller 1981, 364 f.). Die Ruine als Allegorie der Natur-Geschichte »als Vorgang unaufhaltsamen Verfalls« taugt als Allegorie der Allegorie selbst. »Damit«, sagt Benjamin, in der allegorischen Ausprägung der Naturgeschichte als Ruine, und mit der Ruine, die sie selbst ist, »bekennt die Allegorie sich jenseits von Schönheit« (I, 353 f.).

Einspruch gegen ästhetische Integration

Es handelt sich mit der »Ruine«, die sie ist, dem »Stückwerk« (362), das sie bleibt, um den Einspruch der Allegorie gegen das Konzept des »plastischen Symbols«, dem zufolge die individuelle Physis als schöne vollendete sollte zur Gestalt der Wahrheit werden können. Die Allegorie *verweigert*, so Benjamins Akzentuierung, das in sich vollendete Bild als das der Ganzheit abzugeben, das der Ästhetik des Symbols (in Verstellung seiner sprachlichen Produziertheit) die zur »menschlichen« Gestalt ›geläuterte‹ Physis stellen sollte (I, 336 f.). Die allegorische Zerlegung, in zerstückten Körpern auf der Szene ausgestellt, stellt sich – vorgreifend – der Gestalt ästhetischer Integration entgegen. Im »amorphe[n] Bruchstück« (351), das über-dauert, hat »symbolische Schönheit« sich »verflüchtigt«, »[d]er falsche Schein der Totalität geht aus« (352). »Als symbolisches Gebilde soll das Schöne bruchlos ins Göttliche übergehen« und zwar im »Bild des schönen Individuum« (337). Dies stellte das Paradigma der die Ästhetik begründenden Norm, daß das einzelne Werk unter der Prämisse des Ausdrucks aus sich selbst zu verstehen sei. Diese wurde dem Wissen von mythologischen, poetischen, kunsthistorischen Zusammenhängen entgegengehalten, das das allegorische Lesen beruft (vgl. B. Menke 2000, 79). Der Sinnzusammenhang sollte als ›Inneres‹ in dessen darstellender Verkörperung unmittelbar gegeben sein, mußte aber im Medium der Sprache und gemäß ihrer Logik doch erst konstituiert werden. Ein Bild *symbolisch* zu lesen, unterstellt, »that it was what it looked like, that its meaning was readable from its face«; der der Allegorie konstitutive Bezug auf *andere Zeichen*, die sie der Ästhetik um 1800 bloß willkürlich machte, drängt dagegen die metafigurative Erkenntnis auf von der Differenz jeder Darstellung von sich selbst, »the difference between signifier and signified, of the relation between any use of language and its linguistic or cultural past« (Johnson 1994, 67, 63; de Man 1983). Als Ausschluß dieser Einsicht konstituiert sich das Schöne und ist insofern selbst negativ bestimmt durch die Allegorie. Diese stellte dem ›wahren Schönen‹ als in der Darstellung ›in sich vollendetes Ganzes‹, die Heteronomie seiner Begründung dar, die dieses ausschließen oder marginalisieren mußte; der Ästhetik darstellender Verkörperung begegnet dies als »scene of allegorical anciety« (Nägele 1991, 92), als die die (phantasmatische Körper-) Ganzheit bedrohende Zerlegung.

»Als Stückwerk [...] starren aus dem allegorischen Gebild die Dinge« (I, 362). Derart ›spröde‹ sich zeigend gegen ›steigernde Belebung‹ (357; V, 473), dementiert die Allegorie die Möglichkeit dessen, woran die Ästhetik des 18. Jh.s sie mißt, der beseelten Gestalt eines gelingenden Austauschs von außen und innen, worin sich das Symbol seiner Macht totalisierender Integration versichert. Das zeigen die Personifikationen, die Ende des 18. Jh.s zu *dem* Paradigma der Allegorie bzw. ihrer Verwerfung avancierten: Scheinen sie den menschlichen Körper für die Bedeutung eintreten zu lassen, so tritt doch in ihnen das leere ›daß‹ der Verkörperung in bloßen »Figurinen« und deren Bestimmtheit durch bloß ›angehängte‹ Attribute oder »emblematisches Zubehör« auseinander (I, 367; B. Menke 1998). »Zumal in dem Barock sieht man die allegorische Person gegen die Embleme zurücktreten, die meist in wüster trauriger Zerstreuung sich den Blicken darbieten« (I, 361 f.; mit Cysarz I, 363). Derart liest Benjamin der Personifikation das »Primat des Dinghaften vor Personalem« ab, mit dem die Allegorie ästhetische Integration verweigernd »dem Symbol *polar*, aber eben darum gleich *machtvoll*« (362) gegenübertrat.

Um den »Widerstreit zwischen dem Unendlichen und dem Endlichen« in ästhetischer Darstellung aufzulösen (I, 341), wie das Bild als Symbol es sollte, gab die klassische Ästhetik zum einen das ›Unendliche‹, als ein ›sich selbst begrenzendes‹, als ein »Menschliches« aus und mußte zum andern umgekehrt die Physis einer »Läuterung« zum »Bild des schönen Individuums« unterwerfen (ebd.). Dies »verschmäht«, so Benjamin, die barocke Bildlichkeit, und zwar sowohl die Selbstbeschränkung der Bilder von ›innen‹ wie auch die Läuterung von Physis zur schönen ›Gestalt‹ der Totalisierung. Das macht ihr (auch von Benjamin) vielfach benanntes Ungenügen, ihre Form zu vollenden, zu einer Geste des *Einspruchs* gegen ästhetische Integration. Es handelt sich damit »nicht sowohl um ein Korrektiv der Klassik als um eines der Kunst selbst« (351 f.). Die barocke Allegorie trägt ihre Gegenthese vor *als* »amorphes Bruchstück«, das sie ist. »Machtvoll« (362) manifestiert sich diese Gegenthese im »verstockte[n] Haften am Requisit« (356) des allegorischen Bedeutens, das in der jeweiligen Bedeutung nicht aufgeht, im *Über-Dauern* von »*disiecta membra* der Allegorie« (361 ff., 374). Derart handelt es sich aber nicht mehr um eine These, sondern um einen Vollzug und dessen Relikte.

In den Überresten, die nach aller Enttäuschung der Bedeutung bleiben, gedenkt die Allegorie dessen, was die Gestalt ästhetischer Integration vergessen machen muß, »Hinfälligkeit«, »Unvollendung der schönen Physis« (352, 391). Die »Einsicht ins Vergängliche der Dinge« gehört der Allegorie an und die »Sorge, sie ins Ewige zu retten, [ist] im Allegorischen eins der stärksten Motive« (395–400). Dinghaft stellt sich das allegorische *Nach*leben als Modus des Gedächtnis' vor, und ist als solches bewältigende Rettung (I, 397; Bezold 1922, 62). Mit den Dingen, die als »Stückwerk« aus den »durchdachten Trümmerbauten« starren (I, 362), legen es die barocken Werke auf ihre Dauer an. Daher kennt die Allegorie, gerade wo sie von sich selbst ›spricht‹, keinen abschließenden Zusammenschluß mit sich selbst. Die »Bruchstücke« (die bleiben, I, 351) sind der Allegorie eigene ›triumphale‹ Bekundung gegen die Anmutung ästhetischer Integration.

Dem entspricht die »Kritik«, der Benjamin einen der Erkenntniskritischen Vorrede symmetrischen Schluß hatte widmen wollen (I, 919 f.). Definiert als

»Kritik ist Mortifikation der Werke« (889, 357), ist derart die theoretische Erkenntnis selbst (212) in das eingezogen, was ihr ›Gegenstand‹ ist. Sie hat »zum einzigen Medium das [...] Fortleben der Werke«, setzt den »Verfall der Wirkung« voraus, den »der Verlauf der Zeit an ihnen übte«, in dem sich der *als* Werk gegebene Zusammenhang von »Sachgehalt« und »Wahrheitsgehalt« zersetzt und »die Kunstsphäre definitiv verlassen« ist (I, 357f., 227; 1929/30 VI, 170; Goethes Wahlverwandtschaften I, 125f., 179; analog Die Aufgabe des Übersetzers IV, 15). Kritik *operiert* als »Mortifikation der Werke, nicht also – romantisch – Erweckung des Bewußtseins in den lebendigen, sondern Ansiedlung des Wissens in ihnen, den abgestorbenen«, wie die Allegorie (I, 357; zur Romantik I, 218, Der Begriff der Kunstkritik I, 111–15). Umgekehrt sind die barocken Werke »von Anbeginn auf jene kritische Zersetzung angelegt, die der Verlauf der Zeit an ihnen übte«, denn sie *wollen* »nichts als dauern«, suchen »irdisch, gegenwärtig ihren Platz zu füllen« (I, 356f.), und das tun sie als »Stückwerk«. Insofern haben die barocken Werke, fort-dauernd, »ihren Lohn dahin«, weil die Zersetzung, die das Fortleben der Werke an diesen verübt, ihnen von Beginn an eignet: Ihrem »Fortleben« vorgreifend, stellen sie mit »solch trümmerhafte[n] Formen« ›von Beginn an‹ die Verfallenheit vor, die »Grund der Neugeburt« werde, in welcher »alle ephemere Schönheit vollends dahinfällt«, »das Werk als Ruine sich behauptet«, *jenseits der Kunst* – in der Kritik (358).

Überspannte Transzendenz

Die Heteronomie des Kunstwerks oder Distanz zum eigenen Ursprung, die die Allegorie vorträgt und den Anspruch der Ästhetik beschränkt, formuliert das *Trauerspielbuch* als Verwiesenheit aufs nicht Einholbare, »Theologische« (I, 390). Die Bezogenheit auf diesen sog. »Bereich« von »Geschichtstheologie« sei allerdings »nicht statisch im Sinne der garantierten Heilsökonomik« anzulegen, sondern heißt »Auflösung« und ist, wie das Trauerspielbuch auf seinen letzten Seiten entfaltet, ein diskontinuierlicher Vollzug, der von der Allegorie, ihren Schaustellungen und der Theatralität nicht abgelöst werden kann. Wenn in germanistischer Barockliteratur zu lesen ist, daß Benjamin »– zufolge seiner jüdischen Herkunft – konstant die eschatologische und messianische Bindung der Geschichte in der Pictura leugnete« (Penkert 1978, 20), dann wird die »verzögernde Überspannung der Transzendenz« (I, 246) verkannt, die Benjamin in den Exaltationen der barocken Formgebung zu ermessen unternimmt (253, 359, 257f.). Die ›Spannung einer heilsgeschichtlichen Frage‹ artikuliert die barocke Allegorie im Ungenügen, mit dem sie vorgreifend sich gegen die ästhetische Ideologie behauptet, indem sie sich sperrt gegen die Auflösung des »Widerstreits zwischen dem Unendlichen und dem Endlichen«, die die darstellende Verkörperung deren *Paradoxie* verfehlend unternimmt (341). »Nie verklären« sich dem barocken Trauerspiel die Dinge »von innen. Daher ihre Bestrahlung im Rampenlicht der Apotheose« (356). »Die Neigung des Barock zur Apotheose« als »Widerspiel von der ihm eigenen Betrachtungsart der Dinge« wird ausgeprägt als bühnen-technischer Effekt, als Anordnung theatraler wie piktoraler Bühnen: »in den malerischen Apotheosen [pflegte] der Vordergrund mit outrierter Realistik [...] behandelt zu werden, um desto verläßlicher die entfernten Visionsgegenstände erscheinen zu lassen. Der drastische Vordergrund sucht in sich alles Weltgeschehen zu sammeln, nicht nur um die Spannweite von Immanenz und Transzendenz zu steigern, sondern auch um die größte Strenge, Ausschließlichkeit und Unerbittlichkeit für diese zu erwirken«; dies ist der Sinn der Exaltationen des Diesseits (358f., 246f.). Für die Unerbittlichkeit der »Spannweite« und deren *Über*spannung nahm das Trauerspiel die »Leichen« als »Pfand« – für das, was sie *nicht* darstellen: »Beinahe undenkbar sind ohne sie [die Leichen] die Apotheosen« (392f.). Die ›unregierte‹, verschwendende Häufung, deren Inbegriff der Schauplatz starrender Bruchstücke stellt, hat teil an der Ökonomie der barocken Werke, die aufs »Wunder« angelegt sind (354f., 408).

In Termini von Theologie weist das Trauerspielbuch zum einen die Allegorie als Rettung ins dinghafte Nach-Leben, zum andern die Vergeblichkeit ihres Bedeutens aus (404), wenn diese satanisch refiguriert wird als die Doppelbewegung von sich vertiefender Trauer, die an die Erdtiefe sich verliert, und dem »höllischen« Hohn, mit dem die Materie der Versenkung entgegnet: »[I]m Teufel [...] spottet [die Materie] ihrer allegorischen Bedeutung und höhnt jedwedem, der da glaubt, in ihren Tiefen ungestraft ihr nachgehen zu können« (401). Darin ist die Allegorie Schema der umschlagenden Exzentrik von »entseelte[r] Stofflichkeit« und »absolute[r] Geistigkeit«, die die melancholische Vertiefung bestimmt. Das melancholisch gesuchte Wissen verführte »in den leeren Abgrund des Bösen hinab, um dort der Unendlichkeit sich zu versichern« (404). Wo dies als satanischer Fall modelliert wird, erfährt die Vertiefung im »Abgrund des bodenlosen Tiefsinns« einen ›letzten Umschwung‹, in dem der bloße »Schein« ihrer »Unendlichkeit« (d.i. des Bösen) sich »enthüll[e]«: »Wie Stürzende im Fallen sich überschlagen, so fiele von Sinnbild zu Sinnbild die allegorische Intention dem Schwindel ihrer grundlosen Tiefe anheim, müßte nicht gerade im äußersten unter ihnen so sie umspringen, daß all ihre Finsternis, Hoffart und Gottferne nichts als Selbsttäuschung scheint« (405). Die Wendung der Bewegung in die scheinbare Unendlichkeit im Abgrund des Sturzes »von Sinnbild zu Sinnbild« vollzieht sich, explizit genug, nach dem Schema der *Allegorie*: »gerade in Visionen des Vernichtungsrausches, in welchen alles Irdische zum Trümmerfeld zusammenstürzt, enthüllt sich weniger das Ideal der allegorischen Versenkung denn ihre Grenze. Die trostlose Verworrenheit der Schädelstätte, wie sie als Schema allegorischer Figuren aus tausend Kupfern und Beschreibungen der Zeit herauszulesen ist, ist nicht allein das Sinnbild von der Öde aller Menschenexistenz. Vergänglichkeit ist in ihr nicht sowohl bedeutet, allegorisch dargestellt, denn, selbst bedeutend, dargeboten als Allegorie. Als die Allegorie der Auferstehung« (405 f.). Das spricht von der Willkür, der Ungedecktheit *allen* (auch dieses) allegorischen Bedeutens. Es entspricht dem »Wesen melancholischer Versenkung«, daß ihr ihre »letzten Gegenstände, in denen des Verworfnen sie am völligsten sich zu versichern glaubt, in Allegorien umschlagen«; sie bedeuten »etwas anderes«, und zwar »genau das Nichtsein« dessen, was »vor[ge]stellt« wurde. »Die absoluten Laster, wie Tyrannen und Intriganten sie vertreten, sind Allegorien«, d. h. »nicht wirklich«. So belegen sie den »subjektiven Blick der Melancholie; sind dieser Blick, den seine Ausgeburten vernichten, weil sie nur seine Blindheit bedeuten. Sie weisen auf den schlechthin subjektiven Tiefsinn, als dem sie einzig ihr Bestehen verdanken. Durch seine allegorische Gestalt verrät das schlechthin Böse sich als subjektives Phänomen« (406).

Geht dem melancholischen Blick zuletzt alles verloren, so nicht nur die »letzten Gegenstände«, die die melancholische Betrachtungsart versicherten und doch »das Nichtsein dessen [bedeuten], was sie vorstellen« (406), sondern auch die Treue zum Dingsein, wodurch »Errettung«, »Umschwung« doch »nicht undenkbar« schien (400 f.). »Leer aus geht die Allegorie« (406) – heißt es. Dies aber tut sie genau nach jenem Schema, als das sie ausgewiesen ist: »Was immer sie ergreift, verwandelt ihre Midashand in ein Bedeutendes«; ihr Geschäft ist »Verwandlung aller Art« (403). Für die allegorische »Verwandlung aller Art«, die jede Erscheinung dementiert, gibt es keine Stoppregel und keine letzte Einsicht. Die »Grenze« allegorischer Betrachtung (405) wäre *Setzung*. Auch die vermeintlich »letzte« Allegorie gehört *als* Allegorie noch jenem »Abgrund« an, der der Fall »von Sinnbild zu Sinnbild« sei (ebd.). Wenn »Auferstehung« nur *als Allegorie* zu haben ist, geht die »Allegorie der Auferstehung« so »leer« aus, wie *alle* Allegorie (B. Menke 1991, 231 ff.; Weber 1991, 500; Nägele 1991, 201; Geulen 2001, 98). Die melancholische Einsicht ›erfüllt‹ sich nicht in »Gegenständen«, die sie zu versichern scheinen (I, 406), und nicht in der ›ernsthaften‹ Konfrontation ihrer haltlosen ›Subjektivität‹ mit dem Himmel, sondern in der Einsicht, die ihre ›Blindheit‹ bedeutet, die die *allegorische Verfaßtheit* ihrer Gegenstände ist. Allegorisch verfaßt zu sein, spricht jeder Einsicht, und sei es die in die ›Subjektivität‹ der Gegebenheit ihrer Gegenstände, ›nur von ihrer Blindheit‹, denn das, worin sie sich vermeintlich darstellt, hat sich je schon als ihr inkompatibles anderes behauptet. Derart suspendiert die Allegorie noch die ›negative Gewißheit‹, worin das Differieren von sich selbst, dem die Trauer gilt, »erfüllt« und verstellt wäre (ebd.). Sie ist je wieder ans Spiel des/im aufgehaltenen Zwiespalt(s) verwiesen, das nicht auf seine Lesart als Mangel zu verpflichten ist. Für die Dissoziation, die die Allegorie voraussetzt und vollzieht, und statt ihrer Leere bleiben Über-Reste, »was nach aller Enttäuschung bleibt im Zeichen«, *daß* es bleibt (Haverkamp 1981, 382).

Das Ende des Trauerspielbuchs exploriert in seiner Serie von Umschlägen ein Dreieck von Trauer – Spiel – Ernst, in dem es sich auf keine der Seiten schlagen wird. Wenn (in einer Wiederholung) Subjektivität, die nach dem *typos* des Lucifer »in die Tiefe stürzt, [...] von Allegorien eingeholt«, »am Himmel [...] in Gott festgehalten« werde (I, 408), so ist der ›Eingriff Gottes ins Werk‹ als »Ponderacion misteriosa«, als Effekt der concettistischen Figur Teil jenes *Spiels*, das er vermeintlich von *außen* halte. Wenn Benjamin Calderóns Schauspielen zutraute, daß »in dem Bilde der Apotheose ein von den Bildern des Verlaufes Artverschiedenes sich erhebt« (408 f.), so weil diese »spielhaft« der Transzendenz sich »zu vergewissern« suchen; sie lösen die »Konflikte eines gnadenlosen Schöpfungsstandes« in ›spielerischer Verkleinerung‹, schließen in der Reflexion des Spiels Unendlichkeit in den endlich beschränkten Raum des Schauspiels ein (I, 260 ff., 408; II, 260–70; zu Schein und dessen Potenzierung Alewyn 1952, 29–36). Demgegenüber bestimmt das deutsche Trauerspiel sein Ungenügen im *Spiel*, und dieses wäre der andere »Einsatz und Ausgang zugleich«, den Calderóns Dramen der Trauer weisen (I, 409; Weber 1991, 449). Dies »Ungenügen« ließ es »besinnungslos« der »unbegnadete[n] Natur« verfallen mit der »Aufdringlichkeit seiner allegorischen Prachtentfaltung« ›im Ernst‹, der unversehens ›der tödliche‹ ist. Gerade des deutschen Trauerspiels Beschränktheit gegenüber der spanischen ›Vollendung‹ aber, die »Beklemmung«, ›in der es erwuchs‹, ›Verschrobenheit‹ wie ›Intensität‹ der barocken Formen sollte auch des deutschen Trauerspiels »moralischen« Vorrang ausmachen (263, 257–260, 368). Und sie ist Bedingung seiner ›Erkennbarkeit‹.

Denn, wenn der »gewaltige Entwurf dieser Form [des Trauerspiels] [...] zu Ende zu denken«, »von der Idee des deutschen Trauerspiels [...] einzig unter dieser Bedingung« zu handeln sei (409), so kann es damit nur auf Nicht-Vollendung hinaus; zuletzt sind vom Trauerspiel allegorische »Bruchstücke« geblieben.

In ihrem ›Versagen‹ waren die Trauerspiele »als Trümmer, als Bruchstück konzipiert von Anfang an«, und als solche auf ihre kritische Lektüre angelegt. Entfiel jener Schluß, den Benjamin der Kritik hatte widmen wollen, weil »[d]ie Steigerung, die ich im Abschluß des Hauptteils erreiche [mit Calderón und dem Abfall ihm gegenüber], [...] nicht zu überholen« gewesen wäre (884), so gibt doch das Ende mit des deutschen Trauerspiels »Trümmern« das (ab), was der Kritik ist und deren Vorlage abgibt: Die »Statur des Barockdramas« oder die »Idee des deutschen Trauerspiels« werde »in mancher Hinsicht« klarer »aus den Trümmern großer Bauten« absehbar (263, 409; 227, 230). Wenn in Trümmern sich jenes »Bild des Schönen an dem letzten« »Tag[e]« (409) abzeichne, so fällt dies nicht mehr in den Bereich der *Kunst*, denn es handelt sich um der Kunstwerke *Nach*leben in Darstellung oder Kritik.

Werk

Ursprung des deutschen Trauerspiels (I, 203–430)
Die Bedeutung der Sprache in Trauerspiel und Tragödie (II, 137–140)
»El mayor monstruo, los celos« von Calderon und »Herodes und Mariamne« von Hebbel. Bemerkungen zum Problem des historischen Dramas (II, 246–276)
Schicksal und Charakter (II, 171–179)
Trauerspiel und Tragödie (II, 133–137)
Zur Kritik der Gewalt (II, 179–203)

Literatur

Agamben, Giorgio (1998): Homo Sacer: Sovereign Power and Bare Life, Stanford (dt.: Homo sacer. Die souveräne Macht und das nackte Leben, Frankfurt a. M. 2002).

Alewyn, Richard (1952): »Der Geist des Barocktheaters«, in: Walter Muschg/Emil Staiger (Hg.): Weltliteratur. Festschrift für Fritz Strich, Bern, 15–38.

Alewyn, Richard (Hg.) (1965): Deutsche Barockforschung. Dokumentation einer Epoche, Köln/Berlin.

Barner, Wilfried (1968): »Gryphius und die Macht der Rede«, in: Deutsche Vierteljahrsschrift für Literaturwissenschaft und Geistesgeschichte 42, 321–358.

Bezold, Friedrich von (1922): Das Fortleben der antiken Götter im mittelalterlichen Humanismus, Leipzig.

Bolz, Norbert (1985): »Charisma und Souveränität«, in: Jakob Taubes (Hg.): Religionstheorie und Politische Theologie, Bd. 1: Der Fürst dieser Welt. Carl Schmitt und die Folgen, 2. Aufl., München/Paderborn, 249–262.

Bolz, Norbert (1989): Auszug aus der entzauberten Welt. Philosophischer Extremismus zwischen den Weltkriegen, München.

Brodersen, Momme (1986): »›Ein Idealist mit Einschränkung‹. Ein Seminar zu Walter Benjamins Ursprung des deutschen Trauerspiels«, in: die tageszeitung 4.3.1986, 12–13.

Campe, Rüdiger (1995): »Der Befehl und die Rolle des Souveräns im Schauspiel des 17. Jahrhunderts«, in: Armin Adam/Martin Stingelin (Hg.): Übertragung und Gesetz. Gründungsmythen, Kriegstheater und Unterwerfungstechniken der Institutionen, Berlin, 55–71.

Campe, Rüdiger (2000): »Theater der Institution. Gryphius' Trauerspiele Leo Arminius, Catharina von Georgien, Carolus Stuardus und Papinianus«, in: Roland Galle/Rudolf Behrens (Hg.): Konfigurationen der Macht in der Frühen Neuzeit, Heidelberg, 257–287.

Derrida, Jacques (1991): Gesetzeskraft: Der »mystische Grund der Autorität«, Frankfurt a. M.

Fenves, Peter (1997): »Marx, Mourning, Messianity«, in: Hent de Vries/Samuel Weber (Hg.): Violence, Identity and Self-Determination, Stanford, 253–270.

Fenves, Peter (2001): »Tragedy and Prophecy in Benjamin's ›Origin of the German Mourning Play‹«, in: Arresting Language. From Leibniz to Benjamin, Stanford, 227–248.

Foucault, Michel (1974): Ordnung der Dinge, Frankfurt a. M.

Freud, Sigmund (1970): »Trauer und Melancholie« [1917], in: ders.: Studienausgabe, Frankfurt a. M., Bd.3. 193–212.

Garber, Klaus (1987): Rezeption und Rettung, Tübingen.

Garber, Klaus (Hg.) (1991): Europäische Barock-Rezeption, Wiesbaden.

Garber, Klaus (1992): Zum Bilde Walter Benjamins: Studien, Porträts, Kritiken, München.

Geulen, Eva (2001): Das Ende der Kunst. Lesarten eines Gerüchts nach Hegel, Frankfurt a. M.

Giehlow, Karl (1903/4): »Dürers Stich ›Melencolia I‹ und der maximilianische Humanistenkreis«, in: Mitteilungen der Gesellschaft für vervielfältigende Kunst, Wien: 1903, 29–41; 1904, 6–18, 57–79.

Giehlow, Karl (1915): Die Hieroglyphenkunde des Humanismus in der Allegorie der Renaissance, besonders der Ehrenpforte Kaisers Maximilian I. Ein Versuch. Wien/Leipzig, 1–253.

Günther, Horst (1984): »Trauerspiel«, in: Reallexikon der Deutschen Literaturgeschichte, Berlin/New York, Bd. 4, 546–562.

Haas, Willy (1928): »Zwei Zeitdokumente wider Willen«, in: Die Literarische Welt, Nr. 16, 4. Jg., 1–2.

Hamacher, Werner (2003): »Schuldgeschichte. Benjamins Skizze ›Kapitalismus als Religion‹«, in: Dirk Baecker (Hg.): Kapitalismus als Religion, Berlin, 77–119.

Hanssen, Beatrice (1995): »Philosophy at Its Origin: Walter Benjamin's Prologue to the ›Ursprung des deutschen Trauerspiels‹«, in: Modern Language Notes 110, 809–833.

Haverkamp, Anselm (1981): »Allegorie, Ironie und Wiederholung. Zur zweiten Lektüre«, in: Poetik und Hermeneutik IX, München, 561–67.

Haverkamp, Anselm (1988): »Kryptische Subjektivität«, in: Poetik und Hermeneutik XIII, München (1991) in: Laub voll Trauer, München, 15–29.

Haverkamp, Anselm (2001): Hamlet: Hypothek der Macht, Berlin.

Hollier, Denis (Hg.) (1995): Le Collège de Sociologie 1937–1939, Paris.
Horn, Eva (1998): Trauer schreiben, München.
Jäger, Lorenz (1983): »Nachwort«, in: Rang 1983.
Johnson, Barbara (1994): The Wake of Deconstruction, Cambridge, Mass.
Kantorowicz, Ernst H. (1994): Die zwei Körper des Königs, 2. Aufl., München.
Klibansky, Raymond/Erwin Panofsky/Fritz Saxl (1990): Saturn und Melancholie, 2. Aufl., München.
Koschorke, Albrecht (2002): »Macht und Fiktion, Der nackte Herrscher«, in: ders. u. a.: Des Kaisers neue Kleider. Über das Imaginäre politischer Herrschaft, Frankfurt a. M., 73–84, 233–243.
Lacan, Jacques (1982): »Desire and the Interpretation of Desire in Hamlet«, in: Shoshana Felman (Hg.): Literature and Psychoanalysis. The Question of Reading: Otherwise, Baltimore, 11–52.
Lehmann, Hans-Thies (1991): Theater und Mythos. Die Konstitution des Subjekts im Diskurs der antiken Tragödie, Stuttgart.
Lindner, Burkhardt (1984): »Habilitationsakte Benjamin. Über ein ›akademisches Trauerspiel‹ und über ein Vorkapitel der ›Frankfurter Schule‹«, in: Zeitschrift für Literaturwissenschaft und Linguistik 14, 147–165.
Lindner, Burkhardt (2000): »Allegorie«, in: Michael Opitz/Erdmut Wizisla (Hg.): Benjamins Begriffe, Frankfurt a. M., 50–94.
Lukács, Georg (1911): Die Seele und die Formen. Berlin/Neuwied 1971.
Man, Paul de (1979): Allegories of Reading: Figural Language in Rousseau, Nietzsche, Rilke, and Proust, New Haven (dt. Frankfurt a. M. 1988).
Man, Paul de (1983): »Rhetoric of Temporality«, in: Blindness and Insight, Minneapolis, 2. Aufl., 187–228 (dt. in: Die Ideologie des Ästhetischen, hg. v. Christoph Menke, Frankfurt a. M. 1993, 83–130).
Marin, Louis (1989): Food for Thought, Baltimore (frz. 1986).
Matala de Mazza, Ethel (2002): »Doppelgänger, Engel, Gespenster«, in: dies. u. a.: Des Kaisers neue Kleider. Über das Imaginäre politischer Herrschaft, Frankfurt a. M., 133–146.
Menke, Bettine (1991): Sprachfiguren. Name – Allegorie – Bild nach Walter Benjamin, München (Korr. Neuaufl. Weimar 2001).
Menke, Bettine (1998): »Allegorie – Personifikation – Prosopopöie«, in: Eva Horn/Manfred Weinberg (Hg.): Allegorie – Konfigurationen von Text, Bild und Lektüre, Opladen, 59–70.
Menke, Bettine (2000): »Allegorie (Aestetica)«, in: Historisches Wörterbuch Ästhetischer Grundbegriffe, Stuttgart/Weimar.
Menke, Bettine (2005): »Reflexion des Trauer-Spiels. Pedro Calderón de la Barcas El mayor mónstruo, los celos nach Walter Benjamin«, in: Eva Horn/Bettine Menke/Christoph Menke (Hg.): Literatur als Philosophie. Philosophie als Literatur, München.
Menke, Christoph (1996): Tragödie im Sittlichen. Gerechtigkeit und Freiheit nach Hegel, Frankfurt a. M.
Menke, Christoph (2004): »Carl Schmitts Begriff der Souveränität«, in: ders.: Spiegelungen der Gleichheit, Politische Philosophie nach Adorno und Derrida, Frankfurt a. M., 300–323.
Menke, Christoph (2005): Die Gegenwart der Tragödie. Versuch über Urteil und Spiel, Frankfurt a. M.
Menninghaus, Winfried (1980): Walter Benjamins Theorie der Sprachmagie, Frankfurt a. M.
Meyer-Kalkus, Reinhart (1986): Wollust und Grausamkeit. Affektlehre und Affektdarstellung in Lohensteins Dramatik am Beispiel von ›Agrippina‹, Göttingen.
Miller, J. Hillis (1981): »The Two Allegories«, in: Morton Bloomfield (Hg.): Allegory, Myth and Symbol, Cambridge, 355–370.
Müller, Günther (1930): »Neue Arbeiten zur deutschen Barockliteratur«, in: Ulrich Peters/Johannes Reiske/Karl Vietor (Hg.): Zeitschrift für Deutsche Bildung, Frankfurt a. M., 325–333.
Müller-Schöll, Nikolaus (2002): Das Theater des ›konstruktiven Defaitismus‹. Lektüren zur Theorie eines Theaters der A-Identität bei Walter Benjamin, Bertolt Brecht und Heiner Müller, Frankfurt a. M./Basel.
Nägele, Rainer (1991): Theater, Theory, and Speculation: Walter Benjamin and the Scenes of Modernity, Baltimore.
Nägele, Rainer (1991b): »Das Beben des Barock in der Moderne. Walter Benjamins Monadologie«, in: Modern Language Notes 106/3, 501–527.
Panofsky, Erwin/Fritz Saxl (1923): Dürers ›Melencolia I‹. Eine Quellen- und Typengeschichtliche Untersuchung, Leipzig/Berlin.
Penkert, Sibylle (1978): »Zur Emblemforschung«, in: dies. (Hg.): Emblem und Emblemtheorie. Vergleichende Studien zur Wirkungsgeschichte vom 16. bis 20. Jahrhundert, Darmstadt.
Primavesi, Patrick (1998): Kommentar, Übersetzung, Theater in Walter Benjamins frühen Schriften, Frankfurt a. M.
Rang, Florens Christian (1983): Historische Psychologie des Karnevals, hg. v. Lorenz Jäger [1909], Berlin.
Rosenzweig, Franz (1921): Der Stern der Erlösung, Frankfurt a. M., 1988.
Schäfer, Armin (2001): »Der Souverän, die *clementia* und die Aporien der Politik. Überlegungen zu Daniel Casper von Lohensteins Trauerspielen«, in: Erika Fischer-Lichte (Hg.): Theatralität und die Krisen der Repräsentation, Stuttgart/Weimar, 101–124.
Schings, Hans-Jürgen (1971): »Consolatio Tragoediae. Zur Theorie des barocken Trauerspiels«, in: Reinhold Grimm (Hg.): Deutsche Dramentheorien, Beiträge zu einer historischen Poetik des Dramas in Deutschland, Frankfurt a. M., 1–43.
Schings, Hans-Jürgen (1974): »Seneca-Rezeption und Theorie der Tragödie. Martin Opitz‹ Vorrede zu den ›Trojanerinnen‹«, in: Walter Müller-Seidel (Hg.): Historizität in Sprach- und Literaturwissenschaft, München.
Schings, Hans-Jürgen (1988): »Walter Benjamin, Das barocke Trauerspiel und die Barockforschung«, in: N. Honsza/H.-G. Roloff (Hg.): Daß eine Nation die andere verstehen möge! Festschrift für Marian Szyrocki, Amsterdam, 662–676.
Schmitt, Carl (1922): Politische Theologie. Vier Kapitel zur Lehre von der Souveränität, München, Leipzig.
Schmitt, Carl (1985): Hamlet und Hekuba. Der Einbruch der Zeit in das Spiel [1956], Stuttgart.
Schöne, Albrecht (1958): »Figurale Gestaltung (Andreas Gryphius)«, in: ders.: Säkularisation als sprachbildende Kraft. Studien zur Dichtung deutscher Pfarrerssöhne, Göttingen, 29–75.
Steiner, Uwe (1989): »Allegorie und Allergie. Bemerkungen zur Diskussion um Benjamins Trauerspielbuch in der Barockforschung«, in: Daphnis 18, 641–701.

Steiner, Uwe (1992): »Traurige Spiele – Spiel vor Traurigen. Zu Walter Benjamins Theorie des barocken Trauerspiels«, in: Willem van Reijen (Hg.): Allegorie und Melancholie, Frankfurt a. M., 32–63.
Szondi, Peter (1978): »Theorie des modernen Dramas (1880–1950)«, »Versuch über das Tragische«, in: ders.: Schriften I, Frankfurt a. M., 11–148, 151–260.
Wagner-Egelhaaf, Martina (1999): Literatur und Melancholie, Stuttgart.
Warburg, Aby (1920): »Heidnisch-antike Weissagung in Wort und Bild zu Luthers Zeiten«, in: ders.: Ausgewählte Schriften und Würdigungen, hg. v. Dieter Wuttke, Baden-Baden 1992, 199–304.
Weber, Samuel (1991): »Genealogy of Modernity: History, Myth and Allegory in Benjamin's Origin of the German Mourning Play«, in: Modern Language Notes, German Issue 106, 465–499.
Weber, Samuel (2005): »The Incontinent Plot (Hamlet)«, in: Eva Horn/Bettine Menke/Christoph Menke (Hg.): Literatur als Philosophie. Philosophie als Literatur, München.
Wild, Christopher J. (2001): »Fleischgewordener Sinn: Inkarnation und Performanz im barocken Märtyrerdrama«, in: Erika Fischer-Lichte (Hg.): Theatralität und die Krisen der Repräsentation, Stuttgart/Weimar, 125–154.
Witte, Bernd (1992): Allegorien des Schreibens. Eine Lektüre von Walter Benjamins Trauerspielbuch, Merkur 46, 125–136.

»Das Kunstwerk im Zeitalter seiner technischen Reproduzierbarkeit«

Von Burkhardt Lindner

Die Abhandlung über DAS KUNSTWERK IM ZEITALTER SEINER TECHNISCHEN REPRODUZIERBARKEIT, zumeist abkürzend »Kunstwerkaufsatz« genannt, ist eine der wirkungsmächtigsten und meistrezipierten Schriften Benjamins. Sie gehört inzwischen zu den kunst-, kultur- und medientheoretischen Grundlagentexten des 20. Jh.s Im Rahmen des Gesamtwerks stellt der Text die philosophisch-ästhetische Hauptschrift der 30er Jahre dar.

Die Abfassung der Abhandlung vollzog sich ohne vorherige Publikationsvereinbarung und ohne Rückgriff auf länger zurückliegende Planungen in wenigen Wochen zwischen September und Ende Oktober 1935. Kurios erscheint der Anstoß, dem sie entsprang: ein vormittägliches Gespräch in der Bar mit Karl Steinschneider, über das nichts weiter bekannt ist (5, 185).

In einem Brief an Horkheimer bietet Benjamin seine neue Arbeit zur Publikation in der *Zeitschrift für Sozialforschung* an und charakterisiert sie u. a. mit folgenden Worten: »Uns [...] hat die Schicksalsstunde der Kunst geschlagen, und deren Signatur habe ich in einer Reihe vorläufiger Überlegungen festgehalten, die den Titel tragen ›Das Kunstwerk im Zeitalter seiner technischen Reproduzierbarkeit‹. [...] Diesmal handelt es sich darum den genauen Ort in der Gegenwart anzugeben, auf den sich meine historische Konstruktion [d. h. die Passagenarbeit, d. Verf.] als auf ihren Fluchtpunkt bezieht« (5, 179).

Diese Briefstelle steht für eine ganze Reihe ähnlicher Briefe, in denen Benjamin mit großem Stolz über die Abfassung des Kunstwerkaufsatzes berichtet. Er habe, heißt es brieflich an Werner Kraft, sich sein »Teleskop« selber bauen müssen, um es »durch den Blutnebel hindurch auf eine Luftspiegelung des neunzehnten Jahrhunderts zu richten« (5, 193), also auf die aus diesem überkommene Gestalt der Kunst.

In einem anderen Brief heißt es, er sei »zu außerordentlichen und von gänzlich neuen Einsichten und Begriffen ausgehenden Formulierungen gekommen. Und ich kann jetzt behaupten, daß es die materialistische Theorie der Kunst, von der man viel hat reden hören, die aber doch niemand mit eignen Augen gesehen hatte, nun gibt« (5, 199). Die ironische Distanz zu den KP-Debatten ist unüberhörbar.

Textgeschichte – Aufgaben einer neuen Lektüre

Zu den großen Überraschungen, die der Band VII »Nachträge« der *Gesammelten Schriften* (1989) bot, gehörte der Abdruck eines bis dahin unpublizierten Typoskripts von Das Kunstwerk im Zeitalter seiner technischen Reproduzierbarkeit, das im Max Horkheimer-Archiv in Frankfurt a. M. aufgefunden wurde und bislang unbekannte Text-Teile enthielt. In Band I (1974) wurde es noch als verschollen angenommen.

Bei diesem nunmehr als »Zweite Fassung« benannten Typoskript handelte es sich, genauer gesagt, um ein aus zwei verschiedenen Maschinenabschriften zusammengefügtes Konvolut mit handschriftlichen Korrekturen und zusätzlichen Blättern. Hieraus wurde editorisch der »Urtext« der zweiten Fassung minutiös erschlossen, wie er Horkheimer zuerst vorgelegen hat (vgl. dazu VII, 662 u. 683 f.). Daß dieser rekonstruierte ›Urtext‹ und nicht das ›Mischtyposkript‹ der Edition zugrundegelegt wurde, wird vom Herausgeber damit begründet, er stelle die Fassung dar, in der Benjamin den Kunstwerkaufsatz »zuerst veröffentlicht sehen wollte« (VII, 661).

Der Kunstwerkaufsatz liegt damit also in drei deutschen Druckfassungen vor: als Abdruck des Reinschrift-Manuskripts, das anders als die weiteren Fassungen noch keine Aufteilung zwischen Text und Fußnoten kennt (*Erste Fassung* I, 431–469), als die sehr viel später aufgefundene *Zweite Fassung* (VII, 350–384) und als *Dritte Fassung* (I, 471–508; hier noch als ›zweite Fassung‹ bezeichnet), die als Einzelpublikation in der edition suhrkamp (1963) bis heute die gewissermaßen kanonische Version des Kunstwerkaufsatzes darstellt.

Von diesem späten Fund läßt sich die Textgeschichte nun kurz skizzieren. Benjamin verfaßte zunächst das handschriftliche Manuskript des Kunstwerkaufsatzes. Danach ließ er in Paris zwischen Ende 1935/Ende Januar 1936 ein wesentlich erweitertes Schreibmaschinen-Typoskript (mit mehreren Durchschlägen und handschriftlichen Korrekturen) herstellen. Ein Typoskript wurde Horkheimer übergeben und mit ihm bei einem Aufenthalt in Paris diskutiert, woraus sich ein weiteres Typoskript ergab.

Auf dieser Grundlage erarbeitete Benjamin zusammen mit Pierre Klossowski die französische Übersetzung für die *Zeitschrift für Sozialforschung*. (Die *Zeitschrift für Sozialforschung* erschien zu diesem Zeitpunkt noch in Paris.) An der Absprache mit Horkheimer ist Adorno, damals in England, ebensowenig beteiligt wie an dem für Benjamin leidvollen Vorgang der französischen Erstpublikation. Er erhält erst etwas später ein Typoskript der zweiten Fassung und meldet in einem umfangreichen Brief große Bedenken an (s. u., Abschnitt Adorno).

Bei dieser 1936 in Heft 5 der *Zeitschrift für Sozialforschung* erschienenen Publikation (*Französische Fassung* I, 709–739) wurden auf Horkheimers Veranlassung wichtige politisch-terminologische Veränderungen (›totalitär‹ statt ›faschistisch‹ usw.) und Streichungen (z. B. die Einleitung) vorgenommen. Die komplizierte Geschichte dieser Streichungen wird dokumentiert in I, 987–1020. Horkheimer war ängstlich darauf bedacht, daß die Zeitschrift nicht in parteipolitische Diskussionen gezogen wurde, und verlangte bei grundsätzlichen theoretischen Fragen Konkordanz mit den Positionen der Kritischen Theorie. Er sah in der zensurierenden Redaktion offenbar keinen Gegensatz zur Hochschätzung des Benjaminschen Aufsatzes, von dem er ungewöhnlicherweise 200 Sonderdrucke herstellen ließ (I, 1017).

Nur die Typoskripte der dritten Fassung, deren Status editionsphilologisch nach dem Auffinden der zweiten Fassung um so schwieriger einzuschätzen ist, lagen der Publikation des Kunstwerkaufsatzes in der zweibändigen Ausgabe der *Schriften* zugrunde. Dieser Text, von dem die enorme Wirkungsgeschichte seit den 60er Jahren ausging, kann heute einer kritischen Auseinandersetzung nicht mehr genügen. Zweifellos kommt also der zweiten Fassung ein besonderer Wert zu, weil sie in den umfangreichen Fußnoten Überlegungen enthält, die sich in der ersten Fassung noch nicht finden, und nur partiell in die dritte Fassung und in die französische Übersetzung eingingen. Andererseits verhält es sich auch nicht so, daß die zweite Fassung nun die vollständigste Version darstellte; denn auch die anderen Fassungen enthalten Passagen, die in der zweiten Fassung nicht vorliegen. Es gibt angesichts der komplizierten Überlieferungslage keine Möglichkeit, aber auch keine Notwendigkeit, eine letztlich definitive Fassung zu bestimmen. Und es gibt auch keinen Grund, verschiedene Fassungen gegeneinander auszuspielen. Alle Versionen weisen die gleiche kompositionelle Anordnung auf. Das zuerst gefundene Argumentationsgerüst, das das Inhaltsverzeichnis der Handschrift (I, 433) präzise dokumentiert, bleibt in allen Fassungen bestehen.

Heute stellt sich um so mehr die Aufgabe, den gesamten Komplex des Kunstwerkaufsatzes zu berücksichtigen und ihn in einer *integralen Lektüre* zu analysieren. Das ist kein einfaches Unterfangen. Denn zu den vier rekonstruierten Fassungen und dem zugehörigen editorischen Apparat bieten die *Gesammelten Schriften* zusätzlich, und hier wiederum insbesondere der Apparat von Band I (1036–1051) und Band VII

(665–680 sowie 687–689) in größerem Umfang (aber immer noch nicht vollständig) wichtiges Nachlaßmaterial, das unbedingt mit heranzuziehen ist. Hier ergibt sich freilich die besondere Schwierigkeit, daß diese Manuskripte nicht den verschiedenen Fassungen zuzuordnen bzw. die Zuordnungen des Herausgebers nicht leicht nachzuvollziehen sind. (Einzelne Konvolute sind, wie mitgeteilt wird, übersät von Farbsignets (I, 1037), deren Kenntnis vielleicht weiterhelfen könnte.)

Zudem müßte eine integrale Lektüre noch andere Bezüge aufgreifen. Sie hätte die nicht zahlreichen, aber doch gewichtigen anderen Arbeiten Benjamins zum Film zu berücksichtigen, die in den *Gesammelten Schriften* nur verstreut zu finden sind; des weiteren die Kleine Geschichte der Photographie und die Rezensionen zur Photographie, aber auch die im Nachlaßmaterial zum Kafka-, zum Proust- und zum Kraus-Essay enthaltenen Notizen zum Stummfilm sowie die Notate in den Konvoluten der Passagenarbeit zu Photographie und Film.

Auch enthält das Nachlaßmaterial zum Kunstwerkaufsatz in erstaunlichem Umfang Literaturangaben und annotierte Exzerpte zur filmtheoretischen Diskussion – u. a. Arnheim, Balász, Kracauer, Pudowkins Regiebuch, Soupaults Chaplinbuch, Duhamel, Huxley und weitere weniger bekannte Literatur wie die Zeitschriftenbände der *L'Art cinématographique* –, die entgegen dem verbreiteten Vorurteil deutlich machen, wie intensiv sich Benjamin eingearbeitet hat. Hier wäre vieles noch genauer zu rekonstruieren.

Andererseits wird man nicht erwarten können, daß allein durch die Erweiterung des Materials die Interpretationsprobleme, die der Kunstwerkaufsatz jedem Leser bietet, sich auflösen ließen. Der Text ist ungemein dicht geschrieben; er sperrt sich gegen paraphrasierende Inhaltszusammenfassungen. Die Prägnanz der Darstellung beruht auf der Einteilung in 19 in sich geschlossene Einzelabschnitte. Benjamin hat nie erwogen, diese Struktur zu verändern und aus dem Kunstwerkaufsatz ein Buch zu machen.

Der Neuansatz einer Lektüre, der hier vorgelegt wird, verfolgt folgendes Ziel: Im Gegensatz zu bisherigen Interpretationen, die sich weitgehend an die dritte Fassung hielten, soll eine synoptische Lektüre aller Fassungen und der zugehörigen Nachlaßtexte zugrundegelegt werden. (Bei wichtigen Zitaten gibt das Kürzel »a.F.« an, daß die Formulierung sich in allen vier Fassungen findet.) Vor allem aber soll eine Perspektive verfolgt werden, die in der bisherigen Rezeption, die sich im Zeichen neomarxistischer, filmwissenschaftlicher und medientheoretischer Aktualisierung vollzog, insgesamt unterbelichtet geblieben ist. Es soll darum gehen den Begriff *Kunstwerk* im Titel ganz ernst zu nehmen und die Abhandlung als kritische Revision der philosophischen Ästhetik zu lesen. Dies verlangt einen konstruktiven Zugriff, der darauf verzichtet, der Abfolge der Abschnitte nacherzählend zu folgen.

Politischer Kontext

Benjamins große Hoffnungen auf eine intensive Debatte seiner Thesen erfüllten sich zu Lebzeiten nicht. Die französische Erstpublikation blieb ohne größeres Echo. Weitere Publikationsversuche in der Moskauer deutschsprachigen Exilzeitschrift *Das Wort*, als Übersetzung in Großbritannien oder über Shapiro in den USA kamen nicht zustande (vgl. I, 1024–1030).

Ob die Entstellungen der französischen Übersetzung zum mangelnden Echo beitrugen, wird sich nicht mehr ausmachen lassen. Aber Benjamins vergeblicher Protest – »Die vollständige Streichung des ersten Kapitels hat die gesamte Arbeit um ihre Ausrichtung gebracht« (5, 260) – war völlig berechtigt. Das Vorwort stellt bereits im ersten Satz einen Bezug zur Marxens Kritik der politischen Ökonomie her und macht den politischen »Kampfwert der Thesen« geltend. Dieser bestehe in den »neu in die Kunsttheorie eingeführten Begriffen«, die für die Zwecke des Faschismus unbrauchbar, für die einer revolutionären Kunstpolitik hingegen brauchbar seien (I, 435). Überkommene Leitbegriffe des Kunstdiskurses – Schöpfertum, Genialität, Ewigkeitswert und Geheimnis – werden suspendiert, weil sie »zur Verarbeitung des Tatsachenmaterials in faschistischem Sinne« führten (I, 435). So war Benjamin schon einmal vorgegangen, als er 1931 in der Rezension Literaturgeschichte und Literaturwissenschaft die »Hydra der Schulästhetik mit ihren sieben Köpfen: Schöpfertum, Einfühlung, Zeitentbundenheit, Nachschöpfung, Miterleben, Illusion und Kunstgenuß« brandmarkte (III, 286), um sie für die ideologische Schützenhilfe im kommenden Krieg unbrauchbar zu machen.

Streicht man den ersten Abschnitt, so bekommt der Kunstwerkaufsatz nicht nur einen seltsam biederen Anfang, es hängt auch die Schlußperspektive in der Luft, die sich gegen den kommenden Krieg Hitlers richtet, den die faschistische Ästhetisierung der Politik vorbereitet. Benjamin hat den politischen Anspruch noch einmal ausdrücklich bekräftigt, indem er eine entsprechende Passage in seine Einleitung zu Jochmanns »Rückschritten der Poesie« aufnahm, die 1940 in der *Zeitschrift für Sozialforschung* erschien (II, 582 f.).

Von einer Rezeption des Kunstwerkaufsatzes kann man erst eigentlich sprechen, als 1963 die Einzelausgabe der dritten Fassung (zusammen mit dem Photographie- und dem Fuchsaufsatz) als Taschenbuch in der edition suhrkamp erschien. Diese Publikation wurde im intellektuellen Klima von 1968 wie eine endlich eingetroffene Botschaft der Politisierung der Kunst, sozusagen als kulturrevolutionäre Bombe im Überbau, gefeiert (oder befehdet). Ungewöhnlich und unorthodox war der Marxismus, gänzlich unerwartet die Thematik von Aura und Reproduzierbarkeit; geradezu unwiderlegbar der suggestive Chiasmus des Schlußsatzes: »So steht es mit der Ästhetisierung der Politik, welche der Faschismus betreibt. Der Kommunismus antwortet ihm mit der Politisierung der Kunst« (I, 469 a.F. u. VII, 669).

In vieler Hinsicht hat diese Rezeption nur noch historische Bedeutung. Die Heftigkeit des Streits mit ›den Frankfurter Gralshütern‹ hatte auch ihren Grund darin, daß der Verdacht, Benjamins Marxismus sollte nachträglich auf Adorno-Linie gebracht werden, nicht völlig aus der Luft gegriffen war. Aber gerade weil die revolutionär-marxistische Ausrichtung des Kunstwerkaufsatzes in der heutigen Rezeption als der überholteste Teil des Kunstwerkaufsatzes gilt und auch in politischer Hinsicht andere Aspekte wichtiger geworden sind, muß hierzu etwas gesagt werden. Benjamins marxistische und antifaschistische Positionierung hatte durchaus ein eigenes Profil (Hillach 1978). Anders als die damaligen Friedenspolitiker, die auf einen Ausgleich mit Hitler setzten, geht Benjamin von der Unvermeidlichkeit des imperialistischen Kriegs der Nazis aus. Das unterscheidet ihn auch von Adorno, der noch 1938 brieflich bemerkt, »daß es nach unserer Theorie keinen Krieg geben wird [...]« (Adorno 1994, 328). Vor seinen Augen steht das Szenario einer Vernichtung, die als politisches Gesamtkunstwerk inszeniert wird.

Auch wird man nicht behaupten können, daß sich Benjamins Kommunismus – anders als der von Bloch oder von Lukács zu dieser Zeit – als stalinistisch mißverstehen ließe. Schon die Einleitung hebt hervor, daß nicht über die »Kunst des Proletariats nach der Machtergreifung, geschweige die der klassenlosen Gesellschaft« gesprochen wird, sondern von »Entwicklungstendenzen der Kunst unter den gegenwärtigen Produktionsbedingungen«, also den kapitalistisch bestimmten (I, 435). Und die Aufforderung zu einer »Politisierung der Kunst« besagt erst einmal, daß ihr – marxistisch – bislang überhaupt noch nicht genüge getan wurde, weil die ›reproduktionstheoretische‹ »Fundierung auf Politik« (I, 442 a.F.) bislang ausgeblieben war. Die Formel von der »Ästhetisierung der Politik« wird keineswegs nur auf den Faschismus bezogen. Auch die »Krise der Demokratien« gehorcht dieser Tendenz (vgl. I, 454; I, 491; VII, 396).

Zweifellos gibt es im Kunstwerkaufsatz politische Erwartungen, die dem historischen Kontext, dem sie entsprangen, zugehören und heute kein Interesse mehr finden können. Ließe sich Benjamins Kritik des Starsystems unverändert unterschreiben, so klingt seine politische Forderung nach der »Enteignung des Filmkapitals« (I, 456/372) inzwischen nur noch wie ein historisches Zitat. Ebenso sind einzelne hoffnungsvolle Passagen, die sich auf eine befreiende Kollektivität beziehen, schon in der damaligen exilpolitischen Situation problematisch gewesen.

Nur: diese ›prosowjetischen‹ Passagen finden sich gerade in der mit Horkheimer diskutierten zweiten Fassung und nicht in der dritten. Dies hätte Rolf Tiedemann veranlassen müssen, bei dieser Gelegenheit seine Adorno verpflichtete Behauptung zurückzunehmen, die spätere dritte Fassung sei »mit ihren gegenüber der ersten wie der französischen ins Auge springenden Varianten, Ergänzungen und Modifikationen im Blick auf ihre eigentliche Zuständigkeit in Rußland, wenn nicht vollends in dem auf Brecht selber hergestellt worden« (I, 1032). Der ganze Hokuspokus um eine Moskauer Fassung, der auch im damaligen Streit zwischen Adorno und der *alternative* eine Rolle spielte, erscheint im nachhinein um so fragwürdiger, als ja Adornos Antwortbrief sich auf die ihm damals vorliegende zweite Fassung bezog, und es Gretel Adorno war, der Benjamin im April 1939 eine weitere Version zur Maschinenabschrift zuschickte (6, 246 ff.), andererseits die jeweils an Brecht, an Bernhard Reich und an Willi Bredel geschickten Typoskripte sich gar nicht erhalten haben.

Benjamins Hoffnung auf das planetarisch-polytechnische Experiment der Sowjetunion (am deutlichsten in VII, 666; vgl. auch VII, 359) operiert mit der unbegründeten Unterscheidung zwischen einer friedlich-kommunistischen Technik und einer kriegerisch-faschistischen. Inzwischen haben sich solche Vorstellungen vom Primat der staatlichen Planung gegenüber der Technik (vgl. auch den Eintrag zu Carl Schmitt VII, 673) als völlig trügerisch herausgestellt. Umso wichtiger ist es, darauf zu verweisen, daß im Fluchtpunkt dieser Überlegungen der dialektische Gedanke steht, daß erst im Durchgang durch die Technisierung erfahrbar wird, daß »dem leiblichen Organismus des Einzelmenschen [...] noch längst nicht das Ihre [sic!, d. Verf.] geworden« ist (VII, 666) und die »verschütteten Lebensfragen des Individuums – Liebe und Tod – von neuem nach Lösung drängen« (VII, 360; vgl. VII, 371). Die Annahme Adornos, Benjamin habe hasardiös das Heil in einer intellektuellen Unterwerfung unters Kollektiv gesucht, ist mittlerweile ebenso gegenstandslos geworden, wie die Kontroversen, die einen guten marxistischen Benjamin von einem theologisch-metaphysisch befangenen zu separieren suchten.

Im übrigen muß, im Blick auf den marxistischen Kontext, besonders hervorgehoben werden, daß DAS KUNSTWERK IM ZEITALTER SEINER TECHNISCHEN REPRODUZIERBARKEIT anders als Adorno in der Kulturindustrie-Theorie, aber auch anders als Brecht im *Dreigroschenprozeß* (Lindner 2003) nicht vom fortgeschrittenen Warencharakter des Kunstwerks ausgeht. Benjamin weist in einer Fußnote der dritten Fassung auf den Unterschied seiner Analyse der technischen Reproduzierbarkeit und des Films gegenüber der Apparate- und Waren-Theorie Brechts ausdrücklich hin (I, 484).

Die seit den 60er Jahren einsetzende, mittlerweile über vierzigjährige, ebenso kontroverse wie thematisch äußerst verzweigte Rezeptions- und Interpretationsgeschichte des Kunstwerkaufsatzes kann hier nicht nachgezeichnet werden. Auf einzelne Arbeiten wird an entsprechenden Stellen und im Literaturverzeichnis verwiesen.

Der Titel. – Der Begriff: technische Reproduzierbarkeit

Der Titel der Abhandlung hat von Anfang an festgestanden. Er ist sehr präzise gewählt. »Das Kunstwerk«, nicht die Vielfalt der Künste oder eine bestimmte Kunst, bildet den Hauptgegenstand der Abhandlung. Das Kunstwerk, obschon eine historisch übergreifende Kategorie, hat Geschichte. Diese ist ihm nicht äußerlich; vielmehr konstituiert die Geschichtlichkeit des Kunstwerks (mindestens zwei) »Zeitalter«. Der Zusatz »seiner« zu Kunstwerk darf nicht überlesen werden, weil mit ihm aufgezeigt wird, daß es nicht um das Zeitalter allgemeiner technischer Reproduzierbarkeit gehen soll, das irgendwie auch das Kunstwerk betrifft, sondern um das durch »seine« technische Reproduzierbarkeit bestimmte Zeitalter. Von grundsätzlicher Bedeutung ist ferner, daß Benjamin nicht von Reproduktion, sondern von Reproduzier*barkeit* spricht: es geht um die Bedingungen der Möglichkeit von Reproduktion. Mit dem Zusatz »technisch« wird schließlich aufgezeigt, daß es um eine von anderen Weisen der Reproduzierbarkeit zu unterscheidende Reproduzierbarkeit geht.

Der erste Satz des ersten Abschnitts nimmt das auch sogleich auf: »Das Kunstwerk ist grundsätzlich immer reproduzierbar gewesen. Was Menschen gemacht hatten, das konnte immer von Menschen nachgemacht werden« (I, 436 a.F.). Gegenüber den Möglichkeiten der Nachahmung stellt die technische Reproduzierbarkeit einen Einschnitt dar. Um diesen Einschnitt herauszuarbeiten, skizziert Benjamin in einem Schnelldurchlauf das schubweise (»intermittierende«) Vordringen der Reproduktionstechniken seit der Antike, was ihm auch erlaubte den Buchdruck, »die technische Reproduzierbarkeit der Schrift« (I, 436 a.F.), elegant zu überhüpfen, um mit der Photographie zum ersten Mal innezuhalten. Von ihr spricht er als dem »ersten wirklich revolutionären Reproduktionsmittel« (I, 441 a.F.).

Die Photographie stellt selbst einen Einschnitt in der Geschichte der reproduktionstechnischen Einschnitte dar. Dieser besteht in der apparativen Ablösung des Auges von der zeichnenden Hand, wodurch der Vorgang der bildlichen Reproduktion sich derart beschleunigte, daß er »mit dem Sprechen Schritt halten konnte« (I, 436 a.F.).

Mit dem optochemischen Verfahren der Lichtaufzeichnung ist das Prinzip einer der sinnlichen Wahrnehmung direkt entsprechenden technischen Aufzeichnungsweise zum ersten Mal realisiert; solche Aufzeichnungsweisen werden bald für den akustischen Bereich entwickelt. Insofern läßt sich konstatieren, in der Photographie sei der Tonfilm bereits virtuell verborgen (I, 436 a.F.).

Benjamin setzt völlig zu Recht einen historischen Einschnitt bei der Erfindung der Photographie an. Aus dem Argumentationszusammenhang seines Aufsatzes lassen sich dafür drei Gründe herausarbeiten.

Zum einen belehrt die frühe Rezeption der Photographie, die der Aufsatz KLEINE GESCHICHTE DER PHOTOGRAPHIE (II, 368–385) ausführlicher behandelt, über die Schwierigkeiten einer adäquaten Einschätzung des Neuen. Man fragte, ob die Photographie eine Kunst sei, statt sich die »Vorfrage, ob durch die Erfindung der Photographie die Kunst selber sich verändert habe« (I, 447 a.F.), zu stellen. Mit aller polemischer Schärfe wendet sich deshalb Benjamin nun gegen die vorherrschenden Bestrebungen, den Film mit Mitteln einer »überkommenen Ästhetik« (ebd.) zu nobilitieren. Der Kunstwerkaufsatz nimmt den Film zum Anlaß, um eine Transformation des Ästhetischen zu konzipieren.

Zum zweiten verfügen die neuen Techniken der Reproduzierbarkeit, die im Tonfilm konvergieren, über eine unvergleichlich größere Reichweite als frühere Reproduktionsverfahren. Mit Photographie und Grammophon, und mit dem Film in noch weitergehender Weise, wird es möglich, den Bereich der bisherigen Kunstwerke – Benjamin sagt sogar: »die Gesamtheit der überkommenen Kunstwerke« (I, 437 a.F.) – zum »Objekt« der Reproduzierbarkeit zu machen. Darüber hinaus verlangen die Reproduktionstechniken die Ausbildung neuer »künstlerischer Verfahrungsweisen«, die der massenhaften Verbreitung Rechnung tragen. Der Film ist ein auf Reproduzierbarkeit angelegtes Kunstwerk. Die neuen Techniken der Reproduzierbarkeit setzen einen neuen »Standard« (I, 437 a.F.) der Kunstproduktion.

Schließlich verändert sich auch, was Benjamin mit dem Begriff Reproduzier*barkeit* anzeigt, gegenüber früheren Verfahren technischer Reproduktion das ›dingliche Substrat‹ der Reproduktion. Die spezifische Leistung des photographischen (und phonographischen und photokinetischen) Reproduktionsmediums besteht gerade darin, daß es die Vorgegebenheit eines reproduzierbaren Referenten voraussetzt, den es allererst hervorbringt. Erst mit der Photographie tritt das Photographierbare hervor.

In dieser knappen Zusammenfassung bleibt noch unbestimmt, welcher Status dem Kunstwerk – dem eigentlichen Gegenstand der Abhandlung – zugesprochen wird. Dies genau zu bestimmen, ist von grundsätzlicher Bedeutung. Verlangt ist damit, das Verhältnis von kunstkritischer Diagnose und von wahrnehmungstheoretischer Argumentation genauer zu bestimmen. Letztere wird mit der Prämisse angekündigt: »Innerhalb großer geschichtlicher Zeiträume verändern sich mit der gesamten Daseinsweise der menschlichen Kollektiva auch die Art und Weise ihrer Wahrnehmung« (I, 354 a.F.). Mit dem wahrnehmungstheoretischen Ansatz wird ein kritischer Bezug auf Marx hergestellt. Die Kritik der politischen Ökonomie fasse die Umwälzungen des kulturellen Überbaus im Zuge des Kapitalismus nicht ins Auge. *Das Kapital* kennt, außer als ideologische Verhexung, nicht das Thema ›sinnliche Wahrnehmung‹. Das ist aber gerade Benjamins Ausgangspunkt.

Welche kollektiven Wahrnehmungsveränderungen hat nun der Kunstwerkaufsatz im Blick? »Die Entschälung des Gegenstandes aus seiner Hülle, die Zertrümmerung der Aura, ist die Signatur einer Wahrnehmung, deren ›Sinn für das Gleichartige in der Welt‹ so gewachsen ist, daß sie es mittels der Reproduktion auch dem Einmaligen abgewinnt« (I, 480 a.F.). Dieser höchst komprimierte Satz enthält wie in einer Nußschale den gesamten Kunstwerkaufsatz.

Aus analytischen Gründen soll der Satz in seine zwei Bestandteile auseinandergezogen werden: Es wird zunächst auf die Veränderung der Wahrnehmung eingegangen, ehe aufgezeigt wird, warum diese Veränderungen am Kunstwerk als dem maximal Einmaligen definitiv ablesbar werden.

Das Zitat »Sinn für das Gleichartige in der Welt« verlangt zunächst eine Kommentierung. Es paßt zu Benjamins Darstellungskunst, daß er seinen zentralen Gedanken mit einem entwendeten Zitat belegt. Nur die erste (handschriftliche) Fassung gibt einen Hinweis auf das eingefügte Zitat: »Joh V Jensen« (I, 440). Die Quelle läßt sich weiter zurückverfolgen. In einer Tagebuchnotiz vom 19.9.1928 heißt es: »Ich ging früh schlafen und nahm mir die ›Exotischen Novellen‹ von Jensen ins Bett [...]« (VI, 415). Eine dieser Novellen heißt *Arabella*, über die Benjamin sagt, es sei eine »Geschichte voller Falltüren« und weiter, daß er sich daraus als Fragment notiert habe: »Richard war ein junger Mann, der Sinn für alles Gleichartige in der Welt hatte...« (VI, 416). Wer sich die Mühe macht, das Zitat in seinem Kontext aufzusuchen, wird sich allerdings verwundern. Diese Novelle hat überhaupt nichts mit Reproduzierbarkeit, mit Film oder mit technischen Medien zu tun, sondern handelt vom abenteuerlichen Identitätsverlust eines Seemanns, dem die Hafenstädte eigentlich bloß auswechselbar vorkommen. Und doch ist es dieser eine Satz, der Benjamin sozusagen angesprungen hat. Die Formulierung vom »Sinn für alles Gleichartige« wandert unausgewiesen in den Photographieaufsatz ein (II, 379) und von hier aus weiter in den Kunstwerkaufsatz.

In diesem neuen Kontext bekommt der »Sinn für das Gleichartige« eine wahrnehmungs- und medientechnische Perspektive. Ohne Zweifel war das 20. Jh. das erste, das in einer früheren Jahrhunderten völlig unbekannten Weise den Gesamtbereich des Audiovisuellen reproduzierbar, speicherbar und kommunizierbar gemacht hat. Der *Bildhunger*, der Hunger nach dem authentisch und *life* Gesehenen, hat die Illustrierte und das Fernsehen hervorgebracht und wird durch Computer und Internet weiter verstärkt.

Die Veränderungen der optischen und taktilen Wahrnehmung sind in der massenhaften Verbreitung des Reproduzierten, das durch die neuen elektronischen Verbreitungsmedien des Hör- und Bildfunks gesteigert wird, verankert. Benjamin sieht durch die fortgeschrittene Reproduzierbarkeit ein neuartiges Bedürfnis erzeugt: das »Bedürfnis [...] des Gegenstands aus nächster Nähe im Bild, vielmehr im Abbild, in der Reproduktion habhaft zu werden« (I, 440 a.F.). Es entsteht ein massenhaftes Verlangen, das auf Verkleinerung, auf Transportierbarkeit und auf nächste Nähe des Fernen ausgerichtet ist.

Benjamin notiert hier wie schon im Photographieaufsatz dazu: »unverkennbar unterscheidet sich das Abbild, wie illustrierte Zeitung und Wochenschau es in Bereitschaft halten, vom Bilde. Einmaligkeit und Dauer sind in diesem so eng verschränkt, wie

Flüchtigkeit und Wiederholbarkeit in jenem« (I, 439 a.F.).

So richtig diese Unterscheidung von Bild und Abbild ist, so bemerkenswert ist um so mehr, daß wir bei photographischen, filmischen und televisuellen Bildern immer noch von Bildern sprechen müssen, obschon es sich nicht um Bilder im klassischen Sinn, sondern technische Aufzeichnungsvorgänge handelt. Wir abstrahieren also unvermeidlich von der technischen Struktur (Momentaufnahme, Bewegungsabbildung, Sendung) und behandeln sie wie bildlich-mentale Fixierungen des Sichtbaren. Was sich dahinter verbirgt und durch automatisierte Gewöhnung fast unmerklich bleibt, läßt sich als eine Verschiebung vom Rezeptionsmodus der *Erfahrung*, die um Bilder im klassischen Sinn gruppiert ist, zu dem der *Wahrnehmung*, die das Reproduzierbare integriert, analysieren.

Wenn nun der oben zitierte zentrale Satz über den »Sinn für das Gleichartige in der Welt« das Wesen der neuen Wahrnehmung darin bestimmt, daß sie das Gleichartige nunmehr »mittels der Reproduktion auch dem Einmaligen abgewinnt«, so ist mit dem Einmaligen besonders das Kunstwerk als Gestalt des Singulären angesprochen.

Wieso betrifft die technische Reproduzierbarkeit des Audiovisuellen die Kunst überhaupt in grundsätzlicher Weise? Dies läßt sich schon in der Wirkung auf die überkommene Kunst bestimmen. Mit den Kunstbildbänden, Kunstpostkarten, mit den Schallplattenaufzeichnungen wird die bisherige Abgeschlossenheit und Einzigkeit der Museumsbestände geradezu in die Luft gesprengt. Seitdem beruht unser expandiertes Bilderwissen – und nicht nur das der Kunstüberlieferung – zum größten Teil auf Reproduktionen. Im Ergebnis vergleichbar ist die akustische Reproduzierbarkeit, die die Flüchtigkeit des Konzerts fixiert und transportabel macht: »das Chorwerk [...] läßt sich in einem Zimmer vernehmen« (I, 438 a.F.).

Bei dem auf technische Reproduzierbarkeit angelegten Kunstwerk potenziert sich dieser Prozeß. Er führt auf der räumlichen Ebene zu dem, was man eine beschleunigte *Entortung* des Kunstwerks durch Multiplizierung nennen kann. Dem korrespondiert Wiederholbarkeit auf der zeitlichen Ebene. Der Gewißheit, daß der Film bei jeder Wiederaufführung auf einer identischen Reproduktion beruht, steht die andere Gewißheit gegenüber, daß keine Theater- oder Musikaufführung völlig identisch sein kann. Beide Vorgänge – die Entortung des Kunstwerks qua Reproduzierbarkeit und seine Re-Lokalisierung als Reproduziertes – vollziehen sich, wie Benjamin beobachtet, »nicht sowohl auf dem Wege der Aufmerksamkeit als auf dem der Gewohnheit« (I, 466 a.F.).

Das ist die entscheidende Argumentation, mit der sozusagen der Kunstwerkaufsatz steht und fällt. Er geht von der Prämisse aus, daß die kollektive Wahrnehmungsveränderung selbst nur partiell bewußt erfahren wird. Technische Reproduzierbarkeit korrespondiert insofern mit den ›Massen‹, als ihre Struktur im Ich als Träger kollektiver Verhaltensweisen automatisiert wurde und reflexhaft präsent ist, so wie ich beim Sprechen eine Grammatik benutze, ohne über sie zu reflektieren. Hingegen kann am Kunstwerk und nur an ihm, indem es ins Schnittfeld von Geschichtlichkeit und Reproduzierbarkeit gestellt wird, dieser Vorgang zum Gegenstand der theoretischen Analyse gemacht werden und damit allererst die analytische Aufmerksamkeit auf jene Umwälzungen der Wahrnehmung ermöglicht werden, die sich weitgehend ›unbewußt‹ vollzogen haben.

Diese Konstruktion ist ungemein lehrreich auch für die heutigen Mediendebatten. Benjamin zitiert in der dritten Fassung Valérys erstaunliche Vorhersage aus »La conquête de l'ubiquité«, bald würden wir »mit Bildern und Tonfolgen versehen werden, die sich auf einen kleinen Griff [...] einstellen und uns ebenso wieder verlassen« (I, 475). Benjamin setzt das Zitat nicht als Beleg für die Fortschritte der Nachrichten- und Informationsverbreitung ein. Es geht ihm, wie das demselben Text Valérys entnommene, vorangestellte Motto ausweist, um eine Veränderung der Kunst. Das Motto hebt Valérys Erwartung hervor, die Veränderungen der Reproduktionstechnologie könnten dazu führen, »den Begriff der Kunst selbst auf die zauberhafteste Art zu verändern« (I, 472).

Deshalb sind auch zahlreiche Texte, die Benjamins Aufsatz als *allgemeine Theorie technischer Reproduzierbarkeit* diskutieren, einigermaßen fruchtlos geblieben. Das Mißverständnis, Benjamin rede zwar noch vom Kunstwerk, habe aber eine Theorie der technischen Massenkommunikation im Sinn, beginnt schon mit Enzensbergers »Baukasten zu einer Theorie der Medien« (1970), in dem Benjamin und McLuhan zusammengebracht werden. Ebenso aporetisch bleiben heutige Versuche, Benjamins Thesen auf der Folie gentechnischer Reproduzierbarkeit zu lesen (Mitchell 2003). Benjamin verzichtet wohlüberlegt darauf, den Begriff der Reproduzierbarkeit allzu weit zu fassen. Er fokussiert alles auf das Kunstwerk.

Dies läßt sich an einer anderen verborgenen Quelle des Kunstwerkaufsatzes illustrieren. In der dritten Fassung findet sich eine lange Fußnote, die in allen übrigen Fassungen nicht vorkommt (I, 493 f.). Sie zitiert (mit eigener Übersetzung) aus Aldous Huxleys Bericht über eine Reise nach Zentralamerika im Winter 1933, der 1935 auf französisch erschien. Wodurch Benjamin auf das Buch aufmerksam wurde, wäre interessant zu wissen. Jedenfalls sind ihm die dort versteckten, kunsttheoretischen Reflexionen über »die technische Reproduzierbarkeit« (ebd., »reproduction par procédés mechanique«) nicht entgangen. Schon in den Vorarbeiten zum Kunstwerkaufsatz hatte Benjamin Huxley (mit positiver Bewertung) exzerpiert (I, 1049; 1051). Und die von ihm nicht zitierte Stelle – »reproduit à un million d'exemplaires, l'objet le plus beau même devient hideux« (Huxley 1935, 278) – dürfte einen wichtigen Anstoß für den Kunstwerkaufsatz gegeben haben.

Daß Benjamin in der Analyse der technischen Reproduzierbarkeit gerade kulturkonservative Autoren wie Valéry und Huxley (und beim Film: Arnheim) heranzieht, hat einen einfachen Grund: Anders als die naiven Verfechter einer massendemokratisch vervielfältigten Kunst für alle, wissen sie, was auf dem Spiel steht. Sie sind zutiefst von Kunsterfahrung durchdrungen. Damit wird noch einmal die Perspektive erkennbar, in der der Kunstwerkaufsatz geschrieben ist. Es werden nicht etwa Wahrnehmungsveränderungen beschrieben, die irgendwie auch den Bereich der Kunst berühren, sondern es werden im Fokus auf das Kunstwerk Wahrnehmungsveränderungen rekonstruiert, die nicht allein die Kunst betreffen. Der Kunstwerkaufsatz ist sehr viel grundsätzlicher, als es eine medientheoretisch verengte Rezeption gewahren wollte, im Feld der philosophischen Ästhetik verankert. Das ist am Zentralbegriff der Abhandlung – der »Aura« des Kunstwerks – zu zeigen.

Die Aura des Kunstwerks

Grundsätzlich ist zu beachten, daß Benjamin neue ästhetische Kategorien einführen und mit ihnen eine neue historische Konstruktion vornehmen will. Es geht ihm also nicht etwa um eine Nacherzählung der Geschichte des Kunstbegriffs oder des Ästhetik-Diskurses. Sowohl der Begriff der technischen Reproduzierbarkeit wie der der Aura sind von Benjamin neu konzipierte Begriffe. Der Begriff der technischen Reproduzierbarkeit hat in der damaligen Filmtheorie keine Rolle gespielt. Und der Aurabegriff hat in der bisherigen Geschichte der Ästhetik nie eine nennenswerte Rolle gespielt.

Benjamins Herausarbeitung des Aurabegriffs erfolgt in engem Bezug auf das Werkhafte des Kunstwerks, nämlich durch Verknüpfung mit weiteren das Kunstwerk betreffenden Kategorien. Es ist notwendig, die verdichtete Verknüpfung etwas genauer zu zerlegen, um den oft verkannten systematischen Anspruch des Kunstwerkaufsatzes als Ästhetik zu profilieren und auch die Positionierung seiner Ästhetik gegenüber Hegel, Adorno und Heidegger zu markieren, die in den anschließenden Abschnitten weiter verfolgt wird.

Drei Bestimmungen des Kunstwerks, die, obschon eng miteinander verzahnt, sind hier nacheinander zu erörtern: das *Hier und Jetzt*, die *Echtheit* und die *Aura*. Sie zusammen ermöglichen es Benjamin, das Kunstwerk in einen geschichtlich sich wandelnden Traditionszusammenhang zu stellen und es als Gegenstand der Überlieferung zu fassen.

Das »Hier und Jetzt des Kunstwerks« wird definiert als »sein einmaliges Dasein an dem Orte, an dem es sich befindet« (I, 437). Was ist das für ein Ort? Wesentlich ist, daß dieser Ort sich vom Werk selbst aus herstellt. Es ist die Gewalt jenes, räumlich-zeitlich »da« zu sein, das die Ästhetiken Benjamins, Heideggers und Adornos (hierin übereinstimmend) als das Erscheinen des Kunstwerks beschreiben. Heidegger nennt es das »reine Insichstehen des Werks« (Heidegger 1960, 38): »Das Werk gehört als Werk einzig in den Bereich, der durch es selbst eröffnet wird« (Heidegger 1960, 40).

Die Gegenwärtigkeit des Hier und Jetzt hat im übrigen nichts zu tun mit der Präsenzerfahrung des Ichbewußtseins. Das »Hic et Nunc« ist keine Bewußtseinskategorie, sondern Korrelat der Wahrnehmung des Werks. Das Kunstwerk zeigt sich, ereignet sich, ist »da«. So hatte schon der frühe Benjamin mit einer Formulierung von Novalis bestimmt, das Kunstwerk habe eine apriorische Notwendigkeit »da zu sein« (I, 233; II, 238 u. 105 f.). Adorno spricht vom »Plötzlichen« als der Erscheinungsweise des Werks, dem ein »Gefühl des Überfallen-Werdens« entspricht (Adorno 1970, 123). Das korrespondiert mit Heideggers Betonung des Jähen und des Stoßes (Heidegger 1960, 74).

Für Benjamin ist nun ganz zentral, daß der »Standort des Originals«, das Insichstehen des Kunstwerks, vom Prozeß der Überlieferung nicht ablösbar ist. Seine durchgängige Thematisierung der Überlieferung – der Prozesse des Vergessens, Idealisierens, Wiederentdeckens – beruht auf dieser Prämisse. Das Werk bleibt also nicht dasselbe, ebensowenig wie die Art der Überlieferung, also die Tradition selbst, nicht dieselbe bleibt.

Wozu bedarf es dann der Kategorie der Echtheit? Benjamins Begriff der Echtheit hat in der Rezeption des Kunstwerkaufsatzes immer wieder Zweifel ausgelöst. Teilweise ergaben sie sich aus einer definitiv falschen Lektüre, er setze Echtheit mit der physischen Originalgestalt des Kunstwerks identisch. Aber die Definition bleibt doch problematisch, die »Echtheit einer Sache sei der Inbegriff alles vom Ursprung her an ihr Tradierbaren, von ihrer materiellen Dauer bis zu ihrer geschichtlichen Zeugenschaft« (I, 438 a.F.).

Es ist unübersehbar, daß die konkreten Bestimmungen von »Echtheit« selbst historischem Wandel unterliegen. Benjamin hat selbst dafür instruktive Belege angeführt. So heißt es in einer Fußnote, ein mittelalterliches Madonnenbild sei zur Zeit seiner Anfertigung noch nicht »echt« gewesen, sondern es erst im späteren kunstgeschichtlichen Denken geworden (I, 476). Ebenso entsprach die Vorstellung von geschichtlicher Zeugenschaft des Kunstwerks keineswegs immer dem modernen Begriff des Originals. So umfaßt »die Geschichte der Mona Lisa z. B. Art und Zahl der Kopien, die im siebzehnten, achtzehnten, neunzehnten Jahrhundert von ihr gemacht worden sind« (ebd.). Und schließlich verändert sich auch die Vorstellung vom Substrat des Echten. Die Vorstellung der Einmaligkeit als »der im Kultbild waltenden Erscheinung« verschiebt sich – was sich sehr schön an der Geschichte der Autorkategorie zeigen ließe – zu der von der »empirischen Einmaligkeit des Bildners« (I, 481).

Mit anderen Worten: Echtheit ist keine wahrnehmungstheoretische, sondern eine diskurstheoretische Kategorie, in der je historisch die Vorstellungen über Echtheit geregelt werden. Die Fortschritte physikalischer Meßmethoden haben zwar die Zahl echter Rembrandts erheblich reduziert, nicht aber die der katholischen Reliquien, weil jeweils andere Echtheitskriterien angelegt werden. Für die Ikonenmalerei sind bestimmte Herstellungsverfahren und Darstellungstechniken Ausweis der Echtheit, nicht hingegen die Zuordnung zu einem namentlich bekannten Künstler.

Gesteht man dies zu, so wird allerdings unversehens Benjamins Argumentation aporetisch. Denn behauptet wird, der »gesamte Bereich der Echtheit« entziehe sich der Reproduzierbarkeit (I, 437 a.F.). Diese Argumentation bezieht sich nicht auf den Wandel von Echtheitsvorstellungen, sondern auf den rein technischen Vorgang der Vervielfältigung. Bei der Photographie etwa mache »die Frage nach dem echten Abzug [...] keinen Sinn«. Mit dem technisch reproduzierten Kunstwerk werde generell »der Maßstab der Echtheit an der Kunstproduktion« gegenstandslos (I, 442 a.F.). Heute, wo alte Photographien und Filme zum Objekt von Sammlungen, Archiven und aufwendigen Restaurierungen geworden sind, steht außer Frage, daß gerade unter den Bedingungen technischer Reproduzierbarkeit der Maßstab der historischen Echtheit von enormer Wichtigkeit ist.

Benjamins Aporien bei der Handhabung des Begriffs der Echtheit lassen es um so schlüssiger erscheinen, daß er sich mit diesem Begriff nicht begnügen kann, sondern eine weitere Kategorie einführen muß: die der »Aura«. Diese Kategorie ist wiederum eindeutig wahrnehmungstheoretisch fundiert. Erst über sie, nicht über die Echtheit, kann das »Hier und Jetzt« des Kunstwerks mit dem rituellen Ursprung im Kult verknüpft werden. Und erst von hier aus kann jener weltgeschichtliche Umschlagspunkt konstruiert werden, in dem das auratische Kunstwerk auf dem Spiel steht.

Die Aura wird ›definiert‹ als »ein sonderbares Gespinst aus Raum und Zeit: einmalige Erscheinung einer Ferne, so nah sie sein mag« (I, 440 a.F.). Im Photographieaufsatz, dem die Definition als Selbstzitat entnommen ist, findet sich noch der Zusatz: »bis der Augenblick oder die Stunde Teil an ihrer Erscheinung hat« (II, 378). Die Erfahrung der Aura als ein atmosphärisches Wahrnehmungsgeschehen reicht in die Ferne des Raums und der Zeit; und sie ist gebunden an besondere Konstellationen, in denen sie sich einstellt. Insofern ist das Beispiel, an dem Benjamin die Aura-Erfahrung illustriert, kein rein landschaftsästhetisches. Das unterstreicht die rituelle Fundierung der Aura-Erfahrung. In einer Notiz zum Kunstwerkaufsatz wird Aura direkt als »das Heilige« bestimmt (VII, 677 u. 676). Nicht Sichtbarkeit, sondern »Unnahbarkeit« (I, 480) ist die Hauptqualität des archaischen Kultbilds, das als paradoxe Einheit von Entzug und Präsenz, Unantastbarkeit und Berührtheit wirksam ist.

Wichtiger aber als das kultische Substrat als solches sind Benjamin die historischen Ausprägungen, welche die Aura-Erfahrung ermöglicht. Als Beispiel nennt er eine antike Venusstatue. Stand solche Skulptur bei den Griechen im Kontext kultischer Verehrung, so erschien sie im Mittelalter als dämonisches Götzenbild. Trotz dieses Gegensatzes blieb sie ein Gebilde mit innewohnender Kraft. Was dem antiken Kultteilnehmer wie dem mittelalterlichen Mönch »in gleicher Weise entgegentrat, war ihre Einzigkeit, mit einem andern Wort: ihre Aura« (I, 441 a.F.). Es bedurfte erst einer Umschichtung der Antikeüberlieferung, ehe die Mariendarstellung ihren Platz übernahm.

Aura ist bei Benjamin also keineswegs bloß etwas Numinoses, das sich jeder näheren Explikation entzieht, sondern durchaus ein Arbeitsbegriff, mit dem er historische Prozesse untersucht und den er dadurch mit neuen Bezügen anreichert.

Im März 1940 berichtet er hochbeglückt Horkheimer ausführlich über das Buch *Le Regard* von Georges Salles, einem Konservator am Louvre, dessen Theorie der Kunstwahrnehmung eine Bestätigung für seine Bestimmung der Aura biete. Es ist eine eigenartige Theorie, derzufolge das Leben der Kunstwerke sich aus den Blicken speist, die auf ihm geruht haben (III, 704 f. und 589 ff.).

Die Arbeit am späteren Baudelairebuch wird ganz wesentlich von der Absicht geleitet, dessen lyrische

Produktion in der Erfahrung der Aurakrise zu fundieren. Und eben in diesem Kontext, in den bislang nur auszugsweise publizierten Baudelairefragmenten, heißt es sogar: »vielleicht ist es notwendig, es mit dem Begriff einer von kultischen Fermenten gereinigten Aura zu versuchen? Vielleicht ist der Verfall der Aura nur ein Durchgangsstadium [...]. Die auf das Spiel bezügliche Stelle der Reproduktionsarbeit heranziehen« (VII, 753). – Diese Hinweise lassen erkennen, wie die Aurakategorie des Kunstwerkaufsatzes sich bei Benjamin weiter im Fluß befindet und keineswegs als dogmatisch abgeschlossen gelten kann.

Deshalb führt es auch zu nichts, wie immer wieder geschehen, Benjamins Aura-Argumentation psychologisch auf eine Ambivalenz oder Janusköpfigkeit bei Benjamin selbst zurückzuführen, der der revolutionären Massenpolitik opfere, woran er am meisten hänge. Das kann nur einer Perspektive erscheinen, die unterstellt, Benjamins Intention sei darauf gerichtet, die Aura ideologiekritisch zu entzaubern. Der Aurakrise korrespondiert nicht ein kritisches Bewußtsein ihrer Ideologizität, sondern die Erfahrung der Aura*krise*. Mehr noch: diese Krise ermöglicht, daß Aura als etwas Erfahrbares thematisierbar wird, wie es schon jene Erzählung von der Auraerfahrung an einem Sommernachmittag (I, 440 a.F.) belegt.

Aber die Lektüre des Kunstwerkaufsatzes bietet eine andere Schwierigkeit, die, im Vorgriff auf die Filmanalyse, hier schon behandelt werden muß. Denn bei der Erörterung der Photographie und dann des Films schieben sich zwei Aura-Argumentationen ineinander, so daß streckenweise die Aura natürlicher Gegenstände und insbesondere die des Menschen an die Stelle der Aura des Kunstwerks tritt. Damit verändert sich signifikant der Begriff des Originals.

Am schlagendsten läßt sich dies einer Passage aus der zweiten Fassung entnehmen. Hier heißt es: »Zum ersten Mal – und das ist das Werk des Films – kommt der Mensch in die Lage, zwar mit seiner gesamten lebendigen Person, aber unter Verzicht auf deren Aura wirken zu müssen. Denn die Aura ist an sein Hier und Jetzt gebunden. Es gibt kein Abbild von ihr« (VII, 366). In einer Variante war statt des letzten Satzes die Passage vorgesehen: »Sie teilt sich seinem durch die Apparatur reproduzierten Abbild so wenig mit wie seine Eigenschaft, einen Schatten zu werfen. (Der Schatten im Film ist das Abbild von dem Schatten des Originals, nicht aber der Schatten des Abbilds.) Ein Abbild der Aura dagegen existiert nicht« (VII, 688, zum Schatten vgl. die davor zitierte Pirandello-Stelle, aber auch den »Schatten« in der Auradefinition I, 440 a.F.).

Ohne Zweifel können photographisch-filmische Abbildungen, anders als reale Menschen und Gegenstände, keinen ›eigenen‹ Schatten werfen. Ihnen ist, wie Chamissos Schlemihl (vgl. zu Chamisso auch VII, 677) die Fähigkeit, Schatten zu werfen, abhanden gekommen. Was der Aura des Menschen, seinem »Hier und Jetzt« zugehört, ist gerade das technisch Nicht-Reproduzierbare.

Wie man deutlich sieht, liegt hier eine andere Bestimmung des Originals vor, die nicht das Kunstwerk als Originalgestalt meint. Bei der Analyse der audiovisuellen Reproduzierbarkeit schiebt sich also eine andere Redeweise immer wieder dazwischen, die nicht sogleich mit der Hauptlinie – auratisches Kunstwerk vs. technische Reproduzierbarkeit des Kunstwerks – zur Deckung zu bringen ist. Wie diese Doppelung zu beurteilen ist, wird noch zu überlegen sein. Zunächst soll die Hauptlinie der Kunstwerkanalyse weiterverfolgt werden.

Der schöne Schein (Hegel und Goethe)

In dem knappen Abriß, den Benjamin von der Geschichte des Kunstwerks gibt (I, 441 a.F.), nimmt »der profane Schönheitsdienst« (ebd.), der sich mit der Renaissance herausbildet und bis ins 19. Jh. reicht, eine zentrale Stellung ein. Dazu heißt es erläuternd: »Die Bedeutung des schönen Scheins ist in dem Zeitalter der auratischen Wahrnehmung, das seinem Ende zugeht, begründet. Die hier zuständige ästhetische Theorie hat ihre ausdrücklichste Fassung bei Hegel erhalten« (VII, 368).

Hegel ist Benjamin wichtig; es ist die einzige klassische Kunstphilosophie, die er in längeren Fußnoten der zweiten und dritten Fassung heranzieht (I, 482 f.; VII, 357 f.; VII, 368 f.).

Überraschenderweise liest Benjamin, der im Kunstwerkaufsatz die Totenglocke für die Kunst läuten hört, Hegel nicht auf jenes Theorem hin, durch das seine Ästhetik rezeptionsgeschichtlich folgenreich wurde: die sogenannte ›These vom Ende der Kunst‹. Heine hat sie erstmals als »Ende der Kunstperiode« populär gemacht. Benjamin scheint aber bemerkt zu haben, daß Hegel keineswegs das Ende der Kunstproduktion verkündet, wohl aber das Partikularwerden der Kunst als weltgeschichtliche Gestalt des absoluten Geistes. Ihn interessiert die Konstruktion des Schönen bei Hegel.

Hegels Ästhetik umspannt den ganzen weltgeschichtlichen Kreis von den Ursprüngen in der symbolischen Vorkunst bis zur Gegenwart, der Auflösung der romantischen Kunstform. Die Konstruktion beruht auf einer Theorie des Scheins, die das Schöne als das sinnliche Erscheinen der Idee in der individuierten Werkgestalt bestimmt. Insofern fundiert Hegel am konsequentesten die philosophische Ästhetik auf den Begriff der Schönheit und kommt ohne weitere Begriffe (Geschmack, Erhabenes, Sinnengenuß) aus.

Wenn Benjamin aber nun bemerkt, Hegels Begriff des Schönen trage schon »epigonale Züge« (VII, 368), dann ist nicht mit Hegel gemeint, daß die Schönheit des Kunstwerks aufgehört habe, die höchste Gestalt der Wahrheit darzustellen. Vielmehr sei Hegels Begriff des Schönen selbst epigonal, da ihm das Schöne nicht eigentlich mehr mächtig ist. Für Hegel ist das Interesse am Schönen Indiz nur dafür, wie die neuzeitliche Kunst aus dem christologisch-romantischen Kontext der Verinnerlichung heraustritt, allerdings um den Preis, in der Breite und Vielfalt der empirischen Wirklichkeit aufzugehen. Benjamin dient diese Einsicht Hegels als Indiz für die Aurakrise: daß nämlich sein Schönheitsbegriff bereits begonnen habe, sich vom »Erfahrungsgrund« der »Aura« abzulösen (VII, 368).

Zudem wird in einem zweiten Schritt Hegels Ästhetik mit der Goetheschen Dichtung konfrontiert. Denn Goethe steht Hegels Abgesang auf die Kunst entgegen. »Der schöne Schein als auratische Wirklichkeit erfüllt noch ganz und gar das goethesche Schaffen. Mignon, Ottilie und Helena haben an dieser Wirklichkeit teil.« Als Erläuterung folgt dann eine unausgewiesene Kurzfassung der Schönheitsdefinition der Wahlverwandtschaftsarbeit: »Weder die Hülle noch der verhüllte Gegenstand ist das Schöne, sondern dies ist der Gegenstand *in* seiner Hülle« (VII, 368 f.).

Hegels und Goethes Ästhetik bezeichnen zwei Extrempositionen der modernen Erfahrung der Aura als des Schönen. Dies heißt zusammengefaßt: Die »profanen Formen des Schönheitsdienstes, die sich mit Renaissance herausbilden, um für drei Jahrhunderte in Geltung zu bleiben« (I, 441 a.Fs.) sind von einander widerstreitenden Positionen durchzogen, in denen sich aber durchgängig manifestiert, »daß diese auratische Daseinsweise des Kunstwerks niemals durchaus von seiner Ritualfunktion sich löst« (I, 441, a.F.; VII, 356).

Alles Reden über das Kunstschöne bleibt für Benjamin insofern an diesen kultischen Bannraum fixiert. Alle Versuche die Profanität des Kunstwerks zu resakralisieren erscheinen hingegen als erschlichene Theologie wie Benjamin am L'art pour l'art und am Ästhetizismus (I, 441 a.F.) ausmacht oder auch im Proust-Essay hervorhebt.

Heidegger – Sixtinische Madonna

Heideggers Schrift *Der Ursprung des Kunstwerks*, die auf einer Vortragsfolge von 1936 beruht, mit Benjamins Kunstwerkaufsatz zusammenzubringen, liegt auf den ersten Blick nicht nahe; zu verschieden erscheint die Stoßrichtung beider Texte, zu verschieden auch der politische Kontext. Und daß zwischen Heideggers ›Volk‹ und Benjamins ›Massen‹, zwischen Benjamins desperater Prognose des kommenden faschistischen Kriegs und Heideggers unbefangener Rede vom Krieg als Feldzug sich Abgründe auftun, muß nicht eigens betont werden. Um so mehr müssen bei näherer Betrachtung die Affinitäten und Divergenzpunkte dann überraschen, die sich zwischen Benjamins und Heideggers Text ergeben.

Eine Affinität besteht zunächst darin, daß beide Texte in Unkenntnis voneinander zum gleichen Zeitpunkt einen Begriff des Kunstwerks als historisch übergreifende Kategorie zugrundelegen, der nicht in der Epoche der Autonomie-Ästhetik fundiert ist. Überraschend ist weiter, wie eng sich beide Texte hinsichtlich der Diagnose einer radikalen Bedrohtheit der Kunst berühren und dagegen eigenwillige, für die Tradition der Ästhetik neue Begriffe konzipieren. Und schließlich stimmen beide darin überein, vom griechischen Begriff der Aisthesis als »sinnliche[s] Vernehmen im weiten Sinne« (Heidegger 1960, 91; vgl. I, 466) auszugehen und diesen wahrnehmungstheoretischen Zugang zum Kunstwerk strikt vom subjektiven »Erleben« zu unterscheiden. Daß das »Erlebnis« die Sphäre ist, in der die Kunst stirbt, hatte Benjamin schon sehr viel früher formuliert.

Und fast klingt es so, als sei auch der Zugriff gar nicht so verschieden, wenn Heidegger die zunehmende ›Entortung‹ der Kunstwerke beschreibt. »Das Bild hängt an der Wand wie ein Jagdgewehr oder ein Hut. [...] Hölderlins Hymnen waren während des Feldzugs im Tornister mitverpackt wie das Putzzeug. Beethovens Quartette liegen in den Lagerräumen des Verlagshauses wie die Kartoffeln im Keller« (Heidegger 1960, 9 f.). Das Kunstwerk ist heute aus dem »eigenen Wesensraum herausgerissen«; die von ihm aufgerichtete Welt ist irreversibel zerfallen, der Zugang zum Werksein versperrt (ebd., 39 f.).

Etwas fällt allerdings sofort auf: Was Heidegger als Dinglichkeit oder Verdinglichung des Kunstwerks thematisiert, bleibt ohne jeden Bezug auf die technische Reproduzierbarkeit. Daß schon zu seiner Zeit Beethovens Quartette als Schallplatten und nicht bloß als Notendrucke reproduziert wurden, kommt ihm nicht in den Sinn. Und wenn er konstatiert: »Kunstwerke sind jedermann bekannt« (ebd., 9), so unterschlägt er darin gerade den entscheidenden Umstand, daß erst durch Vervielfältigungstechniken diese allgemeine Bekanntheit zustande gekommen ist.

Wie wir sehen, denkt Benjamin eine andere Schicksalsstunde, die sich über die Apparatur, die Photographie, die Reproduzierbarkeit, den Film vollzieht. Diese Zeitgenossenschaft tritt bei Heideggers Kunstwerkaufsatz überhaupt nicht in den Blick. Daß er den Umwälzungen durch die neuen Reproduktionsmedien sich nicht stellt, hängt mit seiner Bestimmung von Überlieferung zusammen. Würde er den diskursiven und medientechnischen Veränderungen der Überlieferung größere Beachtung einräumen, so bräche sein Pathos der Rückbesinnung auf das ursprüngliche Wesen des Kunstwerks lautlos in sich zusammen.

Auch in der Konstruktion des Ursprungs tritt der Gegensatz hervor, ohne daß eigens auf die Divergenz zu Benjamins Ursprungsbegriff im Trauerspielbuch eingegangen werden muß. Wenn Benjamin, um den Kultwert zu erläutern, von der »Götterstatue« spricht, »die ihren festen Ort im Innern des Tempels hat« (I, 443 a.F.), so unterscheidet sich das mindestens im Akzent von Heideggers verzückter Rede über die Errichtung des Bildwerks des Gottes im Tempel (Heidegger 1960, 42 ff.). Die Differenz wird grundsätzlich, wenn beide von »Ausstellung« sprechen. Benjamin spannt den Bogen zwischen dem den Blicken entzogenen Kultgebilde der Steinzeit bis zur technischen Reproduzierbarkeit des Kunstwerks, indem er das schubweise Vordringen der Ausstellbarkeit analysiert. Er notiert: »In der Photographie beginnt der Ausstellungswert den Kultwert auf der ganzen Linie zurückzudrängen« (I, 445, a.F.). Während der Kultwert im engsten Sinne Unzugänglichkeit und Verborgenheit meint, meint der Ausstellungswert des Kunstwerks eine simultane Sichtbarkeit für viele.

Demgegenüber ist für Heidegger zwischen »Aufstellung« im Tempel und der »Ausstellung« eines Kunstwerks keine dialektische Beziehung herstellbar, sondern nur die Relation von Ursprünglichkeit und Vulgarisierung. Für Heidegger ist Überlieferung immer schon Beginn des Verstellens. Deshalb interessieren ihn nicht die diskursiven, medialen und materiellen Bedingungen des Tradierens. Deshalb kann es für ihn keine Erschütterung durch die technische Reproduzierbarkeit geben.

Daß das reine »Innestehen« des einsamen Werks kein Ansich ist, das jenseits der Überlieferung steht (Heidegger 1960, 74 ff.), sondern sich in der geschichtlichen Zeugenschaft erschließt: diesen Gedanken Benjamins muß Heidegger abweisen.

An einem signifikanten ›Detail‹ kann man den Gegensatz von Heidegger und Benjamin deutlich fassen: der Behandlung von Raffaels Sixtinischer Madonna. Hinzuzuziehen ist hier ein späterer Text von Heidegger, bei dem sich die Vermutung aufdrängt, daß er Benjamins Text inzwischen kannte.

Den Ausgangspunkt bildet Hubert Grimmes Untersuchung »Das Rätsel der Sixtinischen Madonna« (1922), auf die Benjamin in einer Fußnote der dritten Fassung ausführlich eingeht (I, 483) und die er früher bereits in der wichtigen Rezension Strenge Kunstwissenschaft (III, 363 ff.) hervorgehoben hat.

Grimmes sorgfältig geführter Indizienbeweis über den ursprünglichen Verwendungszweck von Raffaels Madonna als Totenvelum bei der öffentlichen Aufbahrung des Papstes in Rom, ehe es als Hochaltarbild nach Piacenza gegeben wurde, dient Benjamin als schlagender Beleg für das Vordringen des Ausstellungswerts schon innerhalb der kultischen Verwendung. Die Kurie durfte das Bild nach der Totenfeier nicht mehr öffentlich zeigen und verkaufte es kurzerhand als Kunstwerk in die Provinz. Daß Grimmes Analyse später von Marielene Putscher (1955) zurückgewiesen wurde, ist zu erwähnen, weil sie am Schluß (aus einem persönlichen Brief an sie) Heideggers damals noch unveröffentlichten Text »Über die Sixtina« vollständig abdruckt.

In diesem Text geht es wie bei Benjamin um die spezifische Aufstellung, also um den Ort, für den Raffaels Bild gemalt wurde. Heidegger unterscheidet zwischen dem »Fenstergemälde« in der Funktion als Altarbild der Klosterkirche von Piacenza, und dem »Tafelbild« der »musealen Ausstellung«, zu dem Raffaels Gemälde später in Dresden wurde. Dieser Entwertung als Museumsstück stellt er die ursprüngliche »Aufstellung« in der Kirche von Piacenza entgegen, wo die »Schönheit« des Bildes hervortritt als »Entbergen« der Wahrheit (Heidegger 1983, 120).

Daß Heideggers Argument der ursprünglichen Aufstellung (wenn wir Grimme und Benjamin folgen und nicht Putscher) gar kein fundamentum in re hat, weil Piacenza nicht der ursprüngliche Standort war, sei dahingestellt. Wichtiger ist Heideggers im Gegensatz zu Benjamin vorgenommene prinzipielle Abwertung des Museums und damit der Kategorie des Ausstellungswertes.

Die völlig entgegengesetzte Auffassung über die Geschichtlichkeit der Tradition selbst zeigt sich nicht zuletzt in der Behandlung der klassischen Ästhetik. Während Benjamin bei Hegel die Krisensymptome des schönen Scheins gewahrt und sie in die Dialektik von Kultwert und Ausstellungswert einträgt, positioniert der *Ursprung des Kunstwerks* in dem 1956 geschriebenen Nachwort Hegel völlig anders.

Heidegger stilisiert Hegels Reflexion, daß die Kunst in ihrer höchsten Bestimmung als Erscheinungsweise der Wahrheit etwas Vergangenes geworden sei, zum »Spruch«, zum Orakel über das Schicksal der Kunst. Dessen Wahrheit erschließt sich nicht den modernen Wahrheitsbegriffen. Denn »hinter diesem Spruch steht das abendländische Denken seit den Griechen«. Hegels Ästhetik sei »die umfassendste, weil aus der Metaphysik gedachte Besinnung auf das Wesen der Kunst, die das Abendland besitzt« (Heidegger 1960, 92). So kehrt Heidegger Hegels Theorie des Partikularwerdens der Kunst in der Moderne zur griechisch gedachten Unscheidbarkeit von Wahrheit und Schönheit im *eidos* um (ebd., 94).

Adorno

Ohne Adornos große Verdienste um Benjamin im geringsten zu schmälern, muß man feststellen, daß seine Rezeption des Kunstwerkaufsatzes von wenig Bereitschaft, sich auf den gedanklichen Spielraum des Textes wirklich einzulassen, getragen ist. Er hat diese Arbeit bis zuletzt nie gemocht und ihr von Anfang an unterstellt, sie sei aus einer ideologischen Hörigkeit gegenüber Brecht (Opfer des Intellekts, Identifikation mit dem Kollektiv, Barbarisierung der großen Kunst) verfaßt.

Andererseits darf nicht unerwähnt bleiben, daß sein großer Brief vom März 1936 (Adorno 1994, 168–177) die einzige umfangreiche und intensive Auseinandersetzung mit dem Kunstwerkaufsatz darstellt, die Benjamin zu Lebzeiten erfahren hat. Das sonst ausgebliebene Echo, nicht nur bei Scholem oder Brecht, verschlägt einem schon die Sprache.

Adornos Kritik wenigstens zu skizzieren, ist durchaus von theoretischem Belang, da es die besondere Position der Benjaminschen Abhandlung zu verdeutlichen hilft. Es handelt sich vor allem um einen kritischen Punkt, den Adorno immer wieder umkreist: daß der Kunstwerkaufsatz in letzter Konsequenz eine Demontage der Autonomieästhetik vollziehe. Damit widerrufe Benjamin alles, was die Emanzipation der Kunst und der philosophischen Ästhetik erreicht hat.

In der Position des dialektischen Ideologiekritikers besteht Adorno darauf, daß es (im Sinne Benjamins) der Zurückweisung »des magischen Elements am bürgerlichen Kunstwerk« bedürfe (169). Aber er hält ihm nun entgegen, daß er den Begriff der magischen Aura auf das autonome Kunstwerk umstandslos übertrage »und dieses in blanker Weise der gegenrevolutionären Funktion« zuweise (ebd.).

Andererseits eignet er sich Benjamins Aurakategorie als neue Bestimmung des autonomen Kunstwerks an und versucht, Benjamin hierauf zu verpflichten. Mit Verweis auf die Wahlverwandtschaftsarbeit, das Trauerspielbuch und die Einbahnstrasse klagt er den bisherigen Benjamin gegen den neuen ein, der die »Generallinie«, die beide vereine, verrät. »Sie unterschätzen die Technizität der autonomen Kunst und überschätzen die der abhängigen; das wäre vielleicht in runden Worten mein Haupteinwand« (173).

Adornos Position ist bestimmt von der Immanenz »des technologischen Gesetzes von autonomer Kunst« (ebd.), das er der kapitalistischen Unterwerfung der Kunst unter die Warenform entgegenstellt. Er wird die Dialektik dieses Programms erstmals in der *Philosophie der neuen Musik* stringent darlegen.

Indem Adorno den Kunstwerkaufsatz auf die Problematik der Autonomieästhetik zu verpflichten sucht, ist es ihm möglich, Benjamins Thematisierung und Analyse der technischen Reproduzierbarkeit (und alles, was sich auf den Film bezieht) auszuklammern und durch den Begriff der immanenten ästhetischen Technizität des großen Kunstwerks zu ersetzen. Diese Verschiebung erlaubt ihm weiter, den wahrnehmungstheoretischen Ansatz der Schrift außer Betracht zu lassen und durch den sozialpsychologischen der kollektiven Regression zu ersetzen. Beide Argumentationen bilden die Grundlage für Adornos Aufsatz »Über den Fetischcharakter der Musik und die Regression des Hörens«, der 1938 in der *Zeitschrift für Sozialforschung* erschien und sich als kritische Replik auf den Kunstwerkaufsatz verstand. Diesem wird unterstellt, er versuche das regressive Konsumieren »zu retten, als ob es eines wäre, in welchem der ›auratische‹ Charakter des Kunstwerks, die Elemente seines Scheins, zugunsten des spielerischen zurücktreten« (Adorno 1963, 41).

Aber es bleibt ein Stachel. Noch in der *Ästhetischen Theorie* kommt Adorno immer wieder auf den Kunstwerkaufsatz zurück, auch wenn er über dessen »penetrante Beliebtheit« schimpft, und sucht die Theorie der Aurakrise seiner eigenen Kunsttheorie zu adaptieren (Adorno 1970, 73, 89, 123, 158, 318, 408 f., 460 f.). Sie wird rückübersetzt in die philosophische Selbstreflexion des Endes der Kunst. »Zur Selbstverständlichkeit wurde, daß nichts, was die Kunst betrifft, mehr selbstverständlich ist, [...] nicht einmal ihr Existenzrecht« (9). Insofern wird auch hier, wie bei Heidegger, eine auf der äußersten Spitze sich vollziehende Rückbesinnung auf das Wesen der Kunst versucht, deren Ausgangspunkt der Hegel unterstellte Gedanke vom möglichen Absterben der Kunst (9 u. 12) darstellt. Dem habe der Kunstwerkaufsatz nichts Entscheidendes hinzugefügt. »Neu ist die Qualität, daß Kunst ihren Untergang sich einverleibt [...]. Der politische Stellenwert jedoch, den die These vom Ende der Kunst vor dreißig Jahren, indirekt etwa in Benjamins Reproduktionstheorie, besaß, ist dahin« (474).

Benjamins Geschichtskonstruktion

Beide, Heidegger wie Adorno, verlegen, bei aller fundamentalen Unterschiedlichkeit ihrer Ästhetik, die Krise der Kunst in der Moderne auf Hegels Ästhetik zurück, deren Fluchtpunkt sie im Theorem vom Ende der Kunst sehen. Das hat eine durchaus strategische Funktion. Es ermöglicht ihnen, zum einen die Reflexion des Endes der Kunst als Begründungsproblematik anzusetzen, die eine philosophische Ästhetik, die Kunst als Gestalt der Wahrheit denkt, möglich macht und einfordert. Das hindert sie zum andern absichtsvoll daran, die von Benjamin aufgewiesene, reproduktionsmedientheoretisch hergeleitete, in der Gegenwart fokussierte Krise der Kunst von vornherein in den Blick zu nehmen. Hegel habe sozusagen abschließend die Krise der Kunst im Herzen der Kunst verankert; die medientechnischen Veränderungen im 19. und 20. Jh. tragen hier nichts nennenswert Neues bei. Dementsprechend wird auch dem Film (und der Photographie) für die Systematik der ästhetischen Problemstellungen keine besondere Beachtung eingeräumt.

Benjamins dialektische Fundierung der Kunst im Ritual reicht weit über die Autonomieästhetik hinaus und stellt sich zugleich in den weltgeschichtlichen Zusammenhang seiner Gegenwart. In einem Nachtrag zum Kunstwerkaufsatz notiert er: »Kennzeichnung der besonderen Struktur der Arbeit: sie trägt die Methode der materialistischen Dialektik nicht an *irgendein* geschichtlich gegebenes Objekt heran, sondern entfaltet sie an demjenigen Objekt, das – im Gebiet Künste [sic!] – ihr *gleichzeitig* ist« (I, 1049).

Die geistesgegenwärtige Konstruktion eines Brennpunkts aus Heute und Urgeschichte: nichts anderes ist das Programm des Kunstwerkaufsatzes. Den Ausgangspunkt bildet die »Kritik des aus dem neunzehnten Jahrhundert uns überkommenen Begriffs der Kunst« (I, 1050), der ihr einen unhistorischen, abstrakt magischen Charakter zuspreche. Dem solle auf doppelte Weise entgegengetreten werden: »erstens durch ihre Konfrontation mit der gegenwärtigen Kunst, als deren Repräsentant der Film erscheint, zweitens durch ihre Konfrontation mit der wirklich magisch ausgerichteten Kunst der Urzeit« (ebd.).

In einem Brief aus Ibiza vom November 1933, auf den Tiedemann nachdrücklich aufmerksam macht (VII, 665), hat Benjamin das Verhältnis von Passagenarbeit und Kunstwerkaufsatz am Bild einer Waage erläutert. Er berichtet, daß er die Passagenarbeit in der Nationalbibliothek unterbrochen habe und, durch den Komfort seines neuen Untermieterzimmers verführt, Kraft zu einem neuen Projekt gefunden habe, womit der Kunstwerkaufsatz gemeint ist. Weiter heißt es: »jede geschichtliche Erkenntnis läßt sich im Bilde einer Wa[a]ge vergegenwärtigen, die einsteht, und deren eine Schale mit dem Gewesnen, deren andere mit der Erkenntnis der Gegenwart belastet ist. Während auf der ersten die Tatsachen nicht unscheinbar und nicht zahlreich genug versammelt sein könnten, dürfen auf der zweiten nur einige wenige schwere massive Gewichte liegen. Diese sind es, die ich mir in den letzten zwei Monaten durch Überlegungen über die Lebensbedingungen der Kunst der Gegenwart verschafft habe« (5, 199).

Anstelle der Versammlung zahlloser Zitatmaterialien in der Passagenarbeit tritt nun eine massive Gewichtung der Gegenwart, die im produktiven Sinne eine Kurzschließung des Gewesenen ermöglicht.

Die Kleine Geschichte der Photographie hat dem vorgearbeitet. Es ist besonders lehrreich, wie Benjamin hier die weltgeschichtliche Konstellation von Urzeit, Jüngstvergangenem und Gegenwart tatsächlich kurzschließt. Er zögert nicht zu betonen, wie in der frühen Photographie »die exakteste Technik [...] ihren Hervorbringungen einen magischen Wert geben« konnte und also »die Differenz von Technik und Magie als durch und durch historische Variable« anzusehen ist (II, 371 f.). Und er beharrt darauf, daß in den ersten photographisch reproduzierten Menschen die Aura hervortritt. »Es war eine Aura um sie, ein Medium, das ihrem Blick, indem er es durchdringt, die Fülle und Sicherheit gibt.« Sie präsentierten sich »mit einer Aura, die bis in die Falten des Bürgerrocks oder der Lavallière sich eingenistet hatte« (II, 376). Die Frage nach der »historischen Variablen«, also der »Differenz Technik und Magie«, führt mitten in den Kunstwerkaufsatz hinein.

Film: Apparat, Darsteller, Test

»Es ist eine andere Art der Reproduktion, die die Photographie einem Gemälde, und eine andere, die sie einem im Filmatelier hergestellten Vorgang zu teil werden läßt« (I, 448; VII, 364). Benjamin unterscheidet zwischen der einfachen technischen Reproduktion eines vorgegebenen Kunstwerks – die Photographie eines Gemäldes, die Grammophonaufzeichnung eines Konzerts, die Abfilmung einer Theateraufführung – und dem Film als Kunstwerk, dem kein Kunstwerk vorgegeben ist. Diese verblüffend schlichte Unterscheidung hat den Sinn, beim Film das Material, das qua Kamera in den Film eingeht, von der weiteren Bearbeitung (Anordnung, Auswahl, Montage) zu trennen.

Mit dieser Überlegung beginnt eine längere Analyse (über zwei Abschnitte), die das Verhältnis von Film, Apparatur und Testleistung näher bestimmt. Es ist hervorzuheben, daß Benjamin damit bei der Produktionsweise des Films einsetzt und nicht nur (wie in vielen Interpretationen angenommen) hauptsächlich die Rezeptionsseite behandelt. Wesentlich ist für Benjamin zunächst, daß der fertige Kunst-Film erst qua Montage verschiedener Aufnahmen, also im Nachhinein, entsteht und somit einen Vorgang darstellt, der als solcher vorher überhaupt nicht stattgefunden hat. Erläutert wird dies am einschneidenden Funktionswechsel, dem der Filmschauspieler im Vergleich zum Bühnenschauspieler unterliegt. Während der letztere mit seiner leibhaften Aura vor einem anwesenden Publikum spielt, ist dem Filmschauspieler das Publikum entzogen.

Benjamin zitiert hier in eigener Übersetzung aus einer französischen Übersetzung von Pirandellos schönem Roman über den Stummfilmkameramann (vgl. Pirandello 1997). In diesem Roman wird sehr eindrücklich das »Exil« des Schauspielers, der vor dem ›leeren Auge‹ der Apparatur spielt, beschrieben (I, 450 ff., a.F.). Wie wichtig Benjamin dieser Befund war, zeigt zudem eine instruktive Anekdote zur Spielerfahrung von Asta Nielsen, die er in der ersten Fassung erzählt. Der professionelle Filmschauspieler produziert die für die Aufnahmeszene verlangten Tränen abgelöst vom Erlebniskontinuum der Handlung (I, 453).

Von der Seite des Regisseurs aus betrachtet, wird damit der Schauspieler, in einer Formulierung, die Benjamin von Rudolf Arnheim (1979) übernimmt, zum »Requisit« (I, 452, a.F.). Er gerät auf die gleiche Ebene wie die der Dinge. Im Film erneuert (und perfektioniert) sich reproduktionstechnologisch, was das barocke Trauerspiel auszeichnete: daß »die Leidenschaften selber die Natur von Requisiten annehmen« (I, 311). Von der Seite des Schauspielers aus betrachtet erfährt sich dieser als seiner Menschlichkeit entfremdet.

Seine Leistung unterliegt einer Kontrolle durch den Aufnahmestab (»Produktionsleiter, Regisseur, Kameramann, Tonmeister, Beleuchter«, sodann der »Cutter«, I, 448). »Im Lichte der Jupiterlampen spielen und gleichzeitig den Bedingungen des Mikrophons zu genügen, ist eine Testleistung ersten Ranges« (I, 450). Und dieses Spielenkönnen, d.h. unter den Bedingungen der technischen Reproduzierbarkeit zu spielen, wird einem weiteren Test ausgesetzt, indem das Gefilmte »unbegrenzt vielen sichtbar« (I, 454) gemacht werden kann. Das meint Benjamins wiederholte Formulierung von der »Ausstellung vor der Masse«. »Der Film macht die Testleistung ausstellbar, indem er aus der Ausstellbarkeit der Leistung selbst einen Test macht« (I, 450). Nichts anderes meint die Kategorie »Ausstellungwert«.

Was Benjamin als Testleistung vor der Apparatur beschreibt, betrifft im übrigen nicht allein den Filmschauspieler, sondern eine neue Auslese auch im Feld der Politik und des Sports, »aus der der Champion, der Star und der Diktator als Sieger hervorgehen« (I, 455, auch 2. u. 3. Fsg.). Weitsichtig sind hier Bedingungen antizipiert, wie sie unter heutigen Medienverhältnissen selbstverständlich geworden sind.

Testen bezeichnet, wie Reproduzierbarkeit, eine fundamentale Wahrnehmungsveränderung, nämlich das Einwandern von Meßapparaturen in das Alltagsleben auf dem Wege der Gewöhnung. So wie wir schon seit Jahrhunderten gewohnt sind, unser Zeitgefühl jederzeit durch die Uhr kontrollierbar zu wissen, so sind wir mittlerweile längst gewohnt, Signale zu empfangen, Schalter zu bedienen, ein-, aus- und umzuschalten, ohne dies, außer bei einer Störung, mit voller Konzentration tun zu müssen. Benjamins eigentümliche Formulierung von der »Rezeption in der Zerstreuung« (I, 466 a.F.), die doppelsinnig ist, weil sie zugleich die Zerstreuungsrezeption wie die »zerstreute Masse« (I, 465 a.F.) meint, spielt auf diesen Sachverhalt an. Dies geschieht auch im Kino in einer quasi unbewußten Kontrolle »unter der Hand« (I, 466 a.F.). Womit auch gesagt ist, daß in dieser Analyse der Schwerpunkt nicht auf dem einzelnen Filmwerk liegt, sondern auf der medialen Apperzeption, die sich durch häufiges ›Ins-Kino-Gehen‹ (oder später: Fernsehen) vollzieht. Insofern kann allgemeiner formuliert werden: »Unter den gesellschaftlichen Funktionen des Films ist die wichtigste, das Gleichgewicht zwischen dem Menschen und der Apparatur herzustellen« (I, 460).

Es gibt gute Gründe, die Interpretation der Testkategorie in dieser Richtung vorzunehmen und sie nicht mit politisch-organisatorischen Konsequenzen zu verknüpfen. Benjamins Erwägungen von der Masse als Kontrollinstanz und einer »politischen Auswertung« dieser Kontrolle, wie sie zwischendurch angestellt werden (I, 451; VII, 370 u. Fußnote 370 f.), erscheinen in dieser Hinsicht zu vage.

Sehr viel bedeutsamer (und noch genauer zu verfolgen) ist hingegen Benjamins Rehabilitierung der »taktilen« bzw. »haptischen« Dimension der Wahrnehmung. Die »stoßweise« auf den Beschauer eindringenden Filmbilder verlangen der optischen Wahrnehmung eine »taktile Rezeption« ab (I, 466 a.F. u. I, 464, 502). Benjamin hat hier Anregungen von Henri Focillon erfahren, den er in den Vorarbeiten mehrfach nennt. Darüber hinaus verarbeitet er, wie vermittelt auch immer, Anstöße, die der zeitgenössischen Wahrnehmungsphysiologie entstammen. In dieser Forschung – etwas von David Katz zum »Aufbau der Tastwelt« – ging es nicht bloß um die experimentelle Meßbarkeit des Feingefühls der Hand, sondern um ein neues Medienparadigma der Psychophysik (vgl. hierzu Pethes 2000).

Blaue Blume

Mit dem Komplex Testleistung – Ausstellungswert ist Benjamins Analyse der filmischen Produktion erst nach der einen Seite erfaßt. In dem Abschnitt, der in der ersten Fassung den Titel »Maler und Kameramann« trägt, wird die filmische Aufzeichnung noch auf andere, sehr überraschende Weise analysiert.

Zunächst setzt Benjamin noch einmal mit dem Vergleich Film – Theater ein. Die Filmaufnahme, heißt es hier, »bietet einen Anblick, wie er vorher nie und nirgends denkbar gewesen ist. Sie stellt einen Vorgang dar, dem kein einziger Standpunkt mehr zuzuordnen ist, von dem aus die zu dem Spielvorgang als solchen nicht zugehörige Aufnahmeapparatur, die Beleuchtungsmaschinerie, der Assistentenstab usw. nicht in das Blickfeld des Beschauers fiele« (I, 458 a.F.). Dies ist beim Theater anders. Denn die Theaterproduktion ist immer auf eine Stelle, den Ort des Zuschauers, ausgerichtet, wo der Illusionscharakter der Darstellung für sich besteht und die Kulisse, die Türen für den Abgang des Schauspielers, der Schnürboden usw. ein Außen bildet. »Der Aufnahmeszene im Film gegenüber gibt es diese Stelle nicht. Dessen illusionäre Natur ist eine Natur zweiten Grades; sie ist ein Ergebnis des Schnitts« (ebd. a.F.).

Die Argumentation nimmt noch einmal den Gedanken auf, daß bei der Filmproduktion vor der Kamera kein Kunstwerk inszeniert wird, während jede Theaterprobe immer schon als Kunstleistung vor den virtuell anwesenden Zuschauern stattfindet. Der Film kann deshalb Illusionswirkung nur dadurch erzielen, daß er jenen Anblick, der der Aufnahme des Films entspricht, tilgt. (Sonst ergäbe sich ein Dokumentarfilm über die Filmaufnahme.) Daraus folgert Benjamin weiter, daß die »illusionäre Natur« des Films als »eine Natur zweiten Grades« hergestellt wird. Diese beruht wesentlich auf der Montage, wie dies schon in einem vorangegangen Abschnitt erläutert wurde, der zum ersten Mal vom Filmstudio handelt. Dort hieß es: »Das Kunstwerk entsteht hier erst auf Grund der Montage« (VII, 364; I, 449 u. 721).

Von hier aus ergibt sich ein weiterer Vergleich, in dem noch ein weiterer eingeschachtelt ist. Benjamin fragt: »wie verhält sich der Operateur [d.h. der Kameramann, d. Verf.] zum Maler? Hier sei eine Hilfskonstruktion gestattet, die sich auf *den* Begriff des Operateurs stützt, welcher von der Chirurgie her geläufig ist« (dieses Zitat und die folgenden: I, 458 f. a.F.). So ergibt sich eine Gegenüberstellung von Chirurg und praktischem Arzt, der noch die magische Autorität des Handauflegens kennt, während der Chirurg »im entscheidenden Augenblick« darauf verzichtet, dem Kranken sich von Mensch zu Mensch gegenüberzustellen; »er dringt vielmehr operativ in ihn ein.« Damit führt Benjamin beide Vergleiche zusammen: »Magier und Chirurg verhalten sich wie Maler und Kameramann. Der Maler beobachtet in seiner Arbeit eine natürliche Distanz zum Gegebenen, der Kameramann dagegen dringt tief ins Gewebe der Gegebenheit ein.« Die Gegenüberstellung betrifft aber nicht allein die grundsätzliche Funktion der Hand, sondern mehr noch das Bild der Realität, das jeweils entsteht. »Die Bilder, die beide davontragen, sind ungeheuer verschieden. Das des Malers ist ein totales, das des Kameramanns ein vielfältig zerstückeltes, dessen Teile sich nach einem neuen Gesetz zusammenfinden.«

Dieses neue Gesetz ist das Gesetz des filmischen Bildraums, der nur auf den ersten Blick der Logik der Narration folgt, vielmehr dem Prinzip einer grundsätzlichen Assoziierbarkeit und Montierbarkeit seiner Elemente gehorcht. Daraus ergibt sich die zunächst überraschende Feststellung: »Der apparatfreie Aspekt der Realität ist hier zu ihrem künstlichsten geworden und der Anblick der unmittelbaren Wirklichkeit zu der blauen Blume im Land der Technik.«

Träumt Benjamin sich hier nostalgisch in einen vortechnischen, vorreproduktionstechnischen Zustand zurück? Worauf die Überlegungen zielen, wird deutlicher, wenn wir den noch nicht zitierten Schlußsatz des Abschnitts hinzunehmen, der den Satz von der Blauen Blume variiert. »So ist die filmische Darstellung der Realität für den heutigen Menschen darum die unvergleichlich bedeutungsvollere, weil sie den apparatfreien Aspekt der Wirklichkeit, den er vom Kunstwerk zu fordern berechtigt ist, gerade auf Grund ihrer intensivsten Durchdringung mit der Apparatur gewährt« (I, 459 a.F.).

Diese intensive Durchdringung mit der Apparatur, die ja auch in anderen Abschnitten für den Filmschauspieler wie für das Kinopublikum beschrieben wird, ist offenkundig nicht bloß im Sinne apparativ-technischer Naturbeherrschung zu verstehen. Dagegen spricht auch schon der deutliche Akzent, den Benjamin auf die zerstreute, dekonzentrierte Wahrnehmung setzt, die einer objektivistischen Lesart von Reproduzierbarkeit entgegensteht. Und gerade hier erweist sich die Rede von der Blauen Blume als bedeutsam. Denn es wird ein Zusammenhang zur frühromantischen

Naturspekulation eines Novalis und eines Ritter hergestellt, die ja keineswegs technikfern angelegt war, sondern das Experiment (die Apparatur) und das Experimentieren (das Hervorrufen von unbekannten Kräften) ins Zentrum rückte. Der entscheidende Gedanke ist, daß erst aus der »intensiven Durchdringung mit der Apparatur« der »apparatfreie Aspekt« hervorgebracht wird. Hier ist mehr gemeint, als das bloße ›Vergessen des Medialen‹ in der eingewöhnten Rezeption. Gemeint ist vielmehr ein aus der Technisierung selbst entspringendes Nicht-Technisches oder besser Meta-Technisches.

Was hier vorläufig ›Meta-Technisches‹ genannt wird, ließe sich anschließen an weitere Überlegungen Benjamins, die aber angesichts einer schwierigen Textlage nur partiell zu rekonstruieren sind. Der Leser der ersten (handschriftlichen) Fassung trifft bei genauer Lektüre auf den Begriff der »zweiten Natur«, den Benjamin bei Lukács (1968, 235, bzw. Adorno 1973, 355) und bei Nietzsche (1954, 230) gefunden hat, aber anders faßt. (Er sucht, was hier nicht dargelegt werden kann, diese Konzepte neu miteinander zu kombinieren).

In einer Arbeitsnotiz aus dem Nachlaß wird die Dialektik von erster und zweiter Natur genauer skizziert. »Begriff der zweiten Natur: Daß es diese zweite Natur immer gegeben hat, daß sie aber früher von der ersten nicht differenziert war und zur zweiten erst wurde, indem die erste sich in ihrem Schoß bildete. Über die Versuche, die zweite Natur, die einst die erste aus sich hervorgehen ließ, in diese zurückzunehmen: Blut und Boden. Demgegenüber notwendig, die Spielform der zweiten Natur zur Geltung zu bringen [...]« (I, 1045).

Die zweite Natur hat sich im okzidentalen Prozeß der ökonomischen Kapitalisierung und der naturwissenschaftlichen Technisierung als gesellschaftliches Gefüge verselbständigt und verfestigt. Entsprechend heißt es: Die neuzeitliche »Technik steht nun aber der heutigen Gesellschaft als eine zweite Natur gegenüber und zwar, wie Wirtschaftskrisen und Kriege beweisen, als eine nicht minder elementare wie die der Urgesellschaft gegebene [Natur] es war« (I, 444 f.).

Damit entsteht ein Verdeckungsverhältnis, in dem die technische Beherrschung der natürlichen Kräfte und die organisatorische Beherrschung der gesellschaftlichen Elementarkräfte nicht mehr auseinandergehalten werden können. Die Technik wird zur zweiten Natur und verdeckt die erste bzw. erscheint als ›die Natur‹. Deshalb kann Benjamin sagen, daß der Mensch diese zweite Natur »zwar erfand [...] aber schon längst nicht mehr meistert« (I, 444). Mit dieser Verdeckung werden aber auch die im Feld der ersten Natur ungelöst gebliebenen Probleme verdeckt. Dies läßt sich einer weiteren Nachlaßnotiz entnehmen: »Je weiter die Entwicklung der Menschheit ausgreift, desto offenkundiger werden die die erste Natur (und zumal den menschlichen Leib) betreffenden Utopien zugunsten der die Gesellschaft und die Technik angehenden zurücktreten. Daß dieser Rücktritt ein provisorischer ist, versteht sich dabei von selber« (VII, 665; vgl. weiter VII, 666 und I, 1045).

Der Leser der zweiten und der französischen Fassung wird hingegen die Passagen zur zweiten Natur nicht vorfinden, sondern auf andere stoßen, in denen von einer »zweiten Technik« die Rede ist. Ein synoptischer Vergleich der vier Fassungen, wie sie in den *Gesammelten Schriften* ediert sind, ergibt folgendes Bild: Die erste, handschriftliche Fassung operiert mit dem Begriffspaar erster und zweiter Natur, dem die Technik zugeordnet wird. Dieses Begriffspaar wird mit der Ausarbeitung der zweiten Fassung abgelöst und modifiziert durch die neue Unterscheidung zwischen »erster«, urzeitlicher und neuer, »zweiter Technik« (VII, 359 f. und 368 f.), der die Natur zugeordnet wird. Während die erste Technik es auf magische Naturbeherrschung abgesehen hat, ist die zweite Technik auf »das Zusammenspiel zwischen der Natur und der Menschheit« ausgerichtet (VII, 359, vgl. I, 1048). Die Terminologie von erster und zweiter Technik wird ebenso auch in der französischen Fassung, für die die zweite Fassung die Grundlage darstellte, verwendet (»seconde technique«: I, 716). In der dritten Fassung schließlich kommt die Begrifflichkeit der zweiten Technik gar nicht mehr vor.

Was hier vergleichsweise übersichtlich erscheint, kompliziert sich aber erheblich bei dem Versuch, die in den Apparaten von Band I und von Band VII abgedruckten zusätzlichen Texte und Textvarianten hinzuzuziehen. Erst eine kritische Edition sämtlicher Texte zum Komplex des Kunstwerkaufsatzes könnte die Basis für genauere Aufschlüsse abgeben.

Freud. Das Optisch-Unbewußte

Im anschließenden Abschnitt wird in atemberaubender Verkürzung eine komplexe Freudrezeption exponiert, die in allen vier Fassungen vorhanden ist. (Die wichtige Passage über Mickey Mouse, Chaplin und den amerikanischen Groteskfilm fehlt allerdings in der dritten Fassung).

Benjamin führt hier als neuen Begriff den des »Optisch-Unbewußten« ein. Vom »Optisch-Unbewußten«, heißt es, erfahren wir erst durch die Filmkamera, »wie von dem Triebhaft-Unbewußten durch die Psychoanalyse« (I, 461 a.F.). Wie ist das gemeint? Worauf zielt überhaupt die Parallelisierung?

Eine Analogie zwischen der Filmrezeption im dunklen Kino mit dem nächtlichen Träumen ist hier nicht intendiert. Diesem schon damals gängigen Vergleich folgt Benjamin nicht.

Statt beim Traum, setzt Benjamin bei Freuds *Psychopathologie des Alltagslebens* ein. »Der Film hat unsere Merkwelt in der Tat mit Methoden bereichert, die an denen der Freudschen Theorie illustriert werden können. Eine Fehlleistung im Gespräch ging vor fünfzig Jahren mehr oder minder unbemerkt vorüber. [...] Seit der ›Psychopathologie des Alltagslebens‹ hat sich das geändert. Sie hat Dinge isoliert und zugleich analysierbar gemacht, die vordem unbemerkt im breiten Strom des Wahrgenommenen mitschwammen. Der Film hat in der ganzen Breite der optischen Merkwelt, und nun auch der akustischen, eine ähnliche Vertiefung der Apperzeption zur Folge gehabt« (nur dritte Fsg.: I, 498).

Anschließend wird (in allen Fassungen) näher ausgeführt, wie die bewegliche Kamera »mit ihren Hilfsmitteln, ihrem Stürzen und Steigen, ihrem Unterbrechen und Isolieren, ihrem Dehnen und Raffen des Ablaufs, ihrem Vergrößern und ihrem Verkleinern« operiert. Damit bringe sie Anblicke hervor, wie sie als Wiedergabe der Umwelt vorher nicht möglich waren. Dann fällt die erstaunliche Formulierung: »So wird handgreiflich, daß es eine andere Natur ist, die zu der Kamera als die zum Auge spricht. Anders vor allem dadurch, daß an die Stelle eines vom Menschen mit Bewußtsein durchwirkten Raums ein unbewußt durchwirkter tritt« (I, 461 a.F.).

Zur Erläuterung spricht Benjamin vom bislang ungesehenen »Griff nach dem Feuerzeug oder dem Löffel«, den erst die Filmkamera in Großaufnahme oder verschobener Perspektive reproduktiv zugänglich macht. Der Anblick läßt, wie eine beobachtete Symptomhandlung, die »verschiednen Verfassungen, [...] in denen wir uns befinden« erahnen. Und er läßt erahnen, »was sich zwischen Hand und Metall [...] eigentlich abspielt«. Registrierbar werden »völlig neue Strukturbildungen der Materie«, was an die obigen Ausführungen zur Blauen Blume erinnert (I, 461 a.F.), über die Alltagswahrnehmung (»Auge«) hinausreicht und in diese nicht integrierbar ist.

Es muß hier offen bleiben, ob Benjamin parallel zum Trieb Freuds, der sich jeder direkten Darstellung entzieht, etwas Analoges für das Optisch-Unbewußte annimmt. Jedenfalls folgt dann eine entschlossene Wendung zur Psychopathologie der Massen. In ihrem Zentrum steht Chaplin, der frühe Mickey Mouse-Tonfilm und das Kollektivgelächter.

Die Trickfilmfigur der Mickey Mouse hatte Benjamin schon früher beschäftigt (vgl. II, 218 f. u. VI, 144 f.). Nun heißt es präziser: »die mannigfachen Aspekte, die die Aufnahmeapparatur der Wirklichkeit abgewinnen kann, liegen zum großen Teil nur außerhalb eines *normalen* Spektrums der Sinneswahrnehmung. Viele der Deformationen und Stereotypen, der Verwandlungen und Katastrophen, die die Welt der Optik in den Filmen betreffen können, betreffen sie in der Tat in Psychosen, in Halluzinationen, in Träumen« (I, 462). Und Benjamin folgert weiter, daß die »Verfahrungsweisen der Kamera« Mechanismen nachbilden, dank deren sich »die Kollektivwahrnehmung die individuellen Wahrnehmungsweisen des Psychotikers oder des Träumenden zu eigen zu machen vermag«.

In dieser Hinsicht erzeugt die Kamera tatsächlich eine Art kollektives Unbewußtes, das nur apparativ erzeugt werden kann. Damit gelangt Benjamin zu einer erstaunlichen politischen Diagnose. Er schreibt: »Wenn man sich davon Rechenschaft gibt, welche gefährlichen Spannungen die Technisierung mit ihren Folgen in den großen Massen erzeugt hat – Spannungen, die in kritischen Stadien einen psychotischen Charakter annehmen – so wird man zu der Einsicht kommen, daß die selbe Technisierung gegen solche Massenpsychosen sich die Möglichkeit psychischer Impfung durch gewisse Filme geschaffen hat, in denen eine forcierte Entwicklung sadistischer Phantasien oder sadomasochistischer Wahnvorstellungen deren natürliches und gefährliches Reifen in den Massen verhindern kann. Den vorzeitigen und heilsamen Ausbruch derartiger Massenpsychosen stellt das kollektive Gelächter dar. Die ungeheuren Massen grotesken Geschehens, die zur Zeit im Film konsumiert werden, sind ein drastisches Anzeichen der Gefahren, die der Menschheit aus den Verdrängungen drohen, die die Zivilisation mit sich bringt« (I, 462). Dann folgt der Hinweis, daß die amerikanischen Groteskfilme, insbesondere Disneys Mickey Mouse und Chaplin eine »therapeutische Sprengung des Unbewußten« (ebd.) bewirken könnten.

Wir müssen aus Umfangsgründen auf eine differenzierte Diskussion von Benjamins hochinteressanter Freudrezeption verzichten. Gerade über die psychoanalytische Fundierung des Grotesk-Komischen gewinnt die abstrakte Rede von der filmischen Schockrezeption präzisere Konturen, indem sie mit dem Innervationsgedächtnis des Infantilen verknüpft wird. Ebenso müssen wir hier auch beiseitelassen, daß Benjamin mit dem Trickfilm, wie die Arbeitsnotizen zum Kunstwerkaufsatz zeigen, seine alten Überlegungen über Zeichen und Mal neu aufgreift (vgl. zu beidem Lindner 2004 u. zu letzterem Leslie 2002).

Das Massenpublikum des Kinos wird an dieser exponierten Stelle des Kunstwerkaufsatzes als ein lachendes beschrieben, das ständig neue Schocks konsumiert. Dem korrespondiert, daß politische »Spannungen [...] in kritischen Stadien einen psychotischen Charakter annehmen« (I, 462 ohne 3. Fsg.). Benjamin konstatiert, daß die Groteskfilme nicht bloß albern sind und von Sorgen ablenken, sondern in ihrer Motorik und Bilderwelt eine kollektive Psychotisierung hervorrufen. Dem hatte Chaplins Film vorgearbeitet, indem er die Masse aus der Mechanik des Massenverhaltens löst: »das Gelächter lockert die Masse auf« (VI, 103).

Das Kino habe, so lautet die Konsequenz, die Benjamin zieht, die Möglichkeit einer »psychischen Impfung« (I, 462 ohne 3. Fsg.) geschaffen: gegen das Aufkommen sadomasochistischer Wahnvorstellungen, wie sie der Faschismus und – so müssen wir nachträglich hinzufügen – der Stalinismus organisieren.

Dem liegt eine präzise politische Analyse zugrunde. Illusionslos konstatiert Benjamin die ansteigende Pathologie der Massen. Er zeigt sich überzeugt, daß sie durch politische Organisation allein nicht zu bewältigen ist, ja, daß eher umgekehrt die politische Massenformierung in der Zeit nach dem Weltkrieg Psychosen als kollektive Disposition etabliert hat. Impfung heißt ästhetisch erzeugter und künstlich beschleunigter Ausbruch von Massenpsychosen, der sich gegen ihre ›natürliche‹ Reifung (etwa im Krieg) richtet. Sie findet im Kino statt, das damit als Infektionsanstalt begriffen wird. Es ist eine Infektionsanstalt, in der die Massen ihren Führern entfremdet werden, indem sie Outsidern von ganz anderer, totalitär unbrauchbarer Starqualität wie Chaplin oder Mickey Mouse folgen. Sie erscheinen als Saboteure der beginnenden Kulturindustrie, als lachende Selbsttherapeuten gegen faschistische und stalinistische Kollektivpsychosen und als Hoffnungsfiguren eines befreienden Umbaus der kollektiven Wahrnehmungsweise.

Denken in Polaritäten. Neubestimmung der Mimesis

Benjamins psychoanalytische Überlegungen zur Massenimpfung durch die Groteskfilme sind hochinteressant, aber man wird daraus kein Rezeptionsmodell ableiten können, das den Kunstwerkaufsatz insgesamt fundiert. Die Grundthese, die die Abhandlung in allen vier Versionen herausstellt, richtet sich auf die Vorstellung, es sei Aufgabe des Kunstwerks im Zeitalter seiner technischen Reproduzierbarkeit, ein Gleichgewicht zwischen Mensch und Natur bzw. zwischen Mensch und Technisierung herzustellen. In knappster Formulierung heißt entsprechend der Film ein »Übungsinstrument« der Massen (VII, 381; I, 506).

Von eminenter Bedeutung bleibt nun aber, daß die massen-spekulativen Überlegungen grundsätzlich in einer Perspektive angestellt werden, die den Ort der Kunst neu zu bestimmen suchen. In der Bewältigung der ihm entgegentretenden Bedrohungen sei der Mensch heute »genau so auf einen Lehrgang angewiesen wie einst« gegenüber der ersten Natur. »Und wieder stellt sich in dessen Dienst die Kunst« (I, 445; vgl. VII, 359). Was mit diesem »Lehrgang« gemeint ist, war grundsätzlich ausgesprochen in dem Satz: »Die ungeheure technische Apparatur unserer Zeit zum Gegenstande der menschlichen Innervation zu machen – das ist die geschichtliche Aufgabe, in deren Dienst der Film seinen wahren Sinn hat« (I, 445).

Wenn Benjamin also in allen Fassungen des Kunstwerkaufsatzes den Film in diesem Sinne ein kollektives »Übungsinstrument« nennt, so ist damit gerade nicht gesagt, der Film werde zu Zwecken technischen Trainings instrumentalisiert. Wie schon am Beispiel der Groteskfilme gezeigt, werden diesem Kunstmedium technischer Reproduzierbarkeit Aufgaben zugewiesen, die es nur als Kunstwerk erfüllen kann und an dessen Fortbestand gebunden bleiben. Es handelt sich freilich – wie die Rede von der »Zerstreuung« zeigt – um Aufgaben oder Funktionen, welche in der Tradition der Ästhetik dem Kunstwerk als Gegenstand kontemplativer Versenkung gerade verwehrt werden sollten.

Benjamin geht es um eine fundamentale Revision der Ästhetik. Sie erschöpft sich nicht in deren bloßer Verwerfung oder in einer Ratifizierung medientechnologischer Trends. Er setzt deren bisherige Geschichte auf den Prüfstand.

Und das hat durchaus Methode. Im Kunstwerkaufsatz hat Benjamin seine Dialektik als experimentelle Methode erprobt und freigelegt wie sonst in keinem Text. Die Methode besteht nicht allein in der Kühnheit, mit der neue Begriffe erfunden oder gegebene neu definiert werden, sondern vor allem in einem Denken in Polaritäten.

Der argumentative Duktus, der Das Kunstwerk im Zeitalter seiner technischen Reproduzierbarkeit bestimmt, wird immer wieder und auf verschiedenen Ebenen von Polarisierungen vorangetrieben: Urzeit – Gegenwart; Ausstellungswert – Kultwert; Sakralität – Profanität; Maler – Chirurg; Kino – Theater; Kontemplation – Zerstreuung usw.

Aus dieser Beobachtung ergibt sich eine wichtige Einsicht, die bei jeder Lektüre der Texte des Kunstwerkaufsatzes zu beachten wäre. Benjamin denkt in polaren Konstellationen, die sich anders als Hegels Dialektik der Negation und der Aufhebung nicht als Gegensatz zugunsten des Subjekt-Pols auflösen. Die zentralen Kategorien bilden sozusagen Ellipsen mit doppelten Brennpunkten (Polen). Das Gewicht der Pole zueinander verschiebt sich je nach historischer Konstellation, aber die Polbildung selbst bleibt dabei bestehen. Das erklärt auch die eigentümliche Resistenz der Abhandlung gegenüber allen Versuchen vorschneller interpretatorischer Vereindeutigung. Man mag im Namen Benjamins die Aura verabschieden wie man will, sie kehrt hinterrücks wieder; man mag ihre Wiederkehr gegen den Autor feiern, so stellt sich doch sofort ein beklommener Zweifel an ihrem Bestand ein. Und wenn man, wie eingangs zitiert, den Kunstwerkaufsatz als Totenglocke für die Kunst lesen will, so wird man feststellen müssen, daß niemals ein besseres Memento Mori für ihr Fortleben gehalten wurde.

Das Denken in Polaritäten ermöglicht Benjamin, auf eine ästhetische Kategorie zu rekurrieren, die doch spätestens seit der Entdeckung der technischen Reproduzierbarkeit des Kunstwerks gänzlich obsolet erscheinen müßte: die der Mimesis. Der überkommene Begriff der Mimesis gibt ihm Anlaß zu einer Neubestimmung. In einer der Nachlaßnotizen, aus denen schon auszugsweise zitiert wurde, heißt es: »Die Kunst ist ein Verbesserungsvorschlag an die Natur, ein Nachmachen, dessen verborgenstes Innere ein Vormachen ist. Kunst ist, mit andern Worten, vollendende Mimesis« (I, 1047).

Es heißt »vollendende«, nicht: vollendete Mimesis. Das Partizip Präsens bezeichnet einen Vorgang, der seinen Abschluß aufschiebt, indem er ihn anstrebt. Die Kunst möchte qua Mimesis immer aufs Neue die Natur verbessern. Anders aber als die metaphysisch-messianische Perspektive der unerlösten, todverfallenen Natur, wie sie das Trauerspielbuch aufruft, anders auch als die Perspektive der Erlösung, wie sie die Wahlverwandtschaftsarbeit aufruft, wird der Kunst im Kontext der reproduktionstechnischen Aurakrise sehr viel mehr zugetraut. Denn hier erweist sich, daß Mimesis nicht bloß in einer archaischen Praxis der Nachahmung besteht, sondern ein unabgeschlossenes historisches Spannungsverhältnis in sich schließt. Mimesis kann nicht vollenden, und sich nicht vollenden, weil sie in zwei entgegengesetzte Bestrebungen verpuppt ist. So heißt es in der zweiten Fassung: »In der Mimesis schlummern, eng ineinander gefaltet wie Keimblätter, beide Seiten der Kunst: Schein und Spiel. Dieser Polarität kann freilich der Dialektiker nur Interesse entgegenbringen, wenn sie eine geschichtliche Rolle spielt« (I, 368; vgl. VII, 668). Geschichtliche Wirksamkeit entspringt dem Kräfteverhältnis zwischen beiden Polen, deren einer nie ohne einen mindestens rudimentären Bestandteil des anderen bestehen kann.

Mit der Neubestimmung der Mimesis hat Benjamin einen Fluchtpunkt bezeichnet, der für die heutige Diskussion von besonderer Wichtigkeit ist. Explizit wird dies nur in der zweiten Fassung vorgenommen. Aber in allen Fassungen benutzt Benjamin den Terminus des »Spielraums« I, 461; VII, 376; I, 500; I, 730 »champ d'action«). Hier wird drastisch der neue Spielraum im Bild einer Sprengung gefaßt, das in deutlicher Replik zu Platos Höhlengleichnis steht. »Unsere Kneipen und Großstadtstraßen, unsere Büros und möblierten Zimmer, unsere Bahnhöfe und Fabriken schienen uns hoffnungslos einzuschließen. Da kam der Film und hat diese Kerkerwelt mit dem Dynamit der Zehntelsekunden gesprengt, so daß wir nun zwischen ihren weitverstreuten Trümmern gelassen abenteuerliche Reisen unternehmen.« (Dies ist eine Formulierung, die Benjamin bereits 1927 in der Besprechung des *Panzerkreuzers Potemkin* verwendet: II, 752). Und was hier in bezug auf den filmischen Raum gesagt wurde, gilt in anderer Weise schon für die technische Reproduziertheit des Filmmediums überhaupt. In ihm ist als technisches Apriori die Einmaligkeit des Ortes des Originals gesprengt.

Miriam Hansen hat die Idee des Spielraums mit Recht ins Zentrum einer Neulektüre des Kunstwerkaufsatzes gestellt. Sie zeigt auf, wie bei Benjamin in vielfältiger Weise auf das Spiel und das Spielen rekurriert wird (Hansen 2004). Sie zieht u. a. auch Caillois' kulturgeschichtliche Analyse der Spiele heran (Caillois 1982), was in zweifacher Hinsicht erhellend ist. Zum einen ist Caillois' Schematisierung der Spielformen ebenfalls an Polaritäten ausgerichtet und berührt sich insofern mit Benjamins Interesse. Zum andern aber vermeidet er geradezu ängstlich jede nähere Bezugnahme auf die Kunst und die Geschichte der Ästhetik, so daß sich auf dieser Folie die andersartige Perspektive Benjamins um so deutlicher abhebt.

Etwas schematisch lassen sich Benjamins Überlegungen (mit Hauptbezug auf die Passagen VII, 360 u. 368 f.; VII, 667 f.) folgendermaßen darstellen. Das Kunstwerk hat seinen Ursprung im Kult, der das Ästhetische noch nicht als Gesondertes kennt. ›Kunst‹ ist hier reiner Kultwert, in dem die Pole Schein und Spiel noch ungeschieden und unscheidbar bleiben. Die Aura stellt sich dar als »das Heilige« (VII, 677). In diesem Kontext, und nicht etwa im Rekurs auf die griechische Ästhetik, führt Benjamin den Mimesisbegriff ein. Er bestimmt Mimesis »als Urphänomen aller künstlerischen Betätigung« (VII, 666). Sie ist magischen Ursprungs und findet ihre erste Stabilisierung im Ritual. In ihm bildet, wie es an der eben zitierten Stelle weiter heißt, der Leib des Nachahmenden das Medium des ältesten Nachahmens, erste »Manifestation der Mimesis«. Und in einer anderen Notiz heißt es lapidar: »der Leib ist die zentrale Instanz des Magischen« (VII, 676). In dieser leibzentrierten Mimesis sind die magische Beschwörung einer Sache und das Nachspielen einer Sache noch nicht getrennt.

Der kultische Grund besteht historisch weiter in der klassischen Kunstauffassung der Griechen, die auf dem Mimesisbegriff beruht. Diese Mimesisvorstellung wird wesentlich im Feld der Nachahmung artikuliert, nämlich als Abbild(ungs)relation. Ob auf die Idealität von Wahrheit (Plato) oder auf die von Wahrscheinlichkeit (Aristoteles) bezogen, wird das Schöne des sinnlichen Scheins und der Rede nicht in einem Verhältnis zum Spiel gedacht, sondern primär erkenntniskritisch bestimmt.

Die Geschichte des Spielens und der Spiele vollzieht sich auch danach weithin außerhalb der Artes liberales. Die Kunstlehren tradieren den kultischen Charakter des Kunstwerks; die Formen der Spiele erhalten hingegen eine subalterne, vom Bereich der Kunst ausgeschlossene Position zugewiesen.

In den Ästhetiken des deutschen Idealismus beginnen zwar Schein und Spiel in ihrer Polarität auseinanderzutreten, aber verbleiben noch in der Dominanz der Ästhetik als Lehre vom Schönen Schein. Zudem wird der Ursprung der Kunst in kultischer Mimesis durch die Lehre vom Genie verdeckt. Die Erfahrung des Spielens blieb in der Ästhetik bis ins 19. Jh. überlagert vom Scheinpol.

Der vom Scheinpol überlagerte Spielpol der Mimesis drängt nun, indem das Kunstwerk ins Zeitalter seiner technischen Reproduzierbarkeit tritt, hervor. Nunmehr beginnt der Spielpol den Scheinpol zurückzudrängen. Dies vollzieht sich im Massenmaßstab, doch zugleich als neuer »Spielraum« des »Individuums« (I, 360).

Benjamins Interesse am Spiel durchzieht das ganze Werk. Die Skala reicht vom Sammelinteresse an Kinderspielzeug und Spielfibeln über die Reflexion kindlichen Spielens in Rezensionen und autobiographischen Texten, über das theatrale Spielen in allen Versionen bis zum Glücksspiel und zu den auf Spielbildungen beruhenden Phalanstères von Fourier. Einmal zusammengestellt, würden diese Texte eine erstaunliche Sammlung bedeutender Einsichten und Beobachtungen ergeben.

Man wird davon ausgehen können, daß Benjamin das gesamte Spektrum des Spiels und des Spielens im Sinn hat, wenn er im Kunstwerkaufsatz das Spiel als Gegenpol zum Schein (und seinem Spektrum) in der Mimesis fundiert. Die Energien des Spiels, die sozusagen der Kunst geschichtlich entlaufen sind, sollen zurückgebunden werden auf den Ort des Kunstwerks, der sich im Spielpol regeneriert. Wie weit Benjamin diesen Horizont fassen möchte, belegt die Notiz: »Spielelemente der neuern Kunst: Futurismus, atonale Musik, poésie pure, Kriminalroman, Film« (I, 1048).

Insofern kann es keineswegs überraschen, daß diese Perspektive des Kunstwerkaufsatzes erst jetzt unter den Bedingungen elektronisch-digitaler Reproduzierbarkeit beginnt, verstärkte Aufmerksamkeit zu finden. Die Neubestimmung der Mimesis in der Polarisierung von Schein und Spiel eröffnet die Chance, das politisch-analytische Rüstzeug, das bei Benjamin geschichtlich hinterlegt ist, neu zu denken.

In einer Situation, wo mehr Gegenwartskunst produziert wird als je zuvor und sich der Spielraum der Künste fast unübersehbar erweitert hat, ist sein Einspruch gegen einen Kunstdiskurs, der postavantgardistisch die korrumpierten Auravorstellungen des 19. Jh.s weiter mitschleppt und neu aufputzt, um so dringender nötig.

Werk

Das Kunstwerk im Zeitalter seiner technischen Reproduzierbarkeit (Erste Fassung I, 431–469)
(Zweite Fassung VII, 350–384)
(Dritte Fassung I, 471–508)
L'Œuvre d'art à l'epoque de sa reproduction mécanisèe (I, 709–739)
Paralipomena zum Kunstwerkaufsatz (I, 1037–1051; VII, 665–680 und 687–689)
Titelloses Manuskript (VII, 815–823)
Erwiderung an Oscar A.H. Schmitz (II, 751–755)
Gespräch mit Anne May Wong. Eine Chinoiserie aus dem alten Westen (IV, 523–527)
»Hitlers herabgeminderte Männlichkeit [...]« (VI, 103 f.)
Der Kampf der Tertia. Zur Berliner Uraufführung (IV, 532–533)
Kleine Geschichte der Photographie (II, 368–385)
Rez. zu Encyclopédie Française. Bd. 16 u. 17: Arts et littératures dans la société contemporaine, Paris 1935 f. (III, 579–585)
Rückblick auf Chaplin (III, 157–159 u. VI, 137 f.)
Spielzeug und Spielen. Randbemerkungen zu einem Monumentalwerk (III, 127–132)
Zur Lage der russischen Filmkunst (II, 747–751)
Zu Micky-Maus (VI, 144 f.)

Literatur

Adorno, Theodor W. (1963): »Über den Fetischcharakter der Musik und die Regression des Hörens«, in: ders.: Dissonanzen, Göttingen, 9–45.
Adorno, Theodor W. (1967): »Resumé über Kulturindustrie«, in: ders.: Ohne Leitbild. Parva Aesthetica, Frankfurt a. M., 60–70.
Adorno, Theodor W. (1970): Ästhetische Theorie, in: ders.: Gesammelte Schriften Bd. 7, Frankfurt a. M.
Adorno, Theodor W. (1973): »Die Idee der Naturgeschichte« [1932], in: ders.: Gesammelte Schriften Bd. 1, Frankfurt a. M., 345–365.
Adorno, Theodor W./Walter Benjamin (1994): Briefwechsel 1928–1940, hg. v. Henri Lonitz, Frankfurt a. M. (insbes. Brief vom 18.3.1936, 168–177).

Adorno, Gretel/Walter Benjamin (2005): Briefwechsel, hg. v. Christoph Gödde/Henri Lonitz, Frankfurt a. M.
Arnheim, Rudolf (1979): Film als Kunst, Frankfurt a. M.
Baldensperger, Fernand (1935): »Le raffermissement des techniques. Dans la littérature occidentale dès 1840«, in: Revue de Littérature comparée XV/I, Paris, 77–96.
Buck-Morss, Susan (1992): »Aesthetics and Anaesthetics: Walter Benjamin's Artwork Essay Reconsidered«, in: October 62, 3–41.
Caillois, Roger (1982): Die Spiele und die Menschen. Maske und Rausch, Frankfurt a. M.
Caygill, Howard (2000): »Benjamin, Heidegger and the Destruction of Tradition«, in: Andrew Benjamin/Peter Osborne (Hg.): Walter Benjamin's Philosophy. Destruction & Experience, London/New York, 1–30.
Collomb, Michel (1987): »Über die Modernisierung der Kultur. Walter Benjamin liest Paul Valéry«, in: Jacques Le Rider/Gérard Raulet (Hg.): Verabschiedung der (Post-)Moderne? Eine interdisziplinäre Debatte, Tübingen, 197–207.
Duhamel, Georges (1930): Scènes de la Vie future, Paris.
Enzensberger, Hans Magnus (1970): »Baukasten zu einer Theorie der Medien«, in: Kursbuch 20, 159–186.
Focillon, Henri (1934): Vie des Formes, Paris.
Freud, Sigmund (1999): Gesammelte Schriften in 18 Bänden, Bd. III Psychopathologie des Alltagslebens, Bd. XIII Jenseits des Lustprinzips, 1–70, Massenpsychologie und Ich-Analyse, 73–161, Bd. XVII, Psychoanalyse und Telepathie, 27–44, Frankfurt a. M.
Fürnkäs, Josef (2000): »Aura«, in: Michael Opitz/Erdmut Wizisla (Hg.): Benjamins Begriffe, Bd. 1, Frankfurt a. M., 95–146.
Gance, M. Abel (1927): »Le temps de l'image est venu!«, in: L'Art cinématographique II, Paris, 83–102.
Geulen, Eva (1992): »Zeit zur Darstellung: Walter Benjamins ›Das Kunstwerk im Zeitalter seiner technische Reproduzierbarkeit‹«, in: Modern Language Notes Bd. 107, 580–605.
Grimme, Hubert (1922): »Das Rätsel der Sixtinischen Madonna«, in: Zeitschrift für bildende Kunst 57 (NF 32), 41–49.
Groys, Boris (2003): »Die Topologie der Aura«, in: ders.: Topologie der Aura, München, 33–46.
Gumbrecht, Hans Ulrich/Michael Marrinan (Hg.) (2003): Mapping Benjamin. The Work of Art in Digital Age, Stanford.
Gumbrecht, Hans Ulrich (1997): »Wahrnehmung versus Erfahrung oder Die schnellen Bilder und ihre Interpretationsresistenz«, in: Birgit Recki/Lambert Wiesing (Hg.): Bild und Reflexion. Paradigmen und Perspektiven gegenwärtiger Ästhetik, München, 160–179.
Habermas, Jürgen (1972): »Bewußtmachende oder rettende Kritik – die Aktualität Walter Benjamins«, in: Siegfried Unseld (Hg.): Zur Aktualität Walter Benjamins, Frankfurt a. M.
Hansen, Miriam (1987): »Benjamin, cinema and experience: ›The blue flower in the land of technology‹«, in: New German Critique 40, 179–224.
Hansen, Miriam (2004): »Room-for-Play: Benjamin's Gamble with Cinema«, in: October 109, 3–45.
Hegel, Georg Wilhelm Friedrich (1965): Ästhetik, hg. v. Friedrich Bassenge, 2 Bde, Berlin/Weimar.
Heidegger, Martin (1960): Der Ursprung des Kunstwerks, mit e. Einf. v. Hans-Georg Gadamer, Stuttgart.
Heidegger, Martin (1983): »Über die Sixtina«, in: Gesammelte Werke, Bd. 13, Aus der Erfahrung des Denkens. Frankfurt a. M., 119–121.
Hillach, Ansgar (1978): »›Ästhetisierung des politischen Lebens.‹ Benjamins faschismustheoretischer Ansatz – eine Rekonstruktion«, in: Burkhardt Lindner (Hg.): »Links hatte noch alles sich zu enträtseln...« Benjamin im Kontext, Frankfurt a. M., 127–167.
Huxley, Aldous (1935): Croisière d'hiver. Voyage en Amérique Centrale 1933, Paris.
Jensen, Johannes V. (1925): Exotische Novellen, Berlin.
Kemp, Wolfgang (1978): »Fernbilder. Benjamin und die Kunstwissenschaft«, in: Burkhardt Lindner (Hg.): »Links hatte noch alles sich zu enträtseln...« Benjamin im Kontext, Frankfurt a. M., 224–257.
Leslie, Esther (2002): Hollywood Flatlands. Animation, Critical Theory and the Avant-Garde, London.
Lindner, Burkhardt (1978): »Technische Reproduzierbarkeit und Kulturindustrie. Benjamins ›Positives Barbarentum‹ im Kontext«, in: ders. (Hg.): »Links hatte noch alles sich zu enträtseln...«. Walter Benjamin im Kontext, Frankfurt a. M., 180–223.
Lindner, Burkhardt (1992): »Benjamins Aurakonzeption: Anthropologie und Technik, Bild und Text«, in: Uwe Steiner (Hg.): Walter Benjamin 1892 – 1940. Zum 100. Geburtstag, Bern/Berlin, 217–249.
Lindner, Burkhardt (2001): »Das Optisch-Unbewußte. Zur medientheoretischen Analyse der Reproduzierbarkeit«, in: Georg Christoph Tholen/Gerhard Schmitz/Manfred Riepe (Hg.): Übertragung – Übersetzung – Überlieferung. Episteme und Sprache in der Psychoanalyse Lacans, Bielefeld, 271–289.
Lindner, Burkhardt (2003): »Der Dreigroschenprozeß«, in: Jan Knopf (Hg.): Brecht-Handbuch, Bd. 4, Stuttgart/Weimar, 134–155.
Lindner, Burkhardt (2004): »Mickey Mouse und Charlie Chaplin. Benjamins Utopie der Massenkunst«, in: Detlef Schöttker (Hg.): Schrift Bilder Denken. Walter Benjamin und die Utopie der Massenkunst, Frankfurt a. M., 144–155.
Long, Christopher P. (2001): »Art's Fateful Hour: Benjamin, Heidegger, Arts and Politics«, in: New German Critique 83, 89–115.
Lukács, Georg (1968): Geschichte und Klassenbewußtsein. Studien über marxistische Dialektik, Neuwied/Berlin.
Mitchell, W.J.T (2003): »The Work of Art in the Age of Biocybernetic Reproduktion«, in: Modernism/Modernity 10 (3), 481–500.
Nägele, Rainer (2001): »Mechané. Einmaliges in der mechanischen Reproduzierbarkeit«, in: Marianne Schuller/Elisabeth Strowick (Hg.): Singularitäten. Literatur – Wissenschaft – Verantwortung, Freiburg 2001, 43–57.
Nietzsche, Friedrich (1954): »Vom Nutzen und Nachteil der Historie für das Leben«, in: ders.: Werke, hg. v. Karl Schlechta, Bd. I, München, 209–285.
Pethes, Nicolas (2000): »Die Ferne der Berührung. Taktilität und mediale Repräsentation nach 1900. David Katz, Walter Benjamin«, in: Zeitschrift für Literaturwissenschaft und Linguistik 30, H. 117, 33–57.
Pierre-Quint, Léon (1927): »Signification du cinéma«, in: L'Art cinématographique II, Paris, 1–28.
Pirandello, Luigi (1997): Die Aufzeichnungen des Kameramanns Serafino Gubbio, in: Gesammelte Werke, hg. v. Michael Rösner, Band 1, Berlin.
Putscher, Marielene (1955): Raphaels Sixtinische Madonna. Das Werk und seine Wirkung, Tübingen.
Salzinger, Helmut (1973): Swinging Benjamin, Frankfurt a. M.
Schneider Manfred (1996): »Der Barbar der Bedeutungen:

Walter Benjamins Ruinen«, in: Norbert Bolz/Willem van Reijen (Hg.): Ruinen des Denkens, Frankfurt a. M., 215–236.

Schwering, Gregor (2004): »Walter Benjamin und Walter Serner: Optisch-Unbewußtes und Schaulust. Zur Signatur eines Medienumbruchs«, in: Sprache und Literatur 35, 14–25.

Stoessel, Marleen (1983): Aura: das vergessene Menschliche. Zu Sprache und Erfahrung bei Walter Benjamin, München.

Valéry, Paul (1995): »Die Eroberung der Allgegenwärtigkeit«, in: ders.: Werke. Bd. 6 (Zur Ästhetik und Philosophie der Künste), hg. v. Jürgen Schmidt-Radefeldt, Frankfurt a. M., 479–483.

Wawrzyn, Lienhard (1973): Walter Benjamins Kunsttheorie. Kritik einer Rezeption, Darmstadt/Neuwied.

Weber, Samuel (1996): Mass mediauras: form, technics, media, Stanford.

Wolff, Janet (1998): »Memoires and Micrologies: Walter Benjamin's artwork essay reconsidered«, in: Marcus Taura/Lynda Need (Hg.): The actuality of Walter Benjamin. London, 156–171.

Die Passagenarbeit

Von Irving Wohlfarth

Mit dem fünften Band der *Gesammelten Schriften* hat Rolf Tiedemann 1982 eine Edition vorgelegt, der jeder nachfolgende Forscher zu Dank verpflichtet ist. Er hat die Manuskripte entziffert, unerläßliche »Zeugnisse zur Entstehungsgeschichte« in einem umfangreichen Apparat zusammengestellt, ein Quellenverzeichnis und Tabellen zur Datierung der Konvolute erarbeitet und eine gedrungene Einleitung verfaßt. »Neue Zeugnisse zur Entstehungsgeschichte« samt einem Hinweis auf unveröffentlichte »Pariser Paralipomena zum Passagenwerk« kamen hinzu (VII, 852–872). Damit war der Grund zur Erforschung des Projekts und seines komplizierten Werdegangs gelegt. – Zu empfehlen ist, daß die Neuausgabe nicht mehr »Das Passagen-Werk«, sondern, wie Benjamin sie nannte, die Passagenarbeit heißt. Sowohl das philosophische System als auch das literarische Werk waren in seinen Augen brüchig geworden, Prousts Lebenswerk ein letztes auf lange (II, 311), und sein eigenes, ein messianisch-alchimistisches *Grand Œuvre* erst im Kommen.

Seitdem wurde viel und wenig zum Verständnis des Projekts getan. Es folgten internationale Kongresse (Frankfurt 1982; Paris 1983), Sammelbände (Bolz/Witte 1984; Wismann 1986), Übersetzungen (Agamben 1986; Lacoste 1989), eine Gesamtdarstellung des Projekts (Buck-Morss 1989), ein kunst- und musikhistorisches Panorama einzelner Motive (Schalz/Rautmann 1997), eine dreibändige Untersuchung historisch-politischer Aspekte (Blobel 1999–2000), eine Rekonstruktion der Grundbegriffe (Opitz/Wizisla 2000), ein Gruppenversuch, dessen »Aktualisierbarkeit« zu erproben (Schalz/Rautmann 2006). Mit der amerikanischen Übersetzung kam die angelsächsische Rezeption in Gang. Ein Internet-Link steht dem virtuellen Flaneur zur Verfügung: http://www.g.peaker.dsl.pipex.com/arcades/Passagenwerk.html.

Dennoch ähnelt die Passagenarbeit nach wie vor jenen aus dem Verkehr gezogenen Dingen, an denen sie sich ursprünglich entzündete – dem Sammelsurium alter, vor sich hin träumender, in den Vitrinen verfallender Passagen nach »geheimen Affinitäten« (V, 993) geordneter Sachen. Vom Trauerspielbuch schrieb Benjamin, er habe die Probe darauf gemacht, wie weit eine »strenge Beobachtung echter akademischer Forschungsmethoden« vom bürgerlichen Wissenschaftsbetrieb abführt (4, 18). Analoges gilt für das Passagenprojekt. Das »Erwachen« aus dem »Phantasmagorien« (I,408; V,59), um das es beiden geht, ist zugleich eines aus dem akademischen Schlummer.

Eine Sichtung der wachsenden Sekundärliteratur zur Passagenarbeit und der von ihr angeregten Arbeiten zur Medien-, Stadt- und Architekturgeschichte sowie zur Alltags- und Massenkultur tut dennoch not. Dies wäre indes ein eigenes Unterfangen gewesen. Hier geht es vielmehr um die Herausforderung, die in diesem oft totgesagten Projekt steckt. Es sei, so sein Autor, »von höchster praktischer Wichtigkeit«, »das Meer [...], das wir befahren, und das Ufer, von dem wir abstoßen«, zu erkennen (V, 493). Wird im folgenden besonderer Nachdruck auf Benjamins diesbezügliche Auseinandersetzung mit Adorno gelegt, dann auch um eines »Abstoßens« von beiden Denkern willen.

»Man wird mir nicht nachsagen können«, schreibt Benjamin von der Passagenarbeit, »daß ichs mir leicht gemacht hätte« (3, 368). Mit ihr hat man sich's bisher leicht gemacht. Samt der Fragen, die sie hinterläßt: War sie exemplarisch und, wenn ja, wofür? Bleibt sie es? Oder ging sie fehl? Warum wird, innerhalb wie außerhalb der sogenannten Benjamin-Forschung, dieses experimentum crucis bei aller »Würdigung« (I, 1246) letztlich ignoriert? Wie sind Antworten auf diese Fragen vorzubereiten?

Die klügsten Köpfe geben sich heute lieber mit den »geistvollen Formulierungen« der theologischen Jugendschriften als mit den »Lumpen« (V, 574) ab, denen sich der spätere, nüchternere, materialistische Benjamin widmet. Indem er alles daransetzt, *die* »Historie« zu schreiben, die wir »brauchen« (zit. I, 700), stellt er sein eigenes bisheriges Denken samt den Prioritäten der damaligen und heutigen Intelligenz auf die Probe.

Ökonomie des Scheiterns

»Habe nun, ach! Philosophie... Durchaus studiert«. Die Passagenarbeit ist das Laboratorium eines Alchimisten, wo Erfahrung unter den Bedingungen ihrer Unmöglichkeit erzeugt werden soll. Laut ÜBER DAS PROGRAMM DER KOMMENDEN PHILOSOPHIE (1917) wurde Kants erkenntniskritische Leistung mit einem auf den »Nullpunkt« (II, 159) reduzierten Begriff von Erfahrung erkauft. Daraus ergab sich die Aufgabe, vergleichbare methodische Strenge mit einem erfüllten Begriff von Erfahrung zu vereinen. Die Passagenarbeit war Benjamins durch den Surrealismus hindurchgegangener Versuch, dieses Programm zu verwirklichen. Da aber Kants »niedere[r]« (ebd.), ungeschichtlicher, auf die Naturwissenschaften zugeschnittener Begriff von Erfahrung deren realer, weltgeschichtlicher Reduktion entsprach, geriet ihre Rettung paradox. Sie stellte ein ungesichertes Experiment dar, nicht mehr als individuelles leibgeistiges Ich (II, 161), sondern als das Organ des unterdrückten kollektiven Subjekts, das »beileibe kein Transzendentalsubjekt« (I, 1243) war, die unreduzierte Erfahrung der Moderne anhand von strengen, aber beweglichen Schematisierungen und Kategorientafeln zu konstruieren. Und so wie das PROGRAMM die Erfahrung von Naturvölkern, Wahnsinnigen und Kranken gegen den nüchternen, helleren Wahnsinn der kantischen »Erkenntnismythologie« ins Feld führt (II, 161 f.), soll jeder Gedanke des Passagenprojekts dem »Wahnsinn« (Adorno 1994, 147; 365) entrungen werden.

Fast alle zwischen 1927 und 1940 entstandenen Schriften Benjamins kreisen wie Satelliten um die halb verdeckte Sonne der Passagenarbeit. Mehr noch: auch die frühesten und entferntesten Gedanken tragen »ein Telos auf diese Arbeit in sich« (V, 570). So etwa der 1914 geschriebene Satz, daß die »Elemente des Endzustandes« als »gefährdetste, verrufenste und verlachte Schöpfungen und Gedanken tief in jeder Gegenwart eingebettet« (II, 75) sind. Rückblickend erweisen sich Benjamins gesammelte Schriften als die versprengten Bruchstücke eines einzigen, werdenden, in ständigem Umbruch begriffenen Werks, das ein unendlich viel dichteres und zugleich lockeres Gewebe darstellt als das »Spinnennetz« (I, 207) philosophischer Systeme. Das Ganze ist, so betrachtet, Passagenarbeit: Erkundung und Durchdringung des eigenen Gedankenmassivs. Es ist deshalb irreführend, hier vom romantischen Fragment (Adorno 1970, 37) oder gar von »Fragmentarismus« (Schöttker 1999) zu sprechen, es sei denn in diesem Sinn. Als »Fragment[] der wahren Welt« (I, 181) harrt das Bruchstück einer Vollendung, die »erst der Messias selbst« (II, 203) verleihen wird. Benjamins Texte sind somit auf eine »Abgeschlossenheit« (I, 207) hin angelegt, die sie nicht vorwegnehmen dürfen. Die (aller)letzte Hand hätte folglich auch die zu Ende gebaute »Skelettkonstruktion« (Schöttker 1999, 215) der Passagenarbeit nicht anlegen können. Aber die Rede von »Fragmentarismus« – die Benjamin ohnehin als »Einführung neuer Terminologien« (I, 217) geahndet hätte – läßt die Trümmer des Werks auf Kosten der Idee, die dort *am* Werke ist, erstarren.

Gefahr und *Erfahrung* teilen – wie *experience* und *expérience* – dieselbe Wurzel. Der Augenblick der »Erkennbarkeit«, in dem das »wahre Bild der Vergangenheit« (I, 695) aufblitzt und der historische Materialist, der »für seine Person Geschichte schreibt«, eine »Erfahrung« (702) mit ihr macht, ist der Augenblick der »Gefahr« (695). Diese Sätze aus Benjamins letzten Thesen enthalten eine ganze Geschichts- und Erkenntnistheorie in nuce und verweisen auf die historische Erfahrung, die sie diktierte. Benjamins gefährlichstes und gefährdetstes Unternehmen war die Passagenarbeit. Sie zwang ihn, sich in Reichweite der Bibliothèque Nationale aufzuhalten, wo seine Papiere nach seiner Flucht Zuflucht fanden, und sie dürfte ihn daran gehindert haben, Paris rechtzeitig zu verlassen.

»War er des endlichen Mißlingens erst einmal sicher«, heißt es 1938 von Kafka, »so gelang ihm unterwegs alles wie im Traum« (6, 114). Dieses abgründige Epitaph könnte auf dem Grabstein der Passagenarbeit stehen. Seine »Siege im Kleinen«, so Benjamin 1932, entsprechen den »Niederlagen im Großen«, die die »eigentliche Trümmer- oder Katastrophenstätte« seiner Produktion bilden (4, 112f.). Die Passagenarbeit wurde zum Umschlagplatz dieser Konkursmasse. Über- und Untergang (Nietzsche), »Nachlaß zu Lebenszeiten« (Musil), »Bau« (Kafka), chef d'œuvre inconnu (Balzac): sie war das große, aufgeschobene, aufgehobene Scheitern, das viele, gar nicht so kleine Siege – etwa den Kunstwerk-Aufsatz – zeitigte.

Aus den Trümmern großer Bauten, so 1925 der Schluß des Trauerspielbuchs, spricht die Idee ihres Bauplans eindrucksvoller als von geringeren noch so wohl erhaltenen. Der »gewaltige Entwurf« des Trauerspiels sei daher zu Ende zu denken (I, 409). Was Benjamin dort unternahm, ist für die Passagenarbeit zu leisten: das »Abgeschlossene«(V, 589) (die »Totenmaske« (IV, 107)) zu einem »Unabgeschlossenen« (V, 589) (der »Konzeption« (ebd.)) zu machen. »Zu Ende« denken heißt, der veränderten »Konstellation« gemäß, in die unsere Epoche zur seinen getreten ist (I, 704), sie um-, ab- und weiterbauen.

Der »gewaltige Entwurf«: *reculer pour mieux sauter*

Marx nimmt Kants Definition von Aufklärung beim Wort und schreibt die Emanzipation der Menschheit von ihrer »Vorgeschichte« als kommunistisches Programm fort. Die wahre Geschichte beginnt erst mit der klassenlosen Gesellschaft. Anders gesagt: »Solange es noch einen Bettler gibt, solange gibt es noch Mythos« (V, 505) – nämlich die »ewige Wiederkehr« (I, 1234) der Vorgeschichte. Im Jahrzehnt des heraufziehenden Faschismus – des »Mythos des zwanzigsten Jahrhunderts« (Rosenberg) – und des sich in Mythos verstrikkenden Sowjetkommunismus steht die Passagenarbeit für einen auf Theologie und Psychoanalyse rekurrierenden historischen Materialismus ein, der, alle drei verändernd, auf eine andere Aufklärung, eine zweite Entzauberung der Welt zielt. Die »dialektische[] Optik« (II, 307) des selbstgebauten »Teleskop[s]«, das Benjamin durch den »Blutnebel« der Gegenwart auf eine »Luftspiegelung« des 19. Jh.s richtet, soll sie im Lichte eines »zukünftigen, von Magie befreiten Zustands« (5, 193) zeigen. Es handelt sich ebenfalls um ein erträumtes »Oneiroskop« (IV, 697): »Traumdeutung« (V, 580) der unbewältigten Vergangenheit in weltbürgerlicher Absicht (V, 493). Der historische Materialist tritt als ein rationaler Hellseher, ein »rückwärts gewandter Prophet« (V, 1237) auf, der sich an die Zukunft zu erinnern und »die Gegenwart vorherzusehen« (ebd.; Wohlfarth 1996) hat.

Wie bei Marx und Nietzsche, den ersten Zerstörern des hydraköpfigen bürgerlichen Historismus, gelten hier *Geschichte machen* und *Geschichte schreiben*, wie vermittelt auch immer, als zwei Seiten desselben Kampfs. Die wahre Politik geht mit der wahren Geschichtsschreibung einher (I, 1231); die Gegenwart kann nur über die Vergangenheit – genauer: die Archäologie des Jüngstvergangenen (Lindner 1986) – erreicht werden. Und umgekehrt: die Rettung der einen setzt die der anderen voraus. Diese Wechselwirkung verläuft indes asymmetrisch. Die Gegenwart (die Politik) hat den Primat über die Vergangenheit (die Geschichte), die, nunmehr um sie kreisend, »zum dialektischen Umschlag, zum Einfall des erwachten Bewußtseins« (V, 491) wird. Darin liegt die »kopernikanische Wendung« (490) dem Historismus gegenüber, der von der Gegenwart nichts wissen will.

Geht jede Geschichtsschreibung nolens volens von ihrer Zeit aus, so hat dies möglichst wachsam zu geschehen. Denn ein »neuer Traumschlaf« (494), der in einen Alptraum zu münden droht, ist über Europa gekommen. Benjamins Gegenwart stellt sich ihm als die Verschärfung einer langen Krise dar, deren Weichen im 19. Jh. gestellt wurden. Letzteres »hat den neuen technischen Möglichkeiten nicht mit einer neuen gesellschaftlichen Ordnung zu entsprechen vermocht« (1257). Der Fortschritt – die sprengende Dialektik zwischen entfesselten Produktivkräften und befreiten Produktionsverhältnissen, auf die Marx setzen konnte – hat sich in entfesselte Regression verwandelt; die erstarrte Urgeschichte des Trauerspielbuchs wird vom Bild einer ins Verderben rasenden Lokomotive (I, 1232) überblendet. Auf diese Blockierung der historischen Dialektik antwortet eine andere, rettende »Dialektik im Stillstand« (V, 55). Zwischen der Gegenwart und ihrer Vorgeschichte kann und soll, zumindest im Medium der Geschichtsschreibung, eine »Stillstellung« der homogen fortschreitenden Zeit stattfinden, die den »rechten Abstand« (II, 439) zu beiden ermöglicht. Vergangenes wird aktualisiert, Gegenwart historisiert (Ivernel 1986). Letztere ist durch die sparsame Akzentuierung dessen, was sie am schwersten belastet (I, 698; V, 585), und die Verfremdung ihrer »teuersten« Phantasmagorien – Fortschritt, Kultur, Geschichte, auch »Aktualität« (II, 241) als das Trugbild des »Neuen und Neuesten« (242) – »festzustellen«. Ineins damit rückt das »wahre« Bild einer »sehr bestimmten«, bislang unterdrückten Vergangenheit, das im Augen-Blick der Epochen aufblitzt, bis zum Greifen nah. Diese Konjunktion der Epochen macht die gegenwärtige Konjunktur – »wahre Aktualität« (246) – aus.

Historische Erkenntnis wird hier als eine »Technik des Erwachens« (V, 1006) konzipiert. Uneingelöste Vorgeschichte kehrt aus aktuellem Anlaß wieder und drängt aufs Erwachen, auf praktische Erlösung hin. Den Traum vergessen, heißt, ihn fortsetzen. Er ist deshalb so zu vertiefen, daß man sich mit seiner Kraft von ihm abstoßen kann. Die Frontlinien verlaufen durch den Traum. Der geheimen Waffe des Kapitalismus – der Massenproduktion des Vergessens – steht eine andere entgegen: ein Schachautomat (I, 693), der wie Freuds magischer »Wunderblock« konstruiert ist.

Diese ganze Theorie ist im Begriff des Sprungs enthalten, der den Fort-Schritt unterbricht (Stern 1982). *Reculer pour mieux sauter*: der Sprung nach vorn ist ein Sprung zurück. Der Historiker macht, wie jeder Traum, einen »Tigersprung ins Vergangene«, der zugleich der »dialektische [Sprung]« ist, »als den Marx die Revolution begriffen hat« (I, 701). Hic Rhodos, hic salta: jeder Augenblick ist potentiell dieser »kleine[] Sprung in der kontinuierlichen Katastrophe« (I, 683) – ein diskontinuierliches Jetzt, in dem »die Wahrheit mit Zeit bis zum Zerspringen geladen« (V, 578) ist. Er erlaubt, ein fälliges Stück Vergangenheit aus dem Zeitkontinuum – eine *citation à l'ordre du jour* – »herauszusprengen« (I, 703). »Durch die Aufweisung des Sprungs in ihnen« (V, 591) werden Dinge als »Ursprungsphänomen[e]« gerettet (I, 226). Die ursprüngliche »Einheit« der Wahrheit bleibt jedoch als »sprunglose« (I, 213) unerreichbar. – »Gegensinn der Urworte« (Freud): das Wort »Sprung« weist selber einen Sprung auf. Er ist sowohl der Bruch, der den Dingen seit dem Sündenfall in die Geschichte eingezeichnet ist, als auch die Bruchstelle, der Ort der »Schroffen und Zacken«, die »Halt« bieten (V, 592) und somit erlauben, »zur Auferstehung treulos über[zu]springen« (I, 406). Das Gift ist das Gegengift, der Sprung der Gegensprung. Diese Logik ist die des bucklicht Männleins (Wohlfarth 1988). Nur das zu Rettende kann uns retten.

Lassen sich all diese Theorie-Bruchstücke zusammenfügen, so bleiben sie dennoch *als* Sprünge, Brüche und Würfe wie in einem unvollständigen »Mosaik«, einem gebrochenen »Gefäß«, einem »Torso« oder »Entwurf« bestehen. Was Benjamin von seinen letzten Thesen schreibt, gilt für seine theoretischen Schriften insgesamt: Sie sind »in mehr als einem Sinne [...] reduziert« (I, 1226). Keine Begriffsdichtung, sondern intensive Verdichtung liegt vor. Diese Theorie der Geschichte muß daher Satz für Satz auseinandergelegt, überdacht und weitergetrieben werden. Sonst kann ihre synthetische Begrifflichkeit, die an die »mystische Terminologie« (I, 48) der Frühromantiker erinnert, nur noch wiederholt oder abgetan werden. Ihre Rezeption ist entsprechend ausgefallen. Zunächst viel zitiert, aber eher aus »Einfühlung in den Besiegten« als im Sinne ihrer eigenen Zitiertechnik, wurde sie dann fallengelassen. Eine produktive Auseinandersetzung steht weitgehend aus. Dies liegt wohl auch an der zirkulären Bewegung der aufeinander verweisenden Begriffe, die selber einen quasi-mythischen Bannkreis bilden.

Die Passagenarbeit stellt sich die Aufgabe, diese Theorie ins Werk zu setzen und sich nicht mehr mit programmatischen Forderungen oder Teilkonkretionen zu begnügen. Soll die Philosophie laut Marx weltlich und die Welt philosophisch werden, dann muß sich die Theorie auf die Empirie nicht nur theoretisch, sondern praktisch-empirisch einlassen. Gerade der historische Materialist hat das historische Material ernst zu nehmen. Daran haben die Autoren vom *Kapital* und von Paris, die Hauptstadt des XIX. Jahrhunderts in den Nationalbibliotheken zweier kapitalistischer Metropolen jahrelang gearbeitet – der eine, vom anderen ausgehend, als ein Passagen kreuz und quer bahnender Spürhund. Ihr Weg führt vom »Elend« und von der »Zuhältersprache« der Philosophie in deren Verweltlichung hinein.

Die Intelligenz seiner Generation, schreibt Benjamin 1927 im Hinblick auf seine Moskau-Reise, sei wohl die letzte auf lange hinaus gewesen, die eine unpolitische Erziehung genossen habe. Mit ihrer Radikalisierung sei ihr die fragwürdige Position des freien Schriftstellers bewußt geworden (VI, 781). Daher sein Wunsch, die Einbindung der Intellektuellen in der UdSSR zu beobachten. Daher auch das Passagenprojekt: ein großer, disziplinierter Versuch, aus der literarischen Sphäre heraus in den Geschichtsraum zu gelangen. Diese Anstrengung ist ihm anzumerken. Benjamin will hier »einen, dem Pol [s]eines ursprünglichen Seins entgegengesetzten« (4, 440) behaupten, um sich von jeder falschen Literarisierung abzugrenzen. Gleichzeitig geht sein Programm, die Moderne am eigenen Leib zu erfahren, auf die Figur des literarischen, ja ästhetisierenden Flaneurs zurück. Und dennoch war es gerade dieser Ahne, der die entscheidende Schwierigkeit erkannte, »das moderne Leben, oder besser *ein* modernes, abstrakteres Leben« zu schildern (Baudelaire 1968, 229). Wer soll das abstrakte Ganze noch erfahren können? Entgeht der flanierende Literat der allgemeinen Berufsdeformation, so weist er dafür eigene Entstellungen auf.

Die Passagenarbeit steht vor analogen Aporien hinsichtlich der *wissenschaftlichen* Arbeitsteilung. Dies hat Folgen für ihre Rezeption gehabt. Wer ist für ein Projekt zuständig, das zwischen alle Lehrstühle fällt? Der übliche Zufluchtsort, die Literaturwissenschaft, ist aus den gerade genannten Gründen ein problematischer. Weitere Welten klaffen zwischen Benjamins Auffassung von Geschichte und Politik und denen der Fach-Philosophen, -Politologen, -Historiker und -Soziologen. Hier ist, aus institutioneller Sicht, ein vogelfreier Einzelgänger mit überspannten Kategorien und manch genialer Intuition in ein unwegsames Niemandsland geraten.

Es ist symptomatisch, daß auch Jürgen Habermas, den immerhin wichtige intellektuelle Verwandtschaftsbeziehungen mit Benjamin verbinden, sich in seinen verschiedenen Panoramen modernen Denkens nie genötigt fühlte, zur Passagenarbeit Stellung zu nehmen. Vermutlich ist ihm Benjamins »anthropologischer Materialismus«, in dem schon Adorno mit Bezug aufs 19. Jh. ein »tief romantisches Element« (Adorno 1994, 368) sah, dem Verständnis komplexer moderner Gesellschaften nicht gewachsen. Wer ist also dazu befugt und daran interessiert, es mit diesem »gewaltigen Entwurf« aufzunehmen?

Die erste Arbeitsphase (1927–29)

Der Herausgeber hat diese Phase in »Erste Notizen« (V, 991–1038) und »Frühe Entwürfe« (1039–1063) aufgeteilt. Letztere enthalten eine erste Fassung des gemeinsam mit Franz Hessel geplanten Artikels (Passagen) und den Komplex Pariser Passagen II, das Material zum projektierten Essay »Pariser Passagen. Eine dialektische Feerie« und die Texte, die Benjamin 1929 Adorno und Horkheimer vorlas, einschließt. Diese teils nüchternen, teils rhapsodischen Prosafragmente – eine »Dialektik des Rausches« (II, 299) in actu – sind bisher kaum studiert worden. Dies nachzuholen gäbe einen genaueren Einblick in Benjamins Auseinandersetzung mit dem Surrealismus. Als Adorno sich 1935 auf einige dieser ersten Entwürfe berief, hatte sich Benjamin inzwischen von ihnen distanziert. Ohne sie jedoch wäre es zum großen Wurf nie gekommen. An ihrer Umformulierung läßt sich verfolgen, wie die Wissenschaft, die Benjamin vorschwebte, den ungedecktesten Einfällen entsprang.

1935, als er die Form des inzwischen fallengelassenen Essays eine »unerlaubt ›dichterische‹« nennt, gibt er dessen Untertitel, wohl versehentlich, als »Eine dichterische Feerie« (5, 143) an. »Dichterisch« ist sie zunächst als Verdichtung wesentlicher Motive. Erstaunlich viel – darunter die »kopernikanische Wendung« samt der Abwendung vom »eigentlich« Gewesenen – wird hier in »blitzhaft[en]« (V, 570) Eingebungen vorweggenommen, auf die der »langnachrollende Donner« (ebd.) der endgültigen Redaktion folgen soll. Der dichterische Anteil geht ebenfalls auf den »Maler des modernen Lebens« und »Mann der Menge« (Baudelaire 1968, 1156–62): den Baudelaireschen Flaneur zurück, der deshalb das erste Subjekt-Objekt des Benjaminschen Projekts ist, weil er als virtuoser Spezialist für allgemeine Einfühlung in einer arbeitsteiligen Umwelt, wo alle gegeneinander abgedichtet sind, Erfahrung erstmals zu einem dichterischen Projekt macht. An Baudelaires Programm studiert Benjamin die Urform seines eigenen. Hat das Anachronistische, das dem Flaneur von Anfang an anhaftet, mit seiner »Wiederkehr« (III, 194–99) zugenommen, die der »Hohlform« (V, 1045) der veraltenden Passagen entspricht, so wird es von Benjamin, der schon als Kind immer »um einen halben Schritt« zurückblieb (IV, 287), gegen die fortschreitende Zeit gewendet.

Die Bild- und Gedankenmasse der theologischen Jugendschriften sollte in der Passagenarbeit in historischen Materialismus »umgeschmolzen« werden. Die von ihr thematisierte Ungleichzeitigkeit und »›Unordnung‹« des »Bildraums« (I, 1243) gilt dabei für ihren eigenen Werdegang. Die komplexe Spannung, die in diesen Entwürfen herrscht, rührt von der Erregung, in die Aragons *Le Paysan de Paris* Benjamin versetzt, sowie vom Wunsch her, dazu Distanz zu gewinnen. Gibt sich Benjamin der »Feerie« der kapitalistischen Höhlen- und Unterwelt am Beispiel des »Aladin der Westlichen Welt« (Aragon 1996, 57) hin, so findet er das entzaubernde Gegengift nicht nur in der Aufklärung, sondern auch in der Theologie. Dies geht besonders deutlich aus der »grandios improvisierte[n] Theorie des Spielers« (Adorno 1970, 24; V, 1056 f.) hervor. Hier wird der erotische Flaneur Aragonscher Prägung zu einem lüsternen, aus dem deutschen Barock nach Paris verschlagenen Allegoriker verfremdet, der von seinem deutsch-jüdischen Widerpart vor ein quasigöttliches Gericht gestellt wird. Der Text stellt eine Stichprobe jenes »unbekümmert archaischen, naturbefangnen Philosophierens« (3, 97) dar, von dem sich Benjamin bald trennen wird.

Zusammen mit Einbahnstrasse (1928) stellt der Sürrealismus-Aufsatz (1929), den Benjamin einen »lichtundurchlässigen Paravant vor der Passagenarbeit« (3, 438) nennt, den ersten größeren Versuch dar, vom Surrealismus Abstand zu nehmen (Cohen 1993).

In jener Bewegung, so Benjamin, findet der Niveauunterschied zwischen Frankreich und Deutschland ein Gefälle, das dem deutschen Betrachter erlaubt, eine »Kraftstation« im Tal zu errichten, wo ihre Energien abgeschätzt, ihre Erfahrungen gefiltert, die Traumwelle kanalisiert werden können (II, 295 f.). Daraus wird ein Kraftfeld, in dem Theologie, Surrealismus, »politischer« und »anthropologischer« Materialismus mit- und gegeneinander streiten. Die surrealistische Entdeckung einer *mythologie moderne* wird gegen die traumlose Entzauberung der Welt, radikale Vernunft wiederum gegen den wuchernden Mythos aufgeboten. Schlaf und Erwachen, Rausch und Nüchternheit, werden im Namen eines Dritten: »profaner Erleuchtung« in Spannung gehalten.

Die Passagenarbeit soll diese »Kraftstation« werden. Ganz im Sinne surrealistischen »Mißverständnisses«, und anders als Ernst Blochs expressionistisch befangene *Erbschaft dieser Zeit* (1935), will sie die besten Impulse jener Bewegung für geschichtsphilosophische Zwecke beerben. Der Surrealismus zuerst, hebt Benjamin hervor, stieß auf die »revolutionären Energien, die im ›Veralteten‹ erscheinen, in [...] den Gegenständen, die anfangen, auszusterben, [...] wenn die vogue beginnt sich von ihnen zurückzuziehen« (II, 299). »Der Trick, der diese Dingwelt bewältigt [...], besteht in der Auswechslung des historischen Blicks aufs Gewesene gegen den politischen« (300). Dieser Trick soll in der Passagenarbeit zur Methode entwickelt werden. Der materialistische Historiker hat die politischen Kräfte zu reaktivieren, die in den liegengelassenen Dingen schlummern. Wie die Surrealisten erfährt er die »homogene und leere Zeit« (I, 701) der kapitalistischen Moderne als das tickende Uhrwerk eines Spleen, der wie eine Zeitbombe losgehen kann. So wie sie ihr »Mienenspiel« gegen das »Zifferblatt eines Weckers« eingetauscht (II, 310) haben, hat er in der Passagenarbeit einen Wecker zu konstruieren, der den »Sprengstoff, der im Gewesnen liegt [...], zur Entzündung« (V, 495) bringt.

Daß dieses Projekt eine autobiographische Dimension hat, aber keine Proustsche recherche ist, geht aus der 1925 geschriebenen Skizze TRAUMKITSCH (II, 620 ff.) hervor, die als dessen Keimzelle gelten darf. Die Traumarbeit der Moderne wird hier als Trauerarbeit begriffen. Sie wirkt dem beschleunigten Umsatz der Dingwelt entgegen, indem sie gestrigen Kitsch – und die darin eingekapselten Kindheitserfahrungen – abtastet, um sich mit deren eigener Kraft von ihnen abzustoßen. Der Surrealismus macht diese Arbeit spielerisch vor. Im Gegensatz zur Psychoanalyse spürt er lieber den Vexierbildern der Dinge als denen der Seele nach und setzt sich damit – nicht deutend, erinnernd, wiederaneignend, sondern rettend-zerstörend – mit der verschollenen »Umwelt aus der zweiten Hälfte des neunzehnten Jahrhunderts« (II, 622) auseinander. Der »neue Mensch« tritt hier – im Gegensatz zum bürgerlichen »Etui-Mensch[en]« (IV, 397; V, 53), aber auch zum »reinen Tisch« machenden Kommunisten (IV, 397; II, 215) – als der mit den »Rückstände[n] einer Traumwelt« (V, 59) »›möblierte Mensch‹« (II, 622) auf.

»Alle neugebildeten Verhältnisse veralten«, so Marx, »ehe sie verknöchern können. [...] Und wie in der materiellen, so auch in der geistigen Produktion« (Marx 1953, 529). Die List der fortschreitenden Vernunft soll in der ruhelosen Bewegung des Kapitals am Werke sein. Benjamins Surrealisten setzen hingegen auf die Ladenhüter, die in den Passagen landen, und die List *ihres* Erwachens. Nicht, daß das Marxsche Revolutionsmodell damit wegfiele. Das *Kommunistische Manifest* wird vielmehr mit dem surrealistischen Manifest zusammengedacht: die Forderung des Tages ist die nach dem Sich-Übertreffen des Realen (II, 310). Unter dem Druck der realgeschichtlichen Dialektik scheinen sich zugleich gewisse Verschiebungen anzubahnen: weg von den Menschen – und dem schlafenden Riesen: dem Proletariat – zu den brachliegenden Dingen, und vom gradlinigen Fortschritt zum Umweg über eine gewisse Regression. Es ist fast, als läge die »Hoffnung«, die nach Kafkas Wort nicht »für uns« ist, am ehesten bei den liegengelassenen Waren; aber auch in den »Unmenschen«, die das Gesicht eines Weckers und das Sensorium eines Mediums haben. Insofern ist das politische Projekt, das dem Passagenprojekt zugrunde liegt, von Anfang an ein verzweifeltes.

Als Benjamin 1935 nach einer mehrjährigen Unterbrechung das erste Exposé zur Passagenarbeit schreibt, tut er es weiterhin als quasi-Baudelairescher Lumpensammler (V, 574; Wohlfarth 1984), aber nicht mehr als Baudelairescher Flaneur. Genauer: nicht mehr als derselbe. Gibt der Flaneur das *Subjekt-Objekt* der ersten Entwürfe ab, so wird er fortan zu einem bevorzugten *Objekt* der Passagenarbeit (V, 524–69). Jener, eine theologisch-surrealistische Variante des Baudelaireschen Modells, läßt sich vom eher soziologischen Typus des nach den Phantasmagorien des Marktes süchtigen Konsumenten, als der der Flaneur in den Exposés beschrieben wird, deutlich genug unterscheiden. Es sei denn, dieser gäbe, wie der Erzähler von Poes »Mann der Menge«, dessen Doppelgänger ab. Und dafür spricht einiges. Berauscht sich doch das Subjekt der ersten Passagen-Aufzeichnungen an der »dialektischen Feerie« der Hauptstadt; und von *Feerie* zu *Phantasmagorie* ist es nur ein Schritt.

Das knappe, objektivierende Bild, das die zwei Exposés dann vom Flaneur zeichnen (V, 54; 70 f.) mutet daher wie eine Ernüchterung an. Es ist, als würde ein Riegel vorgeschoben: »Der Flaneur steht noch auf der Schwelle, der Großstadt sowohl wie der Bürgerklasse. Keine von beiden hat ihn noch überwältigt. In keiner von beiden ist er zu Hause. [...] Die Menge ist der Schleier, durch den hindurch dem Flaneur die gewohnte Stadt als Phantasmagorie winkt. [...] Im Flaneur begibt sich die Intelligenz auf den Markt. Wie sie meint, um ihn anzusehen und in Wahrheit doch schon, um einen Käufer zu finden. [...] Die Unentschiedenheit ihrer ökonomischen Stellung entspricht der Unentschiedenheit ihrer politischen Funktion« (V, 54).

Benjamin läßt den Flaneur hier auf der historischen Schwelle zögern. Wie die Hauptstadt – die »enorme Hure« (Baudelaire 1968, 310), der er sich hingibt – steht er im Zeichen der Zweideutigkeit. An diesem Scheideweg hat sich Benjamin, bei aller Unsicherheit seiner ökonomischen Stellung, für die politisch eindeutige Stellung des historischen Materialisten gegen die zweideutige der freischwebenden Intelligenz entschieden. Diese Umfunktionierung des funktionslosen Flaneurs geht mit dem Übergang zur zweiten Phase des Passagenprojekts einher. Retten die frühen Entwürfe den Flaneur ins 20. Jh. hinüber, so unterziehen ihn die Exposés einer nüchternen ideologiekritischen Prüfung. Daraus ergibt sich ein komplexes, aber unzweideutiges Verhältnis zu dieser historisch ambivalenten Schwellengestalt. Es ist daher irreführend, bei Benjamin selber von Ambivalenz zu sprechen und eine Alternative zwischen Rettung und Ideologiekritik aufzustellen (Habermas 1972).

Ist der Autor der Exposés noch ein Flaneur, dann einer, der dessen Willen, mit seiner Zeit nicht »Schritt [zu] halten« (I, 1237), politisiert hat. Der zu sich gekommene Flaneur geht als »distanzierte[r] Betrachter« (I, 696) in die Figur des »historischen Materialisten« ein. Dies hat freilich nicht verhindern können, daß Benjamin immer wieder auf die unverbindliche Position zurückgestuft wurde, von der er sich abgesetzt hat. Wer die (teleskopische) Optik der Passagenarbeit mit der (kaleidoskopischen) Sichtweise des Flaneurs identifiziert, ignoriert den Abstand, den sie zu ihrer – selber schon »dialektischen« – Anfangsphase gewinnt.

Dieser Abstand ist ein Schritt zu jenem »geschichtlichen Aufwachen« hin, auf das das erste Exposé abschließend setzt: ein geistesgegenwärtiges Erwachen, das mit einer »List« (V, 59) vorgeht, die die des Traumschlafes übertrumpft; ein »stufenweiser Prozeß«, der sich »im Leben des Einzelnen wie der Generationen durchsetzt« (V, 490). Analoges gilt für die Passagenarbeit selber. So wie Erwachen die »Synthesis« aus der »Thesis des Traumbewußtseins und der Antithesis des Wachbewußtseins« (V, 579) darstellt, sind die erste, theologisch-surrealistische und die zweite, materialistische Phase der Arbeit »Thesis und Antithesis des Werkes« (5, 143), die in deren Synthesis aufzuheben sind.

»Paris, die Hauptstadt des XIX. Jahrhunderts«. Das Exposé von 1935

Im Mai 1935 nimmt Benjamin Adornos Befürchtung, Brecht könne auf die Arbeit »Einfluß« gewinnen (Adorno 1994, 112) zum Anlaß, die bisherigen Etappen des Projekts aufzuzählen (5, 96 f.). Der Brief – das wichtigste Zeugnis zur Entstehungsgeschichte – umreißt die Strategie eines »Wartenden« (II, 308). Alles, was gegen das Projekt arbeitet, soll zu dessen Gunsten gewendet werden, in erster Linie die Zeit. Dem potentiell desaströsen Einfluß Saturns auf die eigene und die Weltverfassung ist eine möglichst günstige Konstellation abzugewinnen. Sämtliche Einflüsse auf das Projekt haben ihre Zeit und brauchen eine weitere Zeit, um sich einordnen zu lassen. Benjamin stellt sich hier wie sein verborgener Schachmeister als die graue Eminenz einer heimlichen Politik der »fremden Freunde« (1, 182) vor. Er läßt gewählte Mitstreiter (Aragon, Hessel, Adorno und Brecht), die potentiell oder realiter *miteinander* streiten, in ein Kraftfeld eintreten, wo sich allzumenschliche Differenzen in produktive Spannungen verwandeln und für die revolutionäre Sache zusammenwirken. So wie der Flaneur sich im Zentrum der (Stadt-)Welt verbirgt (Baudelaire 1968, 1169), macht Benjamin den »herrliche[n] *Spielraum*«, den »die Katastrophe nicht kennen wird« (6, 112), zu einem messianischen Niemandsland, wo jüdische (und christliche) Theologie, französischer Surrealismus, deutsche und jüdische Philosophie und miteinander konkurrierende Versionen des historischen Materialismus (Marx, Brecht, Kritische Theorie u. a.) aufeinander treffen. Damit erweist sich die Passagenarbeit, in weit höherem Maße als der Kafka-Essay, als der »Kreuzweg der Wege« seines Denkens (4, 497).

Im selben Jahr wird Benjamin von Horkheimer, zwecks Aufnahme in die Forschungsprojekte des Instituts für Sozialforschung, um ein Exposé zur Passagenarbeit gebeten. Auch diesen Anlaß weiß er zu nutzen. Gerade weil der Anstoß ein äußerlicher ist, erlaubt er, »in die große, so viele Jahre lang vor jeder Einwirkung von draußen sorgfältig behütete Masse jene Erschütterung zu bringen, die eine Kristallisation möglich macht« (5, 96). »Wo das Denken in einer von Spannungen gesättigten Konstellation plötzlich einhält«, so fünf Jahre später die Thesen, »da erteilt es derselben einen Chock, durch den es sich als Monade kristallisiert« (I, 702 f.). Schock, Monade, dialektisches Bild, Erwachen: die zentralen Begriffe des Exposés und der Thesen fassen eine ganze Theorie geschichtlicher Erkenntnis samt ihren Entstehungsbedingungen zusammen.

Benjamin gibt dem Exposé den Titel PARIS, DIE HAUPTSTADT DES XIX. JAHRHUNDERTS, bzw. PARIS, CAPITALE DU XIXÈME SIÈCLE, und deutet damit das Verhältnis zu Marx' *Kapital* stillschweigend an. Hier soll dessen Analyse des Fetischcharakters der Ware, wie im Barockbuch der Begriff des Trauerspiels, entfaltet werden (5, 83 f.). Und so wie Lukács' *Geschichte und Klassenbewußtsein* von Marx her auf die Kantische Philosophie und die Rechtssphäre extrapoliert hatte, will Benjamin nun bestimmte Komplexe der bürgerlichen Lebenswelt erhellen.

Im zweisprachigen Titel des Exposés, wie in den darauffolgenden Untertiteln, ist ein gewisser Verfremdungseffekt am Werk. Eine Hauptstadt wird von ihrem Land abgekoppelt und mit einem Jahrhundert montiert. Die Laut- und Sinnverbindungen zwischen *capitale* und Kapital, *caput* und Haupt, verweisen auf die grenzüberschreitende Bewegung des Kapitals, das – wie Marx zeigt und Baudelaire vom zirkulierenden Flaneur behauptet – überall und nirgends zu Hause ist. Fällt im Zeitalter des Hochkapitalismus die Konzentration des Kapitals mit der der expandierenden Metropole zusammen, so bleibt dennoch die Frage, warum gerade Paris – und nicht etwa London, die Hauptstadt der industriellen Revolution und des damaligen Weltimperiums – als die Hauptstadt des Jahrhunderts gelten soll.

Auch für Benjamin, der auf kontrastierende Großstadterfahrungen in London und Berlin verweist, ist Paris in Wirklichkeit *eine* – nicht *die* – Metropole (Lindner 2006). Will er das 19. Jh. dennoch von Frankreich – wie einst das 17. von Deutschland – aus aufrollen, so tragen mehrere Gründe dazu bei. Paris, nicht Rom, erschuf den Typus, den Benjamin, nach Baudelaire und Aragon, zum Peripatetiker umschafft, der die Moderne zu Fuß erwandert: den Flaneur (V, 1053). In diese »zweite Heimat« aller Heimatlosen (Arendt) ging Benjamin 1933 in ein Exil, das ihm wie kein anderes die Möglichkeit bot, »dem eigenen Malheur die Chancen [...] abzugewinnen« (4, 264). »Vom ersten bis zum letzten Wort« konnte er die Passagenarbeit »nur in Paris« (5, 99) schreiben, wo er die alltägliche Erfahrung seines Gegenstands mit dessen wissenschaftlicher Erforschung verbinden konnte. Kam die Reise von Berlin nach Paris, nach Arendts Formel, einer aus dem 20. ins 19. Jh. gleich, dann war hier der Ort, um die »Konstellation« der Epochen zu erproben. Zumal der »Astrolog« hier als »Dritte[r]« (II, 207) und dreifach Fremder: Deutscher, Jude, Emigrant, dazukam.

Was Paris als Hauptstadt auszeichnet, faßt das Exposé im Begriff der »Zweideutigkeit« zusammen. Die ›ville lumière‹ war ›féerie‹ und Fanal zugleich. Wucherten auf dem Boden seiner Mythologie die Phantasmagorien des Kapitals in besonders üppiger, verführerischer Form, so war dieser Boden zugleich ein vulkanischer, auf dem Revolten und Revolutionen ausgebrochen waren (V, 134). Die Dialektik beider trieb eigenartige Blüten hervor – »trügerische[] Vermittelungen [sic]« des Alten und Neuen, in denen das zweite Exposé das letzte Wort des 19. Jh.s erblickt (V, 76; V, 1258). Nichts sollte sich so zukunftsträchtig erweisen wie dieses In- und Nebeneinander von Schlaf und Erwachen.

Die sechs Kapitel des Exposés stellen eine Serie von weiteren Verfremdungseffekten dar. Die Namen Fourier, Daguerre, Grandville, Louis-Philippe, Baudelaire und Haussmann werden je einem großstädtischen Ort oder einer Erfindung oder einem Ereignis gleichgesetzt. Adornos Einwand, diesem Schema hafte ein »gewisser Zwang zur Außenarchitektur« (Adorno 1994, 144) an, räumt Benjamin sofort ein. Was ihm hier vorschwebt, geht aus seinen erkenntnistheoretischen Aufzeichnungen hervor: Solle das marxistische Verständnis der Geschichte nicht mit ihrer Anschaulichkeit erkauft werden, dann sei das Prinzip der Montage in deren Darstellung einzuführen (V, 575). Die Kapitel des Exposés stellen Vorstöße in diese Richtung dar. Schon die Titel sind Montagen. Weder »schöpferische Persönlichkeiten« im Stile einer bürgerlichen Kulturgeschichte, die selber zu den Phantasmagorien des Jahrhunderts gehört (V, 55), noch abstrakte Marxsche »Charaktermasken« werden vorgeführt. Das Genie ist auch der genius loci: »Baudelaire oder die Straßen von Paris« (V, 54 f.).

Die »Probe auf das Exempel« soll damit gemacht werden, »wie weit man in geschichtsphilosophischen Zusammenhängen konkret sein kann« (3, 368). »Wie weit« – denn das Fetischismus-Kapitel des *Kapitals* hatte gezeigt, daß die Urzelle der bürgerlichen Ökonomie, die Ware, auf einem »Geheimnis« beruht, das nur durch die begriffliche Analyse der in ihr steckenden abstrakten Arbeitszeit und des sich daraus ergebenden Tauschwerts zu entziffern ist. Übrig bleibt die – von Marx, Baudelaire, Aragon und Benjamin jeweils als gespenstisch beschriebene – Erfahrung dieses kaum erfahrbaren Geheimnisses. Damit stellt sich – wie bei Baudelaire die Kunst (Baudelaire 1968, 652) – die Probe aufs Exempel als eine Wette dar. Benjamin geht der irreversiblen, systembedingten Verarmung von Erfahrung nach, nimmt sich jedoch ein Beispiel an den

Ausnahmen, die diese Regel bestätigen – an Proust, Kafka (6, 111 f.), den Surrealisten (II, 297). Steht die Homologie zwischen der »Realabstraktion« (Marx) der Warenform und der Allegorie im Zentrum des geplanten Baudelaire-Buchs, so stellt sich damit die Aufgabe, der Prosa der kapitalistischen Lebenswelt die ihr eigene Konkretion abzugewinnen, ohne Unwiederbringliches – Aureole oder Aura (I, 651 ff.) – restaurieren zu wollen. Das nächstliegende Beispiel für diesen Versuch, gesteigerte Anschaulichkeit durch die Marxsche Begrifflichkeit hindurch zu erreichen, bietet Benjamins Umgang mit dem Begriff des Fetischismus selber, mit dem er die Mode, Grandvilles Graphik (V, 50 f.) und an anderen Stellen die »Einfühlung« des Flaneurs in die Ware (I, 561) entschlüsselt. Ähnliches gilt für den Begriff der Phantasmagorie, der dem *Kapital* (Marx 1961, 78) entlehnt sein mag, aber eine Revision des Marxschen Ideologiebegriffs darstellt (V, 50–57,60–61,75–77; Lindner in Schalz/Rautmann 2006). Zu Marx' Kritik der politischen Ökonomie improvisiert Benjamin eine Reihe von Erfahrungswissenschaften hinzu: anthropologischer Materialismus, materialistische Topographie, historische Physiognomie.

Mit jedem Satz des Exposés verdichtet sich das dürre Marxsche Modell von Unter- und Überbau zu einem assoziationsreichen Beziehungsnetz. Das Verb »entsprechen« und Satzkonstruktionen vom Typus »Wie..., so...« skandieren den Text. Zur Verteidigung dieser Verfahrensweise führt Arendt das metaphorische Wesen der Sprache, Benjamins seltene Gabe, »dichterisch zu denken«, und Baudelaires correspondances an (Arendt 1986). Hier wäre in der Tat, auf die Gefahr des Mißverständnisses hin, von einer materialistischen »Lehre vom Ähnlichen« zu sprechen. Die Sprache, heißt es im so betitelten Entwurf, ist das Medium, »in dem sich die Dinge nicht mehr direkt wie früher in dem Geist des Sehers oder Priesters, sondern in ihren Essenzen [...] begegnen und zu einander in Beziehung treten« (II, 209). Von hier aus wäre Benjamin als ein materialistisches Medium zu beschreiben, in dessen Geist – aber erst nach langjährigen Vorarbeiten – scheinbar disparate Elemente der kapitalistischen Welt zueinander in Beziehung treten. Das Mißverständnis, das mit Adornos ersten Reaktionen einsetzt, wäre, einen *bloß* metaphorischen Materialismus dort zu sehen, wo es vielleicht keinen anderen gibt. Die »geheime[n] Verabredung[en]« (I, 694), die im Geiste des materialistischen Hellsehers stattfinden, mögen freie Assoziationen sein, haben jedoch als Signale des kollektiven Unbewußten einen durchaus objektiven Status. Sie müssen nur verdient und, wo möglich, kontrolliert werden. Elemente des Surrealismus und der Psychoanalyse für eine gelebte Geschichtswissenschaft zu gewinnen, heißt, die Alternative zwischen wissenschaftlichem und utopischem Sozialismus zu entkräften.

Benjamin hatte seine Arbeit jahrelang vor äußerer Einwirkung geschützt, damit ihre in einer »künstlich verdunkelten Kammer« (6, 183) aufbewahrten Bilder nicht zu früh entwickelt werden. Jetzt war das Material entwicklungsreif. Der ERKENNTNISKRITISCHEN VORREDE des Trauerspielbuchs zufolge ist der Wert von Denkbruchstücken »um so entscheidender, je minder sie unmittelbar an der Grundkonzeption sich zu messen vermögen« (I, 208). Nun waren die »scharf und schneidend konfektionierten Bauglieder« (V, 575) der Passagenarbeit so zusammenzufügen, daß die Grundkonzeption wie von selbst hervortreten konnte, ohne herbeigeredet zu werden.

Dies macht die synthetische Leistung der Passagen-Exposés aus. Zeichnet sich Benjamins Denkstil insgesamt durch eine Konzision aus, die einen Widerstand gegen die seit dem Sprach-Sündenfall herrschende »Überbenennung« (II, 155) bekundet, so gilt dies besonders für Texte wie die Thesen und die Passagen-Exposés. Jeder Satz ist ein Kapitel wert, jedes Kapitel ein Buch für sich. Hier schreitet ein Landvermesser das Terrain in Siebenmeilenstiefeln ab. Die Kunst besteht darin, die Motive in Beziehung treten und den Kommentar zurücktreten zu lassen. Nicht, daß letzterer ganz ausgespart würde. Gedrängte, manchmal allzu formelhafte Theoriefragmente werden ins Gefüge eingepaßt. »Schwung« wird jedoch unterbunden, der unabgesetzte »Lauf der Intention« (I, 208) durch ihr »Eingehen und Verschwinden« (I, 216) in die Strukturierung des Materials ersetzt.

Auch in einem weiteren Sinn ist die Form des Exposés eine »objektive«, vom Inhalt her bestimmte. Drei technische Innovationen, die dort zu den Grundzügen des 19. Jh.s gezählt werden – Montage, Konstruktion und Panorama –, stellen Formelemente des Exposés selber dar. Und so wie man damals anfing, dem photographischen Objektiv Entdeckungen zuzumuten, neben denen der »subjektive Einschlag« in der Malerei als fragwürdig empfunden wurde (V, 49), so übt das Exposé einen analogen Blickwechsel. Kurzum, der Autor sorgt als Produzent dafür, daß seine »kleine[] Schreibfabrik« (4, 25) keinen Schritt hinter den Stand der Produktivkräfte zurückbleibt. »Die Konstruktion des Lebens«, so fängt die EINBAHNSTRASSE an, »liegt im Augenblick weit mehr in der Gewalt von Fakten als von Überzeugungen«; letztere seien darum ebenso sparsam in den Riesenapparat des sozialen Lebens einzuspritzen wie Öl in eine Turbine; und die »anspruchsvolle universale Geste des Buches« sei damit anachronistisch geworden (IV, 85). Zuweilen stellt sich Benjamin das Passagenbuch ebenfalls als eine »Konstruktion aus Fakten« unter »vollständiger Eliminierung der Theorie« (V, 1033) vor.

Ein weiterer Stoffkomplex des Exposés wirkt aufs Passagenprojekt zurück. Dort, wo die Kunst in den Dienst des Kaufmanns tritt, die Dichtkunst ins Schaufenster einzieht (V, 45) und Architektur wie Malerei anfangen, der Kunst zu entwachsen (V, 48), dort kommt auch die bisherige Gestalt von Kritik ins Wanken (IV, 131). Benjamin nahm die heutige Rede von deren »Ende« (Bolz 1999) vorweg, gab sie jedoch nicht damit schon auf. Sah er sich zunächst genötigt, sie als Gattung »umzuschaffen« (3, 502), so dachte er sie als »Stratege im Literaturkampf« (IV, 108) nochmals um. Die surrealistische Explosion der Dichtung von innen (II, 296), die sowjetrussische »Umschmelzung« und »Literarisierung« aller Lebensverhältnisse (II, 694) und die Umfunktionierung der (Literatur-)Kritik in der Passagenarbeit waren aus seinem Blickwinkel drei Fronten desselben Kampfs.

Unmittelbar nach der Abfassung des Exposés plante Benjamin eine »eingehende Überarbeitung« (5, 114), die jedoch nicht zustande kam. »Dieser Disposition«, urteilte er, »fehlt das konstruktive Moment«, was für das geplante Buch dasselbe bedeute »wie für die Alchimie der Stein der Weisen« (5, 143). Da die revidierte Fassung von 1939 trotz wichtiger Änderungen keinen entscheidenden Durchbruch brachte, wissen wir nicht, wie die Passagenarbeit nach ihrer alchemischen Verwandlung ausgesehen hätte. Dennoch markiert dieser panoramatische Überblick einen entscheidenden Fortschritt. Mit der Erstellung eines ersten Grundrisses tritt das erträumte Buch erstmals in Sicht. Gleichzeitig versteht ihn Benjamin als eine im weiteren Verlauf aufzuhebende Etappe. Was als Durchgangsstadium gedacht war, bleibt, in Ermangelung der in Aussicht gestellten Synthese, die einzige Fixierung des Gesamtplans, die wir haben.

Die Notwendigkeit des zweiten, antithetischen Entwurfs lag darin, daß »die im ersten vorhandenen Einsichten unmittelbar keinerlei Gestaltung zuließen – es sei denn eine unerlaubt ›dichterische‹« (5, 143). Auch in formaler Hinsicht nahm Benjamin damit Abschied von ausgedienten Modellen. An die Stelle des ursprünglich geplanten Essays und der »rhapsodische[n]«, »romantische[n]« (5, 97) Prosa der ersten Phase tritt eine nüchterne, experimentelle Technik der Ex- und Disposition.

Das Exposé von 1939

Zweigt Benjamin 1938 das Baudelaire-Kapitel des Exposés samt dem umfangreichen Baudelaire-Konvolut zu einem eigenständigen Buchprojekt ab, so trägt er weiteres Material bis zuletzt in die Passagen-Konvolute ein. 1939 verfaßt er ein modifiziertes Exposé auf Französisch, das die »letzte Momentaufnahme« (II, 295) des Passagenprojekts bleiben wird. Es kommen vor allem eine *Introduction* und eine *Conclusion* hinzu. Erstere stellt den im 19. Jh. aufkommenden, immer noch herrschenden Typus von Historiographie als den zentralen Gegenstand des geplanten Buches vor. Dieser »Historismus« ist somit weniger eine Darstellung von Geschichte als ihr symptomatisches Produkt. Das Phantasma, das ihm zugrunde liegt, ist, wie schon Nietzsche diagnostiziert hatte, eine traurige, nihilistische Variante der »ewigen Wiederkehr des Gleichen«. Die *Conclusion* konstelliert drei Versionen dieser »letzten Phantasmagorie« (V, 75) des Jahrhunderts miteinander: Nietzsche, Baudelaire und Blanqui träumen sie so rücksichtslos zu Ende, daß wenig zum Erwachen fehlt. Wenig, aber auch alles. Kann nämlich das erste Exposé noch darauf vertrauen, daß jede Epoche träumend auf das geschichtliche Erwachen hindrängt (V, 59), so endet das zweite mit dem »letzten Wort« des großen eingekerkerten Revolutionärs Blanqui, dem am Ende nichts anderes übrigbleibt, als den Alptraum mit umgekehrter Radikalität als die ewige Revolution der Sterne ins Endlose zu steigern (V, 76 f.).

Daß Benjamin 1938 auf Blanquis Schrift *L'Eternité par les astres* stieß, mutet daher wie ein objektiver Zufall an. Das ist jedoch kein Grund, Blanquis Testament für das Benjamins zu nehmen. Daß dies so oft geschieht, hat wiederum seinen Grund. Denn Blanquis gespenstische »actualité éternisée« erinnert ebensosehr an Benjamins Konzeption des immerneuen Immergleichen wie das »immergleiche Stück«, das der Kosmos bei Blanqui spielt (V, 76; V, 1256), an die »erstarrte Urlandschaft« (I, 343) des deutschen Trauerspiels. Nur, daß der barocke Allegoriker aus seiner letzten Phantasmagorie »erwacht« (I, 406), während Blanqui der seinen verfällt. Daß sie verwechselt werden können, liegt darin, daß Benjamin in der ewigen Wiederkehr keinen bloßen Mythos, sondern den Zerrspiegel eines mythischen geschichtlichen Kontinuums erblickt, aus dem es vielleicht wirklich keinen anderen Ausweg als den »kleinen Sprung« geben kann, der im blanquistischen Putsch sein Gegenstück hat.

Es ist, als hätte sich etwas im Urgestein der Moderne verschoben; als hätte die Revolution zwischen 1935 und 1939 ihre letzte Vertrauensbasis verloren. Der Vergleich zwischen den Exposés gibt zu bedenken, wie sehr sich das Passagenprojekt mit jeder neuen Wende des Weltgeschehens noch hätte ändern können.

Die Auseinandersetzung mit Adorno

Benjamin hält es mit der Passagenarbeit wie mit seinem Kafka-Aufsatz. Sie ist der behütete Schauplatz sei es realer, sei es virtueller Auseinandersetzungen mit widerstreitenden Instanzen. Innerhalb dieses Geflechts hat der Austausch mit Adorno, dem einzigen Schüler, den Stellenwert eines einmaligen Arbeitsverhältnisses. Gleichzeitig wird eine komplexe Partie gespielt. Jeder spannt den anderen in die eigene Strategie ein und kombiniert seine Züge nach mehreren Spielregeln zugleich. Letzte intellektuelle Dinge und existentielle Entscheidungen stehen auf dem Spiel. Grundverschiedene Erfahrungen von Emigration, deren Gemeinsames das Band zugleich stärkt, kommen hinzu.

Zwei gegenläufige Asymmetrien spielen in den Briefwechsel störend hinein; denn auch dieser Raum ist kein gewalt- und herrschaftsfreier. Der zwölf Jahre Jüngere und intellektuell Abhängigere, der sich als der »Nehmende« versteht, tritt zugleich als »Anwalt« (Adorno 1994, 74) und Geburtshelfer des Passagenprojekts auf. Er glaubt dessen »eigene Intention«, notfalls gegen den Autor selber, verfechten zu müssen und bangt um ihre »Generallinie« (Adorno 1994, 169; 324). Der Ältere gerät in zunehmende ökonomische Abhängigkeit dem Jünger(en) gegenüber, der zwischen ihm und dem Institut für Sozialforschung in jedem Sinn vermittelt, und versucht, nach allen Regeln seiner gracianischen Hof- und Lebenskunst seinen Kurs zu halten.

Die Grenze dieser philosophischen Freundschaft zeigt sich dort, wo der eine sie nicht einzuhalten weiß. Adorno betrachtet das Passagenprojekt als »das Zentrum nicht bloß Ihrer Philosophie sondern als das entscheidende Wort, das heute philosophisch gesprochen werden kann« (Adorno 1994, 112); aber er macht dieses »uns aufgegebene Stück prima philosophia« (73) so sehr zur eigenen Sache, daß er es teilweise verfehlt. Indem er für Benjamins »eigene, die rücksichtslose, gut spekulative Theorie« und eine »Passagenorthodoxie« (368 f.) plädiert, schiebt er ihm seine eigene Theorie rücksichtslos unter. Diese läßt sich als eine linkshegelianische Dialektisierung von Benjamins theologischen Jugendschriften umschreiben, und deckt sich ab 1938 weitgehend mit Horkheimers ›kritischer Theorie‹. Im Gegensatz zu Scholem und Brecht identifiziert sich Adorno ganz mit Benjamins Projekt. Aber diese Nähe bewirkt, daß der künftige Philosoph des »Nichtidentischen« ihre Unterschiede, einschließlich der Nichtidentität der werdenden Passagenarbeit mit sich selber, weg zu dialektisieren sucht. Doppelsinn des »Teilens«: die gemeinsame Sache ist zugleich eine gespaltene. Unter anderen Umständen hätte es vielleicht zu einem Bruch kommen können. So aber kam es zu einem beispielhaften Agon, für den man nur dankbar sein kann.

Der engere Passagen-Disput gipfelt in Adornos vierzehnseitiger Stellungnahme vom 2.-5.8.1935 zum ersten Exposé und Benjamins zwei Entgegnungen darauf. Die größere Auseinandersetzung, der ein »unvergeßliche[s]« Gruppengespräch (Adorno 1994, 365) in Königstein vorausgeht, hat vier Höhepunkte: die Diskussionen um Benjamins Kafka-Essay, um das erste Passagen-Exposé, den Kunstwerk-Aufsatz und die Baudelaire-Arbeiten. Diese bilden eine einzige Verhandlung, die aufs werdende Passagenprojekt einwirkt.

Die »Urgeschichte« des 19. Jahrhunderts als originäre Konstellation von Archaik und Moderne

Von Lessing und Kant über Hegel und Marx handeln die großen geschichtsphilosophischen Entwürfe der Aufklärung von der fortschreitenden Selbstverwirklichung des Menschengeschlechts. Daß sich dieses Projekt durch alle Fortschritte hindurch in ein Ineinander von Mythos und Moderne verstrickt hat: dieses Grundmotiv durchzieht Benjamins Schriften von den frühen Aufsätzen bis zu den letzten Thesen. Adorno macht es sich in seiner Antrittsvorlesung »Die Aktualität der Philosophie« (1931) zueigen und legt es der *Dialektik der Aufklärung* (1947) zugrunde.

Benjamin geht dem Verhältnis von Archaik und Moderne zunächst am deutschen Trauerspiel, dann vor allem bei den Surrealisten, Proust, Kafka und Baudelaire nach und macht es in der Passagenarbeit zur Grundlage einer materialen Geschichtsphilosophie. Diese stellt einen Gegenentwurf zu den »großen Erzählungen« (Lyotard) der Moderne dar, die sie jedoch nicht in späterer postmoderner Manier fallen läßt. Sie will vielmehr ausloten, wie und warum die bürgerliche Gesellschaft, anstatt sich zu »übertreffen« (II, 310), immer weiter hinter ihre eigene Idee zurückfällt. Benjamin grenzt seine Version einer mythischen Moderne von einer Reihe ähnlich lautender Konzepte ab, deren Erfahrungsgehalt er zugleich einbeziehen will: Aragons Heraufbeschwörung einer »mythologie moderne«, Caillois' »Paris, mythe moderne«, Nietzsches »ewige Wiederkehr des Gleichen«, Jungs Archetypenlehre, Klages' »Urbilder«. Keines ist in seinen Augen imstande, die zwei Brennpunkte der »Ellipse« (6, 110) zwischen Archaik und Moderne, Traum und Erwachen, produktiv zusammenzudenken.

Hier meldet Adorno einen ersten Vorbehalt an: eine allzu elliptische »Bewältigung des Archaischen« (5, 12) finde sich bei Benjamin selber. Archaik sei nicht ›prähistorisch‹, sondern »der Ort alles durch Geschichte Verstummten: meßbar nur nach dem geschichtlichen Rhythmus, der allein es als Urgeschichte ›produziert‹« (Adorno 1994, 54 f.). Der Begriff der Urgeschichte entstammt, sinn-, wenn nicht wortgemäß, Benjamins Trauerspielbuch, wo die menschliche Geschichte unter dem melancholischen Blick des barocken Allegorikers zur »Urlandschaft« (I, 343) einer »Natur-Geschichte« (I, 353) erstarrt. Adorno zitiert diese Stelle, zusammen mit Hegels und Lukács' Begriff der »zweiten Natur«, in seiner programmatischen Antrittsvorlesung: »Die Idee der Naturgeschichte« (1932). Sein Einwand lautet nun, daß diese Konstellation gerade in Benjamins angeblich materialistischen Passagen-Entwürfen nicht voll »durchdialektisiert« (Adorno 1994, 92 f.; 149) werde. Die aus der dialektischen Bewegung herausfallende Archaik werde zur Urgeschichte im üblichen Sinn einer ontologisch gegebenen Vorgeschichte.

Zwei undialektische Deutungen des Benjaminschen Programms einer »›Urgeschichte des 19ten Jahrhunderts‹« (5, 98) bieten sich an. Entweder wiederholt sich Urgeschichtliches immer wieder, wie etwa bei Freuds »Wiederkehr des Verdrängten«: das ergäbe »die Urgeschichte im neunzehnten Jahrhundert«, nicht aber »die Urgeschichte des neunzehnten Jahrhunderts« (Adorno 1994, 366). Oder Urgeschichte erstreckt sich, wie unter dem starren Blick des barocken Allegorikers, auf den gesamten bisherigen Geschichtsverlauf, dessen mythischer Aspekt nochmals mythisiert und entdialektisiert würde: Dann wäre der Medusenblick der Geschichte von dem erstarrenden ihres entsetzten Betrachters kaum mehr zu unterscheiden. Daher, so Adorno, Benjamins Wunsch, einen nicht minder undialektischen, projektiven, »deus ex machina-haften« (47) Gegenpol (goldenes Zeitalter, klassenlose Gesellschaft, Proletariat) als Ausweg aus dem mythischen Kontinuum an den Anfang und/oder an das Ende der Geschichte zu setzen. Aus Adornos Sicht birgt Benjamins »anthropologischer Materialismus« die ständige Gefahr solcher vergeblichen romantischen Ausbruchsversuche.

Damit wiederholt er jedoch die Kritik, die Benjamin selber 1929 an den Surrealisten übt, deren romantischen Dualismen er eine »dialektische Optik« entgegenhält, die »das Alltägliche als undurchdringlich, das Undurchdringliche als alltäglich erkennt« (II, 307). Ob Benjamin Adornos Einwirkung brauchte, um zu einer dialektischen Fassung von Urgeschichte zu gelangen, ist daher zweifelhaft. In seinen frühesten Aufzeichnungen liegt nämlich eine solche schon vor: »Nur wo das neunzehnte Jahrhundert als originäre Form der Urgeschichte würde dargestellt werden, [...] in welcher sich die ganze Urgeschichte so erneuert, daß gewisse ihrer älteren Züge nur als Vorläufer dieser jüngsten erkannt würden, hat dieser Begriff [...] seinen Sinn« (V, 1034; vgl. V, 579).

Bei den Surrealisten ist, so Benjamin, »von Erfahrungen, nicht von Theorien« (II, 297) die Rede. Seine Antworten auf Adornos Forderung nach einer dialektischen Artikulation der Begriffe beruhen ebenfalls auf dialektischen Erfahrungen, die die rein begriffliche Sphäre übersteigen. Hierhin gehört ein Motiv, das Adornos Insistenz, »Archaik« sei »eine Funktion des Neuen«, nicht nur vorwegnimmt, sondern radikalisiert: die »kopernikanische Wendung«, durch die Politik den Primat über Geschichte erhält (V, 1057). Adornos dialektische Abwandlungen Benjaminscher Formulierungen dienen der Zähmung solcher Erfahrungen. Zweimal erinnert er Benjamin an dessen Satz, jeder Gedanke der Passagenarbeit sei dem Bereich des Wahnsinns entrissen. Von solchen Grenzerfahrungen ebenso beeindruckt wie bedroht, hält er ihnen »die« Dialektik wie einen apotropäischen Schild vor, um so gewappnet in die »medusische« (Adorno 1970, 17; 21; 44) Kraft des Freundes eingehen und etwas davon haben zu können.

Dialektisches kontra archaisches Bild

»Geschichte zerfällt in Bilder, nicht in Geschichten« (V, 596). Es geht beiden Korrespondenten um eine »materialistische Ideenlehre« (Adorno 1994, 84), die die platonische des Trauerspielbuchs aufheben soll, und um »Konstellationen« aus »Monaden« und »Bildern«, in denen sich eine ganze Epoche kristallisiert. Adorno will auch hier einen Schlüsselbegriff der Passagenarbeit – das dialektische Bild – gegen dessen Urheber verteidigen. Sein erster Vorbehalt wiederholt seinen Einwand gegen eine undialektische Auffassung von »Urgeschichte«. Er warnt vor einem Rückfall »dialektischer« in »archaische«, prä- oder unhistorische Bilder.

Wie sind die archaischen Bilder in dialektische aufzuheben, wo doch, wie jeder Traum lehrt, unsere imagines in höchst gemischter Form auftreten? Sie zu entmischen, ist für Benjamin keine rein theoretische oder gar hermeneutische, sondern eine praktische, letztlich kollektive Aufgabe: »Die Verwertung der Traumelemente beim Erwachen ist der Schulfall des dialektischen Denkens« (V, 59). Archaische Bilder werden zu dialektischen, wenn man sie im kritischen Augenblick zu »nutzen«, nicht bloß zu »deuten« weiß; und solche »wahre Praxis« kommt seinerseits nicht ohne ein archaisches Moment »leibhafter Geistesgegenwart« aus (IV, 142).

Man ist hier weit entfernt von einer *Ästhetik* des Bildes. Der Schauplatz ist ein »Bildraum«, der »kontemplativ überhaupt nicht mehr auszumessen« ist, weil »ein Handeln selber das Bild aus sich herausstellt und ist« (II, 309). Indem Adorno diesen kollektiven Bild-, Leib- und Handlungsraum weitgehend ausblendet, argumentiert er an Benjamin vorbei, auch dort, wo er ihn vermeintlich gegen ihn selber zitiert.

Benjamins Exposé läßt die dialektischen Bilder einem Traumkollektiv entspringen. Damit, so Adornos zweiter Vorbehalt, geht ihre »objektive Schlüsselgewalt« (Adorno 1994, 39), verloren. Benjamins Michelet-Motto – »Chaque époque rêve la suivante« – impliziert dreierlei: »die Auffassung des dialektischen Bildes als eines – ob auch kollektiven – Bewußtseinsinhaltes; seine geradlinige, [...] entwicklungsgeschichtliche Bezogenheit auf Zukunft als Utopie; die Konzeption der ›Epoche‹ als eben des zugehörigen und in sich einigen Subjekts zu jenem Bewußtseinsinhalt« (Adorno 1994, 139). Traumbild und dialektisches Bild dürfen ohnehin nicht gleichgesetzt werden. Denn der Traum sei noch weniger als das Bewußtsein ein Abbild, sondern reagiere mit Wunsch- und Angstbildern, die gedeutet werden müssen. Diese seien keine subjektiven Bewußtseinsinhalte, sondern objektive Konstellationen, in denen der gesellschaftliche Zustand sich selber darstelle (145).

»Nun verkenne ich am letzten«, fährt Adorno fort, »die Relevanz der Bewußtseinsimmanenz fürs neunzehnte Jahrhundert. Aber nicht kann aus ihr der Begriff des dialektischen Bildes gewonnen werden sondern Bewußtseinsimmanenz selber ist, als ›Intérieur‹, das dialektische Bild fürs neunzehnte Jahrhundert als Entfremdung [...]. Nicht also wäre danach das dialektische Bild als Traum ins Bewußtsein zu verlegen, sondern durch die dialektische Konstruktion wäre der Traum zu entäußern und die Bewußtseinsimmanenz selber als eine Konstellation des Wirklichen zu verstehen« (140).

Adorno legt hier, wie Benjamin, Marx' Analyse des Warenfetischismus zugrunde. Dieser sei keine Tatsache des Bewußtseins, produziere vielmehr dessen Entstellung und Vereinzelung, und wirke damit jeglichem Kollektivtraum entgegen. Benjamin läßt diese Kritik auf sich einwirken, ohne sich beirren zu lassen. Weit entfernt, den Traum abzubilden, so seine vorläufige Antwort, markiere das dialektische Bild die »Einbruchstelle[] des Erwachens« (5, 145) und damit die Notwendigkeit einer dialektischen Bogenspannung zwischen Bild und Erwachen.

Jeder Satz ist hier, wie Adorno unterstreicht, »mit politischem Dynamit geladen« (Adorno 1994, 74). Hinter den hier vertretenen Positionen steckt die Frage, wie zwei Grundtendenzen, die sich in Georg Lukács' *Geschichte und Klassenbewußtsein* (1923) aneinander abarbeiten – das erwachende Bewußtsein der ausgebeuteten Klasse und das verdinglichte Bewußtsein der dem Warenfetischismus unterworfenen Subjekte – ein Jahrzehnt später zusammenzudenken sind. *Geschichte und kollektives Unbewußtsein*: so hätte das Passagenprojekt heißen können, das unter dem Eindruck der konterrevolutionären Entwicklungen in der UDSSR, der ausbleibenden Revolution im Westen und des aufkommenden Faschismus entsteht. Ein kollektives Subjekt wird hier weder vorausgesetzt noch aufgegeben, sondern als träumendes vorgestellt (V, 570; 1033).

Indem Adorno die Existenz eines klassenlosen Traumkollektivs aus gut marxistischen Gründen verneint, stellt er den »Unterbau« des Passagenprojekts in Zweifel. Nicht, daß das bürgerliche Individuum als »eigentliches *Substrat*« zu bestimmen sei, sondern als das »dialektische Durchgangsinstrument«, das »nicht wegmythisiert werden darf sondern nur aufgehoben werden kann« (Adorno 1994, 149). Woher solche Aufhebung kommen könnte, verrät Adorno freilich nicht. Wer soll die »objektiven Konstellationen« erkennen, »in denen der gesellschaftliche Zustand sich selber darstell[t]« (145)? Benjamins Antwort lautet: der materialistische Historiker, dessen geschärftes Bewußtsein die Krise registriert, in die das »Subjekt der Geschichte« – »die kämpfende unterdrückte Klasse in ihrer exponiertesten Situation« – jeweils getreten ist (I, 1243).

Zwei Vorstellungen von Stellvertretung stehen sich hier gegenüber. Wo Adorno den *Künstler* als bewußtlos geschichtsschreibenden »Statthalter der Utopie« identifizieren wird, bestimmt Benjamin den *Historiker* als die Avantgarde des radikalen, radikal gefährdeten historischen Subjekts. Überschätzt er aus Adornos Sicht das Erwachenspotential der beschädigten Träumer, so gibt Adornos Gegenbehauptung, »daß hier das ›Ästhetische‹ unvergleichlich viel tiefer in die Wirklichkeit revolutionär wird eingreifen als die Klassentheorie als deus ex machina« (Adorno 1994, 74), eine noch unglaubwürdigere Antwort auf die große Frage, die alle Marxisten seit Marx bewegt: Wo liegt die Sprengkraft der Revolution begraben? Indem sie jeweils für eine Seite der objektiven Aporie eintreten, teilen sich die Korrespondenten die zwei Hälften jenes rabbinischen Satzes auf: »Es möge der Messias kommen, aber ich will ihn nicht sehen«.

Ein Traumkollektiv bietet aus Adornos Sicht keine Alternative zum bürgerlichen Subjekt, lediglich dessen Hypostasierung. Gegen solche pseudo-materialistische Subjektivierung objektiver Zusammenhänge sei der »glorreiche« (Adorno 1994, 140) erste Passagenentwurf gefeit gewesen. Dessen theologischer Ansatz sei der archimedische Punkt, von dem aus die Immanenz der bürgerlichen Welt als die Hölle gesehen werden kann, die sie ist.

Sieht Adorno im Traumkollektiv nichts anderes als kollektive »Bewußtseinsimmanenz«, so plädiert er seinerseits für eine *andere* Immanenz, der er quasi-magische Kräfte zuschreibt: die innere Logik des autonomen Kunstwerks. (Benjamin wiederum versteht unter dem Leibnizschen Begriff der fensterlosen Monade das »Bild der Welt in seiner Verkürzung« (I, 228) der »Kristall des Totalgeschehens« (V, 575).) Er hat, schreibt Adorno, an sich selber erfahren, »daß wir um so realer sind, je gründlicher und konsequenter wir den ästhetischen Ursprüngen treu bleiben und ästhetisch bloß dann wenn wir sie verleugnen« (Adorno 1994, 113). Benjamin geht von der gegenteiligen Erfahrung aus, daß man »immer radikal, niemals konsequent« (3, 159) vorzugehen habe. Adornos Formulierung mag zwar an das »paradoxe Umschlagen« gegensätzlicher Pole ineinander erinnern, auf das sich Benjamin im soeben zitierten Brief an Scholem bezieht. Gemeint waren jedoch Religion und Politik als die einzigen Möglichkeiten, »die rein theoretische Sphäre zu verlassen« (3, 158). Adorno begnügt sich hingegen damit, zwischen der theoretischen und der ästhetischen Sphäre zu pendeln.

Benjamins Aufzeichnungen halten eine weitere Unterscheidung zwischen archaischen und dialektischen Bildern fest. Der Ort, an dem man letztere antreffe, sei die Sprache (V, 577). Daran knüpft der Gedanke an, der eigentlich problematische Bestandteil seiner Arbeit sei »auf nichts zu verzichten, die materialistische Geschichtsschreibung als in höherem Sinne als die überkommene bildhaft zu erweisen« (V, 578). In den zwei Skizzen ÜBER DAS MIMETISCHE VERMÖGEN gilt die Sprache ebenfalls als der Ort, wo archaische Kräfte und Bilder aufgehoben sind; und die Passagen-Notizen zum Lesen der aufblitzenden Bilder nehmen einige dieser Formulierungen wieder auf (V, 577 f.; I, 695; II, 209 f., 213).

Daraus ergibt sich dreierlei: das mimetische Vermögen ist nicht, wie beim späteren Adorno, auf die ästhetische Sphäre beschränkt; die Sprache stellt eine höhere Stufe der Entzauberung als die Geschichte dar; sie kann folglich dem materialistischen Historiker als Vorbild dienen. Von hier aus fällt Licht auf die Passagenarbeit als den historischen Fluchtpunkt der Benjaminschen Geschichts- und Sprachphilosophie (Wohlfarth 1992) und auf seine dialektischen Denk- und Sprachbilder, samt der – irritierenden, aber offenbar unumgänglichen – Bildqualität seiner philosophischen Terminologie: unumgänglich, weil auch die Begriffe einen materiellen, mythopoetischen Ursprung haben. Daraus folgt, daß ein historischer Materialismus, der den Namen verdient, sich von solchem Ursprung herschreiben muß. Seine Sprache hat, mit Benjamin gesprochen, »bildhaft« zu sein: dies jedoch in »höherem Sinn« als die überkommene Geschichtsdarstellung (V, 578).

Die Diskussion mit Adorno blieb unabgeschlossen; Benjamin entwickelte seine Vorstellung vom dialektischen Bild in den Thesen und den dazugehörigen Notizen weiter (I, 695, 703, 1233, 1238, 1242 f.; V, 577, wo die Notiz N2a,3 Spuren der Auseinandersetzung mit Adorno trägt). Sie waren sich einig, daß eine schriftliche Abgrenzung von Jung und Klages not tat; aber der geplante Aufsatz kam wegen der von Horkheimer gesetzten Prioritäten nicht zustande. So blieb ein vielversprechender Beitrag zur Erkundung der terra incognita zwischen Psychoanalyse und historischem Materialismus – zum kollektiven Unbewußten des unbewußten Kollektivs – ungeschrieben. Benjamin wäre hier vermutlich auf den Anteil des Traumlebens an der Geschichte (II, 620) und auf die Frage eingegangen, inwieweit die scheinbare Invarianz der Urbilder diejenige der bisherigen Klassen- und »Urgeschichte« wiedergibt. Auch dieser Komplex gehört zu den wenig erforschten Arbeitsfeldern der Passagenarbeit.

Zweierlei Dialektik

Adorno wird nicht müde, von Benjamin »Vermittlung« (Adorno 1994, 366) einzuklagen. Gibt es laut Hegel zwischen Himmel und Erde nichts Unvermitteltes, so gelte dies mehr denn je dort, wo die Bourgeoisie sich eine »Welt nach ihrem eigenen Bilde« (Marx 1953, 530) geschaffen hat. In die Kraft dieses Systems eintreten könne man nur mit und gegen Hegel. Die theologischen Kategorien des ersten Passagenentwurfs seien folglich bis in ihren »Glutkern« hinein »durchzudialektisieren«. Das Gewaltsame dieses Neologismus reimt sich schlecht mit Adornos Befürchtung, Benjamin habe sich unter Brechts Einfluß »Gewalt« angetan (Adorno 1994, 369). Nimmt sich dieser als Teil seiner Passagenlektüren Hegel vor, so bleibt unklar, ob er seinen ersten Eindruck revidiert hat, dessen geistige Physiognomie sei die eines »intellektuellen Gewaltmenschen« (1, 423).

Der Briefwechsel spielt sich in Wirklichkeit zwischen zwei ›abenteuerlichen Dialektiken‹ ab. Einerseits eine »negativ« gewendete Hegelsche: Bewegung des Gedankens, Arbeit des Begriffs, bestimmte Negation. Andererseits eine profan-mystische, »erkenntniskritische«, die den Akzent auf den sprengenden Moment legt (I, 1243; V, 577 f.). Erstere arbeitet die immanente Zusammengehörigkeit aller Momente heraus; letztere »rückt« vom immanenten »Schuldzusammenhang des Lebendigen« (II, 175) und der »Kette der Begebenheiten« (I, 697) »ab« (I, 696 f.). Wo Adorno einen Glaubenssprung aus der geschichtlichen Dialektik heraus befürchtet, erhofft sich Benjamin die Rettung vom »kleinen Sprung« in der kontinuierlichen Katastrophe. Diese Erfahrung des Sprungs – des ekstatischen Jetzt, des Erwachens, der unwillkürlichen Erinnerung, des revolutionären Handelns – ist für ihn die dialektische par excellence, so wie ihm Erfahrung – besonders seine Jugenderfahrungen und die politische Erfahrung seiner Generation – überhaupt als der Prüfstein aller Dialektik gilt.

Es wäre jedoch eine falsche Zuspitzung, eine Dialektik des Begriffs hier gegen eine Dialektik der Erfahrung auszuspielen. Abgesehen davon, das eine solche Antithese seit Hegel nicht mehr gilt, kommt keine der hier miteinander korrespondierenden Positionen ohne die andere aus. Sie setzen einander vielmehr als Korrektiv ein. »Zum Denken gehört nicht nur die Bewegung der Gedanken sondern ebenso ihre Stillstellung« (I, 702). Dieser programmatische Satz hält sowohl den Kontrapunkt beider Momente als auch den Augenblick der Unterbrechung fest, ohne welche Dialektik aus Benjamins Sicht in mythische Verkettung zurückfällt. Hier kehrt sich Adornos Einwand gegen archaisches Denken potentiell gegen ihn selber. Zum »statischen« Moment des Benjaminschen Denkens (Adorno 1970, 17 f.; 45) unterhält er ein ambivalentes Verhältnis: Der *orthodoxe* Hegelianer in ihm stößt sich an Impulsen, von denen der *negative* Hegelianer zehrt.

Eine weitere Front tut sich an dieser Stelle auf: zwischen Benjamins freiem Umgang mit der Hegelschen Dialektik und dem »souveränen« Impuls eines Nietzscheaners wie Georges Bataille, von der Arbeit des Begriffs, der Knechtschaft der Dialektik, frei zu kommen. Unterbricht der (anti-)dialektische Sprung bei Benjamin das mythisch-dialektische Kontinuum, und sei's nur einen Augenblick lang, als Stillstellung, Zäsur, Gegenbewegung und Streik, so springt diese Intervention weder ganz aus dem Verlauf heraus, noch geht sie in ihm restlos unter. Sie bleibt vielmehr in ihm (be)stehen. Die »Intervalle« und »Abstände« zu »behüten« (V, 570) – eben nicht »durchzudialektisieren« –, gehört zur Abfassung des Passagen- wie des Trauerspielbuchs.

Auf den »großen und denkwürdigen Brief« (Adorno 1994, 154), den Adorno ihm zum ersten Exposé schreibt, antwortet Benjamin am 16.8.1935 mit einer kurzen, ebenso denkwürdigen Erklärung, warum er noch nicht auf dessen Argumente eingehen wird. Er müsse die Kritik auf sich einwirken lassen. Vorab sei jedoch gesagt: Der erste, theologisch ausgerichtete Passagenentwurf sei nicht einem plump materialistischen geopfert worden. Zwischen beiden – der »Thesis und Antithesis« (5, 143) des künftigen Werks – den Bogen zu spannen, sei vielmehr die bevorstehende Kraftprobe. Benjamins Antwort auf die Forderung nach einem »Mehr an Dialektik« besteht somit im Verweis auf die dialektische Gesamtanlage des Projekts. Dieses will ausgetragen werden; er muß in einem mehrfachen Sinn disponieren.

Wenn die Zeit die Mutter der Dialektik ist, dann kann die Passagenarbeit in der Tat als eine eminent dialektische gelten. Die Kraft und die Geduld, die sie erfordert, sind nicht nur die des Begriffs. Trauerspiel, Trauerarbeit, Passagenarbeit: der passagere »Blitz« der Bilder, der »langnachrollende Donner« (V, 570) der Textarbeit. Und am Ende die ausgehende Zeit, der nicht aufgehende »Kalkül« (5, 143), weil der »Sturm« den Dialektiker, der den »Wind der Weltgeschichte in den Segeln« (V, 591) haben und die Trümmerstücke »zusammenfügen« (I, 697 f.) will, seinerseits ereilt.

Dispositio, Konstruktion, Montage

Adorno faßt seine Einwände gegen das erste Passagen-Exposé mit einem Vergleich zwischen dem frühen Entwurf »Der Saturnring oder etwas vom Eisenbau« (V, 1060 ff.) und ihrem jetzigen Relikt (V, 51) so zusammen: »Nicht müßte der Saturnring zum gußeisernen Balkon werden sondern dieser zum leibhaften Saturnring« (Adorno 1994, 146). Wurde doch, fährt er fort, eine derartige Umkehrung im »Mond«-Kapitel der Berliner Kindheit vollzogen, wo in einem apokalyptischen Traum der Familienbalkon vor dem heranrasenden Mond zerspringt. Die Aufgabe der Passagenarbeit, so Benjamins Antwort, sei durch keine einzelne Betrachtung oder »unerlaubt ›dichterische‹« Gestaltung zu erfüllen. Sie obliege vielmehr »*dem Buche als Ganzem*« (5, 143 f.). Damit antwortet er ebenfalls auf Adornos späteren Einwand, seine Baudelaire-Arbeit stelle metaphorische Korrespondenzen zwischen einzelnen sinnfälligen Zügen des Über- und Unterbaus her. »Die materialistische Determination kultureller Charaktere«, so Adorno, »ist möglich nur vermittelt durch den *Gesamtprozeß*« (Adorno 1994, 367).

Hier das Buch als Ganzes, da der Gesamtprozeß: zwei schwer miteinander zu vermittelnde Vorstellungen vom »Ganzen« und vom »unerlaubt ›Dichterischen‹«. Hatte Adorno Benjamins mikrologisches Verfahren immer gerühmt, die konstruktive Dimension seines Denkens, insbesondere der Passagenarbeit, hingegen kaum beachtet, dann deshalb, weil ihm eine ganz andere Vorstellung vom Ganzen – und sei dies das »Unwahre« – vorschwebt; vielleicht auch, um Benjamin in einer »vollkommene[n] Exterritorialität zur manifesten Überlieferung der Philosophie« (Adorno 1970, 27) anzusiedeln, von wo aus er ihm das Terrain der eigenen Philosophie nicht streitig machen kann. Wie dem auch sei: Er verlangt nach »Vermittlung durch den gesellschaftlichen Gesamtprozeß« (Adorno 1994, 369): nach dem »Durchdialektisieren« bloßer Korrespondenzen, Lücken und Sprünge durch die Arbeit des Begriffs. Neben dieser in jedem Sinne spekulativen Forderung, der vermutlich erst der Weltgeist gewachsen wäre, nimmt sich das Programm des Passagenprojekts vergleichsweise realistisch aus.

Wenn Benjamin in seinen Antwortbriefen immer wieder auf die Arbeitsphase hinweist, in der er gerade steckt, Zeit zu gewinnen versucht, Lücken vorerst bestehen läßt und das noch Fehlende eigens betont, so stellt er damit die raumzeitlichen Dispositionen des Projekts in Aussicht. »Seine Sammlungen sind die Antworten des Praktikers auf die Aporien der Theorie« (II, 469). Dieser Satz aus dem Fuchs-Aufsatz gilt ebenfalls für die Passagen-Konvolute. Warnt Adorno, daß das gesammelte Material sich durch die Vertagung der Theorie gegen diese verschwört (Adorno 1994, 368), so geht Benjamin davon aus, daß es eher von der Gefahr eines verfrühten Eingriffs der Theorie bedroht ist.

Benjamin ist dem »System« ebenso abhold wie Adorno dem »Positivismus«. Daher ihre Uneinigkeit darüber, was unter Empirie zu verstehen ist. Wenn Adorno schreibt, der »Chok«, der von einer »erfüllten Passagenarbeit« käme, scheine ihm, »gleich dem surrealistischen«, revolutionärer als »die blanke Einsicht ins unerhellte Wesen des Städtebaus« (Adorno 1994, 113), oder wenn er den unmittelbaren Rückschluß von der Weinsteuer auf Baudelaires Weingedichte beanstandet (368), unterstellt er Benjamin eine zugleich romantische, magisch-positivistische und vulgärmaterialistische Vorstellung vom Material. Den Gegensatz zwischen spekulativer Theorie und kruder Empirie abzubauen, ist hingegen das Stück für Stück zu erfüllende Programm der Passagenarbeit, wo – wie in »Le Soleil« (Baudelaire 1968, 79) – der surrealistische Schock nur vom Fund, vom *objet trouvé*, kommen kann. Nicht, daß die Phänomene »in ihrem rohen empirischen Bestande« (I, 213) einzusammeln wären: Hegels »Desto schlimmer für die Tatsachen« wird in der Einleitung zum Trauerspielbuch zustimmend zitiert (I, 226). Schon dort geht es jedoch um eine nicht dialektisch zu erzwingende (I, 218) »Entdeckung« von »Ursprungsphänomen[en]«, die sich nie im »nackten offenkundigen Bestand des Faktischen«, sondern im »Singulärsten und Verschrobensten der Phänomene« zu erkennen geben (I, 226 f.). Der philosophische Lumpensammler (V, 574) ist sich, im Gegensatz zum hegelianischen Ästhetiker, nicht zu schade, sich auf solche umständliche Materialsuche einzulassen und mit der »Witterung« der Mode oder des Haushunds, fürs Aktuelle im Vergangenen (I, 701; III, 195) »sich von Eicheln und Gras der Erkenntniss [zu] nähren und um der Wahrheit willen an der Seele Hunger [zu] leiden« (Nietzsche 1968, 25), sprich: Bücher über den Pariser Städtebau oder den Canal d'Ourcq zu durchstöbern.

Adornos rückblickende Einschätzung der Passagenarbeit war ambivalent. Nur Benjamin selber hätte den »chef d'œuvre« schreiben können; ob so, wie es ihm vorschwebte – als kommentarlose Zitatmontage, die die Materialien für sich selber sprechen ließe –, sei jedoch nicht ausgemacht (Adorno 1970, 26). Geht Adorno mit dem jungen Lukacs und Benjamin davon aus, daß die Philosophie seit der Dekomposition des Systems nur noch über kleinere Formen wie den Essay (I, 207 f.) verfügt, so weiß er mit Benjamins radikalerer Hypothese, die Montage-Technik der Avantgarde weise auf die heute fällige Darstellungsform einer materialen Geschichtsphilosophie, wenig anzufangen. Sein Vertrauen ins revolutionäre Potential der Kunst macht hier – bei der ihm sonst verhaßten Position einer gemäßigten Moderne – halt.

Die Philosophie mag kein System mehr sein, so sein impliziter Vorbehalt, bleibe jedoch als Metasprache unabdingbar. In der Passagenarbeit hingegen, so meint er, sollte Philosophie »nicht bloß den Surrealismus einholen, sondern selber surrealistisch werden« (Adorno 1970, 26). Damit überhört Adorno Benjamins Satz, die Passagenarbeit solle »mit allen Machtvollkommenheiten eines philosophischen Fortinbras die Erbschaft des Surrealismus antreten« (3, 420). Benjamins Passagen-Konzeption eine surrealistische Utopie zu nennen, erlaubt Adorno zu bezweifeln, ob sie überhaupt realisierbar war. Aber die konstruktive Montage, die Benjamin anvisiert, weit davon entfernt, »links vom Möglichen überhaupt« (III, 281) zu stehen, wäre vermutlich eine Weiterentwicklung der verschiedenen Mosaik- und Zitat-Techniken gewesen, deren Theorie und Praxis er im Trauerspielbuch, in der EINBAHNSTRASSE, in den Surrealismus- und Kafka-Essays und im Passagen-Exposé ausprobiert hatte: keine bloße Anhäufung von Materialien oder unkommentierte Anordnung von Motiven, aber auch kein fortlaufender philosophischer oder essayistischer Diskurs herkömmlichen Stils. Diese Form hätte nicht die »rhapsodische«, »romantische« der ersten Passagen-Entwürfe oder die »dichterische« der BERLINER KINDHEIT sein können. Und dennoch sollte die Montage eine »literarische« (V, 574) sein. Die Absage an eine allzu dichterische Form wäre einer immer noch künstlerischen gewichen. Auch die Wissenschaft – so das Goethe-Motto zum Trauerspielbuch – müssen wir uns »notwendig als Kunst denken, wenn wir von ihr irgend eine Art von Ganzheit erwarten« (I, 207). Die anschließend empfohlene und geübte »Kunst des Absetzens im Gegensatz zur Kette der Deduktion« (I, 212) wird in der Passagenarbeit zu einer der »Intervalle« und der »Abstände«.

Jede Etappe im dialektischen Prozeß der Wissenschaft, wie in dem der Geschichte selbst, bringt, »wie auch immer bedingt von jeder vorhergegangenen«, eine »gründlich neue Wendung« zur Geltung, die eine »gründlich neue Behandlung« fordert. Neue Gegenstandsbildungen verlangen neue Methoden, »[g]enau wie Form in der Kunst sich dadurch auszeichnet, daß sie, zu neuen Inhalten führend, neue Formen entwickelt« (V, 593). Benjamin ist hier dabei, eine eigene Erkenntnistheorie, die seine vorangegangene aufhebt, und eine ständig zur Disposition stehende Form zu entwickeln. Die Ideenlehre der ERKENNTNISKRITISCHEN VORREDE des Trauerspielbuchs soll in historischen Materialismus umgeschmolzen werden: Anamnesis nicht der platonischen Ideen, und gewiß nicht des Heideggerschen Seins, sondern einer jüngstvergangenen Dingwelt und somit ein ganz anderes »Zurück zu den Sachen selbst« als das von Husserl geforderte. »Verzicht auf den unabgesetzten Lauf« – ja »Tod« – »der Intention«, »Eingehen und Verschwinden« in die Wahrheit (I, 208–216): das erkenntniskritische Programm des Trauerspielbuchs stellt sich jetzt als ein gezieltes Verschwinden in ein Archiv dar, das die Bibliothek, die Straße, die Sprache und die Geschichte, die kollektive sowie die eigene, umfaßt. Daraus trägt der Sammler ein Buch zusammen, das nicht nur – wie *Zarathustra* – »für Alle und Keinen«, sondern *von* Allen und Keinem ist. Alles Namhafte, angefangen mit dem Autor selbst, tritt zurück, um das anonyme kollektive Subjekt hervortreten zu lassen.

»Ich habe nichts zu sagen«, notiert Benjamin: »Nur zu zeigen. Ich will nichts Wertvolles entwenden und mir keine geistvollen Formulierungen aneignen. Aber die Lumpen, den Abfall: die will ich nicht inventarisieren sondern sie auf die einzig mögliche Weise zu ihrem Recht kommen lassen: sie verwenden« (V, 574). Wie in der Politik geht es in dieser ihr gewidmeten Arbeit darum, die Massen – hier: die Materialien – dadurch »zu ihrem Recht [...] kommen zu lassen« (I, 506), daß sie zu einer sich selbst organisierenden »kritischen« Masse werden (I, 505). Es gehört zu Benjamins Grunderfahrungen, daß das Verschwinden des Subjekts eine anarchische »Ordnung« (II, 238 f.) hervortreten läßt. Diese soll durch wechselnde Versuchsanordnungen – »freie Assoziationen« (Freud) zugunsten eines »Vereins freier Menschen« (Marx) – provoziert werden. Liegen konstruktive Schemata sämtlichen größeren Arbeiten Benjamins zugrunde (Missac 1986), so erreichen sie mit jeder neuen Phase der Passagenarbeit einen höheren Grad an Komplexität. Benjamin war mit diesem Experiment noch lange nicht fertig, als es abgebrochen wurde.

Theologie und historischer Materialismus

Im Gegensatz zu Scholems und Brechts gegnerischen Parteinahmen für *eine* dieser Instanzen, und ihrer jeweiligen Allergie gegen »Interferenzerscheinungen« (Scholem 1975, 284: Brief vom 30.3.1931), steht Adorno für deren Dialektik – samt dem »Eindringen des [materialistischen] Fremdkörpers« – in Benjamins Denken ein. Sie könne allerdings nur im Medium der philosophischen Theorie ausgetragen werden (Adorno 1994, 112). Als materialistischer »Anwalt des theologischen Motivs [der Benjaminschen], und vielleicht darf ich sagen auch meiner, Philosophie« weiß sich Adorno, gegen Scholem, mit Benjamins Intention einig, »die Kraft der theologischen Erfahrung anonym in der Profanität mobil zu machen« (324). Diese Formulierung klingt an Benjamins Satz an, sein Denken sei mit Theologie so vollgesogen wie ein Löschblatt mit Tinte. »Ginge es aber nach dem Löschblatt«, fügt er hinzu, »so würde nichts was geschrieben ist, übrig bleiben« (V, 588; I, 1235). Damit grenzt er sich nach zwei Seiten ab. Erstens gegen Scholem, denn das Löschblatt träumt ja davon, die heilige Schrift auszulöschen. Zweitens gegen Brecht, denn es liegt nicht in der Gewalt auch der plumpesten Aufklärung, das theologische Erbe restlos zu liquidieren. Die daraus resultierenden Aporien sind jedoch keine lähmenden. Sie münden unter anderem in die praktische Aufgabe, die Passagenarbeit zu schreiben.

Die Erfahrung des Eingedenkens, heißt es dort, verbietet zweierlei: die Geschichte atheologisch zu begreifen und sie in unmittelbar theologischen Begriffen zu schreiben (I, 1235). Diese Position ist nun, drittens, gegen Adornos Version derselben abzugrenzen. Das *Theologisch-politische Fragment* hatte das Zusammenspiel von theologischen und profanen Kräften im Bild zweier Pfeile festgehalten, deren einer den anderen nicht trotz, sondern dank ihrer entgegengesetzten Bahnen auf seinem Wege befördert (II, 203 f.). Einen essentiellen Unterschied der religiösen und der politischen Observanz, schreibt Benjamin an Scholem, gestehe er nicht zu: »Ebensowenig eine Vermittlung«. Wenn »jede Betrachtung der Aktion rücksichtslos genug und radikal in ihrem Sinn verfährt«, dann schlagen sie »(in welcher Richtung immer)« ineinander um (3, 158).

Wenn Adorno, der Vermittler, Benjamin dazu ermutigt, sich dem theologischen Elan der ersten Passagenentwürfe vorbehaltlos, ohne marxistische Vorzensur anzuvertrauen, weil gerade diese Rücksichtslosigkeit dem historischen Materialismus nur zugute kommen könne, scheint er ihm dessen tiefsten theologisch-politischen Impuls entgegenzuhalten. Aber der Schein trügt. In Wirklichkeit biegt er solchen Elan zu einer ›ökonomischen‹ Spekulation um, so als würde eine unsichtbare Hand eine prästabilierte Harmonie zwischen Theologie und historischem Materialismus garantieren – ein Bild, das Benjamins erste geschichtsphilosophische These nur ironisch gebrochen ins Spiel bringen wird. Da es, so Adorno, »in Gottes Namen nur die eine Wahrheit« (Adorno 1994, 370) gibt, braucht es keinen Antagonismus zwischen scheinbar widerstreitenden Instanzen zu geben. Aber eine solche Koinzidenz der Gegensätze findet Benjamin zufolge nur in radikaler Praxis, unter gewaltigen Spannungen, oder in letzter Instanz statt. Hier und heute seien den einzelnen Antagonismen keineswegs erspart. Mit anderen Worten: Das mystische Paradox des *Theologisch-politischen Fragments* ist keine Zauberformel für das richtige Leben. »Unter falschen Umständen richtig – d.i. mit ›Richtigem‹ – zu entsprechen«, so Benjamin an Scholem, »das ist mir nicht gegeben« (4, 24 f.). Auch dieses Argument wird die Seite wechseln. Daß es »kein richtiges Leben im falschen« gibt, wird Adornos späterer Refrain sein.

Adornos dialektischer Schachzug besteht hier darin, Benjamin unter Berufung auf dessen theologische Jugendschriften und in scheinbarer Vorwegnahme der ersten geschichtsphilosophischen These nachweisen zu wollen, daß die ersten, theologisch gefärbten Passagen-Entwürfe einen »bessere[n] Marxismus« (Adorno 1994, 370) in sich bergen als den Brechtschen Vulgärmaterialismus, dem er sich inzwischen unterworfen habe. Mit dem »Opfer der Theologie« (139) habe Benjamin der materialistischen Sache lediglich geschadet. Nun vertritt Benjamin scheinbar ähnliche Positionen seinen anderen Mitstreitern, vor allem Scholem, gegenüber und lehnt es bis zuletzt ab, zwischen Theologie und historischem Materialismus wählen zu müssen. Ein nochmaliger Blick auf das *Theologisch-politische Fragment* genügt jedoch, um die Distanz zu ermessen, die ihn hier von Adorno trennt. Wenn es dort heißt, das profane »Glückssuchen einer freien Menschheit« sei imstande, die gegenläufige messianische Kraft zu befördern, so wird nicht behauptet, daß eine solche Übertragung auch in umgekehrter Richtung geschieht. Und sie gilt im ersten Fall nur unter der Bedingung, daß die profane Kraft »rücksichtslos genug« – was vermutlich auch heißt: ohne Rücksicht aufs Messianische – verfährt. Die politische Aufgabe der profanen Welt besteht darin, sich ihrem eigenen Elan restlos hinzugeben. Von dieser Politik der *Vergängnis* (II, 204) ist es zur *Passagen*-Arbeit nur ein Schritt. Insofern steht das *Fragment* Brechts Atheismus näher als der Theologie, die Adorno Benjamin unterschieben will.

Kurzum, Benjamin zieht ganz andere Konsequenzen als Adorno aus seinen theologisch-politischen Denkmodellen. Wo Adorno ein überflüssiges Denkverbot und später gar eine autoritäre »Identifikation mit dem Angreifer« diagnostiziert, beharrt Benjamin auf dem notwendigen, vielleicht sogar guten Preis, der für einen unausweichlichen »Antagonismus« zu zahlen ist. Zwar rühmt Adorno die »Ursprungsgewalt« des ersten theologischen Passagenkonzepts (Adorno 1994,139). An der Gewaltfrage scheiden sich jedoch die Geister. Hat sich Adorno zufolge Benjamin mit seinem Brechtschen Marxismus »Gewalt angetan«, so entgegnet dieser, Solidarität mit den Erfahrungen [s]einer Generation« und »eigenste produktive Interessen« haben ihn in der Tat dazu gebracht, den »ursprünglichen gelegentlich Gewalt anzutun« (Adorno 1994, 369; 6, 184). Dort wo Adorno Benjamins eigene Theologie gegen ihn zu vertreten glaubt, nimmt dieser von der »Esoterik« (6, 184) Abschied, auf die jener ihn festlegen will. Nirgends sind ihre diplomatischen Verhandlungen so heikel, und deren politisch-biographische Implikationen so immens, wie an dieser Stelle.

Adornos Position ist indessen nicht weniger »plump« als Brechts. Denn sie beruht auf einer einzigen Denkfigur – »Wirf weg, damit du gewinnst« –, die wie eine quasi-christliche Parodie aufs *Theologisch-politische Fragment* anmutet. Ganz gleich, ob es um Theologie oder autonome Kunst geht, das Credo ist dasselbe: Man trägt um so mehr zum historischen Materialismus bei, je weniger man sich nach ihm richtet. Was theologisch und künstlerisch wahr sei, müsse sich – aller historischen Ausdifferenzierung der Sphären zum Trotz – auch politisch bewahrheiten. Arbeitsteilung und Berufsdeformation dürften hier dennoch am Werk sein. Von Benjamins Position aus gesehen projiziert Adornos quasi-theologische Denkfigur künstlerische Erfahrungen auf nicht-künstlerische Bereiche und zieht Politisches ins Ästhetische zurück. Benjamin hingegen schwebt eine nicht-ästhetisierende Umwandlung literarischer in politische Energien vor, die dem »unerlaubt ›Dichterischen‹« einen Riegel vorschiebt.

Wenn Adorno Benjamin nahelegt, die Passagenarbeit »getreu ihrer eigenen Urgeschichte zu schreiben« (Adorno 1994, 113), gibt er scheinbar getreu dessen Weigerung wieder, früheren Denkphasen »›abzuschwören‹« (3, 159). Aber Benjamin war nicht davon abzubringen, seine »Sache zu tun«, auch wenn sie nicht unter allen Umständen »die gleiche« sein konnte (4, 24). Die Geschichte der Passagenarbeit, »ihrer Entwicklung nach«, war ganz gewiß in sie selber aufzunehmen (V, 578). Bei ihrer »Urgeschichte« stehenzubleiben, hätte jedoch bedeutet, das Projekt selber aufzugeben. Solche Treue war durch eine andere aufzuheben: die des Zeugen der »aktuellen« Urgeschichte (V, 576).

Es geht nicht mehr darum, das wissen sowohl Zarathustra als auch die Surrealisten, zu »gewinnen«. Adorno und Benjamin konnten diese Partie nur je auf eigene Weise verlieren. Frei nach den Titeln der Passagen-Exposés: »Adorno oder die immanente Selbstkritik des bürgerlichen Individuums«, »Benjamin oder der einsame Traum vom erwachenden Kollektiv«. Frei nach Brecht: Was waren es für Zeiten, wo beide Recht behalten mußten? Adornos »enthusiastische[s] Mißverständnis« (I, 1227) war indes nicht immer produktiv. Es fehlte dem Förderer paradoxerweise an Kredit: an Bereitschaft, dem Projekt des Anderen seine Chance zu lassen. Sind sämtliche Argumente gegen die abendländische Kultur in den Dienst der Aufklärung zu stellen (5, 541), so gilt dies auch für Adornos beste Einwände gegen die Passagenarbeit. Sie blieb ein ebenso unvollendetes Projekt wie die Aufklärung, weil sie dieses Projekt selber war.

Zwischen Philologie und Aktualität: künftige Aufgaben einer Passagen-Forschung

Als Entschädigung für die »schaffende Zerstörung« (Schumpeter) wird heute überall »restauriert«. Benjamins Œuvre, das gegen Kulturgut und Erbe anging, wurde ebenfalls – philologisch wiederhergestellt und politisch entkernt – ins Weltkulturerbe integriert: »neue Vergangenheit« (V, 1000) auch hier. Dies läßt sich besonders deutlich an der Rezeption der Passagenarbeit beobachten. Kaum daß das langerwartete Manuskript gedruckt vorlag, wurde es zum alten Eisen geworfen, vom schlagartigen Veralten befallen, das sein eigener Gegenstand war (Wohlfarth 2005). Daß es weiterhin als ewig heißer Tip gehandelt wird, ist nur die Kehrseite der Medaille.

Wenn Schriften »erst in einer bestimmten Zeit zur Lesbarkeit« (V, 577) gelangen, wie steht es heute um die Passagenarbeit? Trotz der Kongresse und Sondernummern ist sie bisher in *keine* »kritische Lage« (V, 588) gekommen. Falsifiziert sich die Rezeptionstheorie, mit der sie selber operiert, in dieser post-revolutionären, post-saturnischen Konstellation?

Ihr Autor will »Philologie« und »Aktualität« deshalb engführen, weil sie zutiefst zusammengehören. Philologie ohne Aktualität ist blind, Aktualität ohne Philologie ist leer. Erst wenn letztere die Sachgehalte lang genug beaugenscheinigt hat, so Benjamin, ist ihre magische Fixierung an den Text durch die historische Konstruktion des Gegenstands aufzuheben, deren Fluchtlinien in der eigenen historischen Erfahrung zusammenlaufen (6, 184 f.). *Reculer pour mieux sauter* heißt hier, den Gegenstand möglichst tief in seinen Zusammenhang »einbetten« (6, 67), um ihn mit geballter »Behutsamkeit« (5, 248) heraussprengen zu können. Damit sind die immensen Dispositionen angedeutet, die erforderlich sind, um die Passagenarbeit ihrerseits aufzuheben. Hiermit eine vorläufige Wunschliste der Aufgaben, vor der eine solche Lektüre steht.

Philologie

Lichtenberg stellte sich die endgültige Reinschrift seiner *Sudelbücher* nach dem kaufmännischen Modell der doppelten Buchhaltung vor (Lichtenberg 1969, 46). Wie wollte Benjamin seine Materien ordnen?

Das aus dem Passagen-Komplex herausgelöste, ebenfalls unabgeschlossene Baudelaire-Buch geriet zu einem »Miniaturmodell« (6, 64) des gesamten Projekts. Bleibt zu erkunden, inwieweit die Pariser Paralipomena Aufschlüsse zur Strukturierung von Teilkomplexen dieses Modellversuchs geben, »[d]urch das Exempel beweisen, daß die große Philologie an den Schriften des vorigen Jahrhunderts nur vom Marxismus geübt werden kann« (V, 596).

Rückschlüsse vom Miniaturmodell her für eine mögliche Neuordnung des Passagenmanuskripts hat Tiedeman 1991 zurückgewiesen (VII, 871). Es gibt keinen Grund, dieses Urteil anzuzweifeln; aber auch keinen, es dabei bewenden zu lassen. »Er hat nicht zu rekonstruieren versucht«, hieß es 1982, »was noch niemals konstruiert war« (V, 1073). Der tastende, intensive Konstruktions*prozeß*, in dem das Projekt begriffen war, verlangt jedoch, wie unvollständig auch immer und bei gleichzeitiger Ausschaltung *historistischer* »›Rekonstruktion‹« (V,587), (re)konstruiert zu werden. Die Kraft, den Bogen zu spannen, schreibt Benjamin, »kann nur ein langes Training verschaffen, für das die Arbeit im Material ein Element, neben anderen, sind«; die anderen seien die »konstruktiven«(5,143). Sind keine direkten Rückschlüsse vom Baudelaire her aufs Passagenprojekt möglich, dann vielleicht doch einige indirekte. Die bisher nur probeweise abgedruckten »Regestenverzeichnisse« des Baudelaire, insbesondere die »Motivgruppierungen«, »Reflexionen zum Aufbau« und »Einzelblätter« (VII, 736–768), deren Kommentierung allererst angefangen hat (Espagne/ Werner, in Wismann, 1986; Bolle, in Opitz/Wizisla 2000), lassen die konstruktiven Möglichkeiten des »wichtigen Spiels« (Lichtenberg 1969, 707) erahnen, die sich aus dem beweglichen Zusammenspiel der Materialien und der ihnen zugedachten Tabellen, Koordinaten und Farbsiglen ergeben. Wer weiß, wohin die Erforschung dieser ars combinatoria – »zweite Technik« im Sinne einer »unermüdliche[n] Variierung der Versuchsanordnung« (VII, 359) – führen könnte? Brecht meinte, ein neues Schachspiel sei auszuarbeiten, in dem sich die Stellungen und Funktionen der Figuren nicht lange gleich bleiben (VI, 526). Der bucklige Zwerg sitzt heute im Internet.

Welcher Künstler, fragt Baudelaire, weiht das Publikum in die Geheimnisse, die Improvisationen und den Schmutz seines Ateliers ein (Baudelaire 1968, 188)? Heute herrscht eine inverse Tendenz vor: die Zurschaustellung unfertiger Rohentwürfe. Die Passagenarbeit war eine Werkstatt ganz anderen Rangs. »Schöpferisch«, so Benjamin 1929, »ist nur, wer Auftrag und Kontrolle meidet«. Die aufgetragene, kontrollierte Arbeit hingegen, deren Vorbild die politische und technische sei, habe Schmutz und Abfall, greife zerstörend in den Stoff ein, verhalte sich abnutzend zum Geleisteten und kritisch zu ihren Bedingungen (II, 366). Dies galt besonders für die Passagenarbeit: nur daß Auftrag und Kontrolle fehlten. »Eigene Gedanken in ein vorgegebenes Kraftfeld einzutragen, ein wenn auch noch so virtuelles Mandat, organisierter, garantierter Kontakt mit Genossen« (IV, 327): dies, so Benjamin 1927, konnte es, wenn überhaupt, nur in der Sowjetunion geben. Sein Interesse für jenes weltgeschichtliche »Laboratorium« (325) und sein eigenes Passagen-Experiment waren zwei Seiten derselben Recherche. Der Vergleich wirft Licht auf die Bedingungen seiner Arbeit: Die »Produktionsanstalt« (4,25), die er sich im westeuropäischen »Kraftfeld« erfand, mußte ebenso »virtuelle« Zuge aufweisen wie sein »Mandat«.

Diese Werkstatt ist bisher kaum studiert worden. Indem man die Methode der Passagenarbeit ihren eigenen aphoristischen Theorie-Fragmenten entnahm, wich man der schwierigeren Frage aus, welche Arbeitspraxis ihnen entsprach. Wie ist Benjamins »Kurs« auf den »magnetischen Nordpol«, von dem die anderen »abgelenkt« werden (V, 570), im einzelnen zu bestimmen? Worin besteht die Logik seiner Abweichungen? Wie ist die Wünschelrute beschaffen, mit der er sich planvoll in der Bibliothek verirrt? Warum gerade *diese* Bücher, Zitate, Gegenstände und nicht andere? Welche Auswahlkriterien legt der Lumpensammler an? Wie »verwertet« er sein Material? Eine »strenge Beobachtung der echten akademischen Forschungsmethoden«, die er am Wissenschaftsbetrieb vermißte, wird hier vielleicht erste Antworten geben können. Auf die geheimnisvolle Alchimie des Schaffensprozesses wird man sich jedenfalls nicht berufen dürfen: Benjamin hat, wie Poe und Baudelaire, die »pädagogische Seite« (V, 571) seines Unternehmens betont.

Benjamin hat sich mit der Idee getragen, »den Raum des Lebens – Bios – graphisch in einer Karte zu gliedern« (VI, 466). Eine um die Passagenarbeit zentrierte Bio-biblio-topo-graphie seiner letzten dreizehn Jahre (Berlin, Paris, Moskau, Ibiza, Neapel, Skovsbostrand, Blicke nach Jerusalem und New York, Port Bou) wäre zu erstellen. Nicht, wie bisher, in Form von unzulässig dichterischen, einfühlenden, touristischen Photobänden, Romanen, Filmen usw., sondern im Geiste der Passagenarbeit. Dies hat Buck-Morss (1989) ansatzweise getan. Ihre Beschreibung der Passagen-Konvolute als das »Warenlager«, aus dem die Arbeiten der 30er Jahre konstruiert wurden, legt den Gedanken einer weiteren Karte nahe, auf der diese Zusammenhänge systematisch einzutragen wären. Im Interesse einer archäologischen Übersicht wäre die werdende Passagenarbeit schließlich wie ein labyrinthischer, sich historisch verändernder Stadtplan darzustellen. Computer-Techniken werden hier auszuprobieren sein: Benjamin-Forschung im Zeitalter neuer technischer Reproduzierbarkeiten. Vereidigter Bücherrevisor hat schon 1927 das Mißverhältnis zwischen dem technischen Stand der wissenschaftlichen Produktion und deren hinterherhinkender »Vermittlung« problematisiert: »Und heute schon ist das Buch, wie die aktuelle wissenschaftliche Produktionsweise lehrt, eine veraltete Vermittlung zwischen zwei verschiedenen Kartotheksystemen. Denn alles Wesentliche findet sich im Zettelkasten des Forschers, der's verfaßte, und der Gelehrte, der darin studiert, assimiliert es seiner eigenen Karthotek« (IV, 103). Auch in dieser Hinsicht stellt die Passagenarbeit ein groß angelegtes Experiment dar. Die im Exposé beschriebene Emanzipation neuer Konstruktionsprinzipien von veralteten Umhüllungen soll hier durch eine Umformung des Buchs erreicht werden, die dem wissenschaftlichen, technischen und künstlerischen Stand der Produktivkräfte entspricht.

Die bisher skizzierte werkinterne Philologie ist durch die Einbettung ihres Gegenstands ins Diskurs- und Spannungsfeld ihrer Zeit zu ergänzen. Dabei werden sowohl die großen Kontinuitäten als auch deren kleine Unterbrechungen zu isolieren sein. Dies ist um so notwendiger, als sich die Passagenarbeit, wie sämtliche Schriften Benjamins, zwischen alle Fronten stellt. Man wird, ohne sich durch die reale Gefahr eines gewissen Historismus abschrecken zu lassen, jenes umstrittene – und heute »wie durch Jahrhunderte« (II, 540) von uns entfernte – Terrain umständlich kartographieren müssen, um zu erfahren, welche Wege Benjamin dort gebahnt hat.

Wer überall Motive und Zitate entwendet, um sie auf seine Weise zu verwenden, muß sich allseits abgrenzen, wenn er Mißverständnissen vorbeugen will. Bei Benjamin geschieht dies oft eher implizit; oder die Absicht wird, wie beim geplanten Artikel über Jung und Klages, nicht ausgeführt. Hinzu kommt, daß er sich über die »Gefahr« einer Nähe zu kompromittierenden Autoren meistens hinwegsetzt (4, 441). Dennoch verwirft er – mit sehr unterschiedlichen Abstufungen von Vehemenz – drei Unternehmen, die man mit dem seinen verwechseln könnte: Ernst Blochs *Erbschaft dieser Zeit* (1935), Siegfried Kracauers *Jacques Offenbach und das Paris seiner Zeit* (1937) und Dolf Sternbergers *Panorama oder Ansichten vom 19. Jahrhundert* (1938). Bei Bloch stellt er, außer Diebstahl an ihm selber, eine Haltung fest, die den Autor verhindert, seine materialistischen Einsichten ins Werk zu setzen (5, 38; 27 f.); bei Kracauer den resignativen Rückfall eines einstigen Weggefährten in die Konventionen bürgerlicher Biographie und eine »Rettung« Offenbachs, die sich als »Apologie« erweist (5, 526); bei Sternberger ein derart ungeheuerliches Plagiat, daß er es »anzeigen – zu deutsch denunzieren -« will (6, 60 f.; III, 572–579; 700–702). Aber die ungleich wichtigere und schwierigere Grenze, die hier zu zeichnen ist, durchläuft das – reale und virtuelle – Verhältnis zu Heidegger.

Am Kreuzweg von Philologie und Aktualität stellt sich die Frage nach dem Potential der Passagenarbeit als formales Experiment. »Mit jeder Wendung«, so die Erkenntniskritische Vorrede, steht die Philosophie von neuem vor der »Frage der Darstellung« (I, 207). Dies gilt für jedes Stadium der Passagenarbeit. Zuletzt fragt sich Benjamin, wie »die Liquidierung des epischen Elements« (I, 1241) eines »gemächlich erzählenden Historismus« (I, 1248) zu bewerkstelligen ist. Nicht die »großen Erzählungen«, von denen man heute so viel Aufhebens macht, sind zu entzaubern, sondern die allgegenwärtige moderne Zeit-Zählung selbst: der herrschende »Zeit-Traum« (V, 491) des »Fortschritts«; das Zeitmaß moderner Entmythologisierung, das selber ein seine Kinder fressender Chronos ist. Wie die chronologische Vorstellung eines »eine homogene und leere Zeit durchlaufenden Fortgangs« (I, 701) durch eine »dialektische, sprunghafte« (I, 1243) ablösen? Die Impulse der literarischen und kinematographischen Avantgarde wissenschaftlich umsetzen? Einen historiographischen Positivismus, der der »letzte[n] Phantasmagorie des Objektiven« (I, 406) verfallen ist, durch eine strengere »Wissenschaft vom Ursprung« (I, 227) ersetzen, die die »Fakten« als das erscheinen läßt, »was uns soeben erst zustieß« (V, 491)? Wie der »Unordnung« des historischen »Bildraums« (I, 1243) und zugleich der »Rücksicht auf Darstellbarkeit« (Freud 1976, 344–354) gerecht werden? Wie, mit einem Wort, eine konstruktive Destruktion herrschender Geschichtsschreibung ins Werk setzen?

Daß man Geschichte immer »konstruiere«, hat sich mittlerweile herumgesprochen, aber nur als wissenssoziologische Binsenweisheit, ohne Bezug zu Benjamins tragendem Konzept: der praktisch-politischen Konstruktion von Geschichte selbst. Daß jede Geschichtsschreibung rhetorischen Zwängen und – meistens naturalisierten – Konventionen unterliegt, wurde ebenfalls inzwischen erforscht. Aber die Frage nach der *eigenen* Darstellungsweise wurde dabei immer ausgeklammert: wie es vermeiden, auf verbrauchte Formen zu rekurrieren, oder das Problem auf »wissenschaftliche« oder gar »performative« Weise zu neutralisieren? Benjamins unabgeschlossener Versuch, Geschichte vom letzten Stand der wissenschaftlichen und künstlerischen Technik her darzustellen, ohne ins »unerlaubt ›Dichterische‹« zurückzufallen, steht nach wie vor weitgehend allein.

Aktualität

Eine von ihrem Gegenstand herausgeforderte Benjamin-Philologie hat, wie vermittelt auch immer, unter dem Druck aktueller Fragestellungen zu stehen. Denn dort stehen wir ohnehin, die einen mehr, die anderen weniger geschützt. Keine historische Rekonstruktion, die nicht eine gegenwärtige Konstruktion wäre: es ist daher weder möglich noch wünschenswert zu wissen, wie die Passagenarbeit »eigentlich gewesen« (I, 695) wäre. »Dies erst vollendet das Werk«, so Benjamin, »welches es zum Stückwerk zerschlägt« (181). Solches Zerstörungswerk »auf die gute Art« (II, 219) zu üben, setzt voraus, daß man die Gegenwart »fest bei den Hörnern« (III, 259) hat.

Wer über die Passagenarbeit arbeitet, ohne sich gegen ihren Grundimpuls zu sperren, steht vor der Wahl: entweder versuchen, sie aus ihrem Geist heraus fortzuschreiben – auf die Gefahr hin, ihrer Immanenz zu verfallen; oder sie »gegen den Strich« (I, 697) bürsten, um Abstand, vielleicht gar Abschied, von ihnen zu nehmen – auf die Gefahr hin, einer phantasmagorischen, neu-alten Vorstellung von Aktualität zu verfallen. Daß scheinbare Alternativen sich nicht ausschließen müssen, haben wir indes von Benjamin gelernt. An einer klärenden Auseinandersetzung zwischen diesen Positionen hat es jedoch bisher gefehlt. Statt dessen hat man sich, meistens stillschweigend, für die zweite Alternative entschieden. Grob gesagt: Die Linke hat sowohl die Passagenarbeit als auch sich selber links liegen lassen. Ein solcher Entschluß hängt, Benjaminisch gesprochen, mit den Erfahrungen zusammen, die unsere Generationen in den letzten 25 Jahren gemacht (zu) haben (glauben). Eine weltweite »Tendenzwende« ist eingetreten (Wohlfarth in Schalz/Rautmann 2006).

Interesse entsteht laut Benjamin dort, wo man die eigene Lage im Gegenstand »präformiert« findet (V, 494). Echtes Interesse für das Passagenprojekt kann nur eines am großen historisch-politischen Projekt sein, dem es sich verschrieb. Daher sein niedriger Kurswert in der gegenwärtigen Konjunktur. »Bemühe dich, nicht unter deiner Zeit zu sein« (Lichtenberg 1969, 474), lautet eine ironische Version des kategorischen Imperativs. Trifft die von Benjamin postulierte Dialektik zwischen revolutionärer Aktion und historischer Erkenntnis zu, dann bewegt sich *unsere* Zeit unterhalb von beiden. Von denselben Prämissen her konnte Benjamin Scholem sagen, die Antwort auf dessen Einwände gegen seinen Kunstwerk-Aufsatz werde »von der Revolution wirksamer geliefert werden als von mir« (Scholem 1975, 258). Eine deutsche bolschewistische Revolution, schreibt er 1931, würde ihm »anders zu schreiben möglich machen« (4, 24). Das endliche Gelingen des Passagenprojekts wäre, so gesehen, letztlich an die Möglichkeit einer kommenden Revolution gebunden. Daß Benjamin mit ihrem beidseitigen Mißlingen rechnete, geht aus manchen Stellen, insbesondere aus den letzten Sätzen seines Baudelaire (I, 604), hervor.

Wie steht es heute, bei Ebbe, um das Strandgut jener zwei Projekte? Schauen nicht auch wir – »wir«: die Menschheit, die als Spezies erst am Anfang ihrer Entwicklung steht (IV, 147) – durch den »Blutnebel« jenes Sturms, der nicht mehr »Fortschritt«, sondern »Globalisierung« heißt? Wie schleppt die unbewältigte Urgeschichte des 20. Jh.s die des 19. – und damit Benjamins Projekt – ins 21. hinein (Lindner in Müller-Scholl 2003, vgl. Beitr. in Schalz/Rautmann 2006)? Ob der Ausweg aus der Katastrophe nach wie vor über den Umweg einer »geheime[n] Verabredung« (I, 694) mit einer »ganz bestimmten« (I, 704) Vergangenheit zu finden ist – und, wenn ja, welche; welche Teile dieser Konstruktion in welchen Kombinationen mit welchen anderen in die heutige Werkstatt eines entsprechenden Projekts gehören; wie die intellektuellen Produktivkräfte und -verhältnisse »nach Maßgabe des Möglichen« (I, 696 f.; II, 691) zu verändern sind, um zu diesem Zwecke eine halbwegs gemeinsame Produktionsanstalt einzurichten; wie Benjamins Denken heute »wegzuheben« ist, so wie es seinerzeit die Theologie »löschen« wollte; ob und wie »revolutionäre Energien« im »Veralteten« noch stecken können, wenn sie selber dieses Veraltete sind – das sind einige der immensen Fragen, die die Passagenarbeit hinterläßt. Nichts aktueller als ihre Grundeinsicht in ein Vergessen, das sich mit Information (II, 444), Schockerfahrung (II, 613 ff.) und neuerdings mit »Erinnerungskultur« reimt. Nichts schlüssiger, und verzweifelter, als ihr Versuch, die Rettung im Vergessenen zu suchen.

Feststeht, daß dieses – seinerseits ebenso bekannte wie vergessene, ebenso sichtbare wie übersehene – Projekt bisher wenig, und keine adäquate, Verwendung gefunden hat. Nicht etwa, weil Kategorien wie Katastrophe, Traumschlaf und Erwachen heillos veraltet wären, eher weil wir, die Schlafenden, unseren eigenen Umgang mit ihnen haben: »Die ersten Weckreize vertiefen den Schlaf« (V, 494). Aber solche Kategorien sind zu hoch gegriffen, zu sehr Engelsperspektive, um im Alltag greifen zu können. Deshalb wollte Benjamin seine theologischen Rückstände »handlich machen und liquidieren« (IV, 398). So ist ebenfalls mit der Passagenarbeit umzugehen. Auch diese Erb- und Konkursmasse ist, wie laut Benjamin das »Menschheitserbe« insgesamt, stückweise im »Leihhaus« zu hinterlegen, um die »kleine Münze des ›Aktuellen‹ dafür vorgestreckt« (II, 219) zu bekommen. Solche Aktualität erlebte Benjamin als den kleinen theologisch-politischen Sprung des Jetzt: »diese unscheinbarste von allen Veränderungen« (I, 695). Ist ein solcher Wechsel heute für – gegen – die Passagenarbeit zu bekommen? Dann wäre der (un)gerechte »Tausch« (II, 310) des »guten Alten« gegen das »schlechte Neue« (VI, 539) deren beidseitige Rettung, der überspringende Funke, die übertragene Energie. Dann stünde die Passagenarbeit vor und hinter uns zugleich.

Werk

Das Passagen-Werk (V, 45–1063)
Passagen (V, 1041–1043)
Pariser Passagen (V, 993–1038)
Pariser Passagen [II] (V, 1044–1059)
Der Saturnring oder Etwas vom Eisenbau (V, 1060–1063)
Übersicht (V, 81–82)
Aufzeichnungen und Materialien (V, 83–989)
Paris, Die Hauptstadt des 19. Jahrhunderts (V, 45–59)
Paris, Capitale du XIXeme siècle (V, 60–77)
Deutsche Übersetzungen zum frz. Exposé: Einleitung (V, 1255–1256); Schluß (V, 1256–1258)
Nachträge zum Passagen-Werk (VII, 852–872)

Literatur

Adorno, Theodor W./Max Horkheimer (1969): Dialektik der Aufklärung, Frankfurt a.M.
Adorno, Theodor W. (1970): Über Walter Benjamin, Frankfurt a.M.
Adorno, Theodor W./Walter Benjamin (1994): Briefwechsel 1928–1940, hg. v. Henri Lonitz, Frankfurt a.M.
Agamben, Giorgio (2004): Kindheit und Geschichte. Zerstörung der Erfahrung und Ursprung der Geschichte, übers. v. Davide Guirato, Frankfurt a.M.
Aragon, Louis (1996): Der Pariser Bauer, übers. v. Lydia Babilas, Frankfurt a.M.
Arendt, Hannah (1986): Walter Benjamin. Bertolt Brecht. Zwei Essays, München.
Baudelaire, Charles (1968): Œuvres Complètes, hg. v. Yves-Gérard le Dantec, Paris.
Benjamin, Walter (1986): Parigi. Capitale del XIX secolo, hg. v. Giorgio Agamben und Rolf Tiedemann, übers. v. Renato Solmi, Antonella Moscati, Massimo de Caroli, Giuseppe Russo, Gianni Carchia und Francesco Porzio, Torino.
Benjamin, Walter (1989): Paris, Capitale du XIXe Siècle. Le Livre des Passages, übers. v. Jean Lacoste, Paris.
Benjamin, Walter (1999): The Arcades Project, übers. v. Howard Eiland und Kevin McLaughlin, Cambridge und London.
Blobel, Martin (1999–2000): Polis und Kosmopolis. Bd. 1: Nachrevolutionärer Totenkult und Politikbegriff in Walter Benjamins frühem Passagenwerk. Bd. 2. Politik im Kairos: Kritische Revue der politischen Bewegungen im Paris des neunzehnten Jahrhunderts in Walter Benjamins mittlerem Passagenwerk. Bd. 3. Selbstbehauptung in Gesten der autonomen Kunst und des Tricksters. Zur politologischen Interpretation der Poetik Baudelaires in Walter Benjamins spätem Passagenwerk, Würzburg.
Bloch, Ernst (1962): Erbschaft dieser Zeit, Frankfurt a.M., insbes. 368–371 (»Revueform in der Philosophie«), 381–386 (»Hieroglyphen des XIX. Jahrhunderts«).
Bolle, Willi (2000): »Geschichte«, in: Opitz/Wizisla 2000, Bd. 1, insbes. 425–430.
Bolz, Norbert/Bernd Witte (Hg.) (1984): Passagen. Walter Benjamins Urgeschichte des XIX. Jahrhunderts, München.
Bolz, Norbert (1989): Auszug aus der entzauberten Welt. Philosophischer Extremismus zwischen den Kriegen, München.
Bolz, Norbert (1999): Die Konformisten des Andersseins. Das Ende der Kritik, München.
Boyer, Christine (1994): The City of Collective Memory. Its Historical Images and Architectural Entertainments, Cambridge/London.
Buck-Morss, Susan (1989): The Dialectics of Seeing. Walter Benjamin and the Arcades Project, Cambridge und London.
Buck-Morss, Susan (2000): Dreamworld and Catastrophe. The Passing of Mass Utopia in East and West, Cambridge/London.
Burrow, Merrick et al. (2004–05): Reading Benjamin's Arcades, New Formations 54, London.
Cohen, Margaret (1993): Profane Illumination. Walter Benjamin and the Paris of Surrealist Revolution, Berkeley/Los Angeles/London.
De Cauter, Lieven (1999): De dwerg in de schaakautomaat. Benjamins verborgen leer, Nijmegen.
Espagne, Michel/Michael Werner (1986): »Les manuscrits parisiens de Walter Benjamin et le Passagen-Werk«, in: Wismann 1986, 849–882.
Freud, Sigmund (1976): Die Traumdeutung, in: ders.: Gesammelte Schriften II-III, Frankfurt a.M., 283–354 (»Die Traumarbeit«).
Geist, Johann Friedrich (1979): Passagen. Ein Bautyp des 19. Jahrhunderts, München.
Habermas, Jürgen (1972): »Bewusstmachende oder rettende Kritik – die Aktualität Walter Benjamins«, in: Siegfried Unseld (Hg.): Zur Aktualität Walter Benjamins, Frankfurt a.M, 173–224.
Ivernel, Philippe (1984): »Paris, Hauptstadt der Volksfront oder das postume Leben des 19. Jahrhunderts«, in: Bolz/Witte 1984, 114–136.
Kittsteiner, Heinz-Dieter (1984): »Walter Benjamins Historismus«, in: Bolz/Witte 1984, 163–97.
Kracauer, Siegfried (1976): Jacques Offenbach und das Paris seiner Zeit, Frankfurt a.M.
Lichtenberg, Georg Christoph (1969): Schriften und Briefe, hg. v. Wolfgang Promies, München.
Lindner, Burkhardt (1984): »Das ›Passagen-Werk‹, die ›Berliner Kindheit‹ und die Archäologie des ›Jüngstvergangenen‹«, in: Bolz/Witte 1984, 27–48.
Lindner, Burkhardt (2003): »Der 11.9.2001 oder Kapitalismus als Religion«, in: Nikolaus Müller-Scholl (Hg.): Ereignis. Eine fundamentale Kategorie der Zeiterfahrung, Bielefeld, 196–221.
Lindner, Burkhardt (2006): »Was ist das Passagen-Werk?« in: Schalz/Rautman 2006, 77–94.
Lukács, Georg (1968): Geschichte und Klassenbewußtsein, Berlin/Neuwied.
Lyotard, Jean-François (1979): La condition postmoderne, Paris.
Marx, Karl (1953): Die Frühschriften, hg. v. Alfred Kröner, Stuttgart.
Marx, Karl (1961): Das Kapital, Berlin, insbes.76–90 (»Der Fetischcharakter der Ware und sein Geheimnis«).
McLaughlin, Kevin/Philip Rosen (2003): Benjamin Now: Critical Encounters with the Arcades Project, Boundary 2, 30.
Menninghaus, Winfried (1986): Schwellenkunde. Walter Benjamins Passage des Mythos, Frankfurt a.M.
Milner, Max (1982): La fantasmagorie. Essai sur l'optique fantastique, Paris.
Missac, Pierre (1986): »Dispositio dialectico-benjaminiana«, in: Wismann 1986, 689–706.
Negt, Oskar/Alexander Kluge (1981): Geschichte und Eigensinn, Frankfurt a.M.
Nietzsche, Friedrich (1968): Also sprach Zarathustra, Werke VI, 1, hg. v. Giorgio Colli/Mazzini Montinari, Berlin, inbes. 10–12 (»Zarathustra's Vorrede 4«), 173–178 (»Von der Erlösung«).

Opitz, Michael/Erdmut Wizisla (Hg.) (2000): Benjamins Begriffe, 2 Bde., Frankfurt a. M.
Schalz, Nicolas/Peter Rautmann (Hg.) (1997): Passagen. Kreuz- und Quergänge durch die Moderne, Regensburg.
Schalz, Nicolas/Peter Rautmann (Hg.) (2006): Urgeschichte des zwanzigsten Jahrhunderts. An Walter Benjamins Passagen-Projekt weiterschreiben. Ein Bremer Symposion, Bremen.
Scholem, Gershom (1975): Walter Benjamin – die Geschichte einer Freundschaft, Frankfurt a. M.
Schöttker, Detlev (1999): Konstruktiver Fragmentarismus. Formen und Rezeption der Schriften Walter Benjamins, Frankfurt a. M.
Sebald, W.G. (2003): Austerlitz, Frankfurt a. M.
Stern, Howard (1982): Gegenbild, Reihenfolge, Sprung, Bern/Frankfurt a. M.
Sternberger, Dolf (1974): Panorama oder Ansichten vom 19. Jahrhundert, Frankfurt a. M.
Wismann, Heinz (Hg.) (1986): Walter Benjamin et Paris, Paris.
Wohlfarth, Irving (1984): »Et cetera? Der Historiker als Lumpensammler«, in: Bolz/Witte 1984, 70–95.
Wohlfarth, Irving (1988): »Märchen für Dialektiker. Walter Benjamin und sein bucklicht Männlein«, in: Klaus Doderer (Hg.): Walter Benjamin und die Kinderliteratur, Weinheim, 121–76.
Wohlfarth, Irving (1992): »›Was nie geschrieben wurde, lesen‹«, in: Uwe Steiner (Hg.): Memoria. Walter Benjamin 1892–1940, Bern u. a., 297–344.
Wohlfarth, Irving (1996): »Smashing the Kaleidoscope. Walter Benjamin and the Demands of History«, in: Michael Steinberg (Hg.): Walter Benjamin and the Question of Modernity, Ithaca/London, 190–205.
Wohlfarth, Irving (1996): »Walter Benjamin: le ›medium‹ de l'histoire«, in: Etudes Germaniques 1–51.
Wohlfarth, Irving (2006): »Links liegen gelassen. Zur Aktualisierbarkeit der Passagenarbeit«, in: Schalz/Rautmann 2006, 19–54.

Unterwegs in den Passagen-Konvoluten

Von Timo Skrandies

»Die Rede vom Buch der Natur weist darauf hin, daß man das Wirkliche wie einen Text lesen kann. So soll es hier mit der Wirklichkeit des neunzehnten Jahrhunderts gehalten werden. Wir schlagen das Buch des Geschehens auf« (V, 580; N 4,2). Wer beim Aufschlagen des »Passagen-Werks« zufällig auf diese Eintragung stößt, wird sich verwundert die Augen reiben. Ist hier das Buch beschrieben, das er gerade in den Händen hält? Das vom Herausgeber so genannte Passagen-Werk besteht zu seinem größten Teil aus Konvoluten von Exzerpten und Notizen, die ohne Verknüpfung bleiben und sich nicht wie ein »Buch des Geschehens« lesen lassen. Man kann sich kaum vorstellen, es »Satz für Satz bis zum Ende [auszulesen]. Seine Unlesbarkeit widersetzt sich jedem hermeneutischen Lektürevorgang. Aber man braucht nur eine Stelle aufzuschlagen, und schon ist man drin. Wo weiß man nicht. Und es gibt keinen Hinweis auf den Fortgang oder den Ausgang – außer man klappt das Buch zu« (Lindner 2006).

Die folgende Darstellung macht dem Leser die unübersichtliche Textmenge möglichst genau und detailliert zugänglich und handhabbar. Damit wird die Grundlage einer zuverlässigen theorieorientierten Auseinandersetzung gelegt (Einführungsliteratur in Grundannahmen und Absicht des Passagenprojektes bieten z. B.: Cohen 2004; van Reijen/van Doorn 2001, 191–218).

Zur Chronologie der Textteile

Das »Passagen-Werk« nimmt in den *Gesammelten Schriften* den stattlichen Raum des 1982 erschienenen, zweiteiligen Band V ein – das sind rund 1350 Seiten. Dieser Band V ist vom Herausgeber mit zahlreichen editorischen Ergänzungen und Materialien versehen (Einleitung des Herausgebers, Anmerkungen, Zeugnissen zur Entstehungsgeschichte etc.), doch haben die von Benjamin verfaßten und zusammengestellten Texte allein immer noch einen Umfang von über 1000 Seiten. Zu beachten ist indes, daß nur der geringste Teil dieser Seiten als zusammenhängend ausformulierter Text gelten kann: Paris, die Hauptstadt des 19. Jahrhunderts, Paris, Capitale du XIXeme siècle, Passagen und Der Saturnring oder Etwas vom Eisenbau ergeben lediglich knapp 40 Seiten Text. Der

Löwenanteil fällt auf über 900 Seiten »Aufzeichnungen und Materialien« und weiteren knapp 60 Seiten ähnlich fragmentierten Materials.

Schon diese erste Bestandsaufnahme offenbart die Verschiedenartigkeit der in Band V versammelten Texte. Sie sind zwischen Sommer 1927 und Mai 1940 entstanden – also im Verlauf von 13 Jahren – und verdanken ihre Existenz ganz unterschiedlichen Ideen, Anlässen, Aufträgen und Arbeitsweisen. Der Titel »Passagen-Werk« stammt vom Herausgeber, Benjamin verwendet die Bezeichnung »Passagenarbeit« (z. B. in 3, 436; V 577, N 2a, 4) und einer brieflichen Aussage Adornos vom Juni 1935 zufolge, galt diese über viele Jahre (VII, 860). Im »Editorischen Bericht« zu Band V verwendet der Herausgeber auch zumeist die Benjaminsche Ausdrucksweise (V, 1067–1080).

Am 20. Januar 1930 schreibt Benjamin von Paris aus einen Brief an Gershom Scholem nach Jerusalem. Darin deutet er das (vorläufige) Ende des Passagen-Projektes – dieses »théâtre de tous mes combats et de toutes mes idées« (1093 f.) – in der Form an, wie er es bislang verfolgt habe. Welche Gründe konnte es dafür geben? Der Abbruch mag durch Benjamins Pläne einer »innerjüdischen Karriere« in Jerusalem bedingt sein (Scholem 1975, 175). Doch Tiedemann weist auf eine »theoretische Aporie« (V, 1082) hin, die Benjamin selbst hervorhebt, indem er in der Rückschau von 1935 an die kontroversen, gleichwohl »›historische[n]‹« (5, 97) Gespräche mit Adorno und Horkheimer 1929 in Frankfurt und Königstein erinnert, im Bewußtsein, daß er eine umfangreiche und grundlegende, historiopolitische Analyse des 19. Jh.s nicht hätte fortsetzen können, ohne sich intensiv mit der Marxschen Theorie befaßt zu haben (Brief vom 31. Mai 1935 an Adorno; 5, 95–101).

Was lag bis zum Abbruch 1930 vor? Der erste Text (Passagen, V, 1041–1043; Anm. und weiteres Material: 1341–1348) ging auf einen Plan zurück, mit Franz Hessel einen Aufsatz für die Zeitschrift *Querschnitt* zu schreiben – der aber nie entstand (Adorno 1970, 23). Die Passagen sind der einzig ausformulierte Text aus dieser Zeit (zum Verhältnis Benjamin/Hessel siehe Köhn 1999).

Von Mitte 1927 bis Ende 1929 oder Anfang 1930 entsteht dann ein Manuskript mit dem Titel Pariser Passagen (V, 993–1038; Anm.: 1337–1340). Es findet sich in einem gebundenen Heft, das auch zahlreiche Notizen und Ausführungen zu anderen Themen wie etwa Reiseimpressionen, Konzepte für andere Texte oder Personenportraits enthält. Zu den Passagen finden sich hier fragmentarische Aufzeichnungen, die schon gesammeltes, historisches Material zitieren und vor allem – im Gegensatz zu Passagen – theoretische Reflexionen und konzeptionelle Notizen für weitere thematische Ausführungen beinhalten. In diesem Manuskript Benjamins sind auch zahlreiche Durchstreichungen zu finden. Es sind die in die späteren Konvolute der »Materialien und Aufzeichnungen« übertragenen Textstellen (im Druck sind diese durch den kleineren Schriftgrad hervorgehoben).

Auch »Pariser Passagen II« (V, 1044–1059; Anm.: 1348–1350; ein vom Herausgeber vergebener Titel) besteht aus zahlreichen kürzeren, in sich abgeschlossenen und durchformulierten Textstücken und wird ebenfalls in dieser Zeit (1928 und 1929) zusammengestellt. Benjamin hatte eigentlich einen Essay mit dem Titel »Pariser Passagen. Eine dialektische Feerie« vorgesehen, der so aber nie geschrieben wurde. Für diesen Text gilt ebenfalls, daß Benjamin ihn später, im Dezember 1934, nochmals durchgearbeitet hat, um bestimmte Stellen in die neue, alphabetische Ordnung der Konvolute zu übertragen. Und auch wenn dieser Text nun schon weiter entwickelte Aufzeichnungen in Form ausformulierter Gedankengänge enthält als der vorhergehende, kommt es doch nicht zu einer Zusammenführung in ein Gesamtkonzept, und Benjamin bricht – wie oben berichtet – die Arbeit an den Passagen vorerst ab.

In diese Zeit der Arbeit an »Pariser Passagen II« ragt ein weiterer, kurzer Text hinein, der laut den Erinnerungen von Gretel Adorno zu jenen gehörte, die Benjamin bei dem Treffen in Königstein vorlas (1350). Es ist Der Saturnring oder Etwas vom Eisenbau (1060–1063; Anm. 1350). Er läßt bereits Benjamins mikrologische Methodik erkennen, die für die gesamte Passagenarbeit kennzeichnend wird. Benjamin geht von einer Graphik aus Grandvilles *Eine andere Welt* (1060; V.1 Abb.16) aus und nutzt dessen Bilderwelt als Passage ins Jahrhundert des Eisenbaus und der Gaslaternen.

Der Essay wird später – wie die anderen – seine Wandlung erfahren, indem Benjamin ihn an den Anfang des Konvoluts G »Ausstellungswesen, Reklame, Grandville« (232–268) einfügt (laut Hinweis des Herausgebers, 1350; im Druck des Bd. V ist der Text im Konvolut allerdings nicht wiedergegeben; s. aber Teile in: V, 51; V, 215, F 2,4; V, 223, F 4a,2).

Im Pariser Exil setzte mit Anfang 1934 die abgebrochene Arbeit an den Manuskripten neu ein. Warum Benjamin begonnen hatte, das erste Passagenmaterial, das noch keine Anordnung in Konvolute kannte, neu aufzuteilen, konnte auch Tiedemann nicht rekonstruieren (vgl. 1097). Jedenfalls entsteht die Aufteilung in Konvolute unabhängig (und früher) als die Exposés.

Von nun an wird Benjamin bis zum Mai 1940 kontinuierlich daran arbeiten, die Konvolute mit Gedankengängen, Thesen, Exzerpten, Zitaten, Literaturhinweisen und Gedankenstützen fortzuschreiben. Durch die wachsende Masse des Materials bedingt, entwickelt Benjamin noch im selben Jahr ein neues Ordnungssystem. Es ist die vom Herausgeber als »Übersicht« (81 f.) bezeichnete Gliederung der Konvolute.

Die Gliederung der Konvolute

Benjamins Arbeit an und mit den Konvoluten ist komplex. Daher ist es ratsam, sich zuerst einer genaueren Charakterisierung der Konvolute und ihrer Entstehung zuzuwenden.

Einen ersten Zugang zu den Konvoluten erhält man anhand der »Übersicht«. Dort findet sich die zweifache alphabetische Reihenfolge von Majuskeln und Minuskeln, denen Benjamin sachorientierte Begriffe oder Namen zugeordnet hat – die Titel der Konvolute. Sowohl die Anordnung als auch die Konvoluttitel stammen von Benjamin, wie ein Manuskriptblatt belegt (V, 1261). Das erste Alphabet der Großbuchstaben ist vollständig, das zweite der Kleinbuchstaben läßt die Buchstaben j, x, y und z vermissen. Hinzu kommt, daß nicht allen vorhandenen Buchstaben inhaltliche Überschriften zugewiesen sind, einige sind also ›leer‹ – freier ›Speicher‹-Platz möglicherweise, den Benjamin zukünftig für weitere Überschriften und Konvolute genutzt hätte. (Witte 1992, 130 f., deutet das neutrale Ordnungsschema des Alphabets als Ausdruck für die Situation Benjamins als materialistischen Historiker, der »auf die Rolle des Sammlers beschränkt [bleibt], der die Dinge aus ihrem Zusammenhang reißt, ohne ihnen einen anderen als den der Kontingenz geben zu können.« Zum Sammler in dieser Hinsicht auch: Lindner 2006 und Köhn 2000, 712 ff.)

Die Gegenstände der den Buchstaben zugeordneten Überschriften lassen sich nicht eindeutig klassifizieren. Es finden sich architektonisch-urbane Gegebenheiten (bspw. »Katakomben«, »Museum, Brunnenhalle«, »Eisenbahnen«), auch solche, die speziell Paris benennen (»antikisches Paris, [...] Untergang von Paris«, »die Straßen von Paris«, »die Seine, ältestes Paris«), soziokulturelle Phänomene (bspw. »Mode«, »Reklame«, »Prostitution, Spiel«, »Müßiggang«), historiographische Markierungen (bspw. »démolitions«, »Haussmannisierung, Barrikadenkämpfe«, »Jugendstil«, »die Kommune«), Figuren oder Typen (»der Sammler«, »der Flaneur«), historische Personen (»Grandville«, »Baudelaire«, »Jung«, »Saint-Simon«, »Fourier«, »Marx«, »Daumier«, »Hugo«), theoretische Perspektiven bzw. Weltbilder (bspw. »ewige Wiederkehr«, »anthropologischer Nihilismus«, »Theorie des Fortschritts«), (scheinbar) wissenschaftliche Disziplinen (»Erkenntnistheoretisches«, »Literaturgeschichte«, »Wirtschaftsgeschichte«, »Sektengeschichte«), medientechnisch orientierte Stichwörter (»Panorama«, »die Photographie«, »der Automat«, »Reproduktionstechnik, Lithographie«). (Ein anderer Ordnungsvorschlag bei Sauder 1996, 142.)

Die Edition der Konvolut-Notate in den *Gesammelten Schriften* kennzeichnet die von Benjamin stammenden »Reflexionen« oder von ihm kommentierten »Exzerpte« durch den größeren Schriftgrad. »In kleinerem Schriftgrad [...] wurden unkommentierte Exzerpte [d.i. Zitate; d. Verf.] sowie Aufzeichnungen gesetzt, die Mitteilungen über Sachverhalte ohne jede interpretierende Hinzufügung Benjamins darstellen« (V, 1078). Zwei beliebige Beispiele zur Illustration, die im Konvolut a »soziale Bewegung« kurz nacheinander auf einer Seite stehen (879): In kleinerem Schriftgrad ist gesetzt »Eine Prägung von 1848: ›Dieu est ouvrier‹« (a 13a,1); im größeren: »Die Flugschriften des Jahres 1848 werden von dem Begriff der Organisation beherrscht« (a 13a,3).

Die Umfänge der Konvolute variieren stark. Im Druckbild der *Gesammelten Schriften* liegen von den insgesamt 36 Konvoluten 8 unter 10 Seiten, 9 zwischen 10–20 Seiten, 15 zwischen 21–40 Seiten, 3 Konvolute zwischen 41–50; ein einziges versammelt ungleich mehr Material in sich: Das Konvolut J »Baudelaire« mit 189 Seiten (301–489). Selbstverständlich ist letzteres durch das der Passagenarbeit von April 1937 bis Juni 1939 parallel laufende – und ebenfalls unvollendete – Projekt eines Buches zu Baudelaire begründet (s.a. den Artikel, 567–584). Das Konvolut M »der Flaneur« (524–569) wäre noch ein weiteres aus dem Umfeld des Baudelaire-Projektes. Zusammen mit N »Erkenntnistheoretisches, Theorie des Fortschritts« (570–611) und a »soziale Bewegung« (852–898) gehört es zu den drei längeren Konvoluten von über 40 Seiten Material.

Mit N liegt dasjenige Konvolut vor, das den Kern des Theorie-Komplexes im Benjaminschen Spätwerk ausmacht: hier sind jene Gedanken, Thesen und philosophischen Modelle zu finden, die das Dialektische Bild (N 1,11; N 2a,3; N 3,1; N 9,7; N 9a,4; N 10a,3), die Fortschrittskritik (bspw. N 2,5; N 9a,1; N 11a,1), das geschichtsphilosophische Verhältnis von Gegenwart und Gewesenem im »Jetzt einer bestimmten Erkennbarkeit« (N 3,1; N 3a,3; N 7,7; N 11,5), die Reflexionen zu Ursprung und Urgeschichte (N 2a,2; N 2a,4; N 3a,2), weitere Auseinandersetzungen mit Marx (und Engels) (N 4a,1 ff., N 11,6), Methodisches (bspw. N 1,3; N 1a,8; N 1,9; N 2,6; N 3,3; N 4,2; N 7,6; N 9a,6), Kritik am Kulturbegriff (bspw. N 5a,7; N 6,1), Kunsttheoretisches (bspw. N 1a,4; N 18a,1 ff.) umfassen. Vieles aus diesem Konvolut weist auf ÜBER DEN BEGRIFF DER GESCHICHTE (I, 691–704) (1940) voraus.

Ein Beispiel für die thematische und theoretische Verschränkung von Exposés und Konvoluten stellt Benjamins Rezeption von Louis-Auguste Blanqui dar. Benjamin entdeckt das Spätwerk des französischen Sozialrevolutionärs 1937 (s. Brief an Horkheimer, 06. Januar 1938; 6, 9 f. Zu Blanqui: Bergmann 1986) und nimmt dessen These des Immergleichen der Geschichte in das Schlußwort des Exposés von 1939 mit auf (s. den Artikel von Wohlfarth; und auch: Tiedemann V, 27 f.; Lindner 1984, 38 f.; Löwy 1986; Witte 1992; Bock 2000, bes. 219–244). Benjamin hat Vermerke zu oder Zitate von Blanqui in zahlreiche Konvolute eingetragen: häufiger kehrt Blanqui wieder in D »die Langeweile, ewige Wiederkehr« (hier findet sich unter D 5a,6 auch die Passage aus der »Conclusion«), dann erwartungsgemäß sehr häufig in J »Baudelaire«, auch noch einige Male in V »Konspirationen, compagnonnage« und a »soziale Bewegung«.

Man sieht an den genannten Konvolut-Überschriften bereits, daß Benjamin die Zitat-Funde und eigenen Ausführungen mit einer Strategie thematischer Kontextualisierung vorgenommen hat: Hinsichtlich der Stellung Blanquis im 1939er Exposé, verwundert es nicht mehr, Verweise auf ihn unter den Stichworten Baudelaire, soziale Bewegung, Konspirationen, ewige Wiederkehr u.ä. zu finden. Allerdings bildet eine solch einfache Assoziativität kaum das differenziertere Interesse Benjamins ab. Nur ein Gegenbeispiel: Im Konvolut S »Malerei, Jugendstil, Neuheit« findet sich ein Gedankengang Benjamins zur Figur der ewigen Wiederkehr bei Blanqui und Nietzsches *Zarathustra*. Warum steht dies nicht in Konvolut D »die Langeweile, ewige Wiederkehr«? Hier, in diesen Einträgen des Konvolut S, geht es ihm um eine kritische Auseinandersetzung mit dem Stilbegriff des *Zarathustra* und dessen Bezug zum Jugendstil (wie aus anderen Eintragungen ersichtlich wird) – am Motiv der ewigen Wiederkehr und dessen Vergleich mit Blanqui schien Benjamin dies plausibilisieren zu können bzw. zu wollen.

Benjamin erlegt sich also keine falschen Reglements auf, was den Ort einer thematisch (scheinbar) an ein bestimmtes Konvolut gebundenen Eintragung angeht. Im Gegenteil: Man gewinnt den Eindruck, daß ihm die Verteilung motivlich ähnlich gelagerter Aufzeichnungen wichtig war, um nach und nach ein ausdifferenziertes Verweisungs- und Bezugsnetz verschiedenster Themen in den diversen Konvoluten zu erhalten. So gehört beispielsweise zu dem oben angesprochenen geschichts- und erkenntnistheoretischen Motiv des Verhältnisses von Gegenwart und Vergangenheit unlösbar der Kontext von Erwachen und Traum (s.a. das Ende des Exposés von 1935, V, 59; zu Erwachen/Traum allgemein vgl. Weidmann 2000) – und so ist es, wie oben in ausgewählten Beispielen angegeben, auch in N zu finden, taucht aber (insbesondere) in den ersten Eintragungen der Konvolute K »Traumstadt und Traumhaus, Zukunftsträume, anthropologischer Nihilismus, Jung« und L »Traumhaus, Museum, Brunnenhalle« ebenfalls wieder auf. Damit nicht genug: Während die Eintragungen zu Traum/Erwachen in K ähnlich theoretisch-reflexiver, theorie-konzeptioneller Art sind wie in N, sind sie in L in die Thematisierung architektonischer Phänomene (Passagen, Interieur, Museum) eingebunden.

Wenn hier soeben von ›ersten Eintragungen‹ die Rede war, wirft das die Frage nach der Entstehung der Konvolute auf – schließlich ist der in den »Aufzeichnungen und Materialien« vorliegende Textbestand Ergebnis einer mehrere Jahre dauernden Sammler- und Schreibtätigkeit. Wann hat Benjamin hieran gearbeitet? Lassen sich in den Konvoluten Arbeitsphasen ablesen? Hat er spezifische Formen des Niederschreibens beachtet?

Die Arbeit an den Konvoluten

Die Konvolute wurden von Benjamin nach einem wohlbedachten System erstellt: Stets gleiche Blätter, mit gleicher Faltung, gleichem Rand, gleichen Schriftfeldern, Positionen für die Konvolutbuchstaben und durchlaufenden Numerierungen der insgesamt 426 Blätter (V, 1260; zum Manuskript-Papier s.a. die Korrespondenz zwischen Benjamin und Gretel Adorno von Anfang 1934: Gretel Adorno 2005, 107–120).

Am rechten Rand dieser Aufzeichnungen finden sich zahlreiche und verschiedenartige farbliche Zeichen (grüne Wellenlinie, schwarzes Quadrat mit senkrechtem violetten Strich, blaues Viereck, gelbes stehendes Kreuz etc.), die Benjamin 1938 (V, 1263) dort eingetragen hat. Deren Bedeutung ließ sich mit den Funden von 1981 entschlüsseln: Erstens dienen sie als thematisch konnotierte Übertragungszeichen und stellen so eine eigenständige Ikonographie dar, die sich auf Struktur und Aufbau des Baudelaire-Projektes beziehen. Zweitens nutzt Benjamin die Farbzeichen, um Regestenverzeichnisse und Motivgruppierungen zu erstellen, die es ermöglichen, das Textmaterial neu bzw. anders anzuordnen, »wodurch sich ein zweites thematisches Netz über das Manuskript der Konvolute legt« (Lindner 2006; vgl. V, 1262–1277; VII, 736–740 u. 872; Bolle 1999 u. 2000 beschäftigt sich mit den Farbzeichen eingehend; auch die unten in verwandtem Kontext genannten Publikationen von Espagne/Werner wären hierfür zu konsultieren.)

Der Herausgeber des »Passagen-Werks« nennt vier Kriterien, mittels deren eine ungefähre zeitliche Eingrenzung – wenn nicht Datierung – der Eintragungen in die Konvolute vorgenommen werden kann: 1. Aufzeichnungen, die schon in den Passagen-Texten vom Ende der 20er Jahre zu finden sind und die Benjamin dann ab 1934 in die Konvolute zu übertragen beginnt, 2. Zeitpunkte, die sich aus brieflichen Aussagen und Lektürelisten ergeben, 3. das Erscheinungsdatum neuerer, von Benjamin berücksichtigter Literatur, 4. ein Bestand an photographierten Manuskripten aus zwei Arbeitsphasen (s. zur Datierung V, 1261).

Dadurch können die Einträge quer durch sämtliche Konvolute drei (bzw. vier) Phasen zugeordnet werden. Sowohl Tiedemann in den *Gesammelten Schriften* (1982) als auch Buck-Morss (1989/2000, 71 f.) gehen von drei Phasen aus. Diese sind mit den Hinweisen aus Band V gut nachvollziehbar (V, 1262): Eintragungen vor Juni 1935 (als Beispiel sei das Konvolut F »Eisenkonstruktion« genannt: F 1,1–4a, 210–224), dann solche bis Dezember 1937 (F 5–7a, 224–230), schließlich jene bis Mai 1940 (F 8–8a, 230–231).

Ji-Hyun Ko (2005, 27 ff.) erweitert diese Gliederung um eine spätere vierte, zwischen 1938 und 1940 liegende Phase. Grundlage für diese Ergänzungen und Modifikationen sind die Analysen von Espagne/Werner (1984) der 1981 in der Bibliothèque Nationale in Paris aufgefundenen Manuskripte, zu deren Bestand insbesondere Unterlagen zum Baudelairebuch gehörten. Diese sehr detaillierten Untersuchungen haben starke Kontroversen über die Edition der Passagenmaterialien und deren Verhältnis zum Baudelaire-Projekt ausgelöst. Man mußte sich nun fragen, ob erstens Benjamin das Passagenprojekt zugunsten der intensiv einsetzenden Arbeiten am Baudelaire aufgegeben habe, oder zweitens die Ausführungen zu Baudelaire einen der Hauptteile eines zukünftigen Hauptwerkes zu den Passagen darstellen sollten oder ob drittens Benjamin zwei, thematisch einander zwar nahestehende, gleichwohl getrennt gedachte Buchprojekte verfolgte. Für das letztgenannte Modell spricht insbesondere, daß Benjamin bis zum ihm letztmöglichen Zeitpunkt (Mai 1940) Eintragungen in die Konvolute vornahm (VII, 871). Nach dem Abflauen dieser Debatte der 1980er Jahre, kann z. B. Lindner (2006) zusammenfassen: »Die Passagenarbeit erscheint [...] in einer doppelten Perspektive. Zum einen bildet sie das Fundament, von dem aus sich einzelne Arbeiten abzweigen [Lindner denkt hier etwa an den Kunstwerk-Aufsatz, d. Verf.]. Das gilt auch für den Baudelaire. Zum anderen bleibt sie als eigenständiges Buchprojekt in Kraft.« Näher soll an dieser Stelle auf die Details jener vergangenen Auseinandersetzungen nicht eingegangen werden (vgl. den Artikel von Schmider/Werner; s.a. VII, 870–872; Süddeutsche Zeitung, 12.07.1983; FAZ, 17.08.1983; Mohal 1983; Hieber 1983; Espagne/Werner 1984; 1986; 1987; Buck-Morss 1989/2000, 250–255; Weidmann 1992, 9 f.; Schöttker 1999, 216).

Was die Frage der Datierung der Eintragungen betrifft, ist hier noch darauf hinzuweisen, daß das Konvolut m »Müßiggang« laut Espagne/Werner erst 1939 angelegt wird (Espagne/Werner 1984, 628, Anm. 34; s.a. Ko 2005, 29) und die Eintragungen des Baudelaire-Konvolutes J sich etwas weiter ausdifferenziert auf alle Arbeitsphasen Benjamins beziehen lassen (Espagne/Werner 1984, 628). Ko ergänzt dies erstens noch um den Hinweis auf ein Stevenson-Zitat, das nicht in den Konvoluten, aber im Baudelairebuch (V, 553) zu finden ist und begründet diese Ergänzung mit einem Hinweis auf einen Brief Benjamins an Gretel Adorno vom 20. Juli 1938 (6, 138) (Ko 2005, 28); zweitens fällt auch der letzte Part des Konvolutes X »Marx« (also: X6–X13a) in diese späte Phase (Ko 2005, 28 u. 32, Anm. 43; vgl. Espagne/Werner 1987, 106).

Mit der Problematik der Arbeitsphasen ist auch die Frage nach dem Verhältnis der Konvolute zu anderen, ausgearbeiteten Texten Benjamins verbunden. »Die Entwicklung, die das Baudelaire-Kapitel der ›Passagen‹ durchzumachen im Begriff ist, würde ich in fernerer Zeit noch zwei andern Kapiteln der ›Passagen‹ vorbehalten sehen: dem über Grandville und dem über Haussmann« (6, 163). Wir wissen, daß Benjamin diese »fernere Zeit« nicht mehr vergönnt gewesen ist. Daß er in diesem Brief vom 28. September 1938 an Max Horkheimer aber von der Möglichkeit neuer Ausarbeitungen weiterer »Kapitel« (d.i. Abschnitte des Exposés) ausgeht, klingt für den heutigen Leser zwar spannend, verschärft aber die Ambiguität des Verhältnisses von Exposé(s) und Konvoluten noch weiter.

Denn die überwältigende Masse aller übrigen Eintragungen läßt sich nicht funktional auflösen, wenn man anfinge, die Konvolute auf andere Texte Benjamins zu beziehen: also etwa Einbahnstrasse (IV, 83–148) und Der Sürrealismus (II, 295–310) für die frühen Texte; neben den Baudelaire-Texten (I, 509–690) und dem Kunstwerk-Aufsatz (471–508) noch Der Erzähler (II, 438–465) und den Fuchs-Essay (465–505) für die mittlere Phase der 30er Jahre; Über den Begriff der Geschichte (I, 691–704) als eine Art Ausblick oder Vermächtnis des Konvoluts N. Es handelt sich hier offensichtlich und ganz sicher um interne Bezüge des Benjaminschen Œuvres jener Phasen, aber Status und Funktion der Konvolute vermag das nicht zu klären.

Die Konvolute bilden also einen weitestgehend eigenständigen Textbestand, den Benjamin zwar immer wieder nutzt, um weitere Texte zu entwickeln, in den er aber auch ebenso bis zum letztmöglichen Zeitpunkt neues Material hineingegeben hat – wohl mit dem Ziel, dereinst ein von den im Passagenumfeld entstandenen verwandten Texten unabhängiges Passagenbuch zu verfassen. Wie das hätte aussehen können, muß ein Rätsel bleiben.

Wie wäre nun mit dem uns überlassenen Passagen-Material umzugehen? Es dürfte klar geworden sein, daß der an diesem Archiv Interessierte eigene Wege für die Lektüre der Konvolute konstruieren muß. Gewiß ist dabei, daß mit jeder Lektüreweise sich eine andere Passagenarbeit konstituieren wird. Dies gehört – als Chance für und als Anforderung an uns – mit zu Benjamins Hinterlassenschaft.

Im folgenden sollen exemplarisch drei Lektürepfade durch das Material skizziert werden, die in thematischer Hinsicht unverbunden bleiben, denen aber das Motiv gemeinsam ist, lesend unterwegs zu sein in den Passagen-Konvoluten. Sie betreffen ein theoretisches Motiv (Phantasmagorie), eine historische Person und ihr Werk (Fourier) und die Intermedialität von Benjamins Vorhaben (»Topographie de Paris«).

Vom Ding zur Ware – Phantasmagorien

Benjamin hat sich von der Sinnlichkeit alltäglicher Dinge treffen lassen. Insbesondere die frühen Texte zur Passagenarbeit sind voller sinnlicher Beschreibungen alltäglicher Dingwelten. In Der Sürrealismus verweist Benjamin auch auf die »revolutionären Energien, die im ›Veralteten‹ erscheinen« (II, 299). Doch welche Funktion haben diese vielen in den Texten der Passagenarbeit genannten Dinge für Benjamins Auseinandersetzung mit dem 19. Jh. und dessen »Hauptstadt«? Die Passagen zeigen sich – vermittelt über ihre Dingwelten – dem historisch später, fast zu spät Kommenden als »raumgewordene Vergangenheit« (V, 1041) und werden damit zum Nadelöhr der Möglichkeit historischer Erfahrung und Erkenntnis. Benjamin versucht hier, den Erfahrungsraum, in dem Vergangenes und Gegenwärtiges zusammentreten, bildhaft zu denken. In Benjamins Worten aus dem Surrealismus-Aufsatz: wir »durchdringen [...] das Geheimnis nur in dem Grade, als wir es im Alltäglichen wiederfinden, kraft einer dialektischen Optik, die das Alltägliche als undurchdringlich, das Undurchdringliche als alltäglich erkennt« (II, 307). So entstehen im Zuge des Passagenprojektes verschiedenste Texträume, die in ihrer drängenden Sinnlichkeit uns mit Dingen des alltäglich Geheimnisvollen als des »Wirklichen« des 19. Jh.s konfrontieren und damit zugleich Formen und Möglichkeiten der historischen Erkenntnis von Vergangenem eruieren (zum Punkt des »Wirklichen« in dieser Hinsicht auch: Jauß 1989, 214).

Einträge des Konvolutes N etwa weisen auf ein solches – sowohl methodisch als auch erkenntnistheoretisch und geschichtsphilosophisch – gedachtes Interesse Benjamins hin (etwa: N 1,11; N 1a,6; N 2a,4; N 6a,3).

Eine strukturelle Möglichkeit der Orientierung in den Konvoluten wäre also, von der sinnlichen Dingwelt in den versammelten Passagentexten auszugehen und, selber in diesem Archiv lesend (d.i. aktualisierend), zu erfahren, wie diese in ihrer (zuerst ›surrealen‹, später dialektischen und phantasmagorialen) Bildhaftigkeit Erinnerungs- bzw. Erfahrungsmöglichkeiten von Historischem, von »Gewesene[m]« (N 2a,3) zulassen bzw. freisetzen.

Mit Wiederaufnahme der Arbeit an den Konvoluten 1934 entfernt sich Benjamin von einer surrealistischen Optik, und er verstärkt das sozialhistorische, auf die materialästhetischen und technischen Qualitäten des Wirklichen fokussierte Moment. Das Alltägliche zeigt sich ihm nun als Warenförmigkeit des Lebens, als ein Leben, eingebettet in die Matrix einer Phantasmagorie, die er nicht in strikter marxistischer Lehre als ›ideologisch‹ (vgl. etwa V, 60 u. N 1a,7), sondern in Form sinnlicher Phänomenalität denkt. Daher wird es für Benjamin interessant und erkenntnistheoretisch wichtig zu analysieren, wie die Waren in ihrer »immédiateté de la présence sensible« (60) den Menschen, Passanten bzw. potentiellen Käufer phantasmagorisch bannen und welche kulturellen Auswirkungen das hat. Denn in diesen Auswirkungen liegt die Möglichkeit von Erfahrung als solcher – und diese »Erfahrung«, so verrät schon das erste Exposé, wird von Benjamin als eine phantasmagorische gedacht. Das Exposé von 1939 ist dann der Ort, wo Benjamin die Reflexionen zum Phantasmagorischen mit der Theorie Louis-Auguste Blanquis zu verbinden weiß (zu Einträgen zu Blanqui in den Konvoluten s.o.; und insbes. 1255–1258).

Im Exposé ist dieses Deutungsmuster des Phantasmagorischen in die jeweiligen Themenschwerpunkte der Abschnitte integriert (46 f.; 50 ff.; 54; 59), in den Konvoluten taucht das Motiv – kaum ausgeführt, eher nennend – wiederum in ganz unterschiedlichen Kontexten auf (bspw. D 8a,2; D 9,2; J 71,7; M 6,6).

Wird ein Ding mit einem Preis(-Schild) versehen, wird es zur Ware. Der ihr über das Medium Geld zugewiesene Tauschwert verbirgt nun, daß es Produkt eines (entfremdeten und industriellen) Arbeitsprozesses ist. Diese Verbergung geht in der industriellen Moderne des 19. Jh.s aufs Ganze, und diese Wirklichkeit ist es, die Benjamin als einen phantasmagorischen Vorschein denkt (s.a. G 5,1 – eine weitere Stelle zur Phantasmagorie im Kontext des Marxschen Ansatzes). Benjamin befaßt sich nicht systematisch mit dem Paradigma Arbeit. Doch spiegelt es sich im Motiv des Müßiggangs (Konvolut m, 961–970), in der Auseinandersetzung mit Marx (insbesondere im Konvolut X, 800–823; zu Phantasmagorie und Arbeit: 822 f., X 13,a) und Fourier (s. u.), wodurch es als zentrales Paradigma der Moderne lesbar wird, in dem sich die kulturelle Produktion des Wirklichen (Phantasmagorie) und das damit verbundene Spannungsfeld von Erfahrung und Erlebnis bündeln (»Die Erfahrung ist der Ertrag der Arbeit, das Erlebnis ist die Phantasmagorie des Müßiggängers«, m 1a,3. Und entsprechend: »Die Phantasmagorie ist das intentionale Kor<r>elat des Erlebnisses«, m 3a,4). (Vgl. zu diesem Themenkomplex: Pfotenhauer 1975, 59–70; Buck-Morss 1984 u. 1989/2000; Lindner 1984, bes. 42 ff.; Musik 1985, 156–179; van Reijen 1988; Bolz 1989, bes. 95–144; Fähnders 1999; Cohen 2004).

Fourier und der Fourierismus

Zur Eigenart des multiperspektivischen, oder genauer gesagt: multifokalen Arbeitens Benjamins zählt, neben der Aneignung (etwa in Form jener berühmten ›Kunst des Zitierens‹) verschiedenster Theoreme aus Ästhetik und Kunstwissenschaft, Sozialtheorie und Sozialgeschichte, Philosophie und Theologie usw., ebenso die Konzentration auf bestimmte Theoretiker, Künstler, Schriftsteller. Benjamin dienen diese Personen als Stichwort- und Zitatgeber, um den eigenen thematischen Kosmos anzureichern und intellektuell zu perspektivieren (das gilt einerseits für solche, die aufs 19. Jh. verwiesen bleiben, wie etwa Marx, Blanqui, Poe, Balzac, Baudelaire, Michelet, Turgot, Lotze, Toussenel; andererseits finden sich Autoren, mit denen Benjamin durchaus die Zeitgenossenschaft teilt – z. B. Valéry, Proust, Freud, Korsch, Giedion, Adorno, Simmel).

Insofern es sich für Benjamin um Personen handelt, die selbst zum ›Gegenstand‹ Paris als »Hauptstadt des 19. Jahrhunderts« gehören, verfährt er mit ihnen im Sinne des historischen Materialisten aus Über den Begriff der Geschichte: »Er nimmt sie wahr, um eine bestimmte Epoche aus dem homogenen Verlauf der Geschichte herauszusprengen; so sprengt er ein bestimmtes Leben aus der Epoche, so ein bestimmtes Werk aus dem Lebenswerk. Der Ertrag seines Verfahrens besteht darin, daß *im* Werk das Lebenswerk, *im* Lebenswerk die Epoche und *in* der Epoche der gesamte Geschichtsverlauf aufbewahrt ist und aufgehoben« (I, 703). So werden diese Figuren und ihr Werk, formal gesprochen, zu Monaden und Namen, methodisch zu historischen Allegorien, die die Möglichkeit historischer Erkenntnis der »Zeit« in ihrem »*Innern*« bergen (703). Der historische Materialist hat diese Möglichkeit zu realisieren bzw. zu ermöglichen, indem er den jeweiligen Gegenstand als Monade auffaßt und deren Bedeutung Schicht für Schicht im Sinne des obigen Zitates freilegt. Die Textverfahren der Konvolute und Exposés bilden hierfür medial gesehen die Vorarbeit (vgl. hierzu in Konvolut N die Einträge N 9a,6 bis N 11,5).

Figuren dieser Art, die teilweise auch als Titelgeber der Exposé-Abschnitte fungieren, sind vor allem: Fourier (Konvolut W), Daguerre, Grandville (Konvolut G), Louis-Philippe, Baudelaire (Konvolut J), Haussmann (Konvolut E), Saint-Simon (Konvolut U), Daumier (Konvolut b), Victor Hugo (Konvolut d).

Diese monadologische, an Namen orientierte Strategie läßt sich in bezug auf den Textbestand folgendermaßen darstellen: Die Baudelaire-Arbeiten liegen vor und sprechen in diesem Sinne für sich; aus brieflichen Äußerungen Benjamins geht hervor, daß er mit Grandville und Haussmann ähnliches vorgehabt hätte (s.o.); der Abschnitt zu Daguerre ist im Kunstwerk-Aufsatz aufgegangen, der für Benjamins Œuvre mindestens ebenso wichtig ist wie ›der‹ Baudelaire. Louis-Philippe ist der in dieser Gruppe unauffälligste – verfolgt man aber die im Exposé (V, 52 f.) und in Konvolut I (281–300) ausgelegten Spuren, so erstellt sich recht klar der Kontext von Interieur, bürgerlicher Stil, Jugendstil, Verhältnis von Öffentlichkeit und Privatheit. Dies zusammen bildet das Gegenstück zu den »Straßen von Paris« und bewahrt daher nicht weniger kulturgeschichtlichen Sprengstoff wie der Baudelaire-Flaneur-Kontext.

Ebenso bedeutsam ist für Benjamin der französische Sozialphilosoph und Utopist Charles Fourier (1772–1837) gewesen. Dieser hatte mit seinen auf Glück und Harmonie abzielenden Modellen kommunaler und autarker Lebensformen (familistères, phalanstères) auch Wirkung auf Marx und Engels (W 10a,1; W 10a,2). Fourier belegt nicht nur in den Exposés jeweils den ersten Abschnitt unter dem Titel »Fourier oder die Passagen« (45–47 u. 61–64), ihm ist ein sehr umfangreiches Konvolut gewidmet (W »Fourier«, 764–799).

Fourier wird in den Exposés ganz spezifisch eingesetzt: Die traumartige Verflechtung zweier aufeinanderfolgender Epochen vollzieht sich im Kollektivbewußtsein anhand von Bildern, in denen »das Neue sich mit dem Alten durchdringt« (46), so wie es etwa im ersten Abschnitt des Exposés anhand der Eisenkonstruktion angedeutet ist. Hieran schließt Benjamin die ebenso spannende wie schwer nachvollziehbare Gedankenfigur an, daß in der zum »Jüngstvergangenen« hin sich abgrenzenden Produktion des gesellschaftlichen Neuen in Form von »dauernden Bauten bis hin zu flüchtigen Moden« ein Rückverweis auf das »Urvergangene« liegt – geschichtlich gedacht: auf eine klassenlose Gesellschaft. Als Erfahrung liegt dies wiederum in den kollektiven Phantasmagorien des Alltags (47).

Dies ist für Benjamin der Einsatzpunkt Fouriers: Seine »Utopie« des phalanstère »soll die Menschen zu Verhältnissen zurückführen, in denen die Sittlichkeit sich erübrigt« (47) (s. hierzu auch Lindner 1984, 32–36). Und: »In den Passagen hat Fourier den architektonischen Kanon des phalanstère gesehen« (47) (Asholt 1999, 1036 meldet hieran Zweifel an), die bei ihm zu Orten sämtlicher Lebensäußerungen, und nicht nur der ökonomischen, werden.

Auf den 36 Seiten des Konvoluts sind vor allem Zitate zu finden, die aus Texten Fouriers und der Fourieristen stammen oder von zahlreichen Autoren, bei denen Benjamin Hinweise auf ihn fand. Dies gilt auch für die zahlreichen anderen Konvolute, in denen Fourier oder Bezüge auf den Fourierismus vorkommen. Wenngleich solche Einträge in fünfzehn Konvoluten vorkommen finden sich nur selten Einträge, die über den Status des Zitates oder Exzerptes hinausgehen. So etwa in Konvolut a (a 19a, 6), wo etwas zur Konstellation Fourier, Proudhon, Cabet, Marx gesagt wird; in Konvolut J wird Fourier im Kontext von Produktivkraft und Utopie (J 63a, 1) oder auch von Arbeit und Spiel (J 75, 2) genannt.

Die Einträge, bei denen Benjamin Fourier konzeptionell weiterdenkt oder strategisch auf andere Themen seines Passagenprojektes bezieht, sind also nicht zahlreich. Gleichwohl muß Benjamins Befassung mit Fourier als zentral für die Passagenarbeit gelten, da sich in der Monade namens »Fourier« wesentliche Motive des Projektes bündeln: Die phantasmagorische Verfaßtheit des Wirklichen und die Frage nach der Möglichkeit, jenen Fetischismus durch die Beschäftigung mit den Passagen des 19. Jh.s und deren utopischen Implikationen aufzusprengen (W 7,8; W 11a,2; Lindner 1984, 32 ff.; Buck-Morss 1989/2000, 257); das Motiv des Phantastischen, die Traumartigkeit des Phantasmagorischen und dessen Rückbindung an die »Urgeschichte« (V, 46 f.; V, 63 f.; W 10a,4; W 11,2); Spiel und Erfahrungswelten der Kindheit (W 8,1; W 8,3; Lindner 1984, 34; Wolin 1986, 212; Buck-Morss 1989/2000, 333 ff.); die technisch-medialen Implikationen des Fourierschen Konzepts (zu beachten auch in Hinblick auf den Kunstwerk-Aufsatz) (W 4,4; W 6,4; W 8a,5; W 9a,3; W 11a,3; W 15,2; W 15,5; auch Buck-Morss 1989/2000, 369 ff.); die »Strukturhomologie zwischen dem Fourierschen System und der Anlage des Passagen-Werks« (W 7,4; Asholt 1999, 1037); die Veränderung der Position des Utopischen in der Entwicklung des Passagenprojektes von der Rezeption des Surrealismus, über Marx, Fourier bis Blanqui; Kritik von »Arbeit« im Kontext von Ausbeutung, Müßiggang und Erfahrungsbegriff (W 14a,5; W 14a,6; W 15,5.; I, 698 f.; Asholt 1999, 1036 ff.). Eine Zusammenführung mehrerer dieser Motive deutet sich im Konvolut J (J 75,2) an.

Topographie der Metropole Paris

Die jüngere kulturwissenschaftliche Forschung hat, von verschiedenen Theorietraditionen herkommend (Kulturgeschichtsschreibung, Cultural Studies, Dekonstruktion, Kunst- und Bildwissenschaft, Psychoanalyse), an vielerlei kulturgeschichtlichen Phänomenen die Bedeutsamkeit kultureller Topographien für das subjektive, gesellschaftliche, politische, historische und ästhetische Selbstverständnis der Menschen aufgezeigt. Benjamin ist hierbei oft ein bedeutender Referenzpunkt der Theoriebildung (bspw. Reisch 1992; Jacobs 1996; Weigel 1997; Pethes 1999; Bolle 1999 u. 2000; Baumann 2002; Weber 2003; Schlögel 2003; Borsò/Görling 2004; Zumbusch 2004).

Und nicht nur, daß sich die Benjaminforschung in bezug auf die EINBAHNSTRASSE, die BERLINER KINDHEIT UM NEUNZEHNHUNDERT (IV, 235–304) und insbesondere die Passagenarbeit schon seit längerem auf Fragen der Benjaminschen Stadtlandschaften und deren dort vom Autor ausgelegte und geschichtete Bedeutungsnetze konzentriert (bspw. Günther 1974, bes. 165–186; Bohrer 1999; Brüggemann 1999; Faber 1999; Hüppauf 1999; Gilloch 2002, bes. 88–139), zudem haben zwei Tagungen, im März 2005 in Mexiko-Stadt unter dem Titel »Topographien der Moderne« und in Paris im Juni 2005 zu »Topographien der Erinnerung« (und eine Sektion des großen Benjamin-Festivals im Oktober 2006 in Berlin), diesen Blick gebündelt und einer größeren Öffentlichkeit zugänglich gemacht.

Im Konvolut C »antikisches Paris, Katakomben, démolitions, Untergang von Paris« hält er beispielsweise konzeptionell fest: »Die Stadt zehnfach und hundertfach topographisch zu erbauen aus ihren Passagen und ihren Toren, ihren Friedhöfen und Bordellen, ihren Bahnhöfen und ihren … genau wie sich früher durch ihre Kirchen und ihre Märkte bestimmte. Und die geheimeren, tiefer gelagerten Stadtfiguren: Morde und Rebellionen, die blutigen Knoten im Straßennetze, Lagerstätten der Liebe und Feuersbrünste« (C 1,8). Für Benjamin scheint also topographisches Denken und Arbeiten eine Selbstverständlichkeit gewesen zu sein – allein die labyrinthischen Texträume der »Aufzeichnungen und Materialien« mit ihren Konvoluten, Siglen und Farbzeichen machen dies evident. Doch damit nicht genug, dem soeben zitierten schließt sich der folgende Eintrag an: »Ließe nicht ein passionierender Film sich aus dem Stadtplan von Paris gewinnen? aus der Entwicklung seiner verschiedenen Gestalten in zeitlicher Abfolge? aus der Verdichtung einer jahrhundertelangen Bewegung von Straßen, Boulevards, Passagen, Plätzen im Zeitraum einer halben Stunde? Und was anderes tut der Flaneur?« (C 1,9).

Zwar ist ein Filmprojekt Benjamins nicht überliefert, doch ein bislang in der Forschung nicht verfolgter Umstand jenes topographischen Moments der Passagenarbeit besteht darin, daß Benjamin offensichtlich vorhatte, »[d]as Buch« mit Bildern zu versehen: In einem auf den 10. September 1935 datierten Brief an Gretel Adorno berichtet er dieser angeregt von einem mit einer »allegorischen Bilderfolge zur französischen Politik« versehenen Buch, das er sich aus Göttingen nach Paris in die Bibliothèque Nationale habe schicken lassen, und daß er vorhabe, die Bilder »photographieren zu lassen«. Und dann berichtet er: »Dies nämlich ist novum: daß ich mir über wichtiges und entlegnes Bildermaterial zu meinen Studien Aufzeichnungen mache. Das Buch, soviel weiß ich jetzt seit einiger Zeit, läßt sich mit den bedeutsamsten illustrativen Dokumenten ausstatten und diese Möglichkeit will ich ihm nicht von vornherein abschneiden« (5, 162).

Nachweislich hatte Benjamin ein Album mit Abbildungen zusammengestellt, das aber als verschollen gelten muß (V, 1324). Zu seiner Sammlung zählten auch die bekannten Photographien der Passagen von Benjamins Bekannter Germaine Krull, die Meryonsche Radierung »Le Pont-Neuf« und der o.a. Grandvillesche Holzschnitt (zu Benjamins mehrfachen Textbezügen hierauf siehe 1325), die sich sämtlich im Nachlaß fanden. Wenngleich also Benjamins Bildarchiv zum Passagenprojekt bedeutend größer gewesen sein muß als der überlieferte Bestand: In den Konvoluten sind weitere Spuren seiner Studien im »Cabinet des Estampes« der Bibliothèque Nationale aufzufinden. (Der Herausgeber hat die sich direkt und per Notat – »C.d.E.« – auf Abbildungen beziehenden Einträge versammelt: 1324. Eine Auswahl der entsprechenden Abbildungen selbst sind zu finden ab 657).

Benjamins Notizen hierzu beschränken sich in der Regel auf die Aufnahme der Grunddaten und erster Beschreibungen der Bilder. Doch die Sprachhaltung verrät sogleich den Anspruch der Nutzbarmachung für das eigene Archiv der Konvolute, etwa: »1899 wurden bei Metro-Arbeiten in der rue Saint-Antoine Fundamente eines Turms der Bastille entdeckt. C<abinet >d<es>E<stampes>« (C 4a,4). Manche Abbildungen werden aber auch sogleich einer Deutung unterzogen und mit einer weiterführenden Frage belegt (siehe hierzu bspw. den Eintrag zu Abb. 5: F 6,2).

Sämtliche sich auf die Bildwerke jener Sammlung beziehenden Einträge stammen aus der mittleren Arbeits-Phase an den Konvoluten, also zwischen spätestens Juni 1935 und Dezember 1937. Der Herausgeber grenzt Benjamins nachweisliche Recherchen im Bildbestand der Bibliothek auf »Mitte Mai bis September 1935 und dann noch einmal im Januar 1936« (1324) ein. Eine von Tiedemann in Auftrag gegebene Recherche klärt differenziert darüber auf, in welchen Bild-Serien und mit welcher Intensität Benjamin dort gesichtet haben muß. Die rund 150.000 Bildwerke umfassende Serie »Topographie de Paris« scheint ihn dabei besonders beansprucht zu haben. »Bien que ses recherches fussent limitées au XIXe siècle, il dut parcourir de nombreux albums in extenso puisque les documents n'y sont pas classés par date« (Michel Melot, 1324).

So wird man sich das Passagenbuch als eines vorstellen müssen, das den Benjaminschen »Schauplatz der Geschichte« (M 21a,2) nicht nur textuell, sondern zugleich in Form eines Bildatlas' ikono-topographisch dargestellt und erkundet haben würde.

Werk

Das Passagen-Werk (V, 45–1063)
Passagen (V, 1041–1043)
Pariser Passagen (V, 993–1038)
Pariser Passagen [II] (V, 1044–1059)
Der Saturnring oder Etwas vom Eisenbau (V, 1060–1063)
Übersicht (V, 81–82)
Aufzeichnungen und Materialien (V, 83–989)
Paris, die Hauptstadt des 19. Jahrhunderts (V, 45–59)
Paris, Capitale du XIXeme siècle (V, 60–77)
Deutsche Übersetzungen zum frz. Exposé: Einleitung (V, 1255–1256); Schluß (V, 1256–1258)
Nachträge zum Passagen-Werk (VII, 852–872)
Charles Baudelaire. Ein Lyriker im Zeitalter des Hochkapitalismus (I, 509–690)
Über den Begriff der Geschichte (I, 691–704)
Eduard Fuchs, der Sammler und der Historiker (II, 465–505)

Literatur

Adorno, Gretel/Walter Benjamin (2005): Briefwechsel 1930–1940, hg. v. Christoph Gödde/Henri Lonitz, Frankfurt a.M.

Adorno, Theodor W. (1970): Über Walter Benjamin, Frankfurt a. M.

Adorno, Theodor W./Walter Benjamin (1994): Briefwechsel 1928–1940, hg. v. Henri Lonitz, Frankfurt a. M.

Anderson, Dag T. (2000): »Destruktion/Konstruktion«, in: Michael Opitz/Erdmut Wizisla (Hg.): Benjamins Begriffe, Bd. 1, Frankfurt a. M., 147–185.

Asholt, Wolfgang (1999): »Benjamin und Fourier«, in: Garber/Rehm 1999, Bd. 2, 1032–1044.

Baumann, Valérie (2002): Bildnisverbot. Zu Walter Benjamins Praxis der Darstellung: Dialektisches Bild – Traumbild – Vexierbild, Eggingen.

Bergmann, Karl Hans (1986): Blanqui. Ein Rebell im 19. Jahrhundert, Frankfurt a. M./New York.

Bock, Wolfgang (2000): Die gerettete Nacht, Bielefeld.

Bohrer, Karl Heinz (1999): »Benjamins Phantasma-Stadt: Labyrinth zwischen ›Ereignis‹ und ›Interieur‹«, in: Garber/Rehm 1999, Bd. 1, 478–493.

Bolle, Willi (1999): »Geschichtsschreibung als ästhetische Passion«, in: Eckart Goebel/Wolfgang Klein (Hg.): Literaturforschung heute, Berlin, 98–111.

Bolle, Willi (2000): »Geschichte«, in: Michael Opitz/Erdmut Wizisla (Hg.): Benjamins Begriffe, Bd. 1, Frankfurt a. M., 399–442.

Bolz, Norbert (1989): Auszug aus der entzauberten Welt, München.

Borsò, Vittoria/Reinhold Görling (Hg.) (2004): Kulturelle Topografien, Stuttgart/Weimar.

Buck-Morss, Susan (1984): »Der Flaneur, der Sandwichman und die Hure. Dialektische Bilder und die Politik des Müßiggangs«, in: Norbert Bolz/Bernd Witte (Hg.): Passagen. Walter Benjamins Urgeschichte des neunzehnten Jahrhunderts, München, 96–113.

Buck-Morss, Susan (2000): Dialektik des Sehens. Walter Benjamin und das Passagen-Werk, Frankfurt a. M. (engl. Original 1989).

Brüggemann, Heinz (1999): »Walter Benjamin und Sigfried Giedion oder Die Wege der Modernität«, in: Garber/Rehm 1999, Bd. 2, 717–744.

Cohen, Margaret (2004): »Benjamin's phantasmagoria: the Arcades Project«, in: David S. Ferris (Hg.): The Cambridge Companion to Walter Benjamin, Cambridge, 199–220.

Espagne, Michel/Michael Werner (1984): »Vom Passagenprojekt zum ›Baudelaire‹. Neue Handschriften zum Spätwerk Walter Benjamins«, in: Deutsche Vierteljahrsschrift für Literaturwissenschaft und Geistesgeschichte 58, 593–657.

Espagne, Michel/Michael Werner (1986): »Bauplan und bewegliche Struktur im ›Baudelaire‹. Zu einigen Kategorien von Benjamins Passagen-Modell«, in: Recherches germaniques 93–120.

Espagne, Michel/Michael Werner (1987): »Les manuscrits parisiens de Walter Benjamin et le Passagenwerk«, in: Heinz Wismann (Hg.): Walter Benjamin et Paris, Paris, 849–882.

Faber, Richard (1999): »Roma utopica. Walter Benjamins ›rettende Kritik‹ der Pariser Antike und deren aktuelle Bedeutung«, in: Garber/Rehm 1999, Bd. 3, 1762–1783.

Fähnders, Walter (1999): »Benjamins Müßiggang-Studien«, in: Garber/Rehm 1999, Bd. 3, 1554–1568.

Fürnkäs, Josef (1988): Surrealismus als Erkenntnis. Walter Benjamin – Weimarer Einbahnstraße und Pariser Passagen, Stuttgart.

Garber, Klaus/Ludger Rehm (Hg.) (1999): global benjamin, 3 Bde, München.

Gilloch, Graeme (2002): Walter Benjamin. Critical Constellations, Cambridge.

Günther, Henning (1974): Walter Benjamin und der humane Marxismus, Olten/Freiburg i.Br.

Hering, Christoph (1979): Der Intellektuelle als Revolutionär. Walter Benjamins Analyse intellektueller Praxis, München.

Hieber, Jochen (1983): »Walter Benjamins Passagenwerk, ein Phantom? Eine Diskussion um neuentdeckte Manuskripte«, in: Frankfurter Allgemeine Zeitung, 17.08.1983.

Hillach, Ansgar (2000): »Dialektisches Bild«, in: Michael Opitz/Erdmut Wizisla (Hg.): Benjamins Begriffe, Bd. 1, Frankfurt a. M., 186–229.

Hüppauf, Bernd (1999): »Walter Benjamins imaginäre Landschaften«, in: Garber/Rehm 1999, Bd. 3, 1584–1609.

Jacobs, Carol (1996): »Walter Benjamin: Topographically Speaking«, in: David S. Ferris (Hg.): Walter Benjamin. Theoretical Questions, Stanford, 94–117.

Jauß, Hans Robert (1989): Studien zum Epochenwandel der ästhetischen Moderne, Frankfurt a. M.

Ko, Ji-Hyun (2005): Geschichtsbegriff und historische Forschung bei Walter Benjamin. Ein Forschungsprogramm zu Benjamins Kategorien Geschichte, Moderne und Kritik, Frankfurt a. M. u. a.

Köhn, Eckhardt (1999): »Walter Benjamin und Franz Hessel. Thesen zur Position des ›aufgehobenen Ästhetizismus‹«, in: Garber/Rehm 1999, Bd. 2, 774–785.

Köhn, Eckhardt (2000): »Sammler«, in: Michael Opitz/Erdmut Wizisla (Hg.): Benjamins Begriffe, Bd. 2, 695–724.

Lindner, Burkhardt (1984): »Das ›Passagen-Werk‹, die ›Berliner Kindheit‹ und die Archäologie des ›Jüngstvergangenen‹«, in: Norbert Bolz/Bernd Witte (Hg.): Passagen. Walter Benjamins Urgeschichte des neunzehnten Jahrhunderts, München, 27–48.

Lindner, Burkhardt (2006): »Was ist das Passagen-Werk? Zitatfundstücke und Konstruktion eines memorialen Schauplatzes«, in: Bernd Witte (Hg.): Topographien der Erinnerung. Würzburg.

Lindner, Burkhardt (2006a): »Was ist das Passagen-Werk?« in: Nicolas Schalz/Peter Rautman (Hg.): Urgeschichte des zwanzigsten Jahrhunderts. An Walter Benjamins Passagen-Projekt weiterschreiben. Ein Bremer Symposium, Bremen, 77–94.

Löwy, Michael (1986): »Walter Benjamins Kritik des Fortschritts: auf der Suche nach der verlorenen Erfahrung«, in: Norbert Bolz/Richard Faber (Hg.): Antike und Moderne. Zu Walter Benjamins »Passagen«, Würzburg, 214–223.

Mohal, Anna (1983): »Eine Neuordnung des Passagenwerks. Auf dem Benjamin-Kolloquium in Paris wurden die Philologen fündig«, in: Süddeutsche Zeitung v. 12.07.1983.

Musik, Gunar (1985): Die erkenntnistheoretischen Grundlagen der Ästhetik Walter Benjamins und ihr Fortwirken in der Konzeption des Passagenwerks, Frankfurt a. M.

Pethes, Nicolas (1999): Mnemographie. Poetiken der Erinnerung und Destruktion nach Walter Benjamin, Tübingen.

Pfotenhauer, Helmut (1975): Ästhetische Erfahrung und gesellschaftliches System. Untersuchungen zu Methodenproblemen einer materialistischen Literaturanalyse am Spätwerk Walter Benjamins, Stuttgart.

Reijen, Willem van (1988): »Walter Benjamins Passage«, in: Utz Maas (Hg.): Geteilte Sprache, Amsterdam, 321–330.

Reijen, Willem van/Hermann van Doorn (2001): Aufenthalte und Passagen. Leben und Werk Walter Benjamins, Frankfurt a. M.

Reisch, Heiko (1992): Das Archiv und die Erfahrung. Walter Benjamins Essays im medientheoretischen Kontext, Würzburg.

Sauder, Gerhard (1996): »Walter Benjamins Projekt einer neuen Kulturgeschichte im ›Passagen-Werk‹«, in: Renate Glaser/Matthias Luserke (Hg.): Literaturwissenschaft – Kulturwissenschaft. Positionen, Themen, Perspektiven, Opladen, 129–146.
Schlögel, Karl (2003): Im Raume lesen wir die Zeit. Über Zivilisationsgeschichte und Geopolitik, München/Wien.
Scholem, Gershom (1975/1990): Die Geschichte einer Freundschaft, Frankfurt a. M.
Schöttker, Detlev (1999): Konstruktiver Fragmentarismus. Form und Rezeption der Schriften Walter Benjamins, Frankfurt a. M.
Skrandies, Timo (2004): »Moderne Grenzüberschreitungen. Benjamins Passagenräume«, in: Vittoria Borsò/Reinhold Görling (Hg.): Kulturelle Topografien, Stuttgart/Weimar, 328–346.
Weber, Samuel (2003): »›Streets, Squares, Theaters‹: A City on the Move – Walter Benjamin's Paris«, in: Kevin Mclaughlin/Philip Rosen (Hg.): Benjamin Now: Critical Encounters with The Arcades Project. boundary 2, Vol. 30, No. 1, Duke UP, 17–30.
Weber, Thomas (2000): »Erfahrung«, in: Michael Opitz/Erdmut Wizisla (Hg.): Benjamins Begriffe, Bd. 1, Frankfurt a. M., 230–259.
Weidmann, Heiner (1992): Flanerie, Sammlung, Spiel. Die Erinnerung des 19. Jahrhunderts bei Walter Benjamin, München.
Weidmann, Heiner (2000): »Erwachen/Traum«, in: Micheal Opitz/Erdmut Wizisla (Hg.): Benjamins Begriffe, Bd. 1, Frankfurt a. M., 341–362.
Weigel, Sigrid (1997): Entstellte Ähnlichkeit. Walter Benjamins theoretische Schreibweise, Frankfurt a. M.
Witte, Bernd (1992): Walter Benjamin. Reinbek.
Wohlfarth, Irving (1978): »Der destruktive Charakter. Benjamin zwischen den Fronten«, in: Burkhardt Lindner (Hg.): Walter Benjamin im Kontext, Frankfurt a. M., 65–99.
Wohlfarth, Irving (1984): »Et cetera? Der Historiker als Lumpensammler«, in: Norbert Bolz/Bernd Witte (Hg.): Passagen. Walter Benjamins Urgeschichte des XIX. Jahrhunderts, München, 70–95.
Wolin, Richard (1986): »Experience and Materialism in Benjamin's Passagenwerk«, in: The Philosophical Forum Vol. XVII, No. 3, 201–217.
Zumbusch, Cornelia (2004): Wissenschaft in Bildern. Symbol und dialektisches Bild in Aby Warburgs Mnemosyne-Atlas und Walter Benjamins Passagen-Werk, Berlin.

»Über den Begriff der Geschichte«

Von Jeanne Marie Gagnebin

Beginnend mit der ersten, von Peter Bulthaup 1975 herausgegebenen Sammlung von Aufsätzen, hat sich die wissenschaftliche Auseinandersetzung mit diesem letzten Text Benjamins auf den Widerstreit der beiden wichtigsten Denkrichtungen konzentriert: die Theologie (insbesondere der jüdische Messianismus) einerseits und der Marxismus (insbesondere Determinismus und Fortschrittsglauben der Zweiten Internationale) andererseits. Dieser Widerstreit, der sowohl als Komplementarität wie auch als Widersprüchlichkeit gedeutet wurde, hat zuweilen den Blick für eine genauere Ausarbeitung der zentralen Frage versperrt, die sich Benjamin auf diesen Seiten stellt und ebenso an seine Leser richtet: Wie ist das »wahre Bild der Vergangenheit« (I, 695; V) zu konstruieren, ein Bild, das weder dem Determinismus der Fortschrittsideologie noch dem vorgeblich interesselosen Anspruch des Historismus auf Beschreibung der Universalgeschichte verpflichtet ist und das nicht nur ein anderes Verhältnis zur Vergangenheit ermöglichen soll, sondern, untrennbar damit verbunden, auch ein anderes Verhältnis der historischen Subjekte zu ihrer Gegenwart?

Diese Frage scheint der, wenn auch verborgene, Kern des Textes zu sein. Daher werden die Thesen im folgenden nicht Schritt für Schritt kommentiert; eine solche Untersuchung – die im übrigen bereits vorgelegt wurde (Löwy 2001) – läuft nämlich Gefahr, dem Einfluß der ersten These zu erliegen, der berühmten Allegorie des Schach-Automaten, die das Verhältnis zwischen Marxismus und Theologie illustrieren soll. Der hier angebotene Interpretationsversuch geht von der Grundfrage aus, wie ein anderes Verhältnis zur Vergangenheit zu konstruieren sei, und liest die verschiedenen Auseinandersetzungen Benjamins mit den marxistischen und/oder theologischen Traditionen in Hinblick auf diese Problematik. Das erklärt, warum die Diskussion der ›bürgerlichen‹ Historiographie, die Benjamin im Rahmen seiner virulenten Kritik des Historismus unternimmt, sowie Benjamins Aneignung der Gedächtnistheorien Prousts und Freuds die zentralen Teile dieses Artikels bilden. Nach einer kurzen Einleitung zum Entstehungskontext der Thesen und ihrer Überlieferung widmen sich die Abschnitte II, III, IV und V der Kritik des Historismus, insbesondere der *Einfühlung*, sowie Benjamins Rückgriff auf die Gedächtnismodelle Prousts und Freuds. Ausgehend von diesen Überlegungen, wird die Präsenz von theologischen und messianischen Themen interpretiert als Bezug auf eine doppelte Alterität: auf eine Zeit, die anders geartet ist als jene der linearen chronologischen Entwicklung (VI), und auf eine transformierende Gedächtnisaktivität (*Eingedenken*) (VIII), die im Gegensatz zu der andächtig deskriptiven (Historismus) oder gar aussöhnenden (Hegel) Leistung des Gedächtnisses steht (*Erinnerung*). Schließlich wird gezeigt, daß Benjamins theologische Figuren nicht etwa als religiöse Symbole zu verstehen sind, sondern als Indizien einer radikalen Explosion (*Sprengung*) der herrschenden historischen Kontinuität zugunsten einer profan erlösten Zeitlichkeit, die Benjamin bisweilen auch *Glück* nennt (VII und IX).

Walter Benjamins berühmte Thesen wurden erstmals 1942 in ganz kleiner Auflage in dem Benjamin gewidmeten Gedenkband des Instituts für Sozialforschung publiziert. Die Bezeichnung »Geschichtsphilosophische Thesen« setzte sich ab 1955 mit dem Abdruck in den *Schriften* durch, obgleich der präzisere, von Benjamin selbst stammende Titel ÜBER DEN BEGRIFF DER GESCHICHTE lautet. (Aus Vereinfachungsgründen wird im folgenden die Bezeichnung »Thesen« verwendet).

Benjamins Schrift wurde in den 60er Jahren von der Neuen Linken wiederentdeckt und als eine der ersten Äußerungen einer radikal kritischen Position gelesen. Die hermetisch funkelnden Thesen galten ihr als radikales Manifest gegen die Klassengesellschaft wie zugleich gegen den Dogmatismus der linken Parteien, gegen die bürgerliche Geschichtsschreibung als auch gegen die absolute Fortschrittsgläubigkeit sozialistischer bzw. kommunistischer Prägung. Dieser aktualisierenden Lesart ist es zu verdanken, daß die politische Dringlichkeit der Thesen in den Blickpunkt geriet: Zwischen Februar und März 1940, unter dem Eindruck des Hitler-Stalin-Paktes vom August 1939 verfaßt (Scholem 1972, 129 und VII, 770–73), müssen sie als Ausdruck eines Denkens am Rande des Abgrunds gelesen werden.

Überlieferung des Textes

Benjamin ließ vermutlich einen Teil seiner Papiere in der Pariser Wohnung zurück, von denen einige als Photokopien im *Walter Benjamin Archiv Berlin* lagern, wohin sie über die ehemalige Sowjetunion und die ehemalige DDR gelangten (vgl. I, 758 ff.). Andere Manuskripte, aus dem Zusammenhang des Passagenwerks, vertraute er Georges Bataille an; dieser versteckte sie in der Bibliothèque Nationale und gab, was er 1945 davon zusammentragen konnte, an Pierre Missac weiter (V, 1067–1072; VII, 526 f.), der sie wiederum Adorno in New York zukommen ließ, wie es der Freund ausdrücklich gewünscht hatte. Ein drittes Konvolut schließlich erhielt Benjamins Schwester Dora, die es 1941, nach dem Tod des Bruders, über Martin Domke ebenfalls Adorno sandte (I, 759; V, 1071; VII, 776).

Der schwierige Überlieferungsprozeß mitten im Krieg kompliziert die genaue Festlegung des Wortlautes der »Thesen« beträchtlich. Persönliche Konflikte erschweren die Situation zusätzlich, insbesondere jener zwischen Hannah Arendt, der Benjamin vor ihrer Abreise in die USA ein *Manuskript* des Textes anvertraute, und Adorno, dem sie wohl eine Kopie davon überließ (VII, 773 und 781); oder zwischen Giorgio Agamben, der im Juli 1983 in der Bibliothèque Nationale in Paris mehrere Manuskripte Benjamins im Bestand Batailles wiederfand, und den Herausgebern der GS, die erwähnen, Agamben besitze selbst ein Handexemplar (*Typoskript* mit handschr. Korrekturen) der Thesen ÜBER DEN BEGRIFF DER GESCHICHTE (VII, 782), von dem er ihnen eine Photokopie ohne genaue Herkunftsangabe zukommen ließ. Schließlich zeigt die von Benjamin besorgte französische Übersetzung, daß er an eine mögliche Veröffentlichung dachte – vielleicht durch die Vermittlung Batailles, den er am Collège de Sociologie getroffen hatte – und daß er dafür die Änderung einiger Passagen des deutschen Textes in Kauf nahm.

»Insgesamt liegen nach dem gegenwärtigen Stand der Benjaminforschung die Thesen *Über den Begriff der Geschichte* in einer Manuskriptversion, vier Typoskriptversionen, einer französischen Fassung sowie ein Konvolut von Notizen vor«, resümiert Christine Schönlau (1999, 98). Der im ersten Band der GS publizierte Text entspricht grosso modo dem Typoskript T1, ergänzt durch herausgeberseitig als wichtig erachtete Varianten (vor allem Anhang A und B). Während die Herausgeber von mehreren Textstufen ausgehen, die zu einer vollständigeren und definitiveren Version führen, könnte eine vorsichtigere philologische Untersuchung diese Annahme in Frage stellen und sich auf die Koexistenz mehrerer gleichrangiger Versionen beschränken (Schönlau 1999, 201).

Die existentielle und politische Situation, in der die Thesen verfaßt wurden, ist also eine krisenhafte, was die 68er-Generation genau erfaßte. Wenn Benjamin sagt, der materialistische Historiker dürfe nicht unbeteiligt beschreiben, »wie es denn eigentlich gewesen ist« (I, 695, These VI), sondern er solle »sich einer Erinnerung bemächtigen, wie sie im Augenblick einer Gefahr aufblitzt« (ebd.), kann diese Forderung auch als Lektüreanweisung für die »Thesen« selbst aufgefaßt werden, die ja in einem der bedrohlichsten Augenblicke des 20. Jh.s geschrieben wurden. Anders herum gesagt: Die radikale Gefahr war es, die Benjamin diese zündenden, vieldeutigen Zeilen zu Papier bringen ließ, von denen er genau wußte, daß sie in dieser Form praktisch unpublizierbar waren. In einem Brief an Gretel Adorno erklärt Benjamin: »Daß mir nichts ferner liegt als der Gedanke an eine Publikation dieser Aufzeichnungen (nicht zu reden von einer in der Dir vorliegenden Form) brauche ich Dir nicht zu sagen. Sie würde dem enthusiastischen Mißverständnis Tor und Tür öffnen« (6, 436).

Wer sie heutzutage erneut liest, darf weder die Krisensituation, der sie entstammen, noch den konkreten politischen Zeitpunkt der Lektüre und das damit einhergehende Wagnis umgehen. Dieser Text verlangt nach einer »engagierten« Lektüre, die ihre eigene Gegenwart zu denken wagt. In diesem Sinne war die – wenngleich häufig einseitige – Lesart der 60er und 70er Jahre richtig: Sie sah die Unmöglichkeit hermeneutischer Indifferenz als Herausforderung, oder, mit den Worten Benjamins, sie trug von vornherein »den Stempel des kritischen, gefährlichen Moments, welcher allem Lesen zugrunde liegt« (V, 578). Diese Herausforderung bleibt aktuell, ebenso wie eine engagierte oder militante Lektüre, auch wenn solche Attribute veraltet klingen mögen.

Die besondere Dringlichkeit und Gefahr, die den Text trotz seiner klassischen Thesenform prägen und ihm einen atemlosen Rhythmus verleihen, könnten außerdem eines seiner meistdiskutierten Rätsel aufklären: den Rückgriff auf theologische Konzepte und Metaphern. Wie auch andere vor ihm, bemerkt R. Rochlitz zu Recht, daß Benjamin in dem Essay über Eduard Fuchs von 1937 (II, 465–505) drei von vier Hauptthemen anspricht, die er 1940 in den »Thesen« wiederaufnimmt: »le caractère fulgurant de l'image historique«, »la confusion entre progrès technique et progrès de l'humanité« sowie »la représentation d'un temps linéaire, homogène et vide«. »Il ne manque encore«, fügt Rochlitz hinzu, »que le quatrième thème des *Thèses*, soigneusement dissimulé par Benjamin dans ses publications jusqu'en 1939 sous l'emprise du ›sur-moi brechtien‹. Il s'agit du nécessaire recours à la <théologie>, avec des notions comme celles de messianisme et de rédemption« (Rochlitz 2000, 48 f.). Das »Brechtsche Über-Ich«, dem Rochlitz (wie Adorno) soviel Bedeutung beimißt, wäre durchaus zu diskutieren.

Interessanter ist jedoch die Frage, ob die *Notwendigkeit* des Rückgriffs auf die Theologie nicht vielmehr der drangvollen Entstehungssituation der »Thesen« geschuldet ist (die 1937 noch nicht so virulent war). Der Nichtangriffspakt zwischen Hitler und Stalin besiegelt in katastrophaler Weise die theoretische und politische Unfähigkeit der antifaschistischen Linksparteien, die geschichtliche Zeit undeterministisch, damit also die revolutionäre Intervention innovativ zu denken. In dieser ausweglosen Situation verweist der Rückgriff auf theologische Motive auf das notwendige Alteritätsdenken, um die potentielle Dynamik des Profanen besser zu fassen. Die Theologie erscheint somit nicht als letzter Hort irrationaler Gewißheiten, sondern als Modell einer anderen Auffassung der menschlichen Zeit.

Kritik des Historismus I

Die Thesen Über den Begriff der Geschichte befassen sich vor allem mit der Konstruktion einer *kritischen* Beziehung zur Vergangenheit. Benjamin verweist auf zwei Klippen, die es für den Historiker auf dem Weg von der Gegenwart in die Vergangenheit zu umschiffen gilt: die Vorstellung, daß Interesselosigkeit wissenschaftliche Objektivität garantieren könne, und die Transformierung der Ereignisse und Werke der Vergangenheit in Geschichtserkenntnis, als einem Besitzerwerb, also einer Art intellektuellem Thesaurisieren. Benjamin besteht, stärker als die meisten Marxisten seiner Zeit, auf der Bedeutung der *Überlieferung*, insbesondere der kulturellen Werke. Einzig die Auseinandersetzung mit dem Überlieferungsbegriff – ein alltäglicher, konkreter, weniger symbolisch aufgeladener Begriff als der in gewissem Sinne synonyme der Tradition – erlaube dem Historiker eine kritische Reflexion nicht nur der Vergangenheit, sondern zugleich und untrennbar auch der eigenen Gegenwart. Wenn ein bestimmtes Moment der Gegenwart mit einem bestimmten Moment der Vergangenheit ›passend‹ zusammentrifft, ereignet sich eine Art Erschütterung, die beide gleichsam in neuem Licht erscheinen läßt und dazu beiträgt, sie dem herrschenden Konformismus zu entreißen. Denn: »Die Gefahr droht sowohl dem Bestand der Tradition wie ihren Empfängern. Für beide ist sie ein und dieselbe: sich zum Werkzeug der herrschenden Klasse herzugeben. In jeder Epoche muß versucht werden, die Überlieferung von neuem dem Konformismus abzugewinnen, der in Begriff steht, sie zu überwältigen« (I, 695, These VI).

Nicht zuletzt deshalb sollten auch wir Heutigen uns davor hüten, Benjamins Werk in ein »Kulturgut« zu verwandeln, dem man sich in aller Ruhe und aus rein wissenschaftlichen Zwecken widmet.

Die Kritik der »Vergegenwärtigung« und ebenso der »Würdigung oder Apologie« durchzieht das gesamte Œuvre Benjamins seit den 30er Jahren (vgl. III, 283–290 und V, 592). Die Vergegenwärtigung entspricht einer Vorstellung von Kultur als »Inventar«, wie eine Variante der These VII verdeutlicht: »Das Inventar der Beute, das sie [die Herrschenden] von den Geschlagenen zur Schau stellen, wird vom historischen Materialisten nicht anders als kritisch betrachtet werden. Dieses Inventar wird Kultur genannt« (I, 1248). Ihr Ziel ist es, den zeitlosen Wert der Werke zu garantieren, welche die bestimmende Tradition als kanonisch erachtet. Die Aktualität hingegen ist zutiefst historisch, da sie einen besonderen Zusammenhang erfaßt zwischen der ratlosen und dringlichen Gegenwart und einem häufig vergessenen, manchmal als gleichgültig erachteten Moment der Vergangenheit, der sie plötzlich berührt.

Folglich haben wir es hier mit einer zeitlichen und historischen Doppelstruktur zu tun: jener des Jetzt und jener des neuentdeckten Früher. Diese Konstellation bezieht ihre historische Kraft aus der anerkannten Distanz zwischen Gegenwart und Vergangenheit, die für beide einen erstaunlichen Resonanzkörper abgeben kann. Die Vergegenwärtigung hingegen möchte die Distanz überwinden, da sie eher störend wirkt innerhalb eines Geschichtsentwurfs, der die Präsenz überzeitlicher Werte bestätigen soll, mit denen sich der Historiker mühelos identifizieren kann. Die Kritik der Einfühlung – als ›Technik‹ des Historismus – hat für Benjamin also keinen bloß methodologischen Wert; sie ist in erster Linie politisch motiviert. Wenn sich der positivistische Historiker in die Vergangenheit einfühlt, erspart er sich nicht nur, das vorherrschende Bild der Vergangenheit zu hinterfragen, sondern er bestärkt sich vor allem selbst im Fortbestand der eigenen Gegenwart, in der Sicherung des Status quo. Durch schiere Bequemlichkeit, Faulheit, Trägheit oder Konformismus – von »Trägheit des Herzens« spricht Benjamin in These VII – erhält er auf diese Weise die falsche Tradition der Unterdrückung aufrecht: »Die jeweils Herrschenden sind aber die Erben aller, die je gesiegt haben. Die Einfühlung in den Sieger kommt demnach den jeweils Herrschenden allemal zugute« (I, 696, These VII).

Diese berühmte These unterstreicht die Tragweite der Benjaminschen Einfühlungskritik. Es geht ihm nämlich nicht nur darum, das offensichtlich ideologische Konstrukt einer Geschichte der herrschenden Klasse oder die Historiker als deren bewußte Handlanger zu entlarven. Vielmehr sollen die oftmals impliziten bzw. unbewußten Voraussetzungen analysiert werden, die einen Großteil der Historiographie, einschließlich der linksgerichteten, prägen. Diese Voraussetzungen sind Teil einer Art wissenschaftlicher Vulgata, bei der sich die konventionellen Elemente nur schwer von den kritischen Beiträgen trennen lassen. So wurde die von Benjamin angeprangerte Einfühlung der ›bürgerlichen‹ Geschichtsschreibung von ihren Befürwortern stets als – durchaus zweifelhafte – Geste der Selbstverleugnung zugunsten ihres Gegenstandes gerechtfertigt: Wer die Vergangenheit besser verstehen wolle, müsse die Gegenwart vergessen und sich in die fragliche Epoche versenken, wobei die Tätigkeit und die Vor-Urteile des Forschers methodologisch gewissermaßen ausgeklammert werden. Dieses gewiß naive Vorgehen hat freilich eine kritische Intention. Kann der von Benjamin zitierte berühmte Rat Fustel de Coulanges', der Historiker, »wolle er eine Epoche nacherleben, so solle er alles, was er vom spätern Verlauf der Geschichte wisse, sich aus dem Kopf schlagen« (I, 696, These VII), auch zu einer falschen methodologischen Unschuld verleiten, so zeugt er doch – wie Benjamin sehr wohl wußte – vom berechtigten Widerstand des Historismus gegen das Hegelsche Modell, d. h. gegen die Überzeugung, die geschichtliche Entwicklung sei in ihrer vollen rationalen Bedeutung erst von ihrer Vollendung, von ihrem chronologischen wie absoluten Ende her zu verstehen. In den »Thesen« kritisiert Benjamin dieses teleologische Paradigma in seiner gängigen Form: als Fortschrittsideologie und ökonomischen Determinismus.

Wenn Benjamin die Einfühlung als Projektion kritisiert, die um so schädlicher ist, als sie sich nicht als solche erkennt, so läßt sich daraus nicht folgern, daß die Geschichtsschreibung des Historismus als Ganzes zu verurteilen sei. Im Gegensatz zu dem Hegelschen Modell zeugt der Historismus von einem Detailbewußtsein, das nicht bloß einer faden Gelehrsamkeit entspringen muß, sondern ebenso eine differenziertere Auffassung der Vergangenheit anzeigen kann. Benjamin bekennt sich sogar zu der Detailtreue des »Chronisten« als Geste der Entmachtung der arroganten Gegenwart, welche in ihrer Borniertheit meint, über Wichtigkeit und Unwichtigkeit vergangener Ereignisse urteilen zu können: »Der Chronist, welcher die Ereignisse hererzählt, ohne große und kleine zu unterscheiden, trägt damit der Wahrheit Rechnung, daß nichts was sich jemals ereignet hat für die Geschichte verloren zu geben ist.« (I, 694, These III) Die Historismuskritik berechtigt also nicht dazu, eine rein gegenwartsbezogene Geschichte zu propagieren, als sei die Gegenwart an sich das einzig gültige Kriterium einer Rekonstruktion der Vergangenheit.

Die kritische Historiographie Benjamins verweist auf die Bemerkungen in Nietzsches »Vom Nutzen und Nachteil der Historie für das Leben« aus seiner Schrift *Unzeitgemäße Betrachtungen*, einer ersten philosophischen Kritik der wissenschaftlichen Ideale des Historismus. Auf Nietzsches Kritik greift Benjamin wiederholt zurück – so ist der These XII ein Zitat vorangestellt (I, 700), ein weiteres findet sich in dem Essay über E. Fuchs (II, 472; vgl. Chaves 2003, 51–64). Die kritische Historie muß sich sowohl vor einem trügerischen Objektivitätsanspruch als auch vor nachsichtigem Relativismus hüten. Benjamin nimmt Nietzsches Forderung einer kritischen Historiographie wieder auf: im Dienste der Lebenden zwar, und insbesondere der »Leidenden« und der »Befreiung Bedürftigen« (Nietzsche 1988, 258), aber ohne die egozentrische Kurzsichtigkeit einer gegenwärtigen Epoche, die sich, obgleich selbst historisch determiniert, anmaßt, adäquate Kriterien für ein endgültiges Urteil über die Vergangenheit zu besitzen. Im Gegensatz zu Nietzsche geht es Benjamin aber darum, eine materialistische Historiographie zu denken, die der Gegenwart das Rüstzeug für eine politische Veränderung hin zu einer besseren Zukunft liefert. Eine der Hauptpolemiken Benjamins in den »Thesen« richtet sich gegen die marxistisch-sozialdemokratische Ideologie, die »der Arbeiterklasse die Rolle einer Erlöserin *künftiger* Generationen« zuweist (I, 700, These XII), anstatt der »Generationen Geschlagener« (ebd.) zu gedenken. Dennoch gilt, daß die Gegenwart nur dann wirklich historisch und politisch aufgeladen werden kann, wenn sie nicht nur als äußerste Grenze betrachtet wird, von der aus wir unseren Blick in die Vergangenheit richten, sondern als die entscheidende Schwelle, auf der wir *innehalten*, um sie besser überschreiten und ins Unbekannte treten zu können.

Zur Anordnung der Thesen

Im folgenden soll kurz dargestellt werden, was das Hauptthema Benjamins in den Thesen ÜBER DEN BEGRIFF DER GESCHICHTE zu sein scheint. Es handelt sich um ein theoretisches Anliegen – »Vergangenes historisch [zu] artikulieren« (I, 695, These VI) – und zugleich um ein politisches – die notwendige Veränderung der Gegenwart des Historikers: »Auf den Begriff einer Gegenwart, die nicht Übergang ist sondern in der Zeit einsteht und zum Stillstand gekommen ist, kann der historische Materialist nicht verzichten. Denn dieser Begriff definiert eben *die* Gegenwart, in der er für seine Person Geschichte schreibt« (I, 702, These XVI). Wenn Benjamin davon spricht, »Vergangenes historisch [zu] artikulieren«, geht es ihm darum, die Konstruktion des Vergangenen und die Transformation der Gegenwart in ein und derselben Bewegung zu vereinen.

Die Schwierigkeit des Textes liegt also nicht primär in den theologischen Metaphern – »kurz, die kleine arbeit ist klar und entwirrend (trotz aller metaphorik und judaismen)«, lautete die erste Reaktion Brechts auf die Lektüre (Brecht 1967, 294) – und ebensowenig an dem für die Abfassungszeit der »Thesen« ungeschickten Versuch Benjamins, die deutsche Sozialdemokratie zu kritisieren, ohne dabei das Verhalten der kommunistischen Parteien der Zweiten Internationale oder auch nur einige Voraussetzungen der marxistischen Theorie mit einzubeziehen. Die größte Schwierigkeit bereitet die gedankliche Verknüpfung von historiographischer und politischer Reflexion, von dem »wahre[n] Bild der Vergangenheit« (I, 695) und der »Herbeiführung des wirklichen Ausnahmezustandes« (I, 697), um den Faschismus zu bekämpfen. Um diesen Kern herum gruppieren sich die anderen Probleme: der Rekurs auf theologische Konzepte und Metaphern, die Allegorien, der Engel aus These IX und der Tiger aus These XIV, die Bezüge auf Fourier, Blanqui, Rosa Luxemburg (Spartacus) und Marx, die Motti, die von Brecht, Hegel, Nietzsche, Scholem, Dietzgen oder Kraus entnommen sind.

Überschaut man die Anordnung der Thesen, so stellt man fest, daß sie einer mosaikartigen Motivkonstellation entspricht, wie Benjamin sie bereits in der »Vorrede« zum URSPRUNG DES DEUTSCHEN TRAUERSPIELS (I, 208) für philosophische Texte empfiehlt. Eine Textanalyse sollte also nicht danach streben, einen deduktiven Gedankengang zu rekonstruieren, der sich vom Einfachen hin zum Komplexen bewegt. Vielmehr muß man herausfinden, wie die Bezüge der Anspielungen, Hypothesen, historischen Beispiele, Denkmotive etc. zusammenspielen, sich entsprechen oder auch kontrastieren, welches das Leitmotiv ist und wie die anderen Elemente es betonen oder abschwächen. Auf diese Weise zeigt sich, daß die theologischen Motive einleitend (Verhältnis von Marxismus und Theologie in der These I) und abschließend (die Splitter der messianischen Zeit und die »kleine Pforte«, durch die der Messias tritt, in Anhang A und B) sowie auch an zentraler Stelle (der Engel in These IX) auftauchen. Die Kritik an der herrschenden historistischen Geschichtsschreibung hingegen durchzieht die gesamten Thesen, jene an den Linksparteien konzentriert sich auf die Thesen VII und XII. Aus dieser kurzen Analyse der Anordnung der »Thesen« geht hervor, daß die epistemologisch-politische Fragestellung im Zentrum steht. Sie besteht aus zwei Teilen: Zum einen: Wie läßt sich das »wahre Bild der Vergangenheit« (I, 695, These V) erfassen – eine Frage, die durch die Flüchtigkeit des Bildes noch erschwert wird: »Das wahre Bild der Vergangenheit *huscht* vorbei. Nur als Bild, das auf Nimmerwiedersehen im Augenblick seiner Erkennbarkeit eben aufblitzt, ist die Vergangenheit festzuhalten«

(ebd.). Zum anderen: Wie läßt sich eine einzigartige und authentische »Erfahrung« von der Gegenwart zur Vergangenheit konstruieren, d.h. eine Erfahrung in der Gegenwart, die zugleich das Bild der Vergangenheit und der Gegenwart verändert: »Der Historismus stellt das ›ewige‹ Bild der Vergangenheit, der historische Materialist eine Erfahrung mit ihr, die einzig dasteht« (I, 702, These XVI). Der Rückgriff auf theologische und messianische Motive, der den Text der »Thesen« rahmt und strukturiert, wie auch die Kritik an Fortschrittsideologie und Historismus sind als solche sicherlich wichtige Themen, primär sollen sie jedoch dazu beitragen, das Hauptproblem besser einzuordnen: Sie sollen dem Denken einerseits helfen, weder in die Falle des Determinismus noch in jene der Universalgeschichte zu gehen; andererseits sollen sie einer anderen Auffassung der geschichtlichen Zeit Vorschub leisten – um in der Gegenwart politisch wirken zu können.

Diese zugleich theoretische und politische Frage nach dem »wahren Bild«, sowohl der Vergangenheit als auch der Gegenwart, erklärt, warum der Rückgriff auf die Theologie wertvolle Dienste leisten kann, um Benjamins Begriff der »Jetztzeit«, in der auch die politische Intervention stattfindet, besser zu begreifen.

»Das wahre Bild der Vergangenheit« – Kritik des Historismus II

»Das wahre Bild der Vergangenheit *huscht* vorbei« (I, 695, These V). Um besser zu verstehen, was sich hier ereignet, muß zunächst der Unterschied geklärt werden zwischen der Universalgeschichte des Historismus und einer Historie, die laut Benjamins französischer Version eine »possession integrale du passé« ist, und, wie er hinzufügt, »réservée à une humanité restituée et sauve« (I, 1261). Die französische Version der Thesen ist oft erhellend. An dieser Stelle in These III verdeutlicht Benjamin mit seiner Übersetzung »restituée et sauve«, was er unter »der erlösten Menschheit« (I, 694, These III) versteht. Die Idee der Restitution ist in der Tat zentral, sowohl in den erzähltheoretischen als auch in den historiographiekritischen Schriften Benjamins, wenn auch das Konzept der apokatastasis/restitutio explizit und als solches nur an zwei Stellen auftaucht: in dem Essay Der Erzähler (II, 438–465) und in einem Fragment aus dem »Konvolut N« des Passagenwerks. Der Begriff der apokatastasis entstammt der häretischen Lehre des Origenes, die besagt, wenn Gott ursprünglich eine wahrhaft gute Welt erschaffen habe und wirklich allmächtig sei, dann könne niemand unwiderruflich zur ewigen Hölle verdammt werden. Selbst die schlimmsten Sünder würden nach und nach vor Gott Gnade finden, zu ihrer ursprünglichen Einheit mit ihm zurückkehren und gerettet werden. Da Gott seit der Erschaffung der Welt allen Dingen und auch uns innewohne, müsse das Ende der Welt, seiner Allmacht entsprechend, eine apokatastasis pantôn oder restitutio omnium sein. Die häretische christliche Vorstellung der apokatastasis ähnelt in diesem Sinn dem Tikkun des Kabbalisten Isaak Luria, dessen Lehre Benjamin durch die Studien Scholems bekannt war (Scholem 1967, 267–314).

Grundlegend ist freilich für das Verständnis der »Thesen«, daß Benjamin im Erzähler-Essay entscheidende Motive seiner Geschichtsphilosophie und seiner Erzähltheorie vereint (bes. II, 458f.): die Vorstellung des Glücks, einer vom Mythos befreiten Menschheit, des Einklangs dieser befreiten Menschheit mit der Natur, die weder bedrohlich ist (wie im Mythos) noch ausgebeutet (wie in der positivistischen Deutung des Fortschritts, vgl. These XI). Die befreite Menschheit und die befreite Natur entsprechen sich im Märchen und in den »Phantastereien, die so viel Stoff zur Verspottung eines Fourier gegeben haben« (I, 699, These XI), mithin in den utopischen Entwürfen einer vom Joch der kapitalistischen Arbeit befreiten Menschheit. Dieses Motiv findet sich wieder in einer säkularisierten, populären Version der apokatastasis, die eine Befreiung der Menschheit im Diesseits verspricht.

Und des Erzählers ebenso wie des Historikers Aufgabe ist es, die Vergangenheit in ihrer Gänze zu bergen: »Und so weiter in infinitum, bis die ganze Vergangenheit in einer historischen Apokatastasis in die Gegenwart eingebracht ist« (V, 573).

Der Wunsch, nichts verloren zu geben, der sich in der von Benjamin in den »Thesen« angedachten kritischen Historiographie offenbart, verweist somit nicht auf ein Ideal erschöpfender wissenschaftlicher Untersuchungen, sondern auf eine ethische und moralische Forderung, die auch in der theologischen Tradition gestellt wird, nämlich nicht zu vergessen, was die herrschende Geschichtsschreibung gerne als zweitrangig betrachtet: die alltäglichen, banalen, schmerzlichen oder freudigen Begebenheiten und Gesten, die Müdigkeit und das Fest, die Menge der Namenlosen, ohne die es weder die genialen Werke (I, 696, These VII) noch die ›großen Ereignisse‹ gäbe, wie Benjamin in Anlehnung an Brechts *Fragen eines lesenden Arbeiters* (Brecht 1967, Bd. 9, 656f.) bemerkt. Das Eintreten für die Vergessenen der Geschichte ist andererseits ein kritischer Anspruch und, theologisch gesprochen, von messianischer Bedeutung; dasjenige zu vermitteln, was unsagbar, vergessen, anonym scheint, jene zu benennen, deren Namen verloren gingen, bedeutet auch, daß die offizielle Geschichte aufgebrochen werden muß, damit aus den Spalten die Hoffnung auf eine andere Zeit der befreiten Menschheit entstehen kann (vgl. Gagnebin 1994, 159–167). Diese historiographischen und narratologischen Forderungen wurden übrigens im Rahmen der Auseinandersetzungen mit der Geschichte der Opfer und Verschwundenen in der sogenannten Zeugnisliteratur wiederaufgenommen, zum Beispiel bei Primo Levi.

Benjamin versucht somit, in den »Thesen« eine Geschichte mit zutiefst paradoxer Struktur zu denken: so umfassend wie möglich, auch wenn sie erst am Tag des Jüngsten Gerichts vollständig wird (I, 694, These III), und gleichzeitig fragmentiert, diskontinuierlich, lükkenhaft (vgl. Moses 1992, 158), denn jede Form narrativer Kontinuität neigt dazu, einen zwingenden Handlungsverlauf, eine Kausalität a posteriori vorzugaukeln, die alles vernachlässigt, was hätte anders sein können, was nicht realisiert wurde, jedoch als »Anspruch« (I, 694, These II) weiterhin in die Gegenwart hineinreicht – was diese blitzschnell erfassen und aktualisieren kann: »Der Historismus begnügt sich damit, einen Kausalnexus von verschiedenen Momenten der Geschichte zu etablieren. Aber kein Tatbestand ist als Ursache eben darum bereits ein historischer. [...] Der Historiker, der davon ausgeht, hört auf, sich die Abfolge von Begebenheiten durch die Finger laufen zu lassen wie einen Rosenkranz. Er erfaßt die Konstellation, in die seine eigene Epoche mit einer ganz bestimmten früheren getreten ist« (I, 704, Anhang A).

Diese Kritik Benjamins an der Universalgeschichte des Historismus gilt gleichermaßen für die Geschichten von Tapferkeit und Heldenmut, die die sozialistische und kommunistische Historiographie gerne verbreitet. In beiden Fällen wird die historische Zeit als eine »homogene und leere Zeit« (I, 701 f., Thesen XIV und XVII) verstanden, die einem unausweichlichen Fortschritt entgegenstrebt (Determinismus sozialdemokratischer und kommunistischer Prägung) oder in einer immer umfassenderen Beschreibung der »Masse der Fakten« (I, 702, These XVII) ihren Sinn findet. Wenn der Historismus auch gerade kein Happy-End der Geschichte vorsieht, so verrät sein Streben nach Akkumulation dennoch ein tiefes Einverständnis mit dem »Ablauf« der Geschichte, eine Art wissenschaftliches und ästhetisches Vergnügen an dem möglicherweise grausamen, aber abwechslungsreichen und glanzvollen Schauspiel, das die Universalgeschichte bietet.

An der Schwelle zum Zweiten Weltkrieg weiß Benjamin, daß keine Geschichtstheorie ein Gefühl von Beständigkeit und Zusammengehörigkeit mehr postulieren kann. Der Kampf gegen den Faschismus verlangt diese klarsichtige Härte, die Benjamin und Brecht gegen die Illusionen des Humanismus und des konformistischen Optimismus vereint: »Das Staunen darüber, daß die Dinge, die wir erleben, im zwanzigsten Jahrhundert ›noch‹ möglich sind, ist *kein* philosophisches. Es steht nicht am Anfang einer Erkenntnis, es sei denn der, daß die Vorstellung von Geschichte, aus der es stammt, nicht zu halten ist« (I, 697, These VIII).

Im Historismus, dessen Bandbreite für Benjamin von Ranke bis Dilthey reicht, verstärken sich die Postulate von Positivismus und Lebensphilosophie wechselseitig. Die Überzeugung, daß »die Wahrheit [...] uns nicht davon laufen« kann (I, 695, These V), und das »Verfahren der Einfühlung« (I, 696, These VII) wirken komplementär, da sie den immer vollständigeren Aufbau einer Universalgeschichte rechtfertigen, der im übrigen Generationen engagierter Forscher und Professoren als »verwöhnte Müßiggänger im Garten des Wissens« beschäftigen kann, wie es in dem Zitat von Nietzsche heißt, das der These XII vorausgeht (I, 700). Die lieben Gelehrten erinnern mithin an die Flaneure, die durch die Pariser Passagen spazierten – und durch die heutigen Einkaufszentren irren. Die einen identifizieren sich mit der Vergangenheit (»die Masse der Fakten«; I, 702, These XVII), die anderen, würde Benjamin wohl sagen, mit der Ware (»eine ungeheure Warensammlung«, Marx 1973, Bd. 23, 49). Historiker und Flaneure können so ihr ganzes Leben lang wohlgemut durch das Gewirr der Auslagen oder der vergangenen Kulturen schlendern und dabei so manche interessante Entdeckung oder einen guten Kauf machen. Diese »kontemplative« Haltung, wie Benjamin in Das Kunstwerk im Zeitalter seiner technischen Reproduzierbarkeit formuliert, macht den Historismus unausweichlich zum Komplizen der herrschenden Ungerechtigkeit und sichert ihren Fortbestand, und zwar unabhängig von den persönlichen politischen Ansichten des Historikers. Denn das kontemplative Verhältnis zur Vergangenheit, im Sinne einer gewissen passiven Nachsicht, wiederholt sich in der grundsätzlichen Akzeptanz der Gegenwart. Hier zeigen sich die zutiefst politischen Implikationen des historistischen Ideals, der Historiker solle durch Einfühlung jegliche historische Distanz überwinden. Die Überwindung der Distanz zwischen Gegenwart und Vergangenheit bringt die Überwindung der Distanz der Gegenwart zu sich selbst mit sich, oder anders formuliert, den Verzicht des Historikers auf eine kritische Selbstreflexion.

Es gehört leitmotivisch zu Benjamins Denken, in seine kritischen, literarischen oder philosophischen Reflexionen über Werke der Vergangenheit die Spuren ihrer Historizität einzubeziehen, mithin die Spuren der Fremdheit und Unverständlichkeit in Bezug auf eine Gegenwart, die sie aufgrund ihrer eigenen historischen Determiniertheit nicht sofort deuten kann. Er denkt die historische Distanz nie als Hindernis auf dem Weg zur wahren Kenntnis (was einem sentimentalen Trugschluß gleichkäme), sondern stets als willkommene und notwendige Gelegenheit, den Überlieferungsprozeß sowie die wissenschaftlichen und ideologischen Interessen des gegenwärtigen Zeitpunktes zu überprüfen. In einer Antwort auf Adornos Einwände fordert Benjamin demgemäß, den Sachgehalt vom Wahrheitsgehalt (6, 186), den Kommentar von der Kritik zu unterscheiden (vgl. I, 123 f.).

Diese methodologischen und kritischen Überzeugungen gewinnen ab den 30er Jahren eine deutlich politische Konnotation. Der Historiker soll nicht nur die eigenen geschichtlichen Bedingungen in einer autoreflexiven hermeneutischen Geste analysieren, unverzichtbar ist auch eine politische Stellungnahme: Die Gegenwart dient als Ausgangspunkt nicht allein für die Konstruktion der Geschichte der Vergangenheit, sondern auch für eine mögliche Veränderung ihrer selbst. Es handelt sich hier, in den Worten Benjamins, um eine »kopernikanische Wendung«, denn die »Politik erhält den Primat über die Geschichte« (V, 1057). Nicht mehr die Vergangenheit wird als »fixer Punkt« vorausgesetzt, den der Historiker zu erreichen sucht, sondern die zu verändernde Gegenwart, von der aus die Bilder auftauchen und sich zusammenfügen, aber nicht in einer ruhigen linear-chronologischen Abfolge, sondern in einer Art diskontinuierlichem Bilderwirbel, der plötzlich stillsteht und eine neue Bedeutung erhält (vgl. Mosès 1992, 150 f.).

Erinnerung und Erfahrung

Die beiden großen Vorbilder dieses Verhältnisses zur Vergangenheit sind, wie Benjamin selbst erwähnt und zahlreiche Studien belegen (Szondi 1976; Greffrath 1981; Fürnkäs 1988; Hillach 2000), Prousts *Auf der Suche nach der verlorenen Zeit* sowie die Theorien Freuds. Man kann also durchaus annehmen, daß die Thesen Über den Begriff der Geschichte versuchen, die Erkenntnisse Prousts und Freuds über die individuelle und unbewußte Geschichte des Subjektes in kollektive und politische Begriffe zu übersetzen. In dieser Übertragung (vom Individuellen zum Kollektiven und vom Unbewußten zur bewußten politischen Handlung) besteht auch eines der Hauptprobleme des Textes. Ohne Zweifel wußte Benjamin das, und er spielte wohl darauf an, als er Gretel Adorno schrieb, »daß das Problem der Erinnerung (und des Vergessens), das in ihnen [in den »Thesen«] auf anderer Ebene erscheint mich noch für lange beschäftigen wird« (6, 436).

Weshalb sind Freud und Proust so wichtig für eine Erneuerung der Historiographie, insbesondere für einen Neuentwurf des geschichtlichen *Bildes*? Aus Sicht der klassischen Philosophie kann sich die Erinnerung auf keinerlei epistemologische Garantie berufen und somit auch keinerlei Sicherheit bieten. Vielleicht sind unsere Erinnerungen nichts als nachträgliche Erfindungen, an die wir jedoch felsenfest glauben, wie Freuds Patienten an die Realität ihrer Wahnvorstellungen. Und wenn sie auch keine Illusionen sind, wie sollte man ihre Genauigkeit abwägen, wo doch die Vergangenheit, von der sie zeugen, nicht mehr existiert? Um die Unzuverlässigkeit des Gedächtnisses auszugleichen, war die philosophische Reflexion daher nicht nur bestrebt, das Erinnerungsbild (*mnème*) von der bewußten Erinnerung (*anamnèsis*) zu trennen, sondern auch den Fluß der ersteren, der Erinnerungsbilder, soweit wie möglich der intellektuellen Kontrolle der zweiten, der Erinnerung, zu unterstellen. Auf diese Weise bemüht sich das seiner selbst bewußte Subjekt, die Gefahren des eigenen, unkontrollierbaren und nomadischen Gedächtnisses zu bannen. Von der Dialektik Platons bis hin zu jener Hegels strebt der Geist, nous, danach, die unbändig sprudelnden Bilder den Mneme einzudämmen, oder, wie Augustinus im zehnten Buch der *Bekenntnisse* schreibt, die Bilderflut mit der »Hand des Geistes« vom »Angesicht des Gedächtnisses« »zu entfernen«. Anknüpfend an dieses schöne Bild von Augustinus kann man sagen, daß Freud und Proust, nach Nietzsche und Bergson, die rauschenden Bilder nicht mehr vom Antlitz des Gedächtnisses verscheuchen wollen wie lästige Fliegen.

Im Gegenteil: Den gemäß Freud unbewußten, gemäß Proust unwillkürlichen Bildern widmen sie ihre paradoxerweise zugleich zerstreute und intensive, sozusagen »gleichschwebende Aufmerksamkeit« (Freud). Proust und Freud *verlagern* also das Gewicht, das die traditionelle Philosophie dem bewußten Erinnerungsprozeß beimißt, zugunsten der Erinnerungsbilder, die das Subjekt nicht freiwillig wählt, sondern die ihm zustoßen, die sich plötzlich und überraschend ereignen. Diese Verschiebung kündet nicht nur von einem Wandel der Gedächtnistheorie; grundlegender bedeutet sie eine radikale Änderung der Subjektkonzeption. Das Subjekt wird nicht mehr primär durch seine bewußten, absichtlichen und autonomen Handlungen definiert, sondern ebenso durch eine Art passives Vermögen, durch Empfänglichkeit und Aufnahmefähigkeit, durch Eigenschaften also, die die Philosophie früher der Materie (und den Frauen!) zuschrieb, die nun jedoch nicht negativ im Sinne von willenloser Trägheit, sondern positiv als aufmerksame Offenheit interpretiert werden.

In *A la recherche du temps perdu* wird gleich zu Beginn die Unzulänglichkeit der traditionellen, auf Bewußtheit und Souveränität basierenden Subjekt- und Gedächtniskonzeption thematisiert. Benjamin, ein leidenschaftlicher Leser und Übersetzer Prousts, bemerkt: »Unverzüglich konfrontiert Proust dieses unwillkürliche Gedächtnis mit dem willkürlichen, das sich in der Botmäßigkeit der Intelligenz befindet. [...] Proust sei, ehe der Geschmack der madeleine (eines Gebäcks), auf den er dann oft zurückkommt, ihn eines Nachmittags in die alten Zeiten zurückbefördert habe, auf das beschränkt gewesen, was ein Gedächtnis ihm in Bereitschaft gehalten habe, das dem Appell der Aufmerksamkeit gefügig sei. Das sei die mémoire volontaire, die willkürliche Erinnerung, und von ihr gilt, daß die Informationen, welche sie über das Verflossene erteilt, nichts von ihm aufbehalten« (I, 609 f.).

Die Erinnerungen werden jedoch weder mühelos noch spontan an die Oberfläche der Gegenwart gespült; es erfordert im Gegenteil einige geistige Anstrengung. Der Erzähler muß hartnäckig gegen Erschöpfung und Entmutigung ankämpfen, damit das Bild auftauchen kann. Interessanterweise rührt die Freude über die wiedergefundene Zeit nicht daher, daß der Erzähler einen Moment der Vergangenheit so wiedererleben kann, wie er sich zugetragen hat. Wie häufig betont wurde (Ricœur 1984, 202; Deleuze 1979, 18–22), entspringt die Freude nicht der Erinnerung als solcher, sondern dem neuen Verhältnis der Gegenwart zur Vergangenheit. Diese spezielle Zeitrelation verdeutlicht, inwiefern Prousts Auseinandersetzung mit der Zeit für die Historiographie, die Benjamin in den »Thesen« zu definieren sucht, bedeutsam ist. Was also unterscheidet »das <ewige> Bild der Vergangenheit« (I, 702, These XVI), auf das der Historismus hinarbeitet, grundsätzlich von dem »wahre[n] Bild der Vergangenheit« (I, 695, These V) oder »eine[r] Erfahrung mit ihr«, die »der historische Materialist« (I, 702, These XVI) anstrebt? Nun, erstere ist eine trügerische Beschreibung der Vergangenheit, »›wie es denn eigentlich gewesen ist‹« (I, 695, These VI), d. h. der Versuch des historischen Diskurses, einen Zeitpunkt der Vergangenheit zu wiederholen, indem er dessen substantielle Identität postuliert, als handele es sich um ein zeitenthobenes Objekt. Das entspräche im Verlauf der *Suche* der Rückkehr an den Ort der Kindheit, als ob dieser in seiner materiellen Substanz der Schlüssel zum Glück wäre. Ricœur formuliert treffend, was auch auf die Theorie der Einfühlung und des Erlebnisses anwendbar ist: »Il faut renoncer à *revivre* le passé, si le temps perdu doit, d'une façon encore inconnue, être *retrouvé*« (Ricœur 1984, 210). Nur wer darauf verzichtet, die Vergangenheit als eine objektive und stets mit sich selbst identische Substanz darzustellen, kann im strikten Sinne eine *Erfahrung* mit der Vergangenheit machen.

Es kann aber heute nicht darum gehen, zu einem vormaligen organischen Erfahrungsmodus zurückzukehren, es gilt, einen neuen und aktuellen zu konstruieren. Mit aller Deutlichkeit besteht Benjamin dabei auf einem konstruktiven Prinzip: »Die Geschichte ist Gegenstand einer Konstruktion, deren Ort nicht die homogene und leere Zeit sondern die von Jetztzeit erfüllte bildet« (I, 701, These XIV); »Der materialistischen Geschichtsschreibung ihrerseits liegt ein konstruktives Prinzip zugrunde« (I, 702, These XVII; vgl. auch I, 1252). Diese Konstruktion setzt die Destruktion der etablierten Historiographie voraus (Anderson 2000 u. Wohlfarth 1978), besonders ihrer illusorischen Versuche der Vergangenheitsrekonstruktion (V, 587).

Der Begriff der historischen Erfahrung soll nun etwas genauer betrachtet werden. Auch hier erweist sich der Rückgriff auf Proust als aufschlußreich. Was entdeckt nämlich der Erzähler der *Wiedergefundenen Zeit*? Daß Vergangenheit und Gegenwart für »la durée d'un éclair« eine andere Zeitlichkeit annehmen können, eine wahre, intensive, glückliche, ja man könnte sogar sagen, eine »erlöste« Zeitlichkeit, befreit von der linearen Chronologie, mit der die Geschichte so oft verwechselt wird.

Peter Szondi stellt in seinem wegweisenden Aufsatz »Hoffnung im Vergangenen« (Szondi 1976, 79–97) heraus, daß der Proustsche Erzähler versuche, anhand der in der Gegenwart wiedergefundenen Vergangenheit und der Transformation der Zeiterfahrung in eine Ewigkeitserfahrung, der Zeit und dem Tod zu entkommen. Demgegenüber suche Benjamin nach einer Intensivierung der Zeit, durch die ein wahres Bild der Vergangenheit geborgen werden könne, im Sinne eines uneingelösten Versprechens, das die Gegenwart indes im »Augenblick seiner Erkennbarkeit«, d. h. auch »im Augenblick einer Gefahr« (I, 695, These VI), erfassen und wiederaufnehmen kann: »Das wahre Bild der Vergangenheit *huscht* vorbei. Nur als Bild, das auf Nimmerwiedersehen im Augenblick seiner Erkennbarkeit eben aufblitzt, ist die Vergangenheit festzuhalten« (I, 695, These V). Das Vibrieren, die schnelle Bewegung des wahren Bildes der Vergangenheit verdankt sich also weniger einer fragilen epistemologischen Struktur des Objektes, das als wertvolle, in den Falten der Vergangenheit versteckte Perle gedacht wird, sondern vielmehr der zeitlichen Struktur der Erkennbarkeit des

Bildes, der Wahrnehmbarkeit von Ähnlichkeiten, wie Benjamin in der *Lehre vom Ähnlichen* schreibt (II, 206; vgl. Bock 2000, 375): Die Gegenwart selbst, der Ort der Erkennbarkeit, vibriert, dauert nur einen Wimpernschlag, ist schon verschwunden. Daher ist die Fähigkeit einer jeden Gegenwart, das Versprechen, das die Vergangenheit an sie richtet, zu erkennen, ebenso fragil wie ihre eigene flüchtige Erscheinung: »Denn es ist ein unwiederbringliches Bild der Vergangenheit, das mit jeder Gegenwart zu verschwinden droht, die sich nicht als in ihm gemeint erkannte« (I, 695, These V). Und daher bezeichnet Benjamin diese Fähigkeit auch als »eine *schwache* messianische Kraft«, die jeder Generation zuteil werde. In einem ähnlichen Kontext hat Derrida auf die notwendige Unterscheidung zwischen dem »Messianischen« und dem »Utopischen« verwiesen, wobei das Messianische hier und jetzt »inséparable d'une affirmation de l'altérité et de la justice« sei (Derrida 2002, 70). Natürlich verfügen die Menschen nur über eine schwache Kraft, in der sich die messianische Gerechtigkeit um so machtvoller manifestiert. Es sollte nicht unberücksichtigt bleiben, daß sowohl das Adjektiv »schwach« in These II als auch das Verb »huscht« in These V im Manuskript unterstrichen sind, was ihre gegenseitige Zugehörigkeit markiert.

Die Gegenwart als Augenblick der Erkennbarkeit der Vergangenheit ist also unbeständig, sie flackert, wie bei Proust die Bilder beim Aufwachen zitternd verschwimmen oder der unbekannte Glücksgeschmack die madeleine durchzuckt. Die in der gesamten philosophischen Tradition stets betonte Flüchtigkeit des gegenwärtigen Augenblicks muß nun für einen Moment aufgehoben werden, damit eine andere Wahrheit nicht verloren geht, damit der kairos dieses anderen Bildes der Vergangenheit blitzschnell erfaßt werden kann. So muß der Proustsche Erzähler einhalten und sich in sich selbst zurückziehen, denn der gegenwärtige Augenblick gibt sein Geheimnis nicht leichtfertig preis: Wenn die Gegenwart nicht zum Stillstand gebracht wird, wie Benjamin sagen würde, dann taumelt sie in eine andere Gegenwart und verliert sich im ununterbrochenen Fluß der homogenen Zeit: »Auf den Begriff einer Gegenwart, die nicht Übergang ist sondern in der Zeit einsteht und zum Stillstand gekommen ist, kann der historische Materialist nicht verzichten« (I, 702, These XVI).

Die Geste der kritischen Unterbrechung entspricht jener aus dem epischen Theater Brechts, die den Zuschauer daran hindert, sich mit den Personen auf der Bühne zu identifizieren – *sich einzufühlen* –, und ihn zu einer kritischen Stellungnahme verpflichtet.

Die Unterbrechung des Zeitflusses, wie Benjamin sie in den »Thesen« vertritt, beinhaltet zweierlei: Methodologisch betrachtet, muß die Gegenwart der Erkennbarkeit festgehalten, der kairos erfaßt und also der Augenblick stillgestellt werden; politisch betrachtet, muß der Geschichtslauf unterbrochen, die bequeme Identifizierung verhindert und ein Chock im Erzählfluß hervorgerufen werden: »Der materialistischen Geschichtsschreibung ihrerseits liegt ein konstruktives Prinzip zugrunde. Zum Denken gehört nicht nur die Bewegung der Gedanken sondern ebenso ihre Stillstellung. Wo das Denken in einer von Spannungen gesättigten Konstellation plötzlich einhält, da erteilt es derselben einen Chock, durch den es sich als Monade kristallisiert« (I, 702 f., These XVII).

Diese Stillstellung ist hochgradig politisch und erlösend – oder messianisch, wie Benjamin sagen würde –, da der Historiker in ihr »das Zeichen einer revolutionären Chance im Kampf für die unterdrückte Vergangenheit« erkennt (I, 703, These XVII). Sie stellt die Zeitlichkeit der herrschenden Geschichtsschreibung in Frage und schafft den Wunsch und die Möglichkeit einer anderen Zeit – daher rührt ihr zugleich theologischer und politischer Charakter. Benjamin zitiert in These XV die Geste der Juli-Revolutionäre von 1830, die am Revolutionsabend auf die Uhren mehrerer öffentlicher Gebäude in Paris schossen, um so ihrer Mißbilligung der geltenden Chronologie Ausdruck zu verleihen. In seinem Kommentar dieser These bringt M. Löwy die Episode aus dem Jahre 1830 in Zusammenhang mit einer Aktion junger indigener Brasilianer aus dem Jahr 2000: Anläßlich der Feierlichkeiten zum 500. Jahrestag der »Entdeckung« ihres Landes durch portugiesische Seefahrer (ein paradigmatisches Beispiel für die Geschichtsschreibung der Sieger), schossen sie mit Pfeil und Bogen auf die riesige Uhr, die ein großer Fernsehsender errichtet hatte, um die offizielle Zeit bis zum Gedenktag anzuzeigen (Löwy 2001, 108).

Benjamin nimmt also Prousts Unterscheidung der willkürlichen und der unwillkürlichen Erinnerung wieder auf, um eine intensive Beziehung der Gegenwart zur Vergangenheit zu entwerfen. Er tut dies jedoch im Rahmen einer kritischen Menschheitsgeschichte und nicht im Rahmen einer individuellen und ästhetischen Konstruktion. Eine Variante der These VI unterstreicht diesen Proustschen Ursprung: »Vergangenes historisch zu artikulieren heißt: dasjenige in der Vergangenheit erkennen, was in der Konstellation eines und desselben Augenblickes zusammentritt. [...] Indem die Vergangenheit sich zum Augenblick – zum dialektischen Bilde – zusammenzieht, geht sie in die unwillkürliche Erinnerung der Menschheit ein« (I, 1233).

Die Übertragung der Proustschen Ästhetik auf eine kritische Historiographie wirft indes Probleme auf.

Benjamin selbst weist auf zwei Punkte hin: den privaten, individualistischen Charakter der Erinnerung bei Proust und die Zufallsbedingtheit dieser glücklichen Funde zwischen Gegenwart und Vergangenheit (I, 620). Wenn der Begriff des Zufalls bei Proust auch nicht als triviale statistische Koinzidenz verstanden werden kann, sondern vielmehr als das, was nicht unserem Willen, unserem Intellekt unterworfen ist, was auftaucht und uns berührt (vgl. Variante, Proust 1987, 1122), so ist nicht von der Hand zu weisen, daß der Held von *A la recherche du temps perdu* nur wenig oder gar nicht in den Lauf der erzählten Ereignisse eingreift (was der Tatsache keinen Abbruch tut, daß diese zufallsgeleitete Erzählung von dem Autor perfekt konstruiert wurde!). Benjamin überträgt den Begriff der unwillkürlichen Erinnerung auf den Bereich des Historischen, da sie eine Unterbrechung des dominanten narrativen Flusses bedeutet. Mit dieser Übertragung geht die Forderung einher, das historische Subjekt, die dominierte Klasse, möge sich des Augenblicks der Gefahr und der Notwenigkeit eines destruktiven und konstruktiven Eingreifens deutlich bewußt werden.

In den »Thesen« bleibt häufig unklar, wie die historiographische Konstruktion des materialistischen Historikers (des Intellektuellen) und die Aktion des Proletariats ineinandergreifen (ein ungelöstes Problem der marxistischen Theorie), doch beide müssen sowohl unwillkürlichen Erinnerungen gegenüber aufgeschlossen als auch zu bewußtem politischen Eingreifen fähig sein. Die paradoxe Verbindung von Empfänglichkeit und Entschlossenheit verweist auf die zeitliche Struktur des kairos, auf den Augenblick, wo das Subjekt eine sich bietende Gelegenheit ergreift, die es zwar nicht selbst geschaffen hat, die zu erkennen und zu nutzen ihm jedoch zufällt. Mehr noch als Proust, für den dieser Einsatz zwar wesentlich ist, aber im Bereich des Ästhetischen bleibt, insistiert Benjamin auf der politischen »Geistesgegenwart« (I, 1244), um die dialektischen Bilder aufzunehmen und sie für die politisch-historische Konstruktion zu nutzen: »Historie im strengen Sinn ist also ein Bild aus dem unwillkürlichen Eingedenken[,] ein Bild, das im Augenblick der Gefahr dem Subjekt der Geschichte sich plötzlich einstellt. Die Befugnis des Historikers hängt an seinem geschärften Bewußtsein für die Krise, in die das Subjekt der Geschichte jeweils getreten ist« (I, 1243).

»Ursprung« statt »Entwicklung«

Der Aspekt der bewußten Intervention, sowohl in der kritischen Historiographie als auch in der politischen Aktion, verbindet Benjamins Überlegungen mit der Suche Freuds nach einem neuen therapeutischen Paradigma. Auch hier gilt es, aufmerksam auf Bilder der Geschichte des Subjekts einzugehen, die bis dahin weder ins Bewußtsein noch zu Wort kamen und die das gegenwärtige Leiden erklären sowie einen Hinweis auf eine andere Lebensmöglichkeit geben können. Benjamin und Freud nehmen beide die Metapher des Archäologen auf, der im Boden der Gegenwart nach verschütteten Resten der Vergangenheit sucht (vgl. Hillach 2000, 215; Fürnkäs 1988, 142–174); meist findet er nur beschädigte Skulpturen (IV, 400 u. VI, 486), eine Metapher, die Benjamin bereits in Einbahnstrasse, in dem wunderbaren Stück Torso (IV, 118), verwendet. Die archäologische Arbeit beschränkt sich nicht darauf, die in den Schichten des persönlichen oder historischen Unbewußten verborgenen Spuren festzustellen. Wie Schöttker (2000, 262–267) anmerkt, betonen sowohl Freud – in einem »Konstruktionen in der Analyse« (Freud 1937) überschriebenen Text – als auch Benjamin das gewissenhafte Abschreiten der *Gegenwart* bei der Suche: »Und der betrügt sich selber um das Beste, der nur das Inventar der Funde macht und nicht im heutigen Boden Ort und Stelle bezeichnen kann, an denen er das Alte aufbewahrt. So müssen wahrhafte Erinnerungen viel weniger berichtend verfahren als genau den Ort bezeichnen, an dem der Forscher ihrer habhaft wurde« (IV, 401). Benjamin nähert sich so den Erinnerungen an die Berliner Kindheit ausgehend von den Bildern des Pariser Exils.

Es geht ihm darum, in einer Art transversalem Schnitt zu erfassen, was in der Vergangenheit vergessen, vielleicht verdrängt wurde, in der Gegenwart jedoch hervortreten, wiederaufgenommen und gerettet werden kann. Dieses Zeitverhältnis hat nichts mit einer ruhigen, linearen Entwicklung gemein. Benjamin nimmt in den »Thesen« und in diversen Einträgen im Passagenwerk das Konzept des Ursprungs wieder auf, das ihm bereits in der Erkenntniskritischen Vorrede zum Ursprung des deutschen Trauerspiels als Gegenentwurf zu einer linearen und kausalen Vorstellung der historischen Zeit dient. In einem Fragment vom 7. August 1931 berichtet er über eine Unterhaltung mit Freunden über »Methodenfragen der Geschichte« und bemerkt: »Mein Versuch eine Konzeption von Geschichte zum Ausdruck zu bringen, in der der Begriff der Entwicklung gänzlich durch den des Ursprungs verdrängt wurde« (VI, 442 f.). In beiden Texten stellt Benjamin eine äußerliche, lineare Zeit, in der die Ereignisse sich aneinander reihen, einer intensiven Beziehung des Objektes zur Zeit, der Zeit im Objekt gegenüber, um sein Verständnis des Ursprungs zu verdeutlichen. Ebenfalls in beiden Texten greift er den Leibnizschen Begriff der »Monade« auf, um die zeitliche Intensität näher zu bestimmen, dieses Zusammenwirken von Prä- und Posthistorie, das im »Zeitraffer« die gewöhnliche chronologische Dispersion verdichtet wie in einem Zeitkristall: »Wo das Denken in einer von Spannungen gesättigten Konstellation plötzlich einhält, da erteilt es derselben einen Chock, durch den es sich als Monade kristallisiert« (I, 703, These XVII). Die französische Version expliziert dieses »Einhalten« als »secousse qui vaudra à l'image, à la constellation qui la subira, de s'organiser à l'improviste, de se constituer en monade en son intérieur« (I, 1265). Die monadische Struktur des dialektischen Bildes greift nur innerhalb einer Geschichtskonzeption, die die Priorität des kausalen oder akzidentellen chronologischen Ablaufs verabschiedet hat. Was Benjamin in seinem Buch über das Barock die »Rhythmik des Ursprünglichen« nennt, prägt 1940 immer noch seine Auffassung einer heilbringenden *und* materialistischen Geschichte: »Sie will als Restauration, als Wiederherstellung einerseits, als eben darin Unvollendetes, Unabgeschlossenes anderseits erkannt sein« (I, 226).

Bei dem Begriff »Ursprung« spricht auch der Signifikant für sich: Nicht ein makelloser, chronologischer Beginn ist gemeint, sondern ein erster Sprung, der eine andere Zeit begründet. Die »Thesen« Über den Begriff der Geschichte spielen wiederholt mit dem Wortfeld »Sprung«, »Ursprung«, »springen«, »sprengen«, »heraussprengen«. So auch in der berühmten These XIV, der Benjamin ein Zitat von Karl Kraus voranstellt (»Ursprung ist das Ziel«) und in der er sich implizit auf *Der 18. Brumaire des Louis Bonaparte* bezieht, wo Marx »les illusions romaines des jacobins« (Löwy 2001, 103) kritisiert. Benjamin verfremdet die beiden Geschichtsauslegungen, auf die Kraus und Marx ironisch anspielen: Geschichte ist keine *Rückkehr* zu den Ursprüngen, ob man darunter nun das verlorene Paradies oder den Urkommunismus versteht; anstatt den Satz von Kraus immerfort als Ausdruck dieses Wunsches zu verstehen, könnte man ihn paradoxerweise ebenso als Versuch deuten, den Sprung allererst anzuvisieren oder sogar zu produzieren.

Die wahre historische Zeit ist weder Rückkehr noch Wiederholung noch homogene Kontinuität, sondern zerstörerische *und* heilbringende Intensität, die das vergessene Versprechen der Vergangenheit in der Gegenwart einlöst. Daher beinhaltet die dem Ursprung eigene Zeitstruktur zugleich Destruktion und Konstruktion, Sprengung und Rettung: »Die Geschichte ist Gegenstand einer Konstruktion, deren Ort nicht die homogene und leere Zeit sondern die von Jetztzeit erfüllte bildet. So war für Robespierre das antike Rom eine mit Jetztzeit geladene Vergangenheit, die er aus dem Kontinuum der Geschichte heraussprengte« (I, 701, These XIV). Dieser dialektische Sprung, dieser »Tigersprung ins Vergangene«, führt über die Kontinuität der herrschenden Tradition hinweg zu vergessenen oder außer acht gelassenen Dingen. Auf diese Weise entdeckt der Historiker unter der homogenen Oberfläche der offiziellen Geschichte »Schroffen u[nd] Zacken, die dem einen Halt bieten, der über sie hinausgehen will« (I, 1242).

Benjamin benutzt hier eine weitere Variante des Wortfeldes von »Ursprung« und »Sprung«, im Sinne eines Spalts, eines Bruchs im glatten Verlauf der Geschichte. Wie bei Kafka oder auch Freud ruht die Möglichkeit einer erlösenden Alterität nicht in den erhabenen Denkmalen und ehrwürdigen Institutionen der Macht, sondern bevorzugt vielmehr unsichere Orte, Mischwesen aus Mensch und Tier, inkompetente Gehilfen, unnütze Dinge, kurz die »Risse und Schründe« der Welt, »wie sie [die Welt] einmal als bedürftig und entstellt im Messianischen Licht« daliegen wird, mit diesen Worten nach Benjamins Tod kommt Adorno (1998, 283) dessen Deutungskraft vielleicht näher als er es zu dessen Lebzeiten je tat.

Das Theologische in den Thesen

Das Zitat aus *Minima Moralia* führt uns zu einem der meistdiskutierten Probleme in der Rezeption der »Thesen«: ihr Verhältnis zur Theologie, speziell zu der Tradition des jüdischen Messianismus. Die heftige Kontroverse und das Renommee der wichtigsten Beteiligten (Scholem und Brecht) scheinen die Hauptfrage Benjamins eher verdunkelt zu haben. Es ist nicht von Belang, ob letztendlich die Theologie oder der Materialismus obsiegt (vgl. Pangritz 2000, 817–21; Löwy 2001, 24), ob Benjamin nun ein echter Rabbi ist, der sich in kommunistischer Solidarität übt, oder ein wahrer materialistischer Denker, der nur theologische »Metaphern« verwendet. Entscheidend ist, *warum* Benjamin sich theologischer Figuren und Konzepte bedient bei dem Versuch, eine kritische Historiographie und revolutionäre Praktik zu denken, die weder auf den deterministischen Vorannahmen der sogenannten »progressiven« Doktrin noch auf der Kontinuität der dominanten Historie aufbauen.

Eine kurze Analyse der Allegorie aus der ersten These – eine Puppe spielt mit Hilfe eines unter dem Tisch verborgenen Zwerges Schach – liefert einige Anhaltspunkte. Benjamin hat sich hierbei von *Maelzels Schach-Spieler* inspirieren lassen, einem von Baudelaire übersetzten Essay Poes (»Maelzel's Chess-Player«, 1836; frz. Übersetzung v. Baudelaire: »*Le joueur d'échecs de Maelzel*«; vgl. V 1281, Nr. 71, 79; 1314, Nr. 679), in dem ein realer Apparat beschrieben wird (vgl. Pangritz 2000, 795 f.; Löwy 2001, 30 f.). Die Allegorie unterstreicht drei Merkmale der Beziehung zwischen dem historischen Materialismus (Puppe) und der Theologie (Zwerg). Erstens ergeht sich Benjamin nicht in theoretischen Ausführungen über das Verhältnis von Materialismus und Theologie, sondern setzt die rhetorische Figur der Allegorie ein: Der Zwerg und die Puppe machen gemeinsame Sache, zusammen müssen sie die Partie gegen den Faschismus gewinnen. Die Einzelheiten des Bündnisses gehorchen keinem ewigen Gesetz, sie müssen »Zug für Zug« neu formuliert werden. Zweitens beruht der Erfolg des Automaten auf seinem Geheimnis, und dieses wiederum auf optischer Täuschung und einem Konstruktionstrick; der Tisch ist manipuliert wie die Requisiten einer Zaubervorführung. Der spielerische, illusorische Charakter des Apparates verbietet daher eine Übersetzung in ontologische Begriffe, seien diese nun materialistisch oder theologisch. Benjamin wählt keine organische Parabel, sondern das Bild eines Apparates, einer menschlichen, künstlichen, vergänglichen Schöpfung, was heißt, daß wir von diesem Vergleich kein ewiggültiges Gesetz ableiten sollten. Drittens wirkt der spielerische Charakter ironisierend auf die Hauptbestandteile des Automaten; viel wurde geschrieben über den Zwerg Theologie – »klein und häßlich«, so Benjamin –, aber der »historische Materialismus« erscheint auch nicht viel würdevoller, gleichwohl sichtbarer: »Eine Puppe in türkischer Tracht, eine Wasserpfeife im Mund« (I, 693, These I), eine Marionette, deren exotische Züge die Spaßigkeit noch verstärkt (zu dieser Benjaminschen Ironie, die auf die erstarrte Version des Marxismus, sprich auf die stalinistische Orthodoxie zielt, vgl. Lindner 1992, 256). Die beiden burlesken Gestalten müssen mit vereinten Kräften versuchen, dieses Jahrhundertspiel zu gewinnen; aber es bleibt zu hoffen, daß sie nach Beendigung des Spiels verschwinden und einer anderen Realität weichen. Sich an ihre jetzige Erscheinungsform zu klammern, hieße, ihre Historizität zu vergessen und sich auf eine dogmatische Position zu versteifen, sei es nun die materialistische oder die theologische. Wenn der Hauptakteur zu diesem bestimmten historischen Zeitpunkt der Klassenkampf und die Politik der Linksparteien ist – wovon Benjamin Scholem in mehreren Briefen aus den 30er Jahren zu überzeugen sucht –, so macht ihn das keineswegs unbesiegbar oder unfehlbar. Bisweilen ist er steif wie eine Marionette oder auf tragische Weise konformistisch, wie die Weimarer Sozialdemokratie. Er braucht Hilfe, um wieder zu revolutionären Kräften zu kommen, um »das Kontinuum der Geschichte aufzusprengen« (I, 702, These XVI). Und dafür eignet sich die Theologie.

Bemerkenswert ist, daß Benjamin nicht von »Religion«, sondern von »Theologie« spricht, oder auch vom Messias und der messianischen Kraft, d. h. von Bereichen, die selbst innerhalb der Theologie oftmals Anlaß zu Häresievorwürfen oder Spannungen gaben.

In dem »Theologisch-politischen Fragment« aus den 20er Jahren betont Benjamin die Notwendigkeit, die Ziele der historischen Kämpfe von den Hoffnungen auf die Ankunft des Gottesreichs zu unterscheiden: »Erst der Messias selbst vollendet alles historische Geschehen und zwar in dem Sinne, daß er dessen Beziehung auf das Messianische selbst erst erlöst, vollendet, schafft. [...] Darum ist das Reich Gottes nicht das Telos der historischen Dynamis; es kann nicht zum Ziel gesetzt werden. Historisch gesehen ist es nicht Ziel, sondern Ende« (II, 203). Eine Notiz aus dem Kontext der »Thesen« nimmt diesen Gedanken wesentlich später wieder auf: »Der Messias bricht die Geschichte ab; der Messias tritt nicht am Ende einer Entwicklung auf« (I, 1243).

In einem lesenswerten Kommentar betont Wohlfarth (1986), es gehe Benjamin nicht darum, ein säkulares Modell des Religiösen als politisches Paradigma zu etablieren (vgl. auch Raulet 1997). Und es handelt sich auch nicht um »réenchanter le monde«, wie es die deutsche Romantik ersehnte, obschon Benjamin eine Affinität für diese Strömung zeigte (Löwy 2001, 6 f.). Wenn er die Bedeutung der Theologie nicht negiert – wie man es von einem ›richtigen‹ Materialisten erwarten könnte – und auch nicht den selten erwähnten Begriff des Heiligen, so nicht um eine Art abgeschwächte Version des Himmelreiches auf Erden zu kreieren, sondern um herauszustellen, welche Sprengkraft und reinigende Zerstörungsmacht das theologische Denken für die eintönige historische Kontinuität besitzt.

Andreas Pangritz (2000, 785–93) erläutert überzeugend, wie variabel Benjamin den Begriff »Theologie« einsetzt: In den Schriften über Kafka lehnt er die Theologie, verstanden als »religionsphilosophisches Schema« wie in Brods Kafkalektüre, ab; willkommen ist ihm dagegen eine »Theologie auf der Flucht« (III, 277), eine zeitgenössische Figur der negativen Theologie, eine zwar aktive, aber verborgene Theologie, kein bißchen triumphal, vielmehr lächerlich und beschämt wie der Zwerg aus der ersten These – »eine Art theologischer Flüsterzeitung«, schreibt Benjamin in einem Brief an Scholem über Kafka (6, 113).

Wessen könnte sich die Theologie schämen, wenn nicht der Tatsache, daß sie so oft zur Rechtfertigung der Unterdrückung gedient hat und immer noch dient? Diese ideologische Funktion verbietet ihr von nun an jedes Triumphgebaren. Wie also kann sie bei der Errichtung einer anderen Realität wirksam helfen? Nun, strenggenommen ist die Theologie primär nicht eine Ansammlung von Dogmen, sondern eine zutiefst paradoxe Diskurs- oder Wissensform: ein logos über Gott (theos), ein logos also, der von vornherein weiß, daß sein »Objekt« sich ihm entzieht, da es sich jenseits aller Objektivität situiert. Die Theologie wäre in der westlichen, und besonders in der jüdischen Tradition somit das Paradigma eines Diskurses, der sich über sein essentielles Ungenügen definiert und sich um diese Schwachstelle herum konstituiert. In diesem Sinne würde das theologische Paradigma bei Benjamin nicht dazu dienen, (religiöse) Antworten auf die Menschheitsfragen zu geben, sondern die Abschließbarkeit des Diskurses in Frage zu stellen und die doktrinären und besonders parteipolitischen Ideengebäude zu erschüttern. Es wirkt also gerade als heilsames Gegenmittel gegen den »Glauben« eines Großteils der Weimarer Linken, gegen den »sture[n] Fortschrittsglaube[n] dieser Politiker, ihr Vertrauen in ihre <Massenbasis> und schließlich ihre servile Einordnung in einen unkontrollierbaren Apparat« (I, 698, These X), wie Benjamin expliziert. Diese dogmatischen Überzeugungen werden vom Treiben des Zwerges Theologie untergraben, der, wie Odradek bei Kafka oder das bucklicht Männlein aus dem Volkslied im letzten Fragment der Berliner Kindheit, die Geschichte als Überlieferung von Gütern und als wohlstrukturierte Erzählung destabilisiert (zu der Beziehung zwischen diesem buckligen Männchen und dem Zwerg Theologie aus den »Thesen«, vgl. Wohlfarth 1988 und Lindner 1992).

Das Eingedenken

Die Auflösung des letztgültigen Sinns prägt laut Benjamin seine eigene Forschungsmethode: »Und wenn ich denn in einem Wort aussprechen soll: ich habe nie anders forschen und denken können als in einem, wenn ich so sagen darf, theologischen Sinn – nämlich in Gemäßheit der talmudischen Lehre von den neunundvierzig Sinnstufen jeder Thorastelle« (4, 19f.). Gegen eine definitive Interpretation der Texte setzt Benjamin die infinite Interpretation der talmudischen Tradition.

Läßt sich diese Offenheit auf die Auslegung der Geschichte und darüber hinaus sogar auf ihren Verlauf übertragen? Diese berechtigte Frage stellt Horkheimer in einem Brief, in dem er folgende Passage aus dem Essay über Eduard Fuchs kommentiert: »Ist der Begriff der Kultur für den historischen Materialismus ein problematischer, so ist ihr Zerfall in Güter, die der Menschheit ein Objekt des Besitzes würden, ihm eine unvollziehbare Vorstellung. Das Werk der Vergangenheit ist ihm nicht abgeschlossen« (II, 477). Horkheimer wittert hinter dieser »Unabgeschlossenheit« einen gewissen »Idealismus«, der sich nur schwer mit einer materialistischen Geschichtsauffassung vereinbaren läßt (den gleichen Verdacht äußert Adorno nach der ersten Lektüre der »Thesen«; vgl. VII, 774): »Die Feststellung der Unabgeschlossenheit ist idealistisch, wenn die Abgeschlossenheit nicht in ihr aufgenommen ist. Das vergangene Unrecht ist geschehen und abgeschlossen. Die Erschlagenen sind wirklich erschlagen. Letzten Endes ist Ihre Aussage theologisch. Nimmt man die Unabgeschlossenheit ganz ernst, so muß man an das Jüngste Gericht glauben. Dafür ist mein Denken jedoch zu materialistisch verseucht« (5, 495).

Daß Benjamin diese Einwände in die Anmerkungen zu den »Thesen« übernimmt, die im »Konvolut N« des Passagenwerks zusammengefaßt sind, verrät die Bedeutung, die er ihnen beimißt. Auf verschiedene Arten versucht er, darauf zu antworten. Mit Horkheimer besteht er zunächst auf dem Irreparablen und hält die schmerzliche Unmöglichkeit in der berühmten These IX über den Engel der Geschichte fest: Obgleich der Engel es sich sehnlich wünscht, kann er nicht anhalten, »die Toten wecken und das Zerschlagene zusammenfügen« (I, 697, These IX). Er kann nur versuchen, den Schaden zu benennen, die Erinnerung an die himmelhohen Ruinen zu bewahren, die »einzige Katastrophe« anzuprangern, d.h. sich nicht damit abzufinden, als handele es sich um eine »Kette von Begebenheiten« (I, 697, These IX), wie sie der bürgerliche Historiker gleich einem Rosenkranz herunterbetet, wie Benjamin weiter unten formuliert. Wie Horkheimer, spricht auch Benjamin von den »Generationen Erschlagener« (I, 700, These XII) und den »Toten«, die noch immer nicht vor ihrem Feind sicher sind, denn »dieser Feind hat zu siegen nicht aufgehört« (I, 695, These VI).

Wenngleich die Vergangenheit längst vorbei und abgeschlossen ist, eingeschlossen in Leid und Tod der Unterdrückten, so birgt sie doch eine von den Tatsachen verschiedene Dimension, die Benjamin stets mit theologischen und messianischen Begriffen beschreibt, von der er jedoch zugleich sagt, sie charakterisiere die materialistische Historiographie: »Ist dem so, dann besteht eine geheime Verabredung zwischen den gewesenen Geschlechtern und unserem. Dann sind wir auf der Erde erwartet worden. Dann ist uns wie jedem Geschlecht, das vor uns war, eine *schwache* messianische Kraft mitgegeben, an welcher die Vergangenheit Anspruch hat. Billig ist dieser Anspruch nicht abzufertigen. Der historische Materialist weiß darum« (I, 694, These II). Es ist also an dem Historiker, in der

Vergangenheit Anruf und Anspruch zu erkennen, auf die er antworten kann, indem er nicht die »Tatsachen« der Vergangenheit, sondern ihr Bild, ihre Überlieferung und somit zugleich das Verständnis der Gegenwart verändert.

Diese die Gegenwart transformierende Erinnerung nennt Benjamin »Eingedenken« und stellt sie einer als unendlich gedachten Erinnerung entgegen, die mit dem Lauf der Geschichte versöhnt, wie das bei Hegel oder sogar bei Proust der Fall ist. Mehrfach wurde bereits auf die Nähe von Benjamins »Eingedenken« zu der jüdischen Kategorie des Zekher hingewiesen, einer aktiven Erinnerung, die nicht Nostalgie, sondern die Veränderung der Gegenwart anstrebt (Mosès 1992, 155; Gagnebin 1994, 157). Mit Verweis auf das Eingedenken kann Benjamin überzeugend auf die Einwände Horkheimers eingehen: »Das Korrektiv dieser Gedankengänge liegt in der Überlegung, daß die Geschichte nicht allein eine Wissenschaft sondern nicht minder eine Form des Eingedenkens ist. Was die Wissenschaft ›festgestellt‹ hat, kann das Eingedenken modifizieren. Das Eingedenken kann das Unabgeschlossene (das Glück) zu einem Abgeschlossenen und das Abgeschlossene (das Leid) zu einem Unabgeschlossenen machen. Das ist Theologie; aber im Eingedenken machen wir eine Erfahrung, die uns verbietet, die Geschichte grundsätzlich atheologisch zu begreifen, so wenig wir sie in unmittelbar theologischen Begriffen zu schreiben versuchen dürfen« (V, 589).

Das Eingedenken soll ein Verhältnis zur Geschichte ermöglichen, das mithin über die wissenschaftliche Analyse einer längst vergangenen Zeit hinausreicht. Selbst unter Ruinen kann es »den Funken der Hoffnung« (I, 695, These VI) entdecken, die Spur dessen, was anders hätte sein können und immer noch von dieser Alterität zeugt. Diese Zeichen, »Schroffen und Zacken« (I, 1242), Leerstellen und Randerscheinungen, stellen die etablierte Ordnung in Frage. Sie wohnen im Herzen der historischen Realität, nicht außerhalb in einem utopischen Nirgendwo. Der theologische Blick enthüllt kein utopisches Jenseits der Geschichte, sondern ein Flechtwerk, ein Gewebe – in diesem Sinne einen »Text« –, gefertigt aus anderen Möglichkeiten innerhalb der historischen, materiellen, profanen Realitätsfülle. Der Ort der Theologie ist somit nicht ein ebenso unzugängliches wie strahlendes Jenseits, sondern die irdische Immanenz: Der Zwerg steckt im Inneren des Apparates. Daher darf die Geschichte nicht »in unmittelbar theologischen Begriffen« geschrieben werden, obgleich sie theologisch verstanden werden muß.

Schluß

Die intensive Bindung zwischen Theologischem und Profanen zeichnet Benjamins Denken besonders aus. Er selbst beschreibt dies folgendermaßen: »Mein Denken verhält sich zur Theologie wie das Löschblatt zur Tinte. Es ist ganz von ihr vollgesogen. Ginge es aber nach dem Löschblatt, so würde nichts was geschrieben ist, übrig bleiben« (V, 588). Das Denken hat die theologischen Lehren derart in sich aufgesogen, daß der heilige Urtext verzichtbar wird. Adorno kommentiert diesen Vergleich in der Korrespondenz mit dem Freund als »Ihre Intention, die Kraft der theologischen Erfahrung anonym in der Profanität mobil zu machen« (Adorno-Benjamin 1994, 324; vgl. auch Panngritz 2000, 813–15). Er stellt Benjamins Verständnis der theologischen *und* profanen Erfahrung den Versuchen gegenüber, die Theologie in eine von der profanen Realität getrennte Sphäre zu »retten«, wie es Scholem fordert, dessen Bekanntschaft er gerade in New York gemacht hat. Die Vorstellung der »anonymen Mobilmachung« beschreibt recht anschaulich die Radikalität von Benjamins Denkungsart: die Theologie innerhalb des Profanen zu mobilisieren, aber auf eine solch immanente Weise, daß sie dabei anonym, ja unsichtbar wird, ein wenig wie die sechsunddreißig verborgenen Gerechten (Scholem 1976), die die Welt aufrecht erhalten. Gleich der Tinte, die unwiederbringlich vom Löschpapier aufgesogen wird, entfalten die theologischen und messianischen Figuren ihre höchste Wirkung, wenn sie sozusagen bis zur Unkenntlichkeit von der profanen Welt aufgesogen werden. Wie die »befreite Prosa«, die Sprache der befreiten Welt (I, 1235; 1238; 1239), in sich alle Stilebenen vereinen wird, so vollendet der Messias »alles historische Geschehen, und zwar in dem Sinne, daß er dessen Beziehung auf das messianische selbst erst erlöst« (II, 203). Mit anderen Worten, der Messias wird erst erscheinen, wenn er sich entbehrlich gemacht hat, wenn sein Kommen so vollkommen umgesetzt ist, daß die Welt weder profan noch heilig ist, sondern erlöst – insbesondere von der Unterscheidung zwischen dem Profanen und dem Heiligen.

Wenn die Erlösung befreiend wirkt, dann allerdings weil sie auflöst und zerstört, und nicht weil sie pflegt und sichert. Der Messias befreit gerade von der Opposition zwischen dem Historischen und dem Messianischen, zwischen dem Profanen und dem Heiligen. In diesem bestimmten Sinne kann man sagen, daß die messianische Vollendung auch die Vollendung des irdischen Glücks bedeutet: Historische und messianische Zeit konvergieren nicht am Ende eines kontinuierlichen, progressiven Geschichtsverlaufs; sie begegnen sich in einer intensiven Zeiterfahrung, die für die Dauer eines Wimpernschlags das Bild der Vergangenheit durch die Wiederaufnahme in die ebenfalls verwandelte Gegenwart verändert. Dies bezeichnet Benjamin als »Jetztzeit«, »einen Begriff der Gegenwart [...] in welcher Splitter der messianischen [Zeit] eingesprengt sind« (I, 704, Anhang A).

In einem wunderbaren Buch zeigt Giorgio Agamben, daß der paulinische Ausdruck ho nun kairos, »die Zeit des Jetzt«, d.h. die gegenwärtige Zeit der messianischen Intensität, mit dem Benjaminschen Begriff der »Jetztzeit« perfekt übersetzt ist. Adorno hatte bereits, wenn auch weniger wohlwollend, die Ähnlichkeit der These XIV mit dem kairos bei Tillich bemerkt (VII, 744). Agamben knüpft zahlreiche Verbindungen zwischen den Paulusbriefen und Benjamins »Thesen« – die Scholem seiner Meinung nach sehr wohl erkannt habe, aber nicht hervorheben wollte. Für beide gilt: »le temps messianique – *ho nun kairos* – ne coïncide ni avec la fin du temps et l'éon futur, ni avec le temps chronologique profane – sans pour cela être extérieur par rapport à celui-ci« (Agamben 2000, 107). Die messianische Zeit bedeutet in der Kontinuität des chronos eine Zäsur, die ihn zugleich unterbricht und befreit. Benjamin hat den Begriff kairos nicht aufgenommen, sondern das Wort ›Jetztzeit‹ geprägt, vielleicht weil in dessen sprachlicher Struktur die Forderung des Zusammenfallens von historischer Erkenntnis und politischem Handeln in der Gegenwart stärker betont wird.

(Übersetzung aus dem Französischen von Marion Schotsch)

Werk

Über den Begriff der Geschichte (I, 691–704)
Anmerkungen zu Über den Begriff der Geschichte (I, 1223–1266)
Berliner Kindheit um Neunzehnhundert (IV, 235–304)
Eduard Fuchs. Der Sammler und der Historiker (II, 465–505)
Der Erzähler. Betrachtungen zum Werk Nikolai Lesskows (II, 438–465)
Goethes Wahlverwandtschaften (I, 123–301)
Lehre vom Ähnlichen (II, 204– 209)
Literaturgeschichte und Literaturwissenschaft (III, 283–290)
Nachträge zu den Anmerkungen zu Über den Begriff der Geschichte (VII, 770–784)
Tagebuch vom siebenten August neunzehnhundertdreissig bis zum Todestag (VI, 441–446)
»Theologisch-politisches Fragment« (II, 203–204)
Über einige Motive bei Baudelaire (I, 605–653)
Ursprung des deutschen Trauerspiels (I, 203–430)
Zum Bilde Prousts (II, 310–324)

Literatur

Adorno, Theodor W./Walter Benjamin (1994): Briefwechsel 1928–1940, Frankfurt a.M.
Adorno, Theodor W. (1998): Minima Moralia, Gesammelte Schriften, Bd.4, Frankfurt a.M.
Agamben, Giorgio (2000): Le temps qui reste, Paris.
Anderson, Dag T. (2000): »Destruktion/Konstruktion«, in: Opitz/Wizisla 2000, 1. Bd., 147–185.
Assmann, Aleida (1999): Erinnerungsräume. Formen und Wandlungen des kulturellen Gedächtnisses, München.
Augustinus (1987): Bekenntnisse, Frankfurt a.M.
Baudelaire, Charles (1961): Œuvres Complètes, Paris.
Blanchot, Maurice (1959): Le livre à venir, Paris.
Bock, Wolfgang (2000): Die gerettete Nacht, Bielfeld.
Bolle, Willi (1999): »Schrift der Städte. Berlin-São Paulo«, in: Garber/Rehm 1999, Bd. 3, 1321–1334.
Brecht, Bertolt (1967): Gesammelte Werke, Frankfurt a.M.
Brecht, Bertolt (1973): Arbeitsjournal, hg. v. W. Hecht, Frankfurt a.M.
Bulthaup, P. (Hg.) (1975): Materialien zu Benjamins Thesen ›Über den Begriff der Geschichte‹, Frankfurt a.M.
Chaves, Ernani (2003): No limiar do moderno. Estudos sobre Friedrich Nietzsche e Walter Benjamin, Belém, Brasilien.
Deleuze, Gilles (1979): Proust et les signes, Paris.
Derrida, Jacques (2002): Marx & Sons, Paris.
Dilthey, Wilhelm (1970): Der Aufbau der geschichtlichen Welt in den Geisteswissenschaften, Frankfurt a.M.
Freud, Sigmund (1937): »Konstruktionen in der Analyse«, in: Internationale Zeitschrift für Psychoanalyse Nr. 23, 459–469.
Freud, Sigmund (1975): Studienausgabe in zehn Bänden, Frankfurt a.M.
Fürnkäs, Joseph (1988): Surrealismus als Erkenntnis, Stuttgart.
Gagnebin, Jeanne Marie (1994): Histoire et Narration chez Walter Benjamin, Paris (dt. Geschichte und Erzählung bei Walter Benjamin, Würzburg, 2001).
Garber, Klaus (1999): »Vorwort«, in: ders./Rehm, Bd. 1, 15–28.
Garber, Klaus/Ludger Rehm (Hg.) (1999): global benjamin, 3 Bde, München.
Greffrath, Krista (1975): »Der historische Materialist als dialektischer Historiker«, in: Bulthaup 1975, 193–230.
Greffrath, Krista (1981): Metaphorischer Materialismus. Untersuchungen zum Geschichtsbegriff W. Benjamins, München.
Habermas, Jürgen (1968): Erkenntnis und Interesse, Frankfurt a.M.
Hillach, Ansgar (2000): »Dialektisches Bild«, in: Opitz/Wizisla 2000, Bd.1, 186–229.
Konersmann, Ralf (1992): Erstarrte Unruhe. Walter Benjamins Begriff der Geschichte, Frankfurt a.M.
Lindner, Burkhardt (1992): »Engel und Zwerg. Benjamins geschichtsphilosophische Rätselfiguren und die Herausforderung des Mythos«, in: Lorenz Jäger/Thomas Regehly (Hg.): Was nie geschrieben wurde, lesen. Frankfurter Benjamin-Vorträge, Bielefeld, 236–266.
Löwy, Michael (2001): Walter Benjamin: Avertissement d'incendie. Une lecture des thèses ›Sur le concept d'histoire‹, Paris.
Marx, Karl (1973): Das Kapital, Bd. 23, Berlin.
Mosès, Stéphane (1992): L'ange de l'histoire. Rosenzweig, Benjamin, Scholem, Paris.
Nietzsche, Friedrich (1988): Zweite unzeitgemäße Betrachtung. Vom Nutzen und Nachteil der Historie für das Leben, hg. v. G. Colli/M. Montinari, 1. Bd., München.

Opitz, Michael/Erdmut Wizisla (Hg.) (2000): Benjamins Begriffe, 2 Bde, Frankfurt a. M.
Pangritz, Andreas (2000): »Theologie«, in: Opitz/Wizisla 2000, 2. Bd., 774–825.
Poulet, Georges (1982): L'espace proustien, Paris.
Pressler, Günther (2000): »Profil der Fakten. Zur Benjamin-Rezeption in Brasilien«, in: Garber/Rehm 2000, 3. Bd., 1335–1352.
Proust, Marcel (1971): Contre Sainte Beuve, Paris.
Proust, Marcel (1987/1989): A la recherche du temps perdu, Bd. I, u. Bd. IV, Paris.
Raulet, Gérard (1997): Le caractère destructeur. Esthétique, théologie et politique chez Walter Benjamin, Paris.
Ricœur, Paul (1984): Temps et Récit, Bd. II La configuration dans le récit de fiction, Paris.
Ricœur, Paul (2000): La mémoire, l'histoire, l'oubli, Paris.
Rochlitz, Rainer (2000): ›Présentation‹ zu den drei Bänden v. Walter Benjamin, Œuvres, Bd. 1, Paris, 7–50.
Scholem, Gershom (1967): Die jüdische Mystik in ihren Hauptströmungen, Frankfurt a. M.
Scholem, Gershom (1972): »Walter Benjamin und sein Engel«, in: Siegfried Unseld (Hg.): Zur Aktualität Walter Benjamins, Frankfurt a. M., 87–138.
Scholem, Gershom (1975): Walter Benjamin – die Geschichte einer Freundschaft, Frankfurt a. M.
Scholem, Gershom (1976): »Die 36 verborgenen Gerechten in der jüdischen Tradition«, in: Judaica, Frankfurt a. M., 216–225.
Schönlau, Christine (1999): »Text und Varianten. Editionskritische Anmerkungen zu Walter Benjamins Über den Begriff der Geschichte«, in: Thomas Bleitner/Joachim Gerdes/Nicole Selmer (Hg.): Praxisorientierte Literaturtheorie. Annäherungen an Texte der Moderne. Bielefeld, 197–216.
Schöttker, Detlev (2000): »Erinnern«, in: Opitz/Wizisla 2000, 1. Bd., 260–298.
Szondi, Peter (1976): »Hoffnung im Vergangenen. Über Walter Benjamin«, in: ders.: Satz und Gegensatz: 6 Essays, Frankfurt a. M., 79–97.
Weber, Thomas (2000): »Erfahrung«, in: Opitz/Wizisla 2000, 1. Bd., 230–259.
Wohlfarth, Irving (1978): »Der destruktive Charakter. Benjamin zwischen den Fronten«, in: Burkhardt Lindner (Hg.): Walter Benjamin im Kontext, Frankfurt a. M., 65–99.
Wohlfarth, Irving (1978): »On the Messianic Structure of Walter Benjamin's Last Reflection«, in: Glyph 3, 148–212.
Wohlfarth, Irving (1984): »Et cetera? Der Historiker als Lumpensammler«, in: Norbert Bolz/Bernd Witte (Hg.): Passagen. Walter Benjamins Urgeschichte des XIX. Jahrhunderts, München, 70–95.
Wohlfarth, Irving (1986): »Immer radikal, niemals konsequent...« Zur theologisch-politischen Standortbestimmung Walter Benjamins«, in: Norbert Bolz (Hg.): Antike und Moderne. Zu Walter Benjamins ›Passagen‹, Würzburg, 116–137.
Wohlfarth, Irving (1988): »Märchen für Dialektiker. Walter Benjamin und sein ›bucklicht Männlein‹«, in: Klaus Doderer (Hg.): Walter Benjamin und die Kinderliteratur, Weinheim, 120–176.

3. Literaturkritik, Avantgarde, Medien, Publizistik

»Ankündigung der Zeitschrift: Angelus Novus«. »Zuschrift an Florens Christian Rang«

Von Uwe Steiner

Überlieferung

Die Überlieferung der beiden kurzen Texte ist gut gesichert. Von der Ankündigung (II, 241–46) existiert ein Fahnenabzug mit Benjamins eigenhändigen Korrekturen, den ein Stempel der Druckerei auf den 19. Dezember 1921 datiert. Der Text der Zuschrift hat sich als Manuskript des mit dem Datum 23. November 1923 versehenen Originalbriefes Benjamins an Florens Christian Rang in dessen Nachlaß erhalten. Dem Abdruck in den Briefen (2, 373–375) liegt dieses Manuskript zugrunde. Der Druck in den *Gesammelten Schriften* (IV, 791 f.) folgt dem Erstdruck im Anhang von Rangs *Deutscher Bauhütte*, der gegenüber dem Briefmanuskript keine Abweichungen aufweist.

Zusammenhang und Werkkontext

Beide Texte bezeugen Benjamins publizistisches Engagement, noch bevor er ab 1925 mit im engeren Sinne journalistischen Arbeiten an die Öffentlichkeit trat. Der Zusammenhang der beiden Texte untereinander wird implizit durch den Begriff der Aktualität gestiftet, der sie zugleich mit späteren Arbeiten verbindet. Bereits in einer seiner ersten gedruckten Arbeiten, der Rede über Das Leben der Studenten, hat Benjamin dem Begriff der Aktualität einen programmatischen Stellenwert in seiner geschichtsphilosophischen Diagnose der Gegenwart gegeben. Weniger aktuellen Geschehnissen, sondern eben jenem philosophischen Begriff der Aktualität sucht Benjamin in den nur fragmentarisch überlieferten Schriften zu genügen, in denen er es in den frühen 20er Jahren unternimmt, die Grundlinien seiner politischen Philosophie zu umreißen. Der Einfluß dieser Überlegungen ist sowohl in der explizit politisch engagierten Publizistik aus der Zeit der intensiven Zusammenarbeit mit Brecht als auch in den späten Thesen Über den Begriff der Geschichte zu spüren, die in ihren Meditationen über die Begriffe der Gegenwart, des Aktuellen und der Jetztzeit explizit an die frühen Schriften anknüpfen.

Darüber hinaus sind die beiden hier zu behandelnden Texte durch die Person Florens Christian Rangs miteinander verbunden. Benjamin hatte Rang nach seiner Rückkehr aus der Schweiz im Frühjahr 1920 in Berlin kennengelernt und stand mit ihm bis zu dessen Tod am 7. Oktober 1924 in brieflichem und persönlichem Kontakt. Der 1864 geborene Rang war nach einem Jurastudium bereits in jungen Jahren in den preußischen Staatsdienst eingetreten, den er 1895 verließ, um Theologie zu studieren und protestantischer Pfarrer zu werden. Nach einer existentiellen Krise gab er das geistliche Amt 1904 wieder auf und nannte sich zum Zeichen seiner geistigen Wiedergeburt seitdem ›Florens‹. Zu Beginn der 20er Jahre hatte der umfassend gebildete Rang sich aus dem öffentlichen Leben zurückgezogen, um sich als Privatgelehrter ganz seinen Studien zu widmen. Er war nicht nur ein wichtiger Beiträger zu der von Benjamin geplanten Zeitschrift. Rang stellte auch die Verbindung zu Hugo von Hofmannsthal her, in dessen *Neuen Deutschen Beiträgen* 1924/25 der Essay über Goethes Wahlverwandtschaften schließlich erschien, den Benjamin ursprünglich für den Angelus Novus vorgesehen hatte. Nicht nur mit Blick auf seine inhaltlichen Beiträge (I, 888–895) zu der als Habilitationsschrift an der Universität Frankfurt am Main vorgelegten Studie über den Ursprung des deutschen Trauerspiels hat Benjamin Rang als deren »eigentlichen Leser« bezeichnet, den sie noch vor ihrer Fertigstellung durch dessen frühen Tod verloren habe (3, 16). Wie mit der Zuschrift würdigt Benjamin auf diese Weise Rang als eine Person, der er sich in den frühen 20er Jahren sowohl persönlich als auch intellektuell zwar nie ohne Spannungen, aber dennoch eng verbunden fühlte.

Während das Trauerspielbuch bereits über den engeren Werkkontext des letztlich gescheiterten Zeitschriften-Projekts hinausweist, sind die Baudelaire-Übertragungen ihm unmittelbar zuzurechnen: Beide entstammen der Zusammenarbeit Benjamins mit dem Heidelberger Verleger Richard Weißbach, in dessen

Verlag das Baudelaire-Buch 1923 erschien. Nach Benjamins Plänen hätte die Vorrede über Die Aufgabe des Übersetzers im ersten Heft des Angelus Novus vorabgedruckt werden sollen. Schließlich ist für eine inhaltliche Würdigung der Ankündigung Benjamins Beschäftigung mit der deutschen Romantik in seiner Dissertation über den Begriff der Kunstkritik in der deutschen Romantik ebenso zu berücksichtigen wie seine Pläne zu einer größeren Arbeit über Politik in diesen Jahren für die Zuschrift an Florens Christian Rang.

Das Zeitschriftenprojekt

Durch die Vermittlung Jula Cohns, einer dem George-Kreis nahestehenden Freundin aus der Zeit des Engagements in der Jugendbewegung, hatte Benjamin 1920 den Lyriker Ernst Blass kennengelernt. Blass war Herausgeber der bei Richard Weißbach verlegten literarischen Monatsschrift *Die Argonauten*, in der neben dem Aufsatz »Der Idiot« von Dostojewskij auch die Studie über Schicksal und Charakter erschien. Während eines Aufenthaltes in Heidelberg von Juli bis August 1921, wo Benjamin Jula Cohn besuchte und die Aussichten einer Habilitation an der dortigen Universität sondierte, trat er in näheren Kontakt mit Weißbach. Nachdem er mit dem Verleger den Druck seiner Baudelaire-Übersetzungen vereinbaren konnte, trug dieser ihm im Einvernehmen mit Blass die Übernahme der Redaktion der *Argonauten* an. Als Benjamin ablehnte, bot Weißbach ihm überraschend an, eine eigene Zeitschrift herauszugeben (2, 178), die an die Stelle der 1921 eingestellten *Argonauten* treten sollte.

Der Name der Zeitschrift, Angelus Novus, geht auf ein Aquarell von Paul Klee zurück (183), das Benjamin im Mai/Juni 1921 bei einem Aufenthalt in München erwarb (Scholem 1972, 44–49; Werckmeister 1976, 16–40). Im Anschluß an seine zeitweise intensive Beschäftigung mit Problemen der Malerei (Malerei und Graphik, Über die Malerei oder Zeichen und Mal) hatte die expressionistische Malerei sein besonderes Interesse gefunden. In Briefen erwähnt er Chagall, Kandinsky, Macke und Klee (2, 34; 147). Ferner besaß er neben dem erwähnten Aquarell Klees als Geschenk seiner Frau auch dessen *Vorführung des Wunders* (92 f.).

Dennoch nimmt Klees *Angelus Novus*, den er Scholem 1932 testamentarisch vermachte und der sich heute in Jerusalem befindet, in Benjamins Werk eine Sonderstellung ein. Im Text der Ankündigung dient er ihm als Sinnbild für den Begriff der »wahre[n] Aktualität« (II, 246), in dessen Dienst Benjamin seine Zeitschrift stellt. Unter Berufung auf die bereits hier angeführte, bisher nicht verifizierte talmudische Legende von den Engeln, die nach dem Singen ihres Hymnus vor Gott ins Nichts vergehen, variiert Benjamin diesen Gedanken etliche Jahre später im Schlußabsatz des Kraus-Essays. Dem »neue[n] Engel« und seiner »schnell verfliegenden Stimme« sei »das ephemere Werk von Kraus nachgebildet« (367). In seiner eindringlichen Analyse der zu Lebzeiten unveröffentlichten, im August 1933 auf Ibiza entstandenen und in zwei Fassungen überlieferten Aufzeichnung Agesilaus Santander hat Scholem die exegetischen und allegorischen Bezüge zu Klees Bild im einzelnen herausgearbeitet (Scholem 1972, 35–72). Als ein Meditationsbild ganz anderer Art, nämlich als Sinnbild des »Engel[s] der Geschichte« (I, 697), steht das Aquarell schließlich im Zentrum der Thesen Über den Begriff der Geschichte.

Die Zeitschrift Angelus Novus sollte pro Jahrgang mit vier Heften im Umfang von 120 Seiten in einer Auflage von voraussichtlich 300 Exemplaren erscheinen (2, 179). Über die Finanzierung hegte der Herausgeber keine Illusionen. Einzig indem man das Abonnement »als eine mäcenatische Institution« fasse, so Benjamin, sei die Zeitschrift materiell gesichert und ihre Unabhängigkeit vom Publikum gewährleistet (183). In Zeiten der Inflation erwies sich jedoch jede auch noch so bescheidene Kalkulation als illusionär. Finanziell bewegte sich das ganze Unternehmen, dessen Rahmenbedingungen Benjamin sich hatte vertraglich zusichern lassen (185), schon bald am Rand des Scheiterns. Als er Ende 1922 nach endlosen Verzögerungen die Korrekturbögen seiner Ankündigung erhielt (297), stand die Zeitschrift bereits nicht mehr im Zentrum seiner Aufmerksamkeit.

Parallel zum Zeitschriftenprojekt war die Drucklegung der Baudelaire-Übersetzung vorangeschritten, deren Einleitung, der Aufsatz über Die Aufgabe des Übersetzers, im ersten Heft des Angelus Novus als »Vorabdruck« (218) erscheinen sollte. Zu dem Vorabdruck kam es jedoch nicht. Am 23.2.1923 schreibt Benjamin an Rang, daß er »den Angelus (mindestens für jetzt) zurückgezogen« und die Manuskripte an sich genommen habe (315). Während der vorläufige Rückzug das endgültige Scheitern des Zeitschriftenprojekts de facto besiegelte, konnte Benjamin im Oktober desselben Jahres die Belegexemplare von Charles Baudelaires Tableaux parisiens. Deutsche Übertragung mit einem Vorwort über die Aufgabe des Übersetzers von Walter Benjamin in Empfang nehmen (358).

Konzeption, Beiträge und Beiträger

Von Anfang an scheint Benjamin entschlossen gewesen zu sein, den Angelus Novus zu einem nicht geringen Teil als ein Forum für das lyrische Werk seines Freundes Christoph Friedrich Heinle zu nutzen, der 1914 aus Protest gegen den Krieg freiwillig aus dem Leben geschieden war. In dem Brief, in dem er am 4.8.1921 mitteilt, daß er eine eigene Zeitschrift habe, kündigt er Scholem an, daß er sie »durchaus und bedingungslos in dem Sinne« gestalten werde, in dem sie ihm »während vieler Jahre (genau seitdem ich im Juli 1914 mit Fritz Heinle zusammen den Plan einer Zeitschrift ernsthaft gefaßt hatte) vor Augen gestanden« habe (178). Unabhängig von der Zeitschrift hatte Weißbach eingewilligt, den Nachlaß Heinles herauszugeben. Mit der Arbeit an einer Einleitung zu diesem Unternehmen ist Benjamin noch im Februar 1923 (311) beschäftigt, ohne daß ein entsprechender Text geschrieben worden zu sein scheint, geschweige denn erhalten ist. Die Sorge um den Nachlaß von Fritz Heinle schloß die um die Person und die Arbeiten seines Bruders Wolf Heinle ein, der an Tuberkulose erkrankt Anfang 1923 starb (313). Im ersten Heft des Angelus Novus sollten neben Oden und Gedichten C.F. Heinles dramatische Gedichte von Wolf Heinle stehen (218). Damit wären die Brüder ebenso repräsentativ wie programmatisch vertreten gewesen. Denn wie Benjamin in einem Brief erläutert, gedachte er seine Zeitschrift in den Dienst einer Bekämpfung des literarischen Expressionismus zu stellen. Im Gegenzug wolle er »versuchen, die im literarischen Expressionismus durch Unwissenheit und Gewissenlosigkeit entstellten aktuellen Tendenzen in einigen wenigen Dichtungen bisher völlig unbekannter Autoren meiner Bekanntschaft darzustellen« (222). Damit ist der Ort der lyrischen Arbeiten der beiden Heinles im Konzept des Angelus Novus bezeichnet.

Von seinem Verdikt gegen den literarischen Expressionismus nahm Benjamin die expressionistische Malerei explizit aus. Neben Kandinsky und Klee gehörte Macke zu den Malern, deren Arbeiten er kannte und schätzte. So plante er für ein späteres Heft eine »Besprechung der Gemälde von August Macke« (233). Diese Arbeit muß aber ebenso als verloren gelten wie die Rezension von Ernst Blochs *Geist der Utopie*, die ihn, wie er in einem Brief notiert, unausweichlich zu einer Auseinandersetzung mit dem Expressionismus führen würde (68). Zugleich veranlaßte die Bekanntschaft mit Bloch ihn, seine Gedanken über Politik zu klären. Zu den grundlegenden Einsichten von Benjamins damals konzipierter politischer Philosophie gehört die Ablehnung der ›Gesinnung‹ als einer politischen Kategorie. Es ist zu vermuten, daß er sich damit nicht zuletzt auch gegen einschlägige expressionistische Gruppierungen abgrenzen wollte. Jedenfalls kommt dies in seiner Zustimmung zu Rangs Kritik des Pazifismus in der Zuschrift ebenso zum Ausdruck wie in seiner Jahre später öffentlich geäußerten Kritik des Aktivismus (III, 350 ff.). Ebenfalls ausgenommen von seiner Ablehnung des literarischen Expressionismus sind Autoren wie Georg Heym und Alfred Lichtenstein. Noch 1931 würdigt er deren Vorkriegslyrik wegen ihrer visionären Darstellung der Massen, und nicht etwa wegen der in den Gedichten ausgedrückten politischen Gesinnung, als »wahrhaft politische Dichtung« (282).

Die zugleich erläuternden und werbenden Zeilen, mit denen Benjamin das Programm seiner Zeitschrift mit Blick auf das in seinen Grundzügen absehbare erste Heft paraphrasiert, sind an den Schriftsteller Herzmanovsky-Orlando gerichtet. Sie sind mit dem Wunsch verbunden, für die Zeitschrift »radikale und sozusagen exzentrische Prosastücke« (222) zu gewinnen, die vom literarischen Expressionismus ebenso weit entfernt sind, wie von einer »epigonalen, klassizistischen Haltung« (ebd.), von der Benjamin gerade im Interesse der Bekämpfung des ersteren »nichts wissen« will (ebd.). Darüber, daß er »wirklich wesentliche *Prosa* nicht die Fülle in Aussicht« habe (183), hatte Benjamin sich bereits im Vorfeld der Planung des ersten Heftes besorgt gezeigt. Wenigstens für das erste Heft sollte er mit den beiden Erzählungen des jüdischen Erzählers und späteren Nobelpreisträgers S.J. Agnon, zu dem Scholem die Verbindung geknüpft hatte, dieser Sorge enthoben sein (218). Zusätzlich zu den literarischen Arbeiten in Lyrik und Prosa waren für das erste Heft neben Benjamins Übersetzer-Aufsatz Essays von Scholem und Rang vorgesehen. Überwiegend um Essays oder Kritiken handelt es sich auch bei den Arbeiten, die in späteren Heften Aufnahme finden sollten. Dazu zählt an erster Stelle Benjamins eigene Kritik der *Wahlverwandtschaften* und sein zu Lebzeiten unveröffentlicht gebliebener Aufsatz über André Gides Roman *La porte étroite* (II, 615–17). Ferner kündigt er brieflich eine neue Arbeit von Rang (2, 218) und einen Aufsatz des von ihm seit langem geschätzten Erich Unger an (233), der dem Kreis um den jüdischen Religionsphilosophen Oskar Goldberg nahestand.

Zu den Beiträgen, auf die Benjamin für das erste Heft fest rechnete, zählte ein Aufsatz von Scholem über das Klagelied. In seinem Erinnerungsbuch hat Scholem bekannt, daß Benjamins Erwartung hinsichtlich einer Mitarbeit an seiner deutschen literarischen Zeitschrift ihn »in nicht geringe Verlegenheit« setzte (Scholem 1975, 131). Als engagierter Zionist war er längst zur Auswanderung nach Palästina entschlossen und setzte seine Pläne im Herbst 1923 auch in die Tat um. Weder aus der Korrespondenz noch aus Scholems Erinnerungen erhellt, ob er den zugesagten Artikel tatsächlich geschrieben hat. Allerdings hat sich in Scholems Nachlaß ein auf Januar 1918 datiertes Manuskript mit dem Titel »Über Klage und Klagelied« erhalten, das mit dem fraglichen Aufsatz identisch sein könnte oder möglicherweise einem neuen Text als Grundlage gedient hätte (Scholem 2000, 128–133). Letztlich muß aber offen bleiben, was sich in dem nicht erhaltenen Manuskriptkonvolut des ersten Heftes befand, das Benjamin am 21.1.1922 an Weißbach schickte.

Immerhin konnte Benjamin in wichtigen Fragen und besonders in einer heiklen Angelegenheit auf den geschätzten Rat Scholems zählen. Sie betraf die Mitarbeiterschaft und die Beiträge Rangs, der offenbar von Beginn an entschlossen war, den Angelus Novus für die Publikation seiner im weitesten Sinne literaturkritischen Arbeiten zu nutzen. Von drei ihm angebotenen, zum Teil umfangreichen Texten hatte Benjamin für das erste Heft die *Historische Psychologie des Karnevals* ausgewählt. Die spekulative Deutung der antiken Tragödie aus dem Geist der Astrologie, die Rang in dieser eigenwilligen, an Nietzsche anschließenden religionsgeschichtlichen Studie unternimmt, hat die Tragödientheorie des Trauerspielbuches nicht unwesentlich beeinflußt. Nach dem Scheitern des Angelus Novus erschien der Text schließlich posthum 1927/28 in der von Martin Buber herausgegebenen *Kreatur*. Demgegenüber konnte Benjamin sich nicht entschließen, Rangs tief in einer messianischen Sprachmetaphysik verwurzelte, religionsphilosophische Auslegung von Goethes *Seliger Sehnsucht* abzudrucken. In einem Brief, mit dem er die Übersendung der Arbeit an Scholem mit der Bitte um dessen Urteil begleitet, resümiert er seine Vorbehalte (2, 200 f.). Zwar werde der Aufsatz »[s]ehr Wesentlichem, dem eigentlich Dichterischen« an Goethes *Divan*-Gedicht, »nicht voll gerecht«. Dennoch halte er, »[w]as darin über Goethes Religion steht [...] für vollkommen wahr« (201). Rangs Hinweis auf die religiöse Bedeutung des *Divan* hat denn auch in Benjamins Verständnis des Spätwerks Goethes in seiner Kritik der *Wahlverwandtschaften* unübersehbare Spuren hinterlassen (I, 165–167). Sie hat auch ihre Wirkung auf Hugo von Hofmannsthal nicht verfehlt, der den durch Benjamins Ablehnung freigewordenen Aufsatz im Juli 1922 im ersten Heft seiner *Neuen Deutschen Beiträge* abdruckte (Steiner 1989, 192–232; Jäger 1998, 108–118).

In seiner kritischen Reserve sowohl gegen die in seinen Augen gnostische Metaphysik als auch gegen Rangs aus dieser sich herleitende Sprachauffassung, die sich zudem in einem forcierten und manierierten Sprachstil niederschlug, sah sich Benjamin durch das dritte Manuskript, einer abermals tief ins Religiöse eintauchenden Deutung der Sonette Shakespeares, bestätigt (2, 212). Zwar rechnete er in seiner Korrespondenz mit dem Verleger den als bedenklich eingestuften Aufsatz zu den ihm bereits vorliegenden Beiträgen für spätere Hefte (218). Privat aber richtete er sich auf eine »prinzipielle – und vielleicht geradezu zur Trennung führende – Auseinandersetzung« um den Text mit Rang ein (224).

Weder damals noch später ist es jedoch zu einem Bruch gekommen. Vielmehr entwickeln sich die freundschaftlichen Beziehungen zu Rang im Laufe des Jahres 1922 besonders intensiv. Dabei spielten Benjamins verstärkte Bemühungen um eine Habilitation, die sich seit der Jahreswende 1922/23 auf die Frankfurter Universität konzentrierten, eine nicht unerhebliche Rolle. Je länger sich die Drucklegung der Ankündigung verzögerte und je geringer die Erfolgsaussichten des Zeitschriften-Projekts sich angesichts der finanziellen Schwierigkeiten Weißbachs insgesamt darstellten, desto mehr verlor Benjamin das Interesse. Zudem hatten seine akademischen Pläne eine Veränderung seiner Einstellung bewirkt. Es sei nun an der Zeit, schreibt er am 2. Oktober 1922 an Rang, »den alten Plan mit seinem (für mich) rigoristischen Charakter fallen zu lassen und alles so einzurichten, daß die Zeitschrift, wenn sie zustande kommt, mir in jeder Beziehung dienlich ist« (272). Um so mehr zeigt er Interesse an dem von Rang gelegentlich erwähnten »Plan eines Blattes der Freunde« (ebd.), auf das er kurze Zeit später erneut zu sprechen kommt. Sollte der Angelus Novus allen Erwartungen zum Trotz dennoch erscheinen, schreibt er Anfang November 1922 an Rang, »so müßte es jedenfalls so geschehen, daß er nicht meine akademischen Pläne durchkreuzt« (283). Auf alle Fälle aber bliebe daneben »für ein privateres Organ noch Platz, in dem gefährlichere Dinge erscheinen könnten (unter Deiner Redaktion, wie ich dächte)« (ebd.).

Der von Rang gehegte Plan einer Zeitschrift ist durch seinen frühen Tod vereitelt worden. Ausdrücklich diesem Plan und dem Gedächtnis Rangs aber hat nach dessen Tod Martin Buber die Zeitschrift *Die Kreatur* gewidmet, die er zwischen 1926 und 1930 herausgab und in der er zahlreiche Arbeiten aus dem Nachlaß Rangs publizierte. Zu Rangs Plänen einer quasi privaten öffentlichen Wirksamkeit, ist noch zu seinen Lebzeiten aber auch die Publikation der *Bauhütte* zu rechnen, für die er in Gestalt der in ihrem Anhang zu druckenden Zuschriften auf die Unterstützung aus seinem Freundeskreis zählte.

Der »Angelus Novus« im historischen Kontext

Überblickt man die Konzeption des ANGELUS NOVUS, wie sie sich in den vorliegenden Dokumenten abzeichnet, dann reiht sich Benjamins Zeitschriften-Projekt in die nicht eben geringe Zahl literarischer Zeitschriften ein, die sich von der Jahrhundertwende bis in die Mitte der 20er Jahre mit geringer Auflagenhöhe und unterschiedlicher Lebensdauer an einen meist eingeschränkten Leserkreis richteten. Im Rückblick erscheint das Scheitern des Projekts allein aus wirtschaftlichen Gründen nur allzu folgerichtig: »Das Jahr 1919 und dann die Inflation machten so vielen Zeitschriften den Garaus, daß trotz zahlreicher Neugründungen die Zeitschriften-Gesamtzahl 1919 und 1923 (fast zahlengleiche) Tiefpunkte erreichte« (Schlawe 1973, 4). Die »esoterische Gegenöffentlichkeit« (Kaulen 1999, 921–928), die sich in diesen Zeitschriften auf programmatisch und inhaltlich höchst divergierende Weise konstituierte, war sich in ihrer Ablehnung des Journalismus und Feuilletonismus einig. Dies gilt für Georges *Blätter für die Kunst* (1892–1919), deren Wirkung noch auf das erste Viertel des 20. Jh.s gar nicht hoch genug eingeschätzt werden kann, ebenso wie für die wichtigsten Zeitschriften des Expressionismus, die ihre Blüte von 1910 bis 1918 erlebten, bevor die expressionistische Bewegung unter dem Eindruck von Krieg und Revolution in eine bis etwa 1923 andauernde zweite Phase eintrat, die im Zeichen »revolutionär-reformatorischer« Bestrebungen (Schlawe 1973, 2) stand.

Mit den *Argonauten* bot Weißbach Benjamin eine Zeitschrift an, die sich mit ihrem Herausgeber Ernst Blass von der expressionistischen Lyrik zu einem an Stefan George orientierten, neoklassizistischen Dichtungsverständnis entwickelt hatte (Krischke 1997, 44–46). Grund genug für den Herausgeber des ANGELUS NOVUS, seine Zeitschrift auch in dieser Hinsicht zu profilieren. Wenigstens in einem nicht ganz unwichtigen Detail, das zugleich den elitären, sich vom Journalismus demonstrativ abgrenzenden Anspruch der Zeitung greifbar werden läßt, erweist sich Benjamin implizit George verpflichtet. Wie dieser legte Benjamin auf das typographische Erscheinungsbild seiner Publikationen erheblichen Wert. Wiederholt werden Druckproben zwischen Verleger und Herausgeber hin- und hergeschickt, wird die Wahl und Größe der für Prosa und Gedichte unterschiedlichen Drucktypen erwogen. Wenn Benjamin dabei gelegentlich seine Schwäche für die Unger-Fraktur (2, 233) eingesteht, in der später auch das Trauerspielbuch gedruckt wurde, so dürfte dies einen Hintersinn haben. In dieser gegen Ende des 18. Jh.s revolutionär neuen Druckgestalt hatte Goethes *Wilhelm Meister* sich im Erstdruck seinen Lesern präsentiert, und in ihr wollte Novalis seinen als Gegenentwurf zu Goethes Roman konzipierten *Heinrich von Ofterdingen* gedruckt sehen. In Unger-Fraktur wurde schließlich auch Friedrich Schlegels Kritik des *Wilhelm Meister* im *Athenäum* gedruckt, dem Benjamin dann seine exemplarische Kritik der *Wahlverwandtschaften* im ANGELUS NOVUS in gleicher Druckgestalt entgegengestellt hätte.

Noch vor dem endgültigen Scheitern seines Zeitschriften-Projekts erreichte Benjamin 1922 die Ankündigung von Hugo von Hofmannsthals *Neuen Deutschen Beiträgen*. Das Programm der Zeitschrift, mit der sich der Herausgeber ausdrücklich in die Nachfolge Georges stellte, orientierte sich in ihrer Ablehnung der »Abstraktion und eine[r] begrifflich überzüchtete[n] Sprache« zugunsten der »Gestalt« an der Antike und in der deutschen Literatur »vor allem und immer wieder« an Goethe (Hofmannsthal 1922, 198 f.). Benjamin stand dem restaurativen Bemühen Hofmannsthals ablehnend gegenüber. Die »geistige Armut« sehe »diesem Unternehmen aus den Augen« (2, 276), lautet sein vernichtendes Urteil über das erste Heft der *Neuen Deutschen Beiträge* in einem Brief an Weißbach. Die geistige Armut wirke um so trauriger, wie er mit Blick auf das aus finanziellen Gründen suspendierte Erscheinen des ANGELUS NOVUS hinzufügt, »als die physische sich diesmal nicht dazu findet« (ebd.). Das hat ihn jedoch nicht daran gehindert, nur wenige Tage später Rang wissen zu lassen, daß ihm »[g]elegentliche Mitarbeit bei Hofmannsthal [...] übrigens durchaus genehm« sei (280).

Das Vorbild der Romantik

In seinem Einladungsschreiben an Herzmanovsky-Orlando hatte Benjamin über seine Zeitschrift gesagt, daß ihr Programm, so positiv es sei, sich dennoch nicht positiv formulieren lasse. Eher lasse sich im Negativen andeuten, daß sie »mit keiner der im Schwange gehenden Ideen um die Gunst des Publikums, von der sie materiell so gut wie unabhängig ist, zu buhlen« gedenke (221). Um so überraschender muß es erscheinen, daß die ANKÜNDIGUNG ausdrücklich auf das Vorbild des romantischen *Athenäums* verweist. Die Forschung hat dies zumeist als Beleg dafür gelesen, daß sich Benjamin jenen romantischen und durchaus esoterischen Begriff der Kritik zu eigen gemacht habe, dessen Aktualität und geschichtsphilosophische Dignität er in seiner Dissertation herausgearbeitet hatte (Kambas 1979, 202–204; Witte 1976, 31–36).

Allerdings ist Benjamins Haltung gegenüber der Romantik komplizierter, als es auf den ersten Blick erscheinen mag. Der Text der ANKÜNDIGUNG verdeutlicht dies. Gleich im ersten Absatz legt Benjamin dar, warum er meint, durch die »Besinnung auf das Wesen einer Zeitschrift«, auf ihre Form also, jeglicher Programmatik enthoben zu sein. Während Programme auf Willensentscheidungen zurückgehen, sei eine Zeitschrift die »Lebensäußerung einer bestimmten Geistesart«. Dementsprechend gelte die Besinnung auf das Wesen einer Zeitschrift weniger den in ihr geäußerten »Gedanken oder Gesinnungen« als vielmehr deren sich dem Bewußtsein entziehenden »Grundlagen und Gesetzen«. Während man erwarten könne, daß sich ein Mensch seiner Bestimmung bewußt sei, gelte dies keineswegs gleichermaßen von seinen »innersten Tendenzen« (II, 241).

Vor diesem Hintergrund betrachtet es Benjamin als die »wahre Bestimmung einer Zeitschrift [...] den Geist ihrer Epoche zu bekunden«. Auch wenn der »Geist ihrer Epoche« sich nicht in seiner Einheit und Klarheit greifen lasse, so sei die Zeitschrift seiner »Aktualität« (ebd.) verpflichtet. Mit der Aktualität stellt Benjamin einen Begriff in das Zentrum seiner Besinnung auf das Wesen einer Zeitschrift, der nach landläufigem Verständnis diesem Wesen diametral entgegensteht. Denn gerade in der Verachtung des Aktualitätsprinzips, dem die Tagespresse im Feuilleton noch die Poesie unterworfen hatte, waren sich die zeitgenössischen literarischen Zeitschriften und Periodika bei allen Divergenzen im einzelnen doch grundsätzlich einig. Auch für Benjamin impliziert die Besinnung auf »wahre Aktualität« (ebd.) denn auch, daß seine Zeitschrift die Ausbeutung »der unfruchtbaren Oberfläche jenes Neuen oder Neuesten« den Zeitungen überläßt (242).

Die »Vorbildlichkeit des romantischen ›Athenäums‹« (241) beruht in Benjamins Verständnis nun darauf, daß die Romantiker dem von ihm skizzierten Zusammenhang in ihrer Zeitschrift Rechnung getragen haben. Dafür ist jedoch keineswegs entscheidend noch mit Blick auf die zeitgenössischen Zeitschriften, die Benjamin vor Augen hatte, besonders originell, daß die Romantiker mit Benjamin die Überzeugung teilten, daß »für die wahre Aktualität der Maßstab ganz und gar nicht beim Publikum ruht« (ebd.). Vielmehr weist Benjamins Rede von den »innersten Tendenzen« (ebd.) auf den Kern der von ihm gemeinten Vorbildlichkeit der Romantik. So hatten die Brüder Schlegel in ihrer »Vorerinnerung« zum *Athenäum* angekündigt, »Ansichten der vielseitigen Strebungen unsers Volkes und Zeitalters mit Blick auf das Ausland und die Vergangenheit, vorzüglich auf das klassische Alterthum« darbieten zu wollen (Schlegel 1960, unpag.). Um diese »Strebungen« oder eben »Tendenzen« geht es in dem berühmten 216. *Athenäums-Fragment*, in dem Friedrich Schlegel die »Französische Revoluzion, Fichte's Wissenschaftslehre, und Goethe's Meister« als »die größten Tendenzen des Zeitalters« würdigt (Schlegel 1960, 232). Nicht von ungefähr bildet die Auslegung dieses Fragments in Friedrich Schlegels Aufsatz *Ueber die Unverständlichkeit* den Abschluß des romantischen Zeitschriften-Projekts. Die Pointe des provokativen Aufsatzes, der im letzten Heft des *Athenäums* im Jahre 1800 erschien, besteht nämlich darin, daß Schlegel das Problem der Verständlichkeit und damit nicht zuletzt eben das Problem des Verstehens des eigenen Zeitalters an der Schwelle zum neuen Jahrhundert ironisch im Begriff der Tendenz aufhebt.

Wenn Benjamin den »historischen Anspruch« (II, 241) des ANGELUS NOVUS von den Romantikern übernimmt, so heißt dies jedoch keineswegs, daß er ihn auf dieselbe Weise einzulösen gedenkt wie sie. Der Gedanke einer Bejahung und Rettung des Fragwürdigen (ebd.), in dem sich der Geist der Epoche aktualiter bekunde, begegnet bereits in der Rede über DAS LEBEN DER STUDENTEN aus dem Jahre 1915. Auch dort galt es Benjamin als ausgemacht, daß »die Elemente des Endzustandes [...] nicht als gestaltlose Fortschrittstendenz zutage [liegen], sondern [...] als gefährdetste, verrufenste und verlachte Schöpfungen und Gedanken tief in jeder Gegenwart eingebettet« sind (75). Dabei geht es ihm nicht um eine inhaltliche Bestimmung des Absoluten, das in den frühen Schriften als absoluter »Zustand der Vollkommenheit« (ebd.) oder eben, wie in der ANKÜNDIGUNG, als »Geist ihrer Epoche« (244) bezeichnet wird. Erfaßt werden kann das Absolute nicht an sich, sondern allein in seiner »metaphysischen Struktur« (75). Was es zu erfassen gilt, ist die Gestalt, in der das Absolute sich in der Gegenwart ausprägt. Diese Aufgabe ist für Benjamin im Einklang mit der später von ihm angestrengten metakritischen Revision der Kantischen Philosophie auf sprachphilosophischer Grundlage der »Kritik« vorbehalten (ebd.). Die Struktur aber, in der das Absolute sich bekundet, ist keine kontinuierliche, wie sie der Begriff des Fortschritts ebenso wie der in Benjamins Sicht für die Romantiker maßgebende Gedanke heilsgeschichtlicher Erfüllung unterstellt. Vielmehr denkt Benjamin jede Gegenwart unmittelbar auf das Absolute bezogen, so daß in seiner Sicht die Geschichte eine diskontinuierliche Struktur aufweist.

Benjamins Auffassung der Kunstkritik, der er in der ANKÜNDIGUNG auferlegt, »mehr als bisher, mehr auch als es den Romantikern gelang, die Beschränkung auf das einzelne Kunstwerk zu üben« (242), folgt derselben

Logik. Im einzelnen Werk hat Kritik »von der Wahrheit der Werke jene Rechenschaft zu geben, welche die Kunst nicht weniger fordert als die Philosophie« (ebd.). Die Kritik der *Wahlverwandtschaften*, die für den Angelus Novus vorgesehen war, führt dies exemplarisch vor. Aber eben weil Kritik im Sinne des eingangs erläuterten historischen Anspruchs der Zeitschrift eine nicht auf die Kunst beschränkte Aufgabe zu erfüllen hat, wird sie im Angelus Novus nicht in einen »kritischen Teil« verbannt, sondern fungiert als »Hüter der Schwelle« (ebd.). Während auf diese Weise ihre prominente Stellung im Rahmen der Zeitschrift gesichert ist, kündigt Benjamin an, sich der Gewalt des kritischen Wortes in der Sache vor allem gegen den »literarischen Expressionismus« bedienen zu wollen, den er als »Nachäffung großen malerischen Schaffens« denunziert (ebd.).

»Wahre Aktualität«

Im Zeichen der prominenten Rolle der Kritik hat die Kunst ebensowenig eine Sonderstellung wie die Sprache. Mit der Klage über den Zustand der deutschen Sprache greift die Ankündigung einen beliebten Gegenstand konservativer Kulturkritik auf. Nicht zufällig würdigt Benjamin in diesem Zusammenhang das Wirken Stefan Georges, das jedoch der Vergangenheit angehöre. Die zwischen Anerkennung und Ablehnung schwankende Stellung Benjamins zu George kommt in der Formulierung zum Ausdruck, die den Epigonen prophezeit, daß ihre »nachhaltigste Wirkung bald darin gesehen werden wird, aufdringlich eines großen Meisters Grenzen dargetan zu haben« (II, 243; vgl. Alt 1999, 891–906). Zwar lenkt auch die Ankündigung den Blick zurück in die deutsche Geschichte. Sie tut dies jedoch nicht mit dem restaurativen Gestus Hofmannsthals, um der Gegenwart in den Kunstwerken der Vergangenheit verbindliche Maßstäbe vor Augen zu stellen. Klopstock, an den Benjamin erinnert, hatte August Wilhelm Schlegel in seinem Aufsatz über *Die Sprachen. Ein Gespräch über Klopstock's grammatische Gespräche* im ersten Heft des *Athenäums* (Schlegel 1960, 3–69) das Verdienst zugute gehalten, sich durch seine Sprachuntersuchungen um die deutsche Sprache und Poesie verdient gemacht zu haben. In diesem Sinne ist er auch für Benjamin aktuell. Auf Klopstock sich berufend, betont die Ankündigung im Interesse der Zukunft der deutschen Dichtersprache die Dringlichkeit und Notwendigkeit, für die eigene Gegenwart eine entsprechend richtungsweisende Entscheidung zu fällen. Diese meint der Herausgeber im ersten Heft zum einen in Gestalt seiner Entscheidung für den Abdruck der lyrischen Dichtungen der beiden Heinles getroffen zu haben; zum zweiten aber mit der theoretischen Besinnung auf die bedeutende Rolle der Übersetzung für das Werden einer Sprache, der sich sein eigener Aufsatz über Die Aufgabe des Übersetzers widmet.

Mit dem Übersetzer-Aufsatz bekräftigt Benjamin unausgesprochen auch die Geltung der Theorie der Sprachmagie für sein philosophisch-kritisches Selbstverständnis, die er in seinem unveröffentlicht gebliebenen Aufsatz Über Sprache überhaupt und über die Sprache des Menschen niedergelegt hatte. Im Konzept der Zeitschrift soll die in diesem Sinne philosophische Behandlung jedem Gegenstand »universale Bedeutung« (II, 244) verleihen. Universale Geltung dürfe aber nur beanspruchen, was »auf einen Ort in werdenden religiösen Ordnungen Anspruch [...] erheben« (ebd.) könne. Zwar seien solche Ordnungen keineswegs absehbar; absehbar aber sei, »daß nicht ohne sie zum Vorschein kommen wird, was in diesen Tagen als den ersten eines Zeitalters nach Leben ringt« (ebd.).

Weniger als Fluchtpunkt denn als Grenze verbürgen die werdenden religiösen Ordnungen den Anspruch der Zeitschrift und den ihrer Beiträge auf »wahre Aktualität«. In diesem Sinne ist von Religion bereits in dem Dialog über die Religiosität der Gegenwart aus dem Jahre 1912 die Rede. Die »streng dualistische Lebensauffassung« (1, 71), die Benjamin für sich in Anspruch nimmt, läßt ihn Religion ›innerhalb der Grenzen der bloßen Vernunft‹ denken. Die Ankündigung bewegt sich ausdrücklich innerhalb dieser Grenzen, wenn sie »die bequeme Dunkelheit der Esoterik« zurückweist und statt dessen »Rationalität bis ans Ende erstrebt« (II, 244). Die Berufung auf ›Religion‹ markiert in den frühen Schriften häufig den Ort eines Ideals der Gemeinschaft, in der die Zerrissenheit der modernen Kultur überwunden wäre. Indem sie die Unbedingtheit ihrer Kunstliebe zu gesellschaftlichen Außenseitern werden läßt, führen die Literaten gerade im Widerspruch gegen die Gesellschaft deren religiöse Bedürftigkeit vor Augen und demonstrieren, wie fern die Gegenwart von einer nicht-antagonistischen Gemeinschaft ist. Mit Blick auf dieses Ideal erkennt Benjamin in Tolstoj, Nietzsche und Strindberg die Propheten einer neuen Religion und in ihren Schriften die Vision eines neuen Menschen, mit dem die Zeit schwanger gehe (34).

Wenn die werdenden religiösen Ordnungen den Anspruch des Angelus Novus auf Aktualität verbürgen, dann nicht weil die Zeitschrift sich in den Dienst einer Propagierung religiöser Ideen stellt. Umgekehrt läßt sich die Rechtmäßigkeit ihres historischen Anspruchs jedoch erst aus der Perspektive dieser Ordnungen entscheiden. Solange diese Ordnungen aber *werden* und nicht schon *sind*, ist der Anspruch auf Aktualität ein jederzeit widerlegbarer, ein ephemerer. Daß sie ihr Ephemeres sich bewußt hält, ist, wie Benjamin im letzten Abschnitt der ANKÜNDIGUNG erläutert, im Namen der Zeitschrift zum Ausdruck gebracht. Wie die neuen Engel der talmudischen Legende, die »jeden Augenblick in unzähligen Scharen« (246) ihren Hymnus vor Gott singen, um in Nichts zu vergehen, weiß auch der ANGELUS NOVUS um eine Aktualität, die keinen Bestand hat, gerade weil sie einen absoluten Anspruch erhebt.

Zur Entstehung der »Zuschrift« an Rang

Vor diesem Hintergrund ist absehbar, daß die von Rang gewünschte öffentliche Stellungnahme zu einem politischen Anliegen Benjamin vor nicht geringe Schwierigkeiten stellte. Die Initiative zu Rangs Denkschrift erwuchs aus dem »Frankfurter Kreis«, einer mit dem religiösen Sozialismus sympathisierenden Verbindung, an deren Zusammenkünften über Rang vermittelt auch Benjamin gelegentlich teilnahm (Jäger 1998, 146–163). Den unmittelbaren Anstoß zu ihrer Abfassung gab die durch die Verzögerung der deutschen Reparationsleistungen provozierte Besetzung des Ruhrgebietes durch französische und belgische Truppen im Januar 1923. In der Vorrede der *Deutschen Bauhütte* betont Rang, daß er »im Auftrag einer Gruppe« rede, deren Mitglieder sich mit ihren Zuschriften »am Schluß dieser Schrift zu ihr bekennen«. Bezeichnend für sein politisches Denken fügt er hinzu, daß er auf diese Weise nicht eine quantitativ relevante Unterstützung für sein Anliegen reklamiere; entscheidend sei die in den Zuschriften ausgedrückte Einstellung, »daß der Einzelne soll die Verantwortung des Volks tragen an seinem Teil« (Rang 1924, 6).

Im Sommer 1923 nahmen Benjamin und Scholem an einer öffentlichen Lesung aus dem Manuskript der *Bauhütte* in Frankfurt teil (2, 344). Von dem ungeklärten Schicksal des Manuskripts ist in einem Schreiben Benjamins an Rang vom 28.9.1923 die Rede, das zugleich von seinen durch die galoppierende Inflation wachsenden materiellen Sorgen und seinem Entschluß zur Abfassung einer Habilitationsschrift berichtet (352). Zu Recht ist vor diesem historischen Hintergrund auf die Nähe der ZUSCHRIFT zu den in dieser Zeit entstandenen GEDANKEN ZU EINER ANALYSIS DES ZUSTANDES VON MITTELEUROPA aufmerksam gemacht worden, die in leicht veränderter Fassung unter dem Titel KAISERPANORAMA. REISE DURCH DIE DEUTSCHE INFLATION in die EINBAHNSTRASSE Eingang gefunden haben (Jäger 1998, 160).

Im November desselben Jahres kündigt Rang die Übersendung des Manuskripts an. Die von Benjamin erbetene Zuschrift allerdings stößt bei diesem auf vorsichtige Zurückhaltung. Bisher sei es ihm nicht gelungen, den ihm aus der Vorlesung bekannten Grundgedanken Rang positiv zu vermitteln. Er werde nach der Lektüre entscheiden, ob und wie er seine Beischrift abfasse: »Es hängt wie mir scheint davon ab, ob ich die Überzeugung, die mich Dir zustimmen läßt, so einfach bekunden kann« (2, 355). Eine eingehende Auseinandersetzung mit der Schrift setze »eine wirklich Vertiefung in die Philosophie der Politik« (ebd.) voraus, die er zum jetzigen Zeitpunkt um so mehr zu vermeiden habe, als die Habilitationsschrift seine ganze Arbeitskraft beanspruche.

Mit dieser Bemerkung spielt Benjamin auf seine politische Philosophie an, mit deren Ausarbeitung er sich seit dem Abschluß seiner Dissertation befaßt hatte, ohne über einzelne Bruchstücke hinausgelangt zu sein (Steiner 2000, 48–92). Bereits daß er Rangs Denkschrift an diesem Maßstab mißt, bezeugt die Bedeutung, die Benjamin ihr zubilligt. In seiner Sicht stellt bereits ihr *in politicis* erhobener philosophischer Anspruch die brutale »Gedankenlosigkeit öffentlicher Argumentationen bloß« (2, 374). Über diese generelle Anerkennung hinaus, versichert er Rang aber auch in Einzelfragen seiner Zustimmung. Dies betrifft zum einen die Ablehnung des Pazifismus, dessen Kritik Rang in der *Bauhütte* einigen Raum widmet (Rang 1924, 26 u.ö.). Während er auf diese Weise an seine eigene Kritik des literarischen Expressionismus in der ANKÜNDIGUNG anknüpft, hat diese Kritik zugleich auch einen aktuellen Bezugspunkt. Wie Benjamin in einem Brief erläutert, verbirgt sich in der Passage von den »Leisetretern« und deren »splendide[r] Widerlegung der Clartébewegung« in der ZUSCHRIFT eine Anspielung auf Thomas Mann (2, 374; 384). Mit Rang stimmt Benjamin also nicht nur in der Ablehnung des linksliberalen Pazifismus, sondern erst recht in der Zurückweisung der konservativen Kritik an dieser Position überein. In der Achtung der »geistigen Grenzen unter den Völkern« (374), die Benjamin als ein weiteres Verdienst von Rangs Denkschrift hervorhebt, dürfte er selbst die Basis einer fruchtbaren Auseinandersetzung mit der intellektuellen Entwicklung in Frankreich gesehen haben, von der sein späterer Aufsatz über den Surrealismus nicht das einzige, aber sicher das bedeutendste Zeugnis darstellt. Nicht zufällig widmet Benjamin in seiner ZUSCHRIFT den Überlegungen Rangs den meisten Raum, die sich direkt oder indirekt aus dessen Kritik des deutschen Idealismus ergeben. Damit berührt er in durchaus zustimmender Weise den philosophischen Kern der *Deutschen Bauhütte*.

Während die ZUSCHRIFT den philosophischen Anspruch von Rangs *Bauhütte* hervorhebt, schweigt sie weitgehend über deren pragmatisches Anliegen. Schon im Vorfeld hatte Benjamin sich im Briefwechsel mit Rang vorsichtig von dessen Anspruch distanziert, sich als »ein Einzelner an sein Volk« zu wenden (Rang 1924, 5). In Benjamins Augen und zumal »unter dem großen Eindruck, den die leider nur fragmentarische Lektüre der ›Bauhütte‹« auf ihn gemacht hatte, stand Rang ihm »für das wahre Deutschtum« ein (2, 368). Aber gerade deshalb scheint er selbst als Jude sich nur partiell mit Rangs öffentlichem Eintreten für sein Volk verbunden gefühlt zu haben. Auch wenn die zionistische Option für Benjamin im Gegensatz zu Scholem »weder eine praktische Möglichkeit noch eine theoretische Notwendigkeit« darstellte (370), so läßt doch bereits die Realität des Zionismus ihm seine Zugehörigkeit zur deutschen Kultur nicht länger als selbstverständlich erscheinen. Darüber hinaus gibt er mit Blick auf den »überall *mit*redenden Martin Buber« zu bedenken, »daß der Jude heute auch die beste deutsche Sache für die er sich *öffentlich* einsetzt, preisgibt« (369). Diesen Bedenken zum Trotz hat er wenige Tage später Rang seine ZUSCHRIFT zur Veröffentlichung überlassen.

Die »Zuschrift« im Kontext der *Deutschen Bauhütte*

Der Titel der Denkschrift, der dem aktuellen Anlaß der Schrift Rechnung trägt, lautet vollständig: *Deutsche Bauhütte. Ein Wort an uns Deutsche über mögliche Gerechtigkeit gegen Belgien und Frankreich.* Zugleich weist der Untertitel sie als einen Beitrag zur *Philosophie der Politik* aus. Benjamin hat Rang nach dessen Tod als den »tiefste[n] Kritiker des Deutschtums seit Nietzsche« (III, 254) gewürdigt und die *Deutsche Bauhütte* als eine Schrift charakterisiert, in der »die Notwendigkeit einer vom Staatsapparat emanzipierten privaten Aktion in ihrer sittlichen Fundierung bündig erwiesen und ihre Möglichkeit in einer undonquichottesken Weise begründet« werde (2, 384).

Noch bevor Rang sich an die Ausarbeitung machte, erinnert Benjamin ihn in einem Brief, den er unter dem Eindruck der sich zuspitzenden politischen Lage im Ruhrgebiet schrieb, an »unsere[ ] politischen Gespräche über Technik« (305). Zwar scheint es ihm problematisch, ob im Sinne dieser Gespräche etwas geschehen könne. Dennoch zeigt er sich überzeugt, daß Deutschland zur Stunde mehr Männer wie Rang nötig habe, »die ihren Blick ins Innere der politischen Dinge sich nicht trüben lassen und Ruhe bewahren *ohne* Realpolitiker zu sein« (ebd.).

In das Innere der politischen Dinge dringt Rang in dem Abschnitt *Philosophie unserer Handlung* vor, der in einer politischen Philosophie der Technik gipfelt. In Rangs Sicht eröffnet das technische Problem ein »Reich der Geist-Leiblichkeit«, in dem Hand- und Kopfarbeit zusammenfinden und die ideologischen und politischen Gegensätze von Idealismus und Materialismus, Kapitalismus und Sozialismus überwunden wären (Rang 1924, 137 f.). Im Einklang mit der zentralen Prämisse seiner Schrift reduziert sich das politische Problem für Rang auf die Gewissensentscheidung des Technikers. Politische Praxis erschließt sich ihm einzig in der Perspektive der sittlichen Entscheidung des einzelnen. Die dem Geheiß des Gewissens folgende Tat ist gerechtfertigt, sofern sie als »echter[r] Schritt im und zum Reiche Gottes« auf Anerkennung und Nachahmung stößt (119).

In seiner ZUSCHRIFT bringt Benjamin gleich eingangs in vorsichtig abwägenden Formulierungen zum Ausdruck, daß er Rangs »Hoffnung einer Wirkung« seiner Schrift nicht teile (2, 373). Es scheint, als habe sein grundsätzlicher Einwand gegen jedes politische Schrifttum, den er 1916 in seiner Antwort auf die Einladung zur Mitarbeit an Bubers Zeitschrift *Der Jude* formuliert hatte, nichts von seiner Geltung verloren. Entgegen der herrschenden Meinung, so hatte er in seinem Antwortschreiben an Buber ausgeführt, sei er nicht der Meinung, daß das Schrifttum »die sittliche Welt und das Handeln der Menschen beeinflussen könne indem es Motive von Handlungen an die Hand gibt« (1, 325). Auf diese Weise werde Sprache zu einem Mittel degradiert. Demgegenüber bekennt er sich zu einer Auffassung von Sprache, in deren Rahmen die Wirkung von Schrifttum »nur magisch das heißt un-*mittel*-bar zu verstehen« sei (326.). Für eine in diesem Sinne zugleich hochpolitische und »sachliche Schreibart« dient ihm bereits in seinem Brief an Buber das *Athenäum* als Vorbild (327). Wie noch in der ANKÜNDIGUNG ist die Wirkung von Literatur im weitesten Sinne an deren »Form« gebunden (II, 241), weshalb er auch zunächst von der Form der Zeitschrift Rechenschaft ablegt. Ganz entsprechend hebt er in der ZUSCHRIFT eingangs die »eigentümliche Schönheit« von Rangs Schrift hervor, die zwar nicht das Wesentliche sei, die aber keine Materie, deren sich der Philosoph annimmt, verleugnen könne (2, 373).

Rang aber geht es in einer durchaus pragmatischen Weise um die Wirkung seiner Schrift. Deshalb trifft der von Benjamin in seiner ZUSCHRIFT geäußerte Vorbehalt den Nerv der Denkschrift und kommt einer Distanzierung gleich. Denn in der unmittelbaren Wirkung, in der tätigen Erfüllung der »Glaubenstat«, findet Rangs Philosophie der Politik ihre eigentliche Bewährungsprobe. Sie mündet, wie der Titel des Buches besagt, in einem Aufruf zu »philosophische[r] Politik« gegenüber den ehemaligen Kriegsgegnern. Als ein unmittelbar praktischer Schritt in diese Richtung ist der Aufruf zur Gründung von Bauhütten zu verstehen, in denen philosophische Politik in Gestalt materieller Wiedergutmachung und praktischer Wiederaufbauhilfe in die Tat umgesetzt werden soll.

In der *Bauhütte* hatte Rang seine politische Philosophie über weite Strecken als eine vehemente Kritik des deutschen Protestantismus und Idealismus vorgetragen. Dem tatenlosen *sola fide* des paulinisch-lutherischen Christentums macht der ehemalige Pfarrer die Verflüchtigung des Geistes in ein jenseitiges Reich des bloßen Glaubens zum Vorwurf, dem jeder Bezug zum Diesseits fehle. Diese Überspannung des Idealen führe in der Philosophie des Idealismus, bei Hegel, zur Idee des Staates als einer Rechtfertigung des Bestehenden. In Rangs Sicht steht der deutsche Idealismus, und mit ihm noch die gegenwärtige deutsche Politik, im Bann der *acedia*: Die »Todsünde der Trägheit des Herzen« (Rang 1924, 49) bestimmt die Idee des Staates ebenso wie sie den Ideen der Allgemeinheit, Unbedingtheit und Ganzheit zugrunde liegt, denen der Idealismus die reale Welt aufopfert.

Auf Rangs Einfluß ist es zurückzuführen, daß Benjamin in seiner Analyse des deutschen Trauerspiels die *acedia* ins Zentrum (I, 316–335) rückt. Ebenfalls auf das Trauerspielbuch, nämlich auf die Ideenlehre der Erkenntniskritischen Vorrede, weist es vor, wenn Benjamin in seiner, wie er eingangs einräumt, auf geringer Textkenntnis basierenden Zuschrift zustimmend hervorhebt, daß in Rangs Überlegungen »aus Prinzipien nichts« sich herschreibe. Gerade deshalb möchte er diese Überlegungen philosophisch nennen, »weil sie nicht aus Grundsätzen und Begriffen deduziert, sondern aus dem Ineinanderwirken von Ideen geboren sind« (2, 374). Die Beobachtung, in der Benjamin der Idealismuskritik Rangs Reverenz erweist, nutzt diese zugleich als Folie einer indirekten Distanzierung. Denn während es Rang in seiner Ideenlehre um die irreduzible Einzigkeit der sittlichen Tat geht, die er vor der abstrakten Allgemeinheit des Prinzips retten möchte, spricht Benjamin von »Ideen der Gerechtigkeit, vom Recht, von der Politik, von der Feindschaft, von der Lüge« (ebd.). Einen solchen ›Polytheismus der Werte‹ hat seine eigene politische Philosophie zur Voraussetzung. Im Gegensatz zu Rang betont Benjamin im Theologisch-politischen Fragment, daß »die Ordnung des Profanen nicht am Gedanken des Gottesreiches aufgebaut werden« könne (II, 203) und definiert auf diese Weise den Bereich des Politischen gerade durch seine Abgrenzung gegen die Theologie.

Werk

Ankündigung der Zeitschrift: Angelus Novus (II, 241–246)
Zuschrift an Florens Christian Rang (IV, 791–792)
André Gide La porte étroite (II, 615–617)
Die Aufgabe des Übersetzers (IV, 9–21)
Der Begriff der Kunstkritik in der deutschen Romantik (I, 11–119)
Dialog über die Religiosität der Gegenwart (II, 16–35)
Gedanken zu einer Analysis des Zustandes von Mitteleuropa (IV, 916–935)
Goethes Wahlverwandtschaften (I, 123–201)
»Der Idiot« von Dostojewskij (II, 237–241)
Der Irrtum des Aktivismus (III, 350–352)
Karl Kraus (II, 334–367; II, 624–625)
Das Leben der Studenten (II, 75–87)
Malerei und Graphik (II, 602–603)
Schicksal und Charakter (II, 171–179)
Über den Begriff der Geschichte (I, 691–704)
Über die Malerei oder Zeichen und Mal (II, 603–607)
Über Sprache überhaupt und über die Sprache des Menschen (II, 140–157)

Literatur

Alt, Peter André (1999): »Gegenspieler des Propheten. Walter Benjamin und Stefan George«, in: Klaus Garber/Ludger Rehm (Hg.): global benjamin, Bd. 2, München, 891–906.
Borchardt, Rudolf (1927): »Schöpferische Restauration«, in: ders.: Gesammelte Werke in Einzelbänden. Reden, Stuttgart 1955, 230–253.
Hofmannsthal, Hugo von (1922): »Neue Deutsche Beiträge. Ankündigung«, in: ders.: Gesammelte Werke in zehn Einzelbänden. Reden und Aufsätze II, hg. v. Herbert Steiner, Frankfurt a. M. 1979, 197–9.
Hofmannsthal, Hugo von (1927): »Das Schrifttum als geistiger Raum der Nation«, in: ders.: Gesammelte Werke in zehn Einzelbänden. Reden und Aufsätze III. Aufzeichnungen, hg. v. Herbert Steiner, Frankfurt a. M. 1980, 24–41.
Jäger, Lorenz (1998): Messianische Kritik. Studien zu Leben und Werk von Florens Christian Rang, Köln.
Kambas, Chryssoula (1979): »Walter Benjamins Verarbeitung der deutschen Frühromantik«, in: Gisela Dischner/Richard Faber (Hg.): Romantische Utopie – utopische Romantik, Hildesheim, 187–221.
Kaulen, Heinrich (1999): »Der Kritiker und die Öffentlichkeit. Wirkungsstrategien im Frühwerk und im Spätwerk Walter Benjamins«, in: Klaus Garber/Ludger Rehm (Hg.): global benjamin, Bd. 2, München, 919–942.
Krischke, Roland (1997): Gesellschaft vom Dachboden. ›Der vortreffliche Richard Weißbach‹. Ein Heidelberger Verleger, in: Hirschstrasse. Zeitschrift für Literatur 9, 30–51.
Luhr, Geret (Hg.) (2000): »was noch begraben lag«. Zu Walter Benjamins Exil. Briefe und Dokumente, Berlin.
Mann, Thomas (1960): »Das Problem der deutsch-französischen Kulturbeziehungen«, in: ders.: Werke: Das essayistische Werk. Taschenbuchausgabe in acht Bänden. Politische Schriften und Reden. Bd. II, hg. v. Hans Bürgin, Frankfurt a. M., 77–93.
Rang, Florens Christian (1924): Deutsche Bauhütte. Ein Wort

an uns Deutsche über mögliche Gerechtigkeit gegen Belgien und Frankreich und zur Philosophie der Politik, Leipzig.

Schlawe, Fritz (1973): Literarische Zeitschriften 1910–1930, Stuttgart.

Schlegel, August Wilhelm/Friedrich Schlegel (Hg.) (1960): Athenäum. Eine Zeitschrift. 1798–1800, 3 Bde, Berlin 1960.

Scholem, Gershom (1972): »Walter Benjamin und sein Engel«, in: ders.: Walter Benjamin und sein Engel. Vierzehn Aufsätze und kleine Beiträge, Frankfurt a. M., 35–72.

Scholem, Gershom (1975): Walter Benjamin. Die Geschichte einer Freundschaft, Frankfurt a. M.

Scholem, Gershom (2000): Tagebücher nebst Aufsätzen und Entwürfen bis 1923. 2. Halbbd. 1917–1923, hg. v. Karlfried Gründer u. a., Frankfurt a. M.

Steiner, Uwe (1989): »Die Geburt der Kritik aus dem Geiste der Kunst«. Untersuchungen zum Begriff der Kritik in den frühen Schriften Walter Benjamins, Würzburg.

Steiner, Uwe (2000): »›Der wahre Politiker‹. Walter Benjamins Begriff des Politischen«, in: Internationales Archiv für Sozialgeschichte der deutschen Literatur 25, 48–92.

Werckmeister, Otto Karl (1976): »Walter Benjamin, Paul Klee und der ›Engel der Geschichte‹«, in: Neue Rundschau 87, 16–40.

Witte, Bernd (1976): Walter Benjamin – Der Intellektuelle als Kritiker. Untersuchungen zu seinem Frühwerk, Stuttgart.

Wizisla, Erdmut (1992): »›Fritz Heinle war ein Dichter‹. Walter Benjamin und sein Jugendfreund«, in: Lorenz Jäger/Thomas Regehly (Hg.): ›Was nie geschrieben wurde lesen‹. Frankfurter Benjamin-Vorträge, Bielefeld, 132–156.

Literaturkritik

Von Michael Opitz

»Wo ist Benjamin, der Kritiker?« fragt Bertolt Brecht im ersten Entwurf des 1941 entstandenen Gedichts »Die Verlustliste«, in dem er nach Worten sucht, um seiner Erschütterung über den Selbstmord des Freundes Ausdruck zu verleihen. Brecht vermißt den »Widersprecher/ Vieles Wissende[n], neues Suchende[n]/ WALTER BENJAMIN« (Brecht 1993, 43). Hannah Arendt erschien die Freundschaft zwischen Brecht und Benjamin als so »einzigartig, weil in ihr der größte lebende deutsche Dichter mit dem bedeutendsten Kritiker der Zeit zusammentraf« (Arendt 1971, 21). Für sie hatte Benjamin sein Ziel, »d'être consideré comme le premier critique de la littérature allemande« (3, 502) zu werden, erreicht.

Dagegen wurden Zweifel an der literaturkritischen Kompetenz Benjamins nach Erscheinen des dritten Bandes der *Gesammelten Schriften* (1972) laut. Zunächst war es Marcel Reich-Ranicki, der Benjamins Literaturkritiken einer »fälligen Überprüfung« unterzog und dabei einen auffälligen »Eskapismus« bemerkte. Er attestiert Benjamin, dieser habe sich in erster Linie mit »belanglosen Novitäten« befaßt und sei »nicht sonderlich interessiert« gewesen an der deutschen Gegenwartsliteratur – Benjamin, so sein Kritiker, war nicht mehr als eine »originelle Randfigur des literarischen Lebens«. In ihrem »aristokratisch-hochmütigen Verhältnis zu einem großen Teil der zeitgenössischen Literatur« würden seine Texte »keine kritische Konzeption« erkennen lassen. Schließlich gipfeln die Anschuldigungen gegenüber dem jüdischen Intellektuellen, der 1933 Deutschland verlassen mußte, in dem Vorwurf, Benjamin sei nicht ins Exil gegangen »wegen der politischen Verhältnisse und des Terrors der Nazis [...], sondern weil man ihn nicht mehr drucken wollte« (Reich-Ranicki 1972). Zwar macht sich Fritz J. Raddatz nicht in allen Punkten Reich-Ranickis Haltung zu eigen, stimmt aber in wesentlichen Punkten mit ihm überein, wenn er befindet: Benjamin »war durchaus nicht Deutschlands ›hervorragendster Literatur-Kritiker‹, als den ihn sein Freund Scholem lobte. Der Band III von Benjamins Gesammelten Schriften, Versammlung aller Kritiken und Rezensionen, führt einen in der Auswahl seiner Objekte eher wahllosen, in deren Beurteilung eher von Literatur-Intrigen bestimmten als an der Zeitgenossenschaft interessierten, Inhalte referierenden statt Strukturen analysierenden Rezensenten vor« (Raddatz 1973, 1065). In einer Erwiderung auf Raddatz‹ Artikel spricht Jörg Drews vom Literaturkritiker Benjamin als einer »Fiktion«, »die nur darauf basiert, daß es aus Einteilungsgründen nahelag, die Buchbesprechungen, die er vor allem zwischen 1926 und 1932 in der *Literarischen Welt* und der *Frankfurter Zeitung* veröffentlichte, in einem Band zu vereinigen. Die Fiktion setzt obendrein voraus, daß man unter Literaturkritik nur Buchbesprechungen versteht: die aktuelle journalistische Reaktion auf eben erschienene Publikationen« (Drews 1973, 1157). Obwohl es den Anschein hat, Drews würde mit seiner eigenwilligen Behauptung, Benjamin sei gar kein Kritiker gewesen, noch entschiedener Zweifel an dessen kritischer Kompetenz anmelden, geht sein Argumentationsansatz, den Benjaminschen Kritik-Begriff entschieden weiter zu fassen, in die richtige Richtung. In einer ersten umfassenden Studie hat sich dann Bernd Witte in seiner Untersuchung *Walter Benjamin – Der Intellektuelle als Kritiker* mit dem Theoretiker und Literaturpraktiker beschäftigt. Für ihn läßt sich die Bedeutung Benjamins als Kritiker nur ermessen, wenn man dabei die von Benjamin formulierten theoretischen Überlegungen zum Kritik-Begriff berücksichtigt: »Um zu einer historisch richtigen Einschätzung von Benjamins Tätigkeit als Rezensent zu kommen, ist es vielmehr notwendig, die neuartige Intention seiner Rezensionen anzuerkennen und sie zunächst einmal an ihrem eigenen Maßstab zu messen« (vgl. Witte 1976, 146 f.). Auch in Uwe Steiners Arbeit *Die Geburt der Kritik aus dem Geiste der Kunst* (1989) stehen Benjamins Überlegungen zur Kritik im Zentrum, wobei Steiner besonders die Entwicklung des Begriffs in den frühen Arbeiten interessiert. Das im Nachlaß gefundene Fragment DIE AUFGABE DES KRITIKERS hat zu Beginn der 90er Jahre Heinrich Kaulen in seinem Aufsatz »›Die Aufgabe des Kritikers‹. Walter Benjamins Reflexionen zur Theorie der Literaturkritik 1929–1931« einer eingehenden Untersuchung unterzogen. Er bestimmt drei Hauptformen Benjaminscher Kritik. Dabei unterliegt die Form der »*polemisch-strategischen*« Kritik, die sich »vorrangig auf ›Richtungen‹ und ›Schulen‹ statt auf das einzelne Werk konzentriert, nach Kaulens Ansicht starken Veränderungen, da sie »an politischen Ideen orientiert ist«. Eine zweite Form macht Kaulen in der »*immanenten*« oder »*exegetisch-kommentierenden* Kritik« aus, in der Kritik auf Interpretation aus ist. »Die Unterscheidung von immanenter Exegese und strategischer Schulkritik meint zunächst das Nebeneinander von zwei auf ihrem Gebiet jeweils notwendigen und legitimen Verfahrensarten der Kritik. Ihre Antinomie kann freilich nur dann geschlichtet werden, wenn eine Hierarchie kritischer Gattungen entworfen wird, die beide Momente integriert, auf ihrer dritten und obersten Stufe aber eine Vereinigung der entgegengesetzten Motive anstrebt« (Kaulen 1990, 323). In einer dritten Form, die Kaulen als »vollendete Kritik« beschreibt, ist es seiner Meinung nach Benjamins Absicht, Polemik und Kommentar auf einer höheren Ebene zusammenzuführen.

Obwohl der Kritik-Begriff zu Benjamins zentralen Begriffen gehört (vgl. Steiner 2000, 479–523), fehlt es bisher an Untersuchungen, in denen die literaturkritischen Arbeiten Benjamins einer ausführlichen Analyse unterzogen wurden. Sie spielen auch in dem Aufsatz »Der Kritiker und die Öffentlichkeit« von Heinrich Kaulen eher eine sekundäre Rolle, denn stärker interessiert ihn das Verhältnis des Kritikers Benjamin zur Öffentlichkeit. Kaulen weist nach, daß für Benjamin, bei dem in der Frühphase eine esoterische Abkehr von der Öffentlichkeit auszumachen ist, die Öffentlichkeit nach 1925 »zum essentiellen Bezugspunkt des Kritikers« wird (Kaulen 1999, 920).

Entwicklung des methodischen Instrumentariums

Was den Kritiker Benjamin auszeichnet, der insbesondere zwischen 1926 und 1933 auch als Rezensent tätig war, kann ohne die Berücksichtigung seiner frühen philologischen Arbeiten nicht ermessen werden, da die kritische Arbeit des Literaturpraktikers in den theoretischen Überlegungen zur Sprache und zur Funktion von Kritik ihre Voraussetzungen findet. Bereits in seinen Arbeiten aus der Studentenzeit hat Benjamin Kritik nicht nur als methodisch-analytisches Instrumentarium begriffen, sondern immer auch als Haltung verstanden. In der Arbeit DAS LEBEN DER STUDENTEN (1914/15) unternimmt er einen kritischen Gang durch den institutionalisierten Bereich der Wissenschaft, den er als »rechtskräftige Kritik« (II, 76) am Gegebenen versteht. Ihren Ausgangspunkt nimmt die Arbeit in der Beschreibung eines gesellschaftlichen Zustandes, der als Krise gedeutet wird, weshalb es sich als erforderlich erweist, »Künftige[s] aus seiner verbildeten Form im Gegenwärtigen erkennend zu befreien« (75), was allein mit den Mitteln der Kritik geschehen kann, denn: »Dem allein dient die Kritik« (ebd.). Bereits in dieser Arbeit kommt der Kritik eine scheidende Funktion zu, geht Benjamin doch davon aus, daß in den gegenwärtigen Zuständen Zukünftiges durchaus vorgeprägt, allerdings in falschen Zusammenhängen vorhanden ist. In den frühen Jahren begreift Benjamin seine wissenschaftlichen Arbeiten als kritische Beiträge, so daß Kritik zur entscheidenden Haltung des Intellektuellen wird, der sich in Debatten einmischt und Stellung bezieht.

Sprachtheorie als Sprachkritik

Noch bevor Benjamin in seiner Dissertation Der Begriff der Kunstkritik in der deutschen Romantik (1918/19) den romantischen Kritik-Begriff einer eingehenden Analyse unterzieht, darf bereits das Verfahren, das er im frühen Sprachaufsatz Über sprache überhaupt und über die Sprache des Menschen (1916) anwendet, auch wenn der Terminus ›Kritik‹ keine Erwähnung findet, als sprach*kritisch* bezeichnet werden. Die Überzeugung, daß Sprache zum Mittel geworden ist und sich im Geschwätz verliert, ist Resultat einer vom Gegenwärtigen ausgehenden Analyse. In einer auf Mitteilung reduzierten und darin zum Mittel gewordenen Sprache sieht Benjamin das Dilemma des gegenwärtigen Sprachzustandes. In ihm ist es den Menschen nicht mehr gegeben, im Namengeben zu erkennen, weil sie nach dem Sündenfall die Ordnung verletzt haben, in der ihnen diese Fähigkeit gegeben war. Benjamins adamitische Sprachauffassung erweist sich gerade in den Möglichkeiten sprachanalytischer Verwendung als bedeutend. Indem er davon ausgeht, daß Sprache neben dem, was sich in ihr mitteilt, zugleich auch als Symbol des Nichtmitteilbaren zu verstehen ist, erscheint gerade die Sprache der Dichtung, die neben der Mitteilung des Mitteilbaren etwas enthält, was nicht mitteilbar ist, angewiesen auf Übersetzung, auf die, wie Benjamin es nennt, »Überführung der einen Sprache in die andere durch ein Kontinuum von Verwandlungen« (II, 151). Dabei handelt es sich um einen Vorgang der Vervollkommnung, denn die Übersetzung hat Anteil am Vollkommenwerden von Sprache, wenn sie aus dem, was sich durch Sprache mitteilt, auf jene sprachlichen Momente stößt, die sich in ihr mitteilen.

Diesen sprachkritischen Ansatz entwickelt Benjamin in der Abhandlung Die Aufgabe des Übersetzers (1921) weiter und greift zugleich in entscheidenden Überlegungen auf Einsichten zurück, die er im frühen Sprachaufsatz von 1916 formuliert hat. Das Unübersetzbare, jenes Sagenwollen der Sprachen, verweist auf die reine Sprache in ihrem paradiesischen Zustand. Zwar sind die Sprachen im Sagenwollen einander verwandt, doch ist durch den Sündenfall und die danach einsetzende Sprachverwirrung diese Verwandtschaft nur noch im Verborgenen auszumachen. Aufgabe der Übersetzung darf es nicht sein, dem Original gleichen zu wollen, sich ihm ähnlich zu machen und so in der Mitteilung zu erschöpfen, sondern sie hat im Wissen um das Nicht-Mitteilbare, das sich in jeder Sprache als ihr magischer Kern findet, die sprachliche Arbeit auf das Verborgene auszurichten. In Benjamins Verständnis ist diese Arbeit bestimmt als ein zutiefst kritisches Verfahren, das zur Voraussetzung hat, daß die reine Sprache von dem freigelegt wird, was sie als Mitteilung umgibt, um zu ihrem wesenhaften Kern vordringen zu können.

Die beiden frühen Spracharbeiten sind für Benjamins Denken substantiell. Auf die Zusammenhänge zwischen seinen Überlegungen zu einer Theorie der Übersetzung und dem Kritik-Begriff hat Alfred Hirsch hingewiesen: »1. Weder Kritik noch Übersetzung sind einfach Wiederholungen des Ausgangstextes; sie setzen immer schon ein gewisses Text- und Werkverständnis voraus. Ihnen geht immer schon die ›hermeneutische‹ Erschließung des Ausgangstextes voraus. 2. Als Reproduktionen ganz bestimmter Aspekte des Ausgangstextes weisen Kritik und Übersetzung zwar einerseits eine gewisse Sekundarität auf, andererseits aber entwerfen sie in irreduzibler Einzigartigkeit und ›Erstmaligkeit‹ ein neuartiges Bild [...] 3. Kritik und Übersetzung erweisen sich gleichermaßen als textpraktische Verfahren, die an die Rezeptionsweise der jeweiligen Sprache und Epoche gebunden sind« (Hirsch 1995, 113).

Textimmanente Kritik und der Begriff der Reflexion

In seiner Dissertation Der Begriff der Kunstkritik in der deutschen Romantik, die zwischen beiden Sprachaufsätzen entsteht, untersucht Benjamin nicht allein den romantischen Kritik-Begriff, sondern er entwickelt in der Auseinandersetzung mit dem Begriff eine Methode der Werkerschließung. Trotz gewisser Umdeutungen, die der Kritik-Begriff in Benjamins späteren Schriften erfährt, hat er die entscheidenden theoretischen Prägungen in den frühen Arbeiten erhalten.

Neben dem Begriff der Kritik interessiert Benjamin jener der Reflexion, der für ihn mit dem Kritik-Begriff in engstem Zusammenhang steht. Dabei gilt es für sein Verständnis der romantischen Kunstkritik als ausgemacht, daß Kritik »ein Experiment am Kunstwerk [ist], durch welches dessen Reflexion wachgerufen, durch das es zum Bewußtsein und zur Erkenntnis seiner selbst gebracht wird« (I, 65). Ob das Experiment gelingt, hängt davon »ab, wie weit der Experimentator imstande ist, durch Steigerung seines eigenen Bewußtseins, durch magische Beobachtung, wie man sagen darf, sich dem Gegenstand zu nähern und ihn endlich in sich einzubeziehen« (60). So wird intensive Beobachtung zur Bedingung des kritischen Verfahrens, das auch der Reflexion bedarf, weil das reflektierende Verfahren nach Benjamins Überzeugung in engster Beziehung zum kritischen steht. Während Kritik häufig als

Beurteilung verstanden wird, macht Benjamin geltend, daß Kritik »Vollendung, Ergänzung, Systematisierung des Werkes« (78) zu sein hat.

In der Dissertation gelingt es Benjamin, einen Begriff von Kritik zu entwickeln, der es ihm ermöglicht, Kunstwerke in einem experimentellen Verfahren auf- und dabei zu erschließen. In dieser frühen Phase leistet das die immanente Kritik, wobei durch Reflexion die im Kunstwerk selbst angelegten Tendenzen entdeckt werden. Dabei experimentiert die Kritik in einem reflektierenden Verfahren mit dem Werk und untersucht es auf seinen sprachlichen Gehalt wie auf jene Sinn- und Bedeutungsstrukturen hin, die zur Reflexion einladen. Durch dieses Verfahren werden jene Gedanken weitergeführt, die im Werk selber unvollendet geblieben sind. Da der Kritiker aber um den fragmentarischen Charakter des Kunstwerkes weiß, ist er aufgefordert, das unvollendet Gebliebene der Vollendung zuzuführen und sich jener sprachlichen Dinge anzunehmen, die auf die reine Sprache verweisen. Sie muß von dem freigelegt werden, was als Geschwätz über ihr lagert.

Verhältnis von Kommentar und Kritik

Benjamins Aufsatz über Goethes Wahlverwandtschaften (1922) kann als ein kritisches Experiment verstanden werden, bei dem der Autor auf Einsichten zurückgreift, die er in den Sprachaufsätzen und der Dissertation formuliert hat. Für die Untersuchung des Wahlverwandtschaften-Romans zentral ist die Unterscheidung von Kommentar und Kritik. Während sich der Kommentar dem Sachgehalt eines Werkes zuwendet, ist es nach Benjamins Auffassung Aufgabe der Kritik, nach dem Wahrheitsgehalt zu suchen. Er geht davon aus, daß Sach- und Wahrheitsgehalt, die zur Entstehungszeit des Werkes noch »geeint« (I, 125) sind, im Verlaufe der Überlieferungsgeschichte auseinander treten und die Sachgehalte erst dann bewußt registriert werden, wenn sie sich in der Wirklichkeit nicht mehr finden lassen. Deshalb müsse der Kritiker mit der Kommentierung des »Auffallenden und Befremdenden, des Sachgehaltes« (ebd.) beginnen, weil allein aus dieser Arbeit, bei der reflektierend der Text einer immanenten Betrachtung unterzogen wird, dem Kritiker »mit einem Schlag [...] ein unschätzbares Kriterium seines Urteils« »entspringt« (ebd.). Somit wird Reflexion, wie er sie in der Dissertation definiert hat, zur Voraussetzung der Arbeit des Kritikers, wobei er, auf der Suche nach dem Wahrheitsgehalt, »Wahrheit im Wesen der Sprache« (197) zu entdecken vermag. Wahrheit ist allerdings an das Schöne gebunden und läßt sich nicht enthüllen, weshalb das gemäße Verfahren der Kunstkritik das der Anschauung ist. »Die Kunstkritik hat nicht die Hülle zu heben, vielmehr durch deren genaueste Erkenntnis als Hülle erst zur wahren Anschauung des Schönen sich zu erheben« (195). In diesem Vorgehen der Kunstkritik zeigen sich Parallelen zu dem, was Kommentar und Sachgehalt miteinander verbindet. Wie die Anschauung des Schönen erst durch die genaueste Erkenntnis der Hülle möglich wird, ist die Kritik bei ihrer Suche nach dem Wahrheitsgehalt aufgefordert, präzise und ausdauernd die Sachgehalte zu kommentieren.

Rolle der Kritik im Zeitschriftenprojekt »Angelus Novus«

Eine Chance, seine Überlegungen zur Kritik stärker praktisch zu erproben, eröffnete sich Benjamin durch das Angebot, eine Zeitschrift herauszugeben, die er Angelus Novus nennen wollte. Erwähnt wird das Projekt zuerst in einem Brief an Scholem vom 4.8.1921. Als erklärtes Ziel soll die Zeitschrift »den Geist ihrer Epoche« (II, 241) bekunden. Als Benjamin im Dezember 1922 die ersten Korrekturbögen vorliegen, ist das Erscheinen der Zeitschrift weiterhin ungewiß. Bereits im Oktober selben Jahres hatte Benjamin schon geahnt, daß das Projekt scheitern könnte. In einem Brief an Rang schrieb er: »Dem Angelus aber bitte ich Dich um seiner Ankündigung willen ein freundliches Gedächtnis zu bewahren. Ich jedenfalls werde es so halten: diese nicht geschriebne Zeitschrift könnte mir nicht wirklicher und nicht lieber sein, wenn sie vorläge« (2, 279 f.).

Was Benjamin an inhaltlicher Ausrichtung vorschwebte, hat er in der Ankündigung der Zeitschrift: Angelus Novus (1921/22) formuliert. Die Zeitschrift sollte eine mit dem *Athenäum* der Romantiker begonnene Tradition fortführen, in einem wesentlichen Punkt aber über sie hinausgehen: Kritik sollte nicht periphere Zugabe, sondern eine der tragenden Säulen innerhalb des Projektes sein. Die »positive[] Kritik«, von der Benjamin spricht, müsse »mehr als bisher, mehr auch als es den Romantikern gelang, die Beschränkung auf das einzelne Kunstwerk [...] üben« (II, 242). Des weiteren erteilt Benjamin in seiner programmatischen Erklärung den nie wirklich kalkulierbaren Ansprüchen des Publikums eine entschiedene Absage – an deren vermeintlichen Wünschen wollte sich das Blatt gerade nicht orientieren. Hingegen sollte die Kritik, für die sich in Deutschland seit hundert Jahren jedes »ungewaschene Feuilleton« (ebd.) ausgeben durfte, wieder zur Gewalt des kritischen Wortes finden. Denn nur eine Kritik, die dem »wahrhaft Aktuelle[n]« (241) verpflichtet wäre, wie es bei Benjamin heißt, würde sich von der in den Tageszeitungen praktizierten unterscheiden können und zur ursprünglichen Bedeutung des Wortes ›Kritik‹ zurückfinden. »Eine so verstandene Aktualität ist zeitgemäß und unzeitgemäß zugleich. Deshalb sollte die Zeitschrift, die sich Benjamin vorstellte, sowohl *in* ihrer Zeit als auch *gegen* sie stehen. Anstatt um die Gunst des Publikums zu ›buhlen‹, hat sie um Aktualität zu werben« (Wohlfarth 1999, 35). Einer solchen Aufgabe vermag Kritik nur durch Versenkung ins Werk gerecht zu werden. Deshalb hat sie nicht durch »Darstellung zu unterrichten oder Vergleiche zu bilden« (II, 242), sondern sie muß ins Innere des Werkes eindringen, um unter der Oberfläche auf jenes »wahrhaft Aktuelle« (245) zu stoßen, das zu entdecken ihre Aufgabe sei. Das Eindringen ins Textinnere erweist sich für den Kritiker als zentraler Grundsatz seiner kritischen Arbeit. Wenngleich die Zeitschrift nie erschienen ist, hat Benjamin in der ANKÜNDIGUNG wesentliche theoretische Grundsätze seines Kritik-Begriffs formuliert.

Fritz von Unruh – Etikettenschwindler

Nach dem Scheitern seiner Habilitation gelang es Benjamin in relativ kurzer Zeit, sich Publikationsmöglichkeiten in den beiden bedeutendsten Zeitungen der Weimarer Republik zu eröffnen. Neben der *Frankfurter Zeitung*, zu der ihm 1925 Siegfried Kracauer den Weg ebnete, gelang es Benjamin auch, seine Arbeiten in der *Literarischen Welt* zu veröffentlichen. Dabei verfolgte er nach der Capri-Reise das Ziel, die »aktualen und politischen Momente [...] zu entwickeln, und das, versuchsweise, extrem« (2, 511). Mit dieser neuen Ausrichtung seiner Arbeiten war verbunden, daß die »literarische Exegese« (ebd.) zurücktrat.

Als erster bekommt Fritz von Unruh (1885–1979) zu spüren, was Benjamin vorschwebt, wenn er seine Haltung nicht mehr »altfränkisch« maskieren, sondern sich in seinen Schriften politisch positionieren will. Mit der Besprechung von Unruhs Buch *Die Flügel der Nike* (1925) verfolgt Benjamin zwei Ziele: Zum einen gedenkt er den Platz abzustecken, den er insbesondere »in der *Literarischen Welt* behaupten will« und zum anderen ist es seine Absicht, mit einer als »Galavorstellung angelegten Rezension nicht nur seine Präsenz als Kritiker auf dem Markt anzuzeigen, sondern zugleich das Niveau einer neuen Kritik« zu bestimmen (Köhn 1989, 199).

Bereits im Juli 1925 erwähnte Benjamin in einem Brief an Rilke, daß er eine Besprechung von Unruhs Buch plane. Darin wollte er Vertretern des geistigen Deutschland, wie es Fritz von Unruh vertrat, die Beglaubigung absprechen: »Brutaler konnte man das Glück, Paris zu einer Zeit zu sehen, wo das den meisten deutschen Freunden des französischen Geistes noch versagt war, nicht verraten. Ich glaube, es wäre an der Zeit, solchen ›Botschaftern‹ des geistigen Deutschland die Beglaubigung abzusprechen« (3, 56). Doch die Arbeit zog sich hin. Erst im Oktober selben Jahres teilte er Scholem mit: »Soeben habe ich eine Rezension von Fritz von Unruh: ›Flügel der Nike‹ abgeschlossen. ›Buch einer Reise‹. [...] Gewiß wird der Mann wieder hochkommen, weil das europäische Literaturleben noch hinterm Sumpfe dadurch zurücksteht, daß keiner in ihm umkommen kann: aber es wird doch schon ein Schauspiel sein, wie und wo er nach dieser einläßlichen Charakteristik seines Pazifismus den Mund wieder auftut« (90). Die Rezension erschien unter dem Titel FRIEDENSWARE am 21.5.1926 in der *Literarischen Welt*. Nur auf den ersten Blick verwundert, weshalb sich Benjamins Zorn gerade an einem Fritz von Unruh entzündete, der dem Kritiker in seinen politischen Ansichten nicht so fern zu stehen scheint.

In seinem Buch berichtet der erklärte Pazifist Unruh von einer Reise durch Frankreich, die er nach dem Ersten Weltkrieg unternahm. Allerdings vergaß der selbst ernannte Friedensstifter zu erwähnen, daß er bereits 1914 dazu einlud, den Franzosen einen Besuch abzustatten. Damals rief der Autor des »Reiterliedes« dazu auf, Paris im Sturmangriff zu nehmen. In Unruh bekämpft Benjamin einen typischen Vertreter jener Gewendeten, die im Nachkriegsdeutschland immer mehr an Einfluß gewinnen. »Benjamin wollte der öffentlichen *Einkehr* dieses ehemaligen preußischen Offiziers, der kaum ein Jahrzehnt zuvor als überzeugter Kriegslyriker die deutsche Bühne betreten hatte, keinen Glauben schenken. Dabei ging es ihm nicht darum, einen Privatmann zu attackieren, sondern eine in seinen Augen typische Literatur zu denunzieren« (Brodersen 1990, 177).

Er kritisiert Unruh, weil dessen Ansichten als Botschafter der Völkerverständigung gegenüber den Franzosen anmaßend und besserwisserisch sind. Zwar will der ehemalige Offizier in der Rolle des Vermittlers auftreten, aber er erweist der Sache keinen wirklichen Dienst – zu deutlich scheinen unter dem Friedenskostüm die alten Waffen hervor. Während Unruh für sich die Rolle des Aufklärers reklamiert, deutet Benjamin den pathetischen Ton als reinstes Epigonentum, entlarvt er in Unruh den Händler von »Friedenswaren«, der verschweigt, woher die Produkte stammen, die er anbietet.

Der Vorwurf des vorsätzlichen Etikettenschwindels durchzieht den gesamten Text. Hinter dem vermeintlichen Freund der Franzosen, als der sich Unruh versteht, zeigt Benjamin den Frontkämpfer, der seine erste Berührung mit Frankreich vor Verdun hatte. Doch an diese »Fühlung mit dem Kundenkreise« (III, 24), als er sich mit »schwerer Munition« (ebd.) näherte, will sich der Händler von Friedenswaren nicht erinnern. Benjamin wirft ihm vor, daß »er gerade jene Salons aufgesucht hat und nun verherrlicht, die Nutznießer des vergangenen Krieges und mutmaßlich auch der Vorbereitung eines kommenden sind und denen man ansehen kann, daß sie gegen alle Diskussionen über Anstifter, Ursachen und Mittel des Krieges ›vollkommen lautdicht abgeschlossen sind‹« (Hartung 1986, 408). An Unruhs Pazifismusposition macht Benjamin deutlich, wie weit ihn diese Haltung vom Kantschen Friedensgedanken entfernt. »Die Ware Frieden steht, bis auf weiteres, in größtmöglichem Gegensatz zum wahren Frieden« (vgl. Honold 2000, 211). Denn die Friedensidee, der Unruh folgt, ist das Thema von Abendunterhaltungen, wie sie auf den Banketten der Rüstungsgewinner gepflegt werden. Während Unruh dieser Salonphilosophie die Treue hält, plädiert Benjamin nicht allein für eine nüchterne Sicht auf Vergangenheit und Gegenwart, sondern ihm scheint auch die Zukunft in Gefahr zu sein, wenn er schreibt: »Die große Prosa aller Friedenskünder sprach vom Kriege. Die eigne Friedensliebe zu betonen, liegt denen nahe, die den Krieg gestiftet haben. Wer aber den Frieden will, der rede vom Krieg. Er rede vom vergangenen (heißt er nicht Fritz von Unruh, welcher gerade davon einzig und allein zu schweigen hätte), er rede von dem kommenden vor allem« (III, 25).

Benjamins Aufforderung, daß, wer den Frieden will, vom Krieg reden müsse, ist ein Plädoyer für die Aufarbeitung der Vergangenheit. Das Geschehene darf nicht als Betriebsunfall der Geschichte betrachtet werden, sondern es ist erforderlich, das historische Ereignis in seinen kausalen Zusammenhängen zu erfassen und zu analysieren. Weil es Unruh daran fehlen läßt, weil er nicht nach den Ursachen fragt, sondern mit dem dürftigen Mäntelchen eines falschen Pazifismus verdecken will, was sich ereignet hat, richtet ihn Benjamin öffentlich. Er demaskiert den Autor, der sich in der Pose als Friedenstifter gefällt (vgl. 23 f.). Um auf das »kassandrische[] Kauderwelsch« (25) des Unruhschen Stils aufmerksam zu machen, bedient sich Benjamin einer geschliffenen Sprache und führt in Unruh einen Autor vor, der schlichtweg die Zeit verschlafen hat – das Unzeitgemäße an der Position erweist sich als »schlichte[r] Blödsinn[]« (26). Neben der Dummheit stört Benjamin an dem Text vor allem die Eitelkeit des Autors. »Denn weiter als die Dummheit dieses Buches«, heißt es in Benjamins Kritik, »reicht die spiegelgeile Eitelkeit des Verfassers, höher als die Eitelkeit des Autors türmt der Unrat einer Produktion sich auf, an der ganz neu die theologische Erkenntnis sich bewährt, daß die Werke der Eitelkeit Schmutz sind. Er ist hier über beide Länderbreiten ausgegossen, daß kein großer und ehrlicher Name mehr bleibt, der von seinem Gestank nicht durchtränkt wäre« (27).

Durch den Schlag, zu dem Benjamin in seiner Besprechung gegen Unruh ausgeholt hat, soll Falsches vom Wahren geschieden werden. »Das Widerstreben gegen den Pazifismus lag tief in Benjamins Philosophie, ja in seiner ganzen geistigen Physiognomie begründet. [...] Den ›Deklamationen der Pazifisten und Aktivisten‹ [II, 187] wird aber nicht eine andere Meinung zur Gewalt, sondern deren ›Kritik‹ entgegengestellt« (Hartung 1986, 408 f.).

In der Haltung, die in der Rezension zum Ausdruck kommt, finden sich wichtige Grundsätze kritischen Arbeitens wieder, die Benjamin in Die Technik des Kritikers in dreizehn Thesen aus der Einbahnstrasse festgehalten hat. Wenn es in der ersten These heißt: »Der Kritiker ist Stratege im Literaturkampf« (IV, 108), dann weist Benjamin ihm in diesem Kampf die Aufgabe zu, sich als Taktiker auf dem Feld der literarischen Auseinandersetzung mit einem strategischen Plan zu behaupten. Daß er in seiner Besprechung Partei ergreift, stimmt mit der Forderung überein, die er in der zweiten These aufgestellt hat: »Wer nicht Partei ergreifen kann, der hat zu schweigen« (ebd.). Allerdings würde man ihn einseitig interpretieren, wenn man diese Formulierung allein parteipolitisch verstehen wollte. In Friedensware bezieht er in allererster Linie Partei aus Überzeugung und Empörung. Es ging ihm nicht allein um die »Vernichtung [...] eines Buches sondern einer Buchschreiberei« (3, 169), wie er sich im Juli 1926 gegenüber Kracauer äußert. Diese Form von ›Schreiberei‹ verdient nach Benjamins Ansicht nur die gründlichste öffentliche Aburteilung und Vernichtung. Insofern würde der Vorwurf, die Polemik sei unsachlich, zu kurz greifen, denn in der fünften These heißt es: »Immer muß ›Sachlichkeit‹ dem Parteigeist geopfert werden, wenn die Sache es wert ist, um welche der Kampf geht« (IV, 108). Daraus allein ein parteipolitisches Bekenntnis zur kulturpolitischen Praxis des orthodoxen Marxismus abzuleiten, verliert den historischen und literaturpraktischen Hintergrund aus den Augen, vor dem die Thesen entstanden sind. Benjamin entwickelt kein Konzept literarischer Kritik in Anlehnung an ein marxistisches Parteiprogramm. Er benutzt vielmehr die Kunst des Kritisierens als »blanke Waffe in dem Kampfe der Geister« (109). Wie treffsicher er diese Waffe zu führen verstand, davon zeugt der Text FRIEDENSWARE, selbst wenn der kritische Impuls in erster Linie ein sittlicher war, wie es Benjamin in der sechsten These formuliert hat: »Kritik ist eine moralische Sache« (108).

Ernst Jüngers »Krieg und Krieger«

Fünf Jahre nach der Fertigstellung von FRIEDENSWARE beschäftigt sich Benjamin in THEORIEN DES DEUTSCHEN FASCHISMUS erneut in einer literaturkritischen Arbeit mit dem Pazifismus. Dem Herausgeber des Sammelbands *Krieg und Krieger*, Ernst Jünger, wirft er vor, dieser würde sich mit der Formulierung, daß es in der Geschichte »›eine nebensächliche Rolle spielt, in welchem Jahrhundert, für welche Ideen und mit welchen Waffen gefochten wird‹« einen »Grundsatz des Pazifismus« zu eigen machen (III, 239). In dieser »anfechtbarsten und [...] abstraktesten« Formulierung, die Jünger gewählt hat, vermag Benjamin »einige Begriffe vom nächsten Krieg« auszumachen (ebd.). Für Günter Hartung stellt Benjamins Jünger-Polemik einen Höhepunkt innerhalb der Benjaminschen Antikriegsschriften dar. »Unter Aufnahme und Weiterführung seiner bisherigen politischen Publizistik war hier eine Schrift entstanden, die in einzigartiger Weise der Forderung entsprach, Anstifter, Ursachen und Mittel kommender Kriege kenntlich zu machen. Auch die Form, welche Entwicklung von Theorie mit politischer und philosophischer Polemik verband, hatte und hat vorbildlichen literarischen Wert« (Hartung 1986, 413). Benjamin macht in den Texten des Sammelbandes eine Diskrepanz aus – nur ungenügend wird die entfesselte Technik moralisch erhellt, so daß die wirtschaftlichen Kriegsursachen nicht zur Sprache kommen. Jünger und seinen Mitstreitern wirft er vor, daß sie blind für die Zusammenhänge zwischen Technik und Krieg sind: »Jeder kommende Krieg ist zugleich ein Sklavenaufstand der Technik« (III, 238), führt Benjamin aus und polemisiert entschieden gegen diese Schrift, weil der Rückblick auf den vergangenen Krieg zu keinerlei brauchbaren Einsichten führt, um einen möglichen künftigen zu verhindern. Den Gedanken, daß der Krieg so schwer zu fassen sei, wie es in Jüngers Band behauptet wird, entkleidet Benjamin auf seinen substantiellen Kern. Er findet in dem Reden über den Krieg, und insbesondere über den Ersten Weltkrieg, Hinweise darauf, daß den Mitarbeitern an diesem Buch der Krieg als »der höchste Ausdruck der deutschen Nation« (241) gilt. Den Vertretern dieser Geisteshaltung wirft er vor, daß sie noch immer einem soldatischen Heroismus nachhängen, der spätestens mit dem Einsatz von Giftgas auf den Schlachtfeldern des Ersten Weltkrieges außer Kraft gesetzt wurde. »Der Gaskampf, für den die Mitarbeiter dieses Buches auffallend wenig Interesse haben, verspricht dem Zukunftskrieg ein Gesicht zu geben, das die soldatischen Kategorien endgültig zugunsten der sportlichen verabschiedet, den Aktionen alles Militärische nimmt und sie sämtlich unter das Gesicht des Rekords stellt. Denn seine schärfste strategische Eigenart besteht darin, bloßer und radikalster Angriffskrieg zu sein« (239 f.). Doch Jüngers Mitstreiter sind in »knabenhafte[r] Verschwärmtheit« (240) unfähig, aus dem Krieg, an dem sie als Offiziere teilgenommen haben, jene Schlüsse zu ziehen, die einen nächsten erschweren würde. »Freibeuter von Fach haben das Wort. Ihr Horizont ist flammend, aber sehr eng« (246), gibt Benjamin zu bedenken. Ein Hauptvorwurf, den er geltend macht, lautet, daß in den Texten vom Krieg geredet wird, als wäre er der »höchste Ausdruck der deutschen Nation. Daß sich hinter dem ewigen Kriege der Gedanke des kultischen, hinter dem letzten der des technischen verbirgt, und wie wenig es den Verfassern gelungen ist, deren Verhältnis zueinander ins reine zu bringen« (241 f.), müsse deutlich gemacht werden.

Benjamin ist weit davon entfernt, das, was sich in dieser Schrift an Bekennertum zum Krieg äußert, allein als Ausdruck einer Schar von Unverbesserlichen anzusehen. Ihm sind die Töne, die in dem Band angeschlagen werden, Symptom einer verfehlten und gänzlich falsch verlaufenen Aufarbeitung des letzten Krieges. Dagegen macht er in seiner Kritik deutlich, wie durch das Trauma vom verlorenen Krieg verhindert wurde, nach den Ursachen zu fragen, die ihn ermöglichten. Dabei geht Benjamin selber wie ein militärischer Aufklärer vor – er dringt in das von Jünger und den Seinen besetzte Gebiet ein und enttarnt sie, indem er die geheimen Absichten seiner Gegner öffentlich macht. Während sich die in Materialschlachten gestählten Krieger einer vernunftwidrigen Sprache bedienen, greift Benjamin auf die Sprache der Vernunft zurück und überläßt den »Kriegsingenieuren der Herrscherklasse« (249) das Feld nicht kampflos. »Wohl aber hat man alles Licht, das Sprache und Vernunft noch immer geben, auf jenes ›Urerlebnis‹ zu richten, aus dessen tauber Finsternis diese Mystik des Weltentods mit ihren tausend unansehnlichen Begriffsfüßchen hervorkrabbelt« (249 f.). Auch für diese Kritik gilt, was Hartung als ein »Formgesetz« Benjaminscher Rezensionen ansieht: »Fast jede hat an gewichtiger Stelle, meist am Ende, nach der blitzlichthaften Erhellung ökonomischer, politischer literarischer Zusammenhänge, ein Resümee über die Aktualität der besprochenen Schrift. Es versteht sich, daß das Verfahren im

Bereiche echter Philologie bleibt, welche ›die Sachverhalte nie außerhalb des Wortes zu fassen‹ sucht« (Hartung 1978, 20). Mit der Kritik THEORIEN DES DEUTSCHEN FASCHISMUS zeigt sich Benjamin auf der Höhe der Zeit, weil er das Gefährliche an dem Geist aufdeckt, der sich erneut formiert. »Zu Beginn der dreißiger Jahre, im Schatten der Weltwirtschaftskrise und des vorrückenden Faschismus verfaßt Benjamin einige rücksichtslos vernichtende Rezensionen, die hinter dem Ideenaufschwung die Einstimmung der Intellektuellen auf den kommenden Krieg freilegen« (Lindner 1980, 132).

Max Kommerells Bekenntnis zum Dichter als Führer

Mit besonderer Aufmerksamkeit verfolgt Benjamin zu dieser Zeit auch die Entwicklungen in den Geisteswissenschaften. In dem Bemühen der Nationalkonservativen, die sich auf die ewigen Werte der Dichtung zurückziehen, erkennt er eine verhängnisvolle Tendenz, sich in Geschichtslosigkeit zu verlieren. Diese Vertreter stehen für Benjamin in Beziehung zu den bekehrten Friedenspredigern, wie sie von Unruh und Jünger verkörpert werden. Auf diese Nähe weist er in einem Brief an Scholem hin, den er über seinen Plan informiert, in einem Rundfunkvortrag Ernst Jüngers Sammelband *Krieg und Krieger* Max Kommerells Buch *Dichter als Führer in der deutschen Klassik* an die Seite zu stellen (vgl. 3, 531). Leider ist es bei dem Plan geblieben, denn ein solcher Text findet sich unter Benjamins Rundfunkarbeiten nicht. Stützen wollte er sich dabei auf seine Rezension WIDER EIN MEISTERWERK (1930). Diese Besprechung erschien am 15.8.1930 in der *Literarischen Welt*, aber die Beschäftigung mit Kommerells Buch reicht weiter zurück. Gegenüber Scholem äußert sich Benjamin 1929: »In San Gimignano habe ich mir die Hände an den Dornen eines allerdings stellenweise überraschend schön blühenden Rosenbuschs aus Georges Garten zerschunden. Es ist das Buch ›Der Dichter als Führer in der deutschen Klassik‹. Sein Verfasser heißt Kommerell und meine Rezension: Wider ein Meisterwerk« (3, 478 f.). Diese »erstaunlichste Publikation, die in den letzten Jahren aus dem Georgekreise hervorging« (486) ist nach Benjamins Überzeugung auch deshalb beispielhaft, weil der Autor ein Vertreter des »deutschen Konservatismus« (III, 252) ist. Benjamin gilt das Buch als »eine esoterische Geschichte der deutschen Dichtung«, die in »Wahrheit eine Heilsgeschichte der Deutschen« ist und sich als »Lehre vom wahren Deutschtum« (254) versteht. Zu kritisieren ist an dieser Darstellung das Geschichtsbild des Verfassers, über das Benjamin schreibt: »Sein Geschichtsbild taucht aus dem Hintergrunde des Möglichen auf, gegen den das Relief des Wirklichen seine Schatten wirft« (253).

Erneut macht Benjamin 1934 in DER EINGETUNKTE ZAUBERSTAB, einer Rezension von Kommerells Jean Paul-Buch, Bedenken gegenüber dem Autor geltend. Mit Bezug auf das frühere Buch ruft er in Erinnerung, daß gegen Kommerells Versuch, »die Klassiker zu Stiftern eines heroischen Zeitalters der Deutschen zu machen« (410) Einspruch zu erheben ist. Das ›Banausische‹ dieser Position wird offensichtlich an dem Schulterschluß, den die Männer des Geistes mit den in Stahlgewittern gestählten Kriegshelden suchen. Kommerells Buch ist erfüllt vom »Scheppern stählerner Runen«, so daß Benjamin das Buch in einer bestimmten Tradition sieht: »als den ersten kanonischen Fall eines deutschen Aufstands wider die Zeit, eines heiligen Kriegs der Deutschen gegen's Jahrhundert« (255). In diesem geistigen Bekenntnis, das die Erneuerung der deutschen Nation intendiert, erkennt Benjamin jene verheerende »germanische[] Götterdämmerung« (254), die Kommerells Ansatz eingeschrieben ist. Der vermeintliche Erneuerer eines ›gereinigten Deutschland‹ wird mit den untauglichen Versuchen, die er propagiert, einer eingehenden Kritik unterzogen. Zwar nimmt Kommerell bezug auf die Geschichte, aber es hat für Benjamin den Anschein, als sei diese Geschichte mit Napoleon zu Ende gegangen. An Kommerells Buch stört ihn, daß darin Vergangenheit um ihrer selbst willen zum Gegenstand der Darstellung gemacht wird, und ausgespart bleibt, welche Bedeutung das Vergangene für die Gegenwart hat. »Gibt es zeitlose Bilder«, heißt es in WIDER EIN MEISTERWERK, »so gibt es zeitlose Theorien gewiß nicht. Nicht Überlieferung kann über sie entscheiden, nur die Ursprünglichkeit. Das echte Bild mag alt sein, aber der echte Gedanke ist neu. Er ist von heute. Dies Heute mag dürftig sein, zugegeben. Aber es mag sein wie es will, man muß es fest bei den Hörnern haben, um die Vergangenheit befragen zu können. Es ist der Stier, dessen Blut die Grube erfüllen muß, wenn an ihrem Rande die Geister der Abgeschiedenen erscheinen sollen. Diese tödliche Stoßkraft des Gedankens ist es, welche den Werken des Kreises fehlt. Statt es zu opfern, meiden sie das Heute. In jeder Kritik muß ein Martialisches wohnen, auch sie kennt den Dämon. Eine, die nichts als Schau ist, verliert sich, bringt die Dichtung um die Deutung, die sie ihr schuldet, und um ihr Wachstum« (258 f.). Das Gemeinsame zwischen Jünger und Kommerell resultiert für Benjamin aus einem geistigen Arsenal, in dem »die Tarnkappe neben dem Stahlhelm hängt« (259).

Mit einem weiteren Vertreter des deutschen Konservatismus, mit Emil Ermatinger, beschäftigt sich Benjamin in der am 17.4.1931 in der *Literarischen Welt* erschienenen Besprechung LITERATURGESCHICHTE UND LITERATURWISSENSCHAFT. Auffällig ist wiederum die militärische Terminologie, deren er sich bedient, um seinen Gegner auf dem Feld des Geistes zu stellen. Benjamin kritisiert die Vertreter des konservativen Lagers, allen voran die des George-Kreises, weil sie Jünger und den Seinen, die ihre Truppen bereits wieder in Stellung bringen, keinen ernsthaften Widerstand entgegenbringen. Angesichts einer sich ankündigenden Gefahr »bereitet die Germanistik ihren Rückzug vorm Faschismus vor; mehr noch sie stellt Hilfstruppen bereit« (Lindner 1980, 132). Diesen Rückzug ist Benjamin nicht bereit zu decken. Wenn sich die Literaturwissenschaft als Literaturgeschichte verstehen will, dann genügt es nach seiner Auffassung nicht, »die Werke des Schrifttums im Zusammenhang ihrer Zeit darzustellen, sondern in der Zeit, da sie entstanden, die Zeit, die sie erkennt – das ist die unsere – zur Darstellung zu bringen« (III, 290).

Die Turm-Besprechung – Hugo von Hofmannsthal in freundschaftlicher Verbundenheit

Während Benjamin in dem zum Pazifismus konvertierten Unruh und dem konservativ »blühenden Rosenbusch[]« Kommerell (3, 478) jene Gegner ausmacht, zu deren Wirken er kritisch Stellung bezieht, ist sein Verhältnis zu Hugo von Hofmannsthal, dem er sich freundschaftlich verbunden fühlt, von ganz anderer Art. Hofmannsthal hat sich nicht nur für die Veröffentlichung der Wahlverwandtschaften-Arbeit in den von ihm herausgegeben *Neuen Deutschen Beiträgen* eingesetzt, sondern den Aufsatz, den er für »schlechthin unvergleichlich« hielt und in dem er »ein völlig sicheres und reines Denken« (Brodersen 1990, 144) erkannte, in höchsten Tönen gelobt. Doch Benjamins Verhältnis zu Hofmannsthal war durchaus ambivalent, wie aus einem Brief an Scholem ersichtlich wird. Im Zusammenhang einer Besprechung von Hofmannsthals Stück *Der Turm* (eine Umdichtung von Calderóns *Das Leben ein Traum*) weist er darauf hin: »Mein privates Urteil steht mir von vornherein fest; mein dem entgegengesetztes publizistisches ebenfalls« (3, 27). Und einen Monat später spricht er, wiederum gegenüber Scholem, davon, daß er beabsichtigt, Hofmannsthal für sich zu gewinnen, wozu es erforderlich ist, ihm in einem längeren Schreiben von der *Turm*-Lektüre Mitteilung zu machen, was Benjamin als keine willkommene, sondern als »eine dornige Aufgabe« (38) ansieht. Geschrieben hat er den Brief am 11.6.1925. Er ist diplomatisch und in jener chinesischen Höflichkeit gehalten, die Benjamin gelegentlich nachgesagt wird. Die sich darin findende Einschätzung über das Stück *Der Turm* ist eine einzige Eloge. Benjamin sieht in dem Drama »ein Trauerspiel in seiner reinsten, kanonischen Form« (47). Der Verfasser des Trauerspielbuches deutet Hofmannsthals Stück als einen Versuch, die barocke Dramenform, die Benjamin in seiner Habilitationsschrift untersucht und neu zu bestimmen versucht hat, zu erneuern und wieder zu beleben. Dabei zeigt sich Benjamin besonders von der Gestalt des Julian beeindruckt. »Am nächsten berührt in dieser Gestalt mich das großartige Widerspiel tiefer Schwäche und tiefer Treue. Einer Treue, die, unfreiwillig, nur aus Schwäche kommt und dennoch wunderbar mit ihr versöhnt. Denn dieser Mann nähert der befreienden Entscheidung sich aufs Haar und bleibt doch, wo er steht, als ewiger Diener des Entschiednen, gebannt« (48).

In Benjamins Rezension des Stücks, die erst sehr viel später, am 9.4.1926, in der *Literarischen Welt* erscheint, setzt er das Trauerspiel in Beziehung zum Calderónschen Text. An den Anfang seiner Kritik hat er eine grundsätzliche Bemerkung über das Verhältnis von dramatischer Urform und den daraus hervorgehenden Varianten gestellt, die solche Urformen im Laufe der Geschichte erfahren. Nach Benjamins Ansicht erweisen sich die »fruchtbaren dramatischen Stoffe [...] [als] begrenzt; unendlich sind nur die Motive, die sie Form gewinnen lassen. Erfindung schlechtweg ist gerade im Dramatischen die Passion des Dilettanten« (III, 30). Ausgehend von dieser Feststellung, erstmals hat er ähnliche Überlegungen in »EL MAYOR MONSTRUO, LOS CELOS« VON CALDERON UND »HERODES UND MARIANNE« VON HEBBEL. BEMERKUNGEN ZUM PROBLEM DES HISTORISCHEN DRAMAS (1923) formuliert, wird der Stellenwert beschrieben, den das Stück für Benjamin hat: Er sieht in Hofmannsthals Umdichtung eine Variante zur Calderónschen Urform, aus der sie ihre eigene »Spannung« bezieht.

Im Mittelpunkt beider Dramen steht der Traum, und Benjamin nimmt die Traumszenen in beiden Stücken zum Anlaß, um Urform und Variante in ihrer Bezogenheit, aber auch in ihrer Eigenständigkeit darzustellen. In Calderóns Stück ist es der väterliche Argwohn des Fürsten, den der Sohn zu fürchten hat. Weil die Astrologen befürchten, daß von seiner Person nur Unheil ausgehen wird, hält man ihn in einem Turm gefangen. Bei einer Probe, bei der der Fürst den Prinzen als Prinz und nicht als Gefangenen begrüßt, meint der Fürst, alle unheilvollen Anzeichen des sich rasend gebärenden Prinzen zu erkennen und läßt ihn wieder einkerkern. Eingeschärft wird ihm, daß alles, was sich in dieser Nacht zugetragen hat, nur ein Traum war. Hingegen versucht in Hofmannsthals Gestaltung der Traumszene der fürstliche Vater seinem Sohn einzureden, daß sein Leben im Kerker bis zu diesem Augenblick ein Traum war. »Damit hat«, nach Benjamins Ansicht, »die Funktion jenes Traums sich im tiefsten gewandelt. Wo er bei Calderón, wie ein Hohlspiegel, in einem unermeßlichen Grunde die Innerlichkeit als transzendenten siebenten Himmel aufreißt, da ist bei Hofmannsthal er eine wahrere Welt, in welche ganz und gar die Wachwelt hineinwandert« (31). Anders als bei Calderón, wo die gepeinigte Kreatur in einem wütenden Ausbruch gegen das erfahrene Unrecht rebelliert, hält bei Hofmannsthal der Gepeinigte Gericht über seinen Peiniger.

Neben der Traumszene gilt Benjamins Aufmerksamkeit auch der Klassifizierung des Stückes durch den Autor. »Ein ›Trauerspiel‹ heißt nicht umsonst der ›Turm‹« (32). Benjamin war wie kein anderer berufen, die Herkunft des Textes aus der Tradition des deutschen Trauerspiels zu bezeugen. Ebenfalls zentral ist in der ersten Turm-Rezension der Hinweis auf die Sprachverweigerung der Sigismund-Figur, weil darin jene Überlegung formuliert wird, die Benjamin in einem Brief an Adorno auf Hofmannsthal selber bezogen hat (6, 448 f.): »Was er im Prinzen Sigismund beschwört, das ist vor allem der geschundene Leib des Märtyrers, dem gerade Sprache – nicht umsonst – sich weigert« (III, 32 f.).

Benjamin hat auch die umgearbeitete, endgültige Fassung des Stückes – sie wurde 1927 von Hofmannsthal fertiggestellt – besprochen. »Anläßlich der Uraufführung in München und Hamburg« (III, 98) erschien die Kritik am 2.3.1928 in der *Literarischen Welt*. Erneut ist es der Traum, der im Zentrum der Besprechung steht. Doch tritt im Unterschied zur ersten Fassung das Traummotiv in der zweiten zurück, so daß »die Aura um Sigismund lichter wurde« (99). Sigismund vermag in der letzten Fassung auch deshalb deutlicher hervorzutreten, weil Hofmannsthal insbesondere durch die Neubearbeitung des vierten und fünften Aktes das Geschehen stärker »um die politische Aktion« gruppiert. Die Stärke der Figur hat Benjamin in Zur Wiederkehr von Hofmannsthals Todestag (1930) – dort ist sie auf den Dichter selber gemünzt – präzise erfaßt: »Sich nicht nachbilden, nicht übernehmen zu lassen« (250), ist die charakteristische Eigenschaft, die er Hofmannsthal nachsagt. Sie trifft auch auf die Figur des Sigismund in der überarbeiteten Fassung zu. Sigismund entsagt am Schluß allen Versuchen, ihn für eine politische Bewegung zu vereinnahmen. Er kündigt Julian die weitere Gefolgschaft auf, verzichtet auf den ihm angetragenen Platz an der Spitze der Volksbewegung und weigert sich auch, die ihm von Olivier, dem Rebellen, angetragene Rolle als Erlöser zu übernehmen. Er läßt sich nicht ›übernehmen‹. Es gehört zum fatalistischen Schluß des Stückes, daß er von einer Kugel zur Strecke gebracht werden muß, damit ein Gefügigerer seine Stelle einnehmen kann. Brauchbar ist er weder als Erlöser noch als Führer, sondern er träumt von einem archaisch paradiesischen Platz, wo es »nach Erde und Salz« riecht. »Nicht im Kriegslager und als Herr über Truppen und Fürsten stirbt Sigismund«, wie Benjamin bemerkt, »sondern als Wanderer an der Landstraße, die da in ›ein weites offenes Land‹ führt« (100).

Trotz des nicht unproblematischen Verhältnisses zu Hofmannsthal respektiert Benjamin den Autor nicht allein wegen seiner loyalen Haltung als ›Sachwalter‹ seiner Schriften, sondern er akzeptiert auch die politische Haltung, für die Hofmannsthal steht. Daß er, wie es im *Turm* zum Ausdruck kommt, für politische Aktionen nicht mehr zur Verfügung steht, nachdem er erfahren mußte, wie falsch er mit seiner Fürsprache für den Ersten Weltkrieg lag, unterscheidet ihn beispielsweise von einem Fritz von Unruh.

Franz Hessel – Rezensionen im Umfeld des Passagen-Projektes

Das Buch *Teigwaren leicht gefärbt* (1926) von Franz Hessel, das von Benjamin in der Berliner Chronik erwähnt wird, rezensierte er für die *Literarische Welt* unter dem Titel Franz Hessel. Hessel erinnert ihn an die Figur eines Chinesen, die er als Kind im Schaufenster eines Kolonialwarenladens gesehen hat. Die Lektüre des Buches bringt Benjamin zu der Einsicht, daß dieser nickende Chinese den Passanten nicht zunickte, wie er früher meinte, sondern dieses Nicken war Ausdruck einer Ergriffenheit, die für den Chinesen von der »Qualität seiner Ware« (III, 45) ausging. Doch dieser Wissende kannte nicht nur seine Waren, sondern auch den Asphalt, auf den sein Blick ständig fiel. Ausdauernd beobachtete er, was sich vor seinen Augen abspielte. Für Benjamin sind diese Figur im Schaufenster und die Berliner Pflastersteine Bewahrer von Erinnerungen. Denn der vermag Fühlung mit den Pflastersteinen aufzunehmen, folgert Benjamin, der nicht eilig geht, sondern flaniert – und sie so zum Sprechen bringen kann. Benjamin selber hatte einst in Paris, als er zusammen mit Hessel Proust übersetzte, erste Unterweisungen von dem schreibenden Kollegen in dieser »Geisterkunde« (ebd.) erhalten. Hessel unterrichtete Benjamin, wie er das Echo deuten müsse, das seine Schritte bei seinen Exkursionen auf den Bürgersteigen der Metropolen hervorrufen.

Nach Benjamins Meinung sind die von Hessel offerierten leicht gefärbten Teigwaren, bei denen es sich um Nudeln »›[o]hne jeden Sauerteig‹« handelt, »in allen Wassern gewaschen[]« (46) und bedürfen, um genossen werden zu können, einer zwanzigminütigen Garzeit »über leichtem inneren Feuer des Lesers« (ebd.). So zubereitet, sind sie als Märchen zu genießen. Über diesen, an metaphorischen Anspielungen reichen Umweg, gelangt Benjamin zu jenem Vergleich, den er seiner Einschätzung der Hesselschen Prosa zugrundelegt – sie ähneln Märchen. »Und schließlich sind im Grunde Märchen wohl die Region, in welcher dieser Chinese zuständig ist« (ebd.). Allerdings erkennt er in diesem Märchenerzähler auch einen Zauberer, dessen Geschichten etwas Besonderes auszeichnet: »Jede mit einem doppelten Boden: wenn man das obere Fach aufmacht – eine Moral, dreht er dann unversehns die Dose um – eine Wahrheit. Dazu nickt er« (ebd.). Diese Doppelbödigkeit der Hesselschen Erzählungen, die Leichtigkeit, mit der sie daherkommen, gehört zum Charakteristischen seiner Erzählweise. Besonders beeindruckt Benjamin, wie es Hessel gelingt, Typisches für die Großstadt in seine Texte aufzunehmen. Stets spielt in seinen Geschichten die Stadt mit, ist sie anwesend durch die Figuren und verkörpert sich in ihnen.

Die Besprechung des Buches ist eine Freundschaftsgeste, auch weil sie gemeinsamen Erinnerungen geschuldet ist, wie aus einem Brief an Thankmar von Münchhausen vom September 1926 zu erfahren ist: »Ich hoffe, in einer der nächsten Nummern der ›literarischen Welt‹ begegnet Ihnen eine kleine Sache von mir ›Franz Hessel‹ überschrieben, die unsern besten pariser Stunden ein gut berlinisches Denkmal setzt« (3, 188 f.). Doch Benjamin will auch einen Autor ins Gespräch bringen, der beeindruckend vom Geheimnisvollen zu erzählen weiß. Was der Rezensent bei seiner reflektierenden Suche in Hessels Texten findet, wird nicht gedeutet, vielmehr eröffnet Benjamin, indem er sie mit Märchen vergleicht, jenes für das Verstehen entscheidende Bezugsfeld, in dem er Hessels Erzählen verortet wissen will. Die von Benjamin dabei praktizierte Form sich auf einen literarischen Text einzulassen, wahrt sein Geheimnis und erfüllt dennoch die frühe Forderung nach Positivität, durch die sich eine Kritik auszeichnen soll – ohne den Schleier zu lüften, wird das Verhüllte sichtbar gemacht.

In Benjamins Besprechung von Hessels Roman *Heimliches Berlin*, die am 9.12.1927 in der *Literarischen Welt* erschien, wird der Autor als Schwellenkundiger eingeführt. Seine Bewunderung für den Erzähler kleidet Benjamin in die Frage: »Woher stammt dem Erzähler die Gabe, das winzige Revier seiner Geschichte so rätselhaft mit allen Perspektiven der Ferne und der Vergangenheit auszuweiten?« (III, 83) Eine Erklärung dafür ist, daß Hessel seine Exkursionen durch Zeiten und Länder immer von einem bestimmten Punkt aus unternimmt: dem Tiergarten. Der Autor des Romans, bemerkt Benjamin, hält einen schmalen Streifen zwischen Landwehrkanal und Tiergartenstraße besetzt, wo er auf einer Schwelle haust. Vom Buch *Heimliches Berlin* selber erfahren die Leser dabei eigentlich nur, wo es spielt, denn Benjamin läßt sich nicht einmal andeutungsweise auf die erzählte Geschichte ein – auch nicht auf Clemens Kestner, die Figur, die keinen Tabak braucht, weil sie Illusionen raucht, nur den Namen dieses wunderlichen Menschen teilt er mit.

Drei Tage nach Erscheinen dieser Besprechung schreibt Benjamin in einem Brief, daß ihn gerade die Arbeit an Rezensionen wertvolle Zeit kostet: »Von rechts wegen müßten die ›Pariser Passagen‹ längst geschrieben sein, anstatt dessen habe ich Wochen an Rezensionen gewandt, die aus tausend guten und schlechten Gründen geschrieben sein müssen und an denen denn doch das Beste ist, daß sie einem verdeutlichen: so kanns nicht weiter gehen« (3, 311 f.).

Zu Hessels Spazieren in Berlin: die Wiederkehr des Flaneurs

Trotz aller Ungeduld: Manchmal ermöglicht gerade die Arbeit an einer Rezension, Überlegungen aus dem Bereich, dem seine wissenschaftlichen Interessen gehören, in die Kritik einfließen zu lassen. Die im Oktober 1929 in der *Literarischen Welt* unter dem Titel Die Wiederkehr des Flaneurs erschienene Besprechung von Hessels *Spazieren in Berlin* (1929) ist eine solche Gelegenheit. Sie bietet Benjamin die Möglichkeit, eine Prosa anzuzeigen, an der ihn fasziniert, wie sich der Autor einer Stadt nähert und sie zum Sprechen bringt.

Angesichts von Hessels Buch ist es Benjamin möglich, auf jene Denkwege aufmerksam zu machen, die ihm sein Mentor einst eröffnet hat. »Hessels Text leistet für ihn, wozu ihm kein anderes deutschsprachiges Werk dieser Jahre Gelegenheit geboten hätte, nämlich die Figur des Flaneurs theoretisch zu konstruieren und dessen Bedeutung als Kultfigur der Moderne zu würdigen [...] und es gibt gute Gründe zu vermuten, daß Benjamin in der Gestalt Hessels selbst eine Anschauung von der Besonderheit dieser Figur bekommen hat« (Köhn 1989, 192). Obwohl Hessel bereits in der *Pariser Romanze* und in der *Vorschule des Journalismus* aus der *Nachfeier* einige seiner literarischen Figuren flanierend durch Paris geschickt hat, wird Benjamin offensichtlich erst durch das Berlin-Buch bewußt, welche produktiven Möglichkeiten die Figur des Flaneurs in sich vereint, da er die Kunst beherrscht, während des Flanierens eine Stadt entstehen zu lassen, die er in die bestehende projizieren kann.

Erneut beeindruckt Benjamin, wie es Hessel versteht, in seinem Buch den Asphalt zum Klingen zu bringen: »Im Asphalt, über den er hingeht, wecken seine Schritte eine erstaunliche Resonanz. Das Gaslicht, das auf das Pflaster herunterscheint, wirft ein zweideutiges Licht über diesen doppelten Boden« (III, 194). Die Straße erweist sich als Resonanzboden, die in dieser Bedeutung mehr als nur ein Verkehrsweg ist, den man benutzt. Durch den doppelten Boden, den Benjamin ihr zuschreibt, und das zweideutige Licht, das die Gaslaternen auf den Asphalt werfen, entsteht ein diffuser Raum, in dem sich Erinnerungen an das Einst mit dem Gegenwärtigen durchmischen. Der Flaneur beschreitet einen Weg, der in die Vergangenheit führt, wobei die Gegenwart von Straße und Häusern darüber entscheidet, welche vergessenen Räume sich ihm öffnen.

Erinnerungen, wie sie Hessel in seinem Buch aufscheinen läßt, werden ihm durchs Flanieren zum Besitz. Benjamin nennt diese Technik des Erzählens ein »Memorieren im Schlendern«, wobei dem Autor »[d]ie Stadt als mnemotechnischer Behelf« (ebd.) dient. Er erschließt sich die Stadt nicht nur im Gegenwärtigen, sondern das Flanieren, dieses rauschhafte Gehen, bringt gerade längst Vergessenes hervor. Benjamin wird durch Hessels Buch deutlich, wie man im Erzählen von Stadtgeschichte dem Erzählten durch die gewählte Perspektive eine bestimmte Richtung geben kann. Der Flaneur, geübt im Hinsehen, sucht »die Bilder wo immer sie hausen« (196). Interessiert ist er am Entlegenen und am Alltäglichen. Sein unbeirrbarer Blick, der unbeeindruckt ist von wechselnden Moden, fasziniert Hessel ebenso wie Benjamin. Hessel macht sich die Perspektive des Flaneurs zu eigen und überläßt die vermeintlichen Sehenswürdigkeiten den Touristen. Für ihn dient der Touristenführer, dem er sich angeschlossen hat, nur als Stichwortgeber. Was dieser nicht erwähnt, darüber weiß der Flaneur zu erzählen – er kennt nicht nur die offiziellen, sondern auch die heimlichen Geschichten, die zu Gegenden und Orten gehören. Daß sich Hessel allerdings über weite Strecken nicht flanierend, sondern fahrend durch die Metropole bewegt, er fährt in dem Kapitel *Rundfahrt* die touristischen Attraktionen ab, erwähnt Benjamin in seiner Besprechung nicht. Hingegen bemerkt er sehr wohl, daß Hessels Flaneur Schwierigkeiten hat zu verweilen. Obwohl er gern mehr Zeit an bestimmten Orten verbringen würde, ist er dem Tempo des Fahrzeuges ausgeliefert, in dem er sitzt – wo er gern halten würde, fährt es vorbei. In dieser hoffnungslosen Position ist das Urbild der Moderne eingefangen. Der Beschleunigung des Lebens kann sich der Flaneur nur widersetzen, indem er sich dem rasanten Tempo der Metropolen entzieht. Das macht ihn aber in den Augen der Passanten zum Verdächtigen. Auf welche Listen Hessels Flaneur verfällt, um das Flanieren in einer Stadt wiederzuerwecken, in der es noch nie in hoher Blüte stand, interessiert Benjamin. Ausführlich befaßt er sich deshalb in der Rezension mit dem Abschnitt *Der Verdächtige*. Verdächtig macht sich der Flaneur, weil er langsam durch belebte Straßen wandelt. Dabei hat er »atmosphärische Widerstände« zu überwinden, wie Benjamin die Schwierigkeiten umschreibt. Denn einfach verweilen kann er nicht. Wer sich dem Rhythmus der Stadt nicht anpaßt, wer aus der wogenden Menge ausschert, ist verdächtigt. Deshalb hat der Flaneur für Benjamin auch mehr mit Poes *Mann der Menge* zu tun, von dem es heißt: »Hier und nicht in Paris versteht man, wie der Flaneur vom philosophischen Spaziergänger sich entfernen und die Züge des unstet in der sozialen Wildnis schweifenden Werwolfs bekommen konnte, den Poe in seinem ›Mann der Menge‹ für immer fixiert hat« (198). Aber die Menge, die den Flaneur umgibt und skeptisch beobachtet, schützt ihn auch.

Hessels Aufforderung an die Berliner, ihre Stadt noch mehr zu bewohnen, deutet Benjamin dahingehend, daß es dazu notwendig wäre, die Straße, das eigentliche Terrain des Flaneurs, noch entschiedener zu beleben. »Denn sie sind ja die Wohnung des ewig unruhigen, des ewig bewegten Wesens, das zwischen Hausmauern so viel erlebt, erfährt, erkennt, und ersinnt, wie das Individuum im Schutze seiner vier Wände« (196). Im Zusammenhang mit dem Bewohnen der Stadt wird das Wohnen zu einem Schlüsselbegriff in Benjamins Text. Der Flaneur, der über ein »Wissen vom Wohnen« (ebd.) verfügt, sieht das Wohnen, das eine Nähe zur Geborgenheit aufweist, im Schwinden begriffen. Als letzte Domizile, in denen sich Rudimente solcher Formen noch finden, erweisen sich die Passagen. In den geheimen Winkeln der Passagen sucht der Flaneur nach dem, was aus der Mode gekommen ist und wird zum Zeugen der Stadt und ihres ständigen Wandels.

In dieser Hinsicht erweist sich Hessel für Benjamin als der große Schwellenkundige, der besonders an jenen Plätzen sein Domizil aufschlägt, an dem Übergänge kaum kenntlich sind. »Die Schwellen aber, die Situationen, Stunden, Minuten und Worte voneinander trennen und abheben, fühlt er eindringlicher unter den Sohlen als irgendeiner« (82).

Programm literarischer Kritik

Zwischen 1929 und 1930, als Benjamin eine Reihe seiner wichtigsten Rezensionen schrieb, hat er auch ein vierzig Punkte umfassendes Programm der literarischen Kritik entworfen, das im Nachlaß gefunden wurde. Anders als Die Technik Des Kritikers in Dreizehn Thesen aus der Einbahnstrasse, die sich durch einen schlagwortartigen Charakter auszeichnen, entwickelt Benjamin das neue Programm auf der Grundlage einer am Materialismus ausgerichteten Gesellschafts- und Kunsttheorie. Dabei gilt es ihm weiterhin als ausgemacht, daß vom »Verfall der literarischen Kritik seit der Romantik« auszugehen ist (VI, 163). In Tip für Mäzene, einem 1929 entstandenen Entwurf zu einem Artikel über den Tiefstand der Literaturkritik, sieht Benjamin den entscheidenden Grund für den beklagenswerten Zustand der Kritik darin, daß »mangelnde Kameradschaft, mangelnde Gegnerschaft, mangelnde *Deutlichkeit* im Verkehr der Schreibenden miteinander« (169) besteht.

Im neuen Programm unternimmt es Benjamin, den Platz der Literaturkritik sowohl unter veränderten gesellschaftlichen Bedingungen als auch unter Berücksichtigung gewandelter ästhetischer Kriterien zu bestimmen. Dabei soll die Neuplazierung der Kritik die Verhältnisse auf dem Buchmarkt in ihrer ganzen Breite berücksichtigen, wobei Überlegungen zur Methodik der Literaturkritik eingeschlossen werden. Gleich im ersten Punkt führt Benjamin aus, daß die Kritik in der Öffentlichkeit eine verstärkte Aufmerksamkeit erfährt, wenn sie sich als »vernichtende Kritik« (161) zu Wort meldet. Es gehe darum, einer erschlafften und korrupten Kritik wieder »ein Gesicht, eine deutliche Physiognomie« (ebd.) zu verleihen. Hingegen verwirft Benjamin eine »[e]hrliche Kritik vom unbefangenen Geschmacksurteil« (ebd.). Entscheidend an einer Kritik ist seiner Meinung nach »ein sachlicher Aufriß (strategischer Plan) [...], der dann seine eigene Logik und seine eigene Ehrlichkeit in sich hat« (ebd.). Weiterhin macht er im Kritiker den Strategen im Literaturkampf aus. Wenn er auch unzufrieden ist mit der gegenwärtigen Kritik, »weil die politische Strategie mit der kritischen nur in den größten Fällen sich deckt, dennoch ist letzten Endes das als Ziel anzusehen« (ebd.), konstatiert Benjamin im vierten Punkt des Programms. Als ausgemacht gilt ihm, daß eine Kritik den an sie gestellten Forderungen nur dann gerecht werden kann, wenn sie es vermeidet, den Inhalt eines Buches zu referieren. Dagegen erwartet er von der Kritik, daß sie rigoros im Urteil ist und dieses Urteil mit einer politischen Strategie verbindet. Diese Strategie kann Kritik nur auf der Basis des historischen Materialismus entwickeln, denn nur so ist es möglich, die besprochene Literatur im Zusammenhang der Zeit zu analysieren. Dies kann nach Benjamins Überzeugung, allein die materialistische Kritik. Nur sie vermag den Nachweis zu erbringen, daß es einen neutralen Platz für die Kunst nicht gibt. Deshalb muß sie sich ihre »Durchschlagskraft durch eine richtige Einstellung auf die Produktionsverhältnisse auf dem Büchermarkt [...] sichern« (162).

Benjamin entwirft in diesem Text ein stärker auf die gegenwärtigen gesellschaftlichen Verhältnisse ausgerichtetes und die herrschenden ästhetischen Strömungen berücksichtigendes Programm literarischer Kritik. Damit werden die frühen Überlegungen, die er Mitte der 20er Jahre formuliert hat, nicht verworfen, sondern sie erfahren eine materialistische Erweiterung. Standen in den frühen Überlegungen Kriterien wie Übersetzung, Reflexion, Vollendung und Suche nach dem Wahrheitsgehalt im Zentrum, so nimmt Benjamin in dem neuen Programm solche methodischen, auf die Texterschließung zielenden Begriffe ebensowenig zurück, wie er auch eine daraus resultierende Strategie praktischer Kritik nicht völlig in Frage stellt. Allerdings reagieren die Überlegungen zur materialistischen Kritik deutlicher auf das gesellschaftliche Bedingungsgefüge, das kritischer Tätigkeit im Kunstbetrieb zugrunde liegen müsse. Auch im neuen Programm erweist sich die intensive Zwiesprache mit dem Text als unverzichtbar. Die Kritik hat es sich angesichts einer »Atomisierung der heutigen Kritik«, die »[d]as Buch außerhalb der Zusammenhänge der Zeit, des Autors, der Strömungen« (166) verhandelt, zur Aufgabe zu machen, radikal im Urteil zu sein. Der Kritiker, der den neuen Aufgaben der Kritik gerecht werden will, hat nach Benjamins Ansicht »politische Strategie mit der kritischen« (161) zu verbinden.

Dabei müssen auch die Bedingungen des Marktes berücksichtigt werden. Neu ist dabei, daß Benjamin es für wichtig erachtet, nicht mehr nur den Autor in einer Kritik anzusprechen, sondern daß er weiterhin darauf aus ist, neben den Produktionsverhältnissen des Buchmarktes auch die Rolle des Verlegers zu hinterfragen. »Die Kritik hat bisher, um ein Buch zurückzuweisen, sich im wesentlichen an dessen Autor gehalten. Daß sie damit nicht viel erreicht, liegt auf der Hand. [...] Anders wenn die Kritik in gewissen Grenzen den Grundsatz der (wirtschaftlichen) Verantwortung des Verlegers festhält und den Verleger schlechter Bücher als Verschwender des ohnehin geringen Kapitals denunziert, das der Bücherproduktion zur Verfügung steht« (162). Nach Benjamins Überzeugung ist allein die materialistische Kritik in der Lage, die »*Maske der ›reinen Kunst‹* zu lüften« (164). Dagegen erscheint ihm die in früheren Jahren verwendete Form der ›immanenten Kritik‹ nur noch eingeschränkt brauchbar, weil diese Form der Kritik Literatur nicht im zeithistorischen Kontext verhandelt.

Benjamins Kritiken aus dieser Zeit folgen in den entscheidenden Grundsätzen diesem Programm. Zugleich benennt er im Programm eine Form der literarischen Kritik, der mehr und mehr sein Interesse gilt – gemeint ist die »kritische[] Porträtkunst« (167), deren Aussterben er angesichts der Atomisierung der Kritik beklagt. Vielleicht würde angesichts dieses Interesses die Bezeichnung ›kritisches Porträt‹ gegenüber seinen bisher als Essay angesehenen Arbeiten zu Hebel, Keller, Kraus, Brecht, Kafka und Proust eher gerecht werden.

Gesteigertes Interesse für die Großstadt

Die Aufmerksamkeit, die Benjamin für Werner Hegemanns Buch *Das steinerne Berlin* (1930) entwickelt, dürfte sich aus seinem gewachsenen Interesse für die Großstadt erklären. Der Stadtgeschichte von Berlin ist Benjamin auch in einer Reihe von Rundfunkarbeiten nachgegangen, die zwischen 1929 und 1932 entstanden sind. Zum ersten Mal erwähnt er Hegemanns Buch in der Rundfunkgeschichte Die Mietskaserne. Darin unterscheidet Benjamin die Mietskaserne, jene für Berlin typische monumentale Steinbauarchitektonik, von einer Architektur, in der Stahl und Glas die bestimmenden Bauelemente darstellen. Auch Franz Hessel hat sich für Hegemanns Buch interessiert, das er im November 1930 für die *Literarische Welt* besprach. Hessel sieht in Hegemann einen Fachmann, für den die intensive Betrachtung der Stadt zum Ausgangspunkt seines Buches wird. Hessel schätzt an Hegemanns Darstellung der Berliner Stadtwirklichkeit, daß sie sich nicht im gewohnten Tadel ergeht, sondern daß es sich um eine Polemik handelt, die Substanz hat. »Was er tadelt«, heißt es bei Hessel, »wird nicht einfach bedauerlich, sondern aufregend, er macht den Leser zum Zeitgenossen all derer, die an der Stadt gesündigt haben« (Hessel 1999, 208).

Zwei Monate vor Hessels Besprechung erschien Benjamins Rezension zu Hegemanns Buch unter dem Titel Ein Jakobiner von heute am 14.9.1930 in der *Frankfurter Zeitung*. Hegemanns Darstellung genießt Benjamins Wertschätzung, weil der Autor »die kulturellen und politischen Funktionen in engster Wechselwirkung erlebt« (III, 260) und seine Arbeit sich durch eine ›rebellische Phantasie‹ auszeichnet. Und Benjamin imponiert, daß der Verfasser grundsätzlich mißvergnügt ist und in der Rolle des Anklägers und Querulanten die Stadt Berlin vor dem Weltgericht verklagt. Es gibt an Hegemann zwar viel zu loben, vor allem seinen aufklärerischen Gestus und die kritische Sicht, mit der der Autor seinen Gegenstand behandelt, doch vermißt Benjamin das Entlarvende in der Darstellung. »Was immer Hegemann entdeckt, – und sein Werk ist voller Entdeckungen – es sind Zufälligkeiten. Ärgerliche, anstößige, empörende Abweichungen von der Norm des Graden, Vernünftigen, niemals jedoch Auswirkungen der besonderen, konkreten, verborgenen Konstellationen des geschichtlichen Augenblicks. Seine Darstellung ist eine einzige imposante, in ihren Grundzügen gewiß unwiderlegliche Korrektur an der pragmatischen Geschichtsschreibung, niemals aber deren Umwälzung wie der historische Materialismus sie erstrebt, wenn er in den Produktionsverhältnissen der Epoche die konkreten, wechselnden Kräfte aufspürt, die das Verhalten der Machthaber so gut wie der Massen ohne deren Wissen bestimmen« (263).

Diese Auflistung von Versäumnissen markiert den entscheidenden Wendepunkt der Rezension. Betrachtet man nämlich das Buch aus der Perspektive des historischen Materialismus, wie es Benjamin vorschlägt, dann sind seine Grenzen unübersehbar. Hegemann beläßt es bei Feststellungen, aber ihm fehlt der dialektische Blick, um das »Innere der Geschichte« (ebd.) zu erfassen. Vollkommenheit würde man dem Buch bescheinigen können, wäre sein Autor in der Lage gewesen, nicht allein über das Gewesene, sondern ebenso intensiv über das Gegebene nachzudenken. »Aber hier ist ja nicht die Rede von dem, was ist, sondern dem, was war. Und da dürfte schon hin und wieder der kühle Wind des Gewesenen lindernd durch die überhitzte Aktualität der Verhandlung streichen. Selbst beim Weltgericht müßte es einen mildernden Umstand abgeben, daß alles schon so lange zurückliegt. Denn der Zeitlauf selber ist ein moralischer Vollzug, nicht im Vorrücken des Heute zum Morgen aber dem Umschlag des Heute ins Gestern. Chronos hält in der Hand ein Leporello-Bilderbuch, in dem die Tage einer aus dem andern ins Gewesene zurückfallen und dabei ihre verborgene Rückseite, das unbewußt Gelebte enthüllen. Mit ihr hat der Historiker es zu tun« (264). Weiterhin bemängelt Benjamin an Hegemanns Buch, daß darin nicht ausgewiesen wird, wie sich die jeweils Herrschenden ins Stadtbild eingeschrieben haben. So bleibt die »verborgene Rückseite« des Gewesenen, die anhand der sichtbaren Geschichte, nämlich der der Mietskaserne, hätte aufgezeigt werden müssen, ein Desiderat. »Das ist ihm fremd,« urteilt Benjamin, »daß die Mietskaserne, so fürchterlich sie als Behausung ist, Straßen geschaffen hat, in deren Fenstern nicht nur Leid und Verbrechen, sondern auch Morgen- und

Abendsonne sich in einer traurigen Größe gespiegelt haben, wie nirgend sonst, und daß aus dem Treppenhaus und Asphalt die Kindheit des Städters seit jeher so unverlierbare Substanzen gezogen hat wie der Bauernjunge aus Stall und Acker. Eine historische Darstellung aber hat all dies zu umfassen« (265). Eine historische Darstellung auf der Grundlage des historischen Materialismus hätte auf beide Seiten eingehen müssen. Sie hätte nicht nur darzustellen, was sich offensichtlich zeigt, sondern auch zu benennen, was durch intensive Auseinandersetzung mit dem Gegenstand erst zum Vorschein kommt. Das Eingreifende, das Benjamin in Hegemanns Buch vermißt, unterscheidet seine Besprechung von der Hessels, der sich zumindest politisiert fühlt, weil er in dem Autor einen erkennt, der Partei ergreift. »Man kann Hegemanns Buch nicht belehrt und verdrossen zumachen. Finster und ›bleichen Eifers‹ bricht man auf von dieser Lektüre, um die Welt und zunächst einmal Berlin zu bessern« (Hessel 1999, 209).

Benjamins Hessel-Kritiken und die Rezension zu Hegemanns Mietskasernen-Buch machen deutlich, daß er in der Großstadt ein Thema gefunden hat, dem er sich aus ganz unterschiedlichen Perspektiven zu nähern versucht. Auch wenn die publizistische Arbeit häufig wissenschaftliches Forschen verhindert, die Arbeit an den Rezensionen erweist sich als Möglichkeit, erste Ergebnisse zu formulieren, die aus wissenschaftlichen Arbeiten hervorgegangen sind. Insofern ist Benjamin bei der Auswahl der Literatur für seine kritische Arbeit alles andere als willkürlich gewesen und hat vielmehr versucht, Bücher zu besprechen, die im Zusammenhang mit eigenen Forschungsinteressen standen. Auch weil wichtige Rezensionen vor dem Hintergrund einer eingehenden theoretischen Auseinandersetzung mit dem Gegenstand entstanden sind, gelten eine Reihe seiner Besprechungen zu Recht als publizistische Glanzstücke – sie sind mehr als bloße Abfallprodukte aus dem Arbeitsalltag eines freien Publizisten.

Der Kritiker als Entlarver sozialer Mißstände

Mit Hegemanns Buch *Das steinerne Berlin* hat sich Benjamin nicht nur in einer Rezension auseinandergesetzt, sondern er erwähnt es auch in der Besprechung von Siegfried Kracauers Buch *Die Angestellten*, die am 16.5.1930 in der *Literarischen Welt* erschienen ist. Die Bücher von Hegemann und Kracauer gelten Benjamin als symptomatisch für eine neue Beziehung, die im Umgang mit der Stadt Berlin zu beobachten ist. Dabei bleibt festzustellen, daß nicht »die ersten Spuren einer tätigen Liebe zur Hauptstadt sich zeigen«, sondern man auch »ihren Gebrechen nach[geht]« (III, 228). Nach Hegemanns »politische[r] Baugeschichte« »folgt Kracauer mit der Darstellung der Berliner Büro- und Vergnügungspaläste als Abdruck der Angestelltenmentalität, die bis hoch in die Unternehmerkreise hinaufreicht« (ebd.). Die Beziehung, die Kracauer zwischen den Angestellten und der Großstadt Berlin herstellt, ist nach Benjamins Ansicht Ergebnis einer schriftstellerischen Expedition, bei der der Autor, der sich auf die Suche nach den Angestellten gemacht hat, ins »Innere der modernen Großstadt« (vgl. Kracauer 1978, 15) eingedrungen ist. Benjamin bescheinigt Kracauer in der Besprechung, er würde im Sinne der Äußerung von Joseph Roth, Aufgabe des Schriftstellers sei es, zu entlarven und nicht zu verklären, »höchst schriftstellerisch an Berlin herangetreten« sein (III, 228).

Bemerkenswert erscheint ihm an Kracauers Studie über die Angestellten, daß der Autor nicht »davor zurückschreckte, politische Gegenstände politisch klarzustellen« (226). In eben dieser Haltung unterscheidet er sich von modischen Trends soziologischer Analysen, wie sie zu jener Zeit üblich waren. In Kracauers Buch wird Klartext über eine soziale Gruppe gesprochen, die, unwissend über ihre eigene Lage, von der politischen Linken den Proletariern und von den Konservativen dem bürgerlichen Mittelstand zugerechnet wird. In Wahrheit jedoch ist »sie geistig obdachlos [...]. Zu den Genossen kann sie vorläufig nicht finden, und das Haus der bürgerlichen Begriffe und Gefühle, das sie bewohnt hat, ist eingestürzt, weil ihm durch die wirtschaftliche Entwicklung die Fundamente entzogen worden sind. Sie lebt gegenwärtig ohne eine Lehre, zu der sie aufblicken, ohne ein Ziel, das sie erfragen könnte. Also lebt sie in Furcht davor, aufzublicken und sich bis zum Ende durchzufragen« (vgl. Kracauer 1978, 88).

Benjamin lobt an der Analyse Kracauers neben der »Originalität« auch die »Durchschlagskraft« (III, 226) und schätzt den Facettenreichtum der Arbeit. Die dabei verwendete Mosaiktechnik, die Angestellten nicht nur bei der Arbeit, sondern auch beim Vergnügen und im Freizeitverhalten zu zeigen, würdigt Benjamin, weil Kracauer auch an den Fluchtversuchen aufzuzeigen versteht, welche Sehnsucht es nach Zerstreuung gibt. Seiner Untersuchung, die der »genaue[n] Betrachtung verlohnt« (ebd.), liegt die zur Erfahrung geronnene Haltung des Intellektuellen zugrunde.

Benjamin hat Kracauers Buch *Die Angestellten* nicht nur für die *Literarische Welt*, sondern auch für die Zeitschrift *Die Gesellschaft* besprochen, wobei die Redaktion Benjamins Titel Ein Aussenseiter macht sich bemerkbar durch *Politisierung der Intelligenz* ersetzte.

Die Intellektuellen betrachtet Benjamin als Außenseiter, wie es in dieser Kracauer-Kritik heißt. Der Intellektuelle will nicht Führer sein (vgl. auch die Besprechungen zu Kommerell und die Turm-Besprechung), sondern bestenfalls vermag er als einzelner, »Mißvergnügter« und »Spielverderber« etwas zur »Politisierung der Intelligenz« (225) beizutragen.

Entschieden deutlicher als in der Besprechung für die *Literarische Welt* macht Benjamin in der Kritik für *Die Gesellschaft* auf den gesellschaftspolitischen Ansatz aufmerksam, der Kracauers Buch zugrunde liegt, und sieht in dem Autor einen »Störenfried, der die Maske lüftet« (220). Seine Vorgehensweise, Bedingungen der aktuellen Wirklichkeit so darzustellen, daß sie sichtbar werden, rechnet Benjamin zu den Vorzügen von Kracauers Buch, weil es so gelingt, gesellschaftliche Mechanismen auf der Grundlage der Marxschen Methode zu entlarven. Doch ergibt sich für Benjamin die Frage, wie es möglich sein kann, daß die zugespitzte ökonomische Situation der Angestellten, die sich in einer wachsenden ökonomischen Unsicherheit zeigt, gerade nicht dazu führt, daß sich die Angestellten ihrer Lage im gesamtgesellschaftlichen Gefüge bewußt werden, sondern ein falsches Bewußtsein ausprägen. »Solange wenigstens die marxistische Lehre vom Überbau nicht durch die dringend erforderliche von der Entstehung des falschen Bewußtseins ergänzt ist« (223), folgert Benjamin, der sich in seiner politischen Überzeugung mit Kracauer in Übereinstimmung weiß, »wird es kaum anders möglich sein, als die Frage: Wie entsteht aus den Widersprüchen einer ökonomischen Situation ein ihr unangemessenes Bewußtsein? nach dem Schema der Verdrängung zu beantworten. Die Erzeugnisse des falschen Bewußtseins gleichen Vexierbildern [...]. [D]er Verfasser ist bis in die Inserate der Angestelltenzeitungen herabgestiegen, um jene Hauptsachen ausfindig zu machen, die in den Phantasmagorien von Glanz und Jugend, Bildung und Persönlichkeit vexierhaft eingebettet erscheinen« (223 f.).

Die Außenseiterposition des Intellektuellen, der die gesellschaftlichen Prozesse durchschaut und kritisch sichtet, der sich als einzelner keinen Illusionen möglicher Zugehörigkeit zu irgendeiner Klasse hingibt, sondern als Störenfried etwas zur Politisierung seiner Klasse beiträgt, versteht Benjamin als einzig mögliche Haltung. Sie wird von Kracauer in nuce verkörpert, der sich darüber im klaren ist, »daß selbst die Proletarisierung des Intellektuellen fast nie einen Proletarier schafft« (224). Will ein Autor aber dennoch politisch wirken, und dies erwartet Benjamin, so hat er seine Aufgabe nicht darin zu sehen, agitatorische Aufklärungsarbeit für die Klasse der Proletarier zu leisten, sondern die Politisierung seiner eigenen voranzutreiben.

Wenn sich Kracauer bei diesem Vorhaben der Reportage bedient, so ist sein »kulturkritischer Essay« dennoch nicht in der Tradition linksradikaler Schulen zu sehen, wie sie nach Benjamins Auffassung gerade in Mode sind. Er teilt die von Kracauer ausgewiesene Position, sein Darstellungsverfahren würde sich von der Reportage durch die von ihm verwendete Mosaiktechnik unterscheiden. »Die Wirklichkeit«, heißt es bei Kracauer, »ist eine Konstruktion. Gewiß muß das Leben beobachtet werden, damit sie erstehe. Keineswegs jedoch ist sie in der mehr oder weniger zufälligen Beobachtungsfolge der Reportage enthalten, vielmehr steckt sie einzig und allein in dem Mosaik, das aus den einzelnen Beobachtungen auf Grund der Erkenntnis ihres Gehalts zusammengestiftet wird. Die Reportage photographiert das Leben, ein solches Mosaik wäre ein Bild« (vgl. Kracauer 1978, 16).

In der Verwendung des auf der Mosaiktechnik basierenden Verfahrens, das sowohl mit der Technik des Surrealismus korrespondiert, aber auch Techniken des Films verwendet, gleicht Kracauer der Figur des Lumpensammlers aus Baudelaires Gedicht *Le vin des chiffonniers*, ein Vergleich, den Benjamin am Schluß der Kracauer-Besprechung herstellt: »Einen Lumpensammler frühe im Morgengrauen, der mit seinem Stock die Redelumpen und Sprachfetzen aufsticht, um sie murrend und störrisch, ein wenig versoffen in seinen Karren zu werfen, nicht ohne ab und zu einen oder den anderen dieser ausgeblichenen Kattune ›Menschentum‹, ›Innerlichkeit‹, ›Vertiefung‹ spöttisch im Morgenwinde flattern zu lassen. Ein Lumpensammler, frühe – im Morgengrauen des Revolutionstages« (III, 225).

Kracauer hat sich, so Benjamin, »grobianisch durch die Massen hindurch[ge]rempelt um hie und da einem besonders Kessen die Maske zu lüften« (220). Zum Vorschein gekommen sind dabei besonders Sprachmasken und Wortmeldungen, die für sich sprechen, wenn man es versteht, was Kracauer denn auch von Benjamin bescheinigt wird, sie in einem richtigen Kontext hochzuhalten. In entscheidenden Momenten seines Buches kann Kracauer auf solche ›Redelumpen und Sprachfetzen‹ bauen, wenn er auch seine Aufgabe auf das Einsammeln beschränkt hat. Die Rolle, die er dabei übernimmt, ist die eines Autors, der nicht mehr mitspielt. Er verkörpert den Typus eines »Mißvergnügten« (219) und steht auch in dieser Hinsicht Werner Hegemann nahe, der nach Benjamins Auffassung »die Dinge mit den Augen des jeweiligen Zeitgenossen und zwar eines grundsätzlich mißvergnügten« (261) sieht.

Auf verlorenem Posten

Während Benjamin dem ›mißvergnügten‹ Kracauer Unzufriedenheit mit dem Gegebenen zubilligt und in der Besprechung des Buches *Die Angestellten* aufgezeigt hat, wie sich ein Autor zu Wort zu melden versteht, der »nicht mehr mitspiele« (III, 219), wirft er in seiner 1931 ebenfalls in der *Gesellschaft* erschienenen Kritik LINKE MELANCHOLIE Erich Kästner vor, daß der Dichter nur »unzufrieden« (280) ist, aber mit dieser Unzufriedenheit zur Schwermut neigen würde. In dieser äußerst polemisch gehaltenen Kritik wirft Benjamin Kästner vor, daß dies für einen sich links verstehenden Autor zu wenig ist. Benjamin hatte im Trauerspielbuch die »Trägheit und den Stumpfsinn« als die eine Seite der Melancholie betont, der er auf der anderen »die Kraft der Intelligenz und Kontemplation« (I, 327) gegenüberstellt, durch die sich Melancholie auch definiert. Doch an Kraft, aber auch an der Fähigkeit zur Kontemplation fehlt es einem Autor wie Kästner, der im Gestus des »gesunden Menschenverstandes« argumentiert, ohne daß er zu einer Analyse der realen gesellschaftlichen Verhältnisse findet. Die linksradikale Intelligenz, zu der für Benjamin neben Kästner auch Tucholsky und Mehring gehören, befindet sich seiner Meinung nach auf verlorenem Posten, ja in einem Niemandsland der politischen Position, weil sie »links vom Möglichen überhaupt« (III, 281) stehen würden. »An prominenter Stelle, in der SPD-nahen, von Rudolf Hilferding herausgegebenen *Gesellschaft* wirft er ihnen 1931 vor, Agenten aller geistigen Konjunkturen, vom Aktivismus über den Expressionismus bis zur Neuen Sachlichkeit gewesen zu sein« (Steiner 1989, 96). An Kästners Gedichtband *Ein Mann gibt Auskunft* (1930) – eigentlicher Anlaß der Kritik – fällt Benjamin auf, daß der Adressatenkreis dieser Dichtung das Kleinbürgertum ist, auf das mit Texten bezuggenommen wird, die »selbst einen kleinbürgerlichen, allzu intimen Einschlag« (III, 280) haben.

Während Benjamin Kästners Texte im Umfeld der Unterhaltungsliteratur etabliert – aus ihnen spricht die »Verwandlung des politischen Kampfes aus einem Zwang zur Entscheidung in einen Gegenstand des Vergnügens, aus einem Produktionsmittel in einen Konsumartikel – das ist der letzte Schlager dieser Literatur« (281) – beruft er sich in seiner Argumentation gegen Kästner auf die politische Lyrik Brechts, weil in ihr das Unversöhnliche der politischen und sozialen Differenzen zur Sprache kommt. Dagegen sind »Kästners Gedichte [...] Sachen für Großverdiener« (283). Benjamin wirft den von ihm kritisierten Autoren vor, sie hätten »die historische Einsicht, die ihnen hätte zuteil werden können, verraten und verkauft« (Witte 1976, 166).

Kritiken im Umfeld literarischer Projekte

Ebenfalls im ersten Band der 1930 erschienenen Zeitschrift *Die Gesellschaft*, in der auch Benjamins Kracauer-Kritik erschien, findet sich seine »große Anzeige von Döblins ›Berlin Alexanderplatz« (3, 490), auf die er Scholem in einem Brief vom 1.11.1929 hinweist. Die Besprechung von Döblins Großstadt-Roman zeigt, daß sich Benjamin seit längerer Zeit mit den Unterschieden zwischen dem mündlichen und dem schriftlichen Erzählen beschäftigt hat. In der Beziehung, die er zu Beginn der Döblin-Besprechung zwischen der Epik und dem Meer herstellt, kommt er auch auf die Differenzen zwischen dem Roman und dem Epos zu sprechen. »Das mündlich Tradierbare, das Gut der Epik, ist von anderer Beschaffenheit als das, was den Bestand des Romans ausmacht. Es hebt den Roman gegen alle übrigen Formen der Prosa – Märchen, Sage Sprichwort, Schwank – ab, daß er aus mündlichen Traditionen weder kommt noch in sie eingeht« (KRISIS DES ROMANS, III, 231). Dabei orientiert sich Benjamin an Döblins Überlegungen zur Poesie. Seine These, daß das Romanlesen dafür verantwortlich ist, daß der »Geist des Erzählens« (ebd.) abgetötet wird, korrespondiert mit der Auffassung, die Döblin in seinem Aufsatz *Der Bau des epischen Werks* formuliert hat. Dort heißt es: »Das Buch ist der Tod der wirklichen Sprachen. Dem Epiker, der nur schreibt, entgehen die wichtigsten formbildenden Kräfte der Sprache« (vgl. Döblin 1963, 131 f.). Diese theoretische Position hat Döblin nach Benjamins Auffassung in seinem Roman *Berlin Alexanderplatz* erzählerisch umgesetzt, weil der Romancier erhebliche Schwierigkeiten hat, in seinem eigenen Buch zu Wort zu kommen. Das führt zu einer gewissen Ratlosigkeit beim Leser, die sich Benjamin dadurch erklärt, daß so, wie bei Döblin erzählt wird, selten »erzählt wurde, [denn] so hohe Wellen von Ereignis und Reflex haben selten die Gemütlichkeit des Lesers in Frage gestellt, so hat die Gischt der wirklichen gesprochenen Sprache ihn noch nie bis auf die Knochen durchnäßt« (III, 232). Benjamin spricht sich für den Erzähler Döblin aus, weil dieser auf vielfältigen Wegen gesprochene Sprache in seinen Text integriert hat – er läßt reden und begreift die gesprochene Sprache als Material, das er mittels der Montagetechnik zusammenfügt. »Stilprinzip dieses Buches ist die Montage. Kleinbürgerliche Drucksachen, Skandalgeschichten, Unglücksfälle, Sensationen von 28, Volkslieder, Inserate schneien in diesen Text« (ebd.). Doch wird durch die Anwendung der Montage, was herkömmlich als Roman anzusehen ist, ›gesprengt‹. Döblins Roman tendiert stärker zum Epischen, weil die Texte, die er integriert, sich an den großen Epikern orientieren, die sich »das tägliche Leben zum Bundesgenossen gemacht« (232 f.) haben. In dieser Hinsicht unterscheidet Benjamin Döblins Roman von André Gides *Tagebuch des Falschmünzers*, der ihm als ein Beispiel für einen ›roman pur‹ gilt. »Kurz, dieser ›roman pur‹ ist eigentlich reines Innen, kennt kein Außen, und somit äußerster Gegenpol zur reinen epischen Haltung, die das Erzählen ist. Gides Ideal des Romans ist – so läßt er sich im strengen Gegensatz zu Döblin darstellen – der reine Schreibroman« (ebd.). Während Döblins Erzählen auf das gesprochene Wort zurückgreift und das Äußerliche erzählerisch zu einem Innen werden läßt, verharrt Gides Darstellung im Innern, wodurch ihm die »wichtigsten formbildenden Kräfte der Sprache« (231) entgehen. Döblin hingegen ist mittendrin und saugt, was in Berlin gesprochen wird, förmlich auf. Dabei braucht er nichts anderes zu tun, als Franz Biberkopf auf seinen Stadtgängen zu folgen, wobei es die Figur ist, die den Autor mitnimmt und führt.

Außerordentliches Lob wird Döblins Roman durch Benjamin zuteil, weil der Kritiker immer wieder in diesem Buch auf Momente stößt, die eigentlich Bestandteile des Epos sind. Während sich Romancier und Epiker im Prinzip voneinander unterscheiden müßten – gleich zu Beginn seiner Besprechung hat Benjamin darauf verwiesen, daß der Epiker in der Rolle des Sammlers am Strand danach sucht, was das Meer angespült hat, während der Romancier die Meere befährt –, entdeckt er bei der Analyse des Döblinschen Romans eine Reihe von Merkmalen, die letztlich nicht zum Roman, sondern zum Epos gehören. Benjamin schätzt Döblins Roman auch deshalb, weil er die Form sprengt, zu der er gehört. Als Variante des bürgerlichen Bildungsromans repräsentiert er dessen letzte Stufe: »Denn das ist ja das Gesetz der Romanform: kaum hat der Held sich selber geholfen, so hilft uns sein Dasein nicht länger. Und wenn diese Wahrheit am großartigsten und am unerbittlichsten in der ›Education sentimentale‹ an den Tag tritt, so ist die Geschichte dieses Franz Biberkopf die ›Education sentimentale‹ des Ganoven. Die äußerste, schwindelnde, letzte, vorgeschobenste Stufe des alten bürgerlichen Bildungsromans« (236). Für Benjamin rüttelt der Roman an den Fesseln der Tradition, so daß die Ratlosigkeit, die den Leser befällt, auch der Tatsache geschuldet ist, daß sich in ihm etwas Neues durchsetzt. Allerdings beharrt Benjamin auf der ratgebenden Funktion des Erzählers, als wäre diese Position noch zu halten. In Krisis des Romans versucht er die Rettung des Döblinschen Romans, von dessen Bedeutung er überzeugt ist, indem er den Text als Variante eines ›modernen Epos‹ versteht, das sich moderner Erzähltechniken wie der der Montage bedient. In einer ergänzenden Notiz Zum ›Alexanderplatz‹ hält Benjamin fest: »Der Romancier wird zum Erzähler. Ende der Romanform. Verwandtschaft des Erzählers mit dem Lesebuchstil. Der Romancier wendet sich an den Leser, den er gefangen nimmt. Der Erzähler hängt den Stoff in das Gedächtnis des Epikers ein« (VI, 184).

Ein Jahr nach Krisis des Romans greift Benjamin den dort formulierten Schlußgedanken in einer Oskar Maria Graf als Erzähler gewidmeten Besprechung erneut auf, in der es heißt: »Jede Befangenheit raubt dem Erzähler ein Stück seiner Sprachfertigkeit und nicht nur, wie man meinen möchte, ein Thema. [...] Geht also der Bildungsroman auf den Aufbau einer Persönlichkeit aus, wird der Epiker es lieber mit ihrem Abbau halten. Im Bildungsroman hat der Held seine Erlebnisse; die formen seine Persönlichkeit. Hier, im epischen Raum, macht die Versuchsperson Erfahrungen, und die vermindern sie« (III, 309 f.).

Zwischen 1928 und 1936 ist das Erzählen in seinen verschieden Varianten eines der zentralen Themen, denen Benjamins Aufmerksamkeit gehört, weshalb sich in seinem Werk an verschiedenen Stellen Überlegungen zu diesem Komplex finden. Dabei ist das Interesse an den oralen Formen des Erzählens nicht nur auf den Erzähler gerichtet, sondern auch auf den Rezipienten, wie es das Denkbild Romane lesen zeigt. Benjamin hat in den Vorstufen zu diesem, in die Rubrik Kleine Kunst-Stücke gehörenden Text seine ›neue Theorie des Romans‹ auf der Grundlage einer Theorie der Einverleibung entwickelt und das Lesen eines Romans mit dem Essen verglichen. »Dieses ist die neue ›Theorie des Romans‹. Sie reißt die Symbolintentionen des Einverleibens und damit ein Stück der anthropologischen Symbolintention aus dem Magischen, Hieratischen heraus und weist ihm Wirklichkeit im Profanen nach. Lesen ist Kommunion durch Essen im profanen Sinne. [...] Der fundamentale Affekt des Lesers ist nicht die Spannung sondern der Hunger, Stoffhunger. Wie sehr die Grundeinstellung des Lesers die des Essenden ist: er kann nicht sogleich aufs Genossene zurückkommen. [...] Romane jedenfalls sind dazu da, verschlungen zu werden. Sie lesen, ist eine Wollust der Einverleibung. Und damit etwas von Grund auf anderes als man gewöhnlich darin erblickt: nämlich keinerlei Einfühlung« (IV, 1014). Allerdings stehen diese im Nachlaß gefundenen Entwürfe einer Theorie des Lesens sehr viel näher als einer Theorie des Romans, wie sie Georg Lukács vorgelegt hat.

Ein unvollendetes Projekt

Die Besprechung von Döblins *Berlin Alexanderplatz* bot Benjamin eine Gelegenheit, eigene theoretische Positionen an dem avanciertesten deutschsprachigen Roman der 20er Jahre zu erproben. Für Alexander Honold stellt die Döblin-Rezension eine gewisse Zäsur innerhalb der Benjaminschen Überlegungen zum Verhältnis von Roman und Erzählung dar. »Aus Döblins Plädoyer für eine Erneuerung des Epischen unter der Devise ›Los vom Buch‹ übernimmt Benjamin nicht nur die normative Privilegierung eines ursprünglich Epischen gegenüber dem neuzeitlichen Roman (die er so auch schon in Lukács' *Theorie des Romans* finden konnte), sondern vor allem die Vorstellung, die ›zeitgenössische Krisis des Romans‹ sei zu lösen, indem das literarische Erzählen auf neue Weise die Energien der mündlichen Erzählkultur zurückgewinnt« (Honold 2000, 364 f.). Noch bevor diese Überlegungen mit dem Erzähler-Aufsatz zum Abschluß kamen, beabsichtigte Benjamin, einen Aufsatz mit dem Titel »Romancier und Erzähler« zu schreiben, der Bestandteil eines geplanten Buches sein sollte, wie aus einem 1930 mit dem Rowohlt Verlag vereinbarten Vertrag hervorgeht. Neben diesem Text waren für den Essayband Aufsätze zu folgenden Autoren vorgesehen: G. Keller, J.P. Hebel, F. Hessel, R. Walser, K. Kraus, J. Green, M. Proust und A. Gide und Essays zum Surrealismus und zum Jugendstil für das Buch vorgesehen. An den Anfang des Buches wollte Benjamin seinen Aufsatz über die AUFGABE DES KRITIKERS stellen, der nach seiner Ansicht mit dem über die AUFGABE DES ÜBERSETZERS korrespondieren würde, der als Schluß der Publikation vorgesehen war (vgl. den Verlagsvertrag in Brodersen 1990, 198). Wenn auch das geplante Buch nie erschienen ist, erhalten geblieben sind Aufzeichnungen zu dem als Einleitungsessay gedachten Text DIE AUFGABE DES KRITIKERS. Benjamin beabsichtigte, diesen Aufsatz in zwei Teile zu gliedern, wobei er im ersten Abschnitt die »Technik«, im zweiten die »Aufgabe« des Kritikers beschreiben wollte. »Kritik« versteht Benjamin in diesem Entwurf als »Grundwissenschaft der Literaturgeschichte« (VI, 173). Diese Setzung des Kritik-Begriffs ist folgenreich, denn daraus resultieren bestimmte Kriterien, denen sich der Kritiker verpflichtet fühlen muß. Während Benjamin im PROGRAMM DER LITERARISCHEN KRITIK noch davon sprach, daß die Maske der reinen Kunst nur von der materialistischen Literaturkritik gelüftet werden kann, werden jetzt einige Vertreter der materialistischen Literaturgeschichte entschieden kritischer gesehen, wobei auch deutlich wird, daß die materialistische Kritik, die Benjamin vorschwebt, als methodisches Verfahren erst noch entwickelt werden müßte. Gerade deshalb spart er nicht mit Kritik gegenüber den Ergebnissen, die die materialistische Literaturgeschichtsschreibung bislang vorgelegt hat: »Es kommt doch bei fast allem, was wir bisher von materialistischer Literaturgeschichte haben, auf ein dickfelliges Nachziehen der Linien in den Werken heraus, deren sozialer Gehalt – wenn nicht soziale Tendenz – stellenweise zu Tage liegt. Dagegen geht die detektivische Erwartung der Soziologen, die zu befriedigen gerade dieser Methode gelingen möchte, fast immer leer aus« (172). Bei der Analyse der materialistischen Literaturgeschichtsschreibung wird auch Benjamin selber deutlich, daß sein eigener methodischer Ansatz darin keinen Platz beanspruchen kann. Mit seiner Vorliebe für Verborgenes, für Geheimnisvolles und Abseitiges, mit seiner Herangehensweise, aus kleinsten Details Wesentliches zu entwickeln, unterschied er sich wesentlich von den Vertretern eines orthodoxen Marxismus. Angesichts dieser Tatsache erhalten die frühen Überlegungen, die er bereits in den Aufzeichnungen zur ANKÜNDIGUNG DER ZEITSCHRIFT: ANGELUS NOVUS formuliert hat, wieder stärkeres Gewicht, wenn er in DIE AUFGABE DES KRITIKERS Franz Mehring vorwirft, daß in seinen Darstellungen »die Dichtungen nur als Dokumente auftauchen« (173) würden. Für Benjamin zeigen Mehrings Texte, daß ein solcher Umgang – Dichtung nur als Beleg zu verwenden – sie um ihren poetischen Gehalt bringt. Angesichts dieses Ungenügens wird der Begriff der »magische[n] Kritik [...] eine Erscheinungsform der Kritik auf ihrer obersten Stufe«, bedeutend. »Ihr gegenüber«, sozusagen auf der gleichen Stufe, »steht [...] die wissenschaftliche (literarhistorische) Abhandlung« (ebd.). Doch gerade die magische, »nichturteilende Seite« vermißt Benjamin an den materialistischen Kritiken, die noch »immer (oder fast immer) hinter das Geheimnis« (174) kommen. Kritik müsse aber auch auf das Urteilen verzichten können: »Beim wahren Kritiker ist das eigentliche *Urteil* ein letztes, das er sich abringt, niemals die Basis seines Unternehmens. Im Idealfalle vergißt er zu urteilen« (172).

Trotz aller Neuerungen, gänzlich revidiert Benjamin in diesem fragmentarischen Entwurf seine früheren Positionen nicht. Das verdeutlicht auch ein Begriff wie der der »Schrumpfung« (174), den er von Adorno übernimmt und der zu seiner Theorie der »Verpakkung« (ebd.) gehört. »Die Lehre von den Trümmern, die die Zeit anrichtet ist zu ergänzen durch die Lehre vom Verfahren des Abmontierens, das Sache des Kritikers ist« (ebd.). Dabei ist im Anschluß an den Wahlverwandtschaften-Essay Schrumpfung »zu definieren als das Eingehen der Wahrheitsgehalte in die Sachgehalte« (ebd.). Es hat den Anschein, als würden frühere

Positionen wieder an Bedeutung gewinnen, wie auch aus den Notizen über Falsche Kritik hervorgeht, die im Nachlaß gefunden wurden, darin bemerkt Benjamin: »Erst im Innern des Werkes selbst, da wo Wahrheitsgehalt und Sachgehalt sich durchdringen, ist die Kunst-Sphäre definitiv verlassen und an seiner Schwelle verschwinden auch alle aesthetischen Aporien, der Streit um Form und Inhalt u.s.w.« (179). Doch Kritik ist nicht Privatsache, denn was der Kritiker an eigener Meinung vorzubringen hat, ist unwichtig. »Ein großer Kritiker ermöglicht vielmehr andern[,] eine Meinung über das Werk auf Grund seiner Kritik zu fassen[,] als daß er selbst eine gäbe« (171).

Die Zeitschrift »Krise und Kritik«

Im Verlauf des Jahres 1930 entwickeln sich zunächst eine Reihe von Projekten günstig, zu denen Benjamin auch die Zeitschrift Krise und Kritik rechnete, deren erste Ausgabe am 15.1.1931 im Rowohlt-Verlag erscheinen sollte. Benjamin setzte große Hoffnungen in die Zeitschrift, auf deren Titel er neben seinem und den Namen von »zwei, drei andern als Mitherausgeber« (3, 548) auch Brechts Namen lesen wollte. Es war beabsichtigt, eine heterogene Gruppe von Intellektuellen zu finden, zu denen u. a. Bernard von Brentano, Ernst Bloch, Herbert Ihering, Siegfried Kracauer, Alfred Kurella, Karl Korsch, Theodor W. Adorno und Georg Lukács zählen sollten, um nur die wichtigsten zu nennen. Linken Intellektuellen sollte die Zeitschrift eine Möglichkeit bieten, sich kritisch zu gegenwärtigen gesellschaftlichen Krisenmomenten zu äußern. Eine entscheidende Voraussetzung dafür, daß das Projekt Formen annahm, war die Intensivierung der Freundschaft zwischen Brecht und Benjamin seit dem Mai 1929. In seinem Buch über Benjamin und Brecht, in dem ausführlich das Zeitschriftenprojekt analysiert und dokumentiert wird, macht Erdmut Wizisla darauf aufmerksam: »Benjamins und Brechts Auffassungen über die Funktionsbestimmung der Kritik konvergierten, ohne daß sich Differenzen verwischten. Sie konstatierten einen Verfall der Kritik, der ihrer Ansicht nach auf dem Mangel an transparenter Konzeption und kritischen Maßstäben beruhte« (Wizisla 2004, 133). Das im Titel der Zeitschrift verwendete Wort »Krise« wird also sowohl auf den Gesellschaftszustand bezogen als auch auf jene Krisenmomente, die sich in der Kunst und der Literaturkritik zeigen. Der Titel der Zeitschrift erweist sich deshalb als programmatisch im Hinblick auf die damit erfaßte Breite. »Die *Krise* des gesellschaftlichen Lebens mit all seinen Erscheinungsformen war eines der Motive zur Gründung der Zeitschrift, aber auch, wie einer programmatischen Notiz [Benjamins] zu entnehmen ist, deren Gegenstand: Das Arbeitsfeld der Zeitschrift ist die heutige Krise auf allen Gebieten der Ideologie und die Aufgabe der Zeitschrift ist es, diese Krise festzustellen oder herbeizuführen, und zwar mit den Mitteln der Kritik« (130).

Insofern lag dem Zeitschriftenprojekt ein strategischer Plan zugrunde. Die veröffentlichten Texte sollten zeigen, von welchen Krisenmomenten die Gesellschaft erfaßt ist und was die Krise bewirkt. Weiterhin sollte ausgewiesen werden, daß Grundlage der analytischen Arbeit der dialektische Materialismus ist, wie es Benjamin in einem Brief an Brecht formuliert hat: »Die Zeitschrift war geplant, als ein Organ, in dem Fachmänner aus dem bürgerlichen Lager die Darstellung der Krise in Wissenschaft und Kunst unternehmen sollten. Das hatte zu geschehen in der Absicht, der bürgerlichen Intelligenz zu zeigen, daß die Methoden des dialektischen Materialismus ihnen durch ihre eigensten Notwendigkeiten – Notwendigkeiten der geistigen Produktion und der Forschung, im weiteren auch Notwendigkeiten der Existenz – diktiert seien. Die Zeitschrift sollte der Propaganda des dialektischen Materialismus *durch dessen Anwendung auf Fragen dienen, die die bürgerliche Intelligenz als ihre eigensten anzuerkennen genötigt ist*« (4, 15). In dem Brief faßt Benjamin die Absichten des Projektes zusammen und zieht sich zugleich als Herausgeber zurück, denn kein Aufsatz, der ihm zu diesem Zeitpunkt vorlag, entsprach dem, was die Zeitschrift seiner Meinung nach dokumentieren sollte. Benjamin wollte mit der Zeitschrift Maßstäbe für die Literatur- und Kunstkritik entwickeln, weshalb es ihm notwendig erschien, kritisch zu analysieren, was bisher auf dem Gebiet der materialistischen Kritik geleistet wurde.

Das ursprüngliche Programm der Zeitschrift hatte Benjamin in einem Memorandum zu der Zeitschrift Krisis und Kritik umrissen. Darin heißt es: »Sie hat politischen Charakter. Das will heißen, ihre kritische Tätigkeit ist in einem klaren Bewußtsein von der kritischen Grundsituation der heutigen Gesellschaft verankert. Sie steht auf dem Boden des Klassenkampfes. Dabei hat die Zeitschrift jedoch keinen parteipolitischen Charakter. Insbesondere stellt sie kein proletarisches Blatt, kein Organ des Proletariats dar. Vielmehr wird sie die bisher leere Stelle eines Organs einnehmen, in dem die bürgerliche Intelligenz sich Rechenschaft von den Forderungen und den Einsichten gibt, die einzig und allein ihr unter den heutigen Umständen eine eingreifende, von Folgen begleitete Produktion im Gegensatz zu der üblichen willkürlichen und folgenlosen gestatten« (VI, 619). Eben dieser Anspruch der Zeitschrift, gerade jenen Dichtern, Philosophen,

Publizisten aus dem bürgerlichen Lager die Möglichkeit einzuräumen, sich der Methode des dialektischen Materialismus bei der kritischen Analyse zu bedienen, war ein wesentlicher Anspruch des Vorhabens. Nach Benjamins Ansicht hätte die bürgerliche Intelligenz Auskunft über den gegenwärtigen Stand der Krise erhalten, um sie so in die Lage zu versetzen, sich Klarheit über die gefährdeten Grundlagen der eigenen Existenz zu verschaffen. Solche Einsichten sollten auf dem Wege eines wissenschaftlichen Diskurses und nicht propagandistisch vermittelt werden. Benjamin stimmte in diesem Punkt mit Brechts Ansicht überein, der im Hinblick auf die Lukácsschen »Propagandamethoden« meinte: »Es ist zweifellos ein Irrtum, zu glauben, die Intellektuellen fielen, von der Krise erschüttert, gleichsam wie reife Birnen beim leisesten Anstoß in den Schoß des Kommunismus« (Brecht 1983, 156).

Das Scheitern des Zeitschriftenprojektes erklärt sich aus den sehr verschiedenen Vorstellungen, die die Herausgeber und Mitarbeiter mit dem Projekt verfolgten. Während Benjamin und Brecht den historischen Materialismus als kritische Methode anwenden wollten, so daß eingreifendes Denken möglichen gewesen wäre, war das Vorgehen von Kurella und Lukács deutlich darauf ausgerichtet, mit der Zeitschrift politische Überzeugungsarbeit zu leisten.

Erzwungenes Exil

Nur wenige Wochen nach Hitlers Machtergreifung verließ Benjamin am 17. März 1933 Deutschland – einen Tag später traf er in Paris ein. Unter den Pseudonymen Detlef Holz und K.A. Stempflinger war es ihm bis zum Juni 1935 noch möglich, einige Artikel in der *Frankfurter Zeitung* zu veröffentlichen. Aber insgesamt brachen nach dem Sieg der Nationalsozialisten seine publizistischen Wirkungsmöglichkeiten weg. Benjamin wurde nach 1933 zunehmend seiner publizistischen und wissenschaftlichen Wirkungsmöglichkeiten beraubt und dadurch in seiner Existenz massiv bedroht. Doch er hat auf eingreifendes literaturkritisches Handeln weder in den letzten Jahren der Weimarer Republik noch als Exilant verzichtet. Von einem »Abstand zur publizistischen Praxis der letzten Weimarer Jahre« ist sicher nur bedingt auszugehen (vgl. Kaulen 1999, 920). Dagegen wäre als ein Beispiel literarischer Praxis aus der Exilzeit auf Benjamins Besprechung von Anna Seghers Roman *Die Rettung* (vgl. Eine Chronik der deutschen Arbeitslosen, III, 530–538) zu verweisen.

Werk

Ankündigung der Zeitschrift: Angelus Novus (II, 241–246)
Die Aufgabe des Kritikers (VI, 171–172)
Die Aufgabe des Übersetzers (IV, 9–21)
Ein Aussenseiter macht sich bemerkbar (III, 219–225)
Der Begriff der Kunstkritik in der deutschen Romantik (I, 11–119)
Berliner Chronik (VI, 465–519)
Eine Chronik der deutschen Arbeitslosen (III, 530–538)
Der eingetunkte Zauberstab (III, 409–417)
Falsche Kritik (VI, 175–179)
Franz Hessel (III, 45 f.)
Rez. zu Franz Hessel, Heimliches Berlin (III, 82–84)
Friedensware (III, 23–28)
Goethes Wahlverwandtschaften (I, 123–201)
Hugo von Hofmannsthal, Der Turm (III, 29–33)
Ein Jakobiner von heute (III, 260–265)
Krisis des Romans (III, 230–236)
Das Leben der Studenten (II, 16–35)
Linke Melancholie (III, 279–283)
Literaturgeschichte und Literaturwissenschaft (III, 283–290)
»El mayor monstruo, los celos« von Calderon und »Herodes und Marianne« von Hebbel. Bemerkungen zum Problem des historischen Dramas (II, 246–276)
Memorandum zu der Zeitschrift *Krisis und Kritik* (VI, 619–621)
Die Mietskaserne (VII, 117–124)
Oskar Maria Graf als Erzähler (III, 309–311)
Programm der literarischen Kritik (VI, 161–167)
Die Technik des Kritikers in dreizehn Thesen (IV, 108 f.), in: Einbahnstrasse (IV, 83–148)
Theorien des deutschen Faschismus (III, 238–250)
Tip für Mäzene (VI, 168–169)
Über Sprache überhaupt und über die Sprache des Menschen (II, 140–157)
Wider ein Meisterwerk (III, 252–259)
Zum ›Alexanderplatz‹ (VI, 184)
Zur Wiederkehr von Hofmannsthals Todestag (III, 250–252)

Literatur

Arendt, Hannah (1971): »Walter Benjamin«, in: dies.: Walter Benjamin, Bertolt Brecht. Zwei Essays, München, 7–62.
Braese, Stephan (1998): »Auf der Spitze des Mastbaums. Walter Benjamin als Kritiker im Exil«, in: Exilforschung. Ein internationales Jahrbuch, Bd. 16., München, 56–86.
Brecht, Bertolt (1983): Briefe 1913–1956, hg. u. komment. v. Günter Glaeser. 2 Bde, Berlin/Weimar.
Brecht, Bertolt (1993): »Die Verlustliste«, in: ders.: Gedichte. 5. Große kommentierte Berliner und Frankfurter Ausgabe, Werke XV, hg. v. Werner Hecht/Jan Knopf/Werner Mittenzwei/Klaus-Detlef Müller. Berlin/Weimar, 43 u. 339.
Brodersen, Momme (1990): Spinne im eigenen Netz. Walter Benjamin: Leben und Werk, Bühl-Moos.
Döblin, Alfred (1963): »Der Bau des epischen Werks«, in: ders.: Ausgewählte Werke in Einzelbänden, Bd. 8: Aufsätze zur Literatur, hg. v. Walter Muschg, Freiburg i.Br., 103–132.
Drews, Jörg (1973): »Der Literaturkritiker Walter Benjamin – Eine Fiktion«, in: Merkur 27, 1156–1163.
Garber, Klaus (2005): Walter Benjamin als Briefschreiber und Kritiker, München.

Hartung, Günter (1978): »Der Stratege im Literaturkampf«, in: Burkhardt Lindner (Hg.): Walter Benjamin im Kontext, Frankfurt a. M., 15–29.
Hartung, Günter (1986): »Walter Benjamins Antikriegsschriften«, in: Weimarer Beiträge 32, 3, 404–419.
Hessel, Franz (1999): »Die größte Mietskasernenstadt der Welt«, in: ders.: Sämtliche Werke in fünf Bänden, hg. v. Hartmut Vollmer/Bernd Witte, Werke 5: Verstreute Prosa, Kritiken, Oldenburg, 207–209.
Hirsch, Alfred (1995): Der Dialog der Sprachen. Studien zum Sprach- und Übersetzungsdenken Walter Benjamins und Jacques Derridas, München.
Honold, Alexander (2000): »Erzählen«, in: Michael Opitz/Erdmut Wizisla (Hg.): Benjamins Begriffe, Frankfurt a. M., 363–398.
Kaulen, Heinrich (1990): »›Die Aufgabe des Kritikers‹. Walter Benjamins Reflexionen zur Theorie der Literaturkritik 1929–1931«, in: Literaturkritik – Anspruch und Wirklichkeit. DFG-Symposion 1989. Stuttgart, 319–336.
Kaulen, Heinrich (1999): »Der Kritiker und die Öffentlichkeit. Wirkungsstrategien im Frühwerk und im Spätwerk Walter Benjamins«, in: Klaus Garber/Ludger Rehm (Hg.): global benjamin, München, 918–942.
Köhn, Eckhardt (1989): Straßentausch: Flanerie und kleine Form. Versuch zur Literaturgeschichte des Flaneurs bis 1933, Berlin.
Kracauer, Siegfried (1978): Die Angestellten. Kulturkritischer Essay, Leipzig/Weimar.
Lindner, Burkhardt (1980): »Positives Barbarentum – aktualisierte Vergangenheit. Über einige Widersprüche Benjamins«, in: alternative, hg. v. Hildegard Brenner 23, 132/133, 130–139.
Matz, Wolfgang (1989): »Hofmannsthal und Benjamin«, in: Akzente 36 (1989) 1, 43–65.
Raddatz, Fritz J. (1973): »Sackgasse, nicht Einbahnstraße«, in: Merkur 27, 1065–1075.
Reich-Ranicki, Marcel (1972): »Auf der Suche nach dem verlorenen Echo«, in: Die Zeit (Nr. 47), 24.11.1972.
Steiner, Uwe (1989): »Die Geburt der Kritik aus dem Geiste der Kunst«. Untersuchungen zum Begriff der Kritik in den frühen Schriften Walter Benjamins, Würzburg.
Steiner, Uwe (2000): »Kritik«, in: Michael Opitz/Erdmut Wizisla (Hg.): Benjamins Begriffe, Frankfurt a. M., 479–523.
Steiner, Uwe (2004): Walter Benjamin, Stuttgart/Weimar.
Witte, Bernd (1976): Walter Benjamin – Der Intellektuelle als Kritiker. Untersuchungen zu seinem Frühwerk, Stuttgart.
Wizisla, Erdmut (2004): Benjamin und Brecht. Die Geschichte einer Freundschaft. Mit einer Chronik und den Gesprächsprotokollen des Zeitschriftenprojekts ›Krise und Kritik‹, Frankfurt a. M.
Wohlfarth, Irving (1999): »›Einige schwere Gewichte‹? Zur ›Aktualität‹ Walter Benjamins«, in: Klaus Garber/Ludger Rehm (Hg.): global benjamin, Bd. 1, 31–55.

Zur französischen Literatur und Kultur

Von Laure Bernardi

Die Rolle der französischen Literatur im Leben und Werk Benjamins wird in der Regel vor allem mit den Namen Proust und Baudelaire und mit den Jahren des französischen Exils verbunden. Die Beschäftigung Benjamins mit Frankreich reicht jedoch viel weiter, sowohl was die Gegenstände wie auch die Zeitspanne angeht. Französische Autoren und Bücher haben Benjamins geistiges Leben immer geprägt, und das Verhältnis zu Frankreich bildet intellektuell wie auch affektiv einen roten Faden, der das gesamte Werk durchzieht. Dieser weitreichenden Beziehung ist bisher keine größere Untersuchung gewidmet worden. Die meisten Arbeiten beschränken sich entweder auf Benjamins Verhältnis zu einzelnen französischen Schriftstellern oder auf seine Exilzeit, also die letzte Schaffensperiode. Außer den Proust- und Baudelaire-Schriften, dem Surrealismus-Aufsatz und dem Monumentalwerk der Passagen-Arbeit hat Benjamin aber auch zahlreiche kleinere Arbeiten über Frankreich und die französische Literatur verfaßt. Neben Übersetzungen von Romanen oder Novellen aus dem 19. und 20. Jh. zeugen Briefe und auch eine große Anzahl von Aufsätzen, Rezensionen, Theaterkritiken und Berichten von seinem anhaltenden Interesse auf diesem Gebiet. Die literaturkritische Tätigkeit Benjamins wird vor allem durch die Textauswahl des dritten, den Kritiken und Rezensionen gewidmeten Bandes der *Gesammelten Schriften* dokumentiert, der auch den Großteil seiner Arbeiten über französische Literatur und Kultur enthält. Dieser Beitrag wird aber auch Texte behandeln, die – z. B. aus formalen Gründen, denen das Gliederungsprinzip der *Gesammelten Schriften* folgt – in anderen Bänden der Ausgabe abgedruckt sind.

Bei Benjamin erfolgt die Annäherung an die französische Literatur zuerst in Form der Übersetzung (seine Arbeit an Baudelaires *Tableaux Parisiens* (IV, 23–63) setzt schon 1914–1915 an, andere Übersetzungsarbeiten aus der ersten Hälfte der 20er Jahre wurden meist in deutschen Zeitschriften veröffentlicht (Suppl. I)). Seine Schriften über französische Literatur sind erst ab 1926 entstanden.

Doppelte Außenperspektive: die französische Literatur als Pendant zur deutschen

Bereits die ersten ausführlichen brieflichen Zeugnisse, die Benjamins frühes Interesse an französischen Autoren belegen, sind von einem Motiv geprägt, das aufschlußreich für die besondere Stellung der französischen Literatur im Leben und Werk Benjamins ist: die französische Literatur erscheint von vornherein als Pendant zur deutschen. Besonders wichtig ist in diesem Zusammenhang ein Brief an Ernst Schoen vom 24.7.1919, wo Benjamin von seinen damaligen Lektüren berichtet: »Ich halte die *Nouvelle Revue Française*. Hier hat für mich Vieles, dessen Analogon im Deutschen mir vielleicht bis zur Fadheit durchschaubar wäre, noch eine Dichtigkeit, ein gefärbtes Dunkel, in dessen Klärung ich weiter komme. Ich glaube, Zeitschriften haben überhaupt fast nur für den Ausländer wert. [...] Endlich lese ich mit größtem Interesse aus klarem Unbeteiligtsein, was Männer wie Gide über Deutschland sagen [...]. Hier ist für mich noch Contact mit irgend einer Fiber ›Gegenwart‹ den ich Deutschem gegenüber kaum mehr erlange« (2, 33–34; auch Kambas 1992 kommentiert diese Stelle, ordnet sie jedoch in einen etwas anderen Kontext ein). Benjamin beschreibt mit außergewöhnlicher Deutlichkeit den kontrastiven Wert der fremden literarischen Welt: die Außenperspektive ermöglicht eine neue, ›erfrischende‹ Beziehung zur Literatur. Sprachlich ist der ganze Passus von einer geographisch-zeitlichen Polarisierung geprägt, und besonders interessant ist die explizit erwähnte Bedeutung des »Unbeteiligtseins«. Von einer Außenperspektive kann man hier in doppeltem Sinn sprechen: Die Fremdperspektive des Deutschen Benjamin Frankreich gegenüber entspricht dem durch die Annäherung an Frankreich ermöglichten Außenblick des ›Fremden‹ auf die eigene Kultur.

Bezeichnenderweise wird dies aber in dem Moment hervorgehoben, in dem auch von geistiger Verwandtschaft die Rede ist. Die Wahl einer Beschäftigung mit neuerer Literatur wird ausdrücklich mit dem Bewußtsein des kontrastiven Hintergrunds, der unterschiedlichen Lage der geistigen Produktion in Deutschland und Frankreich verbunden. Dieselbe Perspektiv-Verdopplung zeichnet sich auch in einem späteren Brief ab, den Benjamin Mitte 1927 an Hofmannsthal schrieb: »Während ich mit meinen Bemühungen und Interessen in Deutschland unter den Menschen meiner Generation mich ganz isoliert fühle, gibt es in Frankreich einzelne Erscheinungen – als Schriftsteller Giraudoux und besonders Aragon – als Bewegung den Surrealismus, in denen ich am Werk sehe, was auch mich beschäftigt« (3, 259). Im literarischen Leben Frankreichs als ihm fremder Welt erkennt Benjamin bestimmte ›Wahlverwandschaften‹ zur eigenen Arbeit.

Editorialer Kontext der Publikationen

Der Beginn einer regelmäßigen und umfangreichen Beschäftigung Benjamins mit französischer Literatur und Kultur ist auf die Mitte der 20er Jahre zu datieren. Sie setzt zeitgleich mit seiner regelmäßigen Mitarbeit an zwei der führenden deutschen literarischen Blätter ein: die erstmals 1925 erschienene *Literarische Welt* und das Literaturblatt der *Frankfurter Zeitung*.

Diese Umorientierung zur Publizistik fällt mit der »Wendung« zusammen (vgl. 2, 511 und 3, 60; dazu auch Hartung 1985 u.a.), die in der Mitte der 20er Jahre in Benjamins Leben und Werk erfolgte, und sich bestätigt fand, als 1925 sein Habilitationsversuch scheiterte. Auch in seiner literaturkritischen Tätigkeit kann man eine Wende verzeichnen. Benjamins frühere literarische Abhandlungen waren vor allem deutschen Schriftstellern gewidmet, und sowohl stilistisch als auch wirkungsgemäß waren diese Texte relativ esoterisch. Ab 1926, als seine publizistische Tätigkeit einsetzt, sind die behandelten Bücher oft Texte zeitgenössischer Autoren, darunter viele französische.

Ausschlaggebend für die von nun an zentrale Rolle französischer Literatur innerhalb von Benjamins literaturkritischer Produktion sind neben der beginnenden Mitarbeit an Zeitschriften der lange Aufenthalt in Paris im Jahr 1926 und die ihm durch die Vermittlung Hofmannsthals und Rilkes in Auftrag gegebene Übersetzung der *Anabase* von Saint-John Perse. Ab 1926 sind beinahe ein Viertel der von Benjamin in verschiedenen Formen besprochenen Bücher französische Bücher oder Bücher über französische Literatur und Kultur.

Bis 1933 verringert sich die Anzahl seiner Frankreich gewidmeten publizistischen Arbeiten beträchtlich. Für seine partielle Abwendung von der Publizistik gibt es mehrere Gründe: Zuerst erlaubte ihm paradoxerweise seine verhältnismäßig stabile finanzielle Situation – als seine Rundfunkbeiträge von 1929 bis 1932 ihm ein regelmäßiges Einkommen sicherten –, teilweise auf die literaturkritische Tätigkeit zu verzichten. Dazu kam dann die mit der politischen Entwicklung zusammenhängende Verschlechterung der Publikationssituation, unter der Benjamin besonders im Exil zu leiden hatte; nach dem Verkauf der *Literarischen Welt* durch Willy Haas und dem Kurswechsel der *Frankfurter Zeitung* löste er sich allmählich von diesen Zeitschriften. Die Überlegungen zur französischen Literatur wurden dann Gegenstand längerer Schriften, wie z. B. der wichtige Beitrag ZUM GEGENWÄRTIGEN GESELLSCHAFTLICHEN STANDORT DES FRANZÖSISCHEN SCHRIFTSTELLERS, die späteren Baudelaire-Arbeiten und das Passagen-Werk. Diese deutliche Periodisierung zeugt von der Schlüsselstellung, die der Produktion der zweiten Hälfte der 20er Jahre für das Benjaminsche Verhältnis zur französischen Literatur zukommt.

Benjamin als Vermittler?

In der Sekundärliteratur zu Benjamins Literaturkritiken wurde oft die These vertreten, Benjamin habe sich in den publizistischen Arbeiten nie an ein breites Publikum gewandt, und seine in den Zeitschriften erschienenen Texte seien immer nur an Kollegen, Intellektuelle, d.h. literarische Fachleute gerichtet (zuerst Witte, in seiner Folge eine Menge von Arbeiten, nicht aber Kambas, die die Vermittlerrolle Benjamins betont). Als Beleg für diese Behauptung diente meist die siebte These des Aufsatzes DIE TECHNIK DES KRITIKERS IN DREIZEHN THESEN: »Für den Kritiker sind seine Kollegen die höhere Instanz. Nicht das Publikum. Erst recht nicht die Nachwelt« (IV, 108). Abgesehen von den Schwierigkeiten, die sich bei der Interpretation dieses Grundsatzes ergeben (es wäre z. B. zwischen Instanz und Adressaten zu unterscheiden, und die den komplexeren Umgang mit dem Publikum als Adressaten bestimmende dreizehnte These wäre somit auch zu berücksichtigen) und von der Fragwürdigkeit einer Interpretation, die in der Benjaminschen Kritikertätigkeit die bloße Anwendung seiner theoretischen Betrachtungen sieht, ist die scharfe Alternative zwischen Vermittlungsintention und rein reflexivem Anspruch zumindest für die Schriften zur französischen Literatur nicht haltbar. Die in der Sekundärliteratur oft praktizierte Anwendung der Theorie Benjamins auf seine eigene Kritikertätigkeit schüttet genau dann das Kind mit dem Bade aus, wenn Benjamins Ablehnung von ›Vermittlung‹ als instrumenteller und popularisierender Verwendung der Sprache (vgl. u. a. den Plan zum *Angelus Novus*, II, 241) auf die gesamte Funktion des Kritikers hin verallgemeinert wird. Die Generalisierung über Gebühr macht blind für die Vermittlerrolle, um die es hier geht, nämlich die nicht widerspruchsfreie Positionierung zwischen den Kulturen. Benjamins Bemühen um eine Neubestimmung der Stellung des Intellektuellen geht mit dieser Vermittlerrolle einher, und die Rückschlüsse auf das Fehlen einer jeden vermittelnden Dimension seines Werkes sind übereilt und nur schwer mit der an ein breiteres Publikum gerichteten Kritikertätigkeit vereinbar. Benjamins ›Spezialisierung‹ auf dem Gebiet der neuen französischen Literatur jedenfalls ist u.a. auf eine entschiedene Vermittlungsabsicht zurückzuführen.

Vor allem Briefe zeugen von einer bereits 1924 einsetzenden Beschäftigung mit der Vermittlung französischer Texte in Deutschland. In einem an Scholem gerichteten Brief vom 5.3.1924 erwähnt Benjamin eine »eindrucksvolle Liste französischer Desiderata aus den Jahren 1917–1923, etwa 100 Stück« (2, 434), die er für den Fachreferenten für zeitgenössische französische Literatur der Berliner Staatsbibliothek (wahrscheinlich Erich Auerbach) erstellt habe. Einige Monate später (497) schlägt er dem Verleger und späteren Herausgeber seiner Baudelaire-Übersetzungen Weissbach vor, »neue französische Romane übersetzt heraus[zu] bringen«, gibt einige Titel und Namen an, darunter Radiguet und Giraudoux, auf den er später oft zurückkommen wird (1926 BELLA, III, 34; 1928 PARIS ALS GÖTTIN, PHANTASIE ÜBER DEN NEUEN ROMAN DER FÜRSTIN BIBESCO, 139–142). Er betont dabei, wieviel Wert er auf die baldige Übersetzung der jüngst erschienenen Schriften lege. Später erteilt Thankmar von Münchhausen ihm den Auftrag, und im Herbst 1926 sendet ihm Benjamin eine Liste von französischen Büchern, die er als Publikationsvorschläge für den Insel Verlag erstellt hat, und in der er auf Autoren hinweist, deren Schriften er später besprechen, oder sogar übersetzen wird: Cocteau, wiederum Giraudoux, Valéry und Jouhandeau (vgl. 3, 189). Eine solche ›präskriptive‹ Rolle auf dem Gebiet der Vermittlung französischer Literatur übernimmt Benjamin wieder in einer Sammelrezension mit dem Titel BÜCHER, DIE ÜBERSETZT WERDEN SOLLTEN (III, 174–182), die im Juni 1929 in der *Literarischen Welt* erscheint. Das letzte der in dieser Reihe besprochenen Bücher ist ein Werk des fast unbekannten, früh verstorbenen Dichters Léon Deubel. Im Schlußsatz des Beitrages kommt die Vermittlungsabsicht zum Ausdruck: »Mit zwanzig oder dreißig seiner schönsten Verse sollte Deubel in der besten aller deutschen Republiken, dem alten Freistaat ihrer Übersetzungen, das Heimatsrecht verliehen werden« (182).

Die Vermittlerrolle wird auch von Benjamin als moralische, politische Aufgabe in den Kontext der deutsch-französischen Beziehungen gestellt. Das zeigt eine der ersten in der *Literarischen Welt* veröffentlichten Rezensionen, FRIEDENSWARE, eine lange witzige Besprechung von Fritz von Unruhs Paris-Buch *Flügel der Nike – Buch einer Reise* (23–28). Benjamin kritisiert hier pointiert einen Reisebericht, in dem »die Völkerverständigung im Dreck aus[geht]« (27). In einem etwa ein Jahr vorher verfaßten Brief an Rilke hatte Benjamin diese Kritik in den Rahmen einer Reflexion über Vermittlungsaufgaben gestellt und sich glücklich geschätzt, »an der Verbindung deutschen und französischen Schrifttums wirken zu dürfen« (3, 55 f.).

Vermittlungsabsicht und Rezensionen

Trotz der manchmal provokativen Ablehnung der Vermittlungsintention (vgl. z. B. DIE AUFGABE DES ÜBERSETZERS, IV, 9) treten die vermittelnden, ja pädagogischen Absichten in einigen Rezensionen sehr deutlich hervor. Benjamin greift z. B. in vielen dieser Texte auf Stilmittel zurück, die einem traditionellen Verständnis der Literaturkritik entlehnt scheinen, wie ›einbürgernde‹ Vergleiche oder kontrastierende Betrachtungen, die es dem Publikum ermöglichen sollen, sich einer ihm fremden Literatur anzunähern. So wird z. B. die Komik des französisch schreibenden Schweizers Pierre Girard mit dem Werk des deutschsprachigen Schweizers Robert Walser verglichen (III, 76–77), Georg Heym erscheint als deutsches ›Pendant‹ zu Léon Deubel (182), Paul Léautaud wird mit Karl Kraus (68 f.) oder Henry Poulaille mit Heinrich Mann verglichen, dem er sein Buch gewidmet hatte (74 f.). Die Tatsache, daß Benjamin die erwähnten Bücher frei – und nicht im Auftrag einer Zeitschrift – rezensiert hatte, unterstreicht die Bedeutung der hier von ihm eingenommenen Vermittler-Perspektive für das Verständnis dieser Schriften.

Kambas' Behauptung, der zufolge Benjamin jede völkerpsychologische, stereotypische und komparatistische Orientierung fremd sei, die sonst die Vermittlungsbemühungen eines Gide oder eines Curtius auszeichne (vgl. Kambas 1992, 141 f.), ist also so nicht haltbar. Die Benjaminschen Rezensionen weisen vielmehr eine Tendenz zur Hervorhebung angeblich nationaler Charaktere auf, die auch typisch für das Genre ist. In dem Bericht über das Gespräch mit Gide (ANDRÉ GIDE UND DEUTSCHLAND), den Benjamin Anfang 1928 in der *Literarischen Welt* veröffentlichte, wird dieses Interesse besonders deutlich: »Für den eigenbrötelnden, eingezogenen, verkauzten Deutschen wird immer das Vorbild, die erzieherische Figur schlechthin, *der* sein, der in Gestalt oder Lehre den deutschen Typus, wie heute Hofmannsthal und Borchardt es versuchen, herausstellt. Den Franzosen aber, die, im Volkscharakter reich und vielfältig nach Stämmen geschieden, in ihren nationalen und literarischen Tugenden stärker, prekärer als sonst ein Volk standardisiert sind, ist der große Ausnahmefall, der moralisch durchleuchtete, höchste erzieherische Instanz. Der ist Gide« (IV, 497–502).

Zur Rolle Benjamins innerhalb der deutsch-französischen Literaten-Beziehungen

Während diese vermittelnde Dimension des Werkes in der Forschung zu Benjamin oft bestritten wurde, wird Benjamin paradoxerweise in umfassenderen Arbeiten zu deutsch-französischen Beziehungen zwischen den beiden Weltkriegen häufig eine zentrale Rolle im Paris der 20er und 30er Jahre zugewiesen. Das ist besonders der Fall in französischen Arbeiten zu dieser Problematik, freilich erst im Zuge der späten Rehabilitierung von Benjamins Werk. Die rekonstruktive Betonung der Vermittlerrolle hat allerdings einen – uneingestandenen – Legendencharakter. Festzuhalten bleibt jedenfalls, daß Benjamin zu Lebzeiten weder in Frankreich noch in Deutschland als legitimer Vermittler im deutsch-französischen Dialog identifiziert wurde. Diese spezifische Randposition gilt es hier herauszustellen, da sie auch für das Verständnis des Werks von Belang ist.

Darüber hinaus war Frankreich für Benjamin der Ort, an dem es ihm, zumindest zeitweise, möglich schien, eine gesellschaftliche Position zu erlangen. Auf den zeitlichen Zusammenfall der beginnenden Beschäftigung mit französischer Literatur und des Scheiterns seiner Karriere in Deutschland ist bereits hingewiesen worden. Frankreich erscheint hier nochmals als Gegenpol zu Deutschland. Während Benjamin in Deutschland für seine Pläne keine wirkliche Unterstützung gefunden hatte, begann er seine französische Karriere unter der dreifachen Obhut von Rilke, Hofmannsthal und Thankmar von Münchhausen; die erste produktive französische Arbeit nach der Baudelaire-Übersetzung war die »in Stellvertretung von Rilke« unternommene Übersetzung der *Anabase* von Perse (Suppl. I; vgl. 3, 38). Seine Beziehungen zu diesen drei angesehenen deutschen Intellektuellen und Vermittlern zwischen Deutschland und Frankreich versucht Benjamin übrigens bewußt zu nutzen (vgl. z. B. 3, 38). Er hat keinen Zeitaufwand und keine Mühe gescheut (Alfred Cohn gegenüber spricht er 1927 vom »Bestreichen« der »pariser Relationen«, 293), um gezielt an der »Festigung [s]einer pariser Position« (259) zu arbeiten. An den wichtigen, etablierten Orten der deutsch-französischen Kultur-Beziehungen hat Benjamin aber nur selten verkehrt. An den ab 1910 von Paul Desjardins im burgundischen Kloster Pontigny veranstalteten »Décades de Pontigny« hat er nur einmal, und sehr spät (1938) teilgenommen.

Benjamin stieß bald auf die Schwierigkeit, »in fremder Umgebung« Verbindungen herzustellen (160), zumal er vor dem Exil des Französischen nicht mächtig genug war, um in Frankreich Beiträge in Zeitschriften zu publizieren. Erst nach 1939 konnte er durch die Vermittlung Adrienne Monniers einen auf französisch geschriebenen Artikel über Georges Salles in *La Gazette* veröffentlichen (III, 592–595). Zur ersehnten gesellschaftlichen Position haben ihm die französischen Bekannten kaum verholfen. Die Begegnung zwischen Benjamin und den französischen Intellektuellen fällt durch ihre einseitige Ausrichtung auf. In der Korrespondenz finden sich außer Zeugnissen seiner späten Beziehung zu Adrienne Monnier fast keine Belege von Relationen zu französischen Schriftstellern. Weder Gide noch Valéry, Green oder Bataille, den Benjamin erst später kennengelernt hatte, erwähnen seinen Namen. In der Tat war das literarische Frankreich der 30er Jahre nur wenig aufnahmefreundlich (vgl. Rochlitz 1991, 657; Einfalt 1997, 1999; Richard 1984, 94, der das Verharren der NRF in einer immobilistischen Haltung gegenüber dem neuen Deutschland betont. Auch den Zutritt zur Avantgarde verschaffte sich Benjamin nur in anderen Ländern, vgl. z. B. Lehning 1992). Symptomatisch für Benjamins Beziehungen zur französischen Literaten-Welt ist vielleicht, daß seine einzige ›produktive Freundschaft‹ in der Zusammenarbeit mit Ballard und dessen Marseiller *Cahiers du Sud* ab Ende 1926 bestand, daß Benjamin also in der Pariser Literaten-Welt eine Außenseiterposition einnimmt.

Aus heutiger Sicht könnte unverständlich erscheinen, daß Benjamin gleichzeitig Werke repräsentativer lebender Dichter und Texte sonst fast unbeachteter Autoren bespricht; auch mit dem von Benjamin selbst betonten zeitlichen Zusammenfallen seiner Beschäftigung mit Valéry, Gide und Breton kann der heutige Leser auf Anhieb möglicherweise wenig anfangen: der gemeinsame Nenner der Werke dieser drei französischen Schriftsteller leuchtet nicht ein, zumal sie nicht nur politisch unvereinbare Orientierungen vertreten, sondern auch radikal unterschiedliche Positionen innerhalb des literarischen Feldes verkörpern. Eine erste Erklärung für diese Diskrepanz wäre im sozialgeschichtlichen Kontext zu finden. Benjamins Beziehung zu Adrienne Monnier ist hierfür aufschlußreich. Ihr Beginn ist wohl erst auf 1930 zu datieren, und enger wurde sie erst in der Zeit des Exils. Der Kreis um diese Schriftstellerin und Besitzerin einer privaten Leihbücherei zeugt von genau jener – für uns möglicherweise seltsamen – Mischung aus einer literarischen Avantgarde und Schriftstellern, die zwar den Geist der Moderne repräsentierten, aber in den 20er und noch mehr in den 30er Jahren bereits ›arriviert‹ und international anerkannt waren (vgl. Kambas 1993). Neben der Diskrepanz zwischen dem »literarischem Establishment Frankreichs« und deutscher bzw. internationaler Avantgarde betont Kambas die Repräsentanz sowohl älterer wie auch neuerer französischer Schriftsteller: der etablierte Claudel verkehrt genauso in diesem Kreis wie der junge Eluard, der junge Sartre traf hier auf den Leiter der NRF Gide. Was die so verschiedenen Mitglieder dieses Kreises verbindet, ist das Engagement für eine bestimmte Vermittlung zwischen französischer und deutscher Literatur und Kultur.

Aber auch ungeachtet dessen bleibt zu sagen, daß Benjamin Bücher behandelt hat, die Berührungspunkte zu eigenen produktiven Interessen aufwiesen. Die Hinwendung zu bestimmten Dichtern resultiert bei ihm auch aus der Wahrnehmung von Affinitäten. Hier soll versucht werden, über die offensichtlichen Divergenzen in den rezensierten Schriften und in den Rezensionen selbst hinaus einheitsstiftende Perspektiven herauszuarbeiten, ohne dabei in den Fehler zu verfallen, von einer a posteriori konstruierten Kohärenz ausgehend Rückschlüsse auf begriffliche, literarische und politische Optionen zu ziehen.

Die Rezensionen als Material

In einem wichtigen Brief an Scholem vom 29.5.1926 (in der Entstehungszeit der EINBAHNSTRASSE) beantwortet Benjamin eine Frage des Freundes, der sich nach seiner politischen und theologischen Entwicklung erkundigt hatte. Benjamin sieht die sich immer deutlicher ausprägende politische Ausrichtung seines Werkes auch seinen von ihm selbst herabgesetzten publizistischen Arbeiten eingeschrieben, wenn auch nur andeutungsweise oder gar kryptisch. So überläßt er diese Dimension seiner Rezensionen dem Scharfsinn seines Freundes Scholem in einer litotenhaften Einladung: »Dergleichen wiederholte Überlegungen aus einigen Buchbesprechungen oder Reisenotizen zu entnehmen, kann Dir und keinem freilich zugemutet werden (eine falsche Konstruktion! aber gut). Wolle auch was hier beiliegt oder mit gleicher Post folgt, nicht änigmatisch lesen sondern nur als Information, wie ich ein Taschengeld mir verdiene auffassen« (3, 160). Wenn die Vermittlungsabsicht der Rezensionsarbeiten unleugbar ist, erscheinen sie hier auch als privilegierte Gegenstände einer ›doppelten‹ Lektüre. Mit dieser Vielschichtigkeit seiner publizistischen Arbeiten geht einher, daß Benjamin dort, insbesondere in den Schriften über französische Literatur, Begriffe entwickelt, die er später in andere Schriften übernimmt, wo sie manchmal in ganz anderen Zusammenhängen wiederauftauchen. Von derlei ›Wiederverwendung‹ und sogar Selbstzitaten ist 1928 auch in einem an Scholem gerichteten Brief sehr ausdrücklich die

Rede, wo Benjamin »[...] eine Arbeit über ›Französische Revuen 1878–1928‹« erwähnt, die er »listig den Studien zur Passagen-Arbeit dienstbar« mache (425).

Diese Vorgehensweise der »listigen« Aneignung, Umarbeitung und Einarbeitung der auch als Material konzipierten kleinen Literatur-Schriften sei hier untersucht, weil dies Zugang zu Benjamins Rezensionen und Literaturberichten über Frankreich ermöglicht: das ›Disparate‹ der von ihm getroffenen Auswahl französischer Literatur kann nur vor diesem Hintergrund verstanden und neu bewertet werden. Dabei spielt die in dem zuvor zitierten Brief von Benjamin selbst hergestellte Verbindung zwischen seiner publizistischen Arbeit und seinen politischen Überlegungen eine zentrale Rolle.

Erste Schritte in Richtung einer Theorie der modernen Intelligenz

Wie oft bemerkt wurde (vgl. Witte 1976 oder auch Kaulen 1990, Habermas 1972, Hartung 1985), zeigt sich in den Benjaminschen Rezensionen der zweiten Hälfte der 20er Jahre eine deutliche reflexive Dimension: der Kritiker entwickelt eine Reflexion zur Standortbestimmung der Intelligenz. Eine Untersuchung seiner der französischen Literatur gewidmeten Schriften bestätigt die Annahme, Benjamin habe durch seine publizistischen Beiträge zur Diskussion über Rolle und Aufgabe des Literaten in der Gesellschaft beitragen wollen. In diesen Schriften finden sich bereits Überlegungen zur Standortbestimmung des Intellektuellen, die von der Forschung meist ausschließlich im Horizont des – allerdings erst viel später entstandenen – Essays Zum gegenwärtigen gesellschaftlichen Standort des französischen Schriftstellers (II, 776) wahrgenommen wurden, wo sie sich in einem strukturierten Diskurs artikulieren. Diese Überlegungen lassen aber in dem erwähnten Disparaten der publizistischen Arbeiten zu Frankreich eine bestimmte Einheit erkennen. Benjamins Positionen haben sich in diesen Texten erst allmählich ausgebildet. Auch die in der *Zeitschrift für Sozialforschung* Anfang der 30er Jahre erschienenen Rezensionsarbeiten und Essays, wie auch die im Auftrag der Moskauer Monatsschrift *Das Wort* verfaßten Pariser Briefe (III, 482–507) verweisen beständig auf die Notwendigkeit einer neuen Auffassung der Kunst und der Literaturkritik: Im Kontext der Ästhetisierung der Politik durch den Faschismus soll die Literatur auf ihre »historische« und »gesellschaftliche Bedingtheit« untersucht und »materialistisch instruiert« werden (vgl. u. a., als Höhepunkt dieser Entwicklung zu betrachten, die 1939 erschienene Rezension der *Encyclopédie Française: Arts et Littératures dans la Société Contemporaine* (579–585, Zit. 585). Mit dem Beginn der Mitarbeit an der *Zeitschrift für Sozialforschung* traten Benjamins Rezensionen also in eine weitere Phase: die rezensierten Bücher wurden danach überprüft, ob sie sich in einer den geschichtlichen Verhältnissen Rechnung tragenden Perspektive befanden oder nicht. Dies schlägt sich auch in der formalen Gliederung seiner Aufsätze und in der Wortwahl nieder.

Erst eine differenzierte Analyse der bereits in den verschiedenen publizistischen Arbeiten vorhandenen Reflexionsmomente zu dieser Problematik ermöglicht es, die Entstehung der dann von Benjamin aufgestellten Thesen nachzuvollziehen. Auffällig ist besonders die Komplexität, ja sogar die Widersprüchlichkeit der Texte, die in der zweiten Hälfte der 20er Jahre entstanden, also zu einer Zeit, als Benjamin seine Kritikertätigkeit gleichzeitig als ›Forschungsstätte‹ für die experimentelle Ausarbeitung von Ideen ansah, die erst später ihre endgültige und nicht immer einheitliche Form finden sollten.

Benjamins Überlegungen zum Ende des autonomen Kunstwerkes stützen sich weitgehend auf die Analyse der literarischen Praxis der französischen Moderne; in diesem Zusammenhang ist der kontrastive Wert der Überlegungen über Frankreich nochmals hervorzuheben, den Benjamin ja selbst in einem 1927 in der *Literarischen Welt* publizierten Artikel über den Verein der Freunde des neuen Russland – In Frankreich betont: »Es ist nicht zu vergessen, daß in Frankreich die kulturelle Krise bei weitem nicht so fortgeschritten ist wie bei uns. Die Problematik in der Situation des Intellektuellen, aus der heraus er selbst sein Existenzrecht in Frage stellt, während zu gleicher Zeit die Gesellschaft ihm die Existenz verweigert, ist in Frankreich so gut wie unbekannt. Es geht den Künstlern und Literaten vielleicht nicht besser als ihren deutschen Kollegen, aber ihr Prestige ist unangetastet. Mit einem Wort: sie kennen den Schwebezustand. In Deutschland aber wird bald keiner mehr bestehen können, es sei denn, seine Stellungnahme sei weithin sichtbar« (IV, 486 f.). Die unterschiedliche geschichtliche Entwicklung beider Länder, d. h. Frankreichs – im Vergleich zu Deutschland – verspäteter gesellschaftlicher Wandel, ist einer der Gründe für Benjamins besonderes Interesse an diesem Land im Hinblick auf die sich verändernde Lage der Intellektuellen.

›Schwebezustand‹

Aufschlußreich für diese Perspektive ist vor allem eine Reihe von Rezensionen, die im Juni 1929 unter dem Gesamttitel Bücher, die übersetzt werden sollten in der *Literarischen Welt* erschienen (III, 174–182), und deren gemeinsamer Nenner diese reflexive Dimension ist.

Der erste, besonders bekannte Text bespricht einen Erzählungsband von Mac Orlan (dessen subversive Neubestimmung der Kunst Benjamin 1926 in der Rezension Der Kaufmann im Dichter (46) bereits erkannt hatte). Die hier besprochenen Erzählungen werden auffälligerweise in den Zusammenhang einer Überlegung zum gesellschaftlichen Standort des Intellektuellen gestellt: eigentlicher Gegenstand dieser Rezension ist somit der allmähliche »Verfall der Intelligenz« und das daraus folgende »unterirdische Kommunizieren der Intelligenz mit der Hefe des Proletariats«, nachdem sich das Modell einer autonomen, »klassenlose[n] Intelligenz« als Vertreterin der bürgerlichen Werte als nicht mehr haltbar erwiesen hat und von einer »Freiheit zwischen den Klassen, will sein, der des Lumpenproletariats« ersetzt wurde (175). Die Rezension von Mac Orlans Buch enthält überdies keinerlei Kommentar zum ästhetischen Wert der Erzählungen; Benjamins Reflexion bewegt sich von Anfang an auf einem soziohistorischen Niveau und betont nochmals die Bedeutung der verspäteten Entwicklung Frankreichs gegenüber Deutschland. Die hier ausgeführte These erscheint später im Essay Zum gegenwärtigen gesellschaftlichen Standort des französischen Schriftstellers wieder, in Form eines kurzen, aber kaum modifizierten Selbstzitates (II, 789; zu den zahlreichen, oft modifizierten Selbstzitaten in diesem Text, solange sie nicht im folgenden besprochen werden, vgl. die – freilich unvollständigen – Hinweise der Herausgeber in II, 1516–1519). Was sich zwischen 1929 und 1933 verändert hat, ist jedoch die Einstellung Benjamins zur beschriebenen Attitüde, die er in Mac Orlans Schriften erkannte. Wenn er dieses »Dasein zwischen den Fronten« (175) in der Rezension von 1929 schon als »chimärisch« und »illusorisch« beschreibt, erwähnt er jedoch auch noch »das Anarchische und Refraktäre« daran, und dies nicht ohne Sympathie. In dieser »kompromißlosen«, als »Übergangsposition« bezeichneten Strategie erkennt der damalige Kritiker Benjamin sich selbst (176). Seine Faszination für eine solche Position verschwindet 1933 jedoch völlig; in seinem marxistisch geprägten Essay wird sie als »Versteck des Konformismus« (789) interpretiert. Sie ist charakteristisch für die differenzierte und komplexe Stellungnahme, die die Benjaminschen Rezensionen dieser Jahre auszeichnet.

Auch die beiden folgenden Buchbesprechungen sind von einem solchen Zögern geprägt, das hier sogar einen schwankenden Charakter hat, sich jedoch zwischen zwei anderen Polen bewegt: einerseits wird der revolutionäre Wert der modernen Dichtung behauptet, andererseits die Sehnsucht nach der in Frankreich verschwindenden, doch noch nicht ganz verlorenen Tradition ausgedrückt. Die Besprechung von Apollinaires *Le flâneur des deux rives* nimmt offensichtlich Partei für den ersten Pol. Dort wird eine scharfe Gegenüberstellung zweier entgegengesetzter Modelle vorgenommen. In diesem Text, der bereits viele Motive enthält, die er ab 1935 in den Überlegungen zum Kunstwerk im Zeitalter seiner technischen Reproduzierbarkeit entwickeln wird, stellt Benjamin dem modernen Apollinaire und seiner »Unfeierlichkeit« die typisierte Figur des in der »tour d'ivoire« isolierten Mallarmé gegenüber, den »Schallplatten« des einen die abgehobenen Bücher des anderen, wobei der Rezensent bei Apollinaire die »Reinheit und Schärfe« Mallarmés wiederfindet. Der Aufbruch der Moderne in die Kunst wird hier entschieden positiv bewertet.

Die darauf folgende kurze Rezension des Romans *Agnès* von Gabriel d'Aubarède ist jedoch von einer unverkennbaren Nostalgie nach einer in Deutschland abgeschlossenen Epoche der Kunst durchdrungen, deren letzte Spuren Benjamin in Frankreich noch wahrnimmt: »Darum gehört diese schöne Erzählung in die Gattung der ›Liebesgeschichten‹, von denen wir Abschied nehmen müssen und in Deutschland längst Abschied genommen haben. Wir wissen, aus wie triftigen Gründen und werden dennoch ein so zartes und klangvolles Buch um so lieber haben, als unsere guten Autoren so etwas nicht mehr schreiben und die schlechten es noch immer versuchen« (180). Das Nebeneinander von so verschiedenen Werken und so verschiedenen Positionen in ein und demselben Zeitschriftenheft spiegelt die Vielschichtigkeit einer Reflexion wider, die vor allem darum bemüht ist, einen Wandel aufzuzeigen, und nie versucht ist, ihre eigenen Widersprüche auszugleichen.

Die anhaltende Beschäftigung mit Valéry gehört auch in diesen Kontext. Allein die Beschreibung seiner Schriften mit dem Adjektiv »herrlich« (auf das Benjamin sonst eher selten zurückgreift; 3, 61) deutet auf die Mischung von Bewunderung und Nostalgie, die charakteristisch ist für sein Interesse an diesem letzten großen Vertreter der freien französischen Intelligenz, der ja auch als Erster das Verschwinden der Tradition und der Autonomie in der Kunst erkannte (das zeigt sich vor allem in Benjamins Interesse an Valérys negativer Einstellung zu den Surrealisten, wie auch an seiner Analyse der technischen Bedingungen von Kunstrezeption und -verbreitung).

Schon sein erster veröffentlichter Text über Valéry – PAUL VALÉRY IN DER ÉCOLE NORMALE, ein 1926 verfaßtes Protokoll über einen an der École Normale supérieure gehaltenen Vortrag, das Anlaß für ein physiognomisches Porträt des Dichters ist – enthält dieses Moment: »Valéry, dem, was Kanonisches vom ›Dichter‹ heute noch in Kraft bleibt, eines sehr späten Tages wie von selber zufiel, hat niemals durch die ›Stellungnahme‹ zu den Angelegenheiten seines Volkes, durch eine Führergeste darum geworben« (IV, 479 f.). Eine Notiz aus dem Nachlaß – eine Vorarbeit zum Aufsatz PAUL VALÉRY, den Benjamin 1931 anläßlich des 60. Geburtstags Valérys in der *Literarischen Welt* publizierte – lautet: »Die Idee der Untätigkeit – im Teste – ist die entschiedenste immanente Kritik von Valérys Welt an sich selbst« (II, 1145). Diese nuancierte Bemerkung wird später, im Essay ZUM GEGENWÄRTIGEN GESELLSCHAFTLICHEN STANDORT DES FRANZÖSISCHEN SCHRIFTSTELLERS, zu einer nachdrücklicheren, auch weniger feinfühligen Kritik an der Unzulänglichkeit der politischen Position des Verfassers umgeformt werden.

Die von Benjamin betonte Widersprüchlichkeit Valérys erhellt den Wert, den Benjamin in diesen Jahren einer solchen Schlüsselstellung zumißt, die die Schwelle zwischen einer souveränen Unabhängigkeit der Literaten und dem Beginn der modernen Dichtung markiert.

Jenseits der üblichen politischen Kategorien

Die Untersuchung der Kritikerarbeiten Benjamins in ihrer Gesamtheit, und unter besonderer Berücksichtigung der Schriften über französische Literatur, erlaubt neue Einblicke in die äußerst komplexen Zusammenhänge von Benjamins eigener politischer Stellung. Die Komplexität dieser Position, die die üblichen politischen Kategorien sprengt, tritt schon sehr deutlich in einer 1926 verfaßten und 1927 in einer Amsterdamer Revue publizierten Rezension über das neue französische Theater hervor (GASTON BATY, LE MASQUE ET L'ENCENSOIR. INTRODUCTION À UNE ESTHÉTIQUE DU THÉÂTRE; III, 66–68). In diesem Text sieht Benjamin Gemeinsamkeiten zwischen französischem katholischem Schauspiel und neuer russischer (d. h. bolschewistischer) Theaterkunst im »auf den Trümmern des bürgerlichen Literaturtheaters« entstehenden Theater. Das Fazit am Schluß ist von dem für den Benjamin dieser Jahre typischen Miteinander von beobachtender, analysierender Perspektive und programmatischem Gestus geprägt, wobei eine Art Theorie der dialektischen Begegnung der Extreme entsteht: »Und das will nur besagen, daß der revolutionäre Wille heute den konservativen dialektisch in sich enthält: daß er heute der einzige Weg zu den Dingen ist, als deren Hüter die Bourgeoisie schon längst zu Unrecht sich ansieht« (68).

Die Polarisierung des Literaturbetriebs in Parteien und Gruppen erfolgt bei Benjamin nicht in den üblichen Kategorien. Während heutige Arbeiten über das literarische Leben Frankreichs (vgl. z. B. Einfalt 1997; 1999) die neue entscheidende Rolle der politischen Situierung und den Verlust der früheren Autonomie der »freien Intelligenz« im Frankreich der 20er und 30er Jahre mit der Strukturierung des literarischen Feldes in einer scharf kontrastierten Gegenüberstellung bzw. einer Dreiteilung des literarischen Feldes zu erfassen suchen, sprengt Benjamin diese Kategorien mit erstaunlicher Souveränität. Die in der Literaturgeschichte oft vorgenommene Unterscheidung zwischen drei großen politischen Orientierungen (der des katholischen, manchmal auch nationalistischen Konservatismus, der der humanistischen Intellektuellen, die sich für den Wert der Literatur als solchen engagieren, und der der Linksintellektuellen und Avantgarde) spielt in Benjamins Textauswahl kaum eine Rolle. Anstatt sich auf eine für eine bestimmte politische Ausrichtung repräsentative Gruppe von Autoren zu beschränken, reinterpretiert und subvertiert Benjamin solche Zuordnungs- oder Polarisierungsversuche. Dies wird auch im Zusammenhang einer für Frankreich wichtigen Kontroverse deutlich, der Debatte um die zwei Manifeste von 1919 (die »Déclaration d'indépendance de l'esprit«, in der Rolland für eine Vermittlung zwischen Frankreich und Deutschland auftritt, und »Pour un parti de l'intelligence«, dem Appell Henri Massis' an die Intellektuellen, die bereit waren, sich in den Dienst des nationalen Interesses zu stellen). Benjamin bezieht zehn Jahre später eine bemerkenswerte Position. Der in der TECHNIK DES KRITIKERS IN DREIZEHN THESEN geforderte »Parteigeist« vermischt sich hier in der Tat mit dem analytischen Blick des Beobachters. Auffällig ist der beinahe bewundernde Ton, der seinen Kommentar über ein Buch von Massis auszeichnet: »Und während sich in der jungen deutschen Generation die Scheidung zwischen Kultur und Konservatismus aller Orten eine sehr reinliche ist, hat kürzlich die aufsehenerregende »Défense de l'Occident« von Henri Massis gezeigt, daß es in Frankreich immer noch einen Kulturkonservatismus mit Niveau gibt«, urteilte Benjamin im VEREIN DER FREUNDE DES NEUEN RUSSLAND – IN FRANKREICH (IV, 486 f.). Mit diesem Diskurs bezeugt Benjamin nochmals die Ambivalenz seiner eigenen Stellung und sein Interesse an Frankreich als Ort der Offenbarung dieser ihn faszinierenden Widersprüche.

Ambivalenz der antibürgerlichen Haltung

Bezeichnend für Benjamins Haltung zum literarischen Leben Frankreichs ist eine besondere Wahrnehmungsfähigkeit für die radikalsten Erscheinungen des Wandels der französischen Intelligenz.

Wichtig ist dabei die kathartische Funktion, die er der Notwendigkeit einer »Emanzipation des Kunstwerkes von seinem parasitären Dasein am Ritual« zuspricht (vgl. Habermas 1972, 175). So untersucht er die Werke, die er im Rahmen seiner Kritikertätigkeit liest, auf ihren Beitrag zur »Zerstörung der falschen Bilder« hin (vgl. ebd.) und führt die Opposition der Intellektuellen gegen die bürgerliche Gesellschaft darauf zurück, daß sie ihre Privilegien verlieren.

Solche Anzeichen einer Aufsprengung der bürgerlichen Welt erkennt Benjamin in den Schriften der Surrealisten, zuerst bei Aragon, dessen Roman *Le Paysan de Paris* er Mitte der 20er Jahre gelesen hatte und von dem er bereits 1928 in der *Literarischen Welt* Auszüge einer Übersetzung veröffentlichte (vgl. den Artikel »Der Sürrealismus«, 386–399). Er findet sie aber auch bei französischen Autoren, die völlig gegensätzliche politische Positionen vertreten. Benjamins Interesse an dieser antibürgerlichen Haltung kommt u. a. in seiner positiven Bewertung des Witzes zum Ausdruck, den er der »routinierten Ironie« jener vorzieht, die in der »proletarischen Mimikry des zerfallenen Bürgertums« verharren (vgl. seine scharfe Kritik an einem Buch Erich Kästners, III, 280). Im selben Zusammenhang ist auch seine Aufwertung des satirischen, polemischen Charakters der von ihm rezensierten Schriften zu verstehen (z. B. 68 f.), der wie die magische Kraft des Bildes bei den Surrealisten oder die immer wieder heraufbeschworene subversive Macht des »Satanismus« (den er den unterschiedlichsten Figuren – u. a. Gide oder Jouhandeau – zuteilt) als formale Entsprechung einer politischen Wahrnehmungsweise gilt. Besonders schätzte er die überspitzte Satire gegen die Bourgeoisie, wie sie in der *Exégèse des lieux communs* des reaktionär-anarchistischen Léon Bloy zu finden ist, die Benjamin 1924 in Neapel kaufte (2, 487) und aus der er 1932 Auszüge unter dem Titel »Auslegung der Gemeinplätze« in der *Literarischen Welt* veröffentlichte. Das Ziel Bloys wird in Benjamins Einleitung mit dem Ausdruck »den Bourgeois schlucken [...] lassen« umschrieben, und für ihn besteht hier eine Geistesverwandtschaft mit dem 1930 verfaßten Text des libertär-anarchistischen Emmanuel Berl *Mort de la pensée bourgeoise*, bzw. eine Logik, die auch Berührungspunkte zu seinem eigenen Werk aufweist (vgl. 3, 503 f.).

Aufwertung eines Konzepts: Entscheidung »um jeden Preis«?

In seiner Kritik der als reaktionär entlarvten Position Bendas (III, 112), der den von Benjamin beobachteten Entwicklungen zum Trotz auf einem bereits erloschenen utopischen Idealismus der Intelligenz verharrte, erweist sich Benjamins Haltung als besonders aufschlußreich in ihrer Zweideutigkeit. Wenn er andeutet, daß er für Bendas »Gegner« allmählich mehr Sympathie hege als für den Verfasser, oder wenn er die – von Benda denunzierte – Absicht erwähnt, »aus dem Stadium der Diskussion heraus und um jeden Preis zur Entscheidung zu kommen«, wird hier, wenn nicht Rechtfertigungsdrang, doch zweifelsohne Faszination sichtbar für diese dezisionistische Haltung meist nationalistischer, rechtsgerichteter Autoren. Die Ambivalenz der Position Benjamins wird besonders deutlich, als er mit betonter Distanz die Kritik Bendas an dem Verrat wiedergibt, die z. B. Maurras an den Menschheitswerten begangen habe, deren Wächter er hätte bleiben sollen (zu dieser Problematik vgl. Heil 1996).

In der Aufwertung betont entschlossener Stellungnahmen liegt einer der Berührungspunkte, die Benjamin zwischen seiner eigenen Position und der gewisser Nationalisten, aber auch paradoxerweise Vertretern der Avantgarde wahrnimmt, und dies erklärt wohl auch teilweise seine zunächst überraschend anmutende Faszination für die »Action française«: 1924 abonniert er sogar die Zeitung. Er war sich dessen bewußt, daß auch seine Zeitgenossen hierüber nur erstaunt sein konnten, was ein Brief an Scholem bezeugt (2, 468). So ist es auch kein Zufall, daß er in den Brouillons zum Surrealismus-Aufsatz zu einem Selbstzitat aus der gerade erwähnten, einige Monate früher verfaßten Rezension greift und damit die Affinitäten zwischen radikal entgegengesetzten Gruppen behauptet: »Allenthalben hat sich der europäischen Intelligenz, soweit sie diesen Namen noch verdient, ein fanatischer Wille bemächtigt, aus dem Stadium der ewigen Diskussionen heraus und um jeden Preis zur Entscheidung zu kommen. Er hat in Frankreich, lange ehe [er] die Clarté Bewegung und den Surrealismus auf der Linken entfesselte, den Cadres der Action Française ihren besten Elan gegeben« (Surrealismus und Politik, II, 1035).

Diese zweideutige Aufwertung des politischen Dezisionismus findet sich bezeichnenderweise auch in einer bereits zitierten, 1931 verfaßten Kritik des »linken Radikalismus« eines Kästner, Meyring oder Tucholsky wieder (vgl. LINKE MELANCHOLIE, III, 279–283), die diesmal paradoxerweise auch eine Art Bekenntnis zur Brechtschen Literatur ist. Die dezisionistische Richtung wird hier als positiver Gegenpol zum kritisierten Konformismus einer zur politischen Aktion unfähig gewordenen linken Intelligenz dargestellt, die »die Verwandlung des politischen Kampfes aus einem Zwang zur Entscheidung in einen Gegenstand des Vergnügens, aus einem Produktionsmittel in einen Konsumartikel« vollzogen habe (281).

In einem merkwürdigen, wenngleich auch für diese Zeit charakteristisch konstruierten Gewebe heterogener Elemente protokolliert Benjamin mit der Aufwertung jeder Form der »Entscheidung« nochmals ein zentrales Phänomen der im Wandel begriffenen modernen Gesellschaft.

Ruinen und Übergänge

Die sich in den Anfang der 20er bis Anfang der 30er Jahre verfaßten Rezensionen über französische Literatur abzeichnende Aufwertung betont entschiedener Stellungnahmen darf jedoch nicht von Benjamins Festhalten an der Tradition abgekoppelt werden, von seiner Sehnsucht nach einer Welt, deren Verschwinden er deutlich wahrnimmt. Wenn er den Wandel der Intelligenz in ihrem Aufbruch zur Moderne aufzeigt, verfolgt Benjamin in der französischen Literatur gleichzeitig immer auch Spuren des Vergangenen, legt Ruinen frei, sucht nach den letzten Überresten einer abgeschlossenen Epoche. Sein Interesse an Autoren wie Green oder Jouhandeau wurde fast immer verschwiegen. In der Tat scheinen seine anhaltende Bewunderung für Green und seine wiederholten Versuche, das Werk Jouhandeaus in Deutschland bekannt zu machen (vgl. 3, 189; 438; vgl. auch Scholem 1975, 203; Übersetzungen vgl. Suppl. I), auf den ersten Blick kaum zu den anderen Gegenständen zu passen, die Benjamin zu dieser Zeit beschäftigen.

Bei näherem Hinsehen zeigt sich jedoch, daß es in erster Linie der Übergangscharakter dieser Werke ist, der Benjamin interessiert: Die Romane Greens und Jouhandeaus zeichnen den Verfall einer Welt nach bzw. zeugen von der Persistenz der nach ihrem Untergang übriggebliebenen Spuren. Die frühe Beschäftigung mit Green ist in dieser Hinsicht besonders aufschlußreich: in den ›Hieroglyphen‹ und ›Runen‹, die Benjamin Ende 1928 in Greens *Mont-Cimère* erkennt (FEUERGEIZ-SAGA, III, 144–148), dauert latent eine dem magischen Zeitalter angehörende Welt fort. In den Häusern und Möbeln jener Welt sieht Benjamin die untergegangenen Helden einer verschwindenden Welt, einer »Urgeschichte des neunzehnten Jahrhunderts«. Die Parallele zu Benjamins Lektüre der Surrealisten ist hier besonders deutlich, in deren Werken er, wenige Jahre zuvor, die Suche nach der »ausgestorbenen Dingwelt« »im Dickicht der Urgeschichte« gesehen hatte (TRAUMKITSCH, II, 620–622).

Spätere Stellungnahmen wie die geübte Kritik an Greens »reaktionäre[r] Tendenz« (z.B. 1074; vgl. einige Jahre danach auch seine scharfe Reaktion auf die Veröffentlichung der *Epaves*) sollten nicht darüber hinwegtäuschen, daß Benjamin in ihren Werken in jenen Jahren noch Abbilder einer Problematik erkennt, die ihn selbst beschäftigt, auch wenn sie von diesen Autoren nicht unbedingt reflexiv behandelt wird. Die Außenperspektive, die er als Deutscher in Frankreich einnimmt, ermöglicht Distanz und schärft seinen Blick für diese Phänomene. Frankreich ist auch für Benjamin aufgrund seiner deutlich verspäteten historischen Entwicklung der privilegierte Standort für die von ihm angestellten Beobachtungen.

So sind Benjamin die »Monumente« der Urgeschichte noch 1935 gegenwärtig, die er 1928 bei Green und den Surrealisten sieht (III, 145), als er den Schlußsatz des ersten französischen Exposés zum Passagenwerk niederschreibt: »Avec l'ébranlement de l'économie marchande nous commençons à percevoir les monuments de la bourgeoisie comme des ruines bien avant qu'ils ne s'écroulent« (V,78).

In einem Brief an Scholem vom 14.1.26 (3, 110) hatte Benjamin sein Bemühen um Kohärenz in der Behandlung der französischen Literatur erwähnt: »Ich habe in letzter Zeit sündhaft viel gelesen und nicht einmal am Proust übersetzt. Dafür kann ich nun sagen, daß ich in den neuen französischen Angelegenheiten au fait bin: bleibt nur, diese fadenscheinige Tatsache in einen soliden Zusammenhang zu verweben.« Eines der einheitsstiftenden Momente von Benjamins Beschäftigung mit der französischen Literatur während dieser Phase, die bis Anfang der 30er Jahre dauerte, ist in seinem Interesse für Texte zu sehen, in denen sich die von ihm beobachtete Entwicklung artikuliert oder die die von ihm wahrgenommene, sich in Ruinen offenbarende Epochenschwelle nachzeichnen. In dieser Eigenschaft liegt wohl auch paradoxerweise der von Benjamin erwähnte »solide Zusammenhang«.

Werk

Rez. zu Julien Green, Adrienne Mesurat (III, 153–156)
ANDRÉ GIDE: LA PORTE ÉTROITE (II, 615–617)
ANDRÉ GIDE UND DEUTSCHLAND (IV, 497–502)
BALZAC (II, 602)

Die Bastille, das alte französische Staatsgefängnis (VII, 165–173)
Baudelaire unterm Stahlhelm (III, 303–304)
Ein bedeutender französischer Kritiker in Berlin (IV, 496 f.)
»Bella« (III, 34–37)
Bücher, die übersetzt werden sollten [Sammelrez. zu Pierre Mac Orlan, Sous la lumière froide; Guillaume Apollinaire, Le flâneur des deux rives; Gabriel d'Aubarède, Agnès; Marcel Brion, Bartholomée de Las Casas; Léon Deubel, Œuvres] (III, 174–182)
Les Cahiers du Sud (IV, 483–485)
De l'orientation sociale des écrivains français contemporains (Résumé) (II, 1516)
Drei Bücher [Sammelrez. zu Viktor Schklowski, Sentimentale Reise durch Rußland; Alfred Polgar, Ich bin Zeuge; Julien Benda, La trahison des clercs] (III, 107–113)
Drei Franzosen [Sammelrez. zu Paul Souday, Marcel Proust; ders., André Gide; ders., Paul Valéry] (III, 79–81)
François Bernouard (IV, 545–548)
Feuergeiz-Saga (III, 144–148)
Friedensware (III, 23–28)
Friedrich Sieburgs Versuch »Gott in Frankreich?« (VII, 286–294)
Für die Diktatur (IV, 487–492)
Gespräch mit André Gide (IV, 502–509)
Gides Berufung (VII, 257–269)
Julien Green (II, 328–334)
Der Kaufmann im Dichter (III, 46–48)
Une lettre au sujet de »Le regard« de Georges Salles [2. Fassung] (III, 592–595)
Molière: Der eingebildete Kranke (II, 612–613)
Neoklassizismus in Frankreich (II, 625–628)
Paris als Göttin (III,139–142)
Pariser Brief (I) André Gide und sein neuer Gegner (III, 482–495)
Pariser Brief (II) Malerei und Photographie (III, 495–507)
Pariser Köpfe (VII, 279–286)
Pariser Passagen I (V, 991–1043)
Pariser Passagen II (V, 1044–1059)
Pariser Tagebuch (IV, 567–587)
Pariser Theaterskandale II (IV, 452–453)
Paris, Capitale du XIXème siècle (V, 60–77)
Paris, die Stadt im Spiegel (IV, 356–359)
Rez. zu Anthologie de la nouvelle prose française (III, 78 f.)
Rez. zu Encyclopédie Française, B.d. 16 u. 17 (III, 579–585)
Rez. zu F. Armand et R. Maublanc: Fourier (III, 509–511)
Rez. zu Gaston Baty: Le masque et l'encensoir (III, 66–68)
Rez. zu Albert Béguin: L'âme romantique et le rêve (III, 557–560)
Rez. zu Julien Benda: Discours à la nation européenne (III, 436–439)
Rez. zu Gisèle Freund: La photographie en France au dixneuvième siècle (III, 542–544)
Rez. zu Pierre Girard: Connaissez mieux le cœur des femmes (III, 76 f.)
Rez. zu Georges Laronze: Le Baron Haussmann (III, 435 f.)
Rez. zu Paul Léautaud: Le théâtre de Maurice Boissard (III, 68 f.)
Rez. zu Jacques Maritain: Du régime temporel et de la liberté (III, 480–481)
Rez. zu A. Pinloche: Fourier et le socialisme (III, 427–428)
Rez. zu François Porché: Der Leidensweg des Dichters Baudelaire (III, 218–219)
Rez. zu Henry Poulaille: Ames neuves (III, 75–76)
Rez. zu Henry Poulaille: L'enfantement de la paix (III, 74–75)
Rez. zu Rolland de Renéville: L'expérience poétique (III, 553–555)
Rez. zu Léon Robin: La morale antique (III, 555–556)
Rez. zu Jean Rostand: Hérédité et racisme (III, 586–587)
Rez. zu Georges Salles: Le regard (III, 589–595)
Rez. zu Philippe Soupault: Le cœur d'or (III, 72–74)
Sammelrez. zu Roger Caillois: L'aridité; Julien Benda: Un régulier dans le siècle; Georges Bernanos: Les grands cimetières sous la lune; G. Fessard: La main tendue? (III, 549–552)
Studio »L'assaut« (IV, 476–477)
Skandal im Theatre Français (IV, 450–452)
Soll die Frau am politischen Leben teilnehmen? Dagegen: Die Dichterin Colette (IV, 492–495)
Der Sürrealismus (II, 295–310)
Tagebuch meiner Loire-Reise (VI, 409–413)
Traumkitsch (II, 620–622)
Übersetzungen (III, 40 f.)
Paul Valéry (II, 386–390)
Paul Valéry in der École Normale (IV, 479–480)
Verein der Freunde des neuen Russland – in Frankreich (IV, 486–487)
Zum gegenwärtigen gesellschaftlichen Standort des französischen Schriftstellers (II, 776–803)

Literatur

Adorno, Theodor (1970): Über Walter Benjamin, Frankfurt a. M.
Andersson, Dag (2000) (Hg): Walter Benjamin, Language, Literature, History, Oslo.
Braese, Stephan (1998): »Auf der Spitze des Mastbaums. Walter Benjamins als Kritiker im Exil«, in: Claus-Dieter Krohn (Hg.): Exil und Avantgarden, München, 56–86.
Collomb, Michel (1987): »Über die Modernisierung der Kultur. Walter Benjamin liest Paul Valéry«, in: Gérard Raulet/ Jacques Le Rider (Hg.): Verabschiedung der (Post)Moderne, Tübingen, 197–207.
Einfalt, Michael (1997): »Das Engagement der französischen Schriftsteller der Zwischenkriegszeit, mit einem Blick auf Walter Benjamin«, in: Dietrich Hoß/Heinz Steinert (Hg.): Vernunft und Subversion. Die Erbschaft von Surrealismus und Kritischer Theorie, Münster, 144–158.
Einfalt, Michael (1999): »Autonomie littéraire et engagement politique: La Nouvelle Revue française et l'Allemagne après la Première Guerre Mondiale«, in: Recherches & Travaux, Nr. 56, 8–93.
Foucart, Claude (1979): »André Gide dialogue avec la nouvelle génération allemande: La rencontre avec Walter Benjamin en 1928«, in: Bulletins des Amis d'André Gide, H. 44,4.
Habermas, Jürgen (1972): »Bewußtmachende oder rettende Kritik. Die Aktualität Walter Benjamins«, in: Siegfried Unseld (Hg.): Zur Aktualität Walter Benjamins, Frankfurt a. M., 175–223.
Hartung, Günter (1985): »Der Stratege im Literaturkampf«, in: Burkhardt Lindner (Hg.): Walter Benjamin im Kontext, Frankfurt a. M., 15–30.
Heil, Susanne (1996): Gefährliche Beziehungen. Walter Benjamin und Carl Schmitt, Stuttgart/Weimar.
Hohendal, Peter Uwe (1985): »Literaturkritik als Selbstkritik der Literaten. Walter Benjamin«, in: Geschichte der deutschen Literaturkritik (1730–1980), Stuttgart, 265–275.

Honold, Alexander (2000): Der Leser Walter Benjamin. Bruchstücke einer deutschen Literaturgeschichte, Berlin.
Kambas, Chryssoula (1983): Walter Benjamin im Exil. Zum Verhältnis von Literaturpolitik und Ästhetik, Tübingen.
Kambas, Chryssoula (1992): »›Indem wir von uns scheiden, erblicken wir uns selbst‹. André Gide, Walter Benjamin und der deutsch-französische Dialog«, in: Lorenz Jäger/Thomas Regehly (Hg.): »Was nie geschrieben wurde, lesen«, Bielefeld, 132–156.
Kambas, Chryssoula (1993): »Rue de l'Odéon – Kreuzpunkt zwischen literarischem Establishment Frankreichs und deutscher Avantgarde im Exil«, in: Hans Manfred Bock/Reinhard Meyer-Kalkus/Michel Trebitsch (Hg.): Entre Locarno et Vichy, vol. II, Paris, 769–788.
Kaulen, Heinrich (1990): »Die Aufgabe des Kritikers. Walter Benjamins Reflexionen zur Theorie der Literaturkritik 1929–1931«, in: Wilfried Barner (Hg.): Literaturkritik – Anspruch und Wirklichkeit, Stuttgart 318–336.
Kaulen, Heinrich (1992): »Der Kritiker und die Öffentlichkeit«, in: Klaus Garber/Ludger Rehm (Hg.): global benjamin. Bd. 2, München, 918–942.
Lehning, Arthur (1992): »Walter Benjamin und i10«, in: Ingrid Scheurmann/Konrad Scheurmann (Hg.): Für Walter Benjamin: Dokumente, Essays und ein Entwurf, Frankfurt a. M., 56–67.
Monnoyer, Jean-Marie (1991): »Préface«, in: Walter Benjamin: Ecrits français, Paris, 9–53.
Nagasawa, Asako (1998): »Benjamin und Valery. Die Methode von ›Monsieur Teste‹«, in: Doitsu Bungaku, 158–167.
Ponzi, Mauro (1999): »Mythos der Moderne: Benjamin und Aragon«, in: Klaus Garber/Ludger Rehm (Hg.): global benjamin, Bd. 2, München, 1118–1134.
Proust, Françoise (1998): »La tâche du critique«, in: Gérard Raulet/Uwe Steiner (Hg.): Ästhetik und Geschichtsphilosophie, Bern, 37–54.
Raulet, Gérard (1997): Le caractère destructeur. Esthétique, théologie et politique chez Walter Benjamin, Paris.
Richard, Lionel (1984): »Ein gewisser Liberalismus und seine Mäander. Die Nouvelle Revue Française und ihr Verhältnis zu Deutschland 1925–1940«, in: Jürgen Sieß (Hg.): Widerstand, Flucht, Kollaboration, Frankfurt a. M., 90–121.
Rochlitz, Rainer (1991): Le Berlin de Benjamin, in: Critique 47, 655–680.
Scholem, Gershom (1975): Geschichte einer Freundschaft, Frankfurt a. M.
Schweppenhäuser, Hermann (1972): »Physiognomie eines Physiognomikers«, in: Siegfried Unseld (Hg.): Zur Aktualität Walter Benjamins, Frankfurt a. M., 139–171.
Selz, Jean (1968): »Erinnerung an Walter Benjamin«, in: Über Walter Benjamin [ohne Hg.], Frankfurt a. M., 37–51.
Tiedemann, Rolf/Christoph Gödde/Henri Lonitz (1990) (Hg.): Walter Benjamin. 1892–1940. Eine Ausstellung des Theodor W. Adorno-Archiv Frankfurt am Main in Verbindung mit dem Dt. Literaturarchiv Marbach am Neckar (Marbacher Magazin, 55), Marbach 1990, erw. Aufl. 1991.
Unger, Peter (1978): Walter Benjamin als Rezensent. Die Reflexion eines Intellektuellen auf die zeitgeschichtliche Situation, Franfurt a. M./Bern.
Wismann, Heinz (1986) (Hg.): Walter Benjamin et Paris, Paris.
Witte, Bernd (1976): Walter Benjamin – Der Intellektuelle als Kritiker, Tübingen, bes. 139–185.
Witte, Bernd (1979): »Negative Ästhetik. Zu Benjamins Theorie und Praxis der literarischen Kritik«, in: Colloquia Germanica 12, 193–200.

Zur russischen Literatur und Kultur. »Moskauer Tagebuch«

Von Sergej A. Romaschko

Das Moskauer Tagebuch bleibt bis heute eine Sondererscheinung in Benjamins Werk. Erst 1980 (nach dem Tod von Anna Lacis) veröffentlicht, fehlte der Text in den frühen Gesamtdarstellungen, aber auch nach der Publikation wurden er und die ihm zugrundeliegende Moskauer Reise von Walter Benjamin nur allmählich und zögernd in den Interpretationskreis einbezogen (vgl. etwa Momme Brodersens Biographie von 1990 oder die Chronik von Willem van Reijen und Herman van Doorn 2001). Aber das späte Erscheinen des Tagebuchs allein kann diese Zurückhaltung, dieses Zögern nicht erklären. Das Moskauer Tagebuch ist *schwer zu lesen*: Dieser Umstand wurde gerade von Gary Smith bezeugt, der die Veröffentlichung vorbereitet hatte und dennoch das Gefühl einer eigenartigen Undurchdringlichkeit der Aufzeichnungen nicht loswerden konnte: »we read the Moscow Diary as if through a palimpsest« (Smith 1986, 137). Diese Undurchdringlichkeit ist selbstverständlich in erster Linie dadurch verursacht, daß man Benjamins Wege und Erlebnisse im winterlichen Moskau buchstäblich *entziffern* muß: Die Personen, die Ereignisse, die Orte sind manchmal schwer erkennbar, und auf jeden Fall bleibt die Deutung großenteils bis heute Gegenstand heftiger Debatten in Rußland selbst. Benjamins Spuren in Moskau sind fast ausnahmslos verwischt, Häuser niedergerissen oder umgebaut, Straßen mehrmals umbenannt, Institutionen abgeschafft. Selbst die Sowjetunion, das Riesenland, das Benjamin im Winter 1926/27 besuchte und dessen Aufbau er miterleben wollte, existiert nicht mehr. Diese offenkundige Widerspenstigkeit des ›Faktischen‹ ist aber wiederum lediglich ein Teil der Schwierigkeiten, die das Moskauer Tagebuch dem Leser bereitet, denn letztendlich war diese verwegene und sonderbare Reise eine Reise zu sich selbst. In den Text des Tagebuchs eindringen heißt deswegen: in Benjamins Leben eindringen, und da ist der Widerstand des ›Faktischen‹ offensichtlich nicht die schwierigste Seite der Verständnisproblematik.

Der Auftakt: »›Der Idiot‹ von Dostojewskij«

Das Moskauer Tagebuch bildet ohne Zweifel den Höhepunkt von Benjamins Auseinandersetzung mit der (sowjet)russischen Realität. Dennoch ist das ›russische Thema‹ bei Benjamin keineswegs nur auf seine

Moskauer Reise im Winter 1926/27, auf das Tagebuch und andere Texte, die mit dieser Reise verbunden sind, begrenzt. Benjamins Interesse für Rußland erwachte früh und dauerte bis in die letzten Jahre seines Lebens hinein. Sein VERZEICHNIS DER GELESENEN SCHRIFTEN (VII, 437–476) zeugt davon, daß er die Werke der russischen Literatur von der Zeit des Ersten Weltkrieges bis zu seiner Exilzeit gelesen hat. Dabei findet man unter den Autoren nicht nur die wohlbekannten Dostojewskij oder Tolstoj, sondern auch weniger bekannte Personen wie Aleksandr Kuprin oder Fedor Sologub. Benjamins langjährige Beschäftigung mit Nikolaj Lesskow, den er sehr schätzte, führte 1936 zu einem seiner bedeutendsten Texte, DER ERZÄHLER. Russische Literatur gab Benjamin Anlaß zu zahlreichen kleineren Publikationen. Die erste von diesen Veröffentlichungen – und eine der wenigen frühen Publikationen Benjamins – war der kurze Text mit dem Titel »DER IDIOT« VON DOSTOJEWSKIJ (geschrieben 1917 [siehe Scholem 1975, 66], veröffentlicht 1921).

Der kleine und scheinbar bescheidene Text wird oft übersehen oder unterschätzt, als ob es sich um einen Fall von ›literarischer Kritik‹ handle. Diese Position ist aber kaum annehmbar. Nicht zufällig charakterisierte Benjamin 1917 in seinen Briefen an Ernst Schoen den Roman als ein »ungeheure[s] Buch«, das »jedem von uns unendlich viel bedeuten« muß (1, 354; 414). Wenigstens zwei Momente des Aufsatzes haben eine allgemeine Bedeutung im Gesamtkontext des Schaffens von Benjamin.

Benjamin betrachtet Dostojewskijs Roman als einen Versuch, den russischen Geist so darzustellen, daß diese Schilderung gleichzeitig auch eine Erforschung der menschlichen Natur überhaupt sein muß, denn Dostojewskij, als ein »große[r] Nationalist[]«, konnte »[d]as Schicksal der Welt« nur »im Medium des Schicksals seines Volkes« sehen: »Die Größe des Romans offenbart sich in der absoluten gegenseitigen Abhängigkeit, in der die metaphysischen Gesetze der Entfaltung der Menschheit und der Nation dargestellt werden. Es findet sich daher keine Regung des menschlichen Lebens, die nicht in der Aura des russischen Geistes ihren entscheidenden Ort fände. Diese menschliche Regung inmitten ihrer Aura [...] darzustellen ist vielleicht die Quintessenz der Freiheit in der großen Kunst dieses Dichters« (II, 237).

Interessant ist, daß schon in diesem frühen Text der Aura-Begriff, der im Spätwerk von Benjamin so bedeutend wird (DAS KUNSTWERK IM ZEITALTER SEINER TECHNISCHEN REPRODUZIERBARKEIT und CHARLES BAUDELAIRE. EIN LYRIKER IM ZEITALTER DES HOCHKAPITALISMUS), als ein Instrument der philosophischen Analyse Anwendung findet. Auf die lange Entwicklung des Aura-Begriffs bei Benjamin verweist schon Gershom Scholem, wenn er im Hinblick auf den Kunstwerkaufsatz daran erinnert, daß dieser Begriff von Benjamin »viele Jahre lang in einem gänzlich anderen Sinn« benutzt wurde (Scholem 1975, 257; zum Aura-Begriff bei Benjamin s. u. a. Lindner 1992; Smith 1994; Stoessel 1983).

Geschrieben im Sommer 1917, kann der kurze Aufsatz zu Dostojewskij als eine Ahnung der bevorstehenden russischen Nationalkatastrophe, der Oktoberrevolution, betrachtet werden. Nicht zufällig spricht Benjamin von der »Bewegung des Buches« als von einem »ungeheuren Kratereinsturz«, von der »katastrophalen Selbstvernichtung«, in der das »Menschentum« zu erreichen wäre (II, 240). Dabei ist »der unermeßliche Abgrund des Kraters, aus dem gewaltige Kräfte sich einmal menschlich groß entladen könnten, [...] die Hoffnung des russischen Volkes« (240 f.). In dieser Bewunderung für das Gewaltige im tragischen Schicksal des russischen Volkes sind auch die späteren gespannten Erwartungen bezüglich der Moskauer Reise und des MOSKAUER TAGEBUCHS vorweggenommen. Elementare und eschatologische Motive im Zusammenhang mit Dostojewskij und der russischen Revolution beschäftigten Benjamin auch nach seiner Moskauer Reise. In seinen Notizen von 1929/30 findet man z. B. die Bemerkung, daß »die Revolution ein Abgrund war, über den kein russischer Mensch in das Gewesene zurückzublicken vermag« (VI, 723). In dem Essay DER SÜRREALISMUS (1929) zählt Benjamin Dostojewskij zusammen mit Rimbaud und Lautréamont zu jenen »großen Anarchisten«, deren Schriften zu Beginn des 20. Jh.s in Westeuropa wie Explosionen wirkten und den Weg für die Surrealisten freimachten, »[d]enn Stavrogin ist ein Sürrealist avant la lettre« (II, 305). In den 30er Jahren plante Benjamin eine Fortsetzung der Analyse des Romans von Dostojewskij (vgl. 979 f.).

Auch die historischen Ereignisse der Revolution selbst wurden für Benjamin zum Gegenstand der Reflexion. Scholem erinnert sich an die Diskussionen des Jahres 1918, als er und Benjamin in der Schweiz lebten: »Die bolschewistische Revolution und der Zusammenbruch Deutschlands und Österreichs und die dort darauf folgende Pseudorevolution brachten zum ersten Mal, seit wir uns über unsere Stellung zum Kriege geeinigt hatten, wieder politisch aktuelle Vorgänge zum Gespräch zwischen uns. [...] Jedenfalls hatten wir Auseinandersetzungen über die Diktatur, bei denen ich der radikalere war und den Gedanken der Diktatur, den Benjamin damals noch vollkommen verwarf, verteidigte. Ich würde sagen, daß unsere Sympathien weitgehend auf der Seite der ›Sozial-revolutionären

Partei‹ in Rußland standen, die von Bolschewisten dann später so blutig liquidiert wurde« (Scholem 1975, 100 f.).

Dennoch war eine direkte Auseinandersetzung mit dem politischen Geschehen nicht Benjamins üblicher Weg, und er äußerte sich weiterhin zum ›russischen Thema‹ hauptsächlich in Buchbesprechungen und Berichten über kulturelle Ereignisse, indem er sich in dieser Zeit mehr den aktuellen Tendenzen der russischen Kunst und Literatur zuwandte. Von 1926 an, noch vor seiner Reise nach Moskau, veröffentlichte er Rezensionen von auf Deutsch erschienenen russischen Büchern. Diese Publikationen wurden bis in die 30er Jahre hinein fortgesetzt.

Benjamin behandelt die russischen Bücher hauptsächlich als Dokumente, aus denen eine soziale Symptomatik hervorgeht, und er stellt entsprechende Gattungen in den Blickpunkt, von den ›reinen‹ Dokumenten (wie *Der Russe redet*, die stenographischen Aufzeichnungen von Sofja Fedortschenko, oder Lenins Briefe an Maxim Gorki) bis hin zu den Werken der Dokumentarliteratur (*Sentimentale Reise* von Viktor Sklovskij). Aber auch die aktuellen russischen Romane werden eher als Zeugnisse des Geschehens in Sowjetrußland aufgefaßt. So wird Fjodor Gladkows *Zement*, ein Roman über die industriellen und sozialen Veränderungen in der Sowjetunion, in zweifacher Hinsicht wichtig. Einerseits reflektiert der Roman die neue Sprache, er »brachte den Argot der Bolschewiken in die Literatur ein« (III, 61). Andererseits werden in dem Buch »die Typen« dargestellt, »die der Befreiungskampf der Proletarier hat entstehen lassen« (ebd.). Literatur dieser Art ist für Benjamin keine selbständige ästhetische Erscheinung, weil sie sich noch im Werden befindet: »Ehe hier neue Formen ihre neue Sicherheit bringen, sind noch viele Versuche fällig« (63).

Ein anderer Schwerpunkt von Benjamins Rezensionen liegt in der ›Klassik‹ der russischen Literatur, in den großen Autoren des 19. Jh.s. Ihre Präsenz in Benjamins Überlegungen zu Rußland war so intensiv, daß auch ein geringer Anlaß genügte, um das Thema anzusprechen. So wird Iwan Schmeljows Roman *Der Kellner* für Benjamin zur Gelegenheit, Gedanken über die russische Literatur mitzuteilen. Die russischen Autoren verstehen zwar nicht, »dem Dasein Kontur zu geben«, und sie »können – ausgenommen Tolstoj – kein Schicksal zeichnen«. Dafür haben sie aber »die Dynamik des Geschehens für den Roman entdeckt, den allseitig geschlossenen Spannungsraum« (ebd.). Am prägnantesten wird diese Kunst von Dostojewskij vertreten, der den Leser einer harten Prüfung unterzieht: »Dostojewski liefert mein Bewußtsein gefesselt in das furchtbare Laboratorium seiner Phantasie« (64; zum Bild des Laboratoriums in Benjamins Schriften zu Rußland s. unten).

Benjamin distanzierte sich im Laufe der 30er Jahre immer mehr von Rußland in seinem aktuellen Erscheinen. Das war keineswegs nur durch die äußeren Umstände bestimmt, durch sein Emigrantenleben in Frankreich und durch die entsprechenden Kommunikationsschwierigkeiten sowie Verschiebungen von praktischen Interessen. Die politische Entwicklung in der Sowjetunion trug keineswegs dazu bei, irgendwelche Erwartungen mit Rußland zu verbinden (ironischerweise wurde Benjamins Ausbürgerung, die im Februar 1939 erfolgte, durch seine alles andere als erfolgreichen Kontakte mit der in Moskau erscheinenden Zeitschrift *Das Wort* begründet, vgl. Thiekötter 1990). In seinen Gesprächen mit Bertolt Brecht fixierte Benjamin immer wieder Aporien, die sich für einen linken Autor der Zeit aus der Auseinandersetzung mit der sowjetischen Realität ergaben (vgl. Benjamins Notizen zu seinen Besuchen bei Brecht in Svendborg 1934 und 1938: VI, 523–525; 526; 529; 534–539). Der letzte Schlag war der Ribbentrop-Molotow Pakt im August 1939, auf den Benjamin mit Bestürzung in seinen Thesen ÜBER DEN BEGRIFF DER GESCHICHTE reagierte (zur unmittelbaren Reaktion Benjamins vgl. Puttnies/Smith 1991, 196 f.). Seine bitteren geschichtsphilosophischen Überlegungen, die einen verstärkten eschatologischen Grundton seines Denkens markieren, erfolgen im »Augenblick, da die Politiker, auf die die Gegner des Faschismus gehofft hatten, am Boden liegen und ihre Niederlage mit dem Verrat an der eigenen Sache bekräftigen [...]. Die Betrachtung geht davon aus, daß der sture Fortschrittglaube dieser Politiker, ihr Vertrauen in ihre ›Massenbasis‹ und schließlich ihre servile Einordnung in einen unkontrollierbaren Apparat drei Seiten derselben Sache gewesen sind« (I, 698).

Somit hat Benjamins Auseinandersetzung mit Rußland im Laufe von mehr als 20 Jahren einen eigenartigen Bogen beschrieben, von frühen Vorahnungen über spannungsvolle Erwartungen zu verzweifelten Enttäuschungen, die den Abschluß dieser Entwicklung markierten. Und die Moskauer Reise bildet den Knotenpunkt, den Höhepunkt dieser Entwicklung.

Auf dem Weg nach Moskau

Walter Benjamins Reise nach Moskau beginnt im Sommer 1924 auf Capri, wo er Anna (Asja) Lacis (1891–1979), »eine bolschewistische Lettin aus Riga, die am Theater spielt und Regie führt« (2, 466), kennenlernte (Lacis selbst beschreibt eindrucksvoll und geistreich ihre erste Begegnung [Lacis 1976, 45 f.]; diese Beschreibung scheint den Tatsachen zu entsprechen, ansonsten ist Lacis' Darstellung leider offensichtlich nicht ganz zuverlässig, vgl. dazu Kaulen 1995, 99) und sie gleich als eine »der hervorragendsten Frauen«, die ihm bekannt waren, bezeichnete (2, 473). Es ist äußerst schwierig, sich ein objektives Bild dieser Frau und ihrer Rolle in Benjamins Leben zu machen. Die Zeugnisse, die wir besitzen, sind fast ausnahmslos voreingenommen, und die Erinnerungen von Lacis selbst (die deutsche Version Lacis 1976 und die russische Version Lacis 1984 weisen große Unterschiede auf, was nicht nur an der sowjetischen Zensur liegt, vgl. dazu Ingram 2002) berühren viele wichtige Fragen nicht oder geben darauf keine genügende Antwort. Jede Darstellung bleibt eine Rekonstruktion, die von der Position des Autors abhängig ist (vgl. die vorsichtige Ansicht von Kaulen 1995 mit dem fast apologetischen Standpunkt von Ingram 2002; vgl. auch Vialon 1993).

Anna Lacis studierte nach dem Abschluß des Gymnasiums in Riga am Psychoneurologischen Institut in St. Petersburg und dann 1915/16 im Theaterstudio von F. Komissarzhevsky. Während des Bürgerkrieges leitete sie 1918/19 ein avantgardistisches Jugendtheater in Orel südlich von Moskau. 1920–1922 leitete sie ein Arbeitertheater in Riga. 1922 ging Lacis nach Berlin, wo sie bei Max Reinhardt arbeitete. Dort lernte sie Bernhard Reich kennen. Zusammen gingen sie nach München, wo Lacis als Assistentin bei Brecht tätig war. 1925 kam Lacis nach Riga zurück, wo sie wieder ein Arbeitertheater leitete. Wegen ihrer Tätigkeit von lettischen Behörden verfolgt, floh sie im Frühling 1926 nach Moskau, wo sie als Pädagogin arbeitete und später das erste Kinderfilmtheater in Moskau leitete. 1928–1930 war sie Kulturreferentin in der sowjetischen Botschaft in Berlin. Später führte sie Regie bei lettischen Theatergruppen in der Sowjetunion. 1938 wurde sie mit anderen lettischen Kommunisten als »bürgerliche Nationalistin« verurteilt und hat 10 Jahre in Haft und Verbannung in Mittelasien verbracht. 1948 kehrte sie nach Lettland (damals schon ein Teil der Sowjetunion) zurück und wurde zu einer der führenden Persönlichkeiten des lettischen Theaters der Nachkriegszeit.

Anna Lacis war ohne Zweifel eine starke Persönlichkeit, und Susan Ingram (Ingram 2002) hat recht, wenn sie behauptet, daß man ihre Figur entmystifizieren muß. Man muß einfach akzeptieren, daß im Fall von Lacis und Benjamin »erotische Bindung« sich »mit einem starken intellektuellen Einfluß« verband, was Scholem verblüffte (Scholem 1980, 14). Einer solchen Frau hat Benjamin seine Einbahnstrasse gewidmet. Davon zeugt unmißverständlich das Moskauer Tagebuch, in dem z. B. steht: »Asja erinnerte an meine Absicht, gegen die Psychologie zu schreiben und ich hatte von neuem festzustellen, wie sehr bei mir die Möglichkeit, solche Themen in Angriff zu nehmen von dem Kontakt mit ihr abhängt« (VI, 299).

Ebenso aussagekräftig ist folgende Aufzeichnung Benjamins aus dem Jahre 1931: »Im ganzen aber bestimmen die drei großen Liebeserlebnisse meines Lebens dieses nicht nur nach der Seite seines Ablaufs, seiner Periodisierung sondern auch nach der Seite des Erlebenden. Ich habe drei verschiedene Frauen im Leben kennen gelernt und drei verschiedene Männer in mir« (427). Dabei hebt Benjamin hervor: »am Gewaltigsten war diese Erfahrung in meiner Verbindung mit Asja <Lacis>, so daß ich vieles in mir erstmals entdeckte« (ebd.). Susan Buck-Morss hat diese Beziehung auf eine kurze Formel gebracht: »The influence of Asja Lacis on Benjamin was as decisive as it was irreversible« (Buck-Morss 1989, 21).

Lacis eröffnete Benjamin eine andere Welt, nicht nur im geographischen Sinne, denn ihre Zusammenarbeit mit Brecht fand ja in Deutschland statt. Es war die Welt der Aktualität, mit der Benjamin bis dahin kaum in Berührung gekommen war, es war die Welt der Aktion, und nicht der Kontemplation. Emanzipation (in jedem Sinne) und Bruch mit allen Konventionen faszinierten den aus dem bürgerlichen Milieu stammenden Benjamin, wie auch später Brechts Fähigkeit zum ›plumpen Denken‹. Auch Benjamins Begegnung mit Brecht wurde 1929 von Lacis vermittelt. Dieselbe Faszination findet sich – in einer literaturhistorisch geläuterten Form – Ende der 30er Jahre bei der Beschreibung der Pariser Bohème in den Baudelaire-Interpretationen wieder (I, 513–536). Die Verbindung mit der ästhetischen (Avantgarde-Theater in Rußland und Deutschland) und der politischen Revolution, deren Hauch in Rußland noch zu spüren war, die unmittelbare politische Auseinandersetzung in Lettland (wo Lacis zum Teil im Untergrund agierte und schließlich fliehen mußte) bedingte die Besonderheit ihrer Beziehungen. Benjamin sah das klar genug bereits bei ihrer Begegnung auf Capri: Im (schon zitierten) Brief an Scholem spricht er von »einer vitalen Befreiung und einer intensiven Einsicht in die Aktualität eines radikalen Kommunismus« als Folge seiner Beziehung zu Lacis (2, 473; Herv. d. Verf.).

Benjamins ›linke Wende‹ war aber nicht nur durch seine leidenschaftliche Beziehung zu Lacis bedingt. »Zionismus und Kommunismus waren für diese Generation [...] die bereitstehenden Formen der Rebellion«, schrieb Hannah Arendt, die Benjamin persönlich kannte (Arendt 1971, 43). Benjamins ›anarchistische‹ Seele fand keine Befriedigung nur in der ersten

Alternative, und er versuchte bis zum Ende, wie in vielen anderen Fällen, die Alternativen zugleich zu realisieren, die Politik mit der Theologie zu synthesieren. Nachdem Benjamins Habilitationsversuch 1925 endgültig gescheitert war, mußte er seinen weiteren Lebensweg neu überdenken. Die akademische Laufbahn war für ihn in dieser Situation so gut wie ausgeschlossen, das Literatenschicksal – als eine praktische Lösung – ziemlich ungewiß, besonders in den unstabilen Verhältnissen der Weimarer Republik. Die Zuspitzung seiner Lebenslage hat Benjamins Interesse für die ›linke‹ Alternative intensiviert.

Benjamins Moskauer Reise war eine Mischung aus Spontaneität und Berechnung. Für das Spontane sorgte vorerst seine Leidenschaft. Er war schon im Spätherbst 1925 ganz unerwartet in Riga eingetroffen, »um eine Bekannte vor deren Abreise nach Rußland noch zu sehen« (3, 102). In seinen Briefen aus Riga mußte Benjamin gestehen, daß er sich »ziemlich inkalkulabel herumbewege« (100). Das entspricht ganz genau seiner Selbstanalyse: »[M]ir wurde es zum ersten Male im Laufe dieses Gespräches deutlich, daß ich mich jedesmal, wenn eine große Liebe Gewalt über mich bekam, von Grund auf und so sehr verändert habe, daß ich sehr erstaunt war mir sagen zu müssen: der Mann, der so ganz unvermutbare Dinge sagte und ein so unvorhergesehenes Verhalten annahm, der sei ich« (Aufzeichnung 1931, VI, 427).

Da aber dieser Besuch scheiterte (Lacis war mit ihrer Theatertruppe und den politischen Problemen mehr als beschäftigt), reiste Benjamin diesmal doch einigermaßen vorbereitet. Er hatte Kontakte in Moskau, hatte Führer, hatte – wenngleich minimale – Aufträge von beiden Seiten, der deutschen wie der russischen. Besonders beflügelte ihn der Auftrag, einen Beitrag über Goethe für die *Große Sowjetenzyklopädie* zu schreiben: Seine Zusage betrachtete er als eine »göttliche Frechheit« (3, 133) und als »ein[en] Anlaß zur Improvisation« (161 f.). Aber um diese Aufgabe zu lösen, war eine Reise nach Moskau nicht unbedingt nötig. Ebensowenig waren Benjamins Vereinbarungen mit der deutschen Presse ein wirklich triftiger Grund für eine so weite und lange Reise.

Die tieferen Gründe für die Reise waren doch mit dem Spontanen des Augenblicks verbunden: Diese Triebkräfte thematisierte Benjamin in einem Brief an Gershom Scholem aus Paris vom 29.5.1926 und gab dabei als sein Motto an, »[i]mmer radikal, niemals konsequent in den wichtigsten Dingen zu verfahren« (159). Benjamin beschrieb seinen Versuch, »die rein theoretische Sphäre zu verlassen. Dies ist auf menschliche Weise nur zwiefach möglich: in religiöser oder politischer Observanz. Einen Unterschied dieser beiden Observanzen in ihrer Quintessenz gestehe ich nicht zu. Ebensowenig jedoch eine Vermittlung. Ich spreche hier von einer Identität, die sich allein im paradoxen Umschlagen des einen in das andere [...] erweist« (158; zu Benjamins paradoxalen »theologisch-politischen« Lösungen vgl. Wohlfarth 1986). Die Möglichkeit seines Eintritts in die kommunistische Partei sei »wiederum von einem letzten Anstoß des Zufalls abhängig«, und die Möglichkeit seines Verbleibens in der Partei »einfach experimentell festzustellen« (3, 159). Der entscheidende Test mußte die Moskauer Reise sein.

Das also waren Benjamins Orientierungen auf dem Weg nach Moskau: das Praktische, Spontane, Extreme. Lacis und Moskau stellten für ihn neue Erfahrungen, neue Wege dar. Beide wollte er erobern, ergreifen, um zu begreifen und durch diese Erfahrung zu einer praktischen Entscheidung für sein weiteres Schicksal zu gelangen. Für diese Entscheidung fehlte ihm jede existentielle Substanz, es handelte sich zunächst um bloße Gedanken oder bestenfalls um eine Ahnung. In Rußland und mit Asja konnte man diese Substanz sogar im Alltag berühren, und das brauchte er dringend. Somit wurde für Benjamin der Besuch in Moskau vom 6.12.1926 bis zum 1.2.1927 zu einer Selbstprobe, einer Initiation, die seine Reife, seine Potenz bestätigen mußte.

Das »Moskauer Tagebuch« und die Folgen

Der Text, der als Moskauer Tagebuch bekannt ist, wurde 1980 von Gary Smith mit seinen Anmerkungen und einem Vorwort von Scholem veröffentlicht. Später wurde der Text in den sechsten Band der *Gesammelten Schriften* (mit einigen abweichenden Lesungen) aufgenommen (VI, 292–409; vgl. auch IV, 987–990; VI, 782–789). Erweiterte und korrigierte Anmerkungen finden sich in der englischsprachigen Ausgabe (Benjamin 1986), wichtige Korrekturen und Zusätze enthält die russische Ausgabe (Benjamin 1997). Der Titel Moskauer Tagebuch ist eine Konjektur, der ursprüngliche Titel wurde von Benjamin unkenntlich gemacht und durch Spanische Reise ersetzt (zu möglichen Motiven vgl. Smith 1986, 139).

Benjamin führte üblicherweise kein Tagebuch, von den wenigen Versuchen chronikaler Art ist das Moskauer Manuskript das umfangreichste (vgl. Art. »Aufzeichnungen« in diesem Handbuch). Das Tagebuch wurde offensichtlich von Anfang an geplant und war weitgehend pragmatisch bedingt. So schrieb Benjamin aus Moskau an Jula Radt-Cohn (26.12.1926): »Was ich andererseits über meinen Aufenthalt hier etwa schreiben werde, weiß ich noch nicht. Ich werde Dir wahrscheinlich noch mitgeteilt haben, daß ich zunächst eine große Materialsammlung in Form eines Tagebuches angelegt habe« (3, 222). Später nannte er sein Tagebuch auch »Dossier ›Moskau‹« (233). Benjamin konnte aber keine ›sachliche‹ Materialiensammlung führen, denn, wie schon erwähnt, bedeutete seine Reise für ihn wesentlich mehr als lediglich ein Anlaß zur ›Berichterstattung‹. Dennoch enthält das Tagebuch zahlreiche Stellen, die Benjamin nachträglich für seine Publikationen verwendet hat, vorwiegend für seinen Text Moskau. Im Tagebuch hat Benjamin nachträglich 39 Passagen gekennzeichnet, von denen die meisten in Moskau (zum Teil überarbeitet) eingegangen sind (vgl. VI, 788 f.). Auch manche nicht gekennzeichnete Stellen wurden von Benjamin später anderweitig verwendet – etwa die Beschreibung der Diskussion im Meyerhold-Theater aus dem Tagebuch (VI, 348 f.) im entsprechenden Aufsatz, der noch in Moskau geschrieben wurde (Disputation bei Meyerhold, IV, 481–483). Mitunter enthält das Tagebuch dort Lücken, wo man eine Aufzeichnung erwarten würde. So schreibt Benjamin im Tagebuch über eines seiner Gespräche mit dem ungarischen Schriftsteller Béla Illés nur: »Es brachte den erwarteten Ertrag; ich erhielt von ihm ein sehr interessantes Schema der gegenwärtigen literarischen Gruppierung in Rußland auf Grund der politischen Orientierung der verschiedenen Autoren« (VI, 390). Es war offensichtlich das Schema, das in Benjamins Aufsatz Die politische Gruppierung der russischen Schriftsteller reproduziert wurde. Es ist aber kaum anzunehmen, daß Benjamin diese Anordnung mit vielen Namen in seinem Gedächtnis bewahren konnte. Hatte er sich neben dem Tagebuch andere Notizen gemacht?

Es gibt auch Anzeichen dafür, daß Benjamin manche Impressionen – durchaus starke – einfach nicht in das Tagebuch eingetragen hat. Die Frage nach den Auswahlprinzipien bleibt offen. Zwei Jahre nach der Moskauer Reise schrieb er in dem Essay Der Sürrealismus: »In Moskau wohnte ich in einem Hotel, in dem fast alle Zimmer von tibetanischen Lamas belegt waren [...]. Es fiel mir auf, wie viele Türen in den Gängen des Hauses stets angelehnt standen. Was erst als Zufall erschien, wurde mir unheimlich. Ich erfuhr: in solchen Zimmern wohnten Angehörige einer Sekte, die gelobt hatten, nie in geschlossenen Räumen sich aufzuhalten. Den Chock, den ich damals erfuhr, muß der Leser von ›Nadja‹ verspüren« (II, 298). Im Tagebuch findet man nur eine flüchtige Bemerkung über die buddhistischen Priester vor dem Hotel (VI, 389).

Im Zusammenhang mit seiner Moskauer Reise hat Benjamin eine Reihe von Aufsätzen, überwiegend sachliche Berichte, geschrieben (eine Ausnahme bildet der Text Russische Spielsachen, der eher eine dichterische Betrachtung ist). Ebenso wie in seinen früheren Rezensionen russischer Bücher interessieren Benjamin Ereignisse der russischen Literatur und Kunst in erster Linie als sozial-politische Vorgänge (Die politische Gruppierung der russischen Schriftsteller; Disputation bei Meyerhold). Die russische Literatur nach der Revolution ist für ihn noch keine ›richtige‹ Literatur, sie wird als ein instinktiver therapeutischer Prozeß aufgefaßt: »Die gegenwärtige russische Literatur erfüllt, man darf sagen die physiologische Aufgabe, den Volkskörper von dieser Überlast von Stoffen, von Erlebnissen, von Fügungen zu erlösen. Rußlands Schriftstellerei im jetzigen Augenblick ist, von hier aus gesehen, ein ungeheurer Ausscheidungsprozeß« (Neue Dichtung in Russland, II, 761). Deswegen ist »das jetzige Schrifttum Rußlands [...] Vorläufer einer neuen Geschichtsschreibung weit eher als einer neuen Belletristik. Vor allem aber ist es ein moralisches Faktum und einer der Zugänge zum moralischen Phänomen der russischen Revolution überhaupt« (762).

Allerdings findet man in den Aufsätzen auch eine wichtige ästhetische Konzeption, die sich in Benjamins Auseinandersetzung mit dem russischen Film abzeichnet. In dem Beitrag Erwiderung an Oscar A. H. Schmitz, in dem er Eisensteins *Potemkin* als Beispiel für »Tendenzkunst« verteidigt, bespricht Benjamin zum ersten Mal auch die Technik als ein wesentliches Moment der Kunstgeschichte: »Die technischen Revolutionen – das sind die Bruchstellen der Kunstentwicklung [...]. In jeder neuen technischen Revolution wird die Tendenz aus einem sehr verborgenen Element der Kunst wie von selber zum manifesten« (752). So entsteht mit dem Film auch *»eine neue Region des Bewußtseins.* Er ist – um es mit einem Wort zu sagen – das einzige Prisma, in welchem dem heutigen Menschen die unmittelbare Welt, die Räume, in denen er lebt, seinen Geschäften nachgeht und sich vergnügt, sich faßlich, sinnvoll, passionierend auseinanderlegen« (ebd.). Die neuen Medien gleichen die Kunstwerke technischen Lösungen an, daher auch das Bild von *Potemkin* als eines modernen Bauwerks: »ideologisch ausbetoniert, richtig in allen Einzelheiten kalkuliert wie ein Brückenbogen« (755). Damit vollzog Benjamin einen wichtigen Schritt zu seiner Ästhetik der 30er Jahre.

Das »Moskauer Tagebuch«: Personen, Ereignisse, Orte

Die Hauptperson des Tagebuchs ist offensichtlich Asja Lacis. Benjamins verzweifeltes Werben um sie ist die eigentliche Hauptlinie des Geschehens. Gleichzeitig aber versuchte er, in Moskau Fuß zu fassen (er spielte sogar mit dem Gedanken, in die Sowjetunion überzusiedeln), und dabei nahm er eventuell Bernhard Reich zum Vorbild, der auch im Tagebuch eine nicht unbedeutende Rolle spielt. Er war Benjamins Führer, Dolmetscher und Deuter der russischen Realität, aber zugleich auch sein Rivale als Lacis' Lebensgefährte (und späterer Ehemann).

Reich (1894–1972), als Theaterregisseur in Wien, Berlin (bei Max Reinhardt) und München (bei Brecht) tätig, übersiedelte 1925 nach Sowjetrußland. In seinem autobiographischen Buch (Rajh 1972; Reich 1970) berichtet er zwar ziemlich ausführlich über seine ersten Jahre in Rußland, ist aber leider von äußerer und innerer Zensur offensichtlich nicht frei. Auch persönliche Motive kommen dabei zum Tragen: Benjamins Name wird im Buch kein einziges Mal erwähnt. In Moskau war er vorwiegend als Journalist, später auch als Kunstwissenschaftler tätig (er hat u.a. eine umfangreiche Monographie über Brecht veröffentlicht: Rajh 1960), die 40er Jahre hat er in Haft als einer der zahlreichen ›Volksfeinde‹ der Repressionszeit verbracht. Reichs Erfahrung demonstrierte Benjamin, daß ein derartiges Unternehmen keineswegs leicht war: Reich konnte zwar »die offenkundigen Erfolge [...] einen nach dem andern verzeichnen«, aber das erst »nach einem überaus schweren halben Jahre, in dem er, sprachunkundig, hier gefroren und vielleicht auch gehungert hat« (VI, 316). Nach einer Adaptationsphase schien er sich leichter in die Moskauer Arbeitsverhältnisse zu finden als Lacis, vielleicht weil er sich »weniger leidenschaftlich« mit jenen auseinandersetzte (ebd.). Denn Lacis wollte »[i]n der ersten Zeit nach ihrer Ankunft aus Riga [...] sogar gleich [wieder] nach Europa zurück, so aussichtslos schien der Versuch, hier eine Stelle zu finden« (316f.). Aber Reichs Erfolge und Verankerung in den Moskauer Verhältnissen hatte auch eine Kehrseite, die Benjamin in seinen Reflexionen über den Eintritt in die Partei genau registrierte: »die völlige Preisgabe der privaten Unabhängigkeit« (359). Deswegen mußte Reich Benjamin vor Begegnungen mit bestimmten Personen (höheren Funktionären) besonders darauf aufmerksam machen, »behutsam im Reden« zu sein (302). Auch mit einem Interview, das Benjamin gab, war Reich »aufs höchste unzufrieden«, weil Benjamin sich durch eine zu freie Gesprächsweise »gefährliche Blößen gegeben« habe (313).

Die Spannung der Beziehungen zu Reich bestand darin, daß er einerseits Benjamins ständiger Begleiter und Helfer (denn Lacis war die meiste Zeit noch im Sanatorium und konnte nur ausnahmsweise mit Benjamin ausgehen), andererseits aber auch sein Rivale war. Die ständige Präsenz Reichs während des Moskauer Aufenthalts führte zu paradoxen Konstellationen: »Ich schreibe [...] einiges über Asja und unser Verhältnis [...], trotzdem Reich neben mir sitzt« (316). Diese sonderbare Koexistenz konnte nicht lange dauern, so daß es bald zum Bruch kam: »*10 Januar*. Es gab am Morgen eine höchst unangenehme Auseinandersetzung mit Reich. [...] Soviel aber stand infolge des Zwischenfalls am Morgen mir fest, daß ich auf Reich nichts mehr von meiner Anwesenheit bauen woll<te> und wenn sie sich ohne ihn nicht nutzbringend organisieren ließe, Abfahrt das einzig vernünftige sei« (360). Der Aufenthalt war nicht länger möglich: weder mit Reich noch ohne ihn.

Benjamins Reise nach Moskau war privat, was schon damals eher eine Seltenheit war. Er schreibt an Scholem am 10.12.1926 aus Moskau: »Ich beruhige Dich gleich mit der Mitteilung, daß ich in keiner offiziellen Mission hier bin« (3, 217). Er wurde zwar formell von VOKS (Vsesojuznoe obščestvo kul'turnoj svjazi s zagranicej – Allrussische Gesellschaft für Kulturbeziehungen mit dem Ausland) betreut und hat die Redaktion der Sowjetenzyklopädie besucht, bewegte sich aber in Wirklichkeit völlig ›unorganisiert‹ durch die Stadt. Somit wurde Benjamin nicht mit den Institutionen (in deren Dickicht er sich ohnehin kaum zurechtgefunden hätte), sondern mit den Personen konfrontiert. Dutzende von ihnen tauchen im Moskauer Tagebuch auf, oft als verschwommene Gestalten, mit entstellten Namen oder einfach namenlos. Es ist nicht leicht, sie zu identifizieren, einige bleiben vermutlich für immer anonym. Sie bilden ein eigenartiges Mosaikbild, besonders wenn man nicht nur ihren augenblicklichen Zustand im Winter 1926/27 berücksichtigt, sondern das ganze Schicksal dieser Menschen überblickt.

Die Revolution hatte bemerkenswerte Persönlichkeiten aller Art und Herkunft nach Moskau gezogen. Benjamin trifft sie manchmal in unerwarteten Rollen. So erscheint in der Wohnung des ungarischen Schriftstellers Béla Illés, der damals in Moskau wohnte, der »Direktor des Revolutionstheaters [...] ein ehemaliger roter General« (VI, 302). Wegen eines politischen Fehlers mußte er seine Karriere einstellen, und da er »früher einmal Literat war, gab man ihm diesen leitenden Theaterposten, auf dem er aber nicht viel leisten soll« (ebd.). Dieser General war kein anderer als der ungarische Schriftsteller und Revolutionär Máté Zalka (eigentlich Béla Frankl, 1896–1937), einer der legendären Helden des Bürgerkriegs in Rußland. Er war wirklich kein großer Schriftsteller, und Benjamin trifft ihn in der Zeit einer erzwungenen Ruhe, aber er war immer wieder im militärischen Bereich tätig (so half er als Militärberater Kemal Atatürk, die türkische Armee aufzubauen) und beendete sein Leben, bekannt unter dem Namen General Lukács, in den Kämpfen des spanischen Bürgerkrieges.

Lange blieb der polnische Schriftsteller Wacław Jan Pański (1897–1990) unidentifiziert, der seine literarischen Werke als Wacław Solski unterzeichnete. 1917 war er als Revolutionär in Polen und Weißrußland tätig, schrieb für die polnische kommunistische Presse und arbeitete seit 1918 in Weißrußland und Rußland als Journalist und Funktionär. 1928 kehrte er von einer Reise nach Deutschland nicht zurück und brach alle Beziehungen zur kommunistischen Bewegung ab. Pański lebte in Paris und London, seit 1945 in New York (vgl. Klimaszewski 1992, 298 f.). Benjamin besuchte Pański mehrmals in Goskino und war von seinem Alter überrascht: »Es ist unglaubhaft – aber dennoch möglich – daß er, wie Reich mir später sagte, siebenundzwanzig Jahre alt ist. Die Generation, die in der Revolutionszeit aktiv war, wird alt« (VI, 382; Reich hat sich etwas verrechnet, tatsächlich war Pański damals 29 Jahre alt). Benjamin konnte zu diesem Zeitpunkt nicht ahnen, daß der ›alt gewordene‹ Pański alle im Moskauer Tagebuch erwähnten Personen überleben wird – aber weit weg, in Übersee.

Evgenij Aleksandrovič Gnedin (1898–1983), »klug und sympathisch« (VI, 348), war in Berlin als sowjetischer Diplomat tätig und lernte dort Benjamin kennen. Als Benjamin nach Moskau kam, war Gnedin im Volkskommissariat für auswärtige Angelegenheiten in Moskau für Deutschland zuständig. Später war er Erster Sekretär der sowjetischen Botschaft in Berlin und dann Leiter der Presseabteilung im Volkskommissariat für auswärtige Angelegenheiten. 1939 wurde Gnedin im Zuge der »Säuberung« des Volkskommissariats verhaftet und verbrachte die Zeit bis zur Rehabilitierung 1955 in Gefängnissen, Lagern und Verbannung. Seit 1956 als Publizist tätig, wurde Gnedin in der Mitte der 60er Jahre einer der Begründer der sowjetischen Dissidentenbewegung (vgl. sein Erinnerungsbuch: Gnedin 1994).

Die meisten Personen, denen Benjamin in Moskau begegnete, waren von einer rastlosen, fieberhaften Tätigkeit gänzlich in Anspruch genommen: »Es wird von früh bis spät nach Macht gegraben« wie in Klondyke nach Gold (358); diese anstrengende Existenz schien für jene noch durchaus aussichtsreich zu sein. Aber zumindest einer, den Benjamin in Moskau kennenlernte, war schon aus diesem Rennen ausgeschieden: Grigorij Lelevič (eigentlich Labori Gilelevič Kalmanson, 1901–1945), Wortführer der ›linken‹ Schriftsteller, sollte in die Verbannung gehen und Moskau verlassen. Benjamin besuchte ihn an seinem Abschiedsabend und war von dem »Optimismus des Fanatikers« beeindruckt (VI, 296 f.). Noch war die Strafe für die Abtrünnigen eher mild, noch klang das Wort ›Opposition‹ nicht als Todesurteil, und dennoch konnte ein scharfes Ohr schon damals ein entferntes unterirdisches Dröhnen vernehmen, das Anzeichen der kommenden Terrorwelle. Benjamin hat sich geirrt, als er meinte, in Rußland sei alles noch unentschieden (vgl. seine Worte aus dem Brief an Jula Radt-Cohn vom 26.12.1926: »[E]s ist völlig unabsehbar, was dabei in Rußland zunächst herauskommen wird« – 3, 222), denn in Wirklichkeit war Rußlands Weg für die nächsten Jahre schon vorgezeichnet, aber das merkten die meisten auch in Rußland noch nicht.

Auf seinen Irrwegen durch Moskauer Straßen war Benjamin meist ein Außenseiter: Moskau blieb für ihn eine »Festung« (VI, 317; Benjamin hat Kafkas Roman *Das Schloß* erst nach der Moskauer Reise gelesen, sonst hätte er seine Position möglicherweise mit der von K. verglichen), die Realität kaum durchdringlich. Man könnte sogar sagen, daß Benjamin viele bedeutende Personen und Ereignisse, die für ihn wichtig hätten sein können, nicht bemerkte (das lag hauptsächlich an seinen Führern, die selbst noch Neulinge in Moskau waren). Er bewegte sich – mit wenigen Ausnahmen – im Stadtkern, und seine Routen unterscheiden sich meist kaum von denen eines Touristen. Er besuchte Museen, historische Stätten, suchte nach Souvenirs (auch seine Sammlerleidenschaft bewegte sich im Kreis des üblichen Angebots). Er war weitgehend auf die öffentlichen Veranstaltungen (Theateraufführungen, öffentliche Diskussionen, Filmvorführungen u. a.) angewiesen, aber auch sie waren für ihn ohne Zusatzinformationen in ihrer *eigentlichen* Bedeutung oft unbegreiflich: So erklärte Reich Benjamin z. B. die Vorgeschichte des »weißgardistischen Stück[s] bei Stanislawski« (VI, 293, *Die Tage der Turbins* von Michail Bulgakov), das dennoch (mit Stalins Zustimmung) aufgeführt wurde. Seine Versuche einer direkten Begegnung mit den Bewohnern Moskaus (ohne begleitende Interpretationshilfe) sind oft unergiebig; auch sein einziges ›Interview‹ für die Moskauer Presse (es war eher ein Bericht, in dem auch Benjamins Aussagen in einer indirekten Form wiedergegeben wurden, vgl. VII, 879–881) zeugt davon, daß Benjamins kommunikative Strategien scheiterten, denn sie wurden von der anderen Seite eher mißverstanden. Dennoch war diese *Sprachlosigkeit* für Benjamin nicht fatal: »Natürlich ließ die Unkenntnis der Sprache mich über eine gewisse schmale Schicht nicht hinausdringen. Ich habe aber, mehr noch als an das Optische mich an die rhythmische Erfahrung fixiert, an die Zeit, in der die Menschen dort leben« (3, 257).

Er lernte, Ereignisse und Menschen zu beobachten, und konnte vieles wenn nicht gänzlich verstehen, so wenigstens erraten. Benjamins Beobachtungen im Tagebuch und in den Publikationen, die der Moskauer Reise folgten, enthalten Einsichten, die den Durchschnitt der reisenden Schriftsteller der Zeit offensichtlich übertreffen. Dieser Umstand wird heute, seit wir die Ereignisse des 20. Jh.s in vollem Umfang übersehen können, noch klarer: »in spite of Benjamin's illuminating love relationship, his myopia, his lack of knowledge of the language, and the ›rigors of Moscow daily life‹, Benjamin's account of the situation in Moscow in 1926, both in the diary and in the essay ›Moscow‹, has proven to be more insightful, prophetic, and courageous – courageous for its resistance to easy ideologizing on the right and on the left – than any other foreign account of Soviet life written at that time« (Boym 1991, 119).

Interpretationsansätze

Die Interpretationsarbeit am Text des Moskauer Tagebuchs begann damit, daß das Dokument lesbar gemacht wurde – durch den Apparat der Erstausgabe von Gary Smith und durch die nachfolgenden Ausgaben. Eine gewisse Zeit war aber nötig, um im Tagebuch nicht nur ein biographisches Zeugnis oder »Reisenotizen« (Gilloch 1996, 4), sondern auch ein Textgebilde zu erblicken, das einer vertieften Auseinandersetzung wert ist. Diese nähere Befassung mit dem Text begann schon in den 90er Jahren.

Einer der ersten war Jacques Derrida, der in seinem Vortrag *Back from Moscow, in the USSR* (Derrida 1995) einige Interpretationswege andeutet. Derrida, der die Sowjetunion 1990, also unmittelbar vor ihrem Zerfall, noch besucht hat, geht einigermaßen selbstreflexiv vor, wenn er versucht, Walter Benjamin in die Reihe der westlichen Intellektuellen einzuordnen, die eine Reise in die Sowjetunion unternommen haben. Als Reisender war Benjamin in Moskau tatsächlich keine einmalige Erscheinung: Die deutschsprachigen Intellektuellen besuchten damals oft die Sowjetunion, und einige von ihnen, die kurz zuvor oder gleichzeitig mit Benjamin in Rußland waren, werden im Moskauer Tagebuch genannt. Zu ihnen gehören Ernst Toller (VI, 295; 298), Egon Erwin Kisch (305) und Joseph Roth (310 ff.). Die Besuchsziele, die Beschreibungen überschneiden sich. Bei Kisch findet sich ein Bericht über das Spielzeugmuseum, von dem Benjamin begeistert war (Kisch 1927, 247–256). Roth beschreibt dieselben Moskauer Theater und Aufführungen, die Benjamin besuchte (u. a. das Meyerhold-Theater). Wenn man in Benjamins Tagebuch liest: »er [Roth] begann damit, mir einen großen Artikel über russisches Bildungswesen vorzulesen« (VI, 311), so kann man diesen Artikel auch unter Roths veröffentlichten Berichten nachlesen, unter dem Titel *Die Schule und die Jugend* (Roth 1990, 659–672). Benjamin selbst war sich seiner Lage als der ›eines Reisenden‹ durchaus bewußt und versuchte, die typischen Sünden dieser Spezies zu vermeiden. Dafür sorgte auch sein persönliches – erotisches und intellektuelles – Engagement.

Derrida hat Benjamins philosophische Position als »marxisme phénoménologique poussé à sa limite« gekennzeichnet (Derrida 1995, 76). Die Besonderheit von Benjamins Marxismus wurde schon verschiedentlich hervorgehoben (vgl. u. a. Arendt 1971). In diesem Fall war mit der Charakterisierung als ›extrem-phänomenologisch‹ gemeint: »la désision de ne jamais réver d'écrire, encore moins de s'engager à écrire une *physiognomy* de Moscou« (Derrida 1995, 76). Derrida bezieht sich auf Benjamins Brief an Martin Buber vom 23.2.1927, in dem es heißt: »alle Theorie wird meiner Darstellung fernbleiben. Das Kreatürliche gerade dadurch sprechen zu lassen, wird mir, wie ich hoffe, gelingen [...]. Ich will eine Darstellung der Stadt Moskau in diesem Augenblick geben, in der ›alles Faktische schon Theorie‹ ist« (3, 232). Benjamins »vigilance réflexive« ist in allem, was Moskau betrifft, unverkennbar, indessen wären drei Momente dieses Wachseins nicht zu vergessen.

Erstens betrifft die ›Faktizität‹, von der Benjamin schreibt, nicht das Tagebuch, sondern seinen Essay Moskau. Die fast sterile Darstellung im Essay unterscheidet sich stark von dem mehrdimensionalen Diskurs des Tagebuchs (s. dazu unten). Das Tagebuch ist nicht frei von theoretischen Passagen, und Derrida selbst bezieht sich z. B. auf theoretische Ausführungen in dem Tagebuch, die Benjamins sprachphilosophische Positionen betreffen (vgl. VI, 330 f.). Zweitens ist Benjamins Text keinesfalls als reiner ›Tatsachenbericht‹ zu verstehen, denn auch in Moskau behauptet Benjamin, daß der Aufenthalt in Rußland »ein so sehr genauer Prüfstein« ist: »Jeden nötigt er, seinen Standpunkt zu wählen. [...] Sehen kann gerade in Rußland nur der *Entschiedene*« (Herv. d. Verf., IV, 317; diese Stelle ist eine überarbeitete Version einer entsprechenden Passage vom Ende des Tagebuchs: VI, 399). Auch im Tagebuch schreibt Benjamin, als er über seine Begegnung mit Roth berichtet: »In dem Gespräche, daß auf seine

Vorlesung folgte, nötigte ich ihn schnell, Farbe zu bekennen. Was dabei sich ergab, das ist mit einem Wort: er ist als (beinah) überzeugter Bolschewik nach Rußland gekommen und verläßt es als Royalist. Wie üblich, muß das Land die Kosten für die Umfärbung der Gesinnung bei denen tragen, die als rötlich-rosa schillernde Politiker (in Zeichen einer ›linken‹ Opposition und eines dummen Optimismus) hier einreisen« (VI, 311). Das ist eben Benjamins »dialectics of seeing« (Buck-Morss 1989). Drittens, die ›physiognomische Ansicht‹ war Benjamin während seiner Reise nicht fremd, was er auch selbst bestätigte. In den Vorbemerkungen, die er für eine (nicht zustande gekommene) französische Publikation von Auszügen aus dem Tagebuch geschrieben hat, ist zu lesen: »Aus einem Tagebuche, das ich ohne Unterbrechung acht Wochen hindurch geführt habe, sind die folgenden Stücke Auszüge. Ich habe mich in ihnen bemüht, das Bild des proletarischen Moskau, [...] vor allem aber die *Physiognomie* seines Werktags und den neuen Rhythmus wiederzugeben« (VI, 782, Herv. d. Verf. – zur »physiognomischen Ansicht« (»physiognomical reading«) bei Benjamin und ihrer Beziehung zu seiner Monadologie vgl. Gilloch 1996, 6; Richter 2000, 133; s. dazu auch unten).

Mit Recht weist Derrida auf die körperliche Dimension des Tagebuchs hin, darunter auf das Motiv des Kindes, das Benjamin sich von Asja wünschte (VI, 317); ein Motiv, das die sexuelle und schöpferische Potenz verbindet – ein Wunsch, der unerfüllt blieb. Die Potenz, als das Männliche und Schöpferische, sowie das Körperliche insgesamt werden auch in anderen Tagebuchinterpretationen herausgestellt, besonders bei Gerhard Richter.

Svetlana Boym (1991) versucht, Benjamins Tagebuch mit Roland Barthes' Tagebuchaufzeichnungen *Soirées de Paris* zu vergleichen, was aber nicht ganz überzeugt: die Unterschiede sind zu groß. Barthes' Notizen werden zu Hause, in der wohlbekannten Umgebung gemacht, was fern von Benjamins harter Selbstprüfung in einem fremden Land ist.

Gerhard Richter reiht das Moskauer Tagebuch in die Gruppe der autobiographischen Schriften Benjamins ein, ähnlich der Berliner Chronik und der Berliner Kindheit um Neunzehnhundert. Trotz einiger gemeinsamer Züge (für Richter ist eine besondere Beziehung zum Körperlichen vorrangig: »Benjamin is obsessed with the subject's body or corpus«, Richter 2000, 52) scheint es sich eher um eine Kontrastreihe denn um eine Einheit zu handeln: Moskau ist eine fremde Stadt und Berlin die Heimatstadt, das Moskauer Tagebuch ist eine laufende Chronik, die die Erlebnisse unmittelbar fixiert, während die Berliner Chronik und die Berliner Kindheit Gedächtniswerke, Arbeiten an der Vergangenheit darstellen. Deswegen ist in seinen Erinnerungen das Ohr so bedeutend, während im Tagebuch (und in Moskau) das Auge Vorrang hat (s. dazu unten).

Richters Konzentration auf das Körperliche in Benjamins Moskau-Erfahrung ergibt verschiedene Aspekte. Der Körper wird bei Richter auch als (Text-) Korpus verstanden, deswegen ist die Stadt als Korpus/ Körper zugleich ein monströser Leib und ein Text, den man (»physiognomisch«) lesen muß. Zudem betrifft die Körperlichkeit die Ebene der interpersonellen Beziehungen, und auf ihr liegt die intensivste Spannung in den Kontakten zwischen Benjamin und Lacis, die immer wieder erschwert oder unmöglich sind. Das Lesen wird auch hier relevant, aber in einer anderen Funktion: als Vertretung der erotischen Beziehungen. »Benjamin's erotic attraction to Lacis is frequently expressed through the act of reading« (Richter 2000, 138). Die Unmöglichkeit einer physischen Beziehung wird im Akt des Vorlesens der eigenen Texte überwunden: »Identifying writing and the body through the erotics of reading, Benjamins comes to her [Lacis] in the body of writing« (140). Im Gesamtkontext von Richters Analyse der Körperlichkeit ist die Moskauer Reise ein Schritt zu Benjamins späterer Position, die darauf setzt, daß sich der Körper politischem Mißbrauch entzieht. Die politische Strategie des leiblichen Entfliehens wird nach Richter besonders in Benjamins antifaschistischen Stellungnahmen deutlich, man muß aber hinzufügen, daß auch Benjamins Umgang mit dem sich etablierenden Sowjetsystem eskapistisch erscheint. Die Berücksichtigung des Körperlichen – besonders in Moskau – ist nach Richter ein wesentliches Bindeglied zwischen dem Benjamin des Trauerspielbuchs und dem »Benjamin of the 30s struggling overtly against the politics of fascism« (233).

Eine andere Linie der Interpretation von Benjamins Moskauer Tagebuch und Moskauer Reise ist mit der Problematik des Stadtlebens und seiner Darstellung verbunden. Susan Buck-Morss hat in ihrem Buch *The dialectics of seeing* auf die Bedeutung der vier Städte Berlin, Paris, Neapel und Moskau in Benjamins Werk hingewiesen (Buck-Morss 1989, 25). Die räumlichen (»spatial«) Koordinaten sind aber in Wirklichkeit nicht geographischer, sondern soziokultureller Art. Die Bedeutung der Moskauer Reise hat auch Graeme Gilloch in *Myth and metropolis. Walter Benjamin and the city* (1996) hervorgehoben. Die Attraktion der Großstadt war für Benjamin mit dem Verständnis von Modernität aufs engste verbunden: »The metropolis is the principal site of the phantasmagoria of modernity« (Gilloch 1996, 11). Die Texte zu Moskau waren für Benjamin eine wichtige Station auf dem Weg zum Passagenwerk als Phänomenologie des modernen Stadtlebens. Howard Caygill hat in seinem Buch *Walter Benjamin. The colour of experience* der Stadterfahrung bei Benjamin ein eigenes Kapitel gewidmet (»The experience of the city«, Caygill 1998, 118–148). Die Stadtdarstellung wird hier als Teil der Gesamtmethodik von Benjamin betrachtet: »Benjamin's city writings exemplify his speculative method: the city in question, whether Naples, Moscow, Berlin or Paris can only become an object of knowledge indirectly, obliquely reflected through the experience of other cities, each of which is its own infinite surface.« (119 – über Benjamins Beitrag zur Problematik der Stadtdarstellung insgesamt vgl. Shields 1996).

»Moskauer Tagebuch«: Text und Intertext. Dreimal Moskau

Der Text, der auf den ersten Blick als ein unmittelbares, spontanes Zeugnis von Benjamins Moskauer Erlebnissen erscheinen mag, erweist sich in den Interpretationsversuchen als ein komplexes Gebilde.

Einerseits wollte Benjamin in seinen Aufzeichnungen tatsächlich unmittelbare Reaktionen auf die Moskauer Realität festhalten, und man kann seinen Text als ein persönliches Dokument lesen. Dennoch konnte Schreiben für ihn, damals schon ein erfahrener Literat, kaum ein rein spontanes, reaktives Verhalten sein. Hinzu kam, daß die Tagebuchaufzeichnungen von dem Auftrag mitbestimmt wurden, den er von Martin Buber bei der Zeitschrift *Die Kreatur* vor der Reise erhalten hatte: Es war also von Anfang an – zumindest teilweise – ein Schreiben zum Zweck. Deswegen wird das ›Tagebuch‹ im Text des Tagebuchs mehrmals autoreflexiv erwähnt; Benjamin berichtet von seiner Arbeit am Tagebuch sowie darüber, wie er Abschnitte aus dem Tagebuch Asja vorliest: »Ein Referat über die Diskussion bei Meyerhold ist vielleicht einigermaßen geglückt, dagegen kam ich mit einem Moskauer Bericht fürs ›Tagebuch‹ nicht weiter« (VI, 357). »Da griff ich auf das ›Moskauer Tagebuch‹ zurück und las ihr [Asja] auf gut Glück vor, worauf mein Blick gerade fiel« (367).

Der Text des Tagebuchs ist offensichtlich mehrschichtig. Erstens besteht er aus Einträgen privater und nicht-privater Art. Zu ersteren gehört vor allem die Darstellung seiner Beziehung zu Lacis (die Szenen ihrer Begegnungen sind oft bis in die kleinsten Details ausformuliert). Zweitens werden im Tagebuch unmittelbare Eindrücke und Erlebnisse, aber auch allgemeine Betrachtungen und Reflexionen des Moskauer Aufenthalts fixiert, die manchmal mit dem Ort, an dem sie aufgeschrieben wurden, kaum in Zusammenhang stehen. Man vergleiche z.B. die Beschreibung der Moskauer Straßenbahn mit ganz anderen, allgemeinen und kontemplativen Ausführungen: »Hasard, den eine Fahrt mit der E<l>ektrischen hier bietet. Durch die vereisten Scheiben kann man nie erkennen, wo man sich befindet. Erfährt man es, so ist der Weg zum Ausgang durch eine Masse dichtgekeilter Menschen versperrt. Denn da man hinten einzusteigen hat aber vorn den Wagen verläßt, so hat man sich durch die Masse hindurchzuarbeiten und wann man damit zu stande kommt, das hängt vom Glück und von der rückhaltslosen Ausnützung der Körperkräfte ab« (313). Und, ganz anders: »So scheint im Grunde das Gefühl von Einsamsein ein reflexives Phänomen zu sein, das uns nur trifft wenn es von uns bekannten Menschen, am meisten von dem Menschen den wir lieben, wenn sie sich ohne uns gesellig vergnügen, auf uns zurückstrahlt« (326 f.).

Manchmal überschneiden sich diese Ebenen, wenn eine persönliche Erfahrung zum Ausgangspunkt einer allgemeinen Betrachtung wird: »Daß nichts so eintrifft, wie es angesetzt war und man es erwartet, dieser banale Ausdruck für die Verwicklung des Lebens, kommt hier in jedem Einzelfall so unverbrüchlich und so intensiv zu seinem Recht, daß der russische Fatalismus sehr schnell begreiflich wird. Wenn langsam sich im Kollektivum zivilisatorische Berechnung durchsetzt, so wird dies vorderhand die Einzelexistenz nur verwikkelter machen« (312 f.).

Die Motive, die im Moskauer Tagebuch auftauchen, finden sich häufig auch in anderen Texten Benjamins (Gefahr und Geborgenheit, Wahrnehmung der Kunst, Sprache als Ausdruck und Mitteilung etc.). Einige der Motive werden viel später, Ende der 30er Jahre, in Benjamins Schriften ausführlich behandelt. So wird in den Baudelaire-Studien neben dem schon erwähnten Motiv des Hasards auch das Problem der postumen Wirkung besprochen (»Im Grunde [...] kann man materialistisch nicht ein Dichterleben schildern sondern nur seine historische Nachwirkung«, 321; vgl. I, 639).

Um den Grad der Spontaneität und das Einbezogensein der Realitätswahrnehmung in Benjamins Tagebuch einzuschätzen, wäre seine diskursive Struktur mit der von zwei andersartigen Texten zu vergleichen, die ebenfalls Benjamins Moskauer Erfahrung darstellen. Auf den ersten Blick sind diese Texte ihrem Umfang und Genre nach völlig unvergleichbar. Gemeint sind der Essay Moskau (1927, IV, 316–348) und die Besprechung des Bildbandes *Moskau* von Alexys A. Sidorow (1928, III, 142 f.).

Der Essay Moskau ist unmittelbar aus dem Tagebuch hervorgegangen; etwas übertrieben könnte man den Text als eine Montage aus den Tagebucheintragungen bezeichnen. Zwar wurde er gleich nach der Reise geschrieben, aber die Ansicht der Stadt ist in diesem Text schon wesentlich distanziert und entfremdet. Während im Tagebuch – der Spontaneität und Einbezogenheit wegen – und in Berichten – der Faktizität wegen – einzelne Stimmen hörbar sind, ist dies im Essay nicht der Fall; Benjamin gibt ein stummes Bild der Stadt, was durch ihre winterliche Stille wenigstens äußerlich gerechtfertigt wird: »Das winterliche Moskau ist eine stille Stadt. Leise spielt das ungeheuere Getriebe der Straßen ab. Das macht der Schnee« (IV, 319).

Aber es liegt natürlich nicht am Schnee oder an der geringen Anzahl der Autos auf den Moskauer Straßen, es liegt vielmehr am Standpunkt des Betrachters. Moskau erscheint bei Benjamin wie eine Folge von Fotoaufnahmen, und der ganze Text wirkt wie das Durchblättern eines Fotoalbums nach der Reise. Es fehlen aber die Gesichter der Bekannten in diesem Album, fast alle Bilder sind unpersönlich, die Namen sind fast völlig verwischt, und Martin Buber, der die Distanziertheit des Essays vermutlich als zu kraß für einen »Reisebericht« empfand, hat Benjamin aufgefordert, die Entfremdung durch das Einfügen von Figuren und Erlebnissen zu mildern. Benjamin aber hat diese Aufforderung entschieden abgelehnt: »Ihren Wunsch nach einem Bericht über ›persönliche Relationen‹, die das Geschriebene abrunden, kann ich gut verstehen; aber in diesem Falle sind das Dinge, die ich, zumindest jetzt noch, nicht aus den Bindungen, die sie in meinem ›Tagebuche‹ haben, loslösen, denen ich noch keine Form, in der sie kommunizierbar wären, geben kann« (3, 242).

Manche von diesen »Dinge[n]« wurden auch späterhin aus den Bindungen des Tagebuchs nicht »losgelös[t]«, die meisten – wenn überhaupt – auf jeden Fall nur in einer indirekten Weise »kommunizierbar«. Und so blieb die Darstellung in Benjamins Moskau ein geräuschloser Segelflug über dem Abgrund – über dem »ungeheueren Kratereinsturz« (II, 240) der russischen sozialen Kataklysmen, deren Zukunft für Benjamin immer noch offen, in ständigem Werden begriffen war.

Ein Jahr später gab Sidorows wirkliches Fotoalbum *Moskau* Benjamin noch einmal Anlaß, die Stadt und ihre Einwohner zu betrachten – aus einem größeren Zeitabstand. Dieser Text wurde bis heute kaum beachtet, obwohl er schon seit dreißig Jahren im dritten Band der *Gesammelten Schriften* zu lesen ist. Einerseits ist die Notiz ganz kurz – kaum mehr als eine Druckseite, andererseits gehört sie formell zu den Rezensionen, einem angeblich minderwertigen Genre (obwohl alle Genreeinteilungen bei Benjamin ohnehin relativ sind). Tatsächlich aber handelt es sich um gar keine Rezension, denn der Bildband hat Benjamin nur eine Anregung – oder einen Vorwand? – geboten, diese Zeilen zu schreiben. Der Text ist eine Zusammenfassung von Benjamins Moskauer Erlebnissen, konzentriert und destilliert. Diese Quintessenz wird in nur zwei Atemzügen ausgesprochen, denn sie besteht lediglich aus *zwei Sätzen*: der erste, der drei Viertel des Textes ausmacht, ist eine Aufzählung Moskauer *Orte*, der zweite aber ist den Moskauer *Menschen* gewidmet. Damit wird genau das erreicht, was Benjamin auch früher angestrebt hat: das Physiognomische in Rußland-Erfahrung darzustellen. Mehrmals werden im Text metaphorisch *Gesichtszüge* Rußlands erwähnt: »die Erlöserkirche, nichtssagend wie ein Zaren*gesicht*« (Herv. d. Verf., III, 142); »die Kremlmauer [...] mit den anbetungswürdigen Zinnen, die in sich wie ein russisches Frauen*antlitz* Süßigkeit und Roheit vermählen«; »die *Profile* des Kreml«; »die Moskwa, vor deren Ufern die Stadt freundlicher *blickt* wie ein Bauernmädchen, das *an den Spiegel* herantritt« (Herv. d. Verf., 143 – eine wahre Anhäufung für einen so kurzen Text).

Diese Tendenz kulminiert in der Schlußformel, die die Stadt und die Menschen darstellt: »Und in all diesen Bildern, klein und verschwimmend, oder plastisch und groß die Menschen, die diese Stadt schufen und schändeten, verrieten und förderten, liebten und lästerten, die dichte oder lichte Masse, die sie bezwang oder von ihr bezwungen wurde, die in Parks und auf Plätzen singt und friert, hungert und heult, jubelt und turnt, und aus welcher sich diese Männer zusammengefunden haben, die ihrer Heimat den scharfen, tiefen Blick in ihr Antlitz taten, aus dem dies durch und durch erfreuliche Buch entstand« (143).

Somit stehen uns drei Hauptdokumente zu Benjamins Moskauer Erfahrung zur Verfügung, drei Darstellungen: das Tagebuch selbst, der Essay Moskau und die Rezension des Fotoalbums *Moskau*, die nicht nur chronologisch klar geordnet sind (unmittelbare Fixierung der Erlebnisse – erste distanzierte Zusammenfassung – abschließendes Resümee), sondern auch gleichsam drei Stufen der Distanzierung repräsentieren. Mit jeder Stufe wird die Einbezogenheit Benjamins schwächer, das Verständnis der Realität zugleich tiefer und allgemeiner, die *Nähe* der Darstellung verschwindet zuletzt fast völlig. Konsequenterweise schrumpft der Textumfang fortschreitend, bis auf eine rhythmisierte formelhafte Miniatur. Die Stimmen und Gesichter, die unmittelbare Körperlichkeit (s. oben zu Gerhard Richter), auch des Schreibenden selbst, verschwinden und werden durch die *Massenerscheinung* ersetzt, wie in den Massenszenen des Stummfilms. Moskau wird aus der unmittelbaren Umgebung, aus der empfundenen Realität entrückt und bezieht seinen Platz unter den *Erscheinungen*, die man betrachten und deuten kann, irgendwo dort, wo auch Baudelaires Leidenschaften und das Paris seiner Zeit (die Hauptstadt des 19. Jahrhunderts), das deutsche barocke Trauerspiel oder Kafkas Amerika liegen.

Eine Stadt lesen und schreiben: Neapel, Moskau und weiter

Benjamins Moskauer Erfahrung beginnt nicht nur auf Capri, sondern auch in Neapel. In dieser Stadt (die er mehrmals zuvor besucht hat) versuchte Benjamin – mit Lacis – zum ersten Mal die wirkliche Existenz einer Stadt zu erleben und dieses Erlebnis zum Ausdruck zu bringen. Unabhängig von der Frage, ob Lacis den Text NEAPEL wirklich mitgeschrieben hat, ist signifikant, daß Benjamin sie als Mitautorin des Essays mit angegeben hat. Die Anwesenheit von Lacis in Moskau und Benjamins leidenschaftliche Beziehung zu ihr waren Zeichen für die Kontinuität der neuen Erfahrung. Neapel taucht in Benjamins Moskauer Aufzeichnungen immer wieder auf (vgl. VI, 313; 354; 398), und das obwohl der Moskauer Winter kaum an die südliche Hitze und die strahlende Sonne erinnern konnte: »Alles<:> Schuhcreme, Bilderbücher, Schreibzeug, Kuchen und Brote, selbst Handtücher werden auf offener Straße verkauft, als herrsche nicht Moskauer Winter mit 25° Grad Frost sondern ein neapolitanischer Sommer« (VI, 319).

Diese Präsenz von Neapel im MOSKAUER TAGEBUCH ist weder zufällig noch durch manche äußerliche Anzeichen (ein reger Straßenhandel etc.) erklärbar. Beide Städte bedeuteten für Benjamin eine andere Welt, die man begreifen (richtig begreifen, unabhängig von fremden Darstellungen, die falsch sein können: »Phantastische Reiseberichte haben die Stadt betuscht«, IV, 309) oder – falls man eine Stadt als einen Text auffaßt – lesen, aber dann auch schreiben mußte: »to write the city, to give it form – this is the key to understanding Benjamin's textual practices and innovations« (Gilloch 1996, 181).

Beide Städte, Neapel wie Moskau, fallen durch ihre ›Barbarei‹, durch ihr unzivilisiertes Leben auf: Die Beschreibung von Neapel beginnt mit der Erwähnung der »aus dem Herzen der Großstadt selbst erwachsenen Barbarei« (IV, 307); der noch unzivilisierte Zustand von Moskau (»Prärie der Architektur«), der wilde Charakter seiner Straßen (VI, 332) ist der leicht vernehmbare Tenor des MOSKAUER TAGEBUCHS. In beiden Städten gibt es keine starre Ordnung, keine festen Strukturen, alles ist fließend, alles im Werden und Wandel begriffen: »Man meidet das Definitive, Geprägte. Keine Situation erscheint so, wie sie ist, für immer gemacht« (IV, 309). – »Daß nichts so eintrifft, wie es angesetzt war und man es erwartet, dieser banale Ausdruck für die Verwicklung des Lebens, kommt hier [...] so intensiv zu seinem Recht, daß der russische Fatalismus sehr schnell begreiflich wird« (VI, 312). – »[...] sonst steht alles hier im Zeichen der Remonte. In den kahlen Zimmern werden allwöchentlich die Möbel umgestellt [...]. Die Ämter, Museen und Institute ändern fortwährend ihren Ort und auch die Straßenhändler, die anderswo ihre bestimmten Plätze haben, tauchen alltäglich anderswo auf« (VI, 319). Beide Städte sind »Schauplatz neuer unvorhergesehener Konstellationen« (IV, 309), und »[d]ie ganze Kombinatorik der westeuropäischen Existenz einer Intelligenz ist überaus ärmlich im Vergleich mit den zahllosen Konstellationen, die hier im Laufe eines Monats an den Einzelnen herantreten« (VI, 358). Sowohl in Neapel als auch in Moskau ist das Leben von »Hasard« und »Rausch« durchdrungen (IV, 312 f.; VI, 313; 358). Mehr noch: Beide Städte sind in Wirklichkeit überhaupt keine Städte. Die Architektur in Neapel ist »[z]ivilisiert, privat und rangiert nur in den großen Hotel- und Speicherbauten des Kais – anarchisch, verschlungen, dörflerisch im Zentrum« (IV, 309). »Moskau sieht freilich überall nicht recht wie die Stadt selbst aus sondern [...] wie ihr Weichbild« (VI, 352). »Mit diesen Straßen ist eins sonderbar: das russische Dorf spielt in ihnen Versteck« (ebd.). »Die Trottoirs geben Moskau etwas Landstädtisches oder vielmehr den Charakter einer improvisierten Großstadt« (313).

Die »dörflerisch[e]« Natur von Neapel und Moskau hat wichtige soziale Konsequenzen: Die Existenz in beiden Städten ist von den Verhältnissen einer traditionellen Gesellschaft weitgehend bestimmt, in der das Individuelle, das Private keine festen Grenzen hat: »jede private Haltung und Verrichtung wird durchflutet von Strömen des Gemeinschaftslebens. Existieren, für den Nordeuropäer die privateste Angelegenheit, ist hier [in Neapel] wie im Hottentottenkral Kollektivsache« (IV, 314). Die Dominanz des Kollektiven in Moskau ist in erster Linie von der Parteipolitik bestimmt, deswegen hat man hier keinen privaten Wohnraum: »In diesen Räumen, welche aussehen wie ein Lazarett nach der letzten Musterung, halten die Menschen das Leben aus, weil sie durch ihre Lebensweise ihnen entfremdet sind. Ihr Aufenthalt ist das Büro, der Klub, die Straße« (VI, 308). Daher auch der Verlust der »privaten Unabhängigkeit« bei Reich und anderen Parteigebundenen (358 f.). Allerdings ist dabei auch das traditionelle Element des russischen Lebens mit im Spiel: die allgemeine »Rechtsunsicherheit« (355), die herkömmlichen Verhaltensmuster, die Benjamin im Alltag ständig erleben konnte (halb illegaler Straßenhandel, Bettler, provinzielle Ladenschilder), deuten auch auf eine kollektive Existenz, und die persönliche Meinungsäußerung erfolgt in einer kollektiven Form: »›[h]ier wird gesagt, das sei so und so‹«, »›man hat sich meistens in dem und dem Sinne ausgesprochen‹« (316). Das Leben in Moskau ist von konservativen und restaurativen Zügen durchsetzt. Benjamin ist nach Moskau gekommen, um die revolutionäre Erneuerung zu sehen, hat aber unter der offiziellen Oberfläche das undurchdringliche Elementare einer Selbstorganisation (wie bei der ›Korporation der Bettler‹), das »Kreatürliche« (3, 232), für einen Fremden Verschlossene entdeckt, wie auch im »anarchistisch[en]« Neapel (IV, 309). Die Abgründigkeit dieser undurchdringlichen elementaren Existenz faszinierte Benjamin, sie war ihm jedoch völlig fremd: »Der Schnee lag hoch und entstand plötzlich eine Stille, so konnte man glauben, tief drinnen in Rußland in einem überwinternden Dorfe zu sein« (VI, 332).

Die Gegenwart dieser elementaren Kraft bedeutete, daß die Revolution in Rußland in Wirklichkeit noch nicht gesiegt hatte, sie konnte auch scheitern, und vieles hing davon ab, ob die Modernisierung der Gesellschaft Erfolg hatte, ob sich die »zivilisatorische Berechnung durchsetzt« (313). Die Auseinandersetzung mit der Realität von Neapel und Moskau war für Benjamin ein bedeutendes Experiment im Laufe seiner literarischen und methodologischen Entwicklung: »both the traditional city of Naples and the fusion of modernity and primitivism detected in Moscow differ significantly from the experiences of the modern cities of Berlin and Paris [...]. It was only through the analysis of these other urban experiences that Benjamin was able to understand his own« (Caygill 1998, 128). Die äußeren Umstände: Benjamins Sprachlosigkeit in Moskau, in diesem »stumm in sich verbissene[n], streitende[n] Leben« (306), schärften seinen Blick für die Stadtexistenz, seine Fähigkeit, an kleinen Einzelheiten des Alltags den abgründigen Sinn zu erkennen. Ihm wurde auch die Bedeutung klar, die »der sichernde Blick« (I, 650), das »Übergewicht der Aktivität des Auges über die des Gehörs«, für den Großstadtmenschen hat (649 f.). Beides wurde für ihn bei seiner späteren Arbeit an den Berliner Erinnerungen und am Pariser Leben des 19. Jh.s wesentlich.

Moskauer Erträge

Im Moskauer Tagebuch findet man wesentliche Reflexionen (in Gesprächen mit den anderen oder in stummen Selbstgesprächen), die Benjamins Situation in der Krisenzeit der zweiten Hälfte der 20er Jahre treffend kennzeichnen. Ein »langes Gespräch« (VI, 330) mit Reich über die literarische Tätigkeit Benjamins führte zu einem wichtigen Ergebnis: »Die kritische Situation meiner eigenen Autorschaft aber gab ich zu« (331). In der Mitte seines Aufenthalts in Moskau, am 8.-9. Januar, fixiert er im Tagebuch einen Versuch, die Frage nach dem eventuellen Eintritt in die kommunistische Partei zu beantworten (358 f.): Benjamin wird »immer mehr klar«, daß er »ein festes Gerüst« für seine Arbeit braucht. Er meint, er habe dabei »ausschließlich äußerliche Bedenken«, was aber kaum ernst zu nehmen wäre: Man gewinne zwar eine »feste Position«, müsse aber dafür die private Unabhängigkeit preisgeben, oder an die Seite der »unterdrückten Klasse sich schlagen mit allen Konsequenzen, die das früher oder später haben kann«. Benjamin läßt das schwierige Dilemma unentschieden, indem er es als eine Zeitfrage ausgibt: »Solange ich reise, ist der Eintritt in die Partei freilich kaum zu erwägen.«

Auch die Beziehung zu Lacis blieb unentschieden, und auch in diesem Fall täuschte Benjamin seine Reisen als Grund vor: »Mein Wille zu reisen war aber doch eben stärker als der Trieb zu ihr gewesen [...]. Das Leben in Rußland ist mir zu schwer innerhalb der Partei und außerhalb ihrer viel chancenloser aber kaum weniger schwer. [...] Und in Europa mit ihr zu leben, das könnte, wenn sie dafür zu gewinnen wäre, eines Tages mir das Wichtigste, Nächstliegende werden« (394). Aber als Lacis wirklich »eines Tages« (Ende 1928) nach Europa kam, konnte Benjamin seine Beziehungen zu Lacis wieder nicht klären (zu Lacis Aufenthalt in Deutschland 1928–1930 und Benjamins Ehescheidung 1930 vgl. Puttnies/Smith 1991, 144–166). Tatsächlich blieb Benjamins Stellung immer unentschieden, und vor seiner Abreise aus Moskau sagte er Lacis: »Als ich herkam, habe ich Dir in den ersten Tagen gesagt, jetzt würde ich Dich sofort heiraten. Ich weiß aber doch nicht, ob ich es tun würde. Ich glaube, ich würde es nicht aushalten« (VI, 393 f.).

Auch im praktischen Bereich war der Moskauer Aufenthalt eher eine Niederlage für Benjamin: Er konnte keine literarischen Kontakte knüpfen, und sein Artikel Goethe wurde von der Enzyklopädieredaktion abgelehnt. Schließlich erschien 1929 in Band 16 der *Großen Sowjetenzyklopädie* ein kompilativer Aufsatz, gezeichnet von sechs (!) Autoren; der Name Benjamin war zwar in der Liste der erste, aber nur wenige Passagen des umfangreichen Textes (der 30 Spalten umfaßte) sind aus seiner Fassung übernommen (zum Verhältnis der Benjaminschen und der veröffentlichten Fassung des Enzyklopädieaufsatzes vgl. II, 1472–1475). Beide Festungen, sowohl Moskau als auch Lacis, blieben für Benjamin uneingenommen, was aber nicht verwunderlich ist: Eskapisten sind äußerst selten erfolgreiche Eroberer.

Mehr noch: Lange vor der Reise nach Moskau, schon auf Capri, sah Benjamin klar genug, warum seine ›russische Geschichte‹ keine endgültige Wahl sein konnte. In dem schon erwähnten Brief an Scholem schrieb er am 7.7.1924: »Hierselbst ist allerlei vorgegangen, [...] nicht zum besten meiner bedrohlich unterbrochnen Arbeit, *nicht zum besten vielleicht auch einer für jede Arbeit so unerläßlichen bürgerlichen Lebensrhythmik*, unbedingt zum Besten einer vitalen Befreiung und einer intensiven Einsicht in die Aktualität eines radikalen Kommunismus« (Herv. d. Verf., 2, 473).

Sowohl die Reise nach Moskau als auch die Parteipläne hat er von Anfang an als Experiment betrachtet, also als nicht irreversibel (keine ›Einbahnstraße‹). Dennoch war der Feldzug nach Moskau keine simple Niederlage. Benjamin wäre nicht Benjamin, wenn er aus seiner offensichtlichen Niederlage keinen Gewinn geschlagen hätte: Er kam zurück mit einer »neue[n] Optik«, mit der er westeuropäische Städte neu entdekken konnte. »Mag man auch Rußland noch so wenig kennen lernen – was man lernt, ist Europa mit dem bewußten Wissen von dem, was sich in Rußland abspielt, zu beobachten und zu beurteilen« (VI, 399). Benjamin mußte auf Hasard und Rausch im praktischen, politischen Bereich verzichten, um die ihm so teure »bürgerliche Lebensrhythmik« zu erhalten – hat aber dieselben Möglichkeiten im ästhetischen Bereich entdeckt. In seinem Essay Der Sürrealismus (zu Benjamin und Surrealismus vgl. Cohen 1993) wird man vieles von den Moskauer Erfahrungen wiedererkennen. Da spricht Benjamin davon, daß »eine rauschhafte Komponente in jedem revolutionären Akt lebendig ist« (II, 307), daß eine »Lockerung des Ich durch den Rausch« erfolgt, was zugleich eine »fruchtbare, lebendige Erfahrung« ist (297). »Auch das Kollektivum ist leibhaft« (310) – diese Moskauer Lehre hat er nicht vergessen, ebenso wie auch die in Moskau aktuelle Frage: »Aber gelingt es ihnen, diese Erfahrung von Freiheit mit der anderen revolutionären Erfahrung zu verschweißen, die wir doch anerkennen müssen, weil wir sie hatten: mit dem Konstruktiven, Diktatorischen der Revolution?« (307) Endlich ist auch die »dialektische[] Optik« da, »die das Alltägliche als undurchdringlich, das Undurchdringliche als alltäglich erkennt« (ebd.). So wird für Benjamin durch die ästhetische Sublimierung der russischen Erträge nicht Moskau, sondern Paris zur »Hauptstadt der sowjetischen Avantgarde« (Gough 2002). Aber nicht nur das: Moskau gab Benjamin eine neue Optik für Berlin und Paris (nachdem er in Moskau ein verstecktes Dorf entdeckt hatte, war Benjamin auch Aragons »Pariser Bauer« nicht fremd), Europa aber gab ihm im Gegenzug eine neue Optik für Rußland. Erst in Paris entdeckte Benjamin (vgl. seinen Vortrag Der Autor als Produzent, 1934) – nach seiner Bekanntschaft mit Brecht und mit den Surrealisten – die Bedeutung der »Ästhetik der Operativität« von Sergej Tretjakow (vgl. Gough 2002; Mierau 1976), den er in Moskau noch kaum beachtet hatte. Die Tragweite des Moskauer Experiments in Benjamins Leben und Werk ist kaum zu überschätzen.

Werk

Moskauer Tagebuch (VI, 292–409)
Moskauer Tagebuch, aus der Handschrift hg. u. mit Anm. v. Gary Smith, mit einem Vorwort v. Gershom Scholem, Frankfurt a.M. 1980.
Moskovskij dnevnik, Moskau 1997.
Moskau (IV, 316–348)
Der Autor als Produzent (II, 683–701)
Disputation bei Meyerhold (IV, 481–483)
Drei Bücher (III, 107–113)
Erwiderung an Oscar A.H. Schmitz (II, 751–755)
Frankreich und Russland (VI, 723 f.)
Goethe (II, 705–739)
Granowski erzählt (IV, 518–522)
Iwan Bunin (III, 426–427)
Neapel (IV, 307–316)
Neue Dichtung in Russland (II, 755–762)
Piscator und Russland (IV, 543–545)
Die politische Gruppierung der russischen Schriftsteller (II, 743–747)
Rez. zu Alexys A. Sidorow, Moskau (III, 142 f.)
Rez. zu Fjodor Gladkow, Zement (III, 61–63)
Rez. zu Iwan Schmeljow, Der Kellner (III, 63–64)
Rez. zu Marc Aldanov, Eine unsentimentale Reise (III, 386–388)
Rez. zu Michael Sostschenko, So lacht Rußland! (III, 105)
Rez. zu Ssofja Fedortschenko, Der Russe redet (III, 49)
Rez. zu W.I. Lenin, Briefe an Maxim Gorki 1908–1913 (III, 51–53)
Russische Debatte auf deutsch (IV, 591–595)
Russische Romane (III, 159–162)
Russische Spielsachen (IV, 623–625)
Verein der Freunde des neuen Russland – in Frankreich (IV, 486–487)
Wie ein russischer Theatererfolg aussieht (IV, 561–563)
Zur Lage der russischen Filmkunst (II, 747–751)

Literatur

Arendt, Hannah (1971): Walter Benjamin. Bertolt Brecht, München.
Boym, Svetlana (1991): »The obscenity of theory: Roland Barthes‹ ›Soirées de Paris‹ and Walter Benjamin's ›Moscow Diary‹«, in: The Yale Journal of Criticism 4.2., 105–128.

Braese, Stephan (1995): »Deutsche Blicke auf ›Sowjet-Rußland‹: Die Moskau-Berichte Arthur Holitschers und Walter Benjamins«, in: Tel Aviver Jb. für dt. Geschichte 24, 117–147.
Brodersen, Momme (1990): Spinne im eigenen Netz. Walter Benjamin: Leben und Werk, Bühl-Moos.
Buck-Morss, Susan (1989): The dialectics of seeing. Walter Benjamin and the Arcades project, Cambridge/London.
Caygill, Howard (1998): Walter Benjamin. The colour of experience, London/New York.
Cohen, Margaret (1993): Profane illumination. Walter Benjamin and the Paris of surrealist revolution, Berkeley/Los Angeles/London.
Derrida, Jacques (1995): Moscou aller-retour, La Tour d'Aigues. Paris.
Gilloch, Graeme (1996): Myth and metropolis. Walter Benjamin and the city, Cambridge.
Gnedin, Evgenij Aleksandrovi&(1994): Vyhod iz labirinta, Moskau.
Gough, Maria (2002): »Paris, capital of the Soviet avantgarde«, in: October 101, 53–84.
Ingram, Susan (2002): »The writing of Asia Lacis«, in: New German Critique 86, 159–177.
Kaulen, Heinrich (1995): »Walter Benjamin und Asja Lacis. Eine biographische Konstellation und ihre Folgen«, in: Deutsche Vierteljahrsschrift für Literaturwissenschaft und Geistesgeschichte 69, H. 1, 92–122.
Kisch, Egon Erwin (1927): Zaren. Popen. Bolschewiken, Berlin.
Klimaszewski, Bolesław u.a. (1992): Mały słownik pisarzy polskich na obczy&e, 1939–1980, Warschau.
Lacis, Asja [Anna] (1976): Revolutionär im Beruf. Berichte über proletarisches Theater, über Meyerhold, Brecht, Benjamin und Piscator, 2. Aufl., München.
Lacis, Asja [Anna] (1984): Krasnaja gvozdika. Vospominanija, Riga.
Lindner, Burkhardt (1992): »Benjamins Aurakonzeption: Anthropologie und Technik, Bild und Text«, in: Uwe Steiner (Hg.): Walter Benjamin 1892–1940. Zum 100. Geburtstag, Bern u.a., 217–248.
Mierau, Fritz (1976): Erfindung und Korrektur: Tretjakows Ästhetik der Operativität, Berlin.
Puttnies, Hans/Gary Smith (1991): Benjaminiana. Giessen.
Rajh, Berngard [Reich, Bernhard] (1960): Breht. Moskau.
Rajh, Berngard [Reich, Bernhard] (1972): Vena – Berlin – Moskva, Berlin/Moskau.
Reich, Berhard (1970): Im Wettlauf mit der Zeit. Erinnerungen aus fünf Jahrzehnten deutscher Theatergeschichte, Berlin.
Reijen, Willem van/Hermann van Doorn (2001): Aufenthalte und Passagen. Leben und Werk Walter Benjamins, Frankfurt a.M.
Richter, Gerhard (2000): Walter Benjamin and the corpus of autobiography, Detroit.
Roth, Joseph (1990): »Reise in Rußland« [1927], in: Werke, Bd. 2, Köln.
Scholem, Gershom (1975): Walter Benjamin – die Geschichte einer Freundschaft, Frankfurt a.M.
Scholem, Gershom (1980): »Vorwort«, in: Walter Benjamin: Moskauer Tagebuch, Frankfurt a.M., 9–15.
Shields, Rob (1996): »A guide to urban representation and what to do about it: Alternative traditions of urban theory«, in: Anthony D. King (Hg.): Representing the city, Houndmills/London, 227–252.
Smith, Gary (1986): »Afterword«, in: Walter Benjamin: Moscow Diary, Cambridge/London, 137–146.
Smith, Gary (1994): »A genealogy of ›aura‹: Walter Benjmin's idea of beauty«, in: Carol C. Gould/Rober S. Cohen (Hg.): Artifacts, representations and social practice, Boston/London, 105–119.
Stoessel, Marleen (1983): Aura. Des vergessene Menschliche. Zur Sprache und Erfahrung bei Walter Benjamin, München/Wien.
Thiekötter, Angelika (1990): »Ausgraben und Erinnern«, in: Bucklicht Männlein und Engel der Geschichte: Walter Benjamin Theoretiker der Moderne. Eine Ausstellung des Werkbund-Archivs im Martin-Gropius-Bau 28. Dezember 1990 bis 28. April 1991, Berlin/Gießen, 30–38.
Vialon, Martin (1993): »Zur Geschichte einer Freundschaft. Warum Walter Benjamins Moskauer Pläne scheiterten. Ein Epilog zum 100. Geburtstag von Asja Lacis und Walter Benjamin«, in: Zeitschrift für Germanistik, N.F., Bd. 2, 391–402.
Wohlfarth, Irwing (1986): »›Immer radikal, niemals konsequent...‹ Zur theologisch-politischen Standortbestimmung Walter Benjamins«, in: Norbert W. Bolz/Richard Faber (Hg.): Antike und Moderne: zu Walter Benjamins »Passagen«, Würzburg, 116–138.

»Einbahnstraße«

Von Gérard Raulet

Entstehungsgeschichte

Benjamins dünnes Bändchen (83 Seiten in der 1928 im Ernst-Rowohlt-Verlag erschienenen Erstausgabe) erhielt zwischen 1924 und 1926 allmählich seine Form. Es wurde zum ersten Mal in einem Brief vom 22.12.1924 erwähnt, in dem Benjamin Gerhard Scholem seine Absicht mitteilte, »Aphorismen, Scherze, Träume« in einer »Plakette für Freunde« zu versammeln (2, 510). Eine »Plaquette« ist, wie Benjamin präzisiert, »in Frankreich ein schmales broschiertes Sonderheftchen mit Gedichten oder ähnlichem – ein terminus technicus des Buchhandels«. Gleichsam von Geburt an haftet somit diesem Publikationsvorhaben ein ungewöhnlicher Charakter an. Das Genre der Plaquette eigensinnig ausnutzend, steht es quer zu allen etablierten Gattungen. Benjamin hatte ursprünglich erwogen, sein Heftchen als Privatdruck zu veröffentlichen, aber Kracauer erinnert in seiner Rezension am 15.7.1928 daran, daß mehrere Texte aus EINBAHNSTRASSE im Feuilleton der *Frankfurter Zeitung* abgedruckt wurden (Kracauer 1971, 122). Indem Benjamin die Teile, aus welchen EINBAHNSTRASSE sich allmählich zusammensetzte, in Zeitungen publizierte, inaugurierte er eine Schreibpraxis, die bewußt die Scheidelinie zwischen Privatem und Öffentlichem überschritt, als wollte er davon Zeugnis ablegen, daß das Schreiben sich neuen Schaffensbedingungen stellen muß. Schon im Juli 1925 veröffentlichte das *Berliner Tageblatt* die DREIZEHN THESEN WIDER SNOBISTEN – eine wichtige Stellungnahme eben zu den neuen Bedingungen dichterischen oder schriftstellerischen Schaffens. »Gedichte oder ähnliches«, »Aphorismen, Scherze, Träume«, schließlich Feuilleton – EINBAHNSTRASSE gehört allen diesen Gattungen an und subvertiert sie alle. Das Geheimnis der »kleinen Form«, die Benjamin begründete, oder begründen half, muß deshalb im Mittelpunkt der Analyse stehen.

Darüber darf freilich die politische Brisanz des Unternehmens nicht vergessen werden. Zu den Keimzellen von EINBAHNSTRASSE gehört die »Reise durch die deutsche Inflation«, die unter dem Titel KAISERPANORAMA in das Buch aufging. Schon im September 1924, zu Scholems Abreise nach Palästina, hatte ihm Benjamin ein unbetiteltes Skriptum geschenkt, das eine »beschreibende Analysis des deutschen Verfalls« enthielt (2, 483).

Im August oder September 1925 gelang es Benjamin, mit dem Rowohlt-Verlag einen Vertrag zu schließen, der den ursprünglichen Privatdruck zum integrierenden Bestandteil eines Gesamtkonzepts machte. Rowohlt versprach nicht nur die Publikation der noch so betitelten »Plaquette für Freunde« (wobei »noch nicht feststeht, ob [sie] seinen geplanten Titel wird wahrmachen können«, 3, 85), sondern auch die von URSPRUNG DES DEUTSCHEN TRAUERSPIELS und von GOETHES WAHLVERWANDTSCHAFTEN. Benjamins Barock-Buch wartete ja auf seine Publikation, seitdem es 1925 von Hans Cornelius als Habilitationsschrift zurückgewiesen worden war. URSPRUNG DES DEUTSCHEN TRAUERSPIELS und EINBAHNSTRASSE erschienen nicht nur gleichzeitig im Januar 1928, sondern Benjamin betonte in verschiedenen brieflichen Äußerungen den engen Zusammenhang, den er zwischen diesen kaum vergleichbaren Produktionen, und darüber hinaus auch mit seinem Projekt der PARISER PASSAGEN sah. Letzteres bezeichnete er als einen Abschluß des »Produktionskreises Einbahnstraße«, bei dem »die profanen Motive der ›Einbahnstraße‹ [...] in einer höllischen Steigerung vorbeidefilieren [werden]« (3, 322 f.). Im Hinblick auf EINBAHNSTRASSE heißt es in einem weiteren Brief an Scholem, daß sich darin »meine ältere und eine jüngere Physiognomie von mir« findet (133).

Daß das Schreibexperiment der EINBAHNSTRASSE ein entscheidendes Moment in Benjamins Entwicklung gewesen ist, wird dadurch bestätigt, daß Benjamin der in EINBAHNSTRASSE inaugurierten »kleinen Form« nachhaltig anhängen wird. Ein Brief vom Oktober 1928 erwähnt »Nachträge zur Einbahnstraße« (421). Und nicht von ungefähr hat er, als er nach seiner Emigration am 15.11.1933 in der *Frankfurter Zeitung* sieben kleinere Prosastücke unter dem Pseudonym Detlev Holz veröffentlichen konnte, sie »Denkbilder« genannt. In seinem Nachlaß findet sich eine Nachtragsliste zur EINBAHNSTRASSE, in der sämtliche Texte aufgelistet sind, die der Gattung der Denkbilder zuzurechnen sind. Darauf fußt die Ausgabe der *Kleinen Prosa* (Bd. IV der *Gesammelten Schriften*). Vor allem aber: die »Nachtragsliste zur Einbahnstraße« im Nachlaß enthält DER DESTRUKTIVE CHARAKTER.

Rezeptionsgeschichte

Schon die frühen Rezensionen haben für die spätere Rezeptionsgeschichte die Weichen gestellt. Siegfried Kracauer ist wohl der erste gewesen, der, zu einem Zeitpunkt, da er in seiner Untersuchung *Die Angestellten* sich sehr ähnliche Fragen stellte, an der Wirksamkeit solcher Schreibexperimente gezweifelt hat. Der Sprengstoff der EINBAHNSTRASSE habe, so kann man sein Urteil zusammenfassen, eine schon unübersichtliche Welt in Partikel gesprengt, die noch unübersichtlicher seien. Ernst Bloch schloß sich dieser Kritik an (Bloch 1962). Trotz der phänomenologischen Inspiration seiner Kritik antizipiert Kracauer die Vorwürfe, die Adorno in einem Brief über das Passagen-Projekt äußern wird.

»Die im Barockbuch verwandte Methode der Dissoziierung unmittelbar erfahrener Einheiten muß, auf das Heute angewandt, einen wenn nicht revolutionären, so doch sprengenden Sinn erlangen. In der Tat ist die Sammlung reich an Detonationen. Hinter dem Schutthaufen kommen weniger reine Wesenheiten als vielmehr kleine materielle Partikel zum Vorschein, die auf Wesenheiten weisen« (Kracauer 1971, 123).

Das 1988 erschienene Buch von Josef Fürnkäs *Surrealismus als Erkenntnis* ist die erste Untersuchung gewesen, die der seit ihrem Erscheinen vernachlässigten EINBAHNSTRASSE Recht widerfahren ließ, indem es sie mit Benjamins kritischer Rezeption des Surrealismus und der Entstehung des Passagen-Projekts in Verbindung brachte. Das Verdienst von Fürnkäs' Studie besteht vor allem darin, auf die in diesem Zusammenhang entwickelte Problematik des Erwachens, die für die Konzeption des Passagenwerks konstitutiv ist, den Blick zu richten, so daß sich das Denkbild als Keimzelle des im Spätwerk zentralen »dialektischen Bildes« erweist. Damit hängt die politische Brisanz von Benjamins Unternehmen aufs engste zusammen, wie sehr auch Fürnkäs, nach Heinz Schlaffer, das Experiment EINBAHNSTRASSE als »historisch verunglückte Form« (Schlaffer 1973, 153), als »›Weimarer Einbahnstraße‹«, bewertet hat (Fürnkäs 1988, 9).

Zahlreiche Interpretationen haben darauf hingewiesen, daß die »Berührungspunkte [von EINBAHNSTRASSE] mit der zeitgenössischen deutschen Kunst weit eher in den Techniken des Films und der Photographie zu suchen sind als in der Literatur selbst« (Köhn 1989, 195). Wie die Texte zum Surrealismus hat EINBAHNSTRASSE die Abhandlung über DAS KUNSTWERK IM ZEITALTER SEINER TECHNISCHEN REPRODUZIERBARKEIT vorbereitet. Mit ihren senkrechten Strichen weist die Aufmachung der kleinen Broschüre offensichtliche Verwandtschaften mit den typographischen Neuerungen der 20er Jahre auf, etwa mit avantgardistischen Entwürfen wie Lázló Moholy-Nagys Bauhausbuch *Malerei Fotografie Film* (1927). In dieser Hinsicht muß daran erinnert werden, daß Benjamins Bruch mit dem Surrealismus einem vorbehaltlosen Bekenntnis zur Photographie und zum Film entsprach: Was der Surrealismus versprochen hatte, sah er in der Photographie und im Film eingelöst.

Es ist nun seit ihrer Wiederentdeckung eine Neigung festzustellen, die Verwandtschaft der Kurztexte von EINBAHNSTRASSE mit der Allegorie überzustrapazieren. Diese Neigung kann sich auf die Rezensionen der Zeitgenossen berufen, insbesondere auf Kracauer, der URSPRUNG DES DEUTSCHEN TRAUERSPIELS und EINBAHNSTRASSE zusammen rezensierte. Auch für Bloch habe Benjamin die Wirklichkeit so wahrgenommen und wiedergegeben, »als wäre die Welt Schrift, als beschriebe der Gang der Dinge, indem er einen Kreis etwa beschreibt oder was sonst, als schriebe er zugleich ein Buch aus lauter Emblemen« (Bloch 1968, 17).

Wenn also Benjamins EINBAHNSTRASSE in seiner Entwicklung wirklich einen Kreuzweg darstellt, dann müssen im folgenden diese verschiedenen Ansätze näher betrachtet und entworren werden.

Umschlagbild

Der Titel EINBAHNSTRASSE beschwört die für Benjamins ganzes Werk geradezu konstitutive Großstadtproblematik herauf. Ebenso dessen Umschlagbild: eine Straßenansicht mit Schaufenstern, wandelnden oder betrachtenden Menschen, verschiedenen Ladenschildern – »Zigarren«, »Teppiche«... –, einem vor der Ladentür auf seinen Herrn wartenden Hund rechts und vier aufgedruckten großen Verkehrsschildern »Einbahnstraße«, deren Reihung sich im unteren linken Rand des Bildes verliert und der Perspektive der Straßenflucht gebieterisch widerspricht, indem sie merkwürdigerweise in eine andere Richtung, die der Einbahnstraße, weisen. Kehrt man den Band um, so steigert sich noch der Chock, den das Bild bewirkt: Ein massiver Doppeldecker der ABOG fährt mit voller mechanischer Kraft in die Einbahnstraße. Benjamin hat in »Diese Flächen sind zu vermieten« einen Kommentar zu diesem Chock-Effekt geliefert:

»Der heute wesenhafteste, der merkantile Blick ins Herz der Dinge heißt Reklame. Sie reißt den freien Spielraum der Betrachtung nieder und rückt die Dinge so gefährlich nah uns vor die Stirn, wie aus dem Kinorahmen ein Auto, riesig anwachsend, auf uns zu zittert« (IV, 131 f.).

Das Titelbild – von Sasha Stone konzipiert – hat selber einen omnibushaften massiven allegorischen Charakter. Es will als Allegorie gelesen werden. Aber wofür?

Es liegt natürlich nahe, die Großstadtproblematik auf den Plan zu rufen. Vieles spricht dafür, in EINBAHNSTRASSE ein »Werkstattbuch«, die »Baustelle von Benjamins Großstadt-Physiognomik« zu sehen (Bolle 1994, 264). Eckhardt Köhn hat nachzuweisen versucht, daß die kleine Prosaform mit der »Besonderheit einer urbanen Denkweise« einhergeht, und er läßt genealogisch die Form des kurzen Prosastücks auf Louis-Sébastien Merciers Feuilletons im *Journal des Dames*, d. h. auf die 1781 als Buch erschienenen *Tableaux de Paris* zurückgehen (Köhn 1989, 7). Er erinnert aber auch an den 1931 erschienenen Roman *Käsebier erobert den Kurfürstendamm* von Gabriele Tergit, in dem der Verleger einer großen Berliner Zeitung den Schriftsteller Lambeck fragt, ob er für sein Blatt regelmäßig schreiben wolle. Obwohl er in diesem Angebot die Chance seiner bisher recht bescheidenen Karriere erblickt, antwortet Lambeck: »Gestatten Sie, daß ich mir diesen Vorschlag noch einmal gründlich überlege, ich weiß gar nicht, ob die kleine Prosaform mir liegen wird.« Benjamins Antwort ist hingegen gleich im ersten Text der EINBAHNSTRASSE zu lesen: Nur die »prompte Sprache« von »Flugblättern, Broschüren, Zeitschriftenartikeln und Plakaten« ist »dem Augenblick wirkend gewachsen« (IV, 85).

Daß im Umschlagbild die einander widersprechenden Perspektiven sich gegenseitig neutralisieren und die Figur eines Stillstands, der die Flucht nach vorne erstarren läßt, sinnfällig suggerieren, ist nun ebensowenig zu leugnen und regt den einigermaßen versierten Benjamin-Leser an, dieses Bild als eine geschichtsphilosophische Allegorie zu interpretieren. Man kennt ja die berühmte Formel aus dem Konvolut N des Passagenwerks: »Bild ist die Dialektik im Stillstand« (V, 577).

Möglichkeiten der kleinen Form

Die »kleine Form« hat vornehmlich im Feuilleton ihren Ort. Das *Handbuch des Feuilletons* verweist diesbezüglich auf ein Zitat von Ernst Penzoldt: »Die kleine Form. Gemeint ist damit die bisher nicht leicht einzuordnende, in der Presse meist unter dem Strich beheimatete, höchst mannigfaltige Literaturgattung der kürzeren Prosastücke, als da sind: poetische Betrachtungen der kleinen und großen Welt, liebenswerte Alltagserlebnisse, verliebte Spaziergänge, wunderliche Begegnungen, Stimmungen, gemütvolle Plaudereien, Glossen und dergleichen« (Penzoldt 1951, 205). Durchaus in diesem Sinn charakterisierte Siegfried Kracauer die EINBAHNSTRASSE:

»Die Betrachtungen sind im übrigen ungleichwertig. Neben Notizen, die vielleicht noch der Ausarbeitung harren, finden sich Äußerungen des bloßen Esprit und hier und da – so in dem Abschnitt ›Kaiserpanorama‹, der die deutsche Inflation zu charakterisieren sucht – sind nicht ohne Willkür private Impressionen monumentalisiert« (Kracauer 1971, 122).

Haben wir es also nur mit Feuilletonismus, mit Essayismus, oder gar mit billigem Journalismus zu tun? Es dürfte kein Zufall sein, daß die meisten literarisch-philosophischen Produktionen, die mit Benjamins EINBAHNSTRASSE verwandt sind und insofern einen Komplex und Kontext bilden – unter anderem Blochs *Spuren* –, zuerst in Feuilletons erschienen. Wie kritisch auch immer pflichtet Bloch der Konsequenz bei, die Benjamin aus den neuen Medienverhältnissen zieht. Er sieht sogar darin einen Spielraum für Subjektivität.

»So etwas mochte nur heute wachsen, ohne selber ein Nebenbei zu sein. Nur heute läßt sich innere, vor allem gegenständliche Schrulle wichtig nehmen, ohne daß sie einsam, unmitteilbar, unfaßbar bleibt. Denn weithin ist die große Form abgestanden; altbürgerliche Kultur mit Hoftheater und geschlossener Bildung blüht nicht einmal epigonal« (Bloch 1962, 368).

Fragte sich Lambeck, ob die Kürze und Bündigkeit des Zeitungsstils ihm liegen würde, so hat offensichtlich eine ganze Generation von Intellektuellen sofort eingesehen, daß der Zeitungsstil das Medium war, in und mit welchem sie die etablierten Kommunikationsformen und die kulturellen Kanons unterlaufen konnten. In einem kurzen Text über DIE ZEITUNG, der aus der Zeit des Kraus-Aufsatzes stammt und später teilweise in DER AUTOR ALS PRODUZENT und DAS KUNSTWERK IM ZEITALTER SEINER TECHNISCHEN REPRODUZIERBARKEIT aufging, hat Benjamin die Zeitung geradezu als das Paradigma modernen Schreibens bezeichnet (DIE ZEITUNG, II, 628). Durchaus im Sinn des »positiven Barbarentums« (ERFAHRUNG UND ARMUT, 1933, II, 215) bekennt er sich vorbehaltlos zur Entwicklung der Medien. Der Schluß der PRINZIPIEN DER WÄLZER ODER DIE KUNST, DICKE BÜCHER ZU MACHEN spekuliert über die Veränderungen, die schon der Gebrauch der Schreibmaschine bewirkt:

»Die Schreibmaschine wird dem Federhalter die Hand des Literaten erst dann entfremden, wenn die Genauigkeit typographischer Formungen unmittelbar in die Konzeption seiner Bücher eingeht. Vermutlich wird man dann neue Systeme mit variablerer Schriftgestaltung benötigen. Sie werden die Innervation der befehlenden Finger an die Stelle der geläufigen Hand setzen« (IV, 105).

Der Verfasser von EINBAHNSTRASSE gibt sich dem »Letternregen« der Straße hin (PASSAGEN, V, 1048). Er verwirft, ja verabscheut die »halbe Ruhe, von schalen Geräuschen begleitet« (IV, 106), jenes Mittelmaß, aus welchem der klassisch beherrschte Stil emporstieg, und vertritt das Paradoxon, daß das »Stimmengewirr der Arbeit ebenso bedeutsam [werden kann], wie die vernehmliche Stille der Nacht« (ebd.). Er verläßt die »archaische Stille« (VEREIDIGTER BÜCHERREVISOR, 103), in der das Trauerspielbuch noch angesiedelt war, um »seine Ansichten auf die Straße zu zerren« (Sdun 1994, 169).

Die typographische Gestaltung des Büchleins macht sich gleichsam die Aufmachung der Zeitung oder der Reklame zu eigen, indem breite senkrechte Striche am Innenrand der Seiten die Vertikale betonen. Die Zeitung, schreibt Benjamin hierzu in VEREIDIGTER BÜCHERREVISOR, »wird mehr in der Senkrechten als in der Horizontale gelesen, Film und Reklame drängen die Schrift vollends in die diktatorische Vertikale« (IV, 103). Er drückt sogar die Hoffnung aus, daß auf dem »Schauplatz der hemmungslosen Erniedrigung des Wortes«, in der Zeitung, »seine Rettung sich vorbereitet« (DIE ZEITUNG, II, 629). In der Dissertation über die romantische Kunstkritik hatte Benjamin sich vorgenommen, der Kritik zum Rang einer Gattung zu verhelfen – derart, daß der Kritiker als *der* moderne Schriftsteller erschien. EINBAHNSTRASSE treibt diese Auffassung zum Äußersten, wie aus den dreizehn Thesen über DIE TECHNIK DES KRITIKERS hervorgeht. Der Kritiker »hat mit dem Deuter von vergangenen Kunstepochen nichts zu tun«, er nimmt sich ihrer vielmehr so an, »wie ein Kannibale sich einen Säugling zurüstet« (IV, 108). Die Tugend der Kritik besteht im Zerstören, im Ruinieren: »Nur wer vernichten kann, kann kritisieren« (ebd.). Aus dieser Radikalisierung folgt, daß Benjamin die traditionelle Kunstkritik für überholt und den neuen Erfahrungsbedingungen unangemessen hält. In dem Denkbild DIESE FLÄCHEN SIND ZU VERMIETEN bringt er deren Verfall mit dem Phänomen in Verbindung, das vom Umschlagbild veranschaulicht wird – dem Verschwinden der Perspektive:

»Narren, die den Verfall der Kritik beklagen. Denn deren Stunde ist längst abgelaufen. Kritik ist eine Sache des rechten Abstands. Sie ist in einer Welt zu Hause, wo es auf Perspektiven und Prospekte ankommt und einen Standpunkt einzunehmen noch möglich war. Die Dinge sind indessen viel zu brennend der menschlichen Gesellschaft auf den Leib gerückt. [...] Der heute wesenhafteste, der merkantile Blick ins Herz der Dinge heißt Reklame« (131).

Was damit beschrieben wird, sind jene Erlebnis- und Apperzeptionsformen, die das letzte Kapitel des Kunstwerkaufsatzes als taktil, ja als »haptisch« charakterisieren wird. Der Kritiker muß »Stratege im Literaturkampf« werden, und als ein solcher muß er »Schlagworte prägen« – freilich »ohne die Ideen zu verraten« (108 f.).

Mit der Aussage, nach der in der modernen Erfahrungs- bzw. Erlebniswelt die Dinge uns zu nahe, ja »auf den Leib« rücken, muß die Metapher des chirurgischen Eingriffs in Verbindung gebracht werden, mit welcher Benjamin im Denkbild POLIKLINIK die einzige noch mögliche Verfahrensweise des Schriftstellers charakterisiert. Sie setzt sowohl eine Fähigkeit zur schnellen Reaktion (also die Fähigkeit, seine inneren »Alarmsignale« zu mobilisieren, wie es im Denkbild TECHNISCHE NOTHILFE heißt), als auch das operative Vermögen zu »konstruieren« voraus. Benjamin wird diese Metapher seinem Kunstwerk-Aufsatz zugrundelegen, um den Unterschied zwischen der ehemaligen betrachtenden Kultur und der neuen technischen Kultur zu versinnbildlichen (I, 495 f.).

Zwischen der Großstadt und der »kurzen Prosa« (Arntzen 1983) bzw. der »kleinen Form« (Köhn 1989) besteht ein Zusammenhang, der von der Kritik ausführlich dokumentiert worden ist. Sein Büchlein hat Benjamin der russischen Marxistin Asja Lacis gewidmet, die er 1924 auf Capri kennenlernte – zumal mit dem inscriptionsartigen Hinweis: »Diese Straße heißt ASJA-LACIS-STRASSE nach der die sie als Ingenieur im Autor durchgebrochen hat«. Die in der Erstausgabe verwendete Kapitale ist dabei alles andere denn bedeutungslos: »Die Majuskel, eine Erfindung des Barock und laut Benjamin Ausdruck des ›zerstückelnde[n], dissoziierende[n] Prinzip[s]‹ der allegorischen Anschauung [I, 382], zeigt den Umschlag des Allegorischen in der Moderne an« (Spinnen 1991, 267). Schon in EINBAHNSTRASSE, und nicht erst im Kunstwerk-Aufsatz, stellt sich Benjamin dem Durchbruch der Technik. Daß die »Einbahnstraße« im Autor »durchgebrochen wurde«, deutet zweifelsohne auch auf die großstädtischen Prospekte von Haussmann hin, die im Exposé PARIS, DIE HAUPTSTADT DES XIX. JAHRHUNDERTS den Durchbruch der Moderne versinnbildlichen. Daß dieser Durchbruch selber Durchgang ist, drückt freilich das Konzept des Exposés unmißverständlich aus. Ob aber die »Einbahnstraße« eine vergleichbar unabwendbare teleologische Entwicklung zum revolutionären Umschwung (der immerhin gescheiterten Kommune) symbolisiert, muß als Frage dahingestellt gelassen werden, aber diese Frage liegt ohne jeglichen Zweifel dem Schreibexperiment der EINBAHNSTRASSE zugrunde.

Nachdrücklich hat Benjamin in einem Brief an Scholem betont, daß EINBAHNSTRASSE »einen Prospekt von so jäher Tiefe – das Wort *nicht metaphorisch* zu verstehen – erschließen soll wie etwa in Vicenza das berühmte Bühnenbild Palladios: Die Straße« (3, 197). Die EINBAHNSTRASSE sei also, wenn auch nicht selbst als architektonischer Entwurf zu deuten, so doch vor dem Hintergrund konkreter urbanistischer Prospekte zu verstehen. Wie die Widmung an Asja Lascis verweist diese Äußerung auf die Kontakte Benjamins mit dem

Kreis der Konstruktivisten. Diese Kontakte entstanden über die Freundschaft mit Florens Christian Rang, an dessen Publikation *Deutsche Bauhütte* Benjamin sich 1924 mit einer Zuschrift beteiligt hatte (Rang 1924). In gänzlicher Übereinstimmung mit Rangs Verkündigung der »Weltstunde der Technik« forderte Benjamins ANKÜNDIGUNG DER ZEITSCHRIFT: ANGELUS NOVUS 1922 »Rationalität bis ans Ende« (II, 244) – in anderen Worten »positives Barbarentum« (vgl. Raulet 2004). Ab 1923 gab in Berlin eine um Hans Richter, Werner Graeff, Raoul Hausmann und Mies van der Rohe gruppierte Künstlerinitiative die Zeitschrift *G – Material zur elementaren Gestaltung* heraus. In Graeffs Nachlaß findet sich eine Namenliste, die Benjamin erwähnt (vgl. Winkler 1981). Hier, und das heißt schon Anfang der 20er Jahre – was für die Entstehung des Schreibexperiments der EINBAHNSTRASSE entscheidend ist –, ist der Ursprung von Benjamins Überlegungen zum KUNSTWERK IM ZEITALTER SEINER TECHNISCHEN REPRODUZIERBARKEIT zu finden. Diese Gruppe sprach sich eindeutig für die neuen künstlerischen Produktions- und Reproduktionsmittel aus: »Wir kennen und schätzen die photomechanische Reproduktion«, erklärt W. Graeff in der Zeitschrift *De Stijl* (Graeff 1922, 75), und Moholy-Nagy nimmt sich vor, die »bisher nur zu Reproduktionszwecken angewandten Apparate« produktiv zu verwenden (Moholy-Nagy 1922, 98). Zweifelsohne nährt sich Benjamins Ansatz in EINBAHNSTRASSE, wie kritisch auch immer, vom »Interesse von Architekten und Theoretikern wie Mies van der Rohe, Hilberseimer, Kiesler oder Behne an städtebaulichen Konzepten, die darauf zielten, die Konstruktion der Großstadt als Totalität im Sinne eines Fortschritts der rationalen Lebensgestaltung voranzutreiben« (Köhn 1988, 54). Das Leben wird *Konstruktion*: so lautet das erste Wort von EINBAHNSTRASSE – eine Formel, die Kracauer in seinem Angestellten-Buch sich zu eigen machen wird.

Hat Bloch von »surrealistischem Philosophieren« gesprochen, so ist ihm die Verwandtschaft der Benjaminschen Bildertechnik mit der Photomontage auch nicht entgangen (Bloch 1962, 369). Die Montage, aus der Bloch in seinem Essayband *Erbschaft dieser Zeit* einen zugleich ästhetischen und soziologischen Begriff macht, hat Benjamin später zum Konstruktionsprinzip des Passagen-Werks erklärt. Dort sollte versucht werden, »ohne Anführungszeichen zu zitieren« (V, 572).

Wie ernst man das Stichwort »Konstruktion« auch nehmen kann, bleibt freilich das Konstruktionsgesetz der EINBAHNSTRASSE nach wie vor ein Rätsel, obwohl belegt ist, daß es sich nicht um eine bloße Buchbindersammlung handelt und daß Benjamin die Komposition seines kleinen Bandes durchdacht und mehrmals verändert hat. Sie bezieht einen eigenen Standort zwischen Kracauers »Mosaik«, das u.a. im Angestellten-Buch bestrebt ist, eine Diagnose der sozialen Verhältnisse zu konstruieren, und Blochs »Spurenlesen kreuz und quer« – wobei Bloch wohl derjenige ist, bei dem das Spurenlesen und die Forderung einer Dialektisierung der Montage am meisten auseinanderklaffen. Zwischen den *Spuren* und dem großangelegten systematischen Anspruch liegt eine Kluft, die sowohl Kracauers Mosaik als auch das Denk- und Schreibexperiment der EINBAHNSTRASSE zu überbrücken versucht haben. EINBAHNSTRASSE ist in dieser Hinsicht sicher mehr als »Revueform in der Philosophie«, mehr als »Strandgut-Orgie« (Bloch 1962, 371). Ihr eine systematische Voreingenommenheit vorzuwerfen, wie Werner Milch es tat, ist aber umgekehrt sicher verfehlt (Milch 1928).

Aphorismus, Allegorie, Denkbild

Das Geheimnis dieser Komposition hat sich in der »kleinen Form« niedergeschlagen, und d.h. in einem literarischen Objekt, dessen Status nicht festgelegt ist. Denn diese Kurztexte sind keine Maximen, sie sind keine Erzählungen, auch keine Aphorismen – und Heinz Schlaffer, der als erster der »Gattung« des Denkbildes eine Studie gewidmet hat, in der er außer Benjamin Blochs *Spuren*, Adornos *Minima moralia* und Kracauers *Angestellte* heranzieht, kehrt mit Recht die Fragestellung um, wenn er fragt, »ob man den *Minima moralia* den Titel ›Denkbilder‹ zugestehen soll«, obwohl »Adornos *Minima Moralia* dem Benjaminschen Verfahren [folgen] (›Umtausch nicht gestattet‹, ›English spoken‹, ›Nicht anklopfen‹)« (Schlaffer 1973, 146, 142).

Mehrmals hat Benjamin selbst EINBAHNSTRASSE als eine Sammlung von Aphorismen bezeichnet – so in seinem Brief an Scholem Ende 1926: »Es ist eine merkwürdige Organisation oder Konstruktion aus meinen *Aphorismen* geworden« (3, 197). Dieser Kategorisierung widersprach er aber schon in einem Brief vom 29.5.1926 an denselben: »Ich arbeite [...] nur noch an dem Notizbuch, das ich nicht gern Aphorismenbuch nenne. [...] Der jüngste Titel – es hat schon viele hinter sich – heißt: ›Straße gesperrt!‹« (161). In seiner Bewertung erklärt Adorno entschieden: »Walter Benjamins ›Einbahnstraße‹ [...] ist nicht, wie man bei flüchtiger Übersicht meinen könnte, ein Aphorismenbuch, sondern eine Sammlung von Denkbildern« (Adorno 1968, 55).

Nur in bestimmten Fällen hat man es tatsächlich mit Aphorismen zu tun, etwa im Text KURZWAREN, dessen Titel ziemlich durchsichtig auf die Kurzprosa anspielt.

Nur insofern haben die Denkbilder von Einbahnstrasse Gemeinsamkeiten mit dem Aphorismus als philosophischer Form, als sie sich als geschlossene diskursive Monaden ausnehmen, die über sich selbst hinausweisen (Krüger 1957). Das Büchlein verzeichnet Momentaufnahmen und Überlegungen – aber schon das »und« ist hier zu viel, denn die Überlegungen sind selber nicht die *inscriptio* zu einer *pictura*, sie sind selber Allegorien so wie die Momentaufnahmen. Sie deuten diese nicht, sondern müßten selber gedeutet werden. H. Schlaffer hat dies beispielhaft am Denkbild Florenz Baptisterium dokumentiert: »*Florenz Baptisterium.* – Auf dem Portal die ›Spes‹ Andrea Pisanos. Sie sitzt und hilflos erhebt sie die Arme nach einer Frucht, die ihr unerreichbar bleibt. Dennoch ist sie geflügelt. Nichts ist wahrer« (IV, 125 f.). Schlaffer kommentiert: »Benjamins Kommentar zu seiner Beschreibung wiederholt sie nur – ›Nichts ist wahrer‹« (Schlaffer 1973, 143).

Adorno hat auf den etymologischen Zusammenhang des Worts »Denkbild« mit »Idee« hingewiesen und somit die Bilder der Einbahnstrasse mit der Erkenntniskritischen Vorrede des Trauerspiel-Buchs in Verbindung gebracht. Wie in dieser fasse Benjamin die Idee als »ein Ansichseiendes« auf, das sich, wenn auch nur geistig, anschauen lasse (Adorno 1968, 55). Folgt man diesem Hinweis, dann entspricht die scheinbare Zusammenhanglosigkeit der Denkbilder dem monadischen Charakter der Ideen, ihrer »diskontinuierlichen Vielheit« (Kracauer 1928, 119). Das macht ihre Rätselhaftigkeit aus. Sie lassen sich nicht unter Begriffe bringen, haben aber am »Innersten der Wirklichkeit« teil (Ursprung des deutschen Trauerspiels, I, 217). Kracauer hat dies in seiner Rezension folgendermaßen erfaßt: »Der Unterschied zwischen dem üblichen abstrakten Denken und dem Benjamins wäre also der: laugt jenes die konkrete Fülle der Gegenstände aus, so wühlt sich dieses ins Stoffdickicht ein, um die Dialektik der Wesenheiten zu entfalten« (Kracauer 1971, 120).

Eine entscheidende Stelle rechtfertigt die Interpretationen, die einen Zusammenhang der Konzeption von Einbahnstrasse mit dem Barock behaupten – und nicht von ungefähr handelt es sich um die ersten Sätze von Vereidigter Bücherrevisor, die eine Parallele ziehen zwischen dem Antihumanismus des Barock und dem zeitgenössischen Untergang der Buchkultur:

»Die Zeit steht, wie in Kontrapost zur Renaissance schlechthin, so insbesondere im Gegensatz zur Situation, in der die Buchdruckerkunst erfunden wurde. Mag es nämlich ein Zufall sein oder nicht, ihr Erscheinen in Deutschland fällt in die Zeit, da das Buch im eminenten Sinne des Wortes, das Buch der Bücher durch Luthers Bibelübersetzung Volksgut wurde. Nun deutet alles darauf hin, daß das Buch in dieser überkommenen Gestalt seinem Ende entgegengeht« (IV, 102).

Gegen eine einseitig allegorische Deutung von Benjamins Einbahnstrasse hat man allerdings von früh an Vorbehalte angemeldet. Schon Heinz Schlaffer wies in seiner bahnbrechenden Studie zur Form des Denkbildes darauf hin, daß »trotz der etymologischen und strukturellen Verwandtschaft von Emblem und Denkbild [...] die Differenz bewußt bleiben [muß]: die neuere Form sieht nicht Entsprechung, sondern Opposition zwischen Gedanke und Konkretum; und dieses Konkrete ist ihr nicht die Natur, sondern die Gesellschaft« (Schlaffer 1973, 143). Zwar lasse sich »die emblematische ›inscriptio‹ in den Überschriften der Denkbilder wiedererkennen«, aber »notwendig muß sich im Denkbild die Erkenntnis von Gesellschaft einstellen« (142 f.). Im Hinblick auf das längste von allen Texten, das Kaiserpanorama bzw. die Reise durch die deutsche Inflation, läßt sich das nicht bezweifeln. Nicht nur wird in ihm die wirtschaftliche und soziale Lage geschildert, sondern Benjamin gewinnt der kulturkritischen Darstellung der allgemein durchgreifenden »Zivilisation« das quasi-ethnologische Bild einer deutschen »Normalität« ab, die sich in diesen katastrophalen Verhältnissen bewährt und zugleich als die Sackgasse des deutschen Sonderwegs erweist:

»Die groteske Isolierung Deutschlands [...], das ist die Außenstehenden ganz unbegreifliche und den Gefangenen völlig unbewußte Gewalt, mit welcher die Lebensumstände, das Elend und die Dummheit auf diesem Schauplatz die Menschen den Gemeinschaftskräften untertan machen« (IV, 97).

Doch es ist sicher zu kurz gegriffen, wenn man die Diskrepanz zwischen *pictura* und *inscriptio* als Zeichen einer Bekehrung zum historischen Materialismus verstanden wissen will, wie sehr Denkbilder wie Feuermelder oder Tankstelle eine solche Interpretation auch zu bekräftigen scheinen. Einige Texte der Einbahnstrasse belegen zweifelsohne die Entscheidung Benjamins, die politischen Motive seiner bisherigen Produktion nicht mehr, wie er sagt, »altfränkisch zu maskieren«, sondern die »kommunistischen Signale« in ihnen laut werden zu lassen (an G. Scholem, 22.12.1924, 2, 511 f.). Allerdings beschränkt sich die unmittelbare politische Botschaft von Einbahnstrasse auf wenige griffige Passagen und auf den abschließenden und eher vagen Aufruf zur Revolution in Zum Planetarium. Benjamins Entscheidung setzt sich durch das Experimentieren mit einer neuen Schreibweise durch – »Politik in allegorischen Bildern« hat sie

Bernd Witte genannt (Witte 1985, 65). Das »Tun« wird in TANKSTELLE nicht als politische Tat heraufbeschworen, sondern als literarische Wirksamkeit bestimmt.

Mit vollem Recht behauptet immerhin Heinz Schlaffer, daß hinter der Maske der Einzelbilder in Wahrheit die allgemeinen abstrakten Gesetze der Gesellschaft agieren (Schlaffer 1973, 144) und der »Riesenapparat des gesellschaftlichen Lebens« vorhanden ist (vgl. TANKSTELLE, IV, 85). So verhält es sich tatsächlich im Passagen-Projekt, und man darf annehmen, daß dies um so mehr für die EINBAHNSTRASSE gilt, die im Zeichen der Aufforderung steht, aus dem Traum zu erwachen und »im Raum des politischen Handelns den hundertprozentigen Bildraum [zu] entdecken« (DER SÜRREALISMUS. DIE LETZTE MOMENTAUFNAHME DER EUROPÄISCHEN INTELLIGENZ, II, 309). Die besondere Wendung, die Benjamin der »kritischen Theorie der Gesellschaft« gegeben hat und die sich in der *Dialektik der Aufklärung* (die ja gleichsam als eine Gedenkschrift Benjamin zu ehren konzipiert wurde) niederschlagen wird, besteht darin, die höchsten Formen der Vergesellschaftung als Rückfall in die Gewalt der Natur zu entlarven. Die vollendete Herrschaft über die Natur erscheint als die Sackgasse der Herrschaft, als das Ende ihrer teleologischen Einbahnstraße. Schlaffers und Fürnkäs' Argument, nach dem die »Dissonanz und bestimmte Opposition zwischen Gedanke und konkretem Wirklichkeitsbruchstück« im Gegensatz zur barocken Allegorie »nicht als Natur, sondern als Gesellschaft, als zweite, verdinglichte Natur« (Fürnkäs 1984, 257) wirkt, läßt sich geradezu umstülpen. Fürnkäs unterläßt es übrigens nicht, auf die Aphorismen von ZENTRALPARK zu verweisen, in welchen Benjamin selbst eine Parallele zieht zwischen Allegorie und Ware:

»Die Entwertung der Dingwelt in der Allegorie wird innerhalb der Dingwelt selbst durch die Ware überboten. [...] Die gegenständliche Umwelt des Menschen nimmt immer rücksichtsloser den Ausdruck der Ware an. Gleichzeitig geht die Reklame daran, den Warencharakter der Dinge zu überblenden. Der trügerischen Verklärung der Warenwelt widersetzt sich ihre Entstellung ins Allegorische. [...] Die Embleme kommen als Waren wieder« (ZENTRALPARK, I, 660; 671; 681).

Der Begriff »Ware« skandiert in der Tat die Reihenfolge der Prosastücke von EINBAHNSTRASSE: die Chinawaren, Papier- und Schreibwaren, Galanteriewaren, Spielwaren etc. stellen gleichsam die Stationen eines an die Glücksversprechungen der Warenwelt gebundenen Heilsweges dar. Was aber zweifelsohne die Denkbilder von EINBAHNSTRASSE von der barocken Allegorie unterscheidet, ist das Verschwinden jeder theologischen Garantie. Gerade dies ist der Grundzug der *Benjaminschen* Auffassung der Allegorie. Die Denkbilder widerstehen jedem Versuch einer verbindlichen »symbolischen« Auslegung. Sie treiben die Paradoxie des biblischen Gleichnisses zum Äußersten, insofern als ihnen die für das biblische Gleichnis konstitutive Botschaft des Reichs abhanden kommt und sie deshalb mehr denn je der allegorischen Welt des empirischen Daseins ausgeliefert sind. Ihre Anschaulichkeit ist der Preis, den sie für die Säkularisierung zu zahlen haben. Der Zauber des Bilds ist um so unumgänglicher, als sich in ihm die Undurchschaubarkeit der entzauberten Welt kondensiert. Hat Siegfried Kracauer recht, wenn er Benjamins Absicht in EINBAHNSTRASSE mit dem URSPRUNG DES DEUTSCHEN TRAUERSPIELS in Zusammenhang bringt und als eine theologische bezeichnet (Kracauer 1971, 119), dann müssen zweifelsohne umgekehrt die Folgen der Entzauberung auf das Verhältnis zwischen Denkbild und Allegorie angewendet werden. In der Emblematikforschung herrscht ein Konsens darüber, daß die Embleme einen letzten Versuch darstellen, »auf exegetische Weise die Welt in ihrer Totalität spirituell zu begreifen« (Jöns 1966, 18).

Der Bruch zwischen *pictura* und *scriptura* kennzeichnet insofern für Benjamin die »höllische Steigerung« der konstitutiven Spannung, die der Allegorie innewohnt. Mit EINBAHNSTRASSE verhält es sich wie mit allen Allegorien: die Prägnanz des bildlichen Ausdrucks, der *pictura*, läßt sich nicht restlos in Interpretationen fassen. Benjamin hat dies nachdrücklich seinem eigenen Umgang mit Allegorien zugrundegelegt: »Eine Bedeutung, einen Sinn auszustrahlen ist er [der Gegenstand] von nun an ganz unfähig; an Bedeutung kommt ihm das zu, was der Allegoriker ihm verleiht« (URSPRUNG, I, 359). Das ist die »unvergleichliche Sprache des Totenkopfes« (GALANTERIEWAREN, IV, 112). Der *inscriptio* haftet immer Einfalt an – von der *subscriptio*, die die »Lehre« zieht, nicht zu sprechen. Dafür sind aber gerade die Allegorien da: damit keine *inscriptio* sie ganz erschöpfe. Albrecht Schöne ist zuzustimmen, wenn er die »Priorität des Bildes« vor dem Text als Wesensmerkmal des Emblems ansieht. So muß auch Benjamins Büchlein gelesen werden. Der allererste Satz der Sammlung erklärt sogleich, daß »die Gewalt von Fakten« mehr wiegt als Überzeugungen. Die »Doppeltheit von Gedanke und Anschauung«, die nach H. Schlaffer die Form des »Denkbildes« charakterisiert, läßt sich nicht in die Eindeutigkeit eines performativen Satzes auflösen. Das Bild der Einbahnstraße stellt jegliche Zweckmäßigkeit in Frage: Nicht nur gerät die Straßenflucht in Konflikt mit den Straßenschildern, sondern es ist das Bild, an dem sich der Leser der Rowohlt-Originalausgabe sofort stößt. Das Umschlagbild behauptet von vornherein seine Priorität. Beim »Denkbild« liegt der Akzent eindeutig auf Bild. Es ist deshalb entscheidend, das Umschlagbild nicht zu überspringen, sondern die Frage nach dem Verhältnis aufzuwerfen, in dem es zu der Prosa des Büchleins steht.

Das Umschlagbild kommuniziert freilich mit den Textbildern des Inhalts. Aber es verhält sich dabei nicht einfach so, als lieferten letztere die *inscriptio* zu ersterem. Im besten Fall vervielfältigt sich die *inscriptio* zu *inscriptiones*, die selber die Form von (Text-) Bildern annehmen. Die Dokumente zur Entstehungsgeschichte, die die Herausgeber der *Gesammelten Schriften* im kritischen Apparat zusammengestellt haben, belegen dieses problematische Verhältnis. Erst in der Endphase der Redaktion wurden die Titel der einzelnen Texte festgelegt. Dies gerade entspricht dem Wesen der Allegorie, das Bloch in *Experimentum mundi* in die Formel gefaßt hat: »eadem sed aliter, aliter sed eadem«. Deshalb ist ja auch der Charakterzug des Melancholikers, in dem Benjamin den modernen Erben des Allegorikers sieht, die Neigung zum »ewigen Reisen« (IV, 117). Die Allegorie setzt im Gegensatz zu jeglicher Einbahnstraße Umwegigkeit voraus. In seiner Rezension in *Das Tagebuch* zögert Hessel nicht, den Straßen- und Reklameschildern die Bedeutung von Zeugnissen bzw. Emblemata eines noch ausstehenden Sinns zu verleihen: »All die starren Schilder, die Überzeugungen müssen herhalten zu neuer zerschlagender Deutung« (Hessel 1928, 362). Aber wie sehr sie sich auch nach dem *einen* Sinn sehnt, vermag die Allegorie nicht mehr dem Suchen ein Ende zu setzen und es, wie das Symbol es zumindest verspricht, auf die Einheit eines Ursprungs zurückzuführen. Darin bestand bereits die Paradoxie des Titels Ursprung des deutschen Trauerspiels. Auf alltägliche Kulturphänomene angewendet, muß sich der allegorische Blick auf eine Betrachtungsweise einlassen, die lediglich Relationen herstellt – aber bekanntlich hat ihm Adorno die Fähigkeit abgesprochen, daraus »Vermittlungen« zu gewinnen. Die »Einbahnstraße« verwandelt sich in einen Kreuzweg vieler möglicher (Um-) Wege. Indem sie der perspektivischen Flucht in die Tiefe Einhalt gebietet, öffnet sie dem umherschweifenden Blick einen Experimentierraum. Ihr melancholisches Subjekt ist der destruktive Charakter, von dem Benjamin in dem ihm gewidmeten Denkbild sagt: »Der destruktive Charakter sieht nichts Dauerndes. Aber eben darum sieht er überall Wege. [...] Weil er überall Wege sieht, steht er selber immer am Kreuzweg« (Der destruktive Charakter, IV, 398). Freilich sind die Denkbilder, ebensowenig wie die Allegorie, bloße »spielerische Bildertechnik« (Ursprung, I, 339). Auf sie kann man eigentlich nicht Blochs Formel »Spielformen, leider« beziehen.

Aber man wohnt auch keiner »neuen Geschäftseröffnung von Philosophie« bei (Bloch 1962, 371). Das Verhältnis der »Theorie« zum Konkreten der Darstellung ist nicht reflexiver Art. Man kann es allenfalls mit dem Gegensatz von »Enthüllung« und »Entblößung« umreißen, durch welchen Benjamin in Ursprung des deutschen Trauerspiels die spezifische Erkenntnisart der barocken Bilderschrift charakterisiert hat:

»Nicht sowohl Enthüllung als geradezu Entblößung der sinnlichen Dinge ist die Funktion der barocken Bilderschrift. Der Emblematiker gibt nicht das Wesen ›hinter dem Bilde‹. Als Schrift, als Unterschrift, wie diese in Emblemenbüchern innig mit dem Dargestellten zusammenhängt, zerrt er dessen Wesen vors Bild« (Ursprung, I, 360 f.).

Benjamin hat den besonderen Zugang des Denkbilds zur »Wahrheit« in dem Text Technische Nothilfe, dessen Bedeutung von Franz Hessel in seiner Rezension im *Tagebuch* (1928) betont wurde, zu umreißen versucht: »Dieser Absatz [...] ist ein Muster für die Geschliffenheit und Dichte des Werkes und macht mit dem *Verfahren* bekannt, das den *Aufriß* der *Einbahnstraße* bestimmt« (Hessel 1928, 861). Es geht in Technische Nothilfe um das Verfahren, das dem Schriftsteller zur Verfügung steht, um die Wahrheit »aufzufangen«. Nicht nur ist die bloße Wiedergabe ärmer und schlechter, als die schlechteste Photographie je sein kann, sondern die »nackte Wahrheit« entzieht sich dem Objektiv der Schrift. Nur die Momentaufnahme kann sie auffangen, die die »nackte Wahrheit« überrascht, wenn diese plötzlich »auffährt«. Damit sind aber zwei Bedingungen verbunden: Einmal muß die »Wahrheit« aufgescheucht, ja aufgeschreckt werden. Dazu dienen die »Alarmsignale, mit denen das Innere des wahren Schriftstellers ausgestattet ist« (IV, 138). Zum andern zeigt sich die aufgeschreckte Dame eben nicht nackt, sondern »reißt das Erste Beste an sich, was im Tohuwabohu ihres Boudoirs [...] ihr in die Hände fällt« (ebd.). Die Wahrheit kann das Subjekt nur dann erfassen, wenn seine »Alarmsignale« wach sind, wenn es seine »leibhafte Geistesgegenwart« mobilisiert (vgl. Madame Ariane, zweiter Hof links, 142), und umgekehrt erscheint ihm die Wahrheit nie in ihrer nackten Schlichtheit, sondern in Worte, Kategorien und sonstige Gewänder gekleidet, die sie vom Subjekt borgt. Es gibt keinen unmittelbaren Zugang zur Wahrheit, sondern immer nur Kommentar und Übersetzung; den Unterschied macht die Art und Weise aus, wie das Subjekt damit umgeht: »Kommentar und Übersetzung verhalten sich zum Text wie Stil und Mimesis zur Natur« (92). In freier, aber durchsichtiger Anlehnung an Goethes Aufsatz über »Einfache Nachahmung der Natur, Manier, Stil« leitet Benjamin mit diesem Aphorismus eine Reflexion ein, die er in ACHTUNG STUFEN! fortsetzt. Dort präzisiert er, was es mit der Bekleidung eigentlich auf sich hat: »Arbeit an einer guten Prosa hat drei Stufen: eine musikalische, auf der sie komponiert, eine architektonische, auf der sie gebaut, endlich *eine textile, auf der sie gewoben wird*« (102). Schematisch: die erste Stufe ist die subjektive, die zweite die objektiv *konstruktive*, die dritte Stufe stellt die Synthese dar – und diese ist die *Textur*, durch welche die Straßentexte zu einer »Textstraße durch den immer wieder sich verdichtenden inneren Urwald« (CHINAWAREN, 90) werden.

Es liegt nahe, zwischen TECHNISCHE NOTHILFE und FEUERMELDER eine Verbindung herzustellen. Diese scheint darin zu bestehen, daß der revolutionäre Akt, der auf dem Gebiet des Sozialen und der Politik den Umschwung bewirken kann, demjenigen ähnelt, der auf dem Gebiet des Schreibens die Wahrheit derart aufscheucht, daß sie sich, wie bekleidet auch immer, »jäh, wie mit einem Schlage« zeigt. Im Klartext: wie das Verhältnis zur Wahrheit ist dasjenige zum revolutionären Umschwung nicht mehr das Ergebnis irgendeiner Teleologie, sondern eine Überraschung: »Der Augenblick ist das kaudinische Joch, unter dem sich das Schicksal ihm beugt« (142). Wenn diese Interpretation einigermaßen zutrifft, dann wohnt der EINBAHNSTRASSE bereits das *messianische (und nicht eschatologische)* Modell (Raulet 1997, 244 f.) der Thesen ÜBER DEN BEGRIFF DER GESCHICHTE inne. So wie der Schriftsteller bei der Wiedergabe der Wirklichkeit Alarmsignale setzt, die zu signalisieren versuchen, daß es sich mit ihr nicht so einfach verhält, wie die platte realistische Aufnahme es glaubt, drückt die Theorie auf den Knopf des sozialen und politischen Feuermelders. Aber zum einen kann sie nicht mehr tun, und zum andern bleibt die Kongruenz zwischen dem Alarmsignal der Schreibweise und demjenigen der Theorie eine bloße Analogie – ein Verhältnis, das selber allegorischer Natur ist. Man kann und darf nicht darüber hinausgehen, wenn man die Problematik der experimentellen neuen Schreibweise, und das heißt ihr Spannungsverhältnis zu den herrschenden Formen der philosophischen Interpretation einerseits, des politisch-parteilich engagierten Schrifttums andererseits, nicht verfälschen will.

EINBAHNSTRASSE enthält, wie verschlüsselt auch immer, den Schlüssel zu Benjamins Theorie des engagierten Schreibens, wie sie sich Ende der 20er / Anfang der 30er Jahre ausgestaltet. Vor allem die viermal 13 Thesen des Textes ANKLEBEN VERBOTEN (IV, 106–109) fassen sie in Form von Paradoxa und Provokationen zusammen. Der Titel drückt in diesem Fall sehr eindeutig aus, daß es hier um alle Positionen geht, die man dem wirklich schreibenden Schriftsteller und dem wirklich denkenden Denker nicht »ankleben« darf. Etwa, daß »Sachlichkeit dem Parteigeist« geopfert werden müsse (DIE TECHNIK DES KRITIKERS IN DREIZEHN THESEN, 108). Ganz zu Recht interpretiert Adorno die Äußerungen, in welchen Benjamin »den Begriff der Kritik verleugnet und ihm im Namen kollektiver Praxis, auf allzu vertrautem Fuß mit dem Zeitgeist sich gebärdend, das kontrastiert, wovor es ihm selber am meisten grauste«, als »Identifikation mit dem Gegner« (Adorno 1968, 60), in anderen Worten als den Gestus des positiven Barbarentums.

Surrealismus: Traum, Erwachen, dialektisches Bild

Die Denkbilder sind nach Adorno in einer Schicht angesiedelt, wo »Geist, Bild und Sprache sich verbinden« (56). Nicht von ungefähr enthält EINBAHNSTRASSE, wie Adorno es betont, zahlreiche Traumprotokolle und Reflexionen über Träume. FRÜHSTÜCKSSTUBE entwirft eine Art Methodik der Traumdeutung. Zwischen dem »Bericht« und der »Erinnerung«, zwischen mißlingender diskursiver Übertragung und Versenkung, gibt es eine dritte Form des Verhältnisses zum Traum, seine »Verbrennung« in »konzentrierte Morgenarbeit, wenn nicht im Gebet« (IV, 85). Setzt man sie mit der Theorie der Erinnerung in Verbindung, die Benjamin in ÜBER EINIGE MOTIVE BEI BAUDELAIRE entwickelt hat, dann erscheint diese Form als mit dem »Eingedenken« verwandt. Wichtig ist der Umstand, daß Benjamin sich hier über die witzigen und geradezu surrealistischen Wortschöpfungen und Etymologien (wie »Anaquivitzli« in TIEFBAU-ARBEITEN, 101) lustig macht und sich somit vom Ernst einer diskursiven und reflexiven Traumdeutung distanziert. Damit weist er darauf hin, daß es sich mit dem Verhältnis zwischen dem Traum und seiner Deutung genauso verhält wie mit dem Abgrund zwischen den Überschriften und den Texten der Denkbilder, zwischen dem Denkbild und seiner *inscriptio* – ein Verhältnis, das eine »surrealistische« Miene annimmt.

Zwar bildet der Traum als solcher ein »Medium unreglementierter Erfahrung« und eine »Quelle von Erkenntnis gegenüber der verkrusteten Oberfläche des Denkens«, aber es gilt auch, aus dem Traum zu erwachen, »den Bann des Mythos zu brechen« und »man verstünde [...] ›Einbahnstraße‹ ganz falsch, wenn man sie [...] um ihrer Affinität zum Traum willen als mythologisierend ansähe« (Adorno 1968, 56; 58). Im Zusammenhang der Entstehung der PASSAGEN aus der

Auseinandersetzung mit dem Surrealismus drängt sich zusammen mit dem »dialektischen Bild« der Begriff der Illumination auf, die, so wie Benjamin sie versteht, nämlich als »profane Erleuchtung« erst recht die Verbindung herstellt zwischen (will man sich der gängigen Schematisierung von Benjamins Entwicklung anschließen) der Theologie der ersten Phase und dem dialektischen Bild der letzten. Inwiefern aber die Denkbilder von EINBAHNSTRASSE »ein im Jetzt der Erkennbarkeit aufblitzendes Bild« (V, 591 f.) sind und einen »Augenblick des Erwachens« (608) darstellen, wie Benjamin ihn sich von den dialektischen Bildern erhofft, ist alles andere denn ausgemacht, wiewohl Benjamin im programmatischen ersten Denkbild TANKSTELLE von der Kurzprosa sagt: »Nur diese prompte Sprache zeigt sich dem Augenblick wirkend gewachsen« (IV, 85). Vielmehr muß ihnen in dieser Hinsicht ihr Versuchscharakter zugestanden werden. Die »Denkbilder« entsprechen bestenfalls der Transformation der Apperzeption, die im Mittelpunkt von Benjamins medientheoretischer Ästhetik steht.

Der BRIEFMARKEN-HANDLUNG von EINBAHNSTRASSE kommt in dieser Hinsicht eine besondere Bedeutung zu, die Benjamin selbst in einem Brief an Scholem vom 11.3.1928 hervorgehoben hat. Er ließ sie getrennt in der *Frankfurter Zeitung* vom 9.8.1927 erscheinen und stellte sie gleichsam als Miniatur des geplanten Passagen-Werks vor. Sie knüpft an Aragons *Paysan de Paris* an: Im Mittelpunkt der Übersetzung aus dem *Paysan de Paris*, die Benjamin im Juni 1928 in der *Literarischen Welt* (8. und 15.6.1928) veröffentlichte, stehen Aragons Impressionen von einer Briefmarkenhandlung. Wie Aragon erscheinen Benjamin die Briefmarken als die »surrealistische Miene der Dinge im Jetzt« (PASSAGEN, V, 1034). Der Unterschied zwischen Aragons und Benjamins Ansatz ist allerdings dieser: Aragon faßt die Briefmarken als »Gefährten der Kindheit« – »nos compagnons d'enfance« (Aragon 1972, 90) – auf, während hingegen Benjamin sie zugleich und vor allem als »geschändete Markenkörper« und als Leichen auffaßt. Auf der einen Seite erweisen sich die Briefmarken sowohl für das Kind als auch unter der vergrößernden Lupe des Sammlers als die ganze Welt im Kleinformat, als Miniatur. Auf der anderen Seite ist den Briefmarken die Fluchtlinie des Fortschritts, der sie zum Abfall der Geschichte bestimmt, eingeschrieben. Sie sind weder von der Zeit ihrer Erscheinung noch von dem Ort ihrer Ausstellung zu trennen. Dieser Ort ist die *Passage de l'Opéra*, die Benjamin nicht mehr gekannt hat. Er kam zwei Jahre zu spät – die 1822/23 erbaute *Passage de l'Opéra* wurde Anfang 1925 abgerissen. Nicht von ungefähr bezeichnet er die BRIEFMARKEN-HANDLUNG als eine Weltausstellung in Miniatur: Wie die Passagen ist sie dem Schicksal der Weltausstellungen des ausgehenden 19. Jh.s geweiht, sie ist ein Dokument einer bereits untergegangenen Epoche – eine Mythologie des 19. Jh.s unter anderen. Das drückt Benjamins ikonoklastischer Umgang mit den Briefmarken aus, wenn er etwa suggeriert, daß man sie auch zerschneiden und für Montagen sehr gut verwenden kann: »Darum macht man aus Briefmarkenteilchen, die man zusammenklebt, so wirksame Bilder« (BRIEFMARKEN-HANDLUNG, IV, 135).

Auch muß eindeutig bestimmt werden, wer der eigentliche Betreuer und Sachwalter der Briefmarken ist. Während das Kind der onirischen Seite angehört und die magische Aura der Briefmarken noch wahrnimmt, steht der erwachsene Sammler auf der Seite des Erwachens. Im Gegensatz zum Kind liest der Sammler nur noch die Fetzen und den Abfall einer unwiederbringlichen Welt auf. Das Pendant zur Briefmarkensammlung ist in STEUERBERATUNG die Sammlung von Geldscheinen, von jenen Dokumenten, in welchen »der Kapitalismus sich naiv in seinem heiligen Ernst« gebärdet, die aber, einmal gesammelt, die »Fassadenarchitektur der Hölle« (139) darstellen. Benjamin beschließt die Briefmarken-Handlung mit der gleichsam prophetischen Äußerung, daß »die großen künstlerischen Marken der Nachkriegszeit mit ihren vollen Farben [...] das zwanzigste [Jahrhundert] nicht überleben« (137) werden. Es ist geschehen: immer mehr werden Briefmarken durch vorgedruckte Umschläge, durch Etiketten, die mit Briefmarken nur noch den Namen gemein haben, oder gar durch aufgedruckte Stempel ersetzt. Am Beispiel der Briefmarken läßt sich der Zerfall der Aura exemplarisch dokumentieren. »Materialistisch« aufgefaßt, entspricht dieser Zerfall der Entwicklung der Kommunikationsmittel. Die Briefmarken sind ja Produkte der Entwicklung des Handels und des Verkehrs. So wie sie der Verkürzung der Kommunikation entsprachen, müssen sie nun auch ihrer Beschleunigung zum Opfer fallen. Das hat Benjamin begriffen.

Deshalb bildet der Traum in EINBAHNSTRASSE einen problematischen Knoten. Neben den eigentlichen Träumen, von denen Benjamin berichtet und über deren Verhältnis zum Wachzustand er nachdenkt, erscheint ja auch die Welt der Straße als der Ort der »Träume des Kollektivs«. Dieser Dimension kollektiver Phantasmagorien gilt Benjamins »besonderer Materialismus«, der, wie Kracauer schreibt, »bewußt das Ende der individualistischen, naiv-bürgerlichen Epoche« anzeigt (Kracauer 1928, 122 f.). Sieht man in EINBAHNSTRASSE den destruktiven Charakter am Werk, dann muß einleuchten, daß ein Text wie HOCHHERR-

SCHAFTLICH MÖBLIERTE ZEHNZIMMERWOHNUNG, in dem das bürgerliche Interieur als »idealer« Tatort eines Mords dargestellt wird, tatsächlich »die Liquidation der herkömmlichen bürgerlichen Charaktere, ihrer Etuis, ihrer Interieurs« versinnbildlicht (Fürnkäs 1984, 259).

Die textlichen Experimente des Surrealismus und insbesondere Aragons *Paysan de Paris* haben in EINBAHNSTRASSE Eingang gefunden. Benjamin hat sich offensichtlich dessen Technik des Zitierens und Einmontierens von Schriftstücken und Momentaufnahmen aus dem großstädtischen Alltag zu eigen gemacht. Doch das Schreibexperiment der EINBAHNSTRASSE läßt sich auf die Experimente des Surrealismus, von denen Benjamin sich in jenen Jahren gerade distanzierte, nicht reduzieren. In dem Denkbild VEREIDIGTER BÜCHERREVISOR ist es nicht mehr der Surrealismus, der Benjamin als Vorbild dient, sondern Mallarmé, der »zum ersten Male im ›Coup de dés‹ die graphischen Spannungen der Reklame ins Schriftbild verarbeitet. [...] Die Schrift, die im gedruckten Buche ein Asyl gefunden hatte, wo sie ihr autonomes Dasein führte, wird unerbittlich von Reklamen auf die Straße hinausgezerrt und den brutalen Heteronomien des wirtschaftlichen Chaos unterstellt. Das ist der strenge Schulgang ihrer neuen Form« (IV, 102 f.). Ganz eindeutig heißt es an dieser Stelle weiter:

»Was danach [nach Mallarmé] von Dadaisten an Schriftversuchen unternommen wurde, ging zwar nicht vom Konstruktiven, sondern den exakt reagierenden Nerven der Literaten aus und war darum weit weniger bestandhaft als Mallarmés Versuch, der aus dem Innern seines Stils erwuchs« (ebd.).

Angestrebt ist eine »Bilderschrift«, von der sich Benjamin in dieser Reflexion sogar erhofft, daß sie die Autorität der Poeten »im Leben der Völker erneuern« (104) wird. Allerdings wird die neue Form »männlich« sein müssen, und vielleicht kann man das Denkbild FÜR MÄNNER auch als eine metapoetische Äußerung interpretieren: »Überzeugen ist unfruchtbar«. Sie wird mit allen Formen brechen müssen, die auf Überzeugung angelegt sind (vgl. TANKSTELLE, 85), und das heißt sowohl mit der Belletristik, die einen »narrativen Pakt« zwischen Autor und Leser voraussetzt, als auch mit den ideologiebeladenen Demonstrationen. Die Warnung vor dem »Über-zeugen« kann nämlich auch als Absage an eine überschwengliche Produktion, also als programmatisches Plädoyer für die Kurzprosa gedeutet werden.

Die Selbstauslöschung des Flaneurs

Das Subjekt, das an den Schildern, Plakaten, Reklamewänden, Hausfassaden und Schaufenstern der EINBAHNSTRASSE vorbeiwandert bzw. sich auf der aus diesem urbanen Textmaterial gebauten Textstraße mit ihren fetten Seitenzahlen und Überschriften, die an Hausnummern und Ladenschilder erinnern, bewegt, kann nicht mehr eigentlich mit der Figur des Flaneurs identifiziert werden, wie sie zuvor in der urbanen Literatur sich ausnahm. Im Vergleich etwa mit Hessels *Spazieren in Berlin* fehlt in EINBAHNSTRASSE ein ähnliches flanierendes Subjekt (Sdun 1994, 150). Auch Bloch hatte das schon vermerkt: »Ja, gegenständlich geht überhaupt niemand recht auf der Straße, ihre Dinge scheinen mit sich allein« (Bloch 1928, 369). Wenn es nicht ganz aufgehoben wird – der Adornoschen Formel von der totalen Auslöschung des Ichs gemäß –, dann entspricht das Subjekt der EINBAHNSTRASSE bestenfalls dem dialektischen Typ des modernen Flaneurs, den Benjamin in den Aufzeichnungen des Passagen-Komplexes entwirft. Der Flaneur ist der Außenseiter, der zugleich von der Großstadt hervorgebracht wird und ihr fremd gegenübersteht: eine dialektische Figur, die durchaus Simmels Diagnose des gleichzeitigen Durchbruchs der objektivmaterialen Kultur und des Psychologismus verkörpert und sie auch transzendieren kann, wenn es ihm gelingt, seine Nostalgie in Soziologie zu verwandeln. Bezeichnet Hessel sein *Spazieren in Berlin* (1929) als »Heimatkunde«, so versteht der Benjaminsche Flaneur diese Heimatkunde gewiß nicht nostalgisch. Wo nach Simmels und Kracauers Diagnose die Einheit von Zeichen und Bezeichnetem im Prozeß der »Entweltlichung« zerfallen ist, verübt der Flaneur einen soziologischen Gewaltstreich, und selbst wenn es dem Interpreten schwerfällt, müssen die scheinbar subjektivsten Stadtbilder des Flaneurs als soziologische Expeditionen gewertet werden. Das meint auch Kracauers Bestimmung des neuen soziologischen Stils als »soziologische *Literatur*«. Sie will ausdrücklich der Zerstreuung entgegenarbeiten.

Ob man aber den Flaneur in der EINBAHNSTRASSE mit Kracauers Konzeption, die auf Aufklärung aus ist, in Verbindung bringen kann, ist äußerst fraglich. Sehr zu Unrecht hat Kracauer ihm vorgeworfen, nur am Vergangenen interessiert zu sein, weil er – und das bleibt sein Verdienst – als erster auf den Zusammenhang zwischen EINBAHNSTRASSE und dem URSPRUNG DES DEUTSCHEN TRAUERSPIELS eingegangen ist. Vielmehr gleicht für Benjamin der Flaneur dem Großstadtmenschen, der auf den Gehsteigen der Metropole der Kollision mit der auf ihn zuströmenden Masse ausweichen muß. Um so wacher sind seine inneren Warnsignale. Die Geistesgegenwart des Benjaminschen Flaneurs entspringt aus einer gelungenen Chockabwehr. Wie alle Phantasmagorien und phantasmagorischen Typen ist der Flaneur ein Übergangsphänomen: er steht auf der Schwelle zwischen zwei Welten, die der Kunstwerk-Aufsatz als die Welt der optischen Erfahrung einerseits und die Welt des haptischen Erlebnisses andererseits bezeichnen wird. Er zögert zwischen ihnen, schafft es aber zum Teil noch, sie auf phantasmagorische Weise zu vereinen (»Dialektik im Stillstand«). Die Spannung, die er phantasmagorisch »löst«, zeigt den Punkt an, wo entschieden werden müßte, was *Erlebnis* bleiben muß und was wieder *Erfahrung* werden könnte. Wiewohl er vortäuscht, sich in einer Kneipe oder in einem Café niederzulassen und den Augenblick zu nutzen, um der Wahrheit nachzujagen, ist eben Jagd angesagt: Es gilt (und das ist im Inneren des modernen Schriftstellers selbst ein Zeichen des Rückfalls in Naturverhältnisse), der wilden Wahrheit Fallen zu legen und alle Alarmsignale ins Werk zu setzen. Geistesgegenwart, »genau zu merken, was in der Sekunde sich vollzieht« (MADAME ARIANE ZWEITER HOF LINKS, IV, 141), dies ist das Verhalten und das Vermögen, das er aufzubringen hat. Ob er gegen die Stöße der Außenwelt die eigene Innenwelt noch behaupten kann, hängt schließlich davon ab, ob er überhaupt noch über eine derartige »Innenwelt« verfügt bzw. inwiefern und in welcher Form er sie noch retten kann. Geistesgegenwart heißt ja »im Augenblick der Gefahr sich gehen lassen« (VI, 207), das heißt sich »positiv-barbarisch« einer nicht mehr abwendbaren Entwicklung stellen. Der Benjaminsche Flaneur ist der Wegbereiter des »zerstreuten Kritikers«: er ist »aufmerksam abgelenkt«.

Diese wie auch immer zerstreute, aber stets wache Geistesgegenwart scheint Adornos Spruch von der »Verfallenheit ans Objekt, bis zur buchstäblichen Selbstauslöschung des Selbst« zu widersprechen. Bloch äußerte sich zum Ich der Denkbilder nuancierter: »Ihr Ich ist sehr nahe, aber wechselnd, ja, es sind recht viele Iche. [...] Immer neue Ichs, sagten wir, sind hier zu sehen und löschen sich aus«. Zugleich hat aber Bloch am entschiedensten darauf hingewiesen, daß diese Vervielfältigung der Iche die Verflüchtigung des großgeschriebenen philosophischen Subjekts signalisiert: »Nun zieht, mit dem bürgerlichen Vernunftprinzip a priori, auch das System ab, das seinen idealistischen Zusammenhang einzig aus diesem Vernunftprinzip bestritten und entwickelt hatte« (Bloch 1928, 368 f.).

Sind also die Denkbilder von EINBAHNSTRASSE das schriftstellerische Laboratorium jener (post-) modernen Figur, die Benjamin im Kunstwerk-Aufsatz als »zerstreuten Kritiker« charakterisieren wird, so kontrastiert damit eine ganze Reihe von Texten, die der Erinnerung und der Erfahrung gewidmet sind, insbesondere diejenigen, die die Erfahrungswelt der Kindheit heraufbeschwören (BAUSTELLE, VERGRÖSSERUNGEN: LESENDES KIND, ZU SPÄT GEKOMMENES KIND, NASCHENDES KIND, KARUSSELLFAHRENDES KIND, UNORDENTLICHES KIND, VERSTECKTES KIND). Im Kind, dem Helden der VERGRÖSSERUNGEN, wird aber sicher nicht die Rückkehr des Flaneurs gefeiert. Vielmehr verhält sich die Figur des Kindes zu der des modernen Flaneurs wie das Naive zum Sentimentalischen, und zwar zu den Formen, die das Sentimentalische überhaupt noch annehmen kann. In EINBAHNSTRASSE spiegelt das Nebeneinander von privaten, literarischen, physischen und gesellschaftlichen Erfahrungen die Spannung zwischen Erfahrung und Erlebnis, zwischen der Erinnerung und der »Verfallenheit ans Objekt bis zur buchstäblichen Auslöschung des Selbst« (Adorno 1968, 61) wider, aus der sich die neue Subjektivität konstituiert.

Vielleicht deshalb sind die Texte der EINBAHNSTRASSE auf ihre wie immer paradoxe Weise ausgesprochen auratisch. Trotz oder gerade wegen der »Anstößigkeit« ihrer Gestaltung sind sie von Benjamin als Kollision zwischen dem »Chok« der Straße und der Aura der Bilder konzipiert worden: »Was macht zuletzt Reklame der Kritik so überlegen? Nicht was die rote elektrische Laufschrift sagt – die Feuerlache, die auf dem Asphalt sie spiegelt« (IV, 132). Benjamin weigert sich, die Spannung zwischen der »tragischen Konzision« der Nähe (ÜBER EINIGE MOTIVE BEI BAUDELAIRE, I, 650) und der »nützlichen Illusion« der Ferne (vgl. insb. FUNDBÜRO, IV, 120) aufzulösen. Diese Haltung charakterisiert die besondere Auffassung der Liebe beim Melancholiker, der keinen Augenblick an ihre Erfüllung in einer »ewigen Heimat« denkt. Nähe und Ferne können sich nicht decken (vgl. ALTE LANDKARTE, IV, 117). Dies macht seine besondere Art des »Tiefsinns« aus. Die Denkbilder der EINBAHNSTRASSE sind sicher auf der Suche nach einem »frühesten Bild«, aber sie sind sich auch bewußt, daß kein direkter Weg, keine geradlinige Straßenflucht zu ihm führt. Ist für Benjamin die Straße eine Schrift, so widerspricht diese der Utopie der Aufsätze über die Sprache: sie dokumentiert die zum »bloßen Zeichen« degenerierte Sprachwirklichkeit. Die Denkbilder versuchen deshalb das Auratische, die Idee, das Urbild, den entstellten allegorischen Ausdrucksformen der modernen Gegenwart, unter anderem den Reklameschildern, abzuringen – die Aura des Nicht-Auratischen aufscheinen zu lassen. Dieses Programm hat Benjamin gleich im ersten Denkbild, TANKSTELLE, als seine Strategie im Literaturkampf erklärt.

Schluß

Die Denkbilder experimentieren mit dem etablierten Verhältnis von Raum und Zeit. Der kurze Text über DIE ZEITUNG, dessen Übereinstimmung mit der Bestimmung des schriftstellerischen Engagements in TANKSTELLE oben hervorgehoben wurde, stand ganz im Zeichen der These: »Das Schrifttum [gewinnt] an Breite, was es an Tiefe verliert« (DIE ZEITUNG, II, 629). Die stillgestellte Bewegung, die der Widerspruch des Umschlagbilds zum Ausdruck bringt, charakterisiert den ganzen Band. Momentaufnahmen werden verzeichnet, die sich jeglichem narrativen Zwang verweigern. So wie das Umschlagbild von Sasha Stone auf der Vorderseite Schaufenster zeigt, kann man tatsächlich die einzelnen Abschnitte mit Schaufenstern vergleichen: PAPIER- UND SCHREIBWAREN, HANDSCHUHE, BÜROBEDARF, GALANTERIEWAREN, ANTIQUITÄTEN, UHREN UND GOLDWAREN, SPIELWAREN, BRIEFMARKENHANDLUNG, KURZWAREN und dergleichen mehr. Doch es wäre falsch zu behaupten, daß die »Botschaft« der Sammlung sich darauf beschränkt, ausgestellte Waren vorbeidefilieren zu lassen (wie sehr auch schon darin eine kritische Geste bestehen mag). Ebensowenig kann unterstellt werden, daß sie dagegen eine (etwa geschichtsphilosophische) These geltend machen würde. Beides trifft zu, aber die Spannung zwischen räumlicher Darlegung und historischer Deutung, zwischen Flächen, die zu besetzen sind, und Prospekt, wie sie das Denkbild DIESE FLÄCHEN SIND ZU VERMIETEN im Hinblick auf das Schreibexperiment selbst ausdrückt, ist nicht aufzulösen. Wie man weiß, bildet gerade die Ausstellung (bis hin zu ihrer gesteigerten Form der »Weltausstellung«) eines der Phänomene, an denen Benjamin im Passagen-Werk und den dazugehörenden Entwürfen und Exposés jene Spannung versinnbildlicht, die die Moderne charakterisiert und das »dialektische Bild« ausmacht.

In der Umgangssprache spricht man gern, um solche Bilderreihen zu bezeichnen, von einem Kaleidoskop. Eine Äußerung zum Kaleidoskop konnte unter Benjamins Feder auch nicht ausbleiben: er beschreibt es als ein Dispositiv, »dem bei jeder Drehung alles Geordnete zu neuer Ordnung zusammenstürzt« (ZENTRALPARK, I, 660). Es liegt ja nahe, Benjamins Reihe von Denkbildern mit Walter Ruttmanns Filmkonzeption in Zusammenhang zu setzen, zumal da Sasha Stone, der für Benjamins »Plakette« das Umschlagbild konzipierte, für Ruttmanns Berlin-Film Fotomontagen entwarf. Benjamin hat eines seiner Denkbilder ausdrücklich STEREOSKOP überschrieben. Es ist dasjenige, das im rätselhaft betitelten Denkbild SPIELWAREN den täglichen Markt in Riga und die benachbarten Läden beschreibt: die Warenwelt sieht »wie die Fassade eines Phantasiebordells« aus, die Stadt ist »wie aus Schubladen« gestellt (IV, 129). Nun ist ein Stereoskop gerade das Gegenteil von einem Kaleidoskop: es ist im eigentlichen Sinn ein optisches Dispositiv, das den Augen zwei Bilder desselben Gegenstandes so darbietet, daß der Beschauer den Eindruck eines dreidimensionalen Bildes erhält. Das Stereoskop fügt also der flachen Räumlichkeit die Dimension der Tiefe hinzu. Insofern bringt es die beiden Dimensionen der Ausdehnung und der Tiefe zusammen, wie man es vom Symbolon erwartet, das zwei Dimensionen eines Objektes wieder in Verbindung bringt und dadurch dessen tieferen Sinn enthüllt. Zu Unrecht entscheidet Bloch eindeutig zwischen Kaleidoskop und Stereoskop: für ihn ist in EINBAHNSTRASSE die Tiefe gleichsam ausgehöhlt, die Revueform ist eine »Reise durch die hohlgehende Zeit«, das »Kaleidoskop« exploriert »die Hohlräume unserer Zeit« (Bloch 1928, 369; 371). Bloch will ja partout sein Schema der Dialektisierung des Zerfalls und der Zerstreuung (»Montage unmittelbar« versus »Montage höherer Ordnung« und »Montage mittelbar« – Bloch 1962) auch auf Benjamins »surrealistische Revue« anwenden: Während das »surrealistische Philosophieren [...] musterhaft [ist] als Schliff und Montage von Bruchstücken, die aber recht pluralistisch und unbezogen solche bleiben«, erscheinen dem dialektischen Blick die Bruchstücke »als dialektische Experiment-Figuren des Prozesses«. So gesehen haben die Hohlräume selber noch eine Tiefe, und sogar eine, die »nicht im selber Leeren« liegt, »sondern im Reich konkreter Intention, materialer Tendenz, als einer keineswegs unbestimmten« (Bloch 1928, 371). Das Manko von Bloch suggestiver Deutung besteht darin, daß sie durchgehend ein »surrealistisches Philosophieren« unterstellt, ohne sich auf Benjamins eigene Dialektisierung des Surrealismus einzulassen. Verwertet man sie mit der gebührenden kritischen Distanz, dann bestätigt sie zumindest die Hypothese, daß Benjamin seine Sammlung als Exemplifizierung der Spannung zwischen Räumlichkeit und »Tiefe« bewußt konzipiert hat (man verstehe die Tiefe als Straßenflucht – mit allen Implikationen, die dieses urbanistische Motiv in Benjamins Auffassung der modernen Großstadt nach sich zieht –, als die Tiefe einer Ideenwelt, wie dies in der ERKENNTNISKRITISCHEN VORREDE des Trauerspielbuchs der Fall ist, oder noch als historische Fluchtperspektive – wie sie das Motiv der Straßenflucht ja impliziert: man denke an Haussmanns Perspektiven als Umsetzung einer Teleologie der Herrschaft). In einem Brief an Scholem vom 18.9.1926 sprach Benjamin ja von der EINBAHNSTRASSE als von einer Straße, »die einen Prospekt von so jäher Tiefe – das Wort nicht metaphorisch zu verstehen! – erschließen soll, wie etwa in Vicenza das berühmte Bühnenbild Palladios: Die Straße« (3, 197).

Die Möglichkeit, daß die Konstruktion sich in Illusion auflöst, hat Benjamin zugleich in das konstruktivistische Konzept seiner EINBAHNSTRASSE eingeschrieben. »Wie in Palladios Meisterwerk der illusionistischen Malerei die Straße erst durch die dargestellte Tiefe einer in der unendlichen Perspektive mit dem Horizont verschmelzenden Straße dem Betrachter den Eindruck vermittelt, eine reale Straße vor Augen zu haben, soll auch bei Benjamin im Zusammenhang mit der Konstruktion der Texte der Begriff der Straße wörtlich genommen werden« (Köhn 1989, 200). Der Begriff oder die Metapher der Straße ist zwar wörtlich zu nehmen. Aber wohin führt er (oder sie)? Hat nicht Benjamin mit diesem Hinweis sein eigenes Unternehmen als Phantasmagorie problematisiert?

Durchbruch oder Einbahnstraße? Diese Alternative erforderte jedenfalls eine Schreibweise, die sich vom Fluß der Erzählung sowie vom Denkfluß der Argumentation loszusprechen hatte. An ihrer praktischen Wirksamkeit mag man mit Heinz Schlaffer und Josef Fürnkäs zweifeln: »Denkbilder analysieren den ›Riesenapparat des gesellschaftlichen Lebens‹ en détail, ›wirkend gewachsen‹ zeigen sie sich ihm nicht« (Schlaffer 1973, 151).

1931 trieb Benjamins Text DER DESTRUKTIVE CHARAKTER die Bilanz eines Jahrzehnts, das alles andere als Selbstbegegnung ermöglichte, zum Äußersten. Die Sammlung EINBAHNSTRASSE stellte in Benjamins Entwicklung den letzten Versuch dar, dem Bankrott des Subjekt-Objekts, d. h. dem Sieg einer totalen Verdinglichung, mittels der Denkbilder dialektisch zu widerstehen und die Armut der verdinglichten Erfahrung zu sprengen, indem verdinglichte Erfahrungsfragmente aus ihrem verdinglichenden Kontext herausgelöst wurden und eine »surrealistische Miene« annehmen sollten (Passagenarbeit, V, 579). Ihre Strategie ist die des »positiven Barbarentums«. Wenn sie überhaupt noch marxistisch ist, dann im Sinn von Marx' dialektischer Forderung in der »Einleitung zur Kritik der Hegelschen Rechtsphilosophie«, nach welcher man »den wirklichen Druck noch drückender machen [soll], indem man ihm das Bewußtsein des Drucks hinzufügt«. Nur vermochte der dialektische Charakter die Spuren und Fragmente, die er verzeichnet, nicht mehr dialektisch zusammenzubündeln: sie verlaufen kreuz und quer, weisen in alle Richtungen und bestätigen wahrscheinlich nur die »Verfallenheit ans Objekt, bis zur buchstäblichen Selbstauslöschung des Selbst«. Der destruktive Charakter sehnte ein Jüngstes Gericht herbei, zu dem er beizutragen meinte, indem er durch die Selbstauflösung seines Ich das äußerste Ende der Verdinglichung aktivierte. Umsonst entäußerte er sich aller Menschlichkeit. Und umsonst haben Adorno und Horkheimer Benjamin vor dieser aussichtslosen *politique du pire* gewarnt. Entgegenzusetzen hatten sie allerdings, wenn auch erst nachträglich, eine nicht minder radikale Diagnose des Zerfalls des Subjekts der Geschichte und des Subjekts überhaupt, die sie 1944 zur *Dialektik der Aufklärung* zuspitzten.

Nur eines ließ Benjamins Bilanz noch zu: positives Barbarentum, die »Identifikation mit dem Angreifer«, wie Adorno sagt (Adorno 1968, 60). Der Gegenbeweis, Adornos zwischen 1944 und 1947 abgefaßte *Minima moralia*, zeigt eben »neben deutlichen Reminiszenzen klarer noch den historischen Abstand zu den früheren Denkbildern Benjamins an: Resignative, gleichwohl gesprächige ›Überzeugungen‹ sind an die Stelle der stumpf gewordenen ›Fakten‹ und Erfahrungen getreten« (Fürnkäs 1984, 266 f.). Deshalb sind Adornos *Minima moralia* gerade Aphorismen und nicht »Denkbilder«.

Werk

EINBAHNSTRASSE (IV, 83–148)
ANKÜNDIGUNG DER ZEITSCHRIFT ›ANGELUS NOVUS‹ (II, 241–246)
BERLINER CHRONIK (VI, 465–519)
DER DESTRUKTIVE CHARAKTER (IV, 396–398)
ERFAHRUNG UND ARMUT (II, 213–219)
DAS PARIS DES SECOND EMPIRE BEI BAUDELAIRE (I, 511–604)
PASSAGEN (mit Franz Hessel) (V, 1041–1043)
DER SÜRREALISMUS. DIE LETZTE MOMENTAUFNAHME DER EUROPÄISCHEN INTELLIGENZ (II, 295–310)
ÜBER EINIGE MOTIVE BEI BAUDELAIRE (I, 605–653)
URSPRUNG DES DEUTSCHEN TRAUERSPIELS (I, 203–409)
DIE ZEITUNG (II, 628–629)
ZENTRALPARK (I, 655–690)

Literatur

Adorno, Theodor W. (1955): »Charakteristik Walter Benjamins«, in: ders.: Prismen, Gesammelte Schriften, hg. v. Rolf Tiedemann, Bd. 10/1, Frankfurt a. M. 1977.
Adorno, Theodor W. (1968): »Benjamins Einbahnstraße«, in: ders.: Über Walter Benjamin, Frankfurt a. M., 55–61.
Aragon, Louis (1972): Le Paysan de Paris, Paris.
Arntzen, Helmut (1983): »Philosophie als Literatur: Kurze Prosa von Lichtenberg bis Bloch«, in: Benjamin Bennett (Hg.): Probleme der Moderne. Studien zur deutschen Literatur von Nietzsche bis Brecht. Festschrift für Walter Sokel, Tübingen, 51–66.
Baßler, Moritz/Christoph Brecht/Dirk Niefanger/Gotthart Wunberg (1996): Historismus und literarische Moderne, Tübingen.
Bienert, Michael (1992): Die eingebildete Metropole. Berlin im Feuilleton der Weimarer Republik, Stuttgart.
Bloch, Ernst (1962): »Revueform in der Philosophie« [1928], in: ders.: Erbschaft dieser Zeit, Frankfurt a. M., 368–371.
Bloch, Ernst (1968): »Erinnerungen«, in: Über Walter Benjamin [ohne Hg.], Frankfurt a. M., 16–23.

Bloch, Ernst (1975): Experimentum mundi, Frankfurt a. M.
Bolle, Willi (1994): Physiognomik der modernen Metropole. Geschichtsdarstellung bei Walter Benjamin, Köln/Weimar/Wien.
Fürnkäs, Josef (1984): »La ›voie à sens‹ unique weimarienne de Walter Benjamin«, in: Gérard Raulet (Hg.): Weimar ou l'explosion de la modernité, Paris, 255–271.
Fürnkäs, Josef (1988): Surrealismus als Erkenntnis, Stuttgart.
Fürnkäs, Josef (1988a): »Image de pensée et miniature selon W. Benjamin«, in: Gérard Raulet/Josef Fürnkäs (Hg.): Weimar. Le tournant esthétique, Paris, 287–299.
Graeff, Werner (1922): »Für das Neue«, in: De Stijl, 5.
Haacke, Wilmont (1951/1952): Handbuch des Feuilletons, 2 Bde, Emsdetten.
Hessel, Franz (1928): »Walter Benjamin: Einbahnstraße«, in: Das Tagebuch, H. 9.
Jöns, Dietrich Walter (1966): Das »Sinnen-Bild«. Studien zur allegorischen Bildlichkeit bei Andreas Gryphius, Stuttgart.
Köhn, Eckhardt (1988): »Konstruktion des Lebens. Zum Urbanismus der Berliner Avantgarde«, in: Avant Garde, Nr. 1, 33–72.
Köhn, Eckhardt (1989): Straßenrausch. Flanerie und kleine Form. Versuch zur Literaturgeschichte des Flaneurs bis 1933, Berlin.
Kracauer, Siegfried (1971): »Zu den Schriften Walter Benjamins«, in: ders.: Schriften Bd. 5–2, Frankfurt a. M., 119–124.
Krüger, Heinz (1957): Über den Aphorismus als philosophische Form. Mit einer Einführung von Theodor W. Adorno, München.
Lindner, Burkhardt (1980): »Positives Barbarentum – aktualisierte Vergangenheit«, in: alternative 132/33, 130–139.
Milch, Werner (1928), Berliner Tageblatt, 11.11.1928.
Moholy-Nagy, László (1922): »Produktion – Reproduktion«, in: De Stijl, 7.
Penzoldt, Ernst (1951/1952): Lob der kleinen Form, zit. n. Haacke: Handbuch des Feuilletons, 2 Bde, Emsdetten.
Rang, Florens Christian (1924): Deutsche Bauhütte. Ein Wort an uns Deutsche über mögliche Gerechtigkeit gegen Belgien und Frankreich und zur Philosophie der Politik. Mit Zuschriften von Alfons Paquet, Ernst Michel, Martin Buber, Karl Hilde-Brandt, Walter Benjamin, Theodor Spira, Otto Erdmann, Leipzig.
Raulet, Gérard (1997): Le Caractère destructeur. Esthétique, théologie et politique chez Walter Benjamin, Paris.
Raulet, Gérard (2004): Positive Barbarei, Münster.
Schlaffer, Heinz (1973): »Denkbilder. Eine kleine Prosaform zwischen Dichtung und Gesellschaftstheorie«, in: W. Kuttenkeuler (Hg.): Poesie und Politik, Stuttgart/Berlin/Köln/Mainz, 137–154.
Schulz, Eberhard Wilhelm (1968): »Zum Wort ›Denkbild‹«, in: ders.: Wort und Zeit, Neumünster, 218–252.
Sdun, Dieter (1994): Benjamins Käfer. Untersuchungen zur bildlichen Sprache Walter Benjamins im Umkreis der »Einbahnstraße«, Frankfurt a. M. (Diss. Düsseldorf 1993).
Spinnen, Burkhard (1991): Schriftbilder. Schriften zu einer Geschichte emblematischer Kurzprosa, Münster.
Winkler, Richard G. (1981): Werner Graeff und der Konstruktivismus in Deutschland 1918–1934, Aachen.
Witte, Bernd (1985): Walter Benjamin mit Selbstzeugnissen und Bilddokumenten dargestellt, Reinbek.

Zum Kinde

»Programm eines proletarischen Kindertheaters« / »Eine kommunistische Pädagogik« / »Kinderbücher«

Von Giulio Schiavoni

Nach der Abwendung von seinem Lehrer Gustav Wyneken und von der Jugendbewegung findet Walter Benjamin neue Zugänge zu pädagogischen Fragen. Sein Interesse verlagert sich von der Jugend zur Kindheit, genauer gesagt: von der Potentialität der Jugend zu der der Kindheit. Seit etwa 1924 setzt er sich in neuen Formen mit der Welt der Kindheit und der Kinderliteratur auseinander. Seine Beiträge zu diesem Themenkomplex verstehen sich nicht als die eines Spezialisten, denn, wie Benjamin in einem Rundfunkvortrag erklärt, begann das Unglück der Kinderliteratur in dem Augenblick, »da sie in die Hände der Spezialisten fiel« (Kinderliteratur, VII, 252).

Die Bemühung, gedanklich in die Welt des Kindes und seiner schöpferischen Phantasie einzudringen, ist – abgesehen von dieser Radiosendung aus dem Jahre 1929 – vor allem durch ein Korpus kleiner Abhandlungen belegt, die in der *Frankfurter Zeitung* und in anderen Zeitschriften der Weimarer Zeit erschienen. Dieses Korpus kurzer Abhandlungen Benjamins, die aus den Jahren 1924 bis 1932 stammen, ist unter der Rubrik »Pädagogische Rezensionen« eingeordnet worden (vgl. Bokma 2000, 83 f.); zu ihm gehören die Rezensionen Karl Hobrecker: Alte vergessene Kinderbücher und Alte vergessene Kinderbücher (1924), der Aufsatz Aussicht ins Kinderbuch (1926), sechs kleine Texte zum Thema Spielzeug aus den Jahren 1928–1930 (Altes Spielzeug; Kulturgeschichte des Spielzeugs; Spielzeug und Spielen; Russische Spielsachen; Puppen und Puppenspiele; Lob der Puppe), drei Texte zum Thema Fibel aus den Jahren 1928–1931 (Abc-Bücher vor hundert Jahren; Chichleuchlauchra; Grünende Anfangsgründe), das für Asja Lacis Ende 1928, eher Anfang 1929 verfaßte Programm eines proletarischen Kindertheaters und die Rezensionen Eine kommunistische Pädagogik (1929) sowie Pestalozzi in Yverdon (1932).

Hinzu kommen die zahlreichen Arbeiten für den Rundfunk, die regelmäßig in den Jahren zwischen 1929 und 1932 gesendet wurden und die heute als die »Rundfunkgeschichten für Kinder« bezeichnet werden. In diesem Zusammenhang müssen auch die Notizen zu einer Theorie des Spiels genannt werden, die auf die Jahre 1929–30 zurückgehen. Und nicht zu vergessen wären die vielen Stellen der EINBAHNSTRASSE und der BERLINER KINDHEIT, die dieser Problematik gewidmet sind, sowie die Vorliebe für die Werke von Proust, an denen Benjamin in einzigartiger Weise die Verflechtung von Kinder- und Erwachsenenwelt beobachten konnte.

Es handelt sich zwar um sehr verstreute Texte, aber sie entstammen für Benjamin nichtsdestoweniger einem zusammenhängenden großen Interesse, wie auch aus dem Brief vom 23.6.1932 hervorgeht, in dem Benjamin sich mit dem Heidelberger Verleger Richard Weißbach über ein (nicht realisiertes) Projekt zum Thema Kinderbücher verständigt (4, 104). Obwohl man es mit eher gelegenheitsbedingten Abhandlungen zu tun hat, die nicht als Ausarbeitung einer systematischen pädagogischen Theorie verstanden werden dürfen, erweisen sie sich ohne Zweifel selbst für die heutige Pädagogik immer noch als anregend.

Diese kontinuierliche Arbeit des Literaturkritikers Benjamin im Feuilleton und im Radio zum Thema Kinderliteratur läßt insbesondere vier eng zusammenhängende Schwerpunkte erkennen: erstens das Sammeln alter Kinderbücher, einschließlich der Reflexionen über diese Bücher und über das Sammeln; zweitens die theoretische Betrachtung der Kinderphantasie, des Spiels und des Spielzeugs; drittens die politische Positionierung gegen die sogenannte Reformpädagogik, mit der Benjamin eine eigene Bestimmung des »proletarischen Kindes« leistet; und viertens die Rundfunkarbeiten, die sich nicht dezidiert an proletarische Kinder, sondern an ein gemischtes zeitgenössisches Kinderpublikum wenden.

In diesen kurzen Schriften und Rundfunkübertragungen zeigt sich Benjamins Interesse an kindlicher Phantasie als eine Facette seines vielschichtigen Werks; die Überlegungen führen in jene Grenzgebiete, zu denen er so leichten Zugang hat und die er auf ertragreiche Weise zueinander in Beziehung setzen kann.

Der Traum des Sammlers alter Kinderbücher

Wertvolle Informationen über die Absicht Benjamins, die hinter seiner Sammlerleidenschaft steht und die schon auf das Jahr 1918 zurückgeht, als er in den Besitz der Sammlung von Kinderbüchern aus dem Familienerbe gelangt, die er durch neue Bände bis in die frühen 30er Jahre ergänzt, liefert ein Aufsatz aus dem Jahre 1931 mit dem Titel ICH PACKE MEINE BIBLIOTHEK AUS. In diesem Essay über die Bibliophilie bekennt er: »Dafür zählt [...] zu den schönsten Erinnerungen des Sammlers der Augenblick, wo er einem Buch, an das er vielleicht nie im Leben einen Gedanken, geschweige einen Wunsch gewendet hat, beisprang, weil es so preisgegeben und verlassen auf dem offenen Markt stand und es, wie in den Märchen aus Tausendundeiner Nacht der Prinz eine schöne Sklavin, kaufte, um ihm die Freiheit zu geben. Für den Büchersammler ist nämlich die wahre Freiheit aller Bücher irgendwo auf seinen Regalen« (IV, 392 f.).

Es ist also hauptsächlich der Wunsch, das »preisgegeben[e] und verlassen[e]« Buch-Objekt, sowohl den Gesetzen der Marktwirtschaft unterworfen als auch Gegenstand des ökonomischen Fetischismus, dem Leben zurückzugeben. Dieser Wunsch brachte Benjamin dazu, alte Bücher für Kinder aufzubewahren. Seine kostbare Kinderbuchsammlung, von der etwa 200 Bände erhalten sind, ist nicht nur dem Enthusiasmus seiner Ehefrau Dora, sondern auch einem »großen Raubzug«, wie es in einem Brief an Ernst Schoen aus dem Jahre 1918 heißt, durch die Bibliothek der Mutter (1, 467) zu verdanken. Die Sammlung wurde ursprünglich von Dora selbst aufbewahrt; nach der Scheidung im Jahre 1930 fiel sie ihr zu, so daß sie sie zu Anfang der 40er Jahre mit nach London nahm. Nach dem Tode Doras 1964 erbte der Sohn Stefan (auch er leidenschaftlicher Sammler von Antiquitäten) die Sammlung, und nach seinem Tod im Jahre 1972 wurde sie von seiner Witwe Janet Benjamin in London verwahrt, bis sie schließlich an das Institut für Jugendbuchforschung der Universität Frankfurt am Main überging, wo sie sich auch heute befindet (vgl. Katalog der Kinderbuchsammlung Walter Benjamin 1987). Es verwundert nicht, daß Benjamin gerade der sogenannten Kinderliteratur eine ganze Reihe von Rezensionen und Artikeln gewidmet hat, die im Laufe eines Jahrzehnts in verschiedenen deutschen Zeitungen erschienen sind.

In der Rumpelkammer, dem Labyrinth der »Stadt der Bücher« (IV, 619) verweilt Benjamins Blick vor allem auf den alten, verkommenen und abgenutzten Kinderbüchern. Es steht die Rehabilitierung einer marginalen, um genauer zu sein: einer ausgegrenzten Literatur auf dem Spiel, die üblicherweise als wertloser Papierkram betrachtet wurde. Für den Berliner Kritiker, gleichsam aus seiner Sicht des Retters, geht es darum, sich Schätzen zu nähern, die über nahezu hundert Jahre in Vergessenheit geraten sind, in den Fächern des nüchternen Mobiliars der Biedermeierzeit der ersten Hälfte des 19. Jh.s unter Verschluß gehalten, jene Art Literatur, die sich in den höheren Gesellschaftsschichten des 18. und 19. Jh.s verbreitet hatte und die der Zeitgenosse Karl Hobrecker in seinem Buch *Alte vergessene Kinderbücher* (Berlin 1924) ans Licht zu bringen begonnen hatte, wobei er allerdings in erster Linie die Rolle eines Archivars einnimmt (vgl. III, 15). Ganz anders dagegen Benjamin, dem immer daran gelegen ist, gleichsam den Schatz aus den Trümmern zu bergen und der sich jener vergessenen Literatur als wahrer *Sammler* nähert, beseelt von »einer an das Maniakalische grenzenden Leidenschaft« (II, 505), wie er im bedeutenden programmatischen Essay Eduard Fuchs, der Sammler und der Historiker (1937) dargestellt wird. In seinem Falle scheint es, als habe seine Haltung Büchern gegenüber sogar eine erotische Färbung erhalten. Übrigens ist es kein Zufall, daß in der Einbahnstrasse u.a. dreizehn Thesen zu den überraschenden Übereinstimmungen zwischen Büchern und Prostituierten zu lesen sind (IV, 109f.).

Durch das Sammeln von Überresten (Briefmarken, Ansichtskarten, alten Fotos, »alten und vergessenen« Kinderbüchern und Büchern) beabsichtigt Benjamin keineswegs dem vanity fair des Antiquariats Recht zu geben, das gleichsam das Museum der Menschheit erweitert und die Gegenwart archaisiert. Die Rettung, die er sich als Sammler zum Vorsatz macht, setzt voraus, daß der scheinbare Ramsch noch immer wertvoll ist und ihm Impulse geben kann.

In diesem Sinne erneuerte sich für Benjamin, ähnlich wie für viele Surrealisten, eine Erfahrung, die in Charles Baudelaires *Morale du joujou* durch die Betrachtung von Spielzeug hervorgerufen wurde: Spielzeug als Konzentrat des Lebens an sich, »im Kleinformat«, ohne die Grautöne der wirklichen Existenz (vgl. Baudelaire 1951, 674). Es handelt sich um die Leidenschaft für Relikte aus einer Vergangenheit, die nunmehr jeglichen Kontextes beraubt sind, für das, was sich als Reste einer Traumwelt abzeichnet: Trümmer, für die kein Platz mehr ist in der Welt der Moderne und denen sich – von Rimbaud und Baudelaire bis hin zu den Dadaisten und Surrealisten – die europäische Avantgarde zuwendet; Unerwartetes, von der kapitalistischen Wirtschaft verworfen, das, sobald aus der Umlaufbahn geraten, damit beginnt, Signale seiner subversivsten Potentialität zu senden. Es ist kein Zufall, daß Benjamins Aufmerksamkeit für die »revolutionären Energien«, die den außer Mode geratenen Dingen innewohnen, gerade durch die Erfahrung der Surrealisten (angefangen bei Breton) wieder geweckt wird: ihnen gebührt das Verdienst, als erste solche Potentialität »zur Explosion« gebracht zu haben (II, 299f.). Jenen Trümmern gegenüber öffnet sich Benjamin kraft seines subversiven Protestes gegen das Typische und Klassifizierbare, er erlöst sie, um sie in eine Strategie der Zerstörung geschichtlich-kultureller Kontinuität mit hineinzuziehen. Das Anachronistische wird ihm auch gleichsam zum Schlupfwinkel des Ausgestoßenen aus der Geschichte der großen Ereignisse. Nicht integrierte oder nicht integrierbare Bruchstücke zusammenzutragen, sie dem bloßen Geschäftssinn entwindend, wird deshalb auch zur Möglichkeit, im Bruchstück das Moment eines sozialen Universums wahrzunehmen.

Dieser Auftrag setzt voraus, daß der Sammler beim Anlegen einer Bibliothek oder privaten Büchersammlung geschickt und sachkundig vorgeht, dem Zufall nur ein Mindestmaß zubilligend, und das Universum der eigenen Ideen und der geretteten Ramsch-Überreste zusammenbringt. Dies ist zumindest die Haltung, die Benjamin im Wirken des Historikers und Sammlers Eduard Fuchs schätzt. Jeder einzelne Teil einer Sammlung stellt im Kleinformat einen Abriß des Gesamten, des Ganzen dar, so Benjamin in einem Abschnitt der Passagenarbeit (V, 271).

Wenn der Gang der Dinge und die Sozialgeschichte in ihrem Verlauf Reste oder Abfall zurücklassen, die für andere nichtssagend sind, kann der Sammler zu ihren Gunsten eingreifen, indem er das Schweigen der Geschichte sprechen läßt; der Sammler ist sozusagen der Vorkämpfer in jenem »Kampf gegen die Zerstreutheit«, der für Benjamin das »verborgenste Motiv« jeden Sammlertums ist (279). Auf kluge Art und Weise sammelnd, kann er somit das Andere (das Versäumte oder Vernachlässigte) wahrnehmen und das »Verkehrte« in der Sozialgeschichte erkennen. Das Vermächtnis des echten Sammlers (ebenso wie seiner etwas dürftigeren Abwandlung, des Lumpensammlers), wie Baudelaire zeigt (vgl. Wohlfarth 1984), unterscheidet sich in diesem Sinne nicht von dem des historischen Materialisten, der nicht nur ein »rückwärtsgewandter Prophet«, sondern auch ein Herold ist, »welcher die Abgeschiedenen zu Tisch lädt« (V, 603). Es ist wichtig, daß für die Geschichte nichts verloren ist. Im Kleinen dient jede durchgeführte historische Wiedereingliederung (Apokatastasis) durch den Sammler beim Zusammenführen des Zerstreuten dazu, die Erinnerung, und somit die Identität, vor dem Verfall zu bewahren, und kurbelt jene Aktivität von unermeßlicher Bedeutung an, die zum Ziel hat, alles Ausgesonderte und Übriggebliebene bis zu dem (utopischen) Punkt zu sammeln, an dem es überhaupt nichts Ausgesondertes, nichts Übriggebliebenes mehr gibt (zum Begriff »Rettung« vgl. u.a. Kaulen 2000, 529f.). Ohne diesen Impuls des Erlösens zur Kenntnis zu nehmen, läßt sich die Eindringlichkeit, mit der Benjamin die Figur des Sammlers beschreibt, nur schwer nachvollziehen.

Damit wird der Sammler zu einem Revolutionär, da er das Negative organisiert, dem die Gesellschaft nicht gewahr werden konnte. Jeder von ihm gerettete Fetzen, jede Aussonderung führt am Ende dazu, sich gegen die bestehende Ordnung zu verschwören, um das kompakte Gefüge der jeweiligen Epoche in Frage zu stellen. Jede sammlerische Rückgewinnung, die gleichzeitig auch eine Rettung ist, entspricht paradoxerweise einem Sabotageakt der Ausgesonderten gegenüber dem sozio-kulturellen Netz der Vergangenheit, aus dem sie als ausgeschlossen hervorgehen, wie es in LOB DER PUPPE (1930) zu lesen ist: »Die wahre, sehr verkannte Leidenschaft des Sammlers ist immer anarchistisch, destruktiv« (III, 216). Nicht zufällig wird sich im neuen, zutreffenderen Kontext jedes einzelne Objekt, dem sich der Sammler mit seinem Wohlwollen zuwendet, wie losgelöst – so etwa das Konvolut H der Passagenarbeit – von jeglicher vorangegangenen Funktion darstellen, insbesondere der ökonomischen Betrachtungsweise entzogen, obgleich jede Epoche versucht hat, es ihr zu unterwerfen. Die unmodern gewordenen Gegenstände werden tatsächlich von Benjamin in »diametrale[m] Gegensatz zum Nutzen« (V, 271) gestellt; einen Gegenstand zu retten oder zu erlösen – so schreibt er an anderer Stelle – kommt dem Loslösen von »allen ursprünglichen Funktionen seines Nutzens« (1016) gleich. Mit Zuversicht in das »Schicksal«, dem sich, im Laufe der Geschichte, anscheinend nicht einmal die Bücher entziehen können, versteht es der wahre Sammler (nach dem Motto *habent sua fata libelli* von Terenzianus Maurus), sich ihnen zu verpflichten – wie im Aufsatz ICH PACKE MEINE BIBLIOTHEK AUS dargelegt: in unserem Verhältnis zu den Dingen, »das in ihnen nicht den Funktionswert, also ihren Nutzen, ihre Brauchbarkeit in den Vordergrund rückt, sondern sie als den Schauplatz, das Theater ihres Schicksals studiert und liebt« (IV, 389). Während der Bürger in der Regel Dinge zum Genießen anhäuft, zielt das Kind – in der noblen Absicht, die Benjamin ihm unterstellt – darauf ab, sie als wahrer Seigneur zu genießen und auszukosten, wozu der Spießbürger unfähig ist. Kinder können es akzeptieren von den Bildern sozusagen betrachtet zu werden, anstatt sie dem eigenen Nutzen zu unterwerfen.

Echte Sammler, jene *extra-vagantes*, die auch in anderen Gefilden als nur im verfluchten Nützlich-sein zu verkehren imstande sind, richten deshalb ihren Blick auf den sogenannten Abfall und seine Reliquien, einen Blick, in dem die Erinnerung an gleichsam ursprüngliche Schichten zu schlafen scheint, die von den Menschen der Moderne ausgelöscht oder verdrängt wurde; nicht von ungefähr definiert Benjamin einmal das Sammeln als eine »Form des praktischen Erinnerns« (V, 271). Es ist am Sammler, seine Fähigkeit unter Beweis zu stellen, den Marktgesetzen gegenüber unempfindlich zu bleiben, die nicht einmal die Bücherliebhaber verschonen, da die Bücher als Ware mit Seltenheitswert betrachtet werden: »Der Sammler träumt sich nicht nur in eine ferne oder vergangene Welt sondern zugleich in eine bessere, in der zwar die Menschen ebensowenig mit dem versehen sind, was sie brauchen, wie in der alltäglichen, aber die Dinge von der Fron frei sind, nützlich zu sein« (53). Vor diesem Hintergrund erscheint die Kinderwelt wie das Reich, in dem die »Fron nützlich zu sein« bis auf den Grund in Frage gestellt wird, in Anbetracht der Tatsache, daß die Kinder in der an Funktionen orientierten Gesellschaft der Erwachsenen eine Randposition einnehmen (wenn nicht sogar als völlig belanglos gelten).

Auch die AUSSICHT INS KINDERBUCH aus dem Jahre 1926 (IV, 609–15), ein Blinzeln in Richtung jener Unterhaltungsliteratur für die Kleinsten, wird zur Gelegenheit, seine Zeitgenossen zu erreichen, die weit entfernt sind von einem unschuldigen Verhältnis zu jenem ungeschriebenen, nicht greifbaren Buch, das man als Kind vielleicht eher – wenn auch nur am Rande – wahrnehmen oder erahnen kann. Ein Buch, dem man auch als Erwachsener »zu Treue verpflichtet ist«, auch wenn »die freie entbundene Hand überall über die ernste schwerfällige sich zu siegen angeschickt« hat, wie Benjamin in der Rezension CHICHLEUCHLAUCHRA. ZU EINER FIBEL (1930) ausführt (III, 272).

Phantasie, Farbenglanz, Illustration als Potential alter Kinderbücher

Den Erwachsenen gegenüber demonstrieren diese durch alte und vergessene Kinderbücher veranlaßten Veröffentlichungen Benjamins eine unvermeidbare Ambivalenz. Indem er sich mit den Kindern verbündet, in deren Ausdrucksweise, deren Spiel und deren Beziehung zu Worten, Bildern und Farben er die Spur einer geheimen, beinahe paradiesischen Glückseligkeit entdeckt, deren Unmittelbarkeit den Erwachsenen zu entgehen scheint, beabsichtigt er insbesondere, jene Texte dem Universum der Gewißheiten der Spießer zu entziehen. In diesem Sinne bleiben Kinderbücher eine Art heiliger Text, ein Ort, der jene *promesse de bonheur* beherbergt, den viele Erwachsene verloren oder betrogen haben, während Kinder fähig sind zu einem unmittelbaren und spontanen Einschwingen auf eine Erzählung oder auf Bilder, dank einer Phantasie, die keiner Grammatik bedarf. Die Phantasie ermöglicht, daß »sich mit einem Schlag die Worte ins Kostüm« werfen und »im Handumdrehen in Gefechte, in Liebesszenen oder Balgereien verwickelt« sind (IV, 609).

Dies erklärt, warum im Mittelpunkt von Benjamins Interesse – auch seines Sammelns – das illustrierte

Kinderbuch steht, vor allem das farbig illustrierte, und warum er z. B. in AUSSICHT INS KINDERBUCH die enge und besondere Verbindung hervorhebt, die für ihn zwischen Phantasie und Wahrnehmung von Farbe im Bilderbuch besteht (vgl. Art. »Phantasie und Farbe« in diesem Handbuch). (Übrigens ist es kein Zufall, daß Benjamin mit dem Gedanken gespielt hat, ein »Dokumentarwerk« mit dem Titel DIE PHANTASIE zu schreiben, ein »großer Plan«, den er – laut seinem MOSKAUER TAGEBUCH [VI, 386] – einem Moskauer Sammler von Kinderbüchern »auseinandergesetzt« hat, der aber nie verwirklicht wurde.)

Reine Farbe gilt für Benjamin als »das Medium der Phantasie, die Wolkenheimat des verspielten Kindes« (IV, 614). Das Anschauen der Bilder – so schreibt er – führt letztlich dazu, in sie einzudringen »als Gewölk, das mit dem Farbenglanz der Bilderwelt sich sättigt« (609), während unfarbige Bilderbücher das Kind eher zum »Beschreiben« und die Bilder selbst zum »Bekritzeln« anregen: »Es dichtet in diese Bilder hinein, es lernt an ihnen zugleich mit der Sprache die Schrift und zwar eine dichtende, schaffende Schrift: Hieroglyphik« (VI, 113). Außerdem sollte nicht vergessen werden, daß Benjamin in seiner AUSSICHT INS KINDERBUCH – in Anlehnung an Goethes *Farbenlehre* – der Farbe die Eigenschaft zuschreibt, über das Auge auf das Gemüt zu wirken (vgl. dazu u. a. Brüggemann 1988, 82 f.; Karrenbrock 1999, 1516 f.).

Im Kind wird demnach eine Art freudige und spielerische mimetische Identifikation ausgelöst, insbesondere beim bebilderten Buch, bei den Buchstaben der Abc-Fibeln und bei den farbigen Bildern, die seinen ersten Zutritt in die Welt der Erzählung darstellen, sowie ein Moment der Selbstbefreiung und des Siegs über die Angst. Schon 1918/19 heißt es bei Benjamin, »in der Welt der farblosen Bilder« erwache das Kind, »wie es in der Welt der farbigen seine Träume austräumt, die voller Erinnerungen sind« (VI, 113), wobei die Kinderaneignung von Bilderbüchern als Erinnerung ans Paradies erscheint: »Wenn es [...] irgend überhaupt etwas wie die platonische Anamnesis gibt, so hat sie bei den Kindern statt, deren Anschauungsbilderbuch das Paradies ist. Am Erinnern lernen sie« (124).

Gleichzeitig weiß Benjamin jedoch, daß die Großen es nicht unterlassen, die Welt des Kindes zu überwachen, eine Welt, die überall die Spuren der älteren Generation trägt. Er weiß auch, daß Kinderbücher unkenntlich gemacht werden können, von dem, der zum Zweck der Selbstbestätigung in sie eingreift. Daher, so Benjamin, rührt die Unvermeidlichkeit, daß ein Kind spontan eine dialektische Beziehung zu diesen Spuren an den Tag legt. Hierauf ginge ebenfalls das Bedürfnis zurück, in der Geschichte der Kinderliteratur auch jene Punkte nicht aus dem Auge zu verlieren, an denen es zu einem Stillstand oder einer Auflösung kam, so daß am Horizont ein möglicher Bruch oder ein aufkommendes Problem hinsichtlich des Vertrauens in ein einfaches lineares pädagogisches Kontinuum aufblitzte. In diesem Sinne könnte man sowohl das alte Kinderbuch wie auch das Spielzeug in folgende Fragestellung mit einbeziehen, mit der Benjamin seinen Aufsatz SPIELZEUG UND SPIELEN abschließt: »Wenn [...] ein moderner Dichter sagt, es gebe für jeden ein Bild, über dem die ganze Welt ihm versinkt, wie vielen steigt es nicht aus einer alten Spielzeugschachtel auf?« (III, 132).

Liest Benjamin die Geschichte der Kinderliteratur rückwärts (vom *Orbis pictus* von Amos Comenius und dem *Elementarwerk* von Johann Bernhard Basedow bis zur Biedermeierzeit und der Kinderliteratur der 20er und 30er Jahre seiner Epoche), so unterläßt er es in der Tat nicht, dabei auf jene Momente aufmerksam zu machen, in denen sie ihren Charakter des privaten und öffentlichen Katechismus' der Aristokratie beziehungsweise des Bürgertums am ehesten offenbart. Das heißt, sie erweist sich als bezeichnend für den sozioökonomischen Kontext, in dem sie aufgetaucht ist, bezeichnend also für das Bewußtsein jener sozialen Schichten, die sie hervorgebracht haben, und für die geschichtlich-kulturelle Entwicklung, die mit ihr einhergegangen ist. Aber auch das Interesse für eine Literatur rührt hierher, die alles andere als nebensächlich ist und die darüber hinaus auch als Träger einer aufblühenden Buchindustrie angesehen werden kann. Wenn er sie also einerseits als überladen mit autoritären und repressiven Elementen sieht, so erscheint sie ihm doch andererseits als nicht unfrei von revolutionärem Potential, ausreichend, um sie dem Zwecke jener zu entziehen, die sie ersonnen haben.

Figuren des bürgerlichen Kindes

Während Benjamin sich von alten Kinderbüchern fasziniert zeigt, versäumt er in seinen Besprechungen nicht, auch ihre geschichtliche Funktion zu hinterfragen. Die Begegnung mit der vernachlässigten Literatur, d. h. mit einem Sammelgebiet, das nur entdeckt werden konnte von jemandem, der »der kindlichen Freude daran die Treue gehalten hat« (III, 14), gibt Benjamin so die Gelegenheit nachzuprüfen, in welcher Form die Ideale jenes Bürgertums zum Ausdruck kommen, das die Kinderbücher hervorgebracht hat: ein Bürgertum, das im 18. und 19. Jh. zunächst »seine großen Positionen bezog« und später »nicht mehr den Geist bewahrte, in welchem es diese Positionen erobert hatte«, wie es Benjamin 1936 in seiner Briefsammlung Deutsche Menschen formuliert (IV, 151). Gleichzeitig besteht Benjamin jedoch darauf, im Paradies von Papier und Zauberern mit erlösender Absicht zu stöbern, weil er dort mögliche Hinweise auf das Andere begraben weiß, dessen scheinbar verlorene Schlüssel vielleicht unter der Kruste jener »[u]nkenntlich gewordene[n] versteinerte[n] Formen unseres ersten Glücks, unseres ersten Grauens« (III, 131) ruhen, mit denen die Gewohnheiten der Erwachsenen gemeint sind.

Die Großen, unfähig, der Heimat der Märchen, die ihre Kinderherzen durchdrungen hat, »Treue zu halten« und in ihrem Erwachsenenleben ihre Kinderwünsche zur Vollendung zu bringen, scheinen in Benjamins Augen nunmehr ein verkrüppeltes Dasein zu führen, während die Kinder, Hoffnungsträger der Generationen, der Drohung ausgesetzt zu sein scheinen, ausschließlich infantil leben zu müssen. Der Zauber der Bilder in den einstigen Abc-Fibeln und Lesebüchern (insbesondere aus der Biedermeierzeit und der deutschen Romantik) erweckt bei ihm nie den Eindruck des Selbstzwecks. Zwar hat der chromatische Glanz unweigerlich auch auf ihn seinen Reiz ausgeübt (besonders in den Lithographien Johann Peter Lysers, aber auch beispielsweise in den Illustrationen Theodor Hosemanns und in Friedrich Bertuchs *Bilderbuch* von 1790), doch versucht Benjamin sich auf ein Bürgertum rückzubesinnen, das Kinder gebraucht hat und das in ihnen eine notwendige und biologische Grundlage der eigenen Existenz gesucht hat. Eben darauf beruht Benjamins Wiedererlangung der destruktiven Komponenten sammlerischer Tätigkeit.

Die einstigen Kinderbücher konnten sich nicht nur vor dem sicheren Verschwinden retten, sondern auch, nach Meinung Benjamins, die eigene Besonderheit als Werkzeuge eines Wissens bewahren, das er in diametralem Gegensatz zum Profit begreift. Entscheidend ist der grundsätzliche Unterschied, der zwischen der Geschichtserfahrung, so wie sie der Erwachsene erlebt (annehmen, um dem eigenen Nutzen zu unterwerfen) und kindlicher Geschichtserfahrung (annehmen, um sich dem Andersartigen zu öffnen) besteht; in ihm liegt nach Benjamin eine Gefahrenkomponente für das Bürgertum, das die Kinderbücher hervorgebracht hat, die, alt und vergessen, als Qualitätsramsch bezeichnet werden. In diesen Zusammenhang gehört beispielsweise die »stumme Verständigung«, deren Zustandekommen Benjamin »über die Köpfe der Pädagogen hinweg« (III, 17) zwischen den Kindern und den Buchillustratoren beobachtet, Illustratoren, die dem Profitdenken gegenüber unempfänglich geblieben sind und zur Anonymität tendieren, verschont vom Fluch der Berühmtheit, Menschen, die gesellschaftlich ungebunden geblieben sind und noch weit davon entfernt, in die industrielle Serienproduktion einzubrechen. Mit jenen gleichsam subversiven Künstlern schienen die Kinder Arm in Arm zu gehen, ungeachtet der Skrupel und der Kontrolle philanthropischer Pädagogen. Indem der Sammler Benjamin sich vorbehaltlos der Gesellschaft jener Künstler und Kinder anschließt, manifestiert sich sein Bestreben, die Gedankenordnung und Erfahrungswerte seiner erwachsenen Mitmenschen aufzulösen.

Abermals erweist sich für Benjamin die Funktion der Phantasie als zentral, mit deren Hilfe die Kinder intensiv in den Text und in die Bilderwelt eines Buches eindringen. Durch die Phantasie ist es ihnen möglich, der Passivität zu entfliehen, die die Erwachsenen für sie vorgesehen haben. Extra-vagante Geschöpfe, der Zensur durch den Sinn, der strengen Norm und der ihnen vorgesehenen Rolle entgehend, befinden sich die Kinder aus Benjamins Sicht in einem Wechselspiel zwischen Annehmen und Verändern: die Regeln des Andersartigen, des Unentgeltlichen, des Vergnügens, die durch die Figuren der Bücher hindurchschimmern, annehmen; unwillkürlich die Mittel verändern und umkehren, mit denen sie sich als ihrer ersten geschichtlichen Erfahrung konfrontiert sehen – Farben, Buchstaben, Figuren, für die ihre Phantasie anscheinend unermüdlich immer neue Varianten bereithält (dies kann jedoch ebenso auf Erzählungen und Geschichten sowie auf Spielzeug bezogen werden). Diese unmittelbare, instinktive kindliche Neigung zur Umgestaltung und dialektischen Umkehrung des »gesunden Menschenverstandes«, nicht nur beim Beobachten, sondern auch beim Bilden von Wörtern und Sätzen, wird in Aussicht ins Kinderbuch von 1926 hervorgehoben: »Kinder, wenn sie Geschichten sich ausdenken, sind Regisseure, die sich vom ›Sinn‹ nicht zensieren lassen« (IV, 609).

Entsprechend weist Benjamin die übliche Meinung, die angebliche Subalternität des Kindes gegenüber dem Erwachsenen, zurück und führt statt dessen die Überlegenheit des Kindes vor Augen, wenn es um das Erfinden besonderer Techniken beim Modellieren oder Basteln geht oder auch vor allem beim Lesen, dessen besondere Art Benjamin mit der Metapher »Bücher verschlingen« beschreibt: »Ganz besonders aber und immer lesen die Kinder so: einverleibend, nicht sich einfühlend« (VII, 257).

Die Unempfindlichkeit der Kinder gegenüber den pädagogischen Vorgaben des Bürgertums scheint laut Benjamin mit zwei Konstanten der Kinderliteratur zu korrespondieren: der Übertreibung und der Wiederholung. Dank der Übertreibung – erklärt er in Grü-

NENDE ANFANGSGRÜNDE (1931) – scheint es ihnen tatsächlich möglich zu sein, in gewisser Weise der Gewalt Erwachsener zu entfliehen, die ihnen so grausame Geschichten verabreichen, wie sie im berühmten *Struwwelpeter* (1845) von Heinrich Hoffmann erzählt werden (vgl. III, 314). Auch der geheimnisvolle Impuls zur Wiederholung, der z. B. dem Erzählen von Märchen anhaftet, die Aufforderung, die üblicherweise an den Erwachsenen gerichtet wird, Geschichten noch einmal zu erzählen, versetzten sowohl das Kind als auch den erzählenden Erwachsenen selbst in die Lage, über den Schrecken hinauszugehen oder sich ihm zu entziehen: »Nur gilt ihm [dem Kind]: nicht zweimal, sondern immer wieder, hundert- und tausendmal. Das ist nicht nur der Weg, durch Abstumpfung, mutwillige Beschwörung, Parodie, furchtbarer Urerfahrungen Herr zu werden, sondern auch Triumphe und Siege aufs intensivste immer wieder durchzukosten. Der Erwachsene entlastet sein Herz von Schrecken, genießt ein Glück verdoppelt, indem er's erzählt. Das Kind schafft sich die ganze Sache von neuem, fängt noch einmal von vorn an« (SPIELZEUG UND SPIELEN: III, 131).

Es überrascht insofern nicht, daß Benjamin in den Schreckgespenstern, die im Laufe der Jahrhunderte von den Erziehern ersonnen worden sind, um die kindliche Phantasie im Zaume zu halten (die »Chichleuchlauchra«, wie der Titel einer seiner Rezensionen heißt), ein Schwinden wahrhaftiger Autorität ahnt, die imstande wäre, dem Kind den Horizont der Glückseligkeit offenzuhalten, den Ausblick in eine Dimension – »bei der Fee« – zu bewahren, in der jeder die Fähigkeit hätte, »den Wunsch zu tun« (IV, 247). Gegenüber den unterschiedlichen Formen des pädagogischen Terrors, dem unwiderstehlichen Drang, die Kinder auf Ziele hinzuweisen, ihnen ein vorgegebenes Wissen aufzutischen, versäumt es Benjamin nicht, sich für jene Abc-Bücher, Fibeln oder Lesebücher zu begeistern, die versuchen, »dem Spielenden die Souveränität zu wahren, ihn keine Kraft an den Lehrgegenstand verlieren zu lassen und das Grauen zu bannen, mit dem die ersten Ziffern oder Lettern so gern als Götzen vor dem Kinde sich aufbauen« (III, 312).

Die Kinderbücher, selbst die Figuren und Illustrationen (denen laut Benjamin das nicht unerhebliche Verdienst zukommt, »im Kinde das Wort wach[zurufen]«, 20), werden auf die Kinder, die mit ihnen beschäftigt sind, um so mehr Wirkung ausüben und sich um so mehr Ansehen bei ihnen verschaffen, je geringer ihr verbietender oder einschüchternder Wille ist, den sie vorweisen. Angesichts dieser Überlegungen überrascht es nicht, daß Benjamin die Kinder mit einer zentralen Rolle bei der vorgesehenen soziokulturellen Erneuerung betraut, die sich sicherlich nicht auf rein pädagogische Aspekte beschränken läßt. Das ist der entscheidende Punkt, den er auch in der Sammlertätigkeit der Kinder aufdeckt, die bekanntlich unwiderstehlich angezogen sind von allem, was bei Maurer-, Schneider- und Schreinerarbeiten übrig bleibt, und diese Dinge in Spielzeug verwandeln: »Dort, bei den Kindern, ist das Sammeln«, bemerkt Benjamin 1931, »nur *ein* Verfahren der Erneuerung« (IV, 390).

Eine neue Kinderanthropologie: Von der »Kolonialpädagogik« zum »Programm eines proletarischen Kindertheaters«

Benjamin unterstreicht, daß Erzieher die Kinderliteratur nicht uneingeschränkt zum Zweck einer Kolonisation des kindlichen Geistes und der kindlichen Psyche nutzen können. Indem er das Recht der Kindheit verteidigt, greift er die sogenannte Reformpädagogik scharf an und verwirft sie, da es sich seines Erachtens um ein Erziehungssystem handelt, das – obwohl es eine freie Entwicklung der Individualität vorsieht – in Wirklichkeit die kindliche Innerlichkeit den Beutezügen derselben Erzieher aussetzt, die die »zarte und verschlossene« Phantasie des Kindes zutiefst verwirren. Benjamin gibt Hinweise, welche Richtung statt dessen einzuschlagen wäre, die auch heutzutage überaus wertvoll sein können, und erklärt in seiner Rezension KOLONIALPÄDAGOGIK (1930): »Nicht leicht wird man ein Buch finden, in dem die Preisgabe des Echtesten und Ursprünglichsten mit gleicher Selbstverständlichkeit gefordert, in der die zarte und verschlossene Phantasie des Kindes gleich rückhaltlos als seelische Nachfrage im Sinne einer warenproduzierenden Gesellschaft verstanden und die Erziehung mit so trister Unbefangenheit als koloniale Absatzchance für Kulturgüter angesehen würde« (III, 273).

Dieser Text, der die Veröffentlichung des Buches *Märchen und Gegenwart* von Alois Jalkotzy in Wien im selben Jahr zum Anlaß hat, ist in erster Linie eine Stellungnahme gegen die Tendenz, scheinbare Reformen als Gelegenheit zu verstehen, die Kinder der gegenwärtigen Realität anzupassen, und kann als Akt der Verdammung der modernen Konsumgesellschaft verstanden werden, die dazu neigt, die Phantasie des Kindes zu rein kommerziellen Zwecken auszunutzen. In Wirklichkeit haben die Kinder davon – so führt Benjamin aus – »in ihrem Herzen genau so viel, [...] wie ihre Lungen von der Zementwüste«, in welche Jalkotzys Buch sie versetze (272).

Benjamin sähe die »Kolonialpädagogik« lieber durch eine Erziehung ersetzt, die über die vorherrschenden individualistischen Werte hinausginge, die sich auf mehr Solidarität und Zusammenarbeit zwischen Kindern und Erwachsenen stützte und die Autorität im Kollektiv besäße. Darin besteht ein diametraler Gegensatz zum Großteil der Pädagogik der 20er Jahre, die darauf abzielt, die Kinder von der Welt des Konfliktes der Großen fern und damit unter einer Glasglocke zu halten. In der Tat, wie er in Kulturgeschichte des Spielzeugs schreibt, »ist doch das Kind kein Robinson, sind doch auch Kinder keine abgesonderte Gemeinschaft, sondern ein Teil des Volkes und der Klasse, aus der sie kommen« (117). Ebenso wird auch in der Benjaminschen Betrachtung des Spielzeugs gerade dessen verbindende Rolle zwischen dem Individuum und der ihn umgebenden Realität betont. Das Spiel der Kinder selbst erscheint Benjamin als eine Bedingung, eine ihnen angemessene Welt zu schaffen, so daß die Entwicklung selbständiger Persönlichkeiten begünstigt wird.

In diese Richtung geht vor allem die Schrift Eine kommunistische Pädagogik, in der der Band *Grundfragen der proletarischen Erziehung* (Berlin 1929) von Edwin Hoernle, einem kommunistisch orientierten Pädagogen, besprochen wird. Es handelt sich um eine Rezension, die ohne Zweifel etwas von der politischen Ausrichtung, die Benjamin in diesen Jahren vollzogen hat, in sich trägt und in der er die erzieherischen Richtlinien der Linken der 20er Jahre rezipiert und das Fehlen unterstützender Elemente einer »dialektischen Anthropologie des proletarischen Kindes« (209) beklagt. Indem er sich zugunsten einer »proletarischen Schulung der Proletarier« ausspricht, die für eine polytechnische Erziehung bürgt, entwirft er gegen die »arrivierte Pädagogik« eine »Antipädagogik und Gegenöffentlichkeit« (Zipes 1988, 192), die von dem Wunsch getragen ist, daß die Kinder selbst sich der sozialen Bedingungen bewußt werden sollen, in denen sie sich zu entwickeln haben, – nicht zuletzt der Ausbeutung und Unterdrückung, von der sie betroffen sein könnten. Hierbei zeichnet sich eine kommunistische Pädagogik ab – wie für die Pädagogen kommunistischer Herkunft des Weimarischen Deutschland (Kanitz, Siegfried Bernfeld, Otto Rühle und vor allem Erwin Hoernle), als eine »Funktion des Klassenkampfes«, was eine »Auswertung der gegebenen Umwelt im Dienst der revolutionären Ziele« verlangt. Es wäre unhaltbar, wenn die Kindheit von den Widersprüchen, von denen die Erwachsenen betroffen sind, gänzlich verschont bleiben würde. Benjamin nimmt – im Anschluß an Hoernle – insbesondere jene sozialen Institutionen ins Visier, die, »ihrer verborgenen, doch exakten Funktion nach«, nichts anderes sind als »Werkzeuge einer antiproletarischen Schulung der Proletarier« (III, 208).

In Richtung dieser Politisierung erzieherischer Faktoren geht auch das Programm eines proletarischen Kindertheaters, von Benjamin für das Berliner Liebknecht-Haus in Verbindung mit Asja Lacis in zwei verschiedenen Fassungen erstellt (vgl. Lacis 1971, 25 f.), im Auftrag von Johannes R. Becher, Gerhard Eisler und des Roten Sprachrohrs, Aushängeschild der Gruppe Agitprop (vielleicht das ausgeprägteste revolutionäre deutsche Arbeitertheater), die auch eine junge Schauspielergruppe hatte (vgl. Casini-Ropa 1976, 51 f.). In diesem als maschinenschriftliches Exemplar erhaltenen Text geht es nicht um ein Programm wie das der Kommunistischen Partei, sondern um ein Modell, das von den Kindern selbst zu gestalten ist, und das allerdings (auf Grund des Vormarsches des Nazismus) nie zur Aufführung kam und auch innerhalb der KPD keine große Verbreitung fand. In ihm zeigt sich Benjamins Nähe zur kommunistischen Theaterpraxis der 20er Jahre und der Eindruck, den die Theatergruppe Agitprop der Weimarer Republik wie auch das von Asja Lacis in Orel gegründete Kindertheater auf ihn machte (vgl. Lacis 1971).

Dieser Text fand – ebenso wie Eine kommunistische Pädagogik – eine rege Aufnahme in den späten 60er und den 70er Jahren nicht nur in Deutschland seitens der »linken Kinderbuchkritik« (um einen Ausdruck von Winfried Kaminski aufzugreifen), der antiautoritären Kinderladen- und Studentenbewegung, und er wurde zum Anstoß, »die verdrängten Traditionen und Diskussionen der zwanziger Jahre wieder ins Bewußtsein und ins Gespräch zu führen« (Kaminski 1988, 179), wodurch politische Theorien und linke Programme der Weimarer Republik, nach ihrer Ausschließung durch die Nationalsozialisten im Jahre 1933, erneut in Umlauf gerieten.

Im Mittelpunkt des von Benjamin vorgeschlagenen Theaters steht die klassenbewußte Erziehung proletarischer Kinder, die interessanterweise nicht auf dem Parteiprogramm basieren kann, dessen »an sich höchst wichtige Ideologie das Kind nur als Phrase erreicht« (II, 763). Das Theater wird als szenischer Rahmen aufgefaßt, der sich stark von dem unterscheidet, der den jungen Menschen aus der bürgerlichen Schicht zugedacht ist: denn er wird weder »durch den Profit bestimmt«, noch ist er »Instrument der Sensation«, und er gilt als ein »sachliches Gebiet, *in dem* erzogen wird«, statt als eine Idee, »*zu der*« – wie bei der bourgeoisen Pädagogik – »erzogen wird« (764). In der Kollektivarbeit der Kinderclubs kommt es nicht auf die theatralischen Aufführungen als solche an, sondern auf die »Spannungen, welche in solchen Aufführungen sich lösen« und welche selbst »die Erzieher sind« (765). An der Stelle des passiven Publikums, das von der szenischen Sensation gefesselt ist, steht hier die Erfahrung des proletarischen Kollektivs, durch die die Kinder vom vierten bis zum vierzehnten Lebensjahre sich in ein Verhältnis zur eigenen Klasse setzen und ihnen die »Erfüllung ihrer Kindheit« garantiert wird (768), so daß das spielende Kinderkollektiv mit all der Spannung seiner Gesten, seiner robusten Improvisation und der Entbindung des Spiels zum Potential für die gesamte Arbeiterklasse werden kann. Dieses Theater erzieht dank seiner gefährlichen Komponenten: »Nichts gilt der Bourgeoisie für Kinder so gefährlich wie Theater. Das ist nicht nur ein restlicher Effekt des alten Bürgerschrecks, der kinderraubenden fahrenden Komödianten. Hier sträubt vielmehr sich das verängstigte Bewußtsein, die stärkste Kraft der Zukunft in den Kindern durch das Theater aufgerufen zu sehen« (764 f.).

Außerdem unterscheidet sich das proletarische Kindertheater, bei dem nicht die Aufführung, sondern der Aufbau, die Arbeit davor, entscheidend ist, von der bürgerlichen Erziehung besonders dadurch, daß der Einfluß des Erziehers als einer autoritär auftretenden »sittlichen Persönlichkeit« zurücktritt. Im proletarischen Kindertheater ist die Rolle des Leiters bzw. Regisseurs nicht belehrend, sondern vermittelnd: »Was zählt, ist einzig und allein die mittelbare Einwirkung des Leiters auf Kinder durch Stoffe, Aufgaben, Veranstaltungen. Die unvermeidlichen moralischen Ausgleichungen und Korrekturen nimmt das Kollektivum der Kinder selbst an sich vor« (765). Durch Beobachtung allein wird ihm jede kindliche Aktion und Geste »[zum] Signal aus einer Welt, in welcher das Kind lebt und befiehlt« (766). Aufgabe des Leiters ist nun, der Notwendigkeit Platz zu machen, die »kindlichen Signale aus dem gefährlichen Zauberreich der bloßen Phantasie zu erlösen und sie zur Exekutive an den Stoffen zu bringen« (ebd.). Offensichtlich wird in diesem Fall die Gefährdung durch Phantasie anders als im alten Kinderbuch gelöst: Erinnerung ans Paradies schlägt hier um in »das *geheime Signal* des Kommenden, das aus der kindlichen Geste spricht« (769). Wie bei den Benjaminschen Rundfunkarbeiten kommt im proletarischen Kindertheater den Stoffen große Bedeutung zu. Dabei erweist sich als wichtig, den spontanen Ausdruck von Kindergesten und -fertigkeiten zu begünstigen. Das so verstandene Theater wird dadurch zum Reich der Improvisation (das Kind wird als »Genie der Variante« definiert, (767), zum Feld des kindlichen Lebens, wo die »Spannungen« des Kollektivs selbst sich lockern und lösen.

Bei dem Kindertheater stehen »Kinder auf der Bühne und belehren und erziehen die aufmerksamen Erzieher«, indem es die »Entbindung der kindlichen Phantasie« bewirkt (768). Es hütet das Potential der künftigen Befreiung: »Neue Kräfte, neue Innervationen treten auf, von denen oft dem Leiter unter der Arbeit nichts ahnte« (ebd.).

Es handelt sich also um ein Theater, das sich als ein geschichtlich bestimmter Ort der Erziehung darstellt, an dem konkrete Aufführungen des Lebens in seinem Fließen und in seinen unzähligen Veränderungen stattfinden, als Alternative zum Individualismus und zum Idealismus. Es ist daher ein Theater, das ein neues Verhältnis zwischen den Generationen erprobt.

Der Erzähler der Rundfunkgeschichten für Kinder

Neben dem Engagement Benjamins als Freund der Kinderbücher, ernüchterter Wieder-Leser der eigenen Berliner Kindheit und Forscher in pädagogischen Fragen sollte seine exponierte Rolle als Radio-Vortragender und -Erzähler in diesem Zusammenhang erwähnt werden. Die nicht geringe Anzahl der Rundfunkgeschichten, mit denen Benjamin sich an Kinder und Jugendliche im Alter von »10 Jahren und aufwärts« (genauer »zwischen zehn und fünfzehn Jahren«) in der sogenannten »Jugendstunde« oder »Stunde der Jugend« wendet, die insgesamt 20 bis 30 Minuten dauert, sind das Ergebnis seiner Mitarbeit bei der FunkStunde AG in Berlin und dem Südwestdeutschen Rundfunk in Frankfurt, insbesondere in den Jahren von 1929 bis 1932 (VII, 68–249; vgl. dazu vor allem Schiller-Lerg 1984, 40 f.; 1988, 102 f.; Buck-Morss 1988, 93 f.; Müller 1988, 113 f.; Mehlmann 1993; vgl. den Artikel »Die Rundfunkarbeiten«, 406–420).

Diesen Texten sollte man darüber hinaus – als Beispiel für die Hinwendung Benjamins zu Kindern – zumindest auch das Hörspiel Radau um Kasperl hinzugesellen (IV, 674 ff.), ein Stück, das reich ist an Scharfsinn, Einfällen und vor allem an Hintergrundgeräuschen und im Frankfurter Rundfunk im März 1932 unter seiner Regie übertragen wurde, sowie das Hörspiel Das kalte Herz (VII, 316 ff.) – eine Neubearbeitung des gleichnamigen Märchens von Wilhelm Hauff –, das im Mai 1932 zusammen mit dem Freund Ernst Schoen verfaßt wurde. Sowohl die Rundfunkvorträge als auch die pädagogischen Rezensionen, die in verschiedenen Zeitungen und Zeitschriften erschienen sind, gelten in den Augen Benjamins als Werke eines Intellektuellen, der von der inhärenten Potentialität des neuen *Mediums* neugierig gemacht worden ist, gleich Brecht und vielen anderen.

Die spezifischen Themen, die der Pionier Benjamin als geeignet erachtete, den Kindern über den Äther geschickt zu werden, gehören einer erstaunlichen Vielzahl von Bereichen an: von der Soziologie der Kunst und der modernen Städte bis hin zum Problem der Geschichte ihres Untergangs; vom Bereich der Esoterik und der Theologie bis hin zum philosophischen Gedanken usw. So bestätigen auch insbesondere die Rundfunksendungen Benjamins Interesse an pädagogischen Fragen, an der noch unverzerrten Welt des Kindes und der schöpferischen Phantasie, das er nach der Enttäuschung durch die Jugendbewegung und Gustav Wyneken zurückgewonnen hat, die sich in der Zeit um den Ersten Weltkrieg gezeigt hatte (vgl. Schiavoni 1985, 96ff.; Zipes 1988, 188f.).

Die einzigartige Arbeitsmethode, der er sich bedient, wird von Benjamin zu Beginn seines Rundfunkvortrages Erdbeben von Lissabon (1931/32) im Bild des Drogisten oder Apothekers zusammengefaßt, der seine Rezepte mit vorsichtigen und sorgfältigen Dosierungen zusammenstellt (VII, 220). Dieses Bild verweist ohne große Umschweife auf den Vorgang des Mischens (oder des Montierens) unterschiedlicher Elemente, der klugen Zusammenstellung direkter Erfahrungen, Beschreibungen, Zitate, Kommentare und Überlegungen – nach einer Formel, die z. B. seinem Zeitgenossen Alfred Döblin wichtig war und an die sich Benjamin in fast allen seinen Kurzerzählungen gehalten hat. Der liebenswürdige und geistreiche Sammler von Geschichten und Anekdoten, die auf das Zuhören zugeschnitten sind, erweist sich während der halben Stunde glänzender Unterhaltung als Kurzerzähler, der sich mit den neuen technischen Möglichkeiten, die das Radio eröffnet, genauestens auskennt. Er weiß Wißbegier und Gelehrsamkeit mit dem Tonfall eines Onkels zu verbinden, der viel gereist ist, würzt hier und da mit Elementen in der Art Brechts und hat den wachsamen, ernüchterten Blick des Kundschafters der Moderne in all ihrer Ambivalenz. Wenn einerseits die ziemlich offensichtliche Absicht der Beiträge zur »Jugendstunde« dahin geht, strukturierte Texte in Form von Erzählungen auszuarbeiten, so scheint jene Absicht andererseits stets von dem Bewußtsein getragen, in einer Krisenzeit zu leben, von der auch die Erzählung selbst betroffen ist.

Daher der Reiz, den das Radio sogar auf die Figuren des berühmten Hauffschen Märchens Das kalte Herz in der Bearbeitung durch Benjamin und Schoen ausübt: Die Gestalten sind der Tatsache müde, daß immer nur ein Kind nach dem anderen sie lesen und genießen kann, treten aus dem Buch heraus und erhalten vom Ansager die Erlaubnis, sich ins unwegsame »Stimmenland« zu begeben (ein utopischer Raum, in dem die Wesen sich selbst zurückgegeben zu sein scheinen, ohne jeglichen Schmuck oder äußere Schönheit), unter der Bedingung, einzig, pure Stimme zu werden. Nur so können sie sich Tausenden von Kindern auf einmal darbieten.

Daher aber auch jener quälende Gedanke an die Uhr, die der Berliner Schriftsteller in seinem Vortrag Erdbeben von Lissabon einführend erwähnt, wobei er eine Analogie zum Apotheker bildet, der sich mit seinem Rezept Mühe gibt: Benjamin betrachtet als seine Gewichte die Minuten, die die Zeit der Kurzerzählung skandieren, bzw. den Rhythmus und den Stil des Versuches, im Kontext der Moderne weiterhin zu erzählen (VII, 220).

Der rote Faden, der diese Kurzerzählungen verbindet, ist ein kritisch-didaktischer Ton. Benjamin bleibt beim Verfahren des Mischens oder Montierens unterschiedlicher Elemente und zielt damit auf eine einzigartige und anregende »Aufklärung für Kinder« (um eine Formulierung von Rolf Tiedemann aus dem Jahre 1985 aufzugreifen, die die allgemeine Tendenz kennzeichnet, obwohl allgemein »Aufklärung« kein programmatischer Begriff in Benjamins Arbeiten war). Die Absicht scheint zu sein, das Lehren mit Vergnügen zu verbinden (*delectando docere*), nach einem Modell, das auch für die Dramaturgie Bertolt Brechts grundlegend ist und an dem sich Benjamin in eben jenen Jahren interessiert zeigte. Selbst das Publikum wird in die didaktische Konzeption aktiv mit einbezogen, die auf Spontaneität setzt und die ihre Kraft aus der Ablehnung von Abstraktheit schöpft, ebenso wie aus der Freude, die Realität aufmerksam zu beobachten und ihr immer irgendeinen unbekannten Aspekt zu entnehmen. Dadurch werden die lebhaften und klugen Plaudereien Benjamins im Radio zum Gegengift gegen eine Erziehung, die gleichsam nur koloniale Absatzchancen für den Verkauf von Kulturgütern sucht, bei dem die unabhängige Betrachtungsweise und die Urteilsfähigkeit derer nicht erweckt wird, die zuhören oder lesen.

Benjamins Ziel ist es nicht, das Bewußtsein seiner jungen Hörer zu bearbeiten, um Kenntnisse zu vermitteln, sondern Neugierde, eigene Beobachtungsgabe bei den Jugendlichen wachzurufen. Im Grunde genommen geht es darum, kritisch zu handeln, fast mit der maieutischen Diskretion der jüdischen Haskalah, des Lehrers, der die Probleme, Schwierigkeiten und Suggestionen verdichtet, dabei größtenteils im Hintergrund bleibt, damit dem Schüler der Glanz zuteil wird, den eigenen, persönlichen Weg zum Wahren gefunden zu haben. Benjamin scheint nahezulegen, daß vielleicht genau auf diese Art es möglich wäre, die »verehrten Unsichtbaren« (250) höchstpersönlich zum Kennenlernen und Begreifen zu bringen, sie wachsam werden lassen gegenüber der Offenheit des Lebens, an der Schwelle zum Mannesalter, um sich dort zurechtfinden zu können.

So fordern viele seiner Rundfunktexte dazu auf, sich vor Betrug in acht zu nehmen, wobei es unwichtig ist, ob er sich in Form von Sammlerschwindel zeigt (wie im Vortrag BRIEFMARKENSCHWINDEL, 195 ff.) oder in den überspannten Darbietungen eines Cagliostro, die selbst Goethes Interesse gefunden haben (192 f.). Benjamin zögert nicht, sich in ironischer und unbekümmerter Art mit der Welt der Magie und des Dämonischen auseinanderzusetzen, und stellt dies mit dem Faust aus dem *Volksbuch* sowie mit der gleichnamigen Tragödie Goethes unter Beweis, ebenso wie mit dem Werk des Cagliostro selbst und schließlich den Erzählungen Hoffmanns, romantischer Schilderer der Nacht und der Gefahrzonen, ein Autor, dessen Lektüre für Benjamin als Kind verboten war. Bevorzugte Zielscheiben antiautoritärer Aufklärung sind der Bereich des traditionellen Schulunterrichts und die Figur des Schulmeisters mit seinen vorgefertigten Sicherheiten (vgl. EIN BERLINER STRASSENJUNGE, 92 ff.; BERLINER DIALEKT, 68 ff.). Außerdem versäumt es Benjamin nicht, den gegen Tyrannei gerichteten Wert selbst der Marionetten hervorzuheben, als er den Jugendlichen im Vortrag PUPPENTHEATER IN BERLIN (1929) die sozialgeschichtlichen Ursprünge und Entwicklungen der von ihm hochgeschätzten Puppentheater erläutert (80 ff.).

Benjamin läßt es sich auch nicht nehmen, Aspekte der Entwicklung industrieller Technik zu vermitteln, wie z. B. in der Sendung BESUCH IM MESSINGWERK (1930), in der er beschreibt, wie in der Industrie Kupferlaminat gewonnen wird, wobei er vom Daltonschen Gesetz ausgeht, das er in der Schule gelernt hatte (131 ff.), oder wie in BORSIG (1930), als er die jungen Hörer in das berühmte Lokomotivenbauwerk in Berlin einführt (111 ff.). Es erübrigt sich zu erwähnen, daß er sich in solchen Augenblicken beeilt, die Schwierigkeiten einzugrenzen, die beim Zusammentreffen der Jugendlichen mit der für sie noch weit entfernten Arbeitswelt einschließlich ihrer Fachsprachen auftreten können.

Die »verehrten Unsichtbaren« werden auch nicht von Geschichten verschont, in denen es um Unterdrückte, Verfolgte und Gefangene geht (wie z. B. die Gefangenen in der französischen Bastille oder das Findelkind Caspar Hauser). Den jungen Hörern stellt Benjamin Kulturen und Traditionen vor, die an den Rand gedrängt und mit Vorurteilen belegt wurden, wie z. B. Angehörige der Roma und Sinti, die sich der Zwangseingliederung unterwerfen mußten und damit von Identitätsverlust bedroht waren. Auch heikle Themen scheut er nicht, wie z. B. die Camorra in Neapel (im Vortrag NEAPEL, einer packenden Erkundung der Stadt). Weiter präsentiert er ihnen, mit Licht- und Schattenseiten, die einstigen Banditen und Räuberbanden in Deutschland, als sagenhafte Helden, die Unrecht wiedergutmachen. Er geht für die Jugendlichen den Erlebnissen der amerikanischen Bootleggers nach, der Alkoholschmuggler, die in den 20er und beginnenden 30er Jahren die Prohibition und den Puritanismus herausgefordert haben, ein Zusammenhang, in dem die Ursachen der kriminellen Handlung in der Härte der bestehenden Gesetze gesehen werden. Benjamin weiß sehr genau, daß er durch seine Themenauswahl auch Einwände seitens der Erwachsenen provoziert. Zu Anfang der Übertragung über die Schmuggler z. B. nimmt er die unvermeidbare Frage vorweg, die er schon von den Lippen mancher Eltern ablesen zu können meint: »Soll man Kindern überhaupt solche Geschichten erzählen?« (201).

Wie im Vortrag über Cagliostro ausgeführt wird, zielen die im Rundfunk übertragenen Lehrstunden unter anderem darauf ab, Neugier zu wecken: Die Jugendlichen sollen dazu ermutigt werden, die Realität aufmerksam zu beobachten, gute Beobachtungsfähigkeiten zu entwickeln. Dazu erweist sich die Konfrontation mit der Welt der Großstadt als unverzichtbar, die für Benjamins Betrachtung der Moderne zentral ist. Benjamin berichtet den Jugendlichen von seiner Heimatstadt Berlin, zugleich gehaßt und geliebt, von dem Humor und der Freiheit, die in der sogenannten »Berliner Schnauze« zum Ausdruck kommen, von einigen berühmten Berlinern (von Karl Hobrecker über Adolf Glasbrenner bis hin zum Maler Heinrich Zille), von den Vertraulichkeiten der Marktplätze, die von den Frauen aus dem Volk und den unnachahmlichen »Marktweibern« beherrscht sind; er geht ein auf die beinahe unübersetzbaren Schattierungen ihres Dialekts, das Labyrinth des Zoologischen Gartens und das architektonische Elend der berüchtigten und düsteren »Mietskasernen«.

Erzählen gegen die Zeit

Am Mikrofon kehren auch Leidenschaften zurück, die der Sammler und Historiker Benjamin immer gepflegt hat – mit seinem Drang, in subversiver Art all das zu retten, was im Begriff ist zu entschwinden, weil vom Markt verworfen oder ausrangiert: alte Kinderbücher, Abc-Bücher und Fibeln, außer Kurs geratene Briefmarken, altes Spielzeug usw. Für Benjamin handelt es sich um Materialien, die sich wie Reliquien von etwas Untergegangenem ausnehmen und die ebenfalls zu Barrikaden aufgetürmte Trümmer sind gegen die höllische Beschleunigung der Moderne. Ebenso wie der Sammler scheint auch der Erzähler von Anekdoten und Rundfunkgeschichten nichts anderes zu tun, als den »verehrten Unsichtbaren« viele winzige Unterbrechungen der Moderne, ihres unerbittlichen Tempos, anzubieten und vorzuschlagen. Hinter der Maske der Kurzerzählung, in der wiedergefundenen Zeit der Radioerzählung, sucht er auf neue Art Wissen zu verbreiten, wobei er die aktive Aufnahme begünstigt, ohne derjenigen »Volkstümlichkeit« nachzutrauern, wie sie während der vergangenen Aufklärung häufig gepflegt worden ist: populäre Darstellung als eine abgeleitete, gegenüber der wissenschaftlichen sekundäre (IV, 671). Im Rundfunkvortrag, der nicht nur eine Zuhörerschaft von Spezialisten, sondern auch von Laien auf ein Wissen hin »in Bewegung setzt«, lebendige »Bildungsarbeit« leistet, fähig, ein »wirklich lebendiges *Wissen*« zu entwickeln – wie in Zweierlei Volkstümlichkeit (671 f.) erklärt wird –, läßt Benjamin die Ansicht nicht gelten, nach der der Geschichtsverlauf nur als »homogene und leere Zeit« (I, 701) zu verstehen ist. Er gibt den von Mal zu Mal ausgewählten Objekten »die Freiheit zurück«, er projiziert sich selbst und die Hörer in einen vorgestellten Raum aus Bildern, in dem ein messianischer Zustand vorweggenommen wird. Dabei nimmt er jedoch auch wiederum keine vertröstende Perspektive ein, weil er die Ernüchterung gegenüber der geschichtlichen Gegenwart nicht verschweigen kann, die er später als »völliges Fehlen von Illusionen gegenüber der Epoche« bezeichnet, eine Dimension, die in den Thesen Über den Begriff der Geschichte (1940) an Paul Klees Bild *Angelus Novus* manifest wird: Vor den Augen des Engels häufen sich Trümmer über Trümmer im Namen des Fortschritts (697).

Im Rundfunkvortrag Kinderliteratur (1929) erfährt das Bild der Uhr, die drängt und dazu zwingt, die Zeitspanne der Kurzerzählung klug zu nutzen, eine ungewöhnliche, sinnbildliche Wendung: Die Uhr skandiert die Bewegungen der praktischen Aufklärung, die das Meisterwerk eines Dichters des 19. Jh.s durchdringt: das *Schatzkästlein* Johann Peter Hebels. Diesbezüglich bemerkt Benjamin: »Es ist, wenn er seine Geschichten erzählt, als ob der Uhrmacher uns ein Uhrwerk weist und die Federn und die Rädchen einzeln erklärt und erläutert. Plötzlich (seine Moral ist immer plötzlich) dreht er sie um und wir sehen wie spät es ist. Und auch darin gleichen diese Geschichten der Uhr, daß sie unser frühestes kindliches Staunen wecken und nicht aufhören uns das Leben lang zu begleiten« (VII, 255).

Auch wenn es vordergründig um Hebel geht, spricht Benjamin hier zugleich von sich selbst. Der Apotheker und Uhrmacher, der uns an anderer Stelle seinen Schrecken vor den Minuten gestanden hat (und der 1940 in den Thesen Über den Begriff der Geschichte den Juli 1830 heraufbeschwört, als die Pariser Revolutionäre auf die Uhren der Stadt schossen, um den Lauf der Geschichte zu unterbrechen und einen neuen Kalender einzuführen), beleuchtet die problematischen Seiten der Kurzerzählungen. Auch in diesem Falle sieht man (genauer gesagt: hört man) nicht ohne Verwunderung das unerbittliche Drängen der geschichtlichen Zeit. So trägt der Text schließlich auch das Zeichen des zunehmenden Zeit-Drucks und -Zerfalls in sich (Börsenstürze, Krisen, faschistische Tendenzen im Vormarsch) und wird zur Mahnung, erscheint als Palimpsest von Fügungen, die sich in eine unruhige Zukunft hinein ankündigen. »[U]nd wir sehen *wie spät es ist*« (VII, 255): so spricht 1929 die Stimme des Kurzerzählers. Im Grunde führt auch Benjamin seinen Hörern seit einigen Jahren die verschiedenen Federn und Rädchen der Uhr von Weimar vor, um ihnen zu zeigen, wie spät es geworden, wie sehr Eile geboten ist (vgl. Buck-Morss 1988, 101).

Es ist kein Zufall, daß er in seinen letzten Rundfunksendungen Themen in Angriff nimmt, die für das Ende der Weimarer Republik und für die Lage Europas zu Anfang der 30er Jahre bezeichnend sind: Man denke nur an die Schwindelei eines Cagliostro (sicherlich als ein Hinweis auf Hitler zu verstehen), an die Hexenverfolgungen und -prozesse, an die Vorurteile und Stereotypen in bezug auf Roma und Sinti, an die Aktivitäten des Ku Klux Klan, an die Naturkatastrophen (den Untergang von Herculanum und Pompeji, das Erdbeben von Lissabon, die Eisenbahnkatastrophe vom Firth of Tay, die Mississippi-Überschwemmung 1927). Es handelt sich um Themen, die Schlaglichter auf die Epochenkrise werfen. In den Jahren, in denen der Faschismus Mythisch-Vorzeitiges für sich beansprucht und vergangene Greuel auf die Spitze treibt, betont Benjamin die Notwendigkeit, Haltungen zu überwinden, die auf Vorurteilen basieren, auf Willkür beruhen, auf dem Drang, neue Hexen und Ungeheuer zu schaffen und kurzen Prozeß zu machen. Nicht zufällig wird auch das Experiment der Kurzerzählungen in einem Deutschland, das Benjamin wenige Jahre später – im Januar 1940 – mit einer »Wüstenlandschaft« (6, 379) vergleichen wird, brüsk unterbrochen. Mit dem drastischen Einschnitt 1933 bleibt für viele demokratische Intellektuelle in Deutschland die Uhr stehen. Benjamin hat das Thema Kindheit indes auch danach weiter behandelt, etwa in den Aufzeichnungen zu Fourier im Zusammenhang der Passagenarbeit (V, 764 ff.) und insbesondere in dem Werk Berliner Kindheit um neunzehnhundert (siehe den Artikel dazu).

Werk

Programm eines proletarischen Kindertheaters (II, 763–69)
Eine kommunistische Pädagogik (III, 206–09)
Abc-Bücher vor hundert Jahren (IV, 619–20)
Altes Spielzeug (IV, 511–15)
Alte vergessene Kinderbücher (III, 14–22)
Chichleuchlauchra. Zu einer Fibel (III, 267–73)
Grünende Anfangsgründe (III, 311–14)
Ich packe meine Bibliothek aus (IV, 388–96)
Rez. zu Karl Hobrecker: Alte vergessene Kinderbücher (III, 11–14)
Kinderliteratur (VII, 250–57)
Kolonialpädagogik (III, 272–74)
Kulturgeschichte des Spielzeugs (III, 113–17)
Lob der Puppe (III, 213–218)
Notizen zu einer Theorie des Spiels (VI, 188–92)
Pestalozzi in Yverdon (III, 346–49)
<Phantasie und Farbe> (VI, 109–29)
Russische Spielsachen (IV, 623–25)
Spielzeug und Spielen (III, 127–31)

Literatur

Adorno, Theodor W. (1970): Über Walter Benjamin, Frankfurt a.M.
Bokma, Horst (2000): Das pädagogische Experiment des Schreibenden. Untersuchungen zu Walter Benjamins Rezensionen pädagogischer Literatur von 1924 bis 1932, Frankfurt a.M. u.a.
Brecht, Bert (1961): Gedichte (Steffinische Sammlung), Bd. IV (1934–1941), Frankfurt a.M.
Brüggemann, Theodor (1988): »Walter Benjamin und andere Kinderbuchsammler«, in: Doderer 1988, 68–92.
Buck-Morss, Susan (1988): »›Verehrte Unsichtbare!‹ Walter Benjamins Radiovorträge«, in: Doderer 1988, 93–101.
Casini-Ropa, Eugenia (1976): Il teatro Agitprop nella repubblica di Weimar, Einleitung zu: Asja Lacis: Professione: rivoluzionaria, Mailand, 15–65.
Doderer, Klaus (Hg.) (1988): Walter Benjamin und die Kinderliteratur. Aspekte der Kinderkultur in den zwanziger Jahren. Mit dem Katalog der Kinderbuchsammlung, Weinheim/München.
Drews, Jörg (Hg.) (1975): Zum Kinderbuch. Betrachtungen. Kritisches. Praktisches, Frankfurt a.M.
Fachinelli, Elvio (1969): Nota a Benjamin, in: Quaderni piacentini 38, 151–155.
Günther, Henning (1974): »Erziehung und Kindheit«, in: ders.: Walter Benjamin. Zwischen Marxismus und Theologie, Olten/Freiburg i.Br., 120–145.
Kaminski, Winfred (1988): »Walter Benjamin in der Kinderbuchkritik der 70er Jahre«, in: Doderer 1988, 177–187.
Karrenbrock, Helga (1999): »Lesezeichen. Das Lesen, die Kinder und die Kinderbücher bei Walter Benjamin«, in: Klaus Garber/Ludger Rehm (Hg.): global benjamin, Bd. 3, München, 1511–1525.
Katalog der Kinderbuchsammlung Walter Benjamin (1987): Ausstellung des Instituts für Jugendbuchforschung des Johann Wolfgang Goethe-Universität und der Stadt- und Universitätsbibliothek Frankfurt a.M., Frankfurt a.M., 35–57.
Kaulen, Heinrich (2000): »Rettung«, in: Michael Opitz/Erdmut Wizisla (Hg.): Benjamins Begriffe, Bd. 2, Frankfurt a.M., 619–664.
Lacis, Asja (1968): »Das ›Programm eines proletarischen Kindertheaters‹. Erinnerungen beim Wiederlesen«, in: alternative 59/60, 64 ff. (auch in: dies. (1971): Revolutionär im Beruf, München, 21–25).
Lacis, Asja (1971): Revolutionär im Beruf. Berichte über proletarisches Theater, über Meyerhold, Brecht, Benjamin und Priscator, hg. v. Hildegard Brenner, München.
Mehlmann, Jeffrey (1993): Walter Benjamin for Children. An essay on his radio Years, Chicago.
Müller, Uwe Lothar (1988): »Radau im Rundfunk: Walter Benjamins Kasperl«, in: Doderer 1988, 113–119.
Pelzer-Knoll, Gudrun (1986): Kindheit und Erfahrung. Untersuchungen zur Pädagogik Walter Benjamins, Königstein, Ts.
Richter, Dieter (Hg.) (1973): Das politische Kinderbuch, Darmstadt/Neuwied.
Richter, Dieter/Joachim Vogt (Hg.) (1974): Die heimlichen Erzieher. Kinderbücher und politisches Lernen, Reinbek.
Schedler, Melchior (1972): Kindertheater. Geschichte, Modelle, Projekte, Frankfurt a.M.
Schiavoni, Giulio (1985): »Von der Jugend zur Kindheit. Fragmente zu einer proletarischen Kinderpädagogik«, in: Burkhardt Lindner (Hg.): Walter Benjamin im Kontext, Königstein, Ts, 30–64.
Schiavoni, Giulio (1989): »Frente a un mundo de sueño. Walter Benjamin y la enciclopedía mágica de la infanzia«, in: Walter Benjamin: Escritos. La literatura infantil, los niños y los jóvenes, Buenos Aires, 9–33.
Schiavoni, Giulio (2001): Le ragioni dell'infanzia, in: ders: Il figlio della felicità, Turin, 155–195.
Schiller-Lerg, Sabine (1984): Walter Benjamin und der Rundfunk, München u.a.
Schiller-Lerg, Sabine (1988): »Am Mikrophon: Der neue Erzähler Walter Benjamin«, in: Doderer 1988, 102–112.
Tenorth, Heinz-Elmar (1988): »Walter Benjamins Umfeld. Erziehungsverhältnisse und Pädagogische Bewegungen«, in: Doderer 1988, 31–66.
Wohlfarth, Irving (1984): »Et Cetera? De l'historien comme chiffonnier«, in: Heinz Wismann (Hg.): Walter Benjamin et Paris, Paris, 599–610.
Zipes, Jack (1988): »Kinderliteratur und Kinder-Öffentlichkeit in Walter Benjamins Schriften«, in: Doderer 1988, 188–195.

»Der Sürrealismus. Die letzte Momentaufnahme der europäischen Intelligenz«

Von Karlheinz Barck

Ein »Essay zur Literatur« ist Benjamins Surrealismus-Essay nicht! Eher einer über das Politische in Kultur und Theorie der Moderne, über deren geschichtlichen Index die »Paralipomena zum Sürrealismus« unter der Rubrik »Surrealismus und Politik« eine Eintragung Benjamins enthalten, die ein Motiv seines Interesses für den französischen Surrealismus festhält. »Ein naheliegender Irrtum: den Surrealismus für eine literarische Bewegung zu halten. Als solche ist sie freilich klein, einflußlos, eine Sache von Konventikeln. Aber die Schriften dieser Autoren formieren sozusagen nur die scharfe Spitze eines Eisbergs, der unterm Meeresspiegel sein Massiv in die Breite streckt. Es ist gerade eine Aufgabe der Kritik zu erkennen, an welche aktuellen außerliterarischen Tendenzen diese Schriften anschließen« (II, 1035). Wie der Untertitel des Essays sagt, ist der Gestus kein hermeneutischer, sondern ein zeitdiagnostischer. Der Surrealismus interessiert Benjamin als die von einer Gruppe junger Intellektueller getragene Bewegung, in deren Praxis Benjamin Gegenbilder zu einer allgemeinen europäischen Befindlichkeit erkennt. »Das Charakteristische dieser ganzen linksbürgerlichen Position ist ihre unheilbare Verkupplung von idealistischer Moral mit politischer Praxis. Nur im Kontrast gegen die hilflosen Kompromisse der ›Gesinnung‹ sind gewisse Kernstücke des Sürrealismus, ja der sürrealistischen Tradition, zu verstehen« (304). Insofern ist der Essay ein Text des Erwachens, mit dem Benjamin sich ein Teleskop baute, um von der *Urgeschichte des 19. Jahrhunderts* ein Bild nach Zügen zu zeichnen, »die es in einem zukünftigen, von Magie befreiten Weltzustand zeigen wird«, wie Benjamin am 28.10.1935 an Werner Kraft schrieb (5, 193). Der Essay steht in Zusammenhang mit der Lektüre surrealistischer Texte und mit der expliziten Diskussion mit Louis Aragon, insbesondere von dreien seiner für die Bewegung des Surrealismus in Frankreich programmatischen Texte: dem *Paysan de Paris* (1926) und den beiden Traktaten *Une vague de rêves* (1924) und *Traité du style* (1928). Benjamins Lektüre dieser Texte ist weder exegetisch noch apologetisch, sondern motiviert durch die Suche nach einer theoretischen Armatur, nach einem Grundriß für die Passagenarbeit. »Abgrenzung der Tendenz dieser Arbeit gegen Aragon:« schreibt er darin, »[w]ährend Aragon im Traumbereiche beharrt, soll hier die Konstellation des Erwachens gefunden werden. Während bei Aragon ein impressionistisches Element bleibt – die ›Mythologie‹ – [...] geht es hier um Auflösung der ›Mythologie‹ in den Geschichtsraum. Das freilich kann nur geschehen durch die Erweckung eines noch nicht bewußten Wissens vom Gewesenen« (V, 1014). In Benjamins Selbstverständnis ist die Arbeit am Surrealismus-Essay mithin in erster Linie eine wichtige Etappe auf dem Weg zur Passagenarbeit und auch zum Kunstwerk-Essay von 1936 gewesen, von dem er sagt, daß »ich nun als Erster einige Fundamentalsätze der materialistischen Kunsttheorie gefunden [habe]« (5, 193). Rolf Tiedemann hat in seiner Einleitung zur Passagenarbeit den Surrealismus-Essay als Benjamins Erarbeitung einer »Versuchsanordnung« (V, 19 f.) für die anfänglichen Passagenentwürfe beschrieben. »Bildete die Konzeption des Konkreten den einen Pol von Benjamins theoretischer Armatur, so die surrealistische Traumtheorie den anderen; in dem Kraftfeld zwischen Konkretion und Traum finden die Divagationen des ersten Passagenentwurfs statt« (16).

Vor der Publikation in den *Gesammelten Schriften* (1977) und der Passagenarbeit darin (1982), die den Kontext des Surrealismus-Essays im Œuvre Benjamins überhaupt erst erkennbar machte, kann von einer Rezeption dieses Essays im eigentlichen Sinne überhaupt keine Rede sein. Die genaue Situierung im Universum des Benjaminschen Œuvre ist erst mit der Veröffentlichung der sechsbändigen Briefausgabe (1995–2000) möglich geworden.

Entstehungsgeschichte und Kontexte

Benjamins Surrealismus-Essay erschien in drei Folgen im Februar 1929 (am 1.2.; 8.2.; 15.2.) in der von Willy Haas in Berlin herausgegebenen Wochenzeitung *Die literarische Welt*. Der erste Teil am 1. Februar 1929 in einer *Sondernummer: Das moderne Frankreich*, zu der Willy Haas in einer redaktionellen Anmerkung schrieb: »In dieser Nummer wird nicht versucht, einen vollständigen Überblick über das sehr weit verzweigte und komplizierte Gebiet der neueren französischen Literatur zu bieten. Wir wollten vorläufig einige Anhaltspunkte und Zusammenhänge der französischen Literatur (wie zwischen deutscher und französischer) kurz notieren. Eine zweite französische Nummer wird etwas ausführlicher auf die allgemeine heutige Konstellation innerhalb Frankreichs eingehen und eine Anzahl literarischer Proben beifügen« (Willy Haas 1929, 2). Benjamin hat den Essay als eine Bilanz umfangreicher Lektüren zum Surrealismus, die er seit 1927 im Zusammenhang der Arbeit am Passagenwerk absolvierte, im Januar 1929 geschrieben, wie einem Brief aus Berlin an Alfred Cohn vom 16.1.1929 zu entnehmen ist. »Ich arbeite neuerdings viel. Gerade eben liegen um mich einige von den alten und neuen Schriften herum, aus denen ich mich über Surrealismus zu informieren habe. Ich, und dann auch Du als Leser, wir müssen nun nächstens dran glauben. Die Literarische Welt bereitet ein Frankreichheft vor, in dem ich nun endlich erzählen soll, wie es in Paris war. Und anstatt dessen könnte ich jetzt in Paris bei Aragon sitzen, mit dem eine gute Bekannte von mir sich eben befreundet hat« (3, 434). Benjamin bezieht sich auf seinen Aufenthalt in Paris, wo er 1925 drei Monate von Ende März bis Mitte Juni und dann von April bis Oktober 1927 zu Studien auf der Bibliothèque Nationale in der Rue de Richelieu weilte.

Der in Fraktur gesetzte Titel des Essays markierte mit dem Umlaut die französische Phonetik des Terminus *Surrealismus* und setzte mit dem Untertitel für die Leser ein Fragezeichen. Sollte der Schnappschuß ein *letztes* Bild von einem verschwindenden Zustand europäischer Intelligenz fixieren oder nicht vielmehr seine *erste, jüngste* Aufnahme andeuten, Anzeichen von etwas Neuem und Unerhörten? Als ein weiteres Lektüresignal hatte Benjamin den Abdruck einer Apollinaire-Karikatur von Picasso empfohlen, die den Erfinder des Terminus Surrealismus in der Pose eines Bischofs mit Hirtenstab und Mitra und der für Apollinaire emblematischen Pfeife im Mund zeigt. Benjamin hat in Picassos Darstellung ein Bild gesehen, das »das äußerste Schicksal des Katholizismus darstellt, wenn das Bild hier nicht gar den Papst (sic) vorstellen soll, der im Hérésiarque et Cie kraft seiner Unfehlbarkeit die katholische Religion für irrig erklärt« (II, 1030). Über die redaktionelle Aufteilung seines Essays für die Veröffentlichung in drei Folgen hat sich Benjamin, der 1929 in Berlin war, geärgert. Er schrieb darüber im Februar an Alfred Cohn: »Wenn Du Dich für den Aufsatz über Surrealismus interessierst, wirst Du gut tun, das vollständige Erscheinen abzuwarten und ihn dann in Einem zu lesen. Sinnwidriger als es geschehen ist, ließ sich nämlich die Abteilung der Fortsetzungen garnicht vornehmen« (3, 447). Am Ende des Essays hatte *Die literarische Welt* ein Literaturverzeichnis unter dem Titel *Einige Quellenschriften* gedruckt, das die Herausgeber der GS ohne weitere Aufklärung als »ein in mancher Hinsicht merkwürdiges Literaturverzeichnis« nennen. »Obwohl unsicher ist, ob es von Benjamin [was doch wohl anzunehmen ist, d. Verf.] oder von der Redaktion der ›Literarischen Welt‹ stammt, wird es im folgenden abgedruckt« (II, 1041).

Der Surrealismus-Essay – ein Paravent vor den Pariser Passagen

Die Lokalisierung des Surrealismus-Essays als erstes zusammenfassendes Ergebnis eines breit angelegten Laborversuchs, der Passagenarbeit, ist Benjamin im Verlaufe seiner sondierenden archäologischen Recherchen (vgl. Sagnol 2003) zur »Urgeschichte des 19. Jahrhunderts« (V, 579) immer deutlicher bewußt geworden. Er beschreibt den Ort des Essays nach der Veröffentlichung im Hinblick auf die als *work in progress* angelegte »Urgeschichte des 19. Jahrhunderts« als »Paravent« und als »Prolegomena«. So an Gershom Scholem am 15.3.1929. »Optime, amice fragst Du, was sich wohl hinter der Surrealismus-Arbeit verbergen mag. [...] In der Tat ist diese Arbeit ein Paravent vor den ›Pariser Passagen‹ – und ich habe manchen Grund, was dahinter vorgeht, geheim zu halten. Gerade Dir aber immerhin soviel: daß es sich hier eben um das handelt, was Du einmal nach Lektüre der ›Einbahnstraße‹ berührtest: die äußerste Konkretheit, wie sie dort hin und wieder für Kinderspiele, für ein Gebäude, eine Lebenslage in Erscheinung trat, für ein Zeitalter zu gewinnen« (3, 453 f.). An Hofmannsthal, dem Benjamin einige seiner Arbeiten schickte, darunter den Proust-Aufsatz von 1929, schrieb er drei Monate später am 26.6.1929: »Der ›Sürrealismus‹ ist ein Gegenstück zu ihm [dem Proust-Aufsatz, d. Verf.], das einige Prolegomena der Passagen-Arbeit enthält, von der wir einmal bei mir gesprochen haben« (472). Man kann sagen, daß Benjamin 1929 den Surrealismus als ein *dialektisches Bild* der Epoche im Zentrum seiner Arbeit plaziert hat.

Aus der Korrespondenz lassen sich heute die Linien von Benjamins Begegnung mit dem Surrealismus und seine Durcharbeitung surrealistischer Texte (vgl. Barck 1982, 277–288), die in dem Essay eine erste kohärente Form gefunden hat, nachzeichnen. Der 1925 nach Lektüre der »fragwürdigen Bücher der Surrealisten« (an Scholem am 21.7.1925, 3, 61) entstandene kleine Text TRAUMKITSCH, Zeugnis der »frühesten Beschäftigung Benjamins mit dem Surrealismus« (II, 1425), der zwei Jahre später, im Januar 1927, unter einem von der Redaktion erfundenen Titel als »Glosse zum Sürrealismus« in *Die Neue Rundschau* erschien, hat so genau wie kaum ein anderer zu der Zeit eine die Intentionen treffende Vorstellung vom Surrealismus beschrieben. Er nennt sie die Traumwelt des »möblierten Menschen«, in der die blauen Blumen der Romantik grau geworden sind. »Die Träume sind nun Richtweg ins Banale«, und »[d]ie Seite, die das Ding dem Traume zukehrt, ist der Kitsch« (620). Benjamins nahezu mit der Inkubation des Surrealismus in Paris synchrone frühe Lektüre surrealistischer Texte – Paul Eluards von Max Ernst illustrierter Gedichtband *Répétitions* (1922), André Bretons *Manifeste du surréalisme* (1924) und Louis Aragons dazu komplementäre Programmschrift *Une vague de rêves* (1924) – beschreibt mit dem Trend zur Banalität des Alltäglichen und deren Spiegelbildern im Traum – »Das Träumen hat an der Geschichte teil« (ebd.) –, was bis zum Surrealismus-Essay von 1929 zu einem methodischen Prinzip von Benjamins Arbeit am Passagenwerk wird: die Übertragung von Traumzuständen vom Individuum auf kollektive Erfahrungen und Experimente. Darüber heißt es Anfang 1927 in den ersten Notizen zur Passagenarbeit: »Es ist eine der stillschweigenden Voraussetzungen der Psychoanalyse, daß die konträre Gegensatzstellung von Schlaf und Wachen für den Menschen oder überhaupt die empirischen Bewußtseinseindrücke keine Geltung hat, sondern einer unendlichen Varietät von Bewußtseinszuständen weicht, die jede durch den Grad von Wachheit aller geistigen und leiblichen Zentren bestimmt werden. Diesen durchaus fluktuierenden Zustand eines zwischen Wachen und Schlaf jederzeit vielspältig zerteilten Bewußtseins hat (man) vom Individuellen aus aufs Kollektiv zu übertragen. Tut man das, so ist für das 19te Jahrhundert offenbar, daß die Häuser die Traumgebilde seiner am tiefsten schlummernden Schicht sind« (V, 1012). Im Komplex K des Passagenwerks (*Traumstadt und Traumhaus, Zukunftsträume, anthropologischer Nihilismus, Jung)*, dessen Einträge nach dem Surrealismus-Essay entstanden sind, hat Benjamin die surrealistische Methode – »casting historical process in psychoanalytic terms« (Cohen 1993, 196) – als eine zur Dechiffrierung der verschlüsselten »Erscheinungsformen des Traumkollektivs vom 19ten Jahrhundert« festgehalten. Es ist darum eine geschichtliche Besonderheit, daß der Kapitalismus eine Naturerscheinung war, »mit der ein neuer Traumschlaf über Europa kam und in ihm eine Reaktivierung der mythischen Kräfte«, wie Benjamin notiert (V, 494). Die Surrealisten haben ihm zufolge als erste diese Implikationen registriert. »Die ›Kritik‹ des 19ten Jahrhunderts also [...] hat hier einzusetzen. Nicht die an seinem Mechanismus und Maschinismus sondern an seinem narkotischen Historismus, seiner Maskensucht, in der doch ein Signal von wahrer historischer Existenz steckt, das die Surrealisten als die ersten aufgefangen haben. Dieses Signal zu dechiffrieren, damit hat der vorliegende Versuch es zu tun. Und die revolutionäre, materialistische Basis des Surrealismus ist eine genügende Bürgschaft dafür, daß in dem Signal der wahren historischen Existenz, von dem hier die Rede ist, das 19te Jahrhundert seine ökonomische Basis zum höchsten Ausdruck gelangen läßt« (493 f.).

Benjamins anhaltende, über zehn Jahre, von 1925 bis zur Arbeit an dem Passagenprojekt, sich erstreckende Beschäftigung mit dem Surrealismus galt nicht lediglich »der Festigung meiner pariser Position«, wie er am 5.6.1927 an Hofmannsthal schreibt. Sie ist motiviert vor allem durch eine Kongruenz im Denken, wie es die Texte der EINBAHNSTRASSE (1928) bezeugen, die den Surrealismus als experimentelle Denkbewegung, als Gedankenexperiment zum wichtigsten Anreger der Passagenarbeit werden ließen. Im Surrealismus nähert Benjamin sich »dem französischen Geist auch in seiner aktuellen Gestalt [...]. Während ich mit meinen Bemühungen und Interessen in Deutschland unter den Menschen meiner Generation mich ganz isoliert fühle, gibt es in Frankreich einzelne Erscheinungen – als Schriftsteller Giraudoux und besonders Aragon – als Bewegung den Surréalismus, in denen ich am Werk sehe, was auch mich beschäftigt. Für jenes Notizenbuch [EINBAHNSTRASSE, d. Verf.], von dem ich Ihnen vor langer Zeit, sehr verfrüht, einige Proben sandte, habe ich in Paris die Form gefunden« (3, 259).

Benjamins Aragon-Lektüre und Übersetzung

Über Benjamins Lektüre von Aragons surrealistischem Roman *Le paysan de Paris* (1926) als einem auslösenden Moment für die Passagenarbeit hat er später Adorno in einem Brief am 31.5.1935 berichtet, in dem er dessen kritischen Kommentar zum ersten Exposé für die Passagenarbeit aufgreift und Adornos Warnung vor dem Einfluß Brechts auf die Passagenarbeit mit dem Hinweis auf die zehn Jahre frühere, surrealistisch inspirierte Konfiguration relativiert. »Da steht an ihrem Beginn Aragon – der Paysan de Paris, von dem ich abends im Bett nie mehr als zwei bis drei Seiten lesen konnte, weil mein Herzklopfen dann so stark wurde, daß ich das Buch aus der Hand legen mußte. Welche Warnung! Welcher Hinweis auf die Jahre und Jahre, die zwischen mich und solche Lektüre gebracht werden mußten. Und doch stammen die ersten Aufzeichnungen zu den Passagen aus jener Zeit. – Es kamen die berliner Jahre, in denen der beste Teil meiner Freundschaft mit Hessel sich in vielen Gesprächen aus dem Passagenprojekt nährte. Damals entstand der – heute nicht mehr in Kraft stehende – Untertitel ›Eine dialektische Feerie‹« (5, 96 f.).

Die Einschreibung der Passagen als emblematischer Schauplatz, als Bild- und Erfahrungsraum einer modernen Mythologie in die Passagenarbeit ist ohne Zweifel von Benjamins Aragon-Lektüre inspiriert. Im ersten Entwurf zu den Pariser Passagen, der Mitte 1927 geschrieben wurde, hat Benjamin in einem schönen Bild die Passagen als den mythischen Wirkungsraum der surrealistischen Musen beschrieben. »Der Vater des Surrealismus war Dada; seine Mutter war eine Passage. Dada war, als er ihre Bekanntschaft machte, schon alt. Ende 1919 verlegten Aragon und Breton aus Abneigung gegen Montparnasse und Montmartre ihre Zusammenkünfte mit Freunden in ein Café der Passage de l'Opéra. Der Durchbruch des Boulevard Haussmann hat ihr ein Ende gemacht. Louis Aragon hat über sie 135 Seiten geschrieben, in deren Quersumme die Neunzahl der Musen (sich) versteckt hält, die an dem kleinen Surrealismus Wehmutterdienste geleistet haben. Diese handfesten Musen heißen: Ballhorn, Lenin, Luna, Freud, Mars, Marlitt und Citroen. Ein vorsichtiger Leser wird ihnen allen, wo er im Laufe dieser Zeilen auf sie stößt, so unauffällig wie möglich ausweichen. Auf diese Passage hält im ›Paysan de Paris‹ Aragon den bewegtesten Nachruf, der je von einem Mann der Mutter seines Sohnes ist gehalten worden. Dort soll man ihn nachlesen, hier aber nicht mehr als eine Physiologie, und, um es rund heraus zu sagen, einen Sektionsbefund dieser geheimnisvollsten abgestorbensten Partien der Hauptstadt Europas erwarten« (V, 1057, vgl. eine Variante auch in II, 1033).

Von Aragons *Paysan de Paris* waren 1924 die beiden ersten Kapitel des Romans – *Préface à une mythologie moderne* und *Le passage de l'Opéra* – in der *Revue Européenne* erschienen, die Benjamin 1925 während seines Parisaufenthaltes gelesen hat. Im Vorfeld der Arbeiten für den Surrealismus-Essay übersetzte Benjamin dann im Sommer 1927 – »Ich schreibe jetzt über Aragon«, schreibt er am 21.7.1927 an Fritz Radt (3, 275) – vier Abschnitte aus dem Kapitel *Passage de l'Opéra*, die am 8. und 15. Juni 1928 in der *Literarischen Welt* erschienen: *Don Juan Der Schuhputzer*, *Briefmarken*, *Damentoilette*, *Café Certâ* (Suppl. I, 16–33). Benjamin stellte seiner Übersetzung eine Bemerkung voran, die Aragons Roman als ein Ereignis präsentiert und den Lesern der *Literarischen Welt* den Surrealismus-Essay ankündigt. Diese Vorbemerkung ist überhaupt die erste in Deutschland veröffentlichte Notiz über den Surrealismus. »Vor drei, vier Jahren begründeten Louis Aragon und André Breton die surrealistische Bewegung. Dichter wie Benjamin Péret, Paul Eluard, Antonin Artaud haben sich um sie gesammelt, Maler wie Max Ernst, Giorgio de Chirico stehen ihr nahe. Wir werden auf diese Bewegung, die das Beunruhigende der Wirklichkeit und der Sprache, eines im andern, zum Ausdruck bringt, noch ausführlich zurückkommen« (Suppl. I, 17).

Wenn gesagt wurde, der Surrealismus sei die vielleicht wichtigste Anregung oder Antriebskraft von Benjamins Passagenarbeit (vgl. Lindner 1986, 13–32), so sind damit nicht irgendwelche Einflüsse oder das Einwandern von Motiven in den Denkhaushalt der Passagenarbeit gemeint. Wo Aragon in seinem Roman die Vision einer *mythologie moderne* als »mythologie en marche« und als Grundlegung »d'un sentiment esthétique nouveau« konzipierte, das die Antithese von Kunst und Technik nicht mehr als eine Norm anerkennt – »L'homme a délégué son activité aux machines. [...] Ainsi la nature entière est ma machine: l'ignorance que j'en ai, que je puisse être ignorant, est un simple fait d'inconscience« (Aragon 1974, 215; 225) –, vermerkte Benjamin Signale des historischen Materialismus. Mit Alfred Cohn hat er darüber im Dezember 1927 korrespondiert. »Mich frappiert sehr, daß Du Aragon mit dem historischen Materialismus zusammenstellst. Voilà exactement mon point-de-vue à moi. Alte Hasen liegen in diesem Pfeffer. Von rechts wegen müßten die ›Pariser Passagen‹ längst geschrieben sein [...]« (3, 311).

»Methode ist Umweg. Darstellung als Umweg« hatte Benjamin in der Erkenntniskritischen Vorrede des Trauerspielbuches geschrieben (I, 208). Seine Durcharbeitung des Surrealismus ist ein solcher Umweg zur Passagenarbeit. Deren Verhältnis zum Surrealismus definierte Benjamin in einem bemerkenswerten Brief an G. Scholem vom 30.10.1928 geradezu als ein Erbeverhältnis, was den programmatischen Status des Surrealismus-Essay im Œuvre Benjamins unterstreicht. »Der eigentliche Sprung, den das Hebräische ja notwendig durch meine engeren Projekte machen muß, wird nun die Passagenarbeit betreffen. Damit konvergiert aber sehr eigentümlich ein anderer Umstand. Um die Arbeit aus einer allzu ostentativen Nachbarschaft zum mouvement surréaliste, die mir fatal werden könnte, so verständlich und so gegründet sie ist, herauszuheben, habe ich sie in Gedanken immer mehr erweitern und sie, in ihrem eigensten winzigen Rahmen so universal machen müssen, daß sie, schon rein zeitlich, und zwar mit allen Machtvollkommenheiten eines philosophischen Fortinbras die *Erbschaft* des Surrealismus antreten wird. Mit andern Worten: ich schiebe die Abfassungszeit der Sache ganz gewaltig hinaus, auf die Gefahr hin, eine ähnlich pathetische Datierung des Manuscripts wie bei der Trauerspielarbeit zu bekommen« (3, 420).

Sieben Jahre später, am 9.8.1935, im Blick auf die in Paris seit 1934 wieder aufgenommene Arbeit, erwähnt Benjamin Scholem gegenüber noch einmal sein dialektisches Erbschaftsverhältnis zum Surrealismus. »Ich will den Gegenstand nicht verlassen, ohne Dir zu sagen, daß die alternativen Vermutungen, welche Du an ihn schließt, beide zutreffen. Die Arbeit stellt sowohl die philosophische Verwertung des Surrealismus – und damit seine Aufhebung – dar wie auch den Versuch, das Bild der Geschichte in den unscheinbarsten Fixierungen des Daseins, seinen Abfällen gleichsam, festzuhalten« (5, 138).

Rolf Tiedemann hat in seiner Kommentierung der »Zeugnisse zur Entstehungsgeschichte« des Passagenwerks vermutet, daß Benjamin nach der Niederschrift des Surrealismus-Essays an der Weiterarbeit nicht durch die ihm von Scholem nahegelegte »innerjüdische Karriere und Zukunft« (Scholem 1976, 175) behindert worden sei, sondern »tatsächlich war der vorläufige Abbruch der Passagenarbeit durch eine theoretische Aporie bedingt, die in den Briefen dieser Zeit, jedenfalls im Zusammenhang mit den Passagen, kaum anklingt: der von Benjamin empfundenen Nötigung, die Arbeit gegenüber den Anforderungen des historischen Materialismus zu behaupten« (V, 1082). In dem nach Wiederaufnahme der Passagenarbeit in Paris im Mai 1935 entstandenen Exposé PARIS, DIE HAUPTSTADT DES XIX. JAHRHUNDERTS sieht Tiedemann die Einlösung dieser »Anforderungen«. »Mit ihm gelang Benjamin, die in den späten zwanziger Jahren unternommenen Studien, in denen er gleichsam die Erbschaft des Surrealismus hatte einbringen wollen, mit seinen neuen Intentionen – der stärkeren Orientierung an der Sozialgeschichte und einem Verfahren, das vor dem Marxismus sich legitimieren konnte – zu verschmelzen; das Buch, das er schreiben wollte, war damit endlich und zum erstenmal absehbar geworden« (1097).

Man kann diese Vermutungen konkretisieren, wenn man bedenkt, daß der Surrealismus-Essay *nach* Benjamins Moskau-Aufenthalt (9.12.1926 bis 1.2.1927) und *vor* der eigentlichen Begegnung mit Brecht, vor dessen Einfluß auf die Passagenarbeit dann Adorno immer wieder warnte (Adorno 1994, 168–175), geschrieben wurde. Er steht am Beginn der eigentlichen Passagenarbeit als die Vision eines anthropologischen Materialismus, der die marxistische Kunsttheorie, »bald bramarbasierend und bald scholastisch« (V, 581) hinter sich läßt. Implizit, so kann man sagen, markiert Benjamin den Surrealismus in der frühen »klassischen« Phase der Bewegung und damit seine eigene Position als eine erkenntniskritische und politische in Opposition zu Heidegger und dessen 1927 erschienenem Buch *Sein und Zeit*, eine Beziehung, die mit zu den impliziten zeitgenössischen Kontexten des Surrealismus-Essays gehört.

Heidegger und der Surrealismus. Zwei Antworten auf die Krise geschichtlichen Denkens

An zwei Stellen hat Benjamin die Differenz zwischen Heidegger und dem Surrealismus als die epochentypische Konstellation eines *Scheideweges* und zugleich als interne Konfiguration der Passagenarbeit betont. Im Konvolut S (*Malerei, Jugendstil, Neuheit*) schrieb er durchaus im Tenor eines programmatischen Credos: »Lebenswichtiges Interesse, eine bestimmte Stelle der Entwicklung als Scheideweg zu erkennen. An einem solchen steht zur Zeit das neue geschichtliche Denken, das durch höhere Konkretheit, Rettung der Verfallszeiten, Revision der Periodisierung überhaupt und im Einzelnen charakterisiert ist und dessen Auswertung in reaktionärem oder revolutionäre[m] Sinne sich jetzt entscheidet. In diesem Sinne bekundet in den Schriften der Surrealisten und dem neuen Buche von Heidegger sich ein und dieselbe Krise in ihren beiden Lösungsmöglichkeiten« (V, 676). In den wenig später formulierten »Ersten Notizen« zu den »Pariser Passagen« hat Benjamin die Forderung verstärkt, zwischen beiden Optionen eine Entscheidung zu treffen, die sich dem »neuen Blick« auf die Geschichte als zwingend empfehle. »Lebenswichtiges Interesse, an einem bestimmten Ort der Entwicklung die Gedanken am Scheideweg zu erkennen: heißt der neue Blick auf die geschichtliche Welt am Punkte, wo über seine reaktionäre oder revolutionäre Auswertung die Entscheidung fallen muß. In diesem Sinne ist in den Surrealisten und in Heidegger ein und dasselbe am Werk« (1026). Diese in unmittelbarer zeitlicher Nähe zu *Sein und Zeit* formulierte Diagnose Benjamins, ebenso singulär wie überraschend im Kontext der Arbeiten zum Surrealismus, setzt zwei von der Schulphilosophie und einem intellektuellen Spartendenken als inkommensurabel gegeneinander abgegrenzte Bereiche des Wissens und Denkens in ein Spiegelverhältnis auf gleichem Niveau. Benjamins implizite Auffassung des Surrealismus als einer Alternative (oder als eines Gegenentwurfs) zu Heidegger, wovon ja explizit im Surrealismus-Essay keine Rede ist, hat ihren thematischen Horizont im Begriff der Geschichte und der geschichtlichen Zeit. Der Briefwechsel zeigt, daß Benjamin seit seiner Lektüre von Heideggers Probevorlesung aus dem Jahr 1915 über den *Zeitbegriff der Geschichtswissenschaft* vor allem Scholem gegenüber die eigene Arbeit gegen Heidegger abgrenzt. So zuerst im November 1916, wo Benjamin über Heideggers Probevorlesung schreibt, daß sie »in exakter Weise dokumentiert, wie man die Sache nicht machen soll. Eine furchtbare Arbeit, in die Sie aber vielleicht einmal hineinsehen, wenn auch nur um meine Vermutung zu bestätigen, daß nämlich nicht nur das was der Verfasser über die historische Zeit sagt (und was ich beurteilen kann) Unsinn ist, sondern auch seine Ausführungen über die mechanische Zeit schief sind, wie ich vermute« (1, 344). Im April 1933 berichtet Benjamin Scholem dann von einem Plan, »in einer ganz engen kritischen Lesegemeinschaft unter Führung von Brecht und mir im Sommer den Heidegger zu zertrümmern« (3, 522). Im Passagenwerk schließlich benennt Benjamin als seine theoretische Differenz zu Heideggers Begriff der geschichtlichen Zeit den Begriff des geschichtlichen Index dialektischer Bilder. Der entsprechende Eintrag steht dort im Konvolut *N* im Kontext von Einträgen zum dialektischen Bild und zum Begriff des Ursprungs und der Urgeschichte. »Was die Bilder von den ›Wesenheiten‹ der Phänomenologie unterscheidet, das ist ihr historischer Index. (Heidegger sucht vergeblich die Geschichte für die Phänomenologie abstrakt, durch die ›Geschichtlichkeit‹ zu retten.) Diese Bilder sind durchaus abzugrenzen von den ›geisteswissenschaftlichen‹ Kategorien, dem sogenannten Habitus, dem Stil etc. Der historische Index der Bilder sagt nämlich nicht nur, daß sie einer bestimmten Zeit angehören, er sagt vor allem, daß sie erst in einer bestimmten Zeit zur Lesbarkeit kommen. Und zwar ist dieses ›zur Lesbarkeit‹ gelangen ein bestimmter kritischer Punkt der Bewegung in ihrem Innern. Jede Gegenwart ist durch diejenigen Bilder bestimmt, die mit ihr synchronistisch sind: jedes Jetzt ist das Jetzt einer bestimmten Erkennbarkeit« (V, 577 f.). Am gleichen Ort beschreibt Benjamin selbst diesen Grundbegriff seiner Geschichtstheorie, dessen Konturen am Surrealismus gewonnen wurden, als die *surrealistische Erfahrung*, deren Theorie das eigentliche Zentrum des Surrealismus-Essays ist. »Sollte Erwachen die Synthesis sein aus der Thesis des Traumbewußtseins und der Antithesis des Wachbewußtseins? Dann wäre der Moment des Erwachens identisch mit dem ›Jetzt der Erkennbarkeit‹, in dem die Dinge ihre wahre – surrealistische – Miene aufsetzen« (579).

Die Funken, die sich Benjamin aus der Konfrontation mit Heidegger versprach, hat er aus den Friktionen des Vergleichs zwischen *Sein und Zeit* und den Texten der Surrealisten gewonnen, ein Vergleich, der zwischen erster und zweiter Arbeitsphase dem Passagenwerk eine neue Richtung gab. So schrieb er im Januar 1930 an Scholem: »Je me borne donc à noter que je compte poursuivre ce travail sur un autre plan que jusqu'à présent je l'avais entrepris. Tandis [que] jusqu'ici c'était surtout la documentation d'une [part], la métaphysique d'autre part, qui m'avait retenu, je vois que pour aboutir, pour donner un échafaudage ferme à tout ce travail, il ne me faudra pas moins qu'une étude aussi bien de certain aspects de Hegel que de certaines parties du ›Kapital‹. Ce qui pour moi aujourdhui semble une chose acquise, c'est que pour ce livre aussi bien que pour le ›Trauerspiel‹ je ne pourrai pas me passer d'une introduction qui porte sur la théorie de la connaissance – et, cette fois, surtout sur la théorie de la connaissance de l'histoire. C'est là que je trouverai sur mon chemin Heidegger et j'attends quelque scintillement de l'entre-choc de nos deux manières, très différentes, d'envisager l'histoire« (3, 503).

In zwei neueren Arbeiten, die sich dem von der Forschung lange Zeit kaum beachteten Thema eines impliziten und dauernden Dialogs Benjamins mit den Schriften Heideggers widmen, Howard Caygills *Benjamin, Heidegger and the Destruction of Tradition* (1994) und die erste monographische Darstellung des Themas durch Willem van Reijen *Der Schwarzwald und Paris. Heidegger und Benjamin* (1998), wird der Surrealismus als impliziter Schauplatz, als Scheideweg in dieser Beziehung nicht berücksichtigt. Als erster hat jüngst der argentinische Philosoph Ricardo Ibarlucía in einem Aufsatz diese Beziehungen analysiert: *Benjamin crítico de Heidegger: Hermenéutica mesiánica e historicidad* (2000).

Profane Erleuchtung und anthropologischer Materialismus

Die Übertragung individueller in kollektive geschichtliche Erfahrung ist das Gedankenzentrum von Benjamins Surrealismus-Essay, der keine Geschichte des Surrealismus, sondern Bausteine einer Theorie der Erfahrung liefert. »It is here that Benjamin's distinctive contribution lies not as a historian of Surrealism, but as the theorist of surrealist experience as historical experience« (Osborne 1994). In den Arbeitsnotizen zum Surrealismus-Essay hat Benjamin das Neue und die europäische Intelligenz der Nachkriegszeit Herausfordernde die »Zerschlagung des Ästhetischen« genannt. »Es ist zu bemerken, daß bei der äußerst problematischen Lage der Kunst Theorien heute ebenso beachtenswert, vielleicht bedeutend beachtlicher sind als Einzelwerke, seien sie auch noch so gelungen. Gewiß ist der Sürrealismus als solcher kaum imstande, sehr bedeutende Werke aufzuweisen. Dafür stellt er evidenter als jede konkurrierende Bewegung die Zerschlagung des Aesthetischen, die Bindung ans Physiologisch- und Animalisch-Menschliche einerseits und die Bindung an Politisches andererseits dar« (II, 1023). *Surrealistische Erfahrung* als Keimzelle einer neuen Theorie der Erfahrung auf der Höhe der Zeit, um die

Benjamin seit dem frühen Aufsatz »Erfahrung« (54–56), dem Kantaufsatz von 1917 Über das Programm einer kommenden Philosophie (157–171) und dem Essay Erfahrung und Armut von 1933 (213–219) bemüht war, ist das eigentliche Thema des Essays, das Benjamin im Begriff der *profanen Erleuchtung* konzentriert, jenem Begriff, der dann von hier aus seine konstruktive Karriere durch die Passagenarbeit antritt (vgl. Cohen 1993). »Es ist hier nicht der Ort«, schreibt Benjamin im Surrealismus-Essay, »die sürrealistische Erfahrung in ihrer ganzen Bestimmtheit zu umreißen. Wer aber erkannt hat, daß es in den Schriften dieses Kreises sich nicht um Literatur, sondern um anderes: Manifestation, Parole, Dokument, Bluff, Fälschung wenn man will, nur eben nicht um Literatur handelt, weiß damit auch, daß hier buchstäblich von Erfahrungen, nicht von Theorien, noch weniger von Phantasmen die Rede ist« (II, 297). Die Konstellation des Erwachens aus dem Traumbereich zu finden und zu beschreiben hatte Benjamin als Anliegen der Passagenarbeit bezeichnet (V, 571). In der Spannung zwischen individuellem und kollektivem Unbewußten, in deren Übertragung vom Individuum aufs Kollektiv (1012), im Auseinanderfallen von biographischer und geschichtlicher Zeit im Leben der Menschen sah er den Raum für das Entstehen von Bildern und Figuren, von Vorstellungen, Einbildungen, Phantasmagorien, die sich mit utopischen Visionen vermählen (können). »In dem Traum, in dem jeder Epoche die ihr folgende in Bildern vor Augen tritt, erscheint die letztere vermählt mit Elementen der Urgeschichte, das heißt einer klassenlosen Gesellschaft. Deren Erfahrungen, welche im Unbewußten des Kollektivs ihr Depot haben, erzeugen in Durchdringung mit dem Neuen die Utopie, die in tausend Konfigurationen des Lebens, von den dauernden Bauten bis zu den flüchtigen Moden, ihre Spur hinterlassen hat« (47). Die im Kant-Essay von 1917 formulierte »Doppelaufgabe« der Schaffung eines neuen Erkenntnisbegriffs, um »der Dignität einer Erfahrung die vergänglich war«, Geltung zu verschaffen und den »Krankheitskeim der sich in der Abschließung der Erkenntnis von dem Gebiet der Erfahrung in seiner ganzen Freiheit und Tiefe äußert« (II, 158; 160) zu neutralisieren, wird zehn Jahre später mit dem Surrealismus-Essay eingelöst. *Profane Erleuchtung* ist der von Benjamin hier zum ersten Mal geprägte Begriff, der die Dimensionen surrealistischer Erfahrung in sich konzentriert. Kritisch zunächst als »Unterschied von der religiösen Erfahrung« (1037) und als Gegensatz zu den »Ekstasen der Drogen«. »Opium fürs Volk hat Lenin die Religion genannt und damit diese beiden Dinge näher zusammengerückt, als es den Sürrealisten lieb sein dürfte« (297). Im Unterschied zu religiöser Erfahrung, die im Augenblick die Wiederkehr des Ewigen wahrnimmt, liegt Benjamin zufolge die Perspektive ihrer Überwindung »in einer *profanen Erleuchtung*, einer materialistischen, anthropologischen Inspiration, zu der Haschisch, Opium und was immer sonst die Vorschule abgeben können. (Aber eine gefährliche. Und die der Religionen ist strenger.)« (ebd.)

Diese materialistische und anthropologische Inspiration, die sich im Begriff »profane Erleuchtung« ausdrückt, ist in dem Essay zum ersten Mal als Entwurf (und Programm) einer Theorie des anthropologischen Materialismus formuliert worden. In der Passagenarbeit hat Benjamin dann dem Thema im Konvolut *p* (*anthropologischer Materialismus, Sektengeschichte*) Belege und Gedanken dazu gesammelt. Es ist sein Beitrag zur Aufhebung der Antithese von Natur und Geschichte, worüber Adorno 1932 in seinem Frankfurter Vortrag »Die Idee der Naturgeschichte« Benjamins Beitrag im Trauerspielbuch als exemplarisch würdigte, ohne allerdings die Erweiterungen im Surrealismus-Essay zu bedenken und zu erwähnen (vgl. Adorno 1973 Bd. I, 357 f.).

»Grundzüge dieser ›profanen Erleuchtung‹« erläutert Benjamin an Bretons surrealistischem Anti-Roman *Nadja* (1928), dem er als »eine erstaunliche Entdeckung« die den Menschen unbewußte und blinde Prägung ihrer Erfahrungen durch eine Dingwelt und ein Ambiente des Alltags und des Alltäglichen attestiert. Der Surrealismus »zuerst stieß auf die revolutionären Energien, die im ›Veralteten‹ erscheinen, in den ersten Eisenkonstruktionen, den ersten Fabrikgebäuden, den frühesten Photos, den Gegenständen, die anfangen auszusterben, den Salonflügeln, den Kleidern von vor fünf Jahren, den mondänen Versammlungslokalen, wenn die vogue beginnt sich von ihnen zurückzuziehen. Wie diese Dinge zur Revolution stehen – niemand kann einen genaueren Begriff davon haben, als diese Autoren. [...] Um von Aragons ›Passage de l'Opéra‹ zu schweigen: Breton und Nadja sind das Liebespaar, das alles, was wir auf traurigen Eisenbahnfahrten (die Eisenbahnen beginnen zu altern), an gottverlassenen Sonntagnachmittagen in den Proletariervierteln der großen Städte, im ersten Blick durchs regennasse Fenster einer neuen Wohnung erfuhren, in revolutionärer Erfahrung, wenn nicht Handlung, einlösen. Sie bringen die gewaltigen Kräfte der ›Stimmung‹ zur Explosion, die in diesen Dingen verborgen sind« (II, 299 f.). Benjamin nennt es einen Trick, wie diese Einlösung blinder alltäglicher Erfahrung durch revolutionäre Handlungen bei den Surrealisten erfolgt. Er sieht ihn unter dem Primat der Politik »in der Auswechslung des historischen Blicks aufs Gewesene gegen den politischen« (300). Diesen Trick, der dann Benjamins Konzept dialektischer Bilder (V, 577) orientieren wird, nennt er in den unmittelbar nach der Niederschrift des Surrealismus-Essay 1929 entstandenen Textfragmenten zum »Ersten Passagenentwurf« in einem auf die Charakterisierung der surrealistischen Musen folgenden Eintrag eine »kopernikanische Wendung in der geschichtlichen Anschauung«. »[M]an hielt für den fixen Punkt das ›Gewesene‹ und sah die Gegenwart bemüht, an dieses Feste die Erkenntnis tastend heranzuführen. Nun soll sich dieses Verhältnis umkehren und das Gewesene seine dialektische Fixierung von der Synthesis erhalten, die das Erwachen mit den gegensätzlichen Traumbildern vollzieht. Politik erhält den Primat über die Geschichte. Und zwar werden die historischen ›Fakten‹ zu einem uns soeben Zugestoßenen: sie festzustellen ist die Sache der Erinnerung. Und Erwachen ist der exemplarische Fall des Erinnerns« (1057 f.).

Mit dem Primat des Politischen setzt Benjamin noch einen weiteren Akzent auf die surrealistische Erfahrung, der sich kritisch auf die verschiedenen Positionen utopischer Revolutionserwartung bezieht, auf die »hilflosen Kompromisse der ›Gesinnung‹«, die er in den verschiedenen Parteiungen »der sogenannten wohlgesinnten linksbürgerlichen Intelligenz« repräsentiert sieht und die hinter die vom Surrealismus erreichte strategische Linie zurückfällt. »Das Charakteristische dieser ganzen linksbürgerlichen Position ist ihre unheilbare Verkupplung von idealistischer Moral mit politischer Praxis« (II, 304). Diese Kritik Benjamins ist noch einmal geprägt von seiner Moskauer Erfahrung, von der er über die Entleerung revolutionärer Erziehung der Jugend im Moskauer Tagebuch notiert hat: »Das bedeutet, das Revolutionäre kommt ihr nicht als Erfahrung, sondern als Parole zu. Man macht den Versuch, die Dynamik des revolutionären Vorgangs im Staatsleben abzustellen – man ist, ob man will oder nicht, in die Restauration eingetreten, will aber dem ungeachtet revolutionäre Energie in der Jugend wie elektrische Kraft in einer Batterie aufspeichern. Das geht nicht« (VI, 338). Benjamins Antwort auf dieses Problem divergenter Ansichten revolutionärer Erfahrung ist angesichts seiner Moskauer Erfahrungen – »Mag man auch Rußland noch so wenig kennen lernen – was man lernt, ist Europa mit dem bewußten Wissen von dem, was sich in Rußland abspielt, zu beobachten und zu beurteilen« (399) – der Versuch, für die Umschaltung von Moral auf Politik eine Lösung zu finden. Den schmalen Grad zwischen Anarchie und Diktatur, den er als die gefährliche Versuchung durch den radikalen Freiheitsbegriff des Anarchismus und des Surrealismus erkennt, sucht der Text zu umgehen (oder zu unterlaufen), indem er den Optimismus, von dem alle Revolutionserwartung an ihrem Ursprung getragen wird, mit der konstruktiveren Haltung eines Pessimismus konfrontiert. Benjamin zitiert an dieser Stelle seines Essays Pierre Navilles Programmschrift von 1927 *La révolution et les intellectuels*, worin der mit den Surrealisten eine Zeitlang verbundene Naville den Surrealismus als ein Lehrstück in organisiertem Pessimismus aus sozialer Verzweiflung beschrieben hatte. »Je crois que règne sur ce point une confusion et une mollesse de pensée considérables. Je pense en outre que ce pessimisme rend compte assez généralement de la vertu du surréalisme, de sa réalité actuelle, et probablement plus encore de ses développements futurs. [...] Le désespoir est une passion virulente. Il se nourrit de désirs prolongés et profonds. Il met la patience à l'épreuve. Il use d'armes étincelantes« (Naville 1975, 110; 113). Benjamins Essay hat Navilles in *désir* und *désespoir*, in Begehren und Verzweiflung gründenden Begriff des Pessimismus zu einer Frage weitergetrieben, in der er das zentrale Motiv surrealistischer Erfahrung erkannte. »Die Kräfte des Rausches für die Revolution zu gewinnen, darum kreist der Sürrealismus in allen Büchern und Unternehmen. Das darf er seine eigenste Aufgabe nennen. Für die ist's nicht damit getan, daß, wie wir wissen, eine rauschhafte Komponente in jedem revolutionären Akt lebendig ist. Sie ist identisch mit der anarchischen. Den Akzent aber ausschließlich auf diese setzen, das hieße die methodische und disziplinäre Vorbereitung der Revolution völlig zugunsten einer zwischen Übung und Vorfeier schwankenden Praxis hintansetzen« (II, 307).

Der Sürrealismus-Essay als Vision einer Theorie geschichtlicher Erfahrung

Das Pathos, das Benjamins Essay an seinem Ende dem Surrealismus doch zugesteht, ist distanziert und zustimmend gleichermaßen. Aragons während der Arbeit am Surrealismus-Essay erschienenes anti-literarisches Pamphlet *Traité du style* (1928) zur Verteidigung des Surrealismus und seiner Ästhetik des alltäglich Wunderbaren, des (wie Aragon es genannt hat) *merveilleux quotidien* – »je parle un langage de décombres où voisinent les soleils et les plâtra« (Aragon 1980, 177) –, liefert Benjamin die Stichworte für den Entwurf (s)einer Theorie des anthropologischen Materialismus in nuce. Benjamin interveniert in Aragons Text an der Stelle, wo dieser die surrealistische Bildtheorie als humorvolle Ineinssetzung des Heterogenen darstellt – »Que l'humour est la condition négative de la poésie«

(138) – und die surrealistische Unterscheidung von Bild und Vergleich – »ne pas confondre image et comparaison« (ebd.) – erläutert. (»Ah qui dira le mal que font les métaphores, les torts du mot Analogie, le poids écrasant des correspondances baudelairiennes«, 51).

Benjamins überraschende Erweiterung der stilistischen Unterscheidung von Bild und metaphorischem Vergleich, eines Kapitels aus der Geschichte der Rhetorik und Poetik, zu einer Frage politischen Handelns ist gegenüber den zeitgenössischen Konzepten über ästhetische Politisierung und politischem Engagement eine singuläre Position, die sich in der Sache als tragfähiger erwiesen hat als Benjamins eigene spätere am Ende des Kunstwerkaufsatzes 1936 artikulierte Hoffnung. Die letzte Momentaufnahme der europäischen Intelligenz gibt Benjamins Essay auf den letzten zwei Seiten als eine gleichsam geologische Landschaft frei, in der Geschichte und Gegenwart – »die Welt allseitiger und integraler Aktualität« (II, 309) –, die Physis der Kreatur und die Psyche des inneren Menschen als ineinander verschränkt und gegeneinander verschoben von der sich als revolutionär verstehenden Intelligenz in Funktion zu setzen wären. Benjamin beschreibt diese geologische Landschaft als Bild- und Leibraum, auf den jeweils politisches Handeln zu beziehen wäre. »Den Pessimismus organisieren heißt nämlich nichts anderes als die moralische Metapher aus der Politik herausbefördern und im Raum des politischen Handelns den hundertprozentigen Bildraum entdecken. Dieser Bildraum aber ist kontemplativ überhaupt nicht mehr auszumessen« (309). Benjamin beschreibt ihn in einer Vision als »Welt allseitiger und integraler Aktualität, in der die ›gute Stube‹ ausfällt, der Raum mit einem Wort, in welchem der politische Materialismus und die physische Kreatur den inneren Menschen, die Psyche, das Individuum oder was sonst wir ihnen vorwerfen wollen, nach dialektischer Gerechtigkeit, so daß kein Glied ihm unzerrissen bleibt, miteinander teilen« (ebd.). Das können wir als eine Anspielung auf Hegels Bemerkung in der *Vorrede der Phänomenologie des Geistes* lesen, derzufolge »das Wahre der bacchantische Taumel (ist), an dem kein Glied nicht trunken ist« (Hegel 1970, 46). Was am Ende die etwas kryptische Vision profaner Erleuchtung und surrealistischer Erfahrung als Denkfiguren in diesem Bildraum bewirken könnten, um der sich selbst übertreffenden Wirklichkeit als Unmöglichkeit des Wirklichen habhaft zu werden, wie Benjamin das *Kommunistische Manifest* zitierend schreibt, bleibt unbestimmt. »Für den Augenblick sind die Sürrealisten die einzigen, die seine [des Kommunistischen Manifests, d. Verf.] heutige Order begriffen haben« (II, 310). Als Klartext zu dieser Vision kann man einen Eintrag und einen Kommentar aus dem Konvolut *N* der Passagenarbeit lesen. Sie beschreiben den Gedanken, daß ein nicht-teleologisch geschichtlicher Begriff von Gegenwart (*ein Begriff allseitiger und integraler Aktualität*) ebenso wie eine Geschichte der Kunst nicht ohne Traumdeutung und Analyse des kollektiven Unbewußten zu haben sind. »Im dialektischen Bild ist das Gewesne einer bestimmte[n] Epoche doch immer zugleich das ›Von-jeher-Gewesene.‹ Als solches aber tritt es jewei[l]s nur einer ganz bestimmten Epoche vor Augen: der nämlich, in der d[ie] Menschheit, die Augen sich reibend, gerade dieses Traumbild als solches erkennt. In diesem Augenblick ist es, daß der Historiker an ihm die Aufgabe der Traumdeutung übernimmt« (V, 580). Mit dem Surrealismus-Essay zuerst hat Benjamin Erkenntnisse der Psychoanalyse daran erprobt und für eine Theorie geschichtlicher Erfahrung als profaner Erleuchtung fruchtbar gemacht (vgl. auch Cohen 1998, 260).

Die mit dem Surrealismus-Essay eingeschlagene Denkrichtung auf eine »Psychoanalyse des Erwachens« (5, 110) bleibt die Unruhe Benjamins bei der weiteren Arbeit am Passagen-Werk. Dafür gibt es ein aufschlußreiches Zeugnis aus der zweiten Arbeitsphase, das den Einträgen zum Konvolut *K* (»Traumstadt und Traumhaus, Zukunftsträume, anthropologischer Nihilismus, Jung«) zu entnehmen ist, unter dessen drei vorangestellten Motti sich eines von Pierre Mabille befindet, das Benjamin dessen Aufsatz *Préface à l'Eloge des Préjugés Populaires* entnommen hat, der 1935 in der von André Breton, Michel Leiris und Pierre Mabille herausgegebenen surrealistischen Zeitschrift *Minotaure* in der sechsten Nummer erschien. Benjamins Lektüre dieses Aufsatzes zu einem Zeitpunkt, als er an dem Kunstwerkaufsatz arbeitete und nach einer vertretbaren theoretischen Alternative zur faschistischen Ästhetisierung der Politik suchte, registriert Mabilles Unterscheidung zwischen einem *inconscient viscéral* und einem *inconscient d'oubli* als eine zwischen individuellen und kollektiven Formen rauschhafter, ritueller und magischer Phänomene. »Konfrontation des inconscient viscéral und des inconscient de l'oubli, das erste vorwiegend individual, das zweite vorwiegend kollektiv« (V, 501). Die Verbindung von Rausch und Revolution als ein Grundmotiv des Surrealismus wird jetzt nach 1933 und angesichts der Naziparole ›Deutschland erwache‹ lesbar als zu allgemein und zu unscharf. Mabille, der als Arzt und Theoretiker seit den 20er Jahren zum inneren Kreis der Surrealisten gehörte (Mabille 1940), hatte mit der These seines Aufsatzes, daß Vorurteile und Aberglauben nicht einfach auf Unwissen und Irrglauben beruhen, sondern Zeichen vergessener und verdrängter Erfahrungen und Erinnerungen sind, die sich in verschiedenen Richtungen Ausdruck verschaffen können, das angesichts des europäischen Faschismus brisante Thema einer »Ratio des Irrationalen« (Ernst Bloch) berührt. Seine Definition des Aberglaubens wies in solche Richtung: »Superstition, de *super-stare*, ce qui reste après l'oubli, ce qui surnage« (Mabille 1935, 2). Benjamins Überlegungen zum anthropologischen Materialismus lassen sich als komplementär zu der von Mabille in seinem Aufsatz vertretenen These verstehen, daß eine Analyse von Phänomenen des Alltagsbewußtseins (oder alltäglichen Unbewußten) einer anderen als auf das Individuum fixierter Psychologie und Psychoanalyse bedarf, ein Gedanke, den Benjamin im Zitat festhält: »La psychologie individuelle étant dépassée, faisons appel à une sorte d'histoire naturelle des rythmes volcaniques et des cours d'eau souterrains. Rien à la surface de globe qui n'ait été souterrain (eau, terre, feu). Rien dans l'intelligence qui n'ait eu à faire digestion et circuit dans les profondeurs« (ebd.; V, 501).

Ein *Paravent* vor der Passagenarbeit hatte Benjamin seinen Surrealismus-Essay genannt. Für die historische Konstruktion der Urgeschichte der Moderne hat er im Surrealismus als einer intellektuellen Bewegung den (unumgänglichen) zeitgenössischen Bewußtseinsstand ermittelt, von dem auszugehen wäre (III, 559). Unter den Zeitgenossen wußten die engeren Freunde, Theodor und Gretel Adorno, Alfred Cohn, Hugo v. Hofmannsthal und Fritz Radt um die Bedeutung, die der Essay für Benjamin gewonnen hatte. Auf die Veröffentlichung in *Die literarische Welt* hat es keine nennenswerten Reaktionen gegeben. Der Text blieb vergessen und wurde erst mit der Werkausgabe und der Veröffentlichung der Korrespondenz nach und nach wieder entdeckt und neu gelesen. Ob die nachfolgende internationale Benjamindiskussion und die akademische Forschung Benjamins Surrealismus-Essay als eine kritische Kraftstation bestätigt hat, die in der Lage wäre, Turbinen zu treiben (II, 295), bleibt zu prüfen. Hier können dazu nur erste Aspekte mitgeteilt werden.

Frühe Rezeption

Zuerst hat in Deutschland der Bremer Romanist Peter Bürger in seinem Buch über den französischen Surrealismus (1971) Benjamins Essay als unumgänglich in die Diskussion eingeführt. Das unter dem Eindruck der Pariser Mai-Ereignisse von 1968 entstandene Buch – »Der einzige Augenblick, in dem der surrealistische Funke auf Deutschland überzuspringen schien, war die Zeit nach den Mai-Ereignissen von 1968, in der auch das hier in zweiter Auflage vorgelegte Buch entstand« (Bürger 1996, 9) – nimmt Benjamins Essay als eine methodisch grundlegende Orientierung, die dadurch legitimiert sei, daß Benjamin »sich als der vielleicht einzige deutsche Autor von Rang [erweist], der den Surrealismus wahrgenommen und sich dessen Verfahren zu eigen gemacht hat« (ebd.). Bürgers Analyse des Surrealismus als literarischer Bewegung konnte bei der damaligen Quellenlage die Vernetzung des Benjaminschen Essays mit der Passagenarbeit noch nicht kennen. Das gilt auch für die zweite deutsche Arbeit, die etwa zur selben Zeit auf Benjamins Essay hinweist, Karl-Heinz Bohrers Aufsatz *Surrealismus und Terror, oder die Aporien des Juste-milieu* (1970). Bohrer liest Benjamins Essay unter der exklusiven Perspektive der kulturrevolutionären Debatten der 60er Jahre, die den Surrealismus als politisierte Ästhetik aktualisierten, woran sich ermessen lasse, »daß eben diese gerade erfahrene Überholung der Terror-Vorstellung durch die Terror-Wirklichkeit massenhaft zu erfahren wäre, was die Beziehung von Kunst und Wirklichkeit überall dort verändert [hat], wo Wirklichkeit nicht bloß für ein Zitat genommen oder theoretisch antizipiert wird. [...] Benjamin hat in der Politisierung des Surrealismus [...] dessen Erfüllung gesehen« (Bohrer 1970, 33; 44).

Die Rezeptionsgeschichte von Benjamins Essay, so stellt es sich im Rückblick dar, belegt geradezu dessen geschichtskritische These, daß bestimmte Vorstellungen und Bilder ihre je eigene Zeit der Lesbarkeit haben. So bezeugen die wenigen zeitgenössischen Reaktionen auf den Essay aus dem Umkreis der mit Benjamin und seiner Arbeit auf unterschiedliche Weise verbundenen Freunde und Bekannten ein Pathos der Nähe, das vierzig Jahre später nicht mehr einzuholen ist. Drei solcher Reaktionen wären als direkte oder indirekte Stellungnahmen zu nennen. Zunächst Adornos briefliche Auseinandersetzung mit Benjamin über das Konzept der Passagenarbeit und dann Ernst Blochs und Siegfried Kracauers Rezensionen der Einbahnstrasse.

Adornos engagierte Interventionen aus den 30er Jahren berühren die Zeit der zweiten Arbeitsphase Benjamins am Passagen-Werk, in der sich die Freundschaft mit Adorno (wie die mit Brecht auch) konsolidierte und in der implizit der Surrealismus-Essay als theoretische Armatur der Passagenarbeit mit zur Debatte steht (vgl. hierzu ausführlich bei Richard Wolin 1982, 163–212). Die kontroversen Punkte lassen sich in drei von Adorno aufgeworfenen Fragen zusammenfassen. Die erste betrifft Benjamins Theorie des dialektischen Bildes, deren Verankerung im Traum Adorno mit dem Argument in Frage stellt, daß damit die »objektive Schlüsselgewalt« des Begriffs vom dialektischen Bild verlorenzugehen drohe. »Der Fetischcharakter der Ware ist keine Tatsache des Bewußtseins sondern dialektisch in dem Sinne, daß er Bewußtsein produziert« (Adorno 1994, 139). Die zweite Frage betrifft Benjamins Theorie der Erfahrung und die Methode der Übertragung individueller Wahrnehmungen in kollektive Erfahrungen, woran Benjamin als Perspektive für den Handelnden, den Künstler wie den Kritiker als Historiker und Traumdeuter gleichermaßen, die an Elementen der Urgeschichte lesbare Vermählung mit einer klassenlosen Gesellschaft postuliert (V, 47). Diese Benjaminsche Vision hat Adorno in die Nähe der Jungschen Lehre von den Archetypen gerückt. »Im Sinne der Immanenzfassung des dialektischen Bildes (der ich, um das positive Wort zu nennen, Ihren frühen *Modell*begriff kontrastieren möchte) konstruieren Sie das Verhältnis des Ältesten und Neuesten [...] als eines der utopischen Bezugnahme auf ›klassenlose Gesellschaft‹. Damit wird das Archaische zu einem komplementär Hinzugefügten anstatt das ›Neueste‹ selber zu sein; ist also entdialektisiert. [...] Wenn die Entzauberung des dialektischen Bildes als ›Traum‹ es psychologisiert, so verfällt sie aber eben dadurch dem Zauber der bürgerlichen Psychologie. Denn wer ist das Subjekt zum Traum? Im neunzehnten Jahrhundert gewiß nur das Individuum, aus dessen Träumen aber weder der Fetischcharakter noch dessen Monumente unmittelbar abbildlich gelesen werden können. Daher wird denn das Kollektivbewußtsein hergeholt, von dem ich freilich bei der gegenwärtigen Fassung fürchte, daß es vom Jungschen sich nicht abheben läßt« (Adorno 1994, 141). Drittens schließlich bemerkt Adorno 1938 über das zur Publikation in der *Zeitschrift für Sozialforschung* vorgesehene Baudelaire-Kapitel und Benjamins Analyse der Warenform in Baudelaires poetischen Phantasmagorien die dem anthropologischen Materialismus geschuldeten fehlenden Vermittlungen. »In dieser Art des unmittelbaren, fast möchte ich wiederum sagen, des anthropologischen Materialismus steckt ein tiefes romantisches Element« (368).

Adornos Kontroverse mit Benjamin hat ihr geheimes Motiv auch in unterschiedlichen Schlußfolgerungen aus beider Bemühungen, um die Antithese von Natur und Geschichte aufzuheben. Adorno wie Benjamin waren einer Meinung in ihrer Kritik an der »undialektische[n] Denkweise der neukantischen Schule« (I, 353; vgl. Adorno, *Die Idee der Naturgeschichte* 1932, in: Adorno, 1973, 345–368). In Benjamins Trauerspielbuch ist die Idee einer geschichtsphilosophischen Interpretation der Naturgeschichte zentral. Sie ist, könnte man sagen, die Keimzelle der Theorie des anthropologischen Materialismus. Im Kapitel ALLEGORIE UND TRAUERSPIEL ist die »Wendung von Geschichte in Natur, die Allegorischem zugrunde liegt« (I, 358), der tragende Gedanke. »Mit einer sonderbaren Verschränkung von Natur und Geschichte tritt der allegorische Ausdruck selbst in die Welt« (344). Adorno konnte Benjamins Präzisierung dieser Gedanken im Durchgang durch die *surrealistische Erfahrung* nicht nach- und mitvollziehen. Das zeigen die beiden zwanzig Jahre später geschriebenen Texte über Benjamins EINBAHNSTRASSE (1955) und der Versuch einer Bilanzierung des Surrealismus *Rückblickend auf den Surrealismus* (1956). Adorno stellt darin die Denkbilder der EINBAHNSTRASSE in den Horizont der Passagenarbeit, deren mißlungene Rettung aus dem Bann der Mythen der Moderne die Denkbilder der EINBAHNSTRASSE in Adornos Lektüre mit melancholischer Trauer überzieht. »Kraft dieser Absicht [den Bann des Mythos in der Gesellschaft der Moderne zu brechen] gehört die ›Einbahnstraße‹, als erste von Benjamins Schriften, in den Zusammenhang der von ihm geplanten Urgeschichte der Moderne. [...] Von allen Sätzen der ›Einbahnstraße‹ ist der schwermütigste: ›Wieder und wieder hat es sich gezeigt, daß ihr Hangen am Gewohnten, nun längst schon verlorenen Leben so starr ist, daß es die eigentlich menschliche Anwendung des Intellekts, Voraussicht, selbst in der drastischen Gefahr vereitelt‹ – der schwermütigste darum, weil Benjamin selbst, der nichts anderes wollte, als aus dem Traum die Stimme vernehmen, die das heilsame Erwachen bringt, eben jene Rettung mißlang« (Adorno 1997, 683; 685). Ein Jahr später schreibt Adorno den einzigen Text, der sich *rückblickend* direkt auf den Surrealismus bezieht, ohne Benjamin und seinen Essay im Klartext zu erwähnen. Gleichwohl ist er die unsichtbare Folie, das Negativ von Adornos Bilanz, die unverkennbar die von Benjamin analysierten Grundmotive des Surrealismus – das Rauschhafte, die profane Illumination, die Energien im Veralteten – in Déjà-vu-Effekte der Erstarrung umschreibt und den Surrealismus insgesamt als »das Komplement der Sachlichkeit, mit der gleichzeitig er erstand« (105), auf eine rein deutsche Konstellation bezieht. Adorno hat sich zwanzig Jahre nach der Kontroverse mit Benjamin nicht auf dessen vom Surrealismus inspirierte Visionen eingelassen. Für ihn sind »nach der europäischen Katastrophe die surrealistischen Schocks kraftlos geworden« (102).

Siegfried Kracauers und Ernst Blochs Stellungnahme zur EINBAHNSTRASSE unmittelbar nach Erscheinen sind darin einander komplementär, daß sie in der philosophischen Promotion des Alltäglichen zu zeitkritischer Diagnose einen von Benjamin eingeführten neuen, surrealistisch inspirierten Denkstil sehen. Kracauer, der als Feuilletonredakteur der *Frankfurter*

Zeitung schon im April 1926 einige Stücke der EINBAHNSTRASSE unter dem von ihm erfundenen Titel *Kleine Illumination* veröffentlicht hatte, nennt Benjamins Denken ein *monadologisches*, »das fremd zu der Zeit steht. [...] Es ist die Gegenposition zur abstrakten Verallgemeinerung überhaupt« (Kracauer 1990, 119). Benjamin hat sich in Kracauers Rezension wiedererkannt, die »unter den vorliegenden die einzige [ist], die nicht nur dies oder jenes hat beleuchten oder darstellen sondern mir einen Rang in einer Ordnung hat anweisen können« (3, 399).

Ernst Blochs am 1.8.1928 in der *Vossischen Zeitung* erschienene Rezension *Revueform in der Philosophie. Zu Walter Benjamins ›Einbahnstraße‹*, die er später in *Erbschaft dieser Zeit* (1935) unter die Rubrik *Denkende Surrealismen* aufgenommen hat, stellt den Text in den Zusammenhang des Surrealismus als »Typ für surrealistische Denkart« (Bloch 1962, 368). Bloch kommentiert Benjamins Titel als die Form einer Straße, »eines Nebeneinanders von Häusern und Geschäften, worin Einfälle ausliegen« (368), als ein »Straße- und Passagen-Denken« (370). »Hier ist deshalb nicht bloß eine neue Geschäftseröffnung von Philosophie (die vordem ja keine Läden hatte), sondern eine Strandgut-Orgie dazu, ein Stück Sur-Realistik der verlorenen Blicke, der vertrautesten Dinge« (371). Bloch hat die surrealistischen Affinitäten in Benjamins Denkstil genau getroffen, wenn er den assoziativen, experimentierenden Modus der Texte ein »surrealistisches Philosophieren« (ebd.) nennt. Das weist hin auf die Idee eines neuen Denkens, das Benjamin als ein Denken diesseits der »Lehre vom Gebietscharakter der Künste« (VI, 218 f.) stets für sich reklamiert hat und das Kracauer als die Position des Philosophen »in der erhobenen Mitte zwischen dem Forscher und dem Künstler« (Kracauer 1990, 124) beschrieben hat.

Die Rezeptionsgeschichte von Benjamins Surrealismus-Essay hätte in solcher Grenzüberschreitung ihr eigentliches Thema und ihren in unsere Gegenwart weisenden Fluchtpunkt. Das neue geschichtliche Denken, um das sich Benjamins Arbeit drehte, dialektische Bilder als *Momentaufnahmen* an den archäologischen Korrespondenzen und mythischen Repräsentationen zu gewinnen, in den Kulturepochen des Barock, der deutschen Romantik und der französischen Moderne zwischen Baudelaire und dem Surrealismus, war ein am »Integrationsprozeß der Wissenschaft« orientiertes Denken, das »die starren Scheidewände zwischen den Disziplinen[,] wie sie den Wissenschaftsbegriff des vorigen Jahrhunderts kennzeichnen, niederlegt« (VI, 219).

Späte Rezeption

Mit der nach der Bereitstellung der Quellen in den 1980er Jahren einsetzenden Benjamin-Rezeption wurde der Surrealismus-Essay in seiner theoretischen Bedeutung für das Passagen-Werk nach und nach überhaupt erst entdeckt. Auffällig ist, daß es bis heute in Deutschland mit einer einzigen Ausnahme keine Arbeit gegeben hat, die Benjamins eigene Hinweise auf diese Zusammenhänge aufgreift und analysiert. Die Ausnahme ist die Habilitationsschrift von Josef Fürnkäs *Surrealismus als Erkenntnis. Walter Benjamin – Weimarer Einbahnstraße und Pariser Passagen* (1988). Fürnkäs analysiert Benjamins Prosa »im Zusammenhang der Prosa der *Einbahnstraße* mit der der *Pariser Passagen*« hinsichtlich einer »Affinität zwischen dem Passagen-Plan und der *Einbahnstraße* sowie dem Surrealismus« (Fürnkäs 1988, 2). Als erster hat Fürnkäs auch Benjamins Aragon-Übersetzungen aus dem *Paysan de Paris* mit den dazu analogen Denkbildern der EINBAHNSTRASSE wie dem Fragment über Briefmarken unter dem Aspekt »Philatelie als Vorschule der ›profanen Erleuchtung‹« (88–116) verglichen.

In den 80er Jahren haben dann zwei amerikanische Arbeiten und ein Pariser Kolloquium der Neulektüre und Neuentdeckung des Surrealismus-Essay wichtige Impulse verliehen. Richard Wolin, der mit seinem Buch *Walter Benjamin. An Aesthetic of Redemption* (1982) zuerst den Surrealismus-Essay in seiner Bedeutung als *Paravent* des Passagen-Werks erkannt hat (Wolin 1982, 129). Das von Heinz Wismann 1983 in Paris organisierte internationale Kolloquium *Walter Benjamin et Paris* stand ganz im Zeichen des gerade erschienenen Passagen-Werks. Mehrere Beiträge (Burkhardt Lindner, Jacques Leenhardt, Barbara Kleiner vor allem) behandelten den Surrealismus-Essay in dieser Perspektive. In die 1980er Jahre gehört schließlich auch die als Dissertation an der Yale-University entstandene Arbeit von Margaret Cohen *Profane Illumination. Walter Benjamin and the Paris of Surrealist Revolution* (1993), bis heute die beste Darstellung des Themas. Die Autorin beschreibt Benjamin als Promotor eines »surrealist marxism«, als dessen Programm sie den Surrealismus-Essay entziffert.

Nimmt man die konjunkturellen internationalen Kongresse als Indiz für bestimmte Trends, dann läßt sich von dem Osnabrücker Benjamin-Kongreß 1992 sagen, daß die in Benjamins Universum entscheidende Bedeutung der Durcharbeitung surrealistischer Erfahrung nahezu gänzlich aus dem Blick geraten war. Einzig die Adorno-Schülerin Elisabeth Lenk ging in ihrem Beitrag »Spuren surrealistischer Erfahrung bei Walter Benjamin« nach (Lenk 1999, 347–355). Die Debatte um Walter Benjamin scheint sich in die Parzellierung von Einzelaspekten zu verlieren und in hochartifizieller Exegese Benjamins Œuvre zur Wirkungslosigkeit eines Klassikers der Theoriegeschichte der Moderne zu verurteilen.

Mindestens zwei neuere Arbeiten aus den 1990er Jahren widerstehen diesem Trend und sollen abschließend als gegen diesen Strom gerichtet genannt werden. Der englische Politologe Peter Osborne mit seiner Arbeit *The Politics of Time. Modernity and Avantgarde* (1995), hat als einer der ersten Benjamins am Surrealismus gewonnene Kulturtheorie des Alltäglichen in den Zusammenhang mit der Freudschen Psychoanalyse und Benjamins Marxismus-Rezeption gestellt und analysiert. In Deutschland hat in den 1990er Jahren die Literaturwissenschaftlerin Sigrid Weigel den Surrealismus-Essay in ihrem Buch *Entstellte Ähnlichkeit. Walter Benjamins theoretische Schreibweise* (1997) als theoretischen Entwurf für den Umbau surrealistischer Bildräume in einen politischen Handlungsraum als allegorische Theorie und Armatur des Surrealismus-Essays analysiert. Ohne im einzelnen auf das Passagen-Werk einzugehen, versteht die Autorin Benjamins im Begriff des ineinander verschränkten Leib- und Bildraums anvisierten »Sprung in die Apparatur« als den »revolutionären Gestus des Essays« (Weigel 1997, 118). Als Fazit könne Benjamins »Entwurf des Leib- und Bildraums im Surrealismus-Essay, geschrieben in einer vorfaschistischen Situation, noch einmal als Konzept politischen Handelns im Sinn einer Chockabwehr gedeutet werden« (129). In solcher Perspektive wäre Benjamins *profane Illumination* aus dem Surrealismus-Essay als weitreichende Dimension seiner Geschichtstheorie in ihrer diagnostischen Kraft in der Analyse neuer Phänomene heutiger Religiosität und Alltagskultur zu prüfen und in zeitgemäßen *Momentaufnahmen* weiterzudenken.

Werk

Der Sürrealismus. Die letzte Momentaufnahme der europäischen Intelligenz (II, 295–310)
Aufzeichnungen zum Surrealismus (II, 1021–1041)
Einbahnstrasse (IV, 83–148)
Die Passagen-Arbeit (V; »Pariser Passagen«, Frühe Entwürfe V, 991–1059)
Surrealistische Zeitschriften (IV, 595 f.)
Traumkitsch (II, 620–622)
Übersetzung aus Louis Aragon *Le Paysan de Paris* (Suppl. I, 17–33)

Literatur

Adorno, Theodor W. (1973): »Die Idee der Naturgeschichte«, in: ders.: Gesammelte Schriften, Bd. 1: Philosophische Frühschriften, Frankfurt a. M., 345–368.
Adorno, Theodor W. (1997): »Benjamins ›Einbahnstraße‹«, in: ders.: Gesammelte Schriften, hg. v. Rolf Tiedemann, Bd. 11: Noten zur Literatur, Frankfurt a. M., 680–685.
Adorno, Theodor W. (1997): »Rückblickend auf den Surrealismus«, in: ders.: Noten zur Literatur, Frankfurt a. M., 101–105.
Adorno, Theodor W./Walter Benjamin (1994): Briefwechsel, hg. von Henri Lonitz. Frankfurt a. M.
Aragon, Louis (1974): »Une vague de rêves«, in: ders.: L'Œuvre poétique, Bd. 2, 1921–1925, Paris, 225–251 (dt. «Eine Traumwoge», übers. v. Eva Schewe, in: Karlheinz Barck (Hg.): Surrealismus in Paris 1919–1939. Ein Lesebuch, Leipzig 1986, 60–80).
Aragon, Louis (1974): »Le paysan de Paris«, in: L'Œuvre poétique, Bd. 3, Paris.
Aragon, Louis (1980): Traité du style, Paris.
Barck, Karlheinz (1982): »Lecture de livres surréalistes par Walter Benjamin«, in: Mélusine Nr. 4: Le livre surréaliste, Lausanne, 277–288.
Bloch, Ernst (1962): »Revueform in der Philosophie. Zu Walter Benjamins ›Einbahnstraße‹«, in: ders.: Gesamtausgabe, Bd. 4: Erbschaft dieser Zeit, Frankfurt a. M., 367–371.
Bohrer, Karl-Heinz (1970): Die gefährdete Phantasie, oder Surrealismus und Terror, München.
Breton, André (1999): Nadja. Edition entièrement revue par l'auteur, Paris.
Buck-Morss, Susan (1993): Dialektik des Sehens, Frankfurt a. M.
Bürger, Peter (1996): Der französische Surrealismus. Studien zum Problem der avantgardistischen Literatur, Frankfurt a. M.
Caygill, Howard (1994): »Benjamin, Heidegger and the Destruction of Tradition«, in: Andrew Benjamin/Peter Osborne (Hg.): Walter Benjamin's Philosophy. Destruction and Experience, London/New York, 1–31.
Cohen, Margaret (1993): Profane Illumination. Walter Benjamin and the Paris of Surrealist Revolution, Berkeley/Los Angeles/London.
Cohen, Margaret (1998): »Benjamin and Surrealism«, in: Encyclopedia of Aesthetics, hg. v. Michael Kelly, Bd. I, Oxford/New York, 258–261.
Didi-Huberman, Georges (2000): Devant le temps, Paris.
Haas, Willy (1929): »Commercium et connubium«, in: Die literarische Welt 5. Jg., Nr. 5 (1. Februar 1929), Berlin, 1.
Fürnkäs, Josef (1988): Surrealismus als Erkenntnis. Walter Benjamin – Weimarer Einbahnstraße und Pariser Passagen, München.
Hegel, Georg Wilhelm Friedrich (1970): Phänomenologie des Geistes. Werkausgabe Bd. 3. Frankfurt a. M.
Heil, Susanne (1996): ›Gefährliche Beziehungen‹. Walter Benjamin und Carl Schmitt, Stuttgart/Weimar.
Ibarlucía, Ricardo (2000): »Benjamin crítico de Heidegger: Hermenéutica mesiánica e historicidad«, in: Revista Latinoamericana de Filosofía 26, Nr. 1, Buenos Aires/Otoño, 111–141.
Kleiner, Barbara (1986): »L'éveil comme catégorie centrale de l'expérience historique dans le Passagen-Werk de Benjamin«, in: Wismann 1986, 597–515.
Kracauer, Siegfried (1990): »Zu den Schriften Walter Benjamins«, in: ders.: Schriften, hg. v. Inka Mülder-Bach, Bd. 5.2: Aufsätze 1927–1931, Frankfurt a. M., 119–124.

Lacoste, Jean (2003): L'aura et la rupture. Walter Benjamin, Paris.
Leenhardt, Jacques (1986): »Le passage comme forme d'expérience. Benjamin face à Aragon«, in: Wismann 1986, 163–171.
Lenk, Elisabeth (1999): »Das ewig wache Kollektivum und der träumende Seher. Spuren surrealistischer Erfahrung bei Walter Benjamin«, in: Klaus Garber/Ludger Rehm (Hg.): global benjamin, Bd. 1, München, 347–355.
Lindner, Burkhardt (1986): »Le Passagen-Werk, Enfance berlinoise et l'archéologie du ›passé le plus récent‹«, in: Wismann 1986, 13–32.
Mabille, Pierre (1935) : »Préface à l'Éloge des Préjugés Populaires«, in: Minotaure, Nr. 6, Paris, 1–3.
Mabille, Pierre (1940): Le miroir du merveilleux. Préface d'André Breton, Paris.
Naville, Pierre (1975): La révolution et les intellectuels, Paris.
Osborne, Peter (1994): »Small-scale Victories, Large-scale Defeats. Walter Benjamin's Politics of Time«, in: Andrew Benjamin/ders. (Hg.): Walter Benjamin's Philosophy. Destruction and Experience, London/New York, 59–109.
Osborne, Peter (1995): The Politics of Time, London/New York.
Reijen, Willem van (1998): Der Schwarzwald und Paris. Heidegger und Benjamin, München.
Rochlitz, Rainer (2000): Présentation, in: Walter Benjamin, Œuvres Bd. 1, Paris, 7–50.
Sagnol, Marc (2003): Tragique et tristesse. Walter Benjamin, archéologue de la modernité. Préface de Stéphane Mosès, Paris.
Scholem, Gerhard (1975): Walter Benjamin – die Geschichte einer Freundschaft, Frankfurt a. M.
Spiteri, Raymond/Ronald LaCoss (2003): Surrealism, Politics and Culture, Aldershot/Burlington.
Steinwachs, Ginka (1985): Mythologie des Surrealismus oder die Rückverwandlung von Natur in Kultur, Basel/Frankfurt a. M.
Weigel, Sigrid (1997): Entstellte Ähnlichkeit. Walter Benjamins theoretische Schreibweise (Kap. 5: Passagen und Spuren des ›Leib- und Bildraums‹), Frankfurt a. M., 113–129.
Wismann, Heinz (Hg.) (1986): Walter Benjamin et Paris. Colloque internationale 27–29 juin 1983, Paris.
Wolin, Richard (1982): An Aesthetic of Redemption, New York.

»Kleine Geschichte der Photographie«

Von Eckhardt Köhn

Walter Benjamins Aufsatz Kleine Geschichte der Photographie erschien zunächst 1931 in drei Folgen in der Zeitschrift *Die Literarische Welt* (18.9.1931, 25.9.1931, 2.10.1931). Anlaß des Textes waren mehrere Photopublikationen zur historischen und zeitgenössischen Photographie, die kurz zuvor erschienen waren. Und zwar Helmuth Th. Bossert und Heinrich Guttmann: *Aus der Frühzeit der Photographie* (1930); Heinrich Schwarz: *David Octavius Hill, der Meister der Photographie* (1931); Karl Bloßfeld: *Urformen der Kunst*, herausgegeben von Karl Nierendorf (1928); Eugène Atget: *Lichtbilder*, herausgegeben von Camille Recht (1931) und August Sander: *Das Antlitz der Zeit* (1930).

Spuren einer zeitgenössischen Rezeption von Benjamins Kleine[r] Geschichte der Photographie lassen sich kaum nachweisen, die Wirkungsgeschichte des Textes beginnt mit seiner Wiederveröffentlichung in dem 1963 in der edition suhrkamp erschienenen Band *Das Kunstwerk im Zeitalter seiner technischen Reproduzierbarkeit. Drei Studien zur Kunstsoziologie*, der nach einer großen Zahl von Neuauflagen heute vermutlich das am meisten verkaufte Buch Benjamins ist. Damit gehört Benjamins Arbeit über die Photographie zwar zu seinen verbreitetsten Texten, eine Disposition, die seine Rezeption in der Benjamin-Forschung jedoch insgesamt wenig begünstigt hat. Für die »photographische Gemeinschaft« (Krauss 1998a, 85) hingegen besaß Benjamins Text »den Charakter einer Bombe« (85; zur Rezeption vgl. 81–117), deren Wirkung die deutsche und internationale Phototheorie und Photogeschichte seit den 60er Jahren eine Vielzahl von Impulsen verdankt und in diesem Sinne einen ihrer maßgeblichen Vertreter, Herbert Molderings, nicht hat zögern lassen, von Walter Benjamin als dem »bedeutendsten Fototheoretiker der Weimarer Republik« (Molderings 1988, 23) zu sprechen. Erst durch die Lektüre von Benjamins Kleine[r] Geschichte der Photographie wurden in den 70er Jahren bedeutende Sammler wieder auf Werke bis dahin weitgehend vergessener Avantgardephotographen aufmerksam (zur Wiederentdeckung von Germaine Krull vgl. Wilde 1999, 17). Bei den jüngeren durch die Studentenbewegung geprägten Kunsthistorikern fand Benjamins Beitrag begeisterte Zustimmung, da hier Ansätze einer materialistischen Kunsttheorie zu entdecken waren, die als richtungsweisend für Konzepte der politischen Photographie und kritischer Medienpraxis gelten konnten.

Besteht für Benjamin »der Genius des Mediums in der Darstellung des menschlichen Subjekts, das im Netz seiner sozialen Beziehungen verwoben ist« (Krauss 1998b, 35), so folgt ihm in dieser Überzeugung vor allem das bedeutende Buch von Roland Barthes *La chambre claire. Note sur la photographie*, 1980 (dt. *Die helle Kammer. Bemerkung zur Photographie*, 1985), ohne sich allerdings explizit auf Benjamins Aufsatz zu beziehen. Der für Barthes zentrale Begriff des Punktums, der jenes Element einer Photographie bezeichnet, das »wie ein Pfeil aus seinem Zusammenhang hervorschießt« (Barthes 1985, 35) um den Betrachter zu durchbohren, jenes »Zufällige [...], das mich besticht« (36), wirkt wie der Versuch, einen Begriff für jene Erfahrung zu finden, die Benjamin am Beispiel der frühen Porträts von Hill als unwiderstehlichen Zwang des Betrachters beschrieben hatte, »in solchem Bild das winzige Fünkchen Zufall, Hier und Jetzt, zu suchen, mit dem die Wirklichkeit den Bildcharakter gleichsam durchgesengt hat« (II, 371).

Insofern beide Autoren den methodischen Blick für das Detail, das Bewußtsein für den »winzigen Signifikanten« (Derrida 1988, 36) in den Mittelpunkt ihrer Bildsemantik rücken, hat Derrida in seinem Essay *Die Tode des Roland Barthes* in Benjamins Aufsatz und Barthes' Buch zurecht die »wohl herausragenden Texte über das sogenannte Problem des Referenten in der technischen Moderne« (ebd.) gesehen.

Der Sache nach schließt auch Vilém Flusser in *Für eine Philosophie der Fotografie* (1983) an Benjamins Überlegungen an, so wenn er davon ausgeht, daß der moderne Betrachter zunehmend mit einem Universum technischer Bilder konfrontiert ist, die nichts mehr über die Realität aussagen, da, anders jedoch als von Benjamin befürchtet, noch die ihnen beigefügten Texte durch die Semantik der Bilder gesteuert werden: »Im Verlauf der Geschichte dominierten Texte, gegenwärtig dominieren Bilder. Und wo die technischen Bilder dominieren, nimmt der Analphabetismus eine neue Stellung ein. Der Analphabet ist nicht mehr, wie früher, von der in Texten verschlüsselten Kultur ausgeschlossen, sondern er ist fast gänzlich an der in Bildern verschlüsselten Kultur beteiligt« (Flusser 1983, 55).

Als Theoretiker der technischen Reproduktion von Kunst avanciert Benjamin seit den 80er Jahren, vor allem in der amerikanischen Diskussion, zu einem der einflußreichsten Autoren, nicht zuletzt im Hinblick auf die Erklärung von Tendenzen, die Benjamins Prognosen zu widersprechen scheinen, wie etwa der »Triumph der Fotografie-als-Kunst« (Crimp 1980, 130). Sie propagiert eine bewußte Reauratisierung der Werke, indem in der aktuellen photographischen Praxis nur eine geringe Zahl von Abzügen auf dem Markt erscheint, so daß die Aura, die einer historischen Photographie durch Seltenheit und Alter des vintage prints zukommt, gewissermaßen durch den Preis künstlich hergestellt wird.

Auch gegenläufige Entwicklungen der Kunst, deren Werke die Bedingungen der Reproduzierbarkeit in die Struktur der Darstellung integrieren, hat Benjamin theoretisch antizipiert, indem er »das Terrain der Kunst-nach-der-Fotografie umreißt: nämlich der illustrierten Zeitschrift, die sozusagen Fotografie plus Text ist« (Krauss 2000, 143). Benjamins Einfluß ist noch in jenen theoretischen Ansätzen erkennbar, die versuchen, das Spezifische jener Werke zu erklären, die die Bedingungen ihrer medialen Präsenz selbstkritisch reflektieren und seit kurzem ihre Zukunft »in the age of the Post-medium condition« (vgl. Krauss 1999) erkunden.

Text

Benjamins Aufsatz beginnt mit der Feststellung, daß viele Debatten über den Status der Photographie im 19. Jh. dem »skurrilen Schema« (II, 369) gefolgt seien, die von Gott geschaffene Wirklichkeit könne nicht auf mechanischem Wege abgebildet werden, sondern verlange die Eingebung des allein seinen gestalterischen Fähigkeiten vertrauenden Künstlers. »Hier tritt mit dem Schwergewicht seiner Plumpheit der Banausenbegriff von der ›Kunst‹ auf, dem jede technische Erwägung fremd ist und welcher mit dem provozierenden Erscheinen der neuen Technik sein Ende gekommen fühlt. Dem ungeachtet ist es dieser fetischistische, von Grund auf antitechnische Begriff von Kunst, mit dem die Theoretiker fast hundert Jahre lang die Auseinandersetzung suchten, natürlich ohne zum geringsten Ergebnis zu kommen. Denn sie unternahmen nichts anderes, als den Photographen vor eben jenem Richterstuhl zu beglaubigen, den er umwarf« (ebd.). Damit ist Benjamins eigener Begriff von Kunstgeschichte, von Photogeschichte im besonderen bezeichnet. Er interpretiert das ihm vorliegende fotografische Quellenmaterial, um am Leitfaden des Begriffs der Technik die Entwicklung des neuen Mediums nachzuzeichnen.

Ausgangspunkt seiner Überlegungen sind die frühesten Photographien von Daguerre und Hill, von denen einige, »namenlose Menschenbilder, nicht Porträts« (II, 370), in die Besonderheit der neuen Technik einführen. Während bei gemalten Porträts die dargestellten Personen nach wenigen Generationen meistens vergessen sind und die Bilder nur noch als Zeugnis für die Kunst des Malers gelten, kann man in der Photographie, so Benjamin, etwas Neuem und Sonderbarem, begegnen: »In jenem Fischweib aus New Haven, das mit so lässiger, verführerischer Scham zu Boden blickt, bleibt etwas, was im Zeugnis für die Kunst des Photographen Hill nicht aufgeht, etwas, was nicht zum Schweigen zu bringen ist, ungebärdig nach dem Namen derer verlangend, die da gelebt hat, die auch hier noch wirklich ist und niemals gänzlich in die ›Kunst‹ wird eingehen wollen« (ebd.). Von Hills Bild eines Fischweibs geht für Benjamin etwas aus, das die Photographie als bloßes Abbild transzendiert, indem die aus dem 19. Jh. stammende Frau im Blick des Betrachters »noch wirklich« ist. Hills Photographie bedient sich der Technik des Apparates, erscheint aber selbst als Medium einer anderen, theoretisch nur schwer zu bestimmenden Kraft der Vergegenwärtigung: »Hat man sich lange genug in so ein Bild vertieft, erkennt man, wie sehr auch hier die Gegensätze sich berühren: die exakteste Technik kann ihren Hervorbringungen einen magischen Wert geben, wie für uns ihn ein gemaltes Bild nie mehr besitzen kann« (371).

Mit dem Begriff der Magie ist die zweite zentrale Kategorie eingeführt, mit der Benjamin das Wesen der Photographie zu bestimmen versucht. Das Bild bringt zwar immer die Intentionen des Fotografen zum Ausdruck, aber, so Benjamin, trotz aller Planmäßigkeit fühle der Beschauer »unwiderstehlich den Zwang, in solchem Bild das winzige Fünkchen Zufall, Hier und Jetzt, zu suchen, mit dem die Wirklichkeit den Bildcharakter gleichsam durchgesengt hat, die unscheinbare Stelle zu finden, in welcher, im Sosein jener längst vergangenen Minute das Künftige noch heut und so beredt nistet, daß wir, rückblickend, es entdecken können« (ebd.). Der Absicht des Photographen entzogen, schleichen sich diese Partikel der Realität gewissermaßen ins Bild, um später als deiktische Elemente der Diskrepanz zwischen Bewußtsein und dem von ihm erfaßten Raum zu fungieren, denn, so Benjamin: »Es ist ja eine andere Natur, welche zur Kamera als welche zum Auge spricht; anders vor allem so, daß an die Stelle eines vom Menschen mit Bewußtsein durchwirkten Raums ein unbewußt durchwirkter tritt« (ebd.). Das vom Fotografen »Übersehene« ist ein Teil dieser Natur, deren anderer in jenen Oberflächenerscheinungen hervortritt, die zu erfassen das menschliche Auge organisch unzureichend ausgestattet ist: »Die Photographie mit ihren Hilfsmitteln: Zeitlupen, Vergrößerungen erschließt sie ihm. Von diesem Optisch-Unbewußten erfährt er erst durch sie, wie von dem Triebhaft-Unbewußten durch die Psychoanalyse. Strukturbeschaffenheiten, Zellgewebe, mit denen Technik, Medizin zu rechnen pflegen – all dieses ist der Kamera ursprünglich verwandter als die stimmungsvolle Landschaft oder das seelenvolle Porträt« (ebd.).

Im Hinblick auf dieses gegenständliche Material, das sich durch Vergrößerung erschließt, besteht die Leistung der Photographie in der Sichtbarmachung einer vom menschlichen Bewußtsein nicht wahrnehmbaren Formenwelt der Oberfläche. Es sind »Bildwelten, welche im Kleinsten wohnen, deutbar und verborgen genug, um in Wachträumen Unterschlupf gefunden zu haben« (ebd.). Mit dieser Beobachtung gelangt Benjamin zu der für seine Kunsttheorie fundamentalen Bestimmung, daß »die Differenz von Technik und Magie als durch und durch historische Variable« (II, 371 f.) gedacht werden muß. Die Photographie, die mit Hilfe spezieller Linsen Objekte so vergrößert, daß neue Strukturen an ihnen sichtbar werden, ist reine Technik, aber insofern ihre Bilder eine theoretisch nur sehr schwer zu bestimmende Kraft besitzen, im erlebenden Bewußtsein (Wachtraum) erscheinende Gestalten sichtbar zu machen, besitzt die Technik für Benjamin eine magische Seite. Er erläutert diesen Aspekt an den »erstaunlichen Pflanzenphotos« (372) von Karl Bloßfeld, die »in Schachtelhalmen älteste Säulenformen, im Straußfarn den Bischofsstab, im zehnfach vergrößerten Kastanien- und Ahornsproß Totembäume, in der Weberkarde gotisches Maßwerk zum Vorschein« (ebd.) bringen.

Die Intensität dieser »magischen« Wirkung sieht Benjamin technisch begründet: Die Notwendigkeit des Außenlichtes und der langen Belichtungszeit lassen für Hill den Friedhof zum idealen Aufnahmeort werden, wo die Menschen im Zustand äußerer Abgeschiedenheit und innerer Sammlung während der langen Dauer dieser Aufnahmen »gleichsam in das Bild hinein« (I, 373) wachsen. Die Qualität der Bilder der ersten Photographengeneration verdankt sich ihrem Vermögen, das technisch-physikalische Prinzip des photographischen Verfahrens in gleichem Maße zu beherrschen wie das kompositorische der Bildgestaltung.

Aura

Im zweiten Teil seines Textes erläutert Benjamin den in den folgenden Jahrzehnten des 19. Jh.s einsetzenden Verfall des photographischen Geschmacks. Nach der ersten Generation von Technikern, die als ehemalige Maler auf solide handwerkliche Erfahrungen zurückgreifen konnte, drängt in den folgenden Jahrzehnten eine neue Generation von Geschäftsleuten in den Stand der Berufsfotografen, die sich als Künstler verstehen, den spezifisch technischen Aspekt ihrer Arbeit jedoch zu verschleiern und ihre Bilder, vor allem das Porträt, stilistisch denen der Malerei anzugleichen versuchen. Als Kunden dieser neuen, kommerziell ausgerichteten Atelierfotografie trat das aufsteigende Bürgertum hervor, das es dem Stilwillen des Fotografen überließ, markante Anlässe der Familiengeschichte in einer Kulisse zu inszenieren, deren überladene Symbolik, »zweideutig zwischen Exekution und Repräsentation, Folterkammer und Thronsaal« (II, 375) changierend, deren Akteure lächerlich drapiert.

Im Vergleich zur Verlorenheit dieser Figuren treten die Gestalten eines Hill ruhig und voller Weltvertrauen hervor: »Es war eine Aura um sie, ein Medium, das ihrem Blick, indem er es durchdringt, die Fülle und Sicherheit gibt« (376).

Benjamin führt in diesem Zusammenhang den Begriff der Aura ein, ohne ihn hier bereits näher zu erläutern. Entscheidend ist, daß der von ihm bezeichnete Sachverhalt mit der Sphäre der Technik vermittelt wird: »Und wieder liegt das technische Äquivalent davon auf der Hand; es besteht in dem absoluten Kontinuum von hellstem Licht zu dunkelstem Schatten« (ebd.). Benjamin erklärt diese auratische Wirkung mit der Farbwirkung von Hills Bildern, der Ausdifferenzierung aller Farbtöne zwischen tiefstem Schwarz und hellstem Weiß, und interpretiert dieses Gestaltungsprinzip als Übernahme der Technik des Schabkunstverfahrens, das die Porträtmalerei kurz vor ihrem Niedergang zu einer einzigartigen Höhe getrieben habe. Das »technische Bedingtsein der auratischen Erscheinung« (ebd.), jener »Hauchkreis, der schön und sinnvoll bisweilen durch die nunmehr altmodische ovale Form des Bildausschnitts umschrieben wird« (ebd.), mache es zwingend, den Inkunabeln der Fotografie nicht künstlerische Vollendung oder höchsten Geschmack, sondern vor allem technisches Niveau zuzusprechen: »Diese Bilder sind in Räumen entstanden, in denen jedem Kunden im Photographen vorab ein Techniker nach der neuesten Schule entgegentrat, dem Photographen aber in jedem Kunden der Angehörige einer im Aufstieg befindlichen Klasse mit einer Aura, die bis in die Falten des Bürgerrocks oder der Lavallière sich eingenistet hatte« (ebd.).

Entscheidend sei, so Benjamin, daß die Aura nicht das bloße Erzeugnis einer primitiven Kamera sei, »vielmehr entsprechen sich in jener Frühzeit Objekt und Technik genau so scharf, wie sie in der anschließenden Verfallsperiode auseinandertreten« (ebd.). Lichtführung und selbstbewußte bürgerliche Individualität, die im Augenblick des Innehaltens vor der Kamera ihren intensivsten Ausdruck annimmt, wirken auf eine Weise zusammen, die die Aura des Porträtierten im photografischen Bild erfahrbar macht. Die Konstellation ändert sich nach 1880 grundlegend. »Die Aura, die von Hause aus mit der Verdrängung des Dunkels durch lichtstärkere Objektive aus dem Bilde genau so verdrängt wurde wie durch die zunehmende Entartung des imperialistischen Bürgertums aus der Wirklichkeit« (II, 377), wird bestenfalls durch eine nachträglich vorgenommene Bildbearbeitung vorgetäuscht. Benjamin sieht darin nichts anderes als den Ausdruck einer »Ohnmacht jener Generation im Angesicht des technischen Fortschritts« (ebd.).

Mit diesem Urteil geht Benjamin zu einem Vorläufer der modernen Photographie über, Eugène Atget, dessen von Berenice Abbot gesammelte Arbeiten ihm in einem 1930 von Camille Recht herausgegebenen »hervorragend schönen Bande« (ebd.) vorlagen. Atgets zeit seines Lebens unbeachtete Photographien des alltäglichen Paris, seiner Straßen, Häuser, Fassaden und Schaufenster sind für Benjamin Vorläufer der surrealistischen Photographie. »Als erster desinfiziert er die stickige Atmosphäre, die die konventionelle Porträtphotographie der Verfallsepoche verbreitet hat [...] ja er bereinigt sie: er leitet die Befreiung des Objekts von der Aura ein« (378). Atget sei an den großen Wahrzeichen der Stadt immer vorbeigegangen, nicht aber »an einer langen Reihe von Stiefelleisten; nicht an den Pariser Höfen, wo von abends bis morgens die Handwagen in Reih und Glied stehen« (379). Die Avantgardephotographie der 20er Jahre, so Benjamin, folge Atget darin, die Besonderheit einer Stadt nicht in ihren einzigartigen Ansichten und Bauwerken, deren Aura gewissermaßen für die Individualität der Stadt einsteht, sondern in ihren charakteristischen Details zu sehen. »Wenn ›Bifur‹ oder ›Variété‹, Zeitschriften der Avantgarde, unter der Beschriftung ›Westminster‹, ›Lille‹, ›Antwerpen‹ oder ›Breslau‹ nur Details bringen, einmal ein Stück von einer Balustrade, dann einen kahlen Wipfel, dessen Äste vielfältig eine Gaslaterne überschneiden, ein andermal eine Brandmauer oder einen Kandelaber mit einem Rettungsring auf dem der Name der Stadt steht, so sind das nichts als literarische Pointierungen von Motiven die Atget entdeckte« (378). An dieser Stelle des Textes wirft Benjamin scheinbar unvermittelt die Frage auf: »Was ist eigentlich Aura?«, folgt aber damit nur konsequent der Dramaturgie des Textes, in der die mehrfache Verwendung des Begriffs ›Aura‹ nun nach einer Erläuterung verlangt. Benjamin erläutert »Aura« so: »Ein sonderbares Gespinst von Raum und Zeit: einmalige Erscheinung einer Ferne, so nah sie sein mag. An einem Sommermittag ruhend einem Gebirgszug oder einem Zweig folgen, der seine Schatten auf den Betrachter wirft, bis der Augenblick oder die Stunde

Teil an ihrer Erscheinung hat – das heißt die Aura dieser Berge, dieses Zweiges atmen« (ebd.).

Die metaphorische Beschreibung und das Beispiel zeigen, daß Aura letztlich keinen scharf umrissenen Begriff, sondern eine an die Einmaligkeit von Raum und Zeit gebundene Erfahrung des erlebenden Bewußtseins auszudrücken versucht. Diesen Zweig an diesem Ort zu diesem Zeitpunkt wahrgenommen zu haben und das Bewußtsein davon zu besitzen, macht seine Einmaligkeit für das Erleben des Subjekts aus, insofern atmet es seine Aura, aber das Objekt muß, dies ist die räumliche Bedingung, fern erscheinen, um wahrgenommen zu werden. Vor diesem Hintergrund erschließt sich die Aura der frühen Bilder von Hill noch auf andere Weise: Sie sind auratisch, weil sie das Hier und Jetzt der Begegnung zwischen den Porträtierten und dem Photographen, die Intensität des gemeinsam erlebten langen Moments der Aufnahme zum Ausdruck bringen. Die Gegenwart widersetzt sich dieser an Einmaligkeit und Ferne gebundenen Struktur der auratischen Erfahrung, indem es eine leidenschaftliche Neigung der heutigen Menschen sei, »die Dinge sich, vielmehr den Massen ›näherzubringen‹, [...] wie die Überwindung des Einmaligen in jeder Lage durch deren Reproduzierung« (ebd.). Diesem gesellschaftlichen Bedürfnis »des Gegenstands aus nächster Nähe im Bild, vielmehr im Abbild habhaft zu werden« (379) entsprächen Illustrierte und Wochenschau, zudem habe sich eine Wahrnehmungsform entwickelt, deren Sinn für alles Gleichartige so gewachsen sei, daß sie es mittels Reproduktion auch dem Einmaligen abgewinne und deshalb die Zertrümmerung der Aura zu ihrer Signatur erkläre.

Atgets Photographien entsprechen dieser Haltung des modernen Menschen, indem sie die Wirklichkeit auf ihre Weise entauratisieren. Sie vermögen jenen Bann zu lösen, der auratischen Erfahrungen zugrunde liegt: »Merkwürdigerweise sind aber fast alle diese Bilder leer« (ebd.). Es sind kaum Menschen auf ihnen abgebildet. Im Blick auf die Bilder gewinnt der Betrachter jenes Maß an Distanz zu seinem Lebensraum, den ihm die alltäglichen Vollzüge nicht gestatten. »Diese Leistungen sind es, in denen die surrealistische Photographie eine heilsame Entfremdung zwischen Umwelt und Mensch vorbereitet. Sie macht dem politisch geschulten Blick das Feld frei, dem alle Intimitäten zugunsten der Erhellung des Details fallen« (ebd.).

Gleichwohl ist Benjamin bewußt, daß »der Verzicht auf den Menschen für die Photographie der unvollziehbarste« ist (ebd.), aber unter welchen Umständen kann der Mensch nach dem Elend der Porträtphotografie des späten 19. Jh.s ins Bild zurückkehren? In der Darstellung namenloser Menschen, deren Gesichter wie in den russischen Filmen von Pudowkin und Eisenstein die Besonderheit ihrer Herkunft zum Ausdruck bringen, sieht Benjamin die zeitgemäße Lösung des Problems: »Und augenblicklich trat das menschliche Gesicht mit neuer, unermeßlicher Bedeutung auf die Platte. Aber es war kein Porträt mehr. Was war es?« (380).

Mit dieser Frage leitet Benjamin zum Werk von August Sander über, der in seinem Buch *Antlitz der Zeit* sein auf mehrere Bände angelegtes Werk vorgestellt hatte, in dem er mit scharfem Blick für die Physiognomie ihrer exemplarischen Repräsentanten eine Art photographischer Typologie der Berufsstände, Schichten, Klassen der deutschen Gesellschaft erstellen wollte. Benjamin sieht in Sanders Projekt »mehr als ein Bildbuch: ein Übungsatlas« (381), der für die Ausbildung der Fähigkeit, den Menschen anzusehen, woher sie kommen, qualifiziere (zu Sander und Benjamin vgl. Becker 1989).

Funktion

Mit der Interpretation von Atgets auralosen Stadtphotographien und der Erörterung von Sanders Bildern namenloser Menschen bereitet Benjamin den entscheidenden Perspektivwechsel seiner Argumentation vor. Sein Interesse gilt nun weniger dem historischen und ästhetischen Diskurs über Photographie als vielmehr der Beschreibung ihrer gegenwärtigen sozialen und politischen Funktionen im Zeichen der gesellschaftlichen Krise um 1930. Während die historischen Debatten über Photographie als Kunst für Benjamin letztlich unergiebig geblieben waren, weist er »dem soviel fragloseren sozialen Tatbestand der ›Kunst als Photographie‹« (II, 381) eine weitaus höhere Bedeutung zu: »[...] die Wirkung der photographischen Reproduktion von Kunstwerken [ist] für die Funktion der Kunst von sehr viel größerer Wichtigkeit als die mehr oder minder künstlerische Gestaltung einer Photographie, der das Erlebnis zur ›Kamerabeute‹ wird« (ebd.).

Gemälde, Bauwerke, Plastiken lassen sich, so Benjamins These, viel leichter durch ein Photo erfassen als in Wirklichkeit, und dieser Weg der photographischen Aneignung sei um so mehr gefordert, als die Auffassung von großen Werken sich gewandelt habe. Sie seien nicht mehr Werke von Einzelnen, sondern als Kollektivgebilde anzusehen: »Im Endeffekt sind die mechanischen Reproduktionsmethoden eine Verkleinerungstechnik und verhelfen dem Menschen zu jenem Grad von Herrschaft über die Werke, ohne welchen sie gar nicht mehr zur Verwendung kommen« (382).

Benjamins Beitrag endet mit einer kritischen Gegenüberstellung der beiden wichtigsten Fraktionen der zeitgenössischen Photographie. Während die Bilder von August Sander, Germaine Krull und Karl Bloßfeld für physiognomische, politische und wissenschaftliche Interessen stehen, entwickeln andere einen schöpferischen Ehrgeiz, aber: »Das Schöpferische am Photographieren ist dessen Überantwortung an die Mode« (383). Exemplarisch trete die Haltung dieser Photographie, »die jede Konservenbüchse ins All montieren, aber nicht einen der menschlichen Zusammenhänge fassen kann« (ebd.), im Titel des Photobandes von Albert Renger-Patzsch hervor: *Die Welt ist schön.* Die schöpferische Photographie, deren wahres Betätigungsfeld die Reklame sei, findet für Benjamin ihren »rechtmäßigen Gegenpart in der Entlarvung oder Konstruktion« (ebd.). Brecht habe bereits bemerkt, daß eine Photographie der A.E.G. Werke beinahe nichts über deren Realität aussage.

Weniger unter photographischen als vielmehr unter Gesichtspunkten der politischen Funktion, die für Benjamin um 1930 angesichts der Krise der Gesellschaftsordnung Priorität besitzt, wird die Beschriftung der Photographie zur neuen unverzichtbaren Aufgabe, »ohne die alle photographische Konstruktion im Ungefähren stecken bleiben muß« (385). Der Photograph »hat die Schuld auf seinen Bildern aufzudecken und den Schuldigen zu bezeichnen« (ebd.). Am Ende seines Textes zitiert Benjamin, ohne allerdings den Namen zu nennen, Moholy-Nagy: »Nicht der Schrift-, sondern der Photographieunkundige wird, so hat man gesagt, der Analphabet der Zukunft sein« (ebd.). »Aber«, so Benjamins abschließende, unverhohlen kritische Frage, »muß nicht weniger als ein Analphabet ein Photograph gelten, der seine eigenen Bilder nicht lesen kann? Wird die Beschriftung nicht zum wesentlichsten Bestandteil der Aufnahme werden?« (ebd.).

Konstruktive Photographie

Benjamins Thesen stehen ganz im Zeichen seiner Absicht, sich in zwei bedeutende phototheoretische Debatten der späten Weimarer Republik einzumischen. Er sah sich dazu vermutlich hinreichend qualifiziert, da er nicht nur seit den Tagen des Berliner Konstruktivismus um Hans Richters »G-Gruppe« mit phototheoretischen Fragen konfrontiert war und für dessen Zeitschrift »G« 1924 Tristan Tzaras Aufsatz »La Photographie A L'Envers« (dt. »Die Photographie von der Kehrseite«) über Man Rays Fotogramme übersetzt hatte, sondern seit dieser Zeit mit dem Photographen Sasha Stone befreundet war und seit 1928 auch zu dem bedeutendsten Theoretiker des Neuen Sehens Moholy-Nagy engen Kontakt hatte (zu Stone und Benjamin vgl. Köhn 1990). Seit 1926 hatte er eine Reihe von Photobüchern besprochen, in deren Mittelpunkt Städte-, Landschafts- und Tieraufnahmen standen. 1927 schreibt er in einem Brief aus Paris, »daß Photographie über Nacht ein aktuelles Thema geworden ist. Die Frankfurter Zeitung war neulich voll davon und ein großer Aufsatz über das Thema von Dr. Kracauer, der jetzt hier war, ist gleichfalls noch zu erwarten« (3, 291). Benjamins erste spezifisch phototheoretisch argumentierende Rezension Neues von Blumen, die Ende 1928 in der *Literarischen Welt* erschien und Karl Bloßfelds Buch *Urformen der Pflanzen* gewidmet war, argumentiert ganz im Sinne von Moholy-Nagys Photodidaktik, indem er die Pflanzenphotos von Bloßfeld als wichtigen Beitrag zu »jener großen Überprüfung des Wahrnehmungsinventars, die unser Weltbild noch unabsehbar verändern wird« (III, 151). Bloßfeld, so Benjamin unter Berufung auf Moholy-Nagy, habe mit seinen Pflanzenphotos bewiesen, »wie recht der Pionier des neuen Lichtbildes, Moholy-Nagy, hat, wenn er sagt: ›Die Grenzen der Photographie sind nicht abzusehen. Hier ist alles noch so neu, daß selbst das Suchen schon zu schöpferischen Resultaten führt. Die Technik ist hier der selbstverständliche Wegbereiter dazu. Nicht der Schrift-, sondern der Photographieunkundige wird der Analphabet der Zukunft sein‹« (ebd.).

Moholy-Nagy hatte auf einer erläuternden Texttafel in der epochalen Stuttgarter Ausstellung »Film und Foto« von 1929 erklärt, daß es nicht darauf ankomme, »aus der Photographie wieder Kunst zu machen, sondern auf die tiefe soziale Verantwortung des Photographen. Seine Arbeit muß das unverfälschte Dokument der zeitlichen Realität sein« (Kallai 1986, 144). In gleichem Sinne fordert Sasha Stone unter dem programmatischen Titel »Zurück zur Fotografie« eine Rückbesinnung des Mediums auf seine spezifische Qualität der authentischen Wiedergabe von Objekten. »Der Fotograf und der Kinooperateur sind die Chronisten unserer Zeit, sie bauen das kulturelle Archiv unserer Epoche auf. [...] Dieses Dokument muß präzise, wahr und eindeutig sein« (Stone 1929a, 168). Dem Wunsch nach einem präzisen visuellen »Dokumentverfahren« steht jedoch ein Problem entgegen: »Diese Eindeutigkeit zu erreichen, ist bis jetzt der schwache Punkt der Fotografie, denn der Mangel an Eindeutigkeit eines Fotos ist uns längst bekannt. [...] Oft ist das Objekt nicht eindeutig. [...] Die Unterschrift ist daher fast in den meisten Fällen notwendig« (ebd.). Stone sieht in der Beschriftung eines Photos eine Notlösung für das Problem, die Mehrdeutigkeit der Bildaussage einzuschränken, tendenziell sollte die Photographie jedoch in der Lage sein, auf Kompromisse dieser Art zu verzichten, nicht zuletzt deshalb, weil sie letztlich kraft der Universalität ihrer bildsprachlichen Mittel zu einer neuen Weltsprache werden könne: »Wir sehen es in den illustrierten Zeitschriften, daß eine Photographie mitunter so ausdrucksvoll sein kann, daß irgendeine Erläuterung vollkommen überflüssig ist. Wir sehen also, daß die Photographie immer mehr das Lesen ersetzt, vor allem bei den Berichterstattungen. Auf diese Weise entwickelt sie sich mit der Zeit zu einer Weltsprache, die für alle Völker verständlich ist« (Stone 1929b, 3).

Die Position von Maholy-Nagy und Stone unterwirft der ungarische Kunsttheoretiker Ernst Kallai 1929 einer radikalen Kritik. Er bezweifelt, daß Photographien, selbst Photoreportagen allein durch das Bild eindeutige Aussagen zu formulieren vermögen: »Wo bleibt der dokumentarische Wert einer Reportage, die nur als rein optisches Moment auftritt, als nackt-sachlich mechanische Momentaufnahme ohne jede Spur von sozialer Deutung? [...] Photoreportage ohne das politisch-soziale Drum und Dran der Zeitung, in der sie ursprünglich erschien, ist im Grunde doch wieder nur Augensensation« (Kallai 1986, 143).

Benjamins Position entspricht der Kallais, indem er unter Berufung auf Brechts *Dreigroschenprozeß* eine radikale Photopolitik fordert, die »die Entlarvung oder die Konstruktion« (II, 383) zu ihrem Bildprinzip erklärt. »Die eigentliche Realität ist in die Funktionale gerutscht. [...] Es ist also tatsächlich ›etwas aufzubauen‹, etwas ›Künstliches‹, ›Gestelltes‹« (384). Die Photographie wird konstruktiv. Während Stone und Moholy-Nagy darauf gesetzt hatten, das Problem der Mehrdeutigkeit mit immanent photographischen Mitteln zu lösen, die jeden begleitenden Text überflüssig machen, betont Benjamin unter dem Einfluß von Brecht und Kallai die Notwendigkeit einer Montage von Bild und Text. Im Zeichen einer Haltung, die der Politik absolute Priorität einräumt und das Massenmedium der Photographie in den Dienst revolutionärer Aufklärung zu stellen gedenkt, wird das Problem des Photographischen und der reinen Visualität in die Sphäre einer nachgeordneten Ästhetik abgeschoben.

Unter den Bedingungen des Exils greift Benjamin diesen Aspekt in seinem Aufsatz Der Autor als Produzent noch einmal auf, indem er nun vom Photographen die Fähigkeit verlangt, seinen Aufnahmen diejenige Beschriftung zu geben, die ihnen einen »revolutionären Gebrauchswert« verleiht: »Diese Forderung werden wir aber am nachdrücklichsten stellen, wenn wir – die Schriftsteller – ans Photographieren gehen« (693). In den Illustrierten sieht Benjamin rückblickend eine erste, wenn auch vorläufige Form der konstruktiven Verschränkung von Bild und Text, indem sie dem Betrachter »Wegweiser« aufstellen: »Richtige oder falsche – gleichviel. In ihnen ist die Beschriftung zum ersten Mal obligat geworden« (I, 485, vgl. Köhn 2004).

Benjamins Position ist in der neueren Phototheorie nicht ohne Widerspruch geblieben: »Keine Bildunterschrift kann auf längere Sicht die Aussage eines Bildes einschränken oder absichern. Selbst eine völlig korrekte Bildunterschrift ist nicht mehr als eine unter vielen möglichen Interpretationen der Fotografie« (Sontag 1978, 103).

Werk

Kleine Geschichte der Photographie (II, 368–385)
Der Autor als Produzent (II, 683–701)
Das Kunstwerk im Zeitalter seiner technischen Reproduzierbarkeit (3. Fassung) (I, 431–469)
Neues von Blumen (III, 151–153)
Pariser Brief II (III, 495–507)
Paris, die Stadt im Spiegel. Liebeserklärungen der Dichter und Künstler an die »Hauptstadt der Welt« (IV, 356–359)
Das Passagen-Werk (V, 824–846)
Rez. zu Alexys Sidorow, Moskau (III, 142–143)
Rez. zu Gisèle Freund: La photographie en France au dixneuvième siècle. Essai de sociologie et d'esthétique (III, 542–544)
Tristan Tzara, Die Photographie von der Kehrseite (Übersetzung) (Suppl. I, 9–11)

Literatur

Barthes, Roland (1985): Die helle Kammer. Bemerkung zur Photographie, Frankfurt a. M.

Becker, Jochen (1989): »Passagen und Passanten. Zu Walter Benjamin und August Sander«, in: Fotogeschichte 9. Jg., H. 32, 37–48.

Bossert, Helmuth Theodor/Heinrich Guttmann (1930): Aus der Frühzeit der Photographie 1840–1870. Ein Bildbuch nach 200 Originalen, Frankfurt a. M.

Brecht, Bertolt (1967): »Der Dreigroschenprozeß. Ein soziologisches Experiment«, in: ders.: Gesammelte Werke, Bd. 18, Frankfurt a. M., 139–209.

Crimp, Douglas (1996): »Die fotografische Aktivität des Postmodernismus«, in: ders.: Über die Ruinen des Museums, Dresden/Basel, 123 ff.

Derrida, Jacques (1988): »Die Tode des Roland Barthes«, in: ders./Hans-Horst Henschen (Hg.): Roland Barthes, München, 31–73.

Flusser, Vilém (1983): Für eine Philosophie der Fotografie, Göttingen.

Kallai, Ernst (1986): »Schöne Photos, billige Photos«, in: ders.: Vision und Formgesetz. Aufsätze über Kunst und Künstler 1921 bis 1933, Leipzig/Weimar, 141–148.

Köhn, Eckhardt (Hg.) (1990): Sasha Stone. Fotografien 1925–1939, Berlin.

Köhn, Eckhardt (2004): »›Nichts gegen die Illustrierte!‹. Benjamin, der Berliner Konstruktivismus und die Avantgarde«, in: Detlev Schöttker (Hg.): Schrift Bilder Denken. Walter Benjamin und die Künste, Frankfurt a. M., 47–69.

Krauss, Rolf H. (1998a): Walter Benjamin und der neue Blick auf die Photographie, Ostfildern.

Krauss, Rosalind E. (1998b): »Die Neuerfindung der Fotografie«, in: Luminata Sabau (Hg.): Das Versprechen der Foto-

grafie. Die Sammlung der DG BANK, München/London/New York, 34–42.
Krauss, Rosalind E. (1999): A Voyage on the North Sea. Art in the Age of the Post-Medium condition, New York.
Krauss, Rosalind E. (2000): »Die fotografischen Bedingungen des Surrealismus«, in: dies./Herta Wolf (Hg.): Die Originalität der Avantgarde und andere Mythen der Moderne, Amsterdam/Dresden, 129–162.
Lindner, Burkhardt (2002): »Der Dreigroschenprozeß«, in: Jan Knopf (Hg.): Brecht-Handbuch, Bd. 4, Stuttgart/Weimar, 134–173.
Moholy-Nagy, László (1927): »Die beispiellose Fotografie«, in: i10, Jg. 1, H. 3, 130 ff.
Moholy-Nagy, László (1978): Malerei, Fotografie, Film, hg. v. Hans M. Wingler, Mainz/Berlin.
Molderings, Herbert (1988): Fotografie in der Weimarer Republik, Berlin.
Sontag, Susan (1978): »Der Heroismus des Sehens«, in: dies.: Über Fotografie, München, 81–106.
Stiegler, Bernd (2004): »Benjamin und die Photographie«, in: Detlev Schöttker (Hg.): Schrift Bilder Denken. Walter Benjamin und die Künste, Frankfurt a. M., 127–143.
Stone, Sasha (1928): »Photo-Kunstgewerbereien«, in: Das Kunstblatt H.3, 85–87.
Stone, Sasha (1929a): »Zurück zur Fotografie«, in: Die Form H.7, 168–170.
Stone, Sasha (1929b): »Photographie – die neue Weltsprache«, in: Südwestdeutsche Rundfunk-Zeitung, Nr. 25, 3.
Werneburg, Brigitte (1995): »Ernst Jünger, Walter Benjamin und die Photographie. Zur Entwicklung einer Medienästhetik in der Weimarer Republik«, in: Hans-Harald Müller/Harro Segeberg (Hg.): Ernst Jünger im 20. Jahrhundert, München, 39–57.
Wilde, Ann u. Jürgen (1999): »Erinnerungen«, in: Mechanismus und Ausdruck. Die Sammlung Ann und Jürgen Wilde. Fotografien aus dem 20. Jahrhundert, hg. v. Sprengel Museum Hannover, bearb. v. Inka Graeve, München/Paris/London.

Die Rundfunkarbeiten

Von Sabine Schiller-Lerg

»Also vergessen Sie nicht: Zwanglose Vortragsart!« Walter Benjamins Erinnerung an seine Rundfunkarbeit, in AUF DIE MINUTE 1934 skizziert (IV, 761), kann wie eine Zusammenfassung, wie ein Schlußpunkt gelesen werden. Vom Anfang her gedacht, wird noch einmal die eigene Idee vom Medium Rundfunk als Zeit- und Kommunikationsmedium verschlüsselt, die theoretische Reflexion der eigenen Erfahrung anempfohlen. »Anfänger [...] glauben, sie hätten einen Vortrag vor einem mehr oder weniger großen Publikum zu halten, das nur eben zufällig, unsichtbar sei. Nichts ist verkehrter. Der Radiohörer ist fast immer ein einzelner [...]. Sie müssen sich also verhalten, als wenn Sie zu einem einzelnen sprächen [...]. Halten sie sich genau an die Zeit« (IV, 761). Hierin ist eine Kommunikationstheorie verborgen, die mit Mediennutzung und Nutzen die aktive Rolle des Hörers und seine Wahrnehmung in den Mittelpunkt des Interesses rückt. Abgeleitet aus der Aufgabe des Kommunikators und der Funktion des Mediums behält sie den Menschen »als fünftes Rad am Wagen seiner Technik« (II, 775) im Auge. Walter Benjamin befaßte sich während seiner Rundfunktätigkeit intensiv mit Fragen der Hörerbeteiligung und mit der soziologischen Struktur von »Hörergruppen«. Sein rezeptionstheoretischer Denkansatz verlangt dem Begriffsfeld »Massenmedium« außer einer medienästhetischen auch eine mediensystematische und v.a. eine historisch-publizistische Perspektive ab. Ein Medium, das sich von Anfang an »an alle« richtete, das eine bis dahin ungeahnte Öffentlichkeit schuf, mußte in seiner Konsequenz politisch gedacht werden, und Benjamin sah darin Chance und Gefahr gleichermaßen. Gesellschaftliches und politisches Handeln als Ziel eines pädagogischen Konzeptes stand gegen Indolenz und vergnügungsbestimmte Konsumentenmentalität. Diese Polarität war für Benjamin der Fluchtpunkt jeder Reflexion über das Medium. Seine theoretischen Implikationen beziehen den gesamten Kommunikationsprozeß ein und weisen allemal über eine »Radiotheorie« hinaus. Benjamin erkannte die kommunikative Chance der technischen Innovation und nahm sie in ihre gesellschaftliche Pflicht. »Es ist der entscheidende Irrtum dieser Institution«, hielt er in seinen REFLEXIONEN ZUM RUNDFUNK (II, 1506) der Rundfunkentwicklung entgegen, »die grundsätzliche Trennung zwischen Ausführendem und Publikum, die durch ihre technischen Grundlagen Lügen gestraft wird, in ihrem Betrieb zu verewigen.« Für Benjamin war der Rundfunk ein publizistisches

Kommunikationsmittel, mit politischer Programmatik und didaktisch unterhaltender Konzeption. Unterhaltung und Bildung stand auf dem Programm des Rundfunks und mußte – nach Benjamin – den »Anforderungen eines Publikums entsprechen, das Zeitgenosse seiner Technik ist« (776).

Fast achtzig Rundfunksendungen hat Benjamin in nur knapp vier Jahren von 1929 bis 1932 produziert. Der folgende Überblick über dieses Arbeitsfeld, das offen oder verdeckt von Spuren zu anderen Werkeinheiten durchzogen ist, kann diese Zusammenhänge nur andeuten, will aber auch auf jene Impulse verweisen, die der Zusammenarbeit mit dem Jugendfreund Ernst Schoen, dem indirekten Einfluß Bert Brechts und der Programmentwicklung des Weimarer Rundfunks geschuldet sind.

Überlieferung, Rezeption und Bewertung

In der neueren Benjaminforschung tritt die Rundfunkarbeit Benjamins aus dem Schatten eines werkgeschichtlichen und biographischen Paralipomenons. Die Bewertung dieser Arbeiten war lange Zeit durch Benjamin selbst bestimmt. »Ich habe in Frankfurt zwei Radiovorträge gehalten und kann mich nun [...] mit etwas zweckdienlicheren Dingen befassen [...]« (3, 507). Der ökonomische Aspekt der Brotarbeit wurde stets betont und den Rundfunktexten mit wenigen Ausnahmen kein erheblicher Wert beigemessen. 1933, als der zehn Jahre alte Rundfunk gleichgeschaltet war, fiel für Benjamin der endgültige Verlust eines sicheren finanziellen Rückhalts mehr ins Gewicht als die vielfältigen Aufgaben in einem um Differenzierung bemühten Programm. Rückblickend wog ihm, in seiner existentiell bedrohten Situation, dieser Teil seiner journalistischen Arbeit, das »laufende Zeug für Rundfunk und Zeitung« (4, 77), nicht schwer genug, um es möglichst vollständig im Archiv des Freundes Scholem für eine Überlieferung zu sichern (164). Daß dennoch ein großer Teil gerettet wurde, gehört zu der wundersamen Geschichte dieses Nachlasses (VII, 525). Erschwerend für eine adäquate Bewertung war die über lange Zeit eingeschränkte Zugänglichkeit zu den verschiedenen Nachlaßteilen. Den Rundfunktexten wuchs aus der komplexen und komplizierten Aufbewahrungsgeschichte der größte Nachteil (Schiller-Lerg 1984), und die sukzessive Edition brachte ihnen erneut das Schicksal der Verstreutheit. Aus vielerlei Gründen sind Texte und Verweise, die der Rundfunktätigkeit direkt zugeschlagen werden müssen, in fast allen Bänden der *Gesammelten Schriften* verteilt (s. Werkverzeichnis).

Benjamins eigene Geringschätzung seiner Rundfunkarbeiten (4, 165) verliert jedoch mit Blick auf den Adressaten des Briefes, Scholem, und auf seine publizistische Strategie an Gewicht. Späteren abschätzigen Vorbehalten stand die erkennbare Überlieferungsdichte entgegen. Der Umfang der für den Rundfunk geschriebenen Texte, mehr noch ihre stoffliche und formale Vielfalt und deren nachvollziehbare Traditionslinien im Benjaminschen Denken haben eine Rezeption befördert und ihre Bewertung revidiert. Printmedien dienten durch ihre Trägerfunktion für Texte einer Überlieferung nachhaltiger als der Rundfunk, der bei seiner Aufkunft und auch noch zehn Jahre später nur bedingt ein Trägermedium war. Der Text als Vorlage der Originalproduktion bleibt eine rudimentäre Quelle. Die akustische Körperlichkeit der Stimme, die mit der – oft wöchentlichen – Ankündigung »Sprecher: Dr. Walter Benjamin« verbunden war, ist nicht dokumentiert. Der Original-Ton hätte Beleg dafür sein können, wie Text zum Material einer eigenwilligen Gestaltung wird, die erst in der Gesamtheit ihre Wirkung entfaltet. Benjamins ekstatische Art des Vortrags (Kraft 1972), seine schöne volle Stimme (Zucker 1972) und seine Art, wie ein »Pokerspieler« (Adorno 1970, 70) zu reden, sind Erinnerungsverweise, die das Fehlen einer akustischen Quelle besonders schmerzlich erscheinen lassen. Wie dem Sprecher Benjamin am Mikrophon die Überwindung der technischen Barriere des Mediums gelang, ob er mit der Entfaltung stimmlicher Ausdrucksmittel eine Zuwendung zum Hörer nicht einfach rhetorisch kompensierte, sondern mit seiner Persönlichkeit hörbar realisierte, kann nur noch anhand der auf Klanglichkeit und Gesprächsrhythmus angelegten Sprache abgelesen werden. Deshalb entsteht aus der Stimme der Textzeugen im Zusammenklang medientheoretischer Reflexion, praktischer Einordnung sowie der weitgefaßten stofflichen und intellektuellen Verknüpfung mit anderen Arbeiten eine besondere Signifikanz. Anders als überprüfbare Druckfassungen sind die überlieferten Rundfunktexte, die zum größten Teil von Benjamin in die Schreibmaschine diktiert und handschriftlich verbessert wurden, keine zweifelsfreien Zeugen der tatsächlichen Sendung. Aber sie müssen in der überlieferten Form als gültige Quelle gesehen werden. Die Sendesituation forderte zum Improvisieren und spontanen Umformulieren heraus, weil die Sendezeit ablief, »ganze Abschnitte mußten geopfert werden« (IV, 762), oder weil die vielen handschriftlichen Korrekturen sich im Moment des Lesens einem flüssigen Sprechen verweigerten.

Ein neues Medium für Publizität

Der Rundfunk war Walter Benjamin frühzeitig in den Blick gekommen. Noch bevor er ahnen konnte, daß er ein kontinuierlicher Mitarbeiter von zwei großen Rundfunkgesellschaften werden würde, hatte er sich 1925 um die Redaktion einer Programmzeitschrift beworben, die das neue Medium in Frankfurt öffentlich begleiten sollte (Lerg 1980, 210). »Vorläufig bin ich bestrebt, den hiesigen Wind von allen Seiten in meinen Segeln zu fangen und habe mich zuguterletzt auch noch um die Redaktion einer Radiozeitschrift, genauer eines Beiblattes, beworben« (3, 15). Er mußte den journalistischen Arbeiten zeitweise mehr Raum zugestehen, als ihm lieb war. Aber seine Veröffentlichungen und seine Korrespondenz belegen, wie er sich in der kultur-publizistischen Szene der Weimarer Republik zu behaupten gedachte, nachdem seine akademischen Berufspläne gescheitert waren. Der Rundfunk als neues Publikationsmedium weckte gleichermaßen Interesse und Skepsis bei den Schriftstellern (Schneider 1984). Benjamin vertraute ihm eher, weil sein Freund Ernst Schoen dort seit 1924 seine berufliche Zukunft gefunden hatte. »Die Sache ist die, daß Ernst Schoen hier seit Monaten eine bedeutende Stelle als Manager des Frankfurter ›Rundfunk‹-Programms hat und sich für mich verwendet« (3, 15). Benjamins Rundfunkdebüt 1927 war der Auftakt zu einer Mitarbeit, für die er bereits Ausschau nach weiteren Themen hielt (293), doch andere Arbeiten hatten zunächst Vorrang. Sein kontinuierliches Auftreten vor dem Mikrophon ab 1929 muß als ein weiterer Aspekt seiner publizistischen Strategie gesehen werden. Für die angestrebte Publizität (4, 60) wirkte der Rundfunk über ein intellektuelles Publikum hinaus in die Breite und half, eine prononcierte Position im literarischen Diskurs zu besetzen.

Ein Maßstab für Programmstandard

Der »Live-Charakter«, die Gleichzeitigkeit von Senden und Empfangen, von Sprechen und Hören, seine »sublimste Eigenart« (Flesch 2000, 55), verhalf dem Rundfunk in der Anfangszeit zu einer enormen Wirkung. Für Benjamin lag in der technischen und formalen Seite des Mediums das Umwälzende. »Man braucht sich nur einmal zu überlegen, was es ausmacht, daß die Rundfunkhörer, im Gegensatz zu jedem anderen Publikum, das Dargebotene bei sich zu Hause, die Stimme gewissermaßen als Gast empfangen« (II, 1507). Die akustische Teilnahme an einer Darstellung im privaten Ambiente war für den Hörer die entscheidende Neuerung, ebenso wie für den von seinem Publikum isolierten Vortragenden. Die Möglichkeit, eine immens große Hörerschaft zu erreichen, setzte der Vorstellung, was alles als Programm gesendet werden könnte, anfangs keine Grenzen. Ab Oktober 1923, als die Sendegesellschaft Funk-Stunde AG in Berlin ihren Programmdienst aufnahm, die Südwestdeutsche Rundfunkdienst AG in Frankfurt ein halbes Jahr später folgte und im Verlauf des Jahres 1924 insgesamt neun regionale Sendegesellschaften und die Deutsche Welle mit ihren Programmen im Äther waren, nahm der Unterhaltungsrundfunk seinen Weg in die Haushalte. Die organisatorische Ausgestaltung und Entwicklung dieses Mediums war von unterschiedlichen politischen und wirtschaftlichen Interessen bestimmt (Lerg 1980). Vor allem bei der Entscheidung von Programminhalten nahmen Kontrollorgane ihre Überwachung sehr genau und achteten auf politische Abstinenz. Bildung und Unterhaltung sollten in einem großen Kulturprogramm zusammengeführt werden. Aber eine Kultur, auf die sich Politiker, Verwaltungsbeamte und Kulturschaffende, wie auch die vielen im Programm vertretenen gesellschaftlichen Gruppen hätten verständigen können, gab es nicht, ebensowenig eine gemeinsame Vorstellung, welche (Darstellungs-)Formen für das akustische Medium taugten. Ein selbsterteilter Volksbildungsauftrag, der in missionarischer Übertreibung Kunst, Wissen und Wissenschaft einem breiten Hörerpublikum näherbringen wollte, war durch eben dieses Sendungsbewußtsein – im Wortsinn – charakterisiert und schnell auch disqualifiziert. »Hier quatschen alle Universitätslehrer durch den Rundfunk« (3, 15), beschrieb Benjamin im Februar 1925 treffend vier Monate nach Sendebeginn das Programm. Die Idee vom öffentlichen Rundfunk wurde mit Vortragszyklen und Lesestunden überbordet. »Man glaubte im Rundfunk das Instrument eines riesenhaften Volksbildungsbetriebs in der Hand zu halten« (IV, 548), faßte Ernst Schoen später die ersten Programmjahre zusammen. Schoen war Programmreferent des Intendanten Hans Flesch in Frankfurt und wurde, als Flesch 1929 zur Berliner Funk-Stunde wechselte, sein Nachfolger für den Programmbereich. »Schoen ist künstlerischer Leiter des frankfurter Rundfunks und ein wichtiger Mann geworden« (3, 466). Flesch und Schoen arbeiteten von Anfang an in der Südwestdeutschen Rundfunk AG (SWR) an einem Programm, das die Möglichkeiten des Mediums entschiedener zu nutzen bemüht war (Leonhard 1997; Soppe 1993). Große Sorgfalt sollte auf die Auswahl der Stimmen gelegt werden. Die freie Rede am Mikrophon wurde gefordert, Gespräche sollten nicht konstruiert sein, den statisch-monologischen Vorträgen entgegengewirkt werden. Es gab ebenso viele Forderungen wie Versuche, einen medienadäquaten Standard zu entwickeln. Benjamin sah die Lösung in einer neuen Popularität und der Erforschung der Hörergruppen und ihrer Interessen. »Was die letztere betrifft, so ist es jedem [...] geläufig, wie sehr man neuerdings darum bemüht ist, Hörergruppen, die nach sozialer Schichtung, nach Interessenkreis und Umwelt einander nahe stehen, zu engeren Verbänden zusammenzufassen« (II, 775 f.). Alltagsfragen der (Ziel-)Gruppen wurden verstärkt beachtet. Zeitnahe Berichterstattung jedoch stand weiterhin unter dem Aktualitätsvorbehalt der Presse (Heitger 2003). Erfolgversprechend und zukunftsweisend wurde immerhin das Mikrophon zu den Ereignissen gebracht und nicht, wie zuvor, umgekehrt. Eine zunehmend professionelle Programmkritik tat ihr Übriges, den Anspruch an ein modernes Rundfunkprogramm voranzutreiben (Leonhard 1997). Die Hörerzahlen waren schon in den ersten Jahren sprunghaft gestiegen. »Der Hörer will Unterhaltung«, konstatierte Ernst Schoen und wollte sie aus der »muffigen Atmosphäre des Amüsements in die gut durchlüftete, lockere und witzige Aktualität« (IV, 548 f.) gehoben sehen. Wie Unterhaltung gestaltet sein müsse, über ihre Berechtigung überhaupt, wurde anhaltend diskutiert.

Für Brecht und Benjamin sollte Unterhaltung nicht am privaten Geschmack, sondern an ihrer öffentlichen und belehrenden Funktion gemessen werden. »Erst die neueste Zeit hat mit der schrankenlosen Ausbildung einer Konsumentenmentalität im Operettenbesucher, im Romanleser, im Vergnügungsreisenden und ähnlichen Typen die stumpfen, unartikulierten Massen – das Publikum im engeren Sinn geschaffen, das keine Maßstäbe für sein Urteil, keine Sprache für seine Empfindungen hat. In der Haltung der Massen dem Rundfunkprogramm gegenüber hat diese Barbarei ihren Gipfel erreicht und scheint nunmehr bereit zu sein, umzuschlagen« (II, 1506). Benjamins Analyse unterstützte entschieden die Veränderung des Programmauftrags von »Unterhaltung und Belehrung« zu »Unterhaltung und Gestaltung« (Schoen 1930). Hans Flesch hatte es im Rundfunk-Jahrbuch 1930 so formuliert: »Nicht nur das übermittelnde Instrument, auch das zu Übermittelnde ist neu zu formen« (Flesch 1930). Solange allerdings die Struktur des Rundfunks unverändert blieb, die politische Überwachung und Kontrolle sogar verstärkt wurde, waren allenfalls Experimente die Vorhut eines verbesserten Programmstandards. Das Programm befand sich in einer derart dynamischen Phase der Entwicklung, daß die Gestaltung von Wissen und Bildung grundsätzlich zur Disposition stand und der »fließende und schimmernde Begriff Unterhaltung« präzisiert werden mußte (Schoen 1930). Die Arbeit am Mikrophon verlangte eine Gratwanderung zwischen politischer Weitsicht und brauchbarer Methode. Das Studio wurde ein Laboratorium, um das Machbare zwischen Hörererwartung, experimenteller Weiterentwicklung und politischer Einschränkung zu realisieren. 1929 wurde das Rundfunkprogramm vielerorts einer stärkeren Strukturierung unterzogen. Im literarischen Programm des Berliner und Frankfurter Rundfunks boten sich in verschiedenen Sparten für Walter Benjamin Sendeplätze. Die Bücherstunde für seine Rezensionen, Lesungen aus eigenen Werken, Berichte, literarische Porträts, Hörspiele und Hörmodelle und die Jugendstunde, die ebenfalls in den Aufgabenbereich der literarischen Abteilung fiel. Gegen innere Widerstände im Frankfurter Rundfunk protegierte Schoen den Freund, der sich als Autor, Regisseur und Diskussionsleiter, als Erzähler und Vortragsredner engagierte. Seine Rundfunkarbeiten waren keine spielerisch mündlichen Varianten gedruckter Textfassungen, keine publizistische Extravaganz, sie waren – weit über ihre Zeit hinaus – Beispiele funkgemäßer Formen.

Reflexion und Theorie

Brecht, Schoen und Benjamin – der Theater- und der Rundfunkmann und der freie Schriftsteller nutzten die Synergie ihrer Reflexionen über den Rundfunk. Aus ihrer jeweils unterschiedlichen Perspektive hatten sie sich dem Medium zugewandt, es theoretisch eingeordnet und praktisch erprobt. Die stimulierenden Kräfte, die in dieser Konstellation für ihre Medienproduktionen zwischen 1929 bis 1933 freigesetzt wurden, können nur angedeutet werden.

Daß »Ernst Schoen [...] als einer der ersten den Arbeiten, die Bert Brecht mit seinen literarischen und musikalischen Mitarbeitern in den letzten Jahren zur Diskussion stellte, seine Aufmerksamkeit zugewendet« hat, betonte Benjamin in seinem Aufsatz über Theater und Rundfunk besonders (II, 773). Die Bedeutung dieser Zusammenarbeit mußte publizistisch noch einmal gewürdigt werden. Während für Brecht und Benjamin der Rundfunk eine technische Innovation innerhalb des eigenen Arbeitsbereichs darstellte, fand Schoen in ihm ein Wirkungsfeld, das insgesamt in höchstem Maße seinen Neigungen entsprach. Er kam von der Musik, war Komponist und Publizist und entdeckte für sich in diesem Medium alle Möglichkeiten einer kulturpolitischen Tätigkeit. Er bestand auf einer Programmgestaltung, die neue Entwicklungen in der Literatur, in der Musik und auf dem Theater einbezog und den Rundfunk in seiner eigenen kulturpolitischen Leistung stärken sollte. Dafür war die Mitarbeit von Brecht und Benjamin ein Garant. Im August 1929 nahm Benjamin erstmals einen Doppeltermin in Frankfurt für seine Vorträge wahr und veröffentlichte in der Rundfunk-Sondernummer der *Literarischen Welt* sein GESPRÄCH MIT ERNST SCHOEN (IV, 548). Hier erhielt Schoens Programmphilosophie breiten Raum und die Rundfunkarbeit Brechts bot weitere Anhaltspunkte für zukunftsweisende Aussagen. Schon im Frühjahr 1929 hatte Benjamin die Bekanntschaft Brechts gemacht, dessen jüngste Auftragsproduktion für den Rundfunk gerade Opfer der Zensur geworden war (Lerg 1980, 400). Benjamin beobachtete die Arbeiten Brechts und Schoens und wurde zugleich mit Aufträgen in das Programm involviert. Die Erfahrungen, die Schoen und Brecht mit dem Medium gemacht hatten, fanden früh ihren programmatischen Ausdruck und summieren sich am Ende, das gilt bisher explizit nur für Brecht, zu einer sogenannten Radiotheorie (Lindner 2003). Ernst Schoens theoretisches Konzept ließe sich aus seinen Aufsätzen, seiner programmplanerischen und praktischen Arbeit herausschälen. Walter Benjamins »Radiotheorie« aus dieser Zeit kann sich nur auf wenige Texte zum Rundfunk berufen, auf die allerdings der Widerschein seiner späteren großen medienästhetischen und medienkritischen Studien fällt (vgl. Kausch 1988, 174–197; Behrens 2001). Auch andere wahrnehmungstheoretisch relevante Arbeiten Benjamins erlauben einen Bezug zu seinem spezifischen Rundfunk-(Medien)verständnis (Wagner 1992; Honold 2000). In seinen theoretischen Reflexionen wurde der historische Medienbezug zum Brennglas, in dem menschliche Kommunikation um so komplexer sich gestaltet, je mehr sie, technisch vermittelt, auseinanderdriftet.

Was die Freundschaft zwischen Benjamin und Schoen an intellektuellem Gleichklang schuf, leisteten zu dieser Zeit häufige Treffen Benjamins mit Brecht im Zusammenhang des gemeinsamen Zeitschriftenprojekts KRISIS UND KRITIK (3, 540). Im epischen Theater Brechts fand Benjamin geeignete Elemente für seine Rundfunkarbeit und mehrere Anknüpfungspunkte an eine eigene medienspezifische Methode. Hier begegnete er etwa dem Zitat in der Funktion des Unterbrechens, ein Verfahren, das, der eigenen Zitierpraxis nicht unähnlich, Stilmittel seiner Radioarbeit wurde (vgl. Voigts 2000, 826). Brechts These, »daß das Publikum nicht nur belehrt werden, sondern auch belehren muß«, führte Benjamin journalistisch konkreter auf das Hörerinteresse zurück. Fragen des Hörers haben die eigentliche Relevanz; die Fähigkeit zu fragen und die Neugier auf den Stoff mußte in einem kommunikativen Prozeß befördert werden. »Denn hier handelt es sich um eine Popularität, die nicht allein das Wissen mit der Richtung auf die Öffentlichkeit, sondern zugleich die Öffentlichkeit mit der Richtung auf das Wissen in Bewegung setzt« (ZWEIERLEI VOLKSTÜMLICHKEIT IV, 672). Eine erklärte Hörerzuwendung war an ein grundlegendes Umdenken auf der Kommunikatorseite gekoppelt. An diesem Punkt griff die gemeinsame politische Haltung der drei, allerdings unterschiedlich stark marxistisch artikuliert. Das strikte Verbot einer politischen Ausdrucksform auf dem Sender hinderte sie nicht, in einer gemeinsamen Argumentationslinie die Funktion des Mediums politisch auszulegen. In Heft 16 der *Blätter des Hessischen Landestheaters* 1931/32 waren die drei als Autoren jeweils mit einem Artikel vereint, Bert Brecht mit einem Auszug aus seiner Rede »Der Rundfunk als Kommunikationsapparat«, Ernst Schoen in einem Gespräch mit Kurt Hirschfeld über »Rundfunk und Theater« und Walter Benjamin mit dem titelgebenden Aufsatz THEATER UND RUNDFUNK. ZUR GEGENSEITIGEN KONTROLLE IHRER ERZIEHUNGSARBEIT (II, 773). In jedem dieser medientheoretischen Ansätze werden die unterschiedlich gewichteten Positionen erkennbar. Während Brecht stärker eine allgemeine Zugänglichkeit des Mediums als politisches Ziel propagierte, verwiesen Benjamin und Schoen auf den pädagogischen Effekt durch die Veränderung der Wahrnehmung, weshalb die Gestaltung des Programms, die Auswahl der Stoffe und ihre Aufbereitung als politische Aufgabe zu verstehen war. In REFLEXIONEN ZUM RUNDFUNK (II, 1506), wahrscheinlich zwischen 1930 und 1931 entstanden, aber nicht veröffentlicht, diagnostiziert Benjamin die Bedingungen eines technischen Kommunikationsprozesses. Apparat und Institution werden kritisch der Wirkung von Stoff und Gestaltung entgegengehalten, die auf einen agierenden und nicht auf einen passiv reagierenden Hörer treffen sollte. Benjamins Medienkritik muß als politisches Statement gelesen werden, sie bleibt die theoretische Folie für seine Arbeit am Mikrophon.

Schoen richtete seine Programmgestaltung nach der »Losung aus: Jedem Hörer was er haben will und noch ein bißchen mehr (nämlich von dem, was wir wollen)« (IV, 549). Benjamin sah darin mit Recht eine »Politisierung«, zu der Schoen sich offen bekannte und die ihm massive Kritik bei den Überwachungsgremien einbrachte. In diesen Zusammenhang gehört ein rundfunkpolitischer Briefwechsel zwischen Schoen und Benjamin von April 1930 (3, 515 ff.; II, 1499). Diese Briefe lassen ahnen, wie Schoen seine Position immer wieder gegen »interne Sabotage« verteidigen mußte und wie er Benjamin in Vorgänge einweihte. 1930 bestand noch die Hoffnung, durch eine öffentliche Thematisierung den Einfluß der Überwachungsgremien zurückdrängen zu können, die die Programmautonomie der Sendegesellschaften immer mehr auszuhöhlen drohten. Es schien geboten, einen kritischen Artikel, der als Rundumschlag viele Bereiche der Rundfunkpolitik und Programmorganisation betreffen sollte, an prominenter Stelle in der *Frankfurter Zeitung*, der *Weltbühne* oder der *Literarischen Welt* zu plazieren. Bei aller Bereitschaft, sich der von Schoen vorgeschlagenen Kritikpunkte anzunehmen, ist es erstaunlich, daß Benjamin ausgerechnet den Punkt Zensur »kassieren« wollte (3, 515 ff.), weil aktuelle Beispiele öffentlich nur schwer anzuprangern gewesen wären. Die Zensur im Rundfunk war unter Schriftstellern jedoch ein vieldiskutiertes Thema (Schneider 1984, 201 ff.; Dichtung und Rundfunk 1929). Schoen regte ironisch an, eine Liste der Dinge aufzustellen, denen der »Rundfunk versagt werde« (II, 1502). In dieser Liste hätte auch Brecht neben anderen literarischen Favoriten Benjamins seinen Platz haben müssen. Der Artikel kam nicht zustande. Die Brisanz jedes einzelnen Punktes hätte eine polemische Zuspitzung erfordert, die für den Autor nicht weniger riskant gewesen wäre als für den Initiator. Eine wichtige Notiz, vermutlich von 1930, stellt in diesem Kontext die Situation im Rundfunk (II, 1505) dar. Sie behandelt, abgesehen von einer harschen Programmkritik, die brisante rundfunkpolitische Thematik des Großsenderbaus. Benjamin geht hier mit Informationen um, die noch nicht öffentlich verfügbar waren und kommt zu dem Schluß: »Der wahre Grund für den Bau dieser Sender liegt aber ganz woanders: er ist politisch. Man wünscht weitreichende Propagandainstrumente für den Kriegsfall zu haben«. Auch diese kritische Analyse des Rundfunkbetriebs blieb unveröffentlicht, allenfalls verdeckte Andeutungen erlaubte sich Benjamin noch, denn 1930 begann seine Rundfunkarbeit gerade Tritt zu fassen, und damit entstand auch eine größere Nähe zur Institution.

Die neue Form – Hörmodelle

Eine Zusammenarbeit Brecht-Benjamin, wie sie von Schoen 1929 für die avisierten Hörmodelle gedacht war, kam nicht zustande. Benjamin nahm das Konzept der Hörmodelle mit nach Berlin und arbeitete es mit Wolf Zucker, ebenfalls freier Rundfunkautor, für die Funk-Stunde AG und den SWR in Frankfurt aus. Das erste Hörmodell Wie nehme ich meinen Chef? wurde am 8.2.1931 in einer Experimenten vorbehaltenen Studio-Reihe der Berliner Funk-Stunde AG gesendet. Regie führte Edlef Koeppen (Schiller-Lerg 1984, 194). Drei Tage zuvor, am 5.2.1931, hatte Benjamin von »windige[n] Rundfunkangelegenheiten« geschrieben (4, 12), die ihn nach Frankfurt führten. Die erneute Sendung des Berliner Hörmodells unter Schoen mußte vorbereitet werden. Gehaltserhöhung?! Wo denken Sie hin?! (IV, 629) hieß das Stück jetzt und wurde am 26.3.31 gesendet, erweitert um eine Diskussion mit Hörervertretern im Studio. Diese Neuerung – nur in Kindersendungen hatte man bis dahin Erfahrungen mit einer Hörerbeteiligung gemacht – dürfte nicht weniger »windig« zu verhandeln gewesen sein, als Absprachen über eine gegenseitige Übernahme der nächsten angekündigten Hörmodelle von Berlin und Frankfurt (Schiller-Lerg 1984; II, 773). Die Hörmodelle hielten sich eng an das überlieferte Konzept (IV, 628). »Die Grundabsicht dieser Modelle ist eine didaktische. Gegenstand der Unterweisung sind typische dem Alltagsleben entnommene Situationen« (IV, 628). Die Mitwirkung der Autoren Zucker und Benjamin, nicht nur als Spielleiter, sondern in den Rollen des Zweiflers oder Sprechers, gab diesem Hörmodell das Gewicht der persönlichen »Unterweisung«. Eine strenge Minimalisierung konzentrierte sich auf die eindimensionale Beispielstruktur. Das Muster erfüllte sich im Dabeisein, im Mithören, im Wiedererkennen. Die Anordnung, die signifikanten Namen, Herr »Frisch« und Herr »Zauderer«, die Vorgabe, zurückgenommen plakativ zu sprechen, die Kommentierung von Verhalten und Haltung, das alles hat Methode, die transparent bleibt und vermittelt wird. Der Dialog der beiden Sprecher hat zwar eine textliche Vorlage, wäre aber ebensogut als freier Disput denkbar. Sie führen durch die Sendung und greifen in die Szene ein. »Sprecher: Guten Tag Herr Frisch; Frisch: Guten Tag; Sprecher: Wollen Sie uns jetzt zeigen, Herr Frisch, wie Sie es durchsetzen, Gehaltserhöhung zu bekommen; Frisch: Ich will es versuchen. Man weiß ja nicht, ob es gelingt, aber man kann es versuchen« (IV, 633). Herr Frisch hat mit seiner »innerlichen Haltung«, seinem selbstbewußten Auftreten und rhetorisch geschickt plazierten Argumenten Erfolg, er weiß seinen Chef zu nehmen, während der Mißerfolg von Herrn Zauderer vorhersehbar ist. Das Schema zielt auf einen Hörer, der in die Lage versetzt wird, sein modellhaft gespiegeltes Verhalten beurteilen zu können, der seine Situation wiedererkennt und damit weiß, was verändert werden muß. Die Zuspitzung auf die zur Diskussion gestellten Thesen spart bewußt einen sozialen Bezug aus, was offenbar den exemplarischen Wert, die Lehre in diesem Modell zu erkennen, beeinträchtigte. Von der Kritik wurde Realität vermißt, und eine bloße Verhaltensstrategie als Lösung für eine bedrohte Existenz schien nicht überzeugend. Das Thema ließ sich in diesem Fall nicht in ein lehrhaftes Beispiel zwingen, wohl aber wurde es durch die Schematisierung anders wahrgenommen und damit für eine öffentliche Diskussion tauglich.

Im zweiten Hörmodell der beiden Autoren Frech wird der Junge auch noch?! oder wie es im Konzept angekündigt war, Der Junge sagt einem kein wahres Wort ging es um Erziehungsfragen. Eine Textvorlage ist verschollen, aber, glaubt man der Kritik, gelang den Autoren ein »nachfühlendes Verständnis« für die Probleme der Eltern. Zwei weitere Modelle, die geplant waren (IV, 628; Schiller-Lerg 1984, 217), wurden nicht gesendet oder gar nicht mehr fertiggestellt.

Alle Modelle hatten nicht die Abbildung einer Realität zum Ziel, sondern Veranschaulichung durch Reduzierung. Die Anordnung ist das Spezifische, was die Hörmodelle von den Hörspielen und Lehrstücken unterscheidet. Es wird quasi am Modell diskutiert, die beispielhaften Szenen sind verfügbares Material für eine Diskussion mit den Hörern. Das Gespräch als ureigene kommunikative Vermittlung ist der Nukleus dieser neuen Form und scheint zwingend für das akustische Medium. Mit dieser Form schufen Benjamin und Zucker eine Variante, die dem Hörer nicht nur das Ergebnis, sondern auch die Methode aufzeigte, ihn auf ihrem Weg mitnahm. Der Unterschied der Hörmodelle zu schlichten Ratgebersendungen grenzte sie zugleich gegen dialogisch durchkonstruierte literarische Hörspiele ab, mit denen sie nicht konkurrieren wollten.

Um noch einen Schritt weiter zu gehen, weg von verfaßten Textvorlagen hin zu einer noch größeren Nähe zum Zuhörer, seiner Phantasie und Sprache, wagte sich Benjamin mit seinem Funkspiel Dichter nach Stichworten an die Improvisation. Idee und Gesamtleitung zeigen, daß er sich auf das Experiment einließ, obwohl viele Schriftsteller die Improvisation am Mikrophon ablehnten, weil sie einem Dilettantismus Vorschub leisten könnte (Dichtung und Rundfunk 1929). Benjamin hatte ihr aber bereits in der Einbahnstrasse einiges abgewinnen können. »In diesen Tagen darf sich niemand auf das versteifen, was er ›kann‹. In der Improvisation liegt die Stärke« (IV, 89). Der Spontaneität, der Momentaufnahme haftet die geheimnisvolle Magie an, in Unzusammenhängendem einen Sinn auszumachen zu können. Wie würden Hörer diese Aufgabe vor dem Mikrophon lösen? Die praktische Anwendung des Assoziationsverfahrens aus der neueren Psychologie bot eine Verknüpfung zum Sendekonzept, zu dem es, außer der Programmvorschau, keine Anhaltspunkte gibt. Eine Art von »literarischem Gesellschaftsspiel vergangener und musischerer Zeiten« sollte dieses »psychologische und pädagogische Experiment« am 3.1.1932 werden. Ausgewählte Hörertypen, ein Kind, eine Frau, ein Dichter, ein Journalist, ein Kaufmann erhielten unzusammenhängende Stichworte und sollten daraus eine Geschichte formen. Die Hörer an den Lautsprechern waren aufgefordert, ihr Urteil über die besten Geschichten abzugeben. Damit war um 20.15 Uhr (!) eine Abendunterhaltung geboten, die durch konsequente Einbindung der Hörer auffiel. Hörerbeteiligung und Höreraktivität waren der Weg, die pädagogische Funktion des Mediums und seine Bereitschaft zur Öffnung auf die Probe zu stellen. Das von Benjamin kultivierte Gespräch mit dem Hörer, dem »Unsichtbaren«, den er ins Studio holte, um die »Schattenseite vom Rundfunk« (VII, 77) exemplarisch auszuleuchten und ihn gleichsam wieder sichtbar zu machen, war erfolgreich. In der theoretischen Konzeption blieb die kommunikative Wechselwirkung des Gesprächs auch künftig konstitutiv für jede mediale Vermittlung.

Dialoge, »Zwiegespräche« vor allem zwischen prominenten Persönlichkeiten – auch aus der Politik – fanden im Programm immer häufiger statt, allerdings haftete ihnen der Ruch der »aufgezäumte[n] [...] Gespräche« (IV, 672) an, sie waren eher Gesprächsinszenierungen, in denen sich die kontroversen Parteien »Höflichkeiten« sagten (II, 1501). Der freie Meinungsaustausch im Gespräch, im Interview war jedoch das Ziel dieses unterhaltenden Genres. »Jedes Kind erkennt,« notierte Benjamin in Reflexionen zum Rundfunk (I 1506), »daß es im Sinne des Radios liegt, beliebige Leute und zu beliebiger Gelegenheit vors Mikrophon zu führen; die Öffentlichkeit zu Zeugen von Interviews und Gesprächen zu machen, in denen bald der bald jener das Wort hat.« Ernst Rowohlt war am 22.3.1931 Benjamins Gesprächspartner in Vom Manuskript zum 100. Tausend, ein Interview oder Gespräch, zu dem keine Vorlage überliefert ist, das wahrscheinlich nur nach Notizen oder Stichworten ablief. Ein anderes Gespräch am 5.5.1930 im SWR zwischen Autor und Kritiker Rezepte für Komödienschreiber (VII, 610) war zusammen mit Wilhelm Speyer verfaßt und trägt alle Züge einer spontanen Entwicklung. Diese noch ausformulierte Form ist ein Vorläufer des freien Gesprächs am Mikrophon. Das Gespräch als fester Bestandteil der journalistischen und erzählerischen Arbeit Benjamins erlaubt mit seinen kommunikativen Strukturen einen stringenten Aufbau, wie auch ein Sich-Treibenlassen zwischen Frage und Antwort und ein unmittelbares Eingehen auf den Partner. Als »Gesprächsferment« (841) fungiert stets das Zitat in seiner eigenwilligen Benjaminschen Erscheinungsform. Seine Treibkraft gibt allen Sendeformen die Dynamik und ein retardierendes

Moment der Veranschaulichung und reflexiven Wendung.

Die neue Volkstümlichkeit – Hörspiele

Mit dem Hörspiel hat der Hörfunk seine eigene literarische Form kreiert. Wegweisend waren jene frühen Hörspiele, die die Eigenart des Mediums künstlerisch zu integrieren vermochten. Die technischen Möglichkeiten wurden für akustische Stilelemente konstitutiv. Schriftsteller und Dramatiker waren nicht weniger gefordert denn Komponisten und Musiker, über bisherige Aufführungsformen hinauszudenken. Benjamins These von einer kommunikativen Funktion des Mediums erfuhr mit Methoden des epischen Theaters, der bevorzugten Montage- und Zitattechnik, des Gesprächs als Disput oder Konversation und der erzählenden Berichterstattung ihre praktische Umsetzung. Gegenüber der Modellhaftigkeit des »Lehrstücks« nutzten seine Hörspiele die exemplarische Vielfältigkeit historischer Stoffe. Im Vordergrund stand die Idee von Aufklärung und Wissensvermittlung, nicht der Anspruch, einer neuen Hörspielkunst zu dienen. Das Hörspiel Was die Deutschen lasen, während ihre Klassiker schrieben (IV, 641) befaßt sich mit einem »Literaturgespräch jener Tage«. Dieses Gespräch ist mit Meinungen, Positionen, Ereignissen an reale oder fiktive Personen gebunden. Die Diskursqualität entsteht aus dem Detail, aus dessen historischem Kontext. Benjamins Kommentar zu diesem Hörspiel Zweierlei Volkstümlichkeit. Grundsätzliches zu einem Hörspiel (671) markiert den Wendepunkt hin zu einer populären Gestaltung wissenschaftlicher Themen ebenso wie für ein Hörspiel, »soweit es lehrhaften Charakter hat«. Es muß »Bildungsarbeit« leisten, den Fachmann ebenso wie den Laien fesseln, »damit scheint auch der Begriff einer neuen Volkstümlichkeit seine einfachste Bestimmung erfahren zu haben«(673). Das Hörspiel, am 16.2.1932 in der Berliner Funk-Stunde gesendet, brachte Benjamin in der »merkantile[n] Konjunktur des Goethejahres« (4, 83) nicht nur ein gutes Honorar, sondern auch »großen Erfolg« (ebd.). Das Spiel mit den Stimmen von Aufklärung, Romantik und 19. Jh. im Disput mit einem Sprecher und die exemplarischen Gespräche über Literatur und Büchermarkt jener Zeit zeichnet den geistigen Aufbruch aus der »Enge des Gesichtskreises, seelischer Abgeschlossenheit, geistiger Schwerbeweglichkeit« (IV, 657), aus einer Privatheit in eine Öffentlichkeit. Das Spiel ist in ein Berliner Kaffeehaus und eine Leipziger Buchhandlung verlegt. Die agierenden Personen haben ihre charakteristischen Eigenheiten in Sprache und Verhalten und dokumentieren, was »so tausendfältig und beliebig da war, daß es die Typisierung erlaubt: nicht die Literatur, sondern das Literatur*gespräch* jener Tage« (673). Der intellektuelle oder beiläufige Meinungsaustausch wird zum methodischen Zugriff auf die historische Situation. Ein Zeitschnitt verkürzt sie am Ende (670) zum aktuellen Augenblick. »Zugleich aber hat mein Jahrhundert«, sagt die Stimme des 19. Jh.s, »dem Geist die Mittel gegeben, schneller sich zu verbreiten als durch Lektüre.« Die »Tyrannei der Minute« habe es damit begründet, kontert der Sprecher, und das Ticken eines Sekundenzeigers begleitet die ablaufende Zeit der Hörspielübertragung.

Benjamin erprobte hier eine totale Verschränkung von Stoff und Form. Mit der thematischen Ausrichtung auf eine eher »wissenschaftliche Fragestellung« verschiebt sich die Form vom Modell zum Spiel. Die Lehrhaftigkeit erhält in den Hörspielen eine subtile Differenzierung. »Um in die Tiefe zu gelangen, ist man [...] absichtlich von der Oberfläche ausgegangen« (673). Denn die Kommentierung historischer Literaturgespräche diente ebensowenig wie die historischer Briefdokumente »philologischem Ehrgeiz noch zweifelhaftem Bildungsbedürfnis« (Auf der Spur alter Briefe, IV, 944), sondern der »Kommunikation, die Aussprache noch mit dem kleineren seiner Zeitgenossen ermöglichte« (IV, 944). Um dem Anspruch einer Öffentlichkeit an Wissenschaft gerecht zu werden, mußte eine neue Volkstümlichkeit »lebendiges Wissen« (672) vermitteln, wie es die Literaturwissenschaft erst nur zögerlich in ihren Fragestellungen zuließ. Benjamins Forderung, den Stoff in einem »Querschnitt durch den jeweiligen Stand einer Disziplin« zu entfalten, ihn »als ein Element der gesamten Kulturlage im betreffenden Zeitpunkte aufzuzeigen«, kam bereits 1931 in seiner Rezension Literaturgeschichte und Literaturwissenschaft (III, 284) zum Ausdruck und damit zugleich sein Anspruch an literarische »Querschnitt«-Sendungen im Rundfunk (IV, 671).

Die neue Volkstümlichkeit ist eine grundsätzliche Haltung zur medialen Vermittlung. Popularisierung, zu lange ein »bedenkliches Grenzland der Wissenschaft« (527), legitimiert sich nicht durch bloße Vereinfachung, sondern durch ihre pragmatische Wirkung. »Wissen aus den Schranken des Fachs zu lösen und praktisch zu machen« (559), ist die Aufgabe einer publikumsnahen Aufbereitung.

Mit dem Erfolg dieses Hörspiels kam schnell ein weiterer Auftrag. »Jetzt bin ich vom berliner Rundfunk mit einem ›Lichtenberg‹ beauftragt worden, den ich auf jenem Mondkrater, der nach Lichtenberg benannt ist, beginnen lassen will« (4, 85). Lichtenberg. Ein Querschnitt (IV, 696) trägt seine Zuordnung im

Titel. Benjamin gibt damit der Querschnittform als Abendunterhaltung seinen Standard vor. Dieses Hörspiel hatte seinen Stimulus in einer anderen Auftragsarbeit, einer Lichtenberg-Bibliographie, an der Benjamin seit Oktober 1931 arbeitete (4, 55). Warum sich die Fertigstellung dieses Hörspiels fast ein Jahr hinzog, mag an anderen Projekten, aber auch an der angespannten Situation des Jahres 1932 gelegen haben. Darüber hinaus ist die Machart dieses Hörspiels noch konsequenter auf akustische, klangliche und musikalische Elemente angelegt. Sie sind den unterschiedlichen Handlungsebenen beigegeben oder fungieren als Übergänge. Benjamin arbeitete in dieses Hörspiel alle Erfahrungen seiner bisherigen Rundfunktätigkeit ein und konzipierte ein Stück, das den Ansprüchen dieses Mediums bis zum heutigen Tag gerecht wird. In beiden literarischen Hörspielen ist es die »quellenmäßige Erforschung der Tatsachen« (IV, 673), die Benjamin zum Ausgangspunkt wählt. Ein Entwurf zu »Lichtenberg« (VII, 838) zeigt die für Benjamin typische Vorarbeit. Mit der Prägnanz von Stichworten werden Szenenaufbau und -ablauf, akustische Übergänge und erste »Sentenzen zu einzelnen Szenen« als Rohbau (841) konstruiert. Dieses Hörspiel ist eine Hommage an Lichtenberg, an Scheerbart und letztlich auch an Brecht (vgl. Scholem 1975, 258). Mit Namen aus Scheerbarts Asteroiden-Romanen und szenischen Anleihen schafft Benjamin eine technisch utopische Szene, auf der – im Unterschied zu seinen anderen Hörspielen – der Rundfunk in einer Metaphorik der Technik verschwindet. Anspielungen und der (selbst)ironische Blick kennzeichnen viele Rundfunkarbeiten Benjamins. Hier ist in der »Zersplitterung« der Interessen Lichtenbergs die Parallele zum Autor nicht zu übersehen, denn Photographie, Graphologie, »Sinn und [U]nsinn der Physiognomik«, Träume, Weissagungen, Volksglaube werden allesamt verhandelt. Die Frage jedoch »Warum kommt der Mensch zu nichts. Lichtenberg als Exempel« (VII, 838 f.) wird am Ende als falsch gestellt verworfen, denn nicht Glück, sondern Unglück wird als Schubkraft für Lebensleistung erkannt. Wie lange es brauchen mag, bis das Licht nachgelassener Schriften in einer kommenden Zeit zu strahlen beginnt, das galt nicht nur für Lichtenberg, das galt 1933 zu Beginn eines Exils in aller Ungewißheit für den Autor selbst. Zwar arbeitete Benjamin noch im Februar an seinem Hörspiel, aber er ahnte, daß es nicht mehr gesendet werden würde (4, 162).

Dennoch recherchierte er für ein drittes Hörspiel über die »Anfänge des Spiritismus« (158), »nicht ohne mir ganz im Hinterhalte und zum Privatvergnügen zu diesen Dingen eine Theorie gezimmert zu haben« (ebd.).

Die beiden Hörspiele Benjamins haben in der Gesamtheit seiner Rundfunkarbeit deshalb einen hohen Stellenwert, weil sie einerseits die eigene These der kommunikativen Lehrhaftigkeit originell realisieren, andererseits der Tendenz zur Verinnerlichung und Mystifizierung des Akustischen bewußt entgegenwirken. Eine solche Auslegung, die den Klang aus dem Äther psychologisierend und metaphysisch stilisierte, stand ebenfalls für die zeitgenössische Hörspielarbeit. Wolfgang Hagen hat in seiner Analyse der Sammlung »Horoskop des Hörspiels« von 1932 des nationalsozialistischen Autors Richard Kolb nachgewiesen, daß diese hörspieltheoretische Deutung lange nachwirkte (Hagen 2002). Ein Vergleich der Tätigkeit von Schriftstellern für den Weimarer Rundfunk, der Benjamin einbezieht (Mendes 1996), muß deshalb die politische Positionierung als historisch kritisches Maß auch für medienästhetische Analysen anlegen.

Hörspiele für Kinder

»Bemerkenswert ist vom technischen Gesichtspunkt vielleicht ein Stück für Kinder, das in Frankfurt und Köln [...] gegeben wurde [...]. Es heißt ›Radau um Kasperl‹« (4, 165).

Warum bemerkenswert und warum kommt gerade Radau um Kasperl (IV, 674) eine solche Bedeutung zu? Dieses Hörspiel wurde am 10. März 1932 in Frankfurt im Abendprogramm unter Benjamins Regie gesendet. Am 9.9.1932 inszenierte Carl Heil in der Westdeutsche Rundfunk AG (Werag) Köln dieses Stück in veränderter Form erneut für das nachmittägliche Jugendprogramm. Von der Kölner Produktion, die konventionell mit einer Hörkulisse arbeitete, ist ein Tonfragment überliefert (Schiller-Lerg 1984, 252), das als akustische Quelle die zeitgenössische Spieltechnik dokumentiert. Eine ausgearbeitete Textvorlage (IV, 674) mit eingefügten handschriftlichen Sigeln aus dem verfügbaren Geräuschfundus ist dazu überliefert und galt lange Zeit irrtümlich als Vorlage für Benjamins eigene Sendung. Seine Frankfurter Erstsendung war jedoch konsequenter »mit Radau verbunden« und dem Versuch, die Hörer ratend zu beteiligen. Ein erhaltenes Exposé Kasperl und der Rundfunk: Eine Geschichte mit Lärm (VII, 831) und Reaktionen auf diese Sendung (Schiller-Lerg 1984, 264) lassen darauf schließen, daß Benjamin in seiner Aufführung den Radau als eigenständige Szenen, »hin und wieder von Andeutungen, Worten unterbrochen« (VII, 832), eingesetzt hat. »In einer kurzen Einführung weist der Sprecher seine Hörer auf diese Eigentümlichkeit des folgenden Hörspiels hin und stellt ihnen zur Aufgabe, die dergestalt im Ungewissen gelassenen Episoden nach ihrer Fantasie und ihrem Gefallen sich auszumalen, die jeweiligen Geräusche dabei zugrunde zu legen und die Lösungen zur Preisverteilung an den Sender einzuschicken« (832 f.). In beiden Inszenierungen war die technische Aufbereitung für ein Kinderhörspiel ungewöhnlich aufwendig, so daß die Aufzeichnung selbst ein Indiz dafür ist, wie herausragend diese Form für die Entstehung einer Gattung angesehen wurde. Außerdem war es neu, den Rundfunk selber zum Thema und Spielort zu machen. Der Rundfunk wird hörend nachvollziehbar. Das Spielerische wird mit der Figur des Kasperls, des »erfahrenen, berühmten Freund[es] der Kinder« (IV, 677) auf die Spitze getrieben. Herr Maulschmidt, Sprecher am Rundfunk, trägt, wie die Rollen in den Hörmodellen seinen Namen als Programm, die anderen Rollen bleiben namenlos mit ihren jeweiligen Funktionen verbunden, ausgenommen Kasperls Frau Puschi und bezeichnenderweise zwei Herren vom Rundfunk. Kern des Hörspiels ist das von Kasperl für eine direkte Beschimpfung genutzte Mikrophon, seine Flucht und Verfolgung. Das Mikrophon ist also nicht, so die Lehre aus diesem Spiel, ein privates, sondern öffentliches Instrument. Seine Hüter im »Überwachungsausschuß« (VII, 833), nicht die Hörer, kontrollieren den rechtmäßigen Gebrauch. Die moderne Technik des Mediums wird kommunikativ mißverstanden, sie ist eben nicht für jeden verfügbar, wie etwa das Telefon, sondern dient als Medium der indirekten Vermittlung öffentlich relevanter Informationen oder unterhaltender Szenen. So entsteht ein Vexierbild, in dem Funktion und Anwendung des Apparates mit Komik gegeneinander verschoben werden. Die Technik bot brauchbare Stilelemente, ebenso wie traditionelle Vorgaben alter Kasperle-Komödien (Müller 1988, 113). In diesem Hörspiel, das sich der volkstümlichen Provenienz der Kasperlefigur in ihrer vertrauten Typologie versichert und den Rundfunk mit Radau und Lärm verknüpft, klingen aber auch die leisen Töne durch. Motive einer Sprachphilosophie sind in dem Spiel um Name, Klang und Bedeutung verarbeitet und jene von Erfahrung und Armut machen Kasperl zum Verwandten von Micky-Maus. »Dieses Dasein ist voller Wunder, die nicht nur die technischen überbieten, sondern sich über sie lustig machen« (II, 218). So erschließen sich auch persiflierende Anspielungen auf den Frankfurter Rundfunk nur Eingeweihten als medienkritische Andeutung. Reinhard Döhl wies darüber hinaus auf die parallele Ausgangssituation dieses Hörspiels mit Brechts *Mann ist Mann* hin sowie auf den möglichen Einfluß von Chaplins Film *Circus* (Döhl 1988). Alles in allem ist dieses Kinderstück von einer Art, die mit Komik die Belehrung aus dem Lehrspiel treibt, die das Boshafte im Witz aufblitzen läßt und Unterhaltung in den Hintersinn verkehrt.

Die einzige explizite Zusammenarbeit der beiden Freunde Benjamin und Schoen war eine Hörspielbearbeitung nach Wilhelm Hauff Das kalte Herz (VII, 316), am 16.5.1932 im SWR gesendet. Dieses Hörspiel gehört zu einem Kanon innovativer Kinderhörspiele des Weimarer Rundfunks, die von ihrer »technischen oder formalen Problemstellung« derart bemerkenswert waren, daß ihr »Wirkungsradius« ins Abendprogramm ausgedehnt wurde (vgl. Schiller-Lerg 1984, 270). Schoens unverrückbarer Anspruch an die Qualität von Hörspielen gerade für Kinder und Jugendliche, machte ihn unnachgiebig gegen jede Form beliebiger Massenproduktionen, wie sie die Regel waren. Kriterien für eine einzig gültige Form der »Dramatisierung von Dichtung« hatte er bereits 1931 in einem Artikel veröffentlicht, in dem ihm die Bearbeitung des Hauffschen Märchens als Beispiel diente. Eine seiner wesentlichen Forderungen war, »daß die authentischen Worte der Dichtung in der Bearbeitung nicht um ein einziges verändert werden dürfen« (Schoen/Schüller 1931; vgl. VII, 651). Der Sprecher als »vermittelnde[] Person, [die] aus der Anschauungswelt in die Hörwelt hinüberführt« (VII, 651), ist zugleich wieder Repräsentant des Rundfunks und Autorität im Studio. Wie überhaupt dem Sprecher in der gesamten Hörspielarbeit Benjamins und auch Schoens eine besondere, bisher zu wenig beachtete Rolle zukommt. Im Studio treten Hauffs Märchenfiguren, musikalisch charakterisiert von Schoens Komposition, aus dem Buchrahmen heraus und argumentieren in ihrer veränderten medialen Vermittlungsrolle. »Seht Ihr, Herr Sprecher, wir stehen nun schon hundert Jahre in Hauffs Märchenbuch. Da können wir immer nur zu einem Kind auf einmal sprechen. Nun soll doch aber die Mode sein, daß die Märchenfiguren jetzt aus den Büchern herauskommen und ins Stimmland hinübergehen, wo sie sich dann vielen tausend Kindern auf einmal präsentieren können« (VII, 318). Der führende Sprecher ist Grenzposten und Ratgeber im »Stimmland«. »Wer ins Stimmland eintreten will, muß ganz bescheiden werden, allen Putz und alle äußere Schönheit muß er ablegen, so daß von ihm nur die Stimme übrigbleibt« (320). Reduziert auf die Stimme, hat sich Sprache den akustischen Gesetzen zu beugen. Diese Märchenbearbeitung sprengt, wie bereits Radau um Kasperl, jedes Klischee einer kindgerechten Aufbereitung.

Als im Juni 1932 in der *Deutschen Zeitung* die »Pflege deutschen Geistes und die Ausmerzung aller undeutschen, fremden Einflüsse« ausgerufen und

Rundfunkmitarbeiter »von der linken Seite« denunziert wurden, gehörten Ernst Schoen und Walter Benjamin mit diesem Hörspiel ebenfalls in diese Reihe (Freiherr v. Gayl in: *Deutsche Zeitung* 16.6.1932 Nr. 139, 37. Jg., 2).

Fachvorträge für Kinder

»Ich habe mir gesagt, die Erwachsenen haben im Rundfunk allerhand Fachvorträge [...]. Warum soll man solche Fachvorträge nicht auch für Kinder machen« (VII, 101). Ganz nebenbei kreiert Benjamin eine eigene Gattung und greift damit einer Formatentwicklung für diese Sparte weit voraus. Diese Rundfunkarbeiten sind aus jenem »Abfall« konstruiert, der von Studien zu anderen Arbeiten blieb und »den Unglücklichen zugute [kommt], die meine Radioberichte hören« (3, 293). Bereits in der Einbahnstrasse fesselt die Arbeit der Kinder an ihrer »Baustelle«, wie sie in Abfallprodukten ihre Welt erkennen, und »jedwede Arbeitsstätte [aufsuchen], wo sichtbar die Betätigung an Dingen vor sich geht« (IV, 93). Benjamins Themen und Stoffe erscheinen als Fundstücke, als Rest, als Abfall, wiederverwertet oder tauglich für andere gedankliche Gebäude. Diese charakteristische Arbeitstechnik erschließt sich auch aus den Rundfunkarbeiten, besonders jedoch aus den Jugendsendungen. Seine Aufzeichnungen zum gesamten Komplex um Roman, Erzähler und Erzählung vermitteln weitreichende Einsichten für die Erzählform am Mikrophon. »Jeder Morgen unterrichtet uns über die Neuigkeiten des Erdkreises. Und doch sind wir an merkwürdigen Geschichten arm« (IV, 436). Ereignisse und Information befördern die kurzlebige journalistische Berichterstattung, nicht aber die Erzählung. Mit dem Verfall des Erzählens kommt der »Aufstand gegen den Erzähler« (II, 1284), und die »neuen Erzähler« nehmen es nicht mehr genau, »die Schilderung durch den Fernseher, die Worte[?] durchs Grammophon, die Moral durch die nächste Statistik, der Erzähler durch das was man sich über ihn erzählt« (1285), sind Symptome eines Verlustes von Authentizität. Die Fachvorträge sind ein Beispiel dafür, wie Benjamin dem Medium die Möglichkeit des Erzählens mit einer Methode abtrotzt, die er allen voran bei Hebel fand. Die Erzähltradition wird nicht in ihrer Konvention belassen, sondern mehr und mehr mit den Gesetzen des neuen Mediums vertraut. Die schriftliche und mündliche Überlieferung wird medienspezifisch gewendet. Benjamin desavouiert den neuen Erzähler nicht, er öffnet ihm die Form für Bericht, Reportage, Information und Zeitungslektüre, führt den Rat und die Lehre einer Aufklärung und Erkenntnis zu und macht sie am Ende auch der Erfahrung zugänglich. Susan Buck-Morss hat darauf hingewiesen, daß Benjamin die Themen für seine Jugendaufklärung vorzugsweise aus der historischen Aufklärung wählte, einer Zeit, in der der Übergang vom Zauber zur Vernunft sich am besten darstellt (Buck-Morss 1988, 99) und eng mit Benjamins Philosophie zu verknüpfen ist. Aufklärung ohne moralische Bevormundung zielt auf Erkenntnis. Deshalb sprach Benjamin mit seinen Geschichten nicht nur Kinder und Jugendliche an, sondern auch »Erwachsene[n], die [...] sich [...] versteckt haben und denken, ich sehe sie nicht« (VII, 83) oder die sich in die Jugendstunde »verirrt haben« (VII, 201).

Im Gespräch mit diesen Erwachsenen wird die Frage relevant, »soll man Kindern überhaupt solche Geschichten erzählen? Von Schwindlern, von Verbrechern, die die Gesetze übertreten« (ebd.). Sie ist nicht pädagogisch gedacht, sondern methodisch. Sie führt ein in den Zusammenhang von Wissen und Urteil. Die Teilhabe an der Methode, die Transparenz von Absicht und Ziel verlangen vom Erzähler Benjamin, mit seiner Regel zu brechen, »das Wort ›ich‹ nie zu gebrauchen« (VI, 475) und dafür einzustehen, daß jedes Wort »wahr« ist (VII, 174). Die Serien, für die Benjamin produzierte, »Berlin«, »Sagen und Abenteuer«, »Seltsame gesellschaftliche Erscheinungen« und Werkreportagen, kamen ihm entgegen. Die »traditionelle Sympathie [...], die der Erzähler den Spitzbuben und Gaunern entgegenbringt« (II, 461), wird in allen Schwindlergeschichten (VII, 145 f.) Benjamins hochgehalten. Seine merkwürdigen Gestalten holt er aus dem Abseits der Geschichte, und wie bei Hebel hat »der Gerechte die Hauptrolle auf dem theatrum mundi« (II, 461). Ein »geborener Erzähler« hat dabei ein »praktisches Interesse« (441), so führen auch Benjamins Geschichten den Erkenntniswert zur Anwendung, legitimieren ihre Tauglichkeit im Alltag. Mit diesem Schema gelang Benjamin eine Aufklärungsarbeit, die seine sozial-politische Anbindung grundsätzlich offenlegte, sich aber jeder Ideologie streng versagte. »Verstand«, »Beobachtungsgabe«, »Menschenkenntnis«, »Wissensdrang und Geistesgröße« werden gegen »Fanatismus«, »Gewalt«, »Irrtum und Unsinn«, »Machthaber« und »Werkzeuge der Macht« argumentativ aufgeboten und veranschaulicht, um in einer Lösung zu münden, die keinen Abschluß darstellt, sondern elliptisch in die Zukunft weist. »Spiel«, »Magie«, »Zauber«, »Traum«, »Wunder«, »Staunen« blitzen indessen immer wieder als Phantasmagorien einer vergangenen Welt auf. Auch Geschichten von großen Katastrophen (VII, 214 f.) haben ihren gesellschaftlichen, sozialen und kulturellen Hintergrund und zeigen als Exempel Verhalten von Menschen in Extremsituationen. »Wollte ich euch nur von irgendeiner Katastrophe erzählen, deren Schauplatz China gewesen ist, so könnte ich, wie ihr nur allzu gut wißt, andere und neuere herausgreifen als jenen Theaterbrand in Kanton. [...] Aber mir kommt es darauf an, von einer Sache zu sprechen, bei der ihr wirklich die Chinesen ein wenig kennenlernt, und das kann man vielleicht nirgends besser als in einem Theater« (226).

Es ist der Augenzeugenbericht, die Überlieferung, die tradierte »Kunde, die von fernher kommt« (II, 444), die einst als Brief, als Aufzeichnung ihren Weg in die Geschichte gefunden hat. Mit der modernen Technik durch Zeitung, Telegraphie und Telefon wird die Erfahrungsmöglichkeit und der Erkenntniswert an das Aktuelle, das Sensationelle des Ereignisses veräußert. Aber die Berichte sind nicht nur »Schrecken und Graus« (VII, 232), sondern Ereignisse haben ihre eigene Geschichte. Deshalb geht es nicht darum, »beliebige Sensationsgeschichten« ihrer Wirkung zu überlassen, vielmehr müssen »aufschlußreiche und gewichtige Vorfälle mit dieser Evidenz des Hier und Jetzt« (II, 635) ausgestattet werden. Diese Methode, die Benjamin seiner Reflexion um die Rolle des Erzählers für die eigene Erzählpraxis abgewinnen konnte, ist eine Synthese alter und neuer mündlicher Vermittlungsformen. Sie blieb der praktische Erfahrungshintergrund. Thematische und motivische Parallelen zu Konvoluten des Passagen-Werks sind ebenso offenkundig wie zu anderen Arbeiten, die im Exil entstanden oder weitergeführt wurden.

Eine Serie über die Stadt Berlin

In der neugestalteten Jugendstunde gab es ab Oktober 1929 eine Serie, die sich mit der Stadt Berlin und ihren »wichtigsten Eigenheiten« befaßte (Schiller-Lerg 1984, 111). »Wer von Euch die Augen und Ohren aufmacht, wenn er durch Berlin geht, kann viel mehr schöne Geschichten zusammenbringen, als er heute im Radio gehört hat« (Berliner Dialekt, VII, 74). Diese Arbeiten (VII, 68 f.) sind mit persönlichen Erinnerungssequenzen und Beobachtungen ein erster Nukleus späterer Aufzeichnungen über Berlin. Die erfolgreichen Rundfunkbeiträge, Benjamin bestritt von 1929 bis 1931 die Hälfte der gesamten Serie, dürften einen Vertrag mit der *Literarischen Welt* vom Oktober 1931 nach sich gezogen haben, der ihn zu einer »Berliner Chronik« verpflichtete (VI, 799). Die zahlreichen Entsprechungen in den Rundfunkbeiträgen mit der Niederschrift der Berliner Chronik (VI, 465) sind textgenetisch noch zu entdecken. Weitere Anhaltspunkte liefern die inhaltlichen Vorgaben dieser Serie (Schiller-Lerg 1984, 111). In einer Innensicht der Stadt, der Nahwelt der Großstadtkinder, die »sich noch immer trotz Technik, Auto, Dynamomaschine, Radio etc. für Zaubern« interessieren (VII, 96), erschloß sich ihm sein ureigenes »Subjekt, das jahrelang im Hintergrund zu bleiben war gewohnt gewesen«, sich aber jetzt »nicht so einfach an die Rampe bitten ließ« (VI, 476). Winkel und Ecken der Stadt werden in seinen Geschichten ebenso erkundet wie die dunklen Kapitel der Kultur-, Wirtschafts- oder Baugeschichte. Beobachtung und Wahrnehmung sind auch in diesen Beiträgen Schlüssel für ein aufklärendes, pädagogisches Konzept. »Richtig kann man von außen nur begreifen, was man von innen kennt, das gilt für Maschinen so gut wie für lebende Wesen« (VII, 131). Dem Physiognomiker E. T.A. Hoffmann erweist Benjamin in diesen Beiträgen seine Referenz, wie er Johann Peter Hebel, dem »nie genug geschätzten Meister«, dem »Vergegenwärtiger« (II, 635) verbunden bleibt.

Hören lernen, sehen lernen, fragen lernen, nachfragen, das ist die Botschaft Benjamins. »Wenn ihr nun wißt, wie unendlich viel zu alledem zu sagen, wo zu fragen wäre, und wenn ihr euch erinnert, daß wir doch nur 20 Minuten für unsere Unterhaltung haben, dann werdet ihr finden, daß es keinen Zweck hat, mit Siebenmeilenstiefeln vorwärts zu rennen, und daß wir uns lieber für ein paar einzelne Stationen Zeit nehmen wollen« (VII, 133). Welch ein Widerspruch, sich Muße und Zeit zu nehmen in einem Medium, das von der Zeit lebt. Ihr Wert ist dem Flaneur wie dem Erzähler unbekannt, erst als Aspekt einer medialen Bedingtheit wird sie zum Faktor der Kommunikationssituation und bleibt in ihrer Nutzung nicht sich selbst überlassen. Der zeitliche Rahmen wird Methode, denn Geschichten, die »nicht im deutschen Unterricht und nicht in der Erdkunde und nicht in der Staatsbürgerkunde zu hören« (VII, 118) sind, verlangen einen packenden Zugriff und – wie Der Weg zum Erfolg in dreizehn Thesen (IV, 350) empfiehlt – darüber hinaus »Liebenswürdigkeit. Nicht die weichende, plane, bequeme, sondern die überraschende, dialektische, schwungvolle, die, ein Lasso, mit einem Ruck sich den Partner gefügig macht.«

Auch der Stil aller Jugendvorträge ist eng mit dem Gespräch verbunden. Heinrich Kaulen erkennt darin eine »Form der Konversation« (Kaulen 1992), die ihr Muster in den *Moralischen Wochenschriften* der Frühaufklärung hat. Zu berücksichtigen bleibt jedoch, daß hier vor dem Hintergrund einer politisch ausgerichteten Pädagogik »der Redner das Lasso seiner Argumentation zum entscheidenden Fang« (IV, 594) auswirft und mit dem persönlich dialogischen Redestil ein Ziel verfolgt, was nur bedingt der Konversation eignet. Während Kaulen bei diesen Jugendsendungen eher eine »Tendenz zur Stilsenkung« (Kaulen 1992, 23) ausmacht, diagnostiziert Jeffrey Mehlmann in seiner psychoanalytischen Annäherung einen »Proustschen Zugriff« und keineswegs einen kindgemäßen Stil (Mehlmann 1993), Gerhard Wagner ordnet diese Sendungen als »Hörfunkessay[s]« mit ersten Anzeichen einer »integrale[n] Prosa« ein, die die Fesseln der Schrift gesprengt habe (Wagner 1992, 123). Medientypisch sind sie Vorläufer des modernen Features. Eine Verknüpfung der Jugendarbeiten mit dem gesamten Komplex zu Kindheit und Erziehung muß noch geleistet werden. Obwohl Heinz-Elmar Tenorth (1988) auf den Anspruch einer pädagogischen Position Benjamins ausdrücklich hingewiesen hat, wäre eine Ergänzung unter dem Medienaspekt nachzutragen.

Lesungen – Kritiken – Fachvorträge

Mit Lesungen eigener Novellen oder kleineren Erzählungen ist Walter Benjamin verhältnismäßig selten ans Mikrophon getreten. Dem Staub, dem beweglichen, eingezeichnet (IV, 780; VII, 851) oder auch Myslowitz – Braunschweig – Marseille (IV, 729) sind fast schon die einzigen Beispiele. Letzteres mag einer neuen Serie im Frankfurter Rundfunk »Eine erlebte Geschichte« seine Anregung und Verarbeitung früherer Aufzeichnungen verdanken. Eine Lesung aus einer unveröffentlichten Skizzensammlung: Berliner Kindheit um 1900 war am 29.1.1933 im Zusammenhang mit der geplanten Veröffentlichung in der *Frankfurter Zeitung* Benjamins letzter Auftritt am Mikrophon. Immerhin bot sich ihm so die Möglichkeit, die Serie, die ab März unter einem Pseudonym erschien, an seinen Namen zu binden. Ganz mochte er offenbar die Vorstellung, daß nicht doch die eine oder andere Geschichte noch ihren Weg in den Rundfunk finden könnte, aufgeben. Am 15.1.1933, als Benjamin Scholem von seiner Arbeit an einem Hörspiel über Spiritismus berichtete, fügte er an: »Einzelne meiner neueren Produkte – wie das ›Taschentuch‹ oder die, gekürzte, ›Kaktushecke‹ bitte ich Dich aus genau so handgreiflichen Motiven entstanden zu denken wie dergleichen Geisterrevue« (4, 158; IV, 741 u. 748). So hätte die eine oder andere Geschichte noch ihre Rundfunktauglichkeit erbringen können.

Bei den literarischen Vorträgen (VII, 250) handelt es sich um Berichte und Rezensionen, die in ähnlicher Form auch gedruckt erschienen. Mit Auf der Spur alter Briefe (IV, 942) konnte Benjamin 1932, als die Situation am Rundfunk bereits prekär wurde, die Verbindung zwischen der *Frankfurter Zeitung* und dem Rundfunk nutzen, um die Hörer auf die kommentierte Briefserie Deutsche Menschen (IV, 149), die ohne Autorennennung erschien, aufmerksam zu machen.

Aus den Vorträgen fallen, abgesehen von dem verschollenen Titel Das öffentliche Lokal, ein unerforschtes Milieu zwei heraus, die sich nicht einer literarischen Thematik zuwenden, sondern soziologisch-psychologischen Forschungsentwicklungen. In Alte und neue Graphologie widmete sich Benjamin einem Gebiet, auf dem er selber einige Kompetenz erworben hatte. Eine Sendevorlage zum 23.11.1930 ist jedoch nicht überliefert, nur eine ausführlichere vom Autor verfaßte Ankündigung (IV, 596; VII, 747). Karussell der Berufe (II, 667), gesendet am 29.12.1930, gehört mit Benjamins Interesse für Verhaltenspsychologie in die Linie der Hörmodelle, die im gleichen Zeitraum entstanden. Die soziologische Differenzierung von Hörer- und Berufsgruppen konnte in diesem Fall zur Deckung gebracht und Hörerbeteiligung als kommunikative Möglichkeit des Mediums auf die Probe gestellt werden. Der Vortrag ist darüber hinaus ein Beispiel, wie Benjamin aktuelle Programmplanungen als Gelegenheit zu nutzen verstand. Ende 1930 war »Jugend in Not« ein thematisches Leitmotiv im Frankfurter Rundfunk, das mit Hörspielen, Vorträgen, Interviews und Diskussionen realisiert wurde. Das Karussell als Metapher für schemenhaft flüchtige Vorstellungen von Berufen hatte Benjamin schon im Januar 1930 in einem Ausstellungsbericht verwandt (IV, 559), nun paßte das Thema Berufswahl mit allen soziologischen und psychologischen Implikationen in den Programmkontext. »Vor allem aber: wie formt und wie verwandelt der Beruf – nicht nur die Arbeitsleistung selber, sondern das Milieu, in dem sie sich abspielt, die Übertragung der Berufsgewohnheiten auf das häusliche Leben und die Eigenart der Berufskollegen –, wie verwandelt und formt das alles den Menschen?« Die neue Milieutheorie machte den Autor zum Beobachter, zum Mittler neuer Methoden der Berufswahl. In diesem Sinn warb Benjamin für »Mitarbeit« der Hörer. Die »Bitte, die durch mich der Rundfunk hiermit an Sie richtet, [...] Mitteilungen jeder Art ihm zukommen zu lassen« (II, 669). Eine eigene kleine Versuchsanordnung soziologisch-psychologischen Materials zur empirischen Deutung der Arbeits- und Berufswelt war der Reiz des Pragmatischen an der Methode des Behaviorismus, wobei allerdings die Interessen von Arbeitsuchenden und Arbeitgebern nicht deutlich auseinanderdividiert, geschweige politisch interpretiert wurden. Eine Auswertung sollte später gesendet werden. Menschenkenntnis und Beobachtungsgabe jedoch als Ausdruck eines aufgeklärten Urteils war in diesem wie in allen Vorträgen ein offen propagiertes Ziel.

Arbeitskomplex Rundfunk

Ab Herbst 1932 häufen sich die Anmerkungen in Benjamins Briefen, daß er für seine Rundfunkarbeit keine Zukunft sah. Im Januar 1933 stand Benjamin noch einmal in Frankfurt vor dem Mikrophon, damit war der Arbeitskomplex Rundfunk endgültig abgeschlossen. Seine Spuren sind allerdings unverkennbar in den medienkritischen Texten der Exilzeit auszumachen. Die praktische Erfahrung wird am Ende in der Ironie der Studiosituation gebündelt: »Ich lieh mir selbst mein Ohr, dem nun auf einmal nichts als das eigene Schweigen entgegentönte. Das aber erkannte ich als das des Todes, der mich eben jetzt in tausend Ohren und in tausend Stuben zugleich hinraffte« (IV, 763).

Werk

Hörspiele (IV, 641–670; 696–720; VII, 837)
Hörspiele für Kinder (IV, 674–695; VII, 316–346; 831–836)
Hörmodelle (IV, 629–640)
Literarische Vorträge und Reden (II, 635–683; 1440–1460; III, 219–228; 252–259; IV, 388–396; IV, 942–944; VII, 250–294; 608–634)
Lesungen (IV, 780–787; 1083; 729–737; 1075; VII, 851)
Gespräche (IV, 548–551; VII, 610–616)
Texte über den Rundfunk (II, 773–776; 1496–1507; IV, 628; 671–673; 761–763)
Vorträge für Kinder (VII, 68–249)

Literatur

Adorno, Theodor W. (1970): »Erinnerungen«, in: ders.: Über Walter Benjamin, Frankfurt a. M.
Behrens, Roger (2001): »›Die Stimme als Gast empfangen‹. Walter Benjamins Überlegungen zur Radioarbeit«, in: Andreas Stuhlmann (Hg.): Radio-Kultur und Hör-Kunst. Zwischen Avantgarde und Populärkultur 1923–2001, Würzburg, 117–134.
Buck-Morss, Susan (1988): »›Verehrte Unsichtbare!‹. Walter Benjamins Radiovorträge«, in: Doderer 1988, 93–101.
Dichtung und Rundfunk 1929. Ein Dokument der Stiftung Archiv der Akademie der Künste. Archiv-Blätter 5. Berlin 2000.
Doderer, Klaus (Hg.) (1988): Walter Benjamin und die Kinderliteratur in den zwanziger Jahren, Weinheim/München.
Döhl, Reinhard (1988): Das Neue Hörspiel (Geschichte und Typologie des Hörspiels), Bd. 5, Darmstadt.
Flesch, Hans (1930): Rundfunk-Jahrbuch der RRG 1930, 117.
Flesch, Hans (2000): »Essay und Dialog«, in: Dichtung und Rundfunk 1929. Ein Dokument der Stiftung Archiv der Akademie der Künste, Archiv-Blätter 5, Berlin, 54 ff.
Garber, Klaus (1987): Rezeption und Rettung. Drei Studien zu Walter Benjamin, Tübingen, 179 ff.
Groth, Peter (1980): Hörspiele und Hörspieltheorien in der Weimarer Republik, Berlin.
Hagen, Wolfgang (2002): »Die Stimme als körperlose Wesenheit. Medienepistemologische Skizzen zur europäischen Radioentwicklung«, in: Irmela Schneider/Peter M. Spangenberg (Hg.): Medienkultur der 50er Jahre. Diskursgeschichte der Medien nach 1945, Bd. 1, Opladen/Wiesbaden.
Heitger, Ulrich (2003): Vom Zeitzeichen zum politischen Führungsmittel. Entwicklungstendenzen und Strukturen der Nachrichtenprogramme des Rundfunks in der Weimarer Republik 1923–1932, Münster.
Honold, Alexander (2000): »Erzählen«, in: Michael Opitz/Erdmut Wizisla (Hg.): Benjamins Begriffe, Bd. 1, Frankfurt a. M., 363–398.
Kaulen, Heinrich (1992): »Konversation als Aufklärung. Überlegungen zu Walter Benjamins Rundfunkarbeiten«, in: Lorenz Jäger/Thomas Regehly (Hg.): »Was nie geschrieben wurde, lesen«, Bielefeld, 11–42.
Kausch, Michael (1988): Kulturindustrie und Populärkultur. Kritische Theorie der Massenmedien, Frankfurt a. M.
Kraft, Werner (1972): »Über Walter Benjamin«, in: Siegfried Unseld (Hg.): Zur Aktualität Walter Benjamins: aus Anlaß des 80. Geburtstags von Walter Benjamin, Frankfurt a. M., 59.
Leonhard, Joachim-Felix (Hg.) (1997): Programmgeschichte des Hörfunks in der Weimarer Republik, 2 Bde, München.
Lerg, Winfried B. (1980): Rundfunkpolitik in der Weimarer Republik, München.
Lindner, Burkhardt (2003): »Zu Film und Radio. Medientheoretischer Zusammenhang«, in: Brecht-Handbuch, hg. v. Jan Knopf, Bd.4: Schriften, Journale, Briefe. Stuttgart/Weimar.
Mehlmann, Jeffrey (1993): Walter Benjamin for Children. An Essay on His Radio Years, Chicago.
Mendes, Anabela (1996): »›Gesprochenes stammt vom Lebenden‹. Walter Benjamin, Bertolt Brecht und Arnolt Bronnen im Radio«, in: Runa 25, 203–210.
Müller, Uwe-Lothar (1988): »Radau im Rundfunk: Walter Benjamins Kasperl«, in: Doderer 1988, 113–120.
Schiller-Lerg, Sabine (1984): Walter Benjamin und der Rundfunk. Programmarbeit zwischen Theorie und Praxis, München.
Schiller-Lerg, Sabine (1988): »Am Mikrophon: Der neue Erzähler Walter Benjamin«, in: Doderer 1988, 102–112.
Schiller-Lerg, Sabine (1999): »Ernst Schoen (1894–1960). Ein Freund überlebt. Erste biographische Einblicke in seinen Nachlaß«, in: Klaus Garber/Ludger Rehm (Hg.): global benjamin, Bd. 2, München.
Schneider, Irmela (Hg.) (1984): Radio-Kultur in der Weimarer Republik, Tübingen.
Schoen, Ernst (1930): »Aufgaben und Grenzen des Rundfunk-Programms«, in: S(üdwestdeutsche) R(undfunk-) Z(eitung), Nr. 21(18), Nr. 22 (5), Nr.23(14), Nr. 25 (16), Mai/Juni.
Schoen, Ernst (1932/33): »Die Operette als Produkt der Gesellschaft«, in: Blätter des Hessischen Landestheaters Darmstadt, H.8, 95–98.
Schoen, Ernst/Wilhelm Schüller (1931): »Hörspiel im Schulfunk«, in: Der Schulfunk, H. 10, 325.
Scholem, Gershom (1975): Walter Benjamin – die Geschichte einer Freundschaft, Frankfurt a. M.
Soppe, August (1993): Rundfunk in Frankfurt am Main 1923–1926, München.
Tenorth, Heinz-Elmar (1988): »Walter Benjamins Umfeld. Erziehungsverhältnisse und Pädagogische Bewegungen«, in: Doderer 1988, 31–67.

Voigts, Manfred (2000): »Zitat«, in: Michael Opitz/Erdmut Wizisla (Hg.): Benjamins Begriffe, Frankfurt a. M., 826–848.
Wagner, Gerhard (1992): Walter Benjamin. Die Medien der Moderne, Berlin.
Wizisla, Erdmut (2004): Benjamin und Brecht. Die Geschichte einer Freundschaft, Frankfurt a. M.
Wizisla, Erdmut/Michael Opitz (1992): Glückloser Engel. Dichtungen zu Walter Benjamin, Frankfurt/Leipzig.
Zucker, Wolf M. (1972): »So entstanden die Hörmodelle«, in: Die Zeit, Nr.47 v. 24.11.1972, Literaturbeilage, 7.

Positionierung des Linksintellektuellen im Exil

»Der Autor als Produzent« / »Zum gegenwärtigen gesellschaftlichen Standort des französischen Schriftstellers« / »Pariser Brief« (I/II)

Von Chryssoula Kambas

Kritik und Handeln, Exilpublizistik, Benjamins Kommunismus

Der Schriftsteller der Moderne, das hatten bereits die Frühromantiker erkannt, ist eine öffentliche Instanz. Reflektiert er sie, und beansprucht er damit eine ethische Haltung in der politischen Öffentlichkeit, macht ihn das zum Intellektuellen. Sein Sprechen und Schreiben berührt die in Staat, Recht und Politik Agierenden, sofern der Diskurs erkannt wird. Wie Benjamin unter den Bedingungen seines Exils seit März 1933 die Intellektuellendebatte in Frankreich beurteilt und an ihr teilnimmt, demonstrieren seine vier hier zusammengefaßten Artikel: ZUM GEGENWÄRTIGEN GESELLSCHAFTLICHEN STANDORT DES FRANZÖSISCHEN SCHRIFTSTELLERS (1933/34); DER AUTOR ALS PRODUZENT (1934); ANDRÉ GIDE UND SEIN NEUER GEGNER (1936); MALEREI UND PHOTOGRAPHIE (1936/37). Die beiden letztgenannten tragen als übergreifenden Titel PARISER BRIEF 1 und 2. Alle sind in den Jahren 1933 bis 1936 geschrieben worden. Sie zeigen Benjamins Hoffnungen auf eine produktive literaturpolitische Entwicklung im Exil und wie er zu ihr beitrug. Vom frühesten Artikel abgesehen, erhielt Benjamin jeweils einen Anstoß aus den Debatten heraus. Der Vollständigkeit halber soll auch DAS KUNSTWERK IM ZEITALTER SEINER TECHNISCHEN REPRODUZIERBARKEIT (s. Artikel 229–251) erwähnt werden. Denn gerade diesen Text, der dezidiert thesenartig formuliert, hat er in die Folge der internationalen Intellektuellen-Debatte des Jahres 1935/36, speziell des »Congrès international des écrivains pour la défense de la culture« (Juni 1935) im Juni 1936 zur Diskussion gestellt (Kambas 1983, 175; 5, 325 f.). Wiewohl die Artikel ad hoc geschrieben sind und als »Gelegenheitsarbeiten« im Sinne von Nebenarbeiten abgetan werden könnten, nehmen sie ihre jeweilige Gelegenheit mit Emphase wahr. Sie nutzen den geeigneten Zeitpunkt für das öffentliche Wort des Intellektuellen und erfüllen so Aktualität. Der Zeitpunkt selbst wirkt weiter in der quasi beiläufigen Form, wie sie Vortrag, Brief und modifiziert auch Bericht darstellen. Thematisch aber ist eine jede der Gelegenheitsarbeiten mit einer größeren Arbeitseinheit Benjamins verbunden. Dies sind vor allem der Essay über den Surrealismus (1929), die Studien und Kommentare zu Brecht, sowie die KLEINE GESCHICHTE DER PHOTOGRAPHIE (1931) und die schon erwähnten KUNSTWERK-Thesen. Sein gleichermaßen zurückhaltender wie z. T. abrupter Ton des Sprechens gehört zum avisierten literaturpolitischen Standort: Zwischen pointierten Positionsbeschreibungen der Gegenstände und intellektueller Selbstreflexion auf der einen, prägnanter Polemik der Abgrenzung auf der anderen Seite, bildet solche Kritik in Gestus, Stil und Form die Alternative zu Aufruf oder Manifest.

Die Erscheinungsorte – faktische wie intendierte – der Aufsätze müssen als Teil der Positionsfindung des Autors gewichtet werden. Sie stehen für bestimmte intellektuelle und politisch-gesinnungsgebundene Ausrichtungen des deutschen Exils nach 1933. Letztere sind, zumal sie sich sofort als vielfältiges Spektrum zu erkennen geben, für Benjamins Positionsfindung nicht bestimmend. Das gilt für den Antitotalitarismus der *Zeitschrift für Sozialforschung*, den prosowjetischen Antifaschismus eines »Instituts für das Studium des Faschismus« (INFA) oder die einem literarischen Liberalismus verpflichtete *Sammlung*, die Klaus Mann im Amsterdamer Querido-Verlag herausgab, und deren im Titel programmatisch gefaßte »Breite« die Hitlergegner ohne Ansehen ihrer ideologischen Bindungen zu vereinen versprach. Schließlich auch für die literarische Volksfrontzeitschrift *Das Wort*. Sie sollte repräsentativ für die neue Volksfrontpolitik der Kommunistischen Parteien sein und für eine Koalition der Hitlergegner bis in Kreise eines »rechten Bürgertums« hinein werben. Dies ist allerdings weitgehend Deklaration geblieben. Allein Brechts Aufnahme in die Redaktion zeigt eine Öffnung. Ansonsten war die ausführende Redaktion, mit der Besetzung Willi Bredel und Fritz Erpenbeck als Redakteuren, in die KPD des Moskauer Exils fest eingebunden und beachtete streng die sich unter Stalin schnell ändernden Freund-Feindschemata (Walter 1978, 461 ff.; Seidel 1975).

Mit keiner der verschiedenen redaktionellen Rahmen-Vorgaben war Benjamins Position identisch. Er selbst wahrte eine unmittelbare Kontinuität, kenntlich allein an den zahlreichen Übernahmen aus früheren Artikeln, zur eigenen Position der späten 1920er Jahre. Doch einer der Gegenstände, den er nun über wiederholte kritische Annäherung und Distinktion zu bestimmen unternahm, spitzte sich auf die nationalistische Rechte zu, ihre Denkmuster über Kunst, die Verbindung zum Faschismus, schließlich dessen Propaganda. Die vor allem auf Paris zentrierte Debatte der Intellektuellen – sie war hier symbolisch wie politisch-kontextuell zusammengeführt – stand, z. T. in personeller Identität, nach Formationen in der Kontinuität der Lager der europäischen Nachkriegszeit: des Pazifismus, der Kommunistischen Internationale, verschiedener Syndikalismen, libertärer oder idealistischer Anarchismen; der monarchistischen Rechten, des extremen Nationalismus, einzelner Bewunderer des italienischen Faschismus, wiederum einzelner zwischen Republikanimus und Kulturkonservatismus Stehender. Diese vielfältige Morphologie verschob sich in den Jahren 1932 bis 1936 zu einer – jeweils wieder punktuell neu zusammengesetzten – Konfrontation von Antifaschismus und Faschismus (Leroy/Roche 1986, 43–88).

Das Erkenntnisinteresse Benjamins in den vier Artikeln ist vor dem Hintergrund zweier Voraussetzungen seiner Publizistik der 20er Jahre zu sehen. Als einer der Übersetzer von Marcel Prousts Roman *A la recherche du temps perdu* war er in der Weimarer Republik ein anerkannter Mittler zur modernen französischen Literatur. Er hatte die Berichterstattung über die zeitgenössischen literarischen Entwicklungen in Frankreich vor allem für *Die literarische Welt* und den Rundfunk übernommen. Als Publizist war Benjamin persönlich mit einigen führenden französischen Intellektuellen in Verbindung getreten. Seine Verdienste um das Frankreichbild in der Publizistik der Weimarer Republik wiesen ihn umgekehrt nun in Frankreich aus. Doch um die Verhältnisse auch realitätsgerecht zu akzentuieren, muß einschränkend hinzugefügt werden: es war eine kleine Gruppe von Interessierten (A. Monnier, F. und P. Bertaux), deren nachhaltige persönliche Bekanntschaft er gemacht hatte und die den Graben zwischen den Literaturen und Intellektuellenkreisen auch nach 1933 aktiv überbrücken wollte. – Die genannten Exilzeitschriften hatten allen Anlaß, Beiträge Benjamins für ihre ›Berichterstattung aus Paris‹ aufzunehmen. Aus dieser Rolle heraus agierte er argumentativ in seinem ersten Artikel für die *Zeitschrift für Sozialforschung* wie dann auch in den beiden PARISER BRIEFEN für *Das Wort*. Auch für die von Klaus Mann zeitweise intendierte Aufnahme von DER AUTOR ALS PRODUZENT für die *Sammlung* gaben Benjamins Verdienste als Mittler in Verbindung mit der in diesem Vortrag entwickelten, Mann sehr fremden Autor-Konzeption, den Ausschlag: »Ich glaube, es gehört zu unseren Verpflichtungen in dieser Stunde, daß wir auch unsere Namen – gerade ihn als die Summe der Verdienste, die wir uns in einer friedlicheren Zeit erworben haben – der Sache zur Verfügung stellen« (Mann, Brief an Benjamin vom 2.5.1934).

Die weitere Voraussetzung ist ›der Kommunismus‹. Gerade für Benjamins sich auf Frankreich beziehende Artikel kann treffender von der vermittelnden Berichterstattung eines ›Communisant‹ gesprochen werden. Während seiner Rußlandreise 1926/27 gab er sich ausführlich Rechenschaft darüber, warum er trotz Ablehnung kapitalistischer Ökonomie und Politik wie bürgerlicher Kultur nicht zu den Kadern der kommunistischen Intelligenz zählen wollte. Die im Moskauer Tagebuch festgehaltene Selbstsicht auf die Aufgabe des Intellektuellen der Nachkriegsära – und dies ist wesentlich für diese zweite Voraussetzung – kann als eine Art Erfahrungskonsequenz aus dem früheren Engagement in der Jugendkulturbewegung gesehen werden und der zeitlich danach erfolgten Kritik »wahrer Politik«, als deren Weiterdenken (Steiner 2000, 49). Seit der Lektüre der »Réflexions sur la violence« von Georges Sorel verfolgte Benjamin die Intellektuellendebatte in Frankreich (2, 34 ff.; Kambas 1992a/b, 1996).

Die drei ›Berichte aus Paris‹ gehören von ihren Gegenständen her zusammen. Mit der besonderen Aufmerksamkeit des nun im Exil weilenden Mittlers wollen sie die Selbstverständnisse und Handlungskonzepte sowie die Konfrontationen innerhalb der Intellektuellendebatte Frankreichs einer deutschen Leserschaft – des Exils – verständlich machen. Der Autor als Produzent berührt hingegen das französische Debattenspektrum eher formal rhetorisch, rahmend, als Einstieg und conclusio. Dennoch vertieft der Vortrag, was der erste Bericht anlegt. Er denkt eine literaturtheoretisch begründete moderne Autorschaft und die Verantwortung des Intellektuellen zusammen. Er fordert zur Debatte über sie auf und intendiert dabei, zu einer in diesem ästhetischen Sinne avancierten, bewußten antifaschistischen Literaturpraxis überzugehen. Weniger berichtend als diesmal agierend gibt er ein Beispiel deutscher Sprache – das »Modell« des epischen Theaters – und will damit den Exilautoren einen Handlungsraum eröffnen. Wegen des Nachdrucks, mit dem Benjamin dabei in eigener Sache für eine moderne deutsche Literatur spricht, bildet er hier den Abschluß.

Die außerordentliche inhaltliche Diversität der drei anderen Artikel reicht von der Krise des Humanismus seit dem Ersten Weltkrieg über das Gesellschaftsbild im Roman, die intellektuelle Rechte, den Faschismus bis hin zu Fragen des Realismus. Bemerkenswert in allen vier Beiträgen ist die deklarative, dann wieder schützend verdeckte Dialogführung mit Louis Aragon.

»Zum gegenwärtigen gesellschaftlichen Standort des französischen Schriftstellers«

Entstehung und Überlieferung: Der Aufsatz erschien in der *Zeitschrift für Sozialforschung* (3, 1934 [ersch. 1935], H. 1, 54–78). Er ist das erste Zeugnis einer Mitarbeit Benjamins an der *Zeitschrift für Sozialforschung*. Ab Mitte Mai 1933 arbeitete Benjamin den Beitrag innerhalb von etwa 4 Wochen aus. Ähnlich wie beim Druck der Kunstwerk-Thesen, der dritten Publikation Benjamins in der *Zeitschrift für Sozialforschung*, gab es wohl Eingriffe der Redaktion (II, 1515). Elisabeth Hauptmann hat, resultatlos, den Vorschlag gemacht, den Aufsatz auf Französisch in *Littérature Internationale* erscheinen zu lassen, der Komintern-Zeitschrift analog zur *Internationalen Literatur*, doch für den frankophonen Markt.

Das Referat fällt in zwei Schwerpunkte auseinander. Der Anfangsteil führt zentral auf das Problem des »Verrats« der Intellektuellen, zentriert um Julien Bendas Streitschrift *La trahison des clercs* (1927) und ihre Kritiker. Er beleuchtet vorab schlaglichtartig das vorangehende Panorama der Dreyfus-Parteiungen. Der zweite Teil stellt Autorenkonzepte der Literatur Frankreichs seit den 1890er Jahren vor, zentriert auf Humanismus und Individualismus eines jeden Autors, Selbstreflexion, Bewußtsein von literarischer Technik und Gesellschaftskritik. In der Präsentation seiner Beispiele überprüft Benjamin den Maßstab, nach dem von »Verrat« eines Schriftstellers gesprochen werden kann. Genau betrachtet, handelt es sich um zwei sehr unterschiedliche Formen von »Verrat«. Letztere meint die eines modernen ästhetischen Bewußtseins, die erste fragt nach der Politisierung. Beide Arten von »Verrat« führt Benjamin auf einen Ursprung zurück. Darin fallen idealtypisch Ende und Beginn zusammen, Ende des bürgerlichen Zeitalters in Kunst, Bildung, Naturbeherrschung; Beginn eines geschichtlichen Katastrophenzeitalters Moderne und eine kulturelle Praxis der Avantgarde.

Zunächst zu diesem letzten, in Benjamins Bericht zweiten Schwerpunkt. Vom Sürrealismus-Essay her ist jener Ursprung des »Endes« bekannt, wo Apollinaires Beispiel in den Surrealismus einführt. Stillschweigend ist der Passus über Apollinaires Erzählsammlung *Der gemordete Dichter* (1916) übernommen. Eine Allegorie im Sinne des geschichtstheoretischen Gleichnisses, dient er auch in diesem Bericht als Exposition bzw. sogar Rahmen. Als topographischer wie chronologischer Anfang der französischen Avantgarde steht es für die Gefahrdung von literarischer Autonomie. Es signalisiert ihr objektives Ende und wird zugleich selbstbewußtes Programm des ›Endes der Literatur‹. Futurismus, Dada und Surrealismus sind darin gleicherweise aufgerufen.

Auch ist damit die geschichtliche Stunde Frankreichs von 1914 gesichtet. Analog zu dem, was die Dreyfus-Affäre für die Älteren bedeute, ist »1914« die Stunde der folgenden Generation: »Der Kampf um Dreyfus war für Péguys Altersgenossen das, was für Jüngere der Weltkrieg geworden ist« (II, 786). Das gilt auch für Deutschland, Benjamin hat sich durchgehend zugehörig begriffen. André Gide, den er anführt (778; 795 f.), weist auf das Jahr 1933 voraus, denn sein Lafcadio (797), der Mörder aus Laune, ruft die surrealistische Einstellung zu ›bürgerlichen‹ Tabus auf. Der Moralist Gide, der 1932 dem Individualismus öffentlich ›abschwört‹, läßt sich konsensuell zur »Funktion des Intellektuellen in der Gesellschaft« und zur nötigen »Bereinigung« »seiner moralischen Situation« anführen (778). Die Integrität des jungen Gide liegt für Benjamin in dessen moralistischer Weigerung gegen anerkannte Moralnormen. Seine vehemente Kritik am Nationalismus im Roman von Maurice Barrès (1897) bleibt aktuell. Die protestantische Apologie der Bedürftigkeit des älteren, weltberühmten Gide führe ihn in eben dem Sinne einer Weigerung zur Stellungnahme für das kommunistische Lager.

Über Barrès als »romantische[n] Nihilist[en]« schreibt Benjamin: »Je näher man in die Gedankenwelt des Mannes eintritt, desto enger erscheint ihre Verwandtschaft mit den Lehren, die die Gegenwart überall hervorbringt. Es ist der gleiche Nihilismus der Grundgesinnung, der gleiche Idealismus der Geste und der gleiche Konformismus, der die Resultante aus Nihilismus und Idealismus bildet« (778). Diese Formulierung – sie gilt Barrès rassistischem Nationalismus – gibt in nuce Benjamins Auffassung von faschistischer Intellektualität wieder: Konformismus in der Kreuzung von Nihilismus und Idealismus.

Der Konformismus-Begriff Benjamins ist zentral. Er ist Kriterium für die Haltung des Romanciers wie für die intellektuellen Positionen der Schriftsteller (ebd.). Weigerung und Konformität sind die im Schrifttum manifestierten Einstellungen. So schreibt Benjamin über den »roman populiste«, »dem heute nicht wenige linksgerichtete Autoren ihre Sympathien gewidmet haben« (786), er gehöre schlicht zum Trivialgenre. »Es ist die alte und fatale Konfusion – zuerst taucht sie vielleicht bei Rousseau auf –, wonach das Innenleben der Enterbten und Geknechteten durch eine ganz besondere Simplizität sich auszeichnet, der man gern einen Einschlag ins Erbauliche verleiht« (787). Berührt ist hier der ästhetische Konformismus von Schwarz-Weiß-Zeichnungen in Fragen von Psychologie und Moral.

Weitere Bedeutungsebenen von Konformismus scheinen in Benjamins Panorama des modernen Romans auf. Hätte Julien Greens in Paris spielender jüngster Roman *Épaves* Einsamkeit und Verzweiflung dieses Schauplatzes reflektieren, seine Figuren über die »Preisgegebenheit und Einsamkeit der eigenen (bürgerlichen) Klasse zu der [ihrer] privaten Existenz« (790) vordringen können, so wäre passio im antiken Sinne, das Zeichen seiner früheren Romane über die Provinz, in eine moderne Erfahrung »unsere[r] Umwelt« (789) übersetzt worden. »Hier setzt nun jenes Schweigen ein, das der Ausdruck von Konformismus ist« (ebd.).

Davon heben sich Blaise Cendrars mit *Moravagine* (1926) und André Malraux mit *La condition humaine* (1933) als mutiger ab. Doch die Helden beider Romane lebten von Romantik-Konventionen, von glorifizierter Qual der Einsamkeit (800), überholtem Anarchismus. Nonkonformismus der Figuren bei nihilistischer Weltsicht der Autoren: dem Schreibkonzept Aufstandsromantik mißtraut Benjamin.

An Célines *Voyage au bout de la nuit* spricht er das Rebellische ebenfalls mit Unbehagen an. Den offenkundigen Nihilismus führt er auf das gewählte verkommene Milieu im Romans, das Lumpenproletariat, zurück. Célines Konformismus zeige sich in der Auffassung von den Massen, da »das Eigenste der revolutionären Schulung und Erfahrung [...], die Klassenschichtungen in Massen zu erkennen« (788) nicht gelungen sei.

Und der kritische Romancier? Ihn zeichnet Weigerung aus, darstellende, in der Mimesis spürbare: »Wenn Zola das Frankreich der sechziger Jahre hat darstellen können, so darum, weil er das Frankreich dieser sechziger Jahre ablehnte. Er lehnte die Planungen Haussmanns und das Palais der Paiva und die Beredsamkeit von Rouher ab. Und wenn es den heutigen französischen Romanciers nicht glückt, das Frankreich unserer Tage darzustellen, so darum, weil sie schließlich alles in Kauf zu nehmen gesonnen sind« (ebd.). Dieser Formulierung nach zu urteilen, setzt Benjamin eine genaue Beobachtung der räumlichen Lebenswelt, von Herrschaft und freier Subjektivität, als wesentlich für eine Zeitdiagnose im Roman voraus. Zuletzt stellt er es einem mimetischen Vermögen anheim, Weigerung als Haltung und damit Kritik und Erkenntnis weitergeben zu können.

Die Weigerung gegen normative Mimesis erfaßt der Begriff »Technik«. Das Paradigma ist an Marcel Prousts Form erläutert, auch an Gide und Paul Valéry. Diese Autoren hätten eine Prosa zwischen Selbstdokument, Wissenschaft, Kritik und auch Roman entwickelt, die zugleich intellektuelle Rechenschaft über das eigene

Schreiben abzulegen fähig sei. »[V]om Aufbau angefangen, welcher Dichtung, Memoirenwerk, Kommentar in *einem* darstellt, bis zu der Syntax uferloser Sätze (dem Nil der Sprache, welcher hier befruchtend in die Breiten der Wahrheit hinübertritt) ist überall der Schriftsteller präsent, der Stellung nehmend, Rechenschaft erteilend sich dauernd zur Verfügung des Lesers hält« (792).

Die Beispiele belegen die These vom »Ende« des Romans. Revision des Genieglaubens und Mißtrauen in die Kraft der Fiktionalität bestimmen die Schriftsteller zur Kritik einfacher Narration oder zur Suche nach kleinen Formen. Der großen Romanform vertraue sich nur an, wer sich der »wahren Verantwortung als Schriftsteller« entzieht. (791) Angelegt ist damit Benjamins Auffassung vom »Umschmelzungsprozeß literarischer Formen« (694). »Den mit diesem Gedanken verbundenen Begriff der literarischen Technik wird Benjamin ins Zentrum seines Vortrags Der Autor als Produzent stellen« (Steiner 2004, 113). Er spricht bereits 1933 in eigener Sache, für die Formenvielfalt auch seiner Schreibweise. – Im historischen Blickwinkel von 1933 ist u.a. eine Reflexion auf das Fiktionalitäts-Authentizitäts-Problem angelegt. In der Literatur am Ende des 20. Jh.s weckt es in den an Authentizität orientierten Schreibweisen ein hohes zeitkritisches und ästhetisches Potential. Trotz der Berliner Kindheit um neunzehnhundert bezieht Benjamin eine Umgewichtung des Fiktionalitätsproblems noch nicht in seinen Fragenkreis mit ein. In seinen Intentionen konzentriert er sich auf die »Politik« der Schriftsteller.

Theorie des Intellektuellen

Konformismus wie Weigerung werden in der Intellektuellendebatte seit 1925 nach sozialer Funktion, Macht, Privilegienteilhabe differenziert diskutiert. Einsichten verdankt Benjamin *La trahison des clercs* (1927) von Julien Benda. Die bis heute große Bekanntheit dieser Schrift geht auf die paradox und verkürzt erfolgte breite zeitgenössische Rezeption zurück, Benda habe mit »trahison« überhaupt jedes politische Engagement der Intellektuellen als Verrat gegeißelt. Diese Simplifikation unterstützt Benjamin in keinem seiner Beiträge über Benda seit 1928, er erkennt vielmehr sofort die Bedeutung des Pamphlets für ein genaueres Bild des Nationalismus.

Diesem »Verrat« der Denkenden an einen blinden Konformismus von psychotischer Struktur, dem kollektive ethnische Selbstaufwertung zugrundeliegt, hält Benda, nach eigenem Lernprozeß, die Besinnung auf die universalen Werte, Gerechtigkeit, Wahrheit und Vernunft, entgegen. Wie erlangt, so fragt er, die Selbstaufwertung der eigenen Nation überhaupt Glaubwürdigkeit und breiten Konsens? Nicht durch hetzerische Rhetorik, sondern durch pseudologische ›Systeme‹, in denen »Maßlosigkeit, Haß und fixe Ideen« (Benda 1978, 113) »als Resultat rein philosophischer Betrachtung hingestellt wird« (115). Das Drängen der ›Philosophen‹ an die Öffentlichkeit, Partizipation an mächtigen Eliten mittels stereotyp banalisierender Dogmen, Eindringen in das Bewußtsein der politischen Klasse, das macht die Gefährlichkeit dieser Schriften aus. Freilich muß Benda zugeben, daß die von ihm Avisierten wie Barrès, Maurras, d'Annunzio oder H. S. Chaimberlain, sogar Péguy zählt er wegen des Nationalismus hinzu, »in der Tat keine clercs sind«, sondern nur »vorgebliche clercs« (115 f.). Aber sie »geben sich doch als solche aus, werden auch dafür gehalten [...] und auf dieser Grundlage genießen sie unter den Aktivisten ihr außerordentliches Ansehen« (116). Dies sieht er als »Verrat der Intellektuellen«, Verrat an einer naturgegebenen Wahrheitsbindung an.

In den 1960er Jahren prägte W.F. Haug die Formel vom »hilflosen Antifaschismus«. In Anlehnung daran kann Bendas Verratstheorie »hilfloser Antinationalismus« heißen. Er setzt das reine Denken als ontologische Größe voraus, abstrahiert von dessen genuiner Teilhabe an gesellschaftlicher Machtbildung, einschließlich seiner Verankerung im Bildungsprivileg. Darin gründet die Fehlkonstruktion und Hilflosigkeit, schließlich macht es die Zweideutigkeit des Ansatzes von Bendas Schrift aus. Benjamin notiert in seiner Besprechung zu *Un régulier dans le siècle* (1937): »Eintreten für die unbefleckten Prinzipien [...] als der umständlichste Konformismus der Welt« (III, 551). Anstelle von Kritikverfahren und Weigerung, erhebt Benda die illusionistische Forderung an einen machtgeschützten Raum für den Intellektuellen: »Man muß den modernen Staat dafür verantwortlich machen, nichts getan zu haben [...] für die Erhaltung einer Klasse von Menschen frei von Bürgerpflichten, deren einzige Aufgabe darin bestünde, den Herd der nichtpraktischen Werte zu hüten« (Benda 1978, 192). Diese nimmt er für »ewige« Werte, welche die »wahren Intellektuellen« hüten. Er konstruiert von der Antike bis ins 20. Jh. den Idealtypus ›clerc‹: »Patrizier des Geistes wie Erasmus, Malebranche, Spinoza, Goethe« (136), angeblich der Macht Abgewandte, verkörpern ein zeitloses Universum mit Namen ›europäischer Humanismus‹.

Benjamin sieht darin eine »Klausur des utopischen Idealismus«, (II, 783) die der clerc wählen solle, wobei die mächtige, für die Dauer des ›Abendlandes‹ repräsentative Institution, »der Katholizismus [...] Benda seine Haltung« (782) vorschreibe. Er ignoriere den »Untergang der freien Intelligenz«, (783) angesichts dessen »beherrschtere, gemäßere Formen zu suchen« seien (III, 112). Einen weiteren Kritikpunkt teilt Benjamin mit zahlreichen, auch späteren Kritikern an Bendas Forderung nach zweierlei Maß für die Praxis der Demokratie und das Denken. Die Demokratie, dies unterstreicht auch Benjamin, ist für Benda die rationalste und moralisch höchststehende Staatsform, doch sieht er sie in ihrer konkreten Realisierung dem Ideal eben dieser Staatsform entgegengesetzt. So kommt er zu dem Paradox einer »legitimen Ungerechtigkeit« (Gipper 1992, 159), die er, da sie bloß akzidentiell sei, leicht aufzulösen gedenkt. Sie bestünde seit jeher, man dürfe sie nur nicht verleugnen.

Bei dieser Konstruktion kann der Intellektuelle, im Einzel- und Konfliktfall, den Widerspruch zwischen legitimer Macht und ungerechter Praxis, seine Hände in Unschuld waschen. Und eben dies hat auch Benjamin eine »doppelte Moral in aller Form« genannt, »die der Gewalt für die Staaten und Völker, die des christlichen Humanismus für die Intelligenz« (III, 112). Trotz »Berufung auf die Ideale der Demokratie«, so Benjamin weiter, verrate Benda darin »eine streng reaktionäre Geistesverfassung« (ebd.) – »eine durchaus romantische Geistesverfassung« (II, 783) lautet die Stelle im Bericht.

Die Kritikpunkte Benjamins an Bendas Verratstheorie – Substantialismus der Vernunftauffassung, zweierlei Maß in der Legitimation des Rechtssubjekts Staat – haben eine nachzutragende Voraussetzung. Seit seiner Lektüre von Georges Sorels *Réflexions sur la violence* läßt sie sich in dieser Form nachweisen und begegnet dann wiederholt: die *intellektuellenkritische* Auffassung von der Aufgabe des Intellektuellen. Angesichts nicht-rechtsetzender, »reiner« Gewalt in den revolutionären Bewegungen, so zitiert Benjamin Sorel um 1920, »ist ein Platz weder den Soziologen vorbehalten noch den eleganten Amateuren von Sozialreformern, noch den Intellektuellen, die es sich zum Beruf gemacht haben, für das Proletariat zu denken« (194; vgl. Kambas 1992a, 262). Zurückgewiesen ist protektionistisches Sprechen, Repräsentation.

Im Bericht begegnet dies, positiv vermerkt, anläßlich von Charles Péguy. Ihn nennt Benjamin den »revolutionären Typ des Geistigen« (II, 785). Sein »Verrat«, sichtbar an der Weigerung gegen stilistische Eleganz, ist einer am korporativen Zusammenhalt der Normaliens. Oder im Verweis auf Alain. Zustimmend führt Benjamin dessen Maxime an: »Die Haltung der Linken ist die einer kontrollierenden Instanz« (ebd.).

Zur Verratstheorie und Kritik Bendas greift Benjamin in Form der Adaption vor allem auf Emmanuel Berls *Mort de la pensée bourgeoise* (1929) zurück (vgl. Kommentar II, 1517–19). Auch kann »Konformismus«, als Maßstab intellektuellenkritischer Kritik, von Berl angeregt sein (Berl 1929, 51–75). Die öffentlich bekundete Gesinnung stets nach Macht und Mehrheit auszurichten wie »ces bourgeois qui dans un état prolétarien chanteraient le prolétariat, de ces devots qui, sous un roi athée, seraient athées. La trahison du clerc se définit par la servilité de l'esprit abandonnant sa propre cause et laissant l'univers prévaloir contre lui« (50). Intellektuellenkritisch die Belange der Intellektuellen zu vertreten – dies ist bekanntlich auch Benjamins Position bei der Planung der Zeitschrift Krise und Kritik (Wizisla 2004, 140–44).

Alain hat in *Eléments d'une doctrine radicale* (1925) den Konformismus als Teil der Funktionsweise der Technokratie analysiert, und Benjamin führt ihn, den »klügsten Interpret[en]« (II, 781) aus dem Umfeld der Radicaux des gauches an. »Er ist mehr Interpret als Kämpfer« (782). Benjamins ebenfalls nur eingeflochten scheinende Verweise auf dessen Parlamentarismuskritik (297; 801) verdecken den bedeutenden Stellenwert.

Alain (Emile Chartier) vertritt, alternativ zur Politisierung, ein Konzept der Weigerung: Der Intellektuelle ist nicht zur Aktion, er ist zum Denken berufen. Eben dies betrifft seine geistige Verantwortung für die Polis. Als ein citoyen habe der Einzelne aus der Position der Einsamkeit Einspruchsmöglichkeiten. Grundvoraussetzung aber seiner geistigen Urteilskraft seien institutionelle Unabhängigkeit und refus.

Bei den Intellektuellen erzeugt die Technokratie das Syndrom des Konformismus, und Zugehörigkeit zu den Bildungsschichten selbst berge für den einzelnen ein korrumpierendes Element, so daß jede Elite das Volk verrate und tendenziell antidemokratisch ist. Kritik und Weigerung seien in der Wirkung politisches Eingreifen eines Intellektuellen: die Dekomposition der Technokratie.

Benjamin aktualisiert die Dreyfus-Positionen mit Hilfe von Alain: »Die revolutionäre Aufgabe, die er [Péguy, d. Verf.] ihnen stellte, lag nicht in der Defensive, deren Geist Alain vorzüglich festlegt, wenn er sagt: ›Die Haltung der Linken ist die einer kontrollierenden Instanz‹; vielmehr verwies er die Seinigen auf den Angriff, dessen Stoß sich nicht allein auf die Regierenden, sondern jenen Stab von Akademikern und Intellektuellen richtet, die das Volk, aus dem sie stammen, verraten haben« (785 f.). Diese Grundzweifel, die aus der Technokratiekritik stammen, bleiben zuletzt bei Benjamin asyndetisch neben der Einsicht stehen, der Kommunismus habe die Politisierung der Intelligenz auf weniger zweifelhafte Art vollzogen. Sie bestimmen seine Bewertung der Klassenverrat-Forderung, so gegenüber Malraux: »Daß diese Intelligenz ihre Klasse verlassen hat, um die Sache der proletarischen zu ihrer eigenen zu machen, das will nicht heißen, diese letztere habe sie bei sich aufgenommen« (800). Und scheinbar entgegengesetzt heißt es über Aragon und die gesamte surrealistische Gruppe, die als ›gewandelte Kleinbürger‹ dargestellt werden: »Sie werden zu militanten Politikern« (802).

Welches Ziel hat die Positionsfindung Benjamins? Oder darf gar gefragt werden: welche Position ist das Ziel? Die Voraussetzung, unter der er den Republikanismus wie auch die auf eine anarchistisch libertäre Haltung hinauslaufende der Radicaux stellt, lautet in der Benda-Rezension von 1928, als entscheidender Einwand gegen dessen »utopischen Idealismus« (III, 112): »Der Untergang der freien Intelligenz ist eben wenn nicht allein so doch entscheidend wirtschaftlich bedingt« (113). Benda gehe am Kommunismus wortlos vorbei. Statt die Politisierung, die in Frankreich seit Barrès rechtsextrem, in Deutschland nationalsozialistisch erfolgte, abzulehnen, ist sie als Konsequenz aus der Selbsterkenntnis des eigenen »Standortes« anzunehmen. Eine Politisierung also gegen den Nationalismus und zur Revolution.

Keine genaue Positionsfindung für den kritischen Intellektuellen ist vorgegeben. Doch die Namen Zola, Gide, Aragon umschreiben eine Konstellation. »Er hat sich dem Kommunismus angeschlossen«, stellt Benjamin von Gide fest, der stets »in der vorgeschrittensten Intelligenz Frankreichs« agiert habe (II, 794). ›Angeschlossen‹ heißt aber in seinem Fall nicht, daß er eine parteipolitische Bindung eingegangen ist. Dies jedoch tat Aragon, der geradezu leitbildgebend in der PC-Publizistik und in den ›Maisons de la Culture‹ wirkte. Benjamin zitiert die Formel vom ›Klassenverrat‹ aus Aragons in *Commune* veranstalteter Umfrage »Für wen schreiben Sie?« (*Commune* 7/8, 1934; Kambas 1983, 72 ff.), die auch abschließend in Der Autor als Produzent angeführt ist. Selbst wenn im Bericht die weitestgehende Position des Intellektuellen »als Techniker«, »auf Grund der ständigen Kontrolle [des] eigenen Standorts« und »militante[r] Politiker[]«an den klimaxartigen Schluß gesetzt ist und Aragon für den »Surrealismus« stehen muß, beschreibt Benjamin darin kein eigenes Ziel (II, 802).

Der Name Zola steht an bemerkenswerter Scharnierstelle zwischen Intellektuellenreflexion und sozialen Romanciers. »Vorm Forum der Geschichte hat [...] Zola das Zeugnis der Intellektuellen im Dreyfusprozeß abgegeben«, es bilde »noch heute [...] den Maßstab« (786). Zu ergänzen ist: auch für den »Standort« des Berichtenden.

Surrealismus und Politik

Benjamins Skizze der Intellektuellenfrage läßt bemerkenswerterweise das kulturpolitische Erfolgsszenario des PCF und die dafür repräsentativen Namen außer acht. Wäre ein naives »kommunistisches Bekenntnis« mit diesem Artikel beabsichtigt gewesen, wie es Scholem und Adorno unterschiedlich beanstandeten, hätte sich Benjamin die Einheitsfrontpolitik in der Amsterdam-Pleyel-Bewegung und die Beachtung der neuen herausragenden compagnions de route wie Romain Rolland und Henri Barbusse (vgl. Caute 1964; Mortimer 1984, 178) angelegen sein lassen müssen. Dieser Vorgang, die weltweit beachteten Pazifisten zu gewinnen, ist von Benjamin nicht erwähnt, es sei denn ganz nebenbei und abwertend. So erwähnt er Barbusses Denken »im Zeichen der Gesinnung« (II, 802). Und doch dürfte gerade diese werbende Umgarnung, die eine Rhetorik hehrer Werte bei gemeinsamen Bekundungen freisetzte, Benjamin als das Fatale und Unglaubwürdige in der Werbung von KP-Organen um »Bürgerliche« gegolten haben. Zugleich läßt er sich im Falle Gides weitgehend unreflektiert darauf ein.

Die Abschnitte über den Surrealismus operieren entsprechend. Aragons Option gegen Breton und für den PCF, seine neue Agitationslyrik seit dem Kongreß in Charkow im Jahre 1931 (Nadeau 1986, 159–167) ist im Bericht als die den Surrealismus repräsentierende, einheitliche Entwicklung ausgegeben. Die Selbstkritik Aragons an der Avantgarde macht er ebensowenig zum Thema wie dessen Bruch mit Breton. Den »anthropologischen« (II, 798) Materialismus des früheren Surrealismus zitiert er 1933/34 erneut unter der von ihm geprägten Parole »›Die Kräfte des Rausches für die Revolution zu gewinnen‹ – das war das eigentliche Unternehmen« (ebd.). Weiter aber suggeriert er einen kollektiven Lernprozeß in Richtung »sich einfacher [und] konkreter zu formulieren« (ebd.). Er überspielt das Auseinanderbrechen der Gruppe so: »Die dialektische Entwicklung der Bewegung aber vollzog sich nun darin, daß jener Bildraum, welchen sie sich auf so gewagte Weise erschlossen hatte, sich mehr und mehr mit dem der politischen Praxis identisch erwies« (ebd.).

Es ist eine Art strategischer Option zugunsten einer ›modellartigen‹ Position, deren er sich als eigenes Standbein in einem Kräftefeld versichern möchte, weil er in solchem Referenzrahmen kritisch wirken zu können glaubt. Weitere und deutlichere Gesichtspunkte zeigen sich im 2. Pariser Brief.

Rolf Wiggershaus (Wiggershaus 1997, 218) hebt Adornos Enttäuschung über Benjamins Aufsatz hervor. Sehr viel genauer umreißt Detlev Schöttker Benjamins Einstellung zur surrealistischen Bewegung seit 1924. Die optionale Strategie 1933/34 erscheint auf der Folie der bereits frühen Ambivalenz zwischen Surrealismus und Konstruktivismus sehr viel weniger sprunghaft. Von gleichbleibend hoher Bedeutung für den Schriftsteller Benjamin ist schließlich nur Aragons Schrift *Le paysan de Paris* (1926), die in der öffentlichen Positionssuche Benjamins außen vor bleibt. (Schöttker 1999, 166–172). Uwe Steiner (Steiner 2004) unterstreicht das Paradigma des Modernismus, konfiguriert um den Begriff der Technik (Steiner 2004, 113). Roland Jerzewski vergleicht die Intellektuellen Benjamin und Nizan als gewichtige, übereinstimmende Kritiker der orthodoxen Publizistik. Nizan gab gemeinsam mit Louis Aragon die Zeitschrift der AEAR, *Commune*, seit 1933 heraus und schrieb einen Artikel »Richtungen der französischen Literatur« (dt. Version, IL, Anfang 1934; Jerzewski 1991, 172).

»Pariser Brief I«

Der Artikel mit dem Untertitel André Gide und sein neuer Gegner erschien in der von Bertolt Brecht, Willi Bredel und Lion Feuchtwanger herausgegebenen deutschsprachigen Moskauer Literaturzeitschrift *Das Wort* (Jg. 1936, Heft 5, 86–95). Benjamin hat den Pariser Brief 1 im Juli/August 1936 während seines Besuches bei Brecht in Skovsbostrand geschrieben. – Den Pariser Brief 2 mit dem Untertitel Malerei und Photographie verfaßte er im November/Dezember 1936 in San Remo (5, 422). Er hat am 4.11.36 Margarete Steffin die Vorbereitung mitgeteilt (413) und am 20.12.36 das Manuskript an Brecht gesandt, mit der Bemerkung, die »interessante[n] Sachen darin« »kollidieren nirgends mit den derzeitigen Parolen« (444). Daß der Artikel von der Redaktion angenommen worden sei, teilte Benjamin am 29.3.1937 Margarete Steffin mit. Das Erscheinen unterblieb, möglicherweise wegen der redaktionellen Umbesetzungen infolge der Auflösung des Volksfrontbündnisses und der Moskauer Prozesse. Willi Bredel schied aus der Redaktion aus.

Pariser Brief 1, ein »Essay über faschistische Kunsttheorie« (507) führt über gängige Aussagen über das ›Wesen des Faschismus‹ hinaus. Er nimmt eine Kritik von Thierry Maulnier an André Gide zum geeigneten Anknüpfungspunkt. Einsichten aus den Kunstwerk-Thesen zu Technik und »Ästhetisierung der Politik« (I, 467) werden weitergedacht.

Gide hatte seit 1931 über eine sukzessive Publikation von Tagebuchblättern, die in den *Nouvelles pages de journal* (1936) dann vereinigt erschienen, seinen ›Weg zum Kommunismus‹ begleitet. Wie vorherige *Journal*-Publikationen wollte er auch diese als ›Politik der Aufrichtigkeit‹ verstehen, ein Akt öffentlicher Rechtfertigung zwischen Versuchung zum und Widerstand gegen den Individualismus. 1935 publizierte er *Les nouvelles nourritures*. Dieses Buch nimmt das Frühwerk *Nourritures terrestres* (1897) auf, welches seinerzeit einen Durchbruch zum Ästheten und Moralisten dokumentiert hatte. Als Revision rechtfertigen die *Nouvelles nourritures* das neue soziale Engagement, motiviert von bereits früherer Aversion gegen Besitz, von Mitleid mit Bedürftigen. Suche nach der wahren Menschennatur und ihren Bedürfnissen führt Gide zu einem kulturkritischen Naturbegriff. In der kommunistischen Presse, insbesondere den Literaturzeitschriften, wurde diese ›Wendung‹ Gides enthusiastisch aufgenommen. Die Statur des außerordentlich erfolgreichen, in viele Sprachen übersetzten Schriftstellers galt als ›leuchtendes Beispiel‹, wie ein ›großbürgerlicher‹ Schriftsteller sich selbst zugunsten des Proletariats in Frage stellen und zum Weggefährten der Sowjetunion werden kann (Caute 1964; Leggewie 1992). Diese Konstellation bietet Benjamin den Anknüpfungspunkt, auf beide Titel Gides einzugehen. Einwände und Vorhaltungen von Thierry Maulnier, Mitarbeiter der ›Action française‹, gegen gerade diese Schriften Gides bilden den aktuellen Anlaß des Briefes.

Benjamin leitet Gides »Apologie der Bedürftigkeit« (III, 484) von der Eigentumskritik des jungen Marx her. ›Intellektuellen Faschismus‹ sichtet er dazu kontrastiv aus den *Mythes Socialistes* (1936) von Maulnier: »Was Maulnier zum Faschisten macht, ist die Einsicht, daß die Position der Privilegierten sich nur noch gewaltsam behaupten läßt. Die Summe ihrer Privilegien als ›die Kultur‹ vorzustellen, darin erblickt er seine besondere Aufgabe. Es versteht sich daher von selbst, daß er eine Kultur, die nicht auf Privilegien begründet ist, als undenkbar hinstellt« (486). Im Ansatz ist auch hier wieder Benjamins intellektuellenkritische Sicht von der Aufgabe des Intellektuellen Maßstab, um den Begriff der Kultur nach faschistischer und nicht faschistischer – im revolutionären Sinne politischer – Funktion zu unterscheiden.

Maulnier (d.i. Jacques Talagrand, 1909–1988) galt in den 30er Jahren noch für einen Vertreter der »Jeune Droite«. Zwei Essays, über Nietzsche und über Racine, brachten ihm 1935 den »Grand prix de la critique« ein. Er war ab 1936 fester Mitarbeiter der Zeitschrift ›Action française‹ und hielt diesen Posten bis 1944. Danach zog er sich ganz auf literarische und Theater-

Kritiken zurück und wurde ein erfolgreicher Publizist des *Figaro*, den die Académie française 1964 in ihre Reihen aufnahm. Trotz dieses stromlinienförmigen Lebenslaufes soll er in den 30er Jahren dem Nazismus kritisch gegenüber gestanden haben (Juillard/Winock 1996, 769). Sein Artikel gegen Gide, von äußerst gewandter Stilistik, bedient sich weder einer als faschistisch wiederzuerkennenden Haßrhetorik noch nationalistischer Denkmuster. Es sind vor allem die von Benjamin unterstrichenen Selbstgefälligkeiten des Ästhetizismus, denen nicht mehr zu huldigen er Gide enttäuscht vorwirft und zu deren Statthalter er sich nun aufwirft: Gide separiere sich somit von der humanistisch-intellektuell aristokratischen Tradition (Maulnier 1936, 210).

Vom privilegienbasierten Kulturverständnis her sieht Benjamin eine Verbindung zwischen Kunsttheorie und faschistischer Politik in Europa. Deren intellektuelle Repräsentanten sind nicht die von den faschistischen Machthabern Erkorenen. Es sind die von diesen nur halbherzig geduldeten Wegbereiter, in Deutschland Arnolt Bronnen und Gottfried Benn (III, 485), in Frankreich, neben Thierry Maulnier, Léon Daudet, Louis Bertrand und Pierre Drieu La Rochelle (486), in Italien Marinetti (490 f.). Ihre ›intellektuelle‹ Publizistik sei akkreditierendes Vorspiel. Der Faschismus als Staatsmacht könne nicht sie und sonst »qualifizierte Intelligenzen brauchen. Die meiste Aussicht eröffnet er subalternen Naturen. Er sucht Handlanger des Propagandaministers. Darum wurden Benn und Bronnen verabschiedet« (485). Der intellektuelle Faschist predigt keine ›nackte Gewalt‹, er akkreditiert ›nur‹ die entsprechende Geistesverfassung unter dem Etikett von Bildung und Kultur (486) mittels ekstatischen Irrationalismus (›Schöpfung‹).

Die ›Kultur‹ des NS-Staates ist von anderer Kontur: »Die faschistische Kunst ist eine der Propaganda. Ihre Konsumenten sind nicht die Wissenden, sondern ganz im Gegenteil die Düpierten. [...] Es ist danach selbstverständlich, daß die Charakteristika dieser Kunst sich durchaus nicht mit denen decken, die ein dekadenter Ästhetizismus aufweist. Niemals hat die Dekadenz ihr Interesse der monumentalen Kunst zugewendet. Die dekadente Theorie der Kunst mit deren monumentaler Praxis zu verbinden, ist dem Faschismus vorbehalten geblieben. Nichts ist lehrreicher als diese in sich widerspruchsvolle Kreuzung« (488).

Den Begriff Ästhetizismus erläutert Benjamin epochal adäquat aus dem europäischen fin de siècle heraus an den Beispielen Oscar Wildes und des frühen Gide (487). Bei seiner Option für den Terminus ›Dekadenz‹ klingt darüber hinausgehend die bereits in einem Expressionismus-Aufsatz 1934 von Georg Lukács eingeführte sanktionierende Terminologie der KPD-Literaturpolitik nach, welche die modernistischen Strömungen und Avantgarden meinte. Benjamin schränkt ›Dekadenz‹ auf den intellektuellen Kulturdiskurs wie die Massenpolitik faschistischer Staaten ein, die den »Funktionscharakter der Technik so unkenntlich wie möglich« (490) machten. Alternativ dazu sieht er ›Nüchternheit‹ dem Funktionscharakter der Technik gegenüber als Merkmal der ›Politisierung der Kunst‹.

Wladimir Majakowski steht für sie. Der russische Futurist – er hatte 1928 Selbstmord verübt, u. a. wegen der Hintertreibungen seines Theaterstückes *Das Schwitzbad* – ist im Kontext von Volksfront und Realismus Anathema. ›Nüchterne Technik‹ kann als Schmuggelware genommen werden.

Umgekehrt vermag er mit Maulnier die Mentalität der französischen Rechten auf ›Ästhetiken‹ des offiziellen Italien und Deutschland abzubilden. Glaubensbekenntnisse zur Funktionslosigkeit der Technik – schon Marinettis Preisgesang »An meinen Pegasus« ist dafür einschlägig – treffen sich mit monumentaler Massenkunst und Ästhetizismus, sie münden in die »Kriegskunst« (492). »Sie verkörpert die faschistische Kunstidee ebenso durch den monumentalen Einsatz an Menschenmaterial wie durch den von banalen Zwecken gänzlich entbundenen Einsatz der ganzen Technik. Die poetische Seite der Technik, die der Faschist gegen die prosaische ausspielt, von der die Russen ihm zu viel Wesens machen, ist ihre mörderische« (ebd.).

Benjamin gewichtet dichotomisch: monumentale Kunst und totale Technik auf der einen, »nüchterne«, einfache Kunst und funktionale Technik auf der anderen Seite. Letztere entmystifiziert jene erste. Es ist zuletzt der nichtelitäre, antitechnokratische Bildungsgedanke, von dem aus Benjamin seine Kritik des Monumentalismus anlegt. ›Nüchternheit‹ macht die Subjekte zu solchen ihrer Lebens- und Arbeitsweise. Die Fundamente des Benjaminschen Bildungsverständnisses sind in früheren Aufsätzen gelegt, vor allem in Erfahrung und Armut sowie einzelnen Reflexionen der Einbahnstrasse. In der Besprechung zu Ernst Jüngers »Krieg und Krieger« (1930) findet sich die Dichotomie zwischen faschistischer Technokratie und nüchterner Technik präfiguriert: »selbst die Habitués chtonischer Schreckensmächte, die ihren Klages im Tornister führen, werden nicht ein Zehntel von dem erfahren, was die Natur ihren weniger neugierigen, nüchterneren Kindern verspricht, die an der Technik nicht einen Fetisch des Untergangs, sondern einen Schlüssel zum Glück besitzen« (249 f.). – ›Nüchternheit‹, ›heilige Nüchternheit‹, ist ein Schlüsselwort, das seinerseits kategorial zum Bildungsgedanken zurückgeführt werden kann, wie er Benjamin in Hölderlins und Novalis – von ›Nüchternheit der Prosa‹ handelt DER BEGRIFF DER KUNSTKRITIK IN DER DEUTSCHEN ROMANTIK (I, 103–107) – Sprach- und Subjektkonzeption bedeutsam gewesen ist; ein »besonnenes Verhalten ist die Reflexion das Gegenteil der Ekstase« (104). Verwandt ist sie mit dem »positiven Barbarentum« (Lindner 1978, 184; 219) des Konstruktivismus, auch der ›wahren‹ Volkstümlichkeit Johann Peter Hebels.

Die Schlußabschnitte erfüllen terminologisch ›den Kommunismus‹. Entsprechend der Gegenüberstellung von Monumentalkunst und ›Nüchternheit‹ bemüht Benjamin ›derzeitige Parolen‹: neben ›Dekadenz‹ ist die Sowjetunion als Vorbildstaat in Polytechnik wie der ›lesenden Massen‹ herausgestellt – ein Zitat aus Jean-Richard Blochs Rede auf dem Schriftstellerkongreß in Paris 1935 in einer ›Grußadresse‹ an die Sowjetunion (III, 492). Umgekehrt hält er dem linken Lager, speziell der kommunistischen Literatur, mit der »Ästhetik des Schöpferischen« (III, 493) einen Spiegel vor: »Die angestrengte Betonung des Schöpferischen, die uns aus der Kulturdebatte geläufig ist, hat vor allem die Aufgabe, davon abzulenken, wie wenig das derart ›schöpferisch‹ erzeugte Produkt seinerseits dem Produktionsprozesse zugute kommt, wie ausschließlich es dem Konsum verfällt« (ebd.). Es komme aber auf eine Auffassung vom Schriftsteller an, »der Rechenschaft« als »Verfertiger von seiner Prozedur geben kann« (493 f.), dem »das Wort ›Text‹ – vom Gewebten: textum – [...] ein [...] Ehrenname« (494) ist.

Der Artikel dürfte kaum eine größere Wirkung erzielt haben. Die Redaktion hat ihn über die Typographie zu einer Art Anhang des Heftes degradiert. Die politische Entwicklung des Stalinismus in der Sowjetunion zog genau zum Zeitpunkt der Abfassung wie des Erscheinens die unabhängigen und kritischen Befürworter der Volksfront in den Strudel der Ereignisse. Im August 1936 ist der erste Moskauer Prozeß gegen Sinowjew, Kamenew und andere Revolutionäre der Jahre 1917 bis 1922 geführt worden, mit dessen Inszenierung als Schauprozeß Stalin die unumschränkte Alleinherrschaft an sich riß (Schrader 1995). Damit erfolgte bei den Linksintellektuellen Europas eine krisenreiche, verzweifelte Entwicklung. Benjamin selbst spricht während der Ausarbeitung des Briefes von den »gerade jetzt so beklemmenden Prozesse[n] in Moskau« (5, 367). André Gide weilte den Sommer über als Gast des Schriftstellerverbandes in der Sowjetunion. Er, der berühmteste ›fellow traveller‹, verfaßte anschließend *Retour de l'URRS* (1936). Das Buch drückt große Skepsis gegen das autoritär-autokratische Gesellschaftssystem aus, Distanz zu den gerade ihm entgegengebrachten Privilegien. Es erschien im Dezember 1936, am Beginn einer breit angelegten internationalen Kampagne als ›Renegaten‹ gegen den berühmten Autor (Kambas 1983, 172; Wizisla 2004, 241). – Zum Zeitpunkt des Erscheinens von PARISER BRIEF 1 ist die Intellektuellendebatte der Volksfront an ein Ende gelangt. Die Mitarbeit Benjamins am *Wort* bot für die Geheime Staatspolizei 1939 den Vorwand, ihm die deutsche Staatsbürgerschaft abzuerkennen (Fuld 1979, 160 f., Abb.).

»Pariser Brief II«

Auf Vorschlag von Brecht, sich mit einem Sammelband *A la lumière du marxisme* für das *Wort* zu befassen, begann Benjamin bereits im September 1936 noch in Skovsbostrand mit ersten Überlegungen zum PARISER BRIEF 2. Er mußte aber die Ausarbeitung bis auf seine Rückkehr nach Paris verschieben, denn zur Abfassung waren die beiden Sammelbände ebenfalls dort noch zu beschaffen und durchzuarbeiten. Abgeschlossen hat er den 2. PARISER BRIEF im Dezember 1936, kurz nach Erscheinen des ersten (November 1936). Willi Bredel sicherte den Druck des Briefes im März 1937 zu.

Der Artikel erschien erst posthum in den GS. Er schließt mit einer Ahnung, als beschwöre der Verfasser von der Münchener Ausstellung »Entartete Kunst« (1936) her die Arbeitsbedingungen der Künstler in Deutschland: Maler, denen im faschistischen Staat das Malen untersagt ist, malten heimlich »die fahlen Landstriche ihrer Bilder, die von Schemen und Monstren bevölkert werden, nicht der Natur abgelauscht, sondern dem Klassenstaat« (III, 507). Die Metaphorik, in der Benjamin über ungegenständliche Malerei und ihre aktuellen Themen spricht, läßt die politische Bildqualität nichtnaturalistischer Gegenstände aufscheinen. In Richtung auf das Realismus-Gebot in der Volksfrontdebatte gesprochen besagt das, wie notwendig zweideutig jede Norm in der bildenden Kunst ausschlägt. Wie komplex sich die Probleme überlagern, expliziert Benjamin bereits einleitend. Er stellt die beiden Sammelbände vor, die seinem Aufsatz zugrundeliegen. Der eine war vom Institut für Internationale intellektuelle Zusammenarbeit des Völkerbundes, Vorläufer der UNESCO, in Paris herausgegeben und enthielt eine Reihe von Vorträgen, die in Venedig 1935 gehalten waren: »Entretiens, L'art et la réalité« (Paris 1935). Der Band »La querelle du réalisme« (Paris 1936) war im Parteiverlag des PCF, ESI, erschienen und faßt drei öffentliche Vortrags- und Diskussionsabende zusammen, die in Paris im Mai und Juni 1936 von der Maison de la Culture, vermutlich von ihrem Generalsekretär, Louis Aragon, organisiert waren. Auf dem Kongreß in Venedig, so Benjamin, habe der Faschismus eine offene Sprache geführt, und dennoch seien hier auch ausgesprochen überlegte Betrachtungen angestellt worden. Umgekehrt wiesen die in Paris gehaltenen Reden immer wieder schablonenartige Züge auf.

Das angekündigte Bemühen, am »Venezianer Kongreß« eine offene Sprache des Faschismus (496) herauszuhören, kann Benjamin insgesamt nicht einlösen. Blaß bleibt der Versuch, »snobistisches Kauderwelsch« des Kunsthandels, dessen modischen »Slang« (498) und damit tendenziell Theorielosigkeit mit einer faschistischen Gesinnung in Zusammenhang zu bringen. Umgekehrt soll die Zusammenführung von Malerei und Literatur auf den Pariser Veranstaltungen schon eine konstruktive Anlage zur Theorie eröffnen. Eine zum Pariser Brief 1 analoge begriffskonturierende Sicht auf den Faschismus und die Kritik an ihm leistet Benjamin in diesem Fortsetzungsbericht nicht. Der Beitrag hat dennoch seinen Stellenwert. Erstens macht er gegen ein naiv gegenstandsbezogenes Abbildverständnis (›Realismus‹) die Aisthesis im Wahrnehmungsvorgang geltend. Damit wiederholt er in Kurzform den Ausgangspunkt der Kunstwerk-Thesen. (Ihr Erscheinen auf Französisch fiel in die Zeit der Abfassung des 2. Pariser Briefes.) Benjamins Rekurs, jetzt für ein breiteres Publikum, nutzt den Brief zu Themen wie Erziehung des optischen Sinnesvermögens, als Referenz auf den Wiener Kunsthistoriker Hans Tietze, der die Theorien der Gesichtswahrnehmung von Alois Riegl weitergedacht hat, schließlich zu einer Kurzfassung seiner Theorie der Reproduktion und des Verfalls der Aura.

In einem zweiten Schritt empfiehlt er die jüngst auf Französisch erschienene Schrift *La photographie en France au dix-neuvième siècle* (1936, dt. 1968) von Gisèle Freund, der später berühmt gewordenen Photographin, einer Emigrantin in Paris. Die Grundgedanken Freunds, etwa über die Konkurrenz zwischen Malerei und Photographie um die Abbildqualität des Porträts, Motor einer Erfindungsreihe bildkünstlerischer Techniken, sind in zuverlässiger, gelegentlich kritischer Manier gewichtet. Eine hohe Wertschätzung der Studie ist herauszuhören (vgl. auch 500 ff. und 542–544).

Freund untersuchte eine Geschichte des Porträts in Frankreich seit 1780 und zeigte, wie der Aufstieg der Photographie zusammen mit dem des Bürgertums erfolgte. Das Porträt wurde über die neue Technik nun breiteren Schichten erschwinglich (501). Die Photographie trat von der Gebrauchsform her als Kunst auf, dabei sei sie als solche aber eine Ware gewesen. Eben dieser Widerspruch führte zu der breiten Auseinandersetzung um den Kunstcharakter der Photographie. Hierzu ergänzt Benjamin seine eigene These von der Abschaffung des Kunstcharakters in toto durch die Erfindung der Reproduktion des Kunstwerks (501 f.).

Die Auseinandersetzung Benjamins mit Louis Aragon erfährt in diesem Brief ihren Höhepunkt. Sie spitzt sich auf zwei Dinge zu, auf die Priorität der ›Entdekkung‹ von Gisèle Freunds Erkenntnissen und auf Kontinuität versus Preisgabe surrealistischer Einsichten. Letzteres wird aber von Benjamin wenig grundsätzlich erörtert. Wenn der Artikel jedoch auf den ersten Blick als nahezu huldigende Referenz an Aragon erscheint, erweisen sich bei genauer Lektüre die kritischen ›Spitzen‹.

Mit *Le peinture au défi* (1930) erinnert Benjamin Aragon daran, wie er einst die Collage als Surrealist bewertet hatte, »eine Gewähr für die revolutionäre Energie der neuen Kunst [...]. Das war 1930. Aragon würde diese Sätze heute nicht mehr schreiben. Der Versuch der Surrealisten, die Photographie ›künstlerisch‹ zu bewältigen, ist fehlgeschlagen« (504). Damit tritt der Berichterstatter dem ehemaligen Surrealisten in der Rolle eines Kritikers des Surrealismus gegenüber. Das nun konterkariert Aragon, denn dieser bezog sich bereits in seinem Vortrag auf die frühere eigene Schrift, um die Kontinuität seines Denkens zu betonen: daß »mir nicht mehr alles gleichermaßen gültig erscheint, [...] aber insgesamt mit meinem heutigen Denken weitgehend übereinstimmt« (Klein 2001, 66). Die Übereinstimmung setzt er mit dem alten Urteil an, im 19. Jh. habe es einen Wettbewerb zwischen der Malerei und der Photographie um die Detailgenauigkeit gegeben, was demnach mit einem Sieg des Realismus in beiden Formen endete. Doch dann im 20. Jh. formalisiere sich die Photographie. Aragon urteilt über Man Ray und »den wesentlich statischen Charakter der Fotografie«. Er habe »die maniera der modernen Maler zu reproduzieren« (70) getrachtet. Mit anderen Worten, Man Ray verfolge rein formale Intentionen, er konkurriere mit der ungegenständlichen Malerei. Dies läßt Aragon wohl eben noch als Kunst einer überholten Epoche gelten, nicht aber für die revolutionäre Dynamik der Volksfrontzeit. Für sie, meint er, sei die bewegliche Kamera wegweisend, da »sie sich eingemischt hat in das Leben« (72). – Die damals neuen Leica-Apparate ermöglichten in der Tat das Bild, das Menschen und Dinge in freier Bewegung festhalten konnte, die Momentaufnahme. – Man Ray, so Aragon, möge man als einen Photographen von künstlerischer Qualität schätzen, doch nicht »über das Datum des 6. Februar (1934) hinaus« (73; eine Anspielung auf die »Front commun«, vgl. w.u.). Aragons gesamter Denkduktus ist rhetorisch bestimmt, und so ordnet er, ohne explizit normativ aufzutreten, das die Moderne Kennzeichnende dem Realismus unter. Dogmatismus setzt sich mittels rhetorischer Pointen und Ausgrenzungen durch.

Benjamin unternimmt, im genauen Umkehrverfahren nicht Man Ray als vielmehr den Wert der surrealistischen Photographie in Frage zu stellen: »Der Irrtum der kunstgewerblichen Photographen mit ihrem spießbürgerlichen Credo [...] ›Die Welt ist schön‹ [...] war auch der ihre« (III, 504 f.). Solcher Schlagabtausch über Inhaltsaussagen von Photographien mutet, gemessen an elaborierten Semiotiken des Bildes, naiv an. Der Vergleich aber ist so wenig abwegig wie das Thema »Surrealismus und Vermarktung«. Das Tertium comparationis der Photographie beider Stilrichtungen kann im magischen Realismus gesucht werden.

Mit Man Ray schützt Benjamin überhaupt experimentelle Fototechniken (504) gegen Aragon ab. Dieser habe Dada und die Collage seinerzeit favorisiert: »Das war 1930. Aragon würde diese Sätze heute nicht mehr schreiben« (ebd.). Die umständlich angelegte Kritik an Aragon läßt Benjamin schließlich fallen, um ihn zu vereinnahmen: Er sichte »das kritische Element in der Photographie [...] selbst im scheinbar formalen Werk eines Kameravirtuosen wie Man Ray« (505). Wer das dialogische Spiel des Pariser Brief 2 verfolgt, gewinnt den Eindruck, der Berichterstatter belehre den Surrealisten über die Stilentwicklung der Moderne und über das Potential des Surrealismus.

Berichterstatter und kommunistischer Dichter-Organisator entwenden sich offenbar wechselseitig die Informationstexte. So führt Benjamin Aragons Aufsatz »John Heartfield et la beauté révolutionnaire« an (ebd.), verweist aber nicht auf Aragon und augenscheinlich dessen Überlegungen zu Courbets Leistung für die ›Gesichtsfelderziehung‹. Und umgekehrt tut es bereits schon Aragon mit der Studie von Gisèle Freund, die er kräftig ausschlachtet. Schließlich gibt er deren Ergebnisse gar als eigene ältere Erkenntnisse aus. Benjamin wiederum erwähnt dies alles als Berichterstatter nicht. Er referiert Freund unabhängig von Aragon, auch unabhängig von dessen Vereinnahmung. Was wie ein Spiel mit verdeckten Karten erscheint, könnte auf ein vorangegangenes Gespräch Benjamin-Aragon über die Photographie zurückgehen, den Gegenstand gemeinsamen Interesses. Insofern rückt Benjamin mit den taktischen Akzenten, die er in Aragons Beitrag setzt, die Verhältnisse wieder zurecht.

Sachlich löst der Artikel nicht überzeugend ein, was sich Benjamin vor der Niederschrift davon versprochen hat, »eine Betrachtung über den gegenwärtigen Grundlagenstreit in der Malerei« zu erstellen, »kraft deren ich die in meinem letzten größern Aufsatz [Kunstwerk-Thesen, d. Verf.] enthaltene Prognose über den Funktionsschwund der Tafelmalerei auszugestalten gedenke« (5, 411).

»Der Autor als Produzent«

Der Text erschien posthum (1966). Überliefert ist er als Typoskript. Benjamin beabsichtigte, den Text in seiner rhetorischen Vortragsform erscheinen zu lassen, zunächst in der von Klaus Mann herausgegebenen Zeitschrift *Die Sammlung* (Amsterdam, Querido-Verlag). Bei den Unterhandlungen war strittig, ob er unter eigenem Namen oder unter Pseudonym erscheinen sollte. Letzteres bevorzugte Benjamin (vgl. 4, 401, 421; Braese 1998, 65 f.). Der archivalisch überlieferten Redaktionspost heute nach zu urteilen, gab schließlich die Empfehlung von Heinrich Mann den Ausschlag, von einer Publikation abzusehen. Er schrieb am 22. Mai 1934 an seinen Neffen: »Lesenswert fände ich die Seiten über Brecht. Diese, erweitert und der Angriffe gegen Andersgerichtete entkleidet, ergäben einen Artikel. Bringst Du dagegen den ganzen, wie er vorliegt, dann empfehle ich dringend für die nächste Nummer einen anderen mit anderen Gesichtspunkten. Die emigri[e]rte Literatur darf nicht auch noch vermittels der *Sammlung* so aussehen, als bestände sie ganz aus den Resten – oder Vorläufern – einer Partei« (zit. n. Wizisla 2004, 191). Obgleich sich Heinrich Mann prinzipiell den ›Fehdehandschuh‹ aufzunehmen bereit zeigte, unterstellte er Benjamin, einem »kommunistischen Literaten« (ebd.), und generalisierend ›Seinesgleichen‹, Führer- und Staatsgläubigkeit sowie »eine Geistesart wie die Nazi«. »Die Autorität der schöpferischen Leistung giebt [sic] es für sie nicht...« (ebd.). Der Brief Heinrich Manns darf als eines der frühesten Rezeptionszeugnisse dieses immer wieder umstrittenen bzw. polarisierenden Vortrags gelten. Letzteres gilt insbesondere auch für den Beginn der posthumen breiten Rezeption Benjamins seit der zweiten Hälfte der 60er Jahre. In ihr gab der Text den Auftakt (alternative 56/57, 229) zu zahlreichen Bemühungen einer ›systematischen Rekonstruktion‹ einer historisch-materialistischen Literaturtheorie Benjamins. In Antikritik daran wurde er der Bezugstext zur Warnung vor seinem historischen Materialismus (Scholem, Adorno). Im Zuge der überragenden weltweiten Wirkung von Brechts Dramatik ist gerade dieser Text Benjamins bereits früh in zahlreiche Sprachen übersetzt worden.

Brecht und Adorno gegenüber hat Benjamin seinen Vortrag als »Pendant zu meiner alten Arbeit über das epische Theater« vorgestellt. (4, 427 f.; 429) In den Briefen an Klaus Mann betonte er die Dignität seiner Auseinandersetzung mit Heinrich Mann. Sie sei »eine Frage, die infolge der Niederlage der deutschen Intelligenz akuter als sie es je war geworden ist« (421). 1936 hatte Benjamin eine weitere Aussicht auf Publikation dieses Vortrags, die sich aber gleichfalls zerschlug. *Vox critica*, die in den Niederlanden von Harald Landry geplante dreisprachige Revue, blieb ein Projekt im Planstadium. Landry gegenüber akzentuierte Benjamin den Gegenstand seines Vortrags noch pointierter: »Er beschäftigt sich mit der politischen Analyse gewisser literarischer Gruppierungen, wie sie sich in Deutschland zwischen 1920 und 1930 haben studieren lassen. Er sucht insbesondere das Maß an Verantwortung zu bestimmen, die diese Schulen an der Niederlage der deutschen Intelligenz tragen« (5, 321). Benjamin sprach hier von einem »Essay«.

Auf die Veröffentlichung in Vortragsform ist die Angabe zum Titel »Ansprache im Institut zum Studium des Fascismus in Paris am 27.4.1934« (II, 683) zu beziehen. Als gängige deutsche wie französische Abkürzung für Institut pour l'étude du fascisme setzte sich INFA durch. Obgleich das Datum unstimmig sein kann (aber nicht sein muß; vgl. 4, 403 f.), kann von einem tatsächlich gehaltenen Vortrag, wahrscheinlich vor dem Publikum der Mitarbeiter, ausgegangen werden. Der Vortragsort sollte in der *Sammlung* hervorgehoben werden, damit an den im Heft zuvor von Philippe Soupault erfolgten Aufruf zugunsten des INFA angeknüpft würde (401; Kambas 1983, 78).

Das Datum ist von weiterer Bedeutung: Nach den großen Einheitsfrontdemonstrationen infolge des 6. Februars 1934 ist Benjamins Thema aktuell, da es im neuen politischen Kräftefeld der späten Dritten Republik verstanden wird. Sirinelli und Ory sprechen vom »choc du 6 fevrier sur l'intelligentsia« (1986, 94 ff.). An diesem Tag erfolgte eine paramilitärische Provokation der extremen Rechten. Sie hatte zum Ergebnis, daß ein breites Linksbündnis und in dessen Folge die Regierung Léon Blum zustande kamen. Diese mußte dann im Herbst 1936 bereits abdanken. Die Debatte innerhalb der Linken in Frankreich stand nach dem 6. Februar unter dem Vorzeichen unmittelbar praktischer Handlungskonsequenzen einer breiten, gegen die Rechte und einen möglichen Krieg artikulierten politischen Willensbildung. INFA, eine deutsch-französische Initiative von Exilanten und schon zuvor gegründet, wobei zu seinen Initiatoren auch Brecht gehörte (Kambas 1983, 26–32), darf sich als Teil der zahlreichen Warnzusammenschlüsse französischer Intellektueller verstehen. Diese Gegenöffentlichkeit ist in der Geschichtswissenschaft alternativ zum Scheitern des deutschen Bürgertums angesichts des Nationalsozialismus bewertet.

Die Bedeutung des Textes liegt in den beiden Gesichtspunkten, die Heinrich Mann bereits sah, wenn auch von seinem Standpunkt her nicht verstehen konnte. Der eine ist eine Theorie der Autorschaft, die sich exemplarisch an Sergej Tretjakow und Bertolt Brecht zu einer Theorie der Gattungen und der Literarizität weitet, der andere ist der Versuch der Selbstortung des Sprechenden in der Kritik des Politikverständnisses linker Schriftsteller nach 1918 bis in die späten Jahre der Weimarer Republik. In letzterem sucht Benjamin eine Selbstbefragung seiner Zuhörerschaft zu erreichen, die er im Unterstellten (›richtige Tendenz‹, ›Klassenverrat‹) kommunistischer Literaturpolitik aufnimmt.

Die Abschnitte über Sergej Tretjakow und die literatura fakta (Brüggemann 1973, 167; Kambas 1983, 39–45) führen in eine besondere Konstellation von Literatur und Gesellschaft ein. Lebendigkeit und Eindringlichkeit der Darstellung gleichen dabei manchen Beobachtungen Benjamins im Moskauer Tagebuch. Tretjakows Beispiel macht anschaulich, auf welche Weise die Arbeiten eines einzelnen Schriftstellers zu einem rudimentär literarischen Arbeiten innerhalb überschaubarer Kollektiva anleiten. Jene Aktivitäten werden dann Teil der allgemeinen Arbeit, insbesondere ihrer Organisation, und schließlich strukturieren sie das Geschichtsbewußtsein des Arbeitskollektivs. Vorausgesetzt ist ein staatlicher Kommunismus, der solche Initiativen von Autoren zur, im weitesten Sinne, Volksbildung auch fördert. »Einberufung von Massenmeetings; Sammlung von Geldern für die Anzahlung auf Traktoren [...] Inspektion von Lesesälen; Schaffung von Wandzeitungen und Leitung der Kolchos-Zeitung; Berichterstattung an Moskauer Zeitungen; Einführung von Radio und Wanderkinos usw. [...] Die Aufgaben, denen er sich da unterzogen hat, werden Sie vielleicht einwenden, sind die eines Journalisten oder Propagandisten; mit Dichtung hat das alles nicht viel zu tun. Nun habe ich aber das Beispiel Tretjakows absichtlich herausgegriffen, um Sie darauf hinzuweisen, von einem wie umfassenden Horizont aus man die Vorstellungen von Formen oder Gattungen der Dichtung an Hand von technischen Gegebenheiten unserer heutigen Lage umdenken muß, um zu jenen Ausdrucksformen zu kommen, die für die literarischen Energien der Gegenwart den Ansatzpunkt darstellen« (II, 686 f.).

An Tretjakow macht Benjamin auch anschaulich, wie sehr der Schriftsteller von seiner bürgerlichen Sonderrolle und ihren Verheißungen, ›Ruhm und Größe‹, Abstand nimmt. Und schließlich ist mit diesem Konnex von Literarizität, Arbeit und Sozietät von den technischen Medien der ersten Hälfte des 20. Jh.s aus die Umschichtung im Gattungsgefüge gesehen: »daß wir in einem gewaltigen Umschmelzungsprozeß literarischer Formen mitten innestehen, einem Umschmelzungsprozeß, in dem viele Gegensätze, in welchen wir zu denken gewohnt waren, ihre Schlagkraft verlieren könnten« (II, 687).

Die Relativität des Gattungskanons verlangt nach neuer Ausrichtung der literarischen Arbeit wie auch der Wertung. »Nicht immer hat es in der Vergangenheit Romane gegeben, nicht immer wird es welche geben müssen; nicht immer Tragödien; nicht immer das große Epos. Nicht immer sind die Formen des Kommentars, der Übersetzung, ja selbst der sogenannten Fälschung Spielformen am Rande der Literatur gewesen« (ebd.). Die Worte zugunsten der kleinen, auch ›niedrigen‹ Formen sind zu einem Zeitpunkt gesagt, zu dem die kommunistische Literaturpolitik Abschied von der Agitationsliteratur und Reportage genommen hat und die Erwartung an das große Werk lanciert ist. Insofern widerspricht Benjamins Rede literaturpolitischen ›Devisen‹ so gut wie der allgemeinen Mode der 30er Jahre, zum Roman zurückzukehren.

Brechts Beispiel steht für den Handlungsraum des Schriftstellers in der Kultur Westeuropas (689) und des Kapitalismus, die sich als gewachsen und überliefert versteht. Auch sein Beispiel ist, was den Abschied von der Avantgarde angeht, antizyklisch gewählt. Es steht zugleich für den Antifaschismus, und hierbei kommen Gesichtspunkte zur Geltung, nun nicht im Namen des Überlieferten, etwa der abendländischen Kultur, eine Organisierung gegen den Faschismus zu denken, sondern so, daß dabei dieses Überlieferte, die »Institute« und »Apparate« wirksam genutzt werden. »›Die Publikation der ›Versuche‹, so leitet der Autor [Brecht, d. Verf.] die gleichnamige Schriftenfolge ein, erfolgt zu einem Zeitpunkt, wo gewisse Arbeiten nicht mehr so sehr individuelle Erlebnisse sein (Werkcharakter haben) sollen, sondern mehr auf die Benutzung (Umgestaltung) bestimmter Institute und Institutionen gerichtet sind.‹ Nicht geistige Erneuerung, wie die Fascisten sie proklamieren, ist wünschenswert, sondern technische Neuerungen werden vorgeschlagen« (691).

Wie immer im einzelnen Benjamin mit Blick auf Brecht gerade in diesem Vortrag seine Position zu konturieren sucht, er teilt mit ihm die Kritik des Bildungsprivilegs. »Umschmelzungsprozeß literarischer Formen« (694), »Modellcharakter der Produktion« (696), ›Mittel der Produktion‹, ›organisierende Funktion‹, ›Haltung vormachen‹, ›Umfunktionierung‹ – dies alles stammt aus der mit Brecht gemeinsamen Arbeit und Diskussion um 1931, insbesondere dem *Dreigroschenprozeß*. An der Zusammenarbeit Brecht-Eisler werden schließlich multimediale Möglichkeiten innerhalb des Theaters sowie die Öffnung der Konzertform für weitere Künste berührt, was als Öffnung zum Alltag hin verstanden ist.

Benjamins Sicht, 1934 ›unzeitgemäß‹, denkt Entgrenzungen der Formen wie Öffnung der Institutionen, die seit den 1960er Jahren für die Performances kommerzialisierbar werden. Er denkt zugleich an frühere analoge Vereinnahmungen durch Markt und Mode. Die Konsumkultur bildet somit jene andere Seite der Grenze einer sterilen Kunstnorm, gegen die er Brecht abheben muß, eine Gefahr, der sich Brecht selbst zeitlebens bewußt war. Im Vortrag kommt Benjamin unter dem Stichwort ›Neue Sachlichkeit‹ adversativ darauf zu sprechen. Gemeint ist der Kunst- und Kulturkonsum, für den vielfältige Reize ersonnen werden, sei es gefällige Banalität (695), sei es Massenarrangement (697). Der im Medienbetrieb blinde Autor wird zum Lieferanten.

Widerstand wird vor allem von der modernen Subjektkonzeption her gedacht sowie von der Rechenschaft des Autors seiner Arbeit gegenüber. Brecht habe von der Montage in Film und Funk gelernt und sie auf der Bühne – dramaturgisch und textuell – umgesetzt, was eine Applikation der »entscheidenden Methoden der Montage aus einem oft nur modischen Verfahren in ein menschliches Geschehen bedeutet« (698). Das heißt: »Er stellt dem dramatischen Gesamtkunstwerk das dramatische Laboratorium gegenüber« (ebd.).

Mit der Subjektkonzeption formuliert Benjamin einen wichtigen Grundsatz einer Theorie des Theaters: »Die Exponierung des Anwesenden« (ebd.). Die leibliche Präsenz des Menschen, seine Sprache und sein Handeln auf einer Bühne – die kultische wie intellektuelle Form – lassen sich medial nicht ersetzen. Mit dieser Sicht auf die Anthropologie der Form verbindet Benjamin die Frage nach dem Subjekt, dem Bild des Menschen der Gegenwart: »Im Mittelpunkt seiner Versuche steht der Mensch. Der heutige Mensch; ein reduzierter also, in einer kalten Umwelt kaltgestellter. [...] Aus kleinsten Elementen der Verhaltungsweisen zu konstruieren, was in der aristotelischen Dramaturgie ›handeln‹ genannt wird, das ist der Sinn des epischen Theaters« (698 f.). Exponierung und Armut thematisieren mit der condition humaine der Gegenwart den modernen Autor. In beiden ist die Grenze von ästhetischer Relevanz gegen kommerzielle Kunstroutine gezogen.

Die polemische Sprache, die Benjamin gegen Erich Kästner, Walter Mehring und Kurt Tucholsky führt, entstammt diesen Motiven. Ursprünglich in den Debatten mit Brecht über die Zeitschrift *Krise und Kritik* begonnen, steht die Polemik in der Rezension LINKE MELANCHOLIE und ist von hier in den Vortrag übernommen (VI, 171–183): »daß sie [die Neue Sachlichkeit, d. Verf.] den Kampf gegen das Elend zum Gegenstand des Konsums gemacht hat« (II, 695), eine »Umsetzung revolutionärer Reflexe [...] in Gegenstände der Zerstreuung« will, »Gegenstück zu der feudalistischen Mimikry, die das Kaiserreich im Reserveleutnant bewundert hat« (ebd.), sei. Das alles läßt sich auf einen Punkt bringen. Die ernstzunehmende Frage nach dem modernen Ich wird nicht gestellt, seinem So-Sein wird der Anstrich des Allgemeinmenschlichen gegeben. Genau gelesen, erhebt Benjamin damit den Vorwurf ethischen Nihilismus.

Benjamins Positionssuche

Was besagt diese Positionssuche Benjamins in einer Ansprache an – wie rhetorisch erkennbar – die parteigebundene Linke? Als Vortragender manifestiert er eine tendenziell marginale Position. Tretjakow ist in den 30er Jahren für Brecht die wichtigste Person in Moskau, sein Übersetzer. Im Zusammenhang der kommunistischen Literaturpolitik und Zeitschriften aber sind auch sie beide Marginalisierte. Benjamin ist sich der Unzeitgemäßheit sehr bewußt, der Vortrag hätte sonst nicht so angelegt sein müssen.

Mit dem »Aktivismus« (689) berührt Benjamin die Frage ›Intellektuelle und Politik‹ direkter als in den Passagen zur ästhetischen Praxis. Drei Schriftsteller, die unterschiedlicher kaum sein können, werden für den »Aktivismus« beispielhaft angeführt: Heinrich Mann, Kurt Hiller und Alfred Döblin. Wiewohl H. Mann nur en passant Erwähnung findet (»ihre politischen Manifeste von Heinrich Mann bis Döblin«, 690), ist im Zeithorizont die vor allem mit dem Namen Heinrich Mann verbundene Rhetorik des Humanismus bzw. der ›tentation des Lumières‹ gegen den ›Ungeist‹ gemeint. Insofern ist Benjamins Polemik aus Anlaß des »Aktivismus« auch eine Positionssuche, welche die spätere von Adorno und Horkheimer gesichtete ›Dialektik der Aufklärung‹ mit einbezieht.

Anstoß aber nimmt er vor allem am Diskurstypus, dem expressionistischen Pathos, wie es ›den Menschen‹ anrief. In den Gesellschaftsvorstellungen meint er Kurt Hiller: »Das Schlagwort, in welchem die Forderungen des Aktivismus sich zusammenfassen, heißt ›Logokratie‹, zu deutsch Herrschaft des Geistes. Man übersetzt das gern Herrschaft der Geistigen. [...] Man kann es diesem Begriff mühelos anmerken, daß er ohne jede Rücksicht auf die Stellung der Intelligenz im Produktionsprozeß geprägt ist« (689 f.). Nichtsdestotrotz lassen sich zum Eliteverständnis von H. Mann analoge Belegstellen finden (H. Mann 1981, 16). Hiller aber wollte »die Geistigen denn auch nicht ›als Angehörige gewisser Berufszweige‹ sondern als ›Repräsentanten eines gewissen charakterologischen Typus‹ verstanden wissen« (II, 690). »Seine Geistigen repräsentieren bestenfalls einen Stand« (ebd.). Die von Benjamin monierten Vorstellungen ständischer Art weisen eine gewisse Gemeinsamkeit mit denen von Benda auf. »Mit anderen Worten: das Prinzip dieser Kollektivbildung ist ein reaktionäres; kein Wunder, daß die Wirkung dieses Kollektivs nie eine revolutionäre sein konnte« (ebd.). Unter diesem Gesichtspunkt allerdings überzeugt kaum, wenn Benjamin Alfred Döblin zur ›Logokratie‹ rechnet. Wenn sich Döblin auch als ›Geistiger‹ verstand, so verband er damit keinen Repräsentationsanspruch.

Ist Benjamins Rhetorik der Dichotomie Anpassung an seine Zuhörerschaft? Vielleicht gibt es in diesem Punkt eine Nachahmung Brechts, der zeitweise auf Lernprozesse über Fraktionierung setzte. Der Stil selbst gehört auch in die französische Pamphletistik. Gegenläufig wirkt in eben diesem Punkt – und das betrifft nicht nur die Form des Sprechens – Benjamins intellektuellenkritischer Einsatz für den Intellektuellen. Darin richtet er sich gegen das Selbstverständnis als ›Geistige‹ in toto. Dieses nämlich reflektiert nicht das Bildungsprivileg, das an jeder Machtpartizipation mitwirkt. Darüber gibt die Rezension zum Vergil-Buch Theodor Haeckers Aufschluß, der keine »Worte für die barbarischen Bedingungen findet, an welche jeder heutige Humanismus gebunden ist. Es ist die Unaufrichtigkeit und der Hochmut der Geistigen [...], dieselben Züge, die es ihnen erlauben, die Bezeichnung als ›Geistige‹ ohne Schamröte und aus keinem anderen Grund hinzunehmen, als weil sie nicht imstande sind, sich Rechenschaft von ihrer Stellung im Produktionsprozeß zu geben« (III, 321). Hier ist ausgegangen von einer Kritik des eurozentrischen Weltbildes, das der »›Idee des Menschen‹« zugrundeliegt (320). »Nichts kennzeichnet ja ihre Hilflosigkeit, ihren Mangel an Wirklichkeitssinn so kraß wie die klägliche Unmittelbarkeit, mit der der ›reine Geist‹ in ihnen ohne viel Federlesens an ›den Menschen‹ sich wendet. ›Der Mensch‹ und ›der Geist‹ haben in diesen Köpfen eine Gespensterfreundschaft geschlossen« (319). An die, die sich auf den Humanismus berufen – und das dürfte auch Benjamins Zuhörerschaft einbeziehen – ist gesagt: Die »Betrachtung der Privilegien, kraft deren es einer noch ist, würde ihn von deren härtester Ablagerung befreien: jenem privilegierten Wissen um den rechten Weg, das die verhängnisvollste Metamorphose des Bildungsprivilegs darstellt« (321 f.).

Die Gesamtaussage des Vortrags geht im Schriftsteller- wie Intellektuellenverständnis auf eine Kritik der Vorstellungen seiner Zuhörerschaft hinaus. Eingangs fragt Benjamin danach, indem er ›Technik und Tendenz‹ zusammenführt und mit der These arbeitet: »Darum also schließt die richtige politische Tendenz eines Werkes seine literarische Qualität ein, weil sie seine literarische Tendenz einschließt« (II, 685). Und kurz bevor er das entscheidende Beispiel Brechts einführt, heißt es noch einmal: »Die beste Tendenz ist falsch, wenn sie die Haltung nicht vormacht, in der man ihr nachzukommen hat. Und diese Haltung kann der Schriftsteller nur da vormachen, wo er überhaupt etwas macht: nämlich schreibend« (696). Dies nehmen die Schlußsequenzen auf: » daß diese Gedankengänge [...] dem Schriftsteller nur eine Forderung präsentieren, die Forderung *nachzudenken*, seine Stellung im Produktionsprozesse sich zu überlegen« (699).

Der Titel arbeitet mit der Desillusionierung, der Autor sei Glied in der unmittelbaren ökonomischen Produktion. In der stringent durchgehaltenen Terminologie Benjamins ist stets die literarische Produktion bezeichnet, die ›Institute und Apparate‹ wie Theaterbühnen und der Film oder »geistige[] Produktionsmittel« (701) wie die Bildung, also stets das engere literarische Feld.

Die französische Debatte über die ›Politisierung‹ der Intellektuellen, verstanden als Preisgabe des Individualismus, zitiert der Vortrag mit der Umfrage Aragons ›Pour qui écrivez vous?‹ insbesondere in den Schlußsequenzen. Benjamin nimmt Aragon als Autorität in Anspruch, um ihr sein Autorkonzept organisierter literarischer Aktivitäten einzuschreiben. Hier bewegt er sich dann in der Tat auf doppeltem Boden, wenn es um die Losung ›Klassenverrat‹ geht. Sie hätte hier nicht nur als Label benutzt werden dürfen, sondern durchaus polemische Schärfe verdient.

Denn die Losung ›Klassenverrat‹ unterzieht der gesamte Vortrag einer Prüfung. Und mit der Sicht einer ›vermittelnden Wirksamkeit‹ des Schriftstellers wird genau sie, selbst die Terminologie, abschließend in Frage gestellt. ›Klassenverrat‹ als Parole oder bloßes Bekenntnis ist so gut wie wertlos, es sei denn das Privileg der Bildung werde in literarischer Arbeit dekompositorisch genutzt. Dann bewirken Arbeit, Werk und ›Produktionsapparat‹ etwas im ›intellektuellen Feld‹, den ›Produktionsverhältnissen‹.

Die Politik der Weggenossenschaft, die dem Publikum des Vortrags geläufig ist, stellt Benjamin fundamental in Frage. Im Intellektuellendiskurs steht er demgegenüber für eine werk- statt gesinnungsbezogene Diskussion. So weist das Autorkonzept gerade dieses Vortags auf spätere Autorverständnisse des 20. Jh.s voraus. Es teilt Emphase wie Bildungskritik mit dem von Roland Barthes in »Der Tod des Autors«, der seinerseits den Schriftsteller Brecht hoch schätzte; die Vorstellung eines anonymen Lese- und Schreibvorgangs jedoch, wie sie sich bei Barthes findet, gibt Benjamins Vortrag ebensowenig wie eine Preisgabe des Subjekts im literarischen Prozeß vor.

Werk

Der Autor als Produzent (II, 683–701)
Zum gegenwärtigen gesellschaftlichen Standort des französischen Schriftstellers (II, 776–803)
Pariser Brief I. André Gide und sein neuer Gegner (III, 482–495)
Pariser Brief II. Malerei und Photographie (III, 495–507; VII, 815–823)
Ein Literaturbrief (24.1.1939), in: Frankfurter Adorno Blätter IV (1995), 26–40.
André Gide und Deutschland (IV, 497–502)
Ein deutsches Institut freier Forschung (III, 518–526)
Für die Diktatur (IV, 487–492)
Gespräch mit André Gide (IV, 502–509)
Julien Green (II, 328–334)
Kleine Geschichte der Photographie (II, 368–385)
Linke Melancholie (III, 279–283)
Oedipus oder Der vernünftige Mythos (II, 391–395)
Pariser Tagebuch (IV, 567–587)
Paul Valéry (II, 386–390)
Paul Valéry in der Ecole Normale (IV, 479 f.)
Rez. zu Gisèle Freund: La photographie en France au dixneuvième siècle (III, 542–544)
Rez. zu Jacques Maritain: Du régime temporel et de la liberté (III, 480 f.)
Rez. zu Julien Benda: Discours à la nation européenne (III, 436–439)
Sammelbesprechung Caillois, Benda, Bernanos, Fessard (III, 549–552)
Der Surrealismus – die letzte Momentaufnahme der europäischen Intelligenz (II, 295–310)
Surrealistische Zeitschriften (IV, 595 f.)
Theorien des deutschen Faschismus (III, 238–250)
Verein der Freunde des neuen Russland – in Frankreich (IV, 486 f.)
Was ist das epische Theater? (II, 514–531)

Literatur

Alain (1925): Eléments d'une doctrine radicale, Paris.
alternative Nr. 56/57, 1967.
Barthes, Roland (2000): »Der Tod des Autors« [La mort de l'auteur, 1968], in: Fotis Jannidis u. a. (Hg.): Texte zur Theorie der Autorschaft, Stuttgart, 185–197.
Benda, Julien (1978): Der Verrat der Intellektuellen. Mit einem Vorwort von Jean Améry, übers. v. Arthur Merin, München.
Berl, Emmanuel (1929): Mort de la pensée bourgeoise, Paris.
Braese, Stephan (1998): »Auf der Spitze des Mastbaums. Walter Benjamin als Kritiker im Exil«, in: Exilforschung. Ein internationales Jahrbuch, Bd. 16, 56–86.

Brüggemann, Heinz (1973): Literarische Technik und soziale Revolution. Versuche über das Verhältnis von Kunstproduktion, Marxismus und literarischer Tradition in den theoretischen Schriften Bertolt Brechts, Reinbek.

Caute, David (1964): Communism and the French Intellectuals 1914–1960, London.

Freund, Gisèle (1968): Photographie und bürgerliche Gesellschaft. Eine kunstsoziologische Studie, München.

Fuld, Werner (1979): Walter Benjamin. Zwischen den Stühlen, München.

Gide, André (1936): Retour de l'U.R.S.S., Paris (dt. in: Raimund Theis/Peter Schnyder (Hg.): André Gide: Gesammelte Werke in zwölf Bänden, Bd. VI/2. Stuttgart 1996).

Gipper, Andreas (1992): Der Intellektuelle. Konzeption und Selbstverständnis schriftstellerischer Intelligenz in Frankreich und Italien 1918–1930, Stuttgart.

Hillach, Ansgar (1978): »›Ästhetisierung des politischen Lebens‹. Benjamins faschismustheoretischer Ansatz – eine Rekonstruktion«, in: Burkhardt Lindner (Hg.): »Links hatte noch alles sich zu enträtseln...« Walter Benjamin im Kontext, Frankfurt a.M., 127–170.

Jerzewski, Roland (1991): Zwischen anarchistischer Fronde und revolutionärer Disziplin. Zum Engagement-Begriff bei Walter Benjamin und Paul Nizan, Stuttgart.

Juillard, Jacques/Michel Winock (Hg.) (1996): Dictionnaire des intellectuels français, Paris.

Kambas, Chryssoula (1983): Walter Benjamin im Exil. Zum Verhältnis von Literaturpolitik und Ästhetik, Tübingen, 16–80.

Kambas, Chryssoula (1992a): »Walter Benjamin liest Georges Sorel: *Reflexions sur la violence*«, in: Michael Opitz/Erdmut Wizisla (Hg.): Aber ein Sturm weht vom Paradiese her. Texte zu Walter Benjamin, Leipzig, 250–269.

Kambas, Chryssoula (1992b): »Indem wir von uns scheiden, erblicken wir uns selbst. Andre Gide, Walter Benjamin und der deutsch-französische Dialog«, in: Lorenz Jäger/Thomas Regehly (Hg.): »Was nie geschrieben wurde, lesen.« Frankfurter Benjamin-Vorträge, Bielefeld, 132–156.

Kambas, Chryssoula (1996): »Ball, Bloch und Benjamin. Die Jahre bei der ›Freien Zeitung‹«, in: Bernd Wacker (Hg.): Dionysius Dada Areopagita. Hugo Ball und die Kritik der Moderne, Paderborn, 69–92.

Klein, Wolfgang (1978): Schriftsteller in der französischen Volksfront. Die Zeitschrift ›Commune‹, Berlin.

Klein, Wolfgang (Hg.) (2001): Der Realismusstreit. Eine Debatte um Kunst und Gesellschaft – Paris 1936, Weimar: Schriften der Guernica-Gesellschaft, Bd.13.

Leggewie, Claus (1992): »Zurück aus Sowjetrussland? Die Reiseberichte der radikalen Touristen André Gide und Lion Feuchtwanger 1936/37«, in: Hans T. Siepe/Raimund Theis (Hg.): André Gide und Deutschland. André Gide et l'Allemagne, Düsseldorf, 265–279.

Leroy, Géraldi/Anne Roche (1986): Les écrivains et le front populaire, Paris.

Lindner, Burkhardt (1978): »Technische Reproduzierbarkeit und Kulturindustrie. ›Positives Barbarentum im Kontext‹«, in: ders. (Hg.): »Links hatte noch alles sich zu enträtseln...« Walter Benjamin im Kontext, Frankfurt a.M., 180–223.

Lukács, Georg (1934): »Größe und Verfall des Expressionismus«, in: Internationale Literatur, Nr. 1, 153–173.

Mann, Heinrich (1981): Geist und Tat. Essays über Franzosen, Frankfurt a.M.

Mann, Klaus: Briefe an Walter Benjamin, Stiftung Archiv der Akademie der Künste (AdK), Walter Benjamin Archiv, Berlin.

Maulnier, Thierry (1936): Mythes socialistes, Paris.

Mortimer, Edward (1984): The Rise of the French Communist Party 1920–1947, London/Boston.

Nadeau, Maurice (1986): Geschichte des Surrealismus, übers. v. Karl Heinz Laier, Reinbek.

Ory, Pascal/Jean-François Sirinelli (1986): Les Intellectuels en France, de l'Affaire Dreyfus à nos jours, Paris.

Raoux, Nathalie (2003): »›Un marginal sort de l'ombre‹? Walter Benjamin, polémiste en exil«, in: Valérie Robert (Hg.): Intellectuels et polémiques, dans l'espace germanophone, Asnières.

Robin, Régine (1990): »Les intellectuels dans les années trente«, in: dies./Maryse Souchard (Hg.): L'engagement des intellectuels dans la Fance des années trente, Montréal, 1–12.

Schöttker, Detlev (1999): Konstruktiver Fragmentarismus. Form und Rezeption der Schriften Walter Benjamins, Frankfurt a.M.

Schrader, Fred E. (1995): Der Moskauer Prozeß 1936: Zur Sozialgeschichte eines politischen Feindbildes, Frankfurt a.M.

Seidel, Gerhard (1975): Das Wort. Moskau 1936–1939. Bibliographie einer Zeitschrift, Berlin/Weimar.

Steffin, Margarete (1999): Briefe an berühmte Männer: Walter Benjamin, Bertolt Brecht, Arnold Zweig, hg. v. Stefan Hauck, Hamburg.

Steiner, Uwe (2000): »Der wahre Politiker. Walter Benjamins Begriff des Politischen«, in: Internationales Archiv für Sozialgeschichte der deutschen Literatur 25, Heft 2, 48–92.

Steiner, Uwe (2004): Walter Benjamin, Stuttgart.

Stopford, John (1990): »The death of the author (as producer)«, in: Philosophy and rhetoric, University Park, Pa., 23, 184–191.

Walter, Hans-Albert (1978): Deutsche Exilliteratur 1933–1950, Bd. 4: Exilpresse, Stuttgart.

Walter, Hans-Albert (2003): Bd.1: Die Vorgeschichte des Exils und seine erste Phase, Band 1.1: Die Mentalität der Weimardeutschen. / Die »Politisierung« der Intellektuellen, Stuttgart/Weimar.

Wiggershaus, Rolf (1997): Die Frankfurter Schule. Geschichte, theoretische Entwicklung, politische Bedeutung, München.

Wizisla, Erdmut (2004): Benjamin und Brecht. Die Geschichte einer Freundschaft, Frankfurt a.M.

Anthologien des Bürgertums

»Vom Weltbürger zum Großbürger« / »Deutsche Menschen« / »Allemands de quatre-vingt-neuf« / »Carl Gustav Jochmann«

Von Momme Brodersen

Über Benjamins ›anthologische Arbeiten‹ (vgl. III, 405) sind Wissenschaft und Publizistik bislang ziemlich achtlos hinweggegangen. Ernstzunehmende Beiträge dazu lassen sich an zwei, drei Händen abzählen (vgl. u. a. Adorno 1962, Seiffert 1972, Noack 1979, Breysach 1989, Schöne 1986, Courtois 1988, Diers 1988, Polczyk 1988, Brodersen 1999). Und sie sind ausnahmslos einem einzigen Werk gewidmet: den kommentierten BRIEFEN ›großer Deutscher‹ von Heinrich Pestalozzi bis zu Franz Overbeck, die, unter dem Titel DEUTSCHE MENSCHEN, 1936 schließlich auch als Buch erschienen.

Dabei hat man es mit einem durchaus reichen Fundus von Schriften zu tun, der, folgt man Gert Mattenklott, zudem den Vorteil hat, einen Blick auf den ›ganzen Benjamin‹ zu gestatten. Denn »zu den Eigenarten« seines Werkes gehört, »daß man von jeder Stelle aus die Probe aufs Ganze machen« könne. Und das gelte sowohl in Hinsicht »auf die zeitliche Abfolge der Werke« als auch die »unterschiedlichen Textformen«. Es gibt »gewisse idées fixes« in seinem Œuvre, »die in immer neuen Verkleidungen« wiederkehren (Mattenklott 1999, 575). Was hier über den »Epistolographen« (ebd.) gesagt wird, stößt ein Tor auf, das in die Welt des Sammlers und Historikers, Kommentators und Editors Benjamin führt, dessen Auswahlsammlungen alles andere als ein bloßer Zitatenschatz sind, ein »Arsenal für Belegmaterial« (ebd.), das man nach Belieben plündern kann.

Der Fundus anthologischer Arbeiten

Bei großzügiger Auslegung des Begriffs, d. h. bei Zugrundelegung seines bündigsten gemeinsamen Nenners in Handbüchern, Enzyklopädien und sonstigen Nachschlagewerken als ›Sammlung, Auswahl von Gedichten oder Prosatexten‹, lassen sich mindestens zehn solcher, meist kommentierter ›Blütenlesen‹ im Gesamtwerk Benjamins ausmachen. Den Auftakt bildet eine SAMMLUNG VON FRANKFURTER KINDERREIMEN aus dem Jahre 1925, der er im darauffolgenden Jahr als Fortsetzung einige PHANTASIESÄTZE, VON EINEM ELFJÄHRIGEN MÄDCHEN NACH GEGEBENEN WORTEN GEBILDET hinterherschickte. 1927 gab er dann ZWEI GEDICHTE. VON GERTRUD KOLMAR heraus, denen im Abstand von zwei weiteren Jahren eine Publikation mit dem Titel ANTOINE WIERTZ: GEDANKEN UND GESICHTE EINES GEKÖPFTEN folgte. 1931/32 war die Zeit intensivster anthologischer Arbeit. Für die *Frankfurter Zeitung* edierte und kommentierte Benjamin BRIEFE illustrer Persönlichkeiten der deutschen Geistesgeschichte des 18. und 19. Jh.s, und in der *Literarischen Welt* ließ er nicht nur eine Sammlung UNBEKANNTER ANEKDOTEN VON KANT erscheinen, sondern auch eine gemeinsam mit dem Herausgeber dieses Wochenblattes, Willy Haas, verantwortete, umfangreiche Lese ›Aus deutschen Schriften der Vergangenheit‹ (so der Untertitel dieser VOM WELTBÜRGER ZUM GROSSBÜRGER überschriebenen Anthologie). Was diesen Publikationen dann noch folgte – eine Sammlung DEUTSCHER BRIEFE I (die als Ganzes unveröffentlicht blieb), eine in der Pariser Zeitschrift *Europe* erschienene Text-Montage zur 150–Jahr-Feier der französischen Revolution, betitelt ALLEMANDS DE QUATRE-VINGT-NEUF, sowie eine ausführlich eingeleitete und kommentierte Auswahl von Schriften von und zu Carl Gustav Jochmann (DIE RÜCKSCHRITTE DER POESIE VON CARL GUSTAV JOCHMANN) –, steht in mehr oder minder engem Entstehungs- und Sachzusammenhang mit den BRIEFEN bzw. DEUTSCHEN MENSCHEN.

Zweifellos überanstrengt die eine oder andere der hier genannten Arbeiten jeden differenzierteren Begriff von ›Anthologie‹. Auch handelt es sich um Veröffentlichungen von sehr unterschiedlichem sachlichen Gewicht. Was sie jedoch in *einen* Zusammenhang rückt, ist die Tatsache, daß jede einzelne, selbst die kürzeste und unbedeutendste unter ihnen, etwas von den Schwerpunkten und Absichten, den methodischen, kompositorischen und sprachlichen Eigenheiten verrät, die für Benjamins Publikationen dieser Art charakteristisch sind.

So begriff er die 1925 in der *Frankfurter Zeitung* erschienene SAMMLUNG VON FRANKFURTER KINDERREIMEN als Beitrag zur Aufarbeitung eines weitgehend »unerforschte[n]«, jedoch überaus aktuellen Kapitels der Kulturgeschichte. Ihr Akzent lag dabei weniger auf dem »›Originalen‹«. Bemerkenswert schienen Benjamin diese Zeugnisse vielmehr deshalb, weil man an ihnen verfolgen könne, »wie das Kind ›modelt‹, wie es ›bastelt‹, wie es – im Geistigen so gut wie im Sinnlichen – nie die geprägte Form als solche annimmt, und wie der ganze Reichtum seiner geistigen Welt in der schmalen Bahn der Variante« sich ausschwinge. »So variiert«, kämen dann »die ältesten Versstückchen und -sätzchen von Kindern dem Erwachsenen zurück und nicht sowohl ihr Kern als das unabsehbare reizvolle Spiel des Verwandelns« sei »deren Werk« (IV, 792 f.). Auch wenn uns keine Selbstzeugnisse zu den nachfolgenden (und unkommentierten) PHANTASIESÄTZEN überliefert sind, darf man doch vermuten, daß Benjamin sie in einem ähnlichen Sinnzusammenhang gesehen hat. Die 1928 in der Osterbeilage der *Literarischen Welt* erschienenen ZWEI GEDICHTE seiner Cousine Gertrud Kolmar hingegen gab er in der Absicht heraus, das »Ohr des Lesers« zu sensibilisieren, ihn für Töne »zu gewinnen, wie sie in der deutschen Frauendichtung seit Annette von Droste nicht mehr vernommen worden« seien (803 f.). Und die Kuriosa aus dem ›Kabinett des Antoine Wiertz‹ – 1929 in *Das Tagebuch* publiziert – dokumentierten seiner Ansicht nach eine bemerkenswerte »Tendenz«, eine »großartige Einkleidung und [...] kompositorische Kraft«, die es gelte, aus ihrer Verborgenheit ans Licht zu zerren (806). Die aus »verschollenen Almanachen, Zeitschriften usw.« stammenden UNBEKANNTEN ANEKDOTEN VON KANT schließlich, 1931 in *Die literarische Welt* erschienen, enthielten wertvolle Hinweise auf eine »Haltung, kraft deren die Lehre Kants, noch ehe sie philosophisch völlig durchdrungen und angeeignet war, sofort als neue Lebensmacht empfunden wurde, der man sich nicht zu entziehen vermochte« (808).

Aufarbeitung unerforschter Kapitel der Vergangenheit, Aktualität, Modellierung und Verwandlung, Sensibilisierung, Tendenz, großartige Einkleidung (lies ›Sprache‹), Komposition, Haltung: Selbst zu einem logischen Ganzen kombiniert, ergäben diese Stichworte noch keine allgemeine Theorie der Anthologie. Auf eine abstrakte, gar zeitlose Bestimmung hat es Benjamin auch nicht abgesehen. Vielmehr sucht er die Begriffe, Vorgehensweisen, formale wie inhaltliche Charakteristika aus dem Gegenstand heraus zu entwickeln. »Die Vorherrschaft von Allgemeinbegriffen«, davon war er überzeugt, verwüste und veröde eine betrachtete Sache nur, das Hineintragen »von entwicklungsfähigen Anschauungen (Ideen)« hingegen belebe sie (III, 93; LANDSCHAFT UND REISEN). Insofern benennen diese Stichworte nicht mehr (aber auch nicht weniger) als einige Voraussetzungen anthologischer Arbeit, kreisen vorsichtig politische, soziale und kulturelle oder auch literarische und ästhetische Kontexte ein und bieten methodische Anleitungen an. Wirklich beredt in dieser Hinsicht werden erst die umfangreichen und bedeutenderen Anthologien der 30er Jahre – vor allem dann, wenn man zu ihrer Analyse all das heranzieht, was in ihren Kontext gehört: Benjamins Lektüren, Notizen, Briefe, Exposés, Rundfunk-Vorträge und Rezensionen.

Frühe Zeugnisse, d.h. solche, die z.B. Aufschluß über Benjamins Lektüre geben, sind rar gesät. Seine Briefe aus der Zeit vor 1914 kommen zwar verschiedentlich auf Bücher zu sprechen, aber die diesbezüglichen Mitteilungen sind doch äußerst selektiv. Von Anthologien ist nur in Ausnahmefällen die Rede: so in einem »Literaturbrief« vom 22.7.1910 (1, 14). Mit unverkennbarer Ironie äußert sich Benjamin darin über die vom späteren Nazi-Ideologen Will Vesper herausgegebenen, seinerzeit weitverbreiteten Bücher *der Ernte aus acht Jahrhunderten deutscher Lyrik* (vgl. Vesper 1906 und 1910): »Pompös! Unvergleichlich! [...] manches Merkwürdige dabei: [...] Eichendorff u. Hölderlin [...]. Was von Goethe noch nicht im ersten Band stand, steht im zweiten. Woraus man zweierlei sieht. Erstens, daß Goethe ein genialer Dichter ist, zweitens, daß er nicht in eine Anthologie gehört« (ebd.). Bemerkenswert an diesen Äußerungen ist die Feststellung, daß kanonische Texte *nicht* in eine Anthologie gehörten.

Den sozialhistorischen Kontext eines weiteren Zeugnisses – ein Brief vom 25.10.1914 – bildet der erste Weltkrieg. Es handelt sich um eine Philippika auf die deutsche Hochschule, auf den »Sumpf«, zu dem sie »heute« geworden sei. Wie aus dem Fortgang des hier zitierten Schreibens hervorgeht, empörte sich Benjamin vor allem über die Themen der nach Kriegsbeginn von den Berliner Professoren angebotenen Veranstaltungen. Ein bloßer Blick auf die Vorlesungs-Ankündigungen führte ihm die »grelle Brutalität [...], mit der die Forschenden sich vor Hunderten« ausstellten, vor Augen, ihren politischen Opportunismus, ihre Umfälschungen deutscher Geistesgeschichte. Welche »Anschläge« (alle Zitate 257 f.) er zu Gesicht bekam, ist dem Dokument nicht zu entnehmen. Doch darüber geben Chroniken der Zeit hinreichenden Aufschluß. Es könnten die Veranstaltungen des Historischen Seminars der Berliner Universität gewesen sein. Denn dort fanden nur Seminare und Vorlesungen statt, die ganz auf der Höhe ihrer Zeit waren: solche über »den Feldzug Friedrichs des Großen im Jahre 1762 im Zusammenhang mit den Prinzipien seiner Strategie« oder »Übungen über den Feldzug des Jahres 1814« (Chronik 1915, 64 f.). Daß Benjamin vermutlich auf diese und nicht etwa die Veranstaltungen der Philologen anspielte, dafür spricht ein nicht ungewichtiges Indiz: Es gebe nur einen einzigen »Forscher«, der sich aus »dieser Gemeinheit« heraushebe. Und damit war, auch ohne daß sein Name fiele, der *Historiker* Kurt Breysig gemeint. Breysig hielt mit Beginn des Weltkriegs Seminare ab, in deren Verlauf »ausgelesene« bzw. »ausgewählte Urkunden, Briefe, Denkwürdigkeiten zur Lebensgeschichte bedeutender Deutscher des 17., 18.,

19. Jahrhunderts« sowie »bedeutend[e] Stellen aus wissenschaftsgeschichtlich wichtigen Schriften zur Geschichtslehre und zur Philosophie der Geschichte« interpretiert wurden (Chronik 1915, 65; Chronik 1916, 53). Auch ohne Näheres über deren Inhalte und Diskussionen zu wissen, vermag man sich vorzustellen, daß die Studenten bei ihm mit Schriften in Berührung kamen, die quer zur Zeit und ihrem Geist standen. Denkbar also, daß Benjamin in diesen Veranstaltungen erste entscheidende Anregungen zu seinen späteren Anthologien erfuhr.

Daß deren Ursprünge derart weit zurückreichen, belegt eine letzte Episode. Im Mai 1918 las Benjamin seinem Freund Gershom Scholem »einen Brief von Kosegarten und zwei von Samuel Collenbusch an Kant vor; grenzenlose, ungeheure Briefe die letzteren. Dann aus Goethe-Zelter drei Briefe« (Scholem 2000, 221 f.). Mindestens zwei davon fanden dann Aufnahme in der Briefe-Serie von 1931/32: Collenbuschs Schreiben vom 23.1.1795 (vgl. IV, 163 f.) und Zelters an Goethe vom 16.10.1827 (202 f.).

Programmatisches

Aus den 20er Jahren sind uns (neben ersten Sammlungen) einige Dokumente Benjamins überliefert, die in Hinsicht auf die anthologische Arbeit fast schon programmatischen Charakter haben. Es handelt sich vornehmlich um Rezensionen: u. a. die zu einer Anthologie de la nouvelle prose française aus dem Jahre 1927 sowie eine weitere zu der von Rudolf Borchardt besorgten Auswahl *Der Deutsche in der Landschaft* (Landschaft und Reisen, 1928). Zu diesen zwei Arbeiten gesellte sich 1933, gewissermaßen als Abschluß, noch eine dritte wichtige: die Besprechung (samt zahlreicher Verbesserungsvorschläge) eines Lehrwerkes norwegischer Schulen, die Benjamin, bereits im Pariser Exil, in der *Frankfurter Zeitung* unter dem Titel Deutsch in Norwegen veröffentlichte.

Der Schwerpunkt des kleinen Referates aus dem Jahre 1927 liegt auf der Unterscheidung von drei Arten der Anthologie. Bei der ersten handele es sich für gewöhnlich um eine Zusammenstellung von »Dokumente[n] der hohen Literatur«. Solche Auswahlbände seien »nach Grundsätzen gemacht [...], die, eingestandenermaßen oder nicht, einen normativen Charakter« hätten. Bisweilen könne sich an ihnen ein besonderes Interesse entzünden, wenn sie sich nämlich als wohlkomponiertes, geschlossenes Ganzes darböten. Statt näherer Erläuterungen dieses Aspekts verweist Benjamin hier lediglich auf den Namen Borchardts. Eine »zweite und seltenere Gattung« hingegen setze »sich rein informatorische Ziele«. Ihr sei »gemäß, daß der Herausgeber anonym« bleibe. »Die häufigste aber unerfreulich[st]e Gattung« sei »die dritte; ein undeutliches Ineinander eklektischer und informatorischer Gesichtspunkte« suche »das nutzlose Spiel eines Unberufenen dem Publikum gegenüber interessant zu machen« (alle Zitate III, 78). Benjamin war diese grundsätzliche Unterscheidung so wichtig, daß er sie kaum zwei Jahre später – bei Gelegenheit eines Referates über eine neue ›Ernte schweizerischer Lyrik‹ (Robert Faesi, Die Ernte schweizerischer Lyrik) – noch einmal fast wortwörtlich aufgriff (vgl. 167).

Wirklich ernstzunehmende und nachahmenswerte Beispiele ihrer Gattung stellen demnach für ihn nur die Anthologien der ersten Art dar. Um jedoch seiner apodiktischen Bestimmung Leben einzuhauchen, ist man darauf verwiesen, jener Spur nachzugehen, die hier der Name Borchardts legt. Der führt zunächst in die Welt der weitverzweigten intellektuellen Beziehungen Benjamins, unter denen die zu Hugo von Hofmannsthals Kreis gar nicht überschätzt werden kann. Darüber hinaus führt dieser Name auf die Publikationen des einst in München residierenden Verlags der Bremer Presse (zu den nachfolgenden Details vgl. Zeller/Volke 1966).

Als Privatpresse bereits vor dem ersten Weltkrieg gegründet, wurde ihr 1920 ein Verlag angegliedert, dessen Veröffentlichungen, allen voran die zahlreichen Anthologien, in den 20er Jahren einiges Aufsehen erregten. Die Ankündigung des neuen Verlages schrieb Hofmannsthal, und in seinen Ausführungen über Ziele und Inhalte des Programms unterstrich er die Notwendigkeit, sich des großartigen Vermächtnisses bewußt zu werden, das die Klassiker der deutschen Geistesgeschichte hinterlassen hätten. Was aus ihren Schriften an »Lebenskunst und Lebensideal zu gewinnen« sei, dürfe nicht »als ein Gewesenes« betrachtet werden, »sondern als ein noch fortwirkendes Leben, aus dessen Elementen wir uns selber zu gestalten« hätten. In diesem Sinne begriffen sich die Veröffentlichungen eben nicht als Hommage an den Zeitgeist. Vielmehr beabsichtige man, statt »von der Zeit« das »Dictat zu empfangen«, ihr »Weisungen« zu erteilen. Und Hofmannsthal fährt fort: »Verfall in Rohheit und Armseligkeit« habe es schon häufiger gegeben, doch »der jetzige« sei »am gefährlichsten«. Politiker und Journalisten gingen mit dem »Wort Cultur« beinahe hausieren, doch benutzten sie es nicht in seiner wahren Bedeutung als »Sittigung, gestaltete Einheit«. Das »Feine und Hohe, das Tiefe und Gewaltige« im Schrifttum sei gegenwärtig isoliert und ohnmächtig. Allein Stefan George widersetze sich mit »Macht« und »strenge[r] Haltung« der »allgemeinen Erniedrigung und Verworrenheit«. Einem »seichten Individualismus« halte er »den Begriff geistigen Dienens« entgegen und damit flöße er »dem höchsten geistigen Streben [...] reines Leben« ein. Dieser »Wille zu geistigem Dienst« sei auch »das Zusammenhaltende des Kreises, [...] der in der Tätigkeit des neuen Verlages wirkend hervortreten« wolle. Was die unter seinem Dach versammelten Dichter und Gelehrten verbinde, sei die »*Ahnung des Ganzen* in all und jedem geistigen Tun.« (alle Zit. Hofmannsthal 1966, 48 f.) Diesem Programm suchten Dichter (Hofmannsthal, Borchardt, Rudolf Alexander Schröder u. a.), Philologen (die Hölderlin- bzw. Kleist-Herausgeber Friedrich Seebass und Georg Minde-Pouet) sowie Literaturhistoriker (Karl Vossler und Josef Nadler) mit Auswahlsammlungen gerecht zu werden, die über die inhaltlichen Zielsetzungen hinaus höchsten editorischen Ansprüchen verpflichtet waren.

Eine wirklich ins Detail gehende, umfassende und systematische Untersuchung der Beziehungen Benjamins zu Hofmannsthals Kreis gehört bis heute zu den Desiderata der Forschungsliteratur. Nicht daß es an Dokumenten (Selbstzeugnissen und Schriften der Betroffenen sowie solche Dritter) fehlte, die Licht in diese für beide Seiten weitreichende und tiefe Beziehung bringen. Doch alle bisherigen Darstellungen bilden, zusammengenommen, eher das bloße Stückwerk einer überaus komplexen Beziehung, die, folgt man ihr in allen erdenklichen Richtungen, tief ins Innere deutscher Geistesgeschichte des 20. Jh.s mit ihren teils unerwarteten Verflechtungen führt. Bildlich gesprochen hat man es hier mit einem Mosaik zu tun, dessen einzelne Steine Personen und Schulen, Schriften und Verlage, Geistes- und politische Bewegungen konstituieren. Personen wie Florens Christian Rang, der Benjamin mit Hofmannsthal in Kontakt brachte, spielen darin eine Rolle; ebenso Thankmar von Münchhausen, ein Freund sowohl Benjamins wie auch der Tochter Hofmannsthals, Christiane; schließlich Borchardt, den Benjamin zwar ›moralisch‹ verabscheute (vgl. u. a. 1, 457), dessen Schriften ihm aber bisweilen »Anerkennung ja Entzückung« entlockten (419). Und dies sind nur einige, wahllos herausgegriffene Namen. Hinsichtlich der ›Schulen‹ nannte Hofmannsthal bereits die wichtigste: die Stefan Georges und seiner begabtesten Jünger, Friedrich Gundolf und Max Kommerell. Ihr Geist und ihre Haltung haben auch auf Benjamin einen tiefen Einfluß ausgeübt. Und welch' enge Verbindungslinien zwischen seinen und Hofmannsthals Schriften hin- und herlaufen, hat man bereits an Einzelbeispielen erwiesen (vgl. Jäger 1985). Das Stichwort ›Verlage‹ betrifft in erster Linie den der Bremer Presse, dessen Veröffentlichungen Benjamin vereinzelt besprach und der außerdem die von Hofmannsthal betreuten *Neuen Deutschen Beiträge* verlegte (in denen bekanntlich Benjamins Essay über GOETHES WAHLVERWANDTSCHAFTEN sowie ein umfangreicher Vorabdruck aus seinem URSPRUNG DES DEUTSCHEN TRAUERSPIELS erschienen, zwei Arbeiten, die Epoche vor allem im geistigen Haushalt des Herausgebers machten). Im übrigen war es dieser Verlag, der bereits 1925 an Benjamin mit der Einladung herantrat, einen Auswahlband mit Schriften Wilhelm von Humboldts zusammenzustellen (vgl. 3, 28), zu dem uns umfangreiche Notizen überliefert sind (vgl. VI, 26 f. und 650 f.). Was schließlich noch die Geistes- und politischen Bewegungen betrifft, so gerät man bei dem Versuch, etwaige Nähen oder Fernen, Gemeinsamkeiten oder Trennendes bei Benjamin und Hofmannsthal herauszuarbeiten, rasch in eine unübersichtliche Gemengelage: Die kulturpolitische Situation ihrer Zeit war derart ausdifferenziert, daß selbst ein Begriff wie der der ›Konservativen Revolution‹, auf den man beide – cum grano salis – verpflichten könnte, eine leere Worthülse bleibt.

Was in diesem Panorama eines kursorischen Exkurses weitgehend fehlt, sind die Anthologien, denen sowohl Benjamin als auch Hofmannsthal im Laufe ihres intellektuellen Wirkens nicht geringe Energien opferten. Bislang gibt es keine eingehenderen Untersuchungen zu Rolle und Bedeutung der Anthologien in beider Gesamtwerk. Dabei ließen sich gerade durch einen Vergleich ihrer diesbezüglichen Publikationen deutlich Gemeinsamkeiten, aber auch Trennendes herausarbeiten.

Benjamin kannte schon eine der frühen bedeutenden Anthologien Hofmannsthals: die 1912 erschienenen vier Bände *Deutsche Erzähler* (vgl. Hofmannsthal 1912). Ebensowenig entging ihm die Publikation des zweibändigen, mehrfach aufgelegten und erweiterten *Deutschen Lesebuchs* (vgl. Hofmannsthal 1922/23 und Hofmannsthal 1926). Sowohl das eine wie das andere Werk haben deutliche Spuren in seinen eigenen Anthologien hinterlassen: in Form mehrfacher und durchweg zustimmender Bezüge (vgl. III, 405 sowie IV, 819; 821) sowie als Quelle. Denn wenigstens einmal scheint er sich ihrer ›bedient‹ zu haben. Der Auszug aus Lassalles *Verfassungs*-Rede in der Sammlung VOM WELTBÜRGER ZUM GROSSBÜRGER (vgl. IV, 854 ff.) dürfte nach dem *Deutschen Lesebuch* wiedergegeben sein (vgl. auch 1094). Darüber hinaus gibt es gewisse konzeptionelle und legitimatorische Übereinstimmungen in beider anthologischer Arbeit. Der Weg zu ihnen führt über einen nur scheinbaren Umweg – über Borchardt. Der hat in den Vor- und Nachbemerkungen zu seinen eigenen Auswahlsammlungen weit virtuoser als Hofmannsthal Absicht, Geist und Haltung dieser Publikationen der Bremer Presse umschrieben. Und zu einer dieser Anthologien Borchardts – *Der Deutsche in der Landschaft* – hat Benjamin eingehend und in so grundsätzlicher Weise Stellung bezogen, daß sich das Ganze liest, als sei es antizipierend pro domo vorgetragen.

Wie wichtig ihm diese Auseinandersetzung war, belegt bereits jener Brief, mit dem er Kracauer umgehend nach Erscheinen des Bandes um dessen Besprechung für die *Frankfurter Zeitung* bat: »Mir liegt«, so heißt es in diesem vom 25.7.1927 datierten Dokument Benjamins, »besonders viel daran, die neue Anthologie der ›Bremer Presse‹ [...] anzuzeigen. Wenn es hierfür nicht einen unbedingten Fachmann und Amateur gibt, so weisen Sie die Besprechung bitte mir zu, der beides ein wenig ist« (3, 276). Daß seiner Bitte nicht entsprochen wurde, so daß die Rezension schließlich an einer weniger exponierten Stelle (in der *Literarischen Welt*) erschien, tut nichts weiter zur Sache und sei hier nur der Vollständigkeit halber erwähnt. Warum ihm aber dieses Referat so wichtig war, das erschließt sich aus dessen wohlkomponierten und sprachlich sorgfältigen Ganzen.

Benjamin rechnete Borchardts Werk zu den Anthologien mit normativem Charakter. Den Ansprüchen ihres Herausgebers nach sollte diese Sammlung unterschiedliche Erwartungen erfüllen. Der Leser, so heißt es in Borchardts *Nachwort*, könne sich ungebunden in dem Buch bewegen, »nach eigener Art und Neigung [...] reisen und wählen: wählen nach Subjekten, reisen je nach den zusagenden Objekten.« Auch böten die Texte eine derartige Vielfalt sprachlicher Ausdrucksformen – mal nüchtern und streng, mal blumig und reich, mal genau und fein –, daß jeder auf seine Kosten komme. Und selbst Kenner und Gelehrte fänden noch genug in einem Werk, das, »was sonst verstreut, unzugänglich, vergessen liegt«, zu einem Ganzen versammele. Denn ein »Ganzes« sei diese Auswahl, »nicht ein loser Haufen trockener Staub, – ein Ganzes, als geistiger Körper in Relation zu [...] dem Ganzen der deutschen Nation und dem Ganzen der Erde« (alle Zitate Borchardt 1927, 485). Es ist dieses derart Geschlossene, das dann, Benjamin zufolge, die Sammlung selbst zu einem »eigentliche[n] literarische[n] Dokumen[t]« macht, das »als solche[s] der Kritik ausgesetzt« sei (III, 167). Und wie wichtig ihm gerade dieser Aspekt war, entnimmt man bereits den Auftaktzeilen seines Borchardt-Referats: »Die Anthologienfolge der Bremer Presse nimmt immer deutlicher einen großen, einheitlichen Charakter an, der zu fast allem, was es bisher in dieser Form gegeben hat, in den erfreulichsten Gegensatz tritt.« Während »der üblichen Blütenlese und Auswahl« stets »das Odium der Plünderung [...] eines jungfräulichen Bestandes« anhafte, ruhe »auf diesen« dergestalt »ein sichtlicher Segen«, als »diese Bände, was sie bringen, zu einer neuen Gestalt, einer Größe« fügten, »die nun nicht im abstrakten Sinne ›historisch‹, sondern unmittelbares, wenn auch bedachteres, wehrhafteres Fortblühn des Alten« sei. In ihnen dokumentiere sich »Wirkung des ursprünglichen Schrifttums selber«, und nichts diene »an ihnen dem abstrakten Ungefähr der Bildung«. Vielmehr atmeten sie »Geist« – oder mit den hier von Benjamin zustimmend zitierten Worten Borchardts: Die Zeugnisse seien »nicht objektiv«, keine »Aufreihungen von Objekten, ohne Zeit, ohne Stil, ohne Willen, und im Grunde ohne Anlaß; Anlaß und Zeit, Willen und Stil« seien »an ihnen unablässig im Stillen am Werke«, seien »ein Teil von ihnen«. Da Kind »des neunzehnten Jahrhunderts«, das »an die Mächte der Persönlichkeit« glaube, übergebe er (Borchardt) »niemals Gegenstände gegenständlich, sondern immer und immer nur Bilder der Gegenstände bildlich, nur Formen, die der Gegenstand beim Durchgange durch den organischen Geist sich umwandelnd empfangen« habe. Damit aber tradiere man »in immer neuen Abwandlungen und Anwendungen, immer neue Bilder dieses organischen Geistes selber«. Es ist dies, was in Benjamins Augen die vorliegende und andere Auswahlsammlungen des Verlages zu »Anthologien im höchsten Sinne« mache (alle Zitate III, 91 f.) – mithin zu nachahmenswerten Mustern ihrer Gattung.

Die »höhere Einheit außerhalb des Buches« anschaulich zu machen, die »geistigen Landschaften« hervortreten zu lassen, immer neue Konstellationen anzudeuten, sei freilich keine »Sache eines gefälligen Improvisierens« (92). Vielmehr beginne hier die eigentliche Arbeit des Editors. Neben intimer Kenntnis der Quellen erfordere sie ein Höchstmaß an Intuition und »entwicklungsfähigen Anschauungen (Ideen)« (93), an Sprachgefühl und kompositorischer Kraft – um am Ende das in Händen zu halten, was Borchardt als »Einheit im Sinne der Geschichte des deutschen Geistes« faßt (Borchardt 1927, 500), während Benjamin den Akzent ein klein wenig anders setzt. Zwar schätzt er den Spiegelcharakter des Werkes, seine wirkliche Repräsentativität, keineswegs gering – für seine Zusammenstellung wurden »etwa zweitausend Bände [...] gelesen, durchblättert, angeprobt« (ebd.). Doch verdichten sich ihm die Texte nicht allein zu einer organischen Geschichte, sondern ebenso – um es hier mit einem kaum noch geläufigen, jedoch im Titel von Benjamins Wiertz-Anthologie geführten Begriff zu sagen – zu einer Gesichte, zu einer Vision, deren durchaus auch beunruhigende Züge er in einer Frage andeutet: »Muß es [...] nicht zu denken geben, wie durchaus heil die deutsche Reflexion über Landschaft und Sprache, wie hitzig die über Staat und Volk von jeher ausfiel?« (III, 93) Darin liegt der Unterschied: Borchardt verstand diese Anthologie als »Restitution verlorener deutscher Geistesgröße« (Borchardt 1927, 500), wobei er diese Wiederherstellung keineswegs als eine mit seinem Werk vollbrachte, abgeschlossene, sondern damit allenfalls begonnene begriff. Doch man kann sich des Eindrucks nicht erwehren, daß seine letztendliche Perspektive, in einer geometrischen Figur beschrieben, eine lediglich aufsteigende Linie oder Kurve wäre. Mit anderen Worten: Borchardts Sammlung und Nachwort reflektieren diesen Prozeß nicht als dialektischen. In Benjamins Rezension dagegen schwingt diese Zweischneidigkeit bzw. ›Kehrseite jeder Medaille‹ nicht nur zwischen den Zeilen mit. Sie läßt sich dort mit Händen greifen, wo er auf den engen Zusammenhang reicher, gesättigter Erfahrung, wie sie in den Landschaftsbeschreibungen zum Ausdruck komme, mit der »offenkundige[n] Verlassenheit« ihrer Verfasser, »der besten Deutschen«, verweist, wo er unterstreicht, daß dieses Buch »kein deutsches« wäre, »käme seine Fülle nicht aus der Not« (III, 93). Das sind bereits Anklänge an die berühmte Widmung der Deutschen Menschen.

»Vom Weltbürger zum Großbürger«

Daß in den Anthologien der Bremer Presse das Politische fehlt, wird man nicht ernsthaft behaupten können. Zugegeben: nebulös, zumindest aber (damals schon wie erst recht heute) antiquiert wirkt bisweilen die Sprache, in der dieser Aspekt adaptiert wird, wenn etwa der Politiker als »Staatsredner« angesprochen, der Journalist aber als »Tagschreiber« bezeichnet (Hofmannsthal 1966, 49) und der Gebrauch eines Begriffs wie ›Kapitalismus‹ durch die Rede von einem »Fabrik-« und »überwuchernden Geldwese[n]« (Hofmannsthal 1912, Bd. 1, X) elegant vermieden wird. Dennoch verfahren sie bei der Auswahl nicht tendenziös. In einer Anthologie wie beispielsweise dem *Deutschen Lesebuch* haben auch Briefe Georg Forsters aus dem revolutionär erschütterten Paris, Fichtes *Deutsche Politik*, *Politische Leitsätze* des Freiherrn vom und zum Stein sowie Lassalles *Verfassungs*-Rede Aufnahme gefunden. Ob der Herausgeber freilich eine Lesart goutiert hätte, die seine Anthologie als eine Art politisches Manifest, als Kampfschrift gegen die herrschenden Zustände nimmt, darf geflissentlich bezweifelt werden. Läßt sich dasselbe aber mit gleicher Entschiedenheit von den Auswahlsammlungen Benjamins behaupten?

Auf den ersten Blick scheint es, als könne man diese Frage verneinen. Denn der *Redaktionellen Einführung* zu seiner Sammlung Vom Weltbürger zum Großbürger nach zu schließen sollten »[d]iese Lesestücke [...] nicht zur Unterhaltung genossen werden«, sondern instruieren und belehren, sie sollten gewissermaßen beim Wort genommen werden, in ihrer Kritik wie in ihren Verheißungen, und nichts wäre willkommener, würde der Leser seine eben auch politischen Konsequenzen daraus ziehen. Denn es gehe nicht mehr an, »in einer von Tag zu Tag älter werdenden Welt das ewige Kind zu spielen, das an jedem Morgen, den der Herrgott werden läßt, eine neue Welt anfangen will« (alle Zitate IV, 819).

Sollten Benjamin und Haas selbst nicht ohnehin für die einführenden Worte verantwortlich zeichnen, hätten sie gewiß wenig gegen eine solche Lesart eingewendet. Denn im Grunde genommen provozieren sie sie bereits durch die fast martialische Diktion ihrer eigenen Einleitung: »Da Anthologie zu deutsch heißt: Blütenlese, so ist diese Nummer *keine Anthologie*. Sie führt nicht auf eine Blumenwiese, sondern in einen Rüstsaal – in den geistigen Rüstsaal der kämpfenden bürgerlichen Klasse. Mit der alten Art, [...] Bücher zu lesen – nämlich um Bildungsstoff zu sammeln –« sei »es unwiderruflich vorbei«. Es gebe, was diese Auswahl zu demonstrieren beabsichtige, »eine neue Art [...] sie aufzuschlagen«. Die »Erfahrung, von der« die Editoren »hier Zeugnis« ablegten, hätten zahllose Leser vermutlich selber schon gemacht, mit ihren »Lieblingsbüchern [...]: ohne daß das Ganze zerfiele«, höben »sich aus solchen Büchern Stellen heraus, deren unmittelbarer, persönlicher, politischer, sozialer Lebenswert sich von selbst« einpräge. »Wenn man näher« hinsehe, seien »das weniger die schönen und erbaulichen als die *verwendbaren* Stellen, – die Stellen, die uns unsere Meinungen und Erfahrungen« bestätigten, klärten oder in Frage zögen. Deshalb werde man bereits in der bloß »skizzenhaften Andeutung eines Kulturbildes des Bürgertums, zu der sich die folgenden Stellen« – »wie in einem Vexierbild« – verdichteten, »hinreichend dramatische und lebenswahre Züge der ihn umgebenden Gegenwart verborgen finden« (alle Zitate IV, 815 f.).

Deutlich spürt man in diesen Sätzen auch eine gewisse Unentschiedenheit. Auf der einen Seite hat es den Anschein, die Zeugnisse stellten (ohne nähere Klärung des ›Wie?‹) eine Art Anleitung zum Handeln dar, auf der anderen aber wird diese Perspektive zurückgenommen oder eingeschränkt. Was Benjamin betrifft, wirken hier offenbar früheste, nie aufgegebene sprachtheoretische Anschauungen nach. Sein dialektisch-theologischer Begriff von Sprache, wie er ihn in Über Sprache überhaupt und über die Sprache des

Menschen oder auch seinem Brief vom 17.7.1916 an Martin Buber (vgl. 1, 325 ff.) entwickelt, hinderte ihn, naiv an eine unvermittelte Wirkung von Rede oder Schrift zu glauben – so als entzündete der Funke des Wortes mehr oder minder zwangsläufig irgendein Handeln. Andererseits aber haben seine sprachtheoretischen Überlegungen stets auch einen konkreten historischen bzw. sozialpolitischen Hintergrund. Den der hier erwähnten frühen Aufzeichnungen bildet der Erste Weltkrieg. Und damit sei wenigstens angedeutet, daß seine Notizen auch als Versuch gelesen werden dürfen, im Nachhinein jene Konsequenzen philosophisch zu durchdringen, die er für sich selbst aus den Ereignissen vom August 1914 gezogen hatte: sein Verstummen bzw. die Sprachlosigkeit, in die ihn die weltpolitische Katastrophe gestürzt hatten. Denn eines führte dieser Krieg ja handgreiflich vor Augen: daß all die beschämenden Aufrufe, Solidaritätsadressen und sonstigen propagandistischen Zeugnisse deutscher Intellektueller – also der Gralshüter von Moral, Sittlichkeit und Humanität – in keinen Einklang mehr mit ihren eigenen Lehren und Bekenntnissen, Vorträgen und Schriften zu bringen waren, daß also, mit anderen Worten, all das am wenigstens auf sie selbst gewirkt hatte. 1932 befand man sich in einer anderen politischen Situation. Der Nationalsozialismus stand vor der Tür. Und die damit verbundene, ungleich größere Gefahr mag Benjamin dazu bewogen haben, nichts unversucht zu lassen, um der faschistischen Barbarei doch noch Einhalt zu gebieten – und sei es auf Kosten eigener Überzeugungen, die die Wirkung von Wort und Schrift geringschätzten.

Selbstverständlich bleiben dies bloße Vermutungen. Denn nichts – weder die Anthologie selbst, noch irgendein anderes Dokument aus Benjamins Hinterlassenschaft – eignet sich dazu, sie wirklich zu belegen. Selbstzeugnisse, die diese Veröffentlichung kommentierend begleiten, gibt es ohnehin nur ein einziges, das in dieser Hinsicht jedoch unergiebig ist. Aus ihm geht nur soviel hervor, daß er Vom Weltbürger zum Grossbürger unmittelbar vor einer Spanien-Reise im Frühjahr 1932 fertigstellte (vgl. 4, 86). Auch die Erinnerungen seines Mitherausgebers Haas helfen nicht weiter. Aus dem Wenigen, das er 1972 den Herausgebern der *Gesammelten Schriften* mitteilte, geht hervor, daß eine inhaltliche Debatte über das ›Warum?‹ dieser Sammlung und die damit verknüpften Absichten, Hoffnungen und Erwartungen gar nicht stattgefunden hat (vgl. IV, 1091).

»Deutsche Menschen«

So dürftig die ganze Entstehungsgeschichte der meisten Anthologien Benjamins dokumentiert ist, so reich sprudeln die Quellen im Falle der kommentierten Briefe großer Deutscher – was bereits für mehr als ein bloßes Indiz der herausragenden Bedeutung dieser Sammlung genommen werden darf. Von der Veröffentlichung des ersten Schreibens in der *Frankfurter Zeitung* am 31.3.1931 bis zum Erscheinen dieser Zeugnisse in zusammenhängender Form als Buch im Luzerner Vita Nova Verlag vergingen fünf bewegte Jahre, die sich diesem Werk eingeschrieben haben.

Als Benjamin 1932 Gelegenheit erhielt, in einem Rundfunk-Vortrag zur seinerzeit noch laufenden Briefe-Serie Auskunft darüber zu geben, warum und mit welchen Intentionen er sich ›auf die Spur alter Briefe‹ begeben habe, betonte er, daß »am Anfang [...] kaum sehr viel mehr als ein Einfall, eine Laune« gestanden habe. Die »Bekanntschaft mit« seinen »eigenen Absichten« sei a posteriori erfolgt (IV, 942). Das war keine Koketterie. Denn gerade die umfassende, in Teilen gut dokumentierte Geschichte der Briefe – von ihrem Ersterscheinen 1931/32 bis zur Buchausgabe – belegt eindrucksvoll, welche Klärung und Wandlung die ursprünglich beiläufige Idee im Laufe der Korrekturen und Umarbeitungen, Erweiterungen und Umgruppierungen des Materials erfahren hat. Ja, geht man beim Versuch, ihre einzelnen Etappen nachzuzeichnen, allen möglichen Aspekten nach, eröffnen sich tiefe Einblicke nicht nur in die Werkstatt des Editors und Kommentators, sondern vor allem auch solche in seine ganze Denkwelt.

Das umfangreiche Material zu seiner Geschichte (von den frühesten Anstößen, über Abfassung und Druck bis zum Plan einer erweiterten Fassung) bilden unterschiedlichste Schriftstücke: neben den Briefen selbst und ihrer Buchausgabe Aufzeichnungen, die schon die Publikation dieser Zeugnisse in der *Frankfurter Zeitung* begleiteten (Briefe Zweite Serie); des weiteren eine Reihe nicht immer eindeutig zuzuordnender Typoskripte im Nachlaß, der hier zitierte Rundfunk-Vortrag Auf der Spur alter Briefe und ein Memorandum zu den ›Sechzig Briefen‹; schließlich noch Arbeiten, die diese Anthologie gewissermaßen fortschreiben (Deutsche Briefe I und Allemands de quatre-vingt-neuf u.a.) sowie hier und da fast lückenlose, jedoch noch weitgehend unveröffentlichte Brief*wechsel* Benjamins (mit Karl Thieme und Rudolf Roeßler, dem Verantwortlichen des Vita Nova Verlags).

Aus diesem umfangreichen Material ergibt sich, in aller gebotenen Kürze (und zugleich in partieller Korrektur, Ergänzung und Präzisierung des Herausgeber-Kommentars der *Gesammelten Schriften*), zunächst folgende Chronologie: Die ersten sechs Briefe erschienen zwischen März und Mai 1931 und stellen gewissermaßen den Probelauf dieses Projekts dar. In den folgenden zwei Monaten arbeitete Benjamin dann Vorschläge zur Fortsetzung aus, die er in der Aufzeichnung BRIEFE ZWEITE SERIE festhielt. Von den darin aufgelisteten 31 [sic!] Stücken wählte er dreizehn aus, die, mit weiteren acht, in ziemlich rascher und regelmäßiger Folge bis zum Mai 1932 veröffentlicht wurden. Die übrigen 18 Schreiben (u. a. von Bürger, Franz Joseph Gall, ›Turnvater‹ Jahn, Kleist, Savigny und Stifter) fanden, von einer Ausnahme abgesehen, nicht einmal in den ›Fortschreibungen‹ der Anthologie Verwendung. Lediglich der Brief Forsters vom 26.7.1793 an seine Ehefrau war Benjamin offenbar so lieb und teuer, daß er ihn sowohl seiner Anthologie DEUTSCHE BRIEFE I wie den ALLEMANDS DE QUATRE-VINGT-NEUF einverleibte.

Bereits gegen Ende 1931 meinte er, in der Redaktion der *Frankfurter Zeitung* gewisse »Zeichen journalistischer Ermüdung erkennen« zu können. Ungereimt erschien ihm deshalb der prätentiöse Vorschlag, die bereits »vorliegenden zwanzig« Briefe »in Form eines Büchleins herauszugeben« (4, 68 f.). Aus dieser Veröffentlichung in der Frankfurter Societätsdruckerei (dem Verlag der Zeitung) sollte jedoch nichts werden, weshalb Benjamin dieses Werk zunächst zu den »Trümmer- oder Katastrophenstätte[n]« seiner Produktion zählte (113). Im Verlauf weiterer, jedoch stets erfolgloser Bemühungen, einen Verleger dafür zu finden, landete »eine komplette Folge« der Briefe, zusammen mit dem Vorschlag, aus den knapp 30 Stücken eine Ausgabe doppelten Umfangs (mit eben ›sechzig Briefen‹) zu machen, auf dem Schreibtisch Gustav Kiepenheuers. Der exponiert linksliberale Verleger ließ es unbearbeitet liegen – jedoch nicht, weil er, wie Benjamin mutmaßte, »in der Behandlung dieser Sachen« gewissenlos gewesen wäre (276), sondern weil er zu dieser Zeit (1933) bereits in existenzbedrohenden Auseinandersetzungen mit den neuen nationalsozialistischen Machthabern stand.

»Was ich wollte, liegt zerschlagen«: Möglicherweise hatte Benjamin diesen Vers Eichendorffs vor Augen, als er seinem Freund Scholem die trübselige Mitteilung machte, er träume »manchmal« seinen »zerschlagnen Büchern«, eben auch der »Briefsammlung«, nach (5, 189). Zerschlagen wurde sie aber auch in einem sehr wörtlichen Sinn. Einzelnes aus den bereits veröffentlichten Stücken sowie dem ganzen Fundus der ›erweiterten Fassung‹ stellte er zu neuen kleinen Einheiten zusammen, um wenigstens diesen Miniaturmodellen eines bis dahin virtuellen Buches ans Licht der Öffentlichkeit zu helfen. Daraus ging ein kleines Konvolut mit dem Titel DEUTSCHE BRIEFE I hervor, das neben einer allgemeinen kurzen Einleitung und bündigen Kommentaren drei Schreiben (von Hölderlin an Böhlendorf, Seume an Karl Böttiger und Forster an Therese Huber) enthält. Diese Arbeit bot er der Redaktion eines neuen Exilorgans an: der in Moskau erscheinenden Zeitschrift *Das Wort*. Dort war man von dieser kleinen Anthologie durchaus angetan – und gewillt, sie als Ganzes in der Rubrik *Unser Kulturerbe* zu veröffentlichen. Daß am Ende nur ein kommentarloses Fragment daraus erschien (der Brief von Seume an Karl Böttiger), ging auf eine Bitte Benjamins zurück, der damit lediglich den weiteren, sich nun fast überschlagenden Ereignissen um die Buchveröffentlichung der BRIEFE Rechnung trug.

Bereits im Mai/Juni 1936 war er in Paris mit dem Theologen Karl Thieme zusammengetroffen, den er seit einigen Jahren kannte. Gegenstand ihrer Gespräche müssen u. a. die kommentierten Briefe gewesen sein. Denn nach seiner Rückkehr in die Schweiz bemühte sich Thieme umgehend und nachdrücklich um deren Buchveröffentlichung. Einen Verleger dafür fand er schließlich in Rudolf Roeßler, dem Verantwortlichen eines erst wenige Jahre zuvor gegründeten Verlages mit dem hoffnungsvollen Namen Vita Nova. Roeßler erklärte sich sofort zur Publikation bereit, und damit nahm fortan alles so rasch seinen Lauf, daß von der ersten direkten Kontaktaufnahme zwischen Autor und Verlag bis zum Erscheinen des Buches gerade einmal zweieinhalb Monate vergingen. Ende Oktober 1936 wurden die in einer Startauflage von 2000 Exemplaren gedruckten DEUTSCHEN MENSCHEN ausgeliefert; dieser ersten folgte dann schon im Jahr darauf eine zweite (Titel-) Auflage in gleicher Höhe.

Der Protestant und überzeugte Antinazi Roeßler (er hatte Deutschland ›aus freien Stücken‹ den Rücken gekehrt) nahm vor allem die politischen Aspekte dieser Anthologie wahr, die mit den veränderten Verhältnissen seit 1931 stärker hervortraten. Aus seiner Sicht fügte sie sich nur zu gut in das Programm eines Verlages, dessen Publikationen eine philosophisch-christliche, humanistische, vor allem aber konsequent antifaschistische Haltung dokumentierten. Dafür standen Autoren wie Paul Claudel und F. W. Forster, Jacques Maritain und Waldemar Gurian ein, und das zeigen bereits die bloßen Titel des Hauses – darunter ein Sammelband über *Die Gefährdung des Christentums durch Rassenwahn und Judenverfolgung*, der zu den frühesten Veröffentlichungen des Verlags (1935) gehört.

Die in diesem Programm zum Ausdruck kommende, unzweideutige Gesinnung Roeßlers mehrte Ruf und

Ruhm des Hauses in Exilkreisen, trug ihm aber auch erhebliche Unbill im Land seines politischen Gegners ein. Einzelne Veröffentlichungen des Vita Nova Verlages konnten zu keiner Zeit in Hitlers Deutschland gelesen werden, andere ereilten wenigstens vorübergehende Verbote – wie (zunächst) auch die DEUTSCHEN MENSCHEN. Aufgrund eines temporären Verbreitungsverbotes sämtlicher Verlagspublikationen waren sie überhaupt erst ab Januar 1937 im nationalsozialistischen Deutschland ›frei‹ erhältlich – um im darauffolgenden Jahr bereits das Ende ihrer dortigen Verbreitung zu erleben, als sie auf die *Liste des schädlichen und unerwünschten Schrifttums* gesetzt wurden.

Zu einem Zeitpunkt, da er das Manuskript überhaupt erst in Ausschnitten kannte, zeigte sich Roeßler bereits äußerst angetan von einer Sammlung, die ihm ein »Portrait des echten und wahren, ›unterschlagenen‹ Deutschland« zu bieten schien (Roeßler, 29.7.1936). Und im Jahre 1936 war eine solche Einschätzung politisch extrem aufgeladen. Um das Werk jedoch auch ins Hitler-Reich einschmuggeln zu können, bedurfte es seiner Meinung nach einiger Eingriffe, um »die nationalsozialistische Zensur nicht sogleich« auf den Plan zu rufen und damit den ansonsten sicheren – »zumindest geistige[n] und moralische[n] – Erfolg« des Buches zu gefährden (Roeßler, 30.7.1936). Zu den von ihm vorgeschlagenen Änderungen gehörte zunächst eine grundlegende Überarbeitung des Ganzen. Durch Kürzungen und konzisere Kommentare sollte die Sammlung noch geschlossener werden. Des weiteren plädierte er für ein neues Vorwort, das die Einleitung zum ersten Brief der Serie ersetze. Die Rede von der Restitution eines deutschen Humanismus, die angezeigt sei, weil er von den Bestimmenden im Lande »mit Ernst und im vollen Bewußtsein ihrer Verantwortlichkeit [...] in Frage« gestellt würde (IV, 955), gewannen unter den aktuellen politischen Bedingungen einen zu augenfälligen Bezug auf die herrschenden Zustände in Deutschland. Schließlich schlug Roeßler noch den (dann definitiven) Titel DEUTSCHE MENSCHEN und eine Widmung vor, deren Wortlaut Benjamin nur noch leicht abänderte: Aus dem »Von Ehre ohne Ruhm/ Von echter Menschengröße/ Von Würde in der Not« (Roeßler, 30.7.1936) machte er ein bündigeres »Von Ehre ohne Ruhm/ Von Größe ohne Glanz/ Von Würde ohne Sold« (IV, 150).

Alles in allem war die Zusammenarbeit von Autor und Verleger eine symbiotische – was nicht heißt, es habe keine Divergenzen gegeben. Im Rahmen des Möglichen kam Benjamin den meisten Vorschlägen bereitwillig nach. Lediglich die geforderten Kürzungen ignorierte er, die Einleitungen überarbeitete er nur stilistisch. Dafür nahm er, ohne ausdrücklich darum gebeten worden zu sein, das Schreiben Schlegels an Schleiermacher aus der Sammlung heraus: »Seines negativen Gehalts wie seinem minderen Gewicht nach« mache es »keine ganz glückliche Figur« und störe im übrigen eine gewisse Zahlensymmetrik. Durch seinen Wegfall würde »die eigentliche Reihe 25 Briefe umfassen und geschlossener wirken« (5, 377). In einem einzigen Fall kam es zu einer gewissen Verstimmung. Roeßler regte wiederholt die Aufnahme eines Schreibens des Freiherrn vom Stein an, ein Vorschlag, mit dem sich Benjamin überhaupt nicht anfreunden konnte. Er sah sich im Pariser Exil, ohne die dazu erforderlichen »umfänglichen Unterlagen« (379), außerstande, einen würdigen Kommentar dazu zu schreiben. Das teilte er Thieme vertraulich mit. Die weniger vollständige, gleichwohl sachlich begründete ›offizielle‹ Version Roeßler gegenüber lautete hingegen, der allzu »zeremoniell[e] Ton« des Schreibens steche zu sehr »von dem sehr persönlichen der übrigen Briefe ab« (ebd.). Dahinter verbargen sich vermutlich auch Vorbehalte gegen jene Wendung, in der von den »Anmaßungen der Sophisten des 18. Jahrhunderts«, ihrer »Afterweisheit« (382), die Rede ist. Das erinnerte zu sehr an die Invektiven der Nazis gegen die Aufklärung.

Den Einband der DEUTSCHEN MENSCHEN gestaltete Max von Moos. Wie aufschlußreich bereits seine ›Lektüre‹ sein kann, hat Michael Diers eindrucksvoll vorgeführt (vgl. Diers 1988). In seinem Beitrag zeigt er, wie sehr sich der Inhalt des Buches bereits in seinem äußeren Kleid spiegelt. Einband und Schrifttype kehrten ostentativ den Protest gegen das faschistische Regime heraus. Die von den Nationalsozialisten lange als typisch deutsche Schrift propagierte Fraktur ist auf dem Umschlag förmlich ›geschliffen‹: gerundet statt scharf abgesetzt. Und seine Lettern sind nicht, wie üblich, schwarz, sondern in freundlichem Blau auf hellem Untergrund gehalten. Durchaus feines, statt derbes Einbandtuch verleihen der Edition schließlich noch einen fast eleganten Zug.

Neben der Sekretierung eines Schreibens, den sprachlich-stilistischen Überarbeitungen und dem neuen Vorwort gruppierte Benjamin auch das Material neu. Anläßlich der Buchausgabe entschied er sich für eine chronologische Darbietung der Briefe, wobei ihm bzw. dem Verlag jedoch einige Flüchtigkeitsfehler unterliefen. (Das früheste Dokument stellen die Zeilen Pestalozzis an seine damalige Verlobte Anna Schultheß aus dem Jahre 1767 dar; und Jacob Grimms Schreiben vom 14.4.1858 hätte dem Brief Metternichs vom 21.12.1854 folgen müssen, statt ihm vorauszugehen.) Aus dem »Zeitraum eines Jahrhunderts« stammend, gäben die »fünfundzwanzig Briefe« des Bandes, wie es im neuen Vorwort heißt, »den Blick« sowohl »auf die Anfänge der Epoche [...] frei, in welcher das Bürgertum seine großen Positionen bezog«, als auch auf deren Ende, als »das Bürgertum nur noch die Positionen, nicht mehr den Geist bewahrte, in welchem es diese Positionen erobert hatte. Es war die Epoche, in der das Bürgertum sein geprägtes und gewichtiges Wort in die Wagschale der Geschichte zu legen hatte. Freilich schwerlich mehr als eben dieses Wort« (IV, 151).

Vor allem diese politischen Aspekte nahm die zeitgenössische Kritik wahr. Schon die erste der bislang nachweisbaren Besprechungen der DEUTSCHEN MENSCHEN streicht heraus, wie wenig man es bei dieser Veröffentlichung mit einem Dokument »des neudeutschen Wesens« zu tun habe (Marti 1936). Noch deutlicher wird der Rezensent des *Luzerner Tagblatts*: »Unter dem Einfluß der nationalsozialistischen Propaganda hat das Wort ›deutsch‹ für die Weltöffentlichkeit einen drohenden und finsteren Klang bekommen. Die liebenswerten Erinnerungen an Kunst und Philosophie sind aus ihm gewichen und an ihre Stelle ist die Vision eines ›Volkes in Waffen‹, einer alles erschreckenden gepanzerten Militärmacht getreten. Wir freuen uns daher einer Publikation, die dem Mißbrauch des Wortes ›deutsch‹ [...] entgegentritt« (Kesser 1937).

Benjamins Erwartungen hinsichtlich der Aufnahme seines Werkes waren nicht gering. Ja, er war sogar überzeugt, die Briefanthologie könnte im faschistischen Deutschland, sollte sie ihren Weg dahin finden, »eine *tiefe* Wirkung tun« (5, 329). Näheres über die Rezeption der DEUTSCHEN MENSCHEN in Hitlers Reich wissen wir leider nicht. Nur soviel steht fest: Sie fanden auch dort ihre Leser. Das belegt u. a. eine Besprechung aus dem Jahre 1937, die sogar an exponierter Stelle erschien: in der ›Monatsschrift für Literaturfreunde‹, *Die Literatur*. Der Rezensent konnte sich selbstverständlich nicht zum politischen Gehalt des Buches äußern. Deshalb legt seine Besprechung den Finger auf andere Aspekte der Sammlung: »Unter den zahlreichen« Briefanthologien »der letzten Zeit« zeichne sich diese zunächst »durch die Auswahl seltener Stücke aus.« Darüber hinaus habe der Herausgeber jedes einzelne Schreiben mit seinen Kommentaren »so geschickt und würdig umrahmt«, daß man von literarischer Filigranarbeit sprechen dürfe. Es seien »kluge, erschütternde, schneidige, gefühlvolle, schwärmerische, sachliche Briefe darunter«, und »glücklicherweise« mache sich »nirgends ein stilisierender Instinkt« in der Auswahl bemerkbar, »wenn nicht allenfalls darin, daß die meisten Briefe« selbst »Spezialsammlern [...] unbekannt« seien. »Kurzum: die Sammlung hat nur einen Fehler, daß sie viel zu klein ist und daß man am Schlusse gefragt, wonach es gemundet habe, nur ganz kindlich immer wieder sagen möchte: nach mehr, nach viel mehr« (Günther 1937). Dieses emphatische Lob mag Benjamin in seinem Optimismus bestärkt haben, die Leute »drüben« wüßten sein Werk schon ›richtig‹ zu lesen (5, 442). Vor allem aber gewinnt man durch das kleine Referat wieder den Blick für die ganze Komplexität einer Sammlung, deren Charakteristika bzw. »Kennmarken« (ebd.) sich eben nicht in den expliziten oder bloß angedeuteten politischen Momenten erschöpfen. Wie bereits ein Blick auf die in dieser Brieffolge versammelten Namen zeigt, sind Politiker eher unterrepräsentiert.

Wie wirklich reich und im übrigen wohlkomponiert die ganze Sammlung ist, wird man erst beim Versuch gewahr, einmal mehr oder minder alle Stichworte Revue passieren zu lassen, die hier mit dem Begriff des ›wahren deutschen Humanismus‹ – in seiner dreifachen Bedeutung! – in Verbindung gebracht werden. Das Spektrum erstreckt sich dabei von Vernunft, Nüchternheit und Transparenz, Unbestechlichkeit, Untadeligkeit und Unbeugsamkeit über Forschungsgeist und Teilnahme, Freimut und geistige Unabhängigkeit bis hin zu Treue und Fürsorge, Solidarität, Freundschaft und vor allem Liebe – Liebe, wie sie Rahel Varnhagen in einem »unvergleichlichen Briefe« an Ranke beim Tod Friedrich von Gentz' (506) zum Ausdruck brachte (vgl. Varnhagen 1834).

Der Brief steht nicht in den DEUTSCHEN MENSCHEN, jedoch war er für die erweiterte Fassung vorgesehen. In den Kommentaren der Herausgeber zu den *Gesammelten Schriften* ist keine Rede davon. Überhaupt hat man Benjamins anthologische Arbeiten etwas stiefmütterlich behandelt. Mehrheitlich eingereiht in eine Abteilung ›Miszellen‹ (als eignete ihnen nichts Spezifisches, das die Eröffnung einer gesonderten Sektion erlaubt hätte), hat man zwar kaum Wichtiges zu erwähnen vergessen: den Plan einer Ausgabe mit sechzig Briefen, die Preziosen der Sammlung (der hier erstmals veröffentlichte Brief Brentanos, den Benjamin in der Preußischen Staatsbibliothek ausgrub), die Ausgewähltheit der Quellen u. a.m.; auch werden Materialien aus dem engeren Umkreis beigebracht. Doch ansonsten ist man einem übertriebenen Purismus verpflichtet, der sich darin äußert, nur das zum Druck zu befördern, was aus Benjamins Feder stammt. Das ist im Falle dieser Anthologien nicht nur völlig fehl am Platze, sondern nimmt bisweilen auch seltsam skurrile Züge an. So werden die DEUTSCHEN BRIEFE I zwar wiedergegeben, doch nur zum Teil: lediglich die Einleitung und die Charakteristiken der Briefschreiber. Solche Praxis verkennt, in welch' engem Verhältnis Kommentar und Zeugnis zueinander stehen, weshalb denn auch Art und Umfang der Bearbeitungen der Schriftstücke von Bedeutung sind. Daß dieser Purismus fast zwangsläufig Irrtümer in der Zuordnung und Datierung gewisser Texte nach sich zieht, ist dabei noch das geringste Übel. Schwerer wiegt der Umstand, daß wichtige Dinge einfach unter den Tisch fallen. Würde man beispielsweise den Vorlagen und Referenztexten Benjamins größere Bedeutung beigemessen haben (statt in den Nachweisen häufiger auf Editionen aus jüngerer Zeit zurückzugreifen), hätte man das Tor zu einer Reihe nützlicher und weitreichender Fragestellungen aufgestoßen: etwa solchen nach den Einflüssen und Inspirationen sowie nach der besonderen Wichtigkeit dieses oder jenes Briefschreibers für Benjamin. Im übrigen bieten derlei rekonstruierte Angaben tiefe Einblicke in die Bibliothek, die Lektüre und damit in etwas, das seinen ›geistigen Haushalt‹ betrifft. Und nicht zuletzt hätte man dadurch genauere Aufschlüsse über jene Arbeiten gewonnen, die hier gelegentlich als Fortschreibungen der DEUTSCHEN MENSCHEN erwähnt wurden, namentlich über die 1939 erschienenen ALLEMANDS DE QUATRE-VINGT-NEUF.

»Allemands de quatre-vingt-neuf«

Benjamin wollte dieser, »ganz in der Art« seines »Briefbuches« gehaltenen »kleine[n] Montage« keine übermäßige Bedeutung beimessen. Er rechnete sie zu den Gelegenheitsarbeiten bzw. »Allotria« seiner Produktion (alle Zitate 6, 294). Und in der Tat ist das Improvisierte dieser Sammlung nicht zu übersehen. Alles wirkt ein wenig zusammengestoppelt, eilig und ohne übermäßige Sorgfalt komponiert. Schon die Geschlossenheit der Anthologie wird durch unterschiedliche Textsorten beeinträchtigt: Neben persönlichen Schreiben von Forster, Seume, Caroline Michaelis sowie Hölderlin stehen Auszüge aus den Werken Schubarts (aus der *Teutschen Chronik*), Herders (*Briefe zur Beförderung der Humanität*), Hegels (*Vorlesungen zur Philosophie der Geschichte*) und Jochmanns (*Über die Sprache*). Darüber hinaus handelt es sich nur bedingt um eine schöpferisch neue Arbeit. Denn bei der Auswahl und Formulierung seiner Kommentare griff Benjamin in nicht unwesentlichem Umfang auf ältere, bereits erschienene Arbeiten zurück sowie auf solche, die, bereits abgeschlossen und eingereicht, erst noch publiziert werden sollten: auf den Artikel VOM WELTBÜRGER ZUM GROSSBÜRGER, auf die DEUTSCHEN BRIEFE I, die DEUTSCHEN MENSCHEN sowie auf die Einleitung zu den RÜCKSCHRITTEN DER POESIE VON CARL GUSTAV JOCHMANN. Und schließlich weisen einzelne Teile unverkennbare Anleihen bei Dritten auf. Deutlich wird dies etwa in dem zu Schubart, der kräftig aus einer Veröffentlichung des *Worts* schöpft (vgl. Sand 1938).

Zunächst ging es Benjamin nur darum, aus gegebenem Anlaß das Echo zu dokumentieren, das die französische Revolution in den Jahrzehnten nach 1789 bei deutschen Dichtern und Denkern gefunden hatte (vgl. 6, 320). Was dabei herauskam, konstituiert eine der Kennmarken dieser Anthologie. Die auch für ihn überraschende Entdeckung, »daß von den beiden Bänden Oden, die es von Klopstock gibt, der zweite [...] sich in einem Fünftel sämtlicher Stücke mit der französischen Revolution« beschäftige, bestätigte Benjamin in der Überzeugung, daß gewisse »Tatbestände [...] der deutschen Literaturgeschichte« von jeher systematisch verschleiert worden seien (294). Gegen Verschleierung und Vergessen, gegen Verfälschung und Instrumentalisierung: Das ist der eine Aspekt einer Anthologie, in der zugleich jedoch die dialektischen Momente von Geschichte und Geschichtsschreibung stärker ins Blickfeld geraten. Damit werden die Gegenwartsbezüge dieser Dokumente nicht länger nur angedeutet, sondern explizit gemacht. Am deutlichsten tritt dies in dem Herder gewidmeten Teil zutage.

Herders Zeugnis (bereits in dem Artikel VOM WELTBÜRGER ZUM GROSSBÜRGER enthalten) fand hier nämlich nicht als Beispiel emphatischer Revolutionsbegeisterung Aufnahme, sondern als warnender Fingerzeig. Denn, wie es noch in der ursprünglichen deutschen Fassung des Kommentars dazu heißt: »Es wäre irrig anzunehmen, die französische Revolution habe nur als Vorbild und Beispiel in die freiheitliche deutsche Entwicklung hineingespielt. Sie ist vielmehr dieser Entwicklung belangvoll auch als ein Gegenstand der Kritik gewesen. Diese Kritik ist ja keineswegs in allen Fällen reaktionär gewesen« (IV, 1096). Diese Sätze sucht man im übersetzten und veröffentlichten Text vergebens. Offenbar erschienen sie Autor und Redaktion der Zeitschrift überflüssig, weil das, worauf sie abzielen, im weiteren Verlauf der Darlegungen deutlich genug wird. Denn Herders Anmerkungen zum ›Nationalwahn‹ illustrieren vor allem, wie sehr die bürgerliche Revolution die ›Entartung‹ ihrer Ziele und Absichten, Verheißungen und Versprechungen bereits keimhaft in ihrer praktischen Politik enthält. »Der Nationalismus der französischen Revolutionsarmeen« habe zwar noch das »historisch[e] Recht für sich geltend machen« können, als »›protecteur de la liberté du monde‹« aufzutreten. Doch sei er nur allzu bereitwillig »den Bund mit dem Terror« eingegangen. Und diese »Praxis der Schreckensherrschaft« erlaube es, den Bogen zur »heutigen Situation« zu schlagen: »Das was in der großen Revolution nur als Wetterleuchten am Horizont der Geschichte des Bürgertums aufleuchtet, entlädt sich überm Deutschland der Gegenwart in Gestalt des furchtbarsten Unwetters. Im Dritten Reiche wurde das wichtigste Instrument des Terrors der Nationalismus selbst« (alle Zitate 1096). In dieser Sicht der Dinge gerinnen die Unterschiede zwischen dem Einst und dem Jetzt fast zu bloßen Nuancen: Robespierrescher »Kultus der Tugend« und »terroristische Praxis« sind Benjamin zufolge nicht voneinander zu trennen. Lediglich, daß »an die Stelle der Konjunktion des nationalen Ideals mit der Tugend [...] bei Hitler die des nationalen Inhalts mit der Rasse getreten« sei, zeige »den Unterschied an, der zwischen dem bürgerlichen Führer der Heroenzeit und der Dekadence« bestehe. Insofern seien »Herders Worte, die 1794 prophetisch waren, [...] heute nur sachgemäß« (alle Zitate 1097).

»Die Rückschritte der Poesie«

Im Rückblick betrachtet wird deutlich, daß sich spätestens mit den Allemands de quatre-vingt-neuf die Akzente in Benjamins anthologischer Arbeit nochmals leicht verschoben haben. Es ist ein weniger reiches Spektrum von Denkanstößen und Assoziationen, das sie anbieten. Dafür erfahren sie eine immer stärkere zeitpolitische Akzentuierung. All das, was die vage Hoffnung vermittelt, wenigstens im Propagandistischen der Nazi-Barbarei Paroli zu bieten, gewinnt an Bedeutung. Das führt noch einmal nachdrücklich die – nicht der Chronologie ihrer Entstehung, wohl aber ihrer Publikation nach – letzte Anthologie Benjamins vor Augen: Die Rückschritte der Poesie von Carl Gustav Jochmann.

Die Arbeit selbst in die Phalanx Benjaminscher Anthologien einzureihen, bereitet kein größeres Kopfzerbrechen. Aber handelt es sich wirklich um eine Fortschreibung der Deutschen Menschen? Hat man es im Falle der Einleitung zu den Auszügen aus Jochmanns Schriften nicht vielmehr mit einem theoretischen bzw. philosophischen Text zu tun, der sich darin deutlich von den historischen Kommentaren der Briefe absetzt?

Es war zunächst einmal Benjamin selbst, der diesen Kontext herstellte. Auf Jochmann will er »bei Gelegenheit der Vorarbeit zu den ›Deutschen Menschen‹« gestoßen sein (II, 1405). Nun ist dieses Zeugnis aus dem Jahre 1940 jedoch mit Vorsicht zu genießen. Denn es steht als Rechtfertigungsversuch im Kontext einer literarischen Affäre, bei der Benjamin auf der Anklagebank saß. Als die Jochmann-Arbeit zwei Jahre nach ihrer Fertigstellung endlich erschien, erhielt der Herausgeber der *Zeitschrift für Sozialforschung*, Horkheimer, ein Protestschreiben von Werner Kraft. Der beanspruchte darin die (Wieder-) Entdeckung Jochmanns für sich und behauptete, Benjamins Kenntnisse in dieser Sache verdankten sich in erster Linie seinen Hinweisen und Literaturleihgaben. Dafür, daß er ihm Einsicht in die »Bücher Jochmanns« gewährt habe – namentlich in »das über die Sprache« mit dem »Essay über die Rückschritte der Poesie« (Puttnies/Smith 1991, 130) sowie in die von Heinrich Zschokke besorgte, dreibändige Auswahl mit Schriften des baltischen Autors (vgl. Jochmann 1836) –, habe er Benjamin das Versprechen abgenommen, nichts über Jochmann zu veröffentlichen. Demnach stünde also – die weiteren Details der Auseinandersetzung tun hier nichts zur Sache – Benjamins Jochmann in einem gänzlich anderen Entstehungszusammenhang. Aber auch einem anderen Sachkontext?

Es war Horkheimer, der Benjamin drängte, die Schriften Jochmanns nicht in der Art seiner kommentierten Briefe darzubieten. Zwar zeigte er sich »tief beeindruckt« von den Rückschritten der Poesie und fand »einzelne Formulierungen« darin geradezu »genial«. Doch war er ebenso der Meinung, daß man um des wissenschaftlichen Charakters der Zeitschrift willen die Auszüge nur mit einer »theoretische[n] Einleitung« bringen könne. Und er schlug vor, in »prinzipielle[n]« Ausführungen an den Aufsatz über Das Kunstwerk im Zeitalter seiner technischen Reproduzierbarkeit anzuknüpfen. Es müsse »einleuchten, daß der Artikel Jochmanns aus theoretischen und nicht aus historischen Gründen gebracht« werde (Horkheimer 1995, 112 f.; Brief an Benjamin, 13.4.1937).

Zwar empfand Benjamin es als nicht unproblematisch, sich, losgelöst »von seinen Entstehungsbedingungen«, theoretisch über die bedeutende Schrift Jochmanns zu äußern. »In ihm«, so heißt es in seiner Erwiderung an Horkheimer, »findet das bürgerliche Freiheitsbewußtsein der Deutschen den Weg, in seiner Schattenexistenz einem Traume nachzuhängen, der unterm Mittagshimmel der französischen Revolution nicht hätte geträumt werden können. Die Authentizität dieses Textes dürfte von seiner proleptischen Natur nicht zu trennen sein. Die Überlegung über die geschichtlichen Grenzen, die die Humanität der Kunst setzen könnte, taucht hier wohl zum ersten Male auf. Die Form, in der das geschieht, ist die eines Monologs, der keine Unterbrechung zu gewärtigen und kein Echo zu hoffen hat« (5, 623). Aber letztlich fügte er sich den Wünschen seines Herausgebers. Dies geschah freilich in einer Weise, die nicht verbirgt, daß die philosophischen Erwägungen einem längst abgeschlossenen Manuskript nachträglich eingearbeitet bzw. übergestülpt wurden.

Vor allem in einer Passage der Einleitung wird dies deutlich, und zwar dort, wo Benjamin den Bogen seiner Ausführungen von Jochmann und den Romantikern zur Gegenwart, zu Adolf Loos, der Neuen Sachlichkeit und seinem eigenen Kunstwerk-Aufsatz schlägt. »Mit der Romantik setzte die Jagd nach dem falschen Reichtum ein«, heißt es dort. »Nach der Einverleibung jeder Vergangenheit, nicht durch die fortschreitende Emanzipation des Menschengeschlechts, kraft deren es seiner eigenen Geschichte immer geistesgegenwärtiger in das Auge sieht und immer neue Winke ihr abgewinnt, sondern durch die Nachahmung, das Ergattern aller Werke aus abgelebten Völkerkreisen und Weltepochen.« Benjamin wollte nicht leugnen, daß solche »Unternehmungen, in andere geschichtliche Zusammenhänge eintretend, glückhafter und gewichtiger sich darstellen« könnten. Jochmann jedoch habe sie »als mißglückte und als bedeutungslose« erachtet, wodurch er »seinem Blick eine historische Perspektive [erschloß], die seinen Zeitgenossen verstellt« blieb. Erst um 1900 habe »der Jugendstil gegen diesen immer großspuriger sich gebärdenden, immer billigeren Reichtum sich zu empören« begonnen. Und dieser Aufstand der Moderne in Kunst und Literatur, Architektur und Kunsthandwerk gegen den »ästhetischen Imperialismus« des 19. Jh.s und dessen Berauschung an »›ewigen‹ Werten« sei mit dem Versuch verbunden gewesen, den erneuten »Anschluß an den Rationalismus der bürgerlichen Blütezeit« zu gewinnen. Nach Ende des ersten Weltkriegs sei dann diese »Debatte in ihr entscheidendes Stadium« getreten: »Die Fragestellung mußte theoretisch durchdrungen oder modisch beschönigt werden. Beide Lösungen« hätten »ihr politisches Äquivalent. Die erste« falle »mit neueren Versuchen einer materialistischen Theorie der Kunst zusammen« – und an dieser Stelle verweist Benjamin auf seinen Kunstwerk-Aufsatz –, die »zweite« hingegen sei »von den totalitären Staaten begünstigt« worden und habe »die reaktionären Momente« im Futurismus, Expressionismus und Surrealismus aufgegriffen. Sie bestreite »die Problematik der Kunst, um das Prädikat des Ästhetischen noch für ihre blutigsten Vollstreckungen in Anspruch zu nehmen. Zugleich« lasse sie »erkennen, wie die Begehrlichkeit nach dem Gut der Vergangenheit jedes Maß überschritten« habe: »Nichts Geringeres« schwebe »den Faschisten vor, als des Mythos sich zu bemächtigen« (alle Zitate II, 581 f.).

Man mag die Logik dieser Rekonstruktion als ein wenig sprunghaft, vielleicht auch gewagt empfinden. Sie wirft freilich ein bezeichnendes Licht auf die anthologische Arbeit Benjamins, auf die mit ihr verfolgten Absichten, aber auch auf ihre jeweils sich verändernde Konstellation. Und Benjamin bietet gerade an dieser Stelle, auf Jochmann zurückkommend, eine Formel an, die sich wie ein Motto seiner sammelnd-kommentierenden Schriften ausnimmt: »›Nicht alles Vergangene ist verloren.‹ (Wir brauchen's nicht neu zu machen.) ›Nicht alles Verlorene ist unersetzt.‹ (Vieles ist in höhere Formen eingegangen.) ›Nicht alles Unersetzte ist unersetzlich.‹ (Vieles einst Nützliche ist nun unnütz.)« (582). In dieser Formel erweist sich zuletzt der engste Sachzusammenhang mit einer kommentierten Briefsammlung, von der man sich nur wünscht, sie möge einmal in all ihren Schattierungen, manifesten Formen wie auch geplanten Erweiterungen – mit einem Wort: in ihrem gesamten literatur- und kulturhistorischen Kontext – dokumentiert werden.

Werk

Vom Weltbürger zum Grossbürger (IV, 815–862)
Deutsche Menschen (IV, 149–233)
Allemands de quatre-vingt-neuf (IV, 863–880)
Die Rückschritte der Poesie von Carl Gustav Jochmann (II, 572–598)
Rez. zu Anthologie de la nouvelle prose française (III, 78 f.)
Antoine Wiertz: Gedanken und Gesichte eines Geköpften (IV, 805–808)
Auf der Spur alter Briefe (IV, 942–944)
Brief von Seume an Karl Böttiger. In: Das Wort, Jg. [1] (1936), H. 4, 86 f.
Briefe [I] – XXVII (Frankfurter Zeitung, 31.3.1931 – 31.5.1932)
Briefe Zweite Serie (VII, 829 f.)
Deutsche Briefe (IV, 945–947)
Deutsch in Norwegen (III, 404–407)
Goethes Wahlverwandtschaften (I, 123–201)
Das Kunstwerk im Zeitalter seiner technischen Reproduzierbarkeit (I, 431–469, 471–508, 709–739 und VII, 350–384)
Landschaft und Reisen (III, 88–94)
Memorandum zu den ›Sechzig Briefen‹ (IV, 949–950)
Phantasiesätze, von einem elfjährigen Mädchen nach gegebenen Worten gebildet (IV, 802–803)
Rez. zu Robert Faesi: Die Ernte schweizerischer Lyrik (III, 167)
Sammlung von Frankfurter Kinderreimen (IV, 792–796)
Über Sprache überhaupt und über die Sprache des Menschen (II, 140–157)
Unbekannte Anekdoten von Kant (IV, 808–815)
Zwei Gedichte. Von Gertrud Kolmar (IV, 803–805)

Literatur

Adorno, Theodor W. (1962): »Nachwort«, in: Deutsche Menschen. Eine Folge von Briefen ausgewählt u. eingel. v. Walter Benjamin, Frankfurt a. M., 119–129.
Borchardt, Rudolf (1927): Der Deutsche in der Landschaft, besorgt v. Rudolf Borchardt, München.
Breysach, Barbara (1989): »Die Persönlichkeit ist uns nur geliehen«. Zu Briefwechseln Rahel Levin Varnhagens, Würzburg.

Brodersen, Momme (1999): »Für eine Neuausgabe der ›Deutschen Menschen‹«, in: Klaus Garber/Ludger Rehm (Hg.): global benjamin, Bd. 1, München, 583–596.

Chronik der Königlichen Friedrich-Wilhelms-Universität für das Rechnungsjahr 1914, Halle a.d.S. 1915.

Chronik der Königlichen Friedrich-Wilhelms-Universität für das Rechnungsjahr 1915, Halle a.d.S. 1916.

Courtois, Jean-Patrice (1988): »Allégorie de l'humanité dans la voix: ›Hommes Allemands‹ de Walter Benjamin«, in: La Licorne 14, 191–236.

Diers, Michael (1988): »Einbandlektüre – Zu Walter Benjamins Briefsammlung ›Deutsche Menschen‹ von 1936«, in: Idea. Jahrbuch der Hamburger Kunsthalle, Bd. 8, München, 109–120.

Günther, Joachim (1936/37): »Deutsche Menschen«, in: Die Literatur 39, 314.

Hofmannsthal, Hugo von (1912): Deutsche Erzähler, ausgewählt v. Hugo von Hofmannsthal, 4 Bde, Leipzig.

Hofmannsthal, Hugo von (Hg.) (1922/23): Deutsches Lesebuch, 2 Bde, München.

Hofmannsthal, Hugo von (Hg.) (1926): Deutsches Lesebuch, 2., vermehrte Aufl., 2 Bde, München.

Hofmannsthal, Hugo von (1966): »Ankündigung eines neuen Verlages«, in: Bernhard Zeller/Werner Volke (Hg.): Buchkunst und Dichtung. Zur Geschichte der Bremer Presse und der Corona, Passau, 48–51.

Horkheimer, Max (1995): Gesammelte Schriften, Bd. 16: Briefwechsel 1937–1940, hg. v. Gunzelin Schmid Noerr, Frankfurt a. M.

Jäger, Lorenz (1985): »Hofmannsthal und der ›Ursprung des deutschen Trauerspiels‹«, in: Hofmannsthal-Blätter H. 31/32, 83–106.

Jochmann, Carl Gustav (1836–38): Carl Gustav Jochmann's, von Pernau, Reliquien. Aus seinen nachgelassenen Papieren, gesammelt v. Heinrich Zschokke, 3 Bde, Hechingen.

Kesser, Armin (1937): »Deutsche Briefe«, in: Luzerner Tagblatt und Zentralschweizerischer General-Anzeiger Jg. 86, Nr. 13 vom 16.1.1937, 3. Bogen, 3.

Marti, Hugo (1936): »Briefe deutscher Menschen«, in: Der Bund Jg. 87, Nr. 567 vom 3.12.1936, Abend-Ausgabe, 7.

Mattenklott, Gert (1999): »Benjamin als Korrespondent, als Herausgeber von ›Deutsche Menschen‹ und als Theoretiker des Briefes«, in: Klaus Garber/Ludger Rehm (Hg.): global benjamin, Bd. 1, München, 575–582.

Noack, Klaus-Peter (1979): »Nachbemerkung«, in: Deutsche Menschen. Eine Folge von Briefen, ausgewählt u. kommentiert v. Walter Benjamin, Leipzig/Weimar, 111–120.

Pestalozzi, Johann Heinrich (1895): Pestalozzi's sämtliche Werke, Bd. 19: Pestalozzi und Anna Schultheß. Briefe aus der Zeit ihrer Verlobung, hg. v. H. Morf/L. W. Seyffarth, Liegnitz.

Polczyk, Peter (1988): »Physiognomien der Humanität – Ordnungen der Schrift. Walter Benjamins ›Deutsche Menschen‹«, in: Wirkendes Wort 38, H. 2, 214–234.

Roeßler, Rudolf (1936): Rudolf Roeßler an Karl Thieme, 29.7.1936 (unveröffentlichtes Schreiben, Benjamin-Archiv, Berlin).

Roeßler, Rudolf (1936): Rudolf Roeßler an Karl Thieme, 30.7.1936 (unveröffentlichtes Schreiben, Benjamin-Archiv, Berlin).

Puttnies, Hans/Gary Smith (1991): Benjaminiana. Eine biographische Recherche, Gießen.

Sand, Georg (1938): »Christian Friedrich Daniel Schubart 1739–1791«, in: Das Wort 3, H. 5, 97–102.

Scholem, Gershom (2000): Tagebücher nebst Aufsätzen und Entwürfen bis 1923, 2. Halbband: 1917–1923, hg. v. Karlfried Gründer/Herbert Kopp-Oberstebrink/Friedrich Niewöhner, unter Mitwirkung v. Karl E. Grözinger, Frankfurt a. M.

Schöne, Albrecht (1986): »›Diese nach jüdischem Vorbild erbaute Arche‹: Walter Benjamins ›Deutsche Menschen‹«, in: Stéphane Mosès/Albrecht Schöne (Hg.): Juden in der deutschen Literatur, Frankfurt a. M., 350–365.

Seiffert, Johannes Ernst (1972): »›Deutsche Menschen‹. Vorläufiges zu Walter Benjamins Brief-Anthologie«, in: Jahrbuch des Instituts für deutsche Geschichte, Bd. 1, Tel-Aviv, 159–170.

Varnhagen, Rahel (1834): Rahel. Ein Buch des Andenkens für ihre Freunde, Dritter Theil, Berlin.

Vesper, Will (Hg.) (1906): Das erste Buch der Ernte aus acht Jahrhunderten deutscher Lyrik, Düsseldorf, Leipzig.

Vesper, Will (Hg.) (1910): Das zweite Buch der Ernte aus acht Jahrhunderten deutscher Lyrik, Ebenhausen b. München.

Zeller, Bernhard/Werner Volke (Hg.) (1966): Buchkunst und Dichtung. Zur Geschichte der Bremer Presse und der Corona, Passau.

Zu Traditionskrise, Technik, Medien

»Ich packe meine Bibliothek aus« / »Der destruktive Charakter« / »Erfahrungsarmut« / »Eduard Fuchs. Der Sammler und der Historiker« / »Lichtenberg. Ein Querschnitt« / Sur Scheerbart / »Vereidigter Bücherrevisor«

Von Burkhardt Lindner

Hannah Arendt hat hervorgehoben, daß Benjamins Intellektualität von seiner Leidenschaft für das Sammeln geprägt war (Arendt 1986, 49–62). Diese charakterologische Bestimmung ist außerordentlich aufschlußreich. Noch als Student begann Benjamin das Sammeln von Büchern aus Antiquariaten und Auktionen, hinzu kam die Sammlung alter Kinderbücher aus dem Besitz seiner Mutter; er sammelte Ansichtspostkarten und Kinderspielzeug; bei bestimmten Gelegenheiten hat er kleine Sammlungen von Tätowiervorlagen oder von Plakaten angelegt. Eine Sammlung barocker Emblembücher mußte er abbrechen, weil ihm das Geld fehlte. Arendt betont weiter, daß für die Entstehung und die Physiognomie des Werks selbst nichts bedeutungsvoller geworden sei als das Aufspüren und Herausbrechen von Zitatmaterial. Für seine schlagenden Zitate ist Benjamin berühmt geworden. Wie er zu seinen Zitaten kam und wie er sie sich parat hielt, wird wohl kaum ganz zu klären sein.

Benjamin hat die Figur des Sammlers aber auch zum Gegenstand einer historischen Bestandsaufnahme gemacht, die auf grundsätzliche Reflexionen über Traditionsbildung und Traditionserschütterung führt. Sie thematisieren das Verhältnis von einer Überlieferung, die über lange Jahrhunderte an die Gestalt des gedruckten Buchs sich heftete, zu den Umwälzungen, die durch neue audiovisuelle Reproduktionstechniken entstanden sind, und stoßen damit auf die prekäre Rezeption der Technik im 20. Jh.

Den Ausgangspunkt bilden die Lesestücke Ich packe meine Bibliothek aus, Der Destruktive Charakter und Erfahrungsarmut, die im Schnittfeld von Weimarer Krise und Exil entstanden. In ihnen ist vorgezeichnet, wie Benjamin Traditionsbildung und Destruktion zusammenzudenken versucht. Eckhardt Köhn hat in einem äußerst sorgfältig recherchierten, erhellenden Aufsatz den historischen und autobiographischen Kontext dieser Texte rekonstruiert (Köhn 2000). In aller Kürze läßt sich die historische Konstellation mit zwei paradoxalen Sätzen umreißen: daß der destruktive Charakter in der Front der Traditionalisten stehe und daß der Sammler ohne die in ihm wirksame Destruktivität nicht begriffen werden kann.

Von hier aus lassen sich im weiteren Schneisen zu anderen Texten ziehen: zum einen zu wichtigen Texten des Exils, zum andern zu Benjamins Zeitschriften- und Rundfunkpublizistik in der Weimarer Republik. Der Schlußabschnitt unternimmt in aller Vorläufigkeit eine Einschätzung der medientheoretischen Bedeutung Benjamins für die gegenwärtige Diskussion.

Da hier ganz verschiedene Texte ›in einem Zuge‹ gelesen werden, ist ein methodologischer Hinweis voranzuschicken: In der Sekundär-Literatur findet sich immer wieder die Tendenz, Benjamin als eine Figur zu charakterisieren, die zwischen nostalgischem Versunkensein ins Vergangene und einer rückhaltlosen Preisgabe des Alten im Namen des Neuen hin- und hergerissen sei. Zumeist fällt dann das Stichwort *Ambivalenz.* Einer produktiven Lektüre seiner Texte steht dies im Wege. Denn die hermeneutische Vorannahme tiefsitzender, unausgetragener Ambivalenzen verschleift im Vorhinein die radikalen Positionssetzungen in den einzelnen Texten zugunsten einer trügerischen Autorpsychologie. Die Vorstöße, die Benjamin in ein noch unerschlossenes Terrain unternommen hat, lassen sich nur in genauer Analyse der einzelnen Texte erschließen.

»Ich packe meine Bibliothek aus. Eine Rede über das Sammeln«

In der *Literarischen Welt* vom Juli 1931 publizierte Benjamin eine erstaunlich persönlich gehaltene Rede über das Sammeln, die vermutlich ursprünglich für den Rundfunk gedacht war. Der Haupttitel Ich packe meine Bibliothek aus ist durchaus biographisch zu verstehen. Erstmals nach dem Auszug aus der elterlichen Villa und der Scheidung konnte Benjamin in der neuen Berliner Wohnung die schätzungsweise zweitausend Bücher seiner Bibliothek wieder aufstellen (2, 544).

Benjamin versetzt den »Hörer« in den Augenblick des Auspackens. »Ich muß Sie bitten, mit mir in die Unordnung aufgebrochener Kisten, in die von Holzstaub erfüllte Luft, auf den von zerrissenen Papieren bedeckten Boden, unter die Stapel eben nach zweijähriger Dunkelheit wieder ans Tageslicht beförderter Bände sich zu versetzen, um von vornherein ein wenig die Stimmung [...] zu teilen, die sie in einem echten Sammler erwecken. Denn ein solcher spricht zu Ihnen [...]« (IV, 388).

Statt die Bücher, wie es naheläge, Stück für Stück in die Regale zu stellen, kommt er ins Grübeln und ins

Erinnern, während er gleichzeitig seine Bibliothek weiter auspackt und einzelne Bände in die Hände nimmt. Es wird eine lange Rede, die Benjamin hier hält. Mit der letzten halbgeleerten Kiste ist es schon längst nach Mitternacht geworden. Und nun, mit dem Ende des Textes, »verschwindet« der Sammler im »Gehäuse, dessen Bausteine Bücher sind« (396).

Wenn man sich vor Augen hält, daß die Jahre zwischen 1930 und 1933 für Benjamin mit äußerster politischer und intellektueller Spannung angefüllt sind, die sich auch biographisch in seiner gleichzeitigen Beziehung zu Brecht, Adorno und Scholem spiegelte, so muß diese tiefe Reflexion auf das Sammeln fast abwegig erscheinen. Dies um so mehr, als am Schluß das »Unzeitgemäße[] dieser Passion« hervorgehoben und mit Verweis auf Hegel gesagt wird: »Erst im Aussterben wird der Sammler begriffen«. Wozu wäre also über einen Typus zu reden, über den »die Nacht hereinbricht« (395)?

Aber, und deshalb zögert Benjamin nicht, sich als »Ich« auf die Rampe zu bitten, in der Figur des Sammlers entsteht ein Selbstporträt, das in seinen intellektuellen Beziehungen nicht aufgeht und somit etwas Eigenstes bezeichnet. Benjamin will sich als Sammler verstehen. Dazu gehört auch, daß unter den vielen Aspekten, die er thematisiert, der eine völlig fehlt, die eigene Bibliothek als ein Arbeitsinstrument zur Produktion von Texten vorzustellen. Immer wenn Benjamin auf seine Bibliothek rekurriert, spricht er über ›seine Sammlung‹.

Das beginnt bereits mit seiner ersten Zeitschriftenpublikation über »Alte vergessene Kinderbücher« (III, 12–22) von 1924 und setzt sich u.a. fort in den Artikeln Aussicht ins Kinderbuch (IV, 609–615) und Bücher von Geisteskranken. Aus meiner Sammlung (IV, 615–619) von 1928. Bald nach jener Rede über das Bibliotheksauspacken erscheint der Artikel Für arme Sammler, in dem Benjamin auf ein besonderes, noch nicht erschlossenes Sammelgebiet für Bücher verweist, das bislang nicht in den teueren Antiquariatsmarkt gelangt ist: »das sind die *veralteten*« (IV, 599): Bücher von Wedekinds Bruder Donald etwa oder Philipp Kellers *Gemischte Gefühle*.

Für alle diese Texte Benjamins ist charakteristisch, daß sie ein erstaunliches Plädoyer für den Privatbesitz als »Glück des Privatmanns« (IV, 396) darstellen. Denn nichts anderes stellt eine Sammlung dar als einen Schatz im privaten Gehäuse. Ist eigentlich »Erbschaft die triftigste Art und Weise zu einer Sammlung zu kommen«, so wird den »vornehmsten Titel einer Sammlung [...] immer ihre Vererbbarkeit bilden« (395).

Benjamins Lobrede auf den Sammler lenkt Mißtrauen auf die öffentlichen Sammlungen – also die staatlichen Bibliotheken, Museen und Archive. »Wenn öffentliche Sammlungen nach der sozialen Seite hin unanstößiger, nach der wissenschaftlichen nützlicher sein mögen als die privaten – die Gegenstände kommen nur in diesen zu ihrem Recht« (IV, 395; nochmals im Fuchsaufsatz II, 502 u. IV, 510). Persönliche Leidenschaft und individueller Spürsinn bilden im Privatmann den Antrieb. Für den Sammler schießt die Sammlung »zu einer magischen Enzyklopädie« zusammen, die nicht allgemeinen systematischen Klassifikationssystemen gehorchen muß. Ihm ist der Umstand des persönlichen Erwerbs eines einzelnen Exemplars wichtiger als jede sachliche Vollständigkeit, weshalb ihm bibliophile Neudrucke fragwürdig erscheinen. Er hat noch den »Sinn für die Aura um ein Buch« (VI, 171).

Diese Aura entsteht allererst, wenn die Bücher aus dem Verkehr geraten sind und also »der Gegenstand aus allen ursprünglichen Funktionen gelöst wird [...]. Es ist die tiefste Bezauberung des Sammlers, das Einzelne in einen Bannkreis einzuschließen, indem es, während ein letzter Schauer (der Schauer des Erworbenseins) darüber hinläuft, erstarrt. [...] Sammeln ist eine Form praktischen Erinnerns und unter den profanen Manifestationen der ›Nähe‹ die bündigste« (V, 271). Dieses Zitat entstammt der Passagenarbeit (Konvolut H), wo Benjamin wichtige Formulierungen aus der Rede über das Sammeln wieder aufgezeichnet hat.

Am Schluß des Textes verschwindet der Sammler auf doppelte Weise. Er verschwindet »im Gehäuse, dessen Bausteine Bücher sind« (IV, 396). Und es wird sein historisches Verschwinden festgestellt. »Erst im Aussterben wird der Sammler begriffen« (395). Man kann in dieser Geste des Verschwindens eine Vorahnung des Exils sehen. Aufschlußreicher ist aber ein anderer Bezug. Denn die Rede über das Sammeln ist mit einem anderen im November 1931 in der *Frankfurter Zeitung* publizierten Text eng verknüpft, der auf den ersten Blick in völligem Gegensatz zu ihm zu stehen scheint.

»Der destruktive Charakter«

Auch dieser Text läßt einen biographischen Kontext zumindest erahnen, wenn es vom destruktiven Charakter heißt, daß er nicht aus dem Gefühl, das Leben sei lebenswert, heraus lebt, sondern dem, »daß der Selbstmord die Mühe nicht lohnt« (IV, 398). Tatsächlich hatte Benjamin im August des Jahres den Entschluß gefaßt, seinem Leben ein Ende zu setzen. »Ich verleihe mir vor Toresschluß einen Titel, den Lichtenberg erdacht hat ›Professor philosophiae extraordinariae‹«, heißt es im TAGEBUCH VOM SIEBENTEN AUGUST NEUNZEHNHUNDERTEINUNDDREISSIG BIS ZUM TODESTAG (VI, 443). Was Benjamin von dem Entschluß abgebracht hat, wird sich nicht mehr ermitteln lassen, aber daß aus dieser Situation jener Text entstanden ist, zeigt die Formulierung, »beim Rückblick auf sein Leben« könne jemand unversehens zu der schockhaften Einsicht gelangen, wie stark er von als ›destruktiv‹ geltenden Personen geprägt worden ist. Der Schock erfährt seine Auflösung in der sodann folgenden »Darstellung des destruktiven Charakters« (IV, 396).

Benjamin beschreibt sich nicht selbst als destruktiven Charakter, benennt aber auch nicht genauer die »tieferen Bindungen« an bestimmte destruktive Personen. Der destruktive Charakter bleibt ein anonymes Phantom, hinter dem man vergeblich ein reales Vorbild – etwa Brecht?, etwa Asja Lacis? – zu erkennen versucht. Es gibt aber gute Gründe, diese Figur und den Sammler in einem Zusammenhang zu betrachten.

Zunächst stellt sich der Zusammenhang als Gegensatz dar. Während der Sammler sich im dinglichen Gehäuse seiner Bibliothek sozusagen einmauert, kennt der destruktive Charakter »nur eine Parole: Platz schaffen; nur eine Tätigkeit: räumen« und nur ein »Bedürfnis: das »nach frischer Lust und freiem Raum [...]« (IV, 396). Während der Sammler in der Einsamkeit »sein Schicksal« stillt (IV, 998), »muß der Zerstörende fortdauernd sich mit Leuten, mit Zeugen seiner Wirksamkeit umgeben« (IV, 397).

Angesichts des offenkundigen Gegensatzes beider Figuren muß nun die weitere Feststellung äußerst überraschen: »Der destruktive Charakter steht in der Front der Traditionalisten« (IV, 398). Er zertrümmert nicht einfach das Überlieferte, sondern erzeugt »Trümmer [...] um des Weges willen, der sich durch sie hindurchzieht« (ebd.). In einer Variante des Textes heißt es dazu: »Einige machen die Dinge tradierbar (das sind vor allem die Sammler, konservative, konservierende Naturen), andere machen Situationen handlich, zitierbar sozusagen: das sind die destruktiven Charaktere« (IV, 1000).

Hier beginnt sich also der einfache Gegensatz aufzulösen. Wir stoßen auf eine tiefe Komplementarität beider Figuren. Sie beruht darauf, daß beide eine Arbeit des Überlieferns verrichten. Denn für Benjamin ist Überlieferung nicht das unantastbar und unveränderlich Tradierte, sondern das in jeder Generation neu Hergestellte. Der destruktive Charakter weiß sich im historischen Auftrag, die Welt zu verjüngen, indem sie jederzeit auf »ihre Zerstörungswürdigkeit geprüft wird« (IV, 999). Der Sammler faßt die Verjüngung der Welt anders herum auf, aber nicht minder destruktiv gegen das Bestehende gerichtet. »Die alte Welt erneuern – das ist der tiefste Trieb im Wunsch des Sammlers [...]« (IV, 390). Beide operieren am Ursprung des Daseins.

»Erfahrungsarmut«

Der in DER DESTRUKTIVE CHARAKTER formulierten Position korrespondiert ein anderer Text, den Benjamin im Sommer 1933 auf Ibiza geschrieben hat (vgl. II, 960): ERFAHRUNGSARMUT. Er erschien im Dezember 1933 in der von Willy Haas in Prag herausgegebenen Exilzeitschrift *Die Welt im Wort*. Dort erhielt er den Titel »Erfahrung und Armut«, den alle Benjamineditionen weiter verwenden, obschon er nicht von Benjamin stammt. Im Nachlaß ist das »Handexemplar« erhalten, das den korrekten Titel und wichtige Zusätze enthält (II, 961–963).

Der Text hat in mehrfacher Hinsicht Schlüsselcharakter. Man könnte sagen, daß Benjamin hier, aber auch nur hier, sich selbst als destruktiven Charakter positioniert. Allerdings spricht er, anders als in den beiden eben behandelten Texten, nicht von sich als Einzelperson, sondern spricht im Namen eines »Wir«, nämlich im Namen »einer Generation, die 1914–1918 eine der ungeheuersten Erfahrungen der Weltgeschichte gemacht hat« (II, 214). Durch das »Wir« wirkt der Text wie ein Manifest.

Zu Beginn erinnert Benjamin an das Generationsschema der Weitergabe von ›Lebenserfahrung‹ der Älteren an die Jungen, das in mündlichen Erzählformen autorisiert war. Die ungeheure Erfahrung des Weltkriegs sperrt sich dagegen. »Konnte man damals nicht die Feststellung machen: die Leute kamen verstummt aus dem Felde? Nicht reicher, ärmer an mitteilbarer Erfahrung. Was sich dann zehn Jahre danach in der Flut der Kriegsbücher ergossen hat, war alles andere als Erfahrung, die vom Mund zum Ohr strömt. Nein, merkwürdig war das nicht. Denn nie sind Erfahrungen gründlicher Lügen gestraft worden als die strategischen durch den Stellungskrieg, die wirtschaftlichen durch die Inflation, die körperlichen durch den Hunger, die sittlichen durch die Machthaber. Eine Generation, die noch mit der Pferdebahn zur Schule gefahren war, stand unter freiem Himmel in einer Landschaft, in der nichts unverändert geblieben war als die Wolken, und in der Mitte, in einem Kraftfeld zerstörender Ströme und Explosionen, der winzige gebrechliche Menschenkörper« (II, 214).

Eine »ganz neue Armseligkeit« sei mit dieser »ungeheuren Entfaltung der Technik« über die Menschen gekommen (ebd.). In ihr prägt sich auf der kulturellen Ebene aus, was Krieg, Inflation und Weltwirtschaftskrise als ökonomische Verelendung erzeugten. Aber diese Verelendung erzeugte nicht allein nacktes Elend, sondern auch Gier nach kultureller Überblendung. »Wie in der Inflation alles gegessen wurde, so wurde auch alles als Roman verschlungen. Selbst Philosopheme« (IV, 1014). Dieser Beobachtung aus einem Nachlaßtext über den Niedergang des Romans entspricht in Erfahrungsarmut die Feststellung, daß mit der neuen Armseligkeit ein beklemmender Reichtum alter und neuer Heilsideologien »über die Menschen gekommen« sei (II, 214). Verhindert wird damit die Einsicht, daß etwas Elementares zerbrochen ist. Dies ist, was Benjamin mit einer ganz konservativ erscheinenden Geste die »Erfahrung« nennt, die von Mund zu Mund, von Geschlecht zu Geschlecht, im Sprichwort, im Erzählen wie im Wort des Sterbenden weitergegeben wird. Die »Flut der Kriegsbücher« (II, 214; vgl. näher dazu die Notizen in VI, 165 f.!) hat diese Erfahrung der Erfahrungsarmut nur übertüncht.

Rolf Tiedemann hat darauf verwiesen (II, 1281), daß Benjamin seit ca. 1928 in größerem Umfang Aufzeichnungen zum Komplex Roman und Erzählen niedergeschrieben hat. Ein Teil findet sich im dortigen Anmerkungsapparat (II, 1281–1288) abgedruckt, ein weiterer im Apparat des Bandes IV, 1010–1015. Hinzuzuziehen wären weitere Notizen aus dem Nachlaß, u.a. zum Proust- und zum Kafka-Aufsatz. In der Tat eröffnen diese bislang kaum erschlossenen Texte Einblick in höchst intensive und weitreichende Reflexionen über das Verhältnis von mündlichem Erzählen und dem Niedergang der Romanform unter den Bedingungen der neuen Medien. Benjamins Frage ist, wie das Erzählen unter diesen Bedingungen überleben kann. Er tritt der Befürchtung entgegen, daß es »desavouiert wird: die Schilderung durch den Fernseher, die Worte des Helden durchs Grammophon, die Moral von der Geschichte durch die nächste Statistik, die Person des Erzählers, durch alles, was man von ihr erfährt. [...] Das Erzählen wird schon bleiben« (II, 1282). Diesen Kontext muß man mitbedenken, wenn man die Bestandsaufnahme liest, die Benjamin in Erfahrungsarmut vornimmt. Bestätigt wird dies auch dadurch, daß Benjamin die folgende Passage später wörtlich in den Anfang des Aufsatzes Der Erzähler (vgl. II, 439) übernimmt.

Aber anders als der Kulturkonservatismus propagiert Benjamin keine Restauration. »Gänzliche Illusionslosigkeit über das Zeitalter und dennoch rückhaltloses Bekenntnis zu ihm« (II, 216), lautet seine Parole. Man muß, wie die drastische Formulierung lautet, »den nackten Zeitgenossen« im Blick haben, der »schreiend wie ein Neugeborenes in den schmutzigen Windeln dieser Epoche liegt« (II, 216, vgl. hier und zum Folgenden analoge Passagen aus dem Kraus-Komplex I, 1112 u. 1104 ff.). Und er führt als die »besten Köpfe«, die sich solche Maximen zueigen gemacht haben, auf: Descartes, Einstein, die Kubisten, Klee, Brecht, Loos, Scheerbart, Le Corbusier. Sie haben begonnen, reinen Tisch zu machen, um »aus Wenigem heraus zu konstruieren« (II, 215).

Erstaunlicherweise fällt hier das Stichwort des »destruktiven Charakters« nicht, obschon die angeführten Namen dazu passen würden. Statt dessen fällt ein anderes Stichwort: Barbarentum. »Barbarentum? In der Tat. Wir sagen es, um einen neuen, positiven Begriff des Barbarentums einzuführen. Denn wohin bringt die Armut an Erfahrung den Barbaren? Sie bringt ihn dahin, von vorn zu beginnen; von Neuem anzufangen; mit Wenigem auszukommen; aus Wenigem heraus zu konstruieren und dabei weder rechts noch links zu blicken. Unter den großen Schöpfern hat es immer die Unerbittlichen gegeben, die erst einmal reinen Tisch machten« (II, 215).

Daß Benjamin mit dem Stichwort Barbarentum, allerdings unausgesprochen, auf Nietzsche rekurriert, soll im Kontext des Fuchsaufsatzes noch näher analysiert werden. Hier genügt es zunächst, kurz auf die eigenartige Wirkungsgeschichte von Benjamins Manifest einzugehen. Zeitgenössisches Echo scheint Benjamins Text nicht gefunden zu haben. Als Ausnahme erscheint der ausführliche, sehr zustimmende Brief von Carl Linfert (in Luhr 2000, 121 f.). Das Stichwort des Positiven Barbarentums hat in der Benjaminrezeption erst später gezündet (Lindner 1978; Reschke 1992; Schneider 1996; Raulet 2004). Benjamins Manifest wirft eher Fragen auf, als daß es sich auf bestimmte Parolen reduziere ließe. Dies betrifft vor allem die Schlußpassage. »Arm sind wir geworden. Ein Stück des Menschheitserbes nach dem anderen haben wir dahingegeben, oft um ein Hundertstel des Wertes im Leihhaus hinterlegen müssen, um die kleine Münze des ›Aktuellen‹ dafür vorgestreckt zu bekommen. In der Tür steht die Wirtschaftskrise, hinter ihr ein Schatten, der kommende Krieg. Festhalten ist heut Sache der wenigen Mächtigen geworden, die weiß Gott nicht menschlicher sind als die vielen; meist barbarischer, aber nicht auf die gute Art. Die anderen aber haben sich einzurichten, neu und mit Wenigem. [...] Mag doch der Einzelne bisweilen ein wenig Menschlichkeit an jene Masse abgeben, die sie eines Tages ihm mit Zins und Zinseszinsen wiedergibt« (II, 219).

Zählen wir erst einmal die Fragen auf. Was meint Ende 1933 »die Wirtschaftkrise« und was der »kommende Krieg«? Rechnet Benjamin wie Brecht und manche andere Intellektuelle mit einem raschen Bankrott der Nazis, der in einem Bürgerkrieg kulminiert? Und was heißt »festhalten«, das heute die Sache von »wenigen Mächtigen« geworden ist? Wie sollte man diese Passage auf Hitlers Sieg beziehen? Was heißt, die Menschheit bereite sich darauf vor, »die Kultur, wenn es sein muß, zu überleben« (II, 219), wenn gleichzeitig in Nazideutschland die Bücher brennen? (Vgl. auch die ähnlich lautende Formulierung in der Mickey Mouse-Notiz VI, 144).

Der Bezug zur eigenen unsicheren Situation wird deutlicher in einer handschriftlichen Variante des Textes. Hier notiert Benjamin: »Aber wer kann denn ernstlich annehmen, die Menschheit werde den Engpaß, der vor ihr liegt, mit dem Gepäck eines Sammlers oder Antiquitätenhändlers beladen, je überschreiten?« (II, 961). Doch ein solches Gepäck trug Benjamin mit sich ins Exil. Und er wollte sich davon nicht trennen, vielmehr hat er alles dazu getan, daß seine Bücher und seine Manuskripte aus Berlin herausgeholt wurden.

Wir können Erfahrungsarmut durchaus als einen Schlüsseltext verstehen, der auch biographisch den Zwischenzustand zwischen dem Ende der Weimarer Republik und dem beginnenden Exil zu fixieren sucht. In ihm will Benjamin, wie er selbst sagt, »Abstand halten, zurücktreten« (II, 219) und weder »rechts noch links [...] blicken« (215), sondern einen ›Nullpunkt‹ festhalten, ohne schon einen praktischen Neuanfang aufzuzeigen. Die Perspektiven, die der Text eröffnet, bleiben unbestimmt. Aber von ihm aus läßt sich weiter verfolgen, welches Gepäck Benjamin auf den Engpaß mitnimmt und wieso er neu auf die destruktive Figur des Sammlers stößt.

»Eduard Fuchs. Der Sammler und der Historiker«

In den dürftigen Verhältnissen des Pariser Exils verlor Benjamin keineswegs das Interesse am Sammler. An Gretel Adorno schreibt er im Januar 1934 nach Berlin: »Neulich sah ich eine wundervolle Sammlung [...]. Sie gehört einem Deutschen, der seit acht Jahren in Paris lebt, und umfaßt primitive Malerei der Gegenwart, vor allem aber des neunzehnten Jahrhunderts« (4, 330). Und etwas später schreibt er ihr von seiner »Sehnsucht nach der kleinen Sammlung von bunt illustrierten Kolportagebüchern [...], die ich bei Dir stehen habe [...]« (352). Im Zusammenhang mit der »Übersiedlung nach Amerika« erwähnt er Sigmund Morgenroth und fügt hinzu: »mit niemandem stellt sich mir ein Kontakt leichter her als mit einem Sammler« (6, 248).

Und noch in einem seiner letzten Texte, Une lettre de Walter Benjamin au sujet de ›le regard‹ de Georges Salles vom März 1940, als Brief an die mit ihm befreundete Buchhändlerin Adrienne Monnier gerichtet, kommt er auf seine Sammlungen zurück. »J'ai connu une suite d'années où les transports les plus doux m'ont été inspirés par les pièces d'une collection que j'avais rassemblées avec une patience ardente. Depuis sept ans que j'ai dû m'en séparer je n'ai plus cette brume [...]. Mais la nostalgie de cette ivresse m'est resté. N'ayant eu ni la force nie le courage de me refaire une collection, un transfert s'est opéré en moi. Grâce à lui des passion qui, autrefois, allaient vers les pièces qui m'obsédaient se sont tournées vers une recherche abstraite, vers l'essence de la Collection elle-même. Ou bien vers ce mystérieux genre d'homme qui, avec Léon Deubel, peut dire: ›Je crois ... à mon âme: la Chose‹« (III, 594).

Ganz trifft Benjamins Selbstbeschreibung nicht zu. Denn im Exil hat er eine andere Sammlung begonnen, die er bis zum Tode fortführen wird: die Konvolute von Exzerpten aus den Beständen der Pariser Nationalbibliothek, die er für die neu konzipierte Passagenarbeit herstellt. Ohne jenen Sammlertrieb könnte eine derartig immense Schreibarbeit gar nicht zustande kommen.

Wenn die Passagenarbeit ein eigenes Konvolut »Der Sammler« einrichtet, so geht es nicht allein um einen historischen Typus, den das 19. Jh. ausgeprägt hat, sondern eben auch um die Selbstreflexion des eigenen Tuns. Und hier hat die obige Formulierung von der theoretischen Erkundung des Wesens der Sammlung und des Sammlers ihren genauen Sinn. Benjamin verschärft in den Notizen dieses Konvoluts die dialektische Spannung zwischen Destruktion und Bewahrung in der Figur des Sammlers, indem er sie auf die Aufgabe des Geschichtsschreibers projiziert.

Die Theorie des Sammlers wird weiterentwickelt und präzisiert in der Abhandlung Eduard Fuchs. Der Sammler und der Historiker, die 1937 in der *Zeitschrift für Sozialforschung* erschien und im Auftrag Horkheimers verfaßt wurde. Dieser war vom Ergebnis außerordentlich befriedigt. Auch bei diesem Text ergaben sich vor dem Abdruck Änderungen im Manuskript, die man den beiden umfangreichen Briefen entnehmen kann, die zwischen Horkheimer und Benjamin gewechselt wurden (II, 1329–1345). Sie sind aber bei weitem nicht derart gravierend wie die Umarbeitungen bei der Publikation von Das Kunstwerk im Zeitalter seiner technischen Reproduzierbarkeit. Der Fuchsaufsatz ist übrigens der einzige Text, der Benjamin einen bewundernden Brief Brechts eingetragen hat (vgl. II, 1354).

Benjamin hatte überhaupt keine Lust zu dieser Auftragsarbeit. Er entledigte sich dieser Hemmnisse und Widerstände am Ende dadurch, daß er einen Spagat unternahm. Auf der einen Seite entsteht ein eindrucksvolles Lebensbild aus der Pionierzeit des Sozialismus; auf der anderen Seite stülpt Benjamin, kunstvoll verdeckt, Fuchs seine eigene Programmatik über.

In dieser Hinsicht ist der Einsatzpunkt der Konstruktion wirklich genial gewählt. Benjamin wirft gleich zu Anfang das Problem auf, daß es keine Geschichte der »marxistischen Kunsttheorie« gibt. Es sei »rücksichtslos einzuräumen, daß es nur in vereinzelten Fällen« – und hier redet Benjamin pro domo – »gelungen ist, den geschichtlichen Gehalt eines Kunstwerks so zu erfassen, daß [...] sein nüchterner geschichtlicher Gehalt vom dialektischen Erkennen betroffen wird« (II, 469). GOETHES WAHLVERWANDTSCHAFTEN und URSPRUNG DES DEUTSCHEN TRAUERSPIELS, auf das eine Fußnote ausdrücklich verweist, werden hier neu in Anschlag gebracht als Untersuchungen, an denen sich der »Standard des historischen Materialismus« allererst zu erweisen habe.

Benjamin macht deshalb auch gar keinen Versuch, den sozialistischen Autodidakten Fuchs zu einem wichtigen Kunsttheoretiker zu erklären. Vielmehr setzt er ein beim Sammler Fuchs. In dessen riesigen Sammlungen, die er als Material seinen Publikationen zugrundelegte, prägte sich nicht bloß eine obsessive private Leidenschaft des Besitzwillens aus. »Seine Sammlungen sind die Antwort des Praktikers auf die Aporien der Theorie« (II, 469). In seiner Praxis als Sammler hat Fuchs auf die Defizite der marxistischen Theorie geantwortet, freilich ohne das zu reflektieren.

In dieser Konstruktion spiegelt sich übrigens auch der Briefwechsel über die Passagenarbeit wieder, der zeitgleich zwischen Adorno und Benjamin stattfand (vgl. den Artikel »Die Passagenarbeit«, 251–274). Auch Benjamin zog sich gegen Adornos Drängen, das theoretische Fundament müsse vorab fertiggestellt werden, gewissermaßen auf die Sammler-Position zurück: erst im Fortschreiten der Zitat-Konvolute könne die Theorie ihre präzise Ausformulierung gewinnen. Allerdings ist die Sammlung, die die Passagenkonvolute darstellen, selbst theoretisch angelegt. In ihr wird in Form von Zitaten und Einzelnotizen ein eigenes Konvolut zur Erkenntnistheorie ausgearbeitet wie ebenso ein Konvolut, das der Figur des Sammlers gewidmet ist.

Die Fertigstellung des Fuchsaufsatzes nötigte und ermöglichte Benjamin nun, einen Teil dieser Notizen zum Sammler und zur Geschichtstheorie auszuwerten und in ausgearbeiteter Textform niederzulegen. Hier werden wichtige eigene Einsichten formuliert, die die dialektische Verbindung von Tradition und Destruktion im Begriff der Tradition selbst und der Geschichtsschreibung als Traditionsherstellung betreffen. Es ergeben sich zentrale theoretische Formulierungen, die fast wörtlich in die Thesen ÜBER DEN BEGRIFF DER GESCHICHTE übernommen werden!

Der historische Materialist, fordert Benjamin, müsse die kontemplative Haltung seinem Gegenstande gegenüber aufgeben, »um der kritischen Konstellation sich bewußt zu werden, in der gerade dieses Fragment der Vergangenheit mit gerade dieser Gegenwart sich befindet. [...] Die Erfahrung mit der Geschichte ins Werk zu setzen, die für jede Gegenwart eine ursprüngliche ist – das ist die Aufgabe des historischen Materialismus. Er wendet sich an ein Bewußtsein der Gegenwart, welches das Kontinuum der Geschichte aufsprengt« (II, 467 f.).

In diesen auszugsweise zitierten Formulierungen ist der Gedanke der Sprengung des ideologischen Kontinuums, das die Geschichte als einen nacherzählbaren Geschehensverlauf vermeint, der entscheidende. Es bedarf des destruktiven Moments, um den historischen Gegenstand selbst überhaupt erst konstituieren zu können. Erst durch diese Destruktion-Konstruktion tritt die Geschichte als Geschichtlichkeit in den Blick. Nicht ein rückblickendes, allumfassendes »Verstehen« alles Gewesenen ist intendiert; vielmehr soll das »Nachleben des Verstandenen« (und Mißverstandenen), in dem der Gegenstand fortwirkte (oder vergessen wurde), in der Gegenwart des materialistischen Historikers »spürbar« werden (II, 468).

Fortgesetzt werden diese Überlegungen dann im dritten Abschnitt des Fuchsaufsatzes, der wiederum zentrale Formulierungen enthält, die in die Thesen ÜBER DEN BEGRIFF DER GESCHICHTE eingegangen sind. Benjamin wendet sich massiv gegen eine fetischistische Konzeption von Kulturgeschichte, von der auch Fuchs nicht frei ist. Er verwirft eine besitzhafte Vorstellung, die den historischen Gegenstand sich »dinghaft, handlich in den Schoß fallen« sieht und über keine »echte, d.i. politische Erfahrung« (II, 477) verfügt. Der materialistische Historiker könne die Leistungen von Kunst und Wissenschaft »nicht ohne Grauen« betrachten. »Es ist niemals ein Dokument der Kultur, ohne zugleich ein solches der Barbarei zu sein« (476 f.). Das wäre kein schlechter Prüfstein, vor dem sich die neuerliche Popularität der Kulturwissenschaft zu verantworten hätte.

Ob Benjamins Konzeption des geschichtlichen Erkennens, die von der prinzipiellen Unabgeschlossenheit des historischen Gegenstands ausgeht, ohne theologische Implikationen gedacht werden kann – was der Fuchsaufsatz offenkundig vermeidet –, soll hier unerörtert bleiben. Horkheimer jedenfalls hat diese verborgene Implikation sehr genau gespürt und im Brief an Benjamin thematisiert (II, 1332 f.), was wiederum Benjamin zu einer wichtigen Erläuterung veranlaßt hat (1338).

Wodurch sieht aber nun Benjamin den Sammler Fuchs in die Nähe seiner eigenen Überlegungen gerückt? Nicht unmittelbar durch den Gegenstandsbereich des Sammlers (Karikatur, erotische Kunst, Sittengeschichte), sondern dadurch, daß Fuchs bei der Sammlung und Auswertung dieses Materials zu einer neuen Betrachtungsweise genötigt wird, nämlich zur »ikonographischen Auslegung«, zum Augenmerk auf »Massenkunst« und zum »Studium der Reproduktionstechnik«. Weiter heißt es: »Diese Teile des Fuchsschen Werks sind bahnbrechend. Sie sind Bestandteile einer jeden künftigen materialistischen Betrachtung von Kunstwerken« (II, 479 f.). In der Tat kann Benjamin einige erstaunliche Zitate aus den Büchern von Fuchs als Belege anführen (vgl. II, 502–504). Das ändert jedoch nichts daran, daß das Programm, das er Fuchs unterstellt, ganz und gar das seine ist. Ohne seine Theorie der technischen Reproduzierbarkeit, die die ein Jahr vorher publizierte Arbeit Das Kunstwerk im Zeitalter seiner technischen Reproduzierbarkeit entfaltet, wäre er auf die Überlegungen von Fuchs zur bildlichen Vervielfältigungstechnik kaum gestoßen. Und es betrifft überhaupt nicht mehr Fuchs, sondern eben Benjamin selbst, wenn es weiter heißt: »Den drei genannten Motiven ist eines gemeinsam: sie enthalten eine Anweisung auf Erkenntnisse, die sich an der hergebrachten Kunstauffassung nicht anders erweisen können als destruktiv« (II, 480).

Wie wichtig Benjamin die eigene Programmatik nahm, die durch die Veröffentlichung des Fuchs- und des Kunstwerkaufsatzes in Horkheimers *Zeitschrift für Sozialforschung* ausgewiesen war, findet sich durch eine andere kleine Arbeit bestätigt, nämlich den Aufsatz über Horkheimers Institut in der Exilzeitschrift *Maß und Wert* (1938) (Ein deutsches Institut freier Forschung, III, 518–526; vgl. dazu Lindner 2005; Müller/Wizisla 2005). Zwar konnte er hier, wo es um ein quasi offizielles Porträt der Kritischen Theorie ging, sich nicht als eigenständige Figur herausstreichen. Aber er verzichtet nicht auf die Strategie, im Gestus des loyalen Referierens die eigene Position kritisch einzuschmuggeln. So gibt ein Klammerzusatz zu verstehen: »Analog haben andere Forscher des Kreises die Frage nach den geschichtlichen Variablen der menschlichen Wahrnehmung aufgeworfen« (III, 523). Damit ist indirekt ein Verweis auf den Kunstwerkaufsatz gegeben, der genau mit dieser Frage, die sonst im Horkheimer-Kreis von niemandem verfolgt wird, einsetzt.

Besonders wichtig sind die Zwischentöne, mit denen Benjamin im Gestus des loyalen Referierens andere Akzente setzt, als sie in den Leitartikeln von Horkheimer und Marcuse vorgegeben sind. »Erlittenes Unrecht legt Selbstgerechtigkeit nahe. Das hat noch für jede Emigration gegolten. Das heilsamste Mittel dagegen wird sein, im erlittenen Unrecht das Recht zu suchen« (522). Die von den Nazis vertriebenen Intellektuellen können aus diesem Unrecht kein Privileg ableiten. Wie schon im Fuchsaufsatz nimmt Benjamin Anstoß am Begriff des Erbes und warnt vor der fatalen »Süffisanz der Erbberechtigten«, sich im Namen der deutschen Kultur zu positionieren. Die Vorstellung vom Erbe sei ganz irreführend. »Denn die geistigen Besitztümer sind derzeit um nichts besser gewährleistet als die materiellen. Und es ist Sache der Denker und Forscher, welche noch eine Freiheit der Forschung kennen, von der Vorstellung eines ein für alle Mal verfügbaren, ein für alle Mal inventarisierten Bestandes an Kulturgütern sich zu distanzieren« (III, 525).

Genau diese Distanzierung scheint ihm nicht grundsätzlich genug vollzogen. Das Defizit des Marxismus in ›Überbau‹-Fragen, mit dem schon der Fuchsaufsatz einsetzt, bleibt noch bestehen, wenn der krude Blick auf die richtige soziale Tendenz gegen eine dialektische Würdigung des Überlieferten ausgewechselt wird. Gefordert ist statt dessen eine neue dialektische Bestimmung dessen, was Überlieferung heißt. Benjamin steht seine Entdeckung der technischen Reproduzierbarkeit vor Augen, wenn er fordert: »den technischen Bedingungen kulturellen Schaffens, seiner Aufnahme und seines Überdauerns nachzugehen, schafft, auf Kosten bequemer Übereinkommen, einer echten Überlieferung Platz« (ebd.).

In diesem Sinne verwirft Benjamin das Theorem vom »affirmativen Charakter der Kultur« und seiner »falschen Aufhebung«, mit dem Marcuse die ästhetische Ideologie der Schönen Seele einer dialektischen Prüfung unterziehen will. Daß Marcuse zum Beleg für Goethes affirmative Konzeption des Schönen ausgerechnet »Der Sammler und die Seinigen« zitiert, ohne den ironischen Kontext dieser Schrift zu gewahren, dürfte Benjamins Kopfschütteln hervorgerufen haben. Er hatte im Kunstwerkaufsatz (s. den Artikel zum Kunstwerkaufsatz, insbes. 238 ff.) eine völlig andere Konstruktion dessen, was hier nun affirmative Kultur heißt, vorgenommen und dabei Goethe ganz andere Einsichten über den ›schönen Schein‹ zugesprochen.

Der »affirmative Kulturbegriff«, heißt es korrigierend, »entstammt, wie manch anderer falscher Reichtum, der Zeit des imitierten Renaissancestiles«, also der zweiten Hälfte des 19. Jh.s (III, 525). Das bezieht sich auf Nietzsche – allerdings einen anderen als den, den Marcuse zitiert.

Nietzsches Alptraum – Technik

Es ist von großer Wichtigkeit, Nietzsche als geheimen Stichwortgeber in Benjamins Neubestimmung des Traditionsbegriffs mitzuhören. Wie bereits erwähnt, geht die Rede von einem neuen, positiven Barbarentum in Erfahrungsarmut auf analoge Formulierungen bei Nietzsche zurück. Auch die negative Verwendung des Barbareibegriffs als Kennzeichnung der Kulturfetischisierung in der Moderne findet sich bei Nietzsche vorgeprägt. Im letzteren Sinne heißt es im Fuchsaufsatz im Blick auf das Naziregime: »In diesem Kulturbegriff schlummerten die Keime der Barbarei, die sich inzwischen entfaltet haben« (II, 476).

Darüber hinaus fand Benjamin in der von ihm hochgeschätzten Schrift »Vom Nutzen und Nachteil der Historie für das Leben« einen diagnostischen Befund vor, den er im Fuchsaufsatz nur noch medienhistorisch übersetzen mußte.

Ähnlich wie Benjamin in Erfahrungsarmut spricht Nietzsche von den Modernen, die vom Bildungsgut aller Zeiten angefüllt sind, aber aus sich gar nichts haben, und die in ihrer Kraftlosigkeit nicht einmal merken, welchem Alptraum sie ausgesetzt sind. Das wissenschaftliche Wissen erstickt das »Bedürfnis zur kritischen, das heißt richtenden und verurteilenden Historie«. Kein vitaler Impuls bändigt mehr »das Wissen um die Vergangenheit: sondern alle Grenzpfähle sind umgerissen und alles, was einmal war, stürzt auf den Menschen zu. [...] Ein solches unüberschaubares Schauspiel sah noch kein Geschlecht [...]« (Nietzsche 1954, 230; 231; 233).

Nietzsches Kritik am Positivismus der historischen Wissenschaften ist radikal, aber sie läßt die »technischen Bedingungen des kulturellen Schaffens, seiner Aufnahme und seines Überdauerns« (II, 525) weitgehend außer Betracht. Diese Bedingungen haben sich zudem unterm Einfluß der technischen Reproduzierbarkeit fundamental umgewälzt. Sie lassen sich nicht unabhängig vom allgemeinen Prozeß der Technisierung betrachten. Nietzsches Kritik des leblosen Kulturprunks seiner Zeit ist also grundsätzlich zu erweitern.

In dieser Hinsicht verdient der zweite Abschnitt des Fuchsaufsatzes besondere Aufmerksamkeit. Benjamin attackiert die Hochschätzung der Naturwissenschaften bei allen sozialistischen Theoretikern jener Zeit. Die Naturwissenschaften erschienen als Inbegriff der Wissenschaft nicht allein wegen ihres antimetaphysisch-materialistischen Ansatzes, sondern vor allem wegen der praktischen Anwendbarkeit ihrer Erkenntnisse. Dergestalt wurde der technische Fortschritt zum Inbegriff von Praxis. Hier setzt die Kritik ein. »Die Technik aber ist offenbar kein rein naturwissenschaftlicher Tatbestand. Sie ist zugleich ein geschichtlicher. Als solcher zwingt sie, die positivistische, undialektische Trennung zu überprüfen, die man zwischen Natur- und Geisteswissenschaften zu etablieren suchte« (II, 474).

Dies nennt Benjamin »die verunglückte Rezeption der Technik« (475). Und dieses Verunglücken manifestierte sich drastisch im Weltkrieg, mit dem das neue Jahrhundert begann. »Diese Erfahrung blieb denn auch wirklich dem Jahrhundert, das folgte, vorbehalten. Es erlebt, wie die Schnelligkeit der Verkehrswerkzeuge, wie die Kapazität der Apparaturen, mit denen man Wort und Schrift vervielfältigt, die Bedürfnisse überflügelt. Die Energien, die die Technik jenseits dieser Schwelle entwickelt, sind zerstörende. Sie fördern in erster Linie die Technik des Kriegs und die seiner publizistischen Vorbereitung« (475).

Die Argumentation erscheint wenig modern, ja geradezu restaurativ. Aber was Benjamin technische Überflügelung der Bedürfnisse nennt, enthält ja gerade nicht etwa die Aufforderung, wieder zu den einfachen Bedürfnissen zurückzufinden, sondern ihr mit einem Bewußtsein der Destruktivität zu begegnen. Insofern ist auch die irritierende Formulierung »Rezeption der Technik« sehr genau gemeint.

Wir sind gewohnt, heute mehr denn je, Technik auf die Seite des Machens zu setzen und sie somit als Steigerung der Macht ›des Menschen‹ zu denken. Damit wird vergessen, daß der neuzeitliche Prozeß der Technisierung der Lebenswelt keineswegs primär einen allgemeinen Zuwachs sachverständig-technischen Bewußtseins zur Folge hat. Ganz im Gegenteil.

Die Technisierung beendete aufs Ganze gesehen vielmehr den alten Begriff der Technik, der erlernbare Kunstfertigkeit, Übung und Geschick bedeutete. Mehr noch: sie erzeugt, wie Blumenberg eindringlich gezeigt hat, eine eigene reflexionsfeindliche Selbstverständlichkeit des Umgangs mit ihr (Blumenberg 1981). Das Auto, das Fernsehen, der Computer wären drei herausragende Beispiele dafür, wie in einer Generation technische Apparaturen assimiliert werden, ohne daß die Technisierung selbst noch in Frage gestellt werden könnte. Der technische Fortschritt erscheint als human-konform. Die Unfälle, Katastrophen, Kriege demgemäß allenfalls als ›Entgleisungen‹ der positiven Möglichkeiten. Sie lehren überhaupt nichts – womit wir wieder beim Anfang von Erfahrungsarmut angekommen wären.

Eine glückende Rezeption der Technik bestünde also darin, den Prozeß der Technisierung als zerstörerisch, als destruktiv zu gewahren und die Rückschritte der Gesellschaft (II, 474) im Fortschritt der Naturwissenschaften als Erfahrung des Technischen zuzulassen. Das wäre die Erfahrung der Erfahrungsarmut. »Eine ganz neue Armseligkeit ist mit dieser ungeheuren Entfaltung der Technik über die Menschen gekommen« (II, 214). Daß von dieser Einsicht, und nicht von den unabsehbaren technischen Möglichkeiten, auszugehen sei, will der gesunde Menschenverstand nicht wahrhaben.

Neue Popularisierung – »Lichtenberg. Ein Querschnitt«

Von ERFAHRUNGSARMUT aus, auf Ibiza im Niemandsland zwischen Ende der Weimarer Republik und Exil entstanden, läßt sich noch ein weiterer Zugang zu Benjamins Schriften gewinnen. Denn in dem Text ist auch die Geste der Verabschiedung von Benjamins eigener politischen und publizistischen Praxis erkennbar, von der er nach 1933 völlig abgeschnitten war. Die Stichworte, der Intellektuelle müsse lernen, mit wenigem auszukommen und aus der Erfahrung der Erfahrungsarmut heraus zu produzieren, sind auch aus einem Rückblick gesprochen und beziehen sich durchaus auf die Programmatik des DESTRUKTIVEN CHARAKTERS.

Die Rede ist hier ausdrücklich von kleineren Beiträgen, die in Band IV und II der *Gesammelten Schriften* eher versteckt geblieben sind, aber, zusammen mit den Rundfunkarbeiten (vor allem Bd. VII) einen eigenen, bis heute zu wenig gewürdigten Bereich der journalistischen Produktion Benjamins bilden. Sie stehen der Konzeption der EINBAHNSTRASSE näher als die großen Rezensionen und die politisch-literarischen Essays. ICH PACKE MEINE BIBLIOTHEK AUS, DER DESTRUKTIVE CHARAKTER und ERFAHRUNGSARMUT gehören selbst hierzu.

Statt sie als Brotarbeiten oder Tagesschriftstellerei abzuqualifizieren, verdienen sie gerade von heute aus besondere Aufmerksamkeit. Sie ziehen Konsequenzen aus der vehementen Zurückweisung der Position des »privilegierten Denkens«, das beansprucht, »Tradition [...] seßhaft zu verwalten« (III, 320). Wenn Benjamin feststellt, »daß ein Wissen, das keinerlei Anweisung auf seine Verbreitungsmöglichkeiten enthält, [...] in Wahrheit überhaupt kein Wissen ist« (III, 319; vgl. II, 473), so ist das keine Aufforderung zur Niveausenkung. (Wenn Benjamin in diesem Zusammenhang auf die beiden »theologischen Denker« Franz Rosenzweig und Florens Christian Rang verweist, die »in unserer Generation [...] den Kampf gegen die Idolatrie des Geistes« (III, 320) geführt haben, und sogar Ludwig Klages hierzu rechnet (III, 44), so wird deutlich, in welchen weitreichenden Horizont Benjamin seine Überlegungen hineinstellt.) Die Abkehr von der Position des privilegierten Denkens verlangt das alte Konzept einer massenpädagogischen Popularisierung der Bildung aufzugeben. Es müsse angesichts der Ausbreitung der illustrierten Presse und vor allem der neuen Medien von Rundfunk und Film völlig neu gedacht werden. Und dies durchaus in nüchterner Einsicht in die Marktabhängigkeit der freien Intelligenz (vgl. KÄUFLICH, DOCH UNVERWERTBAR, II, 630).

Benjamin will den unfruchtbaren Gegensatzbildungen zwischen Konsument und Masse, Belehrung und Unterhaltung entkommen. So heißt es etwa zum Rundfunk: »Der Hörer will Unterhaltung« (IV, 548). Er hört als Konsument. Er braucht Reize. »Die Masse will nicht belehrt werden. Sie kann Wissen nur mit dem kleinen Chock in sich aufnehmen, der das Erlebte im Innern festnagelt« (528). Diese Masse ist keine kompakte, uniformierte Masse, sondern eine Ansammlung von »tausende[n] Einzelner« (761), an deren Neugier und an deren Stoffhunger angesetzt werden muß.

In dieser Perspektive erscheinen Projekte, die Benjamin beschäftigten, nicht länger mehr als skurril. Für das bekannte literarische Magazin *Uhu* plante er einen Text über das »Aufgehen der allgemeinen Bildung in der Reklame«; ebenso eine »Zusammenstellung aller Prophezeiungen für die nächsten 50 bis 100 Jahre aus Wirtschaft, Bevölkerungsstatistik, Technik, Meteorologie, Kriegswissenschaft, Heilkunde, Erziehung« (VI, 157). Und es ließen sich eine Reihe bis heute unbeachtet gebliebener Glossen anführen – u.a. NICHTS GEGEN DIE »ILLUSTRIERTE«, IV, 448 f.; JOURNALISMUS IV, 454; GLOZEL UND ATLANTIS, IV, 456; STAATSMONOPOL FÜR PORNOGRAPHIE, IV, 459; EIN INTERNATIONALES GESELLSCHAFTSSPIEL, IV, 459 –, in denen Tiefsinn und journalistische Leichtigkeit sich auf verblüffende Weise verbinden.

Aber diese neuen, medialen Bedingungen ermöglichen gerade eine Umschichtung der sozialen Organisation des Wissens. Sie geht vom »Stoff« aus. Alle medienästhetischen Überlegungen Benjamins und alle Überlegungen zu verschiedenen Medien in dieser Zeit vor dem Exil richten sich auf die Rehabilitierung des Stofflichen. So heißt es im PROGRAMM EINES PROLETARISCHEN KINDERTHEATERS, man müsse die Kinder aus dem Zauber bloßer Phantasie erlösen und sie »zur Exekutive an den Stoffen« bringen (II, 766). »Stoff« ist auch das Stichwort für die Veränderungen, die der Pressejournalismus hervorbringt (DIE ZEITUNG, II, 629). Eine neue Aufmerksamkeit auf die Stoffe ist die

Voraussetzung dafür, daß neue Formen gefunden und erprobt werden können. Aus welch breitem Fundus Benjamin dabei zu schöpfen gedenkt, ersieht man, wenn man die Themen der Rundfunksendungen Benjamins durchgeht (vgl. den Artikel »Die Rundfunkarbeiten«, 406–420).

Diese Arbeiten sind zugleich begleitet von grundsätzlichen Reflexionen über die veränderten Bedingungen medialer Öffentlichkeit. Benjamin entwickelt seine Überlegungen in Texten wie ZWEIERLEI VOLKSTÜMLICHKEIT (IV, 671–673) und in dem GESPRÄCH MIT ERNST SCHOEN, wo auch das »Fernsehen« bereits gesichtet wird (IV, 548–551), sowie THEATER UND RUNDFUNK. ZUR GEGENSEITIGEN KONTROLLE IHRER ERZIEHUNGSARBEIT (II, 773–776 und II, 1496–1507). Zu den neuen Öffentlichkeitsformen rechnet Benjamin nicht nur die Illustrierte und den Rundfunk, sondern auch die Ausstellung. Als Paradebeispiel hierfür kann die literarisch glänzende Glosse JAHRMARKT DES ESSENS über die »Berliner Ernährungsausstellung« vom September 1928 gelten, in der Benjamin nicht nur einen äußerst unterhaltsamen Tiefblick auf die Ausstellung richtet, sondern zugleich auch präzise Einsichten über das neue Medium »Ausstellung« formuliert. »Seit kurzem hat sie mit Hilfe der großen Ausstellungen, das heißt aber mit Hilfe der Industrie, sich emanzipiert. In der Tat: die außerordentlichen Verbesserungen, die in die Technik der Veranschaulichung eingeführt wurden, sind nur die Kehrseite derer in der Reklame. Ausstellungen wie diese sind die vorgeschobensten Posten auf dem Terrain der Veranschaulichungsmethoden« (IV, 527; vgl. dazu die Tagebuchnotiz VI, 416; vgl. auch die wichtige Eintragung im Tagebuch zu dem Text, die das Verhältnis von Anschauung und Beschriftung thematisiert, IV, 1043).

Benjamin stellt, allgemeiner formuliert, einen dialektischen Bezug her zwischen der Vorstellung, daß jede neue Kommunikationstechnologie sich dadurch erfolgreich durchsetzt, daß sie die bisherige Vergangenheit revidiert, und der anderen Vorstellung, daß in den kulturellen Gebilden der vergangenen Epochen wirkungsgeschichtliche Potentiale stecken, die sich nur in bestimmten späteren Konstellationen erschließen.

Im Horizont dieser Dialektik entwickelt Benjamin seine Überlegungen. Das Radiostück LICHTENBERG. EIN QUERSCHNITT (IV, 696–720) bietet dafür ein eindrucksvolles Zeugnis. Es ist inhaltlich bewußt am Stoff, d. h. an Details, an Anekdoten und an den historischen Sonderbarkeiten, orientiert (Lindner 2005). Es will mit einem szenisch-biographischen Querschnitt ein populäres Interesse an der Figur des Außenseiters Georg Christoph Lichtenberg wecken. Lichtenberg taucht übrigens bei Benjamin an den unvermutetsten Stellen auf. So endet der in der *Frankfurter Zeitung* (Juli 1931) gedruckte KLEINE BRIEFWECHSEL MIT DER STEUERBEHÖRDE mit einem wunderbar apokryphen Lichtenberg-Zitat (IV, 470).

Das Stück hat eine eigenwillige radiophone Form. Denn es ist nicht nur in einem allgemeinen Sinne ein akustisches Rundfunkexperiment, das mit einem Sprecher, mit Gong, mit bestimmten Geräuschen (Flüstern, Kellerstimmen), mit Musik etc. gestaltet wird. Vielmehr wird dieser Experimentcharakter noch einmal in die Form des Stücks hineingenommen und zurückgespiegelt, indem es eine Untersuchung darstellt, die ein wissenschaftliches »Mondkomitee für Erdforschung« an der Figur des Physikers und Philosophen Lichtenberg vornimmt.

Das Lichtenberghörspiel ist ein Experiment mit doppeltem Boden. Die ästhetische Form reflektiert, ohne daß dies dem Hörer sofort bewußt ist, in verfremdender Weise die technische Form des Radios. Die Mondwissenschaftler – seltsam phantastische und doch ganz zeitgenössische Wesen – befinden sich ganz auf der technischen Höhe der Zeit. Sie verfügen über einen »Maschinenpark« mit drei »Apparaten«. Zum einen über ein »Spectrophon«, mittels dessen »alles gehört und gesehen wird, was auf der Erde vorgeht«. Sodann über ein »Parlamonium«, das »lästige Menschenrede« in »Sphärenmusik [...] übersetzt«. Schließlich über ein »Oneiroskop«, mit dessen Hilfe die Träume der Irdischen »beobachtet« werden können (wegen des Interesses für die Psychoanalyse auf dem Mond) (IV, 697). Die Photographie gibt es außerdem. Dank ihrer »Photographiemethoden« verfügen die Mondwesen nicht nur über ein »Photo« von Lichtenberg, sie haben sich damit auch dessen ungedruckte »Sudelbücher« reproduziert (720).

Die drei Apparate »Spectrophon«, »Parlamonium« und »Oneiroskop« werden im Verlauf der Sendung abwechselnd immer wieder ein- und ausgeschaltet, so daß ein ständiger Wechsel zwischen den Unterredungen der Mondwissenschaftler und dem ›Originalton Lichtenberg‹ stattfindet und damit ein verdeckter Reportageeffekt entsteht.

Das Stück (seiner Story nach) stellt den Abschluß wissenschaftlicher Untersuchungen dar, mit denen die Mondwesen herausfinden wollten, was für Wesen die Bewohner des Nachbarplaneten Erde seien. Insgesamt waren die Untersuchungen der Mondgelehrten unergiebig verlaufen. Nun wird ein letzter Versuch mit Lichtenberg gemacht. Man kommt wieder zu dem Ergebnis, die Menschen seien eine unglückliche und uninteressante Spezies. »Dabei ist sich die Kommission von vornherein darüber klar gewesen, daß die Materie verhältnismäßig unergiebig ist. Die Stichproben der letzten Jahrtausende haben hierorts noch keinen Fall ergeben, in dem aus einem Menschen etwas geworden wäre« (IV, 697). Und doch zeigt man sich angerührt von einzelnen besonderen Menschen (»Erdgeister«) und benennt sogar die Mondkrater nach ihnen: Thales, Helvetius, Humboldt, Condorcet, Fourier und nun Lichtenberg.

Der humoristische Ton des Hörstücks zeigt Anklänge an die von Benjamin geliebten Phantasten Scheerbart, Grandville, Fourier und Jean Paul. Aber so wie das Humoristische fälschlich als sentimental und oberflächlich abgetan wird, so sollte man sich über das intellektuelle Gewicht des Stücks nicht täuschen. In das Hörspiel, das 1933 nicht mehr gesendet wurde, ging die Ahnung dieser Vergeblichkeit ebenso ein wie zugleich die Vorstellung, dieser Text könne sich erhalten (wie es ja auch geschehen ist) und wirksam werden wie »Licht [...] aus den Schriften dieses irdischen Lichtenbergs zu strahlen anfängt« (IV, 720).

In solchem Kontext erscheinen die Erdforscher der Mondakademie nicht mehr harmlos. Und es steigert ihre Unheimlichkeit, wenn wir erfahren: »die Redezeit auf dem Mond ist die beschränkteste. Die Mondbewohner ernähren sich nämlich von keinem anderen Stoffe als dem Schweigen ihrer Mitbürger, das sie infolgedessen nur sehr ungern unterbrochen sehen« (697). Zudem erfahren wir aus den Unterredungen der Mondwesen weiter, daß »die an und für sich interessante Erscheinung des Todes« bei ihnen »unbekannt« sei (711), was sie noch unheimlicher erscheinen läßt.

Zwischen dem Schweigen und dem Gegenstand der Untersuchung – den Erdmenschen – besteht ein enges Verhältnis: Die Toten beschließen, die »lästige Menschenrede« in Sphärenmusik zu verwandeln, und legen das unergiebige Kapitel Menschheit ad acta. In der Fiktion des Hörspiels wird gesagt: Die Mondwesen haben neue Techniken erfunden, in deren Sicht die Menschheit, die doch als einzige Tiergattung sich technisch neu organisierte, belanglos erscheint. Was wiederum im Umkehrschluß von der Fiktion zur Realität der Radioproduktion nichts anderes heißt, als daß die neue Technik noch unbegriffen ist. Daraus ergibt sich die Konsequenz, wie es in ERFAHRUNGSARMUT formuliert wird, der »Grundsatz des Humanismus« sei zu verwerfen, im Zeitalter der »Teleskope, [...] Flugzeuge und Luftraketen« bleibe »Menschenähnlichkeit« weiter das Maß der Technik (II, 216).

Hierbei wird ausdrücklich auf Scheerbart verwiesen, für dessen Werk Benjamin sich immer wieder eingesetzt hat. Noch 1940 versuchte er, mit dem Text »Sur Scheerbart«, ihn einem französischen Publikum bekanntzumachen (vgl. II, 1424). Scheerbart, heißt es dort, war durchdrungen von dem Gedanken, daß die Allianz von Menschheit und Technik, statt ihr Ziel in der Ausbeutung der Natur zu sehen, den Kosmos insgesamt brüderlich befreien könnte. Aus dem Versagen vor dieser Aufgabe ergibt sich seine humoristische weltvernichtende Idee. »La grande trouvaille de Scheerbart aura été de faire plaider par les astres auprès des humains la cause de la création« (VI, 631 f.). Die Sterne treten auf, um vor der Menschheit die Sache – oder den ›Fall‹ – der Schöpfung einzuklagen. Das ist eine Klage, die heute im Zeichen von Weltraumraketen und satellitengesteuerter Datenverarbeitung noch bizarrer an unser Ohr dringt.

Medientheoretischer Prospekt

Im Diskurs der Medienwissenschaften ist Benjamin längst zu einem ihrer Gründerfiguren avanciert. Dies verdankt sich nicht zuletzt der außerordentlichen Wirkungsgeschichte seiner Untersuchung über DAS KUNSTWERK IM ZEITALTER SEINER TECHNISCHEN REPRODUZIERBARKEIT, die in den einschlägigen Textzusammenstellungen zur Medientheorie immer wieder abgedruckt wurde. Dabei bildet diese Schrift, deren intensive medientheoretische Rezeption bereits in die 60er Jahre fällt, aber nur die ›Spitze des Eisbergs‹. Benjamins Denken und Schreiben eröffnet eindrucksvoll vielfältige Zugänge, die sich in den heutigen Kontext der mediengeschichtlichen Diskussion eingeschrieben haben und weiter einschreiben lassen. Das Anregungspotential seines Werks für die medientheoretische Diskussion und die mediengeschichtliche Forschung, so darf man prognostizieren, ist längst noch nicht ausgeschöpft.

Aber es genügt nicht, seine Texte als einen Steinbruch zu benutzen. Die oben behandelten Texte, so konnte gezeigt werden, bieten auch in methodologischer und wissenschaftskritischer Hinsicht ›Gegenmodelle‹ gegen die technokratischen und technizistischen Tendenzen, die die Medienwissenschaften offen oder insgeheim beflügeln. Benjamin als Pionier (also nicht bloß als Vorläufer) in der heutigen Diskussion über ›die Medien‹ zu benutzen, heißt also die Frage aufzuwerfen, was in dieser Hinsicht von Benjamin zu lernen ist.

Vor allem ist von der phänomenalen Dichte und Vielfalt der Einzelbeobachtungen zu lernen. Das Spektrum ist ungemein weit gefächert, wie dies Schöttkers verdienstvolle Edition von Benjamins medientheoretischen Schriften aufzeigt, die sich in die Abschnitte »Gedächtnis und Erinnerung«, »Sprache, Stimme, Schrift«, »Buch und Lektüre«, »Zeitung und Reklame«, »Malerei, Graphik, Photographie«, »Film« und »Telephon und Rundfunk« gliedert (Benjamin 2002). Gerade die Aufmerksamkeit aufs Konkrete erlaubt Benjamin historische Tiefenperspektiven, somit Konstellationen zu historisch zurückliegenden und archaischen Praktiken herzustellen. So veranlaßt ihn z.B. der Besuch einer in Paris ausgestellten Sammlung von wachsbeschichteten Transparentbildern aus dem 19. Jh. zu der Überlegung, daß diese seltsamen Kunstprodukte Erben älterer Visionspraktiken seien. »Ob hier die größten Künstler beteiligt sind oder nicht, ist nur für jenen Amerikaner belangreich, der früher oder später die anderthalb Millionen Franken, um die die Kollektion zu haben ist, bezahlt. Denn diese Technik hat mit ›Kunst‹ im strengen Sinne nichts zu tun – sie gehört zu den Künsten. Sie hat irgendwo ihre Stelle in jener vielleicht nur provisorisch ungeordneten Reihe, die von den Praktiken der Vision bis zu denen des elektrischen Fernsehens reicht« (IV, 510).

Hinzu kommt, daß Benjamins ausgeprägte Reflexion auf Medialität seit dem frühen Sprachaufsatz sehr viel grundlegender bei »Sprache überhaupt«, nämlich der magisch wirksamen Unmittelbarkeit von Medialität ansetzt. Damit entkommt er der instrumentellen Verkürzung menschensprachlicher Kommunikation auf den Austausch von Inhalten ebenso wie dem reduktiven Geschichtsmodell einer technologischen Medienfinalisierung in intelligenten Apparaten. Anders gesagt: Benjamin thematisiert den Zusammenhang von Technik und Überlieferung, ohne ihn selbst technizistisch zu verkürzen. Wohl haben die neuen Medien der technischen Reproduzierbarkeit, die mit der Reproduzierbarkeit des Phono-Photographischen einsetzten, mit Digitalisierung und elektronischer Datenverarbeitung nochmals einen qualitativen Sprung gemacht. Aber die bereits zitierte Warnung aus dem Fuchs-Aufsatz, daß die »Technik [...] offenbar kein rein naturwissenschaftlicher Tatbestand« (II, 474) sei und so nicht begriffen werden kann, gilt um so mehr.

Mediengeschichte läßt sich nicht zureichend nach dem Modell Sender – Code – Empfänger schreiben. Das dementsprechende informationstheoretische, an der Effektivierung von Datenübertragung und -speicherung ausgerichtete Paradigma greift zu kurz. Aus dem Blick gerät, was für Benjamins Analyse im Zentrum steht: die Veränderung der Wahrnehmung und die Erschütterung der Überlieferung. Überlieferung ist aber ein historisch-gesellschaftlicher Vorgang, der sich informationstheoretisch gar nicht fassen läßt.

Hatte Benjamin schon in Erfahrungarmut den beklemmenden Reichtum an Werken, Wissen und Weltanschauungen konstatiert, so hat sich dieser Zustand heute um ein Vielfaches gesteigert. Die Fernsehproduktion erstreckt sich auf die ganze Weltgeschichte. Im Internet erscheint ›alles Wissen der Welt‹ archiviert, zur Verfügung gestellt und jederzeit (durch)suchbar. ›Die Medien‹ unterrichten uns mit fortlaufenden, sich selbst speichernden Bildern, denen keine Katastrophe etwas anhaben kann.

Wenn Benjamin in Erfahrungsarmut und im Kunstwerkaufsatz für seine Gegenwart eine weltgeschichtliche »Erschütterung der Tradition« konstruiert, »die die Kehrseite der gegenwärtigen Krise und Erneuerung der Menschheit ist« (I, 478), so wird man sagen müssen, daß diese Katharsis *nicht* eingetreten ist. Aber dies festzustellen, widerlegt nicht die Diagnose. Der ›Fortschritt‹ der Medien läßt sie weit schärfer erscheinen als es Benjamin selbst ahnen konnte.

Statt gebannt auf die explodierende Expansion von Bilder- und Wissensreproduktionen zu starren, muß man, dies ist Benjamins besonderer Einsatz, von einer destruktiven Strategie ausgehen, die aus der Erfahrung der Erfahrungsarmut entspringt. In diesem Sinne bilden sowohl der Gestus des destruktiven Charakters, der leeren Tisch macht, um von vorn zu beginnen, wie die eigensinnige Destruktivität des Sammlers, der sich von der Übermacht des bereits Archivierten nicht einschüchtern läßt, komplementäre Gegenstrategien, die überhaupt nicht überholt sind. Ihnen liegt die Einsicht zugrunde, daß echte Überlieferung nicht qua Technik herstellbar ist und Technik aus sich heraus keine Überlieferung erzeugt. Technologische Innovation ›an sich‹ ist geschichtsblind. Sie ist völlig ungeeignet, das Kontinuum der Katastrophe aufzusprengen. Sie vermehrt die Last des Vergangenen und die Last des Gegenwärtigen. Sie stöbert keine Denkwürdigkeiten im Vergangenen auf und sie überliefert nichts Unabgeschlossenes der kommenden Generation. Wenn Benjamin die Erkenntnis der Gegenwart, auf die unser Dasein nun einmal verwiesen ist, davon abhängig macht, den »Konformismus«, der die Überlieferung zu überwältigen droht, zu durchbrechen (I, 659), so ist dieser Konformismus heute ganz und gar technisch präformiert. Aber deshalb zieht Benjamins Denken der Unabgeschlossenheit und Unabschließbarkeit des Vergangenen, ohne die das Heute unbegriffen bliebe, gerade eine medienkritische Aufmerksamkeit auf sich.

Benjamin hat immer vom Medium des Schreibens aus gedacht. Das hat ihn nicht gehindert, vielmehr ihm erst ermöglicht, grundlegende Einsichten in die historisch-medialen Wahrnehmungsveränderungen zu gewinnen.

In der Einbahnstrasse findet sich unter dem Titel Vereidigter Bücherrevisor eine erstaunliche Vision, in der die Arbeit des Rechnungsbuchprüfers auf die Bilanzierung der Geschichte übertragen wird. Benjamins Vision, die hier auszugsweise zitiert wird, lautet: »Die Schrift, die im gedruckten Buche ein Asyl gefunden hatte, wo sie ihr autonomes Dasein führte, wird unerbittlich von Reklamen auf die Straße hinausgezerrt und den brutalen Heteronomien des wirtschaftlichen Chaos unterstellt. [...] Wenn vor Jahrhunderten sie allmählich sich niederzulegen begann, von der aufrechten Inschrift zur schräg auf Pulten ruhenden Handschrift ward, um endlich sich im Buchdruck zu betten, beginnt sie nun ebenso langsam sich wieder vom Boden zu heben. Bereits die Zeitung wird mehr in der Senkrechten als in der Horizontale gelesen, Film und Reklame drängen die Schrift vollends in die diktatorische Vertikale. [...] Heuschreckenschwärme von Schrift, die heute schon die Sonne des vermeinten Geistes den Großstädtern verfinstern [...]« (IV, 103).

Und Benjamin sieht voraus, »daß die Schrift, die immer tiefer in das graphische Bereich ihrer neuen exzentrischen Bildlichkeit vorstößt, mit einem Male ihrer adäquaten Sachgehalte habhaft wird. An dieser Bilderschrift werden Poeten, die dann wie in Urzeiten vorerst und vor allem Schriftkundige sein werden, nur mitarbeiten können, wenn sie sich die Gebiete erschließen, in denen (ohne viel Aufhebens von sich zu machen) deren Konstruktion sich vollzieht: die des statistischen und technischen Diagramms« (104).

Verfehlt bliebe es, so nahe es zu liegen scheint, das Apercu als Vorahnung des Computers zu lesen. Nicht etwa weil Benjamin hier vermutlich konkreter an die konstruktivistischen Schrift-Bild-Experimente eines Moholy-Nagy dachte, sondern weil damit dem kurzen Text all sein Zündendes genommen wäre. Dieses besteht nicht in etwa in prognostischer Richtigkeit, sondern der diagnostischen Qualität. Denn schockhaft drängt sich der Eindruck auf, daß hier etwas Ausgebliebenes benannt wird, vor dem noch sich die Globalisierung der Computertechnologie als »altfränkische Träumerei« (ebd.) erweisen könnte.

Werk

Ich packe meine Bibliothek aus. Eine Rede über das Sammeln (IV, 388–396)
Alte vergessene Kinderbücher (III, 12–22)
Aussicht ins Kinderbuch (IV, 609–615)
Bücher von Geisteskranken. Aus meiner Sammlung (IV, 615–619)
Der destruktive Charakter (IV, 396–398)
Erfahrungsarmut (II, 213–219)
Une lettre de Walter Benjamin au sujet de ›Le regard‹ de Georges Salles (III, 589–595)
Eduard Fuchs. Der Sammler und Der Historiker (II, 465–505)
Ein deutsches Institut freier Forschung (III, 518–526)
Lichtenberg. Ein Querschnitt (IV, 696–720 u. VII, 837–845)
Nichts gegen die »Illustrierte« (IV, 448 f.)
Journalismus (IV, 454)
Glozel und Atlantis (IV, 456 f.)
Staatsmonopol für Pornographie (IV, 456–458)
Ein internationales Gesellschaftsspiel (IV, 459–461)
Programm eines proletarischen Kindertheaters (II, 763–769)
Die Zeitung (II, 629)
Paul Scheerbart: Lesabéndio (II, 618–620)
Sur Scheerbart (II, 630–632)
Vereidigter Bücherrevisor (IV, 102–104)

Literatur

Arendt, Hannah (1986): Walter Benjamin, Bertolt Brecht. Zwei Essays, München/Zürich.
Benjamin, Walter (2002): Medienästhetische Schriften, Nachwort v. Detlev Schöttker, Frankfurt a. M.
Blumenberg, Hans (1981): »Lebenswelt und Technisierung unter Aspekten der Phänomenologie«, in: Wirklichkeiten, in denen wir leben, Stuttgart, 7–54.
Bock, Wolfgang (2002): Bild – Schrift – Cyberspace. Grundkurs Medienwissen, Bielefeld.
Köhn, Eckhardt (2000): »Sammler«, in: Michael Opitz/Erdmut Wizisla (Hg.): Benjamins Begriffe, Bd. 2, 695–724.
Lindner, Burkhardt (1978): »Technische Reproduzierbarkeit und Kulturindustrie. Benjamins »Positives Barbarentum« im Kontext«, in: ders. (Hg.): »Links hatte noch alles sich zu enträtseln ...«. Walter Benjamin im Kontext, Frankfurt a. M., 180–223.
Lindner, Burkhardt (2004): »Mickey Mouse und Charlie Chaplin. Benjamins Utopie der Massenkunst«, in: Detlev Schöttker (Hg.): Schrift Bilder Denken. Walter Benjamin und die Künste, Frankfurt a. M., 144–155.
Lindner, Burkhardt (2005): »Von Menschen, Mondwesen und Wahrnehmungen«, in: Christian Schulte (Hg.): Walter Benjamins Medientheorie, Konstanz, 9–38.
Luhr, Geret (2000) (Hg.): »Was noch begraben lag«: Zu Walter Benjamins Exil. Briefe und Dokumente, Berlin.
Marcuse, Herbert (1965): »Über den affirmativen Charakter der Kultur«, in: ders.: Kultur und Gesellschaft I, Frankfurt a. M., 56–101.
Müller, Reinhard/Erdmut Wizisla (2005): »›Kritik der freien Intelligenz‹. Walter-Benjamin-Funde im Moskauer ›Sonderarchiv‹«, in: Mittelweg 36, Jg. 14, H. 5, 61–76.
Nietzsche, Friedrich (1954): »Vom Nutzen und Nachteil der Historie für das Leben«, in: ders.: Werke, hg. v. Karl Schlechta, Bd. I, München, 209–285.
Pias, Claus u. a. (2002) (Hg.): Kursbuch Medienkultur. Die maßgeblichen Theorien von Brecht bis Baudrillard, 4. Aufl., Stuttgart.
Raulet, Gérard (2004): Positive Barbarei: Kulturphilosophie und Politik bei Walter Benjamin, Münster.
Reisch, Heiko (1992): Das Archiv und die Erfahrung. Walter Benjamins Essays im medientheoretischen Kontext, Würzburg.
Reschke, Renate (1992): »Barbaren, Kult und Katastrophen. Nietzsche bei Benjamin. Unzusammenhängendes im Zusammenhang gelesen«, in: Michael Opitz (Hg.): Aber ein Sturm weht vom Paradiese her. Texte zu Walter Benjamin, Leipzig, 303–339.
Schneider, Manfred (1996): »Der Barbar der Bedeutungen: Walter Benjamins Ruinen«, in: Norbert Bolz/Willem van

Reijen (Hg.): Ruinen des Denkens. Denken in Ruinen, Frankfurt a. M., 215–236.

Wagner, Gerhard (1992): Walter Benjamin. Die Medien der Moderne, Berlin.

Weber, Samuel (1996): Mass mediauras: form, technics, media, Stanford.

Wohlfarth, Irving (1978): »Der destruktive Charakter. Benjamin zwischen den Fronten«, in: Burkhardt Lindner (Hg.): »Links hatte noch alles sich zu enträtseln...« Walter Benjamin im Kontext, Frankfurt a. M., 65–99.

Zumbusch, Cornelia (2005): »Benjamins Strumpf. Die Unmittelbarkeit des Mediums und die kritische Wendung der Werke«, in: Amália Kerekes/Nicolas Pethes/Peter Pleber (Hg.): Archiv – Zitat – Nachleben. Die Medien bei Walter Benjamin und das Medium Benjamin, Frankfurt a. M., 11–36.

4. Dichtungsanalyse und Autorbild

»Zwei Gedichte von Friedrich Hölderlin«

Von Patrick Primavesi

Der von Benjamin als »ästhetischer Kommentar« bezeichnete Text entstand im Winter 1914/15, wurde aber erst postum veröffentlicht in Theodor W. Adornos Ausgabe der *Schriften* (1955). Durch seine subtile, am Gegenstand der Untersuchung entfaltete Argumentation ist dieser Kommentar grundlegend für Benjamins literaturkritische Arbeiten wie auch für seine weitere Auseinandersetzung mit Hölderlins Dichtungen, Übersetzungen und poetologischen Schriften. Von der traditionellen Form philologischer Kommentare unterscheidet sich der Text schon darin, daß er nach der in den Gedichten angelegten »Aufgabe« fragt und zugleich die überkommenen Maßstäbe literaturkritischer Wertung in Frage stellt. So entfaltet er einen komplexen philosophischen Diskurs über das Verhältnis von Dichtung und Leben sowie über die Grenzen philologischer Erkenntnis.

Nach einer einleitenden methodologischen Reflexion interpretiert Benjamin zunächst das als »erste Fassung« bezeichnete Gedicht *Dichtermut*, um dann an der letzten, um 1803 entstandenen Fassung *Blödigkeit* die immanente Gesetzmäßigkeit des »Gedichteten« zu erörtern. Mit dieser für den Kommentar zentralen Kategorie geht es um die Selbst-Darstellung von Dichten und Denken bei Hölderlin, um eine »nüchterne«, sachliche Reflexion von mythischen Gestalten und Denkformen sowie um das Verhältnis von Stoff und Form, Aufgabe und Lösung, geistiger und anschaulicher Ordnung. Als »Funktionszusammenhang« bezieht Benjamin das Gedichtete aber zugleich auf den Kontext der Fassungen als einen Möglichkeitsraum der Lektüre: »Die Einsicht in die Funktion setzt aber die Mannigfaltigkeit der Verbindungsmöglichkeiten voraus« (II, 106). Damit ist das Gedichtete »Erzeugnis und Gegenstand« des Kommentars, dessen Darstellungs- und Reflexionsform, die das einzelne Gedicht weniger als abgeschlossenes Werk denn als Prozeß erweist, der sich in der Lektüre fortsetzt.

Mit seinen methodologischen Prämissen und mit seiner Aufmerksamkeit für scheinbar nebensächliche Details des poetischen Textes weist der Kommentar voraus auf Benjamins Dissertation Der Begriff der Kunstkritik in der deutschen Romantik, auf seinen Essay Goethes Wahlverwandtschaften und auf das Barockbuch Ursprung des deutschen Trauerspiels. Diese für Benjamins Literaturtheorie grundlegenden Arbeiten gehen nicht von ungefähr an zentralen Stellen auf Hölderlin ein, im Hinblick auf eine Ästhetik des Ausdruckslosen und der Zäsur ebenso wie in der Begründung des Trauerspiels als einer eigenen, modernen Form der Tragödie. Die Bedeutung Hölderlins auch für Benjamins Reflexionen zu Sprache und Übersetzung zeigt sich im Essay Die Aufgabe des Übersetzers (1921/23), der die Sophokles-Übersetzungen als Urbild aller Übersetzung beschreibt. Als »monströse Beispiele« für eine Wörtlichkeit hinsichtlich der Syntax des Originals manifestieren sie ein Ideal und eine Gefahr: den Verlust oder die Preisgabe jedes kommunikativen Sinns im Verstummen des Subjekts. Damit erscheint Hölderlin als Extrem für Benjamins Denken, das die Problematik moderner Subjektivität ebenso wie die Selbstreflexion erkenntniskritischer Diskurse auf ein im poetischen Text angelegtes Bedeutungspotential zurück bezieht, welches immer wieder nach kommentierender Lektüre, Kritik und Übersetzung verlangt.

Entstehungskontext

Zur vergleichenden Lektüre von Hölderlins Oden *Dichtermut* und *Blödigkeit*, die als Stadien eines längeren Prozesses der Umarbeitung gelten können, wurde Benjamin, wie er 1917 Ernst Schoen mitteilte, angeregt durch den im Jahr davor bei Verdun ›gefallenen‹ Hölderlin-Forscher und -Herausgeber Norbert von Hellingrath (1, 354 ff.). Dieser hatte 1910 in Hölderlins späten, nach 1800 entstandenen Dichtungen eine »Vereinigung und Erfüllung« noch unvollendeter Entwicklungsreihen gesehen: »Man vergleiche nur Blödigkeit mit der ersten Fassung von Dichtermut, wie da jede Änderung der Stelle erst volles Dasein gibt [...]« (Hellingrath 1944, 70). Die Anregung zum Vergleich von *Blödigkeit* mit der »ersten Fassung von Dichtermut« realisierte Benjamin dann anhand einer noch unzulänglichen Ausgabe von Paul Ernst und Wilhelm Böhm (Hölderlin 1905). Was darin als ›erster Entwurf‹ vorgestellt wird, ist eine relativ späte Zwischenstufe im Gedichtzusammenhang, dessen ursprünglicher Titel *Muth des Dichters* mehrfach wechselte. Benjamins Kommentar ist von diesem Irrtum jedoch kaum beeinträchtigt, da er sich weniger auf eine Rekonstruktion der Textgenese richtet als auf die Gegenüberstellung zweier Stufen. Dies entspricht auch dem weiteren Kontext des Vergleiches: Hellingraths Kritik an der damals mit Bezug auf den ›Wahnsinn‹ des Dichters noch gängigen Abwertung von Hölderlins Spätwerk. Gerade der Vergleich von *Dichtermut* und *Blödigkeit* berührt die Diskussion um Hölderlins Geistesverwirrung, entstand die spätere Fassung doch nach seiner Rückkehr aus Bordeaux 1802 (die in Verbindung mit dem Tod von Susette Gontard als Anlaß für den Ausbruch des ›Wahnsinns‹ interpretiert wurde). Wohl schon das dem Titel anhaftende pejorative Moment ließ *Blödigkeit* zum Objekt einer schematischen Pathographie werden, wie in Wilhelm Langes Hölderlin-Deutung. Auf dieses Verfahren, womit Lange dem Gedicht *Blödigkeit* »alle Anzeichen der Dementia praecox« zuweist und »jede einzelne Abänderung« der späten Gedichtfassungen als Verschlechterung wertet (Lange 1909, 119), konnte Hellingrath anspielen, indem er die Tendenz umkehrte und »jede Änderung« als Vervollkommnung beschrieb.

Auch Benjamins Kommentar entzieht die Beurteilung von Hölderlins später Dichtung der Debatte um eine krankhafte Sprachverwirrung: In vielschichtiger, durchaus spekulativer Reflexion entwirft er einen Deutungszusammenhang, in dem die spätere Fassung gerade insofern als Ergebnis einer klärenden Durcharbeitung erscheint, als sie auf den Ausdruck individueller Stimmungen verzichtet. Damit unterscheidet sich der Kommentar zumal von Wilhelm Diltheys Hölderlin-Interpretation in *Das Erlebnis und die Dichtung* (1905). Während Dilthey den »inneren Gefühlsverlauf« von Gedichten als Rhythmus und musikalische Gliederung auf das »Gefüge eines Erlebnisses« zurück bezieht (Dilthey 1991, 365 ff.), situiert Benjamin das Verhältnis von Dichtung und Leben allein im »Kosmos des Gedichts«. Die Ablösung der Schreibarbeit von Erlebnissen und Stimmungen des Dichters entspricht nicht zuletzt dem Entwicklungs- und Klärungsprozeß, den Benjamin mit dem Kommentar durchlaufen hat. Rückblickend erwähnt er in der Berliner Chronik seine Situation bei Ausbruch des Ersten Weltkriegs, als der ihm befreundete Dichter Friedrich Heinle Selbstmord beging, um sich der Einberufung zum Militär zu entziehen (VI, 478 ff.; vgl. auch Fuld 1990, 50 ff.; Brodersen 1990, 82 ff.). Gershom Scholem, einer der wenigen Empfänger einer Abschrift des Textes, hat später auf die (schon an den Namen auffallende) Verknüpfung der beiden Dichtergestalten für Benjamin hingewiesen (Scholem 1990, 26 f.; vgl. auch II, 921 f.). Entscheidend ist, daß der Kommentar die damals vorherrschende – zur Legitimation der Kriegsführung benutzte – Ästhetisierung eines ›Opfertodes‹ in Frage stellt.

Benjamins Text kreist zwar um das Verhältnis von Tod und Dichtung, setzt aber gegen jede heroisierende Verklärung »Nüchternheit« als Prinzip poetischer Sprache. So artikuliert sich gerade in der Auseinandersetzung mit Hölderlins Gedichten bereits Benjamins Distanzierung von den Ideen der George-Schule. Auch sein späterer Text Über Stefan George beschreibt die mit dem Kommentar einhergehende Ablösung von George, dessen ›Herrschaft‹ durch die Erinnerung an den toten Dichter Heinle verdrängt worden sei. Schließlich habe die Lehre Georges nur noch »Mißtrauen und Widerspruch« bei ihm geweckt (II, 623). In welche Richtung dieses Mißtrauen ging, zeigt die Rezension Wider ein Meisterwerk (1929/30) zu Max Kommerells Schrift *Der Dichter als Führer in der deutschen Klassik*. Benjamin wendet sich vor allem gegen die Vereinnahmung Hölderlins für eine »Heilsgeschichte des Deutschen«: »Das Bild des Mannes, das darin entrollt wird, ist Bruchstück einer neuen vita sanctorum und von keiner Geschichte mehr assimilierbar. Seinem ohnehin fast unerträglich blendenden Umriß fehlt die Beschattung, die gerade hier die Theorie gewährt hätte. Darauf aber ist es nicht abgesehen. Ein Mahnmal deutscher Zukunft sollte aufgerichtet werden. Über Nacht werden Geisterhände ein großes ›Zu spät‹ draufmalen. Hölderlin war nicht vom Schlage derer, die auferstehen, und das Land, dessen Sehern ihre Visionen über Leichen erscheinen, ist nicht das seine« (III, 259). Mit dem Fehlen der Theorie bei Kommerell markiert Benjamin zugleich den Abstand zwischen dessen Hölderlinbild und seiner eigenen, im Kommentar formulierten Reflexion über die Methodik der vergleichenden Lektüre. Und das – auch im Hinblick auf die von Deutschland begonnenen Weltkriege zu denkende – Eingreifen der »Geisterhände« verweist emblematisch auf eine grundsätzliche Spaltung in der Hölderlin-Rezeption, zwischen einem mythisierenden, nicht selten nationalistisch geprägten Dichterkult und der Bemühung um eine gegenwärtige Deutung des Werkes »ohne Mythos« (vgl. Riedel 1973). Benjamins Kritik an der von George ausgehenden »Priesterwissenschaft der Dichtung«, ihrer Verehrung dichterischer Heldengestalten und ihrer »Ästhetisierung des Dichtertodes« (vgl. Deuber-Mankowsky 2000, 208 ff.) konnte an seinen Hölderlin-Kommentar insofern anknüpfen, als darin die Frage nach dem Schicksal des

Dichters bereits zurücktritt hinter die Auseinandersetzung mit der Gegenständlichkeit der Texte. Diese Arbeit der Lektüre reflektiert aber, so esoterisch ihre Darstellung scheinen mag, den Kontext einer Zeit, die Benjamin als Krise aller Wertvorstellungen des deutschen Idealismus erfuhr. Daher auch die Forderung, die er gegen Kommerells um zeitlose Größe bemühte Hölderlin-Deutung formuliert hat, die Reflexion von einem jeweiligen *Heute* aus: »man muß es fest bei den Hörnern haben, um die Vergangenheit befragen zu können« (III, 259).

Darstellung des Mythos in »Dichtermut« und »Blödigkeit«

Der Kommentar enthält weitreichende Reflexionen zum Verhältnis von Dichtung und Mythos. Seine für literaturwissenschaftliche Methodik grundlegende Argumentation erschließt sich jedoch gerade im Rückbezug auf den Gegenstand der Lektüre. Gemeinsam ist Hölderlins Odenfassungen die Selbstverständigung des Dichters über seine Haltung zum Leben, zur Gemeinschaft mit Menschen und Göttern in einem Kosmos voll unwägbarer Gefahren. Benjamins Vergleich der beiden Gedichte bezieht sich zunächst auf die Darstellung des Mythos darin, die »innere Einheit von Gott und Schicksal«, im jederzeit drohenden Untergang und Tod des Dichters. Die Behandlung dieses Motivs in *Dichtermut* ist dem Kommentar zufolge noch weitgehend konventionell. Erst die Auffassung des Todes als der Mitte, »aus der die Welt des dichterischen Sterbens entspringen sollte«, könne der Aufgabe des Gedichts eine genauere Bestimmung geben. In *Dichtermut* bleibt die poetische Gestaltung des Schicksals beschränkt auf das Bild des Sonnenuntergangs, als gängige Metapher für das Sterben des Dichters. Demgegenüber sieht Benjamin die Ode *Blödigkeit* geprägt durch eine »Undurchdringlichkeit« aller Beziehungen, mit der aber gerade die verklärende Abbildung dieses Todes vorenthalten wird: »Wo Vereinzelung der Gestalt, Beziehungslosigkeit des Geschehens war, tritt nun die anschaulich-geistige Ordnung, der neue Kosmos des Dichters. Schwer ist es, einen möglichen Zugang zu dieser völlig einheitlichen und einzigen Welt zu gewinnen. Die Undurchdringlichkeit der Beziehungen stellt jedem andern als fühlenden Erfassen sich entgegen. Die Methode verlangt, von Verbundnem von Anfang an auszugehen, um Einsicht in die Fügung zu gewinnen. Vom Gestaltzusammenhange her vergleiche man den dichterischen Aufbau beider Fassungen, so der Mitte der Verbundenheiten langsam zustrebend« (II, 111).

In der exemplarischen Darstellung der Gedicht-Lektüre als einer ästhetischen Erfahrung entfaltet Benjamins Text seine eigene Terminologie. Die im ersten Vers von *Blödigkeit* erwähnten »Lebendigen« werden dabei als »*Erstreckung* des Raumes« gedeutet und als »gebreiteter Plan« des Schicksals (113): »Sind denn nicht dir bekannt viele Lebendigen?/ Geht auf Wahrem dein Fuß nicht, wie auf Teppichen?/ Drum, mein Genius, tritt nur/ Bar ins Leben und sorge nicht!« (Hölderlin 1905, Bd. 2, 287). Diesen Anruf liest Benjamin zunächst als Ausdruck von Hoheit und »an Orientalisches gemahnender Weitläufigkeit«, wobei sich gegenüber dem Anfang von *Dichtermut* (»Nährt zum Dienste denn nicht selber die Parze dich?«) die Bedeutung des Mutes verschoben hat: Die Einladung zum Gang auf Teppichen läßt das Gehen als symbolische Aktivität erscheinen, die »gemäß dem Schicksal verläuft, ja seinen Vollzug schon in sich begreift« (II, 114). Das Gehen hat demnach keinen anderen Halt als das »formale Grundgesetz des Gedichteten«, die »Gesetztheit des Gesanges«. Mit der Leugnung der Gefahr für den Dichter ist diese zugleich evoziert und der Schilderung entzogen. So führt der Anruf auf einen unsicheren ›Grund‹ der Deutung, den Abgrund des Wahren als eines Unbewußten, Verdrängten (vgl. Nägele 1986, 22). Benjamins Text vermeidet denn auch eine vorschnelle Entscheidung darüber, ob jener dichterische Tod als heroische Aufopferung des Lebens zu lesen wäre oder als dessen stoische Verachtung.

Daß im Gedicht *Blödigkeit* die Wahrnehmung der Gefahr dem Leser überantwortet ist, erhellt Benjamins Lektüre der in allen Fassungen beinahe unverändert gebliebenen zweiten Strophe, welche die Haltung des Dichters in Frage stellt: »Was geschiehet, es sei alles gelegen dir!/ Sei zur Freude gereimt, oder was könnte denn/ Dich beleidigen, Herz, was/ Da begegnen, wohin du sollst?« (Hölderlin 1905, Bd. 2, 288) Der Kommentar führt das rhetorische und suggestive Moment dieser Frage auf eine Erfüllung im Gedicht selbst zurück, auf die Ordnung des Reims als »Gelegenheit«. Die Aufforderung, das Geschehende als *Gelegnes* (II, 115) anzunehmen, macht demnach die Rückbindung aller schicksalhaften Ordnungen an den Vorgang der Lektüre in *Blödigkeit* deutlicher als in den früheren Fassungen, wo es statt »gelegen« immer »gesegnet« hieß und statt »zur Freude gereimt« noch »zur Freude gewandt«. Die Bedeutung dieser Änderungen sieht Benjamin darin, daß sie die Haltung des Gehens in eine »Lage« überführen, die auf das Gedicht selbst zurückverweist. So beschreibt er eine »Schicksalverbundenheit der Lebendigen mit dem Dichter« (116), die mit dem Genius als dem Zentrum des Gedichts und als »Einheit einer toten dichterischen Welt« (124) eine

Ordnung der *Schrift* ist. In diesem Sinne deutet der Kommentar das Gedichtete als »Sphäre«, die im Unterschied zu einer bloßen Schilderung des Lebens funktionale Entsprechungen im Raum des Gedichts ermöglicht.

Während die frühen Fassungen von *Dichtermut* eher abbildhaft den Untergang des Dichters in einer gefährlichen Natur schildern, überführen die Änderungen zu *Blödigkeit* den »eigenen Gott« und den »eigenen Tod« in den allgemeinen Gesang, artikulieren ein Begehren des Dichters nach Auflösung seines individuellen Sprechens. Darin ist mit Benjamin das »Heilig-Nüchterne« als Gesetz der »hölderlinschen Welt« zu erkennen, die mit den Verbundenheiten von Menschen und Himmlischen das Gedicht erfüllt. Daß der Kommentar hier von »mythischen Verbundenheiten« spricht, liegt im Kontext seiner Argumentation nahe, da er auch dem Begriff des Mythos eine »nüchterne« Bedeutung gibt (die an Hölderlins *Anmerkungen* zu seinen Sophokles-Übertragungen erinnert, wonach man »die Mythe nemlich überall beweisbarer darstellen« müsse). So betont Benjamin, daß die Umarbeitung zu *Blödigkeit* jede Anlehnung an Mythologie in einen »Zusammenhang des eigenen Mythos« überführt.

Für den Kommentar ist das Gedichtete ein bewegliches Geflecht von Beziehungen. Dafür steht das von Benjamin formulierte »Identitätsgesetz« als Einheit entgegengesetzter mythischer Elemente und als »Intensität der Verbundenheit« von Anschaulichem und Geistigem (II, 108). Dem Identitätsgesetz entsprechend wäre die Trennung von Dichter und Gott aufgehoben in einem dichterischen, nach eigenen Gesetzen strukturierten Kosmos. Die Zurücknahme des Mythologischen ist jedoch an die Räumlichkeit der Schrift gebunden, eine Allgemeinheit des Gesangs als eines immer wieder neu zu lesenden Textes. Benjamin verweist darauf, daß das Volk dem Dichter als »Zeichen und Schrift der unendlichen Erstreckung seines Schicksals besteht« (116). So dient der Mythos-Begriff des Kommentars nicht einfach einem Rückbezug auf substantielle religiöse Erfahrungen, wie er gelegentlich interpretiert wurde (Jennings 1983, 548). Die Ableitung des Mythos aus dem Gedichteten bindet den ›Effekt‹ der Dichtung nicht an eine religiöse Mission, nur an die »mythischen Verbundenheiten, die im Kunstwerk zu einziger unmythologischer und unmythischer, uns näher nicht begreiflicher Gestalt geformt sind« (II, 126). Das dem Begreifen Entzogene ist auch nicht als theologischer Gehalt zu fixieren. Dagegen macht Benjamin eine Kritik mythologischer Gehalte gerade am Übergang zwischen den Fassungen geltend, an der besonderen Prozeßhaftigkeit von Hölderlins Dichtung.

Die in der Mitte des Gedichts *Blödigkeit* erreichte Verbindung von Himmlischen und Menschen ist, wie es in späten Texten Hölderlins immer wieder begegnet, geprägt von Relikten griechischer und christlicher Religiosität, deren mythologische Substanz allegorisch gebrochen erscheint: »Denn, seit Himmlischen gleich Menschen, ein einsam Wild,/ Und die Himmlischen selbst führet, der Einkehr zu/ Der Gesang und der Fürsten/ Chor nach Arten, so waren auch/ Wir, die Zungen des Volks, gerne bei Lebenden« (Hölderlin 1905, Bd. 2, 287). Nur noch die *Verbundenheit* erscheint in Benjamins Lesart als »mythisch«, da die mythologische Ordnung aufgebrochen ist und die Gestalten in einen »ganz andre[n] Kanon« eingehen: »So daß hier, um die Mitte des Gedichts, Menschen, Himmlische und Fürsten, gleichsam abstürzend aus ihren alten Ordnungen, zu einander gereiht sind. [...] Alle Gestalten gewinnen, im Zusammenhang des dichterischen Schicksals Identität, daß sie darin mit einander aufgehoben in einer Anschauung sind, und so selbstherrlich sie erscheinen, schließlich zurückfallen in die Gesetztheit des Gesanges« (II, 112 f.). Die im Gedicht dargestellten Beziehungen sind nicht von der Gesetztheit des Gesanges abzulösen, und in dessen ›Dichte‹ liegt eine besondere Qualität der letzten Fassung *Blödigkeit.* Mit den Göttern geht auch der Dichter, der in den ersten Strophen noch als ein ins Leben tretendes Individuum erscheinen konnte, in der Pluralität der »Zungen des Volks« auf. Benjamins Text verdeutlicht, daß diese Mehrstimmigkeit nicht mehr die auf dem Opfer des einzelnen basierende Gemeinschaft bezeichnet, vielmehr einen Raum der Schrift, der die symbolische Logik des Opfers in Frage stellt.

»Innere Form« und »Versachlichung der Gestalt«

Die analytische Vorgehensweise von Benjamins Kommentar zeigt sich vor allem an seiner Verknüpfung der Begriffe »innere Form« und »Gestaltzusammenhang«. Als »innere Form« reflektiert er zugleich die Struktur einer Verräumlichung und einer zeitlichen Dynamik im einzelnen Gedicht, wofür er zunächst auf dasjenige verweist, »was Goethe als Gehalt bezeichnete« (II, 105). In den *Maximen und Reflexionen* hat Goethe den Gehalt gegen die Dichotomie von Form und Inhalt gesetzt: »Den Stoff sieht jedermann vor sich, den Gehalt findet nur der, der etwas dazu zu tun hat, und die Form ist ein Geheimnis den meisten« (Goethe 1981, Bd. 12, 471). Eine technische Bestimmung von »innerer Form« konnte Benjamin von Hellingrath übernehmen, aus dessen Untersuchung von Hölderlins Auseinandersetzung mit den Prinzipien griechischer Dichtung. Bei der Konzeption seiner eigenen Gedichte habe Hölderlin zunächst nur »einige Punkte der Peripherie durch abgerissene Verse und einzelne Worte« bezeichnet. Dieses Gerüst sei dann in einer den Rhythmus andeutenden Prosa ausgestaltet und schließlich durch Umstellungen und Abänderungen »in die Sprache untergetaucht« worden (Hellingrath 1944, 56 ff.). Die innere Form ist demnach eine Art Skelett, um das herum die »peripherischen« Formen der Dichtung variieren können. Aufschlußreich dafür sind auch Hölderlins poetologische Entwürfe, etwa zum »Wechsel der Töne«, womit er inhaltliche, formale und ökonomische Momente der Dichtung systematisch zu kalkulieren suchte (vgl. Primavesi 1998, 66 ff.). Ähnlich wie Hölderlin spricht Benjamin von geistig-sinnlichen Ordnungen, »in denen alle Elemente dichterischen Schicksals in einer innern und besondern Form gelagert sind« (II, 115). Als sinnliche Momente der letzten Fassung hebt der Kommentar den »fast fremden Klang« der Metaphern hervor, lautliche und bildliche »Dissonanzen«. Dafür findet er ein poetisches Bild, das die formale Struktur von *Blödigkeit* veranschaulicht: »Es gehen in gewichtig sehr abgehobnen Ordnungen Götter und Sterbliche in entgegengesetztem Rhythmus durch das Gedicht« (113). An Hölderlins *Anmerkungen* zu seinen Sophokles-Übersetzungen und seine Darstellung der Zäsur als »gegenrhythmische[r] Unterbrechung« anknüpfend, schildert Benjamin die Einkehr von Menschen und Himmlischen als Entgegensetzung im Rhythmus. Mit dieser parataktischen Figur beschreibt er auch die innere Form der Ode: »Es geht aber durch die neue Fassung eine Bewegung in plastisch-intensiver Richtung, und diese lebt in den Göttern am stärksten. (Neben der Richtung, die, im Volke dargestellt, die räumliche Richtung auf das unendliche Geschehen hat.)« (118).

Zur Bestimmung des Gedichteten als Einheit der geistigen und anschaulichen Ordnung richtet sich der Kommentar auf eine »besondere Gestalt als innere Form der besonderen Schöpfung« (106). Dabei steht der Begriff Gestalt für die einzelne menschliche oder göttliche Figur wie für das Gedicht als poetische Gestalt. Wenn sich für *Blödigkeit* das Gesetz der Identität erfüllt hat, »die raumzeitliche Durchdringung aller Gestalten in einem geistigen Inbegriff, dem Gedichteten, das identisch dem Leben ist« (112), bleiben diesem Leben doch Dissonanzen und Brüche eingeschrieben. Die Beziehungen von Himmlischen und Menschen werden als Gestaltetes, als Funktionen des Gedichts kenntlich, indem sich das zwischen ihnen vermittelnde poetische Sprechen als »Gesetztheit des Gesanges« ausstellt. Dementsprechend ist die Bewegung der Gestalten in Benjamins Kommentar an den diskontinuierlichen Prozeß der Lektüre gebunden, im »Fortgang und im Zurückgehen von der Mittelstrophe« (113) aus. Den Gestaltzusammenhang entwickelt er als eine Art *epischer* Szene, macht deren Darstellung als Gesetztheit bewußt. Ähnlich bezieht er die Frage »Geht auf Wahrem dein Fuß nicht, wie auf Teppichen?« auf einen Erkenntnisprozeß, als ein Beschreiten des Wahren, das die innere Form der dichterischen Bewegung ausmacht: »[...] so wohnt der beschreitbaren Ordnung der Wahrheit selbst die intensive Aktivität des Ganges als innere plastisch zeitliche Form ein. Beschreitbar ist dieser geistige Bezirk, welcher gleichsam den Schreitenden mit jedem Willkürschritte im Bereich des Wahren notwendig beläßt« (115). So läßt der Kommentar das »Wahre« des Gedichts dem ›Gang‹ der Lektüre zugleich aufgegeben und immer schon vorgängig erscheinen, indem er die Ordnung, mit der das Volk den Dichter umgibt, als Schrift auffaßt.

Als Zeitform dichterischer Gestaltung sieht Benjamin die Darstellung des Mythischen und des Schicksals in einem geistigen Prinzip begründet, welches das Leben und die Dinge einem Dasein als Idee annähert. Diese spekulative Konzeption des Gedichteten erhellt auch die in Hölderlins Gedicht angedeutete Verwandlung aller Gestalten. Das Verhältnis von Plastik und geistigem Prinzip entwickelt der Kommentar aus dem ersten Vers der fünften Strophe von *Blödigkeit*, an der Offenheit des himmlischen Gottes: »Der den denkenden Tag Armen und Reichen gönnt«. Im Denken sei die Gabe dargestellt, mit der ›Von den Göttern her‹ der Tag erscheinen kann »als gestalteter Inbegriff der Zeit« (119). Der Tag selbst ist nur zeitweise gegönnt, da selbst die Götter nicht über ihn verfügen können. Darin liegt der für Benjamins Deutung des Mythischen in *Blödigkeit* entscheidende Schritt, daß die Götter als Gestalten ihrerseits einer Zeitlichkeit des Denkens unterstehen, die auf den Kosmos des Gedichts zurückführt. Das Moment der inneren, »gleichsam eingesargten Plastik, in der die Gestalt mit dem Gestaltlosen identisch wird« (120), entspricht bereits der Versachlichung in der letzten Strophe von *Blödigkeit*, dem Bringen des Gottes durch die Hände des Dichters. Diese Einbindung des Absoluten in die Form der Ode erweist sich als spielhafte Entstellung der symbolischen Ordnung: »Auch der Gott muß am Ende dem Gesange zum Besten dienen und sein Gesetz vollstrecken, wie das Volk Zeichen seiner Erstreckung sein mußte« (121). So deutet Benjamin die innere Form der Umarbeitung zu *Blödigkeit* als Identität von Dichter und Gesang in einer »neuen Welt«. Nach dem Entschlafen und Aufgerichtetsein »an goldenen Gängelbanden« in der vorletzten Strophe verselbständigt sich der Gesang im Bringen des Gottes als einer toten, dinghaften Gestalt und Gabe: »Gut auch sind und geschickt einem zu etwas wir,/ Wenn wir kommen, mit Kunst, und von den Himmlischen/ Einen bringen. Doch selber/ Bringen schickliche Hände wir« (Hölderlin 1905, Bd. 2, 288).

An Benjamins Auslegung dieser Schlußstrophe wird nochmals die Tendenz des Kommentars deutlich, Hölderlins Selbstdarstellung der poetischen Rede als Reflexion der Aufgabe von Dichtung überhaupt weiterzudenken. Daß die schicklichen Hände sich selbst bringen, ist Benjamin zufolge nicht nur als Vermittlung der Ordnungen in einer Anpassung von Dichtung an Konvention zu verstehen. Als Prinzip der Umarbeitung erscheint die Überwindung des Opfers in einer Wendung, die den mythologischen Zusammenhang der früheren Fassungen (Zerreißung oder Untergang des Dichters) durch die Gabe der Kunst ersetzt hat, im Übergang von der Gestalt zur *Geste*, wie Benjamin kommentiert: »So ist der Dichter nicht mehr als Gestalt gesehen, sondern allein noch als Prinzip der Gestalt, Begrenzendes, auch seinen eignen Körper noch Tragendes. Er bringt seine Hände – und die Himmlischen. Die eindringliche Zäsur dieser Stelle ergibt den Abstand, den der Dichter vor aller Gestalt und der Welt haben soll, als ihre Einheit« (II, 125). Die Gestalt des Göttlichen geht über in ein Geflecht von Beziehungen. Was als Zäsur des Gedichts gelten kann, zeigt Benjamins Modifikation des letzten Verses: »Wenn wir kommen, mit Kunst, und von den Himmlischen/ Einen bringen. Doch selber/ Bringen schickliche Hände wir« wird im Kommentar zu »Er bringt seine Hände – und die Himmlischen.« Daß der Prozeß der Gabe das Gebrachte verändert, hat Benjamin durch Umkehrung von Singular und Plural markiert: Anstelle des ›Wir‹ bei Hölderlin heißt es ›der Dichter‹, und wo im Gedicht von ›einem‹ der Himmlischen die Rede ist, sind nun ›die Himmlischen‹ gebracht. Damit verlagert sich auch die Perspektive des Kommentars auf die Darstellung selbst, die den Akt der Gabe vom Gebrachten wie vom Bringenden abgelöst hat. »Unmythisch« (126) ist diese Darstellung gerade insofern, als sie ihr eigenes Tun reflektiert und ausstellt.

Zur Rezeption

Von großer Bedeutung war der Kommentar Zwei Gedichte von Friedrich Hölderlin zunächst für Adorno, der daran mit seinem 1963 veröffentlichten Aufsatz *Parataxis* über Hölderlins späte Lyrik anknüpfte: »Der Schlüsselcharakter des Parataktischen liegt in Benjamins Bestimmung der ›Blödigkeit‹ als der Haltung des Dichters: ›In die Mitte des Lebens versetzt, bleibt ihm nichts als das reglose Dasein, die völlige Passivität, die das Wesen des Mutigen‹ sei« (Adorno 1981, 475). So erscheint Benjamins Versuch als wegweisend für die Wahrnehmung des »eminent Modernen« von Hölderlins Spätwerk, in seiner Distanz zur Theologie wie im Extrem einer Befreiung der Sprache vom kommunikativen Sinn: »Der idealische Hölderlin inauguriert jenen Prozeß, der in die sinnleeren Protokollsätze Becketts mündet« (478 f.). Die Einsicht, daß die Wahrheit von Gedichten weder auf ihren Werkcharakter noch auf Begriffe zu reduzieren ist, wendet Adorno gegen Martin Heideggers *Erläuterungen zu Hölderlins Dichtung*, die »im einzelnen« gleichgültig gegen das spezifisch Dichterische geblieben seien: »Jede Interpretation von Dichtungen, welche sie auf die Aussage bringt, vergeht sich an ihrer Weise von Wahrheit, indem sie an ihrem Scheincharakter sich vergeht« (4). Ein Vergleich der Positionen von Adorno und Heidegger, wie ihn Karl Heinz Bohrer – ohne auf Benjamins Kommentar einzugehen – unternommen hat, zeigt zwar durchaus Parallelen bei ihrer Interpretation des Erhabenen und des Ereignisses in Hölderlins Dichtung (Bohrer 1994, 92 ff.). Von Heidegger unterscheidet sich Adornos Lektüre aber auch durch ihre an Benjamin orientierte Bevorzugung des Späten: »Die Parole, nicht nach rückwärts zu sehen, richtet sich gegen die Schimäre des Ursprungs, den Rekurs auf Elemente. Benjamin hat in seiner Jugend, obgleich ihm damals noch Philosophie als System möglich dünkte [...], das gestreift« (Adorno 1981, 484).

Den Begriff des »Gedichteten« beschreibt Adorno als eine von Benjamin anders und lange vor Heidegger gebrauchte Kategorie für das »Dunkle« an den Dichtungen, das der ›Intention‹ des Dichters wie auch einer objektivistischen Literaturwissenschaft inkommensurabel bleibe, vielmehr der Rückführung auf den Text bedarf: »Dies der Philologie sich entziehende Moment verlangt von sich aus Interpretation« (450). In diesem Sinne erhellt auch Peter Szondis Traktat *Über philologische Erkenntnis* (1962) die Voraussetzungen literarischer Hermeneutik in der Beobachtung, daß philologisches Wissen »[...] nur in der fortwährenden Konfrontation mit dem Text bestehen kann, nur in der ununterbrochenen Zurückführung des Wissens auf Erkenntnis, auf das Verstehen des dichterischen Wortes« (Szondi 1970, 11). Daß sich seine *Hölderlin-Studien* an Benjamins Kommentar orientieren, zeigt besonders der Text *Gattungspoetik und Geschichtsphilosophie* (1966), wo es um Hölderlins poetologische Schriften und den Stilwandel in seinen späten Dichtungen geht. Im Hinblick auf einen an den Oden-Fassungen ablesbaren »Wandel von Hölderlins Intentionen« seien Benjamins Einsichten um so erstaunlicher, »als ihr Verfasser nur den geringsten Teil der Texte gekannt haben mag, auf die heute die Erkenntnis von Hölderlins Werk sich stützt« (152; zu Benjamins Hölderlin-Kenntnissen vgl. aber Speth 1991, 8 ff. und Steiner 1991, 161 ff.). Die neuere Rezeption von Benjamins Kommentar tendiert mitunter dazu, dessen komplexe, auch an Hölderlins poetologischen Entwürfen orientierte Schreibweise auf Belegstellen für literaturkritische Konzeptionen zu reduzieren (vgl. Jennings 1983, 544 ff.; Alt 1987, 531 ff.; Wellbery 1990, 453 ff.). Weiter führen die Anmerkungen Wolfram Groddecks zu Benjamins Darstellungsform. Sie gebe Erfahrungen wieder, »die der Leser, wenn er sich der einordnend-eliminierenden Interpretation enthält, an Texten Hölderlins machen kann« (Groddeck 1976, 17). Nicht von ungefähr war es die Arbeit an der Frankfurter Hölderlin-Ausgabe, in deren Kontext der Kommentar neu entdeckt wurde als wegweisender Versuch einer detaillierten textkritischen Auslegungspraxis.

Die Bedeutung Hellingraths für Benjamins Kommentar und für seine Auffassung von Sprache, Dichtung und Mythos ist inzwischen hervorgehoben worden (vgl. Steiner 1989, 91 ff. und Speth 1991, 9 ff.). So besteht Konsens darüber, daß sein Versuch, die »Wahrheit« poetischer Texte von ihrer »Gegenständlichkeit« her zu beschreiben, von Hellingraths Hölderlin-Deutung inspiriert war. Im Hinblick auf Benjamins Ablösung von der George-Schule, zu der ja auch Hellingrath zählte, bleibt jedoch die im Kommentar philosophisch begründete Kritik einer Ästhetik des Opfertodes zu berücksichtigen (vgl. Deuber-Mankowsky 2000, 206 ff.). Nochmals diskutiert wurde neuerdings der Mythos-Begriff des Kommentars, als ein den Tod des Dichters harmonisierender Formalismus, den erst Benjamins *Wahlverwandtschaften*-Essay überwunden hätte (Hanssen, 2002, 151 f. und 161 f.), oder im Gegenteil als Kritik von Mythologie und Theologie durch die für Hölderlins Spätwerk wie insgesamt für die moderne Dichtung prägende Tendenz zu einer nüchternen Prosa (Lacoue-Labarthe 2002, 177 ff.). Weiterhin stellt sich für die Auslegung des Kommentars aber auch die Frage nach dem darin eröffneten Wechselverhältnis von Dichtung und theoretischem Diskurs (vgl. Nägele 1986, 7 f. und Primavesi 1998, 13 ff.). Mit dem »Gedichteten« geht es um eine Schreibweise, die nicht einfach die poetische Sprache in eine literaturkritische und philosophische Terminologie überführt, sondern in ihrer Darstellung einander konfrontiert. Damit weist Benjamins Analyse der Zurücknahme des individuellen Sprechens bei Hölderlin bereits auf dekonstruktive Verfahren der Textlektüre voraus, indem sie die Eigengesetzlichkeit des Geschriebenen als eine Verräumlichung der Schrift lesbar macht und im Vorgang der Lektüre zugleich die Methode des Kommentars einer fortschreitenden Befragung aussetzt.

Werk

Zwei Gedichte von Friedrich Hölderlin (II, 105–126)
Die Aufgabe des Übersetzers (IV, 9–21)
Über Stefan George (II, 622–624)
Wider ein Meisterwerk (III, 252–259)

Literatur

Adorno, Theodor W. (1981): Noten zur Literatur, Frankfurt a. M.

Alt, Peter-André (1987): »Das Problem der inneren Form. Zur Hölderlin-Rezeption Benjamins und Adornos«, in: Deutsche Vierteljahrsschrift für Literaturwissenschaft und Geistesgeschichte 61/3, 531–561.

Bohrer, Karl Heinz (1994): Das absolute Präsens, Frankfurt a. M.

Brodersen, Momme (1990): Spinne im eigenen Netz. Walter Benjamin. Leben und Werk, Bühl-Moos.

Deuber-Mankowsky, Astrid (2000): Der frühe Walter Benjamin und Hermann Cohen, Berlin.

Dilthey, Wilhelm (1991): Das Erlebnis und die Dichtung [1905], Leipzig.

Fuld, Werner (1990): Walter Benjamin. Eine Biographie, Reinbek.

Goethe, Johann Wolfgang von (1981): Werke, hg. v. Erich Trunz, 9. Aufl., München.

Groddeck, Wolfram (1976): »Ästhetischer Kommentar. Anmerkungen zu Walter Benjamins Hölderlinlektüre«, in: Le pauvre Holterling 1, 17–21.

Hanssen, Beatrice (2002): »›Dichtermut‹ and ›Blödigkeit‹ – Two Poems by Friedrich Hölderlin, Interpreted by Walter Benjamin«, in: dies./Andrew Benjamin (Hg.): Walter Benjamin and Romanticism, New York, 139–162.

Hellingrath, Norbert von (1944): Hölderlin-Vermächtnis. Forschungen und Vorträge, hg. v. Ludwig von Pigenot, 2. Aufl., München.

Hölderlin, Friedrich (1905): Gesammelte Werke, hg. v. Paul Ernst/Wilhelm Böhm, Jena [2. Aufl. 1911].

Jennings, Michael W. (1983): »Benjamin as a Reader of Hölderlin: ›The Origins of Benjamin's Theory of Literary Criticism‹«, in: The German Quarterly LVI/4, 544–562.

Lacoue-Labarthe, Philippe (2002): »Poetry's Courage«, in: Beatrice Hanssen/Andrew Benjamin (Hg.): Walter Benjamin and Romanticism, New York, 163–179.

Lange, Wilhelm (1909): Hölderlin. Eine Pathographie, Stuttgart.

Nägele, Rainer (1986): »Benjamin's Ground«, in: Studies in Twenthieth Century Literature 11/1, 5–24.

Primavesi, Patrick (1998): Kommentar, Übersetzung, Theater in Walter Benjamins frühen Schriften, Frankfurt a. M.

Riedel, Inge (1973) (Hg.): Hölderlin ohne Mythos, Göttingen.

Scholem, Gershom (1990): Walter Benjamin – die Geschichte einer Freundschaft, Frankfurt a. M.

Speth, Rudolf (1991): Wahrheit und Ästhetik. Untersuchungen zum Frühwerk Walter Benjamins, Würzburg.

Steiner, Uwe (1989): Die Geburt der Kritik aus dem Geiste der Kunst. Untersuchungen zum Begriff der Kritik in den frühen Schriften Walter Benjamins, Würzburg.

Szondi, Peter (1970): Hölderlin-Studien, Frankfurt a. M.

Wellbery, David E. (1990): »Benjamin's Theory of the Lyric«, in: Studies in Twentieth Century Literature 11/1, 453–471.

»Goethes Wahlverwandtschaften«. Goethe im Gesamtwerk

Von Burkhardt Lindner

Goethes Wahlverwandtschaften bildet neben der Dissertation und der Habilitationsschrift die dritte große philosophisch-ästhetische Abhandlung des Frühwerks. In der Kritik des Symbolbegriffs und des Schönen Scheins legt sie Basistheoreme für das Trauerspielbuch bereit. An die Untersuchung über den Begriff der Kunstkritik in der deutschen Romantik knüpft sie unmittelbar an, indem hier, wie in Friedrich Schlegels Wilhelm Meister-Kritik, ein einzelnes Kunstwerk, Goethes Roman *Die Wahlverwandtschaften*, zum Gegenstand der philosophischen Kritik gemacht wird.

Mit der Wahl gerade dieses Werks ist ein programmatischer Anspruch verbunden. Benjamin charakterisiert Goethes Roman folgendermaßen: »Ein trüber Einfluß, der sich verwandten Gemütern bis zu schwärmerischem Anteil und in fremderen zu widerstrebender Verstörtheit steigern mag, war ihm von jeher eigen, und nur die unbestechliche Vernunft, in deren Schutz das Herz der ungeheueren, beschwornen Schönheit dieses Werks sich überlassen darf, ist ihm gewachsen« (I, 180).

Von Goethes Roman, so wird hier gesagt, gehe ein ungeheurer, dem Poeschen Maelstrom vergleichbarer (I, 168) Sog aus, dem nur eine nüchterne Kunstkritik standhalten kann, die wiederum erst erlaubt, sich seiner Schönheit auszusetzen, statt ihr als Blendwerk zu verfallen.

Die Abhandlung des dreißigjährigen Benjamin steht bis heute, soviel über *Die Wahlverwandtschaften* geschrieben wurde, einzig neben Goethes Roman. In ihrer gedanklichen Komplexität und sprachlichen Schönheit ist sie von gleichem Rang; eine intellektuelle Sogwirkung entfaltet sie auf ihre Weise. Und es wird kaum einen Leser geben, dem der letzte Satz »Nur um der Hoffnungslosen willen ist uns die Hoffnung gegeben« so leicht wieder aus dem Sinn kommt.

Der eigenartige Titel zeigt an, daß es nicht nur um einen einzelnen Roman von Goethe geht, sondern auch um ›Goethe‹. Und tatsächlich stellt die Abhandlung das Goethe-Bild vom göttergleichen Olympier, das sich am Ende des 19. Jh.s in der Literaturgeschichtsschreibung durchzusetzen begann und das dieser selbst für die Nachwelt hinterlassen wollte, radikal in Frage. Goethe erscheint in einer Gestalt, die erschreckt und beunruhigt. Aber nur erst aus dieser Einsicht, so Benjamins Ansatz, läßt sich Einsicht in die Herausforderung des Werks gewinnen.

Zur Textgeschichte

Da Benjamin die Wahlverwandtschaftenarbeit, die im Sommer 1922 abgeschlossen wurde, ohne bestimmten Auftrag oder vorherige Verabredung verfaßt hat, ist der Anlaß, sie zu schreiben, immer wieder mit dem Zerfall seiner Ehe in Verbindung gebracht worden. Im Frühjahr 1921 entstand tatsächlich eine dem Roman nicht ganz unähnliche Konstellation, insofern Dora wie Walter Benjamin sich heftig neu verliebten, und zwar in Personen, die sie von früher her kannten (Putnies/Smith 1991, 135–166; Scholem 1975, 120 ff.). Am Ende wurde die Ehe geschieden, ohne daß eine neue Verbindung entstand.

Wenn Benjamin seine Abhandlung Jula Cohn widmete, um die er damals vergeblich warb, so wollte er diesen persönlichen Kontext durchaus kenntlich machen. Aber ein interpretatorischer Schlüssel ist damit nicht gegeben. Die Widmung erscheint eher als ein auktorialer Grabstein für eine unglücklich gebliebene Liebe, so wie auch die spätere an Asja Lacis in der Einbahnstrasse. Zum Verständnis der Abhandlung bieten die biographischen Hintergründe keine Hilfe.

Benjamins Versuch, die Abhandlung zu publizieren, erwies sich als schwierig. Es gab eine Reihe von Absagen, darunter die von Rothacker für die eben gegründete *Deutsche Vierteljahrsschrift* (vgl. Tiedemanns Dokumentation I, 812–821; Putnies/Smith 1991, 96 f.). Goethes Wahlverwandtschaften erschien schließlich durch Vermittlung von Florens Christian Rang in Hugo von Hofmannsthals *Neuen Deutschen Beiträgen*, in zwei Teilen 1924 und 1925. Zugleich war damit eine engere Beziehung zu Hofmannsthal eröffnet, der die Abhandlung außerordentlich bewunderte.

Der Textstand der Abhandlung ist ziemlich überschaubar. Im Nachlaß sind zwei Manuskriptfassungen überliefert: eine frühe Niederschrift und die sogenannte Jula-Cohn-Reinschrift, die Benjamin Scholem geschenkt hatte. Die Herausgeber der Gesammelten Schriften legen für ihre kritisch revidierte Edition der Abhandlung die letzte Fassung zugrunde: nämlich Benjamins Handexemplar des Sonderdrucks mitsamt den dort vorgenommenen Ergänzungen und Korrekturen für die spätere, mit Rowohlts Verlag verabredete Buchpublikation (I, 821 f.). Aus den Manuskripten werden wichtige Abweichungen im Lesarten-Apparat verzeichnet. Die Herausgeber vermerken dazu: »Es wäre von großem Reiz gewesen [...] durch synchrone Präsentation der drei erhaltenen Fassungen« Benjamins Arbeit am Manuskript zu dokumentieren; »leider ließen die Grenzen, die dieser Ausgabe gesteckt sind, es nicht zu« (824).

Zusätzlich werden aus dem Nachlaß GOETHES WAHLVERWANDTSCHAFTEN zugehörige Manuskripte abgedruckt, darunter ausformulierte Aufzeichnungen zu François-Poncet, zu Gundolf, zu Kategorien der Ästhetik, zum Schein, zur Kunstkritik, zu Satanismus und Nietzsche (I, 828–840). Hinzu kommen drei weitere Aufzeichnungen, die der Nachtragsband abdruckt (VII, 730–734). Diese Paralipomena sind für das Verständnis der Abhandlung von beträchtlichem Wert.

Hierzu gehört auch die detaillierte Inhaltsgliederung (I, 835–837 mit Zuordnung zum Textdruck im Apparat), die erkennen läßt, mit welch sorgfältiger Systematik Benjamin den Text ausgearbeitet hat. Für den Druck hatte er allerdings die Streichung dieser Gliederungsüberschriften verlangt (2, 409–412 an Hofmannsthal 13.1.1924). Jeder, der die Abhandlung für einen esoterischen Text hält, in den man kaum eindringen könne, sollte sich diese geradezu proseminarhafte Gliederung ansehen, nach der Benjamin gearbeitet hat. Es ist hilfreich, die Gliederung bei der Lektüre heranzuziehen.

In der Tat erhält erst durch die Streichung der Zwischenüberschriften (und den Verzicht auf zunächst geplante Fußnoten) die Abhandlung jene in sich gefügte Geschlossenheit, die ihren esoterischen Charakter begründet. Sie stellt sich damit bewußt quer zum germanistisch-akademischen Kontext, obwohl sie dessen Ansprüchen hinsichtlich der Referenz auf Quellen mehr als genügt. Benjamin operiert hier erstmals mit einer ingeniösen Zitat-Technik; eigener Text und Fremdzitat greifen so fugenlos ineinander, daß der Duktus wie aus einem Guß wirkt. Die Zitate scheinen sich wie von selbst einzufinden, und auch die großen metaphorischen Bilder haben nichts Angestrengtes und Gesuchtes. Man kann sagen, daß Benjamin mit GOETHES WAHLVERWANDTSCHAFTEN ein Maximum seiner schriftstellerischen Darstellungskunst erreicht hat, das nun über allem weiteren Schreiben steht, welche Abwandlungen es auch immer weiter erfährt.

Eine mißglückte Rezeption

Mit dem Erscheinen der zweibändigen Edition der *Schriften* 1955, vor allem dann mit dem preiswerten Auswahlband *Illuminationen. Ausgewählte Schriften* von 1961, als deren Herausgeber Siegfried Unseld figurierte, trat auch die Wahlverwandtschaftenarbeit aus ihrer Vergessenheit heraus. Von allen großen Texten Benjamins hat sie in den weiteren Jahrzehnten die seltsamste Wirkungsgeschichte erfahren. Während die allgemeine Benjaminrezeption in Wellen zunehmend expandierte und zeitgleich dazu in der akademischen Konjunktur *Die Wahlverwandtschaften* zu einem der am meisten erforschten Texte Goethes aufstieg, geriet sehr bald Benjamins Abhandlung ganz aus dem Blick.

Um diesen paradoxen Befund zu erklären, muß man die verschiedenen Benjamin- und Goethe-Rezeptionsstränge genauer auseinanderhalten.

In der bald einsetzenden Benjaminphilologie, soweit sie das Frühwerk betraf, stand und steht der Rang von GOETHES WAHLVERWANDTSCHAFTEN außer Frage. Drei größere Untersuchungen sind hier zu nennen. Bernd Wittes Arbeit (Witte 1976), dezidiert als literaturwissenschaftliche Untersuchung konzipiert, rückt die Wahlverwandtschaftenarbeit in den Kontext von Benjamins Entwicklung von einer allegorischen zu einer funktionalen Kritik. Uwe Steiners Untersuchung verfolgt sehr genau Benjamins Aktualisierung des frühromantischen Konzepts der Kritik von den ersten Arbeiten bis zu GOETHES WAHLVERWANDTSCHAFTEN. Zugleich als Monographie über die intellektuelle Freundschaft zwischen Benjamin und Rang angelegt, hebt sie auch dessen Bedeutung als Leser der Benjaminschen Abhandlung hervor. Hinzu kommen weitere Ausführungen, die insbesondere das Verhältnis von Benjamins Abhandlung zur Ästhetik und Dichtungstheorie der Frühromantik herausarbeiten (Steiner 1989). Bei Deuber-Mankowski, die die Rolle Hermann Cohens für Benjamins Frühwerk analysiert, nimmt die Wahlverwandtschaftenarbeit ebenfalls einen größeren Raum ein (Deuber-Mankowski 2000). Der Wert dieser Untersuchungen besteht insbesondere auch darin, daß sie nicht allein Benjamin interpretieren, sondern Theoriekontexte rekonstruieren, die für ihn wichtig waren, aber in dem Text nur andeutungsweise ausgewiesen sind.

Zeitgleich mit Benjamins ›Kanonisierung‹ als Theorieklassiker avancierte in den letzten Jahrzehnten Goethes Roman selbst in kaum noch überschaubarem Umfang zum Gegenstand von Aufsätzen, Monographien, Sammelbänden und Editionskommentaren. Es wäre eine eigene Analyse wert, warum Goethes Roman seit 30 Jahren Konjunktur hat und in alle literatur- und kulturwissenschaftlichen Diskurse hineingeraten ist. Es gibt, überspitzt gesagt, kein Thema und keine wissenschaftliche Mode, die die *Wahlverwandtschaften* nicht als Probestück erkoren hätte. Dies reicht von Feminismus und Gender Studies über Poststrukturalismus und Psychoanalyse bis hin zur Rekonstruktion akustischer und optischer Medien im Roman oder seiner Funktion als Schnittstelle von moderner und vormoderner Wissensdispositive. Benjamins Abhandlung blieb dabei seltsam wirkungslos. Soweit sich die Arbeiten noch in der akademischen Tradition germanistischer Goetheforschung verstehen, wird sie pflichtschuldig genannt und zumeist mit einem kurzen Schlenker als ›berühmt‹, als ›historisch bedeutsam‹ oder als problematisch abgetan.

Man kann also nicht behaupten, daß GOETHES WAHLVERWANDTSCHAFTEN die jüngere Goetheforschung nennenswert geprägt hätte. Sie bildete ein Ärgernis, dem allergische Abwehr galt. (Die Parallele zum Trauerspielbuch ist hier durchaus zutreffend). Sowohl Benjamins philosophisch-theologische Prämissen wie der dogmatische Ton seiner Kritik als auch seine Konzeption des Mythos und seine Analyse von Goethes Angst vorm Tode erschienen als eine Zumutung gegenüber den Gepflogenheiten des Wissenschaftsbetriebs. Andererseits ließ sich der wachsende Rang, den Benjamin auch in den Literaturwissenschaften gewann, nicht übersehen. Das rief deutlichere Wertungen auf den Plan. Selbst eine ausgewiesene und keineswegs bloß angepaßte Vertreterin des Fachs wie Käte Hamburger fühlte sich berufen, Benjamins Abhandlung als exemplarischen Fall einer dichtungsvergewaltigenden Interpretation zu brandmarken (Hamburger 1979).

Insgesamt setzte sich in der Germanistik die (Benjamin sehr entgegenstehende) Tendenz durch, Goethe positiv als Mythologen, der mit der Gesamtheit des abendländischen Mythenreservoirs spielt, und die *Wahlverwandtschaften* als sein modernstes, die Postmoderne antizipierendes Werk anzusehen. Bernhard Buschendorfs Untersuchung zu Goethes mythischer Denkform in den *Wahlverwandtschaften* bildet insofern eine Ausnahme, als er sich auf eine nähere Auseinandersetzung mit Benjamins Abhandlung einläßt, allerdings in der Absicht, deren Prämissen zu desavouieren. Goethe wird in die Perspektive eines mit Edgar Wind, Aby Warburg und Hans Blumenberg skizzierten positiven Mythoskonzepts gerückt, demgegenüber der negative Mythosbegriff Benjamins Goethes Denken und Dichten verfehle, da er aus »einem vornehmlich ideologiekritischen Interesse, nämlich aus der Absicht, dem ästhetischen Polytheismus Goethes den Monotheismus der jüdischen Offenbarungsreligion entgegenzusetzen [...]« (Buschendorf 1986, 45), formuliert sei.

Aufschlußreicher für die komplexe Wirkungsgeschichte Benjamins müssen hingegen jene Arbeiten erscheinen, die mit Benjamin eine Theorie-Innovation intendieren und dies direkt mit dem Goetheschen Roman verknüpfen. Solche an Dekonstruktion und Diskurstheorie orientierten Analysen der *Wahlverwandtschaften* argumentieren gegen eine Literaturwissenschaft, die sich ihrer hermeneutischen Sinnproduktion und der Identitätsgewißheit des lesenden Subjekts sicher wähnt; neben Lacan, Derrida, de Man oder Kristeva wird Benjamin ins Spiel gebracht. Dabei rückt nun aber viel eher Benjamins Allegoriebegriff aus dem Trauerspielbuch oder sein Übersetzeraufsatz in den Blick, als der sozusagen viel zuständigere Text von GOETHES WAHLVERWANDTSCHAFTEN. Exemplarisch dafür und als ein erster Versuch in dieser Richtung ist Jochen Hörischs pointierter Essay »Das Sein der Zeichen und die Zeichen des Seins« zu nennen, der zugleich als Vorwort zu seiner Übersetzung von Derridas *Die Stimme und das Phänomen* fungiert (Hörisch 1979) sowie, zumindest in einem Teil der Beiträge, der von Norbert Bolz edierte Sammelband zu Goethes Wahlverwandtschaften (Bolz 1981).

Die zahlreichen Arbeiten, die, in aller Vergröberung gesagt, als dekonstruktivistische Lektüren der *Wahlverwandtschaften* inzwischen erschienen sind, können hier nicht eigens vermerkt werden (vgl. Tantillo 2001). Aber die Tendenz ist unübersehbar, daß Benjamins Abhandlung GOETHES WAHLVERWANDTSCHAFTEN außer näherem Betracht bleibt und eine Auseinandersetzung mit ihr vermieden wird. Benjamins Frage nach dem kunstphilosophischen Wahrheitsgehalt erscheint uninteressant; zu sehr ist inzwischen der Begriff des literarischen Kunstwerks exorziert und die philosophische Rede von der Schönheit als geradezu obszön diskreditiert.

Vivian Liska hat in einem kleinen, klugen Aufsatz über das Nachleben von Benjamins Wahlverwandtschaftsarbeit diese seltsame rezeptionsgeschichtliche Verwerfung genauer dargelegt. Sie zeigt auf, wie im Zuge der neueren wissenschaftlichen Rezeption Goethes Roman sich fast chamäleonartig immer wieder auf den neuesten Stand bringen ließ und im Zuge dieser Renovierungen der radikal antikonformistische Anspruch der Benjaminschen Kritik liquidiert wurde (Liska 2000). Was den gegenwärtigen Stand angeht, so ist Liskas Befund nicht etwa abzumildern, sondern eher noch zu verschärfen.

Für eine Neulektüre der Abhandlung Benjamins, wie sie hier vorgenommen wird, kommt es darauf an, die von Benjamin hergestellte Konstellation von Abhandlung und Roman wieder ins Zentrum zu rücken. Und alles, was die Rezeption blockiert hat, ist selbst zum Gegenstand zu machen, um weiter zu sehen.

Der eigenwillige Mythosbegriff Benjamins erscheint dann nicht bloß als hausgemachtes Philosophem, seine intensive Auslegung von Goethes Leben nicht bloß als Biographismus, seine vernichtende Gundolfkritik nicht bloß als Kraftmeierei und seine kritische Theorie der Schönheit nicht bloß als verstiegenes Theologumenon. Vielmehr ergibt sich damit eine ganz andere Perspektive: daß nämlich Benjamins Abhandlung, neu gelesen, sowohl jenen wundersamen Aktualisierungsbetrieb, der in Goethes Roman ein bevorzugtes Objekt fand, entzaubert wie auch bestimmte Konjunkturen der Benjaminrezeption selbst bloßlegt.

Das Dispositionsschema. Kommentar und Kritik

Goethes Wahlverwandtschaften nimmt den Anspruch der philosophischen Kunstkritik, den die Dissertation rekonstruiert und erneuert hat, wieder auf, ohne daß damit eine direkte Applikation frühromantischer Theoreme intendiert wird. Das Ziel ist, »ein Werk durchaus aus sich selbst heraus zu erleuchten« (VI, 218), wie Benjamin rückblickend die Aufgabenstellung der Abhandlung benennt. Beansprucht wird damit, die Begriffe, die es zum Gegenstand der Kritik machen, im Werk am Werk zu finden, nämlich als »verborgene Beziehungen im Werk selbst« (178).

Den triadischen, dialektischen Aufbau der Abhandlung, der von Anfang an feststand, hat Benjamin in einem eigenen Dispositionsschema deutlich hervorgehoben. Demnach trägt der erste Teil die Überschrift »Das Mythische als Thesis« und beschreibt in der Tat die Welt des Romans als »ein mythisches Schattenspiel in Kostümen des Goetheschen Zeitalters« (I, 140 f.). »Thesis« ist hierbei nicht so zu verstehen, als stelle Benjamin hier eine These auf, die er später widerlegen wird, sondern daß der Roman selbst eine solche Setzung darstellt, die später auf die inhärenten Gegenmomente hin zu analysieren ist. Der zweite Teil heißt »Die Erlösung als Antithesis«. Dieser Teil ist kompositionell eigenwillig angelegt. Denn zum einen enthält er die Kritik von Gundolfs *Goethe*, zum andern eine Interpretation der in den Roman eingeschalteten Novelle, von der Benjamin sagt, er sei der erste, der ihre Funktion erkannt habe. Der dritte Teil hat den Titel »Die Hoffnung als Synthesis« (I, 835 ff.). In seinem Zentrum steht die Figur der Ottilie in der Zweideutigkeit ihrer Erscheinung.

Soviel läßt die Aufteilung schon erkennen: Die dialektische Bewegung richtet sich nicht etwa auf eine theologische Affirmation der Erlösung, wie manche Fehllektüren vermeinen, sondern auf die Idee der Hoffnung. Benjamins Abhandlung stellt sich die Aufgabe, auf dem Wege der philosophischen Kunstkritik, wie sie die Dissertation zunächst für die Frühromantik erschloß und hier nunmehr neu gefaßt wird, Goethes Roman als Kunstwerk »aus sich selbst heraus zu erleuchten« (VI, 216). Als immanente beansprucht philosophische Kritik das Werk aus sich selbst noch einmal, auf einer höheren Ebene, darzustellen. Sie kulminiert in der Fragestellung, wieweit der Schein des Schönen, den der Roman erzeugt, die Hoffnung auf Erlösung als Hoffnung rechtfertigen könne.

Benjamin stellt die hier vorerst nur knapp skizzierte Aufgabe nicht an den Anfang seines Textes. Die philosophische Programmatik und metaphysische Dimension der Kunstkritik wird, wenn wir den Aufbau der Abhandlung betrachten, erst zu Beginn des dritten Teils explizit gemacht.

Nur an einer Stelle des Anfangs wird dies, in einem großen Bild, vorweggenommen. »Will man, um eines Gleichnisses willen, das wachsende Werk als den flammenden Scheiterhaufen ansehn, so steht davor der Kommentator wie der Chemiker, der Kritiker gleich dem Alchimisten. Wo jenem Holz und Asche allein die Gegenstände seiner Analyse bleiben, bewahrt für diesen nur die Flamme selbst ein Rätsel: das des Lebendigen. So fragt der Kritiker nach der Wahrheit, deren lebendige Flamme fortbrennt über den schweren Scheitern des Gewesenen und der leichten Asche des Erlebten« (I, 126).

Die vorausweisende Funktion dieses Vergleichs ist offenkundig. Die Unterscheidung zwischen dem Chemiker und dem Alchimisten verweist direkt auf die spätere Romananalyse, nämlich auf das Gespräch der vier Hauptfiguren über die neue chemische Theorie der Wahlverwandtschaften. Sie verhalten sich als Aufgeklärte, die die alte Alchemie nicht mehr ernst nehmen und an den naturwissenschaftlichen Erkenntnissen der analytischen Chemie Gefallen finden.

Und es verweist auf Benjamins eigene Position als Kritiker, die, erst einmal überraschend, mit der des Alchimisten verglichen wird. Während der Chemiker nur Holz und Asche zerlegen kann, um den Stoffwechselvorgang der Verbrennung zu analysieren, bleibt das Rätsel der Flamme dem Alchimisten vorbehalten.

Das Leuchten und Fortbrennen der Flamme wird mit dem Lebendigen verglichen. Was heißt dann: das Rätsel des Lebendigen? Erst einmal ist interessant, daß das Kunstwerk an diesem Rätsel teilhat. Auch Kunstwerke wie andere Dinge haben also Leben. Sie wachsen im historischen Prozeß, in dem sie zugleich aufgezehrt werden. Leben ist eine metaphysische Kategorie, die mit dem natürlichen *bios* nicht zusammenfällt. Die Rede von der »Unsterblichkeit« des Werks ist demnach keine bloß metaphorische. Vielmehr entscheidet die Kritik über ihren Sinn. »In diesem Sinne«, lautet der Satz, der das Gleichnis einleitet, »bereitet die Geschichte der Werke ihre Kritik vor und daher vermehrt die historische Distanz deren Gewalt« (I, 125 f.). Es ist gerade die Aufgabe der Kritik, was das Gleichnis nur andeutet, einen Verbrennungsprozeß, eine Mortifikation des Schönen Scheins durchzuführen. Kritik ist ein Prozeß des Scheidens im Kunstwerk selbst, der den Wahrheitsgehalt allererst hervortreten läßt.

Dieser Prozeß kann aber nicht unmittelbar einsetzen, sondern muß zunächst in einer vorgängigen, philologischen Kommentierung die sachlichen Gehalte des Werks erschließen. Damit bildet die Unterscheidung von Kommentar und Kritik den Ausgangspunkt, in der zugleich begründet wird, warum die Analyse von der Bestimmung des Sachgehalts auszugehen habe. Denn, so lautet die Prämisse, der Wahrheitsgehalt eines Werks bleibe, gerade je bedeutender es ist, innig an seinen Sachgehalt gebunden. Und wenn im Prozeß der Überlieferung Wahrheitsgehalt und Sachgehalt auseinandertreten, bleibt doch der Wahrheitsgehalt »immer gleich verborgen« (I, 125), kann also nur im ›Umweg‹ über den Sachgehalt erkannt werden. Auch später beruft sich Benjamin auf diese grundlegende Konstellation von Wahrheits- und Sachgehalt (vgl. VI, 178; III, 367).

Was heißt nun aber Sachgehalt? Auf den ersten Blick könnte Benjamins Unterscheidung zwischen Kommentar und Kritik als eine Art Arbeitsteilung zwischen historischer Erläuterung und ästhetischer Bewertung erscheinen. Dieser einfachen Auffassung der Realien, die in der älteren Philologie als Wort- und Sachkunde üblich war, gibt Benjamin allerdings einen anderen Sinn. Sachgehalt meint hier nicht nur die verstreute Fülle historischer Realien, die der Erläuterung bedürfen, sondern gerade auch das gegenständliche Sujet des Werks. Einen solchen Sachgehalt stellt etwa die Ehe dar.

Mythos als Sachgehalt – Dialektik der Aufklärung

Man kann die Argumentationsbasis von Benjamins Abhandlung überhaupt nur verstehen, wenn man nachvollzieht, warum er gerade die naheliegende Feststellung, die Ehe bilde den Sachgehalt von Goethes Roman, zurückweist. Diese Zurückweisung begründet sich ihm zunächst aus einer Erkenntnisschranke der Epoche. Benjamin spricht der Aufklärung, in der aus der empfindsamen Codierung der Liebe und der privatrechtlichen Säkularisierung der Ehe die bürgerliche Familie entspringt, geradezu jede tiefere Einsicht in den Sachgehalt der Ehe ab.

Kants juristische Definition der Ehe (in der *Metaphysik der Sitten*) als eines institutionalisierten lebenslangen »commercium sexuale«, die Benjamin ausführlich zitiert, beschreibe in aller Nüchternheit ein privates Gewaltverhältnis des jederzeitigen Gebrauchs »von eines andern Geschlechtsorganen« (I, 127 f.). Man kann, ohne daß Benjamin dies tut, auch jenen ›skandalösen‹ Beischlaf, den Eduard mit Charlotte vollzieht, als eine derartige Inanspruchnahme ansehen. Und umgekehrt entspricht der Lobpreis der Ehe, der von der Figur Mittlers im Roman gehalten wird, allem andern als einer tieferen Einsicht. Der naive Leser klammert sich freilich an diese Botschaft, um Halt zu finden gegenüber einer Romanwelt, »die wie in Strudeln kreisend versinkt« (129). Der ehemalige Pfarrer mit dem sprechenden Namen arbeitet in unermüdlicher Mediation, um im Landkreis Ehe- und Familienkonflikte zu schlichten. Von der Kultur-Mission der Ehe ist er, der Unverheiratete, zutiefst durchdrungen. Doch immer wenn dieser Schlichter im Roman auftaucht, geschieht ein Unglück. Goethe trug kein Bedenken – um einen Vorfall zu erwähnen –, höchst drastisch zu schildern, wie Mittler bei der Kindstaufe, indem er unentwegt fortpredigte, den alten Geistlichen, der den Täufling hielt, dem Schlagfluß ausliefert und zu Tode bringt.

Man darf also, wie Benjamin nachdrücklich gegen die damalige Goethephilologie betont, Mittlers vernünftige Ehepropaganda nicht als Botschaft des Autors annehmen. Seine Reden seien, »um mit Kant zu sprechen, ein ›ekelhafter Mischmasch‹ [...], ›zusammengestoppelt‹ aus haltlosen humanitären Maximen und trüben, trügerischen Rechtsinstinkten« (130).

Wenn Mittlers Redeschwall von trüben Rechtsinstinkten angetrieben wird, so deutet sich damit schon an, daß der Sachgehalt des Romans ein anderer als der der rechtlichen Beständigkeit der Ehe ist. Benjamin kommentiert diesen Befund weiter: »Doch hat in Wahrheit die Ehe niemals im Recht die Rechtfertigung, das wäre als Institution, sondern einzig als ein Ausdruck für das Bestehen der Liebe, die ihn von Natur im Tode eher suchte als im Leben. Dem Dichter jedoch blieb in diesem Werk die Ausprägung der Rechtsnorm unerläßlich. Wollte er doch nicht, wie Mittler, die Ehe begründen, vielmehr jene Kräfte zeigen, welche im Verfall aus ihr hervorgehn. Dieses aber sind freilich die mythischen Gewalten des Rechts und die Ehe ist in ihnen nur Vollstreckung eines Unterganges, den sie nicht verhängt« (ebd.).

Das Experiment, das Goethe in den *Wahlverwandtschaften* unternimmt, richtet sich also nicht darauf, an einem katastrophalen Fall die unbedingte Notwendigkeit der Unauflöslichkeit der Ehe zu demonstrieren. Es richtet sich vielmehr darauf, das Wirken verborgener Kräfte freizulegen, die den Subjekten selbst in der Vorstellung eines freien Übereinkommens zweier Partner unzugänglich sind. In einem eingefügten Manuskriptblatt spricht Benjamin davon, daß »die alten sakramentalen Kräfte der Ehe, die verfällt, als mythische, natürliche sich zwischen ihnen einzunisten trachten« (I, 838).

Das Mythische als Sachgehalt des Romans besteht also nicht in der Ehe, sondern in den Kräften, die aus ihrem Zerfall freiwerden. Diese Konzeption ist keineswegs nur für das Frühwerk kennzeichnend. Benjamin hat sie auch später verfolgt, z.B. in der Rezension von Oskar Maria Grafs Bolwieser-Roman (III, 309–311). Und in der Passagenarbeit, im Zusammenhang mit Notizen zu Baudelaires Sexualität, heißt es zur lebenslangen Dauer, die mit dem Sakrament der Ehe intendiert ist: »Diese auf lange Sicht gestifteten Wirklichkeiten – das Kind, die Ehe – hätten nicht die geringste Gewähr für ihre Dauer, wenn nicht die destruktivsten Energien des Menschen in ihre Stiftung eingingen, zu deren Solidität sie nicht weniger sondern mehr beitragen als viele andere« (V, 438). Es sind gerade die destruktivsten Kräfte, die dem dauernden Zusammenbleiben ihren Bestand geben und in diesem Bestand produktiv werden.

Zeigt sich das Mythische als »jene Kräfte [...], welche im Verfall aus ihr hervorgehen« (I, 130), so ist damit gesagt, daß ihnen eine vernichtende Gewalt eignet. Diese Auffassung des Mythos ist in der Tat ganz entgegengesetzt zu Vorstellungen vom Mythos als einem phantastischen, bunten Polytheismus der Einbildungskraft, eines anthropomorphistisch-poetischen Reservoirs zumal der griechischen Mythologie. In Anlehnung an Blumenbergs Terminologie kann man sagen, der Akzent liegt auf dem Terror und nicht auf dem Spiel (Blumenberg 1990; 1971).

Drei Momente kennzeichnen den Mythos näher: Zweideutigkeit als Unerkennbarkeit; Schicksal als Verhängnis; eine, wenn man so will, selbstverschuldete Reduktion auf das bloße Leben, dem das Geistige geisterhaft wird und das Kreatürlich-Todverfallene dominiert. Er stellt, wie noch zu erläutern sein wird, einen Schuld- und Verblendungszusammenhang her.

In diesem Sinne bestimmt Benjamin den Mythos als den »Sachgehalt« des Romans, d.h. in ihm liegt eine genaue Erfahrung des Mythischen vor. In welch verschiedenen konkreten Erscheinungsweisen sich dieses Mythische im Roman manifestiert, wird in den weiteren Abschnitten noch zu verfolgen sein.

Hier ist zunächst festzuhalten, daß das, was Benjamin das Mythische nennt, nicht gleichzusetzen ist mit einer weltgeschichtlichen Epoche, etwa der Antike. Es hat allerdings, wie Zur Kritik der Gewalt zeigt, strukturelle Affinität zu jener Epoche, in der erstmals die mythische Gewalt im Recht kodifiziert wurde.

Daraus ergibt sich eine wichtige Präzisierung über das Mythische in den *Wahlverwandtschaften*. Goethe greift hier nicht auf die Vorlage eines antiken Mythos zurück, um ihn modern umzuerzählen, wie dies in der klassizistischen *Iphigenie* geschieht. Das Mythische in den *Wahlverwandtschaften* erweist sich gerade darin, daß der Roman ganz und gar in der Gegenwart spielt. Als Gegenwartsroman, und nicht als Auseinandersetzung mit dem Nachleben der Antike (wie *Faust II*) sind *Die Wahlverwandtschaften* angelegt. Zunächst mißverständlich erscheint insofern Benjamins Formulierung »ein mythisches Schattenspiel in Kostümen des Goetheschen Zeitalters« (I, 140f.). Die Figuren des Romans stehen nicht auf Kothurnen. Sie bewegen sich frei, von geschichtlichen Ansprüchen unbelastet, in der gegebenen Welt, auch wenn dies nur die kleine abgeschlossene Welt eines adligen Landgutes ist.

Aber gerade jene Ungezwungenheit und Freiheit verleiht dem Roman die Schwüle und Dumpfheit, die den aufmerksamen Leser verstört. Auf acht konzentrierten Seiten (I, 131–139) skizziert Benjamin, wie dieses scheinbar ganz am kulturell Behaglichen ausgerichtete Leben in der Darstellung des Romans als Schattenspiel einer Hades-Welt erscheint.

Die Protagonisten der Handlung wissen davon nichts. »Ihre Träger sind, als gebildete Menschen, fast frei von Aberglauben. [...] Ohne Bedenken, ja ohne Rücksicht werden die Grabsteine an der Kirchenmauer aufgereiht« (131f.). Als Landedelleute haben sie keine materiellen Sorgen und können sich, als Gebildete, ganz dem kultivierten Leben widmen (Gespräche, Lektüre, Musik, gesellige Veranstaltungen, Gäste, Umgestaltung der Landschaft, Bau der Mooshütte, Propfen der Bäume, Vermessung des Besitzes, Umgestaltung der Kapelle usw.). Dieses behagliche Tun ist indes immer schon von einem Riß deformiert: der Fleck, den Charlotte macht; der Deich, der einreißt; die Disharmonie im Musikspiel von Eduard und Ottilie usw. Von derartigen Störungen lassen sich die Figuren des Romans kaum irritieren; sie scheinen sich jeder Psychopathologie enthoben zu wissen.

Aber im Fortgang der Handlung zeichnet sich immer deutlicher ab, daß diese freien Lebensformen wie unter dem unheimlichen Zwange »einer verborgenen Macht« (I, 133) stehen. »Die Menschen selber müssen die Naturgewalt bekunden. Denn sie sind ihr nirgends entwachsen. [...] Weit entfernt, neue Einsichten zu erschließen, macht sie [die Freiheit, d. Verf.] sie blind gegen dasjenige, was Wirkliches dem Gefürchteten innewohnt« (ebd.). Mit eindringlichen Verweisen wird die Welt des Romans als eine Unterwelt der Toten beschrieben. Die Landschaft erscheint an keiner Stelle im Sonnenlicht (132; 135). Das Wasser, das zu einem Lustsee umgebettet wird, zeigt nicht allein beim Tod des Kindes seine »vorweltliche« Gewalt (133). Nicht nur Eduard heftet sein Schicksal an glückliche Zeichen, die sich bald als böse Omina erweisen, wie beim Bauopfer (136; 134). Derart stößt die Analyse durchgängig auf »Todessymbole« (137; 139). Kurzum: diese Gebildeten sind auf die Stufe »bloßen Lebens« gesunken, auf der ihr natürliches sich verschuldet und das »Leben scheinbar toter Dinge Macht« über sie gewinnt (ebd.).

Zu dieser trügerischen Aufgeklärtheit gehört auch, daß Goethe den Romanfiguren sozusagen ihr eigenes Schicksal in die Hand gibt, indem er sie das paradoxe chemische Gleichnis, das ihn zum Roman inspirierte, selbst in geselliger Unterhaltung durchspielen läßt. Taktvoll und schicklich umgehen sie dabei die einzige Version, die dann wirklich wird. Und in abgründiger Ironie konfrontiert Goethe sie jenem Wechselbalg mit Ottiliens Augen und des Hauptmanns Gesicht als der monströsen Verkörperung der dämonischen, aus der Zerrüttung der Ehe hervorgehenden Gewalten.

»Schicksal ist der Schuldzusammenhang von Lebendigem« (138). Mit diesem Satz ist nicht gemeint, daß alles Lebendige unter einem unauflöslichen Bann steht, sondern daß es unter jedem Fortschritt, als den das Aufklärungsdenken die geschichtliche Emanzipation der Menschengattung zu bestimmen sucht, vom Rückfall in »bloßes Leben« bedroht ist. So jedenfalls haben Adorno und Horkheimer in der *Dialektik der Aufklärung* (Horkheimer/Adorno 1988) die aufklärungskritischen Impulse von Goethes Wahlverwandtschaften aufgenommen und Benjamins theologische Konstruktion des Schuldzusammenhangs, dem das bloße Leben verfällt, als Wiederkehr mythischer Gewalt in der naturbeherrschenden Vernunft der Neuzeit übersetzt (Lindner 1981).

Vom historischen Schematismus der *Dialektik der Aufklärung* – schon der Mythos ist Aufklärung und Aufklärung schlägt in Mythologie zurück – muß man Benjamins Vorgehensweise allerdings deutlich abheben. In der Wahlverwandtschaftenarbeit geht es, wie später im Surrealismusaufsatz oder in der Passagenarbeit, nicht nur um den Rückfall der aufgeklärten Zivilisation in Barbarei, sondern auch um die neuen ›archaischen Bilder‹, die in der Gegenwart der bürgerlichen Gesellschaft hervorgebracht werden.

Die »ursprüngliche Erkenntnis«

Benjamin nennt seine Auffassung von den mythischen Gewalten als dem Sachgehalt des Romans selbst »eine [...] befremdende Auffassung« (I, 141). Sie mußte befremden, weil sie dem zu seiner Zeit überlieferten Goethe-Bild widerspricht. Denn sie richtet sich nicht auf einzelne mythologische Versatzstücke im Roman, sondern besteht in der illusionslosen Einsicht in »das unentrinnbar Grauenvolle des Vollzugs« (130), das durch die sachlich distanzierte Haltung des Erzählers verstärkt wird. Was heutige kulturwissenschaftliche Interpreten der *Wahlverwandtschaften*, die sich die Mühe der Benjaminlektüre ersparen, als neue Einsicht in die Modernität des Romans sich anrechnen (u.a. Greve 1999), ist hier bereits in aller Schärfe erkannt.

Wie eng theoretische Konstruktion und Zeitpunkt der Erkenntnis in seiner Abhandlung miteinander verknüpft sind, hebt Benjamin nachdrücklich hervor. Er konstatiert, »daß der mythische Gehalt des Werkes den Zeitgenossen Goethes nicht der Einsicht, aber dem Gefühl nach gegenwärtig war. Dem ist heute anders, da die hundertjährige Tradition ihr Werk vollzogen und die Möglichkeit ursprünglicher Erkenntnis fast verschüttet hat« (I, 143).

Benjamin positioniert sich, und das macht in der Tat den autoritären theoretischen Anspruch seiner Abhandlung aus, als jemand, der zum erstenmal die »Möglichkeit der ursprünglichen Erkenntnis« realisiert. Solch ein Anspruch mag in einem Wissenschaftsbetrieb, der die Vieldeutigkeit des Werks und den Pluralismus der Interpretationen favorisiert, dogmatisch erscheinen. Aber, genauer betrachtet, geht Benjamin hier vielmehr methodisch korrekt vor, indem er die eigenen Voraussetzungen aufdeckt und damit dem Leser anheimstellt, ob er ihnen zu folgen bereit ist.

Wirkungsgeschichtlich gilt es gerade, an die Spuren anzuknüpfen, die zeitgenössischen Zeugnissen, die ganz direkt den Roman als Gegenwartsroman wahrgenommen haben, zu entnehmen sind.

Auf wenigen Seiten umreißt Benjamin mit kunstvoll einmontierten Zitaten ein Bild der zeitgenössischen Rezeption. Zu seiner Methode sagt er: »Wichtig sind die ausgeprägten Sätze, wie sie unterm Namen einzelner hervorragender Berichterstatter erhalten sind« (I, 141). Derartige ausgeprägte Sätze – so, wenn Wieland von einem »wirklich schauerlichen Werk« spricht oder Mme. de Staël beklommen notiert, daß das Leben hier als eine ganz indifferente Sache behandelt werde, wenn Jacobi sich über die »Himmelfahrt der bösen Lust« entsetzt oder Zacharias Werner ein exzentrisches Sonett über den Roman an Goethe schickt – ergeben ein eindrucksvolles Mosaik, das auch vor der späteren Rezeptionsforschung (Härtl 1983) Bestand hat. Der Rekurs auf die zeitgenössische Rezeption ist gegen das Unheilvolle späterer Würdigung gerichtet (I, 1242).

Kritik Gundolfs. Goethes mythische Angst

Aus der durchaus beträchtlichen Goethe-Literatur seiner Zeit sucht sich Benjamin einen ›Gegner‹ heraus, der ebenfalls mit dem Anspruch auf ›ursprüngliche Erkenntnis‹ angetreten war: Gundolfs monumentales Buch *Goethe* (1916), eine dessen Leben und seine Werke deutende Gesamtdarstellung, die ihn als größte mythische Gestalt des deutschen Geistes feiert.

Warum nimmt die Kritik von Gundolfs damals vielgelesenen und als geistesgeschichtliche Überwindung der alten philologischen Germanistik gepriesenen Goethe-Buch einen beträchtlichen Raum in der Abhandlung ein (I, 158–164)? Schon früher und noch ohne Bezug zu den »Wahlverwandtschaften« hatte Benjamin das Buch einer vernichtenden Kritik unterzogen (Bemerkung über Gundolf: Goethe, I, 826–828. Vgl. zu Gundolf auch die Rezension des Gryphiusbuchs von 1928, III, 86–88).

Keineswegs ist die Gundolf-Kritik als verdeckte Abrechnung mit George zu verstehen. Dagegen spricht allein schon der Umstand, daß zweimal, an äußerst prominenter Stelle (I, 172; 201) Stefan George zitiert wird, sondern auch, daß Benjamin über die Beziehung zwischen dem Dichter und Gundolf kein Wort verliert.

Was Benjamin in erster Linie abstößt, ist Gundolfs verquaste Sprache, die den Gestus des hohen Ernsts und tiefsinnigen Eindringens usurpiert (vgl. auch I, 828). Ohne sich der Lektüre von Gundolfs monströsem Wälzer auszusetzen, wenigstens die ersten dreißig Seiten der Einleitung einmal Wort für Wort zu lesen, wird man heute freilich Benjamins erbitterte Polemik, die nichts Geringeres als die Exekution des Autors im Sinn hat, kaum verstehen. Formulierungen wie »Denkart einer Knallbonboneinlage« oder »wo sich die Worte als plappernde Affen von Bombast zu Bombast schwingen« (I, 163) müßten sonst als gehässige Entgleisungen erscheinen.

Das zweite, was Benjamin zurückweist, ist Gundolfs Auffassung vom Dichter als einem Heros, in dem die Erlebnisse, die Kämpfe und das Werkschaffen zu einer Gestalt zusammenfallen. Gundolf monumentalisiert so das »gedankenloseste Dogma des Goethekults, das blasseste Bekenntnis der Adepten: daß unter allen Goetheschen Werken das größte sein Leben sei [...].« (160).

Damit ist bereits der dritte Aspekt berührt, der allerdings Benjamins Abhandlung ganz direkt betrifft. Für Gundolf hat ganz fraglos Goethes Leben und Schaffen mythische Größe und Geltung. Daß das »Verhältnis von Mythos und Wahrheit« eines der »gegenseitigen Ausschließung« (162) darstellen könnte, ist bei ihm nicht vorgesehen. Insofern kann Benjamin Gundolfs Buch nicht als Bestätigung seiner Ausgangsthese vom Mythischen als Sachgehalt der *Wahlverwandtschaften* gebrauchen. Und schon gar nicht für die Fluchtlinie seiner Kritik, die Alterswerke Goethes seien einem Aufbegehren gegen die Unterwerfung unter mythische Zwangsverhältnisse entsprungen.

Der heutige Leser der Benjaminschen Abhandlung, zumal in Unkenntnis des Gundolfschen Buchs, kann aus der Gundolfkritik leicht den falschen Eindruck gewinnen, kritisiert werde vor allem dessen Vermengung von Werk und Leben. Das wäre ein grobes Mißverständnis. Dies liegt zwar ganz auf der Linie heutiger Literaturwissenschaft, die meint, nur noch mit Texten zu tun zu haben. Aber Benjamins Sache ist das nicht. Im Gegenteil: Ein sehr beträchtlicher Teil seiner Argumentation vollzieht sich über Daten und Zeugnisse aus Goethes Leben. Ohne diesen Bezug würde sie an Überzeugungskraft erheblich einbüßen.

Was Benjamin an Gundolf kritisiert, ist nicht die Heranziehung biographischer Zeugnisse, sondern die übergangslose Vermischung von Leben und Werk, die bereits sich in den Kapitelüberschriften spiegelt. Für sich selbst nimmt er indes eine wechselseitige Erhellung von Leben und Werk in Anspruch, sofern die Prämisse von der »Unergründlichkeit des Ursprungs jedes Werks« gewahrt bleibt (156). Insofern ist es kein Widerspruch, wenn Benjamin parallel zum Verfahren von Kommentar und Kritik und unabhängig von diesem, auf biographische Zeugnisse zurückgreift.

Das Bild, das Benjamin damit von Goethe entwirft, widerspricht nicht nur vollständig dem etablierten Goethe-Kult; es konterkariert auch das Bild, das Goethe von sich überliefert wissen wollte. Entsprechend bemerkt Benjamin über die Romanfiguren, ihre »Lebenskunst Goethescher Schule macht die Schwüle nur dumpfer« (185). Im Aufbau der Abhandlung bildet die ausführlich instrumentierte Darlegung über den Zusammenhang von Naturidolatrie, symbolischer Bedeutsamkeit und mythischer Angst, die Goethes ›Lebenskunst‹ ins Dunkle und Abgründige rückten, den Schluß des ersten Teils (147–154). Benjamin hat diesen Teil seiner Abhandlung übrigens im Exil in französischer Übersetzung nochmals publiziert unter dem Titel L'angoisse mythique chez Goethe (Cahiers du Sud 1937, 342–348).

Es kann hier nur knapp auf die Quellen verwiesen werden, die Benjamin sehr präzise aus dem Alterswerk Goethes heranzieht: die von Goethe für die Ausgabe letzter Hand unter dem Titel *Gott und Welt* zusammengestellten Gedichte, weiter das Vorwort zur *Farbenlehre* und schließlich jenes von Goethe spät publizierte Sturm und Drang-Fragment *Die Natur*, eine wichtige Passage über das Dämonische aus *Dichtung und Wahrheit*, die *Tag- und Jahrshefte*, die Herausgabe des Briefwechsels mit Schiller. Und es ist kein Zufall, daß es hier gerade die ältere Germanistik ist, nämlich Gervinus' Schrift *Über den Göthischen Briefwechsel* von 1836, die als kritisches Zeugnis für Goethes Kult der symbolischen Aufladung noch des Marginalsten dient.

Das ungehemmte »Chaos der Symbole« (I, 154) ist der vergebliche Versuch, den Begriff der All-Natur, der ins Monströse wächst, zu bannen. Als halbes Eingeständnis liest Benjamin Goethes Beschreibung der der Natur innewohnenden dämonischen Zweideutigkeit, die mit Satz endet: »Ich suchte mich vor dem furchtbaren Wesen zu retten« (150). Und er zeigt auf, wie hinter dem, was Goethe als erfolgreiche Bewältigung und Rettung behauptete, sich ein ungeheueres Angstpotential verbirgt, das in der Erfahrung des Mythischen liegt. Am unverstelltesten liegt es in den vielen Zeugnissen über Goethes zwangsneurotische Abwehr gegen alles mit Tod und Begräbnis Zusammenhängende zutage. »Die Angst vorm Tod, die jede andere einschließt, ist die lauteste. Denn er bedroht die gestaltlose Panarchie des natürlichen Lebens am meisten, die den Bannkreis des Mythos bildet« (151).

Diese Charakteristik ist eine vollkommen andere als jene blendende Aura, die Gundolf um Goethes Gestalt zieht. Und es ist keine Übertreibung, wenn Benjamin über seine eigene Abhandlung sagt, daß sie »schreckhaft deutlich die Gewalt uralter Mächte im Leben dieses Mannes zeigt, der doch nicht ohne sie zum größten Dichter seines Volks geworden ist« (ebd.).

Die Formel vom »größten Dichter« soll das schreckhafte Bild nicht relativieren. Im Gegenteil. Erst von ihm aus ist die Leistung zu ermessen, die Benjamin dem Alterswerk zuspricht. Darauf kommt er im zweiten Teil der Abhandlung, als Abschluß der Gundolf-Kritik, grundsätzlich zurück (164–167). *Die Wahlverwandtschaften* bilden in Goethes Werk »eine Wende«. Mit diesem Roman setzt das Alterswerk ein, in dem Goethe »den ständig mächtiger in seinem spätern Werk entfalteten Protest gegen jene Welt einlegte, mit der sein Mannesalter den Pakt geschlossen hatte« (165). Diese Aufwertung des Spätwerks vertritt Benjamin auch später immer wieder. Dabei unterstellt sie quasi psychoanalytisch, daß der alte Goethe die destruktiven Dimensionen dieses Protests vor sich selbst verborgen halten mußte.

Damit ist ein Doppeltes gesagt: mit dem Regiment, unter das Goethe das letzte Vierteljahrhundert seines Lebens stellte, legt er sich Strategien der Selbstverhüllung auf und eröffnet sich zugleich einen eigenen Zugang zur Kunstkrise der Moderne (166), der ihn der Romantik als überlegen zeigt.

Exkurs: Goethe im Gesamtwerk

Aus zwei Gründen soll hier in die Erörterung der Wahlverwandtschaftenarbeit ein Exkurs zu Goethe in Benjamins Gesamtwerk eingeschaltet werden. Zum einen muß dem möglichen Mißverständnis bei der Rezeption von Benjamins Abhandlung vorgebeugt werden, mit der Darstellung der mythischen Angst sei Benjamins Goethe-Bild vollständig umrissen. Zum andern eröffnen die weiteren Goethe-Bezüge im Gesamtwerk weitere Einsichten in die Wahlverwandtschaftenabhandlung, die ihrem Verständnis sehr förderlich sind.

Die Beschäftigung mit Goethes Werk durchzieht, wie mit sonst keinem anderen Autor, Benjamins gesamtes Schaffen. Allerdings erschließt sich dies aus den *Gesammelten Schriften* nicht sofort, da es sich um verstreute Einzeltexte zu Goethe, um Goethe-Referenzen in anderen Texten oder auch um Arbeitsprojekte, die nicht realisiert wurden, handelt.

Die Goethe-Zitate und -Verweise sind so zahlreich, daß sie unmöglich in referierender Form hier angeführt werden können. Sie reichen von wiederholten Bezugnahmen auf die »Selige Sehnsucht« oder auf den Helena-Akt aus *Faust II* oder die Lehre vom Urphänomen bis zu exponierten Goethe-Mottos wie z. B. zu Beginn des Trauerspielbuchs (I, 207). In den verschiedensten Zusammenhängen kommt Benjamin auf Goethes Satz zurück, daß ein Werk, das eine große Wirkung gehabt habe, eigentlich gar nicht mehr beurteilt werden könne (z. B. II, 1326). Auch an ganz unerwarteten Stellen finden sich überraschende Verweise auf Goethe. So vermerkt Benjamin z. B. in den ersten Aufzeichnungen zum Passagenwerk im Zuge einer Notiz über Wetter und Langeweile, es sei heranzuziehen, »wie Goethe das Wetter [...] zu durchleuchten wußte« (V, 1017).

Darüber hinaus gibt es eine Reihe von kleineren Texten, die explizit Goethe und der Goetheliteratur gewidmet sind. Dies muß hier nicht in aller Ausführlichkeit dargelegt werden, weil es inzwischen mehrere Aufsätze gibt (Lacoste 1996; Simonis 2000; Steiner 2002), die diesem Komplex mit unterschiedlichen Akzenten genauer nachgegangen sind.

Derartige Rekonstruktionen können natürlich nicht den großen Verlust ersetzen, als den man das Scheitern des geplanten großen Goethe-Buchs ansehen muß. Benjamin hatte dieses Projekt, von dem er sich eine finanzielle Sicherstellung erhoffte, 1931 (auch im Blick auf das Goethe-Jahrhundertjubiläum 1932) Anton Kippenberg vom Insel-Verlag angeboten. Daß der Auftrag nicht zustande kam, erfüllte ihn mit großer Bitternis, um so mehr als vorher schon eine Buchpublikation der Wahlverwandtschaftenarbeit bei Rowohlt nicht zustande gekommen war. Ein Exposé zu dem Goethebuch gibt es nicht. Zu den ungeschrieben gebliebenen Teilen des Buchs gehörte auch eine Arbeit über Goethes *Die Neue Melusine*, die Benjamin zunächst gleich im Anschluß an die Wahlverwandtschaftenarbeit plante und auf die er auch später brieflich zurückkommt, zuletzt 1940 gegenüber Gretel Adorno (6, 385 f.).

Anstelle des ungeschriebenen Buchs muß man sich mit einer Reihe von Rezensionen zufrieden geben, in denen Benjamin Goethe-Literatur und Goethe-Editionen bespricht. Die erste erscheint 1928 in der *Literarischen Welt* zu Wohlbolds Edition der Farbenlehre (III, 148–151 ff.; 1928). In der Goethe-Sondernummer der *Frankfurter Zeitung* von 1932 erscheint die instruktive, kommentierte Bibliographie Hundert Jahre Schrifttum um Goethe (III, 326–340), in der Benjamin auch vergessene, von ihm sehr geschätzte Bücher erwähnt, wie die Arbeiten von Klages, von Lewy und von Gervinus, und im Anschluß daran die wichtige Sammelrezension Faust im Musterkoffer (340–346). Im gleichen Jahr in der *Literarischen Welt* und noch 1934 in der *Frankfurter Zeitung* (unter dem Pseudonym Detlef Holz) werden weitere Goethebücher besprochen (352–354; 418–425). Von ganz eigenem Gewicht sind schließlich die beiden Kommerell-Rezensionen (Wider ein Meisterwerk III, 252–259; Der eingetunkte Zauberstab III, 409–417), ohne daß auf die Goethebezüge hier näher eingegangen werden kann.

Wie nahe Benjamin die Gestalt zumal des greisen Goethe steht und wie tief ihn der genius loci des Goethehauses in Weimar berührte, zeigen zwei andere Texte, deren Bedeutung kaum zu überschätzen ist. Es handelt sich zum einen um den Text »Nr. 113« aus der Einbahnstrasse, in dem zwei Goethe-Träume erzählt werden (auch bei Ježower 1985, 271) und zum anderen das dreiteilige Denkbild »Weimar« (IV, 353–355). (vgl. Weissberg 2003; Garber 2005, 160 ff.).

Beide Texte, so verschieden sie sind, greifen an einer Stelle auf eigenartige Weise ineinander, indem sie beide von Goethes Arbeitszimmer handeln. Die reale Kargheit des Goethehauses läßt in der Beschreibung das Bild entstehen, wie im Kerzenlicht »der alte Mann abends im Schlafrock, die Arme auf ein mißfarbenes Kissen gebreitet«, saß und studierte. »Dies Arbeitszimmer war die cella des kleines Baus, den Goethe zwei Dingen ganz ausschließlich bestimmt hatte: dem Schlaf und der Arbeit. [...] Und schlief er, so wartete daneben sein Werk, um ihn allnächtlich von den Toten loszubitten« (IV, 354 f.). Über diese Schilderung legt sich dann der Traum am gleichen Ort, wo der Träumende Gedecke, für seine Verwandtschaft und seine Ahnen aufgetragen, sieht. Aber die Personen sind nicht vorhanden. Von ihnen ist weiter nicht die Rede. Dem Wortlaut nach nehmen nur Goethe und Benjamin das Mahl ein. Das Ganze erinnert an ein Ritual, an die Wiederkehr eines Gespenstes, das danach wieder ins Jenseits zurück muß. Alles vollzieht sich stumm, bis der Träumende vor Ergriffenheit zu weinen beginnt (IV, 87).

»Goethe. Goethes Politik und Naturanschauung«

In der Benjaminrezeption ist Benjamins Handbuchartikel über Goethe, den er für die Große Sowjet-Enzyklopädie verfaßte, durchaus beachtet, aber in der Radikalität seines Zugriffs denn doch nicht wahrgenommen worden. Zu sehr blieb der Eindruck bestehen, Benjamin habe sich hier gewaltsame Kompromisse gegenüber dem marxistischen Auftrag auferlegt. Davon kann nicht die Rede sein. Und wenn er an einer Stelle Christiane Vulpius ein »Proletariermädchen, Arbeiterin in einer Blumenfabrik« nennt, so soll das eher den Abstand zur Weimarer Hofgesellschaft unterstreichen »und nicht als Zeugnis besonders freier sozialer Anschauungen des Dichters« gelten (II, 722).

Scholem gegenüber nennt Benjamin es eine »göttliche Frechheit«, den Auftrag, den Artikel über Goethe zu verfassen, angenommen zu haben. Weder könne er die Erwartung, dies »vom Standpunkt der marxistischen Doktrin« aus zu tun, erfüllen, noch gäbe es überhaupt eine marxistische Literaturgeschichtsschreibung (3, 133; 161 f.). Später heißt es, wiederum an Scholem, er habe sich die für die Wahlverwandtschaftenarbeit herangezogene Goetheliteratur wieder vorgenommen, um daraus »eine flache Schale von prima mittelgutem Opferwein, vor Lenins Mausoleum zu verschütten, zu destillieren« (3, 393).

Wie sich am Ende herausstellt, befand sich Benjamin über die Erwartungen der Redaktion in ziemlicher Unkenntnis. Von seinem Manuskript erschien 1929 in der Sowjet-Enzyklopädie nur eine völlig entstellte, konventionell sozialgeschichtliche Version (vgl. II, 1472 ff.), die hier außer Betracht bleiben kann. Die *Gesammelten Schriften* edieren das vollständige deutsche Typoskript (II, 705–739).

Gewiß kann vom Enzyklopädieartikel aus das Konzept des ungeschrieben gebliebenen Goethebuchs nicht erschlossen werden. Doch enthält er grundsätzliche, geradezu provozierende Einsichten, die dort Eingang gefunden hätten. Der Text war Benjamin so wichtig, daß er ihn vorher in Auszügen in der *Litera-*

rischen Welt (Dezember 1928) unter dem Titel Goethes Politik und Naturanschauung publizierte, mit den Zwischentiteln »Goethes naturwissenschaftliche Studien« und »Goethe und Napoléon«. Im Vorspann heißt es auf Benjamins Wunsch hin ausdrücklich, daß der Mitarbeiter Walter Benjamin »vom russischen Staate den Auftrag bekommen« habe den Goethe-Artikel für die neue Sowjetrussische Enzyklopädie zu verfassen (II, 1475).

Daß die Redakteure der Sowjetenzyklopädie mit dem Manuskript wenig anfangen konnten, muß nicht gleich ihrer Stupidität zugerechnet werden. So elegant sich Benjamins Text liest und so erstaunlich viel Sachgehalt er auf engem Raum zusammenbringt, so besteht er in seiner Substanz doch in einer Folge von Abbreviaturen, die mehr zu denken geben als das Gedachte entfalten. (Der Teilabdruck in der *Literarischen Welt* verschärft dieses Abbreviative noch mehr). In einer politischen Perspektive – und nicht in irgendwelchen Basis-Überbau-Theoremen – schlägt sich der ›marxistische‹ Anspruch Benjamins nieder.

Ausgangspunkt ist, daß das zeitgenössische deutsche Bürgertum von Goethe nichts begriffen hat. Indem er seit dem Kaiserreich als Kultfigur gefeiert wird, bleibt ganz unbegriffen, warum Goethe sein »ganzes Schaffen [...] voller Vorbehalte gegen diese Klasse« geblieben sei. »Und wenn er eine hohe Dichtung in sie stiftete, so tat er es mit abgewendetem Antlitz« (II, 739). Aber mit solcher Feststellung wird gar nicht erst der Versuch gemacht, ›das Proletariat‹ als Erben Goethes zu reklamieren. Goethes Werk bleibt ein politisches Strandgut (Lindner 1998).

Deutlicher als im Wahlverwandtschaftenaufsatz rückt Benjamin die pathologischen Züge von Goethes Existenz, die er mehrfach herausstellt, in einen übergreifenden Kontext.

Im bewußten Gegensatz zum Goethekult vom Deutschen Goethe wird Goethe als europäische Gestalt herausgearbeitet. Es heißt: »Der Lebensraum dieser Universalität ward ihm mehr und mehr Europa und zwar im Gegensatz zu Deutschland« (II, 731; auch vorher schon mit Verweis auf die 2. Italienische Reise). Und direkt auf die *Wahlverwandtschaften* bezogen wird gesagt: »Während Goethe an diesem Roman schrieb, gewann er zum ersten Male sichere Fühlung mit dem europäischen Adel [...]. Diesem Publikum, der schlesisch-polnischen Aristokratie, Lords, Emigranten, preußischen Generälen, die sich in den böhmischen Bädern zumal um die Kaiserin von Österreich fanden sind die ›Wahlverwandtschaften‹ zugedacht« (731 f.). Anders als im Weimar-Traum entsteht hier das Bild eines europäischen Autors, der die Produktion der letzten 30 Jahre seines Weimarer Lebens mit »einem ganzen Stab von Helfern und Sekretären«, ja einem »Literatur- und Pressbüro mit seinen Assistenten von Eckermann, Riemer, Soret, Müller bis hinab zu den Schreibern Kräuter und John« organisiert (729). Goethe betreibt gewissermaßen die »Ausbildung seines Hauswesens zu einem europäischen Kulturinstitut« (722).

Es ist aufschlußreich, wenn Benjamin hier Goethe als einen unmittelbaren Nachfolger Voltaires sieht, in dem zum erstenmal ein bürgerlicher »Literat« sich »europäische Autorität« vor den Fürstenhöfen errungen hatte (723). Schwerer nachvollziehbar ist die andere Parallele, die er zieht: die zu Napoléon. Ermöglicht wird sie durch die Analogie, die man zwischen Goethes Wandlung vom Haupt der Sturm und Drang-Bewegung zum geadelten Weimarer Minister und der Napoléonischen vom Revolutionsgeneral zum Kaiser finden kann.

Daß Benjamins Vergleich noch tiefer reicht, kann man Blumenbergs *Die Arbeit am Mythos* entnehmen, in dessen viertem Teil dargelegt wird, wie sehr die prometheische Figur Napoléons für Goethe zum Gegenstand einer Selbstvergleichung geworden ist. Die berühmte Formulierung über das Dämonische der Natur – »Ich suchte mich vor diesem furchtbaren Wesen zu retten.« –, die Benjamin in seiner Wahlverwandtschaftenabhandlung zweimal zitiert, wird von ihm zum Ausgangspunkt des Goethekapitels gemacht (Blumenberg 1990, 437).

Für Goethes Wahlverwandtschaften von direkter Bedeutung sind Benjamins Ausführungen über das Verhältnis von Naturforschung und Dichtung. Er stellt nicht nur heraus, daß das Naturstudium Goethe lebenslang ein Asyl bot, um den politischen Erschütterungen seiner Zeit wie bei der *Kampagne in Frankreich* zu entkommen. Er macht darüber hinaus deutlich, daß es die Naturforschung Goethe ermöglichte, dem ästhetischen Versöhnungsparadigma des deutschen Idealismus kritisch sich gegenüberzustellen.

»Goethes naturwissenschaftliche Studien stehen im Zusammenhang seines Schrifttums an der Stelle, die bei geringeren Künstlern oft die Ästhetik einnimmt. Man kann gerade diese Seite des Goetheschen Schaffens nur verstehen, wenn man sich vergegenwärtigt, daß er zum Unterschiede von fast allen Intellektuellen dieser Epochen nie seinen Frieden mit dem ›schönen Schein‹ gemacht hat« (II, 719).

Was ist damit gemeint? Nicht nur, daß Goethe anders zum Ästhetischen steht als Schiller, weshalb Benjamin sehr genau das Bündnis der beiden Klassiker als diplomatischen »Waffenstillstand« analysiert. Es heißt vor allem auch, daß der Schöne Schein – »jenes spezifisch deutsche[n] Gedankenreich[s] des ›Schönen

Scheins‹« (728) – ihn zutiefst beunruhigte. Deshalb rückt, wie noch zu zeigen sein wird, Goethes Erfahrung des Scheins ins Zentrum von Benjamins Kritik der *Wahlverwandtschaften*.

Mit diesem Roman beginnt das Spätwerk, das Benjamin in einer Rezension als Dichtungen charakterisiert, »in denen Goethe dem Lauf seiner Phantasie willentlich Dämme und Stauwerke härtester Realien in den Weg setzte« (III, 341). Ausführlich stellt der Enzyklopädieartikel dar, wie auseinandergebreitet dieses Spätwerk ist, in dem der transeuropäische Orient des *West-östlichen Divans* neben den frühsozialistischen Blicken auf Amerika in den *Wanderjahren* steht. Den Höhepunkt bildet indes die Vollendung des *Faust*, von dem aus erkennbar wird, wie eng der Ertrag von Goethes politischem Denken wie dichterischen Schaffen mit dem »europäischen Barock« (II, 737) verknüpft ist.

Erst hier wird einsichtig, warum Benjamin anfangs behauptet hatte: »Goethe und Napoléon schwebte ein Gleiches vor Augen: die soziale Emanzipierung der Bourgeoisie unter der politischen Form der Despotie« (726). Ob Goethe auf Napoléon setzte, wird man schwerlich ermitteln können, jedenfalls waren ihm die ›nationalen Befreiungskriege‹ zutiefst zuwider. Ebensowenig aber setzte er – und das ist das Entscheidende – in den späten Jahren noch ein Vertrauen auf das Bündnis von Bildungsbürgertum und aufgeklärtem Adel. So sehr er den Neo-Katholizismus der Romantiker verachtete, so sehr wurde ihm der Katholizismus der absolutistischen Gegenreformation zur politischen Vision. »Goethe blickte zu tief, um bei seinem utopischen Regreß auf den Absolutismus beim protestantischen Fürstentum des achtzehnten Jahrhunderts sich beruhigen zu können« (737). Der engstirnige Protestantismus des in Versailles gegründeten preußisch-deutschen Kaiserreichs hat diese Befürchtungen bestätigt.

Vom Fortschritt des nationalstaatlich-marktliberalen Bürgertums ist nichts zu erwarten, außer Beschleunigung und Herrschaft des Durchschnittlichen. Benjamin zitiert hierzu den Brief des alten Goethe an Zelter (1825; II, 737 f.), der auch in der Anthologie Vom Weltbürger zum Grossbürger (1932; IV, 859) abgedruckt ist.

Doch behält bei ihm Goethes Resignation nicht das letzte Wort. Er nimmt vielmehr an, daß Goethes »politischer Nihilismus zu weit ging als daß er mehr als andeutungsweise von ihm zu reden gewagt hätte« (II, 716; 712). Dieser politische Nihilismus Goethes ist Benjamin wichtig. Noch im letzten Text, den er geschrieben hat, findet sich ein verborgener Bezug darauf, der bislang nicht bemerkt wurde. In den Thesen Über den Begriff der Geschichte heißt es: »Die Gegenstände, die die Klosterregel den Brüdern zur Meditation anwies, hatten die Aufgabe, sie der Welt und ihrem Treiben abtrünnig zu machen. Der Gedankengang, den wir hier verfolgen, ist aus einer ähnlichen Bestimmung hervorgegangen. Er beabsichtigt in einem Augenblick, da die Politiker, auf die die Gegner des Faschismus gehofft hatten, am Boden liegen und ihre Niederlage mit dem Verrat an der eigenen Sache bekräftigen, das politische Weltkind aus den Netzen zu lösen, mit denen sie es umgarnt hatten« (I, 698).

Man muß es für ausgeschlossen erachten, daß der Goetheleser Benjamin den Ausdruck »Weltkind« nicht mit Anspielung auf die berühmte Stelle aus *Dichtung und Wahrheit* verwendet, in der sich Goethe als jungen Dichter in einer Koblenzer Kneipe zwischen Lavater und Basedow sitzend – »Prophete rechts, Prophete links,/ das Weltkind in der Mitten« – porträtiert (Goethe 1986, 676). Während der erste einen Geistlichen über die Geheimnisse der Offenbarung Johannis belehrt, bemüht sich der andere, einem verstockten Tanzmeister zu beweisen, daß die Taufe ein überholtes Ritual sei.

So wie sich Goethe aus derartigen theologischen Verstrickungen befreit weiß, ist auch das politische Weltkind aus den ideologischen Fronten der antifaschistischen Politiker herauszulösen. Wahre Politik heißt Annihilierung der etablierten Politik. Ihr gegenüber bezeichnet das politische Weltkind jene leere Stelle des profanen Glückssuchens der Menschheit (vgl. I, 203 f.), das die ideologischen Prediger abschüttelt (vgl. III, 255).

Die »Technik des Romans«

Bereits Goethes ungewöhnliches Vorgehen, dem Roman vor seinem Erscheinen eine anonyme, aber erkennbar von ihm stammende Voranzeige in Cottas *Morgenblatt* vorauszuschicken, deutet auf eine publizistische Strategie, die »apologetisch und mystifizierend« (I, 143) verfährt. Sie soll durch schwer durchschaubare Andeutungen das Interesse an der Neuerscheinung wecken und der befürchteten moralischen Verurteilung des Romans durch Abschwächung seiner skandalösen Züge entgegenwirken. Nicht anders ist Goethe nach dem Erscheinen verfahren. Hierüber ist im Abschnitt ›Ursprüngliche Erkenntnis‹ Näheres gesagt.

Unabhängig aber von dieser publizistischen Strategie bildet die »Technik des Romans« (145) für Benjamin eine Kategorie, die das interne Verhältnis des Autors zum Werk betrifft. Dieses Verhältnis stellt sich in dem Paradox dar, daß Goethe sich selbst gegenüber nicht eingestehen wollte, daß der Roman durchaus kalkuliert produziert wurde. Deshalb »hat der Dichter offenbar ganz vorsätzlich alles dasjenige zerstört, was die durchaus konstruktive Technik des Werks gezeigt hätte« (146). Er beanspruchte, »sein Kunstgeheimnis zu hüten«, und empfahl eine mehrfache Lektüre, um dem Hineingelegten und dem Hineinversteckten auf die Spur zu kommen (ebd.).

In solcher Haltung bestätigt sich, daß das technische Produktionsbewußtsein im Banne des Mythos verbleibt. Wenn Goethe in der Darstellung des Sachgehalts ein »Rätsel« verfolgte, »dessen Lösung er in der Technik« zu finden suchte, so lief diese Technik auf eine »Betonung der mythischen Mächte« hinaus (ebd.).

Darunter faßt Benjamin alles Elliptische und Preziöse, das die Schreibart des Romans kennzeichnet. Und er notiert weiter: »Problematischer noch sind die Züge, welche überhaupt [...] einzig einer vom Ästhetischen ganz abgekehrten, philologisch forschenden Betrachtung sich erschließen. Ganz gewiß greift in solchen die Darstellung ins Bereich beschwörender Formeln hinüber« (180).

Dieser Beobachtung kommt besonderes Gewicht zu. Denn mit ihr wird antizipiert, was die Wahlverwandtschaften-Forschung inzwischen als hineinversteckte Bezüge herausgebracht hat. In immer weiteren Verästelungen wurden die verborgenen ikonographischen, mythopoetischen und kryptographischen Geheimnisse des Romans aufgedeckt oder zumindest aufzudecken vermeint. Heinz Schlaffers Aufsatz über »Namen und Buchstaben in Goethes ›Wahlverwandtschaften‹«, zuerst 1972 erschienen, muß hier besonders genannt werden. Nicht nur weil er mit bewundernswerter Präzision die Alchemie der Buchstaben, Zahlen und Namen im Roman, insbesondere das Palindrom OTTO, entschlüsselt und damit die Erforschung der hermetischen Strukturen erst eigentlich initiiert hat, sondern weil sich seine Überlegungen mit Benjamins Abhandlung, die er auch nennt, gut verknüpfen lassen.

Schlaffer versteht sich freilich strikt als Philologe. Benjamins Position kunstphilosophischer Kritik nimmt er nicht auf, noch setzt er sich explizit mit ihr auseinander. Anders aber als die vielen unkritischen Ausleger nach ihm problematisiert er den »Preis«, mit dem Goethe den extremen Kunstcharakter des Romans erkauft. Er fragt: »Was ist der Sinn dieser seltsamen Konstruktionen? Was tragen Buchstabenspiele, alchimistische Parabeln, mythische Analoga zur Erkenntnis bei? Sind sie in einem Roman von 1809 nicht ein Anachronismus, wenn nicht gar ein bewußter Rückschritt in neue Verdunkelungen?« (Schlaffer 1978, 220).

Es liegt durchaus auf der Linie Benjamins anzunehmen, daß Goethe versucht habe, den mythischen Sachgehalt durch Analogiebildungen, Zahlensymbolik und Buchstabenspiele selbst zu mystifizieren und zu verrätseln. Benjamin nennt dies, wie gesagt, Züge, die nur »philologisch forschender Betrachtung sich erschließen«, in den »Bereich beschwörender Formeln« übergehen und damit der eigentlichen künstlerischen »Form« entgegenstehen (I, 180). Goethes ›Hineingeheimnissen‹ erscheint ihm deshalb keineswegs bloß als artistische Spielerei, sondern bestätigt die These vom Mythos als Sachgehalt des Romans und unterstreicht dessen immanente Gefährdung, im Bannraum des Mythos zu verbleiben.

Die Aufgabe der Kunstkritik müßte aber müßig bleiben, wenn es nicht gelänge, eine »Schicht, in der der Sinn jenes Romans selbständig waltet«, von der mythischen abzuheben. Nur unter solcher Voraussetzung ließe sich aus dem Roman selbst heraus »die Einsicht in einen Lichtkern des erlösenden Gehalts« gewinnen (158).

Dies geschieht zum einen durch die Analyse der eingeschobenen Novelle, deren Funktion Benjamin als anti-mythischer Gegentext zum Roman bestimmt, und zum andern durch die Analyse der Darstellung der Ottilie, in der sich der mythische Gehalt aufs äußerste ausprägt und überwunden wird.

Opferlose Entscheidung. Die Novelle

Daß der Novelle *Die wunderlichen Nachbarskinder* die Funktion eines Gegenbildes zum Romangeschehen zukommt, ist Benjamins Entdeckung. Wenn der Roman einem verdunkelten Innenraum gleicht, so bildet die Novelle ein Fenster, durch das der helle nüchterne Tag hereinbricht (I, 196) oder – an anderer Stelle – den »Tag der Entscheidung«, der in den »dämmerhaften Hades des Romans hereinscheint« (169).

Narrativ eingebunden ist die Novelle als Erzählung des englischen Lords, der mit ihr die beiden Frauen unterhalten möchte. Was als freundliche Geste des Gastes gedacht ist, löst tiefe Verstimmung aus. Die fatale Wirkung bestätigt den Eindruck vom Verhängnis, der über Schloß und Park waltet. Zugleich ist die Erzählung von Goethe durch die auch typographische Hervorhebung als »Novelle« aus dem Kontext der *Wahlverwandtschaften* herausgesetzt und ihnen, die im Untertitel ausdrücklich »Ein Roman« genannt werden, gegenübergestellt. Das spricht dafür, ihr eine besondere Funktion zuzuweisen.

Die Behandlung der Novelle bildet den Schluß des zweiten Teils der Abhandlung (I, 168–171), sie wird aber im dritten Teil nochmals aufgenommen (184f.; 196f.). Benjamin betrachtet die Novelle als »Wahrzeichen« (188) im Roman. Die Novelle läßt sich Zug um Zug (196) der Romanhandlung entgegenstellen: den mythischen Motiven des Romans entsprechen jene der Novelle als Motive der Rettung.

Benjamins Auslegung läßt sich, in Anlehnung an seine Formulierungen, folgendermaßen schematisieren. Während im Roman die Affekte schweigen, machen sich in der Novelle Feindschaft, Rachsucht, Neid deutlich geltend. Während hier die Schönheit nicht das Entscheidende ausmacht, ist im Roman die Schönheit Ottiliens bestimmend. Ziehen Eduard und der Hauptmann in den Krieg, um das Schicksal über das Weitere entscheiden zu lassen, setzen die beiden Figuren der Novelle in direkter Konfrontation ihr Leben aufs Spiel. Während in der Novelle die Macht wahrer Liebe sich darstellt, zeigt der Roman, daß nicht wahre Liebe es ist, die in Ottilie und Eduard herrscht. Und während die letzteren ihren Frieden erst im Tod finden, gewinnen die ehemaligen Nachbarskinder im Durchgang durch Tod und Rettung die Erkenntnis und den Segen ihrer Verbindung.

Diese Gegenüberstellung erfolgt, man kann es nicht anders sagen, ganz strategisch. Bis auf einen Satz (I, 196) verzichtet Benjamin erstaunlicherweise auf jede Zitierung aus dem Wortlaut der Erzählung, der seiner Deutung, z.B. in der durchgehenden Hervorhebung des »Schönen«, erhebliche Widerstände entgegensetzen müßte. Und doch gewinnt er, indem er den Wortlaut auf die Motivik einschmilzt, eine beeindruckende Deutungskraft, wie sie sonst für die Novelle nirgendwo gefunden wurde.

»Ihren Frieden erkaufen die Liebenden in der Novelle nicht durch das Opfer. [...] Weil diese Menschen nicht um einer falsch erfaßten Freiheit willen alles wagen, fällt unter ihnen kein Opfer, sondern in ihnen die Entscheidung. [...] Das chimärische Freiheitsstreben ist es, das über die Gestalten des Romans das Schicksal heraufbeschwört. Die Liebenden in der Novelle stehen jenseits von beiden und ihre mutige Entschließung genügt, ein Schicksal zu zerreißen, das sich über ihnen ballen, und eine Freiheit zu durchschauen, die sie ins Nichts der Wahl herabziehn wollte. Dies ist in den Sekunden der Entscheidung der Sinn ihres Handelns« (I, 170f.).

Benjamin sieht in dem Ereignis, das die Novelle berichtet, seine Vorstellung von der Transzendenz der Entscheidung exemplarisch veranschaulicht. Das Dezisionistische, das beiden Todessprüngen innewohnt, wird dadurch aufgehoben, daß sich das spontane Handeln nachträglich als antizipierter Kairos glücklichen Handelns erfährt. Die blinden Sprünge in Wasser werden eingelöst durch die Erkennungsszene als Brautpaar danach. Diese Interpretation beruht darauf, daß der Physis des lebendigen Körpers eine sekundengenaue Wahrnehmungsfähigkeit zugetraut wird, die das bewußte Handeln übersteigt. Nichts anderes versteht Benjamin unter Geistesgegenwärtigkeit. In ihr, und nicht in der Verallgemeinerbarkeit moralischer Normen, vollzieht sich die Moralität des Handelns. »Alles Moralische«, heißt es später im Trauerspielbuch »ist gebunden aus Leben in seinem drastischen Sinn, dort nämlich, wo es im Tode als Stätte der Gefahr schlechtweg sich innehat« (I, 284).

Von hier aus wird das ganze Konzept des Romans fraglich, wie es in Goethes Selbstanzeige formuliert war, die Benjamin ausführlich zitiert und die in der Tat im ganzen Gewicht des Wortlauts bedacht werden muß. Goethes Ankündigung liest sich zweideutig, indem vom Autor gesagt wird, er wolle »eine chemische Gleichnisrede zur ihrem geistigen Ursprunge zurückführen«. Für Benjamin zeigt die Wahl des Titels bereits das Nichtige der Liebe zwischen Eduard und Charlotte an, wobei er hinzufügt: »Goethen halb unbewußt, wie es scheint. Denn in der Selbstanzeige sucht er den Begriff der Wahl für das sittliche Denken zu retten« (I, 188). Diesem Versuch widerspricht Benjamin energisch.

Er nimmt bereits Anstoß an der Wortbildung selbst, die zwei getrennte Sphären gewaltsam verbindet. Das »bloße Wort« Verwandtschaft sei das »denkbar reinste«, um »nächste menschliche Verbundenheit« zu bezeichnen, und zwar im »Geistigen« der Verbundenheit (188f.). Mit dem medizinisch-juristischen Diskurs einer ›Blutsverwandtschaft‹ hat es nichts zu tun. Es gehört eher in den lateinischen Kontext von Affinität oder – im Blick auf Benjamins Sprachphilosophie – in die Sphäre der (unsinnlichen) Ähnlichkeit. Umgekehrt wird der Wahl jene Geistigkeit völlig abgesprochen. »Die Wahl ist natürlich und mag sogar den Elementen eignen; die Entscheidung ist transzendent« (189). Die Entscheidung gehört zur Ordnung der Freiheit, während die Wahl im trügerischen Spiel der Möglichkeiten verbleibt und deshalb als Akt keine dauerhafte Bindung erzeugt. Die Entscheidung, heißt es weiter, »annihiliert die Wahl, um Treue zu stiften« (ebd.).

Die längere Passage zur Treue als Inbegriff der Ehe gehört zu den wichtigsten, zumeist aber überlesenen Abschnitten von Benjamins Abhandlung. Denn sie macht deutlich, daß die Kategorie der Entscheidung nicht dem Carl Schmittschen Dezisionismus und seinem Phantasma des Souveräns entspricht, sondern den im Handeln ergriffenen Augenblick meint, der die Kraft des Eingedenkens stiftet, auf das sich künftiges Handeln rückbezieht. Nicht anders lautete der Sinn von Benjamins Interpretation der Novelle. Daß das Paar dort am Ende den elterlichen Segen erhält, bezeugt nur die Gültigkeit dieser Stiftung.

Ottilie I: Das Opfer. »Schicksal und Charakter«

In Gestalt der Ottilie spitzt sich der mythische Sachgehalt zu. Von hier aus findet er auch seine kritische Auflösung in den Wahrheitsgehalt. Um diese Konstruktion durchzuführen, muß Benjamin der Figur der Ottilie zunächst alles absprechen, was ihr in der damaligen Goetheliteratur als transzendierende Reinheit zugesprochen wird. Deshalb sind Benjamin die von ihm zitierten Zeugnisse von Zacharias Werner und Bettine von Arnim so wichtig, weil sie einen anderen, despektierlichen Blick auf die Figur eröffnen, den wir heute um so besser verstehen.

Die Zurückweisung betrifft zum einen eine Vorstellung, wie sie sich bei Gundolf und Cohen findet, ihr Geschick sei als ein tragisches zu verstehen. Das Tragische hat in Goethes Roman keine Stelle. Und direkt auf Ottilie bezogen heißt es: »Untragischer kann nichts ersonnen werden als dieses trauervolle Ende« (I, 177). Zur Heroine taugt Ottilie nicht.

Zum andern betrifft sie die Vorstellung von der Unschuld und Keuschheit Ottiliens, die ihr den Charakter einer Heiligen verleiht. Ganz entschieden, geradezu drastisch, legt Benjamin dar, wie eng die christlich-katholische Mythologie von der Jungfräulichkeit Mariens und überhaupt das Sakrament der Keuschheit mit der »unreinen Verworrenheit der Sexualität« (174) verschwistert ist.

Daraus folgt, daß der Eindruck der Unschuld, den die Figur der Ottilie verbreitet, nicht »echt«, sondern »zweideutig« genannt werden muß (175). Zweideutig erscheint ihre Keuschheit, die keiner Geistigkeit entspringt (173), vielmehr, wie im christlichen Kult der Jungfräulichkeit Mariens, die als sündhaft bestimmte Begierde gerade nicht ausschließt (175), sondern hervorlockt. So wie sich im Symbol der Lilie betäubend süße Düfte verbergen, ist auch Ottilie als Objekt der Begierde wirksam. »Diese gefährliche Magie der Unschuld hat der Dichter der Ottilie mitgegeben und sie ist aufs engste dem Opfer verwandt, das ihr Tod zelebriert. Denn eben indem sie dergestalt unschuldig erscheint, verläßt sie nicht den Bannkreis des Vollzugs. Nicht Reinheit sondern deren Schein verbreitet sich mit solcher Unschuld über ihre Gestalt« (ebd.).

Würde Ottiliens Unschuld »echt« sein, so würde dies ihren »Charakter« ausmachen. Dieses spricht Benjamin ihr ab.

Spätestens an dieser Stelle ist an Benjamins 1919 verfaßten und 1921 erschienenen Aufsatz SCHICKSAL UND CHARAKTER zu erinnern, der für die Konzeption der Wahlverwandtschaftenabhandlung eine kaum zu überschätzende Bedeutung hat. Nicht zufällig stellt Benjamin selbst einen solchen Zusammenhang her. 1924 in dem Brief an Hofmannsthal, in dem er für dessen Bereitschaft, die Abhandlung zu drucken, dankt, schreibt er: »So versuchte ich vor Jahren, die alten Worte Schicksal und Charakter aus der terminologischen Fron zu befreien und ihres ursprünglichen Lebens im deutschen Sprachgeiste aktual habhaft zu werden« (2, 409 f.).

An zwei Stellen von GOETHES WAHLVERWANDTSCHAFTEN nimmt Benjamin direkt Bezug auf jenen Aufsatz. Zum einen bei der grundlegenden Bestimmung des Mythos. Hier wird die zentrale Formel als unausgewiesenes Selbstzitat eingesetzt: »Schicksal« ist der »Schuldzusammenhang des Lebendigen« (I, 138, vgl. II, 175). Zum andern bei der Kennzeichnung Ottiliens, daß sie keinen Charakter habe.

In dem Aufsatz hatte Benjamin Charakter folgendermaßen definiert: »Die Einheit individualen geistigen Lebens ist der Charakter« (I, 174). Benjamin gelangt zu dieser Definition, indem er gegen die übliche Vorstellung von der Schicksalhaftigkeit des Charakters eine prinzipielle Trennung zwischen der Sphäre des Schicksals und der des Charakters durchführt. Diese für sein Denken zentrale Auffassung des Charakters als einer Sphäre der Freiheit, der Eindeutigkeit (II, 174) und der Einfachheit läßt tatsächlich eine »natürliche Unschuld des Lebens«, eine komplikationslose Moralität zu.

Dem steht die nicht zuletzt sprachliche Verschlossenheit (175 f.) Ottiliens entgegen. »Ihr Entschluß zum Sterben bleibt nicht nur vor den Freunden bis zuletzt geheim, er scheint in seiner völligen Verborgenheit auch für sie selbst unfaßbar zu sein« (I, 176). Nicht die Moralität des Todeswillens oder der Todesbereitschaft bestimmt sie, eben kein »sittlicher Entschluß«, sondern ein »Todestrieb«. (Man kann nicht ausschließen, daß hier eine erste Rezeption von Freuds *Jenseits des Lustprinzips* (1920) anzunehmen ist, die Benjamin später im Baudelaire-Kontext ausführlich heranzieht (I, 612 ff.).)

Benjamins Deutung der Ottilienfigur konkretisiert sich, wenn man – worauf er selbst nicht eingeht – ihr Verhalten in der Katastrophe betrachtet. Nirgendwo ist von Selbstvorwürfen die Rede, nicht einmal will sie den übrigen erzählen, wie es zu dem schrecklichen Tod des Kindes gekommen ist. Und so wie sie zunächst in einen traumatischen todesähnlichen Wachzustand verfällt, so bleibt sie auch danach unansprechbar und unerreichbar.

Auch kann, was Benjamin nur streift, Ottiliens Tagebuch nicht als Zeugnis sprachlicher Klarheit gelten, da die Texte derart fremd und wie beim Erzähler abgeschrieben erscheinen, daß auch hier Ottiliens Assimilation an ein ihr unzugängliches Geschick hervortritt.

Von Anfang an ist Ottilie dem »Bloßen Leben« verfallen. Ihr Tod vollzieht »Sühne im Sinne des Schicksals, nicht jedoch die heilige Entsühnung« (I, 176), welche den Menschen vom Mythischen entsühnte. Das heißt aber nichts anderes, als daß sie zu »einem furchtbaren Geschick bestimmt« ist (173): nämlich zum Opfer.

Schon vorher, im ersten Teil, hatte Benjamin Ottiliens Verhungern als mythisches Opfer, »als Opfer zur Entsühnung der Schuldigen«, bezeichnet. Die mythischen Gewalten, die beim Zerfall der Ehe an den Tag treten (139), fordern zur Sühne der »verletzten Satzung« das Opfer. »Dazu ist Ottilie bestimmt« (140).

In dieser Hinsicht ist Benjamins Interpretation der *Wahlverwandtschaften* finsterer als die der meisten anderen Ausleger und kommt doch darin der erzählerischen Schonungslosigkeit Goethes am nächsten. Das Grauen, das sich in Ottiliens friedlichem Verhungern und in der seltsamen Ahnungslosigkeit der übrigen manifestiert, erscheint als ein Opferritual, in das alle Figuren verwickelt sind. Durch Zeichen kündigt es sich an: »Es ist das Bauopfer, das bei der Einweihung des Hauses zurückgewiesen wird, das Ottiliens Sterbehaus ist. [...] Gerade dieses Zeichen des verschmähten Opfers sucht mit allen Mitteln Eduard sich zu sichern« (136). Auch Eduards Tod, der den Ottiliens nachahmt, trägt derartige Züge. Und ebenso ließe sich die Einrichtung der Kapelle, als Wallfahrtsstätte und Mausoleum beider Liebenden, als Opferritual verstehen, das Charlotte und der Hauptmann vollziehen, um endgültig aufeinander zu verzichten.

Ottilie II: Schönheit und Schein. Nietzsche

Benjamin kann sich kaum damit begnügen, die Sühne Ottiliens als ein mythisches Opfer aufzuweisen, weil er damit sagen müßte, daß der Roman, von der Novelle abgesehen, aus dem Zirkel der Reproduktion des Mythos nicht hinausgelangte. Er käme als Kunstwerk nicht in Betracht. Um dem Roman im Sinne philosophischer Kunstkritik Wahrheitsgehalt zusprechen zu können, muß er als Kunstwerk erwiesen werden.

Damit reformuliert der dritte Teil der Abhandlung gleich zu Beginn die eingangs getroffene Unterscheidung zwischen Kommentar und Kritik, zwischen Wahrheits- und Sachgehalt. Beantwortet werden soll die Ausgangsfrage, »ob der Schein des Wahrheitsgehalts dem Sachgehalt oder das Leben des Sachgehaltes dem Wahrheitsgehalt zu verdanken sei« (I, 125). Vom Kunstwerk wird dabei angenommen, daß es in engster Affinität zu den höchsten Problemen der Philosophie steht, aber nicht darin, daß in ihm derartige Probleme erörtert würden, sondern daß seine schiere Existenz die Frage nach dem Verhältnis des Schönen zur Wahrheit aufwirft.

Konkreter gesprochen: Wenn das Mythische den Sachgehalt des Romans bildet und in der Opferung Ottiliens seine äußerste Bestätigung findet, stellt sich die Frage, ob die Schönheit Ottiliens dem mythischen Sachgehalt zugehört. »Daher sieht jede Anschauung, die die Gestalt der Ottilie erfaßt, vor sich die alte Frage erstehen, ob Schönheit Schein sei« (193).

Wie schon im Vergleich mit der Lilie angedeutet, verdankt sich Ottiliens Aura ihrer Schönheit. Diese ist das »Erste und Wesentlichste« ihrer Erscheinung. Benjamin nennt überhaupt »Ottiliens Schönheit« die »Grundbedingung für den Anteil (des Lesers) am Roman« (179). Ottilie ist, im Gegensatz zum Mädchen der Novelle »wesentlich schön. [...] Goethe selbst aber wandte nicht nur – über die Grenzen der Kunst hinaus – die erdenkliche Macht seiner Gaben auf, diese Schönheit zu bannen, sondern mit leichtester Hand legt er's nahe [...]«, diese Schönheit »als die Mitte der Dichtung zu ahnen. [...] Er nennt sie einen ›Augentrost‹ der Männer die sie sehen [...]« (186).

Benjamin konstatiert weiter: »In der Tat sind in Ottiliens Gestalt die Grenzen der Epik gegen Malerei überschritten« (178). Was hier zunächst wie eine seltsame Anwendung der Lessingschen »Laookon«-Schrift erscheint, wird übrigens verständlicher, wenn man eine Notiz über die »Hierarchie der Kunstarten« hinzunimmt, die in den Kontext der Wahlverwandtschaftenarbeit gehört (zit. VI, 734).

In der Tat betont Goethe die magische Schönheit dieser Figur immer wieder. »Schönheit ist überall ein gar willkommener Gast«, sagt der Erzähler gleich bei Ottiliens Ankunft (Goethe 1994, 312). Später heißt es, »obgleich Ottilie sehr einfach gekleidet ging, so war sie doch, oder so schien sie wenigstens immer den Männern die schönste. Ein sanftes Anziehen versammelte alle Männer um sie her« (423). Das Lebende Bild mit Ottilie als Maria und dem Jesusknaben bildet den Höhepunkt und rückt ihre Schönheit besonders deutlich in den Blick. »Ottiliens Gestalt, Gebärde, Miene, Blick übertraf aber alles was je ein Maler dargestellt hat« (439). Und noch als Leiche behält sie diese magische Schönheit. Nanny sieht die Leiche von oben »schöner als alle die dem Zuge folgten«, und stürzt herab (524). »Der fortdauernd schöne, mehr schlaf- als todähnliche Zustand Ottiliens« lockt Wallfahrer herbei (527).

Heute, wo der Begriff des Schönen fast restlos aus dem Diskurs der Ästhetischen Theorie getilgt ist, ist es notwendig, daran zu erinnern, daß Benjamin – wie aus dem Eingangszitat des vorliegenden Textes hervorgeht – Goethes Roman beunruhigend schön findet und diese Schönheit in der Erscheinung der Ottilie aufs äußerste realisiert sieht. Er spricht von der ungeheueren beschworenen Schönheit. »In zweideutiger Unschuld und scheinhafter Schönheit«, wie Helena in Goethes Faust II, »steht sie in Erwartung des sühnenden Todes. Und Beschwörung ist auch bei ihrer Erscheinung im Spiel« (I, 179).

Benjamin geht es um Goethes »dämonische Prinzipien der Beschwörung«, die »in das Dichten selbst mitten hinein« ragen. (Er zieht einen Vergleich zu Odysseus' Anrufung der Totenwelt im zehnten Gesang der Odyssee). In diesem Sinne wird die Darstellungsweise »beschwörender Formeln« hervorgehoben, also nicht bloß das Orakelverhalten der Figuren, sondern die Darstellungsweise des Romans, mithin alles das, was als das Hermetische des Romans gilt.

Wichtig ist dazu die Feststellung: »Denn der Schein ist in dieser Dichtung nicht sowohl dargestellt, als in ihrer Darstellung selber« (187). Das vorher (s.o.) über die verborgene »Technik des Romans« Gesagte steht im Dienste des Scheins.

Es mag befremden, daß Benjamin von dichterischer Beschwörung spricht, als seien älteste rituelle Praktiken und animistische Beschwörungen zu Goethes Zeit möglich. Aber unsinnig ist das nicht. Das Schöne ist so gefährlich, daß es gerettet werden muß gegen die Versuchung, »dämonische Schönheit« (829) zu werden. Seine philosophisch-theologische Einsicht in die Problematik des Schönen erlaubt ihm, kritische Kategorien und Einsichten zu gewinnen, die dort, wo das Schöne als Ideologie abgetan wurde, gar nicht mehr in den Blick treten.

In diesen äußerst gedrängten Passagen über Chaos, Schein und Ausdrucksloses spielt sich eine Auseinandersetzung mit Nietzsches *Geburt der Tragödie*, die man im gedruckten Text allenfalls erahnen kann (vgl. den Hinweis in VII, 732). Wie später im Trauerspiel-Buch wendet sich Benjamin gegen Nietzsches »Abgrund des Ästhetizismus« (I, 281), seiner ästhetischen Rechtfertigung des Lebens als der einzig möglichen.

Drastischer noch heißt es in einem eingelegten Manuskriptblatt des Handexemplars: »Der Geist satanischen Gelingens waltet und zeigt die Ehe gespiegelt. Denn Satan ist dialektisch, und eine Art von trügerischem glückhaftem Gelingen – der Schein, dem Nietzsche tief verfallen war – verrät ihn wie der Geist der Schwere ihn verrät« (838).

Aber auf eine explizite Auseinandersetzung mit Nietzsches verborgenem Satanismus hat Benjamin in der gedruckten Fassung verzichtet. Man muß hier hinzudenken, daß für Benjamin, wie in der Sprachabhandlung gesagt, die Schöpfung das Böse nicht kennt. Und daß es erst entsteht, indem der Mensch mit ihr konkurrieren, d.h. sie abschaffen will. Schöpfung ist deshalb ein Begriff, der vor jeder Säkularisierung zu bewahren ist und jeder Säkularisierung entgegentritt.

Die strikte Trennung der Kunstproduktion von der Beschwörung einerseits und der göttlichen Schöpfung andererseits beschäftigt Benjamin um diese Zeit immer wieder. In dem wichtigen ›Fragment‹ KATEGORIEN DER ÄSTHETIK, das Tiedemann den Vorarbeiten zur Wahlverwandtschaftenarbeit zuordnet (I, 828–830), wird dies in knappster Form ausgesprochen: »Nun ist das Kunstwerk nicht ein ›Geschaffenes‹«, sondern ein dem Chaos »Entsprungenes«. Kunst als Entsprungenes wäre vielleicht die kürzeste Definition von Benjamins Ästhetik. Dieses Entspringen kommt nicht durch die Schönheit (als formale Harmonie), sondern durch das »Ausdruckslose« zustande.

Benjamins Ästhetik: Schein und »Ausdrucksloses«, Schein als »Hülle«

In zwei grundlegenden Abschnitten, die zu den dichtesten der Abhandlung gehören, hat Benjamin seine Theorie des Kunstwerks und des Schönen dargelegt (I, 180–182; I, 194–196). Sie sind eng aufeinander bezogen und erschließen sich nur, wenn sie in diesem Bezug erörtert werden. In ihnen entwickelt – oder wenn man so will: dekretiert – Benjamin neue Begriffe, mit denen er sich von der Tradition philosophischer Ästhetik absetzt. Es handelt sich zum einen um den Begriff des »Ausdruckslosen«, der in Hölderlins Kategorie der »Zäsur« angelegt ist und einen Gegenbegriff zum Schein bildet. Zum andern handelt es sich um das Begriffspaar »Hülle« und »Verhülltes«, in dem sich der Scheincharakter des Schönen näher bestimmen läßt. Durch diese Begriffe wird das Verhältnis von Kunstwerk und Wahrheit, nach dem zu Beginn des dritten Teils der Abhandlung gefragt wurde, erst eigentlich geklärt. (Vorarbeiten zu diesen Abschnitten finden sich auch in den im Nachtragsband publizierten Aufzeichnungen VII, 731 ff.).

Philosophische Kunstkritik kann in Benjamins Verständnis nicht darin bestehen, aus der höheren Erkenntnisposition der Philosophie dem Schönen eine Art Versinnlichung der Wahrheit zuzuerkennen. Sie muß vielmehr immanent auf etwas dem Kunstwerk Innewohnendes stoßen, das der Dämonie des Schönen entgegentritt. Benjamin nennt dies in einer eigenen Begriffsprägung »das Ausdruckslose«.

In einer aufschlußreichen Darlegung, die nicht allein die Wahlverwandtschaftenarbeit, sondern auch andere Texte des Frühwerks heranzieht, hat Winfried Menninghaus Benjamins »rätselhafte« Denkfigur des »Ausdruckslosen« auf den historischen Diskurs »einer Kritik des Schönen durch das Erhabene« bezogen. (Menninghaus 1992) Das Erhabene war seit der Longinus-Rezeption bei Boileau, Burke, Kant u.a. immer wieder als Alternative oder Widerpart zu Schönheit in der Tradition der philosophischen Ästhetik ins Spiel gebracht worden. Es ergibt sich daraus ein problemgeschichtlicher Komplex, der aufschlußreich ist, gerade weil Benjamin selbst ihn nicht thematisiert.

Aber: Auf diese Weise entsteht eine Akzentverschiebung, die nicht nur Benjamins theologische Fundierung, sein philosophisches Denken des Göttlichen, wegschiebt, sondern auch »das Ausdruckslose« letztlich als bloße Umformulierung der Ästhetik des Erhabenen erscheinen läßt. Beides aber verfehlt die Radikalität Benjamins. Benjamin löst sich gerade vom Kontext einer Ästhetik des Erhabenen, indem er das Erhabene ›theologisch‹ fixiert und das »Ausdruckslose« als Zeichen für die nicht abbildbare Moralität des Handelns bestimmt (vgl. hierzu die wichtigsten Ausführungen in der Mendelssohn-Rezension von 1928, III, 137. Es ist dies der einzige Text, wo Benjamin später noch einmal explizit auf die Kategorie des »Ausdruckslosen« zurückkommt.)

Geht man vom Wortlaut aus, bezeichnet das Ausdruckslose einen gestalttheoretischen Sachverhalt, derzufolge die Ausdrucksgestalt sich von etwas abheben muß. Ohne flächigen Grund kann kein graphischer Strich etwas ausdrücken; ohne das Schema eines ›Normalgesichts‹ kann kein Lächeln oder Entsetzen wahrgenommen werden. Ohne Verbindung mit einem ausdrucksfreien Medium kann es Ausdruck nicht geben.

Benjamin überträgt dieses Wahrnehmungsverhältnis auf eine metaphysische Problematik: Das Ausdruckslose ist das Moment, in dem »die erhabne Gewalt des Wahren« (I, 181) im Kunstwerk wirksam wird. Wirksam werden heißt, daß es nicht etwa Gestalt gewinnt. Das Kunstwerk selbst kann das Erhabene der göttlich verbürgten Wahrheit nicht explizit darstellen; dann wäre es Offenbarung. In seiner höchsten Form steht das Erhabene über aller Schönheit und außerhalb der Kunst. Sein Paradigma ist der nackte Körper als Gebilde des Schöpfers (I, 196 mit wichtigem Verweis auf dieses Motiv in der Novelle).

Das Ausdruckslose ist die in der Kunst wirksame (194) Weise der Unterbrechung der Totalität des Scheins. Dem Schein verhaftet zu sein, ist Grundbedingung des Kunstwerks. Um so wichtiger ist es dann, den Scheincharakter des Kunstwerks von dem des trügerischen Blendwerks zu trennen. Die Momente der Beschwörung und des Bannens, die ihm aus seiner magischen und mythischen Herkunft zugehören, dürfen nicht sein Wesen ausmachen. Darauf richtete sich auch die Nietzsche-Kritik (s.o.). Und ebensowenig dürfen sie in der Folge der Säkularisierung des creatio-Gedankens auf das Genie als Schöpfer bezogen werden.

Die Ideologie des Ästhetischen in der Moderne besteht darin, die Produktion des Kunstwerks als Beschwörung und als Schöpfung zu begreifen. Beidemal wird damit behauptet, »aus dem Nichts die Welt hervorzubringen« (180). Der Ursprung der Kunst, den jedes singuläre Kunstwerk neu vollzieht, besteht im Entspringen aus dem mythischen »Chaos«.

Die Leistung der Form – als das Gliedernde, Gestaltende, Rhythmisierende, Unterscheidende – besteht darin, das Chaos zur »Welt« ästhetisch zu »verzaubern« und dem Kunstwerk »wogendes Leben« zu geben (ebd.). Insofern aber ist Form allein noch keine Gegenkategorie zu Schein. In den Vorarbeiten blieb dieses Problem noch ungelöst. Hier hieß es: »Das Schöne in der Kunst ist in der Tat an den Schein gebunden. [...] Form ist geheimnisvoll und rätselhaft, weil sie aus der Unergründlichkeit der Schönheit aufsteigt, wo sie dem Schein verhaftet ist« (829f.).

Durch den Begriff des Ausdruckslosen kommt nun eine Gegenkraft ins Spiel. Sie schlägt den Mythos mit seinen eigenen Mitteln, indem sie ihn wie im Mythos vom Schild der Medusa bannt und entzaubert. Dies ist ein wesentlich zeitlicher Eingriff, der bewirkt, daß das im Kunstwerk scheinhaft wogende Leben »erstarrt und wie in einem Augenblick gebannt erscheint. [...] Was diesem Schein Einhalt gebietet, die Bewegung bannt und der Harmonie ins Wort fällt ist das Ausdruckslose« (181).

Damit wird das Ausdruckslose über eine bloß wahrnehmungstheoretisch-mediale Voraussetzung weit hinausreichend zu einer »kritischen Gewalt«. Es zwingt »die zitternde Harmonie einzuhalten und verewigt durch seinen Einspruch ihr Beben.« Damit verhindert es, daß »Schein und Wesen in der Kunst« sich ununterscheidbar »mischen«, und »zerschlägt, was in allem schönen Schein als die Erbschaft des Chaos noch überdauert: die falsche, irrende Totalität – die absolute« (181).

Die kritische Gewalt des Ausdruckslosen wirkt viel weniger mysteriös, wenn man sie, was Benjamin eher dekretiert als erläutert, als moralische Gewalt versteht. »Das Ausdrucklose« hat diese Gewalt »als moralisches Wort« (ebd.). Das »moralische Wort« ist weder Wort noch Gesinnung. Es bezeichnet eine Unterbrechung, welche die von Plato bis zur Philosophie des deutschen Idealismus unterstellte Einheit des Schönen, Wahren und Guten zurückweist, zugleich aber diesen Zusammenhang nicht einfach beziehungslos zerfallen läßt.

Die Momente des Erstarrens, der Mortifikation und der Zertrümmerung des Werks, die ideologiekritisch den Anspruch des Ausdruckslosen bezeichnen, sind aber auch jene, die diesen Anspruch zugleich innehalten lassen. »In dieser Verewigung muß sich das Schöne verantworten, aber nun scheint es in eben dieser Verantwortung unterbrochen und so hat es denn die Ewigkeit seines Gehalts von Gnaden jenes Einspruchs« (ebd.).

Benjamins Ästhetik läuft also keineswegs auf eine Theorie hinaus, derzufolge jedes Kunstwerk als Ruine und allegorisches Bruchstück aufzufassen sei. Die Kategorie des Ausdruckslosen bezeichnet ja gerade eine Kraft, die den auratischen Geheimnischarakter des Schönen im Kunstwerk befestigen soll. Damit dieses Geheimnis wesentlich ist und Wahrheitsgehalt hat, bedarf es des »Ausdruckslosen«. Das Ausdruckslose tritt zwar dem Schein entgegen und unterbricht seine Totalität. Aber als Gegensatz zum Schein steht das Ausdruckslose zugleich in »einem notwendigen Verhältnis« zum Schein, indem es verhindert, daß das Schöne scheinlos wird (194).

Benjamin verwirft damit den philosophischen Impuls, daß die Wahrheit des Schönen sich enthüllen ließe. »Nicht Schein, nicht Hülle für ein anderes ist die Schönheit. Sie selbst ist nicht Erscheinung, sondern durchaus Wesen, ein solches freilich, welches wesenhaft sich selbst gleich nur unter der Verhüllung bleibt.« Das Schöne ist weder die Hülle noch das Verhüllte, sondern »der Gegenstand in seiner Hülle« (195).

Im Kunstwerkaufsatz zitiert Benjamin wörtlich diese Bestimmung des Schönen, um sie ausdrücklich als die Quintessenz der goetheschen Kunstanschauung zu kennzeichnen (VII, 368). In einer Textvariante heißt es weiter: »Durch seine Hülle, die nichts anderes ist als die Aura, scheint das Schöne. Wo es aufhört zu scheinen, da hört es auf, schön zu sein« (VII, 667). Deshalb erfüllt sich in der Wahlverwandtschaftenarbeit die »Idee der Kunstkritik« in der der »Unenthüllbarkeit des Schönen« (I, 195). In Goethes Wahlverwandtschaften wird erstmals die Erfahrung der Aura zum Thema philosophischer Kunstkritik, ehe diese Kategorie ab Ende der 20er Jahre auch terminologisch als solche benannt wird.

Wenn Benjamin an der zuletzt zitierten Stelle hinzusetzt, deshalb liege »im Geheimnis der göttliche Seinsgrund der Schönheit« (ebd.), so bedarf dies noch einer weiteren Explikation, die den ›theologischen‹ Charakter der Abhandlung unmittelbar betrifft.

Das Mysterium der Hoffnung: Rettung des »Scheins der Versöhnung«

»Alle Schönheit hält wie die Offenbarung geschichtsphilosophische Ordnungen in sich« (I, 196). Damit ist, allerdings viel zu knapp und kryptisch, gesagt, worum es in den Schlußabschnitten der Abhandlung geht. Konkreter findet sich der Gedanke in einer Notiz aus den Fragmenten zur Ästhetik, in der es heißt: »Nicht jede Form ist schön. Die Form ist (wahrscheinlich) früher, gewiß später noch als die Schönheit. Die eigentliche Zeit der Schönheit ist bestimmt vom Verfall des Mythos bis zu seiner Sprengung« (VI, 128). Geschichtsphilosophische Erkenntnis heißt, die Zeit des Schönen als an bestimmte historische Epochen gebundene zu bestimmen und es damit zugleich in den ›eschatologischen‹ Horizont eines Endes der Geschichte – oder eines Endes aller bisherigen Geschichte – zu stellen. Dies stellt in aller Klarheit der erste Abschnitt aus Das Leben der Studenten heraus, der als Gegenstand geschichtsphilosophischen Denkens die »Elemente des Endzustandes« (II, 75) bestimmt. Erst mit solchen Bezügen erschließt sich in Goethes Wahlverwandtschaften die ›theologische‹ Dynamik des Schlusses, die nicht eigentlich theologisch als vielmehr »messianisch« genannt werden müßte, was die erstgenannte Schrift auch ausdrücklich tut.

Man muß sich fragen, warum Benjamin im Wahlverwandtschaftenaufsatz die Kategorie des Messianischen ausspart, obschon ihn, wie die Nachlaßmanuskripte zeigen, gerade »die aktuell messianischen Momente im Kunstwerk« besonders beschäftigen (VI, 126). Eine Antwort kann hier nicht gegeben werden. Aber die Kategorie des Messianischen muß mitgedacht werden, will man die die ganze Abhandlung grundierende Rede von Gott und vom Göttlichen nicht als theologisch-dogmatische Lehre auffassen und damit völlig verkennen (Weigel 1998, 141).

Alle Theologumena Benjamins operieren messianisch. Sie markieren den Ort eines Ausstehenden, das als solches nicht darstellbar ist, aber in seiner Notwendigkeit aufgewiesen werden kann.

Dieser negative Zug kommt auch in der Rettung der Scheinhaftigkeit der Ottilienfigur zum Ausdruck. Und wenn Benjamin sagt: »Ihr Wesenhaftes zu erretten ist das Ringen Goethes« (I, 192), so spricht er doch zugleich sein eigenes Programm aus.

Rettung geschieht, um das Resultat vorwegzunehmen, dadurch, daß die Schönheit Ottiliens als »Schein der Versöhnung« gerettet wird. Auch dies leuchtet dem Leser der Abhandlung auf den ersten Blick nicht ein. Denn Benjamin wendet sich ja heftig gegen die nazarenisch-christlichen Züge, die am Schluß von Goethes Roman unübersehbar hervordrängen. Ihm ist der Kult um die Schöne Leiche deutlich zuwider. Aber gerade deshalb sucht er im Roman eine andere Versöhnung am Werk zu finden als jene, die die zurückbleibenden Romanfiguren in der Ausgestaltung des Begräbnisrituals inszenieren. Darüber heißt es lapidar und apodiktisch: »Der Schluß beläßt den Hauptmann und Charlotten wie die Schatten in der Vorhölle« (188).

In einem eingelegten Notizblatt formuliert Benjamin die wichtige Ergänzung: »Naturwissenschaftliche Orientierung der Goetheschen Mirakelbetrachtung. Ihre religiösen Momente sind sekundär. Das unterscheidet diese Anschauungsweise merklich von der romantischen, indem er sie zugleich als illegitim erscheinen läßt« (839). Er hatte offenbar vor, für die geplante Buchausgabe der Abhandlung die »Kritik der nazarenischen Momente« in Abhebung von Goethes Naturforschung noch zu verschärfen. Und schon in den Vorarbeiten hatte er apodiktisch festgestellt: »Niemals kann das Schöne der Kunst heilig scheinen« (829).

Nicht in Ottiliens büßendem Verhungern und ihrer Kanonisierung als Heilige, die dem Geschehen die Weihe einer höheren Welt zukommen läßt, vollzieht sich die Versöhnung. Es ist eine äußerst komplexe Operation, die Benjamin als Untergang des Scheins und Rettung des Scheins der Versöhnung vornimmt. Die Abfolge verläuft über eine Trias aus »Leidenschaft«, »Neigung« und »Rührung« und sodann über die »Erschütterung« (die der Erfahrung des Erhabenen korrespondiert) zur Gewalt des Ausdruckslosen im Untergang des Schönen.

Dabei bildet Goethes Gedicht *Aussöhnung* (aus der späten *Trilogie der Leidenschaft*) und Cohens Auslegung dieses Gedichts in der »Ästhetik des reinen Gefühls« ein wichtiges Teilargument. Die Tränen, die im Roman selbst nicht geweint werden, werden als »Tränen in der Musik« (I, 191) auf den Untergang Ottiliens übertragen, der damit als versöhnend erscheint. Die »Tränen der Rührung, in welcher der Blick sich verschleiert« (192), bilden den Schleier, der über Ottiliens Schönheit liegt. In der Rührung darüber, daß der »Schein der Schönheit als der Schein der Versöhnung [...] noch einmal am süßesten dämmert vor dem Vergehen« (ebd.).

Doch sogleich folgt die ernüchternde Feststellung: »Aber Rührung ist nur der Schein der Versöhnung« (ebd.). Hier legt »Schein der Versöhnung« deutlich den Akzent auf das Trügerische. Denn eine Versöhnung durch Musik, wie sie eingangs schon im Blick auf Mozarts *Zauberflöte* angesprochen war (128), kommt im Roman nicht zustande, kann vielleicht in einem Roman auch nicht zustande kommen. Trügerisch war bereits das gemeinsame Flötenspiel von Eduard und Ottilie, erinnert Benjamin den Leser. Und allgemeiner heißt es über die Welt der Romanfiguren: »Von Musik ist ihre Welt ganz verlassen« (192).

Deshalb verschiebt sich der »Schein der Versöhnung« ins Optische, nämlich in die Darstellung ihrer Schönheit als eines Scheins, der schon vom ersten Moment seines Erscheinens für den Tod bestimmt und dem Untergang verhaftet ist. Nichts anderes meint die Feststellung, daß der Schein, der in Ottilie erscheint, »nicht der Schein der Schönheit schlechthin« ist, sondern »jener eine ihr eigene, vergehende« (193). Im Unterschied zu Luciane im Roman, zu Helena im *Faust II*, zu Mignon aus *Wilhelm Meister* (vgl. 197), gleicht Ottiliens Schönheit einem kurzen Aufleuchten vor dem Verlöschen. Und wenn der Roman diese Schönheit immer wieder in bezug auf Bilder herstellt, so handelt es sich doch eben um »künstliche«, sogenannte ›Lebende Bilder‹ (174), die sozusagen den stillgestellten Abglanz des Verlöschens bilden.

»Jener Schein, der in Ottiliens Schönheit sich darstellt, ist der untergehende.« Es liegt in seiner zweideutigen Art begründet, »daß er verlöschen muß, daß er es bald muß« (193). Flüchtig erscheint dieser Schein. Und wenn der Roman, wie immer wieder bemerkt, in einem ungemeinen Tempo die Verwicklung, die Katastrophe und das Ende herbeiführt, so liegt das nicht in der Logik der Handlung, sondern diese entspringt diesem Drängen des Scheins auf sein baldiges Vergehen. Darauf bezieht sich in Adornos *Ästhetischer Theorie*, ohne daß dies angegeben wird, der Gedanke der »apparition« als eines aufblitzenden Himmelszeichens (Adorno 1970, 125–131).

In seinem Aufleuchten und Verlöschen vermag der Schein als der »Schein der Versöhnung« zu bestehen; in ihm wird der Wunsch nach Versöhnung gerettet. Der »Schein der Versöhnung darf, ja er soll gewollt werden; er allein ist das äußerste Haus der Hoffnung« (I, 200).

Nicht aber im Schluß des Romans ist dies dargestellt. Es ist eine einzige Stelle, ein einziger Satz, direkt vor der Katastrophe des Romans, »wo die Umschlungenen ihr Ende besiegeln« und »alles innehält« (199). Benjamin nennt dies mit Hölderlin die »Cäsur« des Werks (182; 199).

»Die Hoffnung fuhr wie ein Stern, der vom Himmel

fällt, über ihre Häupter hinweg« (200; Goethe 1994, 493).

Die schockhafte Unterbrechung, die dieser Satz im Roman hervorruft, besteht nicht allein darin, daß zwei Sätze später die prestissimo erzählte Katastrophe – Ruder, Kind und Buch fallen ins Wasser – einsetzt, sondern auch darin, daß er die einzige innige Kußszene zwischen Eduard und Ottilie in zwei Hälften spaltet.

Denn nicht aus der Perspektive ihrer Empfindungen ist der Satz gesprochen, so als schöpften sie in ihrer Umarmung gemeinsam Hoffnung (was sie zweifellos tun). Der Erzähler konstatiert etwas, das sich den Liebenden entzieht und das er ihnen als erzählten Figuren entzieht. Benjamin hebt hier die »Haltung des Erzählers« hervor, die eine Trennung zwischen Darstellung und Dargestelltem bewirkt. Die Haltung des Erzählers – die schon mit dem ersten Satz einsetzt (Doppelte Nennung Eduards: »so nennen wir«) – besteht darin, wie Benjamin feststellt, daß der Erzähler allein »den Sinn des Geschehens erfüllen kann« (I, 200). Was nicht heißt: er allein wisse den Sinn, sondern daß er den Sinn des Geschehens darin erfüllt, daß er eine Sinngebung unterläßt. Es ist kein Schicksalsaugenblick wie in schlechten Romanen.

Der Darstellung nach ist es vielmehr eine letzte Besiegelung ihres Untergangs als Hoffnungslose, in der der »Schein der Versöhnung« durch das »Ausdruckslose« gerettet wird. In ihr zeigt sich, daß es aber auch nicht in der Macht des Dichters steht, über den Sinn des Geschehens zu entscheiden. Der Satz besagt als transzendenter Einbruch – wie die ponderacion mysteriosa im Trauerspiel –, daß hier gewaltsam »etwas jenseits des Dichters der Dichtung ins Wort fällt« (182). Benjamin spricht hier von einer Analogie zum Dramatischen, indem etwas »allein in der Darstellung zum Ausdruck« kommt, also sich als Ausdrucksloses und Unausgesprochenes ereignet.

Im »Mysterium der Hoffnung« wird der ästhetische Schein der Versöhnung gerettet. Benjamins Denken der Hoffnung verfährt anders als das Blochsche, das die großen Kunstwerke als Wunschenergie und utopischen Vorschein der freien Menschheit beschwört. Es knüpft an die Toten an als »die Hoffnung auf Erlösung, die wir für alle Toten hegen. Sie ist das einzige Recht des Unsterblichkeitsglaubens, der sich nie am eigenen Dasein entzünden darf« (200). Das Messianische ist das Unverfügbare. Deshalb lautet der Schlußsatz: »Nur um der Hoffnungslosen willen ist uns die Hoffnung gegeben«. In diesem aphoristischen Satz ist ein politischer wie moralischer Imperativ formuliert, der sein Mandat von den Opfern gewinnt. Damit ist ein Zusammenhang bezeichnet, den Benjamins letzte Schrift Über den Begriff der Geschichte im Begriff der »schwachen messianischen Kraft« (694) wieder aufnehmen wird.

Werk

Goethes Wahlverwandtschaften (I, 123–201)
Paralipomena I, 828–840 u. VII, 730–734
Faust im Musterkoffer (III, 340–346)
Goethe (II, 705–739)
Hundert Jahre Schrifttum um Goethe (III, 326–340)
L'angoisse mythique chez Goethe (Cahiers du Sud Marseille 1937 Le Romantisme Allemand, 342–348)
Einbahnstrasse , Nr. 113 (IV, 86–87)
Weimar (IV, 335–355)
Rez. Zu Anja und Georg Mendelssohn, Der Mensch in der Handschrift (III, 135–139)
Wider ein Meisterwerk (III, 252–259)

Literatur

Adorno, Theodor W. (1970): Ästhetische Theorie, Frankfurt a.M.

Blumenberg, Hans (1971): »Wirklichkeitsbegriff und Wirkungspotential des Mythos«, in: Manfred Fuhrmann (Hg.): Terror und Spiel, Probleme der Mythenrezeption, Poetik und Hermeneutik IV, München, 11–66 u. 527–547

Blumenberg, Hans (1990): Die Arbeit am Mythos, Frankfurt a.M.

Bolz, Norbert W. (Hg.) (1981): Goethes Wahlverwandtschaften. Kritische Modelle und Diskursanalysen zum Mythos Literatur, Hildesheim.

Buschendorf, Bernhard (1986): Goethes mythische Denkform. Zur Ikonographie der ›Wahlverwandtschaften‹, Frankfurt a.M.

Deuber-Mankowski, Astrid (2000): Der frühe Walter Benjamin und Hermann Cohen: jüdische Werte, kritische Philosophie, vergängliche Erfahrung, Berlin.

Garber, Klaus (2005): Walter Benjamin als Briefschreiber und Kritiker, München.

Goethe, Johann Wolfgang (1986): Sämtliche Werke. Briefe, Tagebücher und Gespräche, Bd. 14: Aus meinem Leben. Dichtung und Wahrheit, hg. v. Klaus-Detlef Müller, Frankfurt a.M.

Goethe, Johann Wolfgang (1994): Sämtliche Werke. Briefe, Tagebücher und Gespräche, Bd. 8: Die Leiden des jungen Werthers. Die Wahlverwandtschaften. Kleine Prosa, hg. v. Waltraud Wiethölter, Frankfurt a.M.

Greve, Gisela (Hg.) (1999): Goethe. Die Wahlverwandtschaften, Tübingen.

Hamburger, Käte (1979): Wahrheit und ästhetische Wahrheit, Stuttgart.

Härtl, Heinz (1983): »›Die Wahlverwandtschaften‹ und ihre zeitgenössischen Leser«, in: Weimarer Beiträge 29. Jg., Heft 9, 1575–1603.

Hörisch, Jochen (1979): »Das Sein der Zeichen und die Zeichen des Seins. Marginalien zu Derridas Ontosemiologie«, in: Jacques Derrida: Die Stimme und das Phänomen, Frankfurt a.M., 7–50.

Horkheimer, Max/Adorno, Theodor W. (1988): Dialektik der Aufklärung. Philosophische Fragmente, Frankfurt a.M.

Ježower, Ignaz (1985): Das Buch der Träume [1928], Frankfurt a.M.

Lacoste, Jean (1996): »Paris-Weimar: Walter Benjamin et Goethe«, in: Europe. Revue littéraire mensuelle. Walter Benjamin, Nr. 74, 19–42.

Lindner, Burkhardt (1981): »Goethes ›Wahlverwandtschaften‹ und die Kritik der mythischen Verfassung der bürgerlichen Gesellschaft«, in: Bolz 1981, 23–44
Lindner; Burkhardt (1998): »Faust. Magie. Schein«, in: Gerhard Plumpe/Bettina Gruber (Hg.): Romantik und Ästhetizismus. Festschrift für Paul G. Klussmann, Würzburg, 29–52.
Liska, Vivian (2000): »Mortifikation der Kritik: Zum Nachleben von Walter Benjamins ›Wahlverwandtschaften‹-Essay«, in: Bernhard Beutler (Hg.): Spuren, Signaturen, Spiegelungen: zur Goethe-Rezeption in Europa, Köln u. a., 581–599.
Menninghaus, Winfried (1992): »Das Ausdruckslose: Walter Benjamins Kritik des Schönen durch das Erhabene«, in: Uwe Steiner (Hg.): Walter Benjamin, 1892–1940, zum 100. Geburtstag, Bern u. a., 33–76.
Miller, Hillis J. (1979): »A ›buchstäbliches‹ Reading of The Elective Affinities«, in: Glyph 6, 1–23.
Puttnies, Hans/Gary Smith (1991): Benjaminiana, Gießen.
Schlaffer, Heinz (1978): »Exoterik und Esoterik in Goethes Romanen«, in: Karl-Heinz Hahn (Hg.): Goethe Jahrbuch 95. Bd., 212–226.
Scholem, Gershom (1975): Walter Benjamin. Die Geschichte einer Freundschaft, Frankfurt a. M.
Simonis, Annette (2000): »›Eine Miniatur dieser ganzen... vielfach bedrohten Goetheschen Existenz‹. Goethe-Rezeption und –Kritik in den Schriften Walter Benjamins«, in: Germanistisch-Romanische Monatsschrift, Nr. 50, 443–459.
Steiner, Uwe (1989): Die Geburt der Kritik aus dem Geiste der Kunst. Untersuchungen zum Begriff der Kritik in den frühen Schriften Walter Benjamins, Würzburg.
Steiner, Uwe (2002): »›Das höchste wäre: zu begreifen, daß alles Factische schon Theorie ist‹. Walter Benjamin liest Goethe«, in: Zeitschrift für deutsche Philologie 121, H. 2, 265–283.
Tantillo, Astride Orle (2001): Goethes Elective Affinities and the Critics. New York.
Weigel, Sigrid (1998): »Das Kunstwerk als Einbruchstelle eines Jenseits. Zur Dialektik von göttlicher und menschlicher Ordnung in Walter Benjamins Essay ›Goethes Wahlverwandtschaften‹«, in: Paragrana 7, H. 2, 140–151.
Weißberg, Liliane (2003): »Benjamins Goethe-Traum«, in: Bettina von Jagow/Florian Steger (Hg.): Differenzerfahrung und Selbst, Heidelberg, 269–290.
Witte, Bernd (1976): Walter Benjamin, der Intellektuelle als Kritiker: Untersuchungen zu seinen Frühwerk, Stuttgart.

Zu Johann Peter Hebel

Von Erdmut Wizisla

Über Hebel hat Benjamin insgesamt weniger als fünfundzwanzig Druckseiten verfaßt. Dennoch ist der Verfasser des *Schatzkästleins des rheinischen Hausfreundes* für ihn ein zentraler Autor gewesen. Die in der Auseinandersetzung mit Hebel entwickelten Thesen sind komplex mit anderen Arbeiten verschränkt, und umgekehrt: Benjamin probiert Wahrnehmungen anderer Abkunft an Hebel aus. Neben der theoretischen Rezeption gibt es eine fruchtbare schriftstellerische: Benjamin griff in Vorträgen und eigenen literarischen Texten auf Formen und Erzählhaltungen dieses Autors zurück.

»Hebel hat *mich* gerufen«

Hebel gehöre »zu den mir vertrautesten Figuren«, erklärte Benjamin Mitte Mai 1937 Franz Glück (5, 534) – ein Umstand, den er auf seine Berner Studienjahre zurückführte: er verdanke seinen Schweizer Jahren so viel für das Verständnis dieses alemannischen Wesens, hatte er Max Rychner in einem Brief vom 21. November 1929 erklärt (vgl. 3, 493). Eine Arbeitsnotiz aus dem Jahr 1929, als Benjamin an seinem Rundfunkvortrag über Hebel arbeitete, beschrieb die persönliche Nähe emphatisch und mit nachgerade mystischem Beiklang: »Dies darf ich ohne Koketterie sagen: Hebel hat *mich* gerufen. Ich habe ihn nicht gesucht. Niemals habe ich mir träumen lassen (und am wenigsten wenn ich ihn las) daß ich über ihn ›arbeiten‹ würde. Noch jetzt kommt mir die Beschäftigung mit ihm immer von Fall zu Fall, stückweis und provoziert und ich werde diesem possierlichen Dienst- und Bereitschaftsverhältnis treu bleiben, indem ich ein Buch über ihn schreiben werde« (II, 1445).

Der Buchplan wurde nicht realisiert. Das »Dienst- und Bereitschaftsverhältnis« (ebd.) – zumindest sein durch Texte nachweisbarer Anteil – erstreckte sich auf etwa acht Jahre, von 1926, als Benjamin aus Anlaß des einhundertsten Todestages mehrere Artikel publizierte, bis 1933, dem Jahr, in dem die letzte veröffentlichte Stellungnahme erschien. Benjamins erste nachweisbare Hebel-Lektüre fällt in die Zeit um 1918 (vgl. VII, 442: Nr. 581), und nach 1933 finden sich Erwähnungen in Briefen, die belegen, daß die Auseinandersetzung mit Hebel für ihn nicht abgeschlossen war.

Benjamin verfaßte insgesamt vier Zeitungsartikel – zwei Würdigungen, eine Rezension und die Antwort auf eine Umfrage – sowie einen Rundfunkvortrag und

Aufzeichnungen, die im Zusammenhang mit dem Rundfunkvortrag und der Rezension stehen. Daß er den an zentraler Stelle, nämlich in der *Literarischen Welt* am 24. September 1926 publizierten Artikel J.P. HEBEL. EIN BILDERRÄTSEL ZUM 100. TODESTAGE DES DICHTERS (II, 280–283) für wichtig hielt, zeigt die Erwähnung in einem Brief vom 18. September 1926 an Gershom Scholem (vgl. 3, 197). Dort ist auch die Rede davon, daß er eine andere Notiz gleichzeitig für Zeitungen schrieb; sie wurde unter verschiedenen Titeln und in voneinander abweichender Textgestalt unmittelbar vor und am Todestag, dem 22. September 1926, in sechs Blättern – darunter der *Magdeburgischen Zeitung* und dem *Berliner Börsencourier* – gedruckt (vgl. JOHANN PETER HEBEL. ZU SEINEM 100. TODESTAGE, II, 277–280). Drei Jahre später, am 6. Oktober 1929, erschien Benjamins literaturstrategische Rezension des Buches *Johann Peter Hebel als Erzähler* von Hanns Bürgisser unter dem Titel HEBEL GEGEN EINEN NEUEN BEWUNDERER VERTEIDIGT im *Literaturblatt der Frankfurter Zeitung* – also ebenfalls an prominenter Stelle (vgl. III, 203–206). Selbstzitate wie die Übernahme von Thesen und ganzen Abschnitten zeigen, daß Benjamin die Arbeit an seinen Hebel-Texten pragmatisch gestaltete. Der Vortrag, den Benjamin am 29. Oktober 1929 in der *Bücherstunde* im Südwestdeutschen Rundfunk, Frankfurt, sprach, zitiert über weite Teile die Zeitungstexte von 1926 (<JOHANN PETER HEBEL. 3>; zur Datierung vgl. Schiller-Lerg 1984, 379 u. VII, 608). Welchen Hebel-Beitrag die 1930 im Rowohlt Verlag geplante Sammlung seiner Essays zur Literatur enthalten sollte, ist nicht bekannt; vermutlich dachte Benjamin an einen der Zeitungstexte von 1926 (vgl. Faksimile des Verlagsvertrags bei Brodersen 1990, 198).

Die letzte publizistische Stellungnahme, die Antwort auf eine von der in Prag und Wien erschienenen Zeitung *Die Welt im Wort* veranstaltete Rundfrage, ist deutlich von der Exilerfahrung geprägt. Gegenstand der Rundfrage, an der sich außer ihm Thomas Mann, Rudolf Kassner, Hermann Broch, Felix Weltsch, Max Brod u. a. beteiligten, war die Frage: »Was soll man zu Weihnachten schenken?« Die Redaktion hatte angesichts der neuen Buchproduktion, die »zu einem beträchtlichen Teil sehr scharf weltanschaulich eingestellt« sei, angeregt, alte Bücher zu lesen und zu verschenken. Benjamin, dessen Antwort am 14. Dezember 1933 gedruckt wurde, schlug das *Schatzkästlein* vor und begründete das u. a. mit folgendem Satz: »In Tagen, in denen mehr zu einer kurzen Kameradschaft gehört als früher zu lebenslangen Freundschaften, in denen das Mißtrauen eine notwendige und Verläßlichkeit die höchste Tugend geworden ist, zeigt Hebel besser als sonst einer, wonach man messen soll« (J. P. HEBELS SCHATZKÄSTLEIN DES RHEINISCHEN HAUSFREUNDES, II, 628). Wie nachhaltig die Auseinandersetzung mit Hebel war, verdeutlicht ein Brief vom 22. Dezember 1936, in dem Benjamin auf einen Hebel-Artikel von Franz Glück in der *Wiener Zeitung* reagierte; zugleich ist zu erkennen, in welche Richtung Benjamin noch hätte gehen wollen: »Der Hebel-Aufsatz ist von besonderer Schönheit. Sie umreißen diejenigen Teile in Hebels Bild, die für mich von jeher die anziehendsten gewesen sind – vor einem Hintergrund jedoch, der sich mir niemals erschlossen hatte. Darum ist diese Darstellung, in der der Mann sich so einsichtig vorm Fond seiner Lebensumstände präsentiert für mich außerordentlich anziehend gewesen« (5, 448).

Die Aufzeichnungen aus dem Nachlaß enthalten Exzerpte und Thesen, die Benjamin in den publizierten Texten nicht verwendet hat (vgl. II, 1444–1449). Mit Ausnahme dieser Aufzeichnungen und des Rundfunkvortrages sind sämtliche Texte lediglich im Druck überliefert. Im Walter Benjamin Archiv finden sich keine weiteren Notizen oder Dokumente.

In den *Gesammelten Schriften* wurde der Vortrag als <JOHANN PETER HEBEL. 3> beziffert (vgl. 635). Das ist irreführend, da Benjamin die etwa gleichzeitig entstandene Rezension als »neuen, meinen dritten ›Hebel‹« bezeichnete (vgl. Brief an Gershom Scholem, 18. September 1929, 3, 485, s.a. ZU EINEM DRITTEN HEBEL-AUFSATZ, II, 1446).

Im folgenden werden die Grundlinien von Benjamins Hebel-Deutung entfaltet und im Kontext der Hebel-Rezeption kommentiert, wobei der Akzent auf Benjamins Neubewertung liegt.

Der Erzähler Hebel

Hebels Texte, in denen sich Mundart und Lutherdeutsch durchdringen, gehören zu den bedeutendsten Werken der neueren deutschen Literatur. »Für die Hebelrezeption war das Jahr 1926 ein Wendepunkt« (Giuseppe Bevilacqua in Arnold 2001, 16). Hundert Jahre nach seinem Tod, als Benjamins Würdigungen erschienen, galt Hebel weithin als mundartlicher, dem Regionalen verpflichteter, lehrhafter Dichter, dessen Texte v.a. an Kinder und Jugendliche gerichtet und auf ein Lesebuchpublikum beschränkt waren. Im Widerspruch zu dieser Lesart betonte Benjamin – gemeinsam mit Ernst Bloch – die Modernität Hebels und seine Bedeutung für die gesamte deutschsprachige Literatur. Schon die Empfehlung, die Benjamin 1933 anläßlich der Rezension eines deutschen Lesebuches für norwegische Gymnasien gab, Hebels Texte gehörten »mit Recht zum eisernen Bestand der deutschen Lesebücher«, ist von anderem Kaliber (Deutsch in Norwegen, III, 406). Das Werk des Alemannen sei ein »Monument deutscher Prosa« (II, 280), das *Schatzkästlein* »eines der lautersten Werke der deutschen Prosa-Goldschmiederei« (277). Benjamin widersprach Goethe und Jean Paul, für die Hebels Texte Zeugnis von Naivität waren, wenn er Hebels künstlerische Potenz würdigte. Als »Schlüssel seiner artistischen Meisterschaft« sah er, ebenfalls wie Bloch, daß sich bei Hebel Mundart und Deutsch der Lutherbibel durchdringen, zwei Pole, deren Auseinandersetzung die neuere deutsche Prosa präge (279; vgl. 280; vgl. Bloch 1965, 173 u. 367). Daher sei diese Prosa »so ursprünglich wie durchgebildet« (II, 628). Benjamin verwies auf den Formenschatz des Dichters und benannte als dessen Traditionen Voltaire, Sterne und Jean Paul (vgl. 281, 280, 278). Wie dieser sei Hebel ein, nach Goethes Wort, »›zarte[r]‹ Empiriker« (278), seine Sprache erinnere an die des *Faust II* (280). »Nicht umsonst«, führte er aus, sei das *Schatzkästlein* ein Lieblingsbuch von Franz Kafka gewesen (vgl. 628).

Benjamin bezeichnete Hebel, den »großen und nie genug geschätzten Meister«, als »Vergegenwärtiger«, dem es gelang, aufschlußreiche und gewichtige Vorfälle mit der Evidenz des »Hier und Jetzt« auszustatten (635). »Das Jetzt und Hier der Tugend ist für ihn kein abgezognes Handeln nach Maximen sondern Geistesgegenwart« (640).

Der Revolutionär aus dem Kleinbürgertum

Hebels Figuren stammen dem rebellischen, aufgeklärten Kleinbürgertum rheinischer Städte ab. Hebels Herkunft und seine soziale Position zeitigten Benjamin zufolge ihre Wirkung auf Texte und Figuren des Dichters: »Zeitgenosse der großen französischen Revolution, von allen Geisteskräften der Epoche auf das Entschiedenste und Radikalste ergriffen, ist er doch immer der süddeutsche Kleinstädter geblieben, der als eingezogener Junggeselle und als Hofprediger des Großherzogs von Baden in den eingeschränktesten Verhältnissen nicht nur zu leben sondern sie zu vertreten hatte« (636). Die Spannung zwischen der Loyalität mit der »herrschenden Klasse in ihren besten Vertretern, kaufmännisch solidestem Kleinbürgertum« (281) und dem Revolutionsimpuls prägte die Texte ebenso wie die Spannung zwischen patriarchalischer, dörflicher Herkunft und der regional weitgreifenden Tätigkeit in kirchlichen Leitungsfunktionen (vgl. 1445). Benjamin kommentierte Berthold Auerbachs Vergleich zwischen Hebel und Goethe (aus *Schrift und Volk*) zustimmend: »Hebel stand restaurativ als Vertreter des Kleinbürgertums, in seinen vorgeschrittenen Teilen wie Goethe, restaurativ, als Vertreter (Gesandter) des Großbürgertums« (1445).

Für Benjamin gehörten Hebels Figuren – wie Gestalten Eichendorffs, Knut Hamsuns und Robert Walsers – zu den »große[n] Prägungen des windbeutligen, nichtsnutzigen, tagediebischen und verkommenen Helden« (Robert Walser, 326). Der Zundelfrieder komme »aus dem rebellischen, aufgeklärten Kleinbürgertum rheinischer Städte um die Jahrhundertwende« (ebd.).

Aufgeklärter Humanismus

Hebels Haltung sei als »aufgeklärter Humanismus« (II, 277) oder »›reine‹ Humanität der Aufklärung« (628) zu kennzeichnen. Zugleich hatte er ein Gauner- und Vagantentemperament, Dämonisches und Konspiratives waren ihm nicht fremd. Die dialektischen Spannungen, die Benjamin im Weltanschaulichen walten sah, faßte er im Bild von der unscheinbaren Brosche, »auf der sich Bischofsstab und Jakobinermütze kreuzen« (J.P. Hebel <2>, 283). Hebel erbaue sich an der »Aufklärung und der großen Revolution« (636). Aus seinen Geschichten sprächen »der unverbrüchliche Respekt vor Machtverhältnissen« (282), auf der anderen Seite gehe Dämonisches in Hebels Schwankwesen um; »das Gauner- und Vagantentemperament des Zundelfrieders und des Heiners und des roten Dieters« sei »sein eigenes« (278), das Konspirative ihm nicht fremd gewesen. Hebels »Geheimbund« – Benjamin erwähnt die »›Proteuserei‹« und den »›Belchismus‹« der Freunde – und seine Naturmystik seien nicht politisch gewesen; sie erinnerten eher »an Spielereien vorrevolutionärer Rosenkreuzer« (282).

Mit dem Hinweis auf das Konspirative und Dämonische polemisiert Benjamin gegen eine Lesart, die Hebel als Autor der Behaglichkeit zu verharmlosen trachtet. Hanns Bürgisser, dessen Hebel-Buch er kritisch rezensierte, modele noch einmal »das Nippesfigürchen ›Hebel‹ in Thorwaldsenscher Süße aus dem Biskuitguß allgemeiner Bildung« (III, 203).

Hebel als Moralist

Hebels Moral unterscheidet sich vom Erwarteten. Sie zielt auf angewandte Gerechtigkeit. Das Urteil, Hebel sei »einer der größten Moralisten aller Zeiten gewesen« (II, 628), korrespondierte durchaus mit der Rezeption bis Mitte der zwanziger Jahre, wäre da nicht Benjamins Konkretion des Funktionierens dieser Moral: Hebels

Geschichten hätten alle »einen doppelten Boden« (640), Großes und Wichtiges habe er nicht anders sagen und denken können als »uneigentlich« (282; 636). Um die Moral bei Hebel walte ein Geheimnis, das sich der Deutung entziehe (vgl. 1446). Moralisch sei »ein Handeln, dessen Maxime verborgen ist« (640). Hebels Moral entspringe »nie an der Stelle, wo man nach Konventionen sie erwartet« (278, vgl. 639 f.). Und, noch deutlicher: »Seine Moral ist die Fortführung der Erzählung mit anderen Mitteln« (628; vgl. 640; vgl. III, 205). Die Anspielung auf Clausewitz aufnehmend, erklärte Benjamin, in Hebels Moral sei »militärische Bereitschaft« mit verblüffenden Losungen (III, 205). Man könne den Dichter als »Rückzugsgeneral« bezeichnen; er lenke immer ein und lasse der Wirklichkeit das letzte Wort, »und trotzdem kann man das nicht martialischer tun als er« (II, 1447). Bloch zitierte Benjamins Begriff ›Rückzugsgeneral‹, den er vermutlich gesprächsweise gehört hatte, publiziert war er 1965 noch nicht; allerdings bezog sich Bloch nicht auf das Funktionieren von Moral, sondern auf Hebels Schreibweise (vgl. Bloch 1965, 177).

Hebel sei »Kasuist wie alle wirklichen Moralisten« (III, 205). Er zeige »besser als sonst einer, wonach man messen soll«, schrieb Benjamin 1933 in der Buchempfehlung für *Die Welt im Wort*: »Nämlich nach dem Maß des Humors, d.i. nach der angewandten Gerechtigkeit« (II, 628). Die ganze Erde sei bei Hebel »zum Rhodos der göttlichen Gerechtigkeit geworden« (III, 205).

Hebel als Theologe

Benjamin betonte Hebels theologische Schulung und protestantische Disziplin (vgl. II, 279). Sein Theologie-Begriff unterschied sich von dem der zurückliegenden Hebel-Rezeption – wie ihn etwa Bürgisser zugrundegelegt hatte – durch das Fehlen von Frömmigkeit und Religion und durch die Öffnung zur Welt. Zuständig für die Deutung dieses Werks seien theologische, nicht religionsgeschichtliche Begriffe (vgl. III, 204). Theologische und weltbürgerliche Haltung – die hier im Gegensatz zum Status als Kleinbürger steht – durchdringen sich in ihm (vgl. II, 636). Die Verbindung von Theologie und Aufklärung illustrierte Benjamin in einem Vergleich: Hebels Geschichten »sind die Votivgemälde, welche die Aufklärung in den Tempel der Göttin der Vernunft gestiftet hat« (640).

Völlig neu ist der Hinweis auf das Verhältnis des Nichtjuden Hebel zur jüdischen Tradition. Es lasse sich »an Lebendigkeit und Tiefe nur mit dem Lichtenbergschen vergleichen« (III, 205), heißt es in der Bürgisser-Rezension; man habe auf dieses Verhältnis ganz besonders zu achten, notierte sich Benjamin 1929 (vgl. II, 1447). Im Geburtstagsartikel des *Berliner Börsencouriers* ist die Formulierung »Hebels Art, die Moral zu machen« (278) ergänzt durch eine bedeutsame, in anderen Drucken entfallene Erklärung: »– weiß Gott, eine talmudische, und er hätte gut Lichtenbergs Wort sich zu eigen machen können, ihm sei an keiner Übersetzung seiner Sachen mehr gelegen, als an der ins Hebräische« (1005). Mit Lichtenberg hat Benjamin allerdings einen Gewährsmann gewählt, dessen Haltung zum Judentum höchst ambivalent ist. Benjamin zitierte das Wort aus den *Sudelbüchern* gewiß nach der von den Söhnen veranstalteten Original-Ausgabe der *Vermischten Schriften* (1844–1853), die er 1920 erworben hatte (vgl. 2, 104). Neuere Editionen drucken, der kritischen Ausgabe der *Aphorismen* von Albert Leitzmann (1902–1908) folgend, eine entgegengesetzte Lesart: »Unter allen Übersetzungen meiner Werke, die man übernehmen wollte, verbitte ich mir ausdrücklich die ins Hebräische« (Lichtenberg 1994, 934). Anders als Werner Kraft und Gershom Scholem scheint Benjamin die fatale Differenz nicht wahrgenommen zu haben (vgl. Joost 1980). Aber war ihm, dem Bibliographen des Sammlers Domke, Lichtenbergs Haltung, die als »aufgeklärte Judenfeindschaft« charakterisiert worden ist (vgl. Schäfer 1998), unbekannt geblieben? (In den *Gesammelten Schriften* fehlt der Nachweis des Lichtenberg-Satzes und seiner unterschiedlichen Lesung, vgl. II, 1005.)

In der Rezension präzisierte Benjamin 1929 die Beziehung mit Blick auf die Gattungstradition: »Diese Verwandtschaft zum Jüdischen gipfelt eben im haggadischen Einschlag seiner Erzählungen« (III, 206).

Hebel als Chronist

Zur Kennzeichnung der Erzählerhaltung führte Benjamin die Unterscheidung von Chronist und Historiker ein. Hebels Verfahren entspricht dem des Chronisten, nicht dem des Historikers. Die Beschreibung des Zeitraums von gut fünfzig Jahren, die in *Unverhofftes Wiedersehen* zwischen Tod und Wiederauffinden des Bergmanns vergangen waren, gemahnte Benjamin an eine Klage, »wie manchmal mittelalterliche Chronisten sie ihren Büchern voranstellten. Denn das ist in der Tat nicht die Gesinnung des Historikers, die uns aus diesen Sätzen entgegentritt sondern die des Chronisten. Der Historiker hält sich an ›Weltgeschichte‹, der Chronist an den Weltlauf« (II, 637). Während jener es zu tun habe mit dem »Netz des Geschehens«, in dem ihm alles zu einem winzigen Knotenpunkt werde, gehe dieser aus vom »eng begrenzten Geschehen seiner

Stadt oder Landschaft« (ebd.), die ihm zum Mikrokosmos werde. Es sei »das Wesentliche der Chronik, daß für sie auch das kleinste Dasein, sei es eines Lebendigen, eines Ortes oder einer Sache geschichtliche Einheit ist, eine Geschichte für sich hat« (1448).

Hebel als Volksschriftsteller

Ebenfalls ungewöhnlich für die Hebel-Deutung in der ersten Hälfte des 20. Jahrhunderts war der Verweis auf den »Volksschriftsteller« (277), die mit einer Zurückweisung der Geringschätzung des Begriffs eingeführt wurde. Volksschriftsteller rangierten im allgemeinen »nun einmal hinter jedem noch so gottverlassenen ›Dichter‹« (ebd.). Philologen verstünden unter Volkskunst »in Wahrheit Armeleuteschriftstellerei« (636). Benjamins Definition des Volksschriftstellers richtete sich gegen jede Form der Beschränkung – regional, sozial, intellektuell und perspektivisch. Nichts liege der »provinziell beschränkten Heimatkunst ferner als der erklärte Kosmopolitismus seiner Schauplätze« (277; vgl. Bloch 1965, 368). »[E]chte, unreflektierte Volkskunst« spreche »Exotisches, Monströses mit der gleichen Liebe, in gleicher Zunge aus wie die Angelegenheiten des eigenen Hauswesens« (II, 277; vgl. 638). Hebel beziehe »sogar das Weltgebäude selber der dörflichen Ökonomik noch ein« (vgl. 277). Sein Werk sei gekennzeichnet von einer »Welt- und Geistesweite wie wohl kein zweites der Gattung seit dem Ende des Mittelalters« (III, 204). In der Antwort auf die Rundfrage fand Benjamin die Formel, der Inhalt des *Schatzkästleins* sei »so weltweit wie handgreiflich« (II, 628). Hebel mache nicht einfach »das Fernste Konstantinopel, Petersburg oder Amsterdam zum Nächsten«, sondern er bleibe – »durch Dialekt, Diktion, argumentatio ad hominem und was für Mittel noch sonst« (1448 f.) – immer beim Nächsten und verbinde es mit dem fernsten Ort.

»Unverhofftes Wiedersehen«

Der wichtigste Text, an dem Benjamin seine Hebel-Deutung entwickelte, ist die Erzählung *Unverhofftes Wiedersehen*. Wie ein roter Faden zieht sich durch sämtliche Hebel betreffenden Texte und Äußerungen Benjamins die hohe Wertschätzung der Erzählung. *Unverhofftes Wiedersehen* war für Benjamin der ganze Hebel in nuce (vgl. 283) und »eine der schönsten« (450) Geschichten. Das Urteil berührte sich mit dem von Ernst Bloch, der sie »die schönste Geschichte der Welt« nannte (Bloch 1965, 175; s.a. 373), und mit dem Kafkas, der die Geschichte, wie Dora Diamant berichtet hat, liebte »wegen ihrer ›Ganzheit‹, weil sie so natürlich war wie große Dinge immer sind« (Koch 1995, 182 f.). Für Benjamin liefen in dieser Geschichte Erfahrung, Haltung und formale Meisterschaft zusammen. Er rühmte besonders die Schilderung des Verlaufs von fünfzig Trauerjahren, es spreche da »eine Metaphysik, die erfahren ist und mehr zählt als jede ›erlebte‹« (II, 279). »Das Leben und Sterben ganzer Geschlechter schlägt im Rhythmus der Sätze, welche im ›Unverhofften Wiedersehen‹ den Zeitraum der fünfzig Jahre erfüllen, in denen die Braut um ihren verunglückten Liebsten, den Bergmann, trauert« (637). In *Unverhofftes Wiedersehen* sah er einen Rückverweis auf die Naturgeschichte; tiefer habe nie ein Erzähler seinen Bericht in die Naturgeschichte gebettet als Hebel in dieser Chronologie (vgl. Der Erzähler, 450 f.). Benjamin hat am deutlichsten erfaßt, »welches die symbolische Form war, die der Raffinesse dieser Sätze zugrunde lag: der mittelalterliche Totentanz« (Honold 2000, 197). In den Zusammenhang von Tod und Naturgeschichte gehört eine Notiz aus dem Passagen-Konvolut D (»die Langeweile, ewige Wiederkehr«): »Das Warten ist gewissermaßen die ausgefütterte Innenseite der Langenweile. (Hebel: Die Langeweile wartet auf den Tod.)« (V, 176). Die letzte dokumentierte Äußerung über Hebel hat einen autobiographischen Bezug: Er habe eine Frau wie die Gestalt der Gräfin Orloff aus Bernard von Brentanos Roman *Die ewigen Gefühle*, »in deren Liebe die Jahre nicht mehr Gewicht haben als die Tage in den kurzlebigen Neigungen unserer Zeitgenossen« (6, 389), gut gekannt, schrieb er dem Romancier Anfang Januar 1940: »Die glücklichste Formel dieser archaischen Liebe, der die Zeit des Wartens auch die des Wachstums ist, habe ich immer im ›Unverhofften Wiedersehen‹ von Johann Peter Hebel gefunden« (390).

Hebel im Gesamtwerk

Schärfe und Grundsätzlichkeit des Tons stellen die Hebel-Texte aus dem Jahr 1929 – der Rundfunkvortrag <Johann Peter Hebel. 3> und die Rezension Hebel gegen einen neuen Bewunderer verteidigt – in den Kontext von Benjamins Bestreben, als der erste Kritiker der deutschen Literatur angesehen zu werden (vgl. Brief an Gershom Scholem, 20. Januar 1930, 4, 502). Der Gestus der Hebel-Arbeiten ist kultur- und wissenschaftskritisch, er richtet sich gegen den Dünkel des Bildungsbürgertums und gegen literaturgeschichtliche und ästhetische Fehlurteile von Germanisten. Die Bürgisser-Rezension bot Benjamin willkommenen

Anlaß, sich »annihilierend« (vgl. Regehly 1992, 71) mit einer Ausrichtung der Literaturwissenschaft zu befassen, wie sie etwa Emil Ermatinger für ihn verkörperte, Anlaß, »so trockene Nebelwesen wie diesen Ermatinger samt den Seinen auszuschwefeln. Das hat mich besonders gefreut, daß Sie den Ermatinger so deutlich visiert fanden«, schrieb er Max Rychner am 21. November 1929 (3, 493). Ermatinger repräsentierte für Benjamin den »falsche[n] Universalismus der kulturhistorischen Methode« (III, 285; vgl. 283–290). Der Vorwurf, Bürgisser hätte anstelle einer Analyse der Hebelschen Frömmigkeit besser vom »Formenschatz« (204) des Dichters handeln sollen, richtete sich allerdings teilweise gegen Benjamin selbst: Was er über Hebels Schreibweise sagte, ist inhaltlich, geistesgeschichtlich und philosophisch bestimmt. Der Formenschatz wird von Benjamin auch nur behauptet, nicht analysiert. Sein Interesse galt Hebels Erzählhaltung, den Wirkungsmechanismen seiner Texte, aber nur am Rande Handwerklichem, also etwa typologischen, erzähltechnischen oder sprachlichen Fragen.

Die Bezüge zwischen den Hebel-Beiträgen und anderen Arbeiten Benjamins erschöpfen sich nicht in der literaturpolitischen oder wissenschaftsstrategischen Dimension. Sie stellen sich als äußerst komplex dar. Hebel und die mit seinem Werk verbundenen Fragestellungen sind in Benjamins Denken fest verankert. Anhand von vier Stichworten – *Moralist*, *Haggadist*, *Chronist* und *Erzähler* – werden hier die Beziehungen nachgezeichnet. Zuvor sind Bezüge zu nennen, die nicht im einzelnen verfolgt werden können: Eine Aktualisierung der Haltung Hebels, wie Benjamin sie 1933 für die Rundfrage vorgenommen hat, kann angesehen werden als Beispiel für eine Erinnerung, »wie sie im Augenblick einer Gefahr aufblitzt« (Über den Begriff der Geschichte, These VI, I, 695). Dem entspricht die von Benjamin beschriebene Funktion des ›Merke‹: »Ist es vielleicht so mit dem ›Merke‹, daß es eine höchste Erscheinung der Geistesgegenwart wäre, garnicht die beschauliche Paraphe am Schluß der Geschichte sondern ihr Funke, der irgendwo in der Mitte, wo die Erfahrung Hebels gerade anschlägt, herausspringt?« (II, 1448). Und von ähnlichem Schlage ist der Hinweis auf das »Hier und Jetzt« von Hebels Geschichten und die Darstellung des Dichters als »Vergegenwärtiger« (635). Das korrespondiert mit der 1931 formulierten, programmatischen Aufgabenstellung für die Literaturwissenschaft, »in der Zeit, da sie [gemeint sind die »Werke des Schrifttums«, d. Verf.] entstanden, die Zeit, die sie erkennt – das ist die unsere – zur Darstellung zu bringen« (Literaturgeschichte und Literaturwissenschaft, III, 290).

Nicht nachgegangen ist Benjamin einer in den Arbeitsnotizen aufgeworfenen Frage: »Gibt es nicht bei Hebel einen Hang zu Zitat und Kommentar?« (II, 1444). Fraglos wäre die Antwort aufschlußreich gewesen, da er gründlich über Zitat und Kommentar nachgedacht hat. Eine weitere Notiz – »›Kannitverstan‹ lesen und hier ironisch auf die moderne Theorie des ›Verstehens‹ eingehen. Verstehen, Beschreiben, Erklären. Dilthey« (1448) – erlaubt Schlußfolgerungen über eine Hermeneutik Benjamins (vgl. Regehly 1992).

Von Hebels spezifischer Existenz als *Moralist* führt eine direkte Spur in den großen Kraus-Aufsatz von 1931. Für Hebel und Kraus sei der »Takt moralische Geistesgegenwart«, heißt es in Karl Kraus. Signifikant ist die Differenzierung: »Wenn man bei Johann Peter Hebel die konstruktive, schöpferische Seite des Takts in ihrer höchsten Entfaltung findet, so bei Kraus die destruktive und kritische« (II, 339; weitere Nachweise von Hebel-Bezügen in Regehly 1992, 72).

Die verblüffende Lesart von Hebel als *Haggadist* findet ihre Vertiefung in der Gegenüberstellung von Halacha und Haggadah, die konstitutiv für den Kafka-Aufsatz von 1934 ist. Benjamins Formulierung, das Haggadische sei wohl bei keinem außerjüdischen Autor so stark wie bei Hebel (vgl. II, 1447), ist jedoch mehr als ein Gattungshinweis, der der Halacha, dem Gesetz, die Haggadah, die nichtlehrhaften Legenden, Geschichten und Anekdoten des Talmud, gegenüberstellt (vgl. Horch 1991, 262). Er wußte, daß Hebels Überlegungen zum Judentum auf die Forderung von Toleranz hinausliefen und damit seiner Zeit weit voraus waren (vgl. 255). Formgeschichtlich und intentional sind Halacha und Haggadah unauflöslich verbunden. Den Hinweis auf den haggadischen Einschlag von Hebels Geschichten deutet Hans Otto Horch als Benjamins Erkenntnis, daß Hebel die verlorengegangene epische Einheit »zwischen abstrakter Moral und konkretem erzählten Exemplum« wieder hergestellt habe (265). Hebel verschmelze, erklärte Benjamin die handwerkliche Dimension der Verbindung von Halacha und Haggadah, »die Weitschweifigkeit des Epikers mit der Kürze des Gesetzgebers zu einer nahezu unergründlichen Einheit« (Kinderliteratur, VII, 255). Das unterscheidet Hebel von Kafka, bei dem die Lehre als solche nirgends ausgesprochen sei (vgl. VI, 433). Eine Notiz zum Kafka verweist auf die Ähnlichkeit der Parabel *Vor dem Gesetz* mit Hebels Geschichten (vgl. II, 1190).

Die Kennzeichnung Hebels als *Chronist* verfolgte Benjamin weiter – zunächst in seinem Aufsatz Der Erzähler, der von seiner Hebel-Lesart strukturiert wird: »Der Chronist ist der Geschichts-Erzähler« (451), heißt es hier. Benjamin erinnerte erneut an die Beschreibung des Zeitverlaufs in *Unverhofftes Wiederse-*

hen, und er präzisierte seine Unterscheidung: Der Historiker sei gehalten, die Vorfälle, mit denen er es zu tun hat, zu erklären; es genüge nicht, »sie als Musterstücke des Weltlaufs herzuzeigen« (ebd.), während der Chronist die Last der Erklärung von sich abgewälzt habe und es nicht »mit einer genauen Verkettung von bestimmten Ereignissen, sondern mit der Art ihrer Einbettung in den großen unerforschlichen Weltlauf zu tun hat« (452). Signifikant beschrieben ist die Freiheit des Chronisten in dem Traktat Über den Begriff der Geschichte: »Der Chronist, welcher die Ereignisse hererzählt, ohne große und kleine zu unterscheiden, trägt damit der Wahrheit Rechnung, daß nichts was sich jemals ereignet hat, für die Geschichte verloren zu geben ist« (I, 694).

Die Verknüpfungen zwischen den Hebel-Aufsätzen und Über den Begriff der Geschichte gehen weit darüber hinaus: Bereits das erste Wort des Traktats ist eine unverkennbare Referenz an Hebel: »Bekanntlich soll es einen Automaten gegeben haben«, hebt die These vom Schachautomaten an (693). Mit diesem einzigen Wort »›Bekanntlich‹« sei bei Hebel »die öde Kluft verschüttet, die für jeden Spießer Geschichte und Privatleben trennt« (II, 283; vgl. die interessante Variante: »so schwingen in diesem einen ›bekanntlich‹ alle Korrespondenzen von Weltlauf und Stadtklatsch ironisch mit« II, 638). Die in dieser ersten These bildlich gewordene Begegnung von Theologie und historischem Materialismus mag an die Brosche erinnern, »auf der sich Bischofsstab und Jakobinermütze kreuzen« (283), und von der Brosche führt ein Weg zurück zur Formulierung aus Das Leben der Studenten, die »Elemente des Endzustands« seien nur in ihrer »metaphysischen Struktur zu erfassen, wie das messianische Reich oder die französische Revolutionsidee« (75). Von der frühen Studentenrede bis zu den Thesen ist die Geschichtsschreibung als Herrschaftsinstrument thematisch. Im Hebel-Zusammenhang ist die Rede von »›Bildung‹ als Instrument der Unterdrücker« (III, 203). Es ist das Prinzip der durch den Kalender gerafften Geschichten, Geschehenes nicht aus der Perspektive des Triumphzuges zu erzählen, in dem die »Kulturgüter« mitgeführt werden. Es geht darum, Monumente der traditionellen Geschichtsschreibung zum Einsturz zu bringen, mithin »die Geschichte gegen den Strich zu bürsten« (Über den Begriff der Geschichte, These VII, I, 697). Wer will, kann schließlich im ›Engel der Geschichte‹ einen Gruß an Hebel versteckt finden: »Seine Augen sind aufgerissen« (ebd.), heißt es über den Angelus Novus, und bei dem *Chronisten* Hebel sah Benjamin ebenfalls das »schauend aufgerissene Auge« (II, 277).

Der *Erzähler* Hebel stand Pate für Benjamins Lesskow-Essay Der Erzähler. »Hebel war der Herold, der Benjamins Auffassung mustergültigen Erzählens prägte« (Honold 2000, 165). Für einen Text über Hebel bedankte sich Benjamin am 17. Juni 1936 bei Karl Thieme mit dem Hinweis, daß er gerade für seine derzeitigen Überlegungen Gewinn daraus ziehen könne (vgl. 5, 310). Thiemes Arbeit ist bislang nicht ermittelt; ein später erschienener Beitrag weist Parallelen zu Benjamin auf: Hebel sei nicht Eigentum einer umgrenzten Schicht; das *Schatzkästlein* gemahne an ein Volkslied; *Unverhofftes Wiedersehen* streife den Vorhang vor den letzten Dingen (vgl. Thieme 1948, 42 f.) – erzähltheoretisch verwertbar war das allerdings kaum. Die Fortschreibung der Hebel-Arbeiten im Erzähler beschränkte sich nicht auf die bereits erwähnte Figur des Chronisten. Die Motive, die Benjamin seinen Hebel-Studien entnahm, sind vielfältig. In einem Moment, in dem es »mit der Kunst des Erzählens zu Ende« (II, 439) gehe, erscheint Hebel – mit und ohne Namensnennung – als einer, »der, redlich sich nährend, im Lande geblieben ist und dessen Geschichten und Überlieferungen kennt« (440), als archaischer Typus eines Erzählers, der im »seßhaften Ackerbauer[n]« (ebd.) verkörpert war, sich fähig zeigte, Erfahrungen weiterzugeben, im Volk wurzelte und auf dessen mündliche Traditionen zurückgriff (vgl. 439–457). Hebel gehöre in die Reihe jener, die, »offen oder versteckt, ihren Nutzen mit sich« führten, der Rat könne in einer Moral bestehen, in einer praktischen Anweisung, einem Sprichwort oder einer Lebensregel (442). Der Erzähler leihe seine Autorität vom Tod, erklärte Benjamin, und er verwies darauf, wie tief die Geschichte *Unverhofftes Wiedersehen* in der Naturgeschichte verwurzelt sei (vgl. 450 f.). Der Schluß des Essays – »Der Erzähler ist die Gestalt, in welcher der Gerechte sich selbst begegnet« (465) – läßt sich lesen als Präzedenzfall der von Hebel »angewandten Gerechtigkeit« (628).

Im Sürrealismus-Aufsatz nannte Benjamin Hebel – wie Büchner, Nietzsche und Rimbaud – als Vertreter eines »anthropologischen Materialismus« (309). Es geht ihm um eine Tendenz, die Politisches und Kreatürliches verbindet.

Rezeption und Zusammenfassung

Benjamin hat den Ruf Hebels vernommen – als Theoretiker und als Erzähler. Was Hebel not täte, wünschte er in der Bürgisser-Rezension, wäre »nicht die Gefolgschaft der Nullen, sondern der Eine, der ein für allemal die erste Stelle mit markanten Zügen fixierte« (III, 203). Die kritische Auseinandersetzung mit dem Dichter blieb unabgeschlossen; markante Züge hat Benjamin wie kaum jemand vor und nach ihm auf engstem Raum formuliert. Die Hebel-Studien erbrachten Beobachtungen und Positionen, die für große späte Texte – Franz Kafka, Der Erzähler, Über den Begriff der Geschichte – konstitutiv sind. Benjamins Lektüren haben einen entscheidenden Anteil an der Neubewertung Hebels. Sie trugen dazu bei, daß der Dichter aus der Ecke von Heimatkunst und Lehrhaftigkeit geholt werden konnte. Diese Richtung verfolgte auch Franz Glück in seinem Hebel-Artikel für die *Wiener Zeitung*; seine Deutung ist der Benjamins, dessen Name nicht genannt wird, verblüffend nah (vgl. Glück 1936).

Benjamin führt die Unterscheidung von Chronist und Historiker in die Hebel-Rezeption ein. Neu bei ihm und ungewöhnlich war zudem der Hinweis auf eine jüdische Traditionslinie bei Hebel. Namentlich damit hat sich die Forschung befaßt (vgl. Buono 2005; Faber 1992; Faber 2002; Horch 1991). Im Bereich der Erzähltheorie sind Benjamins Hinweise auf Hebels Formenvielfalt, Modernität und Raffinesse der Mittel aufgenommen und weiterentwickelt worden (vgl. Honold 2000; Kaulen 1992; Knopf 1973; Regehly 1992, Rohner 1978; Schlaffer 1973 u. a.).

Bei einem Autor wie Walter Benjamin, der sich an der Grenze zwischen Wissenschaft und Kunst bewegt, ist es symptomatisch, daß sich die Wirkung seiner Hebel-Studien nicht auf die wissenschaftliche Rezeption beschränkte. Wirkungsvoller ist die unmittelbare literarische Rezeption, die Benjamin – gemeinsam mit Autoren wie Bloch (*Spuren*), Kracauer, Brecht (»Geschichten vom Herrn Keuner«), Adorno (*Minima moralia*), Canetti, Anders u. a. – eingeleitet hat. In Texten, die als ›Denkbilder‹ oder ›jüdisch-deutsche Merkprosa‹ bezeichnet worden sind, erstand der Autor des *Schatzkästleins* gleichsam wie neu. Ähnlichkeiten zwischen dieser gattungstheoretisch nicht streng abgrenzbaren Prosaform und Texten Hebels liegen in Kürze und formaler Strenge, im mündlich anmutenden Erzählgestus, in der dialogischen Struktur, in der Thematik, die Beiläufiges und Alltägliches in Philosophisches und Weltbedeutendes wenden kann, im Humor, in der Kombination von Merksatz und Erzählung, Bericht und Reflexion, Erfahrung und Erkenntnis, bei der die – häufig paradoxe und hintersinnig vorgetragene – Moral (das »Merke«) gleichnis- oder parabelartig aus der Geschichte heraus entwickelt wird (vgl. Faber 1992; Faber 2000; Kaulen 1992; Schlaffer 1973). Hebel kann – Richard Faber zufolge – als »Klassiker dieser Tradition« angesehen werden, er sei »dem rabbinischen Prototyp des Erzählens in besonderer Weise verpflichtet« gewesen (Faber 1992, 124). Texte Benjamins, die man als Beitrag zur »Merkprosa« rechnen kann, finden sich in Einbahnstrasse oder in den Skizzen und Aphorismen wie Kurze Schatten <1> und <2>, Essen, Denkbilder, Kleine Kunst-Stücke (vgl. IV, 83–148, 235–304 u. 368–438). Sie sind zumeist Ende der zwanziger Jahre, also parallel zu den Hebel-Beiträgen, geschrieben worden.

Benjamins Rundfunkvorträge für Kinder sind ebenfalls als literarische Hebel-Rezeption bezeichnet worden (vgl. Faber 2002, 153–176; Kaulen 1992; Schiller-Lerg 1984): Der Rundfunkstratege fand – nach Auffassung von Heinrich Kaulen – in Hebel »nicht nur seinen Lehrmeister in Hinblick auf die Wahrnehmungskraft und Geistesgegenwart, die er bei seinen Hörern schulen möchte«, sondern er übernahm von Hebel Eigenheiten der Erzählhaltung wie Bindung an mündliche Gesprächskultur, Aufmerksamkeit für das periphere Phänomen, Verschränkung von Wissensvermittlung mit fabulierenden Exkursen (Kaulen 1992, 25). Indem er sich Themen des 20. Jh.s öffnete, erneuerte Benjamin den auf die vorindustrielle Welt gerichteten altväterlichen Erzählgestus des alemannischen Autors (vgl. 22–30). Damit wies er selbst den Ausweg aus der Krise des Erzählens, die er in Erfahrung und Armut und in Der Erzähler noch diagnostizieren sollte: »Das Erzählen – das wird schon bleiben«, heißt es in einer Aufzeichnung zum Erzähler-Aufsatz. »Aber nicht in seiner ›ewigen‹ Form, der heimlichen, herrlichen Wärme, sondern in frechen, verwegnen, von denen wir noch nichts wissen« (II, 1282 f.). Auf eine Zukunft des Erzählens verweisen auch die Hebel-Texte Benjamins, indem sie, wie Alexander Honold vorgeschlagen hat, die Mittel des Erzählens als »Helfershelfer der Gerechtigkeit« und der »mobilen, ihre Plätze wechselnden Geistesgegenwart« würdigen. »Erzählen schafft Situationen, in denen noch nichts entschieden ist, aber alles in Ruhe verhandelt und besprochen werden kann« (Honold 2000, 176). Der alemannische Dichter besteht die Probe aufs Exempel, die Benjamin durch die Aneignung seiner Erzählformen gemacht hat.

Werk

Johann Peter Hebel <1>. Zu seinem 100. Todestage (II, 277–280)

J.P. Hebel <2>. Ein Bilderrätsel zum 100. Todestage des Dichters (II, 280–283)

<Johann Peter Hebel 3> (II, 635–640)

Hebel gegen einen neuen Bewunderer verteidigt (III, 203–206)

J.P. Hebels Schatzkästlein des rheinischen Hausfreundes (II, 628)

[Aufzeichnungen und Exzerpte zu Hebel] (II, 1444–1449)

Erfahrung und Armut (II, 213–219)

Der Erzähler. Betrachtungen zum Werk Nikolai Lesskows (II, 438–465)

Franz Kafka. Zur zehnten Wiederkehr seines Todestages (II, 409–438)
Karl Kraus (II, 334–367)
Kinderliteratur (VII, 250–257)
Robert Walser (II, 324–328)
Über den Begriff der Geschichte (II, 693–704)

Literatur

Arnold, Heinz Ludwig (Hg.) (2001): Text + Kritik, H. 151: Johann Peter Hebel, München.

Auerbach, Berthold (1864): Gesammelte Schriften. Zweite Gesamtausgabe, Bd. 20: Schrift und Volk. Grundzüge der volksthümlichen Literatur, angeschlossen an eine Charakteristik J.P. Hebel's, Stuttgart.

Bloch, Ernst (1965): Nachwort zu Hebels Schatzkästlein (1965)/Hebel, Gotthelf und bäurische Tao (1926), in: ders.: Gesamtausgabe. Bd. 9: Literarische Aufsätze, Frankfurt a.M., 172–183/365–384.

Brodersen, Momme (1990): Spinne im eigenen Netz. Walter Benjamin – Leben und Werk, Bühl-Moos.

Buono, Franco (2005): La sveglia di Benjamin, Bari.

Bürgisser, Hanns (1929): Johann Peter Hebel als Erzähler, Horgen-Zürich/Leipzig.

Faber, Richard (1985): »›Der Erzähler‹ Johann Peter Hebel«, in: Norbert W. Bolz/ders. (Hg.): Walter Benjamin. Profane Erleuchtung und rettende Kritik. Zweite, vermehrte und verbesserte Auflage, Würzburg, 102–163.

Faber, Richard (1992): »Walter Benjamin und die Tradition jüdisch-deutscher Merkprosa«, in: Michael Opitz/Erdmut Wizisla (Hg.): Aber ein Sturm weht vom Paradiese her. Texte zu Walter Benjamin, Leipzig, 123–145.

Faber, Richard (2002): »Sagen lassen sich die Menschen nichts, aber erzählen lassen sie sich alles«. Über Grimm-Hebelsche Erzählung, Moral und Utopie in Benjaminscher Perspektive, Würzburg.

Glück, Franz (1936): »Hebel«, in: Wiener Zeitung, Nr. 322 v. 22. November (Sonntagsbeilage), 1 f. u. Nr. 329 v. 29. November (Sonntagsbeilage).

Hebel, Johann Peter (1958): Gesammelte Werke, hg. u. eingel. v. Eberhard Meckel, 2 Bde, Berlin.

Hebel, Johann Peter (1990/91): Sämtliche Schriften. Historisch-Kritische Gesamtausgabe, hg. v. Adrian Braunbehrens/Gustaf Adolf Benrath/Peter Pfaff, Bde 2, 3 u. 5, Karlsruhe.

Honold, Alexander (2000): Der Leser Walter Benjamin. Bruchstücke einer deutschen Literaturgeschichte, Berlin.

Horch, Hans Otto (1991): »›Haggadisches‹ Erzählen. Johann Peter Hebels ›jüdische‹ Kalendergeschichten und ihre Deutung durch Walter Benjamin«, in: Peter Freimark/Alice Jankowski/Ina S. Lorenz (Hg.): Juden in Deutschland. Emanzipation, Integration, Verfolgung und Vernichtung, Hamburg, 252–272.

Joost, Ulrich (1980): »›*erbitte*‹ oder ›*verbitte*‹? Ein editorisches Problem und seine Weiterungen«, in: Photorin. Mitteilungen der Lichtenberg-Gesellschaft H. 2, 29–35.

Kaulen, Heinrich (1992): »Konversation als Aufklärung. Überlegungen zu Walter Benjamins Rundfunkarbeiten«, in: Lorenz Jäger/Thomas Regehly (Hg.): »Was nie geschrieben wurde, lesen«. Frankfurter Benjamin-Vorträge, Bielefeld, 11–42.

Koch, Hans-Gerd (Hg.) (1995): »Als Kafka mir entgegenkam...« Erinnerungen an Franz Kafka, Berlin.

Knopf, Jan (1973): Geschichten zur Geschichte. Kritische Tradition des »Volkstümlichen« in den Kalender-Geschichten Hebels und Brechts, Stuttgart.

Knopf, Jan (1983): Die deutsche Kalendergeschichte. Ein Arbeitsbuch, Frankfurt a.M.

Lichtenberg, Georg Christoph (1994): Schriften und Briefe, hg. v. Wolfgang Promies, 1. Bd.: Sudelbücher I, Frankfurt a.M.

Regehly, Thomas (1992): »›Kannitverstan‹ – Benjamin, Hebel und die Hermeneutik«, in: Lorenz Jäger/Thomas Regehly (Hg.): »Was nie geschrieben wurde, lesen«. Frankfurter Benjamin-Vorträge, Bielefeld, 59–95.

Rohner, Ludwig (1978): Kalendergeschichte und Kalender, Wiesbaden.

Schäfer, Frank (1998): Lichtenberg und das Judentum, Göttingen.

Schiller-Lerg, Sabine (1984): Walter Benjamin und der Rundfunk. Programmarbeit zwischen Theorie und Praxis, München u.a.

Schlaffer, Heinz (1973): »Denkbilder. Eine kleine Prosaform zwischen Dichtung und Gesellschaftstheorie«, in: Wolfgang Kuttenkeuler (Hg.): Poesie und Politik. Zur Situation der Literatur in Deutschland, Stuttgart u.a., 137–154.

Thieme, Karl (Hg.) (1947): Laßt uns Menschen sein. Das humanistische Leitbild in der deutschen Literatur der Goethezeit, Lörrach.

Zentner, Wilhelm (1965): Johann Peter Hebel, Karlsruhe.

Zu Gottfried Keller

Von Erdmut Wizisla

Er schreibe »an einer kleinen akzentreichen Arbeit über Gottfried Keller, einem ganz alten Lieblingsgegenstand«, teilte Benjamin Siegfried Kracauer am 29. Juni 1927 mit (3, 270). Gemeint war der umfangreiche Essay Gottfried Keller, der am 5. August 1927 in der *Literarischen Welt* veröffentlicht wurde (II, 283–295). Für einen Lieblingsgegenstand ist der schriftstellerische Ertrag vom Umfang her gering: Er besteht neben dem Artikel, der ursprünglich als Rezension geplant war, aus zwei kurzen Buchanzeigen, ebenfalls für die *Literarische Welt*, einem Briefkommentar für die *Frankfurter Zeitung*, der später in die Sammlung Deutsche Menschen aufgenommen wurde, und wenigen Exzerpten und Notizen aus dem Nachlaß. Insgesamt umfassen die auf Keller bezogenen Texte und Aufzeichnungen nur sechzehn Druckseiten. Der Schweizer Dichter bedeutete Benjamin jedoch mehr, als sich in dem bescheidenen Textmaterial zu erkennen gibt. Ausschlaggebend war eine intensive Leseerfahrung des jungen Benjamin. Mit dem Aufsatz Gottfried Keller wollte der Kritiker Ende der zwanziger Jahre die Vorzüge materialistischer Literaturanalyse demonstrieren. Mit Bezug auf den Keller-Essay verwies er auf die Erfahrung, daß »die historische Größe einen Standindex hat, kraft deren jede echte Erkenntnis von ihr zur geschichtsphilosophischen – nicht psychologischen – Selbsterkenntnis des Erkennenden wird«, eine Erfahrung, die ihn immer noch eher mit »den hanebüchenen und rauhbeinigen Analysen eines Franz Mehring« verbinde als mit »den tiefsinnigsten Umschreibungen des Ideenreiches wie sie heute aus Heideggers Schule hervorgehen« (Brief an Max Rychner, 7. März 1931, 4, 19). Keller stand im Hintergrund des Erzähler-Aufsatzes und der autobiographischen Texte Benjamins, und er gehörte zu den für Kommentare und theoretische Überlegungen zur Gattung Brief zentralen Autoren. Außerdem benutzte Benjamin ihn als Folie für die Kritik am Historismus.

Zugänge zu Keller

Benjamin hat erst allmählich zu Keller gefunden, belegt ist zunächst Distanz: Als er mit zwanzig *Das Sinngedicht* las, fand er es »nicht leicht, auf Kellers schweren Stil sich zu spannen, der jeden Satz langsam zu lesen verlangt« (Brief an Carla Seligson, 30. April 1913, 1, 92). Erst zwei Jahrzehnte später, als er in Skovsbostrand das *Sinngedicht* im eben erschienenen elften Band der *Sämtlichen Werke* wiederlas, sollte er es als einen »sprachlichen Zaubergarten« schätzen lernen (vgl. Leseliste Nr. 1194 <2>, VII, 469, u. Brief an Werner Kraft, 27. September 1934, 4, 506). Zu Kellers bekanntestem Werk, *Der grüne Heinrich*, fand Benjamin nie Zugang. Während der Lektüre, die die Abfassung der Dissertation begleitete, schrieb er Ernst Schoen in einem Brief vom 9. November 1918: »Alle Bücher dieses Mannes gehören zu den zweideutigsten und gefährlichsten Produkten der Literatur. Warum – hoffe ich Ihnen später einmal sagen zu können« (1, 488). In einem Brief an Hugo von Hofmannsthal vom 16. August 1927 erscheint die Leseerfahrung – wohl weil Hofmannsthal reserviert auf Benjamins Zuwendung zu Keller reagiert hatte – etwas geglättet: »Ich weiß heute nicht mehr genau, worauf meine erste Bindung an Keller zurückgeht; als ich im Jahre 1917 in die Schweiz kam, stand mir meine Liebe für ihn schon deutlich fest« (3, 285).

Ein dauerhafter Impuls war jedoch erst 1920 ergangen, als Benjamin den Roman *Martin Salander* las, der ihm »recht trefflich« gefiel (Brief an Gershom Scholem, 26. März 1920, 2, 80). Die Wertschätzung teilte er mit Ernst Bloch, mit dem er sich in den Berner Jahren »in der Rekapitulation der Kellerschen Schriften« zusammenfand (3, 285). Mit dem Verweis auf *Martin Salander* suchte er Hofmannsthal für Keller zu gewinnen: »Alles was der Name Kellers in Ihnen Widerstrebendes aufruft, habe ich an der Lektüre des ›Grünen Heinrich‹ erfahren und im ›Martin Salander‹ einen anderen Pol dieser Welt mit ganz anderem geistigen Wetter sehen wollen« (16. August 1927, 285). Außer *Martin Salander* hatten es ihm die Gedichte angetan: »Kellers Gedichte liebe ich sehr, und seit jeher!«, schrieb Benjamin am 16. Juni 1939 an Bernard von Brentano, als dieser *Die schönsten Gedichte* zusammengestellt hatte (6, 301). Das Verzeichnis der gelesenen Schriften weist, obwohl die rezensierten Bücher nicht erfaßt sind, Kellers Werke nahezu vollständig auf (vgl. VII, 437–476: Nr. 498, 577, 579, 685, 686, 810, 1194 <2>, vgl. auch Nr. 1049).

Den Aufsatz Gottfried Keller betrachtete Benjamin als »Aufriß eines Geländes«, das ihn »Jahre hindurch immer wieder in sich hineinzog« (Brief an Hugo von Hofmannsthal, 24. November 1927, 3, 308). Anlaß war die Rezension der ersten Bände der Ausgabe *Sämtliche Werke*, die 1926 bis 1939 von Jonas Fränkel – und, nachdem dieser 1942 zum Verzicht gezwungen worden war, von Carl Helbling – besorgt wurde. Benjamin kam der Besprechungsverpflichtung erst mit einem Jahr Verspätung nach. Was ihm zunächst als Nebenarbeit erschienen war (vgl. 161), hatte sich zu einem eigenständigen Aufsatz entwickelt. Begonnen hatte er die

Arbeit in Berlin vor März 1927, abgeschlossen in Paris im Juli 1927 (vgl. 493). Kurz vor dem Abschluß kündigte er Bedeutungsvolles an. Die Anzeige bringe Überraschungen (5. Juni 1927, vgl. 263), schrieb er Kracauer, sie werde »hoffentlich allerlei verraten und bestätigen« (27. Juni 1927, 270). Im Juli 1927 teilte er Scholem mit, er habe seine gestärkten Kräfte auf die seit Jahresfrist fällige Anzeige von Kellers Werken geworfen, und er schmeichle sich, darin »einiges untergebracht zu haben, was sich schon lange auf meinen Gehirngassen herumtrieb« (281). Benjamin rechnete Gottfried Keller – auch wenn er behauptete, damit nur »Prolegomena« (285) gegeben zu haben – zu seinen besten Aufsätzen (vgl. Scholem 1975, 179). 1930 wollte er den Text in die bei Rowohlt geplante Sammlung seiner Essays zur Literatur aufnehmen (vgl. Faksimile des Verlagsvertrags bei Brodersen 1990, 198). Ende September 1934 schrieb Benjamin, er befasse sich »mit einer Studie über Keller, im Anschluß an einen neuen Band der Gesamtausgabe« (4, 504). Die wohl zu dieser Zeit fixierten Nachträge zum Aufsatz über Keller (vgl. II, 1014) verzeichnen in den Artikeln unberücksichtigt gebliebene Stichworte zur Interpretation und deuten somit eine prospektive Fortsetzung an. Die Exzerpte aus der *Neuen Zeit* (vgl. 1013 f.) dürften in den Wochen zuvor bei Brecht in Skovsbostrand angefertigt worden sein, wo ein vollständiges Exemplar der Zeitschrift zur Verfügung stand. Im ersten Halbband des Jahres 1886 hat sich Brecht – sehr wahrscheinlich nach einem Hinweis von Benjamin – die Schlußpassage des Aufsatzes von Julie Zadek angestrichen; dort erscheinen »Romeo und Julia auf dem Dorfe«, »Das Fähnlein der sieben Aufrechten« und »Die drei gerechten Kammacher« als Höhepunkt von Kellers Schaffen, Erzählungen, die »zu dem Schönsten und Ergreifendsten gehören, was die Literatur aller Zeiten und Völker hervorgebracht hat« (Zadek 1886, 183 f.).

Benjamins Keller-Bild ist aus der Rezensententätigkeit entfaltet. Anlaß der drei Artikel für die *Literarische Welt* sind Editionen – Einzelbände der Fränkel-Ausgabe und der Briefwechsel mit Marie und Adolf Exner. Das gibt sich unterschiedlich stark in den Artikeln zu erkennen: Im Essay Gottfried Keller, der den Anlaß ansonsten vergessen läßt, begrüßt Benjamin, daß der Apparat das Gestrichene zugänglich mache und damit die Intention von Kellers bewußtem »Feilen an der Sprachform« (II, 289) erkennen lasse. Dem Essay nachgestellt war eine Annotation der bis dato erschienenen Bände der Ausgabe (sie enthielten die Fassungen von *Der grüne Heinrich* und *Die Leute von Seldwyla*), in der Einrichtung, Ausstattung und Lesart kommentiert wurden. Benjamin bezweifelte, daß das »philologisch betrachtet, kühne Verfahren« (294), die Lesarten nach stilistischen Gesichtspunkten zu rubrizieren, sich im wissenschaftlichen Gebrauch durchsetzen werde (vgl. ebd.). Die knappe Anzeige des 1931 erschienenen ersten Bandes der Fränkel-Edition veranlaßte Benjamin zu dem Satz: »Wenn es einen neueren deutschen Schriftsteller gibt, an welchem ernsthafte Textkritik und echte Philologentreue Entdeckerarbeit leisten können, dann ist es Keller« (III, 322). Im Exil bemühte sich Benjamin, weitere Bände dieser Ausgabe und Fränkels Buch *Gottfried Kellers politische Sendung* in Fritz Liebs *Schweizer Zeitung am Sonntag* zu besprechen (vgl. 6, 260; 266; 275). Fränkel selbst hatte sich bei seinem Verleger für die Vergabe des Rezensionsauftrages an Benjamin eingesetzt (vgl. Kambas 1987, 268).

Mit Ausnahme der Notizen, die in einem Umschlag mit der Aufschrift »Nachträge zu abgeschlossenen Arbeiten [:] Keller« zusammengefaßt waren (II, 1013), sind sämtliche Arbeiten nur im Druck überliefert. Im Walter Benjamin Archiv finden sich keine weiteren Aufzeichnungen.

Im folgenden wird Benjamins Keller-Deutung unter vier Gesichtspunkten dargestellt.

Materialismus

Benjamin begriff Kellers Werk als ein politisches. Die gewichtig angekündigten »Überraschungen« und der Hinweis auf einiges, das sich »schon lange auf meinen Gehirngassen herumtrieb« (3, 263), sind Anspielungen auf die materialistische Tendenz des Aufsatzes Gottfried Keller. In dem programmatischen Brief an Max Rychner vom 7. März 1931, in dem er für sich als Forscher die »*Haltung* des Materialisten wissenschaftlich und menschlich in allen uns bewegenden Dingen fruchtbarer [...] als die idealistische« nannte, verwies Benjamin auf sein »exaktes Bemühen, die Einsicht in Keller an der in den wahren Stand unseres gegenwärtigen Daseins zu legitimieren« (4, 19). Die idealistische Lesart sah Benjamin im Falle von Keller namentlich durch Emil Ermatinger vertreten, dessen Methode er im April 1931 in der Rezension Literaturgeschichte und Literaturwissenschaft (III, 283–290) attakkierte. Ob Benjamin Fränkels Polemik gegen Ermatinger u. a. Keller-Herausgeber kannte (vgl. Linsmayer in Kersten 2000, 92–101), ist nicht zu klären. Seine Ablehnung von Ermatingers Neufassung der Baechtholdschen Keller-Biographie fiel scharf aus (vgl. 3, 493; 6, 109, wo ostentativ Baechtholds Biographie zu den »großen gründenden Dichterbiographien« gezählt wird). Die bürgerliche Literarhistorie scheitere an Kellers Materialismus und Atheismus; sie könne den »historischen Grund« (II, 284), auf dem das Werk erbaut sei, nicht für ihr Erbe erklären (vgl. ebd.). Die an Keller gewonnene Einsicht »in den wahren Stand unseres gegenwärtigen Daseins« kommt mit einem Minimum an marxistischer Terminologie aus: Keller repräsentiere das »vorimperialistische Bürgertum«, deren Atheismus und Materialismus nach der Reichsgründung in Deutschland verschwunden sei. In der Schweiz habe es sich länger als in Deutschland gehalten. Er repräsentiere »eine Klasse, die, was sie mit dem handwerklichen Produktionsprozeß verband, noch nicht völlig durchschnitten hatte« (285). Benjamin bot Hinweise auf eine juristisch-ökonomische Lektüre von Kellers Texten an – etwa für »›Romeo und Julia auf dem Dorfe‹« (287), wo aus dem gebrochenen Eigentumsrecht an einem Acker ein vernichtendes Schicksal hervorgehe (vgl. ebd.). Auch im Hinblick auf Kellers Mentalität verwies Benjamin auf materialistische Züge: »Dessen großartige Traurigkeit war wirklich die von bunten Fäden der Lust durchzogene materialistische«, schrieb er Max Horkheimer am 24. Dezember 1936 (5, 450).

Der Erzähler Keller

In der Beschreibung der Erzählhaltung und Schreibweise hielt Benjamin den zur Verniedlichung neigenden Lesarten entgegen, Keller sei Materialist und leidenschaftlicher Hedoniker gewesen, und er betonte die unsentimentalische, epische Einrichtung seiner Schauplätze (II, 286; 288). Das Schönste und Wesentlichste sei ihm »mehr noch als andern unter dem Schreiben« (290) gekommen. Keller sei »unter die drei oder vier größten Prosaiker der deutschen Sprache« (284) aufzunehmen. Seine Prosa verwirkliche am vollsten einen Zuwachs, den die nachromantische Epoche dem Deutschen gebracht habe: »Durchdringung des Erzählerischen und des Dichterischen« (290 f.). Diese Charakteristik erinnert an eine Beschreibung, die Benjamin wenig später unter Verweis auf Brecht, Kafka, Scheerbart und Döblin als den wichtigsten Zug der gegenwärtigen Literatur bezeichnete: die innige »Durchdringung jeder großen dichterischen Leistung mit der schriftstellerischen« (III, 302). Mit dem Bild eines an die Surrealisten gemahnenden modernen Erzählers polemisierte Benjamin gegen die Provinzialisierung und das Philistertum, das sich namentlich um den Roman *Der grüne Heinrich* sammle (vgl. Brief an Marcel Brion, 13. Juli 1927, 3, 271; Brief an Hugo von Hofmannsthal, 16. August 1927, 284 f.).

Die Reflexionen zum Erzähler Keller sind mit den im Aufsatz Der Erzähler entwickelten Thesen verzahnt durch den Verweis auf den handwerklichen Ursprung der Texte, die Verwendung von Dialekt und die im Erzählen realisierte Verbindung von Mikrokosmos und Makrokosmos sowie durch ihre wahrnehmungspsychologische Qualität: »Was Kellers Bücher ganz und gar erfüllt, das ist die Sinnenlust nicht so des Schauens als des Beschreibens« (II, 290). Auf die archaische Tradition verweisen der bereits zitierte Hinweis auf den Anschluß an den handwerklichen Produktionsprozeß wie auf den mündlichen oder gar vormündlichen Ursprung des Erzählens: Es »lag wohl in seiner schreibenden Hand ein Mitteilungsbedürfnis, das der Mund nicht kannte« (ebd.). Seit Grimmelshausen habe kein deutscher Schriftsteller so gut »um die Ränder der Sprache Bescheid« gewußt und daher »das ursprünglichste Dialekt- und das späteste Fremdwort« frei gehandhabt (ebd.). Für Kellers Prosa gilt wie für Hebel, daß sie Vertrautes und Fremdes verbindet; im »Weh nach seiner Schweizer Heimat tönt Sehnsucht in die Zeitenferne mit« (289). Wie eine Monade ist im Mikrokosmos Allgemeinstes enthalten: In ihr wiege »jede kleinste angeschaute Zelle Welt soviel wie der Rest aller Wirklichkeit« (288; zur Monade vgl. Über den Begriff der Geschichte, I, 702 f.). An der kunstliterarischen Prosa von Hebel, Keller und Robert Walser spürte Benjamin »den Formen und Voraussetzungen der alltäglichen, elementarliterarischen Erzählkultur« nach (Honold 2000, 364).

Neben den bereits zitierten Selbstdeutungen sind die Hinweise auf das Schweizerische des Gegenstands bemerkenswert. Zwischen den Zeilen finde sich einiges, was es ihm am schweizerischen Wesen angetan habe, schrieb Benjamin am 18. Oktober 1927 an Max Rychner, dessen Echo ihn erfreut und bestätigt hatte. »Was ich versuchte ist, wenn ich so sagen darf, eine kleine intelligible Grenzberichtigung zu Gunsten schweizerdeutschen Bodens gegen das Reichsdeutsche« (3, 296). Dabei hatte er seine Beschreibung des schweizerischen Charakters im Sinne: dieser habe »vielleicht mehr Heimatliebe und weniger nationalistischen Geist in sich genährt als irgendein anderer« (II, 285). Etwas »sehr Schweizerisches« (325) sei die »bäurische Sprachscham« (326); Benjamin entwickelte das für Robert Walser anhand einer Anekdote, in der Keller eine wortkarge Stammtischrunde, in der nach langen Abständen zwei Äußerungen gefallen waren, mit dem Satz verließ: »›Unter Schwätzern will ich nicht trinken.‹« (ebd.).

Hofmannsthals Skepsis gegenüber Keller begegnete Benjamin mit Understatement (»Dieser Aufsatz [...] mag Ihnen früher oder später vor Augen kommen«; 3, 285). Aber er verband das mit einer Lesart, die den Kern seiner Intentionen – sofern sie das Wesen Kellers betrafen – berührte: »Immerhin schwebt mir die Notwendigkeit vor, die Einheit in der das Beschränkte und Lieblose mit dem Umfassenden und Liebevollen echt schweizerisch sich in dem Mann verschränkt, noch ganz anders einsichtig zu machen« (ebd.). Benjamin ging es nicht um die »Konstruktion dieses Autors aus seinen beiden scheinbar so disparaten Hälften« (ebd.), sondern sein Aufsatz zielte »auf einen anderen übersehenen Keller« (ebd.).

Der Briefautor Keller

Die Vorzüge des Dichters seien namentlich am *Briefautor* zu entdecken. Die zitierte Wendung, das Schönste und Wesentlichste sei Keller »unter dem Schreiben« gekommen, bezog Benjamin auf Briefe (II, 290). Sie zeigt, daß er den Brief als Prototyp literarischer Äußerung wertet. »Kellers Briefe sind fast ausnahmslos wichtig«, heißt es in der Anzeige des Bandes *Aus Gottfried Kellers glücklicher Zeit*: »Nicht als Dokumente des Lebenslaufes, [...] sondern in ernsthaftem Sinn: nämlich stilistisch und charakterologisch. In ihnen konnte er sich weit eher als im Werk in die tausendspiraligen Gehäuse seiner Wortform zurückziehen, schnöde aus ihnen schnuppernd oder grämlich darin verschwindend« (III, 84).

Tugenden wie politisches Gespür, Heimatliebe und Verzicht auf Nationalismus haben den Herausgeber der Anthologie Deutsche Menschen bewogen, auch den Schweizer Gottfried Keller in die Phalanx der Personen zu reihen, deren »geprägtes und gewichtiges Wort in die Waagschale der Geschichte zu legen« war (Vorwort, IV, 151). Der Kommentar zum Brief an Theodor Storm vom 26. Februar 1879, zuerst 1931 in der *Frankfurter Zeitung*, begann mit der Feststellung »Gottfried Keller war ein großer Briefschreiber« (II, 290), um dann mit Selbstzitat aus mehreren, anders montierten Sätzen des Aufsatzes von 1927 fortzusetzen (vgl. IV, 224; II, 290). Neu ist die gattungsbezogene Überlegung, derzufolge Kellers Briefe »nicht nur räumlich in einer Grenzmark des sprachlichen Bereichs gelegen« (IV, 224) seien. Benjamin hatte gewiß die eigene Formulierung von der »Durchdringung des Erzählerischen und des Dichterischen« (II, 290 f.) im Kopf, als er Kellers Briefe bestimmte als »ein Mittleres zwischen Brief und Erzählung [...], Gegenstücke der Mischform zwischen Brief und Feuilleton« (IV, 224).

Am Beispiel Keller formulierte Benjamin eine Auffassung, die in der Theorie wissenschaftlicher Briefeditionen mittlerweile allgemein akzeptiert, für den Briefschreiber Benjamin selbst jedoch bislang nur ansatzweise umgesetzt worden ist: »Briefe ›großer Männer‹ ohne die ihrer Korrespondenten herauszugeben, ist eine Barbarei« (III, 84).

Kritik am Historismus

In der fünften These von Über den Begriff der Geschichte zitierte Benjamin einen Keller zugeschriebenen Satz: »›Die Wahrheit wird uns nicht davonlaufen‹«. Benjamin kommentierte: »dieses Wort, das von Gottfried Keller stammt, bezeichnet im Geschichtsbild des Historismus genau die Stelle, an der es vom historischen Materialismus durchschlagen wird« (I, 695). Die Formulierung, die Benjamin zuerst im Fuchs-Aufsatz verwendet hat (vgl. II, 468), ist bei Keller in diesem Wortlaut nicht belegt. Eine analoge Notiz aus dem Passagen-Konvolut nennt zudem ein Werk Kellers als Quelle: »›Die Wahrheit wird uns nicht davonlaufen‹ heißt es an einer Stelle des Kellerschen Sinngedichts. Damit ist der Wahrheitsbegriff formuliert, mit dem in diesen Darstellungen gebrochen wird« (V, 579). Im *Sinngedicht* gibt es allenfalls einen Satz, an den Benjamin gedacht haben kann: »Allein obgleich keine natürliche Erklärung, kein Durchdringen des Geheimnisses für einmal möglich ist, so bleibt doch nichts Anders übrig, als an dem Vernunftgebote festzuhalten und sich darauf zu verlassen, daß über kurz oder lang die einfache Wahrheit ans Tageslicht treten und jedermann zufrieden stellen wird« (Keller 1996 ff., Bd. 7, 106). Benjamins Lesart des vermeintlichen Zitats kritisiert die Selbstgewißheit des Historismus, der jeden Moment der Vergangenheit für zitierbar und unveränderlich ansieht; das Konzept des historischen Materialisten bewahrt nur *das* Bild der Vergangenheit, in der sich die Gegenwart erkennt. Um Kellers Position, die bei einem fühlbaren Trend zum Historismus die Kritik am Historismus nicht ausschloß (vgl. Jeziorkowski 1979, 15–19), geht es Benjamin jedoch nicht.

Rezeption und Zusammenfassung

Unmittelbare zeitgenössische Reaktionen auf Benjamins Keller-Texte sind – sieht man ab vom Interesse Jonas Fränkels, ihn als Rezensenten zu gewinnen – kaum überliefert. Adorno sah, als er die Buchausgabe von Deutsche Menschen erhalten hatte, in ihr einen »Ausdruck von Trauer«, der ihm »merkwürdig verwandt dem der Berliner Kindheit« schien. Der Verfall des Bürgertums sei am Verfall des Briefschreibens dargestellt: »in den Briefen von Keller und Overbeck ist die Klasse in der Tat schon verhüllt, und die Gebärde, mit der sie sich wegwendet – weg vom Brief als der

Form der Kommunikation – ist die ihrer eigenen Entsagung zugleich« (Brief an Walter Benjamin, 7. November 1936, Adorno 1994, 208 f.). Benjamins Aufsatz stand, ohne im einzelnen nachgewiesen worden zu sein, am Anfang einer sozialgeschichtlich und politisch orientierten Keller-Forschung (vgl. Ruppel 1998, 104).

Neue Aspekte der Keller-Deutung entwickelt Menninghaus unter Verwendung von Benjamins Thesen. Er nimmt den Vergleich mit Homer auf. Das (pseudo-) antike Bild »bärtige Aphrodite« (II, 293), eine »kaum zu übertreffende Formel für die Verschränkung von Männlichem und Weiblichem in Kellers physiognomischer Erscheinung sowohl als seinem Werk«, habe »fast zwei Generationen der Keller-Forschung, bis hin zu Adolf Muschgs und Gerhard Kaisers Büchern, vorweggenommen« (Menninghaus 1982, 91). Menninghaus liefert eine Deutung der »Romeo und Julia«-Novelle – v.a. der darin erkennbaren Signatur des Todes – unter Sichtung von Benjamins Theoremen zu Recht, Mythos, Schicksal, Schuld und Tragik und mit Bezug auf die Wahlverwandtschaften-Studie (95–158). Berndt wertet Berliner Kindheit um neunzehnhundert als »Kronzeugen für die Kontinuität des Erinnerungsdiskurses«; Benjamins Text sei eine Wiederholung der im 19. Jh. – von Moritz, Keller, Raabe – eingeübten Topik: Identitätsbegehren, Initiation, Inzest, Wunsch nach Ähnlich-Sein. Die Parallelen sind offenkundig: So wird etwa die Markthalle wie im *Grünen Heinrich* »zum Mutterreich der chthonischen Göttin Demeter«. Zur Entstellung der Bilder werden Techniken der Sinncodierung – Allegorisierung, Emblematik – zitiert, wie sie zwischen 1800 und 1900 entwickelt wurden (vgl. Berndt 1999, 413–426).

Der Keller-Aufsatz stand am Beginn der großen Literaturporträts, mit denen ihr Verfasser nach längerer Pause den analytischen Ansatz des Wahlverwandtschaften-Aufsatzes aufgriff. Es folgten die Essays über den Surrealismus, Proust, Julien Green, Hebel, Walser, Brecht, Kraus, Kafka (vgl. Scholem 1975, 181 f.). Den Arbeiten gemein ist die Tatsache, daß Benjamin aus der Lektüre Thesen entwickelte, die über den Gegenstand der Untersuchung hinaus Gültigkeit bekamen.

Keller genoß als Autor um 1927 allgemeine Wertschätzung. Dennoch wurde das Vorurteil vom beschaulichen, altertümlichen Zürcher Poeten tradiert (vgl. die exemplarische Lesart bei Zadek 1886, 74). Das Erscheinen der Gesamtausgabe machte Benjamin zufolge den Weg frei für die »allgemach fällige Umwertung«, nicht nur von Kellers Werk, sondern des gesamten 19. Jh.s (II, 284).

Mit den in der psychoanalytischen Literatur betonten skurrilen Zügen und sog. Abnormitäten hielt Benjamin sich kaum auf – von knappen Hinweisen auf den »unfehlbare[n], nicht ganz unverschworene[n] Blick, den Keller für das Angefaulte, Lumpige besaß« (IV, 224), abgesehen. Statt dessen befaßte er sich mit dem, wie er es nannte, Charakterologischen (vgl. III, 84), wobei er in der Begegnung von Melancholie und Humor durchaus eine mentale Verwandtschaft empfunden haben mochte. Er betonte Kellers an Homer gemahnenden Humor, das melancholisch-cholerische Wesen, die »›stille Grundtrauer‹« als »Brunnentiefe, in welcher immer wieder der humor sich sammelt« (II, 292). Sexualität und Sinnlichkeit kommen bei Benjamin ebenfalls nur am Rande vor: Impotenz sei »Grundlage des Passionsweges der männlichen Sexualität« (I, 663), heißt es in den Zentralpark-Fragmenten, wo er – wie auch an anderer Stelle – Kellers Gedicht »Dichtersünde« zitiert: »Doch die lieblichste der Dichtersünden/ Laßt nicht büßen mich, der sie gepflegt:/ Süße Frauenbilder zu erfinden,/ Wie die bittre Erde sie nicht hegt!« (II, 292). Benjamin kommentierte: »Kellers Frauenbilder haben die Süßigkeit der Chimären, weil er ihnen die eigene Impotenz eingebildet hat« (I, 663). In Aufzeichnungen zur Interpretation von Baudelaires Gedicht *La Destruction* notierte Benjamin, der Schluß stelle »das Bild der erstarrten Unruhe«, eine Wendung aus Kellers Gedicht »Verlorenes Recht, verlorenes Glück: ›War wie ein Medusenschild/ der erstarrten Unruh Bild‹« (1147).

Der andere, übersehene Keller, von dem Benjamin sprach, ist ein Schriftsteller im Gleichgewicht, dessen Prosa eine »Vision des Glücks« (II, 288) realisiert hat (vgl. 285; 291; 293 u. 288).

Werk

Gottfried Keller. Zu Ehren einer kritischen Gesamtausgabe seiner Werke (II, 283–295)

Gottfried Keller an Theodor Storm [Kommentar zum Brief vom 26. Februar 1879]. Deutsche Menschen. Eine Folge von Briefen (IV, 224–227)

Der Erzähler. Betrachtungen zum Werk Nikolai Lesskows (II, 438–465)

Rez. zu Aus Gottfried Kellers glücklicher Zeit. Der Dichter im Briefwechsel mit Marie und Adolf Exner. Wien 1927 (III, 84 f.)

Rez. zu Gottfried Keller: Sämtliche Werke, hg. v. Jonas Fränkel. Bd. I: Gesammelte Gedichte, I. Bern/Leipzig 1931 (III, 322)

Über den Begriff der Geschichte (II, 693–704)

Zu Keller / Nachträge zum Aufsatz über Keller / »Wenn Gottfried Keller von Wildenbruchs Dramen [...]« (II, 1013 f.).

Literatur

Adorno, Theodor W./Walter Benjamin (1994): Briefwechsel 1928–1940, hg. v. Henri Lonitz, Frankfurt a. M.

Baechthold, Jakob (1894): Gottfried Kellers Leben, seine Briefe und Tagebücher, 3 Bde, Berlin.

Berndt, Frauke (1999): Anamnesis. Studien zur Topik der Erinnerung in der erzählenden Literatur zwischen 1800 und 1900 (Moritz – Keller – Raabe), Tübingen.
Bloch, Ernst (1965): »Über ein Gleichnis Kellers«, in: ders.: Gesamtausgabe, Bd. 9: Literarische Aufsätze, Frankfurt a.M. 579–581.
Brodersen, Momme (1990): Spinne im eigenen Netz. Walter Benjamin – Leben und Werk, Bühl-Moos.
Ermatinger, Emil (1915/16): Gottfried Kellers Leben, Briefe und Tagebücher, auf Grund der Biographie Jakob Baechtholds dargestellt u. hg. v. E.E., 3 Bde, Stuttgart/Berlin.
Fränkel, Jonas (1939): Gottfried Kellers politische Sendung, Zürich.
Honold, Alexander (2000): »Erzählen«, in: Michael Opitz/Erdmut Wizisla (Hg.): Benjamins Begriffe, Bd. 1, Frankfurt a.M., 363–398.
Jeziorkowski, Klaus (1979): Literarität und Historismus. Beobachtungen zu ihrer Erscheinungsform im 19. Jahrhundert am Beispiel Gottfried Kellers, Heidelberg.
Kambas, Chryssoula (1987): »›Und aus welchem Fenster wir immer blicken, es geht ins Trübe‹. Briefwechsel aus der Emigration. Walter Benjamin – Fritz Lieb – Dora Benjamin (1936–1944)«, in: Cahiers d'Études germaniques Nr. 13, 245–282.
Keller, Gottfried (1985–2000): Sämtliche Werke in sieben Bänden, hg. v. Thomas Böning u. a., Frankfurt a.M.
Keller, Gottfried (1996ff): Sämtliche Werke, hg. unter der Leitung v. Walter Morgenthaler im Auftr. der Stiftung Historisch-Kritische Gottfried-Keller-Ausgabe, Basel/Zürich.
Keller, Gottfried (1938): Die schönsten Gedichte, ausgew. v. Manuel Gasser/Bernard von Brentano, Zürich.
Kersten, Joachim (Hg.) (2000): Der Rabe. Magazin für jede Art von Literatur, Nr. 61: Der Gottfried-Keller-Rabe, Zürich.
Menninghaus, Winfried (1982): »Romeo und Julia auf dem Dorfe. Eine Interpretation im Anschluß an Walter Benjamin«, in: ders.: Artistische Schrift. Studien zur Kompositionskunst Gottfried Kellers, Frankfurt a.M., 91–158.
Muschg, Adolf (1980): Gottfried Keller. Ein literarisches Portrait mit zahlreichen Bildern und Faksimiles, Berlin.
Ruppel, Richard R. (1998): Gottfried Keller and His Critics. A Case Study in Scholarly Criticism, Columbia.
Scholem, Gershom (1975): Walter Benjamin – die Geschichte einer Freundschaft, Frankfurt a.M.
Zadek, J[ulie] (1886): »Gottfried Keller«, in: Die Neue Zeit IV. Jg., Stuttgart, 73–83, 136–142/175–184.

»Zum Bilde Prousts«

Von Ursula Link-Heer

In seinem letzten Lebenslauf, den Walter Benjamin Ende Juli 1940 in Lourdes zum Zweck der Emigration in die USA verfaßt hat (VI, 225–228), bricht die Zäsur auf, die den seine Wahlheimaten suchenden und jedenfalls partiell auch findenden Intellektuellen von dem Exilanten Benjamin trennt: »Die Epoche zwischen zwei Kriegen zerfällt für mich naturgemäß in die beiden Perioden vor und nach 1933.« Schon lange vor seiner Flucht aus Deutschland im März 1933 hatte Benjamin resignieren müssen, der deutsche Übersetzer von Prousts *A la recherche du temps perdu* (1913–1927) als Ganzem, und nicht bloß einzelner Bände, zu werden. (Tatsächlich erschien der Gesamtroman *Auf der Suche nach der verlorenen Zeit* erst 1953–1957 in der Übersetzung von Eva Rechel-Mertens).

In jenem letzten Curriculum vitae Dr. Walter Benjamin allerdings gewinnt die Lektüre Prousts und die Übersetzungsarbeit an Proust eine überragende Präsenz als »incitation« oder »Anstoß« (um ein Wort aus Prousts Essay »Sur la lecture« zu verwenden, den Benjamin ebenfalls übersetzt hat, s. u.):

»Im Jahre 1927 trat ein deutscher Verlag mit dem Antrag an mich heran, das große Romanwerk von Marcel Proust zu übersetzen. Ich hatte die ersten Bände dieses Werkes im Jahre 1919 in der Schweiz mit leidenschaftlichem Interesse gelesen und ich nahm diesen Antrag an. Die Arbeit gab den Anstoß zu mehrfachem ausgedehnten Aufenthalt in Frankreich. Mein erster Aufenthalt in Paris fällt in das Jahr 1913; ich war 1923 dorthin zurückgekehrt; von 1927 bis 1933 verging kein Jahr, während dessen ich nicht mehrere Monate in Paris verbracht hätte. Im Laufe der Zeit trat ich zu einer Anzahl der führenden französischen Schriftsteller in Beziehung: so zu André Gide, Jules Romains, Pierre Jean Jouve, Julien Green, Jean Cassou, Marcel Jouhandeau, Louis Aragon. In Paris stieß ich auf die Spuren Rilkes und gewann Fühlung mit dem Kreis um Maurice Betz, seinen Übersetzer. Gleichzeitig unternahm ich es, das deutsche Publikum durch regelmäßige Berichte, die in der ›*Frankfurter Zeitung*‹ und in der ›*Literarischen Welt*‹ erschienen sind, über das französische Geistesleben zu unterrichten. Von meiner Übersetzung Prousts konnten vor dem Machtantritt Hitlers drei Bände erscheinen (Berlin 1927 und München 1930).«

Lektüre (bereits im Jahr 1919!) und Übersetzung Prousts, Aufenthalte in Frankreich und »Fühlung« mit dem »Geistesleben« erscheinen eng verflochten. Dabei wird Benjamins Essay Zum Bilde Prousts, der vom

21. Juni bis zum 5. Juli 1929 in drei Fortsetzungen der Wochenschrift *Die literarische Welt* erschienen war, im zitierten Passus implizit den ›regelmäßigen Berichten über das französische Geistesleben‹ subsumiert, um sodann im nächsten Passus als »Arbeitsertrag dieser Periode« unter dem Rubrum »Charakteristiken der Werke bedeutender Dichter und Schriftsteller unserer Zeit« in die folgende Nachbarschaft versetzt zu werden: »Hierher gehören umfangreiche Studien über Karl Kraus, Franz Kafka, Bertolt Brecht sowie über Marcel Proust, Julien Green und die Surrealisten.«

Wie umfangreich diese Studien waren, läßt sich erst heute ermessen. Erst die aus dem Nachlaß publizierten, im Umkreis des Essays entstandenen »Proust-Papiere« (s. u. zur KLEINEN REDE ÜBER PROUST als einen der wichtigsten Texte dieses Nachlasses), erst die Verbindung der BERLINER KINDHEIT UM NEUNZEHNHUNDERT mit der Lektüre von Prousts *Combray* ebenso wie mit der Loslösung von dieser Lektüre, erst die halluzinatorische Präsenz Prousts im Passagen-Werk, die zur Erinnerung, »wie sie im Augenblick einer Gefahr aufblitzt«, das heißt zu den Aphorismen ÜBER DEN BEGRIFF DER GESCHICHTE, einen Bogen schlägt, erst so viele Fragmente und Dokumente, wie die Edition der Briefe, zeigen den Umfang wie die Intensität von Benjamins intermittierend anhaltendem »leidenschaftlichen Interesse« für Proust. Proust war der einzige Autor, schreibt Robert Kahn in der Einleitung seines Buches *Images, Passages: Marcel Proust et Walter Benjamin* (Kahn 1998, 10), dem Benjamin alle Seiten seines Talents gewidmet habe: Übersetzung, kritischer Essay, journalistische Enquête, Neu- und Umschreibung. Kahns Buch ist zugleich die erste grundlegende Gesamtschau, die der »Wahlverwandtschaft« zwischen Benjamin und Proust in ihren verschiedenen Facetten nachgeht, wodurch die Weite eines noch längst nicht abschließbaren Sujets allererst ersichtlich wird.

Kein zweiter Autor hat für Benjamin, für seine Philosophie der Zeit und der Geschichte, wie seine Theorie der Kunst und Literatur, wie schließlich auch sein eigenes literarisches Schreiben und vermutlich auch sein intimes Leben eine solche Bedeutung gewonnen wie Proust. Wie im Falle von Benjamins Interesse für Baudelaire liegt der Beginn nicht zufällig in einer intensiven Übersetzungstätigkeit. Auch aus der Proust-Übersetzung hatte Benjamin übersetzungstheoretische Schlußfolgerungen ziehen wollen. An die Stelle eines Artikels »En traduisant Marcel Proust«, von dem in den Briefen die Rede ist (3, 122 u.ö.), tritt jedoch der Essay ZUM BILDE PROUSTS, der seinerseits (und wohl erstmals im deutschen Sprachraum) von Prousts Essay »A Propos de Baudelaire« spricht, den Benjamin als »auf der großen Höhe des Ruhms und der niedern des Totenbetts entstanden« einführt (II, 321). Es ist dieser von Proust kurz vor seinem Tod geschriebene Baudelaire-Essay, der auch in Benjamins Schaffensperiode nach 1933 stets wiederkehren wird und die Passagenarbeit wie die Baudelaire-Abhandlungen für das *Institute for Social Research* mit der Proust-Lektüre eng verschränkt.

Zeitliche Nähe zu Prousts Veröffentlichungen

Der Lebenslauf, den Benjamin am Vorabend seines Todes geschrieben hat, blendet seine Liebe zu Proust und seine Liebe zu Frankreich ineinander. 1913, das Jahr seiner ersten Paris-Reise, die er als elektrisierend erlebte, ist zugleich das Jahr, in dem Prousts *Du côté de chez Swann* erschien, der erste Band von *A la recherche du temps perdu,* die der Autor damals noch als einen dreibändigen Roman plante. Der Erste Weltkrieg mit seinen Folgen auch für die Einstellung der Verlagsproduktion führte Prousts unaufhörliches Schreiben in ein immenses Wachstum der Mitte des Romans, wie auch zur Einarbeitung des Ersten Weltkriegs in den Schlußband, *Le temps retrouvé.* Im November 1918 erschien *A l'ombre des jeunes filles en fleurs*, wofür Proust ein Jahr später mit dem Prix Goncourt ausgezeichnet wurde. Im Jahr 1919, zugleich dem Jahr seiner Berner Dissertation, hat Benjamin diese beiden Bände also noch als Zeitgenosse von Proust gelesen, von dem er nur durch eine Generation getrennt war. Zu Lebzeiten Prousts (1871–1922) erschienen noch die Bände *Du côté de Guermantes* (I: 1920; II: 1921) und *Sodome et Gomorrhe* (I: 1921; II: 1922). Es sind dies zugleich die Bände, an deren Übersetzung Benjamin gemeinsam mit Franz Hessel gearbeitet hat. *La Prisonnière* (1923) und *Albertine disparue* (1925), also die Bände, in denen sich der ›roman d'Albertine‹ zuspitzt, erschienen postum unter der Ägide von Marcels jüngerem Bruder Robert Proust und dem Verlagslektor Jacques Rivière. Der Druck von *Le temps retrouvé* war erst am 22. September 1927 abgeschlossen. Die Keimzellen dieses Bandes gehen ebenso wie der 1913 erschienene Anfangsband auf Prousts *Contre Sainte-Beuve*-Projekt und dessen Umformungen zurück, so daß Anfang und Schluß der *Recherche* über die lange Dauer des die Gesamtkonzeption wie den Umfangskalkül transformierenden Produktionsprozesses von Proust stets in Verbindung gedacht worden waren. Im gleichen Jahr (Oktober 1927) erschien schließlich auch der ebenfalls von Robert Proust herausgegebene Band *Chroniques*, der verschiedene Artikel bietet, die Proust in der Schülerzeitschrift *Le Banquet*, in *Le Figaro*, und anderen

Zeitschriften publiziert hatte. Unter der Rubrik »Critique littéraire« konnte Benjamin hier Prousts Baudelaire-Essay lesen ebenso wie seinen Flaubert-Essay, die zugleich Polemiken gegen Sainte-Beuve sind.

Man muß sich diese Daten vor Augen halten, um zu ermessen, in welch außergewöhnlich nahem Abstand zu den französischen Publikationsdaten Benjamins Proust-Rezeption erfolgte.

Kein zweiter deutscher Leser war im Jahr 1929 so tief in Proust eingedrungen, daß er einen Satz hätte schreiben können wie jenen, welcher ZUM BILDE PROUSTS einleitet: »Die dreizehn Bände von Marcel Prousts ›A la Recherche du Temps perdu‹ sind das Ergebnis einer unkonstruierbaren Synthesis, in der die Versenkung des Mystikers, die Kunst des Prosaisten, die Verve des Satirikers, das Wissen des Gelehrten und die Befangenheit des Monomanen zu einem autobiographischen Werke zusammentreten« (II, 310). Allerdings war jedoch zu diesem Zeitpunkt Benjamins Hoffnung, sich als der deutsche *Recherche*-Übersetzer zu etablieren, schon der Ernüchterung und der Enttäuschung gewichen (vgl. den Brief an Max Rychner vom 15.1.1929: 3, 431).

Das Scheitern des »deutschen Proust« hat Benjamin als eine individuelle wie kollektive Niederlage erfahren. Gleichwohl muß die »Riesenübersetzung« (3, 102), in der wir Benjamin in der Korrespondenz der zwanziger Jahre und anderen Texten wie dem MOSKAUER TAGEBUCH absorbiert sehen, von unschätzbarer Bedeutung für die Singularität seiner Perspektiven auf Proust gewesen sein. Auch hier sind zunächst einige Daten zu vergegenwärtigen.

Übersicht über Benjamins Proust-Übersetzungen

Die Anfänge von Benjamins Übersetzungsarbeit an Proust liegen im Dunkeln. Man kann aber vermuten, daß es Rainer Maria Rilke war, der Benjamins Aufmerksamkeit auf Proust gelenkt haben könnte (vgl. Roloff 1994, 55f.). Mit dem deutschen Verlag, der 1927, wie es im Lebenslauf heißt, mit dem »Antrag« an Benjamin herantrat, »das große Romanwerk von Marcel Proust zu übersetzen«, ist der Piper-Verlag gemeint, an den die Rechte auf Proust übergegangen waren. Zuvor hatten Benjamin und Franz Hessel im Berliner Verlag Die Schmiede *Im Schatten der jungen Mädchen* zum Druck befördern können, das als »zweiter Roman« von *Auf den Spuren der verlorenen Zeit* figuriert und Anfang 1927 erschien. Der erste Band *Der Weg zu Swann* (1926), war von Rudolf Schottlaender übersetzt worden und hatte einen heftigen schulmeisterlichen Verriß durch den Romanisten Ernst Robert Curtius erfahren (vgl. Benjamins Brief an Scholem vom 18.9.1926: 3, 194ff.). Der dritte Band erschien schließlich 1930, übersetzt von Walter Benjamin und Franz Hessel, im Münchner Piper-Verlag unter dem von den Übersetzern nicht autorisierten Titel *Die Herzogin von Guermantes* (statt: *Guermantes*) in zwei Teilbänden. Wenn Benjamin also in seinem letzten Lebenslauf schreibt, daß von seiner Übersetzung vor dem Machtantritt Hitlers drei Bände erscheinen konnten, so sind damit *Im Schatten der jungen Mädchen* und die zwei Bände von *Guermantes* gemeint, die heute wieder zugänglich sind (Suppl. II und III). Der vierte umfangreiche Band, für den Benjamin allein zeichnete und den er in seinem Brief an Scholem vom 18. September 1926 als »seit langem von mir übersetzt im Manuscript beim Verlage« (3, 195) liegend apostrophiert, *Sodom und Gomorrha*, ist nie erschienen, und das Manuskript ist verschollen.

Bei *Sodome et Gomorrhe* handelt es sich um denjenigen Band, in dem der Protagonist zum Voyeur der Verführungsszene zwischen dem Baron de Charlus und dem Schneider Jupien wird. Dank der »conjonction« dieser beiden plötzlich sehend geworden, tritt er in ein neues kühnes Zeichensystem der »Inversion« (Homosexualität) ein, das durch ein zweites Zeichensystem von Redegenres, nämlich die Dreyfus-Affäre und das Aufflammen des Antisemitismus, zum Teil doppelkodiert wird. Über diese Übersetzung Benjamins wissen wir lediglich einiges aus Pipers Korrespondenz mit Franz Hessel, aus der auch indirekt hervorgeht, wie der unermüdlich reisende Benjamin als Übersetzer gearbeitet hat: »Wir erhielten vom Verlag Die Schmiede noch die Übersetzung von ›Sodom et Gomorrhe‹ [sic]. Diese Übersetzung ist nicht in Maschinenschrift, sondern in außerordentlich enger Handschrift hergestellt. Auch ist noch eine ganze Reihe von Worten ausgelassen, die erst noch eingefügt werden müssen. Ebenso sind viele französische Worte an den Rand notiert, was den Anschein erweckt, als solle die Übersetzung dieser Worte noch nachgeprüft werden. Jedenfalls scheint diese Übersetzung noch nicht druckfertig, und wir dürfen wohl annehmen, daß die Übersetzung noch in die Maschine diktiert werden soll, um bei dieser Gelegenheit überprüft zu werden. Jedenfalls möchten wir auch diese Übersetzung erst dann in Satz geben, wenn sie endgültig überprüft und durchgefeilt ist« (Brief vom 9.7.28; vgl. Piper 1979, 212).

Zu diesem endgültigen ›Durchfeilen‹ aber blieb den Übersetzern im persönlichen wie politischen Lebens- und Überlebenskampf kein Freiraum mehr. Die Höhen und Tiefen der Proust-Übersetzung waren nicht mehr zu ertragen. Benjamin gab den Band *Sodom und Gomorrha* auf. Gleichwohl publizierte er in der *Literarischen Welt* die Teilübersetzung eines anderen bedeutenden Textes von Proust, *Sur la lecture/Über das Lesen*, der am 28. Februar 1930 mit dem Untertitel »Zu John Ruskins 30. Todestag« erschien. In der vorangeschickten kleinen Einleitung weist Benjamin darauf hin, daß dieser »große Essay« aus Prousts Übersetzungen von Ruskin hervorgegangen ist. Es handelt sich also um eine zweifache Engführung der Produktionskreise von Übersetzung und Essay – bei Benjamin wie bei Proust.

Euphorie und Dysphorie der Proust-Übersetzung

Zunächst ist jedoch von dem verlegerischen Dilemma und Fiasko, in das der »deutsche Proust« zwischen den beiden Weltkriegen eingemündet war, auf die Anfänge von Benjamins Übersetzungsarbeit zurückzukommen. Von deren euphorischen Seiten bekommt man einen ersten Eindruck durch den Bericht von Asja Lacis über den Aufenthalt auf Capri vom Mai bis Oktober 1924. Benjamin, so erinnert sich Lacis, »erzählte mir von der modernen französischen Literatur, [...] von Marcel Proust, den er ganz unglaublich fand, und übersetzte mir vom Blatt einige seitenlange Beschreibungen« (Lacis 1976, 46). Auch im Moskauer Tagebuch verschränkt sich die Proust-Übersetzung mit der Liebe zu Asja. Aus dem für Benjamins Übersetzungsarbeit aufschlußreichen Brief an Scholem vom 18.9.1926 geht hervor, daß Benjamin zu diesem Zeitpunkt (also nicht lange vor der Moskaureise) glaubt, »daß der gesamte deutsche Proust von Hessel [...] und mir gemacht wird«. Und dann fährt er fort:

»Über diese Arbeit selbst, wäre viel zu sagen. Ad 1, daß sie mich in gewissem Sinn krank macht. Die unproduktive Beschäftigung mit einem Autor, der Intentionen, die, ehemaligen zumindest, von mir selber, verwandt sind, so großartig verfolgt, führt bei mir von Zeit zu Zeit so etwas wie innere Vergiftungserscheinungen herauf« (3, 195). Zweitens führt er dann die Lockung durch Paris und Frankreich an: »Ad 2 sind aber die äußeren Vorteile der Sache nennenswert. Das Honorar ist diskutabel und die Arbeit an keinen bestimmten Aufenthaltsort (à la rigueur freilich immer wieder einmal an Paris) gebunden, in Frankreich aber als Proust-Übersetzer sich einzuführen sehr angenehm.« Und schließlich mündet die »unproduktive Beschäftigung« mit dem bewunderten Autor auch schon in ein neues Produktionsvorhaben ein, mit dem Benjamin in Gleichzeitigkeit mit der »Riesenübersetzung« schwanger geht: »Ich gehe auch schon wer weiß wie lange mit einer Aufzeichnung ›En traduisant Marcel Proust‹ in Gedanken um und habe eben jetzt in Marseille von den dortigen ›Cahiers du Sud‹ die Zusage erhalten, sie zu bringen. Nur mit der Abfassung wird es noch gute Weile haben. Im Grunde wird sie über das Übersetzen eigentlich wenig enthalten; sie wird von Proust handeln« (195 f.).

Die Übersetzungsarbeit führt Benjamin in außerordentliche Spannungen und Ambivalenzen, deren Theorie man adäquat wohl am besten mit Hilfe von Prousts »Sur la lecture« zu entwickeln hätte. Denn hier widerlegt Proust die Meinung Ruskins, daß uns die Lektüre eine nahezu uneingeschränkte Erweiterung unseres Gesprächskreises gestatte, indem sie »eine Zwiesprache mit sehr viel weiseren und interessanteren Männern ist, als wir in unserer Umgebung sie könnten kennenlernen«, wie Benjamin übersetzt (Suppl. I, 37). Ruskin verkenne dabei, so Proust, »daß der wahre Unterschied zwischen einem Buch und einem Freunde nicht größere oder mindere Weisheit, sondern die Art und Weise des Umgangs mit ihnen ist. Im Gegensatz zum Gespräch ist das Eigene der Lektüre in jedem Falle, uns an eines anderen Gedanken unbeschadet unserer Einsamkeit teilnehmen zu lassen; daß heißt, wir bleiben im Besitz der Geisteskraft, die man in der Einsamkeit hat, und die im Gespräche sich umgehend verflüchtigt« (ebd.).

Was Proust über das Lesen schreibt, gilt a fortiori für die Übersetzung. Benjamin hat neben diesem Fragment für seine Übersetzung auch noch jene Passage ausgewählt, in der Proust negiert, daß die schönen, d. h. großen Bücher uns Antworten geben. Nur für den Autor ließe sich von »conclusions« sprechen, für den Leser handle es sich um »incitations«, was Benjamin mit »Endergebnissen« und »Anregungen« wiedergibt. »Wir fühlen sehr deutlich, daß unsere Weisheit beginnt, wo die des Verfassers aufhört, und wir möchten von ihm, daß er uns Antwort auf Fragen gibt, während alles, was er tun kann, ist: uns Wünsche eingeben« (Suppl. I, 39).

Die Bedeutung Prousts für Benjamin wird hier greifbar. Proust fungierte für Benjamin als eine Wunschmaschine. Er war der Autor, der Benjamin die Wünsche (ein)gab – »nous donner des désirs« heißt es im französischen Text. Deshalb spricht Benjamin auch immer wieder von Prousts »Glücksverlangen« (II, 312). Von 1919 bis zu seinem Tod kommt Benjamin stets wieder auf Proust zurück, wobei er sich in einer Pendelbewegung des Abschüttelns von Proust und der Hinwendung zu ihm befindet. Am 30. April 1926 schreibt er aus Paris an eine andere geliebte Frau, an Jula Radt: »Und dann habe ich, als es mir am schlechtesten ging, den ganzen Proust in die Ecke geworfen und ganz für mich allein gearbeitet und einige Notizen geschrieben, an denen ich sehr hänge: vor allem eine wunderschöne über Matrosen (wie sie die Welt ansehen), eine über Reklame, andere über Zeitungsfrauen, die Todesstrafe, Jahrmärkte, Schießbuden, Karl Kraus – lauter bittere, bittere Kräuter, wie ich sie jetzt in einem *Küchen*garten mit Leidenschaft ziehe« (3, 151).

Es handelt sich um Benjamins Einbahnstrasse, die aus der Notwendigkeit einer Distanznahme gegenüber Proust zugunsten einer Hinwendung zum Surrealismus entstanden zu sein scheint. Doch das Denken in solchen Konkurrenzen, die von herkömmlichen Arbeitsteilungen ausgeht, kann Benjamins Querdenken nicht fassen. Der Sürrealismus-Essay Benjamins erschien im gleichen Jahr wie der Proust-Essay, in dem man das seltsame Bild von dem Strumpf findet, der im Wäschekasten eingerollt, »Tasche« und »Mitgebrachtes« ist, das in der Berliner Kindheit wiederkehrt, und auf das der nicht minder rätselhafte Satz folgt von Prousts »Heimweh nach der im Stand der Ähnlichkeit entstellten Welt, in der das wahre sürrealistische Gesicht des Daseins zum Durchbruch kommt« (II, 314).

Proust-Übersetzung in der Sowjetunion

Zwischen all dem, was Benjamin in dieser immens produktiven zweiten Hälfte der zwanziger Jahre schreibt, »dräut freilich die Proust-Übersetzung«, »eine sehr strenge Tageseinteilung«. Die Briefe der Jahre 1925–1930 ergeben eine Chronik, die in eine Phantasmagorie führt. Im folgenden muß jedoch darauf verzichtet werden, die zahlreichen Briefaussagen zusammenzustellen. Statt dessen soll Benjamin als Proust-Übersetzer bei seiner Reise in die Sowjetunion im Dezember und Januar der Jahre 1926 und 27 präsentiert werden, da man sein Moskauer Tagebuch bislang kaum in Verbindung mit Proust gesehen hat. Und tatsächlich verfolgte ja das intellektuelle Reisegenre des *Voyage en URSS* (Gide) andere Interessen als jene, die man herkömmlicherweise mit Proust assoziierte. Benjamin hingegen teilt seine Moskauer Tage in Einführungen in die proletarische Kultur (Meyerhold, Tretjakow), Gespräche mit Kulturfunktionären, Sanatoriumsbesuche bei Asja Lacis, die Sammelleidenschaft und die Übersetzung ein.

Das Moskauer Tagebuch (VI, 292–409) zeigt ihn »vorsichtig an den Ladenschildern buchstabierend und auf dem Glatteise schreitend« (292 f.). Keine Aussicht, Russisch zu lernen, »weil ich hier meine Zeit zu nötig zu anderem brauche: zum Übersetzen und für Artikel« (327). Das Glücksverlangen ist groß: »Nachmittags bin ich bei Asja nur kurz. Sie hat Streit wegen der Wohnungsangelegenheiten mit Reich und schickt mich fort. Ich lese auf meinem Zimmer Proust, fresse dazu Marzipan« (298). – »Wir [Benjamin und Reich] unterhielten uns ein anderes Mal über Proust (ich las ihm aus der Übersetzung etwas vor), dann über russische Kulturpolitik, das ›Bildungsprogramm‹ für die Arbeiter« (321). – »Im Zimmer legte ich mich aufs Bett, las Proust und aß von den gezuckerten Nüssen« (326). – »Sonntag. Vormittags übersetzt. [...] Abends allein im Zimmer, übersetzt« (359 f.).

Schließlich, am 18. Januar, der ein Abend der Küsse ist und der Erregung durch die Berührung der Hände: »Dann las ich die lesbische Szene aus Proust vor. Asja begriff den wilden Nihilismus darin: wie Proust gewissermaßen in das wohlgeordnete Kabinett im Inneren des Spießers dringt, das die Aufschrift ›Sadismus‹ trägt und erbarmungslos alles zu Stücken haut, so daß von der blitzblanken, arrangierten Konzeption der Lasterhaftigkeit nichts bleibt, vielmehr an allen Bruchstellen das Böse überdeutlich ›Menschlichkeit‹, ja ›Güte‹, seine wahre Substanz zeigt. Und während ich das Asja auseinandersetzte, wurde mir klar, wie sehr das mit der Tendenz meines Barockbuches übereingeht. Ganz wie am Abend vorher, als ich einsam im Zimmer las und auf die außerordentliche Darlegung über die Caritas des Giotto geriet, mir klar wurde, daß Proust an ihr eine Auffassung entwickelt, die sich mit allem dem deckt, was unter dem Begriff der Allegorie ich selbst zu erfassen suchte« (380 f.).

Man hat es hier mit einem »avant-texte« zu tun (der Begriff wird häufig auf die Entwürfe in Prousts Cahiers angewandt), der bereits intensiv auf zum Bilde Prousts hingeneigt ist, in dem jedoch auch schon die Integration intim-erotischer Töne in die Radikalität des Denkens stattfindet, die in Über den Begriff der Geschichte kulminiert (vgl. besonders die zweite der sogenannten Thesen). Schon die Moskauer Eintragung vom 18. Januar 1927 verbindet den vehementen Wunsch, alles Spießertum in Stücke zu hauen, mit der Elektrisierung durch die erotische Berührung und mit der Erkenntnis – im Sinne des Erlangens von Klarheit über die eigenen Konzepte –, die in statu nascendi mit dem Lesen und Vorlesen von Proust, dem Reden über Proust und der Fronarbeit einer Riesenübersetzung zu tun haben, bei der Benjamin zum Leser seiner selbst wird. Auch das steht ganz im Einklang mit Proust, der den in *Sur la lecture* entwickelten Gedanken am Ende seines Romans eine prononcierte Synthesis verleiht: Nur aus Konvention sage der Autor »mon lecteur«, in Wirklichkeit sei jeder Leser der Leser seiner selbst: »En réalité, chaque lecteur est, quand il lit, le propre lecteur de soi-même« (Proust 1954, III, 911). Auch das ist eine Dimension der ›wiedergefundenen Zeit‹.

Die Proust-Übersetzungen von Benjamin und Hessel haben in der bisherigen Forschung überwiegend hinsichtlich übersetzungstheoretischer und -vergleichender Perspektiven Beachtung gefunden. Demgegenüber ist der Status der Proust-Übersetzung für Benjamins eigenes Denken bei der »recherche« seiner eigenen Diskurse eher unbeachtet geblieben. Eine solche Untersuchung erscheint als ein Desiderat. Denn sie müßte die technische Dimension der Routine ebenso erfassen wie die kreative »incitation« oder »Anregung«. Sie hätte auch Fragen der Lebensführung und Selbstsorge Rechnung zu tragen. Wie der »Monomane[]« (II, 310) Proust, den Benjamin (als einziger) als eins der Antlitze von Proust positiviert, entwickelt auch er selbst Monomanien, um die Übersetzungsarbeit bewältigen zu können, an die er sich im Schlafanzug, ungewaschen und ohne Frühstück begibt, wie um das Band der Schwellensituation zwischen Schlaf und Erwachen bloß nicht zu kappen. Häufig heißt es in Benjamins Korrespondenz, die Übersetzung absorbiere ihn derartig, »daß meinem Bewußtsein diese Befassung erst später fruchtbar werden kann« (3, 93). Der somnambule Zustand, in den sich der Kenner des Surrealismus begibt, um »automatisch« voranzukommen, weil ihm sonst zu viele ›eigene‹ Gedanken in die Quere schießen würden, wurde von ihm aber hellsichtig als ein Zustand in Kauf genommen, der nicht einfach ›im Dienste Prousts‹ stand, sondern in dem seiner eigenen Sache.

Die überlieferten Übersetzungen Benjamins und Hessels (über deren Art und Technik der Zusammenarbeit wir kaum etwas wissen), nehmen in den von Hella Tiedemann-Bartels besorgten Supplement-Bänden 535 Seiten (*Im Schatten der jungen Mädchen*) und 584 Seiten (*Guermantes*) ein. *Sodome et Gomorrhe*, worüber Benjamin seinen ersten (allein verantwortlichen) Vertragsabschluß mit der *Schmiede* abgeschlossen hatte, ist noch entschieden umfangreicher. Alles in allem dürfte Benjamin, wenn man das Format der Supplement-Bände zugrundelegt, circa 1700 bis 1800 Druckseiten als Übersetzer von Proust geschrieben haben. Proust war, wie die heute zugängliche Korrespondenz zeigt, sein ständiges Begleitgepäck der zwanziger Jahre; er machte alle Ortswechsel Benjamins mit; er begleitete ihn bei der Ablehnung seines Habilitationsgesuchs wie bei seinem Scheidungsprozeß. Er wurde ihm zur ungeheuren Last.

»Zum Bilde Prousts«

Zum Bilde Prousts lautet der Titel des Essays von 1929, der an die Stelle der geplanten Arbeit »En traduisant Marcel Proust« getreten ist, und der jedes Band zur Übersetzungstätigkeit abgeschnitten zu haben scheint. Von Übersetzungen ins Deutsche ist überhaupt nicht die Rede, noch gibt sich der Verfasser als der Übersetzer Prousts zu erkennen. Benjamin war sich offenbar der Einsamkeit seiner Position bewußt. In Frankreich war man nicht auf deutschsprachige Artikel angewiesen, hier entstand eine eigene umfangreiche Literatur über Proust, die Benjamin nahezu vollständig rezipiert hat. In Deutschland aber näherte man sich schon der Barbarei, die den ›Halbjuden‹ Proust zusammen mit seinen Übersetzern und den meisten Schriftstellern und Gelehrten vertrieb, die Proust gelesen und Bedeutendes über ihn publiziert hatten: Erich Auerbach, Leo Spitzer, den Auerbach-Schüler Hermann Blackert, dessen Buch *Über den Aufbau der Kunstwirklichkeit bei Marcel Proust* Benjamin rezensiert hat. Nur Ernst Robert Curtius konnte in Deutschland bleiben.

Öffentliche Aufmerksamkeit konnte der Proust-Essay erst finden, als Theodor W. Adorno und Gretel Adorno 1955 Benjamins *Schriften* herausgaben. »Diese längst vergriffene Ausgabe hat die Wiederentdeckung Benjamins geprägt« (Lindner 1971, 85), und dieser Beginn von Benjamins Nachruhm koinzidierte damit, daß *Auf der Suche nach der verlorenen Zeit* nun erstmals als ein Ganzes vor die Augen des deutschen Lesers gestellt wurde. Der Proust-Essay wurde auch in die Sammelbände *Illuminationen* (1961) und *Über Literatur* (1969) aufgenommen. Die Leser dieser Jahre waren gebannt von seiner Strahlkraft und der Intensität seiner Bilder. Doch sollte es noch dauern, bis die Generation von 68 nicht bloß Proust selbst mit seinen Milieus der Adels- statt Arbeiterklasse, sondern auch Benjamins Proust-Faszination ohne Mißtrauen sehen konnte. Diese enterbte, rebellierende Generation suchte in Benjamin den authentischen materialistisch-dialektischen Denker, der in das Vakuum der deutschen Geistesgeschichte eintreten sollte.

Aber stand nicht der »unfaßliche« (II, 310) Sonderfall der Dichtung, wie Benjamin ihn bei Proust diagnostiziert und zum großen Schöpfungsschlußbild des Michelangelo-Vergleichs steigerte, in völligem Gegensatz zu seinem Interesse für die proletarische Kultur, seiner Freundschaft mit Bertolt Brecht, seiner Betonung der Produktion und Montage im Kunstwerk-Aufsatz und in Der Autor als Produzent, wo Proust nicht erwähnt ist? Auch Adorno, der seine Auffassungen zu Proust von Anbeginn im Streitgespräch mit

Benjamin entwickelt hatte, das nach und nach aus den Ausgaben der Briefe hervortrat, gab auf diese Fragen keine Antwort. Peter Szondi, der als einer der ersten Benjamins Verwandtschaft mit Proust nachging, verkannte deren Dimension, wenn er meinte, Proust suche »dem Bannkreis der Zeit selbst zu entrinnen« (Szondi 1963, 246). Im Gegenteil führte der Erste Weltkrieg dazu, daß Proust den in seinem Projekt nicht vorgesehenen Krieg dem Roman integrierte, so wie er auch die vorausgegangene Dreyfus-Affäre als Klima seines eminent zeitgenössischen Schreibens benötigte. Entsprechend inadäquat war Szondis Schlußfolgerung: »Proust horcht auf den Nachklang der Vergangenheit, Benjamin auf den Vorklang einer Zukunft« (249). Doch ist dieses Bild typisch für die tastende Rezeption jener sechziger und siebziger Jahre, die nicht auf einen Schlag alles wiedergewinnen konnte, was vertrieben und vernichtet worden war. 1975 erschien Gershom Scholems Buch *Walter Benjamin – die Geschichte einer Freundschaft*, das in das Unwissen der nach dem zweiten Weltkrieg und der Shoah geborenen Deutschen einbrach. Es machte zugleich die Koexistenz der als inkompatibel erscheinenden Pläne und Produktionskreise Benjamins allererst sichtbar. Doch anders als Adorno scheint Scholem sich für Proust selbst, über den ihm der Freund über Jahre berichtet hatte, nicht eigentlich interessiert zu haben. Daß Benjamin zweimal in Briefen an Scholem, der ihn zur Emigration nach Jerusalem bewegen wollte, einen Fingerzeig gibt, Proust sei ein »Halbjude«, hat Scholem nicht aufgegriffen. Benjamin applizierte dabei einen Begriff der Nazis auf Proust (dessen Mutter, Jeanne Weil, aus jüdischem Hause stammte, während der Vater, Adrien Proust, aus katholischem Hause kam), um ihn zugleich im Sinne einer ganz anderen Filiation und Verwandtschaft, und damit auch eines diskret-intimen Selbstporträts umzudeuten.

Aber dies alles war in der Benjamin-Renaissance der sechziger und siebziger Jahre noch verborgen. In all diesen Jahren las man Zum Bilde Prousts eher als einen von der übrigen Arbeit Benjamins fast isolierten Essay von äußerstem ästhetischen Reiz, dessen makelloser Schönheit Bewunderung oder auch Skepsis gezollt wurde. Zwar wurden seine eindringlichen Bilder wie die »Penelopearbeit des Eingedenkens« oder prononcierte Formulierungen zu Prousts Asthma zitiert und weit verbreitet. Aber ganz anders als der Kunstwerk-Aufsatz hat der Essay in diesen Jahren keine vertiefte Auseinandersetzung provoziert. Auch diesmal war es nicht die Schuld des Publikums, wie Benjamin sich nach dem Scheitern des »deutschen Proust« geäußert hatte.

Erst mit Prousts Entdeckung und wachsendem Ruhm in Deutschland (vgl. Speck 1982; Pistorius 2002) und mit der Wiederentdeckung Benjamins als Proust-Übersetzer (vgl. Kleiner 1980) und der Edition der *Gesammelten Schriften* mit ihrem umfangreichen kritischen Apparat konnte der Essay im Gesamtkontext von Benjamins Denken gelesen werden. Zum Bilde Prousts (II, 310–324) ist hier mit einem bis dahin unbekannten Dossier von in einem Kuvert bewahrten »Proust-Papieren« (1044–1069) ediert, unter denen die Aufzeichnung Aus einer kleinen Rede über Proust, an meinem vierzigsten Geburtstag gehalten (1064 f.) von herausragender Bedeutung für das Proustbild ist, da sie die Proustsche Erinnerung mit dem Moment des Sterbenden verbindet. Es ist inzwischen bekannt, daß Benjamin sich damals das Leben nehmen wollte. Weitere bis dahin nicht geahnte Dimensionen des Proustbilds eröffnete schließlich die Edition des Passagen-Werks (1982). So begann mit Beginn der achtziger Jahre eine neue Phase der Benjamin-und-Proust-Rezeption.

Krista R. Greffraths Studie über den Geschichtsbegriff Benjamins mit dem Titel *Metaphorischer Materialismus* (1981) ist die erste Arbeit, die ausgehend von den Bänden I-IV der *Gesammelten Schriften* und unter Einsichtnahme in die Konvolute K und N der Passagenarbeit, die Verbindung von Benjamins Proust-Essay zum dialektischen Bild und der sich mit der mémoire involontaire verknüpfenden Theorie des Erwachens herstellt. »Für das spätere Werk Benjamins hat Proust eine mindestens ebenso große Bedeutung wie Goethe für das frühe«, schreibt Greffrath (Greffrath 1981, 66) und zitiert auch bereits die Hauptbelege wie: »Das dialektische Bild ist zu definieren als die unwillkürliche Erinnerung der erlösten Menschheit« (I, 1233). – »Das im Jetzt seiner Erkennbarkeit aufblitzende Bild der Vergangenheit ist seiner weiteren Bestimmung nach ein Erinnerungsbild. Es ähnelt den Bildern der eignen Vergangenheit, die den Menschen im Augenblick der Gefahr antreten. Diese Bilder kommen, wie man weiß, unwillkürlich. Historie im strengen Sinn ist also ein Bild aus dem unwillkürlichen Eingedenken« (1243). Greffrath wendet sich dagegen, daß die Passagen der Baudelaire-Arbeit, in denen Benjamin vom zufälligen und »ausweglos privaten« (610) Charakter der mémoire involontaire spricht, verabsolutiert werden. Dies sei eine Reduktion. Man habe vielmehr nach der Übertragung zu fragen, die Benjamin bei der Integration der Erinnerungsästhetik Prousts in den Bereich der kollektiven Geschichte vornehme. »Daß die Einheit der Biographie bei Proust als in Fragmente zerfallen sich darstellt, macht diesen Versuch Benjamins überhaupt erst möglich« (Greffrath 1981, 66). Das ist eine wichtige These, die an die Essay-Einsicht anknüpft, daß Proust »im actus purus« des Erinnerns die Einheit der Person aufgibt und die zugleich ein Sesam öffne dich zur scheinbaren Disparität des Essays ist, der Anekdotisches und Kapriziöses, »Schaffnergeschichten« und mots d'esprits mit analytischer Stilkunde und Epistemologischem eigentümlich mischt. Des weiteren erkennt Greffrath, daß Proust »für die forschende Tätigkeit seiner Suche« (dies der Doppelsinn von *recherche*) eine Reihe von Metaphern gefunden hat, »von denen viele an zentraler Stelle im Werk Benjamins begegnen« (67).

Seit der Arbeit Greffraths ist Proust immer mehr in die Benjamin-Forschung eingedrungen. Ob es sich um Untersuchungen zu *Benjamins Begriffen* (vgl. Opitz/ Wizisla 2000) handelt, oder die Auseinandersetzung mit dem Surrealismus (vgl. Fürnkäs 1988), der Photographie und dem Film, trifft man auf Prousts Spuren (an einem Forschungsbericht mangelt es). Als holistischer, isoliert gelesener Text ist Zum Bilde Prousts heute also aufgesprengt. Als Hologramm, dessen konstitutiver Zusammenhang lange Zeit esoterisch anmutete, scheint der Essay allerdings auch niemals eine umfassende Gesamtdeutung erfahren zu haben. Heute empfiehlt sich deshalb im folgenden ein Vorgehen in zwei Schritten. Es soll zunächst Zum Bilde Prousts als Einzeltext beschrieben und damit der Akzent darauf gelegt werden, daß dieser eine erste Synthese von Benjamins Auseinandersetzung mit Proust repräsentiert. In einem zweiten Schritt wird dann an einigen exemplarischen Beispielen gezeigt werden, wie tragfähig sich dieses Fundament für die Entwicklung von Benjamins Denken in den dreißiger Jahren erweisen sollte.

An Scholem schrieb Benjamin am 15.3.1929 aus Berlin, er »spinne zur Zeit an einigen Arabesken zu Proust« (3, 454). Spinnen und Weben, Ornament und Arabeske sind denn auch zentrale Momente von Zum Bilde Prousts, dessen Titel als genitivus obiectivus wie genitivus subiectivus zu lesen ist. Die französische Übersetzung von Maurice de Gandillac »Pour le portrait de Proust« vereindeutigt diese Doppelsinnstruktur ebenso wie der Vorschlag von Rainer Rochlitz »A propos de l' image chez Proust« (vgl. Kahn 1998, 73): In Wirklichkeit geht es um beides – »Pour l'image *de* Proust« – das Bild, das Porträt, die Physiognomie von Proust, wie sie Benjamin in seinem Essay entwirft, und das Bild, wie Proust selbst es schafft, wobei wiederum zweierlei impliziert ist: das proustische Bild als Teilstruktur seiner Texte, in Gestalt der Kaskaden seiner Metaphern und Vergleiche, darüber hinaus aber auch Prousts gesamte fiktionale Welt als Produkt einer spezifischen Arbeit der Erinnerung, auf die sich der Eingangssatz des Essays mit dem Ausdruck der »unkonstruierbaren Synthesis« (II, 310) bezieht, und die der letzte Satz in ein fulminantes Schlußbild der zweiten Schöpfung faßt (vgl. 324). Wie zu zeigen sein wird, ist dieser im Essay entwickelte doppelte Sinn des proustischen Bildes nahezu synonym mit der später zentralen Kategorie eines »dialektischen Bildes«, so daß beides gilt: das proustische Bild ist das dialektische Bild, und das exemplarische dialektische Bild das proustische.

Die drei Abschnitte, in die der Essay gegliedert ist, setzen die folgenden Schwerpunkte:

Das Sprengen der Genres

In (I) geht es zunächst um Prousts *Recherche* als eine narrative Großstruktur von absoluter Singularität und Novität. Akzentuiert sind dabei die genresprengende Eigenart dieser Narration wie die spezifische Form der Erinnerung als generative und strukturprägende Instanz. Wenn bei dieser Narration »alles außerhalb der Norm« (II, 310) liegt, so gilt das zunächst für die Sprengung der Grenzen zwischen den traditionellen narrativen Großgenres: Wir haben es indifferenziert mit einer Dichtung, einem Roman, einem autobiographischen Werk, einem Memoirenwerk und einem Kommentar zu tun. Jedes große Werk ist ein Einzelfall und Sonderfall, doch dieses ist »einer von den unfaßlichsten« (ebd.). Die Sprache (»der Nil der Sprache«) ufert unmittelbar »in die Breiten der Wahrheit« (ebd.) aus. Damit sind über die mehr formalen generischen Dimensionen hinaus scheinbar unvereinbare Aspekte des Gehalts angesprochen: Schreibkunst, ›Mystik‹, Satire, Gelehrsamkeit und ›Monomanie‹. Es geht dem gesamten Essay darum, zu erfassen, was hier einleitend als unfaßlich und als ein »Ort im Herzen der Unmöglichkeit« (311) benannt ist. Denkt man in herkömmlichen literaturwissenschaftlichen Kategorien, so setzt man zunächst Prosa und Lyrik entgegen. Doch die *Recherche* sprengt diesen Gegensatz, weshalb Benjamin sie als Dichtung bezeichnet. Das Hauptbindeglied ist dabei Baudelaire. Dementsprechend zitiert Benjamin später (Abschnitt III), wo er auf den Chock der Entdeckung eingeht, daß die als entgegengesetzt gedachten Wege oder Richtungen von Swann und Guermantes sich verschlingen, zwei Alexandriner aus Baudelaires »Le Voyage«: »Ah! que le monde est grand à la clarté des lampes!/ Aux yeux du souvenir que le monde est petit« (320). Aber er tut dies ohne jede Namensnennung, weder Baudelaires noch des Gedichttitels, womit er einem Verfahren Prousts folgt, der seinem Roman ebenfalls zahlreiche Vers-Zitate inkorporiert hat. Der heutige Leser ist auf philologische Kommentare angewiesen, um die Referenzen zu erkennen.

Proust und Benjamin einverleiben jedoch, statt das Verfahren aufzudecken, dessen Gegensatz und Verwandtschaft zur Montage interessant zu untersuchen wäre. Wenn Benjamin Prousts Roman als eine »unkonstruierbare Synthesis« bezeichnet, so ist unter anderem eine Einverleibung und Verschlingung gemeint, die Entgegensetzungen separierter côtés sowohl zitiert als auch aufhebt bis zur Unkenntlichkeit, jener vexierbildhaften ›entstellten Ähnlichkeit‹, die im Proust-Essay erstmals auftaucht und die Benjamin hier wie in der Berliner Kindheit im Bild des eingestülpten Strumpfs verdichtet (vgl. Weigel 1997).

Nicht minder entgegengesetzt als Vers und Prosa erscheinen herkömmlicherweise auch »die Versenkung des Mystikers« und »die Verve des Satirikers« (II, 310). In Abschnitt I dominiert der »Mystiker«, der sicherlich genereller eine besondere, gegenüber der Theologie indifferenzierte Spielart philosophischer Reflexion meint. Im Zentrum dieser proustischen Philosophie steht die Tatsache, »daß Proust nicht ein Leben wie es gewesen ist in seinem Werke beschrieben hat, sondern ein Leben, so wie der, der's erlebt hat, dieses Leben erinnert« (311) – anders gesagt daß es um eine Vision, d. h. »das Bild« (ebd.), geht, welches an Erinnern und Vergessen gebunden ist. Benjamin faßt diesen gesamten Komplex in einem prägnanten säkularisiert-mythischen Bild zusammen, dem Bild von der »Penelopearbeit des Eingedenkens« (ebd.). Benjamin entwickelt hier erstmals seine für ihn wichtige Kategorie des »Eingedenkens« (s. u.). Bei der Applikation des Penelope-Mythos ist entscheidend, daß es sich um dessen Umkehr handelt: »Denn hier löst der Tag auf, was die Nacht wirkte. An jedem Morgen halten wir, erwacht, meist schwach und lose, nur an ein paar Fransen den Teppich des gelebten Daseins, wie Vergessen ihn in uns gewoben hat, in Händen. Aber jeder Tag löst mit dem zweckgebundenen Handeln und, noch mehr, mit zweckverhaftetem Erinnern das Geflecht, die Ornamente des Vergessens auf« (311). Es dürfte angesichts der großen Verdichtung Benjaminscher Formulierungen nicht überflüssig sein, einige vielleicht triviale Feststellungen in kommentierender Absicht zu geben: »Vergessen« wird hier offensichtlich mit eigenwilliger, einer dem Standardsprecher vertrauten geradezu entgegengesetzten Semantik verwendet. »Vergessen« meint keineswegs aus dem Gedächtnis tilgen – unter »Vergessen« ist die hoch produktive, hoch kreative, im Unbewußten – oder bei Benjamin und Proust wohl besser im Halbbewußten des Wachträumers – zu situierende, der Traumarbeit analoge Arbeit der poetischen Imagination zu verstehen. Was bei uns allen dieses produktive »Vergessen« nächtens produziert, das vergessen wir Nichtkünstler allerdings am Morgen (nach üblicher Semantik), und zwar unter dem Druck »zweckverhafteten Erinnerns«. Es wird noch zu zeigen sein, daß dieser Begriff Bergsons Erinnerungstheorie zitiert und nur vor deren Hintergrund adäquat begriffen werden kann. Proust ist in Benjamins Sicht jener Künstler, dem es gelingt, die nächtliche Produktion des »Vergessens« nicht bei Tage im üblichen Sinn zu vergessen, sondern daraus den »Text« seiner Narration zu »weben« (ebd.). Deshalb schreibt dieser Narrator in einer künstlichen ständigen Nacht, und deshalb trägt die Wachtraum-Struktur seiner Narration die Kennzeichen des zwischen Erinnerungsarbeit und Erinnertem ständig ›verhaspelten‹ Hin und Her. Für diese narrative Struktur verwendet Benjamin die »orientalischen« Metaphern der »Arabeske«, des »Teppichs« und des »Ornaments« (ebd.). Dem entspricht, daß er im zweiten Abschnitt, der von der Energie des Satirikers handelt, Barrès zitierend, »eins der profiliertesten Worte, die je auf Proust geprägt worden sind«, lanciert: »Un poète persan dans une loge concierge« (318).

Proust als subversiver Autor

Abschnitt II ließe sich grob als Darstellung der »soziologischen« (II, 316) Aspekte des proustischen Œuvre charakterisieren. Hier verteidigt sich Benjamin sozusagen gegen seine marxistischen Freunde wie Brecht und im voraus gegen seine linken Bewunderer aus der Zeit um 1968: »Nun liegt es auf der Hand: die Probleme der proustischen Menschen entstammen einer saturierten Gesellschaft. Aber da ist nicht eins, das mit denen des Verfassers sich deckt. Diese sind subversiv« (315). Das letzte Adjektiv meint keineswegs jenes rein ästhetische oder allenfalls sexuell reizende Spiel, das in der Postmoderne damit bezeichnet zu werden pflegt – es meint zweifellos noch politischen und sozialen Umsturz. So erscheint Proust bei Benjamin als eine Art literarischer Partisan, der sich als Snob getarnt mit »Bedientenschmeichelei« (318) in die High Society einschleicht, um sie zu ›zerschlagen‹: »Es war in Prousts Neugier ein detektivischer Einschlag. Die oberen Zehntausend waren ihm ein Verbrecherclan, eine Verschwörerbande, mit der sich keine andere vergleichen kann: die Kamorra der Konsumenten. Sie schließt aus ihrer Welt alles aus, was Anteil an der Produktion hat [...]. Prousts Analyse des Snobismus, die weit wichtiger ist als seine Apotheose der Kunst, stellt in seiner Gesellschaftskritik den Höhepunkt dar« (318 f.). Wie an vielen anderen Stellen zeigt sich hier mit aller Deutlichkeit der Anteil der Proustlektüre Benjamins am späteren Passagenwerk: Die Formulierung über die

»Verschwörerbande« konnotiert selbstverständlich die Marxsche Analyse der Clique Napoleons III. – ebenso wie die von der »Kamorra der Konsumenten« zum Komplex des Warenfetisches gehört. In diesem Zusammenhang ist auf die Konnotationen von »consumere« (verzehren, verbrauchen, verbrennen – also liquidieren) hinzuweisen, um Benjamins negative Sicht nachempfinden zu können. Dagegen steht Proust als der große Produzent, dessen »Probleme« (315) sich nicht im mindesten mit denen der Konsumenten decken.

Die Waffen Prousts sind die des Satirikers, eines, der die Welt in Stücke zerschlägt und sie im Gelächter zerschmettert. Benjamin sieht dabei erstmals die Satire nicht bloß in Verbindung mit der Parodie, sondern in Verbindung mit dem Pastiche. Er kannte Prousts *Pastiches et mélanges*, die 1919 (und vorher in *Le Figaro* und andernorts) erschienen waren, und er erkannte, daß Prousts Pastiche-Talent auch in die *Recherche* eingegangen war. Dabei hat ihm die Comtesse de Clermont-Ferrand, die auch im Essay erwähnt wird, wichtige Fingerzeige gegeben. Anders als die Parodie zerschmettert das Pastiche seine Folie nicht direkt durch einen Gegentext, sondern dringt in sie ein, indem es sie – ludisch – imitiert. Wo immer sich Benjamin auf Prousts Mimikry (auch der Partisan übt Mimikry) bezieht, ist dieses Genie des Pasticheurs gemeint, der ein Teil jener Welt ist, an deren Zerschmetterung durch eine neue Schöpfung er – unkonstruierbar – arbeitet. Der Pasticheur ist zugleich ein Snob und ein Deserteur seiner Klasse oder welch anderer Zugehörigkeit immer.

Auch der Gegensatz von Autobiographie und Memoiren wird von Benjamin ›dekonstruiert‹. (Es handelt sich bei ihm in der Tat um einen Dekonstruktivismus avant la lettre, was die große Faszination erklärt, die Benjamin in der Nachfolge von Derrida und de Man entfaltet hat.) Prousts Prototyp der Memoiren sind die *Mémoires* von Saint-Simon, die die aristokratische Gesellschaft des Ancien régime porträtieren. Benjamin nennt ihn im Zusammenhang des Pastiches und der Mimikry »Prousts Liebling« (317). »Erst Proust hat das neunzehnte Jahrhundert memoirenfähig gemacht« (314 f.). Er ist der neugierige Saint-Simon seiner Zeit, doch zugleich handelt es sich – anders als bei Saint-Simon, der im pronominalen System der »non-personne« schreibt, bei dem also das ›Ich‹ zurücktritt – um eine Autobiographie, die aus dem Erinnerungsakt hervorgeht. Schließlich betont Benjamin, daß Prousts Werk »Dichtung, Memoirenwerk, Kommentar *in einem* darstellt« (310). Der Kommentar ist die Gattung der Gelehrsamkeit, sein Vorbild ist die Übersetzung und Glossierung der normativen Texte, der Bibel und der Thora, des Gesetzes. Als ein Werk, in dem »alles außerhalb der Norm ist«, bietet die Recherche jedoch zugleich auch ihren eigenen Kommentar. Syntax wie das Ensemble sind uferlos, sie integrieren die verschiedenen Genres und Haltungen, statt sie zu begrenzen, und erschließen »die Breiten der Wahrheit« (ebd.).

Asthma

Das Thema des III. Teils ist das Altern und der Tod, Zeit und Ewigkeit. In seiner Mitte steht Prousts Asthma. In der Lektüre Benjamins führt Proust uns »mit der verjüngenden Kraft, die dem unerbittlichen Altern gewachsen ist« (II, 320), in diese Schwellensituation hinein. Die verjüngende Kraft wird auch als die mémoire involontaire identifiziert. Ihr gelingt eine Verschränkung von Zeit und Ewigkeit, aber nicht im platonischen Sinne, sondern, wie Benjamin betont, »rauschhaft« (ebd.). Tatsächlich liest man in der berühmten madeleine-Erinnerung Sätze wie diesen über ihr Aufsteigen: »Je sens tressaillir en moi quelque chose qui se déplace, voudrait s'élever, quelque chose qu'on aurait désancré, à une grande profondeur [...] cela monte lentement« (Proust 1954, Bd. I, 46). Es handelt sich um einen vitalen und erotischen Schub, der die Intensität des Glücksgefühls bewirkt. Andererseits aber ist der Autor, der diese erotische Vitalität hervorbringt, ein Asthmatiker, ein Autor in der Krise. Er steht als Produzent in der Situation des unerbittlichen Alterns und an der Schwelle des Todes. Seine Produktionssituation ist zugleich die Schwellensituation schlechthin.

Benjamin geht es nun aber nicht um die banale Feststellung, daß der gealterte und kranke Proust sein Werk im Wettlauf mit dem Tode zu vollenden suchte, sondern er dehnt die Schwellensituation des späten Proust auf dessen gesamtes Autorenleben aus. Im drohenden Erstickungsanfall hat Proust den Tod ständig »gegenwärtig« (II, 323). Seine verjüngende Kraft, Zeit und Ewigkeit rauschhaft zu verschränken, erklärt Benjamin nachgerade aus der Permanenz dieser Schwellensituation: »Dieses Asthma ist in seine Kunst eingegangen, wenn nicht seine Kunst es geschaffen hat. Seine Syntax bildet rhythmisch auf Schritt und Tritt diese seine Erstickungsangst nach. Und seine ironische, philosophische, didaktische Reflexion ist allemal das Aufatmen, mit welchem der Alpdruck der Erinnerungen ihm vom Herzen fällt. In größerem Maßstab ist aber der Tod, den er unablässig, und am meisten wenn er schrieb, gegenwärtig hatte, die drohende, erstickende Krise« (ebd.).

Noch 1991 hieß es in einem Aufsatz über die mémoire involontaire: »Nur Walter Benjamin konnte auf den unübertrefflich blödsinnigen Einfall kommen, Prousts Asthma mit der Syntax, ja dem ganzen Werk in konstitutive Beziehung zu bringen« (Wolfgang Marx, zit. nach Pistorius 2002, Nr. 1085, 233). Es ist jedoch der Verfasser selbst, der den konstitutiven Beziehungszusammenhang verkennt, der im Bild des Asthmas verdichtet ist. Was Benjamin auch als die »Geistesgegenwart« (II, 320) des schaffenden Proust bezeichnet, ist eine geschärfte Gegenwart, in der die Vergangenheit, die Kindheit, das gelebte Leben nicht bloß erinnert, sondern auf eine spezifische Weise erinnert wird, die ganz Aufmerksamkeit und Vergegenwärtigung ist und jenem hypermnestischen Zustand entspricht, den Bergson und andere bei Menschen in Todesangst beschrieben haben, die in diesem Moment ihr gesamtes Leben an sich vorbeiziehen sehen (vgl. Poulet 1963). Bei Bergson, den Benjamin schon in Bern studiert hatte und auf dessen *Matière et mémoire* er sich mehrfach bezieht, hatte Benjamin über die »Exaltation des Gedächtnisses« gelesen: »Aber nichts Lehrreicheres gibt es in dieser Hinsicht, als was sich in manchen Fällen plötzlicher Erstickung, bei Ertrinkenden und Erhängten zuträgt. Die wieder zum Leben gebrachte Person erklärt, daß sie in der kurzen Zeit alle vergessenen Begebenheiten ihres Daseins mit ihren kleinsten Umständen und in derselben Ordnung, in der sie sich zugetragen haben, an sich hat vorbeiziehen sehen. Ein menschliches Wesen, das seine Existenz *träumen* statt leben würde, würde so wohl in jedem Augenblick die Mannigfaltigkeit der Einzelheiten seines vergangenen Lebens im Auge behalten« (Bergson 1991, 150).

Benjamin dehnt dieses Bergsonsche Modell vom Erstickungstod auf das ganze Autorenleben Prousts und die besondere Modalität seines Erinnerns aus. Die Hauptkorrektur an Bergson betrifft die Passage, daß die Begebenheiten »in derselben Ordnung, in der sie sich zugetragen haben«, erinnert würden, denn »im Nu springt die Landschaft um wie ein Wind« (II, 320) und »im Nu« läßt Proust eine ganze Gesellschaft altern. Anders als Bergson, der die fließende »durée« im Auge hat, betont Benjamin den Umschlag, das Blitzhafte, den Chock, die auch für seine Theorie des Erwachens konstitutiv sind, in der die Traumdimension mit dem »Augenblick der Gefahr« integriert ist.

Die Todesbedrohung durch Erstickungsangst, die Zum Bilde Prousts im Bild des Asthmas kondensiert hat, ist in dem aus dem Nachlaß überlieferten aphoristischen Text Aus einer kleinen Rede über Proust, an meinem vierzigsten Geburtstag gehalten (1046 f.) präzisiert. Zu diesem Datum ist Benjamin sein eigener Tod akut gegenwärtig. Und es ist dieser Moment, in dem er zwei Aphorismen notiert hat, die der mémoire involontaire und Prousts Hedonismus gelten. Die Bilder der mémoire involontaire werden hier mit »kleine[n] Bildchen« (1064) gleichgesetzt, wie sie etwa den Päckchenzigaretten beigegeben waren, »auf denen wir als Kinder einen Boxer, einen Schwimmer oder Tennisspieler bei seinen Künsten bewundern konnten« (ebd.). Zwar hatten »wir als Kinder« diese Bilder niemals so gesehen, wie dies in der Erinnerung der Fall ist. Doch indem diese Bilder durch das Inzitament der mémoire involontaire »in der Dunkelkammer des gelebten Augenblicks entwickelt« werden (Benjamin entlehnt hier eine der zentralen Metaphern Prousts), werden sie zu Selbstbildern: »Wir stehen vor uns, wie wir wohl in Urvergangenheit einst irgendwo, doch nie vor unserm Blick, gestanden haben« (ebd.). Dieses Sich-selbst-Sehen über die Grenzen der biologischen Existenz hinaus (»in Urvergangenheit«) kann als Erinnerung an den Schluß von *A la recherche du temps perdu* aufgefaßt werden, wo die Todesbedrohung mit einem surrealistischen Bild gekoppelt wird, dem Bild derjenigen, denen man in seinem Leben begegnet ist, die ins Monströse wachsen, weil sie in die Tiefe der Jahre getaucht sind, aus denen sie zugleich herausfallen, »comme si les hommes étaient juchés sur de vivantes échasses grandissant sans cesse, parfois plus hautes que des clochers, finissant par leur rendre la marche difficile et périlleuse, et d'où tout d'un coup ils tombaient« (Proust 1954, Bd. III, 1048).

Das Stelzenbild, in dem Proust die Tiefe der Jahre verdichtet, die aus der Vergegenwärtigung des »unwillkürlichen Eingedenkens« (II, 323) resultieren, wird im Schußsatz des Essays als Gerüstbild wiederaufgenommen, und zwar als das Gerüst des alten Michelangelo und als das Krankenbett, auf dem Proust in unbequemer Lage seinen Roman schreibt. Auch dieses große Bild würde man verkennen, wollte man in ihm die pathetische Feier eines Schöpfungsmythos sehen. Wiederum handelt es sich um ein dialektisches Bild: »Zum zweitenmal erhob sich ein Gerüst wie Michelangelos, auf dem der Künstler, das Haupt im Nacken, an die Decke der Sixtina die Schöpfung malte: das Krankenbett, auf welchem Marcel Proust die ungezählten Blätter, die er in der Luft mit seiner Handschrift bedeckte, der Schöpfung seines Mikrokosmos gewidmet hat« (324).

Dieses Bild Benjamins ist zugleich auch ein Bild Prousts, ja eine diskrete Übersetzung Prousts. Greift man zum Text von Proust, der in den von Benjamin nachgeahmten Michelangelo-Vergleich mündet, so wird die Verschränkung des hedonistischen Schöpfertums mit der keuchenden Hast des tödlich bedrohten Produzenten am »Gewebe« der narrativen Syntax sinnfällig. Der Künstler, der sich hier auf dem Gerüst befindet, ist der Komponist Vinteuil. Auf dem Musikabend im Salon Verdurin in *La Prisonniére* entdeckt der Protagonist ein »univers nouveau«, indem er in einer unbekannten Musik, der Erstaufführung eines Septetts, plötzlich die Sonate für Geige und Klavier von Vinteuil, des verstorbenen, etwas verschrobenen Klavierlehrers von Combray, wiedererkennt. Und tatsächlich ist dieses unbekannte einzigartige Meisterwerk von der Freundin von Mlle Vinteuil aus dem Nachlaß transkribiert worden (die lesbische Szene, eine voyeur-Szene, die Benjamin Asja Lacis in Moskau vorgelesen hat, zeigt Mlle Vinteuil und deren Freundin bei der Bespuckung und Profanierung eines Bildes des verstorbenen Vaters). Es ist nun dieses, aus dem unerahnten Genie eines unscheinbaren Klavierlehrers und aus der Profanierung und dem »Sadismus« der lesbischen Mädchen hervorgegangene Meisterwerk des Septetts, das als »großes musikalisches Fresko« auf die Vehemenz eines Schaffensprozesses zurückgeführt wird, der seine Energie aus der Freude und den Chocks bezogen haben muß, die auch dem Rezipierenden zuteil werden: »La joie que lui avaient causée telles sonorités, les forces accrues qu'elles lui avaient données pour en découvrir d'autres, menaient encore l'auditeur de trouvaille en trouvaille, ou plutôt c'était le créateur qui le conduisait lui-même, puisant dans les couleurs qu'il venait de trouver une joie éperdue qui lui donnait la puissance de découvrir, de se jeter sur celles qu'elles semblaient appeler, ravi, tressaillant comme au choc d'une étincelle quand le sublime naissait de lui-même de la rencontre des cuivres, haletant, grisé, affolé, vertigineux, tandis qu'il peignait sa grande fresque musicale, comme Michel-Ange attaché à son échelle et lançant, la tête en bas, de tumultueux coups de brosse au plafond de la chapelle Sixtine« (Proust 1954, III, 254).

Setzt man sich der sinnlichen Erfahrung aus, den Satz von Proust zu übersetzen, so versteht man, was es heißt, in das »Gewebe« des proustischen Textes, den »Teppich«, die »Penelopearbeit des Eingedenkens« einzudringen. So kommen die überraschenden Bilder Benjamins, die dieser für Proust gefunden hat, nicht von ungefähr. Sie sind das Ergebnis einer langen und tiefen Versenkung in die Schreibweise Prousts. Indem Benjamin Prousts Bild des Schöpfers auf der Leiter, »haletant, grisé, affolé, vertigineux«, auf diesen selbst appliziert, der »frenetisch« und »zerfetzt« auf dem Gerüst des Krankenbetts schreibt, blendet er zuletzt Prousts *Recherche* und seinen eigenen Text über Proust bewußt ineinander.

Proust und der spätere Benjamin

Abschließend folgt, wie angekündigt, der Versuch einer über Zum Bilde Prousts hinausgehenden, eher systematisch orientierten Skizze dreier fundamentaler Begriffe Benjamins, die seiner Proustrezeption entscheidende Anregungen verdanken (zum beim späteren Benjamin ebenfalls eng mit Proust verbundenen Begriff der »Aura« vgl. den Artikel zum Kunstwerkaufsatz, 229–251).

Mémoire involontaire und Eingedenken

Für jede Rezeption Prousts stellt die Formel der mémoire involontaire ein dominantes Element dar, weil diese Formel nicht bloß den motivischen Angelpunkt der gesamten narrativen Struktur der Recherche darstellt, sondern darüber hinaus bereits bei Proust den Status einer theoretischen, sowohl psychologisch-anthropologischen wie darüber hinaus umfassend philosophischen und zumindest individuell-historischen Kategorie besitzt. Es ist demnach in höchstem Maße erwartbar, daß diese Formel in Benjamins Proust-Rezeption nicht bloß ebenfalls ein dominantes Element, sondern geradezu die vielleicht wichtigste Kategorie überhaupt darstellen mußte. Dies scheint sich durch die kategorielle Übersetzung mit dem vielfach kommentierten Benjaminschen Zentralbegriff des »Eingedenkens« zu bestätigen: »Steht nicht das ungewollte Eingedenken, Prousts mémoire involontaire dem Vergessen viel näher als dem, was meist Erinnerung genannt wird?« (II, 311). »Die Ausführungen, in denen Reik seine Theorie des Gedächtnisses entwickelt, bewegen sich zum Teil ganz auf der Linie von Prousts Unterscheidung zwischen dem unwillkürlichen und dem willkürlichen Eingedenken« (I, 612). Unter allen Konnotaten des ›Eingedenkens‹ bei Benjamin, die im folgenden zu betrachten sind, läßt sich einzig für den proustischen Kontext eine solche explizite Identifizierung nachweisen. Dieser proustische Kontext ist generell der narrative, wobei von der »Geschichtsschreibung«, jener »schöpferische[n] Indifferenz der verschiedenen epischen Formen«, wie es im Erzähler-Essay heißt (II, 453), zweifellos zunächst die individuelle am stärksten betont ist. Dementsprechend betont die Bestimmung im Erzähler-Essay sowohl beim dargestellten Protagonisten und Ereignis wie beim Leser die Singularität: »Das erste [das »verewigende Gedächtnis des Romanciers«, d. Verf.] ist dem *einen* Helden geweiht, der *einen* Irrfahrt oder dem *einen* Kampf; [...]. Es ist, mit anderen Worten, das *Eingedenken* [...]« (454). Es kann hier gar kein Zweifel bestehen, daß Benjamin einen semantischen strategischen Coup praktiziert: ›*Ein*-gedenken‹ ist (u. a.) ›Gedenken an *Ein*-heiten, Singularitäten‹. Die Narration der Singularitäten par excellence ist aber die Historie, so daß die Originalität der Benjaminschen Kategorie des ›Eingedenkens‹ und gleichzeitig damit der Benjaminschen Proust-Rezeption in der Expansion individueller (biographischer bzw. fiktional-biographischer) Narration zu kollektiver, besser gesagt: der Indifferenzierung dieser beiden Narrationstypen besteht, wie es definitiv die üblicherweise als ›Thesen‹ bezeichneten Aphorismen ÜBER DEN BEGRIFF DER GESCHICHTE formulieren werden.

Zunächst sollen jedoch, um die Rolle der Proust-Rezeption genauer gewichten zu können, andere Konnotate des ›Eingedenkens‹ berücksichtigt werden. Dabei ist in erster Linie der theologische und genauer biblische bzw. jüdische Kontext zu nennen. Sinnvoll erscheint die Unterscheidung zwischen einer semasiologischen und einer onomasiologischen Betrachtung (die in den meisten bisherigen Kommentaren versäumt wurde). Semasiologisch wäre nach Vorgängern des Signifikanten ›Eingedenken‹ zu fragen, onomasiologisch auch nach Feldern verwandter Signifikate. Semasiologisch ist die umstandslose Gleichsetzung mit ›Gedenken‹ und ›Andenken‹ unzulässig. Die These der jüdisch-theologischen Herkunft beruht auf der quasi rituellen hebräischen Formulierung ›sacharta‹ (zur Wurzel s-ch-r) im Buch Deuteronomium, die Luther mit »du solt gedencken« (5. Mose V, 15 u.v.a.) übersetzt. Da auch Buber-Rosenzweig, deren deutsche Thora Benjamin für seine allerdings vernichtende Besprechung genau gelesen hatte, ›sacharta‹ wie Luther mit ›gedenke‹ übersetzen, scheint zumindest *eine* semasiologische Filiation von ›Eingedenken‹ zur deutschen Mystik zu führen: So belegt Trübner die Formel ›îngedenken an got‹, als substantiviertes Verb zu dem üblichen ›eingedenk sein‹ gebildet, bei Eckhart. (»Eingedenk seyn« wird schon bei Adelung 1793 als »im Andenken, im Gedächtnisse behaltend, [...] im Gegensatze des Vergessens« definiert, mit hauptsächlich säkularen Belegen.) Wenn Benjamin bei Proust (im Kontext der mit ›Eingedenken‹ übersetzten mémoire involontaire in ZUM BILDE PROUSTS) »die Versenkung des Mystikers« zu finden meint (II, 310), so scheint das zu einer mystischen semasiologischen Filiation (die sicherlich nur eine von mehreren sein dürfte) zu passen.

Der jüdische Kontext ist dementsprechend lediglich onomasiologisch zu begründen (auch Scholem zählt das Eingedenken »[z]u den jüdischen Kategorien, die er [Benjamin] als solche *einführte*« (Herv. d. Verf.; Scholem 1968, 162). Wie Jan Assmann erläutert hat, besteht im Deuteronomium ein enger Zusammenhang zwischen dieser Formel und den iterativ organisierten religiösen Festen und Gesetzen, so daß hier durch eine rituell wiederholte Kombination von Applikation und Gedenken (wörtliches Rememorieren einer Schrift) ein »kollektives Gedächtnis« generiert wird (Assmann 1991).

Die Relevanz der religiösen Konnotation von ›Eingedenken‹ bei Benjamin erweist sich demnach im Kontext der Expansion der proustischen mémoire involontaire von der individuellen zur kollektiven Geschichte: »Wo Erfahrung im strikten Sinne obwaltet, treten im Gedächtnis gewisse Inhalte der individuellen Vergangenheit mit solchen der kollektiven in Konjunktion. Die Kulte mit ihrem Zeremonial, ihren Festen, deren bei Proust wohl nirgends gedacht sein dürfte, führten die Verschmelzung zwischen diesen beiden Materien des Gedächtnisses immer von neuem durch. Sie provozierten das Eingedenken zu bestimmten Zeiten und bleiben Handhaben desselben auf Lebenszeit. Willkürliches und unwillkürliches Eingedenken verlieren so ihre gegenseitige Ausschließlichkeit« (I, 611).

In der zweiten Baudelaire-Abhandlung ÜBER EINIGE MOTIVE BEI BAUDELAIRE, aus der dieses Zitat stammt, hat Benjamin versucht, den Gegensatz von »[w]illkürliche[m] und unwillkürliche[m] Eingedenken« bei Proust (ebd.) mit der Psychoanalyse kompatibel zu machen, wobei seine Freudlektüre sich als hochgradig eigenwillig erweist. Auffällig ist vor allem die Vermeidung des bei Freud absolut fundamentalen Begriffs des Unbewußten und seine Ersetzung durch ein proustisches »Gedächtnis, das unwillkürlich ist« (609). Bei dieser ausschließlich auf das Trauma-Theorem aus *Jenseits des Lustprinzips* gestützten Umdeutung scheint eine ironische Applikation der bei Baudelaire beschriebenen Kategorie des »Coup« im Spiele zu sein: An die Stelle der strikten Freudschen Dichotomie von Bewußtem und Unbewußtem tritt die Gegenüberstellung von »Bewußtsein«, »Chockabwehr«, »Erlebnis« und »Reflexion« einerseits und (unwillkürlichem) »Gedächtnis«, »Ausfall der Chockabwehr«, »Erfahrung« und »Schreck« anderseits (615). Dabei wird die zweite Reihe, die das Freudsche Unbewußte ersetzt, plural und graduell aufgefächert: Es ist von mehreren »Systemen« die Rede, von denen exemplarisch das proustische ›Körpergedächtnis‹ erwähnt wird (613; vgl. auch die oben erwähnte Rolle des Rituals unter diesen »Systemen«). Auf diese Pluralisierung stützt sich dann das Konzept eines graduellen »Erwachens« (nach dem Modell des Eingangs der *Recherche*) als »Bemächtigung einer Erfahrung«, das in den späten Geschichts-Aphorismen zur Basis des historisch-materialistischen Verfahrens erklärt wird.

Wie das Beispiel der strategischen semantischen ›Prägung‹ von »Eingedenken« als »Eines gedenken« im Erzähler-Essay zeigt, liebt Benjamin solche semantischen Akzentuierungen, die dem tropischen Mechanismus der Emphase folgen. Insofern liegt es nahe, unter den Konnotationen des »Ein-gedenkens« auch diesen schrittweisen, graduellen Prozeß der Erfahrungs-Bemächtigung beim schrittweisen »Erwachen« mitzudenken. Dafür scheint auch das Desjardins-Zitat über Baudelaire zu sprechen, dem es darum zu tun gewesen sei, »›das Bild dem Gedächtnis einzusenken‹« (621), wobei es sich nach Benjamin ja um ein der Chockabwehr entgangenes Bild gehandelt habe. Die entsprechende emphatische Konnotation wäre also als der Prozeß eines schrittweisen ›Hineindenkens‹ aus dem »unwillkürlichen Gedächtnis« ins »willkürliche«, also ins wache »Denken« zu kennzeichnen.

Dialektisches Bild

Wenn Benjamin beim »Bilde Prousts« (genitivus subiectivus) vor allem die Originalität betont, so ist das vor der Folie der zeitgenössischen Bild-Stile zu präzisieren. Es bedeutet dann nichts anderes als: Das Bild Prousts ist weder impressionistisch noch expressionistisch noch auch mainstream-surrealistisch oder konstruktivistisch. Wenn bei Proust dennoch »das wahre sürrealistische Gesicht des Daseins zum Durchbruch« komme (II, 314), so ist damit eine deutliche Differenz zum Gruppenstil der Surrealisten markiert. Ebenso läßt die Betonung von Adjektiven wie »unkonstruierbar« (Synthese: 310) und »nichts weniger als konstruiert« (Grundfigur dieses Werkes: 322) beim ›Konstruktivisten‹ Benjamin aufhorchen. Was das proustische Bild kennzeichnet, ist seine interne zeitliche Spannung, seine historische Polarisierung im Chock der mémoire involontaire (des »Eingedenkens«). Während die zeittypische Montage auf der Juxtaposition, also auf der Synchronie beruht, liegt die Polarisierung bei Proust im Ineinander zweier Zeiten, in der Diachronie. Eben diese Struktur nennt Benjamin in den dreißiger Jahren dann »dialektisches Bild«, wobei er mehr und mehr die bei Proust dominierende individuelle Dimension ins Kollektiv-Historische überträgt.

Und dies führt in eine weitere Dimension des dialektischen Bildes, die die Komplexität des Doppelsinns von objektivem und subjektivem Genitiv überschreitet, und die eine der Keimzellen von Benjamins Konzept der »entstellten Ähnlichkeit« zu sein scheint, das ihn nicht zuletzt dazu befähigte, historischen Materialismus *und* Proust, das heißt »Seiten« oder »Wege« (Prousts »côtés«), die man als gänzlich divergierend ansah, zu verbinden.

Erwachen

Schon im Zusammenhang mit dem Modell der panoramatischen Erinnerung der Sterbenden (vgl. Poulet 1963, 136 ff.) war auf Benjamins intensive Beschäftigung mit der Erinnerungstheorie Henri Bergsons hinzuweisen. Diese Theorie ist als eine wichtige Kontrastfolie sowohl für Proust wie für Benjamin zu berücksichtigen (vgl. Link/Link-Heer 2003). Bergsons explizit »dualistische« Auffassung stellte den unräumlichen »geistigen« élan vital schroff seinem Anderen, der räumlichen Materie, entgegen, woraus sich zwei verschiedene Zeitqualitäten und zwei verschiedene Formen der Erinnerung ergaben: Während die geistige »durée« der Innerlichkeit rein qualitativ-intensiv, unräumlich und fließend-kontinuierlich gedacht war, entstand aus der Notwendigkeit des körperlichen Überlebens die kantisch-apriorische Zeit mit ihrer Quantität und Zählbarkeit, Diskontinuität und Kupierbarkeit. Das Wesen der diskontinuierlichen Zeit erblickte Bergson also in ihrer Verräumlichung. Dem entsprachen zwei Typen der Erinnerung: Zum einen die auf die praktische Manipulation der Materie (einschließlich der menschlichen Körper) gerichtete Erinnerung des »homme d'action« – zum anderen die mehr oder weniger pathologische Erinnerung des Träumers, des Sterbenden und etwa des Poeten, die bei Strafe des materiellen Untergangs sozusagen in den intensiven Vergangenheits-Schacht der durée zurückhorcht. Der »homme d'action« als Subjekt der durée blickt voraus und ist insofern Subjekt kreativen »Fortschritts« (évolution créatrice). Nur die erste Form der Erinnerung (die rein funktionale des »homme d'action«) kennt bei Bergson räumliche Synchronien und quantitative Schnitte (Zäsuren) im Zeitkontinuum – sein Modell dafür ist der Film als mechanisches Abspulen diskontinuierlicher Einzelbilder.

Unschwer ist hier Benjamins »zweckverhaftetes Erinnern« (II, 311) als Gegensatz des proustischen »Eingedenkens« wiederzuerkennen – unschwer nun auch die entsprechende Semantik des »Vergessens«, die genau der bergsonschen negativen Selektion unterm Imperativ der Überlebens-Aktion entspricht. Daraus folgt nun allerdings weiter, daß Benjamins Theorie des individuellen und kollektiven »Erwachens« als bewußtes, auf Proust gestütztes Gegenmodell zu Bergson begriffen werden muß: Wie bei Proust gilt es auch für das historische Kollektiv ein Erwachen zu gewinnen, das sich gerade der intensiven, qualitativen Erinnerungen ›bemächtigt‹ – jenseits der strikten Selektivität der Überlebens-Funktionalität. Dabei unterläuft Benjamin als ›historischer Materialist‹ den bergsonschen Dualismus: Für ihn ist die Intensität der gelebten durée keineswegs inkompatibel mit Räumlichkeit und Diskontinuiät – im Gegenteil liegt die höchste Intensität des »Lebens« gerade im historischen »Chock« und der historischen (»messianischen« bzw. »revolutionären«) Zäsur. So wird in den Aphorismen ÜBER DEN BEGRIFF DER GESCHICHTE das »im Augenblick der Gefahr« (695) dialektische Bild zum Inbegriff des rettenden Erwachens. Damit ist eine partielle Korrektur des Begriffs der Konstruktion gegenüber ZUM BILDE PROUSTS verbunden: »Die Geschichte ist Gegenstand einer Konstruktion, deren Ort nicht die homogene und leere Zeit [die quantitative Zeit Bergsons, d. Verf.] sondern die von Jetztzeit erfüllte bildet. So war für Robespierre das antike Rom eine mit Jetztzeit geladene Vergangenheit, die er aus dem Kontinuum der Geschichte heraussprengte« (I, 701). Offensichtlich wird nun mit dem Bergsonschen Dualismus auch der von Arabeske und Montage, von unendlicher Melodie des proustischen Satzes und Chock der Zäsur im »Bilde Prousts« unterlaufen: im dialektischen Bild des Erwachens wird qualitative Erinnerung mit ihrer ›Bemächtigung‹ eins.

Werk

ZUM BILDE PROUSTS (II, 310–324)
AUS EINER KLEINEN REDE ÜBER PROUST, AN MEINEM VIERZIGSTEN GEBURTSTAG GEHALTEN (II, 1064 f.)
Curriculum vitae Dr. Walter Benjamin (VI, 225–228)
DER ERZÄHLER (II, 438–465)
MOSKAUER TAGEBUCH (VI, 292–409)
PARISER BRIEF [I/II] (III, 482–507)
Das Passagen-Werk (V, 7–1063)
Proust-Papiere (II, 1047–1062)
ÜBER DEN BEGRIFF DER GESCHICHTE (I, 691–704)
ÜBER EINIGE MOTIVE BEI BAUDELAIRE (I, 605–653)
Übers. (mit Franz Hessel) Marcel Proust: *Im Schatten der jungen Mädchen* (Suppl. II)
Übers. (mit Franz Hessel) Marcel Proust: *Guermantes* (Suppl. III)
Übers. (mit Franz Hessel) Marcel Proust: »Über das Lesen. Zu John Ruskins 30. Todestag« (Suppl. I, 34–43)

Literatur

Assmann, Jan (1991): »Die Katastrophe des Vergessens. Das Deuteronomium als Paradigma kultureller Mnemotechnik«, in: Aleida Assmann/Dietrich Hardt (Hg.): Mnemosyne. Formen und Funktionen kultureller Erinnerung, Frankfurt a. M., 333 ff.
Bergson, Henri (1991): Materie und Gedächtnis. Eine Abhandlung über die Beziehung zwischen Körper und Geist [Matière et mémoire, 1896], übers. v. Julius Frankenberger, Hamburg.
Finkelde, Dominik (2003): Benjamin liest Proust. Mimesislehre – Sprachtheorie – Poetologie, München.
Fürnkäs, Josef (1988): Surrealismus als Erkenntnis. Walter Benjamin – Weimarer Einbahnstraße und Pariser Passagen, Stuttgart.
Greffrath, Krista R. (1981): Metaphorischer Materialismus. Untersuchungen zum Geschichtsbegriff Walter Benjamins, München.
Kahn, Robert (1998): Images, Passages: Marcel Proust et Walter Benjamin, Paris.
Kasper, Judith (2003): Sprachen des Vergessens. Proust, Perec und Barthes zwischen Verlust und Eingedenken, München.
Kleiner, Barbara (1980): Sprache und Entfremdung. Die Proust-Übersetzungen Walter Benjamins innerhalb seiner Sprach- und Übersetzungstheorie, Bonn.
Lacis, Asja (1976): Revolutionär im Beruf, München.
Lindner, Burkhardt (1971): »Kommentierende Übersicht zur Lebens- und Wirkungsgeschichte Benjamins«, in: Text + Kritik, H. 31/32: Walter Benjamin, hg. v. Burkhardt Lindner.
Link, Jürgen/Ursula Link-Heer (2003): »Synchronische Diachronie. Von Benjamins ›kleiner Rede über Proust‹ zu den Aphorismen ›Über den Begriff der Geschichte‹«, in: Harald Hillgärtner/Thomas Küpper (Hg.): Medien und Ästhetik. Festschrift für Burkhardt Lindner, Bielefeld, 16–33.
Link-Heer, Ursula (1997): Benjamin liest Proust (Privatdruck der Marcel Proust Gesellschaft Sur la lecture III), Köln.
Opitz, Michael/Erdmut Wizisla (2000): Benjamins Begriffe, 2 Bde, Frankfurt a. M.
Piper, Reinhard (1979): Briefwechsel mit Autoren und Künstlern 1903–1953, hg. v. Ulrike Buergel-Goodwin/Wolfram Göbel, München/Zürich.
Pethes, Nicolas (1999): Mnemographie. Poetiken der Erinnerung und Destruktion nach Walter Benjamin, Tübingen.
Pistorius, George (2002): Marcel Proust und Deutschland. Eine internationale Bibliographie, 2. Aufl., Heidelberg.
Poulet, Georges (1963): L'espace proustien, Paris.
Proust, Marcel (1954): A la recherche du temps perdu, hg. v. Pierre Clarac/Yves Sandre, 3 Bde, Paris.
Roloff, Volker (1994): »Anmerkungen zu deutschen Übersetzungen von Prousts Recherche«, in: ders. (Hg.): Übersetzungen und ihre Geschichte. Beiträge der romanistischen Forschung, Tübingen, 55–77.
Scholem, Gershom (1986): »Walter Benjamin«, in: Über Walter Benjamin, Frankfurt a. M., 132–162.
Spangenberg, Peter (2000): »Aura«, in: Ästhetische Grundbegriffe, Bd. 1, hg. v. Karlheinz Barck u. a., Stuttgart/Weimar, 400–416.
Speck, Reiner (Hg.) (1982): Marcel Proust. Werk und Wirkung. Erste Publikation der Marcel Proust Gesellschaft, Frankfurt a. M.
Stoessel, Marleen (1993): Aura. Das vergessene Menschliche. Zu Sprache und Erfahrung bei Walter Benjamin, München/Wien.
Szondi, Peter (1963): »Hoffnung im Vergangenen. Walter Benjamin und die Suche nach der verlorenen Zeit«, in: Max Horkheimer (Hg.): Zeugnisse. Theodor W. Adorno zum sechzigsten Geburtstag, Frankfurt a. M., 241–256.
Teschke, Henning (2000): Proust und Benjamin. Unwillkürliche Erinnerung und dialektisches Bild, Würzburg.
Weigel, Sigrid (1997): Entstellte Ähnlichkeit. Walter Benjamins theoretische Schreibweise, Frankfurt a. M.
Wismann, Heinz (Hg.) (1986): Walter Benjamin et Paris (Colloque international 27–29 juin 1983), Paris.

»Karl Kraus«

Von Alexander Honold

Über mehr als drei Jahrzehnte, vom Fin de siècle bis in die 1930er Jahre, war er für das kulturelle Leben im deutschsprachigen Raum eine Erscheinung sondergleichen: der Dichter, Dramatiker, Publizist, Sprach- und Pressekritiker Karl Kraus, Herausgeber und seit 1912 Alleinautor der in Wien erscheinenden, flammendroten Zeitschrift *Die Fackel*, Handlungsreisender, Rezitator und Prozeßbevollmächtigter in eigener Sache, ein Gesamtkunstwerk in einer Person. Als »Instanz K.K.« (Reemtsma 1991, 104) geriet Kraus nicht ohne Grund in den Nimbus einer quasi-juristischen Institution, deren Invektiven und Urteile die intellektuelle Öffentlichkeit in leidenschaftliche Befürworter und erbitterte Feinde spalteten, in trostlose Adepten und gottverlassene Gegner (IV, 121), so Benjamin in seinem kurzen, unter dem Titel KRIEGERDENKMAL in die EINBAHNSTRASSE aufgenommenen Kraus-Porträt, der ersten seiner insgesamt fünf Arbeiten über den Wiener Monomanen.

Für Benjamin waren *Die Fackel* und ihr Autor schon zur Berner Studienzeit eine wichtige geistige Bezugsgröße. Pazifistisch und polemisch zugleich, ragte das Blatt einsam heraus aus der opportunistischen Presselandschaft der Mittelmächte, in der fast alle öffentlichen Stimmen ihren Frieden mit dem Krieg gemacht hatten. »Fast regelmäßig« lasen Scholem und Benjamin, angeregt auch durch den Kraus-Verehrer Werner Kraft, die *Fackel*, nahmen die Zeugnisse der politischen Haltung und das poetische Werk ihres Autors mit großem Interesse auf. »Vor allem 1919 hatten wir manche Gespräche über ihn, seine Prosa und seine *Worte in Versen*, deren erste Bände damals erschienen« (Scholem 1975, 105). Die Lektüre der *Fackel* gab ein kulturelles Leuchtfeuer, sie war eine Schule der kritischen Urteilskraft und des polemischen Sprachwitzes. Mit dem Fortbestehen dieses Organs verband sich aus späterer Sicht für Benjamin die Erinnerung an die enge, fast konspirative philosophisch-metaphysische Denkgemeinschaft mit Gershom Scholem und an die Aufbruchstimmung am Ende des Ersten Weltkrieges. Kraus und die *Fackel* verkörperten eine geistige und stilistische Spannweite vergleichbar mit der heterogenen Vielfalt von Benjamins eigenen Interessen- und Arbeitsgebieten. Sie reichte von esoterischen, sprachmagischen Spekulationen, wie sie auch Benjamins Arbeit ÜBER SPRACHE ÜBERHAUPT UND ÜBER DIE SPRACHE DES MENSCHEN von 1916 anstellt, über ein emphatisches, geradezu militantes Bekenntnis zur klassisch-humanistischen Bildungstradition (Goethe) bis zur Faszination für die frivole Urbanität des Pariser Second Empire und seiner rauschhaften Überdrehung in den Operetten eines Jacques Offenbach.

Der große Essay KARL KRAUS von 1931 bündelt »wie in einer Engführung« (Witte 1985, 94) zentrale Themen Benjamins und gibt zugleich eine Summe seiner langen und intensiven Beschäftigung mit Kraus, deren produktivste Phase in die Jahre von 1928 bis 1930 fiel. Für Benjamin verdichtet sich in den Stellungnahmen zu Kraus die Auseinandersetzung um das Nachbild des Ersten Weltkrieges und die Rolle der expressionistischen Literatur; berührt werden aber auch sehr spezielle lebensgeschichtliche Probleme wie die Loslösung von Stefan George. Wenn Benjamin nach einer Berliner Offenbach-Lesung von Karl Kraus im März 1928 an Alfred Cohn schreibt, das Gehörte habe »eine ganze Ideenmasse – Du weißt aus welchem Bereich – in Bewegung« gesetzt (3, 358), so ist hier an das mit dem kurzen Aufsatz PASSAGEN (V, 1041–1043) von 1927 erstmals umrissene Projekt des Passagen-Werks zu denken. Vor allem aber waren es Haltung und Methode des Porträtierten, deren sich Benjamin in seinem großen Kraus-Essay zu vergewissern suchte; zum »größten Techniker des Zitats« (II, 1125) griff Benjamin als einer »Autorität, die ihm half, die eigene Position als Kritiker zu bestimmen« (Schulte 2003, 10). Mit dem ersten expliziten Marx-Zitat (II, 364; vgl. Folkers 1999, 1738) leitet der Kraus-Essay unübersehbar Benjamins Hinwendung zu einer dezidiert materialistischen Denkhaltung und Arbeitsweise ein.

Der Ort des Kritikers

Das Jahr 1930 verlief für Benjamin ohne die Dramatik sichtbarer Einschnitte, sieht man von der vollzogenen Scheidung ab, die ihn zu Jahresbeginn in hohe Schulden stürzte (4, 12). Und doch unternahm Benjamin in dieser Zeit die entscheidenden Schritte einer Neuorientierung in beruflicher wie methodisch-theoretischer Hinsicht. Parallel zur Etablierung als Kritiker wurden für Benjamin politische und gesellschaftstheoretische Fragen immer drängender, er neigte zu revolutionären Ansichten und machte sich zunehmend mit marxistischen Theoremen und Konzepten vertraut. In der 1930 propagierten Formel einer »Politisierung der Intelligenz« spiegelt sich Benjamins eigene Entwicklung der späten Weimarer Jahre.

Zielt Benjamins politische Perspektive letztlich auf die – seine metaphysischen Energien beerbende – Vorstellung einer »Befreiung in jeder Hinsicht« (II, 307), so fallen seine Bestandsaufnahmen sozialer Konfliktlinien und Verwerfungen zunehmend konkreter und illusionsloser aus. Das unsichtbare Gerüst institutionalisierter Arbeitsteilung, das die Ideenproduktion der Künstler und Gelehrten von ihrem gesellschaftlichen Kontext trennt, hatte für Benjamin eine rapide schwindende Verläßlichkeit. An Georg Lukács' *Geschichte und Klassenbewußtsein* rühmte er im Rückblick die prognostische Sicherheit, mit der das 1923 erschienene Werk »in der kritischen Situation der Philosophie die kritische Situation des Klassenkampfes und in der fälligen konkreten Revolution die absolute Voraussetzung [...] der theoretischen Erkenntnis erfaßt« habe (III, 171). Den entscheidenden Impuls für eine Veränderung der eigenen intellektuellen Produktionsweise gab 1929 die persönliche Bekanntschaft mit Bertolt Brecht, dessen sportlich-technische Herangehensweise in geistigen Fragen Benjamin mindestens so sehr imponierte wie seine politische Haltung. Die mit Brecht geplante Zeitschrift *Krisis und Kritik* setzte der intellektuellen Entfremdung das Programm eines eingreifenden Denkens entgegen, welches in der manifesten Krise die Chance einer kritischen Intervention erkennen und nutzen sollte, so die gemeinsam entwickelte Konzeption (vgl. VI, 619). Die Vorarbeiten und Absprachen mit dem Rowohlt-Verlag waren weit gediehen, als Benjamin sich Anfang Februar 1931 gegenüber Brecht vom Heftkonzept der ersten, für April vorgesehenen Nummer distanzierte und dagegen noch einmal die ursprüngliche Zielsetzung ins Feld führte, »der bürgerlichen Intelligenz zu zeigen, daß die Methoden des dialektischen Materialismus ihnen durch ihre eigensten Notwendigkeiten – Notwendigkeiten der geistigen Produktion und der Forschung, im weiteren auch Notwendigkeiten der Existenz – diktiert seien« (4, 15).

Diese thesenhaft vorgetragene Wirkungsabsicht suchte Benjamin, während das endgültige Scheitern des Zeitschriftenprojekts noch nicht abzusehen war, mit seinem ebenfalls im Februar (vgl. 4, 11) fertiggestellten Beitrag über Karl Kraus in die Tat umzusetzen. Die nach Benjamins eigenem Zeugnis »außerordentlich lange, nahezu ein Jahr« (von März 1930 bis Februar 1931; II, 1081) währende intensive Arbeit an dem Essay ist durch ein Konvolut der von Benjamin selbst so genannten »Paralipomena zum Kraus« (II, 1087 ff.) in ihrem spannungsvollen Verlauf ausführlich dokumentiert. Das in den *Gesammelten Schriften* (1088–1115) abgedruckte Konvolut enthält auf 30 Blättern in ungeordneter Folge u.a. disponierende Skizzen und Schemata zum kompositorischen Aufbau des Essays, Exzerpte und Stichwortlisten mit zu berücksichtigenden Motiven, Zitaten und Motti, Teile einer ersten Niederschrift sowie ausgearbeitete Aufzeichnungen, die sich nahezu wortgleich im Essay wiederfinden. Dieses nach Einschätzung der Herausgeber »außergewöhnlich reiche« (1086) Material veranschaulicht durch die Vielfältigkeit der gewählten stilistischen Mittel (Schaubild, Matrix, Stichwort-Reihe) bei gleichzeitiger Beharrlichkeit der tragenden Konzepte sowohl die Intensität des Arbeitsprozesses wie auch eine für Benjamin bemerkenswert ›experimentelle‹ Herangehensweise und Darstellungsform. Aus beidem ist ablesbar, daß der in diesen Essay kulminierenden Auseinandersetzung mit Karl Kraus für Benjamin eine ganz fundamentale Bedeutung zukam.

In Kraus hatte er einen exemplarischen Fall vorzuweisen, der stellvertretend, aber unnachahmlich die geforderte Politisierung der bürgerlichen Intelligenz, ja nachgerade ihre Übersteigerung ins Militante betrieben hatte. Der Schlußabschnitt des Essays läßt keinen Zweifel an Benjamins Überzeugung, an der Persönlichkeit und Arbeitsweise des Wiener Kritikers eine mit Notwendigkeit sich vollziehende Entwicklung nachgezeichnet zu haben. »So bestätigt sich: Bürgertugenden sind alle Einsatzkräfte dieses Mannes von Haus aus; nur im Handgemenge haben sie ihr streitbares Aussehen erhalten. Aber schon ist niemand mehr imstande, sie zu erkennen; niemand imstande, die Notwendigkeit zu fassen, aus welcher dieser große bürgerliche Charakter zum Komödianten, dieser Wahrer goethischen Sprachgutes zum Polemiker, dieser unbescholtene Ehrenmann zum Berserker geworden ist« (II, 365). Soll heißen: Es hatte, auch im Falle Benjamins selbst, seine Gründe, wenn »von Haus aus« bürgerlich-solide Geister sich gezwungen sahen, »Stellung« (4, 24) zu beziehen oder in sonstwie militanter Weise zu agieren, und sei es ›nur‹ sprachlich.

Textgeschichtlich gehört Karl Kraus in eine Reihe kürzerer literarischer Porträts wie etwa des im Sommer 1929 entstandenen Radiovortrages über Julien Green, die Benjamin bei Ernst Rowohlt als gesammelte Essays herausbringen wollte, zunächst im Frühjahr 1931, dann ein halbes Jahr später, ehe sich aufgrund einer schweren Finanzkrise des Verlages das Projekt ganz zerschlug (vgl. 13; 45; 48f). Doch anders als die porträtierenden Studien über Proust, Keller, Walser oder Green legt die Kraus-Arbeit das Genre der literarischen Physiognomik auf eine höchst eigenwillige Weise aus. Die Person des Porträtierenden spart sich selbst hier keineswegs aus, sie sucht vielmehr ihren Gegenstand und ihr Vorbild an stilistischem Eifer noch zu übertreffen. Haltung und »Absicht« seines Textes benennt der Autor in den vorbereitenden Notizen so lapidar wie entschieden: »[D]en Ort zu zeigen, wo ich stehe und nicht mitmache« (II, 1093). Als Signal einer »materialistischen Wende« Benjamins erntete der Essay nicht nur Anerkennung, er traf bei manchen wohlgesonnenen Kollegen und selbst dem engsten seiner Freunde auf Irritation, Unverständnis und heftige Abwehr.

Unter Benjamins Arbeiten zu Weimarer Zeit stellt der Kraus-Essay den wohl »radikalsten Versuch einer Synthese von theologischem und materialistischem Denken« dar (Witte 1985, 92). Gerade deshalb bedeutete er eine Gratwanderung, sowohl in stilistisch-methodischer Hinsicht, aber auch in der schwierigen Balance der für Benjamin gleichermaßen verpflichtenden Loyalität gegenüber Brecht und dem Marxismus einerseits, Scholem und den mit ihm geteilten theologisch-philosophischen Denktraditionen andererseits. In einem Brief an Max Rychner vom 7. März 1931 legte Benjamin ausführlich die Motive und Argumente dar, die ihn dazu gebracht hatten, in seinen literarischen und wissenschaftlichen Arbeiten (und eben nicht nur ex cathedra) zugunsten einer materialistischen Position Partei zu ergreifen. Dieses Schreiben kann mit seinem ins Grundsätzliche führenden Duktus, der auch philologische Methodenfragen berührt, durchaus als eine Art »erkenntnistheoretischer Epilog« (Schulte 2003, 32) zum Kraus-Essay angesehen werden, vor allem, wenn man die einschlägige Korrespondenz mit Scholem hinzuzieht. An seine Arbeit über den Ursprung des deutschen Trauerspiels erinnernd, argumentiert Benjamin, »daß von meinem sehr besonderen sprachphilosophischen Standort aus es zur Betrachtungsweise des dialektischen Materialismus eine – wenn auch noch so gespannte und problematische – Vermittlung gibt, zur Saturiertheit der bürgerlichen Wissenschaft aber garkeine« (4, 18). Er appelliert an Rychner, in ihm nicht den »Vertreter« eines materialistischen »Dogmas« zu sehen, sondern einen »Forscher«, »dem die *Haltung* des Materialisten wissenschaftlich und menschlich in allen uns bewegenden Dingen fruchtbarer scheint als die idealistische.« Für »fundiertere Antworten«, als er sie in diesem improvisierten Brief zu geben vermochte, verweist er Rychner abschließend darauf, »zwischen den Zeilen« des Kraus-Essays zu suchen (19 f.). Eine Abschrift des Briefes sandte Benjamin an Gershom Scholem nach Palästina, denn auch diesem gegenüber stand die Frage »Dic, cur hic?« (›Du hier?‹) im Raume und somit ein außerordentlicher Rechtfertigungsbedarf (21).

Scholems Brief aus Jericho vom 30. März 1931 reagiert auf die Zusendung des Essays selbst und der Antwort an Rychner mit einer grundsätzlichen Kritik der neuen, dezidiert materialistischen Position seines Freundes. Benjamin habe in seinen jüngst abgelegten »Proben« einer Betrachtungsweise »im Geist des dialektischen Materialismus [...] auf selten intensive Art Selbstbetrug« begangen, so lautet der Vorwurf, »was zumal Dein bewunderungswürdiges Essay über Karl Kraus [...] mir aufs bedeutsamste dokumentiert.« Geradezu »krampfhaft« habe sich Benjamin hier bemüht, seine »sehr weitreichenden Einsichten in einer der kommunistischen denkbar angenäherten Phraseologie vorzutragen«. Dagegen gibt Scholem dem Freunde seine Beobachtung zu bedenken, daß in Benjamins derart bekenntnishaft pointierten Arbeiten »eine verblüffende Fremdheit und Beziehungslosigkeit besteht zwischen Deinem wirklichen und Deinem vorgegebenen Denkverfahren, d. h.: Du gewinnst Deine Einsichten nicht etwa durch strenge Anwendung einer materialistischen Methode, sondern vollständig unabhängig davon, im besten Falle, oder – im schlimmsten Falle – durch ein mir in mehreren Artikeln der letzten zwei Jahre aufgefallenes Spielen mit den Zweideutigkeiten und Interferenzerscheinungen dieser Methode« (27). Nicht das Faktum von Benjamins marxistischer *prise de position* also wird von Scholem attackiert, vielmehr wird die innere Konsistenz, ja die persönliche Glaubwürdigkeit der behaupteten materialistischen Arbeitsweise in Zweifel gezogen. Benjamins diesbezügliche Ausführungen und vor allem die betroffenen Arbeiten selbst tragen für Scholem »den Stempel des Abenteuerlichen, Zweideutigen«, vor allem im Kraus-Essay herrsche zwischen deklarierter und tatsächlicher Vorgehensweise eine »geradezu phantastische Diskrepanz«. Und, um dieser frontalen Kritik die Spitze aufzusetzen, läßt Scholem noch eine Warnung folgen: Benjamins »Selbsttäuschung« sei nicht nur kontraproduktiv, sondern sogar gefährlich, da er damit rechnen müsse, von seinen »Mitdialektikern« über kurz oder lang »als typischer Konterrevolutionär und Bourgeois entlarvt« zu werden – weil und solange er »für Bürger über Bürger« schreibe (28).

Aus Benjamins Antwort wird nur indirekt erkennbar, wie sehr ihn die ad personam argumentierende Seite dieser Kritik getroffen haben muß. Auf Scholems implizite Rivalität zu Brecht und dessen Umkreis geht Benjamin mit der wenig diplomatischen Anregung ein, ihm eine genaue Lektüre von Brechts Versuchen anzuempfehlen, und er stellt wenig taktvoll den ebenfalls zu jenem Kreis zählenden Gustav Glück als einen ihm besonders »Nahestehenden« vor, mit dem er Scholems Brief durchgesprochen habe (23): derlei Gegengewichte sollten die Last der aus Jericho auf ihn gekommenen Kritik austarieren. Unkommentiert bleibt der Vorwurf der Zweideutigkeit, dessen methodologische Aspekte bereits in der Antwort an Rychner eine Rolle spielten. Dort hatte Benjamin die eigene Vorgehensweise mit einem Hinweis auf das philologische Konzept des mehrfachen Schriftsinnes folgendermaßen verteidigt: »ich habe nie anders forschen und denken können als in einem, wenn ich so sagen darf, theologischen Sinn – nämlich in Gemäßheit der talmudischen Lehre von den neunundvierzig Sinnstufen jeder Thorastelle. Nun: *Hierarchien des Sinns* hat meiner Erfahrung nach die abgegriffenste kommunistische Platitüde mehr als der heutige bürgerliche Tiefsinn, der immer nur den einen der Apologetik besitzt« (19f.). Für die Kompositionsweise und sprachliche Faktur des Kraus-Essays läßt sich ein solcher Deutungsrahmen allegorisch abgestufter Sinnschichten schwerlich ausmachen, während die von Scholem gerügte Ambiguität darin funktional eingesetzt ist, stilistisch und methodisch zur Darstellung spezifisch ›bürgerlicher‹ Diskrepanzerfahrungen dient.

Der zentrale Einwand Scholems – der Benjamin eine dezisionistische, aufgesetzte Parteinahme attestiert hatte – war nicht leicht zu entkräften, und die Antwort Benjamins unternahm nicht einmal den Versuch dazu. Vielmehr bekennt er sich hier zu einer zwiespältigen Existenz aus linker Gesinnung bei bürgerlicher Klassenlage, die in der sozialen Topographie Berliner Himmelsrichtungen ihren milieuspezifischen Ausdruck findet und deren Aporie nur durch einen *acte gratuit*, eine Geste revolutionärer Willkür, aufgesprengt werden könne. »Wo liegt meine Produktionsanstalt? Sie liegt – [...] darüber hege ich nicht die mindesten Illusionen – in Berlin W. WW, wenn Du willst. Die ausgebildetste Zivilisation und die ›modernste‹ Kultur gehören nicht nur zu meinem privaten Komfort sondern sie sind z.T. geradezu Mittel meiner Produktion. Das heißt: es liegt nicht in meiner Macht, meine Produktionsanstalt nach Berlin O oder N zu verlegen. [...] Aber willst Du mir wirklich verwehren, auf meiner kleinen Schreibfabrik, die da mitten im Westen liegt, ganz einfach aus dem gebieterischen Bedürfnis von einer Nachbarschaft, die ich, aus Gründen, hinzunehmen habe, mich zu unterscheiden – willst Du mir mit dem Hinweis, das sei ja nichts als ein Fetzchen Tuch, verwehren, die rote Fahne zum Fenster herauszuhängen?« (25). Daß sich Benjamins Klassenlage durch das Exil bald jener eines subalternen Lohnarbeiters näherte, verleiht dieser Selbstbeschreibung nachträglich einen bitteren Beigeschmack; doch ändert dies wenig am hier skizzierten Grundsatzkonflikt, den zahlreiche Linksintellektuelle in ähnlicher Form durchlebten.

In dem Essay über Kraus hatte Benjamin mehr von diesem Konflikt zum Ausdruck gebracht als in anderen Arbeiten jener Zeit, und daran war die Art des Gegenstandes nicht unbeteiligt. Daß Benjamin seine Überlegungen zur Politisierung des Intellektuellen gerade anläßlich des Werkes und der Person von Karl Kraus vortrug, erweist sich im Blick auf dessen eigene Entwicklung als keineswegs arbiträr; Anknüpfungspunkte an die von Benjamin ausgeflaggte materialistische Position eines »realen Humanismus« bot Kraus reichlich. Und es kann, gegen den Vorwurf des aufgesetzten Bekenntnisses orthodoxer Lehrformeln, als Pointe von Benjamins marxistischer Argumentation jene Form der Negativität festgehalten werden, wie sie der kritischen Tätigkeit zu eigen ist. Mit dem vor allem im Schlußdrittel des Essays entworfenen Leitbild des »destruktiven Charakters« betritt Benjamin als materialistischer Denker Neuland und knüpft unerhörte Bündnisse, etwa zur Wiener Moderne und den zeitgenössischen Debatten in Architektur, Stadtplanung und Industriedesign.

»Kriegerdenkmal«, »Friedensware«

Als Benjamin 1928 mit dem Abschnitt KRIEGERDENKMAL der EINBAHNSTRASSE seine erste Arbeit über Karl Kraus vorlegte, hatte seine zwischen distanzierter Bewunderung und vorsichtigen Annäherungsversuchen oszillierende Auseinandersetzung mit dem Phänomen K.K. bereits eine Vorgeschichte, die mit den ersten Schritten des Rezensenten Benjamin Mitte der zwanziger Jahre verbunden war. Nicht erst die spätere ›materialistische Wende‹ Benjamins war es, die für ihn den *politischen* Autor Karl Kraus ins Zentrum der Aufmerksamkeit rückte, ohne darüber die respektheischenden publizistischen Leistungen des *Fackel*-Herausgebers oder die an Goethe geschulte Sprachkunst des Dichters zu verkennen. Von einem Wienbesuch im April 1920 berichtet Benjamin: »Karl Kraus haben wir gehört, über dessen Veränderung gegen früher manches zu sagen wäre – nichts aber dagegen!« (2, 85) Und im Dezember desselben Jahres urteilt er, Kraus sei nun »ganz auf dem Wege zum *großen* Politiker« (120). Ob die späte Erinnerung Werner Krafts zutrifft, im Frühjahr 1916 habe Benjamin ihn, den begeisterten *Fackel*-Leser, noch »von Karl Kraus abzubringen« versucht (Kraft 1996, 60), sei dahingestellt. Doch unverkennbar war es die engagierte Kriegsgegnerschaft des Wiener Einzelgängers, die Benjamin *und* Scholem spätestens um 1918/19 für ihn einnahm. Seine singuläre Stellung in der deutschsprachigen Publizistik erlangte Kraus durch die Haltung eines unerbittlichen Kämpfers gegen die Phraseologie der Kriegspropaganda und ideologischen Mobilmachung. Erst jenseits des Krieges wurde diese Mission der *Fackel* erkennbar als das, was sie unter den Händen eines Karl Kraus einzig sein konnte: eine höchstpersönliche Kriegserklärung gegen die Mächte der Vergeßlichkeit, Gewohnheit und Trägheit, die nichts lieber taten, als mit allen einstigen Kriegstreibern ihren Frieden zu machen.

Es war eine präzise benennbare historische Erfahrung, die Kraus zu einem politischen Autor hatte reifen lassen: das sowohl moralische wie ästhetische Versagen vieler Künstler und Intellektueller, die im August 1914 der Kriegsbegeisterung durch patriotische Schlachtengesänge Vorschub geleistet und dann in den Jahren der Kriegsführung wider besseres Wissen und ungeachtet der in die Millionen gehenden Opfer am Phantasma eines Krieges um der ›Ideen von 1914‹ willen weitergedichtet hatten. Vor allem Hugo von Hofmannsthal, Hermann Bahr und Alfred Kerr prangert Kraus immer wieder an, desgleichen galt aber ebenso für Thomas Mann oder Gerhart Hauptmann. Nicht etwa seine pazifistische Grundhaltung bestimmte die mutige Sonderstellung des Fackel-Herausgebers, vielmehr war es sein mit allen literarischen Mitteln geführter Kampf gegen jene Formen der Kriegsdichtung und Kriegsberichterstattung, die alles, was an der Front tatsächlich geschah, vom mörderischen Stellungskrieg bis zum Gaseinsatz, in ein euphemistisches und anachronistisches Licht rückten. Der Kriegseinsatz der Dichter und Denker erfolgte dort, wo sie den realen Fronterfahrungen am fernsten waren: ›in der Phrase‹. Wie zu Horazens Zeiten sollte das Töten und Sterben, Töten- und Sterbenlassen als *dulce et decorum* gelten, während der wirkliche Tod verschwiegen oder verbrämt wurde.

Kraus aber ließ nicht davon ab, den in seinem Grauen verharmlosten Krieg weiterhin und immer wieder Krieg zu nennen, erst recht in der allgemeinen Friedensrhetorik der Nachkriegsjahre. Wenn alle im Frieden schwelgten, blieb es dem Polemiker überlassen, im Dienste eines höheren Pazifismus die Geister des Krieges wachzuhalten: »Die große Prosa aller Friedenskünder sprach vom Kriege. Die eigne Friedensliebe zu betonen, liegt denen nah, die den Krieg gestiftet haben« (III, 25). Diese mit Kraus gewonnene Einsicht bestimmt in Duktus und Ziel Benjamins scharfe Kritik an den im Frühjahr 1925 unter dem Titel *Flügel der Nike* erschienenen Reiseberichten des ehemaligen Frontoffiziers und Kriegsautors Fritz von Unruh. Dieser hatte sich 1914 als schäumender Kriegsdichter der ersten Stunde betätigt und trat nun als internationaler Friedensengel auf, lieferte mit konjunktursicherem Instinkt FRIEDENSWARE, wie Benjamin seine Rezension überschrieb (ein Prädikat, das im zeitüblichen Sprachgebrauch die gehobene Qualitätsklasse bezeichnete). Die bissige Pointe folgt einer gleichnamigen Glosse aus der *Fackel* vom Juni 1923, in der Kraus aufspießte, wie sich unter den Bekanntschaftsanzeigen des *Neuen Wiener Tagblatts* ein »eleganter Sportsmann, Arier, akad. gebildet« als »beste Friedensware« anpries (Die Fackel 622–631, 152).

Kraus also war der insgeheime Pate beim Hervortreten des Kritikers Walter Benjamin. Wie kein anderer hatte Kraus das kurze Gedächtnis und das taube Gewissen der Kriegdichter von 1914 zu seinem Thema gemacht. In der *Fackel* hatte er schärfste Geschütze aufgefahren gegen die Pariser Auftritte von Opportunisten wie Anton Wildgans (Die Fackel 588–594) und Alfred Kerr. Das dabei notorisch praktizierte Verfahren, die Friedensgewinnler der Gegenwart an ihre früheren Kriegsbeiträge zu erinnern, wurde zum Markenzeichen der Krausschen Polemik jener Jahre. Polemik aber kommt etymologisch wie sachlich vom Kriegertum selbst (gr. *polemos*: ›Krieg‹): »Wer aber den Frieden will, der rede vom Krieg« (III, 25). Dieser Aphorismus aus der Unruh-Rezension birgt, wie dann in Benjamins Huldigung an Kraus in der EINBAHNSTRASSE deutlicher wird, eine ungewöhnliche Auffassung des Wiener Kritikers, die ihn als eine Art Exorzisten des Ersten Weltkrieges versteht. Um die bösen Geister auszutreiben, bedarf es des im sprachlichen Medium kämpfenden Kriegers, der sie beharrlich beim Namen nennt und mit Wortgewalt auf sich zieht. Der »Kriegstanz«, den Benjamins KRIEGERDENKMAL seinen Protagonisten Karl Kraus »vor dem Grabgewölbe der deutschen Sprache« (IV, 121) aufführen läßt, ist nichts anderes als der grelle Widerschein jener Phrasen, welche die Pariser »Friedensmission« Fritz von Unruhs im Koffer führte.

Benjamins Einstand als Kritiker lag ganz auf der Linie des von Kraus eröffneten und in stilisierter Einsamkeit ausgefochtenen Kampfes. Zeitweilig mag Benjamin den Impuls verspürt haben, sich diesem Monomanen zum Mitstreiter anzudienen – wie so mancher, der von der Autorität K.K. dann schnöde zurückgewiesen wurde. Ein Versuch der persönlichen Kontaktaufnahme um die Mitte der zwanziger Jahre ist zwar nicht dokumentiert, vorstellbar allerdings ist ein solcher Schritt Benjamins durchaus. Etwa folgendermaßen: »Ein gewissenhafter Forscher hat sich der Aufgabe unterzogen, in der Berliner Staatsbibliothek den Spuren der Kerr'schen Kriegslyrik zu folgen, und teilt mir als Resultat seiner Untersuchungen mit, daß ›Tyrtäus einer der stärksten Defaitisten im Vergleich mit unserem Autor‹ gewesen ist. Er gewahrte auch die mörderischen Kriegsekstasen jenes Herrn v. Unruh, der nach der großen Wendung der erste war, der den Anschluß an den Feind gefunden hat und dem freilich die aktive Teilnahme an dem Unaussprechlichen zugerechnet werden muß« (Die Fackel 717–723, 50). Die Namen seiner Gegner pflegte Kraus öffentlich zu machen, die seiner Anhänger und Informanten hingegen nicht. Wer immer ihm das Material über Kerr zuspielte, wußte genau, daß er damit des Kannibalen Leibspeise servierte. Und er muß interessiert gewesen sein an der scheinbar ähnlich gelagerten pazifistischen Wandlung Fritz von Unruhs.

Ausgerechnet Alfred Kerr, dem Berliner Großfeuilletonisten, war im Januar 1926 die Ehre zuteil geworden, an der Sorbonne über »die Kunst als Mittel zur Annäherung der Völker« zu sprechen. Die Krausssche Glosse *Kerr in Paris* erschien wenige Monate vor Benjamins Rezension FRIEDENSWARE, deren Entwurf bereits im Herbst 1925 niedergeschrieben worden war. Für die Druckfassung tilgte Benjamin im darauffolgenden Frühjahr eine Passage, die explizit auf Kraus bezugnahm (vgl. III, 612). Enttäuschte Abkehr eines Bewunderers? Zu dieser Zeit wohl noch nicht. Eher ein allmählich einsetzendes Gespür dafür, daß blankes Nacheifern nicht anders denn als Kombination von Abhängigkeit und Aufdringlichkeit interpretiert werden konnte. Denn nicht genug, daß ihm der *Fackel*-Herausgeber mit der *Friedensware*-Glosse und den Polemiken gegen die Frankreichauftritte ehemaliger Kriegstreiber das Thema vorgegeben hatte, Kraus war Benjamin auch in der Kritik an Fritz von Unruh noch zuvorgekommen. Bereits im März 1925, also unmittelbar nach ihrem Erscheinen, wurden die *Flügel der Nike* des in Wiener Salons hoch gehandelten Autors (»über allen Gipfeln ist Unruh«, Die Fackel 679–685, 11) in der *Fackel* kunstgerecht auseinandergenommen. Wenn Benjamin einen Treffer landete, so hatte Kraus bereits zugeschlagen; wo Benjamin hinwollte, dort hatte sich Kraus immer schon eingerichtet.

Stationen mißglückter Nähe

»Karl Kraus war hier, um den ich mich nicht gekümmert habe« (3, 152). Dies schreibt Benjamin aus dem Pariser Frühling des Jahres 1926. Ihre Wege kreuzten einander, ohne sich zu berühren. Wie meist bei seinen auswärtigen Gastspielen, absolvierte Kraus ein dichtgedrängtes Auftrittsprogramm, das zwischen dem 16. und 24. April drei Vorlesungen an der Sorbonne und zwei im Théâtre du Vieux-Colombies umfaßte. Die symbolische Bedeutung dieser Visite für den Vortragenden selbst ist kaum zu überschätzen. Dort, wo Wildgans, von Unruh und Kerr ihr Podium gefunden hatten, konnte nun Kraus seinerseits das Wort ergreifen und zu abendfüllenden Gegendarstellungen ausholen. Auf dem Programm stand u.a. jene Szene aus dem 3. Akt der *Letzten Tage der Menschheit*, die sich mit der Kriegslyrik Alfred Kerrs beschäftigt. »Schon diese Ankündigung«, heißt es rückblickend in der *Fackel,* »hatte den Effekt, die Stätte, wo Herr Kerr aufgetreten war, zu entsühnen« (Die Fackel 726–729, 74). Benjamin allerdings, der den Autor 1920 in Wien aus dem Kriegsdrama vortragen gehört hatte, scheint von dieser Veranstaltung kaum Notiz genommen zu haben, wie seine betont gleichmütige Erwähnung des Gastspiels suggeriert.

Sicher nicht zufällig findet sich im selben Brief eine weitere Kraus betreffende Mitteilung, der Hinweis auf das später so genannte KRIEGERDENKMAL. In dieser knapp eine Seite (die natürliche Umfangsgrenze für Inschriften und Epitaphe) umfassenden Hommage ist Kraus der Krieger und das Denkmal zugleich. »In Tag- und Nachtwachen« hält er die Untaten und Unworte des Weltkriegs lebendig, von der Sprache selbst »zur Rache« aufgerufen. Pathos und mimetische Nähe zu elementarer Blutgewalt bietet Benjamin auf, dieselben Mittel dem Porträtierten zuschreibend. »Auf einem archaischen Felde der Ehre, einer riesigen Walstatt blutiger Arbeit rast er vor einem verlassenen Grabmonument« (IV, 121). Kraus ist der Krieger, dessen Krieg nicht endet. Und wirklich: Zieht er nicht einen geradezu sadistischen Lustgewinn daraus, den Wiener und Berliner Kriegsdichtern ihre einstigen Torheiten stets aufs Neue vorzuhalten? Bis zum Überdruß begegnet der *Fackel*-Leser dem unsäglichen *Kriegssegen* Hermann Bahrs und dessen renommiersüchtiger »Feldkorrespondenz« mit Hugo von Hofmannsthal, vor allem anderen aber jenem infantilen antirumänischen Schmähgedicht, das mit dem Pseudonym Gottlieb gezeichnet war, hinter dem sich »mit Recht Alfred Kerr verbirgt«. Kerr, »der seit dem Krieg den Völkern die Hand reicht und ihnen verzeiht, was er ihnen lyrisch angetan hat« (Die Fackel 717–723, 47), durfte bei Kraus auf vergeßliche Milde nicht hoffen. Denn was dieser sah und attackierte, war keine Versöhnungsbotschaft, sondern »die unreflektierte, abermalige Rückverwandlungen nicht prinzipiell ausschließende Verwandlung von enragierten Kriegbarden in engagierte Friedensboten« (Krolop 1994, 86).

In der langjährigen Gegnerschaft zu Kerr erreichte der Krausssche Exorzismus seinen Höhepunkt. Ein Berliner Gastspiel stilisierte Kraus zum veritablen dämonischen Austreibungsakt, wie wir aus einem Bericht Walter Benjamins wissen, der am 26. März 1928 die Lesung aus Werken von Jacques Offenbach besucht hatte. Die enorme Wirkung des Abends ist in Benjamins Brief an Alfred Cohn noch spürbar. »Unter den Zusatzstrophen gab es ein Couplet mit dem Schlußvers ›Ich bring aus jeder Stadt den Schuft – heraus‹. Es war deutlich, daß das auf Kerr ging. Kurz vor der ersten Pause verlas Kraus, stehend, einen kurzen Text, der darauf hinauslief, zu sagen: ›Ich nenne hier Kerr öffentlich einen Schuft, um zu sehen, ob ich ihn auf diese Weise zu einer Klage werde zwingen können.

In meiner Hand sind die Beweise, daß Kerr mich im Jahre 1916 den obersten Militärbehörden als hochverräterischen, defaitistischen Autor denunziert hat.‹« (3, 358 f.) Was Kraus so erbittert hinter seinem Berliner Erzfeind herjagen ließ, waren höchst solide, nämlich idiosynkratische Motive (vgl. II, 346); hier stand die Sache des unerschrockenen Kriegsgegners auf dem Spiele, die auch nach mehr als einem Jahrzehnt nicht verjährt war. Und nun sprang der Funke auf Benjamin über, der nicht anstand, ihn weiterzutragen und sich dem explosiven Gemisch der Kerrschändung in Berlin als Lunte anzudienen. »Mir ist zu dieser Vorlesung [...] einiges eingefallen und ich wollte unbedingt über sie schreiben, natürlich ohne diesen Zwischenfall zu eskamotieren, sondern vielmehr kurz ihn als dynamisches Zentrum des Abends hinstellen« (3, 359).

Benjamin hatte nach der Vorstellung »von Kraus einen größeren Eindruck als je bisher«. Bei solchen Gelegenheiten erwies sich Kraus, so hat es auch Elias Canetti bezeugt, als Rezitator von Gnaden und wirkungssicherer Mime, der ohne die üblichen Bühneneffekte auskam. An jenem Abend bot er einen Offenbach ohne Orchestermusik und bunt kostümierte Akteure, und auch von sich selbst »nur Kopf und Arme und Rumpf«, notiert Benjamin. So »entblößt von allen Mitteln«, ganz Stimme und Mimik, entrollte Kraus vor seinem Publikum »mit den wilden Gebärden des Marktschreiers« das »Pandämonium« der *Fackel*, sein höchstpersönliches »Schreckenskabinett«, an dessen prominentester Stelle er, »dieser Stadt zu ehren«, Alfred Kerr plazierte (IV, 516 f.). Die Darbietung des Offenbach-Interpreten war die Kostprobe eines circensischen Provokateurs, dessen höchste Kunstfertigkeit darin bestand, die inkorporierten Stimmen unter Zurücknahme der eigenen Person wundersam »aus sich heraus« sprechen zu lassen. Im Grunde war das »dynamische Zentrum« des Auftritts, die namentliche Beschwörung und Verfluchung des »Schuftes« Kerr, nichts anderes als das Spektakel einer Teufelsaustreibung. Wer jenen auf die Bühne brachte, mußte schon der Leibhaftige selbst sein. Um den Teufel hervorzurufen, nahm Kraus das »schreckliche Vorrecht des Dämons« in Anspruch, die »Zweideutigkeit« (IV, 516). In diesem Befund kulminierend, hatte Benjamin den Auftritt und seinen dynamischen Kern erfaßt. Doch blieb diese neuerliche Annäherung an die Instanz K.K. insofern glücklos, als ihr von der erwartbaren Pressezensur genau jener Nerv gezogen wurde, den Kraus bei seiner Lesung freigelegt und traktiert hatte. Nach Absagen anderer Blätter erschien Benjamins Bericht Karl Kraus liest Offenbach (515–517) am 20. April 1928 in der *Literarischen Welt* – aber gekürzt um den Angriff gegen Kerr, auf den der Vortragende wie der Berichterstatter den allergrößten Wert gelegt hatten.

Zwei kleinere Texte über Kraus ließ Benjamin diesem herben Rückschlag zunächst folgen: eine dem Kriegerdenkmal vergleichbare physiognomische Miniatur, in der die jüdischen Züge des Porträtierten stärker zur Geltung kommen (II, 624 f., publiziert am 20. Dezember 1928), und die eher konventionell gehaltene Theaterkritik über Wedekind und Kraus in der Volksbühne (IV, 551–554) vom 1. November 1929. Im Frühjahr 1930 schließlich nahm er, im Zuge des mit Rowohlt vereinbarten Essay-Bandes, die Arbeit an einem breiter angelegten Versuch über Kraus auf, in den dann die zentralen Motive und auch etliche Textelemente der früheren Beiträge Eingang fanden. Der von Benjamin selbst als »Essay« bezeichnete Aufsatz Karl Kraus erschien am 10., 14., 17. und 18. März 1931 in der *Frankfurter Zeitung* als Artikel in vier Teilen, wobei die vom Autor intendierte Dreiteilung (Allmensch, Dämon, Unmensch) durch eine Trennung des Schlußdrittels um einen vierten Abschnitt erweitert wurde, den die Redaktion mit der Ziffer IV versah. (Da die *Frankfurter Zeitung* damals mehrere Ausgaben pro Tag herausbrachte, deren Feuilleton unterschiedlich umbrochen war, existieren möglicherweise auch Exemplare der Zeitung, die den Benjaminschen Text in anderer Stückelung oder gar nicht enthalten (II, 1115 f.).

Einen Auszug aus dem dritten Teil des Essays brachten noch im selben Monat die *Blätter der Staatsoper und der Städtischen Oper* in Berlin heraus, da zu dieser Zeit Offenbachs *Perichole* in der Krausschen Textbearbeitung gegeben wurde. Und abermals mißriet die vermeintlich glückliche Koinzidenz ohne Benjamins Verschulden zu einem Debakel. Schon wieder wurde der exponierte Name Kerr aus Benjamins Text rücksichtsvoll entfernt, was dank der Vergleichsmöglichkeit mit der *Frankfurter Zeitung* dem in Berlin weilenden Gegenstand der Studie sofort auffallen mußte. Kraus ließ es sich nicht entgehen, diesen Zensurakt des Dramaturgen der Krolloper, Hans Curjel, in einem Berliner Vortrag am 2. April prompt aufzuspießen, und bald darauf auch in der *Fackel* anzuzeigen, daß »im Inventar meines Schreckenskabinetts [...] eine der Nummern und zwar gerade die zugkräftigste abhanden gekommen« war (Die Fackel 852–856, 27). Indem Kraus dabei seiner Erwartung Ausdruck gab, Benjamin werde »auf Vollzähligkeit Wert legen« und seine Autorenrechte geltend machen, nötigte er diesen förmlich dazu, eine Richtigstellung von der Krolloper zu verlangen, wie sie Benjamin denn auch unter Androhung juristischer Mittel von Südfrankreich aus im Sommer 1931 durchsetzte. Eine neuerliche Notiz in der *Fackel* vermeldete die erfolgte Richtigstellung mit Genugtuung und übermütigem Wortwitz: »Ja, auf heimlichen Strichproben ruht kein Segen. Curjeleison! (auf deutsch: Herr, erbarme dich!) mochte der Generalmusikdirektor Klemperer ausrufen, der viel zu katholisch orientiert ist, als daß ihm solche Dinge nicht wider den Strich gingen« (Die Fackel 857–863, 119 f.). So verlief die Episode, in einer nicht untypischen Weise, als kleinteiliges Scharmützel mit letztlicher Satisfaktion, die Kraus über Benjamins Kopf und Text hinweg erlangte.

Der Vorgang hatte Kraus immerhin Anlaß gegeben, sich als Gegenstand des Benjaminschen Essays selbst zu Wort zu melden. Er tat es indes so unwirsch und abweisend, daß der Eindruck naheliegt, Kraus habe seinen Ärger über die Manipulation des Operndramaturgen auch auf den Autor des Essays übertragen. Benjamins Arbeit sei »sicherlich gut gemeint« gewesen, so das herablassende Urteil, und »wohl auch gut gedacht«, doch habe er, Kraus, ihr »im wesentlichen nur entnehmen können, daß sie von mir handelt, daß der Autor manches von mir zu wissen scheint, was mir bisher unbekannt geblieben war, obschon ich es auch jetzt noch nicht klar erkenne«. Schnöder läßt sich eine Sympathiebekundung kaum zurückweisen. Die um kongeniale Nähe bemühten Bemerkungen zum Charakter, zum Typus, zur Persönlichkeit des Karl Kraus laufen bei dem umworbenen Adressaten ins Leere. Die Abfuhr vollendet ein letzter, vernichtender Stoß, wie zum Hohn in zarte Klammern verpackt, der Benjamins physiognomische Verfahrensweise gänzlich zu desavouieren versucht: »Vielleicht ist es Psychoanalyse« (Die Fackel 852–856, 27 f.).

Trotz des Nachgeplänkels um Kerr, das Urteil über Benjamin war damit gesprochen. Als wollte der große Sezierer ein Exempel statuieren gegenüber jenen, die nun ihn vivisezierten und dabei der Person K.K. zu nahe traten. An Scholem schrieb Benjamin im Juni, »die Reaktion von Kraus konnte vernunftgemäß gar nicht anders erwartet werden als sie ausgefallen ist«, nun werde hoffentlich auch die seine zur entsprechenden Konsequenz in der Lage sein: »daß ich nämlich nie wieder über ihn schreiben werde« (4, 34). Und so hielt er es denn auch. In Anbetracht der weitgehenden politischen Übereinstimmung beider, ja des zumindest aus Benjamins Sicht gemeinsamen publizistischen Kampfes: *für* eine kompromißlose Aufarbeitung der Kriegserfahrungen und *gegen* die kapitalistische Verwahrlosung der Presse, überrascht die Schärfe der Krausschen Replik und die Vollständigkeit seiner Nichtbeachtung Benjamins denn doch. Auf einen Essay, der die Autorität Karl Kraus derart prominent setzt, in dem die Krausche Zitatkunst zum sprachmagischen Echo des adamitischen Beim-Namen-Rufens wird, findet Kraus für dessen Verfasser nur dürre Umschreibungen, der Name Walter Benjamins kommt ihm nicht in die Zeilen. »Sehr enttäuscht« zeigte sich über die von Kraus zur Schau gestellte Indifferenz Theodor W. Adorno: »Nichtverstehen gilt nicht als Entschuldigung, das Verstehen exponierter Dinge ist allemal eine *moralische* Sache [...]. Aber bei Kraus liegt der Fall natürlich ganz anders und beweist eigentlich die Richtigkeit von Benjamins These – er verhält sich wie ein Geist, der beim Namen gerufen wird« (Adorno 1997, 265).

Allmensch. Dämon. Unmensch (I): gesellschaftliche und natürliche Person

Den Eindruck einer psychologisierenden Charakterstudie mochte der Essay durch die Eigentümlichkeiten einer Vorgehensweise genährt haben, die weder eine Werkanalyse noch einen Lebensabriß, sondern eine intellektuelle Physiognomik des Porträtierten zu geben versuchte. Diese Darstellungsform hatte Benjamin in seinen Arbeiten über Gottfried Keller, über Johann Peter Hebel und später über Franz Kafka zur Meisterschaft entwickelt, in der Studie ZUM BILDE PROUSTS wird das Verfahren im Titel selbst angesprochen. Das ausdrückliche Ziel jener Studien war es in der Tat, mit bildhaften, anschaulichen Mitteln das literarische ›Gesicht‹ eines Autors in seinen Grundzügen zu entwerfen, ihn anhand seiner biographischen Entwicklung wie seinen stilistischen Besonderheiten als Persönlichkeit vor das geistige Auge des Lesers zu stellen. In gewisser Weise schreiben die Arbeiten Benjamins damit eine von Friedrich Schlegel getroffene Unterscheidung fort, der seine literarischen Studien in »Charakteristiken« und »Kritiken« eingeteilt hatte.

Erkenntnistheoretisch gesehen stellt Benjamin durch diese »physiognomische Technik« eine Form des Zusammenhanges »zwischen intellektueller Produktion und Gesellschaftsgeschichte« her, die »zu den Verfahren der wissenschaftlichen Abstraktion quer steht« (Lindner 1978, 194), da sie typologische Verallgemeinerung verbindet mit chiffrenhaft verdichteten, prägnanten Erfahrungsressourcen. Physiognomien sind für Benjamin keine psychologischen Data, sondern Werkzeuge der Konstruktion, Denkformen und Darstellungsmuster. Vom Trauerspielbuch bis ins Passagenwerk bleibt diese Form der analytisch-figurativen Pointierung erstaunlich konstant. In Figuren wie dem Melancholiker, Sammler oder Flaneur, dem Erzähler oder dem Gerechten rekonstruiert Benjamin historische Problemlagen als typische Haltungen, Sozialcharaktere oder Rollenpositionen. Auf einer anderen Ebene verkörpern sich allegorische und metaphysische Elemente in figurativen Ausdrucksformen, etwa in den virtuellen Gestalten des Dämons oder des Engels der Geschichte. Wenn Benjamin von Kraus als einem circensischen Marktschreier spricht, einem Schamanen oder Menschenfresser, so schlagen die Funken der kühnen Abbreviatur aus dem suggestiven Kurzschluß zwischen empirischer Person und allegorisch-typisierender Überzeichnung.

Da war sie nun, die von Scholem monierte Zweideutigkeit: nicht aber als taktische Finte zur Verteidigung (und gleichzeitigen Vermeidung) eines doktrinären Standpunktes, sondern als Darstellungs- und Erkenntnismethode, die in der Schreibhaltung auf eine schwebende Verbindung objektiver und subjektiver Motive abzielte, mit gewichtigen Vorbehalten auf beiden Seiten. Geflissentlich und zugleich spielerisch ergeht sich der Dreischritt aus »Allmensch«, »Dämon« und »Unmensch«, nach dem Benjamin die drei Abschnitte seines Essays untergliedert, in philosophischen Anklängen an die idealistische Dialektik; indes dokumentieren die zahlreichen in den Paralipomena wiedergegebenen Aufbau-Skizzen, daß Benjamin solche triadischen Schemata in immer neuen Anläufen aufgestellt hatte, nur um ihre pseudo-objektivierende Systematik alsbald wieder zu verwerfen. Ebenso prekär bleibt in der Ausformung auch die subjektive Seite, Benjamins vermeintliche Annäherung an die Psychologie bürgerlicher Charakterstudien. Haß, Autorität, Schmeichelei und Grausamkeit, grenzenlose Eitelkeit, höchste Strenge und tiefste Verzweiflung werden als menschliche Triebkräfte jener Wortmaschine namhaft gemacht, deren Energie die *Fackel* speist. Mit Beschwörungsgesten, die kleinere Münze nicht zu geben bereit sind, wird Karl Kraus *als* Allmensch, Dämon und Unmensch aufgerufen, letzterer gar in der Zwiegestalt von Menschenfresser und Engel. All das durfte nicht und wollte zugleich eben doch – persönlich genommen werden. Eine Betriebsbesichtigung beim Egomanen kann nicht anders, als erstens zur Charakterstudie zu geraten und sich zweitens auf diesem Felde in Widersprüche zu verstricken. Die Zweideutigkeit im Vorgehen korrespondiert jener im Befund selbst: Wird sie am betrachteten Gegenstande all jenen Phänomenen zugeschrieben, welche den Kräften des Dämonischen unterliegen (II, 350, 353 u.ö.), so führen auch die Sphären von Allmensch und Unmensch einen dämonischen Index mit sich, indem sie die wirkliche Person K.K. in ein Parallelogramm elementarer Triebkräfte zerlegen.

Nach der Beobachtung Horst Folkers' (Folkers 1999, 1729) gehorchen die drei Komponenten einer gemeinsamen »Logik«, indem sie als »Gesamtthema« die »Deformation des Menschen« entfalten. So gesehen, wären die Präfixe des »All«- respektive »Un«-Menschen keine Auszeichnungen, die das Unikum Karl Kraus außerhalb der Normalskala positionierten, sondern Indikatoren seiner Tauglichkeit als Symptom und Exempel für gesellschaftlich bedingte Varianten der Entmenschlichung einerseits idealisierender, andererseits regredierender Art. Zweideutig fällt der Steckbrief des Wiener Bildungsbürgers und Pamphletisten aus, zweiwertig ist auch der Aggregatzustand des bürgerlichen Individuums: als Citoyen und Bourgeois, als rechtlich-gesellschaftliches Abstraktum und als empirisch handelnder, auf Wahrung seiner Privatinteressen bedachter Einzelner. Im dritten Teil des Essays schaltet Benjamin zur analytischen Klärung eine Passage aus Marxens früher Abhandlung *Zur Judenfrage* (1844) ein, um die strukturelle Doppeldeutigkeit von politischem und natürlichem Gattungswesen als Erscheinung einer spezifischen Wirtschafts- und Gesellschaftsform, nämlich der bürgerlich-kapitalistischen, zu kennzeichnen. »Der wirkliche Mensch ist erst in der Gestalt des egoistischen Individuums, der wahre Mensch erst in Gestalt des abstrakten Citoyens anerkannt«, bringt Marx die konstitutionelle Schizophrenie der bürgerlichen Gesellschaft, in welcher »der unpolitische Mensch [...] notwendig als der natürliche Mensch« erscheint, auf ihre naturgemäß widersprüchliche Formel (zit. II, 364; Marx 1956, 370).

Im Status quo einer warenproduzierenden (›entfremdeten‹) Gesellschaft existiert der Mensch als Akteur und Adressat des humanistischen Ideals freier, gemeinschaftlicher Selbstbestimmung nur abstrakt, losgelöst vom wirklichen, d.h. wirksamen, arbeitenden Menschen des tagtäglichen Lebens. In der Überwindung des zwischen beiden Bereichen klaffenden Hiats sah Marx das Kriterium einer umfassenden ›menschlichen Emanzipation‹; und auf diese Perspektive wiederum stützt sich Benjamins These, daß der »reale Humanismus [...] bei Marx dem klassischen die Stirne bietet« (II, 364). Der »Allmensch« des ersten Abschnitts fungiert als die eine Seite des Hiats, der »Unmensch« des dritten als die andere, entgegengesetzte. Beides sind Schräglagen, in welchen ein Mensch nicht aus freien Stücken stehen kann. Dem Goetheschen Bildungsgedanken der allseitig entwickelten Persönlichkeit widerspricht »der verarmte, reduzierte Mensch dieser Tage« (341). Verkörpert der Allmensch die Ideenwelt eines abstrakten, klassisch-idealistischen Humanismus, so der Unmensch die Wirtschaftswelt eines entfesselten Kapitalismus, in der Hobbes' Faustregel des *homo homini lupus* das Sagen hat und in der das Menschenleben buchstäblich aufgefressen wird vom Zynismus des ökonomischen Kalküls, das dort mit der unumschränkten Macht eines Naturgesetzes gilt. Wer aber in jener Sphäre als Unmensch und Menschenfresser *erscheint*, das sind nicht die Exekutoren des Unmenschlichen, sondern Satiriker vom Schlage Swifts, der in seinem *Modest Proposal* die kannibalistische Logik der Armut beim Wort genommen hatte (355). Das jedoch heißt: Anders als der nur in emphatischer Version denkbare Allmensch ist der Unmensch zweifach lesbar, moralisierend oder technisch. In der Kategorie des Unmenschen greift Kraus das *quid pro quo* der Ideologie auf, um es gegen diese zu wenden.

Die Denk- und Redefigur des quid pro quo ist ein Schlüssel der Marxschen Analyse: Ein verkehrter Anschein ersetzt die wirklichen Verhältnisse so lange und vollständig, bis er sie wirklich ersetzt. Die gesellschaftliche Ordnung setzt sich stillschweigend als naturgegeben, während sie Natur wiederum als das ihr Entgegenstehende hypostasiert: als gottgegeben. Diese zweifache Verschiebung vom Sozialen aufs Natürliche und von diesem aufs Göttliche wetterleuchtet als Problemlage am Horizont, wenn Benjamin etwas überraschend Kraus zum Heimatdichter deklariert (»Die Satire ist die einzig rechtmäßige Form der Heimatkunst«; II, 354) und ihn »zwanglos« dem »allmenschlichen Kredo österreichischer Weltlichkeit« zuordnet, »das die Schöpfung zur Kirche machte« (339 f.). Als prägenden Ausdruck dieses landschaftlichen Bekenntnisses führt Benjamin Adalbert Stifters poetologische Vorrede zu der Prosasammlung *Bunte Steine* an. Ästhetische Gestalt gewinnt in ihr die von Marx ungefähr zeitgleich beschriebene Kluft zwischen Empirie und Sittlichkeit. Wenn nämlich Stifter im ›Wehen der Luft‹, im ›Rieseln des Wassers‹ und ›Grünen der Erde‹ das Walten höherer Mächte verehrt, bekräftigt er damit die Eskamotierung des Menschenwerks aus der Natur, indem er diese zur schöpfungstheologischen Allegorie überhöht. Kraus hingegen gebraucht diese Natur als technisches Mittel, indem er sie zur Darstellung biographischer und sozialer Sachverhalte heranzieht: »[...] wie die Landschaft Österreichs schwellenlos die beglückende Breite der stifterschen Prosa erfüllt, so sind ihm, Kraus, die Schreckensjahre seines Lebens nicht Geschichte, sondern Natur«. Zur Stifterschen Waldesandacht präsentiert er die spiegelgenaue Umkehrung, indem er am nächstbesten Holzfäller den Ursprung des Wiener Pressebetriebs ins Auge faßt. »Es ist die Landschaft, in der täglich 50.000 Baumstämme für 60 Zeitungen fallen« (340 f.). Der Satiriker weiß, »daß die Technik, einmal gegen die Schöpfung ins Feld geführt, auch vor ihrem Herrn nicht haltmachen wird« (341). Durch seine kalkulierte Überdrehung der ohnehin Kopf stehenden bürgerlichen Weltordnung bringt er in Gottes freier Natur einen Wald voller Zeitungen zum Vorschein, während in den Presseerzeugnissen die Gesetze des Dschungels herrschen.

Deformationen sind das Metier des Mimen und des Polemikers. Der junge Peter Suhrkamp, Pädagoge und Publizist, den Benjamin als typisch bürgerliche Kontrastfigur anführt, definiert in einem Leitfaden den Journalisten – ganz im Sinne eines ›meritokratischen Leistungsethos‹ – als einen Menschen, der »für die bloße Existenz« von Dingen und Menschen wenig Interesse habe und seine Aufmerksamkeit vielmehr »ihren Beziehungen« widme (335). Für Kraus gilt im Gegenteil, daß er sich bevorzugt »an Personen« hält; ihm ist, »was sie sind«, wichtiger als das, »was sie tun«, und noch dieses interessiert ihn mehr als das, »was sie sagen«; am wenigsten gibt er auf das, was sie schreiben und zum Druck befördern (343). Den Abstand vermeintlicher Sachlichkeit überspringt er. Die Figur der Umkehrung ist selbst dort am Werk, wo es scheinbar am menschlichsten zugeht, in Fragen des guten Benehmens, der Höflichkeit und des Taktgefühls. Entgegen üblicher Auffassung kommt hier für Benjamin gerade nicht das Schickliche, das »gesellschaftlich Gebührende« zum Ausdruck. Indem taktvolle, höfliche Verhaltensweisen ›natürliche‹ zwischenmenschliche Verhältnisse unterstellen, unternehmen sie die unwahrscheinlichste Probe auf die Lebbarkeit einer verkehrten Weltordnung. »Takt ist die Fähigkeit, gesellschaftliche Verhältnisse, ohne doch von ihnen abzugehen, als Naturverhältnisse, ja selbst als paradiesische zu behandeln« (339). Mit dieser Bestimmung gibt Benjamin das Gegenstück zur früher besprochenen Apotheose der Landschaft. Er löst das Vermögen des Takts gänzlich aus der Sphäre außengeleiteter Konventionen und preist es als eine Haltung der Pietät, die sich, ähnlich wie die Empathie Stifters, innige Nähe zur Schöpfung bewahrt. Sie macht am kreatürlichen Menschen, dem sie Hochachtung entbietet, wieder gut, was am *zoon politikon* und seinen entfremdeten Sozialverhältnissen nicht mehr zu retten ist. »[D]och ohne von ihnen abzugehen«: In solchen Widerhaken steckt, mit Adorno zu sprechen, der grundlegende Selbstwiderspruch eines moralisch geforderten richtigen Lebens im falschen.

Faszinierend an Kraus erschien nicht zuletzt die Vehemenz, mit der er sich in derartige Widersprüche notwendig verwickelte oder vielmehr hineinstürzte. Besonders drastisch ausgeformt sieht Benjamin »das seltsame Wechselspiel zwischen reaktionärer Theorie und revolutionärer Praxis« (342) in Kraus' Begriff eines sakrosankten Privatlebens. Denn wie nirgendwo sonst hatten sich in jenem Leitwert die Bornierungen eines dem Sozialen entfremdeten Besitzbürgertums zu übergreifender Geltung erweitert und als schützenswertes Gemeingut darzustellen vermocht – bis die machtgeschützte und möblierte Innerlichkeit von der ästhetischen Moderne mit rigoroseren Methoden unterlaufen wurde, als sie sämtliche Kollektivierungsphantasmen der Zeit an Zwangsmitteln zu ersinnen in der Lage waren. Es erscheint Benjamin als die denkbar »reaktionärste« Parole, das bürgerliche Recht auf Privatheit zu verteidigen »in einer Gesellschaft, die die politische Durchleuchtung von Sexualität und Familie, von wirtschaftlicher und physischer Existenz unternommen hat«. Adorno wird diesen Gedanken in seiner Besprechung von »Sittlichkeit und Kriminalität« weiterführen: Wenn Kraus im Kampf gegen die Presse die legitime »Forderung nach Diskretion« erhebe, so bewege er sich in einem bezeichnenden »Antagonismus«: »Der Begriff des Privaten, den Kraus ohne Kritik ehrt, wird vom Bürgertum fetischisiert zum My home is my castle« (Adorno 1965, 61). Doch was, so wiederum wandte Benjamin gegen die eigene Kritik ein, wenn sich dieses Privatleben, etwa der proletarischen Bohemiens vom Schlage eines Peter Altenberg, längst »im Gegensatze zum bürgerlichen« befände? Das »sich selber abmontierende [...] Privatleben der Armen« (II, 342) hat eine andere Qualität als die Sekuritätsbedürfnisse der Besitzenden, es tangiert auch jenen Reichtum an biographisch akkumulierter Persönlichkeit, den man ›Erfahrung‹ nennt. Gegen Erfahrung, den letzten bildungshumanistischen Restposten, steht Armut als Losung der künstlerischen Avantgarde (vgl. Erfahrung und Armut).

Das Stichwort »Armut«, ebenfalls nicht frei von Äquivokationen, dient Benjamin dazu, den Solitär K.K. in eine künstlerisch-theoretische Gruppierung einzuordnen, wie sie der frühere Essay jenen Titels skizziert hatte (vgl. II, 358), ein Grüppchen von hypothetischer Zusammengehörigkeit, dem neben der »Armut des Herrn Keuner« auch die »Krallenfüße« von Klees *Angelus Novus* zugehören, ferner die sternengläsernen phantastischen Räume Paul Scheerbarts und der asketische Rigorismus eines Adolf Loos, seines Zeichens »Drachentöter des Ornaments« (1112).

Allmensch. Dämon. Unmensch (II): der triadische Aufbau

Durch die Auffächerung seiner Existenz in die Stufen des Allmenschen, Dämons und Unmenschen wird das komplexe Gebilde K.K. zu einer multiplen, in mehrere Charaktere zerfallenden Persönlichkeit entfaltet, entwickelt, entzerrt. Nicht weit entfernt ist dies von Robert Musils Roman vom *Mann ohne Eigenschaften*, dessen erster Band im Entstehungsjahr des Kraus-Essays vorlag. Musil stellt einem Zeitalter postheroischer Sachlichkeit die Diagnose, es sei hier eine Welt von ›Eigenschaften ohne Mann‹ entstanden. In der Annäherung Benjamins erscheint Kraus gespiegelt und überlagert von Typisierungen und Charakteristiken, die allesamt zwar ad personam zu zielen vorgeben, aber nicht treffen, sondern um den Menschen herumführen als indirekte Formen des Porträts, lauter Halbfertiges, Halbrichtiges und halb schon Ausgemustertes vorstellend. Bezeichnend ist auf Seiten Benjamins immer wieder der Wille zum magischen Dreischritt: Die breit angelegten Arbeitsnotizen von 1930 nehmen sich etliche »Motive« vor, »die auf drei Stufen durchgeführt werden«. Dabei folgen diese triadischen Begriffsreihen, die eine Systematik mehr postulieren als begründen, denkbar unterschiedlichen Kategorien und Kriterien. Manche Sequenzen sind Versuche der Typus-Bildung, so etwa »Das Tier/die Hure/das Kind«, »Vorleser/Dramatiker/Beschwörer« oder »Polemiker/Prediger/Politiker«; andere beschreiben eher eine Entwicklungslinie, indem sie stufenweise radikalisierte Kritiker-Strategien benennen: »Abdruck/Auseinandersetzung/Zitat«, oder auch »Reform der Presse/Vernichtung der Presse/Benutzung der Presse«; in wiederum verschobener Optik rücken mit einer weiteren triadischen Reihe sodann die diversen Wirkungsstätten des Porträtierten in den Blick: »das Café/das Arbeitszimmer (Nacht)/der Vortragssaal« (II, 1088).

Der Arbeitsprozeß ist aus den als ›Paralipomena zum Kraus‹ vom Autor selbst gesammelten Notaten als ein tentatives und dialogisches Verfahren erkennbar. Das Phänomen Karl Kraus wird nicht frontal angesteuert, sondern durch triangulierende Konstellationen umrissen. Auch Benjamins eigene Position liegt hier nicht fest, sondern ergibt sich in einer ruhelosen trilateralen Auseinandersetzung: mit den zu überprüfenden Leitmarken der eigenen Denkwelt, mit dem als intellektuelle Instanz so lange mitgeführten Bezugsautor und schließlich mit dessen elementaren Motiven und Gegenständen. Sind es für einmal nicht Dreischritt-Sequenzen, so arbeitet Benjamin mit einer Kombination von einander überlagernden Antithesen bzw. Paar-Bildungen wie »Sprache und Eros« oder »Geist und Sexualität« (alle II, 1088), die dann wiederum in eine algebraisch zu lesende Interrelation gebracht werden: »Sprache: Geist = Eros: Sexus« (1096). In massierter Form stellen die arbeitsbegleitenden Schemata Sentenzen und definitorische Sätze auf, entwerfen Formeln und Gleichungen; ein erstaunlich knappes Set von einem halben Dutzend Begriffen läßt Benjamin in immer wieder neuen Anordnungen auftreten. Zur stilistischen Maxime wird somit das auf

Kraus gemünzte: »Stetigkeit der Motive – Armut an Begriffen – Reichtum der Wortbedeutungen« (1098). Der begrifflichen Strenge kontrastiert eigentümlich die an Kraus geschulte Technik des indirekten Zu-Verstehen-Gebens durch Anspielungen und Zitate; nirgends hat Benjamin der Auswahl von Textstellen und der Anordnung von Motti größere Aufmerksamkeit gewidmet (vgl. 1088, 1096 u.ö.).

Auf konzeptioneller Ebene hat Benjamin die disparate Stoffmasse und seinen vorgesehenen Argumentationsgang ebenfalls mit Hilfe einer dreiteiligen Struktur zu ordnen versucht, deren einzelne Positionen freilich mit immer wieder wechselnden Besetzungen ausgefüllt sind. Die prominenteste Funktion in dem Spiel übergeordneter Begriffe hat zweifellos das »Recht«, das in der Benjamin-Forschung als der zentrale Topos des Essays gewürdigt wurde (vgl. Folkers 1999), aber auch »Sprachlehre«, »Polemik« und »Dialektik« werden häufig als Stichworte notiert (II, 1089 ff.). Der Sphäre des Rechts wollte Benjamin jene des Eros gegenüberstellen; die Betrachtungen über das »Verhältnis von Sexualität und Hure« (1089) sollten einerseits an den Rechts-Komplex über den Begriff der ›Schuld‹ angeschlossen, andererseits aber mit dem Berufsfeld des ›Journalismus‹ in Beziehung gebracht werden. Ohne daß wirklich sichtbar wird, wie sich all dies einer konzisen Systematisierung unterwerfen ließe, treten aus Benjamins Assoziationsfeld zwei der großen Themen bzw. Angriffsziele von Karl Kraus deutlich hervor. Dies ist zum einen die unter dem Titel *Sittlichkeit und Kriminalität* formulierte Kritik an der strafbewehrten bürgerlichen Doppelmoral, zum anderen die süffisant diagnostizierte Affinität zwischen Prostitution und Journalismus. Recht, Sprache und Eros, diese drei: als Koordinaten des Krausschen Denkens prangen sie makellos am Himmel überzeitlicher, unbedingter Ideale, und zugleich schält sie der tagtägliche Wortkampf immer wieder aus dem Morast tiefster Korrumpierbarkeit. In den Vorstudien Benjamins aber wollte sich weder durch Stichwortlisten (II, 1097, 1104 f.) noch durch Schemata (1088 f., 1100) oder kleine graphische Skizzen (1090, 1093) eine überzeugende Hierarchie aus dem wechselnden Arrangement der Begriffe ergeben; jede gewählte Ordnung eröffnete wieder überraschende Querverbindungen und zog neue Schematisierungs-Ideen nach sich.

Demgegenüber suggeriert die dann im Essay gefundene Gliederung eine klare Anordnung der Themengebiete und ihrer sukzessiven Entfaltung. Fast scheint es, als habe Benjamin dabei ein einheitliches, synthesefähiges Bild des behandelten Autors nicht mehr angestrebt; gegeben wird vielmehr ein Drei-Personen-Stück. Im ersten Akt steht Kraus als Polemiker im Vordergrund, als entschiedener Kämpfer wider die journalistische Phrase. ›Allmenschlich‹ im Sinne des bildungshumanistischen Erbes ist sein Beharren auf der Reinheit und Schönheit der Sprache, im Dienst an ihr greift der Kritiker zur Waffe des Schweigens. In der Binnenstruktur dieser ersten Person schlägt Benjamin wiederum eine triadische Ordnung vor. »Die Dreiheit: Schweigen, Wissen, Geistesgegenwart konstituiert die Figur des Polemikers« (II, 339). Wahre Sprachkunst zeigt sich an der Fähigkeit, sie zurückzuhalten, an den Grenzen des Schweigens und des Zitats. Kraus führt als Polemiker weniger das eigene Wort als jedes mißbrauchte, das er den Zeitungsphrasen entwindet und gegen sie kehrt; eine »historische Leistung« seiner Presse-Satiren liegt darin, daß er »die Zeitung zitierbar gemacht hat« (Fürnkäs 1987, 212). Kraus erfand Techniken des Zitierens, die das inkriminierte Zitat nicht allein vor die Schranken des Gerichts zwangen, sondern es zu Staub zerfallen ließen. Nicht in der Rede selbst entscheidet sich ihre Bedeutung, sondern im Gestus dessen, der sie führt oder abweist. Durch das Gegenstück des Zitats, nämlich »ein gewendetes Schweigen« (II, 338), parierte Kraus jene Art von Erfahrungen, die das Sprechen über sie nur hätte verharmlosen können: die Kriegseuphorie vom August 1914, die Ermordung Rosa Luxemburgs und Karl Liebknechts im Januar 1919, das Massaker an den Wiener Demonstranten beim Brand des Justizpalastes 1927 – und später die Machteinsetzung Hitlers, die Kraus nach Monaten mit dem von Brecht gewürdigten Schweige-Gedicht der 888. *Fackel* beantwortete. Kann der Allmensch in der unablässigen Katastrophe »eine Nachblüte« der Ausdrucksschönheit eines Claudius oder Goethe weder erhoffen noch wünschen, so unterscheidet er sich von der »herrschenden« Sprache, indem er die von jener entwürdigten Ideale »außer Kurs setzt« (344).

Die zweite Figur, unter deren Maske sodann der »Dämon« seine Wortkunst betreibt, ist eine »persona« im Wortsinne: »das, wohindurch es hallt« (347). Der Vorleser spricht nicht in eigener Sache, er läßt andere aus sich heraus sprechen. Kraus agiert hier weniger polemisch denn mimetisch, er macht sich zum transmittierenden Medium fremder Stimmen und Bühnengestalten. Er liest, so sieht es Benjamin, vorzugsweise aus Dramen, »deren Urheber [...] eine eigentümliche Mittelstellung einnehmen« (ebd.) – gemeint sind so unterschiedliche, aber gleichermaßen zwischen Textgestalt und Bühnenwirkung hin- und hergerissene Autoren wie Shakespeare und Nestroy, doch letztlich geht es um die mittlere Stellung des Dämons in diesem Porträt selbst. Ist doch der kritische Furor im Mimen nicht verstummt, er geht hier eher noch maliziöser zu

Werke. Benjamin betont, »wie eng verbunden mit der Grausamkeit des Satirikers die zweideutige Demut des Interpreten ist, die sich im Vorleser bis zum Unfaßlichen steigert. In einen hineinkriechen – so bezeichnet man nicht umsonst die niederste Stufe der Schmeichelei, und eben das tut Kraus: nämlich um zu vernichten« (ebd.). Sagt Benjamin der Satire eine sachliche Nähe zur kannibalistischen Logik des Kapitalismus nach, so entwirft er hiermit die komplementäre Technik einer aushöhlenden, gleichsam parasitären Kritik.

Beständig im Übergang zwischen eigenem und fremdem Lebenselement, führt die Person des Dämons eine amphibische Existenz. Widerlager ihrer schauspielerischen ›Demut‹ ist eine maßlose Eitelkeit. War der sachliche Gegenstand des ersten Abschnittes, die Presse und ihre Korrumpierbarkeit, vergleichsweise eindeutig bestimmbar, so steht im zweiten Abschnitt mit dem Verhältnis von »Geist und Sexus« (350) etwas ungleich Verwickelteres auf der Tagesordnung. Gegenstand und Personenrolle korrespondieren einander in ihrer untilgbaren Zweideutigkeit, wogegen die im ersten Abschnitt attackierte Presse als Metier deutlich abfällt: »Journalismus ist Verrat [...] am Dämon« (352).

Im dritten Akt übernimmt die Unperson das Regiment. Der ›Unmensch‹ leistet eine magische Spracharbeit, die sich der Mittel des Reims und des Zitats bedient. Als Dichter gewürdigt, rückt Kraus hier neben die Großen, sein Werk wird in einem Atemzug mit demjenigen Goethes genannt und der Bedeutung Stefan Georges, »dem großen Partner« (359), gegenübergestellt. Und doch hat der Unmensch in diesem Finale die Humaniora längst hinter sich gelassen. Er ist es, der im personalen Trio des Karl Kraus die schlagendste Wirkung erzielt; weder die Lichtseite der Aufklärung noch die Nachtseite des Dämonischen bestimmen sein Wesen, sondern die sachliche Effizienz einer technisch armierten Destruktivkraft. »Er solidarisiert sich nicht mit der schlanken Tanne, sondern mit dem Hobel, der sie verzehrt, nicht mit dem edlen Erz, sondern mit dem Schmelzofen, der es läutert« (367).

Anders als im dialektischen Schema des Hegelschen Systems, wo die nagenden Kräfte des Negativen in der Mitte ihr Unwesen treiben, als Kluft zwischen dem thetischen Ausgangspunkt und der höheren Synthesis, fungieren in Benjamins Kraus-Triptychon die beiden Rahmenteile als Schauplätze der Negation, weil sie die Arbeit des Polemikers und Satirikers zeigen, den Krieger wider die Phrase und den ›destruktiven Charakter‹. Zwischen ihnen aber befindet sich mit der Sphäre des Dämons ein Ort, dessen Akteur sich seinerseits hinter Ambivalenzen und Widersprüchen verbirgt. Jeder Dreischritt, zumal jener der Dialektik, ist mit der Suggestion eines bestimmten Entwicklungsganges verbunden. Einen solchen hat man verschiedentlich auch in den Abteilungen des Kraus-Essays nachzuzeichnen versucht und hierbei dem Mittelstück eine entscheidende Bedeutung zuerkannt. Christian Schulte, der die umfassendste Studie zu Benjamins Kraus-Arbeiten vorlegte, betont die Verbindung des Dämonischen zu den geschichtlich weit zurückreichenden Erfahrungen eines perpetuierten Gewalt- und Unterdrückungsgeschehens, das von Benjamin andernorts als ein Bereich des Mythischen bestimmt wurde. Hier ist zunächst an den ebenfalls einer Dreiteilung folgenden frühen Aufsatz zu Goethes *Wahlverwandtschaften* zu denken. In der Disposition zu jenem Aufsatz hatte Benjamin für den ersten Teil das »Mythische als Thesis« konzipiert, um unter dieser Rubrik die Ehe als mythische Rechtsordnung sowie die mythische Naturordnung des Elementaren und das Schicksal zu behandeln, der zweite Teil sollte mit der in die Romanhandlung eingeschalteten Novelle das Thema der »Erlösung als Antithesis« entfalten, der dritte schließlich die »Hoffnung als Synthesis« (I, 835–837). Der Abfolge dreier Stadien liegt hier deutlich eine teleologische Perspektive zugrunde; zielt sie im ersten Schritt auf eine Emanzipation vom Banne mythischer Verhältnisse, so mit dem zweiten auf die Utopie eines fragilen Augenblicks, in dem Freiheit und Schönheit sich verbinden.

Im Passagen-Werk wird die Figur der »›ewigen Wiederkehr‹« als »*Grund*form des urgeschichtlichen, mythischen Bewußtseins« bestimmt (V, 177). In ähnlicher Weise ist die Welt der »Tagespresse«, welcher Karl Kraus den Kampf angesagt hat, zu »[d]en immer gleichen Sensationen« verdammt; ihr antwortet der Kritiker durch seine »ewig neue, [...] unausgesetzte Klage« (II, 345). Indem sich das Mythische als »gewaltförmige[r] Wiederholungszusammenhang« (Schulte 2003, 37) verstehen läßt, gewinnt die im Kraus-Essay dieser Kritik korrespondierende Rede von der ›Überwindung des Dämonischen‹ (vgl. II, 358) jenen programmatischen Richtungssinn, der auf die Emanzipation aus der Gewalt des Immergleichen zielt (Schulte 2003, 31, 50 f. u.ö.). Wie die meisten kategoriellen Bestimmungen des Essays hat auch diese eine doppelten Boden. *Mit* Kraus geht es darum, dem ewigen Gleichlauf einer korrumpierten Sprach- und Gefühlswelt durch mimetisch-satirische List die Perspektive eines von ihr befreiten Lebens abzutrotzen. Über Kraus hinaus und *gegen* ihn entwickelt Benjamin die These von einer Komplizenschaft des Dämons mit der mythischen »Vorwelt« (II, 345), da die kontingenten Erscheinungsformen von Presse oder Prostitution vom Dämon (dessen Existenz sie ermöglichen) je schon als »Naturphänomen« (353) hypostasiert werden. Dämonisch ist

Kraus, weil und sofern er die zeitgenössische Welt alternativlos erlebt. »Daß ihm der soziologische Bereich nie transparent wird – im Angriff auf die Presse so wenig wie in der Verteidigung der Prostitution – hängt mit dieser seiner Naturverhaftung zusammen« (ebd.). Während die Marxsche Kritik die Unterscheidung natürlicher und historisch-sozialer Determinanten formuliert hatte, fällt Kraus, so der Vorwurf, hinter dieses analytische Niveau zurück in den mythischen Bann eines »archaischen und geschichtslosen« Menschenbildes, dessen Natur sich vermeintlich »in ihrem ungebrochenen Ursein« darstelle (ebd.). Im Horizont einer sich in diesen Jahren geistig formierenden Kritischen Theorie bedeutet der Vorwurf der Geschichtslosigkeit eine Todsünde. Die bei Kraus geforderte Überwindung des Dämonischen wäre indes eine Überwindung auch jener Zweideutigkeit, die Benjamins Porträt eines seiner wichtigsten Denk- und Darstellungsmittel in die Hand gab.

Verschlungene Widersprüche und zweideutige Pointen: Zur Darstellungsweise des Kraus-Essays

Deutlich wurde an Benjamins Essay und mehr noch in den angestellten Vorstudien das Bestreben um eine systematische Entfaltung des Phänomens K.K. gemäß dem Schema des dialektischen Dreischritts. Doch ergibt sich im Text selbst eher der Effekt einer Aufsplitterung des Porträtierten nach der Art einer von Benjamin als Wahrnehmungsmodell hochgeschätzten optischen Kinderbelustigung, des Kaleidoskops. Man schaut in ein buntes Gewimmel zersplitterter Farben und Formen, die sich beim Drehen des Tubus zu seltsamen Lichteffekten zusammensetzen. Auch bei der Lektüre wandelt sich unter den von Abschnitt zu Abschnitt wechselnden Beleuchtungen immer wieder das Bild, es treten neue Züge hervor, die aber bruchstückhaft bleiben und in den Reigen der früheren Farbsplitter zurücksinken, vielleicht, um in anderem Kontext unerwartet wieder aufzutauchen. Es ist, nach dem Gang durch die analytische und argumentative Ordnung des Textes, nun von seinen ästhetischen Qualitäten zu reden, von der Darstellungsweise, die Benjamins Auseinandersetzung mit Kraus in diesem Essay gefunden hat.

Im Rückblick auf die Textur des Kriegerdenkmals läßt sich feststellen, daß Benjamins in anderen Stücken der Einbahnstrasse ungewöhnlich lockere, urbane Diktion bei der Beschäftigung mit dem Wiener Sprachkünstler eine etwas angestrengt wirkende Militanz aufzubieten versucht. »Kein Posten ist je treuer gehalten worden und keiner war je verlorener« (IV, 121): daran mag sich die Haltung des Bewunderers ein Beispiel genommen haben. Pathos-Formeln und Superlative, noch dazu in hölzerne Wiederholungs-Schablonen gepreßt, machen den Text schwerfällig, seine kraftmeierische Behauptungs-Prosa angreifbar. Mit schroffer Geste stellt sich der Autor abseits des von Kraus entfachten Meinungsstreites, um für seine eigene Annäherung an den kontroversen Gegenstand rhetorisch eine höhere Dignitäts-Klasse zu beanspruchen. »Kein Name, der geziemender durch Schweigen geehrt würde« (ebd.). Das Zweitbeste nach der Option des pietätvollen Schweigens ist eine Sprache, die sich bevollmächtigt weiß. Die wie in Stein gemeißelte Schlußsentenz dieses Epitaphs scheint einerseits die Autorisierung durch den Betroffenen selbst anzustreben, den sie andererseits aber bereits einer postumen Würdigung zu Lebzeiten unterzieht. »Die Ehren seines Todes werden unermeßlich, die letzten sein, die vergeben werden« (ebd.). Daß der solcherart unter die Erde gebrachte sich die angemaßte Legitimität seines Grabredners verbat, läßt sich denken. Im späteren Essay waren es hingegen stilistische Freiheiten wie die Charakterisierung des Vortragskünstlers als eines »Marktschreiers« (IV, 516), die zu dem für Benjamin enttäuschenden, unterkühlten Echo des Porträtierten führten.

Wenn es um Kraus geht, zeigt sich Benjamin auch 1930 noch merkwürdig befangen in der Wahl seiner sprachlich-stilistischen Register. Attestierte er dem ›dämonischen‹ Kraus eine mimetische Nähe zu den befehdeten Zeitgenossen und Gegenständen, so ist in Benjamins Diktion wiederum eine mimetische Anverwandlung an Kraus spürbar, in der sich Bewunderung und Rivalität, aber auch eine Art von Abwehrzauber verbinden. Dabei geht, wie bei anderen von der *Fackel* Beeindruckten, zunächst auch Benjamins »Betrachtung von der Quantität aus (die in Qualität umschlägt)« (II, 1091). Imponierend an der zu dieser Zeit erkennbaren schriftstellerischen Lebensleistung des Karl Kraus war allein schon ihr schierer Umfang, auf den zweiten Blick ihre sprachliche Akkuratesse und Detailversessenheit. Wie in der *Fackel*, herrscht auch in Benjamins Text ein beständiger Kampf um das treffendere Wort, es entschlüpft kein Motiv in die Zeile, ohne zuvor auf seinen Streitwert befragt worden zu sein, und mehr als gelegentlich will der Autor durchblicken lassen, dem Sprachmagier auf die Schliche gekommen zu sein.

Eine enge Grenze wird dem Herausgeber der *Fackel* gezogen, was seine Kompetenz zur theoretischen Durchdringung gesellschaftlicher Phänomene betrifft. Fast parallel zu Benjamin hatte Kraus Ende der zwanziger Jahre näheren Kontakt zu Bertolt Brecht gefunden und dabei auch mit marxistischen Positionen zu sympathisieren begonnen. Wenn Benjamin an Kraus theoretische »Insuffizienzen« (II, 1092 f.) moniert und ihm gegenüber die soziologisch höherstehenden Einsichten reklamiert, so verfällt er auf ein Argumentationsmuster, mit dem er sich selbst in den folgenden Jahren seitens der Vertreter des Frankfurter Instituts für Sozialforschung immer wieder konfrontiert sah. Kraus habe weder »die sozialen Fundamente der Pressekorruption« erkannt (die Benjamin im »Parteiwesen« gegeben sieht), »noch ihre metaphysischen« (nämlich den »Nachrichtendienst«) (1092 f.); tatsächlich hat Kraus die politischen, wirtschaftlichen und medientechnischen Veränderungen in der österreichischen Zeitungslandschaft in vielen Glossen kenntnisreich und kritisch kommentiert. Die gravierendsten Mängel sieht Benjamin in der Krausschen »Polemik gegen die Sexualjustiz« (1092) gegeben, da Kraus »die Funktion der Prostitution im heutigen Klassenstaat« ebenso verkenne wie den Umstand, »daß sie ihrem ursprünglichen Naturwesen durch die Aufgabe entfremdet wird, im Abgrund zwischen den Klassen deren Beziehungen herzustellen« (1093). Aufschlußreich ist diese Arbeitsnotiz, weil sie mit der Formulierung vom »ursprünglichen Naturwesen« der Prostitution (vgl. auch die um 1921/22 entstandene Notiz über Die Dirne, VI, 75) im manifesten Widerspruch zur späteren Druckfassung liegt, in der genau jenes Denken in vorgeschichtlichen »Naturphänomenen« an Kraus kritisiert wird.

Die These vom gesellschaftstheoretischen Defizit des Karl Kraus ist ein neuralgischer Punkt der Arbeit, da Benjamin seinerseits mit soziologisch ungedeckten Konzeptionen wie Vorwelt und Urgeschichte zu operieren pflegte, um zur entfremdeten bürgerlichen Gesellschaft ein ihr enthobenes Gegenbild denken und formulieren zu können. Indem er Kraus durch seine fundamentale Kritik gleichsam aus dem eigenen Dilemma der theoretischen Vermittlung zwischen überzeitlichen Naturbegriffen und sozialgeschichtlicher Konkretion entläßt, wertet Benjamin im Gegenzug den empirischen Gehalt der Krausschen Schilderungen auf und attestiert ihrem Autor eine um so innigere Beziehung zu den beschriebenen Phänomenen selbst. Sofern sich in Kraus richterliche Strenge verbindet mit einer für Benjamins Studienzwecke höchst ergiebigen Milieu-Loyalität, kann die *Fackel* gar als Quelle sittengeschichtlicher Erkenntnisse herangezogen werden; sie gebe »Modelle, wenn schon nicht die Theorie« (II, 337), urteilt Benjamin. »Die Verschränkung eines biblischen Pathos mit der halsstarrigen Fixierung an die Anstößigkeiten des Wiener Lebens – das ist ihr Weg, sich den Phänomenen zu nähern« (ebd.). Ließe sich nun von Benjamins Vorgehensweise im Umkehrschluß sagen, daß in seinem Kraus-Porträt theoretische Vorgaben auf Kosten ästhetischer Sensibilität gehen? Liegt bei ihm gar eine gegenteilige »Überschneidung« (1092), nämlich diejenige von ›revolutionärer Theorie und reaktionärer Praxis‹ vor? Eher scheint es, als trage er den an Kraus monierten Widerspruch hier implizit auch in eigener Sache aus.

Dies zeigt sich in der Kompositionsweise des Essays durch eine doppelte makrostrukturelle Ordnung, in der unterhalb der skizzierten dreiteiligen Anlage eine zweiwertige Grammatik der Ambivalenzen, Widersprüche und Paradoxa sich bemerkbar macht. Es ist der Bereich des Dämons und seiner nächtlichen Stunden, in dem beide Ordnungen einander überlagern. Die Nacht, bevorzugte Arbeitszeit des Autors und Instanz seiner dämonischen Eingebungen, fungiert als insgeheime Schaltstelle, sie ist das Umspannwerk des triadischen und des antithetischen Feldes. In der »Nacht-Wache« des Karl Kraus erkennt Benjamin »das Mittelstück seiner dreifach gestaffelten Einsamkeit: der des Caféhauses, wo er mit seinem Feind, der des nächtlichen Zimmers, wo er mit seinem Dämon, der des Vortragssaales, wo er mit seinem Werk allein ist« (II, 354). Aus der Dreiheit von funktionalen Charakterelementen des Schriftstellers bei seinen Auftritten bleiben, wenn die Worte verklungen sind, deren geräumte Schauplätze zurück, als sei ihnen das Geheimnis der Produktion anvertraut: eines geduldigen Ausharrens, das mit oder ohne Zeugen allzeit zur Stelle ist. Das Herzstück aber bildet die der Öffentlichkeit entzogene nächtliche Stube des Dämons, in der jene Gegensätze zueinanderfinden, aus denen das Schreibwerk des Karl Kraus seine Grundspannung bezieht. »Die Nacht ist das Schaltwerk, wo bloßer Geist in bloße Sexualität, bloße Sexualität in bloßen Geist umschlägt« (ebd.).

»Geist und Sexus« fungieren in der Welt des Dämons als dessen bipolare Triebkräfte; sie »bewegen sich in dieser Sphäre in einer Solidarität, deren Gesetz Zweideutigkeit ist« (350). Als Fermente einer alles durchdringenden Ambivalenz gliedern sich Geist und Sexus dem Ensemble der die Gesamtkonzeption tragenden Begriffe Recht, Sprache und Eros nun dergestalt ein, daß sie mit diesen gleichsam bilaterale Beziehungen unterhalten, aus denen Mischformen, Derivate und Konflikte verschiedenster Art hervorgehen. Vom Geist ergriffene Sexualität wird zum Eros, der im auratischen Wechselspiel von Nähe und Ferne sein vitales Element findet (»Das Leben des Eros entzündet sich an der Ferne«, hatte Benjamin in einem Fragment des Jahres 1921 notiert; VI, 83 f.). Zwischen Eros und Sprache wiederum gelingen Übereinkünfte, wo letztere aus der Funktion eines Instrumentes distanzierender ›Mit-Teilung‹ heraustritt und, wie im Namen oder im Reim (vgl. II, 362), ihrerseits ästhetische Ereignisse generiert, von sinnlichem, aber kaum zu greifendem Reiz. Am Schnittpunkt von Sexualität und Recht ist jener Begriff der Schuld lokalisiert, der sich für Benjamin mit dem Bilde gekrümmter Leiber verbindet, das motivgeschichtlich von der im Kraus-Essay evozierten Leidenspyramide der Wiener Genesis zu den später kommentierten Strafphantasien Kafkas führt.

Sowohl Eros und Sprache als auch Sexus und Geist sind von der Partie, wenn die Zweideutigkeit sich schließlich im »Witzwort« und in der »Pointe« Bahn bricht, auf allerdings verschobene Weise: »im Witzwort kommt die Lust und in der Onanie die Pointe zu ihrem Recht« (350). Der Witz dieser seltsam verquer formulierten Bemerkung besteht darin, daß Lust und Pointe darin ihre Plätze getauscht haben. Geist und Sexus unterliegen in ihrem je eigenen Metier, obsiegen aber auf dem Schauplatz des Gegenübers. Doch bestünde in einem gelungenen Platzwechsel nicht gerade das Ziel erotischer Spannung? An leerer Selbstbezüglichkeit, so ist die überkreuz gesetzte Formulierung vielleicht aufzulösen, kranken Onanie und Pointe, weil ersterer die wahre Lust fehlt und letzterer der geistvolle Witz. Dieser Passus inszeniert auf engstem syntaktischen Raum, wovon er der Sache nach handelt; das macht ihn fürwahr ›zweideutig‹ und bringt ihn der stilistischen Entgleisung nahe. Auf eine unterschwellige Weise gibt Benjamin zwei gegenstrebigen Affekten nach, er zeigt sich schamlos und selbstreflexiv zugleich.

Mit sprachlich-stilistischen Wagnissen sucht Benjamin Anschluß an das »hedonische Moment« (360) im Werk von Kraus zu gewinnen. Als natürliche Verbündete solcher Experimente erscheinen ihm Sprachsubjekte, die es per definitionem nicht ernst meinen können: Tiere, Huren und Kinder. Da ihre Rede jeden justitiablen Wahrheitsanspruch unterläuft, sind ihre Ausdrucksmittel von kompromißloser Authentizität. »Am Reim erkennt das Kind, daß es auf den Kamm der Sprache gelangt ist, wo es das Rauschen aller Quellen im Ursprung vernimmt« (361). Wo die Sprache doppelzüngig »auf dem Kamm« tönt, regrediert sie am Gegenpol des richterlichen Pathos zum Klangereignis des Rauschens und »Summens« (359), das »nach so viel Stummheit im Tier und so viel Lüge in der Hure im Kinde zu Wort kommt« (361). So gewissenlos sich der Wortwitz in der Pointe verlustiert, so arglos darf sich die Unschuld des Reimes zeigen – auch er ein »Zwitter aus Geist und Sexus« (360). Die Amoralität sprachlicher Zweideutigkeit nutzt aus, was immer die Sprache bietet – und sei es ein Wortspiel, das auf Kosten zufälliger Namens- oder Klangähnlichkeiten geht. Zur Erschleichung billiger Pointen ist Benjamin ein viel zu skrupulöser Autor, der mit einer fast andächtigen Ernsthaftigkeit zu Werke geht. Dennoch gibt er gelegentlich der Versuchung nach, mit der Denotation eines Namens seine Späße zu treiben, wie im Aufsatz über Gottfried Keller, in dem der Leser von den Gängen eines »Grotten- und Höhlensystems« immer »tiefer in [den] Keller selbst hineingeleitet« wird (287). Wenn die adamitische Namenssprache für die unverfügbare Gottesnähe der Kreatur und die »Teilhabe am göttlichen Wort« (Schulte 2003, 40) bürgt, wie Benjamins früher sprachtheoretischer Aufsatz von 1916 angenommen hatte (II, 140–157), dann entblößt das spielerische Semantisieren des Namens, wie in der instrumentell domestizierten Sprache seine Würde beständig angetastet und verletzt wird. Darum fallen, was zunächst verwunderlich scheinen muß, die poetischen Sprachmittel des Namens und des Reimes in das Metier des Unmenschen, der sich der Einsicht in die Rationalität instrumenteller Zurichtungen verweigert.

In jedem echten Reimklang wird das Menschengemachte übertönt durch ein Rauschen des Ursprungs; im nur scheinbar kontingenten Reich der Namen gibt es keine Zufälle. Darin geht Benjamin d'accord mit Kraus, dem Chronisten des Untergangs der k.u.k.-Monarchie, der dem berühmten Kürzel des moribunden Staatsgebildes sein eigenes Markenzeichen entwandt: »das andere K.K., der nom de guerre, der Schatten meines wahren Namens wich« (Kraus 1986 ff., Bd. 10, 59 f.). An Kraus geschult ist die für Benjamins Schreibstil ungewöhnliche Entschlossenheit, den längst abgestumpften metaphorischen Wortsinn der Begriffe wieder mit doppelter Klinge zu führen. Präsentierte Benjamin den Träger der *Fackel* zu Beginn in jener barocken Emblematik, wie sie »alte Stiche« zeigen, als »mit gesträubten Haaren« herbeieilenden Boten, der »von Krieg und Pestilenz [...] allerorten die ›Neueste Zeitung‹ verbreitet« (II, 334), so nimmt der letzte Satz das Bild allegorisch modifiziert auf, indem nun der aus den Figurationen von Kind und Menschenfresser hervorgegangene Engel in diese Rolle einrückt, er ist, bzw. Karl Kraus ist in seiner Gestalt, »der Bote der alten Stiche« (367). Durch den unaufdringlich nahegelegten Doppelsinn wird dem bedruckten, bebilderten Blatt der immer neuen Zeitung die Kraft zugesprochen, alte Stiche zu versetzen.

Die Geschöpfe bei ihrem Namen zu rufen, war das Privileg Gottes. In einer korrupten, von Geld und Macht bestimmten Zeitungslandschaft die Dinge beim Namen zu nennen, ist heikel und nicht ungefährlich. Karl Kraus hat, in einem Akt höchster nationalpolitischer Blasphemie, den Benjamin an prominente Stelle rückt, das berühmte »Gott erhalte« aus Österreichs Nationalhymne auf den »Kommunismus« übertragen (366). Unter dem seiner Namensmagie nur im Tabu gewissen »Rumpelstilzchen« des Kinderrätsels verbirgt sich kein Elementargeist, sondern die Geheimwaffe des Materialismus. »Gott sei Dank daß niemand weiß/ daß ich Marx und Engels heiß« (1092). Diesen esoterischen Schriftsinn seines Rumpelstilzchens hielt Benjamin, um ihn der magischen Kräfte nicht zu berauben, im Depot seiner Vorstudien versteckt. Die Botschaft seines Kraus-Essays aber besagt deutlich genug: In jenen »alten Stichen«, die der geschliffene Polemiker in seinen Angriffen auf Presse, Justiz und bürgerliche Moral versetzte, waren stets schon die Taten eines Revolutionärs zu sehen – wenn man sie denn beim Wort nahm. Man hätte die *Fackel* »schon von der ersten Nummer an Wort für Wort buchstäblich verstehen müssen, um abzusehen, daß diese ästhetizistisch ausgerichtete Publizistik, ohne ein einziges ihrer Motive zu opfern, ein einziges zu gewinnen, die politische Prosa von 1930 zu werden bestimmt war« (II, 355).

Der schneidende Nebensinn, der im Wort und im Namen steckt, ist in argumentierender Rede nicht behaftbar, darum läßt es Benjamin meist mit Andeutungen bewenden. Einmal aber tritt die Namensmagie fast feierlich hervor, in jenem antihumanistischen Credo des Unmenschen, das am Ausgangspunkt des bei Kraus klandestinen »realen Humanismus« alias Marxismus steht. Dem Orte Thierfehd im schweizerischen Kanton Glarus, wo Kraus im Juli 1917 »Die letzte Nacht«, den Epilog zur Tragödie *Die letzten Tage der Menschheit* niedergeschrieben hatte, ist ein Gedicht gewidmet, das mit folgenden Zeilen beginnt: »Thierfehd ist hier: das sagt dem Menschsein ab,/ daß er es werde –/ wie an der Wand empor zum Himmel reicht/ die Erde« (Kraus 1986 ff., Bd.9, 124). Thierfehd am Tödi: der Name ist, da ihm durch Benjamins Ausführungen zum Programm des Unmenschen das Feld bereitet wurde, als Real-Chiffre sondergleichen lesbar geworden. In jener einen Gedichtzeile hat Benjamin den Unmenschen ganz erkannt: »›Thierfehd ist hier: das sagt dem Menschsein ab‹: aus einem abgelegenen Glarner Dorfe wirft Kraus diesen Fehdehandschuh der Menschheit hin« (II, 357).

Werk

Karl Kraus (II, 334–367)
Karl Kraus (II, 624 f.)
Paralipomena zum Kraus (II, 1087–1115 und VII, 796–800)
Der destruktive Charakter (IV, 396–398)
Erfahrung und Armut (II, 213–219)
Karl Kraus liest Offenbach (IV, 515–517)
Kriegerdenkmal (IV, 121)
Das Passagen-Werk (V)
Die Waffen von morgen (IV, 1033)
Wedekind und Kraus in der Volksbühne (IV, 551–554)

Literatur

Adorno, Theodor W. (1965): »Sittlichkeit und Kriminalität. Zum elften Band der Werke von Karl Kraus«, in: ders.: Noten zur Literatur, Bd. 3, Frankfurt a.M., 57–82.
Adorno, Theodor W./Alban Berg (1997): Briefwechsel 1925–1935, hg. v. Henri Lonitz, Frankfurt a.M.
Brodersen, Momme (1990): Spinne im eigenen Netz. Walter Benjamin. Leben und Werk, Bühl-Moos.
Cohen, Robert (1987): »Schöne Geschichte diese Weltgeschichte. Zum Nachruf von Karl Kraus«, in: The Germanic Review 62/1, 37–43.
Cohen, Robert (1996): »Ein Brief Rosa Luxemburgs und die Folgen oder Die Linie Luxemburg – Kraus – Benjamin«, in: Das Argument Jg. 38, H. 213, 94–108.
Djassemy, Irina (2002): Der »Productivgehalt kritischer Zerstörerarbeit«. Kulturkritik bei Karl Kraus und Theodor W. Adorno, Würzburg.
Fischer, Jens Malte (1980): »Das technoromantische Abenteuer. Der Erste Weltkrieg im Widerschein der ›Fackel‹«, in: Klaus Vondung (Hg.): Kriegserlebnis. Der Erste Weltkrieg in der literarischen Gestaltung und symbolischen Deutung der Nationen, Göttingen, 275–285.
Folkers, Horst (1999): »Recht und Politik im Werke Benjamins«, in: Klaus Garber/Ludger Rehm (Hg.): global benjamin, Bd. 3, München, 1724–1748.
Fürnkäs, Josef (1987): »Zitat und Zerstörung. Karl Kraus und Walter Benjamin«, in: Jacques Le Rider/Gérard Raulet (Hg.): Verabschiedung der (Post-) Moderne? Eine interdisziplinäre Debatte, Tübingen.
Honold, Alexander (2000): Der Leser Walter Benjamin. Bruchstücke einer deutschen Literaturgeschichte, Berlin.
Kraft, Werner (1996): Spiegelung der Jugend. Mit einem Nachwort von Jörg Drews, Frankfurt a.M.
Kraus, Karl (1977): Die Fackel. Photomechanischer Nachdruck, 12 Bde, Frankfurt a.M.
Kraus, Karl (1986 ff.): Schriften. Bde. 1–20, hg. v. Christian Wagenknecht, Frankfurt a.M.
Krolop, Kurt (1994): »›La trahison des clercs‹. Kriterien der Kritik an den ›Worthelfern der Gewalt‹«, in: ders.: Reflexionen der Fackel. Neue Studien über Karl Kraus, Wien, 73–90.
Lindner, Burkhardt (1978): »Technische Reproduzierbarkeit und Kulturindustrie. Benjamins ›Positives Barbarentum‹ im Kontext«, in: ders.: »Links hatte noch alles sich zu enträtseln...«. Walter Benjamin im Kontext, Frankfurt a.M., 180–223.
Marx, Karl (1956): »Zur Judenfrage«, in: Marx Engels Werke (MEW), Bd. 1, Berlin, 347–377.
Pfabigan, Alfred (1976): Karl Kraus und der Sozialismus. Eine politische Biographie, Wien.
Reemtsma, Jan Philipp (1991): »Der Bote. Walter Benjamin über Karl Kraus«, in: Sinn und Form 43/1, 104–115.
Rothe, Friedrich (2003): Karl Kraus. Die Biographie, München.
Scholem, Gershom (1975): Walter Benjamin – die Geschichte einer Freundschaft, Frankfurt a.M.
Schulte, Christian (2003): Ursprung ist das Ziel. Walter Benjamin über Karl Kraus, Würzburg.
Voigts, Manfred (2000): »Zitat«, in: Michael Opitz/Erdmut Wizisla (Hg.): Benjamins Begriffe, Bd. 2, Frankfurt a.M., 826–850.
Wagner, Nike (1987): Geist und Geschlecht. Karl Kraus und die Erotik der Wiener Moderne. Frankfurt a.M.

Weigel, Sigrid (1997): Entstellte Ähnlichkeit. Walter Benjamins theoretische Schreibweise, Frankfurt a. M.
Witte, Bernd (1985): Walter Benjamin in Selbstzeugnissen und Bilddokumenten, Reinbek.
Wizisla, Erdmut (2000): »Revolution«, in: Michael Opitz/Erdmut Wizisla (Hg.): Benjamins Begriffe, Bd. 2, Frankfurt a. M., 665–694.
Wohlfarth, Irving (1985): »Der ›Destruktive Charakter‹: Benjamin zwischen den Fronten«, in: Burkhardt Lindner (Hg.): »Links hatte noch alles sich zu enträtseln...«. Walter Benjamin im Kontext, 2., erw. Aufl., Königstein, Ts, 65–99.

»Johann Jakob Bachofen«

Von Sigrid Weigel

Das früheste Zeugnis von Benjamins Bachofen-Lektüre ist ein Brief an Florens Christian Rang: »Ich glaube an Bachofens ›Mutterrecht‹, in dem ich in letzter Zeit viel gelesen habe solltest Du [...] nicht vorübergehen« (2.10.1922; 2, 275). Er stammt aus dem Erscheinungsjahr von Ludwig Klages' *Vom Kosmogonischen Eros* 1922, in dessen Nachwort Bachofen als »Bahnbrecher« der Entdeckung eines »urzeitlichen Bewußtseinszustandes« gefeiert wird (Klages 1974, 495). Daß sich Bachofen und Klages für Benjamin von Anfang an verbinden, belegt auch ein Brief vom Januar 1926, als er mit der Rezension von Bernoullis Bachofen-Buch befaßt war, an Scholem: »Die Auseinandersetzung mit Bachofen und Klages ist unumgänglich« (3, 110).

Die Bachofen-Texte zwischen 1926 und 1935

Benjamins Bachofen-Kenntnis bleibt zunächst vermittelt durch das für die *Literarische Welt* (10.9.1926) rezensierte voluminöse Buch von Carl Albrecht Bernoulli *Bachofen und das Natursymbol. Ein Würdigungsversuch* (1924), das Klages gewidmet ist und diesen als ›Entdecker‹ Bachofens würdigt. Benjamins anhaltendes Interesse an Bachofen belegt auch eine für dieselbe Zeitschrift verfaßte kurze Besprechung (3.2.1928) von dessen *Griechische[r] Reise*, »[a]cht Jahre vor dem Erscheinen seines ersten Hauptwerks, der ›Gräbersymbolik der Alten‹, im Jahre 1851« (III, 88) unternommen. Noch in seinem Artikel Johann Jakob Bachofen (1934/35) folgt Benjamin der von Bernoulli erzählten Entdeckerlegende, nach welcher der beträchtlich jüngere Klages Schuler »das ›Mutterrecht‹ von Bachofen überbrachte, nachdem er selbst durch diesen Fund in einen wahren Entdeckungstaumel versetzt worden war« (Bernoulli 1924, 373); allerdings gibt er sie verkehrt wieder: »Eine wesentliche Rolle bei der ›Wiederentdeckung‹ Bachofens spielt die äußerst sonderbare Gestalt Alfred Schulers, dessen Name vielleicht einigen Verehrern Stefan Georges aufgefallen ist [...]. Jedenfalls ist Schuler, der nahezu nichts geschrieben hat, im George Kreis als eine nachgerade prophetische Autorität angesehen worden. Er war es auch, der Ludwig Klages, welcher in diesem Kreis verkehrte, in die Lehre Bachofens einweihte« (Benjamin 1970, 35).

Wenn Benjamin die Bachofen-Rezeption hier in den Kontext des George-Kreises stellt, geht es ihm in seinem ersten französischsprachigen Artikel offenbar darum, dem französischen Publikum nicht nur den

Autor eines neuen Bildes der Urgeschichte, sondern zugleich auch ein Stück deutschsprachiger intellectual history vorzustellen, vor allem die »jüngste Wirkungsgeschichte«, in der die »mystische Konsequenz der Bachofenschen Theorien [...] ihren Höhepunkt erreicht.« Demselben wissenschafts- und kulturgeschichtlichen Kontext gelten Passagen über Bachofen als Grand Seigneur der Wissenschaft, der sich – ähnlich wie Leibniz und Aby Warburg – »in den Grenzbereichen mehrerer Wissenschaften zu bewegen liebt« (32), ebenso wie der Vergleich mit den Wiener Gelehrten Alois Riegl und Franz Wickhoff, die als Kunsthistoriker jene »plastischen Kunsttheorien« vorweggenommen hätten, die erst später von den kühnsten expressionistischen Künstlern aufgegriffen worden seien (28). Er zählt Bachofen zu einem Kreis von Autoren, die aus ihrer Forschung »den *Isolierschemel*« der Disziplinen entfernt haben (33) und deren Arbeiten in »Grenzgebieten« für ihn als richtungsweisend gelten: neben den genannten Namen zählen dazu z. B. Nietzsche, Giehlow und Burdach.

Weil der Schweizer Gelehrte in Frankreich weitgehend unbekannt war, sollte in dem für die französische Zeitschrift *Nouvelle Revue Francaise* geschriebenen Bachofen-Porträt »Informatorisches« (5, 14) im Vordergrund stehen (7.1.1935 an Adorno). Daß durch dessen Einbindung in ein ganzes Geflecht von dort vermutlich ebenfalls unbekannten Namen der Text für das französische Publikum gänzlich unverständlich wurde, mag zur Ablehnung des Artikels durch den Herausgeber Paulhan beigetragen haben. Dieser Mißerfolg bedeutete für Benjamin mehr als die Ablehnung irgendeines Beitrags. Seine Äußerung gegenüber Adorno, der aus Erfahrung wisse, »daß ein Höchstmaß von Initiative für *die ersten Texte* in fremder Sprache aufgebracht werden muß« (ebd., Herv. d. Verf.), macht deutlich, daß er mit dem Artikel die Hoffnung auf einen Einstieg ins französische Feuilleton verband, auf das er als freier Schriftsteller im Exil angewiesen war. Dieses Motiv erklärt den Aufwand, den er dafür trieb. Schon im Sommer 1934 in Svendborg begann er mit dem »Studium von Bachofen«: »[I]ch wäre recht froh, Gelegenheit zu haben, ihn in der Nouvelle Revue Francaise zu porträtieren« (4, 467). Die Unterredung mit Jean Paulhan nach der Rückkehr nach Paris hätte ihn allerdings skeptisch stimmen müssen, denn »sie haben eben zwei Aufsätze über Bachofen, die ihnen eingereicht wurden, abgelehnt und machen mir Aussicht, meinen anzunehmen« (Okt. an Gretel Karplus, 4, 517). Dennoch hat er den Winter über – in San Remo untergekommen und am Tiefpunkt seiner Lebens- und Arbeitsbedingungen – vor allem an diesem Artikel gearbeitet. Zu Benjamins Lebzeiten nicht veröffentlicht, erschien er erstmals 1952 im *Mercure de France*. Und in die Benjamin-Rezeption ist er erst nach einer Übersetzung ins Deutsche 1970 (Benjamin 1970) wirklich eingegangen.

Unterseite und Unterbau der Geschichte

Bekannt war Benjamins Bachofen-Lektüre zuvor eher aus dem dritten Kapitel des Kafka-Essays: »Das bucklicht Männlein«. Die These, Kafkas Romane spielten »in einer Sumpfwelt« (II, 428), bezieht sich auf die Amphibiennatur des Organischen in einem hetärischen, dem Mutterrecht vorausgehenden Zustand, wie Bachofen ihn im *Versuch über die Gräbersymbolik der Alten* entworfen hat. Mit Hinweis auf Lenis Häutchen zwischen den Fingern heißt es: »Es ist der Moorboden solcher Erfahrungen, aus denen die Kafkaschen Frauengestalten aufsteigen« (429). Ihre Vergangenheit »führt eben in den finsteren Schoß der Tiefe zurück, wo sich jene Paarung vollzieht, ›deren regellose Üppigkeit‹, um mit Bachofen zu reden, ›den reinen Mächten des himmlischen Lichts verhaßt ist‹« (ebd.). Die Bachofen-Zitate dienen hier zur Charakterisierung eines Blicks auf die Unterseite des geschichtlichen Geschehens im Zeitalter von Kafkas Welt, das über die Uranfänge nicht hinauskomme (428). Mündet eine Spur von Benjamins Bachofen-Lektüre hier in Reflexionen zum Vergessenen und zum entstellten Leben, so nimmt er damit ein Motiv aus dem oben zitierten Brief an Scholem von 1926 auf: »Die Auseinandersetzung mit Bachofen und Klages ist unumgänglich – freilich spricht vieles dafür, daß sie gänzlich stringent nur aus der jüdischen Theologie zu führen ist, in welcher Gegend denn also diese bedeutenden Forscher nicht umsonst den Erbfeind wittern« (3, 110). Allerdings führt diese Perspektive ihn jetzt buchstäblich *vor das Gesetz*, zur Betrachtung einer dem Gesetz auch der jüdischen Tradition vorausgegangenen Stufe – wovon die Kontroverse mit Scholem ausgelöst wird.

Erst während der Überarbeitung des Kafka-Essays und der Vorbereitung des Bachofen-Porträts findet eine ausführlichere Primärlektüre statt – »So komme ich zum ersten Male dazu, ihn selbst zu lesen; bisher war ich vorwiegend auf Bernoulli und Klages angewiesen gewesen« (4, 461) –, obwohl auch jetzt sein Bachofen-Bild sich noch an Klages/Bernoulli anlehnt. Z.B. das Resümee, daß das »Gefühlsinteresse Bachofens sich dem Matriarchat zuneigte«, während »sich sein historisches Interesse ganz auf die Heraufkunft des Patriarchats, als dessen höchste Form er die christliche Spiritualität auffaßte«, richtete (Benjamin 1970, 38), geht auf Klages', von Bernoulli übernommene

Rede von den Herz- und Kopfgedanken Bachofens zurück.

Sein eigenes Interesse gilt besonders der Methode Bachofens, »das Symbol zur Grundlage des Denkens und Lebens der Antike zu machen« (29 f.), aus den symbolischen, mythischen und bildlichen Überlieferungen auf die Kulturen der Vorgeschichte zu schließen und die Genealogie institutioneller Ordnungen aus dem, was ihnen vorausgegangen war, zu rekonstruieren: »Für Bachofen trat hinfort neben die Entschlüsselung des Bildes als einer Botschaft aus dem Totenreich, die Enthüllung des Rechts als eines Bauwerks, dessen unsichtbares Fundament die Sitten und Gebräuche der alten Welt bilden«, einen »Unterbau«, den erstmals Bachofen mit »seinem großen Werk über das Mutterrecht« erforscht habe (33).

Zur Ambivalenz der Bachofen- und Klages-Rezeption

Benjamins eigene Analysen gehen von der ambivalenten Wirkung Bachofens aus. Dessen Bild der Urgeschichte, das mit allen geläufigen Vorstellungen aufräumt und »in dem die irrationalen Kräfte in ihrer metaphysischen und rechtspolitischen Bedeutung hervorgehoben waren, sollte bald ein hervorragendes Interesse bei den Theoretikern des Faschismus finden; aber es sollte gleichermaßen die Aufmerksamkeit marxistischer Denker erregen, weil es die Ahnung einer kommunistischen Gesellschaft im Morgengrauen der Geschichte vermittelte« (28 f.). Dem »zweifelhafte[n] Rang« des unkonventionellen Gelehrten zu Lebzeiten folgte, so Benjamin, eine ambivalente Wirkungsgeschichte der Forschungen über die chthonischen Ursprünge, die urzeitliche Promiskuität und die Rolle der Religion bei der Ablösung matriarchalischer durch patriarchalische Ordnungen.

Kritisch bewertet Benjamin vor allem »die mystische Konsequenz der Bachofenschen Theorien«. Es sei »nicht übertrieben zu behaupten, daß ihre jüngste Wirkungsgeschichte die zentralen Partien jener Esoterik umfaßt, die heute zur Theorie des deutschen Faschismus gehört« (35). Mit Klages' Entwurf eines »natürliche[n] und anthropologische[n] System[s] des Chthonismus« verbindet Benjamin dagegen den Übergang der Bachofen-Rezeption von der Esoterik in die Philosophie. »Indem er die mythischen Substanzen des Lebens wieder einbezieht, [...] erteilt der Philosoph den ›Urbildern‹ das Bürgerrecht.« Und Urbilder seien für ihn »Erscheinungen vergangener Seelen« (36). Diese Aspekte interessieren Benjamin für seine Kritik an einem teleologischen Fortschrittsbegriff der Geschichte: Klages' Philosophie der »durée« kenne keine schöpferische Entwicklung, »sondern einzig das Abrollen eines Traumes, dessen Phasen lediglich heimwehkranke Spiegelbilder längst vollendeter Seelen und Formen sind.« Ein solches ›Nachleben‹ von Bildern korrespondiert mit theoretischen Überlegungen zum Passagen-Projekt, die dennoch – in der Terminologie der Psychoanalyse – so ganz anders klingen: »In dem Traum, in dem jeder Epoche die ihr folgende in Bildern vor Augen tritt, erscheint die letztere vermählt mit Elementen der Urgeschichte, das heißt einer klassenlosen Gesellschaft. Deren Erfahrungen, welche im Unbewußten des Kollektivs ihr Depot haben, erzeugen in Durchdringung mit dem Neuen die Utopie, die in tausend Konfigurationen des Lebens, von den dauernden Bauten bis zu den flüchtigen Moden, ihre Spur hinterlassen hat« (V, 47).

Die in den Bachofen-Artikel implantierten Passagen über Klages weisen auf die Klages-Lektüre im Denkbild Zum Planetarium in der Einbahnstrasse (1928) zurück (IV, 146–148). Dort hatte Benjamin den Ersten Weltkrieg, mit seiner Synthese von Luftkrieg und Schützengraben, als »fürchterlichste« Bekundung einer »nie erhörte[n] Vermählung mit den kosmischen Gewalten« beschrieben und als Folge einer Mißachtung der »Lehre der Antike«, des Lebens der Menschen mit den Kräften des Kosmos, gedeutet. Wo der Fortschritt dieses Moment »für belanglos« erachte, tue es sich um so fürchterlicher in zerstörerischen Formen kund, wie in denen des »letzten Krieg[es]«. Dabei geht Benjamin gerade nicht vom Gegensatz kosmische Erfahrung versus Technik aus. Vielmehr bewertet er die Technik als eine neue, unerhörte Möglichkeit des »Werben[s] um den Kosmos [...] in planetarischem Maßstab, nämlich im Geiste der Technik« (alle Zitate IV, 146 f.). Erst deren Mißachtung – durch ein Verständnis von Technik allein als Mittel der Naturbeherrschung im Krieg – habe zum Verrat der Technik an der Menschheit geführt.

Schon hier ging es also um die Gegenwärtigkeit mythisch-kosmischer Haltungen *in der* Moderne als Gegenentwurf zur Entwicklungsgeschichte. Die Tatsache, daß Benjamin mit solchen Lektüren sich in eine bedenkliche Nähe zum rechten Lager begeben hat, beschreibt jenen »Augenblick einer Gefahr« (I, 695), den er in Über den Begriff der Geschichte diskutiert, eine Gefahr, deren Konkretisierung gern überlesen wird: »Die Gefahr droht sowohl dem Bestand der Tradition wie ihren Empfängern. Für beide ist sie ein und dieselbe: sich zum Werkzeug der herrschenden Klasse herzugeben« (ebd.). Seine Sicherheit im Umgang mit solcher Gefahr motivierte Adorno zu der Bemerkung: »Aber es hat mir immer ein besonderes Maß an Bewunderung abgezwungen, daß Sie am härtesten und unnachsichtigsten von dem sich distanzieren was scheinbar Ihnen zunächst lag« (Adorno 1994, 84).

Bei der Rückkehr zum *Kosmogonische[n] Eros* im Bachofen-Artikel interessiert vor allem dessen Abgrenzung des Bildes von den (platonischen) Ideen: das Bild, das sich »an die Seele wendet, welche sich, indem sie es rein passiv aufnimmt, mit seinem Symbolgehalt erfüllt« (Benjamin 1970, 36). Diese Abgrenzung trifft auf seine eigene Arbeit an einem Begriff des Bildes, der hinter die visuelle Repräsentation: hinter das reproduzierbare Bild der optischen Medien, das materielle Bild der Kunstgeschichte, die Metapher der Rhetorik und die Vorstellung der Philosophie gleichermaßen zurückgeht – bzw. all diesen Registern als psychische Voraussetzung zugrundeliegt. Denn auch für Benjamin sind Bilder nicht Artefakte, sondern psychische bzw. aisthetische Realitäten. Wichtig ist auch ihm der perzeptive Charakter des Bildes, wenn er davon ausgeht, daß Bilder erst im »Augenblick der Erkennbarkeit« sicht- oder lesbar werden. Dieses ist das Thema der Korrespondenz mit Adorno im Umfeld des Bachofen-Essays. So versichert er Adorno seine »vollste Zustimmung« (Adorno 1994, 101) zu dessen Ausführungen über die »Grenzscheide zwischen archaischen und dialektischen Bildern« (84). Die daraus entstandene Anregung Adornos, Benjamin solle eine Arbeit über Jung und Klages schreiben, wurde zwar von diesem aufgenommen, von Horkheimer aber zurückgewiesen, da »man am Baudelaire so viel mehr interessiert« ist (257). Doch verbindet diese Bildfrage den Bachofen-Essay deutlich mit dem Passagen-Projekt.

Werk

Johann Jakob Bachofen (II, 219–233; 963–976, dt. Übersetzung von B. Lindner, in: *Text und Kritik* H. 31/32 (1970), 28–40)
Das bucklicht Männlein (in: Franz Kafka) (II, 425–432)
Landschaft und Reisen (III, 88–94)
Zum Planetarium (in: Einbahnstrasse) (IV, 146–148)
Rez. zu Carl Albrecht Bernoulli: Johann Jacob Bachofen und das Natursymbol (III, 43–45)

Literatur

Adorno, Theodor W./Walter Benjamin (1994): Briefwechsel 1928–1940, hg. v. Henri Lonitz, Frankfurt a. M.
Bachofen, Johann Jakob (1926): Urreligion und antike Symbole, systematisch geordnete Auswahl aus seinen Werken in drei Bänden, hg. v. C.A. Bernoulli, Leipzig.
Bachofen, Johann Jakob (1975): Das Mutterrecht. Eine Untersuchung über die Gynaikokratie der alten Welt nach ihrer religiösen und rechtlichen Natur, hg. v. Hans-Jürgen Heinrichs, Frankfurt a. M.
Bernoulli, Carl Albrecht (1924): Johann Jakob Bachofen und das Natursymbol. Ein Würdigungsversuch, Basel.
Klages, Ludwig (1974): »Vom kosmogonischen Eros«, in: ders.: Sämtliche Werke, Bd. 3, Philosophische Schriften, Bonn, 353–497.
Plumpe, Gerhard (1970): »Die Entdeckung der Vorwelt. Erläuterungen zu Benjamins Bachofenlektüre«, in: Text + Kritik H. 31/32, 19–27.
Schiavoni, Giulio (1992): »Benjamin – Bachofen: Cur Hic?«, in: Klaus Garber/Ludger Rehm (Hg.): global benjamin, Bd. 2, München, 1045–1056.

Zu Franz Kafka

Von Sigrid Weigel

Benjamins Kafka-Texte sind symptomatisch für sein Werk, da die seinerzeit unpublizierten Texte, Korrespondenzen und Paralipomena (II, 1153–1264) die zu Lebzeiten veröffentlichten um ein vielfaches übertreffen. Der Vortrag Franz Kafka: Beim Bau der Chinesischen Mauer zu dem von Brod und H.J. Schoeps edierten Nachlaß-Band wurde nur einmal ausgestrahlt (Frankfurter Rundfunk, 3.7.1931). Ein zuvor »projektiertes Buch über Kafka, Proust etc.« (3, 379), 1928 mit dem Rowohlt Verlag vertraglich vereinbart (522; 525), ist nicht zustandegekommen. Statt dessen wuchsen die Aufzeichnungen: Motivsammlungen, Gliederungen, Zitate und ein Dossier von fremden Einreden und eigenen Reflexionen.

Nur zwei seiner Beiträge hat er gedruckt gesehen: den kurzen Artikel Kavaliersmoral in der *Literarischen Welt* (25.10.1929), in dem er Brods Entscheidung, sich über Kafkas Aufforderung zur Vernichtung seiner nachgelassenen Schriften hinwegzusetzen, verteidigt (IV, 466f.); und zwei der vier Kapitel seines Essays Franz Kafka. Zur zehnten Wiederkehr seines Todestages, die Ende 1934 in der *Jüdischen Rundschau* erschienen, »Potemkin« und »Das bucklicht Männlein«. Der Plan, diesen »unterbrochen[en], nicht abgeschlossen[en]« Text (September 1934 an Sternberger, 4, 487) für eine »erweiterte Fassung in Buchform« (7.1.1935 an Adorno, 5, 13) zu überarbeiten, wurde ebenfalls nicht realisiert. Bemühungen, über Scholem den Verleger Schocken dafür zu interessieren – eine Hoffnung, die seit den schwindenden Publikationsmöglichkeiten in Nazi-Deutschland seine Briefe durchzieht –, waren nicht von Erfolg gekrönt. Und selbst seine im Juni 1938 an Scholem geschickte Kritik von Brods Kafka-Biographie (6, 105–114), die der Freund gelegentlich Schocken übergeben solle, fand nicht den Weg ins Feuilleton. Dabei enthält die um »einen neuen, von meinen früheren Reflektionen mehr oder minder unabhängigen Aspekt« (110) erweiterte Brod-Kritik die Quintessenz seiner Kafka-Lektüre, nach den Debatten mit Scholem, Kraft, Brecht und Adorno – auf deren »Gelände eine Anzahl der strategischen Punkte heutigen Denkens liegen«, so daß die »Mühe, es weiter zu befestigen, keine unnütze ist« (Benjamin 1981, 99). Erst zwei Jahrzehnte nach der Teilpublikation und fünfzehn Jahre nach Benjamins Tod wurde der Kafka-Essay durch Adornos zweibändige Edition der *Schriften* 1955 in vollem Umfang bekannt. Der Stellenwert des Kafka-Komplexes für sein Denken aber wurde erst durch die umfangreichen Paralipomena in den *Gesammelten Schriften* erkennbar.

Stellung des Kafka-Komplexes in Benjamins Werk

Die Arbeit an einer angemessenen Kafka-Lektüre war für ihn der Versuch, den überwiegend theologischen Interpretationen eine Deutung entgegenzusetzen, die sich, ohne »das Gesamtwerk im Sinne einer theologischen Schablone auszudeuten« (II, 425), dennoch auf die vielfältigen Bezüge zu Theologie und jüdischer Tradition einläßt. Anders als in Auslegungen des Geheimnis- und Rätselvollen mit Hilfe theologischer Motive gilt seine Faszination solchen Werken, die »theologischen Gehalten in ihrer äußersten Gefährdung, ihrer zerrissensten Verkleidung Asyl geben«, so Benjamin in der Rezension zu Willy Haas. Dieser habe bei Kafka »eine Theologie auf der Flucht« entdeckt (III, 277). Im Gegensatz zu »den gräßlichen Schrittmachern protestantischer Theologumena« (28.2.1933 an Scholem, 4, 163) und zu den »jüdischen Theologumena, die man allein in seinem Werk hat finden wollen« (»Versuch eines Schemas zu Kafka«, II, 1192), zielt er auf eine »Deutung des Dichters aus der Mitte seiner Bildwelt« (II, 678).

Darin untersucht er das Fortwirken von Haltungen und Begriffen, die religiösen und kultischen Traditionen entstammen, – wie z.B. Schuld, Strafe, Schöpfung, Erlösung, jüngstes Gericht, Hoffnung, Erwartung, Erbsünde, Scham – in einer Welt, in der das Wissen um deren Herkunft, um Lehre und Gesetze, vergessen und die Hoffung auf Erlösung verschwunden sind. Er spricht von »Erkrankung der Tradition« (6, 112) und deutet die Welt von Kafkas Figuren insofern weniger als »›inverse‹ Theologie«, wie Adorno vorschlug (Adorno 1994, 90), sondern mehr als eine Art *negativen* oder *inversen Messianismus*. Da Kafkas Wartende wegen unbekannter Schuld angeklagt sind und sich in unübersichtlichen Topographien befinden, kommt dem Warten hier eine gänzlich andere Bedeutung zu als die einer profanen Erleuchtung wie im Sürrealismus-Essay (II, 308). Die Verstockt- und Verkommenheit von Kafkas Personal korrespondiert mit der Verzögerung in dessen Handlungen, jenen end- und ziellosen Wegen und Überlegungen von Akteuren, die die Gesetze ihres Daseins weder durchschauen noch beherrschen: »Solche Verkrochenheit scheint dem Schriftsteller für die isolierten gesetzunkundigen Angehörigen seiner Generation und Umwelt allein angemessen. Diese Gesetzlosigkeit aber ist eine gewordene« (681).

Signum ihrer *Zeitgenossenschaft* ist für Benjamin das Überholte von Kafkas Figuren, Produkte des beginnenden 20. Jh.s, zu dem es in einer Rezension 1928 hieß: »Die ersten Jahrzehnte dieses Jahrhunderts stehen im Zeichen der Technik. Gut! Aber das sagt nur denen etwas, die wissen, daß sie auch im Zeichen der wiedererwachenden ritualen und kultischen Traditionen verlaufen« (III, 101). In seiner Kritik von Brods Biographie resümiert er ähnlich die *Zeitmarke* von Kafkas Literatur: »Kafkas Werk ist eine Ellipse, deren weit auseinanderliegende Brennpunkte von der mystischen Erfahrung (die vor allem die Erfahrung von der Tradition ist) einerseits, von der Erfahrung des modernen Großstadtmenschen andererseits, bestimmt sind«, des Staatsbürgers gegenüber »einer unübersehbaren Beamtenapparatur« (6, 110) und durch Zeitgenossenschaft des Großstadtmenschen zum heutigen Physiker. Im Zusammenspiel von Technik und Ritual – man denke an *Die Strafkolonie* – oder der Gleichzeitigkeit von Mystik (bzw. Tradition) und Moderne (in Form undurchschaubarer politischer Instanzen und physikalischer Aporien des Raums) – man denke an *Das Schloß* – sieht Benjamin Kafkas Zeitgenossenschaft.

Zum Verhältnis von Kreatur und »höherer Ordnung«

Durch uralte, vergessene Traditionen eingeübt – in Form von Physiognomien und Gebärden –, sind die Gepflogenheiten von Kafkas Figuren ohne Wissen um deren Herkunft, am wenigstens um deren Abkunft aus Theologie oder Religion. Für Kafka sei der »heutige Mensch [...] ein Fremder, Ausgestoßener, der nichts von den Gesetzen weiß, die diesen Leib mit weit höheren Ordnungen verbinden« (II, 680). Dadurch ist er auf das Dasein einer Kreatur verwiesen – in der Terminologie der Kritik der Gewalt: auf das »bloße Leben« (II, 200; I, 139; dazu Agamben 2002). Bewegen sich Kafkas Figuren im Schatten abgesunkener Religionskultur und vergessener Gesetze, so betreibt Benjamins Lektüre, die theologische Aspekte betont, ohne selbst Theologumena zu produzieren, rettende Kritik: Beleuchtung von Phänomenen im Moment ihres Verschwindens.

Im Kafka-Komplex verdichten sich Motive einer *Dialektik der Säkularisierung.* War diese zunächst auf die *Sprache* konzentriert – als Fortwirken magischer Momente wie Name und Urteil nach dem »Sündenfall des Sprachgeistes« (II, 153), der Etablierung einer Zeichensprache (1916), und als Begründung einer Übersetzungstheorie aus dem Bewußtsein der Entfernung von der reinen Sprache der Offenbarung (1921) –, so bezog diese Arbeit im folgenden *anthropologische* und *geschichtstheoretische* Dimensionen mit ein. Eine Reihe von Schriften aus den frühen 1920er Jahren – das Theologisch-politische Fragment, Zur Kritik der Gewalt (1921), Schicksal und Charakter (1919), Goethes Wahlverwandtschaften (1921/22) und das Trauerspielbuch (1923/25) – belegt seine kritische Auseinandersetzung mit politischer Theologie und einer als Krypto-Religion betriebenen Dichtung. Es ging um Begriffe wie Glück und Hoffnung, Recht und Gerechtigkeit, »verschuldete[s] Leben« bzw. »Schuldzusammenhang von Lebendigem« (I, 138; II, 175 u. 200) im Spannungsfeld zwischen »natürliche[m] Leben« (bzw. Sexualität) und »übernatürliche[m] Leben[]« (I, 139), Begriffe, die nun wieder auftauchen, ergänzt um solche wie Gesetz und Gericht, Zeugenschaft und Zeugung, Schöpfung und Kreatur. Das Verhältnis von Schuld, Sexualität und Wissen verbindet – wie die »Paralipomena« belegen – den Kafka-Komplex mit dem in zeitlicher Nähe entstandenen Essay Karl Kraus (1931), in dem Kraus »an der Schwelle des Weltgerichts« (II, 348) positioniert wird. Ebenfalls ohne heilsgeschichtliche Perspektive, tritt dieser als »Überläufer in das Lager der Kreatur« (341) auf, während Benjamin in Kafkas Literatur eine Welt entdeckt, die ganz von Kreaturen bevölkert ist. Deren Hoffnungslosigkeit bringe allerdings eine eigene Schönheit hervor (413). Inmitten der Arbeiten zur ›Urgeschichte der Moderne‹ und zur Theorie optischer Medien – in beiden spielt das Nachleben der Religion eine marginale Rolle – bilden die Essays zu Kafka und Kraus sichtlich einen eigenen Zusammenhang. Durch Leitbegriffe verbunden, die mit theologischen Konzepten korrespondieren, steht in ihnen jeweils ein literarischer Autor im Zentrum.

Entstehungsgeschichte I: Vor der Bibliothek

Als »›erste[s] Zeugnis der Beschäftigung mit Kafka‹« (II, 1153) gilt die im Juli 1925 Scholem mitgeteilte Absicht zur Rezension »[e]inige[r] nachgelaßne[r] Sachen von Kafka«: »Seine kurze Geschichte ›Vor dem Gesetz‹ gilt mir heute wie vor zehn Jahren für eine der besten, die es im Deutschen gibt« (3, 64). Da diese erst 1919 erschienen war (in *Der Landarzt*), hat das Gedächtnis die Vertrautheit mit Kafkas Text offensichtlich zeitlich ausgedehnt. Wieviel Benjamin derzeit, ein Jahr nach Kafkas Tod, wirklich bekannt war, ist nicht klar; doch setzte seine intensive Kafka-Lektüre erst jetzt ein. Deren Zeugnisse verdichten sich ab 1927; im Januar antwortet er z. B. auf die Zusendung einer Rezension von Kracauer, daß er sie bewahren wolle, »um sie nach Kenntnis des Romans ›Das Schloß‹ zu lesen« (3, 229).

Noch im November desselben Jahres folgt die erste bekannte Aufzeichnung zu Kafka, jene Scholem geschickte IDEE EINES MYSTERIUMS. Der Satz »Es gibt die Folter und das Martyrium« (II, 1153) scheint sich nicht allein auf den Roman *Der Prozeß* zu beziehen, den er während einer Gelbsucht – »Als Krankenengel habe ich an meinem Lager Kafka« (3, 303) – gelesen hatte, und zwar »fast unter Qualen, (so überwältigend ist die unscheinbare Fülle dieses Buches)«, wie er im Brief an die Cohns bekennt (312). Von Lesequalen ist auch später die Rede, so im Oktober 1931 an Scholem über den Nachlaßband *Beim Bau der chinesischen Mauer*: Brecht »schien den Nachlaßband sogar zu verschlingen, während Einzelnes aus ihm mir bis heute Widerstand geleistet hat, so groß war mir die physische Qual beim Lesen« (4, 56). Dies deutet auf eine mimetische Lesehaltung, bei der sich die »Verkrochenheit« von Kafkas »Geschöpfe[n] aller Ordnungen« (II, 681) überträgt und physische Qualen auslöst.

Das hat Benjamins Bemühung um eine eigene Kafka-Deutung keinen Abbruch getan. Dafür waren andere Hürden zu überwinden, wie der *Bibliothekstraum* zeigt, den er im April 1935 Werner Kraft mitteilt: »Neulich hatte ich einen Traum, in dem ich einen Unbekannten, vom Schreibtisch aufstehenden, sich ein Buch aus *seiner* Bibliothek nehmen sah. Der Anblick war erschütternd für mich und meine Erschütterung steckte mir über meine Lage ein sehr starkes Licht auf. Nehmen Sie dies als ein kleines, der Überredungskraft schwerlich entbehrendes Begleitmotiv zu meinen Buchwünschen und senden Sie mir, wenn möglich, die Kafkabriefe aus der Festschrift für Brod« (5, 70). Geschrieben im Hotel in Monaco-Condamine, ist der Brief ein beredtes Zeugnis der schwindenden »Arbeitsmittel« für den »premier critique de la littérature allemande« (3, 502), den ›freien Schriftsteller‹ im Exil im Dauerkampf um Publikationen und Honorare. Aus den 60 Mark für den Kafka-Artikel folgerte er: »so wirst Du verstehen, daß die eingehende Beschäftigung mit Gegenständen der reinen Literatur für mich in Gestalt der Kafka-Arbeit zunächst ihren Abschluß gefunden haben dürfte« (September 1934 an Scholem, 4, 496).

Verhältnisse wie zur Entstehungszeit des Rundfunkbeitrags, als er noch einen Text wie ICH PACKE MEINE BIBLIOTHEK AUS (1931) schreiben konnte, waren längst vorbei. Seit der Emigration aus Deutschland im März 1933 lebte er an ständig wechselnden Wohnorten, sei es in Paris im Hotel, sei es bei Brecht in Dänemark, wo er einen Teil seiner Bibliothek untergestellt hatte, oder bei seiner geschiedenen Frau in San Remo.

Seit 1928 finden sich Bemühungen, Kafkas Titel, insbesondere die jüngeren, zusammenzubringen. Im Mai fehlen *Das Schloß* und *Amerika*, »ganz zu schweigen von der seltnen, vergriffnen ›Betrachtung‹. Sie ist von Kafkas ältern Sachen die einzige, die mir fehlt« (3, 379). Im April 1934 berichtet er Scholem, daß zu seinen in Dänemark geborgenen Büchern auch die Reihe der Kafkabände gehört, beklagt aber den »Verlust des ›Prozesses‹, den ich vor einigen Jahren durch Diebstahl einbüßte« (4, 389). Als er im Mai desselben Jahres mit dem Artikel zum 10. Todestag Kafkas (3.6.1934) beauftragt wird, bedeutet er dem Chefredakteur der *Jüdischen Rundschau* Robert Weltsch die »bibliographische[n] Schwierigkeiten« und bittet, ihm gewisse »hier kaum aufzutreibende Werke – Prozeß, Landarzt, Verwandlung, Amerika« auszuleihen (423). Und wenig später schreibt Benjamin an Scholem in Jerusalem: »Sollten alle Stränge reißen, so würde ich Dir unter Umständen die wichtigsten mir fehlenden dem Titel nach telegrafieren – d.h. Dich bitten, sie mir wenn möglich zu borgen« (425). Im Juni dann hat er durch Zufall den *Prozeß* »in einer französischen Buchhandlung zum alten Originalpreis gefunden«, sucht aber immer noch jemanden, der ihm »ein Exemplar der ›Betrachtung‹ verschaffen würde«, und äußert die Hoffnung, daß Schocken ihm von der geplanten Kafka-Gesamtausgabe »ein Ehrenexemplar« (436) zukommen lassen werde. Anfang Juni – der Termin des zehnten Todestages ist verstrichen, die Vorarbeiten zum Artikel sind »gestern abgeschlossen«, die Abreise nach Dänemark steht kurz bevor – kann Benjamin vermelden: »Es ist mir gelungen, alle Schriften Kafkas hier zusammen zu bekommen, aber es war eine unglaubliche Mühe« (an Gretel Adorno, 441). »Hier«, das ist Paris; wenig später aber befindet er sich bei Brecht am Skovsbostrand. Dort beginnt dann die briefliche Kafka-Debatte mit Scholem, in deren Verlauf er mehrfach um die Rücksendung seines Manuskripts bittet. Und im Februar 1935 wird der Erhalt des ersten Bandes der Kafka-Gesamtausgabe in San Remo zum Anlaß, sich wieder seinem »Manuscript zuzuwenden« durch »Erweiterung und Umgruppierung« (5, 48) des zweiten Teils.

Der Bibliothekstraum, der ihn zwei Monate später, unterwegs von San Remo nach Paris, ereilt, signalisiert, daß die Qual einer fehlenden Bibliothek die Lesequal abgelöst hat: »Ich stelle fest, daß viele Jahre auf Bibliotheken gearbeitet zu haben, allwöchentlich mindestens soundsoviel tausend Buchstaben sich durch die Finger haben gehen lassen, gewisse *fast physische* Bedürfnisse schafft, die mir nun schon lange unbefriedigt geblieben sind. Neulich hatte ich einen Traum [...]« (70, Herv. d. Verf.). Der Bibliothekstraum ist ein Traum ›jenseits des Lustprinzips‹, da er die Darstellung eines Wunsches in erfüllter Form einem anderen als dem Träumenden vorbehält. Der befindet sich dagegen gleichsam *vor der Bibliothek.*

Einen vergleichbaren Zeitraum wie die Kafka*lektüre* (1925–35) umfaßt auch die Geschichte seines *Schreibens* über Kafka. Von der ersten Aufzeichnung 1927 bis zur Kritik von Brods Biographie 1938 zieht sich durch die Manuskripte, Notizen und Briefwechsel eine Kafka-Spur.

Entstehungsgeschichte II: erste Station des Kafka-Komplexes – ein geschichtstheoretisches Denkbild, 1927

Mit der kurzen Aufzeichnung Idee eines Mysteriums (1927) zum 1925 posthum veröffentlichten Roman *Der Prozeß* steht am Anfang eine Art Monade, verdichtetes Leitmotiv von Benjamins Kafka-Lektüre: »Die Geschichte darzustellen als einen Prozeß in welchem der Mensch zugleich als Sachwalter der stummen Natur Klage führt über die Schöpfung und das Ausbleiben des verheißnen Messias« (3, 303). Da dem Gerichtshof, vor dem diese Klage geführt wird, die Geschworenen abhanden kommen, verbleiben als einzige Instanzen: die Zeugen für das Kommen des Messias – als solche treten Dichter, Bildner, Musiker und Philosoph auf – und der ›Mensch-Ankläger‹. Somit stehen sich menschliche Stimme der (An-)Klage und philosophisch-künstlerische Zeugen des Messianischen unmittelbar gegenüber, ohne eine Instanz dazwischen. Die Endlosigkeit der ›neuen Klagen‹ und ›neuen Zeugen‹ wird auf die Unschlüssigkeit des Gerichtshofs hinsichtlich der Messias-Frage zurückgeführt.

Der kurze Text bietet nicht eigentlich eine Deutung des Romans, der vielmehr Anlaß ist für ein *geschichtstheoretisches Denkbild* über die Vorstellung von Geschichte als Prozeß/als Weltgericht. So zitiert er die »durch Hegel von Schiller übernommene lakonische Feststellung: *Die Weltgeschichte ist das Weltgericht*« (van Reijen 2001, 147), allerdings mit einer bemerkenswerten Umkehr. Während es bei Hegel der Weltgeist ist, der *sein* Recht an den existierenden Geistern »in der *Weltgeschichte*, als dem *Weltgerichte*, ausübt«, womit die Geschichte als Gerichtsschauplatz erscheint (Hegel 1970, Bd. 7, 503), tritt bei Benjamin der Mensch als Ankläger auf, als derjenige, der »Klage führt«. Er »steht an der Schwelle des Weltgerichts«, wie es im Kraus-Essay heißt, dessen Vorarbeiten in dieselbe Zeit fallen: »Kehrt er der Schöpfung je den Rücken, bricht er ab mit Klagen, so ist es nur, um vor dem Weltgericht anzuklagen« (II, 349).

Hatte Benjamin im Goethe-Essay das Mysterium als Hereinragen der Sprache (der Dichtung) in einen in ihr selbst nicht zugänglichen »höheren« (I, 200) Bereich beschrieben, so wird diese Konstellation hier auf den Geschichtsbegriff übertragen. Darstellung der Geschichte *als* Prozeß bedeutet, daß sich die Klage des Menschen, der – wie Josef K. im *Prozeß* – inmitten der Historie steht und weltlichen Instanzen unterworfen ist, an ein Recht adressiert, das sich am Bild göttlicher Gerechtigkeit orientiert – weshalb der angesprochene Gerichtshof auch zu keinem Urteil kommen kann. Benjamin stellt Kafkas Begriffe Prozeß, Gericht und Gesetz also in sprach- und geschichtstheoretische Zusammenhänge, in denen es um deren doppelte Beleuchtung innerhalb einer weltlichen *und* einer göttlichen Ordnung geht. Diese Doppelstellung menschlicher Teilhabe an der ›Natur‹ *und* einer höheren Ordnung beschreibt den Ausgangspunkt seiner Kafka-Lektüre, auf den er mehrfach zurückkommen wird.

Zweite Station: Dichtung als Asyl für theologische Geheimnisse, Nichtmitteilbares und Umkehr, 1929/31

Der Artikel Kavaliersmoral zwei Jahre später setzt der von Benjamin kritisierten »›ethischen Maxime[]‹« (IV, 466) zur Geheimhaltung von Kafkas Hinterlassenschaften einen ganz anderen Begriff von Geheimnis entgegen. Wenn er die esoterisch-exoterische Struktur von Kafkas Werk hervorhebt, stellt er es implizit in die Tradition jüdischer Säkularisierung, in der die Dichtung zum Ort für »Anliegen« wird, die der Theologie entraten sind: »Kafkas Werk, in dem es um die dunkelsten Anliegen des menschlichen Lebens geht (Anliegen, deren je und je sich Theologen und selten so wie Kafka es getan hat, Dichter angenommen haben), hat seine dichterische Größe eben daher, daß es dieses *theologische Geheimnis* ganz in sich selbst trägt, nach außen aber unscheinbar und schlicht und nüchtern auftritt« (467, Herv. d. Verf.).

An diese Auffassung schließt eine Bemerkung in der Rezension von Haas' *Gestalten der Zeit* (1930) an: Die Aufmerksamkeit des Verfassers erwache über den Werken derer, »die theologischen Gehalten in ihrer äußersten Gefährdung, ihrer zerrissensten Verkleidung Asyl geben« (III, 277). Diese Haltung ist für Benjamin richtungsweisend: »Der künftigen Exegese dieses Dichters sind hier in einer Deutung, die mit der höchsten Energie überall zu den theologischen Sachverhalten hindurchstößt, die Wege gewiesen« (ebd.). Schon der Titel Theologische Kritik dieser im Februar 1931 in der *Neuen Rundschau* publizierten Besprechung signalisiert, daß sie Benjamins Auseinandersetzung mit den Möglichkeiten und Grenzen theologischer Deutung enthält. Das Esoterische bei Kafka, jenes in dichterischer Sprache artikulierte, aber nicht ausgesprochene »theologische Geheimnis« (IV, 467) taucht hier wieder auf: in Gestalt von Erfahrungen, »für die er immer zeugen und die er nie verraten, niemals ausplaudern wird« (III, 275). Unter den *Gestalten der Zeit* sind zwei, »denen der Verfasser des Buches solch *unmitteilbare*, zur Zeugenschaft verpflichtende Erfahrungen dankt, denen er die Treue gehalten hat, und die nun sein Buch als Schutzpatrone auf dem Weg durch die Zeitgenossenschaft leiten: Franz Kafka und Hugo von Hofmannsthal« (ebd., Herv. d. Verf.). Die Rede vom *Unmitteilbaren* bezieht sich auf die in Benjamins Sprachtheorie erörterte Möglichkeit einer Darstellung des Nichtmitteilbaren – bzw. der magischen oder mimetischen Seite der Sprache – an ihrem semiotischen Fundus. Während diese Auffassung in den wenig später folgenden Texten Lehre vom Ähnlichen und Über das mimetische Vermögen (1933) aber aus einem theologischen Begründungszusammenhang herausgelöst und in einen kulturanthropologischen eingetragen wird, geht es im Kafka-Komplex um theologische Momente des Nichtmitteilbaren. Die an Willy Haas' Buch beobachtete Nähe von Theologie und Schein (276) erinnert dabei an den im Goethe-Essay erörterten Begriff des *Ausdruckslosen* und die Rede vom »göttliche[n] Seinsgrund« der Schönheit, der im Geheimnis liege (I, 195).

In der Haas-Rezension wird das *Unmitteilbare* dagegen mit einer Zeugenschaft verknüpft: mit den Dichtern als Zeugen für das Kommen des Messias und für das »theologische Geheimnis«, das in Kafkas Prozeß-, Gerichts- und Gesetzes-Geschichten verborgen ist. Benjamin beschreibt Kafka dabei in einer Stellung, die schon hier das Bild leiblicher oder buchstäblicher *Umkehr* innerhalb der jüdischen Säkularisierungs-Geschichte entwirft: »der in Prag, dem Heerlager der entarteten jüdischen Geistigkeit, im Namen des Judentums von ihr sich abwandte, um den drohenden undurchdringlichen Rücken ihr zuzukehren« (III, 275). Dieser Konstellation – Abkehr von der jüdischen Entwicklung »im Namen des Judentums«, dargestellt als leibhaftige Umkehr – entspringt jene Figur, die im großen Essay dann eine so prominente Rolle spielen wird, die Umkehr. Nur daß die Abwendung von der herrschenden Entwicklung dort als Umkehr in Richtung Vergangenheit und Vorwelt konkretisiert und in Bildern beschrieben wird, die Präfigurationen für das Denkbild vom Engel der Geschichte darstellen: »Denn es ist ja ein Sturm, der aus dem Vergessen herweht. Und das Studium ein Ritt, der dagegen angeht« (II, 436).

Dritte Station: Aus der Mitte der Bilderwelt – Legenden, Entstellungen und Vergessen, 1931

In dem im Juli desselben Jahres ausgestrahlten Rundfunkvortrag Franz Kafka: Beim Bau der Chinesischen Mauer verdichtet Benjamin seine Umgangsweise mit Kafkas Literatur als »Deutung des Dichters *aus der Mitte seiner Bildwelt*« (II, 678, Herv. d. Verf.) und stellt diese nun der theologischen Auslegung entgegen, genauer: einer Interpretation, die den Büchern Kafkas ein religionsphilosophisches Schema unterschiebt und damit eine »eigentümliche Umgehung, beinahe möchte ich sagen Abfertigung der Welt von Kafka« praktiziert (677). Gleichzeitig wechselt die Schreibweise; an Stelle der Deutung treten, wie schon in Idee eines Mysteriums, streckenweise *Legenden*, die mit Kafkas Legenden korrespondieren – Beda Allemann spricht von *Kafka-Analogien* (Allemann 1987, 48). So gibt Benjamin die kleine Erzählung »Eine kaiserliche Botschaft« vollständig wieder und wirft – »Diese Geschichte werde ich Ihnen nicht deuten« – die Frage nach dem Autor auf: »Denn um zu erfahren, daß *der Angeredete* vor allem einmal Kafka selber ist, dazu brauchen Sie meinen Hinweis nicht. Wer aber war nun Kafka? Er hat alles getan, um der Antwort auf diese Frage den Weg zu verlegen« (II, 677, Herv. d. Verf.). Damit wird keine biographische Lesart eingeleitet, sondern eine Identifizierung des Autornamens mit der Chiffre K. als verfehlt bewertet. Diese sage gerade soviel wie die Initialen auf Taschentuch oder Hutrand, »ohne daß man darum den Verschwundenen zu rekognoszieren wüßte« (ebd.). Stellt das Stichwort Rekognition die biographische Deutung in die Nähe von behördlicher Fahndung und Prozeß, so tritt hier eine Legende an deren Stelle – gefolgt von zwei weiteren: einer talmudischen Legende und der Legende von Sancho Pansa, die er im großen Essay zu eigenen Kapiteln ausbauen wird. Die erste den Autor betreffende Legende ist allerdings keine Legende *über* Kafka, sondern eine, die »man von diesem Kafka« bilden könnte: »Er habe sein Leben darüber nachgegrübelt, wie er aussähe, ohne je davon zu erfahren, daß es Spiegel gibt« (ebd.).

Die Deutung des Dichters »aus der Mitte seiner Bildwelt« (678) folgt damit dem Verfahren bildlichen Erzählens; sie bewertet Kafkas Geschichten als Bilder jenseits von Abbildung, Nachahmung oder Widerspiegelung, vielmehr als »Spiegelung im Gegensinne«. Dieser »Gegensinn« bezieht sich auf eine spezifische

Zeitstruktur von Kafkas Erzählungen, auf eine Gleichzeitigkeit der Weltalter (Hiebel 1983, 138; Müller 1996, 11 ff.). Die Angst von Kafkas Geschöpfen sei »gleichzeitig und zu gleichen Teilen Angst vorm Uralten, Unvordenklichen und Angst vorm Nächsten, dringend Bevorstehenden« (II, 681).

Der »Gegensinn« verweist auch auf den besonderen Status der *Symptome*, Zeichen, denen Entstellungen bzw. Verschiebungen eigen sind. Im direkten Bezug zur Tagebucheintragung über das Kafka-Gespräch mit Brecht am 6. Juni 1931 (1203 f.) heißt es, die Seltsamkeiten, von denen Kafkas Werk voll ist, seien für die Leser »nur als kleine Zeichen, Anzeichen und Symptome von Verschiebungen zu verstehen, die der Dichter in allen Verhältnissen sich anbahnen fühlt, ohne den neuen Ordnungen sich selber einfügen zu können« (678). Ihm bliebe nur, mit Staunen und panischem Entsetzen auf die »Entstellungen des Daseins« (ebd.) zu antworten. Im Unterschied zu Brechts Rede von »unverständlichen Entstellungen des Daseins« (1204) rückt Benjamin Kafkas Bilder als »Symptome von Verschiebungen« (678) in die Nähe zu Freuds Sprache des Unbewußten. Es sei kein Vorgang denkbar, der unter Kafkas Beschreibung »sich nicht entstellt. Mit anderen Worten, alles, was er beschreibt, macht Aussagen über etwas anderes als sich selbst« (ebd.). Anders als konventionalisierte Formen einer übertragenen, ›anderen‹ Redeweise – wie Allegorie, Parabel oder Gleichnis – ist das Symptom bei Freud als »Erinnerungssymbol« gefaßt, dessen verschobener Darstellung stets ein Vergessen eingeschrieben ist; und Entstellung und Verschiebung sind – zusammen mit der Verdichtung – die wichtigsten Mittel der Traumarbeit. Auch Benjamin verknüpft die Entstellung bei Kafka mit dem Vergessen: »Denn die präziseste Entstellung, die so bezeichnend für Kafkas Welt ist,« rühre daher, daß wegen des undurchschauten Gewesenen das Neue sich in der Figur der Sühne darstelle, so daß die unbekannte Schuld als »Vergessen« verstanden werden muß. Kafkas Dichtung sei von »Konfigurationen des Vergessens« (682) erfüllt.

Symptom und Entstellung, die in Benjamins Kafka-Arbeiten hier erstmals auftauchen, sind Leitmotive seiner weiteren Auseinandersetzung mit dessen Werk. Die Entstellung wird, als »Axenverschiebung in der Erlösung« (1201), eine zentrale Rolle im Dissens mit Scholem über Kafka spielen, als Signum von Kafkas Welt, das diese für Benjamin von der Welt der Kabbala und der jüdischen Überlieferung unterscheidet. Bewertet als Differenz zur Offenbarung, berührt die Entstellung auch das Unabgeschlossene von Kafkas Werk. In Gestalt eines unaussprechlichen Gesetzes kehrt hier das *Unmitteilbare* des »theologischen Geheimnisses« wieder: »Daß das Gesetz als solches bei Kafka sich nirgends ausspricht, das und nichts anderes ist die gnädige Fügung des Fragments« (679).

Das von Brod kolportierte, angeblich geplante Ende des *Schloß*-Romans (K. stirbt, als ihm endlich durch einen Boten aus dem Schloß die Erlaubnis zum Leben im Dorf überbracht wird) bewertet Benjamin insofern auch nicht als Auflösung des Rätsels oder Vollendung des Romans. Er sieht darin vielmehr »eine[] talmudische[] Legende« (680), die von einem Gleichnis handelt: Eine Prinzessin (bzw. die Seele), die sich in einem Dorf (das ist der Körper) in der Verbannung unter einem Volke befindet, dessen Sprache sie nicht versteht, und die schmachtet, erfährt durch einen Brief, daß ihr Verlobter (bzw. der Messias) auf dem Weg zu ihr sei. Mit dem Mahl, das die Seele dem Körper richtet, »weil sie denen, die ihre Sprache nicht kennen, anders keine Botschaft von ihrer Freude geben kann« (ebd.), gibt diese Legende Antwort auf die Frage, »warum am Freitagabend der Jude ein Festmahl rüstet« (ebd.). Allerdings ist noch eine Verschiebung vonnöten, damit aus dieser Legende eine Kafka-Analogie werden kann: »Eine *kleine Akzentverschiebung* in dieser Talmudgeschichte, und wir sind mitten in Kafkas Welt. So wie der K. im Dorf am Schloßberg lebt der heutige Mensch in seinem Körper: ein Fremder, Ausgestoßener, der nichts von den Gesetzen weiß, die diesen Leib mit den höheren weiteren Ordnungen verbinden« (ebd., Herv. d. Verf.).

Während die talmudische Legende eine Erklärung anbietet für die sakrale Bedeutung der profanen Handlungen jüdischer Kultgesetze, zu diesem Zweck auf das Leib-Seele-Paradigma zurückgreift und den Kult mit der Erfahrung sprachlicher Fremdheit in der Diaspora vergleicht, bringt die »kleine Akzentverschiebung« eine ganz andere Dimension ins Spiel – nicht das Verstehen, sondern die völlige Unkenntnis der Religionsgesetze. Der »nichts von den Gesetzen weiß«, ist nicht nur in Unkenntnis ihres Inhalts, sondern ihres kultischen Sinns überhaupt. Ihm ist die Verbindung des Leibes – des Kreatürlichen bzw. des »bloßen Lebens« – zu höheren Ordnungen abhanden gekommen. Die Entstellung der talmudischen Legende, die uns »mitten in Kafkas Welt« versetzt, betrifft damit das Vergessen der religiösen Bedeutung des Wartens – so wie K. im *Schloß* wartet, ohne zu ahnen, daß sein Warten ihn mit »höheren weiteren Ordnungen« verbindet.

Dieses Nicht-Wissen stellt die menschlichen Geschöpfe in Kafkas Welt auf eine Stufe mit der Kreatur. Man könne seinen »Tiergeschichten« eine gute Weile folgen, »ohne überhaupt wahrzunehmen, daß es sich hier gar nicht um Menschen handelt« (ebd.). Denn »ohne Scheidewände wimmeln die Geschöpfe aller

Ordnungen durcheinander« (681), verbunden nur durch das Organ der Angst. Jene »unbekannte Schuld«, mit der Kafkas Figuren erst durch die Sühne bekannt werden, ist für Benjamin Symptom von Vergessen, Unkenntnis der Gesetze, undurchschautem Gewesenen und verlorener Verbindung der Kreaturen zu höheren Ordnungen. »Es ist das Verhältnis dreier Dinge: Gesetz – Erinnerung – Tradition zu klären«, heißt es in einer der Aufzeichnungen aus dieser Zeit: »Wahrscheinlich baut sich Kafkas Werk auf diesen dreien auf« (1200). Insofern er Kafkas Literatur als Ausdruck einer entstellten Tradition deutet, in die unverstandene Gesetze hineinragen, kann Benjamin Scholem entgegnen, das Gesetz bezeichne bei Kafka den »toten Punkt seines Werks« (4, 479), von dem dieses interpretativ nicht zu bewegen ist (vgl. Gasché 2002).

Vierte Station: Einschreibung in die Begriffe der jüdischen Tradition und der Vorwelt, 1934

Waren damit die methodischen Weichen gestellt, so begann die intensive Arbeit am zentralen Kafka-Aufsatz erst im Anschluß an den Rundfunkvortrag. Zur Auseinandersetzung mit vorliegenden Interpretationen trat nun die Debatte mit den Freunden, in deren Verlauf Benjamin seinem Kafka-Verständnis schärfere Konturen verlieh. Da das erste Manuskript, das er noch vor der Abreise nach Svendborg im Juni 1934 aus Paris nach Jerusalem geschickt hat, nicht überliefert ist (Aufzeichnungen dazu in II, 1222–1245), läßt sich nicht rekonstruieren, in welchem Maße die Debatte mit Scholem die Überarbeitung des Textes geprägt hat. Jedenfalls hat sie »die Frage nach der ›theologischen Interpretation‹« (4, 459) auf die jüdische Tradition zugespitzt. Daß Benjamin am 11. August 1934, als er Scholem mitteilt, nun »endgültig letzte [...] Hand an den ›Kafka‹« zu legen, und zugleich auf dessen Einwände eingeht, »die Vorwelt« als »geschichtsphilosophische[n] Index« (478) für seine Deutung nennt, läßt sich dagegen eindeutig auf die gleichzeitige Bachofen-Lektüre zurückführen. Diese spielt in der in Dänemark geschriebenen »Umarbeitung« (458) eine wichtige Rolle. Am 27. September ging von dort das neue Manuskript an Werner Kraft mit der Bitte um »Bemerkungen zu meinem Kafka« (506).

In die Ausarbeitung des Essays ebenso wie in dessen Überarbeitung sind neben Aspekten aus den Debatten mit Scholem und Brecht – der Austausch mit Kraft und mit Adorno über Kafka begann erst *nach* der Fertigstellung – auch Motive anderer Arbeiten eingegangen, mit denen Benjamin zwischenzeitlich befaßt war: u.a. die Sumpfwelt aus Johann Jakob Bachofen (1935), das Kinderbild Kafkas aus der Kleine[n] Geschichte der Photographie (1931), das gestische Theater aus Was ist das epische Theater? (1931), das Motiv des Erzählens aus Erfahrung und Armut (1933). Die Schreibweise aber folgt der im Rundfunkvortrag gewonnenen Methode, denn die vier Kapitel des großen Essays präsentieren sich in Form von Legenden, die Kafkas »Märchen für Dialektiker« (II, 415) als geschichtstheoretische Bilder lesen.

Den besonderen Charakter von Kafkas Literatur verortet Benjamin hier jenseits der Ausdifferenzierung von Gleichnis und Dichtung: zwischen Parabel und Prosa, der Dichtung nur ähnlich. Kafkas Parabeln entfalten sich »nämlich wie die Knospe zur Blüte wird«; sie stünden »zur Lehre ähnlich wie die Haggadah zur Halacha« (420), d.h. wie die Erzählungen zu den Gesetzen der mündlichen jüdischen Überlieferung. Mit diesem Vergleich hat er seine vorausgegangene kunstphilosophische Deutung – dichterische Hülle eines theologischen Geheimnisses, Zeugnis unmitteilbarer Erfahrungen, entstellte Legenden über unbekannte Gesetze – im Essay in Begriffe der jüdischen Tradition übertragen. Da Kafkas Parabeln aber keine Lehre kennen, sondern auf diese allenfalls anspielen, geht Benjamin davon aus, daß sie allenfalls *Relikte der Lehre überliefern* oder auch als deren Vorläufer zu verstehen sind. Kafkas Literatur wäre damit Überlieferung *diesseits* (d.h. vorgängig) *und jenseits der Lehre* (nach deren Zerreißen). Da genau dieser doppelte Ort den biographisch-psychologischen wie den theologischen Interpretationen gleichermaßen entgehen muß, faßt Benjamin seine Kritik der Rezeption nun in dem Statement zusammen, daß es »[z]wei Wege gibt [...], Kafkas Schriften grundsätzlich zu verfehlen. Die natürliche Auslegung ist der eine, die übernatürliche ist der andere« (425).

Ganz anderer Art ist die Verfehlung Kafkas selbst, die, wie Benjamin annimmt, den Wunsch zur Vernichtung seiner Manuskripte motiviert haben mag. »Gescheitert ist sein großartiger Versuch, die Dichtung in die Lehre zu überführen« (427) – was er mit dem Bilderverbot in Verbindung bringt: »Kein Dichter hat das ›Du sollst Dir kein Bildnis machen‹ so genau befolgt« (ebd.). Damit steht der Begriff der Lehre, anders als bei Brecht, auch im Kontext theologischer Bedeutungen, während er in diesem, anders als bei Scholem, doch nicht aufgeht.

Die Kontroversen mit Scholem und Brecht, 1934

Die doppelte Belichtung der Begriffe *Lehre, Entstellung* und *Umkehr* hat Benjamin als Schnittmenge einer in zwei Richtungen geführten Kontroverse – hier Brecht, dort Scholem – gewonnen (zur Konstellation der Debatte vgl. Mayer 1979; vgl. den Artikel zu »Gershom Scholem«, 59–76). Zur Präzisierung seiner Lektüre benötigte er offensichtlich die Kontroverse, wie die Bitten um die Kafka-Deutung anderer und um Kommentare zu seinen Manuskripten belegen. Oft verwendet er Formulierungen aus den Debatten und nutzt sie durch kleine Verschiebungen für seine Deutung.

In Benjamins Tagebuchnotizen sind drei *Kafka-Gespräche mit Brecht* aus dem Sommer 1934 überliefert: vom 6. Juli, vom 5. und 31. August. Im ersten geht es um die Parabel. Vertritt Brecht, der Kafka hier noch für einen großen Schriftsteller hält, die Position, daß dessen Ausgangspunkt die Parabel sei, so heißt das für ihn »das Gleichnis, das sich vor der Vernunft verantwortet und dem es deshalb, was seinen Wortlaut angeht, nicht ganz ernst sein kann«, weshalb »bei Kafka das Parabolische mit dem Visionären im Streit« liege (Benjamin 1981, 150). Benjamin nimmt das Gespräch zum Anlaß, um im Gegensatz dazu zu formulieren: »Sie sind *nicht* Gleichnisse und wollen doch auch nicht für sich genommen sein« (Herv. d. Verf.), womit er die Parabeln Kafkas als Erzählungen ohne Lehre bewertet. Das zweite Gespräch wird, nachdem Brecht Benjamins Aufsatz über drei Wochen ohne zu antworten in Händen hielt, ausgelöst durch seinen abrupt vorgebrachten Vorwurf einer »tagebuchartigen Schriftstellerei im Stile Nietzsches«, die das Werk aus seinen Zusammenhängen reiße. Auch Kafka selbst wird von ihm nun negativ bewertet, als »Blase auf dem Sumpf der Kultur von Prag«, bis hin zu dem Diktum: »Ich lehne ja Kafka ab. [...] Die Bilder sind ja gut. Der Rest ist eben Geheimniskrämerei. Der ist Unfug« (151). Auf Benjamins Vorschlag, die Kontroverse an der Erzählung »Das nächste Dorf« zu überprüfen – die kurze Erzählung vom Räsonnement eines Großvaters über das erstaunlich kurze Leben, das sich in der Erinnerung so zusammendränge, daß der Entschluß eines jungen Mannes zum Ritt ins nächste Dorf unbegreiflich sei –, reagiert Brecht hinhaltend. Im dritten Gespräch verschärft er seine Vorwürfe und hält Benjamin vor, sein Aufsatz leiste »dem jüdischen Faszismus Vorschub. [...] Er vermehre und breite das Dunkel um diese Figur aus statt es zu zerteilen«. Er vermißt praktische Vorschläge, »die sich seinen Geschichten entnehmen ließen« (152), wobei sich zeigt, wie er die Bilder umgeht, die Erzählung als Gleichnis deutet und dessen ›Lehre‹ korrigiert: Das Leben mag »so kurz sein wie es will. Das macht nichts, weil ein anderer als der, der ausritt, im Dorfe ankommt« (ebd.). Während Brecht eine Botschaft wünscht, folgt Benjamin der Bildlogik der Erzählung (vgl. dazu Mosès 1986, 248). Das wahre Maß des Lebens sei die Erinnerung, sie durchlaufe es rückschauend und blitzartig, wie »man ein paar Seiten zurückblättert«. Aus dieser Auslegung gewinnt er das für den Essay so zentrale Bild vom Leben, das sich, rückwärts gelesen, in Schrift wandelt (Benjamin 1981, 154): »Umkehr ist die Richtung des Studiums, die das Dasein in Schrift verwandelt« (II, 437).

Auch der Briefwechsel *mit Scholem* über Kafka (Mosès 1994; Weidner 2002) ist nicht frei von Unstimmigkeiten, zumal die Debatte zweifach belastet war: durch die postalischen Wege zwischen Jerusalem und Dänemark, teils verzögert durch Umwege über Paris, und dadurch, daß Benjamin sich gegenüber der Aufforderung des Freundes verwahren muß, sich über seine Beziehung zum Kommunismus zu erklären: »Solche Fragen ziehen – so scheint mir – auf dem Wege über dem Ozean Salz an und schmecken dann dem Gefragten leicht bitter« (4, 407). Zwar herrscht hier eine weniger grobe Tonart, doch werden sichtlich Empfindlichkeiten auf beiden Seiten berührt. Zudem war der Kontext prekär, denn Scholem hatte den Auftrag des Artikels für die *Jüdische Rundschau* vermittelt – »Ich möchte glauben, daß Dir ein wirklich schönes Essay über Kafka dort sehr nützen könnte« – und forderte dafür: »Du wirst dabei aber einer auch expliziten und formulierten Beziehung aufs Judentum Dich nicht gut entziehen können« (Scholem 1980, 134). Benjamin, dem *implizite* Bezüge zum Judentum näherlagen, zog sich auf »Unwissenheit« in dieser Sache zurück. Er nutzte die Feststellung, daß ihm »dafür Fingerzeige von anderer Seite freilich unentbehrlich« wären (4, 410), um den Freund zur Mitteilung seiner »aus den jüdischen Einsichten hervorgehenden Anschauungen über Kafka« zu bewegen (425). Dieser verweigerte sich zunächst mit Hinweis auf eine Diskussion mit »verstellten Fronten« (Scholem 1980, 148) und in einer Rhetorik der Abgrenzung – »Du wirst Deine Linie ja zweifellos am besten ohne die mystischen Vorurteile, welche allein ich auszustreuen im Stande bin, verfolgen« (146) –, die er durch den Wink verstärkte, daß Benjamin kaum etwas von ihm lesen könne – »meine Literatur ist im Allgemeinen jetzt hebräisch« (149) –, den dieser nur als Vorwurf gegenüber seinem versäumten Hebräisch-Studium verstehen konnte. Als Scholem einen Monat später sein Kafka-Gedicht »Mit einem Exemplar von Kafkas ›Prozeß‹« (154–156) schickte, war Benjamin schon in Dänemark und sein Manuskript auf dem Weg nach Jerusalem. In einer Serie sich überkreuzender Sendungen fand zwischen Juli und September 1934 eine doppelt umwegige Debatte statt, in der zunächst die direkte Kontroverse umgangen wurde, empfindliche Aspekte ausgespart blieben – z. B. wenn Benjamin seine Reserve gegen die Hälfte der 14 Gedichtstrophen in die Mitteilung kleidet, daß er sich die 7. bis 13. Strophe »ohne Vorbehalt zu eigen mache« (4, 459) –, in der schließlich die Unterschiede aber doch noch benannt wurden.

Dabei geht es Scholem um eine Interpretation auf der Basis einer »*richtig* verstandene[n] Theologie«, in deren Zentrum seine These von der »*Unvollziehbarkeit*« bzw. dem »Nichts der Offenbarung« steht: »Die Welt Kafkas ist die Welt der Offenbarung, freilich in jener Perspektive, in der sie auf ihr Nichts zurückgeführt wird« (Scholem 1980, 157). Er kritisiert die zu starke Betonung der Vorwelt und vermißt, daß Benjamin auf das »Jüdische« eingehe, »wo es doch in dem Hauptpunkt so sichtbar und ohne Umschweife sich erhebt, daß man Dein Schweigen darüber als rätselhaft empfindet: in der Terminologie des Gesetzes, die Du so hartnäckig nur von ihrer *profansten* Seite aus zu betrachten Dich versteifst« (158). Zudem kritisiert er unverständliche Passagen des Manuskripts, besonders die über das Gestische (169).

Benjamin setzt dagegen, daß auch seine Deutung »ihre breite – freilich beschattete – theologische Seite« habe. Das Bild des Schattens bedeutet, daß ihn die theologischen Begriffe im Hinblick auf deren Wirkungen *in der* profanen Welt interessieren, »wie man im Sinne Kafkas die *Projektion* des jüngsten Gerichts in *den Weltlauf* sich zu denken habe« (4, 459, Herv. d. Verf.). Besonders wichtig ist ihm die Figur einer »die Frage weghebenden Antwort«, der Hinweis auf einen Weltzustand, »in dem diese Fragen keine Stelle mehr haben, weil ihre Antworten, weit entfernt, Bescheid auf sie zu geben, sie wegheben« (ebd.). Die unbefriedigenden Antworten in der profanen Welt von Kafkas Figuren beleuchten also den Mangel von Fragen, die der Religion entstammen und in der Säkularisierung weg-, aber nicht aufgehoben sind. Im Unterschied zu den für Scholem zentralen Begriffen ›Offenbarung‹ und ›Gesetz‹ steht für Benjamin die ›Erlösung‹ im Mittelpunkt: »[I]ch habe versucht zu zeigen, wie Kafka auf der Kehrseite dieses ›Nichts‹, in seinem Futter, wenn ich so sagen darf, die Erlösung zu ertasten gesucht hat« (460). Wird er im überarbeiteten Essay die Erlösung als »das Beste« bezeichnen (II, 434), so steht diese – in der profanen Variante der ›Hoffnung‹ – auch in den sieben Entgegnungspunkten auf Scholems »Einwendungen« an erster Stelle (4, 478 f., Notizen zum Brief an Scholem, II, 1245 ff.).

Der messianische Aspekt der Offenbarung, die er im fünften Punkt als »entstellt« erklärt (4, 478 f.), bezeichnet die klarste Differenz zu Scholem. Dessen »Nichts der Offenbarung« erklärt sich aus der zentralen Stellung des Nichts in seiner kabbalistischen Sprachtheorie – der Name Gottes, unaussprechbar und selbst ohne Sinn bzw. konkrete Bedeutung, ist der Ursprung aller Bedeutung (Scholem 1970, 69). In ihr tritt die Dichtung als Erbe der Theologie auf, als Nachhall des »verschwundenen Schöpfungswortes« (70). Im Unterschied dazu faßt Benjamin die Differenz des »Weltzustands« bzw. der Geschichte zur Offenbarung in der Figur der Entstellung – analog zu seiner Übersetzungstheorie, in der die Fremdheit der Sprachen deren Differenz zur »reinen Sprache« anzeigt – und deutet die Figur der Erlösung insofern als Zurechtrücken der Entstellung. Ohne daß der Horizont ihrer unterschiedlichen Sprachtheorien (Weigel 2000) im Briefwechsel berührt würde, kommt dieser im Mißverständnis um die Legende vom großen Rabbi indirekt zur Sprache. In Benjamins Essay heißt es: »[D]er Insasse des entstellten Lebens [...] wird verschwinden, wenn der Messias kommt, von dem ein großer Rabbi gesagt hat, daß er nicht mit Gewalt die Welt verändern wolle, sondern nur um ein Geringes sie zurechtstellen werde« (II, 432). Für diese Legende beansprucht Scholem die Urheberschaft: »Der auch bei Bloch erscheinende große Rabbi mit dem tiefen Diktum über das messianische Reich bin *ich* selber; so kommt man noch zu Ehren!!« (Scholem 1980, 154) und beruft sich dafür auf eine frühere, von ihm stammende Fassung: »Alles wird sein wie hier – nur ein ganz klein wenig anders« (156). Der Unterschied zwischen »ein ganz klein wenig anders« und »entstellt«, den Scholem übergeht, kann als Symptom der sprachtheoretisch begründeten Kontroverse über den Begriff der Offenbarung gelesen werden. Wenn Benjamin die Entstellung zugleich als Form deutet, die die »Dinge in der Vergessenheit annehmen« (II, 431), wird für ihn die Differenz der Geschichte zur Offenbarung erst in der Erinnerung, also rückwärts gewandt, erkennbar.

Dies genau ist der Schnittpunkt seiner Kontroversen mit Brecht und Scholem. Liegt das Datum seiner Scholem-Entgegnung am 11. August zwischen dem zweiten und dritten Brecht-Gespräch, so kommt Benjamins Figur der Umkehr, durch die sich das Leben in Schrift wandelt, schon in diesem Brief zum Tragen: »Kafkas messianische Kategorie ist die ›Umkehr‹ oder das ›Studium‹« (4, 479). Daraus erklärt sich auch Benjamins These zur »Frage der Schrift«, die an einen besonders empfindlichen Punkt rührt, wie Scholems Bemerkung signalisiert: »Hierüber werden wir uns zu verständigen haben« (Scholem 1980, 158). Auf dessen Feststellung, daß die Schrift nicht abhanden gekommen, sondern nicht zu enträtseln sei (ebd.), entgegnet Benjamin: »Ob sie den Schülern abhanden gekommen ist oder ob sie sie nicht enträtseln können, kommt darum auf das gleiche hinaus, weil die Schrift ohne den zu ihr gehörigen Schlüssel eben nicht Schrift ist sondern Leben. [...] In dem Versuch der Verwandlung des Lebens in Schrift sehe ich den Sinn der ›Umkehr‹« (4, 478 f.). Für Benjamin ist der Status von Gelesenem *als* Schrift nicht gegeben, sondern verdankt sich immer schon, auch in der Tradition, einer besonderen Auslegung, deren Schlüssel in der Moderne abhanden gekommen ist, während für Scholem die immer schon rätselvolle Schrift der ›Tradition‹ sich in der Moderne in der Dichtung fortsetzt. Deshalb kann er in Kafkas Schriften »die säkularisierte Darstellung des (ihm selber unbekannten) kabbalistischen Weltgefühls« entdecken (Scholem 1970, 271). Die Unstimmigkeiten zwischen beiden gründen insofern in einer unterschiedlichen Haltung zur Säkularisierung. Während Scholem die Dichtung als Säkularisat der Tradition betrachtet, das die Kabbala beerbt, kommen für Benjamin theologische Begriffe nur aus der Perspektive des Vergessenseins, in der Umkehr, in den Blick. Der Versuch einer Überführung von Dichtung in Lehre führt zu einem – notwendigen – Scheitern (vgl. Steiner 1992).

Lektüre in Legenden und geschichtstheoretische Perspektive – der Essay von 1934

Im Unterschied zur strengen Komposition des KRAUS-Essays (Allmensch–Dämon–Unmensch) entfaltet der vierteilige Essay FRANZ KAFKA ein komplexes Netz von Motiven, Legenden, Figuren, Begriffen und *Zitaten*: aus Kafkas Texten, vorliegenden Interpretationen (z. B. von Brod, H.J. Schoeps, Hellmuth Kaiser, Haas, Kraft, Denis de Rougemont, vgl. BIBLIOGRAPHIE ZU KAFKA II, 1247), dem Werk anderer Schriftsteller (Goethe, Robert Walser, Dostojewskij, Puschkin, Hamsun), kulturhistorischen und philosophischen Schriften (Laotse, Rosenzweig, Cohen, Lukacs, Bloch, Bachofen, Léon Metchnikoff u. a.) und Volksliedern. Er interpretiert nicht einzelne Titel, sondern bezieht sich auf Passagen aus den Romanen (*Das Schloß, Der Prozeß, Amerika*), aus etlichen Erzählungen (*Das Urteil, Der jüngste Tag, Vor dem Gesetz, Die Sorge des Hausvaters, Beim Bau der Chinesischen Mauer, Betrachtung, Der Landarzt, Die Verwandlung, Das Schweigen der Sirenen, Ein Hungerkünstler, Wunsch, Indianer zu werden, In der Strafkolonie, Auf der Galerie*) und den Tagebüchern, zwischen denen ein enges Geflecht von Motiven hergestellt wird. Einigen Orten, so den Gerichts- und Amtsstuben und dem Naturtheater von Oklahoma, kommt dabei eine besondere Rolle zu (zur Exterritorialität vgl. Weber 2002).

Während er sich mit vorliegenden Interpretationen argumentativ auseinandersetzt – z. B. weist er Soma Morgensterns Bewertung Kafkas als Religionsstifters zurück (II, 425; dazu Palmer 1999) –, kommt den anderen Zitaten eher der Status von Kommentaren zu, vergleichbar den Legenden, die er Kafkas Parabeln an die Seite stellt und derart in eine *talmudische Form* überführt. Die Lektüre in Legenden erhält im Essay eine kompositorische Funktion, insofern jedes der vier Kapitel um solche Geschichten gruppiert ist. Die Nachlaß-Aufzeichnungen bestätigen diese Rolle: Die »Potemkingeschichte« (II, 1209) leitet das erste Kapitel ein, die talmudische Legende vom Körper als Fremde des Menschen (aus dem Rundfunkvortrag) steht am Ende von »Ein Kinderbild«, während das dritte Kapitel »Das bucklicht Männlein« mit der »Hamsungeschichte« (1210) einsetzt und »Sancho Pansa« mit dem »Chassidischen Bettlermärchen« (1208) beginnt.

Eine andere Rolle spielen die *mythischen Namen*, wie Odysseus und Sisyphos, mit denen Benjamin den Autor Kafka vergleicht, um seine geschichtliche Perspektive ins Bild zu setzen: als Blick auf die Vorwelt und die Unterseite der Geschichte. Unter dem Titel eines ›anderen Odysseus‹ kommentiert er Kafkas Welt als Welt des Ungeschiedenen ohne Ordnungen und Hierarchien, die älter sei als der Mythos, während der Autor dem Versprechen des Mythos, sie zu erlösen, nicht gefolgt sei. Insofern sieht er Kafka, ähnlich wie Odysseus, »an der Schwelle, die Mythos und Märchen trennt«, dort wo durch List und Vernunft die mythischen Gewalten aufhören und die Märchen als »Überlieferung vom Siege über sie« entstehen (415). Die Rede von Kafkas »Märchen für Dialektiker« betont die Differenz zu seinen antiken »Ahnen«, so daß das Schweigen der Sirenen dem »anderen Odysseus« entspricht (vgl. Witte 1973). Wird die Überlieferung vom Sieg über die mythischen Gewalten als Märchen bewertet, so nimmt das »Märchen für Dialektiker« eine Umkehr der Perspektive vor, durch welche die geschichtstheoretische Bedeutung der Überlieferung fragwürdig wird, – in exakter Gegenstellung zur *Dialektik der Aufklärung*, in der Odysseus als Allegorie auf die Selbsterhaltung und den Ursprung der Kunst aus der Abspaltung von körperlicher Arbeit auftritt.

Eine dem »andere[n] Odysseus« (II, 415) verwandte Perspektive zurück auf die Vorwelt, vor das Gesetz bzw. auf die Unterseite der Geschichte entwirft auch der Sisyphos-Vergleich. Die Scham, Kafkas »stärkste Gebärde« (428), sei keine persönliche, sondern eine »gesellschaftlich anspruchsvolle« (ebd.) Reaktion, die in seinen Texten aus der Nötigung einer – unbekannten – Familie motiviert werde: »Dem Geheiß dieser Familie folgend, wälzt er den Block des geschichtlichen Geschehens wie Sisyphos den Stein. Dabei geschieht es, daß dessen untere Seite ans Licht gerät. Sie ist nicht angenehm zu sehen. [...] Das Zeitalter, in dem Kafka lebt, bedeutet ihm keinen Fortschritt über die Uranfänge« (ebd.). Die Vorwelt *in der Gegenwart* sichtbar zu machen, erscheint so als Schwerstarbeit. Das erklärt die Langsamkeit und Schwere der Bewegungen von Kafkas Personal. Während also die Legenden *Kafka-Analogien* darstellen, die mit dessen Welt korrespondieren, sind die *Kafka-Vergleiche* Denkbilder, die die geschichtstheoretische Perspektive von Kafkas Welt beschreiben.

Um die spezifische Konstellation zu erörtern, in der ›Vorwelt‹ und weltliche Gewalten heutiger Tage in Beziehung treten (427; vgl. Sagnol 2001), greift Benjamin noch einmal sein »Spiegelgleichnis« auf – nicht ohne es ein wenig zurechtzurücken. Anstelle der »Spiegelung im Gegensinn« steht jetzt eine Spiegelszene, in der Korrespondenzen zwischen Vergangenem und Künftigem kenntlich werden: »Er hat nur in dem Spiegel, den die *Vorwelt* ihm *in Gestalt der Schuld* entgegenhielt, die *Zukunft in Gestalt des Gerichtes* erscheinen sehen« (ebd., Herv. d. Verf.). Ein Denkbild *par excellence* über die historische Ungleichzeitigkeit zwischen den Begriffen von Schuld und Recht: »Wie man sich dieses [Gericht, d. Verf.] aber zu denken hat – ist es nicht das Jüngste? macht es nicht aus dem Richter den Angeklagten? ist nicht das Verfahren die Strafe? – darauf hat Kafka keine Antwort gegeben« (ebd.).

Wenn Kafkas Welt durch Prozesse, Gerichtsbeamte, Anklagen, Strafen, unbekannte Schuld und durch Scham beherrscht wird, dann zeigt Benjamin, daß sich darin theologische Begriffe (wie Erbsünde, jüngstes Gericht) und das Register menschlicher *Gerichtsbarkeit* überlagern. Ohne Wissen um ihre christliche Herkunft erscheint die »Erbsünde« als Schuldzusammenhang des Lebens und setzt einen »immerwährende[n] Prozeß« (412) in Gang. Wo Geschichte derart als Naturgeschichte erscheint, vertreten die Väter die anklagende *und* strafende Instanz zugleich. Die *Familie*, als Ursprung »dieser Erbsünde – der Sünde einen Erben gemacht zu haben« (ebd.), erscheint als Quelle der Sünde *und* als Instanz, die über sie Gericht hält, – als Ort, an dem sich Vorwelt und Gegenwart begegnen. So wird »Kafkas Welt« als »Mittelwelt« (415 f.) oder »Zwischenwelt (430) begriffen, an der Schwelle von Natur und Kultur, von Anorganischem und Organischem, gleichzeitig im Zustand des Werdens und des Zerfalls. Sie ist sowohl von »Unfertigen und Ungeschickten« (415) bevölkert als auch von Versinkenden und Steigenden (410 f.), eine Mischung aus »Ungewordene[m] und Überreife[m]« (424).

Thematischer Aufbau des Essays

Das *erste Kapitel* stellt eine Archäologie der Gestaltenkreise von »Kafkas Welt« dar. Es führt zunächst Puschkins dahindämmernden Potemkin ein als »Ahn jener Gewalthaber, die bei Kafka als Richter in den Dachböden, als Sekretäre im Schloß hausen, und die, so hoch sie stehen mögen, immer Gesunkene oder vielmehr Versinkende sind, dafür aber noch in den Untersten und in den Verkommensten – den Türhütern und den altersschwachen Beamten – auf einmal unvermittelt in ihrer ganzen Machtfülle auftauchen können« (II, 410). Für Kafka sei diese Beamtenwelt die gleiche wie die Welt der Väter: »Die Ähnlichkeit ist nicht zu ihrer Ehre. Stumpfheit, Verkommenheit, Schmutz macht sie aus« (411). Korrumpierbarkeit und »Unzucht im Familienschoß« ergänzen die vergleichbaren »Zustände in Amt und Familie« (413).

Um dagegen das ›Schicksal‹ der ahnungslos der Schuld verfallenen Angeklagten zu diskutieren, greift Benjamin auf SCHICKSAL UND CHARAKTER (1919) zurück, wo er Schicksal – jenseits einer religiösen Ordnung bzw. einem »Reiche der Gerechtigkeit« – in einer dem Mythos entsprungenen »Ordnung des Rechts« situiert hatte, als »Schuldzusammenhang des Lebendigen« (174 f.). Der einzige »Gestaltenkreis«, der noch nicht voll »aus dem Mutterschoße der Natur entlassen« sei, besteht für ihn dagegen aus den Gehilfen, Boten, Studenten und Narren, Bewohnern einer Art »Mittelwelt«, einer »Welt von Kreaturen«, die unter einem düsteren Gesetz lebt: »Für sie und ihresgleichen, die Unfertigen und Ungeschickten, ist die Hoffnung da« (415 f.).

Das *zweite Kapitel* ist den verschiedenen Inkarnationen des K. in Kafkas Romanen und dem Schauplatz des Naturtheaters von Oklahoma gewidmet. Eingeleitet wird es mit einem »Kinderbild von Kafka«, dessen Beschreibung die »Ateliers des neunzehnten Jahrhunderts« aus KLEINE GESCHICHTE DER PHOTOGRAPHIE (1929) zitiert. Die »[u]nermeßlich traurige[n] Augen« des sechsjährigen Knaben motivieren hier, den inbrünstigen »›Wunsch, Indianer zu werden‹« (416), aus Kafkas gleichnamigen Text mit dem *Amerika*-Roman in Verbindung zu bringen, in dem Karl Rossmann im Naturtheater von Oklahoma bzw. auf der Rennbahn von Clayton »ans Ziel seiner Wünsche gelangt«: »Der rätselhafte Ort und die ganz rätsellose durchsichtige und lautere Figur« (417 f.) gehören für Benjamin zusammen. Karl Rossmann wird als Mensch ohne Charakter, als »geradezu charakterlos« (418) beschrieben, denn ihm fehlt genau das, was Benjamin in dem fünfzehn Jahre zurückliegenden Aufsatz als ›Charakter‹ definiert hatte: die »Antwort des Genius« auf »jene mythische Verknechtung der Person im Schuldzusammenhang« (178). Während der Begriff des Charakters dort dem Kontext der Tragödie entstammt, ist der Mensch ohne Charakter hier in einem *gestischen Theater* zu Hause: »Eine der bedeutsamsten Funktionen dieses Naturtheaters ist die Auflösung des Geschehens in das Gestische.« Kafkas ganzes Werk sei ein »Kodex von Gesten«, jedoch ohne sichere symbolische Bedeutung, denn sie würden »in immer wieder anderen Zusammenhängen und Versuchsanordnungen um eine solche angegangen [...]. Das Theater ist der gegebene Ort solcher Versuchsanordnungen« (418). In diesen Kontext von »Durchschnittsmenschen«, denen – selbst rätsellos – die Welt rätselvoll ist, gehören die Bezüge zum chinesischen Kulturkreis, die Benjamin mehrfach herstellt: mit Zitaten aus Rosenzweigs *Stern der Erlösung* (1921) und aus Léon Metchnikoffs *La Civilisation et les grands fleuves historiques* (1889).

Das Naturtheater als gestisches Theater und als Versuchsanordnung von Bedeutungen: mit dieser Lesart von Kafkas Welt als Welttheater – »Ihm steht der Mensch von Haus aus auf der Bühne« (422) – stellt er die Gebärde und die Geste in »die Mitte des Geschehens« (419), – ähnlich wie im epischen Theater Brechts, das er ebenfalls als gestisches Theater und Versuchsanordnung bewertet hat (521 f.). Während es dort aber um die Zitierbarkeit der Geste (529), d.h. um eine Reflexion konventioneller Symbolik geht, ist bei Kafka der Gestus »die wolkige Stelle der Parabeln« (427), denn »der Gebärde des Menschen nimmt er die überkommenen Stützen und hat an ihr dann einen Gegenstand zu Überlegungen, die kein Ende nehmen« (420, zur Geste vgl. Hamacher 1998). Die Gebärden als eine Art Nachahmung, die Ausweg oder Ausflucht bedeutet, und die Bühne als Ort einer letzten Zuflucht, das schließt die Erlösung nicht aus: »Die Erlösung ist keine Prämie auf das Dasein, sondern die letzte Ausflucht eines Menschen«, dem »›sein eigener Stirnknochen ... den Weg‹ verlegt« (423). Das Kapitel schließt mit der aus dem Radiovortrag übernommenen talmudischen Legende, die »mitten in Kafkas Welt« führe. Als Ungeziefer erwacht, sei seine Fremde über den Menschen Herr geworden (424). Benjamin sieht in Kafkas Literatur also Geschichten von Menschen ohne Charakter, die – dem Schicksal einer unbekannten Schuld unterworfen – in immer neue Versuchsanordnungen gestellt werden, in deren Zentrum ihre Gebärden stehen.

An die Überlegungen zur Gebärde schließt die Figur der Entstellung im *dritten und vierten Kapitel* an: die Entstellung als »Form, die die Dinge in der Vergessenheit annehmen«, das »bucklicht Männlein« als Urbild der Entstellung und der Körper als »vergessenste Fremde« (431 f.). Vor dem Hintergrund der jüdischen Gedächtnistradition – »der heiligste ... Akt des ... Ritus ist die Auslöschung der Sünden aus dem Buch des Gedächtnisses« (Haas-Zitat, 429) – bezieht Benjamin das Vergessene einerseits auf die Erlösung – »Aber das Vergessen betrifft immer das Beste, denn es betrifft die Möglichkeit der Erlösung« (434). Andererseits wird es mit dem »Vergessenen der Vorwelt« (430) und der Bachofen entlehnten »Sumpfwelt« (428) in Verbindung gebracht. Hatte der Rundfunkessay die *Entstellung* als Symptom eingeführt, so wird ihre Bedeutung hier vervielfältigt. Neben dem körperlichen Symptom, der Physiognomie der Bebückten, Beladenen, Gebeugten – dem Rücken liegt es auf – kommt nun die »Axenverschiebung in der Erlösung« (1201) ins Spiel, womit die messianische und die psychoanalytische Bedeutung von Erlösung sich überlagern (vgl. Weigel 1996). Die im Kontext der Scholem-Kontroverse erwähnte Legende vom großen Rabbi erhält hier eine wichtige Ergänzung: »Niemand sagt ja, die Entstellungen, die der Messias zurechtzurücken einst erscheinen werde, seien nur solche unseres Raums. Sie sind gewiß auch solche unserer Zeit« (II, 433).

Die Schlußpassagen des Essays widmen sich einer Sippe bzw. einem Geschlecht unter den Geschöpfen Kafkas, das »auf eigentümliche Weise mit der Kürze des Lebens rechnet« (434), den Gehilfen, deren Wortführer die Studenten sind. Deren Gesten deuten auf ein »Zeitalter der aufs Höchste gesteigerten Entfremdung« (436), was Benjamin – im Rückgriff auf sein Konzept des ›optisch Unbewußten‹ im Photographie-Aufsatz – am Beispiel von Experimenten mit Film und Grammophon erörtert, in denen die Menschen ihren eigenen Gang und ihre eigene Stimme nicht erkennen. »Die Lage der Versuchsperson in diesen Experimenten ist Kafkas Lage. Sie ist es, die ihn auf das Studium anweist« (ebd.). Das Studium aber wird als eine ungeheure Anstrengung bewertet: »Denn es ist ja ein Sturm, der aus dem Vergessen herweht. Und das Studium ein Ritt, der dagegen angeht« (ebd.). Es kann auch ein Wind sein, der aus der Vorwelt weht. Durch dieses Bild gerät die Position der Studierenden in die Nähe mythischer Helden. Für sie wird, Plutarch nach Bachofen zitierend, das Phänomen von »zwei besondere[n] Grundwesen und einander entgegengesetzten Kräfte[n]« angenommen, »von denen das eine rechter Hand und geradeaus führt, das andere aber umlenkt und wieder zurücktreibt« (437). Damit korrespondiert die Umkehr als »Richtung des Studiums, die das Dasein in Schrift verwandelt« (ebd.), mit einer Figur der antiken Mythologie. Eine von Kafkas Gestalten, die buchstäblich den Ritt zurück nimmt, ist der Bucephalus aus der Erzählung *Der neue Advokat*, der, zum Menschen geworden, der Last seines Meisters, Alexander des Großen, ledig wird, ähnlich wie Kafkas »Sancho Panza« seinen Teufel Don Quixote los wird. Gilt auch Bucephalus als Lesender, der »die Blätter unserer alten Bücher« umwendet, so wird mit dieser Erzählung noch einmal das Recht ins Spiel gebracht: »Das Recht, das nicht mehr praktiziert und nur studiert wird, das ist die *Pforte* der Gerechtigkeit« (ebd., Herv. d. Verf.).

Die folgende Passage nimmt die These aus der Scholem-Kontroverse auf, daß Umkehr und Studium Kafkas messianische Kategorie seien, und expliziert die Differenz, die Kafkas Welt zur Welt der Offenbarung beschreibt: »Die Pforte der Gerechtigkeit ist das Studium. Und doch wagt Kafka nicht, an dieses Studium die Verheißungen zu knüpfen, welche die Überlieferung an das der Thora geschlossen hat. Seine Gehilfen sind Gemeindediener, denen das Bethaus, seine Studenten Schüler, denen die Schrift abhanden kam« (ebd.).

Epilog 1938: Komplementarität: »physikalische Aporie« und »Erkrankung der Tradition«

Die Debatten mit Kraft und Adorno über Kafka sind nicht mehr in den Essay, wohl aber in das Dossier von fremden Einreden und eigenen Reflexionen eingegangen. Während es Kraft um eine Kritik der esoterischen Darstellungsform ging (II, 1167), betonte Adorno, der seine eigenen *Aufzeichnungen zu Kafka* (1953) erst nach Benjamins Tod schrieb, eher die Übereinstimmungen. Benjamins Dossier macht deutlich, daß ihn aus Adornos Überlegungen vor allem die medialen Bilder interessierten, besonders die zum Film und zu den Gesten, und nicht nur die Formulierung, Kafka »sei eine Photographie des irdischen Lebens aus der Perspektive des erlösten« (Adorno 1994, 90), sondern auch die These, Kafkas Texte seien »die letzten, verschwindenden Verbindungstexte zum stummen Film« (95). Die Arbeit an seinem letzten Kafka-Text 1938 war ihm insofern eine willkommene Gelegenheit, »wieder mit großem Interesse Teddies Kafkabrief vom 17. Dezember 1934« zu studieren (6, 125).

Benjamin rückt nun, 1938, seine Kafka-Lektüre stärker in die Nähe zu Motiven aus der »Urgeschichte der Moderne« (Jennings 1991), verstärkt das Motiv des Scheiterns und grenzt sich von einem »apologetischen Grundzug« seines vier Jahre zurückliegenden Textes ab. Zur neuen Perspektive gehört auch, daß er die Konzepte der jüdischen Tradition, Agada und Halacha, in das philosophische Begriffspaar Weisheit und Wahrheit überträgt: »Kafkas Werk stellt eine Erkrankung der Tradition dar. Man hat die Weisheit gelegentlich als die epische Seite der Wahrheit definieren wollen. Damit ist die Weisheit als ein Traditionsgut gekennzeichnet; sie ist die Wahrheit in ihrer hagadischen Konsistenz« (6, 112). Während andere auf die Einsicht, daß die erzählerische Konsistenz der Wahrheit verlorengegangen ist, mit einem Verzicht auf Tradierbarkeit reagieren, sei das eigentlich Geniale und Neue an Kafka, daß er die Wahrheit preisgab, »um an der Tradierbarkeit, an dem hagadischen Element festzuhalten« (113). Mit dieser Bewertung der Literatur als Medium der Tradierung unter Preisgabe der Wahrheit bzw. Lehre wird aber der Status von Kafkas Erzählungen als Gleichnisse (wie die talmudische Legende) problematisch. »Von Hause aus Gleichnisse« (ebd.), seien Kafkas Dichtungen doch zugleich mehr als das, da sie sich nicht der Lehre unterwerfen, sondern gegen diese zugleich auch die »Pranke« (ebd.) heben. So blieben bei Kafka nur Zerfallsprodukte der Weisheit (wie Gerücht, eine »Art von theologischer Flüsterzeitung« (ebd.), und Torheit). Als Zerfallsprodukt der Weisheit liefere Kafkas Literatur aber – im Scheitern – unendlich viel mehr als alle Versuche einer ins Profane hinübergeretteten Lehre.

»Um Kafkas Figur in ihrer Reinheit und in ihrer eigentümlichen Schönheit gerecht zu werden, darf man das Eine nie aus dem Auge lassen: es ist die von einem Gescheiterten. Die Umstände dieses Scheiterns sind mannigfache. Man möchte sagen: war er des endlichen Mißlingens erst einmal sicher, so gelang ihm alles unterwegs wie im Traum. Nichts denkwürdiger als die Inbrunst, mit der Kafka sein Scheitern unterstrichen hat« (114). Im Unterschied zum Goethe-Aufsatz, in dem noch die Hoffnung und das Ausdruckslose mit einem »göttliche[n] Seinsgrund der Schönheit« (I, 195) assoziiert wurden, entdeckt Benjamin in Kafkas Literatur eine andere, eine un-menschliche Schönheit, Heiterkeit und Hoffnung. »So ist denn, wie Kafka sagt, unendlich viel Hoffnung vorhanden, nur nicht für uns. Dieser Satz enthält wirklich Kafkas Hoffnung. Es ist die Quelle seiner strahlenden Heiterkeit« (6, 113).

Diese Heiterkeit verdankt sich nach Benjamin einem *Spielraum*, der der Differenz der Literatur zur Wirklichkeit entspringt, indem erstere die Erfahrungen der Epoche erst *als Erfahrung* zum Ausdruck bringt. Es ist also die Erfahr*barkeit*, die Möglichkeit zur Erfahrung, die Kafkas Welt von der der »großen Massen« unterscheidet. Das Bild vom Spielraum steht in der Reihe jener Topoi, mit denen Benjamin Kafkas Welt als Signatur, nicht aber Abbild der Moderne kennzeichnet, – Topoi, die durch ihre Differenz zum Spiegelbild bestimmt sind: »Spiegelung im Gegensinn«, Entstellung und Symptom im Rundfunkessay, Entstellung und Umkehr im Essay 1934 und nun, 1938, Spielraum und Komplement.

Kafka lebe, so Benjamin, »in einer *komplementären* Welt«, Möglichkeitsbedingung von Erfahrung in der Moderne: »Ich will sagen, daß diese Wirklichkeit für den *Einzelnen* kaum mehr erfahrbar, und daß Kafkas vielfach so heitere und von Engeln durchwirkte Welt das genaue Komplement seiner Epoche ist, die sich anschickt, die Bewohner dieses Planeten in erheblichen Maßen abzuschaffen. Die Erfahrung, die der des Privatmanns Kafka entspricht, dürfte von großen Massen wohl erst gelegentlich dieser ihrer Abschaffung zu erwerben sein. [...] Seinen Geberden des Schreckens kommt der herrliche *Spielraum* zu gute, den die Katastrophe nicht kennen wird. Seiner Erfahrung lag aber die Überlieferung, an die sich Kafka hingab, allein zugrunde« (112). Der Spielraum öffnet sich damit nicht aus einem Abstand der Fiktion zur Wirklichkeit, sondern aus der Hingabe an die Überlieferung, Bedingung von Erfahrung, und dem Festhalten an der Tradierbarkeit auch ohne Lehre, Wissen oder Wahrheit.

Benjamins Rede von der komplementären Welt ist eine Übertragung aus der modernen Physik. Denn der Begriff der Komplementarität fällt, kurz nachdem Kafkas Gestus mit einer »physikalischen Aporie« verglichen wird. Als Kafka-Analogie zitiert Benjamin hier eine Raumbeschreibung aus A.S. Eddingtons *Das Weltbild der Physik und ein Versuch seiner philosophischen Deutung* (1931), dem Buch des englischen Physikers, der die »fremdartigen neuen Vorstellungen über das Wesen der physikalischen Welt« zum Ausgangspunkt für eine Erörterung philosophischer Auswirkungen von Relativitäts- und Quantentheorie nimmt und diese bis in die allgemeine »Weltanschauung, einschließlich der Religion«, verfolgt (Eddington 1931, V). Sein Zitat hat Benjamin dem letzten Kapitel »Wissenschaft und Mystizismus« entnommen. Es handelt vom komplizierten Unternehmen, ein Zimmer im vollen Bewußtsein physikalischer Gegebenheiten (wie Schwerkraft der Atmosphäre, Geschwindigkeit der Erdrotation, Kugelform des Planeten) zu betreten, und mündet in folgendem Bild: »Wahrscheinlich ist es leichter, daß ein Kamel durch ein Nadelöhr gehe, denn daß ein Physiker eine Türschwelle überschreite. Handle es sich um ein Scheunentor oder eine Kirchentür, vielleicht wäre es weiser, er fände sich damit ab, nur ein gewöhnlicher Mensch zu sein, und ginge einfach hindurch, anstatt zu warten, bis alle Schwierigkeiten sich gelöst haben, die mit einem wissenschaftlichen einwandfreien Eintritt verbunden sind« (Eddington 1931, 334; 6, 111).

Benjamin fährt fort: »Ich kenne in der Literatur keine Stelle, die im gleichen Grade den Kafkaschen Gestus aufweist«, und betont, daß »diese allerjüngste Erfahrungswelt ihm gerade durch die mystische Tradition zugetragen wurde« (6, 111). Das sei allerdings nicht ohne verheerende Vorgänge innerhalb dieser Tradition möglich gewesen, einer Tradition, an deren Kraft doch zugleich »appelliert werden mußte, sollte ein Einzelner (der Franz Kafka hieß) mit *der* Wirklichkeit konfrontiert werden, die sich als die unsrige theoretisch z. B. in der modernen Physik, praktisch in der Kriegstechnik projiziert« (111 f.). Benjamins Blick auf die Korrespondenzen zwischen Moderne und Mythos wird hier also durch seine Aufmerksamkeit auf diejenigen zwischen Mystik und Naturwissenschaft ergänzt. Er beschreibt die Analogie zwischen der Relativität der physikalischen Gesetze und der abgerissenen religiösen Tradition als Signatur der Moderne, von der Kafkas Welt handelt. »Kafkas Werk ist eine Ellipse« (110).

Werk

Franz Kafka. Zur zehnten Wiederkehr seines Todestages (II, 409–438)

Entstehungsgeschichte und Paralipomena (II, 1153–1276)

Franz Kafka: Beim Bau der Chinesischen Mauer (II, 676–683)

Brief an Gershom Scholem, 12.6.1938 (6, 105–115)

Dossier von fremden Einreden und eigenen Reflexionen (II, 1248–1256)

Idee eines Mysteriums (II, 1153 f.)

Kavaliersmoral (IV, 466–468)

Rez. zu Max Brod: Franz Kafka. Eine Biographie (III, 526–529)

Theologische Kritik. Zu Willy Haas: *Gestalten der Zeit* (III, 275–278)

Benjamin, Walter (1981): Benjamin über Kafka. Texte, Briefzeugnisse, Aufzeichnungen, hg. v. Hermann Schweppenhäuser, Frankfurt a. M.

Literatur

Adorno, Theodor W. (1977): »Aufzeichnungen zu Kafka« [1953], in: Gesammelte Schriften Bd. 10.1, hg. v. Rolf Tiedemann, Frankfurt a. M., 254–287.

Adorno, Theodor W./Walter Benjamin (1994): Briefwechsel 1928–1940, hg. v. Henri Lonitz, Frankfurt a. M.

Agamben, Giorgio (2002): Homo sacer. Die souveräne Macht und das nackte Leben, Frankfurt a. M.

Allemann, Beda (1987): »Fragen an die judaistische Kafka-Deutung am Beispiel Benjamins«, in: Grözinger/Mosès/Zimmermann 1987, 35–70.

Eddington, A.S. (1931): Das Weltbild der Physik und ein Versuch seiner philosophischen Deutung (The nature of the physical world), Braunschweig.

Gasché, Rodolphe (2002): »Kafka's Law: In the Field of Forces between Judaism and Hellenism«, in: Modern Language Notes 117, Nr.5, 971–1002.

Grözinger, Karl Erich/Stéphane Mosès/Hans Dieter Zimmermann (Hg.) (1987): Franz Kafka und das Judentum, Frankfurt a. M.
Hamacher, Werner (1998): »Die Geste im Namen: Benjamin und Kafka«, in: ders.: Entferntes Verstehen, Frankfurt a. M., 280–323.
Hegel, Georg Wilhelm Friedrich (1970): »Grundlinien der Philosophie des Rechts«, in: ders.: Werke in 20 Bde, Bd. 7, Frankfurt a. M.
Hiebel, Hans Helmut (1983): Die Zeichen des Gesetzes. Recht und Macht bei Franz Kafka, München.
Jennings, Michael (1991): »›Eine gewaltige Erschütterung des Tradierten‹: Walter Benjamin's political recuperation of Franz Kafka« [1988], in: Steven Taubeneck (Hg.): Fictions of culture, New York, 199–214.
Mayer, Hans (1979): »Walter Benjamin und Franz Kafka. Bericht über eine Konstellation«, in: Literatur und Kritik 140, 79–97.
Mosès, Stéphane (1986): »Brecht und Benjamin als Kafka-Interpreten«, in: Stéphane Mosès/Albrecht Schöne (Hg.): Juden in der deutschen Literatur. Ein deutsch-israelisches Symposium, Frankfurt a. M., 237–256.
Mosès, Stéphane (1994): Der Engel der Geschichte. Franz Rosenzweig, Walter Benjamin, Gershom Scholem, Frankfurt a. M.
Müller, Bernd (1996): Denn es ist noch nichts geschehen. Walter Benjamins Kafka-Deutung, Köln/Weimar/Wien.
Palmer, Gesine (1999): »Geheimnisse eines bereitwilligen Kellners. Abraham bei Derrida, Benjamin und Kafka«, in: Zeitschrift für Religions- und Geistesgeschichte 51, H. 1, 48–63.
Pangritz, Andreas (2000): »Theologie«, in: Michael Opitz/Erdmut Wizisla (Hg.): Benjamins Begriffe. Bd. 2, Frankfurt a. M., 774–825.
Reijen, Willem van/Herman van Doorn (2001): Aufenthalt und Passagen. Leben und Werk Walter Benjamins. Eine Chronik, Frankfurt a. M.
Sagnol, Marc (2001): »Archaisme et Modernité: Benjamin, Kafka et la loi«, in: Les Temps Modernes, Paris, 90–104.
Scholem, Gershom (1970): Judaica 3, Frankfurt a. M.
Scholem, Gershom/Walter Benjamin (1980): Briefwechsel 1933–1940, Frankfurt a. M.
Steiner, Uwe (1992): »Säkularisierung: Überlegungen zum Ursprung und zu einigen Implikationen des Begriffs bei Benjamin«, in: ders. (Hg.): Walter Benjamin, 1892–1940, zum 100. Geburtstag, Bern, 139–187.
Weber, Samuel (2002): »Exterritorialité et théâtralité chez Benjamin et Kafka«, in: Nicole Fernandez-Bravo (Hg.): L'Exterritorialité de la littérature allemande, Paris, 91–106.
Weidner, Daniel (2002): »Jüdisches Gedächtnis, mystische Tradition und moderne Literatur. Walter Benjamin und Gershom Scholem deuten Kafka«, in: Weimarer Beiträge 46, H. 2, 234–249.
Weigel, Sigrid (1997): Entstellte Ähnlichkeit. Walter Benjamins theoretische Schreibweise, Frankfurt a. M.
Weigel, Sigrid (2000): »Gershom Scholems Gedichte und seine Dichtungstheorie – Klage, Adressierung, Gabe und das Problem einer Sprache in unserer Zeit«, in: Stéphane Mosès/Sigrid Weigel (Hg.): Gershom Scholem – Literatur und Rhetorik, Köln, 16–47.
Witte, Bernd (1973): »Feststellungen zu Walter Benjamin und Franz Kafka«, in: Neue Rundschau 84, 480–494.

»Der Erzähler. Betrachtungen zum Werk Nikolai Lesskows«

Von Detlev Schöttker

Entstehung

Wie in vielen Arbeiten, die seit den 30er Jahren im Exil entstanden sind, hat Benjamin auch in seinem Aufsatz Der Erzähler. Betrachtungen zum Werk Nikolai Lesskows literatur-, kultur- und medientheoretische Überlegungen miteinander verbunden, die ihn lange beschäftigt haben. Die Entstehungsgeschichte ist im Gegensatz zu anderen Arbeiten aber nicht durch langwierige Umarbeitungen oder Eingriffe von Redaktionen geprägt, sondern gut überschaubar. Ende März 1936 teilte Benjamin Gershom Scholem mit, daß er »eine kurze Studie über Nikolai Lesskow schreiben« müsse, zu der er sich »verpflichtet« habe (5, 266). Schon im Herbst 1936 sollte der Beitrag in der Zeitschrift *Orient und Occident* erscheinen, die ein Heft mit dem Schwerpunkt »Russische Literatur« plante, doch wurde das Heft erst im Sommer 1937 ausgeliefert und die Zeitschrift danach eingestellt (vgl. 550). Benjamin hatte den Beitrag mit dem Herausgeber, dem Schweizer Theologen Fritz Lieb, vereinbart, mit dem er erstmals 1935 in Paris zusammengetroffen war (275). Ohne die Bekanntschaft mit Lieb, die bald zur Freundschaft wurde, wäre Benjamins Beitrag sicher nicht entstanden, da ihm im Exil kaum Publikationsmöglichkeiten zur Verfügung standen (Kambas 1987, 244 f.; 6, 246 f.).

Mit dem Problemkreis des Erzähler-Aufsatzes hatte sich Benjamin bereits seit Ende der 20er Jahre beschäftigt, wie verschiedene Beiträge zeigen, in denen einschlägige Ideen auftauchen. Dazu gehören mehrere Publikationen in Zeitungen und Zeitschriften, aus denen er einzelne Formulierungen oder auch ganze Passagen wörtlich bzw. mit leichten Variationen in den Erzähler-Aufsatz übernommen hat. In einigen dieser Beiträge hat Benjamin auch die These seines Aufsatzes vorweggenommen, daß die Erzählkunst ihrem Ende entgegengehe. Diese Idee sollte zu einer neuen Theorie des Erzählens führen und sich von Georg Lukács' *Theorie des Romans* unterscheiden, die in den 20er Jahren größere Aufmerksamkeit gefunden hatte, nachdem sie 1920 als Buch erschienen war (Erstpublikation 1916 in der *Zeitschrift für Ästhetik und allgemeine Kunstwissenschaft).* Am 30. Oktober 1928 schreibt Benjamin in diesem Sinne an Scholem, daß er an einer »neuen ›Theorie des Romans‹« arbeite, die sich »ihres Platzes neben Lukács versichert« wisse (3, 420). Auch fünf Jahre später heißt es in einem Brief an Scholem vom 7. Mai 1933 über die gerade erschienene Rezension zu Arnold Bennetts Roman *Konstanze und Sophie,* daß der Text »eine Romantheorie« enthalte, »die der von Lukács nicht« ähnele (4, 202).

Ein Zusammenhang zwischen den erzähltheoretischen Überlegungen Benjamins und den Äußerungen über seine Lektüre von Werken des russischen Erzählers Nikolai Lesskow (1831–1895) ist den Äußerungen der späten 20er Jahre nicht zu entnehmen. In einem Brief an Hofmannsthal vom 8. Februar 1928, der den ersten Hinweis enthält, spricht Benjamin zwar vom »beherrschenden Einfluß der Lektüre« Lesskows (3, 332) nach Erscheinen einer neunbändigen Ausgabe seiner *Gesammelten Werke* im Münchner Beck Verlag (1924–1927), äußert aber keine weitergehenden Absichten. Auch im Erzähler-Aufsatz ist das Werk des russischen Autors eher Anlaß als Gegenstand der Darstellung. In diesem Sinne schreibt Benjamin am 15. April 1936 an Kitty Marx-Steinschneider: »Da ich im übrigen garkeine [sic!] Lust habe, mich in Betrachtungen der russischen Literaturgeschichte einzulassen, so werde ich bei Gelegenheit Ljesskows ein altes Steckenpferd aus dem Stall holen und versuchen, meine wiederholten Betrachtungen über den Gegensatz von Romancier und Erzähler und meine alte Vorliebe für den letzteren an den Mann zu bringen« (5, 275).

Diesen generellen, über Lesskow weit hinausgehenden Anspruch seines Aufsatzes hat Benjamin auch in weiteren Äußerungen betont. Am 4. Juni 1936 heißt es in einem Brief an Adorno mit Blick auf den zuvor fertiggestellten Kunstwerk-Aufsatz: »Ich habe in der letzten Zeit eine Arbeit über Nikolai Lesskow geschrieben, die, ohne im entferntesten die Tragweite der kunsttheoretischen zu beanspruchen, einige Parallelen zu dem ›Verfall der Aura‹ und dem Umstande aufweist, daß es mit der Kunst des Erzählens zuende geht« (307). In einem Brief an Alfred Cohn vom 4. Juli 1936 wird Benjamin kurz vor Abschluß des Essays deutlicher, wenn er schreibt: »Damit ist das jahrelang mir vorschwebende Projekt den Romancier und den Erzähler zu konfrontieren, wenigstens im Umriß verwirklicht« (327). Benjamin deutet hier die weitreichende Perspektive seines Aufsatzes an, die er auch in der Form zum Ausdruck bringt. Die neunzehn Kapitel mit römischen Ziffern weisen die Arbeit nach seiner Charakterisierung (vgl. IV, 111) als »Traktat«, also als systematische Auseinandersetzung mit dem Gegenstand aus. Dabei verknüpft er in Form von Fragmenten und Aphorismen eine Vielzahl von »Denkbruchstücken« (I, 208), was im Sinne der Erkenntniskritischen Vorrede des Trauerspiel-Buches ebenfalls auf das Darstellungsprinzip des »Traktats« verweist.

Benjamin und die moderne Erzähltheorie

Benjamin war allerdings nicht der einzige, der Lesskows Werk zum Gegenstand erzähltheoretischer Überlegungen gemacht hat. Boris Eichenbaum, der zu den bekanntesten Vertretern des sog. Russischen Formalismus gehört, verfaßte 1925 einen Aufsatz mit dem Titel *Leskov und die moderne Prosa, der* 1927 in seinem Buch *Literatura. Teorija, Kritika, Polemika* in Moskau veröffentlicht wurde (1969 auf deutsch erschienen). Auf Überschneidungen zwischen den Lesskow-Aufsätzen Benjamins und Eichenbaums hat Jurij Striedter hingewiesen, konnte aber »keinerlei direkte Verbindungen« feststellen, so daß er davon ausging, daß hier »zwei verwandte Geister unabhängig voneinander« gearbeitet hätten (Striedter 1969, LVII). Doch ist Benjamin mit Vertretern des Russischen Formalismus, der in Deutschland seit den 1960er Jahren bekannt wurde (vgl. Erlich 1973), schon in Berührung gekommen, als er von Dezember 1926 bis Februar 1927 bei Asja Lacis in Moskau zu Besuch war.

Bei einer Diskussionsveranstaltung über die Inszenierung von Gogols *Revisor* im Moskauer Meyerhold-Theater, die Benjamin am 3. Januar 1927 besuchte, war auch Viktor Sklowski, einer der Freunde Eichenbaums und Begründer der formalen Schule, anwesend. In dem Bericht, den Benjamin über diese Veranstaltung schrieb – er erschien im Februar 1927 in der *Literarischen Welt* unter der Überschrift Disputation bei Meyerhold (IV, 481 ff.) –, wird Sklovskij zwar nicht erwähnt, doch geht aus einem Stenogramm des Redebeitrags von Majakowski hervor, daß er sogar zu den Diskussionsrednern gehörte. Majakowski bezieht sich hier auf Sklowskis Äußerung zu einigen »Saalflüchtern« (Majakowski 1980, 235), die auch Benjamin in seinem Bericht erwähnt (IV, 483). Da Benjamin kein Russisch sprach und auf die Hilfe von Asja Lacis angewiesen war, ist anzunehmen, daß sie weitere Informationen über die Teilnehmer und Vertreter der formalen Schule geliefert hat.

Benjamins Kenntnis des Russischen Formalismus ergibt sich darüber hinaus aus seiner Rezension zur französischen Übersetzung von Viktor Sklowskis Autobiographie *Sentimentale Reise,* die er 1928 in den *Humboldt-Blätter* im Rahmen einer Sammelbesprechung publiziert hat. Sklowski hatte 1925 in Moskau sein Buch *Theorie der Prosa* veröffentlicht (dt. 1966) und darin ebenso wie Eichenbaum in seinem Buch von 1927 Studien zur literaturwissenschaftlichen Erzählforschung und zur Bauweise epischer Werke aufgenommen. In seiner *Sentimentalen Reise* hat Sklowski über diese Arbeiten und ihre Anfänge in den Jahren von 1917 bis 1923 berichtet. Neben Lesskow, der hier als »genialer Künstler« bezeichnet wird (Sklovskij 1966, 331), wird auch Eichenbaum mehrfach erwähnt (vgl. 245). In seiner Rezension schreibt Benjamin dazu zwar nur den Satz »Schklowski bekennt hier und sonst sich zum Formalismus« (III, 108), doch deutet die Formel »und sonst« darauf hin, daß er über weitere Arbeiten zumindest informiert war.

Allerdings gibt es einen deutlichen Unterschied zwischen Benjamins und Eichenbaums Auseinandersetzung mit Lesskow, so daß man nicht von einer Anlehnung sprechen kann. Denn Benjamin interessierte sich für das mündliche Erzählen im Alltag, Eichenbaum dagegen für die Fingierung von Mündlichkeit im fiktionalen Text, den sogenannten »skaz«, der in der russischen Literatur – nicht zuletzt bei Lesskow – sehr beliebt ist. »Unter ›skaz‹«, so Eichenbaum, »verstehe ich jene Form der Erzählprosa, die in ihrer Lexik, ihrer Syntax und ihrer Wahl der Intonation deutlich auf die mündliche Rede eines Erzählers intendiert« (Eichenbaum 1927/1969, 219). Dazu sagt Benjamin nichts. Denn anders als Eichenbaum und der Russische Formalismus faßt er den Erzähler nicht als eine vom Autor erfundene Kunstfigur auf, sondern bezieht sich auf die reale Person, die über die Vergangenheit oder die eigenen Erfahrungen berichtet. Im Mittelpunkt steht also nicht das fiktionale, sondern das faktuale Erzählen, um hier eine Unterscheidung Gérard Genettes (1992) aufzugreifen. Um die Besonderheiten des Erzähler-Aufsatzes zu charakterisierten, ist deshalb der oft bemühte Vergleich zwischen Benjamins Auffassung und der modernen Romantheorie (von Lukács' *Theorie des Romans* über Alfred Döblins Überlegungen zum modernen Epos bis hin zu Thomas Manns Romanpoetik) weniger ergiebig als der Bezug auf Ergebnisse der medien- und kulturwissenschaftlich orientierten Narrativik bzw. Oralitätsforschung (vgl. Wyss 1996; Vogt 1996; Müller-Funk 2002).

Kultur- und Mediengeschichte des Erzählens

Gleich zu Beginn nennt Benjamin die zentrale These seines Aufsatzes, die er auf eine allgemeine »Erfahrung« zurückführt: »Sie sagt uns, daß es mit der Kunst des Erzählens zu Ende geht« (II, 439). Die Idee findet sich bereits in dem Text Kunst zu erzählen von 1928/29 und bezieht sich hier aber auf die Ausbreitung von Zeitungs- oder Rundfunknachrichten, die seit Mitte der 1920er Jahre die Erfahrungsformen verändert haben: »Jeder Morgen unterrichtet uns über die Neuigkeiten des Erdkreises. Und doch sind wir an merkwürdigen Geschichten arm. Woher kommt das? Das kommt, weil keine Begebenheit uns mehr erreicht, die nicht schon mit Erklärungen durchsetzt ist« (IV, 436). Auf diesen Text bezieht sich Benjamin in einem Brief an Hofmannsthal vom 26. Juni 1929, in dem er über seine Arbeit schreibt: »Danach beschäftigt mich ›Warum es mit der Kunst Geschichten zu erzählen zu Ende geht‹ – d.h. der Kunst der mündlichen Erzählung« (3, 474). Auch hier betont Benjamin die Mündlichkeit. Wieder aufgenommen wird die Idee am Anfang der Erzählung Das Taschentuch, die 1932 in der *Frankfurter Zeitung* erschienen ist: »Warum es mit der Kunst, Geschichten zu erzählen, zu Ende geht – diese Frage war mir schon oft gekommen, wenn ich mit anderen Eingeladenen einen Abend lang um einen Tisch gesessen und mich gelangweilt hatte« (IV, 741).

Benjamin nennt als Ursache für den Verlust von Erfahrung im Erzähler-Aufsatz allerdings nicht die Informationsüberflutung durch die Massenmedien, sondern die Kriegsfolgen: »Mit dem Weltkrieg begann ein Vorgang offenkundig zu werden, der seither nicht zum Stillstand gekommen ist. Hatte man nicht bei Kriegsende bemerkt, daß die Leute verstummt aus dem Felde kamen? nicht reicher – ärmer an mitteilbarer Erfahrung. [...] Eine Generation, die noch mit der Pferdebahn zur Schule gefahren war, stand unter freiem Himmel in einer Landschaft, in der nichts unverändert geblieben war als die Wolken und unter ihnen, in einem Kraftfeld zerstörender Ströme und Explosionen, der winzige, gebrechliche Menschenkörper« (II, 439). Diese Passage ist fast wörtlich dem Artikel Erfahrung und Armut entnommen, der 1933 in der Prager Exilzeitschrift *Welt im Wort* erschienen war (vgl. 214). Doch hatte Benjamin hier nicht die Defizite, sondern die positive Seite der »Erfahrungsarmut« für eine neue Generation von Künstlern und Schriftstellern betont, wofür Nietzsches Idee des »neuen Barbarentums« Pate stand (vgl. Nietzsche 1988, Bd. 13, 18). Benjamin schreibt: »Denn wohin bringt die Armut an Erfahrung den Barbaren? Sie bringt ihn dahin, von vorn zu beginnen; von Neuem anzufangen; mit wenigen auszukommen; aus Wenigem heraus zu konstruieren und dabei weder rechts noch links zu blicken« (II, 215). Noch deutlicher heißt es am Schluß des Aufsatzes: »Erfahrungsarmut: das muß man nicht so verstehen, als ob die Menschen sich nach neuer Erfahrung sehnten. Nein, sie sehnen sich von Erfahrungen freizukommen, sie sehnen sich nach einer Umwelt, in der sie ihre Armut, die äußere und schließlich auch die innere, so rein und deutlich zur Geltung bringen können, daß etwas Anständiges dabei herauskommt« (218).

In den ersten Aufzeichnungen zum Wandel des Erzählens aus den späten 20er Jahren finden sich ebenfalls noch Hinweise, daß Benjamin die positive Funktion der Erfahrungsarmut für das Erzählen darlegen wollte. Hier heißt es unter anderem: »Man kann all diese Dinge als ewig ansehen (Erzählen z. B.) man kann sie aber auch als durchaus zeitbedingt und problematisch, bedenklich ansehen. [...] Fernsehen, Grammophon etc. machen all diese Dinge bedenklich. Quintessenz: So genau wolln wirs ja garnicht wissen. Warum nicht? Weil wir Furcht haben, begründete: daß das alles desavouiert wird: die Schilderung durch den Fernseher, die Worte des Helden durchs Grammophon, die Moral von der Geschichte durch die nächste Statistik, die Person des Erzählers durch alles, was man von ihr erfährt« (1282).

Auch weitere Aufzeichnungen wie die Formulierung, daß das Grammophon »dem leiblichen Sprecher die Autorität genommen« habe (1283), zeigen, daß Benjamin bereits Ende der 20er Jahre Überlegungen zum Medienwandel des Erzählens im Blick hatte, die er im Gegensatz zu seinen Überlegungen im Kunstwerk-Aufsatz zum Wandel der Bildlichkeit nicht mehr weitergeführt hat (vgl. Schöttker 2002). So beschränkt er sich im Erzähler-Aufsatz weitgehend auf die Vergangenheit. Obwohl man berücksichtigen muß, daß Benjamin den bäuerlich-handwerklichen Horizont des Erzählens für das Werk Lesskows vergegenwärtigen wollte (Kap. II), suchte er anders als Eichenbaum in seinem Aufsatz *Leskov und die moderne Prosa* kaum Anschluß an das moderne Erzählen. Statt dessen unterscheidet er zwei archaische Erzählertypen, den »Seemann« und den »Ackerbauern«: der erste bringe die »Kunde von der Ferne«, der zweite die »Kunde aus der Vergangenheit« (II, 440). Im »Handwerkerstand« sieht Benjamin beide miteinander verbunden: die »Wanderburschen« repräsentieren den ersten, die seßhaften »Meister« den zweiten Typus. Da Lesskow, wie Benjamin schreibt, sein Land »als russischer Vertreter einer großen englischen Firma« häufig »bereist« habe (441), ordnet er ihn der Mischform zu.

Aus den unterschiedlichen Erfahrungsformen von Seßhaften und Reisenden leitet Benjamin ein »praktische[s] Interesse« als »charakteristischen Zug bei vielen geborenen Erzählern« ab (ebd.). Der Erzähler sei »ein Mann, der dem Hörer Rat weiß« (442.). Eine identische Formulierung findet sich bereits in der Erzählung Das Taschentuch von 1932 (IV, 741), doch geht Benjamin im Erzähler-Aufsatz noch einen Schritt weiter, indem er seine These vom Ende des Erzählens nicht nur auf den Verfall der Erfahrung, sondern auch auf das Aussterben der »Weisheit« zurückführt: »Die Kunst des Erzählens neigt ihrem Ende zu, weil die epische Seite der Wahrheit, die Weisheit, ausstirbt« (II, 442). Auch diese Einsicht ist nicht isoliert. Denn in seinem Beitrag Wie erklären sich grosse Bucherfolge, der 1931 in der *Frankfurter Zeitung* erschien, hatte Benjamin den dauerhaften Erfolg eines Buches, in diesem Falle eines Schweizer Kräuterbuches, auf seine Qualität als Ratgeber zurückgeführt. Die »Anwendbarkeit« des Erzählten, so heißt es hier, liege »tief verborgen« jeder »großen Dichtung« zugrunde (III, 300).

Dennoch sind Benjamin offenbar Bedenken gegen die nostalgische Färbung seiner Darstellung gekommen. Denn hier heißt es über das Aussterben der Weisheit: »[N]ichts wäre törichter, als in ihm lediglich eine ›Verfallserscheinung‹, geschweige denn eine ›moderne‹, erblicken zu wollen. Vielmehr ist es nur eine Begleiterscheinung säkularer geschichtlicher Produktivkräfte, die die Erzählung ganz allmählich aus dem Bereich der lebendigen Rede entrückt hat und zugleich eine neue Schönheit in dem Entschwindenden fühlbar macht« (II, 442). Folgerungen hat Benjamin daraus allerdings nicht gezogen. Nur im letzten Kapitel seines Aufsatzes betont er, daß sich die Fähigkeit des Ratgebens im Sprichwort erhalten habe: »Sprichwörter, so könnte man sagen, sind Trümmer, die am Platz von alten Geschichten stehen und in denen, wie Efeu um ein Gemäuer, eine Moral sich um einen Gestus rangt. So betrachtet geht der Erzähler unter die Lehrer und Weisen ein. Er weiß Rat – nicht wie das Sprichwort: für manche Fälle, sondern wie der Weise: für viele« (464).

Das Erzählen und seine Formen

Das V. Kapitel markiert eine Zäsur. Benjamin geht nun von den kulturellen und medialen Voraussetzungen zu den Formen des Erzählens über. Zunächst behandelt er den Unterschied zwischen Erzählung und Roman. Zwar betont er hier, daß der Roman »erst mit der Erfindung der Buchdruckerkunst möglich« geworden und auf »das Buch« angewiesen sei (442), doch bleibt diese mediengeschichtliche Einordnung innerhalb des Aufsatzes isoliert. Statt dessen bezieht sich Benjamin auf Lukács' geschichtsphilosophische These, daß der Roman »Ausdruck der transzendentalen Obdachlosigkeit« des Individuums sei (Lukács 1920/1977, 32). Lukács hat diese Auffassung wie folgt erläutert: »Das epische Individuum, der Held des Romans entsteht aus dieser Fremdheit zur Außenwelt« (56 f.). Benjamin greift diese Formulierung direkt auf, verbindet sie aber mit seiner These vom Verlust der Erfahrung und der Weisheit, so daß die mündliche Tradition wieder ins Spiel kommt: »Der Romancier hat sich abgeschieden. Die Geburtskammer des Romans ist das Individuum in seiner Einsamkeit, das sich über seine wichtigsten

Anliegen nicht mehr exemplarisch auszusprechen vermag, selbst unberaten ist und keinen Rat mehr geben kann« (II, 443).

Auch diese Passage ist nicht neu. Sie findet sich sowohl in der Besprechung zu Döblins *Berlin Alexanderplatz*, die 1930 unter dem Titel Krisis des Romans in der Zeitschrift *Die Gesellschaft* erschienen ist (vgl. III, 230f.), als auch in dem Artikel Oskar Maria Graf als Erzähler, der 1931 im Literaturblatt der *Frankfurter Zeitung* gedruckt wurde (vgl. 309). In der Besprechung von Döblins Roman ist Benjamin außerdem auf dessen Vortrag *Der Bau des epischen Werks* eingegangen, der 1929 in der *Neuen Rundschau* erschienen war. Er bezeichnet Döblins Überlegungen hier als »meisterhafte[n] und dokumentarische[n] Beitrag zu jener Krise des Romans, die mit der Restitution des Epischen« einsetze (231). Im Erzähler-Aufsatz wird Döblins Vortrag dagegen nicht mehr erwähnt. Doch sind dahinter kaum politische Motive zu vermuten, nachdem Döblin sich im Exil von der Linken abgewandt hatte, wie Kiesel vermutet (1996, 463 und 465f.). Denn abgesehen davon, daß Benjamin in der Wahl seiner Freunde, Briefpartner oder Gewährsmänner alles andere als dogmatisch war, wenn man an Scholem oder Hofmannsthal denkt, hat er auch eine ganz andere Theorie des Erzählens als Döblin entwickelt. Döblin ging es in erster Linie um den Realismus im Werk, den er durch Bezug auf Mündlichkeit verstärken wollte, Benjamin dagegen um die kulturellen Voraussetzungen des mündlichen Erzählens. So fordert Döblin vom modernen Erzähler die Herausarbeitung »starker Grundsituationen« oder »Elementarsituationen des menschlichen Daseins« und schreibt dazu: »Ich brauche nicht noch besonders zu sagen, daß die Erreichung dieser exemplarischen und einfachen Sphäre den epischen Künstler von dem Romanschriftsteller trennt«. Der Roman imitiere, »ohne in die Realität einzudringen oder gar zu durchstoßen, einige Oberflächen der Realität«. Der »wirklich Produktive« müsse dagegen »zwei Schritte tun: er muß ganz nahe an die Realität heran, an ihre Sachlichkeit, ihr Blut, ihren Geruch, und dann hat er die Sache zu durchstoßen, das ist seine spezifische Arbeit« (Döblin 1929/1989, 218f.).

Im VI. und VII. Kapitel wendet sich Benjamin kurz den Medienbedingungen der Gegenwart zu und macht für den Verlust des Erzählens die Informationsfülle verantwortlich: »Und es zeigt sich«, so heißt es über das Phänomen der Information, »daß sie der Erzählung nicht weniger fremd aber viel bedrohlicher als der Roman« gegenübertrete (II, 444). Benjamin erläutert diese Auffassung, indem er den Unterschied zwischen Erzählung und Information als Gegensatz von Effekt und Dauer deutet: »Die Information hat ihren Lohn mit dem Augenblick dahin, in dem sie neu war. Sie lebt nur in diesem Augenblick, sie muß sich gänzlich an ihn ausliefern und ohne Zeit zu verlieren sich ihm erklären. Anders die Erzählung; sie verausgabt sich nicht. Sie bewahrt ihre Kraft gesammelt und ist noch nach langer Zeit der Entfaltung fähig« (445f.).

Benjamin nimmt an dieser Stelle seine Kritik der Zeitungssprache auf, die bereits in seinem Essay über Karl Kraus (1931) zu einer Kritik am Journalismus, vor allem am Feuilleton, geführt hatte: »Der Journalismus«, so heißt es hier, »ist Verrat am Literatentum, am Geist, am Dämon. Das Geschwätz ist seine wahre Substanz und jedes Feuilleton stellt von neuem die unlösbare Frage nach dem Kräfteverhältnis von Dummheit und von Bosheit, deren Ausdruck es ist« (352). In seinem Vortrag Der Autor als Produzent heißt es über die »Ungeduld« als »die Verfassung des Zeitungslesers« (629): »Daß nichts den Leser so an seine Zeitung bindet wie diese zehrende, tagtäglich neue Nahrung verlangende Ungeduld, haben die Redaktionen sich längst zunutze gemacht, indem sie immer wieder neue Sparten seinen Fragen, Meinungen, Protesten eröffneten. Mit der wahllosen Assimilation von Fakten geht also Hand in Hand die wahllose Assimilation von Lesern, die sich im Nu zu Mitarbeitern erhoben sehen« (688). In den Vorarbeiten zum Erzähler-Aufsatz wird der Bezug zur Zeitungskritik noch deutlicher als im späteren Text: »Der andere Todfeind des Erzählens ist das Zeitunglesen« (1287).

Im VIII. Kapitel wird ein Zusammenhang angesprochen, den Benjamin erst später weiterführt, nämlich das Verhältnis von Erzählen und Gedächtnis: »Geschichten erzählen ist ja immer die Kunst, sie weiter zu erzählen, und die verliert sich, wenn die Geschichten nicht mehr behalten werden« (446f.). Zunächst geht es ihm in den nachfolgenden Kapiteln allerdings um das Erzählen als Sinne einer »handwerkliche[n] Kunst« (447). Benjamin greift hier auf Ideen zum Schreiben als Handwerk zurück, die er in seinen Arbeiten über Hölderlin, die Frühromantik und das barocke Trauerspiel angesprochen hatte und später bei Valéry beschrieben fand (vgl. Schöttker 1999, 173ff.). Auch im Erzähler-Aufsatz wird Valéry federführend zitiert. Doch ist die Darstellung hier ohne argumentative Stringenz. Statt dessen dominieren aphoristische Formulierungen, wie die über den Tod als Voraussetzung des Erzählens: »Der Tod ist die Sanktion von allem, was der Erzähler berichten kann. Vom Tode hat er seine Autorität geliehen« (II, 450).

Im XII. Kapitel behandelt Benjamin das Verhältnis von Erzählen und Geschichtsschreibung. »Jedwede Untersuchung einer bestimmten epischen Form«, so schreibt er, »hat es mit dem Verhältnis zu tun, in dem diese Form zur Geschichtsschreibung steht. Ja, man darf weitergehen und sich die Frage vorlegen, ob die Geschichtsschreibung nicht den Punkt schöpferischer Indifferenz zwischen allen Formen der Epik darstellt« (451). Die Äußerung wird deutlicher, wenn Benjamin seine Überlegungen am Beispiel der Chronik als der ursprünglichen Form mündlicher Geschichtsdarstellung konkretisiert: »Der Chronist ist der Geschichts-Erzähler« (ebd.). In diesem Sinne unterscheidet Benjamin »zwischen dem, der Geschichte schreibt, dem Historiker, und dem, der sie erzählt, dem Chronisten« (ebd.). Dieser Unterschied wird bereits in einem Hebel-Aufsatz von 1929 erörtert, der unveröffentlicht geblieben ist: »Der Historiker«, so schreibt Benjamin hier, »hält sich an ›Weltgeschichte‹, der Chronist an den Weltlauf. Der eine hat es mit dem nach Ursache und Wirkung unabsehbar verknoteten Netz des Geschehens zu tun [...]; der andere mit dem kleinen, eng begrenzten Geschehn seiner Stadt oder Landschaft – aber das ist ihm nicht Bruchteil oder Element des Universalen sondern anderes und mehr. Denn der echte Chronist schreibt mit seiner Chronik zugleich dem Weltlauf sein Gleichnis nieder. Es ist das alte Verhältnis von Mikro- und Makrokosmos, das sich in Stadtgeschichte und Weltlauf spiegelt« (637 f.).

Benjamin selbst allerdings wollte »keineswegs chronistisch erzählen«, wie er Scholem in einem Brief vom 26. September 1932 mitteilte, nachdem er 1932 die Berliner Kindheit um neunzehnhundert begonnen hatte (4, 135). Statt dessen hat er nach einer angemessenen Darstellungsform der Vergegenwärtigung von Erinnerungen gesucht, die sich vom epischen Verfahren in Prousts *A la Recherche du temps perdu* unterscheidet. Benjamin hatte von Prousts Werk seit Mitte der 20er Jahre einige Bände mit Franz Hessel übersetzt und die Darstellungsweise in dem Essay Zum Bilde Prousts (1929) erläutert (II, 310 ff.). In der Berliner Chronik, einer Vorstufe der Berliner Kindheit, charakterisiert er sein antiepisches Verfahren 1932 wie folgt: »Hier aber ist von einem Raum, von Augenblicken und vom Unstetigen die Rede. Denn wenn auch Monate und Jahre hier auftauchen, so ist es in der Gestalt, die sie im Augenblick des Eingedenkens haben« (VI, 488).

Erinnerung, Mythos und Erzählen

Das XIII. Kapitel markiert eine weitere Zäsur. Benjamin beschäftigt sich nun mit den mentalen Voraussetzungen des Erzählens, deren Fundament das Gedächtnis bildet: »Das Gedächtnis ist das epische Vermögen vor allen anderen. Nur dank eines umfassenden Gedächtnisses kann die Epik einerseits den Lauf der Dinge sich zu eigen, andererseits mit deren Hinschwinden, mit der Gewalt des Todes ihren Frieden machen« (II, 453). Das Thema hat Benjamin seit seinem Essay über Proust (1929) immer wieder beschäftigt (Schöttker 2000). Während er hier das individuelle Erinnern in den Mittelpunkt stellt, geht es im Erzähler-Aufsatz um die kollektive Erinnerung und das kulturelle Gedächtnis als Voraussetzung und Funktion des Erzählens: »Die *Erinnerung* stiftet die Kette der Traditionen, welche das Geschehene von Geschlecht zu Geschlecht weiterleitet« (II, 453). Die Weiterführung des Erinnerns in immer neuen Erzählungen hält Benjamin für einen wichtigen Unterschied zum Roman: »In der Tat gibt es keine Erzählung, an der die Frage: Wie ging es weiter? ihr Recht verlöre. Der Roman dagegen kann nicht erhoffen, den kleinsten Schritt über jene Grenze hinaus zu tun« (455).

Die Forderung nach kritischer Distanz gegenüber der Überlieferung, die Benjamin in den 1940 verfaßten Thesen Über den Begriff der Geschichte erhebt, findet sich hier allerdings noch nicht. Den Traditionsbegriff hat Benjamin erst in einem Aufsatz in Frage gestellt, der nach dem Erzähler-Aufsatz folgte und 1937 in der *Zeitschrift für Sozialforschung* erschien: Eduard Fuchs, der Sammler und der Historiker. Hier findet sich bereits eine der Formulierungen zur Kritik der Überlieferung, die später in die Geschichts-Thesen übernommen wurde: »Es ist niemals ein Dokument der Kultur, ohne zugleich ein solches der Barbarei zu sein (477; vgl. I, 696 f.).

Wie Benjamin das Erzählen ebenso wie das Hören einer Geschichte als gemeinschaftsstiftende Handlung zu deuten versucht, so faßt er über Lukács hinaus nicht nur das Schreiben, sondern auch das Lesen von Romanen als Ausdruck von Vereinsamung auf: »Der Leser eines Romans ist aber einsam. [...] In dieser seiner Einsamkeit bemächtigt der Leser des Romans sich seines Stoffes eifersüchtiger als jeder andere. Er ist bereit, ihn restlos sich zu eigen zu machen, ihn gewissermaßen zu verschlingen. Ja, er vernichtet, er verschlingt den Stoff wie Feuer Scheiter im Kamin« (II, 456). Benjamin hat hier Formulierungen aus der Rezension Arnold Bennetts Roman *Konstanze und Sophie* verwendet, die 1933 in der *Frankfurter Zeitung* unter der Überschrift Am Kamin erschienen ist (III, 388 ff.). Die prägnanteste Stelle, auf die der ursprüngliche Titel metaphorisch anspielte, lautet: »Das, was den Leser immer wieder zu ihm [dem Roman] zwingt, ist seine höchst geheimnisvolle Gabe, ein fröstelndes Leben am Tod zu wärmen« (392).

Im XVI. Kapitel behandelt Benjamin das Märchen

als Urform des Erzählens und leitet damit zu einer Deutung von Lesskows Erzählungen über. Dabei bezieht er das Märchen auf den Mythos als Urform der Erfahrung, von dem sich der Mensch durch das Erzählen befreie: »Das Märchen gibt uns Kunde von den frühesten Veranstaltungen, die die Menschheit getroffen hat, um den Alp, den der Mythos auf ihre Brust gelegt hat, abzuschütteln« (II, 458). Die Darstellung entspricht in Stil und Konzeption den vorausgehenden großen Arbeiten zur Prosa: den Essays GOETHES WAHLVERWANDTSCHAFTEN (1924/25), KARL KRAUS (1931) und FRANZ KAFKA (1934). Hier hatte Benjamin den Versuch unternommen, die Rolle des Mythos in der Moderne an poetischen Bildern zu vergegenwärtigen. In dem auf französisch verfaßten, zu Lebzeiten aber nicht publizierten Essay JOHANN JAKOB BACHOFEN (1934/35) liefert er einen Schlüssel für dieses Verfahren, wenn er hier über Klages schreibt: »Indem er die mythischen Substanzen des Lebens wieder einbezieht, indem er sie dem Vergessen entreißt, dem sie anheimgefallen waren, erteilt der Philosoph den ›Urbildern‹ das Bürgerrecht« (franz. 229 f.; dt. Benjamin 1979, 36).

Zu diesen Urbildern gehört die Figur des Gerechten, die Benjamin bei Lesskow interessiert. Er schreibt: »Der Gerechte ist der Fürsprech der Kreatur und zugleich ihre höchste Verkörperung. Er hat bei Lesskow einen mütterlichen Einschlag, der sich zuweilen ins Mythische steigert« (II, 459). Als Vorläufer und Parallelphänomen faßt Benjamin das Werk Hebels auf, mit dem er sich seit 1926 mehrfach beschäftigt hat: »[E]inen Hebel haben der Zundelfrieder, der Zundelheiner und der rote Dieter unter allen seinen Gestalten am treuesten begleitet. Und doch ist auch für Hebel der Gerechte die Hauptrolle auf dem theatrum mundi. Weil ihr aber eigentlich keiner gewachsen ist, so wandert sie von einem zum anderen« (461). Diese Stelle und ihre Weiterführung findet sich wörtlich in einer Rezension mit dem Titel HEBEL GEGEN EINEN NEUEN BEWUNDERER VERTEIDIGT, die 1929 in der *Frankfurter Zeitung* erschienen ist (III, 204 f.).

Benjamin versucht diesen Weg des Erzählers, der – wie er schreibt – »bis ins Erdinnere reicht und sich in den Wolken verliert« (II, 457), auch für Lesskow bis in die unbelebte Natur hinein zu verfolgen: »Die Hierarchie der kreatürlichen Welt, die in dem Gerechten ihre höchste Erhebung hat, reicht in vielfachen Stufungen in den Abgrund des Unbelebten herab« (460). Die Deutung der mythischen Elemente in Lesskows Werk zielt auf eine Idee, die Benjamin in den ersten Sätzen seines Aufsatzes bereits angedeutet hatte, ohne daß man diesen das Gewicht angemerkt hätte, das er der Idee im aphoristischen Schlußsatz seines Aufsatzes gegeben hat: »Der Erzähler ist die Gestalt, in welcher der Gerechte sich selbst begegnet« (465).

Benjamin hat den Erzähler-Aufsatz auch nach Abschluß nicht aus den Augen verloren. Anfang Juli 1936 teilte er Gretel Karplus, der späteren Frau Adornos, mit, daß »die Originalfassung des Lesskow« übersetzt werden solle, da sich die Zeitschrift *Europe* dafür interessierte (5, 335.). Doch wurde der Plan nicht verwirklicht, so daß Benjamin den Aufsatz im Sommer 1937 ohne Änderungen selbst übersetzt hat (vgl. 562 f.); die Übersetzung (abgedruckt in II, 1290–1309) ist zu Lebzeiten Benjamins allerdings nicht erschienen. Im März 1938 schreibt er an Karl Thieme, der ihn im Dezember des vorausgehenden Jahres auf André Jolles' Buch *Einfache Formen* (1935) hingewiesen hatte (vgl. 5, 632 f.), daß sein »Interesse an der Figur des Erzählers« weiterhin »nicht nachgelassen« habe. Ergänzend heißt es: »Das Buch von Jolles, auf das sie mich hingewiesen haben, lasse ich derzeit suchen« (6, 45). Thieme hatte die Konzeption des Buches präzise als »kühnen Versuch einer soziologischen Morphologie der Elementarformen des Sprachgebrauchs« charakterisiert (5, 633) und damit Benjamins kulturtheoretisches Interesse getroffen, doch ist über seine Lektüre nichts bekannt geworden.

Wie wichtig ihm der Erzähler-Aufsatz weiterhin war, zeigt ein Brief, den er am 26. Juni 1939 an Gretel Adorno richtete, nachdem Adorno die Abhandlung DAS PARIS DES SECOND EMPIRE BEI BAUDELAIRE abgelehnt hatte und er nun an die Überarbeitung des mittleren Abschnitts mit der Überschrift »Der Flaneur« gehen wollte, der 1939 unter dem Titel ÜBER EINIGE MOTIVE BEI BAUDELAIRE in der *Zeitschrift für Sozialforschung* erschienen ist. Benjamin reiht den geplanten Aufsatz dabei in eine Reihe von Arbeiten zum Erfahrungswandel in der Moderne ein, die er seit Mitte der 30er Jahre verfaßt hat, so daß auch der *Erzähler-Aufsatz* einen neuen Status bekommt. »Das Flaneurkapitel«, so schreibt er, »wird in der neuen Fassung entscheidende Motive der Reproduktionsarbeit und des Erzählers, vereint mit solchen der Passagen zu integrieren suchen« (6, 308).

Rezeption

Offenbar hat die in Basel erscheinende Zeitschrift *Orient und Occident* auch während des Krieges in Deutschland Leser finden können. Denn im Juni 1941, acht Monate nach Benjamins Tod, veröffentlichte Hans Paeschke in der *Neuen Rundschau* unter der Überschrift *Magie des Erzählens* einen Beitrag, der Benjamins Aufsatz referiert, ohne Autor und Quelle zu nennen. Paeschke, der von 1939 bis 1944 verantwortlicher Redakteur der *Neuen Rundschau* war, schreibt zu Beginn seines Beitrags: »Fragt man nach dem allgemeinen Grund für die Erzählerarmut dieser Zeit, so kann man vielleicht sagen, der Mensch habe seit Jahrzehnten immer mehr die Gabe eingebüßt, Erfahrungen auszutauschen. Dies enthüllte sich zum erstenmal nach dem Weltkrieg, aus dem die Menschen in der Regel verstummt nach Hause kamen« (Paeschke 1941, 353). Auch seine Ausführungen über die Erzählertypen hat Paeschke fast wörtlich von Benjamin übernommen: »Die Handwerksstuben sind gleichsam die Geburtskammern des echten Erzählens; denn hier verband sich die Kunde aus fernem Raum, die der wandernde Geselle mitbrachte, mit der überlieferten Kunde aus der Zeit, von der der seßhafte Meister weiß« (ebd.). Und schließlich geht Paeschke im zweiten Teil seines Aufsatzes ausführlich auf Lesskow und die Figur des »Gerechten« ein: »Wollte man ein menschliches Urbild finden, das dem entspricht, so käme man ganz von selbst auf die sogenannten ›Gerechten‹, die unter europäischen Erzählern wohl am großartigsten Nikolai Ljesskow zu gestalten versucht hat« (356).

Ob Paeschke sich hier tatsächlich fremde Gedanken zu eigen machen oder Benjamin seine Referenz erweisen wollte, muß unentschieden bleiben, solange über Verbindungen nichts bekannt ist. Paeschke, der 1911 in Berlin geboren wurde und damit eine Generation jünger war als Benjamin, könnte von diesem durchaus gehört oder Arbeiten von ihm gelesen haben: als Student in Berlin ab 1930, als Sekretär der Deutsch-Französischen Gesellschaft (1932–1935) und als Mitarbeiter und Redakteur verschiedener Zeitschriften (vgl. Schöttker 1991). Als späterer Herausgeber des *Merkur* (1947–1979) hat Paeschke jedenfalls mehrere Beiträge zu Benjamin gedruckt, die maßgeblich zur Wiederentdeckung seines Werkes und zur Kenntnis seiner Biographie beigetragen haben (vgl. Schöttker/Wizisla 2005).

Anders gelagert ist die verschwiegene Aneignung bei Theodor W. Adorno. Zwar hat er den Erzähler-Aufsatz in die zweibändige Ausgabe der *Schriften* Benjamins (1955) aufgenommen und den Text damit einem größeren Publikum bekannt gemacht; in seinem Rundfunkvortrag *Standort des Erzählers im zeitgenössischen Roman*, der 1954 in den *Akzenten* gedruckt und 1958 in den ersten Band der *Noten zur Literatur* übernommen wurde, aber hat er Benjamin nicht erwähnt, obwohl er sich die These des Erzähler-Aufsatzes zu eigen macht, um ihr eine eigene entgegenzusetzen. Diese lautet, daß auch im Roman erzählt werden muß. Adorno schreibt zur »Stellung des Erzählers« mit Bezug auf Benjamin: »Sie wird heute bezeichnet durch eine Paradoxie; es läßt sich nicht mehr erzählen, während die Form des Romans Erzählung verlangt« (Adorno 1954/1975, 61). Auch den Niedergang des Erzählens durch Erfahrungsverlust erläutert Adorno in Anlehnung an Benjamin: »Zerfallen ist die Identität der Erfahrung, das in sich kontinuierliche und artikulierte Leben, das die Haltung des Erzählers einzig gestattet. Man braucht nur die Unmöglichkeit sich zu vergegenwärtigen, daß irgendeiner, der am Krieg teilnahm, von ihm so erzählte, wie früher einer von seinen Abenteuern erzählen mochte« (62).

Adorno kannte Benjamins Aufsatz schon vor der Publikation durch ein Typoskript, das ihm der Autor geschickt hatte. In einem Brief vom 6. September 1936 ist er ausführlich auf einige der Argumente eingegangen. »Da ist zunächst«, so schreibt er an Benjamin, »die vollste Zustimmung zu der geschichtsphilosophischen Intention anzumelden: daß Erzählen nicht mehr möglich sei. Es ist mir das, und weit über die Andeutungen ›der Theorie des Romans‹ hinaus, ein vertrauter Gedanke.« Nicht akzeptieren wollte Adorno dagegen eine Tendenz in Benjamins Arbeit, die er als »anthropologischen Materialismus« bezeichnet und wie folgt erläutert: »Es ist, als sei für Sie das Maß der Konkretion der Leib des Menschen« (Adorno/Benjamin 1994, 192 f.). Diese anthropologische Dimension dürfte einer der Gründe dafür gewesen sein, warum Adorno auf den Erzähler-Aufsatz in seinem eigenen Beitrag nicht eingegangen ist. Schon in den 30er Jahren hatte er Benjamins Tendenz zur Konkretheit immer wieder kritisiert und statt dessen eine theologische Deutung sozialer Sachverhalte von ihm gefordert, die er postum zur Interpretationsfolie der Werke Benjamins machte, ohne auf deren Eigenheiten Rücksicht zu nehmen.

Zugleich hat Adorno eine eigene Auffassung über den Verfall des Erzählens vertreten und dabei auf Marx' Theorie der Verdinglichung der menschlichen Beziehungen im Kapitalismus zurückgegriffen. »Etwas erzählen«, so schreibt er, »heißt ja: etwas ›Besonderes‹ zu sagen haben, und gerade das wird von der verwalteten Welt, von Standardisierung und Immergleichheit verhindert« (Adorno 1954/1975, 63). Aufgabe des Erzählers im Roman sei es, diese Entwicklung zu verdeutlichen und ihr entgegenzuwirken: »Die Verdinglichung aller Beziehungen zwischen den Individuen, die ihre menschlichen Eigenschaften in Schmieröl verwandelt, die universale Entfremdung und Selbstentfremdung, fordert beim Wort gerufen zu werden, und dazu ist der Roman qualifiziert wie wenig andere Kunstformen« (64). Zwar zeigt sich hier, daß Adornos Erörterung der Beziehungen zwischen Roman und Erzählung stärker auf die Moderne bezogen sind als die Überlegungen Benjamins. Doch beschränkt er sich auf die Literatur, während Benjamin das Erzählen als Bestandteil des Lebens analysiert. Mit Ausnahme eines Beitrags von Karlheinz Stierle zum Problem des Erzählens in der Geschichtsschreibung (1979) sind Benjamins Überlegungen erst seit Anfang der 90er Jahre in der literaturwissenschaftlichen Erzählforschung diskutiert worden (vgl. Vogt 1990, 208 ff.) Dennoch wird die kulturtheoretische Dimension, selbst dort, wo medienhistorische Überlegungen hinzutreten, kaum berücksichtigt (vgl. Ewers 1988; Reisch 1992, 128 ff.; Honold 2000; Gagnebin 2001; Lindner 2002).

Auffälliger ist dagegen die Rezeption im Film. In einem dokumentarischen Filmessay, den Harun Farocki und Ingemo Engström unter dem Titel *Erzählen (1975)* gedreht haben, wird Benjamins Name zwar nicht erwähnt, doch liest eine der Figuren in der Sammlung *Über Literatur* (1969) einen Text, der an den Erzähler-Aufsatz erinnert. Die Tatsache, daß die Szene nur eine Episode unter vielen bleibt, läßt sich damit erklären, daß der Film eine Vielzahl von Überlegungen präsentiert, die eher von der strukturalistischen Erzählforschung als von Benjamins Überlegungen inspiriert wurden (vgl. dazu Dotzler/Müller-Thamm 2004). Explizit hat sich dagegen Wim Wenders im *Himmel über Berlin* auf Benjamins Erzähler-Aufsatz bezogen. Er läßt hier eine »Gedankenstimme Homer«, die durch den Schauspieler Curt Bois verkörpert wird, sagen: »Die Welt scheint zu dämmern, doch ich erzähle, wie am Anfang, in meinem Singsang, der mich aufrechterhält, durch die Erzählung verschont von den Wirren der Jetztzeit und geschont für die Zukunft. [...] Wenn ich aufgebe, dann wird die Menschheit ihren Erzähler verlieren. Und hat die Menschheit einmal ihren Erzähler verloren, so hat sie auch ihre Kindschaft verloren« (nach dem Drehbuch von Wenders/Handke 1990, 56 f.). Benjamins kulturhistorische Fundierung des Erzählens wird hier also in eine menschheitsgeschichtliche Perspektive gestellt. Das Pathos, mit dem die Idee vorgetragen wird, kann sich zwar nicht auf den Erzähler-Aufsatz berufen, legitimiert sich aber durch Rückgriff auf den »Engel der Geschichte« in der neunten These Über den Begriff der Geschichte. Denn die »Gedankenstimme Homer« bezeichnet sich als »Engel der Erzählung« (60).

Eine kulturhistorische Deutung des Erzähler-Aufsatzes findet sich auch auf einem der großformatigen Diapositive von Jeff Wall mit dem Titel *The Storyteller* (1987). Es zeigt indianische Ureinwohner Kanadas, die in drei unterschiedlichen Konstellationen an einer Autobahnbrücke sitzen. Zwei von ihnen hören einer erzählenden Frau zu. Angedeutet wird damit, daß das Erzählen auch in der Moderne an Orten weiterleben kann, wo man es nicht vermuten würde und Benjamin es wohl nicht für möglich hielt. In einem Beitrag zu seinem Bild bezieht sich Wall direkt auf Benjamins Aufsatz. »Der Geschichtenerzähler (Storyteller)«, so heißt es hier unter anderem, »ist eine archaische Figur, ein gesellschaftlicher Typus, der infolge der technologischen Veränderungen, die neue Formen der Aneignung und Weitergabe von Wissen geschaffen haben, seine Funktion verloren hat. An den Rand der Modernität verbannt, überlebt er dort als Relikt der Imagination – ein nostalgischer Archetyp, ein anthropologisches Spezimen, scheinbar tot. Wie Walter Benjamin aufgezeigt hat, verkörpern zerstörte Figuren wie er wesentliche Elemente historischer Erinnerung, die Erinnerung an Werte, die vom kapitalistischen Fortschritt ausgegrenzt und scheinbar von allen vergessen wurden. In Krisenzeiten jedoch gewinnt diese Erinnerung ihr Potential zurück. Unsere Gegenwart ist eine solche Krisenzeit. Die Kraft der Erinnerung wächst in dem Maße, in dem an den Rand gedrängte und unterdrückte Gruppen sich ihre eigene Geschichte wieder aneignen und sie neu lernen« (Wall 1992, 5). Benjamins Überlegungen werden damit aus ihrem europäischen Kontext herausgelöst und ethnographisch fundiert, bekommen also ebenso wie bei Wenders eine kulturanthropologische Dimension, die im Erzähler-Aufsatz wohl angelegt ist, von Benjamin aber nicht entfaltet wurde.

Werk

Der Erzähler. Betrachtungen zum Werk Nikolai Lesskows (II, 438–465)

Aufzeichnungen zum Komplex Roman und Erzählung (II, 1281–1288; IV, 1011 f.; 1013–1015; VII, 800–804)

Johann Jakob Bachofen, in: Text + Kritik, H. 31/32: Walter Benjamin. 2. Aufl., München 1979, 28–40 (dt. Übers. von B. Lindner, M. Noll und R. Schubert).

Literatur

Adorno, Theodor W. (1975): »Standort des Erzählers im zeitgenössischen Roman«, in: ders.: Noten zur Literatur I, Frankfurt a. M., 61–72.

Adorno, Theodor W./Walter Benjamin (1994): Briefwechsel 1928–1940, hg. v. Henri Lonitz, Frankfurt a. M.

Döblin, Alfred (1989): »Der Bau des epischen Werkes«, in: ders.: Schriften zu Ästhetik, Poetik und Literatur, hg. v. Erich Kleinschmidt, Olten, 215–245.

Dotzler, Bernhard/Jutta Müller-Thamm (2004): »Film nach Benjamin. Bild und Erzählung im Denken der Kinematographie«, in: Schöttker 2004, 208–219.

Eichenbaum, Boris (1965): »Die Theorie der formalen Methode«, in: ders.: Aufsätze zur Theorie und Geschichte der Literatur, ausgew. u. übers. v. Alexander Kaempfe, Frankfurt a. M.

Eichenbaum, Boris (1969): »Leskov und die moderne Prosa«, in: Jurij Striedter (Hg.): Texte der russischen Formalisten, Bd. 1, 5. Aufl., München, 208–243.

Erlich, Viktor (1973): Russischer Formalismus. Frankfurt a. M.

Ewers, Hans-Heino (1988): »Erzählkunst und Kinderliteratur. Walter Benjamins Theorie des Erzählens«, in: Klaus Doderer (Hg.): Walter Benjamin und die Kinderliteratur. Aspekte der Kinderkultur in den 20er Jahren, Weinheim/München, 196–211.

Gagnebin, Jeanne Marie (2001): Geschichte und Erzählung bei Walter Benjamin, Würzburg.

Genette, Gérard (1992): Fiktion und Diktion, München.

Honold, Alexander (2000): »Erzählen«, in: Michael Opitz/Erdmut Wizisla (Hg.): Benjamins Begriffe, Bd. 1, Frankfurt a. M., 363–398.

Kambas, Chryssoula (1987): »›Und aus welchem Fenster wir immer blicken, es geht ins Trübe‹. Briefwechsel aus der Emigration: Walter Benjamin, Fritz Lieb, Dora Benjamin (1936–1944)«, in: Cahiers d'Études germaniques Nr. 13, 245–282.

Kessler, Peter (1983): »Walter Benjamin über Nikolaj Leskov«, in: Zeitschrift für Slawistik 28, H. 1, 95–103.

Kiesel, Helmuth (1996): »Benjamins Erzähler: Lesskow oder Döblin?«, in: Sinn und Form 49, H. 3, 461–467.

Lesskow, Nikolai (1924–1927): Gesammelte Werke, 9 Bde, München.

Lindner, Burkhardt (2002): »Erzähl/Zeit/Crash. Eine kurze Dekonstruktion der Romanform«, in: Hans Joachim Bieber u. a. (Hg.): Die Zeit im Wandel der Zeit, Kassel, 293–318.

Lukács, Georg (1977): Theorie des Romans, Darmstadt/Neuwied.

Majakowski, Wladimir (1980): »Rede beim Disput über die Inszenierung des ›Revisors‹ im Staatlichen Meyerhold-Theater [Stenogramm]«, in: ders.: Werke, 10 Bde, hg. v. Leonhardt Kossuth, Frankfurt a. M., Bd. 9, 230–235.

Müller-Funk, Wolfgang (2002): Die Kultur und ihre Narrative. Eine Einführung, Wien/New York.

Nietzsche, Friedrich (1988): Kritische Studienausgabe in 15 Bänden, hg. v. Giorgio Colli/Mazzino Montinari, München.

Paeschke, Hans (1941): »Magie des Erzählers«, in: Die neue Rundschau 52, H. 6, 353–357.

Petersen, Jürgen H. (1993): Erzählsysteme. Eine Poetik epischer Texte, Stuttgart.

Reisch, Heiko (1992): Das Archiv und die Erfahrung. Walter Benjamins Essays im medientheoretischen Kontext, Würzburg.

Schöttker, Detlev (1991): »Hans Paeschke«, in: Walther Killy (Hg.): Literaturlexikon, Bd. 9. Gütersloh/München, 64.

Schöttker, Detlev (1999): Konstruktiver Fragmentarismus. Form und Rezeption der Schriften Walter Benjamins, Frankfurt a. M.

Schöttker, Detlev (2000): »Erinnern«, in: Michael Opitz/Erdmut Wizisla (Hg.): Benjamins Begriffe, Bd. 1, Frankfurt a. M., 260–298.

Schöttker, Detlev (2002): »Benjamins Medienästhetik«, in: Walter Benjamin, Medienästhetische Schriften, mit einem Nachwort von D.S., Frankfurt a. M., 411–439.

Schöttker, Detlev (Hg.) (2004): Schrift Bilder Denken. Walter Benjamin und die Künste, Berlin/Frankfurt a. M.

Schöttker, Detlev/Erdmut Wizisla (2005): »Hannah Arendt und Walter Benjamin. Stationen einer Vermittlung«, in: Text + Kritik, H. 166/167: Hannah Arendt.

Sklovskij, Viktor (1966): Theorie der Prosa, hg. u. übers. v. Gisela Drohla, Frankfurt a. M.

Stierle, Karlheinz (1979): »Erfahrung und narrative Form. Bemerkungen zu ihrem Zusammenhang in Fiktion und Historiographie«, in: Jürgen Kocka/Thomas Nipperdey (Hg.): Theorie und Erzählung in der Geschichte, München, 85–118.

Striedter, Jurij (1969): »Zur formalistischen Theorie der Prosa und der literarischen Evolution«, in: ders. (Hg.): Texte der russischen Formalisten, Bd. 1, 5. Aufl., München, IX–LXXXIII.

Trotzkij, Leo (1972): Literatur und Revolution, München.

Vogt, Jochen (1990): Aspekte erzählender Prosa. Eine Einführung in Erzähltechnik und Romantheorie, 7., neubearb. Aufl., Opladen.

Vogt, Jochen (1996): »Grundlagen narrativer Texte«, in: Heinz Ludwig Arnold/Heinrich Detering (Hg.): Grundzüge der Literaturwissenschaft, München, 287–307.

Wall, Jeff (1992): The Storyteller [Ausstellungskatalog Museum für moderne Kunst Frankfurt], Frankfurt a. M.

Wenders, Wim/Peter Handke (1990): Der Himmel über Berlin, 4. Aufl., Frankfurt a. M.

Wyss, Ulrich (1996): »Erzählen«, in: Ulrich Ricklefs (Hg.): Das Fischer Lexikon Literatur, 3 Bde, Frankfurt a. M., Bd. 1, 594–610.

Das Baudelaire-Buch

»Das Paris des Second Empire bei Baudelaire« / »Über einige Motive bei Baudelaire« / »Zentralpark« / »Notes sur les Tableaux parisiens de Baudelaire«

Von Christine Schmider und Michael Werner

Entstehungsgeschichte

Benjamins Interesse für Baudelaire, dem wir die Texte Das Paris des Second Empire bei Baudelaire, Über einige Motive bei Baudelaire, Notes sur les Tableaux parisiens de Baudelaire verdanken, geht bis auf 1915 zurück, wo er den Lyriker die ersten Male in seinen Briefen nennt. Ab 1917 erwähnt er seine Übersetzungsversuche Baudelairescher Gedichte, die in der 1923 erschienenen Übertragung der *Tableaux de Paris* münden (1, 341). Erst 1935, als er sich dem ersten Exposé für das Passagen-Werk zuwendet, kommt der Gedanke an eine ausführlichere Beschäftigung mit Baudelaire wieder auf (vgl. I, 1121). Diese ist eindeutig im Zusammenhang mit den Arbeiten am Passagen-Werk zu sehen, wie auch überhaupt die Baudelaire-Studien inhaltlich und textgenetisch aufs engste mit dieser Arbeit zur Pariser Moderne verbunden sind, an der Benjamin mit Unterbrechungen von 1927 bis zu seinem Tod, vor allem aber zwischen 1934 und 1940 arbeitete (vgl. ebd.). Ende 1937 und mit einer finanziellen Unterstützung durch das Institut für Sozialforschung von 80 Dollar monatlich, macht er sich an die dokumentarischen Vorarbeiten zum Paris des Second Empire bei Baudelaire. Bis zum Frühjahr 1938 stellt er im Rahmen seiner Recherchen in der Bibliothèque Nationale fast 200 Seiten Materialien in Form von Notizen, Exzerpten bzw. Zitaten und Kommentaren zu Baudelaire zusammen. Diese Aufzeichnungen sind im Konvolut J, der umfangreichsten unter den thematischen Materialsammlungen des Passagen-Werks, zusammengefaßt. Etwa zu diesem Zeitpunkt stößt Benjamin bei seinen Arbeiten in der Bibliothek auf *L'Eternité par les astres*, die »kosmische Spekulation« (I, 1071) des Revolutionärs Blanqui, unter deren Einfluß das geschichtsphilosophische Motiv der ewigen Wiederkehr immer mehr an Bedeutung gewinnt. Gleichzeitig mit der Entdeckung Blanquis beginnt ein Transfer-Prozeß, der Materialien und Überlegungen aus dem Umfeld des Passagen-Werks für die ursprünglich als vorletztes Kapitel dieser Arbeit geplante Baudelaire-Studie nutzbar zu machen sucht. Allmählich wird jedoch klar, daß der Text über Baudelaire sich in die Gesamtkonzeption des Paris-Buchs nur schwer noch integrieren läßt, so daß Benjamin dazu übergeht, das Baudelaire-Projekt als selbständige Arbeit und sogar als »Miniaturmodell« (I, 1073) bzw. als »Extrakt« (I, 1078) des Passagen-Werks zu verstehen. Wie Benjamin in einem Brief an Scholem betont, setzt die Arbeit am Baudelaire »notwendig die ganze Masse der Gedanken und der Studien in Bewegung« (1079), mit denen er sich in den letzten Jahren beschäftigt hat. Konkret heißt dies, daß er die gesamten für die Passagen zusammengestellten Materialien nochmals sichtet, um zu einer neuen Strukturierung der Notizen für den Baudelaire-Text zu gelangen. Diese Schematisierung ergibt eine Liste mit 30 Kategorien, die jeweils mit einem Farbsignet versehen werden. Es handelt sich dabei um Zeichen, die jeweils eine geometrische Form und eine Farbe kombinieren. So wird zum Beispiel der Kategorie ›Melancholie‹ ein schwarzes von einer violetten Senkrechten geteiltes Viereck zugewiesen (vgl. VII, 739 und Bolle 1999, 107). Die vom Passagen-Fundus zu übertragenden Notizen werden nun ebenfalls mit Hilfe dieser Signets gekennzeichnet und den Kategorien zugeordnet.

Der sich solchermaßen abzeichnende vollständige Bauplan für die Baudelaire-Arbeit ist erst 1981 unter den von Giorgio Agamben in der Bibliothèque Nationale gefundenen Handschriften entdeckt worden und hat die klassifikatorische Funktion der Piktogramme eindeutig bewiesen. In seiner Untersuchung der Farbsymbole hat Willi Bolle versucht zu zeigen, daß die Signets nicht nur als Übertragungszeichen fungieren, sondern auch eine symbolische Bedeutung besitzen, die der interpretierenden Auflösung zugänglich ist (Bolle 1999, 98–111 und 2000, 413–440). Bolle ordnet die konstruktiven Kategorien des Bauplans nach Farben und Formen an, um chromatische und semantische Korrespondenzen zwischen den Piktogrammen sichtbar zu machen. Die Piktogramme des Bauplans entwerfen eine Topographie der Moderne, die, so Bolle, das »Paradigma einer konstellativen Ästhetik und Geschichtsschreibung« veranschaulichen (Bolle 2000, 427). Ob Benjamin tatsächlich die Farbsignets als Form einer materialen Geschichtsschreibung, als eigene Schriftform mit ästhetischer Qualität intendierte, läßt sich nicht mit letzter Endgültigkeit feststellen. Bolles Deutungsversuch definiert sich denn auch nicht so sehr als einfache Darstellung der Kategorien und ihrer Piktogramme, sondern als konstruktive Weiterentwicklung von Benjamins »Konzeption der Geschichtsschreibung als *Bauplan* bzw. als *Entwurf*« (439), die sich Benjamins Verständnis von Historiographie als Konstellation verpflichtet weiß.

Die Umstrukturierung der Notizen, die aus der Durcharbeitung der Passagen–Dokumentation resultiert, ergibt eine erste Gliederung des geplanten Baudelaire-Buchs, die Benjamin im April 1938 Horkheimer in einem ausführlichen Brief mitteilt. Er geht für das Paris des Second Empire bei Baudelaire von drei Teilen mit den Titeln »Idee und Bild; Antike und Moderne; Das Neue und Immergleiche« (I, 1073) aus. Diese erste Gliederung wird im Laufe des Sommers, den Benjamin teilweise bei Bertolt Brecht in Dänemark verbringt, abgeändert. Die neue Strukturierung sieht vor, im ersten Teil die These der gesamten Arbeit – »Baudelaire als Allegoriker« – (I, 1091) zu formulieren. Im zweiten Teil, der »Antithesis« (ebd.) mit dem Titel »Das second empire in der Dichtung von Baudelaire« (I, 1086), die der »kunsttheoretischen Fragestellung des ersten Teils entschlossen den Rücken« kehrt und »die gesellschaftskritische Interpretation des Dichters« projektiert, sollen die »erforderlichen Daten« für »die Auflösung« (I, 1091) beigebracht werden. Diese Synthese soll der dritte Teil – »die Ware als poetischer Gegenstand« – (ebd.) leisten, dem darüber hinaus zukommt, die »Konvergenz der Grundgedanken mit dem Passagenplan zu erweisen« (1093). Diese neue Gliederung ist jedoch, angesichts des zunehmenden Termindrucks seitens des Instituts für Sozialforschung, das den Baudelaire-Beitrag dringend für die Herbstnummer der Zeitschrift einfordert, und bedingt durch die schwierigen Pariser Arbeitsbedingungen, nicht einzuhalten. Benjamin stellt also zunächst den mittleren Teil der Arbeit fertig (vgl. 1086) und verzichtet vorerst auf die »Armatur« (1087) des Baudelaire, bestehend aus dem ersten und dem dritten Teil, über welche die Zentralpark-Fragmente und das Baudelaire gewidmete Konvolut J des Passagen-Werks Aufschluß erteilen. Ende September und nach intensivster Arbeit gelingt es Benjamin tatsächlich, das versprochene Manuskript fast druckfertig auf den Weg zu bringen. Wiederum dreiteilig umfaßt es die »untereinander relativ unabhängigen Bestandstücke des durchaus selbständigen zweiten Teils des Baudelaire-Buchs« (I, 1090) mit den Titeln »Die Bohème«, »Der Flaneur« und »Die Moderne«. Zu Benjamins großem Entsetzen wird der Aufsatz jedoch abgelehnt. In seiner ausführlichen Kritik vom 10.11.1938 führt Adorno die Gründe aus, die das Institut dazu bewogen haben, den Artikel zurückzuweisen. An erster Stelle steht der Vorwurf mangelnder Vermittlung zwischen pragmatischem Sachgehalt und marxistischer Theorie, die in eine »materialistisch-historiographische Beschwörung« (I, 1096) sozialhistorischer Motive münde. Benjamins gewollt »asketische Disziplin« (1094), die zu einer Aussparung der Deutung führte, erscheint Adorno höchst problematisch. Der Vorwurf, Benjamin habe der »materiellen Enumeration abergläubisch fast eine Macht der Erhellung zugeschrieben« (1097) impliziert auch, daß Benjamin in Gefahr gerate, gerade den phantasmagorischen Phänomenen zu verfallen, deren Scheinhaftigkeit seine Untersuchung zu denunzieren intendiert. Adorno führt diese staunende »Darstellung der bloßen Faktizität« (1096) auch, und damit ist ein zweiter grundlegender Vorwurf genannt, auf Benjamins falsch verstandene »Solidarität« (1097) mit dem Institut zurück. Diese habe Benjamin dazu bewogen, »dem Marxismus Tribute zu zollen« und in einer Art »Vorzensur nach materialistischen Kategorien« (ebd.) seiner spekulativen Theorie zu entsagen.

Benjamin entgegnet der Kritik an seiner Arbeit in einer ausführlichen brieflichen Antwort, die methodische und philologische Argumente bemüht (vgl. I, 1101–1107). Neben dem Verweis auf die Konstruktion der Baudelaire-Studie, welche bedingt, »daß der zweite Teil des Buches wesentlich aus philologischer Materie gebildet« und »die philosophische Rekognoszierung der Moderne« (1103) erst dem dritten Teil zugewiesen sei, die vollständige Intention und theoretische Begründung der Arbeit somit also erst aus dem abgeschlossenen Text zu ersehen sei, rechtfertigt Benjamin auch die philologische Dichte seiner Arbeit mit dem Hinweis auf die notwendige »Herausstellung der Sachgehalte, in denen der Wahrheitsgehalt historisch entblättert wird« (1104) Benjamin erklärt sich jedoch bereit, das zentrale Flaneurkapitel entsprechend der Kritik Adornos, der in seinem Brief vom 1.2.1939 noch weitere detailliertere Kommentare und Verbesserungsvorschläge formuliert, umzuarbeiten (vgl. Brief Adornos an Benjamin vom 1.2.1939, I, 1107–1113; vgl. Benjamins Antwort vom 23.2.1939, I, 1114–1117).

Anfang 1939 und nach einer Periode »nachhaltiger Depression« (1113) macht Benjamin sich an die Revision des Baudelaire. Wie aus dem Briefwechsel mit Adorno hervorgeht, plant Benjamin ursprünglich die Überarbeitung aller drei Kapitel aus dem Paris des Second Empire. So sind für den vormals der »Bohème« gewidmeten ersten Abschnitt in der neuen Fassung die »Motive der Passage, des noctambulisme, des Feuilletons, sowie die theoretische Einführung des Begriffs der Phantasmagorie« vorgesehen (1124), während dem dritten, zuvor mit »die Moderne« betitelten Abschnitt »das Motiv der Spur, des Typs, der Einfühlung in die Warenseele« zugedacht sind (ebd.). Zur Redaktion dieser Kapitel ist es jedoch nicht mehr gekommen. Einzig die Überarbeitung des Abschnitts zum »Flaneur« wird von Benjamin fertiggestellt, wobei er den Kommentaren und Vorschlägen Adornos in sehr unterschiedlichem Maße stattgibt (vgl. Espagne/Werner 1984, 640–646). Im August 1939 schließlich wird die neue Fassung des Flaneur-Kapitels unter dem Titel ÜBER EINIGE MOTIVE BEI BAUDELAIRE nach New York geschickt, nachdem Benjamin im Mai gleichen Jahres zum ersten Mal die Ergebnisse seiner Überarbeitung anläßlich eines Vortrags in Pontigny unter dem Titel NOTES SUR LES TABLEAUX PARISIENS DE BAUDELAIRE vorstellt. Der Aufsatz stößt in New York auf begeisterte Aufnahme und erscheint im Januar 1940 in der *Zeitschrift für Sozialforschung*.

Überlieferungsgeschichte

Als Benjamin 1940 vor den deutschen Truppen aus Paris fliehen muß, teilt er seine Handschriften auf. Die zum Baudelaire gehörenden Manuskripte vertraut er, genau wie die Aufzeichnungen und Materialien aus dem Umfeld des Passagen-Werks, George Bataille an, der sie in der Bibliothèque Nationale versteckt. Nach Kriegsende gelangen diese Dokumente über Pierre Missac, mit dem Benjamin eine enge Freundschaft pflegte, zu Adorno, der zum Nachlaßverwalter eingesetzt worden war. Nach Adornos Rückkehr aus dem Exil finden die Handschriften ihren Platz im Benjamin-Archiv in Frankfurt. Der den Baudelaire betreffende Nachlaß war jedoch nicht vollständig, denn Benjamin hatte, als er nach Marseille floh, einen Teil seiner Handschriften in seiner Pariser Wohnung in der Rue Dombasle gelassen. Von der Gestapo konfisziert, wurden diese Handschriften nach Berlin gebracht und zu Kriegsende in Schlesien versteckt, wo sie teilweise zerstört, bzw. von der Roten Armee beschlagnahmt wurden. 1957 übergab die Sowjetunion diese Handschriften dem Deutschen Zentralarchiv in Potsdam, von wo aus sie später in die Akademie der Künste in Ost-Berlin verlagert wurden. Es befand sich unter diesen Unterlagen vor allem das handschriftliche Manuskript des PARIS DES SECOND EMPIRE BEI BAUDELAIRE. 1981 schließlich stieß Giorgio Agamben in der Pariser Bibliothèque Nationale auf weitere bis dahin unbekannte Handschriften aus dem Passagen-Baudelaire-Komplex, die offensichtlich zu den von Bataille versteckten Manuskripten gehörten, nach Kriegsende aber verschollen blieben und nie an Adorno weitergeleitet wurden.

Die Umschläge, die Agamben entdeckt hatte, enthielten, neben bibliographischen Notizen zur Passagen-Arbeit und zum Baudelaire, die schon beschriebenen Listen mit den zentralen Kategorien des Baudelairebuchs und dem dazugehörigen farbigen Siglesystem. Des weiteren fanden sich in den Umschlägen Kapitelgliederungen, die auf den Listen aufbauend und nach Motiven geordnet den Bauplan für das Baudelairebuch erkennen lassen sowie metatextuelle Arbeits- und Werkregienotizen und bruchstückhafte Vorstufen zum Baudelairebuch (zur Beschreibung und Analyse des Handschriftenmaterials vgl. Espagne/Werner 1984, 1986 und 1987; Bolle 1999 und 2000). Die Bemühungen Tiedemanns, den zweiten Pariser Nachlaß ins Adorno-Benjamin-Archiv zu überführen, scheiterten zunächst, da die Witwe Batailles im Mai 1982 die aufgefundenen Handschriften in einer Schenkungsurkunde der Bibliothèque Nationale überantwortete. Der darauffolgende Rechtsstreit wurde jedoch zugunsten des Adorno-Benjamin-Archivs entschieden und ermöglichte die Zusammenführung aller die Baudelaire-Arbeiten betreffenden Manuskripte in Frankfurt. Da die Edition des ersten Bandes der *Gesammelten Schriften* Benjamins, der sämtliche bis dahin bekannten Texte aus dem Umfeld der Baudelaire-Studien enthielt, schon 1974 abgeschlossen war, haben die Herausgeber im Band VII.2 die Pariser Handschriften auszugsweise abgedruckt (vgl. VII, 735–770). Der Band zu den »Nachträgen« ist den erst im Laufe der langwierigen Editionsarbeit aufgefundenen Handschriften und Materialien gewidmet. Entsprechend der von den Herausgebern intendierten Gewichtung »auf dem Abdruck neuer Paralipomena: auf der Mitteilungen von Schemata, Entwürfen und Vorstufen von Texten« (VII, 729), werden beispielhaft Dokumente aus dem Entstehungsprozeß des Baudelaire-Projekts abgedruckt. In ihren Anmerkungen weisen die Herausgeber darauf hin, daß der vollständige Abdruck der Pariser Handschriften mit dem Ziel einer lückenlosen Dokumentation des Entstehungsprozesses zwangsläufig zu Mehrfachabdrucken und Unübersichtlichkeiten geführt hätte. Dies ist genauso richtig wie die Tatsache, daß die Publikation sämtlicher neuaufgefundener Handschriften den Rahmen der *Gesammelten Schriften*, die nie als historisch-kritische Ausgabe intendiert war, sprengen würde. Dennoch ist es zu bedauern, daß ein so spektakulärer Fund wie die Pariser Handschriften, der entscheidende Aufschlüsse über die Genese des Baudelaire-Projekts und Benjamins Strukturierungsversuche erlaubt, »mit ein paar Beispielen« (Tiedemann, VII, 736), die nur etwa ein Fünftel der aufgefundenen Seiten ausmachen, dokumentiert ist. Zwar ist es nicht so, daß einzelne, als besonders wichtig anzusehende Materialien aus den Pariser Handschriften in den Nachträgen fehlen, doch angesichts der hochkomplexen Entstehungsgeschichte der Baudelaire-Passagen-Arbeit und der kontroversen Einschätzung des Fundes und seiner Bedeutung für Benjamins Projekt einer materialen Geschichtsschreibung (vgl. Tiedemann

1983, 191 f.) wäre es wünschenswert gewesen, dem interessierten Leser und Forscher die Dokumente in ihrer Gesamtheit zugänglich zu machen.

Bisherige Rezeption

In den folgenden Überlegungen geht es darum, die rezeptionsgeschichtlichen Besonderheiten von Benjamins Baudelaire-Studien zu berücksichtigen und ihre spezifischen Problemfelder abzustecken. Zu letzteren gehört ihr besonderer Status als ›Miniatur-Modell‹ des Passagenwerks, aber auch der unabgeschlossene Charakter des PARIS DES SECOND EMPIRE BEI BAUDELAIRE und die fragmentarische Natur der ZENTRALPARK-Notizen sowie die nicht zu überschätzende Rolle, die Adorno in bezug auf die Rezeptionsgeschichte der Baudelaire-Studien spielte. Die Person und das Denken Adornos haben, wie die Edition der Briefe Benjamins in den 1960er Jahren und die *Gesammelten Schriften* deutlich machten, nicht nur die Entstehungsgeschichte der Baudelaire-Studien entscheidend beeinflußt, sondern auch die spätere Aufnahme dieser Texte maßgeblich geprägt. In bezug auf das Spätwerk und vor allem die Baudelaire-Studien ist festzustellen, daß die schon den Entstehungsprozeß begleitende Kritik Adornos an der mangelnden Vermittlung des »pragmatische[n] Gehalt[es]« (I, 1094) zu einer der wichtigsten rezeptionsgeschichtlichen Diskussionen Anlaß gab, in der der Status des sozialhistorischen Materials im Mittelpunkt steht. Die diesbezügliche Feststellung Heiner Weidmanns, daß »die Sekundärliteratur Benjamin vor Adornos schonungsloser Kritik in Schutz nimmt« (Weidmann 1992, 146), muß jedoch nuanciert werden. Die Forschungslage ist nicht ganz so eindeutig, wie Weidmanns Aussage es vermuten läßt, und es gibt durchaus Stimmen, die Adornos Kritik ihre Berechtigung zusprechen (vgl. Menninghaus 1980, 158 und 259; Tiedemann 1983; Arabatzis 1998, 124–128). Weidmanns Verweis auf eine übereinstimmende Verteidigung Benjamins verdient jedoch noch eine weitere Präzisierung, insofern auch die Anwälte Benjamins alles andere als geschlossen argumentieren und teilweise durchaus widersprüchliche Argumente anführen, um auf Adornos Kritik zu antworten (vgl. Michael W. Jennings 1987, 30–43; Witte 1988, 32–33; Witte 1994, 124; Garber 1992, 55–58, 74, 124; Arendt 1971, 18–24; Nägele 1992, 80).

Adornos eigene Position in bezug auf Benjamins Verfahren war jedoch selbst von Anfang an widersprüchlich. So hat er einerseits die unzureichende Dialektisierung und theoretische Einbindung der materiellen Einzeldaten beanstandet, jedoch nichtsdestoweniger in seinen Kommentaren zu Benjamins Werk schon 1950 den »fragmentarischen Charakter« des Spätwerks (Adorno 1990, 9) und die außergewöhnliche »Konkretion«, die das Rebus »zum Modell seiner Philosophie macht« (10), hervorgehoben. Diese durchaus gegensätzliche Einschätzung der Baudelaire-Studien, in der das, was zunächst als Schwäche des Benjaminschen Verfahrens verstanden wird – sein Glaube an die Evidenz der Dinge in ihrer konkreten Materialität – in den 60er Jahren zur spezifisch philosophischen Leistung Benjamins, durch die »das Unaufschließbare wie mit einem magischen Schlüssel« sich öffnen läßt (83), aufgewertet wird, nimmt die konträren Positionen, die in der Rezeptionsgeschichte vertreten werden, vorweg. Zugleich läßt sich hier eine Entwicklung der Rezeptionsgeschichte der Baudelaire-Studien ablesen, die in den 60er Jahren, mehr oder weniger unter Absehung textgenetischer Zusammenhänge, den unvollendeten Status der ZENTRALPARK–Fragmente und Benjamins ›blitzartiges‹ Verfahren ästhetisch motiviert und das Bild eines fragmentarischen Denkens und einer Philosophie der Unabgeschlossenheit kultiviert. Diese Sichtweise war lange durchaus repräsentativ für die Wahrnehmung des Benjaminschen Spätwerks und der Baudelaire-Studien in der deutschen Benjamin-Forschung. Sie erfährt jedoch in den 80er Jahren eine Wandlung, und an Stelle der Hypostasierung des Fragmentarischen als Grundkategorie von Benjamins Denken tritt der Versuch, die konstruktive Idee des unvollendet gebliebenen Werkes sichtbar zu machen und den ZENTRALPARK–Fragmenten ihren Platz in der Gesamtkonzeption des Baudelaire-Buches zuzuweisen.

Der Fund der Pariser Handschriften durch Giorgio Agamben im Jahr 1981 markiert in diesem Zusammenhang eine eindeutige Zäsur. Zwar hat es auch schon vor Entdeckung der in der Bibliothèque Nationale aufgefundenen Materialien einzelne Versuche gegeben, die »philosophische Bogenspannung« (I, 1119), die der Gesamtkonzeption des Baudelaire zugrundeliegt, nachzuvollziehen (vgl. Menninghaus 1980; Witte 1988, 32–41). Diese waren jedoch notgedrungen auf die Deutung der Konspekte, Notizen und brieflichen Äußerungen beschränkt. Mit der Auswertung der Pariser Funde beginnt nun eine zweite Phase der Rekonstruktion. Philologisch und textgenetisch gestützt durch die Untersuchung des handschriftlichen Materials (vgl. Espagne/Werner 1984, 1986 und 1987), versuchen zahlreiche Arbeiten, das konstruktive Prinzip der unvollendet gebliebenen Teile zu Baudelaire herauszuarbeiten bzw. den Benjaminschen Arbeitsprozeß nachzuvollziehen (Buck-Morss 1991; Weidmann 1992) oder »das disparate Material des Baudelaire-

Fragments gedanklich zu synthetisieren« (Garloff 2003, 154–254, hier: 156).

Inhaltliche Hauptlinien, Thesen – »Das Paris des Second Empire« bei Baudelaire

Ausgehend von Marx' Überlegungen zur Pariser Bohème im nachrevolutionären Frankreich unter Napoleon III. wird das erste Kapitel des Aufsatzes mit einem Vergleich zwischen den konspirativen Gepflogenheiten der proletarischen Verschwörer und Baudelaires ästhetischer und politischer Haltung eröffnet.

Nicht nur der doppelgesichtige Satanismus der Baudelaireschen Lyrik, sondern auch die abgründige Zweideutigkeit seiner politischen oder theoretischen Äußerungen rechtfertigen für Benjamin die Einordnung Baudelaires ins soziale Milieu der konspirativen Bohème. Mit Bezug auf verschiedene kunst- und literaturkritische Schriften wie den *Salon von 1846* und die Aufsätze zu Pierre Dupont, in denen unvermittelt radikal gegensätzliche Positionen zur Frage der moralischen Nützlichkeit der Kunst und der Ideologie des *l'art pour l'art* eingenommen werden, versucht Benjamin, die ästhetische Widersprüchlichkeit Baudelaires zu belegen. Auch Baudelaires politisch hochgradig ambivalente Haltung, die sich in einer Revolte äußert, deren »verbissene Wut – la rogne« (I, 516) in ihrer provozierenden Destruktivität nicht nur revolutionäre, sondern auch reaktionäre Züge besitzt, wird durch Selbstaussagen und Briefe verdeutlicht. Benjamins Urteil zu Baudelaires politisch doppeldeutiger Position ist denn auch ohne Appell: »Die politischen Einsichten Baudelaires gehen grundsätzlich nicht über die dieser Berufsverschwörer hinaus. Ob er seine Sympathien dem klerikalen Rückschritt zuwendet oder sie dem Aufstand von 48 schenkt – ihr Ausdruck bleibt unvermittelt und ihr Fundament brüchig« (515). Entscheidend ist in diesem Zusammenhang, daß Benjamin gerade *nicht* versucht, die ästhetische und politische Widersprüchlichkeit Baudelaires als durch das Scheitern der republikanischen Hoffnungen bedingte Entwicklung zu deuten, wie dies in der engagierten und sich Benjamin verpflichtet fühlenden Baudelaireforschung der 70er Jahre, die bestrebt ist, den Dichter für eine progressive politische Position zu retten, gemeinhin der Fall ist (Sahlberg 1974; Stenzel 1977; Oehler 1979. Zur kritischen Aufarbeitung vgl. Mettler 1988, 305–309). »Es wäre ein großer Irrtum, in den kunsttheoretischen Positionen Baudelaires nach 1852, die sich von denen um 1848 so sehr unterscheiden, den Niederschlag einer Entwicklung zu sehen. (Es gibt wenige Künstler, deren Produktion so wenig von einer Entwicklung zeugt, wie die Baudelairesche)« (V, 399). Diese Zweideutigkeit Baudelaires ist es jedoch gerade, die eine Möglichkeit der Rettung in sich birgt. Zwar verfügt Baudelaire nicht über das luzide Verständnis der politischen Lage, wie es ein Konspirateur vom Schlage Blanquis besitzt, doch gibt er ihr durch sein ambivalentes Verhalten als Zeuge Ausdruck. Durch diese, vor allem gegen Brecht gewandte »epistemologische List« (Fietkau 1978, 225), mittels deren der mangelnden politischen Einsicht Baudelaires ein auf Rettung zielender Zeugnischarakter zuerkannt wird, führt Benjamin die Duplizität des Lyrikers mit den Strategien des politischen Verschwörers Blanqui eng (zur Bedeutung Blanquis für Benjamin vgl. I, 1071; Abensour 1986, 219–247). Er eröffnet so eine Konstellation zwischen Dichtung und Revolution, die als Klammer den gesamten Aufsatz umfaßt. Blanqui und Baudelaire erscheinen als die »ineinander verschlungenen Hände auf einem Stein, unter dem Napoleon III. die Hoffnungen der Junikämpfer begraben hat[]« (I, 604). Gerechtfertigt wird die geschwisterliche Darstellung von politischer Tat und lyrischem Traum durch die beiden gemeinsamen konspirativen Gepflogenheiten. »Überraschende Proklamationen und Geheimniskrämerei, sprunghafte Ausfälle und undurchdringliche Ironie« charakterisieren Baudelaires theoretische Aussagen, in denen der Dichter »seine Ansichten meist apodiktisch« (I, 514) vorträgt. Die »Geheimniskrämerei« der Konspirateure von Schlage eines Blanqui und Baudelaires putschistische »Rätselkram«-Taktik (519), die vor allem in seiner Handhabung der Allegorie durchschlägt, gründen in der gleichen, von Marx in *Der achtzehnte Brumaire des Louis Bonaparte* beschriebenen Verlumpung der politischen Sitten und Werte, die das Second Empire charakterisiert. Verkörperung dieser Gesellschaft, deren politische Regressivität mit einer rasanten wirtschaftlichen Entwicklung einhergeht, ist der Lumpensammler, der zusammen mit dem Flaneur und dem Spieler zu jenen schillernden Erscheinungen gehört, die das Resultat einer ökonomischen Realität sind, gleichzeitig jedoch als literarische Figur ins Imaginäre der Epoche Eingang gefunden haben. Benjamin führt das Verhalten des *Chiffonnier*, der »die Abfälle des vergangenen Tages in der Hauptstadt« (582) aufsammelt, um sie zu registrieren und zu verwerten, als »ausgedehnte Metapher für das Verfahren des Dichters nach dem Herzen von Baudelaire« (583) an. Identifikationsfigur für den der Bohème zugehörigen Dichter und beliebtes Motiv der sozialen Dichtung, erlaubt er Benjamin im Zuge seiner Argumentation, den grundlegenden Unterschied zwischen der erbaulichen Soziallyrik eines Sainte-Beuve und Baudelaires Zweideutigkeit und blasphemischem

Satanismus geprägten Gedichten zu unterstreichen. Diese Duplizität erweist sich als strategische Notwendigkeit für Baudelaire, der sich inmitten eines literarischen Betriebs behaupten muß, dessen Entwicklung immer mehr von den Gesetzen der »merkantile[n] Verwertbarkeit« (529) bestimmt wird. Das Kapitel zur *Bohème* mündet in eine sozialgeschichtliche Analyse des literarischen Marktes im Second Empire, der durch die Einführung des Feuilletons einschneidende Veränderungen erfährt (vgl. Köhn 1989, 17–73). Die Schaffung eines neuen Absatzmarktes und die Notwendigkeit, diesen durch kurzgehaltene Informationen, deren einziges Kriterium der Reiz des Neuen ist, zu befriedigen, drängt den Dichter immer mehr in die Rolle des Feuilletonisten. Für Baudelaire, der Mühe hatte, sich und seine Manuskripte im literarischen Betrieb zu plazieren, bleibt, wie Benjamin am einleitenden Geständnis »Au lecteur« und verschiedenen anderen Gedichten der *Fleurs du Mal* abliest, nur die Möglichkeit, sich wie der Flaneur auf den Markt zu begeben, um dort einen Käufer für seine Ware zu suchen. Die Überblendung von Literat und Flaneur, die beide gezwungen sind, sich an den Markt zu verkaufen, bildet die Überleitung zum zweiten Kapitel.

Der Flaneur – Genealogie einer urbanen Figur

Dem Flaneur, jener privilegierten Figur urbaner Perzeption und Narration gewidmet, beginnen Benjamins Ausführungen mit gattungsgeschichtlichen Überlegungen zu den verschiedenen Genres der Großstadtliteratur, die in je unterschiedlicher Weise auf die urbane Entwicklung und die damit einhergehenden Veränderungen der Wahrnehmung reagieren. Benjamin analysiert zunächst das Genre der literarischen Stadtanthologien, der *physiologies*, die es sich in der Tradition der *Tableaux de Paris* eines Louis-Sébastien Mercier zur Aufgabe gemacht haben, die Großstadt und ihre Bewohner durch typologische Portraits und Anekdoten darzustellen. Die kleinbürgerliche »Bonhomie« (I, 539) dieser Gattung verharmlost und kompensiert, so Benjamin, die immer undurchschaubarer und bedrohlicher werdende Realität der Großstadterfahrung, die mit ihrer visuellen Reizüberflutung für eine dauernde sinnliche Überforderung sorgt. Indem sie alle beunruhigenden Aspekte des städtischen Lebens ausblenden, weben sie »auf ihre Art an der Phantasmagorie« (541) der Pariser Moderne, an der auch der Flaneur partizipiert.

Benjamin wendet sich nun einer zweiten urbanen Gattung zu, die der immer weniger faßbaren und kontrollierbaren Realität der modernen Metropole stärker Rechnung trägt, als die verharmlosenden Physiologien. Es handelt sich um die Detektivgeschichte, die, an Cooper anknüpfend, die Großstadt als bedrohliche Abenteuerwelt darstellt, in der sich der Bewohner unzähligen Gefahren ausgesetzt sieht. Während die Physiologien das bedrohliche Moment der anonymer werdenden Großstadt entschärfen, machen die Detektivgeschichten gerade die »Verwischung der Spuren des Einzelnen in der Großstadtmenge« (546) zu ihrem Thema. Die Unterscheidung zwischen beiden Gattungen ermöglicht es Benjamin, einen Zusammenhang zwischen der Detektivgeschichte, die »einen Teil der Analyse von Baudelaires eigenem Werk« ausmacht (545), und den *Fleurs du Mal* herzustellen. Beide tragen der Erfahrung der großstädtischen Wirklichkeit, die ihre Bewohner einer Vielzahl visueller und haptischer Schocks aussetzt und sie zur Herausbildung neuer »Formen des Reagierens« (543) zwingt, Rechnung. Die Erfahrung der Moderne, die auf der Isoliertheit des Subjekts und der Akkumulation flüchtiger, gleichförmiger und bewegter Eindrücke beruht, wird von Benjamin im PARIS DES SECOND EMPIRE BEI BAUDELAIRE weitgehend sozialgeschichtlich durch Veränderungen der städtischen Lebenswelt beschrieben. Die zahlreichen Chocks, denen der Großstadtbewohner durch die Entwicklung eines reflektorischen Charakters begegnet, werden hier noch ganz konkret als Erfahrung der Menge, die dem Passanten Stöße versetzt, beschrieben, bevor Benjamin in der überarbeiteten Fassung des Aufsatzes seine lebensweltliche Analyse durch Freuds Theorie des Bewußtseins als Reizschutz theoretisch fundiert. Von Benjamin als Kristallisation der Moderne gedeutet, wird die Herausbildung der urbanen Kontingenzerfahrung an den drei Stationen London, Paris und Berlin exemplifiziert. Die historische Ungleichzeitigkeit der drei Städte, die mit der unterschiedlich weit vorangeschrittenen Industrialisierung und Technisierung zusammenhängt, belegt Benjamin durch den Rekurs auf die beiden Extreme E.T.A. Hoffmann und E.A. Poe, zwischen denen der Pariser Flaneur, der sich noch »gegen die Arbeitsteilung« und die »Betriebsamkeit« (556) der Großstadt zur Wehr setzt, eine mittlere Position einnimmt (vgl. 550–557 und 627 f.). Ausgehend von Poes »Mann der Menge« analysiert Benjamin die für die großstädtische Wahrnehmung konstitutive Erfahrung der Masse und ihre narrative und ästhetische Darstellung. Die hoffnungslose Gleichförmigkeit der Londoner Menge, deren entmenschtes Treiben durch eine »Mimesis der ›fieberhaften ... Bewegung der materiellen Produktion‹« (556) verstärkt wird, stellt den Kulminationspunkt einer industriellen und urbanistischen Entwicklung dar, an dem gemessen Baudelaires Paris noch »einige Züge aus guter alter Zeit« (627) wahrt. Doch die Versuche des Pariser Flaneurs, sich sein Tempo von Schildkröten, die er in den Passagen spazieren führt, vorschreiben zu lassen, sind auf Dauer zum Scheitern verurteilt. »Nicht er behielt das letzte Wort, sondern Taylor, der das ›Nieder mit der Flanerie‹ zur Parole machte« (557). Noch ist jedoch Paris ein Schwellenraum, in dem sich moderne und vormoderne Züge kreuzen; schon längst nicht mehr mit dem »provinziellen Deutschland« (620) zu vergleichen, und doch auch noch nicht völlig dem barbarischen London angeglichen, das ganz nach dem frenetischen Rhythmus industrieller Produktion lebt. Die Zwitterstellung der französischen Hauptstadt erklärt auch, warum die Figur des Flaneurs bei Benjamin immer wieder zu changieren scheint. Ihre Ambivalenz ist in der Forschung mehrfach kommentiert worden (zur Skizzierung der von kulturkonservativen Zügen nicht immer ganz freien Verfallsgeschichte des Flaneurs vgl. Weidmann 1992, 85–87; Lindner 1986, 13–25; Bohrer 1996, 101–105; Wellmann 1991, 161–165). Benjamins uneinheitliche Bewertung des Flaneurs verstärkt dabei eine Mehrdeutigkeit der Figur, die ihr gattungsgeschichtlich ohnehin schon eignet (zur Etymologie des Begriffs vgl. Parkhurst Ferguson 1994, 240; zur literaturgeschichtlichen Entwicklung vgl. Neumeyer 2001; Wellmann 1991, 152–197; Parkhurst Ferguson 1994; Köhn 1989, 17–67). Ganz offensichtlich gilt jedoch Benjamins Interesse »weniger der geschichtlichen Erscheinung des großstädtischen Spaziergängers, als vielmehr der historisch-aporetischen Verlaufsform der literarischen Figur: ihrem Verschwinden am Ende des 19. Jahrhunderts« (Wellmann 1991, 153). Seine Analyse zielt vor allem auf das notwendige Ende einer künstlerischen Praxis, die unter den Vorzeichen von Vermarktung, industrieller Produktion und feuilletonistischer Kurzlebigkeit den flanierenden Literaten zum sich und seine Arbeitskraft anpreisenden Journalisten macht. In dem Moment, in dem die Passage, die den natürlichen Lebens- und Spazierraum des Flaneurs bildet, verschwindet und durch ihre ›Verfallsform‹, das Warenhaus, ersetzt wird, zeigt sich die Analogie zwischen Ware und Flaneur in aller Deutlichkeit. Das Warenhaus erweist sich als »der letzte Strich des Flaneurs« (I, 557).

Die Moderne – Ein heroisches Ideal

Die Luzidität im Angesicht des Unausweichlichen – der Mut, aus »der Not eine Tugend« zu machen (I, 573) – charakterisiert das im dritten Kapitel entwickelte Leitbild des modernen Heros, der im Gefecht die Stöße der Menge pariert und dessen Finten Baudelaire in seiner Lyrik prosodisch nachbildet. Die Widmung an Arsène Houssaye, die dem *Spleen de Paris* vorangestellt ist, formuliert das Ideal einer lyrischen Sprache, die eine der großstädtischen Dynamik gemäße Faktur besitzt. »Sie müßte musikalisch ohne Rhythmus und ohne Reim sein; sie müßte geschmeidig und spröd genug sein, um sich den lyrischen Regungen der Seele, den Wellenbewegungen der Träumerei, den Chocks des Bewußtseins anzupassen. Dieses Ideal, das zur fixen Idee werden kann, wird vor allem von dem Besitz ergreifen, der in den Riesenstädten mit dem Geflecht ihrer zahllosen einander durchkreuzenden Beziehungen zuhause ist« (571 f.; Baudelaire 1975, 275 f.). Die Engführung zwischen dem Bild der ›fantasque escrime‹, das die Chocks der modernen Großstadt in die Textur der lyrischen Sprache einträgt, und Baudelaires prosodischem Ideal in der Houssaye-Widmung gibt einen Hinweis darauf, wie Benjamin sich die Antwort auf die zentrale poetologische Problematik der Baudelaire-Studien vorstellt: »Die Frage meldet sich an, wie lyrische Dichtung in einer Erfahrung fundiert sein könnte, der das Chockerlebnis zur Norm geworden ist« (614). Während Benjamin in Über einige Motive bei Baudelaire diese Fragestellung mit Bezug auf Freuds Überlegungen zum Reizschutz und Prousts Theorie des Gedächtnisses theoretisch begründet und seine Theorie der Moderne über den Zusammenhang zwischen Chock, Strukturwandel der Erfahrung und Auraverlust entfaltet, privilegiert der erste Aufsatz eine stärker motivisch ausgerichtete Antwort, die aus der vielfältigen Figur des modernen Heros die Quintessenz der Moderne herauskristallisiert. Benjamin untersucht also die Personifikationen des Helden in ihren changierenden Ausprägungen, die alle »eine ganz bestimmte geschichtliche Signatur tragen« (600), die der Moderne. Er entziffert sie im Selbstmörder, welcher der Moderne die Stirn bietet, im Verbrecher, der den *Contract social* mit der Gesellschaft aufkündigt und im Lumpensammler, der dem Kehricht der großen Stadt zu ihrem Recht verhilft. Er findet sie in der Lesbierin, die sich der ihr zugewiesenen Mutterrolle in der Produktivgesellschaft verweigert und so den »Protest der ›Moderne‹ gegen die technische Entwicklung« (667) darstellt, im Dandy, dessen Physiognomie den *ennui* zur Schau stellt und vor allem paradigmatisch verkörpert in der Person des Dichters Baudelaire. »Die Quellen, aus denen die heroische Haltung von Baudelaire sich speist, brechen aus den tiefsten Fundamenten der gesellschaftlichen Ordnung hervor [...]. Diese Veränderungen bestanden darin, daß am Kunstwerk die Warenform, an seinem Publikum die Massenform unmittelbarer und vehementer als jemals vordem zum Ausdruck kam« (676). Der heroische Zug des modernen Dichters besteht also darin, daß er sich den Umbrüchen und Veränderungen in Wahrnehmung und Produktion stellt, ja sie sogar forciert, statt ihnen z. B. durch den Rückzug auf eine Ideologie des *l'art pour l'art* auszuweichen.

In seinem Brief an Horkheimer, der eine erste Gliederung und ein kurzes *exposé* liefert, skizziert Benjamin Baudelaires paradigmatische Rolle in diesem Zusammenhang: »Die einzigartige Bedeutung Baudelaires besteht darin, als erster und am unbeirrbarsten die Produktivkraft des sich selbst entfremdeten Menschen im doppelten Sinne des Wortes dingfest gemacht – agnostiziert und durch die Verdinglichung gesteigert – zu haben« (1074). Wie kein anderer hat Baudelaire es sich zur Aufgabe gemacht, »der Moderne Gestalt zu geben« (584) und sie dadurch dereinst Antike werden zu lassen. In der »Korrespondenz zwischen Antike und Moderne« besteht für Benjamin »die einzige konstruktive Geschichtskonzeption bei Baudelaire« (678). Es ist die Stadt Paris, genauer gesagt, ihre Hinfälligkeit, in der sich die wechselseitige Durchdringung von Antike und Moderne am deutlichsten ausdrückt. »Worin zuletzt und am innigsten die Moderne der Antike sich anverlobt, das ist die Hinfälligkeit. Paris« (586). Verstärkt wird das nagende Bewußtsein von der Vergänglichkeit der Metropolen, das »jeder dichterischen Evokation von Paris bei Baudelaire zu grunde liegt« (1139), durch die Ende der 50er Jahre unter dem Baron Haussmann einsetzenden Bauvorhaben. Die städtebaulichen Maßnahmen des kaiserlichen Präfekten, die ebenso sehr eine Bereinigung und Sanierung des mittelalterlichen Paris, wie auch die Verhinderung zukünftiger Barrikadenkämpfe zum Ziel hatten, prägten das Imaginäre der Epoche aufs nachdrücklichste. Für Benjamins Interpretation ist das Motiv der städtischen Hinfälligkeit jedoch vor allem bedeutsam, weil »die Form dieser Überblendung« von Antike und Moderne unverkennbar allegorisch ist (591). Benjamin zielt darauf, Baudelaires seismographisches Bewußtsein von der dem Untergang gewidmeten modernen Stadt zum Ausgangspunkt für eine weitergehende Reflexion über das Absterben der Dinge und Bedeutungen in der industriellen Gesellschaft zu machen.

Anhand der Notizen aus dem Zentralpark, verschiedener brieflicher Exposés und Konspekte läßt sich rekonstruieren, daß dieser allegorische Zusammenhang über die »Entwertung der menschlichen Umwelt durch die Warenwirtschaft« (1151) herzustellen ist. Deren Funktionieren beruht auf der »Antinomie zwischen dem Neuen und Immergleichen« (1083), der frenetischen Hervorbringung immer neuer Moden und *Nouveautés*, die von vornherein schon dem Veralten preisgegeben sind. Benjamin untersucht anschließend die für den Allegoriker kennzeichnende »Sprachgeberde« (603) Baudelaires. Als erste Gedichtsammlung verwerten die *Fleurs du Mal* »Worte nicht allein prosaischer Provenienz sondern städtischer« (ebd.) und bestimmen diese ›handstreichartig‹ zum allegorischen Gebrauch. Hier nun schließt sich die Parenthese, mit der Benjamin den Aufsatz eröffnete. Wie zu Beginn spiegelt sich in der Person Baudelaires, dessen Technik als »putschistische« (ebd.) bezeichnet wird, und der daher dem konspirativen Milieu zugerechnet wird, das Bild Blanquis. Die Tat des Konspirateurs erscheint als »Schwester von Baudelaires Traum« (604).

»Über einige Motive bei Baudelaire«

Nach der Ablehnung des ersten Baudelaire-Aufsatzes durch das Institut für Sozialforschung überarbeitet Benjamin den Text grundlegend. Er streicht in der zweiten Fassung eine ganze Reihe von Motiven, die inhaltlich oder symbolisch für Das Paris des Second Empire bei Baudelaire, aber auch für das Passagen-Werk zentral waren. Die verbleibenden Themen werden im Kontext einer Theorie der modernen Subjektivität gelesen, so daß die ursprünglich sozialhistorische Dimension des Aufsatzes wahrnehmungspsychologisch perspektiviert und an eine Reflexion über den Strukturwandel der Erfahrung gebunden wird. In der überarbeiteten Baudelaire-Studie knüpft Benjamin an seine epistemologischen Überlegungen aus den 30er Jahren an und rekurriert auf Begriffe, die er im Kontext seiner Arbeiten zu den Bedingungen künstlerischer Produktion (das Kunstwerk im Zeitalter seiner technischen Reproduzierbarkeit, 1936) und zur Verkümmerung der Erfahrung (Erfahrung und Armut, 1933; Der Erzähler, 1936) entwickelt hat. Diese um den Erfahrungswandel kreisende Begrifflichkeit wird eingebunden in einen theoretischen Zusammenhang, dessen drei Stränge die lebensphilosophischen Überlegungen Henri Bergsons zur modernen Zeitlichkeit, Prousts Gedächtnistheorie und die Freudschen Untersuchungen zur Funktion des Bewußtseins als Reizschutz sind. Der Aufsatz setzt ein mit einem ersten Beleg für die irreversiblen Veränderungen, die der Erfahrungsbegriff in der Mitte des 19. Jh.s durchläuft. Ausgehend von dem Befund, daß »die Bedingungen für die Aufnahme lyrischer Dichtung ungünstiger geworden sind« (I, 607), beschreibt Benjamin den für die Moderne prototypischen zerstreuten Leser, dessen begrenzte Willenskraft und Aufmerksamkeit ihn zu einem undankbaren Publikum für den

Dichter machen. Zwei Feststellungen ergeben sich für Benjamin aus dieser historischen Situation. Zunächst konstatiert er, daß Baudelaire sich keineswegs von diesen neuen, »ungeneigtesten Lesern« (608) distanziert, sondern gerade sie im Einleitungsgedicht zum Adressaten der *Fleurs du Mal* macht. In einem zweiten Schritt formuliert Benjamin eine mögliche Erklärung für die auf größere Widerstände stoßende Rezeption lyrischer Dichtung. Es liege nahe, »sich vorzustellen, daß die lyrische Poesie nur noch ausnahmsweise den Kontakt mit der Erfahrung der Leser wahrt. Das könnte sein, weil sich deren Erfahrung in ihrer Struktur verändert hat« (608). Diese Arbeitshypothese versucht Benjamin nun in verschiedenen Bereichen zu belegen.

Die Lebensphilosophie – zwischen Rettung und Reaktion

Als Indiz für ihre Richtigkeit führt er das Aufkommen der Lebensphilosophie und ihrer kulturkonservativen Bemühungen um die Rehabilitierung einer authentischen, von den Einflüssen der industriellen Gesellschaft unberührten Erfahrung an. »Seit dem Ausgang des vorigen Jahrhunderts stellte sie eine Reihe von Versuchen an, der ›wahren‹ Erfahrung im Gegensatze zu einer Erfahrung sich zu bemächtigen, welche sich im genormten, denaturierten Dasein der zivilisierten Massen niederschlägt« (I, 608). Benjamin bewertet die Lebensphilosophie und ihr auf Bewahrung einer traditionellen Zeitlichkeit zielendes Projekt, dessen Entwicklung er bei Dilthey einsetzen und über Klages und Jung im Faschismus enden sieht, kritisch. Seine Position läßt sich vor allem daran ablesen, daß er im folgenden den zentralen Begriff der Lebensphilosophie, das Erlebnis, umdeutet und als defiziente Erfahrungsmodalität definiert. (Zur Begriffsgeschichte von ›Erlebnis‹ und ›Erfahrung‹ vgl. Weidmann 1992, 67 f.). Während das Erlebnis in der Tradition Diltheys eine ganzheitliche und unmittelbare Form der Erfahrung beschreibt, die eine kompensatorische Rückzugsmöglichkeit angesichts der zerfallenden Zeiterfahrung der Moderne bietet, wertet Benjamin diesen Begriff als mechanischen Vorfall ab und stellt ihn der »Erfahrung im strikten Sinn« (I, 611) gegenüber.

Benjamins Rekurs auf die Lebensphilosophie ist doppelt motiviert. Zum einen sieht er im Versuch der Lebensphilosophie, die leere Zeit der Moderne durch den Rückzug auf traditionelle Ideen wie Dauer und Tradition zu negieren, ein Modernitätssymptom. Darüber hinaus exponiert Bergson in seinem Frühwerk *Matière et mémoire* einen Zusammenhang zwischen Gedächtnis und Erfahrung, den sich Benjamin für seine Reflexion produktiv zu eigen macht. »Sein Titel zeigt an, daß es die Struktur des Gedächtnisses als entscheidend für die philosophische der Erfahrung ansieht« (608; zu Benjamins Bergsonlektüre vgl. Weber 2000, 237–240; Münster 1992, 1135–1139; Makropoulos 1989, 63–73). Benjamin stimmt dieser grundlegenden Rückbindung der Erfahrung an die Erinnerung, die seine Thesen aus dem ERZÄHLER-Aufsatz bestätigt, zu. »In der Tat ist die Erfahrung eine Sache der Tradition, im kollektiven wie im privaten Leben. Sie bildet sich weniger aus einzelnen in der Erinnerung streng fixierten Gegebenheiten denn aus gehäuften, oft nicht bewußten Daten, die im Gedächtnis zusammenfließen« (608). Seine Kritik an Bergsons lebensphilosophischer Gedächtnistheorie setzt jedoch an der mangelnden historischen Verortung derselben an. »Das Gedächtnis geschichtlich zu spezifizieren, ist freilich Bergsons Absicht in keiner Weise. Jedwede geschichtliche Determinierung der Erfahrung weist er vielmehr zurück« (608 f.). Bergsons Weigerung, seinen Erfahrungsbegriff anders als a-historisch zu entfalten, wird von Benjamin als Negation genau *der* geschichtlichen Matrix gesehen, die ihn zuallererst hervorgebracht hat. »Er meidet damit vor allem und wesentlich, derjenigen Erfahrung näherzutreten, aus der seine eigene Philosophie entstanden ist oder vielmehr gegen die sie entboten wurde. Es ist die unwirtliche, blendende der Epoche der großen Industrie. Dem Auge, das sich vor dieser Erfahrung schließt, stellt sich eine Erfahrung komplementärer Art als deren gleichsam spontanes Nachbild ein. Bergsons Philosophie ist ein Versuch, dieses Nachbild zu detaillieren und festzuhalten« (609).

Proust – Die Partikularisierung der Erinnerung

Benjamin setzt seine zugleich produktive wie kritische Lektüre der Bergsonschen Lebensphilosophie mit der Einführung eines weiteren gedanklichen Bezugspunktes in Form der Proustschen Gedächtnistheorie fort. Ausgehend von der relativ apodiktisch formulierten These, daß »einzig der Dichter [...] das adäquate Subjekt« einer über den Begriff der Dauer konstituierten Erfahrung sein kann, führt er Prousts *A la Recherche du temps perdu* als Versuch ein, »die Erfahrung, wie Bergson sie sich denkt, unter den heutigen gesellschaftlichen Bedingungen auf synthetischem Wege herzustellen« (I, 609).

Benjamins kompliziertes argumentatives Verfahren, das über Prousts lebensphilosophische Anleihen zu einer weiteren kritischen Distanzierung von Bergson führt, ohne dessen wichtigstes Anliegen, die Rettung einer ›wahren‹ Erfahrung, vollständig für sich aufzugeben, ist der Versuch, der Unmöglichkeit intentionaler und natürlicher Herstellung wahrer Erfahrung zu begegnen. Zu diesem Zweck macht er sich Prousts »immanente Kritik« (ebd.) an *Matière et mémoire*, die in einer Zurückweisung des willentlichen Zugriffs auf Erinnerung und der begrifflichen Umformulierung der Bergsonschen *mémoire pure* zur *mémoire involontaire* mündet, zu eigen. Mit Proust stellt Benjamin die der *mémoire involontaire* entspringende »Erfahrung im strikten Sinn« (611) der *mémoire volontaire* und ihrem rein informativen, doch notwendig verarmten Gehalt gegenüber. Eine Notiz aus dem Passagen-Werk präzisiert diesen Gegensatz. »Die mémoire volontaire ist dagegen eine Registratur, die den Gegenstand mit einer Ordnungsnummer versieht, hinter der er verschwindet. ›Da wären wir nun gewesen.‹ (›Es war mir ein Erlebnis.‹)« (V, 280). Die Notiz verweist auf eine Jugendanekdote, die Benjamin in einem Brief an Adorno erwähnt, um die Grundlagen seiner Theorie der Erfahrung, die zugleich eine des Vergessens ist, deutlich zu machen: »Wenn wir [...] irgendeines der obligaten Ausflugsziele besucht hatten, so pflegte mein Bruder zu sagen: ›Da wären wir nun gewesen.‹ Das Wort hat sich mir unvergeßlich eingeprägt« (I, 1133). Die Reaktion des Bruders macht deutlich, daß das abgehakte Erlebnis eine mechanische Erinnerung hinterläßt, die mehr dem ›gehabt haben‹ gilt, als dem eigentlichen Erinnerungsobjekt. Demgegenüber steht das ›ungewollte‹ Denken, so Benjamins Übersetzung des Proustschen Begriffs der *mémoire involontaire*, nicht unter der Herrschaft des Gedächtnisses, sondern im Zeichen einer spontanen, nicht bewußt gesteuerten Vergegenwärtigung. (Zu Adornos Vorschlag, diese Theorie um ein dialektisches Glied – das Vergessen – zu erweitern und Benjamins Entgegnung vgl. I, 1131 und 1134; zu Benjamins Rekurs auf Proust vgl. Müller Farguell 2001, 325–339; zum Begriff der Erinnerung bei Benjamin vgl. Schöttker 2000, 260–297). In bezug auf die von Proust postulierte Zufälligkeit der *mémoire volontaire*, von der abhängt, »ob der einzelne von sich selbst ein Bild bekommt, ob er sich seiner Erfahrung bemächtigen kann« (I, 610), betont Benjamin, es habe »keineswegs etwas Selbstverständliches« (ebd.), in dieser Sache dem Zufall anheimgegeben zu sein, und insistiert auf dem historischen Index dieser Erfahrung: »Diesen ausweglos privaten Charakter haben die inneren Anliegen des Menschen nicht von Natur. Sie erhalten ihn erst, nachdem sich für die äußeren die Chance vermindert hat, seiner Erfahrung assimiliert zu werden« (ebd.). Als Grund für die Vereinzelung des Subjekts und die »Verminderung« (ebd.) der Erfahrung führt Benjamin u.a. Veränderungen im Bereich der Presse und Informationsvermittlung an, die zur Folge haben, daß die Ereignisse systematisch als zusammenhanglose und gegen die Lebenswirklichkeit des Lesers abgedichtete vermittelt werden. Schon im ersten Baudelaire-Aufsatz hatte Benjamin die Entwicklung des literarisch-journalistischen Marktes und ihre Auswirkungen untersucht. Die überarbeitete Fassung deutet nun die sozialhistorischen Phänomene vor dem Hintergrund der im Erzähler-Aufsatz entwickelten Überlegungen zur Verkümmerung narrativ mitteilbaren Wissens (vgl. Makropoulos 1989; Honold 2000, 363–398). Wie Benjamin dort ausführt, vermindern die »säkulare[n] geschichtliche[n] Produktivkräfte« (II, 442) das »Vermögen, Erfahrungen auszutauschen« (439), auf dem die Erzählung als traditionelle Form der Mitteilung beruht, und lassen die Sensation an die Stelle der Tradition treten. Prousts *Recherche* erscheint somit als ein letzter Versuch, mit Hilfe der *mémoire involontaire* die Praxis des Erzählens für eine Epoche zu retten, in der letztere eigentlich längst zum Anachronismus geworden ist. Das restaurative Moment der Proustschen Gedächtnistheorie, dessen zentraler Begriff zum »Inventar der vielfältig isolierten Privatperson« gehört und »die Spuren der Situation, aus der heraus er gebildet wurde« (I, 611), trägt, wird von Benjamin nicht weniger als Symptom gewertet, als das Bergsonsche Nachbild: »Proust konnte als ein beispielloses Phänomen nur in einer Generation auftreten, die alle leiblich-natürlichen Behelfe des Eingedenkens verloren hatte« (V, 490). Demgegenüber treten bei Benjamin für die »Erfahrung im strikten Sinn« im »Gedächtnis gewisse Inhalte der individuellen Vergangenheit mit solchen der kollektiven in Konjunktion« (I, 611). Als Beispiel führt Benjamin die Sphäre der Feste und Kulte an, deren Rituale die Ausschließlichkeit von willkürlichem und unwillkürlichem Eingedenken aufheben. Neu eingeführt wird an dieser Stelle der Begriff des Eingedenkens, der eine Möglichkeit der Aktualisierung von Vergangenheit anzeigt und die Rettung der Erfahrung erhoffen läßt. Benjamin analysiert die Überwindung der Disjunktion von bewußter und unbewußter Erinnerung jedoch erst im 10. Kapitel des Aufsatzes weiter, wo er den Baudelaireschen *Correspondance*-Begriff in das Koordinatensystem Bergson-Proust einträgt.

Freud – das Bewußtsein als Reizschutz

Zunächst sucht Benjamin eine »gehaltvollere[] Bestimmung« (I, 612) der von Proust in seiner Aneignung von Bergsons Gedächtnistheorie unternommenen Unterscheidung zwischen bewußter und unbewußter Erinnerung. Zu diesem Zweck beruft er sich in einer – wie er betont – heuristischen Lektüre Freuds auf den im Dezember 1920 erschienenen Aufsatz *Jenseits des Lustprinzips*, dessen spekulativen Charakter Freud selbst schon hervorgehoben hatte (Freud 1975, 234). Freuds Überlegungen zur Unvereinbarkeit von Erinnerung und Bewußtsein führen die schon im frühen *Entwurf einer Psychoanalyse* (1885) skizzierten Hypothesen zur Einschreibung der Erregung im psychischen System fort und entwerfen »vielleicht die größte Annäherung an eine Freudsche Theorie des Bewußtseins« (Nägele 1998, 67; zu Benjamins Freudlektüre vgl. Raulet 1998, 115–129). Die zur zweiten Freudschen Topik gehörenden und vom Autor selbst als metapsychologisch bezeichneten Ausführungen, die, wie Benjamin präzisiert, im Zusammenhang mit Freuds klinischer Arbeit an den Traumata der Kriegs- und Unfallneurotiker entstanden sind, postulieren das Entstehen des Bewußtseins »›an der Stelle der Erinnerungsspur‹« (I, 612; Freud 1975, 235). Diese Mutmaßung und ihre Weiterentwicklung durch Freuds Schüler Theodor Reik, der als Gedächtnisfunktion den »Schutz der Eindrücke« bestimmt und der destruktiven Erinnerung gegenüberstellt (I, 612), macht Benjamin zum Ausgangspunkt seiner Argumentation. Dabei macht er sich die psychoanalytische Grundannahme zu eigen, »›Bewußtwerden und Hinterlassung einer Gedächtnisspur‹« seien »›für dasselbe System miteinander unverträglich‹« (ebd.; Freud 1975, 235). Freuds Annahme, Erinnerungsreste seien »›oft am stärksten und haltbarsten, wenn der sie zurücklassende Vorgang niemals zum Bewußtsein gekommen ist‹« (612 f.; Freud 1975, 235), wird von Benjamin in die Begrifflichkeit Prousts übertragen, derzufolge Bestandteil der *mémoire involontaire* nur werden kann, »was nicht ausdrücklich und mit Bewußtsein ist ›erlebt‹ worden, was dem Subjekt nicht als ›Erlebnis‹ wiederfahren ist« (613). Er gewinnt dadurch eine doppelte Bestätigung seiner Beobachtung, daß das abgehakte Erlebnis, welches der Bruder in seinem Ausruf ›Da wären wir nun gewesen‹ symptomatisch benannt hatte, keinerlei dauerhafte Spuren im Gedächtnis hinterläßt. Kaum ausgesprochen und der Registratur des Bewußtseins überantwortet, verliert das Erlebnis jegliche Bedeutung, da es – wie Freud es ausdrückt – »im ›Phänomen des Bewußtwerdens verpufft‹« (612; Freud 1975, 235).

Wie ist diese neutralisierende Funktion des Bewußtseins zu erklären? Freud argumentiert zunächst rein ökonomisch, wobei er, getreu seiner spekulativen Ausgangsposition, vor allem bestrebt ist, seine Überlegungen widerspruchsfrei zu halten. Er schließt die Existenz von Dauerspuren im System Wahrnehmung-Bewußtsein aus, denn »sie würden die Eignung des Systems zur Aufnahme neuer Erregungen sehr bald einschränken, wenn sie immer bewußt blieben« (Freud 1975, 235). Hinterließe der Erregungsvorgang eine Dauerspur im Bewußtsein, so wäre dieses innerhalb kürzester Zeit saturiert und nicht mehr in der Lage neue Erregungen aufzunehmen. Benjamin kondensiert nun dieses Argument sowie die folgende physiologische Bezugnahme Freuds auf J. Breuers Überlegungen zur Besetzungsenergie und spitzt sie auf den Begriff des Reizschutzes zu, der ihm den Anschluß an seine eigene Chocktheorie erlaubt. Das Bewußtsein habe »als Reizschutz aufzutreten« (I, 613), führt Benjamin aus und zitiert den entsprechenden Freudschen Passus, ungeachtet der Tatsache, daß Freud den hypothetischen Gestus seiner Argumentation unterstrichen und seine Bewußtseinstheorie spekulativ an einem »undifferenzierten Bläschen reizbarer Substanz« (Freud 1975, 236) entwickelt hatte. »Für den lebenden Organismus ist der Reizschutz eine beinahe wichtigere Aufnahme als die Reizaufnahme« (613; Freud 1975, 237). Benjamin setzt nun seine Überlegungen mit dem Satz fort, der, um mit Freud zu sprechen, den ›Nabel‹ der Argumentation ausmacht: »Die Bedrohung durch diese Energien ist die durch Chocks. Je geläufiger ihre Registrierung dem Bewußtsein wird, desto weniger muß mit einer traumatischen Wirkung dieser Chocks gerechnet werden« (ebd.). Auf den ersten Blick scheint sich diese Annahme perfekt in Freuds von Benjamin auch zitierte Überlegungen zur Entstehung der Traumata einzufügen, die »das Wesen des traumatischen Chocks ›aus der Durchbrechung des Reizschutzes... zu verstehen‹« sucht (ebd.). Wie Benjamin ganz richtig referiert, resultiert die traumatische Erfahrung aus dem »Fehlen der Angstbereitschaft« (ebd.; Freud 1975, 241). Fällt das vorbereitende Moment der Angstbereitschaft weg, ist, laut Freud, das System Wahrnehmung-Bewußtsein nicht imstande, durch eine Überbesetzung »die letzte Linie des Reizschutzes« (Freud 1975, 241) zu verstärken und die eindringende Erregungsmenge zu binden. Die Folge ist u. a. die zwanghafte Wiederholung des traumatischen Ereignisses in Träumen, die »die Reizbewältigung unter Angstentwicklung nachzuholen« versuchen (ebd.; Freud 1975, 241). Bei genauerem Hinsehen erweist sich jedoch, daß Benjamin eine Reihe unorthodoxer Bedeutungsverschiebungen durchführen muß, um die Freudschen Konzepte mit seiner eigenen Terminologie in Übereinstimmung zu bringen. So behält z. B. Benjamin aus naheliegenden Gründen den Chockbegriff bei, obwohl Freud selbst zwischen einer molekularen oder histologischen Schädigung durch mechanische Gewalteinwirkung, wie sie die »alte, naive Lehre vom Schock« (Freud 1975, 241) postuliert, und einer psychoanalytischen Auffassung der Reizdurchbrechung, die mit der »rohsten Form der Schocktheorie nicht identisch« (ebd.) ist, unterscheidet. Als noch problematischer jedoch erweist sich die Frage, wie genau der Bezug zu klären ist zwischen einerseits dem Normalfall der Reizaufnahme eines nicht geschädigten Bewußtseins, zum anderen der Krisensituation einer traumatischen Reizschutzdurchbrechung, die einen pathogenen Sonderfall darstellt, und schließlich der von Benjamin postulierten modernespezifischen Chockerfahrung als historisch indiziertem Dauerzustand. Benjamin versucht seinen Chockbegriff zunächst der normalen Reizbewältigung anzunähern, die – wie er im Rekurs auf Freud referiert – durch ein »Training« (I, 614) erleichtert wird und der »Reizaufnahme die günstigsten Verhältnisse« entgegenbringe (ebd.; Freud 1975, 236). Hieran knüpft er nun sein eigenes Verständnis der Reizabwehr: »Daß der Chock derart abgefangen, derart vom Bewußtsein pariert werde, gäbe dem Vorfall, der ihn auslöst, den Charakter des Erlebnisses im prägnanten Sinne« (ebd.). Zu bemerken ist jedoch, daß aus Freudscher Sicht das Parieren des Chocks gar nicht denkbar ist, da der Chockbegriff notwendig das Durchbrechen der Reizabwehr impliziert. Die gelungene Abwehr des Erregungsvorganges durch das Bewußtsein fällt bei Freud ganz einfach unter die alltägliche Reizaufnahme und -abfuhr. Indem Benjamin die gängige Reizabwehr zur Chockabwehr aufwertet, dramatisiert er das normale Funktionieren des Bewußtseins in der Moderne und verleiht ihm eine fast pathologische Dimension (zur Diskussion über die zu negative Darstellung der Moderne in ihrer lebensweltlichen und urbanen Ausprägung vgl. Jauß 1970, 57–66; Menninghaus 1980, 261 f.).

Nicht die Moderne als Krankheit ist jedoch der Fluchtpunkt von Benjamins Argumentation, sondern die Bedeutung der permanenten Reizeinwirkung, die sie für das Bewußtsein des lyrischen Dichters hat. So mündet der Kommentar, in dem der abgefangene Chock als Erlebnis definiert wurde, direkt in den poetologischen Zusatz: »Es würde diesen Vorfall (unmittelbar der Registratur der bewußten Erinnerung ihn einverleibend) für die dichterische Erfahrung sterilisieren« (I, 614). Dem Erlebnis, das als genormter und abrufbarer Vorfall im Bewußtsein abgelegt wird, ist seine bedeutungsstiftende Qualität für die dichterische Erfahrung abhanden gekommen. Und folgerichtig ist denn auch *die* zentrale, den Fluchtpunkt aller sozialhistorischer und epistemologischer Überlegungen darstellende Frage für Benjamin: »wie lyrische Dichtung in einer Erfahrung fundiert sein könnte, der das Chockerlebnis zur Norm geworden ist« (ebd.).

Benjamins Antwort, daß eine solche Dichtung »ein hohes Maß von Bewußtheit erwarten lassen« müßte (ebd.), eröffnet eine Perspektive, die in den folgenden Kapiteln ausgeführt wird.

Vor allem aber analysiert er die schon im ersten Aufsatz interpretierte Anfangsstrophe aus *Le soleil* mit ihrer Beschreibung der *fantasque escrime* vor dem Hintergrund von Baudelaires Aussagen zu Constantin Guys ekstatischer Chockparade (vgl. I, 616; vgl. I, 570 f.). Wie im Paris des Second Empire leitet er dann über zum »innigen Zusammenhang, der bei Baudelaire zwischen der Figur des Chocks und der Berührung mit den großstädtischen Massen besteht« (618) und der sich seiner Prosodie einschreibt, ohne daß das Bild der Menge in den Gedichten der *Fleurs du Mal* auftaucht. Die Beobachtungen und körperlich-haptischen Erfahrungen, die Poes Mann der Menge und Baudelaires Flaneur Guys im großstädtischen »Reservoir elektrischer Energie« (630) machen, unterwerfen »das menschliche Sensorium einem Training komplexer Art« (ebd.) und bilden die Voraussetzungen für den reflektorischen Charakter. Solchermaßen vorbereitet auf technische und apparative Entwicklungen wie den Film, in dem die »chockförmige Wahrnehmung als formales Prinzip zu Geltung« kommt (631), ist das moderne Subjekt für die Nutzung im industriellen Produktionsprozeß prädestiniert. Als Arbeitskraft am Fließband wird es zu einem integralen Bestandteil der Maschine und verinnerlicht ihren monotonen Rhythmus. Die entwürdigende »Dressur des Arbeiters« (ebd.), dessen Tun völlig »gegen Erfahrung abgedichtet« (632) ist und an dem die Übung, die im vorindustriellen Handwerk noch entscheidend die Arbeit definierte, »ihr Recht verloren« hat (ebd.), macht ihn zu einem menschlichen Fortsatz der maschinellen Apparatur. Die Monotonie seiner repetitiven Gesten verdeutlicht, daß, wie Marx formuliert, »nicht der Arbeiter die Arbeitsbedingung, sondern umgekehrt die Arbeitsbedingung den Arbeiter anwendet« (631). In der Marxschen Analyse des kapitalistischen Arbeitsprozesses sieht Benjamin die Bestätigung seiner Gleichsetzung zwischen dem Chockerlebnis des Passanten in der Menge, das diese zu Automaten dressiert, und dem reflektorischen »Mechanismus, den die Maschine am Arbeiter« (632) in Bewegung setzt. Beide wiederum weisen eine Gemeinsamkeit mit einem dritten, die entleerte Zeitlichkeit der Moderne exemplifizierenden Phänomen auf, dem Hasardspiel. Auch hier handelt es sich um eine Tätigkeit, die in ihrer unendlich wiederholbaren Struktur keinerlei Entwicklungsmöglichkeit durch die Ablagerung von Erfahrung bietet. Statt die Vergangenheit mit einzubeziehen, ist im Glücksspiel jeder Zug immer wieder neu der erste – und zugleich unaufhörliche Repetition. Diese Inhaltsleere, die dem Takt des Sekundenzeigers folgend sich in unendlichen Wiederholungen von Einzelmomenten verdinglicht, lastet schwer auf der »höllischen« Zeit, »in der sich die Existenz derer abspielt, die nichts, was sie in Angriff genommen haben, vollenden dürfen« (635).

Correspondance und Eingedenken

Das 10. Kapitel entwickelt im Rekurs auf den Baudelaireschen *Correspondance*-Begriff eine Vorstellung erfüllter Zeitlichkeit, die der höllischen Zeit der Moderne entgegengesetzt wird. Dabei zeigt Benjamins Argumentation deutlich, daß er sich die rettende Intention der *Correspondances* genauso zu eigen macht, wie das melancholische Wissen um ihr Scheitern, mit dem der Aufsatz schließt. Die Interpretation der *Correspondances*, die erst relativ spät erfolgt, ist, wie Beryl Schloßmann zu Recht bemerkt, die »strategische Klimax« (Schloßmann 1992, 550) des Textes. Entscheidend ist für Benjamin die besondere Zeitlichkeit der *Correspondances*, die er außerhalb der geschichtlichen Zeit verortet. »Die correspondances sind die Data des Eingedenkens. Sie sind keine historischen, sondern Data der Vorgeschichte« (I, 639). Diese Residuen einer idealen Zeit schlagen sich in jenen seltenen Tagen des Eingedenkens nieder, in denen die »Begegnung mit einem früheren Leben« (ebd.) spürbar wird, und die Baudelaire in »La vie antérieure« beschwört. Sie ragen aus der leeren, geschichtslosen Zeit der Moderne, die in einer Aneinanderreihung isolierter Erlebnisse dahinfließt, heraus und beinhalten einen Begriff der Erfahrung, »der kultische Elemente in sich schließt« (638). Zwar versucht Baudelaire in der Rückbindung der *Correspondances* an den Bereich des Kultischen, die Erfahrung entgegen der zersetzenden Wirkung der Moderne als »krisensicher zu etablieren« (ebd.), doch kann dies nicht darüber hinwegtäuschen, daß es sich dabei nur noch um den Nachklang eines vergangenen, brüchig gewordenen Erfahrungsmodus handelt. In Benjamins Interpretation sind also auch die Korrespondenzen ein weiteres ›Nachbild‹ einer verlorenen Zeit und ihrer absoluten Präsenz, nicht anders als Bergsons Philosophie oder Prousts *mémoire involontaire*. Noch einmal beschwören sie das erfüllte Bild einer Erfahrung, in der individuelle und kollektive Erinnerung zusammenfallen, doch ihre resignative Schönheit verdankt sich dem Bewußtsein, »einem unwiederbringlich Verlorenen gewidmet« (ebd.) zu sein. Gerade weil Baudelaire voll ermessen konnte, »was der Zusammenbruch eigentlich bedeutete, dessen er, als ein Moderner, Zeuge war« (ebd.), und ihm das Wissen darum, daß der symbolische Rückzug in die Sphäre des Kultischen nicht dauerhaft gelingen kann, nicht weniger Anlaß zu lyrischem Schaffen war, als sein restaurativer Wille, kommt den *Fleurs du Mal* ihre herausragende geschichtliche Bedeutung zu. »Unverwechselbar sind sie [...] darin, daß sie der Unwirksamkeit des gleichen Trostes, daß sie dem Versagen der gleichen Inbrunst, daß sie dem Mißlingen des gleichen Werks Gedichte abgewonnen haben, die hinter denen in nichts zurückstehen, in denen die correspondances ihre Feste feiern« (641).

Spleen und Aura

Dem a-historischen Gelingen von bedeutsamem Eingedenken in den Korrespondenzen entspricht das geschichtlich indizierte Mißlingen der Erfahrung, das seinen Ausdruck im spleen findet. »Das idéal spendet die Kraft des Eingedenkens; der spleen bietet den Schwarm der Sekunden dagegen auf« (I, 641). Die temporale Wahrnehmung im spleen ist eine doppelte. Indem sie das moderne Subjekt einer unendlichen Folge isolierter zeitlicher Momente aussetzt, führt sie zu einer Intensivierung des Zeitgefühls. »Im spleen ist die Zeitwahrnehmung übernatürlich geschärft; jede Sekunde findet das Bewußtsein auf dem Plan, um ihren Chock abzufangen« (642). Diese ständige ›Alarmbereitschaft‹ des Bewußtseins macht auch verständlich, warum der spleen das Gefühl ist, »das der Katastrophe in Permanenz entspricht« (660). Zugleich jedoch führt die unendliche Sektionierung der Zeit zu ihrer völligen Nivellierung. »Im spleen ist die Zeit verdinglicht; die Minuten decken den Menschen wie Flocken zu. Diese Zeit ist geschichtslos, wie die der mémoire involontaire« (642). Als »mentaler Regulator«, wie es in einer von Benjamin zitierten Poe-Erzählung heißt, generiert das Bewußtsein den »leeren Zeitverlauf, dem das Subjekt im spleen ausgeliefert ist« (ebd.). Die leere Zeit fließt nicht einfach dahin, sie gerinnt und verdinglicht sich, um so, zugleich schwerelos und bedrückend, auf dem Menschen zu lasten. Diese doppelte Verfassung der Zeit ist es auch, die den Spleen zu einem integralen Bestandteil von Benjamins Theorie der Melancholie macht. Dem Subjekt der Moderne rinnt die Zeit unaufhaltsam aus den Händen. Sie läßt sich nicht stillstellen im Moment bewußten Eingedenkens oder ablagern, in der Hoffnung auf kumulative Erfahrung, die als Bedingung von Tradition fungiert. Kaum gelebt, ist der Augenblick auch schon wieder Vergangenheit, ohne je Gegenwart gewesen zu sein. »Der spleen legt Jahrhunderte zwischen den gegenwärtigen und den eben gelebten Augenblick« (661; zu Benjamins Theorie der Melancholie vgl. Bock 2000, 161).

Um sich nicht vom Monster des *ennui* verschlingen zu lassen, werden verschiedene Praktiken gegen den spleen aufgeboten: »Hasardspiel, Flanieren, Sammeln« (I, 668). Es handelt sich um einen Versuch, die leere Zeit zu füllen und den Wegfall symbolischer Erfahrung zu kompensieren bzw. phantasmagorisch zu verschleiern. Mit Hilfe der Phantasmagorien versucht das Subjekt, sich über die modernespezifischen Verluste – Verkümmerung der Erfahrung, Verlust der Tradition und kultischer Momente, Zertrümmerung der Aura etc. – mit genuin modernen Verfahren, die jedoch auf die Restitution vormoderner Zustände zielen, hinwegzutrösten. Benjamins Kommentar hierzu ist jedoch unwiderruflich: »Für den, der keine Erfahrungen mehr machen kann, gibt es keinen Trost« (642). Diese Trostlosigkeit der Moderne ist den *Fleurs du Mal* mit gnadenloser Klarheit eingeschrieben. Baudelaire verdankt sie seinem Bewußtsein von der unwiderruflichen Zertrümmerung der Aura. »Baudelaires spleen ist das Leiden am Verfall der Aura« (V, 433) formuliert Benjamin im Passagen-Werk und in Über einige Motive bei Baudelaire leitet dieser Gedanke zum 11. Kapitel über den Verlust der Aura über: »Mit Schrecken sieht der Schwermütige die Erde in einen bloßen Naturzustand zurückfallen. Kein Hauch von Vorgeschichte umwittert sie. Keine Aura« (I, 643 f.).

Benjamin nimmt hier seine Überlegungen aus dem Kunstwerk-Aufsatz zur Entauratisierung in der Moderne wieder auf, um sie aus einer deutlich skeptischeren Perspektive zu beleuchten. Er führt den Begriff der Aura zunächst in Zusammenhang mit den bislang entwickelten Konzepten ein und definiert sie als die in der *mémoire involontaire* beheimateten Vorstellungen, die sich, um den Gegenstand einer Anschauung gruppieren (vgl. 644). Die Verortung in der *mémoire involontaire* macht deutlich, daß die Aura nicht intentional abrufbar ist und sich auch nicht in einer bewußten Bedeutungszuweisung erschöpft. Dieses Verständnis der Aura wird im folgenden am Beispiel des Kunstwerks überprüft, dessen auratische Qualität gerade darin besteht, daß seine Betrachtung sich nicht auf seine Wahrnehmung oder Verfügbarmachung reduzieren läßt. Benjamin faßt diese Dimension der Aura in einem Selbstzitat aus dem Kunstwerk-Aufsatz zusammen, das sie als »einmalige Erscheinung einer Ferne« (647) begreift (zum Begriff der Aura vgl. Fürnkäs 2000, 95–146; Stoessel 1983). Diese Bestimmung, die »den kultischen Charakter des Phänomens transparent« (I, 647) macht, beruht wesentlich auf der Unnahbarkeit des auratischen Bildes. Genau diese für Ritual und Kult konstitutive Ferne sieht Benjamin nun durch die Technisierung und Medialisierung der Reproduktionstechniken vom Verschwinden bedroht. Die beliebige Vervielfältigung des Kunstwerks läßt den Begriff der Einmaligkeit oder Originalität genauso obsolet erscheinen wie seine noch aus der religiösen oder kultischen Sphäre stammende Unnahbarkeit, die unter dem operativen Zugriff moderner Apparaturen zertrümmert wird. Benjamins Argumentation wendet sich dann jedoch einem Spezifikum der früheren optischen Apparate zu, vor deren Hintergrund ein charakteristisches Motiv der Baudelaireschen Dichtung eine ganz eigene Bedeutung entfaltet: Es handelt sich um die Tatsache, daß der durch die ausgiebige Belichtungszeit noch verlängerte Blick des Portraitierten in den Apparat vom Objektiv nicht zurückgegeben wird. Wie Benjamin hervorhebt, wohnt dem Blick »aber die Erwartung inne, von dem erwidert zu werden, dem er sich schenkt. Wo diese Erwartung erwidert wird [...] da fällt ihm die Erfahrung der Aura in ihrer Fülle zu« (I, 646).

Die Betonung Benjamins liegt also auf dem Vermögen der Blickerwiderung als konstitutives Merkmal auratischer Erfahrung. Bezeichnenderweise wird nun dieses Vermögen in den Gedichten Baudelaires, dessen Lyrik »im Verfall der Aura eins ihrer Hauptmotive« hat (1187), als Verlorenes beschrieben. Baudelaire evoziert metallene, stumpfe, kristalline oder spiegelnde Augen, denen die Fähigkeit, den Blick aufzuschlagen und zu erwidern, abhandengekommen ist und die so vom Verlust der Aura zeugen. Zwar betont Benjamin, daß Baudelaire die »Chiffre« der blicklosen Augen »nicht planmäßig eingesetzt hat« (648), doch läßt er keinen Zweifel daran, daß an den *Fleurs du Mal* der Preis, »um welchen die Sensation der Moderne zu haben ist: die Zertrümmerung der Aura im Chockerlebnis« (653), abzulesen ist. An dieser Stelle wird denn nun auch vollends klar, warum Baudelaire, »der Verfasser dieser Niederschriften«, kein Flaneur sein kann, ist ihm doch »der Schein einer in sich bewegten, in sich beseelten Menge, in den der Flaneur vergafft war, ausgegangen« (652). Anders als der echte Flaneur, dem sich die Menschenmenge wie ein Schleier verklärend über die unmenschliche Realität der modernen Großstadt legt, entsagt Baudelaire jeglicher phantasmagorischer Versöhnung. Der »christliche Baudelaire«, der zu Beginn des Textes von »lauter jüdischen Engeln« in den Himmel gehoben wird, so als sei eine Form messianischer Erlösung durch das Eingedenken möglich, wird »im letzten Drittel der Himmelfahrt, kurz vor dem Eingang in die Glorie, wie von ungefähr fallen« gelassen (6, 317; zur spezifisch jüdischen Dimension des Eingedenkens vgl. Münster 1992, 1140–1141).

»Zentralpark«

Die fragmentarischen Notizen aus ZENTRALPARK sind in Zusammenhang mit der Arbeit an seinem ursprünglich geplanten Buch über Baudelaire entstanden. Teilweise identisch mit dem Konvolut J des Passagen-Werks und als Materialsammlung für den ersten und dritten Teil des Baudelaire-Buches vorgesehen, enthalten die ZENTRALPARK-Notate auch eine Reihe von Fragmenten, die in das PARIS DES SECOND EMPIRE BEI BAUDELAIRE Eingang gefunden haben. Bei den Fragmenten handelt es sich teilweise um entscheidende, auf Notizform konzentrierte Reflexionen Benjamins, oder auch um metatextuelle Überlegungen, an denen die Strukturierungsarbeit sichtbar wird, die Benjamin dem Materialfundus aus dem Passagen-Baudelaire-Komplex angedeihen läßt (vgl. Espagne 1996, 43–58). Der Titel der Notizsammlung geht, laut Adorno, auf Benjamin selbst zurück und verweist auf die zentrale Bedeutung der Fragmente. Es handelt sich weiter um eine Anspielung auf Benjamins New Yorker Projekte, zu denen die Anmietung einer Wohnung am Central-Park gehörte.

Die ZENTRALPARK-Fragmente sind vor allem drei Themen gewidmet: der Allegorie des 19. Jh.s in ihrem Verhältnis zur Ware, der »charakterologischen« Bestimmung des Allegorikers im spleen (vgl. Lindner 2000, 70–81, hier: 72) und der Frage der Sexualität mit ihren modernespezifischen Formen der Impotenz, der lesbischen Liebe und der Prostitution.

Benjamin rekurriert in den Baudelaire-Studien auf den Allegorie-Begriff, da er in den *Fleurs du Mal* eine Reihe von poetologischen *und* sozialgeschichtlichen Phänomenen sieht, deren Verbindung auf die »allegorische Intention« Baudelaires schließen lassen. Dazu gehören die Fundierung seiner Lyrik in der Melancholie, zu deren Beschreibung Benjamin auf ihr barockes Verständnis zurückgreift. Die Einordnung Baudelaires als Melancholiker hängt eng mit seiner Charakterisierung als Grübler zusammen. Benjamin bestätigt dem Lyriker, ein »schlechter Philosoph, ein guter Theoretiker, unvergleichlich aber [...] allein als Grübler« (I, 669) gewesen, und so zum Allegoriker prädestiniert zu sein: »Der Grübler als geschichtlich bestimmter Typus des Denkers ist derjenige, der unter den Allegorien zu Hause ist« (ebd.). Auch das strukturelle Prinzip der barocken Allegorese, die in einer Doppelbewegung die Dinge aus ihrer natürlichen, kreatürlichen Bedeutung herausschält – »[d]as von der allegorischen Intention Betroffene wird aus den Zusammenhängen des Lebens ausgesondert: es wird zerschlagen und konserviert zugleich« (666) – um ihnen als entwerteten, abgestorbenen Gegenständen eine neue Bedeutung zuzuweisen, findet Benjamin in der Baudelaireschen Lyrik wieder, wenn auch in einer für die 2. Hälfte des 19. Jh.s spezifischen Form. »Die allegorische Anschauungsweise ist immer auf einer entwerteten Erscheinungswelt aufgebaut. Die spezifische Entwertung der Dingwelt, die in der Ware darliegt, ist das Fundament der allegorischen Intention bei Baudelaire« (1151). Und nicht zuletzt ist es Baudelaires Bewußtsein von der aktuellen Krisensituation, deren ästhetische und politische Umwälzungen eine der Frühen Neuzeit vergleichbare Umbruchssituation schaffen, in der Benjamin den idealen Nährboden für eine moderne Ausprägung des destruktiven Charakters und seiner allegorischen Intention sieht.

Hervorzuheben ist jedoch, daß dieser Epochenbruch und die damit einhergehende gesellschaftliche und geistesgeschichtliche Instabilität von Benjamin aufs nachdrücklichste historisch präzisiert werden. Für das Verständnis der allegorischen Form bei Benjamin ist dies ein zentraler Aspekt: Trotz, bzw. gerade *wegen* Benjamins Beschäftigung mit dem barocken Trauerspiel, dessen privilegierte Ausdrucksform die Allegorie darstellt, handelt es sich bei seinem Interesse für die allegorische Betrachtungsweise bei Baudelaire nicht um eine simple Applikation eines feststehenden Konzeptes auf die Moderne des 19. Jh.s. Wie vielfach betont wurde (Lindner 2000, 50–52; Menninghaus 1980, 141–143; Steinhagen 1979, 666–685), entwickelt Benjamin seine Begriffe am historischen Gegenstand und in strenger Bezugnahme auf die werk- und entstehungsgeschichtlichen Hintergründe. Dazu gehört die Betonung darauf, daß die allegorische Anschauung im 19. Jh. nicht mehr, wie im Barock, »stilbildend« (I, 690), und Baudelaire daher kunstgeschichtlich isoliert war. Auch Benjamins Insistieren auf der Tatsache, daß der Autor der *Fleurs du Mal* »keine Schule gehabt« habe (659) und seine allegorische Praxis als »›unzeitgemäße‹ Verhaltungsweise« (677) zu betrachten sei, lassen klar erkennen, daß Benjamins Interpretation der allegorischen Form in den *Fleurs du Mal* keinesfalls als Versuch zu werten ist, eine allgemeingültige Theorie der Allegorie für das 19. Jh. zu entwickeln. Vielmehr handelt es sich um die Analyse eines lyrischen Werks, das seismographisch künstlerische und sozialgeschichtliche Tendenzen der Epoche aufzeichnet und auf singuläre Weise verarbeitet. Mehrere Notizen benennen den konkreten ästhetischen und epistemologischen Kontext, aus dem heraus die Baudelairesche Allegorie entsteht. »Die Einführung der Allegorie antwortet auf ungleich bedeutungsvollere Art der gleichen Krise der Kunst, der um 1852 die Theorie des l'art pour l'art entgegenzutreten bestimmt war. Diese Krisis der Kunst hatte sowohl in der technischen wie in der politischen Situation ihre Gründe« (I, 659, vgl. auch 685).

Die ZENTRALPARK-Fragmente zur Allegorie kreisen denn auch um die konkreten geschichtlichen Gründe dieser Krise, in denen naturgemäß der entscheidende Unterschied zur barocken Allegorie, zugleich aber auch der eigentliche Grund für die Verwendung des Allegoriebegriffs liegt. Sie beruht darauf, daß »[d]ie Entwertung der Dingwelt in der Allegorie [...] innerhalb der Dingwelt selbst durch die Ware überboten« (660) wird. Die der Allegorese zugrundeliegende Dequalifizierung der Gegenstände, durch die diese für den Allegoriker verwertbar werden, wird also in der hochkapitalistischen Industrie- und Konsumgesellschaft noch überschritten. Dabei haben wir es nicht nur mit einem quantitativen Schub, sondern auch mit einem qualitativen Sprung zu tun, der den Allegoriebegriff völlig neu ›konfiguriert‹ und seine kunstwissenschaftliche Fundierung durch eine materialistische ersetzt. »Die Embleme kommen als Waren wieder« (681), formuliert Benjamin und meint damit, daß sich die dem barocken Allegoriebegriff inhärente Entwertung der Dinge im 19. Jh. nicht mehr dem selbstverständlich gegebenen religiösen Bezugsrahmen von kreatürlicher Vergänglichkeit und Todverfallenheit verdankt, sondern als gesellschaftlich produzierte das Ergebnis moderner ökonomischer Arbeits- und Erzeugungsprozesse darstellt. »Die Umfunktionierung der Allegorie in der Warenwirtschaft ist darzustellen« (671), fordert nun Benjamin und führt im Rekurs auf Marx' politökonomische Überlegungen aus, wie die unter dem Vorzeichen von Entfremdung und Verdinglichung stehende Entwertung der Ware und ihre anschließende willkürliche Neubewertung zu einer modernen Form allegorischer Praxis wird. »Der Allegoriker greift bald da bald dort aus dem wüsten Fundus, den sein Wissen ihm zur Verfügung stellt, ein Stück heraus, hält es neben ein anderes und versucht, ob sie zu einander passen: jene Bedeutung zu diesem Bild oder dieses Bild zu jener Bedeutung. Vorhersehen läßt das Ergebnis sich nie; denn es gibt keine natürliche Vermittelung zwischen den beiden. Ebenso aber steht es mit Ware und Preis. [...] Ganz ebenso ergeht es dem Gegenstand in seiner allegorischen Existenz. [...] In der Tat heißt die Bedeutung der Ware: Preis; eine andere hat sie, als Ware, nicht« (V, 466; vgl. Zschachlitz 1991). Im Zuge der von Marx konstatierten willkürlichen Preisgestaltung der Ware, die nach nicht mehr nachvollziehbaren und vom realen Gebrauchswert unabhängigen Kriterien erfolgt, erhebt sich der Tauschwert zu ihrer einzigen, und nach Benjamin allegorischen Bedeutung.

In dem Maße, wie die »gegenständliche Umwelt des Menschen [...] immer rücksichtsloser den Ausdruck der Ware« annimmt, zielt nun die Reklame darauf, »den Warencharakter der Dinge zu überblenden« (I, 671). Diese phantasmagorische Verklärung der Ware, die ihr den Anschein eines individuellen Wesens und eines authentischen Wertes verleihen möchte, wird zum Gegenstand von Baudelaires allegorischer Intention. »Der trügerischen Verklärung der Warenwelt widersetzt sich ihre Entstellung ins Allegorische« (ebd.). Mehrfach hebt Benjamin die Versuche des Lyrikers hervor, den so harmonischen wie trügerischen Schein der Dinge in Trümmer zu legen (vgl. I, 1138 und 1144). Diese Notizen lassen erkennen, wie die »Auslöschung des Scheins« (670) vonstattenzugehen hat: »Majestät der allegorischen Intention: Zerstörung des Organischen und Lebendigen« (669 f.). Das Herausreißen der Dinge aus ihren organischen Zusammenhängen, das Benjamin als charakteristisch für die Ausstellung der Waren deutet, »ist ein für Baudelaire sehr kennzeichnendes Verfahren« (670). Es erklärt auch Baudelaires Vorliebe für »das Motiv der Androgyne, der Lesbischen, der unfruchtbaren Frau« und die »Absage an das ›Natürliche‹« (661), die Benjamin durch die Wahl der Großstadt als privilegiertes Sujet des Dichters illustriert sieht. In ihnen manifestiert sich die Verweigerung eines im Hochkapitalismus bestenfalls anachronistischen Produktionszusammenhanges, der auf seine Naturgegebenheit pocht. Die Natur kann nicht länger ein Refugium des versöhnenden Scheins sein, nicht zuletzt, weil der »sichernde«, unzähligen optischen Stimuli ausgesetzte Blick im Angesicht der Moderne »der träumerischen Verlorenheit an die Ferne« enträt (650). Dieser »Verzicht auf den Zauber der Ferne« (670) ist nichts anderes als das Einverständnis mit dem Verfall der Aura. Wie Benjamin lapidar bemerkt, sind »die Scheinlosigkeit und der Verfall der Aura [...] identische Phänomene« (ebd.), in deren Dienst Baudelaire das Kunstmittel der Allegorie stellt. Hier deutet sich nun die zentrale Signifikanz des Chockprinzips an, das in diesem Zusammenhang, als entauratisierende und zugleich allegorische Praxis seine Bedeutung voll entfaltet hätte.

Bedeutet dies nun, daß Baudelaire, durchaus in der Tradition der barocken Allegorese, mit der Auslöschung des Scheins auf ein rettendes Moment zielt? (Zur Rettung im Zeichen der frühneuzeitlichen Allegorie vgl. Lindner 2000, 61–69; Kaulen 2000, 639–642). Benjamin verneint dies, zumindest, was Baudelaires bewußte Intention angeht. »Dem destruktiven Impuls Baudelaires ist nirgends an der Abschaffung dessen interessiert, was ihm verfällt« (I, 666). Der »Ingrimm[]« (671), mit dem Baudelaire sich an die Zertrümmerung des Natürlichen und Auratischen macht, ist nicht getragen von der Hoffnung auf Transzendenz. Anders als in der barocken Allegorie, die den Substanzverlust und die Vergänglichkeit alles Seienden auf die Spitze treibt, um ein Umschlagen und eine Restitution von Sinn zu provozieren, wird der seines Scheins entkleidete und entwertete Gegenstand in den Baudelaire-Studien nicht zu einem Hoffnungsträger, der eine ›neue‹, womöglich politische Bedeutung verspricht. Daran läßt sich einerseits die Distanz zum Trauerspielbuch, aber auch zum Kunstwerk-Aufsatz und seiner sehr viel optimistischeren Einschätzung des Auraverlustes ermessen.

Die Bedeutung der Baudelaire-Studien

Die herausragende Bedeutung, die den Baudelaire-Arbeiten im Kontext der Benjamin-Forschung zukommt, verdankt sich vor allem zwei Aspekten. Zum einen handelt es sich bei diesen Texten um die einzigen ausgearbeiteten Schriften aus dem Umfeld der Passagen-Arbeit. Anhand der Baudelaire-Studien läßt sich somit die Differenz zwischen den Aufzeichnungen und Materialien und den durchgearbeiteten Texten ermessen. Indem die Baudelaire-Texte also exemplarisch veranschaulichen, wie die Ausarbeitung der Passagen–Konvolute aussehen kann, erlauben sie wertvollste Aufschlüsse über Benjamins Projekt einer philosophisch-ästhetischen Erschließung des 19. Jh.s. Gerade hierin liegt nun der zweite, heute oft nur unzulänglich wahrgenommene Punkt, der die Bedeutung der Baudelaire-Texte ausmacht. Dem hochgesteckten epistemologischen und ästhetischen Anspruch des Trauerspielbuchs in nichts nachstehend, handelt es sich bei den Baudelaire-Studien um den Versuch, ein lyrisches Werk, so wie es ins 19. Jh. »eingebettet ist« (I, 1072), zu deuten und mittels einer kühnen Marxrezeption auf die Überbauphänomene seiner Zeit zu beziehen. Die Vielfalt der sozialökonomischen, gattungs- bzw. kulturgeschichtlichen und historischen Reflexionen, die einen »perspektivisch gegliederten Durchblick in die Tiefe des neunzehnten Jahrhunderts« (1078) erlauben, schaffen eine »philosophische Bogenspannung« (1119), die dem Baudelaire-Buch denn auch im Forschungsprogramm des Instituts für Sozialforschung eine einzigartige Stellung zuweist.

Werk

Das Paris des Second Empire bei Baudelaire (I, 511–604)
Über einige Motive bei Baudelaire (I, 605–653)
Notes sur les Tableaux parisiens de Baudelaire (I, 740–748)
Zentralpark (I, 655–690)
Berliner Chronik (VI, 465–519)
Erfahrung und Armut (II, 213–219)
Der Erzähler (II, 438–465)
Das Kunstwerk im Zeitalter seiner technischen Reproduzierbarkeit (I ,431–470)
Das Passagenwerk (V)
Ursprung des deutschen Trauerspiels (I, 203–409)

Literatur

Abensour, Miguel (1986): »W. Benjamin entre mélancolie et révolution. Passages Blanqui«, in: Heinz Wismann (Hg.): Walter Benjamin et Paris. Colloque international 27–29 juin 1983, Paris, 219–247.
Adorno, Theodor W. (1990): Über Walter Benjamin, Frankfurt a. M.
Arabatzis, Stavros (1998): Allegorie und Symbol. Untersuchung zu Walter Benjamins Auffassung des Allegorischen in ihrer Bedeutung für das Verständnis von Werken der Bildenden Kunst und Literatur, Regensburg.
Arendt, Hannah (1971): Benjamin, Brecht. Zwei Essays, München.
Baudelaire, Charles (1975/1976): Œuvres Complètes, 2 Bde, hg. v. Claude Pichois, Paris.
Bock, Wolfgang (2000): Walter Benjamin – Rettung der Nacht. Sterne, Melancholie und Messianismus, Bielefeld.
Bohrer, Karl-Heinz (1996): Der Abschied. Theorie der Trauer, Frankfurt a. M.
Bolle, Willi (1999): »Geschichtsschreibung als ästhetische Passion«, in: Literaturforschung heute, hg. v. Eckart Goebel/Wolfgang Klein, Berlin, 98–111.
Bolle, Willi (2000): »Geschichte«, in: Opitz/Wizisla 2000, Bd. 2, 399–442.
Buck-Morss, Susan (1991): The Dialectics of Seeing. Walter Benjamin and the Arcades Project, Cambridge/London.
Espagne, Michel/Michael Werner (1984): »Vom Passagen-Projekt zum ›Baudelaire‹. Neue Handschriften zum Spätwerk Walter Benjamins«, in: Deutsche Vierteljahrsschrift für Literaturwissenschaft und Geistesgeschichte 58. Jg., H. 4, 593–657.
Espagne, Michel/Michael Werner (1986): »Les manuscrits parisiens de Walter Benjamin et le Passagen-Werk«, in: Heinz Wismann (Hg.): Walter Benjamin et Paris. Colloque international 27–29 juin 1983, Paris, 849–882.
Espagne, Michel/Michael Werner (1987): »Bauplan und bewegliche Struktur im ›Baudelaire‹. Zu einigen Kategorien von Benjamins ›Passagen-Modell‹«, in: Recherches germaniques Nr. 17, 93–120.
Espagne, Michel (1996): »Philologie et herméneutique: l'exemple de Zentralpark«, in: Etudes Germaniques 51. Jg., Nr. 1, 43–58.
Ferguson, Priscilla Parkhurst (1994): Paris as a Revolution. Writing the 19th-Century City, Berkely/Los Angeles/London.
Freud, Sigmund (1975): »Jenseits des Lustprinzips«, in: Studienausgabe, Bd. 3, Frankfurt a. M., 215–272.
Fietkau, Wolfgang (1978): Schwanengesang auf 1848. Ein Rendez-vous am Louvre: Baudelaire, Marx, Proudhon und Victor Hugo, Reinbek.
Fürnkäs, Josef (2000): »Aura«, in: Opitz/Wizisla 2000, Bd. 1, 95–146.
Garber, Klaus (1992): Zum Bilde Walter Benjamins. Studien, Portraits, Kritiken, München.
Garloff, Peter (2003): Philologie der Geschichte. Literaturkritik und Historiographie nach Walter Benjamin, Würzburg.
Honold, Alexander (2000): »Erzählen«, in: Opitz/Wizisla 2000, Bd. 1, 363–398.

Jauß, Hans Robert (1970): »Nachtrag« (zu dem Kapitel: ›Die Moderne‹ in Walter Benjamins Baudelaire-Fragmenten), in: ders.: Literaturgeschichte als Provokation, Frankfurt a. M., 57–66.

Jennings, Michael W. (1987): Dialectical Images. Walter Benjamin's Theory of Literary Criticism, Ithaca/London.

Kaulen, Heinrich (2000): »Rettung«, in: Opitz/Wizisla 2000, Bd. 2, 619–664.

Köhn, Eckhardt (1989): Straßenrausch. Flanerie und kleine Form. Versuch zur Literaturgeschichte des Flaneurs bis 1933, Berlin.

Kopp, Robert (1989): Le Baudelaire de Walter Benjamin, in: Travaux de Littérature, Paris, 243–266.

Lange, Wolfgang (1992): Der kalkulierte Wahnsinn. Innenansichten ästhetischer Moderne, Frankfurt a. M.

Lindner, Burkhardt (1986): »Das Passagen-Werk, die Berliner Kindheit und die Archäologie des ›Jüngstvergangenen‹«, in: Norbert Bolz/Richard Faber (Hg.): Antike und Moderne. Zu Walter Benjamins »Passagen«, Würzburg, 27–48.

Lindner, Burkhardt (2000): »Allegorie«, in: Opitz/Wizisla 2000, Bd. 1, 50–94.

Makropoulos, Michael (1989): Modernität als ontologischer Ausnahmezustand. Walter Benjamins Theorie der Moderne, München.

Makropoulos, Michael (1998): »Subjektivität zwischen Erfahrung und Erlebnis. Über einige Motive bei Walter Benjamin«, in: Gérard Raulet (Hg.): Walter Benjamin. Ästhetik und Geschichtsphilosophie, Bern, 69–81.

Menninghaus, Winfried (1980): Walter Benjamins Theorie der Sprachmagie, Frankfurt a. M.

Mettler, Dieter (1988): Nachwort zu Baudelaires Blumen des Bösen, in: Hartmut Engelhardt/ders. (Hg.): Baudelaires Blumen des Bösen, Frankfurt a. M.

Müller Farguell, Roger W. (2001): »Penelopewerk des Übersetzens. Walter Benjamins ›En traduisant Proust‹ – ›Zum Bilde Prousts‹«, in: Christiaan L. Hart Nibbrig (Hg.): Übersetzen: Walter Benjamin, Frankfurt a. M., 325–352.

Münster, Arno (1992): »›Eingedenken‹ – ›mémoire pure‹ und ›mémoire involontaire‹. Walter Benjamin im philosophisch-literarischen Spannungsfeld zwischen Henri Bergson und Marcel Proust«, in: Klaus Garber/Ludger Rehm (Hg.): global benjamin, Bd. 2, München, 1135–1146.

Nägele, Rainer (1992): Die Aufgabe des Lesers. On the Ethics of Reading, hg. v. Ludo Verbeek/Bart Philipsen, Leuven.

Nägele, Rainer (1998): Lesarten der Moderne. Essays, Eggingen.

Neumeyer, Harald (2001): Der Flaneur. Konzeptionen der Moderne, Würzburg.

Oehler, Dolf (1979): Pariser Bilder I (1830–1848). Antibourgeoise Ästhetik bei Baudelaire, Daumier und Heine, Frankfurt a. M.

Opitz, Michael /Erdmut Wizisla (Hg.) (2000): Benjamins Begriffe, 2 Bde, Frankfurt a. M.

Raulet, Gérard (1998): »Choc, mémoire involontaire et allégorie. La révision de l'expérience du choc dans les ›Thèmes baudelairiens‹«, in: ders. (Hg.): Walter Benjamin. Ästhetik und Geschichtsphilosophie, Bern, 98–115.

Sahlberg, Oskar (1974): »Die Widersprüche Walter Benjamins. Ein Vergleich der beiden Baudelaire-Arbeiten«, in: Neue Rundschau Nr. 85, 464–487.

Schloßmann, Beryl (1992): »Benjamin's ›Über einige Motive bei Baudelaire‹. The Secret Architecture of ›Correspondances‹«, in: Modern Language Notes, Walter Benjamin: 1892–1940, Vol. 10, Nr. 3, 548–579.

Schöttker, Detlev (2000): »Erinnern«, in: Opitz/Wizisla 2000, Bd. 1, 260–298.

Steinhagen, Harald (1979): »Zu Walter Benjamins Begriff der Allegorie«, in: Walter Haug (Hg.): Formen und Funktionen der Allegorie, Stuttgart, 666–685.

Stenzel, Hartmut (1977): »Baudelaires ›Le Cygne‹ – eine Studie zur Dialektik der historisch-gesellschaftlichen Negativität im Werk Baudelaires«, in: Romanistische Zeitschrift für Literaturgeschichte 1, 490.

Stoessel, Marleen (1983): Aura – das vergessene Menschliche. Zu Sprache und Erfahrung Walter Benjamins, München/Wien.

Tiedemann, Rolf (1983): Dialektik im Stillstand. Versuch zum Spätwerk Walter Benjamins, Frankfurt.

Weber, Thomas (2000): »Erfahrung«, in: Opitz/Wizisla 2000, Bd. 1, 230–259.

Weidmann, Heiner (1992): Flanerie, Sammlung, Spiel. Die Erinnerung des 19. Jh. bei Walter Benjamin, München.

Wellmann, Angelika (1991): Spaziergang: Stationen eines poetischen Codes, Würzburg, 152–168.

Westerwelle, Karin (1993): »Zeit und Schock. Baudelaires Confiteor des Artisten«, in: Merkur Nr. 533, 667–682.

Witte, Bernd (1988): »Benjamins Baudelaire. Rekonstruktion und Kritik eines Torsos«, in: Text + Kritik, In Sachen Literatur: 25 Jahre Text + Kritik, 32–41.

Witte, Bernd (1994): Walter Benjamin mit Selbstzeugnissen und Bilddokumenten, Reinbek.

Witte, Bernd (1976): Walter Benjamin – Der Intellektuelle als Kritiker. Untersuchungen zu seinem Frühwerk, Stuttgart.

Zschachlitz, Ralf (1991): »Waren, Zeichen, Warenzeichen, Allegorien, Huren in den Pariser Passagen Walter Benjamins«, in: Etudes Germaniques 46, 179–201.

5. Sprachphilosophie; literarisches und autobiographisches Schreiben

Die Sonette an Heinle

Von Reinhold Görling

Benjamins Weg zur einzigartigen poetischen Prosa, die die Berliner Kindheit um neunzehnhundert zu einem der bedeutendsten literarischen Werke der deutschsprachigen Literatur im 20. Jh. hat werden lassen, hat nicht zuletzt über die selbstreflexive Auseinandersetzung mit den eigenen Versuchen, Lyrik zu schreiben, geführt. Das wohl früheste Dokument für Benjamins literarische Produktion in Versen dürfte ein im Tagebuch von Pfingsten 1911 festgehaltenes Gedicht sein. Das Gesamtinhaltsverzeichnis der *Gesammelten Schriften* führt unter der Abteilung Gedichte (VII, 1013–1019) neben den Baudelaire-Übertragungen, an denen Benjamin von 1915 bis etwa 1920 arbeitete, zirka ein Dutzend vor allem im Anmerkungsapparat verstreute Gedichte aus verschiedenen Lebensphasen an. Dazu kommen Vorarbeiten zur Berliner Kindheit um neunzehnhundert, die Benjamin offensichtlich nach dem Abbruch seiner Arbeit an der Berliner Chronik begonnen hatte (VII, 705–714). Sie stehen gewissermaßen im Übergang vom biographischen Schreiben zur poetischen Prosa.

Heinle

In einer »biographischen Notiz«, die Friedrich Podszus zur 1955 von Theodor W. Adorno und Gretel Adorno edierten zweibändigen Ausgabe von Benjamins *Schriften* beisteuerte, erwähnt der damalige Lektor des Suhrkamp Verlages, der seit Beginn der 1920er Jahre zu Benjamins Freundeskreis gehört hatte, daß Benjamin Sonette geschrieben habe, die dem Gedächtnis des Dichters Christoph Friedrich Heinle und seiner Freundin Rika Seligson gewidmet waren (Podszus 1955, 531).

Am 9. August 1914, wenige Tage, nachdem durch die Kriegserklärungen des Deutschen Reiches an Rußland am 1. August, die an Frankreich am 3. August und den am 4. August folgenden Einmarsch der deutschen Truppen in das neutrale Belgien der Erste Weltkrieg begonnen hatte, nahmen die beiden Liebenden »sich in Voraussicht der kommenden Greuel gemeinsam das Leben« (ebd.; vgl. den Artikel »Gershom Scholem«, 59–76). Werner Kraft, der zum Wintersemester 1914 nach Berlin gegangen war und im Juli 1915 erstmals Walter Benjamin begegnete, schrieb in einem 1967 in der Zeitschrift *Neue Rundschau* erschienenem Porträt, es sei »aus Protest gegen den Krieg« (Kraft 1967, 614) geschehen. In seinem 1975 erschienenen Buch über seine Freundschaft mit Benjamin erinnert sich Gershom Scholem, daß Benjamin ihm 1918/19, als er längere Zeit bei Benjamin in Bern zu Gast war, »an manchen Abenden aus dem Sonettenkranz auf den Tod Heinles« vorlas und daß er »sagte, er wolle fünfzig solcher Sonette schreiben« (Scholem 1975, 25). Folgt man Scholems Einschätzung, dann hat Benjamin bis 1925 an den Sonetten gearbeitet.

Bis zur Entdeckung der Papiere, die Giorgio Agamben 1981 in der Pariser Nationalbibliothek auffand und die wohl zu denen gehörten, die Benjamin George Bataille zur Aufbewahrung übergeben hatte, galt diese umfangreichste lyrische Produktion Benjamins allerdings als verschollen. Die Pariser Handschrift umfaßt neben diesem Zyklus von 50 Sonetten, die von Benjamin mit arabischen Zahlen durchnumeriert wurden, noch weitere zwei Zyklen von Gedichten. Der erste enthält neun, der zweite 14 Sonette. Thematisch gelten letztere zumindest zum größeren Teil ebenfalls dem Andenken Heinles, das zweite Konvolut wird von den Herausgebern zutreffend »als eine Art ars poetica« charakterisiert (VII, 573). Die Herausgeber der *Gesammelten Schriften* haben im Nachtragsband der Publikation dieser Sonette noch sechs weitere, sich ebenfalls dieser poetischen Form bedienende Gedichte Benjamins beigefügt und als Konvolut IV gekennzeichnet. Das erste trägt den Titel »Zum 6ten Januar 1922«, dürfte sich an seine Ehefrau Dora richten und stellt eine Reflexion über die »Zweitracht« dar, wie es im Gedicht heißt (64). Die übrigen sind Jula Cohn gewidmet, der Schwester von Benjamins Jugendfreund Alfred Cohn, die er schon früh in Berlin kennenlernte und in die er sich im Frühjahr 1921 verliebte. Jula Radt-Cohn, die in ihnen teilweise direkt angesprochen wird, bewahrte sie auf. Nach ihrem Tod kamen sie in den Nachlaß von Scholem. Sie seien »von allen Benjaminschen Gedichten wohl die des höchsten Ranges«, schreiben die Herausgeber der *Gesammelten Schriften* (581). Zwei weitere Gedichte aus dem Nachlaß von Jula Radt-Cohn werden von den Herausgebern, die diese Entscheidung nicht kommentieren, nur im Anmerkungsteil abgedruckt (ebd.).

Es sind noch zwei Gedichte, darunter wieder ein Sonett, an eine weitere Liebe Benjamins überliefert. Die Herausgeber der *Gesammelten Schriften* haben sie in den Anmerkungen zum stark autobiographischen Text Agesilaus Santander abgedruckt (VI, 810; 811). Ihre Adressatin ist die Holländerin Annemarie (Toet) Blaupot ten Cate (vgl. van Gerwen 1999), die Benjamin im Sommer 1933 auf Ibiza kennenlernte. Es scheinen also Momente tiefer Sehnsucht, Verzweiflung und wohl auch Erfahrung des Verlustes gewesen zu sein, in denen Benjamin einen Ausdruck in Gedichten suchte. Freilich schrieb Benjamin auch in Reimen, wenn es in eher humorvollen Zusammenhängen um den spielerischen Beweis sprachlicher Kompetenz ging, wie zum Beispiel bei den Versen, die Benjamin für den Wandkalender der *Literarischen Welt* von 1927 verfaßt hat (VI, 545–557).

Sonette

Man mag dem zitierten Urteil der Herausgeber über den poetischen Rang der in Band VII der *Gesammelten Schriften* abgedruckten Gedichte folgen oder nicht, es gibt eine Reihe von Gründen, welche die Beschäftigung mit den dem Andenken Heinles gewidmeten Gedichten zu einer vielschichtigen Herausforderung werden lassen. Schon eine erste Lektüre macht deutlich, daß Benjamin wie in seiner poetischen Prosa auch in den Sonetten persönliche Erfahrungen, philosophische Reflexion und Poetologie ineinander zu fließen lassen versucht. Doch, auch wenn man Benjamins Biographie und Benjamins philosophische Themen wiedererkennt, die Sprache und sogar der Gestus scheinen ungewohnt, vielleicht gar fremd. Was ihnen, jedenfalls auf den ersten Blick, im Gegensatz zu der Prosa der Berliner Kindheit und großenteils auch schon der Berliner Chronik zu fehlen scheint, ist jene Sättigung mit historischer Erfahrung, auf die diese Rekonstruktionen der Kindheit und Jugend hinsteuern und von der sie zugleich ausgehen. Die Sonette dagegen schreiben sich in eine Tradition lyrischer Trauerarbeit ein und scheuen sich auch nicht, dabei bekannte lyrische, mythische und religiöse Tropen aufzugreifen. Auch hält sich Benjamin streng an die Form: alle Sonette sind in der italienischen Form mit zwei Quartetten in umarmenden Reimen und zwei Terzetten geschrieben, die seit dem 13. Jh. die europäische Literatur prägt (Kemp 2002, 12 ff.). In einem vielleicht gar nicht so erstaunlichen Gegensatz zu dieser formalen Strenge steht die Betroffenheit Benjamins vom Tod des Freundes, wahrscheinlich sogar die Intensität der Freundschaft, die etwas Benjamin tief Bewegendes gehabt haben muß. Es ist ganz sicher angebracht, von einer psychischen Krise zu sprechen, in die Benjamin 1914 nach Heinles Tod und dem Ausbruch des ersten Weltkrieges geriet.

Soshana Felman, die in einer sehr sensiblen Lektüre der Berliner Chronik die traumatische Dimension dieser Erfahrungen und ihre Reflexion bis in die Thesen Über den Begriff der Geschichte nachzeichnet, spricht sogar von einem »Schweigen«, in das Benjamin für mehrere Jahre gefallen sei (Felman 1999). Dabei ist allerdings daran zu erinnern, daß das Schweigen für Benjamin schon vor Ausbruch des Weltkrieges eine zentrale Dimension der Sprache darstellt, wie seine frühe Schrift Metaphysik der Jugend belegt.

1986, also fünf Jahre nach ihrer Entdeckung, wurden Benjamins Sonette als Band der Bibliothek Suhrkamp erstmals separat publiziert. Rolf Tiedemann schrieb ein Nachwort und sorgte für die Anfügung eines Anhangs, der weitgehend das aufnahm, was die Herausgeber im Apparat zum Band II der *Gesammelten Schriften* (II, 845–884) schon über die Beziehung zwischen Heinle und Benjamin zusammengetragen hatten, ergänzt durch einige in der Zwischenzeit bekannt oder zugänglich gewordene Dokumente.

Die Zeitschrift *Akzente* hatte schon 1984 eines der Sonette, und zwar das in den *Gesammelten Schriften* mit der Nummer 52 versehene, abgedruckt. Im selben Heft wurden mehrere Gedichte von Friedrich Heinle und ein weiteres von Werner Kraft geschriebenes Porträt Heinles publiziert. Unter dem Titel »Dichtung als Ritual der Erlösung. Zu den Sonetten von Walter Benjamin« umfaßte das Heft der *Akzente* außerdem einen Aufsatz der französischen Literaturwissenschaftlerin Bernhild Boie. Er stellt die bislang umfangreichste veröffentlichte Auseinandersetzung mit Benjamins Sonetten dar. Darüber hinaus finden sich kaum Hinweise auf eine eingehendere Rezeption der Gedichte. Man wird das als ein Zeichen für die Schwierigkeit einer Annäherung an diese Texte verstehen dürfen.

Trauerarbeit: Rettung des Einzigartigen

Als was also können diese Texte gelesen werden? Wie soll man sich ihnen nähern? Es gibt keinen eindeutigen Hinweis, daß Benjamin jemals daran dachte, diese Sonette zu publizieren, ausgeschlossen ist es jedoch nicht. Die beiden Dokumente, die vielleicht darauf hinweisen, daß Benjamin eine Publikation erwogen hat, stehen im Zusammenhang von Bemühungen, die Gedichte von Fritz Heinle und seinem Bruder zu publizieren, bzw. Gedichte, die Benjamin »mit einem Freund verfaßt« hat, wie er 1928 an Franz Blei schrieb (VII, 576), zu veröffentlichen. Ob es sich bei letzteren um die vermutlich noch 1913 zusammen mit Heinle verfaßten Nonsensverse Urwaldgeister (II, 861 f.) handelt, ist ungewiß. Jedenfalls behielt Benjamin seine Arbeit an den Sonetten nicht für sich. Wir wissen, wie gesagt, von Scholem, daß er seine Freunde davon unterrichtete und daß er ihnen auch aus der Sammlung vorlas. Immerhin nahm Benjamin diese Arbeit so ernst, daß er sie zu einem traditionellen Sonettenkranz zusammenstellte und eine Reihenfolge bestimmte, ihnen also die Form eines geschlossenen Werkes gab. Und schließlich dürfte der Umstand, daß Benjamin diese Gedichte in die Emigration mitnahm, aufhob und schließlich vor seiner Flucht 1941 zu den Papieren legte, die er George Bataille zur Aufbewahrung übergab, für die persönliche Bedeutung sprechen, die sie für ihn hatten.

»Enthebe mich der Zeit der du entschwunden// Und löse mir von innen deine Nähe/ Wie rote Rosen in den Dämmerstunden/ Sich lösen aus der Dinge lauer Ehe« (VII, 27). So beginnt das erste der Sonette. In einer fragmentarischen thematischen Gliederung, die sich auf einem Bataille übergebenen Umschlag beigefügten Zettel findet, werden die Sonette 1 bis 5 als »Anrufung und Tod Anrufung und Gestalt« charakterisiert (575). Was in dieser Gegenüberstellung von Tod und Gestalt thematisch wird, mag als Paradox der Trauerarbeit, ja vielleicht jedweder Erinnerung verstanden werden: Sie möchte das Andenken wahren und doch zugleich den Erinnernden aus der Nähe zum anderen entbinden. Diese Entbindung wird hier zeitlich und räumlich gedacht, als Lösung von einer Verpflichtung, einer Fixierung an die Zeit, welche mit dem Verlust verbunden ist, und als Lösung oder Verflüssigung einer Nähe, die nicht als Distanzierung verstanden werden darf. Das machen die folgenden zwei Zeilen deutlich: So konventionell die Verwendung der roten Rosen als Trope und Symbol der Liebe ist, die Vorstellung, daß die Entbindung aus der Tätigkeit, ja man könnte sagen, aus dem Amt des Andenkens eine Erfüllung der Liebe ist, die sich aus »der Dinge lauer Ehe« löst, ist es nicht.

»Wahrhaftige Huldigkeit und bittre Stimme/ Entbehr ich heiter und der Lippen Röte/ Die überbrannt war von der schwarzen Glimme/ Des Haares purpurn schattend Stirn der Nöte// Und auch das Abbild mag sich mir versagen/ Von Zorn und Loben wie du sie mir botest/ Des Ganges in dem du herzoglich getragen// Die Fahne deren Sinnbild du erlotest/ Wenn nur in mir du deinen heiligen Namen/ Bildlos errichtest wie unendlich Amen« (VII, 27 f.). Der Weg, den solche Trauerarbeit zu gehen sich vornimmt, läßt sich vielleicht als eine Defetischisierung der Erinnerung bezeichnen. Weder Bewunderung noch Vorwurf sucht das lyrische Ich, es sucht kein Abbild zu erhalten oder gar zu fixieren, nicht »von Zorn und Loben«, die der Angesprochene dem Sprechenden gegenüber äußerte, nicht vom Gang, so herzoglich er gewesen sein mag, nicht von den Parolen und Programmen, denen der Angesprochene gefolgt ist. Auf all das verzichtet das lyrische Ich gern, »Wenn nur in mir du deinen heiligen Namen/ Bildlos errichtest wie unendlich Amen«. Sicher enthebt sich diese Rhetorik nicht des Widerspruchs, das, worauf das lyrische Ich verzichten zu können glaubt, zugleich zu beschwören, das Bild also zu erwecken, das eigentlich abgelehnt wird. Insoweit gehen diese Zeilen ein Stück in die Richtung einer Vergöttlichung des Angesprochenen oder spielen zumindest darauf an, doch proklamieren sie zugleich eine Bilderlosigkeit, einen Entzug jeder Illusion einer Fixierung des anderen, die Aufgabe des Versuchs einer Überführung des Verlustes in ein überdauerndes Bild, in Kunst. Der heilige Name dürfte mithin auch zu verstehen sein als Idee einer Sprache, die frei von Repräsentation, von Stellvertretung und Verallgemeinerung wäre, eine Sprache, in der die Einzigartigkeit des anderen zugleich ausgedrückt und in einer unendlichen, sich also nie erfüllenden Bewegung des Amen, des »So war es« sich entzieht. Es gibt keine Repräsentation der Einzigartigkeit, sie kann nur in einer unbegrenzten Prozessualität des erinnerten Augenblicks wahr, oder, wie man vielleicht im Hinblick auf die Sprache von Benjamins späten Schriften sagen sollte, gerettet werden.

Ästhetisierung

Astrid Deuber-Mankowsky hat sehr eindringlich und umfassend nachgezeichnet, wie Benjamin – unter anderem in einer Auseinandersetzung mit Herman Cohen und dem Neukantianismus – seine Kritik der Repräsentation als sprachphilosophisch begründete Erkenntniskritik entwickelt hat. Schon vor dem Ersten Weltkrieg hatte Benjamin Grundzüge dieser Kritik in seiner Auseinandersetzung mit den Programmen der Jugendkulturbewegung und insbesondere mit den auf Benjamins Generation so einflußreichen Ideen Stefan Georges entworfen (Deuber-Mankowsky 2000, 167). Wie sehr diese Auseinandersetzung in die Beziehung zwischen Heinle und Benjamin hineinreichte, macht die Erinnerung sehr schnell deutlich, die Benjamin 1928 als Reaktion und Antwort auf eine Rundfrage verfaßte, welche die *Literarische Welt* zum Anlaß des 60. Geburtstages von Stefan George veranstaltete (II, 1429): »Im Frühjahr 1914 ging unheilverkündend überm Horizont der ›Stern des Bundes‹ auf, und wenige Monate später war Krieg. Ehe noch der Hundertste gefallen war, schlug er in unserer Mitte ein. Mein Freund starb. Nicht in der Schlacht. Er blühte auf einem Feld der Ehre, wo man nicht fällt« (II, 623).

Georges Gedichtband *Stern des Bundes* postuliert eine Ästhetisierung des Lebens und des Todes, deren Ungebrochenheit Leser heute erschrecken wird. Im Zentrum steht die Verkündigung der Geburt des Gottes Maximin, dessen Opferung und Verwandlung im zweiten Gedicht der Sammlung beschrieben wird. »Der du uns von der qual der zweiheit löstest« (George 1993, 9), beginnen diese Zeilen, die im neuen Gott die Vereinigung von Geist und Fleisch beschwören. Die Feier des Männerbundes, den die Gedichte unternehmen, ist die Kehrseite einer Verleugnung der Differenz, auch und gerade der geschlechtlichen Differenz, die George akklamiert: »Ich bin der Eine und bin Beide/ Ich bin der zeuger und der schooss/ Ich bin der degen und die scheide/ Ich bin das opfer und der stoss...« (George 1993, 27).

Georges Mythologie zog ihre Autorität aus dem Bezug auf reale Vorkommnisse. Maximilian Kronberger, ein zum George-Kreis gehörender Münchner Gymnasiast, war 1904 im Alter von 16 Jahren an Genickstarre gestorben. Daß Benjamin eine Verbindung zwischen der Opfermythologie Georges und dem Freitod von Fritz Heinle und Rika Seligson sah, macht der zitierte Passus aus Benjamins Aufsatz von 1928 deutlich. Es scheint auch sicher zu sein, daß die Differenzen, die zwischen Heinle und Benjamin entstanden waren, im Streit um die Frage einer Ästhetisierung des Lebens einen Ausdruck fanden.

Benjamin hatte Heinle »in den ersten seltsamen Wochen des Semesters« (II, 854), des dritten von Benjamins Studienzeit, die er im Herbst 1912 in Freiburg begonnen hatte, kennengelernt. Sie wurden sehr schnell Freunde, und das in einer Intensität, die sich wohl am ehesten als Spannung von größter Nähe und gefühlter Notwendigkeit zur Distanz beschreiben läßt, letzteres jedenfalls auf der Seite von Benjamin. Im Winter 1913 waren beide zusammen nach Berlin gegangen, wo es aber bald zu einer Krise der Freundschaft kam. In einem Brief an Carla Seligson, einer der zwei Schwestern Rikas, vom 17. November 1913 schrieb Benjamin über den Konflikt der Freunde: »Er stellte sich mir gegenüber im Namen der Liebe und ich setzte ihm das Symbol entgegen« (1, 181). Und etwas später im Brief: »Aber es ist dieses: Trotzdem jeder der andere ist, muß er aus Notwendigkeit bei seinem eigenen Geist bleiben« (182).

Wenige Tage zuvor, am 1. November, hatte Benjamin auf einem Autorenabend der Zeitschrift *Die Aktion* einen »Die Jugend« betitelten Vortrag gehalten, den er, wie er in der Berliner Chronik berichtet, seinen Freunden zuvor bekannt gemacht hatte. »Kaum war das aber geschehen, so erhob Heinle Einspruch« (VI, 479). Der heftige Streit ließ sich nicht schlichten, so kam es dazu, daß an jenem Abend »zwei Reden gleichen Titels und von fast gleichem Wortlaut verlesen wurden« (ebd.). Heinles Rede hat sich erhalten (II, 863–865). Auch wenn man Benjamins Bemerkung über den »fast gleichen Wortlaut« in einem eher übertragenen Sinne verstehen möchte, zusammen mit den Angaben im Brief an Carla Seligson läßt sich vermuten, in welchen Passagen dieses Manifests der Dissenz zwischen den Freunden aufbrach. »Wie ein Schauder über den Leib kriecht, bis der Selbstherr aufsteht, so geht die Erlösung auf; der Wille segelt frei« (864). Dieser Idee Heinles einer Selbstschöpfung der Jugend wird Benjamin kaum zugestimmt haben. »Der Schöpfer ist in die Seele verlegt, der Leib leuchtet« (ebd.). Diese Selbstschöpfung ist kaum anderes denn als eine jugendliche Abwehr der Erfahrung von Differenz zu lesen, was sich auch darin zeigt, daß sie mit der Ablehnung von Erotik gepaart ist: »Also liegt uns Erotik fern. Sie produziert das Ding, aber die Jugend ist fruchtbar« (ebd.). Was Benjamin meint, wenn er sagt, Heinle habe sich ihm »im Namen der Liebe« gegenübergestellt und er selbst habe ihm »das Symbol« entgegengesetzt, dürfte sich mithin als ein Gegensatz zwischen einer Verschmelzungsvorstellung und dem Insistieren auf der Sprachlichkeit und damit auch der Vermittlung oder Medialität von Wissen sein. Verbunden ist dieser Gegensatz mit einer anderen Zeitlichkeit der Idee der Erlösung. »Ich will die Erfüllung, die man nur erwarten kann und er erfüllen« (1, 182). Deuber-Mankowsky weist darauf hin, daß diese im Brief an Carla Seligson formulierte Gegenüberstellung einer Differenz zwischen jüdischer und christlicher Erfahrung von Zeit und von Sprache entspricht. Weder Heinle noch Benjamin bekennen sich zur religiösen Tradition, und »doch scheinen sich aus der Zugehörigkeit zu unterschiedlichen Traditionsräumen differente Perspektiven auf gemeinsame Fragen« (Deuber-Mankowsky 2000, 178), wie die nach Leben und Kunst, Liebe und Tod, Gemeinschaftlichkeit und Geschlechtlichkeit, zu ergeben.

Eros

Doch wird man diese Spannung zwischen Heinles und Benjamins Denken über die Erfahrung von Differenz ganz sicher auch als eine innere Spannung der erotischen Zuneigung lesen können und müssen. Wenn das lyrische Ich den Freund zum Beispiel in Sonett 36 als »Geliebten« anspricht (VII, 45) und wenn immer wieder seine Schönheit gepriesen wird, läßt sich das nicht als Konvention eines Genres abtun, wie es ja zum Beispiel eine Zeit lang angesichts der erotischen Passagen in Shakespeares Sonetten versucht worden ist. Heinle, von dem, wie Scholem berichtet, Benjamin in späteren Jahren »immer nur als ›mein Freund‹ schlechthin zu sprechen pflegte« (Scholem 1975, 19), hatte in dessen Leben eine einzigartige Stellung inne. »Ob ich den Freund so fragtest du mich liebe?« sind die Worte, mit denen das Sonett 35 beginnt. Die beiden Terzette lauten: »Doch meiner Lippen im Bekennen träge/ Harrte ein Meister der sie besser präge/ Die Hand die zagt ob sie dem Freund sich schenkt// Hat er ergriffen der sie härter lenkt/ Daß sie das Herz das liebte im Geheimen/ Nun aller Welt verschütten muß in Reimen« (VII, 44 f.).

Eine Gewalt, die nicht die eigene ist, bestimmt die gegebene Antwort, ja das Handeln. Das lyrische Ich übernimmt eine Verantwortung für die Trägheit, sich zu bekennen, und damit auch dafür, den Tod, diesem Meister, der das Sprechen und Handeln prägt, nichts entgegenstellt zu haben. Eine Transzendenz gibt es nicht, die Trauer ist ein Verschütten, kein Gestalten: »Die Stunden welche die Gestalt enthalten/ Sind in dem Haus des Traumes abgelaufen« (48). Hiermit dürfte das Spannungsfeld umrissen sein, in dem die Sonette an Heinle stehen: Sie suchen ein Andenken, daß der Versuchung widersteht, den Tod des geliebten Freundes zu verleugnen, der von George vorgeführten Versuchung, ihn gewissermaßen in einem Selbstschöpfungsmythos als Opfer zu stilisieren, das in die Unsterblichkeit des Kunstwerkes transformiert wird. Sie bilden zugleich den Versuch, ein Schuldgefühl, welches vielleicht immer mit dem Tod einer geliebten Person verbunden ist und mit einem Suizid in weit unnachgiebigerer Weise, zu artikulieren. Beides geht aber nur, wenn die Differenz oder die Alterität im Kunstwerk selbst als seine eigene Grenze problematisch wird: als Bewußtsein der Sprachlichkeit der Erfahrung, als Bewußtsein der Alterität des anderen, als Bewußtsein der Nicht-Repräsentierbarkeit des Todes und schließlich auch als Bewußtsein der Alterität des eigenen.

Benjamin hatte im zweiten Halbjahr 1913 unter dem Titel Metaphysik der Jugend an einem Zyklus von Essays zu schreiben begonnen, der, Sigrid Weigel hat darauf verwiesen (Weigel 1994), im Gegensatz zu der überlieferten Rede Heinles die Selbstschöpfung des Geistes als eine männliche Illusion zu kritisieren versteht und Erkenntnis an die Anerkennung der geschlechtlichen Differenz bindet: »Die Worte gleicher Geschlechter vereinigen sich und peitschen sich auf durch ihre heimliche Zuneigung« (II, 95), heißt es dort, mit deutlicher Kritik an der ambivalenten, letztlich verleugnenden Haltung zur Homosexualität, welche die Jugendbewegung charakterisierte. Im Dialog zwischen dem Genie und der Dirne, der dem »Das Gespräch« betitelten Teil dieses Fragment gebliebenen Zyklus angehört, wird dieser Zusammenhang von Genieidee und Verleugnung der geschlechtlichen Differenz auf eine kurze Formel gebracht: »Niemand hat sie gezeugt und zu mir kommen sie, um nicht zu zeugen«, sagt die Dirne über das Genie und die Männer (94).

Für das Verständnis der Sonette kann es aber auch hilfreich sein, sich zu verdeutlichen, daß Benjamin diese Anerkennung der Differenz nicht nur mit der Hybris männlicher, zum Monolog werdender Rede verbindet, sondern dem schon hier die Idee des Gesprächs gegenüberstellt. Wohl geht, wer spricht, »in den Lauschenden ein« (92). Aber es sind nicht die Worte schöpferisch, sondern das Schweigen: »Das Schweigen gebiert sich also selber aus dem Gespräche. [...] der Hörende führte das Gespräch zum Rande der Sprache und der Sprechende erschuf das Schweigen einer neuen Sprache, er, ihr erster Lauschender« (92). Wenn, so darf man wohl interpretieren, der Streit der Freunde auch als etwas verstanden werden kann, in dem die Worte gleicher Geschlechter sich aufpeitschten, dann wäre es nur konsequent, wenn Benjamin seine dem Verstorbenen gewidmeten Gedichte als ein Gespräch verstanden hat, wenn sicher nicht mit dem Toten, so doch mit seinen Worten, denen seiner Gedichte, denen der Gespräche, wohl auch mit den Worten derer, die, wie George, Heinle beeinflußt haben. Die Poetik der Sonette wäre mithin so zu verstehen, daß Benjamin ein hohes Maß an Aufnahme der fremden Sprache sucht, nicht, um seine eigenen Worte dagegen zu setzen, sondern um sie zu ihrem Rand zu führen, zum »Schweigen einer neuen Sprache« (ebd.). Das würde auch erklären, warum Benjamin die Publikation der Gedichte Heinles so wichtig war und daß sie ihm als Voraussetzung gegolten haben muß, seine eigenen zu veröffentlichen.

Da der größere Teil der Gedichte Heinles als verschollen gelten muß, behalten diese Überlegungen sicher etwas Spekulatives. Sie könnten aber deutlich machen, daß Benjamins Gedichte »umgekehrte Kontrafakturen der Georgeschen«, wie Tiedemann sagt

(Tiedemann 1986, 94), nur insoweit sind, als sie eine Sprache aufgreifen, die über Person und Werk Georges hinausgeht und eine historisch folgenreiche gerade darin war, daß sie sich abdichtete gegen geschichtliche Erfahrung. Doch selbst hierin, in dieser Abdichtung, ist Sprache und Kommunikation und muß als solche anerkannt bleiben.

Medialität der Sprache

Im programmatischen Sinne dürfte es wohl das Sonett Nummer 12 sein, das diese Sprachbewegung am konsequentesten durchdenkt: »Einst wird von dem Gedenken und Vergessen/ Nichts bleiben als ein Lied an seiner Wiege/ Das nichts verriete und das nichts verschwiege/ Wortloses Lied das Worte nicht ermessen« (VII, 33).

Diese vielleicht schönsten Zeilen des gesamten Sonettenkranzes entziehen dem eigenen Gedenken jeden Anspruch auf Verwandlung des Toten. Gedenken und Vergessen werden nicht als Gegensatz verstanden, das eine bedingt das andere. Deshalb wird das Lied, das bleibt, auch nicht mit der Verwandlung, sondern mit dem Ursprung verbunden, mit dem Leben, nicht mit der Unsterblichkeit. Ein Lied, das »nichts verriete und das nichts verschwiege« wäre an der Grenze der Sprachlichkeit, es wäre, folgt man späteren Formulierungen Benjamins, nicht Mitteilung, sondern Mitteilbarkeit, reine Sprache oder reines Mittel. So heißt es in Benjamins Aufsatz Über Sprache überhaupt und über die Sprache des Menschen, »jede Sprache teilt sich *in* sich selbst mit, sie ist im reinsten Sinne das ›Medium‹ der Mitteilung. Das Mediale, das ist die Unmittelbarkeit aller geistigen Mitteilung« (II, 142). Ein »wortloses Lied das Worte nicht ermessen« wäre eine Ebene der Kommunikation, in der die Fetischisierung der Sprache, der Mythos der Repräsentation aufhört zu wirken, und die doch die Möglichkeit der Sprache bedeutete, die Möglichkeit, daß sich Erkenntnis und Erkanntes »berühren, affizieren und mitteilen können«, wie Werner Hamacher die sprachphilosophischen Überlegungen Benjamins kommentiert (Hamacher 2001, 174). Diese Medialität der Sprache läßt sich selbst nicht sprachlich repräsentieren, ihre Unmittelbarkeit bedingt, daß »jeder Sprache ihre inkommensurable einziggeartete Unendlichkeit« innewohnt (II, 143).

Das folgende Quartett des Sonetts Nummer 12 verbindet dieses Lied mit dem Geistigen: Es stiege »aus dem Grund der Seele«, und es schmiege sich die Hoffnung in dieses Lied »[w]ie Stimmen in den Orgelton der Messen«. Darin ist es eine, wenn nicht die ethische Dimension der Sprache: »Kein Trost kann außer diesem Liede leben/ Und keine Traurigkeit fern von diesem Lied« (VII, 33).

Was Benjamin hier also zu denken versucht, ist die Möglichkeit einer Sprache, die dem anderen keine Gewalt antut, die ihn nicht zu repräsentieren vorgibt, die sich nicht an die Stelle des anderen setzt, und die doch Kommunikation ist. Nach der Möglichkeit einer Sprache zu suchen, die keine Verleugnung von Differenz ist, letztlich der Differenz zwischen der Medialität aller Kommunikation und der fetischisierenden Repräsentation, verstand Benjamin wohl als seine Aufgabe als Teil einer Generation, die, wie es in dem 1933 geschriebenen Essay Erfahrung und Armut heißt, »1914–1918 eine der ungeheuersten Erfahrungen der Weltgeschichte gemacht hat« (II, 214), eines Geschlechts, von dem Benjamin in dem im Juli desselben Jahres in der Frankfurter Zeitung unter dem Pseudonym K.A. Stempflinger erschienen Aufsatz Rückblick auf Stefan George sagt, es »war zum Tode vorbestimmt« (III, 399).

Direkte Verweise auf den Ersten Weltkrieg wird man jedoch in den Zeilen der Sonette kaum finden. Die einzige Ausnahme ist das Sonett 40, in dem Benjamin Stunde und Ort erinnert, an dem ihn die Nachricht vom Tode des Freundes traf. »Der Horizont von Röte überronnen/ Im Fenster stand die Dämmerung wie Blei« (VII, 47): der faktische Widerspruch zwischen dem Rot und der bleiernen Dämmerung der erinnerten Morgenstunde des 9. August 1914 lösen die Worte aus dem engeren Kontext und öffnen sie dafür, die Schlachtfelder des gerade begonnenen Krieges zu antizipieren. Wie dieses Sonett, das sein Gegenstück in der Beschreibung dieses Morgens und der darauf folgenden Tage in der Berliner Chronik (VI, 477–481) hat, scheinen die Sonette immer wieder Situationen in Erinnerung zu rufen, die für den Verfasser mit Heinle verbunden sind. So beziehen sich die Sonette 36 und 37 mit ihrer zweifachen Erwähnung des Münsters auf die Freiburger Zeit der beiden Freunde, und das Sonett 38 mit seiner Anführung der Namen »märkische Stadt« und »Havelsee« erinnert Spaziergänge in der Umgebung Berlins. Die Trauerarbeit, die diese Sonette leisten, weicht dem Schmerz nicht in Sinnstiftungen aus. Und sie bindet sich zurück an konkrete Orte, nicht an Worte, oder nur insoweit, als sie Namen sind. Orte und Namen sind Medien und keine Repräsentationen. Diesen Versuch, Trauerarbeit als Topographie der Erinnerung zu leisten, wird Benjamin in seinen Prosaarbeiten wieder aufnehmen. Die Idee der reinen Sprache, die Frage nach der Medialität der Sprache bedeuten für ihn keine Loslösung von persönlicher oder historischer Erfahrung, im Gegenteil: nur durch die unbegrenzte

Bewegung einer Kritik der Sprache läßt sich ein Begriff von Erfahrung halten. Die Beziehungen, die in den Namen verborgen sind, sind unsere Verbindung zur Materialität von Erfahrung, zur Geschichte.

Werk

Benjamin, Walter (1986): Sonette, hg. v. Rolf Tiedemann, Frankfurt a. M.

Berliner Chronik (VI, 465–519)

Berliner Kindheit um neunzehnhundert (VII, 385–433)

Erfahrung und Armut (II, 213–218)

Metaphysik der Jugend (II, 91–104)

Rückblick auf Stefan George (III, 392–398)

Sonette (VII, 27–67)

Über Sprache überhaupt und über die Sprache des Menschen (II, 140–156)

Über Stefan George (II, 622–623)

Urwaldgeister (II, 861 f.)

Zwei Gedichte von Friedrich Hölderlin (II, 105–124)

Literatur

Boie, Bernhild (1984): »Dichtung als Ritual der Erlösung. Zu den Sonetten von Walter Benjamin«, in: Akzente 31/1, 23–39.

Bub, Stefan (1993): Sinnenlust des Beschreibens. Mimetische und allegorische Gestaltung in der Prosa Walter Benjamins, Würzburg.

Deuber-Mankowsky, Astrid (2000): Der frühe Walter Benjamin und Hermann Cohen. Jüdische Werte, Kritische Philosophie, vergängliche Erfahrung, Berlin.

Felman, Shoshana (1999): »Benjamin's Silence«, in: Critical Inquiry 25/2, 201–234.

Felman, Shoshana (2002): »The Storyteller's Silence: Walter Benjamin's Dilemma of Justice«, in: dies.: The juridical unconscious: trials and traumas in the twentieth century, Harvard, 10–53.

George, Stefan (1993): Der Stern des Bundes, Sämtliche Werke in 18 Bänden, Bd. VIII, Stuttgart.

Gerwen, Will van (1999): »Walter Benjamin auf Ibiza. Biographische Hintergründe zu ›Agesilaus Santander‹«, in: Klaus Garber/Ludger Rehm (Hg.): global benjamin, Bd. 2, München, 969–981.

Hamacher, Werner (2001): »Intensive Sprachen«, in: Christiaan L. Hart Nibbrig (Hg.): Übersetzen: Walter Benjamin, Frankfurt a. M., 174–235.

Kemp, Friedhelm (2002): Das europäische Sonett, 2 Bde, Göttingen.

Kraft, Werner (1967): »Über einen verschollenen Dichter«, in: Neue Rundschau 78/4, 614–621.

Kraft, Werner (1984): »Friedrich C. Heinle«, in: Akzente 31/1, 9–21.

Podszus, Friedrich (1955): »Biographische Notiz«, in: Walter Benjamin: Schriften, Bd. 2, hg. v. Th. W. Adorno/Gretel Adorno unter Mitwirkung von Friedrich Podszus, Frankfurt a. M., 530–536.

Scholem, Gershom (1972): »Walter Benjamin und sein Engel«, in: Siegfried Unseld (Hg.): Zur Aktualität Walter Benjamins, Frankfurt a. M., 87–138.

Scholem, Gershom (1975): Walter Benjamin – die Geschichte einer Freundschaft, Frankfurt a. M.

Tiedemann, Rolf (1986): »Nachwort«, in: Walter Benjamin: Sonette, hg. v. Rolf Tiedemann, Frankfurt a. M., 87–96. [erw. Fassung in: ders.: Mystik und Aufklärung, München 2002, 179–187].

Weigel, Sigrid (1994): »›Weiblich-Gewesenes‹ und der ›männliche Erstgeborene seines Werkes‹: Zur Bedeutung der Geschlechterdifferenz in Benjamins Schriften«, in: Nathalie Amstutz/Martina Kuoni (Hg.): Theorie – Geschlecht – Fiktion, Basel, 89–104.

Wizisla, Erdmut (1992): »›Fritz Heinle war Dichter‹ Walter Benjamin und sein Jugendfreund«, in: Lorenz Jäger/Thomas Regehly (Hg.): ›Was nie geschrieben wurde, lesen‹ Frankfurter Benjamin-Vorträge, Bielefeld, 115–131.

»Über Sprache überhaupt und über die Sprache des Menschen«

Von Uwe Steiner

Entstehung und Überlieferung

Dem Druck des zu Lebzeiten unveröffentlichten Textes liegt ein mit handschriftlichen Korrekturen versehenes Typoskript zugrunde. Eine Handschrift existiert nicht. Die Datierung ist durch briefliche Erwähnungen und die Erinnerung Scholems gesichert. Von einer noch »nicht ganz beendeten« Arbeit mit dem Titel ÜBER SPRACHE ÜBERHAUPT UND ÜBER DIE SPRACHE DES MENSCHEN ist in einem Brief Benjamins an Scholem vom 11.11.1916 die Rede. Scholem erinnert sich, daß Benjamin ihm im Dezember desselben Jahres eine Abschrift des Aufsatzes überreichte (Scholem 1975, 48). Dazu paßt, daß Benjamin die Arbeit Ende des Jahres gemeinsam mit anderen in einer Liste aufzählt (1, 350).

Dem erwähnten Brief zufolge ist die Niederschrift durch eine Diskussion mit Scholem über »Mathematik und Sprache, d.h. Mathematik und Denken, Mathematik und Zion« angeregt worden. Scholem hatte das Studium der Mathematik begonnen und war schon als Abiturient in der zionistischen Jugendbewegung aktiv. In seinem Brief bedauert Benjamin, dem skizzierten Thema nicht gewachsen zu sein. Dennoch habe es ihn dazu angeregt, sich »mit dem Wesen der Sprache auseinander zu setzen und zwar – soweit ich es verstehe: in immanenter Beziehung auf das Judentum und mit Beziehung auf die ersten Kapitel der Genesis« (343).

Benjamin hat seinen Aufsatz von Anfang an als nicht abgeschlossen betrachtet. So spricht er in dem Brief von dem »Fragmentarischen« seiner Gedanken, die er gleichwohl in systematischer Absicht formuliert habe (ebd.). In einem späteren Brief ist von Plänen einer Fortsetzung die Rede (355), und noch im Sommer 1917 gibt Benjamin seiner Hoffnung Ausdruck, daß seine Arbeit über die Sprache bald »über den ersten Teil hinaus gediehen sein möge« (374). Während ihn sprachtheoretische Fragen auch in der Folgezeit weiterhin beschäftigen, ist es zu einer Fortsetzung der vorhandenen Aufzeichnungen jedoch nicht gekommen. Auch unabhängig davon steht die grundlegende Bedeutung der Spracharbeit für Benjamins Œuvre außer Frage. Wiederholt konsultiert er seine frühen Aufzeichnungen, um aus aktuellem Anlaß an sie anzuknüpfen. Für die fundamentale Bedeutung der Sprachphilosophie sind die expliziten oder impliziten Rekurse auf die frühe Arbeit in späteren jedoch nur ein äußerliches Indiz.

Ihrer Bedeutung zum Trotz hat Benjamin sich nie mit Plänen getragen, die Spracharbeit zu publizieren. Ähnlich wie das PROGRAMM DER KOMMENDEN PHILOSOPHIE, zu dem sachlich enge Verbindungen bestehen, wurde die Spracharbeit zur Selbstverständigung geschrieben. Das hat Benjamin aber nicht daran gehindert, sie einem ausgewählten Kreis von Freunden zugänglich zu machen. So zirkulierte der Aufsatz in den Jahren 1916/17 in wenigen Abschriften im kleinen Kreis. Im Exil von seinen eigenen Papieren abgeschnitten, konnte Benjamin so auf ein im Besitz Scholems befindliches Exemplar zurückgreifen.

Werkkontext

Zu den Aufsätzen, die Benjamin Ende 1916 Herbert Blumenthal zur Lektüre anbietet, gehören neben der Arbeit ÜBER SPRACHE ÜBERHAUPT UND ÜBER DIE SPRACHE DES MENSCHEN die beiden zu Lebzeiten ebenfalls ungedruckten Aufsätze über TRAUERSPIEL UND TRAGÖDIE und über DIE BEDEUTUNG DER SPRACHE IN TRAUERSPIEL UND TRAGÖDIE (350). Während die erste der beiden Arbeiten mit ihrer Reflexion über unterschiedliche Modi der Zeit und über das Verhältnis von Idee und empirischer Welt indirekte Bezüge zum Sprachaufsatz aufweist, ist der thematische Zusammenhang im Falle der zweiten Arbeit unmittelbar evident. Die Nähe bestätigt sich im Detail. Beide Aufsätze legen in teilweise wörtlicher Übereinstimmung ein sprachmetaphysisches Verständnis der Trauer dar, in dessen Zentrum hier die »alte Weisheit«, dort die »metaphysische Wahrheit« steht, »daß alle Natur zu klagen begönne, wenn Sprache ihr verliehen würde« (II, 138; 155).

Darüber hinaus besteht ein ebenfalls sachlich unmittelbar evidenter Zusammenhang der drei frühen Arbeiten mit der Abhandlung über den URSPRUNG DES DEUTSCHEN TRAUERSPIELS. So liegt Benjamins Verständnis des deutschen Trauerspiels des Barock, wie er es in seiner Habilitationsschrift darlegt, die grundsätzliche Unterscheidung von Trauerspiel und Tragödie zugrunde, von denen bereits die beiden frühen Aufsätze ausgehen. Mit dieser Unterscheidung erhält auch die sprachmetaphysische Theorie der Trauer, die die beiden Aufsätze mit dem Sprachaufsatz verbindet, Eingang in das Trauerspielbuch. Wörtliche Anlehnungen an die frühere Darlegung dieses zentralen Theorems finden sich in dem Abschnitt über die barocke »Sprachzerstückelung« (I, 383 f.). Im Abschnitt über »Trauer im Ursprung der Allegorie« rekapituliert Benjamin mit der »Lehre von dem Fall der Kreatur, die die Natur mit sich herabzog«, zum Teil wörtlich seine Deutung des Sündenfalls im Sprachaufsatz (398; II, 155). Auf diese Überlegungen kommt er am Schluß des Trauerspielbuches bei Gelegenheit der Darlegung der »theologischen Essenz des Subjektiven« in dem Abschnitt »Ponderación misteriosa«, wiederum mit wörtlichen Anklängen an die frühere Abhandlung, noch einmal zurück (I, 407).

Bedeutender noch als diese inhaltlichen Übernahmen einzelner Theoreme ist die Nähe zu bewerten, in die Benjamin selbst seinen frühen Sprachaufsatz zur Erkenntniskritischen Vorrede des Trauerspielbuches gerückt hat. Eine »systematische« Intention hatte er seinem Aufsatz bereits in dem Brief zuerkannt, in dem er seine unmittelbar bevorstehende Fertigstellung meldete (1, 343). Während der Arbeit an der Einleitung zu seiner Habilitationsschrift, der später so genannten Erkenntniskritischen Vorrede, läßt ihn die Schwierigkeit, seine eigenen philosophischen Hintergedanken bei dieser Gelegenheit anzudeuten, an die frühere Arbeit denken. Scholem werde, wie Benjamin ihm brieflich ankündigt, in der Einleitung »seit der Arbeit über ›Sprache überhaupt und über die Sprache des Menschen‹, zum ersten Male wieder so etwas wie einen erkenntnistheoretischen Versuch finden, den nur leider die Hast, in der er fixiert werden muß, in manchem als verfrüht kennzeichnet« (2, 464). Dieses zugleich erkenntnistheoretische und systematische Interesse dürfte auch Benjamins wiederholt an Scholem gerichteten Wunsch nach einer Übersendung des dritten Abschnitts seines Essays über Goethes Wahlverwandtschaften bestimmt haben (464; 469; 473), in dem er eingangs die Stellung der Kunstwerke zur Philosophie und zum philosophischen System behandelt hatte (I, 172 f.). Allerdings wird dieser Teil der Habilitationsschrift schließlich nicht eingereicht, sondern gemeinsam mit dem Schluß, der ebenfalls »methodischen Fragen« galt, vorerst zurückgestellt (2, 508). Über diesen in Frankfurt nicht eingereichten Teil der Arbeit heißt es am 19.2.1925 in einem Brief an Scholem, daß er eine »maßlose Chuzpe« sei, »nämlich nicht mehr und nicht weniger als Prolegomena zur Erkenntnistheorie, so eine Art zweites, ich weiß nicht, ob besseres, Stadium der frühen Spracharbeit, die Du kennst, als Ideenlehre frisiert«. Er werde sich die Spracharbeit, so Benjamin weiter, »dafür noch einmal durchlesen« (3, 14). Im Text der 1928 im Rowohlt-Verlag erschienenen Buchfassung des Trauerspielbuches, die dann auch die komplette Erkenntniskritische Vorrede enthielt, dürften Benjamins Bemerkungen auf den ersten Teil der Vorrede (I, 207–218), nämlich die sogenannte Ideenlehre, zu beziehen sein. Im einzelnen klingen in der terminologischen Entgegensetzung von Erkenntnis und Wahrheit (209 f.) sowie in dem Abschnitt über das Wort als Idee (215–218) unmittelbar Überlegungen aus dem frühen Aufsatz an.

Darüber hinaus besteht ein weiterer Zusammenhang zwischen Benjamins früher Beschäftigung mit sprachtheoretischen Fragen und seinen Habilitationsplänen. Bevor er sich nämlich für eine Habilitation im Fach deutsche Literaturgeschichte bzw. Ästhetik entschloß, ist von einer philosophischen Habilitation über ein sprachphilosophisches Thema die Rede. Der Plan einer Habilitationsschrift zum »großen Problemkreis Wort und Begriff (Sprache und Logos)«, den er Anfang 1920 in einem Brief erwähnt (2, 68), ist aber über Vorstudien nicht hinausgelangt (VI, 19–26).

Im engeren Sinne sprachtheoretische Probleme stehen in diesen Jahren sodann in dem als Einleitung zu den Baudelaire-Übersetzungen verfaßten Aufsatz über Die Aufgabe des Übersetzers im Mittelpunkt. Die enge Nachbarschaft dieser Arbeit zum Sprachaufsatz von 1916 erschöpft sich aber nicht in einer eher vordergründigen thematischen Gemeinsamkeit. Vielmehr zeigt sich, daß der Begriff der Übersetzung in dem früheren Aufsatz in einem erweiterten, nämlich erkenntnistheoretischen Sinne gebraucht wird, der auch für Benjamins Auffassung der Übersetzung im engeren Sinne, nämlich der Übertragung aus einer fremden Sprache, von entscheidender Bedeutung ist.

Ein weiteres Mal kommt Benjamin im Jahre 1933 auf seine frühe Spracharbeit zurück. Am 28.2.1933 berichtet er Scholem noch aus Berlin, daß er »eine neue – vier kleine handschriftliche Seiten umfassende – Sprachtheorie« verfaßt habe, die er nicht zu publizieren gedenke. Sie sei »bei Studien zum ersten Stücke der ›Berliner Kindheit‹ fixiert« worden (4, 163). Mit der neuen Sprachtheorie ist die Lehre vom Ähnlichen (II, 204–210) gemeint. Bei dem Stück der Berliner Kindheit handelt es sich um die »Mummerehlen«. Die dort zu lesende Überlegung, derzufolge die »Gabe, Ähnlichkeiten zu erkennen,« nichts anderes sei, »als ein schwaches Überbleibsel des alten Zwanges, ähnlich zu werden und sich zu verhalten« (VII, 417), findet sich mit minimalen Abweichungen wörtlich im »Zusatz« der kleinen theoretischen Abhandlung wieder (II, 210).

Inzwischen ins Exil getrieben, bittet Benjamin im Mai desselben Jahres in einem Brief aus Capri nach Jerusalem um die Übersendung seiner Arbeit Über Sprache überhaupt und über die Sprache des Menschen. Bevor er Scholem seine »neuen Notizen über die Sprache« schicke, möchte er sie mit den frühen vergleichen. Da ihm seine Berliner Papiere nicht erreichbar sind, bittet er um die in Scholems Besitz befindliche Abschrift (4, 214). Einen knappen Monat später ist die Arbeit eingetroffen, und Benjamin kann sich an die »vergleichende[] Redaktion« von zwei Arbeiten machen, »die zwanzig Jahre auseinanderliegen« (248). Als Resultat dieser Redaktion ist die zweite Fassung der LEHRE VOM ÄHNLICHEN zu betrachten, die er mit dem Titel ÜBER DAS MIMETISCHE VERMÖGEN im Herbst 1933 aus Paris nach Jerusalem schickt. Noch von Capri aus hatte Benjamin die ihn mit Beklemmung erfüllenden hohen Erwartungen Scholems zu dämpfen versucht. Bei der »sprachphilosophischen Notiz« handele es sich »um eine Glosse von zwei bis drei Schreibmaschinenseiten«. Inhaltlich sei sie »nur als ein Annex zu der größeren Arbeit aufzufassen, und – um auch das noch nebenbei zu sagen – keineswegs zu ihrem kommentatorischen Teil.« Vielmehr handele es sich »um eine neue Wendung in unserer alten Tendenz, die Wege aufzuweisen, auf welchen es zu einer Überwindung der Magie gekommen ist«. Bisher habe er nicht viel mehr getan, »als den Ort festzulegen, wo dergleichen Gedanken etwa im Zusammenhange der ersten, frühern Arbeit ihre Stelle hätten« (253).

Der Grundgedanke der Sprachtheorie

Auch wenn man die herausragende Bedeutung der frühen Sprachtheorie im Werk Benjamins einräumt, ist deren Tragweite für seine Arbeiten im einzelnen nicht ohne weiteres einsichtig. Zwar finden sich über seine Schriften verstreut immer wieder sprachphilosophische Reflexionen. Sofern sie einen systematischen Zusammenhang ahnen lassen, hat Benjamin ihn seinen Lesern in der frühen Aufzeichnung verborgen und keine Anstalten gemacht, ihn etwa im Rahmen einer ausgearbeiteten Philosophie der Sprache eigens zu explizieren.

Ihre eigentliche Bedeutung erhält die Sprachphilosophie in Benjamins Schriften nicht so sehr als deren Thema, sondern als deren Grundlage. In diesem Sinne kann man noch die Bemerkung verstehen, mit der Benjamin gegenüber einem Kritiker seines politischen Engagements Mitte der 20er Jahre darauf bestand, daß es von seinem sehr besonderen sprachphilosophischen Standpunkt aus zur Betrachtungsweise des dialektischen Materialismus »eine – wenn auch noch so gespannte und problematische – Vermittlung« gebe (18).

Eine nähere Erläuterung dieses Standpunkts findet sich in einem Brief an Hugo von Hofmannsthal aus dem Jahr 1924, in dem Benjamin die philosophischen Prämissen näher expliziert, die ihn in seinen Arbeiten leiten. Er sei überzeugt, »daß jede Wahrheit ihr Haus, ihren angestammten Palast, in der Sprache hat, daß er aus den ältesten λογοι errichtet ist und daß der so gegründeten Wahrheit gegenüber die Einsichten der Einzelwissenschaften subaltern bleiben, solange sie gleichsam nomadisierend, bald hier bald da im Sprachbereiche sich behelfen, befangen in jener Anschauung vom Zeichencharakter der Sprache, der ihrer Terminologie die verantwortungslose Willkür aufprägt«. Demgegenüber begreife die Philosophie die Sprache nicht als ein durch Konvention gestiftetes Zeichensystem, sondern als eine »Ordnung, kraft welcher ihre Einsichten jeweils ganz bestimmten Worten zustreben, deren im Begriff verkrustete Oberfläche unter ihrer magnetischen Berührung sich löst und die Formen des in ihr verschlossenen sprachlichen Lebens verrät« (2, 409). Wie Benjamin andeutet, entspricht seiner Ablehnung der Sprache als Zeichensystem eine erkenntniskritische Zurückweisung des begrifflichen Denkens, in deren Rahmen terminologisch an die Stelle des »Begriffs« das »Wort« tritt.

Auf welche Weise diese Auffassung der Sprache mit seinem Selbstverständnis als Autor verbunden ist, hat Benjamin im Jahr der Niederschrift des Aufsatzes ÜBER SPRACHE ÜBERHAUPT UND ÜBER DIE SPRACHE DES MENSCHEN in einem Brief an Martin Buber vom 17.7.1916 dargelegt. In dem Schreiben erläutert er ausführlich die Gründe, die ihn dazu geführt haben, die Mitarbeit an der Monatsschrift *Der Jude* abzulehnen, zu der Buber als deren Herausgeber ihn eingeladen hatte. Zwar ist seine Absage auch durch die affirmative Stellung Bubers und vieler Beiträge der Zeitschrift zum Krieg begründet. Dennoch geht es Benjamin nicht um einen Protest gegen eine politische Haltung. Vielmehr habe ihm der Ausbruch des Krieges »endlich und entscheidend« seine grundsätzliche Stellung »zu allem politisch wirksamen Schrifttum« eröffnet (1, 325). Insofern dieser Art Schrifttum eine bestimmte Auffassung vom Wesen der Sprache zur unausgesprochenen Voraussetzung hat, bildet sie die Folie, von der er seine eigene Sicht abhebt.

Das Charakteristische der verbreiteten und für das politische Schrifttum maßgeblichen Überzeugung komme darin zum Ausdruck, daß sie die Sprache in ihrer Beziehung zur Tat einzig als Mittel in Betracht ziehe. Für sie sei »die Sprache nur ein Mittel der mehr oder weniger suggestiven *Verbreitung* der Motive die im Innern der Seele den Handelnden bestimmen« (ebd.). Dieser »expansiven Tendenz des Wort-an-Wort-Reihens«, in der sich die Tat wie das Resultat eines Rechenprozesses am Ende ergibt, setzt Benjamin seinen »Begriff zugleich sachlichen und hochpolitischen Stils und Schreibens« entgegen: nämlich »hinzuführen auf das dem Wort versagte [sic!]«. Das ist nicht als ein Plädoyer für Tatenlosigkeit zu verstehen. Vielmehr wird die Tat nicht länger als mittelbares Resultat des Wortes verstanden, sondern sie entspringt unmittelbar dort, wo das Wort gerade nicht als ein Mittel in praktischer Absicht gebraucht wird. Nur wo die »Sphäre des Wortlosen« sich rein erschließe, könne der »magische Funke zwischen Wort und bewegender Tat überspringen« (326 f.). Begründet ist diese Überzeugung in einer dezidiert nicht-instrumentellen Auffassung der Sprache. Wirksam erweise sich Sprache niemals dadurch, daß sie als Mittel zu einem außer ihr liegenden Zweck diene, sondern einzig, indem sie »un-*mittel*-bar« wirke. Dieses von Benjamin »magisch« genannte Sprachverständnis scheint ihm mit der »eigentlich sachlichen der nüchternen Schreibart« zusammenzufallen und zugleich »die Beziehung zwischen Erkenntnis und Tat eben innerhalb der sprachlichen Magie anzudeuten« (326).

Genau besehen, versucht Benjamins Brief an Buber, ein Dilemma sprachphilosophisch zu überwinden, auf das ihn die Darlegung der Kantischen Ethik in seinem Aufsatz über den Moralunterricht aus dem Jahre 1913 geführt hatte. Dort hatte er den sittlichen Willen im Sinne Kants als »›motivfrei‹, einzig bestimmt durch das Sittengesetz«, definiert (II, 48). Entsprechend lehnt er in dem Brief an Buber die Auffassung ab, daß die Sprache dazu diene, mehr oder weniger suggestiv Motive zu verbreiten. Damit ist die Einsicht umschrieben, daß wir, wie es in dem frühen Aufsatz heißt, in »keiner einzelnen empirischen Beeinflussung [...] die Gewähr [haben], wirklich den sittlichen Willen als solchen zu treffen« (49). Einer Freundin, Carla Seligson, erläutert er diesen Gedanken dahingehend, daß kein Mensch da, wo er frei sei, von unserem Willen beeinflußt werden könne noch dürfe. Jede gute Tat sei nur das Symbol der Freiheit dessen, der sie wirkte: »Taten, Reden, Zeitschriften ändern keines Menschen Willen, nur sein Verhalten, seine Einsicht u.s.f. (Das ist aber im Sittlichen ganz gleichgiltig)« (1, 164). Scheint demnach moralische Erziehung prinzipiell zum Scheitern verurteilt, so bietet dem Schüler Wynekens das Erlebnis der Gemeinschaft die Gewähr einer »Gestaltwerdung des Sittlichen«, die als ein religiöser Prozeß jeder näheren Analyse widerstrebe (II, 50).

Es spricht einiges für die Annahme, daß die Theorie der Sprachmagie nunmehr jene Systemstelle im Denken Benjamins ausfüllt, die die Gemeinschaft in seinen früheren Überlegungen besetzt hielt. Auf diese Weise bezeugt der Sprachaufsatz nicht zuletzt auch jenen Transformationsprozeß, dem Benjamin sein Denken auf der Suche nach neuen Ausdrucksformen und verbindlicheren Formulierungen in den Jahren nach dem Bruch mit der Jugendbewegung unterwirft. So bezieht er sich in seinem Brief an Buber explizit auf seinen Aufsatz über Das Leben der Studenten, der ganz im Sinne des Gesagten gehalten, nur im *Ziel*-Jahrbuch am falschen Ort erschienen sei (1, 327). Zugleich dehnt er die Geltung seiner Sprachauffassung auf andere Sprachgebiete aus. Für eine Zeitschrift komme »die Sprache der Dichter der Propheten oder auch der Machthaber, kommen Lied Psalm und Imperativ [...] nicht in Frage, sondern nur die sachliche Schreibart« (ebd.). Was diese Formen sprachlicher Äußerung von der sachlichen Schreibart unterscheidet, ist indes nicht eine von der zuvor in dem Brief dargelegten abweichende Auffassung der Sprache. Vielmehr hatte Benjamin ausdrücklich betont, daß er Schrifttum nur »dichterisch prophetisch sachlich« und »was die Wirkung angeht aber jedenfalls nur *magisch* das heißt un-*mittel*-bar verstehen« könne (326). Was die einzelnen Formen des Schrifttums voneinander unterscheidet, ist die jeweils besondere Art und Weise ihrer »Beziehungen zum Unsagbaren«, ist, mit anderen Worten, die besondere Art der Magie, die in ihnen wirksam ist (327).

Noch ein Jahr später reagiert Benjamin äußerst empfindlich, als er in einem Verlagskatalog die Schrift Bubers über *Die Lehre, die Rede und das Lied* angekündigt findet. In deren Titel nämlich stößt er auf die »Einteilung sprachlicher Äußerungen«, die er in seinem unbeantwortet gebliebenen früheren Brief an den Herausgeber des *Juden* vorgenommen hatte (371). Diesen Brief hatte er mit dem Hinweis auf das romantische *Athenäum* abgeschlossen, das seinem Ideal einer sachlichen Schreibart nahegekommen sei. Dieses Bekenntnis wird er in der Ankündigung seiner eigenen Zeitschrift Angelus Novus einige Jahre später erneuern (II, 241). Nicht nur mit Blick auf den Aufsatz Die Aufgabe des Übersetzers, sondern auch den Essay über Goethes Wahlverwandtschaften, Benjamins »exemplarische Kritik« (2, 208) des Goethe-Romans, die er in seiner Zeitschrift zu veröffentlichen plante, zeichnet sich die grundlegende Bedeutung der frühen sprachtheoretischen Überlegungen für sein Selbstverständnis als Schriftsteller und Kritiker sowie für seine Theorie der Kunstkritik ab.

In einem Brief an Ernst Schoen (435 f.) zieht Benjamin am 28.2.1918 eine Zwischenbilanz seiner gedanklichen Entwicklung, in der die weit über sprachphilosophische Fragen im engeren Sinne hinausgehende Relevanz des frühen Sprachaufsatzes noch einmal zum Ausdruck kommt. Er sei an einen Punkt gelangt, der ihn jetzt zum ersten Mal zur Einheit dessen, was er denke, vordringen lasse. Lange zurückliegende intensive Diskussionen mit Schoen sind ihm dabei ebenso präsent wie sein »eigenes verzweifeltes Nachdenken über die Grundlagen des kategorischen Imperativs« (436). Ohne zu einer Lösung gelangt zu sein, sei die Denkweise, die ihn damals beschäftigte, für ihn in einen größeren Zusammenhang getreten, und er habe sie weiter auszubilden gesucht. Diese Denkweise charakterisiert er in einer Paraphrase des zentralen Gedankens des Aufsatzes Über Sprache überhaupt und über die Sprache des Menschen mit den Worten, daß für ihn alle »Fragen nach dem Wesen von Erkenntnis, Recht, Kunst« mit der »Frage nach dem Ursprung aller menschlichen Geistesäußerung aus dem Wesen der Sprache« zusammenhängen (1, 437).

Wege der Forschung

Benjamins Sprachtheorie und sein Sprachaufsatz von 1916 sind von der Forschung in ihrer fundamentalen Bedeutung für sein Werk schon früh erkannt worden. Gleichzeitig haben die hohen Anforderungen, mit denen der Text seine Interpreten konfrontiert, zu kontroversen Deutungen geführt. Für die neuere Forschung darf es als das richtungweisende Verdienst von Winfried Menninghaus angesehen werden, Benjamins sprachtheoretische Überlegungen in den Kontext der Theorien Hamanns, Wilhelm von Humboldts und der deutschen Romantik gerückt zu haben (Menninghaus 1980, 9–50). Seiner eingehenden Lektüre des Aufsatzes liegt ein funktionales Verständnis der Begriffe zugrunde, in denen Benjamin seine Sprachauffassung darlegt. Damit grenzt er sich zum einen gegen Liselotte Wiesenthal ab, für die Benjamin nach Maßgabe seiner im zweiten Teil des Sprachaufsatzes dargelegten Deutung des Schöpfungsmythos eine strukturelle Identität von Sprache und empirischer Realität annimmt. Mit dieser »ontologischen Fassung der Abbildtheorie« habe Benjamin seine Sprachtheorie soweit überladen, »daß letztlich nur die Metaphysik ein Fluchtfeld bot« (Wiesenthal 1973, 92). Zum anderen hatte Bernd Witte unter Berufung auf Scholem und im Rekurs auf dessen 1957 erschienene Studie über *Die jüdische Mystik in ihren Hauptströmungen* in Benjamins Bezugnahme auf die Genesis seine Auffassung bestätigt gesehen, daß Benjamins Sprachtheorie sich »aus dem theologischen Denken der jüdischen Offenbarungsreligion« inspiriere und aufgrund ihres biographisch-subjektiven Ursprungs letztlich »wissenschaftlich nicht weiter« analysierbar sei (Witte 1976, 9 f.).

Auch ohne diese anfechtbare Schlußfolgerung ist ein theologisches Verständnis des Sprachaufsatzes in der Forschung auch weiterhin vertreten worden. Ihren bedeutendsten Anwalt hatte diese Richtung zweifelsohne in Gershom Scholem, für den »Benjamins ›theologisches Denken‹, das in seinen früheren Jahren sehr prononciert war [...], an jüdischen Begriffen orientiert« ist (Scholem 1983, 29). Scholem hat zwar den Sprachaufsatz keiner kohärenten Interpretation unterzogen, aber in einschlägigen Zusammenhängen implizit auf ihn verwiesen. So gilt ihm in seiner Untersuchung über den *Namen Gottes und die Sprachtheorie der Kabbala* die Auffassung, daß die Sprache mehr sei als Mitteilung und Ausdruck, als gemeinsame Überzeugung aller Sprachmystiker. Der Mystiker entdecke an der Sprache eine geheime Dimension »oder, wie man heute sagen würde: etwas an ihrer Struktur, was nicht auf Mitteilung eines Mitteilbaren gerichtet ist, sondern vielmehr [...] auf Mitteilung eines Nicht-Mitteilbaren, das ausdruckslos in ihr lebt«. Mit seiner Theorie vom symbolischen Charakter der Sprache sei Benjamin, wie Scholem in diesem Zusammenhang betont, »lange ein reiner Sprachmystiker« gewesen (Scholem 1977, 8 f.).

In der Folge hat sich der von Menninghaus gewiesene Ansatz einer immanenten und funktionalen Interpretation der Sprachtheorie als insgesamt einflußreicher erwiesen. So hat Michael Bröcker überzeugend den engen Zusammenhang herausgearbeitet, in dem der Sprachaufsatz zu dem kurze Zeit später entstandenen Aufsatz Über das Programm der kommenden Philosophie steht (Bröcker 1993; 2000). Zielte der Ansatz von Menninghaus darauf, die vermeintliche Mystik Benjamins im Rückgriff auf die idealistisch-romantische Tradition für die literarische Moderne und die literaturtheoretische Postmoderne zu retten, so öffnet die Betonung der erkenntniskritischen Prämissen von Benjamins Sprachbegriff einen neuen Zugang zu den internen Zusammenhängen seines Werkes.

Nicht zuletzt hat die bis heute einflußreiche dekonstruktivistische Benjamin-Interpretation in Benjamins Sprachtheorie eine Legitimation ihres Ansatzes und demgemäß in seinem Sprachaufsatz einen ihrer wichtigsten Grundtexte gefunden. Die unhintergehbare Sprachlichkeit der Philosophie, die Benjamin aufgewiesen habe, begründe die Indirektheit ihrer figürlichen Rede. Benjamins Schriften führten sowohl theoretisch als auch exemplarisch vor Augen, daß Philosophie sich »selbst in sprachlichen Figuren darstellen« müsse und »durch diese strukturiert« sei (Menke 1991, 10). So findet Bettine Menke im Sprachaufsatz und dessen medialen Begriff der Sprache sowie in Benjamins Insistenz auf der Darstellung als einem zentralen Problem des philosophischen Schrifttums das entscheidende Stichwort für ihre dekonstruktivistische, von Benjamins Nähe zu Derrida ausgehender Lektüre seines Werks.

Dieser Ansatz ist insbesondere in der amerikanischen Forschung prominent vertreten. Für die Behandlung der Sprachtheorie Benjamins im allgemeinen erwies sich hier zudem Paul de Mans Studie zu Benjamins Aufsatz über DIE AUFGABE DES ÜBERSETZERS als äußerst einflußreich (de Man 1992, 128–141). Stellvertretend sei auf die Arbeiten von Rainer Nägele (Nägele 2001, 17–37) und Carol Jacobs verwiesen. Für Jacobs ist der Sprachaufsatz der Ausgangspunkt einer Reflexion, der es ausdrücklich nicht um ein Lesen des »Benjaminschen Denkens« geht, wie es, in Anlehnung an das bekannte Diktum Rankes, ›eigentlich gewesen ist‹, sondern um ein Lesen »dessen, was nie geschrieben wurde«. In letzter Konsequenz mag »diese Methode des Lesens [...] daher nicht so sehr die Quellen der Gedanken Benjamins an den Tag legen als vielleicht eine neue Version derselben darstellen« (Jacobs 2001, 416).

Unter gänzlich anderen theoretischen Prämissen gerät die metaphorische Dimension der Sprachtheorie Benjamins bei Peter Fenves in den Blick. Für ihn stellt der Gedankengang des Sprachaufsatz eine konsequente Durchführung eines an Husserl geschulten Programms der transzendentalen Phänomenologie dar. In seiner Theorie der Sprachmagie verleihe Benjamin der Sprache letztlich einen transzendentalen Charakter. In gewisser Weise übersetze Benjamin die Sprache der Phänomenologie in die einer Sprachphilosophie. Als ein Medium, in dem sich die geistlichen Inhalte vorprädikativ und nicht-intentional, also unmittelbar oder magisch, mitteilen, scheint dieser Ansatz auf seine Weise der phänomenologischen Forderung nach einer Zuwendung ›zu den Sachen selbst‹ einen gangbaren, wenn auch nicht unproblematischen Weg zu weisen (Fenves 1996, 83). Für seine Lektüre des Sprachaufsatzes kann Fenves auf eine Reihe von der Forschung bisher weitgehend vernachlässigter direkter oder indirekter Bezugnahmen auf Husserl und die zeitgenössische phänomenologische Diskussion in Texten Benjamins verweisen. Auf diese Weise situiert er Benjamins Sprachphilosophie in einen philosophischen Kontext, vom dem auch die Philosophie des jungen Martin Heidegger ihren Ausgangspunkt nimmt.

Teils im Anschluß an poststrukturalistische und dekonstruktivistische Lektüren, aber auch durchaus unabhängig von diesen Ansätzen ist die Sprachtheorie Benjamins in eher philosophiegeschichtlicher (van Reijen 1998; Knoche 2000) oder in hermeneutischer Perspektive (Schwarz Wentzer 1998) neuerdings in die Nähe des Sprachdenkens des späten Heidegger gerückt worden.

Sprache überhaupt oder das Medium der Erfahrung

Benjamins Sprachaufsatz von 1916 setzt einen umfassenden Sprachbegriff voraus, auf den bereits der Titel der Abhandlung hinweist, wenn dort die Sprache des Menschen als ein Teilgebiet der Sprache überhaupt eingeführt wird. Wie in dem Brief an Buber wird Sprache als Medium definiert und dementsprechend ihre »*Unmittel*barkeit« oder »Magie« zum Grundproblem der Sprachtheorie erklärt (II, 142 f.). Als Medium, in dem sich das geistige Wesen aller Dinge der belebten und der unbelebten Natur mitteilt, erfüllt Sprache die Forderung nach einem auch metaphysische Erfahrung ermöglichenden Erfahrungsbegriff, die Benjamin in seiner knapp ein Jahr später entstandenen Schrift ÜBER DAS PROGRAMM DER KOMMENDEN PHILOSOPHIE erheben wird.

Gegen Ende der Programmschrift deutet er die entscheidende Voraussetzung an, unter der die kommende Philosophie in Abkehr von den vorliegenden Ansätzen die an sie gerichteten höchsten metaphysischen Erwartungen würde erfüllen können: »Die große Umbildung und Korrektur die an dem einseitig mathematisch-mechanisch orientierten Erkenntnisbegriff vorzunehmen ist, kann nur durch eine Beziehung der Erkenntnis auf die Sprache wie sie schon zu Kants Lebzeiten Hamann versucht hat gewonnen werden« (168). In der Sprache ist also jene Sphäre der reinen Erkenntnis zu suchen. Erst ein in der Reflexion auf das sprachliche Wesen der Erkenntnis gewonnener Begriff der Philosophie werde einen korrespondierenden Erfahrungsbegriff ermöglichen, der auch das Gebiet der Religion umfasse. Somit geht es in der kommenden Philosophie darum, »auf Grund des Kantischen Systems einen Erkenntnisbegriff zu schaffen dem der Begriff einer Erfahrung korrespondiert von der die Erkenntnis Lehre ist« (ebd.). In einer Aufzeichnung aus der Zeit der Ausarbeitung der Programmschrift heißt es prägnanter noch: »Philosophie ist absolute Erfahrung deduziert im systematisch symbolischen Zusammenhang als Sprache« (VI, 37).

Im Sprachaufsatz ergibt sich die nähere Struktur dieser Erfahrung aus der Prämisse, daß zwar jedes geistige Wesen sich sprachlich mitteile, nicht aber jedes geistige Wesen restlos sprachlich sei. Demnach zerfällt das Medium Sprache in eine Vielzahl von Sprachen, die sich lediglich graduell, nach Maßgabe der Intensität der Durchdringung von geistigem und sprachlichem Wesen voneinander unterscheiden. Diese Überlegung führt Benjamin auf den Begriff der Offenbarung, den die Sprachphilosophie mit der Religionsphilosophie teile, ohne ihn jedoch von ihr sich vorgeben zu lassen. Unter sprachphilosophischem Gesichtspunkt bezeichnet ›Offenbarung‹ den denkbar intensivsten Grad der Durchdringung von Geist und Sprache, die intensivste Medialität von Sprache überhaupt. Während die menschliche Sprache auf diesem höchsten Inbegriff des Sprachgeistes beruhe, beruht die Kunst auf einer vergleichsweise unvollkommenen Sprache. Der von ihr »in seiner vollendeten Schönheit« bezeugte »dingliche Sprachgeist« (II, 147) wäre am entgegengesetzten Ende der von Benjamin entworfenen Skala anzusiedeln. Auf diese Überlegungen kommt Benjamin gegen Ende seiner Abhandlung zurück. Allerdings gilt von seinen Ausführungen über die »Erkenntnis der Kunstformen«, die »alle als Sprachen aufzufassen« und deren »Zusammenhang mit Natursprachen zu suchen« sei (156), mehr noch als von den systematischen und kommentatorischen Teilen des Aufsatzes, daß ihnen das Fragmentarische anzumerken ist, das Benjamin seinem Versuch insgesamt attestiert hat.

Aber auch für die gegen Ende des Aufsatzes skizzierte Theorie der Kunst gilt, daß Benjamin die Sprache wie die Sprachphilosophie im engeren Sinne seit Mitte des 18. Jh.s grundsätzlich nicht als ein Mittel der Kommunikation, sondern als eine konstitutive Bedingung sowohl des Denkens als auch des künstlerischen Gestaltens betrachtet. Damit knüpft er an eine Tradition an, für die er sich im Sprachaufsatz ebenso wie in der philosophischen Programmschrift explizit auf Hamann, implizit und ohne daß sich das Ausmaß seiner Kenntnisse im einzelnen belegen ließe, auf die deutsche Romantik und Wilhelm von Humboldt bezieht (Menninghaus 1980, 12–33). Der Begriff der Offenbarung, den Benjamin in seine Überlegungen einführt, ist dem Primat der so verstandenen Sprache unterworfen. In einem Brief an Jacobi, in dem er sich gegen den Aberglauben an die mathematische Form in der Philosophie bei Spinoza und bei Kant wendet, hatte Hamann betont, daß bei ihm weder von Physik noch von Theologie die Rede sei, »sondern Sprache, die *Mutter* der Vernunft und Offenbarung, ihr A und Ω. Sie ist das zweyschneidige Schwert für alle Wahrheiten und Lügen. Lachen Sie also nicht, wenn ich das *Ding* von dieser *Seite* angreifen muß. Es ist meine alte *Leyer* – aber durch *sie* sind *alle Dinge* gemacht« (Hamann 1955 ff., VI, 108). Auch für Benjamin, der dieses Zitat auszugsweise anführt, gilt Hamanns weniger theologische als vielmehr erkenntniskritische Einsicht, daß schließlich durch die Sprache ›alle Dinge gemacht‹ sind.

Die Sprache des Menschen

Benjamin hat seine Sprachauffassung zu Beginn der Abhandlung als eine »Methode« bezeichnet, die überall neue Fragestellungen erschließe (II, 140). Der Explikation der Grundlagen dieser Auffassung läßt er einen zweiten Teil folgen, in dem er sich auf die im Buch Genesis der Bibel erzählte Schöpfungsgeschichte als auf einen Text bezieht, der mit seinen eigenen Überlegungen prinzipiell darin übereinstimme, daß in ihr »die Sprache als eine letzte, nur in ihrer Entfaltung zu betrachtende, unerklärliche und mystische Wirklichkeit vorausgesetzt« werde. Weder verfolge er in diesem später gelegentlich so genannten »kommentatorischen Teil« (4, 253) des Sprachaufsatzes Bibelinterpretation als Zweck, noch auch werde »die Bibel an dieser Stelle objektiv als offenbarte Wahrheit dem Nachdenken zugrunde gelegt«. Allein das, »was aus dem Bibeltext in Ansehung der Natur der Sprache selbst sich ergibt, soll aufgefunden werden« (II, 147).

Hatte ihn die Darlegung der medialen Struktur der Sprache auf den Begriff der Offenbarung geführt, so geht es nunmehr darum, von diesem idealen Inbegriff der Sprache ausgehend, ihre faktische Komplexität zu verstehen. Der Unterscheidung einer schöpferischen göttlichen Sprache von einer ihr gegenüber defizitären, auf die Funktion der Erkenntnis reduzierten Sprache des Menschen, die Benjamin im biblischen Schöpfungsbericht vorfindet, liegt seine Beschreibung der Sprache als eines Mediums unterschiedlicher Dichte im ersten Teil des Aufsatzes zugrunde.

Benjamin exponiert seine Überlegungen im Rekurs auf den in der Genesis dargelegten göttlichen Schöpfungsakt am Leitfaden der Begriffe ›Wort‹ und ›Name‹. Dem Wortlaut des Genesistextes entsprechend, erscheine in dem »›Es werde‹ und in dem ›Er nannte‹ am Anfang und Ende der Akte [...] jedesmal die tiefe deutliche Beziehung des Schöpfungsaktes auf die Sprache« (148). Von diesem Rhythmus der Schöpfung ist einzig die Schöpfung des Menschen ausgenommen: »Gott hat den Menschen nicht aus dem Wort geschaffen, und er hat ihn nicht benannt«. Benjamin zufolge wollte Gott demnach den Menschen »nicht der Sprache unterstellen«. Vielmehr entließ er im Menschen die Sprache, »die *ihm* als Medium der Schöpfung gedient hatte, frei aus sich« (149). Auf diese Weise, so Benjamins für den weiteren Gedankengang des Aufsatzes entscheidendes Zwischenresümee, wurde das Schöpferische im Menschen Erkenntnis: »Der Mensch ist der Erkennende derselben Sprache, in der Gott Schöpfer ist« (ebd.). Anders gesagt, ist demnach alle menschliche Sprache »nur Reflex des Wortes im Namen« (ebd.). Von dieser Grundannahme stellt allein der Eigenname eine Ausnahme dar: Während die Sprache des Menschen wesentlich auf Erkenntnis basiert, ist der Eigenname selbst schaffend; er ist »die Gemeinschaft des Menschen mit dem *schöpferischen* Wort Gottes« (150).

Mit Blick auf seine sprachtheoretische Rekonstruktion des Schöpfungsaktes geht Benjamin davon aus, daß die adamitische Namensprache, oder wie der Text gelegentlich auch sagt: die paradiesische Sprache des Menschen, »vollkommen erkennend gewesen sei[n]« muß (152). Dies ändert sich mit dem Sündenfall, der das ›Wort‹ auf einer anderen Ebene in die menschliche Namensprache einführt – nämlich als ›richtendes Wort‹. Für Benjamins sprachtheoretische Deutung des Sündenfalls ist die Einsicht leitend, daß das Wissen, das der Baum der Erkenntnis verleiht, genau besehen eigentlich keinen Gegenstand hat: »Das Wissen um gut und böse verläßt den Namen, es ist eine Erkenntnis von außen, die unschöpferische Nachahmung des schaffenden Wortes« (152 f.). »Der Sündenfall ist die Geburtsstunde des *menschlichen Wortes*, in dem der Name nicht mehr unverletzt lebte« (153). In Benjamins Deutung offenbart der Sündenfall eine eigentümliche Dialektik: »Der Baum der Erkenntnis stand nicht wegen der Aufschlüsse über Gut und Böse, die er zu geben vermocht hätte, im Garten Gottes, sondern als Wahrzeichen des Gerichts über den Fragenden« (154).

Die nachparadiesische Sprache des Menschen steht im doppelten Sinn des Wortes im Bann des ›Urteils‹ oder des ›richtenden Wortes‹. So entspringt im Sündenfall zum einen »die Abstraktion« als ein Vermögen des Sprachgeistes (ebd.). Während der Name in den konkreten Elementen der Sprache wurzele, sei zu vermuten, daß die abstrakten Sprachelemente dem Urteil entstammen. Im logischen Urteil, in der Prädikation also, wird die Sprache in Benjamins Verständnis zu einem Mittel der Bezeichnung, »damit auch an einem Teile jedenfalls zum *bloßen* Zeichen«; und das habe »später die Mehrheit der Sprachen zur Folge« (153). Zum anderen aber hat das Urteil nicht nur eine logische, sondern eine ethisch-juristische Bedeutung. In diesem zuletzt genannten Sinne begreift Benjamin die ungeheure Ironie der Dialektik des Sündenfalls als »das Kennzeichen des mythischen Ursprunges des Rechtes« (154).

Im letzten Abschnitt seines Aufsatzes resümiert Benjamin dessen um die Zentralbegriffe ›Wort‹, ›Name‹ und ›Urteil‹ kreisenden Gedankengang in einem elliptischen Satz: »Der Mensch teilt sich Gott durch den Namen mit, den er der Natur und seinesgleichen (im Eigennamen) gibt, und der Natur gibt er den Namen nach der Mitteilung, die er von ihr empfängt, denn auch die ganze Natur ist von einer namenlosen stummen Sprache durchzogen, dem Residuum des schaffenden Gotteswortes, welches im Menschen als erkennender Name und über dem Menschen als richtendes Urteil schwebend sich erhalten hat« (157).

Grundlegend für Benjamins Überlegungen ist die Annahme, daß die Sprache des Menschen schöpferisch allein in der Erkenntnis des von Gott Geschaffenen ist. Benjamin rekonstruiert die Prozedur der adamitischen Namensgebung als eine »Übersetzung der Sprache der Dinge in die des Menschen« (150). Demnach begreift er diesen Vorgang als einen Erkenntnisakt. In ihm vollzieht sich Erkenntnis im Medium einer Erfahrung, die genuin sprachlich ist. Auf diese Weise, nämlich nach Maßgabe der Koinzidenz von Sprachphilosophie und Erkenntniskritik, rückt der Begriff der Übersetzung, den Benjamin in der »tiefsten Schicht der Sprachtheorie« begründet wissen möchte (151), ins Zentrum seiner Überlegungen.

Für sein Verständnis der adamitischen Namensgebung als Erkenntnisakt beruft sich Benjamin ein weiteres Mal auf Hamann (ebd.). Dessen kleine Schrift *Des Ritters von Rosencreuz letzte Willensmeynung über den göttlichen und menschlichen Ursprung der Sprachen* beschreibt das Verhältnis von göttlicher und menschlicher Sprache in einer für den Sprachaufsatz aufschlußreichen Weise. Hamann nämlich geht von einer »*communicatio* göttlicher und menschlicher *idomatum*« aus, die »ein Grundgesetz und der Hauptschlüssel aller unserer Erkenntnis und der sichtbaren Haushaltung« sei. So sei Gott der Ursprung aller Wirkungen im Großen und Kleinen. Folglich sei alles göttlich, und die Frage vom Ursprung des Übels laufe am Ende auf ein Wortspiel und Schulgeschwätz hinaus. Dem stellt Hamann seine entscheidende Einsicht an die Seite: »Alles Göttliche ist aber auch menschlich; weil der Mensch weder wirken noch leiden kann, als nach der Analogie seiner Natur«. Weil die Werkzeuge der Sprache ein Geschenk der Natur seien, sei »allerdings der Ursprung der menschlichen Sprache göttlich«. Wenn aber ein höheres Wesen »durch unsre Zunge wirken will; so müssen solche Wirkungen [...] sich der menschlichen Natur analogisch äußern, und in dieser Beziehung kann der Ursprung der Sprache und noch weniger ihr Fortgang anders als menschlich seyn und scheinen« (Hamann 1949 ff.; III, 27).

Wie Hamann geht auch Benjamin von einer Analogie zwischen göttlicher und menschlicher Sprache aus, die aber zugleich eine konstitutive Differenz impliziert. Während Spekulationen über den Ursprung der Sprache nicht weiterführen, erschließt sich die Funktion der menschlichen Sprache nach Maßgabe der Einsicht in ihre Differenz zur göttlichen. So kann Benjamin in der Programmschrift mit der von ihm in der Nachfolge Hamanns angestrebten »Beziehung der Erkenntnis auf die Sprache« (II, 168) zwar einerseits ihre kritische Restriktion auf die Grenzen möglicher Erfahrung beibehalten. Zugleich jedoch gewährleistet das im Sprachaufsatz dargelegte Verständnis von Sprache ein durch die Sprache konstituiertes Kontinuum von Erfahrung, das die empirische Welt der Erfahrung mit der intelligiblen verbindet. Auf diese Weise aber wird Erkenntnis nicht mehr als ein Denkakt im Sinne der Konstitution des Gegenstandes der Erkenntnis durch das Zusammenspiel der Erkenntnisvermögen begriffen. Zu Recht ist darauf aufmerksam gemacht worden, daß Benjamins Auslegung des Sündenfallmythos eine Kritik der neuzeitlichen Bewußtseinsphilosophie einschließe, der in der Programmschrift die Zurückweisung der Kantischen Trennung von Anschauung und Verstand entspreche. Vor dem Hintergrund seiner sprachtheoretischen Reflexionen sei es nur konsequent, daß er dort die Forderung nach einer Aufgabe der »Unterteilung der Erkenntnisvermögen in einen sinnlich rezeptiven und einen denkend aktiven Teil« erhebe, »die den Subjekt-Objekt-Dualismus ins Subjekt hinein verlängert« (Bröcker 2000, 746). Nicht nur in dieser Hinsicht ließe sich überdies auf Berührungspunkte zwischen dem von Husserl verfolgten phänomenologischen Ansatz und Benjamins Sprachphilosophie verweisen (Fenves 1996, 79–83).

Der Begriff der »Namensprache« hatte Benjamin dazu gedient, die grundlegenden Funktionen der menschlichen Sprache in ihrer Differenz zur göttlichen zu explizieren. Von diesem paradiesisch-idealen Stand der Sprache ist das »menschliche Wort« (II, 153) zu unterscheiden, die historisch vorfindliche Realität der Vielheit der menschlichen Sprachen. In seiner Deutung des Sündenfallmythos beschreibt Benjamin das menschliche Wort in seiner spezifischen funktionalen Differenz zur Namensprache.

In der Folge des Sündenfalls, von dem die Bibel berichtet, läßt sich die menschliche Sprache als ein parodistisches Zerrbild der in der göttlichen Sprache hypostasierten Identität von Wort und Name beschreiben. Diese fand ihren höchsten Ausdruck in der Affirmation des Geschaffenen im Wort Gottes: »Und sihe da/ es war seer gut« (Gen. 1,31). Demnach hat das prätendierte menschliche Wissen um Gut und Böse gar keinen Gegenstand. Im Kontext der Genesis erweist es sich als eine »unschöpferische Nachahmung des schaffenden Wortes« (II, 153). Während im Namen das Geschaffene unmittelbar erkannt und »magisch« in Sprache übersetzt wurde, fungiert die Sprache im Urteil nunmehr als ein Mittel, ein willkürlich Geschaffenes beliebig zu bezeichnen. Neben den Namen ist das auf Konvention beruhende »*bloße* Zeichen« getreten. Auch diese Relation bezeichnet Benjamin als eine magische; das richtende Wort oder das Urteil besitze ebenfalls eine Magie, aber »seine Magie ist eine andere als die des Namens« (ebd.).

Während Benjamin die juristisch-ethische Dimension des Terminus ›Urteil‹ mit dem Hinweis auf den »mythischen Ursprung[] des Rechtes« (154) an dieser Stelle nur streift, folgen seine weiteren Überlegungen der epistemologisch-logischen Bedeutung des Begriffs. Demnach wäre die Bezeichnung oder die Prädikation im Sinne der urteilslogischen Verbindung von Subjekt und Prädikat als eine Form der Erkenntnis und also als eine Übersetzung zu verstehen, der ein instrumenteller Sprachgebrauch zugrunde liegt. So hat sich die nachparadiesische Sprache nicht nur noch weiter als die Namensprache von der göttlichen entfernt, sondern in der »Mittelbarmachung der Sprache« zugleich auch den »Grund zu ihrer Vielheit gelegt« (ebd.). Denn die vielen Sprachen sind im Unterschied zur einen Namensprache mannigfache Formen der Bezeichnung.

Aus dieser Diskrepanz zwischen göttlicher und menschlicher Sprache leitet Benjamin nicht nur den Übersetzungsbegriff her, sondern auch die Vielheit menschlicher Sprachen. Die Sprache der Dinge könne in die Sprache der Erkenntnis nur in der Übersetzung eingehen – »soviel Übersetzungen, soviel Sprachen, sobald nämlich der Mensch einmal aus dem paradiesischen Zustand, der nur eine Sprache kannte, gefallen ist« (152). Unter sprachtheoretischem Gesichtspunkt ist der biblische Bericht vom Sündenfall in Benjamins Sprachaufsatz kein Gegenstand moraltheologischer Erwägungen. Vielmehr illustriert er, wie Sprache sich in ihrer Entwicklung weiterhin differenziert, in ihrer Mannigfaltigkeit »sich differenzieren muß« (ebd.). Auch wenn Benjamin die menschlichen Sprachen nach dem Sündenfall als ein parodistisches Zerrbild der göttlichen beschreibt, ist für ihr Verständnis nicht der theologische Skandal des Sündenfalls entscheidend. Statt dessen gilt es, in der vorfindlichen Vielfalt der Sprachen ebenso wie in den vielfältigen Formen sprachlicher Äußerungen die mediale Struktur von Sprache überhaupt zu erfassen, die ihrer zunehmenden Differenziertheit und Komplexität zum Trotz im Grunde unverändert geblieben ist.

Zwar ist die Instrumentalisierung seit dem »Sündenfall des Sprachgeistes« zum vorherrschenden Merkmal der menschlichen Sprachen geworden. Dennoch erschöpft sie nicht deren Wesen. Während die Sprachen »an einem Teile jedenfalls zum *bloßen* Zeichen« wurden, lebt andererseits die Unmittelbarkeit in ihnen fort – wenn auch, wie Benjamin betont, »nicht mehr unverletzt« (153).

Fortwirkung des Grundgedankens

In direkter Fortführung der frühen Sprachtheorie verdeutlicht die LEHRE VOM ÄHNLICHEN den Grundgedanken, wenn dort das Semiotische oder Mitteilende der Sprache als der »Fundus« begriffen wird, an dem die mimetische oder magische Seite der Sprache »in Erscheinung treten kann« (II, 208). Der Sündenfall des Sprachgeistes bedeutet weniger einen Verlust der wahren Sprache als vielmehr einen Wandel ihres Darstellungsmodus: Statt von einer »offenbarten Wesenseinheit«, ist von einer »Vielheit von Wesenheiten« auszugehen, in denen das Wesen in der Empirie zur Darstellung und Entfaltung kommt. In einem Fragment aus dem Umkreis der Notizen zu der geplanten Habilitationsschrift über »Sprache und Logik« bezeichnet Benjamin die Vielheit der Sprachen als eine derartige »Wesensvielheit« und erläutert sie folgendermaßen: »Die Lehre der Mystiker vom Verfall der wahren Sprache kann also wahrheitsgemäß nicht auf deren Auflösung in eine Vielheit, welche der ursprünglichen und gottgewollten Einheit widerspräche hinauslaufen, sondern – da die Vielheit der Sprachen sowenig wie die der Völker ein Verfallsprodukt, ja soweit davon entfernt ist es zu sein, daß gerade eben diese Vielheit allein deren Wesenscharakter ausspricht, – sie kann nicht auf deren Auflösung in eine Vielheit gehen«. Vielmehr spreche die Lehre der Mystiker »von einer zunehmenden Ohnmacht der integralen Herrschgewalt«. Diese Herrschgewalt sei im Sinne dieser Lehre als »die ursprünglich aus den gesprochenen [Sprachen] allen sich vernehmbar machende Harmonie von ungleich größerer sprachlicher Gewalt als jede Einzelsprache sie besessen, erschienen« (VI, 24 f.).

In dieser Überlegung zeichnet sich eine Denkfigur ab, die in ihrer zentralen Bedeutung für Benjamins Denken schwerlich überschätzt werden kann. Sie prägt den medialen Begriff der Sprache ebenso wie seinen Begriff der Erfahrung. Gegen die Einschränkung der Erfahrung, die Kant vorgenommen hatte, insistiert Benjamin darauf, daß »die wesentlichsten Inhalte des Daseins in der Dingwelt sich auszuprägen, ja ohne solche Ausprägung sich nicht zu erfüllen vermögen« (I, 126). Benjamins von Scholem kolportierte Bemerkung, derzufolge eine Philosophie, die nicht die Möglichkeit der Weissagung aus dem Kaffeesatz einbeziehe, keine wahre sein könne (Scholem 1975, 77), drückt zugespitzt denselben Grundgedanken aus. Dasselbe gilt für die programmatische Formel, mit der Benjamin im Essay über GOETHES WAHLVERWANDTSCHAFTEN die kunstphilosophische Probe auf seine erkenntniskritisch-sprachphilosophische Einsicht macht: »Der Wahrheitsgehalt erweist sich als solcher des Sachgehalts« (I, 128). Nicht zufällig wiederholt er sie in nur leicht abgewandelter Form im Trauerspielbuch in einer Passage, in der er sein Verständnis von Kunstkritik gegen die romantische Auffassung der Kritik abgrenzt (358).

In der 1921 entstandenen Vorrede zu Benjamins Übertragung der *Tableaux parisiens* haben Benjamins im engeren Sinne sprachtheoretische Reflexionen ihren ersten öffentlichen Niederschlag gefunden. In der AUFGABE DES ÜBERSETZERS geht es allerdings nicht so sehr um Sprache überhaupt, sondern um konkrete Sprachformen im historischen Kontext. Dennoch setzt der Essay die mediale oder: magische Auffassung der Sprache ebenso voraus wie den in dieser Auffassung fundierten universalen Übersetzungsbegriff. »Nirgends erweist sich einem Kunstwerk oder einer Kunstform gegenüber die Rücksicht auf den Aufnehmenden für deren Erkenntnis fruchtbar« (IV, 9). Entsprechend dient die Übersetzung eines Kunstwerks weder der Wiedergabe seines Sinns noch dem Leser, der die Sprache des Originals nicht versteht. Vielmehr erprobt sie dessen »Übersetzbarkeit«.

Mit Benjamin ist die Übersetzung als eine Gestalt des völlig unmetaphorisch gemeinten »Fortlebens« (11) des Originals zu verstehen. Ebenso wie die lebendige Sprache einem historischen Wandel unterliegt, der in späteren Zeiten etwa im archaischen Klang bestimmter Wendungen zutage tritt, so haben auch die Kunstwerke ein natürliches Leben, von dem ihr Ruhm zeugt, dem die Kritik zugehört und das in der Übersetzung zur spätesten Entfaltung gelangt. Wie die Bedeutung großer Dichtungen sich zunächst im historischen Wandel der Sprache des Originals bewährt, so überschreiten sie in der Übersetzung den Kreis der eigenen Sprache, um zum »Ausdruck des innersten Verhältnisses der Sprachen zueinander« (12) zu werden. In der Hypothese einer Konvergenz aller Sprachen, durch die ihr Verhältnis zueinander a priori bestimmt ist, findet Benjamins Theorie der Übersetzung ihren Fluchtpunkt. Des näheren beruht die »überhistorische Verwandtschaft der Sprachen darin, daß in ihrer jeder als ganzer jeweils eines und zwar dasselbe gemeint ist, das dennoch keiner einzelnen von ihnen, sondern nur der Allheit ihrer einander ergänzenden Intentionen erreichbar ist: die reine Sprache« (13).

In der Ausrichtung auf die eine wahre Sprache als Integral der vielen berührt sich die Aufgabe des Übersetzers mit der des Philosophen. Wenn Benjamin in der »Ahnung und Beschreibung« (16) der wahren Sprache die einzige Vollkommenheit sieht, die sich der Philosoph erhoffen darf, so wird seine Aufgabe damit als eine propädeutisch-kritische umschrieben. Mit den erkenntniskritischen Implikationen des universalen Übersetzungsbegriffs übernimmt der Essay auch die grundlegende Denkfigur, die die mitteilende Dimension der Sprache als den Fundus begreift, an dem ihre mimetische oder magische Seite mehr oder weniger verborgen zur Darstellung gelangt. Auf diese Weise erweist sich der stete Wandel der Sprachen als der eigentümliche Darstellungsmodus der reinen Sprache. Während die Sprachen »bis ans messianische Ende ihrer Geschichte wachsen«, falle es der Übersetzung zu, »am ewigen Fortleben der Werke und am unendlichen Aufleben der Sprachen [...] immer von neuem die Probe auf jenes heilige Wachstum der Sprachen zu machen: wie weit ihr Verborgenes von der Offenbarung entfernt sei, wie gegenwärtig es im Wissen um diese Entfernung werden mag« (14).

Die Nähe dieser Sätze zu den späten Thesen Über den Begriff der Geschichte ist ebenso unübersehbar wie die Gefahr, daß sie »dem enthusiastischen Mißverständnis Tor und Tür öffnen« (6, 436), das Benjamin jedenfalls für die Thesen voraussah. Aber ebensowenig wie sich aus seiner sprachtheoretischen Interpretation der Genesis eine theologisch inspirierte Sicht der Geschichte als Verfallsprozeß ableiten läßt, begründet die Rede vom Wachstum der Sprachen eine Spekulation über ein heilsgeschichtliches Ende der Geschichte. Nicht anders als der Begriff der Offenbarung dient auch der des messianischen Wachstums dem Verständnis einer Struktur: der Struktur der Sprache wie der der Geschichte. Die metaphysische Struktur der Geschichte zu erfassen aber hatte Benjamin sich bereits im Leben der Studenten im Interesse einer Erkenntnis der Gegenwart zur Aufgabe gesetzt. Nicht zufällig kommt er deshalb in einem Paralipomenon zu den Thesen Über den Begriff der Geschichte implizit auf seine frühe Sprachtheorie zu sprechen. Gelegenheit dazu gibt ihm das Problem der Universalgeschichte, auf das die Geschichtsschreibung des Historismus notwendig stoße (I, 702) und auf das der Historismus, wenigstens in Benjamins Sicht, mangels theoretischer Besinnung auf seine Methode keine zufriedenstellende Lösung bereithalte. In einer Notiz illustriert er das Problem, indem er der Idee der Universalgeschichte die Idee einer messianischen Welt an die Seite stellt. Die Vielheit der ›Historien‹ sei »eng verwandt wenn nicht identisch mit der Vielheit der Sprachen. Universalgeschichte im heutigen Sinn ist immer nur eine Sorte von Esperanto. (Sie gibt der Hoffnung des Menschengeschlechts eben so gut Ausdruck, wie der Name jener Universalsprache es tut.)« (1235) Wenn es in Fortsetzung dieser Analogie an anderer Stelle heißt, die Idee der Universalgeschichte sei eine »messianische« und Benjamin diese messianische Welt »allseitiger und integraler Aktualität« mit der Idee einer integralen Prosa vergleicht, die alle Fesseln der Schrift gesprengt habe (1238), so gilt für diese ebenso wie für die frühe sprachphilosophische Spekulation eine andere, nicht minder zentrale Einsicht. Der Historiker, der der Struktur der Geschichte nachgehe, betreibe auf seine Weise eine Art Spektralanalyse. Wie der Physiker ultraviolett im Sonnenspektrum feststelle, so stelle der Historiker eine messianische Kraft in der Geschichte fest. Wer jedoch wissen wollte, so Benjamin weiter, »in welcher Verfassung sich die ›erlöste Menschheit‹ befindet, welchen Bedingungen das Eintreten dieser Verfassung unterworfen ist und wann man mit ihm rechnen kann, der stellt Fragen, auf die es keine Antwort gibt. Ebensogut könnte er sich danach erkundigen, welche Farbe die ultravioletten Strahlen haben« (1232).

Werk

Über Sprache überhaupt und über die Sprache des Menschen (II, 140–157 u. VII, 785–791)
Ankündigung der Zeitschrift: Angelus Novus (II, 241–246)
Die Aufgabe des Übersetzers (IV, 9–21)
Die Bedeutung der Sprache in Trauerspiel und Tragödie (II, 137–140)
Goethes Wahlverwandtschaften (I, 123–201)
Lehre vom Ähnlichen (II, 204–210)
Der Moralunterricht (II, 48–54)
Trauerspiel und Tragödie (II, 133–137)
Über das mimetische Vermögen (II, 210–213)
Ursprung des deutschen Trauerspiels (I, 203–430)

Literatur

Bröcker, Michael (1993): Die Grundlosigkeit der Wahrheit. Zum Verhältnis von Sprache, Geschichte und Theologie bei Walter Benjamin, Würzburg.
Bröcker, Michael (2000): »Sprache«, in: Michael Opitz/Erdmut Wizisla: Benjamins Begriffe, Bd. 2, Frankfurt a. M., 740–773.
De Man, Paul (1986): »Walter Benjamin's ›The Task of the Translator‹«, in: ders.: The Resistance to Theory, Minneapolis, 73–105.
Fenves, Peter (1996): »The Genesis of Judgement: Spatiality, Analogy, and Metaphor in Benjamin's ›On Language as Such and on Human Language‹«, in: David S. Ferris (Hg.): Walter Benjamin. Theoretical Questions, Stanford, 75–93.
Hamann, Johann Georg (1949 ff.): Sämtliche Werke. Historisch-kritische Ausgabe, 6 Bde, hg. v. Josef Nadler, Wien.
Hamann, Johann Georg (1955 ff.): Briefwechsel, 7 Bde, hg. v. Walther Ziesemer/Arthur Henkel, Wiesbaden.
Jacobs, Carol (2001): »Not, Bremse: Nichts wird wieder je (wieder) so sein, wie es war«, in: Hart Nibbrig, Christiaan L. (Hg.): Übersetzen: Walter Benjamin, Frankfurt a. M., 394–422.
Knoche, Stefan (2000): Benjamin – Heidegger. Über Gewalt. Die Politisierung der Kunst, Wien.
Menke, Bettine (1991): Sprachfiguren: Name, Allegorie, Bild nach Benjamin, München.

Menninghaus, Winfried (1980): Walter Benjamins Theorie der Sprachmagie, Frankfurt a. M.
Nägele, Reiner (2001): »Echolalie«, in: Christian L. Hart Nibbrig (Hg.): Übersetzen: Walter Benjamin, Frankfurt a. M.
Regehly, Thomas (Hg.) (1993): Namen, Texte, Stimmen. Walter Benjamins Sprachphilosophie, Stuttgart.
Reijen, Willem van (1998): Der Schwarzwald und Paris. Heidegger und Benjamin, München, 142–165.
Scholem, Gershom (1975): Walter Benjamin. Die Geschichte einer Freundschaft, Frankfurt a. M.
Scholem, Gershom (1977): »Der Name Gottes und die Sprachtheorie der Kabbala«, in: ders: Judaica 3. Studien zur jüdischen Mystik, Frankfurt a. M., 7–70.
Scholem, Gershom (1983): »Walter Benjamin« [1964], in: ders.: Walter Benjamin und sein Engel. Vierzehn Aufsätze und kleine Beiträge, Frankfurt a. M., 9–34.
Schwarz Wentzer, Thomas (1998): Bewahrung der Geschichte. Die hermeneutische Philosophie Walter Benjamins, Bodenheim.
Wiesenthal, Liselotte (1973): Zur Wissenschaftstheorie Walter Benjamins, Frankfurt a. M.
Witte, Bernd (1976): Walter Benjamin, der Interlektuelle als Kritiker: Untersuchungen zu seinem Frühwerk, Stuttgart.

Der Brief an Buber vom 17.7.1916

Von Samuel Weber

Walter Benjamin ist einer der wichtigsten Denker der neuen Medien geworden, nicht allein aus Genialität – die er zweifelsohne zu einem erstaunlichen Grade besaß – sondern vor allem weil er, wie kein anderer vor und nach ihm, die Medialität seines Denkens bedachte. Das Medium seines Denkens war nicht neu, sondern sehr alt, nämlich die Sprache, oder vielleicht genauer, das Schreiben.

Eines der frühesten Zeugnisse seines Bedenkens dieses Mediums findet sich in einem Brief an Martin Buber, den Benjamin im Juli 1916 geschrieben hat – also mitten im ersten Weltkrieg. Buber hatte Benjamin aufgefordert, an der von ihm neu gegründeten Zeitschrift *Der Jude* mitzuarbeiten (vgl. den Artikel »Gershom Scholem«, 59–76). Nach dem Erscheinen des ersten Hefts sah Benjamin keine Möglichkeit, auf diese Einladung positiv zu reagieren. Zuerst plante er, seine Ablehnung der Zeitschrift in einem offenen Brief an Buber darzulegen. Schließlich entschloß er sich, Buber privat zu schreiben. In diesem Brief begründete er seine negative Entscheidung durch eine Reflexion über das Schreiben allgemein und über das politische Schreiben insbesondere. Gleich zu Anfang also macht Benjamin unvermißverständlich deutlich, daß seine Ablehnung der Zeitschrift eine prinzipielle ist, die die Frage betrifft, wie Schriften überhaupt »politisch wirksam« werden können, insbesondere in dem bestimmten historischen Kontext dessen, was Benjamin den »europäischen Krieg« (1, 325) nennt. Schon in seinem Absagebrief an seinen Lehrer Gustav Wynecken wegen dessen öffentlich bekundeten Kriegspatriotismus hatte er geschrieben: »Wir verschmähen den leichten unverantwortlichen schriftlichen Ausdruck« (1, 263).

Eine Politik des Versagens und des Verstummens

Benjamin stellt zunächst dar, wie solche »politische Wirksamkeit« von Schriften gemeinhin aufgefaßt wird, nämlich durch Worte zum Handeln zu motivieren:

»Es ist eine weit verbreitete, ja die fast allerorten als Selbstverständlichkeit herrschende Meinung daß das Schrifttum die sittliche Welt und das Handeln der Menschen beeinflussen können indem es Motive von Handlungen an die Hand gibt. Menschen durch Motive aller Art zu bestimmten Handlungen zu bewegen ist die Absicht des politischen Schrifttums. In diesem

Sinne ist also die Sprache nur ein Mittel der mehr oder weniger suggestiven *Verbreitung* der Motive, die im Innern der Seele den Handelnden bestimmen. Es ist das Charakteristische dieser Ansicht daß sie eine Beziehung der Sprache zur Tat in der nicht die erste Mittel der zweiten wäre überhaupt garnicht in Betracht zieht. Dieses Verhältnis betrifft gleichermaßen eine ohnmächtige zum bloßen Mittel herabgewürdigte Sprache und Schrift als eine ärmliche schwache Tat deren Quelle nicht in ihr selbst sondern in irgend welchen sagbaren und aussprechbaren Motiven liegt. Diese Motive wiederum kann man bereden ihnen andere entgegenhalten, und auf diesem Wege wird (prinzipiell) die Tat wie das Resultat eines allseitig geprüften Rechenprozesses an das Ende gesetzt« (1, 325 f.).

Die vorherrschende Meinung über die politische Wirksamkeit von Sprache und Schrift beruht also, Benjamin zufolge, auf einer Auffassung, welche nicht nur die Sprache instrumentalisiert, sondern ebenfalls das, was sie hervorrufen soll: die Tat. Diese wird als die Folge von »Motiven« vorgestellt, »die im Innern der Seele den Handelnden bestimmen«. Solche Motive lassen sich durch Sprache und Schrift suggestiv vorbereiten ebenso wie die Tat, die sich ihrerseits von den beeinflußten Motiven erzeugen läßt. Demnach muß man, um politisch wirksam zu werden, nur das psychologische Kalkül »eines allseitig geprüften Rechenprozesses« beherrschen, um die innerseelischen Motive durch Sprache und Schrift in die gewünschte Richtung lenken zu können.

Diese psychologistische Auffassung der Beziehung von Sprache und Handlung beruht ihrerseits, wie Benjamin zunächst bemerkt, darauf, daß Taten ihre »Quelle nicht in [ihnen] selbst« haben, »sondern [in] irgend welchen *sagbaren und aussprechbaren Motiven*« [Herv. d. Verf.]. Eine gewisse Sagbarkeit und Aussprechbarkeit dieser Motive bilden demnach die Voraussetzung dieser Auffassung politisch wirksamer Sprache, wie sie Benjamin hier beschreibt – allerdings nur, um sie dann abzulehnen: »Jedes Handeln das in der expansiven Tendenz des Wort-an-Wort-Reihens liegt scheint mir fürchterlich und um so verheerender wo dieses ganze Verhältnis von Wort und Tat wie bei uns in immer steigendem Maße als ein Mechanismus zur Verwirklichung des richtigen Absoluten um sich greift« (1, 326).

Die Sprach- oder Schreibpraxis, welche der herrschenden Auffassung von politischer Wirksamkeit entspricht, manifestiert sich vor allem *syntaktisch* »in der expansiven Tendenz« eines »Wort-an-Wort-Reihens«. Ein derartiger Umgang mit der Sprache setzt voraus, daß das entscheidende Element der Sprache das einzelne Wort sei: das vereinzeltes Wort wird als der elementare Bedeutungsträger betrachtet, als der Baustein einer Reihe, die sich aus der Akkumulation von in sich sinnvollen Bestandteilen »expansiv« ausbreitet. Die Sagbarkeit und Aussprechbarkeit der Motive sollten durch solches Wort-an-Wort-Reihen gewährleistet und aktualisiert werden.

Gerade diese Auffassung des »politischen« Sprechaktes nennt Benjamin »fürchterlich« und »verheerend«, da er als »Mechanismus zur Verwirklichung des richtigen Absoluten um sich greift«. Man hat es also hier mit einer Kritik zu tun, welche eine gewisse Verwendung von Sprache und Schrift für die Verwüstungen des Kriegs durchaus mitverantwortlich macht. Diese Verantwortung hängt mit dem Anspruch zusammen, vermöge einer linearen und unbeschränkten Anreihung von Wörtern, einen »Mechanismus« geschaffen zu haben, welcher überall und nach Belieben imstande ist, das »richtige Absolute« verwirklichen zu können. Doch die besondere Wirklichkeit, die damit geschaffen wird, ist die Verwüstung des Kriegs, der um so »verheerender« wirkt, als er seiner ›Heiligkeit‹ gewiß ist.

Damit begegnen wir Benjamins politisch-theologischer Kritik dessen, was heute politische Korrektheit heißt. Was seiner Kritik aber von den heute gängigen unterscheidet, ist ihre sprachliche Dimension. Denn erst eine gewisse sprachliche, oder genauer: schriftliche Praxis ist, Benjamin zufolge, imstande, den »Mechanismus« der politischen Korrektheit herzustellen. Die ›Richtigkeit‹ des »Absoluten« entspricht der Fähigkeit der Sprache, einzelne Wörter ohne vorgegebene Grenze aneinanderreihen zu können. Damit wird das Wort-an-Wort-Reihen zum sprachlichen Vorbild eines Absoluten, das sich durch eine beurteilende Sprache, in der man »Motive [...] bereden« kann, »richtig« verwirklichen läßt.

Gegen diese »expansive Tendenz«, die »bei uns in immer steigendem Maße [...] um sich greift«, stellt Benjamin seine Alternativfassung dar, die bezeichnenderweise nicht einfach die Sprache selbst betrifft, sondern die Schrift:

»Schrifttum überhaupt kann ich nur dichterisch prophetisch sachlich – was die Wirkung angeht aber jedenfalls nur *magisch* das heißt un-*mittel*-bar verstehen. Jedes heilsame ja jedes nicht im innersten verheerende Wirken der Schrift beruht in ihrem (des Wortes, der Sprache) Geheimnis. In wievielerlei Gestalten auch die Sprache sich wirksam erweisen mag, sie wird es nicht durch die Vermittelung von Inhalten sondern durch das reinste Erschließen ihrer Würde und ihres Wesens tun. Und wenn ich von anderen Formen der Wirksamkeit – als Dichtung und Prophetie hier absehe so erscheint es mir immer wieder daß die kristallen reine Elimination des Unsagbaren in der Sprache die uns gegebene und nächstliegende Form ist innerhalb der Sprache und insofern durch sie zu wirken. Diese Elimination des Unsagbaren scheint mir gerade mit der eigentlich sachlichen der nüchternen Schreibart zusammenzufallen und die Beziehung zwischen Erkenntnis und Tat eben innerhalb der sprachlichen Magie anzudeuten. Mein Begriff sachlichen und zugleich hochpolitischen Stils und Schreibens ist: hinzuführen auf das dem Wort versagte. Nur wo diese Sphäre des Wortlosen in unsagbar reiner Nacht sich erschließt kann der magische Funke zwischen Wort und bewegender Tat überspringen, wo die Einheit dieser beiden gleich Wirklichen ist. Nur die intensive Richtung der Worte in den Kern des innersten Verstummens hinein gelangt zur wahren Wirkung. [...] Als Mittel genommen wuchert es« (1, 325 f.).

In diesen Ausführungen begegnet man Gedanken, die in dem einige Monate später geschriebenen Aufsatz Über Sprache überhaupt und über die Sprache des Menschen (1916) systematisiert werden (vgl. den Artikel »Über Sprache überhaupt und über die Sprache des Menschen«, 592–603). Vor allem die Alternative einer Sprache, die als »Vermittelung von Inhalten« operieren soll, und einer, die unmittelbar wirkt – und deshalb als »magisch« bezeichnet wird – wird dort ausgearbeitet. In diesem Brief dagegen begegnet man diesem Sprachgedanken gleichsam in statu nascendi, was aber für seine mediale Bedeutung besonders aufschlußreich wird. Denn die Medialität des Mediums, die er in dem Sprachaufsatz als unmittelbare Mitteilbarkeit bestimmen wird, impliziert eine ungewöhnliche Dynamik, die in diesem Brief tastend, aber zugleich besonders ausgeprägt zu Tage tritt.

›Ausgeprägt‹ aber heißt hier nicht einfach ›deutlich‹. Gerade dieser Unterschied bildet den Ausgangspunkt des Benjaminschen Gedankenganges. Denn aus Gründen, die gerade beschrieben werden, wird dieser Unterschied versteckt und erscheint zunächst nur als ein Paradox. Die Wirkung des Schrifttums, die entweder »dichterisch prophetisch [oder] sachlich« zu sein hat, besteht nicht in der »Vermittelung von Inhalten«, sondern in einer Unmittelbarkeit, d.h. im »reinste[n] Erschließen ihrer Würde und ihres Wesens«. Dieses Erschließen aber erzeugt keine Durchsichtigkeit, sondern vielmehr ein »Geheimnis«. Was es bedeuten kann, das Geheimnis des Schreibens unmittelbar zu erschließen, wird im folgenden von Benjamin nicht nur erläutert, sondern auch praktiziert. Sich auf die »sachliche« Wirkung von Schrift beschränkend, indem er von ihrer »dichterischen und prophetischen« Wirkung absieht, führt er die unmittelbare und magische Wirkung der Sprache auf die »kristallen reine Elimination des Unsagbaren« zurück: diese »Elimination« bildet »die uns gegebene und nächstliegende Form [...], innerhalb der Sprache und insofern durch sie zu wirken«.

Einerseits also soll die Wirkung von Sprache und Schrift unmittelbar in der »kristallen reine[n] Elimination des Unsagbaren« bestehen. Andererseits soll diese »Elimination des Unsagbaren«, trotz oder gerade wegen ihrer »kristallen[en]« Reinheit, das Geheimnis der Sprache erschließen und bewahren. Wie läßt sich dieses Paradoxon verstehen? Die folgenden Sätze zeigen, daß die Antwort auf diese Frage in der bestimmten Art von Bewegung liegt, die Benjamin zufolge den »sachlichen und zugleich hochpolitischen Stil« auszeichnet: »Mein Begriff sachlichen und zugleich hochpolitischen Stils und Schreibens ist: hinzuführen auf das dem Wort versagte.« Die Sachlichkeit des Schreibens, die es zugleich »hochpolitisch« wirksam macht, besteht also in einer Bewegung, die das jeweils verkettete Wort beim Wort nimmt, bzw. von dessen Verkettung wegführt, hin zu dem, was dem Wort in seiner Einzelheit zwar versagt ist, doch als Versagtes zugleich aufbewahrt wird. Es handelt sich um eine Bewegung, die also nicht einfach von Wörtern schlechthin wegführt, und noch weniger vom Sprachlichen; denn dabei gilt es gerade, »das Unsagbare« zu »eliminieren«, und zwar mit »kristallen[er] Reinheit«. Es kann sich daher nur darum handeln, von den jeweilig vorgegebenen, verwirklichten, d.h. aktualisierten, Wort-Reihen wegzuführen, und zwar in Richtung auf das jeweils Versagte hin. Das Wort »Elimination« selbst kann als eine nächstliegende Markierung dieses Vorgangs selbst gelesen werden. Betrachtete man Benjamins eigene Ausführungen nur als eine Anreihung von Wörtern an Wörter, so würde das bedeuten, die jeweiligen Wörter bloß in ihrem vertrautesten, selbstverständlichsten Sinne zu lesen. »Eliminieren« würde demnach soviel wie »abschaffen« bedeuten. Damit wäre aber gerade jene Bewegung verfehlt, die in das Wort hineindringt bis an den Kern des ihm Versagten.

Um diese Bewegung zu erreichen braucht man das Wort nur wörtlich zu lesen: Elimination bezeichnet dann nicht eine einfache Abschaffung, sondern eben eine Bewegung, die »über die Schwelle« hinausführt, oder, nach einem Beispiel, das im Herkunftswörterbuch von Duden aufgeführt wird: »aus dem Haus treib[t]« (Duden 1963, 134). Die »kristallen reine Elimination des Unsagbaren« bestünde demnach in einer Bewegung, die das Wort aus dem Hause treibt, bis hin zu jenem Versagten hinführt, welches als Limes und Rahmen die Grenzen des Gesagten – d.h. der Wortreihe – jeweils fixiert und bestimmt. Als ermöglichende und dennoch ausgeschlossene Schwelle ist dieses Versagte jeweils das, was gesagt werden müßte, aber nie gesagt werden kann. Seine Elimination vollzieht sich, indem seine Grenze jeweils überschritten, zugleich aber nur verschoben – nie aufgehoben – wird. Darin liegt auch das Geheimnis der Schrift und der Sprache: Das Ungesagte wird schreibbar, ohne daß das Unsagbare damit einfach verschwände. Bei solchem Schreiben handelt es sich also nicht um eine Verwirklichung dessen, was potentiell immer schon vorhanden gewesen ist, sondern um eine Aufforderung, das, »[w]as nie geschrieben wurde«, (II, 213) lesbar zu machen.

Das Paradox, das Geheimnis und die Magie ballen sich alle in einer kleinen Vorsilbe zusammen: im *ver-*. Es handelt sich dabei um einen Bestandteil der Sprache, der unterhalb der Schwelle des Wortes steht. Noch kein selbständiges Wort, ist *ver-* dennoch nicht einfach bedeutungslos, ganz im Gegenteil. Aber seine Bedeutung läßt sich weder vereinheitlichen noch verselbständigen. Als Präfix kommt ver- nur in Wortverbindungen vor, nie allein. In solchen Zusammenbildungen kann ver- sehr verschiedene Bedeutungen haben, die aber häufig seinen etymologisch frühen Sinn fortführen, nämlich ›das Hinausführen über...‹. Diese Bedeutung der Vorsilbe wird dann eine entscheidende Rolle in Benjamins weiteren Ausführungen spielen.

Der »hochpolitische Stil«

Es geht Benjamin darum, jene Bewegung genauer zu bestimmen, die den sachlichen und zugleich hochpolitischen Stil auszeichnet. Hochpolitisch kann seine Wirkung nur dann sein, wenn sie eine andere, dynamischere Beziehung zwischen Sprache und Handlung herstellt als die, welche das Ansprechen von Motiven durch Wort-Reihen charakterisiert. Anstelle dieses kausal-mechanischen Verhältnisses geht es bei dem sachlich-nüchternen Stil um einen Vorstoß in die »Sphäre des Wortlosen«, um jenen »magischen Funken« zünden zu können, welcher die Kluft zwischen »Wort und bewegender Tat überspringen« kann. Ein derartiges Überspringen ist immer nur punktuell und momentan, nie dauerhaft und kontinuierlich. Indem er überspringt, stellt der Funke »die Einheit dieser beiden gleich Wirklichen« her. Diese wirkliche und wirksame Einheit besteht darin, daß sowohl Wort wie Tat außer sich geraten. Aber nur, indem sie zugleich und zuvor in sich hineingeführt werden. Beim Wort sieht das so aus: »Nur die intensive Richtung der Worte in den Kern des innersten Verstummens hinein gelangt zur wahren Wirkung«. Im Unterschied zur »expansiven« Ausrichtung des Wort-an-Wort-Reihens, richtet sich die Bewegung hier nach innen, in das interne Gefüge der Worte, um bis an deren »Kern« dringen zu können. Dieser Kern besteht aus dem »innersten Verstummen[]« – d.h. aus dem *Übergang* vom Sprechen zum Schweigen. Die Vorsilbe *ver-* kehrt hier wieder und markiert die Bewegung der Schrift nochmals als eine des Über-sich-hinaus-Schreitens: die Schwelle des Gesagten wird in Richtung dessen, was nicht gesagt werden kann, überschritten, weil erst dieses *Versagte* das jeweils *Gesagte* ermöglicht. Der Kern des Gesagten besteht demnach aus einem »innersten Verstummen[]«, das – wie das Wort ›Kern‹ schon wörtlich besagt – nicht allein im Innern besteht, sondern virtuell zugleich auf Auswendiges hinweist. Der Kern ist nicht nur das, was im Innersten sich befindet, sondern zugleich das, was nach außen sich entwickeln kann. Wie das Versagen gehört auch das Verstummen als Kern zur inneren und erzeugenden Dynamik des Wortes. Denn etwas kann nur ausgesagt werden, indem das Ausgesagte durch Ausgrenzung des Anderen – nicht nur Nichtgesagten, sondern Versagten – eingegrenzt und zugleich entgrenzt wird. Die »intensive Richtung der Worte in den Kern des innersten Verstummens gelangt« deswegen »zur wahren Wirkung« – und damit zur politischen Wirksamkeit – erst, wenn diese Bewegung den innersten Kern des Gesagten als ursprüngliche Heterogenität enthüllt, und damit sowohl die Möglichkeit wie die Notwendigkeit ihrer Veränderung andeutet.

Daraus zieht Benjamin folgenden Schluß: »Ich glaube nicht daran daß das Wort dem Göttlichen irgendwo ferner stünde als das ›wirkliche‹ Handeln also ist es auch nicht anders fähig ins Göttliche zu führen als durch sich selbst und seine eigene Reinheit. Als Mittel genommen wuchert es« (1, 327).

Bezeichnend in dieser Argumentation ist die Art, wie Benjamin das Wort gegen die Tat verteidigt. Er behauptet nicht, daß das Wort dem Göttlichen besonders nahestehen würde, sondern vielmehr, daß es ihm nicht »irgendwo ferner stünde als das ›wirkliche‹ Handeln«, wobei er »wirklich« in Anführungszeichen setzt. Denn der nicht zu überwindende Abstand der Sprache zum Göttlichen hat Konsequenzen auch für die Art ihrer Wirklichkeit wie für die ihrer Wirksamkeit, ob politisch oder nicht. Diese werden deutlich, wenn wir wieder an den Anspruch der gängigen politischen Sprache denken, nämlich, durch das Wort-an-Wort-Reihen einen »Mechanismus zur Verwirklichung des richtigen Absoluten« zu bilden. Damit wird zugleich vorausgesetzt, daß die Sprache als Anreihung von Wörtern dem Absoluten nah genug stehen kann, um dieses »richtig« zu beurteilen und auch zu verwirklichen. Diese Sprachpraxis, die sich gerade heute besonders ausbreitet, beruht Benjamin zufolge auf einer Auffassung der Sprache – und vor allem des Wortes

– als selbstreproduzierendes *Mittel.* »Als Mittel genommen« – so Benjamin – »wuchert es«: gegen solches »expansive« Wuchern hat sich ein Schreiben zu richten, das von Benjamin nicht nur theoretisch bejaht, sondern auch praktiziert wird; dieses Schreiben muß jeweils ins Innere des Wortes führen, um jener »wortlosen Sphäre« möglichst nahe zu kommen, wo das jeweils Gesagte zugleich entspringt und verstummt. So abstrakt dies auch klingen mag, kann diese Bewegung »in den Kern des innersten Verstummens« ziemlich genau an jenem Einzelwort nachvollzogen werden, auf das Benjamin seine gesamte Argumentation polemisch aufbaut: das Wort »Mittel«.

Wie später in seinem Sprachaufsatz des gleichen Jahres steht schon in diesem Brief der Begriff des »Mittels« für eine Sprachauffassung ein, welche Sprache und Schrift als »die Vermittelung von Inhalten« konzipiert. Dagegen führt die intensive Bewegung der Schrift, wie sie von Benjamin beschrieben (und beschritten) wird, uns auf jenen Wort-Kern zu, der zugleich von diesem Wort aktuell verschwiegen und ausgeschlossen wird: nämlich auf das Wort Mitte. Denn mitten im Wort »Mittel« steckt – oder versteckt sich – als Kern: Mitte, nicht als Zentrum, sondern als Zwischenraum, der sich nur durch den Bezug auf andere Räume bestimmt. Mitte nämlich bedeutet auch Medium. Die »eigene Reinheit« des Wortes stellt sich hier, und auch sonst, als seine mediale Beschaffenheit heraus, derzufolge jedes Wort, trotz seiner Vereinzelung, von woanders herkommt, und deshalb auch woanders hin strebt. Der »magische Funke zwischen Wort und bewegender Tat« kann nur deswegen die »Einheit dieser beider gleich Wirklichen« herstellen – momentan und flüchtig –, weil das Wort »selbst« in seiner »Reinheit« und Ursprünglichkeit immer schon auf dem Sprung ist und lauert. Und es lauert, weil es in sich sprengend ist.

Erst diese Sprengkraft des Wortes darf als ›ursprünglich‹ betrachtet werden, und zwar in dem Sinne, den Benjamin in der Erkenntniskritischen Vorrede zu seiner Studie über den Ursprung des deutschen Trauerspiels formuliert, einem Text, den er im selben Jahr zu konzipieren begann, in dem er den Brief an Buber schrieb. In jener Vorrede bestimmt Benjamin seinen Begriff vom *Ursprung*, indem er zunächst das Wort von der Bedeutung befreit, die ihm meist zugeschrieben wird: »Ursprung, wiewohl durchaus historische Kategorie, hat mit Entstehung dennoch nichts gemein. Im Ursprung wird kein Werden des Entsprungenen, vielmehr dem Werden und Vergehen Entspringendes gemeint. Der Ursprung steht im Fluß des Werdens als Strudel und reißt in seine Rhythmik das Entstehungsmaterial hinein. Im nackten offenkundigen Bestand des Faktischen gibt das Ursprüngliche sich niemals zu erkennen, und einzig einer Doppeleinsicht steht seine Rhythmik offen. Sie will als Restauration, als Wiederherstellung einerseits, als eben darin Unvollendetes, Unabgeschlossenes andererseits erkannt sein« (I, 226).

Auf die Zeitform der Zeitwörter ist hier besonders zu achten: »Im Ursprung wird kein Werden des Entsprungenen, vielmehr dem Werden und Vergehen Entspringendes gemeint.« Benjamin verwendet nicht das Perfektum, um den Ursprung zu bezeichnen, und auch nicht den Infinitiv, sondern eine Substantivierung und Nominalisierung einer eigenartigen Zeitform des Verbums, des Partizips Präsens. Diese Zeitform darf als eigenartig bezeichnet werden, weil sie eine Präsenz in Szene setzt, die sich nie aus sich selber abschließen oder vollenden kann. Denn die Präsenz dieses Partizips, etwa im Unterschied zum Indikativ, wird weitgehend durch die Gleichzeitigkeit seiner Äußerung bestimmt, aber damit zugleich entgrenzt. Eindeutige Bestimmung setzt Geschlossenheit voraus, und gerade diese kann das Partizip Präsens aus sich heraus nicht erreichen. Ihre Ausführung nimmt an ihrem Sein teil, indem sie es aufteilt und exponiert. Sie besteht in einer Wiederholung, die nur unterbrochen, aber nie abgeschlossen werden kann.

Die Wiederholung, wie schon Kierkegaards Constantin Constantius erfahren muß, dessen Namen bereits eine Allegorie seiner Einstellung zur Wiederholung darstellt – die Wiederholung »holt« immer wieder, gibt aber nie zurück:

»[E]s schien mir, [...] als wären meine großen Worte, die ich nun um keinen Preis hätte wiederholen wollen, nur ein Traum gewesen, aus dem ich nun erwachte, um das Leben unaufhaltsam und treulos alles wieder nehmen zu lassen, was es gab, ohne daß es eine Wiedergabe, eine Wiederholung gäbe« (Kierkegaard 1991, 43).

Die Spaltung im und als Ursprung spaltet ebenfalls die daraus sich ergebende Einsicht in eine »Doppelteinsicht«, der »einzig [...] seine Rhythmik offen[steht]« (I, 226). Bedeutsam, daß Benjamin in diesem Kontext von »Rhythmik« spricht. Denn die Rhythmik stellt die Wiederholung in und als Bewegung dar. Die »intensive Richtung der Worte in den Kern des innersten Verstummens hinein« enthüllt sich im späteren Text als Rhythmus des immer wieder Ansetzens und Ausholens, »die Wiederholung der Motive im Gegensatz zum flachen Universalismus« (I, 212). Der versagte, verstummte Kern des Wortes Ursprung enthüllt sich als der Sprung: nicht allein im Sinne des Springens, sondern auch in dem des Gesprengtwerdens. Denn nur weil der Ursprung in sich schon gesprungen ist, kann aus ihm Geschichte entspringen, und zwar als die Bestrebung, das Gesprungene wieder ganz zu machen, als »Restauration, als Wiederherstellung einerseits«, und »eben darin Unvollendetes, Unabgeschlossenes andererseits«. Benjamins Neulektüre des Worts oder Begriffs Ursprung aktiviert beide Elemente, nämlich »Ur« im Sinne von Archi und »Sprung«, um die Garantie des Ersten aufzusprengen. Das ist eine eigentümliche platonistisch-antiplatonistische Dialektik. Dadurch entsteht jene »Doppeleinsicht«, in der die historische Reihe der Fakten und die Wesens-Sphäre der Ideen quasi parallel bestehen bleiben; das erstere wird nicht durch das zweite getilgt. Der »Strudel« im Fluß des Werdens spuckt das in ihn Hineingerissene wieder aus, nämlich als das empirisch Einmalige, Singuläre, »Verschrobenste«. Insofern bleibt die »Wiederholung«, »Restauration«, »Wiederherstellung« unvollendet. Die konstitutive Spaltung im Ursprung entspricht dem Versagen und dem Verstummen im Wort. Daher ›erschließt sich‹, wie Benjamin an Buber schreibt, »die Sphäre des Wortlosen in unsagbar reiner Nacht«. Nur in solcher Nacht »kann der magische Funke zwischen Wort und bewegender Tat überspringen« und »die Einheit dieser beiden gleich Wirklichen« flüchtig herstellen. Die Sichtbarkeit des Funkens setzt die Dunkelheit der Nacht voraus und hebt sie zugleich hervor.

Der gegenläufige Rhythmus des Ursprünglichen, als immer unabgeschlossener, nie zu vollendender Versuch der Wiederherstellung, dieser Rhythmus spricht sich in der Zeitform des Gerundiv. Denn dieses, in seinem lateinischen Ursprung zumindest – der weitgehend heute verloren gegangen ist – ist nicht so sehr auf die Gegenwart gerichtet, als auf die Zukunft, und zwar als Aufforderung: Carthago delenda est, ist zweifellos das bekannteste Exemplum dieser auffordernden Sprachform. Aber auf Lateinisch bedeutet schon das Wort gerundum: »das, was ausgeführt werden muß«.

Wenn also das, was Benjamin erneut zum Schluß seines Briefs an Buber die »sachliche Schreibart« nennt, sein »hochpolitisches« Potential aus der »kristallen reine[n] Elimination des Unsagbaren« nehmen soll, so bedeutet das keinesfalls, daß das Unsagbare als solches sagbar zu machen ist, sondern vielmehr daß das jeweils Unsagbare in seiner bestimmten Beziehung zum jeweils Gesagten lesbar werden soll. Solches Lesbarmachen geschieht durch eine Bewegung, die bis an »die Sphäre des Wortlosen« als den Ort hinführt, wo das Sprechen ver-stummt und ver-sagt – aber zugleich auch entspringt. Lesbar gemacht wird damit eine Rhythmik des immer wieder, immer neu Entspringenden, das vom Leser eine doppelte, auch gespaltene, aber vor allem bewegte Einsicht verlangt, die in der Wiederkehr des Vergangenen auch das Kommende zu erblicken vermag. Nichts weniger heißt bei Benjamin lesen, und nichts anderes wird verlangt, um seine Texte lesen zu können.

Werk

Brief an Martin Buber vom 17.7.1916 (1, 325–327)
Über Sprache überhaupt und über die Sprache des Menschen (II, 140–157)
Ursprung des deutschen Trauerspiels (I, 203–430)
Erkenntniskritische Vorrede (I, 207–237)

Literatur

Duden (1963): Etymologie. Das Herkunftswörterbuch der deutschen Sprache, Mannheim/Wien/Zürich.
Kierkegaard, Sören (1991): Die Wiederholung. Die Krise und eine Krise im Leben einer Schauspielerin, hg. v. Liselotte Richter, Hamburg.

»Die Aufgabe des Übersetzers«

Von Alfred Hirsch

Entstehungsgeschichte

Der sprach- und übersetzungstheoretische Text Walter Benjamins Die Aufgabe des Übersetzers ist in den Sommer- und Herbstmonaten des Jahres 1921 entstanden und im Jahr 1923 erschienen. Als Vorwort zu Benjamins Übersetzung der *Tableaux Parisiens* Charles Baudelaires verfaßt, erhält der Aufsatz den Charakter einer programmatischen Reflexion zu Sinn und Praxis von Übersetzung. Dabei war bei Beginn der Baudelaire-Übertragungen noch gar nicht absehbar, daß es überhaupt zu einem theoretischen Vorwort kommen sollte. Bereits 1914/15 hatte Benjamin erste Übersetzungsversuche unternommen und dann über einen Zeitraum von neun Jahren hinweg Neuübersetzungen, Überarbeitungen und Verbesserungen vorgenommen (vgl. 3, 410 f.). Erst relativ spät schien er sich dann für eine theoretische Vorrede zu seinen übersetzungspraktischen Arbeiten entschieden zu haben. In einem Brief an seinen Berliner Verleger Weißbach vom 4. Dezember 1920 teilt er erstmals seine Absicht mit, »ein Vorwort, und zwar theoretisch und ganz allgemein ›Über die Aufgabe des Übersetzers‹ überhaupt [...] zu verfassen« (4.12.1920; 2, 113). Noch im Februar 1921 spricht Benjamin in einem weiteren Brief an Weißbach von der »eventuellen Vorrede«, von der er sich nicht sicher sei, ob er sie denn überhaupt schreiben werde (3.2.1921; 135). Doch schon wenig später erklärt er in einem Brief an seinen Freund und intellektuellen Wegbegleiter Gerschom Scholem, daß er den größten Teil des Aufsatzes bereits verfaßt habe, sich aber seiner Kompetenz in der Sache noch nicht ganz sicher sei. Zur theoretischen Herausforderung und Philosophiegeschichte der Übersetzung stellt er im selben Brief fest: »Nur handelt es sich um einen Gegenstand, der so zentral für mich ist, daß ich noch nicht weiß, ob ich ihn, im jetzigen Stadium meines Denkens, mit der ausreichenden Freiheit entwickeln kann, vorausgesetzt, daß mir seine Aufklärung überhaupt gelingt. Was die Darstellung angeht, so vermisse ich eine sehr wesentliche Hilfe in allen philosophischen Vor-Arbeiten früherer Autoren über diesen Gegenstand« (145). Im November desselben Jahres verweist Benjamin in Briefen an Weißenbach und Scholem auf den Übersetzeraufsatz als in toto vorliegendes Manuskript (vgl. 212). Aber erst knapp zwei Jahre später, im Oktober 1923, erscheint der Aufsatz in dem Band *Charles Baudelaire. Deutsche Übertragung mit einem Vorwort über die Aufgabe des Übersetzers von Walter Benjamin*. Von welch besonderem theoretischen Rang dieses Vorwort für Benjamin selbst war, wird noch deutlich in einem 1940 geschriebenen Lebenslauf, in dem er darauf hinweist, daß in dem Aufsatz Die Aufgabe des Übersetzers seine sprachtheoretischen Reflexionen den ersten Niederschlag gefunden haben.

Diese Selbsteinschätzung verwundert um so mehr, als Benjamin schon 1916 in seinem sprachphilosophischen Essay Über Sprache überhaupt und über die Sprache des Menschen ein intensives und differenziertes sprachphilosophisches Fundament entwirft, das in deutlichem Bezug zu späteren sprach- und texttheoretischen Arbeiten zu stehen scheint. Mit Blick auf den Übersetzeraufsatz ist sogar zu behaupten, daß der Sprachaufsatz von 1916 neben der Dissertation Benjamins, Der Begriff der Kunstkritik in der deutschen Romantik, aus dem Jahr 1919 der wesentliche Bezugspunkt für das im Aufsatz Die Aufgabe des Übersetzers entwickelte Denken der Sprache und der Übersetzung ist. Neben diesen beiden im zeitlichen Vorfeld des Übersetzeraufsatzes entstandenen Arbeiten ist außerdem auf Ursprung des deutschen Trauerspiels (1923–1925) als in dessen chronologischer Nachfolge entstandenes Werk zu verweisen. Die drei genannten Arbeiten Benjamins bilden zweifelsfrei das Kraftfeld, in dessen Zentrum sich Die Aufgabe des Übersetzers hält und seine Wirkung entfaltet. Von besonderem, den Inhalt des Übersetzeraufsatzes betreffenden Gewicht, sind dabei sicherlich die vor diesem entstandenen Arbeiten, aber auch Überlegungen und Denkfiguren, die dort noch unscharf oder inexplizit entfaltet werden, in späteren Texten aber deutlich und schärfer konturiert wieder auftauchen. Diese gilt es mittels des gedanklichen Kontextes jener späteren Arbeiten herauszupräparieren und darzustellen. Doch sehen wir zunächst auf jene gedanklichen Formierungen und Vorahnungen, die sich im frühen Sprachaufsatz für den theoretischen Gehalt von Die Aufgabe des Übersetzers zeigen und beispielgebend bestimmen lassen.

Frühe sprachphilosophische Reflexionen zu Übersetzung und Namenssprache

Für das Sprachdenken Benjamins im Allgemeinen spielt das Paradigma der ›Übersetzung‹ eine herausragende Rolle, und dies wird bereits in dem frühen Aufsatz Über Sprache überhaupt und über die Sprache des Menschen deutlich. Dort unterstreicht Benjamin mit Nachdruck, daß der Begriff der Übersetzung »viel zu weittragend und gewaltig [ist], um in irgendeiner Hinsicht nachträglich, wie bisweilen gemeint wird, abgehandelt werden zu können« (II, 151). Wenngleich auch Benjamin hier den Begriff der Übersetzung in einem weit umfassenderen Sinne verwendet als in dem allein auf eine zwischensprachliche Übersetzung bezogenen Kontext, so wird doch deutlich, daß er innerhalb seiner sprachphilosophischen Überlegungen den Schein des Abgeleiteten und Nachrangigen vom Paradigma der Übersetzung ziehen möchte. Die Übersetzung soll, so ließe sich im Benjaminschen Sinne ergänzen, *paradeigma* im ursprünglichen Sinne des griechischen Wortes, nämlich Leitbild oder Anleitung für das Denken der Sprache im allgemeinen sein. Entsprechend fordert Benjamin, daß der »Begriff der Übersetzung in der tiefsten Schicht der Sprachtheorie zu begründen« (151) sei. Schon die Beziehung zwischen Sprache und Denken vollzieht sich bei Benjamin als Übersetzungsvorgang, der sich in einem ›Medium‹ besonderer Art ereignet. »Das Mediale, das ist die *Unmittel*barkeit aller geistigen Mitteilung, ist das Grundproblem der Sprachtheorie, und wenn man diese Unmittelbarkeit magisch nennen will, so ist das Urproblem der Sprache ihre Magie« (142 f.). Im Medium der Sprachlichkeit vollzieht sich alles Sprechen ›unmittelbar‹ (magisch), und auf dieses ist jedes Sprachdenken gewissermaßen avant coup bereits bezogen. Sprache ist folglich nicht als Mittel zu betrachten, durch das ein sprachlich operierendes Subjekt Sinn bezeichnet und äußert. Vielmehr teilt sich nach Benjamin Sprache »*in* sich selbst« mit und ist daher »im reinsten Sinne das ›Medium‹ der Mitteilung« (142). Diese Einsicht fordert, Sprache nicht mehr als Instrument zu denken, und zugleich die Aushebelung der Subjekt-Objekt-Dualität, in der sich ein autonomes Denken gegenüber einem Ensemble sprachlicher Zeichen sieht, die es je nach Bedarf herausgreift und in bedeutungsstiftender Weise bedient. Nur allzu konsequent geht aus der strikt gedachten Bevorzugung von Sprache als ›Medium‹ gegenüber ihrer Mittelbarkeit auch hervor, daß Sprache solchermaßen nicht von *außen* bestimmt und beschränkt werden kann und ihr daher eine »inkommensurable einziggeartete Unendlichkeit« (143) innewohnt.

Gemäß den frühen Einsichten Benjamins, die die bekannten, die von einer Dreiteilung des Kommunikationsgebildes in Sender, Empfänger und sprachliches Mittel ausgehen, zu überwinden suchen, nähert sich Benjamin aber auch einer positiven Bestimmung der Sprache des Menschen. Das ›sprachliche Wesen‹, auf das sich die Sprache des Menschen und sein Denken bezieht, ist »seine Sprache«. Dies heißt, daß das in Worten sprechende »sprachliche Wesen« des Menschen darin besteht, daß er die Dinge *benennt*. Unter der Vielzahl der im frühen Sprachaufsatz angeführten Sprachen, die auch den Dingen, der Kunst, Gott u. a. ein jeweils spezifisch sprachliches Wesen zuweisen, ist das in Worten sprechende »sprachliche Wesen« des Menschen, daß er die Worte benennt. Für Benjamin ist die Sprache des Menschen die einzig benennende unter den Sprachen. Die Sprache des Menschen enthält im Kern, was Grund der Sprache im allgemeinen ist. Denn das geistige Wesen des Menschen teilt sich *in* den Namen mit (vgl. Menninghaus 1980, 20). Der Name wird mithin zum »innersten Wesen« der Sprache des Menschen erklärt.

Wie kommt nun aber der Name zu seinem Ding, wenn doch eine Namentheorie der instrumentierenden Zuweisung durch ein Subjekt nach Benjamin undenkbar ist? Dieses Problem wird gelöst durch die Überwindung der Opposition von Spontaneität und Rezeptivität. Die »Sprache der Dinge« und die »Sprache des Menschen« fließen im benennenden Sagen des Menschen zusammen. Im Medium der Namensgabe als sein »sprachliches Wesen« erkennt einerseits der Mensch die Dingwelt, andererseits beruht der Name, »den der Mensch der Sache gibt, darauf, wie sie ihm sich mitteilt« (II, 150). Im Sich-Mitteilen der »Sprache der Dinge« gewahrt Benjamin, daß der Mensch diese nicht wirklich in seine Sprache *übersetzen* kann. Denn da der Name nicht nur spontane Stiftung ist, sondern zugleich auch Anspruch aus jenem unerkennbaren »geistigen Wesen« der Dingwelt, kommt auch die Welt der Dinge als Sprache Gottes erneut zu Wort. Kristallisationspunkt im Zwischenraum der Sprachwelten bleibt der *Name*, in ihm ereignet sich ein anfangs- und endloser Dialog, der zwischen der Dingwelt und Menschenwelt Beziehungen schöpft und neue Sprachordnungen kreiert.

Diese sprachphilosophische Überwindung der Dualismen von Subjekt und Objekt, Ausdruck und Inhalt, Spontaneität und Rezeptivität durch den Tropus des Namens ist unvereinbar mit Namenstheorien, die beispielsweise wie diejenige Freges im Namen die ›abgekürzte‹ Beschreibung eines Gegenstandes fixieren (vgl. Frege 1985, 64 f.). Eine solche Namenstheorie würde Benjamin zufolge der ›bürgerlichen‹ Sprachauffassung entsprechen, in der die Mitteilung des »geistigen Wesens« der Sprache in Vergessenheit geraten ist. In der ›bürgerlichen‹ Sprache ist das Mittel der Mitteilung »das Wort, ihr Gegenstand die Sache, ihr Adressat ein Mensch. Dagegen kennt die andere [die Mitteilung des »geistigen Wesens« der Sprache, d. Verf.] kein Mittel, keinen Gegenstand und keinen Adressaten der Mitteilung« (II, 144). Den Intentionen des frühen Sprachaufsatzes gewissermaßen vorauseilend, rückt diese *andere* Sprache in die Nähe der »reinen Sprache« (IV, 14) des Übersetzeraufsatzes. In der »reinen Sprache« wird das »Namenlose im Namen« empfangen. Dadurch aber, daß die Sprache des Menschen Mittel geworden ist, ist der Name dem »stummen Wort« im Bestehen der Dinge gewichen. Hierin sieht Benjamin auch den Grund für die Entstehung der Vielheit und Verwirrung der profanen Sprachen. Eine exemplarische Darstellung dieses Geschehens findet sich nach Benjamin in der biblischen Geschichte des Sündenfalls (1 Moses 3). In dieser entfalten sich intensive Bezüge vom ›ersten‹ biblischen Sündenfall im Paradies zum ›zweiten‹ babylonischen Sündenfall, der für den Beginn aller sprach- und heilsgeschichtlichen Krisis steht. »Da die Menschen die Reinheit des Namens verletzt hatten, brauchte nur noch die Abkehr von jenem Anschauen der Dinge, in dem deren Sprache dem Menschen eingeht, sich zu vollziehen, um die gemeinsame Grundlage des schon erschütterten Sprachgeistes den Menschen zu rauben« (II, 154). Hierin liegt die Genese einer Sprachlosigkeit begründet, die zwangsläufig in eine »Überbenennung« der Dingwelt einmündet und das Verschwinden jener anderen »reinen« Sprache befördert, in der das »Namenlose im Namen« empfangen wird.

Benjamin zielt auf einen Bereich, in dem die Erfahrbarkeit und Darstellbarkeit die passivisch-aktivische Dualität profanen Hörens und Sprechens transzendieren. Dieser Bezirk ist ein Zwischenreich, in dem Sprache vor ihrem Erscheinen in der Welt entsteht und vergeht oder – in einem traditionelleren philosophischen Diskurs – transzendentale Bedingung ihres faktischen Erscheinens ist. Benjamin beschreibt diesen Bezirk mit den Worten: »Die Sprache der Dinge kann in *die* Sprache der Erkenntnis und des Namens nur in der Übersetzung eingehen« (152). In der Übersetzung geschieht die ursprüngliche Verschlingung von Spontaneität und Rezeptivität, von Aktivität und Passivität und von Sprechen und Hören; in ihr vollzieht sich – gleich um welche Sprache es sich auch immer handeln mag – eine Beziehungsstiftung, die jedem sprachlichen Bedeuten vorausgeht und dieses stets auch überholt.

Übersetzungstheorie der Frühromantik

Der zweite wichtige Bezugspunkt im Benjaminschen Œuvre für Die aufgabe des Übersetzers ist die in den Jahren 1918 und 1919 entstandene Dissertation Der Begriff der Kunstkritik in der deutschen Romantik. Zwar setzt sich Benjamin in dieser Schrift im wesentlichen mit dem Kunst- und dem Kritikbegriff der Frühromantiker auseinander, aber die texttheoretische Nähe von Kritik und Übersetzung stellt eine der immer wiederkehrenden Grundlinien dieser Studie dar. Dabei kann Benjamin nahezu nahtlos an die texttheoretischen Auffassungen der Frühromantiker anknüpfen, denn schon diesen galt eine strukturelle Ähnlichkeit und textuale Gleichrangigkeit zwischen Kritik und Übersetzung als besonders evident. Kritik und Übersetzung werden von den Frühromantikern sogar auf eine Ebene mit der Dichtung gehoben, denn dadurch, daß »Dichter und Künstler [...] die Darstellung von Neuem darstellen, das schon Gebildete noch einmal bilden wollen« (Schlegel 1978, 157 f.) und so »das Werk ergänzen, verjüngen, neu gestalten«, wird mit Nachdruck auf die Nachrangigkeit von Kritik und Übersetzung verzichtet. Benjamin schließt sich dieser Einsicht unmittelbar an und differenziert sie noch weiter aus, indem er Kritik- und Übersetzungsbegriff enger miteinander verknüpft, ohne jedoch die Unterschiede zwischen ihnen aufzuheben.

Nach Schlegel lassen sich Philologie und historische Erkenntnis nicht voneinander trennen. Mit Blick auf die Praxis des Übersetzens bedeutet dies, daß eine Öffnung und Streuung des Operationsfeldes entworfen wird, denn, so Schlegel, jede »Übersetzung ist eine unbestimmte, unendliche Aufgabe« (Schlegel 1958, Bd. II, 15). Die Übersetzung wird nicht als einfache ›Nachahmung‹ des Originals betrachtet, obschon sie über ein unendliches mimetisches Vermögen, wie die Kunst im allgemeinen, verfügt. Im Rahmen der Schlegelschen Theorie der ›progressiven Universalpoesie‹ verweist die mimetische Dimension der Übersetzung auf die Aufgabe, »das Klassische praktisch zuzueignen in Saft und Blut, und die größere Verbreitung desselben zu befördern« (Schlegel 1928, 50). Das Übersetzen als Vollzug der ›progressiven Universalpoesie‹ vermag den ›schönen Geist‹ der antiken Dichter und den ›vollkommenen Stil‹ des ›Goldenen Zeitalters‹ in die deutsche Sprache einzuführen und dort heimisch werden zu lassen. Schon hier wird deutlich, daß Benjamins Übersetzungsdenken Spuren des frühromantischen trägt. Hierzu gehört auch die Einsicht, daß ebenso wie für die Frühromantik für Benjamin Übersetzung und Kritik »viel weniger die Beurteilung eines Werkes als die Methode seiner Vollendung« (I, 69) sind.

In Kritik und Übersetzung wird gleichermaßen die irreduzible Pluralität der Rezipierbarkeit erkannt. Schon in Über Sprache überhaupt und über die Sprache des Menschen hatte Benjamin insistiert: »soviel Übersetzungen, soviel Sprachen« (II, 152). Diese Erkenntnis fügt sich trefflich zu derjenigen Schlegels, der von »personifizierten Reflexionsstufen« (vgl. I, 68) spricht und damit die unendliche Lesbarkeit des Textes postuliert. Auch die stete ›Vervollkommnung‹ und ›Übersteigung‹ des Originals in der Reproduktion ist Kritik und Übersetzung gemeinsam, in Anknüpfung an die Frühromantiker sind sie auch für Benjamin ›Methoden der Vollendung‹ – wenngleich einer unendlichen.

›Übersetzbarkeit‹ – und nicht schon die Übersetzung – weist als Bedingung der Möglichkeit des Kunstwerkes darauf hin, daß es ein Ins-Werk-Setzen des Originals nur geben kann, wenn dieses bereits in der ursprünglicheren Form eines Über-Setzens oder Fort-Setzens geworden ist und selbst wiederum in diesen Prozeß eingeht und in ihm ›fortlebt‹. Übersetzbarkeit ist also noch nicht ›gegenständlicher Ausdruck‹ einer Form, sondern deren transzendentale Bedingung als das Werden des Werkes selbst. ›Übersetzbarkeit‹ ist in der ›Form‹ des Werkes, d. h. seines Werdens begründet. Dies unterstreicht Benjamin in dem folgenden Diktum des Übersetzeraufsatzes: »Wenn Übersetzung eine Form ist, so muß Übersetzbarkeit gewissen Werken wesentlich sein« (IV, 10). Die Übersetzbarkeit geht als sprachliches Werden dem Werk qua Setzung konstitutionslogisch voraus, damit dieses wiederum in eine Übersetzung einmünden kann. Denn »so wenig es Leben ohne Überleben, so wenig gibt es Setzung ohne Übersetzung« (Hamacher 2001, 184). Im Medium der Übersetzbarkeit entsteht das Werk und ›zerfällt‹ zugleich, es entstehen aus einer Reflexion zahlreiche neue Zentren. Im ›Über‹ von ›Übersetzung‹ und von ›Überleben‹ schwingt daher zugleich auch die Ahnung einer décadence, einer Überkommenheit und eines Zu-Spät, aber auch und zugleich der plurale und dezentrale Aufbruch eines Neuen und eines Neubeginns mit. Übersetzung stellt daher nach Benjamin den »paradoxen Versuch dar, am Gebilde noch durch Abbruch zu bauen: im Werke selbst seine Beziehung auf die Idee zu demonstrieren« (I, 87). Ein solches Bauen noch im Abbruch ist Grundzug des sprachlichen Werdens der Form der Übersetzung. Und vielleicht ist diese text- und sprachphilosophische Erkenntnis die theoretisch bedeutsamste Spur, die vom ›Kunstkritikbuch‹ bis hin zum Übersetzeraufsatz von Benjamin gelegt wurde.

Mittels der Übersetzung legt Benjamin eine sprachliche Prozessualität frei, die allererst das Fortleben der Werke in actu zu erhellen vermag. Er unterschätzte allerdings noch im Übersetzeraufsatz die Rolle, die die Frühromantik für diese von ihm – zweifelsfrei originell – fortgesetzte Erkenntnis spielt. Denn, so Benjamin, die Frühromantiker »haben vor andern Einsicht in das Leben der Werke besessen, von welchem die Übersetzung eine höchste Bezeugung ist. Freilich haben sie diese als solche kaum erkannt, vielmehr ihre ganze Aufmerksamkeit der Kritik zugewendet, die ebenfalls ein wenn auch geringeres Moment im Fortleben der Werke darstellt« (IV, 15).

Die Gaben und Aufgaben des Übersetzers

Vor dem Hintergrund der text- und sprachphilosophischen Darstellung, die sich im Übersetzungsprozeß vollzieht, ist auch die Zurückweisung eines Verständnisses zu sehen, das die Übersetzung als »Wiedergabe des Sinns« des Originals entwirft. Nach Benjamin ist die Präferierung des ›Sinns‹ in der Übersetzungstheorie eng verknüpft mit den Paradigmen ›Treue‹ und ›Freiheit‹, die von zentraler Bedeutung für die Übersetzungstheorie des 19. Jh.s waren: »Treue und Freiheit [...] sind die althergebrachten Begriffe in jeder Diskussion von Übersetzungen. Einer Theorie, die anderes in der Übersetzung sucht als Sinnwiedergabe, scheinen sie nicht mehr dienen zu können« (17). Es liegt auf der Hand, daß, wenn die Treue gegenüber dem Wort- und Satzsinn des Originals geübt und die Freiheit als freies Vermögen der Wiedergabe dieses Sinns in der Übersetzung verstanden wird, eine übersetzungstheoretische Loslösung von der Sinnpräferenz kaum möglich ist. Zwar sind auch andere Semantiken von ›Treue‹ und ›Freiheit‹ denkbar und schwingen wohl auch im Paradigma der ›Aufgabe‹, wie sie im Titel des Benjaminschen Aufsatzes formuliert wird, mit (vgl. Hirsch 1997, 396 ff.). Benjamin entscheidet sich an dieser Stelle seines Essays zweifelsfrei bewußt gegen ihre Wiederaufnahme – und dies vor allem vor dem Hintergrund ihrer historischen Verstrickung in die Theorie der ›Sinn für Sinn‹-Übersetzung. Aber Benjamin will auch noch einen Schritt weiter gehen, als dies in der Übersetzungstheorie Wilhelm von Humboldts der Fall ist, der sich dafür ausspricht, den »Sinn der Sprache zu erweitern« (Humboldt 1906, Bd. 5, 133). Nicht nur eine Erweiterung des Sinns muß das Ziel übersetzungspraktischen Wirkens sein, sondern ein striktes Absehen von jeder Art von Sinn und ›mitteilendem‹ Text in der Übertragung überhaupt ist zu befolgen. Der Übersetzer ist von »der Mühe und Ordnung des Mitzuteilenden« zu entheben, und diese Orientierung geht aus dem Original selbst hervor. Denn das Original ist, besonders wenn es sich um Dichtung handelt, nicht wert, übersetzt zu werden, wenn im Vordergrund des Übersetzerinteresses ›Mitteilung‹ und ›Sinn‹ stehen. Diese werden von Benjamin als endlicher Informationsgehalt der Sprache gedacht, und ein solcher kann unmöglich das Wesentliche des Sprachwerkes und mithin auch nicht seiner Übersetzung sein. Zu fragen wäre also, was Dichtung denn überhaupt mitteilen kann, und Benjamin antwortet selbst darauf: »Sehr wenig dem, der sie versteht. Ihr Wesentliches ist nicht Mitteilung, nicht Aussage. Dennoch könnte diejenige Übersetzung, welche vermitteln will, nichts vermitteln als die Mitteilung – also Unwesentliches« (IV, 9). Das ›Unwesentliche‹ ist folglich der endliche Sinn und mitteilbare Informationsgehalt des dichterischen Originals. Worum aber geht es, nach Benjamin, wenn nicht um den von einer Sprache in die andere Sprache zu übertragenden Sinn und Informationsgehalt eines Textes? Es geht zunächst um ein sich in der traditionellen ›Sinn-für-Sinn‹ vorgehenden Übersetzungspraxis im Verborgenen Haltendes, um einen Nicht-Sinn, der sich durch Bedeutungs- und Sinnzuschreibungen kaum fassen läßt. Wenn es aber ein dem Sinn ›Verborgenes‹ und ›Unsagbares‹ zu übersetzen gilt, kann es auch nicht darum gehen, daß der Übersetzer selbst zum Dichter oder Nach-Dichter des Originals wird. Denn daher »rührt in der Tat ein zweites Merkmal der schlechten Übersetzung, welche man demnach als eine ungenaue Übermittlung eines unwesentlichen Inhalts definieren darf« (ebd.). Die Aufgabe des Übersetzers beinhaltet weder die Wiedergabe des Sinns des Originals noch den dichterischen Nachvollzug der Sprache des Ausgangstextes. Überhaupt ist von einer vordergründigen Ähnlichkeitsproduktion oder eindimensionalen Abbildungsästhetik abzusehen (vgl. zur Bildlichkeit des Unabbildbaren: Walter 1999, 221 f.). Benjamin pointiert diesen Zusammenhang sogar mit dem Verweis darauf, daß eine Übersetzung nicht nur vor oberflächlichen Ähnlichkeiten zu bewahren ist, und betont, daß Übersetzung überhaupt unmöglich wird, »wenn sie Ähnlichkeit mit dem Original ihrem letzten Wesen nach anstreben würde« (IV, 12). Auszurichten ist die Übersetzung folglich an den Unähnlichkeiten und Entstellungen, die sich mit jeder Textübertragung und Textreproduktion ergeben, – und diese gilt es aufzuspüren in der unüberbrückbaren Differenz von Original und Übersetzung, Ausgangstext und Zieltext. Eine Theorie der Übersetzung hat diese Unähnlichkeiten und Ent-stellungen qua Differentialität, denen man sich nur beschreibend annähern kann, die sich aber nicht benennen oder bedeuten lassen, dennoch mittels einer behutsamen List freizulegen.

Benjamin wählt hier die Strategie einer begrifflichen Neuschöpfung, und zwar nennt er jenen nicht mitteilbaren Bezirk der Differenz zwischen zwei Sprachen »Art des Meinens«: »In der Art des Meinens nämlich liegt es, daß beide Worte [gemeint ist der Vergleich von ›Brot‹ und ›pain‹] dem Deutschen und Franzosen je etwas Verschiedenes bedeuten, daß sie für beide nicht vertauschbar sind, ja sich letzten Endes auszuschließen streben; am Gemeinten aber, daß sie, absolut genommen, das Selbe und Identische bedeuten« (IV, 14). Die »Art des Meinens« und das »Gemeinte« einer Sprache lassen sich nun allerdings nicht wie Ausdruck und Inhalt oder Stil und Bedeutung einander gegenüberstellen. Das »Gemeinte« ist nämlich in einer noch näher zu bestimmenden Weise von der »Art des Meinens« der anderen Sprachen abhängig. Denn das »Gemeinte« ist keineswegs dort als »relative Selbständigkeit« ausweisbar, wo es nicht bereits mit der »Art des Meinens« einer anderen Sprache in Berührung gekommen ist. Weil jede Sprache sich in einem ständigen Wandel befindet und das »Gemeinte« in ihr ebenfalls, vermag es eine »relative Selbständigkeit« nicht zu erreichen. Erst wenn mittels der Übersetzung Sprachen intensiv miteinander in Berührung kommen und die »Art des Meinens« der einen Sprache in die andere hinübersetzt, ›ergänzt‹ sich die »Art des Meinens« der Ausgangssprache zum »Gemeinten« der betreffenden Zielsprache. Auf dem Wege einer solchen Ergänzung – dies die Hypothese Benjamins – konturiert sich die Differenz zwischen dem »Gemeinten« und der »Art des Meinens« in der jeweiligen Sprache in besonderem Maße.

Durch die Ergänzung der »Arten des Meinens« unterschiedlicher und einander fremder Sprachen zieht zugleich eine auffällige Differenz zwischen die »Art des Meinens« und das »Gemeinte« in der ergänzten Sprache ein. In die Sprache soll durch eine derartige Ergänzung eine Aufsperrung und Erstarrung einziehen, die das »Gemeinte« einer Sprache der »Art des Meinens« derselben Sprache entfernt und fremd werden läßt.

Erst auf diesem Wege ließe sich, so Benjamins Überlegungen, sicherstellen, daß die Fremdheit des Originals und seiner Sprache auch in der Zielsprache Gehör finden. Das besondere Vermögen, auf das Fremde in der anderen Sprache zu achten, ist die Fähigkeit »des Übersetzers, der zwischen den Sprachen und damit außerhalb der eigenen steht. Dem Übersetzer wird die eigene Sprache fremd. Nur in dem Maße, als sie ihre Vertrautheit verliert, kann das Fremde in ihr erscheinen. Es in ihr zu finden ist aber andererseits nur möglich, weil es in ihr schon angelegt ist und die eigene Sprache die fremde schon in sich hat« (Frey 2001, 149). Dem Eigenen in der fremden Sprache entspricht ein Fremdes in der eigenen Sprache. Nur deswegen ist Übersetzung überhaupt möglich, denn einen Text aus einer fremden Sprache in die eigene zu übertragen und ihn auf diesem Wege seiner Fremdheit, seiner fremden »Art des Meinens« zu entkleiden, heißt, die Bewegung der Sprache in der Übersetzung selbst darzustellen. Eine gelungene Übersetzung hat diese Bewegung nachzuvollziehen und theoretisch darzustellen, sie vermag auf diesem Weg zu zeigen, was sich in der anderen

Sprache keinem Sinn und keiner Mitteilung erschließt. Die Benjaminsche Theorie der Übersetzung will die Übersetzung selbst als eine stets theoretische und ihre eigene Praxis reflektierende Textart. In einer solchen stört Sinnübertragung die Reflexion auf das Wesentliche an der abstrakten Sprachbewegung. Diese läßt sich allein darstellen, indem man die die Sprachentwicklung verstellende Mitteilungsdimension zur Seite schiebt und indem man durch die Ergänzung der fremden »Art des Meinens« eine Fremdheit in die Zielsprache einschießen läßt, die zu einer Erstarrung und Fragmentierung dieser selbst führt.

Eine Sprache, in der eine solche Erstarrung und Stillstellung durch die »Harmonie all jener Arten des Meinens« sich vollzogen hätte, nennt Benjamin »reine Sprache«. Eine solche »reine Sprache« ist nicht etwa als ›Universalsprache‹ zu verstehen (vgl. Markis 1979, 130). Schon im frühen Sprachaufsatz stützt sich Benjamin auf das Paradigma der »reinen Sprache« und meint dort einen Zustand der Sprache, in der diese von jeglicher Abstraktions- und Mitteilungsfunktion befreit ist. Die »reine Sprache« in jenen frühen sprachtheoretischen Überlegungen entspricht dem, was dort als Namenssprache bezeichnet wird: »Der Inbegriff dieser intensiven Totalität der Sprache als des geistigen Wesens des Menschen ist der Name. Der Mensch ist der Nennende, daran erkennen wir, daß aus ihm die reine Sprache spricht« (II, 144). Im Übersetzeraufsatz verliert die Namenssprache allerdings ihren mythischen Gehalt. Indem sie dort ganz und gar auf das Feld der »reinen Sprache« hinüberwechselt, wird sie mit dieser zur theoretischen Durchdringung der Sprache und ihrer Geschichte, ihres Werdens und Vergehens in Übersetzungsprozessen. Zugleich aber steht der Name und die Namenssprache für die auch im Übersetzeraufsatz nachdrückliche Kritik Benjamins an einem instrumentellen Sprachdenken im besonderen und einer instrumentellen Vernunft im allgemeinen. Das Denken der Sprache, welches auf die Namenssprache als »reine Sprache« zielt, reflektiert dabei nicht immer schon seine eigenen Voraussetzungen, sondern versucht, sich diesen in einer reproduktiven Praxis zu nähern. Aber die »reine Sprache« läßt sich nicht wie ein Werk oder ein herstellbarer Zusammenhang entfalten, denn sie ist selbst nicht von ihren Zwecken trennbar. Benjamin stellt auch mit Blick auf das Wesen der »reinen Sprache« dem sinnorientierten Übersetzungskonzept eine intentionslose Praxis entgegen, in der »die Sprachen selbst miteinander, ergänzt und versöhnt in der Art ihres Meinens, übereinkommen« (IV, 16). Erst in der Übersetzung, deren Bewegung Verschiebungen und Verrückungen performiert, vermag sich die »reine Sprache« herzustellen. Dadurch, daß das »Gemeinte« und die »Art des Meinens« in der Übersetzung entschieden auseinandertreten, wird eine Differenz markiert, die unsinnlich ist, weil sie nur gedacht, aber nicht wahrgenommen werden kann. In Form einer unsinnlichen Darstellung berührt sie ein Nicht-Darstellbares. Keineswegs ist es so, daß »die Übersetzung die reine Sprache selbst darstellt: deren Darstellbarkeit ist Konstituens des Funktionsprinzips, durch das die Übersetzung mehr sagen kann als das Original« (Dörr 1988, 120). Die in der Bewegung der Übersetzung sich erzeugenden Differenzen sind Bestandteil einer »reinen Sprache«, ohne sich in dieser vollständig aufzulösen. Die »reine Sprache« ist auf das »Werden der Sprache« selbst verwiesen und dieses Werden geschieht in der Übersetzung. Das Werden der Sprache besitzt eine eigene Realität, die unterstreicht, daß Sprache weniger ›Repräsentation‹ als vielmehr ›Produktion‹, d.h. weniger Darstellung als vielmehr Herstellung einer Welt und ihrer Bedeutungen ist (vgl. van Reijen u. van Doorn 2001, 68). Die »reine Sprache« im Sinne Benjamins beschreibt dieses Werden als Herstellen, denn sie ist »in den Sprachen nur an Sprachliches und dessen Wandlungen gebunden« (IV, 19). Die Reflexion des Werdens der Sprachen wird aber einerseits durch den beharrlichen und ›schweren‹ Sinn verstellt und andererseits durch ein vorausgesetztes Subjekt, das Wörter wie Instrumente benutzt, desavouiert. Übersetzungen machen ein Werden anschaulich, das verdeutlicht, daß die »reine Sprache« nur als »in der Geschichte erst sich Herstellendes« (Greffrath 1978, 119) denkbar ist. In der Übersetzung selbst werden Zeitlichkeit und Geschichtlichkeit in besonderem Maße greifbar. Besonders deutlich wird dies an den Übersetzungen einer vergangenen Sprachepoche, deren Formen, Stil, Ausdruck und mit diesen auch der Gehalt in weite Ferne gerückt sind. Daher bedürften die bedeutenden Schriften fortwährend einer Neuübertragung, um sie in der jeweiligen Zeit ›ankommen zu lassen‹. Umgekehrt zeigt aber gerade dieses Abfließen des Lebens und der sprachlichen Nähe, daß Übersetzungen Kristallisationspunkt des Werdens und Vergehens der Sprachen sind. Durch den übersetzerischen Transfer ereignet sich eine besondere Kontamination, die im Text der Übersetzung den zuvor bekannten Sinn der Sprache fremd werden läßt. Eben dies ist das zentrale Anliegen der Benjaminschen Übersetzungstheorie: Die Sprache vom Sinn zu befreien, »das Symbolisierende zum Symbolisierten selbst zu machen, die reine Sprache gestaltet der Sprachbewegung zurückzugewinnen, ist das gewaltige und einzige Vermögen der Übersetzung. In dieser reinen Sprache, die nichts mehr meint und nichts mehr ausdrückt, sondern als ausdrucksloses und schöpferisches Wort das in allen Sprachen Gemeinte ist, trifft endlich alle Mitteilung, aller Sinn und alle Intention auf eine Schicht, in der sie zu erlöschen bestimmt sind« (IV, 19). Übersetzung vermag gerade dieses und erhält auf dem Wege ein viel größeres Wirkungs- und Einflußfeld zugewiesen. Benjamins übersetzungstheoretische Bemühungen sind aber – und dies gilt es erneut mit Blick auf die »reine Sprache« zu betonen – nicht Konstruktionsanleitungen zu einer neuen Universalsprache, die die Menschen von Natur aus miteinander verbinden könnte. Benjamin geht es vielmehr in seinem Übersetzungsdenken um die Beschreibung sprachlicher Prozesse, die erst im Vollzuge einer ›experimentellen‹ Praxis auch die theoretische Erschließbarkeit gewährleisten. Übersetzung ist selbst kein für die Erlangung der Wahrheit sprachlicher Prozesse als Zweck benutzbares Mittel, vielmehr ist Übersetzung eine sprachliche Bewegung, in der sich Wahrheit als Sprach-Wahrheit allererst vollzieht. Auf diese Weise wird in der Übersetzung ein eigentlich Nicht-Darstellbares zur Darstellung gebracht. Es entzieht sich der Benennung und bedeutenden Zuweisung, allein der Prozeß und das Werden der Übersetzung geben einen Hinweis auf das sich stets Entziehende.

Wörtlichkeit und Allegorie

Durch welche Methode des Übersetzens denkt Benjamin nun, sich der »reinen Sprache« am besten nähern zu können? Apodiktisch formuliert Benjamin: »Auch im Bereiche der Übersetzung gilt: [...] im Anfang war das Wort« (18). Durch die wörtliche Übersetzung vermag das Original in der Übersetzung durchzuscheinen und erst dies eröffnet die Möglichkeit einer Ergänzung der »Arten des Meinens«. Da die ›Wort für Wort‹-Übersetzung stark an der Syntax des Originals orientiert ist, durchkreuzt sie die Aufrechterhaltung des Sinns in der Übertragung. Zugleich bleiben Beziehungen strukturaler und textualer Art in der Übersetzung durch die Wörtlichkeit erhalten. Einzig die wörtliche Übertragung verdeckt nicht das Original. Und Benjamin unterstreicht: »Die wahre Übersetzung ist durchscheinend, sie verdeckt nicht das Original, steht ihm nicht im Licht, sondern läßt die reine Sprache, wie verstärkt durch ihr eigenes Medium, nur um so voller aufs Original fallen« (ebd.). In der ›Wort für Wort‹-Übersetzung tritt der Sinn in der Übertragung wie von selbst zurück und öffnet die Sprache der Übersetzung für die Ergänzung der »Art des Meinens« des Ausgangstextes. Die Herauslösung des Wortes aus seinem ausgangssprachlichen Kontext nimmt ihm jenen Sinn, der den ›Ausdruck‹ und die Gesten der Sprache beherrscht.

Ganz ähnlich dem Namen steht das Wort für sich, ohne auf ein Mitteilungsmodell zu rekurrieren, in dem bedeutungstragende Zeichen zwischen Sender und Empfänger übermittelt werden. Schon aber der Verweis auf die Bibelstelle »am Anfang war das Wort« betont die Nähe der ›Wort für Wort‹-Übersetzung zur heiligen Sprache. Doch die Benjaminschen Überlegungen des Übersetzeraufsatzes entsprechen nicht mehr der mythisch-theologischen Erhebung der Namenssprachen des frühen Sprachaufsatzes. Es gibt eine auffällige Zurückhaltung Benjamins gegenüber kabbalistischen und biblischen Paradigmen im Übersetzeraufsatz. Es scheint, als habe Benjamin den theologischen Gehalt des frühen Sprachaufsatzes einer Profanation unterzogen, ohne jedoch auf deren theoretische und sprachkritische Implikationen verzichten zu wollen. Und auch die Exemplarizität sprachmystischer Topoi spielt noch immer eine herausragende Rolle. So verweist Benjamin auf die übersetzungstheoretische Beispielhaftigkeit der biblischen Interlinearversion: »Denn in irgendeinem Grade enthalten alle großen Schriften, im höchsten aber die heiligen, zwischen den Zeilen ihre virtuelle Übersetzung. Die Interlinearversion des heiligen Textes ist das Urbild oder Ideal aller Übersetzung« (21). Die Interlinearversion als Urbild der ›Wort für Wort‹-Übersetzung erhält ihren Ort im Raum zwischen den Zeilen und durch diese Vermittlung auch zwischen den Texten der unterschiedlichen Sprachen. Der interlineare Text wird zum Text zwischen und jenseits der eigentlichen Texte, er stellt ein Band und zugleich eine Trennung dar, die die Sprache des Originals zwar ›durchscheinen‹ läßt, ihr aber dennoch Verschiebungen, laterale Verstrickungen und Unterbrechungen hinzufügt. Die Interlinearversion reproduziert den Ausgangstext, indem sie ihn in einen stetigen und perpetuierenden Zustand des Übergangs, der *Passage*, versetzt. Als solch interlinearer Text kündigt er eine schlechthinnige Übersetzbarkeit an, die jedoch nie wirklich und erreicht werden kann. »Wo der Text unmittelbar, ohne vermittelnden Sinn, in seiner Wörtlichkeit der wahren Sprache, der Wahrheit oder der Lehre angehört, ist er übersetzbar schlechthin« (ebd.). Mit der interlinearen ›Wort für Wort‹-Übersetzung wächst zugleich aber auch die aus den »Arten des Meinens« der Vielzahl der Sprachen sich ankündigende »wahre Sprache«, welche mit der »reinen Sprache« koinzidiert. So ergibt sich zwar durch die Spracherganzung eine Intensivierung und Ausdehnung der Verweise auf die »reine Sprache«, aber dennoch bleibt die Beziehung der einzelnen Sprachen und ihrer jeweiligen »Art des Meinens« zur »reinen« oder »wahren Sprache« eine lateral verweisende und übertragende, d.h. metonymische. Denn stets wird die

»reine Sprache« in und durch die endlichen Sprachen immer nur in unvollkommener Weise gegeben sein. Die »reine Sprache« läßt sich nicht in einer konkreten endlichen Sprache zur Darstellung bringen. Auch hier scheitert die Äquivalenztheorie der Wiedergabe und es bleibt als letzter Ausweg die Theorie der Spracherganzung, so wie sie mittels der Interlinearversion methodisch umrissen ist (vgl. Frey 2001, 156).

Die Übersetzung allgemein und die Interlinearversion im besonderen ermöglichen erst das ›Fortleben‹ des Originals, in diesem ›Fortleben‹, »das so nicht heißen dürfte, wenn es nicht Wandlung und Erneuerung des Lebendigen wäre, ändert sich das Original« (IV, 12). Die Übersetzung fungiert solchermaßen als ein double bind zwischen Zerfall und Erneuerung des Originals. Das Sich-Fortentwickeln des Originals in der Übersetzung nennt Benjamin an anderer Stelle auch ›Nachreife‹ des Wortes, die sich in der Sprache ereignet. Die ›Nachreife‹ des Wortes des Originals scheint allerdings in einer deutlichen zeitlichen Distanz von Original und Übersetzung überhaupt erst möglich zu sein. So finden, nach Benjamin, die bedeutenden Werke ihre ›erwählten Übersetzer‹ keineswegs im Zeitalter ihres Entstehens; später, in entfernter Zukunft, kann durch eine Übersetzung solch eines bedeutsamen Werkes dessen Fortleben gesichert werden. Diese Einschätzung erinnert an eine Denkfigur aus Benjamins Aufsatz Goethes Wahlverwandtschaften, der zum Teil zeitgleich mit dem Übersetzeraufsatz im Jahr 1921 entstanden ist. Im Wahlverwandtschaftenaufsatz, dessen Kritikbegriff deutliche Parallelen zum Übersetzungsbegriff Benjamins aufweist, wird Kritik erst dann als denkbar angenommen, wenn ›Wahrheitsgehalt‹ und ›Sachgehalt‹ (Realien) auseinandertreten. Dies erinnert an die Vorgabe des Übersetzeraufsatzes, daß die Übersetzung der »Art des Meinens« des Originals erst sichergestellt ist, wenn das »Gemeinte« und die »Art des Meinens« in der Zeit deutlich auseinandertreten. Erst in der zeitlichen Distanz hebt sich die »Art des Meinens« der Sprache des Originals von ihrem Hintergrund ab und wird so der Übersetzung zugänglich.

Vor diesem Hintergrund wird besonders offensichtlich, warum der rhetorische Tropus der Allegorie zur zentralen Denkfigur der Benjaminschen Sprachtheorie geworden ist. Die allegorische Ausdrucksform stellt jenes Auseinandertreten der Zeit in graphischer Form dar. So läßt sich der im Übersetzeraufsatz entfaltete Gedanke der Interlinearversion außerordentlich eindrucksvoll durch den Allegoriebegriff aus der Schrift Ursprung des deutschen Trauerspiels (1923–1925) erhellen. Die Nähe von Allegorie und Interlinearversion im Denken Benjamins beruht vor allem in ihrer jeweilig anschaulichen Darstellung konstitutiver Bedingungen sprachlichen Bedeutens. Benjamins Allegoriebegriff entwickelt sich an dem Vorbild der barocken allegorischen Ausdrucksform. Diese taucht im 16. Jh. auf und stellt zwar eine Überwindung der mittelalterlichen Allegorie dar, bleibt mit dieser aber doch eng verbunden. Der barocke Hang zur allegorischen Darstellung fand Ausdruck »in sinnbildlichen Darstellungen moralischer und politischer Art. Mußte die Allegorie doch oft jetzt selbst die neuerkannte Wahrheit versinnlichen« (I, 345). Anregungen erhielt die barocke Allegorie durch die Arbeiten humanistischer Gelehrter über die Entzifferung von Hieroglyphen. Durch die allegorische Auslegung ägyptischer Hieroglyphen entstand eine ikonologische Schriftart, die vollständige Sätze ›Wort für Wort‹ durch besondere Bildzeichen übertrug. In dieser neu entstandenen Schriftart treten *Dingbilder* an die Stelle von Buchstaben, die in die ästhetischen Gebilde des Barock einziehen.

Der Allegorie spricht Benjamin daher die Ausdruckskraft der ›Schrift‹ zu und hebt damit hervor, daß die Allegorie von einer Reflexion auf Schriftlichkeit in besonderem Maße durchdrungen ist. Der bewußte Rekurs auf die Schrift in der barocken Allegorie geht einher mit Unterordnung der phonetischen Materialität des Wortes. Und doch setzt Benjamin Wort und Schrift im Trauerspielbuch in ein besonderes Spannungsverhältnis zueinander. Gerade die Schrift steht für eine gewisse Unverfügbarkeit und ein Schweigen, das sich dem Zugriff des Subjektes entzieht (vgl. Kleiner 1980, 44 f.). Schriftlichkeit und Wörtlichkeit durchdringen daher nach Ansicht Benjamins einander. Dies zeigt sich besonders an der Sprache des barocken Trauerspiels: »In den Anagrammen, den onomatopoetischen Wendungen und vielen Sprachkunststücken anderer Art stolziert das Wort, die Silbe und der Laut, emanzipiert von jeder hergebrachten Sinnverbindung, als Ding, das allegorisch ausgebeutet werden darf. Die Sprache des Barock ist allezeit erschüttert von Rebellionen ihrer Elemente« (I, 381). Das lautlos stolzierende Wort offenbart sich in diesem Sinne als ein strukturales Regulativ der barocken Allegorie. Schrift und Wörtlichkeit erweisen sich in der Exegetik der barocken Allegorie sowohl als Darstellung der Analyse wie auch als deren Voraussetzung.

Von besonderem Gewicht für die theoretische Rückbesinnung Benjamins auf die barocke Allegorie ist deren Abwertung und Geringschätzung in den auf das Barock folgenden Jahrhunderten. Das hierbei gewählte Verfahren macht sich gerade die als negativ beurteilten Eigenschaften der Allegorie zunutze. So betont Benjamin das von Goethe kritisierte ›Kalte‹ und ›Verstandesmäßige‹ der Allegorie. Erkenntnis strahle nur aus der allegorischen Darstellungsweise, weil die toten, isolierten und entwerteten Bruchstücke, die membra disiecta eines längst verschollenen Ganzen die Voraussetzungen für einen solch dechiffrierenden Zugang schaffen. Als ob jegliches Leben und tradierter Sinn von ihr abgesogen wären, präsentiert sich die Allegorie als Übertragung geschichtlich verstrickter ›Dingbilder‹. In ihnen fließen vergangenes und endliches Wissen zusammen, ohne daß sich hieraus eine synthetisierende Erkenntnis ergäbe, vielmehr tun sich Hinweise auf eine Sprache auf, die Benjamin »reine Sprache« nennt. In der Allegorie zeigt sich die fragmentarische Stillstellung eines Geschehens, das längst vergangen ist und dessen – mit den Begriffen des Übersetzeraufsatzes gesprochen – »Art des Meinens« nun um so deutlicher hervortreten kann, wobei es zugleich seiner Semantik im selben Maße verlustig gegangen ist.

Die Übertragung durch eine Allegorie ist eine fragmentarische Übertragung, die der Übertragung durch Wörtlichkeit, d.h. der Interlinearversion, sehr nahe steht. Benjamin macht sich dabei vor allem das Vermögen der modernen Allegorie zu eigen, »dem Transitorischen Dauer zu verleihen« (Bürger 1988, 119), und erhellt damit zugleich die Funktionsweise der Interlinearversion. Die interlineare Übersetzung vermag gerade dann einen entsprechenden Bezug zum Original herzustellen, wenn sie selbst diesen Übergang auf Dauer stellt und die in ihr vorgehenden Prozesse in einen kristallinen Zustand zu überführen vermag. In der Interlinearversion erscheint sowohl diese Dauer des Übergangs als auch der Bruch mit der vergangenen Sprache des Originals. In der solchermaßen allegorisch zu nennenden Interlinearversion treten Original und Übersetzung miteinander in Kontakt, ohne allerdings eine Synthese einzugehen.

Jedoch ist die spezifische Funktion der Allegorie nicht allein in der interlinearen Allegorese anzutreffen, sie findet sich nach Benjamin auch in bestimmten Schreibstilen und in Textformen. Charakteristisch sieht er eine solche Allegorese etwa in den Texten Baudelaires gegeben, in denen das »Herausreißen der Dinge aus ihrem Zusammenhang« (I, 670) besonders auffällig ist. Auch in den viel älteren Texten Hölderlins läßt sich eine solch allegoretische Form der Darstellung ausmachen, und mit besonderer Deutlichkeit tritt diese auf in der Fragmentarisierung und Dispersion der griechischen Tragödie in der Hölderlinschen Sophokles-Übersetzung. Diese, der nach Benjamin ›barock‹ zu nennenden Spätzeit Hölderlins entstammenden Texte hält ersterer für das »Urbild ihrer Form«. Und er präzisiert dieses Urteil mit den Worten: »In ihnen ist die Harmonie der Sprachen so tief, daß der Sinn nur noch wie eine Äolsharfe vom Winde von der Sprache berührt wird« (IV, 21). Nicht von einer Harmonie des Sinns ist hier die Rede, sondern von einer Harmonie, die erst dann zustande kommt, wenn der Sinn nahezu vollständig entwichen ist.

In der allegorischen Übertragung, der ›Wort für Wort‹-Übersetzung, tut sich eine Durchlässigkeit auf, die nur der »Art des Meinens« des Ausgangstextes und nicht auch seinem Sinn gilt. Dieser zerschellt an dem Raster der Wörtlichkeit und haftet, wenn überhaupt, bestenfalls nur in sehr ›flüchtiger‹ Weise an den Wortfragmenten der Übersetzung. Jacques Derrida, der 1980 zweifelsfrei eine der rezeptionsbildenden Lektüren des Benjaminschen Übersetzeraufsatzes vorgelegt hat (vgl. zur text- und übersetzungstheoretischen Nähe Benjamins und Derridas: Kleiner 1980, 41 f.), bemerkt die jeweils besonderen Kontexte, in denen das Wort ›flüchtig‹ im Text Benjamins auftaucht: »Jedes Mal, wenn er von der Berührung [im Orig. dt.] der zwei Texte redet, zu der es im Zuge der Übersetzung kommt, bezeichnet Benjamin sie als ›flüchtig‹ [im Orig. Dt.]. Mindestens an drei verschiedenen Stellen wird der flüchtige Charakter der Berührung hervorgehoben – und zwar stets, um die Berührung mit dem Sinn anzuzeigen, den unendlich kleinen Punkt des Sinns, an den die Sprachen kaum rühren« (Derrida 1997, 147). Die Berührung von Original und Übersetzung, die sich in der Gestalt des Sinns vollzieht, ist flüchtig und muß mit der Zunahme der Wörtlichkeit der Übertragung noch ›flüchtiger‹ werden, um jene Sprachbewegung freizulegen, die eine laterale Ergänzung der »Arten des Meinens« ermöglicht. Der einzige Text allerdings, der ganz und gar »ohne vermittelnden Sinn« auszukommen vermag, ist der »heilige Text«. Jeder profane Text bleibt dem Sinn und seinen Berührungen in gewisser Weise ausgeliefert. Dies gilt selbst noch für die bereits in ihrer Vorbildlichkeit von Benjamin gelobten Hölderlinschen Sophokles-Übersetzungen. Die heilige Sprache ist hingegen apriori sinnlos, sie hat sich in keiner Hinsicht mehr durch Formen der Übertragung und Reproduktion vom Sinn zu lösen.

Doch wo, wie im profanen Text, der Sinn den Weg zur Ergänzung der »Arten des Meinens« verstellt, gilt es die Bruchstücke jener größeren »reinen Sprache« zusammenzufügen. Die Nähe und Strukturkohärenz, die Benjamin zwischen der Allegorie als bruchstückartiger Stillstellung der Transition und der »Art des Meinens« herstellt, wird an einer zentralen Stelle des Übersetzeraufsatzes selbst in Form einer Metonymie beschrieben: »Wie nämlich Scherben eines Gefäßes, um sich zusammenfügen zu lassen, in den kleinsten

Einzelheiten einander zu folgen, doch nicht so zu gleichen haben, so muß anstatt dem Sinn des Originals sich ähnlich zu machen, die Übersetzung liebend vielmehr und bis ins Einzelne hinein dessen Art des Meinens in der eigenen Sprache sich anbilden, um so beide wie Scherben als Bruchstück eines Gefäßes, als Bruchstück einer größeren Sprache erkennbar zu machen« (IV, 18). Die »Arten des Meinens« der einzelnen Sprache gilt es als »Bruchstücke« einer größeren Sprache zu betrachten und einander »anzubilden«. Wenn Benjamin von »anbilden« spricht, bedeutet dies nicht, daß die Konturen und Ränder der Bruchstücke verschwinden sollen oder müssen. Vielmehr ist die Fortexistenz der Bruchstücke in ihrer Zusammenfügung gleichbedeutend mit der Herstellung jener »größeren Sprache«, in der die immer noch zu erkennende Fremdheit der jeweiligen »Art des Meinens« aufrechterhalten werden kann. In der englischen Übersetzung dieser Stelle des Übersetzeraufsatzes findet sich eine dieses verdeutlichende Fehlübersetzung. Bei Harry Zohn, dem Verfasser der englischen Übersetzung, ist die Rede dort, wo es um die Berührung und den Kontakt der Bruchstücke der »Arten des Meinens« geht, von ›to be glued together‹ und ›match‹ (vgl. Zohn 1969, 78). Diese Übersetzung verfehlt die Intention Benjamins zwar nur knapp, aber dann doch ums Ganze. Denn die ›Erkennbarkeit‹ der Bruchstücke geht sicherlich durch ein ›Zusammenkleben‹ im Sinne von ›to be glued together‹ verloren und auch durch ›match‹, was soviel wie ›anpassen‹ heißt, geht die Essenz der Überlegung verloren, die sich in dem Teilsatz »in den kleinsten Einzelheiten einander zu folgen«, ausspricht. Neben Paul de Man hat auch Carol Jacobs diese, die Problemkonstellation der Theorie des Übersetzens verdeutlichenden, Fehlübersetzungen in der ersten englischen Übersetzung des Benjaminschen Aufsatzes bemerkt. In ihrem Aufsatz »The Monstrosity of Translation« von 1975, der lange vor der intensiven Rezeption des Übersetzeraufsatzes in Deutschland sowie gut zehn Jahre vor dem Aufsatz de Mans erschien, macht Jacobs andere, dem Gehalt des Benjamin-Textes eher entsprechende Übersetzungsvorschläge. Sie überträgt die zitierte Stelle mit: »Just as fragments of a vessel, in order to be articulated together must follow one another in the smallest detail [...]« (Jacobs 1975, 762; 1997, 172). Wo Zohn mit »to be glued together« übersetzt, überträgt Jacobs mit »to be articulated together«, und wo Zohn von »match« spricht, schreibt Jacobs »follow«. In beiden Fällen besteht die Differenz in den Übersetzungen gerade in der Aufrechterhaltung des Bruches und der Trennung im Übergang bei Jacobs, die bei Zohn in einem Verschmelzungs- und Anpassungsprozeß verschwinden. Bei Zohn geht es um die nahtlose und dichte Einheit der zusammengefügten Bruchstücke, während Jacobs, in der Bemühung um eine ›wörtliche‹ Übertragung des Benjamin-Textes ins Englische, meint, daß die Dinge auf diesem Wege ›unvollständig‹ bleiben und die Sprache insgesamt in der Zusammenfügung von Original und Übersetzung ein ›Bruchstück‹ bleibt. Die Bruchstücke einer größeren Sprache, die in der Übersetzung zusammenkommen und durch jede weitere Übersetzung ›angebildet‹ werden, sind nicht in Form einer einheitlichen Entsprechung einander darstellend aufeinander bezogen, sondern verweisen vielmehr lateral, einander ›folgend‹, aufeinander.

Doch noch eine weitere Stelle der Zohnschen Übersetzung des Benjamin-Aufsatzes vermag durch ihre sinnbezogene Mißdeutung ein zentrales Anliegen des Originals freizulegen. Es heißt in der Übersetzung: »In the same way a translation, instead of resembling the meaning of the original, must lovingly and in detail incorporate the original's mode of signification, thus making both the original and the translation recognizable as fragments of a greater language, just as fragments are part of a vessel« (Zohn 1969, 78). Bei Jacobs wird der letzte Teil des Satzes mit den Worten übertragen: »[...] just as fragments are the *broken* parts of a vessel« (Jacobs 1975, 762). Die Überlegungen Benjamins zielen nämlich darauf, in Form einer Synekdoche hervorzuheben, daß die Scherben auch als Teile eines Gefäßes oder einer »größeren Sprache« Bruchstücke bleiben. Die Bruchstücke bilden nicht das einheitlich abgeschlossene Ganze einer endlichen Sprache, sondern zielen als allegorische Teilstücke auf eine »größere Sprache«. Derrida spricht daher von einem ›ensemble‹ der einander ergänzenden Fragmente in der »größeren Sprache«. Erklärend fügt er hinzu: »Wie der Krug, von Hölderlin bis zu Rilke und Heidegger dichterischer Topos des Nachdenkens über Ding und Sprache, ist das Gefäß mit sich eins und zugleich nach außen offen: diese Öffnung (er)öffnet die Einheit, sie ist ihre Möglichkeit und verbietet, daß sie zur Ganzheit wird. Sie erlaubt ihr zu empfangen und zu geben« (Derrida 1997, 147). Der von Benjamin gewählte Vergleich mit dem Gefäß erweist sich also bei genauerem Hinsehen als paradoxe Konstruktion. Denn der Vergleich zielt auf eine Einheit, die nie eine solche sein kann und die die aneinandergefügten Bruchstücke nicht ganz und gar umfaßt. Die Metapher des Gefäßes wird so schnell zur Allegorie oder – wie Derrida vorschlägt – zur ›Ammetapher‹. ›Ammetapher‹ und Allegorie stellen nicht die Bedeutung eines ›früheren‹ Textes dar, sind also keine Zeichen, deren Funktion es ist, als Symbolisierendes für einen symbolisierten Sinn zu stehen. Vielmehr legen Allegorie und ›Ammetapher‹ die Genese und die konstitutiven Phasen des sprachlichen Bedeutens überhaupt frei. Allegorie und ›Ammetapher‹ sind eine Art Metapher der Metapher und durchkreuzen zugleich deren lineares Verständnis, denn die Annahme einer ›Übertragung‹ (*metaphorein*) des Sinns durch ein einheitliches Zeichen oder ein geschlossenes Bild entspricht einer sprachphilosophischen Metaphysik. Eine Metapher mag zwar in relativer Geschlossenheit auf einen Sinn verweisen, aber in dieser Darstellung bleibt sie Effekt eines Konstitutionsprozesses, in dem eine Vielzahl von Metaphern aufeinander verweisen – und dies in einem nicht nur räumlich, sondern auch zeitlich zu denkenden Sinne. Wird eine bestimmte Metapher als Fragment einer langen Kette von Bedeutungen gedacht, die ihr in vergangenen Epochen innewohnten und ihr in der Nachbarschaft anderer Metaphern noch innewohnen, sedimentiert sich in ihr eine Geschichte. Dabei geht es sicherlich nicht um die Aufdeckung eines Ursprungs oder eines ersten Ehemals. So soll das allegorische Fragment, das in der Benjaminschen Sprache der Übersetzung »Art des Meinens« heißt, das Werden und Vergehen von Sprache und den Prozeß ihres Bedeutens denkbar machen. Paul de Man hat in seinem Aufsatz von 1989, der erstmals 1997 in deutscher Sprache erschien, »Schlußfolgerungen: Walter Benjamins ›Die Aufgabe des Übersetzers‹« eine diesen Überlegungen nahe These vertreten: »Die Übersetzung ist das Fragment eines Fragments, sie zerbricht das Bruchstück – das Gefäß zerbricht also immer wieder aufs neue –, und nie fügt sie es wieder zusammen; es gab von vornherein kein Gefäß, oder wir besitzen keine Kenntnis von diesem Gefäß, oder kein Bewußtsein, keinen Zugang zu ihm, so daß es für alle Absichten und Zwecke nie eines gegeben hat« (De Man 1997, 207). Das Gefäß, das Benjamin als Allegorie wählt, sperrt sich gegen die Symbolisierung des Ursprungs und entspricht damit dem Wirken der »reinen Sprache«, die aus den Fragmenten der »Arten des Meinens« gebildet wird. Mit jeder neuen Übersetzung jedoch findet ein doppelter und paradoxer Prozeß statt. Einerseits wird durch die Übersetzung ein neues Fragment einer Sprache erzeugt, die selbst ebenfalls als Fragment aus einer Übersetzung hervorgegangen ist, und andererseits wird mit jeder Übersetzung eine ›Anbildung‹ einer »Art des Meinens« auf dem Weg zu der – zweifelsfrei nie erreichbaren – »reinen Sprache« vorgenommen. Gleichwohl läßt sich diese »reine Sprache« nicht wirklich denken, thematisieren oder entwerfen. Sie erscheint gewissermaßen en passant in einer übersetzerischen Praxis, die als Fragmentarisierung eines Fragments Sprache um Sprache einander ›anbildet‹, ohne sie je zu einer abgeschlossenen Totalität zu bringen (vgl. Walter 1999, 217). Ganz im Gegenteil, mit jeder Anbildung einer »Art des Meinens« an eine andere vollzieht sich zugleich auch die Herstellung einer neuen Teilsprache und damit die Genese eines neuen Fragments, das es wiederum zu den schon vorhandenen – sowie je vorhanden gewesenen – hinzuzufügen gilt. Die übersetzerische Praxis, die auf die »reine Sprache« zielt, vermag zwar nie an ein Ende zu gelangen, aber im Prozeß des interlinearen Übersetzens selbst strahlt eine Sprachtheorie auf, die Auskunft gibt über die Geschichte der Sprache(n), ihr Werden und Vergehen, und den offenen Horizont ihres zukünftigen Wirkens (vgl. Wohlfahrt 2001, 120).

Die geschuldete Übersetzung

Im Titel des Benjaminschen Aufsatzes Die Aufgabe des Übersetzers schwingt ein Diskurs mit, der sich der Moral, den Normen und Pflichten zuwendet. Denn die Bedeutungen des Wortes »Aufgabe« dürfen nicht auf die technisch-praktische Bewältigung einer erforderlichen Arbeit beschränkt werden. Die »Aufgabe« im sprachphilosophischen Sinne des Benjaminschen Werkes verweist auch auf eine Pflicht und eine Verantwortung, die der Übersetzer hat. Woher aber stammt und kommt diese Pflicht, die stets mit einer Schuld, der sich der Übersetzer zu entledigen hat, einhergeht? Die »Aufgabe« des Übersetzens wird erst dort zur Pflicht, wo die profanen Sprachen an die Stelle der paradiesischen Sprachen treten. Mit dem göttlichen Wort, das der Hybris der menschlichen Turmbauer zu Babel ein Ende setzt, hält eine Ambiguität in die Sprache des Menschen Einzug (vgl. Hirsch 1995, 22 ff.). Nach der Zerstreuung und Verwirrung der Turmbauer und deren Sprachen wird eine Übersetzung gefordert, die nicht geleistet werden kann. Sie geht auf ein Wort zurück, ein göttliches, das unaussprechlich und unsagbar am Anfang der profanen Sprachen steht. Die Übersetzung selbst nimmt Gesetzescharakter an: »Die Übersetzung wird zum Gesetz, sie wird zur Pflicht, zum Soll und zur Schuld, zu einer Schuld freilich, von der man nicht mehr loskommen, die man nicht mehr begleichen kann« (Derrida 1997, 129). Mit der Destruktion des Babelschen Turmes wird zugleich ein imperialer Anspruch niedergeworfen und ein Gesetz erlassen. Es wird eine Vielzahl von Sprachen gegeben, die mit einem Mangel anheben, einem Mangel, der jeder Sprache, die nunmehr als unvollständige und als bruchstückartige die Menschen in Beziehung setzt, innewohnt. Noch aber bleibt die Sprache eine *Gabe*, die zurückzugeben und zu erwidern *Aufgabe* jedes Sprechers bleibt. In den nachbabelschen Sprachen wird jeder Sprecher zum Übersetzer in seiner Sprache, weil er von den Anderen durch eine unüberbrückbare Differenz und ein untilgbares Begehren getrennt ist. Mit jeder Rück*gabe*, die sich im Verlaufe der übersetzenden Erfüllung der *Aufgabe* einstellt, werden Rechte und Pflichten der Sprache und ihrer Bezüge proliferiert. In der unendlichen Weitergabe der Rechte und Pflichten und mithin der sprachlichen Verschuldung klafft ein Abgrund zwischen der Notwendigkeit des Übersetzens einerseits und der Unmöglichkeit, dem Gesetz, das sie hervorbringt, gerecht zu werden, andererseits. Es gibt hier einen steten Überschuß der *Aufgabe* über das, was zurückgegeben werden kann, hinaus.

Insofern verbindet sich mit der Aufgabe des Übersetzers auch eine Art Mission, eine Fügung in ein Schicksal und die nicht bewußte Übernahme einer Verantwortung. Da es sich aber hier um die Aufgabe eines *Übersetzers* handelt, ist nicht ein neutrales Sein oder eine übermächtige Ordnung mit der Aufgabe betraut und als Regulierungsinstanz zuständig. Die Aufgabe ist an ein Übersetzersubjekt herangetragen, noch bevor dieses sich mit vernünftigen Gründen oder selbstbewußtem Willen gegen eine Übersetzung entscheiden kann. Die Verpflichtung zur Übersetzung in den profanen Sprachen geht dem Auftauchen und der Existenz des einzelnen voraus, sie geht auch über seine Zeit als endlich Sprechender und Denkender hinaus, sie besteht noch, wenn er nicht mehr lebt und die Sprache und ihre Werke weiter zur Übersetzung auffordern. Benjamin hebt diesen Aspekt schon zu Beginn seines Aufsatzes hervor, wenn er von der Frage nach der ›Übersetzbarkeit‹ eines Werkes sagt, daß sie doppelsinnig sei. Denn sie »kann bedeuten: ob es unter der Gesamtheit seiner Leser je seinen zulänglichen Übersetzer finden werde? oder, und eigentlicher: ob es seinem Wesen nach Übersetzung zulasse und demnach – der Bedeutung dieser Form gemäß – auch verlange« (IV, 9 f.). Zwar insistiert Benjamin in der darauffolgenden Passage, daß ›gewisse Relationsbegriffe‹, zu denen sicherlich auch derjenige der ›Übersetzbarkeit‹ gehört, nicht ausschließlich »auf den Menschen« bezogen sind. Aber wenn die ›Übersetzbarkeit‹ eines Werkes Übersetzung verlangt, wendet es sich an den mit Sprache begabten Menschen. Dieser mag zwar als konkretes Individuum das sich an ihn richtende Verlangen nach Übersetzung aus dem Werke nicht vernehmen, aber das manchen Werken wesentliche Verlangen wird fortbestehen und vielleicht in einer zukünftigen Epoche ›seinen‹ Übersetzer finden. Denn das Erstaunliche ist – und die Geschichte der Übersetzungen legt hiervon eindrucksvolle Nachweise vor –, daß selbst Werke, deren Verlangen nach Übersetzung vergessen schien, sich als unvergeßbar erwiesen haben. Es hat folglich den Anschein, als könnten weder Geschichte noch kollektives Gedächtnis dieses Verlangen gewisser Werke ganz vergessen lassen und der Nicht-Erinnerbarkeit anheimgeben (vgl. Bahti 2001, 353 f.). Nach Benjamin liegt sogar der Vergleich mit einem unvergeßbaren Leben oder einem unvergeßbaren Augenblick nahe. Die Nichtvergeßbarkeit des Verlangens nach Übersetzung als Wesenskern des Originals strahlt mithin aus einem Bestreben eines Werkes nach ›Leben‹ und ›Überleben‹ hervor. Aus dem Wesenskern des ›Überlebens‹ des Originals erst eröffnet sich das Verlangen der Übersetzung. »Ist doch die Übersetzung später als das Original und bezeichnet sie doch bei den bedeutenden Werken, die da ihre erwählten Übersetzer niemals im Zeitalter ihrer Entstehung finden, das Stadium ihres Fortlebens. In völlig unmetaphorischer Sachlichkeit ist der Gedanke vom Leben und Fortleben der Kunstwerke zu erfassen. Daß man nicht der organischen Leiblichkeit allein Leben zusprechen dürfe, ist selbst in Zeiten des befangensten Denkens vermutet worden« (IV, 10 f.). Weil es im ›Leben‹ und ›Fortleben‹ der Werke um relationale Verflechtungen geht, die nichts mit dem magischen Fortbestehen gefeierter Werke gemeinsam haben, fordert Benjamin eine ›unmetaphorische Sachlichkeit‹ ein. Er sieht eine Relation zwischen Original und Übersetzung gegeben, die eher einer vertraglichen Bindung gleicht, die den potentiellen Übersetzer lange vor dem Beginn seiner Übersetzungstätigkeit verpflichtet hat – und dieses ganz und gar ohne sein Wissen. Nicht ohne weiteres ist allerdings zu ergründen, auf wen oder auf was sich die Forderung und das Verlangen des Originals nach Übersetzung richtet. Denn das Gesetz, das zur Norm der verschuldeten Sprache geworden ist, ist nicht, wie Benjamin sagt, »ausschließlich auf den Menschen« (10) bezogen. Und doch bleibt es ›Aufgabe des Übersetzers‹, die im fremden Werk gefangene »Art des Meinens« zu befreien (vgl. Menke 1991, 106). Aufgabe des Übersetzers wird es, ›Treue‹ und ›Freiheit‹ im Rahmen seiner vertraglichen Verbindung zu erfüllen. ›Treue‹ gilt es gegenüber der »Art des Meinens« des fremden Werkes zu halten, und ›Freiheit‹ ist zu erproben an der Literalisierung und Fragmentarisierung der eigenen Sprache. In Verpflichtung und Vollzug von Treue und Freiheit geht der Übersetzer eine tiefe Symbiose mit der Sprache des Originals und der Sprache der Übersetzung zugleich ein. Weder ist er ein autonomes Autorsubjekt, das sich über das Original beugt und dessen Elemente von hier nach dort trägt, noch ist er bloßer Erfüllungsgehilfe eines anonymen Textgeschehens, für das er seinerseits zum Mittel eines Transferprogramms ausersehen wurde.

Der Übersetzer zwischen den Texten ist ein go between im zweifachen Sinne: Einerseits wechselt er hin und her zwischen fremder und eigener Sprache, Ausgangstext und Zieltext, ohne noch wirklich in der einen oder anderen ›zuhause‹ zu sein, und andererseits steht er paradigmatisch für ein in Sprache verstricktes Subjekt, das sich ereignet im Zwischenraum und in der Zwischenzeit sprachlicher Ansprüche und Erwiderungen. Der Übersetzer ist ein Subjekt, das einen Vertrag und eine Verpflichtung zu erfüllen hat, für den und für die es sich nie entschieden hat, eine Pflicht, die, wie jede andere Pflicht, nicht von ihren sozialen Verkettungen und Verflechtungen zu lösen ist. Bedingung der Möglichkeit für das sprachliche Wirken des Übersetzers als go between ist und bleibt die Differenz zwischen Ausgangstext und Zieltext, wenngleich es zwischen beiden keine klare Grenzlinie gibt. Vielmehr gibt es Verschränkungen in Syntax und Paradigmatik, die das Übersetzen *zwischen* Texten immer auch zu einem Übersetzen *in* Texten – und zu einer ›Passage‹ in ihnen – macht (vgl. Hart Nibbrig 2001, 14). Zwar besteht Benjamin auf jener klassischen Differenz von Original und Übersetzung, von Autor und Übersetzer, aber zugleich wird auch deutlich – und dies spätestens seit dem Frühromantikbuch –, daß er diese Differenz als relationales Werden und Gewebe (Text) beschreibt und nicht als einen Unterschied, der auf der Gegenüberstellung zweier abgeschlossener Substanzen und mit sich identischer Ganzheiten beruht.

Die Benjaminsche Sprachmetaphysik sieht nahezu alles in sprachliche Bezüge und Verweise gebannt, und das bedeutet, daß der sprachliche Effekt, den Original und Übersetzung als solche darstellen, auf einen diesen vorausgehenden konstitutiven Prozeß verweist. Dieser vollzieht sich in einem *Zwischen*, das noch vor der Unterscheidung in Original und Übersetzung, Autor und Übersetzer, seine Wirkung entfaltet, ohne allerdings sich als unipolarer Ursprung ergründen zu lassen. Alles Bemühen um eine Restitution dieses konstitutiven Prozesses, der sich in das Zwischen der Texte und Sprachen zurückzieht, ist zum Scheitern verurteilt. Und doch kann es keine dringlichere ›Aufgabe‹ geben, als sich dieser mit der Differenz zwischen den profanen Sprachen verbundenen Mangelhaftigkeit und Verstellung anzunehmen und Techniken und Listen für ihre Verarbeitung zu entwickeln (vgl. Düttmann 2001, 145).

Aber eine Entledigung dieses Mangels und mit ihm der Sühne und Schuld scheint nicht möglich. Mit der Sammlung der »Arten des Meinens« eine Annäherung an die »reine Sprache« und an die Sprache der ›Wahrheit‹ zu erreichen, scheint zwar denkbar, aber in ihrer Durchführung letzthin unmöglich. Und doch kommt der Übersetzung eine zentrale Rolle bei der Suche nach der »wahren Sprache« zu, denn sie ist, nach Benjamin, »intensiv in den Übersetzungen verborgen« (IV, 16). Niemals wird sie jedoch in toto herstellbar sein, denn Übersetzungen sind ephemere Gebilde und können »auf Dauer ihrer Gebilde nicht Anspruch erheben« (14). Die Anbildung der einander fremden »Arten des Meinens« deutet daher eher in ihrer vorübergehenden Ereignishaftigkeit auf die ›Uneinlösbarkeit‹ der »reinen Sprache«. Benjamin unterstreicht dies mit Nachdruck: »[...] in der Übersetzung den Samen reiner Sprache zur Reife zu bringen, scheint niemals lösbar, in keiner Lösung bestimmbar« (17). Die »reine Sprache« ist zwar versprochen, bleibt aber auf ewig im Kommen, sie motiviert die Bewegung des Übersetzungsprozesses, ohne doch je zur vollen »Reife« zu gelangen. Die Erlösung, die durch die »reine Sprache« in die profane Welt einziehen könnte, bleibt im Übersetzeraufsatz versagt. Anders klang dies noch im frühen Sprachaufsatz, wo Benjamin im Namen jene Instanz ausmachte, die als ganzheitliches Kontinuum von der Welt der unbeseelten Natur bis hin zu Gott alles in eine Einheit zusammenfließen läßt. Der Name als der »ununterbrochene Strom dieser Mitteilung fließt durch die ganze Natur vom niedersten Existierenden bis zum Menschen und vom Menschen zu Gott« (II, 157). Die Nähe des Wortes Gottes wird im Namen als Eigennamen erfahrbar. Der Name als Eigenname auch der profanen Sprache ist durchzogen von dieser Möglichkeit der Erlösung. Im Übersetzeraufsatz und der für diesen wesentlichen »reinen Sprache« gilt dies nicht mehr. Die messianische Erfüllung der »reinen Sprache« hält sich in unaufhebbarer Distanz zur endlichen Sprache und zur Immanenz der Geschichte (vgl. I, 1239). Im »Theologisch-politischen Fragment«, das zur gleichen Zeit wie der Übersetzeraufsatz entstanden ist, präzisiert Benjamin seine Annahme einer absoluten Jenseitigkeit und Ahistorizität des Messianischen: »Erst der Messias selbst vollendet alles historische Geschehen, und zwar in dem Sinne, daß er dessen Beziehung auf das Messianische selbst erst erlöst, vollendet, schafft. Darum kann nichts Historisches von sich aus sich auf Messianisches beziehen wollen. Darum ist das Reich Gottes nicht das Telos der historischen Dynamis; es kann nicht zum Ziel gesetzt werden. Historisch gesehen ist es nicht Ziel, sondern Ende« (I, 203). Die Anknüpfungen an einen bestimmten jüdischen Messianismus werden auch im Übersetzeraufsatz greifbar, denn dort dominiert die Perspektive einer Unerlösbarkeit der profanen und sprachlichen Entzweiung (Scholem 1970, 95 ff.). Diese Einsicht steht einem christlich geprägten hermeneutischen Sprachdenken auffällig entgegen, denn dieses sieht die Entzweiung der Sprache ›nach Babel‹ durch das Pfingstwunder als überwunden an. Das Ereignis der mit einer Sprache und Stimme sprechenden Jünger steht stellvertretend für eine in einer unerlösten Welt erlöste Sprache. Für das jüdisch-messianisch geprägte Denken Benjamins gilt die Babelsche Entzweiung und Verwirrung der Sprachen in actu. Andeutungen einer erlösten Sprache qua »reine Sprache« stellen sich daher erst ein, wenn der Idealismus einer einheitlichen Sprache aufgegeben wird und der unerlöste Status eines immer schuldhaften Sprechens die Demonstration des Sprachzerfalls hervorruft. Die übersetzerische Technik einer Zertrümmerung des Sinns und der Syntax des Originals in der ›Wort für Wort‹-Übersetzung hat sich gerade dies zur Aufgabe gemacht (Übersetzung als ›Technik‹, vgl. VI, 159). Es ist ihr Bemühen, aus der Darstellung der Brüche und Risse ein Nicht-Mitteilbares und Unsagbares aufscheinen zu lassen, das Spuren eines Unendlichen entdeckt. Dieses Unendliche ist die »reine Sprache«, die mit dem Verlangen nach ihr auch die Übersetzung und das Original stiftet. Denn auch und schon das Original beginnt mit einem Mangel und einem Verlangen: »Das Original ist der erste Schuldner, der erste Bittsteller, es ist das, was zuerst fordert und verlangt, es fängt an mit einem (Ver)Fehlen und einem Ermangeln – es beginnt damit, sich nach der Übersetzung zu sehnen, um das Vermißte zu trauern und zu flehen« (Derrida 1997, 140). Das erstaunlich Paradoxe aber an diesem Verlangen nach Übersetzung und der Entsprechung dieses Verlangens durch die Übersetzung ist, daß es nicht etwa zu einem geringerwerdenden Mangel kommt, sondern ganz im Gegenteil, mit jeder Übersetzung sich der Mangel und das Verlangen nur noch vergrößern (vgl. Hirsch 1997, 407 f.). Im Bemühen darum, das ›Nicht-Mitteilbare‹, die »Art des Meinens« des Originals in der Übersetzung offenzulegen, findet zwar eine Übertragung statt, aber das ›Nicht-Mitteilbare‹ des Originals bleibt unberührbar zurück. Entkommen könnte es seiner Verborgenheit allein in der unendlichen »Harmonie all jener Arten des Meinens als die reine Sprache« (IV, 14).

Aber diese Sprache entfernt sich nur um so mehr, je intensiver man sich ihr durch eine quantitative Häufung von Übersetzungen zu nähern sucht. Diese Art des ›Verlangens‹ des Originals nach Übersetzung steht einer Überlegung Emmanuel Lévinas' erstaunlich nahe: »Das Verlangenswerte sättigt nicht mein Verlangen, sondern läßt es anwachsen, indem es mich in gewissem Sinne mit neuem Hunger nährt« (Lévinas 1989, 38). Das ›Verlangenswerte‹ ist im Benjaminschen Übersetzeraufsatz die »reine Sprache«, und je mehr sich ihr die Übersetzung durch die Ergänzungen der »Arten des Meinens« nähert, desto größer wird das Verlangen nach ihr. Obgleich die Übersetzung das Original in einen »endgültigeren Sprachbereich« transferiert, so gilt dies doch nur, weil »es aus diesem durch keinerlei Übertragung mehr zu versetzen ist« und »in ihn nur immer von neuem und an anderen Teilen erhoben zu werden vermag« (IV, 15). Der Hunger nach Sprachergänzung wächst nur weiter durch ihre stete Befriedigung, und doch gibt es keine Alternative zum Verlangen der »reinen Sprache«.

Zwischen fremden Sprachen

Benjamin wendet sich gegen eine ›Sinn-für-Sinn‹-Übersetzung, weil diese die fremde »Art des Meinens« dadurch verdeckt, daß sie einen Sinn in die eigene Sprache überträgt, der in dieser eine genaue Entsprechung finden muß. Dadurch bleibt von der Andersheit und Fremdheit des Originals und seiner Sprache nichts in der Übersetzung erhalten. Indem aber der Übersetzer versucht, die Beziehung zwischen »Art des Meinens« und »Gemeintem« oder, mit anderen Worten, die zwischen symbolisierender und symbolisierter Ebene der Ausgangssprache in die Sprache der Übersetzung zu übertragen, will er Verhältnisse und Verwebungen zur Darstellung bringen. Die besondere Aktualität der Benjaminschen Übersetzungstheorie besteht nun gerade in der erstaunlichen intellektuellen Sensibilität für die spezifische Gestalt sprachlicher Fremdheit. Die Fremdheit der anderen Sprache wird als Geflecht von Beziehungen und Zwischenräumen gedacht und nicht als von jeglichem Ausdruck befreiter Gehalt. Benjamin selbst sieht sich mit dieser übersetzungstheoretischen Einsicht in der Nachfolge Goethes und Pannwitz' und meint zu deren Ausführungen zum Thema, das diese »leicht das Beste sein dürften, was in Deutschland zur Theorie der Übersetzung veröffentlicht wurde« (20). Von besonderem Stellenwert sind in dieser Hinsicht Goethes Überlegungen in den *Noten* zum *West-östlichen Divan*. Hier unterscheidet Goethe drei Epochen des Übersetzens und spricht sich eindringlich für den letzten der von ihm beschriebenen Zeiträume aus, denn in diesem schmiegt sich der Übersetzer so intensiv der Sprache des Originals an, daß er »mehr oder weniger die Originalität seiner Nation« (Goethe 1963, 35) aufgibt und auf diese Weise ein ›Drittes‹ entstehen läßt. Dieses ›Dritte‹ bricht mit der Vertrautheit der eigenen Sprache und hat aber auch die fremde Ausgangssprache bereits verlassen. Eine Beförderung des ›Dritten‹ vermag daher nur durch eine Verschlingung des Fremden – und dessen markanter Beibehaltung – ins Eigene zu erfolgen. Diese Überzeugung läßt sich trefflich vervollständigen durch die von Benjamin ebenfalls an zentraler Stelle zitierte Kritik von Rudolf Pannwitz an einem Großteil der Übersetzungen, denn »sie wollen das indische griechische englische verdeutschen anstatt das deutsche zu verindischen vergriechischen verenglischen. Sie haben eine viel bedeutendere ehrfurcht vor den eigenen sprachgebräuchen als vor dem geiste des fremden werks [...] der grundsätzliche irrtum des übertragenden ist dass er den zufälligen stand der eigenen sprache festhält anstatt sie durch die fremde sprache gewaltig bewegen zu lassen. er muß zumal wenn er aus einer sehr fernen sprache überträgt auf die letzten elemente der sprache selbst wo wort bild ton in eins geht zurück dringen er muß seine sprache durch die fremde erweitern und vertiefen [...]« (Pannwitz zit. nach Benjamin, IV, 20). Besonders interessant ist, daß schon Pannwitz hier Sprachentwicklung und Sprachgeschichte auf die Ein- und Beimischung des Fremden zurückführt, denn dieses ›bewegt‹ die Sprache gewaltig. Werden und Vergehen von Sprache, d.h. ihre Geschichte, und eine gewisse Fremdheit werden in einem engen Zusammenhang gedacht.

Die Aufnahme eines Fremden in die eigene Sprache setzt allerdings immer schon eine gewisse Fremdheit und Andersheit im Eigenen voraus, damit ein Fremdes, das von ›außen‹ kommt, in die eigene Sprache Einlaß findet (vgl. Haverkamp 1997, 8f.). Nach Benjamin findet sich solche Fremdheit, die das eigentliche Charakteristikum einer jeden Sprache ist und die sie zugleich von jeder anderen unterscheidet, nicht auf der Mitteilungsebene der Sprache. Das Fremde an der anderen Sprache, das das Werden und Vergehen der eigenen Sprache dynamisiert, ist das ›Nicht-Mitteilbare‹ an ihr. Zieht man von einer Sprache alles Mitteilbare ab, dann verbleibt zuletzt ein »Nicht-Mitteilbares« in ihr. Für die Sprache ist nach Benjamin dieses ›Nicht-Mitteilbare‹ »ein Letztes, Entscheidendes« (IV, 19). Dieses ›Letzte‹ und ›Entscheidende‹ bezeichnet das ›Verhältnis‹ der Sprache zu ihrem Gehalt oder – mit anderen Worten – des Gemeinten zum Meinenden. Dieses Verhältnis oder diese Beziehung ist nichts anderes als die »Art des Meinens« einer Sprache. Die »Art des Meinens« selbst ist eine Relation, nämlich diejenige zwischen Ausdruck und Inhalt, Meinendem und Gemeintem einer Sprache.

Für die Aufgabe der Übersetzung bedeutet dies, daß, um eine fremde »Art des Meinens« zu übertragen, ein Verhältnis, eine Relation, übertragen werden müßte. Hier stellt sich allerdings bei der zwischensprachlichen Übersetzung das Problem ein, daß mit der Zurücklassung des Ausdrucks und des Meinenden der fremden Sprache ein Relationspol wegfällt und damit die Darstellung der Relation selbst nicht mehr möglich scheint. Indem nun aber in der Übersetzung der Ausdruck und das Meinende der fremden Sprache ausgetauscht werden, verändert sich durch die neue Relation, die »Art des Meinens«, auch das Gemeinte in der Zielsprache. Aus diesem Grunde auch ist die Übertragung des Gemeinten und des Sinns der Ausgangssprache in die Zielsprache zu vernachlässigen. Eine solche Übersetzung bewirkte sehr wenig, außer daß ein Sinn zu einem neuen Sinn umgewandelt wird, mit seiner fremden Einzigkeit geht er in dieser Umdeutung verlustig. Entscheidend ist es daher, auf die jeweils spezifische Relation zwischen Gemeintem und Meinendem in der jeweiligen Sprache zu achten und dabei auch die bedeutungskonstitutiven Beziehungen und Verwebungen sowohl auf der Ebene des Ausdrucks als auch im Verhältnis zum Inhalt der Sprache zur ›Darstellung‹ (vgl. 12) zu bringen. Das Bedeutung und Sinn Stiftende hat selbst nämlich keine Bedeutung und keinen Sinn, es generiert diese in unsichtbaren und unbenennbaren Prozessen. Insofern performiert die Übertragung der wesentlichen Verhältnisse der Ausgangssprache als deren »Art des Meinens« sowohl eine Übersetzung der Andersheit des fremden Textes als auch ein Hindeuten auf die Generierung sprachlichen Sinns. Jede Sprache beginnt als differentielles Gewebe und Netz von Verhältnissen, daher beginnt jede Sprache auch mit jener Konstellation, die Benjamin das ›Nicht-Mitteilbare‹ und die »Art des Meinens« nennt (vgl. Hirsch 1993, 55f.). Dies gilt zweifelsfrei ebenso auch für die eigene Sprache, und weil dies so ist, sind überhaupt fremde »Arten des Meinens« in der eigenen Sprache anbildbar und darstellbar. Beachtlich ist dabei auch Benjamins Einsicht in die Modalität der Fremdheit, denn die Fremdheit der anderen Sprache wird nicht zu einer absoluten Fremdheit hinaufgesteigert, in der Anbildung kann sie in der eigenen Sprache ›erlöst‹ werden (vgl. IV, 19). Erlösung bedeutet aber hier, daß die fremde »Art des Meinens« nicht der eigenen Sprache einfach assimiliert oder angeglichen wird, sondern sie wird ergänzt. Der Benjaminschen Konzeption der Übersetzung liegt eine erstaunliche Kommensurabilität der Sprachen zugrunde. Denn erst durch die »Art des Meinens« als ›Unberührbares‹ der eigenen Sprache, das diese unendlich übersteigt, wird überhaupt eine ›Anbildung‹ fremder »Arten des Meinens« denkbar (vgl. Hirsch 2000, 964).

Dadurch, daß die Benjaminsche Theorie der interlinearen Übersetzung die Syntax der Ausgangssprache in der Übertragung zum Stillstand bringt, legt er eine Technik frei, die die Beziehung von Meinendem und Gemeintem des Originals in die Übersetzung einziehen läßt. Die »Art des Meinens« der fremden Sprache spannte eine Beziehung und einen fremden ›Zwischenraum‹ auf. Das ›heilige Wachstum‹ der Sprachen, von dem Benjamin spricht, besteht gerade in der Ergänzung jener fremden ›Zwischenräume‹. Ergänzte man alle Sprachen in ihren »Arten des Meinens« und käme es zu ihrer vollständigen ›Integration‹, wäre die »reine Sprache« als die »wahre Sprache« auf Dauer gestellt. Welch eigentümlichen Charakter und Aufbau diese Sprache hätte, wird nunmehr in besonderer Weise deutlich. Denn die »reine Sprache« bestünde nur aus *Nicht-Mitteilbarem, Unberührbarem* und *Zwischenräumen*.

Eine solche »reine Sprache« wäre eine Komposition aller – und das heißt unendlich vieler – sprachlichen Fremdheiten. Wenn auch eine solche »reine Sprache« weder denkbar noch sagbar ist, so ereignet sie sich doch jeden Augenblick, indem sie die Sprachen in ihren winzigsten Teilen bereichert und bewegt (vgl. Wohlfahrt 2001, 119). Indem sie fortwährend den Weiterbau des Textes konstituiert und erzeugt, vermag immer wieder von neuem jenes ›Dritte‹, das Goethe insinuierte, zu entstehen. Das Denken in Beziehungen, Konstellationen und Spannungen betrifft allerdings auch die semantische Ebene des Benjaminschen Textes selbst. Denn die Fremdheit der »Art des Meinens«, die stets mit Blick auf die »Interlinearversion des heiligen Textes« (IV, 21) benannt scheint, ist von der theologischen Sphäre kaum zu sondern. Das Denken der Unberührbarkeit der »Art des Meinens« steht selbst auf der Schwelle zwischen profanem und sakralem Text. Sein Zuhause ist daher weder die profane noch die heilige Sprache. Es zirkuliert zwischen und im Niemandsland der Sprachen und symbolischen Ordnungen. Mit diesem Denken, das ein nachbabelsches Denken ist, eröffnet sich die Einsicht, daß jenes einheitliche Zentrum, das zuletzt der ›Turmbau‹ herstellen sollte, in einer von Fremdem, Nicht-Mitteilbarem und unsagbaren Zwischenräumen durchzogenen Ordnung niemals denkbar war, noch jemals denkbar sein wird. Das babelsche Ereignis selbst allegorisiert eine sprachliche Ordnung, die ohne *arche* und ohne *telos* auszukommen hat (vgl. Hirsch 1995, 21 f.). Da die Sprache als Ordnung, die weder über ein Zentrum noch *arche* noch *telos* verfügt, zu bestehen vermag, stiftet sie Orientierung und Nähe, ohne über eine zentrale Kontroll- und Herrschaftsinstanz zu verfügen. Das Bauen am Text der Sprachen nach Babel schreitet dennoch fort, weil die fremde »Art des Meinens« uns Sprechen und Übersetzen als notwendige und zugleich unlösbare »Aufgabe« auferlegt.

Schlußfolgerungen

Grundlage jeglicher sprachlicher Übersetzungs- und Übertragungsvorgänge sind Differenzen zwischen mehr oder weniger erkennbaren sprachlichen Ordnungen. Dies trifft evidentermaßen sowohl für die intra- als auch intersprachliche Übersetzung zu. Jede Theorie der Übersetzung und Übertragung von Wörtern und Texten muß sich der Beschreibung dieser Differenzen und dem durch sie konstituierten Verhältnis der sprachlich divergierenden Ordnungen zuwenden. Nichts anderes fordert Benjamin. Hiermit unmittelbar einher geht die Notwendigkeit der Bestimmung des dem Übersetzungsvorgang zugrundeliegenden Sprachbegriffs. Dieser sollte Auskunft geben über Struktur, Verweisordnung, Systematizität und das Geschehen der Sprache, wie auch über sprachliche Konstruktion, Kreation und Reproduktion. Beachtlicherweise ist es der Übersetzungsvorgang selbst – und in dieser Hinsicht gilt es, die Überlegungen Benjamins zu ergänzen und zuzuspitzen –, der solche theoretischen Grundlegungen ermöglichen und zur Darstellung bringen kann. Denn es ist der innersprachliche und intersprachliche Übersetzungsvorgang, der luzide macht, daß Texte sich in differentieller Bewegung hervorbringen, daß Sprache mithin als differentielles und artikulatorisches System, als im steten Vollzug befindliches zu beschreiben ist. Das Sich-Vollziehen der Sprache im Prozeß der Übertragung modifiziert dabei nicht nur die paradigmatische, sondern zugleich und immer auch die syntagmatische und semantische Ebene der am Übertragungsprozeß beteiligten Ordnungen. Da Sprache als differentielle, sich modifizierende und aus Beziehungen bestehende Ordnung zur Darstellung kommt, wird deutlich, daß in der Übersetzung nicht einzelne Elemente übertragen werden können, sondern immer Beziehungen, Verwebungen und Verhältnisse zu übertragen sind. Eine Bestimmung und vollständige Eingrenzung dieser Beziehungen und Verwebungen ist allerdings unmöglich und gibt damit Auskunft über die Uneinholbarkeit der textualen Übersetzungsbewegung selbst. Insofern sich der zu übertragende Text in einer permanenten und perennierenden Verschiebungs- und Verstellungsbewegung befindet, wird zudem evident, daß es zu keiner Ab- und Einschließung textualer Ordnungen kommen kann. Benjamin bereits deutlich überschreitend, gilt es anzufügen, daß textuale Ordnungen qua Sprachen nicht über einen ›Eigenleib‹ verfügen und daher immer schon von anderen und fremden Geweben durchzogen sind. Keine sogenannte Natur- und Nationalsprache verfügt mithin über einen solchen abgeschlossenen ›Eigenleib‹, sondern jede Sprache ist gewissermaßen ordnungskonstitutiv ›unrein‹, ohne Anfang und ohne Ende, immer schon von Fremdem unendlich ergänzt. Auch die Übersetzung *zwischen* den Sprachen ist daher immer eine Übersetzung *in* Sprache und textualer Verweisordnung.

Werk

Die Aufgabe des Übersetzers (IV, 9–21)
Die Bedeutung der Sprache in Trauerspiel und Tragödie (II, 137–140)
Der Begriff der Kunstkritik in der deutschen Romantik (I, 11–119)
Goethes Wahlverwandtschaften (I, 123–201)
Über das Programm der kommenden Philosophie (II, 157–171)
Über Sprache überhaupt und über die Sprache des Menschen (II, 140–157)
Ursprung des deutschen Trauerspiels (I, 203–430)
Zur Kritik der Gewalt (II, 179–203)

Literatur

Bahti, Timothy (2001): »›Das Unvergeßliche geht auf...‹ Das Umschreiben des Übersetzens«, in: Hart Nibbrig 2001, 353–366.
Bürger, Peter (1988): Prosa der Moderne, Frankfurt a. M.
Derrida, Jacques (1987): »Des tours de Babel«, in: ders.: Psyché. Inventions de l'autre, Paris (dt.: Babylonische Türme. Wege, Umwege, Abwege, in: Hirsch 1997, 119–165).
Dörr, Thomas (1988): Kritik und Übersetzung. Die Praxis der Reproduktion im Frühwerk Walter Benjamins, Gießen.
Düttmann, Alexander Garcia (2001): »Von der Übersetzbarkeit«, in: Hart Nibbrig 2001, 131–146.
Frege, Gottlob (1985): »Über Sinn und Bedeutung. Der Gedanke«, in: Ursula Wolf (Hg.): Eigennamen, Dokumentation einer Kontroverse, Frankfurt a. M.
Frey, Hans Jost (2001): »Die Sprache und die Sprachen in Benjamins Übersetzungstheorie«, in: Hart Nibbrig 2001, 147–158.
Hamacher, Werner (2001): »Intensive Sprachen«, in: Hart Nibbrig 2001, 174–235.
Hart Nibbrig, Christiaan L. (Hg.) (2001): Übersetzen: Walter Benjamin, Frankfurt a. M.
Haverkamp, Anselm (1997): »Zwischen den Sprachen. Einleitung«, in: ders. (Hg.): Die Sprache der Anderen, Frankfurt a. M., 7–12.
Hirsch, Alfred (1993): »Mimesis und Übersetzung. Anmerkungen zum Status der Reproduktion in der Sprachphilosophie Walter Benjamins«, in: Thomas Regehly (Hg.): Name, Texte, Stimmen. Walter Benjamins Sprachphilosophie, Stuttgart, 49–60.
Hirsch, Alfred (1995): Der Dialog der Sprachen. Studien zum Sprach- und Übersetzungsdenken Walter Benjamins und Jacques Derridas, München.
Hirsch, Alfred (1997): »Die geschuldete Übersetzung. Von der ethischen Grundlosigkeit des Übersetzens«, in: ders. 1997, 396–428.
Hirsch, Alfred (Hg.) (1997): Übersetzung und Dekonstruktion, Frankfurt a. M.
Hirsch, Alfred (2000): »Gespräch und Transzendenz. Eine Untersuchung zur Konzeption der sprachlichen Fremderfahrung bei Walter Benjamin und Franz Rosenzweig«, in: Klaus Garber/Ludger Rehm (Hg.): global benjamin, München, 959–968.
Humboldt, Wilhelm von (1903–1936): Gesammelte Schriften, hg. v. A. Leitzmann, 17 Bde, Berlin.
Jacobs, Carol (1975): »The Monstrosity of Translation«, in: Modern Language Notes 90 (dt.: Die Monstrosität der Übersetzung, übers. v. T. Bauer, in: Hirsch 1997, 166–181).
Kleiner, Barbara (1980): Sprache und Entfremdung. Die Proust-Übersetzung Walter Benjamins innerhalb seiner Sprach- und Übersetzungstheorie, Bonn.
Lévinas, Emmanuel (1971): Totalité et Infini. Essai sur l'Exteriorité, Den Haag (dt. Totalität und Unendlichkeit. Versuch über die Exteriorität, übers. v. W. N. Krewani, Freiburg/München 1987).
Man, Paul de (1989): »The Conclusion: Walter Benjamin's ›The Task of the Translator‹«, in: ders.: The Resistance to Theory, Minneapolis (dt.: »Schlußfolgerungen: Walter Benjamins ›Die Aufgabe des Übersetzers‹«, übers. v. T. Bauer, in: Hirsch 1997, 182–230).
Menke, Bettine (1991): Sprachfiguren. Name – Allegorie – Bild nach Walter Benjamin, München.
Menninghaus, Winfried (1980): Walter Benjamins Theorie der Sprachmagie, Frankfurt a. M.
Opitz, Michael/Erdmut Wizisla (Hg.) (2000): Benjamins Begriffe, 2 Bde., Frankfurt a. M.
Reijen, Willem van/Herman van Doorn (2001): Aufenthalte und Passagen. Leben und Werk Walter Benjamins, Frankfurt a. M.
Schlegel, Friedrich (1928): Philosophie der Philologie, hg. v. J. Körner, Logos, Bd. XVII.
Schlegel, Friedrich (1978): »Über Goethes Meister«, in: ders.: Kritische und theoretische Schriften, Stuttgart.
Walter, Heinrich (1999): »Die Bildlichkeit und ihre Funktion in Walter Benjamins ›Die Aufgabe des Übersetzers‹«, in: Günter Abel (Hg.): Das Problem der Übersetzung. Le problème de la traduction, Baden-Baden, 207–236.
Wohlfahrt, Irving (2001): »Das Medium der Übersetzung«, in: Hart Nibbrig 2001, 80–150.
Zohn, Harry (1969): »Walter Benjamin. The task of the translator«, in: Walter Benjamin: Illuminations, New York.

Städtebilder, Reisebilder, Denkbilder

»Neapel« / »Weimar« / »Marseille« / »Essen« / »Nordische See« / »Kurze Schatten« (I/II) / »In der Sonne« / »Ibizenkische Folge« / »Denkbilder« / »Kleine Kunst-Stücke«

Von Roger W. Müller Farguell

Die Denkbilder Walter Benjamins sind allegorische Konstruktionen, die bildliches mit begrifflichem Denken kombinieren. Ihr Merkmal ist die dialektische Konstellation, worin sich darstellende Metaphorik und Erkenntnis verschränken. Ihr Formgesetz ist das Wechselspiel von konkreter und abstrakter Darstellung, etwa in Gestalt des Porträts einer Stadt (vgl. Lindner 2000, 86; Leifeld 2000). Wenngleich Benjamins Denkbilder zumeist in Sammlungen erschienen sind, bleiben sie doch stets in sich geschlossene Gebilde, die an bestimmte lebensgeschichtliche Situationen geknüpft sind. Seine Städte- und Reisebilder sind daher weniger dem Genre der Reiseliteratur denn der figurativ verschlüsselten Synthese einer Lebenserfahrung verpflichtet. Für Benjamin, der auf seinem Lebensweg kein langes Bleiben gekannt hat, stellt die Dialektik von Aufenthalt und Passage eine existentielle Konstante dar. Aus seiner Art der Nachdenklichkeit, die durch Ortsveränderung entsteht, hat sich die kleine Form dieser Reise-, Städte- und Denkbilder kristallisiert. Solche allegorischen Miniaturen, die ohne wissenschaftlichen Apparat auch auf Reisen zu bewerkstelligen und publizistisch zu vermarkten waren, sind zur charakteristischen Begleiterscheinung seines Lebenslaufs geworden.

»Neapel«

Das Städtebild Neapel (IV, 307–316), wie es am 19.8.1925 in der *Frankfurter Zeitung* publiziert wurde, ist im Herbst 1924 entstanden, als Benjamin von Capri her, wo er sich mehrere Monate aufhielt, die Hauptstadt Kampaniens bereiste. Wohl zum zwanzigsten Mal habe er Neapel besichtigt, schreibt Benjamin am 16.9.1924 an Scholem und berichtet, er habe »viel Material, merkwürdige und wichtige Beobachtungen« gesammelt, die er vielleicht werde verarbeiten können (2, 486). Aus der Capreser Bekanntschaft mit der lettischen Kommunistin Asja Lacis hat sich eine – allerdings umstrittene – gemeinsame Autorschaft dieses Städtebildes ergeben (vgl. Adorno 1990, 79). Entgegen seinen im Oktober 1924 geäußerten Erwartungen, »den vorläufigen Ertrag der Reise« (2, 497) zunächst lettisch »und vielleicht auch deutsch« (501) in Kürze gedruckt zu sehen, ist das Manuskript bei der *Frankfurter Zeitung* noch etwa zehn Monate liegen geblieben; zur geplanten Übersetzung ins Lettische kommt es schließlich nicht. Im Mai 1925 glaubt Benjamin seinen Text bereits gesetzt, wie er Scholem schreibt (3, 37), aber erst am 19. August findet der Autor sein Städtebild auf der neapolitanischen Post (85).

Die Italienreise über Genua, Pisa und Neapel nach Capri, wo Benjamin vor dem 20. April eintraf, stand im Zeichen einer »tollkühnen Eskapade« (2, 433), mit der er aus seinen existentiellen und finanziellen Bedrängnissen auszubrechen gedachte. Auf Capri schrieb er unter sommerlicher Hitze mit ungewohntem Tempo am Barockbuch, das ihm die erhoffte venia in Frankfurt einbringen sollte, zugleich aber auch am Städtebild Neapel, das seine gegenwärtige Erfahrung reflektierte. Von Capri berichtet Benjamin dem Verleger Richard Weißbach: »Die Insel hat das Gefährliche, daß man, einmal gekommen, sich nicht wieder loszureißen vermag und die Kraft ihrer Verführung steigert sich noch durch die große Nähe Neapels, der glühendsten Stadt, etwa außer Paris, die ich je gesehen habe« (451 f.). Am 10. Oktober verließ Benjamin Capri in Richtung Neapel, um sich dort noch einige Zeit aufzuhalten, bevor er die Rückreise über Rom und Florenz nach Berlin antrat.

Benjamin hat von sich gesagt, er habe sich an Neapel förmlich »festgesogen« (507), und erst rückblickend habe er am »extremen Temperament des neapolitanischen Stadtlebens« ermessen können, »wie orientalisch Neapel ist« (501). Das Orientalische Neapels erschöpft sich in Benjamins Städtebild keineswegs in seiner Erwähnung phantastischer Reiseberichte, chinesischer Feuerwerke und des geschäftigen Basar-Lebens. Sein programmatisches Leitmotiv ist das der Porosität, der Durchlässigkeit verschiedenster urbaner Erscheinungsformen ineinander und füreinander: »Porosität ist das unerschöpflich neu zu entdeckende Gesetz dieses Lebens« (IV, 311). Es ist durchaus im etymologischen Wortsinn zu erfassen, also als »Durchgang« und »Öffnung« (griech. *porós*), als »durchdringen«, »herüberbringen«, »durchbohren« und »durchfahren« (griech. *peírein*), was Benjamin gewissermaßen als epistemologische Begriffs-Sonde ins neapolitanische Stadtleben einsenkt. Bereits Jahre vor seinen Studien zum Passagenwerk arbeitet er angesichts der sozialen Phänomenologie Neapels an einer Konzeption urbanen Zusammenlebens, das sich durchlässig zeigt für die geschichtliche Erfahrung, indem es in zahllosen

Situationen zur Konstellation aufbrechen kann. Die poröse Struktur hat Benjamin tief in die Formen seiner Stadtbeschreibung hineingelegt; die vertikale Stadt ist zwar »felsenhaft« (309), in sich aber von natürlichen Grotten und baulichen Krypten durchsetzt bis in den Grund hinein. Auch das soziale Elend, das sich dem Reisenden offenbart, führt hinab in die Krypten und Katakomben (308). Mag der Eingang zu ihnen auch ein weißer Gebäudekomplex sein, wie das Hospital San Gennaro dei poveri, oder die versteckte Pforte zu einer eingebauten Kirche, durch welche man aus dem »Wirrsal schmutziger Höfe« (310) eher zufällig sich Zutritt verschafft: Wer ins Weichbild der Stadt eindringt, begibt sich bereits in den Durchdringungs-Zusammenhang ihrer Porosität. Benjamin konstruiert sein Städtebild aus dem Ineinander von Gebautem und »Gemeinschaftsrhythmik«, aus Architektur und Aktion, die stets aufs Neue in Situationen zusammentreten, um den Schauplatz einer Konstellation zu eröffnen (309). Nichts scheint hier definitiv, keine Gestalt behauptet auf Dauer ihr Gepräge (zur Polarität von »Porosität« und »Definitivem« vgl. van Reijen/van Doorn 2001, 88). Neapel besitze keine urbane Architektur nach dem Muster nordischer Städte, mit dem Haus als deren Zelle, sondern stelle ein Netzwerk ineinander verklammerter Nischen dar. Daraus ergibt sich, daß in solchen Winkeln kaum zu erkennen sei, »wo noch fortgebaut wird und wo der Verfall schon eingetreten ist« (IV, 310). Mit solcher baulichen Porosität korrespondiert auch der menschliche Zugriff, der dem Raum alle erdenklichen Potentiale zur Entwicklung frei läßt. »Porosität begegnet sich nicht allein mit der Indolenz des südlichen Handwerkers, sondern vor allem mit der Leidenschaft fürs Improvisieren« (ebd.). Das Impromptu des Gebauten setzt sich in der Improvisation seines Gebrauchs ohne Anstrengung fort: Neapels Bauten und Plätze sind die Volksbühne ihrer Bewohner: »Alle teilen sie sich in eine Unzahl simultan belebter Spielflächen. Balkon, Vorplatz, Fenster, Torweg, Treppe, Dach sind Schauplatz und Loge zugleich« (ebd.). Diese Inszenierung des urbanen Lebens gehorcht freilich keiner von außen herangetragenen Regie, sie verdankt sich vielmehr dem »dumpfen Doppelwissen« ihrer Akteure, die in sich Dramatis personae und Publikum vereinen, womit sie der Durchlässigkeit ihrer Existenz ein Janusgesicht aufsetzen. Benjamin hebt die Theatralität Neapels vielfach hervor und betrachtet in ihr das Laboratorium städtischer Porosität. Das Spektakel des Volkslebens gipfelt schließlich in der Apotheose nächtlicher Feuerwerke, die von Juli bis September über Neapel aufgehen. In ihnen besitze das Feuer »Kleid und Kern« (312). Entlang der Küste zwischen Neapel und Salerno suchen sich die benachbarten Kirchenspiele mit stets überwältigenderen Lichtspielen wechselseitig zu übertreffen – ein Phänomen, das die Ethnologie als »Potlach« beschreibt.

In der vielschichtigen Überlagerung urbaner Phänomenologie weist Benjamins Städtebild ein engmaschig beschriebenes Beziehungsnetz aus, das selbst in seinen kaleidoskopisch erscheinenden Brechungen von einer strengen reflexiven Beschreibungslogik durchwirkt ist. Methodischer Angelpunkt bleibt dabei der Begriff der Porosität, der bei jeder neuen Erwähnung als Merkpunkt und wiederkehrendes paradigmatisches Objekt einer virtuellen Stadtwanderung wirkt, welches Ereignis und Struktur, Sinnliches und Abstraktes zur bedachten Figur einer Konstellation verschränkt (vgl. Brodersen 1990, 159). Augenscheinlich wird sein Verfahren besonders im letzten der insgesamt fünf Teile (zur Bedeutung der Gliederung vgl. Garber 1992, 175), der den Wohn- und Arbeitsverhältnissen der Neapolitaner gewidmet ist. Das städtische Porträt geht den sozialen Verhältnissen dieser Bewohner in einer Kette deskriptiver Gegensätze nach, welche die Polarität der inneren Gesellschaftsformen ausleuchten. »Auch hier Durchdringung von Tag und Nacht, Geräuschen und Ruhe, äußerem Licht und innerem Dunkel, von Straße und Heim« (IV, 315). Ausgehend vom Privatleben, das »ausgeteilt, porös und durchsetzt ist« (314), zeigt Benjamin, wie jede private Haltung und Verrichtung »von Strömen des Gemeinschaftslebens« (ebd.) durchflutet sei, ja das Privateste im Innersten eine Kollektivsache bedeute. Nicht allein, daß die Menschen ihre Grundbedürfnisse des Schlafens und Essens kaum ans Heim binden, sondern auf Straßen, Treppen und hinter dem Ladentisch verrichten, auch die Fähigkeit, sich selbst bei der Arbeit auf Plätzen und Gassen zum Gestell eines Werktischs zu verwandeln, »ihren Leib zum Tisch zu machen« (ebd.), zeugt von der Durchdringung des Kollektiven mit dem Privaten. Und was fürs Gestische des Leibes gilt, kehrt wieder in der Behausung, die ein unerschöpfliches Reservoir fürs Lebendige darstelle. Öffentlichkeit und privates Heim sind dialektisch ineinander verschlungen: »Wie die Stube auf der Straße wiederkehrt, mit Stühlen, Herd und Altar, so, nur viel lauter, wandert die Straße in die Stube hinein« (ebd.). Am Heiligenbild, in der Madonna an den Häuserwänden wie in der Stube, wird diese Durchdringung von Außenwelt und Innenwelt flagrant. Nicht selten entstammt aber die enge soziale Verflechtung auch einem Teufelskreis von Armut und erdrückendem Kinderreichtum, so daß sich Familien oft in Verhältnissen durchdringen, »die der Adoption gleichkommen können« (315; zum Vergleich Neapel-Moskau vgl. Szondi 1978, 301 f.).

Die eigentlichen »Laboratorien dieses großen Durchdringungsprozesses« (IV, 316) bilden indessen die neapolitanischen Cafés. Benjamin stellt ihre nüchterne, politische Offenheit in Gegensatz zum bürgerlich-literarischen Wesen des Wiener Kaffeehauses. Sein Reisebild zur Hauptstadt Kampaniens schließt er mit einem dialogischen Tableau, worin ein neapolitanischer Kellner seinen Gast hinauskomplimentiert. Das sprichwörtliche »Neapel sehen und sterben«, das der Deutsche beim Abschied nachsagt, gilt dem Heimischen als kalauerndes Scherzwort: »Vedere Napoli e poi Mori« (ebd.), mit diesen Worten schickt er den Fremden einige Kilometer weiter zum Vorort von Neapel namens Mori.

»Weimar«

Die Entstehung des dreiteiligen Denkbildes mit dem Titel Weimar (IV, 353–355) verdankt sich dem Umstand, daß Benjamin im April 1926 von der Großen Russischen Enzyklopädie den Auftrag erhielt, einen 300 Zeilen umfassenden Artikel zum Lemma ›Goethe‹ aus marxistischer Sicht zu verfassen (II, 705–739). Auf der Rückreise von Frankfurt am Main nach Berlin traf Benjamin Anfang Juni 1928 in Weimar ein, wo er sich, »zum Gedeihen meines Enzyklopädie-Artikels wiedereinmal die Goetheana, die ich länger als zehn Jahre nicht sah, vergegenwärtigen« wollte (3, 383). Erst nach seiner Rückkehr in die Berliner Wohnung verfaßte Benjamin indes »ein ganz kleines ›Weimar‹« (392), von dem er hoffte, es bald zu veröffentlichen. Bereits Ende Oktober konnte er das Denkbild aus der *Neuen Schweizer Rundschau* einem Brief an Scholem gedruckt beilegen (421). Dieser von Max Rychner besorgten Ausgabe von 1928 folgte vier Jahre später ein Nachdruck in der *Literarischen Welt* von Willy Haas. Benjamin hat dieses Weimarer Stadtporträt in einem Brief an Hofmannsthal als »Nebenprodukt meines ›Goethe‹ für die Russische Enzyklopädie« qualifiziert, jenes lexikographischen Artikels, der »in die Enzyklopädie höchstens bis zur Unkenntlichkeit entstellt« gelangen würde (472). Das Wesentliche seines Weimarer Besuches vor einem Jahr sei dem kleinen Weimarer Reisebild nun zugute gekommen: »Die Essenz aber suchte ich, unbeschwert vom Zusammenhang einer Darstellung, auf diesen beiden Seiten festzuhalten« (ebd.). Tatsächlich hat Benjamin den Weimarer Text, in seiner präzisen Unbeschwertheit, dem anderen Städtebild, Marseille, zur Kontrafaktur gesetzt, zum Gegensatz deshalb, weil er mit Marseille wie »mit keiner anderen Stadt so gekämpft habe« (ebd.). »Weimar«, so positionierte Benjamin seinen Text bereits im Brief an Scholem vom 14.2.1929, stelle »die dem Sowjetstaate abgewandte Seite meines Janushauptes aufs lieblichste« vor: »Das Haupt wird sich, vollständig, wenn auch nur en miniature, nach Erscheinen von ›Marseille‹ darstellen, das ich um der Korrespondenz willen an gleicher Stelle erscheinen sehen möchte« (438).

Das Weimarer Denkbild gliedert sich in drei lokale Szenen: Marktplatz, das Goethe-Schiller-Archiv sowie Goethes Arbeitszimmer. Die szenischen Allegorien entfalten je einen dialektischen Bildraum, der in Korrespondenzen zu den anderen Bildräumen steht. Der morgendliche Blick auf den Weimarer Marktplatz, besehen vom Hotelzimmer des »Elefanten«, eröffnet den Standort selbst in seiner theatralischen Dimension: Das überbreite Fensterbrett macht »das Zimmer zur Loge« (IV, 353), unter der sich der Marktplatz zur Bühne für ein Ballett verwandelt. Die Weimarer Marktszene vermittelt sich aus der distanzierten Position des Privatiers, wie sie Benjamin später auch am Beispiel von E.T.A Hoffmanns *Des Vetters Eckfenster* illustrieren wird, dessen Position sich deutlich von E.A. Poes *Mann in der Menge* absetzt (Über einige Motive bei Baudelaire, I, 628; vgl. Bub 1991, 133). Vor den Augen des distanzierten Betrachters in der Fensterloge spielt sich jener dialektische Austausch von privater Sphäre und öffentlichem Raum ab, der zugleich den historischen Umschlag des kapitalistischen Marktes ins Goethesche Weimar markiert, als die Stadt auf demselben Schauplatz ihr »merkantiles Frührot« (IV, 353) erlebte. Was sich im Weimarer Denkbild aus beobachtender Distanz zur panoptischen Schaulust geradezu theatralisch aufbaut, wird anschließend durch die Vermengung des Betrachters mit den Attraktionen der Masse vernichtet. Wie emblematisch dieses Denkbild gebaut ist, läßt auch die abschließende Sentenz erkennen, die es gleichsam als barocke Subscriptio unterstreicht: »Nichts kann so unwiederbringlich wie ein Morgen dahin sein« (ebd.; zur weiteren Charakteristik vgl. Garber 1992, 140 f.).

Wenn Benjamin davon schrieb, das Werk sei »die Totenmaske der Konzeption«, so findet diese Sentenz im zweiten Denkbild von Weimar gewissermaßen ihr Memento mori. Der geräuschlose, spitalreine Ort des Goethe-Schiller-Archivs wird hier als Ruhestätte des Werkes inszeniert, worin die Facies hippocratica des Goetheschen Werkes einer physiognomischen Studie unterzogen wird. Im »barschen Lichte« der Anstalt liegt das Werk in weißen Sälen und Schaukästen in seiner Leidensform ausgesetzt wie in einem Krankenlager. Dieser Analogie gilt im Wesentlichen die Allegorese dieses Denkbildes, wonach die Werke ganz in Mimik zurückverwandelt seien (IV, 353 f.). Die Materialität der Schrift ist allegorisch zur opaken Totenmaske des Werkes erstarrt. Im Zentrum von Benjamins Allegorese steht die Schrift, insofern sie schon bei ihrer Entstehung von der Vernichtung bedroht ist. Vernichtend ist aber auch der Nachruhm für das Werk, denn nach Benjamins Auffassung der Kritik besteht deren nachhaltigste Funktion in der »Mortifikation der Werke« (2, 393). Konsequent verschließt sich denn auch das Goethesche Werk unter den musealen Bedingungen des Nachruhms zur leidenden Gestalt einer Monade (vgl. dazu Garber 1992, 139).

Im dritten Bild der Weimarer Miszelle ist die Rede vom Arbeitszimmer Goethes, das Benjamin in einsamen Minuten alleine besichtigen konnte. Davon spricht er nicht nur im Weimarer Brief vom 6.6.1928 (3, 386), sondern auch in den beiden Traumbildern der Einbahnstrasse: Vestibül und Speisesaal (IV, 87). Autobiographisch geprägt ist die abschließende Passage: »Wem ein glücklicher Zufall erlaubt, in diesem Raume sich zu sammeln, erfährt in der Anordnung der vier Stuben, in denen Goethe schlief, las, diktierte und schrieb, die Kräfte, die eine Welt ihm Antwort geben hießen, wenn er das Innerste anschlug« (IV, 355). Wenn Benjamin hier den Locus amoenus der primitiven Arbeitszelle anruft, so geschieht dies im Zeichen einer »Schwellenkunde« (vgl. Menninghaus 1986), die den Übergang vom »Schlaf und der Arbeit« (IV, 355) ins Zentrum der Aufmerksamkeit rückt, womit zugleich auch eine Korrespondenz zur Dialektik des Erwachens im ersten Weimarer Denkbild geschaffen wird. »Nur die Schwelle trennte, gleich einer Stufe, bei der Arbeit ihn von dem thronenden Bett. Und schlief er, so wartete daneben sein Werk, um ihn allnächtlich von den Toten loszubitten« (ebd.). Leuchtete im ersten Denkbild noch das »merkantile Frührot« dem Träumenden heim, so ist es nun »das höllische Frührot des bürgerlichen Komforts« (354), das sich der Asket außen vor hält. Benjamin, der selbst in solchen asketischen Klausen zu arbeiten liebte, findet in Goethes Arbeits- und Schlafgemach zu jener »Magie der Arbeitsbedingungen« zurück, die er später im Pariser Tagebuch vom 1.1.1930 bei Jouhandeau als »vollendetste Durchdringung von Atelier und Mönchszelle« (570) loben wird (vgl. Garber 1992, 141).

»Marseille« – »Haschisch in Marseille«

Eine erste Erwähnung des Städtebildes Marseille (IV, 359–364), das im April 1929 in der *Neuen Schweizer Rundschau* erscheint, findet sich im Brief an Siegfried Kracauer vom 20.10.1926, worin Benjamin »vier kleine Miniaturen aus Marseille« zu senden verspricht, die an »gemeinsame Stunden« (3, 205) erinnern sollen. Bei seinem sechstägigen Aufenthalt in Marseille hatte sich Benjamin am 8.9.1926 im »Café Riche« in unmittelbarer Nähe seines Hotels an der Place Saadi Carnot mit Kracauer verabredet (185). Zu den ersten Marseiller Miniaturen Benjamins kann der Text Marseille Kathedrale gezählt werden, da sich die Erwähnung des unverwechselbaren Stichwortes »Religionsbahnhof« in diesem Zusammenhang schon in der Korrespondenz mit Kracauer vom November 1926 findet (212). Benjamin hat diese Miniatur in das Buch Einbahnstrasse und fast unverändert in das Städtebild Marseille eingebunden (IV, 123 f.; 939). Die weiteren Miniaturen, die Benjamin sein »neues ›Marseille‹« nannte, hätten sich schließlich »rings um die Kathedrale« (3, 425) herumgebaut. Insgesamt hat Benjamin die zehnteilige Skizzenreihe im Oktober 1928 fertiggestellt und im Januar 1929 zur »editio ne varietur« (431) redigiert. Bei mehreren Gelegenheiten hat er die komplementäre Korrespondenz der Städtebilder Marseille und Weimar hervorgehoben (438; 472). Mit keiner Stadt habe er indes so gekämpft wie mit Marseille. Als Jagd-»Trophäe« will er die Skizzenfolge aus Marseille heimgebracht haben, berichtet er im Brief an Alfred Cohn vom 22.10.1928: »Aber wer weiß, ob die Spuren eines erbitterten Kampfes nicht in dem gefleckten Raubtierfell zurückgeblieben sind. Mir stekken jedenfalls die Haare dieser Bestie noch zwischen den Zähnen. Ich weiß jetzt, daß es schwerer ist, über Marseille drei Seiten zu schreiben als über Florenz ein Buch« (417 f.).

Die zehn Städte-Miniaturen zu Marseille tragen deutliche Züge von Kampfszenen. Es sind verschlungene Szenerien einer mit allem und jedem ringenden Stadt, die ihren Namen zwar dem griechischen »Massalia« verdankt, den römischen Kriegsgott Mars aber unverkennbar mitträgt. Benjamin hat im horriblen Antlitz Marseilles ein bellum omnium contra omnes erkannt. Abstoßend und abschreckend wirkt die Fratze des gelben, angestockten Seehundgebisses, womit Benjamin den Eingang in sein Städtebild bewehrt (IV, 359). Mit allen Insignien der industriellen Hafenstadt ist das amphibische Tier gerüstet: gezähnten Kiefern, stinkendem Rachen und rosigem Gaumen, dem ein ranziger Odem von »Öl, Urin und Druckerschwärze« entsteigt, entsprechen Fischerei-, Petroindustrie und Verlagswesen, denen die »Proletenleiber« (ebd.) aus zahllosen Schiffsladungen zum Fraße vorgeworfen werden. Das Hafenvolk erscheint als »Bazillenkultur« (ebd.) in einer sozialen Kloake, deren Schande und Elend sich in die vorherrschende Farbe Rosa kleidet und damit der sprichwörtlichen »vie en rose« eine triste Kontrafaktur bietet. Ist hier noch der Kampf um die menschliche Natur dem Denkbild moralisch-kritisch inhärent, so ist es das Jagd-Spiel mit den Menschen in der zweiten Miniatur über das Marseiller Hurenviertel »Les bricks«. Im kläglichen Spießrutenlauf durch die Gassen wird hier die Männlichkeit ihrer Embleme beraubt, namentlich ihrer Canots, Melonen, Jägerhüte, Borsalinos und Jockeimützen. »Die Huren sind strategisch placiert, auf einen Wink bereit, Unschlüssige zu umzingeln, den Widerspenstigen wie einen Ball von einer Straßenseite zur anderen sich zuzuspielen. Wenn er sonst nichts bei diesem Spiele einbüßt, ist es sein Hut« (360). Um nichts weniger ist der Schauplatz dieses Denkbildes seinerseits strategisch abgesteckt mit den Antipoden zweier weiblicher Personifikationen, die den Kampf ums Lebendige beherrschen: einerseits die Gasse selbst in Gestalt eines Fischerweibs, an dessen »schämiger, triefender« Hand ein Siegelring glänzt, der eigentlich das alte Amtshaus »hôtel de ville« repräsentiert; andererseits die Hebamme Bianchamori, deren Etablissement verspricht, trotz zwiespältigen sprechenden Namens (amor/mori), »allen Kupplerinnen des Viertels die Stirne« (ebd.) zu bieten. Ihr männliches Pendant finden diese antagonistischen Personifikationen in der Gestalt des »Verkommenen«, der Titelfigur der neunten Miniatur dieser Reihe, einem Buchverkäufer an den Straßenecken. Er verkörpert das fatum libelli, wenn er mit den Trümmern namenlosen Unglücks in den Büchern, die er zum Kaufe feilbietet, die »schlechten Instinkte« der Passanten dazu aufkitzelt, sich »frisches Elend zunutze zu machen« (363). Das personifizierte Schicksal, das auch den Vorbeihastenden stets aufs Neue überholt, hat Benjamin in der Gestalt dieses allgegenwärtigen Buchhändlers im Bettlermantel in schmerzlicher Weise zu erkennen gegeben (zum Buch-Motiv vgl. Bub 1991, 216 f.).

»Notre Dame de la Garde«, die festungsartige Basilika auf der Anhöhe über Marseille, hat in Benjamins vierter Miniatur eine profane Allegorese erfahren. Ausgehend vom alten Fort am Bergfuß erschließt die zubringende Gondel der Zahnradbahn gleich einem Reißverschluß die heilige Stätte über den Häusern der Cité Chabas. Den »Pilgerschwärmen« (IV, 361) indes werde die verlockende Pracht zur klebrigen Fliegenfalle, an der sie hängen bleiben. Für diese an sich magere Pointe von Benjamins Miniatur entschädigt das Gesamtbild einer urbanen Stätte, die in fast unheimlicher Weise ortlos erscheint.

Ebenso ortsenthebend beginnt die Beschreibung der Kathedrale von Marseille in der fünften Skizze. Sie stehe auf dem »unbetretensten, sonnigsten Platz« (ebd.), ein ausgestorbener »Umschlagplatz für ungreifbare, undurchschaubare Ware« (ebd.). Die 1893 nach fast vierzigjähriger Bauzeit vollendete neue Kathedrale ist zum Opfer von Ort und Zeit geworden: Benjamin macht das aufwendige Bauwerk kenntlich als anachronistisches Gemäuer in industrialisierter Zeit, ein »Riesenbahnhof« oder »Religionsbahnhof« (ebd.), der niemals dem Verkehr übergeben werden konnte. Als Verkehrsknotenpunkt des Immateriellen kann es hingegen, wie auch die Passagen, Wintergärten und Panoramen, Benjamins Einreihung in die »Traumhäuser des Kollektivs« (V, 511) folgen (vgl. Bub 1991, 214 f.). Im atavistischen Zeithof der Kathedrale wird der Innenraum zum para-industriellen Wartesaal, die Gesangsbücher korrespondieren mit internationalen Kursbüchern und die Tarife für den Ablaß hängen zur Information der Reisenden an den Wänden. Benjamin hat die Aura dieses Ortes in ein Vexierbild der Industrie-Kathedrale gebannt.

Eingestreut zwischen die Miniaturen mit topischem Charakter finden sich drei Miszellen, die das Spektrum sinnlicher Wahrnehmung auffächern: Geräusche (IV, 360), Das Licht (361 f.) sowie Muschel- und Austernstände (362 f.). Die auditive Welt des Hafenviertels von Marseille erschließt sich dem einsamen Flaneur von der Grenze zur Lautlosigkeit her. Wie eine Parodie auf Eichendorffs Credo: »Es schläft ein Lied in allen Dingen«, liest sich in diesem Denkbild der Satz: »Jeder Schritt schreckt ein Lied« (360). Das Bild von aufgeschreckten Schmetterlingen vermittelt hier zwischen Stille und Geräusch im Kontext einer auf Jagd getrimmten Grundstimmung. Denn der einsame Flaneur ist da weniger als Sammler, sondern als Jäger dargestellt, der die auffliegenden Geräusche mit dem Käscher gleich Schmetterlingen zu erhaschen versucht, ehe ihn selbst der geballte Lärm »wie eine riesenhafte Hornisse von hinten [...] mit dem zischenden Stachel durchbohrt« (ebd.).

Dieser Gegenläufigkeit von Grundstimmung und Pointe bedient sich in gewisser Weise auch die Miszelle über das grünliche Licht in den autochthonen Binnenräumen der Stadt, die der »Quellenfinder der Trübsal« (362) aufsucht, wogegen das grelle Weiß eines Rätselschiffes namens »Nautique« (ebd.) absticht, das die Fremden einlädt, an seinen weißen, wie ausgewaschenen Tischen zu speisen. – Die haptische Dimension dieser sinnlichen Miszellen gewinnt wiederum in der siebten Miniatur über Muschel- und Austernstände am deutlichsten an Profil. Ihr gedankliches Kernstück ist die analoge Prägung von Mensch und Natur, ihre sinnliche Form ist die der Muschel und ihre moralische Evidenz liegt in der Metamorphose der tektonischen Härte beim erotischen Genuß der Weichteile. Benjamin hat in den komplexen Cluster des Bildzusammenhangs eine explikative Passage eingebettet, welche die geltende Analogie programmatisch festhält:

»Der Druck von tausend Atmosphären, unter dem hier diese Bilderwelt sich drängt und bäumt und staffelt, ist die gleiche Kraft, die sich in harten Schifferhänden nach langer Fahrt an Frauenschenkeln und Frauenbrüsten erprobt« (ebd.). Benjamin hat diese Passage fast unverändert in die Geschichte eines Haschisch-Rausches MYSLOWITZ – BRAUNSCHWEIG – MARSEILLE übernommen, die er 1930 in der Zeitschrift *Uhu* veröffentlichen ließ (731).

Der vorherrschenden Kraft und Erotik in der siebten Städte-Miniatur entsprechen Kampf und Krieg in der achten und der letzten Miniatur, MAUERN (363) und VORSTÄDTE (363 f.). Der Klassenkampf habe sich tief in die Fassaden Marseilles eingezeichnet: Jene Mauern im Zentrum trügen »Livrée« und stünden »im Solde der herrschenden Klasse« (363); jene in den ärmeren Vierteln mobilisierten mit ihren roten Insignien zum politischen Kampf. Während die propagandistischen Außenflächen der Mauern im Zentrum von Marseille noch die inneren Kämpfe der Bevölkerung manifestieren, so wendet sich diese innere Front, je weiter man aus der Stadt heraustritt, zur politisch profilierten Außenfront der Stadt selbst, die sich förmlich im Kriegszustand mit dem Umland befindet. Das Weichbild Marseilles, wie es sich in VORSTÄDTE darstellt, ist das »Terrain, auf dem ununterbrochen die große Entscheidungsschlacht zwischen Stadt und Land tobt« (ebd.). Im Nahkampf zwischen Telegraphenstangen und Agaven, im »Pulvergang« strategischer Ausfallstraßen und mit den auffliegenden »Granatsplittern« seiner Außenbezirke treibt das Weichbild Marseilles den permanenten Ausnahmezustand voran. Die »Verschmelzung von Bildräumen« (Bub 1991, 53 f.) erlangt hier eine politische Dimension. Das Weichbild der Stadt ist zum Vexierbild geworden, das seinen inneren wie äußeren Kämpfen Gesicht und Namen verleiht: Mars. Aber Einkehr findet dieser äußere Kampf wiederum im Inneren dessen, »der es mit dieser Stadt versucht hat« (IV, 364) und die Bitternis ihres Staubes im Munde zerreibt. Auch dieses zähneknirschende Schlußtableau hat Benjamin in seine spätere Geschichte MYSLOWITZ – BRAUNSCHWEIG – MARSEILLE übertragen, sie dort aber auf einen Ich-Erzähler fokussiert (730 f.).

Mit HASCHISCH IN MARSEILLE (409–416) erscheint am 4.12.1932 in der *Frankfurter Zeitung* die letzte zu Lebzeiten Benjamins publizierte deutschsprachige Schrift, die sich ausdrücklich mit Marseille befaßt. Der Text geht zurück auf eine berichtartige Aufzeichnung Benjamins, getitelt »28. September 1928. Sonnabend. Marseille« (VI, 579–587), die zusammen mit weiteren Protokollen zu Drogenversuchen im sechsten Band der *Gesammelten Schriften* dokumentiert ist. Belegt sind seine Haschisch-Experimente von 1927 bis 1934. Unklar bleibt jedoch, warum er HASCHISCH IN MARSEILLE auf den 29. Juli datiert hat. Benjamin hat seine Versuchsprotokolle als »lesenswerten Anhang« (3, 324) zu seinen philosophischen Schriften eingeschätzt, und noch im Juli 1932 trug er sich mit dem Gedanken, »ein höchst bedeutsames Buch über das Haschisch« (4, 113) zu verfassen.

Wenngleich HASCHISCH IN MARSEILLE mehr im Sinne eines verfremdeten Städtebildes auftritt und die charakteristische Strenge der allegorischen Denkbilder nur zeitweilig zwischen narrativen Passagen des Ich-Erzählers aufblitzt, zeigt dieser Schlüsseltext doch eine Engführung zahlreicher Themen, deren Zitate und Variationen weit in sein übriges Werk hinausreichen. Schon die ersten Aufzeichnungen zur Passagenarbeit sind in Setzung und Thematik bis in einzelne Formulierungen hinein wesensverwandt (V, 993 ff.). Aber auch die Verdichtung fragmentarischer Raumerfahrungen ist in der BERLINER CHRONIK und in der BERLINER KINDHEIT UM NEUNZEHNHUNDERT fortgeführt worden. Besonders aber seine zeitgleiche Beschäftigung mit dem »Sürrealismus« hat ihn das »Wesen des Rausches« »kraft einer dialektischen Optik, die das Alltägliche als undurchdringlich, das Undurchdringliche als alltäglich« (II, 307) ermessen lassen und den Bildraum der »profanen Erleuchtung« (310) zu erkennen gegeben. (Zum weiteren Zusammenhang von Inszenierung und Rausch vgl. Marshall 2000, 179–268; ferner Schweppenhäuser 1992, 104–123; Sdun 1994, 225–236).

Im Aufsatz über HASCHISCH IN MARSEILLE ist Benjamin sich selbst zum begabtesten Stichwortgeber geworden. Der »kanonische Zauber« des Haschisch ließ ihn zum »Physiognomiker« werden, der sich förmlich »in die Gesichter verbiß« (IV, 411), in die häßlichen zumal. Gleich den großen Porträtisten des 17. Jh.s registriert der kalt Berauschte die wechselnden Konstellationen im nächtlichen Hafenmilieu, worin ihm der »Sinn für alles Gleichartige in der Welt« aufgeht (414). Dabei treffen manche seiner Aperçus bereits den Kern seiner späteren LEHRE VOM ÄHNLICHEN (II, 204–210) sowie von der »unsinnlichen Ähnlichkeit« im MIMETISCHEN VERMÖGEN (210–213). Im programmatischen Bild eines Knäuels, von dem sich die Ereignisse wie ein Ariadne-Faden abwickeln, findet er schließlich zum Paradigma der surrealistischen »écriture automatique« (zu Ariadne vgl. Sdun 1994, 115–119; Muthesius 1996, 128 ff.).

»Essen« – sechs kulinarische Miniaturen

Die sechs Miniaturen, Frische Feigen, Café crème, Falerner und Stockfisch, Borscht, Pranzo caprese und Maulbeer-Omelette (IV, 375–381) erschienen am 29.5.1930 auf den ersten Seiten der *Frankfurter Zeitung*, gefolgt von einem Einzelabdruck des letzten Textes dieser Reihe am 8. Juni in der *Neuen Leipziger Zeitung*. Die glossenartigen Reminiszenzen der Sammlung Essen verdanken sich Benjamins zum Teil einige Jahre zurückliegenden Aufenthalten in Capri und Neapel, Rom, Paris und Moskau.

Trotz der scheinbaren Beiläufigkeit dieser Miniaturen im Themenkreis des Essens können sie als Kleinode seiner Denkbild-Kunst gelten. Deren erstes, Frische Feigen, geht auf einen Ausflug nach Secondigliano in der Landschaft Neapels zurück. Einem Grundzug dieser Miniaturen gemäß, wohnt auch hier dem Essen – zumal dem Verschlingen – etwas Vernichtendes inne, wobei die reine Destruktion am Ende sich von der Gewißheit nährt, einen Entscheid errungen zu haben (vgl. Wolf 1999, 556–558; van Reijen/van Doorn 2001, 115f.). Benjamin berichtet, wie er für wenige Soldi ein gutes Pfund Feigen auf dem Dorfmarkt erstanden habe, was mit Händen kaum zu tragen sei. Feigen in Hosentaschen und Jackett, in beiden vorgestreckten Händen und Feigen im vollen Mund, geht er auf der »Straße des Appetits« unter neapolitanischer Sonne von dannen. Ein Brief, den er seit Tagen bei sich getragen hat, liegt vergessen in seiner Tasche, und alles liegt darin, sich der Masse von drallen Früchten zu erwehren, sich in sie hineinzuwühlen, sie sich einzuverleiben, um all das Strotzende und klebrig Platzende von sich abzutun; – bald aß er wider den aufsteigenden Ekel, um ihn zu vernichten: »Der Biß hatte seinen ältesten Willen wiedergefunden. Als ich die letzte Feige vom Grund meiner Tasche losriß, klebte an ihr der Brief. Sein Schicksal war besiegelt, auch er mußte der großen Reinigung zum Opfer fallen; ich nahm ihn und zerriß ihn in tausend Stücke« (IV, 375). Die Auflösung der dem Denkbild zugrundeliegenden Aporie spiegelt sich in der Metamorphose, die das Essen und Gegessen-Werden aneinander vollziehen. Im Übergang auf der »Paßhöhe des Geschmacks«, in den Kehren (Tropen) zwischen Überdruß und Ekel, wird das Essen zum befreienden Akt der Vernichtung. Das Fatum des Briefes, so wird in diesem Denkbild vor Augen geführt, besiegelt sich zugleich mit der Katharsis, die der Esser als Reinigung von seiner Freßgier erfährt.

Von einer anderen, nicht weniger entscheidenden Selbst-Überwindung des Essers spricht Benjamin in Falerner und Stockfisch. Im römischen Stadtteil Trastevere, jenseits des Tibers, so der sprechende Name, zieht der Hungrige an zahllosen Osterien unschlüssig und wählerisch vorbei. Die üppige Auswahl treibt ihn zur Flucht durch die Gassen Roms, um sich endlich in einem schlichten Lokal einzufinden. Das »Geheimnis des Essens« (376) offenbart sich nun als Initiation ins kleinbürgerliche Feierabend-Milieu der Arbeiter, Frauen und Kinder, die Einzug halten, um sich hier mit demselben getrockneten Stockfisch verköstigen zu lassen, der auch dem Fremden gereicht wird. Den aufkeimenden Ekel verschlingt der fremde Gast mitsamt dem Stockfisch. Dabei hüllt er sich lesend gleichsam in den »schmutzigen Mantel« einer faschistischen Tageszeitung, die, wie er selbst, »mit den Begebenheiten des Tages gefüttert war« (378).

Als bedächtiges Pendant zu dieser kulinarischen Initiation liest sich das Denkbild Café crème. Beim einsamen Frühstück im Pariser Bistro scheint sich die Jetztzeit in der französischen Metropole wie in einem Hohlspiegel zu Benjamins Berliner Kindheit zu verkehren. In der verschlafen ergriffenen Madeleine, die mit niemandem geteilt werden kann, bricht zugleich die Proustsche »mémoire involontaire« als melancholische Reminiszenz auf (vgl. Wolf 1999, 558–562).

Borscht (IV, 378) hingegen, das vierte Denkbild in dieser Reihe, spielt diese Inversion mit größter Emphase aus. Es ist ein dialogisches Essen. Im Selbstgespräch spricht sich der Hunger förmlich in Rage, als ginge es darum, die Blutsverwandtschaft der dampfenden Suppe aus Roter Bete mit dem sie aufnehmenden Blut zu beschwören: »Lange, ehe deine Eingeweide aufhorchen und dein Blut eine Woge ist, die mit der duftenden Gischt deinen Leib überspült, haben deine Augen schon von dem roten Überfluß dieses Tellers getrunken« (ebd.). Auch dieses an Selbstaufgabe grenzende Essen ist im Modus der Erinnerung verfaßt, diesmal einen Moskauer Winter mit Asja Lacis gedenkend (Wolf 1999, 554f.). Und auch hier spielt ein Rest von unverdaulicher Trauer in den überwältigenden Genuß, wenn es heißt, der warme Guß lockere die Krume des Fleisches, so daß es »wie ein Sturzacker in dir daliegt, aus dem du das Kräutlein ›Trauer‹ leicht mit der Wurzel jätest« (IV, 378).

Zum üppigen Mittagessen lädt dann das Denkbild Pranzo caprese (ebd.). Darin ist die Erotik der Mahlzeit förmlich mit Händen zu greifen, zumal die Köchin eine berühmte Capreser Dorfkokotte ist, der das Löffeln in Schüsseln wie das ununterbrochene Schwatzen eins sind. Selten wird in Benjamins Texten so sinnlich zugegriffen wie hier, wenn der Esser ganz und gar von seiner italienischen Speise gepackt, gewalkt und durchgeknetet wird, um von ihr bald »wie von den Händen dieser alten Hure ergriffen, gepreßt und mit ihrem

Safte – dem Saft der Speise oder dem der Frau, das hätte ich nicht mehr sagen können – eingerieben zu werden« (379). Es ist, als ginge die angesprochene »Magie der Speise« mit dem Esser soweit, ihn wieder zum eßbaren Rohstoff zurückzuverwandeln, ganz so, wie es die Anspielung auf die mythologische Zauberin Circe nahelegt, welche die Gefährten des Odysseus in Schweine verwandelte (vgl. Wolf 1999, 552 f.).

Ausdrücklich märchenhaft jedenfalls schließt sich der Kreis von Benjamins kulinarischen Denkbildern im Text MAULBEER-OMELETTE (IV, 380), worin von einem König und dessen Leibkoch die Rede ist: Dem letzten Wunsch eines mächtigen, aber trübsinnigen Königs, sich eine Maulbeer-Omelette zubereiten zu lassen, wie sie ihm aus seiner entbehrungsreichen Kindheit erinnerlich ist, verweigert der weise Koch die Ausführung. Damit hat Benjamin dem Wunsch-Motiv aus der BERLINER KINDHEIT von einer Speisekammer, deren »Jungfräulichkeit [...] ohne Klagen sich erneuerte« (250), ein Gegenstück erbracht, das die Unwiederholbarkeit des Genusses erweist (vgl. Wolf 1999, 556 f.).

»Nordische See«

Sein Denkbild NORDISCHE SEE (IV, 383–387) hat Benjamin am 15.8.1930 abgeschlossen (vgl. 3, 537) und es bereits im folgenden Monat, am 18.9., in der *Frankfurter Zeitung* publizieren können. Ebenso eng läßt sich auch die Entstehungszeit dieses Zyklus abgrenzen: Sie beginnt Ende Juli 1930, als Benjamin über Hamburg zu einer Seereise über Norwegen nach Nord-Finnland bis zum Polarkreis aufbricht, und dies, nachdem er zuvor die Auflösung seiner Ehe mit Dora beschlossen und besiegelt hat. Die REISENOTIZEN 1930 (VI, 419–421) zu seiner Skandinavienreise bilden die tagebuchartig verfaßte Vorstufe zu den entsprechenden Denkbildern. Hier findet sich auch, auf der Rückseite des ersten Blattes, eine bemerkenswerte Skizze zum Schluß der NORDISCHEN SEE, die Aufschluß über die assoziative Arbeitsweise Benjamins gibt (VI, 792).

Auf der dreiwöchigen Dampfer-Fahrt entlang der norwegischen Küste verfaßt Benjamin u. a. ein Reisetagebuch und liest die »neuesten mythologicis« (3, 537), namentlich Erich Ungers *Wirklichkeit, Mythos, Erkenntnis* (1930) sowie Ludwig Klages' *Der Geist als Widersacher der Seele* (1930). Er betrachtet sich ironisch als Nachfahre des »unverdrossenen Reisenden« Schelmuffsky (535), in Anspielung auf Christian Reuters parodistischen Reise- und Schelmenroman aus dem Jahre 1696, über den Benjamin im März einen Rundfunkbeitrag gesprochen hat (II, 648–660). Die beiden Reisegeschichten verbindet das Flucht-Motiv aus der deutschen Heimat. Von seiner Reise an den Polarkreis hat sich Benjamin zudem eine biographische Wende erhofft.

Anders als noch in der Vorlage seiner REISENOTIZEN, die sich am lokalen Reiseverlauf orientieren, ist das Denkbild NORDISCHE SEE nach den Motiven eines Orakels gestaltet. Nicht zufällig wird es von einem Aphorismus aus Balthasar Graciáns *Oráculo manual y Arte de Prudencia* (1647) eingeleitet: »Die Zeit, in welcher selbst der lebt, der keine Wohnung hat«, sie gehöre dem Reisenden, der keine hinter sich ließ (IV, 383). Benjamins Denkbild eröffnet seine fünf Leitmotive in der Folge als irrlichterndes Menetekel an den Hallen-Wänden eines mnemonischen Palais: »Möwen und Städte, Blumen, Möbel und Statuen erschienen auf ihren Wänden, und durch ihre Fenster fiel Tag und Nacht Licht« (ebd.).

Diese Leitmotive bilden sowohl Rubriken-Titel als auch einen inneren Zusammenhang der nordischen Reise-Bilder. Deren erstes – STADT – beschreibt zunächst das vom Reisebild NEAPEL (309 ff.) bekannte Ineinander von urbaner Konstruktion und Bewohnerschaft, das Benjamin hier für die norwegische Hafen-Stadt Bergen zur Geltung bringt. Ein deutlicher Kontrast zu den südlichen Kulturen zeichnet sich indessen ab (vgl. Brodersen 1990, 195). Im Norden herrsche die strenge Grenze des Hauses (IV, 383). Auch die harte Sonne des Nordens trage zur barschen Kontrastierung bei, zumal ihr despotisches Licht alle Dinge ihrer Intimität enteigne (vgl. 384).

Die Zeit indes, wie sie Benjamin in den leeren Straßen des norwegischen Küstenortes Svolvaer beschreibt, verweigert sich jeglicher Aneignung. Im Zwielicht der nördlichen Sommernacht eröffnet sich dem Betrachter eine vom Wandel der Zeit unberührte Hafen-Szenerie. Hier, beim Eintritt in eine scheinbar zeitlose Fremde, berührt sich Benjamins Denkbild mit Graciáns einleitendem Aphorismus, der orakelhaft davon sprach, dem Reisenden werde die Zeit zur Wohnung.

Das Denkbild MÖWEN weist in diesem Zyklus zweifellos die ausgeprägtesten Züge eines Orakels auf. Es handelt von Schrift und Lektüre visionärer Zeichen. Vom Schiffsdeck aus folgt ein Beobachter den Pendelbewegungen des Mastes und dem Spiel der Möwen. Stoßweise »zeichnet« der Mast seine Bewegungen in den Himmel, und eine auf seiner Spitze ruhende Möwe »beschreibt« sie mit, bis sie von einer anderen Möwe von der Stelle gedrängt wird, so daß »die Spitze leer bleibt« (386). Während das Schiff in der Abend-Dämmerung seinen Kurs auf Süden hält, folgen ihm die Möwenschwärme, »beschreiben [...] ihre Kreise«, bis sie sich, mit einem Male, in zwei »Möwenvölker« teilen, »eines die östlichen, eines die westlichen, linke und rechte, so ganz verschieden, daß der Name Möwen von ihnen abfiel« (ebd.). Was die Teilung der Möwenvölker bedinge, geschehe »kraft des Platzes«, den der Beobachter einnehme, »etwas anderes« hingegen sei es, »was eine Ordnung in sie hineinbringt« (ebd.), so hält Benjamin die Kausalitätsbedingungen enigmatisch fest. Namenlos und als »eine ununterbrochene, unabsehbare Folge von Zeichen« wird das Schwingengeflecht der Möwen zu einem zwar »lesbaren«, aber sprachlosen Gewebe (textum): »Hier stand mir nichts mehr bevor, nichts sprach zu mir« (ebd.). Nur wenige Sentenzen Benjamins haben zu so eindringlichen Spekulationen Anlaß gegeben, wie die hiernach gesetzte: »Links hatte noch alles sich zu enträtseln, und mein Geschick hing an jedem Wink, rechts war es schon vorzeiten gewesen, und ein einziges stilles Winken« (386). Die politische Radikalisierung, die sich am Ende der Weimarer Republik abzeichnet, legt eine politische Allegorese dieses Denkbildes ebenso nahe (vgl. Brodersen 1990, 194 f.) wie die drängende Frage nach der biographischen Existenz des Autors Benjamin auf der beklemmenden Rückreise nach Berlin. Als allegorisch formuliertes Dilemma kann die Verdinglichung des Beobachters in Form einer »Schwelle« gelten, der unter dem Eindruck des dauernden Wechselspiels kohärenter Schicksals-Metaphern steht (vgl. Kurz 1982, 28 f.; zum Verlust zweier Identitäten in der Metapher vgl. Szondi 1978, 304 f.; zur komplexen Transformation zwischen den Polen methodisch geleiteten Denkens vgl. Lindner 1985, 9 f.).

Im Schatten der Möwen-Episode steht das Schlußbild zum Nordsee-Zyklus mit dem Titel STATUEN. Unter dem Eindruck seiner Reiselektüre der aktuellen mythologischen Studien von Erich Unger und Ludwig Klages (vgl. 3, 537) hat Benjamin seine Impressionen aus dem Osloer Schiffahrts-Museum zu einer mythologisch verbrämten Betrachtung von Galions-Figuren verdichtet, wovon auch eine fragmentarische Skizze aus den REISENOTIZEN zeugt (VI, 792). Von einer »Antike des Nordens« (ebd.) ist in dieser Skizze die Rede. Als unsagbar hilflose »Niobiden des Meeres« und aufbegehrende »Mänaden« (387) kehren die hölzernen Galionen im bearbeiteten Denkbild wieder. In der moosgrünen Kammer des Museums finden sich nicht nur aus unförmigen Rümpfen herausragende Frauengestalten mit halb entblößten hölzernen Brüsten und geborstenen Lippen, auch der warnende Nordgermane Heimdall steht spähend unter ihnen. Diese mannshohen Statuen, die am Schiffsbug befestigt waren, fanden ihren Halt im Rücken; – mit dem Boden stünden sie nun »auf schlechtem Fuß« (ebd.). Gleichsam als komplementäre Figuren zu Benjamins vielfach rezipiertem »Engel der Geschichte« aus der neunten These ÜBER DEN BEGRIFF DER GESCHICHTE (I, 697), der »das Antlitz der Vergangenheit zugewendet« hat, stehen diese von der Fahrt geschundenen Statuen dem Kommenden hart zugewandt, ihr »Antlitz von salzigen Tränen verwittert, die Blicke aus zerstoßenen, hölzernen Höhlen nach oben gerichtet, die Arme, wenn sie noch da sind, beschwörend über der Brust gekreuzt« (IV, 387). Diese Galions-Figuren sind es, die auch den Reisenden, der sie studiert, keine Ruhe finden lassen. Benjamin hat seine mythologisch-konkrete Betrachtung zu den Bugfiguren in sachlicher Verkehrung ans Ende des Nordsee-Zyklus gesetzt: als gegenläufige Zukunft des Vergangenen. Es sind Denkbilder, die einer fluchtartigen Reise an den Polarkreis entspringen und zugleich die Erforschung eines Orakels im Schilde führen. Ihnen liegt ein ebenso unverkennbares wie uneingelöstes Orientierungsbedürfnis zugrunde. Die richtungs-weisende Figur bleibt aber letztlich auch hier streng allegorisch und damit deutungsbedürftig, wenn der Text damit schließt, genau in der Mitte der beschriebenen Kammer erhebe sich auf einer Estrade ein »Steuerrad« (ebd.), und mit barockem Gleichmut fragt dazu der Allegoriker, ob es wieder hinaus in den Wogenschlag gehe, »der ewig ist wie das Höllenfeuer« (ebd.).

»Kurze Schatten« I und II

Die beiden Sammlungen von Denkbildern KURZE SCHATTEN I (IV, 368–373) und KURZE SCHATTEN II (425–428) bilden selbständige Publikationen, denen lediglich der jeweils abschließende Textteil, der im Wortlaut identisch ist, den Titel gab. Während der erste Teil der Folge KURZE SCHATTEN im November 1929 in der *Neuen Schweizer Rundschau* erschien, wurde der gleichnamige zweite Teil am 25.2.1933 in der *Kölnischen Zeitung* abgedruckt. Benjamin hat beide Reihen als »Fortsetzungen zur ›Einbahnstraße‹« (4, 89) verstanden, jener Anthologie seiner Denkbilder, die 1928 als einzige in Buchform erschienen ist (IV, 83–148). Tatsächlich hat Benjamin bereits im Oktober 1928 Scholem gegenüber brieflich angemerkt, er würde seit längerer Zeit eine Liste mit »Nachträgen zur ›Einbahnstraße‹« führen (3, 421). Diese Nachtragsliste (IV, 911 f.), die sich im Nachlaß findet, umfaßt 43 Titel von anderweitig publizierten Denkbildern, die möglicherweise für eine erweiterte Auflage der EINBAHNSTRASSE oder eine neue Anthologie vorgesehen waren. Ebenfalls im Nachlaß befindet sich eine Liste der Titel, die Benjamin in die IBIZENKISCHE FOLGE aufzunehmen gedachte (1002), unter ihnen EINMAL IST KEINMAL, tatsächlich gedruckt in KURZE SCHATTEN I, außerdem DAS SPIEL sowie DIE FERNE UND DIE BILDER, die beide in KURZE SCHATTEN II aufgenommen wurden. Die Vorlage zu DIE FERNE UND DIE BILDER findet sich im Tagebucheintrag vom 13.5.1931 (VI, 427 f.) aus Sanary sur Mer im Departement Var, wo Benjamin bei Wilhelm Speyer zu Gast war. Der Redakteur der *Neuen Schweizer Rundschau*, Max Rychner, schlug im April 1929 vor, das Denkbild SCHÖNES ENTSETZEN wegzulassen, worauf Benjamin ihm im Juni einen weiteren Text »für die freigewordene Stelle« (3, 467) zukommen ließ. Von den vorgesehenen zehn Denkbildern wurden letztlich acht gedruckt, SCHÖNES ENTSETZEN (IV, 434) erschien erst am 6.4.1934 in der Zürcher Zeitschrift *Der öffentliche Dienst*.

Das titelgebende Denkbild KURZE SCHATTEN bildet den verbindenden Ankerpunkt, indem er beide Reihen in identischer Form abschließt. Hier nimmt Benjamin ausdrücklich bezug auf ein Leitmotiv aus dem Kontext von Nietzsches *Zarathustra*, den Denker im »Lebensmittag«, im »Sommergarten« (373; 428), und dies in Anlehnung an den Nachgesang »Aus hohen Bergen« zu Nietzsches *Jenseits von Gut und Böse* (»Oh Lebens Mittag! Feierliche Zeit!/ Oh Sommergarten!«). Es ist der scharf umrissene Schatten »am Fuß der Dinge«, wenn die Sonne dem Zenith zugeht, der hier, wie auch in Nietzsches *Der Wanderer und sein Schatten*, als Bildspender der Erkenntnis dient. Charakteristisch für Benjamins Denkbild ist indes, daß dies auch den Moment bezeichnet, in dem sich das Geheimnis in den Bau der Dinge zurückzieht. Mit Benjamins Auffassung der »Aura der Dinge«, wie er sie mit der Lichtwahrnehmung am »Sommermittag« (II, 378) oder am »Sommernachmittag« (I, 440) an einschlägigen Stellen seiner kunsttheoretischen Schriften beschreibt, ist dieses Denkbild zu wiederholten Malen in Verbindung gebracht worden (Stoessel 1983, 44; Sdun 1994, 92; zur Aura-Konzeption vgl. Lindner 1992, 217–248).

Auch wenn keine distinkte Thematik die Texte in KURZE SCHATTEN I beherrscht, so kreisen diese Denkbilder doch um die Brennpunkte von innerem und äußerem Bild des Menschen. Sie beschreiben dabei eine elliptische Bewegung des Eros. PLATONISCHE LIEBE, der Eröffnungs-Text dieser achtteiligen Reihe, unterminiert den vermeintlichen Gemeinplatz der platonischen Liebe, indem er das Dasein der Geliebten in deren Namen fundiert. Im Namen, Vornamen, ja in den umhüllenden Kosenamen würde, so Benjamin, das Dasein der Geliebten »wie Strahlen aus einem Glutkern« (IV, 369) hervorgehen und damit die »Fernenneigung« des Eros, den man platonische Liebe nennt, als Ausdruck der Spannung entstehen. Demnach liebt platonisch, wer im Namen der Geliebten deren Innerstes liebt (dazu Sdun 1994, 95; Weigel 1997, 158 f. u. 174 f.; Baumann 2002, 94; zur »platonischen Sprachliebe« vgl. Menninghaus 1995, 181–187).

Im folgenden Denkbild EINMAL IST KEINMAL sucht Benjamin erneut den Gemeinplatz auf. Diesmal, um die »überraschendsten Evidenzen im Erotischen« dialektisch hervorzukehren. Wo nämlich Sehnsucht in der Erfüllung einmal voreilig aufgehe, werde sie erotisch entwertet und zum »Keinmal« annulliert; demgegenüber lebe das »Ein-für-Allemal des Genusses« (IV, 369) von der »Verschränkung der Zeiten«: Es holt die Erwartung nach, die es im Werben vorwegnimmt.

Der Dialektik von Sehnsucht und Erfüllung widmet sich auch das Denkbild ZU NAHE (370). Der Gegenstand des platonischen Eros ist nunmehr die gotische Kathedrale Notre-Dame de Paris, die dem Namen Marias geweiht ist. Im Unterschied zu den Kathedral-Miniaturen aus dem Bereich der Denkbilder zu MARSEILLE, NOTRE DAME DE LA GARDE und KATHEDRALE (361), zählt ZU NAHE zur Gruppe der Traumbilder. Dieses Pariser Traumbild handelt vom Paradox der Sehnsucht in der Präsenz (vgl. Baumann 2002, 93 f.), »Sehnsucht nach eben dem Paris, in dem ich hier im Traume mich fand« (IV, 370). Verblüffend und überwältigend ist zunächst die Feststellung, vor einem in Holz verschalten Backsteingebäude zu stehen, das gleichwohl die Kathedrale von Notre-Dame sei. Die Reflexion im Traumbild macht dazu geltend, die Entstellung des ersehnten Gegenstandes sei dadurch bedingt, daß ihm der Träumer zu nahe getreten sei. Im Traum war schon die »Schwelle des Bildes und Besitzes überschritten« (ebd.), der Abstand aufgehoben, der für die mediale, vermittelnde Funktion des Bildes konstitutiv ist. Im Bilde angekommen, hört jede mediale Vermittlung auf. Was bleibt, ist die »Kraft des Namens [...], aus welchem das Geliebte lebt« (ebd.). Daß in diesem Traumbild sich ein Stück von Benjamins früher Sprachphilosophie verwirklicht, erschließt sich aus dem Zusammenhang seiner Studie ÜBER SPRACHE ÜBERHAUPT UND ÜBER DIE SPRACHE DES MENSCHEN (1916), worin der Name nicht als Instrument der Vermittlung verstanden wird, sondern »das innerste Wesen der Sprache selbst ist« (II, 144). Erst vor diesem sprachphilosophischen Hintergrund tritt die gedankliche Schlüsselfigur dieses Traumbildes hervor, wonach bei zunehmender Nähe zum Wesen des Namens sich das Bild von Notre-Dame entstellt und letztlich auslöscht (dazu Stoessel 1983, 104; Sdun 1994, 95).

An schiere Lebensweisheiten wagen sich die drei folgenden Denkbilder heran: PLÄNE VERSCHWEIGEN, WORAN EINER SEINE STÄRKE ERKENNT und VOM GLAUBEN AN DIE DINGE, DIE MAN UNS WEISSAGT. Sie sind im engeren Wortsinn kaum als allegorische Denkbilder zu bezeichnen, sondern vielmehr als explikative moralische Studien, in denen gleichwohl einige Züge des »destruktiven Charakters« (IV, 396 ff.) zu erkennen sind.

In der siebenteiligen Serie Kurze Schatten II besitzen die Denkbilder Geheimzeichen, Ein Wort von Casanova und Das Spiel einen episodischen Charakter. Während sich das erste einem Aphorismus von Alfred Schuler verdankt, wonach in jeder Erkenntnis ein »Quentchen Widersinn« enthalten sein müsse, erhebt Benjamin diese unscheinbare Abweichung zur eigentlichen Echtheitsmarke der Erkenntnis. Die daran anschließende Anekdote zu Casanova, der nicht die »Kraft« aufgebracht habe, eine Kupplerin um ihren Lohn zu prellen (425), prüft die Frage, wie sich die Scham im Geld verbirgt: Wo die Frechheit des Freiers die erste Münze aufwerfe, bedecke er seine Scham mit hundertfacher Zahlung. Nicht anders ergeht es dem leidenschaftlichen Spieler, der sich ganz dem Zufall des Roulettes anheimgibt, wobei die rechte Hand den Einsatz vorwirft, die linke indes sich in die Brust verkrallt, um dort – wie die Anekdote über Fürst von Ligne kolportiert (zur Herkunft vgl. 1007) – als Echtheitsmarke seiner verzweifelten Hingabe, drei tiefe Narben zu hinterlassen.

In Spurlos wohnen variiert Benjamin schließlich das Motiv der symbolischen Markierung als Echtheitsmarke der Existenz im Medium der bürgerlichen Interieurs. In den »Plüschgelassen« der Makart-Zeit, dem prägenden Stil des ausgehenden Second Empire, sei das Wohnen »nichts andres als das Nachziehen einer Spur, die von Gewohnheiten gestiftet wurde« (428). Diese an sich unspektakuläre Einsicht in die Phänomenologie menschlicher Gebrauchsgüter erhellt sich erst im Kontext der von Paul Scheerbart 1914 thematisierten »Glaskultur« (ebd.; 1007). Benjamin, als Chronist der glasüberdachten Passagen, erkennt im Glas auch den Feind des Geheimnisses, das Ende bürgerlicher Intimität, mithin das Ausblenden der »Aura«, die als Erfahrung in den Dingen des täglichen Bedarfs aufscheint. Die mit Goethes Schlußmonolog aus *Faust II* benannte »Spur von seinen Erdetagen« (428) zeugt in den zurückgelassenen »Futteralen und Etuis« vom Privatleben der Bewohner, worin der Emblematiker historisch zu lesen vermag. In Erfahrung und Armut (1933) hat Benjamin dieses Denkbild als kritische Reminiszenz eingebettet (II, 217 f.), und in Das Paris des Second Empire bei Baudelaire (1938) kehrt das Motiv analytisch wieder, wenn es heißt, seit Louis Philippe finde man im Bürgertum das Bestreben, sich mit der Fülle individualisierter Gebrauchsgegenstände für die »Spurlosigkeit des Privatlebens in der großen Stadt zu entschädigen« (I, 548; vgl. Weidmann 1992, 104–108).

Die beiden Denkbilder Der Baum und die Sprache sowie Die Ferne und die Bilder heben sich in ihrem kontemplativen Gestus von den übrigen Miniaturen dieser Reihe ab. Ihre besondere Aufmerksamkeit gilt der darstellenden Beobachtung der Sprachwerdung von Dingen und der Bildwerdung von Sprache. Im Zentrum des Denkbildes Der Baum und die Sprache steht eine »Anthropomorphose des Baumes« (Stoessel 1983, 51). Ausgehend von der unentscheidbaren Frage, von welcher Gattung der Baum sei, unter den sich der Ich-Erzähler legt, ergreift bald die Bewegung des Laubes die Sprache des Betrachters, um gemeinsam die »uralte Vermählung« (IV, 425) zu vollziehen. In disjunktiven Fügungen und onomatopoetischen Wendungen erwächst in der Folge die sprachliche Mimesis des Baumes: Die »Wipfel wogen sich erwägend oder bogen sich ablehnend; die Zweige zeigten sich zuneigend oder hochfahrend« (ebd.). Obgleich lyrisch verstärkt, ist hierbei weniger die Mimesis des Dichtens für das Verständnis des Denkbilds zentral, als vielmehr die strukturelle Verbindung von Ding und Sprache zum Bild-Ding oder Ding-Bild, woraus schließlich die Bilderrede hervorgeht (vgl. Leifeld 2000, 86). Aus »gutem Grund«, so gibt der Allegoriker zu bedenken, entsprießt der wechselseitigen Metamorphose von Sprache und Ding nichts Geringeres als Bilderrede, die sich, im wörtlichen Sinne der Versamung von Zeichen, neuerdings in Laut-Bild und Bild-Sprache disseminiert (vgl. Stoessel 1983, 199; Sdun 1994, 96): »Ein leiser Wind spielte zur Hochzeit auf und trug alsbald die schnell entsprossenen Kinder dieses Betts als Bilderrede unter alle Welt« (IV, 426).

Seinem Denkbild Die Ferne und die Bilder stellt Benjamin die skeptische Frage voran, »ob sich nicht das Gefallen an der Bilderwelt aus einem düstern Trotz gegen das Wissen nährt?« (427). Die Frage ist keineswegs rhetorisch. Geprüft wird vielmehr an den Wahrnehmungen der mediterranen Küstenlandschaft von Sanary sur Mer (Var), inwiefern Tektonik, Kausalität und Funktionalität der beteiligten Elemente zur kognitiven Bildwerdung beitragen. »Der Träumer« indes, meint Benjamin, müsse das alles vergessen, »um den Bildern sich zu überlassen« (ebd.). Genauer: Das »Vergessen des Nahen« sollte ein »Erinnerungsbild« hervorrufen (vgl. Stoessel 1983, 59). Denn das Denkbild, um das es hier geht, entsteht nicht ursächlich aus dem naturwissenschaftlichen Kausalitätszusammenhang, es ist auch kein photographisches Bild, sondern eine figurative Synthese. Zur Synthese des Denkbildes bedarf es aber der Wahrung einer Distanz, um Phänomen und Zusammenhang in einem dialektischen Bild zu abstrahieren. Allzu aufdringliche Nähe eines partiellen Phänomens, etwa eine »Vogelschwinge, die ihn streift«

(IV, 427), gefährdet die Einstellungsarbeit des Beobachters zur Proportionalität des durchdrungenen Bildes. »Jede Nähe, die ihn trifft, straft ihn Lügen« (ebd.), so hält der Analytiker in eigener Sache fest. Sowohl der Natur als auch dem Wissen über sie im Rahmen eines synthetischen Bildes »Einhalt zu gebieten«, ist eine ins Denkbild gefaßte produktionsästhetische Darstellung dessen, was Benjamins Konzeption des »dialektischen Bildes« und der »Dialektik im Stillstand« kennzeichnet (zur Verschränkung von »Bild und Bilddementierung« in diesem Text vgl. Menke 1994, 47 f.).

»In der Sonne«

Die Insel-Beschreibung In der Sonne (IV, 417–420) trägt im Manuskript den Vermerk »zum 15. Juli 1932« (1004), was darauf hinweist, daß Benjamin diesen Text zwei Tage vor seiner Abreise aus Ibiza verfaßt hat. Am 27. Dezember dieses Jahres wurde dieser Beitrag in der *Kölnischen Zeitung* gedruckt. In der Sonne steht in thematischem Zusammenhang mit den Denkbildern der Ibizenkischen Folge (402–409) und dem Reisetagebuch Spanien 1932 (VI, 446–464), aus welchem die Erzählungen Das Taschentuch (IV, 741–745), Der Reiseabend (745–748), Die Fahrt der Mascotte (738–740) sowie Die Kaktushecke (748–754) erwuchsen.

Benjamin hatte sich am 7. April in Hamburg auf einem Frachter namens »Catania« in Richtung Barcelona eingeschifft, wo er nach elftägiger, stürmischer Fahrt eintraf (vgl. 4, 83). Von hier aus setzte er nach Ibiza über; vom 19. April bis 17. Juli wohnte er teils allein, teils bei dem Paar Jean und Guyet Selz (zum weiteren biographischen Kontext vgl. Fuld 1979, 222 ff.; Brodersen 1990, 208 ff.; van Reijen/van Doorn 2001, 131 ff.). In Ermangelung jeglicher Bibliotheksapparate betreibt Benjamin auf der Balearen-Insel eine ungewohnte, aber inspirierende »musische Kritzelei, auf die ich hier, ohne Bücher, angewiesen bin« (an Scholem, 4, 89).

In seinem spanischen Reisetagebuch hält er für seine narrative »Reisetechnik« programmatisch fest, er wolle es diesmal ganz »aufs Epische« absehen, »an Fakten, an Geschichten sammeln was ich nur finden konnte und eine Reise daraufhin erproben, wie sie von aller vagen Impression gereinigt, verlaufen mag« (VI, 456). Tatsächlich plante Benjamin eine Sammlung von »Geschichten aus Ibiza«, die von allen »Reise-Impressionen und -Synthesen gereinigt« sein sollten (4, 89).

»Siebzehn Arten von Feigen gibt es, wie es heißt, auf der Insel.« So beginnt das Reise-Bild In der Sonne (IV, 417–420). Daß der reisende Fremde die zahlreichen Arten nicht benennen kann, beraubt ihn nicht der Fähigkeit, den Benennungsgründen für die Vielzahl ihrer Namen und Chiffren nachzuspüren. Die Einleitung zum Text exponiert die methodische Kernfrage, der die Entdeckung dieses Landstriches gilt: Wie kommen Namen zustande? Damit ist ein sprachmetaphysisches Leitmotiv Benjamins angesprochen, das er in seiner Münchner Abhandlung Über Sprache überhaupt und über die Sprache des Menschen (II, 140–157) bereits im Jahre 1916 ausformuliert hat: Während die Natur von einer »namenlosen stummen Sprache« durchzogen sei, gebe der Mensch der Natur »den Namen nach der Mitteilung, die er von ihr empfängt« (157). Diesem Thema, wie sich ein Name aus den Dingen mitteilt, ohne den Namen mitzuteilen, hat sich Benjamin auch in den spanischen Geschichten aus der Einsamkeit, Die Mauer (IV, 755), gewidmet.

Dem ibizenkischen Wanderer teilt sich die Landschaft wortlos mit, ohne daß der Berichtende deren Eigennamen je zu Papier bringen würde (vgl. 420). Wie die gestalthaften Namen der Inseln am Horizont, so treten auch die Landstriche in namenlose Orte zusammen, worin sich in Jahrhunderten die Gänge von Mensch und Vieh zur Konstellation eines Kreuzwegs inmitten der Äcker verbinden (419). Selbst auf den abgeernteten Feldern schrumpft, als wäre es deren letzte Habe, der Schatten zur »Stunde der Sammlung« (ebd.). Das silberne Laub der Weiden wird wortlos beredt und voller Wimpel überreich an »Winken, die kaum mehr vernommen werden« (418). Die sprachliche »Anthropomorphose des Baumes« (Stoessel 1984, 51) beginnt hier wieder Raum zu greifen, entsprechend dem Denkbild Der Baum und die Sprache aus Kurze Schatten II (IV, 425). Schließlich zieht sich dem Lauschenden in der reglosen Stille auch »ein Hundebellen, ein Steinfall oder ein ferner Zuruf« in seinem Inneren zum »Ton-Bild« (Stoessel 1983, 86) zusammen und sammelt sich – Ton für Ton – zur »Glockentraube« (IV, 420). Damit schließt synästhetisch das ibizenkische Reise-Bild Benjamins und blendet in ein lautloses Tableau aus (zur Akustik der Bilder vgl. Kaffenberger 1999, 460–471; zur »Aufhebung des Visuellen durch das Akustische« vgl. Baumann 2002, 60 ff.), das mit der Vision von reglos durchs Land wallenden Frauengestalten »eine Urform des Ornaments« (Stoessel 1983, 88) beschreibt (vgl. IV, 420; zum »mythischen Augenblick« vgl. Lindner 1992b, 224; zur »auratischen Schwebung von Nähe und Ferne« vgl. Sdun 1994, 94).

»Ibizenkische Folge«

Die neunteilige Ibizenkische Folge (IV, 402–409) ist am 4. Juni 1932 in der *Frankfurter Zeitung* (Jg. 76, Nr. 410/411) erschienen. Eine Vorstufe zu den enthaltenen Denkbildern Nicht abraten, Raum für das Kostbare, Erster Traum und Übung findet sich im Reisetagebuch Spanien 1932 (VI, 446 f.). Benjamin hat die Denkbilder der Ibizenkischen Folge während seines Aufenthaltes auf Ibiza zusammengestellt und teilweise auch hier verfaßt. Er gedachte, wie er im Brief an Gretel Karplus von Mitte Mai 1932 vermerkt, »die Darstellungsform der Einbahnstraße für eine Anzahl von Gegenständen wieder aufzunehmen, die mit dem wichtigsten dieses Buches zusammenhängen« (4, 96).

Die Denkbilder der Ibizenkischen Folge befassen sich mit lebenspraktischen Fragen. Höflichkeit, Ratschlag, Erfolg, Übung, Ordnung und Aufmerksamkeit sind ihre zentralen Themen. Sie zeichnen sich durch exemplarische Episodik aus, die eine Konstellation umreißt, um sich zum Denkbild zu zentrieren. Höflichkeit, das erste Denkbild dieser Reihe, ist vage datiert vom April/Mai 1932. Es geht von einer paradoxalen Definition des Leitbegriffes aus: Höflichkeit sei »weder sittliche Forderung noch Waffe im Kampf« und dennoch beides (IV, 402). Perspektivisch aufgelöst wird dieser Widerspruch, indem Höflichkeit den »Kampf ums Dasein«, der in seiner »Unentschiedenheit« abstrakt erstarrt sein kann, aus den »Schranken der Konvention« hinausführt, und damit »den Kampf ins Schrankenlose erweitert« (ebd.). Ihr strategischer Zweck liege im wachen Sinn für die konkrete Situationsregie jenseits konventioneller Erwartungen: Sie spielt mit dem »Extreme[n], Komische[n], Private[n] oder Überraschende[n] der Lage« (ebd.) und unterminiert dadurch die offene Kampfbereitschaft der Partner. So führe diese »Muse des Mittelwegs« aus dem verhärteten »Konflikt der Pflichten« heraus und berge, als ihr gewichtigstes Pfand, für den Unterliegenden die »nächste Chance« (403).

Nicht weniger paradox verläuft die Tendenz der gegenläufigen Beratung im Denkbild Nicht abraten. Es entspricht im Wortlaut der Vorlage im spanischen Tagebuch von 1932 (VI, 452). Hier wird vorausgesetzt, daß, wer um Rat frage, nur die »Kehrseite« dessen suche, was in ihm schon beschlossen sei. Daher wäre dem Rat-Suchenden vornehmlich dadurch »halb« geholfen, ihn auch in seinem verkehrten Vorhaben »skeptisch zu bestärken« (IV, 403; VI, 453), die komplementäre Kehrseite des Rates müßte sich aus der besagten Voraussetzung von selbst erschließen.

Auch das dritte Denkbild der Reihe, Raum für das Kostbare, wurde von Benjamin aus dem Text Spanien 1932 (VI, 446 f.) weiter entwickelt. Es entspringt einem emblematisch wahrgenommenen Einblick in ein bäurisches Interieur in San Antonio auf den Balearen. Der Blick fällt auf drei oder vier rückwärtig in strenger Ordnung aufgestellte Stühle von anspruchsloser Form, in deren Konfiguration dem Beobachter die Symmetrie um eine Mittelachse auffällt. In ihr spiele »die Zunge einer unsichtbaren Waage, in der Willkomm und Abwehr in gleich schweren Schalen liegen« (IV, 403). Die ambiguose Empfangssituation wird durch die Konstellation der Stühle stets aufs Neue angestoßen, in welcher sie hundertmal am Tag bedarfsbereit den Platz wechseln, um sich neu zu vereinen. Daraus erschließe sich das »Geheimnis ihres Wertes« (404), daß die karge Geräumigkeit des bäurischen Lebensraumes den geeigneten »Spielraum« für wechselnde, symbolisch kommunizierende Konstellationen biete.

Erfolg, das ist die Ausgangsthese des Denkbilds Windrose des Erfolges, sei keineswegs eine Folge des Willens: »Erfolg ist die Marotte des Weltgeschehens« (405). Als »Ausdruck für die Kontingenzen dieser Welt« (ebd.) niste er sich in den Idiosynkrasien der Subjekte ein, denen er in unzähligen kleinen Fehlern und Versehen gleichsam eine »mathematische Figur« einverleibe, die, jenseits von Schicksal, Mythos und Verhängnis, zum Schlüssel ihres Vorteils werde. Diese Kontingenz in den Figuren des einzelnen Lebens bildet in diesem Denkbild die Achse, auf der die wechselnden Pole von Erfolg – mit oder ohne Überzeugung –, respektive von Überzeugungslosigkeit – mit oder ohne Erfolg – gleich einer Windrose sich wenden und ausrichten. An den Charakteristiken des Hochstaplers, des Glückspilzes, des Spießers sowie des Komikers wird dies exemplifiziert. Bei der Bestimmung der »Windrose des Erfolges« drehe alles sich darum, deren »Mitte zu bestimmen, den Schnittpunkt der Achsen, den Ort völliger Indifferenz von Erfolg und von Mißerfolg« (406). Alle die bezeichneten Pole indes, so befindet Benjamin, konvergierten nur in jener einzigartigen Figur, die ihren Existenzgrund in der Fiktion verankert hat: Es ist der Träumer Don Quichotte de la Mancha. Den Anstoß zur Ausführung dieses Denkbildes haben Reminiszenzen zu Benjamins Erfahrung mit einem Hochstapler zur Zeit seiner Ibiza-Reise gegeben, der sowohl Benjamin in Berlin als auch seinen Freund Noeggerath in Ibiza um die Wohnung betrogen hatte, was Benjamin im Tagebuch Spanien 1932 (VI, 455) sowie im Brief an Scholem vom 22. April dieses Jahres festgehalten hat (4, 83).

Das Kinderspiel indes ist »Arbeit, welche mäßigen Erfolg verspricht« (IV, 406). Darauf konzentriert sich das Denkbild Übung mit Blick auf die Techniken des

Taschenspielers Rastelli. Sein Erfolg liege darin begründet, »daß der Wille, im Binnenraum des Körpers, ein für alle Mal zu Gunsten der Organe abdankt« (ebd.); die jahrelange Übung ziele nämlich darauf ab, sich der Sache zuerst hinter dem eigenen Rücken zu bemeistern, ehe sie sich »im Handumdrehen« offenbart. In der völligen Auflösung intentionalen Handelns liegt schließlich auch die Tendenz des Denkbildes VERGISS DAS BESTE NICHT, das in der Umkehrung von Pünktlichkeit in Planlosigkeit und von peinlicher Ordnung in unbesorgtes Leben ein Erfolgsprinzip zu erkennen gibt. Benjamin, der diesen Aspektwechsel der Umkehr in seinem Kafka-Essay von 1934 wieder aufnehmen wird (II, 434), nimmt damit dessen Leit-Motiv vorweg, im Vergessenen das Moment der Umkehr zu entdecken (vgl. dazu Deuring 1994, 34 ff.).

»Aufmerksamkeit und Schmerz sind Komplemente« (IV, 408). Diese beiden Formen des Aufmerkens stehen im Zentrum von Benjamins Denkbild GEWOHNHEIT UND AUFMERKSAMKEIT, das sich den Amplituden der Seelenbewegung widmet. Gewohnheit, so fährt er fort, finde hingegen im Traum ihr Gegenstück, denn darin trete das Unvermerkte des Alltags überscharf hervor. Hierzu trägt das Denkbild BERGAB die Feststellung nach, auch die physische Erschütterung beim Abstieg vom Berge löse eine komplementäre Erschütterung der Seele aus. So werde der Körper zum »Kaleidoskop«, das »bei jedem Schritte wechselnde Figuren der Wahrheit vorführt« (409). Diese Wahrnehmung sukzessiver Kollisionen birgt die Möglichkeit, der Erinnerung stets neue Konstellationen abzugewinnen (vgl. Stoessel 1983, 162 ff.).

In diese, von Kehrseiten, Ambiguität und Komplementaritäten durchzogene Folge der ibizenkischen Denkbilder fügt sich, wie eine mitgebrachte Botschaft aus fremder Gegend, das Traumbild ERSTER TRAUM, das von einer Bergwanderung mit Jula Radt-Cohn handelt, einer jener großen enttäuschenden Liebschaften im Leben Benjamins. Seit 1921 werden Benjamins Avancen von der Heidelberger Künstlerin, der Schwester seines früheren Schulfreundes Alfred Cohn, zurückgewiesen, zumal sie sich 1925 mit Fritz Radt verheiratet. Jula, beruflich Bildhauerin, erscheint in diesem Traumbild beim abschließenden Kuß auf die Wange surreal versteinert und brüchig, als wäre ihr Gesicht von »kunstvoll ausgespachtelten Riefen durchzogen« (IV, 404). Kurz nach der Abreise von Ibiza hat ihr Benjamin am Tag seines Suizid-Vorhabens aus Nizza einen Abschiedsbrief geschrieben (4, 116), diesen aber nicht abgesandt.

Denkbilder

Walter Benjamin publiziert die kleine Sammlung der DENKBILDER (IV, 428–433) am 15. November 1933 in der *Frankfurter Zeitung* bereits unter dem Pseudonym Detlef Holz. Es sollten zu Lebzeiten seine letzten Denkbilder in dieser Zeitung sein. Trotz des für Benjamins Schreiben programmatischen Titels besitzen diese »Denkbilder« keinen spezifischen Status im Zusammenhang seiner Theorie dieses Genres (zur Definition, Geschichte und Erforschung des »Denkbildes« vgl. Leifeld 2000, 18 f., 53–70 und Kaffenberger 2001, 98–113; zum Genre vgl. Schulz, 1968, 218–252; Leifeld 1996; Weigel 1997, 57–62; Lindner 2000, 84–91). Vielmehr handelt es sich um eine Sammlung von Texten, die teils auf frühere Jahre zurückreichen: DIE »NEUE GEMEINSCHAFT«, ein Exzerpt aus seinem Tagebuch vom 7. August 1931 (VI, 441 f.), sowie ERZÄHLUNG UND HEILUNG, hervorgehend aus einer Notiz vom Frühjahr oder Sommer 1932 (vgl. IV, 1007 f.). Zur Zeit der Publikation befand sich Benjamin bereits im Pariser Exil.

Die DENKBILDER lassen sich in Traumbilder sowie in Bilder zur Ästhetik des Erzählens gliedern. Ein tragendes Motiv stellen dabei Krankheit und Tod dar. Das Denkbild ZUM TODE EINES ALTEN (IV, 428 f.) thematisiert zunächst die »Zwiesprache« zwischen den Generationen, deren »Wohlwollen ohne jeden Beisatz« von Kalkül und äußerer Rücksicht dem Jüngeren beim Verlust des Älteren schmerzlich fehlt: Er verlor den besten Gesprächspartner, mit dem er seine zentralen Fragen nie berühren mußte. Ein Denkbild wider Erwarten.

Das Denkbild TRAUM ist ungleich komplexer gestaltet. Hier vermischen sich zahlreiche Motive aus einer gefährdeten Existenz. Nach Berlin, wo auch das Traumbild lokalisiert wird, war Benjamin im November 1932 zurückgekehrt, um es bereits fünf Monate später für immer zu verlassen. Hier gab er sich »Rechenschaft, daß die Luft kaum mehr zu atmen ist; ein Umstand, der freilich dadurch an Tragweite verliert, daß einem die Kehle zugeschnürt wird« (4, 162). Benjamins Traumbild schildert den Abstieg in die Tiefen eines Güter-Bahnhofs, der mit »Sodom« benannt ist (IV, 430). Zunächst findet eine Gerichtssitzung auf offener Straße statt, worin es, einem gestrichenen Satz zufolge, um eine vermögensrechtliche Auseinandersetzung gegangen sei (vgl. IV, 1008); dem folgt, entlang einer Rampe, der Gang hinab zu einem schmalen Rinnsal, von dem eine Art Hermes in Gestalt eines »kleinen Unterbeamten« (IV, 431) erläutert, hier würden »Selbstmörder« enden. Auf schwankenden Porzellanplatten stehend, eine unsichere Existenz inmitten von

Blumen, wird eines mit Gewißheit verneint: Es handle sich hierbei keineswegs um den Acheron. So bestätigt der Traum, was er negiert. Auf dem Rückweg aus den Tiefen des Bahnhofs fällt dem Träumer »die seltsame Zeichnung der Kacheln« (ebd.) auf, deren Motiv sich gut für einen Film eigne. Aber man wolle nicht, in Zeiten der Bespitzelung, daß »so öffentlich von solchen Projekten gesprochen werde« (ebd.). Die Expedition in die Unterwelt endet in der Begegnung mit einem »zerlumpten Knaben« (ebd.), dem der Träumer eine kleine Münze zustreckt, während er ihren Weg kreuzt, als wäre es Charons Obolus. Trotz surrealer Entstellung sind in diesem Traumbild die Motive von Gefährdung und Tod unverkennbar. Zugleich finden sich darin Assoziationen zur mnemonischen Stadtwanderung, die Benjamin im Herbst 1932 in seinen fragmentarischen Aufzeichnungen zur Berliner Chronik (VII, 705–715) festhielt und die später im Kapitel Tiergarten (393–395) Eingang gefunden haben (vgl. Muthesius 1996, 175–180).

Das kürzere Traumbild (IV, 429 f.), das den gleichen Titel Traum trägt wie jenes vom »Weichbild eines Bahnhofs« (430), kann als komplementäres Vexierbild gelten. Es spricht vom Aufstieg aus einem Zimmer hinauf ins Obergeschoß, um von hier aus, statt des erwarteten Ausblicks aufs weite Meer, wiederum ins selbige Zimmer hinabzublicken: Eine Inversion von Erwartung und Einsicht.

Das Denkbild Erzählung und Heilung beruht auf einer Notiz aus der Zeit von Benjamins erster Reise nach Ibiza im Sommer 1932 (vgl. 1007 f.), worin er einen Bericht Felix Noeggeraths über die Heilkräfte seiner zweiten Frau wiedergibt. Die Bewegungen ihrer heilenden Hände hätten gleichsam eine therapeutische Geschichte erzählt. Benjamin, den mit dem stets als »Genie« apostrophierten Noeggerath während ihrer Münchner Studienzeit die begeisterten Gespräche zur »vergleichenden Mythologie« verbanden (vgl. Brodersen 1990, 95 ff.), knüpft hier an die aus platonischer Philosophie, nordischer Mythologie und ärztlicher Praxis bekannte »heilsame Erzählung« an. Zum eigentlichen Denkbild verdichtet sich der Bericht, indem der »Schmerz als Staudamm« dem »Strome des Erzählens« (IV, 430) widerstehe, solange nicht der Krankheit mit sanfter, narrativer Geste ein Fließbett ins »Meer glücklicher Vergessenheit« (ebd.) gezeichnet werde.

Ein pathographisches Gruppen-Porträt stellt demgegenüber das Denkbild Die »Neue Gemeinschaft« dar, das sich, angeregt von Gerhart Hauptmanns Familiendramen, dem gleichnamigen, um 1900 gebildeten Friedrichshagener Dichterkreis widmet. Benjamins Diagnose ist ebenso scharf wie dialektisch: Die »Krankheit der Jahrhundertwende, das mal de siècle« (ebd.), worunter jene »halb verpfuschten Bohemiens« litten, sei durch deren intensive Beschäftigung mit der sozialen Frage bedingt. Denn »die Kranken haben ganz besondere Kenntnis vom Zustand der Gesellschaft« (ebd.). Ihre »Nervosität« bezeichnet untrüglich einen gesellschaftlichen Umschlagspunkt. 1932 in tiefster Krise verfaßt und 1933 nach der »Machtergreifung« im Exil publiziert, besitzt dieser Text, der die soziale Nervosität attestiert, seine eigene, zeitgenössische Dialektik. Diesen Eindruck einer kaschierten Zeitdiagnose verstärkt das abschließende Bild der fliehenden Daphne, die beim Nahen der sie »verfolgenden Wirklichkeit sich in ein Bündel bloßgelegter, in der Luft der Jetztzeit erschauernder Nervenfasern verwandelt« (ebd.; zum Daphne-Motiv vgl. 4, 312).

Gleichsam mit einer spielerischen Wortgirlande schließt Brezel, Feder, Pause, Klage, Firlefanz diese als Denkbilder publizierte Reihe ab. Die titelgebenden Wörter gelte es, als Ausgangspunkt eines Gesellschaftsspiels, in bündigen Zusammenhang zu bringen. Die dabei sich offenbarende Lust an der Aushöhlung des semantischen Wortraumes und der Suche nach disseminierenden Sinnfiguren hat Benjamin zur Erfahrungsform des Lesens gewendet. Es geht um die Umkehrung der Perspektive, indem die Spielregel der Produktion zur Spielregel der Rezeption gewendet wird. Daraus erschließt sich, daß, wer der verborgenen Formel wegen die Texte liest und sich »nach Wendungen und Worten« (IV, 433) auf die Lauer legt, das Lesen als Spiel der Kontingenzbewältigung begreift. Dieses konstruktive »Ähnlichmachen des Bedeutungszusammenhanges« (Leifeld 2000, 103) verbindet das Kinderspiel mit der sakralen Textexegese.

»Kleine Kunst-Stücke«

Die Sammlung von Denkbildern in der Rubrik Kleine Kunst-Stücke (IV, 435–438) zählt zu den Inedita, die zu Lebzeiten Benjamins nicht integral veröffentlicht wurden. Einzig der Text Gut schreiben wurde am 16.2.1934 unter dem Titel Der gute Schriftsteller in der Zürcher Zeitschrift *Der öffentliche Dienst* gedruckt. Die Teile Romane lesen und Kunst zu erzählen stehen im weiteren Kontext von Benjamins Projekt zu einer neuen »Theorie des Romans« und der Erzählung (vgl. 3, 420), die er in den Jahren 1928–1935 in zahlreichen Aufzeichnungen festhält, welche schließlich 1936 in seine Lesskow-Studie Der Erzähler (II, 438–465) münden. Vorlagen zu Gut schreiben finden sich in den Tagebuch-Einträgen vom 5.5.1931 (VI, 424 ff.), ferner zu Romane lesen im Tagebuch vom 16.8. dieses Jahres (444 ff.); weitere Vorstufen und Materialien zu diesem Komplex sind in den einschlägigen Kommentaren der *Gesammelten Schriften* dokumentiert (IV, 1010–1015 und II, 1281–1287). Das Denkbild KUNST ZU ERZÄHLEN ging leicht verändert in die Kapitel VI und VII der Lesskow-Studie ein (II, 444–446).

Der Themenkreis um die Frage, »Warum es mit der Kunst Geschichten zu erzählen zu Ende geht« (3, 474), den er im Brief an Hofmannsthal vom 26.6.1929 anspricht, ist für Benjamin eng verknüpft mit der Assimilierung der Literatur an den Journalismus und der damit verbundenen »Eingliederung der literarischen Produktion in die der Waren« (VI, 445). Dadurch würde herkömmliches Lesen und Schreiben zu einer Sache von Konsum und Produktion. Nicht zufällig nimmt daher Benjamin für sein Denkbild GUT SCHREIBEN Maß an Ernest Hemingway. Der Name dieses Vertreters des »Klaren und Einfachen« (425) findet sich allerdings nur in Benjamins entsprechender Aufzeichnung vom 5.5.1931. Das Denkbild ist einer zentralen These verpflichtet: »Der gute Schriftsteller sagt nicht mehr als er denkt« (IV, 435). Vom »Training« des Schreibenden hänge es ab, ob er seinem Gegenstand den sachgemäßen Gang verleihen könne, sich also nicht in erzählerischen Aperçus erschöpfe. Guten Schreib- und Denkstil beschreibt Benjamin analog zum »Schauspiel, das ein geistvoll trainierter Körper bietet« (436): Was der Schreibende sagt, ist die reine Form seines Gedanken-Ganges (vgl. Leifeld 2000, 91 f.). Von »allure« sprechen diesbezüglich die Franzosen, »Unterbrechung – Haltung« (VI, 425) nennen es die Deutschen, so ergänzt Benjamin in seiner ursprünglichen Aufzeichnung diese Betrachtung.

Von der Produktion zur Rezeption wechselt im anschließenden Denkbild ROMANE LESEN die Aufmerksamkeit. Im Zentrum steht das Lesen als kulinarische Konsumform. Die tragende These, Romane seien dazu da, verschlungen und einverleibt zu werden (IV, 436), erwächst einem wesentlich schärfer formulierten kulturkritischen Kontext, wonach der Roman von vornherein deutlicher auf Konsum zu zielen scheine, »auf ein unproduktives Genießen« (VI, 444), dessen Warencharakter, wie sonst kaum in einer Kunstform, beim Konsum »zersetzt und zerstört« (IV, 1013) werde. Aus der ursprünglichen Kritik der vernichtenden Einverleibung des Romans in die Warenzirkulation, wie er sie in den Vorstufen profiliert, hat Benjamin fürs Denkbild den Stoffwechsel aus Rohstoff, Kochkunst und Ernährung herausgeformt. Zentral bleibt indes die »erfahrene Metapher« (ebd.), ein Buch zu verschlingen, ohne gleich dessen »Erfahrungen am eigenen Leibe« (436) durchleiden zu müssen. Der »zehnten Muse«, jener des Romans und der Kochkunst, wäre es jedenfalls angelegen, die Welt aus dem Rohzustand der Erfahrung ins Genießbare der Lektüre zu erheben.

Erst im Denkbild KUNST ZU ERZÄHLEN wird die Kritik am journalistischen Schreiben offenbar. In den vorherrschenden Presse-Produkten seien die berichteten Begebenheiten bereits mit Erklärungen durchsetzt, die »Kunst des Erzählens« indes liege darin, »eine Geschichte, indem man sie wiedergibt, von Erklärungen freizuhalten« (437). Das produktive Gegenstück dazu bildet nicht allein die beigefügte Erzählung von Psammenit aus den *Geschichten* des Herodot, sondern auch das einsame Eingedenken der Erzähler, die Benjamin in seinem Aufsatz DER ERZÄHLER (II, 444–446) beschreibt. Nicht ohne Ressentiment hat er dazu im Tagebuch notiert, die besten Produkte des Schrifttums würden derzeit ins Feuilleton gepreßt, aber sie würden dort zum trojanischen Pferd, »um eines Tages das Troja dieser Presse in Brand zu setzen« (VI, 446).

Ein letztes Denkbild, NACH DER VOLLENDUNG, hat Benjamin vermutlich ebenfalls 1933 für die Publikation der KLEINEN KUNST-STÜCKE vorbereitet. Es greift weit zurück in die platonische Thematik von Werk und Geschlecht, die Benjamin in seinem SOKRATES-Aufsatz (II, 129–132) vom Sommer 1916 im Zusammenhang seiner Lektüre des *Gastmahls* beschäftigt hat. Stark vereinfacht ist der Gegenstand folgender: Die Geburt eines Meisterwerks werde oft als dialektisches Bild gedacht – das Weibliche setze jenes Werk ins Leben, das der Meister im Inneren des Werkes zur Vollendung bringe und darin den Schöpfer neu gebäre. Dieser Schöpfer habe demnach seine Heimat nicht im Mutterschoß, sondern dort, wo ihn das Werk als »der männliche Erstgeborene« (IV, 438) hervorbringe (zum vergessenen Weiblichen vgl. Stoessel 1983, 78–81; 131; Weigel 1997, 139 f.; 175 f.).

Wenngleich der Text NACH DER VOLLENDUNG aus editions-technischen Gründen am Ende der Sammlung Benjaminscher Denkbilder figuriert, bildet er selbstverständlich keinen kompositorisch intendierten Schluß. In den Irrungen des Exils nach 1933 hat Benjamin keine Denkbilder mehr verfaßt: Es mögen äußere Motive gewesen sein, die ihn davon abhielten, etwa die verkarstete deutsche Publikationslandschaft oder die zunehmenden Beschwerden, die dem Herzkranken in Paris und auf den letzten Reisen nach Svendborg und San Remo zu schaffen machten. – Den »Siegen im Kleinen«, zu denen er seine Denkbilder noch im Rückblick zu seinem vierzigsten Geburtstag zählte, hat Benjamin in den sieben Jahren seines Exils jedenfalls keine mehr hinzugerechnet.

Werk

Neapel (IV, 307–316)
Weimar (IV, 353–355)
Marseille (IV, 359–364)
Essen (IV, 374–381)
Nordische See (IV, 383–387)
Kurze Schatten I (IV, 368–373)
Kurze Schatten II (IV, 425–428)
In der Sonne (IV, 417–420)
Ibizenkische Folge (IV, 402–409)
Denkbilder (IV, 428–433)
Kleine Kunst-Stücke (IV, 435–438)
Haschisch in Marseille (IV, 409–416)
Lehre vom Ähnlichen (II, 204–210)
Mai-Juni 1931 – Tagebuch (VI, 422–441)
Myslowitz – Braunschweig – Marseille. Die Geschichte eines Haschisch-Rausches (IV, 729–737)
Pariser Tagebuch (IV, 567–587)
Reisenotizen (1930) (VI, 419–421)
Sokrates (II, 129–132)
Spanien 1932 (VI, 446–464)
Tagebuch vom siebenten August neunzehnhunderteinundreissig bis zum Todestag (VI, 441–446)
Über das mimetische Vermögen (II, 210–213)
Über Sprache überhaupt und über die Sprache des Menschen (II, 140–157)

Literatur

Adorno, Theodor W. (1990): Über Walter Benjamin, hg. v. Rolf Tiedemann, 2. erw. u. rev. Aufl., Frankfurt a. M.

Baumann, Valérie (2002): Bildnisverbot. Zu Walter Benjamins Praxis der Darstellung: Dialektisches Bild – Traumbild – Vexierbild, Eggingen.

Brodersen, Momme (1990): Spinne im eigenen Netz: Walter Benjamin, Leben und Werk, Bühl-Moos.

Bub, Stefan (1991): Sinneslust des Beschreibens. Mimetische und allegorische Gestaltung in der Prosa Walter Benjamins, Würzburg.

Deuring, Dagmar (1994): »Vergiß das Beste nicht!« – Walter Benjamins Kafka-Essay: Lesen/Schreiben/Erfahren, Würzburg.

Fuld, Werner (1979): Walter Benjamin. Zwischen den Stühlen. Eine Biographie, München/Wien.

Fürnkäs, Josef (1988): Surrealismus als Erkenntnis. Walter Benjamin – Weimarer Einbahnstraße und Pariser Passagen, Stuttgart.

Garber, Klaus (1992): Zum Bilde Walter Benjamins. Studien – Porträts – Kritiken, München.

Kaffenberger, Helmut (1982): Orte des Lesens – Alchimie – Monade. Studien zur Bildlichkeit im Werk Walter Benjamins, Würzburg.

Kaffenberger, Helmut (1999): »Aspekte von Bildlichkeit in den Denkbildern Walter Benjamins«, in: global benjamin, hg. v. Klaus Garber/Ludger Rehm, München, 449–477.

Kaffenberger, Helmut (2001): Orte des Lesens – Alchemie – Mouade, Würzburg.

Kurz, Gerhard (1982): Metapher, Allegorie, Symbol, Göttingen.

Leifeld, Britta (1996): »›Dies alles, um ins Herz der abgeschafften Dinge vorzustoßen‹ – Benjamins Philosophie und ihre literarische Konkretion im Denkbild«, in: Ralph Köhnen (Hg.): Denkbilder. Wandlungen literarischen und ästhetischen Sprechens in der Moderne, Frankfurt a. M./Berlin/Bern u. a., 141–162.

Leifeld, Britta (2000): Das Denkbild bei Walter Benjamin. Die unsagbare Moderne als denkbares Bild, Frankfurt a. M./Berlin/Bern u. a.

Lindner, Burkhardt (Hg.) (1985): »Links hatte noch alles sich zu enträtseln…« – Walter Benjamin im Kontext, 2. erw. Aufl., Königstein/Ts.

Lindner, Burkhardt (1992): »Benjamins Aurakonzeption: Anthropologie und Technik, Bild und Text«, in: Walter Benjamin (1892–1949) zum 100. Geburtstag, hg. v. Uwe Steiner, Frankfurt a. M./Berlin/Bern u. a., 217–248.

Lindner, Burkhardt (1992b): »Engel und Zwerg. Benjamins geschichtsphilosophische Rätselfiguren und die Herausforderung des Mythos«, in: »Was nie geschrieben wurde, lesen«, Frankfurter Benjamin-Vorträge, Bielefeld, 235–265.

Lindner, Burkhardt (2000): »Allegorie«, in: Michael Opitz/Erdmut Wizisla (Hg.): Benjamins Begriffe, Frankfurt a. M., 50–94.

Marschall, Brigitte (2000): Die Droge und ihr Double. Zur Theatralität anderer Bewußtseinszustände, Köln/ Weimar/ Wien.

Menke, Bettine (1994): »Bild – Textualität. Benjamins schriftliche Bilder«, in: Der Entzug der Bilder: visuelle Realitäten, hg. v. Michael Wetzel/Herta Wolf, München, 47–65.

Menninghaus, Winfried (1986): Schwellenkunde. Walter Benjamins Passage des Mythos, Frankfurt a. M.

Menninghaus, Winfried (1995): Walter Benjamins Theorie der Sprachmagie, Frankfurt a. M.

Muthesius, Marianne (1996): Mythos, Sprache, Erinnerung. Untersuchungen zu Walter Benjamins »Berliner Kindheit um neunzehnhundert«, Basel/Frankfurt a. M.

van Reijen, Willem/van Doorn, Hermann (2001): Aufenthalte und Passagen. Leben und Werk Walter Benjamins. Eine Chronik, Frankfurt a. M.

Schulz, Eberhard Wilhelm (1968): »Zum Wort ›Denkbild‹«, in: ders. (Hg.): Wort und Zeit, Neumünster, 218–252.

Schweppenhäuser, Hermann (1992): Ein Physiognomiker der Dinge. Aspekte des Benjaminischen Denkens, Lüneburg.

Sdun, Dieter (1994): Benjamins Käfer. Untersuchungen zur bildlichen Sprache Walter Benjamins im Umkreis der »Einbahnstraße«, Frankfurt a. M./Berlin/Bern u. a.

Stoessel, Marleen (1983): Aura. Das vergessene Menschliche. Zu Sprache und Erfahrung bei Walter Benjamin, München/Wien.

Szondi, Peter (1978): »Benjamins Städtebilder«, in: ders: Schriften II, hg. v. Wolfgang Fietkau, Frankfurt a. M., 295–309.

Weidmann, Heiner (1992): Flanerie, Sammlung, Spiel. Die Erinnerung des 19. Jahrhunderts bei Walter Benjamin, München.

Weigel, Sigrid (1997): Entstellte Ähnlichkeit. Walter Benjamins theoretische Schreibweise, Frankfurt a. M.

Wolf, Gerhard (1999): »Frische Feigen und der Strumpf. Eine Lektüre von ›Essen‹«, in: global benjamin, hg. v. Klaus Garber/Ludger Rehm, München, 449–477.

Zur späteren Sprachphilosophie

»Lehre vom Ähnlichen« / »Über das mimetische Vermögen« / »Probleme der Sprachsoziologie. Ein Sammelreferat«

Von Anja Lemke

In drei Texten hat Benjamin in dem persönlich wie politisch krisenhaften Zeitraum 1933/1934 seine frühen sprachphilosophischen Überlegungen wiederaufgenommen. Die beiden kurzen Schriften LEHRE VOM ÄHNLICHEN und ÜBER DAS MIMETISCHE VERMÖGEN lassen sich als zwei Fassungen eines gemeinsamen sprachphilosophischen Entwurfes verstehen. Die LEHRE VOM ÄHNLICHEN entstand bereits Anfang 1933 kurz vor Benjamins Flucht ins Exil, die Arbeit ÜBER DAS MIMETISCHE VERMÖGEN stellt eine im Sommer 1933 auf Ibiza überarbeitete Fassung dar. Sie weist gegenüber dem ersten Entwurf kaum neue Aspekte auf, sondern ist im wesentlichen eine Verknappung, die konkrete Beispiele und eine Reihe von Hinweisen auf die Einbettung der sprachphilosophischen Thesen in vormoderne magisch-animistische Zusammenhänge tilgt. Das Sammelreferat über »Probleme der Sprachsoziologie« entstand vermutlich im Herbst 1934 als Auftragsarbeit für das Institut für Sozialforschung, in dessen Zeitschrift der Text im zweiten Heft des Jahrgangs 1935 veröffentlicht wurde. Trotz seines Auftragscharakters müssen die in ihm ausgeführten Probleme der Sprachsoziologie im Kontext der späten Sprachphilosophie gelesen werden.

Entstehungskontext

Wie bereits Benjamins erkenntniskritische Vorrede zum URSPRUNG DES DEUTSCHEN TRAUERSPIELS und das Vorwort zu den Baudelaire-Übertragungen DIE AUFGABE DES ÜBERSETZERS sind auch die sprachphilosophischen Überlegungen in der Auseinandersetzung mit dem eigenen Schreiben entstanden. Am 28. Februar 1933 schreibt Benjamin unter Bezugnahme auf die Machtergreifung Hitlers und das bevorstehende Exil an Scholem: »Wenn ich Dir nun noch mitteile, daß unter so bewandten Umständen dennoch eine neue – vier kleine Handschriftenseiten umfassende – Sprachtheorie entstanden ist, so wirst Du mir eine Ehrenbezeugung nicht versagen. [...] Bemerken will ich nur, daß sie bei Studien zum ersten Stück der ›Berliner Kindheit‹ fixiert wurde« (4, 163). Die Verwobenheit der sprachphilosophischen Überlegungen mit dem autobiographischen Text zeigt sich unter anderem an der Übernahme kleinerer Textpassagen aus der LEHRE VOM ÄHNLICHEN in die Erinnerungsepisode »Die Mummerehlen«, an der Benjamin Anfang 1933 gearbeitet hat. Darüber hinaus dürften die kindlichen Sprach- und Wahrnehmungsformen der »entstellten Ähnlichkeit«, die die Erinnerungsbilder der BERLINER KINDHEIT UM NEUNZEHNHUNDERT bestimmen, den Schlüsselimpuls zur Ausarbeitung eines mimetischen Sprachkonzeptes geliefert haben. Während Benjamin in seinen Kindheitserinnerungen den ontogenetischen Aspekten des mimetischen Vermögens nachfragt, untersuchen die LEHRE VOM ÄHNLICHEN und ÜBER DAS MIMETISCHE VERMÖGEN den Zusammenhang von Phylogenese und Ontogenese im Kontext einer allgemeinen Theorie der Sprache.

Bei dieser Theorie handelt es sich nicht um einen Neuansatz. Vielmehr entwickelt Benjamin in beiden Texten seine früheren sprachphilosophischen Überlegungen weiter. Die thematische Nähe geht so weit, daß Benjamin die Scholem versprochene maschinenschriftliche Kopie der LEHRE VOM ÄHNLICHEN laut eigenem Bekunden nur vornehmen könne, wenn ihm zuvor ein »Vergleich« mit dem 1916 entstanden Text ÜBER SPRACHE ÜBERHAUPT UND ÜBER DIE SPRACHE DES MENSCHEN möglich wäre. (4, 214) Da sich dieser Text unter den bei der Emigration in Berlin zurückgelassenen Papieren befand, bittet er Scholem im Sommer 1933 um eine Abschrift, die ihn im Spätsommer auf Ibiza erreicht. Daß Benjamin beide Arbeiten tatsächlich miteinander abgeglichen und auf Korrespondenzen und Bezüge untersucht hat, bezeugt eine kurze Notiz, die Scholem mit dem Titel ANTITHETISCHES ÜBER WORT UND NAME überschrieben hat (vgl. VII, 795). In zwei Kolumnen hat Benjamin hier aus der frühen Spracharbeit zunächst die Grundzüge des Verhältnisses von Wort und Name exzerpiert und mit der Schlüsselkategorie der späten Arbeit, dem Begriff des Ähnlichen, verbunden. Auf der Grundlage dieses Vergleichs gerät Benjamin die geplante Abschrift der LEHRE VOM ÄHNLICHEN zu einer Umarbeitung, deren Ergebnis den Titel ÜBER DAS MIMETISCHE VERMÖGEN trägt. Wie bereits die frühe Sprachabhandlung von 1916 sind auch die beiden späteren Texte von Benjamin selbst nicht veröffentlicht worden; auch liegen keinerlei Belege vor, daß eine solche Veröffentlichung intendiert war.

Daß es sich bei den beiden Texten, trotz ihrer Kürze und Skizzenhaftigkeit um programmatische Schriften zur Sprachtheorie handelt, zeigt sich in der Tragweite, die das dort entwickelte Konzept der »unsinnlichen Ähnlichkeit« für Benjamin in den verschiedenen Projekten der 30er Jahre gehabt hat. Neben der Berliner Kindheit sind hier vor allem der Essay Zum Bilde Prousts, Teile des Passagenwerks, der Essay über Baudelaire und verschiedene Notizen aus den Jahren 1933–1935 (II, 955–958) zu nennen, in denen Benjamin immer wieder auf die zentralen Gedanken der Lehre vom Ähnlichen und Über das mimetische Vermögen zurückkommt.

Einige Aspekte aus den unveröffentlichten Notizen, wie etwa den Hinweis auf die Bedeutung von Paul Valérys »L'Ame et la Danse« und Heinz Werners *Grundfragen der Sprachphysiognomik* für eine Lehre vom mimetischen Vermögen, nimmt Benjamin in dem erstaunlich umfassend angelegten Literaturreferat über Probleme der Sprachsoziologie (III, 452–480) auf. Daß die Verbindung zwischen diesem Überblicksartikel und der eigenen Sprachtheorie für Benjamin systematischen Charakter hatte, bezeugt ein Brief an Werner Kraft vom 30.1.1936: »Zu Ihrer Bemerkung über mein sprachtheoretisches Referat, dem seine Grenzen durch die Form vorgeschrieben waren: es präjudiziert nichts über eine ›Metaphysik‹ der Sprache. Und es ist von mir, wenn auch keineswegs manifest, so eingerichtet, daß es genau an die Stelle führt, wo meine eigene Sprachtheorie, die ich auf Ibiza vor mehreren Jahren in einer ganz kurzen programmatischen Notiz niedergelegt habe, einsetzt« (5, 237).

»Probleme der Sprachsoziologie«

Das Sammelreferat berücksichtigt neuere sprachphilosophische und sprachsoziologische Untersuchungen aus den 20er und 30er Jahren. Entlang der Frage nach dem Sprachursprung sowie dem Zusammenhang von Sprache und Denken referiert Benjamin Sprachtheorien im Grenzbereich zwischen Soziologie, Linguistik, Kinder- und Tierpsychologie, Psychopathologie und Ethnologie. Was sich zunächst als kursorischer Überblick über die aktuellen Debatten der Sprachwissenschaft ausnimmt, erhält seine Relevanz im Rahmen von Benjamins Sprachphilosophie durch die thematische Verbindung mit der Frage des mimetischen Vermögens. Neben den präzisen Kenntnissen der zeitgenössischen sprachwissenschaftlichen Debatten, zeigt der Aufsatz vor allem, wie zielgerichtet Benjamins Interesse sich auf diejenigen Aspekte der Linguistik und Sprachsoziologie konzentriert, die nicht »über der semantischen Funktion der Sprache den ihr innewohnenden Ausdruckscharakter, ihre physiognomischen Kräfte vergessen haben« (III, 479). Benjamin sucht hier Anschlußmöglichkeiten an seine eigenen Überlegungen zum Verhältnis von mimetischen und repräsentativen Sprachmomenten. Daß er dabei auch Theorien in den Blick nimmt, die in diesem »Ausdruckscharakter« gleichzeitig einen gesellschaftlich-politischen Entwicklungsantrieb sehen, zeigt die Bedeutung des Sammelreferates für die von Benjamin in der späten Sprachphilosophie angestrebte Vermittlung von mimetischen und geschichtsphilosophischen Überlegungen innerhalb seiner Sprachtheorie.

Mimesis und Semiotik

Im Zentrum des Interesses stehen bei Benjamin diejenigen Überlegungen zur Sprache, durch die es gelingt, eine einfache onomatopoetische Sprachkonzeption durch eine sprachwissenschaftlich fundierte Theorie zur Mimesis zu ersetzen, die die repräsentativen Aspekte des Sprachlichen nicht ignoriert. Hierfür zieht er sowohl linguistische Überlegungen im engeren Sinne, als auch entwicklungspsychologische, ethnologische und sozialwissenschaftliche Ansätze heran. Sein Ausgangspunkt bildet die Kritik an onomatopoetischen Sprachursprungstheorien, wie sie für die ethnologische Sprachforschung Lucien Lévy-Bruhl und in systematischer Hinsicht Karl Bühler (1934) formuliert haben.

Im Rahmen seiner Untersuchung über *Les fonctions mentales dans les sociétés inférieures* hebt Lévy-Bruhl das »Bedürfnis zeichnerischer Beschreibung« der Primitiven hervor. Ihre Sprache »verfügt über außerordentlich zahlreiche Mittel, einen Eindruck unmittelbar durch Töne wiederzugeben. Dieser Reichtum rührt von ihrer fast unwiderstehlichen Neigung, alles Hörbare nachzumachen. Desgleichen alles, was man sieht, und überhaupt, was wahrgenommen wird ... in erster Linie die Bewegungen. Aber diese stimmlichen Nachahmungen oder Reproduktionen, diese ›Lautbilder‹ erstrecken sich ebenfalls auf Töne, Farben, Geschmackswahrnehmungen und taktische Eindrücke ... Man kann hier nicht von onomatopoetischen Schöpfungen im strengen Sinn reden. Es handelt sich mehr um beschreibende Stimmgebärden« (zit. III, 455 f.). Auch wenn Benjamin mit Frederick Charles Bartlett und Olivier Leroy auf die Kritik an Lévy-Bruhls ahistorischer Konzeption des »Primitivismus« eingeht, ist die Erweiterung des onomatopoetischen Konzeptes durch die mimetische Gebärde für ihn von zentraler Bedeutung.

Auch Bühlers Zweifeldtheorie wird von Benjamin in diesem Kontext gelesen. Wie in Lévy-Bruhl sieht Benjamin auch in Bühler einen Sprachtheoretiker, dessen Kritik am onomatopoetischen Sprachursprung die Onomatopoetik nicht hinter sich läßt, sondern sie erweitert. Für Benjamins eigene Sprachtheorie ist dabei bedeutsam, daß diese Erweiterung in Form einer Verknüpfung von lautmalerischer und symbolischer Sprachfunktion geschieht. Statt beide Funktionen als zwei getrennte, mögliche Wege der Sprachentwicklung aufzufassen, sieht Bühler das onomatopoetische Prinzip »[n]ur an einzelnen Stellen seines [des Wortes, d. Verf.] Innern [...] zum Ausdruck kommen« (III, 455). Eine Verwobenheit, die Benjamin in einem Bild von Charles Callet festgehalten sieht, das als metaphorische Entsprechung zu Benjamins eigener Rede vom »semiotischen Fundus der Sprache« (vgl. II, Lehre vom Ähnlichen, 208f. und Über das mimetische Vermögen, 213) gelten kann. »Onomatopoetische Prägungen erklären keine einzige Sprache [...]. Sie finden sich in einem durchgebildeten Idiom, wie Lampions und Papierschlagen sich am Tage eines Volksfestes im Laub eines Baumes finden können« (zit. III, 455).

Es ist diese Verwobenheit, die der mimetischen Dimension in Benjamins Augen ihre sprachwissenschaftliche Dignität verleiht. Wie in der eigenen Sprachtheorie, so ist auch im Sammelreferat das Bemühen zu erkennen, mit dem Interesse an der mimetischen Seite der Sprache, die semiologisch-repräsentative nicht aus dem Blick zu verlieren, und das Philologische zugunsten eines rein magisch-animistischen Welt- und Sprachbezugs nicht aufzugeben. In diesem Kontext ist auch Benjamins Besprechung einer »mathematischen Weltsprache« sowie der logischen Syntax des *Wiener Kreises* zu verstehen. Zwar betont er deren Beschränkung auf die »Darstellungsfunktion« der Sprache unter Ausschluß ihrer anderen Funktionen, gleichzeitig gelten ihm diese Versuche jedoch als Beispiele einer streng am Sprachlichen selbst orientierten Wissenschaft. Neben Carnap und einem Verweis auf Husserls »reine Grammatik« konzentriert sich Benjamin auch hier vor allem auf Bühlers »Semantologie«, die er als Versuch, die Sprachentwicklung von Erklärungsansätzen physikalischer, physiologischer oder psychologischer Provenienz freizuhalten und auf linguistische Ausgangsdaten zurückzuführen, würdigt: »Um diese Fakta aufzuweisen, konstruiert der Verfasser ein ›Organonmodell der Sprache‹, mit dem er gegenüber dem Individualismus und Psychologismus des vergangenen Jahrhunderts die durch Platon und Aristoteles fundierte objektive Sprachbetrachtung wieder aufnimmt« (III, 468). Anders als bei Carnap geht diese Konzentration auf die »Axiome[], die ... aus dem Bestande der erfolgreichen Sprachforschung ... durch Reduktion zu gewinnen sind« (ebd.), bei Bühler nicht mit der Reduktion der Sprache auf ihre formale Seite einher, sondern verfolgt mit der Zweifeldtheorie jene Verschränkung von Gestik und Symbolik, die für Benjamin selbst leitend ist. Ausgehend von Bühlers Unterteilung in die Sprachfunktionen: Ausdruck, Appell und Darstellung, konzentriert sich Benjamin zunächst auf eine kursorische Darstellung des »Zeigefelds« deiktischer Ausdrücke auf der einen und des symbolischen Feldes der »Nennwörter« auf der anderen Seite.

Von besonderem Interesse ist dabei der Übergang von der zeigenden Geste mit der Hand zur »Deixis am Phantasma«, d.h. zu einer Verständigungsform, bei der die deiktischen Ausdrücke »Ich«, »Hier« und »Jetzt« die Funktion der to-deixis schrittweise übernehmen, wobei die Sprache die Unterstützung der »natürliche[n] Werkzeug[e] der demonstratio ad oculos« niemals ganz entbehren kann (vgl. III, 469). Obwohl Bühler selbst die systematische Trennung von Zeige- und Nennwörtern unterstreicht und damit die Annahme zurückweist, die Zeigewörter könnten »als die Urwörter der Menschensprache schlechthin erscheinen« (470), hebt Benjamin im folgenden vor allem auf den entwicklungsgeschichtlichen Aspekt des Verhältnisses von Deixis und Symbolfeld ab, den Bühler gegen Ende seiner Abhandlung erläutert: »Man kann sich im großen Entwicklungsgang der Menschensprache Einklassensysteme deiktischer Rufe als das erste vorstellen. Dann aber kam einmal das Bedürfnis, Abwesendes einzubeziehen, und das hieß, die Äußerungen von der Situationsgebundenheit zu befreien ... Die Enthebung einer sprachlichen Äußerung aus dem Zeigfeld der demonstratio ad oculos beginnt« und »die Sprachzeichen [unterstehen] einer neuen Ordnung, sie erhalten ihre Feldwerte im Symbolfeld« (ebd.).

Indem Benjamin Bühlers Zweifeldtheorie in erster Linie entwicklungsgeschichtlich versteht, kann er in ihr eine sprachwissenschaftlich fundierte Ersetzung des onomatopoetischen Sprachursprungs durch ein Modell sehen, bei dem die Zeigefunktion der Hand allmählich auf die Sprache übergeht, bis diese ihrerseits im Zuge der »Emanzipierung der sprachlichen Darstellung von der jeweils gegebenen Sprechsituation« (ebd.) die Ausdrucksfunktion in die Darstellungsfunktion mit einfließen läßt. Damit ist nicht nur das »papierschlangengleiche« Bewahren des Onomatopoetischen im Semiotischen gewährleistet, sondern gleichzeitig ein Zusammenschluß von Deixis und Mimesis, der letztere nicht mehr auf lautmalerische Nachahmung reduziert.

In der Linie dieser Argumentation verweist Benjamin gegen Ende seines Aufsatzes auf die Forschungen von Richard Paget und Marcel Jousse, nach deren sprachpsychologischen Überlegungen das phonetische Element der Sprache »ein auf dem mimisch-gestischen fundiertes« (477) ist. Sowohl für Paget als auch für Jousse konzentriert sich der sprachliche Ausdruck nicht auf den Laut. Vielmehr besteht dessen Aufgabe zunächst darin, so Jousse, »die Bedeutung einer bestimmten mimischen Gebärde zu vervollkommnen. [...] er ist lediglich Begleiterscheinung, akustische Unterstützung einer optischen, in sich verständlichen Gebärdensprache. Allmählich trat zu jeder charakteristischen Gebärde ein ihr entsprechender Ton«, der sich erst langsam von der Gebärde gelöst hat. Somit ist die phonetische Seite einer Sprache weniger Onomatopoetik als »akustische Transponierung alter spontaner mimischer Ausdrucksbewegungen« (ebd.). Mit dieser Verbindung von Gestik und Sprache ist für Benjamin »die Schwelle einer Sprachphysiognomik beschritten, die weit über die primitiven Versuche der Onomatopoetiker hinausführt, ihrer Tragweite wie ihrer wissenschaftlichen Dignität nach« (478). Herausragendes Beispiel hierfür sind für ihn Heinz Werners *Grundfragen der Sprachphysiognomik* und Rudolf Leonhards Arbeit über *Das Wort*, das schon in der LEHRE VOM ÄHNLICHEN als, wenn auch in seiner Sinnlichkeit begrenzter Ausgangspunkt für die eigenen Überlegungen genannt wurde. In der Erweiterung der onomatopoetischen Sprachtheorie in Richtung auf ein Verständnis der Sprache als »Form [...] des Instinkts mimetischer Ausdrucksbewegungen durch den Körper« (ebd.) sieht Benjamin Anschlüsse an seine eigene Theorie des mimetischen Vermögens, die ihrerseits auf die Verwobenheit von semiotischer und mimetischer Sprachfunktion besteht, die Verbindung von Gestik und Mimesis jedoch im Begriff der unsinnlichen Ähnlichkeit noch über die hier besprochenen sprachphysiognomischen Versuche hinaustreibt.

Sprachmagie und gesellschaftskritisches Potential

Die Darstellung der unterschiedlichen Positionen im Sammelreferat ist geeignet, ein differenzierteres Licht auf die in der Forschung bis heute schwelende Frage nach dem Verhältnis von ›magischen‹ und ›marxistischen‹ Anteilen in Benjamins später Sprachtheorie zu werfen, da hier sowohl die Frage nach der Sprachmagie als auch die gesellschaftliche Relevanz der unterschiedlichen sprachsoziologischen Überlegungen von Benjamin in den Blick genommen und miteinander verbunden werden.

Was die Sprachmagie betrifft, so ist auffällig, daß Benjamin diejenigen Ansätze hervorhebt, die das magisch-animistische Moment aus seiner Verbindung mit dem Primitivismus zu lösen suchen. Den Ausgangspunkt bildet Lévy-Bruhls Hervorhebung des Begriffsreichtums der sogenannten primitiven Sprachen, in dem er deren Zug ins Magisch-Animistische wurzeln sieht. »Da hier alles in Bildbegriffen zum Ausdruck kommt, ... so muß der Wortschatz dieser ›primitiven‹ Sprachen über einen Reichtum verfügen, von dem die unsrigen uns nur noch einen sehr entfernten Begriff geben« (III, 456 f.). Sowohl Lévy-Bruhl als auch Ernst Cassirer sehen in diesem Zug zur Konzentration und Konkretion das Hauptmerkmal der mythischen Begrifflichkeit. Erst durch sie werden die magisch-animistischen Verweise jedes Dinges und jedes Zeichens auf ein ihm Entsprechendes möglich: »kein Phänomen, das nur ein Phänomen, kein Zeichen, das nur Zeichen sei: wie könnte ein Wort nichts als ein Wort sein? Jede Gegenstandsform, jedes plastische Bild, jede Zeichnung hat mystische Qualitäten: der sprachliche Ausdruck, der ein mündliches Zeichen ist, hat sie mithin notwendig ebenfalls. Und diese Macht kommt nicht nur den Eigennamen zu, sondern allen Wörtern, gleichviel von welcher Art sie sind« (457). Anders als Cassirer und Lévy-Bruhl sieht Olivier Leroy in *La raison primitive* diese Konkretion der Sprache nicht als Ausdruck einer primitiven Geisteshaltung, sondern unterstreicht die Angemessenheit der Sprachform im Kontext der jeweiligen sozioökonomischen Erfordernisse der Sprachgemeinschaften. »Wenn der Lappe besondere Wörter hat, um ein-, zwei-, drei-, fünf-, sechs- und siebenjährige Rentiere zu bezeichnen [...], so ist dieser Reichtum nicht das Ergebnis einer besonderen Absicht, sondern der vitalen Notwendigkeit einen Wortschatz zu schaffen, der den Erfordernissen der arktischen Zivilisation entspricht« (458). Zu diesen Erfordernissen zählen für Leroy auch die magischen Sprachformen, die keineswegs voreilig als »Symptome prälogischen Verhaltens« (459) aufgefaßt werden dürften. Indem Leroy dem Wortreichtum eine gesellschaftliche Funktion beimißt, löst er das Magisch-Animistische als dessen Produkt ebenfalls aus seiner Verklammerung mit dem Primitivismus und öffnet es für Anschlußmöglichkeiten an die Moderne.

Benjamins Aufsatz vollzieht einen solchen Anschluß nicht explizit, legt ihn jedoch nahe, wenn er ausführlich auf die Ergebnisse der Wort-Sach-Forschung in bezug auf die Entwicklung des Fachwortschatzes moderner Techniksprachen eingeht. Wie Studien von Leo Weisgerber, Max Lohss und anderen belegen, läßt sich durch die Entwicklung der Produktionsmittel und die Veränderung der Produktionsformen nicht nur eine wachsende Verbreitung des Fachwortschatzes, sondern auch dessen stetiges Anwachsen feststellen. Ähnlich wie bei der Sprache der »Primitiven« läßt auch hier die Tendenz zur Vereindeutigung und Normierung das Vokabular einzelner Wortfelder immer umfassender werden. »Um 1900 nahm der Verband deutscher Ingenieure die Arbeit an einem umfassenden technologischen Lexikon auf. In drei Jahren waren über dreieinhalb Millionen Wortzettel gesammelt. Aber«, so Eugen Wüster, »1907 berechnete der Vorstand, daß vierzig Jahre erforderlich seien, um bei derselben Besetzung der Schriftleitung das Manuskript des Techniklexikons druckfertig zu machen« (III, 465).

Die in der Wort-Sach-Forschung deutlich werdende Rolle der Entwicklung der Produktionsmittel für die Sprachentwicklung greift Benjamin an zwei weiteren Stellen seines Referates noch einmal auf. So untermauert er die von Lévy-Bruhl konstatierte Entwicklung der Gebärdensprache zur Lautsprache mit Niklaus Marrs Hinweis auf deren Verbindung mit dem Arbeitsprozeß, durch die er »die phantastischen Elemente der Theorie von Lévy-Bruhl durch konstruktive ersetzen will. Es sei nämlich«, so zitiert Benjamin Marr, »völlig undenkbar, daß die Hand, ehe Werkzeuge sie als Erzeugerin materieller Güter ablösten, als Erzeugerin eines geistigen Werts, der Sprache, ersetzt werden und daß damals schon eine artikulierte Lautsprache an die Stelle der Handsprache treten konnte« (461). Eine solche Entwicklung wird für Marr erst nach einer Veränderung des Arbeitsprozesses in Form des »Übergang[s] der Menschheit zur produktiven Arbeit mit Hilfe künstlich bearbeiteter Werkzeuge« (462) möglich.

Dieser äußere Übergang korrespondiert nach Benjamin mit den tier- und entwicklungspsychologischen Ergebnissen im Bereich der Verbindung von Sprache und Denken, wie sie Wolfgang Köhler und Bühler für die Schimpansensprache und Lew S. Wygotski für die Sprachentwicklung vorgelegt haben. Da die, der Sprache vorgängige Entwicklung von Werkzeugen nicht ohne Denken möglich sei, bilde sich ein vorsprachliches, nicht spezifisch humanes »Werkzeugdenken« (Bühler) aus. Benjamin sieht hier zwei Entwicklungskoordinaten, eine »Intelligenz- und eine gestische (Hand- oder Laut-)Koordinate«, in deren Schnittpunkt der Sprachursprung anzusiedeln sei. Das ontogenetische Korrelat dieser beiden Koordinaten findet sich in der Trennung zwischen einer »egozentrischen«, nicht auf Mitteilung ausgerichteten, und einer »sozialisierten« Sprache innerhalb der kindlichen Sprachentwicklung, wie sie Jean Piaget und Wygotski gleichermaßen hervorheben.

Neben der Rolle, die die Produktionsformen für die Entwicklung der Sprache des Einzelnen spielen, konzentriert sich Benjamin in einem kurzen, aber zentralen Abschnitt auf die Entwicklung von Volks- und Gruppensprachen. Mit Nikolaus J. Marr verfolgt er die Möglichkeit, die klassische sprachwissenschaftliche Perspektive der Volkssprache »zugunsten einer auf den Bewegungen der Klassen begründeten Sprachgeschichte außer Kraft zu setzen« (462). Was Marr am Beispiel der Entwicklung der indoeuropäischen Sprachen aus den japhetischen in Abhängigkeit zur jeweils herrschenden Klasse zeigt, führt Benjamin zu dem Fazit, daß »als das Wesentliche im Leben der Sprache die Verbindung ihres Werdens mit bestimmten sozialen, wirtschaftlichen Gruppierungen, die den Gruppierungen von Ständen und Stämmen zugrunde liegen [erscheint]« (463). Der sich damit eröffnende Weg einer soziologischen Untersuchung der Verbindung von unterdrückten Bevölkerungsschichten und den Spezifika ihrer Sprache sei von der Sprachwissenschaft bislang allerdings kaum beschritten worden. Lediglich die Studie von Alfredo Niceforo aus dem Jahr 1912 über *Le génie de l'argot* weist für Benjamin in diese Richtung, geht es diesem Text doch wesentlich um das revolutionäre Potential, das in der Umgangssprache der unteren Schichten liegt. »Die Umgangssprache des gemeinen Volks ist in gewissem Sinne ein Klassenmerkmal, auf das die Gruppe, der es eignet, stolz ist; sie ist gleichzeitig eine von den Waffen, mit deren Hilfe das Volk, das unterdrückt ist, die Herrscherklasse angreift, an deren Stelle es sich setzen will« (463 f.). Von zentralem Interesse für Benjamins eigene Sprachphilosophie ist in diesem Zusammenhang Niceforos Beschreibung der Umgangssprache als eine im Kern analoge: »Methodisch ist ihr beherrschendes Kennzeichen einerseits in der Verschiebung der Bilder und der Worte in der Richtung der materiellen Drastik zu suchen, andrerseits in der Neigung, analogische Übergänge von einer Idee zur anderen, von einem Wort zum anderen zu bahnen« (464). Die Fähigkeit zur Bildung von Analogien und Ähnlichkeiten wird von Niceforo in seiner Funktion als Instrument des Klassenkampfes untersucht, womit er genau die historisch-materialistische Erklärung des Mimetischen liefert, die sowohl Lévy-Bruhls Analyse der primitiven Sprache als auch Benjamins eigenen sprachphilosophischen Überlegungen fehlt. Indem Niceforo gerade die Fähigkeit zur Mimesis und zur Analogiebildung als Instrument des Klassenkampfes bestimmt, liefert er Benjamin das Bindeglied zwischen seinen eigenen Überlegungen zur unsinnlichen Ähnlichkeit und der Frage nach der marxistischen Anschlußmöglichkeit seiner Sprachphilosophie.

»Lehre vom Ähnlichen« und »Über das mimetische Vermögen«

Die Lehre vom Ähnlichen und Über das mimetische Vermögen entsprechen sich in ihrem Aufbau und ihrem Inhalt derart, daß sie im folgenden gemeinsam behandelt werden können. Ausgehend von der natürlichen Fähigkeit des Menschen zur Wahrnehmung und Produktion von Ähnlichkeitsbeziehungen untersucht Benjamin die »historische[] Entwicklung dieses mimetischen Vermögens« (II, 205) als Transformation von unmittelbar magisch-animistischen Wahrnehmungsformen im Rahmen einer umfassenden kosmologischen Struktur des Analogen hin zur Erzeugung und Hervorbringung »unsinnlicher Ähnlichkeit« (207) in der Sprache. Trotz dieser entwicklungsgeschichtlichen Ausgangsthese verfolgt Benjamin die Ausbildung des mimetischen Vermögens nicht historisch. Sein Interesse ist vielmehr ein sprachtheoretisches, dem der vormoderne, prähistorische Zustand als systematischer Bezugspunkt dient. Dafür zeugt nicht nur die vage Datierung, die sich in Begriffen und Formulierungen wie »vormals«, »ehemals«, »entlegene Vergangenheit« und »alte Völker« niederschlägt, sondern auch die mangelnde Sorgfalt in der Ausarbeitung der unterschiedlichen Entwicklungsschritte. Es geht Benjamin nicht um den exakten Nachvollzug der von ihm konstatierten Transformierung des mimetischen Vermögens von einer vormodernen Welt der Korrespondenzen und Ähnlichkeiten zur arbiträr-repräsentativen »Merkwelt des modernen Menschen« (210 f.), sondern um die Grundbezüge zwischen diesen beiden Polen im Transformationsprozeß des mimetischen Vermögens ins Sprachliche. Im Mittelpunkt steht dabei der Begriff der »unsinnlichen Ähnlichkeit«, der, anders als herkömmliche onomatopoetische Sprachmodelle, die Ähnlichkeitsstrukturen des Sprachlichen als Korrespondenzstrukturen auszuweisen sucht, die nicht auf die arbiträr-verweisende Seite des sprachlichen Zeichens verzichten. Statt die Ähnlichkeitsstruktur als Alternative zur repräsentativen Seite der Sprache auszuweisen, verfolgt Benjamins späte Sprachphilosophie eine Verbindung beider Elemente, die die »Fundierung« des mimetischen Momentes im Semiotischen betont. Das arbiträre Zeichen wird zum Träger der augenblickhaft aufscheinenden Ähnlichkeitsbezüge, da »[a]lles Mimetische der Sprache [...] überhaupt nur an etwas Fremdem, eben dem Semiotischen, Mitteilenden der Sprache als ihrem Fundus in Erscheinung treten kann« (208).

Vormoderne Korrespondenzen und ihre Transformation in die Sprache

Den Ausgangspunkt der Überlegungen zu einem sprachphilosophischen Konzept der unsinnlichen Ähnlichkeit bilden vormoderne Ähnlichkeitsmodelle, denen die Welt insgesamt als zeichenhaft erscheint. Der gesamte Bereich der natürlichen Ähnlichkeiten, auf den das Wechselgefüge von Mikrokosmos und Makrokosmos abhebt, erhält nach Benjamin seine eigentliche Tiefendimension jedoch erst in bezug auf den Menschen, dessen mimetische Kräfte mit den mimetischen Objekten korrespondieren.

Als Beispiel für dieses Korrespondenzverhältnis dient neben dem Tanz und der Gabe der Manik und des Haruspiziums vor allem die Astrologie. Entscheidend bei der Bewertung der vormodernen Kunst der Sterndeutung ist das Ineinandergreifen von Raum- und Zeitkonstellationen in einem dynamischen Prozeß, durch den die wechselvolle Anordnung der Gestirne augenblicks- und schicksalhaft mit den Charakterzügen des Menschen in Korrespondenz tritt. Die Sterne entfalten ihre Kraft nicht als jeweils einzelne, sondern im Rahmen ihrer beweglichen Gesamtkonstellation. »Der Gestirnstand stellt eine charakteristische Einheit dar und erst an ihrem Wirken im Gestirnstand werden die Charaktere der einzelnen Planeten erkannt« (II, 206). Die Analogiebeziehung zum Menschen besteht nun darin, daß er seinerseits seine Charakteristik erst in der mimetischen Anverwandlung an dieses Geflecht erfährt, in dem jeder Punkt aus der flüchtigen Positionierung zu allen anderen definiert wird. »Man muß, grundsätzlich, damit rechnen, daß Vorgänge am Himmel von früher Lebenden, und zwar sowohl durch Kollektiva als durch Einzelne, nachahmbar waren: ja, daß diese Nachahmbarkeit die Anweisung enthielt, eine vorhandene Ähnlichkeit zu handhaben. [...] Wenn aber wirklich das mimetische Genie eine lebensbestimmende Kraft der Alten gewesen ist, dann ist es kaum anders möglich, als den Vollbesitz dieser Gabe, insbesondere die vollendete Anbildung an die kosmische Seinsgestalt, dem Neugeborenen beizulegen.

Der Augenblick der Geburt, der hier entscheiden soll, ist aber ein Nu. Das lenkt den Blick auf eine andere Eigentümlichkeit im Bereiche der Ähnlichkeit. Ihre Wahrnehmung ist in jedem Fall an ein Aufblitzen gebunden. Sie huscht vorbei, ist vielleicht wiederzugewinnen, aber kann nicht eigentlich wie andere Wahrnehmungen festgehalten werden. Sie bietet sich dem Auge ebenso flüchtig, vorübergehend wie eine Gestirnkonstellation. Die Wahrnehmung von Ähnlichkeiten also scheint an ein Zeitmoment gebunden« (206 f.).

Es sind diese beiden Momente der beweglichen Konstellation und des Augenblicks, die für Benjamins Sprachtheorie entscheidend werden und es ihm erlauben, in der Astrologie »einen ersten Anhaltspunkt für das [...], was unter dem Begriff einer unsinnlichen Ähnlichkeit zu verstehen ist« (211), zu sehen. Es handelt sich dabei, wie Benjamin schreibt, um einen

»relative[n]« Begriff, »er besagt, daß wir in unserer Wahrnehmung dasjenige nicht mehr besitzen, was es einmal möglich machte, von einer Ähnlichkeit zu sprechen, die bestehe zwischen einer Sternkonstellation und einem Menschen. Jedoch auch wir besitzen einen Kanon, nach dem die Unklarheit, die dem Begriff von unsinnlicher Ähnlichkeit anhaftet, sich einer Klärung näher bringen läßt. Und dieser Kanon ist die Sprache« (207). Die unsinnliche Ähnlichkeit markiert also das Ende vormoderner Analogiekonzepte als Übergang in die Sprache, deren zentrale Merkmale sich ihrerseits in Korrespondenz zur Astrologie strukturieren. In diesem Zusammenhang ist darauf hinzuweisen, daß der Begriff des Kanons nicht nur einen verbindlichen Leitfaden einer Textsammlung meint, sondern auch als Lehre von den richtigen Proportionen und als Anordnung für die Bewegung der Himmelskörper verwendet wird. Die Sprache ist für Benjamin nicht nur das Richtmaß, an dem sich die Frage nach dem mimetischen Vermögen in der Moderne auszurichten hat, sie ist für ihn mit eben den Fähigkeiten ausgestattet, die vormals den Sternen zukamen: Konstellationskraft und Augenblicklichkeit.

Unsinnliche Ähnlichkeit zwischen Magie und Semiotik

Zwar betont Benjamin sowohl für das Geschriebene wie das Gesprochene, daß beides nicht aufgehe in einem arbiträren Zeichensystem mit eindeutigen Referenzen, sondern untereinander sowie in bezug auf das Bedeutete eine Vielzahl von Korrespondenzen und unsinnlichen Ähnlichkeiten stiftet, die die semiotische Funktion der Sprache übersteigen, gleichzeitig hebt er jedoch auch hervor, daß diese magische Seite der Sprache nicht loszulösen ist von ihrer arbiträr verweisenden. Beide Texte betonen ausdrücklich, daß die mimetische Seite der Sprache »nicht beziehungslos neben der anderen, der semiotischen einher[läuft]. Alles Mimetische der Sprache kann vielmehr, der Flamme ähnlich, nur an einer Art von Träger in Erscheinung treten. Dieser Träger ist das Semiotische« (II, 213). Wie im »Vexierbild« (208 f.) versteckt sich die magische Dimension in der Wortbedeutung als ihrem anderen. Der »buchstäbliche Text der Schrift« ist »der Fundus, in dem einzig und allein sich das Vexierbild formen kann« (208 f.). Eine Lektüre, die die Erfahrung der magischen Seite der Sprache machen will, bleibt angewiesen auf den hermeneutischen Verstehensprozeß, denn der Sinnzusammenhang bildet ein »Archiv« (209), ein über die Jahrhunderte mit verborgenen Korrespondenzen angereichertes Textgedächtnis, aus dem die Ähnlichkeiten hervortreten können. Diese sind dabei immer wieder neu im Prozeß der Lektüre zu erzeugen. Es geht nicht um einen vorgängig festgelegten Sinnzusammenhang, sondern um das, was »in den Lauten des Satzes« steckt, aus deren Konstellation »Ähnliches mit einem Nu aus einem Klang zum Vorschein kommen kann« (ebd.).

Es handelt sich nicht um eine einfache Kippfigur zwischen magischer und semiotischer Zeichenlektüre. Vielmehr eignet diesem Zeichenmodell der Korrespondenzen eine nicht stillzustellende Dynamik, die alle ihre Elemente immer wieder wechselseitig aufeinander verweisen läßt. Indem Benjamins Sprachtheorie die starren Ähnlichkeitsbeziehungen zwischen Sprache und Dingen zugunsten einer beweglichen Konstellation aller Sprachelemente aufgibt, geht sie deutlich über onomatopoetische Ansätze hinaus. Diese dienen ihm, wie der Verweis auf Rudolf Leonhards Studie *Das Wort* bezeugt, lediglich zur Ausgangsfeststellung, daß »die Sprache [...] nicht ein verabredetes System von Zeichen ist« (207), sondern das Mimetische entscheidenden Anteil an ihr hat. Ein Mimetisches, das jedoch nach Benjamin nichts mehr mit einfacher Lautmalerei zu tun hat, sondern sich als unsinnliche Ähnlichkeit wie folgt generiert: »Ordnet man Wörter der verschiedenen Sprachen, die ein gleiches bedeuten, um jenes Bedeutete als ihren Mittelpunkt, so wäre zu erforschen, wie sie alle – die miteinander oft nicht die geringste Ähnlichkeit besitzen – ähnlich jenem Bedeuteten in ihrer Mitte sind« (ebd.).

Mit dieser Anordnung knüpft Benjamin direkt an seine Überlegungen in der Aufgabe des Übersetzers an. Auch in diesem Essay geht es nicht um den Aufweis sinnlicher Ähnlichkeiten zwischen Wort und Bedeutung, so als ließe sich über den Vergleich zwischen Signifikat und Signifikant und über den Vergleich der Signifikanten miteinander eine Ähnlichkeit zu den Dingen selbst feststellen. Ähnlichkeit in diesem Sinne ist überhaupt nichts, was »notwendig bei Verwandtschaft sich einfinden muß. [...] Vielmehr beruht alle überhistorische Verwandtschaft der Sprachen darin, daß in ihrer jeder als ganzer jeweils eines und zwar dasselbe gemeint ist, das dennoch keiner einzelnen von ihnen, sondern nur der Allheit ihrer einander ergänzenden Intentionen erreichbar ist: die reine Sprache« (IV, 13). Dieses wechselseitige Ergänzungsverhältnis kann ebensowenig in seiner Totalität als solches zur Darstellung gebracht werden, wie einzelne Verwandtschaftsbeziehungen zwischen den Worten verschiedener Sprachen als stabil herausgegriffen werden können.

Indem nach Benjamin die Worte verschiedener Sprachen in bezug auf ihr jeweils Gemeintes zwar identisch sein können, sich in ihrer Art des Meinens jedoch ausschließen, läßt sich das Ergänzungsverhältnis einzig als eines denken, das immer nur aus der sich stetig wandelnden Konstellation der Worte zueinander und in bezug auf ihre Gesamtkonstellation entsteht. »Während dergestalt die Art des Meinens in diesen beiden Wörtern [›Brot‹ und ›Pain‹, d. Verf.] einander widerstrebt, ergänzt sie sich in den beiden Sprachen, denen sie entstammen. Und zwar ergänzt sich in ihnen die Art des Meinens zum Gemeinten. Bei den einzelnen, den unergänzten Sprachen nämlich ist ihr Gemeintes niemals in relativer Selbständigkeit anzutreffen, wie bei den einzelnen Wörtern oder Sätzen, sondern vielmehr in stetem Wandel begriffen, bis es aus der Harmonie all jener Arten des Meinens als die reine Sprache herauszutreten vermag« (IV, 14). Jede Übersetzung kann immer nur in Richtung auf diese reine Sprache weisen, ohne sie selbst als »Verhältnis aller Verhältnisse« zur Darstellung zu bringen.

Ähnlichkeiten im Sprachlichen sind für Benjamin nicht als feste Konstanten zu verstehen, sondern entstehen erst im Differenzverhältnis zwischen den Worten und deren Konstellationen. Das Vexierbild der Sprache, das die unsinnlichen Ähnlichkeiten momenthaft in der Kette der Bedeutungen aufscheinen läßt, wird erzeugt durch eine bewegliche Konstellation dreier Elemente. Es geht Benjamin nicht darum, die arbiträre Zeichenbeziehung durch das Auffinden sinnlicher Bezüge zwischen Signifikat und Signifikant zu unterlaufen. Eine solche onomatopoetische oder einfach magisch-animistische Sprachauffassung verfehlt den – leeren – Kern seiner Sprachphilosophie, der es um die Beschreibung einer sich immer wieder neu konstellierenden Beziehung zwischen den verschiedenen Worten untereinander und in bezug auf ihre Bedeutung geht. Es geht weder um das Auffinden geheimer Ähnlichkeiten zwischen Form und Inhalt des Zeichens, noch zwischen dem Zeichen und dem Ding, sondern um eine Ähnlichkeitsbeziehung, die sich erst in der Differenz zwischen den Zeichen in bezug auf ein nicht vorgängig gegebenes, sondern erst zu erzeugendes Drittes herstellt. Die Bedeutungsproduktion im Sinne der unsinnlichen Ähnlichkeiten kann niemals zum Abschluß und zum Stillstand kommen, sondern stellt sich in jedem Akt der Lektüre und des Schreibens immer wieder neu und anders her. Jede Ähnlichkeit ergibt sich immer nur im Blick auf die ganze, ihrerseits undarstellbare Konstellation, so daß eine einzelne Ähnlichkeit zwischen Worten oder Texten niemals aus der Substanz dieser Texte oder Worte gewonnen werden könnte.

Wie für die Sternkonstellation gilt auch für die sprachliche, daß solche Ähnlichkeiten nicht von Dauer sind, sondern nur momenthaft und flüchtig sichtbar werden, um gleich darauf wieder in der Kette der Bedeutungen zu verschwinden. Ähnliches erscheint immer nur blitzartig, so daß die magische Seite der Sprache in der Lektüre nicht festgehalten und in Besitz genommen werden kann, ihre Zeitform ist der Augenblick, der plötzlich aufscheint und eine andere Erfahrungswelt öffnet, die nicht dauerhaft anzueignen ist. Ähnliches erscheint »blitzartig«, »mit einem Nu« (II, 209) und »[i]hre Wahrnehmung ist in jedem Fall an ein Aufblitzen gebunden. Sie huscht vorbei, ist vielleicht wiederzugewinnen, aber kann nicht eigentlich wie andere Wahrnehmungen festgehalten werden« (206).

Ähnlichkeiten in der Sprache der Dinge und Menschen

Möglich wird die Verschiebung der Ähnlichkeitsstrukturen in den Bereich des Sprachlichen vor dem Hintergrund der Zeichenhaftigkeit der Dingwelt, durch die das Lesen zur gemeinsamen Voraussetzung natürlicher und sprachlicher Welterschließung wird. »Was nie geschrieben wurde, lesen«, zitiert Benjamin Hofmannsthal und unterstreicht: »Dies Lesen ist das älteste: das Lesen vor aller Sprache, aus den Eingeweiden, den Sternen oder Tänzen. Später kamen Vermittlungsglieder eines neuen Lesens, Runen und Hieroglyphen in Gebrauch. Die Annahme liegt nahe, daß dies die Stationen wurden, über welche jene mimetische Begabung, die einst das Fundament der okkulten Praxis gewesen ist, in Schrift und Sprache ihren Eingang fand« (II, 213).

Auf die Einbindung der Sprache als Zeichensystem in eine kosmologische Struktur von Zeichen im Rahmen einer allgemeinen Wahrnehmungstheorie hat Benjamin schon in seinen frühen Notizen zu Wahrnehmung und zum Lesen hingewiesen (VI, 32–38). Scholem sieht in diesen frühen Fragmenten die »Keimzelle« für die späte Sprachphilosophie: »Schon damals beschäftigen ihn Gedanken über die Wahrnehmung als ein Lesen von Konfigurationen der Fläche, als die der urzeitliche Mensch die Welt um sich und besonders den Himmel aufnahm. [...] Die Entstehung der Sternenbilder als Konfiguration auf der Himmelsfläche, behauptete er, sei der Beginn des Lesens, der Schrift, die mit der Ausbildung des mystischen Weltalters zusammenfalle« (Scholem 1975, 80). Gleichzeitig führt eine solche allgemeine Semiotik im weitesten Sinne auch zurück auf den Aufsatz Über Sprache überhaupt und über die Sprache des Menschen, der ebenfalls von der Prämisse ausgeht, daß es »kein Geschehen oder Ding [gibt,] weder in der belebten noch in der unbelebten Natur, das nicht in gewisser Weise an der Sprache teilhätte, denn es ist jedem wesentlich, seinen geistigen Inhalt mitzuteilen« (II, 140f.). Nun ist diese Teilhabe der Dinge am Sprachlichen in Benjamins früher Sprachtheorie eine stumme, der erst das erkennende Benennen des Menschen zur Transformation ins Lautliche verhilft. In der reinen Sprache ist das Benennen der Dinge keine Ermächtigung, sondern ein Empfangen der »Mitteilung der Materie in [...] magische[r] Gemeinschaft« (VII, 795), die den Dingen eignet. Und noch die Vielheit der Sprachen nach dem Sündenfall verweisen in ihrer Unvollkommenheit auf diesen vormaligen Mitteilungsstrom zwischen Namen und Ding.

Ein Blick auf die Notizen, die Benjamin beim Vergleich der frühen mit der späten Sprachtheorie vorgenommen hat, zeigt, daß der Begriff der Ähnlichkeit jetzt in zweifacher Weise zum Schlüsselbegriff innerhalb dieses Korrespondenzverhältnisses von Menschen- und Dingsprache wird. Zum einen »[erfolgt] [d]ie Mitteilung der Materie in ihrer magischen Gemeinschaft [...] durch Ähnlichkeit« (ebd.), das heißt die stumme Sprache der Dinge ist eine der Analogien, zum anderen korrespondiert die Art und Weise dieser Ähnlichkeiten mit den Ähnlichkeitsbeziehungen in der Lautsprache des Menschen: »Dem flüchtigen Aufblitzen dieser Ähnlichkeit im Gegenstand entspricht die flüchtige Existenz der gleichen Ähnlichkeit im Laute« (ebd.). Verklammert werden beide Elemente über eine »Urform des Lesens«, der die »Runen als Übergangsform zwischen Wipfeln, Wolken, Eingeweiden auf der einen und Buchstaben auf der anderen Seite« (796) sind.

Dabei wird eine Verbindung von mystischen und semiotischen Elementen deutlich, die sich als Erläuterung zu Benjamins Hinweis aus der LEHRE VOM ÄHNLICHEN lesen lassen, die Wirkungsweise der unsinnlichen Ähnlichkeit sei »natürlich mystischen oder theologischen Sprachtheorien engstens verwandt, ohne darum jedoch empirischer Philologie fremd zu sein« (II, 207f.). Denn das »Aufblitzen der Ähnlichkeit« hat für Benjamin »geschichtlich den Charakter einer Anamnesis, die einer verlornen Ähnlichkeit, die frei von der Verflüchtigungstendenz war, sich bemächtigt. Diese verlorene Ähnlichkeit, die in der Zeit Bestand hat, herrscht im adamitischen Sprachgeist. Der Gesang hält das Abbild einer solchen Vergangenheit fest« (VII, 795), ein Abbild, das freilich angesichts der oben gezeigten augenblickhaften Konstellierung aller möglichen sprachlichen Elemente niemals mehr ein festes, dauerhaftes sein kann, sondern als unsinnlich ähnliches »stets an einem heterogenen Substrat, nämlich am Zeichencharakter des Wortes auf[blitzt]« (796). Was sich im Aufblitzen des Mimetischen am repräsentativen Zeichen zeigt, ist nicht die Sprache des Göttlichen selbst, sondern die Erinnerung an deren Verlust.

Die Entstehung der LEHRE VOM ÄHNLICHEN im Rahmen der Ausarbeitung der BERLINER KINDHEIT erhält an diesem Punkt ihre theoretische Relevanz: was in der unsinnlichen Ähnlichkeit aufblitzt ist die Erinnerung an eine verlorene vorgängige Ähnlichkeitsbeziehung, deren Entzug sich nur in den blitzartigen Konstellationen der verschiedenen Sprachmomente zeigt, womit die Philologie, die Benjamin in der LEHRE VOM ÄHNLICHEN den mystischen und theologischen Momenten seiner Sprachtheorie zur Seite stellt, nicht nur deren Begleiter, sondern deren Bedingung wird. Der vieldiskutierte Schlußsatz aus ÜBER DAS MIMETISCHE VERMÖGEN, daß die Sprache als »höchste Stufe des mimetischen Verhaltens«, ein »Medium« sei, »in welches ohne Rest die früheren Kräfte mimetischer Hervorbringung und Auffassung hineingewandert sind, bis sie so weit gelangten, die der Magie zu liquidieren« (II, 213) signalisiert in diesem Kontext jenseits der Frage nach Messianismus und historischem Materialismus zunächst die Warnung, das Mimetische gänzlich an das Kultische zurückzubinden und damit das für Benjamins Sprachphilosophie konstitutive Verhältnis von Repräsentation und Mimesis zugunsten des Mimetischen aufzulösen.

Rezeption

Vorgeprägt durch die Einschätzung Scholems, daß in beiden Fragmenten eine »unverkennbare[] Spannung« zwischen einer »materialistischen Sprachansicht« und einer »unter theologisch-mystischer Inspiration stehenden Sprachbetrachtung« (Scholem 1975, 259) zum Ausdruck kommt, stand die Diskussion um die LEHRE VOM ÄHNLICHEN und ÜBER DAS MIMETISCHE VERMÖGEN lange Zeit im Zeichen der allgemeinen Debatte um Benjamins Situierung innerhalb des Spannungsfeldes von Messianismus und historischem Materialismus (vgl. in diesem Sinne auch den Kommentar der GS, II, 950ff.). In bezug auf die messianischen Elemente wurden dabei die Trennungslinie entweder zwischen der frühen und der späten Sprachtheorie, oder zwischen der ersten und der zweiten Fassung gezogen, enthält letztere doch jenes umstrittene Schlußwort von der »Liquidation der Magie«, an dem sich die Diskussion immer wieder aufgehängt hat. Schon Habermas sieht in seinem frühen Aufsatz über *Bewußtmachende oder rettende Kritik* den »profanen Inhalt der messianischen Verheißung« darin, die sich im

Magischen bezeugende Abhängigkeit von den Gewalten der Natur »zu liquidieren, ohne daß die Kräfte der Mimesis und die Ströme der semantischen Energien versiegen« (Habermas 1972, 205), und Krista Greffrath nennt sie das »profane Erbe der Namens- und Übersetzungstheorie« (Greffrath 1981, 125). Winfried Menninghaus konstatiert neutraler: »Diese neue Sprachtheorie ist zu einem großen Teil die in ein anderes begriffliches Medium ›übersetzte‹ alte« (Menninghaus 1980, 60), wohingegen Michael Bröcker den Neuansatz der späten Sprachphilosophie in Richtung auf eine Theorie der Erinnerung betont, die Wendung ins »Marxistische« aber beibehält (vgl. Bröcker 1999, 272–281 und 2000, 770).

Inhaltliches Zentrum der Forschungsdiskussion bildet das umstrittene Konzept der »unsinnlichen Ähnlichkeit«. Menninghaus sieht die Tragweite des Konzeptes nur dort gesichert, wo die mimetische Ähnlichkeit nicht auf einzelne Wörter und deren Bedeutungsgehalte beschränkt bleibt, sondern als »das formative, die Struktur der Rede wie die Syntax der Sätze und den ›Ton‹ der Worte prägende Prinzip eines Sprechens« (Menninghaus 1980, 70) verstanden wird. Die Verbindung der späten Sprachphilosophie mit der Berliner Kindheit legt jedoch nah, daß Benjamin durchaus auch einzelne Buchstaben und Syntagmen im Auge gehabt haben könnte. Allerdings weniger in dem von Menninghaus bei Gagnebin kritisierten Sinne einer »sinnlich, subjektiv-assoziativen Ähnlichkeit« (Menninghaus 1980, 243 f.; vgl. Gagnebin 1978, 106). Die in der Berliner Kindheit und in der Lehre vom Ähnlichen aufgeführten Beispiele einzelner Wortentstellungen und Bedeutungsverschiebungen dienen nicht der Festschreibung einer eindeutigen sinnlichen Ähnlichkeit als fester Form einer »anderen Welterfahrung« im Gegensatz zur begrifflichen Auslegung, sondern sind Benjamin Beispiele für die Praxis des Verschiebens und Verstellens, die das Verhältnis von instrumenteller Begrifflichkeit und unsinnlicher Ähnlichkeit bestimmt. In diesem Sinne verfolgt Werner Hamacher an einzelnen Syntagmen der Berliner Kindheit die für eine Sprache der unsinnlichen Ähnlichkeit konstitutiven Momente der Entstellung (Hamacher 1986, 133–162), wohingegen Michael Bröcker die Ähnlichkeit als vorsubjektive Einheitserfahrung von Welt und Ich faßt, der sich die Erinnerung reflexiv anzunähern sucht (Bröcker 1999, 272–281).

Ein weiterer Forschungsstrang liest die sprachphilosophischen Texte als eine Theorie der Expression, die das Spannungsfeld von Ähnlichkeit und Semiotik zugunsten einer am Ausdruck orientierten Mimesis aufzulösen sucht. So sieht Habermas den mimetischen Gehalt der Sprache in ihrer Expressivität: »Nicht die humanspezifischen Eigenschaften der Sprache interessieren Benjamin, sondern die Funktion, die sie mit den Tiersprachen verbindet: die expressive« (Habermas 1972, 203; das Expressive betont auch Schwarz 1984, 43–78). Dagegen setzt Tilman Lang ein semiologisches Mimesis-Konzept, »das Mimesis als Weltzugang auf der Basis des Vermögens zur Lektüre, Verzeichnung und Supplementierung einer (unbekannten) Ordnung der Dinge [...] exponiert« (Lang 1998, 13).

Interessanterweise stützt Habermas seine These mit der von Benjamin in den Problemen der Sprachsoziologie dargelegten Lektüre Bühlers, wobei ihm die dort vorgenommene Verschiebung von der Expression, d. h. vom Ausdruck im Sinne Bühlers auf den Appell, also die deiktische Funktion der Sprache entgeht. Habermas' Bezugnahme auf die Probleme der Sprachsoziologie kann als symptomatisch für den Umgang mit diesem Text gelten. Anders als die sprachtheoretischen Schriften selbst wurde der Text als Auftragsarbeit mit referierendem Charakter von der Forschung bislang lediglich am Rande thematisiert. Zwar wurde Benjamins Versuch, die sprachwissenschaftlichen Überlegungen der Zeit mit seiner eigenen Theorie zu verbinden, verschiedentlich wie etwa bei Menninghaus und Lang hervorgehoben (Menninghaus 1980, Lang 1998), eine eigene Aussagekraft sprechen ihm jedoch lediglich Ullrich Schwarz in einem kurzen Überblicksartikel (Schwarz 1984, 43–77) sowie Günter Karl Pressler zu. Dessen Monographie ist die einzige bislang erschienene eigenständige Würdigung des Sammelreferats.

Werk

Probleme der Sprachsoziologie. Ein Sammelreferat (III, 452–480)
Lehre vom Ähnlichen (II, 204–210)
Über das mimetische Vermögen (II, 210–213)
Anja und Georg Mendelsohn, Der Mensch in der Handschrift (III, 135–139)
Antithetisches über Wort und Name (VII, 795)
Die Aufgabe des Übersetzers (IV, 9–21)
Der Baum und die Sprache, in: Denkbilder (IV, 425)
Fragmente zur Ästhetik aus der Zeit zwischen 1914 und 1921 (VI, 109–129)
Moskauer Tagebuch (VI, 292–409)
Notizen zur Malerei (II, 602–607 und 1414 f.)
Rez. zu Richard Hönigswald: Philosophie und Sprache (III, 564–569)
Über Sprache überhaupt und über die Sprache des Menschen (II, 140–157)
Zur Astrologie (VI, 192–194)
Bühler, Karl (1934): Sprachtheorie. Die Darstellungsfunktion der Sprache, Jena.
Callet, Charles (1926): *Le mystère du langage*, Paris.
Lefèvre, Frédéric/Marcel Jousse (1927): »Une novelle psychologie du langage«, in: Les cahiers d'Occident, Bd. 1, 10, Paris.
Leonhard, Rudolf (1932): Das Wort, Berlin.

Leroy, Olivier (1927): *La raison primitive*. Essai de réfutation de la théorie du prélogisme, Paris.
Lévy-Bruhl, Lucien (1918): Les fonctions mentales dans les sociétés inférieures, Paris.
Marr, Niklaus (1926): »Über die Entstehung der Sprache«, in: Unter dem Banner des Marxismus 1.
Nicefero, Alfredo (1912): Le génie de l'argot. Essai sur les langages spéciaux, les argots et les parlers magiques, Paris.
Paget, Richard (1933): »L'évolution du langage«, in: H. Delacroix u.a. (Hg.): Psychologie du langage, Paris.
Valery, Paul (1923): L'âme et la danse, Paris.
Werner, Heinz (1932): Grundfragen der Sprachphysiognomik, Leipzig.
Wüster, Eugen (1931): Internationale Sprachnormung in der Technik, besonders in der Elektrotechnik, Berlin.

Literatur

Bröcker, Michael (1999): »Benjamins Versuch ›Über das mimetische Vermögen‹«, in: Klaus Garber/Ludger Rehm (Hg.): global benjamin, Bd. 1, München, 272–281.
Bröcker, Michael (2000): »Sprache«, in: Michael Opitz/Erdmut Wizisla (Hg.): Benjamins Begriffe, Bd. 2, Frankfurt a.M., 740–773.
Gagnebin, Jeanne-Marie (1978): Zur Geschichtsphilosophie Walter Benjamins, Erlangen.
Greffrath, Krista R. (1981): Metaphorischer Materialismus. Untersuchungen zum Geschichtsbegriff Walter Benjamins, München.
Habermas, Jürgen (1972): »Bewußtmachende oder rettende Kritik – die Aktualität Walter Benjamins«, in: Siegried Unseld (Hg.): Zur Aktualität Walter Benjamins. Aus Anlaß des 80. Geburtstags von Walter Benjamin, Frankfurt a.M., 173–223.
Hamacher, Werner (1986): »The word Wolke – If it is one«, in: Studies in Twentieth Century Literature. Special issue on Walter Benjamin, Vol.11, Nr.1, 133–162.
Jäger, Lorenz (1992): »›Primat des Gestus‹. Überlegungen zu Benjamins ›Kafka‹-Essay«, in: Lorenz Jäger/Thomas Regehly (Hg.): »Was nie geschrieben wurde, lesen«. Frankfurter Benjamin-Vorträge, Bielefeld, 96–111.
Lang, Tilman (1998): Mimetisches oder semiologisches Vermögen? Studien zu Walter Benjamins Begriff der Mimesis, Göttingen.
Lindner, Burkhardt (1992): »Benjamins Aurakonzeption: Anthropologie und Technik, Bild und Text«, in: Uwe Steiner (Hg.): Walter Benjamin 1892–1940. Zum 100. Geburtstag, Bern/Berlin, 217–249.
Maas, Utz (1999): »Sprachwissenschaftliches im Werk Walter Benjamins«, in: Klaus Garber/Ludger Rehm (Hg.): global benjamin, Bd. 1, München, 282–297.
Menninghaus, Winfried (1980): Walter Benjamins Theorie der Sprachmagie, Frankfurt a.M.
Pressler, Günter Karl (1992): Vom mimetischen Ursprung der Sprache. Walter Benjamins Sammelreferat »Probleme der Sprachsoziologie« im Kontext seiner Sprachtheorie, Frankfurt a.M.
Scholem, Gershom (1975): Walter Benjamin – Geschichte einer Freundschaft, Frankfurt a.M.
Schwarz, Ullrich (1984): »Walter Benjamin: Mimesis und Erfahrung«, in: Joseph Speck (Hg.): Grundprobleme der großen Philosophen. Philosophie der Gegenwart VI, Göttingen, 43–78.

»Berliner Kindheit um neunzehnhundert«

Von Anja Lemke

Mit der BERLINER KINDHEIT UM NEUNZEHNHUNDERT verfaßt Benjamin einen literarischen Text, der autobiographische, poetologische und gesellschaftskritische Züge miteinander verbindet. Geplant als Zyklus von 30 Stücken werden miteinander nicht chronologisch verbundene, kurze Erinnerungsepisoden aus der eigenen Kindheit dargestellt, die sich jeweils auf einen Schauplatz oder eine konkrete Begebenheit konzentrieren. Statt der in der Autobiographie üblichen Narration entlang der Stationen des Lebenslaufs bilden Orte und Gegenstände die zentralen Strukturmerkmale des Textes. Der Raum tritt an die Stelle zeitlicher Erstreckung und fungiert gleichsam als Schwelle zwischen den individuellen Erinnerungen und deren soziokulturellen Prägungen.

Damit verschiebt Benjamin den Fokus gegenüber herkömmlichen Autobiographien gleich doppelt. Zum einen steht bei ihm nicht die Darstellung des eigenen Lebens im Mittelpunkt, sondern das, was an ihm die Umbruchsituation der Jahrhundertschwelle sichtbar macht. Gleichzeitig hat diese Verschränkung von Kollektiv- und Individualgeschichte nicht nur gesellschaftstheoretische Relevanz, sondern interessiert Benjamin als erinnerungspoetisches Phänomen, »wo [...] im Gedächtnis gewisse Inhalte der individuellen Vergangenheit mit solchen der kollektiven in Konjunktion [treten]« (ÜBER EINIGE MOTIVE BEI BAUDELAIRE, I, 611). Die Erinnerungsbilder der eigenen Kindheit zielen nicht nur allgemein auf eine »Berliner Kindheit um neunzehnhundert«, sondern sind als Erinnerungsbilder gleichzeitig Bilder des Erinnerns, so daß ihre formale Ausgestaltung gegenüber den konkreten Erinnerungsinhalten in den Vordergrund rückt. In diesem Sinne ist die Konzentration auf den Aspekt des Räumlichen und die Isolierung der einzelnen Erinnerungssequenzen nicht nur als atemporäres Ordnungsschema für die Erlebnisse aus der Kindheit zu verstehen, sondern auch als poetologischer Hinweis auf die sprachliche Gestalt des Erinnerns selbst.

Entstehungs- und Überlieferungsgeschichte

Die Entstehungsgeschichte der BERLINER KINDHEIT UM NEUNZEHNHUNDERT macht deutlich, warum der Autor diese Sammlung kleiner Prosastücke zu seinen »zerschlagenen Büchern« zählt (5, 189). Kein anderer Text spiegelt in seinem Entstehungsprozeß die Geschichte der Verfolgung, Exilierung und Heimatlosigkeit seines Autors so direkt wie diese Sammlung. Was 1931 als Auftragsarbeit begann – s. u. Berliner Chronik –, wurde zu einem auf den verschiedenen Stationen des Exils mehrfach umgearbeiteten Konvolut von einzelnen Erinnerungstexten, das trotz Benjamins intensiven Bemühungen zu seinen Lebzeiten nicht mehr in Buchform erschien. In Deutschland sind zwischen Dezember 1932 und August 1934 lediglich einzelne Stücke in der *Frankfurter* und der *Vossischen Zeitung* abgedruckt worden, ab August 1933 nur noch anonym oder unter den Pseudonymen Detlef Holz und C. Conrad. 1938 erscheinen sieben Stücke in der Exilzeitschrift *Maß und Wert* (vgl. IV, 968).

Die von Benjamin schon im Februar 1933 prognostizierte »verschwindende Aussicht« auf eine Veröffentlichung der Berliner Kindheit als Gesamttext – »Jedermann sieht, daß sie so vortrefflich ist, daß die Unsterblichkeit sie auch als Manuscript zu sich berufen wird. Man druckt Bücher, die es nötiger haben« (Brief an Scholem vom 28.02.1933, 4, 162) – bestätigte sich auch im Exil. Erst 1950 hat Theodor W. Adorno die Sammlung erstmals als Buch veröffentlicht, wobei sowohl die Anzahl als auch die Reihenfolge der Stücke vom Herausgeber auf der Basis einiger bereits veröffentlichter Einzeltexte und eines ihm von Benjamin überlassenen losen Blattmanuskriptes besorgt wurde. Auch der rezeptionsgeschichtlich einflußreichen erweiterten Fassung für die Gesamtausgabe von 1972 (vgl. IV, 235–304) liegt keine komplette, von Benjamin autorisierte Manuskript- oder Typoskriptfassung zugrunde. Mit der Veröffentlichung der 1981 in der Pariser Nationalbibliothek aufgefundenen Typoskriptfassung Handexemplar komplett im Nachtragsband der Gesamtausgabe (VII, 385–433) sowie der 2000 gesondert publizierten sogenannten »Gießener Fassung« von 1932, hier künftig als GF zitiert, liegt mittlerweile eine frühe und eine späte von Benjamin selbst besorgte Textfassung vor, deren Auswertung im Rahmen einer historisch-kritischen Ausgabe allerdings bislang noch aussteht (zur Entstehungsgeschichte im einzelnen vgl. IV, 964–986, VII, 691–723).

»Berliner Chronik« als Vorarbeit

Das unvollendete, 59 Seiten starke Manuskript Berliner Chronik, das 1970 erstmals von Gershom Scholem ediert wurde, bildet die wichtigste Vorarbeit zur Berliner Kindheit um neunzehnhundert. Der Text, der überwiegend zwischen April und Juli 1932 auf Ibiza entstanden ist (zur Entstehungsgeschichte VI, 797–807), geht auf eine Auftragsarbeit zurück. Im Herbst 1931 war die *Literarische Welt* an Benjamin mit der Bitte herangetreten, in loser Abfolge eine Reihe von subjektiv eingefärbten Geschichten über seine Heimatstadt Berlin zu verfassen. Zwar kam es nicht zum geplanten vierteljährlichen Abdruck der kurzen Erzählungen, doch mit ihnen war der Grundstein für Benjamins anhaltende Auseinandersetzung mit der literarischen Darstellung der eigenen Kindheitserinnerungen gelegt.

Die als Berliner Chronik betitelten fragmentarischen Aufzeichnungen stellen in zweifacher Hinsicht die »Keimzelle« (Scholem) für die Berliner Kindheit dar. Zum einen enthalten sie bereits eine Reihe kleiner Erinnerungstexte aus Benjamins früher Kindheit in Berlin, von denen etwa zwei Fünftel umgearbeitet in die Berliner Kindheit aufgenommen wurden. Neben dem Motto »O braungebackene Siegessäule/ Mit Kinderzucker aus den Wintertagen«, das auf die Rauscherfahrungen aus der Zeit von 1928–1931 zurückgeht (vgl. Protokolle zu Drogenversuchen, 618), finden sich in ihnen zahlreiche Entwürfe zu Texten, die unter anderem Titel in verändertem Kontext in der Berliner Kindheit wiederbegegnen. Anders als diese beschränkt sich der Betrachtungszeitraum der Chronik jedoch noch nicht auf die früheste Kindheit, sondern umfaßt auch Jugendepisoden und Erinnerungen an die Studienzeit, wobei sowohl die eigene politische Überzeugung als auch die konkreten Lebensumstände im Umfeld von Familie und Freunden mit zur Sprache kommen. Derart konkrete Bezüge, wie etwa die Erinnerung an den Jugendfreund Fritz Heinle, die Beschreibung der politischen Aktivitäten in der Studienzeit oder die Erzählung der »vier Ringe«, durch die die Freunde und Freundinnen miteinander verbunden waren, werden in der Berliner Kindheit sämtlich ausgelassen.

Neben den Vorarbeiten zu einzelnen Kindheitserinnerungen bildet die Berliner Chronik auch die theoretische Vorstufe zur poetischen Darstellung der autobiographischen Erinnerungen in der Berliner Kindheit. Benjamin, der »das Wort ›ich‹ [...] außer in Briefen« (475) und privaten autobiographischen Aufzeichnungen in seinen Texten bislang immer vermieden hatte, beginnt hier von sich selbst zu sprechen und macht die Erfahrung, »daß dies Subjekt, das jahrelang im Hintergrund zu bleiben war gewohnt gewesen, sich nicht so einfach an die Rampe bitten ließ« (476).

Die Auseinandersetzung mit der Schwierigkeit, Zugang zu diesem Ich zu finden, führt zum »geheimnisvolle[n] Werk der Erinnerung« (ebd.), dem nachzugehen die zentrale Gemeinsamkeit der Berliner Chronik und der Berliner Kindheit um neunzehnhundert bildet. Doch während es sich bei der

BERLINER KINDHEIT um einen auf Erläuterungen fast gänzlich verzichtenden, literarischen Text handelt, in dem sich die Wirkungsweise der Erinnerung als Moment einer immanenten Poetik lesen läßt, trennt die CHRONIK noch deutlich zwischen narrativen und reflexiven Passagen, so daß ihre theoretischen Passagen als eine Art »programmatischer Vorentwurf« zu einer, sich erst in der BERLINER KINDHEIT literarisch darstellenden Poetik der Erinnerung verstanden werden können. Daß die Gegenwart des Schreibenden die Darstellung der Erinnerung entscheidend mitbestimmt, gehört zu den programmatischen Einsichten der BERLINER CHRONIK, die von der Gegenwart als dem »Medium« spricht, »in dem diese Bilder allein sich darstellen und eine Transparenz annehmen, in welcher, wenn auch noch so schleierhaft die Linien des Kommenden wie Gipfelzüge sich abzeichnen« (471).

Rezeptionsgeschichte

Die Rezeptionsgeschichte der BERLINER KINDHEIT war lange Zeit dadurch bestimmt, diesen Hinweis nicht nur poetologisch im Gegensatz zu Prousts *Recherche* als »Erinnerung an die Zukunft« zu lesen (vgl. Szondi 1978; Stüssi 1977), sondern ihn auf Benjamins Situation des Exils und der Vertreibung zu beziehen und die Erinnerungsbilder der BERLINER KINDHEIT so insgesamt im Kontext des Faschismus zu deuten. Daß der Versuch eines Rückblicks zeitgeschichtlich auch durch die Verfolgung und Vertreibung bestimmt ist, macht neben einzelnen Briefpassagen (Vgl. IV, 966 und Brief an Scholem vom 28.02.1933, 4, 162) das Vorwort zur *Fassung letzter Hand* explizit, in dem der Anlaß zur Niederschrift 1932 als der Moment bestimmt wird, in dem »mir klar zu werden [begann], daß ich in Bälde einen längeren, vielleicht einen dauernden Abschied von der Stadt, in der ich geboren bin, würde nehmen müssen« (VII, 385). Das »Verfahren der Impfung« (ebd.), mit dem die Erinnerungsbilder die Sehnsucht und das Heimweh des Exilierten in Schranken halten sollen, bezieht sich dabei nicht allein auf die eigene Biographie, sondern zielt auf die gesellschaftlichen Umbrüche, die in einer Kindheit um Neunzehnhundert bereits die Schatten der Zukunft sichtbar gemacht haben. Adorno spricht in seinem Nachwort zur Erstausgabe der BERLINER KINDHEIT davon, daß »[d]ie Luft um die Schauplätze, welche in Benjamins Darstellung zu erwachen sich anschicken, [...] tödlich [ist]. Auf sie fällt der Blick des Verurteilten, und als verurteilte gewahrt er sie« (Adorno 1975, 169f.).

Das sozialgeschichtliche Interesse, das den Text als autobiographisches Zeugnis der Verfolgung in Verbindung mit einer allgemeinen Analyse der gesellschaftlichen Umbrüche liest, wurde in neueren Studien durch eine poetologische Blickrichtung erweitert, die den Fluchtpunkt des Textes weniger im lebensweltlichen Referenzrahmen des Autorsubjektes verortet als vielmehr in der ihm immanenten Reflexion auf die Darstellungsverfahren des zu Erinnernden. In diesem Sinne konzentriert sich etwa Manfred Schneider zur Analyse des Verhältnisses von Identität und Identifikation nicht allein auf die konkrete Verfolgungssituation des Autors, sondern untersucht diese Wechselwirkung mit einem medientheoretischen Ansatz in der Entwicklungsgeschichte der Gattung Autobiographie als solcher (vgl. Schneider 1986, 105–149). Der Frage nach einer immanenten Sprachpoetik gehen auch Texte nach, die, wie Werner Hamachers »The word *Wolke*« (vgl. Hamacher 1986/87) die BERLINER KINDHEIT in enger Verbindung mit den zeitgleich entstandenen sprachphilosophischen Fragmenten LEHRE VOM ÄHNLICHEN und ÜBER DAS MIMETISCHE VERMÖGEN lesen, oder sie wie Nicolas Pethes (1999, vgl. 263–306), Detlef Schöttker (1999, vgl. 221–243) und Anja Lemke (2005) unter dem Aspekt einer Poetik der Erinnerung nicht nur als Darstellung von Erinnerungen, sondern als Darstellung des Erinnerns zu verstehen suchen.

Textkohärenz und Anordnung der Texte

Umstritten bleibt in der Forschung die Rolle der Anordnung der einzelnen Erinnerungssequenzen. Zwei der wenigen bislang zur BERLINER KINDHEIT erschienenen Monographien, Anna Stüssis hermeneutische Auslegung zum Motiv der *Erinnerung an die Zukunft* (Stüssi 1977) und Muthesius' psychoanalytische Überlegungen *Mythos Sprache Erinnerung* (Muthesius 1996) anhand des Schwellenmotivs und der Labyrinthmetapher, machen dieses Problem, das durch die neuen Typos- und Manuskriptfunde nur teilweise beseitigt worden ist, deutlich. Beide Arbeiten orientieren sich jeweils an ausgewählten, von ihnen als dominant herausgestellten Motiven und suchen auf diese Weise eine gewisse Textkohärenz herzustellen, die der losen Folge der Erinnerungstexte zunächst zu fehlen scheint. Gegen einen solchen thematischen Ordnungsversuch stellt Bernd Witte auf der Basis der *Fassung letzter Hand* die Absicht, das Werk in seiner letzten von Benjamin festgelegten Reihenfolge als »gestaltete Einheit« zu lesen (vgl. Witte 1984). Zwar wird in allen Fassungen sowie den sie kommentierenden Briefen und Notizen deutlich, daß Benjamin bei der Buchpublikation die Anordnung der Textstücke sowie ihre Begrenzung auf 30 überaus wichtig war. Ob die jetzt vorliegende ›Fassung letzter Hand‹ tatsächlich als endgültige Textfassung zu verstehen ist, bleibt jedoch fraglich. Nicht nur der Notizzettel über Um- und Einarbeitungen, der der Typoskriptfassung letzter Hand beigefügt war (vgl. VII, 695 f.), auch die immanente Poetik der BERLINER KINDHEIT scheint einer solchen Abgeschlossenheit entgegenzustehen. Auch wenn Benjamin offenkundig eine Geschlossenheit der Sammlung intendiert hat – die zahlreichen Umarbeitungen und Neuordnungen der Reihenfolge bis in die *Fassung letzter Hand* sprechen dafür –, bestätigt sich gerade in den verschiedenen Versuchen, eine endgültige Reihenfolge für die Erinnerungstexte zu finden, daß deren Anordnung sich nicht in ein lineares Schema fügt.

Gleiches gilt auch für den Versuch, über einzelne Leitmotive und Zentralmetaphern Textkohärenz zu stiften. Die fragmentarische Form führt zur Überdeterminierung der Motivkomplexe, durch die jeder Versuch eines zentralen Ordnungsmotivs oder einer definitiven Reihenfolge zwar in sich kohärent bleibt – allerdings jeweils um den Preis des Ausschlusses aller übrigen Verknüpfungsmöglichkeiten. In diesem Sinne stellt der Text autoreflexiv die Schwierigkeiten seiner eigenen Produktions- und Rezeptionsbedingungen dar und unterläuft als »Kaleidoskop der Erinnerungen« eine endgültige Fixierung im Lektüreprozeß, indem jede Umgruppierung der in sich geschlossenen Erinnerungsbilder neue Konstellationen und neue Verstehensoptionen generiert. Es geht der BERLINER KINDHEIT um »Bilder, die aus allen früheren Zusammenhängen losgebrochen als Kostbarkeiten in den nüchternen Gemächern unserer späten Einsicht – wie Trümmer oder Torsi in der Galerie des Sammlers – stehen« (VI, 486).

Fremde und eigene Intertexte

Wie fast alle Texte Benjamins ist auch die BERLINER KINDHEIT UM NEUNZEHNHUNDERT ein äußerst dicht gewobenes Netz aus Zitaten, Allusionen und Verweisen auf eigene und fremde Texte. Neben den zahlreichen Hinweisen auf die Welt der Märchen und Sagen, die die kindliche Wahrnehmung ebenso bestimmen wie die Poetik des Textes, finden sich literarische Bezüge zu Shakespeare, Dante und den deutschen Romantikern.

Der wichtigste fremde Intertext der BERLINER KINDHEIT ist Prousts *A la recherche du temps perdu*. Obwohl ein direkter Hinweis auf den Text fehlt, läßt sich eine Vielzahl von Motivkomplexen ausmachen, die Benjamins Kindheitserinnerungen mit denen der *Recherche* verbinden. Darüber hinaus hat erst die Mitte der 20er Jahre einsetzende Beschäftigung mit Proust Benjamin die Thematik der Erinnerung sowie die Frage des Autobiographischen überhaupt nähergebracht. Gemeinsam mit Franz Hessel, dessen *Spazieren in Berlin* zusammen mit Luis Aragons *Le Paysan de Paris* einen weiteren wichtigen Bezugspunkt zur BERLINER KINDHEIT bildet, übersetzt Benjamin drei Bände der *Recherche* (Suppl. III, 588 ff.). An diese Übersetzungsarbeit schließt der Essay ZUM BILDE PROUSTS (II, 310) an, dessen Verbindung zur BERLINER KINDHEIT sich nicht nur in der Verwendung ähnlicher Motive und Metaphern wie etwa der des Strumpfes zeigt, sondern sich auf die generelle Auseinandersetzung mit der Frage der autobiographischen Erinnerung bezieht. Was Benjamin am Beginn des Essays für die *Recherche* festhält, kann durchaus auch als poetologisches Prinzip der BERLINER KINDHEIT gelesen werden: »Man weiß, daß Proust nicht ein Leben wie es gewesen ist in seinem Werke beschrieben hat, sondern ein Leben, so wie der, der's erlebt hat, dieses Leben erinnert. Und doch ist auch das noch unscharf und bei weitem zu grob gesagt. Denn hier spielt für den erinnernden Autor die Hauptrolle gar nicht, was er erlebt hat, sondern das Weben seiner Erinnerung, die Penelopearbeit des Eingedenkens« (311).

Anders als Proust wählt Benjamin für die Darstellung dieser Arbeit des Eingedenkens nicht die narrative Extension, sondern die darstellerischen Prinzipien der Verräumlichung und der Verknappung. Er folgt damit seinem eigenen Hinweis aus der BERLINER CHRONIK, daß Proust in seinem »tödlichen Spiel«, mit dem er »den Fächer der Erinnerung aufzuklappen begonnen hat«, so daß die »Erinnerung vom Kleinen ins Kleinste, vom Kleinsten ins Winzigste [geht] und immer gewaltiger wird, was ihr in diesen Mikrokosmen entgegentritt [...], Nachfolger schwerlich mehr finden wird als er Kameraden brauchte« (VI, 467 f.).

Auch die Verknüpfungen der BERLINER KINDHEIT mit Benjamins eigenen Texten sind überaus zahlreich. Neben der Ein- und Umarbeitung kleinerer literarischer Arbeiten wie etwa des Erzähltextes DIE KAKTUSHECKE (II, 748–754), dem das Motiv der Impfung aus der Einleitung zum HANDEXEMPLAR KOMPLETT sowie die Thematik der Maske entnommen ist und aus dem eine kurze Passage in dem Text DER MOND wieder auftaucht, sind es vor allem sprachphilosophische und wahrnehmungsästhetische Überlegungen, die die BERLINER KINDHEIT literarisch aufgreift. So verbindet eine Kinderphotographie Kafkas Benjamins Überlegungen im Essay über FRANZ KAFKA (409–438) mit den medientheoretischen Reflexionen in der KLEINE[N] GESCHICHTE DER PHOTOGRAPHIE (368–385) und dem später umgeschriebenen Eingangstext DIE MUMMEREHLEN. Darüber hinaus lassen sich bestimmte ästhetische Fragen bis in die frühen Schriften zurückverfolgen. So taucht die Auseinandersetzung mit dem Motiv der Farbigkeit, ihrem Verhältnis zum Grau der Buchstaben, zum Traum und zur Phantasie des Kindes, die in der BERLINER KINDHEIT in Texten wie FARBEN, DER FISCHOTTER, KNABENBÜCHER und den MUMMEREHLEN eine Rolle spielt, bereits in den Fragmente[n] zur Ästhetik aus der Zeit zwischen 1914 und 1921 (VI, 109–129) sowie in der Abhandlung AUSSICHT INS KINDERBUCH von 1926 (609–615) auf.

Das zentrale Bezugsfeld der BERLINER KINDHEIT stellen die zeitgleich entstandenen sprachphilosophischen Essays LEHRE VOM ÄHNLICHEN (II, 204–210) und ÜBER DAS MIMETISCHE VERMÖGEN (210–213) dar. In ihnen entwickelt Benjamin theoretisch, was die BERLINER KINDHEIT in der nachträglichen Darstellung des kindlichen Wahrnehmungsvermögens zeigt. Die enge Verbindung der Texte ist nicht nur entstehungsgeschichtlich bezeugt (vgl. den Brief an Scholem von Ende Febr. 1933, 4, 162 f.), sie spiegelt sich auch in der Einarbeitung kleinerer Textpassagen aus den Essays in dem ursprünglichen Eingangstext DIE MUMMEREHLEN wider. Im Mittelpunkt steht ein Sprachbegriff, der, dem Prinzip der unsinnlichen Ähnlichkeit folgend, die Logik reiner Repräsentationsbeziehungen unterläuft und den Zugang zu vorrepräsentativen Formen der Weltdeutung ermöglicht. Während die Essays im Anschluß an Benjamins frühe Schriften zur Sprachphilosophie (ÜBER SPRACHE ÜBERHAUPT UND ÜBER DIE SPRACHE DES MENSCHEN II, 140–157, DIE AUFGABE DES ÜBERSETZERS IV, 9–21) den Schwerpunkt auf die phylogenetische Entwicklung des Ähnlichkeitsprinzips legen, kann die BERLINER KINDHEIT als die literarische Verarbeitung der ontogenetischen Seite des Problems gelten, die in den Essays nur mit der Randbemerkung gestreift wird, daß »[d]as Kinderspiel überall durchzogen [ist] von mimetischen Verhaltensweisen« (II, 210). Diesen verschiedenen mimetischen Verhaltensweisen im Spiel des Kindes sowie ihren poetologischen Konsequenzen für den literarischen Text und seine Darstellung von Erinnerung geht die BERLINER KINDHEIT nach.

Entstellte Ähnlichkeit: Zeichen- und Dingwelt des Kindes

In einer Vielzahl von Texten der BERLINER KINDHEIT steht die kindliche Fähigkeit zur Wahrnehmung und Erzeugung von Ähnlichkeiten und Analogien zwischen Ding- und Zeichenwelt im Mittelpunkt. Der kindliche Erfahrungsraum zeigt sich als eine Welt, in der prinzipiell jedes Ding zum Zeichen werden und jedes Zeichen seine materielle, dinghafte Seite aufscheinen lassen kann. Durch dieses Vermögen ist das Kind in der Lage, dem Leser Anschlußmöglichkeiten an vorrepräsentative Formen der Weltdeutung aufzuzeigen. Dabei geht es jedoch nicht um einen ungebrochenen Zugang zur magisch-animistischen Welt, sondern um den Aspekt der entstellten Ähnlichkeit, der sich an den natürlichen Medien der Dingwelt ebenso zu zeigen vermag wie an den technischen Medien, denn – so Benjamin im »Passagenwerk« – »daß zwischen der Welt der modernen Technik und der archaischen Symbolwelt der Mythologie Korrespondenzen spielen, kann nur der gedankenlose Betrachter leugnen« (V, 576). Explizit wird diesen Korrespondenzen in Texten wie KAISERPANORAMA oder DAS TELEFON nachgefragt. Implizit bilden sie einen Aspekt der Erinnerungspoetik, indem die Logik der entstellten Ähnlichkeit für Benjamin zum entscheidenden Merkmal der Sprache selbst wird. In diesem Sinne geht es der BERLINER KINDHEIT um das Erlernen einer Lektürehaltung, die die Spuren des Ähnlichen als nicht zu kontrollierende Spuren der Sprache des Traumes und der Erinnerung im Text wahrzunehmen in der Lage ist. Was die einzelnen Texte zeigen, ist nicht die Abkehr von einem repräsentativen, auf Bedeutung und Sinnproduktion ausgerichteten Zeichenmodell, sondern eine Semiotik, die an diesem Zeichenmodell jeweils momenthaft ihr anderes als die Unterbrechung des Sinns aufscheinen läßt. Mit seiner Konzentration auf die Materialität des Zeichens, die Flächigkeit der Buchstaben und das Gleiten der Bedeutung von einem Träger zum nächsten läßt das Kind etwas an der Sprache aufscheinen, das dem Erwachsenen entgeht. Es zeigt die Gefahr, durch das einseitige Interesse an Inhalt und Bedeutung das, was an der Sprache den Weg zu den Spezifika der Erinnerung weisen kann, zu verfehlen und macht deutlich, daß nur ein Sprachbegriff, der die Dichotomie von Repräsentation und Mimesis, Bedeutungsbildung und Materialität unterläuft, die Strukturen der Erinnerungen in ihrer konstitutiven Dopplung von Vergessen und Erinnern, Heimlichkeit und Unheimlichkeit, Traum und Bewußtsein darzustellen vermag.

Der Text KNABENBÜCHER zeigt das Lesenlernen als ein Gleiten von der Lektüre natürlicher Zeichen zum Textzeichen, bei dem beide Formen des Lesens durch den ständigen Entzug eines zu fixierenden Sinns gekennzeichnet sind. Zunächst ist es das »Schneegestöber«, das dem Kind »lautlos« erzählt. »Was es erzählte, hatte ich zwar nie genau erfassen können, denn zu dicht und unablässig drängte zwischen dem Altbekannten Neues sich heran. Kaum hatte ich mich einer

Flockenschar inniger angeschlossen, erkannte ich, daß sie mich einer anderen hatte überlassen müssen, die plötzlich in sie eingedrungen war« (VII, 396). Die Nichtfixierbarkeit des durch die unablässige Bewegung der Flocken Erzählten wird zum Modell des Lesens jeder Art von Schrift. Der Text macht deutlich, daß die Buchstabenschrift kein Gegenmodell semiotischer Klarheit bildet, sondern ihrerseits den Regeln des Sinnentzugs unterliegt. Zwar spricht der Text zunächst verheißungsvoll von dem »Augenblick [...], im Gestöber der Lettern den Geschichten nachzugehen, die sich am Fenster mir entzogen hatten« (ebd.), doch auch diese Lettern bieten keine Alternative, sondern orientieren sich in ihrer Struktur am Entzugsgeschehen der Schneeflocken. »Die fernen Länder«, heißt es über das Lesen der Knabenbücher, »spielten vertraulich wie die Flocken umeinander« (ebd.). Die magische Seite der Sprache, der die Aufmerksamkeit des Kindes gilt, läßt sich nicht von ihrer arbiträren Zeichenstruktur ablösen. Vielmehr steckt sie wie ein »Vexierbild[]« (Lehre vom Ähnlichen, II, 208) in der Wortbedeutung selbst, so daß eine Lektüre, die diese andere Seite der Sprache erfahren will, auf den Sinnzusammenhang angewiesen bleibt, in diesem jedoch nicht länger aufgeht.

Die Fähigkeit zur Entdeckung des »Vexierbilds« im Sprachlichen hat Benjamin in dem Text Zwei Rätselbilder aufgegriffen. Dort ist von einigen »Ansichtskarten« die Rede, »deren Schriftseite mir deutlicher in der Erinnerung haftet als ihr Bild. Sie trugen schöne, leserliche Unterschriften: Helene Pufahl. Das war der Name meiner Lehrerin. Das P, mit dem er anhob, war das P von Pflicht, von Pünktlichkeit, von Primus; f hieß folgsam, fleißig, fehlerfrei und was das l am Ende anging, war es die Figur von lammfromm, lobenswert und lernbegierig« (VII, 400). Anstelle der Bild- rückt hier die Textseite der Ansichtskarte in den Mittelpunkt, allerdings dergestalt, daß sie von Benjamin nun ihrerseits wie eine Art Bild gelesen wird. Statt sich auf die Bedeutung des Wortlauts der Postkarte zu konzentrieren, interessiert sich das Kind für die graphische Gestalt der einzelnen Buchstaben. Indem es die herkömmliche semantische Interpretation der Abbildung und des Textes gleichermaßen außer Acht läßt, entfaltet sich vor ihm das Rätselbild der Handschrift. Der Name der Lehrerin zerfällt in seine einzelnen graphischen Komponenten, die hier mehr über den Charakter des Schreibenden auszusagen wissen als der Eigenname dies vermag.

Das zugrundeliegende ›transzendentalpoetische‹ Prinzip, das dem Kind die Entdeckung der Vexierbilder ermöglicht, beschreibt der Text Die Mummerehlen. Die Eingangssätze erläutern den Titel wie folgt: »In einem alten Kinderverse kommt die Muhme Rehlen vor. Weil mir nun ›Muhme‹ nichts sagte, wurde dieses Geschöpf für mich zu einem Geist: der Mummerehlen« (417). Die Verschiebung der Bedeutungsebene, die den kindlichen Spracherwerb angesichts der Fülle unbekannter Signifikanten und ungewisser Signifikate begleitet, führt nicht in die Sinnlosigkeit, sondern die Verstellung eröffnet den Weg in eine andere Dimension der Welt. Zwar war »[d]as Verschen [...] entstellt; doch hat die ganze entstellte Welt der Kindheit darin Platz« (ebd.). Die Mummerehlen als Geist jenes Mummens bildet ein sprachliches Mißverständnis, durch das das Kind gewahr wird, daß »die Worte [...] eigentlich Wolken waren« (ebd.). Ausgehend von der »profanen [...] Bedeutung des Wortes« (Lehre vom Ähnlichen II, 209) läßt das Verstehen des Kindes eine unsinnliche Ähnlichkeit aufblitzen, deren magische Seite die Wirkungsweise des mimetischen Vermögens selbst zeigt. In der Differenz zwischen der »Muhme Rehlen« und dem »Mummerehlen« zeigt sich die Spannung zwischen semiotischer und magischer Zeichendimension, die den Sprachbegriff der Berliner Kindheit bestimmt. Das Mißverständnis führt nicht zu einem weiteren Begriff oder zu einem eindeutigen Referenten, sondern weist auf das Wesen der Sprache selbst. Die Mummerehlen ist nicht dingfest zu machen, die kindliche Suche nach ihr führt nicht zu einer klar umrissenen Gestalt, denn, so heißt es bereits in der Gießener Fassung, »sie war das Stumme, Lockere und Flockige, das gleich dem Schneegestöber in den kleinen Glaskugeln sich im Kern der Dinge wölkte. Manchmal wurde ich darin umgetrieben« (GF 10). Der Geist des Mummerehlen wirkt an jeder Lektüre mit. Er verweist auf die Vexier- und Rätselbilder in der Schrift und verschränkt die Zeichen der Dinge und der Sprache. Zwischen dem Schneegestöber und dem Gestöber der Lettern in dem Text »Knabenbücher« können sich nur deshalb Korrespondenzen zeigen, weil die Dinge wie die Worte wolkige Stellen aufweisen. Erst durch die Verrückung der festen Semantik können sich die Konstellationen nach dem formwandlerischen Prinzip der Wolke entfalten.

Autobiographie zwischen Identität und Identifikation

Obwohl die Berliner Kindheit um neunzehnhundert keine Autobiographie im Sinne einer chronologischen Narration des eigenen Lebens darstellt, erweist sich auch in Benjamins Erinnerungspoetik das Problem der Ich-Konstitution als treibende Kraft für den autobiographischen Entwurf. Zwar verweigert das labyrinthische Netz der Erinnerungstexte sich den Maßgaben einer durch lineare Erzählung homogenisierten Ich-Bildung, doch gerade dadurch rückt die Frage nach den noch verbleibenden Formen der Identitätsbildung in den Mittelpunkt des Schreibens.

Die Epochenerfahrung der Subjektdekonstruktion in der Moderne wird im Fall der BERLINER KINDHEIT durch die reale Bedrohtheit der Existenz im Exil zu einer biographischen Realität, die Benjamin entgegen seiner ursprünglichen Konzeption zu weiteren Umarbeitungen des Textes treibt. So schreibt er im August 1933 aus Ibiza an Gretel Adorno über den Text »Loggien«, in der er »eine Art Selbstportrait erblick[t]«: »Wahrscheinlich werde ich es anstelle jenes photographischen, das in der ›Mummerehlen‹ enthalten ist, an die erste Stelle des Buches setzten. [...] Wüßte ich nicht je länger je genauer, welche Verborgenheit gerade jetzt Versuchen wie denen der ›Berliner Kindheit‹ zukommt, so würde mich das publizistische Geschick der Folge bisweilen zur Verzweiflung bringen. Nun aber ist es an dem, daß dies Geschick mich lediglich in meiner Überzeugung von der notwendigen Verhüllung, in der allein Derartiges entwickelt werden kann, bestärkt und diese Überzeugung hilft mir wieder, vorläufig der Versuchung abzuschließen zu widerstehen« (4, 275 f.). Die in der BERLINER KINDHEIT formulierten Versuche, »Ich« zu sagen, befinden sich sämtlich in dieser Spannung zwischen der Notwendigkeit der Verhüllung und damit des Schutzes vor der Identifikation von außen und der Suche nach den noch verbleibenden Formen der Selbstdarstellung. Im Mittelpunkt steht nicht mehr das Begehren, das im Text aufscheinende Ich zur Identität von schreibendem und geschriebenem Selbst sich zu führen, sondern vielmehr der Versuch, deren Differenz als Bedingung der Möglichkeit für die Erinnerung sichtbar zu machen.

Vorbild für die Verhüllungsstrategie bilden die Fähigkeiten des Kindes, sich im Spiel seiner Umwelt anzuverwandeln und auf diese Weise die herkömmliche Trennung von Subjekt und Objekt zu unterlaufen. Zwar kommen dabei zunächst gerade jene Aneignungsstrategien zum Tragen, die die neuzeitliche Subjektkonstitution ausmachen, diese werden jedoch in ihrer ganzen Ambivalenz deutlich, wenn der Prozeß der Unterwerfung der Dingwelt jäh in die Bannung des Ichs durch die magische Macht der Gegenstände umschlägt. In diesem Moment wird ein Ich sichtbar, das sich nicht mehr im Rahmen von klaren Subjekt-Objekt-Schemata konstituiert, sondern seine wandelbaren Konturen aus dem unkontrollierbaren Aspekt des Umschlags bezieht.

Die im Text SCHMETTERLINGSJAGD beschriebene Szene zeigt die Probleme der Subjektkonstitution im Rahmen der magisch-animistischen Wahrnehmung des Kindes als unendliche Mimesis an die symbolische Umwelt, die ihrerseits auf das Ich ausgreift und sich seiner Eigenschaften bemächtigt. Ausgangspunkt ist zunächst der kindliche Wunsch nach Anverwandlung. »Wenn so ein Fuchs oder Ligusterschwärmer [...] durch Zögern, Schwanken und Verweilen mich zum Narren machte, dann hätte ich gewünscht, in Licht und Luft mich aufzulösen, nur um ungemerkt der Beute mich zu nähern und sie überwältigen zu können« (VII, 392). Doch die Unterwerfungsphantasien kehren sich um; das jagende Ich wird zum gejagten, denn »je mehr ich selbst in allen Fibern mich dem Tier anschmiegte, je falterhafter ich im Innern wurde, desto mehr nahm dieser Schmetterling in Tun und Lassen die Farbe menschlicher Entschließung an und endlich war es, als ob sein Fang der Preis sei, um den einzig ich meines Menschendaseins wieder habhaft werden könne« (ebd.).

Die tödliche Gefahr der Mimesis beschreibt auch der Text VERSTECKE. Das alte Kinderspiel enthält seine besondere Komponente dadurch, daß das Kind sich nicht hinter den Gegenständen verbirgt, sondern in diese eingeht und auf diese Weise Subjekt und Objekt zu einem Dritten verschmelzen läßt. »Das Kind, das hinter der Portiere steht, wird selbst zu etwas Wehendem und Weißen, zum Gespenst. Der Eßtisch, unter den es sich gekauert hat, läßt es zum hölzernen Idol des Tempels werden, wo die geschnitzten Beine die vier Säulen sind. Und hinter einer Tür ist es selber Tür, ist mit ihr angetan als schwere Maske [...]« (418). Im Spiel des Verbergens werden die Verstecke zur magischen Maske und das Ich wird zur Person, das heißt Identität bildet sich in diesen Momenten über die persona als Maske des Schauspielers, dessen Rolle die symbolische Verschmelzung mit der Umgebung fordert. Diese Verschmelzung birgt jedoch die Gefahr der tödlichen Erstarrung durch den Blick des Dritten. »Wer mich entdeckte, konnte mich als Götzen unterm Tisch erstarren machen, für immer als Gespenst in die Gardine mich verweben, auf Lebenszeit mich in die schwere Tür bannen« (ebd.).

Der enthüllende Blick von Außen ist in der Lage, die Verschmelzung von Ich und Dingwelt auf Dauer zu stellen. Er macht das eigene Ich zum magischen Kunstwerk und damit das double-bind der Identität des Selbst deutlich: Diese bedarf des dinglichen Ausdrucks, um sichtbar und wahrnehmbar zu werden, gleichzeitig droht die ästhetische Darstellung das lebendige Ich in der Form erstarren zu lassen. Der einzige Ausweg aus der drohenden Mortifizierung ist die erneute Flucht des Ichs aus der Umklammerung der Dinge: »Ich ließ darum mit einem lauten Schrei den Dämon, der mich so verwandelte, ausfahren, wenn der Suchende mich packte – ja, wartete den Augenblick nicht ab und griff ihm mit einem Schrei der Selbstbefreiung vor« (ebd.).

Wie sich die Anverwandlungsprozesse von der Dingwelt auf die Sprache selbst verschieben, zeigt der Text MUMMEREHLEN, in dem es, unter direkter Bezugnahme auf die LEHRE VOM ÄHNLICHEN heißt: »Beizeiten lernte ich es, in die Worte, die eigentlich Wolken waren, mich zu mummen. Die Gabe, Ähnlichkeiten zu erkennen, ist ja nichts als ein schwaches Überbleibsel des alten Zwanges, ähnlich zu werden und sich zu verhalten. Den übten Worte auf mich aus. Nicht solche, die mich musterhaften Kindern sondern Wohnungen, Möbeln, Kleidern ähnlich machten. Ich war entstellt vor Ähnlichkeit mit allem, was um mich war« (417).

Statt das Ich in den Erinnerungsbildern feste Form gewinnen zu lassen, mummt die nichtfixierende Sprache der BERLINER KINDHEIT das Selbst in »Worte wie Wolken« ein und läßt es so momenthaft als vor Ähnlichkeit Entstelltes in der aufmerksamen Lektüre aufblitzen. Wer in der BERLINER KINDHEIT ein Selbstportrait im Sinne einer klassischen Autobiographie sucht, wird nichts davon finden, denn das Ich nimmt in diesen Erzählungen keine klar umrissene Gestalt an, sondern hüllt sich in den Text ein wie das Kind in die Worte. In diesem Sinne verweist der allgemein gehaltene Titel BERLINER KINDHEIT UM NEUNZEHNHUNDERT nicht nur auf den Versuch, eine Charakteristik des bürgerlichen Lebens im Großstadtmilieu der Jahrhundertwende zu entwerfen. In ihm zeigt sich auch die Absicht, über die komplexe Darstellung der individuellen Kindheitserinnerung eine Problematisierung dessen zu erreichen, was die kollektive Geschichte des Abendlandes sich angewöhnt hat, Subjekt zu nennen. In der Verbindung von Erinnerung und Identitätsbildung im autobiographischen Text wird deutlich, daß sich das Subjekt gerade nicht als autonomes, selbstbestimmtes, sich in einem narrativen Kontinuum erzeugendes Ganzes generiert, sondern im Gegenteil, seine Ich-Konstitution durch die Anverwandlung an eine Sprache entfaltet, die sich als Gegenstrategie zu einer stabilen Identität und der damit verbundenen Möglichkeit der Identifikation versteht.

Gedächtnisräume als textuelle Schwellenräume

Sowohl in der BERLINER CHRONIK als auch in der BERLINER KINDHEIT findet sich der Aspekt der Räumlichkeit als der zentrale Baustein der Erinnerung, durch den Benjamin seinen Text von der herkömmlichen Autobiographie abzugrenzen sucht. »Denn die Autobiographie hat es mit der Zeit, dem Ablauf und mit dem zu tun, was den stetigen Fluß des Lebens ausmacht. Hier aber ist von einem Raum, von Augenblikken und vom Unstetigen die Rede« (VI, 488). Als Konsequenz dieses Befundes entwirft die BERLINER KINDHEIT eine Reihe von räumlichen Erinnerungsschemata des Autobiographischen, um, wie es in der CHRONIK heißt, »[d]en Raum des Lebens – Bios – graphisch in einer Karte zu gliedern« (466).

Diese graphische Gliederung vollzieht sich in der BERLINER KINDHEIT vor allem über die Darstellung der räumlichen Struktur der Stadt. Ihre Straßen, Plätze, Monumente und Wohnungen bilden als Labyrinthe, Irrgärten und Verstecke den Ort, wo sich die individuellen Erinnerungen des Kindes mit den kulturellen Voraussetzungen der Identitätsbildung verbinden. So beschreibt der Text TIERGARTEN die verschlungenen Wege des Kindes durch das städtische Labyrinth der Parkanlage mit ihren Wasserläufen, Waldstücken, Statuen und Picknickplätzen, DIE SIEGESSÄULE entfaltet anhand der Beschreibung des Monumentes die zeitliche Verschränkung von geschichtlicher und individueller Erinnerung, »Markthalle« und »Krumme Straße« verknüpfen die Dienlichkeit der Orte der Großstadt mit deren bedrohlicher Unterseite, und Texte wie »Steglitzer, Ecke Genthiner« oder »Blumenshof 12« lassen über die Beschreibung der Wohnungen kleine Portraitminiaturen der Tante und der Großmutter entstehen.

Mit dieser Darstellungsform greift Benjamin auf die Strukturen der antiken ars memoria zurück und transformiert ihre Grundelemente der loci und der imagines agentes in ein poetisches Verfahren. Was in der antiken Mnemotechnik als Teil der Rhetorik zur Memorierung der gesprochenen Rede diente, nutzt Benjamin zur Strukturierung der Erinnerungen und des Textes, so daß Gedächtnisräume und Texträume einander entsprechen. Die Räume bilden nicht nur den Schauplatz des erinnerten Geschehens, sondern sie entfalten die Struktur der Erinnerung selbst als eine räumliche. Deutlich wird dies etwa, wenn sich in dem Tiergartentext die Kunst des Verirrens im Labyrinth der Stadt als Erfüllung eines Traums zu erkennen gibt, »von dem die ersten Spuren Labyrinthe auf den Löschblättern meiner Hefte waren« (VII, 393).

Die Schrift ist dabei für Benjamin nicht in erster Linie Träger von Bedeutung, sondern wird sowohl in ihrer Materialität als auch in ihrer räumlichen Struktur der Zeichen und Leerstellen wahrgenommen. Nicht die sinnproduzierende Verkettung der Zeichen, sondern die Differenz ihrer unterschiedlichen materiellen Strukturen, d. h. ihre eigene Bildlichkeit und Figürlichkeit machen die Buchstaben zum wichtigsten Raum der Erinnerung. Es zeichnet die Wahrnehmung des Kindes aus, diese Qualität der Schrift noch nicht vor der semantischen zurücktreten zu lassen. Der Text selbst wird ihm zu einem Labyrinth, in dem sich nur der zurechtfinden kann, der Lesen als körperlich-sinnliche Erfahrung be-greift. Diese unauflösliche Verstrikkung von Inhalt und Form zeigt der Text Der Strumpf in der Entdeckung der Dopplung von »Tasche« und »Mitgebrachtem«. Die Strümpfe werden Benjamin zur Zentralmetapher des autobiographischen Erinnerns. »Jedes Paar hatte das Aussehen einer kleinen Tasche. Nichts ging mir über das Vergnügen, die Hand so tief wie möglich in ihr Inneres zu versenken. Ich tat das nicht um ihrer Wärme willen. Es war ›Das Mitgebrachte‹, das ich immer im eingerollten Innern in der Hand hielt, was mich in ihre Tiefe zog. [...] Ich zog es immer näher an mich heran, bis das Bestürzende sich ereignete: ich hatte ›Das Mitgebrachte‹ herausgeholt, aber ›Die Tasche‹ in der es gelegen hatte, war nicht mehr da« (416 f.). Es ist diese Erfahrung, durch die Benjamin gewahr wird, »daß Form und Inhalt, Hülle und Verhülltes dasselbe sind« und es gilt, »die Wahrheit so behutsam aus der Dichtung hervorzuziehen wie die Kinderhand den Strumpf aus ›Der Tasche‹« (417). Die haptisch-taktile Lektüre des Kindes verbindet Materialität und Sinn der Schrift, so daß »[d]ie Welt, die sich im Buch eröffnete und dieses selbst, [...] um keinen Preis zu trennen [waren] und vollkommen eins. So war mit einem Buche auch sein Inhalt, seine Welt handgreiflich da, mit einem Griff zur Stelle. [...] Man las sie nicht aus, nein, man wohnte, hauste zwischen ihre[n] Zeilen [...]« (VI, 514 f.).

Erweitert wird Benjamins Transformation des Gedächtnisraumes in einen in seiner graphisch-materiellen Struktur wahrzunehmenden Textraum durch eine signifikante Teilung der Räume in heimliche und unheimliche, dunkle und helle, durch Ordnung und durch Chaos beherrschte Sphären, wodurch die Regeln der Mnemotechnik angeschlossen werden an psychoanalytische Überlegungen zur topographischen Gedächtnisstruktur. Daß Benjamin versucht, poetologische Erinnerungsverfahren mit den Erkenntnissen der Psychoanalyse engzuführen, wird in den Freud-Abschnitten seines Baudelaire-Essays deutlich (I, 615 ff.). Gilt sein Interesse dort der theoretischen Verbindung von Prousts mémoire involontaire mit den Freudschen Ausführungen zum psychischen Apparat, vollzieht die Berliner Kindheit in der räumlichen Darstellung der eigenen Kindheitserinnerung die Verschränkung von poetischen Räumen und psychoanalytischer Textur des Traumes. Die Topographie der Erinnerung, die Benjamin in den einzelnen Texten entfaltet, ist nicht als in sich jeweils homogener Raum zu lesen, sondern verortet Erinnerung als solche immer auf der Schwelle zwischen Traum und Wachen, Chaos und Ordnung, Unbewußtem und Bewußtem.

Die öffentlichen Räume der Stadt können in der Wahrnehmung des Kindes jederzeit in ihr bedrohliches anderes umschlagen. In Krumme Strasse verwandelt sich der Innenraum einer öffentlichen Schwimmhalle plötzlich in eine mythologische Unterwelt, deren fremden Gesetzen das Kind rückhaltlos ausgeliefert ist. »Den Fuß über die Schwelle setzen bedeutete, von der Oberwelt Abschied zu nehmen. Danach bewahrte einen nichts mehr vor der überwölbten Wassermasse im Innern. Sie war der Sitz einer scheelen Göttin, die darauf aus war, uns an die Brust zu legen und aus den kalten Kammern uns zu tränken, bis dort oben nichts mehr an uns erinnern werde« (VII, 415 f.). Und auch die intimen Schutzräume der Bürgerwohnungen sind vor der Bedrohung durch das Unheimliche nicht wirklich gefeit. Das »fast unvordenkliche Gefühl von bürgerlicher Sicherheit«, das das Kind in der Wohnung der Großmutter überkommt, in der es »geborgener als selbst in der elterlichen« (411) war, ist ständig von Auflösung bedroht. Denn diese Räume zeichnen sich nach Benjamin neben aller Geborgenheit auch dadurch aus, daß sie versuchen, den Tod auszugliedern. In ihnen gibt es »keinen Platz zum Sterben [...], in ihnen war der Tod nicht vorgesehen. Darum erschienen sie bei Tage so gemütlich und wurden nachts der Schauplatz böser Träume« (412). Der Versuch des Ausschlusses produziert das Ausgeschlossene mit. Der scheinbar gesicherte Innenraum läßt sich nicht dauerhaft vor dem schützen, was er als sein anderes auszugrenzen sucht. Und so zeigt der Erinnerungstext das Kind auf der Schwelle zwischen diesen beiden Welten. »Das Stiegenhaus, das ich betrat, erwies sich als Wohnsitz eines Alps, der mich zuerst an allen Gliedern schwer und kraftlos machte, um schließlich, als mich nur noch wenige Schritte von der ersehnten Schwelle trennten, mich in Bann zu schlagen. Dergleichen Träume sind der Preis gewesen, mit dem ich die Geborgenheit erkaufte« (ebd.).

Nicht nur die Orte, auch die in ihnen befindlichen Gegenstände bürgerlicher Häuslichkeit sind in der Berliner Kindheit in dieser Spannung von Heimlichkeit und Unheimlichkeit konzipiert. So gerät die Ordnung des Biedermeieridylls der nähenden Mutter am Fenster in dem Moment ins Wanken, wo der Nähkasten selbst genauer in Augenschein genommen wird. Der kindliche Zweifel, »ob der Kasten von Haus aus überhaupt zum Nähen sei« (425) bezieht sich nicht nur auf die erotische Anziehungskraft, die die durch eine Oblate versiegelten Garnrollen auf die tastenden Finger des Kindes ausüben, sondern wird gespeist durch die dieser Erotik unterliegende dionysische Kraft des Chaos, denn »[n]eben der oberen Region des Kastens, wo diese Rollen beieinander lagen, die schwarzen Nadelbücher blinkten, und die Scheren jede in ihrer Lederschneide steckten, gab es den finsteren Untergrund, den Wust, in dem der aufgelöste Knäuel regierte, Reste von Gummibändern, Haken, Ösen, Seidenfetzen beieinander lagen« (426).

Die Doppelstruktur von Tag und Nacht, Heimlichem und Unheimlichem, Ordnung und Chaos bestimmt Gedächtnis- und Textraum in ihrer wechselseitigen Verwiesenheit gleichermaßen. Es ist der Text selbst, dessen scheinbar geordnete Oberfläche ständig ihr anderes mitproduziert, indem Materialität und Sinn, Logos und Chaos in ihrer unauflöslichen Verschränkung sichtbar werden. Die »Penelopearbeit des Eingedenkens«, von der der Proust-Essay spricht, besteht für Benjamin in einer Sprache, die das nächtliche Gewebe des Traumes, – die »Ornamente des Vergessens«, die sich der Tagseite unseres Daseins entziehen –, momenthaft in der Rede aufblitzen läßt (II, 311). Es gilt, dem Blick des Kindes zu folgen, wenn es an den Winterabenden auf der Schwelle zur Dunkelheit »mit [den] Augen der Nadel folg[t], von der ein dicker wollner Faden herunterhing. Ohne davon zu reden hatte jedes seine Ausnähsachen vorgenommen – Pappteller, Tintenwischer, Futterale –, in die es nach der Zeichnung Blumen nähte. Und während das Papier mit leisem Knacken der Nadel ihre Bahn freimachte, gab ich hin und wieder der Versuchung nach, mich in das Netzwerk auf der Hinterseite zu vergaffen, das mit jedem Stich, mit dem ich vorn dem Ziele näherkam, verworrener wurde« (VII, 426).

Die Polyvalenz der Schwellenräume wird noch erweitert durch die gesellschaftliche und zeitliche Grenze, die Texte wie LOGGIEN und DAS BUCKLICHTE MÄNNLEIN zeigen, wenn sie die Kluft zwischen der bürgerlichen und der proletarischen Sphäre beschreiben und diese gleichzeitig als Zeitschwelle zwischen den Jahrhunderten deutlich machen. So verdichtet sich in der Eingangssequenz des »Bucklichte[n] Männleins« die psychoanalytische Topik des Traums und des Unbewußten mit der sozialen Dimension der gesellschaftlichen Grenzen zu einem literarisch eingebetteten Erinnerungsbild. Beschrieben wird zunächst der kindliche Blick, der beim Einkaufsbummel in der Stadt durch das »waagerechte Gatter« vor den Schaufenstern in eine Luke fällt, die »kaum ins Freie, sondern eher ins Unterirdische« (429) geht. »Daher die Neugier, mit der ich durch die Stäbe jenes Gatters, auf dem ich gerade fußte, heruntersah, um aus dem Souterrain den Anblick eines Kanarienvogels, einer Lampe oder eines Bewohners davonzutragen. Wenn ich dem bei Tage vergebens nachgetrachtet hatte, drehte die nächste Nacht den Spieß zuweilen um und im Traume zielten Blicke, die mich dingfest machten, aus solchen Kellerlöchern« (429 f.). Im weiteren Verlauf des Textes bezeugen diese nächtlichen Traumgestalten, deren Blicke das Kind aus seiner bürgerlichen Sicherheit aufschrekken lassen und zu bannen trachten, ihre Zugehörigkeit zu den Märchen- und Sagengestalten der Literatur. Es handelt sich um eine »Sippe«, die dem Kind wohlbekannt, »auf Schaden und Schabernack versessen war und daß sie sich im Keller zu Hause fühlte, war selbstverständlich. ›Lumpengesindel‹ war es. Die Nachtgesellen, die sich auf dem Nußberge an das Hähnchen und das Hühnchen heranmachen – die Nähnadel und die Stecknadel, die da rufen, es würde gleich stichdunkel werden – waren vom gleichen Schlag« (430).

Mit Hähnchen und Hühnchen, der Stecknadel und der Nähnadel füllt sich der Schauplatz des Unheimlichen mit literarischen Figuren aus Grimms Märchen, deren nächtliches Treiben darauf ausgerichtet ist, dem Menschen das Phantasma seiner körperlichen Unversehrtheit sowie das einer Kontrolle über die Objekte zu desavouieren. Wie alle literarischen Intertexte der BERLINER KINDHEIT führt auch der Hinweis auf Grimms Märchen nicht zu einer eindeutigen Identifizierung der Traumgestalten, sondern lediglich an eine weitere Schwelle des Textes, auf der die vermeintlich klare Trennung zwischen Fiktion und Realität ins Wanken gerät.

Werk

BERLINER KINDHEIT UM NEUNZEHNHUNDERT (Fassung letzter Hand) (VII, 385–433, 691–723)

BERLINER KINDHEIT UM NEUNZEHNHUNDERT (Giessener Fassung), hg. und mit einem Nachwort von Rolf Tiedemann, Frankfurt a. M. 2000.

BERLINER KINDHEIT UM NEUNZEHNHUNDERT (IV, 235–304, 964–986)

ZUM BILDE PROUSTS (II, 310–324)

AUSGRABEN UND ERINNERN (IV, 400–401)

AUS EINER KLEINEN REDE ÜBER PROUST, AN MEINEM VIERZIGSTEN GEBURTSTAG GEHALTEN (II, 1064)

Literatur

Adorno, Theodor W. (1975): »Nachwort«, in: Walter Benjamin: Berliner Kindheit um 1900, Frankfurt a. M.

Brüggemann, Heinz (1989): »Fenster mit brennender Lampe vor schadhafter Mauer – Räume und Augenblicke in Walter Benjamins Berliner Kindheit um 1900«, in: ders.: Das andere Fenster: Einblicke in Häuser und Menschen, Frankfurt a. M., 233–266.

Giuriato, Davide (2006): Mikrographien. Zu einer Poetologie des Schreibens in Walter Benjamins Kindheitserinnerungen (1932–1939), München (Erscheinen angekündigt).

Günter, Manuela (1996): Anatomie des Anti-Subjekts. Zur Subversion autobiographischen Schreibens bei Siegfried Kracauer, Walter Benjamin und Carl Einstein, Würzburg.

Hamacher, Werner (1986/87): »The word Wolke – If it is one«, in: Studies in twentieth century Literature 11, 133–162.
Hart-Nibbrig, Christiaan (1973): »Das Déjàvu des ersten Blicks. Zu Walter Benjamins ›Berliner Kindheit um Neunzehnhundert‹«, in: Deutsche Vierteljahrsschrift für Literaturwissenschaft und Geistesgeschichte 47, H. 4, 711–729.
Harverty Rugg, Linda (1997): »The Angel of History as Photographer: Walter Benjamin's ›Berlin Childhood around 1900‹«, in: dies.: Picturing ourselves. Photography and Autobiography, Chicago/London, 133–188.
Jacobs, Carol (1999): »Berlin Chronicle. Topographically Speaking«, in: dies.: In the language of Walter Benjamin, Baltimore/London, 16–58.
Kany, Roland (1987): Mnemosyne als Programm. Geschichte, Erinnerung und die Andacht zu Unbedeutenden im Werk von Usener, Warburg und Benjamin, Tübingen.
Lemke, Anja (2003): »›Im Gestöber der Lettern‹ – mediale Übersetzungsprozesse der Erinnerung in Walter Benjamins ›Berliner Kindheit um neunzehnhundert‹«, in: Harald Hillgärtner/Thomas Küpper (Hg.): Medien und Ästhetik. Festschrift für Burkhardt Lindner, Bielefeld, 34–50.
Lemke, Anja (2005): Gedächtnisräume des Selbst. Walter Benjamins ›Berliner Kindheit um neunzehnhundert‹, Würzburg.
Lindner, Burkhardt (1981): »Das Interesse an der Kindheit«, in: Literaturmagazin 14, 112–132.
Lindner, Burkhardt (1984): »Das ›Passagenwerk‹, die ›Berliner Kindheit‹ und die Archäologie des ›Jüngstvergangenen‹«, in: Norbert Bolz/Bernd Witte (Hg.): Passagen. Walter Benjamins Urgeschichte des neunzehnten Jahrhunderts, München, 26–48.
Lindner, Burkhardt (1992): »Engel und Zwerg. Benjamins geschichtsphilosophische Rätselfiguren und die Herausforderung des Mythos«, in: Lorenz Jäger/Thomas Regehly (Hg.): »Was nie geschrieben wurde, lesen«. Frankfurter Benjamin-Vorträge, Bielefeld, 235–265.
Muthesius, Marianne (1996): Mythos Sprache Erinnerung. Untersuchungen zu Walter Benjamins »Berliner Kindheit um neunzehnhundert«, Basel/Frankfurt a. M.
Pethes, Nicolas (1999): Mnemographie. Poetiken der Erinnerung und Destruktion nach Walter Benjamin, Tübingen.
Schneider, Manfred (1986): Die erkaltete Herzensschrift. Der autobiographische Text im 20. Jh., München/Wien.
Schöttker, Detlef (1999): »Poetik der Erinnerung: Berliner Kindheit«, in: ders. 1999, 223–243.
Schöttker, Detlef (1999): Konstruktiver Fragmentarismus. Form und Rezeption der Schriften Walter Benjamins Frankfurt a. M.
Schuller, Marianne (2000): »Ent-Zweit – Zur Arbeit des ›Bucklicht Männlein‹ in Walter Benjamins ›Berliner Kindheit um neunzehnhundert‹«, in: Anja Lemke/Martin Schierbaum (Hg.): »In die Höhe fallen«. Grenzgänge zwischen Literatur und Philosophie, Würzburg, 141–149.
Stüssi, Anna (1977): Erinnerungen an die Zukunft: Walter Benjamins »Berliner Kindheit um Neunzehnhundert«, Göttingen.
Szondi, Peter (1978): »Hoffnung im Vergangenen«, in: ders.: Schriften Bd.2, Frankfurt a. M., 275–294.
Witte, Bernd (1984): »Bilder der Endzeit. Zu einem authentischen Text der ›Berliner Kindheit‹ von Walter Benjamin«, in: Deutsche Vierteljahrsschrift für Literaturwissenschaft und Geistesgeschichte 58, H. 4, 570–592.
Wohlfahrth, Irving (1988): »Märchen für Dialektiker. Walter Benjamin und sein bucklicht Männlein«, in: Klaus Doderer (Hg.): Walter Benjamin und die Kinderliteratur, Weinheim/München, 121–176.

Aufzeichnungen

Tagebücher / »Agesilaus Santander« / Träume / Drogenprotokolle / »Verzeichnis der gelesenen Schriften«

Von Manfred Schneider

Walter Benjamins Aufzeichnungen haben in der Forschung bislang wenig Aufmerksamkeit gefunden. Tatsächlich enthalten diese Tagebücher, Notizen, Protokolle, Reisejournale, Träume zumeist Vorformen und Vorstufen von weiter ausgearbeiteten Schriften. Solche Vorstufen präsentieren sich im Nachlaß nicht mit gleicher Evidenz wie die Materialsammlungen, die zu verschiedenen Arbeiten und Essays vorliegen. Vor allem aber geben diese sehr unterschiedlichen Notizen Aufschluß über den Prozeß, der von Wahrnehmungen, Erfahrungen, Erlebnissen, Begegnungen, Lektüren hin zu den formal und gedanklich durchgearbeiteten ›endgültigen‹ Texten führt. Die Aufzeichnungen gehören daher im Zeichen eines aktuellen Werkbegriffs zur Substanz der Schriften. So wenig wie es ein definitiv abgeschlossenes Leben gibt, gibt es abgeschlossene Werke.

Im Widerspruch hierzu erscheint auffällig, daß Benjamin mit dem Einsetzen seiner literarischen Aktivität als Schüler bereits auf sprachliche und formale Abgeschlossenheit geachtet hat. Zitierbare Sätze zu schreiben, bildet von allem Anfang an sein Ziel. Im Moskauer Tagebuch gibt er zustimmend die Feststellung seines Freundes Bernhard Reich wieder: »in der großen Schriftstellerei sei das Verhältnis der Satzanzahl überhaupt zur Menge schlagender, prägnanter, formulierter Sätze wie 1:30 – bei mir wie 1:2« (VI, 330). Auch die Entwicklung seiner Schriftzüge führt zu immer höherer Konzentration und Kontrolle. Benjamins Weltbezug ist von Anfang an literarisch ausgerichtet; auch seine Philosophie und Theorie zeigen stets eine literarische Faktur. Dadurch sind die Kontaktstellen, an denen seine Sinne und sein Denken den Weltbezug organisieren, streng kontrolliert. Wo den ›Datenflüssen‹ der Welt Eingang gewährt wird, sind die Filter dicht. Wenn Benjamin von »Chok« spricht, von »blitzartiger Erleuchtung« oder auch wenn ihn etwas »betroffen« hat, spürt der Leser zugleich die starken Sondierungen, die der »Chok«, die »Blitze« und das »Betreffen« durchlaufen müssen, um aufgeschrieben zu werden.

Bei ihrer Verarbeitung rufen alle Eindrücke, zumal auf Benjamins vielen Reisen, gleich nach der Sprache der Literatur und der Theorie. Die Welt sieht er erst, wenn sie spricht, wenn sie die Gestalt eines literarischen Bildes angenommen hat. In seinem Journal SPANIEN 1932 legte er daher die Devise nieder, daß es eine Sache von »Zeit und Studium« sei, »die nächste Nähe auch des Entferntesten gegenständlich zu machen« (VI, 454). Den Bezug zu sich selbst und zu der von ihm so genannten »Dingwelt« überwacht ein unerbittliches Sprachbewußtsein. Mit Karl Kraus erblickt er in der Literarisierung des Alltags in den Feuilletons »den Schauplatz der tiefsten Erniedrigung des gedruckten Wortes.« (446). Dem stellte er die Anweisung der EINBAHNSTRASSE entgegen: »[...] führe dein Notizheft so streng wie die Behörde das Fremdenregister« (IV, 106).

»Tagebücher« 1906 bis 1912

Walter Benjamin hat nicht kontinuierlich Tagebuch geführt. Als Sammler, Archivar, Autobiograph und Briefschreiber bevorzugte er andere Formen, um sein persönliches Leben kontinuierlich für sich und zu anderen sprechen zu lassen. Dennoch verfaßte Benjamin bereits als Schüler tagebuchartige Aufzeichnungen auf Reisen. Die Gewohnheit behielt er bei. Allerdings gingen auch Journale der früheren Jahre, wie das WACHSTUCH-TAGEBUCH NACH HEINLES TOD (vgl. VI, 631), verloren. Benjamin bewahrte die erhaltenen frühen Tagebücher später in einem Umschlag auf und schrieb darauf ein Inhaltsverzeichnis, das die verschiedenen Reisen und Tagbücher nach Ort und Zeit bestimmte. (VI, 771) Alle Aufzeichnungen, Notizen und Tagebücher haben einen nur wenig ausgeprägten diaristischen Charakter. Die Ansätze zum Tagebuch wurden zumeist irgendwann abgebrochen, wie auch das frühe TAGEBUCH FÜR SCHREIBERHAU aus dem Jahre 1902 zeigt, das in die *Gesammelten Schriften* nicht Eingang fand. Ein Ausschnitt daraus wurde erst 1990 veröffentlicht (*Marbacher Magazin* 55, 1990, 16 f.) Die frühen Tagebücher zeigen, wie der Schüler in seiner Schreibweise Anschluß suchte an die literarische Tradition des Journals und des Reiseberichts, an Goethe, Alexander von Humboldt, Chamisso, Pückler-Muskau, Fontane. Tagebücher und Reiseberichte bilden seit dem 18. Jh. wichtige literarische Medien der Selbst- und der Weltbeobachtung. Sie gehören in den modernen Prozeß der Experimentalisierung und der Protokollierung des Wissens. Benjamins frühe Versuche in diesen Formen zeigen aber auch, daß sie für ihn nur bedingt und zeitlich befristet brauchbar waren. Sein Selbstbezug ist der des Lesers, und sein Weltbezug der des Sammlers. Der Reisende wie der Sammler betrachten die Welt zunehmend als »Physiognomiker der Dingwelt« (V, 274).

Das früheste in den *Gesammelten Schriften* vollständig abgedruckte Dokument von Benjamins Hand ist ein Bericht PFINGSTREISE VON HAUBINDA AUS, der mit einiger Sicherheit in das Jahr 1906 fällt. Der Ausgangspunkt der Reise war das Landerziehungsheim Haubinda in Thüringen. Dorthin war Benjamin von seinen Eltern aus Gesundheitsgründen von 1905 bis 1907 geschickt worden. Die Reise mit dem Schulfreund Hellmut Kautel führte über Lichtenfels, Bayreuth nach Pegnitz in der fränkischen Schweiz, wo ein Aufenthalt für eine Woche geplant war. Auf den wenigen Seiten werden Beobachtungen während der Bahnreise festgehalten, es fallen Bemerkungen über die Beziehung zu dem Kameraden, die Beschwerlichkeit eines Fußmarsches. Dann bricht der Text unvermittelt ab. Während dieser Bericht noch Züge des Schulaufsatzes zeigt, dokumentiert das TAGEBUCH PFINGSTEN 1911 bereits den Willen zur literarischen Stilisierung. Die Reise gemeinsam mit dem Schulfreund Alfred Steinfeld ging nach Schloß Reinhardsbrunn in Thüringen. Dort stieß Herbert Blumenthal dazu, und die drei Freunde verbrachten die vier Tage vom 11. bis zum 15. April mit Spaziergängen und Wanderungen. Schon zu Beginn des Journals erkennt der Neunzehnjährige ein Grundmotiv seines Lebens: »Reisen und Lesen – ein Dasein zwischen zwei neuen aufschluß- und wunderreichen Wirklichkeiten« (VI, 232). Reisen und Lesen bilden früh bereits ganz ähnliche Formen des Weltbezugs aus: Texte werden ebenso auf ihr Wesen hin befragt wie die bereiste Welt. Die autobiographischen Notizen wollen genau diese »Aufschlüsse« und »Wunder« festhalten, sie berichten von Erfahrungen und Lektüren. Den Literaturbezug dieser Reise mit zwei Mitgliedern des gemeinsamen »Leseabends« zeigt auch die Notiz: »Immer nach Spittelers Rat: nicht die Natur anglotzend, sondern redend, über Berlin, Theater, Sprachverhunzung« (ebd.).

Im Juli 1911 unternahm Benjamin mit seiner Familie und mit der Familie Crzellitzer seiner Tante Martha eine Reise in die Schweiz, wo man in Weggis und Mengen Hotels bezog, um u. a. den Luzerner See und den Rütli zu besuchen. Von der Reise hat Benjamin auch briefliche »Bülletins über meinen Seelenzustand« an den Schulfreund Herbert Blumenthal geschickt. Das auf Papierbögen des Hotels Belvédère in Wengen niedergelegte TAGEBUCH VON WENGEN bemerkt über das eigene Journalschreiben, daß es nicht kontinuierlich, sondern stets im Rückblick erfolgt, »teils weil ich erfahrungsgemäß nicht jeden einzelnen Tag zum Schreiben Zeit finde, teils weil der Rückblick schon manches klärt« (VI, 235). Offensichtlich beruht das Tagebuch auf Exzerpten, und die endgültige Version erfährt eine sorgfältige Ausarbeitung: »[...] die Niederschrift eines Tagebuches kostet schon an sich genug geistige Arbeit« (241). Die Besichtigungen und Wanderungen erzählt der Journalautor breit, bisweilen ironisch. Er begreift im Zuge dieser Niederschriften, daß Landschaftsbeschreibungen nicht seine Sache sind. Das Protokoll der Aussicht von der Station Eigerwand lautet: »ein Ausblick wie viele Ausblicke« (242). An Blumenthal schreibt Benjamin auch, daß er sich auf »romantische Schilderungen« und auf »Postkartenfabrikation aus freier Hand« nicht verstehe (1, 31 f.). Das eigentliche Interesse des »Pseudotagebuches«, wie er es selbst nennt, bilden Beobachtungen von Personen und Bemerkungen über die eigene Befindlichkeit. Deutlich privilegiert der Reisende Szenen in bewegter Perspektive: auf Spaziergängen, auf Fahrten mit Dampfern, Trams, Eisenbahnen, Bergbahnen. Das Ergebnis hat Benjamin nicht befriedigt. An die Adresse von Blumenthal bemerkt er selbstkritisch: »Was ich bis jetzt geschrieben habe, ist schlecht; aber sicher gibt es wenig schwerere schriftstellerische Aufgaben als ein Tagebuch« (1, 42).

Eine weitere tagebuchartige Ausarbeitung dieser Reise in die Schweiz mit Eltern und Geschwistern hält Erlebnisse in Chamonix und Genf fest. Gleich am Anfang des nachträglich geschriebenen Reiseberichts Von der Sommerreise 1911 stellt sich der Autor die Aufgabe: »Ich will hier nachträglich einiges herausheben und aufheben, da mancherlei und nicht zum wenigsten auch die Schwierigkeiten der Aufgabe, eine leise liebevolle Schilderung auch des Alltages einer Reise, und des gemäßigten, schön bewegten Schwankens und Träumens in Erwartung und befriedigtem Genuß verhindert hat« (VI, 242). Bewußt und mit bisweilen virtuosen Sprachwendungen montiert der Autor Stimmungen und Bilder ineinander: »Am Nachmittag bringt eine Fahrt auf dem See mir wieder diese seine seltsam ruhige, fast wesenlose und tief beruhigende Erscheinung vor Augen. Gewitterwolken stehen am Himmel, ganz gelb erstrahlt das Wasser an einer Stelle von ihrer Spiegelung, einige bewegtere Schaumwellen erheben sich, aber vergebens erhoffe ich ein kleines stürmisches Abenteuer« (245). Neben den Bildern von Fahrten stehen subjektiv akzentuierte Eindrücke von Vevey, Lausanne und Genf.

Rund vierzig Seiten umfaßt das Journal Meine Reise in Italien Pfingsten 1912. Die Reise nach dem Abitur mit den Klassenkameraden Erich Katz und Franz Simon führt über Locarno, Bellinzone, Lugano, Mailand, Verona, Vicenza, Venedig nach Padua, von wo aus die Rückfahrt nach Freiburg angetreten wird. Das Unternehmen ist als Bildungsreise konzipiert und muß die Gestalt eines literarischen Reiseberichts annehmen. Zu Beginn des Journals stehen daher auch programmatische Absichten: »Aus dem Tagebuch, das ich schreiben will, soll erst die Reise erstehen. In ihm möchte ich das Gesamtwesen, die stille, selbstverständliche Synthese, deren eine Bildungsreise bedarf und die ihr Wesen ausmacht, sich entwickeln lassen. Um so unabweislicher ist mir dies, als durchaus keine Einzelerlebnisse mit Macht den Eindruck dieser ganzen Reise prägten. Natur und Kunst gipfelten überall gleichmäßig in dem, was Goethe die ›Solidität‹ nennt« (VI, 252). Das ist der Ton eines schriftstellerisch ambitionierten Abiturienten, der Leben und Erfahrung nach kanonischen literarischen Modellen aufschreibt. Der Reisebericht soll ja auch den Freunden des »Leseabends« zugänglich gemacht werden. Momme Brodersen bezeichnete dieses Journal sehr abfällig als »ungelenk und misslungen« (Brodersen 1990, 45). Das Urteil ist nur im Hinblick auf den großen Anspruch des jungen Autors gerechtfertigt.

Hier wird bereits ein Zug des reifen Benjamin sichtbar, nämlich das immerbereite pointierte ästhetische Urteil, das auch Kleinigkeiten nicht übersieht. So lautet die Beschreibung eines geschmacklos eingerichteten Hotelzimmers in Mailand: »Das eigentliche Bett ist aber Nebensache. Beherrschend ist ein ungeheuer langer hölzerner Aufbau darüber. Völlig zwecklos stellt er die Vereinigung von allerlei geraden und krummen Linien in einen plumpen oberen Bogen vor und dies Spiel von Sinnlosigkeit und vehementer Häßlichkeit wird lebhaft gesteigert durch kleine Aufbauten der Nachttische in ähnlicher Art und durch das dritte und letzte Bett, das die Scheußlichkeiten der beiden andern in seinem Aufbau variiert« (VI, 265). Sehr kritisch fallen die Schilderungen einer Aufführung von Gabriele d'Annunzios *La Gloria* im Mailänder Teatro Olympico aus und ebenso der Bericht über den Besuch der Mailänder Brera. Zwischendurch formuliert Benjamin seine ästhetischen Überzeugungen: »Wir erkennen eine grundlegende Zweiheit im ästhetischen Urteil: Das Urteil über das Werk, das zeitlos und über den Meister, das zeitlich bedingt ist« (VI, 283). Den größten Teil dieses Journals machen Berichte über den Aufenthalt in Venedig aus, wo die drei Studenten vier oder fünf Tage verbrachten und alle Sehenswürdigkeiten abarbeiteten. Große Begeisterung spricht aus dem Bericht nicht, die Eindrücke, so notiert Benjamin, verblassen rasch, und die Erinnerungen ordnen sich von selbst. Nach drei Tagen verwandelt sich auch »das Fremdeste und Schönste zum Angenehmen oder Unangenehmen, Praktischen oder Widrigen« (VI, 285). Erst nachdem er sich seiner Möglichkeiten als Schriftsteller sicher ist, liefern ihm Reisen Anlässe für kleinere oder größere literarische Textstücke. Die von den Herausgebern der *Gesammelten Schriften* unter den DENKBILDERN versammelten Städtebilder von Neapel, Moskau, Paris, Weimar oder auch Stücke wie NORDISCHE SEE bezeugen die neue Qualität dieses Reisens und Sehens, das ein neues Schreiben sein wird. In dem Denkbild SAN GIMIGNANO steht dann die Lösungsformel, wie es zu diesen Stücken kommt: »Worte zu dem zu finden, was man vor Augen hat – wie schwer kann das sein. Wenn sie dann aber kommen, stoßen sie mit kleinen Hämmern gegen das Wirkliche, bis sie das Bild aus ihm wie aus einer kupfernen Platte getrieben haben« (IV, 364).

»Moskauer Tagebuch«

Erst fünfzehn Jahre später verfaßt Benjamin wieder ein Reisejournal. Scholem bezeichnet das Moskauer Tagebuch als »unstreitig das weitaus persönlichste, gänzlich und unbarmherzig offene Dokument«, das wir von Benjamin besitzen (Scholem 1983, 196). Es ist aber auch das Dokument eines Mißlingens. Nach wenigen Tagen bereits erkennt Benjamin, daß ganz wie Asja Lacis auch Moskau für ihn eine »fast uneinnehmbare Festung« darstellt (VI, 316). Dieser Widerstand der Metropole resultiert zumal aus der Unkenntnis der Sprache. Rasch erwirbt der Besucher die Einsicht, daß »nichts so eintrifft, wie es angesetzt war« (VI, 312). Solches Mißlingen gehört dann zur Bilanz eines jeden Tages und legt sich wie Mehltau über den Bericht: Museen und Ausstellungen sind geschlossen, Restaurants lassen sich nicht finden, Theaterkarten sind unerschwinglich, Rendezvous werden versäumt, Busse verkehren nicht, Straßen werden nicht gefunden, Tramstationen verpaßt, immer wieder wartet er vergeblich, Nachrichten werden mißverstanden, das Zollamt ist geschlossen, bei einer Abendeinladung gibt es kein Essen, bei anderer Gelegenheit bietet man Süßigkeiten an, aber er hat schon gegessen etc. Das Mißlingen des Aufenthalts setzt sich aus einem Hagel solcher Miniaturkatastrophen zusammen (zu den politischen Eindrücken und Kontakten vgl. den Artikel »Zur russischen Literatur und Kultur«, 343–358).

Die Einträge des MOSKAUER TAGEBUCH entziehen sich diesem hartnäckigen Mißlingen stets dann, wenn der Besucher jene kontemplative Haltung einnimmt, die ihn zu genauen Beschreibungen der Stadt oder auch einzelner Museen gelangen läßt. Nur langsam zeichnet sich ein Bild der Stadt ab, denn »Moskau sieht freilich überall nicht recht wie die Stadt selbst aus, sondern eher wie ihr Weichbild« (VI, 352). Auch Moskau sollte man fahrend erleben, denn an vielen Details erst lasse sich der Kampf, der ihr Inneres durchläuft, richtig erkennen: »Aus den Torbogen, an den Rahmen der Haustür springt in verschieden großen, schwarzen, blauen, gelben und roten Buchstaben, als Pfeil <das> Bild von Stiefeln oder frisch gebügelter Wäsche, als ausgetretene Stufe oder als solider Treppenabsatz ein stumm in sich verbissenes, streitendes Leben an. Man muß auch in der Tram die Straßen durchfahren haben, um aufzufangen, wie sich dieser Kampf durch die Etagen fortsetzt um dann endlich auf Dächern in sein entscheidendes Stadium zu treten« (VI, 306). Trambahnfahrten oder auch Fahrten im Schlitten, da Moskau tief verschneit und ungeheuer kalt ist, eröffnen bewegte und vom Mißlingen unberührte Erfahrungsräume (VI, 398). Dem Auge des Beobachters stellen sich alle Bilder und Gestalten dabei in völliger Distanz dar. Leere Läden, Schlangen vor Geschäften, das Nebeneinander von Luxus und Armut. Über die Lage der vielen Bettler auf den Straßen fällt die kühle Bemerkung, daß dies eine »Korporation von Sterbenden« sei. Ihre stärkste Grundlage habe die Bettelei eingebüßt, nämlich das schlechte gesellschaftliche Gewissen. Das spricht auch aus den Bemerkungen des Flaneurs. In seinen Augen verwandeln sich die Bettler in Bildzitate: »Ich sah auch einen Bettler genau in der Haltung des Unglücklichen, dem der heilige Martin mit dem Schwert seinen Mantel durchschneidet, kniend mit einem vorgestreckten Arme« (VI, 319). Diese Abkühlung des Blicks verläuft in einem mit der Enttäuschung, die Moskau dem Besucher auferlegt. Während die ersten Journaleinträge noch kurze, aufmerksame, in physiognomische Details gehende Porträts einzelner Personen erstellen, etwa von Grigorij Lelevič oder Joseph Roth, läßt dieses Interesse im Verlauf der zwei Monate spürbar nach. Die Begegnungen der späteren Wochen bleiben gesichtslos. Zu den Enttäuschungen zählt auch, daß die Zahl der durch Reich vermittelten Bekanntschaften begrenzt ist, und Gershom Scholem verwies bereits darauf, daß er im Wesentlichen nur Leuten der parteiinternen Opposition begegnete, die später kaltgestellt wurden (Scholem 1983, 197).

Da die Erfahrung nicht ins Innere der Stadt, der Macht und des Privatlebens vordringt, heftet sie sich an Bilder in Theatern, Kinos und Museen. Das Tagebuch berichtet weiter vom Besuch einer Fabrik, von einer Gerichtsverhandlung und von der Besichtigung des Kremls, dessen gepflegtes Äußeres an die Bauten in der »Musterstadt Monaco« erinnert. Die eindrucksvollsten Theatererlebnisse genießt Benjamin im revolutionären Theater Wsewolod Meyerhold, wo er am 19. Dezember einer Aufführung von Gogols *Revisor* beiwohnt, über die in Moskau heftig gestritten wird. Von dem enormen Aufwand der Inszenierung, die über vier Stunden dauerte, zeigt er sich ebenso beeindruckt wie von den vielen »entzückenden Genrebildern«. Die Regie, die zahlreiche Szenen und Menschengruppen auf engstem Raume konzentriert, rühmt er als meisterlich. Am 23. Dezember sieht Benjamin mit ähnlicher Begeisterung Meyerholds Inszenierung von Ostrovskis *Der Wald*. Am 31. besucht er im Revolutionstheater die Revue *Dajosch Ewropa* und lernt den berühmten Regisseur kurz kennen, der ihm Gelegenheit gibt, im »Museum« des Theaters die Modelle der Dekorationen zu besichtigen. Am 3. Januar sitzt er erneut in diesem Theater, um einer Diskussion über Meyerholds Inszenierung des *Revisors* beizuwohnen. Zu den Diskutanten, die sich für Meyerhold einsetzten, zählt auch Wladimir Majakowski. Benjamin hat über diese Veranstaltung unter dem Titel Disputation bei Meyerhold berichtet und beobachtet, daß »Rußlands bedeutendster Regisseur« eine »unglückliche Natur« ist (IV, 481–483). Benjamin erzählt auch von der ablehnenden Reaktion der Partei. Prophetisch schreibt er, daß es nun eine Front gegen Meyerhold gibt. Tatsächlich überlebte der Regisseur die stalinistische Wende nur kurz, sein Theater wurde 1938 geschlossen und er selbst kam 1939 in Haft und starb ein Jahr später.

Die kontemplativsten Momente erlebt Benjamin in Museen. Die ersten Ausstellungen, die er zu Beginn aufsucht, zeigen Spielzeug. Er besucht auch das Museum für Malkultur. Ausführlich studiert er in der Tretjakoff-Galerie die russische Genremalerei des 19. Jh.s. Länger und mit dem Ergebnis froher Stimmung versenkt er sich dort in zwei Bilder von Schtschedrin, die Sorrent und Capri zeigen, weil sie ihn an die erste Begegnung mit Asja Lacis erinnern. Zufällig stößt er auf eine »Sammlung der neuen Kunst des Westens« mit bedeutenden Bildern der französischen Moderne. Am meisten berühren ihn hier im winterlichen Moskau zwei Pariser Boulevardansichten von Pissarro und Monet, und er fühlt »eine Sehnsucht nach dieser Stadt« (VI, 325). Auf seinem »Besichtigungsplan« steht weiter eine Ausstellung von Zeichnungen Geisteskranker im Polytechnischen Museum, die er erst einmal nicht findet, da sie über einen Seiteneingang zugänglich ist. Die im zweiten Anlauf studierten Bilder dort wecken aber nur mäßiges Interesse. Am 15. Januar besucht er erst die Schtschukin-Galerie mit einer großen Gauguin-Sammlung und später das Museum für Malerei und Ikonographie, das die Sammlung des Malers Ilja Ostouchov zeigt. Dort und im Historischen Museum wenige Tage später studiert er die verschiedenen Formen und Ausdrucksweisen der Ikonen. Wie im Zeitraffer erkennt er die über Jahrhunderte laufende allmähliche Veränderung der ikonischen Gesten: »Wie lange aber das Christuskind braucht, um die Bewegungsfreiheit auf dem Arm der Mutter zu gewinnen, die es in jenen Epochen ausübt. Und ebenso dauert es Jahrhundertelang, bis sich die Hand des Kindes und die Hand der Gottesmutter finden« (VI, 378).

Wenn am Ende der Moskau-Aufenthalt neben der literarischen Ausbeute doch noch zu einem kleinen Erfolg wird, dann gewährt ihn das Spielzeug. Der Sammler Benjamin kehrt als Triumphator zurück, sein Koffer steckt voller Beute. Das Kaufen von Spielzeug wird im Laufe der Wochen zu einer Obsession. Offensichtlich drängt das Sammlerglück die Enttäuschungen der Reise in den Hintergrund. Das Tagebuch vermerkt mehr als zehn Mal Besuche in Spielzeuggeschäften. Erworben werden Papierblumen, Puppen, Häuschen aus Buntpapier, eine Balalaika, ein chinesischer Papierfisch, eine Harmonika, eine Holznähmaschine, eine Schaukelpuppe aus Papiermaché. Noch am vorletzten Tag der Reise ist Benjamin auf Spielzeugjagd. Weil er zuvor ein Spielwarenmagazin entdeckt hat, folgt er sogar bei der Besichtigung des berühmten Klosters Zagorsk der Führung nur ungeduldig und unaufmerksam. Im Anschluß an die Besichtigung durchsucht er mit einem Bekannten einige dieser Magazine und tastet sich an unbeleuchteten Warenlagern entlang, um noch Holzsachen und Papiermachéspielzeug zu erstehen. Im Spielzeugmuseum läßt er auch Fotos von einzelnen Stücken herstellen. Diese Bilder hat Benjamin 1930 mit einem kurzen Kommentar unter der Überschrift Russische Spielsachen in der *Südwestdeutschen Rundfunkzeitung* veröffentlicht (IV, 623–25).

Das Moskauer Tagebuch schließt mit der Beschreibung des tränenreichen Abschieds von Asja Lacis. Es folgt kein Resümee, keine Bilanz, und so wird erkennbar, wie sehr diese Reise im Zeichen der Leidenschaft für diese Frau gestanden hat. Moskau selbst bleibt eine Erfahrung, die Benjamin gegen alle späteren Überlegungen immunisierte, seinen Exilstandort in Moskau aufzuschlagen. Der schließlich in Martin Bubers Zeitschrift *Die Kreatur* veröffentlichte Moskau-Aufsatz bildet eine eingehende Bearbeitung des Tagebuchs. Das Rhythmische des Lebens in der Sowjetunion, das dort einen starken thematischen Akzent bildet, ist in den Moskauer Notaten nur in Ansätzen verzeichnet.

»Reisetagebücher und Notizen« 1927–1932

Nach der Rückkehr aus Moskau bleibt Benjamin nur wenige Wochen in Berlin und zieht Ende März nach Paris. Von dort unternimmt er im Jahr 1927 mehrere Reisen. Mit seiner Frau Dora und mit seinem Sohn

Stefan bereist er Anfang bis Mitte Juni die Riviera. Im Casino von Monaco gewinnt er eine so bedeutende Summe Geldes, daß er eine Reise nach Korsika anschließen kann.

Die Reise an die Loire vom 12. bis 16. August steht allerdings wieder einmal im Zeichen des Mißlingens. Eigentlich wollte er von dieser Reise einige »Darstellungen« für die *Frankfurter Zeitung* geben (3, 263). Das Angebot war aber bei Siegfried Kracauer auf Ablehnung gestoßen. Außerdem wollte er die Reise mit einer Pariser Freundin unternehmen, die kurzfristig abgesagt hatte. Die Stationen der Reise sind Orléans, Blois, Tours. Alle Plätze, die Benjamin aufsucht, bilden, wie er in dem Tagebuch meiner Loire-Reise schreibt, leere Rahmen für die vermißte Reisegefährtin. Die journalartigen Aufzeichnungen, die gerade vier Seiten umfassen, füllen sich mit Bemerkungen des gekränkten Liebhabers (VI, 409–413).

Aufzeichnungen gibt es wieder aus Anlaß der Reise nach Frankfurt zur Beerdigung des Großonkels Arthur Schönflies, des jüngeren Bruders seiner Großmutter, der ein namhafter Mathematiker war. Hier werden einige Reflexionen über das Generationenverhältnis formuliert. Sie sind als Notizen von der Reise nach Frankfurt 30 Mai 1928 wie das Tagebuch meiner Loire-Reise in das schwarze Lederheft geschrieben. Unvermittelt aber wenden sich diese Überlegungen zwei Schriftstellertypen zu: Da ist einmal der erfolgreiche Autor, der einen Kontakt zum Publikum unmittelbar gewinnt, während der andere Typus lange Zeit erfolglos versucht, der Leserschaft einen Begriff von »seiner Denk- und Erfahrungswelt« zu geben. Nur im Grenzfall der »genialen Autorschaft« stießen die beiden idealen Typen zusammen.

Im September 1928 scheint Benjamin wieder den Entschluß gefaßt zu haben, regelmäßig Tagebuch zu führen. Die ›Verstreuten Notizen Juni bis Oktober 1928‹ (VI, 415–418) enthalten unter dem 10. Oktober einen solchen Beschluß. Doch sind die Notizen auch wieder nicht kontinuierlich niedergelegt, sondern auf auseinander liegende Seiten des Pergamentheftes »SSch« [Slg. Scholem] eingetragen (VI, 790). Dazwischen stehen erste Entwürfe eines Drogenprotokolls, das später in den Aufsatz Haschisch in Marseille Eingang findet (vgl. die Anm. in VI, 822 f.). Vor allem sind es »Gesprächsnotizen«, die er sich machen will und die er auch als Protokolle seiner Diskussionen mit Ernst Joël, Ernst Bloch und Alfred Sohn-Rethel geführt hat. Teile dieser Notizen flossen in Benjamins Bericht über die von Ernst Joël 1930 betreute Ausstellung »Gesunde Nerven« ein, die unter dem Titel Bekränzter Eingang in der *Literarischen Welt* erschien (IV, 557–561). Interessante sprachtheoretische (und gesprächsstrategische) Bemerkungen enthält auch eine auf losen Blättern niedergelegte Notiz über ein Gespräch mit Ballasz aus dem Jahr 1929.

In das Jahr 1930 fallen die Reisenotizen (VI, 419–421) einer Fahrt nach Norwegen. Die Reise führt ihn von Ende Juli bis Mitte August auf einem Dampfer über Trondheim und Tromsø bis über den Polarkreis und in das nördliche Finnland. Die literarische Ausbeute umfaßt eben drei Seiten, die nicht diaristisch angelegt sind, sondern einige literarische Räume sprechen lassen. Die Notizen über einen blonden Mann in Rörwik, einen »Intellektuellen und Clown«, über Häuser und ihre Bewohner in Bergen, über Bäume und Blumen im Norden und die leeren Straßen von Svolvær bilden die Vorstufe des »Zyklus« Nordische See, der im September in der *Frankfurter Zeitung* erschien (IV, 383–387; 997).

Gewichtiger noch sind die Notizen Mai-Juni 1931 (VI, 422–441), die Benjamin auf losen Bögen niedergeschrieben hat. Die Bemerkungen entspringen den Beobachtungen und Erfahrungen während einer Reise, die ihn diesmal für beinahe zwei Monate an die Côte d'Azur führt. Dort lebt er in Gesellschaft von Wilhelm Speyer, seines Vetters Egon Wissing und dessen Frau Gert. Zeitweise stoßen auch Bertolt Brecht und dessen »Stab von Freunden« dazu, dem u. a. Elisabeth Hauptmann, Carola Neher sowie Kurt Weill und Lotte Lenya zugehören. Die Aufzeichnungen halten eigene Gedanken fest, aber auch Gespräche mit den Freunden und Bekannten. Benjamin setzt erneut zu einem Tagebuch an, weil er sich in einer tiefen Krise spürt. Er blickt zurück, Selbstmordgedanken klingen an. Nach der für ihn finanziell desaströsen Scheidung von seiner Frau Dora ist er ganz darauf angewiesen, durch eigene verwertbare Arbeiten seinen Lebensunterhalt und die langfristig angelegten Projekte zu finanzieren. Die Krise beschreibt er als »Kampfmüdigkeit an der ökonomischen Front«. Er verspürt zugleich tiefe Abneigung gegenüber den Wegen, die er und andere Intellektuelle einschlagen, um der »trostlosen geistespolitischen Lage Herr zu werden« (VI, 422). Die Lage vergleicht er mit den Rauschgifterfahrungen der letzten Zeit. »Der universale Vorbehalt de<r> eigenen Lebensweise gegenüber, zu dem die Betrachtung der Dinge in Westeuropa jeden Schriftsteller – ohne Ausnahme wie mir scheint – nötigt ist auf bittre Art demjenigen verwandt, den das Gift dem Berauschten seinen Mitmenschen gegenüber eingibt« (VI, 422 f.).

Seine Bereitschaft, sich das Leben zu nehmen, stellt er an das Ende einer Bilanz, wonach er ein Leben gelebt habe, dem die »höchsten Wünsche« erfüllt wurden. Allerdings weiß er, daß die Lebenswünsche immer erst nachträglich, als eine Art Schicksalstext, erkannt werden. Bei der Aufzählung dieser Wünsche gelangt er über den ersten nicht hinaus: »Von den drei größten Wünschen meines Lebens habe ich den nach weiten, vor allem aber langen Reisen zuerst erkannt« (VI, 423). Das Tagebuch läßt die beiden anderen Wünsche aber durchblicken. Eine Bemerkung über Ernest Hemingway definiert das gute Schreiben. Gutes Schreiben heißt nicht: genau sagen, was man denkt. »Das Sagen ist nämlich nicht nur ein Ausdruck sondern vor allem eine Realisierung des Denkens, die es den tiefsten Modifikationen unterwirft genau so wie das Gehen auf ein Ziel zu nicht nur der Ausdruck eines Wunsches es zu erreichen sondern seine Realisierung ist« (VI, 425). Und auf nicht explizite Weise kommt der dritte Wunsch zum Ausdruck, wenn er von einem Gespräch mit den Wissings über Erfahrungen in der Liebe berichtet. Benjamin nimmt dabei einen Gedanken aus der Aufzeichnung Agesilaus Santander vorweg, wenn er sagt, daß ihn jede seiner drei großen Liebesbeziehungen verwandelt hat. Hier notiert er: »Ich habe drei verschiedene Frauen im Leben kennen gelernt und drei verschiedene Männer in mir. Meine Lebensgeschichte schreiben, hieße Aufbau und Verfall dieser drei Männer darstellen und den Kompromiß zwischen ihnen – man könnte auch sagen: das Triumvirat, das mein Leben jetzt darstellt« (VI, 427).

Diese Bemerkungen der Krise füllen die Tagebuchseiten des 4. bis 6. Mai. Unter dem 13. Mai notiert Benjamin eine erste Annäherung an die Aura-Konzeption der nächsten Jahre. Die Bilder der Landschaft, die der Träumende sich macht, stellen einen »düsteren Trotz« gegen das Wissen dar, wonach im Inneren des Meeres, der Wolken, des Lebendigen dauernde Veränderungsprozesse stattfinden: »Jede Nähe die ihn trifft, straft ihn Lügen aber jede Ferne baut seinen Traum wieder auf, an jedem verdämmernden Berggrat reckt er sich hoch, an jedem erleuchteten Fenster entglimmt er von neuem« (428). Der Gedanke setzt sich fort bei einem Besuch in Saint-Paul de Vence. Eben noch erklärt er seinen Begleitern, welches Glück darin liege, daß dieser Ort von den Kinoleuten noch nicht entdeckt sei, da tauchen Lilian Harvey und Willy Fritsch in größerer Gesellschaft auf.

Die Journalseiten vom 3. bis 17. Juni 1931 enthalten Nachschriften mehrerer Gespräche mit Brecht. Benjamin stellte später eine Liste verschiedener Notizen von Gesprächen mit Brecht zusammen, die im Kommentar zu den *Gesammelten Schriften* zu finden sind (VI, 793) und die darauf hinweisen, welche Bedeutung der Autor den Äußerungen Brechts zugeschrieben hat. Im Juni 1931 drehen sich die Gespräche um Kafka, den Brecht als prophetischen Autor charakterisiert. Bei anderer Gelegenheit bezeichnet Brecht Kafkas K. als Gegenfigur zu Schweyk. Dieser sei einer, den nichts erstaunt, während sich Kafkas K. über alles wundert. Allerdings versucht Benjamin in diesen Aufzeichnungen stets auch kontrapunktisch zu den von Brecht geäußerten Thesen zu denken bzw. zu schreiben, sei es, daß es um Kafka, um das Wohnen geht oder um Shakespeares *Romeo und Julia*.

Die Fortsetzung dieser Aufzeichnungen bildet das im »Mittleren Pergamentheft« überlieferte Tagebuch vom siebenten August neunzehnhunderteinunddreissig bis zum Todestag. Benjamin ist inzwischen nach Berlin zurückgekehrt. Der Titel deutet die düstere Stimmung an, in der dieser Journalversuch unternommen wird. Den unmittelbaren Anlaß für das Tagebuch des Lebensmüden gibt die Nachricht des Verlegers Anton Kippenberg, der einen Buchvorschlag Benjamins zu Goethes hundertstem Todesjahr ablehnt. Bis zum Juli 1932, dem Datum seines eigenen vierzigsten Geburtstages, wird sich der Gedanke an einen Selbstmord so weit ausbilden, daß Benjamin bereits Abschiedsbriefe an die nächsten Freunde verschickt und ein Testament aufsetzt. So will er die letzten Tage und Wochen, wie es in dem Tagebuch heißt, klug und menschenwürdig nutzen.

Wie anders als schreibend? Die ersten Bemerkungen des nur drei Tage, den 7., 12. und 16. August umfassenden Tagebuchs gelten Gerhart Hauptmanns Dramen *Friedensfest* und *Einsame Menschen*, die er eben gelesen hat. Die Thematik des Pathologischen in Hauptmanns Stücken bringt ihn auf den Gedanken, daß die Krankheit in der modernen Gesellschaft emblematisch ist wie der Wahnsinn bei den Alten. Das inspiriert ihn zu einer Bemerkung zur Nervosität im Jugendstil: »Die Nerven jedenfalls sind inspirierte Fäden, gleichen jenen Fasern, die sich mit unbefriedigten Verjüngungen, mit sehnsuchtsvollen Buchten um Mobiliar und Fassade zogen« (VI, 442). Weiter berichtet er von einem Gespräch mit Albert Salomon und Fritz Holborn, denen er seine Vorstellung vom Historischen erläutert hat. Die Geschichte laufe nicht wie ein Fluß im Flußbett, sondern könne bildlich nur als Strudel verstanden werden. Aus einem Gespräch bei Willy Haas über Marxismus und Kunst berichtet er, wie er weitläufige Thesen entwickelte, wonach der Journalismus die Kunst gegenwärtig assimiliert und ersetzt. Das ist auch der Prozeß, dem sich Benjamin selbst zu entziehen sucht. In seinem Abschiedsbrief an Egon und Gert Wissing bemerkte er darüber: »[...] mag er über den Wert seiner Produktion denken wie er will – die Geschmeidigkeit, mit der sie, als journalistische, der Konjunktur sich anzupassen hat, hindert sie seiner Existenz Dauer und Wachstum zu gewährleisten« (4, 118).

Ehe er im Juli 1932 in Nizza dem Gedanken an einen Selbstmord bis kurz vor der Ausführung nachgibt, unternimmt Benjamin im April 1932 auf einem Frachter eine Seereise von Hamburg nach Barcelona, von wo aus er nach Ibiza weiterreist. Von Ibiza begibt er sich dann im Juli über Mallorca nach Nizza. Auf Ibiza befaßt er sich in den Monaten April bis Juli mit der Berliner Chronik und mit einem Reisebuch Spanien 1932 (VI, 795), das Eindrücke der Seereise aufnimmt, aber auch Träume und Erlebnisse auf Ibiza. Beide Texte sind in das gleiche mit braunem Leder eingeschlagene Heft geschrieben und erproben eine ähnliche Darstellungstechnik. Es wird die Technik der Denkbilder sein. Für das Reisebuch und seine Fortschreibung erlegt sich Benjamin eine Disziplin auf, »welche es dem Autor verbietet, Effekte aus der ersten Begegnung zu schlagen, der, wenn sie nicht als Impression verwertet, sondern als Samenkorn dem Schoße des Gewohnten eingesenkt wird, später der wunderbare Baum entwachsen kann, dessen Früchte das Aroma der ›nächsten Nähe‹ haben« (VI, 454). Eine ganze Reihe der Texte dieses Spanienbuches wurde zu Geschichten verwertet, die in der Abteilung »Kleine Prosa« der *Gesammelten Schriften* zu finden sind, Die Fahrt der Mascotte (IV, 738), Das Taschentuch (IV, 741), Der Reiseabend (IV, 745), Geschichten aus der Einsamkeit (IV, 755). Es ist erstaunlich und von manchen Lesern auch bemerkt worden, daß diese Aufzeichnungen von besonderer Ruhe und Abgeklärtheit zeugen. (Scholem 1975, 226 f.) Benjamin will auch dem Selbstmordgedanken noch eine literarische Erfahrung abtrotzen. Und so wie er das »Sagen eine Modifikation des Denkens« nannte, so bildet das Schreiben hier eine Modifikation des Sterbens. Die schönste Eintragung könnte die »Geschichte der Einsamkeit« sein. Meditationen über die Einsamkeit gehen bis zum 18. Jh. zurück, wo der Arzt und Schriftsteller Johann Georg Zimmermann zuerst 1783 sein mehrbändiges Werk *Von der Einsamkeit* veröffentlichte.

Für Benjamin aber ist die Einsamkeit nicht zeitlos. Die Moderne duldet sie nur noch als Abfallprodukt, denn wer sich absondert, der entdeckt immer die gleiche Gesellschaft. Die Eintragung schließt mit einem diskreten Selbstportrait: »So hatte einer, der mit der Welt nicht zurechtkam, sich ins Innerste einer entlegnen Insel zurückgezogen. Wenige störten ihn auf, nichts aber wunderte sie so sehr wie die Beschlagenheit des Mannes in allen Vorfällen und Intrigen des Küstenlandes. Es war als hätte die Einsamkeit sein Ohr geschärft und der Wind ihm die Skandalgeschichten zugetragen, die der Großstädter am Telefon in sich aufnimmt« (VI, 455).

Aufzeichnungen 1933–1939 (I): »Agesilaus Santander«

Mit der Orts- und Zeitbestimmung »Ibiza 12 August« und »Ibiza 13 August« hinterließ Benjamin zwei Fassungen eines rätselhaften, spielerischen Selbstporträts. Die beiden Versionen des Agesilaus Santander trug er in das »mittlere Pergamentheft«, wie er es selbst nannte, ein (VI, 633). Das Heft enthält auch die Eintragungen vom siebenten August neunzehnhundertdreiunddreissig bis zum Todestag (VI, 441 ff.), Reflexionen zum Rundfunk (II, 1506 f.) sowie die Lehre vom Ähnlichen (II, 204 ff.). Die endgültige Fassung des Agesilaus Santander ist nicht überliefert. Benjamin hat dieses Selbstporträt der holländischen Malerin Anna Maria Blaupot ten Cate zugedacht, die er im Frühsommer 1933 auf Ibiza kennen gelernt hat. Der 13. August war der 31. Geburtstag der jungen Frau, die Wil van Gerwen noch Anfang der 90er Jahre besucht und gesprochen hat (van Gerwen 1999, 969–981). Benjamin und Anna Maria Blaupot ten Cate hatten sich ineinander verliebt, und das Prosastück spricht in den letzten Zeilen die Beschenkte und Adressantin direkt an. Es gibt noch einige Briefzeugnisse, die diese Liebesgeschichte dokumentieren; erst vor kurzem wurde die Stimme der Frau vernehmbar. (Luhr 2000, 129–173) Der Entwurf eines Schreibens an Anna Maria Blaupot ten Cate enthält vielleicht einige der schönsten Liebesbriefsätze der deutschen Sprache: »Aus Deinen Zügen steigt alles, was die Frau zur Hüterin, zur Mutter, zur Hure macht. Eines verwandelst Du ins andere und jedem gibst Du tausend Gestalten. In deinem Arm würde das Schicksal für immer aufhören, mir zu begegnen. Mit keinem Schrecken und mit keinem Glück könnte es mich mehr überraschen. Die ungeheure Stille, die um Dich ist, deutet nur an, wie weit von dem, was Dich am Tag beansprucht, Du entfernt bist. In dieser Stille vollzieht sich die Verwandlung der Gestalten« (4, 278 f.). Weiter zählen zu den Zeugnissen dieser kurzen Liebe zwei Gedichte, eine fünfzeilige ungereimte Strophe sowie ein Sonett, die in der Überschrift den Namen der jungen Frau nannten und die Benjamin gleichfalls in das »Mittlere Pergamentheft« eintrug, Sie sind neben anderen Materialen im Anhang des VI. Bandes der *Gesammelten Schriften* abgedruckt (VI, 810 f.).

Gershom Scholem, der dem Agesilaus Santander eine in der Hauptsache immer noch gültige Interpretation gewidmet hat (Scholem 1983), waren die biographischen Hintergründe noch unbekannt. Er hatte im September 1933 von Benjamin aus Ibiza brieflich die Bitte empfangen, ihm ein Gedicht von seiner (Scholems) Hand auf Paul Klees Aquarell *Angelus No-*

vus, das Benjamin 1921 erworben hatte, zuzuschicken. Scholem hatte dieses Gedicht im Juli 1927 verfaßt, als das Bild für einige Zeit in seiner Münchner Wohnung hing (2, 174 f.). Im Sommer 1933 trug Benjamin seine Bitte mit der Begründung vor, er habe auf Ibiza eine junge Frau kennen gelernt, die das weibliche Gegenstück, ja, der Bruder des Angelus Novus sei. (4, 287) Die Ungenannte war Anna Maria Blaupot ten Cate. Zehn Tage später wiederholte er diesen Wunsch und fügte hinzu, daß er es »dem einzigen Subjekt zu unterbreiten gedenke, welches ich – in den Jahren seit Erwerbung des Angelus – neu in diesen schmalen, aber mir einzig vertrauten Sektor der Angelologie einzuführen gedenke« (4, 290 f.).

Von Engeln spricht der Agesilaus Santander esoterisch und exoterisch. Scholem hat überzeugend nachgewiesen, daß der rätselhafte Name weniger auf den spartanischen König Agesilaus und auch nicht auf die spanische Stadt Santander verweist, sondern ein Anagramm darstellt. Aufgelöst lautet der Name »der Angelus Satanas«, wobei ein i noch übrig bleibt. Von einem solchen Angelus Satanas sprechen sowohl hebräische Texte, wie Scholem belegt, als auch der Apostel Paulus im 2. Korintherbrief 12,7. Der Paulinische Angelos Satanas ist mit dem abgefallenen Engel Luzifer, dem Lichtbringer, identisch. Dieser anagrammatische Name macht Sinn in der Reihe der Namen, die Benjamin von seinen Eltern gegeben wurden. Neben dem Rufnamen Walter »gaben sie mir« noch zwei ausgefallene, »an denen man weder sehen konnte, daß ein Jude sie trug, noch daß sie ihm als Vornamen gehörten« (VI, 521). Werner Fuld dokumentierte anhand der von der Gestapo ausgestellten Ausbürgerungsurkunde Benjamins, daß dieser tatsächlich noch die beiden weiteren Vornamen Benedix und Schönflies trug (Fuld 1981, 253–263). Benedix war auch der Vorname seines Großvaters von der Vaterseite, Schönflies der Familienname der mütterlichen Linie. In dem an die junge Freundin gerichteten Geburtstagstext nennt Benjamin diese Namen nicht und behält auch sie geheim. Dazu erklärt er, indem er über sich als eine dritte Person spricht, daß der Träger dieser Namen die klugen Vorkehrungen der Eltern nicht beachtete. Statt die Namen mit seinen Schriften »öffentlich zu machen, hielt er es wie die Juden mit dem zusätzlichen [Namen] ihrer Kinder, der geheim verbleibt« (VI, 522). Erst wenn die Knaben »mannbar« werden, wird ihnen ihr geheimer Name mitgeteilt. Scholem hat auf die nicht völlig zutreffende Darstellung des jüdischen Namensritus hingewiesen. Nur in assimilierten jüdischen Familien war es üblich, einen zweiten oder dritten Namen, der dem Knaben gegeben wurde, geheim zu halten. Erst bei der Bar Mitzwa, dem religiösen Ritus des »Mannbarwerdens«, wird der Dreizehnjährige zum erstenmal mit seinem »geheimen« Namen zur Lesung der Tora aufgerufen. Dieser Name nun bleibt, wie Benjamin weiter schreibt, bei den wahrhaft Frommen unverändert. Bei denjenigen aber, die in ihrem Leben ein solches »Mannbarwerden« im Sinne einer erotischen Erfahrung mehrfach erleben, kann sich ein *Wandel* ihres Namens vollziehen und dann schlagartig offenbaren. So tritt der esoterische Name mit einer neuen erotischen Erfahrung ins Exoterische. Das, so spricht das Ich des Agesilaus Santander, widerfuhr ihm. Das, so darf die beschenkte Leserin für sich ergänzen, widerfuhr ihm mit mir: nämlich die Verwandlung der »geheimen« Namen Benedix Schönflies in Agesilaus Santander.

Nun aber erst setzt die geheimnisvolle angelologische Lehre ein, von der Benjamin in seinem Brief an Scholem sprach. Der Name verwandelt sich nicht nur selbst, sondern verwandelt auch denjenigen, den er bezeichnet. Diese Kraft im Namen, diese Kraft des Namens, verkörpert sich in einem Engel. Und den Engel bringt der Sprechende weiter in Zusammenhang mit Paul Klees Bild des *Angelus Novus.* Diesen Angelus hat der Träger des alten Namens (erg. Benedix Schönflies) als sein Bild an der Wand des Zimmers, das er in Berlin bewohnte, befestigt, ehe er »aus meinem Namen gerüstet und geschient ans Licht trat« (VI, 522). Der Angelus ist mithin das *Bild* des alten Namens. Dann aber trat aus diesem alten Namen derjenige »gerüstet und geschient« ans Licht, der jetzt als ein anderer spricht. Scholem kommentiert: »Hier transzendiert Benjamin die alte angelologische Tradition, wonach der Engel des Menschen dessen reine, urbildliche Gestalt bewahrt und dadurch menschenähnlicher wird« (Scholem 1983, 53). Weiter aber beruft sich der Sprecher des Agesilaus Santander auf eine kabbalistische Lehre, wonach Gott in jedem Augenblick eine Unzahl neuer Engel schafft, die bestimmt sind, ehe sie wieder ins Nichts vergehen, vor seinem Thron sein Lob zu singen. Der Angelologe behauptet nun, daß sich der Angelus Novus als einen solchen Engel ausgab, ehe er in den Satansengel verwandelt wurde. Daher sei er nicht zu seinem Gottesgesang gekommen. Aber der Angelus habe ihm das heimgezahlt: Er schickte »seine weibliche Gestalt der männlichen im Bilde auf dem längsten, verhängnisvollsten Umweg nach, obschon doch beide einmal – nur kannten sie einander nicht, aufs innigste benachbart gewesen waren« (VI, 522).

Diese weibliche Gestalt des Angelus Novus, so konnte man in Benjamins Brief an Scholem lesen, ist nun die junge Frau, in die er sich »verhängnisvoll« verliebt hat. Daher spricht Will van Gerwen auch von der »Angela Nova« (van Gerwen 1997). Aber diese

Schwester erschien ihm auf dem »längsten Umweg«. Dies nun führt zu einer Bemerkung des Sprechers, daß er stets, wenn er sich in eine Frau verliebte, entschlossen war, sich auf die Lauer ihres ganzen Lebens zu legen, bis sie krank, gealtert, in zerschlissenen Kleidern in seine Hände fiel. Die Schwingen dieser Geduld, so fährt er fort, ähneln den Schwingen des Engels darin, daß sie nur wenige Stöße benötigen, um sich im Angesicht dessen zu halten, von dem er nicht mehr lassen wollte. Dann aber heißt es, indem der Sprecher zur Ich-Perspektive zurückkehrt, der Engel ähnelt allem, »wovon ich mich habe trennen müssen: den Menschen und zumal den Dingen« (VI, 523). Er haust in allen Dingen, die er nicht mehr hat. Er ist ein Engel der Gabe, denn er macht die verlorenen Dinge durchsichtig und gibt den zu sehen, dem die Gabe zugedacht war. Daher auch »bin ich von niemandem im Schenken zu übertreffen.« Das Geschenk gibt den Beschenkten zu erkennen. Vielleicht aber wurde dieser Engel von einem Schenkenden angelockt, der leer ausging. Vielleicht gerade von dem, der spricht. Denn dieser Engel faßt denjenigen, den er aufsucht, fest ins Auge und zieht sich dann stoßweise und unerbittlich zurück. »Warum? Um ihn sich nachzuziehen, auf jene<m> Wege in die Zukunft, auf dem er kam und den er so gut kennt, daß er ihn durchmißt ohne sich zu wenden und den, den er gewählt hat, aus dem Blick zu lassen. [...] So wie ich, kaum daß ich zum ersten Male dich gesehen hatte, mit dir dahin zurückfuhr, woher ich kam« (VI, 523).

Die letzte Bemerkung erinnert sehr an die beiden anderen prominenten Stellen, an denen Benjamin den Angelus Novus aufruft, in seinem großen Essay Karl Kraus sowie in der IX. der so genannten Geschichtsphilosophischen Thesen. Auch nach dem Wortlaut dieser beiden weitgehend identischen Passagen starrt der Engel auf etwas, wovon er sich entfernt; auch er ist auf dem Weg in die Zukunft, der er den Rücken zukehrt (I, 697 f.). Dieses Zitat des eigenen künftigen Werkes in dem kleinen Text, diese esoterische, zugleich private wie philosophische Dimension, hat zu vielen Interpretationen und Debatten angeregt. Scholems frühe Deutung stieß zum Teil auf Ablehnung, da man ihm gerne unterstellte, Benjamin, der sich intellektuell ortlos zwischen Moskau, Berlin, Paris und Jerusalem bewegte, nach Jerusalem zu holen, nämlich in der jüdischen Sphäre seines Denkens festzuhalten (vgl. Fuld 1981, 26 ff.; weitere Beiträge: Wolf 1991, Lindner 1992, Werkmeister 1999, van Gerwen 1999, Baumann 2002).

Der kleine Text ist ein Geschenk, eine Gabe. Nur von daher erschließt sich diese rätselvolle autobiographische Etüde. Daß sie Benjamin nicht immer verstanden hat, deutet Anna Maria Blaupot ten Cate in einem späteren Brief an: »Und ich mag Sie auch bedingungslos – obwohl ich Sie nicht immer verstehe [...]« (Luhr 2000, 152). Benjamins briefliche Bitte um Scholems Gedicht zur angelologischen Belehrung eines weiblichen Gegenstücks Angelus Novus gibt einen Hinweis, daß der Schenkende der Beschenkten einige Rätsel des Textes lösen wollte. Im Text, der eine Gabe ist, ist selbst von Gaben, vom Schenken und von der Verwandlung durch Gaben, von der Magie der Gaben, die Rede: von der Gabe der Namen, der Gabe, »menschenähnlich zu erscheinen«, den Gaben/Geschenken an andere. Von den Gaben, der Kraft der Gaben, gehen umgekehrt auch wieder Verwandlungen aus: die Verwandlung des Namens, die Verwandlung durch nicht-jüdische Namen, die Verwandlung durch erotische Erfahrungen, die Verwandlung durch Geschenke. Dem Namen und Bild des Namens, heißt es im Agesilaus, wird die Gabe genommen, menschenähnlich zu sein. Diese werden aus der Macht der Ähnlichkeit herausgerissen und dem Wandel übergeben. Nur so ist Liebe möglich. Ersichtlich kehrt hier der Gedanke aus dem autobiographischen Abriß in den Notizen Mai-Juni 1931 wieder, wonach der Schreiber ein Triumvirat von drei Männern in sich vereinigte. Jeder wurde durch eine andere Frau verwandelt. Und ein Blick in den bereits zitierten Brief an Anna Maria Blaupot ten Cate vom August 1933 zeigt, daß auch sie die Verwandlung von Mutter, Hüterin, Hure ist. So unterzeichnet auch Anna Maria Blaupot ten Cate mit einem anderen Namen: Sie nennt sich Toet. Was im Text der Verwandlung entspricht, sind Bilder, die sich als Kippbilder betrachten lassen, sind Sätze, die in mehreren Bedeutungen schillern. Wie anders erklärt man die Liebe als durch das Bekenntnis der Verwandlung? Und soll nicht auch diese Gabe, die der Text selbst sein will, die Geburtstagsgabe, das Geschenk eine solche Wandlungsmacht ausüben?

Aufzeichnungen 1933–1939 (II): Gespräche mit Brecht

Die gleichfalls in das »Mittlere Pergamentheft« eingetragenen Notizen Svendborg Sommer 1934 schließen an die Aufzeichnungen von Gesprächen mit Brecht, die bereits im Journal Mai-Juni 1931 einsetzen, an. Benjamin verbrachte 1934 die Monate von Juni bis Oktober, und 1936 und 1938 jeweils mehrere Sommerwochen als Gast Bertolt Brechts in Svendborg/Dänemark. Diese Notizen sowie auch die verlorenen Gesprächsprotokolle seiner Begegnungen mit Brecht deuten darauf hin, daß Benjamin zeitweise Material sammelte, um über Brecht zu schreiben. Die Gespräche der Sommermonate 1936 drehen sich vor allem um Benjamins Aufsatz DER AUTOR ALS PRODUZENT und um seinen Kafka-Essay. Brecht will sich scharf vom bürgerlichen Produzenten unterscheiden, den Benjamin beschrieben hat, ebenso vom Substanz-Dichter, wie er ihn nennt, dem Visionär, der es »ganz ernst« meint. Brecht zählt sich selbst zu den »Besonnenen«, die es eben nicht vollständig ernst meinen. Die von ihm hochgeschätzten Dichter Kleist, Grabbe, Büchner, Kafka rechnet er zu den Gescheiterten. Vorbehalte äußert Brecht auch gegenüber Benjamins Kafka-Essay. Angemessen sei nicht die Frage nach dem Wesen einer Dichtung, die Benjamin stellt, vielmehr müsse man Kafka innerhalb seines Milieus sehen und seine Reaktionen auf die Umwelt bewerten. Die Tiefe eines Dichters, fährt Brecht fort, die Geheimniskrämerei sei wertlos. Man muß vom Dichter nehmen, was nützlich ist. In einer weiteren Diskussion über Kafka entwickelt Brecht einen anderen Gedanken: Kafka sei ein Dichter aktueller Übelstände, im *Prozeß* stecke die Angst vor dem ungeheuren Wachstum der Städte. Kafkas Perspektive sei die eines Mannes, »der unter die Räder gekommen ist« (VI, 529). Ihre verschiedenen Sichtweisen entwickeln die beiden Diskutanten am Beispiel von Kafkas knapp zehn Zeilen langer Erzählung *Das nächste Dorf*. Für einen alten Mann ist das Leben erstaunlich kurz, und die Erinnerung drängt alles so zusammen, daß er kaum begreift, wie ein junger Mann einen Ritt ins nächste Dorf unternehmen könne, wo schon die Zeit eines gewöhnlichen glücklichen Lebens dafür zu kurz sein könne. Brecht hält die kleine Fabel für ein Gegenstück zum Wettlauf zwischen Achill und der Schildkröte. Wer einen Ritt ins nächste Dorf in seine kleinsten Teile zerlegt, der wird selbst zerlegt und für den ist die Einheit des Lebens dahin. Benjamin hingegen meint, daß sich für Kafkas Mann das Leben in Schrift verwandelt hat, die sich nur noch rückwärts lesen lasse. Nur so begegnen die Alten sich selbst, nur so können sie es verstehen.

Ein anderes Mal kommen Brecht und Benjamin auf Dostojewskij zu sprechen. Die Lektüre von *Schuld und Sühne* macht Brecht für Benjamins aktuelle Krankheit verantwortlich. Dostojewskij und Chopin hält Brecht für besonders gefährlich. Als Jugendlicher sei bei ihm durch das Hören Chopinscher Klaviermusik eine langwierige Krankheit ausgebrochen. Gegenüber seinem Favoriten Hašek sei Dostojewskij ein »Würstchen«.

Im »Mittleren Pergamentheft« folgt dann ein kurzer Text MATERIALIEN ZU EINEM SELBSTPORTRÄT (VI, 532). Das Selbstporträt bietet eigentlich neben zwei biographischen Anekdoten nur einen Hinweis, was in diesem »Porträt« zu sehen gegeben werden soll: den Wunsch nach Unerkennbarkeit oder nach Unerkanntsein. Bereits in einem Brief an Gretel Karplus vom Juli 1933 hatte Benjamin darauf hingewiesen, daß er in dem LOGGIEN überschriebenen Stück der BERLINER KINDHEIT UM 1900 »eine Art von Selbstporträt« erblickte. An gleicher Stelle bemerkt er, daß die nach 1933 schwierig gewordene Veröffentlichung dieses Buches ebenso zu einer »notwendigen Verhüllung« zwinge (4, 275 f.). Darum stehen auch diese MATERIALIEN ZU EINEM SELBSTPORTRÄT im Zeichen der Verhüllung und Verborgenheit. Und so lautet der letzte Satz: »Auflösung des Rätsels, warum ich niemanden erkenne, die Leute verwechsle. Weil ich nicht erkannt sein will; selber verwechselt sein will« (VI, 532).

In den TAGEBUCHNOTIZEN 1938, die im März des Jahres einsetzen, hielt Benjamin neben einigen Träumen erneut seine Gespräche während der Sommerwochen in Svendborg mit Brecht fest. Themen dieser Gespräche sind u. a. das epische Theater, die Lage in der Sowjetunion, über die sich Brecht keine Illusionen macht. Benjamin zitiert wörtlich: »Daß auf der andern Seite, in Rußland selbst, gewisse verbrecherische Cliquen am Werke sind, darin ist kein Zweifel. Man ersieht es von Zeit zu Zeit aus ihren Untaten« (VI, 536 f.). Als Brecht Benjamin bei der Lektüre des *Kapitals* antrifft, begrüßt er diese Lektüre, zumal bei »unseren Leuten« Marx immer weniger studiert werde. Benjamin antwortet darauf, er nehme die vielbesprochenen Bücher am liebsten dann vor, wenn sie aus der Mode seien. Benjamins Hinweis, daß Goethes *Wahlverwandtschaften* bei den Zeitgenossen keine gute Resonanz fanden, quittiert Brecht mit der Bemerkung: »Die Deutschen sind ein Scheißvolk« (537). In der Diskussion darüber, ob auch die »Kinderlieder« Eingang in seine *Gedichte aus dem Exil* finden sollten, spricht Brecht mit seltener Heftigkeit, daß man die Faschisten mit allen Mitteln bekämpfen müßte: »›Sie planen auf dreißigtausend Jahre hinaus. Ungeheures. Ungeheure Verbrechen. Sie machen vor nichts halt. Sie schlagen auf alles ein. Jede Zelle zuckt unter ihrem Schlag zusammen. Darum darf keine von uns vergessen werden. Sie verkrümmen das Kind im Mutterleib. Wir dürfen die Kinder auf keinen Fall auslassen.‹« Daraufhin notiert Benjamin: »Während er so sprach fühlte ich eine Gewalt auf mich wirken, die der des Faschismus gewachsen ist« (VI, 539).

In seine Aufzeichnungen der Gespräche mit Brecht, den er sehr bewundert, fließen häufig irritierte Bemerkungen über Brechts Sprechweise ein, wie dieser zum Beispiel Dostojewski als »Würstchen« bezeichnet oder die »Nichtsnutzigkeit« Kafkas betont. Schließlich bringt er Brecht dazu, die »Oberflächlichkeit« seiner Formulierungen einzugestehen.

Eine letzte NOTIZ ÜBER BRECHT findet sich in dem

Nachlaß, den Benjamin 1940 der Bibliothèque Nationale anvertraute. Sie ist von Heinrich Blücher angeregt, der bestimmte Momente in Brechts *Lesebuch für Städtebewohner* als Formulierungen der GPU-Praxis, d.h. des von Trotzki gegründeten sowjetischen Geheimdienstes und seines Terrors, bezeichnet. Benjamin hatte in seinem Kommentar zu Gedichten von Brecht das dritte Gedicht aus dem *Lesebuch* so kommentiert, daß die Verse, die vorgeben, wie »wir mit unseren Vätern sprechen«, den Sadismus Hitlers und die Übertragung aller kapitalistischen Weltübel auf die Juden ansprächen (II, 557f.). Der Antisemitismus sei die Parodie des Klassenkampfes. Nachträglich bezeichnet Benjamin diesen Kommentar als »eine Vertuschung der Mitschuld, die Brecht an der gedachten Entwicklung hatte« (VI, 540). Auch die GPU-Praxis höre auf die Ankündigung des Gedichts »Du sollst verschwinden wie der Rauch im Himmel.«

Träume

Zu den Notizen und Aufzeichnungen Benjamins gehören zahlreiche Träume. Er hat Ignaz Ježowers Traumsammlung von 1928 mit zehn Träumen beliefert (Ježower 1985), er hat eigene Träume gesammelt und sie auch unter dem Titel Selbstbildnisse des Träumenden veröffentlichen wollen (vgl. IV, 991). Diese »Selbstbildnisse« gehören zu jenem Typ von Nachricht an die lesende Welt, in denen der Schriftsteller sich zugleich mitteilt und verhüllt. Auch die Aphorismen und Prosastücke der Einbahnstrasse enthalten fünf Träume. Da die Traumnotate doch erst Mitte der 20er Jahre einsetzen, ist die Vermutung begründet, daß sowohl die Psychoanalyse als auch der Surrealismus die Anregung dazu gaben. Erst im Aufsatz Der Sürrealismus prägt er die Formel von der *profanen Erleuchtung*, die der Traum gewähren kann (II, 297). Sollten auch die Träume zu den Werken der Dichter gerechnet werden? Diese Ansicht vertraten zeitweise die Surrealisten. Mehrfach erwähnt Benjamin die Anekdote aus André Bretons erstem *Manifest des Surrealismus*, wonach der Dichter Saint-Pol-Roux jeden Tag vor dem Schlafengehen an seiner Tür ein Schild befestigte: »Le poète travaille« (II, 296f.; II 621). Aber mit den Anregungen, die Benjamin empfängt, setzen gleich die Kritik am Surrealismus und die Distanzierung von den surrealistischen Kunstauffassungen ein.

»Geträumte Selbstbildnisse« teilt Benjamins Freunden auch bisweilen mündlich mit, und manche seiner Zuhörer zeigten sich durch diese Mitteilungen irritiert und befremdet. »Oft erzählte er mir seine Träume«, erinnert sich Asja Lacis. »Ich hörte sie ungerne und unterbrach ihn, aber er erzählte doch« (Lacis 1971, 50). Gershom Scholem berichtet, daß Benjamin oft Träume erzählte und gerne auf das Thema der Traumdeutung zu sprechen kam (Scholem 1975, 80). So erzählte er bereits um 1920, daß ihm der Tod seiner Tante Friederike Joseephi im Jahr 1916 in einem symbolischen Traum angekündigt worden sei. Benjamin hat eine ganze Reihe von Schriften Freuds gelesen, ob er auch die *Traumdeutung* genau kannte, ist zweifelhaft. Gewiß galt Benjamins großes Interesse an Träumen und an der Traumdeutung nicht in erster Linie der Psychoanalyse. Aber seine Traumtheorie zeigt eine gewisse Verwandtschaft zu Freuds These vom Traum als Wunscherfüllung. In Erfahrung und Armut heißt es: »Auf Müdigkeit folgt Schlaf, und da ist es denn gar nichts Seltenes, daß der Traum für die Traurigkeit und Mutlosigkeit des Tages entschädigt und das ganz einfache aber ganz großartige Dasein, zu dem im Wachen die Kraft fehlt, verwirklicht zeigt« (II, 218). Auch in der Berliner Kindheit taucht dieser Gedanke der Entschädigung durch Schlaf und Traum auf (IV, 298). In der Glosse Traumkitsch regt Benjamin 1927 eine Geschichte des Traumes an. Auch das Träumen habe an der Geschichte teil. Daher lasse sich jetzt nicht mehr träumen wie in der Romantik. Die Träume heute seien nur noch ein Richtweg ins Banale, und was die Surrealisten produzierten, indem sie das Träumen gleich Dichten nennten, sei eine zum Kitsch verklärte Traumwelt. Hier beruft sich Benjamin doch kurz auf die Psychoanalyse, welche geträumte Vexierbilder als »Schematismen der Traumarbeit« aufgedeckt habe. »Was wir Dichtung nannten, beginnt erst zwei Meter vom Körper entfernt« (II, 620ff.). Ein Zeit- und ein Raumintervall trennen jede Erfahrung von der Dichtung.

In einem Entwurf Kapitalismus als religion, der auf die Zeit um 1921 zu datieren ist, hat Benjamin auch eine Verbindung zwischen Unbewußtem und Kapitalismus hergestellt, wenn auch in einem bildlichen Zusammenhang: »Das Verdrängte [...] ist aus tiefster, noch zu durchleuchtender Analogie das Kapital, welches die Hölle des Unbewußten verzinst« (VI, 101). Die Anregung des Surrealismus, die über diese Position hinausführt, läßt sich vielleicht so pointieren, daß Träume nicht nur individuelle Ereignisse sind, sondern einen historischen, politischen oder revolutionären Sinn in sich tragen. Darüber geben viele Bemerkungen des Passagen-Werks Aufschluß: »Die Jugenderfahrung einer Generation hat viel gemein mit der Traumerfahrung. Ihre geschichtliche Gestalt ist Traumgestalt« (V, 490). Über den Charakter des Traumbildes führt Benjamin in den 30er Jahren eine lebhafte Diskussion mit Adorno. In seinem Adorno zugeleiteten Exposé der Passagen-Arbeit hatte er das »Gesetz der Dialektik im Stillstand« als »Traumbild« bezeichnet, das dem »kollektiven Unbewußten« angehöre, und weiter geschrieben: »Ein solches Bild stellt die Ware schlechthin: als Fetisch« (V, 55). Diese Dekomposition der Ware zu einem Symptom des Unbewußten wollte Adorno nicht mitmachen. (Briefwechsel mit Adorno, 138 ff.) Die theoretische Begrifflichkeit, die sich um Benjamins Traumkonzepte rankt, bedarf einer eigenen Untersuchung. Gute Ansätze dazu finden sich bei Valérie Baumann (vgl. Baumann 2002, 75 ff.).

Anders als die Traumdeutung, die mit der Selbstbeobachtung und dem Experimentprotokoll im 18. Jh. einsetzte, ist Benjamins Glaube an den Traum nicht wissenschaftlich, sondern theoretisch und literarisch. Von der Wissenschaft des 18. und 19. Jh.s übernimmt er lediglich das Verfahren des Protokolls (zu dieser Praxis vgl. Schmidt-Hannisa 2005). Der literarische Traum bringt im 20. Jh. zahlreiche Traumbücher hervor: von Friedrich Huch, Isolde Kurz, Wieland Herzfelde, Michel Leiris oder Wolfgang Bächler (vgl. Schmidt-Hannisa 2005) und Traum-Archive (vgl. auch Ježower 1985). Benjamins These von der Geschichtlichkeit des Traumes hat sich in der Literatur niedergeschlagen, wie etwa in der Sammlung *Das Dritte Reich des Traums*, das Träume aus der Zeit zwischen 1933 und 1939 versammelt (Beradt 1966).

Benjamins Schlaferfahrungen tragen seinen Stil. Die ausgearbeiteten Traumerzählungen lassen vermuten, daß er die Protokolle seiner Träume vernichtete, nachdem er ihnen einen Platz in seinen Schriften gegeben hatte. Was seine literarischen Träume von anderen doch wieder unterscheidet, das ist der Kontext. Diese Träume treten in das Repertoire der »Denkbilder« und der Vexierbilder ein. Als Bilder haben sie im Grunde eine sprachliche Struktur, wie ein Beispiel aus der EINBAHNSTRASSE zeigt, das die Überschrift TIEFBAU-ARBEITEN trägt. Der Träumer befindet sich auf dem Marktplatz von Weimar, wo Ausgrabungen veranstaltet werden. Auch er gräbt ein wenig und holt die Spitze eines Kirchturms hervor. »Hocherfreut dachte ich mir: ein mexikanisches Heiligtum aus der Zeit des Präanimismus, dem Anaquivitzli. Ich erwachte mit Lachen. (Ana = ἀνά; vi = vie; witz = mexikanische Kirche [!])« (IV, 101). Der Traum ist eine Erzählung mit einem Rätselknoten, dessen Entzifferung der Autor mitgibt, ohne doch das Rätsel selbst zu lösen. Seine Hinweise aber deuten auf diejenige Seite des Traums, die die sprachliche ist. Das Bildliche des Traumes hat bereits Freud der »Rücksicht auf Darstellbarkeit« zugeschrieben und damit auf die sprachliche Ordnung des Traumes verwiesen. Ganz ähnlich träumt und kommentiert Benjamin in der Nacht vom 11. auf den 12. Oktober 1939. Den Traum hat er zuerst Gretel Adorno mitgeteilt (6, 341 ff). Er ist aber auch in die *Gesammelten Schriften* aufgenommen worden (VI, 540 ff.). Den Traum hatte er auf dem Stroh des Lagers in Nevers, einem Loirestädtchen, wo er interniert war, als gleich nach Kriegsbeginn im September 1939 alle Deutschen und Österreicher zunächst in einem Pariser Stadion gesammelt und anschließend auf verschiedene Lager verteilt wurden. Die Mitteilung an Gretel Adorno leitet Benjamin mit der Bemerkung ein, daß er einen solchen Traum nur alle fünf Jahre erlebe. Der Traum ist gewoben um das Motiv des Lesens und um das Motiv des Bettes, des Gelagertseins, des Grabes. Sein Zentrum ist eine Episode, wo der Träumer mit einem Begleiter zu einer Gruppe von drei oder vier schönen Frauen stößt. Eine von ihnen befaßt sich mit einer graphologischen Expertise. Sie hat etwas in der Hand, was mit Schriftzeichen von des Träumers Hand bedeckt ist. Bei näherem Hinsehen zeigt sich aber, daß die Frau ein Stück Stoff in der Hand hält, das mit Bildern bedeckt ist. Die einzigen Schriftzüge, die er darauf entdecken kann, sind die Oberlängen des Buchstaben ›d‹, die in ihrer langen Ausfaserung »une aspiration extrême vers la spiritualité« (»ein außerordentliches Bestreben zur Vergeistigung«) ausdrücken (VI, 541). Gleich gibt der Träumer (auf Französisch) eine Erklärung, die Benjamin in seinem Brief selbst übersetzt, und die lautet: »Es handelt sich darum, aus einem Gedicht ein Halstuch zu machen« (6, 343; vgl. dazu auch Derrida 2003). Im gleichen Augenblick sieht er, wie eine andere Frau, die in einem Bett liegt, eine blitzartige Bewegung macht. Sie schlägt ein Stück ihrer Decke auf, und macht auf dieser Decke eine Bilderfolge (»imagerie«) sichtbar, die der Träumer vor Jahren für den Begleiter hat »schreiben« sollen.

Diese Wahrnehmung erlangt der Träumer aber durch eine Art Erleuchtung. Die von Benjamin betonte Schönheit des Traumes hängt offenbar an dieser Leseszene, die gewiß auch zur psychoanalytischen Interpretation einlädt. Dem erwachten Träumer jedoch bietet der Traum eine Anschauung seiner wichtigsten theoretischen Überzeugungen, die als Kippbilder das Traumgeschehen durchlaufen: Es sind die Reversibilität und Übersetzung von Schrift und Bild, die Umkehrung von Text und Textil sowie zwei Modi des Sehens (Augenschein und Erleuchtung). Es ist ein Bettungstraum und ein Theorietraum. Der Traum von den Reversibilitäten vollzieht selbst eine Umkehrung: Nicht der Traum geht in die Texte ein, sondern ein Text in den Traum. Im Passagen-Werk steht nämlich sein Urtext: »Langeweile ist ein warmes graues Tuch, das innen mit dem glühendsten, farbigsten Seidenfutter ausgeschlagen ist. In dieses Tuch wickeln wir uns, wenn wir träumen [...]. Denn wer vermöchte mit einem Griff das Futter der Zeit nach außen zu kehren? Und doch heißt Träumeerzählen nichts anderes« (V, 1054). Der Traum schreibt und liest aus eigener Kraft Benjamins Theorie des Lesens.

Drogenprotokolle

Benjamin begann um 1927 Erfahrungen mit Drogen zu machen und sie zu notieren. Den Anlaß bildeten Experimente der beiden Ärzte Ernst Joël und Fritz Fränkel, die den Jugendfreund einluden, als Versuchsperson zu dienen. Später unternahm Benjamin solche Versuche auch mit seinem Vetter, dem Arzt Egon Wissing und dem Freund Jean Seltz. Zu einer Reihe von Versuchen trat auch Ernst Bloch bei, über dessen Erfahrungen Benjamin gleichfalls Protokolle verfaßte und aufbewahrte. Die Drogenexperimente unter ärztlicher Aufsicht wurden mit Unterbrechungen bis ins Jahr 1934 fortgeführt. Probiert wurden Haschisch, Opium, Meskalin und Eudokal. Über einige Versuche liegen Protokolle vor, die teils von Benjamins eigener Hand stammen, teils von den Versuchsleitern aufgesetzt wurden. Benjamin hat diese Protokolle für besonders bedeutend gehalten. In einem Schreiben an Gershom Scholem vom 30. Januar 1928 betont er das: »Die Aufzeichnungen, die ich teils selbständig, teils im Anschluß an die Versuchsprotokolle darüber gemacht habe, dürften einen sehr lesenswerten Anhang zu meinen philosophischen Notizen geben [...]« (3, 324). Vier Jahre später zählt er in einem anderen Brief an Scholem »ein höchst bedeutsames Buch über den Haschisch« zu den vier Projekten der nächsten Zeit (4, 112 f.). Zur abgeschlossenen Gestalt gelangten nur der Aufsatz HASCHISCH IN MARSEILLE (IV, 409), der 1932 von der *Frankfurter Zeitung* gedruckt wurde und 1935 auf Französisch in den *Cahiers du Sud* herauskam, sowie die Erzählung MYSLOWITZ-BRAUNSCHWEIG-MARSEILLE, die 1930 in der Zeitschrift *Uhu* erschien. Teile und Vorstufen dieser beiden Veröffentlichungen finden sich zunächst in den Haschisch-Protokollen, die 1928 in Marseille entstanden.

Sind auch Rauschdelirien Werke? Benjamins Protokolle und literarische Verarbeitungen stehen einmal in einer literarischen Tradition, die prominente Namen umfaßt. »Oh wer erzählt uns die ganze Geschichte der Narcotica [...]«, lockt Nietzsche in der *Fröhlichen Wissenschaft* (Buch 2, Nr. 86). Einige Autoren hatten bereits erste Materialien zur Verfügung gestellt wie Thomas de Quincey in seinen zunächst anonym veröffentlichten *Confessions of an English Opium-Eater* (1821) oder Charles Baudelaire in *De l'Idéal artificiel, le Haschisch* (1858). Dann aber folgten immer mehr diesem Ruf. Berühmt wurden im 20. Jh. Jean Cocteaus *Opium* (1930), Aldous Huxleys *The Doors of Perception* (1954), Ernst Jüngers *Annäherungen. Drogen und Rausch* (1970). Wesentlicher noch aber ist die Tradition des Rauschprotokolls, das, ähnlich wie das Traumprotokoll, die Niederschrift in möglichst unmittelbare zeitliche Nähe zur Erfahrung selbst zu rücken sucht. Diese wissenschaftliche Methode des Rauschprotokolls setzt auch Mitte des 19. Jh.s ein. Ein wichtiger Titel dafür ist Ernst Freiherr von Bibras *Die Narkotischen Genussmittel und der Mensch* (1855).

Die Anregung, Rauscherfahrungen produktiv zu machen, empfing Benjamin vermutlich auch von den Surrealisten, mit denen er sich etwa seit 1924, als André Bretons erstes *Surrealistisches Manifest* erschien, auseinandersetzte. Als er seinen Essay DER SÜRREALISMUS im Herbst 1928 abschließt, hat er seine eigenen Drogenerfahrungen gemacht und vermag als Experte das Rauschkonzept zu kritisieren: »Die Kräfte des Rausches für die Revolution zu gewinnen, darum kreist der Sürrealismus in allen Büchern und Unternehmen« (II, 3079). Doch der Rausch liefere weniger Erleuchtung über das Denken als umgekehrt. Und rauschhaft seien nicht nur die Erfahrungen des Haschischrauchers: »Der Leser, der Denkende, der Wartende, der Flaneur sind ebenso wohl Typen des Erleuchteten wie der Opiumesser, der Träumer, der Berauschte« (II, 308).

Seine eigene Praxis hält sich nicht an diese Einsicht. Wie dem Traum schreibt Benjamin auch dem Rausch Erleuchtungskräfte zu. Hinter dieser Privilegierung von Traum und Rausch steht der Wunsch, völlig neue unvertraute und unverbrauchte Zeichen zu gewinnen und in die Prozesse der Erfahrung und des Denkens einzutragen.

Dieses Programm läßt sich dem Essay ERFAHRUNG UND ARMUT entnehmen, der in Klee, Brecht, Adolf Loos, Scheerbart Vertreter einer modernen Sprache erkennt, die das »von Grund auf Neue zu ihrer Sache gemacht haben« (II, 219). Das sind die »neuen Barbaren« (vgl. hierzu Lindner 1985 und Schneider 1997). Wie seine Träume verarbeitete Benjamin daher auch Rauscherfahrungen, vor allem aber im Rausch gesprochene, gedachte und niedergelegte Sätze in anderen Werken. Den prominentesten Beleg bildet das Motto zur BERLINER KINDHEIT, das auch zuvor bereits in der BERLINER CHRONIK angeführt worden ist: »O braungebackne Siegessäule/ mit Kinderzucker aus den Wintertagen«, das dem Protokoll eines undatierten Versuchs entnommen ist, aber in die Zeit vor 1932 fällt (VI, 618). Zumal die Raumerfahrung des Haschisch-rausches überwältigt Benjamin. Im September 1928 hält er fest: »Nun kommen die Zeit- und Raumansprüche zur Geltung, die der Haschischesser macht. Die sind ja bekanntlich absolut königlich. Versailles ist dem, der Haschisch gegessen hat, nicht zu groß und die Ewigkeit dauert ihm nicht zu lange« (VI, 581). Das Privileg der Halluzination, auf dem Zeitpfeil in alle Richtungen reisen zu können, überträgt Benjamin auf die Bewegung des Flaneurs: Das Protokoll der zweiten Haschischimpression hält fest: »Ich erfahre das Gefühl, nebenan im Zimmer könnte sowohl die Kaiserkrönung Karls des Großen wie die Ermordung Heinrichs IV, die Unterzeichnung des Vertrages von Verdun und die Ermordung Egmonts sich abgespielt haben« (VI, 561). Die Wendung findet sich beinahe wörtlich in den »Frühen Entwürfen« des Passagen-Werkes wieder (V, 1050). An anderer Stelle verweisen diese Entwürfe auf eine »Haschischerfahrung ›Dante und Petrarca‹« (V, 527).

Anders als die Surrealisten, die den Rausch für die zukünftige Revolution zu nutzen hofften, läßt sich Benjamin von seinen Drogenexperimenten in die Vergangenheit versetzen. Die »profane Erleuchtung«, die er sich erhofft, soll zu einem »rein filtrierten intellektuellen Ertrag« gebracht werden (VI, 587).

Der intellektuelle Ertrag dieser Protokolle und Versuche ist bislang noch nicht erschöpfend erfaßt. Zwei größere Arbeiten nähern sich dem Thema an. Carsten Bäuerl ist stärker an der theoretischen Seite des Rauschkonzepts bei Benjamin interessiert und interpretiert dieses Konzept in Auseinandersetzung mit Adornos Reserve allen Versuchen gegenüber, das Unbewußte durch Drogen produktiv zu machen (Bäuerl 2003). Im Kontext der ästhetischen Übersetzung von Rauscherfahrungen, die von de Quincey und Baudelaire ausgeht, untersucht Brigitte Marschall die Drogenexperimente Arthur Strindbergs und Walter Benjamins. Sie versucht in einem umfangreichen Kapitel zu zeigen, daß Benjamins Versuche als »Schau-Spiele« oder als »Passagentheater« zu verstehen sind, und bietet eine erste schlüssige und überzeugende Darstellung der Beziehung zwischen der Drogenerfahrung und Benjamins Spätwerk (Marschall 2000, 180).

Die Erfahrungen der Drogenversuche behandelt Benjamin wie alle anderen Eindrücke und Erlebnisse, wie Lektüren und Träume, wie alles den Sinnen zuströmende Datenmaterial. Die Drogenprotokolle schreiben den Rausch nicht lückenlos und kritiklos auf, sondern wählen ungewöhnliche Entstellungen der Welt sowie sprachlich anregende Formulierungen aus. Wie der Traum verschafft der Rausch Erkenntnisse und bietet Einblicke in die abgelagerte Geschichte des Subjekts, seiner Gattung und seiner Zeiterfahrung. Über die radikal veränderte Geschichtssicht des Passagen-Werkes bemerkt Benjamin nämlich einmal, sie habe das »Es war einmal« der klassischen Historie zertrümmert, »die ungeheuren Kräfte der Geschichte« freigemacht und damit das »stärkste Narkotikum des Jahrhunderts« beseitigt: die Historie »wie sie eigentlich gewesen ist« (V, 578). Das Passagen-Werk enthält aber auch viele Notizen, wonach die »profanen Erleuchtungen« nicht nur aus Drogen bezogen werden können. Solche Erleuchtungen notiert er (vermutlich auf seiner Loire-Reise im August 1927) auf der Place du Maroc in Belleville: »dieser trostlose Steinhaufen mit seinen Mietskasernen wurde mir, als ich an einem Sonntagnachmittag auf ihn stieß, nicht nur marokkanische Wüste sondern zudem und zugleich noch Monument des Kolonialimperialismus; und es verschränkte sich in ihm die topographische Vision mit der allegorischen Bedeutung und dabei verlor er nicht seinen Ort im Herzen von Belleville. Eine solche Anschauung zu erwecken, ist aber für gewöhnlich den Rauschmitteln vorbehalten. Und in der Tat sind Straßennamen in solchen Fällen wie berauschende Substanzen, die unser Wahrnehmen sphärenreicher und vielschichtiger machen, als es im gewöhnlichen Dasein ist« (V, 1021).

Die Drogenaufzeichnungen geben einen Eindruck von der Bedeutung der Rauscherfahrung für Benjamins späte Arbeiten. Die Aura-Konzeption der Abhandlung Das Kunstwerk im Zeitalter seiner technischen Reproduzierbarkeit hat auch einen Ursprung in Haschischexperimenten. Haschisch Anfang März 1930 bildet die Ausarbeitung von Notizen, die Gert Wissing gemacht hat: »Alles was ich da sagte, hatte eine polemische Spitze gegen die Theosophen, deren Unerfahrenheit und Unwissenheit mir höchst anstößig war. Und ich stellte [...] in dreierlei Hinsicht die echte Aura in Gegensatz zu den konventionellen banalen Vorstellungen der Theosophen. Erstens erscheint die echte Aura an allen Dingen. Nicht nur an bestimmten, wie die Leute sich einbilden. Zweitens ändert sich die Aura durchaus und von Grund auf mit jeder Bewegung, die das Ding macht, dessen Aura sie ist. Drittens kann die echte Aura auf keine Weise als der geleckte spiritualistische Strahlenzauber gedacht werden. [...] Vielmehr ist das Auszeichnende der echten Aura: das Ornament, eine ornamentale Umzirkung in der das Ding oder Wesen fest wie in einem Futteral eingesenkt liegt« (VI, 588).

Wie sich der Gedanke vom Ornament fortbildet, zeigt eine Bemerkung im Protokoll des Versuchs vom 12. April 1931 mit einem unbekannten Präparat: »Ornamente sind Geistersiedlungen« (VI, 597). Der Aura-Gedanke, der viel mehr also eine Aura-Vision darstellt, wird so immer weiter verarbeitet, er bildet ein lebendiges Element in Benjamins Denken, das aus zwei

Kräften besteht: dem Erfahrungshunger und dem langsamen Verarbeitungsprozeß.

»Verzeichnis der gelesenen Schriften«

Ein wertvolles Dokument des Nachlasses bildet Walter Benjamins Verzeichnis der gelesenen Schriften (VII, 437–476). Leider setzt das Verzeichnis erst mit der laufenden Nr. 462 ein. Damit sind seit dem Jahre 1917 die Einträge vollständig erhalten. Sie enden 1939 mit der Nr. 1712, wobei zu berücksichtigen ist, daß Benjamin sich bisweilen verzählt und verschiedene Nummernfolgen mehrfach belegt hat.

Die Bilanz besagt, daß Benjamin in den 22 Lektürejahren, die die Liste dokumentiert, jährlich etwa 60 Bücher vollständig gelesen hat, wobei nicht jede laufende Nummer des Verzeichnisses auch der Titel eines Buches ist. Dabei ist auch viel leichte Kost und Trivialliteratur (auch bisweilen vom Leser als »Schund« markiert). Eine besondere Zuneigung gilt dem Kriminalroman, allein 20 Bücher von Georges Simenon sind verzeichnet. In der Hauptsache aber las Benjamin den Kanon der Weltliteratur sowie die wichtigste zeitgenössische Literatur Deutschlands (bis 1933) und Frankreichs. Allerdings melden sich bisweilen auch Zweifel, ob dieses Verzeichnis ganz lückenlos geführt worden ist.

Denn eine gewisse Überraschung bilden die Belege dafür, daß Benjamin zur Vorbereitung seines Buches Ursprung des deutschen Trauerspiels nur eine recht knappe Liste von Titeln zur Thematik selbst verzeichnet und wohl auch durchgearbeitet hat. Quellen und Sekundärliteratur umfassen danach eben 14 Bücher.

Eine weitere Auffälligkeit dieser Liste ist der geringfügige Anteil, den philosophische Werke im weitesten Sinne haben. Benjamin hat die philosophische Diskussion seiner Zeit nicht nachhaltig verfolgt. Von den knapp 1400 Titeln, die im Verzeichnis aufgeführt sind, können nur gut 60 der Philosophie zugeschrieben werden. Benjamin liest immer wieder Kant und Nietzsche, von den Zeitgenossen Simmel, Bergson, Max Weber, Klages und Karl Mannheim, aber die philosophische Diskussion, Husserl, Scheler, Heidegger, verfolgt er nicht. Heidegger kannte er nur von dessen Antrittsvorlesung über den *Zeitbegriff in der Geschichtswissenschaft* und von der Habilitationsschrift über Duns Scotus her. *Sein und Zeit* hat er offenbar nicht gelesen; den Heidegger-Verweis in den Materialen zum Passagen-Werk (V, 590) bezieht Heidbrink auf Heideggers Aufsatz von 1938 *Die Zeit des Weltbildes* (Heidbrink 1999, 1228), wofür aber kein Beleg gegeben wird.

Ähnlich überraschend (und zu einer gewissen Skepsis einladend) ist der Befund zu den marxistischen Schriften. Benjamin las die Bücher seiner Freunde Bloch, Adorno und einiger anderer, aber von den marxistischen Klassikern hat er nur Marx' *Die Klassenkämpfe in Frankreich, Der achtzehnte Brumaire des Louis Bonaparte* und die *Randglossen zum Programm der Deutschen Arbeiterpartei* studiert. Die letzten Titel nahm er vor, als er bei Brecht in Svendborg zu Gast war. Er las vor allem *Geschichte und Klassenbewußtsein* von Georg Lukács, Bucharins *Proletarische Revolution und Literatur*, ansonsten eher biographische Literatur zu Lenin und Lenins eigene Briefe (vgl. III, 51). An Gretel Karplus berichtet er im Sommer 1932 aus Ibiza, daß er die Autobiographie und die *Geschichte der russischen Revolution* von Trotzki mit »atemloser Spannung« in sich aufgenommen habe (4, 97). Mit diesem Befund ist das Thema »Benjamin und der Marxismus« noch einmal ganz neu anzupacken. Und zwar als eine literarische Beziehung. Seine Affinitäten zu Goethe sind größer als die zu Karl Marx (vgl. hierzu Hörisch 1998 und Wohlfarth 1998).

Die trotz möglicher Irrtümer sorgfältig geführte Lektüreliste gibt noch einmal zu erkennen, daß Benjamins Leidenschaft nicht die Philosophie, erst recht nicht der Marxismus, sondern die Literatur gewesen ist. Er verfolgt nicht nur aus Gründen seiner journalistischen Brotarbeit die literarische Szene in Deutschland und Frankreich sehr genau. Seinen bevorzugten Autoren hat er Essays und Aufsätze gewidmet: Kafka, Robert Walser, Paul Scheerbart, Bertolt Brecht, Karl Kraus, Hofmannsthal, Marcel Proust, Julien Green. Auch die Bedeutung von André Gide und Paul Valéry hat Benjamin früh erkannt und zum Ausdruck gebracht hat. Die literarische Leidenschaft hat auch diesen egomanischen Zug, daß sich Benjamins Lesen selbst aufschreibt. Es ist eben das Schreiben eines Lesers, das dieses Autor- und Dichterleben trägt. Zugleich wachte ein scharfer, kritischer Verstand darüber, daß nur substanzreiche Erfahrungen den Weg in das Gedächtnis der Schrift fanden. Fragt man also nach der Bedeutung dieser Aufzeichnungen, der Journale, Protokolle, Träume, Skizzen, Listen, dann ergibt sich der Befund, daß Benjamin sein Leben, Lesen, Schreiben, Sprechen, Denken, Träumen, Lieben der Verwandlung und Rettung dienstbar machen wollte. Jedes Zeichen sollte davon Rechenschaft ablegen.

Werk

Agesilaus Santander (VI, 520–523)
Berliner Chronik (VI, 465–519)
Berliner Kindheit um neunzehnhundert (IV, 235–304; VII, 385–433)
Denkbilder (IV, 305–438)

DISPUTATION BEI MEYERHOLD (IV, 481–483)
EINBAHNSTRASSE (IV, 83–148)
DIE FAHRT DER MASCOTTE (IV, 738–740)
GESCHICHTEN AUS DER EINSAMKEIT (IV, 755–757)
HASCHISCH ANFANG MÄRZ 1930 (VI, 587–591)
HASCHISCH IN MARSEILLE (IV, 409–416)
KOMMENTARE ZU GEDICHTEN VON BRECHT (II, 539–572)
MAI-JUNI 1931 (VI, 422–441)
MATERIALIEN ZU EINEM SELBSTPORTRÄT (VI, 532)
MEINE REISE IN ITALIEN PFINGSTEN 1912 (VI, 252–292)
MOSKAUER TAGEBUCH (VI, 292–409)
MYSLOWITZ-BRAUNSCHWEIG-MARSEILLE (IV, 729–737)
NORDISCHE SEE (IV, 383–387)
NOTIZ ÜBER BRECHT (VI, 540)
NOTIZ ÜBER EIN GESPRÄCH MIT BALLASZ (VI, 418)
NOTIZEN SVENDBORG SOMMER 1934 (VI, 523–532)
NOTIZEN VON DER REISE NACH FRANKFURT 30. MAI 1928 (VI, 413 ff.)
PFINGSTREISE VON HAUBINDA AUS (VI, 229 ff.)
DER REISEABEND (IV, 745–748)
REISENOTIZEN (VI, 419–421)
RUSSISCHE SPIELSACHEN (IV, 623–25)
SAN GIMIGNANO (IV, 364–366)
SPANIEN 1932 (VI, 446–464)
TAGEBUCH FÜR SCHREIBERHAU (*Marbacher Magazin* 55, 1990, 16 f.)
TAGEBUCH MEINER LOIRE-REISE (VI, 409–413)
TAGEBUCHNOTIZEN 1938 (VI, 532–539)
TAGEBUCH PFINGSTEN 1911 (VI, 232–235)
TAGEBUCH VOM SIEBENTEN AUGUST NEUNZEHNHUNDERTEINUNDDREISSIG BIS ZUM TODESTAG (VI, 441–446)
TAGEBUCH VON WENGEN (VI, 235–242)
DAS TASCHENTUCH (IV, 741–745)
›VERSTREUTE NOTIZEN JUNI BIS OKTOBER 1928‹ (VI, 415–418)
VERZEICHNIS DER GELESENEN SCHRIFTEN (VII, 437–476)
VON DER SOMMERREISE 1911 (VI, 242–251)

Literatur

Bäuerl, Carsten (2003): Zwischen Rausch und Kritik 1. Auf den Spuren von Nietzsche, Bataille, Adorno und Benjamin, Bielefeld.

Baumann, Valérie (2002): Bildnisverbot. Zu Walter Benjamins Praxis der Darstellung: dialektisches Bild – Traumbild – Vexierbild, Eggingen.

Beradt, Charlotte (1966): Das Dritte Reich des Traums, Frankfurt a. M.

Braese, Stephan (1995): »Deutsche Blicke auf ›Sowjet-Rußland‹: Die Moskau-Berichte Arthur Holitschers und Walter Benjamins«, in: Tel Aviver Jb. für dt. Geschichte 24, 117–147.

Brodersen, Momme (1990): Spinne im eigenen Netz. Walter Benjamin. Leben und Werk, Bühl-Moos.

Derrida, Jacques (2003): Fichus, Wien.

Fuld, Werner (1981): Walter Benjamin. Zwischen den Stühlen. Eine Biographie, Frankfurt a. M.

Gerwen, Wil van (1997): »Angela Nova. Biografische Achtergronden bij Agesilaus Santander«, in: Benjamin Journal 5, 92–112.

Gerwen, Wil van (1999): »Walter Benjamin auf Ibiza. Biographische Hintergründe zu ›Agesilaus Santander‹«, in: Klaus Garber/Ludger Rehm (Hg.): global benjamin. Internationaler Benjamin Kongreß 1992, Bd. 2, München, 969–981.

Heidbrink, Ludger (1999): »Kritik der Moderne im Zeichen der Melancholie. Walter Benjamin und Martin Heidegger«, in: Klaus Garber/Ludger Rehm (Hg.): global benjamin. Internationaler Benjamin Kongreß 1992, Bd. 2, München, 1206–1228.

Hörisch, Jochen (1998): »Symbol, Allegorie, Fetisch – Marx mit Benjamin und Goethe«, in: Gérard Raulet/Uwe Steiner (Hg.): Walter Benjamin. Ästhetik und Geschichtsphilosophie. Esthétique et philosophie de l'histoire, Bern, 143–163.

Ježower, Ignaz (1985): Das Buch der Träume. 2. Aufl., Frankfurt a. M./Berlin/Wien.

Lacis, Asja (1971): Revolutionär im Beruf. Berichte über proletarisches Theater, über Meyerhold, Brecht, Benjamin und Piscator, hg. v. Hildegard Brenner, München.

Lindner, Burkhardt (1985): »Technische Reproduzierbarkeit und Kulturindustrie. Benjamins ›Positives Barbarentum‹ im Kontext«, in: ders. (Hg.): Walter Benjamin im Kontext, Frankfurt a. M., 180–223.

Luhr, Geret (Hg.) (2000): »was noch begraben lag«. Zu Walter Benjamins Exil. Briefe und Dokumente, Berlin.

Marschall, Brigitte (2000): Die Droge und ihr Double. Zur Theatralität anderer Bewusstseinszustände, Köln/Weimar/Berlin.

Schmidt-Hannisa, Hans-Walter (2005): »Zwischen Wissenschaft und Literatur. Zur Genealogie des Traumprotokolls«, in: Michael Niehaus/Hans-Werner Schmidt-Hannisa (Hg.): Das Protokoll. Kulturelle Funktion einer Textsorte. Frankfurt a. M. etc., 135–164.

Schneider, Manfred (1997): Der Barbar. Endzeitstimmung und Kulturrecycling, München.

Scholem, Gershom (1975): Walter Benjamin – die Geschichte einer Freundschaft, Frankfurt a. M.

Scholem, Gershom (1983): Walter Benjamin und sein Engel. Vierzehn Aufsätze und kleine Beiträge, hg. v. Rolf Tiedemann, Frankfurt a. M.

Schweppenhäuser, Hermann (1972): »Die Vorschule der profanen Erleuchtung«, in: Walter Benjamin: Über Haschisch. Novellistisches, Berichte, Materialien, hg. v. Tilmann Rexroth, Einleitung v. Hermann Schweppenhäuser, Frankfurt a. M., 9–30.

Tiedemann, Rolf/Christoph Gödde/Henri Lonitz (Hg.) (1990): Walter Benjamin 1892–1940. Eine Ausstellung des Theodor W. Adorno-Archivs Frankfurt a. M./Marbach am Neckar [Marbacher Magazin 55 (1990)].

Werckmeister, Otto Karl (1999): »›Benjamins Engel der Geschichte‹ oder die Läuterung des Revolutionärs zum Historiker«, in: Klaus Garber/Ludger Rehm (Hg.): global benjamin. Internationaler Benjamin Kongreß 1992. Bd. 1, München, 597–624.

Wohlfahrt, Irving (1998): »Der Zauberlehrling oder: die Entfesselung der Produktivkräfte. Zu einem Motiv bei Goethe, Marx, Benjamin«, in: Gérard Raulet/Uwe Steiner (Hg.): Walter Benjamin. Ästhetik und Geschichtsphilosophie. Esthétique et philosophie de l'histoire, Bern, 165–198.

Wolf, Marianne (1991): »›Agesilaus Santander‹ oder das Satanische des Engels. Zur Androgynität von Walter Benjamins ›Angelus Novus‹«, in: Kunst und Kirche 54, 262–263.

Briefe und Briefwechsel

Von Gert Mattenklott

Die rund 1400 aus Benjamins Feder überlieferten und in der sechsbändigen Ausgabe gesammelten Briefe stammen aus einem Zeitraum von dreißig Jahren. Sie sind dort ohne die Gegenbriefe gedruckt, die allenfalls gelegentlich als Regeste im Apparat zitiert werden. In gesonderten Ausgaben sind die Briefwechsel mit Theodor und Gretel Adorno sowie mit Gershom Scholem erschienen. Das Spektrum umfaßt nahezu das komplette Register der Epistolographik vom Zweizeiler einer Verabredung bis zum Zehnseitenbrief der Gelehrtenkorrespondenz. Es schließt Behörden- und Geschäftsbriefe ebenso ein wie Liebes- und einige Familienbriefe. Beträchtlichen Umfang haben auch Briefwechsel mit zeitgenössischen Intellektuellen, die der Bekundung von Aufmerksamkeit und der Anknüpfung von Bekanntschaft dienen. Sieht man vom Ausfall von Briefen ab, die aufgrund der Zeitumstände – Verfolgung, Vertreibung, Flucht der Adressaten – als verloren gelten müssen (etwa an Benjamins Frau Dora oder die spätere Geliebte Anna Maria Toet Blaupot ten Cate), sowie Botschaften, die ungeschrieben blieben, weil der persönliche Umgang so dicht war, daß Briefe sich erübrigten, so fällt vor allem das Ausbleiben von Briefen in das akademische Milieu auf. Das Umfeld, in dem Benjamin sich als Wissenschaftler im Lauf seines Lebens orientiert, hat den Radius eines recht kleinen Kreises von geistig Verwandten: Gershom Scholem und Theodor W. Adorno, Florens Christian Rang, Karl Thieme und Salomon Friedländer, Siegfried Kracauer und Ernst Bloch, Max Horkheimer, Leo Löwenthal, Norbert Elias und Hannah Arendt. Erich Gutkind wäre noch zu nennen, mit ihm dürfte aber der persönliche Verkehr in Berlin Briefe ersetzt haben. Eine akademische Karriere war aus diesem Kreis heraus kaum zu beginnen, und das meist kritische, wenn nicht abschätzige Urteil auch über die prominentesten und tonangebenden akademischen Lehrer in den Geisteswissenschaften – etwa den Zirkel um Max Weber und die Gelehrten aus dem George-Kreis, Rickert und Dilthey, Jaspers und Rothacker – verdeutlicht die Unverträglichkeit, die zwischen dem Kreis um Benjamin und diesem Universitätsmilieu bestand. Noch ehe das Thema als Inhalt zur Sprache kommt, bezeugen die Form und der Adressatenkreis dieser Korrespondenz die von Beginn an drohende Exklusivität des Schreibers und seiner Partner. Ihr durch die Erweiterung und Verdichtung des Umgangs von Gleichgesinnten entgegenzuwirken, ist über die drei Jahrzehnte hinweg ein wichtiger Impuls hinter den wechselnden Anlässen des brieflichen Verkehrs. Intellektuell vereinsamt war Benjamin in keiner Phase seines Lebens, selbst im Exil nicht. Wenn er sich selbst gelegentlich so bezeichnet, so zeigt der Kontext ihn als einen intellektuellen Sezessionisten, den die Leidenschaft zu seiner Arbeit und die Radikalität nicht nur seiner Zuwendungen, sondern vor allem auch dezidierter Ablehnung eine enge Auswahl seines persönlichen Umgangs treffen ließ. Briefe wirken hier als Korrektiv.

Zu den der Universität nur lose oder gar nicht assoziierten Intellektuellen gesellen sich zum Korrespondentenkreis Benjamins Autoren vor allem der literarischen Avantgarde unterschiedlicher Prominenz. Ihr Spektrum reicht von Franz Hessel bis Bertolt Brecht und Elisabeth Hauptmann, es schließt Hugo von Hofmannsthal und Hermann Hesse, Werner Kraft, Ludwig Strauß und Martin Buber ebenso ein wie Bernard von Brentano, Gisèle Freund und Jean Selz, dazu die Redaktionen überregionaler Feuilletons wie der *Frankfurter Zeitung* und der *Literarischen Welt*. Auch hier ist die überlieferte Korrespondenz durch Verlust oft lückenhaft, so etwa im Fall von Elisabeth Hauptmann. Einblick in das soziale Feld, in das Benjamins Œuvre eingelagert war, gewährt indessen nicht nur der Adressatenkreis. Wie keine andere Quelle erlauben die Briefe eine Rekonstruktion der Lebensumstände ihres Autors von der Berliner Schulzeit im Zeichen der deutschen Jugendbewegung an bis in die Zeit des französischen Exils und die letzten Tage seines Lebens. Sie geben Einblick in das Geflecht seiner mehr oder weniger engen Bekanntschaften und Beziehungen, lassen Neigungen und Idiosynkrasien wahrnehmen, erlauben es, seine Lektüren und die ersten Reaktionen zu verfolgen, die sie auslösen. Vor allem briefliche Äußerungen Dritten gegenüber belegen, wie vielschichtig und differenziert sein Verhältnis zu Stefan George und seinem Kreis, später dasjenige zu Brecht war, und ebensolche Äußerungen des Autors sprechen etwa seine ›Verachtung‹ für Eduard Fuchs und Karl Mannheim aus, die er aus sozialer Diplomatie nicht publiziert. Auch seine Motivation zum Studium marxistischer Theorie erhält aus einer fast nonchalant formulierten Äußerung Werner Kraft gegenüber, der ihm bekannt hatte, »den Kommunismus ›als Menschheitslösung‹ vor der Hand nicht annehmen zu wollen« (4, 467), eine Beleuchtung, die dem langen erbitterten Streit um die vermeintliche Alternative von Geschichtsphilosophie und Kommunismus in der Forschungsliteratur gutgetan hätte. Benjamins Antwort an Kraft: »Aber es handelt sich ja eben darum, durch die praktikablen Erkenntnisse desselben die unfruchtbare Prätension auf Menschheitslösungen abzustellen, ja überhaupt die unbescheidene Perspektive auf ›totale‹ Systeme aufzugeben, und den Versuch zumindest zu unternehmen, den Lebenstag der Menschheit ebenso locker aufzubauen, wie ein gutausgeschlafener, vernünftiger Mensch seinen Tag antritt« (4, 467). Beiläufig, quasi linker Hand und ad personam ergänzen solche Äußerungen das offiziell Publizierte zu einem reicheren Bild.

An anderer Stelle werden Spekulationen über vermeintliche Wahlverwandtschaften blockiert. So ist wohl am zuverlässigsten der Korrespondenz zu entnehmen, welcher Art Benjamins Verhältnis zu Georges Bataille war, seinerzeit Bibliothekar der Bibliothèque Nationale, den er dort bei seinen Baudelaire-Studien häufiger sah; welche Eindrücke er von einem Diskussionsabend mit dem Dramatiker, Philosophen und zum Katholizismus konvertierten Gabriel Marcel davontrug; welches Bild er von Pierre Klossowski, dem Theologen, Philosophen und Kunstmetaphysiker, hatte, der ihn bei dieser Gelegenheit begleitete. Dergestalt treten die Briefe zu einer Biographie ihres Schreibers aus eigener Hand zusammen, und so wenig dies auch in jedem Fall eine Authentizität im Faktischen garantieren mag, so zuverlässig ergeben sie doch ein Selbstbild des Autors, dessen Umrisse schärfer konturiert, die Farben dichter gerastert und reicher schattiert sind als in den Lebensbeschreibungen aus fremder Hand. Welche Einschränkung dieses Bild freilich dadurch erfährt, daß Gegenbriefe nur begrenzt vorliegen – von den prominentesten Partnern die von Scholem, Adorno und von Gretel Karplus, der späteren Frau Adornos – erhellt aus deren Lektüre. Man erfährt daraus, mit welcher Sensibilität Benjamin auf die Eigenart seiner Korrespondenten Rücksicht nimmt, ja in wie hohem Maß seine eigene Wandlungsfähigkeit als Autor durch diese inspiriert ist. Ob die Scherzrede Raum erhält, wie manchmal in der Korrespondenz mit Scholem, oder er sich durch umsichtige Berichterstattung bewährt, wie gelegentlich seiner Lageberichte zur Situation der Intelligenz in Paris an Horkheimer, Selbstbehauptungswillen sich artikuliert, wie vielfach in den Briefen an Adorno, oder teilnehmende Sorge zum Ausdruck kommt, wie im Verhältnis zu Werner Kraft, so hat das weniger mit Rollenspiel zu tun als mit dem Bestreben, über der eigenen Obsession kontinuierlichen Studiums den sozialen Boden unter den Füßen nicht zu verlieren, dessen Fortbestand sich für ihn im sprachlichen Reichtum seiner Briefwechsel bezeugte. Liest man nur seine eigenen Briefe, entsteht leicht der unzutreffende Eindruck des solipsistisch Monologischen, und es bleibt trotz der gründlichen Kommentierung durch die Herausgeber der sechsbändigen Ausgabe oft dunkel, ob und in welcher Weise etwa Fluchtpunkt, Perspektive, Intonation und soziale Diplomatie Benjamins auch als ein Echo auf individuelle Partner gelesen werden können.

Freundesbriefe

Der erste und der letzte publizierte Brief sind Freundesbriefe: des 18jährigen kurz vor dem Abitur an den Schulfreund Herbert Blumenthal (Belmore) am 15. Juli 1910; des Flüchtlings vor den Nazis zwei Tage vor dem Freitod mit einem letzten Gruß an Adorno vom 25. September 1940 aus Port Bou: »Dans une situation [...], je n'ai d'autre choix que d'en finir. [...] Il ne me reste pas assez de temps pour écrire toutes ces lettres que j'eusse voulu écrire« (6, 483). Die Korrespondenz mit Freunden nimmt in dieser Sammlung gleichmäßig über die drei Jahrzehnte hin den breitesten Raum ein. Wie groß auch immer die Wandlungen im Werk des Autors in diesen Dezennien gewesen sein mögen und wie vielfältig die darin erprobten dichterischen, publizistischen und wissenschaftlichen Formen, der Brief – insbesondere auch der Freundesbrief – behauptet sich kontinuierlich und in gleichbleibender Intensität der Mitteilung. Darauf läßt sich von jeder Stelle aus die Probe machen. Zwar verändert sich mit den Bedürfnissen und Aufgaben der Lebensjahre, ihrer Neigungen, Herausforderungen und Zumutungen auch der Charakter der Verhältnisse zu den Freunden und Freundinnen. Doch jenseits der unvermeidlichen Auflösung und gewünschten Anknüpfung alter und neuer Beziehungen hält Benjamin sich an den Brief, eine zeitlebens als gemäß empfundene Form. In seiner Geschichte, Poetik und Philosophie hat der Autor gewisse *idées fixes* seines eigenen Lebensentwurfs so unaustauschbar verwirklicht gefunden, daß er ihn wie eine Naturform seines intellegiblen Lebens bis zum Ende betrachtet zu haben scheint.

Im Widerspruch zur Totsagung des Briefs im Zeitalter technisch modernerer Kommunikationsmedien hat Benjamin an dieser bereits zu seiner Zeit altmodischen Form des Austauschs festgehalten. Wie sehr dafür auch äußere Umstände gesprochen haben mögen – am gravierendsten die des Exils –, so scheinen doch letztlich nicht sie die epistolographische Passion Benjamins begründet zu haben. In der freundschaftlichen Gemeinschaft seiner Korrespondenten hat der Autor ein Leben *sui generis* geführt, dessen Formen sich selbst in Augenblicken des Zwistes, ja selbst des Abbruchs aller persönlichen Verhältnisse behauptet und bewährt zu haben scheinen. Er war dazu freilich auf die Bereitschaft seiner Briefpartner angewiesen, die epistolographische Äußerung so ernst zu nehmen, wie es ihm selbstverständlich war. Wenn man über

Benjamin als Epistolographen spricht, so müßte man in der Tat eigentlich auch über seine Briefpartner sprechen, Herbert Blumenthal (Belmore), Fritz Radt und Ernst Schoen, Carla Seligson, Florens Christian Rang, Hugo von Hofmannsthal und Gershom Scholem, Bertolt Brecht, Max Horkheimer, Gretel Karplus und Theodor W. Adorno. Benjamins Epistolographik ist dialogisch und partnerschaftlich. Eine der nicht versiegenden Quellen, aus denen sie sich erneuert, ist die Freundschaftsfähigkeit des Autors. Die Gemeinschaftsideologie, die Vorstellung einer Vergesellschaftung jenseits von Interessen aufgrund einer ursprünglichen Dialogizität des Menschen, wie er sie etwa bei Martin Buber formuliert fand, hat er nicht nur in seiner marxistisch inspirierten Zeit abgelehnt. Zu den stabilsten Unterstellungen, auf denen seine vitale und intellektuelle Existenz beruhte, scheint dennoch die Möglichkeit einer als individuelle Gabe gewährten und empfangenen Zuwendung und Teilnahme gehört zu haben. An diese appellieren noch die an Franz Hessel, Jula Radt-Cohn, Ernst Schoen sowie Egon und Gert Wissing verfaßten Abschiedsbriefe vor dem 1932 beabsichtigten (4, 115–122), der an Henny Gurland vor dem 1940 dann verwirklichten Freitod am 25. September 1940 geschriebene Brief, in dem er die Adressatin bittet, die Gründe des Abschieds an Adorno zu übermitteln.

Freundschaften stehen im Zentrum seiner jugendbewegten Anfänge, und Grüße an einen Freund stehen dergestalt am Ausgang seines Lebens. Briefe sind aber nicht bloß und oft auch über Jahre des Mangels persönlicher Begegnung Dokumente der Freundschaft, sondern deren Vollzugsform. Im Unterschied zu einigen anderen großen Briefwechseln des 20. Jh.s, deren Schreibökonomie von vornherein der Vorstellung einer späteren Publikation folgt – viele Briefe Hermann Hesses oder Thomas Manns sind dafür Beispiele – steht die Epistolographik Benjamins selten von vornherein im Zeichen seiner literarischen oder wissenschaftlichen Autorschaft. Wo dies zutrifft, zumeist in der Korrespondenz mit den Wissenschaftlern unter seinen Freunden, wie Scholem, Rang oder Adorno, ist dieser Zusammenhang in der Regel deutlich markiert. Charakteristischer ist aber die Form einer frei gewählten Selbstmitteilung, die ihren Weg zwischen dem Ausdruck privater Intimität und bürgerlich ausgefilterter Konventionalität sucht und findet. Die Traditionswahl Benjamins zeigt darin historisch in die Spanne vor allem der deutschsprachigen Epistolographik zwischen Jean Paul, Georg Forster und Goethe, der frühen Romantik und Jakob Bernays. Unter den originären Briefschreibern des 20. Jh.s kommen Max Kommerell und Hugo Ball, Gottfried Benn, Karl Wolfskehl und Jürgen von der Wense in Betracht. Mit diesen Zeitgenossen hatte Benjamin wenig oder gar nichts zu tun, für sie alle sollten aber die Briefwechsel ein intellegibles Leben sui generis herstellen, dem keine andere Wirklichkeit beschieden war als diese.

Der Brief als Form

Die umfangreiche Forschung über Benjamin hat das Briefwerk bislang fast nur als Arsenal für Belegmaterial ausgewertet. Eine Ausnahme ist Klaus Garbers Buch über *Benjamin als Briefschreiber und Kritiker* (Garber 2005). Darin wird die Stilkunst des Epistolaristen gewürdigt, wie sie in den sorgfältig und variantenreich gestalteten Eröffnungen – Natureingänge, literarische Reminiszenzen, Autorfiktionen, Scherzreden – zum Ausdruck kommt. Ebenso pointiert sind die Schlußwendungen: bald sarkastisch und provozierend, bald lapidar und lakonisch. Fast durchweg diskret und zumeist undramatisch sind Mitteilungen über die persönliche Situation des Schreibenden gehalten, gleich ob glückliche oder unglückliche Umstände im Hintergrund zu vermuten sind. Erotische Intimitäten bleiben ebenso ausgespart wie große Affekte anderer Art. Sie lassen sich meist nur aus den Umständen ihrer pragmatischen Umgebung, ihren Voraussetzungen oder Folgen erahnen. Indem der Autor sich kaum einmal in der Gewalt von Emotionen zeigt, bewahrt er Höflichkeit gegenüber seinen Adressaten selbst in den prekärsten Situationen, als fürchte er, sie durch eine Zumutung zu bedrängen und um ihre Freiheit zu bringen. In stilistischer Übereinstimmung mit der Prosa seiner Dichtungen, Abhandlungen und Kritiken steht die gleichmäßige Intensität und Dichte von Mitteilung und Reflexion, die jede ungestaltete Konversation oder Entspannung in bloß geselliger Rede meidet. Wo diese gleichwohl einmal in Anschlag kommt, bedient der Autor sich einer literarischen Manier, als würde er Jean Paul oder eine der mutwilligen Eskapaden aus der Epistolographik der Schlegels zitieren. Brüche, Torsi, Fragmente, bloße Seufzer und Stoßgebete, Grotesken, Satiren oder Verwünschungen bleiben nie stehen, ohne quasi gerahmt zu werden. Dergestalt ist das romantische Erbteil stilistisch durchaus integriert, behält aber fast durchweg den Charakter des Zitats aus sicherer Distanz.

Die späte Veröffentlichung des größeren Teils von Benjamins Briefen und die erst zögernd einsetzende Beschäftigung der Forschung mit diesem Teil des Werks hat bisher übersehen lassen, daß der Brief für Benjamin eine nicht ersetzbare eigene Form zwischen oder gar jenseits von Kunst und Leben war. Er hat sie nicht nur Zeit seines Lebens ausführlich benutzt, sondern – unter anderem in der Briefsammlung Deutsche Menschen – auch historisch dokumentiert und gelegentlich theoretisch bedacht. – In diesem Zusammenhang wird deutlich, daß Benjamins Briefverständnis nicht nur vor dem Horizont von Briefwechseln der Aufklärung und Frühromantik gesehen werden sollte, von denen er gründliche Kenntnis hatte, sondern eine wesentliche Dimension vor dem Hintergrund der Geschichte des jüdischen Briefes deutscher Sprache erhält. Als solcher hat er eine eigene Tradition spätestens seit Moses Mendelssohn und Rahel von Varnhagen, die über Börne, Heine, Bernays und Auerbach im 19. bis zu Karl Wolfskehl, Arnold Zweig, Gershom Scholem und eben auch Benjamin im 20. Jh. reicht (vgl. Mattenklott 1992a). Darin gewinnt er sein Profil als eine chimärische Form, die am Leben teilhat, ohne den Geist aufzugeben; die Reflexion zu Wort kommen läßt, aber in den Grenzen, die durch einen Lebenszusammenhang bestimmt werden: moralische Gewissenhaftigkeit im Umgang mit sich selbst in der symbolisch hergestellten Form von Lebensspontaneität. Bedenkt man diese Bedeutung recht, so wird man nicht ganz fehlgehen, sich das Œuvre dieses Autors insgesamt als eine immer neu einsetzende Epistel vorzustellen, die Korrespondenz im eigentlichen Sinne aber als deren Miniatur.

Benjamin selbst lädt zu einem derartigen Verständnis ein. Ist vor dem Hintergrund seiner Sprachphilosophie doch durchaus zweifelhaft, ob strenggenommen wirklich nur der brieflich Angesprochene auch der Adressat seiner Korrespondenzen ist. – In seiner Generation und unter den Auspizien einer Kulturkritik, die in diesem Punkt von Heidegger über Margarete Susmann bis Eugen Rosenstock-Huessy übereinkommt, tritt zu dem Balanceversuch zwischen lebensweltlicher und sittlicher Bestimmung das Bemühen, brieflich einen idealen Dialog zu begründen, der nicht durch die allgegenwärtige Kommunikationsmaschinerie vorbestimmt wäre. In der Philosophie Benjamins ist das Briefzeugnis deshalb der reinen Sprache zugewandt, im Unterschied zur instrumentalisierten Sprachpraxis. Hier liegt der Grund, weshalb für ihn der Brief auch im Zeitalter praktischerer Kommunikationsmedien nicht veralten kann; zugleich der Anlaß, diese Apotheose der Epistolographie als Herausforderung für ihre späteren Leser und mit der Frage nach ihrer Gegenwartstüchtigkeit zu prüfen.

Aus Benjamins Nachlaß stammt eine theoretische Reflexion über den Umgang mit Briefen, die er selbst aus einem eigenen Brief an Ernst Schoen vom 19. September 1919 exzerpiert und überarbeitet hat. Im Korrespondenzzusammenhang schließt sie an eine Erwähnung des Briefwechsels an, den Goethe mit dem Grafen Reinhardt geführt hat. Benjamin rühmt daran die erstaunliche, höchst edle und unbeirrbare Sicherheit des Tones, mit dem sie voneinander und zueinander reden. Darauf folgen dann die Sätze:

»MAN unterschätzt heute Briefwechsel, weil sie auf den Begriff des Werkes und der Autorschaft völlig schief bezogen werden; während sie in Wahrheit dem Bezirk des ›Zeugnisses‹ angehören, dessen Beziehung auf das Subjekt so bedeutungslos ist, wie die Beziehung irgend eines pragmatisch-historischen Zeugnisses (Inschrift) auf die Person seines Urhebers. Die ›Zeugnisse‹ gehören zur Geschichte des Fortlebens eines Menschen und eben, wie in das Leben das Fortleben mit seiner eignen Geschichte hereinragt, läßt sich am Briefwechsel studieren. (Nicht so an den Werken, in ihnen vermischen sich nicht Leben und Fortleben, sondern die Werke sind wie eine Wasserscheide.) Für die Nachkommenden verdichtet sich der *Briefwechsel* eigentümlich (während der *einzelne* Brief mit Beziehung auf seinen Urheber an Leben einbüßen kann): die Briefe, wie man sie hintereinander in den kürzesten Abständen liest, verändern sich objektiv aus ihrem eignen Leben. Sie leben in einem andern Rhythmus als zur Zeit, da die Empfänger lebten, und auch sonst verändern sie sich« (VI, 95).

Benjamins apodiktischer Redeweise entsprechend, wird das vermeintlich Selbstverständliche hier erst gar nicht erwogen: die Funktion von Briefen als Verkehrsmittel zur Übermittlung von Informationen. Sie bleibt aus den gleichen Gründen außer Betracht, die er gegen die kommunikationstheoretische Sprachwissenschaft geltend macht. Beschränkt sich die theoretische Reflexion auf die pragmatischen Beziehungen zwischen empirischen Personen, so unterstellt sie zu Unrecht eine Proportionalität zwischen den natürlichen Menschen und ihrer sprachlichen Repräsentation. Im Augenblick der Sprachwerdung schon gehört das Wort nicht mehr nur und jedenfalls in keinem wesentlichen Sinne der einmaligen und privaten Beziehung des Absenders zum Adressaten zu. Statt dessen bildet sich der Sprachzusammenhang zwischen diesen beiden als ein Drittes. Wenn Benjamin das deutlichere Hervortreten des Briefwechsels als Eigenschaft des Fortlebens von Briefen besonders hervorhebt, so pointiert er damit nicht das dialogische Verhältnis als vielmehr die objektive Gestalt der Briefschaft, die das einzelne Stück in seiner Eigenschaft als Quelle oder Dokument von Informationen über soziale oder psychische Verhältnisse zurücktreten läßt. Auch dies ist ein Grund, weshalb bereits für Benjamin die Beachtung jeweils nur einer Seite von Korrespondenzen auf Kosten von deren Wechselbeziehung eine wesentliche Dimension verfehlt.

Was die Sprecher einander zu sagen haben, können sie sich nicht anders zukommen lassen, als indem sie es auf Gedeih und Verderb einem Dritten – in Wahrheit einem immer schon vorgängig Ersten – anvertrauen. Was dann daraus wird, ist ihnen so strikt entzogen wie der eigene Brief, sobald er erst einmal in den Postkasten geworfen ist. Eben dies ist aber in besonders erhellendem Maß die Situation von Korrespondenten. Sie bleiben ihrer selbst im Brief nicht Herr, oder sie werden brieflich, was ihnen leibhaftig abgeht. Aus gutem Grund weist Benjamin deshalb im selben Atemzug die Symmetrie des Briefes zu Autor und Werk ab, in dem er für die Charakterisierung der Briefschaften den Begriff des Fortlebens in Anspruch nimmt. Es ist ein Modus, dem Rudolf Kassner wohl das Prädikat des Chimärischen zugesprochen hätte: ein Zustand der Verpuppung des Einen, aus dem er jederzeit im Begriff steht als ein Anderer herauszufahren. Statt ein Leben abzubilden, verwandelt vielmehr der Brief dasjenige des Schreibers in eine scheinlebendige Natur zweiten Grades, die – ungeachtet ihrer abstrakten Schriftgestalt – derart kräftig zu wirken vermag, daß sie das Leben des Schreibers sich unterwirft. Der Brief gibt dergestalt die Möglichkeit – ja er läßt gar nichts anderes übrig als – die Form des eigenen Fortlebens zu erfinden; mit jedem Brief erneut und womöglich immer in einer anderen Gestalt. An eine Denkfigur Derridas anknüpfend, hat man die Zeugnisse der Schrift in jüdischer Tradition gemäß des Bildes der ›Arche‹ gedeutet, eine Form, das wesentliche Leben in Zeiten höchster Bedrohung dem Nachleben in einer späteren Zeit zu überliefern (Greiner 2002).

Für Benjamin – zeitlebens durch Leben und Werk Goethes aufs Höchste fasziniert, wie denn nicht zufällig ein Goethe-Briefwechsel der Anlaß seiner brieftheoretischen Reflexion ist – machte diese Gelegenheit zum Gestaltwandel den Brief so willkommen. Weniger der romantische Aspekt von widerspruchsreicher Vielfalt hat für ihn dabei im Vordergrund gestanden als vielmehr die Stabilität eines brieflich gewonnenen Selbst, dem der reale Schreiber sich rückhaltlos anvertrauen kann, weil auf die metamorphotische Kraft des Mediums Verlaß ist. – Spielerisch hervorgebrachte Vielfalt der Töne im Sinn einer romantisch verstandenen subjektiven Mehrstimmigkeit ist denn auch eher ein Merkmal der Briefe von Benjamins ungleichem Bruder Kommerell, diesem nicht minder glänzenden Briefschreiber, der sich gelegentlich in ein wahres Chamäleon verwandelt.

Das Lob der edlen unbeirrbaren Sicherheit des Tons bei Goethe und Reinhardt gilt mindestens so emphatisch der Briefform allgemein wie Goethe als deren mustergültigem Gewährsmann. Edel oder Vornehm ist ein Lob, das Benjamin gern spendet, nicht nur in den Kommentaren seiner Brief-Anthologie, wo der apologetische Gesamtzusammenhang dieser »goldene[n] Klassikerbibliothek in nuce« (IV, 949) es nahelegen könnte. Im Bedürfnis nach Haltung, dieser Würdeform des natürlichen und Naturform des geistigen Menschen, stand Benjamin Stefan George und seinem Kreis sehr viel näher als seine vielfach bezeugte Distanz es im übrigen nahelegen würde. In charakteristischem Unterschied zu deren ästhetischer und pointiert modernekritischer Auslegung dieses Begriffs, zu der Benjamin selbst auch noch in der Zeit seiner Bindung an die Jugendbewegung neigt, versteht er ihn später wesentlich als einen die Person bewahrenden moralischen Habitus, den er auch ›Gefaßtheit‹ nennt. Deren Abtönung in Rücksicht auf den Adressaten verhindert Steifheit und Monotonie.

Wofür zeugt nun aber der Brief, wenn nicht für den pragmatischen Zusammenhang, in den er durch seinen Urheber gestellt ist? Für ein geistiges Leben, auf das der einzelne Urheber einer Korrespondenz nur Anleihen macht. Das Zeugnis eines Briefes betrifft Benjamin zufolge alles Situative nur peripher. Es ist dennoch nötig, daß die näheren Umstände bei der Herausgabe von Briefwechseln kommentiert werden; nicht aber, um das Private auszustellen, als vielmehr es durch seine Versachlichung so weit zu neutralisieren, daß der Brief im Sinne eines Zeugnisses desto deutlicher Gestalt annehmen kann.

Für die Form, in der Benjamin als Theoretiker des Briefes Boden zu gewinnen sucht, ist das kleine Fragment – so unscheinbar es sich ausnimmt – dennoch charakteristisch. Denn lesen auch wir es nicht nur als philologische Quelle und als Dokument, dann bezeugt es die Physiognomie eines Denkens, das an Zeitzeugen weniger als an Zeugnissen gegen die Zeit interessiert ist, zuallererst aber an der Möglichkeit des Zeugnisses selbst. – Allzu viel scheint im Fall der Korrespondenzen dagegen zu sprechen: ihre Befangenheit im Privaten oder Beschränktheit auf Kommunikation über Sachen, um nur die beiden Extreme nach der subjektiven und objektiven Seite zu bezeichnen. Beides würde im Verständnis Benjamins den Brief als Zeugnis verfehlen. Dessen ideale Form ließe sich etwa so umschreiben: Er muß dem Leben zugehören, ohne sich darin zu gründen. Denn seinen Grund kann das Leben nie in sich selbst suchen und finden wollen. Er muß sich aber auch auf die Wirklichkeit eines Geistes beziehen, aber hier wiederum ohne dabei das Leben zu verraten. Dergestalt konstituiert sich der Brief als ein wahres Medium, nämlich als ein Mittler, der die Möglichkeit einer Balance zwischen Natur und Geist bezeugt. Als Adorno, gemeinsam mit Gershom Scholem, 1966 die erste Ausgabe von Benjamin-Briefen vorlegte, hat er den Korrespondenten Benjamin in diesem Sinn in schöner Genauigkeit charakterisiert: »Der Brief war ihm darum so gemäß, weil er vorweg zur vermittelten, objektivierten Unmittelbarkeit ermutigt. Briefe schreiben fingiert Lebendiges im Medium des erstarrten Worts. Im Brief vermag man die Abgeschiedenheit zu verleugnen und gleichwohl der Ferne, abgeschieden zu bleiben« (Adorno 1966, 15 f.).

Nun kann der Brief freilich aus eigener Machtfülle auf kein Drittes als den möglichen Grund verweisen, in dem dies beides versöhnt wäre. Daher der performative Charakter des Briefes. Weder folgt er dem Rhythmus des natürlichen Lebens, noch findet er dauerhaft Halt in einer Abstraktion jenseits davon. Sein Charakter ist wesentlich appellativ, nämlich darauf gerichtet, seine eigene Wirklichkeit allererst herzustellen, zumindest für die Dauer des brieflichen Austauschs. Darin hat er seinen Anteil am Eros, ohne dessen wie immer auch verschwiegene Gegenwart kein Briefwechsel dauert. – Im Begriff des Zeugnisses denkt Benjamin Produktivität in einer ungeschlechtlichen Form: das Fortzeugen vermöge einer paraerotischen, einer Schriftform der leiblichen Zeugungskraft, dieser nicht ähnlich, sondern an deren Stelle. Im Gespräch, mehr noch im Brief, erwirkt sich der Eros eine Lizenz im Leben des Geistes, ohne darin zu verschwinden. Weil dies alles in Benjamins Begriff des Zeugnisses mitschwingt, erschöpft sich dessen Bedeutung nicht als Quelle für Kulturgeschichte.

Ginge es nur darum, die pragmatisch biographische Lesart von Briefwechseln durch eine geistes- oder kulturgeschichtliche zu ersetzen, es wäre leichter zu sagen. Nicht viel stünde im Wege, um die resonanzarmen Briefe Karl Wolfskehls aus Dokumenten eines gelehrten George-Verehrers in Zeugnisse einer monologisch-bacchantischen Sprachleidenschaft zu verwandeln; Kommerells Briefe, diese anmutigen Entlastungen eines diszipliniert geführten Studienlebens, zu Zeugen des Humors gegen die steilen Erhebungen ins Erhabene aufzurufen, in denen sich sonst der George-Kreis übte; Benjamins Korrespondenzen – statt als Quelle und fortlaufenden Kommentar zur Entstehungsgeschichte seines Werks – als einen groß angelegten Versuch zu lesen, sich brieflich aus den intelligenzpolitischen Alternativen seiner Zeit zugunsten eines namenlosen Dritten herauszuschrauben. Tatsächlich gibt es auch neben dem anspruchsvollen Programm geschichtsphilosophischer Zeugenschaft gelegentlich die Auffassung von Korrespondenzen im Sinn kulturgeschichtlicher Dokumentation. Wo Benjamin eher beiläufig einmal einen Briefband rezensiert hat – 1933 die Briefe, die Max Dauthendey während seiner Reisen an seine Freunde schrieb –, bespricht er sie in diesem Verstande: hier für den Jugendstil (III, 383–386). – In seinen Pariser Briefen I und II von 1936 (III, 482–507) scheint er im Sinn zu haben, an die Tradition der Exilantenbriefe von Campe, Börne und Heine anzuknüpfen, aber anders als bei den großen Vorgängern sind es Rezensionsbriefe. Der eine berichtet über Gide und seine französischen Gegner; der andere über die Dokumentation von Künstler-Konferenzen in Venedig und Paris; beide mit einem hohen Anteil zeitpolitischen Kommentars.

Aber Benjamin ist nicht Franz Blei und ist nicht Egon Friedell. Nicht darum nur geht es, das private Leben als vermeintliches Substrat durch ein nicht minder problematisch Allgemeineres zu ersetzen. Statt dessen soll Zeugenschaft in einer anderen Ordnung als der empirischen begründet werden, ohne diese Empirie preiszugeben. Wie nur irgendeiner aus der Gefolgschaft Stefan Georges sucht Benjamin – statt nach Inhalten – nach einer Form, die so viel Gewähr wie nur möglich gegen den Fraß der Zeit, diese Furie des Verschwindens bietet.

»Auf der Spur alter Briefe«

Dem Begriff des Zeugnisses wie allgemein Benjamins Verständnis des Briefs lassen sich mit Blick auf seine Sammlung Deutsche Menschen. Eine Folge von Briefen noch einige weitere Bedeutungen zuführen (III, 482–507). Aufschlußreich sind hier Materialien aus dem Umfeld des Buches. Als 1932 die *Frankfurter Zeitung* 27 Briefe aus der Zeit zwischen 1783 und 1883 (in fortlaufender Numerierung, ohne Hinweis auf Benjamin als ihren Herausgeber) abdruckte, scheint dieser die Kommentierung durch einen Rundfunk-Vortrag vorgehabt zu haben. Jedenfalls fand sich im Nachlaß ein entsprechendes Manuskript.

Darin zitiert der Autor Gundolfs Bild vom tektonischen Aufbau der Kunstwelt: auf der Basis von Gesprächen über das breite Massiv brieflicher Hinterlassenschaften, aufsteigend zu den Gipfeln solitärer Werke. Benjamin führt diese Vorstellung an, um sie im Blick auf die Wirkungsgeschichte der Deutschen Klassik durch Skepsis zu erschüttern. 1932 war das Jahr kultischer Goethe-Feiern, im Rückblick: ohnmächtiger Beschwörungen einer Kulturnation, die gleichzeitig im Begriff stand, der Barbarei eine Apotheose zu bereiten. Gegen den vergletschernden Heroenkult mobilisiert Benjamin eine andere Klassik, für die er die Briefe nach Inhalt und Form als Zeugen zitiert; zuallererst wiederum Goethe-Briefe. Er schlägt vor, sie als solche zu lesen, d. h. ohne Hinblick auf das Monument, zu dem ein unproduktiver Kult das Werk hat erstarren lassen. Damit ist nicht der Optik von den Hintertreppen und -bänken das Wort geredet, wie es denn auch nicht darum geht, allzu menschlich Privates gegen das Erhabene auszuspielen. Benjamins Briefzitate werben für die Klassik nicht durch den Versuch, sie seinem Publikum nahezubringen; im Gegenteil. Sein Pathos der Sachlichkeit rückt sie um der physiognomischen Erkennbarkeit willen in die Ferne der geschichtlichen Betrachtung:

»Diese historische Distanz aber ist es, die uns die Gesetze unserer Betrachtung vorschreibt, und vor allem das oberste: des Inhalts, daß jene Unterscheidung von Mensch und Autor, von Privatem und Objektivem, von Person und Sache mit zunehmender historischer Distanz zunehmend ihr Recht verliert. Dergestalt, daß auch nur einem bedeutsamen Briefe wirklich gerecht werden, in allen seinen sachlichen Bezügen, allen seinen Anspielungen und Einzelheiten ihn aufzuhellen, bedeutet, mitten in das Menschliche zu treffen« (Auf der Spur alter Briefe, IV, 944).

Das Menschliche ist nach dieser Auffassung mitnichten der vulgäre Bodensatz bloßen Lebens, der abzüglich des intellegiblen Anteils übrigbleibt. Es ist vielmehr die Sphäre, in der die Sprache des 18. Jh.s, der Benjamin sich in seinem Brief-Buch durch Mimesis anschmiegt, den allgemeinen Menschen angesiedelt hatte. Benjamin waren die zitierten Sätze so wichtig, daß er sie wörtlich in einem »Memorandum« wiederholt, eine Selbstrezension für Werbezwecke, wo er noch die Sätze ergänzt:

»Die kurzen Kommentare, die den einzelnen Briefen vorangestellt sind, haben nichts mit den schablonenmäßigen Angaben zu schaffen, die man so oft in Anthologien findet. Nichts was von der konkreten physiognomischen Würdigung des einzelnen Schreibens abführt, findet einen Platz. Nichtsdestoweniger stellen sie eine umfassende deutsche Bildungsgeschichte des fraglichen Zeitraumes dar« (IV, 950).

Die historische Distanz zur Klassik, die Benjamin in seinem Brief-Buch voraussetzt, betrifft nicht die Sozialethik des deutschen Idealismus, und er hätte den Kontrakt, den die Autoren der klassischen deutschen Literatur, allen voran Goethe und Schiller, zur Bildung der Nation geschlossen hatten, wohl auch gut mitunterschreiben können. – In kaum einer anderen Nationalkultur als der deutschen wird ästhetischer Bildung so viel zugemutet und zugetraut. Keine andere Bevölkerungsgruppe innerhalb Deutschlands hat dieses zugleich ästhetische und moralische Programm so geschlossen mitgetragen wie die jüdische. So hätte auch Benjamins jüdischer Tradition entnommener Überzeugung, daß ästhetische und moralische Kultur verschiedene Pointierungen derselben Sache sind, im klassischen Weimar niemand widersprochen. Gerade diese Überzeugung erheischt nun aber bei den jüdischen Autoren Deutschlands Konsequenzen für das Ensemble der Kunstgattungen und innerhalb der Gattungen für die Bevorzugung gewisser Formen wie des Briefs.

Daß unter den Schriftstellern deutscher Sprache so ungleich viel mehr Juden sind als unter Musikern oder bildenden Künstlern; daß wiederum in der Literatur die pädagogisch auszulegenden Formen von Juden privilegiert werden, während sie etwa in der Geschichte des Ästhetizismus kaum in Erscheinung treten, dürfte damit zu tun haben, daß der ästhetische Immoralismus, ja selbst auch nur Indifferentismus in der jüdischen Tradition keinerlei Begründung findet. Daher die Option für Gattungen und Formen, die es erlauben, die sittliche Widmung der Kunst und ihre Bestimmung als Lehre vom besseren Leben unverstellt auszuprägen. Gerade mit der geschichtsphilosophischen Tradition deutscher Ästhetik – die Künste als Organ moralischer Vervollkommnung der Welt – konnte jüdische Ethik sich eng verschränken. Die Liebe zur Deutschen Klassik gehört ebenso hierher wie die Entscheidung für die Ästhetik Hegels von Heine bis Lukács: ein Votum für die Idee des sittlichen Fortschritts. Daß dieser sich nicht im Selbstlauf vollzieht, vielmehr entschiedenster Promotion bedarf, haben die Teilnehmer der jungjüdischen Emanzipation in den ersten Jahrzehnten des 20. Jh.s – durch den Blick auf die jüdische Geschichte hinlänglich oft eines schlechteren belehrt – mit Vehemenz betont. In der Sphäre des Ästhetischen kommt der deutliche Kunstvorbehalt durch diese jungen Juden zu Wort: bei Max Nordau angefangen – um nur erst im 20. Jh. zu beginnen – bis zu den Attacken auf die Aura zugunsten der reproduzierbaren Künste bei Benjamin.

In diesem Sinne auch spielt er in Deutsche Menschen die ästhetisch »arme« Briefform gegen die Goldschnitt-Klassiker, die »unrein« auf Leben und Geist zugleich bezogenen Korrespondenzen gegen die klassische Kunstautonomie aus. Von den Briefen seiner studentischen Jugend an entwirft Benjamin auch sein eigenes moralisches Selbstbild vorzugsweise in Briefen, deren Zeugnisform eine Verbindlichkeit erreicht, die weder die Kunst noch auch das bloße Leben erreichen; beides auf je eigene Weise frivol, wo die moralische Selbstbestimmung auf dem Spiel steht. – In wie hohem Maße dieser generelle Kunstvorbehalt auch in Benjamins Verständnis von Literaturkritik eingegangen ist – analog zur Aufwertung der Briefe gegenüber den Kunstwerken –, kann hier nur en passant angemerkt werden.

Wohl aber sind hier noch ein paar Beobachtungen an Benjamins Kommentaren zu Briefen deutscher Menschen mitzuteilen, die dem Begriff des Zeugnisses noch weiteres Volumen geben können. – Als wolle er seine Absicht konkreter physiognomischer Würdigung, wie sie in dem zitierten »Memorandum« ausgesprochen wird, durch Umschreibungen verdeutlichen, exponieren etliche der kommentierenden Skizzen wie in einem Suchbild gewisse Begriffe oder Bilder, die als Hinweise auf die Poetik des Verfahrens gelesen werden können.

Das Herzstück der Sammlung, ein Brief von Samuel Collenbusch an Immanuel Kant, den Benjamin zu den »Meisterstücken der Briefliteratur aller Zeiten« (IV, 950) rechnet, beginnt zum Beispiel mit der Schilderung einer zeitgenössischen Portraitminiatur, die in nuce die Physiognomie des Autors aus einer moralischen Deutung seiner Gesichtszüge entwirft. – Darauf folgt – ein weiteres Beispiel – ein Schreiben von Heinrich Pestalozzi an Anna Schultheß, dessen Inhalt es sei, die Leidenschaft nicht zu läutern, sondern sie auf Distanz zu bringen: »Die Natur wollte Pestalozzi weniger veredeln als [...] im Namen des Menschen ihr Halt gebieten« (IV, 165).

Benjamin beginnt seinen Kommentar mit einer Anekdote: »Nach einer mündlichen Überlieferung soll Pestalozzi den Wunsch ausgesprochen haben, auf sein Grab solle kein anderes Denkmal gesetzt werden als ein rauher Feldstein; er sei auch nur ein rauher Feldstein gewesen« (IV, 165). Das schlichte Grabmal wird dergestalt zum moralischen Zeichen für die geistige Ökonomie einer Lebensführung, die der Wollust der Natur die Geistbestimmtheit des Menschen nicht bloß als abstraktes Programm, sondern zugleich als Symbol gegenüberstellt. – Andere Kommentare beziehen sich auf Amulette und Medaillons, Portraitbüsten, Epitaphe oder Kästchen. Dergestalt entsteht eine metaphorische Textur jenseits der durchgängigen Reflexion über die moralischen Inhalte der zitierten Briefe. Worauf sie gemeinsam verweisen, ist der Begriff des Zeugnisses, den sie pictogrammatisch umschreiben. Samt und sonders gehören sie damit in den Zusammenhang von Phänomenologie, Medientheorie und Poetik kultureller Erinnerung, die immer wieder nicht bloß den Inhalt von Benjamins Schriften prägen, sondern den Motor ihrer Produktion antreiben.

Werk

Auf der Spur alter Briefe (IV, 942–944)
Briefe von Max Dauthendey (III, 383–386)
Deutsche Menschen (IV, 149–233)

Literatur

Adorno, Theodor W. (1966): »Vorrede«, in: Walter Benjamin: Briefe, Bd. 1, Frankfurt a.M., 14–21 (wiederabgedruckt unter dem Titel: »Benjamin, der Briefschreiber«, in: ders. [1974]: Noten zur Literatur IV. Gesammelte Schriften 11, Frankfurt a.M., 583–590).

Garber, Klaus (2005): »Die Kehrseite des Werkes. Porträt Walter Benjamins aus seinen Briefen«, in: ders.: Walter Benjamin als Briefschreiber und Kritiker, München, 11–143.

Greiner, Bernhard (2002): Arche Noah. Die Idee der ›Kultur‹ im deutsch-jüdischen Diskurs, Freiburg.

Heißenbüttel, Helmut (1967): »Vom Zeugnis des Fortlebens in Briefen«, in: Merkur 228, 232–244.

Mattenklott, Gert (1992): Benjamin als Korrespondent, als Herausgeber von »Deutsche Menschen« und als Theoretiker des Briefes, in: Uwe Steiner (Hg.): Walter Benjamin (1892–1940) zum 100. Geburtstag, Bern, 273–282.

Mattenklott, Gert (1992a): Über Juden in Deutschland, Frankfurt a.M.

Anhang

Walter Benjamin, Kinderbild (preußischer Husar), ca. 1902 (Photostudio Selle & Kuntze, Potsdam)
Original: 10,2 × 6,5 cm

Walter Benjamin, Porträt, 1920er Jahre (Photostudio Joel-Heinzelmann, Berlin)
Original: 16,8 × 11,7 cm

Vorder- und Rückumschlag eines ›Raubdrucks‹. Durch Photokopierer vervielfältigte Schreibmaschinenabschrift von mehreren Texten Benjamins mit dem Erstdruck von »Programm eines proletarischen Kindertheaters« Berlin 1969. Dazu heißt es einleitend, der Text sei der Verfügungsgewalt der Frankfurter Benjamin-Verwalter entrissen worden. Original: 30,5 × 20,8 cm

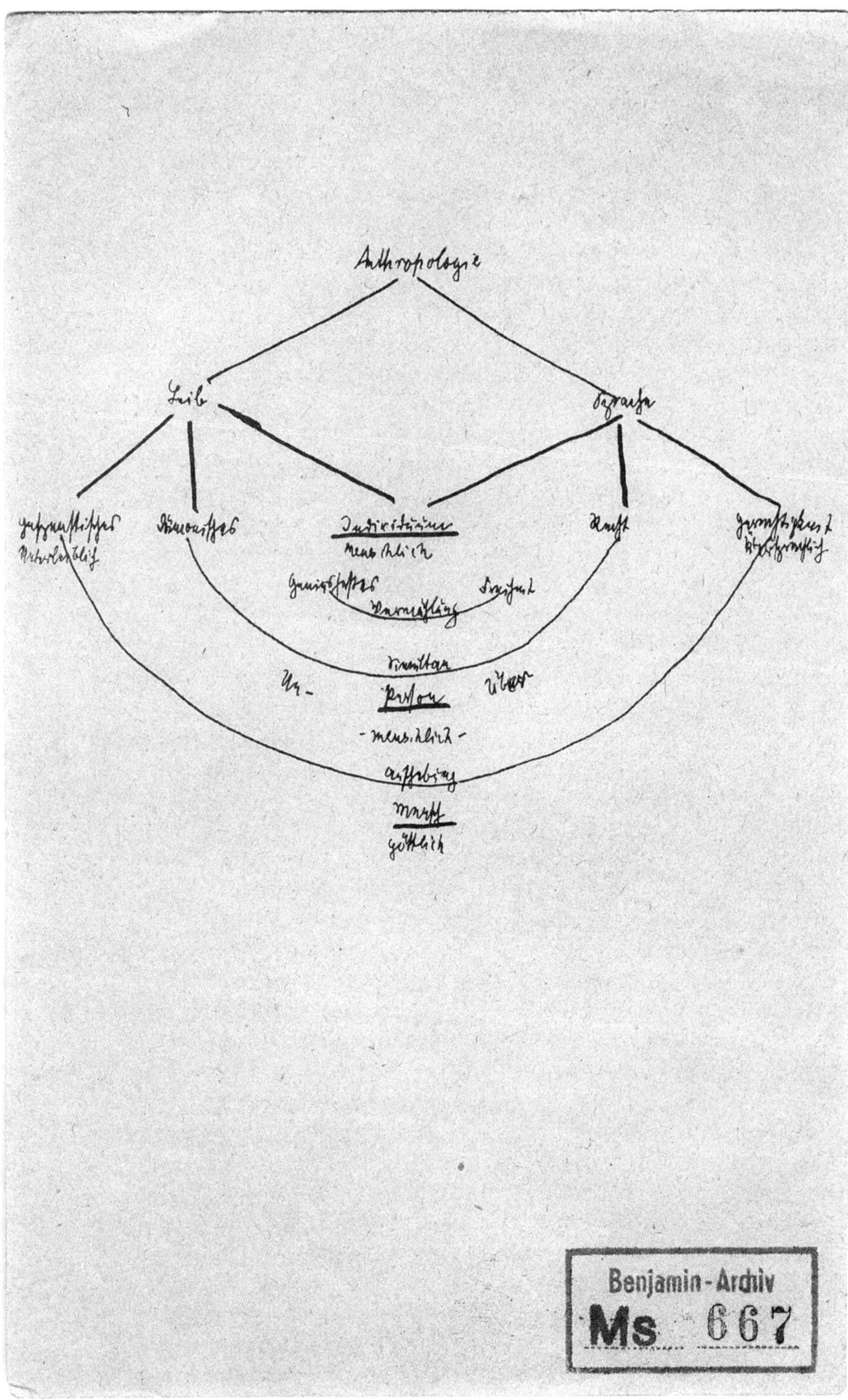

Schema zu »Anthropologie«, um 1920, vgl. VI, 672 f.
Original: 16,5 × 10,5 cm

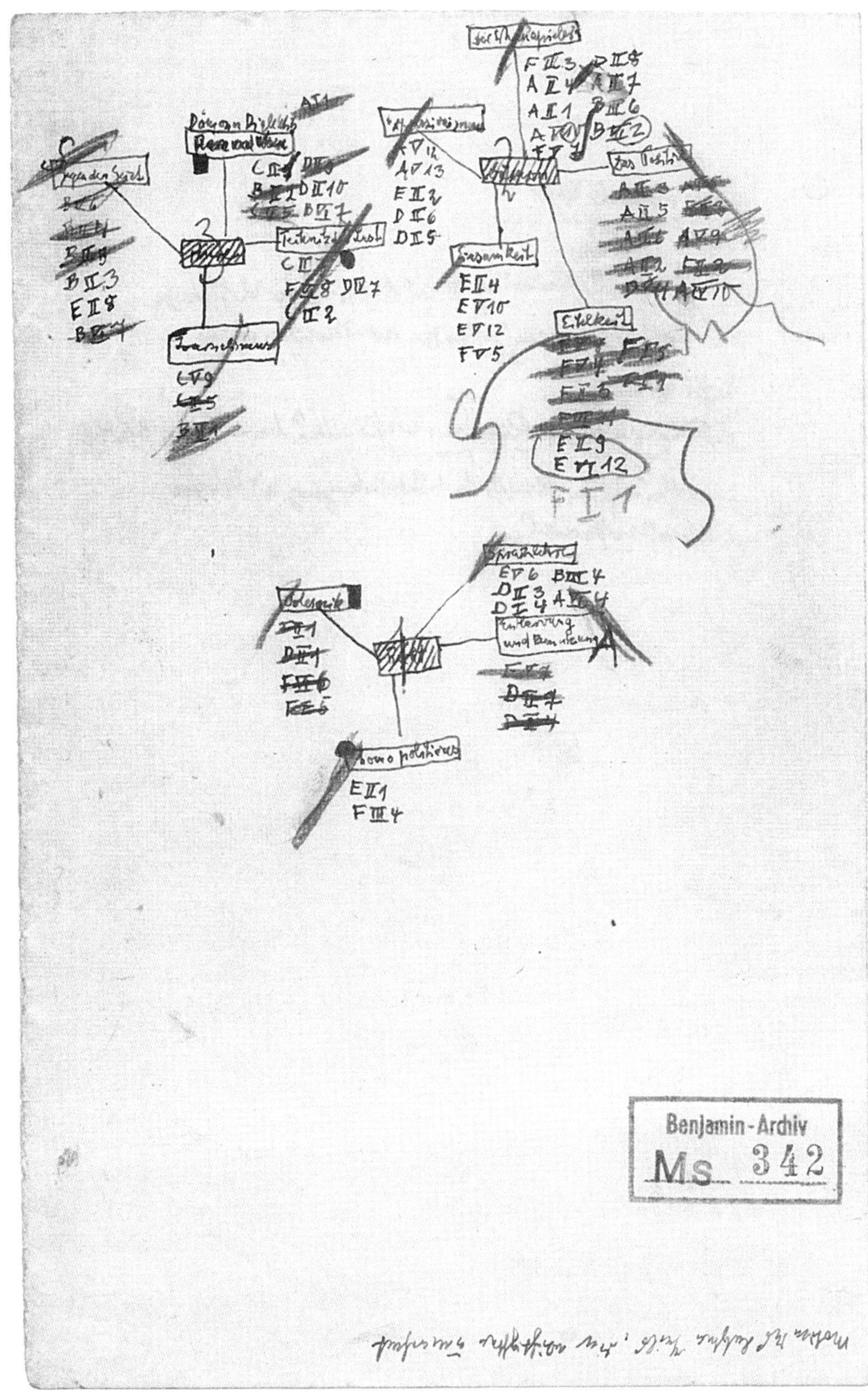

Arbeitsdisposition zu »Karl Kraus«, 1930; vgl. die Teilwiedergabe II, 1090
Original: 19,5 × 12,4 cm

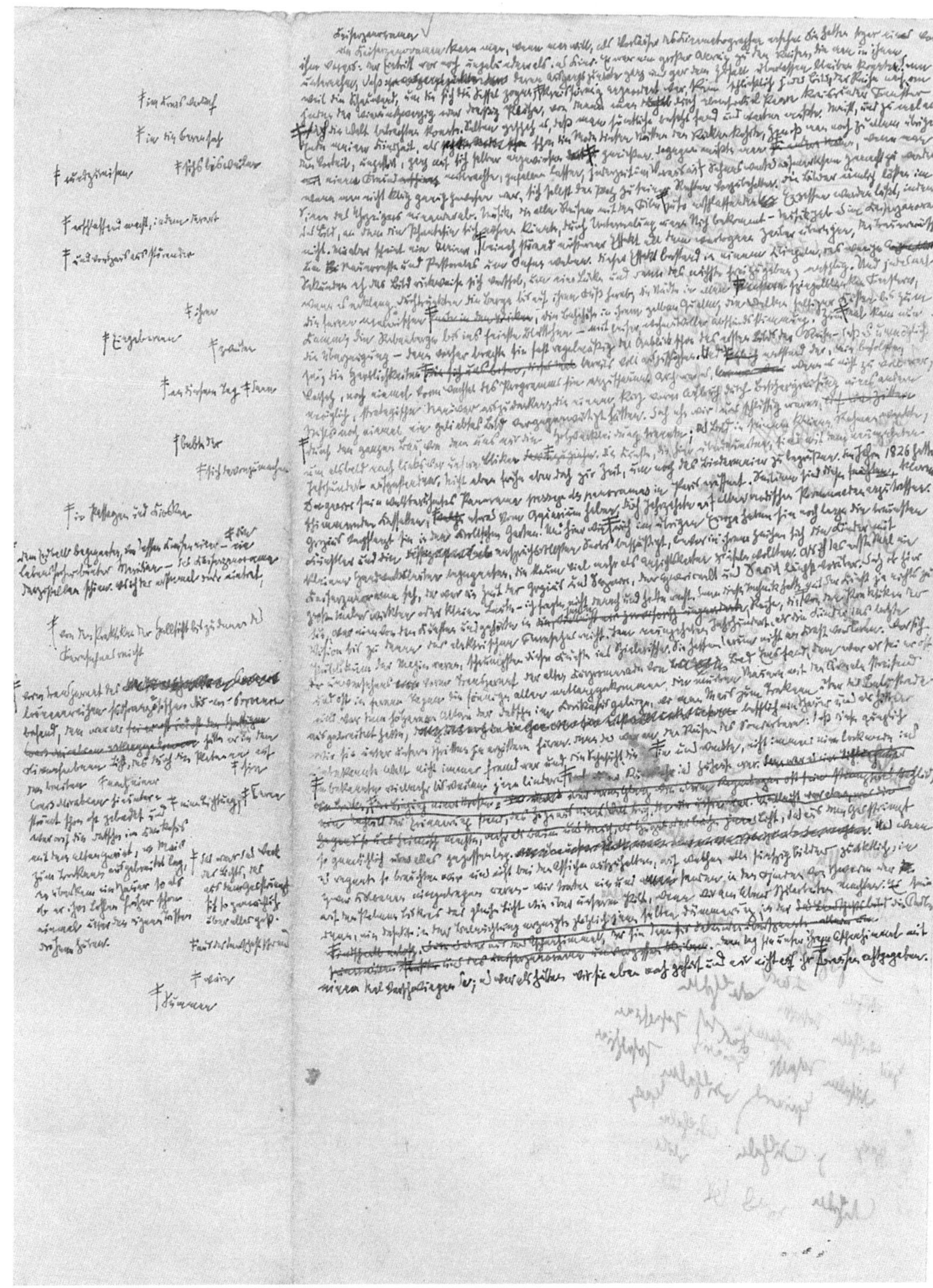

Manuskript »Kaiserpanorama« aus dem Felizitas-Konvolut
der »Berliner Kindheit um neunzehnhundert«, Herbst 1932
Original: 27,2 × 20,5 cm

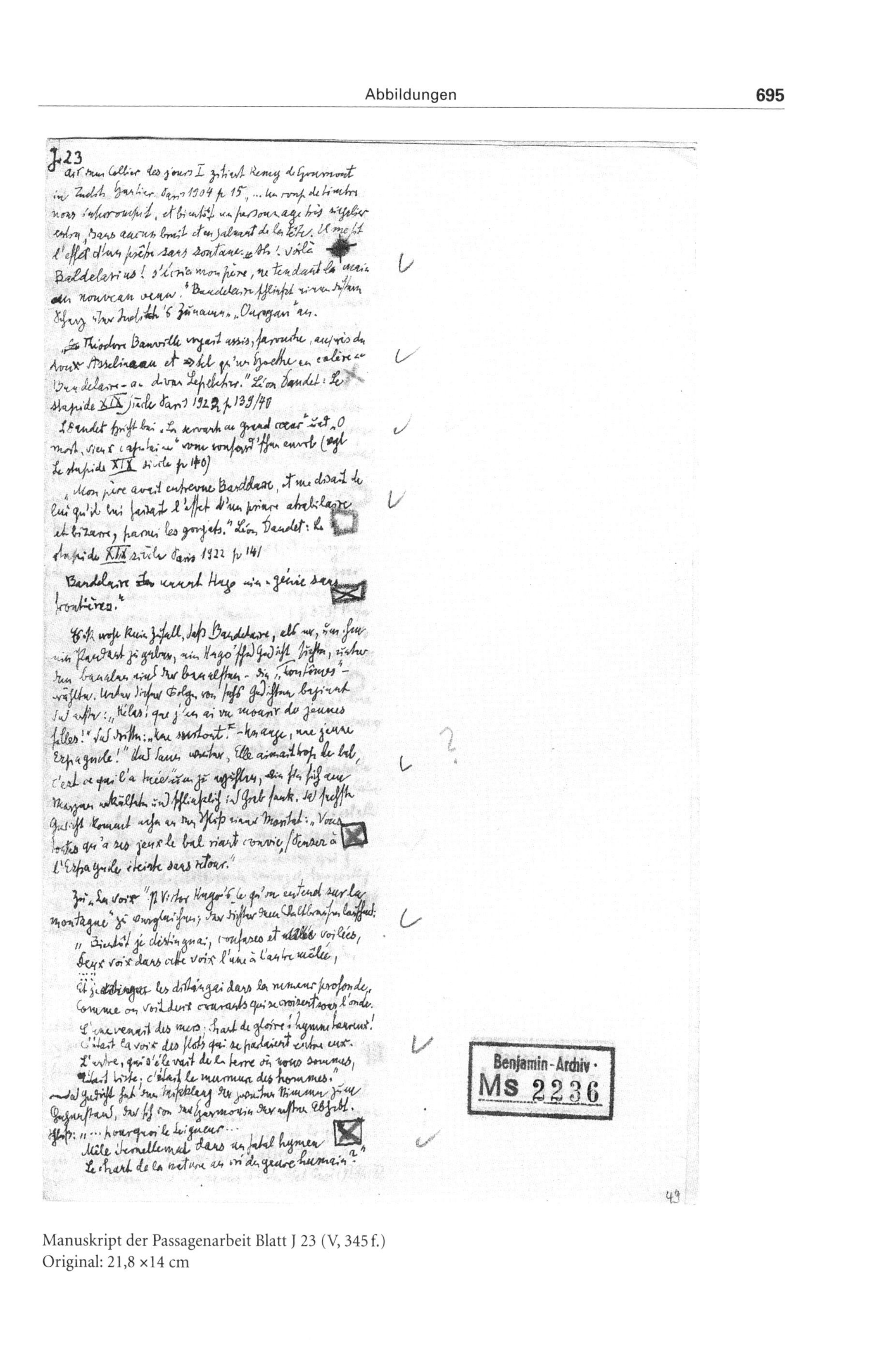

Manuskript der Passagenarbeit Blatt J 23 (V, 345 f.)
Original: 21,8 × 14 cm

Bildquellen

Abb. 1, 2, 4, 5, 6, 7: Walter Benjamin Archiv Berlin.
Der Abdruck von Abb. 6 erfolgt mit freundlicher
Genehmigung von Dr. Rolf Tiedemann
Abb. 3: Sammlung Lindner

Werkregister

In dem Register sind die von Benjamin stammenden Titel der abgeschlossenen Schriften und der Fragmente bzw. der Projekte aufgeführt. Bei Textsammlungen werden auch Titel von Einzelstücken berücksichtigt. Bestimmte und unbestimmte Artikel am Anfang der Überschriften (z.B. »Der«, »Eine«) werden bei der Alphabetisierung mit erfaßt. Bei Rezensionen ohne eigenen Titel wird der betreffende Buchtitel in Anführungszeichen gesetzt.

Namensregister

In dem Register werden die Namen von Benjamins Zeitgenossen verzeichnet, zudem die von ihm behandelten Autoren, die Autoren der Wirkungsgeschichte und der Forschungsliteratur sowie auch Publikationsorgane und Institutionen.

Sachregister

In dem Register sind diejenigen Stellen vermerkt, an denen ein Sachbegriff im Kontext des jeweiligen Artikels näher erläutert wird. Es handelt sich sowohl um von Benjamin spezifisch geprägte Begriffe als auch um übergreifende Stichworte.

Die Autorinnen und Autoren

Karlheinz Barck, geb. 1934, Ko-Direktor des Zentrums für Literaturforschung in Berlin.

Laure Bernardi, geb. 1973, unterrichtet deutsche Literatur und Übersetzung in den Classes préparatoires à l'Ecole normale Supérieure, Marseille.

Momme Brodersen, geb. 1951, Professor für Deutsche Literatur an der Philosophischen Fakultät der Universität Palermo.

Heinz Brüggemann, geb. 1943, Professor am Seminar für deutsche Literatur und Sprache der Universität Hannover.

Peter Fenves, geb. 1960, Professor für Vergleichende Literaturwissenschaft, Northwestern University, Evanston, Illinois.

Justus Fetscher, geb. 1961, Wissenschaftlicher Mitarbeiter am Zentrum für Literaturforschung in Berlin.

Jeanne Marie Gagnebin, geb. 1949, Professorin für Philosophie an der Pontíficia Universidade Católica São Paulo und für Literaturtheorie an der Universidade Campinas (Unicamp).

Christoph Gödde, geb. 1954, leitet mit Henri Lonitz zusammen das Theodor W. Adorno Archiv in Frankfurt am Main. Sie sind Hauptherausgeber der neuen Kritischen Gesamtausgabe der Werke Walter Benjamins im Suhrkamp Verlag.

Reinhold Görling, geb. 1952, Professor für Medienwissenschaft in kulturwissenschaftlicher Orientierung an der Heinrich Heine-Universität Düsseldorf.

Werner Hamacher, geb. 1948, Professor am Institut für Allgemeine und Vergleichende Literaturwissenschaft der Johann Wolfgang Goethe-Universität Frankfurt am Main.

Ansgar Hillach, geb. 1934, Literaturwissenschaftler, lebt in Frankfurt am Main und Staufenberg.

Alfred Hirsch, geb. 1961, Privatdozent, lehrt am Institut für Philosophie der Universität Hildesheim.

Axel Honneth, geb. 1949, Professor für Philosophie, Geschäftsführender Direktor des Instituts für Sozialforschung in Frankfurt am Main.

Alexander Honold, geb. 1962, Professor für Neuere deutsche Literatur an der Universität Basel/Schweiz.

Chryssoula Kambas, geb. 1949, Professorin an der Universität Osnabrück, Fachbereich Sprach- und Literaturwissenschaft, Neuere deutsche Literatur und Theorie der Literatur.

Eckhardt Köhn, geb. 1952, Privatdozent, lehrt Neuere deutsche Literaturwissenschaft sowie Theater-, Film- und Medienwissenschaft an der Johann Wolfgang Goethe-Universität Frankfurt am Main.

Thomas Küpper, geb. 1970, Wissenschaftlicher Mitarbeiter am Institut für Theater-, Film- und Medienwissenschaft der Johann Wolfgang Goethe-Universität Frankfurt am Main.

Anja Lemke, geb. 1969, Wissenschaftliche Mitarbeiterin am Institut für Allgemeine und Vergleichende Literaturwissenschaft, Johann Wolfgang Goethe-Universität Frankfurt am Main.

Burkhardt Lindner, geb. 1943, Professor für Geschichte und Ästhetik der Medien sowie für Neuere deutsche Literaturwissenschaft, Institut für Theater-, Film- und Medienwissenschaft der Johann Wolfgang Goethe-Universität Frankfurt am Main.

Ursula Link-Heer, geb. 1948, Professorin für Romanistik und Komparatistik/Literaturwissenschaft an der Bergischen Universität Wuppertal.

Henri Lonitz, geb. 1948, leitet mit Christoph Gödde zusammen das Theodor W. Adorno Archiv in Frankfurt am Main. Sie sind Hauptherausgeber der neuen Kritischen Gesamtausgabe der Werke Walter Benjamins im Suhrkamp Verlag.

Ursula Marx, geb. 1972, wissenschaftliche Archivarin im Walter Benjamin Archiv, Akademie der Künste, Berlin.

Gert Mattenklott, geb. 1942, Professor für Allgemeine und Vergleichende Literaturwissenschaft an der Freien Universität Berlin.

Bettine Menke, geb. 1957, Professorin für Allgemeine und Vergleichende Literaturwissenschaft an der Philosophischen Fakultät (Seminar für Literaturwissenschaft) der Universität Erfurt.

Stéphane Mosès, geb. 1931, emeritierter Professor für Germanistik und Komparatistik an der Hebräischen Universität Jerusalem. Korrespondierendes Mitglied der Deutschen Akademie für Sprache und Dichtung. Doktor h.c. der Universität Tübingen.

Roger W. Müller Farguell, geb. 1961, Dozent für Deutsch und Kommunikation am Departement Angewandte Linguistik und Kulturwissenschaften der Zürcher Hochschule Winterthur (ZHW) sowie am dortigen Institut für Angewandte Medienwissenschaft (IAM).

Nikolaus Müller-Schöll, geb. 1964, Wissenschaftlicher Assistent am Institut für Theaterwissenschaft der Ruhr-Universität Bochum.

Michael Opitz, geb. 1953, Literaturwissenschaftler, Dozent am Institute for the International Education of Students (IES) Berlin.

Patrick Primavesi, geb. 1965, Wissenschaftlicher Assistent am Institut für Theater-, Film- und Medienwissenschaft der Johann Wolfgang Goethe-Universität Frankfurt am Main.

Gérard Raulet, geb. 1949, Professor für deutsche Ideengeschichte an der Université Paris-Sorbonne.

Thomas Regehly, geb. 1956, Lehrbeauftragter für Germanistik an der Johann Wolfgang Goethe-Universität, Dozent an der Jüdischen Volkshochschule, Veranstalter der »Frankfurter Benjamin-Vorträge«, Archivar der Schopenhauer-Gesellschaft e.V.

Sergej Romaschko, Professor am Institute of Linguistics, Russian Academy of Sciences, Moskau/Rußland.

Timo Skrandies, geb. 1966, Junior-Professor für Medien- und Kulturwissenschaft an der Heinrich Heine-Universität Düsseldorf.

Giulio Schiavoni, geb. 1948, Professor für deutsche Literatur an der Università del Piemonte Orientale, Vercelli.

Christine Schmider, geb. 1968, Germanistikdozentin an der Universität Nizza-Sophia-Antipolis, Mitglied des Centre de Recherche d'Histoire des Idées der Universität Nizza.

Manfred Schneider, geb. 1944, Professor für Neugermanistik, Ästhetik und Medien an der Ruhr-Universität Bochum.

Detlev Schöttker, geb. 1954, Professor für Neuere deutsche Literaturwissenschaft am Institut für Germanistik der TU Dresden.

Sarah Steffen, geb. 1980, war Studentische Hilfskraft am Institut für Theater-, Film- und Medienwissenschaft der Johann Wolfgang Goethe-Universität Frankfurt am Main.

Uwe Steiner, geb. 1955, Associate Professor of German Studies, Rice University in Houston, Texas.

Sabine Schiller-Lerg, Lehrbeauftragte für Kommunikation an der Fachhochschule Münster/Steinfurt und der Universität Dortmund, selbständige Kommunikationsberaterin und Trainerin in Rundfunkanstalten.

Sigrid Weigel, geb. 1950, Professorin und Geschäftsführende Direktorin am Institut für Literaturwissenschaft der Technischen Universität Berlin, Direktorin des Zentrums für Literaturforschung Berlin, Vorstandsvorsitzende der Geisteswissenschaftlichen Zentren Berlin.

Samuel Weber, geb. 1940, Avalon Foundation Professor of Humanities, Northwestern University (Evanston), Department of German, Program in Comparative Literary Studies.

Katharina Weber, geb. 1983, Studentische Hilfskraft am Institut für Theater-, Film- und Medienwissenschaft der Johann Wolfgang Goethe-Universität Frankfurt am Main.

Michael Werner, geb. 1946, Directeur de recherches, Centre de recherches interdisciplinaires sur l'Allemagne (CRIA), Ecole des hautes études en sciences sociales (EHESS), Paris.

Nadine Werner, geb. 1979, Wissenschaftliche Hilfskraft am Institut für Theater-, Film- und Medienwissenschaft der Johann Wolfgang Goethe-Universität Frankfurt am Main.

Erdmut Wizisla, geb. 1958, Leiter des Bertolt-Brecht-Archivs und kommissarischer Leiter des Walter Benjamin Archivs, Akademie der Künste in Berlin.

Irving Wohlfarth, geb. 1940, Professor für Germanistik in Reims.